CATALAN DICTIONARY

CATALAN DICTIONARY

English–Catalan/Catalan–English

Routledge
Taylor & Francis Group

LONDON AND NEW YORK

First published 1993 by Bibliograf, S.A.

Published 2005 by Routledge
2 Park Square, Milton Park, Abingdon, Oxfordshire OX14 4RN

Simultaneously published in the USA and Canada
by Routledge
711 Third Avenue, New York, NY 10017

First issued in hardback 2015

*Routledge is an imprint of the Taylor & Francis Group,
an informa business*

© Bibliograf, S.A.

Typeset in Times

British Library Cataloguing in Publication Data
A catalogue record for this book is available from the British Library

Library of Congress Cataloging in Publication Data
Catalan dictionary: Catalan–English, English–Catalan
p.   cm.
ISBN 0–415–10802–0
1. Catalan language–Dictionaries–English   2. English
language–Dictionaries–Catalan.   I. Routledge
PC3291.C38   1994
449′.9321–dc20
93-42875
CIP

ISBN 13: 978-1-138-13341-9 (hbk)
ISBN 13: 978-0-415-10802-7 (pbk)

CONTENTS

PREFACE

This new edition of the English–Catalan/Catalan–English dictionary is not intended to be an exhaustive treatment of the languages which would make it inappropriate for beginners in either of the languages. Nor is it a mere list of words and equivalents. Instead, we have situated the dictionary mid-way between these two extremes, so that, in this way, it fills a significant gap in the lexicography of English and Catalan.

The new edition's general layout, its number of entries – 18,000 in each section, the internal structure and content of its entries, combine together to make this dictionary a very useful piece of equipment for both English-speaking and Catalan-speaking students, whether as a guide at the outset of their studies of the other language, or as a constant source of reference.

The words selected for inclusion in this dictionary are in common use. We have avoided words either excessively formal or obsolete; we have also avoided slang and technical or other specialized terminology as long as this is not part of standard English or Catalan. Similarly, every headword has been translated into the equivalent or equivalents in most current use, whilst with the aid of abbreviations we have indicated register and special fields of use and meaning. We have used examples and phraseology in general to illustrate better certain meanings and to present figurative and idiomatic senses, in current use, of certain words.

Included in this dictionary are: personal names, place names, acronyms and some other abbreviations in current use, English irregular verbs and some American English equivalents, where they differ from British English. We have also included a sizeable number of words drawn from Valencian, from North-Western Catalan and from Catalan spoken in the Balearic Islands and in Rousillon.

Entry words, with the exception of a few abbreviations, are given with their phonetic transcription – using IPA symbols.

Finally, in the *Notes* following, the reader will find further guidance on how to use this dictionary.

NOTES

When using this dictionary, the reader should bear in mind the following points:

a) Immediately after the headword follows its phonetic transcription —using I.P.A. symbols— in accordance with how the word is pronounced in standard English/Catalan.

b) The grammatical category of the headword is indicated in every entry. The possible changes of category are also indicated, both in Catalan (with ■) and in the English translation (after the word).

c) Information about register and special fields of use and meaning are given using abbreviations.

d) In translating, the most up-to-date English equivalents have been used. Furthermore, examples and semantic explanations (the latter in English and in square brackets) have been given where necessary to illustrate the meanings. Included in the entry are also some of the most common idiomatic expressions. These examples and idioms are given after (:) or (‖), according to how closely they follow the meaning indicated.

e) At the end of the entry, after the sign ▲, follow explanations of grammar, especially as to conjugation and irregular forms of verbs.

f) In addition to words in common use, the dictionary includes acronyms, abbreviations, place names and personal names.

g) Words used in North-Western Catalan, Valencian and in Catalan spoken in the Balearic Isles and in Roussillon are usually given with a cross-reference to their equivalent in standard Catalan.

KEY TO THE PRONUNCIATION OF CATALAN

VOWELS

PHONETICS DESCRIPTION   EXAMPLES

(i)	like in p*i*t	*nit* (nit), *llit* (ʎit)
(e)	nonexistent; similar to get but closer	*nét* (net), *carrer* (kərrė)
(ε)	like in g*e*t	*nen* (nεn), *plego* (plėɣu)
(a)	like in b*a*rn but shorter	*vas* (bas), *mare* (màrə)
(ɔ)	like in p*o*t	*pot* (pɔt), *allò* (əʎɔ́)
(o)	like in *o*rder	*onze* (ónzə), *cançó* (kənsó)
(u)	like in r*oo*m	*únic* (únik), *donar* (dunà)
(ə)	like in *a*nnoy	*porta* (pɔ́rtə), *mare* (màrə)

SEMIVOWELS

(ĭ)	like in jo*y*	*drapaire* (drəpàĭrə), *boira* (bɔ́ĭrə)
(ŭ)	like in co*w*	*ciutat* (siŭtàt), *babau* (bəβàŭ)

SEMICONSONANTS

(j)	like in *u*niversity	*noia* (nɔ́jə), *boia* (bɔ́jə)
(w)	like in *w*ell	*guant* (gwàn), *quatre* (kwàtrə)

CONSONANTS

(p)	like in *p*ocket	*porta* (pɔ́rtə), *empipar* (əmpipà)
(b)	like in *b*et	*balcó* (bəlkó), *bo* (bɔ)
(t)	like in foo*t*	*taula* (tàŭlə), *entre* (ėntrə)
(d)	like in *d*ark	*dona* (dɔ́na), *dit* (dit)
(k)	like in *k*ing	*casa* (kàzə), *quatre* (kwàtrə)
(g)	like in ci*g*arette	*gat* (gat), *goma* (gómə)
(β)	nonexistent. Fricative bilabial	*àvia* (àβiə), *rebut* (rrəβùt)
(ð)	like in mo*th*er	*adéu* (əðėŭ), *cada* (kàðə)
(γ)	nonexistent. Fricative velar	*aigua* (àĭɣwə), *negar* (nəɣà)
(f)	like in *f*eather	*font* (fɔn), *agafar* (əɣəfà)
(s)	like in *s*ail	*cera* (sėrə), *caçador* (kəsəðó), *rossa* (rrósə)

(z)	like in ro*s*e	*colze* (kólzə), *pisos* (pízus)
(ʃ)	like in *sh*ark	*xic* (ʃik), *creix* (kreʃ)
(ʒ)	like in mea*s*ure	*jove* (ʒóβə), *ajagut* (əʒəɣút)
(ts)	like in *ts*e*ts*e fly	*potser* (putsė)
(dz)	like in goo*ds*	*dotze* (dódzə), *magatzem* (məɣədzɛ́m)
(tʃ)	like in *ch*ocolate	*despatx* (dəspátʃ), *desig* (dəsitʃ)
(dʒ)	like in *j*am	*metge* (mėdʒə), *corretja* (kurrɛ́dʒə)
(m)	like in *m*ap	*mes* (mes), *meu* (meŭ)
(n)	like in *n*et	*noi* (nɔĭ), *anar* (əná)
(ŋ)	like in ri*ng*	*sang* (saŋ), *ungla* (úŋglə)
(ɲ)	nonexistent. Voiced nasal palatal. Similar to o*n*ion	*menys* (mɛɲs), *canya* (káɲə)
(ʎ)	nonexistent. Voiced lateral palatal. Similar to sa*li*ent	*allà* (əʎá), *llibre* (ʎíbrə)
(l)	like in *l*ost	*línia* (línɪə), *alè* (əlɛ̇)
(r)	nonexistent. Simple voiced vibrant alveolar. Similar to *r*ed, ba*rr*ow	*però* (pərɔ́), *fora* (fɔ́rə)
(rr)	nonexistent. Multiple voiced vibrant alveolar	*rosa* (rrɔ́zə), *arròs* (ərrɔ́s)

OTHER SIGNS

(ʼ)   main stress

(,)   secondary stress

A SUMMARY OF CATALAN GRAMMAR

SYLLABLES

a) INSEPARABLE: **uu** *(duu)*, **güe** *(aigües)*, **güi** *(am-bi-güi-tat)*, **qüe** *(qües-ti-ó)*, **qüi** *(o-bli-qüi-tat)*, **ny** *(es-tany)*.

b) SEPARABLE:
   1) those syllables where **i** and **u** are semiconsonants (neither following on strong vowels, nor at the start of a word, nor between vowels): *grà-ci-a, pi-e-tat, cu-a, fu-et,* but note: *io-de, iu-ca, no-ia, to-ia.*
   2) the digraphs **rr**, **ss** and **H** *(bar-ra, pas-si-ó, al-lu-si-ó).*
   3) those vowels which do not form a diphthong, this being indicated by the relevant accent or diaeresis (¨): *pa-ís, pa-ï-sos, be-ne-ït, lla-üt, pe-ü-lla, ru-ï-na,* etc. The diaeresis is omitted in the endings of the future and conditional tenses and of gerunds: *tra-i-ré, tra-i-ri-en, tra-int,* and in compound words such as: *co-in-ci-dir, re-in-te-grar, re-u-nir,* etc.

ACCENTUATION

Accents are written on:

1) all words with stress on the final syllable ending in:
   à, é, è, í, ó, ò, ú *(demà, puré, setè, robí, peó, això, oportú)*; **às, és, ès, én, èn, ís, ín, ós, òs, ús** *(cabàs, accés, espès, amén, ofèn, vernís, esplín, amorós, espòs, abús)*; but NOT on those words ending in **i, is, in, u,** or **us,** if these form part of a diminishing diphthong *(espai, serveis, gripau, guineus, dinou)*.

2) all words with stress on the penultimate syllable but without any of the above endings:
   àcid, anàveu, antídot, cànem, diàfan, diguéssiu, húmer, inèdit, tròlei.

3) all words with stress on the antepenultimate syllable:
   ànima, àrdu-a, Àsi-a, brúixola, cúpula, dèri-a, època, perpètu-a, rèmora, sèri-e, vàlvula, zitzàni-a; but note: *aigua, aigües, llengua, llengües,* because these form diphthongs.

THE DIACRITIC ACCENT
   This is used to distinguish identical-looking words having different meanings, for example: *bé(ns)* and *be(ns), bóta* and *bota, Déu - déu* and *deu, dóna (-es)* and *dona (-es), és* and *es, fóra* and *fora, nét(s)* and *net(s), ós* and *os, sé* and *se, séc* and *sec, sí* and *si, sóc* and *soc, són* and *son, té* and *te, ús* and *us, véns* and *vens, vós* and *vos, mà* and *ma, mòlt* and *molt, pèl(s)* and *pel(s), sòl* and *sol,* etc.

THE ARTICLE

		Singular	Plural
DEFINITE	masculine:	**(lo), el, l'**	**(los), els**
	feminine:	**la, l'**	**les**
INDEFINITE	masculine:	**un**	**uns**
	feminine:	**una**	**unes**

The bracketed forms are the traditional ones or ones which still persist in dialects; **el** adopts the apostrophised form **l'** before a **vowel** or **h** provided the vowel is not the beginning of a diphthong: *el* pare, *l'*ase, *l'*home, *l'*oncle, but *el* ion; **la** is shortened to **l'** in the same instances, except for the vowels **i** or **u** where these are unstressed: *l'*àvia, *l'*herba, *l'*oda, *l'*ungla; but: *la* idea, *la* hidròlisi, *la* unió, *la* humitat. **El**, **els** are contracted in combination with **a**, **de** and **per**, forming **al**, **als**, **del**, **dels**, and **pel**, **pels**: *al* pare, *als* pobres, *del* riu, *dels* vius, *pel* camí, *pels* homes; but note: *a l'*avi, *de l'*home, *per l'*esquena, etc.

CHANGES OF MEANING ACCORDING TO GENDER

El còlera (disease) - *la* còlera (anger), *el* fi (purpose) - *la* fi (end), *el* llum (lamp) - *la* llum (light), *el* salut (greeting) - *la* salut (health).

The definite article is also used before **personal names**: *La* Maria, *l'*Enric, even before well-known **surnames**: *l'*Adenauer, *la* Callas. Note, however, that it changes to **en** (**En**) before masculine names beginning with a consonant: *en* Lluís, *en* Narcís, *en* Ramon.

NOUN FORMS

NOUNS AND ADJECTIVES

Formation of the feminine (fem.) from the masculine (masc.) form, and of the plural (pl.) from the singular (sing.) form.

FEMININE FORMS

— Where masc. ends in an unstressed **e**, fem. ends in **a**: *alumn(e)/(-a), sogr(e)/(-a)*.
— Where masc. ends in a stressed vowel, fem. = masc. + **na**: *cosí(na), bo(na), fi(na)*.
— In a few cases, fem. = masc. + **essa**: *poet-(essa), abad(essa)*.
— With spelling changes:
  a) *nebot - neboda, llop - lloba, jueu - jueva, boig - boja, mig - mitja*.
  b) *actor - actriu, emperador - emperadriu*.
  c) *raça - races, figa - figues, pluja - pluges, taca - taques, llengua - llengües*.
— Fem. totally different from masc: *ase - somera, boc - cabra, cavall - euga, gendre - nora, marit - muller, oncle - tia, pare - mare*, etc.
— Fem. = masc. + femella: *un pinsà femella*, or, conversely, *una cadernera mascle*.

PLURAL FORMS

In general, pl. = sing. + **s**: *cap(s), fill(s), gat(s), noi(s), brut(s)*.
— Where ending is an unstressed **e** or **a**, pl. ends in **es**: *alumn(es), sogr(es), cas(es), mar(es)*.
— Where ending is a stressed vowel, pl = sing. + **ns**: *cosí (ins), lleó (ons), bo (bons)*. Exceptions: *bisturí(s), cafè(s), clixé(s), esquí(s), mamà(s), menú(s), mercè(s), papà(s), sofà(s)*, etc.
— With monosyllables, or words with final syllable stress, ending in **ç** or **s**:
  a) pl. = sing. + **os**: *braç(os), llaç(os), avis(os), gas(os), matís(os)*.
  b) pl. = sing. + **sos**: *arròs(sos), cabàs(sos), ingrés(sos), nas(sos), os(sos), pas(sos), revés(sos), rus(sos)*.
  c) pl. (fem. nouns) = sing. + **s** (or *invariable*): *calç(s), falç(s), pols*.
  d) but note that some masc. polysyllabic nouns without final syllable stress are *invariable*: *cactus, òmnibus*, etc.
— Where ending is **g** or **ig**, pl. = sing. + **s** (mute): *desig(s), faig(s), raig(s)* (or *fajos, rajos*).
— With masc. nouns having final syllable stress and ending in **sc**, **st**, **tx**, **x**, or **xt**, pl. = sing. + **os** (or **s**): *bosc(os), gest(os), despatx(os), boix(os), peix(os), text(os)*.
— Words without final syllable stress, or instances of fem., pl. = sing. + **s**: *apèndix(s), còdex(s), hèlix(s), índex(s)*.

DEMONSTRATIVE ADJECTIVES

	Singular		Plural	
masc.	fem.	masc.	fem.	
aquest	**aquesta**	**aquests (-os)**	**aquestes**	
(aqueix)	**(aqueixa)**	**(aqueixos)**	**(aqueixes)**	
aquell	**aquella**	**aquells**	**aquelles**	

Examples: *Aquest* home i *aquelles* dones pertanyen a una sola família. (This man, and those women over there belong to one single family). The forms in brackets are traditional or poetical.

POSSESSIVE ADJECTIVES

One possessor

		Singular		Plural	
		masc.	fem.	masc.	fem.
1st person	....	el meu	la meva	els meus	les meves
		(mon)	(ma)	(mos)	(mes)
2nd »	....	el teu	la teva	els teus	les teves
		(ton)	(ta)	(tos)	(tes)
3rd »	....	el seu	la seva	els seus	les seves
		(son)	(sa)	(sos)	(ses)

Several possessors

		Singular		Plural
1st person	....	el nostre	la nostra	els/les nostres
		(nostre)	(nostra)	
2nd ʼʼ	....	el vostre	la vostra	els/les vostres
		(vostre)	(vostra)	
3rd ʼʼ	....	el seu	la seva	els seus (llurs)
		(llur)	(llur)	les seves

Modern Catalan is tending to disregard, or reserve for poetical use, the traditional forms in brackets above used without articles.

PERSONAL PRONOUNS

STRONG FORMS

		Singular		Plural	
		masc.	fem.	masc.	fem.
1st person	....	jo, mi		nosaltres(nós)	
2nd ʼʼ	....	tu		vosaltres(vós)	
3rd ʼʼ	....	ell	tella	ells	elles
3rd reflexive	....	si		si/ells	si/elles

Formal (polite) versions of the 2nd person are: **vostè** (and **vos**). **Mi** replaces **jo** after the prepositions **a**, **amb**, **de**, **en**, **per**, **contra**, **entre**, **sense**, and **envers**, but not when these govern two or more related terms, e.g.: *contra mi*, but: *contra jo, tu i ell*, **Si** is used only after a preposition, although in pl. the forms **ells** - **elles** are often preferred, e.g.: parlava *de* si; deien *entre ells (elles)*.

WEAK FORMS

		Singular				Plural			
		Before the verb		After the verb		Before the verb		After the verb	
		Complete	Elided	Complete	Elided	Complete	Elided	Complete	Elided
1st person	Direct and Indirect Object	em	m'	-me	'm	ens		-nos	'ns
2nd person	Direct and Indirect Object	et	t'	-te	't	us		-vos	'us
3rd person	Direct Object — masc.	el	l'	-lo	'l	els		-los	'ls
	Direct Object — fem.	la	l'	-la		les		-les	
	Direct Object — neuter	ho		-ho					
	Indirect Object — masc.	li		-li			els		
	Indirect Object — fem.								
	Indirect Object — neuter								
	Reflexive	es	s'	-se	's	es	s'	-se	's

Invariable forms

		Before the verb	After the verb
Adverbial or prepositional pronouns	hi	hi	-hi
	en	en (n')	-ne ('n)

Hi stands for adverbs or adverbial phrases of place and manner with the prepositions **a**, **amb**, **en**. It is used with *haver* and other verbs such as: *fer*, *sentir*, *tocar* and *veure*. Finally, it replaces **li**, **els**, **els**, (**als**) beside the accusative forms **el**, **la**, **els**, **les**, **em**, **et**, **ens**, **us** (and the dative form **li**).

En stands for adverbial phrases of place and for prepositional phrases beginning with the preposition **de**. It is used with reflexive verbs of motion.

DEMONSTRATIVE PRONOUNS

These have the same forms as the corresponding demonstrative adjectives along with the neuter forms (**aço, ço**) — which are obsolete or rare — and **això, allò**. For example: No vull *això*, porta'm *allò*.

POSSESSIVE PRONOUNS

These have the same forms as the corresponding adjectives.

OTHER ADJECTIVAL AND PRONOMINAL FORMS

INDEFINITE.
a) **es, un, una, hom, un hom, algú, ningú, cadascú, alguna cosa** or **quelcom, qualsevol, tot, tothom, res**, and **altri**.
b) **un, una, uns, unes, algun (-a, -s, -es), cert (-a, -s, -es), mateix (-a, -os, -es), altre (-a, -es), qualsevol (qualssevol** or **qualsevols), cada, cadascun (-a), cap, ambdós, ambdues, sengles**.
Examples: *Es* va dient, i *un (hom, un hom)* acaba creient-ho. (A thing gets spread around and in the end people come to believe it's true). *Algú* deia que *ningú* no ho sabia. (Someone said that no-one knew). Digué *alguna cosa (quelcom)*. (He said something). *Qualsevol* pensaria...! (Whoever would think). *Tot* s'ho creu! (He believes anything!). *Tothom* treballava de valent. (Everybody was working away with a will). No veig *res*. (I can't see a thing). No facis mal a *altri*. (Don't do harm to others). *Cert* dia, jo *mateix* i *uns altres* companys, en *tal* i en *tal altre*... (One day, myself and a few mates, so-and-so and so-and-so...). Per *qualsevol* cosa, es posa nerviós. (He gets upset over anything). *Cada* home, *cadascun* de vosaltres, vindrà armat. (Every man, every single one of you, will come armed). No n'he vist *cap*. (I haven't seen any). *Ambdues* germanes eren fora. (Both of the sisters were outside).

QUANTIFYING
molt, molta, molts, moltes, poc, poca, pocs, poques, tant (-a, -s, -es), quant (-a, -s, -es), bastant, gaire, (-s), cap, diferent (-s), divers (-a, -os, -es); més, menys, que, prou, massa, força, una mica de, un xic de, gota de, gens de, etc.

Examples:
Molts joves van venir. (Many young men [or young people] came). *Poca* gent l'escoltava. (Few listened to him). *Quant* val? *Tant* (How much does it cost? So much). Hi ha *bastant* de boira. (There's quite a bit of fog). No n'han vingut *gaires*. (Very few of them have come). No hi he trobat *cap* home.(I didn't find a single man there). *Diferents* persones l'ajudaven. (Various people helped him). *Diversos* homes bevien. (Several men were drinking). *Més* vi, *menys* aigua! (More wine, less water!). *Que* car! (How expensive!). *Prou* d'això! (That's enough of that!). *Massa* fressa. (Too much noise). *Força* dansaires. (A whole lot of dancers). *Una mica* de blat. (A little corn). *Una pila* de llenya. (A heap of firewood). *Un xic* d'aigua. (A drop of water).

NUMBERS

Cardinal	Ordinal
un, una	**primer, u, primera**
dos, dues	**segon, segona**
tres	**tercer**
quatre	**quart**
cinc	**cinquè (quint)**
sis	**sisè**
...	...
nou	**novè**
deu	**desè (dècim)**

onze	onzè
...	...
vint	vintè
vint-i-un (-i-una)	vint-i-unè, vint-i-u
...	...
cent	centèsim, centè
dos-cents quaranta-quatre	(dos-cents quaranta-quatrè)
...	...
mil	miНèsim, milè

Vint-i-dos milions, quatre-cents vint-i-sis mil, nou cents, trenta-tres.

PARTITIVE

These have the same form as the ordinals, exept for: **en octau, en dotzau** for books, and **quinta, sexta, sèptima, octava** in music, all these being latinisms.

INTERROGATIVE

Variable forms: **quin, quina, quins, quines** (which, what)
                    quant, quanta, quants, quantes (how much, how many)
Invariable forms: **com** (how), **on** (where), **quan** (where).
Examples: *Qui* era? (Who was it?). De *qui* parlàveu? (Who were you talking about?). De *què* es tracta? (What's it about?). No sé pas *què* vol. (I don't know what he wants). No m'afiguro *qui* podia ser. (I have no idea who it might be). *Quin* germà era? (Which brother was it?). M'agradaria saber *quina* d'elles ha estat. (I'd like to know which one of them [fem.] it was). *Quins* homes! (What men!). *Com* et dius? (What's your name?). *On* és ara? (Where is he now?). *Quan* arribaran? (When do they arrive?). *Quant* val? (How much does it cost?). *Quantes* cols portes? (How many cabbages have you brought?). No sé pas descriure-us *com* és de meravellós aquell paisatge! (I just don't know how to describe to you how beatiful that countryside is!).

RELATIVE

Que, qui, què; el (la) qual, els (les) quals; on (adverbial); **qui, el (la) qui, els (les) qui; el que** (neuter) **[ço que]** (noun uses).
Examples: L'home *que* ve es el forner. (The man coming is the baker). La noia *que* vas veure és mestra. (The girl you saw is a teacher). Els oficials mataven els soldats *que* fugien. (The officers killed the soldiers who fled). L'home *amb qui* anava era el meu germà. (The man I was with was my brother). La cosa *de què* parlàveu ja està resolta. (The matter you were discussing has already been resolved). Problemes molt importants, *els quals* cal estudiar. (Very serious problems which must be gone into). El tribunal davant *el qual* compareix. (The court before which he is appearing). La llei *de la qual* tothom parla. (The law everybody's talking about). Un mas *al voltant del qual*. (A farmstead around which). Un sant les virtuts *del qual*. (A saint whose virtues). La via *on* s'ha esdevingut l'accident. (The road where the accident occurred). El país *d'on* ve l'oli. (The country where oil comes from). La finestra *per on* es fica el vent. (The window which lets the wind in). *Qui* gosi que ho digui. (Whoever dares let him speak up). Ho dono *a qui* vull. (I'll give it to whoever I like). *El qui* fa això és un porc. (Whoever does that is a swine). *Els qui* enganyen s'enganyen. (Those who seek to deceive, deceive but themselves). *El que* has de fer és dormir. (What you must do is sleep). Pensa *en el que* jurares. (Think about what you swore). *Del que* em contes no en crec res. (I don't believe a thing of what you're telling me).
Sometimes **què** is a good substitute for this neuter: No sé pas *el que* vol (=*què* vol). (I don't know what he wants). Pensa *en què* jurares, etc.
Instead of **ço que** (obsolete) are used the compounds **allò que, això que, la cosa que**, all of which arè neuters, but which are accompanied by a **que** similar to that in: **aquell que, tothom que**, i.e. really a weak form pronoun with its own antecedent: *Això que* dius és fals. (What you're saying is false). *La cosa que* em contes se la creurà la teva àvia! (Look for someone more gullible to believe what you're telling me!). *Allò que* objectes no val! (Your objection isn't valid).

VERB CONJUGATIONS

AUXILIARY VERBS

haver

INDICATIVE

Present
he (o haig)
has
ha
havem (o hem)
haveu (o heu)
han

Past
haguí (o vaig haver) hagut
hagueres (o vas haver) hagut
hagué (o va haver) hagut
haguérem (o vam haver) hagut
haguéreu (o vau haver) hagut
hagueren (o van haver) hagut

Imperfect
havia
havies
havia
havíem
havíeu
havien

Pluperfect
havia hagut
havies hagut
havia hagut
havíem hagut
havíeu hagut
havien hagut

Past simple
haguí (o vaig) haver
hagueres (o vas) haver
hagué (o va) haver
haguérem (o vam) haver
haguéreu (o vau) haver
hagueren (o van) haver

Perfect
he hagut
has hagut
ha hagut
havem (o hem) hagut
haveu (o heu) hagut
han hagut

Future
hauré
hauràs
haurà
haurem
haureu
hauran

Future perfect
hauré hagut
hauràs hagut
haurà hagut
haurem hagut
haureu hagut
hauran hagut

CONDITIONAL

Simple
hauria (o haguera)
hauries (o hagueres)
hauria (o haguera)
hauríem (o haguérem)
hauríeu (o haguéreu)
haurien (o hagueren)

Perfect
hauria (o haguera) hagut
hauries (o hagueres) hagut
hauria (o haguera) hagut
hauríem (o haguérem) hagut
hauríeu (o haguéreu) hagut
haurien (o hagueren) hagut

SUBJUNCTIVE

Present
hagi
hagis
hagi
hàgim (o haguem)
hàgiu (o hagueu)
hagin

Perfect
hagi hagut
hagis hagut
hagi hagut
hàgim hagut
hàgiu hagut
hagin hagut

Imperfect	*Pluperfect*
hagués	hagués hagut
haguessis	haguessis hagut
hagués	hagués hagut
haguéssim	haguéssim hagut
haguéssiu	haguéssiu hagut
haguessin	haguessin hagut

GERUND

INFINITIVE

Present: havent
Past: havent hagut

Present: haver
Past: haver hagut

PARTICIPLE

hagut, haguda
haguts, hagudes

ésser o ser

INDICATIVE

Present	*Past*
sóc	haguí (o vaig haver) estat
ets	hagueres (o vas haver) estat
és	hagué (o va haver) estat
som	haguérem (o vam haver) estat
sou	haguéreu (o vau haver) estat
són	hagueren (o van haver) estat

Imperfect	*Pluperfect*
era	havia estat
eres	havies estat
era	havia estat
érem	havíem estat
éreu	havíeu estat
eren	havien estat

Past simple	*Perfect*
fui (o vaig) ésser	he estat
fores (o vas) ésser	has estat
fou (o va) ésser	ha estat
fórem (o vam) ésser	havem (o hem) estat
fóreu (o vau) ésser	haveu (o heu) estat
foren (o van) ésser	han estat

Future	*Future perfect*
seré	hauré estat
seràs	hauràs estat
serà	haurà estat
serem	haurem estat
sereu	haureu estat
seran	hauran estat

CONDITIONAL

Simple	*Perfect*
seria (o fóra)	hauria (o haguera) estat
series (o fores)	hauries (o hagueres) estat
seria (o fóra)	hauria (o haguera) estat
seríem (o fórem)	hauríem (o haguérem) estat
seríeu (o fóreu)	hauríeu (o haguéreu) estat
serien (o foren)	haurien (o hagueren) estat

SUBJUNCTIVE

Present	*Perfect*
sigui	hagi estat
siguis	hagis estat
sigui	hagi estat
siguem	hàgim estat
sigueu	hàgiu estat
siguin	hagin estat

Imperfect	*Pluperfect*
fos	hagués estat
fossis	haguessis estat
fos	hagués estat
fóssim	haguéssim estat
fóssiu	haguéssiu estat
fossin	haguessin estat

IMPERATIVE	GERUND
sigues	*Present:* essent (o sent)
sigui	*Past:* havent estat
siguem	
sigueu	
siguin	

INFINITIVE	PARTICIPLE
Present: ésser (o ser)	estat, estada
Past: haver estat	estats, estades

estar

INDICATIVE

Present	*Past*
estic	haguí (o vaig haver) estat
estàs	hagueres (o vas haver) estat
està	hagué (o va haver) estat
estem	haguérem (o vam haver) estat
esteu	haguéreu (o vau haver) estat
estan	hagueren (o van haver) estat

Imperfect	*Pluperfect*
estava	havia estat
estaves	havies estat
estava	havia estat
estàvem	havíem estat
estàveu	havíeu estat
estaven	havien estat

Past simple
estiguí (o vaig) estar
estigueres (o vas) estar
estigué (o va) estar
estiguérem (o vam) estar
estiguéreu (o vau) estar
estigueren (o van) estar

Future
estaré
estaràs
estarà
estarem
estareu
estaran

Perfect
he estat
has estat
ha estat
havem (o hem) estat
haveu (o hem) estat
han estat

Future perfect
hauré estat
hauràs estat
haurà estat
haurem estat
haureu estat
hauran estat

CONDITIONAL

Simple
estaria
estaries
estaria
estaríem
estaríeu
estarien

Perfect
hauria (o haguera) estat
hauries (o hagueres) estat
hauria (o haguera) estat
hauríem (o haguérem) estat
hauríeu (o haguéreu) estat
haurien (o hagueren) estat

SUBJUNCTIVE

Present
estigui
estiguis
estigui
estiguem
estigueu
estiguin

Imperfect
estigués
estiguessis
estigués
estiguéssim
estiguéssiu
estiguessin

Perfect
hagi estat
hagis estat
hagi estat
hàgim estat
hàgiu estat
hagin estat

Pluperfect
hagués estat
haguessis estat
hagués estat
haguéssim estat
haguéssiu estat
haguessin estat

IMPERATIVE
estigues
estigui
estiguem
estigueu
estiguin

GERUND
Present: estant
Past: havent estat

INFINITIVE
Present: estar
Past: haver estat

PARTICIPLE
estat, estada
estats, estades

MODEL VERBS

I) cantar

Present	*Past*
canto	haguí (o vaig haver) cantat
cantes	hagueres (o vas haver) cantat
canta	hagué (o va haver) cantat
cantem	haguérem (o vam haver) cantat
canteu	haguéreu (o vau haver) cantat
canten	hagueren (o van haver) cantat

Imperfect	*Pluperfect*
cantava	havia cantat
cantaves	havies cantat
cantava	havia cantat
cantàvem	havíem cantat
cantàveu	havíeu cantat
cantaven	havien cantat

Past simple	*Perfect*
cantí (o vaig) cantar	he cantat
cantares (o vas) cantar	has cantat
cantà (o va) cantar	ha cantat
cantàrem (o vam) cantar	havem (o hem) cantat
cantàreu (o vau) cantar	haveu (o heu) cantat
cantaren (o van) cantar	han cantat

Future	*Future perfect*
cantaré	hauré cantat
cantaràs	hauràs cantat
cantarà	haurà cantat
cantarem	haurem cantat
cantareu	haureu cantat
cantaran	hauran cantat

Simple	*Perfect*
cantaria	hauria (o haguera) cantat
cantaries	hauries (o hagueres) cantat
cantaria	hauria (o haguera) cantat
cantaríem	hauríem (o haguérem) cantat
cantaríeu	hauríeu (o haguéreu) cantat
cantarien	haurien (o hagueren) cantat

Present	*Perfect*
canti	hagi cantat
cantis	hagis cantat
canti	hagi cantat
cantem	hàgim cantat
canteu	hàgiu cantat
cantin	hagin cantat

Imperfect	*Pluperfect*
cantés	hagués cantat
cantessis	haguessis cantat
cantés	hagués cantat
cantéssim	haguéssim cantat
cantéssiu	haguéssiu cantat
cantessin	haguessin cantat

IMPERATIVE	GERUND
canta	*Present:* cantant
canti	*Past:* havent cantat
cantem	
canteu	
cantin	

INFINITIVE	PARTICIPLE
Present: cantar	cantat, cantada
Past: haver cantat	cantats, cantades

IIa) perdre

INDICATIVE

Present	*Past*
perdo	haguí (o vaig haver) perdut
perds	hagueres (o vas haver) perdut
perd	hagué (o va haver) perdut
perdem	haguérem (o vam haver) perdut
perdeu	haguéreu (o vau haver) perdut
perden	hagueren (o van haver) perdut

Imperfect	*Pluperfect*
perdia	havia perdut
perdies	havies perdut
perdia	havia perdut
perdíem	havíem perdut
perdíeu	havíeu perdut
perdien	havien perdut

Past simple	*Perfect*
perdí (o vaig) perdre	he perdut
perderes (o vas) perdre	has perdut
perdé (o va) perdre	ha perdut
perdérem (o vam) perdre	havem (o hem) perdut
perdéreu (o vau) perdre	haveu (o heu) perdut
perderen (o van) perdre	han perdut

Future	*Future perfect*
perdré	hauré perdut
perdràs	hauràs perdut
perdrà	haurà perdut
perdrem	haurem perdut
perdreu	haureu perdut
perdran	hauran perdut

CONDITIONAL

Simple	*Perfect*
perdria	hauria (o haguera) perdut
perdries	hauries (o hagueres) perdut
perdria	hauria (o haguera) perdut
perdríem	hauríem (o haguérem) perdut
perdríeu	hauríeu (o haguéreu) perdut
perdrien	haurien (o hagueren) perdut

SUBJUNCTIVE

Present	*Perfect*
perdi	hagi perdut
perdis	hagis perdut
perdi	hagi perdut
perdem	hàgim perdut
perdeu	hàgiu perdut
perdin	hagin perdut

Imperfect	*Pluperfect*
perdés	hagués perdut
perdessis	haguessis perdut
perdés	hagués perdut
perdéssim	haguéssim perdut
perdéssiu	haguéssiu perdut
perdessin	haguessin perdut

IMPERATIVE
perd
perdi
perdem
perdeu
perdin

GERUND
Present: perdent
Past: havent perdut

INFINITIVE
Present: perdre
Past: haver perdut

PARTICIPLE
perdut, perduda
perduts, perdudes

IIb) témer

INDICATIVE

Present	*Past*
temo	haguí (o vaig haver) temut
tems	hagueres (o vas haver) temut
tem	hagué (o va haver) temut
temem	haguérem (o vam haver) temut
temeu	haguéreu (o vau haver) temut
temen	hagueren (o van haver) temut

Imperfect	*Pluperfect*
temia	havia temut
temies	havies temut
temia	havia temut
temíem	havíem temut
temíeu	havíeu temut
temien	havien temut

Past simple	*Perfect*
temí (o vaig) témer	he temut
temeres (o vas) témer	has temut
temé (o va) témer	ha temut
temérem (o vam) témer	havem (o hem) temut
teméreu (o vau) témer	haveu (o heu) temut
temeren (o van) témer	han temut

Future	*Future perfect*
temeré	hauré temut
temeràs	hauràs temut
temerà	haurà temut
temerem	haurem temut
temereu	haureu temut
temeran	hauran temut

CONDITIONAL

Simple	*Perfect*
temeria	hauria (o haguera) temut
temeries	hauries (o hagueres) temut
temeria	hauria (o haguera) temut
temeríem	hauríem (o haguérem) temut
temeríeu	hauríeu (o haguéreu) temut
temerien	haurien (o haguerèn) temut

SUBJUNCTIVE

Present	*Perfect*
temi	hagi temut
temis	hagis temut
temi	hagi temut
temem	hàgim temut
temeu	hàgiu temut
temin	hagin temut

Imperfect	*Pluperfect*
temés	hagués temut
temessis	haguessis temut
temés	hagués temut
teméssim	haguéssim temut
teméssiu	haguéssiu temut
temessin	haguessin temut

IMPERATIVE	GERUND
tem	*Present:* tement
temi	*Past:* havent temut
temem	
temeu	
temin	

INFINITIVE	PARTICIPLE
Present: témer	temut, temuda
Past: haver temut	temuts, temudes

IIIa) sentir

INDICATIVE

Present	*Past*
sento	haguí (o vaig haver) sentit
sents	hagueres (o vas haver) sentit
sent	hagué (o va haver) sentit
sentim	haguérem (o vam haver) sentit
sentiu	haguéreu (o vau haver) sentit
senten	hagueren (o van haver) sentit

Imperfect	*Pluperfect*
sentia	havia sentit
senties	havies sentit
sentia	havia sentit
sentíem	havíem sentit
sentíeu	havíeu sentit
sentien	havien sentit

Past simple	*Perfect*
sentí (o vaig) sentir	he sentit
sentires (o vas) sentir	has sentit
sentí (o va) sentir	ha sentit
sentírem (o vam) sentir	havem (o hem) sentit
sentíreu (o vau) sentir	haveu (o heu) sentit
sentiren (o van) sentir	han sentit

Future	*Future perfect*
sentiré	hauré sentit
sentiràs	hauràs sentit
sentirà	haurà sentit
sentirem	haurem sentit
sentireu	haureu sentit
sentiran	hauran sentit

CONDITIONAL

Simple	*Perfect*
sentiria	hauria (o haguera) sentit
sentiries	hauries (o hagueres) sentit
sentiria	hauria (o haguera) sentit
sentiríem	hauríem (o haguérem) sentit
sentiríeu	hauríeu (o haguéreu) sentit
sentirien	haurien (o hagueren) sentit

SUBJUNCTIVE

Present	*Perfect*
senti	hagi sentit
sentis	hagis sentit
senti	hagi sentit
sentim	hàgim sentit
sentiu	hàgiu sentit
sentin	hagin sentit

Imperfect	*Pluperfect*
sentís	hagués sentit
sentissis	haguessis sentit
sentís	hagués sentit
sentíssim	haguéssim sentit
sentíssiu	haguéssiu sentit
sentissin	haguessin sentit

IMPERATIVE	GERUND
sent	*Present:* sentit
senti	*Past:* havent sentit
sentim	
sentiu	
sentin	

INFINITIVE	PARTICIPLE
Present: sentir	sentit, sentida
Past: haver sentit	sentits, sentides

IIIb) servir

INDICATIVE

Present	*Past*
serveixo	haguí (o vaig haver) servit
serveixes	hagueres (o vas haver) servit
serveix	hagué (o va haver) servit
servim	haguérem (o vam haver) servit
serviu	haguéreu (o vau haver) servit
serveixen	hagueren (o van haver) servit

Imperfect	*Pluperfect*
servia	havia servit
servies	havies servit
servia	havia servit
servíem	havíem servit
servíeu	havíeu servit
servien	havien servit

Past simple	*Perfect*
serví (o vaig) servir	he servit
servires (o vas) servir	has servit
serví (o va) servir	ha servit
servírem (o vam) servir	havem (o hem) servit
servíreu (o vau) servir	haveu (o heu) servit
serviren (o van) servir	han servit

Future	*Future perfect*
serviré	hauré servit
serviràs	hauràs servit
servirà	haurà servit
servirem	haurem servit
servireu	haureu servit
serviran	hauran servit

CONDITIONAL

Simple	*Perfect*
serviria	hauria (o haguera) servit
serviries	hauries (o hagueres) servit
serviria	hauria (o haguera) servit
serviríem	hauríem (o haguérem) servit
serviríeu	hauríeu (o haguéreu) servit
servirien	haurien (o hagueren) servit

SUBJUNCTIVE

Present	*Perfect*
serveixi	hagi servit
serveixis	hagis servit
serveixi	hagi servit
servim	hàgim servit
serviu	hàgiu servit
serveixin	hagin servit

Imperfect	*Pluperfect*
servis	hagués servit
servissis	haguessis servit
servís	hagués servit
servíssim	haguéssim servit
servíssiu	haguéssiu servit
servissin	haguessin servit

IMPERATIVE

	GERUND
serveix	*Present:* servint
serveixi	*Past:* havent servit
servim	
serviu	
serveixin	

INFINITIVE

PARTICIPLE

Present: servir

servit, servida

Past: haver servit

servits, servides

COMMENTS:

All verbs with the infinitive ending in ar —except *anar* and *estar*— follow model verb I above. Those with infinitive endings **gar, car, jar, çar, guar** and **quar** suffer —where conjugation endings beginning with **e** or **i** occur— the usual spelling changes to **gu, qu, g, c, gü** and **qü**. For example, *pagar: paguem, paguin; tocar: toqueu, toquin; començar: comenceu, comencin; obliquar: obliqüem, obliqüin*. As to diaeresis, something similar occurs in the case of the conjugation endings **i, is, in**: 1) when the verb stem ends in a vowel (*creïn, estudïin*), but NOT where **i** is a semivowel (*esglaiar*); 2) where **u** is a semivowel (intervocalic or preceded by a **g** or **q**: *creuar, enaiguar, obliquar*) these endings have no diaeresis. For example: *creï, estudïis, lloïn, suï, suïs, esglaï, esglaïn*; but note: *creui, creuis, creuin, enaigüi, obliqüin*.

Verbs with infinitives ending in **re** or in **er** stressed (*haver, poder, saber, valer, voler, soler*) follow the pattern of model verb IIa.

Verbs with infinitive ending in unstressed **er**(*témer*) follow model verb IIb.

Few follow the pattern of IIIa: (*acudir*), (*acullir*), *ajupir, bullir, collir, cosir, cruixir, dormir, eixir, (escollir), escopir, fugir, (mentir), morir, munyir, obrir, omplir, pudir, recollir, retrunyir, sentir, sortir, tenir, tossir, obtenir*, etc.

The verbs bracketed are also conjugated like model verb IIIb, just as the majority of verbs whose infinitives end in **ir**. If the verb stem ends in a vowel (*trair, obeir, oir, traduir*) a diaeresis is written over the **i** in some of the conjugation endings, except in the future and conditional tenses and not in the gerund: *traïm, traïa, traíem, traíeu, traïen, traís, traïssis, traíssiu, traïssin, traí, traïres, traírem, traíreu, traïren, traït, traïda, traint, trairé, trairia*, etc.

Examples: Quan *vaig haver cantat* i m'*haguéreu sentit*, tots us en *vau meravellar*. (When I sang and you listened to me, you were amazed). *Vas témer (temeres)* que no t'*haguéssim sentit*. (You were afraid that we hadn't heard you). Que *vàgiu servir* d'esquer! (That you acted as bait!). Ja ens ho *havíem* mig *temut*. (We had already more or less feared as much). Que *hagin perdut (vagin perdre)* el camí era cosa previsible. (That they should have lost their way was something foreseeable). Que es *perdin* i no els *hàgim* de *veure* mai més! (May they get lost and may we never have to see them again!).

MOODS OF VERBS

The Indicative Mood: Verb action is thought of as something really happening and, for this reason, existing objectively: *volia marxar* (he wanted to leave); *ara vinc* (I'm just coming); *vindré demà* (I'll come tomorrow); *he arribat tard* (I came late). The verb tense can be **present, past** or **future**.

The Subjunctive Mood: Verb action is thought of as something only existing in our mind and without objective existence outside the mind. This mood covers possibility/probability, doubt, volition: *vull que vinguis* (I want you to come); *es probable que plogui* (it'll probably rain); *si m'ho haguessis dit* (if you had told me...). The tenses can be **present** or **past**.

The Imperative Mood: This is used to give orders: *menja!* (eat!); *calla!* (be quiet!); *entreu* (come in!). However, negative commands are put in the subjunctive: *no caiguis!* (don't fall off); *no vinguis tard* (don't be late!).

ADVERBS

TIME

abans: Vindré *abans* de sopar. (I'll come before dinner).

abans d'ahir: Vam arribar *abans d'ahir*. (We arrived the day before yesterday).

ahir: *Ahir* va ploure. (Yesterday it rained).

anit: *Anit* anirem al cinema. (Tonight we're going to the cinema).

ara: *Ara* fa sol. (Now the sun is shining).

aviat: Sortirem *aviat*. (We'll be leaving soon).

avui: *Avui* hi ha vaga d'autobusos. (Today there is a bus strike).

demà: *Demà* comença el curs. (The course begins tomorrow).

demà passat: *Demà passat* és el meu aniversari. (The day after tomorrow is my birthday).

encara: *Encara* no he acabat. (I still haven't finished, I haven't finished yet).

ja: *Ja* ho he fet. (I've already done it).

llavors: *Llavors* es va posar a plorar. (Then he began to cry).

sempre: *Sempre* dius el mateix. (You always say the same).
tard: Si no ens apressem farem *tard*. (If we don't hurry up, we'll be late).

PLACE
allà: Posa-ho *allà*. (Put it over there).
amunt: Estira cap *amunt*. (Pull up [wards]).
aquí: *Aquí* no hi ha ningú. (There's no-one here).
avall: Tirarem carrer *avall*. (We'll go down the street).
baix: El pis de *baix* és buit. (The flat downstairs is empty).
dalt: És *dalt* de l'armari. (It's on top on the cupboard).
damunt: Deixa-ho *damunt* la taula. (Leave it on the table).
darrera: És *darrera* la porta. (It's behind the door).
davant: Posa't aquí *davant*. (Stand here in front).
endarrera: El cotxe anava cap *endarrera*. (The car was going backwards).
endavant: Mira *endavant*. (Look ahead).
endins: La llança ha entrat molt *endins*. (The lance has gone in very deep).
enfora: Aquesta biga surt massa *enfora*. (This beam sticks out too much).
on: No sé *on* és. (I don't know where he is).
sobre: M'ha caigut a *sobre*. (It fell on top of me).
sota: El gat és *sota* la taula. (The cat is under the table).

QUANTITY
bastant: Ho fas *bastant* bé. (You're doing it quite well).
força: La pel·lícula és *força* interessant. (The film is rather interesting).
gaire: En vols *gaire*? (How much do you want?) / Que plou *gaire*? (Is it raining a lot?).
no gaire: *No* fa *gaire* calor. (It's not very hot).
gairebé: El dipòsit és *gairebé* buit. (The tank is almost empty).
massa: Corres *massa*. (You're in too much of a hurry).
més: És *més* interessant que l'altre. (It's more interesting than the other).
menys: Has de menjar *menys*. (You must eat less).
molt: Xerres *molt*. (You talk a lot).
prou: Ja n'hi ha prou. (That's enough).
quant: *Quant* val?. (How much is it?).
tan: No era *tan* complicat com semblava. (It wasn't as complicated as it seemed).
tant: No treballis *tant*. (Don't work so hard).

MANNER
així: Fes-ho *així*. (Do it like this).
a poc a poc: Has de parlar més *a poc a poc*. (You must speak more slowly).
bé: No hi sento *bé*. (I don't hear very well).
com: *Com* ho podem solucionar? (How can we sort this out?).
de pressa: No mengis tan *de pressa*. (Don't eat so quickly).
malament: Cantes molt *malament*. (You sing very badly).
millor: Ara ja em trobo *millor*. (I feel better now).
pitjor: Cada dia ho fas *pitjor*. (You're getting worse every day).

ADJECTIVE + *ment*
ràpidament: quickly (or fast).
lentament: slowly.
astutament: cunningly.

OTHER ADVERBS
no: Negative: *No* ho sap ningú. Ningú *no* ho sap. (Nobody knows it).
   Expletive: Tinc por que *no* el trenqui. (I'm afraid he'll break it). Promet més que *no* dóna. (He promises more than he gives).
pas: No ens veurem *pas*, demà. (But we won't see each other tomorrow) / Aquest vas vessa, no estarà *pas* trencat? (This glass leaks. Could it be cracked?). No sé *pas* què t'empatolles. (I have no idea what you are talking about) / Fa més fred dintre la casa que no *pas* fora. (It's colder inside the house than outside) / No *pas* jo! (Not me!).

sí: Affirmative: Va dir: *«sí»*. (She said, «Yes»).

també: Affirmative: Que tinguis unes bones vacances! Tu *també*. (Have a nice holiday! You, too). La Teresa *també* va venir a la festa. (Teresa also came to the party). *També* hi vam anar, al parc. (We went to the park, as well).

PREPOSITIONS

UNSTRESSED PREPOSITIONS:

a:
— indirect object: Vaig portar un llibre *a* la meva mare. (I took a book to my mother).
— place, direction, time, etc.: Sóc *a* casa. (I'm at home). Viu *a* Lleida. (She lives in Lleida). Anem *a* l'escola. (We go to school). *A* les vuit. (At eight o'clock).
— in excepcional cases, direct object: Et mirava *a* tu. (She was looking at you).
— prepositional verbs: accedir *a* (to accede to), contribuir *a* (to contribute to), dedicar-se *a* (to devote oneself to), etc.

de:
— locative use: Vinc *del* despatx. (I've just come from the office).
— genitive: La botiga *de* la teva mare. (Your mother's shop).
— partitive: Una mica *de* llenya. (A little firewood). De tisores ja en tinc. (I have already got some scissors).
— prepositional verbs: adonar-se *de* (to realise), oblidar-se *de* (to forget), recordar-se *de* (to remember).

en:
— locative use, with demonstrative adjectives, **un** and **algun:** Vivia *en* aquella casa. (He used to live in that house). Ha de ser *en* algun lloc. (It must be somewhere).
— before an infinitive: *En* fer-se de dia vam marxar. (We left when dawn broke). *En* veure'l em vaig decidir a marxar. (On seeing him I decided to leave).
— prepositional verbs: pensar *en* (to think of or about).

amb:
— means, company, contact: Mullar *amb* aigua. (To wet with water). Amb la seva cosina. (With his cousin). He vingut *amb* autobús (I came by bus).

per:
— reason, cause, means, agent: Ho ha fet *per* enveja. (He did it out of envy). Ha estat pintat *per* un pintor de renom. (It was painted by a famous artist). Hem rebut les notícies *per* télex. (We got the news by telex). He vingut *per* saludar-te. (I came to say hello to you).
per a:
— Tinc notícies *per a* tu: (I'got some news for you). Cursos *per a* adults. (Adult courses).

STRESSED PREPOSITIONS
contra: Ho han fet *contra* la meva voluntat. (They did it against my will).
entre: La casa és *entre* dos turons. (The house stands between two hills) / *Entre* els convidats hi havia la reina. (Among the guests there was the queen).
malgrat: *Malgrat* la pluja he trobat taxi. (I found a taxi despite the rain).
segons: *Segons* ell, aquí no ha vingut ningú. (According to him, no-one's been here).
sense: No puc viure *sense* tu. (I can't live without you).
cap (a): Caminava a poc a poc *cap a* mi. (He was walking slowly towards me).
des de: Et vaig veure *des de* la porta. (I saw you from the door).
fins (a): Han anat *fins a* Badalona. (They went as far as Badalona). Es va quedar a casa nostra *fins* l'endemà. (He stayed at our house until the next day).
sobre: Un tractat *sobre* genètica. (A treatise on genetics). Quatre graus *sobre* zero. (Four degrees above zero).
sota: Han actuat *sota* la seva direcció. (They acted under his direction). Deu graus *sota* zero. (Ten degrees below zero).
durant: Ho va dir *durant* el sopar. (He said that during dinner). Ha plogut *durant* tres dies. (It's been raining for three days).

OTHER PREPOSITIONS

arran de: La polèmica esclatà *arran d'*unes declaracions del president. (The controversy arose out of some statements made by the chairman).

entorn de: Feien voltes *entorn de* l'arbre. (They were circling around the tree).

quant a: *Quant a* això que dius, ja ho discutirem més endavant. (As for what you're saying, we'll talk about later).

mitjançant: Ho hem aconseguit *mitjançant* un préstec. (We got it through a bank loan).

en lloc de: *En lloc d'*anar a París aniré a Varsòvia. (I'll go to Warsaw instead of Paris).

CONJUNCTIONS

COORDINATING CONJUNCTIONS

COPULATIVE

i, ni: La mare canta *i* el fillet dorm. (The mother sings and her little son sleeps). Tu no ho saps *ni* ell tampoc. (You don't know nor does he).

DISTRIBUTIVE

Adés... adés, ara ...ara (adés), mig ...mig, ni... ni, o... o, sia... sia, ja... ja, entre... i, l'una... l'altra, qui... qui, que... que, no solament... sinó (que), etc.

Examples: *Adés* riu, *adés* plora. (Now he laughs, now he cries). *Ara* guanyen, *ara (adés)* perden. (One moment they're winning, the next they're losing). *Mig* ho fa de bon grat, *mig* per força. (He does it half willingly, half of necessity). *Ni* tu ho saps, *ni* ell tampoc. (Neither you nor he knows). *O* és boig, *o* el fa. (He's either mad or pretending to be so). *Ja* rigui, *ja* plori, mai no endevines per què. (Whether he laughs or cries, you can never tell the reason). *Entre* morts *i* ferits eren més de mil. (There were more than a thousand of them, counting dead and wounded). *No solament* és ruc, *sinó que* ho sembla. (He's not only stupid, but he looks it, too).

DISJUNCTIVE

O (o bé): Hi aniré jo *o* hi aniràs tu. (Either I'll go or you). És bo, *o bé* és dolent? (Is it good, or is it bad?).

ADVERSATIVE

Ara, però, sinó, tanmateix, ans (=**sinó que**), together with the phrases **això no obstant, amb tot, així i tot, tot i (amb) això, malgrat (tot) això, més aviat**, etc.

Examples: Pot ser que tinguis raó; *ara*, no t'ho prenguis tan a la valenta! (Maybe you're right; but don't take it so much to heart!). Volíem votar *però* no ens fou possible. (We wanted to vote, but we couldn't). No és culpa d'ell, *sinó* del seu amic. (It's not his fault, but his friend's). No hi crec; *tanmateix* ho provaré. (I've got no faith in it; nevertheless, I'll give it a try). N'està ben tip; *això no obstant*, aguanta. (He's fed up with the whole business, but he's nevertheless putting up with it). Estic malalt; *amb tot*, no ho sembla. (I'm ill; yet I don't look it). Estava prou cansat; *així i tot* [(*tot i (amb) això*) (*malgrat això*)] no ha dubtat a emprendre el camí. (He was pretty tired but in spite of this he didn't hesitate to set out). No és pas blau, *més aviat* tira a verd. (It isn't blue; rather, it's greenish). No ho rebutjo, *sinó que (ans)* al contrari ho accepto agraït. (I don't reject it; on the contrary, I accept it gratefully).

CAUSAL

Car (obsolete), **que** and **perquè**.

Examples: No voldré mai el seu ajut; *car*, si l'acceptava, esdevindria el seu esclau. (I'll never want his help; because, were I to accept it, I'd become a slave to him). Riu, *que* ara, núbil, et somriu la vida! (Laugh away, because now, winsome as you are, life is all smiles!). No em diguis que no, *perquè* em faràs posar trist. (Don't say no to me, because you'll make me sad).

CONDITIONAL

Altrament (=**d'altra manera**), **si no**.

Examples: Clava-ho; *altrament* caurà. (Nail it up; otherwise it'll fall down). Estudia; *si no*, restaràs sempre un ignorant. (Study hard; otherwise you'll always be ignorant).

CONSECUTIVE

Doncs.

Examples: No deies que vingués? *Doncs* ja ha arribat. (Weren't you saying that he should come? Well, he has come!).

CONTINUATIVE

Encara, així mateix, a més de, (a) més a més, i tot, etc.

Examples: Hi ha guanyat diners, i la dona, i, *encara*, la sogra. (He's made money over it, and so too his wife and even his mother-in-law). Recorda-li el que et dic i recomana-li, *així mateix*, que no faci tard. (Remind him of what I'm telling you and, furthermore, ask him not to be late). Li atorgà el seu ajut i, *a més* ([a] *més a més*), la seva amistat. (He gave him his assistance and, moreover, his friendship). Tan forta com era, i es va trencar *i tot*! (For all its strength, it still broke!).

SUBORDINATING CONJUNCTIONS

SUBSTANTIVE-COMPLETIVE

Que: M'interessa *que* vinguis. (It's important for me that you come). S'entesta *que* es faci. (He stubbornly insists that it be done). This **que** precedes phrases functioning as a) subject or b) complement: a) No m'agrada *que* fumis. (I don't like you smoking); b) Voldria *que* vinguessis. (He would like you to come).

CAUSAL

Perquè, com que, ja que, puix, puix que, vist que, per tal com (obsolete and literary, like **puix, puix que**).

Examples: Li ho pago *perquè* s'ho mereix. (I'm paying him because he deserves it); *Com que* és tard, té son. (Since it's late, he is sleepy). *Ja que* ets peresós, et despatxo. (Seeing that you're lazy, I'm giving you the sack). *Vist que* no pots fer-hi res, deixa-ho estar. (Seeing that you can't do a thing about it, let it be).

FINAL

Perquè (with the subjunctive. NOT **per a que**), **a fi que, per tal que**.

Examples: Te'l deixo *perquè* estudiïs (I'll let you have it, so that you'll study). On the other hand: *Per què* vols el bastó? (What do you want the walking-stick for?). Dóna-li pipa, *a fi que* calli! (Give him the dummy in order to keep him quiet!). El van apallissar, *per tal que* parlés. (They beat him up to make him talk).

TEMPORAL

Quan, mentre, abans que, així que, tan aviat com, cada vegada que, d'ençà que (= **des que**), **després que, fins que**.

Examples: *Mentre* podia treballar, menjaven. (They had food to eat for as long as he was able to work). *Abans que* te'n vagis, avisa'm. (Let me know before you go). *Així que* arribis, truca'm. (Give me a ring as soon as you arrive). *Cada vegada que* hi penso, ploro. (Whenever I think about it, I cry). *D'ençà que* viuen junts, tot són renyines. (Since they've been living together, they've never stopped fighting). *Des* [*de*] *que* ha vingut no fa sinó xerrar. (He has done nothing but talk from the moment he arrived). *Després que* haurem sopat, anirem al cinema. (We'll go to the cinema after we've had dinner). Va treballar *fins que* estigué mort de son. (He worked until he was falling asleep on his feet).

Some people nowadays use colloquially *sempre que* —originally with a slight conditional sense— as a synonym of *cada vegada que*.

Example: *Sempre que* baixa em visita. (Whenever he comes down he visits me).

CONDITIONAL

Si, mentre (que), amb que, en cas que, només que, posat que, sempre que.

Examples: *Si* el veies, fes-m'ho saber. (If you see him, let me know). *Amb que* l'ajudés una mica, n'hi hauria prou. (It would be enough if you only helped him a little). *En cas que* sigui així com dius, potser té raó. (If it is as you say, he could possibly be right). *Només que* m'esperis un moment, podré acompanyar-te. (If you will only wait a moment, I'll be able to come with you). *Posat que* se'n penedeixi, la perdono. (If she is sorry for it, I'll forgive her).

Hi anirem demà, *sempre que* no plogui. (We'll go there tomorrow, provided it doesn't rain). *Si no* ho saps de cert, no ho contis. (If you're not sure of it, don't talk about it).

CONCESSIVE

Si, si bé, amb tot (i) que, bé que, baldament, encara que, malgrat que, ni que, per bé que, per més que, tot i (+ infinitive or gerund), **tot i que.**

Examples: *Si* té diners, els seus maldecaps li costen! (Money he has, but it certainly gives him a headache or two!). *Si bé* no ho sé de cert, almenys ho endevino. (Even though I don't know it for sure, at least I can guess it). *Amb tot i que* li ho vaig advertir, no me'n feu cas. (Despite my having warned him, he didn't pay any attention to me). *Bé que* no menja gaire, està prou sa. (Although he doesn't eat much, he's quite healthy). *Baldament* no ho vulguis admetre, és ell qui té raó. (Even though you won't admit it, he's the one who's right). *Encara que* no et plagui, has de venir. (Though you dislike it, you've got to come). *Malgrat que* et sàpiga greu, l'has vessada. (Although it grieves you, you've made a mistake). *Ni que* em donessin tot l'or del món, hi consentiria. (I wouldn't agree to it, were they to give me all the tea in China). *Per bé que* voldria fer el sant, sóc com els altres. (Though I'd like to pretend I'm a saint, I'm in fact no better than the rest). *Per més que* m'afalaguin els teus elogis, no me'ls crec. (However much I like to hear your praises, I don't believe in them). *Tot i volent-ho*, no podia moure's. (Even though he had wanted to, he couldn't move). *Tot i que* no em plau, vindré (Even though I don't like it, I'll come).

CONSECUTIVE

Així que, de manera que, que.

Examples: Estem mancats de verdura, *així que* n'haurem d'anar a comprar. (We're short of greens, so we'll have to go and buy some). Em trobo privat de feina i de salut, *de manera que* no tindré cap altre remei sinó anar a captar. (Here I am, sick and out of work with the result that I have no choice but to go and beg). Trobo l'espai tan curt *que* m'hi hauré de negar. (I find the space such a squeeze that I'll have to reject it).

COMPARATIVE

Tal... com (tal), tan (tant)... com, com (quant) més (menys)... més (menys), més (menys)... que, etc.

Examples: *Tal (talment)* obra, com parla. (He is as good as his word). *Tal* faràs, *tal* trobaràs. (Do as you would be done by). *Tan* aviat diu que sí, *com* que no. (One moment he is saying yes, the next, no). *Com (quant) més* ho assegura, *menys* ho crec. (The more he assures me of it, the less I believe it). Parla *més que* no obra. (He talks a lot more than he acts). Fa *menys que no* diu. (He does less than he says).

MODAL

Com, així com, com si, segons com (que), etc.

Examples: *(Així) com* vesteix ella, ho fa la seva germana. (Her sister dresses just as she does). *Com si* fos veritat el que diu, es fa l'important. (He makes out he's important, as if what he says were true). *Segons com* tractis els altres, *(així)* els altres faran amb tu. (Just as you treat others, so they will treat you).

COMMON CATALAN SUFFIXES

-able, -ible:	are equivalent to the English suffixes **-able, -ible**: *respectable* (respect*able*); *possible* (poss*ible*)
-ació, -ada, -ança/-ença, -atge, -ment, -ció:	are equivalent to **-ment, -tion, -sion, -ing**, in words denotating action or effect: *solució* (solu*tion*); *partença* (leav*ing*)
-ada, -alla, -am, -atge, -eria:	group or collection of: *cadiram* (set of chairs); *cristalleria* (glassware); *gentada* (crowd)
-all, -ar, -eda, -ori:	place: *dormitori* (bedroom), *amagatall* (hiding place)
-all, -et, -dor/-dora:	instrument, tool, machine: *raspall* (brush); *ganivet* (knife); *aspirador* (vacuum cleaner)
-at, -ia:	are equivalent to **-dom, -ship, -cy** for state, office, place: *capitania* (captain*cy*); *ciutadania* (citizen*ship*)
-aire, -er/-era, -ista, -or/-ora, -òleg/-òloga:	are equivalent to **-ist, -er** for occupation or profession: *periodista* (journal*ist*); *biòloga* (biolog*ist*), *forner* (bak*er*)
-at/-ada, -ible, -ós/-osa, -ut/-uda:	are equivalent to **-ed, -ing, -ous, -able** for quality: *comprensible* (understand*able*); barb*ut* (beard*ed*); *famós* (fam*ous*)
-às/-assa, -arro/-arra, -ot/-ota:	are augmentative endings
-et/-eta, -í/-ina, -ó/-ona:	are diminutive endings
-esa, -itat/-etat, -etud/-itud, -ió, -ia, -ència/-ància:	are equivalent to **-ence, -ness, -ity, -hood** for qualitites: *paciència* (pati*ence*); *ambigüitat* (ambigu*ity*)
-ment:	are equivalent to **-ly**: *seriosament* (serious*ly*); *ràpidament* (rapid*ly*)
-íssim/-íssima:	is the superlative ending

ENGLISH–CATALAN

ABBREVIATIONS

a.: adjective
abbr., *abbr.*: abbreviation
adv.: adverb
adv. phr.: adverbial phrase
AER.: aeronautics
AGR.: agriculture
ANAT.: anatomy
ant.: antiquated
ARCH.: architecture
ARITH.: arithmetic
art.: article
ARTILL.: artillery
ASTR.: astronomy
ASTROL.: astrology
AUTO.: automobile
AVIAT.: aviation

(BAL.): Balearic Islands
BIOL.: biology
BOT.: botany

cast.: castellanism
CHEM.: chemistry
CIN.: cinema
coll.: colloquial
COMM.: commerce
COMP.: computers
COND.: conditional
conj.: conjunction
CONJUG.: conjugation
CONSTR.: building industry
contr.: contraction
COOK.: cookery
cop.: copulative
COSM.: cosmetics

dem.: demonstrative
dim.: diminutive
DRAW.: drawing

ECCL.: ecclesiology
ECON.: economy
EDUC.: education
ELECTR.: electricity
ENT.: entomology
esp.: especially

f.: feminine
fig.: figurative
Fut.: future

GARD.: gardening
(G.B.): Great Britain
GEMM.: gemmology
GEOGR.: geography
GEOL.: geology
GEOM.: geometry
GER.: gerund
GRAMM.: grammar

HERALD.: heraldry
HIST.: history

i.: intransitive verb
ICHTHY.: ichthyology
imper.: impersonal
IMPERAT.: imperative
Imperf.: imperfect
IND.: industry
indef.: indefinite
INDIC.: indicative
interj.: interjection
interr.: interrogative
iron.: ironic(al)

JOURN.: journalism

LING.: linguistics
lit.: literary
LIT.: literature
LITURG.: liturgy

m.: masculine
MAR.: maritime
MATH.: mathematics
MECH.: mechanics
MED.: medicine
METALL.: metallurgy
METEOR.: meteorology
MIL.: military
MIN.: mining
MINER.: mineralogy
MUS.: music
MYTH.: mythology

NAUT.: nautical
(N.-O.): North-Western Catalan
num.: numeral
NUMIS.: numismatics

(OCC.): Western Catalan

OPT.: optics
ORNIT., ORNITH.: ornithology

p.: pronominal
P.A..: performing arts
pej.: pejorative
Perf.: perfect
pers.: personal
PHIL.: philosphy
phr.: phrase
PHYS.: physics
PHYSIOL.: physiology
PHON.: phonology
PHOT.: photography
pl.: plural
poet.: poetical
POL.: politics
poss.: possessive
P. P.: past participle
pr. n.: proper noun
pr. p.: present participle
prep.: preposition
prep. phr.: prepositional phrase
Pres.: present
PRINT.: printing
pron.: pronoun
PSYCH.: psychology

RADIO: radio
RAIL.: railway

REL.: religion
RHET.: rhetorics
(ROSS.): Roussillon

SEW.: sewing
sing.: singular
sl.: slang
SP.: sports
SUBJ.: subjunctive

t.: transitive verb
TECH.: technology
TEXT.: textile
THEATR.: theatre
TRANS.: transport
T.V.: television
TYPOGR.: typography
(USA): United States of America
usu.: usually

(VAL.): Valencia
VIT.: viticulture
vulg.: vulgarism

ZOOL.: zoology

■ change of grammatical category
▲ grammatical explanations
‖ introduces phraseology
~ substitutes headword

A

a (ei, ə) **an** (ən, æn) *art. indef.* un *m.*, una *f.*

A. A. (ˌei ˈei) *s.* (*Automobile Association*) associació *f.* de l'automòbil.

Aachen (ˈɑːkən) *n. pr.* GEOGR. Aquisgrà.

aback (əˈbæk) *adv.* cap enrera [esp. nàutica]. ‖ *to be taken ~*, quedar-se parat, desconcertat. 2 NÀUT. en fatxa.

abandon (to) (əˈbændən) *t.* abandonar. ▪ 2 *p. to ~ oneself*, abandonar-se.

abandonment (əˈbændənmənt) *s.* abandó *m.*, abandonament *m.* 2 impulsivitat *f.*, irreflexió *f.*

abase (to) (əˈbeis) *t.* humiliar, avergonyir, rebaixar.

abash (to) (əˈbæʃ) *t.* avergonyir. 2 *to be ~ed*, quedar confós.

abate (to) (əˈbeit) *t.* reduir, disminuir [violència]. ▪ 2 *i.* minvar, amainar, afluixar [el vent, la pluja, etc.].

abbey (ˈæbi) *s.* abadia *f.*

abbot (ˈæbət) *s.* abat *m.*

abbreviate (to) (əˈbriːvieit) *t.* abreujar, abreviar.

abbreviation (əbriːviˈeiʃən) *s.* abreviació *f.* 2 abreviatura *f.*

ABC (ˌei biːˈsi) *s.* abecé *m.*

abdicate (to) (ˈæbdikeit) *t.-i.* abdicar *t.*

abdication (ˌæbdiˈkeiʃən) *s.* abdicació *f.*

abdomen (ˈæbdəmen) *s.* ANAT. abdomen *m.*

abdominal (æbˈdɔminl) *a.* abdominal.

abduct (to) (æbˈdʌkt) *t.* liter. raptar.

abduction (æbˈdʌkʃən) *s.* liter. rapte *m.*

aberration (ˌæbəˈreiʃən) *s.* aberració *f.*

abet (to) (əˈbet) *t.* incitar. 2 LOC. DRET *to aid and ~*, ésser còmplice de.

abeyance (əˈbeiəns) LOC. DRET *to be in ~*, estar en suspens.

abhor (to) (əbˈhɔːʳ) *t.* avorrir, detestar.

abhorrence (əbˈhɔrəns) *s.* avorriment *m.*, odi *m.*

abhorrent (əbˈhɔrənt) *a.* detestable, odiós.

abide (to) (əˈbaid) *i.* ant. habitar. 2 romandre. 3 *to ~ by,* atenir-se *p.* a. ▪ 4 *t.* suportar, aguantar. ▲ Pret. i p. p.: *abode* (əˈboud) o *abided* (əˈbaidid).

abiding (əˈbaidiŋ) *a.* permanent; perdurable.

ability (əˈbiliti) *s.* capacitat *f.*, aptitud *f.* 2 talent *m.*

abject (ˈæbdʒekt) *a.* abjecte, roí.

abjection (æbˈdʒekʃən) *s.* abjecció *f.*

abjure (to) (əbˈdʒuəʳ) *t.* abjurar.

ablaze (əˈbleiz) *adv.-a.* abrandat *a.* 2 *a.* fig. resplendent.

able (ˈeibl) *a.* capaç, apte. ‖ *to be ~ to,* saber [fer alguna cosa]: *I'll buy you a car when you are ~ to drive,* et compraré un cotxe quan sàpigues conduir; poder: *will you be ~ to come?,* podràs venir?

ABM (ˌeibiːˈem) *s.* (*anti-ballistic missile*) míssil *m.* antibalístic.

abnegation (ˌæbniˈgeiʃən) *s.* renúncia *f.*, abnegació *f.*

abnormal (æbˈnɔːməl) *a.* anormal. 2 insòlit.

abnormality (ˌæbnɔːˈmæliti) *s.* anomalia *f.* 2 monstruositat *f.*

aboard (əˈbɔːd) *prep.* dalt de [tren, avió, vaixell, etc.]. ▪ 2 *adv.* a bord.

abode (əˈboud) Veure ABIDE (TO) ▪ 2 *s.* habitacle *m.*, domicili *m.*

abolish (to) (əˈbɔliʃ) *t.* abolir, suprimir.

abolition (ˌæbəˈliʃən) *s.* abolició *f.*, supressió *f.*

A-bomb (ˈeibɔm) *s.* (*atomic bomb*) bomba *f.* atòmica.

abominate (to) (əˈbɔmineit) *t.* abominar.

abomination (əˌbɔmiˈneiʃən) *s.* abominació *f.*

aboriginal (ˌæbəˈridʒənəl) *a.-s.* aborigen, indígena.

aborigines (ˌæbəˈridʒiniːz) *s. pl.* aborígens, indígenes.

abort (to) (əˈbɔːt) *i.* avortar.

abortion (ə'bɔːʃən) *s.* avortament *m.*

abound (to) (ə'baund) *i.* abundar.

about (ə'baut) *prep.* per, en: *to travel ~ the world,* viatjar pel món. *2* prop de, pels volts de, al voltant de: *~ the park,* prop del parc. *3* quant a, sobre, relatiu a: *to speak ~,* parlar de. *4 how* o *what ~ that?,* què et sembla? [per demanar informació i fer suggeriments]. ■ *5 adv.* aproximadament, cap allà, entorn de: *she came ~ 10 o'clock,* va venir cap allà les deu. *6 loc. adv. ~ to,* a punt de.

above (ə'bʌv) *prep.* dalt (de), damunt (de). *2* superior a, major de, més de [números]. *3 loc. prep. ~ all,* sobretot *adv.* ■ *4 adv.* (a) dalt; (al) damunt. *5* més amunt [text]. ■ *6 a.* anterior: *the ~ paragraph,* el paràgraf anterior.

abrasion (ə'breiʒən) *s.* abrasió *f.;* encetament [de la pell] *m.*

abreast (ə'brest) *adv.* de costat: *four ~,* quatre de costat.

abridge (to) (ə'bridʒ) *t.* abreviar; resumir; compendiar.

abridg(e)ment (ə'bridʒmənt) *s.* resum *m.;* compendi *m.*

abroad (ə'brɔːd) *adv.* a fora, a l'estranger: *to go ~,* anar a l'estranger. *2 there is a rumour ~,* corren rumors de.

abrogate (to) ('æbrəugeit) *t.* abrogar.

abrupt (ə'brʌpt) *a.* abrupte. *2* rost [terreny]. *3* inconnex [estil]. ■ *4 -ly adv.* sobtadament; precipitadament.

abruptness (ə'brʌptnəs) *s.* brusquedat *f.* *2* rost *m.*

abscess ('æbses) *s.* MED. abscés *m.*

abscond (to) (əb'skɔnd) *i.* fugir; escapolir-se *p.*

absence ('æbsəns) *s.* absència *f.* *2* falta *f.* d'assistència. *3 ~ of mind,* distracció *f.*

absent ('æbsənt) *a.* absent.

absent-minded (ˌaebsənt'maindid) *a.* distret.

absent (to) ('æbsent) *p.* absentar-se.

absentee (ˌæbsən'tiː) *s.* absent.

absinth(e ('æbsinθ) *s.* absenta *f.*

absolute ('æbsəluːt) *a.* absolut; complet; total. *2* pur: *~ alcohol,* alcohol pur. ■ *3 s. the ~,* l'absolut *m.*

absolution (ˌæbsə'luːʃən) *s.* absolució *f.*

absolutism ('æbsəluːtizəm) *s.* absolutisme *m.*

absolve (to) (əb'zɔlv) *t.* absoldre.

absorb (to) (əb'sɔːb) *t.* absorbir. ‖ *to be ~ ed in (by),* estar absort en. ‖ *to become ~ ed in,* abstreure's *p.* en.

absorbent (əb'sɔːbənt) *a.* absorbent. ■ *2 s.* absorbent *m.*

absorbing (əb'sɔːbiŋ) *a.* absorbent. *2* interessant [treball, etc.].

absorption (əb'sɔːpʃən) *s.* absorció *f.,* absorbiment *m.* *2* abstracció *f.* [mental].

abstain (to) (əb'stein) *i.* abstenir-se *p.*

abstemious (æb'stiːmjəs) *a.* abstemi.

abstention (æb'stenʃən) *s.* abstenció *f.*

abstinence ('æbstinəns) *s.* abstinència *f.*

abstinent ('æbstinənt) *a.* abstinent.

abstract ('æbstrækt) *a.* abstracte. *2 s.* extracte *m.,* resum *m.*

abstract (to) (æb'strækt) *t.* extreure. *2* sostreure [robar]. *3* resumir; compendiar. *4 p. to ~ oneself,* abstreure's.

abstraction (æb'strækʃən) *s.* abstracció *f.*

abstruse (æb'struːs) *a.* abstrús, difícil.

absurd (əb'sɔːd) *a.* absurd, ridícul.

absurdity (əb'sɔːditi) *s.* absurd *m.,* absurditat *f.*

abundance (ə'bʌndəns) *s.* abundància *f.*

abundant (ə'bʌndənt) *a.* abundant.

abuse (ə'bjuːs) *s.* abús *m.* *2* maltractament *m.;* insult *m.*

abuse (to) (ə'bjuːz) *t.* abusar de *i.* *2* maltractar.

abusive (ə'bjuːsiv) *a.* abusiu. *2* injuriós. ■ *3 -ly adv.* de manera insultant.

abyss (ə'bis) *s.* abisme *m.*

A.C. ('eisiː) *s.* ELECT. *(alternating corrent)* corrent *m.* altern.

acacia (ə'keiʃə) *s.* BOT. acàcia *f.*

academic (ˌækə'demik) *a.-s.* acadèmic *m.*

academy (ə'kædəmi) *s.* acadèmia *f.*

accede (to) (æk'siːd) *i.* accedir. *2* prendre possessió [càrrec]. *3* pujar [al tron].

accelerate (to) (ək'seləreit) *t.-i.* accelerar.

acceleration (əkˌselə'reiʃən) *s.* acceleració *f.*

accelerator (ək'seləreitəʳ) *s.* accelerador *m.*

accent ('æksənt) *s.* accent *m.*

accent (to) (æk'sent) *t.* accentuar.

accentuate (to) (ək'sentjueit) *t.* fig. intensificar. *2* accentuar.

accentuation (əkˌsentju'eiʃən) *s.* accentuació *f.*

accept (to) (ək'sept) *t.* acceptar. *2* admetre.

acceptable (ək'septəbl) *a.* acceptable. *2* adequat.

acceptance (ək'septəns) *s.* acceptació *f.;* acolliment *m.*

acceptation (ˌæksep'teiʃən) *s.* accepció *f.*

accesible (æk'sesibl) *a.* accessible. *2* assequible.

access ('ækses) *s.* accés *m.*

accession (æk'seʃən) *s.* accessió *f.* *2* adveniment *m.* [al tron]. *3* augment *m.* *4* adquisició *f.*

accessory (æk'sesəri) *a.* accessori. ■ *2 s.* accessori *m.: car accessories,* accessoris de cotxe.

accident ('æksidənt) *s.* accident *m.* 2 LOC. *by* ~, per casualitat *f.* 3 contratemps *m.*

accidental (ˌæksi'dentl) *a.* accidental, fortuït. ■ *2* -**ly** *adv.* accidentalment; casualment.

acclaim (to) (ə'kleim) *t.* aclamar.

acclamation (ˌæklə'meiʃən) *s.* aclamació *f.*

acclimatize (to) (ə'klaimətaiz) *t.* aclimatar. ■ *2 i.* aclimatar-se *p.*

accolade ('ækəleid) *s.* bescollada *f.* [investidura de cavallers]. 2 elogi *m.;* guardó *m.*

accommodate (to) (ə'kɔmədeit) *t.* adaptar. 2 allotjar. ■ *3 i.* adaptar-se *p.;* acomodar-se *p.*

accommodating (ə'kɔmədeitiŋ) *a.* servicial, atent.

accommodation (əˌkɔmə'deiʃən) *s.* allotjament *m.* 2 ~ *loan,* préstec *m.;* pagaré *m.* de favor.

accompaniment (ə'kʌmpənimənt) *s.* acompanyament *m.*

accompany (to) (ə'kʌmpəni) *t.* acompanyar (*with, by,* de). ■ *2 i.* MÚS. acompanyar (*on,* amb).

accomplice (ə'kɔmplis) *s.* còmplice.

accomplish (to) (ə'kɔmpliʃ) *t.* acomplir; dur a terme.

accomplished (ə'kɔmpliʃt) *a.* complet, consumat. 2 distingit; cultivat.

accomplishment (ə'kɔmpliʃmənt) *s.* realització *f.* 2 assoliment *m.* 3 *pl.* qualitats *f.*

accord (ə'kɔːd) *s.* acord *m.;* pacte *m.;* conveni *m.* ‖ *with one* ~, unànimement *adv.* 2 acord *m.,* harmonia *f.* ‖ *of one's own* ~, de bon grat *adv.*

accord (to) (ə'kɔːd) *t.* concedir. ■ *2 i.* harmonitzar; concordar (*with,* amb).

according (ə'kɔːdiŋ) *loc. prep.* ~ *to,* segons.

accordingly (ə'kɔːdiŋli) *adv.* en conseqüència, conseqüentment. 2 per tant.

accordion (ə'kɔːdjən) *s.* acordió *m.*

accost (to) (ə'kɔst) *t.* abordar, adreçar-se *p.* a.

account (ə'kaunt) *s.* compte *m.* ‖ COM. *current* ~, compte corrent; *deposit* ~, compte a terme fix; *joint* ~, compte indistint; *savings* ~, compte d'estalvis. ‖ *profit and loss* ~, balanç *m.* de guanys i pèrdues; *statement of* ~, estat *m.* de comptes. 2 informe *m.,* relació *f.* (*of,* de). 3 MÚS. versió *f.,* interpretació *f.* 4 *to take into* ~, tenir en compte. 5 LOC. *by* o *from all* ~*s,* segons sembla, pel que es diu. ‖ *of no* ~, sense importància. ‖ *on* ~ *of,* a causa de. ‖ *on no* ~, de cap de les maneres.

account (to) (ə'kaunt) *i. to* ~ *for,* respondre (a; de); explicar *t.;* justificar *t.: that* ~*s for his attitude,* això justifica la seva actitud. ‖ *there is no* ~ *ing for tastes,* sobre gustos no

hi ha res escrit. 2 destruir, matar. ■ *3 t.* considerar.

accountable (ə'kauntəbl) *a.* responsable (*for,* de; *to,* davant).

accountancy (ə'kauntənsi) *s.* comptabilitat *f.*

accountant (ə'kauntənt) *s.* comptable.

accounting (ə'kauntiŋ) *s.* Veure ACCOUNTANCY.

accredit (to) (ə'kredit) *t.* acreditar. 2 reconèixer. 3 atribuir.

accrue (to) (ə'kruː) *i.* ECON. augmentar; acumular-se *p.* ‖ ~*d interest,* interès *m.* acumulat ‖ ~*d income,* renda *f.* acumulada.

accumulate (to) (ə'kjuːmjuleit) *t.* acumular; apilar. ■ *2 i.* acumular-se *p.;* apilar-se *p.*

accumulation (əˌkjuːmju'leiʃən) *s.* acumulació *f.*

accumulator (ə'kjuːmjuleitəʳ) *s.* ELECT., INFORM. acumulador *m.*

accuracy ('ækjurəsi) *s.* precisió *f.;* exactitud *f.*

accurate ('ækjurit) *a.* precís; exacte.

accusation (ˌækjuː'zeiʃən) *s.* acusació *f.* ‖ *to bring an* ~, presentar una denúncia. 2 imputació *f.,* càrrec *m.*

accusative (ə'kjuːzətiv) *a.-s.* GRAM. acusatiu *m.*

accuse (to) (ə'kjuːz) *t.* acusar: *to* ~ *somebody of theft,* acusar algú de robatori; *to be* ~*d of something,* ésser acusat d'alguna cosa.

accused (ə'kjuːzd) *s.* DRET acusat. Veure també DEFENDANT.

accuser (ə'kjuːzəʳ) *s.* acusador.

accusing (ə'kjuːziŋ) *a.* acusatori. ■ *2* -**ly** *adv.* d'una manera acusatòria.

accustom (to) (ə'kʌstəm) *t.* acostumar. ■ *2 p. to become* ~ *ed* o *to* ~ *oneself to,* acostumar-se a.

accustomed (ə'kʌstəmd) *a.* acostumat.

ace (eis) *s.* as *m.*

ache (eik) *s.* dolor *m.* (i *f.*), mal *m.: head* ~, mal de cap; *tooth* ~, mal de queixal.

ache (to) (eik) *i.* fer mal, tenir mal (de): *my head* ~*s,* em fa mal el cap.

achieve (to) (ə'tʃiːv) *t.* dur a terme, realitzar: *he will never* ~ *anything,* no farà mai res de bo. 2 aconseguir [un fi]; arribar a *i.*

achievement (ə'tʃiːvmənt) *s.* realització *f.* 2 consecució *f.* 3 èxit *m.* [resultat]. 4 proesa *f.*

acid ('æsid) *a.* àcid. ■ *2 s.* àcid *m.*

acidity (ə'siditi) **acidness** ('æsidnis) *s.* acidesa *f.*

acid rain (ˌæsid'rein) *s.* pluja *f.* àcida.

acid test ('æsidˌtest) *s.* fig. prova *f.* de foc.

acknowledge (to) (ək'nɔlidʒ) *t.-p.* reconèixer; confessar. 2 *t.* agrair [exterioritzar agraïment]. *3 to ~ receipt,* acusar recepció, rebuda.

acknowledgment (ək'nɔlidʒmənt) *s.* reconeixement *m.,* confessió *f.* 2 agraïment *m.* 3 acusament *m.* de recepció.

acme ('ækmi) *s.* acme *f.,* súmmum *m.,* cima *f.*

acne ('ækni) *s.* MED. acne *f.*

acolyte ('ækəlait) *s.* acòlit *m.*

acorn ('eikɔːn) *s.* BOT. gla. *f.* (i *m.*).

acoustic (ə'kuːstik) *a.* acústic.

acoustics (ə'kuːstiks) *s.* acústica *f.*

acquaint (to) (ə'kweint) *t.-p.* assabentar (*with,* de); informar; posar al corrent: *to be ~ ed with,* conèixer; tenir tracte amb.

acquaintance (ə'kweintəns) *s.* coneixença *f.* 2 tracte *m.,* relació *f.* 3 conegut [pers.].

acquiesce (to) (,ækwi'es) *i.* consentir (*in,* a). 2 acceptar *t.* 3 sotmetre's *p.* (*in,* a).

acquiescence (,ækwi'esəns) *s.* aquiescència *f.,* conformitat *f.*

acquire (to) (ə'kwaiə') *t.* adquirir. ‖ *to ~ a taste for,* agafar gust a. 3 obtenir, aconseguir.

acquirement (ə'kwaiəmənt) *s.* adquisició. 2 *pl.* coneixements *m.*

acquisition (,ækwi'ziʃən) *s.* adquisició *f.*

acquisitive (ə'kwizitiv) *a.* cobdiciós; acaparador.

acquit (to) (ə'kwit) *t.* absoldre; exculpar. ■ 2 *p. to ~ oneself,* comportar-se. ‖ *to ~ oneself well,* sortir-se'n bé.

acquittal (ə'kwitl) *s.* DRET absolució *f.,* exculpació *f.* 2 descàrrec *m.* [un deute].

acquittance (ə'kwitəns) *s.* liquidació *f.,* pagament *m.* [un deute].

acre ('eikə') *s.* MÈTR. acre *m.* [40, 47 àrees].

acreage ('eikəridʒ) *s.* superfície *f.,* extensió *f.* [en acres].

acrimonious ('ækri'mounjəs) *a.* acrimoniós. 2 agre. 3 aspre. 4 mordaç.

acrimoniousness (æ'kri'mounjəsnis) , **acrimony** ('ækriməni) *s.* acritud *f.* 2 acrimònia *f.* 3 aspresa *f.*

acrobat ('ækrəbæt) *s.* acròbata *f.*

acrobatics (,ækrə'bætiks) *s.* acrobàcia *f.*

across (ə'krɔs) *prep.* a través: *to walk ~ the street,* travessar el carrer ‖ a l'altre costat, a l'altra banda: *my mother lives ~ the street,* la meva mare viu a l'altra banda del carrer. ■ 2 *adv.* de través; en creu; pel mig; d'un costat a l'altre.

act (ækt) *s.* acte *m.,* fet *m.,* acció *f.* ‖ *in the (very) ~ of,* en el moment de, in fraganti, mentre. 2 *~ of God,* força *f.* major. *3* TEAT. acte *m.* 4 DRET llei *f.* 5 número *m.* [món de l'espectacle]. 6 col·loq. fingiment *m.,* comèdia *f.*: *to put on an ~,* fer comèdia.

act (to) (ækt) *i.* obrar, actuar, comportar-se *p.,* fer de: *to ~ as referee,* fer d'àrbitre. 2 TEAT. actuar. ■ *3 t.* fer, representar, interpretar [un paper]. ‖ *don't ~ the fool,* no facis el ruc.

acting ('æktiŋ) *a.* interí, suplent. ■ *2 s.* TEAT. representació *f.* 3 professió *f.* d'actor.

action ('ækʃən) *s.* acció *f.* 2 DRET. acció *f.;* demanda *f.* ‖ *to bring an ~ against somebody,* presentar una demanda contra algú.

activate (to) ('æktiveit) *t.* activar.

active ('æktiv) *a.* actiu. 2 viu, enèrgic, vigorós. *3* en activitat. ■ *5 -ly adv.* activament, enèrgicament.

activity (æk'tiviti) *s.* activitat *f.*

actor ('æktə') *s.* actor *m.*

actress ('æktrəs) *s.* actriu *f.*

actual ('æktjuəl) *f.* real, veritable, concret. ‖ LOC. *in ~ fact,* de fet, en realitat.

actually ('æktʃuəli) *adv.* de fet, en efecte, efectivament, realment. 2 fins i tot: *he not only insulted me; he ~ hit me!,* no tan sols em va insultar; fins i tot em va pegar!

actuary ('æktʃuəri) *s.* actuari *m.* d'assegurances.

actuate (to) ('æktʃueit) *t.* MEC. accionar, impulsar.

acumen (ə'kjuːmen) *s.* perspicàcia *f.* ‖ *business ~,* bona vista pels negocis.

acute (ə'kjuːt) *a.* agut. 2 greu, crític [malaltia]. ■ *3 -ly adv.* agudament, amb agudesa.

acuteness (ə'kjuːtnis) *s.* agudesa *f.*

A.D. (ei'diː) (Anno Domini) d. C (després de Crist).

Adam ('ædəm) *n. pr.* Adam *m.* 2 ANAT. *~'s apple,* nou *f.* [del coll].

adamant ('ædəmənt) *a.* inexorable, inflexible. ■ *2 s.* diamant *m.*

adapt (to) (ə'dæpt) *t.-p.* adaptar.

adaptable (ə'dæptəbl) *a.* adaptable.

adaptation (,ædæp'teiʃən) *s.* adaptació *f.,* versió *f.*

add (to) (æd) *t.* afegir, agregar, sumar, addicionar. ‖ *to ~ in,* afegir, incloure; *to ~ together, to ~ up,* sumar. 2 MAT. sumar. ■ *3 i.* augmentar, acréixer *t.,* engrandir *t.: to ~ to,* augmentar, engrandir; *to ~ up to,* sumar *t.,* pujar a. 4 fig. voler dir, venir a ésser. ‖ *it doesn't ~ up to much,* no té gaire importància.

adder ('ædə') *s.* ZOOL. vibra *f.,* escurçó *m.*

addict ('ædikt) *s.* partidari, entusiasta. 2 *drug ~,* toxicòman.

addict (to) (ə'dikt) *t.-p.* tornar o fer addicte. ‖ *to be ~ ed to,* ésser addicte a. ▲ esp. passiva.

addicted (ə'diktid) *a.* afeccionat; entusiasta; addicte.

addiction (ə'dikʃən) *s.* inclinació *f.*, afecció *f.* 2 *drug* ~, toxicomania *f.*

addition (ə'diʃən) *s.* addició *f.*, afegidura *f.*, afegit *m.* 2 MAT. addició *f.*, suma *f.* 3 *loc. adv. in* ~, a més a més; *in* ~ *to*, a més a més de.

additional (ə'diʃənl) *a.* addicional, suplementari, de més.

additionally (ə'diʃənəli) *adv.* a més a més.

addle-brained ('ædlbreind) *a.* cap *m.* buit, capsigrany *m.*

addled ('ædld) *a.* podrit [ou].

address (ə'dres) *s.* adreça *f.* 2 *form of* ~, tractament *m.* [verbal i escrit]. 3 discurs *m.* 4 *public* ~ *system,* sistema *m.* de megafonia *m.*

address (to) (ə'dres) *t.* parlar, adreçar-se *p.*, dirigir-se *p.* 2 trametre, enviar [correspondència].

addressee (ˌædre'si:) *s.* destinatari *m.*

adduce (to) (ə'dju:s) *t.* adduir.

adept ('ædept) *a.* expert, hàbil. ■ 2 *s.* expert.

adequacy ('ædikwəsi) *s.* suficiència *f.*, adequació *f.*

adequate ('ædikwit) *a.* adequat, suficient, satisfactori. ■ 2 -ly *adv.* adequadament.

adhere (to) (əd'hiəʳ) *i.* adherir *i.-t.* adherir-se *p.*, enganxar-se *p.*, enganxar *t.*

adherence (əd'hiərəns) *s.* adhesió *f.*, adherència *f.*

adherent (əd'hiərənt) *a.* adherent, adhesiu. ■ 2 *s.* partidari, simpatitzant.

adhesion (əd'hi:ʒən) *s.* adherència *f.* 2 adhesió *f.*

adhesive (əd'hi:siv) *a.* adhesiu.

adjacent (ə'dʒeisənt) *a.* adjacent, contigu, del costat: ~ *room,* l'habitació del costat.

adjective ('ædʒiktiv) *a.* adjectiu. ■ 2 *s.* adjectiu *m.*

adjoining (ə'dʒɔiniŋ) *a.* contigu, del costat: ~ *bedrooms,* habitacions contígües.

adjourn (to) (ə'dʒə:n) *t.* ajornar, interrompre, suspendre [la sessió]. ■ 2 *i.* ajornar-se *p.* 3 traslladar-se *p.* [persones].

adjournment (ə'dʒə:nmənt) *s.* ajornament *m.*

adjudge (to) (ə'dʒʌdʒ) *t.* adjudicar. 2 jutjar [un assumpte]. ■ 3 *i.* dictar *t.* [sentència]; decidir *t.* de donar [un premi].

adjunct ('ædʒʌŋkt) *s.* adjunt *m.*, accessori *m.*

adjure (to) (ə'dʒuəʳ) *t.* implorar, adjurar.

adjust (to) (ə'dʒʌst) *t.-p.* ajustar; adaptar. 2 *t.* arranjar. 3 modificar.

adjustment (ə'dʒʌstmənt) *s.* ajust *m.*; arranjament *m.* 2 canvi *m.*, modificació *f.*

adman ('ædmæn) *s.* professional de la publicitat.

admass ('ædmæs) *s.* part de la població influïda pels mitjans de publicitat.

administer (to) (əd'ministə) *t.-i.* administrar *t.* 2 *t.* donar. 3 aplicar.

administration (ədˌminis'treiʃən) *s.* govern *m.*, administració *f.* 2 administració [sacrament, jurament, càstig, etc.].

administrator (əd'ministreitəʳ) *s.* administrador; governant.

admirable ('ædmərəbl) *a.* admirable.

admiral ('ædmərəl) *s.* almirall *m.*

admiralty ('ædmərəlti) *s.* almirallat *m.* 2 Ministeri *m.* de la Marina.

admiration (ˌædmə'reiʃən) *s.* admiració *f.*

admire (to) (əd'maiəʳ) *t.* admirar.

admirer (əd'maiərəʳ) *s.* admirador.

admission (əd'miʃən) *s.* admissió *f.*, entrada *f.*, accés *m.*: ~ *free,* entrada lliure; *no* ~, prohibida l'entrada. 2 reconeixement *m.*; acceptació *f.*: ~ *of guilt,* reconeixement *m.* de culpabilitat.

admit (to) (əd'mit) *t.* admetre, deixar entrar [a un local, a una festa, etc.]. 2 reconèixer, confessar.

admittance (əd'mitəns) *s.* admissió *f.*, entrada *f.*: *no* ~, prohibida l'entrada.

admittedly (əd'mitidli) *adv.* sens dubte: *he is* ~ *a great writer,* és, sens dubte, un gran escriptor. 2 ~, *she is very pretty,* s'ha de reconèixer que és molt bonica.

admonish (to) (əd'mɔniʃ) *t.* amonestar, reprendre. 2 prevenir, avisar. 3 aconsellar.

admonition (ˌædmə'niʃən) *s.* reprensió *f.*, amonestació *f.* 2 advertència *f.* 3 consell *m.*

adolescence (ˌædə'lesəns) *s.* adolescència *f.*

adolescent (ˌædə'lesənt) *a.-s.* adolescent.

adopt (to) (ə'dɔpt) *t.* adoptar; acceptar [un suggeriment]. 2 aprovar [una moció, un informe].

adoption (ə'dɔpʃən) *s.* adopció *f.* ‖ *country of* ~, país *m.* adoptiu.

adoptive (ə'dɔptiv) *a.* adoptiu: ~ *son,* fill adoptiu.

adorable (ə'dɔ:rəbl) *a.* adorable.

adoration (ˌædɔ:'reiʃən) *s.* adoració *f.*

adore (to) (ə'dɔ:ʳ) *t.* adorar. 2 coŀloq. encantar: *I* ~ *London,* m'encanta Londres.

adorn (to) (ə'dɔ:n) *t.* adornar.

adornment (ə'dɔ:nmənt) *s.* adorn *m.*, adornament *m.*

adrift (ə'drift) *adv.-a.* a la deriva, sense direcció. ‖ fig. *to turn somebody* ~, deixar algú desemparat.

adulation (ˌædju'leiʃən) *s.* adulació *f.*

adult ('ædʌlt) *a.* adult: ~ *education,* educació d'adults. ■ 2 *s.* adult.

adulterate (to) (ə'dʌltəreit) *t.* adulterar, desnaturalitzar.

adulteration (ə,dʌltə'reiʃən) *s.* adulteració *f.*

adulterer (ə'dʌltərəʳ) *s.* adúlter *m.*

adulteress (ə'dʌltəris) *s.* adúltera *f.*

adulterous (ə'dʌltərəs) *a.* adúlter.

adultery (ə'dʌltəri) *s.* adulteri *m.*

advance (əd'vɑːns) *s.* avanç *m.*, avançament *m.*, avenç *m.* ‖ *to book in* ~, reservar anticipadament. *2* COM. avançament *m.*, pagament *m.* anticipat.

advance (to) (əd'vɑːns) *t.* avançar. *2* proposar, exposar [idees, etc.]. *3* anticipar, avançar [diners]. *4* ascendir [persones]. ▪ *5 i.* avançar, avançar-se *p.* 6 pujar, apujar-se *p.* [preus].

advanced (əd'vɑːnst) *a.* avançat.

advancement (əd'vɑːnsmənt) *s.* avenç *m.*, progrés *m.*

advantage (əd'vɑːntidʒ) *s.* avantatge *m.* 2 profit *m.*, benefici *m.* ‖ *to take* ~ *of*, aprofitar, aprofitar-se *p.* de.

advantageous (,ædvən'teidʒəs) *a.* avantatjós; profitós. ▪ *2* -ly *adv.* avantatjosament, d'una manera avantatjosa; amb profit.

advent ('ædvənt) *s.* adveniment *m.* 2 ECLES. A~, advent *m.*

adventure (əd'ventʃəʳ) *s.* aventura *f.*

adventure (to) (əd'ventʃəʳ) *t.* Veure VENTURE (TO).

adventurer (əd'ventʃərəʳ) *s.* aventurer *m.*

adventuress (əd'ventʃəris) *s.* aventurera *f.*

adventurous (əd'ventʃərəs) *a.* aventurer, emprenedor.

adverb ('ædvəːb) *s.* adverbi *m.*

adversary ('ædvəsəri) *s.* adversari *m.*

adverse ('ædvəːs) *a.* advers; contrari. *2* desfavorable, negatiu; ~ *balance*, balanç negatiu. ▪ *3* -ly *adv.* adversament.

adversity (əd'vəːsiti) *s.* adversitat *f.*; desgràcia *f.*; infortuni *m.*

advertise, advertize (to) ('ædvətaiz) *t.* anunciar, publicar [anuncis]. ▪ *2 i.* fer publicitat o propaganda *3 to* ~ *for*, posar un anunci per .

advertisement (əd'vəːtismənt) , (EUA) (,ædvər'taizmənt) *s.* anunci *m.*

advertiser, advertizer ('ædvətaizəʳ) *s.* anunciant.

advertising ('ædvətaiziŋ) *s.* publicitat *f.*, propaganda *f.*

advice (əd'vais) *s.* consell *m.*: *to ask for* ~ o *to seek* ~, demanar consell.

advisable (əd'vaizəbl) *a.* aconsellable, recomanable, prudent.

advisability (əd,vaizə'biliti) *s.* conveniència *f.*

advise (to) (əd'vaiz) *t.* aconsellar, recoma-

nar. *2* NEG. assessorar. *3* COM. notificar. ▪ *4 i. to* ~ *against*, desaconsellar *t.*; *to* ~ *on*, assessorar *t.* sobre.

adviser (əd'vaizəʳ) *s.* conseller. *2* NEG. assessor. *3 legal* ~, advocat. *4 spiritual* ~, confessor.

advisory (əd'vaizəri) *a.* consultiu; assessor: ~ *board* o ~ *committee*, comitè consultiu.

advocate ('ædvəkət) *s.* defensor, partidari. *2* DRET (ESC.) advocat.

advocate (to) ('ædvəkeit) *t.* advocar per *i.*; defensar. *2* recomanar.

aerial ('εəriəl) *a.* aeri: ~ *cablecar*, funicular aeri. ▪ *2 s.* RADIO. antena *f.*

aerodrome ('εərədroum) *s.* aeròdrom *m.*

aerodynamics (,εəroudai'næmiks) *s.* aerodinàmica *f.*

aeronautics (,εərə'nɔːtiks) *s.* aeronàutica *f.*

aeroplane ('εərəplein) *s.* avió *m.*, aeroplà *m.*

aesthetic (iːs'θetik) *a.* estètic.

aesthetics (iːs'θetiks) *s.* estètica *f.*

affability ('æfə'biliti) *s.* afabilitat *f.*

affable ('æfəbl) *a.* afable.

affair (ə'fεəʳ) *s.* afer *m.*, assumpte *m.* ‖ *business* ~*s*, negocis *m.*; *current* ~*s*, actualitats *f.*; *love* ~, aventura *f.* amorosa.

affect (to) (ə'fekt) *t.* afectar. *2* alterar [la salut]. *3* commoure, impressionar. *4* MED. afectar, atacar.

affectation (,æfek'teiʃən) *s.* afectació *f.*

affected (ə'fektid) *a.* afectat.: ~ *manners*, comportament afectat, cursi. ▪ *2* -ly *adv.* afectadament.

affection (ə'fekʃən) *s.* afecte *m.* 2 afecció *f.*

affectionate (ə'fekʃənit) *a.* afectuós. ▪ *2* -ly *adv.* afectuosament, amb afecte.

affidavit (,æfi'deivit) *s.* declaració *f.* jurada, afidàvit *m.*

affiliate (ə'filieit) *a.*-*s.* afiliat. *2* Veure també MEMBER.

affiliate (to) (ə'filieit) *t.* afiliar. ▪ *2 i.* afiliar-se *p.*

affiliation (ə,fili'eiʃən) *s.* afiliació *f.*

affinity (ə'finiti) *s.* afinitat *f.*

affirm (to) (ə'fəːm) *t.* afirmar.

affirmation (,æfə'meiʃən) *s.* afirmació *f.*

affirmative (ə'fəːmətiv) *a.* afirmatiu.

affix (to) (ə'fiks) *t.* posar, afegir [la firma, etc.]. *2* enganxar [segell, cartell, etc...].

afflict (to) (ə'flikt) *t.* afligir. ‖ *to be* ~*ed with*, patir de.

affliction (ə'flikʃən) *s.* aflicció *f.* 2 desgràcia *f.* 3 dolor *m.* (i *f.*), mal *m.*

affluence ('æfluəns) *s.* afluència *f.* 2 abundància *f.* 3 riquesa *f.*

affluent ('æfluənt) *a.* abundós, abundant. *2* opulent: *the* ~ *society*, la societat opulenta. ▪ *3 s.* GEOGR. afluent *m.*

afford (to) (ə'fɔːd) *t.* poder-se *p.* permetre, tenir els mitjans [econòmics] per: *I can't ~ to go on holiday,* no em puc permetre d'anar de vacances. 2 disposar de o tenir temps: *I can't ~ the time to go to the cinema,* no disposo de temps per anar al cinema. 3 córrer el risc, permetre's *p.* el luxe: *I can't ~ to neglect my work,* no em puc permetre el luxe de desatendre la meva feina. 4 form. proporcionar, oferir: *the trees ~ed shade,* els arbres proporcionaven ombra. ▲ gralmt. amb **can, could, able to.**

affront (ə'frʌnt) *s.* afront *m.*, insult *m.*, ofensa *f.*

aflame (ə'fleim) *a.-adv.* abrandat *a.*

afloat (ə'flout) *a.-adv.* a flor d'aigua, flotant *a.*

aforesaid (ə'fɔːsed) *a.* abans esmentat.

afraid (ə'freid) *a.* **to be ~**, tenir por: *he's ~ of the dark,* té por de la foscor. 2 **to be ~ of** + *ger.*, tenir por de + *inf.*: *he was ~ of hurting her feelings,* tenia por de ferir els seus sentiments. 3 **to be ~ to** + *inf.*, no atrevir-se. ‖ *don't be ~ to ask for my help,* no dubtis en demanar-me ajut. 4 *I'm ~ he's out,* ho sento, però no hi és; *I'm ~ I have to go now,* ho lamento, però haig de marxar; *I'm ~ so!,* ho sento però és així.

afresh (ə'freʃ) *adv.* de nou, una altra vegada.

aft (ɑːft) *adv.* MAR. a popa.

after ('ɑːftə^r) *prep.* després de [temps]. 2 després de, darrera (de) [ordre, lloc]. 3 segons [indicant estil, imitació]: *a painting ~ Picasso,* un quadre en o segons l'estil de Picasso. ‖ *loc. prep.* ~ *all,* després de tot, malgrat tot. ‖ *day ~ day,* un dia darrera l'altre. ‖ *time ~ time,* molt sovint. ■ 4 *adv.* després [temps]. ‖ *loc. adv.* **long ~**, molt després; *soon ~*, poc desprès. 5 darrera [lloc]. ■ 6 *conj.* després que. ■ 7 *a.* posterior: *in ~ years,* en els anys posteriors.

afterbirth ('ɑːftəbəːθ) *s.* placenta *f.*, secundines *pl. f.*

aftercare ('ɑːftəkεə^r) *s.* assistència *f.* postoperatòria.

after-dinner (ˌɑːftə'dinə^r) *a.* de sobretaula.

after-effect ('ɑːftərifekt) *s.* conseqüència *f.*; efecte *m.* secundari.

afternoon (ˌɑːftə'nuːn) *s.* tarda *f.*

aftertaste ('ɑːftəteist) *s.* regust *m.*

afterthought ('ɑːftəθɔːt) *s.* segon pensament *m.*, idea *f.* addicional.

afterwards ('ɑːftəwədz) *adv.* després, més tard.

again (ə'gen) *adv.* una altra vegada; de nou. ‖ LOC. ~ *and ~*, repetidament; *as many ~, as much ~*, el mateix; *every now and ~*, de tant en tant; *never ~*, mai més. 2 *and ~, it*

may not be true, a més, és possible que no sigui veritat.

against (ə'gənst) *prep.* contra: ~ *time,* contra rellotge. 2 en contra (de). ‖ LOC. ~ *that, as ~ that,* contrastant amb això.

agape (ə'geip) *a.-adv.* bocabadat.

age (eidʒ) *s.* edat *f.* ‖ *to come of ~*, arribar a la majoria d'edat *f.* 2 *old ~*, vellesa *f.* ‖ *over ~*, massa vell ‖ *under ~*, menor d'edat. 3 època *f.*; segle *m.*; era *f.*

age (to) (eidʒ) *t.* envellir. ■ 2 *i.* envellir-se *p.*

aged ('eidʒid), *a.* vell, gran [persona]. 2 (eidʒd) de [tants anys de] edat: *a boy ~ ten,* un xicot de deu anys. ■ 2 *s.* **the ~**, els vells *m.*

ageless ('eidʒlis) *a.* sempre jove, etern.

agency ('eidʒənsi) *s.* agència *f.*: *advertising ~*, agència de publicitat; *travel ~*, agència de viatges. 2 mediació *f.*: *through the ~ of,* mitjançant *prep.*

agenda (ə'dʒendə) *s.* ordre *m.* del dia.

agent ('eidʒənt) *s.* agent; representant; delegat.

agglomerate (to) (ə'glɔməreit) *t.* aglomerar. ■ 2 *i.* aglomerar-se *p.*

agglomeration (əglɔmə'reiʃən) *s.* aglomeració *f.*

aggravate (to) ('ægrəveit) *t.* agreujar. 2 coŀloq. irritar, exasperar ‖ *how aggravating!,* què empipador!

aggravation (ˌægrə'veiʃən) *s.* agreujament *m.* 2 coŀloq. exasperació *f.*

aggregate ('ægrigeit) *a.* global, total. ‖ *in the ~*, globalment. ■ 2 *s.* agregat *m.* [conjunt de diferents coses o persones]. 3 CONSTR. conglomerat *m.*

aggregate (to) ('ægrigeit) *t.* agregar, ajuntar. ■ 2 *i.* pujar [quantitat total].

aggression (ə'greʃən) *s.* agressió *f.*

aggressive (ə'gresiv) *a.* agressiu. 2 emprenedor, dinàmic.

aggressor (ə'gresə^r) *s.* agressor.

aggrieved (ə'griːvd) *a.* ofès: *he was much ~*, es va ofendre molt.

aghast (ə'gɑːst) *a.* horroritzat, esgarrifat. ‖ *to be ~, to stand ~*, quedar(se horroritzat. ‖ *to be ~ at, to stand ~ at,* horroritzar-se de.

agile ('ædʒail) *a.* àgil.

agility (ə'dʒiliti) *s.* agilitat *f.*

agitate (to) ('ædʒiteit) *t.* agitar. 2 inquietar, pertorbar. ■ 3 *i.* *to ~ for,* fer campanya a favor de.

agitation (ˌædʒi'teiʃən) *s.* agitació *f.* 2 nerviositat *f.*, excitació *f.* 3 discussió *f.* 4 campanya *f.* [per alguna qüestió socio-política].

agitator ('ædʒiteitə^r) *s.* agitador [esp. polític]. 2 QUÍM. agitador *m.*

ago (ə'gou) *a. two years* ~, fa dos anys. ■ *2 adv. long* ~, fa molt de temps; *not long* ~, no fa gaire [temps] ‖ *how long* ~ *is it that you last saw her?*, quan fa que no la veus?, quan la vas veure per última vegada?

agonized ('ægənaizd) *a.* angoixós.

agonizing ('ægɑnaiziŋ) *a.* atroç, agut [dolor]. *2* angoixant.

agony ('ægəni) *s.* dolor *m.* agut [físic]. *2* angoixa *f.* [mental].

agrarian (ə'grɛəriən) *a.* agrari.

agree (to) (ə'gri:) *i. to* ~ *(to)*, assentir, consentir *t. 2* acordar *t.;* posar-se *p.* d'acord, estar d'acord *(on,* en), *(with,* amb): *I* ~ *with you,* estic d'acord amb tu. *3* avenir-se *p.,* congeniar [persones]. *4* avenir-se *p.,* concordar [coses]. *5 to* ~ *with,* anar bé, provar [clima, menjar, etc.]. *6* GRAM. concordar *(with,* amb). ■ *7 t.* acceptar, aprovar [xifres, comptes, ofertes, etc.].

agreeable (ə'gri:əbl) *a.* agradable. *2* simpàtic, agradable [persones]. *3* conforme. *4* disposat; (estar) d'acord: *is that* ~ *to you?*, hi estàs d'acord? ■ *4* **-ly** *adv.* agradablement.

agreement (ə'gri:mənt) *s.* acord *m.* ‖ *to come to an* ~ arribar a un acord *2* conveni *m.,* pacte *m.,* contracte *m. 3* GRAM. concordança *f.*

agricultural (ˌægri'kʌltʃərəl) *a.* agrícola.

agriculture ('ægrikʌltʃəʳ) *s.* agricultura *f.*

aground (ə'graund) *adv.* MAR. encallat ‖ *to run* ~, encallar-se, embarrancar-se.

ahead (ə'hed) *adv.* davant, al davant. ‖ *go* ~ *!*, endavant!; *straight* ~, tot recte. *2 to be* ~ *of the times,* anticipar-se al temps.

aid (eid) *s.* ajuda *f.,* ajut *m.,* auxili. *m. 2 in* ~ *of,* en benefici *m.* de.

aid (to) (eid) *t.* ajudar, socórrer, auxiliar.

AIDS (eidz) *s.* MED. *(acquired immune deficiency syndrome)* SIDA *f.* (síndrome de immunodeficiència adquirida).

ail (to) (eil) *t.* ant. afligir ■ *2 i.* estar malalt.

ailing ('eiliŋ) *a.* malalt.

ailment ('eilmənt) *s.* malaltia *f.,* indisposició *f.*

aim (eim) *s.* punteria *f.* ‖ *to take* ~ *at,* apuntar. *2* fig. objectiu *m.,* propòsit *m.*

aimless ('eimlis) *a.* sense objecte.

aim (to) (eim) *t.* apuntar [pistola, etc.], dirigir [míssil, etc.]. ■ *2 i.* aspirar a.

ain't (eint) contr. col·loq. de *am not, is not, are not, has not* i *have not.*

air (ɛəʳ) *s.* aire *m. 2* aspecte *m.,* aire *m.* [aparença]. ‖ *to put on* ~*s,* donar-se aires. *3 in the* ~, incert, dubtós [plans, idees, etc.]. *4* RADIO. *on the* ~, en antena *f.*

air (to) (ɛəʳ) *t.* airejar, ventilar. [també fig.] *3* exhibir.

air-conditioned ('ɛəkən'diʃənd) *a.* refrigerat, amb aire condicionat.

air-conditioning ('ɛəkən'diʃəniŋ) *s.* aire *m.* condicionat.

aircraft ('ɛəkrɑːft) *s.* avió *m.*

aircraft carrier ('ɛəkrɑːftˌkæriəʳ) *s.* portaavions *m. pl.*

air force ('ɛəfɔːs) *s.* aviació *f.,* forces *f.* aèries.

air gun ('ɛəgʌn) *s.* escopeta *f.* d'aire comprimit.

air hostess ('ɛə'houstis) *s.* hostessa *f.* d'avió.

airing ('ɛəriŋ) *s.* aireig *m.,* ventilació *f.*

airlift ('ɛəlift) *s.* pont *m.* aeri.

airline ('ɛəlain) *s.* línia *f.* aèria.

airmail ('ɛəmeil) *s.* correu *m.* aeri.

airman ('ɛəmən) *s.* aviador *m.*

airplane ('ɛəplein) *s.* (EUA) avió *m.*

airport ('ɛəpɔːt) *s.* aeroport *m.*

air raid ('ɛəreid) *s.* atac *m.* aeri.

airship ('ɛəʃip) *s.* aeronau *m.,* dirigible *m.*

airstrip ('ɛəstrip) *s.* pista *f.* d'aterratge.

airtight ('ɛətait) *a.* hermètic.

airway ('ɛəwei) *s.* línia *f.* aèria. *2* ruta *f.* aèria.

airy ('ɛəri) *a.* airejat, ventilat. *2* eteri, immaterial. *3* superficial. *4* despreocupat.

aisle (ail) *s.* corredor *m.,* passadís *m.* [teatre, avió, autocar, etc.]. *2* ARQ. nau *f.*

ajar (ə'dʒɑː) *a.* entreobert, ajustat: *the door is* ~, la porta està ajustada.

akimbo (ə'kimbou) *a. with arms* ~, amb les mans a les caderes.

akin (ə'kin) *a.* semblant, anàleg.

alabaster ('æləbɑːstəʳ) *s.* alabastre *m.*

alarm (ə'lɑːm) *s.* alarma *f.;* alerta *f. 2* inquietud *f.,* temor *m.*

alarm (to) (ə'lɑːm) *t.* alarmar ‖ *to be* ~*ed,* alarmar-se *p.* (*at,* de). *2* espantar, inquietar.

alarm clock (ə'lɑːmklɔk) *s.* despertador *m.*

alarming (ə'lɑːmiŋ) *a.* alarmant.

albatross ('ælbətrɔs) *s.* ORN. albatros *m.*

albino (æl'bi:nou) *s.* albí. *s.-a.*

ALBM ('ei el biː'em) *s. (air launched ballistic missile)* míssil *m.* balístic aire-aire.

album ('ælbəm) *s.* àlbum *m.*

albumen ('ælbjumin) *s.* albumen *m. 2* BIOL. albúmina *f.*

alchemist ('ælkimist) *s.* alquimista.

alchemy ('ælkimi) *s.* alquímia *f.*

alcohol ('ælkəhɔl) *s.* alcohol *m.*

alcoholic (ˌælkə'hɔlik) *s.-a.* alcohòlic.

alderman ('ɔːldəmən) *s.* regidor *m.* de certa antiguitat.

ale (eil) *s.* (G.B.) tipus de cervesa *f.*

Alec ('ælik) *n. pr.* fam. Àlex *m. 2 smart* ~, set-ciències.

alert (ə'ləːt) *a.* alerta, vigilant. *2* viu, llest,

espavilat. ■ *3 s.* alerta *f.*, alarma *f.*‖ *on the*
~, en alerta *f.*
alert (to) (ə'lə:t) *t.* alertar, avisar.
Alexander (ˌælig'zɑːndeʳ) *n. pr.* Alexandre
m.
alga ('ælgə) *s.* BOT. alga *f.* ▲ *pl.* **algae**
('ældʒiː)
algebra ('ældʒibrə) *s.* àlgebra *f.*
Algeria (ˌæl'dʒiəriə) *n. pr.* Algèria.
Algiers (æl'dʒiəz) *n. pr.* Alger.
alias ('eiliəs) *adv.* àlias. ■ *2 s.* àlias *m.*
alibi ('ælibai) *s.* coartada *f.* 2 col·loq. excusa
f.
Alice ('ælis) *n. pr.* Alícia *f.*
alien ('eiljən) *a.* aliè, estrany. *2* ~ *to*, con-
trari, oposat. *3* DRET estranger.
alienate (to) ('eiljəneit) *t.* alienar. *2* apartar
[amics, etc.] *3* perdre simpatia.
alienation (ˌeiljə'neiʃən) *s.* alienació *f.* 2
allunyament *m.* [d'un amic].
alight (ə'lait) *a.* encès. ‖ *to be* ~, estar encès.
‖ *to set* ~, encendre, calar foc.
alight (to) (ə'lait) *i.* baixar (*from*, de) [un
tren, un cavall, etc.]. *2* aterrar, posar-se
p. [un ocell, etc.].
align (to) (ə'lain) *t.* alinear. ■ *2 p. to* ~ *one-
self with*, posar-se al costat de. ■ *3 i.* ali-
near-se *p.*
alignment (ə'lainmənt) *s.* alineació *f.*
alike (ə'laik) *a.* igual; semblant. ■ *2 adv.*
igual, de la mateixa manera.
alimentary (ˌæli'mentəri) *a.* alimentós, ali-
mentari.
alimony ('æliməni) *s.* pensió *f.* alimentària.
2 DRET. aliments *m. pl.*
alive (ə'laiv) *a.* viu. *2* actiu, enèrgic. *3* ~
with, ple de.
all (ɔːl) *a.* tot. ‖ *on* ~ *fours*, de quatre grapes
‖ *you*, *of* ~ *people*, tu, precisament! *2* qual-
sevol: *at* ~ *hours*, a qualsevol hora. ■ *3
adv.* totalment, completament ‖ col·loq.
she was ~ *excited*, estava completament en-
tusiasmada. *4* LOC. col·loq. ~ *for*, a favor
de. *5* ~ *-out*, al màxim, a fons. *6* ~ *over*,
arreu. *7* ~ *right*, (EUA) *alright*, satisfactori,
bé; sí, d'acord. *8* ~ *the same*, malgrat tot.
9 ~ *told*, tot plegat. *10* ESPORT *three* ~, em-
pat a tres. ■ *11 s.* tot *m. to stake one's* ~
jugar-s'ho tot. ■ *12 pron.* tot. *13* LOC.
above ~, sobretot; *after* ~, després de tot,
al final; *in* ~, fet i fet; *at* ~, en absolut;
not at ~, en absolut, gens; no es mereixen.
Allah ('ælə) REL. *n. pr.* Alà *m.*
allegation (ˌælə'geiʃən) *s.* al·legat *m.* 2 DRET.
al·legació *f.*.
allege (to) (ə'ledʒ) *t.* al·legar; declarar.
allegiance (ə'liːdʒəns) *s.* lleialtat *f.*; fidelitat
f. [a un govern o governant].
allegory ('æligəri) *s.* al·legoria *f.*

allergy ('ælədʒi) *s.* al·lèrgia *f.*
alleviate (to) (ə'liːvieit) *t.* alleujar, mitigar.
alley ('æli) *s.* carreró *m.* ‖ *blind* ~, atzucac
m. 2 camí *m.*
alliance (ə'laiəns) *s.* aliança *f.*
allied ('ælaid) *a.* aliat. *2* semblant.
alligator ('æligeitəʳ) *s.* ZOOL. caiman *m.*
allocate (to) ('æləkeit) *t.* assignar. *2* repartir,
distribuir.
allocation (ˌælə'keiʃən) *s.* assignació *f.*; re-
partiment *m.*
allot (to) (ə'lɔt) *t.* assignar; repartir, distri-
buir.
allotment (ə'lɔtmənt) *s.* assignació *f.* 2
(G.B.) parcel·les *f. pl.* municipals cultiva-
bles.
allow (to) (ə'lau) *t.* permetre. *2* donar, con-
cedir. *3* admetre. ■ *4 i. to* ~ *for*, tenir *t.* en
compte.
allowance (ə'lauəns) *s.* pensió *f.* 2 subsidi
m. 3 COM. descompte *m.*, rebaixa *f.* 4 *to
make* ~*s for*, tenir en compte, en consi-
deració.
alloy ('ælɔi) *s.* QUÍM. aliatge *m.*
allude (to) (ə'luːd) *i.* al·ludir; referir-se *p.*
(to, a).
alluring (ə'ljuəriŋ) *a.* seductor, encantador.
allusion (ə'luːʒən) *s.* al·lusió *f.*
ally ('ælai) *s.* aliat.
ally (to) (ə'lai) *t.*-*p. to* ~*(oneself) with* o *to*,
aliar-se *p.* amb. *2 allied to*, connectat amb.
almighty (ɔːl'maiti) *a.* omnipotent, totpo-
derós. *2 the A*~, el Totpoderós *m.*
almond ('ɑːmənd) *s.* ametlla *f.*
almond tree ('ɑːməndtriː) *s.* ametller *m.*
almanac ('ɔːlmənæk) *s.* almanac *m.*
almost ('ɔːlmoust) *adv.* quasi, gairebé.
alms (ɑːmz) *s.* almoina *f.*
alone (ə'loun) *a.* sol. *2* únic. *3 let* ~, ni molt
menys, encara menys ■ *4 adv.* només, úni-
cament: *that* ~ *can help us*, només això ens
pot ajudar.
along (ə'lɔŋ) *prep.* per; al llarg de.: *I was
walking* ~ *the street*, anava pel car-
rer. *2* LOC. ~ *here*, per aquí [direcció]. ■ *3
adv.* LOC. *all* ~, sempre, des del comen-
çament ‖ ~ *with*, amb, conjuntament amb.
4 interj. come ~, vinga!
aloof (ə'luːf) *adv.* a part: *to keep (oneself)* ~
(from), mantenir-se al marge de. ■ *2 a.* re-
servat [caràcter].
aloud (ə'laud) *adv.* en veu alta.
alphabet ('ælfəbet) *s.* alfabet *m.*
alpine ('ælpain) *a.* alpí.
already (ɔːl'redi) *adv.* ja.
alright (ɔːl'rait) (EUA) Veure ALL 7.
also ('ɔːlsou) *adv.* també; a més a més.
altar ('ɔːltəʳ) *s.* altar *m.*
altarpiece ('ɔːltəpiːs) *s.* retaule *m.*

alter (to) ('ɔːltə^r) *t.* alterar, canviar, modificar. *2* MAR. ~ *course,* canviar la direcció. ■ *3 i.* canviar.

alteration ('ɔːltə'reiʃən) *s.* alteració *f.,* canvi *m.,* modificació *f.*

alternate (ɔːl'tə:nit) *a.* altern, alternatiu: *on* ~ *days,* cada dos dies, un dia sí un dia no.

alternate (to) ('ɔːltə:neit) *t.-i.* alternar.

alternating ('ɔːltə:neitiŋ) *a.* ELECT. alterna [current].

alternative (ɔːl'tə:nətiv) *a.* alternatiu. *2* GRAM. disjuntiva. [conjunció] ■ *3 s.* alternativa *f.* [opció]. ■ *4* **-ly** *adv.* alternativament.

although (ɔːl'ðou) *conj.* encara que; si bé.

altitude ('æltitjuːd) *s.* altitud *f.,* altura *f.,* elevació *f.*

altogether (ˌɔːltə'geðə^r) *adv.* del tot, enterament. *2* en total, tot plegat, en conjunt.

altruism ('æltruizəm) *s.* altruisme *m.*

aluminium (ˌælju'miniəm) (EUA) (ə'luː-minəm) *s.* QUÍM. alumini *m.*

always ('ɔːlweiz) *adv.* sempre ‖ *loc. adv. as* ~, com sempre.

a. m. ('eiem) (*ante meridiem*) a la matinada, al matí: *at 9 a. m.* a les 9 del matí.

amalgam (ə'mælgəm) *s.* amalgama *f.*

amalgamate (to) (ə'mælgəmeit) *t.* amalgamar. ■ *2 i.* amalgamar-se *p.*

amass (to) (ə'mæs) *t.* acumular, apilar.

amateur ('æmətə^r) *a.-s.* aficionat, afeccionat.

amaze (to) (ə'meiz) *t.* sorprendre; esbalair. *2 to be* ~ *d at,* admirar-se *p.* de.

amazement (ə'meizmənt) *s.* sorpresa *f.;* esbalaïment *m.;* admiració *f.*

amazing (ə'meiziŋ) *a.* sorprenent; esbalaïdor; admirable.

Amazon ('æməzən) *s.* MIT. amazona *f. 2 n. pr.* GEOGR. Amazones *m.*

ambassador (æm'bæsədə^r) *s.* ambaixador *m.*

ambassadress (æm'bæsədris) *s.* ambaixadriu *f*

amber ('æmbə^r) *s.* ambre *m.*

ambergris ('æmbəgriːs) *s.* ambre *m.* gris.

ambiguity (ˌæmbi'gjuːəti) *s.* ambigüitat *f.*

ambiguous (æm'bigjuəs) *a.* ambigu. ■ *2* **-ly** *adv.* ambiguament.

ambition (æm'biʃən) *s.* ambició *f.*

ambitious (æm'biʃəs) *a.* ambiciós.

ambivalent (æm'bivələnt) *a.* ambivalent.

amble (to) ('æmbl) *i.* amblar. *2* caminar a poc a poc [una persona].

ambulance ('æmbjuləns) *s.* ambulància *f.*

ambush ('æmbuʃ) *s.* emboscada *f.*

ambush (to) ('æmbuʃ) *t.* parar o preparar una emboscada. *2* emboscar. ‖ *to be* ~*ed,*

caure en una emboscada. ■ *4 i.* posar-se *p.* a l'aguait.

ameliorate (to) (ə'miːljəreit) *t.-i.* millorar.

amelioration (əˌmiːljə'reiʃən) *s.* millora *f.,* millorament *m.*

amenable (ə'miːnəbl) *a.* dòcil; submís.

amend (to) (ə'mend) *t.* esmenar. *2* rectificar, corregir. ■ *3 i.* esmenar-se *p.*

amendment (ə'mendmənt) *s.* esmena *f. 2* rectificació *f.,* correcció *f.*

amends (ə'mendz) *s.* reparació; *f.;* compensació *f.* ‖ *to make* ~ *for,* compensar.

amenity (ə'miːnəti) *s.* amenitat *f. 2* afabilitat *f. 3 pl.* **-ies,** comoditats; equipaments *m.* [de cultura i esbarjo].

American (ə'merikən) *a.-s.* americà. *2* nord-americà.

amethyst ('æmiθist) *s.* ametista *f.*

amiable ('eimiəbl) *a.* amable.

amicable ('æmikəbl) *a.* amistós.

amid (ə'mid) **, amidst** (-st) *prep.* poèt. enmig de, entre.

amiss (ə'mis) *adv.* malament ‖ *to take something* ~, agafar-se una cosa malament. ■ *2 a.* impropi.

ammeter ('æmitə^r) *s.* ELECT. amperímetre *m.*

ammoniac (ə'mouniæk) *s.* amoníac *m.*

ammunition (ˌæmju'niʃən) *s.* MIL. munició *f.,* municions *f. pl.*

amnesia (æm'niːziə) *s.* amnèsia *f.*

amnesty ('æmnisti) *s.* amnistia *f.*

amoeba (ə'miːbə) *s.* ameba *f.*

among (st) (ə'mʌŋ, -st) *prep.* entre, enmig de.

amoral (ei'mɔrəl) *a.* amoral.

amorous ('æmərəs) *a.* amorós; enamoradís.

amorphous (ə'mɔːfəs) *a.* amorf.

amortize (to) (ə'mɔːtaiz) *t.* amortitzar.

amount (ə'maunt) *s.* total *m.,* suma *f. 2* quantitat *f. 3* import *m.*

amount (to) (ə'maunt) *i. to* ~ *to,* pujar; equivaler a.

amp (æmp) **, ampere** ('æmpɛə^r) *s.* ELECT. amper *m.*

amphibian (æm'fibiən) *a.* amfibi *m. 2* AERON. amfibi *m.,* vehicle *m.* amfibi ■ *3 a.* amfibi.

amphibious (æm'fibiəs) *a.* amfibi: ~ *vehicles,* vehicles *m.* amfibis; ~ *operation,* operació *f.* amfíbia [militar].

amphitheatre, (EUA) **amphitheater** ('æmfiˌθiətə^r) *s.* amfiteatre *m.*

ample (æmpl) *a.* ampli, espaiós. *2* abundant. *3* suficient. *4* de sobra.

amplification (æmplifi'keiʃən) *s.* amplificació *f. 2* ampliació *f.*

amplifier ('æmplifaiə^r) *s.* amplificador.

amplify (to) ('æmplifai) *t.* ampliar, amplificar.
amplitude ('æmplitju:d) *s.* amplitud *f.*
amply ('æmpli) *adv.* ben; àmpliament.
amputate (to) ('æmpjuteit) *t.* amputar.
amputation (ˌæmpju'teiʃən) *s.* amputació *f.*
amulet ('æmjulit) *s.* amulet *m.*
amuse (to) (ə'mju:z) *t.-p.* entretenir; divertir.
amusement (ə'mju:zmənt) *s.* diversió *f.;* entreteniment *m.;* passatemps *m.*
amusing (ə'mju:ziŋ) *a.* divertit; graciós; entretingut.
an (ən, æn) *art. indef.* Veure A.
anachronism (ə'nækrənizəm) *s.* anacronisme *m.*
anaemic (ə'ni:mik) *a.* anèmic.
anagram ('ænəgræm) *s.* anagrama *m.*
analogous (ə'næləgəs) *a.* anàleg.
analogy (ə'nælədʒi) *s.* analogia *f.,* semblança *f.* ‖ **on the ~ of,** per analogia amb.
analyse, -ze (to) ('ænəlaiz) *t.* analitzar.
analysis (ə'nælisis) *s.* anàlisi *f.*
analyst ('ænəlist) *s.* analista.
anarchic(al (æ'nɑ:kik, -əl) *a.* anàrquic.
anarchist ('ænəkist) *s.* anarquista.
anarchy ('ænəki) *s.* anarquia *f.*
anathema (ə'næθəmə) *s.* anatema *m.*
anatomy (ə'nætəmi) *s.* anatomia *f.*
ancestor ('ænsestə') *s.* avantpassat *m.,* antecessor.
ancestral (æn'sestrəl) *a.* ancestral. ‖ **~ home,** casa *f.* pairal.
ancestry ('ænsestri) *s.* ascendència *f.;* llinatge *m.*
anchor ('æŋkə') *s.* àncora *f.*
anchor (to) ('æŋkə') *t.* ancorar. ■ 2 *i.* tirar l'àncora, ancorar.
anchorage ('æŋkəridʒ) *s.* ancoratge *m.*
anchovy ('æntʃəvi) *s.* ICT. anxova *f.;* seitó *m.*
ancient ('einʃənt) *a.* antic.: *the ~s,* els antics. 2 vell.
ancillary (æn'siləri) *a.* auxiliar; secondari. 2 subordinat.
and (ænd, ənd) *conj.* i.
andiron ('ændaiən) *s.* capfoguer *m.*
Andrew ('ændru:) *n. pr.* Andreu *m.*
anecdote ('ænikdout) *s.* anècdota *f.*
anemone (ə'neməni) *s.* BOT. anemone *f.: sea ~,* anemone *f.* de mar.
angel ('eindʒəl) *s.* àngel *m.*
angelic(al (æn'dʒelik, -əl) *a.* angèlic, angelical.
anger ('æŋgə') *s.* còlera *f.,* ira *f.,* enuig *m.*
anger (to) ('æŋgə') *t.* enutjar, enfurir.
angle ('æŋgl) *s.* angle *m.* 2 fig. punt *m.* de vista.
angle (to) ('æŋgl) *i.* pescar *t.* amb canya ■ 2

t. enfocar [un informe, les notícies, etc. gralnt. de forma parcial].
angler ('æŋglə') *s.* pescador *m.* [de canya].
angler fish ('æŋgləfiʃ) *s.* ICT. rap *m.*
angling ('æŋgliŋ) *s.* pesca *f.* [amb canya].
Anglo-Saxon (ˌæŋglou'sæksən) *a.-s.* anglosaxó.
angry ('æŋgri) *a.* enfadat, enrabiat, irritat.
anguish ('æŋgwiʃ) *s.* angoixa *f.* [mental]. 2 dolor *m.* agut [corporal].
angular ('æŋgjulə') *a.* angular. 2 angulós.
animadversion ('ænimæd'və:ʃən) *s.* (EUA) crítica *f.,* animadversió *f.*
animadvert (to) (ˌænimæd'və:t) *i. to ~ on someone's action,* criticar *t.* l'acció d'algú.
animal ('æniməl) *a.* animal. ■ 2 *s.* animal *m.*
animate ('ænimit) *a.* animat.
animate (to) ('ænimeit) *t.* animar. 2 estimular.
animated ('ænimeitid) *a.* animat: *~ cartoons,* dibuixos *m.* animats.
animation (ˌæni'meiʃən) *s.* animació *f.*
animosity (ˌæni'mositi) *s.* animositat *f.*
ankle ('æŋkl) *s.* ANAT. turmell *m.*
annals ('ænəlz) *s. pl.* annals *m.*
annex ('ænəks) *s.* annex *m.*
annex (to) (ə'neks) *t.* annexar, annexionar.
annexation (ˌænek'seiʃən) *s.* annexió *f.*
annihilate (to) (ə'naiəleit) *t.* anihilar; aniquilar.
annihilation (əˌnaiə'leiʃən) *s.* anihilament *m.;* aniquilament *m.*
anniversary (ˌæni'və:səri) *s.* aniversari *m.*
Anno Domini (ˌænou'dɔminai) *s.* Veure A.D.
annotate (to) ('ænouteit) *t.* anotar; postiŀlar.
annotation (ˌænou'teiʃən) *s.* anotació *f.*
announce (to) (ə'nauns) *t.* anunciar, fer saber, declarar.
announcement (ə'naunsmənt) *s.* anunci *m.,* avís *m.,* declaració *m.*
announcer (ə'naunsə') *s.* locutor [de ràdio i televisió]. 2 anunciador.
annoy (to) (ə'nɔi) *t.* fer enfadar, molestar.
annoyance (ə'nɔiəns) *s.* molèstia *f.*
annoying (ə'nɔiiŋ) *a.* molest.
annual ('ænjuəl) *a.* anual, anyal.
annuity (ə'nju:iti) *s.* anualitat *f.,* renda *f.* anual. ‖ **life ~,** renda *f.* vitalícia.
annul (to) (ə'nʌl) *t.* anuŀlar. 2 DRET revocar.
annulment (ə'nʌlmənt) *s.* anuŀlació *f.*
anodyne ('ænədain) *a.-s.* anodí *a.*
anoint (to) (ə'nɔint) *t.* untar, ungir [esp. en una ceremònia religiosa].
anomalous (ə'nɔmələs) *a.* anòmal.
anomaly (ə'nɔməli) *s.* anomalia *f.*
anon (ə'nɔn) *adv.* ant. aviat; després.
anonymity (ˌænə'niməti) *s.* anonimat *m.*

anonymous (ə'nɔniməs) *a.* anònim.
anorak ('ænəræk) *s.* anorac *m.*
another (ə'nʌðəʳ) *a.-pron.* un altre.
answer ('ɑːnsəʳ) *s.* resposta *f.* (*to,* a). ‖ *in ~ to,* en resposta a. 2 solució *f.* (*to,* a).
answer (to) ('ɑːnsəʳ) *t.-i.* respondre (a), contestar (a). ‖ *to ~ the door,* obrir la porta. *2 to ~ back,* replicar. *3 to ~ for,* respondre de.
answerable ('ɑːnsərəbl) *a.* que té resposta. 2 responsable (*to,* davant o *for,* de).
ant (ænt) *s.* ENT. formiga *f.*
antagonism (æn'tægənizəm) *s.* antagonisme *m.*
antagonist (æn'tægənist) *s.* antagonista, adversari.
antagonize (to) (æn'tægənaiz) *t.* contrariar, enemistar-se *p.* amb.
antarctic (ænt'ɑːktik) *a.* antàrtic. ▪ 2 GEOGR. Antàrtic.
antecedent (ˌænti'siːdənt) *a.* antecedent. ▪ 2 *s.* antecedent *m.*
antechamber ('æntiˌtʃeimbəʳ) *s.* antecambra *f.*
antedate (to) (ˌænti'deit) *t.* antedatar. 2 ser anterior.
antelope ('æntiloup) *s.* ZOOL. antílop *m.*
antenatal (ˌænti'neitl) *a.* prenatal.
antenna (æn'tenə) *s.* ZOOL., RADIO. antena *f.* ▲ *pl.* **antennae** (æn'teni:) , **antennas** (æn'tenas) .
anterior (æn'tiəriəʳ) *a.* anterior.
anteroom ('æntirum) *s.* antesala *f.* 2 sala *f.* d'espera.
anthem ('ænθəm) *s.* REL. antífona *f.* 2 *national ~,* himne *m.* nacional.
ant-hill ('ænthil) *s.* formiguer *m.*
anthology (æn'θɔlədʒi) *s.* antologia *f.*
Anthony ('æntəni) *n. pr.* Antoni *m.*
anthracite ('ænθrəsait) *s.* antracita *f.*
anthrax ('ænθræks) *s.* àntrax *m.*
anthropology (ˌænθrə'pɔlədʒi) *s.* antropologia *f.*
anti-aircraft (ˌænti'ɛəkrɑːft) *a.* antiaeri.
antibiotic (ˌæntibai'ɔtik) *a.* antibiòtic. ▪ 2 *s.* antibiòtic *m.*
antibody ('æntiˌbɔdi) *s.* anticòs *m.*
anticipate (to) (æn'tisipeit) *t.* comptar amb. 2 gastar per endevant. 3 anticipar-se *p.* (a). 4 prevenir, preveure. 5 esperar.
anticipation (ænˌtisi'peiʃən) *s.* previsió *f.* 2 anticipació *f.* ‖ LOC. *in ~,* per endevant. 3 esperança.
anti-climax (ˌænti'klaimæks) *s.* anticlímax *m.*
anti-clockwise (ˌænti'klɔkwaiz) *a.-adv.* en sentit contrari a les agulles del rellotge. 2 TECNOL. *~ movement,* moviment *m.* sinistrors.

anticyclone (ˌænti'saikloun) *s.* anticicló *m.*
antidepressant (ˌæntidi'prəsnt) *a.* antidepressiu. ▪ 2 *s.* antidepressiu *m.*
antidote ('æntidout) *s.* MED. antídot *m.*
antifreeze ('æntifriːz) *s.* anticongelant *m.*
Antilles (æn'tiliːz) *n. pr.* GEOGR. Antilles.
antinomy ('æntinəmi) *s.* antinòmia *f.*
antipathy (æn'tipəθi) *s.* antipatia *f.*, aversió *f.*
Antipodes (æn'tipədiːz) *s. pl.* GEOGR. Antípodes.
antiquarian (ˌænti'kwɛəriən) *s.* antiquari.
antiquary ('æntikwəri) *s.* antiquari.
antiquated ('æntikweitid) *a.* antiquat.
antique (æn'tiːk) *a.* antic. 2 *s.* antiguitat *f.*, antigalla *f.*
antiquity (æn'tikwiti) *s.* antiguitat *f.* 2 *pl.* antiguitats *f.*
antiseptic (ˌænti'septik) *a.* MED. antisèptic. ▪ 2 *s.* antisèptic *m.*
antisocial (ˌænti'souʃl) *a.* antisocial.
antitank (ˌænti'tæŋk) *a.* MIL. antitanc.
antithesis (æn'tiθəsis) *s.* antítesi *f.*
antler ('æntləʳ) *s.* banya *f.; banyam *m.*
antonym ('æntənim) *s.* antònim *m.*
Antwerp ('æntwəːp) *n. pr.* Anvers.
anus ('einəs) *s.* ANAT. anus *m.*
anvil ('ænvil) *s.* enclusa *f.*
anxiety (æŋ'zaiəti) *s.* ansietat *f.*, inquietud *f.*; ànsia *f.*; desfici *m.;* desfici *f.* faHera *f.*
anxious ('æŋkʃəs) *a.* preocupat, inquiet, ansiós. 2 angoixós: *an ~ moment,* un moment angoixós. 3 desitjós, desficiós.
any ('eni) *a.* qualsevol, algun: *you can come ~ day,* pots venir qualsevol dia. ‖ LOC. *in ~ case,* en qualsevol cas. 2 *interrog.* algun, cap: *have you had ~ letters lately?,* has rebut alguna carta últimament?; *have you got ~ money?,* tens diners? 3 *neg.* cap. 4 LOC. *at ~ rate,* de totes maneres, sigui com sigui. ▪ *5 adv. are you ~ better?,* et trobes (una mica) millor?; *she isn't ~ too well,* no es troba gens bé; *do you want ~ more?,* en vols més? ▲ gralnt. no es tradueix. ▪ *6 pron.* algú, algun: *if there are ~ who can swim,* si hi ha algú que sàpiga nadar. 7 cap, ningú: *I haven't got ~,* no en tinc cap. 8 qualsevol: *~ of those would do,* qualsevol d'aquests aniria bé.
anybody ('eniˌbɔdi) *pron.* algú, qualsevol, tothom. 2 *neg.* ningú. 3 algú [persona important].
anyhow ('enihau) *adv.* de qualsevol manera. 2 sense ordre, de qualsevol manera [descuidat]. 3 de totes maneres.
anyone ('eniwʌn) *pron.* Veure ANYBODY.
anyplace ('enipleis) *adv.* (esp. EUA) Veure ANYWHERE.
anything ('eniθiŋ) *pron.* alguna cosa, quel-

com. *2* qualsevol cosa, tot. ‖ LOC. ~ *but,* tot menys. ‖ coŀloq. *(as) easy as* ~, molt fàcil.

anyway ('eniwei) *adv.* de totes maneres. *2 interj.* en fi.

anywhere ('eniwɛəʳ) *adv.* a qualsevol lloc, a algun lloc, on sigui. *2 neg.* enlloc.

aorta (ei'ɔ:tə) *s.* ANAT. aorta *f.*

A.P. (ei'pi:) *s.* (Associated Press) premsa *f.* associada.

apart (ə'pɑ:t) *adv.* a part. ‖ ~*from,* a part de. *2* per separat. *3* separat *a.*

apartheid (ə'pɑ:teit) *s.* apartheid *m.,* segregació *f.* racial [a Sud-Àfrica].

apartment (ə'pɑ:tmənt) *s.* apartament *m.,* pis *m. 2* cambra *f. 3* (EUA) ~ *house,* bloc *m.* de pisos.

apathetic (ˌæpə'θetik) *a.* apàtic.

apathy ('æpəθi) *s.* apatia *f.*

ape (eip) *s.* ZOOL. simi *m.* ‖ fig. *to play the* ~, imitar algú.

ape (to) (eip) *t.* imitar.

aperture ('æpətʃəʳ) *s.* obertura *f.*

apex ('eipeks) *s.* àpex *m. 2* fig. cim *m.*

aphorism ('æfərizəm) *s.* aforisme *m.*

apiary ('eipjəri) *s.* abellar *m.*

apiece (ə'pi:s) *adv.* cada un. *2* per persona.

apologetic(al (əˌpɔlə'dʒetik, -əl) *a.* contrit, ple de disculpes.

apologize (to) (ə'pɔlədʒaiz) *i.* disculpar-se *p.* *(for,* de; *to,* a).

apology (ə'pɔlədʒi) *s.* disculpa *f.,* excusa *f. 2* apologia *f.*

apoplexy ('æpəpleksi) *s.* MED. apoplexia *f.*

apostate (ə'pɔsteit) *a.-s.* apòstata.

apostatize (to) (ə'pɔstətaiz) *i.* apostatar.

apostle (ə'pɔsl) *s.* apòstol *m.*

apostleship (ə'pɔslʃip) , **apostolate** (ə'pɔstəlit) *s.* apostolat *m.*

apostolic (ˌæpəs'tɔlik) *a.* apostòlic.

apostrophe (ə'pɔstrəfi) *s.* GRAM. apòstrof *m.*

apostrophize (ə'pɔstrəfaiz) *t.* apostrofar.

apotheosis (əˌpɔθi'ousis) *s.* apoteosi *f.*

appal(l (to) (ə'pɔ:l) *t.* horroritzar. *2* consternar.

appalling (ə'pɔ:liŋ) *a.* espantós, horrorós.

apparatus (ˌæpə'reitəs) *s.* aparell *m.*

apparent (ə'pærənt) *a.* evident. *2* aparent. ■ *3* **-ly** *adv.* aparentment; sembla ser que. *4* evidentment.

apparition (ˌæpə'riʃən) *s.* aparició *f.*

appeal (ə'pi:l) *s.* *an* ~ *for,* una crida *f.* per. *2* DRET apeŀlació *f. 3* reclamació *f.* [esp. esports]. *4* atractiu *m.,* encant *m. 5* súplica *f.,* petició *f.*

appeal (to) (ə'pi:l) *i.* fer una crida. *2* DRET apeŀlar. *3* recórrer; apeŀlar. *4* atreure *t.,* agradar.

appealing (ə'pi:liŋ) *a.* commovedor. *2* atraient, atractiu.

appealingly (ə'pi:liŋli) *adv.* d'una manera suplicant.

appear (to) (ə'piəʳ) *i.* aparèixer. *2* TEAT. sortir, actuar. *3* publicar-se *p.* [un llibre, etc.]. *4* semblar. *5* comparèixer.

appearance (ə'piərəns) *s.* aparició *f.* ‖ *to make an* ~, aparèixer. ‖ *to make one's first* ~, debutar. [teatre, etc.]. *2* aparença *f.,* aspecte *m.* ‖ *to keep up* ~*s,* salvar les aparences. *3* DRET compareixença *f.*

appease (to) (ə'pi:z) *t.* apaivagar, calmar.

appendage (ə'pendidʒ) *s.* afegidura *f.,* afegit *m.,* addició *f.*

appendicitis (əˌpendi'saitis) *s.* MED. apendicitis *f.*

appendix (ə'pendiks) *s.* apèndix *m.*

appetite ('æpitait) *s.* gana *f.,* apetit *m.;* desig *m.*

appetizer ('æpitaizəʳ) *s.* aperitiu *m.*

appetizing ('æpitaiziŋ) *a.* apetitós.

applaud (to) (ə'plɔ:d) *t.* aplaudir. *2* alabar. ■ *3 i.* aplaudir.

applause (ə'plɔ:z) *s.* aplaudiment(s *m.*

apple ('æpl) *s.* BOT. poma *f. 2* ~ *of one's eye,* nineta *f.* dels ulls.

apple pie ('æpl'pai) *s.* pastís *m.* de poma.

apple tree ('æplˌtri:) *s.* pomer *m.*

appliance (ə'plaiəns) *s.* aparell *m.,* instrument *m.,* estri *m.* ‖ *house-hold* ~*s,* electrodomèstics *m.*

applicable (ə'plikəbl) *a.* aplicable *(to,* a); apropiat *(to,* a).

applicant ('æplikənt) *s.* soŀlicitant, aspirant.

application (ˌæpli'keiʃən) *s.* soŀlicitud *f.;* petició *f. 3* aplicació *f.*

application form (ˌæpli'keiʃnfɔ:m) *s.* imprès *m.* de soŀlicitud.

apply (to) (ə'plai) *i. to* ~ *for,* soŀlicitar *t.,* demanar *t.; to* ~ *to,* adreçar-se *p.* a. ■ *2 t.* aplicar. *3 t.-i. to* ~ *to,* concernir *t.,* afectar *t. 4 i.-p. to* ~ *(oneself) to,* aplicar-se a, esforçar-se a.

appoint (to) (ə'pɔint) *t.* fixar [hora, lloc, etc.]. *2* nomenar.

appointment (ə'pɔintmənt) *s.* cita *f.,* compromís *m.,* hora *f.* [amb el metge, etc.]. *2* lloc *m.* de treball. *3 pl.* mobiliari *m.;* equip *m.*

apportion (to) (ə'pɔ:ʃən) *t.* prorratejar; repartir.

appraisal (ə'preizəl) *s.* apreciació *f.,* estimació *f.,* taxació *f.*

appreciable (ə'pri:ʃəbl) *a.* apreciable, sensible.

appreciate (to) (ə'pri:ʃieit) *t.* apreciar, estimar, avaluar. *2* agrair. ■ *3 i.* augmentar de valor.

appreciation (əˌpriːʃiˈeiʃən) s. apreciació f., avaluació f. 2 reconeixement m. 3 augment m. de valor.

apprehend (to) (ˌæpriˈhend) t. arrestar, capturar. 2 form. témer. 3 ant. comprendre.

apprehension (ˌæpriˈhenʃən) s. temor m. 2 comprensió f. 3 captura f.

apprehensive (ˌæpriˈhensiv) a. aprensiu, recelós.

apprentice (əˈprentis) s. aprenent.

apprenticeship (əˈprentiʃip) s. aprenentatge m. [esp. d'un ofici].

approach (əˈproutʃ) s. aproximació f., apropament m. 2 entrada f., accés m. 3 enfocament m., plantejament m.

approach (to) (əˈproutʃ) i.-t. apropar-se p. (a); aproximar-se p. (a). 2 t. fig. enfocar; abordar. 3 dirigir-se p. a [algú per alguna qüestió].

approachable (əˈproutʃəbl) a. accessible, abordable.

approaching (əˈproutʃiŋ) a. proper, pròxim.

appropriate (əˈproupriət) a. apropiat, adient.

appropriate (to) (əˈprouprieit) t. destinar [a un ús]; assignar [una quantitat]. 2 apropiar-se p.

appropriation (əˌproupriˈeiʃən) s. apropiació f.; assignació f. [esp. de diners].

approval (əˈpruːvəl) s. aprovació f.; consentiment m.; vist-i-plau m. 2 COM. on ~, a prova f.

approve (to) (əˈpruːv) t.-i. to ~ of, aprovar t. 2 t. aprovar, confirmar.

approximate (əˈprɔksimət) a. aproximat. ■ 2 -ly adv. aproximadament.

approximate (to) (əˈprɔksimeit) i. aproximar-se p. (to, a).

approximation (əˌprɔksiˈmeiʃən) s. aproximació f.

apricot ('eiprikɔt) s. BOT. albercoc.

apricot tree ('eiprikɔtˌtriː) s. albercoquer m.

April ('eipril) s. abril m.

apron ('eiprən) s. davantal m.

apropos ('æprəpou) a. oportú. ■ 2 adv. a propòsit.

apse (æps) s. ARQ. àbsida f.

apt (æpt) a. apropiat. 2 llest; apte. 3 propens.

aptitude ('æptitjuːd) s. aptitud f. ‖ ~ test, prova f. d'aptitud. 2 capacitat f., facilitat f.

aptness ('æptnis) s. justesa f. 2 tendència f.

aquarium (əˈkwɛəriəm) s. aquàrium m.

aquatic (əˈkwætik) a. aquàtic. 2 ~s, esports m. aquàtics.

aqueduct ('ækwidʌkt) s. aqüeducte m.

Arab ('ærəb) a.-s. àrab.

arable ('ærəbl) a. cultivable, de conreu [terra].

arbiter ('ɑːbitər) s. àrbitre [no esports].

arbitrary ('ɑːbitrəri) a. arbitrari. 2 despòtic. ■ 3 -ly adv. arbitràriament.

arbitrate (to) ('ɑːbitreit) t.-i. arbitrar t.

arbitration (ˌɑːbiˈtreiʃən) s. arbitratge m., arbitrament m. 2 DRET to go to ~, recórrer a l'arbitratge.

arc (ɑːk) s. arc m.

arcade (ɑːˈkeid) s. ARQ. arcada f. 2 porxos m. pl. ‖ shopping ~, galeria f. comercial.

arch (ɑːtʃ) s. ARQ. arc m.; volta f. ■ 2 a. ~ smile, somriure m. murri. 3 gran, principal: ~ enemies, eterns rivals.

arch (to) (ɑːtʃ) t. arquejar. ■ 2 i. arquejar-se p.

archaeology (ˌɑːkiˈɔlədʒi) s. arqueologia f.

archaic (ɑːˈkeiik) a. arcaic.

archaism ('ɑːkeiizəm) s. arcaisme m.

archbishop (ˌɑːtʃˈbiʃəp) s. arquebisbe m.

archduke (ˌɑːtʃˈdjuːk) s. arxiduc m.

archer ('ɑːtʃər) s. arquer.

archery ('ɑːtʃəri) s. ESPORT tir m. amb arc.

archetype ('ɑːkitaip) s. arquetipus m.

archipielago (ˌɑːkiˈpeləgou) s. arxipèlag m.

architect ('ɑːkitekt) s. arquitecte.

architecture ('ɑːkitektʃər) s. arquitectura f.

archives ('ɑːkaivz) s. pl. arxiu m. [de documents històrics].

archivist ('ɑːkivist) s. arxiver.

archway ('ɑːtʃwei) s. arc m. d'entrada; arcada f.

Arctic ('ɑːktik) a. GEOGR. àrtic. ■ 2 s. Àrtic m.

Arctic Circle (ˌɑːktikˈsəːkl) s. GEOGR. Cerde m. Polar Àrtic.

ardent ('ɑːdənt) a. ardent; apassionat; fervorós.

arduous ('ɑːdjuəs) a. laboriós, difícil [treball]. 2 ardu [un camí, etc.].

are (ɑːr) Veure BE (TO).

area ('ɛəriə) s. GEOM. àrea f., superfície f. 2 GEOGR. regió f., zona f., àrea f.

arena (əˈriːnə) s. arena f., cercle m. 2 fig. esfera f., terreny m.

argue (to) ('ɑːgjuː) i. discutir t. (with, amb; about, sobre), barallar-se p. ■ 2 i.-t. argüir i., argumentar i. ■ 3 t. persuadir [mitjançant arguments]. 4 debatre.

argument ('ɑːgjumənt) s. discussió f., disputa f. 2 argument m.; raonament m. 3 argument m. [d'un llibre, etc.].

argumentation (ˌɑːgjumenˈteiʃən) s. argumentació f. 2 discussió f.

arid ('ærid) a. àrid [també fig.].

aridity (æˈriditi) s. aridesa f.

arise (to) (əˈraiz) i. aparèixer, sorgir, presentar-se p. 2 originar-se p. (from, en), re-

sultar (*from*, de). 3 ant. llevar-se *p*., aixecar-se *p*. ▲ Pret.: *arose* (ə'rouz); p. p.: *arisen* (ə'rizn).
aristocracy (ˌæris'tɔkrəsi) *s.* aristocràcia *f.*
aristocrat (ˌəristəkræt) *s.* aristòcrata.
aristocratic (ˌæristə'krætik) *a.* aristocràtic.
arithmetic (ə'riθmətik) *s.* aritmètica *f.*
ark (aːk) *s.* arca *f.* ‖ *A~ of the Covenant*, Arca *f.* de l'Aliança. ‖ *Noah's A~* Arca *f.* de Noè.
arm (aːm) *s.* braç *m.* ‖ *~ in ~*, de bracet. 2 fig. braç [del mar, cadira, etc.]. 3 MIL. arma *f.* [cossos en què es divideix un exèrcit].
arm (to) (aːm) *t.* armar. ■ 2 *i.-p.* armar-se.
armament ('aːməmənt) *s.* MIL. armament *m.*
armband (('ə:mbænd) *s.* braçal *m.*
armchair ('aːmtʃɛərʳ) *s.* butaca *f.*, cadira *f.* de braços.
armful ('aːmful) *s.* braçat *m.*, braçada *f.*
armistice ('aːmistis) *s.* armistici *m.*
armour, (EUA) **armor** ('aːməʳ) *s.* armadura *f.* 2 blindatge *m.*
armourer, (EUA) **armorer** ('aːmərəʳ) *s.* armer *m.*
armoury, (EUA) **armory** ('aːməri) *s.* armeria *f.*
armpit ('aːmpit) *s.* ANAT. aixella *f.*
army ('aːmi) *s.* exèrcit *m.*: *~ corps*, cos *m.* de l'exèrcit.
Arnold ('aːnəld) *n. pr.* Arnau *m.*
aroma (ə'roumə) *s.* aroma *f.*
aromatic (ˌærə'mætik) *a.* aromàtic.
around (ə'raund) *adv.* al voltant, a l'entorn. ‖ *all ~*, per tot arreu. 3 coŀloq. a prop [lloc]. ■ 4 *prep.* al voltant de; cap: *~ nine o'clock*, cap a les nou.
arouse (to) (ə'rauz) *t.* despertar. 2 excitar, estimular.
arrange (to) (ə'reindʒ) *t.* arranjar; organitzar; posar en ordre. 2 MÚS. arranjar, adaptar. ■ 3 *i.* posar-se *p.* d'acord, acordar *t.*, quedar [en alguna cosa].
arrangement (ə'reindʒmənt) *s.* arranjament *m.*; ordre *m.* 2 MÚS. arranjament *m.*, adaptació *f.* 3 acord *m.*, entesa *f.*
arrant ('ærənt) *a.* acabat, consumat.
array (ə'rei) *s.* MIL. ordre *m.*, formació *f.* 2 ornament *m.*, gala *f.*
array (to) (ə'rei) *t.* formar [les tropes]. 2 abillar, vestir: *~ed like a queen*, vestida com una reina.
arrears (ə'riəz) *s. pl.* endarreriments *m.*, endarreriatges *m.* [esp. ús econòmic].
arrest (ə'rest) *s.* arrest *m.*, detenció *f.*
arrest (to) (ə'rest) *t.* arrestar, detenir. 2 aturar [un procés, etc.]. 3 cridar [l'atenció].

arrival (ə'raivəl) *s.* arribada *f.* [també s'utilitza per persones].
arrive (to) (ə'raiv) *i.* arribar (*in* o *at*, a) [lloc]. 2 *to ~ at*, arribar a [una conclusió, un objectiu].
arrogance ('ærəgəns) *s.* arrogància *f.*
arrogant ('ærəgənt) *a.* arrogant.
arrow ('ærou) *s.* fletxa *f.*, sageta *f.*
arsenal ('aːsənl) *s.* arsenal *m.*
arsenic ('aːsənik) *s.* arsènic *m.*
arson ('aːsn) *s.* DRET incendi *m.* provocat [delicte].
art (aːt) *s.* art *m.:* *~ and crafts*, arts i oficis *m.* 2 *black ~*, màgia *f.* negra.
artery ('aːteri) *s.* ANAT. artèria. 2 fig. artèria *f.* [carretera, etc.].
artful ('aːtful) *a.* arter, astut. 2 hàbil, destre.
Arthur ('aːθəʳ) *n. pr.* Artur *m.*
artichoke ('aːtitʃouk) *s.* carxofa *f.*
article ('aːtikl) *s.* objecte *m.* 2 PERIOD. article *m.* ‖ *leading ~*, article *m.* de fons, editorial *m.* 3 GRAM. article *m.*
articulate (aː'tikjulit) *a.* articulat. 2 clar [discurs].
articulate (to) (aː'tikjuleit) *t.-i.* articular *t.*
articulation (aːˌtikju'leiʃən) *s.* articulació *f.*
artifice ('aːtifis) *s.* artifici *m.*
artificial (ˌaːti'fiʃəl) *a.* artificial. 2 postís. 3 artificial, afectat [persona].
artillery (aː'tiləri) *s.* artilleria *f.*
artilleryman (aː'tilərimən) *s.* artillero *m.*
artist ('aːtist) *s.* artista.
artistic (ˌaː'tistik) *a.* artístic.
artless ('aːtlis) *a.* natural, senzill, ingenu.
as (æz, əz) *conj.-adv.* com (que), ja que. 2 quan, mentre. 3 (tal) com; el que. 4 com, igual que. 5 *compar.* ~ ... ~, tan... com. 6 LOC. *~ for* o *to*, quant a.; *~ from*, a partir de.; *~ well*, també.; *~ yet*, encara. ■ 7 *prep.* com. ■ 8 *pron.* que: *the same friend ~ I have*, el mateix amic que jo tinc.
ascend (to) (ə'send) *t.* pujar [muntanya]. 2 remuntar [riu]. ■ 3 *i.* pujar, ascendir.
ascendancy, -dency (ə'sendənsi) *s.* domini *m.*; ascendent *m.*
ascendant, -dent (ə'sendənt) *a.* ascendent. 2 predominant. ■ 3 *s.* ascendent *m.*
ascension (ə'senʃən) *s.* ascensió *f.*
ascent (ə'sent) *s.* pujada *f.*, ascensió *f.*
ascertain (to) (ˌæsə'tein) *t.* esbrinar; encertir *t.-p.*
ascetic (ə'setik) *a.* ascètic. ■ 2 *s.* asceta.
ascribe (to) (ə'skraib) *t.* atribuir (*to*, a).
ash (æʃ) *s.* cendra *f.* 2 BOT. freixe *m.*
ashamed (ə'ʃeimd) *a.* avergonyit. ‖ *to be ~*, avergonyir-se *p.* (*of*, de).
ashen ('æʃən) *a.* pàŀlid.
ashtray ('æʃtrei) *s.* cendrer *m.*

ashore (ə'ʃɔːʳ) *adv.* NÀUT. en terra. ‖ *to go ~*, desembarcar *t.-i.; to run ~*, encallar-se *p.*

Ash Wednesday ('æʃ'wenzdi) *s.* REL. Dimecres *m.* de cendra.

Asia ('eiʃə) *n. pr.* Àsia *f.*

aside (ə'said) *adv.* a part, de costat, de banda. ▪ *2 s.* TEAT. apart *m.*

ask (to) (ɑːsk) *t.* preguntar. *2 to ~ for* o *of*, demanar, soŀlicitar. ‖ *don't ~ me!*, no ho sé!, a mi què m'expliquis! *3* convidar, invitar. ‖ *to ~ someone in*, fer passar algú, dir-li que entri. ▪ *4 i. to ~ after, about* o *for*, preguntar per, demanar per. *5 to ~ for trouble*, coŀloq. *to ~ for it*, buscar-se *p.* problemes.

askance (əs'kæns) *adv. to look ~ at*, mirar amb desconfiança.

askew (əs'kju:) *adv.* al o de biaix. *2 a.* esbiaixat.

aslant (ə'slɑːnt) *adv.* obliquament, de través. ▪ *2 prep.* a través de.

asleep (ə'sliːp) *a.-adv.* adormit. ‖ *to be fast ~*, dormir profundament. ‖ *to fall ~*, adormir-se *p.*

ASM ('eies'em) *s. (air-to-surface missile)* míssil *m.* aire-terra.

asp (æsp) *s.* ZOOL. àspid *m.*

asparagus (ə'spærəgəs) *s.* BOT. espàrrec *m.*

aspect ('æspekt) *s.* aspecte *m.* *2* orientació *f.* [d'una casa]. *3* GRAM. aspecte *m.*

aspen ('æspən) *s.* BOT. trèmol *m.*

aspersions (ə'spəːʃnz) *s. pl. to cast ~ on somebody*, calumniar *t.* algú.

asphalt ('æsfælt) *s.* asfalt *m.*

asphalt (to) ('æsfælt) *t.* asfaltar.

asphyxia (æs'fiksiə) *s.* asfíxia *f.*

asphyxiate (to) (æs'fiksieit) *t.* asfixiar.

aspirant (əs'paiərənt) *s.* aspirant, candidat *(to* o *after*, a).

aspiration (ˌæspə'reiʃən) *s.* aspiració *f.* *2* anhel *m.*, desig *m.*

aspire (to) (əs'paiəʳ) *i.* aspirar *(to* o *after*, a).

aspirin ('æsprin) *s.* aspirina *f.*

ass (æs) *s.* ZOOL. ase *m.*, ruc. *2* fig. ruc. *3* (EUA) pop. cul *m.*

assail (to) (ə'seil) *t.* assaltar; atacar. *2* emprendre [una tasca]. *3* importunar, enutjar [amb preguntes, etc.].

assailant (ə'seilənt) *s.* assaltador.

assassin (ə'sæsin) *s.* assassí.

assassinate (to) (ə'sæsineit) *t.* assassinar.

assassination (əˌsæsi'neiʃən) *s.* assassinat *m.*

assault (ə'sɔːlt) *s.* assalt *m.*, assaltament *m.*

assault (to) (ə'sɔːlt) *t.* assaltar.

assemble (to) (ə'sembl) *t.* ajuntar, reunir, agrupar. *2* MEC. muntar. ▪ *3 i.* ajuntar-se *p.*, reunir-se *p.*

assembly (ə'sembli) *s.* assemblea *f.*, (ROSS.)

assemblada *f.*, reunió *f.* *2* MEC. muntatge *m.*

assembly hall (ə'semblihɔːl) *s.* sala *f.* d'actes.

assembly line (ə'semblilain) *s.* MEC. cadena *f.* de muntatge.

assert (to) (ə'sɔːt) *t.* asseverar, afirmar. *2* mantenir, defensar. *3* fer valer [drets]. ▪ *4 p. to ~ oneself*, reafirmar-se.

assertion (ə'sɔːʃən) *s.* asseveració *f.*, afirmació *f.* *2* reivindicació *f.*

assess (to) (ə'ses) *t.* avaluar; preuar. *2* taxar. *3* DRET. acensar.

assessment (ə'sesmənt) *s.* avaluació *f.* *2* taxació *f.*

assessor (ə'sesəʳ) *s.* assessor; taxador.

asset ('æset) *s. pl.* béns *m.: personal ~s*, béns *m.* mobles. *2* COM. haver *m.*, actiu *m.* *3* avantatge *m.*

assiduity (ˌæsi'djuːəti) *s.* assiduïtat *f.*

assiduous (ə'sidjuəs) *a.* assidu.

assign (to) (ə'sain) *t.* assignar. *2* atribuir. *3* cedir [propietat, etc.]. *4* nomenar.

assignment (ə'sainmənt) *s.* assignació *f.* *2* atribució *f.* *3* DRET cessió *f.* [d'una propietat, etc.]. *4* tasca *f.*, missió *f.*

assimilate (to) (ə'simileit) *t.* assimilar. ▪ *2 i.* assimilar-se *p.*

assimilation (əˌsimi'leiʃən) *s.* assimilació *f.*

assist (to) (ə'sist) *t.-i.* assistir *t.;* ajudar.

assistance (ə'sistəns) *s.* assistència *f.;* ajut *m.;* auxili *m.* ‖ *to be of ~ (to)*, ajudar a.

assistant (ə'sistənt) *a.* ajudant; auxiliar. ‖ *shop-~*, dependent *s.* ▪ *2 s.* ajudant.

associate (ə'souʃiət) *a.* associat. *2* (EUA) adjunt [professor]. ▪ *3 s.* soci. *4* còmplice [d'un crim].

associate (to) (ə'souʃieit) *t.-p.* associar *(with*, amb). ▪ *2 i.* relacionar-se *p.* *(with*, amb), fer-se *p.* *(with*, amb).

association (əˌsousi'eiʃən) *s.* associació *f.* *2* COM. societat *f.*

assonance ('æsənəns) *s.* assonància *f.*

assorted (ə'sɔːtid) *a.* assortit, variat. *2* avingut: *an ill-~ couple*, un matrimoni mal avingut.

assortment (ə'sɔːtmənt) *s.* assortiment *m.;* varietat *f.* *2* classificació *f.*

assuage (to) (ə'sweidʒ) *t.* calmar, suavitzar, assuaujar, mitigar.

assume (to) (ə'sjuːm) *t.* suposar. ‖ LOC. *assuming that*, suposant que; considerant que. *2* assumir. *3* prendre, adoptar: *~ a new name*, adoptar un nom nou.

assumption (ə'sumpʃən) *s.* suposició *f.* ‖ LOC. *on the ~ that*, suposant que. *2* assumpció *f.* [d'una responsabilitat, etc.]; presumpció *f.;* fingiment *m.* ‖ ECLES. *The A~*, L'Assumpció *f.*

assurance (ə'ʃuərəns) *s.* seguretat *f.* [confiança en un mateix]. *2* garantia *f.;* promesa *f. 3* COM. assegurança f. *4* desvergonyiment *m.*

assure (to) (ə'ʃuəʳ) *t.* assegurar.

asterisk ('æstərisk) *s.* asterisc *m.*

astern (əs'tə:n) *adv.* NÀUT. a la popa. *2* NÀUT. cap enrera.

asthma ('æsmə) *s.* MED. asma *f.*

astonish (to) (əs'tɔniʃ) *t.* sorprendre, deixar parat. ‖ *to be ~ ed,* sorprendre's *p.,* quedar-se p. parat.

astonishing (əs'tɔniʃiŋ) *a.* sorprenent, xocant.

astonishment (əs'tɔniʃmənt) *s.* sorpresa *f.,* estupefacció *f.*

astound (to) (əs'taund) *t.* esbalair, deixar estupefacte.

astray (ə'strei) *adv.* esp. fig. pel mal camí. ■ *2 a.* extraviat. ‖ *to go ~,* extraviar-se. ‖ *to lead ~,* despistar, desencaminar.

astride (ə'straid) *adv.-a.* cama ací, cama allà *loc. adv.* ■ *2 prep.* sobre.

astringent (əs'trindʒənt) *a.* astringent. *2* fig. dur, sever. ■ *3 s.* astringent *m.*

astrologer (əs'trɔlədʒəʳ) *s.* astròleg.

astrology (əs'trɔlədʒi) *s.* astrologia *f.*

astronaut ('æstrənɔ:t) *s.* astronauta.

astronomer (əs'trɔnəməʳ) *s.* astrònom.

astronomy (əs'trɔnəmi) *s.* astronomia *f.*

astute (əs'tju:t) *a.* astut.

astuteness (əs'tju:tnis) *s.* astúcia *f.*

asunder (ə'sʌndəʳ) *adv.* liter. separats [dues o més coses]. ‖ *to tear ~,* trossejar .

asylum (ə'sailəm) *s.* asil *m.,* refugi *m.* ‖ *political ~,* asil *m.* polític. *2* ant. manicomi *m.*

at (æt, ət) *prep.* a, en, per [lloc, posició, direcció]. ‖ *~ the top of the page,* dalt de la pàgina. *2* a, per [temps]: *~ Christmas,* per Nadal; *~ two o'clock,* a les dues. ‖ LOC. *~ once,* immediatament. *3* a [valor, cost]: *~ 12 p. each,* a 12 penics cadascun. *4* [indicant activitat, manera o condició]: *to be bad ~ something,* no valer per a alguna cosa.

ate (et, eit) *pret.* de TO EAT.

A-team ('eiti:m) *s.* equip *m.* A [grup d'experts].

atheism ('eiθiizəm) *s.* ateisme *m.*

atheist ('eiθiist) *s.* ateu.

Athens ('æθənz) *n. pr.* Atenes *f.*

athlete ('æθli:t) *s.* ESPORT atleta.

athletic (æθ'letik) *a.* atlètic.

athletics (æθ'letiks) *s.* ESPORT atletisme *m.*

Atlantic (ət'læntik) *a.* atlàntic. ■ *2 n. pr.* GEOGR. Atlàntic *m.*

atlas ('ætləs) *s.* GEOGR. atlas *m.*

atmosphere ('ætməsfiəʳ) *s.* atmosfera *f. 2* ambient *m.*

atoll ('ætɔl) *s.* atol *m.,* atoŀló *m.*

atom ('ætəm) *s.* àtom *m.*

atom bomb ('ætəmˌbɔm) *s.* bomba *f.* atòmica.

atone (to) (ə'toun) *i. to ~ (for),* expiar *t.,* reparar *t.*

atonement (ə'tounmənt) *s.* expiació *f.,* reparació *f.* ‖ *to make ~ for a fault,* reparar una falta.

atrocious (ə'trouʃəs) *a.* atroç. *2* coŀloq. espantós, terrible.

atrocity (ə'trɔsiti) *s.* atrocitat *f.*

atrophy ('ætrəfi) *s.* atròfia *f.* **[també fig.]**

atrophy (to) ('ætrəfi) *t.* atrofiar. ■ *2 i.* atrofiar-se *p.*

attach (to) (ə'tætʃ) *t.* lligar, fermar. *2* enganxar. *3* incloure, adjuntar [documents, etc.]. *4* donar [importància, valor, etc.]. *5* DRET confiscar, embargar. ■ *6 i. to ~ to,* correspondre a, pertànyer a. ■ *7 p. to ~ one-self,* entrar a formar part de; enganxar-se *p.* a [pejoratiu].

attaché (ətæʃei) *s.* agregat.

attaché case (ə'tæʃiˌkeis) *s.* maletí *m.* [per a documents].

attachment (ə'tætʃmənt) *s.* unió *f.;* lligament *m.;* coŀlocació *f. 2* accesori *m.,* peça *f. 3* acoblament *m. 4* afecte *m.,* estimació *f. 5* DRET confiscació *f.,* embargament *m.*

attack (ə'tæk) *s.* atac *m.*

attack (to) (ə'tæk) *t.* atacar.

attain (to) (ə'tein) *t.* aconseguir, assolir. ■ *2 i. to ~ to,* arribar a.

attainment (ə'teinmənt) *s.* assoliment *m.,* aconseguiment *m.,* consecució *f. 2 pl.* coneixements *m.*

attempt (ə'tempt) *s.* temptativa *f.,* intent *m.,* prova *f.*

attempt (to) (ə'tempt) *t.* intentar, provar. *2* emprendre. *3* ant. atemptar *i.*

attend (to) (ə'tend) *t.* assistir a *i.,* anar a *i.* [una reunió, classes, etc.]. *2* assistir [una persona], servir, atendre. *3* form. acompanyar. ■ *4 i. to ~ to,* atendre, fer atenció a, ocupar-se de. *5 to ~ (on* o *upon),* atendre (a).

attendance (ə'tendəns) *s.* assistència *f.,* concurrència *f.;* presència *f. 2* MED. assistència *f.* ‖ *to be in ~,* estar al servei *m.* de.

attendant (ə'tendənt) *a.* concomitant. *2* assistent. ■ *3 s.* acompanyant. *4* servidor. *5* assistent.

attention (ə'tenʃən) *s.* atenció *f.* ‖ *to pay ~,* fer atenció *f. 2 pl.* atencions *f.,* detalls *m. 3* MIL. *~!,* ferms!

attentive (ə'tentiv) *a.* atent.

attenuate (to) (ə'tenjueit) *t.* form. atenuar, disminuir.

attenuating (ə'tenjueitiŋ) *a.* atenuant.

attic ('ætik) *s.* golfes *f.pl.* [habitables].
attire (ə'taiəʳ) *s.* liter.-poèt. vestit *m.*
attire (to) (ə'taiəʳ) *t.* ant. vestir.
attitude ('ætitjuːd) *s.* postura *f.* [del cos]. *2* actitud *f.*
attorney (ə'tɔːni) *s.* apoderat. *2* (EUA) advocat; fiscal, procurador. *3 Attorney General*, (G.B.) fiscal del Tribunal Suprem; (EUA) ministre *m.* de Justícia.
attract (to) (ə'trækt) *t.* atreure.
attraction (ə'trækʃən) *s.* atracció *f.* *2* atractiu *m.*
attractive (ə'træktiv) *a.* atractiu; atraient.
attribute ('ætribjuːt) *s.* atribut *m.*
attribute (to) (ə'tribjuːt) *t.* atribuir.
attribution (ˌætri'bjuːʃən) *s.* atribució *f.*
ATV (ˌeitiː'viː) *s.* *(Associated Television)* televisió *f.* associada.
auburn ('ɔːbən) *a.* castany rogenc. [esp. cabells].
auction ('ɔːkʃən) *s.* subhasta *f.*, encant *m.* ‖ *to put up for* ~, posar en subhasta *f.*, subhastar *t.*
audacious (ɔː'deiʃəs) *a.* audaç, atrevit. *2* desvergonyit, descarat.
audacity (ɔː'dæsiti) *s.* audàcia *f.* *2* pej. atreviment *m.*, barra *f.*
audible ('ɔːdibl) *a.* oïble, audible.
audience ('ɔːdjəns) *s.* públic *m.*: ~ *ratings*, nivells d'audiència [ràdio, TV]. *2* lectors *m. pl.* [d'un escriptor]. *3* form. audiència *f.* [entrevista].
audio-visual (ˌɔːdiou'vizjuəl) *a.* àudio-visual.
audit ('ɔːdit) *s.* ECON. intervenció *f.*, revisió *f.* [de comptes].
audit (to) ('ɔːdit) *t.* ECON. intervenir, verificar [comptes].
audition (ɔː'diʃən) *s.* audició *f.* *2* prova *f.* de veu, dansa, etc.
audition (to) (ɔː'diʃən) *t.* fer una audició.
auditor ('ɔːditəʳ) *s.* interventor; auditor.
auditorium (ˌɔːdi'tɔːriəm) *s.* auditori *m.*
augur (to) ('ɔːgəʳ) *t.-i.* augurar *t.*
August ('ɔːgəst) *s.* agost *m.*
aunt (ɑːnt) *s.* tia *f.*
au pair (ˌou'peəʳ) *s.* au pair.
aura ('ɔːrə) *s.* aurèola *f.* *2* emanació *f.* [de les flors, etc.]. *3* ambient *m.*
aurora (ɔː'rɔːrə) *s.* aurora *f.* ‖ ~ *australis*, aurora astral. ‖ ~ *borealis*, aurora boreal.
auscultate (to) ('ɔːskəlteit) *t.* MED. auscultar.
auspice ('ɔːspisiz) *s.* auspici *m.*
auspicious (ɔːs'piʃəs) *a.* propici; favorable.
austere (ɔs'tiːəʳ) *a.* auster.
austerity (ɔs'teriti) *s.* austeritat *f.*
Australia (ɔs'treiliə) *n. pr.* GEOGR. Austràlia *f.*
Austrian ('ɔstriən) *a.-s.* austríac.

authentic (ɔː'θentik) *a.* autèntic.
authentically (ɔː'θentikli) *adv.* autènticament.
authenticity (ˌɔːθen'tisiti) *s.* autenticitat *f.*
author ('ɔːθəʳ) *s.* autor, escriptor.
authoritarian (ɔːˌθɔri'tɛəriən) *a.* autoritari.
authoritative (ɔː'θɔritətiv) *a.* autoritzat, amb autoritat. ‖ *from an* ~ *source*, de bona font.
authority (ɔː'θɔriti) *s.* autoritat *f.* *2 the ~ies* *pl.*, les autoritats *f.*
authorize (to) ('ɔːθəraiz) *t.* autoritzar.
autobiography (ˌɔːtoubai'ɔgrəfi) *s.* autobiografia *f.*
autocracy (ɔː'tɔkrəsi) *s.* autocràcia *f.*
autocrat ('ɔːtəkræt) *s.* autòcrata *f.*
autocrime ('ɔːtəkrəim) *s.* DRET robatori *m.* de cotxes o el que contenen.
autograph ('ɔːtəgraːf) *a.-s.* autògraf *m.*
automatic (ˌɔːtə'mætik) *a.* automàtic.
automatically (ˌɔːtə'mætikli) *adv.* automàticament.
automaton (ɔː'tɔmətən) *s.* autòmata.
automobile ('ɔːtəməbiːl), (EUA) (ˌɔːtəmə-'biːl) *s.* automòbil *m.*
autonomous (ɔː'tɔnəməs) *a.* autònom.
autonomy (ɔː'tɔnəmi) *s.* autonomia *f.*
autopsy ('ɔːtɔpsi) *s.* autòpsia *f.*
autumn ('ɔːtəm) *s.* tardor *f.*
autumnal (ɔː'tʌmnəl) *a.* tardorenc.
auxiliary (ɔːg'ziljəri) *a.-s.* auxiliar.
AV (ei'viː) *s.* *(audio-visual)* *a.* audiovisual.
Av (ei'viː) *s.* *(avenue)* Avda., Av. (avinguda).
av. (ei'viː) *s.* *(average)* mitjana *f.*
avail (ə'veil) *s.* *it is of no* ~, no serveix de res; *it is of little* ~, serveix de poca cosa; *to no* ~, en va, sense cap resultat.
avail (to) (ə'veil) *p.* *to* ~ *oneself*, aprofitar-se, valer-se (*of*, de). ▪ *2 i.* liter. servir.
available (ə'veiləbl) *a.* disponible. ‖ *are you* ~ *tomorrow?*, estàs lliure demà? *2* assequible. *3* vàlid [bitllet].
avalanche ('ævəlɑːnʃ) *s.* allau *f.* *2* fig. devessall *m.*
avant-garde (ˌævɔn'gɑːd) *s.* avantguarda *f.*
avarice ('ævəris) *s.* avarícia *f.*
avaricious (ˌævə'riʃəs) *a.* avar, avariciós.
avenge (to) (ə'vendʒ) *t.-p.* venjar.
avenger (ə'vendʒəʳ) *s.* venjador.
avenue ('ævənjuː) *s.* avinguda *f.* *2* fig. camí *m.*
average ('ævəridʒ) *s.* mitjana *f.*, terme *m.* mitjà. ‖ *on an* o *the* ~, de mitjana, per terme mitjà. ▪ *2 a.* mitjà, normal, corrent.
average (to) ('ævəridʒ) *t.* calcular la mitjana de. ▪ *2 i.* fer una mitjana de: *we* ~ *200 miles a day*, fem una mitjana de 200 milles per dia.

averse (ə'vəːs) *a.* oposat, contrari. ‖ *he is ~ to work,* no li agrada gens treballar.

aversion (ə'vəːʃən) *s.* aversió *f.*, repugnància *f.*

avert (to) (ə'vəːt) *t.* apartar (*from,* de) [ulls, pensaments, etc.]. *2* esquivar, impedir [un accident, etc.].

aviary ('eivjəri) *s.* gabial *m.*

aviation (ˌeivi'eiʃən) *s.* aviació *f.*

aviator ('eivieitə') *s.* aviador.

avid ('ævid) *a.* àvid.

avocado (ˌævə'kɑːdou) *s.* BOT. alvocat *m.*

avoid (to) (ə'vɔid) *t.* evitar; esquivar; eludir; defugir: *to ~ meeting someone,* evitar o esquivar algú. *2* DRET invalidar.

avoidable (ə'vɔidəbl) *a.* evitable, eludible.

avoidance (ə'vɔidəns) *s.* evitació *f.* *2* DRET invalidació *f.*

avow (to) (ə'vau) *t.* form. admetre, confessar, reconèixer.

avowal (ə'vauəl) *s.* form. confessió *f.*, declaració *f.*

await (to) (ə'weit) *t.* esperar. ‖ *good times ~ us,* ens esperen bons temps.

awake (ə'weik) *a.* despert.

awake (to) (ə'weik) *i.* despertar-se *p.* *2* fig. adonar-se *p.*, (BAL.) témer-se *p.* (*to,* de). ▪ *3 t.* despertar: *the noise awoke me,* el soroll em va despertar. ▲ Pret.: *awoke* (ə'wouk); p. p. *awoken* (ə'woukn).

awaken (to) (ə'weikən) *t.* despertar. *2* fig. espavilar. ‖ *to ~ someone to something,* fer adonar algú d'alguna cosa. ▪ *3 i.* despertar-se *p.* *4* fig. espavilar-se *p.*

awakening (ə'weikniŋ) *s.* despertar *m.* ‖ *a rude ~,* una sorpresa *f.* desagradable.

award (ə'wɔːd) *s.* DRET sentència *f.* *2* premi *m.* *3* adjudicació *f.*

award (to) (ə'wɔːd) *t.* concedir, atorgar. *2* DRET adjudicar.

aware (ə'wɛə') *a. to be ~ of* o *that,* conscient de o que: *are you ~ of the situation?,* ets conscient de la situació? *2* assabentat, coneixedor.

awareness (ə'wɛənis) *s.* consciència *f.*, coneixement *m.*

away (ə'wei) *adv.* lluny: *the house is two miles ~,* la casa està a dues milles. ‖ LOC. *far ~,* molt lluny [d'aquí]. ‖ *far and ~,* de molt, de lluny. ‖ *from far ~,* de lluny. *2* fora: *are you playing at home or ~?,* jugueu a casa o fora? ‖ *~ with,* fora: *~ with you!,* ves-te'n! *3* contínuament, sense parar: *he is working ~,* no para de treballar. *4 right* o *straight ~,* immediatament. ▲ us. amb verbs indica pèrdua, disminució, exhauriment.

awe (ɔː) *s.* temor *m.* *2* respecte *m.* temerós.

awful ('ɔːful) *a.* espantós, terrible. *2* colloq. lleig, horrorós.

awfully ('ɔːfuli) *adv.* espantosament, terriblement. ‖ *I'm ~ sorry,* ho sento moltíssim.

awhile (ə'wail) *adv.* durant una estona. ‖ *stay ~,* queda't una estona.

awkward ('ɔːkwəd) *a.* difícil; perillós; delicat; violent; incòmode; inadequat; inoportú. ‖ colloq. *an ~ customer,* un pesat. *2* maldestre, graponer.

awl (ɔːl) *s.* alena *f.*

awning ('ɔːniŋ) *s.* vela *f.*, tendal *f.*

awoke (ə'wouk) *pret. i p.p. de* AWAKE.

ax, axe (æks) *s.* destral *f.* ‖ colloq. *to get the ~,* ésser acomiadat d'una feina.

awry (ə'rai) *adv.* de través, mal posat. ‖ *to go ~,* sortir malament, fracassar. ▪ *2 a.* tort.

ax, axe (to) (æks) *t.* colloq. reduir, retallar [els costos, el pressupost]. *2* acomiadar.

axiom ('æksiəm) *s.* axioma *m.*

axiomatic (ˌæksiə'mætik) *a.* axiomàtic.

axis ('æksis) *s.* eix *m.* *2* ANAT. axis *m.*

axle ('æksl) *s.* eix *m.* [d'una roda]; arbre *m.* [d'una màquina].

axle-box ('ækslbɔks) *s.* TECNOL. caixa *f.* de l'eix *m.*

azure ('æʒə') *a.* poèt. blau cel. ▪ *2 s.* atzur *m.*

B

B, b (biː) *s.* b *f.* [lletra]. *2* MÚS. si *m.* ‖ *B flat*, si bemol. ▲ *pl.* **B's, b's** (biːz).

B.A. (biːˈei) *s.* (*Bachelor of Arts*) llicenciat en filosofia i lletres. *2* (*British Academy*) acadèmia *f.* britànica. *3* (*British Airways*) companyia *f.* aèria britànica.

baa (baː) *s.* bel *m.*

baa (to) (baː) *i.* belar.

babble (ˈbæbl) *s.* murmuri *m.*, remor *f.*, barbull *m.* *2* balboteig *m.;* barboteig *m.*

babble (to) (ˈbæbl) *i.* balbotejar; barbotejar. *2* murmurejar, murmurar [d'un rierol, etc.]. ▪ *3 t.* barbollar, xerrar. *4* revelar [un secret].

babbler (ˈbæbləʳ) *s.* xerraire; bocamoll.

babel (ˈbeibəl) *s.* babel *f.*, xivarri *m.* *2 Tower of Babel*, torre *f.* de Babel.

baboon (bəˈbuːn) *s.* ZOOL. babuí *m.*, papió *m.*

baby (ˈbeibi) *s.* criatura *f.*, nen, bebè *m.* *2* benjamí. *3* pop. nena *f.*, monada *f.*

babyish (ˈbeibiiʃ) *a.* pej. infantil, de nen, pueril.

baby-sit (to) (ˈbeibisit) *i.* fer de cangur [de nens].

baby-sitter (ˈbeibiˌsitəʳ) *s.* cangur [de nens].

baby-sitting (ˈbeibiˌsitiŋ) *s.* tenir cura de nens.

bachelor (ˈbætʃələʳ) *s.* solter *m.*, celibatari ‖ *~ girl*, soltera *f.* *2* llicenciat [universitat].

bacillus (bəˈsiləs) *s.* bacil *m.* ▲ *pl.* **bacilli** (bəˈsilai).

back (bæk) *s.* ANAT. esquena *f.* *2* llom *m.* [d'un animal, d'un llibre]. *3* respatller *m.* *4* dors *m.*, revers *m.* *5* darrera *m.;* fons *m.* *6* ESPORTS defensa *f.* ▪ *7 a.* de darrera, posterior. *8* endarrerit.

back (bæk) *t.* reforçar. *2 to ~ (up)*, donar suport. *3* apostar a [cavalls, etc.]. *4* tirar enrera, fer anar enrera [un cotxe, un cavall, etc.]. ▪ *5 i.* retrocedir. *6* fig. *to ~ out*, fer-se enrera [en una promesa].

back (bæk) *adv.* endarrera, enrera, (VAL.) arrere. *2* enrera, en el passat: *years ~*, anys enrera. *3* de tornada: *journey ~*, viatge de tornada. ‖ *when will she be ~?*, quan tornarà? *4* [sentit de tornar, retornar]: *don't answer ~!*, no contestis!

backbencher (ˈbækbentʃəʳ) *s.* diputat que no forma part del consell de ministres.

backbite (to) (ˈbækbait) *i.-t.* criticar *t.* [a l'esquena]. ▲ Pret.: *backbit;* p. p.: *backbit* o *-bitten* (ˌbækbit, -n).

backbone (ˈbækboun) *s.* ANAT. espinada *f.*, columna *f.* vertebral. *2* fig. puntal *m.*, pal *m.* de paller.: *such men are the ~ of the country*, homes com aquests són els puntals del país. *3* fig. caràcter *m.*, nervi *m.*

back-breaking (ˈbækbreikiŋ) *a.* esgotador, extenuant [un treball].

backchat (ˈbæktʃæt) *s.* col·loq. rèplica *f.*, comentari *m.* impertinent.

backer (ˈbækəʳ) *s.* apostador. *2* partidari. *3* COM. avalador.

background (ˈbækgrəund) *s.* fons *m.* [d'una vista, escena, etc.]. ‖ *the political and social ~*, el rerafons *m.* polític i social. *2* bagatge [cultural, etc., d'una persona]. *3* origen *m.*, antecedents *m. pl.* [d'una persona, una situació].

backhand (ˈbækˌhænd) *a.* ESPORT amb el dors de la mà: *~ shot* o *stroke*, revés *m.* ▪ *2 s.* revés *m.*

backhanded (ˌbækˈhændid) *a.* amb el dors de la mà. *2* fig. ambigu; sarcàstic.

backing (ˈbækiŋ) *s.* suport *m.*, recolzament *m.* [moral i físic]. *2* seguidors *pl.*

backlog (ˈbæklɔg) *s.* endarreriments *m. pl.;* acumulació *f.* de feina.

back number (ˈbækˈnʌmbəʳ) *s.* número *m.* endarrerit [d'una publicació, etc.].

back pay (ˈbækpei) *s.* pagaments *m. pl.* endarrerits, endarreriatges *m. pl.*

backside (ˈbækˌsaid) *f.* col·loq. cul *m.*

backslide (to) ('bæk͵slaid) *i.* reincidir, recaure. 2 fig. desencaminar-se *p.*

backward ('bækwəd) *a.* retrògrad: *a ~ movement,* un moviment endarrera. 2 endarrerit, retardat [un país, un nen, etc.]. 3 tímid.

backwards ('bækwədz) *adv.* (cap) enrera, (VAL.) arrere. 2 al revés. 3 ~ and *forward(s,* d'un cantó a l'altre. 3 *to know something* ~, conèixer una cosa perfectament.

backwater ('bæk͵wɔ:tə') *s.* rabeig *m.* 2 fig. recés *m.*

bacon ('beikən) *s.* cansalada *f.* viada; bacó *m.*

bacterium (bæk'tiəriəm) *s.* bacteri *m.* ▲ *pl.* **bacteria** (bæk'tiəriə).

bad (bæd) *a.* dolent, (VAL.) roín; mal [davant de substantiu]. 2 desagradable. 3 greu, seriós. 4 podrit. 5 malalt. 6 col·loq. *to feel ~ about,* saber greu. 7 *not (so)* ~, força bé: *how are you? not (so)* ~, com estàs? anar fent. ■ 8 *s.* dolent: *from ~ to worse,* com més va pitjor. ■ 9 -**ly** *adv.* mal, malament. 10 per molt. 11 de totes, totes.

bade (beid) Veure BID (TO).

badge (bædʒ) *s.* insígnia *f.*, distintiu *m.* 2 símbol *m.*

badger ('bædʒə') *s.* ZOOL. teixó *m.*

badger (to) ('bædʒə') *t.* empipar [esp. per aconseguir alguna cosa].

badminton ('bædmintən) *s.* ESPORT bàdminton *m.*

badness ('bædnis) *s.* maldat *f.*

bad-tempered (͵bæd'tempəd) *a.* malhumorat, geniüt.

baffle (to) ('bæfl) *t.* desconcertar, confondre.

bag (bæg) *s.* bossa *f.* 2 sac *m.*, saca *f.* 3 CINEG. cacera *f.*

bag (to) (bæg) *t.* posar dins una bossa, ensacar. 2 col·loq. embutxacar-se *p.* 3 caçar. ■ 4 *i.* fer bossa [els pantalons, etc.].

baggage ('bægidʒ) *s.* equipatge *m.* 2 bagatge *m.* [d'un exèrcit].

baggy ('bægi) *a.* folgat, que fa bossa.

bagpipe ('bægpaip) *s.* MÚS. gaita *f.*

Bahamas (bə'ha:məz) *n. pr.* GEOGR. Bahames *f. pl.* [les illes].

bail (beil) *s.* DRET fiança *f.* ‖ *to be out on* ~, estar en llibertat sota fiança.

bail (to) (beil) *t. to ~ somebody out,* aconseguir la llibertat d'algú sota fiança. ■ 2 *t.-i.* NÀUT. treure l'aigua d'una embarcació.

bailiff ('beilif) *s.* DRET agutzil *m.*, algutzir *m.* 2 administrador [d'un terratinent].

bait (beit) *s.* esquer *m.*, esca *f.*, carnada *f.* 2 fig. esquer *m.*, cimbell *m.*, reclam *m.*

bait (to) (beit) *t.* esquerar, posar un esquer. 2 fig. fer la guitza, turmentar.

baize (beiz) *s.* tapet *m.* verd.

bake (to) (beik) *t.* coure [en el forn]. ‖ ~*d potatoes,* patates al forn. 2 fig. torrar-se *p.* [al sol]. ■ 3 *i.* coure, coure's *p.*

baker (͵beikə') *s.* forner. ‖ ~*'s,* forn *m.* [de pa], fleca *f.*

baker's dozen (͵beikəz'dʌzn) *s.* dotzena *f.* de frare, tretze.

bakery ('beikəri) *s.* forn *m.* [de pa], fleca *f.*

baking ('beikiŋ) *s.* cocció *f.:* ~*-time,* temps de cocció. ■ 2 *a.* ~*-hot,* molt calurós.

baking powder ('beikiŋ͵paudə) *s.* llevat *m.* en pols.

balance ('bæləns) *s.* balança *f.*, balances *f. pl.* 2 balanç *m.*, equilibri *m.* [físic, mental, etc.]: *to keep one's* ~, mantenir l'equilibri. 3 COM. saldo *m.*

balance (to) ('bæləns) *t.* sospesar [un problema, etc.]. 2 comparar, contrastar. 3 equilibrar. 4 COM. saldar. ■ 5 *i.* equilibrar-se *p.* 7 COM. anivellar-se *p.*

balanced ('bælənst) *a.* equilibrat: *a ~ diet,* una dieta *f.* equilibrada.

balance sheet ('bælənsʃi:t) *s.* COM. balanç *m.*

balcony ('bælkəni) *s.* balcó *m.* 2 TEAT. amfiteatre *m.*

bald (bɔ:ld) *a.* calb. ‖ *to go* ~, quedar-se calb. 2 fig. pelat [un paisatge, etc.]. 3 fig. sobri [estil]. ■ 4 -**ly** *adv.* fig. de manera directa.

baldness ('bɔ:ldnis) *s.* calvície *f.*, calbesa *f.*

bale (beil) *s.* bala *f.*, paca *f.* [de llana, palla, etc.].

bale (to) (beil) *t.* embalar, empacar.

Balearic Islands (͵bæli'ærik 'ailəndz) *n. pr.* GEOGR. Illes Balears *f. pl.*

baleful ('beilful) *a.* perniciós, funest, sinistre.

balk (bɔ:k) *s.* biga *f.* 2 contratemps *m.*

balk (to) (bɔ:k) *t.* obstaculitzar, impedir [intencionadament]. ■ 2 *i. to* ~ *(at),* negar-se *p.* a anar endavant; vacil·lar.

Balkan ('bɔ:lkən) *a.* balcànic. ■ 2 *n. pr.* GEOGR. *the* ~*s,* els Balcans *m.*

ball (bɔ:l) *s.* pilota *f.* 2 bola *f.* ‖ *to be on the* ~, ésser espavilat. 3 ball *m.* de gala. 4 *pl. pop.* ous *m.*, collons *m.*

ballad ('bæləd) *s.* LIT.-MÚS. balada *f.*

ballast ('bæləst) *s.* llast *m.* [també fig.], balast *m.*

ballast (to) ('bæləst) *t.* llastar.

ballet ('bælei) *s.* ballet *m.*

ballistic (bə'listik) *a.* balístic.

ballistics (bə'listiks) *s.* balística *f.*

balloon (bə'lu:n) *s.* globus *m.*

ballot ('bælət) *s.* papereta *f.* [per votar]. *2* votació *f.* ‖ *to take a ~ on,* pasar a votació.
ballot (to) ('bælət) *i.* votar.
ballot box ('bælət,bɔks) *s.* urna *f.*
balm (bɑːm) *s.* bàlsam *m.*
balmy ('bɑːmi) *a.* balsàmic. *2* fig. suau, reconfortant.
balsam ('bɔːlsəm) *s.*bàlsam *m.*
Baltic Sea ('bɔːltik'siː) *n. pr.* GEOGR. Mar *f.* Bàltica.
baluster ('bæləstər) *s.* ARQ. balustre *m.*
balustrade (,bæləs'treid) *s.* ARQ. balustrada *f.*
bamboo (bæm'buː) *s.* BOT. bambú *m.*
ban (bæn) *s.* prohibició *f.,* interdicció *f.,* proscripció *f.*
ban (to) (bæn) *t.* prohibir, interdir, proscriure.
banal (bə'nɑːl) *a.* banal.
banality (bə'næləti) *s.* banalitat *f.*
banana (bə'nɑːnə) *s.* plàtan *m.,* banana *f.*
banana tree (bə'nænə,triː) *s.*plataner *m.,* bananer *m.*
band (bænd) *s.* banda *f.,* tira *f.,* cinta *f.* *2* sanefa *f.* *3* MÚS. banda *f.,* orquestra *f.* *4* colla *f.,* banda *f.* ‖ *to climb* o *to jump on the ~ wagon,* posar-se *p.* al costat del més fort, seguir el corrent.
band (to) (bænd) *t.* lligar, fermar. *2 to ~ together* o *with,* ajuntar. ■ *3 i.* ajuntar-se *p.*
bandage ('bændidʒ) *s.* bena *f.,* embenat *m.*
bandage (to) ('bændidʒ) *t.* embenar.
bandit ('bændit) *s.* bandit *m.,* bandoler *m.*
bandoleer (,bændə'liər) *s.* bandolera *f.*
bandy (to) ('bændi) *t.* intercanviar [paraules, insults, etc.]. ‖ *to ~ a story about,* passar-ho de boca en boca.
bandy-legged ('bændi,legd) *a.* garrell.
bane (bein) *s.* verí *m.* [només en paraules compostes]. *2* fig. perdició, ruïna *f.*
baneful ('beinful) *a.* funest, perniciós, nociu.
bang (bæŋ) *s.* cop *m.,* trompada *f.* *2* soroll *m.,* estrèpit *m.* *3* explosió *f.,* detonació *f.* ■ *4 adv.* col·loq. justament, exactament: *he arrived ~ on time,* va arribar a l'hora exacta. ■ *5 interj.* pam!, patapam! [cop, caiguda], paf! [bofetada].
bang (to) (bæŋ) *t.-i.* donar cops, copejar *t.* [amb soroll], donar-se *p.* cops. *2 to ~ about,* malmetre. *3 to ~ down,* llançar amb fúria. ■ *4 i.* espetegar.
bangle ('bæŋgl) *s.* braçalet *m.,* polsera *f.,* anella *f.*
banish (to) ('bæniʃ) *t.* desterrar (*from,* de). *2* deixar de banda.
banishment ('bæniʃmənt) *s.* desterrament *m.,* exili *m.*

banister ('bænistər) *s.* barana *f.,* passamà *m.* ▲ *esp. pl.*
banjo ('bændʒou) *s.* MÚS. banjo *m.* ▲ *pl. banjoes, banjos.*
bank (bæŋk) *s.* COM. banc. *2* banca *f.* [en el joc]. *3* riba *f.,* vora *f.,* marge *m.* *4* terraplè *m.* *5 sand ~,* banc *m.* de sorra. *6* piló [de neu]. *7* peralt *m.* [carretera].
bank (to) (bæŋk) *t.* amuntegar [terra, etc.]. *2* canalitzar [un riu, etc.]. *3* COM. dipositar [en un banc]. *4* decantar [un avió]. ■ *5 i.* decantar-se *p.* *6 to ~ on,* comptar amb. *7 to ~ up,* amuntegar-se *p.*
banker ('bæŋkər) *s.* COM. banquer.
bank holiday (,bæŋk'hɔlədei) *s.* dia *m.* festiu.
banking ('bæŋkiŋ) *s.* COM. banca *f.*
bankrupt ('bæŋkrʌpt) *a.* insolvent, fallit. ‖ *to go ~,* anar a la bancarrota. *2 ~ in* o *of,* mancat de. ■ *3 s.* ECON. bancarrota *f.*
bankruptcy ('bæŋkrəptsi) *s.* fallida *f.,* crac *m.,* bancarrota *f.* ▲ *pl. -cies.*
bank switching ('bæŋk,switʃiŋ) *s.* INFORM. commutació *f.* de bancs.
banner ('bænər) *s.* pancarta *f.* *2* esp. fig. senyera *f.,* bandera *f.* *3* REL. pendó *m.* *4* PERIOD. *~ headlines,* grans titulars *m.*
banns (bænz) *s.* amonestacions *f. pl.*
banquet ('bæŋkwit) *s.* banquet *m.*
banter ('bæntər) *s.* burla *f.,* broma *f.* simpàtica.
banter (to) ('bæntər) *t.* burlar-se *p.* de, fer burla *f.* ■ *2 i.* bromejar.
baptism ('bæptizəm) *s.* baptisme *m.* [sagrament]. *2* bateig *m.*
baptismal (bæp'tizməl) *a.* baptismal.
baptize (to) (bæp'taiz) *t.* batejar.
bar (bɑːr) *prep.* col·loq. llevat de, tret de. ‖ *~ none,* sense excepció.
bar (bɑːr) *s.* barra *f.* [ús. general]. *2* barrot *m.* *3* barrera *f.* *4* fig. obstacle *m.* *5* MÚS. compàs *m.; línea f.* divisòria. *6* franja *f.,* raig *m.* [de color, llum]. *7* DRET tribunal *m.*
bar (to) (bɑːr) *t.* barrar [una porta]. *2* obstruir. *3* excloure (*from,* de). *4* col·loq. impedir; prohibir.
barb (bɑːb) *s.* llengüeta *f.* [d'una sageta, d'un ham].
Barbados (bɑː'beidɔs) *n. pr.* GEOGR. Barbados *f.*
barbarian (bɑː'bɛəriən) *a.-s.* bàrbar *m.*
barbarism ('bɑːbərizəm) *s.* barbàrie *f.* *2* GRAM. barbarisme *m.*
barbarity (bɑː'bæriti) *s.* barbaritat *f.* ▲ *pl. barbarities.*
barbarous ('bɑːbərəs) *a.* bàrbar, cruel.
barbecue ('bɑːbikjuː) *s.* barbacoa *f.*
barbed (bɑːbd) *a.* provist de pues.

barbed wire (ˌbɑːbd'waiəʳ) *s.* filferro *m.* de punxes o espinós.

barber ('bɑːbəʳ) *s.* barber *m.:* ~'s *shop,* barberia *f.*

bar code (bɑːʹkoud) *s.* codi *m.* de barres.

bard (bɑːd) *s.* bard *m.*

bare (bεəʳ) *a.* descobert; despullat. 2 pelat [paisatge]. *3* gastat [per l'ús]. *4* senzill, sense ornaments [estil]. *5* buit. *6* escàs.

bare (to) (bεəʳ) *t.* despullar; descobrir.

barefaced ('bεəfeist) *a.* descarat, poca-vergonya.

barefoot ('bεəfut) , **barefooted** ('bεəfutid) *adv.-a.* descalç *a.*

bareheaded (ˌbεə'hedid) *a.* amb el cap descobert.

barely ('bεəli) *adv.* a penes, gairebé no. *2* escassament, pobrament.

bareness ('bεənis) *s.* nuesa *f.*

bargain ('bɑːgin) *s.* tracte *m.* [de negocis]; pacte *m.;* acord *m.* [laboral]. *2 into the ~,* a més a més. *3* COM. ganga *f.,* ocasió *f.:* ~ *price,* preu *m.* de saldo; ~ *sale,* venda *f.* de saldos *m. pl.,* liquidació *f.*

bargain (to) ('bɑːgin) *i.* negociar. *2 to ~ for,* esperar *t.,* comptar amb. ■ *3 t.* negociar; regatejar. *4 to ~ away,* sacrificar.

barge (bɑːdʒ) *s.* NÀUT. barcassa *f.,* gavarra *f.* 2 MIL. falua.

bark (bɑːk) *s.* BOT. escorça *f.* 2 ZOOL. lladruc *m.* ‖ *his ~ is worse than his bite,* crida molt però no mossega. *3* tos *f.* forta. *4* poèt. barca *f.*

bark (to) (bɑːk) *t.* escorçar, pelar. 2 fig. *to ~ (out) an order,* donar una ordre cridant. ■ *3 i.* bordar (*at,* a). *4 to ~ up the wrong tree,* equivocar-se *p.*

barley ('bɑːli) *s.* BOT. ordi *m.*

barm (bɑːm) *s.* llevat *m.* de cervesa.

barmaid ('bɑːmeid) *s.* cambrera *f.*

barmy ('bɑːmi) *a.* coħoq. (G.B.) sonat, guillat.

barman ('bɑːmən) *s.* bàrman *m.,* cambrer *m.*

barn (bɑːn) graner *m.,* paller *m.* 2 (EUA) estable *m.*

barnacle ('bɑːnəkl) *s.* cast. ZOOL. percebe *m.,* peu *m.* de cabra.

barn yard ('bɑːn jɑːd) *s.* corral *m.*

barometer (bə'rɔmitəʳ) *s.* baròmetre *m.*

baron ('bærən) *s.* baró *m.* 2 fig. (EUA) magnat *m.,* potentat *m.*

baroness ('bærənis) *s.* baronesa *f.*

baronet ('bærənit) *s.* baronet *m.*

baroque (bə'rɔk) *a.* barroc. ■ *2 s.* barroc *m.*

barracks ('bærəks) *s. pl.* quarter *m. sing.,* caserna *f. sing.*

barrage ('bærɑːʒ) *s.* resclosa *f.,* presa *f.* 2 MIL. línia *f.* de foc.

barrel ('bærəl) *s.* barril *m.,* bóta *f.* 2 canó *m.* [d'artilleria]. *3* MEC. cilindre *m.* 4 MÚS. ~ *organ,* orgue *m.* de maneta.

barrel (to) ('bærəl) *t.* embotar.

barren ('bærən) *a.* estèril, eixorc, infecund: ~ *land,* terra *f.* improductiva.; ~ *of,* mancat de. 2 fig. infructuós; estèril.

barricade (ˌbæri'keid) *s.* barricada *f.*

barricade (to) (bæri'keid) *t. to ~ (in* o *off),* aixecar barricades. ■ *2 p. to ~ oneself,* parapetar-se.

barrier ('bæriəʳ) *s.* barrera *f.* 2 fig. obstacle *m.*

barring ('bɑːriŋ) *prep.* excepte.

barrister ('bæristəʳ) *s.* (G.B.) advocat.

barrow ('bærou) *s.* carretó *m.*

barrow-boy ('bæroubɔi) *s.* venedor *m.* ambulant de fruita, etc.

Bart. (bɑːt) *m.* (abrev. *baronet)* baronet.

barter ('bɑːtəʳ) canvi *m.,* permuta *f.,* barata *f.*

barter (to) ('bɑːtəʳ) *t.-i.* canviar *t.,* permutar *t.* 2 fig. *to ~ away,* malvendre *t.*

Bartholomew (bɑː'θɔləmjuː) *n. pr. m.* Bartomeu.

basalt ('bæsɔːlt) *s.* MINER. basalt *m.*

base (beis) *a.* baix, infame. ■ *2 s.* base *f.*

base (to) (beis) *t.* basar, fundar (*on,* en). ■ *2 p. to ~ (oneself),* basar-se.

baseball ('beisbɔːl) *s.* ESPORT beisbol *m.*

baseless ('beislis) *a.* sense fonament.

basement ('beismənt) *s.* soterrani *m.*

bash (bæʃ) *s.* cop *m.* violent. ‖ coħoq. *to have a ~ at something,* intentar alguna cosa.

bash (bæʃ) *t.* coħoq. etzibar, descarregar un cop *m.* [contra algú o algun objecte].

bashful ('bæʃful) *a.* vergonyós, tímid. ■ *2 -ly* adv. tímidament.

bashfulness ('bæʃfulnis) *s.* vergonya *f.,* timidesa *f.*

basic ('beisik) *a.* bàsic, fonamental, elemental.

Basil ('bæzl) *n. pr. m.* Basili.

basilica (bə'zilikə) *s.* basílica *f.*

basilisk ('bæzilisk) *s.* ZOOL., MITOL. basilisc *m.*

basin (beisn) *s.* palangana *f.;* gibrell *m.* 2 lavabo *m.* 3 bol *m.* 4 GEOG. conca *f.* 5 dàrsena *f.*

basis ('beisis) *s.* base *f.,* fonament *m.* ‖ *on the ~ of,* partint de. ▲ *pl. bases* ('beisiːz).

bask (to) (bɑːsk) *i. to ~ in the sunshine,* prendre el sol. *2* fig. gaudir (*in,* de).

basket ('bɑːskit) *s.* cistell *m.,* cabàs *m.* 2 cistella *f.;* cove *m.* ‖ *waste-paper ~,* paperera. *3* ESPORT cistella *f.*

basket ball ('bɑːskitbɔːl) *s.* ESPORT bàsquet *m.*

Basle (bɑːl) *n. pr.* GEOGR. Basilea *f.*

Basque ('bæsk), ('bɑːsk) *a.-s.* basc: ~ **Country**, País *m.* Basc.

bas-relief (ˌbæsri'liːf) *s.* ART baix relleu *m.*

bass (bæs) *s.* ICT. llobarro *m.*, llobina *f.*

bass (beis) *a.* MÚS. baix. ■ *2 s.* MÚS. baix *m.* [cantant, instrument] ‖ **double ~**, contrabaix *m.*

bassoon (bə'suːn) *s.* MÚS. fagot *m.*, baixó *m.*

bastard ('bɑːstəd) *a.-s.* bastard. *2 s.* pop. fill de puta.

baste (to) (beist) *t.* embastar. *2* CUI. enllardar. *3* apallissar, estomacar.

bat (bæt) *s.* ZOOL. rat-penat *m.* *2 to have ~s in the belfy*, estar tocat de l'ala. *3* ESPORT pal *m.* [cricket, etc.], pala *f.* [ping-pong]. *4 off one's own ~*, pel propi compte, sense ajuda.

bat (to) (bæt) *t.-i.* ESPORT pegar, copejar [amb la pala]. *2* fig. *not to ~ an eyelid*, no immutar-se *p.*; no poder aclucar els ulls.

batch (bætʃ) *s.* fornada *f.* *2* sèrie *f.*, remesa *f.* [de béns]. *3* piló *m.* [de cartes]. *4* grup *m.* [de persones].

bath (bɑːθ) *s.* bany *m.* ‖ *to have a ~*, banyar-se *2* banyera *f.* *3 pl.* banys *m.* [turcs, públics, etc.].

bathe (to) (beið) *t.* banyar [una ferida, els ulls, etc.]. ‖ *to be ~d in*, estar banyat en. ■ *3 i.* banyar-se *p.*

bather ('beiðəʳ) *s.* banyista.

bathing ('beiðiŋ) *s.* bany *m.*

bathing costume ('beiðiŋˌkɔstjuːm), **bathing suit** ('beiðiŋˌsuːt) *s.* vestit *m.* de bany.

bathrobe ('bɑːθroub) *s.* barnús *m.*

bath room ('bɑːθrum) *s.* lavabo *m.*; cambra *f.* de bany *m.*

bathtub ('bɑːθtʌb) *s.* banyera *f.*

baton ('bætən) *s.* porra *f.* [policia]. *2* MÚS. batuta *f.* *3* bastó *m.* de comandament. *4* ESPORT testimoni *m.* [cursa de relleus].

batsman ('bætsmən) *s.* ESPORT jugador de cricket o beisbol.

battalion (bə'tæljən) *s.* batalló *m.*

batten ('bætn) *s.* llistó *m.*, travesser *m.*

batten (to) ('bætn) *i.* *to ~ on* o *upon*, engreixar-se *p.*; fig. viure a costa de.

batter ('bætəʳ) *s.* CUI. pasta *f.* [per arrebossar].

batter (to) ('bætəʳ) *t.* apallissar. *2* batre [del vent, les onades]. *3* masegar. *4 to ~ down*, tirar a terra [una porta, etc.]. *5 to ~ about*, maltractar.

battered ('bætəd) *a.* espatllat, fet malbé. *2* maltractat: *~ child*, nen maltractat.

battery ('bætəri) *s.* MIL., ELECT., CUI. bateria *f.* *2* ELECT. pila *f.*

battle ('bætl) *s.* batalla *f.*, combat *m.* *2* fig. batalla *f.* ‖ *to do ~ for*, lluitar per. ‖ *to fight*

a losing ~, lluitar per una causa *f.* perduda. ‖ *to give* o *offer ~*, moure guerra *f.*

battle (to) ('bætl) *i.* combatre (*with* o *against*, contra), (*for*, per).

battlefield ('bætlfiːld) *s.* camp *m.* de batalla.

battlements ('bætlmənts) *s. pl.* ARQ. merlets *m.*

battleship ('bætlʃip) *s.* MIL. cuirassat *m.*

bauble ('bɔːbl) *s.* galindaina *f.*; quincalla *f.*

Bavaria (bə'vεəriə) *n. pr.* GEOGR. Baviera *f.*

Bavarian (bə'vεəriən) *a.* GEOGR. bavarès.

bawdy ('bɔːdi) *a.* obscè, indecent. ‖ *~ talk*, conversa *f.* picant.

bawl (to) (bɔːl) *i.-t.* cridar. ‖ *to ~ out*, vociferar. ‖ *to ~ someone out*, esbroncar *t.* algú.

bay (bei) *s.* BOT. llorer *m.*: *~ wreath*, corona de llorer. *2* GEOGR. badia *f.*; golf *m.* [gran]. *3* ARQ. nau *f.* [trens; industrial]. *4* ARQ. intercolumni *m.* *5* lladruc. *6 at ~*, acorralat ‖ *to keep someone at ~*, tenir algú a ratlla.

bay (to) (bei) *i.* lladrar, udolar [esp. gos de caça].

bayonet ('beiənit) *s.* baioneta *f.*

bay window (ˌbei'windou) *s.* ARQ. finestra *f.* balconera.

bazaar (bə'zɑːʳ) *s.* basar *m.* *2* venda *f.* benèfica.

bazooka (bə'zuːkə) *s.* MIL. bazooka *m.*, llançagranades.

B.B.C. (biːbiː'siː) *s.* (*British Broadcasting Corporation*) corporació *f.* britànica de radiotelevisió.

B.C. (biː'siː) (*before Christ*) a.C. (abans de Crist).

be (to) (biː) *i.* ésser, ser. *2* estar. *3* tenir: *he is ten*, té deu anys; *I'm cold*, tinc fred; *she's right*, té raó. *4* fer: *it's hot*, fa calor; *it's sunny*, fa sol. *5 impers.* (amb *there*) haver-hi: *there is*, hi ha *sing.*; *there are*, hi ha *pl.* *6 aux.* (passiva) *he is hated*, l'odien; (pres. continu) *I'm studying*, estic estudiant; (fut. immediat) *we are coming*, venim, vindrem; (indicant obligació) *I am to go out*, he de marxar. ■ *to ~ after*, perseguir, buscar; *to ~ at*, estar fent; *to ~ away*, ser fora [per alguns dies]; *to ~ in*, ser-hi [a casa, a l'oficina, etc.]; *to ~ off*, anar-se'n *p.*, començar; cancel·lar; acabar-se *p.*; passar-se *p.* [el menjar]; *to ~ up*, haver-se o estar llevat. ▲ CONJUG. INDIC. Pres. *I am* (æm, əm, m), *you are* (ɑːʳ, ɑʳ, əʳ), *he is* (iz, z, s), *we are*, etc. | Pret.: *I, he was* (wɔz, wəz), *you, we, they were* (wəːʳ, wəʳ). ‖ SUBJ. Pres.: *be.* | Pret.: *were.* ‖ Part. Pas.: *been* (biːn, bin). ‖ GER.: *being* ('biːiŋ).

beach (biːtʃ) *s.* platja *f.*

beach (to) (biːtʃ) *t.* treure una embarcació del mar.

beachwear ('bi:tʃwɛəʳ) s. vestits m. de platja.

beacon ('bi:kən) s. alimara f. 2 far m. 3 MAR., AVIA. balisa f.

bead (bi:d) s. gra m. [de rosari; collaret]. 2 gota f. 3 pl. collaret m. sing.; rosari m. sing.

beadle ('bi:dl) s. bidell m. 2 REL. ant. macer m.

beak (bi:k) s. bec m. [de l'au, etc.]. 2 nas m. ganxut. 3 coŀloq. magistrat.

beam (bi:m) s. biga f., travesser m. 2 raig m. [de llum, de sol]. 3 NÀUT. bau m.; mànega f. 4 fig. somriure m. 5 camastró m. [de balança]. 6 timó m. [de l'arada].

beam (to) (bi:m) t. emetre [llum, calor, senyals ràdio]. ■ 2 i. brillar. 3 fig. somriure.

beaming ('bi:miŋ) a. somrient; radiant.

bean (bi:n) s. mongeta f., (VAL.) fesol m.: broad ~s, faves f.; French ~s, mongetes f. verdes. 2 mongetera f.

bear (bɛəʳ) s. ZOOL. ós, (ROSS.) urs. 2 ASTR. the Great and Little Bear, L'Ossa f. Major i Menor. 3 COM. baixista [en borsa].

bear (to) (bɛəʳ) t. portar. 2 tenir. 3 suportar, aguantar. 4 donar; proporcionar. 5 donar a llum: she was born in Liverpool, va néixer a Liverpool. 6 sentir (against o towards, envers o cap a). 7 merèixer. 8 to ~ in mind, tenir present. ■ 9 i. dirigir-se p. a. 10 tombar. 11 suportar, sostenir. ■ to ~ down, vèncer; córrer (on o upon, cap a); to ~ out, confirmar, corroborar; to ~ up, resistir, aguantar (against, —). ▲ Pret.: bore (bɔːʳ); p. p. borne; born (bɔːn) [nascut].

bearable ('bɛərəbl) a. suportable, tolerable, passable.

beard (biəd) s. barba f.: he has a ~, porta barba f. 2 BOT. aresta f.

bearded ('biədid) a. barbut, amb barba.

beardless ('biədlis) a. imberbe, barbamec.

bearer ('bɛərəʳ) s. portador. 2 mosso m. [per encàrrecs]. 3 arbre m. fructífer: a poor ~, un arbre de pocs fruits.

bearing ('bɛəriŋ) s. comportament m.; conducta f.; maneres f. pl. 2 aspecte(s m. [d'una qüestió]. 3 relació f., connexió f. 4 aguant m.: beyond all ~, insuportable, intolerable. 4 pl. orientació f. to lose one's ~s, desorientar-se [també fig.]. 5 MEC. coixinet m.

beast (bi:st) s. bèstia f., animal m. [també persona]. ‖ fig. it is a ~ of a job, és una feina espantosa.

beastly ('bi:stli) a. bestial. 2 coŀloq. horrible, desagradable. ■ 3 adv. de manera desagradable.

beat (bi:t) s. batec m. [del cor]; pulsació f. [cops o sons regulars]. 2 toc m. [de tam-

bor]. 3 MÚS. ritme m. 4 ronda f.: policemen on the ~, policies fent la ronda f. pel carrer. 5 fig. to be off (o out of) one's ~, no ser el fort [d'algú].

beat (to) (bi:t) t. copejar o picar repetidament [esp. amb un pal]; pegar, (ROSS.) trucar. ‖ to ~ somebody up, apallissar algú. 2 MÚS. marcar el temps. 3 batre [les ales, els ous]. 4 derrotar, guanyar. 5 confondre, deixar perplex. ■ 6 i. batre, donar cops (against, contra) [del vent, etc.]. 7 bategar [del cor, etc.]. ▲ Pret.: beat (bi:t); p. p. beaten (bi:tn).

beatify (to) (bi'ætifai) t. REL. beatificar.

beating ('bi:tiŋ) s. pallisa f. [de cops]. 2 derrota f. 3 batec m. [del cor]; pulsació f.

beatitude (bi'ætitju:d) s. beatitud f. 2 REL. pl. the Beatitudes, les Benaurances.

beatnik ('bi:tnik) s. beatnik.

Beatrice ('biətris) n. pr. f. Beatriu.

beautician (bju:'tiʃn) s. esteticista f.

beautiful ('bju:tiful) a. bonic, cast. maco. 2 preciós, meravellós. ■ 3 -ly, adv. meravellosament.

beautify (to) ('bju:tifai) t. embellir.

beauty ('bju:ti) s. bellesa f.

beauty spot ('bju:tispɔt) s. piga f. 2 contrada f. de gran bellesa.

beaver ('bi:vəʳ) s. ZOOL. castor m.

became (bi'keim) Veure BECOME (TO).

because (bi'kɔz) conj. perquè: I did it ~ they asked me to do it, ho vaig fer perquè m'ho van demanar. ■ 2 prep. ~ of, a causa de.

beckon (to) ('bekən) t. cridar gesticulant, fer signes. ■ 2 i. to ~ to, cridar fent signes a, fer signes a.

become (to) (bi'kʌm) i. esdevenir, fer-se p., tornar-se p.; convertir-se p.; posar-se p. ‖ to ~ angry, empipar-se p. ‖ to ~ of, fer-se'n p.: what has ~ of your brother?, què se n'ha fet del teu germà? ■ 3 t. afavorir; escaure i.: this behaviour doesn't ~ you, aquesta conducta no t'escau. ▲ Pret.: became (bi'keim); p. p.: become (bi'kʌm).

becoming (bi'kʌmiŋ) a. que cau bé, escaient; apropiat.

bed (bed) s. llit. ‖ to go to ~, anar a dormir. 2 GEOGR. llit m. [d'un riu], llera f. 3 GEOL. estrat m. 4 JARD. massís m., parterre m.

bed (to) (bed) t. fixar, coŀlocar, encastar. 2 to ~ down, fer un jaç per a 3 to ~ out o to ~ in, plantar.

bedaubed (bi'dɔːbd) a. ~ (with), empastifat [amb fang, guix, etc.].

bedbug ('bedbʌg) s. ENT. xinxa f.

bedcover ('bedkʌvəʳ) s. vànova f., cobrellit m.

bedding ('bediŋ) s. roba de llit, llençols. 2 jaç m. de palla [per a animals].

bedecked (bi'dekt) *a.* ~ *(with)*, decorat, adornat [amb flors, joies, etc.].

bedhead ('bedhed) *s.* capçal *m.*, capçalera *f.*

bedlam ('bedləm) *s.* fig. rebombori *m.* 2 ant. manicomi *m.*

bed linen ('bedlinin) *s.* llençols *m.*, roba *f.* de llit.

Bedouin ('beduin) *a.-n. pr.* GEOGR. beduí.

bedpan ('bedpæn) *s.* orinal *m.*, gibrelleta *f.*

bedraggled (bi'drægld) *a.* brut; moll [esp. roba].

bedridden ('bed,ridn) *a.* obligat a fer llit per debilitat o vellesa.

bedroom ('bedrum) *s.* dormitori *m.*, habitació *m.*, cambra *f.*

bedside ('bedsaid) *s.* capçal *m.*, capçalera *f.*

bedside table (,bedsaid'teibl) *s.* tauleta *f.* de nit.

bedside manner (,bedsaid'mænə) *s.* tracte *m.* amb un malalt.

bedstead ('bedsted) *s.* carcassa *f.* del llit.

bee (biː) *s.* abella. 2 *to have a ~ in one's bonnet*, tenir una dèria. 3 (EUA) reunió *f.* social.

beech (biːtʃ) *s.* BOT. faig *m.*

beechnut ('biːtʃnʌt) *s.* faja *f.*

beef (biːf) *s.* carn *f.* de bou i de vaca. 2 múscul *m.* [de l'home].

beef (to) (biːf) *i.* colloq. queixar-se *p.*

beef cattle ('biːfkætl) *s.* bestiar *m.* boví.

beefsteak ('biːfsteik) *s.* bistec *m.*

beehive ('biːhaiv) *s.* rusc *m.*

bee-line ('biːlain) *s.* línia *f.* recta. ‖ *to make a ~ for*, anar de dret a.

been (biːn, bin) Veure BE (TO).

beer (biə^r) *s.* cervesa *f.*: *draught ~*, cervesa de barril. 2 *he thinks no small ~ of himself*, té una opinió *f.* molt elevada de si mateix.

beeswax ('biːzwæks) *s.* cera *f.* d'abella.

beet (biːt) *s.* BOT. planta *f.* d'arrel dolça: *red ~*, remolatxa f., *white ~*, bleda-rave *f.*

beetle ('biːtl) *s.* ENT. escarabat *m.*

beetroot ('biːtruːt) *s.* BOT. remolatxa *f.*

beetle-browed ('biːtlbraud) *a.* cellut.

befall (to) (bi'fɔːl) *t.-i.* passar *i.*, passar a *i.*, ocórrer *i.* ▲ només s'usa en tercera persona. Pret.: *befell* (bi'fel) p.p.: *befallen* (bi'fɔːlən).

befit (to) (bi'fit) *t.* form. correspondre a *i.;* venir bé a *i.* ▲ només s'usa en tercera persona.

befitting (bi'fitiŋ) *a.* convenient.

before (bi'fɔː^r) *adv.* abans. 2 (per) endavant [espai i temps]. ▪ *3 prep.* abans de. ‖ *~ long*, aviat. 4 davant de [ordre]. 5 en presència de, davant de. 6 abans que [indicant preferència]. ▪ *7 conj.* abans que.

beforehand (bi'fɔːhænd) *adv.* per endavant *loc. adv.*, anticipadament: *I made preparations ~*, vaig fer els preparatius amb antelació.

befriend (to) (bi'frend) *t.* socórrer, ajudar; fer-se *p.* amic [esp. d'algú necessitat].

beg (to) (beg) *t.* pregar, demanar, suplicar. ▪ *2 i.* demanar caritat. *3* gosar. ‖ *I ~ to inform you that*, tinc el gust de fer-li saber que.

began (bi'gæn) Veure BEGIN (TO).

beget (to) (bi'get) *t.* engendrar. 2 fig. engendrar, ocasionar. ▲ Pret.: *begot* (bi'gɔt); p. p.: *begotten* (bi'gɔtn).

beggar ('begə^r) *s.* captaire, mendicant. 2 colloq. *you lucky ~!*, quina sort que tens paio!; *poor ~!*, pobre home!

beggar (to) ('begə^r) *t.* arruïnar, empobrir.

beggarly ('begəli) *a.* pobre, miserable; mesquí.

begin (to) (bi'gin) *t.-i.* començar, iniciar. 2 *t. to ~ to* [+ inf.] o *to ~* [+ ger.], començar a *i.* 3 *to ~ at*, començar a partir de, des de; *to ~ with*, per començar, en primer lloc. ▲ Pret.: *began* (bi'gæn); p. p.: *begun* (bi'gʌn); ger.: *beginning* (bi'giniŋ).

beginner (bi'ginə^r) *s.* principiant.

beginning (bi'giniŋ) *s.* començament *m.*, principi *m.* ‖ *at the ~ of the book*, al començament del llibre. ‖ *in the ~ I was lost*, al principi anava perdut.

begone (bi'gɔn) *interj.* fora! ▲ només s'usa com imperatiu.

begot (bi'gɔt), **begotten** (bi'gɔtn) Veure BEGET (TO).

begrimed (bi'graimd) *a.* brut.

beguile (to) (bi'gail) *t.* enganyar; ensibornar; seduir. 2 entretenir-se *p.*, distreure's *p.*

begun (bi'gʌn) Veure BEGIN (TO).

behalf (bi'hɑːf) *s.* *on ~ of*, en nom *m.* de, en representació *f.* de.

behave (to) (bi'heiv) *i.* comportar-se *p.*, portar-se *p.*: *~ yourself!*, porta't bé!. 2 funcionar [un cotxe, etc.].

behaviour (bi'heivjə^r) *s.* conducta *f.* comportament *m.*

behead (to) (bi'hed) *t.* decapitar.

beheading (bi'hediŋ) *s.* decapitació *f.*

beheld (bi'held) Veure BEHOLD (TO).

behind (bi'haind) *adv.* darrera, per darrera. ‖ *to fall* o *lag ~*, quedar-se enrera. ‖ *to leave ~*, deixar, deixar enrera. ▪ *2 prep.* darrera (de). ‖ *to be* o *lie ~*, ésser la causa o explicació de. 3 per sota [inferior].

behindhand (bi'haind,hænd) *adv.-a.* endarrerit *a.*, amb retard *adv.*

behold (to) (bi'hould) *t.* ant. liter. esguardar. ▲ Pret. i p. p.: *beheld* (bi'held).

beige (beiʒ) *s.* beix *m.* ▪ *2 a.* beix, de color *m.* beix.

being ('bi:iŋ) *s.* ésser *m.*, ser *m.: human* ~, ésser humà; *The Supreme* ~, l'ésser suprem. ‖ *to bring into* ~, crear, engendrar. ‖ *to come into* ~, néixer, començar a existir. ▲ *ger. de* BE (TO).

belated (bi'leitid) *a.* tardà: *a ~ greeting card,* una felicitació *f.* tardana. ▪ *2 -ly adv.* tardanament.

belch (beltʃ) *s.* eructe *m.*, rot *m.*

belch (to) (beltʃ) *i.* eructar, fer rots. ▪ *2 t. to ~ out,* vomitar foc o flames [un volcà, etc.].

beleaguer (to) (bi'li:gə) *t.* assetjar.

belfry ('belfri) *s.* campanar *m.*

Belgian ('beldʒən) *a.-s.* GEOGR. belga.

Belgium ('beldʒəm) *n. pr.* GEOGR. Bèlgica *f.*

Belgrade (bel'greid) *n. pr.* GEOGR. Belgrad *f.*

belie (to) (bi'lai) *t.* desmentir, contrariar. *2* defraudar [una promesa, una esperança, etc.].

belief (bi'li:f) *s.* creença *f.* ‖ *beyond* ~, increïble *a. 2* confiança *f.* ‖ *in the ~ that,* amb el convenciment *m.* que. *3* fe *f.*

believe (to) (bi'li:v) *t.* creure; pensar *t.-p.* ▪ *2 i.* creure; confiar (*in*, en). ‖ *to make* ~, fer *t.* creure, fingir *t.*

believer (bi'li:və) *s.* REL. creient. *2* partidari.

belittle (to) (bi'litl) *t.* menysprear, donar poca importància.

bell (bel) *s.* campana *f.*; campaneta *f.*; cascavell *m.*; esquella *f. 2* timbre *m.: to ring the* ~, tocar el timbre ‖ col·loq. fig. *it rings a* ~, em sona.

bellboy ('belbɔi) *s.* mosso *m.*, grum *m.*

belle (bel) *s.* beutat *f.*

bell hop ('belhɔp) *s.* (EUA) mosso *m.*, grum *m.*

bellicose ('belikous) *a.* bel·licós.

bellied ('belid) *a.* esp. *pot-* ~, panxut.

belligerent (bi'lidʒərənt) *a.-s.* bel·ligerant.

bellow (to) ('belou) *i.* bramar, bramular, rugir. ▪ *2 t. to ~ (out),* dir o cantar cridant.

bellows ('belouz) *s. pl.* manxa *f.*

belly ('beli) *s.* col·loq. ventre *m.*, panxa *f. 2* panxa [d'animals i coses]: *the ~ of a plane,* la panxa de l'avió.

belly (to) ('beli) *t.* inflar [les veles]. ▪ *2 i.* inflar-se *p.* [les veles].

belly-ache ('belieik) *s.* mal *m.* d'estómac.

belly-ache (to) ('belieik) *t.* col·loq. queixar-se *p.*

belly button ('beli ˌbʌtn) *s.* col·loq. melic *m.*

bellylanding ('belilændiŋ) *s.* AERON. aterratge *m.* de panxa.

belong (to) (bi'lɔŋ) *i.* pertànyer (*to*, a), ser (*to*, de). *2* ser de [nadiu, resident]. *3* ser soci, ser membre (*to*, de). *4* anar [lloc apropiat]: *this book ~s on that shelf,* aquest llibre va en aquell prestatge. *5* adir-se *p.*, combinar *t.* bé.

belongings (bi'lɔŋiŋz) *s. pl.* béns *m.*, objectes *m.* personals: *my* ~, les meves coses *f.*

beloved (bi'lʌvd) *a.* estimat. ▪ *2 a.-s.* (bi'lʌvid) estimat: *my* ~, el meu estimat.

below (bi'lou) *adv.* sota, davall, dessota. ▪ *2 prep.* sota, per sota. *3* inferior, per sota. ‖ *~ zero,* sota zero.

belt (belt) *s.* cinturó *m.*, cinyell *m.* faixa *f. 2* GEOGR. cinturó *m.*, zona *f. 3* MEC. corretja *f.* de transmissió.

bemoan (to) (bi'moun) *t.* liter. lamentar, plorar.

Ben (ben) *n. pr. m.* (dim. *Benjamin*) Benjamí.

bench (bentʃ) *s.* banc *m.* [de pedra, de fusta, etc.]. *2* DRET *The Bench,* tribunal. *3* banc *m.* de fuster.

bend (bend) *s.* corba *f.*; revolt *m.: a sharp* ~, una corba *f.* tancada. *2* meandre *m.* [d'un riu]. *3* inclinació *f.* [del cos].

bend (to) (bend) *t.* corbar, doblegar, tòrçar. *2* inclinar. *3* dirigir; concentrar [esforç, atenció, etc.]. ▪ *4 i.* inclinar-se *p. 5* sotmetre ('s. ▲ Pret. i p. p.: *bent* (bent).

bending ('bendiŋ) *s.* corba *f.*; flexió *f.*

Benedict ('benidikt) *n. pr. m.* Benet.

Benedictine (ˌbeni'diktin) *a.-s.* REL. benedictí.

benediction (ˌbeni'dikʃən) *s.* benedicció *f.*

beneath (bi'ni:θ) *adv.-prep.* lit. sota, baix. *adv. 2* indigne *a.* de. *3* inferior *a.* a.

benefaction (ˌbeni'fækʃən) *s.* bona obra *f. 2* almoina *f.*, donació *f.*

benefactor ('benifæktə) *s.* benefactor.

beneficial (ˌbeni'fiʃəl) *a.* form. beneficiós, profitós.

beneficiary (ˌbeni'fiʃəri) *s.* beneficiari.

benefit ('benifit) *s.* benefici *m.*, profit *m.*, utilitat *f.* ‖ *for the ~ of,* en benefici de. *2* subsidi *m.: unemployment* ~, subsidi *m.* d'atur.

benefit (to) ('benifit) *t.* beneficiar. ▪ *2 i.* beneficiar-se *p.* (*from* o *by*, de).

benevolence (bi'nevələns) *s.* benevolència *f.*, generositat *f.*

benevolent (bi'nevələnt) *a.* benèvol (*to* o *towards*, amb). ▪ *2 -ly adv.* benèvolament.

benign (bi'nain) *a.* benigne. *2* favorable.

benignant (bi'nignənt) *a.* form. benigne, bondadós.

bent (bent) Veure BEND (TO). *2 a.* tort. *3* pop. deshonest. *4 to be ~ on,* estar fermament disposat a. ▪ *5 s.* inclinació *f.*, tendència *f.*

benumb (to) (bi'nʌm) *t.* entumir.

benzine ('benzi:n) *s.* QUÍM. benzina *f.*

bequeath (to) (bi'kwi:ð) *t.* llegar, deixar.

bequest (bi'kwest) *s.* llegat *m.*, donació *f.*

bereave (to) (bi'ri:v) *t.* privar, desposseir de. ▲ Pret. i p. p.: *bereaved* (bi'ri:vd) o *bereft* (bi'reft).

bereavement (bi'ri:vmənt) *s.* pèrdua *f.* [d'una persona]. 2 dol *m.*

bereft (bi'reft) Veure BEREAVE (TO).

beret ('berei) *s.* boina *f.*

Berlin (bə:'lin) *n. pr.* GEOGR. Berlín *m.*

Berliner (bə:'linər) *s.* GEOGR. berlinès.

Bermuda (bə:'mju:də) *n. pr.* GEOGR. Bermudes *f. pl.* [les illes].

Bernard ('bə:nəd) *n. pr. m.* Bernat.

Berne (bə:n) *n. pr.* GEOGR. Berna *f.*

berry ('beri) *s.* baia *f.;* gra *m.*

berserk (bə'sə:k) *a.* fig. *to go* ~, perdre els estreps.

Bert (bə:t) *n. pr. m.* fam. (abrev. *Albert, Herbert,* etc.)

berth (bə:θ) *s.* llitera *f.* [tren, vaixell, etc.]. *2* NÀUT. cabina *f. 3* NÀUT. amarrador *m.*

berth (to) (bə:θ) *t.-i.* NÀUT. donar *t.* cabina. 2 *t.* amarrar.

beseech (to) (bi'si:tʃ) *t.* liter. implorar, suplicar. ▲ *Pret.* i p. p.: *besought* (bi'sɔ:t).

beset (to) (bi'set) *t.* assetjar; acorralar; encerclar. ▲ Pret. i p. p.: *beset;* ger.: *besetting.*

beside (bi'said) *prep.* al costat de; prop de. *2* al costat de, en comparació de. *3* ~ *oneself,* fora de si. *4* ~ *the point,* que no fa al cas.

besides (bi'saidz) *adv.* a més; d'altra banda. ▪ *2 prep.* a més de, a més a més de.

besiege (to) (bi'si:dʒ) *t.* assetjar. 2 fig. ~ *with,* acorralar, estrènyer.

besmear (to) (bi'smiər) *t.* embrutar; empastifar; untar.

besought (bi'sɔ:t) Veure BESEECH (TO).

bespattered (bi'spætəd) *a.* ~ *with,* esquitxat [de fang, etc.].

bespeak (to) (bi'spi:k) *t.* encarregar, reservar, emparaular.

bespoke (bi'spouk) *a.* fet a mida [roba]: ~ *tailor,* sastre que fa vestits a mida.

Bess (bes) *n. pr. f.* fam. Isabel, Elisabet.

best (best) *a. superl.* (el o la) millor. *2* LOC. *the* ~ *part of,* la major part de [temps]. ▪ *3 adv. superl.* millor. *4* més: *the painting I like* ~, el quadre *m.* que més m'agrada. ▪ *5 pron.* el millor, la cosa millor. ‖ *to do one's* ~, fer el màxim que es pot. ‖ LOC. *at* ~, en el millor dels casos. ▲ *a. superl.* de GOOD; *adv. superl.* de WELL.

bestial ('bestjəl) *a.* bestial.

best man (ˌbest'mæn) *s.* amic del nuvi que fa de padrí de boda.

best seller ('best'selə) *s.* llibre *m.* d'èxit comercial; best seller *m.*

bestow (to) (bi'stou) *t. to* ~ *(on o upon),* atorgar, conferir.

bestowal (bi'stouəl) *s.* atorgament *m.*, donació *f.*, concessió *f.*

bestride (to) (bi'straid) *t.* muntar *i.* [eixarrancat]. ▲ Pret.: *bestrode* (bi'stroud); p. p.: *bestridden* (bi'stridn).

bet (bet) *s.* aposta *f.*

bet (to) (bet) *t.* apostar (*on,* a); jugar-se *p.* ▪ *2 i.* fer una aposta.

Bethlehem ('beθlihem) *n. pr.* GEOGR. Betlem *m.*

betray (to) (bi'trei) *t.* trair. 2 revelar; delatar, (ROSS.) decelar.

betrayal (bi'treiəl) *s.* traïció *f.*

betroth (to) (bi'trouð) *t.* ant. prometre's *p.* en matrimoni.

betrothal (bi'trouðel) *s.* ant. esposalles *f. pl.*

betrothed (bi'trouðd) *s.* ant. promès.

better ('betər) *a.* millor, més bé, més bo: *this brand is* ~, aquesta marca és més bona. ▪ *2 adv.* millor. ‖ ~ *off,* més acomodat, més ric; més bé. ‖ *so much the* ~, molt millor. *3 had* ~, millor que [consell, suggeriment, etc.]. ▪ *4 s. for* ~ *or for worse,* en el bé i en el mal. *5 s. pl.* superiors.

better (to) ('betər) *t.* millorar. *2 to* ~ *oneself,* millorar de posició [socio-econòmica, laboral].

betterment ('betəmənt) *s.* millora *f.*, millorament *m.*

betting ('betiŋ) *s.* aposta *f.*

bettor, better (betər) *s.* apostador.

Betty ('beti) *n. pr. f. fam.* Elisabet.

between (bi'twi:n) *adv.* *(in)* ~, enmig, al mig. ▪ *2 prep.* entre [indicant connexió entre dos].

bevel ('bevəl) *s.* bisel *m.*

bevel (to) ('bevəl) *t.* bisellar.

beverage ('bevəridʒ) *s.* beguda *f.* [excepte l'aigua].

bewail (to) (bi'weil) *t.* poet. lamentar, plorar.

beware (to) (bi'wɛər) *i.* guardar-se *p.* (*of,* de), anar amb compte (*of,* amb).

bewilder (to) (bi'wildər) *t.* desconcertar, atordir, deixar perplex.

bewilderment (bi'wildəmənt) *s.* desconcert *m.*, atordiment *m.*

bewitch (to) (bi'witʃ) *t.* embruixar, encisar, encantar.

bewitchment (bi'witʃmənt) *s.* embruix *m.*, encís *m.* 2 fascinació *f.*, encant *m.*

beyond (bi'jɔnd) *adv.* més enllà, més lluny.

■ *2 prep.* més enllà de. *3* fig. per sobre de [ultrapassant]. ■ *4 s. the ~*, el més enllà *m.*

B.H.P., b.h.p. (biːeitʃˈpiː) *(brake horse-power)* potència de frenada.

bias ('baiəs) *s.* tendència *f.*, inclinació *f.* *2* parcialitat *f.*, prejudici *m.* *3* COST. biaix *m.: to cut on the ~*, tallar al biaix.

bias (to) ('baiəs) *t.* influir. ‖ *to be ~ ed*, ser parcial.

bib (bib) *s.* pitet *m.*

Bible ('baibl) *s.* REL. Bíblia *f.*

biblical ('biblikəl) *a.* REL. bíblic.

bibliography (ˌbibliˈɔgrəfi) *s.* bibliografia *f.*

biceps ('baisəps) *s.* ANAT. bíceps *m.*

bicker (to) ('bikəʳ) *i.* barallar-se *p.*

bicycle ('baisikl) *s.* bicicleta *f.*

bid (bid) *s.* oferta *f.*, postura *f.* [en una sub-hasta]. *2* aposta *f.* [cartes].

bid (to) (bid) *t.* licitar; oferir. *2* ordenar, manar. *3* ant. dir. *4* ant. convidar. ■ *5 i.* fer una oferta. ▲ Pret.: *bade* (bæd); p. p.: *bidden* ('bidn).

bidden ('bidn) Veure BID (TO).

bidding ('bidiŋ) *s.* ordre *f.* *2* licitació *f.* *3* aposta *f.* [cartes].

bide (to) (baid) *t. to ~ one's time*, esperar el moment oportú.

biennial (bai'eniəl) *a.* biennal.

bier (biəʳ) *s.* fèretre *m.*

bifocal (ˌbai'foukl) *a.* bifocal. ■ *2 s. pl.* ulleres *f.* bifocals.

big (big) *a.* gran, gros. *2* voluminós, corpulent.

bigamy ('bigəmi) *s.* bigàmia *f.*

bight (bait) *s.* MAR. cala *f.* *2* NÀUT. baga *f.* *3* recolze *m.* [riu, camí].

bigot ('bigət) *s.* fanàtic.

bigoted ('bigətid) *a.* fanàtic.

bigotry ('bigətri) *s.* fanatisme *m.*, intolerància *f.*

bigwig ('bigwig) *s.* fam. peix *m.* gros.

bile (bail) *s.* bilis *f.* [també fig.].

bilge (bildʒ) *s.* MAR. sentina *f.* *2* col·loq. bajanada *f.*

bilingual (bai'liŋgwəl) *a.* bilingüe.

bill (bil) *s.* factura *f.*, compte *m.* *2* nota *f.*, llista *f.* ‖ *~ of fare*, menú *m.*; *~ of lading*, coneixement *m.* d'embarcament. *3* ORN. bec *m.* *4* COM. *~ of exchange*, lletra *f.* de canvi. *5* (EUA) bitllet *m.* de banc. *6* certificat *m.* *7* TEAT. cartell *m.*, programa *f.* *8* POL. projecte *m.* de llei.

bill (to) (bil) *t.* presentar factura. *2* anunciar [en programes i cartells].

Bill ('bil) *n. pr. m.* (*dim. William*) Guillem.

billboard ('bilbɔːd) *s.* (EUA) tanca *f.* publicitària.

billet ('bilit) *s.* MIL. allotjament *m.* *2* col·loq. lloc *m.* de treball.

billet (to) ('bilit) *t.* MIL. allotjar.

billiards ('biljədz) *s.* JOC billar *m.*

billion ('biljən) *s.* (G.B.) bilió *m.* *2* (EUA) mil milions *m. pl.*

billow ('bilou) *s.* liter. ona *f.*, onada *f.* *2 pl.* poèt. mar. *3* fig. onada *f.*

billow (to) ('bilou) *i.* ondular.

billowy ('biloui) *a.* ondulant.

billy-goat ('biligout) *s.* ZOOL. cabró *m.*, boc *m.*

bin (bin) *s.* recipient *m.* esp. amb tapadora; galleda *f.*

bind (baind) *s.* llaç *m.* *2* fig. llauna *f.*, murga *f.* *3* MÚS. lligadura *f.*

bind (to) (baind) *t.* lligar, unir [també fig.]. *2* enribetar. *3 ~ (up)*, embenar, lligar. *4* enquadernar. *5* endurir. *6* obligar. ■ *7 i.* endurir-se *p.* ■ *8 p. to ~ oneself*, comprometre's (*to*, a). ▲ Pret. i p. p.: *bound* (baund).

binder ('baindəʳ) *s.* enquadernador. *2* AGR. màquina *f.* d'agarbonar.

binding ('baindiŋ) *a.* obligatori. ■ *2 s.* enquadernació *f.* *3* ribet *m.*

bindweed ('baindwiːd) *s.* BOT. corretjola *f.*; enfiladissa *f.*

binnacle ('binəkl) *s.* NÀUT. bitàcola *f.*

binoculars (bi'nɔkjuləz) *s.* ÒPT. binocle(s *m.*; prismàtics *m. pl.*

biography (bai'ɔgrəfi) *s.* biografia *f.*

biology (bai'ɔlədʒi) *s.* biologia *f.*

biped ('baiped) *s.* bípede *m.*

birch (bəːtʃ) *s.* BOT. bedoll *m.*, beç *m.* *2* vara *f.* [de bedoll].

birch (to) (bəːtʃ) *t.* fustigar.

bird (bəːd) *s.* ocell *m.*, (OCC.) moixó *m.*, (VAL.) pardal *m.* *2* col·loq. (G.B.) nena *f.*, noia *f.*

bird-lime ('bəːdlaim) *s.* CINEG. vesc *m.*

birth (bəːθ) *s.* naixement *m.* *2* MED. part *m.* ‖ *by* o *from ~*, de naixement *m.* ‖ *give ~ to*, donar a llum. *3* fig. començament *m.*; origen *m.* *4* llinatge *m.*

birth-control ('bəːθkəntroul) *s.* control *m.* de natalitat.

birthday ('bəːθdei) *s.* aniversari *m.*

birthmark ('bəːθmaːk) *s.* marca *f.* de naixement.

birthplace ('bəːθpleis) *s.* lloc *m.* de naixement; poble *m.* natal.

biscuit ('biskit) *s.* galeta *f.*, (BAL.) (VAL.) galleta *f.* *2* CERÀM. bescuit *m.*

bisect (to) (bai'sekt) *t.* bisecar.

bishop ('biʃəp) *s.* ECLES. bisbe *m.* *2* JOC alfil *m.* [escacs].

bishopric ('biʃəprik) *s.* ECLES. bisbat *m.*

bison ('baisn) *s.* ZOOL. bisó *m.* ▲ *pl.* **bison.**

bit (bit) *s.* tros *m.*, trosset *m.* *2* mica *f.* ‖ *~ by ~*, de mica en mica; *not a ~*, gens ni mica. *3* bocí *m.*, mos *m.* [de menjar]. *4* fre *m.*, mos *m.* [de brida]. *5* MEC. broca *f.*; barrina *f.* *6* INFORM. bit *m.*

bit (bit) Veure BITE (TO).

bitch (bitʃ) *s.* ZOOL. gossa *f.*; guilla *f.*; lloba *f.* *2* coŀloq. bruixa *f.* ‖ vulg. *son of a* ~, fill *m.* de puta *f.*

bite (bait) *s.* mossegada *f.* *2* picada *f.* [d'insecte]. *3* mos *m.* *4* aferrament *m.* [d'una serra, dels pneumàtics, etc.]. *5* fig. mordacitat *f.*

bite (to) (bait) *t.* mossegar. *2* picar [insecte, etc.]. *3* tallar: *the cold bit into his hands*, el fred li va tallar les mans. *4* MEC. aferrarse *p.* *5* MEC. corroir. ▪ *6 i.* mossegar. ▲ Pret.: *bit* (bit); p. p.: *bit* o *bitten* ('bitn).

biting ('baitiŋ) *a.* mordaç. *2* que talla [vent, etc.].

bitten ('bitn) Veure BITE (TO).

bitter ('bitəʳ) *a.* amarg; agre. *2* fig. cruel, amarg. *3* penetrant, punyent. ▪ *4 s.* cervesa *f.* amarga.

bitterness ('bitənis) *s.* amargor *m.*, amargura *f.* *2* agror *f.* *3* crueltat *f.* *4* rancor *m.*, rancúnia *f.*

bitter-sweet ('bitəswi:t) *a.* agredolç [també fig.].

bitumen ('bitjumin) *s.* betum *m.*

bivouac ('bivuæk) *s.* bivac *m.*

bizarre (bi'zɑ:ʳ) *a.* estrany, rar. *2* estrafolari.

blab (to) (blæb) *t.* revelar, divulgar. ▪ *2 i.* xafardejar.

black (blæk) *a.* negre: ~ *art* o *magic*, màgia negra. *2* morè, bru, negre: ~ *man*, negre *m.* [home]; ~ *woman*, negra *f.* [dona]. *3* pur [cafè]. *4* fig. negre, funest, malcarat. ▪ *5 s.* negre *m.* *6* dol *m.*

black (to) (blæk) *t.* ennegrir. *2* enllustrar [les sabates]. *3* boicotejar. ▪ *4 to* ~ *out*, desmaiar-se *p.*

black-and-blue (ˌblæk-ən-'blu:) *a.* ple de blaus.

blackberry ('blækbəri) *s.* BOT. móra *f.*

blackbird ('blækbəːd) *s.* ORN. merla *f.*

blackboard ('blækbɔːd) *s.* pissarra *f.*

black box (ˌblæk'bɔks) *s.* AERON. caixa *f.* negra.

blacken (to) ('blækən) *t.* ennegrir. *2* difamar. ▪ *3 i.* ennegrir-se *p.*

blackguard ('blægɑːd) *s.* poca-vergonya, canalla *m.*

blackhead ('blækˌhed) *s.* MED. barb *m.*

blackmail ('blækmeil) *s.* xantatge *m.*

blackmail (to) ('blækmeil) *t.* fer xantatge a.

Black Maria (ˌblækmə'raiə) *n. pr.* arg. camioneta *f.* de la bòfia; cotxe *m.* ceŀlular.

black market (ˌblæk'mɑːkit) *s.* mercat *m.* negre, estraperlo *m.*

blackness ('blæknis) *s.* negror *f.*; foscor *f.*

black-out ('blækaut) *s.* ELECT. apagada *f.* *2* pèrdua *f.* de coneixement.

black pudding (ˌblæk'pudiŋ) *s.* botifarra *f.* negra.

Black Sea ('blæk'si:) *n. pr.* GEOGR. Mar *f.* Negra.

black sheep (ˌblæk'ʃiːp) *s.* ovella *f.* negra.

blacksmith ('blæksmiθ) *s.* ferrer *m.*, ferrador *m.*

bladder ('blædəʳ) *s.* ANAT. bufeta *f.*, veixiga *f.*

blade (bleid) *s.* fulla *f.* [d'un ganivet, etc.]. *2* pala *f.* [d'un rem]. *3* BOT. bri *m.*

blame (bleim) *s.* culpa *f.*: *to bear the* ~, tenir la culpa *f.* *2* censura *f.*, blasme *m.*, retret *m.*

blame (to) (bleim) *t.* culpar; blasmar; censurar.

blanch (to) (blɑːntʃ) *t.* emblanquir, blanquejar; empaŀlidir. ▪ *2 i.* empaŀlidir.

bland (blænd) *a.* afable. *2* suau, fluix.

blandish (to) ('blændiʃ) *t.* afalagar. *2* llagotejar, ensibornar.

blandishment ('blændiʃmənt) *s.* afalac *m.*, falagueria *f.* *2* llagoteria *f.*

blank (blæŋk) *a.* en blanc [xec, paper, etc.]. *2* buit, sense interès o expressió. *3* perplex. *4* MIL. ~ *cartridge*, cartutx *m.* sense bala. ▪ *5 s.* espai *m.* en blanc. *6* fig. llacuna *f.* ‖ *my mind was a complete* ~, em vaig quedar en blanc.

blanket ('blæŋkit) *s.* manta *f.* *2* coŀloq. *wet* ~, esgarriacries.

blare (blɛəʳ) *s.* trompetada *f.* *2* estrèpit *m.*

blare (to) (blɛəʳ) *i.* sonar; ressonar [una trompeta]. ▪ *2 t.* dir cridant.

blaspheme (to) (blæs'fiːm) *i.-t.* blasfemar.

blasphemous ('blæsfəməs) *a.* blasfem.

blasphemy ('blæsfəmi) *s.* blasfèmia *f.*

blast (blɑːst) *s.* ràfega *f.* [de vent]. *2* explosió *f.* *3* buf *m.*, bufada *f.* [d'aire]. *4* coŀloq. *at full* ~, a tota marxa *f.* *5* MÚS. toc *m.* [d'un instrument]. *6* MIL. barrinada *f.*

blast (to) (blɑːst) *t.* volar [fer explotar]. *2* MIL. bombardejar. *3* marcir. ▪ *4 i.* continuar disparant.

blatant ('bleitənt) *a.* estrepitós; cridaner. *2* descarat. *3* evident.

blaze (bleiz) *s.* flamarada *f.* *2* foc *m.* *3* resplendor *m.* *4* fig. atac *m.* *5* clapa *f.* blanca [en el front d'un cavall o un bou]. *6* senyal *m.* [en un arbre]. *7* vulg. *go to* ~*s!*, vés a fer punyetes!

blaze (to) (bleiz) *i.* cremar. *2* brillar, resplandir. *3* fig. estar encès. ▪ *4 i.-t. to* ~ *away*, disparar *t.* sense parar. ▪ *5 t.* senyalar [un arbre]. *6* proclamar; fer córrer.

blazer ('bleizəʳ) *s.* jaqueta *f.* d'esport.

blazon ('bleizn) *s.* HERÀLD. blasó *m.*
bleach ('bli:tʃ) *s.* lleixiu *m.*
bleach (to) (bli:tʃ) *t.* posar en lleixiu; blanquejar. ▪ *2 i.* blanquejar.
bleak (bli:k) *a.* METEOR. fred, trist [el temps]. *2* desolat [un indret]. *3* fig. monòton, trist.
bleary ('bliəri) *a.* lleganyós [ull]. *2* borrós.
bleat (bli:t) *s.* ZOOL. bel *m.*
bleat (to) (bli:t) *i.* belar. ▪ *2 t. to ~ (out),* dir amb veu gemegosa.
bled (bled) Veure BLEED (TO).
bleed (to) (bli:d) *i.* sagnar [també fig.]. *2* exsudar [plantes]. ▪ *3 t.* sagnar, treure sang. *4* fig. fam. treure diners de. ▲ Pret. i p. p.: *bled* (bled).
bleeder ('bli:dəʳ) *s.* MED. hemofílic.
bleep (bli:p) *s.* RADIO. SO *m.* agut.
bleep (to) (bli:p) *i.* RADIO. emetre *t.* senyals.
bleeper ('bli:pəʳ) *s.* RADIO. buscapersones *m.*
blemish ('blemiʃ) *s.* defecte *m.;* fig. tatxa *f.* ‖ *without ~,* perfecte *a.*
blemish (to) ('blemiʃ) *t.* tacar [també fig.], fer malbé.
blend (blend) *s.* barreja *f.,* combinació *f.*
blend (to) (blend) *t.* barrejar, combinar, (BAL.) (VAL.) mesclar. ▪ *2 i.* barrejar-se *p.,* combinar-se *p. 3* avenir-se *p.,* combinar, casar [esp. colors]. ▲ Pret. i p. p.: *blended* ('blendid) o liter. *blent* (blent).
blent (blent) Veure BLEND (TO).
bless (to) (bles) *t.* beneir. ‖ *~ you!,* Jesús! [quan algú esternuda].
blessed ('blesid) *a.* REL. beneit; sant; benaventurat. *2* colloq. maleït.
blessing ('blesiŋ) *s.* REL. benedicció *f.;* gràcia *f. 2* benefici *m.,* avantatge *m. 3* fam. *what a ~!,* quina sort! *f.*
blew (blu:) Veure BLOW (TO).
blight (blait) *s.* BOT. rovell *m.;* neula *f. 2* fig. plaga *f.*
blight (to) (blait) *t.* BOT. rovellar-se *p.;* neular-se *p. 2* fig. arruïnar; frustrar.
Blighty ('blaiti) *n. pr.* MIL. arg. Anglaterra.
blind (blaind) *a.* cec, orb. *2* fig. cec, encegat. *3* ocult. *4* arg. borratxo. ▪ *5 s.* persiana *f. 6* tendal *m. 7* fig. pretext *m.,* excusa *f.* ▪ *8 -ly adv.* cegament.
blind (to) (blaind) *t.* encegar; enlluernar [també fig.].
blindfold ('blaindfould) *a.* amb els ulls embenats o tapats. ▪ *2 s.* MED. bena *f.* [pels ulls].
blindfold (to) ('blaindfould) *t.* embenar o tapar els ulls.
blindness ('blaindnis) *s.* MED. ceguetat *f.,* ceguesa *f.,* orbetat *f.*

blink (bliŋk) *s.* pestanyeig *m.,* parpalleig *m. 2* llampada *f.*
blink (to) (bliŋk) *i.* parpellejar, pestanyejar. ▪ *2 t.* fer l'ullet. *3* fig. eludir.
blinkers ('bliŋkəz), (EUA) **blinders** ('blaindəz) *s.* aclucalls *f.* [de cavall].
bliss (blis) *s.* benaurança *f.;* benaventurança *f.*
blissful ('blisful) *a.* benaurat, feliç.
blister ('blistəʳ) *s.* MED. butllofa *f.,* (BAL.) bòfega *f.,* (VAL.) bambolla *f.*
blister (to) ('blistəʳ) *t.* embutllofar, fer butllofes. ▪ *2 i.* cobrir-se *p.* de butllofes.
blizzard ('blizəd) *s.* METEOR. borrufada *f.*
bloated ('bloutid) *a.* inflat [també fig.].
block (blɔk) *s.* bloc *m. 2* piló *m.;* tallador *m. 3* illa *f.* [de cases]. *4* MEC. politja *f.,* corriola *f. 5* MAR. bossell *m. 6* talòs. *7* COM. lot *m. 8* bloc *m.* de paper. *9* obstacle *m.*
block (to) (blɔk) *t.* obstruir; destorbar; bloquejar. *2* donar forma [a un barret, etc.]. ▪ *3 i.* tancar-se *p.,* bloquejar-se *p.*
blockade (blɔ'keid) *s.* MIL. bloqueig *m.*
blockade (to) (blɔ'keid) *t.* MIL. bloquejar; blocar.
blockhead ('blɔkhed) *s.* gamarús, totxo, pallús.
bloke (blouk) *s.* colloq. individu *m.,* tipus *m.*
blond (blɔnd) *a.-s.* ros *m.*
blonde (blɔnd) *a.-s.* rossa *f.*
blood (blʌd) *s.* sang *f.* ‖ fig. *in cold ~,* a sang *f.* freda. *2* fig. sang *f.* [temperament]. *3* llinatge *m.,* sang *f.*
bloodcurdling ('blʌd͵kə:dliŋ) *a.* horripilant, esborronador.
bloodhound ('blʌdhaund) *s.* gos *m.* coniller.
bloodless ('blʌdlis) *a.* exsangüe, sense sang. *2* esblanqueït. *3* insensible, fred.
blood pressure ('blʌd͵preʃə) *s.* MED. pressió *f.* arterial.
bloodshed ('blʌdʃəd) *s.* matança *f.,* carnisseria *f.*
bloodthirsty ('blʌd͵θə:sti) *a.* sanguinari.
bloody ('blʌdi) *a.* sagnant, sangonós; sangonent. *2* pop. maleït, cony de... ▪ *4 adv.* pop. molt. *5 not ~ likely!,* ni pensar-hi!, ni en broma!
bloom (blu:m) *s.* BOT. flor *f.: in ~,* en flor. *2* floració *f. 3* frescor *m.,* ufanor *f. 4* fig. flor *f.: the ~ of youth,* la flor de la joventut.
bloom (to) (blu:m) *i.* BOT. florir [també fig.].
blossom ('blɔsəm) *s.* BOT. flor *f.* [esp. d'un arbre fruiter]: *in ~,* en flor, florit.
blossom (to) ('blɔsəm) *i.* BOT. florir. *2* fig. *to ~ out,* desenvolupar-se *p.;* prosperar.
blot (blɔt) *s.* esborrall *m.,* taca *f.* [de tinta]. *2* fig. taca *f.*
blot (to) (blɔt) *t.* esborrallar, tacar [amb tin-

ta]. *2* assecar [amb paper assecant]. *3 to* ~ *out*, esborrar, ratllar; tapar; anihilar, destruir [l'enemic].

blotch (blɔtʃ) *s.* taca *f.* [de tinta, etc.]. *2* MED. erupció *f.;* pústula *f.*

blotchy ('blɔtʃi) *a.* tacat. *2* vermellós [la pell].

blotter ('blɔtə^r) *s.* assecador *m.*, assecant *m.*

blotting-paper ('blɔtiŋˌpeipə^r) *s.* paper *m.* assecant.

blouse (blauz) *s.* brusa *f.*

blow (blou) *s.* cop *m.*, (VAL.) colp *m.* [també fig.]. ‖ *at a (single)* ~, *at one* ~, d'un (sol) cop *2* bufada *f.* *3 to go for a* ~, anar a prendre l'aire.

blow (to) (blou) *i.* bufar [el vent, etc.]. *2* sonar [una sirena, etc.]. *3* esbufegar. *4* fondre's *p.* [fusibles]. *5* rebentar. ■ *6 t.* emportar-se *p.* [el vent, etc.]. *7* bufar [foc, vidre, instrument musical, xiulet, etc.]. *8* treure [aire, fum]. *9 to* ~ *one's nose*, mocar-se *p.* *10* rebentar. *11* fondre [fusibles]. *12 to* ~ *out*, apagar; inflar [les galtes]; rebentar; buidar [una caldera]. *13 to* ~ *up*, inflar; volar [un pont, etc.]; ampliar [una foto]. ▲ Pret.: *blew* (blu:); p. p.: *blown* (bloun).

blowfly ('blouflai) *s.* ZOOL. mosca *f.* vironera.

blowlamp ('bloulæmp) *s.* soldador *m.*

blown (bloun) Veure BLOW (TO).

blowout ('blouˌaut) *s.* rebentada *f.* *2* ELECT. fusió *f.* *3* fam. tec *m.*

blowpipe ('bloupaip) *s.* sarbatana *f.*

blowtorch ('bloutɔ:tʃ) *s.* bufador *m.*

blubber ('blʌbə^r) *s.* greix *m.* de balena.

blubber (to) ('blʌbə^r) *i.* ploriquejar, somicar. ■ *2 t. to* ~ *out*, dir plorant.

bludgeon ('blʌdʒən) *s.* porra *f.*

blue (blu:) *a.* blau. *2* moradenc. *3* col·loq. trist; deprimit; depriment. *4* POL. conservador. *5* verd [acudit, pel·lícula]. ■ *6 s.* blau *m.* [color]. *7* fig. poét. mar *f.* *8* fig. cel. *m.* ‖ *out of the* ~, inesperadament *adv.*, com caigut del cel.

blueprint ('blu:print) *s.* FOT. cianografiat *f.* fotocalc *m.* *2* fig. avantprojecte *m.*

bluestocking ('blu:ˌstɔkiŋ) *s.* sàvia *f.*, saberuda *f.*, setciències *f.*

bluff (blʌf) *a.* escarpat *m.* *2* brusc [persona]. ■ *3 s.* GEOGR. cingle *m.*, penyal *m.* *4* angl. bluf *m.;* fanfarronada *f.* *5* JOC catxa *f.*

bluff (to) (blʌf) *i.* fer un bluf; fanfarronejar. ■ *2 t.* enganyar.

blunder (to) ('blʌndə^r) *i.* espifiar *t.*

blunder ('blʌndə^r) *s.* fig. relliscada *f.*, planxa *f.*

blunderbuss ('blʌndəbʌs) *s.* trabuc *m.*

blunt (blʌnt) *a.* esmussat. *2* brusc [persona]. ■ *3 -ly adv.* francament, clarament.

blunt (to) (blʌnt) *t.* esmussar; espuntar, despuntar.

blur (blə:^r) *s.* taca *f.* *2* esborrall *m.*

blur (to) (blə:^r) *t.* entelar; desdibuixar; fer borrós. ■ *2 i.* entelar-se *p.;* desdibuixar-se *p.*

blurt (to) (blə:t) *t. to* ~ *out*, fig. deixar anar [un secret, etc.].

blush (blʌʃ) *s.* vermellor *f.*, enrojolament *m.*

blush (to) (blʌʃ) *i.* posar-se *p.* vermell; enrojolar-se *p.* *2* avergonyir-se *p.*

bluster (to) ('blʌstə^r) *i.* METEOR. ratxar, ratxejar. *2* faronejar; vociferar. ■ *3 t. to* ~ *out*, proferir.

B.M.A. (bi:em'ei) *s.* (*British Medical Association*) associació *f.* britànica de metges.

B.M.C. (bi:em'si:) *s.* (*British Motor Corporation*) corporació *f.* britànica del motor.

boa (bouə) *s.* ZOOL. boa *f.* *2* boà *m.*

boar (bɔ:^r) *s.* ZOOL. verro *m.*

board (bɔ:d) *s.* post *f.;* tauló *m.* [de fusta]. *2* tauler *m.* [d'anuncis]. *3* taula *f.* *4* NÀUT. bord *m.: on* ~, a bord. *5* consell *m.*, junta *f.* *6* pensió *f.: full* ~, pensió completa. *6* TEAT. *the* ~*s*, les taules *f.*, l'escenari *m.*

board (to) (bɔ:d) *t.* entaular, entarimar. *2* NÀUT. embarcar-se *p.;* pujar a [un tren, etc.]. *3* tenir a dispesa. ■ *4 i.* estar a dispesa [*with*, a].

boarder ('bɔ:də^r) *s.* hoste. *2* intern [a una escola].

boarding ('bɔ:diŋ) *s.* empostissat *m.*, entaulat *m.*

boarding card ('bɔ:diŋˌka:d) *s.* targeta *f.* d'embarcament.

boarding house ('bɔ:diŋˌhaus) *s.* pensió *f.*, dispesa *f.*

boarding school ('bɔ:diəˌsku:l) *s.* internat *m.*

boast (boust) *s.* jactància *f.* *2* orgull *m.*

boast (to) (boust) *i.* jactar-se *p.*, vanagloriar-se *p.* *2* presumir de.

boaster ('boustə^r) *s.* fanfarró.

boastful ('boustful) *a.* jactanciós, faroner.

boat (bout) *s.* vaixell *m.*, nau *f.* *2* barca *f.* [petita]. ‖ *cargo* ~, vaixell de càrrega. ‖ *sailing* ~, veler *m.*

boating ('boutiŋ) *s.* passeig *m.* en barca [esp. de rems].

boatman ('boutmən) *s.* barquer *m.*

boatswain ('bousn) *s.* MAR. contramestre *m.*

Bob (bɔb) *n. pr. m.* (*dim. Robert*) Robert.

bob (bɔb) *s.* llentilla *f.* [de pèndol]. *2* ant. xelí *m.*

bob (to) (bɔb) *i.* balancejar-se *p.;* moure's *p.* [amunt i avall]. *2* fig. *to ~ up,* sorgir de nou, reaparèixer. ■ *3 t.* ant. tallar [els cabells per damunt les espatlles].

bobbin ('bɔbin) *s.* MEC. bobina *f.,* rodet *m.*

Bobby ('bɔbi) *n. pr. m.* (*dim. Robert*) Robert. *2 s.* (G.B.) policia *m.*

bobsled ('bɔbsled), **bobsleigh** ('bɔbslei) *s.* ESPORT angl. bobsleigh *m.*

bobtail ('bɔbteil) *s.* ZOOL. cua *f.* tallada.

Boche (bɔʃ) *a.-s.* coŀloq. alemany.

bode (to) (boud) *t.-i.* ant., poèt. presagiar *t. 2* pronosticar *t.*

bodice ('bɔdis) *s.* cosset *m.*

bodily ('bɔdili) *a.* corporal; físic. ■ *2 adv.* en persona. *3* en pes.

body ('bɔdi) *s.* cos *m. 2* part *f.* principal. *3* AUTO. carrosseria *f. 4* grup *m.;* conjunt *m.;* massa *f.* ‖ LOC. *in a ~,* en bloc. *5* coŀloq. individu *m.,* persona *f. 6* entitat *f.,* societat *f.*

bodyguard ('bɔdigɑːd) *s.* guàrdia personal.

bog (bɔg) *s.* pantà *m.,* aiguamoll *m. 2* pop. wàter *m.*

bogey ('bougi) *s.* follet *m.;* espectre *m.*

boggy ('bɔgi) *a.* pantanós.

boil (bɔil) *s.* bull *m.: to come to the ~,* arrencar el bull. *2* MED. furóncol *m.*

boil (to) (bɔil) *i.* bullir [també fig.]. ■ *2 t.* fer bullir. ■ *to ~ away,* estar bullint, evaporar *t.-p.; to ~ down,* reduir *t.-p.; to ~ over,* vessar *t.-p.*

boiler ('bɔilə^r) *s.* caldera *f.*

boiling ('bɔiliŋ) *a.* bullent. ‖ coŀloq. *it's ~ hot,* fa molta calor. ■ *2 s.* ebullició *f.*

boisterous ('bɔistərəs) *a.* borrascós, violent, mogut [el vent, etc.]. *2* bulliciós, esvalotat.

bold (bould) *a.* valent, intrèpid. *2* atrevit. *3* descarat.

boldness ('bouldnis) *s.* valentia *f.,* coratge *m. 2* gosadia *f.,* atreviment *m. 3* fam., fig. barra *f.,* penques *f. pl.*

Bolshevik ('bɔlʃəvik) *a.-s.* bolxevic.

Bolshevism ('bɔlʃəvizm) *s.* bolxevisme *m.*

bolster (to) ('boulstə^r) *t. to ~ up,* recolzar; animar.

bolt (boult) *s.* baldó *m.;* forrellat *m. 2* pany *m.* [d'un rifle]. ■ *3 adv. ~ upright,* dret com un ciri.

bolt (to) (boult) *t.* tancar amb baldó; passar el forrellat. *2 to ~ in,* tancar a dins. *3 to ~ out,* tancar a fora. *4* empassar-se *p.,* engolir. ■ *5 i.* sortir disparat, fugir; desbocar-se *p.* [un cavall].

bomb (bɔm) *s.* ARM. bomba *f.*

bomb (to) (bɔm) *t.* ARM. bombardejar.

bombard (to) (bɔm'bɑːd) *t.* ARM. bombardejar [amb projectils]. *2* fig. bombardejar [amb preguntes, etc.].

bombardier (ˌbɔmbə'diə^r) *s.* ARM. bombarder *m.* [soldat].

bombardment (bɔm'bɑːdmənt) *s.* ARM. bombardeig *m.*

bombast ('bɔmbæst) *s.* ampuŀlositat *f.*

bombastic (bɔm'bæstik) *a.* ampuŀlós, inflat.

bomber ('bɔmə^r) *s.* ARM. bombarder *m.*

bombing ('bɔmiŋ) *s.* ARM. bombardeig *m.*

bombproof ('bɔmpruːf) *a.* a prova de bombes.

bombshell ('bɔmʃel) *s.* fig. bomba *f.*

bonanza (bə'nænzə) *s.* (EUA) fig. mina [font de riquesa]. ■ *2 s.* pròsper. ▲ *pl. bonanzas.*

bond (bɔnd) *s.* lligam *m.;* vincle *m.;* llaç *m. 2* pacte *m.,* compromís *m. 3* COM. bo *m. 4 pl.* fig. cadenes *f.,* captivitat *f.*

bondage ('bɔndidʒ) *s.* esclavitud *f.,* servitut *f.*

bone (boun) *s.* ANAT. os *m. 2* espina *f.* [de peix].

bone (to) (boun) *t.* desossar. *2* fam. pispar.

bonfire ('bɔnfaiə^r) *s.* foguera *f.,* fogata *f.*

bonnet ('bɔnit) *s.* casquet *m.* [de dona]. *2* gorra *f.* escocesa. *3* AUTO. capot *m.*

bonny ('bɔni) *a.* (ESC.) bonic, formós.

bonus ('bounəs) *s.* ECON. prima *f.,* plus *m.,* gratificació *f.*

bony ('bouni) *a.* ossat, ossut. *2* fig. esquelètic.

booby ('buːbi) *s.* babau, talòs.

book (buk) *s.* llibre *m. 2* llibret *m.*

book (to) (buk) *t.* reservar [entrades, etc.]. ‖ *to be ~ ed up,* estar complet, no haver-hi [entrades], exhaurit. *2* fitxar [la policia]. *3* anotar.

bookbinding ('buk,baindiŋ) *s.* enquadernació *f.*

bookcase ('bukkeis) *s.* prestatge *m.* per llibres, llibreria *f.*

booking office ('bukiŋˌɔfis) *s.* taquilla *f.*

bookkeeper ('buk,kiːpə^r) *s.* COM. tenidor de llibres.

book-keeping ('buk,kiːpiŋ) *s.* COM. tenidoria *f.* de llibres.

booklet ('buklit) *s.* fullet *m.*

bookmaker ('bukmeikə) *s.* (G.B.) corredor d'apostes.

bookseller ('buk,selə^r) *s.* llibreter.

bookshop ('bukʃɔp), **bookstore** (-stɔː^r) *s.* llibreria *f.* [botiga].

bookstall ('bukstɔːl) *s.* quiosc *m.;* parada *f.* de llibres.

bookworm ('bukwəːm) *s.* ZOOL. arna *f. 2* fig. rata *f.* de biblioteca.

boom (buːm) *s.* espetec *m.;* retrò *m. 2* fig. auge *m.,* boom *m. 3* NÀUT. botavara *f.;* botaló *m. 4 sonic ~,* bang *m.* sònic.

boom (to) (bu:m) *i.* ressonar. 2 prosperar, estar en el moment àlgid.

boon (bu:n) *s.* liter. mercè *f.*, favor *m.* 2 avantatge *m.*; benefici *m.* ▪ *3 a.* alegre: *a ~ companion*, un company alegre.

boor (buəʳ) *s.* fig. pagerol.

boorish ('buərɪʃ) *a.* tosc, groller.

boost (bu:st) *s.* propulsió *f.* 2 fig. estímul.

boost (to) (bu:st) *t.* propulsar. 2 fig. estimular. 3 apujar, augmentar.

boot (bu:t) *s.* bota *f.* ‖ fig. *to get the ~*, ésser acomiadat; *to give someone the ~*, acomiadar. 2 AUTO. (G.B.) portaequipatge *m.* 3 *to ~*, a més *adv.*; a més a més *adv.*

bootblack ('bu:tblæk) *s.* enllustrador.

booth (bu:ð), (EUA) (bu:θ) *s.* parada *f.* [esp. d'un mercat]. 2 *polling ~*, cabina *f.* electoral.

bootleg (bu:tleg) *a.* de contraban. ‖ *a ~ edition*, una edició pirata.

booty ('bu:ti) *s.* botí *m.*

booze (bu:z) *s.* beguda *f.* [alcohólica].

booze (to) (bu:z) *i.* col·loq. beure *t.* [begudes alcohóliques].

border ('bɔ:dəʳ) *s.* vora *f.*, vorera *f.* 2 COST. ribet *m.* 3 POL. frontera *f.* ▪ *4 a.* fronterer.

border (to) ('bɔ:dəʳ) *t.* vorejar. 2 COST. ribetejar. ▪ *3 i. to ~ on* o *upon*, afrontar; estar tocant a; fer frontera amb. 4 ranejar.

border line ('bɔ:dəlain) *s.* frontera *f.* [també fig.].

borderline ('bɔ:dəlain) *a.* fig. dubtós.

bore (bɔ:ʳ) Veure BEAR (TO).

bore (bɔ:ʳ) *s.* forat *m.*, barrinada *f.* 2 ànima [d'una arma de foc]. 3 pesat, fig. corcó [persona]. 4 llauna *f.*, avorriment *m.*

bore (to) (bɔ:ʳ) *t.* perforar. 2 barrinar [obrir forats]. 3 avorrir, donar la llauna.

boredom ('bɔ:dəm) *s.* avorriment *m.*

boring ('bɔ:riŋ) *a.* avorrit, pesat.

born (bɔ:n) *p. p.* de BEAR (TO). 2 *to be ~*, néixer *i.*, (VAL.) nàixer *i.* ▪ *3 a.* nat.

borne (bɔ:n) *p. p.* de BEAR (TO).

borough ('bʌrə) *s.* (G.B.) municipi *m.* 2 districte *m.*

borrow (to) ('bɔrou) *t.* manllevar, demanar: *can I ~ your pen?*, em deixes el bolígraf? 2 apropiar-se *p.* [d'una idea, etc.].

borrower ('bɔrouəʳ) *s.* manllevador.

bosom ('buzəm) *s.* ANAT. ant. pit *m.* 2 COST. pitrera *f.* 3 fig. si *m.* ▪ *4 a. a ~ friend*, un amic íntim.

boss (bɔs) *s.* col·loq. cap *m.*, patró, director, capitost *m.*

boss (to) (bɔs) *t.-i.* manar.

bossy ('bɔsi) *a.* manaire.

botanist ('bɔtənist) *s.* botànic.

botany ('bɔtəni) *s.* botànica *f.*

botch (bɔtʃ) *s.* barroeria *f.*; nyap *m.*; fig. bunyol *m.*

botch (to) (bɔtʃ) *t.* potinejar; fer barroerament.

both (bouθ) *a.-pron.* ambdós, els dos, tots dos: *~ of us*, nosaltres dos; *~ of them*, els dos, ambdós. ▪ *2 adv.* a la vegada, alhora.

bother ('bɔðəʳ) *s.* preocupació *f.* 2 empipament *m.*; molèstia *f.*

bother (to) ('bɔðəʳ) *t.* preocupar, amoïnar. 2 empipar. ‖ *I can't be ~ ed to do it*, no tinc humor per fer-ho. ▪ *3 i. to ~ about*, amoïnar-se *p.* per.

bothersome ('bɔðəsəm) *a.* empipador, molest.

bottle ('bɔtl) *s.* ampolla *f.*, botella *f.*

bottle (to) ('bɔtl) *t.* embotellar. 2 fig. *to ~ up*, reprimir [sentiment, etc.].

bottleneck ('bɔtlnek) *s.* fig. embús *m.* [a la carretera].

bottom ('bɔtəm) *s.* fons *m.*; cul *m.* [d'ampolla, etc.]. ‖ fig. *at ~*, en el fons *m.* 2 base *f.*, fonament *m.* 3 peu *m.* [de muntanya, de pàgina, etc.]. 4 seient *m.* [de cadira, etc.]. 5 NÀUT. quilla *f.* 6 ANAT. col·loq. cul *m.*, (ROSS.) pompill *m.* ▪ *7 a.* inferior, més baix. 8 darrer, últim.

bottom (to) ('bɔtəm) *i. to ~ (out)*, tocar fons.

bottomless ('bɔtəmlis) *a.* sense fons, sense límits. 2 fig. insondable.

boudoir ('bu:dwɑ:ʳ) *s.* tocador *m.*, lligador *m.* [cambra].

bough (bau) *s.* BOT. branca [d'un arbre].

bought (bɔ:t) Veure BUY (TO).

boulder ('bouldəʳ) *s.* GEOL. còdol *m.*, palet *m.*, cantal *m.*

boulevard ('bu:ləvɑ:d) *s.* bulevard *m.*

bounce (bauns) *s.* bot *m.* [pilota]. 2 vitalitat *f.* [persona].

bounce (to) (bauns) *t.* fer botar. ▪ *2 i.* botar. 3 saltar. 4 col·loq. ser retornat [un xec bancari]. 5 fig. *to ~ back*, recuperar-se *p.*

bound (baund) Veure BIND (TO). 2 *a.* destinat. 3 obligat. 4 *~ for*, en direcció a, cap a. 5 fig. *~ up in*, absorbit per; *~ up with*, molt lligat amb. ▪ *6 s.* límit *m.* 7 salt *m.*; bot *m.*

bound (to) (baund) *t.* limitar. 2 afrontar *i.* ▪ *2 i.* saltar; botar.

boundary ('baundəri) *s.* límit *m.*, frontera *f.*

boundless ('baundlis) *a.* il·limitat, infinit. ▪ *2 -ly adv.* il·limitadament, infinitament.

bounteous ('bauntiəs), **bountiful** ('bauntiful) *a.* liter. generós. 2 abundant.

bounty ('baunti) *s.* form. generositat *f.*, liberalitat *f.* 2 form. regal *m.* 3 subsidi *m.* 4 gratificació *f.*, recompensa *f.*

bouquet ('bukei) *s.* ram *m.*, pom *m.*, toia *f.* [de flors]. *2* bouquet *m.* [de vi].
Bourbon ('buəbən) *n. pr.* HIST. Borbó. *2* (EUA) whisky *m.*
bourgeois ('buəʒwɑː) *a.-s.* burgès.
bout (baut) *s.* torn *m.*, tanda *f.* *2* ESPORT combat *m.; assalt *m.* [boxa]. *3* MED. accés *m.,* atac *m.*
1) bow (bou) *s.* arc *m.* [arma]. *2* MÚS. arquet *m.* *3* llaç *m.,* llaçada *f.*
2) bow (bau) *s.* inclinació *m.,* reverència *f.* *2* MAR. proa *f.*
1) bow (to) (bou) *t.* MÚS. passar l'arquet.
2) bow (to) (bau) *t.* inclinar [el cap, el cos]. ‖ *to ~ (somebody) in/out,* rebre/acomiadar (algú) amb una reverència. *2* doblegar. ▲ gralnt. en la passiva. ■ *3 i.* inclinar-se *p.*
bowel ('banəl) *s.* ANAT. budell *m.,* intestí *m.* *2 pl.* fig. entranyes *f.*
bower ('bauəʳ) *s.* glorieta *f.;* pèrgola *f.*
bowl (boul) *s.* bol *m.* *2* cassoleta *f.* *3* (EUA) amfiteatre *m.* *4* JOC bola *f.*
bowl (to) (boul) *t.* fer rodar. *2* fig. *to ~ over,* aixafar; deixar bocabadat. ■ *3 i.* jugar a bowling. *4 to ~ along,* lliscar [un cotxe].
bow-legged ('bou,legd) *a.* garrell.
bowler ('bouləʳ) *s.* ESPORT jugador de bowling o bitlles; llançador [críquet]. *2 ~ (hat),* barret *m.* fort.
bowling alley ('bouliŋæliː) *s.* pista *f.* de bitlles.
bowman ('boumən) *s.* arquer *m.*
bow window (,bou'windou) *s.* ARQ. mirador *m.*
box (bɔks) *s.* capsa *f.* [receptacle petit]; caixa *f.* [receptacle gran]. *2* apartat *m.* de correus. *3* TEAT. llotja *f.* *4* BOT. boix *m.* *5* mastegot *m.* *6 ~ post office,* apartat *m.* de correus.
box (to) (bɔks) *t.* encaixonar, embalar. *2 to ~ up,* tancar. ■ *3* ESPORT *i.* boxar.
boxer ('bɔksəʳ) *s.* ESPORT boxador, boxejador.
boxing ('bɔksiŋ) *s.* ESPORT boxa *f.*
Boxing Day ('bɔksiŋ dei) *s.* el vint-i-sis de desembre, dia de Sant Esteve.
box office ('bɔks,ɔfis) *s.* TEAT. taquilla *f.*
boxwood ('bɔkswud) *s.* BOT. boix *m.*
boy (bɔi) *s.* noi *m.,* xicot *m.,* (BAL.) aŀlot *m.,* (VAL.) xic *m.,* (ROSS.) nin *m.*
boycott ('bɔikɔt) *s.* angl. boicot *m.*
boycott (to) ('bɔikɔt) *t.* boicotejar.
boyfriend ('bɔifrend) *s.* amic *m.* [íntim], xicot *m.*
boyhood ('bɔihud) *s.* infantesa *f.,* joventut *f.* [d'un home].
boyish ('bɔiiʃ) *a.* pueril.
B.P. (biː'piː) *s. (British Petroleum)* petrolis *m. pl.* britànics.

Br. (biː'ɑːʳ) *a. (British)* britànic.
bra (brɑː) *s.* coŀloq. sostenidors *m. pl.*
brace (breis) *s.* abraçadora *f.,* grapa *f.* *2* filaberquí *m.* *3* parell *m.* *4* ARQ. trava *f.,* tirant *m.* *5* MAR. braça *f.* *6 pl.* elàstics *m. pl.* *7 pl.* ODONT. ferros *m. pl.* [per les dents].
brace (to) (breis) *t.* lligar; assegurar. *2 to ~ up,* animar, encoratjar. ■ *3 p. to ~ oneself,* preparar-se [per una adversitat].
bracelet ('breislit) *s.* braçalet *m.*
bracing ('breisiŋ) *a.* fortificant.
bracken ('brækən) *s.* BOT. falguera *f.*
bracket ('brækit) *s.* TIPOGR. parèntesi *m.,* claudàtor *m.* *2* ARQ. mènsula *f.* *3* suport *m.* *4* abraçadora. *5* fig. grup *m.,* classe *f.*
bracket (to) ('brækit) *t.* TIPOGR. posar entre parèntesis. *2* fixar amb mènsules. *3* agrupar.
brackish ('brækiʃ) *a.* salabrós.
brag (bræg) *s.* fanfarronada *f.;* jactància *f.*
brag (to) (bræg) *i.* fanfarronejar, vanar-se *p.*
braggart ('brægət) *s.* fanfarró, cregut.
braid (breid) *s.* trena *f.* *2* galó *m.* [d'un uniforme, etc.].
braid (to) (breid) *t.* trenar. *2* galonejar.
brain (brein) *s.* ANAT. cervell *m.* *2 pl.* GASTR. cervell *m.* *3* ANAT. coŀloq. cap *m.* *4* fig. inteŀligència *f.* *5* cervell *m.* [persona brillant].
brain-child ('breintʃaild) *s.* idea *f.,* invenció *f.* [genial].
brainless ('breinlis) *a.* tonto, tòtil.
brainstorm ('breinstɔːm) *s.* atac *m.* de bogeria.
brainstorming (breinstɔːmiŋ) *s.* brainstorming *m.*
Brains Trust ('breinz,trʌst) *s.* grup *m.* consultiu d'experts.
brainwash ('breinwɔʃ) *f.* rentar el cervell.
brainwashing ('brein,wɔʃiŋ) *s.* rentat *m.* de cervell.
brake (breik) *s.* fre *m.* [també fig.].
brake (to) (breik) *t.* frenar.
bramble ('bræmbl) *s.* BOT. esbarzer *m.*
bran (bræn) *s.* AGR. segó *m.,* breu *m.*
branch (brɑːntʃ) *s.* BOT. branca *f.* *2* fig. branca *f.;* secció *f.* *3* sucursal *f.* *4* braç *m.* [d'un riu]. *5* bifurcació *f.*
branch (to) (brɑːntʃ) *i.* BOT. treure branca. *2* ramificar-se *p.,* bifurcar-se *p.* *3 to ~ off,* desviar-se *p.* *4 to ~ out,* expandir-se *p.*
brand (brænd) *s.* COM. marca *f.* *2* RAMA. marca *f.,* senyal *m.* *3* teia *f.* *4* ferro *m.* de marcar.
brand (to) (brænd) *t.* RAMA. marcar [amb un ferro]. *2* estigmatitzar.

brandish (to) ('brændiʃ) *t.* brandar, brandir, brandejar.

brand-new (ˌbrænd'nju:) *a.* nou de trinca, flamant.

brandy ('brændi) *s.* conyac *m.*, brandi *m.*

brass (brɑːs) *s.* llantó *m.* 2 MÚS. metall *m.* [instruments]. 3 desvergonyiment *m.*, barra *f.* 4 colloq. *top* ~, peixos *m. pl.* grossos.

brass band (ˌbrɑːs'bænd) *s.* xaranga *f.*

brass hat ('brɑːs'hæt) *s.* MIL. fam. capitost *m.*

brassière ('bræsiɛəʳ) *s.* sostenidors *m. pl.*

brat (bræt) *s.* mocós.

bravado (brə'vɑːdou) *s.* bravata *f.*, fanfarronada *f.*

brave (breiv) *a.* valent, brau. ■ *2 s.* valent *m.*

brave (to) (breiv) *t.* afrontar. 2 desafiar.

bravery ('breivəri) *s.* valentia *f.*

bravo (ˌbrɑː'vou) *interj.* bravo!

brawl (brɔːl) *s.* baralla *f.*, batussa *f.*

brawl (to) (brɔːl) *i.* barallar-se *p.*, esbatussar-se *p.*

brawn (brɔːn) *s.* múscul *m.* 2 força *f.* muscular. 3 GASTR. carn *f.* de porc adobada.

brawny ('brɔːni) *a.* musculós, musculat.

bray (brei) *s.* bram *m.* 2 so *m.*; ronc *m.* [de trompeta, etc.].

bray (to) (brei) *i.* bramar. ■ *2 t. to* ~ *(out)*, dir o tocar [la trompeta] de manera estrident. 3 triturar, picar.

braze (to) (breiz) *t.* soldar amb llantó.

brazen ('breizn) *a.* de llantó. 2 com llantó. 3 ronc [so]. 4 descarat.

brazier ('breizjəʳ) *s.* braser *m.*

Brazil (brə'zil) *n. pr.* GEOGR. Brasil *m.*

breach (briːtʃ) *s.* infracció *f.*; incompliment *m.*; ruptura *f.* 2 bretxa *f.* 3 obertura *f.*, forat *m.*

breach (to) (briːtʃ) *t.* obrir una bretxa. 2 trencar, violar [un acord, etc.].

bread-and-butter (ˌbredən'bʌtəʳ) *s.* pa *m.* amb mantega *f.* 2 fig. colloq. mitjans *pl. m.* de vida. ■ *3 a.* corrent, normal. ‖ ~ *letter*, carta d'agraïment.

bread (bred) *s.* pa *m.* [també fig.]. 2 colloq. peles *f. pl.*

breadcrumb ('bredkrʌm) *s.* engruna *f.* de pa. 2 *pl.* pa *m. sing.* ratllat.

breadth (bredθ) *s.* amplada *f.* 2 fig. llarguesa *f.*, liberalitat *f.*

breadwinner ('bredwinəʳ) *s.* el qui guanya el pa.

break (breik) *s.* ruptura *f.*, trencament *m.* 2 descans *m.*; interrupció *f.*; pausa *f.*; esbarjo *m.* [a l'escola]. 3 començament *m.*: ~ *of day*, alba *f.* 4 canvi *m.* 5 METEOR. cla-

riana *f.* 6 ELECT. interrupció *f.* [en un circuit]. 7 oportunitat *f.* 8 fuga *f.*, evasió *f.*

break (to) (breik) *t.* trencar, rompre. 2 esmorteir. 3 interrompre. 4 fer fracassar. 5 dominar; domar. 6 arruïnar. 7 divulgar, comunicar, donar [una notícia]. 8 violar [la llei, etc.]. 9 ESPORT *to* ~ *the record,* batre el rècord. ■ *10 i.* trencar-se *p.*, partir-se *p.* 11 debilitar-se *p.*, malmetre's *p.* [la salut]. 12 irrompre; prorrompre. 13 dissoldre's *p.*; dissipar-se *p.* 14 trencar *t.* [relacions]. 15 fallar, fallir; espatllar-se *p.* 16 aparèixer, sortir; trencar [l'alba]. 17 divulgar-se *p.* [una notícia, etc.]. ■ *to* ~ *away*, deslligar-se *p.*, escapar-se *p.*; *to* ~ *down*, destruir, desballestar; avariar-se *p.* [una màquina, etc.], ressentir-se *p.*, esfondrar-se *p.* [la salut]; fracasar; *to* ~ *into*, entrar a robar; trencar; començar; *to* ~ *off*, trencar [un pacte, una relació, etc.]; parar [de treballar, etc.]; *to* ~ *out*, esclatar, desencadenar-se *p.*; escapar-se *p.*: *to* ~ *through*, aparèixer; descobrir; travessar; *to* ~ *up*, rompre, trencar, esmicolar; acabar.

breakage ('breikidʒ) *s.* ruptura *f.*; trencament *m.* 2 *pl.* objectes *m.* trencats; indemnització *f.* per objectes trencats.

breakdown ('breikdaun) *s.* MEC. avaria *f.*, pana *f.* 2 MED. collapse *m.*, depressió *f.* nerviosa. 3 QUÍM. descomposició *f.* 4 anàlisi *m.* 5 fracàs *m.*; ruptura *f.*

breaker ('breikəʳ) *s.* MAR. rompent *m.* [ona].

breakfast ('brekfəst) *s.* esmorzar *m.*, (BAL.) berenar *m.*, (VAL.) desdejuni *m.*: *to have* ~, esmorzar.

breakneck ('breiknek) *a.* perillós, suïcida [velocitat].

break-up ('breikˌʌp) *s.* ruptura *f.*, separació *f.* 2 METEOR. empitjorament *m.* [del temps].

breakwater ('breikˌwɔːtəʳ) *s.* escullera *f.*

bream (briːm) *s.* ICT. *sea* ~, besuc *m.*

breast (brest) *s.* ANAT. pit *m.* 2 mama *f.*, mamella *f.*, pit *m.* [dona i femella]. 3 pit *m.* [animals]. 4 pitrera *f.*

breast (to) (brest) *t.* resoldre amb decisió; afrontar; plantar cara.

breastbone ('brestboun) *s.* ANAT. estèrnum *m.* 2 ORN. barca *f.*

breast-feed (to) ('brestˌfiːd) *t.* donar el pit, donar mamar.

breastplate ('brestˌpleit) *s.* pitet *m.* 2 ARM. plastró *m.*

breaststroke ('brestˌstrouk) *s.* ESPORT braça *f.*

breastwork ('brestwɔːk) *s.* FORT. parapet *m.*

breath (breθ) *s.* alè *m.;* respiració *f.: out of* ~, desalenat; panteixant *a.* 2 bufada *f.*

breathalyse (to) ('breθəlaiz) *t.* fer la prova de l'alcohol.

breathe (to) (bri:ð) *i.* respirar. 2 bufar. 3 esbufegar. *4 to* ~ *in,* aspirar. *5 to* ~ *out,* exhalar *t.,* expirar *t.* ■ *6 t.* inhalar. 7 insuflar. 8 respirar.

breathing ('bri:ðiŋ) *s.* respiració *f.*

breathing space ('bri:ðiŋˌspeis) *s.* descans *m.,* respir *m.*

breathless ('breθlis) *a.* sense alè. 2 panteixant, esbufegant.

bred (bred) Veure BREED (TO).

breech (bri:tʃ) *s.* ARM. recambra *f.*

breeches ('britʃiz) *s. pl.* pantalons *m.*

breed (bri:d) *s.* casta *f.,* raça *f.*

breed (to) (bri:d) *t.* criar [animals]. 2 fig. engendrar; produir. 3 criar, educar. ■ *4 i.* reproduir-se *p.* ▲ Pret. i p. p.: *bred* (bred).

breeding ('bri:diŋ) *s.* cria *f.;* reproducció *f.* 2 educació *f.,* criança *f.*

breeze (bri:z) *s.* METEOR. brisa *f.,* airet *m.*

breviary ('bri:vjəri) *s.* REL. breviari *m.*

brevity ('breviti) *s.* brevetat *f.*

brew (bru:) *s.* infusió *f.* [beguda]; beuratge *m.*

brew (to) (bru:) *t.* per, preparar [cervesa, te, etc.]. 2 tramar, ordir. ■ *3 i.* fabricar *t.* cervesa. 4 preparar-se *p.,* formar-se *p.,* amenaçar *t.* [una tempestat].

brewery ('bruəri) *s.* cerveseria *f.* [fàbrica].

Brian ('braiən) *n. pr. m.* Bernardí.

bribe (braib) *s.* suborn *m.,* subornació *f.*

bribe (to) (braib) *t.* subornar.

bribery ('braibəri) *s.* suborn *m.*

bric-a-brac ('brik ə bræk) *s.* curiositats *f. pl.*

brick (brik) *s.* CONSTR. totxo *m.,* maó *m.* 2 fig. un tros de pa [persona].

brick (to) (brik) *t.* CONSTR. posar totxos. ‖ *to* ~ *up* o *in,* tapar amb totxos. 2 enrajolar.

bricklayer ('brikˌleiəʳ) *s.* CONSTR. paleta *m.,* (BAL.) picapedrer *m.,* (VAL.) obrer *m.*

bridal ('braidl) *a.* nupcial.

bride (braid) *s.* núvia *f.: the* ~ *and the groom,* els nuvis *m. pl.*

bridegroom ('braidgrum) *s.* nuvi *m.,* (BAL.) novii *m.*

bridesmaid ('braidzmeid) *s.* dama *f.* d'honor [de la núvia].

bridge (bridʒ) *s.* CONSTR. pont *m.* 2 ANAT. os *m.* del nas. 3 ODONT. pont *m.* 4 JOC bridge *m.*

bridge (to) (bridʒ) *t.* fer un pont sobre. 2 fig. omplir.

Bridget ('bridʒit) *n. pr. f.* Brígida.

bridle ('braidl) *s.* EQUIT. brida *f.* 2 fig. fre *m.*

bridle (to) ('braidl) *t.* embridar. 2 fig. refrenar. ■ *3 i.* engallar-se *p.,* molestar-se *p.*

bridle path ('braidlpæθ) *s.* camí *m.* de ferradura.

brief (bri:f) *a.* breu, concís. 2 fugaç. ■ *3 s.* resum *m.* 4 DRET expedient *m.* 5 ECLES. breu *m.* 6 *pl.* calçotets *m.;* calces *f.*

brief (to) ('bri:f) *t.* informar. 2 contractar, donar instruccions. 3 resumir.

brier, briar ('braiəʳ) *s.* BOT. esbarzer *m.;* bruc *m.*

brig (brig) *s.* MAR. bergantí *m.*

brigade (bri'geid) *s.* brigada *f.*

brigand ('brigənd) *s.* bandit *m.;* bergant *m.*

brigantine ('brigənti:n) *s.* MAR. bergantí-goleta *m.*

bright (brait) *a.* brillant. 2 lluminós. 3 radiant [somriure, etc.]. 4 intel·ligent, brillant. 5 viu, animat. ■ *6 -ly, adv.* brillantment. 7 enginyosament.

brighten (to) ('braitn) *t.* abrillantar. 2 animar, avivar. ■ *3 i.* esclarir-se *p.* [el temps]. 4 animar-se *p.,* avivar-se *p.*

brightness ('braitnis) *s.* brillantor *f.* 2 claredat *f.,* lluminositat *f.* 3 alegria *f.,* vivesa *f.* 4 intel·ligència *f.,* enginy *m.*

brine (brain) *s.* salmorra *f.*

brilliance, -cy ('briljəns, -si) *s.* brillantor *f.;* resplendor *m.* 2 fig. brillantor *f.*

brilliant ('briljənt) *a.* brillant [també fig.]. ■ *2 s.* GEMM. brillant *m.*

brim (brim) *s.* vora *f.* [d'un got, etc.]. 2 ala *f.* [d'un barret].

brimful ('brimˌful) *a.* fins a dalt, a vessar.

brimstone ('brimstoun) *s.* ant. QUÍM. sofre *m.*

brindled ('brindld) *a.* clapejat [en fons gris o marró].

bring (to) (briŋ) *t.* portar, (ROSS.) aportar, dur; conduir. 2 causar, produir. 3 induir, persuadir. 4 adduir. 5 posar [en un estat, condició, etc.]. 6 DRET iniciar. ■ *to* ~ *about,* ocasionar, provocar; *to* ~ *back,* tornar; *to* ~ *down,* baixar; enderrocar, abatre; *to* ~ *forth,* donar a llum, donar [fruit]; *to* ~ *in,* entrar; recollir [la collita]; donar, produir, rendir [diners, etc.]; introduir; *to* ~ *out,* treure; publicar; fer palès; *to* ~ *round,* portar [una persona]; convèncer; fer tornar en si; desviar [una conversa, etc.]; *to* ~ *up,* pujar; educar, criar; treure [un tema]; vomitar, treure. ▲ Pret. i p. p.: *brought* (brɔ:t).

brink (briŋk) *s.* vora *f.* 2 fig. caire *m.* ‖ *on the* ~ *of,* al caire de, a punt de.

brisk (brisk) *a.* viu, actiu, animat. 2 àgil, lleuger.

brisket ('briskit) *s.* GASTR. carn *f.* [del pit]. 2 pit *m.* [d'animal].

briskness ('brisknis) *s.* vivesa *f.*, activitat *f.*
bristle ('brisl) *s.* cerra *f.*
bristle (to) ('brisl) *i.* eriçar-se *p.* 2 fig. enfurismar-se *p.* 3 *to* ~ *with*, estar ple de. ■ *4 t.* eriçar. 5 proveir de cerres.
Brit. ('brit) *s. (Britain)* Gran Bretanya *f.* 2 *(Britannia)* Britania *f.* ■ *3 a. (British)* britànic.
Britain ('britn) *n. pr.* GEOGR. *Great* ~, Gran Bretanya *f.*
British ('britiʃ) *a.-s.* britànic.
Briton ('britn) *a.-s.* HIST. britá, britó. 2 LITER. britànic.
Brittany ('britəni) *n. pr.* GEOGR. Bretanya *f.*
brittle ('britl) *a.* trencadís. 2 fig. irritable.
broach (to) (broutʃ) *t.* posar aixeta; foradar. 2 portar a col·lació, treure [un tema].
broad (brɔːd) *a.* ample. 2 ampli, extens, lat. 3 general. 4 clar. 5 comprensiu, tolerant, obert. 6 atrevit, groller. 7 *in* ~ *daylight*, en ple dia.
broadcast ('brɔːdkɑːst) *s.* RADIO. emissió *f.*
broadcast (to) ('brɔːdkɑːst) *t.* RADIO. emetre, radiar; televisar. 2 escampar, difondre. 4 AGR. sembrar a eixams. ■ *5 i.* parlar, cantar, etc. per ràdio o televisió.
broadcaster ('brɔːdkɑːstəʳ) *s.* locutor.
broadcasting ('brɔːdkɑːstiŋ) *s.* RADIO. radiodifusió *f.*: ~ *station*, emissora *f.*
broaden (to) ('brɔːdn) *t.* eixamplar. ■ *2 i.* eixamplar-se *p.*
broad-minded (ˌbrɔːdˈmaindid) *a.* liberal, tolerant, obert.
broadside ('brɔːdsaid) *s.* MAR. costat *m.*, andana *f.* ‖ ~ *on*, de costat. 2 andanada *f.*
broadways ('brɔːdweiz) , **broadwise** (-waiz) *adv.* a l'ample; lateralment.
brocade (brəˈkeid) *s.* TÈXT. brocat *m.*
broccoli ('brɔkəli) *s.* BOT. bròquil *m.*
brochure ('brouʃəʳ) *s.* fullet *m.*, prospecte *m.*
broil (to) (brɔil) *t.* rostir [en unes graelles]. 2 fig. rostir, torrar. ■ *3 i.* rostir-se *p.* 4 fig. torrar-se *p.*
broken ('broukən) Veure BREAK (TO). ■ *2 a.* trencat; fracturat. 3 crebantat. 4 trencada [línia]. 5 accidental [terreny]. 6 interromput. 7 arruïnat. 8 fig. trencat, partit.
broker ('broukəʳ) *s.* COM. corredor, agent. 2 borsista.
bronchitis (brɔŋˈkaitis) *s.* MED. bronquitis *f.*
bronze (brɔnz) *s.* METAL. bronze *m.*
brooch (broutʃ) *s.* agulla *f.* [de pit].
brood (bruːd) *s.* cria *f.*; llocada *f.*; niuada *f.* 2 fig. progènie *f.*, prole *f.* 3 casta *f.*
brood (to) (bruːd) *i.* covar *t.*, incubar *t.* 2 fig. *to* ~ *on* o *over*, rumiar *t.*, cavil·lar *t.*

broody ('bruːdi) *a.* lloca *f.*, cloca *f.* 2 fig. melangiós.
brook (bruk) *s.* rierol *m.*, rieró *m.*
broom (bruːm) *s.* escombra *f.*, (BAL.) (VAL.) granera *f.* 2 BOT. ginesta *f.*
bronze (to) (brɔnz) *t.* bronzejar, embrunir. ■ *2 i.* embrunir-se *p.*
Bros. ('brɔs) *s. pl.* COM. *(Brothers)* germans *m.*
broth (brɔθ) *s.* GASTR. brou *m.*
brothel ('brɔθl) *s.* bordell *m.*
brother ('brʌðəʳ) *s.* germà *m.* ‖ *pl.* ~*s and sisters*, germans *m.*
brotherhood ('brʌðəhud) *s.* germandat *f.* 2 REL. confraria *f.*
brother-in-law ('brʌðərinlɔː) *s.* cunyat *m.*, germà *m.* polític.
brotherly ('brʌðəli) *a.* fraternal.
brought (brɔːt) Veure BRING (TO).
brow (brau) *s.* ANAT. cella *f.* 2 ANAT. front *m.* 3 cim *m.*
browbeat (to) ('braubiːt) *t.* intimidar [amb amenaces].
brown (braun) *a.* marró [color]. ‖ ~ *paper*, paper *m.* d'estrassa. ‖ ~ *bread*, pa *m.* integral. 2 castany [cabells]. 3 morè, bru [pell].
brown (to) (braun) *t.* torrar. 2 GASTR. daurar.
browse (to) (brauz) *i.* brostejar, pasturar. 2 fullejar *t.* [un llibre].
bruise (bruːz) *s.* morat *m.*, blau *m.*, contusió *f.* 2 macadís *m.*, macadura *f.* [la fruita].
bruise (to) (bruːz) *t.* fer un blau o morat, masegar, contusionar. 2 macar [la fruita]. ■ *3 i.* fer-se *p.* un blau o morat, contusionar-se *p.* 2 macar-se *p.*
brunch (brʌntʃ) *s.* col·loq. esmorzar-dinar *m.*
brunette (bruːˈnet) *a.-s.* morena *f.*
brunt (brʌnt) *s.* allò més fort, allò més violent: *to bear the* ~ *of the attack*, aguantar allò més violent de l'atac.
brush (brʌʃ) *s.* raspall *m.*, (BAL.) espalmador *m.* 2 pinzell *m.*; brotxa *f.* 3 raspallada *f.*; pinzellada *f.* 4 BOT. bardissa *f.*, brossa *f.* 5 fig. cua *f.* peluda [de guineu, etc.].
brush (to) (brʌʃ) *t.* raspallar. ‖ *to* ~ *up*, repassar, refrescar.
brushwood ('brʌʃwud) *s.* BOT. brossa *f.*, bardissa *f.*
brusque (bruːsk) *a.* brusc.
Brussels (brʌslz) *n. pr.* GEOGR. Brussel·les *f.*
Brussels sprouts (ˌbrʌslzˈsprauts) *s. pl.* BOT. cols *m.* de Brussel·les.
brutal ('bruːtl) *a.* brutal; cruel.

brutality (bruːˈtæliti) *s.* brutalitat *f.;* cruel-tat *f.*
brute (bruːt) *a.* brutal. *2* brut [pes, força, etc.]. ■ *3 s.* bèstia *f. 4* fig. bèstia *f.,* salvatge [persona].
brutish (ˈbruːtiʃ) *a.* abestiat, brutal. *2* estúpid.
B.Sc. (biːesˈsiː) *s.* *(Bachelor of Science)* llicenciat en ciències.
bubble (ˈbʌbl) *s.* bombolla *f. 2* fig. iŀlusió *f.*
bubble (to) (ˈbʌbl) *i.* bombollejar, borbollejar. *2* fig. *to ~ with joy,* desbordar d'alegria.
bubble gum (ˈbʌblgʌm) *s.* xiclet *m.*
bubonic (bjuːˈbɔnik) *a.* MED. *~ plague,* pesta *f.* bubònica.
buccaneer (ˌbʌkəˈniəʳ) *s.* bucaner *m.*
buck (bʌk) *s.* ZOOL. mascle *m.* [del cèrvol, la llebre i el conill]. *2* fig. petimetre *m. 3* fam. (EUA) dòlar *m. 4* fam. *to pass the ~ to (somebody),* carregar el mort a (algú). ■ *5 a.* mascle.
buck (to) (bʌk) *i.* saltar amb les anques arquejades [un cavall]. *2 to ~ up,* animar-se *p. 3 ~ up!* afanya't!, afanyeu-vos!. ■ *4 t.* desmuntar, boleiar. *5 to ~ up,* animar.
bucket (ˈbʌkit) *s.* galleda *f.;* (BAL.) (VAL.) poal *m. 2* catúfol *m.*
buckle (ˈbʌkl) *s.* sivella *f.*
buckle (to) (ˈbʌkl) *t.* cordar, ensivellar. ■ *2 i. to ~ to* o *down to,* esforçar-se *p.* a. *3* corbar-se *p.,* torçar-se *p.* [metall, etc.].
buckshot (ˈbʌkʃɔt) *s.* perdigó *m.*
buckskin (ˈbʌkskin) *s.* pell *m.* d'ant.
bucktooth (ˈbʌkˈtuːθ) *s.* dent *f.* sortint.
bucolic (bjuːkɔlik) *a.* bucòlic.
bud (bʌd) *s.* BOT. brot *m.;* botó *m.,* gemma *f. 2* poncella *f.,* capon *m.: in ~,* treure brot o poncella. *3* fig. *nip in the ~,* tallar de soca-rel.
bud (to) (bʌd) *i.* BOT. brotar, borronar.
Buddha (ˈbuda) *n.pr.m.* REL. Buda.
budding (ˈbʌdiŋ) *a.* en flor. *2* fig. en potència, en embrió.
budge (to) (bʌdʒ) *t.* moure. *2* fig. fer canviar [una actitud, etc.]. ■ *3 i.* moure's. *p. 2* fig. canviar [d'actitud, etc.].
budgerigar (ˈbʌdʒərigaːʳ) *s.* ORN. periquito *m.*
budget (ˈbʌdʒit) *s.* ECON. pressupost *m.*
budget (to) (ˈbʌdʒit) *i. to ~ for,* pressupostar, fer el pressupost.
buff (bʌf) *a.* de color d'ant. ■ *2 s.* pell *m.* d'ant.
buffalo (ˈbʌfəlou) *s.* ZOOL. búfal *m.*
buffer (ˈbʌfəʳ) *s.* MEC. amortidor *m. 2* FERROC. topall *m.*
buffer state (ˈbʌfəˌsteit) *s.* estat *m.* tampó.
buffet (ˈbufei) *s.* bar *m.,* cantina *f.:* (G.B.)

~ car, vagó-bar *m. 2 cold ~,* sopar *m.* fred. *3* MOBL. bufet *m.,* trinxant *m.*
buffet (ˈbʌfit) *s.* bufetada *f. 2* fig. bufetada *f.,* cop *m.,* desgràcia *f.*
buffet (to) (ˈbʌfit) *t.* copejar. *2* bufetejar. *3* sacsejar.
buffoon (bʌˈfuːn) *s.* bufó *m.*
buffoonery (bʌˈfuːnəri) *s.* bufonada *f.*
bug (bʌg) *s.* ZOOL. xinxa *f.;* cuca *f.;* bestiola *f. 2* coŀloq. microbi *m. 3* coŀloq. defecte *m.;* fallada *f. 4* petit micròfon *m.* ocult. *5* coŀloq. *big ~,* peix *m.* gros.
bug (to) (bʌg) *t.* coŀloq. intervenir [mitjançant un micròfon ocult]. *2* coŀloq. (EUA) empipar.
bugbear (ˈbʌgbeəʳ) *s.* fig. malson *m. 2* espantall *m.*
bugger (ˈbʌgəʳ) *m.* sodomita. *2* coŀloq. ximple *s.*
bugger (to) (ˈbʌgəʳ) *t.* vulg. donar pel sac. ■ *2 i.* vulg. *to ~ off,* fotre el camp; tocar el dos. *3 to ~ up,* fer malbé.
bugle (ˈbjuːgl) *s.* MÚS. clarí *m.,* corneta *f.*
build (bild) *s.* estructura *f. 2* forma *f.,* figura *f.,* complexió *f.*
build (to) (bild) *t.* construir, calificar. *2* fundar, fonamentar. ■ *3 i.* construir-se *p.* ■ *to ~ in,* encastar, incorporar; *to ~ on,* edificar en; fig. basar, fonamentar; *to ~ up,* urbanitzar, muntar; fig. elaborar, crear, fer; augmentar; enfortir. ▲ Pret. i p. p.: *built* (bilt).
builder (ˈbildəʳ) *s.* constructor. *2* mestre *m.* de cases. *3* fig. creador, fundador.
building (ˈbildiŋ) *s.* construcció *f.,* edificació *f. 2* edifici *m.,* casa *f.*
building society (ˈbildiŋsəˌsaiəti) *s.* societat *f.* especialitzada en préstecs per l'habitatge.
built (bilt) Veure BUILD (TO).
bulb (bʌlb) *s.* BOT. bulb *m. 2* ELECT. bombeta *f.*
bulge (bʌldʒ) *s.* protuberància *f. 2* bombament *m. 3* increment *m. 4* MIL. sortint.
bulge (to) (bʌldʒ) *i.* fer panxa; bombar-se *p.;* sobresortir. ■ *2 t.* engrossir; inflar.
bulk (bʌlk) *s.* volum *m.,* tossa *f. 2* mola *f. 3* la major part *f. 4* loc. adv. *in ~,* a l'engròs.
bulk-buying (ˌbʌlkˈbaiiŋ) *s.* compra *f.* a l'engròs.
bulky (ˈbʌlki) *a.* voluminós.
bull (bul) *s.* ZOOL. toro *m. 2* ECLES. butlla *f. 3* COM. alcista.
bulldog (ˈbuldɔg) *s.* angl. ZOOL. buldog *m.*
bulldozer (ˈbulˌdouzəʳ) *s.* bulldozer *f.,* excavadora *f.*
bullet (ˈbulit) *s.* bala *f.*

bulletin ('bulitin) *s.* butlletí *m.* [publicació]. 2 comunicat *m.*, anunci *m.*

bullet-proof ('bulitpru:f) *a.* a prova de bales.

bullfight ('bulfait) *s.* cursa *f.* de braus.

bullfighter ('bulfaitə^r) *s.* cast. torero *m.*

bullfighting ('bulfaitiŋ) *s.* tauromàquia *f.*, toreig *m.*, toros *m. pl.*

bullion ('buljən) *s.* or i plata en lingots *m.*

bullock ('bulək) *s.* ZOOL. jònec *m.* 2 bou *m.*

bullring ('bulriŋ) *s.* plaça *f.* de toros.

bull's eye ('bulzai) *s.* fitó *m.* 2 ARQ. MAR. ull *m.* de bou.

bullshit ('bulʃit) *s.* vulg. bestieses *f. pl.*, collonades *f. pl.*

bully ('buli) *s.* pinxo *m.*, perdonavides *m.* ■ 2 *a.* excel·lent.

bully (to) ('buli) *t.* intimidar.

bulwark ('bulwək) *s.* baluard *m.*, [també fig.]. 2 MAR. escullera *f.* 3 MAR. macarró.

bum (bʌm) *a.* inútil; dolent; fumut. ■ 2 *s.* col·loq. cul *m.* 2 col·loq. (EUA) dropo, gandul, vague.

bum (bʌm) *i.* vagar, vagabundejar. ■ 2 *t.* gorrejar *i.*

bumble-bee ('bʌmbl̩bi:) *s.* ENT. borinot *m.*

bump (bʌmp) *s.* xoc *m.*, patacada *f.*, trompada *f.* 2 nyanyo *m.*, bony *m.* 3 sot *m.*, clot *m.*

bump (to) (bʌmp) *t.* donar un cop, copejar; xocar amb. 2 col·loq. *to ~ off*, pelar, carregar-se *p.* [algú]. ■ 3 *i.* donar-se *p.* un cop, xocar (*against, into,* amb, contra). 4 fig. *to ~ into (someone),* topar-se *p.* amb (algú).

bumper ('bʌmpe^r) *a.* abundant. ■ 2 *s.* AUTO. para-xocs *m.* 2 FERROC. topall *m.* 3 got *m.* ple.

bumpkin ('bʌmpkin) *s.* fig. pagès, pagerol.

bumptious ('bʌmpʃəs) *a.* presumptuós, pretensiós.

bun (bʌn) *s.* ALIM. brioix *m.*, pasta *f.* 2 castanya *f.*, cast. monyo *m.*

bunch (bʌntʃ) *s.* ram *m.*, pom *m.* [de flors]. 2 manat *m.*, manoll *m.*, grapat *m.* 3 carràs *m.* 4 grup *m.*, colla *f.*

bunch (to) (bʌntʃ) *t. to ~ up* o *together,* ajuntar, agrupar. ■ 2 *i. to ~ up* o *together,* ajuntar-se *p.*, agrupar-se *p.*

bundle ('bʌndl) *s.* lligall *m.*, [de papers]. 2 feix *m.* [de llenya]. 3 farcell *m.* [de roba]. 2 paquet *m.*

bundle (to) ('bʌndl) *t. to ~ up* o *together,* lligar, empaquetar. 2 ficar [de qualsevol manera].

bungalow ('bʌŋgəlou) *s.* bungalow *m.*, caseta *f.*

bungle ('bʌŋgl) *s.* barroeria *f.*, nyap *m.*, bunyol *m.*

bungle (to) ('bʌŋgl) *t.* potinejar, fer barroerament. ■ 2 *i.* potinejar.

bungler ('bʌŋglə^r) *s.* potiner, barroer.

bunion ('bʌnjən) *s.* galindo *m.*

bunk (bʌŋk) *s.* llitera *f.*

bunker ('bʌŋkə^r) *s.* carbonera *f.*

bunny ('bʌni) *s.* col·loq. conillet *m.*

bunting ('bʌntiŋ) *s.* TÈXT. estam *m.* 2 banderetes *m. pl.*, gallarets *m. pl.*

buoy (bɔi) *s.* MAR. boia *f.*; balisa *f.*

buoy (to) (bɔi) *t.* abalisar, senyalar amb boies. 2 aboiar. 3 *to ~ up,* fer flotar; fig. animar.

buoyancy ('bɔiənsi) *s.* flotabilitat *f.* 2 fig. animació *f.*, optimisme *m.*

buoyant ('bɔiənt) *a.* flotant. 2 fig. animat, optimista, puixant.

B.U.P. (bi:yu:pi:) *s.* (*British United Press*) premsa *f.* britànica unida.

burden (to) ('bə:dn) *t.* carregar; aclaparar.

burden ('bə:dn) *s.* càrrega *f.*, pes *m.* [gralnt. fig.]. ‖ *beast of ~,* bèstia de càrrega. 2 NÀUT. tonatge *m.* 3 tornada *f.* [d'una cançó]. 4 tema *m.*, idea *f.* principal.

burdensome ('bə:dnsəm) *a.* feixuc, carregós, pesat, molest.

bureau ('bjuərou) *s.* MOBL. (G.B.) escriptor; *m.*, taula *f.* 2 departament *m.*, oficina *f.*: *Tourist B~,* Oficina *f.* de Turisme. 3 (EUA) MOBL. calaixera *f.*

bureaucracy (bjuə'rɔkrəsi) *s.* burocràcia *f.*

burglar ('bə:glə^r) *s.* lladre.

burglar alarm ('bə:glərə,lɑ:m) *s.* alarma *f.* antirobatòria.

burglarproof ('bə:glə,pru:f) *a.* a prova de lladres.

burglary ('bə:gləri) *s.* robatori *m.*

burgle (to) ('bə:gl) *t.-i.* robar *t.*

burial ('beriəl) *s.* enterrament *m.*

burial ground ('beriəlgraund) *s.* cementiri *m.*

Burial Service ('beriəl,sə:vis) *s.* ECLES. funerals *m. pl.*, exèquies *m. pl.*

burlap ('bə:læp) *s.* xarpellera *f.*, arpillera *f.*

burlesque (bə:'lesk) *a.* burlesc.

burly ('bə:li) *a.* corpulent.

Burma ('bə:mə) *n. pr.* GEOGR. Birmània.

Burmese (bə:'mi:z) *a.-s.* GEOGR. birmà.

burn (bə:n) *s.* cremada *f.*

burn (to) (bə:n) *t.* cremar; abrasar. 2 escaldar [la llengua, etc.]. 3 torrar, coure. ■ 4 *i.* cremar, cremar-se *p.* 5 incendiar-se *p.* 6 fig. cremar, estar encès. ■ *to ~ away,* no parar de cremar; cremar-se *p.* del tot; *to ~ down,* consumir-se *p.*, apagar-se *p.*; incendiar-se *p.; to ~ out,* extingir-se *p.*, apagar-se *p.;* cremar; fondre's *p.;* fig. acabar-se *p.* [una persona]; *to ~ up,* cremar de nou, cremar; fig. enfurir, enfurir-se *p.* ▲

Pret. i p. p.: *burned* (bə:nd) o *burnt* (bə:nt).

burner ('bə:nə') *s.* cremador *m.* 2 blener *m.*, blenera *f.*

burning ('bə:niŋ) *a.* ardent, roent, cremós. 2 fig. candent [qüestió, tema, etc.]. 3 fig. fervent.

burnish (to) ('bə:niʃ) *t.* brunyir.

burnt (bə:nt) Veure BURN (TO).

burp (bə:p) *s.* coꞁꞁoq. rot *m.*

burp (to) (bə:p) *i.* coꞁꞁoq. rotar, eructar. ▪ 2 *t.* fer eructar [un nen].

burrow ('bʌrou) *s.* cau *m.*, lloriguera *f.*, llodriguera *f.*

burrow (to) ('bʌrou) *t.* fer un cau, excavar. ▪ 2 *i.* encanar-se *p.*

burst (bə:st) *s.* explosió *f.*, esclat *m.*, rebentada *f.*

burst (to) (bə:st) *i.* rebentar, esclatar, explotar; trencar-se *p.* 2 prorrompre. 3 fig. desbordar. ▪ 4 *t.* rebentar; fer esclatar. ▪ *to ~ in* o *into*, irrompre. ‖ fig. *to ~ into tears* o *laughter*, posar-se a plorar o riure; *to ~ out*, saltar, esclatar. ‖ *to ~ out laughing* o *crying*, esclatar de riure o plorar.

bury (to) ('beri) *t.* enterrar.

bus (bʌs) *s.* autobús *m.*: fig. *to miss the ~*, perdre una oportunitat, perdre el tren.

bush (buʃ) *s.* BOT. arbust *m.* 2 *the ~*, bosc *m.* baix [Austràlia i Àfrica]. 3 fig. *to beat about the ~*, anar amb embuts.

bushel ('buʃl) *s.* AGR. mesura *f.* d'àrids [G.B. 36,36 l., EUA 35,24 l.].

bushy ('buʃi) *a.* cobert de mates. 2 espès, pelut.

busily ('bizili) *adv.* diligentment; activament.

business ('biznis) *s.* negocis *m. pl.* 2 negoci *m.; empresa *f.*; establiment *m.* 3 ofici *m.*, treball *m.* 4 assumpte *m.*, qüestió *f.*: *it's my ~*, és cosa meva; *to mean ~*, parlar o actuar de debò. 5 dret *m.* 6 feinada *f.*, embolic *m.*

bus stop ('bʌsstɔp) *s.* parada *f.* de l'autobús.

bust (bʌst) *s.* bust *m.*

bust (to) (bʌst) *t.* trencar. 2 arrestar. 3 COM. causar fallida. ▪ 4 *i.* COM. fer fallida.

bustle ('bʌsl) *s.* moviment *m.*, bullícia *f.*, enrenou *m.*

bustle (to) ('bʌsl) *i.* afanyar-se *p.*, apressar-se *p.*, atrafegar-se *p.*; bellugar-se *p.* ▪ 2 *t.* apressar, cuitar.

bust-up ('bʌstʌp) *s.* pop. baralla *f.*: *they had a ~*, han trencat.

busy ('bizi) *a.* ocupat; enfeinat; atrafegat. 2 actiu. 3 concorregut, ple [lloc, local, etc.].

busy (to) ('bizi) *t.-p.* ocupar; enfeinar.

busybody ('bizi,bɔdi) *s.* manefla, tafoner.

but (bʌt, bət) *conj.* però, mes, (ROSS.) mè; sinó, sinó que; sense; sense que. ‖ *I can't write ~ I get tied in knots*, no puc escriure sense fer-me un embolic. ▪ 2 *adv.* només, no més que, solament. 3 *all ~*, gairebé. ▪ 4 *prep.-conj.* menys, tret de, llevat de. ‖ *~ for*, *~ that*, si no fos per; sense. ‖ *~ then*, d'altra banda. ‖ *the last ~ one*, el penúltim.

but (bʌt, bət) *n.* però *m.*, objecció *f.*

butane ('bju:tein) *s.* butà *m.*

butcher ('butʃə') *s.* carnisser. ‖ *the ~'s*, la carnisseria *f.* 2 fig. carnisser.

butcher (to) ('butʃə') *t.* matar [animals]. 2 fig. matar, fer una carnisseria.

butchery ('butʃəri) *s.* carnisseria *f.* [també fig.].

butler ('bʌtlə') *s.* majordom *m.*

butt (bʌt) *s.* bóta *f.*, tona *f.*, tonell *m.* 2 aljub *m.* 3 extrem *m.; ARM. culata *f.* [d'un fusell]. 4 burilla *f.* [d'un cigarret]. 5 *pl.* camp *m.* de tir. 6 blanc *m.*, fitó *m.* 7 fig. objecte *m.* 8 tossada *f.*

butt (to) (bʌt) *t.* tossar *i.* ▪ 2 *i.* coꞁꞁoq. *to ~ in*, ficar-hi cullerada. 3 *to ~ into*, xocar amb.

butter ('bʌtə') *s.* ALIM. mantega *f.*

butter (to) ('bʌtə') *t.* posar mantega a. 2 *to ~ somebody up*, afalagar.

butterfly ('bʌtəflai) *s.* ENT. papallona *f.* ‖ fig. *to have butterflies (in one's stomach)*, tenir un nus a l'estómac.

buttery ('bʌtəri) *a.* mantegós.

buttock ('bʌtək) *s.* ANAT. natja *f.*, anca *f.*, galta *f.* del cul. 2 *pl.* darreres *m.*, cul *m. sing.*

button ('bʌtn) *s.* botó *m.*

button (to) ('bʌtn) *t.* cordar, botonar. ▪ 2 *i.* cordar-se *p.*

buttonhole ('bʌtnhoul) *s.* trau *m.*

buttress ('bʌtris) *s.* ARQ. contrafort *m.* 2 fig. suport *m.*

buxom ('bʌksəm) *a. f.* pleneta; de bon any.

buy (to) (bai) *t.* comprar. ▲ Pret. i p. p.: *bought* (bɔ:t).

buyer ('baiə') *s.* comprador.

buyer's market ('baiəz,mɑ:kit) *s.* mercat *m.* del comprador.

buzz (bʌz) *s.* brunzit *m.*, bonior *m.* 2 murmuri *m.*

buzz (to) (bʌz) *i.* bonir, brunzir. 2 murmurar. 3 fer el baliga-balaga. ‖ coꞁꞁoq. *to ~ off*, tocar el pirandó. ▪ 4 *t.* AVIA. intimidar, passar molt a prop.

buzzard ('bʌzəd) *s.* ORN. aligot *m.*

by (bai) *prep.* prop de, a prop de, al costat de. 2 segons, d'acord amb. 3 a, amb, de, en, per. ‖ *~ day*, de dia; *~ far*, de bon tros, de molt.; *~ heart*, de memòria; *~ now*, a hores d'ara, ja.; *~ oneself*, sol, tot sol, sen-

se ajut. *4 ~ the way,* a propòsit. ▪ *5 adv.*
prop, al costat, davant. *6 ~ and ~,* més
tard, després. *7 ~ and large,* en general.

by-election ('baiiləkʃn) *s.* POL. elecció *f.*
parcial.

by-gone ('baigɔn) *a.* passat. ▪ *2 s. pl.* el pas-
sat: *let ~s be ~s,* deixem-ho córrer, no en
parlem més.

by-law ('bailɔ:) *s.* DRET ordenança *f.,* estatut
m., reglament *m.* [municipal].

by-pass ('baipɑ:s) *s.* cinturó *m.* [de trànsit].
2 MEC., ELECT. derivació *f.,* desviació *f.*

by-pass (to) ('baipɑ:s) *t.* evitar. *2* desviar. *3*
fig. negligir.

bypath ('baipa:θ) *s.* sendera *f.,* caminoi *m.*

by-product ('bai,prɔdəkt) *s.* subproducte
m., derivat *m.*

by-road ('bairoud) *s.* carretera *f.* secundà-
ria.

bystander ('bai,stændə') *s.* espectador, cu-
riós.

byte (bait) *s.* INFORM. byte *m.*

byword ('baiwə:d) *s. to be a ~ for,* ser famós
per.

Byzantine (bai'zæntain) *a.-s.* HIST. bizantí.

Byzantium (bai'zæntiəm) *n. pr.* GEOGR.-
HIST. Bizanci.

C

C, c (si:) *s.* c *f.* [lletra]. *2* MÚS. do *m.*

C (si:) *s.* QUÍM. *(carbon)* C (carboni).

c (si:) *(Celsius)* Celsius. *2 (centigrade)* centígrad. *3 (Centum)* centum. *4* POL. *(conservative)* conservador.

ca. (si:'ei) *(circa)* als volts de, cap a: *ca. 1789*, cap al 1789.

cab (kæb) *s.* taxi *m.* *2* cabina *f.* [de conductor de tren, camió, etc.].

cabal (kə'bæl) *s.* facció *f.* de conspiradors [esp. política].

cabaret ('kæbərei) *s.* cabaret *m.*

cabbage ('kæbidʒ) *s.* BOT. col *f.*: *red* ~, col llombarda.

cabin ('kæbin) *s.* MAR.-AERON. cabina *f.* *2* cabanya *f.*

cabin boy ('kæbinbɔi) *s.* grumet *m.*

cabin cruiser ('kæbinˌkruːzə) *s.* iot *m.* d'esbargiment.

cabinet ('kæbinit) *s.* MOBL. armari *m.*; consola *f.*; vitrina *f.* *2* POL. consell *m.* de ministres, govern *m.*

cabinetmaker ('kæbinitˌmeikə^r) *s.* FUST. ebenista.

cable ('keibl) *s.* cable *m.* *2* telegrama *m.*, cablegrama *m.*

cable (to) ('keibl) *t.-i.* TELECOM. cablegrafiar *t.*

cable car ('keiblkɑ:^r) *s.* telefèric *m.*

cablegram ('keiblgræm) *s.* TELECOM. cablegrama *m.*

cable railway ('keibl'reilwei) *s.* funicular *m.*

cabman ('kæbmən) *s.* taxista.

caboose (kə'buːs) *s.* NÀUT. cuina *f.* *2* FERROC. (EUA) furgó *m.* de cua.

cackle ('kækl) *s.* cloqueig *m.* *2* riallada *f.* *3* garla *f.*, garleria *f.*

cackle (to) ('kækl) *i.* cloquejar. *2* garlar.

cactus ('kæktəs) *s.* BOT. cactus *m.* ▲ *pl.* **cactuses** o **cacti** ('kæktai).

cad (kæd) *s.* canalla *m.*, brètol *m.*

cadaver (kə'deivə^r) *s.* cadàver *m.*

cadaverous (kə'dævərəs) *a.* cadavèric; pàl·lid.

caddy ('kædi) *s.* capseta *f.* per a te. *2* ESPORT el qui porta els pals de golf.

cadence ('keidəns) *s.* LING., MÚS. cadència *f.*

cadet (kə'det) *s.* MIL. cadet *m.*

cadge (kædʒ) *t.-i.* gorrejar *i.*

cadger ('kædʒə^r) *s.* gorrer.

Caesar ('siːzə^r) *n. pr. m.* Cesar.

c.a.f. (siːei'ef) *s. (cost and freight)* cost *m.* i càrrega *f.*

café ('kæfei) *s.* cafè *m.* [establiment].

cafeteria (ˌkæfi'tiəriə) *s.* restaurant *m.* d'autoservei.

caffeine ('kæfiːn) *s.* cafeïna *f.*

cage (keidʒ) *s.* gàbia *f.*

cage (to) (keidʒ) *t.* engabiar.

cagey ('keidʒi) *a.* col·loq. cautelós; reservat. ■ *2* **cagily** *adv.* cautelosament.

cajole (to) (kə'dʒoul) *t.* entabanar, ensarronar, afalagar.

cajolery (kə'dʒouləri) entabanament *m.*; ensabonada *f.*; llagoteria *f.*

cake (keik) *s.* pastís *m.*, (ROSS.) gató *m.* ‖ *sponge* ~, mena de pa *m.* de pessic. *2* pastilla *f.* [de sabó, cera, etc.]. *3* col·loq. *a piece of* ~, bufar i fer ampolles. *4 (selling) like hot* ~*s*, (vendre's) com pa *m.* beneït.

cake (to) (keik) *i.* endurir-se *p.*; incrustar-se *p.*; coagular-se *p.*

calabash ('kæləbæʃ) *s.* BOT. carbassa *f.* [assecada i buidada].

calamitous (kə'læmitəs) *a.* calamitós, desastrós.

calamity (kə'læmiti) *s.* calamitat *f.*, desgràcia *f.*

calcify ('kælsifai) *t.* calcificar. ■ *2 i.* calcificar-se *p.*

calcium ('kælsiəm) *s.* QUÍM. calci *m.*

calculable ('kælkjuləbl) *a.* calculable.

calculate (to) ('kælkjuleit) *t.* calcular. *2* fig.

to be calculated to, fer amb una intenció o finalitat. ■ *3 i.* fer càlculs.

calculating ('kælkjuˌleitiŋ) *a.* calculador, astut.

calculating machine ('kælkjuleitiŋməˌʃi:n) *s.* màquina *f.* calculadora.

calculation (ˌkælkju'leiʃn) *s.* càlcul *m.* 2 astúcia *f.*

calculus ('kælkjuləs) *s.* càlcul *m.: differential* o *integral* ~, càlcul diferencial o integral. 2 MED. càlcul *m.* [pedra]. ▲ *pl. calculi* ('kælkjulai), *calculuses.*

calendar ('kælində') *s.* calendari *m.*

calender ('kælində') *s.* TECNOL. calandra *f.*

calf (ka:f) *s.* ZOOL. vedell ‖ *cow in* o *with* ~, vaca *f.* prenyada. 2 ANAT. panxell *m.,* tou *m.* de la cama. ■ *pl. calves.*

calfskin ('ka:fskin) *s.* pell *f.* de vedell.

calibrate (to) ('kælibreit) *t.* calibrar; graduar.

calibre, (EUA) **caliber** ('kælibə') *s.* calibre *m.*

calico ('kælikou) *s.* TÈXT. calicó *m.*

caliph ('keilif) *s.* califa *f.*

call (ko:l) *s.* crit *m.; crida *f.* 2 trucada *f.* [telefònica]. 3 visita *f.* curta; parada *f.* curta. 4 demanda *f.; exigència *f.* 5 fig. motiu, necessitat. 6 vocació *f.*

call (to) (ko:l) *t.* cridar. 2 anomenar, dir. 3 convocar. 4 considerar. 5 COM. demanar el reembors. ■ *6 i.* cridar, donar veus. 7 fer *t.* una trucada [telefònica]. 8 fer una visita, passar. 9 parar [tren], fer escala [vaixell]. ■ *to* ~ *at,* passar per, fer una visita; *to* ~ *back,* tornar a trucar [per telèfon]; recordar; fer tornar; *to* ~ *down,* fer baixar; invocar; renyar; *to* ~ *for,* demanar; cridar (a), *to* ~ *forth,* provocar; fer sorgir; *to* ~ *in,* demanar el retorn; *to* ~ *off,* suspendre, cancel·lar; *to* ~ *on,* visitar; *to* ~ *together,* reunir; *to* ~ *up,* trucar per telèfon; evocar; cridar al servei militar; *to* ~ *upon,* exhortar.

call box ('ko:lboks) *s.* cabina *f.* telefònica.

caller ('kolə') *s.* visitant.

calling ('koliŋ) *s.* professió *f.* 2 vocació *f.;* crida *f.*

callosity (kæ'losíti) *s.* callositat *f.,* durícia *f.*

callous ('kæləs) *a.* callós. 2 fig. ~ *to* insensible, indiferent.

callousness ('kæləsnis) *s.* callositat *f.,* durícia *f.* 2 fig. insensibilitat, indiferència.

calm (ka:m) *a.* calmat, tranquil. ‖ *keep* ~, tranquil, calma't. ■ *2 s.* calma *f.,* assossec *m.*

calm (to) (ka:m) *t.* calmar, assossegar, tranquilitzar. ■ *2 i. to* ~ *down,* calmar-se *p.,* tranquil·litzar-se *p.*

calmness ('ka:mnis) *s.* tranquil·litat *f.,* calma *f.*

calorie ('kæləri) *s.* caloria *f.*

calorific (ˌkælə'rifik) *a.* calorífic: ~ *value,* poder *m.* calorífic.

calumniate (to) (kə'lʌmnieit) *t.* calumniar.

calumny ('kæləmni) *s.* calúmnia *f.*

calyx ('keiliks) *s.* BOT. calze *m.* ▲ *pl. calyxes* o *calyces* ('keilisi:z).

cam (kæm) *s.* MEC. lleva *f.*

came (keim) Veure COME (TO).

camel ('kæməl) *s.* ZOOL. camell *m.*

camellia (kə'mi:liə) *s.* BOT. camèlia *f.*

cameo ('kæmiou) *s.* camafeu *m.*

camera ('kæmərə) *s.* camera *f.* fotogràfica, màquina *f.* de fotografiar. 2 màquina *f.* de filmar [TV, video].

cameraman ('kæmərəmæn) *s.* CINEM. cameraman, segon operador.

camomile ('kæməmail) *s.* BOT. camamilla *f.,* camamil·la *f.*

camouflage ('kæməflɑ:ʒ) *s.* camuflament *m.*

camouflage (to) ('kæməflɑ:ʒ) *t.* camuflar.

camp (kæmp) *s.* campament *m.* ‖ *holiday* ~, campament o colónies *f. pl.* d'estiu; *summer* ~, colónies *f. pl.* d'estiu. 2 grup *m.,* facció *f.*

camp (kæmp) *a.* col·loq. cursi, afectat, amanerat. ■ *2 s.* amanerament *m.,* afectació *f.*

camp (to) (kæmp) *i.-t.* acampar. 2 *i. to* ~ *(it up),* fer comèdia; actuar de manera exagerada.

campaign (kæm'pein) *s.* campany *f.: advertising* ~, campanya publicitària.

campaign (to) (kæm'pein) *i.* fer campanya [a favor de].

campaigner (kæm'peinə') *s.* lluitador, batallador; paladí *m.* 2 *old* ~, veterà.

camphor ('kæmfə') *s.* QUÍM., FARM. càmfora *f.*

camping ('kæmpiŋ) *s.* càmping *m.: ~ site,* càmping *m.*

camshaft ('kæmʃɑ:ft) *s.* MEC. arbre *m.* de lleves.

can (kæn) *s.* llauna *f.,* (BAL.) (VAL.) llanda *f.* ‖ *~ opener,* obrellaunes *m.* 2 bidó *m.* [de metall]. 3 fig. *to carry the* ~, carregar les culpes, carregar-se-la.

can (kæn, kən) *aux.* poder: *I* ~ *wait for it,* puc esperar. 2 saber: *he* ~ *swim very well,* sap nedar molt bé. ▲ Pret. i cond.: *could* (kud, kəd).

can (to) (kæn) *t.* enllaunar, envasar en llauna.

Canada ('kænədə) *n. pr.* GEOGR. Canada *m.*

Canadian (kə'neidjən) *a.-n. pr.* GEOGR. canadenc.

canal (kə'næl) *s.* canal *m.*

canalize (to) ('kænəlaiz) *t.* canalitzar.

canapé ('kænəpei) *s.* canapè *m.*
canary (kə'nɛəri) *s.* ORN. canari *m.*
Canary Islands (kə'nɛəri 'ailəndz) *n. pr.* GEOGR. Illes *f. pl.* Canàries.
cancel (to) ('kænsəl) *t.* cancel·lar; anul·lar; invalidar. 2 ratllar, passar ratlla. 3 marcar [un segell]. 4 *to ~ out,* neutralitzar-se mútuament.
cancer ('kænsər) *s.* MED. càncer *m.*
Cancer ('kænsər) *s.* ASTR. Càncer o Cranc. 2 GEOGR. *Tropic of ~,* Tròpic *m.* de Càncer.
cancerous ('kænsərəs) *a.* cancerós, cancerígen.
candelabrum (ˌkændi'lɑ:brəm) *s.* canelobre *m.* ▲ *pl.* **candelabra** (ˌkændi'lɑ:brə).
candid ('kændid) *a.* sincer, franc. ‖ *~ camera,* camera *f.* indiscreta.
candidate ('kændidət) *s.* candidat; aspirant. 2 examinand, opositor.
candied ('kændid) *a.* ensucrat, confitat, garapinyat.
candle ('kændl) *s.* espelma *f.*
candlestick ('kændlstik) *s.* candeler *m.;* portabugia *m.*
candour, (EUA) **candor** ('kændər) *s.* sinceritat *f.,* franquesa *f.*
candy ('kændi) *s.* sucre candi. 2 (EUA) caramel.
candy (to) ('kændi) *t.* ensucrar, confitar, garapinyar.
cane (kein) *s.* BOT. canya *f.: sugar ~,* canya de sucre. 2 pal *m.,* bastó *m.,* vara *f.*
canine ('keinain) *a.* caní.
canine tooth (ˌkeinain'tu:θ) *s.* ODONT. ullal *m.*
canister ('kænistər) *s.* pot *m.,* capseta *f.* de llauna [per a te, tabac, etc.].
canker ('kæŋkər) *s.* MED. úlcera *f.* [bucal]. 2 fig. càncer *m.*
canker (to) ('kæŋkər) *t.* corrompre; ulcerar. ▪ 2 *i.* corrompre's *p.;* ulcerar-se *p.*
cannabis ('kænəbis) *s.* cànem *m.* indi.
canned (kænd) *a.* enllaunat. 2 col·loq. preenregistrat; *~ music,* música pre-enregistrada, fil musical. 3 col·loq. (EUA) trompa, borratxo.
cannery ('kænəri) *s.* fàbrica *f.* de conserves.
cannibal ('kænibəl) *a.-s.* caníbal.
cannibalize ('kænibəlaiz) *f.* fer servir les peces d'un cotxe o màquina.
cannon ('kænən) *s.* canó *m.* 2 carambola.
cannonball ('kænənbɔ:l) *s.* bala *f.* de canó.
cannonade (ˌkænə'neid) *s.* canoneig *m.*
cannon fodder ('kænənˌfɔdər) *s.* carn *f.* de canó.
cannon shot ('kænənʃɔt) *s.* canonada *f.*
cannot ('kænɔt) forma composta de *can* i *not.*
canoe (kə'nu:) *s.* NÀUT. canoa *f.;* piragua *f.*

canon ('kænən) *s.* cànon *m.* 2 canonge *m.*
canonical (kə'nɔnikəl) *a.* canònic.
canonize (to) ('kænənaiz) *t.* canonitzar.
canopy ('kænəpi) *s.* dosser *m.,* baldaquí *m.* [fix]; pal·li *m.,* tàlem *m.* [mòbil].
can't (kɑ:nt, kænt) *contr.* de *can* i *not.*
cant (kænt) *s.* hipocresia *f.* 2 argot *m.* 3 inclinació *f.*
cant (to) (kænt) *t.* inclinar, decantar.
cantankerous (kən'tæŋkərəs) *a.* intractable, malhumorat.
canteen (kæn'ti:n) *s.* cantina *f.* 2 cantimplora *f.*
canter ('kæntər) *s.* mig galop *m.*
canter (to) ('kæntər) *i.* anar a mig galop.
canticle ('kæntikl) *s.* BIB. càntic *m.*
cantilever ('kæntili:vər) *s.* CONSTR. suport *m.,* biga *f.* voladissa.
canvas ('kænvəs) *s.* lona *f.* 2 ART tela *f.,* llenç *m.*
canvass (to) ('kænvəs) *t.-i.* sol·licitar *t.* vots (*to, for;* de, per a). 2 COM. buscar *t.* comandes o clients. 3 *t.* examinar en detall, discutir.
canyon ('kænjən) *s.* vall *f.* profunda, gorja *f.*
cap (kæp) *s.* gorra *f.;* casquet *m.* 2 còfia. ‖ fig. *~ in hand,* barret *m.* en mà, humilment *adv.* 3 tap *m.,* tapadora *f.* [d'un bolígraf, etc.].
cap (to) (kæp) *t.* cobrir *t.-p.* [el cap]; tapar. 2 superar, millorar.
capability (ˌkeipə'biliti) *s.* capacitat *f.,* aptitud *f.*
capable ('keipəbl) *a.* capaç, apte, dotat. 2 *~ of,* capaç de.
capacious (kə'peiʃəs) *a.* espaiós, gran.
capacity (kə'pæsiti) *s.* capacitat *f.* cabuda *f.* 2 competència *f.,* capacitat *f.* [persones]. 3 posició *f.,* condició *f.*
cape (keip) *s.* esclavina *f.,* capa *f.* curta. 2 GEOGR. cap *m.*
caper ('keipər) *s.* cabriola *f.;* entremaliadura *f.* 2 BOT. tàpera *f.*
caper (to) ('keipər) *i.* cabriolar.
capital ('kæpitl) *a.* capital: DRET *~ punishment,* pena *f.* capital. 2 *a.-s.* GRAM. majúscula *a.-f.* ▪ 3 *s.* capital *f.* [ciutat]. 4 ECON. capital *m.: fixed ~,* capital fix; *floating ~,* capital circulant. 5 ARQ. capitell *m.*
capitalism ('kæpitəlizəm) *s.* ECON. capitalisme *m.*
capitalist ('kæpitəlist) *a.-s.* capitalista.
capitulate (to) (kə'pitʃuleit) *i.* capitular, rendir-se *p.*
capitulation (kəˌpitʃu'leiʃən) *s.* capitulació *f.*
caprice (ke'pri:s) *s.* caprici *m.;* rampell *m.*

capricious (ke'priʃəs) *a.* capritxos, inconstant. ■ 2 **-ly,** *adv.* capritxosament.
capsize (to) (kæp'saiz) *t.* NÀUT. bolcar. ■ 2 *i.* NÀUT. bolcar-se *p.,* sot-sobrar.
capstan (kæpstən) *s.* cabrestant *m.,* argue *m.*
capsule ('kæpsjuːl) *s.* càpsula *f.*
Capt. (siːeipiː'tiː) *s. (Captain)* capità.
captain ('kæptin) *s.* capità.
caption ('kæpʃən) *s.* encapçalament *m.,* títol *m.* 2 peu *m.* [de fotografia o il·lustració]. *3* CINEM. peu *m.*
captious ('kæpʃəs) *a.* criticaire, mastegatatxes.
captivate (to) ('kæptiveit) *t.* captivar, fascinar.
captivating ('kæptiveitiŋ) *a.* captivador, fascinador, seductor.
captive ('kæptiv) *a.-s.* captiu.
captivity (kæp'tiviti) *s.* captivitat *f.*
capture ('kæptʃəʳ) *s.* captura *f.,* presa *f.*
capture (to) ('kæptʃəʳ) *t.* capturar, empresonar.
car (kaːʳ) cotxe *m.* 2 FERROC. vagó *m.;* cotxe *m.: sleeping* ~, vagó-llit.
caramel ('kærəmel) *s.* caramel *m.*
carapace ('kærəpeis) *s.* ZOOL. closca *f.*
carat ('kærət) *s.* quirat *m.*
caravan (ˌkærə'væn) *s.* caravana *f.* [sentit de corrua i de remolc].
caraway (ˌkærəwei) *s.* BOT. comí *m.*
carbide ('kaːbaid) *s.* QUÍM. carbur *m.*
carbine ('kaːbain) *s.* ARM. carrabina *f.*
carbon ('kaːbən) *s.* QUÍM. carboni *m.*
carbonate ('kaːbənit) *s.* QUÍM. carbonat *m.*
carbon dating ('kaːbən,deitiŋ) *s.* mètode *m.* del carboni catorze.
carbonic (kaː'bɔnik) *a.* carbònic.
carbonize (to) ('kaːbənaiz) *t.* carbonitzar.
carbon paper ('kaːbən,peipə) *s.* paper *m.* carbó.
carbuncle ('kaːbʌŋkl) *s.* MINER. carboncle *m.* 2 MED. carboncle *m.*
carburettor, (EUA) **carburetor** ('kaːbjuretəʳ) *s.* carburador *m.*
carcass, carcase ('kaːkəs) *s.* cos *m.* d'animal *m.* mort. 2 cos *m.* humà. 3 carcassa *f.,* carcamada *f.*
card (kaːd) *s.* targeta *f.* [postal]: *Christmas* ~, targeta de felicitació de Nadal. 2 targeta *f.;* carnet *f.* 3 fitxa *f.* 4 JOC carta *f.* naip *m.* 5 TÈXT. carda *f.*
card (to) (kaːd) *t.* TÈXT. cardar.
cardboard ('kaːdbɔːd) *s.* cartó *m.,* cartró *m.*
cardigan ('kaːdigən) *s.* jersei *m.* obert, jaqueta *f.* de punt.
cardinal ('kaːdinl) *a.* cardinal. ‖ ~ *numbers,* nombres *m. pl.* cardinals. ‖ *the* ~ *points,* els punts *m. pl.* cardinals. ■ *2 s.* REL. cardenal *m.*

care (kɛəʳ) *s.* compte *m.,* cura *f.* ‖ *take* ~*!,* fes bondat!, ves amb compte! ‖ col·loq. *to take* ~ *of,* tenir cura de, encarregar-se. ‖ ~ *of, c/o,* a casa de [en una carta]. 2 preocupació *f.,* inquietud *f.*
care (to) (kɛəʳ) *i.* preocupar-se *p.,* inquietar-se *p.* ‖ *he doesn't* ~ *a damn,* l'importa un rave. 2 *to* ~ *about,* interessar-se *p.,* ésser important [per a algú]. *3 to* ~ *for,* tenir cura, fer-se *p.* càrrec; sentir afecte; voler, agradar.
careen (to) (kə'riːn) *t.* MAR. carenar.
career (kə'riəʳ) *s.* carrera *f.;* professió *f.* 2 curs *m.,* decurs *m.* [de la vida, d'una idea]. *3* carrera *f.* [moviment *m.* ràpid].
career (to) (ke'riəʳ) *i. to* ~ *about* o *along,* córrer com un llamp.
careful ('kɛəful) *a.* cautelós, prudent. 2 acurat. *3 to be* ~, anar amb compte *(of* o *to;* amb o en) ‖ *be* ~*!,* vés amb compte! ■ *4* **-ly,** *adv.* prudentment; amb cura.
carefulness ('kɛəfulnis) *s.* cura *f.,* atenció *f.* 2 prudència *f.,* cautela *f.*
careless ('kɛəlis) *a.* descurós, negligent. 2 imprudent, irreflexiu. *3* liter. ~ *of,* indiferent, insensible.
carelessness ('kɛəlisnis) *s.* falta de cura, negligència *f.* 2 imprudència *f.*
caress (kə'res) *s.* carícia *f.* 2 afalac *m.*
caress (to) (kə'res) *t.* acariciar.
caretaker ('kɛəˌteikəʳ) *s.* conserge, porter.
caretaker government ('kɛəteikə'gʌvənmənt) *s.* govern *m.* provisional.
cargo ('kaːgou) *s.* MAR., AERON. càrrega *f.,* carregament *m.* ■ *pl.* **cargoes.**
caricature ('kærikətjuəʳ) *s.* caricatura *f.*
caricature (to) ('kærikə'tjuəʳ) *t.* caricaturar, ridiculitzar.
caricaturist ('kærikətjuərist) *s.* caricaturista.
caries ('kɛəriːz) *s.* MED. càries.
carmine ('kaːmain) *a.* carmí. ■ *2 s.* carmí *m.*
carnage ('kaːnidʒ) *s.* matança *f.,* carnatge *m.,* carnisseria *f.*
carnal ('kaːnl) *a.* carnal. ■ *2 adv.* **-ly,** carnalment.
carnation (kaː'neiʃən) *s.* BOT. clavell *m.* [flor]. *2* BOT. clavellina [planta].
carnival ('kaːnivəl) *s.* festa *f.* [al carrer], carnaval *m.*
carnivore ('kaːnivɔːʳ) *s.* ZOOL. carnívor *m.*
carnivorous (kaː'nivərəs) *a.* carnívor.
carol ('kærəl) *s.* nadala *f.*
carp (kaːp) *s.* ICT. carpa *f.* ▲ *pl.* **carp.**

carp (to) (kɑːp) *i.* *to* ~ *(at)*, queixar-se *p.*, rondinar [per bajanades].
carpenter (ˈkɑːpintəʳ) *s.* fuster.
carpentry (ˈkɑːpintri) *s.* fusteria *f.*
carpet (ˈkɑːpit) *s.* catifa *f.* 2 fig. *to call somebody on the* ~, demanar explicacions.
carpet (to) (ˈkɑːpit) *t.* encatifar. 2 arg. renyar.
carriage (ˈkærids) *s.* carruatge *m.* 2 FERROC. vagó *m.* 3 ~ *way*, carretera *f.*, calçada *f.*: *dual* ~ *way*, carretera de doble direcció. 4 transport *m.* 5 carro *m.* [de màquina d'escriure]. 6 port *m.*, aire *m.* [d'una persona]. 7 ARTILL. curenya *f.*
carrier (ˈkæriəʳ) *s.* transportista, missatger. 2 empresa *f.* de transports. 3 portador [de malaltia]. 4 AERON. *aircraft-* ~, portaavions *m.* 5 ~ *bag*, bossa *f.* [per a queviures, etc.].
carrion (ˈkæriən) *s.* carronya *f.*
carrot (ˈkærət) *s.* BOT. pastanaga *f.*
carry (to) (ˈkæri) *t.* portar, (ROSS.) aportar, transportar, dur. 2 implicar, portar implícit. 3 tenir, contenir. 4 guanyar. ‖ *to* ~ *the day*, guanyar, sortir-se'n bé. ▪ 5 *i.* arribar. 6 sentir-se *p.* ▪ *to* ~ *away*, endur-se *p.*, emportar-se *p.*; fig. exaltar-se *p.*; *to* ~ *back*, fer recordar; *to* ~ *forward*, sumar i seguir; *to* ~ *off*, emportar-se *p.*, guanyar [premis]; *to* ~ *on*, continuar; mantenir; dirigir; tenir un embolic [amorós]; *to* ~ *out*, dur a terme, executar; *to* ~ *through*, ajudar; acomplir.
cart (kɑːt) *s.* carro *m.*, carreta *f.*
cart (to) (kɑːt) *t.* carretejar, carrejar.
cartage (ˈkɑːtids) *s.* carretatge *m.*
carte blanche (ˌkɑːt ˈblɒnʃ) *s.* carta *f.* blanca.
cartel (kɑːˈtel) *s.* ECON. càrtel *m.*
carter (ˈkɑːtəʳ) *s.* carreter *m.*
cartilage (ˈkɑːtilids) *s.* ANAT. cartílag *m.*
cartilaginous (ˌkɑːtiˈlædsinəs) *a.* cartilaginós.
cart-load (ˈkɑːtloud) *s.* carretada *f.*
carton (ˈkɑːtn) *s.* capsa *f.* o caixa *f.* de cartró. ‖ *a* ~ *of cigarettes*, un cartró *m.* de tabac.
cartoon (kɑːˈtuːn) *s.* caricatura *f.*, còmic *m.* [dibuix]. ‖ *animated* ~, pel·lícula *f.* de dibuixos animats. 3 ART cartró *m.*, cartó *m.*
cartridge (ˈkɑːtrids) *s.* ARM. cartutx *m.*
cartridge belt (ˈkɑːtridsbelt) *s.* canana *f.*
cartridge box (ˈkɑːtridsbɒks) *s.* cartutxera *f.*
carve (to) (kɑːv) *t.* esculpir, cisellar, entallar, gravar [pedra, marbre, etc.]. 2 trinxar, tallar [la carn].
carver (ˈkɑːvəʳ) *s.* ART. entallador, tallista,

escultor. 2 trinxador [persona]. 3 trinxant *m.* [forquilla].
carving (ˈkɑːviŋ) *s.* entalladura, talla, escultura.
carving knife (ˈkɑːviŋnaif) *s.* ganivet *m.* per trinxar.
cascade (kæskˈkeid) *s.* cascada *f.*
case (keis) *s.* cas *m.*, assumpte *m.* ‖ LOC. *in any* ~, en qualsevol cas; *in* ~, si és cas que, si de cas. 2 DRET plet *m.*, procés *m.* 4 estoig *m.*; funda *f.*; maleta *f.*
case (to) (keis) *t.* embalar, enfundar.
case history (ˈkeisˈhistri) *s.* historial *m.* mèdic.
casein (ˈkeisiːn) *s.* caseïna.
casement (ˈkeismənt) *s.* finestra *f.* de frontissa.
case study (ˌkeisˈstʌdi) *s.* estudi *m.* d'un cas.
cash (kæʃ) *s.* ECON. efectiu *m.*, diners *m. pl.* comptants ‖ ~ *down*, al comptat; ~ *on delivery*, entrega *f.* contra reemborsament; *in* ~, en metàl·lic; *to be out of* ~, no tenir-ne ni cinc; *to pay* ~, pagar al comptat.
cash (to) (kæʃ) *t.* cobrar, pagar, fer efectiu [un xec]. 2 *to* ~ *in (on) something*, aprofitar-se *p.* de.
cashier (kæˈʃiəʳ) *s.* caixer.
cashmere (kæʃˈmiəʳ) *s.* TÈXT. caixmir *m.*
cash register (ˈkæʃˌredsistəʳ) *s.* caixa *f.* enregistradora.
cash point (ˈkæʃpɔint) *s.* caixer *m.* automàtic.
casing (ˈkeisiŋ) *s.* coberta *f.*, folre *m.*, embolcall *m.*
cask (kɑːsk) *s.* barril *m.*, bóta *f.*, tona *f.*
casket (ˈkɑːskit) *s.* arqueta *f.*, cofre *m.*, capseta *f.* 2 taüt *m.*, bagul *m.*
casserole (ˈkæsəroul) *s.* cassola *f.*
cassette (kəˈset) *s.* cassette *f.* [de cinta magnètica]. 2 FOT. rodet *m.*
cassock (ˈkæsək) *s.* sotana *f.*
cast (kɑːst) *s.* llançament *m.*, tirada *f.* 2 motlle *m.*; màscara *f.* 3 peça *f.* fosa. 4 TEAT. repartiment *m.* 5 tipus *m.* ‖ ~ *of mind*, mentalitat *f.* 6 ÒPT. lleuger estrabisme *m.*
cast (to) (kɑːst) *t.* llançar, tirar. ~-*off clothes*, ~-*offs*, vestits per llençar. 2 dirigir, girar [els ulls]. 3 projectar [una ombra, llum, etc.]. 4 emmotllar. 5 assignar, donar [un paper]. 6 NÀUT. *to* ~ *off*, desamarrar; abandonar, llançar. 7 *to* ~ *lots*, fer-ho a sorts. ▪ 8 *i.* *to* ~ *about for*, buscar *t.* [excuses, etc.].
castanets (ˌkæstəˈnets) *s. pl.* MÚS. castanyoles *f. pl.*, castanyetes *f. pl.*
castaway (ˈkɑːstəwei) *a.-s.* nàufrag.
caste (kɑːst) *s.* casta *f.*; classe *f.*
castellated (ˈkæsteleitid) *a.* emmerletat.

castigate (to) ('kæstigeit) *t.* castigar.
casting ('kɑːstiŋ) *s.* peça *f.* fosa. *2* TEAT. repartiment *m. 3* llançament *m.* ‖ COM. ~ *director,* cap de promoció i llançament.
casting vote ('kɑːstiŋ,vout) *s.* vot *m.* decisiu.
castle ('kɑːsl) *s.* castell *m.* ‖ fig. ~*s in the air* o *in Spain,* castells en l'aire. *2* torre *f.* [escacs].
castor, caster ('kæstə') *s.* rodeta *f.* [de butaca, moble, etc.]. *2* saler *m.,* sucrera *f.*
castoroil ('kɑːstər,ɔil) *s.* oli *m.* de ricí.
castor sugar ('kɑːstə,ʃugə) *s.* sucre *m.* en pols.
castrate (to) (kæs'treit) *t.* castrar, capar.
casual ('kæʒjuəl) *a.* casual, fortuït. *2* despreocupat. ‖ ~ *clothes,* roba d'esport o d'estar per casa. *3* ~ *labour,* feina eventual, temporal.
casually ('kæʒjuəli) *adv.* casualment. *2* despreocupadament.
casualty ('kæʒjuəlti) *s.* accident *m.* [amb desgràcies personals]. *2* MIL. baixa *f. 3* víctima *f.* [d'un accident].
cat (kæt) *s.* ZOOL. gat.
cataclysm ('kætəklizəm) *s.* cataclisme *m.*
catacombs ('kætəkuːmz) *s. pl.* catacumbes *f.*
catafalque ('kætəfælk) *s.* cadafal *m.*
Catalan ('kætələn) *a.-s.* GEOGR.. català. *2 s.* català *m.* [llengua].
catalogue ('kætəlɔg) , (EUA) **catalog** ('kætəlɔːg) *s.* catàleg *m.*
catalogue (to) ('kætəlɔg) [llengua]. (EUA) **catalog (to)** ('kætəlɔːg) *t.* catalogar.
Catalonia (,kætəlounjə) *n. pr.* GEOGR. Catalunya *f.*
catalysis (kə'tæləsis) *s.* QUÍM.-FÍS. catàlisi *f.*
catalyst ('kætəlist) *s.* catalitzador *m.*
catamaran (,kætəmə'ræn) *s.* MAR. catamarà *m.*
catapult ('kætəpʌlt) *s.* ARM., AERON. catapulta *f. 2* tirador *m.* [joguina].
cataract ('kætərækt) *s.* GEOGR. cascada *f. 2* ÒPT. cataracta *f.*
catarrh (kə'tɑː') *s.* MED. catarro *m.*
catastrophe (kə'tæstrəfi) *s.* catàstrofe *f.* GEOL. cataclisme *m.*
catcall ('kætkɔːl) *s.* xiulada *f.*
catch (kætʃ) *s.* agafada *f. 2* pesca *f.,* xarxada *f. 3* partit *m.: he's a good* ~, és un bon partit. *4* parany *m.,* trampa *f. 5* balda *f.,* baldó *m. 6* MÚS. cànon *m.*
catch (to) (kætʃ) *t.* agafar, (ROSS.) hajar. *2* agafar, arreplegar [una malaltia]. *3* atrapar, sorprendre, enxampar. *4* copsar, sentir. *5 to* ~ *one's breath,* contenir la respiració. *6 to* ~ *up,* encalçar. ∎ *7 i.* enredar-se *p.,* enganxar-se *p. 8 to* ~ *fire,* encendre's *p.* ‖ Pret. i p. p.: **caught** (kɔːt).

catching ('kætʃiŋ) *a.* MED. contagiós. *2* fig. encomanadís [una cançó, un hàbit].
catchment ('kætʃmənt) *s.* captació *f.* ‖ ~- *area,* àrea *f.* de captació; ~-*basin,* conca *f.* de captació [d'un riu].
catchphrase ('kætʃfreiz) *s.* eslògan *m.; frase f.* de reclam.
catchword ('kætʃwəːd) *s.* lema *m.,* eslògan *m.*
catchy ('kætʃi) *a.* encomanadís [melodia]. *2* enganyós, capciós.
catechism ('kætikizəm) *s.* catecisme *m.*
categorical (,kæti'gɔrikəl) *a.* categòric.
categorize ('kætigəraiz) *t.* classificar.
category ('kætigəri) *s.* categoria *f.*
cater (to) ('kəitə') *i. to* ~ *for,* fornir, proveir, subministrar [queviures, menjar]. *2 to* ~ *for* o *to,* complaure *t.,* satisfer *t.*
caterer ('keitərə') *s.* proveidor, abastador.
caterpillar ('kætəpilə') *s.* ZOOL. eruga *f.*
catgut ('kætgʌt) *s.* catgut *m.* [corda *f.* de tripa].
cathedral (kə'θiːdrəl) *s.* catedral *f.*
Catherine ('kæθrin) *n. pr. f.* Caterina.
cathode ('kæθoud) *s.* ELECT. càtode *m.* ‖ ~ *ray,* raig *m.* catòdic.
catholic ('kæθəlik) *a.-s.* catòlic.
Catholicism (kə'θɔlisizəm) *s.* catolicisme *m.*
catkin ('kætkin) *s.* BOT. ament *m.,* candela *f.*
catnap ('kætnæp) *s.* becaina *f.*
cat sleep ('kætsliːp) *s.* becaina *f.*
cattle ('kætl) *s.* bestiar *m.* [boví].
cattle cake ('kætlkeik) *s.* pinso *m.*
cattleman ('kætlmən) *s.* ramader *m.*
cattle raiser ('kætl,reizə') *s.* ramader *m.*
cattle raising ('kætl,reiziŋ) *s.* ramaderia *f.*
catwalk ('kaetwɔːk) *s.* passarella *f.*
caucus ('kɔːkəs) *s.* comitè [d'un partit polític]. *2* reunió *f.* del comitè.
caught (kɔːt) Veure CATCH (TO).
cauldron ('kɔːldrən) *s.* calder *m.,* calderó *m.*
cauliflower ('kɔliflauə') *s.* BOT. col-i-flor *f.*
caulk (to) (kɔːk) *t.* MAR. calafatar.
causal ('kɔːzəl) *a.* causal.
cause (kɔːz) *s.* causa *f.,* raó *f.,* motiu *m.*
cause (to) (kɔːz) *t.* causar, motivar. *2* fer (amb inf.); fer que, impel·lir a.
causeless ('kɔːzlis) *a.* sense motiu, sense fonament.
causeway ('kɔːzwei) *s.* pas *m.* elevat [esp. sobre aiguamolls].
caustic ('kɔːstik) *a.* càustic [també fig.].
caustic soda (,kɔːstik'soudə) *s.* QUÍM. sosa *f.* càustica [hidròxid de sodi].
cauterize (to) ('kɔːtəraiz) *t.* cauteritzar.
caution ('kɔːʃən) *s.* cautela *f.,* precaució *f. 2* advertència *f.,* avís *m.*

caution (to) (ˈkɔːʃən) *t.* advertir, avisar. *2* amonestar.

cautious (ˈkɔːʃəs) *a.* caut, cautelós, prudent. ▪ *2* **-ly** *adv.* cautament.

cautiousness (ˈkɔːʃəsnis) *s.* cautela *f.*, precaució *f.*, prudència *f.*

cavalcade (ˌkævəlˈkeid) *s.* cavalcada *f.*, desfilada *f.*

cavalier (ˌkævəˈliəʳ) *a.* alegre, espavilat. *2* descortès, groller.

cavalry (ˈkævəlri) *s.* MIL. cavalleria.

cave (keiv) *s.* cova *f.*, caverna *f.*, gruta *f.*

cave (to) (keiv) *i.* *to ~ in*, enfonsar-se *p.*, ensorrar-se *p.* [un túnel, el terra etc.], esfondrar-se *p.*

caveman (ˈkeivmæn) *s.* troglodita *m.*

cavern (ˈkævən) *s.* liter. caverna *f.*

caviar (ˈkævia:ʳ) *s.* caviar *m.*

cavil (to) (ˈkævil) *i.* *to ~ (at)*, posar dificultats o entrebancs.

cavity (ˈkæviti) *s.* cavitat *f.*: *nasal cavities*, cavitats nasals.

caw (kɔː) *s.* ORN. grall *m.* [del corb, la gralla]; cucleig *m.* [de la cornella].

caw (to) (kɔː) *i.* ORNIT. grallar, cuclejar.

C.B.S. (siːbiːˈes) *s.* (EUA) *(Columbia Broadcasting System)* sistema *m.* de radiotelevisió de Columbia.

C.C. (siːˈsiː) *s.* *(City Council)* consell *m.* municipal. *2 (Consular Corps)* cos *m.* consular. *3 (County Council)* consell *m.* del comtat.

c.c. (siːˈsiː) *s.* *(cubic centimetre)* centimetre *m.* cúbic.

cease (to) (siːs) *i.-t.* parar, cessar, deixar de.

cease-fire (ˌsiːsˈfaiəʳ) *s.* MIL. alto *m.* el foc.

ceaseless (ˈsiːslis) *a.* continu, incessant, persistent, constant. ▪ *2* **-ly** *adv.* constantment, sense parar.

Cecil (ˈsesil) *n. pr. m.* Cecili.

Cecilia (səˈsiːljə) *n. pr. f.* Cecília.

cedar (ˈsiːdəʳ) *s.* BOT. cedre *m.*

cede (to) (siːd) *t.* cedir, transferir *(to, a).*

ceiling (ˈsiːliŋ) *s.* sostre *m.* *2* fig. màxim *m.* límit *m.* ‖ *to fix a price ~*, fixar un límit de preus.

celebrate (to) (ˈselibreit) *t.* celebrar; commemorar. ▪ *2 i.* divertir-se *p.*, passar-s'ho *p.* bé.

celebrated (ˈselibreitid) *a.* cèlebre, famós.

celebration (ˌseliˈbreiʃən) *s.* celebració *f.* *2* festa *f.*

celebrity (siˈlebrəti) *s.* celebritat *f.*; fama *f.*

celery (ˈseləri) *s.* BOT. api *m.*

celestial (siˈlestjəl) *a.* celestial, celest. ‖ *~ body*, astre *m.* *2* fig. celestial, diví.

celibacy (ˈselibəsi) *s.* REL. celibat *m.*

celibate (ˈselibət) *a.-s.* cèlibe *s.*

cell (sel) *s.* ceŀla *f.* [de presó, convent, etc.].

2 ZOOL. ceŀla *f.* [d'abelles]. *3* ELECT. ceŀla *f.* *4* BIOL. cèŀlula *f.*

cellar (ˈseləʳ) *s.* celler *m.*; soterrani *m.*

cellist (ˈtʃelist) *s.* MÚS. violonceŀlista.

cello (ˈtʃelou) *s.* MÚS. violoncel *m.*

cellophane (ˈseləfein) *s.* ceŀlofana *f.* [paper].

cellular (ˈseljuləʳ) *a.* ceŀlular.

celluloid (ˈseljulɔid) *s.* QUÍM. ceŀluloide *m.*

cellulose (ˈseljulous) *s.* QUÍM.-BOT. ceŀlulosa *f.*

Celt (kelt) , (EUA) (selt) *s.* celta.

Celtic (ˈkeltik) , (EUA) (seltik) *a.-s.* cèltic: *~ languages*, llengües cèltiques.

cement (siˈment) *s.* ciment *m.*

cement (to) (siˈment) *t.* cimentar, unir amb ciment. *2* fig. consolidar, afermar, reforçar.

cemetery (ˈsemətri) *s.* cementiri *m.*

cenotaph (ˈsenətɑːf) *s.* cenotafi *m.*

censor (ˈsensəʳ) *s.* censor.

censor (to) (ˈsensəʳ) *t.* censurar.

censorious (senˈsɔːriəs) *a.* censurador, sever, rígid.

censorship (ˈsensəʃip) *s.* censura *f.*

censure (ˈsenʃəʳ) *s.* censura *f.*; crítica *f.*

censure (to) (ˈsenʃəʳ) *t.* censurar, criticar, reprovar.

census (ˈsensəs) *s.* cens *m.*, padró *m.*

cent (sent) *s.* cèntim *m.*, centèssima part *f.* [moneda]. *2* cent: *per ~*, per cent.

centenarian (ˌsentiˈnɛəriən) *s.-a.* centenari [una persona].

centenary (senˈtiːnəri) *a.-s.* centenari.

centennial (senˈtenjəl) *a.-s.* centenari.

centigrade (ˈsentigreid) *a.* centígrad.

centipede (ˈsentipiːd) *s.* ENT. centpeus *m.*

central (ˈsentrəl) *a.* central; cèntric: *a ~ location*, una localització cèntrica.

Central America (ˈsentrəl əˈmerikə) *n. pr.* GEOGR. Amèrica *f.* Central.

central heating (ˈsentrəlˈhiːtiŋ) *s.* calefacció *f.* central.

centralization (ˌsentrəlaiˈzeiʃən) *s.* centralització *f.*

centralize (to) (ˈsentrəlaiz) *t.* centralitzar.

centre, (EUA) **center** (ˈsentəʳ) *s.* centre *m.* [tots els sentits].

centre (to) (ˈsentəʳ) *t.* centrar. *2* concentrar. ▪ *3 i.* concentrar-se *p.*, centrar-se *p.*

century (ˈsentʃəri) *s.* segle *m.*, centúria *f.*

ceramic (siˈræmik) *a.* ceràmic.

ceramics (siˈræmiks) *s.* ceràmica *f.*

cereal (ˈsiəriəl) *s.* cereal *m.* ▲ gralnt. s'usa en plural.

cerebral (ˈseribrəl) , (EUA) (səˈriːbrəl) *a.* cerebral [també fig.].

ceremonial (ˌseriˈmounjəl) *a.* cerimonial. ▪ *2 s.* cerimonial *m.*

ceremonious (ˌseriˈmounjəs) *a.* cerimoniós.

ceremony ('serimǝni) *s.* cerimònia. ‖ *please don't stand on ~,* si et plau, no facis compliments.

certain ('sǝ:tn) *a.* cert, segur, indubtable. ‖ *~ of* o *about,* o *to,* segur, convençut (de o que). ‖ *for ~,* sens dubte, de ben segur. ‖ *to make ~,* assegurar-se, confirmar. ▪ 2 **-ly** *adv.* certament, naturalment.

certainty ('sǝ:tnti) *s.* certesa *f.,* seguretat *f.,* convenciment *m.*

certificate (sǝ'tifikit) *s.* certificat *m.:* COM. *~ of origin,* certificat *m.* d'origen. ‖ *birth ~,* partida *f.* de naixement. 2 diploma *m.,* títol *m.*

certificate (to) (sǝ'tifikeit) *t.* certificar.

certify (to) ('sǝ:tifai) *t.* certificar, assegurar. 2 *to ~ to something,* atestar, donar fe d'alguna cosa.

cessation (se'seiʃǝn) *s.* cessació *f.,* acabament *m.,* suspensió *f.*

cession ('seʃǝn) *s.* cessió *f.,* traspàs *m.*

cesspit ('sespit) , **cesspool** ('sespu:l) *s.* pou *m.* mort, pou *m.* sec. 2 fig. sentina *f.*

Ch. (si:'eitʃ) *s.* *(chapter)* cap. *m.* (capítol).

chafe (to) (tʃeif) *t.* fregar [per escalfar]. 2 encetar, irritar. ▪ 3 *i.* encetar-se *p.,* irritar-se *p.* ‖ fig. *to ~ at* o *under,* impacientar-se *p.,* irritar-se *p.* (amb o per).

chaff (tʃɑ:f) *s.* BOT. boll *m.;* pellofa *f.,* pellerofa *f.* 2 palla *f.* menuda [pinso].

chaffinch ('tʃæfintʃ) *s.* ORN. pinsà *m.*

chafing dish ('tʃeifiŋ diʃ) *s.* fogonet *m.,* escalfador *m.*

chagrin ('ʃægrin) *s.* disgust *m.,* enuig *m.,* contrarietat *f.*

chain (tʃein) *s.* cadena *f.* 2 pl. cadenes *f.* [de presoner]. ‖ *in ~s,* empresonat; captiu. 3 *he's a ~ smoker,* fuma com un carreter.

chain (to) (tʃein) *t.* encadenar.

chain reaction ('tʃeinri,ækʃn) *s.* QUÍM. reacció *f.* en cadena.

chain store ('tʃeinstɔ:ʳ) *s.* botiga *f.* [d'una cadena d'establiments].

chair (tʃɛǝʳ) *s.* cadira *f.:* *folding ~,* cadira *f.,* plegable. 2 *the ~,* presidència *f.:* *to take the ~,* presidir. 3 càtedra *f.*

chairman ('tʃɛǝmǝn) *s.* president [d'una reunió, d'una empresa].

chalet ('ʃælei) *s.* xalet *m.*

chalice ('tʃælis) *s.* calze *m.*

chalk (tʃɔ:k) *s.* guix *m.* ‖ *as different as ~ from cheese,* tan diferent com la nit i el dia. 2 creta *f.*

chalk (to) (tʃɔ:k) *t.* guixar, escriure o dibuixar amb guix.

chalkpit ('tʃɔ:kpit) *s.* pedrera *f.* de creta.

challenge ('tʃælindʒ) *s.* repte *m.,* desafiament *m.*

challenge (to) ('tʃælindʒ) *t.* reptar, desafiar. 2 DRET recusar. 3 MIL. donar l'alto.

challenger ('tʃælindʒǝʳ) *s.* reptador, desafiador. 2 aspirant [a un títol].

chamber ('tʃeimbǝʳ) *s.* POL., COM. cambra *f.* *Chamber of Commerce,* Cambra de Comerç. 2 ant. cambra *f.,* sala *f.*

chamber music ('tʃeimbǝ,mju:zik) *s.* música *f.* de cambra.

chameleon (kǝ'mi:ljǝn) *s.* ZOOL. camaleó *m.* [també fig.].

chamois ('ʃæmwɑ:) *s.* ZOOL. camussa *f.,* isard *m.*

chamois leather ('ʃæmi,leðǝʳ) *s.* camussa *f.* [pell].

champ (to) (tʃæmp) *t.* mastegar [fent soroll]. 2 fig. *to ~ (at the bit),* impacientar-se *p.*

champagne (ʃæm'pein) *s.* xampany *m.,* cava *m.*

champion ('tʃæmpjǝn) *s.* defensor, paladí. 2 ESPORT campió.

champion (to) ('tʃæmpjǝn) *t.* defensar, advocar.

championship ('tʃæmpjǝnʃip) *s.* campionat *m.*

chance (tʃɑ:ns) *s.* sort *f.,* atzar *m.;* casualitat *f.* ‖ *loc. adv. by ~,* per casualitat ‖ *f.* 2 possibilitat *f.* 3 oportunitat *f.*

chance (to) (tʃɑ:ns) *i. to ~ (on* o *upon),* trobar *t.;* veure *t.* [casualment]. ‖ *it ~d that,* va passar que. ▪ 3 *t. to ~ it,* arriscar-s'hi *p.*

chancel ('tʃɑ:nsǝl) *s.* presbiteri *m.*

chancellery ('tʃɑ:nsǝlǝri) *s.* cancelleria *f.*

chancellor ('tʃɑ:nsǝlǝʳ) *s.* canceller. 2 rector [d'universitat]. 3 (G.B.) *Chancellor of the Exchequer,* Ministre d'Hisenda.

chancy (tʃɑ:nsi) *a.* col·loq. arriscat; incert.

chandelier (,ʃændi'liǝʳ) *s.* llum *m.,* aranya *f.* [llum].

change (tʃeindʒ) *s.* canvi *m.,* modificació *f.,* alteració *f.* ‖ LOC. *for a ~,* per variar. 2 muda *m.* [de roba; de pell]. 3 canvi *m.,* permuta *f.* 4 COM. canvi *m.* [d'un bitllet; d'un pagament]. 5 COM. moneda *f.* menuda, xavalla *f.*

change (to) (tʃeindʒ) *t.* canviar, alterar, modificar, transformar. ‖ *to ~ colour,* canviar de color. ‖ *to ~ one's mind,* canviar d'opinió. ‖ *to ~ one's tune,* baixar de to. ▪ 2 *i.* canviar, mudar. 3 fer transbord [de trens, etc.].

changeable ('tʃeindʒǝbl) *a.* variable [temps, caràcter, etc.], canviant. 2 canviable.

changeless ('tʃeindʒlis) *a.* immutable, invariable.

channel ('tʃænl) *s.* canal *m.* [braç de mar]: *the English Channel,* el Canal *m.* de la Mànega. 2 llit *m.* [d'un riu, etc.], llera *f.* 3

RADIO., TELEV. canal *m.* 4 fig. canal *m.*
[d'informació, transmissió, etc.].

channel (to) ('tʃænl) *t.* acanalar. 2 canalit-
zar.

chant (tʃɑːnt) *s.* MÚS. salmòdia *f.*, monodia
f., cant *m.*

chant (to) ('tʃɑːnt) *t.* salmodiar, cantar.

chaos ('keiɔs) *s.* caos *m.*

chaotic (kei'ɔtik) *a.* caòtic.

chap (tʃæp) *s.* coꞁꞁoq. tipus *m.*, individu *m.*,
home *m.: poor old ~*, pobre home. 2 tall
m., clivella *f.* [a la pell, als llavis].

chap (to) (tʃæp) *i.* tallar-se *p.*, encetar-se *p.*
[la pell, els llavis].

chapel ('tʃæpəl) *s.* capella *f.*

chaperon ('ʃæpəroun) *s.* acompanyant;
dama *f.* de companyia [d'una noia].

chapfallen ('tʃæpfɔːlən) *a.* desanimat, des-
moralitzat, moix.

chaplain ('tʃæplin) *s.* REL. capellá *m.*

chapter ('tʃæptəʳ) *s.* capítol *m.* 2 ECLES. ca-
pítol *m.*

char (to) (tʃɑːʳ) *t.* socarrar. ▪ 2 *i.* socarrar-
se *p.* 3 fer feines de neteja a hores.

character ('kærəktəʳ) *s.* caràcter *m.* [tots els
sentits]. 2 LIT., TEAT. personatge. 3 fama
f.

characteristic (ˌkærəktə'ristik) *a.* caracte-
rístic. ▪ 2 *s.* característica *f.*

characterize (to) ('kærəktəraiz) *t.* caracte-
ritzar.

charade (ʃə'rɑːd) , (EUA) (ʃə'reid) *s.* xarada
f.

charcoal ('tʃɑːkoul) *s.* carbó *m.* vegetal. 2
DIB. carbonet *m.*

charcoal burner ('tʃɑːkoulˌbəːnəʳ) *s.* car-
boner *m.*

charge (tʃɑːdʒ) *s.* ARM., ELECT. càrrega *f.* 2
càrrec *m.*; responsabilitat *f.*; encàrrec *m.*
‖ *to be in ~ of*, tenir la responsabilitat de,
ser l'encarregat de; *to take ~ of*, fer-se cà-
rrec de. 3 DRET acusació *f.*, càrrec *m.* 4
COM. preu *m.*, cost *m.* 5 MIL., ESP. càrrega
f., atac *m.*

charge (to) (tʃɑːdz) *t.* ARM.-ELECT. carregar.
2 to ~ with, encarregar de, responsabilitzar
de. 3 acusar (*with*, de). 4 manar; exhortar.
5 COM. carregar [en compte]. 6 *t.-i.* COM.
cobrar *t.* (*for*, per). 7 *t.-i.* MIL. carregar.

chargeable ('tʃɑːdʒəbl) *a.* acusable. 2 COM.
a càrrec *m.* de.

charger ('tʃɑːdʒəʳ) *s.* ant. corser *m.*

chariot ('tʃæriət) *s.* HIST. carro *m.*, quadriga
f.

charisma (kə'rizmə) *s.* carisma *m.*

charitable ('tʃæritəbl) *a.* caritatiu. ‖ *~ in-
stitutions*, institucions benèfiques.

charity ('tʃæriti) *s.* caritat *f.*; compassió *f.*
2 institució *f.* benèfica.

charivari (ˌʃɑːri'vɑːri) , (EUA) (ˌʃivə'riː) *s.* xi-
varri *m.*

charlatan ('ʃɑːlətən) *s.* engalipador, ensi-
bornador, xarlatà. 2 cast. curandero.

Charles ('tʃɑːlz) *n. pr. m.* Carles.

Charley, Charlie ('tʃɑːli) *n. pr. m.* (*dim.
Charles*) Carles.

charm (tʃɑːm) *s.* encant *m.*, atractiu *m.*,
encís *m.* 2 amulet *m.* ‖ *to work like a ~*, fun-
cionar a meravella.

charm (to) (tʃɑːm) *t.* encantar, encisar, em-
badalir.

charming ('tʃɑːmiŋ) *a.* encantador, enci-
sador. ‖ *how ~ of you!*, quin detall!

chart (tʃɑːt) *s.* carta *f.* nàutica. 2 diagrama
m.; gràfic *m.*; taula *f.*

chart (to) (tʃɑːt) *t.* fer un diagrama o un
gràfic; dibuixar un mapa.

charter ('tʃɑːtəʳ) *s.* carta *f.*, fur *m.*, privilegi
m. 2 lloguer *m.* [d'un vaixell, d'un avió].

charter (to) ('tʃɑːtəʳ) *t.* concedir una carta
o un privilegi. 2 llogar [un vaixell, un avió,
etc.].

charter flight ('tʃɑːtəflait) *s.* vol *m.* charter.

chary ('tʃɛəri) *a.* cautelós, prudent, caut
(*of*, en).

chase (tʃeis) *s.* caça *f.*, persecució *f.*

chase (to) (tʃeis) *t.* perseguir, empaitar,
(BAL.) encalçar, (VAL.) acaçar. 2 cisellar. ▪
3 *i.* córrer, precipitar-se *p.*

chasm ('kæzəm) *s.* abisme *m.* [també fig.].

chassis ('ʃæsi) *s.* xassís *m.*, bastidor *m.*

chaste (tʃeist) *a.* cast. 2 simple, senzill, so-
bri [l'estil, el gust].

chasten (to) ('tʃeisn) *t.* castigar. 2 polir; sim-
plificar [l'estil, etc.].

chastise (to) (tʃæs'taiz) *t.* castigar severa-
ment.

chastisement ('tʃæ'aizmənt) *s.* càstig *m.*

chastity ('tʃæstiti) *s.* castedat *f.*

chasuble ('tʃæzjubl) *s.* ECLES. casulla *f.*

chat (tʃæt) *s.* xerrada *f.*, taba *f.*

chat (to) (tʃæt) *i.* xerrar, (BAL.) ratllar. 2
coꞁꞁoq. *to ~ somebody up*, lligar-se *p.* algú.

chattels ('tʃætlz) *s.* béns *m.* mobles.

chatter ('tʃætəʳ) *s.* xerrameca *f.*, (ROSS.) rall
m. 2 petament *m.* [de dents]. 3 piulada *f.*;
refilet *m.* [d'un ocell].

chatter (to) ('tʃætəʳ) *i.* xerrar, garlar. 2 pe-
tar, batre [les dents]. 3 piular [els ocells].

chatterbox ('tʃætəbɔks) *s.* xerraire.

chatty ('tʃæti) *a.* xerraire.

chauffeur ('ʃoufəʳ) *s.* xofer.

chauvinism ('ʃouvinizm) *s.* xovinisme *m.*

cheap (tʃiːp) *a.* barat, econòmic. 2 baix,
menyspreable. 3 superficial; poc sincer.

cheapen (to) ('tʃiːpən) *t.* abaratir. 2 menys-
prear. ▪ 3 *i.* abaratir-se.

cheapness ('tʃi:pnis) *s*. barator *f*. 2 baixesa *f*.

cheat (tʃi:t) *s*. estafa *f*., estafada *f*., trampa *f*. 2 estafador.

cheat (to) (tʃi:t) *t*. estafar. 2 *i*. fer trampa.

check (tʃek) *s*. comprovació *f*., verificació *f*., inspecció *f*. 2 fre *m*., control *m*. 3 COM. (EUA) xec *m*., taló *m*. 4 disseny *m*. a quadres: ~ *tablecloth*, estovalles *f*. *pl*. de quadres. 5 *in* ~, escac *m*. al rei. 6 ~*in (desk)*, taulell *m*. de facturació. 7 ~ *out*, caixa *f*. [en un supermercat, grans magatzems, etc.].

check (to) (tʃek) *t*. comprovar, verificar, inspeccionar. 2 frenar, aturar. 3 obstaculitzar. 4 refrenar. 5 fer escac al rei. 6 (EUA) marcar. ▪ 7 *i*. aturar-se *p*. 8 correspondre, ésser conforme. ▪ *to* ~ *in*, facturar, consignar; *to* ~ *out*, retirar; pagar el compte [d'un hotel, etc.]; *to* ~ *with*, preguntar, mirar: *check with your father*, pregunta-li al teu pare.

checkbook ('tʃekbuk) (EUA) *s*. talonari *m*. de xecs.

checker (to) ('tʃekəʳ) *t*. (EUA) Veure CHEQUER (TO).

checkers ('tʃekəz) *s*. *pl*. (EUA) JOC dames *f*. *pl*.

checkmate ('tʃekmeit) *s*. escac *m*. i mat.

checkmate (to) ('tʃekmeit) *t*. fer escac i mat.

checkup ('tʃekʌp) *s*. MED. reconeixement *m*., revisió *f*. mèdica.

cheek (tʃi:k) *s*. galta *f*. 2 fig. barra *f*., galtes *f*. *pl*.

cheekbone ('tʃi:kboun) *s*. ANAT. pòmul *m*.

cheeky ('tʃi:ki) *s*. descarat, barrut.

cheep (tʃi:p) *s*. piulet *m*., piu [de pollet, d'ocell].

cheep (to) (tʃi:p) *i*. piular.

cheer (tʃiəʳ) *s*. ànim *m*.; alegria *f*. 2 ant. *good* ~, bon menjar i beure. 3 visca *m*., víctor *m*. 4 *interj*. *cheers!*, salut!

cheer (to) (tʃiəʳ) *t*. *to* ~ *(up)*, animar, alegrar. 2 aclamar, cridar visques, victorejar. ▪ 3 *i*. animar-se *p*., alegrar-se *p*. ‖ *cheer up!*, ànim, anima't.

cheerful ('tʃiəful) *a*. animat, alegre, jovial.

cheer leader ('tʃiəli:də') *s*. (EUA) animador *m*. [de grup, de festa].

cheerless ('tʃiəlis) *a*. trist, malenconiós.

cheese (tʃi:z) *s*. formatge *m*.

cheesecake ('tʃi:zkeik) *s*. pastís *m*. de formatge.

cheetah ('tʃi:tə) *s*. ZOOL. guepard *m*.

chef (ʃef) *s*. xef *m*., cuiner en cap.

chemical ('kemikəl) *a*. químic. ▪ 2 *s*. producte *m*. químic.

chemist ('kemist) *s*. químic. 2 farmacèutic: ~*'s (shop)*, farmàcia *f*.

chemistry ('kemistri) *s*. química *f*.

chemotherapy (,kemou'θerəpi) *s*. quimioteràpia *f*.

cheque (tʃek) *s*. (G.B.) COM. xec *m*., taló *m*.: ~*-book*, talonari *m*. de xecs; *crossed* ~, taló *m*. barrat.

chequer, (EUA) **checker** ('tʃekəʳ) *t*. fer o marcar amb quadres [un teixit, etc.]. 2 fig. variar.

cherish (to) ('tʃeriʃ) *t*. acariciar. 2 fig. acariciar, nodrir, alimentar [una idea, una esperança].

cherry ('tʃeri) *s*. BOT. cirera *f*.

cherry tree ('tʃeritri:) *s*. cirerer *m*.

cherub ('tʃerəb) *s*. querubí *m*.

chess (tʃes) *s*. escacs *m*. *pl*.

chessboard ('tʃesbɔ:d) *s*. taulell *m*., escaquer *m*.

chessman ('tʃesmæn) *s*. peça *f*., escac *m*.

chest (tʃest) *s*. cofre *m*., arca *m*. ‖ ~ *of drawers*, calaixera *f*. 2 ANAT. pit *m*. 3 col·loq. (EUA) *the community* ~, fons d'una institució *f*. pública. 4 fig. col·loq. *to get something off one's* ~, desfogar-se.

chestnut ('tʃesnʌt) *s*. BOT. castanya *f*. ▪ 2 *a*. castany [color].

chestnut tree ('tʃesnʌtri:) *s*. castanyer *m*.

chew (to) (tʃu:) *t*. *to* ~ *(up)*, mastegar. 2 col·loq. *to* ~ *on something* o *to* ~ *something over*, rumiar, meditar, considerar.

chewing-gum ('tʃu:iŋgʌm) *s*. xiclet *m*.

chiaroscuro (ki,a:rə'skuərou) *s*. clar-obscur *m*.

chic (ʃi:k) *a*. distingit, elegant. ▪ 2 *s*. gràcia *f*., estil *m*., distinció *f*.

chicanery (ʃi'keinəri) *s*. enredada *f*., tracamanya *f*., argúcia *f*.

chick (tʃik) *s*. pollet *m*. 2 pop. mossa *f*.

chicken ('tʃikin) *s*. pollastre *m*.

chicken feed ('tʃikinfi:d) *s*. minúcies *f*. *pl*., menuderies *f*. *pl*.

chicken-hearted ('tʃikin'ha:tid) *a*. covard, cagat, poruc.

chicken run ('tʃikinrʌn) *s*. galliner *m*., corral *m*.

chick-pea ('tʃikpi:) *s*. BOT. cigró *m*.

chicken-pox ('tʃikinpɔks) *s*. MED. varicel·la *f*.

chicory ('tʃikəri) *s*. BOT. xicoira *f*.

chief (tʃi:f) *a*. principal, major. ▪ 2 *s*. cap *m*., director *m*. ‖ *-in-*~, en cap, suprem.

chiefly ('tʃi:fli) *adv*. principalment; sobretot.

chieftain ('tʃi:ftən) *s*. cap *m*. de clan, cap *m*. de tribu.

chiffon ('ʃifɔn) *s*. gasa *f*. [tela].

chilblain ('tʃilblein) *s*. MED. penelló *m*.

child (tʃaild) *s*. nen *m*., nena *f*., (OCC.) (BAL.) nin *m*., nina *f*., (VAL.) (ROSS.) xi-

quet *m.*, xiqueta *f.* 2 infant *m.*, criatura *f.* 2 fill *m.*, filla *f.* ▲ *pl.* **children.**
childbirth ('tʃaildbə:θ) *s.* FISIOL. part *m.*
childhood ('tʃaildhud) *s.* infantesa *f.*, infància *f.* 2 fig. infància *f.*
childish ('tʃaildiʃ) *a.* pueril, infantil.
childless ('tʃaildlis) *a.* sense fills.
childlike ('tʃaildlaik) *a.* infantil. 2 fig. innocent.
children ('tʃildrən) Veure CHILD.
Chile ('tʃili) *n. pr.* GEOGR. Xile *m.*
Chilean ('tʃiliən) *a.-s.* GEOGR. xilè.
chill (tʃil) *s.* fred *m.* [sensació]. 2 esgarrifança *f.*, calfred *f.* 3 refredat *m.*, constipat *m.* ■ *4 a.* desplaent, desagradable.
chill (to) (tʃil) *t.* refredar; glaçar. ■ *2 i.* refredar-se *p.*; glaçar-se *p.*
chilli, chile, chili ('tʃili) *s.* AGR. bitxo *m.*
chilly ('tʃili) *a.* fred; glaçat. 2 fig. fred, distant.
chime (tʃaim) *s.* joc *m.* de campanes [del carilló], campaneig *m.*
chime (to) (tʃaim) *t.* tocar, fer sonar [campanes]. ■ *2 i.* sonar, tocar [campanes]. *3* harmonitzar.
chimney ('tʃimni) *s.* xemeneia *f.* 2 tub *m.* de vidre [de làmpada]. *3* GEOL. xemeneia *f.*, goleró *m.*
chimney sweep ('tʃimniswi:p) *s.* escura-xemeneies *m.*
chimpanzee (,tʃimpæn'zi:) *s.* ZOOL. ximpanzé *m.*
chin (tʃin) *s.* ANAT. barbeta *f.*, mentó *m.* ‖ fig. *to keep one's ~ up,* no desanimar-se.
China ('tʃainə) *n. pr.* GEOGR. Xina *f.*
china ('tʃainə) *s.* porcellana *f.*, pisa *f.*
chinaware ('tʃainəwɛəʳ) *s.* porcellana *f.*, pisa *f.*
Chinese (,tʃai'ni:z) *a.-s.* GEOGR. xinès. 2 *s.* xinès [llengua].
chink (tʃiŋk) *s.* esquerda *f.*; escletxa *f.*; clivella *f.* 2 dring *m.*, so *m.* metàllic o de vidre.
chink (to) (tʃiŋk) *i.* dringar. ■ *2 t.* fer dringar.
chip (tʃip) *s.* estella *f.*, esberla *f.*, tros *m.* ‖ fig. *a ~ off the old block,* si el pare és músic el fill és ballador. 2 escantell *m.* 3 fitxa *f.* [de joc]. 4 grill *m.* ‖ *potato ~s,* patates *f. pl.* fregides.
chip (to) (tʃip) *t.* estellar, esberlar, escantellar. 2 obrir a grills. ■ *3 i.* estellar-se *p.*, esberlar-se *p.*, escantellar-se *p.* 4 colloq. *to ~ in,* participar [en una conversa]; contribuir [amb diners].
chiropodist (ki'rɔpədist) *s.* callista.
chirp (tʃə:p) *s.* refilet *m.*, piular *m.* [dels ocells]; carrisqueig *m.*, xerric *m.* [dels grills].

chirp (to) (tʃə:p) *i.* refilar; xerricar; carrisquejar.
chisel ('tʃizl) *s.* cisell *m.*
chisel (to) ('tʃizl) *t.* cisellar. 2 colloq. enganyar; fer trampa.
chit (tʃit) *s.* pej. marrec *m.*, criatura *f.*, nena *f.* consentida. 2 nota *f.*, carteta *f.* 3 nota *f.*, compte *m.* [d'un hotel, d'un bar].
chit-chat ('tʃittʃæt) *s.* xerrada *f.*, xerradeta *f.*
chivalrous ('ʃivəlrəs) *a.* cavallerós. 2 cavalleresc.
chivalry ('ʃivəlri) *s.* HIST. cavalleria *f.* [institució]. 2 cavallerositat *f.*
chlorine ('klɔ:ri:n) *s.* QUÍM. clor *m.*
chloroform ('klɔrəfɔ:m) *s.* QUÍM. cloroform *m.*
chlorophyll ('klɔrəfil) *s.* BOT. clorofilla *f.*
chock (tʃɔk) *s.* falca *f.*
chock-full ('tʃɔk,ful) *a.* colloq. ple, atapeït.
chocolate ('tʃɔklət) *s.* xocolata *f.*
choice (tʃɔis) *s.* elecció *f.*, tria *f.*, selecció *f.* 2 alternativa *f.*, opció *f.* 3 varietat *f.* 4 persona *f.* o cosa *f.* escollida. ■ *5 a.* escollit; selecte.
choir ('kwaiəʳ) *s.* MÚS. cor *m.*, coral *f.*
choke (to) (tʃouk) *i.* ofegar-se *p.*, sufocar-se *p.*, ennuegar-se *p.* ■ *2 t. to ~ (with),* ofegar, sufocar. *3 to ~ up,* obturar, embussar.
cholera ('kɔlərə) *s.* MED. còlera *m.*
choleric ('kɔləric) *a.* colèric.
choose (to) (tʃu:z) *t.* escollir, triar, seleccionar. ▲ Pret.: *chose* (tʃouz); p. p.: *chosen* ('tʃouzn).
chop (tʃɔp) *s.* tall *m.*, cop *m.* tallant. 2 costella *f.* [tros de carn].
chop (to) (tʃɔp) *t.* podar; tallar; picar [carn, etc.]. ‖ *to ~ off,* tallar [separant].
choppy ('tʃɔpi) *a.* mogut, agitat, picat [mar].
chopsticks ('tʃɔpstiks) *s.* bastonets *m.* [per al menjar xinès, etc.].
choral ('kɔ:rəl) *a.* MÚS. coral.
chord (kɔ:d) *s.* MÚS. acord *m.* 2 GEOM. corda *f.*
chore (tʃɔ:ʳ) *s.* feina *f.* domèstica.
choreography (,kɔri'ɔɡrəfi) *s.* coreografia *f.*
chorus ('kɔ:rəs) *a.-s.* MÚS., TEAT. cor *m.* 2 tornada *f.* [poesia i música] *3* LOC. *in ~,* a l'uníson.
chorus girl ('kɔ:rəsɡə:l) *s.* TEAT. corista *f.*
chose (tʃouz) Veure CHOOSE (TO).
chosen ('tʃouzn) Veure CHOOSE (TO).
Christ (kraist) *n. pr.* REL. Crist *m.*
christen (to) ('krisn) *t.* REL. batejar. 2 batejar, posar nom.
Christendom ('krisndəm) *s.* REL. cristiandat *f.*
christening ('krisniŋ) *s.* bateig *m.*

Christian ('kristjən) *n. pr. m.* Cristià.
Christian ('kristjən) *a.-s.* cristià.
christian name ('kristjənneim) *s.* nom *m.* de pila.
Christine ('kristi:n) *n. pr. f.* Cristina.
Christmas ('krisməs) *s.* Nadal *m.* ‖ *Father* ~, Papà *m.* Noel.
Christmas carol (ˌkrismə'kærəl) *s.* nadala *f.*
Christmas Day ('krisməs'dei) *s.* dia *m.* de Nadal.
Christmas Eve ('krisməs'i:v) *s.* nit *f.* de Nadal.
Christopher ('kristəfəʳ) *n. pr. m.* Cristòfol, Cristòfor.
chronic ('krɔnik) *a.* crònic. 2 coŀloq. dolent, terrible.
chronicle ('krɔnikl) *s.* crònica *f.*
chronicle (to) ('krɔnikl) *t.* fer la crònica de, narrar.
chronicler ('krɔniklǝʳ) *s.* cronista.
chronology (krǝ'nɔlǝdʒi) *s.* cronologia *f.*
chrysalis ('krisǝlis) *s.* ZOOL. crisàlide *f.*
chubby ('tʃʌbi) *a.* grassonet, rodanxó.
chuck (tʃʌk) *s.* MEC. mandrí *m.* 2 *to get the* ~, ser acomiadat.
chuck (to) (tʃʌk) *t.* coŀloq. *to* ~ *(away)*, llençar [escombraries]. 2 coŀloq. *to* ~ *(out)*, expulsar, foragitar [una persona]. 3 *to* ~ *(up)*, abandonar, renunciar a. 4 *to* ~ *somebody under the chin*, fer moixaines al sotabarba.
chum (tʃʌm) *s.* fam. amic, company [esp. entre nois]. ‖ *to be great* ~*s*, ser molt amics.
chump (tʃʌmp) *s.* soc *m.*, talòs *m.* 2 fam. talòs; boig. 3 fam. cap *m.*
church (tʃǝ:tʃ) *s.* església *f.*
churchgoer ('tʃǝ:tʃgouǝʳ) *s.* missaire.
churchyard ('tʃǝ:tʃ'jɑ:d) *s.* cementiri *m.* [al costat de l'església].
churl (tʃǝ:l) *s.* taujà *s.* 2 ant. pagès.
churlish ('tʃǝ:liʃ) *a.* rude.
churn (tʃǝ:n) *s.* manteguera *f.* 2 lletera *f.* [grossa i de metall].
churn (to) (tʃǝ:n) *t.* batre [per fer mantega]. 2 remenar, agitar, sacsejar. ■ *3 i.* agitar-se *p.*
C.I.A. (si:ai'ei) *s.* *(Central Intelligence Agency)* agència *f.* central d'inteŀligència.
cicada (si'kɑ:də) *s.* ENT. cigala *f.*
C.I.D. (si:ai'di:) *s.* *(Criminal Investigation Department)* departament *m.* d'investigació criminal.
cider ('saidǝʳ) *s.* sidra *f.*
c.i.f. (si:ai'ef) *s.* *(cost, insurance and freight)* cost *m.*, assegurança *f.* i càrrega *f.*
cigar (si'gɑ:ʳ) *s.* cigar *m.*
cigarette (ˌsigǝ'ret) *s.* cigarret *m.*, cigarreta *f.*

cigarette case ('sigǝ'retˌkeis) *s.* portacigarretes *m.*
cigarette holder ('sigǝ'retˌhouldǝʳ) *s.* broquet *m.*
cm (si:'em) *s.* *(centimetre)* cm. (centímetre) *m.*
C.N.D. (si:en'di:) *s.* *(Campaign for Nuclear Disarmament)* campanya *f.* per al desarmament nuclear.
cinder ('sindǝʳ) *s.* carbonissa *f.*, terregada *f.* 2 pl. cendres *f.*
cinema ('sinǝmǝ) *s.* cinema *m.*, cine *m.*
cinnamon ('sinǝmǝn) *s.* canyella *f.*
cipher ('saifǝʳ) *s.* MAT. zero *m.* 2 MAT. xifra *f.* 3 clau *f.*, codi *m.*
cipher (to) ('saifǝʳ) *t.* xifrar, escriure en clau. 2 coŀloq. fer càlculs, sumar.
circle ('sǝ:kl) *s.* GEOM. cercle *m.* 2 TEAT. amfiteatre *m.*; primer *m.* pis. 3 cercle *m.*, ambient *m.*
circle (to) ('sǝ:kl) *t.* envoltar, encerclar. 2 circumdar. ■ *3 i.* donar *t.* voltes, giravoltar.
circuit ('sǝ:kit) *s.* circuit *m.*; recorregut *m.* 2 gira *f.* [viatge]. 3 cadena *f.* [de cinemes, teatres]. 4 ELECT. circuit.
circuitous (sǝ:'kju:itǝs) *a.* indirecte, tortuós.
circular ('sǝ:kjulǝʳ) *a.* circular. ■ *2 s.* circular *f.* [carta].
circulate (to) ('sǝ:kjuleit) *t.* fer circular; posar en circulació; divulgar. ■ *2 i.* circular.
circulation (ˌsǝ:kju'leiʃǝn) *s.* circulació *f.* 2 tirada *f.* [d'un diari].
circumcision (ˌsǝ:kǝm'siʒǝn) *s.* MED. circumcisió *f.*
circumference (sǝ'kʌmfǝrǝns) *s.* GEOM. circumferència *f.*
circumflex ('sǝ:kǝmfleks) *a..* circumflex. ■ *2* circumflex *m.*
circumlocution (ˌsǝ:kǝmlǝ'kju:ʃǝn) *s.* circumlocució *m.*
circumscribe (to) ('sǝ:kǝmskraib) *t.* circumscriure.
circumspect ('sǝ:kǝmspekt) *a.* circumspecte, prudent.
circumstance ('sǝ:kǝmstǝns) *s.* circumstància *f.* ‖ DRET *extenuating* ~*s*, circumstàncies *f. pl.* atenuants. 2 detall *m.* 3 pl. posició *f.* o situació *f.* econòmica.
circumstantial (ˌsǝ:kǝm'stænʃǝl) *a.* circumstancial. 2 DRET ~ *evidence*, prova conjectural.
circumvent (to) (ˌsǝ:kǝm'vent) *t.* form. frustrar [els plans d'algú]. 2 eludir; trampejar [una llei, una dificultat].
circus ('sǝ:kǝs) *s.* circ *m.* 2 plaça *f.* circular.
cistern ('sistǝn) *s.* cisterna *f.*
citadel ('sitǝdl) *s.* ciutadella *f.*

citation (sai'teiʃən) *s.* citació *f.*

cite (to) (sait) *t.* citar, esmentar. *2* DRET citar, convocar [en procediments legals].

citizen ('sitizn) *s.* ciutadà; habitant.

citizenship ('sitiznʃip) *s.* ciutadania *f.*

citron ('sitrən) *s.* BOT. poncemer *m.* [arbre]. *2* poncem *m.*, poncir *m.* [fruita].

citrus ('sitrəs) *s. pl.* BOT. ~ *fruits,* cítrics *m.*

city ('siti) *s.* ciutat *f.* ‖ *city council,* ajuntament *m.*, consell *m.* municipal. ‖ *the City,* centre *m.* financer de Londres.

civet ('sivit) *s.* ZOOL. civeta *f.*, gat *m.* d'algàlia. *2* algàlia *f.*

civic ('sivik) *a.* cívic.

civil ('siv(i)l) *a.* civil.

civil servant (,sivil'sə:vənt) *s.* funcionari *m.* de l'estat. *2* cortès; educat.

civilian (si'viljən) *a.* civil, de paisà. ▪ *2 s.* civil *m.*, paisà *m.*

civility (si'viliti) *s.* cortesia *f.*, urbanitat *f.*

civilization (,sivilai'zeiʃən) *s.* civilització *f.*

civilize (to) ('sivilaiz) *t.* civilitzar.

clad (klæd) *ant.* Veure CLOTHE (TO). ▪ *2 a.* poèt. vestit (*in,* de).

claim (kleim) *s.* demanda *f.*, reclamació *f.*, reivindicació *f.* *2* dret *m.*, pretensió *f.* *3* afirmació *f.*, declaració *f.* *4* MIN. concessió *f.*

claim (to) (kleim) *t.* exigir, demanar; reclamar, reivindicar. *2* afirmar, declarar.

claimant ('kleimənt) *s.* demandant. *2* pretendent [al tron].

clairvoyance (klɛə'vɔiəns) *s.* clarividència *f.*

clairvoyant (klɛə'vɔiənt) *a.* clarivident.

clam (klæm) *s.* ZOOL. cloïssa *f.*

clamber (to) ('klæmbə') *i.* enfilar-se *p.*, pujar de quatre grapes.

clammy ('klæmi) *a.* humit; fred i enganxós.

clamour, (EUA) **clamor** ('klæmə') *s.* clamor *m.*, cridòria *f.*

clamour, (EUA) **clamor (to),** ('klæmə') *i.* clamar; vociferar, cridar.

clamorous ('klæmərəs) *a.* clamorós, sorollós.

clamp (klæmp) *s.* MEC. abraçadora *f.*, armella *f.*

clamp (to) (klæmp) *t.* subjectar [amb una abraçadora]. ▪ *2 i.* coHoq. *to ~ down (on),* fer pressió per aturar; suprimir *t.*

clandestine (klænd'destin) *a.* form. clandestí.

clang (to) (klæŋ) *t.* fer sonar o tocar ▪ *2 i.* tocar, sonar [les campanes].

clank (to) (klæŋk) *t.* fer sonar. ▪ *2 i.* sonar, tocar.

clap (klæp) *s.* espetec *m.* [d'un tro]. *2* palmellada *f.*, aplaudiment *m.*

clap (to) (klæp) *t.* aplaudir, picar de mans. *2* copejar [l'esquena, etc.].

clapper ('klæpə') *s.* batall *m.* [d'una campana]. *2* xerrac *m.*, carrau *m.*

clapping ('klæpiŋ) *s.* aplaudiments *m. pl.*, picaments *m. pl.* de mans.

claptrap ('klæptræp) *s.* bestieses *m. pl.*

claret ('klærət) *a.-s.* claret *m.* [vi].

clarify (to) ('klærifai) *t.* aclarir. ▪ *2 i.* aclarir-se.

clarinet (,klæri'net) *s.* MÚS. clarinet *m.*

clarion ('klæriən) *s.* clarí *m.*

clash (klæʃ) *s.* soroll *m.* [de metall]. *2* estrèpit *m.* *3* conflicte *m.;* desacord *m.*

clash (to) (klæʃ) *i.* xocar, topar. *2* estar en desacord. *3* sonar [en xocar]. *4* coincidir [dates]. *5* desentonar [colors]. ▪ *5 t.* fer xocar. *6* fer sonar.

clasp (klɑ:sp) *s.* afiblall *m.;* tanca *m.;* gafet *m.* *2* encaixada *f.* [de mà].

clasp (to) (klɑ:sp) *t.* cordar [un gafet, un collaret, etc.]. *2* encaixar [les mans]. *3* agafar, aferrar. *4* abraçar.

class (klɑ:s) *s.* classe *f.* [grup, categoria]. *2* classe *f.* [a l'ensenyament]. *3* (EUA) EDUC. promoció *f.* *4* coHoq. estil, distinció.

class (to) (klɑ:s) *t.* classificar.

classic ('klæsik) *a.* clàssic. ▪ *2 s.* clàssic *m.* [obra literària, etc.]. *3 the ~s,* literatura i llengües clàssiques [llatí, grec].

classical ('klæsikəl) *a.* clàssic.

classification (,klæsifi'keiʃən) *s.* classificació *f.*

classify (to) ('klæsifai) *t.* classificar.

class-mate ('klɑ:smeit) *s.* company de classe.

classroom ('klɑ:srum) *s.* aula *f.*

clatter ('klætə') *s.* soroll *m.;* enrenou *m.* *2* martelleig *m.* *3* guirigall *m.*

clatter (to) ('klætə') *t.* fer sonar; fer xocar [plats, forquilles]. ▪ *2 i.* sonar, fer soroll.

clause (klɔ:z) *s.* clàusula. *2* GRAM. frase *f.* simple, oració *f.*

claw (klɔ:) *s.* ZOOL. urpa *f.;* ungla *f.* *2* arpa *f.* [del gat, lleó, etc.]. *3* pinces *f. pl.* [de l'escamarlà]. *4* TECNOL. garfi *m.*

claw (to) (klɔ:) *t.-i.* esgarrapar; esquinçar.

clay (klei) *s.* argila *f.*

clean (kli:n) *a.* net. ‖ *to make something ~,* netejar una cosa. *2* net, pur. *3* ben format, proporcionat. *4* hàbil; fi. *5* decent. ▪ *6 adv.* completament, totalment.

clean (to) (kli:n) *t.* netejar, rentar, (VAL.) llavar. ‖ *to ~ one's teeth,* rentar-se *p.* les dents. *2* coHoq. *to be ~ed out,* quedar-se *p.* sense ni cinc. *3 to ~ up,* endreçar, netejar. ▪ *4 i. to ~ (up),* fer neteja.

cleaner ('kli:nə') *s.* persona que neteja. *2*

netejador *m.*, detergent *m. 3 (dry)* ~'s, tintoreria *f.*

cleanliness ('klenlinis) *s.* neteja *f.*

cleanly ('klenli) *a.* net, polit.

cleanly ('kli:nli) *adv.* netament, amb netedat. *2* clarament.

cleanse (to) (klenz) *t.* form.-ant. netejar, rentar. *2* purificar.

clear (kliə') *a.* clar. ‖ ~ *about,* segur, confiat. ‖ ~ *of,* lliure [d'obstacles]. ‖ *to make oneself* ~, fer-se entendre. *2* net, pur. *3* tranquil. *4* ampli. ■ *5 adv.* clar. ‖ *to keep* ~ *of,* evitar, mantenir-se lluny.

clear (to) (kliə') *t.* aclarir, dissipar [també fig.]. *2* netejar, arranjar, treure [destorbs, etc.]. *3* desparar [la taula]. *4* liquidar, pagar [un compte, etc.]. *5* absoldre. *6* salvar, saltar per sobre. *7* COM. compensar. *8* ESPORT allunyar. ■ *to* ~ *away,* treure; dissipar-se *p.; to* ~ *off* o *out,* allunyar-se *p.,* tocar el dos; *to* ~ *up,* allunyar-se *p.;* aclarir.

clearance ('kliərəns) *s.* espai *m.* lliure. *2* MAR. despatx *m.* de duanes. *3* COM. ~ *sale,* liquidació *f.*

clear-cut (,kliə'kʌt) *adj.* ben definit, clar.

clear-headed ('kliə'hedid) *a.* intel·ligent, lúcid.

clearing ('kliəriŋ) *s.* clariana *f.* [en un bosc]. *2* COM. compensació *f.;* liquidació *f.*

clearing-house ('kliəriŋhaus) *s.* COM. cambra *f.* de compensació.

clearness ('kliənis) *s.* claredat *f.*

clear-sighted (,kliə'saitid) *a.* clarivident, lúcid.

1) **cleave (to)** (kli:v) *i.* adherir-se *p.,* enganxar-se *p. 2* fig. ser fidel. ▲ Pret. i p. p.: *cleaved* (kli:vd).

2) **cleave (to)** (kli:v) *t.* esquerdar, clivellar; partir. ■ *2 i.* esquerdar-se *p.,* clivellar-se *p.,* partir-se *p.* ▲ *Pret.: cleft* (kleft), *cleaved* (kli:vd) o *clove* (klouv); p. p.: *cleft, cleaved* o *cloven* (klouvn).

cleavage ('kli:vidʒ) *s.* escletxa *f. 2* divisió *f.,* partició *f. 3* col·loq. escot *m.*

clef (klef) *s.* MÚS. clau *f.*

cleft (kleft) *a.* clivellat. ■ *2 s.* clivella *f.,* escletxa *f.* (BAL.) retxillera *f.,* (VAL.) badall *m.* ▲ pret. i p. p. de TO CLEAVE.

clemency ('klemənsi) *s.* clemència *f.*

clench (to) (klentʃ) *t.* estrènyer [els punys, les dents]. *2* agafar; aferrar.

clergy ('klə:dʒi) *s.* ECLES. clericat *m.,* clerecia *f.*

clergyman ('klə:dʒimən) *s.* ECLES. clergue *m.;* pastor *m.* protestant.

cleric ('klerik) *s.* clergue *m.*

clerical ('klerikəl) *a.* clerical. *2* d'oficina; d'oficinista: ~ *error,* error de còpia.

clerk (klɑ:k) , (EUA) (klə:k) *s.* oficinista, ad-

ministratiu. *2* recepcionista [d'hotel]. *3* (EUA) dependent. *4* clergue *m.*

clever ('klevə') *a.* llest, espavilat, intel·ligent. *2* hàbil, destre. *3* enginyós.

cleverness ('klevənis) *s.* intel·ligència *f. 2* habilitat *f. 3* enginy *m.*

click (klik) *s.* cop *m.* sec.

click (to) (klik) *i.* fer *t.* clic, sonar. *2* col·loq. agradar-se *p.*

client ('klaiənt) *s.* client.

cliff (klif) *s.* GEOL. espadat *m.,* penya-segat *m.*

climate ('klaimit) *s.* METEOR. clima *m. 2* fig. clima *m.,* ambient *m.*

climax ('klaimæks) *s.* clímax *m.,* punt *m.* culminant.

climb (klaim) *s.* pujada *f.,* escalada *f.,* ascensió *f.*

climb (to) (klaim) *t.* pujar, escalar, ascendir *i. 2* pujar *i.,* a enfilar-se *p.* a ■ *3 i.* pujar, enfilar-se *p. 4 to* ~ *down,* baixar; fig. fer-se *p.* enrera; desdir-se *p.*

climber ('klaimə') *s.* escalador; alpinista. *2* BOT. enfiladissa *f. 3* fig. *(social)* ~, arribista.

clinch (klintʃ) *s.* TECNOL. reblada *m.* [d'un clau]. *2* conclusió, resolució [d'un tracte, etc.]. *3* col·loq. abraçada *m.*

clinch (to) (klintʃ) *t.* reblar [un clau]. *2* concloure, resoldre [un tracte]. *3* estrènyer [les dents, els punys]. ■ *4 i.* ESPORT lluitar cos a cos. *5* col·loq. abraçar-se, *p.*

cling (to) (kliŋ) *i.* *to* ~ *to,* agafar-se *p.,* aferrar-se *p.* [també fig.]. ▲ Pret. i p. p.: *clung* (klʌŋ).

clinic ('klinik) *s.* clínica *f.*

clink (to) (kliŋk) *t.* fer dringar, fer sonar. ■ *2 i.* dringar.

clip (klip) *s.* clip *m.* [de papers, etc.]. *2* grapa *f. 3* agafador [de bolígraf]. *4* esquilada *f.;* estisorada *f.*

clip (to) (klip) *t.* subjectar, ajuntar [amb un clip, grapa, etc.]. *2* esquilar; tallar; retallar.

clipper ('klipə') *s.* NÀUT. clíper *m. 2* esquilador. *3 pl.* maquineta *f.* per tallar cabells.

clipping ('klipiŋ) *s.* retall *m.* [de roba, de diari, etc.]. *2* tallat *f.* [dels cabells]. *3* esquilada *m.*

clique (kli:k) *s.* colla *f.,* camarilla *f.* [esp. d'art].

cloak (klouk) *s.* capa *f. 2* fig. capa *f.,* pretext *m.*

cloak (to) (klouk) *t.* encapotar, cobrir. *2* encobrir, dissimular.

cloak and dagger (,kloukən'dægə') *s.* LIT. de capa *f.* i espasa *f.*

cloak-room ('kloukrum) *s.* guarda-roba *m.* [teatre, etc.].

clock (klɔk) rellotge *m.* [de paret o taula]. 2 fig. *round the* ~, dia i nit.

clockwise ('klɔkwaiz) *adv.* en el sentit de les agulles del rellotge.

clockwork ('klɔkwəːk) *s.* mecanisme *m.* de rellotgeria.

clod (klɔd) *s.* terròs *m.* [de terra]. 2 pej. tanjà, pagesot.

clog (klɔg) *s.* esclop *m.* 2 fig. obstacle *m.; ¡* càrrega *f.*

clog (to) (klɔg) *t.* obstruir. ■ *2 i.* obstruir-se *p.*

cloister ('klɔistəʳ) *s.* claustre *m.*

1) close (klouz) *s.* fi *f.*, final *m.* conclusió *f.*

2) close (klous) *a.* proper, pròxim [a prop]. 2 tancat. 3 íntim [amic]. 4 premut; molt junt, compacte. 5 detallat, minuciós [examen]. 6 precís [argument]. 7 exacte, fidel [traducció]. 8 carregat [ambient]; mal ventilat [habitació]; feixuc, xafogós [clima]. 9 GRAM. tancat [vocal]. *10* avar. ■ *11 s.* clos *m.*, recinte *m.* ■ *12 adv.* prop de.

close (to) (klouz) *t.* tancar. 2 tapar, obstruir. 3 estrènyer [una fila, etc.]. 4 acabar, concloure. 5 clausurar. 6 COM. saldar [un compte]. ■ *7 i.* tancar-se *p.* 8 apropar-se *p.* ■ *to* ~ *down,* tancar [definitivament]; *to* ~ *in,* escurçar-se *p.* [els dies]; acostar-se *p.*, envoltar; *to* ~ *up,* tancar; tancar-se *p.* [les flors]; ajuntar-se *p.*

closeness ('klousnis) *s.* proximitat *f.* 2 intimitat *f.* 3 detall *m.*, minuciositat *f.* 4 fidelitat *f.* [traducció]. 5 avarícia *f.* 6 inaccessibilitat [d'un grup, etc.].

closet (klɔzit) *s.* (EUA) armari *m.*, guardaroba *m.* 2 ant. lavabo *m.*, wàter *m.*

closure ('klouʒəʳ) *s.* tancament *m.*, closa *f.* 2 clausura *f.*

clot (klɔt) *s.* grumoll *m.*, coàgul *m.*

clot (to) (klɔt) *t.* coagular, guallar. ■ *2 i.* coagular-se *p.*

cloth (klɔθ) *s.* TÈXT. teixit *m.*, roba *f.*, tela *f.*, drap *m.* 2 eixugamà *m.*, drap *m.* de cuina. 3 *table-* ~, estovalles *f. pl.*

clothe (to) (klouð) *t.* vestir. 2 fig. revestir. ▲ Pret. i p. p.: *clothed* (klouðd) o (ant.) *clad* (klæd).

clothes (klouðz) *s.* roba *f. sing.;* vestits *m.*

clothes brush ('klouðzbrʌʃ) *s.* raspall *m.* de la roba, (BAL.) (VAL.) espalmador *m.*

clothes hanger ('klouðz‚hæŋəʳ) *s.* penjador *m.*

clothing ('klouðiŋ) *s.* roba *f.*, vestits *m. pl.*

cloud (klaud) *s.* METEOR. núvol *m.*, (BAL.) nígul *m.* [també fig.] ‖ fig. *to have one's head in the* ~*s,* estar als núvols.

cloud (to) (klaud) *t.* METEOR. ennuvolar [també fig.]. ■ *2 i.* ~ *(over),* ennuvolar-se *p.* [també fig.].

cloud-burst ('klaudbəːst) *s.* METEOR. xàfec *m.*

cloudy ('klaudi) *a.* METEOR. ennuvolat, nuvolós. 2 tèrbol [líquids].

clove (klouv) *s.* clau *m.*, clavell *m.* [d'espècia]. 2 gra *m.* [d'all].

cloven ('klouvn) Veure CLEAVE (TO). 2 *a.* ZOOL. forcat: ~ *hoof,* peülla forcada.

clover ('klouvəʳ) *s.* BOT. trèbol *m.* ‖ fig. *to live in* ~, viure com un rei.

clown (klaun) *s.* pallasso. 2 taujà.

clownish ('klauniʃ) *a.* de pallasso. 2 rústec, grosser.

cloy (to) (klɔi) *t.-i.* embafar *t.*

club (klʌb) *s.* club *m.*, centre *m.* social. 2 clava *f.*, porra *f.* 3 ESPORT bat *m.; ¡* pal *m.* [de golf]. 4 trèvol *m.* [joc de cartes].

club (to) (klʌb) *t.* bastonejar, garrotejar. ■ *2 i. to* ~ *together,* reunir-se *p.*, unir-se *p.* [amb una finalitat].

club-foot (‚klʌb'fut) *s.* peu *m.* esguerrat.

cluck (klʌk) *s.* cloqueig *m.*

cluck (to) (klʌk) *i.* cloquejar.

clue (kluː) *s.* indici *m.*, pista *f.* ‖ *I haven't got a* ~, no en tinc ni idea.

clump (klʌmp) *s.* BOT. grup *m.* [d'arbres]. 2 BOT. mata *f.* [de planta].

clump (to) (klʌmp) *t.* agrupar [plantes, etc.]. ■ *2 i.* caminar pesadament.

clumsiness ('klʌmzinis) *s.* matusseria *f.;* malaptesa *f.;* poca traça *f.*

clumsy ('klʌmzi) *a.* maldestre; matusser.

clung (klʌŋ) Veure CLING (TO).

cluster ('klʌstəʳ) *s.* grup *m.* 2 ram *m.;* raïm *m.;* carràs *m.;* penjoll *m.* [de fruita, etc.].

cluster (to) ('klʌstəʳ) *i.* arraïmar-se *p.*, agrupar-se *p.;* apinyar-se *p.*

clutch (klʌtʃ) *s.* agarrada *f.* 2 *pl.* fig. urpes *f.* 3 MEC. embragatge *m.* 4 ORN. niuada *f.*

clutch (to) (klʌtʃ) *t.* agarrar, agafar fortament. ■ *2 i. to* ~ *(at),* mirar d'agafar-se *p.*, aferrar-se *p.*

Co. ('cou) *s. (Company)* Cia. *f.* (companyia).

c/o (siː'ou) (abrev. *care of*) a casa de.

coach (koutʃ) *s.* (G.B.) autocar *m.* 2 FERROC. vagó *m.* 3 carruatge *m.*, cotxe *m.* 4 carrossa *f.* 5 professor *m.* particular. 6 ESPORT entrenador.

coach (to) (koutʃ) *t.-i.* fer classes particulars. 2 *t.* ESPORT entrenar.

coachman ('koutʃmən) *s.* cotxer *m.*

coagulate (to) (kou'ægjuleit) *t.* coagular. ■ *2 i.* coagular-se *p.*

coal (koul) *s.* MINER. carbó *m.*, hulla *f.*

coal (to) (koul) *t.* proveir de carbó. ■ *2 i.* proveir-se *p.* de carbó, carbonejar.

coalesce (to) (‚kouə'les) *i.* unir-se *p.;* fondre's *p.*

coalfield ('koulfi:ld) *s.* conca *f.* minera.
coalition (,kouə'liʃən) *s.* POL. coalició *f.*
coalman ('koulmæn) *s.* carboner *m.* ▲ *pl.* *coalmen.*
coalmine ('koulmain) *s.* mina *f.* de carbó.
coalpit ('koulpit) *s.* mina *f.* de carbó.
coarse (kɔ:s) *a.* bast, groller [caràcter, etc.]. *2* vulgar, groller [llengua, etc.]. *3* aspre, gruixut [material, etc.].
coast (koust) *s.* costa *f.;* litoral *m.*
coast (to) (koust) *i.* costerejar. *2* AUTO. lliscar, anar en punt mort.
coastal ('koustl) *a.* costaner, costenc.
coaster ('koustəʳ) *s.* vaixell *m.* de cabotatge. *2* sotacopa *f.* o *m.*
coastline ('koustlain) *s.* litoral *m.*
coat (kout) *s.* abric *m.*, (ROSS.) manto *m.* *2* jaqueta *f.* *3* ZOOL. pelatge *m.;* ORN. plomatge *m.* *4* capa *f.* [de pintura]. *5* coberta *f.;* revestiment *m.* *6* ~ *of arms*, escut *m.* d'armes.
coat (to) (kout) *t.* cobrir.
coating ('koutiŋ) *s.* capa *f.*, mà *f.* [de pintura, etc.].
coax (to) (kouks) *t.* fig. esperonar, estimular.
cob (kɔb) *s.* ZOOL. cigne *m.* *2* ZOOL. haca *f.* *3 corn*-~, panotxa *f.*
cobalt ('koubɔ:lt) *s.* QUÍM. cobalt *m.*
cobble ('kɔbl) *s.* còdol *m.*, palet *m.*
cobble (to) ('kɔbl) *t.* empedrar amb còdols. *2* adobar [sabates].
cobbler ('kɔbləʳ) *s.* ant. sabater. *2* barroer. *3* fig. *a load of (old)* ~*s*, bajanades *f.*
cobweb ('kɔbweb) *s.* teranyina *f.*
cocaine (kou'kein) *s.* cocaïna *f.*
cock (kɔk) *s.* ZOOL. gall *m.* ‖ *fighting* ~, gall de baralla. *2* mascle *m.* d'un ocell. *3* aixeta *f.*, clau *f.* *4* percussor *m.* [d'una pistola]. *5* vulg. titola *f.*, cigala *f.*
cock (to) (kɔk) alçar, dreçar. *2* muntar [una pistola]. *3* coŀloq. *to* ~ *up*, fúmer enlaire.
cockade (kɔ'keid) *s.* escarapeŀla *f.*
cockatoo (,kɔkə'tu:) *s.* ORN. cacatua *f.*
cockchafer ('kɔk,tʃeifəʳ) *s.* ENT. borinot *m.*
cockerel ('kɔkərəl) *s.* ZOOL. gall *m.* jove, pollastre *m.*
cock-fighting ('kɔkfaitiŋ) *s.* baralla *f.* de galls.
cockle ('kɔkl) *s.* ZOOL. escopinya *f.* de gallet. *2* vaixell *m.* petit.
cockney ('kɔkni) *a.* propi dels nadius de certes àrees de Londres. ▪ *s.* nadius de certes àrees de Londres; parla *f.* característica d'aquestes àrees.
cockpit ('kɔkpit) *s.* gallera *f.* *2* AERON. carlinga *f.*, cabina *f.*
cockroach ('kɔkroutʃ) *s.* ENT. cuca *f.* panera, cuca *f.* molla.

cocktail ('kɔkteil) *s.* còctel *m.*
cocky ('kɔki) *a.* coŀloq. pressumptuós.
coco ('koukou) *s.* BOT. cocoter *m.*
cocoa ('koukou) *s.* cacau *m.*
coconut ('koukənʌt) *s.* coco *m.*
cocoon (kə'ku:n) *s.* capoll *m.*, capell *m.*
C.O.D. (si:ou'di:) COM. *(cash on delivery)*, (EUA) *(collect on delivery)* lliurament *m.* contra reemborsament.
cod (kɔd) *s.* ICT. bacallà *m.*
coddle (to) ('kɔdl) *t.* tractar amb una cura excessiva. *2* bullir a poc a poc.
code (koud) *s.* codi *m.* *2* xifra *f.*
codify (to) ('koudifai) *t.* codificar.
coerce (to) (kou'ə:s) *t.* constrènyer, coercir, obligar (*into*, a).
coercion (kou'ə:ʃən) *s.* coerció *f.*
coffee ('kɔfi) *s.* cafè *m.: black* ~, cafè sol; *white* ~, cafè amb llet, tallat *m.*
coffeepot ('kɔfipɔt) *s.* cafetera *f.*
coffer ('kɔfəʳ) *s.* cofre *m.*, arca *f.*
coffin ('kɔfin) *s.* caixa *f.* de morts, taüt *m.*, bagul *m.*
cog (kɔg) *s.* dent *f.* [d'engranatge].
cogency ('koudʒənsi) *s.* força *f.*, pes *m.* [d'un argument].
cogent ('koudʒənt) *a.* convincent.
cogitate (to) ('kɔdʒiteit) *t.-i.* meditar, reflexionar *t.*
cognate ('kɔgneit) *a.* cognat. *2* anàleg [llengua, etc.]. ▪ *3 s.* cognació *f.* *4* analogia.
cognizance ('kɔgnizəns) *s.* DRET coneixement *m.* *2* DRET competència *f.*
cohabit (to) (kou'hæbit) *i.* form. cohabitar.
cohere (to) (kou'hiəʳ) *i.* form. adherir-se *p.* *2* ésser coherent [arguments, etc.].
coherence (kou'hiərəns) , **coherency** (kou-'hiərənsi) *s.* adherència *f.* *2* coherència *f.*
coherent (kou'hiərənt) *a.* adherent, adhesiu. *2* coherent.
cohesion (kou'hi:ʒən) *s.* cohesió *f.* [també fig.].
coil (kɔil) *s.* rotlle *m.* [de corda, etc.]. *2* ELECT. bobina *f.* *3* MED. coŀloq. espiral *f.* [anticonceptiu].
coil (to) (kɔil) *t.* enrotllar, cargolar. ▪ *2 i.* enrotllar-se *p.*, cargolar-se *p.*
coin (kɔin) *s.* moneda *f.*
coin (to) (kɔin) *t.* encunyar, amonedar. *2* fig. encunyar, crear, inventar [mots, etc.].
coinage ('kɔinidʒ) *s.* encunyació *f.* *2* moneda *f.* *3* invenció *f.* [de mots, etc.].
coincide (to) (,kouin'said) *i.* coincidir.
coincidence (kou'insidəns) *s.* coincidència *f.*
coke (kouk) *s.* coc *m.* [carbó]. *2* coŀloq. *C*~, Coca-Cola *f.* *3* coŀloq. coca *f.* [cocaïna].
colander, cullender ('kʌləndəʳ) *s.* escorredora *f.*, colador *m.*
cold (kould) *a.* fred: *to be* ~, ser fred [cosa];

fer fred [temps]; tenir fred [persona]. *2 fig.* fred, indiferent [caràcter]. *3 fig.* fred [situació, etc.]. *4* frígid. ▪ *5 s.* fred *m. 6* constipat *m.,* refredat *m.: to catch a ~,* constipar-se *p.; to have a ~,* estar constipat.

cold-blooded (ˌkould'blʌdid) *a. fig.* insensible. *2* ZOOL. de sang freda.

coldness ('kouldnis) *s.* fredor *f.*

collaborate (to) (kə'læbəreit) *t.* col·laborar.

collaboration (kəˌlæbə'reiʃən) *s.* col·laboració *f.*

collaborator (kə'læbəreitəʳ) *s.* col·laborador. *2* col·laboracionista.

collapse (kə'læps) *s.* esfondrament *m.,* ensorrament *m.,* enderrocament *m. 2 fig.* fracàs *m.,* ruina *f. 3* MED. col·lapse *m.*

collapse (to) (kə'læps) *i.* esfondrar-se *p.,* ensorrar-se *p.,* enderrocar-se *p. 2 fig.* fracassar. *3* MED. tenir un col·lapse.

collapsible, -able (kə'læpsibl) *a.* plegable, desmuntable.

collar ('kɔləʳ) *s.* coll *m.* [d'una peça de vestir]. *2* collar *m.*

collar (to) ('kɔləʳ) *t.* agafar pel coll. *2 ant.* col·loq. pispar.

collarbone ('kɔləboun) *s.* ANAT. clavícula *f.*

collate (kɔ'leit) *t.* acarar, confrontar.

collateral (kɔ'lætərəl) *a.* col·lateral.

collation (kɔ'leiʃən) *s.* confrontació *f.,* col·lació *f. 2* àpat *m.* lleuger.

colleague ('kɔliːg) *s.* col·lega, company [de feina, etc.].

collect (to) (kə'lekt) *t.* recollir, aplegar. *2* recaptar [diners, etc.]. *3* col·leccionar. *4* anar a buscar. *5* posar en ordre [les idees, etc.]. ▪ *6 p. to ~ oneself,* asserenar-se *p.* ▪ *7 i.* congregar-se *p.,* aglomerar-se *p.,* acumular-se *p.*

collected (kə'lektid) *a.* complet: *~ works,* obres completes. *2 fig.* assossegat, tranquil.

collection (kə'lekʃən) *s.* recollida *f. 2* col·lecta *f.;* recaptació *f. 3* col·lecció *f.*

collective (kə'lektiv) *a.* col·lectiu.

collectivize (to) (kə'lektivaiz) *t.* col·lectivitzar.

collector (kə'lektəʳ) *s.* col·leccionista. *2* recaptador: *tax ~,* recaptador d'impostos.

college ('kɔlidʒ) *s.* escola *f.,* institut *f.* [d'ensenyament superior i professional]. *2* col·legi *m.* [d'advocats, metges, etc.]. *3* universitat *f.;* facultat *f.* universitària.

collide (to) (kə'laid) *i.* xocar [també fig.], col·lidir.

collie ('kɔli) *s.* ZOOL. gos *m.* pastor escocès.

collier ('kɔliəʳ) *s.* miner [de carbó]. *2* MAR. vaixell *m.* carboner.

colliery ('kɔljəri) *s.* mina *f.* de carbó.

collision (kə'liʒən) *s.* col·lisió *f.,* xoc *m. 2* conflicte *m.*

colloquial (kə'loukwiəl) *a.* col·loquial, familiar.

colloquialism (kə'loukwiəlizəm) *s.* expressió *f.* o frase *f.* col·loquial.

collusion (kə'luːʒən) *s.* col·lusió *f.,* confabulació *f.*

colonel ('kəːnl) *s.* MIL. coronel *m.*

colonist ('kɔlənist) *s.* colonitzador. *2* colon *m.*

colonize (to) ('kɔlənaiz) *t.* colonitzar.

colony ('kɔləni) *s.* colònia *f.*

colossal (kə'lɔsl) *a.* colossal.

colour, (EUA) **color** ('kʌləʳ) *s.* color *m.* (i *f.*). ‖ *to lose ~,* empal·lidir. *2 pl.* ART colorit *m. sing.,* tons *m.* ‖ *water- ~s,* aquarel·la *f. 3* MIL. *pl.* colors *m.,* bandera *f.* sing. ‖ *to hoist the ~s,* hissar la bandera. *4 pl.* colors *m.,* distintiu *m. sing.* [d'un club, etc.].

colour (to), (EUA) **color (to)** ('kʌləʳ) *t.* acolorir; pintar; tenyir. *2* alterar [les notícies, etc.]. ▪ *3 i. to ~ (up),* verolar [fruits, etc.], canviar de color; enrojolar-se *p.* [persones].

colour bar ('kʌləbɑːʳ) *s.* barrera *f.* racial.

colour-blind ('kʌləblaind) *a.* daltònic.

colourful ('kʌləfl) *a.* ple de color. *2* animat, viu.

colouring ('kʌləriŋ) *s.* coloració *f. 2* colorit *m.*

colourless ('kʌləlis) *a.* incolor. *2* descolorit. *3* pàl·lid. *4 fig.* insípid.

colt (koult) *s.* ZOOL. poltre *m. 2 fig.* xitxarel·lo *m.*

column ('kɔləm) *s.* columna *f.*

columnist ('kɔləmnist) *s.* articulista, periodista.

comb (koum) *s.* pinta *f. 2* carda *f. 3* bresca *f. 4* ZOOL. cresta *f.*

comb (to) (koum) *t.* pentinar. *2* cardar [la llana, etc.]. *3* col·loq. fer una batuda. *4 fig. to ~ out,* fer neteja. ▪ *5 i. to ~ over,* rompre's *p.* [les ones].

combat ('kɔmbæt) *s.* combat *m.*

combat (to) ('kɔmbæt) *t.-i.* combatre.

combatant ('kɔmbətənt) *a.-s.* combatent.

combative ('kɔmbətiv) *a.* combatiu.

combativeness ('kɔmbətivnis) *s.* combativitat *f.*

combination (ˌkɔmbi'neiʃən) *s.* combinació *f.*

combine ('kɔmbain) *s.* COM. associació *f. 2* AGR. *~* o *~ harvester,* segadora-batedora *f.,* recol·lectora *f.*

combine (to) (kəm'bain) *t.* combinar. *2* fusionar, unir. *3* QUÍM. combinar(se. ▪ *4 i.* combinar-se *p. 5* fusionar-se *p.,* unir-se *p.*

combustible (kəm'bʌstibl) *a.* combustible.

2 fig. explosiu [persones]. ▪ *3 s. pl.* combustible *m. sing.*

combustion (kəm'bʌstʃən) *s.* combustió *f.*

come (to) (kʌm) *i.* venir, arribar. *2* provenir, procedir. *3* aparèixer, surtir. *4* passar, ocòrrer. *5* entrar [en contacte, en acció, etc.]. *6* colloq. escórrer-se *p.* [ejacular]. *7 to ~ true,* acomplir-se *p.,* esdevenir-se *p.* ▪ *to ~ about,* passar, succeir, *to ~ across,* topar *t.,* trobar *t.* per casualitat; *to ~ apart* o *asunder,* desmuntar-se *p.,* trencar-se *p.; dividir-se p.; to ~ back,* tornar; recordar, tornar a la memòria; *to ~ by,* aconseguir, obtenir; *to ~ down,* esfondrar-se *p.,* caure; baixar; *to ~ forth,* sortir, aparèixer; *to ~ forward,* presentar-se *p.,* oferir-se *p.; to ~ in,* entrar; *to ~ of;* provenir. ‖ *to ~ of age,* arribar a la majoria d'edat; *to ~ off,* tenir lloc; tenir èxit; despendre's *p.,* desenganxar-se *p.; to ~ on,* seguir; desenvolupar-se *p.,* progressar; arribar; *to ~ out,* sortir, aparèixer; desaparèixer; *to ~ round,* visitar, deixar-se *p.* caure; entendre, assentir; *to ~ to,* tornar en si; pujar a; arribar a; *to ~ together,* ajuntar-se *p.; to ~ up,* pujar, aparèixer, sortir, sorgir; ser discutit; acostar-se *p.; to ~ upon,* caure sobre, sorprendre. ‖ Pret.: *came* (keim); p. p.: *come* (kʌm).

comedian (kə'mi:djən) *s.* comediant *m.*

comedienne (kə,mi:dj'en) *s.* comedianta *f.*

comedy ('kɔmidi) *s.* comèdia *f.*

comeliness ('kʌmlinis) *s.* ant. gentilesa *f. 2* gràcia *f.,* encís *m.*

comely ('kʌmli) *a.* ant. gentil; ben plantat. *2* decent.

comet ('kɔmit) *s.* ASTR. cometa *m.*

comfort ('kʌmfət) *s.* comoditat *f.,* benestar *m.* [físic]. *2* consol *m.*

comfort (to) ('kʌmfət) *t.* consolar. *2* alleujar. *3* animar, reconfortar.

comfortable ('kʌmftəbl) *a.* còmode!. ‖ *make yourself ~!,* posa't còmode! *2* confortable. *3 a ~ income,* uns bons ingressos; *a ~ life,* una vida folgada.

comforter ('kʌmfətəʳ) *s.* consolador. *2* (G.B.) bufanda *f. 3* (G.B.) xumet *m. 4* (EUA) edredó *m.*

comfortless ('kʌmfətlis) *a.* incòmode. *2* trist, gris.

comfort station ('kʌmfət,steiʃn) *s.* (EUA) lavabo *m.* públic.

comic ('kɔmik) *a.* còmic, graciós. ▪ *2 s.* TEAT. comèdia *f. 3* còmic *m.* [publicació].

comical ('kɔmikəl) *a.* graciós, còmic, divertit.

coming ('kʌmiŋ) *a.* proper, vinent. ▪ *2 s.* arribada *f.,* vinguda *f.*

command (kə'ma:nd) *s.* ordre *f.,* mandat *m. 2* comandament *m.;* domini *m. 3* MIL. comandància *f.*

command (to) (kə'ma:nd) *t.* manar, ordenar, comandar. *2* dominar. *3* disposar *i.* de ▪ *4 i.* manar *t.*

commandant (,kɔmən'dænt) *s.* MIL. comandant *m.*

commander (kə'ma:ndəʳ) *s.* MIL. comandant *m. 2* MAR. capità *m.* de fragata.

commandment (kə'ma:ndmənt) *s.* manament *m.* ‖ REL. *The Ten Commandments,* Els Deu Manaments.

commando (kə'ma:ndou) *s.* MIL. comando *m.*

commemorate (to) (kə'meməreit) *t.* commemorar.

commemoration (kə,memə'reiʃən) *s.* commemoració *f.*

commence (to) (kə'mens) *t.-i.* form. començar.

commencement (kə'mensmənt) *s.* form. començament *m.*

commend (to) (kə'mend) *t.* recomanar. *2* encomanar.

commensurate (kə'menʃərit) *a.* proporcional, corresponent.

comment ('kɔmənt) *s.* comentari *m.* ‖ *no ~!,* sense comentaris! *m. pl.*

comment (to) ('kɔment) *i.* comentar *t.,* opinar (*on* o *upon,* sobre).

commentary ('kɔmentəri) *s.* comentari *m.* ‖ *running ~,* retransmissió *f.* en directe.

commentator ('kɔmenteit'əʳ) *s.* comentarista; locutor.

commerce ('kɔmə:s) *s.* comerç *m.*

commercial (kə'mə:ʃəl) *a.* comercial. ▪ *2 s.* RADIO., TELEV. anunci *m.*

commercial traveller (,kə,mə:ʃəl'trævləʳ) *s.* viatjant *m.*

commiserate (to) (kə'mizəreit) *i.* apiadar-se *p.* (*with,* de).

commiseration (kə,mizə'reiʃən) *s.* commiseració *f.*

commissariat (,kɔmi'seəriət) *s.* comissariat *m. 2* MIL. intendència.

commissary ('kɔmisəri) *s.* comissari *m. 2* MIL. intendent *m.*

commission (kə'miʃən) *s.* comissió *f.* [encàrrec]. *2* COM. comissió *f.; on ~,* a comissió. *3* MIL. despatx *m.,* nomenament *m. 4* comissió *f.,* delegació *f.*

commission (to) (kə'miʃən) *t.* comissionar, encarregar.

commissioner (kə'miʃənəʳ) *s.* comissari. *m. 2* enviat, propi.

commit (to) (kə'mit) *t.* cometre, perpetrar. *2* confiar, entregar. *3* comprometre: *to ~ oneself,* comprometre's (*to,* a). *4* tancar, empresonar; internar.

commitment (kə'mitmənt) *s.* compromís *m.*, obligació *f.* 2 empresonament *m.*, internament *m.*, reclusió *f.*
committee (kə'miti) *s.* comitè *m.*, comissió *f.*
commodious (kə'moudjəs) *a.* espaiós.
commodity (kə'mɔditi) *s.* article *m.* [de consum], producte *m.*
common ('kɔmən) *a.* comú. 2 corrent, ordinari. 3 coŀloq. vulgar [persona]. 4 DRET consuetudinari. 5 *the Common Market*, el Mercat *m.* Comú. ▪ 6 *s.* empriu *m.*, terra *f.* comunal. 7 *loc. adv.* *in* ~, en comú. 8 *pl.* POL. *the House of Commons*, la Cambra dels Comuns.
commoner ('kɔmənəʳ) *s.* plebeu.
commonplace ('kɔmənpleis) *a.* comú, vulgar. ▪ 2 *s.* tòpic *m.*, lloc *m.* comú. 3 cosa *f.* corrent.
commonsense (ˌkɔmən'sens) *s.* sentit *m.* comú.
commonwealth ('kɔmənwelθ) *s.* estat *m.* 2 comunitat *f.* de Nacions. 3 *the Commonwealth*, la Commonwealth *f.*
commotion (kə'mouʃən) *s.* rebombori *m.*, tumult *m.*, disturbi *m.* 2 commoció *f.*
commune ('kɔmju:n) *s.* comuna *f.* 2 comunitat *f.*
communicate (to) (kə'mju:nikeit) *t.* comunicar. ▪ 2 *i.* comunicar-se *p.* (*with*, amb). 3 REL. combregar.
communication (kəˌmju:ni'keiʃən) *s.* comunicació. 2 *official* ~, comunicat *m.* oficial.
communion (kə'mju:njən) *s.* comunió *f.*
communism ('kɔmjunizəm) *s.* comunisme *m.*
communist ('kɔmjunist) *a.-s.* comunista.
community (kə'mju:niti) *s.* comunitat *f.* ‖ ~ *centre*, centre *m.* o local *m.* social; centre *m.* cívic.
commutation (ˌkɔmju:'teiʃən) *s.* commutació *f.*
commutation ticket (ˌkɔmju:teiʃnˌtikit) *s.* (EUA) abonament *m.*
commute (to) (kə'mju:t) *t.* commutar. ▪ 2 *i.* viatjar diàriament de casa a la feina.
commuter (kə'mju:təʳ) *s.* persona *f.* que viatja diàriament de casa a la feina.
compact ('kɔmpækt) *s.* pacte *m.*, conveni *m.* 2 COSM. polvorera *f.*
compact (kəm'pækt) *a.* compacte, dens. 2 breu, concís [estil].
compact (to) (kəm'pækt) *t.* estrènyer, comprimir, condensar.
companion (kəm'pænjən) *s.* company. 2 persona *f.* de companyia.
companionship (kəm'pænjənʃip) *s.* companyonia *f.*

company ('kʌmpəni) *s.* companyia *f.* 2 visita *f.*, convidats *m. pl.*
comparable ('kɔmpərəbl) *a.* comparable.
comparative (kəm'pærətiv) *a.* comparatiu. 2 relatiu. 3 comparat. ▪ 4 *s.* GRAM. comparatiu *m.*
compare (kəm'pɛəʳ) *s.* poèt. *beyond* o *past* ~, sens parió.
compare (to) (kəm'pɛəʳ) *t.* comparar. 2 acarar, confrontar. ▪ 3 *i.* comparar-se *p.*: *this cannot* ~ *with that*, no es poden comparar; *how do they* ~?, en què es diferencien?
comparison (kəm'pærisn) *s.* comparació *f.*: *by* o *in* ~, en comparació *f.*
compartment (kəm'pɑ:tmənt) *s.* compartiment *m.*, departament *m.*
compass ('kʌmpəs) *s.* brúixola *f.* 2 ~ o ~*es*, compàs *m.* 3 abast *m.*; extensió *f.*
compass (to) ('kʌmpəs) *t.* Veure ENCOMPASS (TO).
compassion (kəm'pæʃən) *s.* compassió *f.*
compassionate (kəm'pæʃənit) *a.* compassiu.
compatibility (kəm'pætə'biliti) *s.* compatibilitat *f.*
compatible (kəm'pætəbl) *a.* compatible.
compatriot (kəm'pætriət) *s.* compatriota.
compel (to) (kəm'pel) *t.* compeŀlir, obligar. 2 imposar.
compendium (kəm'pendiəm) *s.* compendi *m.*, resum *m.*
compensate (to) ('kɔmpenseit) *t.* compensar. 2 indemnitzar. ▪ 3 *i. to* ~ *for*, compensar *t.*
compensation (ˌkɔmpen'seiʃən) *s.* compensació *f.*
compete (to) (kəm'pi:t) *i.* competir.
competence ('kɔmpitəns) *s.* competència *f.*, aptitud *f.*, aptesa *f.* 2 DRET competència *f.*
competent ('kɔmpitənt) *a.* competent. capaç. 2 adequat, idoni.
competition (ˌkɔmpi'tiʃən) *s.* competició *f.* 2 competència *f.* 3 certamen *m.*, concurs *m.*
competitive (kəm'petitiv) *a.* de competència. ‖ ~ *examination*, concurs *m.*, oposicions *f. pl.*
compilation (ˌkɔmpi'leiʃən) *s.* compilació *f.*, recopilació *f.*
compile (to) (kəm'pail) *t.* compilar, recopilar.
complacence (kəm'pleisəns) , **complacency** (kəm'pleisnsi) *s.* autosatisfacció *f.* 2 complaença *f.*
complacent (kəm'pleisənt) *a.* satisfet de si mateix.
complain (to) (kəm'plein) *i.* queixar-se *p.*
complaint (kəm'pleint) *s.* queixa *f.* 2 MED. mal *m.*, malaltia *f.*

complaisance (kəmˈpleizəns) *s.* complaença *f.*, amabilitat *f.*

complaisant (kəmˈpleizənt) *a.* complaent, amable.

complement (ˈkɔmplimənt) *s.* complement *m.* 2 GRAM. atribut *m.*, complement *m.* 3 MAR. dotació *f.*

complete (kəmˈpliːt) *a.* complet. 2 acabat. 3 total. 4 consumat.

complete (to) (kəmˈpliːt) *t.* completar; acabar.

completion (kəmˈpliːʃən) *s.* acabament *m.*, terminació *f.* 2 realització *f.*

complex (ˈkɔmpleks) *a.* complex; complicat. ■ 2 *s.* complex *m.* 3 PSICOL. complex *m.*

complexion (kəmˈplekʃən) *s.* cutis *m.*, color *m.* de la cara. 2 fig. aspecte *m.*, caire *m.*

complexity (kəmˈpleksiti) *s.* complexitat *f.*

compliance (kəmˈplaiəns) *s.* condescendència *f.*, submissió *f.* 2 conformitat *f.*

compliant (kəmˈplaiənt) *a.* condescendent. 2 dòcil; submís.

complicate (to) (ˈkɔmplikeit) *t.* complicar.

complicated (ˈkɔmplikeitid) *a.* complicat.

complication (ˌkɔmpliˈkeiʃən) *s.* complicació *f.*

complicity (kəmˈplisiti) *s.* complicitat *f.*

compliment (ˈkɔmplimənt) *s.* compliment *m.* 2 atenció *f.*, detall *m.* 3 *pl.* salutacions *f.*

compliment (to) (ˈkɔmpliment) *t.* complimentar; felicitar.

complimentary (ˌkɔmpliˈmentəri) *a.* elogiós, afalagador. 2 de favor, gratuït.

comply (to) (kəmˈplai) *i.* condescendir, accedir (*with*, a). 2 *to* ~ *with*, complir *t.*, obeir *t.*

compose (to) (kəmˈpouz) *t.-i.* compondre. ■ 2 *t.-p.* calmar, asserenar.

composed (kəmˈpouzd) *a.* asserenat, assossegat.

composer (kəmˈpouzəʳ) *s.* compositor.

composite (ˈkɔmpəzit) *a.-s.* compost.

composition (ˌkɔmpəˈziʃən) *s.* composició *f.* 2 redacció *f.* [exercici].

compositor (kəmˈpɔzitəʳ) *s.* IMPR. caixista *m.*

compost (ˈkɔmpɔst) *s.* AGR. adob *m.*, compost *m.*

composure (kəmˈpouʒəʳ) *s.* calma *f.*, serenitat *f.*

compound (ˈkɔmpaund) *a.* compost. ■ 2 *s.* compost *m.*, barreja *f.* 3 GRAM. paraula *f.* composta.

compound (to) (kəmˈpaund) *t.* combinar, barrejar. 2 compondre, arranjar. 3 agreujar [un insult, una ofensa]. ■ 4 *i.* arribar a un acord, pactar.

comprehend (to) (ˌkɔmpriˈhend) *t.* comprendre. 2 contenir.

comprehensible (ˌkɔmpriˈhensəbl) *a.* comprensible.

comprehension (ˌkɔmpriˈhenʃən) *s.* comprensió *f.*

comprehensive (ˌkɔmpriˈhensiv) *a.* extens, ampli. 2 comprensiu.

comprehensiveness (ˌkɔmpriˈhensivnis) *s.* comprensió *f.* 2 amplitud.

comprehensive school (ˌkɔmpriˈhensivskuːl) *s.* institut *m.* d'ensenyament mitjà.

compress (ˈkɔmpres) *s.* compresa *f.*

compress (to) (kəmˈpres) *t.* comprimir. 2 condensar.

compression (kəmˈpreʃən) *s.* compressió *f.*; condensació *f.*

compressor (kəmˈpresəʳ) *s.* compressor *m.*

comprise (to) (kəmˈpraiz) *t.* comprendre, incloure.

compromise (ˈkɔmprəmaiz) *s.* avinença *f.*, transacció *f.* 2 DRET compromís *m.* 3 terme *m.* mitjà.

compromise (to) (ˈkɔmprəmaiz) *t.* acordar. 2 comprometre. ■ 3 *i.* arribar a un acord. 4 transigir.

compulsion (kəmˈpʌlʃən) *s.* compulsió *f.*, coacció *f.* ‖ *under* ~, per força.

compulsory (kəmˈpʌlsəri) *a.* obligatori.

compunction (kəmˈpʌŋkʃən) *s.* compunció *f.*, remordiment *m.*

compute (to) (kəmˈpjuːt) *t.* computar, calcular.

computer (kəmˈpjuːtəʳ) *s.* computador *m.*, computadora *f.* 2 calculador *m.*, calculadora *f.* 3 ordinador *m.*

comrade (ˈkɔmreid) *s.* company, camarada.

comradeship (ˈkɔmreidʃip) *s.* companyonia *f.*

con (to) (kɔn) *t.* coŀloq. fig. ensarronar.

con (kɔn) *s.* contra *m.*: *the pros and* ~*s*, els pros i contres. 2 coŀloq. estafa *f.*

concave (ˈkɔnkeiv) *a.* còncau, concavat. ■ 2 *s.* concavitat *f.*

conceal (to) (kənˈsiːl) *t.* ocultar, amagar, encobrir, tapar.

concealment (kɔnˈsiːlment) *s.* ocultació *f.* 2 amagatall *m.*

concede (to) (kənˈsiːd) *t.* concedir, atorgar. 2 admetre, reconèixer.

conceit (kənˈsiːt) *s.* vanitat *f.*, presumpció *f.* 2 idea *f.* enginyosa.

conceited (kənˈsiːtid) *a.* vanitós, presumptuós, envanit.

conceivable (kənˈsiːvəbl) *a.* concebible.

conceive (to) (kənˈsiːv) *t.-i.* concebre *t.*

concentrate (to) (ˈkɔnsentreit) *t.* concentrar. ■ 2 concentrar-se *p.*

concentration (ˌkɔnsen'treiʃən) *s.* concentració *f.*

concept ('kɔnsept) *s.* concepte *m.*

conception (kən'sepʃən) *s.* concepció *f.* 2 idea *f.*, concepció *f.*

concern (kən'sə:n) *s.* assumpte *m.*, cosa *f.: it's no ~ of mine,* no és cosa meva. 2 negoci *m.;* empresa *f.* 3 interès *m.*, part *f.* 4 preocupació *f.*, inquietud *f.*

concern (to) (kən'sə:n) *t.* afectar. concernir. ‖ *as far as I'm ~ed,* quant a mi. 2 tractar. 3 preocupar. ■ 4 p. interessar-se.

concerning (kən'sə:niŋ) *prep.* pel que fa a; sobre.

concert ('kɔnsə:t) *s.* MÚS. concert *m.* 2 concert *m.*, acord *m.*

concert (to) (kən'sə:t) *t.* concertar.

concerted (kən'sə:tid) *a.* concertat; conjunt. ‖ *~ effort,* esforç conjunt.

concession (kən'seʃən) *s.* concessió *f.*

conch (kɔntʃ) *s.* ZOOL. cargol *m.* de mar.

conciliate (to) (kən'silieit) *t.* conciliar, propiciar.

conciliation (kənˌsili'eiʃən) *s.* conciliació *f.*

conciliatory (kən'siliətəri) *a.* conciliatori.

concise (kən'sais) *a.* concís.

conciseness (kən'saisnis) *s.* concisió *f.*

conclave ('kɔnkleiv) *s.* conclave *m.*

conclude (to) (kən'klu:d) *t.* concloure, acabar. 2 concertar (*with,* amb) [un tractat]. 3 concloure, inferir. 4 decidir, determinar. ■ 5 i. concloure *t.*

conclusion (kən'klu:ʒən) *s.* conclusió *f.;* final *m.: in ~,* en conclusió. 2 *a foregone ~,* un resultat *m.* inevitable.

conclusive (kən'klu:siv) *a.* conclusiu. 2 concloent.

concoct (to) (kən'kɔkt) *t.* confeccionar. 2 mesclar, inventar [sopa, beguda, etc.]. 3 fig. ordir, tramar.

concoction (kən'kɔkʃən) *s.* mescla *f.;* beuratge *m.* 2 fig. trama *f.*

concomitant (kən'kɔmitənt) *a.* form. concomitant. ■ 2 s. form. cosa *f.* concomitant.

concord ('kɔŋkɔ:d) *s.* concòrdia *f.* 2 GRAM. concordança *f.*

concordance (kən'kɔ:dəns) *s.* concordança *f.*, acord *m.* 2 concordances *f. pl.* [índex].

concordant (kən'kɔ:dənt) *a.* concordant.

concourse ('kɔŋkɔ:s) *s.* concurrència *f.* 2 (EUA) vestíbul *m.* [d'una estació de tren].

concrete ('kɔŋkri:t) *a.* concret. ■ 2 s. CONSTR. formigó *m.*, ciment *m.*

concrete (to) ('kɔŋkri:t) *t.* recobrir de formigó i ciment. ■ 2 i. solidificar-se *p.*

concur (to) (kən'kə:ʳ) *i.* assentir, estar d'acord. 2 concórrer; coincidir; cooperar.

concurrence (kən'kʌrəns) *s.* acord *m.* 2 concurrència *f.*

concussion (kən'kʌʃən) *s.* MED. commoció *f.* cerebral. 2 convulsió *f.*, espasme *m.*

condemn (to) (kən'dem) *t.* condemnar. 2 confiscar.

condemnation (ˌkɔndem'neiʃən) *s.* condemnació *f.*

condensation (ˌkɔnden'seiʃən) *s.* condensació *f.*

condense (to) (kən'dens) *t.* condensar. 2 condensar, abreujar [discurs, etc.]. ■ 3 i. condensar-se *p.*

condescend (to) (ˌkɔndi'send) *i.* condescendir, dignar-se *p.*

condescension (ˌkɔndi'senʃən) *s.* condescendència *f.*

condiment ('kɔndimənt) *s.* ALIM. condiment *m.*

condition (kən'diʃən) *s.* condició *f.* ‖ *on ~ (that),* a (o amb) la condició de (o que).

condition (to) (kən'diʃən) *t.* condicionar.

conditional (kən'diʃənl) *a.* condicional.

condole (to) (kən'doul) *i.* condoldre's *p.*

condolence (kən'douləns) *s.* condol *m.*, condolença *f.*

condone (to) (kən'doun) *t.* condonar, perdonar.

conduce (to) (kən'dju:s) *i. to ~ to* o *towards,* conduir a; contribuir a.

conducive (kən'dju:siv) *a.* conduent.

conduct ('kɔndʌkt) *s.* conducta *f.*

conduct (to) (kən'dʌkt) *t.* conduir, guiar. 2 dirigir, controlar. 3 QUÍM. conduir.

conductor (kən'dʌktəʳ) *s.* MÚS. director. 2 cobrador [d'autobús]. 3 (EUA) revisor [de tren].

cone (koun) *s.* GEOM., BOT. con *m.*

confection (kən'fekʃən) *s.* dolços *m. pl.* 2 confecció *f.*

confectioner (kən'fekʃənəʳ) *s.* confiter, pastisser.

confectionery (kən'fekʃənəri) *s.* confits *m. pl.*, caramels *m. pl.*, bombons *m. pl.* 2 confiteria *f.*, pastisseria *f.*

confederacy (kən'fedərəsi) *s.* confederació *f.*

confer (to) (kən'fə:ʳ) *t.* conferir, concedir. ■ 2 i. conferir, conferenciar.

conference ('kɔnfərəns) *s.* congrés *m.*, conferència *f.* [reunió].

confess (to) (kən'fes) *t.* confessar. ■ 2 i. confessar-se *p.*

confessed (kən'fest) *a.* confessat, declarat, reconegut.

confession (kən'feʃən) *s.* confessió *f.: ~ of faith,* confessió *f.* de fe. 2 credo *m.*

confessional (kən'feʃənl) *a.* confessional. ■ 2 s. confessionari *m.*

confidant (ˌkɔnfi'dænt) *s.* confident.

confide (to) (kən'faid) *t.-i.* confiar.

confidence ('kɔnfidəns) *s.* confiança *f.*, fe *f.*
2 confidència *f.*

confident ('kɔnfidənt) *a.* confiat. segur.

confidential (ˌkɔnfi'denʃəl) *a.* confidencial.
2 de confiança *f.*

confines ('kɔnfainz) *s. pl.* límits *m.*, fronteres *f.*

confine (to) (kənˌfain) *t.* confinar. 2 limitar, restringir.

confinement (kən'fainmənt) *s.* confinament *m.* 2 presó *f.*, reclusió *f.* 3 part *m.*, infantament *m.*

confirm (to) (kən'fə:m) *t.* confirmar, corroborar, ratificar. 2 REL. confirmar.

confirmation (ˌkɔnfə'meiʃən) *s.* confirmació *f.* 2 REL. confirmació *f.*

confirmed (kən'fə:md) *a.* confirmat. 2 inveterat.

confiscate (to) ('kɔnfiskeit) *t.* confiscar.

confiscation (ˌkɔnfis'keiʃən) *s.* confiscació *f.*

conflagration (ˌkɔnflə'greiʃən) *s.* incendi *m.*

conflict ('kɔnflikt) *s.* conflicte *m.*

conflict (to) (kən'flikt) *i.* entrar en conflicte, estar en conflicte.

confluence ('kɔnfluəns) *s.* confluència *f.*

conform (to) (kən'fɔ:m) *t.* conformar. ■ 2 *i.* conformar-se *p.*

conformist (kən'fɔ:mist) *s.* conformista.

conformity (kən'fɔ:miti) *s.* conformitat *f.*, concordança *f.*, consonància *f.*

confound (to) (kən'faund) *t.* confondre, desconcertar ■ 2 interj. ant. ~ *it!*, ostres!

confounded (kən'faundid) *a.* confús. 2 fam. maleït.

confraternity (ˌkɔnfrə'tə:niti) *s.* confraria *f.*, confraternitat *f.*

confront (to) (kən'frʌnt) *t.* confrontar, acarar. 2 afrontar.

confuse (to) (kən'fju:z) *t.* confondre.

confusion (kən'fju:ʒən) *s.* confusió *f.*

congeal (to) (kən'dʒi:l) *t.* congelar, quallar, coagular. ■ 2 *i.* congelar-se *p.*, quallar-se *p.*, coagular-se *p.*

congenial (kən'dʒi:njəl) *a.* congenial. 2 simpàtic, agradable.

congenital (kən'dʒenitl) *a.* congènit.

conger ('kɔŋgə^r) *s.* ICT. ~ *eel*, congre *m.*

congest (to) (kən'dʒest) *t.* congestionar, aglomerar. ■ 2 *i.* congestionar-se *p.*, aglomerar-se *p.*

congestion (kən'dʒestʃən) *s.* congestió *f.* 2 aglomeració *f.*

conglomerate (kən'glɔmərit) *a.-s.* conglomerat *s.* [també fig.].

conglomerate (to) (kən'glɔməreit) *t.* conglomerar. ■ 2 *i.* conglomerar-se *p.*

congratulate (to) (kən'grætjuleit) *t.* congratular, felicitar. ■ 2 *p. to* ~ *oneself*, felicitar-se.

congratulation (kənˌgrætju'leiʃən) *s.* congratulació *f.*, felicitació *f.*

congregate (to) ('kɔŋgrigeit) *t.* congregar, aplegar, ajuntar. ■ 2 *i.* congregar-se *p.*, aplegar-se *p.*, ajuntar-se *p.*

congregation (ˌkɔŋgri'geiʃən) *s.* congregació *f.*, reunió *f.*

congress ('kɔŋgres) *s.* congrés *m.*

congruent ('kɔŋgruənt) , **congruous** ('kɔŋgruəs) *a.* congruent.

conic ('kɔnik), **conical** ('kɔnikəl) *a.* cònic.

conifer ('kɔnifə^r) *s.* BOT. conífera *f.*

conjecture (kən'dʒektʃə^r) *s.* conjectura *f.*, presumpció *f.*

conjecture (to) (kən'dʒektʃə^r) *t.-i.* conjecturar *t.*, presumir *t.*

conjoin (to) (kən'dʒɔin) *t.* unir, ajuntar. ■ 2 *i.* unir-se *p.*, ajuntar-se *p.*

conjoint ('kɔndʒɔint) *a.* unit, associat.

conjugal ('kɔndʒugəl) *a.* conjugal.

conjugate (to) ('kɔndʒugeit) *t.* conjugar. ■ 2 *i.* conjugar-se *p.*

conjugation (ˌkɔndʒu'geiʃən) *s.* conjugació *f.*

conjunction (kən'dʒʌŋkʃən) *s.* GRAM. conjunció *f.* 2 conjunció *f.*, unió *f.*

conjuncture (kən'dʒʌŋktʃə^r) *s.* conjuntura *f.*, circumstàncies *f. pl.*

conjure (to) (kən'dʒuə^r) *t.* conjurar, implorar, suplicar. 2 ('kʌndʒə^r) *t.* conjurar, evocar [un esperit, etc.]. 3 fer alguna cosa com per art de màgia. 4 *to* ~ *up*, evocar [imatges, etc.]. ■ 5 *i.* fer jocs de mans.

conjurer, conjuror ('kʌndʒərə^r) *s.* prestidigitador.

con man ('kɔnmaen) *s.* estafador *m.*

connect (to) (kə'nekt) *t.* connectar. 2 unir, enllaçar; comunicar. 3 relacionar, associar. ■ 4 *i.* unir-se *p.*, enllaçar-se *p.*, comunicar, comunicar-se *p.* 5 FERROC. enllaçar.

connection, connexion (kə'nekʃən) *s.* connexió *f.*, enllaç *m.* 2 relació *f.* 3 comunicació *f.* 4 FERROC. enllaç *m.*, correspondència *f.*

connivance (kə'naivəns) *s.* connivència *f.*, consentiment *m.*, complicitat *f.*

connive (to) (kə'naiv) *i.* fer els ulls grossos. 2 confabular-se *p.*

conquer (to) ('kɔŋkə^r) *t.* conquerir. 2 vèncer, derrotar; dominar.

conqueror ('kɔŋkərə^r) *s.* conqueridor. 2 vencedor.

conquest ('kɔŋkwest) *s.* conquesta *f.*

Conrad ('kɔnræd) *n. pr. m.* Conrad.

consanguinity (ˌkɔnsæŋ'gwiniti) *s.* consanguinitat *f.*

conscience ('kɔnʃəns) *s.* consciència *f.*: *a matter of* ~, una qüestió *f.* de consciència.

conscientious (ˌkɔnʃi'enʃəs) *a.* conscienciós, de consciència.

conscientiousness (ˌkɔnʃi'enʃəsnis) *s.* consciència *f.*, rectitud *f.*, escrupolositat *f.*

conscious ('kɔnʃəs) *a.* conscient.

consciousness ('kɔnʃəsnis) *s.* consciència *f.* 2 MED. coneixement.

conscript ('kɔnskript) *a.* reclutat. ■ *2 s.* recluta *m.*

conscript (to) (kən'skript) *t.* reclutar.

conscription (kən'skripʃən) *s.* reclutament *m.*

consecrate (to) ('kɔnsikreit) *t.* consagrar.

consecration (ˌkɔnsi'kreiʃən) *s.* consagració *f.* 2 dedicació *f.*

consecutive (kən'sekjutiv) *a.* consecutiu, successiu.

consensus (kən'sensəs) *s.* consens *m.*

consent (kən'sent) *s.* consentiment *m.*, assentiment *m.: all with one ~,* unànimement.

consent (to) (kən'sent) *i.* consentir, accedir.

consequence ('kɔnsikwəns) *s.* conseqüència *f.*, resultat *m.* 2 conclusió *f.* 3 importància *f.*

consequent ('kɔnsikwənt) *a.* conseqüent, lògic. 2 LÒG. conseqüent.

consequential (ˌkɔnsi'kwenʃəl) *a.* conseqüent. 2 important, significatiu.

consequently ('kɔnsikwəntli) *adv.* conseqüentment, en conseqüència, per conseqüent.

conservation (ˌkɔnsə'veiʃən) *s.* conservació *f.*

conservative (kən'sə:vətiv) *a.* conservador. 2 moderat. ■ *3 s.* POL. conservador.

conservatoire (kən'sə:vətwɑ:ʳ) *s.* conservatori *m.*

conservatory (kən'sə:vətri) *s.* hivernacle *m.*

conserve (kən'sə:v) *s.* conserva *f.*, confitura *f.*

conserve (to) (kən'sə:v) *t.* conservar, mantenir. 2 confitar.

consider (to) (kən'sidəʳ) *t.* considerar.

considerable (kən'sidərəbl) *a.* considerable.

considerate (kən'sidərit) *a.* considerat [envers els altres].

consideration (kənˌsidə'reiʃən) *s.* consideració *f.* 2 retribució *f.*, paga *f.*, diners *m. pl.*

considering (kən'sidəriŋ) *prep.* tenint en compte.

consign (to) (kən'sain) *t.* consignar, confiar, dipositar.

consignment (kən'sainmənt) *s.* consignació *f.* 2 COM. tramesa *f.*, remesa *f.*

consist (to) (kən'sist) *i.* consistir. 2 constar (*of*, de).

consistence (kən'sistəns) , **consistency** (kən'-sistənsi) *s.* conseqüència *f.* [en el comportament, etc.]. 2 consistència *f.*

consistent (kən'sistənt) *a.* conseqüent. 2 consistent, sòlid.

consolation (ˌkɔnsə'leiʃən) *s.* consolació *f.*, consol *m.*, conhort *m.*

console ('kɔnsoul) *s.* ~*-table,* consola *f.*

console (to) (kən'soul) *t.* consolar.

consolidate (to) (kən'sɔlideit) *t.* consolidar. ■ *2 i.* consolidar-se *p.*

consonance ('kɔnsənəns) *s.* consonància *f.*; conformitat *f.*, acord *m.*

consonant ('kɔnsənənt) *a.-s.* consonant *f.*

consort ('kɔnsɔ:t) *s.* consort.

consort (to) (kən'sɔ:t) *i.* anar amb, ajuntar-se *p.* 2 concordar, correspondre's *p.*

conspicuous (kəns'pikjuəs) *a.* conspicu, eminent. 2 sobresortint, singular.

conspiracy (kən'spirəsi) *s.* conspiració *f.*

conspirator (kən'spirətəʳ) *s.* conspirador.

conspire (to) (kəns'paiəʳ) *i.* conspirar, conjurar-se *p.* ■ *2 t.* tramar, ordir.

constable ('kʌnstəbl) *s.* agent de policia. 2 conestable *m.*

constancy ('kɔnstənsi) *s.* constància *f.*, fermesa *f.*, perseverança *f.*

constant ('kɔnstənt) *a.* constant. 2 lleial. 3 continu.

constellation (ˌkɔnstə'leiʃən) *s.* ASTR. constel·lació *f.* [també fig.].

consternation (ˌkɔnstə'neiʃən) *s.* consternació *f.*

constipate (to) ('kɔnstipeit) *t.* restrènyer.

constipation (ˌkɔnsti'peiʃən) *s.* restrenyiment *m.*

constituency (kən'stitjuənsi) *s.* districte *m.* electoral. 2 electors *pl.*

constituent (kəns'titjuənt) *a.* constitutiu, constituent. 2 POL. constituent. ■ *3 s.* constituent *m.* 4 POL. elector.

constitute (to) ('kɔnstitju:t) *t.* constituir.

constitution (ˌkɔnsti'tju:ʃən) *s.* constitució *f.*

constrain (to) (kən'strein) *t.* constrènyer, obligar.

constraint (kən'streint) *s.* constrenyiment *m.*, coacció *f.* 2 repressió *f.*

constrict (to) (kən'strikt) *t.* estrènyer, prémer, comprimir. 2 MED. estrangular [una vena, etc.].

construct (to) (kən'strʌkt) *t.* construir, fabricar, fer.

construction (kən'strʌkʃən) *s.* construcció *f.* 2 edificació *f.*

construe (to) (kən'stru:) *t.* GRAM. construir. 2 interpretar; analitzar. 3 traduir. 4 explicar.

consul ('kɔnsəl) *s.* cònsol.

consular ('kɔnsjuləʳ) *a.* consular.

consulate ('kɔnsjulit) *s.* consolat *m.*
consult (to) (kən'sʌlt) *t.* consultar. ■ *2 i.* deliberar.
consultation (ˌkɔnsəl'teiʃən) *s.* consulta *f.* 2 junta *f.*
consultative (kən'sʌltətiv) *a.* consultiu.
consume (to) (kən'sju:m) *t.* consumir. ■ *2 i.* consumir-se.
consumer (kən'sju:məʳ) *s.* consumidor.
consummate (kən'sʌmit) *a.* consumat, perfecte.
consummate (to) ('kɔnsəmeit) *t.* consumar.
consummation (ˌkɔnsə'meiʃən) *s.* consumació *f.*
consumption (kən'sʌmpʃən) *s.* consum *m.*, consumpció *f.* 2 MED. pop. tisi *f.*
contact ('kɔntækt) *s.* contacte *m.*
contact (to) ('kɔntækt) *t.* posar-se *p.* en contacte amb, estar en contacte amb.
contagion (kən'teidʒən) *s.* contagi *m.*
contagious (kən'teidʒəs) *a.* contagiós, encomanadís.
contagiousness (kən'teidʒəsnis) *s.* contagiositat *f.*
contain (to) (kən'tein) *t.* contenir; tenir cabuda. 2 comprendre, incloure. 3 reprimir, refrenar.
container (kən'teinəʳ) *s.* contenidor *m.*, continent *m.*, recipient *m.*, envàs *m.*
contaminate (to) (kən'tæmineit) *t.* contaminar.
contamination (kənˌtæmi'neiʃən) *s.* contaminació *f.*
contemplate (to) ('kɔntempleit) *t.* contemplar. 2 proposar-se *p.*, considerar. ■ *3 i.* meditar.
contemplation (ˌkɔntem'pleiʃən) *s.* contemplació *f.* 2 projecte *m.* 3 meditació *f.*
contemplative (kɔn'templətiv) *a.* contemplatiu.
contemporaneous (kənˌtempə'reinjəs) *a.*
contemporary (kən'tempərəri) *a.-s.* contemporani *s.*
contempt (kən'tempt) *s.* menyspreu *m.*, menyspreament *m.*, desdeny *m.*
contemptible (kən'temptəbl) *a.* menyspreable. 2 desdenyós.
contend (to) (kən'tend) *i.* contendre, contendir. 2 competir, rivalitzar. 3 lluitar, pugnar, esforçar-se. ■ *4 t.* mantenir, afirmar.
1) content ('kɔntent) *s.* contingut *m.*
2) content (kən'tent) *a.* content, satisfet. ■ *2 s.* contentació *f.*, satisfacció *f.*
content (to) (kən'tent) *t.* acontentar, satisfer.
contented (kən'tentid) *a.* content, satisfet.
contention (kən'tenʃən) *s.* disputa *f.*, baralla *f.* 2 argument *m.*, afirmació *f.*

contentious (kən'tenʃəs) *a.* contenciós. 2 litigiós.
contentment (kən'tentmənt) *s.* satisfacció *f.*, contentació *f.*
contest ('kɔntest) *s.* lluita *f.*, contesa *f.*, disputa *f.*; litigi *m.* 2 competició *f.*, concurs *m.*, certamen *m.*, torneig *m.*, combat *m.* [boxa].
contest (to) (kən'test) *t.* disputar, lluitar per *i.*, pugnar per *i.* 2 impugnar. ■ *3 i.* contendre, contendir, competir.
contestant (kən'testənt) *s.* contrincant, contendent, participant.
context ('kɔntekst) *s.* context *m.*
contiguous (kən'tigjuəs) *a.* contigu, immediat, proper.
continence ('kɔntinəns) *a.* continència *f.*
continent ('kɔntinənt) *a.* que es conté [persona]. ■ *2 s.* GEOGR. continent *m.*
contingency (kən'tindʒənsi) *s.* contingència *f.* 2 eventualitat *f.*
contingent (kən'tindʒent) *a.* contingent. ■ *2 s.* contingent *m.*
continual (kən'tinjuəl) *a.* continu, incessant.
continuance (kən'tinjuəns) *s.* duració *f.*, continuació *f.* 2 permanència *f.*
continuation (kənˌtinju:'eiʃən) *s.* continuació *f.*
continue (to) (kən'tinju:) *t.* continuar. ■ *2 i.* durar, continuar.
continuity (ˌkɔnti'nju:əti) *s.* continuïtat *f.*
continuous (kən'tinjuəs) *a.* continu. ■ *2* **-ly** *adv.* continuament.
contort (to) (kən'tɔ:t) *t.* retòrcer, retorçar, tòrcer, torçar.
contortion (kən'tɔ:ʃən) *s.* contorsió *f.*
contour ('kɔntuəʳ) *s.* contorn *m.*
contraband ('kɔntrəbænd) *s.* contraban *m.*
contraception (ˌkɔntrə'sepʃn) *s.* contracepció *f.*, anticoncepció *f.*
contraceptive (kɔntrə'septiv) *a.* anticonceptiu. ■ *2 s.* anticonceptiu *m.*
contract ('kɔntrækt) *s.* contracte *m.*
contract (to) (kən'trækt) *t.* contractar, pactar. 2 contreure, contraure, encongir. 3 contreure [matrimoni, etc.]. ■ *4 i.* contreure's *p.*, contraure's *p.*, encongir-se *p.* 5 comprometre's *p.* per contracte.
contraction (kən'trækʃən) *s.* contracció *f.*
contractor (kən'træktəʳ) *s.* contractant. 2 contractista.
contradict (to) (ˌkɔntrə'dikt) *t.* contradir. 2 desmentir, negar.
contradiction (ˌkɔntrə'dikʃən) *s.* contradicció *f.*
contradictory (ˌkɔntrə'diktəri) *a.* contradictori.

contraption (kən'træpʃən) *s.* col·loq. artefacte *m.*

contrarily (kən'trɛarəli) *adv.* obstinadament, tossudament.

contrariness ('kɔntrərinis) *s.* oposició *f.* 2 obstinació *f.*, tossuderia *f.*

contrary ('kɔntrəri) *a.* contrari, oposat. 2 advers, desfavorable. 3 tossut, obstinat. ■ 4 *s.* the ~, el contrari *m.* ■ 5 *prep.* ~ to, contràriament. 6 on the ~, al contrari; to the ~, en contra.

contrast ('kɔntrɑːst) *s.* contrast *m.*

contrast (to) (kən'trɑːst) *t.* fer contrast, comparar. ■ 2 *i.* contrastar.

contravene (to) (ˌkɔntrə'viːn) *t.* contravenir. 2 contradir.

contravention (ˌkɔntrə'venʃən) *s.* contravenció *f.*, infracció *f.*

contribute (to) (kən'tribjuːt) *t.* contribuir *i.* amb, aportar. ■ 2 *i.* contribuir, col·laborar.

contribution (ˌkɔntri'bjuːʃən) *s.* contribució *f.*, col·laboració *f.*, aportació *f.* 2 contribució *f.*, taxa *f.*

contributor (kən'tribjuːtəʳ) *s.* contribuïdor. 2 col·laborador.

contrite ('kɔntrait) *a.* contrit.

contrition (kən'triʃən) *s.* contrició *f.*

contrivance (kən'traivəns) *s.* inventiva *f.* 2 traça *f.*, enginy *m.* 3 invenció *f.*, aparell *m.* 4 pla *m.*, idea *f.*

contrive (to) (kən'traiv) *t.* idear, enginyar, inventar. 2 maquinar, tramar. 3 aconseguir. ■ 4 *i.* enginyar-se *p.*

control (kən'troul) *s.* control *m.*, autoritat *f.* 2 govern *m.*, direcció *f.* 3 fre *m.*, aturador *m.* 4 inspecció *f.*, comprovació *f.* 5 MEC. comandament *m.*, control *m.*

control (to) (kən'troul) *t.* controlar. 2 reprimir. 3 governar, dirigir.

controversial (ˌkɔntrə'vəːʃəl) *a.* controvertible, discutible.

controversy ('kɔntrəvəsi) *s.* controvèrsia *f.*

controvert (to) (ˌkɔntrə'vəːt) *t.* controvertir *i.* 2 negar; discutir.

contumacious (ˌkɔntju'meiʃəs) *a.* form. contumaç.

contumacy ('kɔntjuməsi) *s.* contumàcia *f.*, rebel·lia *f.*

contumely ('kɔntjuːmli) *s.* form. injúria *f.*

contusion (kən'tjuːʒən) *s.* MED. contusió *f.*

conundrum (kə'nʌndrəm) *s.* endevinalla *f.*

conurbation (ˌkɔnəː'beiʃn) *s.* conurbació *f.*

convalescence (ˌkɔnvə'lesns) *s.* convalescència *f.*

convalescent (ˌkɔnvə'lesnt) *a.* convalescent.

convene (to) (kən'viːn) *t.* convocar. 2 citar. ■ 3 *i.* reunir-se *p.*

convenience (kən'viːnjəns) *s.* conveniència *f.*, comoditat *f.* 2 (G.B.) *public* ~s, lavabos *m.* públics.

convenient (kən'viːnjənt) *a.* convenient. 2 oportú. 3 còmode.

convent ('kɔnvənt) *s.* convent *m.*

convention (kən'venʃən) *s.* convenció *f.* 2 congrés *m.*, assemblea *f.*, reunió *f.*, convenció *f.*

conventional (kən'venʃənəl) *a.* convencional.

converge (to) (kən'vəːdʒ) *i.* convergir. ■ 2 *t.* fer convergir.

convergence (kən'vəːdʒəns) *s.* convergència *f.*

convergent (kən'vəːdʒənt) *a.* convergent.

conversant (kən'vəːsənt) *a.* ~ *with*, versat en.

conversation (ˌkɔnvə'seiʃən) *s.* conversa *f.*, conversació *f.*

converse ('kɔnvəːs) *a.* oposat, contrari. ■ 2 *s.* inversa *f.*

converse (to) (kən'vəːs) *i.* conversar.

conversion (kən'vəːʃən) *s.* conversió *f.*

convert ('kɔnvəːt) *s.* convers *a.-s.*

convert (to) (kən'vəːt) *t.* convertir. ■ 2 *i.* convertir-se *p.*

convex ('kɔnveks) *a.* convex.

convexity (kɔn'veksiti) *s.* convexitat *f.*

convey (to) (kən'vei) *t.* portar, transportar. 2 transmetre. 3 DRET traspassar.

conveyance (kən'veiəns) *s.* transport *m.* 2 transmissió *f.* 3 DRET traspàs *m.*

convict ('kɔnvikt) *s.* presidiari, convicte.

convict (to) (kən'vikt) *t.* condemnar. 2 DRET declarar culpable.

conviction (kən'vikʃən) *s.* convicció *f.*, convenciment *m.* 2 DRET declaració *f.* de culpabilitat, condemna *f.*

convince (to) (kən'vins) *t.* convèncer.

convivial (kən'viviəl) *a.* sociable, jovial.

convocation (ˌkɔnvə'keiʃən) *s.* convocació *f.*, convocatòria *f.* 2 assemblea *f.*

convoke (to) (kən'vouk) *t.* convocar, reunir.

convoy ('kɔnvɔi) *s.* comboi *m.*; escorta *f.*, protecció *f.*

convoy (to) ('kɔnvɔi) *t.* acomboiar, escortar.

convulse (to) (kən'vʌls) *t.* crispar. ‖ *to be* ~*d with laughter*, trencar-se *p.* de riure.

convulsion (kən'vʌlʃən) *s.* convulsió *f.*

convulsive (kən'vʌlsiv) *a.* convulsiu.

coo (kuː) *s.* parrup *m.* [dels coloms].

coo (to) (kuː) *i.* parrupejar [els coloms].

cook (kuk) *s.* cuiner.

cook (to) (kuk) *t.* cuinar; guisar; coure. 2 fig. falsificar. 3 fig. *to* ~ *up*, tramar; inventar. ■ 4 *i.* cuinar; coure's *p.*

cooker ('kukəʳ) *s.* cuina *f.* [electrodomèstic]. 2 fruita *f.* per cuinar [poma, pera, etc.].

cookery ('kukəri) *s.* GASTR. cuina *f.: Indian* ~, cuina *f.* índia.

cooking ('kukiŋ) *s.* GASTR. cuina *f.* ‖ *to do the* ~, cuinar. ■ *2 a.* de cuina. culinari.

cool (ku:l) *a.* fresc; fred; tebi. *2* tranquil; fresc. *3* agosarat. *4* fig. fred [comportament]. ■ *5 s.* fresca *f.* *6* frescor *f.* *7* fig. coŀloq. sang *f.* freda: *keep your* ~*!*, no perdis els estreps!

cool (to) (ku:l) *t.* refrescar; refredar. *2* calmar. ■ *3 i.* refrescar-se *p.;* refredar-se *p.* *4* fig. *to* ~ *down,* calmar-se *p.*

coolness ('ku:lnis) *s.* fresca *f.* *2* frescor *f.* *3* fredor *f.* *4* serenitat *f.*

coop (ku:p) *s.* galliner *m.*

co-op ('kouɔp) *s.* coŀloq. cope *f.*

cooper ('ku:pə^r) *s.* boter *m.*

co-operate (to) (kou'ɔpəreit) *i.* cooperar.

co-operation (kouˌɔpə'reiʃən) *s.* cooperació *f.*

co-operative (kou'ɔpərətiv) *a.* cooperatiu. ■ *2 s.* cooperativa *f.*

cop (kɔp) *s.* pop. bòfia, policia.

cop (to) (kɔp) *t.* pop. *to* ~ *it,* tocar el rebre. *2 to* ~ *out (of),* abandonar.

cope (to) (koup) *i. to* ~ *(with),* poder amb; sortir-se'n *p.;* enfrontar-se *p.* amb.

copious ('koupjəs) *a.* copiós, abundant. *2* prolífic [un escriptor].

copper ('kɔpə^r) *s.* QUÍM. coure *m.* *2* ant. moneda *f.* *3* pop. bòfia, policia.

coppice ('kɔpis) *s.* ~ *(woods),* bosquina *f.,* bosquet *m.*

copulate (to) ('kɔpjuleit) *i.* copular (*with,* amb).

copulation (ˌkɔpju'leiʃən) *s.* copulació *f.*

copulative ('kɔpjulətiv) *a.* copulatiu. ■ *2 s.* GRAM. còpula *f.*

copy ('kɔpi) *s.* còpia *f.;* imitació *f.;* reproducció *f.* *2* exemplar *m.* [de llibre, de diari]. *3* IMPR. original *m.* *4 rough* ~, esborrany *m.*

copy (to) ('kɔpi) *t.* copiar. *2* imitar.

copyright ('kɔpirait) *s.* drets *m.* pl. de propietat literària, musical, artística, etc.

copywriter ('kɔpiraitə^r) *s.* escriptor *m.* de material publicitari.

coquetry ('kɔkitri) *s.* coqueteria *f.,* flirteig *m.*

coquette (kɔ'ket) *s.* coqueta *f.*

coquettish (ˌkɔ'ketiʃ) *a.* coqueta.

coral ('kɔrəl) *s.* coral *m.*

corbel ('kɔ:bəl) *s.* ARQ. mènsula *f.*

cord (kɔ:d) *s.* cordill *m.* gruixut. *2 vocal* ~*s,* cordes *f.* vocals.

cordage ('kɔ:didʒ) *s.* NÀUT. cordam *m.*

cordial ('kɔ:djəl) *a.* cordial. ■ *2 s.* cordial *m.*

cordiality (ˌkɔ:di'æliti) *s.* cordialitat *f.*

cordon ('kɔ:dn) *s.* cordó *m.*

corduroy ('kɔ:dərɔi) *s.* pana *f.* *2* pl. pantalons *m.* de pana.

core (kɔ:^r) *s.* centre *m.,* nucli *m.;* ànima *f.* *2* cor *m.* [d'una fruita].

core (to) (kɔ:) *t.* espinyolar.

cork (kɔ:k) *s.* suro *m.* *2* tap *m.* de suro.

cork (to) (kɔ:k) *t.* tapar [amb suro].

cork oak ('kɔ:kouk) *s.* alzina *f.* surera.

cork-screw ('kɔ:kskru:) *s.* gaŀlic. tirabuixó *m.,* llevataps *m.;* ~ *curl,* tirabuixó *m.*

cormorant ('kɔ:mərənt) *s.* ORN. cormorà *m.*

corn (kɔ:n) *s.* gra *m.;* cereal *m.* *2* blat *m.,* (EUA) blat *m.* de moro. *3* durícia *f.*

corn (to) (kɔ:n) *t.* salar, assaonar, adobar.

corncob ('kɔ:nkɔb) *s.* (EUA) panotxa *f.*

corned beef (ˌkɔ:nd'bi:f) *s.* carn *f.* salada i fumada.

corner ('kɔ:nə^r) *s.* angle *m.;* cantonada *f.;* racó *m.;* cantell *m.* ‖ ~ *shelf,* cantonera *f.* *2* fig. atzucac *m.* *3* lloc *m.* aïllat, remot. *4* punta *f.* [d'un barret]. *5* COM. acaparament *m.* *6* ESPORT corner *m.*

corner (to) (kɔ:nə^r) *t.* arraconar; abordar [també fig.]. *2* coŀloq. posar entre l'espasa i la paret. ■ *3 i.* girar una cantonada. *4* COM. acaparar.

corner-stone ('kɔ:nəstoun) *s.* pedra *f.* angular. *2* fig. part *f.* fonamental.

cornet ('kɔ:nit) *s.* corneta *f.;* cornetí *m.* *2* cucurutxo *m.*

corn exchange ('kɔ:nikˌstʃeindz) *s.* llotja *f.* de gra.

cornice ('kɔ:nis) *s.* ARQ. cornisa *f.*

coronation (ˌkɔrə'neiʃən) *s.* coronació *f.*

coroner ('kɔrənə^r) *s.* DRET mena de jutge de primera instància.

coronet ('kɔrənet) *s.* corona *f.* [de noble]. *2* diadema *f.*

corporal ('kɔ:pərəl) *a.* corporal. ■ *2 s.* MIL. corporal *m.*

corporation (ˌkɔ:pə'reiʃən) *s.* corporació *m.;* gremi *m.* *2* COM. companyia *f.* *3 municipal* ~, ajuntament *m.* *4* (EUA) societat *f.* anònima.

corporeal (kɔ:'pɔ:riəl) *a.* corpori. *2* tangible.

corps (kɔ:^r, *pl.* kɔ:z) *s.* MIL. cos *m.* *2* cos *m.: the Diplomatic* ~, el cos diplomàtic.

corpse (kɔ:ps) *s.* cadàver *m.*

corpulence ('kɔ:pjuləns) *s.* corpulència *f.*

corpulent ('kɔ:pjulənt) *a.* corpulent.

corpuscle ('kɔ:pʌsl) *s.* ANAT. corpuscle *m.;* glòbul *m.* *2* FÍS. corpuscle *m.*

correct (kə'rekt) *a.* correcte. *2* vàlid. *3* exacte.

correct (to) (kə'rekt) *t.* corregir. *2* reformar *3* ajustar.

correction (kə'rekʃən) *s.* correcció *f.*, esmena *f.* 2 càstig *m.*

correctness (kə'rektnis) *s.* correcció *f.* 2 exactitud *f.*

correspond (to) (ˌkɔris'pɔnd) *i.* correspondre, correspondre's *p.* (*to*, a; *with*, amb). 2 escriure's *p.* (*with*, amb).

correspondence (ˌkɔris'pɔndəns) *s.* correspondència *f.*

correspondent (ˌkɔris'pɔndənt) *s.* corresponsal *m.* ■ 2 *a.* corresponent.

corresponding (ˌkɔris'pɔndiŋ) *a.* corresponent.

corridor ('kɔridɔːʳ) *s.* corredor *m.*, passadís *m.*

corroborate (to) (kə'rɔbəreit) *t.* corroborar, confirmar.

corroboration (kəˌrɔbə'reiʃən) *s.* corroboració *f.*

corrode (to) (kə'roud) *t.* corroir.

corrosion (kə'rouʒən) *s.* corrosió *f.*

corrosive (kə'rousiv) *a.* corrosiu. ■ 2 *s.* corrosiu *m.*

corrugate (to) ('kɔrəgeit) *t.* corrugar.

corrupt (kə'rʌpt) *a.* corromput, corrupte.

corrupt (to) (kə'rʌpt) *t.* corrompre, degradar; adultera. ■ 2 *i.* corrompre's *p.*

corruptible (kə'rʌptəbl) *a.* corruptible.

corruption (kə'rʌpʃən) *s.* corrupció *f.*

corsair ('kɔːseəʳ) *s.* corsari *m.*

corset ('kɔːsit) *s.* cotilla *f.* 2 faixa *f.* ortopèdica.

cortege (kɔː'teiʒ) *s.* seguici *m.;* acompanyament *m.*

corvette (kɔː'vet) *s.* NÀUT. corbeta *f.*

cosily ('kouzili) *adv.* confortablement; còmodament.

cosmetic (kɔz'metik) *a.* cosmètic. ■ 2 *s.* cosmètic *m.* ▲ gralnt. plural.

cosmic ('kɔzmik) *a.* ASTR. còsmic.

cosmonaut ('kɔzmə'nɔːt) *s.* cosmonauta, astronauta.

cosmopolitan (ˌkɔzmə'pɔlitən) *a.-s* cosmopolita.

cost (kɔst) *s.* ECON. cost *m.*, preu *m.* ‖ ~ *of living*, cost de vida; *running* ~*s*, despeses *f.* 2 fig. cost *m.*, preu *m.: at all* ~*s*, a qualsevol preu, costi el que costi. 3 *pl.* DRET costes *f.*

cost (to) (kɔst) *i.* costar, valer [també fig.]. ■ 2 *t.* calcular el cost de. ▲ no en passiva. ▲ Pret. p. p.: *cost* (kɔst).

cosy ('kouzi) *a.* acollidor, còmode.

costliness ('kɔstlinis) *s.* preu *m.* elevat. 2 fig. sumptuositat *f.*

costly ('kɔstli) *a.* costós, car [també fig.].

costume ('kɔstjuːm) *s.* vestit *m.* ‖ *historical* ~, vestit *m.* històric; *swimming* ~, vestit *m.* de bany. ‖ ~ *jewellery*, bijuteria *f.*

cot (kɔt) *s.* llit *m.* de baranas. 2 catre *m.*, llitera *f.*

coterie ('koutəri) *s.* tertúlia *f.;* cercle *m.*

cottage ('kɔtidʒ) *s.* casa *f.* de camp.

cottage cheese (ˌkɔtidz'tʃiːz) *s.* mató *m.*

cotton ('kɔtn) *s.* cotó *m.* ‖ BOT. ~-*plant*, cotoner *m.*

cotton wool (ˌkɔtən'wul) *s.* cotó *m.* fluix.

couch (kautʃ) *s.* MOBL. sofà *m.* 2 MOBL. canapè *m.*

couch (to) (kautʃ) *t.* form. expressar. ■ 2 *i.* ajupir-se *p.;* estar a l'aguait [animals].

cough (kɔːf) *s.* tos *f.*

cough (to) (kɔːf) *i.* tossir. ■ 2 *t.* expel·lir [tossint]. 3 fig. pop. *to* ~ *up*, deixar anar [esp. diners].

could (kud) Veure CAN.

council ('kaunsil) *s.* consell *m.;* junta *f.* 2 assemblea *f.* 3 *city* ~, ajuntament *m.*

councillor, (EUA) **councilor** ('kaunsiləʳ) *s.* regidor.

counsel ('kaunsəl) *s.* form. consell *m.* 2 advocat, conseller legal.

counsel (to) ('kaunsəl) *t.* form. aconsellar.

counsellor, (EUA) **counselor** ('kaunsələʳ) *s.* conseller. 2 (EUA), (IRL.) advocat.

count (kaunt) *s.* compte *m.* 2 càlcul *m.* 3 còmput *m.;* recompte *m.* 4 comte *m.* [títol nobiliari].

count (to) (kaunt) *t.* MAT. comptar. 2 comptar, incloure. 3 considerar, tenir per. ■ 4 *i.* comptar. 5 comptar, tenir valor. 6 *to* ~ *on*, comptar amb.

countdown ('kauntdaun) *s.* compte *m.* a l'inrevés.

countenance ('kauntinəns) *s.* rostre *m.*, semblant *m.: to change* ~, trasmudar *t.; to put out of* ~, desconcertar *t.* 2 suport *m.;* aprovació *f.*

countenance (to) ('kauntinəns) *t.* donar suport, recolzar.

counter ('kauntəʳ) *s.* fitxa *f.* [de joc]. 2 taulell *m.* 3 comptador *m.* ■ 4 *a.* contrari; hostil. ■ 5 *adv.* ~ *to*, en oposició a, contrari a.

counter (to) ('kauntəʳ) *t.* contrarestar; contestar; oposar. ■ 2 *i.* tornar-s'hi *p.* 3 oposar-se *p.*

counteract (to) (ˌkauntə'rækt) *t.* contrarestar.

counter-attack ('kauntərə'tæk) *s.* contraatac *m.*

counter-attack (to) ('kauntərə'tæk) *t.-i.* contraatacar.

counterbalance ('kauntəˌbæləns) *s.* contrapès *m.*

counterfeit ('kauntəfit) *a.* falsificat, fals. ■ 2 *s.* falsificació *f.*

counterfeit (to) ('kauntəfit) *t.* falsificar.

counterfoil ('kauntəfɔil) *s.* matriu *f.* [d'un talonari].

counterpane (ˌkauntəpein) *s.* cobrellit *m.*

counterpart ('kauntəpɑ:t) *s.* duplicat *m.* 2 complement *m.; part f.* complementària.

counterpoint ('kauntəpɔint) *s.* MÚS. contrapunt *m.* 2 contraposició *f.*

counterpoise ('kauntəpɔiz) *s.* contrapès *m.* 2 equilibri *m.*

counterpoise (to) ('kauntəpɔiz) *t.* equilibrar.

countersign ('kauntəsain) *s.* contrasenya *f.*

countersign (to) ('kauntəsain) *t.* refrendar, visar, ratificar. 2 contrasignar.

countess ('kauntis) *s.* comtessa *f.*

countless ('kauntlis) *a.* incontable, innombrable.

country ('kʌntri) *s.* pàtria *f.; país m.;* nació *f.* 2 regió *f.,* comarca *f.* ‖ ~ *dance,* ball *m.* popular. *3 ~ (side),* terra *f.,* camp *m.;* zona *f.* rural: ~ *house,* casa *f.* de camp.

countryman ('kʌntrimən) *s.* pagès *m.* 2 compatriota *m.*

county ('kaunti) *s.* (G.B.) comtat *m.* 2 (EUA) districte.

couple ('kʌpl) *s.* parell *m.* 2 parella *f.*

couple (to) ('kʌpl) *t.* unir, connectar, aparellar. 2 apariar. 3 casar. ▪ 2 *i.* unir-se *p.* sexualment.

courage ('kʌridʒ) *s.* coratge *m.,* valentia *f.*

courageous (kə'reidʒəs) *a.* coratjós, valent.

courier ('kuriə') *s.* missatger. 2 guia turístic. 3 contrabandista. 4 correu [diplomàtic].

course (kɔ:s) *s.* trajectòria *f.;* curs *m.* [dels esdeveniments]. 2 fig. direcció *f.;* camí *m.;* rumb *m.* 3 línia *f.* [de conducta]. 4 curs *m.* [d'estudis], carrera *f.* [universitària]. 5 ARQ. filada *f.* 6 plat *m.* [d'un menjar]. 7 ESPORT camp *m.,* pista *f.* ▪ 8 *loc. adv. of* ~, és clar, naturalment *adv.*

course (to) (kɔ:s) *t.* caçar [amb gossos]. ▪ 2 *i.* lliscar, córrer.

court (kɔ:t) *s.* DRET tribunal *m.;* jutjat *m.* 2 pista *f.* [de tennis]. 3 pati *m.* ‖ *inside* ~, celobert *m.* 4 cort *f.* [d'un sobirà]. 5 *pay* ~ *to (a woman),* fer la cort *f.*

court (to) (kɔ:t) *t.* cortejar, galantejar. 2 sol·licitar, buscar.

courteous ('kə:tjəs) *a.* cortès, educat.

courtesan (ˌkɔ:ti'zæn) *s.* HIST. cortesana *f.*

courtesy ('kə:tisi) *s.* cortesia *f.*

courtier ('kɔ:tjə') *s.* cortesà *m.* palatí.

courtly ('kɔ:tli) *a.* cortesà; elegant, refinat.

court-martial (ˌkɔ:t'mɑ:ʃəl) *s.* MIL. consell *m.* de guerra.

courtship ('kɔ:tʃip) *s.* galanteig *m.* 2 prometatge *m.*

courtyard ('kɔ:tjɑ:d) *s.* pati *m.;* atri *m.,* placeta *f.* interior.

cousin ('kʌzn) *s.* cosí *f.*

cove (kouv) *s.* cala *f.,* ansa *f.*

covenant ('kʌvənənt) *s.* DRET conveni *m.,* pacte *m.*

covenant (to) ('kʌvənənt) *t.* acordar, estipular. ▪ 2 *i.* pactar.

cover ('kʌvə') *s.* tapadora *f.* 2 coberta *f.* [d'un llibre, etc.]. 3 embolcall *m.* 4 cobert *m.* [estar a]. 5 GASTR. cobert *m.* 6 ECON. cobertura *f.* 7 *under* ~ *of,* sota pretext *m.* 8 PERIOD. crònica *f.*

cover (to) ('kʌvə') *t.* cobrir. 2 protegir. 3 amagar. 4 incloure. 5 abastar. 6 PERIOD. cobrir.

covering ('kʌvəriŋ) *s.* CONSTR. cobert *m.* 2 cobertor *m.* 3 pretext *m.,* aparença *f.*

coverlet ('kʌvəlit) *s.* cobrellit *m.*

covert ('kʌvət) *a.* encobert, dissimulat. ▪ 2 *s.* ('kʌvə') amagatall *m.*

covet (to) ('kʌvit) *t.* cobejar.

covetous ('kʌvitəs) *a.* cobejós.

covetousness ('kʌvitəsnis) *s.* cobdícia *f.*

covey ('kʌvi) *s.* ORN. bandada *f.* 2 grup *m.*

cow (kau) *s.* ZOOL. vaca *f.*

cow (to) (kau) *t.* intimidar, acovardir.

coward ('kauəd) *a.-s.* covard.

cowardice ('kauədis) *s.* covardia *f.*

cowardly ('kauədli) *a.* covard; menyspreable. ▪ 2 *adv.* covardament.

cowboy ('kaubɔi) *s.* vaquer *m.*

cower (to) ('kauə') *i.* ajupir-se *p.;* arraulir-se *p.*

cowl (kaul) *s.* cogulla *f.;* caputxa *f.* 2 barret *m.* [de xemeneia].

cowling ('kauliŋ) *s.* AERON. coberta *f.* [del motor].

cowpox (kaupɔks) *s.* MED. vacuna *f.*

cowslip ('kauslip) *s.* BOT. primavera *f.*

coxcomb ('kɔkskoum) *s.* petimetre, gomós.

coxswain ('kɔkswein, 'kɔksn) *s.* NÀUT. timoner, patró.

coy (kɔi) *a.* púdic, tímid [falsament].

coyness ('kɔinis) *s.* timidesa *f.,* modèstia *f.* [simulada].

cozen (to) ('kʌzn) *t.* liter. enganyar.

crab (kræb) *s.* ZOOL. cranc *m.* 2 BOT. poma *f.* borda. 3 col·loq. queixa *f.*

crack (kræk) *s.* esquerda *f.,* escletxa *f.,* (BAL.) retxillera *f.,* (VAL.) badell *m.* 2 cruixit *m.* 3 espetec *m.* ▪ 4 *a.* expert, molt bo.

crack (to) (kræk) *t.* esquerdar, esbotzar, esberlar. 2 trencar [una nou]. 3 QUÍM. desfer [hidrats de carbó, etc.]. ▪ 4 *i.* cruixir, esclafir. 5 esquerdar-se *p.,* esberlar-se. 6 *to* ~ *up,* embogir. 7 trencar-se *p.* [la veu].

crack-brained ('krækbreind) *a.* sonat, boig.

cracker ('krækə') *s.* galeta *f.* 2 correcames *m.* 3 sorpresa *f.* 4 *pl.* trencanous *m.* 5 *pl.* col·loq. sonat *sing.*

crackle ('krækl) *s.* cruixit *m.*, esclafit *m.*, crepitació *f.*
crackle (to) ('krækl) *i.* espetegar, esclafir, crepitar.
cradle ('kreidl) *s.* bressol *m.* [també fig.]. 2 NAUT. bastida *f.* [de drassana]. 3 suport *m.* [del telèfon].
cradle (to) ('kreidl) *t.* bressar, bressolar.
craft (krɑːft) *s.* art *m.* 2 destresa *f.*, habilitat *f.* 3 ofici *m.*; gremi *m.* 4 astúcia *f.*, artifici *m.* 5 NÀUT. embarcació *f.* 6 nau *f.*
craftiness ('krɑːftinis) *s.* manya *f.*, traça *f.* 2 arteria *f.*, astúcia *f.*
craftsman ('krɑːftsmən) *s.* artesà *m.*
craftsmanship ('krɑːftsmənʃip) *s.* artesania *f.*
craftswoman ('krɑːftswʌmən) *s.* artesana *f.*
crafty ('krɑːfti) *a.* astut, arterós.
crag (kræg) *s.* cingle *m.*, estimball *m.*, precipici *m.*
cragged ('krægid) , **craggy** ('krægi) *a.* abrupte, escabrós, dur, sever.
cram (to) (kræm) *t.* atiborrar. 2 coŀloq. estudiar de valent. ■ *3 i.* atiborrar-se *p.*
crammer ('kræmə') *s.* professor particular. 2 coŀloq. molt estudiós.
cramp (kræmp) *s.* MED. rampa *f.* 2 CONSTR. abraçadora *f.*, armella *f.*
cramp (to) (kræmp) *t.* restringir, obstaculitzar. 2 MED. agafar rampa. 3 faixar, arrapinyar.
crane (krein) *s.* ORN. grua *f.* 2 CONSTR. grua *f.*
crane (to) (krein) *t.* aixecar com amb grua. ■ *2 i.* estirar el coll.
cranium ('kreinjəm) *s.* crani *m.*
crank (kræŋk) *s.* MEC. manubri *m.*, manovella *f.* 2 maniàtic, excèntric.
crankshaft ('kræŋkʃɑːft) *s.* AUTO. cigonyal *m.*
cranky ('kræŋki) *a.* guillat. 2 guerxo. 3 MEC. poc ferm, inestable.
cranny ('kræni) *s.* esquerda *f.*, escletxa *f.*
crape (kreip) *s.* crespó *m.*
crash (kræʃ) *s.* trencadissa *f.*, terrabastall *m.* 2 xoc *m.*, topada *f.* 3 COM. fallida *f.*
crash (to) (kræʃ) *t.* trencar [plats, etc.]. ■ *2 i.* estrellar-se *p.* [cotxe, avió]. 3 COM. fer fallida.
crass (kræs) *a.* cras, molt estúpid.
crater ('kreitə') *s.* cràter *m.*
cravat (krə'væt) *s.* corbata *f.*
crave (to) (kreiv) *t.* desitjar, implorar, anhelar. ■ *2 i.* antullar-se *p.*, tenir un desig.
craven ('kreivən) *a.-s.* covard.
craving ('kreiviŋ) *s.* desig *m.*; anhel *m.*, antull *m.*
crawfish ('krɔːfiʃ) *s.* ZOOL. llagosta *f.*

crawl (krɔːl) *s.* reptació *f.* 2 ESPORT crol *m.*
crawl (to) ('krɔːl) *i.* reptar; arrossegar-se *p.*; anar de quatre grapes. 2 sentir formigueig. 3 *to ~ with*, estar infestat de.
crayfish ('kreifiʃ) *s.* Veure CRAWFISH.
crayon ('kreiən) *s.* ART llapis *m.* de cera, carbó o guix.
craze (kreiz) *s.* mania *f.*; moda *f.*; ceba *f.*
crazy ('kreizi) *a.* esbojarrat; insensat. 2 boig; dement. 3 extravagant. 4 ruïnós.
creak (to) (kriːk) *i.* cruixir, grinyolar.
creaking ('kriːkiŋ) *s.* cruixit *m.*, carrisqueig *m.*
cream (kriːm) *s.* ALIM. crema *f.* de llet; *whipped ~*, nata *f.* 2 ALIM. crema *f.* [sopa]. 3 COSM. crema *f.* 4 fig. la flor *f.* i nata *f.*
crease (kriːs) *s.* plec *m.*, doblec *m.* 2 séc *m.*, arruga *f.* 3 ratlla *f.* dels pantalons.
crease (to) (kriːs) *t.* doblegar. 2 arrugar. ■ *3 i.* arrugar-se *p.*
create (to) (kriː'eit) *t.* crear. 2 produir, causar.
creation (kriː'eiʃən) *s.* creació *f.*
creative (kriː'eitiv) *a.* creador; creatiu.
creator (kriː'eitə') *s.* creador.
creature ('kriːtʃə') *s.* criatura *f.*
credence ('kriːdəns) *s.* creença *f.*
credentials (kri'denʃəlz) *s.* credencials *f.*
credible ('kredəbl) *a.* creïble.
credit ('kredit) *s.* COM. crèdit *m.*; haver *m.* || *on ~*, a crèdit. 2 honor *m.*; reputació *f.*: *that does you ~*, això t'honra. 3 CINEM. *~s*, títols *m.* de crèdit.
credit (to) ('kredit) *t.* creure. 2 fig. donar crèdit. 3 COM. acreditar, abonar.
creditable ('kreditəbl) *a.* fidel, honest, lloable.
creditor ('kreditə') *s.* creditor.
credulity (kri'djuːliti) *s.* credulitat *f.*
credulous ('kredjuləs) *a.* crèdul.
creed (kriːd) *s.* REL. creença *f.*, credo *m.*
creek (kriːk) *s.* GEOGR. ançó *m.*; rada *f.*, cala *f.* 2 (EUA) rierol *m.*
creep (kriːp) *s.* arrossegament *m.*, arrossegada *f.* 2 GEOL. lliscament *m.* 3 formigueig *m.* [a la pell]. 4 horror *m.* 5 fam. desgraciat. ■ *6 to give the ~s*, posar la pell de gallina.
creep (to) (kriːp) *i.* arrossegar-se *p.*; lliscar 2 enfilar-se *p.* [les plantes]. 3 obeir servilment. 4 sentir formigueig. 5 tenir calfreds. ▲ *pret.* i *p. p.* ˙*crept* (krept).
creeper ('kriːpə') *s.* ZOOL. grimpaire. 2 BOT. planta *f.* enfiladissa.
cremate (to) (kri'meit) *t.* incinerar.
cremation (kri'meiʃən) *s.* incineració *f.*
crematorium (ˌkremə'tɔːriəm) , **crematory** (ˌkremətəri) *s.* crematori *m.*, forn *m.* crematori.

Creole ('kriːoul) *a.-s.* crioll.
crept (krept) Veure CREEP (TO).
crescent ('kresnt) *a.* crescent. ■ *2 s.* mitja lluna *f.* 3 carrer *m.* corbat.
crest (krest) *s.* ORN. cresta *f.*; plomall *m.* 2 MIL. plomall *m.* 3 HERÀLD. emblema *m.* 4 cim *m.*; cresta *f.* [d'onada].
crestfallen ('krest‚fɔːlən) *a.* abatut, descoratjat.
crevice ('krevis) *s.* escletxa *f.*, esquerda *f.* [en una roca, etc.].
crew (kruː) *s.* MAR., AVIA. tripulació *f.* 2 equip *m.*; escamot *m.*; colla *f.* ▲ *pret.* de CROW (TO).
crib (krib) *s.* menjadora *f.* 2 bressol *m.* 3 REL. (USA) pessebre *m.* 4 traducció *f.* literal.
crib (to) (krib) *t.* confinar. 2 encaixonar. 3 plagiar.
crick (krik) *s.* MED. torticoli *f.*
cricket ('krikit) *s.* ENT. grill *m.* 2 ESPORT criquet *m.*
crier ('kraiəʳ) *s.* nunci, pregoner. 2 ploraner.
crime (kraim) *s.* delicte *m.*; crim *m.* 2 delinqüència *f.*; criminalitat *f.* 3 fig. crim *m.*
criminal ('kriminl) *a.-s.* criminal.
crimp (to) (krimp) *t.* arrissar; ondular.
crimson ('krimzn) *s.* carmesí. ■ *2 s.* carmesí *m.*
cringe (to) (krindʒ) *i.* arraulir-se *p.* [de por]. 2 comportar-se *p.* servilment.
crinkle ('kriŋkl) *s.* plec *m.*; ris *m.* [en un paper, etc.].
crinkle (to) ('kriŋkl) *t.* arrissar, arrugar. ■ *2 i.* arrissar-se *p.*, arrugar-se *p.*
crinoline ('krinəlin) *s.* TÈXT. crinolina *f.*
cripple ('kripl) *s.* coix i esguerrat.
cripple (to) ('kripl) *t.* mutilar; esguerrar [també fig.].
crippled ('kripld) *a.* esguerrat; mutilat.
crisis ('kraisis) *s.* crisi *f.*
crisp (krisp) *a.* GASTR. sec, torrat, cruixent. 2 encrespat. 3 glaçat, sec [aire]. 4 precís; decidit. ■ *5 s. pl.* patates *f.* fregides de bossa.
crisp (to) (krisp) *t.* encrespar, arrissar. 2 torrar. 3 fer cruixir. ■ *4 i.* encrespar-se *p.*, arrissar-se *f.*
criss-cross ('kriskrɔs) *a.* encreuat. ■ *2 adv.* en creu.
criterion (krai'tiəriən) *s.* criteri *m.* ▲ *pl.* **criteria** (krai'tiəriə).
critic ('kritik) *s.* crític.
critical ('kritikəl) *a.* crític.
criticism ('kritisizəm) *s.* crítica *f.*; opinió *f.*; judici *m.* 2 pej. crítica *f.*
criticize (to) ('kritisaiz) *t.* criticar. ■ *2 i.* fer crítica.

croak (krouk) *s.* grall *m.* [de corb]. 2 ranc *m.* [de la granota].
croak (to) (krouk) *i.* grallar; rancar. 2 rondinar. ■ *3 t.* augurar [males notícies]. 4 col·loq. matar.
crochet ('krouʃei) *s.* ganxet *m.* [labor].
crockery ('krɔkəri) *s.* terrissa *f.*
crocodile ('krɔkədail) *s.* ZOOL. cocodril *m.*
crocus ('kroukəs) *s.* BOT. safrà *m.*
crone (kroun) *s.* vellota *f.*; harpia *f.*
crony ('krouni) *s.* camarada.
crook (kruk) *s.* gaiato *m.* 2 ganxo *m.*; garfi *m.* 3 corba *f.* 4 ANAT. sofraja *f.* 5 col·loq. malfactor.
crook (to) (kruk) *t.* forçar; encorbar; doblegar. ■ *2 i.* forçar-se *p.*; encorbar-se *p.*; doblegar-se *p.*
crooked ('krukid) *a.* torçat. 2 tortuós. 3 poc honrat, dolent.
crookedness ('krukidnis) *s.* sinuositat *f.* 2 maldat *f.*
crop (krɔp) *s.* AGR. collita *f.* 2 cabells *m. pl.* molt curts. 3 ORN. pap *m.* 4 munt *m.*, grapat *m.* [també fig.].
crop (to) (krɔp) AGR. collir; recol·lectar; fer la collita *i.* 2 AGR. plantar; cultivar. 3 tallar; retallar. ■ *4 i.* AGR. donar rendiment [la terra].
croquet ('kroukei) *s.* ESPORT croquet *m.*
crosier ('krouʒiəʳ) *s.* REL. bàcul *m.*
cross (krɔs) *s.* creu *f.* 2 senyal *m.* de la creu *f.* 3 encreuament *m.* 4 fig. creu *f.*; sofriment *m.* 5 BOT. creuament *m.*, hibridació *f.* ■ *6 a.* transversal. 7 oposat; recíproc. 8 ‚enfadat; malhumorat.
cross (to) (krɔs) *t.* travessar; creuar [un carrer, etc.]. 2 creuar [races]. 3 encreuar. 4 contrariar, frustrar. 5 *to ~ off* o *out*, esborrar; cancel·lar. 6 barrar [xecs]. ■ *7 i.* creuar-se *p.* [correspondència, etc.]. 8 *to ~ over,* creuar, passar a l'altre costat ■ *9 p. to ~ oneself,* senyar-se.
crossbar ('krɔsbaːʳ) *s.* travesser *m.*
crossbones ('krɔsbounz) *s. pl.* ossos *m.* encreuats [senyal de perill].
crossbow ('krɔsbou) *s.* MIL. ballesta *f.*
crossbred ('krɔsbred) *a.-s.* híbrid.
cross-country (‚krɔs'kʌntri) *a.* camp *m.* a través.
cross-examine (to) ('krɔsig'zæmin) *t.* DRET interrogar minuciosament; repreguntar.
cross-eyed ('krɔsaid) *a.* guenyo.
cross-grained ('krɔsgreind) *a.* de gra *m.* encreuat [fusta]. 2 fig. intractable; irritable.
crossing ('krɔsiŋ) *s.* MAR. travessia *f.* 2 encreuament *m.* 3 pas *m.* [de peatons]. 4 gual *m.* 5 *level ~,* pas *m.* a nivell.
crosspiece ('krɔspiːs) *s.* travesser *m.*

crossroads ('krɔsroudz) *s.* encreuament *m.;* cruïlla *f.*

crosswise ('krɔswaiz) *adv.* transversalment. *2* de biaix; en creu.

cross-word (puzzle) ('krɔswə:d'pʌzl) *s.* mots *m. pl.* encreuats.

crotch (krɔtʃ) *s.* forqueta *f.* [dels arbres]. *2* entrecuix *m.* [dels pantalons].

crotchet ('krɔtʃit) *s.* MÚS. negra. *2* mania *f.;* caprici *m.*

crotchety ('krɔtʃiti) *a.* de mala lluna; irritable.

crouch (to) (krautʃ) *i.* ajupir-se *p.;* arraulir-se *p. 2* fig. rebaixar-se *p.*

crow (krou) *s.* ORN. corb *m.,* gralla *f. 2 cock's* ~, cant *m.* del gall.

crow (to) (krou) *i.* cantar [el gall]. *2* jactar-se *p.;* vantar-se *p.*

crowbar ('kroubɑ:ʳ) *s.* palanca *f.*

crowd (kraud) *s.* multitud *f.,* gentada *f.*

crowd (to) (kraud) *t.* reunir; aplegar; amuntegar. ■ *2 i.* reunir-se *p.;* aplegar-se *p.;* amuntegar-se *p.*

crown (kraun) *s.* corona *f. 2* ANAT. coroneta *f. 3* cim *m.;* cimera *f. 4* copa *f.* [d'arbre, de barret].

crown (to) (kraun) *t.* coronar.

crow's foot ('krouzfut) *s.* pota *f.* de gall.

crucial ('kru:ʃəl) *a.* crucial.

crucifix ('kru:sifiks) *s.* crucifix *m.*

crucifixion (ˌkru:si'fikʃən) *s.* crucifixió *f.*

crucify (to) ('kru:sifai) *t.* crucificar. *2* tormentar.

crude (kru:d) *a.* cru [materials]. *2* tosc. *3* vulgar; rude. ■ *3 s.* material *m.* cru, sense processar.

crudity ('kru:diti) *s.* cruesa *f. 2* tosquedat. *f. 3* vulgaritat *f.*

cruel (kruəl) *a.* cruel.

cruelty ('kruəlti) *s.* crueltat *f.*

cruet ('kru:it) *s.* setrill *m.:* ~ *stand,* setrilleres *f. pl.*

cruise (kru:z) *s.* NÀUT. creuer *m.*

cruise (to) (kru:z) *t.* NÀUT. fer un creuer. *2* MIL. patrullar.

cruiser ('kru:zəʳ) *s.* MIL. creuer *m.*

crumb (krʌm) *s.* engruna *f.* [també fig.]. *2* molla *f.*

crumble (to) ('krʌmbl) *t.* esmicolar; esbocinar; desfer. ■ *2 i.* decaure; esfondrar-se *f.* enfonsar-se *p.* [també fig.].

crumple (to) ('krʌmpl) *t.* arrugar; rebregar. ■ *2 i.* arrugar-se *p.;* rebregar-se *p.*

crunch (to) (krʌntʃ) *t.* fer cruixir [el menjar]. *2* fer cruixir. ■ *3 i.* cruixir.

crusade (kru:'seid) *s.* croada *f.*

crusader (kru:'seidəʳ) *s.* croat *m.*

crush (krʌʃ) *s.* esclafamenta *f. 2* atapeïment *m.;* aglomeració *f. 3* suc *m.* de fruita.

crush (to) (krʌʃ) *t.* esclafar, (ROSS.) nyafar; matxucar. *2* oprimir. *3* anihilar. *4* prémer. *5* esprémer.

crust (krʌst) *s.* MED., ALIM., GEOL. crosta *f. 2* rosegó *m.*

crustacean (krʌs'teiʃən) *s.* ZOOL. crustaci *m.* ■ *2 a.* crustaci.

crusty ('krʌsti) *a.* crostós, crostat. *2* rude. *3* aspre, tosc.

crutch (krʌʃ) *s.* MED. crossa *f. 2* forqueta *f.,* bifurcació *f.*

cry (krai) *s.* exclamació *f.;* crit *m. 2* lament *m. 3* plor *m. 4* crida *f.,* pregó *m.*

cry (to) (krai) *i.* exclamar; fer un crit. *2* plorar. *3* udolar. ■ *4 t.* proclamar. *5* demanar [ajuda, etc.]. *6 to* ~ *down,* desacreditar. *7 t.-i. to* ~ *out,* cridar, fer un crit.

crying ('kraiiŋ) *a.* escandalós; atroç. ■ *2 s.* plor *m.*

crypt (kript) *s.* cripta *f.*

cryptic ('kriptik) *a.* críptic, secret, ocult.

crystal ('kristl) *s.* cristall *m.* ■ *2 a.* cristaŀlí.

crystalline ('kristəlain) *a.* cristaŀlí.

crystallize (to) (kristəlaiz) *t.-i* cristaŀlitzar.

cub (kʌb) *s.* cadell *m.*

cube (kju:b) *s.* GEOM., MAT. cub *m.* ‖ ~ *root,* arrel *f.* cúbica.

cube (to) (kju:b) *t.* cubicar.

cubic(al ('kju:bik(əl) *a.* cúbic.

cubicle ('kju:bikl) *s.* cubiculum *m.*

cubism ('kju:bizəm) *s.* ART cubisme *f.*

cubist ('kju:bist) *a.-s.* cubista.

cuckoo ('kuku:) *s.* ORN. cucut *m.*

cucumber ('kju:kʌmbəʳ) *s.* BOT. cogombre *m.*

cuddle (to) ('kʌdl) *t.* abraçar; acaronar. ■ *2 i.* estar abraçat.

cudgel ('kʌdʒəl) *s.* ant. garrot *m.;* porra *f.*

cudgel (to) ('kʌdʒəl) *t.* bastonejar; garrotejar. *2 to* ~ *one's brains,* escalfar-se *p.* el cap.

cue (kju:) *s.* senyal *m.;* indicació *f. 2* TEAT. peu *m.;* entrada *f. 3* ESPORT tac *m.* [de billar].

cuff (kʌf) *s.* COST. puny *m.*

cuff (to) (kʌf) *t.* bufetejar.

cuff links ('kʌfliŋks) *s. pl.* botons *m. pl.* de puny.

cuirass (kwi'ræs) *s.* cuirassa *f.*

cull (to) (kʌl) *t.* escollir. *2* triar; destriar; seleccionar.

culminate (to) ('kʌlmineit) *i.* culminar.

culpability (ˌkʌlpə'biliti) *s.* DRET culpabilitat *f.*

culpable ('kʌlpəbl) *a.* DRET culpable.

culprit ('kʌlprit) *s.* DRET culpable, reu.

cult (kʌlt) *s.* culte *m.*

cultivate (to) ('kʌltiveit) *t.* AGR. cultivar. *2* civilitzar. *3* refinar, educar.

cultivation (ˌkʌltiveiʃən) *s.* AGR. cultiu *m.*
cultivator ('kʌltiveitəʳ) *s.* AGR. agricultor; cultivador. *2* AGR. aixada *f.*
culture ('kʌltʃəʳ) *s.* cultura *f.*
cultured ('kʌltʃəd) *a.* cultivat; culte.
cumbersome ('kʌmbəsəm) *a.* voluminós; pesat.
cumulative ('kjuːmjulətiv) *a.* acumulatiu.
cunning (kʌniŋ) *a.* astut; sagaç. *2* ant. habilidós; enginyós. *3* (EUA) atractiu. ▪ *4 s.* sornegueria *f.;* dissimulació *f.;* sagacitat *f.*
cup (kʌp) *s.* tassa *f.* *2* REL. calze *m.* *3* ESPORT copa *f.* [trofeu].
cupboard ('kʌbəd) *s.* armari *m.;* rebost *m.* [moble].
cupidity (kjuːˈpiditi) *s.* avarícia *f.*
cupola ('kjuːpələ) *s.* ARQ. cúpula *f.*
cur (kəːʳ) *s.* pej. gos bastard. *2* canalla *m.*
curable ('kjuərəbl) *a.* curable.
curate ('kjuərit) *s.* REL. coadjutor.
curator (kjuəˈreitəʳ) *s.* conservador [d'un museu, etc.].
curb (kəːb) *s.* ZOOL. barbada *f.* *2* fig. fre *m.;* repressió *f.* *3* ARQ. vorada *f.*
curb (to) (kəːb) *t.* posar la barbada [a un cavall]. *2* fig. refrenar; reprimir; delimitar.
curd (kəːd) *s.* ALIM. quallada *m.* *2* mató *m.*
curdle (to) ('kəːdl) *t.* ALIM. quallar; coagular. ▪ *2* ALIM. quallar-se *p.;* coagular-se *p.* *3* fig. gelar-se *p.* [d'horror].
cure (kjuəʳ) *s.* remei *m.;* cura *f.* *2* curació *f.;* guariment *m.* *3* REL. tasca *m.* pastoral.
cure (to) (kjuəʳ) *t.* MED. curar; guarir. *2* ALIM. assaonar; adobar. ▪ *3 i.* MED. guarir-se *p.*
curfew ('kəːfjuː) *s.* MIL. toc *m.* de queda.
curio ('kjuəriou) *s.* ART curiositat *f.;* antiguitat *f.* [objecte].
curiosity (ˌkjuəriˈɔsiti) *s.* curiositat *f.* [per saber]; objecte *m.* rar.
curious ('kjuəriəs) *a.* investigador, inquiridor. *2* tafaner. *3* rar; original.
curl (kəːl) *s.* ris *m.;* rínxol *m.;* rull *m.* *2* remolí *m.*
curl (to) (kəːl) *t.* arrissar. *2* caragolar. *3* encrespar [la mar]. ▪ *4 i.* arrissar-se *p.* *5* caragolar-se *p.* *6* encrespar-se *p.* [la mar].
curlew ('kəːljuː) *s.* ORN. corriol.
curling tongs ('kəːliŋtɔŋz) *s. pl.* molls *m.*
curmudgeon (kəːˈmʌdʒən) *s.* col·loq. avar; mesquí *a.*
currant ('kʌrənt) *s.* ALIM. pansa *f.* de Corint. *2* BOT. grosella *f.*
currency ('kʌrənsi) *s.* circulació *f.;* ús *m.* corrent; acceptació *f.* general. *2* ECON. moneda *f.* corrent; moneda *f.* en circulació.
current ('kʌrənt) *a.* corrent; actual. *2* en

moviment. ▪ *3 s.* METEOR. corrent *m.* [d'aigua, d'aire]. *4* curs *m.* [dels esdeveniments]. *5* FÍS. corrent *m.* elèctric.
curry ('kʌri) *s.* ALIM. curry *m.* [condiment].
curry (to) ('kʌri) *t.* estrijolar [cavalls]. *2* adobar, assaonar [pells]. *3* adular.
curse (kəːs) *s.* maledicció *f.* *2* imprecació *f.* *3* calamitat *f.*
curse (to) (kəːs) *t.* imprecar. *2* maleir. *4* jurar; renegar.
cursed ('kəːsid) *a.* damnable. *2* maleït.
cursory ('kəːsəri) *a.* superficial; fet amb presses; imprecís.
curt (kəːt) *a.* sobtat; brusc; curt.
curtail (to) (kəːˈteil) *t.* escurçar. *2* limitar; restringir.
curtain ('kəːtn) *s.* cortina *f.: to draw the* ~, córrer la cortina. *2* TEAT. teló *m.*
curtness ('kəːtnis) *s.* brusquetat *f.;* rudesa *f.*
curtsy ('kəːtsi) *s.* reverència *f.*
curtsy (to) ('kəːtsi) *i.* fer una reverència.
curvature ('kəːvətʃəʳ) *s.* curvatura *f.*
curve (kəːv) *s.* corba *f.*
curve (to) (kəːv) *t.* corbar; arquejar. ▪ *2 i.* corbar-se *p.,* arquejar-se *p.*
cushion ('kuʃən) *s.* coixí *m.*
custard ('kʌstəd) *s.* ALIM. crema *f.*
custodian (kʌsˈtoudjən) *s.* guardià; conservador [d'un museu, etc.].
custody ('kʌstədi) *s.* custòdia *f.,* vigilància *f.* *2* detenció *f.;* empresonament *m.: to take into* ~, detenir. *3* DRET custòdia *f.*
custom ('kʌstəm) *s.* costum *m.;* hàbit *m.* *2* COM. clientela *f.* ▪ *3 pl.* duana *m.;* drets *m.* de duana.
customary ('kʌstəməri) *a.* acostumat; habitual; usual.
customer ('kʌstəməʳ) *s.* COM. client; parroquià.
custom-made ('kʌstəmˌmeid) *a.* fet a mida, fet per encàrrec.
cut (kʌt) *s.* tall *m.;* incisió *f.* *2* ganivetada *f.* *3* reducció *f.;* escurçada *f.;* supressió *f.* *4* ALIM. llesca *f.;* toll *m.;* tallada *f.* *5* COST. tall. *6* desdeny *m.;* rebuf *m.* *7 short* ~, drecera *f.*
cut (to) (kʌt) *t.* tallar; separar; partir. *2* tallar [roba; el gas; l'aigua]. *3* ALIM. llescar. *4* retallar, escapçar. *5* ferir [també fig.]. *6* segar. *7* reduir, escurçar. *8* intersecar; interrompre. *9* diluir; adulterar [un líquid, etc.]. *10* desdenyar. ▪ *11 i.* desviar-se *p.;* marrar. *12* CINEM. deixar de filmar. *13* poder-se *p.* tallar. ▪ ~ *away,* tallar; ~ *back,* reduir; podar; ~ *down,* talar; escurçar; rebatre; disminuir, minvar; ~ *into,* interrompre; dividir; bescanviar; ~ *off,* tallar; aïllar; ~ *out,* retallar; suprimir, excloure;

reemplaçar; espatllar-se *p.;* desconnectar-se *p.; ~ it* o *that out!,* interj. prou!; *~ up,* capolar, esmicolar; afligir-se *p.*

cute (kju:t) *a.* llest, viu. 2 (EUA) bonic.

cuticle ('kju:tikl) *s.* FISIOL. cutícula *f.*

cutlass ('kʌtləs) *s.* HIST. simitarra *f.*

cutlery ('kʌtləri) *s.* coberteria *f.*

cutlet ('kʌtlit) *s.* GASTR. costella *f.*

cut-throat ('kʌtθrout) *s.* assassí *m.* ■ *2 a.* assassí; cruel; despietat.

cutting ('kʌtiŋ) *s.* retall *m.* [de diari]. *2* CONSTR. rasa *f. 3* AGR. esqueix *m.;* estaca *f.* ■ *4 a.* tallant. *5* fig. feridor.

cuttlefish ('kʌtlfiʃ) *s.* ZOOL. sèpia.

cycle (to) ('saikl) *i.* anar en bicicleta.

cycling ('saikliŋ) *s.* ESPORT ciclisme *m.*

cyclist ('saiklist) *s.* ESPORT ciclista.

cyclone ('saikloun) *s.* METEOR. cicló *m.*

cylinder ('silində') *s.* GEOM., MEC. cilindre *m.*

cymbal ('simbəl) *s.* MÚS. plateret *m.*

cynic ('sinik) *s.* cínic.

cynical ('sinikəl) *a.* cínic.

cynicism ('sinisizəm) *s.* cinisme *m.*

cynosure (ˌsinəz'juə') *s.* (EUA) centre *m.* d'atracció.

cypress ('saipris) *s.* BOT. xiprer *m.*

Cyril ('sirəl) *n. pr. m.* Ciril.

czar (zɑ:') *s.* tsar *m.*

D

D, d (diː) *s.* d [lletra]. *2* MÚS. re *m. 3* xifra romana per 500. ▲ *4 'd* abreviatura per **would, had, should.**

dab (dæb) *s.* copet *m.*, brotxada *f. 2* expert. *3* ICT. palaia *f.*

dab (to) (dæb) *t.* tustar. *2* eixugar [els ulls]. ■ *3 i.* fer pinzellades.

dabble (to) ('dæbl) *t.* sucar. *2* ruixar; humitejar, esquitxar. *3 to ~ in,* interessar-se *p.* per; afeccionar-se *p.* a.

D.C. (diː'siː) *s.* ELECT. *(direct current)* corrent *m.* directe. *2* (EUA) *(District of Columbia)* districte *m.* de Colúmbia.

dad (dæd) , **daddie, daddy** ('dædi) *s.* coŀloq. pare *m.;* papà *m.*

dado ('deidou) *s.* ARQ. dau *m. 2* ARQ. gris *m.*

daffodil ('dæfədil) *s.* BOT. narcís *m.*

daft (daːft) *a.* liró; beneit.

dagger ('dægəʳ) *s.* daga *f.*

dahlia ('deiljə) *s.* BOT. dàlia *f.*

daily ('deili) *a.* diari. ■ *2 adv.* diàriament.

dainty ('deinti) *a.* exquisit; elegant; refinat. ■ *2 s.* GASTR. llepolia *f.*, llaminadura *f.*

dairy ('dɛəri) *s.* IND. indústria *f.* làctia; formatgeria *f. 2* COM. lleteria *f.*

dairymaid ('dɛərimeid) *s.* lletera *f.* [persona].

dairyman ('dɛərimən) *s.* lleter *m.*

dais ('deiis) *s.* tarima *f.;* estrada *f.*

daisy ('deizi) *s.* BOT. margarida *f.*

dale (deil) *s.* poèt. GEOL. vall *f.*

dalliance ('dæliəns) *s.* flirteig *m.;* frivolitat *f.*

dally (to) ('dæli) *i.* jugar; joguinejar, entretenir-se *p. 2* perdre el temps.

dam (dæm) *s.* CONSTR. dic *m.;* presa *f. 2* mare *m.* [en ramaderia].

dam (to) (dæm) *t.* embassar. *2* estancar, deturar; bloquejar. *3* reprimir [sentiments].

damage ('dæmidʒ) *s.* dany *m.;* perjudici *m.* ■ *2 pl.* DRET indemnització.

damage (to) ('dæmidʒ) *t.* danyar; perjudicar. ■ *2 i.* avariar-se *p.*

damaging ('dæmidʒiŋ) *a.* perjudicial; nociu.

damask ('dæməsk) *a.* adomassat. ■ *2 s.* domàs *m.*

dame (deim) *s.* dama *f. 2* ant., poèt., iròn. dona *f.*

damn (dæm) *s.* coŀloq., fig. rave *m.: I don't give a ~,* m'importa un rave. *2* TEOL. maledicció *f.*, damnació *f.*

damn (to) (dæm) *t.* TEOL. damnar; condemnar; maleir. *2* desaprovar; desacreditar. ■ *4 interj. ~ it,* merda!; *~ you!,* maleït siguis!

damnable ('dæmnəbl) *a.* damnable; condemnable; execrable.

damnation (dæm'neiʃən) *s.* TEOL. damnació *f.*, condemna *f.;* perdició *f. 2* crítica *f.* mordaç.

damp (dæmp) *a.* humit. ■ *2 s.* humitat *f.*

damp (to) (dæmp) *t.* humitejar. *2* descoratjar, entristir. ■ *3 i.* humitejar-se *p.*

dampen (to) ('dæmpən) *t.* Veure TO DAMP.

dampness ('dæmpnis) *s.* humitat *f.*

Dan (dæn) *n. pr. m. (dim. Daniel)* Daniel.

dance (daːns) *s.* dansa *f.;* ball *m.*

dance (to) (daːns) *t.-i.* dansar; ballar. ‖ fig. *to ~ attendance on,* ser molt amable amb.

dancer ('daːnsəʳ) *s.* ballador. *2* ballarí. *3* dansador; dansaire.

dancing ('daːnsiŋ) *s.* dansa *f.*, ball *m.* ■ *2 a.* de dansa *f.*, que dansa.

dandelion ('dændilaiən) *s.* BOT. dent *f.* de lleó.

dandle (to) ('dændl) *t.* fer saltar [un nen] damunt els genolls.

dandruff ('dændrʌf) *s.* caspa *f.*

dandy ('dændi) *a.* coŀloq. exceŀlent. ■ *2 s.* dandi *m.*

Dane (dein) *s.* GEOGR. danès.

danger ('deindʒəʳ) *s.* perill *m.;* risc *m.*

dangerous ('deindʒərəs) *a.* perillós; insegur.

dangle (to) ('dæŋgl) *t.* fer ballar [en l'aire]; dur penjant [les claus, etc.]. ■ *2 i.* penjar, estar penjat.
Daniel ('dæniəl) *n. pr. m.* Daniel.
Danish ('deiniʃ) *a.* GEOGR. danès.
dank (dæŋk) *a.* rellent; humit.
dapper ('dæpər) *a.* eixerit. 2 pulcre, net.
dapple(d ('dæpld) *a.* clapejat. 2 clapat [cavall, etc.].
dare (dɛər) *s.* repte *m.*; desafiament *m.*; provocació *f.*
dare (to) (dɛər) *i.* gosar, atrevir-se *p.: do I ~ to ask her?*, li ho pregunto? ■ *2 t.* reptar, desafiar: *he ~d me to jump from the bridge*, em va desafiar a saltar des del pont. ■ *3 aux.* gosar, atrevir-se *p.: ~ he tell them what he knows?*, gosarà dir-los què sap? ▲ pret. **dared** (dɛəd) o **durst** (də:st); p. p. **dared.**
daring ('dɛəriŋ) *s.* coratge *m.*; gosadia *f.* ■ *2 a.* coratjós; agosarat.
dark (dɑ:k) *a.* fosc; obscur, negrós. 2 morè. 3 fig. amagat; misteriós. 4 fig. trist, melangiós. 5 HIST. *the D ~ Ages*, Alta Edat Mitjana. ■ *6 s.* fosca *f.*; foscor *f.*; negror *f.: in the ~*, a les fosques *pl.* 7 fig. ignorància *f.*
darken (to) ('dɑ:kən) *t.* enfosquir. ■ *2 i.* enfosquir-se *p.*; entristir-se *p.*
darkness ('dɑ:knis) *s.* foscor *f.* 2 tenebra *f.* 3 fig. ignorància *f.*
dark room ('dɑ:krum) *s.* FOT. cambra *f.* oscura.
darling ('dɑ:liŋ) *a.* estimat.
darn (dɑ:n) *s.* COST. sargit *m.*
darn (to) (dɑ:n) *t.* sargir.
darnel ('dɑ:nl) *s.* BOT. zitzània *f.*; jull *m.*
darning ('dɑ:niŋ) COST. sargit *m.* 2 roba *f.* per sargir.
dart (dɑ:t) *s.* dard *m.* 2 ZOOL. fibló *m.* 3 moviment *m.* brusc.
dart (to) (dɑ:t) *t.* llançar. ■ *2 i.* llançar-se *p.*; precipitar-se *p.*
dash (dæʃ) *s.* arremesa *f.*; escomesa *f.* 2 embat *m.* 3 IMPR. guió *m.* 4 tret *m.* [d'escriptura]. 5 *to cut a ~*, fer un gran paper. 6 una mica.
dash (to) (dæʃ) *t.* llançar. 2 trencar; estavellar. 3 esquitxar. 4 diluir. 5 frustrar. 6 confondre; enredar. 7 fer depressa [un dibuix, etc.]. ■ *8 i.* xocar. 9 llançar-se *p.*
dashboard ('dæʃbɔ:d) *s.* AUTO. quadre *m.* de comandament.
dashing ('dæʃiŋ) *a.* vigorós, enèrgic; desimbolt. 2 ostentós; vistós.
DAT ('dæt) *s.* (*Digital Audio Tape*) cinta *f.* audio digital.
data ('deitə) *s. pl.* dades *f.*
date (deit) *s.* data *f.* ‖ *out of ~*, antiquat; *up to ~*, fins avui; al dia. 2 cita *f.* 3 BOT. dàtil *m.*
date (to) (deit) *t.* datar. 2 citar. ■ *3 i. to ~ from* o *back to*, datar de.
dative ('deitiv) *a.* datiu. ■ *2 s.* GRAM. datiu *m.*
daub (dɔ:b) *s.* pastitxo *m.*, taca *f.*
daub (to) (dɔ:b) *t.* empastifar.
daughter ('dɔ:tər) *s.* filla *f.*
daughter-in-law ('dɔ:tərinlɔ:) *s.* jove *f.*, nora *f.*
daunt (to) (dɔ:nt) *t.* intimidar; acovardir, descoratjar.
dauntless ('dɔ:ntlis) *a.* coratjós, impàvid.
dauphin ('dɔ:fin) *s.* HERÀLD. delfí *m.*
David ('deivid) *n. pr. m.* David. 2 *St. ~'s Day*, 1er. de Març.
Davy ('deivi) *n. pr. m.* (*dim. David*) David.
Davy lamp ('deivi,læmp) *s.* MIN. llum *m.* de davy.
daw (dɔ:) *s.* ORN. cornella *f.*
dawdle (to) (dɔ:dl) *i.* romancejar. ■ *2 t.* malgastar [el temps, etc.].
dawn (dɔ:n) *s.* alba *f.*
dawn (to) (dɔ:n) *i.* llostrejar, clarejar. 2 acudir-se *p.* [quelcom a algú].
dawning ('dɔ:niŋ) *s.* albada *f.* 2 albors *pl. m.*; inicis *pl. m.*
day (dei) *s.* dia *m.*; jorn *m.* 2 jornada *f.* ‖ *~ off*, dia lliure; *by ~*, de dia; *the ~ after tomorrow*, demà passat, (BAL.) passat demà, (VAL.) després demà; *the ~ before yesterday*, abans d'ahir.
day-book ('deibuk) *s.* COM. diari *m.*
daybreak ('deibreik) *s.* alba *f.*
daylight ('deilait) *s.* llum *f.* de dia. 2 fig. *~ robbery*, estafa *f.* 3 alba *f.*
daze (deiz) *s.* desconcert *m.*; atordiment *m.*
daze (to) (deiz) *t.* desconcertar; atordir.
dazzle ('dæzl) *s.* enlluernament *m.*
dazzle (to) ('dæzl) *t.* enlluernar.
dazzling ('dæzliŋ) *a.* enlluernador; llampant.
DBS (di:bi:'es) *s.* (*Direct Broadcasting by Satellite*) transmissió *f.* directa per satèŀlit.
D.D.T (di:di:'ti:) *s.* (*dichloro-diphenyl-trichloroethane*) D.D.T. (diclorodifeniltricloroetà).
deacon ('di:kən) *s.* REL. diaca *m.*
dead (ded) *a.* mort. 2 difunt. 3 inert. 4 insensible [pel fred, etc.]. 5 sord [soroll]. 6 mat [color]. 7 exacte. 8 coŀloq. molt: *~ easy*, facilíssim. ■ 9 adv. totalment. ■ *10 s. the ~*, els morts *m. pl.*
deaden (to) ('dedn) *t.* esmorteir, alleujar [el dolor, etc.].
dead end (,ded'end) *s.* carreró *m.* sense sortida [també fig.].
deadline ('dedlain) *s.* termini *m.* màxim.

deadlock ('dedlɔk) *s.* punt *m.* mort; situació *f.* irreversible.

deadly ('dedli) *a.* mortal. ‖ REL. *the seven ~ sins,* els set pecats capitals. ▪ *2 adv.* mortalment; excessivament.

deaf (def) *a.* sord. ‖ *~ and dumb,* sord-mut; *to turn a ~ ear to,* fer-se el sord.

deafen (to) ('defn) *t.* eixordar. *2* ensordir.

deafmute (‚def'mju:t) *s.* sord-mut.

deafness ('defnis) *s.* sordesa *f.*

deal (di:l) *s.* COM. tracte *m.;* pacte *m. 2* tracte *m. 3* quantitat *f.* ‖ *a great ~ (of),* molt. *4* JOC repartiment *m.* [de cartes].

deal (to) (di:l) *t.* dividir, distribuir, repartir. *2* donar [un cop, etc.]. ▪ *3 i.* COM. *to ~ with* o *at,* fer negocis amb, tenir tractes amb. *4* COM. *to ~ in,* vendre, dedicar-se *p.* a. *5 to ~ with,* tractar [una persona, un problema], tenir relacions amb. ▲ pret. i p. p. *dealt* (delt).

dealer ('di:lə^r) *s.* comerciant; tractant; traficant. *2* JOC el qui reparteix les cartes.

dealing ('di:liŋ) *s.* capteniment *m.;* conducta *f.* ▪ *2 pl.* COM. negocis *m.;* transaccions *f.*

dealt (delt) Veure DEAL (TO).

dean (di:n) *s.* degà.

dear (diə^r) *a.* estimat. *2* encantador. *3* car. ‖ *~ Sir,* benvolgut Senyor. *4 interj. ~ me!,* mare meva!; oh! ▪ *5 adv.* car.

dearly ('dieəli) *adv.* moltíssim. *2* tendrament. *3* molt car.

dearth (də:θ) *s.* carestia *f.;* mancança *f.;* escassetat *f.*

death (deθ) *s.* mort *f.* ‖ *to put to ~,* executar. *2* fig. *sick to ~,* fart.

death duty ('deθ‚dju:ti) *s.* drets *m. pl.* de successió.

deathless ('deθlis) *a.* immortal; imperible.

deathly ('deθli) *a.* mortal; de mort *f.*

death rate ('deθreit) *s.* taxa *f.* de mortalitat.

death roll ('deθroul) *s.* llista *f.* de baixes [en una guerra etc.].

death-trap ('deθtræp) *s.* lloc *m.* perillós, insegur.

debar (to) (di'ba:^r) *t.* excloure. *2* prohibir; impedir.

debase (to) (di'beis) *t.* rebaixar; degradar; adulterar.

debasement (di'beismənt) *s.* degradació *f.;* alteració *f.*

debatable (di'beitəbl) *a.* discutible.

debate (di'beit) *s.* debat *m.;* discussió *f.*

debate (to) (di'beit) *t.* debatre; discutir. *2* reflexionar. ▪ *3 i.* participar en un debat.

debauch (di'bɔ:tʃ) *s.* corrupció *f.;* llibertinatge *m.*

debauch (to) (di'bɔ:tʃ) *t.* corrompre, seduir.

debauchee (‚debɔ:'tʃi:) *s.* llibertí.

debauchery (di'bɔ:tʃəri) *s.* llibertinatge *m.;* intemperància *f.*

debenture (di'bentʃə^r) *s.* ECON. obligació *f.*

debilitate (to) (di'biliteit) *t.* debilitar, enervar.

debility (di'biliti) *s.* debilitat *f.;* llanguiment *m.*

debit ('debit) *s.* COM. deure *m. 2* COM. dèbit *m.*

debit (to) ('debit) *t.* COM. deure. *2* afegir a un compte.

debouch (to) (di'bautʃ) *i.* desembocar, emergir. ▪ *2 t.* fer desembocar; fer emergir.

debris ('debri:) *s.* runa *f.;* enderroc *m.*

debt (det) *s.* deute *m. 2* deure *m.*

debtor ('detə^r) *s.* deutor.

debunk (to) (di:'bʌŋk) *t.* desacreditar. *2* colloq. fig. desemmascarar.

début ('deibju:) *s.* TEAT. debut *m.;* estrena *f. 2* presentació *f.* en societat.

débutante (‚deibju'ta:nt) *s.* noia *f.* presentada en societat. *2* debutant.

decade ('dekeid) *s.* dècada *f.*

decadence ('dekədəns) *s.* decadència *f.*

decadent ('dekədənt) *a.* decadent.

Decalogue ('dekəlɔg) *s.* REL. els deu manaments *m. pl.*

decamp (to) (di'kæmp) *i.* MIL. decampar. *2* fugir en secret.

decant (to) (di'kænt) *t.* decantar [líquids, etc.]. *2* trafegar, trascolar.

decanter (di'kæntə^r) *s.* ampolla *f.;* brocal *m.*

decapitate (to) (di'kæpiteit) *t.* decapitar.

decay (di'kei) *s.* decadència *f.;* ruïna *f. 2* podridura *f. 3* MED. càries *f. pl.*

decay (to) (di'kei) *t.* decaure; disminuir. *2* esfondrar-se *p. 3* podrir-se *p. 4* marcir-se *p. 5* MED. corcar-se *p.*

decease (di'si:s) *s.* form. decés *m.;* defunció *f.*

decease (to) (di'si:s) *i.* form. morir.

deceased (di'si:st) *a.-s.* form. difunt.

deceit (di'si:t) *s.* engany *m.;* frau *m. 2* mentida *f.;* superxeria *f.*

deceitful (di'si:tful) *s.* fals; fraudulent. *2* enganyador.

deceive (to) (di'si:v) *t.* enganyar, (BAL.) enganar. *2* defraudar.

deceiver (di'si:və^r) *s.* impostor.

December (di'sembə^r) *s.* desembre *m.*

decency ('di:snsi) *s.* decència *f. 2* decòrum *m.*

decent ('di:snt) *a.* decent. *2* passador; satisfactori.

decentralize (di:'sentrəlaiz) *t.* POL. descentralitzar.

deception (di'sepʃən) *s.* engany *m.;* frau *m.*

deceptive (di'septiv) *a.* enganyós; fallaç.

decide (to) (di'said) *t.* decidir; acabar; determinar. ▪ *2 i.* decidir-se *p.*
decided (di'saidid) *a.* decidit. *2* clar; definit. ▪ *3* decididament; indubtablement.
deciduous (di'sidjuəs) *a.* BOT. de fulla *f.* caduca.
decimal ('desiməl) *a.* decimal.
decimate (to) ('desimeit) *t.* delmar.
decimeter, -tre ('desi̦miːtə^r) *s.* decímetre *m.*
decipher (to) (di'saifə^r) *t.* desxifrar.
decision (di'siʒən) *s.* decisió *f.*
decisive (di'saisiv) *a.* decidit. *2* decisiu.
deck (deck) *s.* MAR. coberta *f.*; *2* imperial *m.* [d'un autobús]. *3* JOC baralla *f.* [de cartes].
deck (to) (dek) *t.* engalanar; adornar.
declaim (to) (di'kleim) *t.* declamar; recitar. ▪ *2 i.* declamar.
declamation (̦deklə'meiʃən) *s.* declamació *f.* *2* discurs *m.*
declaration (̦deklə'reiʃən) *s.* declaració *f.* *2* manifest *m.*
declare (to) (di'klɛə^r) *t.* declarar. *2* manifestar. ▪ *2 i.* fer una declaració. *4 to ~ for* o *against,* declarar-se *p.* a favor o en contra.
decline (di'kləin) *s.* declinació *f.*, decadència *f.* *2* decaïment *m.* *3* minva *f.*
decline (to) (di'klain) *t.* declinar; refusar. *2* inclinar. *3* GRAM. declinar. ▪ *4 i.* minvar. *5* decaure.
declivity (di'kliviti) *s.* GEOGR. declivi *m.*; pendís *m.*
decoction (di'kɔkʃən) *s.* decocció *f.*
décolleté (dei'kɔltei) *a.* escotat.
decompose (to) (̦dikəm'pouz) *t.* descomposar. ▪ *2 i.* descomposar-se *p.*
decomposition (̦diːkɔmpə'ziʃən) *s.* descomposició *f.*
decorate (to) ('dekəreit) *t.* decorar; ornamentar. *2* condecorar.
decoration (̦dekə'reiʃən) *s.* decoració *f.*; ornament *m.* *2* condecoració *f.*
decorative ('dekərətiv) *a.* decoratiu; ornamental.
decorous ('dəkərəs) *a.* decorós; correcte; decent. ▪ *2 ~ly, adv.* decorosament; correctament.
decorum (di'kɔːrəm) *s.* decòrum *m.*
decoy ('dikɔi) *s.* ORN. reclam *m.*; enze *m.* *2* fig. ensarronada *f.*; fig. esquer *m.*
decoy (to) ('dikɔi) *t.* atraure amb reclam. *2* ensarronar; seduir.
decrease ('diːkriːs) *s.* decreixement *m.*; disminució *f.*
decrease (to) (diː'kriːs) *i.* decréixer; disminuir. ▪ *2 t.* fer decréixer; disminuir.

decree (di'kriː) *s.* DRET decret *m.*; edicte *m.*; ordre *f.*
decree (to) (di'kriː) *t.* decretar.
decrepit (di'krepit) *a.* decrèpit.
decrepitude (di'krepitjuːd) *s.* decrepitud *f.*
decry (to) (di'krai) *t.* desacreditar, rebaixar. *2* depreciar [una moneda *f.*, etc.].
dedicate (to) ('dedikeit) *t.* dedicar. *2* consagrar.
dedication ('dedi'keiʃən) *s.* dedicació *f.* *2* dedicatòria *f.*
deduce (to) (di'djuːs) *t.* deduir; inferir.
deduct (to) (di'dʌkt) *t.* deduir; restar; descontar.
deduction (di'dʌkʃən) *s.* deducció *f.*; descompte *m.* *2* inferència *f.*
deed (diːd) *s.* fet *m.*; acció *f.* *2* gesta *f.*; proesa *f.* *3* DRET escriptura *f.*
deem (to) (diːm) *t.* considerar; judicar; creure.
deep (diːp) *a.* profond; fons. *2* obscur; complicat. *3* greu [un so]. *4* intens [un color]. ▪ *5 adv.* a fons; profundament. ▪ *6 s.* pèlag *m.*; abisme *m.*; profunditat *f.*
deepen (to) ('diːpən) *t.* aprofundir; profunditzar; intensificar. ▪ *2 i.* fer-se *p.* profund; intensificar-se *p.*
deepness ('diːpnis) *s.* profunditat *f.*; intensitat *f.*
deer (diə^r) *s.* ZOOL. cérvol *m.*
deface (to) (di'feis) *t.* desfigurar; mutilar.
defacement (di'feismənt) *s.* desfiguració *f.*; mutilació *f.*
defamation (̦defə'meiʃən) *s.* difamació *f.*
defamatory (di'fæmətəri) *a.* difamatori; calumniós.
defame (to) (di'feim) *t.* difamar; calumniar.
default (di'fɔːlt) *s.* incompliment *m.* *2* omissió *m.* *3* negligència *f.* *4* DRET rebel·lia *f.*
default (to) (di'fɔːlt) *i.* faltar [a un deure, etc.]. *2* DRET no comparèixer.
defeat (di'fiːt) *s.* derrota *f.*; desfeta *f.*
defeat (to) (di'fiːt) *t.* derrotar; vèncer. *2* frustrar.
defeatist (di'fiːtist) *s.* derrotista.
defect ('difekt) *s.* defecte *m.*
defection (di'fekʃən) *s.* defecció *f.*
defective (di'fektiv) *a.* defectuós. *2* GRAM. defectiu. *3* PSICOL. deficient.
defence, (EUA) **defense** (di'fens) *s.* defensa *f.*
defenceless, (EUA) **defenseless** (di'fenslis) *a.* indefens.
defend (to) (di'fend) *t.* defensar.
defendant (di'fendənt) *s.* DRET demandat; acusat.
defender (di'fendə^r) *s.* ESPORT defensor.
defensible (di'fensəbl) *a.* defensable.

defensive (di'fensiv) *a.* defensiu. ■ 2 *s.* defensiva *f.*

defer (to) (di'fə:ʳ) *t.* ajornar; diferir. ■ 2 *i.* deferir.

deference ('defərəns) *s.* deferència *f.;* consideració *f.*

deferential (ˌdefə'renʃəl) *a.* ant. deferent; respectuós.

defiance (di'faiəns) *s.* desafiament *m.;* repte *m.* ‖ *in ~ of,* a despit de.

defiant (di'faiənt) *a.* desafiador; reptador.

deficiency (di'fiʃənsi) *s.* deficiència *f.* 2 insuficiència *f.*

deficient (di'fiʃənt) *a.* deficient. 2 insuficient.

deficit ('defisit) *s.* dèficit *m.*

defile ('di:fail) *s.* GEOL. congost *m.;* gorja *f.*

defile (to) (di'fail) *t.* embrutar. 2 profanar. 3 MIL. desfilar.

defilement (di'failmənt) *s.* embrutament *m.;* poŀlució *f.* 2 profanació *f.*

definable (di'fainəbl) *a.* definible.

define (to) (di'fain) *t.* definir. 2 delimitar. 3 caracteritzar.

definite ('definit) *a.* definit. 2 clar; terminant. ■ 3 **-ly** *adv.* definitivament; certament.

definiteness ('definitnis) *s.* exactitud *f.;* precisió *f.*

definition (ˌdefi'niʃən) *s.* definició *f.* 2 precisió *f.,* nitidesa *f.*

definitive (di'finitiv) *a.* definitiu.

deflate (to) (di'fleit) *t.* desinflar [també fig.]. ■ 2 *i.* desinflar-se *p.* [també fig.].

deflation (di'fleiʃən) *s.* ECON. deflació *f.* 2 GEOL. deflació *f.*

deflect (to) (di'flekt) *t.* desviar. ■ 2 *i.* desviar-se *p.*

deflection (di'flekʃən) *s.* desviació *f.;* desviament *m.*

deflower (to) (di:'flauəʳ) *t.* desflorar. 2 saquejar; destrossar.

deform (to) (di'fɔ:m) *t.* deformar; alterar. 2 degradar; envilir.

deformation (ˌdifɔ:'meiʃən) *s.* deformació *f.*

deformed (di'fɔ:md) *a.* deformat. 2 deforme.

deformity (di'fɔ:miti) *s.* deformitat *f.*

defraud (to) (di'frɔ:d) *t.* defraudar; estafar.

defrauder (di'frɔ:dəʳ) *s.* defraudador.

defraudation (difrɔ:'deiʃn) *s.* defraudació *f.*

defray (to) (di'frei) *t.* sufragar.

deft (deft) *s.* destre; llest; hàbil.

defunct (di'fʌŋkt) *a.* difunt.

defy (to) (di'fai) *t.* desafiar; reptar.

degeneracy (di'dʒenərəsi) *s.* degeneració *f.*

degenerate (di'dʒenərit) *a.-s.* degenerat.

degenerate (to) (di'dʒenəreit) *i.* degenerar.

degeneration (diˌdʒenə'reiʃən) *s.* degeneració *f.*

degradation (ˌdegrə'deiʃən) *s.* degradació *f.* 2 degeneració *f.*

degrade (to) (di'greid) *t.* degradar; rebaixar. ■ 2 *i.* rebaixar-se *p.*

degrading (di'greidiŋ) *a.* degradant.

degree (di'gri:) *s.* grau *m.* 2 nivell *m.* 3 ENSENY. títol *m.: to take a ~,* llicenciar-se *p.* 4 *by ~s,* gradualment.

dehydrate (to) (di:'haidreit) *t.* deshidratar ■ 2 *i.* deshidratar-se *p.*

deification (ˌdi:ifi'keiʃən) *s.* deïficació *f.;* divinització *f.*

deify (to) ('di:ifai) *t.* deïficar; divinitzar.

deign (to) (dein) *i.* dignar-se *p.*

deism ('di:izəm) *s.* REL. deisme *m.*

deist ('di:ist) *s.* deista.

deity ('di:iti) *s.* deïtat *f.;* divinitat *f.*

deject (to) (di'dʒekt) *t.* desanimar; deprimir; abatre.

dejected (di'dʒektid) *a.* desanimat; deprimit; abatut.

dejection (di'dʒekʃən) *s.* abatiment *m.*

delay (di'lei) *s.* dilació *f.;* retard *m.*

delay (to) (di'lei) *t.* diferir; ajornar. 2 retardar. ■ 3 *i.* tardar.

delegate ('deligit) *s.* delegat.

delegate (to) ('deligeit) *t.* delegar; comissionar.

delegation (ˌdeli'geiʃən) *s.* delegació *f.*

delete (to) (di'li:t) *t.* esborrar.

deliberate (di'libərit) *a.* deliberat, premeditat, intencionat. 2 cautelós, caut.

deliberate (to) (di'libəreit) *t.* reflexionar, considerar, rumiar. ■ 2 *i.* deliberar.

deliberation (diˌlibə'reiʃən) *s.* deliberació *f.;* reflexió *f.*

delicacy ('delikəsi) *s.* delicadesa *f.* 2 finesa *f.;* sensibilitat *f.* 3 mirament *m.* 4 refinament *m.* 5 llaminadura *f.*

delicate ('delikit) *a.* delicat. 2 considerat, primmirat. 3 exquisit.

delicatessen (ˌdelikə'tesn) *s.* productes *m. pl.* de xarcuteria selecta. 2 xarcuteria *f.* selecta.

delicious (di'liʃəs) *a.* deliciós. 2 saborós.

delight (di'lait) *s.* delit *m.,* plaer *m.,* delícia *f.,* satisfacció *f.*

delight (to) (di'lait) *t.* delectar, encantar. ■ 2 *i.* delectar-se *p.,* complaure's *p.*

delightful (di'laitful) *a.* delectable; deliciós, encantador, exquisit.

delimit (di:'limit) , **delimitate** (di:'limiteit) *t.* delimitar.

delimitation (diˌlimi'teiʃən) *s.* delimitació *f.*

delineate (to) (di'linieit) *t.* delinear, esbossar.

delineation (di,lini'eiʃən) *s.* delineació *f.*, esbós.

delinquency (di'liŋkwənsi) *s.* delinqüència *f.* 2 culpa *f.*, falla *f.*

delinquent (di'liŋkwənt) *a.-s.* delinqüent, culpable.

delirious (di'liriəs) *a.* delirant.

delirium (di'liriəm) *s.* deliri *m.*, desvariejament *m.*, frenesí *m.*

deliver (to) (di'livəʳ) *t.* lliurar, repartir [correu, comandes]. 2 alliberar, deslliurar, salvar *(from,* de). 3 pronunciar [un discurs, etc.]. *4 to ~ (up* o *over)* lliurar, donar; rendir, retre. 5 MED. assistir un part: *the doctor ~ed her baby,* el metge va assistir-la en el part. ‖ *to be ~ed of a child,* donar a llum, deslliurar.

deliverance (di'livərəns) *s.* alliberament *m.*, deslliurament *m.*

deliverer (di'livərəʳ) *s.* llibertador, salvador, alliberador.

delivery (di'livəri) *s.* lliurament *m.*, repartiment *m.* [correu, comandes, etc.]. 2 alliberament *m.* 3 presentació *f.*, execució *f.* [d'un discurs, etc.]. 4 MED. part *m.*

dell (del) *s.* vall *f.* petita, sot *m.*

delta ('deltə) *s.* delta *m.*

delude (to) (di'lu:) *t.* enganyar.

deluge ('delju:dʒ) *s.* diluvi *m.* 2 inundació *f.* 3 fig. diluvi *m.*

deluge (to) ('delju:dʒ) *t.* inundar [també fig.].

delusion (di'lu:ʒən) *s.* engany *m.*

delusive (di'lu:siv) *a.* enganyós, iŀlusori.

delve (to) (delv) *t.-i.* ant. cavar *t.* 2 *i.* fig. *to ~ into,* aprofundir *t.*, buscar a fons.

demagogic (,demə'gɔgik) *a.* demagògic.

demagogue ('deməgɔg) *s.* demagog.

demagogy ('deməgɔgi) *s.* demagògia *f.*

demand (di'mɑ:nd) *s.* demanda *f.*, petició *f.* ‖ *law of supply and ~,* llei *f.* de l'oferta i la demanda.

demand (to) (di'mɑ:nd) *t.* exigir, reclamar, demanar.

demarcate (to) ('di:mɑ:keit) *t.* demarcar, delimitar.

demarcation (,di:mɑ:'keiʃən) *s.* demarcació *f.*, delimitació *f.*

demean (to) (di'mi:n) *t.-p.* rebaixar(se, degradar(se.

demeanour, (EUA) **demeanor** (di'mi:nəʳ) *s.* comportament; *m.;* posat *m.*

demented (di'mentid) *a.* dement.

demerit (di:'merit) *s.* demèrit *m.*

demesne (di'mein) *s.* DRET propietat *f.*, possessió *f.*, heretat *f.*

demigod ('demigɔd) *m.* MIT. semidéu.

demilitarize (to) ('di:'militəraiz) *t.* desmilitaritzar.

demise (di'maiz) *s.* DRET defunció *f.*

demobilize (to) (di:'moubilaiz) *t.* MIL. desmobilitzar.

democracy (di'mɔkrəsi) *s.* democràcia *f.*

democrat ('deməkræt) *s.* demòcrata.

democratic (,demə'krætik) *a.* democràtic.

demolish (to) (di'mɔliʃ) *t.* enderrocar. 2 fig. enfonsar, ensorrar, destruir.

demon ('di:mən) *s.* dimoni *m.* 2 esperit *m.*

demonstrate (to) ('demənstreit) *t.* demostrar. ■ *i.* manifestar-se *p.*

demonstration (,deməns'treiʃən) *s.* demostració *f.* 2 manifestació *f.* pública.

demonstrative (di'mɔnstrətiv) *a.* demostratiu.

demonstrator ('demənstreitəʳ) *s.* manifestant. 2 demostrador, mostrador.

demoralization (di,mɔrəlai'zeiʃən) *s.* desmoralització *f.*

demoralize (to) (di'mɔrəlaiz) *t.* desmoralitzar, descoratjar.

demoralizing (di'mɔrəlaiziŋ) *a.* desmoralitzador.

demur (di'məːʳ) *s.* vaciŀlació *f.*, indecisió *f.* 2 objecció *f.*

demur (to) (di'məːʳ) *i. to ~ (to* o *at),* objectar *t.*, posar inconvenients (a). 2 vaciŀlar.

demure (di'mjuəʳ) *a.* seriós, formal. 2 pudorós, púdic. 3 melindrós.

den (den) *s.* ZOOL. cau *m.* [també fig.].

denial (di'naiəl) *s.* negació *f.* 2 negativa *f.*, denegació *f.*

denigrate (to) ('denigreit) *t.* denigrar.

denizen ('denizn) *s.* habitant.

denominate (to) (di'nɔmineit) *t.* denominar, anomenar.

denomination (di,nɔmi'neiʃən) *s.* denominació *f.* 2 ECLES. confessió *f.*, secta *f.* 3 classe *f.*, categoria *f.*

denominator (di'nɔmineitəʳ) *s.* MAT. denominador *m.*

denote (to) (di'nout) *t.* denotar, indicar, assenyalar.

dénouement (dei'nu:mɑ:ŋ) *s.* desenllaç *m.*

denounce (to) (di'nauns) *t.* denunciar. 2 DRET denunciar [un tractat].

dense (dens) *a.* dens, espès. 2 fig. espès.

density ('densiti) *s.* densitat *f.*

dent (dent) *s.* bony *m.*, abonyec *m.*, osca *f.*

dent (to) (dent) *t.* oscar, abonyegar. ■ 2 *i.* abonyegar-se *p.*

dental ('dentl) *a.* dental.

dentifrice ('dentifris) *s.* dentifrici *a.-m.*

dentist ('dentist) *s.* dentista.

denture ('dentʃəʳ) *s.* dentadura *f.* postissa.

denude (to) (di'nju:d) *t.* GEOL. denudar. 2 despullar *(of,* de).

denunciation (di,nʌnsi'eiʃən) *s.* denúncia *f.*

deny (to) (di'nai) *t.* negar, denegar.
deodorant (di:'oudərənt) *s.* desodorant *a.-m.*
depart (to) (di'pɑːt) *i.* marxar, sortir. *2* allunyar-se *p.;* fugir. *3* ant. morir. ‖ *the ~ ed,* els difunts.
department (di'pɑːtmənt) *s.* departament *m. 2* districte *m. 3* secció *f.* [grans magatzems].
department store (di'pɑːtmənt͵stɔː) *s.* grans magatzems *m. pl.*
departure (di'pɑːtʃəʳ) *s.* sortida *f. 2* fig. orientació *f.*
depend (to) (di'pend) *i.* dependre (*on* o *upon*, de).
dependable (di'pendəbl) *a.* formal, fiable, segur.
dependant (di'pendənt) *s.* persona *f.* a càrrec.
dependence (di'pəndəns) *s.* dependència *f. 2* confiança *f.*
dependency (di'pendənsi) *s.* protectorat *m.* [territori].
dependent (di'pendənt) *a.* dependent. ‖ *to be ~ on,* dependre de. ▪ *2 s.* persona *f.* a càrrec.
depict (to) (di'pikt) *t.* dibuixar, representar, descriure.
deplete (to) (di'pliːt) *t.* esgotar, exhaurir.
depletion (di'pliːʃən) *s.* esgotament *m.,* exhauriment *m.*
deplorable (di'plɔːrəbl) *a.* deplorable, lamentable.
deplore (to) (di'plɔːʳ) *t.* deplorar, lamentar.
deploy (to) (di'plɔi) *t.* MIL. desplegar. *2* fig. desplegar [arguments, energia, etc.].
deployment (di'plɔimənt) *s.* desplegament *m.*
depopulate (to) (di:'pɔpjuleit) *t.* despoblar. ▪ *2 i.* despoblar-se *p.*
deport (to) (di'pɔːt) *t.* deportar, desterrar
deportation (͵di:pɔː'teiʃən) *s.* deportació *f.*
deportment (di'pɔːtmənt) *s.* conducta *f.,* comportament *m.;* maneres *f. pl.*
depose (to) (di'pouz) *t.* destituir, deposar. ▪ *2 i.* DRET declarar *t.*
deposit (di'pɔzit) *s.* COM. dipòsit *m. 2* GEOL. dipòsit *m.,* (BAL.) (VAL.) depòsit *m.;* sediment *m.;* jaciment *m.*
deposit (to) (di'pɔzit) *t.* COM. dipositar, posar. *2* GEOL. dipositar, sedimentar.
deposition (͵depə'ziʃən) *s.* destitució *f.,* deposició *f. 2* DRET deposició *f.,* testimoni *m.*
depository (di'pɔzitəri) *s.* magatzem *m.;* guardamobles *m.*
depot ('depou) , (EUA) ('di:pou) *s.* dipòsit *m.,* magatzem *m.* [esp. militar]. *2* cotxera *f. 3* (EUA) estació *f.* [d'autobús o de tren].

deprave (to) (di'preiv) *t.* depravar, corrompre, pervertir, viciar.
depravity (di'præviti) *s.* depravació *f.,* perversió *f. 2* acció *f.* depravada.
deprecate (to) ('deprikeit) *t.* desaprovar.
deprecation (͵depri'keiʃən) *s.* desaprovació *f.*
depreciate (to) (di'priːʃieit) *t.* depreciar. *2* menysprear, desestimar. ▪ *3 i.* depreciar-se *p.*
depreciation (di͵priːʃi'eiʃən) *s.* depreciació *f. 2* desestimació *f.*
depredation (͵depri'deiʃən) *s.* depredació *f. 2 pl.* estralls *m.*
depress (to) (di'pres) *t.* deprimir, enfonsar. *2* deprimir, desanimar. *4* fer baixar [preus].
depressed (di'prest) *a.* desanimat; deprimit [persona]. ‖ *~ area,* zona *f.* deprimida.
depressing (di'presiŋ) *a.* depriment.
depression (di'preʃən) *s.* depressió *f. 2* abatiment *m.,* desànim. *3* COM. crisi *f. 4* CLIMAT. depressió *f.* atmosfèrica.
depressive (di'presiv) *a.* depressiu; depriment. ▪ *2 s.* PSICOL. depressiu [persona].
deprivation (͵depri'veiʃən) *s.* privació *f.*
deprive (to) (di'praiv) *t.* privar, desposseir. *2* obstaculitzar, impedir. *3* destituir.
depth (depθ) *s.* profunditat *f.,* fondària *f. 2* cor *m.,* fons *m.* [també fig.]. *3* intensitat *f.* [de color, pensament, etc.].
deputation (͵depju'teiʃən) *s.* diputació *f.,* delegació *f.*
depute (to) (di'pjuːt) *t.* delegar, diputar.
deputy (di'pjuti) *s.* delegat, representant, comissari *m. 2* diputat.
derail (to) (di'reil) *t.* fer descarrilar. ▪ *2 i.* descarrilar.
derailment (di'reilmənt) *s.* descarrilament *m.*
derange (to) (di'reindʒ) *t.* desarreglar, trastornar. *2* destorbar, interrompre.
derangement (di'reindʒmənt) *s.* trastorn *m.,* alteració *f.,* desordre *m. 2* PSICOL. pertorbació *f.* mental.
derelict ('derilikt) *a.* abandonat, deixat. *2* negligent. ▪ *3 s.* NÀUT. derelicte *m.*
dereliction (͵deri'likʃən) *s.* abandó *m.,* deixadesa *f. 2* negligència *f.*
deride (to) (di'raid) *t.* burlar-se *p.,* riure's *p.,* fer riota.
derision (di'riʒən) *s.* riota *f.,* mofa *f.,* escarn *m.*
derisive (di'raisiv) *a.* burlesc; risible, ridícul.
derisory (di'raisəri) *a.* irrisori.
derivation (͵deri'veiʃən) *s.* derivació *f. 2* origen *m.,* procedència *f.*

derive (to) (di'raiv) *t.* obtenir; treure; deduir; derivar. ▪ *2 i.* derivar, derivar-se *p.*

derogate (to) ('derəgeit) *i. to ~ from*, detractar *t.*, detreure *t.*

derrick ('derik) *s.* grua *f.*, càbria *f.* 2 torre *f.* de perforació.

dervish ('də:viʃ) *s.* REL. dervix *m.*

descend (to) (di'send) *i.* descendir, baixar (*from*, de). 2 rebaixar-se *p.* (*to*, a). *3 to ~ on* o *upon*, caure sobre, atacar *t.*, sorprendre *t.* ▪ *4 t.* descendir, baixar.

descendant (di'sendənt) *a.* descendent. ▪ *2 s.* GENEAL. descendent.

descent (di'sent) *s.* baixada *f.*; descens *m.* 2 GENEAL. llinatge *m.*, descendència *f.* 3 pendent *m.* 4 MIL. incursió *f.*

describe (to) (dis'kraib) *t.* descriure.

description (dis'kripʃən) *s.* descripció *f.*

descriptive (dis'kriptiv) *a.* descriptiu.

desecrate (to) ('desikreit) *t.* profanar.

desert ('dezət) *a.* desèrtic, desert. ▪ *2 s.* desert *m.*

desert (to) (di'zə:t) *t.* abandonar, deixar, desertar. ▪ *2 i.* MIL. desertar *t.*

deserter (di'zə:tə^r) *s.* desertor.

desertion (di'zə:ʃən) *s.* abandó *m.* 2 MIL. deserció *f.*

deserts (di'zə:ts) *s. pl.* mérits *m.* ‖ *to get one's (just) ~*, obtenir el que hom mereix, obtenir una recompensa justa.

deserve (to) (di'zə:v) *t.-i.* merèixer *t.*, merèixer-se *p.*

deserving (di'zə:viŋ) *a.* mereixedor. 2 meritori.

desiccate (to) ('desikeit) *t.* dessecar, deshidratar. ▪ *2 i.* dessecar-se *p.*, deshidratarse *p.*

design (di'zain) *s.* disseny *m.*, dibuix *m.*, projecte *m.* 2 intenció *f.*, propòsit *m.*

design (to) (di'zain) *t.* concebre, enginyar, ordir, idear, projectar. ▪ *2 i.* dissenyar *t.* projectar *t.*

designate (to) ('dezigneit) *t.* indicar, assenyalar. 2 designar, anomenar. *3* nomenar.

designation (‚dezig'neiʃən) *s.* nomenament *m.*, designació *f.*

designedly (di'zainidli) *adv.* expressament, a posta.

designer (di'zainə^r) *s.* dissenyador, delineant.

designing (di'zainiŋ) *a.* arter, insidiós, intrigant. ▪ *2 s.* disseny *m.*

desirable (di'zaiərəbl) *a.* desitjable.

desire (di'zaiə^r) *s.* desig *m.* 2 anhel *m.*, ànsia *f.*

desire (to) (di'zaiə^r) *t.* desitjar, anhelar. 2 demanar, pregar.

desirous (di'zaiərəs) *a.* desitjós, anhelós.

desist (to) (di'zist) *i.* desistir.

desk (desk) *s.* escriptori *m.*, pupitre *m.*, taula *f.*

desolate ('desəlit) *a.* desolat, desert, solitari, sol. trist.

desolate (to) ('desəleit) *t.* assolar, devastar. 2 desolar, afligir, entristir.

desolation (‚desə'leiʃən) *s.* desolació *f.*, devastació *f.* 2 aflicció *f.*, tristor *f.*

despair (dis'pɛə^r) *s.* desesperació *f.*; desesperança *f.*

despair (to) (dis'pɛə^r) *i.* desesperar(se; desesperançar(se.

despairingly (dis'pɛəriŋli) *adv.* desesperadament.

despatch (dis'pætʃ) Veure DISPATCH.

desperado (‚despə'ra:dou) *s.* malfactor, criminal.

desperate ('despərit) *a.* desesperat. 2 arriscat, temerari. ▪ *3 -ly adv.* desesperadament.

desperation (despə'reiʃən) *s.* desesperació *f.*, furor *m.*

despicable ('despikəbl) *a.* menyspreable, baix.

despise (to) (dis'paiz) *t.* menysprear, menystenir.

despite (dis'pait) *prep.* malgrat, tot i, amb tot.

despoil (to) (dis'pɔil) *t.* despullar, privar (*of*, de).

despond (to) (dis'pɔnd) *i.* desanimar-se *p.*, abatre's *p.*

despondence, -cy (dis'pɔndəns, -i) *s.* desànim *m.*, abatiment *m.*

despondent (dis'pɔndənt) *a.* desanimat, abatut.

despot ('despɔt) *s.* dèspota.

despotic (de'spɔtik) *a.* despòtic.

despotism ('despətizəm) *s.* despotisme *m.*

dessert (di'zə:t) *s.* postres *f. pl.*

destination (‚desti'neiʃən) *s.* destinació *f.*

destine (to) ('destin) *t.* destinar. ‖ *to be ~d*, estar destinat.

destiny ('destini) *s.* destí *m.*, fat *m.*

destitute ('destitju:t) *a.* indigent, necessitat. 2 desproveït.

destitution (‚desti'tju:ʃən) *s.* misèria *f.*, indigència *f.*

destroy (to) (dis'trɔi) *t.* destruir. 2 trencar, destrossar, anihilar. *3* matar, sacrificar [animals].

destroyer (dis'trɔiə^r) *s.* destructor. 2 MAR. destructor *m.*

destruction (dis'trʌkʃən) *s.* destrucció *f.* 2 ruïna *f.*, perdició *f.*

destructive (dis'trʌktiv) *a.* destructiu. 2 danyós [animal].

desuetude (di'sju:itju:d) *s.* desús *m.*

desultory ('desəltəri) *a.* intermitent, irregular, discontinu.

detach (to) (di'tætʃ) *t.* separar, desenganxar. *2* MIL. destacar.

detachable (di'tætʃəbl) *a.* separable. *2* MEC. desmontable.

detached (di'tætʃt) *a.* separat. ‖ ~ *house,* torre *f.* [casa]. *2* imparcial.

detachment (di'tætʃmənt) *s.* separació *f. 2* objectivitat *f.;* despreocupació *f.;* despreniment *m. 3* MIL. destacament *m.*

detail ('di:teil) *s.* detall *m.,* particularitat *f. 2* MIL. destacament *m.*

detail (to) ('di:teil) *t.* detallar, especificar. *2* MIL. destacar.

detain (to) (di'tein) *t.* retenir, deturar. *2* retardar-se *p. 3* DRET arrestar, detenir.

detect (to) (di'tekt) *t.* descobrir; advertir, percebre. *2* RADIO. detectar.

detection (di'tekʃən) *s.* descobriment *m.;* investigació *f. 2* RADIO detecció *f.*

detective (di'tektiv) *a.* ~ *novel* o *story,* noveHa policíaca. ■ *2 s.* detectiu.

detector (di'tektəʳ) *s.* detector *m.*

déteute ('dei'ta:nt) *s.* distensió *f.*

detention (di'tenʃən) *s.* DRET detenció *f.,* arrest *m.* ‖ ~ *barracks,* calabós *m.*

deter (to) (di'tə:ʳ) *t.* dissuadir, impedir, desanimar.

detergent (di'tə:dʒənt) *a.* detergent. ■ *2 s.* detergent *m.*

deteriorate (to) (di'tiəriəreit) *t.* deteriorar, empitjorar. ■ *2 i.* deteriorar-se *p.,* empitjorar-se *p.*

deterioration (di,tiəriə'rei'ʃən) *s.* deteriorament *m.,* empitjorament *m.*

determinate (di'tə:minit) *a.* determinat, fixe, definit. *2* definitiu.

determination (di,tə:mi'neiʃən) *s.* determinació *f. 2* decisió *f. 3* DRET resolució *f.,* veredicte *m.*

determine (to) (di'tə:min) *t.* determinar, establir, fixar. *2* calcular. *3* DRET anuHar, rescindir. ■ *4 i.* decidir-se *p.* (on, per).

deterrent (di'terənt) *a.* dissuasiu. ■ *2 s.* impediment *m.,* fre *m.*

detest (to) (di'test) *t.* detestar, avorrir, odiar.

detestable (di'testəbl) *a.* detestable, odiós.

detestation (,di:tes'teiʃən) *s.* odi *m.,* aversió *f.*

dethrone (to) (di'θroun) *t.* destronar [també fig.].

dethronement (di'θrounmənt) *s.* destronament *m.*

detonate (to) ('detouneit) *i.* esclatar, detonar. ■ *2 t.* fer esclatar, fer detonar.

detonation (,detə'neiʃən) *s.* detonació *f.,* explosió *f.*

detonator ('detəneitəʳ) *s.* detonador *m.*

detour ('di:tuəʳ) *s.* desviació *f.;* marrada *f.*

detoxify (to) (di:'tɔksifai) *t.* desintoxicar.

detract (to) (di'trækt) *t.* treure. *2* denigrar, detractar, detreure. ■ *3 i. to ~ from,* treure; rebaixar.

detraction (di'trækʃən) *s.* detracció *f.,* denigració *f.,* maldiença *f.*

detriment ('detrimənt) *s.* detriment *m.,* dany *m.,* perjudici *m.*

detrimental (,detri'mentl) *a.* perjudicial, nociu.

deuce (dju:s) *s.* JOC dos *m.* 2 empat a 40, 40 iguals [tennis]. *3* coHoq. dimoni *m.*

devaluation (,di:vælju'eiʃən) *s.* devaluació *f.,* desvaloració *f.*

devalue (to) (di:vælju:) , **devaluate (to)** (di:'væljueit) *t.* devaluar, desvalorar.

devastate (to) ('devəsteit) *t.* devastar, assolar.

devastation (,devəs'teiʃən) *s.* devastació *f.,* assolament *m.*

develop (to) (di'veləp) *t.* desenvolupar, desenrotllar. *2* fer crèixer, fomentar. *3* millorar, perfeccionar. *4* urbanitzar. *5* agafar, contraure. *6* explotar [una mina, etc.]. *7* mostrar, manifestar. *8* FOT. revelar. *9* MIL. desplegar. ■ *10 i.* desenvolupar-se *p.,* evolucionar. *11* augmentar, crèixer. *12* aparèixer.

development (di'veləpmənt) *s.* desenvolupament *m.,* evolució *f. 2* foment *m.,* explotació *f.,* urbanització *f. 3* esdeveniment *m. 4* FOT. revelat *m.*

deviate (to) ('di:vieit) *i.* desviar-se *p.;* allunyar-se *p.*

deviation (,di:vi'eiʃən) *s.* desviació *f.,* allunyament *m.*

device (di'vais) *s.* ardit *m.,* estratagema *f. 2* artifici *m. 3* aparell *m.,* artefacte *m.,* dispositiu *m. 4* divisa *f.,* emblema *m.*

devil ('devl) *s.* diable *m.,* dimoni *m.*

devilish ('devliʃ) *a.* diabòlic. *2* endimoniat.

devilment ('devilmənt) , **devilry** ('devlri) *s.* entremaliadura *f.,* malesa *f. 2* perversitat *f.,* malignitat *f.*

devious ('di:vjəs) *a.* desviat. *2* enrevessat, tortuós.

devise (to) (di'vaiz) *t.* inventar, concebre. *2* enginyar, ordir. *3* DRET llegar.

devoid (di'vɔid) *a.* mancat, faltat.

devolution (,di:və'lu:ʃən) *s.* lliurament *m.,* traspàs *m.* [de poder, competències, etc.]. *2* delegació *f.,* descentralització *f.*

devolve (to) (di'vɔlv) *t.* traspassar, transferir. ■ *2 i.* recaure.

devote (to) (di'vout) *t.* consagrar, dedicar, destinar. *2 p. to ~ oneself,* consagrar-se, dedicar-se.

devoted (di'voutid) *a.* consagrat, dedicat, destinat. *2* devot, lleial.

devotee (ˌdevou'tiː) *s.* devot, beat. *2* fanàtic.

devotion (di'vouʃən) *s.* devoció *f.*, lleialtat *f.* *2* dedicació *f.*

devour (to) (di'vauəʳ) *t.* devorar [també fig.].

devout (di'vaut) *a.* devot, piadós, beat. *2* fervorós, sincer.

dew (djuː) *s.* rosada *f.*

dew (to) (djuː) *t.* enrosar, humitejar de rosada, enrellentir. *2* fig. banyar. ■ *3 i.* rosar.

dewlap ('djuːlæp) *s.* papada *f.*

dewy ('djuːi) *a.* enrosat, mullat de rosada.

dexterity (deks'teriti) *s.* destresa *f.*, habilitat *f.*, manya *f.*

dexterous ('dekstərəs) *a.* destre, hàbil, manyós.

diabolic(al (ˌdaiə'bɔlik(əl) *a.* diabòlic.

diadem ('daiədəm) *s.* diadema *f.*

diaeresis (dai'iərisis) *s.* dièresi *f.*

diagnose (to) ('daiəgnouz) *t.* diagnosticar.

diagnosis (ˌdaiəg'nousis) *s.* diagnosi *f.*

diagnostic (ˌdaiəg'nɔstik) *a.* diagnòstic. ■ *2 s.* diagnòstic *m.*

diagonal (dai'ægənl) *a.* diagonal. ■ *2 s.* diagonal *f.*

diagram ('daiəgræm) *s.* diagrama *m.*, esquema *m.*

dial ('daiəl) *s.* esfera *f.* [de rellotge]. *2* disc *m.* [de telèfon]. *3* rellotge *m.* de sol, quadrant *m.*

dial (to) ('daiəl) *t.* TELEF. marcar.

dialect ('daiəlekt) *s.* dialecte *m.*

dialectics (ˌdaiə'lektiks) *s.* dialèctica *f.*

dialogue ('daiəlɔg) *s.* diàleg *m.*

diameter (dai'æmitəʳ) *s.* diàmetre *m.*

diamond ('daiəmənd) *s.* GEMM. diamant *m.* *2* GEOM. rombe *m.* *3* JOC diamant [cartes].

Diana (dai'ænə) *n. pr. f.* Diana.

diaper ('daiəpəʳ) *s.* (EUA) bolquer *m.*

diaphanous (dai'æfənəs) *a.* diàfan.

diaphragm ('daiəfræm) *s.* diafragma *m.*

diarrhoea (ˌdaiə'riːə) *s.* diarrea *f.*

diary ('daiəri) *s.* diari *m.* [d'experiències personals]. *2* agenda *f.*, dietari *m.*

diatribe ('daiətraib) *s.* diatriba *f.*

dice (dais) *s.* daus *m.* *2* cubets *m.*

dice-box ('daisbɔks) *s.* gobelet *m.*

Dick (dik) *n. pr. m.* (*dim.* **Richard**) Ricard.

dickens ('dikinz) *s.* col·loq. dimoni *m.*, diantre *m.*

dictaphone ('diktəfoun) *s.* dictàfon *m.*

dictate ('dikteit) *s.* ordre *f.* ▲ gralnt. *pl.*

dictate (to) (dik'teit) *t.* dictar. *2 i.* manar *t.*

dictation (dik'teiʃən) *s.* dictat *m.*

dictator (dik'teitəʳ) *s.* dictador.

dictatorial (ˌdiktə'tɔːriəl) *a.* dictatorial.

dictatorship (dik'teitəʃip) *s.* dictadura *f.*

diction ('dikʃən) *s.* dicció *f.*, estil *m.*

dictionary ('dikʃənri) *s.* diccionari *m.*

dictum ('diktəm) *s.* dita *f.*, aforisme *m.*

did (did) *pret.* de TO DO.

didactic (dai'dæktik) *a.* didàctic.

didn't (didnt) *contr.* de *did* i *not.*

die (dai) *s.* JOC dau *m.* *2 pl.* GASTR. daus *m.* ▲ *pl.* *dice* (dais).

die (dai) *s.* ARQ. dau *m.* *2* MEC. encuny *m.* *3* TECNOL. matriu *f.* ▲ *pl.* *dies* (daiz).

die (to) (dai) *i.* morir(se. ‖ fig. *to be dying to* o *for*, morir-se *p.* per. ‖ *I'm dying to start*, em moro de ganes de començar. ■ *to ~ down*, apagar-se *p.* [foc, soroll, passió]; *to ~ out*, extingir-se *p.*, desaparèixer. ■ Pret. i p. p.: *died* (daid); ger.: *dying* ('daiiŋ).

diet ('daiət) *s.* ALIM. dieta *f.* *2* HIST. dieta *f.*

diet (to) (daiət) *t.* posar a dieta, tenir a dieta. ■ *2 i.* estar a dieta.

differ (to) ('difəʳ) *i.* diferir, diferenciar-se *p.* *2 to ~ from*, discrepar, dissentir.

difference ('difrəns) *s.* diferència *f.* *2* desigualtat *f.* *3* desacord *m.*

different ('difrənt) *a.* diferent. ■ *2* -ly *adv.* diferentment.

differentiate (to) (ˌdifə'renʃieit) *t.* diferenciar. ■ *2 i.* diferenciar-se *p.*

difficult ('difikəlt) *a.* difícil.

difficulty ('difikəlti) *s.* dificultat *f.* *2* obstacle *m.*, objecció *f.* *3* problema *m.*

diffidence ('difidəns) *s.* timidesa *f.*, manca *f.* de confiança *f.* en un mateix.

diffident ('difidənt) *a.* tímid.

diffuse (di'fjuːs) *a.* prolix. *2* difús.

diffuse (to) (di'fjuːz) *t.* difondre. ■ *2 i.* difondre's *p.*

diffusion (di'fjuːʒən) *s.* difusió *f.*

dig (dig) *s.* cop *m.* de colze. *2* indirecta *f.* *3* ARQUEOL. excavació *f.* *4 pl.* col·loq. (G.B.) allotjament *m.*

dig (to) (dig) *t.* cavar, excavar, remoure. ‖ *to ~ out* o *up*, desenterrar. *3* col·loq. agradar *i.* ■ *4 i.* cavar *t.*, excavar *t.* ▲ Pret. i p. p.: *dug* (dʌg).

digest ('daidʒest) *s.* compendi *m.*, compilació *f.*, resum *m.*

digest (to) (di'dʒest) *t.* digerir, pair, (ROSS.) acotxar [també fig.]. *2* resumir, compilar. ■ *3 i.* digerir-se *p.*, pair-se *p.* [també fig.].

digestible (di'dʒestəbl) *a.* digerible.

digestion (di'dʒestʃən) *s.* digestió *f.*

digestive (di'dʒestiv) *a.* digestiu.

digger ('digəʳ) *s.* cavador. *2* ARQUEOL. excavador.

digging ('digiŋ) *s.* excavació *f.*

dignified ('dignifaid) *a.* dignificat. *2* digne, solemne, elegant, majestuós.

dignify (to) ('dignifai) *t.* dignificar, lloar.

dignitary ('dignitəri) *s.* dignatari.
dignity ('digniti) *s.* dignitat *f.* 2 honor *m.* 3 rang *m.*
digress (to) (dai'gres) *i.* divagar.
digression (dai'greʃən) *s.* digressió *f.*
dike (daik) *s.* dic *m.* 2 escorranc *m.*
dilapidated (di'læpideitid) *a.* ruinós, espatllat, vell, malmès.
dilapidation (di,læpi'deiʃən) *s.* ruina *f.*, decadència *f.*
dilate (to) (dai'leit) *t.* dilatar. ■ 2 *i.* dilatarse *p.*
dilation (dai'leiʃən) *s.* dilatació *f.*
dilatory ('dilətəri) *a.* dilatori. 2 lent, triganer.
dilemma (di'lemə) *s.* dilema *m.*
dilettante (,dili'tænti) *s.* afeccionat.
diligence ('dilidʒəns) *s.* diligència *f.*, aplicació *f.*
diligent ('dilidʒənt) *a.* diligent.
dilly-dally (to) ('dili,dæli) *i.* perdre el temps, entretenir-se *p.* 2 vaciŀlar, titubejar.
dilute (to) (dai'lju:t) *t.* diluir, deixatar [també fig.]. ■ 2 *i.* diluir-se *p.*, deixatar-se *p.*
dilution (dai'lju:ʃən) *s.* dilució *f.*
dim (dim) *a.* confús, desdibuixat, boirós. 2 obscur, fosc. 3 feble, imprecís. 4 fig. pessimista. 5 coŀloq. curt.
dim (to) (dim) *t.* enfosquir, obscurir, esmorteir. ■ 2 *i.* enfosquir-se *p.*, esmorteirse *p.*
dime (daim) *s.* (EUA) deu *m.* centaus.
dimension (di'menʃən) *s.* dimensió *f.*
diminish (to) (di'miniʃ) *t.-i.* disminuir.
diminution (,dimi'nju:ʃən) *s.* disminució *f.*
diminutive (di'minjutiv) *a.* diminut. ■ 2 *s.* GRAM. diminutiu *m.*
dimness ('dimnis) *s.* penombra *f.*, mitja llum *f.* 2 obscuritat *f.*, foscor *f.* 3 paŀlidesa *f.* [llum].
dimple ('dimpl) *s.* clotet *m.*
din (din) *s.* xivarri *m.*, rebombori *m.*, enrenou *m.*
dine (to) (dain) *i.* form. sopar. ■ 2 *t.* fer un sopar.
diner ('dainə') *s.* comensal. 2 FERROC. vagórestaurant *m.*
dinghy ('diŋgi) *s.* barqueta *f.* 2 llanxa *f.* de goma.
dinginess ('dindʒinis) *s.* brutícia *f.*, sordidesa *f.*
dingy ('dindʒi) *a.* brut, sòrdid.
dining-car ('dainiŋkɑ:') *s.* FERROC. vagó-restaurant *m.*
dining-room ('dainiŋrum) *s.* menjador *m.*
dinner ('dinə') *s.* sopar *m.*; dinar *m.* [l'apat més fort del dia].
dinner jacket ('dinə,dzækit) *s.* angl. smoking *m.*

dinner service ('dinə,sə:vis) *s.* vaixella *f.*
dinner set ('dinəset) *s.* vaixella *f.*
dint (dint) *s.* ant. escantell *m.*, abonyec *m.* ■ 2 LOC. *by ~ of*, a força de.
diocese ('daiəsis) *s.* ECLES. diòcesi *f.*
dip (dip) *s.* fam. remullada *f.*, bany *m.* 2 pendent *m.*
dip (to) (dip) *t.* submergir, banyar, mullar. 2 abaixar [els llums]. 3 MAR. saludar [amb banderes]. ■ 4 *i.* submergir-se *p.*, remullar-se *p.* 5 baixar *t.*, inclinar-se *p.* 6 fig. *to ~ into a book*, fullejar un llibre. *to ~ into one's pocket*, gastar-se'ls; *to ~ into the future*, preveure el futur.
Dip. Ed. (dip'ed) *s.* *(Diploma of Education)* diploma *m.* d'educació.
diphthong ('difθɔŋ) *s.* diftong *m.*
diploma (di'ploumə) *s.* diploma *m.*
diplomacy (di'plouməsi) *s.* diplomàcia *f.*
diplomat ('dipləmæt), **diplomatist** (di'ploumətist) *s.* diplomàtic *m.*
diplomatic (,diplə'mætik) *a.* diplomàtic.
dipper ('dipə') *s.* culler *m.*, culleró *m.* 2 ORN. merla *f.* d'aigua. 3 *big ~*, muntanyes *f. pl.* russes.
dipstick ('dipstik) *s.* AUTO. vareta *f.* de l'oli.
dire ('daiə') *a.* terrible, espantós. 2 extrem.
direct (di'rekt) *a.* directe, dret: *~ object*, complement *m.* directe. 2 recte. 3 clar [resposta]. 4 obert [caràcter].
direct (to) (,di'rekt) *t.* dirigir, manar, ordenar. 2 encaminar, adreçar. ■ 3 *i.* dirigir *t.*, encarregar-se *p.*
direction (di'rekʃən) *s.* direcció *f.*, orientació *f.* 2 *pl.* instruccions *f.*, indicació *f.*
directly (di'rektli) *adv.* directament. 2 de seguida. 3 exactament; just. ■ 4 *conj.* tan aviat com, tan bon punt.
directness (di'rektnis) *s.* franquesa *f.*, rectitud *f.*
director (di'rektə') *s.* director. 2 gerent.
directorate (di'rektərit) *s.* direcció *f.* [càrrec]. 2 junta *f.* directiva.
directory (di'rektəri) *s.* directori *m.* 2 guia *f.* [telefònica, etc.].
direful ('daiəful) *a.* terrible, espantós, horrible.
dirge (də:dʒ) *s.* cant *m.* fúnebre.
dirt (də:t) *s.* brutícia *f.*; greix *m.* 2 fang *m.*
dirty ('də:ti) *a.* brut, tacat. 2 indecent, fastigós. 3 vil, baix. ‖ *~ trick*, marranada *s. f.*; *~ old man*, vell *m.* verd.
dirty (to) ('də:ti) *t.* embrutar, tacar. ■ 2 *i.* embrutar-se *p.*, tacar-se *p.* [també fig.].
disability (,disə'biliti) *s.* impotència *f.*, incapacitat *f.*, impediment *m.*, impossibilitat *f.*
disable (to) (dis'eibl) *t.* inutilitzar, impossibilitar. 2 esguerrar. 3 DRET incapacitar.

disabled (dis'eibld) *a.* mutilat, esguerrat, invàlid.

disablement (dis'eiblmənt) *s.* incapacitat *f.*, invalidesa *f.* 2 mutilació *f.* 3 impediment *m.*, impossibilitat *f.*

disabuse (to) (ˌdisə'bju:z) *t.* desenganyar, treure de l'error.

disadvantage (ˌdisəd'va:ntidʒ) *s.* desavantatge *m.* 2 inconvenient *m.*

disadvantageous (ˌdisædva:n'teidʒəs) *a.* desavantatjós.

disaffected (ˌdisə'fektid) *a.* desafecte.

disaffection (ˌdisə'fekʃən) *s.* descontentament *m.*, deslleialtat *f.*

disagree (to) (ˌdisə'gri:) *i.* discrepar, dissentir, no estar d'acord. 2 no provar.

disagreeable (ˌdisə'griəbl) *a.* desagradable. 2 malagradós, antipàtic.

disagreement (ˌdisə'gri:mənt) *s.* discrepància *f.*, desacord *m.*, discordança *f.* 2 dissentiment *m.*

disallow (to) (ˌdisə'lau) *t.* denegar, rebutjar. 2 ESPORT anul·lar.

disappear (to) (ˌdisə'piəʳ) *i.* desaparèixer.

disappearance (ˌdisə'piərəns) *s.* desaparició *f.*

disappoint (to) (ˌdisə'pɔint) *t.* defraudar, decebre, desenganyar, desil·lusionar.

disappointment (ˌdisə'pɔintmənt) *s.* desil·lusió *f.*, desengany *m.*, desencant *m.* 2 escarment *m.*

disapproval (ˌdisə'pru:vəl) *s.* desaprovació *f.*, censura *f.*

disapprove (to) (ˌdisə'pru:v) *t.* desaprovar. ■ 2 *i.* desaprovar *t.* (*of*, —).

disarm (to) (dis'a:m) *t.* desarmar [també fig.]. ■ 2 *i.* desarmar-se *p.*, deposar les armes.

disarmament (disˌa:məmənt) *s.* desarmament *m.*

disarrange (to) ('disə'reindʒ) *t.* desordenar, desarranjar. 2 pertorbar, desbaratar, desorganitzar.

disarray ('disə'rei) *s.* desordre *m.*, confusió *f.* 2 deixadesa *f.*

disarray (to) ('disə'rei) *t.* desendreçar, desordenar.

disaster (di'za:stəʳ) *s.* desastre *m.*

disastrous ('disa:strəs) *a.* desastrós.

disavow (to) ('disə'vau) *t.* form. repudiar, renegar, denegar. 2 desaprovar.

disband (to) (dis'bænd) *t.* dissoldre [organització]. 2 dispersar [manifestació, etc.]. 3 llicenciar [tropes]. ■ 4 *i.* dispersar-se *p.*, dissoldre's *p.*

disbelief (ˌdisbi'li:f) *s.* incredulitat *f.*

disbelieve (to) (ˌdisbi'li:v) *t.-i.* descreure *t.*, no creure *t.* (*in*, en).

disburse (to) (dis'bə:s) *t.* desemborsar, pagar.

disbursement (dis'bə:smənt) *s.* desembors *m.*, desemborsament *m.*, pagament *m.*

disc , (EUA) **disk** (disk) *s.* disc *m.*

discard (to) (di'ka:d) *t.* descartar, rebutjar, llençar. ■ 2 *i.* descartar-se *p.*

discern (to) (di'sə:n) *t.* discernir, distingir. 2 percebre, copsar.

discerning (di'sə:niŋ) *a.* perspicaç.

discernment (di'sə:nmənt) *s.* discerniment *m.*, perspicàcia *f.* 2 bon criteri *m.*

discharge ('distʃa:dʒ) *s.* descàrrega *f.* 2 tret *m.* 3 fuita *f.* [d'un gas]. 4 sortida *f.* [d'un líquid]. 5 pagament *m.* 6 acompliment *m.*, realització *f.* 7 rebut *m.*, quitança *f.* 8 destitució *f.*, acomiadament *m.* 8 DRET absolució *f.*, alliberament *m.* [d'un pres] 9 MED. supuració *f.* 10 MED. alta *f.* 11 MIL. llicenciament *m.*

discharge (to) (dis'tʒa:dʒ) *t.* descarregar. 2 ARM. disparar. 3 saldar [un deute]. 4 realitzar [una tasca, etc.]. 5 acomiadar, destituir. 6 MED. donar d'alta. 7 DRET absoldre, exonerar; alliberar. 8 MIL. llicenciar. ■ 10 *i.* desguassar [un riu]. 11 descarregar-se *p.* 12 MED. supurar.

disciple (di'saipl) *s.* deixeble.

discipline ('disiplin) *s.* disciplina *f.* 2 càstig *m.*

discipline (to) ('disiplin) *t.* disciplinar. 2 castigar.

disc jockey ('diskdʒɔki) *s.* disc-jòquei.

disclaim (to) (dis'kleim) *t.* negar, rebutjar, repudiar. 2 DRET renunciar.

disclose (to) (dis'klouz) *t.* revelar.

disclosure (dis'klouʒəʳ) *s.* revelació *f.*; descobriment *m.*

discolour, (EUA) **discolor (to)** (dis'kʌləʳ) *t.* descolorir, destenyir. ■ 2 *i.* descolorir-se *p.*, destenyir-se *p.*

discomfit (to) (dis'kʌmfit) *t.* desconcertar, confondre.

discomfiture (dis'kʌmfitʃəʳ) *s.* desconcert *m.*

discomfort (dis'kʌmfət) *s.* incomoditat *f.*, malestar *m.* 2 molèstia *f.*

discompose (to) (ˌdiskəm'pouz) *t.* torbar, pertorbar; desconcertar.

discomposure (ˌdiskəm'pouʒəʳ) *s.* torbació *f.*, pertorbació *f.*, desconcert *m.*

disconcert (to) (ˌdiskən'sə:t) *t.* desconcertar, confondre. 2 pertorbar, trastornar.

disconnect (to) (ˌdiskə'nekt) *t.* desconnectar.

disconnected (ˌdiskə'nektid) *a.* desconnectat. 2 incoherent, inconnex.

disconsolate (dis'kɔnsəlit) *a.* desconsolat.

discontent (ˌdiskənˈtent) s. descontentament m., disgust m.
discontent (to) (ˌdiskənˈtent) t. descontentar, disgustar.
discontinuance (ˌdiskənˈtinjuəns) s. discontinuitat f., interrupció f., cessament m.
discontinue (to) (ˌdiskənˈtinjuː) t. interrompre, cessar, suspendre. ■ 2 i. interrompre's p., suspendre's p., acabar.
discontinuous (ˌdiskənˈtinjues) a. discontinu.
discord (ˈdiskɔːd) s. discòrdia f. 2 MÚS. dissonància f.
discordant (disˈkɔːdənt) a. discordant. 2 MÚS. dissonant.
discount (ˈdiskaunt) s. descompte m., rebaixa f.
discount (to) (disˈkaunt) t. descomptar, rebaixar. 2 rebutjar; no fer cas.
discourage (to) (disˈkʌridʒ) t. descoratjar, desanimar. 2 dissuadir.
discouragement (disˈkʌridʒmənt) s. descoratjament m., desànim m. 2 dissuasió f.
discourse (ˈdiskɔːs) s. discurs m., conferència f., conversa f., dissertació f.; tractat m.
discourse (to) (disˈkɔːs) i. dissertar, discórrer, exposar. ‖ to ~ upon, parlar de.
discourteous (disˈkəːtjəs) a. descortès.
discourtesy (disˈkəːtisi) s. descortesia f.
discover (to) (disˈkʌvəʳ) t. descobrir, trobar. 2 adonar-se p.
discoverable (disˈkʌvərəbl) a. esbrinadís.
discoverer (disˈkʌvərəʳ) s. descobridor.
discovery (disˈkʌvəri) s. descobriment m., troballa f.
discredit (disˈkredit) s. descrèdit m., desprestigi m. 2 dubte m.
discredit (to) (disˈkredit) t. desacreditar, desprestigiar, deshonrar. 2 posar en dubte; no creure.
discreet (disˈkriːt) a. discret, prudent, assenyat, seriós.
discrepancy (disˈkrepənsi) s. discrepància f., diferència f.
discretion (disˈkreʃən) s. discreció f., prudència f., sensatesa f., seny m.
discriminate (to) (disˈkrimineit) t. distingir, diferenciar, discernir, discriminar. ■ 2 i. discriminar t.
discriminating (disˈkrimineitiŋ) a. perspicaç, sagaç. 2 discriminant.
discrimination (disˌkrimiˈneiʃən) s. discerniment m. 2 discriminació f.
discursive (disˈkəːsiv) a. divagador. 2 discursiu.
discus (ˈdiskəs) s. ESPORT disc m.
discuss (to) (disˈkʌs) t. parlar; tractar; discutir.

discussion (disˈkʌʃən) s. discussió f., debat m.
disdain (disˈdein) s. desdeny m., menyspreu m.
disdain (to) (disˈdein) t. desdenyar, menysprear. ‖ to ~ to, no dignar-se p. a.
disdainful (disˈdeinful) a. desdenyós.
disease (diˈziːz) s. malaltia f., afecció f.
diseased (diˈziːzd) a. malalt. 2 morbós, malalt [ment]. 3 MED. contagiat [teixit].
disembark (to) (ˌdisimˈbɑːk) t.-i. desembarcar.
disembarkation (ˌdisembɑːˈkeiʃən) s. desembarcament m.
disembodied (ˌdisimˈbɔdid) a. incorpori, immaterial.
disembowel (to) (ˌdisimˈbauəl) t. esbudellar, estripar.
disenchant (to) (ˌdisinˈtʃɑːnt) t. desencantar, desencisar, desil·lusionar.
disenchantment (ˌdisinˈtʃɑːntmənt) s. desencant m., desencís m.; desengany m., desil·lusió f.
disencumber (to) (ˌdisinˈkʌmbəʳ) t. desembarassar.
disengage (to) (ˈdisinˈgeidʒ) t. deslligar, deslliurar; desembarassar. 2 AUTO. desembragar. 3 MEC. desenclavar, desenganxar. 4 MIL. retirar. ■ 5 i. MIL. retirar-se p.
disengaged (ˌdisinˈgeidʒd) a. lliure; desocupat.
disentangle (to) (ˌdisinˈtæŋgl) t. desenredar, desembrollar; aclarir. ■ 2 i. desenredar-se p.
disentanglement (ˌdisinˈtæŋglmənt) s. desembolic m., desembrollament m., desembullament m.
disestablishment (ˌdisisˈtæbliʃmənt) s. separació f. de l'Església i l'Estat.
disfavour, (EUA) **disfavor** (ˌdisˈfeivəʳ) s. desfavor m., desaprovació f.; desgràcia f.
disfigure (to) (disˈfigəʳ) t. desfigurar, enlletgir, deformar.
disfranchise (to) (disˈfræntʃaiz) t. privar dels drets civils. 2 privar del dret de vot.
disgorge (to) (disˈgɔːdʒ) t. vomitar, gitar. 2 retornar, tornar, restituir.
disgrace (disˈgreis) s. desgràcia f., infortuni m. 2 deshonra f., vergonya f.
disgrace (to) (disˈgreis) t. deshonrar, desacreditar. ■ 2 p. to ~ oneself, deshonrar-se, desacreditar-se.
disgraceful (disˈgreisful) a. deshonrós, vergonyós, escandalós.
disgruntled (disˈgrʌntld) a. descontent, malhumorat.
disguise (disˈgaiz) s. disfressa f.
disguise (to) (disˈgaiz) t. disfressar. 2 amagar, ocultar, dissimular.

disgust (dis'gʌst) *s.* aversió *f.*, fàstic *m.*, repugnància *f.*, repulsió *f.*

disgust (to) (dis'gʌst) *t.* repugnar, fer fàstic, fastiguejar.

disgusting (dis'gʌstiŋ) *a.* repugnant, fastigós. ‖ *how ~!*, quin fàstic!

dish (diʃ) *s.* plat *m.* 2 plata *f.* 3 pop. bombó [persona atractiva].

dish (to) (diʃ) *t. to ~ up,* posar en una plata, servir. 2 fig. presentar [arguments, etc.]. *3 to ~ out,* distribuir. *4* col·loq. frustrar.

dish-cloth ('diʃklɔθ) *s.* drap *m.* de cuina.

dishearten (to) (dis'hɑ:tn) *t.* descoratjar, desanimar.

dishevel (to) (di'ʃevəl) *t.* despentinar, descabellar; desendreçar.

dishevelled (di'ʃevəld) *a.* despentinat, descabellat; deixat, descurat.

dishonest (dis'ɔnist) *a.* deshonest, fals, poc honrat. 2 fraudulent. ▪ *3 -ly* adv. deshonestament; fraudulentament.

dishonesty (dis'ɔnisti) *s.* deshonestedat *f.*, falsedat *f.*, manca *f.*, d'honradesa.

dishonour, (EUA) **dishonor** (dis'ɔnə^r) *s.* deshonor *m.*, deshonra *f.*, vergonya *f.* 2 afront *m.*

dishonour, (EUA) **dishonor (to)** (dis'ɔnə^r) *t.* deshonrar. 2 afrontar. 3 refusar de pagar [un xec, un deute, etc.].

dishonourable, (EUA) **dishonorable** (dis'ɔnərəbl) *a.* deshonrós. 2 poc honrat.

dishwasher ('diʃwɔʃə^r) *s.* rentaplats *m. pl.*

disillusion (ˌdisi'lu:ʒən) *s.* desil·lusió *f.*, desengany *m.*, desencant *m.*

disillusion (to) (ˌdisi'lu:ʒən) *t.* desil·lusionar.

disinclination (ˌdisinkli'neiʃən) *s.* aversió *f.*; resistència *f.*

disincline (to) ('disin'klain) *t. to be ~ed,* estar o sentir-se poc disposat, poc inclinat.

disinfect (to) (ˌdisin'fekt) *t.* desinfectar.

disinfectant (ˌdisin'fektənt) *a.* desinfectant. ▪ *2 s.* desinfectant *m.*

disinfection (ˌdisin'fekʃən) *s.* desinfecció *f.*

disingenuous (ˌdisin'dʒenjuəs) *a.* fals, enganyós, simulat.

disinherit (to) (ˌdisin'herit) *t.* desheretar.

disintegrate (to) (dis'intigreit) *t.* desintegrar, disgregar. ▪ *2 i.* desintegrar-se *p.*, disgregar-se *p.*

disinter (to) (ˌdisin'tə:^r) *s.* desenterrar, exhumar.

disinterested (dis'intristid) *a.* desinteressat. 2 imparcial.

disinterment (ˌdisin'tə:mənt) *s.* desenterrament *m.*, exhumació *f.*

disinvestment (ˌdisin'vestmənt) *s.* ECON. desinversió *f.*

disjoin (to) (dis'dʒɔin) *t.* separar, desjuntar,

desunir. ▪ *2 i.* separar-se *p.*, desjuntar-se *p.*, desunir-se *p.*

disjoint (to) (dis'dʒɔint) *t.* desarticular, desencaixar, desllorigar, desengranar, desmembrar.

disjointed (dis'dʒɔintid) *a.* inconnex, incoherent [un discurs, etc.].

dislike (dis'laik) *s.* aversió *f.*, antipatia *f.*

dislike (to) (dis'laik) *t.* desagradar, no agradar. 2 tenir antipatia, sentir aversió.

dislocate (to) ('disləkeit) *t.* dislocar, desllorigar, desconjuntar, desencaixar.

dislodge (to) (dis'lɔdʒ) *t.* desallotjar, desocupar, fer fora.

disloyal ('dis'lɔiəl) *a.* deslleial.

disloyalty ('dis'lɔiəlti) *s.* deslleialtat *f.*

dismal ('dizməl) *a.* trist, melangiós, depriment.

dismantle (to) (dis'mæntl) *t.* desmantellar, desguarnir. 2 desmuntar.

dismay (dis'mei) *s.* descoratjament *m.*, desànim *m.* 2 consternació *f.*, desconcert *m.*, abatiment *m.*

dismay (to) (dis'mei) *t.* descoratjar, desanimar, espantar, consternar, abatre.

dismember (to) (dis'membə^r) *t.* desmembrar.

dismiss (to) (dis'mis) *t.* acomiadar, expulsar, despatxar. 2 destituir, llicenciar. 3 deixar marxar. 4 dissoldre [una junta, etc.]. 5 rebutjar, allunyar [un pensament, etc.].

dismissal (dis'misəl) *s.* acomiadament *m.*, expulsió *f.* 2 destitució *f.* 3 dissolució *f.*

dismount (to) ('dis'maunt) *t.* desmuntar. ▪ *2 i.* descavalcar, baixar.

disobedience (ˌdisə'bi:djəns) *s.* desobediència *f.*

disobedient (ˌdisə'bi:djənt) *a.* desobedient, malcreient.

disobey (to) (ˌdisə'bei) *t.-i.* desobeir *t.*

disorder (dis'ɔ:də^r) *s.* desordre *m.*, confusió *f.*, tumult *m.* 2 malaltia *f.*, trastorn *m.*

disorder (to) (dis'ɔ:də^r) *t.* desordenar, trastornar. 2 trastocar, pertorbar.

disorderly (dis'ɔ:dəli) *a.* desordenat. 2 esvalotat, tumultuós.

disorganization (disˌɔ:gənai'zei:ʃən) *s.* desorganització *f.*

disorganize (to) (dis'ɔ:gənaiz) *t.* desorganitzar.

disown (to) (dis'oun) *t.* repudiar, rebutjar, negar, renegar.

disparage (to) (dis'pærdʒ) *t.* detractar, denigrar. 2 menystenir, menysprear, rebaixar.

disparagement (dis'pærdʒmənt) *s.* detracció *f.*, menyspreu *m.*

disparagingly (dis'pæridʒiŋli) *adv.* amb desdeny, desdenyosament.

disparity (dis'pæriti) *s.* disparitat *f.*

dispassionate (dis'pæʃənit) *a.* desapassionat, fred. 2 imparcial.

dispatch (dis'pætʃ) *s.* despatx *m.* [acció]. 2 despatx *m.*, comunicat *m.*, comunicació *f.* 3 celeritat *f.*, promptitud *f.*

dispatch (to) (dis'pætʃ) *t.* despatxar, enviar, expedir. 2 enllestir.

dispel (to) (dis'pel) *t.* dissipar, esvair.

dispensary (dis'pensəri) *s.* dispensari *m.*

dispensation (ˌdispen'seiʃən) *s.* dispensació *f.*, distribució *f.* 2 designi *m.* diví, providència *f.* divina. 3 exempció *f.*, dispesa *f.* 4 REL. llei *f.* 5 DRET administració *f.*

dispense (to) (dis'pens) *t.* dispensar, distribuir, concedir. 2 dispensar, eximir. 3 DRET administrar. ▪ 4 *i.* *to* ~ *with,* prescindir de.

dispersal (dis'pə:səl) *s.* dispersió *f.*

disperse (to) (dis'pə:s) *t.* dispersar. 2 FÍS. descompondre [la llum]. ▪ 3 *i.* dispersarse *p.* 4 FÍS. descompondre's *p.*

dispirit (to) (di'spirit) *t.* descoratjar, desanimar.

displace (to) (dis'pleis) *t.* desplaçar. 2 traslladar, canviar de lloc. ‖ ~*ed person,* exiliat. 3 reemplaçar, substituir. 4 QUÍM. desplaçar.

displacement (dis'pleismənt) *s.* desplaçament *m.* 2 trasllat *m.* 3 reemplaçament *m.*, substitució *f.*

display (dis'plei) *s.* exposició *f.*; exhibició *f.*; demostració *f.*; manifestació *f.* 2 ostentació *f.* 3 pompa *f.*, cerimònia *f.* 4 TECNOL. representació *f.* visual.

display (to) (dis'plei) *t.* desplegar. 2 exposar, mostrar. 3 exhibir, ostentar, lluir.

display artist (dis'plei ˌɑːtist) *s.* aparadorista.

displease (to) (dis'pli:z) *t.* desagradar, disgustar, ofendre, enutjar.

displeasure (dis'pleʒəʳ) *s.* desgrat *m.*, desplaer *m.*, disgust *m.*

disposable (dis'pouzəbl) *a.* disponible. 2 no retornable, per llençar.

disposal (dis'pouzəl) *s.* disposició *f.*, arranjament *m.*, col·locació *f.* [acció]. 2 destrucció *f.*, eliminació *f.*: *waste* ~, destrucció *f.* d'escombraries. 3 neutralització *f.* [d'una bomba]. 4 evacuació *f.* 5 disposició *f.*, resolució *f.* ‖ *at the* ~ *of-,* a la disposició de. 6 COM. venda *f.*

dispose (to) (dis'pouz) *t.* disposar, col·locar, arranjar. 2 decidir, determinar. 3 inclinar, moure, persuadir. ▪ 4 *i.* *to* ~ *of,* disposar de; desfer-se *p.* de, llençar *t.* 5 cedir *t.*, alienar *t.* [els drets, etc.]. 6 resoldre *t.* [un

problema]. 7 despatxar *t.* [un negoci]. 8 COM. vendre *t.*

disposition (ˌdispə'ziʃən) *s.* disposició *f.*, arranjament *m.* 2 caràcter *m.*, temperament *m.* 3 inclinació *f.*, tendència *f.*, propensió *f.*, predisposició *f.* 4 traspàs *m.* [propietat].

disposses (to) (ˌdispə'zes) *t.* desposseir. 2 DRET desnonar.

disproportion (ˌdisprə'pɔ:ʃən) *s.* desproporció *f.*

disproportionate (ˌdisprə'pɔ:ʃənit) *a.* desproporcionat.

disproval ('dis'pru:vəl) *s.* refutació *f.*

disprove (to) (ˌdis'pru:v) *t.* refutar, confutar.

disputable (dis'pju:təbl) *a.* disputable, discutible, controvertible, qüestionable.

dispute (dis'pju:t) *s.* disputa *f.*, discussió *f.*: *in* ~, a debat *m.* 2 DRET plet *m.*, litigi *m.*: *under* ~, en litigi *m.*

dispute (to) (dis'pju:t) *t.* discutir, disputar. ▪ 2 *i.* controvertir, disputar.

disqualify (to) (dis'kwɔlifai) *t.* inhabilitar, incapacitar. 2 ESPORT desqualificar.

disqualification (disˌkwɔlifi'keiʃən) *s.* inhabilitació *f.*, incapacitació *f.* 2 ESPORT desqualificació *f.*

disquiet (dis'kwaiət) *s.* inquietud *f.*, ànsia *f.*, preocupació *f.*, intranquil·litat *f.*

disquiet (to) (dis'kwaiət) *t.* inquietar, desassossegar, preocupar, intranquil·litzar.

disquieting (dis'kwaiətiŋ) *a.* inquietant, preocupant.

disregard ('disri'gɑ:d) *s.* desatenció *f.*; indiferència *f.*; despreocupació *f.*; desdeny *m.* 2 DRET desacatament *m.*

disregard (to) (ˌdisri'gɑ:d) *t.* desatendre, descurar, desdenyar. 2 DRET desacatar.

disrepair (ˌdisri'peəʳ) *s.* mal estat *m.*, deteriorament *m.*, ruïna *f.* ‖ *to fall into* ~, deteriorar-se *p.*, amenaçar ruïna.

disreputable (dis'repjutəbl) *a.* desacreditat. 2 deshonrós, vergonyós. 3 de mala reputació.

disrepute (ˌdisri'pju:t) *s.* descrèdit *m.*, desprestigi *m.*, deshonra *f.* 2 mala reputació *f.*, mala fama *f.* ‖ *to fall into* ~, desprestigiar-se *p.*, desacreditar-se *p.*

disrespect (ˌdisris'pekt) *s.* manca *f.* de respecte, desacatament *m.*

disrespectful (ˌdisris'pektful) *a.* irrespectuós.

disrobe (to) (dis'roub) *t.* despullar, desvestir. ▪ 2 *i.* despullar-se *p.*, desvestir-se *p.*

disrupt (to) (dis'rʌpt) *t.* trencar, dividir. 2 desbaratar, alterar; interrompre.

disruption (dis'rʌpʃən) *s.* trencament *m.*, ruptura *f.*, divisió *f.* 2 trastorn *m.*; inte-

rrupció *f.;* desbaratament *m.;* desorganit-
zació *f.* [plans].

disruptive (dis'rʌptiv) *a.* destructiu. *2* tras-
tornador. *3* perjudicial, nociu. *3* ELECT.
disruptiu.

dissatisfaction (ˌdisˌsætis'fækʃən) *s.* insatis-
facció *f.*, descontentament *m.*

dissatisfy (to) (di'sætisfai) *t.* descontentar,
no satisfer.

dissect (to) (di'sekt) *t.* dissecar. *2* fig. dis-
secar, examinar detalladament.

dissection (di'sekʃən) *s.* disecció *f.*, disse-
cació *f.*

dissemble (to) (di'sembl) *t.* simular, fingir.
■ *2 i.* dissimular *t.*

dissembler (di'semblə^r) *s.* simulador, fin-
gidor, hipòcrita.

disseminate (to) (di'semineit) *t.* disseminar.
2 difondre, divulgar, propagar. ■ *3 i.* dis-
seminar-se *p.* *4* difondre's *p.*, divulgar-se
p., propagar-se *p.*

dissension (di'senʃən) *s.* dissensió *f.*, dis-
còrdia *f.*

dissent (di'sent) *s.* dissentiment *m.*

dissent (to) (di'sent) *i.* dissentir, diferir, dis-
crepar.

dissertation (ˌdisə'teiʃən) *s.* dissertació *f.*

disservice (dis'sɔ:vis) *s.* perjudici *m.*

dissever (to) (dis'sevə^r) *t.* partir, dividir, se-
parar, desunir. *2* partir, dividir. *3* trencar
[relacions]. ■ *4 i.* separar-se *p.*, desunir-se
p.

dissidence ('disidəns) *s.* dissidència *f.* *2* dis-
sentiment *m.*, desacord *m.*

dissimilar (di'similə^r) *a.* diferent, desigual,
distint.

dissimilarity (ˌdisimi'læriti) *s.* diferència *f.*,
dissemblança *f.*, desigualtat *f.*

dissimulate (to) (di'simjuleit) *t.-i.* dissimu-
lar, fingir.

dissimulation (diˌsimju'leiʃən) *s.* dissimu-
lació *f.*, fingiment *m.*, simulació *f.* *2* hi-
pocresia *f.*

dissipate (to) ('disipeit) *t.* dissipar. *2* esvair.
■ *3 i.* dissipar-se *p.*, esvair-se *p.*

dissipation (ˌdisi'peiʃən) *s.* dissipació *f.* *2*
diversió *f.* *3* dissolució *f.*

dissociate (to) (di'souʃieit) *t.* dissociar. ■ *2
i.* dissociar-se *p.*

dissociation (diˌsousi'eiʃən) *s.* dissociació *f.*

dissoluble (di'sɔljubl) *a.* dissoluble.

dissolute ('disəlju:t) *a.* dissolut, dissipat.

dissoluteness (disəlju:tnis) *s.* dissolució *f.*,
dissipació *f.*

dissolution (ˌdisə'lu:ʃən) *s.* dissolució *f.* [ac-
ció de dissoldre o dissoldre's]. *2* DRET dis-
solució *f.*

dissolve (to) (di'zɔlv) *t.* dissoldre. *2* fig. des-
fer. *3* CINEM. fondre, encadenar. ■ *4 i.* dis-

soldre's *p.* *5* fig. desfer-se *p.* *6* CINEM. fon-
dre's *p.*, encadenar-se *p.*

dissonance ('disənəns) *s.* discòrdia *f.*, dis-
sensió *f.* *2* MÚS. dissonància *f.*

dissuade (to) (di'sweid) *t.* dissuadir, desa-
consellar.

dissuasion (di'sweiʒən) *s.* dissuasió *f.*

distaff ('distɑ:f) *s.* filosa *f.*

distance ('distəns) *s.* distància *f.* *2* llunyania
f., llunyària *f.:* *in the* ~, lluny, al lluny. *3*
MÚS. interval *m.* *4* ESPORT *long* ~ *race*, cur-
sa *f.* de fons; *middle* ~ *race*, cursa *f.* de mig
fons.

distance (to) ('distəns) *t.* distanciar. *2* allun-
yar.

distant ('distənt) *a.* distant, llunyà. *2* fig.
distant, fred.

distaste (dis'teist) *s.* aversió *f.*, odi *m.*, re-
pugnància *f.*

distasteful (dis'teistful) *a.* desagradable, re-
pugnant.

distemper (dis'tempə^r) *s.* VET. brom *m.* *2*
fig. malaltia *f.*, malestar *m.* *3* B. ART. trem-
pa *f.*, pintura *f.* al tremp. *4* DRET desordre
m.

distemper (to) (dis'tempə^r) *t.* pintar al
tremp.

distend (to) (dis'tend) *t.* inflar, dilatar, dis-
tendre. ■ *2 i.* inflar-se *p.*, dilatar-se *p.*, dis-
tendre's *p.*

distil, (EUA) **distill (to)** (dis'til) *t.-i.* destil·lar
t.

distillation (ˌdisti'leiʃən) *s.* destil·lació *f.* *2*
extret *m.*, essència *f.*

distillery (dis'tiləri) *s.* destil·leria *f.*

distinct (dis'tiŋkt) *a.* distint, clar. *2* diferent:
as ~ *from*, a diferència de. *3* marcat, as-
senyalat.

distinction (dis'tiŋkʃən) *s.* distinció *f.* *2* di-
ferència *f.* ‖ *of* ~, distingit *a.*, eminent *a.;*
with ~, amb distinció, amb menció.

distinctive (dis'tiŋktiv) *a.* distintiu.

distinguish (to) (dis'tiŋgwiʃ) *t.* distingir. *2*
discernir. ■ *3 i.* distingir-se *p.*

distinguished (dis'tiŋgwiʃt) *a.* distingit. *2* fa-
mós, eminent, notable.

distorsion (dis'tɔ:ʃən) *s.* distorsió *f.*, defor-
mació *f.* *2* fig. tergiversació *f.*, falsejament
f., desnaturalització *f.* *3* FÍS., FOT. distorsió
f.

distort (to) (dis'tɔ:t) *t.* torçar, deformar. *2*
fig. tergiversar, falsejar.

distract (to) (dis'trækt) *t.* distreure. *2* per-
torbar, enfollir. *3* atordir, confondre.

distracted (dis'træktid) *a.* distret. *2* pertor-
bat, enfollit, trastornat.

distraction (dis'trækʃən) *s.* distracció *f.* *2*
pertorbació *f.*, confusió *f.* *3* bogeria *f.* *4*
diversió *f.*, entreteniment *m.*

distraught (dis'trɔːt) *a.* boig, enfollit.
distress (dis'tres) *s.* pena *f.*, aflicció *f.* 2 misèria *f.*, pobresa *f.*, necessitat *f.* 3 tràngol *m.* 4 MED. cansament *m.*, esgotament *m.* 5 DRET embargament *m.*
distress (to) (dis'tres) *t.* afligir, entristir. 2 preocupar, neguitejar.
distressed (dis'trest) *a.* afligit, neguitós, engoixat. 2 en perill. 3 MED. esgotat.
distressing (dis'tresiŋ) *a.* penós.
distribute (to) (dis'tribjuːt) *t.* distribuir, repartir. 2 classificar.
distribution (ˌdistri'bjuːʃən) *s.* distribució *f.*, repartiment *m.* 2 classificació *f.* [estadística].
distributive (dis'tribjutiv) *a.* distributiu. ▪ 2 *s.* GRAM. adjectiu distributiu.
distributor (dis'tribjutəʳ) *s.* distribuïdor.
district ('distrikt) *s.* districte *m.* 2 partit *m.*, comarca *f.*, regió *f.* 3 barri *m.*
distrust (dis'trʌst) *s.* desconfiança *f.*, recel *m.*
distrust (to) (dis'trʌst) *t.* desconfiar, recelar, malfiar-se *p.*
disturb (to) (dis'təːb) *t.* torbar, pertorbar, trastornar, preocupar. 2 agitar. 3 distreure, destorbar, molestar. ‖ *Do not ~*, no molesteu.
disturbance (dis'təːbəns) *s.* torbació *f.*, pertorbació *f.*, trastorn *m.* 2 agitació *f.*, alteració *f.* 3 destorb *m.*, molèstia *f.*, malestar *m.*
disturbing (dis'təːbiŋ) *a.* pertorbador, torbador. 2 molest, preocupant.
disunion (dis'juːnjən) *s.* desunió *f.* 2 dissensió *f.*
disunite (to) (ˌdisjuː'nait) *t.* desunir. ▪ 2 *i.* desunir-se *p.*
disuse (dis'juːs) *s.* desús *m.*, abandó *m.*
disuse (to) (dis'juːz) *t.* desusar, deixar d'usar.
ditch (ditʃ) *s.* rasa *f.*, fossat *m.*, cuneta *f.*, canal *m.*, sèquia *f.*, rec *m.*, reguer *m.* 2 ESPORT fossat *m.*
ditch (to) (ditʃ) *t.* fer rases o sèquies en. 2 col·loq. abandonar, deixar, llençar, desfer-se *p.* de. ▪ 3 *i.* obrir rases o sèquies. 2 AVIA. amarar per força.
dither ('diðəʳ) *s.* *to be all of a ~*, estar fet un embolic.
dither (to) ('diðəʳ) *i.* vacil·lar, dubtar.
ditto ('ditou) *s.* ídem *adv.*
ditto mark ('ditouˌmɑːk) *s.* cometes *f. pl.*
ditty ('diti) *s.* cançó *f.*, corranda *f.*
diurnal (dai'əːnl) *a.* diürn.
divagate (to) ('daivəgeit) *i.* divagar.
divagation (ˌdaivə'geiʃən) *s.* divagació *f.*
divan (di'væn) *s.* divan *m.*
dive (daiv) *s.* capbussada *f.*, immersió *f.*,

submersió *f.* 2 salt *m.* [a l'aigua]. 3 col·loq. taverna *f.*, timba *f.* 4 AVIA. picat *m.* 5 ESPORT estirada *f.* [del porter].
dive (to) (daiv) *i.* cabussar-se *p.*, capbussar-se *p.*, submergir-se *p.* 2 nedar sota l'aigua. 3 tirar-se *p.* de cap. 4 AVIA. baixar en picat. 5 ESPORT estirar-se *p.*, tirar-se *p.* [el porter]. ▪ 6 *t.* cabussar, submergir.
diver ('daivəʳ) *s.* bus.
diverge (to) (dai'vəːdʒ) *i.* divergir. 2 separar-se *p.*, allunyar-se *p.* 3 dissentir, divergir, discrepar. ▪ 4 *t.* desviar.
divergence (dai'vəːdʒəns) *s.* divergència *f.*
divergent (dai'vəːdʒənt) *a.* divergent.
diverse (dai'vəːs) *a.* divers, diferent, distint, vari.
diversify (to) (dai'vəːsifai) *t.* diversificar, variar.
diversion (dai'vəːʃən) *s.* desviació *f.*, desviament *m.* 2 diversió *f.*, entreteniment *m.*
diversity (dai'vəːsiti) *s.* diversitat *f.*
divert (to) (dai'vəːt) *t.* desviar, allunyar. 2 divertir, entretenir. 3 distreure.
diverting (dai'vəːtiŋ) *a.* divertit.
divest (to) (dai'vest) *t.* desvestir, despullar. 2 desposseir. ▪ 3 *p.* *to ~ oneself*, desfer-se, desembarassar-se, desempallagar-se. ▪ 2 *i.* dividir-se *p.*, separar-se *p.;* bifurcar-se *p.*
divide (to) (di'vaid) *t.* dividir, separar. ▪ 2 *i.* dividir-se *p.*, separar-se *p.;* bifurcar-se *p.*
dividend ('dividend) *s.* COM., MAT. dividend *m.*
divider (di'vaidəʳ) *s.* partidor. 2 MAT. divisor *m.* 3 *pl.* compàs *m.*
divination (ˌdivi'neiʃən) *s.* endevinació *f.*
divine (di'vain) *a.* diví. 2 fig. sublim, meravellós. ▪ 2 *s.* teòleg, eclesiàstic.
divine (to) (di'vain) *t.-i.* endevinar *t.* 2 predir *t.*
diviner (di'vainəʳ) *s.* endevinador, endevinaire.
diving ('daiviŋ) *s.* immersió *f.* 2 cabussada *f.* 3 AVIA. picat *m.* 4 ESPORT salt *m.*
diving bell ('daiviŋbel) *s.* campana *f.* de bus.
diving board ('daiviŋbɔːd) *s.* trampolí *m.*
diving suit ('daiviŋsuːt) *s.* vestit *m.* de bus.
divining (di'vainiŋ) *a.* endevinatori.
divining rod (di'vainiŋrɔd) *s.* vareta *f.* de saurí.
divinity (di'viniti) *s.* divinitat *f.* 2 teologia *f.*
divisibility (diˌvizi'biliti) *s.* divisibilitat *f.*
divisible (di'vizəbl) *a.* divisible.
division (di'viʒən) *s.* divisió *f.* 2 separació *f.* 3 secció *f.*, departament *m.* 4 desacord *m.*, discrepància *f.* 5 votació *f.* [Parlament Britànic]. 6 MAT. divisió *f.*

divisor (di'vaizə^r) *s.* MAT. divisor *m.*
divorce (di'vɔːs) *s.* divorci *m.*
divorce (to) (di'vɔːs) *t.* divorciar. ∎ 2 *i.* divorciar-se *p.*
divorcee (diˌvɔːˈsiː) *s.* divorciat.
divulge (to) (dai'vʌldʒ) *t.* divulgar, fer públic.
D.I.Y. (diːəi'wəi) *s.* *(do-it-yourself)* bricolatge *m.*
dizziness ('dizinis) *s.* vertigen *m.*, mareig *m.*, rodament *m.* de cap.
dizzy ('dizi) *a.* vertiginós. 2 marejat, atordit.
D.N.A. (diːen'ei) *s.* *(deoxyribonucleic acid)* A.D.N. *m.* (àcid deoxiribonucleic).
do (to) (duː) *t.* fer [sentit general]. 2 concloure, acabar. 3 complir [un deure, etc.]. ‖ *to ~ one's best,* esforçar-se *p.*, mirar-s'hi *p.* 4 produir. 5 preparar, arranjar. ‖ *to ~ one's hair,* pentinar-se *p.* 6 guisar, coure. ∎ 7 *i.* obrar, actuar. 8 portar-se *p.*, comportar-se *p.*, estar. ‖ *how ~ you ~?,* molt de gust, encantat. 9 *well to ~,* ric. ∎ *to ~ away with,* abolir; *to ~ by,* tractar; *to ~ for,* treballar per a; espavilar-se *p.;* destruir, acabar; *to ~ out,* netejar, arranjar; *to ~ up,* restaurar, reparar; lligar, embolicar; cordar; *to ~ with,* fer amb; aguantar, tolerar; necessitar, estar satisfet amb; *to ~ without,* passar sense, prescindir de; ▲ a) auxiliar en frases negatives [*he did not go,* no hi va anar] i interrogatives [*does he go?* ell hi va?]; b) per emfatitzar [*I do like it,* m'agrada de veritat]; c) per substituir un verb que no es vol repetir [*she plays the piano better now than she did last year,* toca el piano millor ara que no [el tocava] l'any passat]. ▲ INDIC. Pres., 3.ª pers.: *does* (dʌz, dəz). | Pret.: *did* (did). | Part. p.: *done* (dʌn).
docile ('dousail) *a.* dòcil.
docility (dou'siliti) *s.* docilitat *f.*
dock (dɔk) *s.* dic *m.*, dàrsena *f.* 2 desambarcador *m.;* moll *m.* 3 banc *m.* dels acusats. 4 BOT. paradella *f.* 5 *pl.* port *m.*
dock (to) (dɔk) *t.* escuar. 2 tallar, retallar. 3 descomptar, deduir. 4 acoblar [naus espacials]. 5 NÀUT. fer entrar un vaixell en un dic. ∎ 6 *i.* acoblar-se *p.* [naus espacials]. 7 entrar en un dic.
docker ('dɔkə^r) *s.* estibador, carregador o descarregador del moll.
dockyard ('dɔkjɑːd) *s.* drassana *f.*
doctor ('dɔktə^r) *m.* doctor. 2 metge, facultatiu.
doctor (to) ('dɔktə^r) *t.* doctorar. 2 MED. tractar. 3 reparar, esmenar. 4 adulterar [menjar, etc.]. 5 trucar, falsejar.
doctorate ('dɔktərit) *s.* doctorat *m.*

doctrine ('dɔktrin) *s.* doctrina *f.*
document ('dɔkjumənt) *s.* document *m.*
document (to) ('dɔkjumənt) *t.* documentar.
documentary (dɔkju'mentari) *a.* documental: *~ proof,* prova documental. ∎ 2 *s.* CINEM. documental *m.*
dodder (to) ('dɔdə^r) *i.* tentinejar, fer tentines.
dodge (dɔdʒ) *s.* esquivament *m.*, esquivada *f.*, finta *f.* 2 truc *m.*, astúcia *f.*, argúcia *f.*
dodge (to) (dɔdʒ) *i.* esquitllar-se *p.*, escapolir-se *p.*, esmunyir-se *p.;* enretirar-se *p.* 2 amagar-se *p.* 3 anar amb embuts. ∎ 4 *t.* defugir, eludir, esquivar. 5 colloq. fer campana.
dodgems ('dɔdʒemz) *s.* autos *m.* de xoc.
dodger ('dɔdʒə^r) *s.* trampós, murri.
doe (dou) *s.* ZOOL. daina *f.;* conilla *f.*, llebre *f.*
doer ('duːə^r) *s.* agent, persona *f.* activa.
does (dʌz, dəz) Veure TO DO.
doff (to) (dɔf) *t.* ant. treure's *p.* [el barret, l'abric, etc.].
dog (dɔg) *s.* ZOOL. gos *m.*, (BAL.) ca *m.* ‖ *stray ~,* gos *m.* vagabund. ‖ colloq. *the ~s,* cursa *f.* de llebrers. 2 mascle *m.* [de la guineu, del llop, etc.]. 3 pop., pej. gos *m.:* *dirty ~,* mal parit *m.* 4 ASTR. ca *m.* 5 TECNOL. capçal *m.* 6 *~ in the manger,* que no fa ni deixa fer. *hot ~,* frankfurt *m.* 7 *to go to the ~s,* arruïnar-se *p.*
dog (to) (dɔg) *t.* perseguir, seguir, empaitar.
dog days ('dɔgdeiz) *s. pl.* canícula *f.*
doge (doudʒ) *s.* dux *m.* [de Venècia i de Gènova].
dog-ear (dɔgiə^r) *s.* punta *f.* doblegada d'una pàgina. ∎ 2 *a.* *~ed,* gastat [un llibre, una revista, etc.].
dogfight ('dɔgfait) *s.* baralla *f.* de gossos. 2 colloq. brega *f.*, batussa *f.* 3 AVIA. combat *m.* aeri.
dogfish ('dɔgfiʃ) *s.* ICT. gat *m.*
dogged ('dɔgid) *a.* tossut, obstinat. ∎ 2 *-ly* *adv.* obstinadament.
doggedness ('dɔgidnis) *s.* tossuderia *f.*, obstinació *f.*, tenacitat *f.*
doggerel ('dɔgərəl) *s.* vers *m.* dolent o vulgar. 2 pej. rodolí *m.*
doggish ('dɔgiʃ) *a.* semblant al gos, caní. 2 fig. esquerb.
dogma ('dɔgmə) *s.* dogma *m.*
dogmatic(al (dɔg'mætik(əl) *a.* dogmàtic.
do-gooder (ˌduːˈgudə^r) *s.* benefactor.
dogsbody ('dɔgsbɔdi) *s.* fig. bèstia *f.* de càrrega.
dog tired (ˌdɔg'taiəd) *a.* esgotat.
doing ('duːiŋ) *ger.* de TO DO. ∎ 2 *s.* obra *f.*, acció *f.* 3 esforç *m.* 4 *pl.* esdeveniments *m.*, fets *m.*

doldrums ('dɔldrəmz) *s. pl.* MAR. zona *f. sing.* de calmes equatorials. *2 in the* ~, abatut, afligit; en calma [borsa]; ECON. estancat; NEG. aturat.

dole (doul) *s.* coŀloq. subsidi *m.* de l'atur: *to be on the* ~, cobrar de l'atur. *2* distribució *f.*, repartiment *m.* [de menjar, vestits, etc.].

doleful ('doulful) *a.* trist, dolorós, lúgubre. *2* afligit.

doll (dɔl) *s.* nina *f. 2* coŀloq. nena *f.*, noia *f.*

dollar ('dɔlər) *s.* dòlar *m.*

dolly ('dɔli) *s.* nineta *f. 2* picador *m.* [per rentar roba]. *3* bolquet *m.*, carretó *m. 4* CINEM. travelling *m.*

Dolly ('dɔli) *n. pr. f.* (*dim. Dorothy*) Dorotea.

dolphin ('dɔlfin) *s.* ZOOL. dofí *m.*

dolt (doult) *s.* talós, toix.

domain (də'mein) *s.* domini *m. 2* finca *f.*, propietat *f. 3* camp *m.*, àrea *f.*, terreny *m.* [de coneixements, de ciència].

dome (doum) *s.* ARQ. cúpula *f.*

domestic (də'mestik) *a.* domèstic. *2* casolà. *3* nacional, interior. ▪ *4 s.* domèstic, criat.

domesticate (to) (də'mestikeit) *t.* domesticar. *2* civilitzar. *3* aclimatar [plantes].

domicile ('dəmisail) *s.* domicili *m.*

dominance ('dɔminəns) *s.* dominació *f.*, predomini *m.*

dominant ('dɔminənt) *a.* dominant. ▪ *2 s.* MÚS. dominant *f.*

dominate (to) ('dɔmineit) *t.* dominar. ▪ *2 i.* dominar. *3* predominar.

domination (ˌdɔmi'neiʃən) *s.* dominació *f.*

domineer (to) (ˌdɔmi'niər) *i.* dominar, tiranitzar *t.*

domineering (ˌdɔmi'niəriŋ) *a.* dominant, autoritari.

dominion (də'minjən) *s.* dominació *f.*, govern *m. 2* senyoria *f. 3 pl.* REL. ~s, dominacions *f.*

domino ('dɔminou) *s.* dominó *m.* [vestit]. *2* JOC dòmino *m.* [fitxa]. *3 pl.* JOC dòmino *m.*

don (dɔn) *s.* don *m.* [tractament espanyol]. *2* (G.B.) professor *m.*, catedràtic *m.*

don (to) (dɔn) *t.* ant. vestir-se *p.*

donate (to) (dou'neit) *t.* donar.

donation (dou'neiʃən) *s.* donatiu *m. 2* DRET donació *f.*

done (dʌn) *p. p.* de TO DO. *2* acabat, enllestit. *3* esgotat, extenuat. *3* CUI. fet [carn]. *4* gastat. *5* ~*!*, fet!

donkey ('dɔŋki) *s.* ase *m.*, burro *m. 2 pl.* coŀloq. ~*'s years,* segles *m.*

donor ('dounər) *s.* donant.

doodle ('du:dl) *s.* gargot *m.*

doodle (to) ('du:dl) *i.* gargotejar, empastifar *t.*

doom (du:m) *s.* sentència *f.*, condemna *f. 2* destí *m.*, sort *f. 3* ruïna *f.*, perdició *f.*, condemnació *f. 4* mort *f. 5* REL. judici *m.* final.

doom (to) (du:m) *t.* destinar. *2* REL., DRET condemnar.

doomsday ('du:mzdei) *s.* REL. dia *m.* del judici *m.* final.

door (dɔ:ʳ, dɔəʳ) *s.* porta *f.* ‖ *front* ~, porta *f.* d'entrada, porta *f.* principal. ‖ *next* ~, casa *f.* del costat. ‖ *out of* ~s, a l'aire *m.* lliure. *2* portal *m.*

door bell (dɔ:bel) *s.* timbre *m.* [de la porta].

door case ('dɔ:keis) *s.* marc *m.* de la porta.

door keeper ('dɔ:ˌki:pəʳ) *s.* porter, conserge.

doorknob ('dɔ:ˌnɔb) *s.* pom *m.* [de la porta].

doorman ('dɔ:mən) *s.* porter, conserge.

door plate ('dɔ:pleit) *s.* placa *f.* [a la porta].

doorstepping ('dɔ:stepiŋ) *s.* el porta a porta *m.*

doorway ('dɔ:wei) *s.* entrada *f.*, portal *m. 2* fig. porta *f.*

dope (doup) *s.* coŀloq. droga *f.*, narcòtic *m. 2* coŀloq. informació *f. 3* coŀloq. idiota.

dope (to) (doup) *t.* drogar, narcotitzar.

dormant ('dɔ:mənt) *a.* adormissat, endormiscat, letàrgic. *2* inactiu, latent, secret. *3* DRET desusat.

dormitory ('dɔ:mitri) *s.* dormitori *m.* [per varies persones en internats, etc.].

dormouse ('dɔ:maus) *s.* ZOOL. linó *m.* ▲ *pl.* *dormice* ('dɔ:mais).

Dorothy ('dɔrəθi) *n. pr. f.* Dorotea.

dorsal ('dɔ:səl) *a.* ANAT. dorsal.

dosage ('dousidʒ) *s.* dosificació *f. 2* administració *f.* [d'un fàrmac]. *3* fig. dosi *f.*

dose (dous) *s.* dosi *f.*

dose (to) (dous) *t.* medicar. *2* dosificar.

doss house ('dɔshaus) *s.* coŀloq. fonda *f.* de mala mort.

dot (dɔt) *s.* punt *m.*, senyal *m.* ‖ *on the* ~, a l'hora *f.* en punt. ‖ *three* ~s, punts suspensius. ‖ *to pay on the* ~, pagar bitllo-bitllo, al comptat.

dot (to) (dɔt) *t.* posar el punt a [la i]. *2* escampar, sembrar. *3* MÚS. puntejar.

dotage ('doutidʒ) *s.* repapieg *m.*

dotard ('doutəd) *s.* vell xaruc.

dote (to) (dout) *i.* repapiejar. *2 to* ~ *on,* adorar *t.*, estar boig per, perdre el seny per.

double ('dʌbl) *a.* doble, duple. *2* doble [de dues parts]. *3* doble [ambigu, insincer]: ~ *dealing,* doble joc, joc brut. *3* COM. ~ *entry,* partida doble. ▪ *4 s.* doble *m. 5* duplicat *m.*, còpia *f. 6* plec *m.*, doblec *m. 7* *pl.* ESPORT dobles *m.* [tennis]. ■ *8 adv.* doblement.

double (to) ('dʌbl) *t.* doblar, duplicar, redoblar; repetir. *2* doblegar, plegar. ■ *3 i.* doblar-se *p.*, duplicar-se *p.*, redoblar. *4 to* ~ *back,* tornar [algú] sobre els seus passos. *5 to* ~ *up,* doblegar(se, cargolar-se; compartir [habitació].

double-cross (ˌdʌbl'krɔs) *t.* trair.

double-decker (ˌdʌbl'dekəʳ) *s.* autobús *m.* de dos pisos. *2* (EUA) entrepà *m.* doble. *3* MAR. vaixell *m.* amb dues cobertes.

doubt (daut) *s.* dubte *m.* ‖ *no* ~, sens dubte. *2* incertesa *f.*

doubt (to) (daut) *t.* dubtar, (ROSS.) hesitar: *I* ~ *it,* ho dubto. ■ *2 i.* dubtar, desconfiar.

doubtful ('dautful) *a.* dubtós. *2* indecís. *3* incert. *4* sospitós.

doubtless ('dautlis) *adv.* indubtablement, sens dubte.

dough (dou) *s.* pasta *f.*, massa *f.* [del pa]. *2* pop. pasta *f.* [diners].

doughnut ('dounʌt) *s.* bunyol *m.*

doughty ('dauti) *a.* poèt. valent, valerós.

doughy ('doui) *a.* pastós, tou.

dour (duəʳ) *a.* auster, sever, rígid. *2* tossut, obstinat.

Douro ('dourou) *s. n. pr.* GEOGR. Duero *m.*

douse (to) (daus) *t.* ficar a l'aigua. *2* mullar, remullar, ruixar. *3* colloq. apagar [un llum]. *4* MAR. arriar.

dove (dʌv) *s.* ORN. colom.

dovecote ('dʌvkɔt) *s.* colomar *m.*

dowager ('dauədʒəʳ) *s.* vídua *f.* rica.

dowdy ('daudi) *a.* deixat, malforjat.

dower ('dauəʳ) *s.* viduïtat *f.* *2* dot *m.* *3* do *m.*

down (daun) *s.* plomissol *m.*, plomissa *f.* *2* borrisol *m.*, pèl *m.*, moixí. *3* pelussa *f.* *4* duna *f.*, turó *m.* *6 pl.* **ups and** ~**s,** alts *m.* i baixos *m.* ■ *7 adv.-prep.* avall, cap avall: ~ *the street,* carrer avall. *8* a baix, per baix. *9* de dalt a baix. ■ *10 a.* baix. ‖ pendent, descendent. *12* deprimit, afligit, malalt. *13 a.-adv.* COM. al comptat. ■ *14 interj.* a baix!

down (to) (daun) *t.* abaixar. *2* abatre, tombar. *3* derrotar. *4* empassar, beure [d'un glop].

down-and-out (ˌdaunən'aut) *a.* indigent, que no té diners.

downcast ('daunkɑ:st) *a.* afligit, trist, deprimit. *2* baix [els ulls, la mirada].

downfall ('daunfɔ:l) *s.* ruixat *m.* [d'aigua]. *2* fig. daltabaix *m.*, ruïna *f.*, esfondrament *m.*

downhearted (ˌdaun'hɑ:tid) *a.* afligit, deprimit, desanimat.

downhill (ˌdaun'hil) *s.* pendent *m.*, baixada

f. ■ *2 a.* inclinat. ‖ ESPORT ~ *race,* cursa *f.* de descens *m.* [esquí]. ■ *3 adv.* costa avall.

downpour ('daunpɔ:ʳ) *s.* xàfec *m.*, ruixat *m.*

downright ('daunrait) *a.* sincer, franc. *2* clar, categòric. *3* evident, manifest. *4* absolut, total. ■ *4 adv.* clarament, categòricament, totalment, rotundament.

downstairs (ˌdaun'stɛəz) *adv.* a baix [al pis de sota].

downstream ('daunstri:m) *a.-adv.* riu avall.

down-to-earth (ˌdauntu'ə:θ) *a.* pràctic, realista.

downtown ('dauntaun) *adv.* (EUA) al centre de la ciutat. ■ *2 a.* cèntric. ■ *3 s.* centre *m.*

downward ('daunwəd) *a.* descendent. *2* COM. a la baixa, de baixa. ■ *3 adv.* cap avall.

downwards ('daunwədz) *adv.* cap avall. ‖ *face* ~, de bocaterrossa.

downy ('dauni) *a.* pelut. *2* suau, tou.

dowry ('dauəri) *s.* dot *m.*

doz. ('dʌz) *s.* (abrev. ***dozen***) dotzena *f.*

doze (douz) *s.* becaina *f.*

doze (to) (douz) *i.* dormisquejar. *2* ‖ *to* ~ *off,* adormir-se *p.*, fer una becaina.

dozen ('dʌzn) *s.* dotzena *f.* ‖ *baker's* ~, dotzena *f.* de frare.

dozy ('douzi) *a.* endormiscat. *2* ensopit.

drab (dræb) *s.* castany *m.* terrós. ■ *2 a.* castany, terrós. *4* monòton, trist, gris.

drabble (to) ('dræbl) *t.* enfangar(se, enllodar(se.

draft (drɑ:ft) *s.* esborrany *m.* *2* esbós *m.*, apunt *m.* *3* redacció *f.*, versió *f.* *4* tiratge *m.* [d'una xemeneia]. *5* glop *m.* *6* COM. lletra *f.* de canvi, xec *m.*, gir *m.* *7* DRET minuta *f.* projecte *m.* *8 pl.* JOC dames *f.* *9* MIL. quinta *f.*, lleva *f.* *10* ~ *bill,* avantprojecte *m.* de llei. *11 on* ~, a pressió [cervesa].

draft (to) (drɑ:ft) *t.* esbossar. *2* fer un esborrany. *3* fer un projecte. *4* redactar. *5* MIL. reclutar, quintar.

draftsman (drɑ:ftsmən) *s.* dibuixant, delineant, projectista. *2* redactor. *3* JOC dama *f.* [peça].

draftsmanship ('drɑ:ftsmənʃip) *s.* dibuix *m.* lineal, disseny *m.*

drag (dræg) *s.* fig. obstacle *m.*, impediment *m.* *2* colloq. pipada *f.*, xuclada *f.* *3* colloq. llauna *f.*: *what a* ~*!,* quina llauna! *4* AGR. rascle *m.*, romàs *m.* *5* AVIA. resistència *f.* aerodinàmica. *6* TEAT. disfressa *f.* de dona: *in* ~, disfressat de dona.

drag (to) (dræg) *t.* arrossegar. *2* dragar. *3* rastrejar. *4* colloq. donar la llauna. *5* AGR. rastellar, rasclar. *6* fig. *to* ~ *down,* enfonsar. ■ *7 i.* arrossegar-se *p.* *8* endarrerir-se *p.* *9* fer-se *p.* llarg, allargar-se *p.* *10 to* ~ *on,* anar per llarg, haver-n'hi per temps.

draggle (to) ('drægl) *t.* enfangar, enllotar. ■ *2 i.* enfangar-se *p.*, enllotar-se *p. 3* endarrerir-se *p.*, ressagar-se *p.*

dragon ('drægən) *s.* MIT. drac *m. 2* fig. fera *f.*, fura *f.*

dragonfly ('drægənflai) *s.* ENT. libèl·lula *f.*

dragoon (drə'guːn) *s.* MIL. dragó *m.*

dragoon (to) (drə'guːn) *t.* perseguir, intimidar. *2* tiranitzar. *3* forçar, obligar [a fer alguna cosa].

drain (drein) *s.* desguàs *m.*, cuneta *f.* escorranc *m. 2* claveguera *f. 3 pl.* clavegueram *m. 4* fig. sangonera *f. 5* MED. drenatge *m. 6* TECNOL. purgador *m.*

drain (to) (drein) *t.* desguassar, buidar, escórrer. *2* dessecar. *3* fig. esprémer, exhaurir, empobrir, esgotar. *4* beure d'un glop. *5* AGR. drenar. *6* MED. drenar. *7* TECNOL. purgar. ■ *8 i.* buidar-se *p.*, escórre's *p.*, dessecar-se *p. 9* exhaurir-se *p.*, empobrir-se *p.*, esgotar-se *p.*

drainage ('dreinidʒ) *s.* desguàs *m. 2* assecament *m.*, dessecació *f. 3* clavegueram *m. 4* AGR., MED. drenatge *m.*

drainage basin ('dreinidz‚beisn) *s.* GEOGR. conca *f.*

draining board ('dreiniŋbɔːd) *s.* escorredora *f.*, escorreplats *m.*

drake (dreik) *s.* ORN. ànec *m.* [mascle].

drama ('drɑːmə) *s.* TEAT. drama *m.* [també fig.].

dramatic (drə'mætik) *a.* dramàtic.

dramatist ('dræmətist) *s.* TEAT. dramaturg.

dramatize (to) ('dræmətaiz) *t.* dramatitzar [també fig.].

drank (dræŋk) Veure TO DRINK.

drape (dreip) *s.* caient *m.* [d'un vestit]. *2* domàs *m. 3* (EUA) cortina *f.*

drape (to) (dreip) *t.* drapar. *2* penjar [cortines, etc.]. *3* entapissar. *4* adornar, guarnir, cobrir [amb tapissos, banderes, etc.].

draper ('dreipəʳ) *s.* draper.

drapery ('dreipəri) *s.* draperia *f. 2* tapisseria *f. 3* domàs *m.*, guarniment *m.*, parament *m.*

drastic ('dræstik) *a.* dràstic. *2* enèrgic, sever. *3* important.

draught (drɑːft) *s.* corrent *m.* [d'aire]. *2* tiratge *m.* [d'una xemeneia]. *3* xarxada *f.*, pescada *f. 4* esbós *m. 5* glop *m. 6 pl.* JOC dames. *7* MAR. calat *m.*

draught (to) (drɑːft) *t.* Veure TO DRAFT.

draughtsman ('drɑːftsmæn) *s.* JOC dama *f.* [fitxa]. *2* Veure DRAFTSMAN.

draw (drɔː) *s.* tracció *f.*, arrossegament *m.*, tirada *f.*, remolc *m. 2* atracció *f. 3* sorteig *m.*; premi *m.* [de la loteria]. *4* col·loq. pipada *f. 5* ESPORT empat *m.*

draw (to) (drɔː) *t.* arrossegar, tirar. *2* treu-

re, (VAL) traure. *3* extreure. *4* atreure. *5* estirar, allargar. *6* desenfundar, desembeinar. *7* aconseguir, guanyar, cobrar. *8* aspirar, inspirar, inhalar. *9* fer parlar. *10* esbossar, traçar. *11* redactar, estendre [un xec]. *12* contreure, deformar. *13* córrer [les cortines]. *14* COM. girar. *15* JOC sortejar, fer-ho a sorts. ■ *16 i.* tirar [una xemeneia]. *17* dibuixar. *18* empatar. ■ *to ~ away,* allunyar-se *p.; to ~ back,* fer-se *p.* enrere; *to ~ in,* acabar-se *p.; to ~ on,* acostar-se *p.; to ~ out,* allargar(se, estirar(se; *to ~ up,* aturar-se *p.* ▲ *Pret.: drew* (druː); p. p.: *drawn* (drɔːn).

drawback ('drɔːbæk) *s.* inconvenient *m.;* desavantatge *m.*

drawbridge ('drɔːbridʒ) *s.* pont *m.* llevadís.

drawee (drɔ'iː) *s.* COM. lliurat *m.*

drawer (drɔːʳ, drɔəʳ) *s.* calaix *m. 2* dibuixant. *3 pl.* calcotets *m.*, bragues *f.*

drawing ('drɔːiŋ) *s.* dibuix *m. 2* tracció *f.*, arrossegament *m. 3* sorteig *m.*

drawing pin ('drɔːiŋpin) *s.* xinxeta *f.*

drawing room ('drɔːiŋrum) *s.* saló *m.*

drawing up (‚drɔːiŋ'ʌp) redacció *f.*, el·laboració *f.*

drawl (drɔːl) *s.* parla *f.* lenta i pesada.

drawl (to) (drɔːl) *t.* pronunciar lentament. ■ *2 i.* parlar lentament.

drawn (drɔːn) p. p. de TO DRAW. ■ *2 a.* arrossegat. *3* empatat. *4* cansat, ullerós.

dread (dred) *s.* por *f.*, temor *m.* ■ *2 a.* temible, terrible, espantós.

dread (to) (dred) *t.* témer, tenir por (de).

dreadful ('dredful) *a.* terrible, espantós. *2* dolentíssim, fatal. *3* fig. horrible, repugnant. ‖ *how ~!,* quin horror! ■ *4* **-ly,** *adv.* terriblement.

dream (driːm) *s.* somni *m. 2* quimera *f.*, il·lusió *f.*

dream (to) (driːm) *t.* somiar. *2* imaginar, pensar. *3 to ~ up,* idear, enginyar. ■ *4 i.* somiar. *5* somiejar. ‖ Pret. i p. p.: *dreamed* o *dreamt* (dremt).

dreamer ('driːməʳ) *s.* somiador.

dreamt (dremt) Veure DREAM (TO).

dreariness ('driərinis) *s.* tristesa *f.*, melangia *f. 2* monotonia *f.*, avorriment *m.*

dreary ('driəri) *a.* trist, melangiós. *2* monòton, avorrit.

dredge (dredʒ) *s.* draga *f.*, rossegall *m.*

dredge (to) (dredʒ) *t.* dragar. *2* empolvorar, enfarinar. ■ *3 i.* utilitzar una draga.

dredging ('dredʒiŋ) *s.* dragatge *m.*

dregs (dregz) *s. pl.* baixos *m.*, pòsit *m. sing.*, solatge *m. sing.*, sediment *m. sing. 2* mare *f.* [del vi]. *3* fig. escòria *f.*, púrria *f.*

drench (to) (drentʃ) *t.* mullar, calar, amarar, xopar. *2* VET. administrar una poció.

dress (dres) *s.* vestit *m.* [de dona]. *2* vestit *m.*, vestimenta *f.* *3* indumentària *f.*, roba *f.*

dress (to) (dres) *t.* vestir. ‖ *to get* ~*ed*, vestir(se. *2* preparar, adobar, amanir. *3* pentinar, arreglar [els cabells]. *4* adornar, guarnir. *5* MED. curar, embenar [ferides]. *6* MIL. arrenglar, alinear. ▪ *7 i.* vestir-se *p.* *8* MIL. arrenglar-se *p.*, alinear-se *p.* ▪ *to* ~ *up,* mudar(se. ‖ *to* ~ *up as,* disfressar(se de.

dresser ('dresə^r) *s.* bufet *m.* de cuina. *2* calaixera *f.* amb un mirall. *3* (EUA) lligador *m.*, tocador *m.* *4* TECNOL. adobador *m.*

dressing ('dresiŋ) *s.* vestiment *m.* [acció de vestir(se]. *2* adorn *m.*, guarniment *m.* *3* CUI. amaniment *m.*, condiment *m.* *4* MED. cura *f.*, bena *f.* *5* ~ o ~ *down,* allisada *f.*, reny *m.*

dressing gown ('dresiŋgaun) *s.* bata *f.*

dressing room ('dresiŋrum) *s.* TEAT. camerino *m.*

dressing table ('dresiŋ͵teibl) *s.* lligador *m.*, tocador *m.*

dressmaker ('dres͵meikə^r) *s.* modista.

dressmaking ('dresmeikiŋ) *s.* costura *f.*

dress rehearsal ('dresri'hə:səl) *s.* assaig *m.* general.

drew (dru:) Veure TO DRAW.

dribble ('dribl) *s.* degoteig *m.*, regalim *m.* *2* bava *f.* *3* angl. ESPORT dribbling *m.*

dribble (to) ('dribl) *i.* degotar, regalimar. *2* bavejar. *3* ESPORT esquivar. ▪ *4 t.* degotar, regalimar. *5* ESPORT fer un dribbling.

dried (draid) Veure TO DRY. ▪ *2 a.* sec.

drier ('draiə^r) *s.* assecador *m.* *2* eixugador *m.*

drift (drift) *s.* arrossegament *m.* *2* corrent *m.* [d'aigua, d'aire]. *3* rumb *m.*, direcció *f.*, intenció *f.*, sentit *m.*, tendència *f.* *5* impuls *m.* *6* ARQ. càrrega *f.* *6* AVIA., NÀUT. deriva *f.*

drift (to) (drift) *t.* arrossegar, empènyer. *2* amuntegar. ▪ *3 i.* deixar-se *p.* arrossegar, ser arrossegat. *4* amuntegar-se *p.* *5* AVIA., NÀUT. anar a la deriva, derivar.

drill (dril) *s.* trepant *m.*, barrina *f.* *2* exercici *m.* *3* AGR. solc *m.*, rega *f.*; sembradora *f.* *4* MIL. instrucció *f.* *5* TÈXT. dril *m.* *6* ZOOL. mandril *m.*

drill (to) (dril) *t.* trepar, foradar, perforar, barrinar. *2* entrenar, exercitar. *3* AGR. sembrar a solc. *4* MIL. fer instrucció. ▪ *5 i.* entrenar-se *p.*, exercitar-se *p.* *6* MIL. fer instrucció.

drink (driŋk) *s.* beguda *f.* *2* glop *m.* *3* copa *f.* ‖ *soft* ~, beguda *f.* no alcohòlica. ‖ *to*

have a ~, fer una copa *f.* ‖ *to take to* ~, donar-se *p.* a la beguda *f.*

drink (to) (driŋk) *t.* beure('s. ‖ *to* ~ *to someone's health,* brindar a la salut d'algú. *2* fig. absorbir, xuclar. ▪ *3 i.* emborratxar-se *p.* ‖ Pret.: *drank* (draŋk); *p. p.:* *drunk* (drʌŋk).

drinkable ('driŋkəbl) *a.* potable.

drinker (driŋkə^r) *s.* bevedor. ‖ *hard* ~, bevedor recalcitrant.

drinking ('driŋkiŋ) *s.* beguda *f.*, beure *m.*

drinking bout ('driŋkiŋbaut) *s.* gresca *f.*, borratxera *f.*

drinking trough ('driŋkiŋtrɔf) *s.* abeurador *m.*

drinking water ('driŋkiŋ͵wɔːtə) *s.* aigua *f.* potable.

drip (drip) *s.* degoteig *m.*, degotament *m.* *2* degotall *m.* *3* col·loq. corcó *m.* tanoca, sòmines.

drip (to) (drip) *i.* degotar, degotejar, gotejar. ▪ *2 t.* deixar caure gota a gota.

drive (draiv) *s.* passeig *m.* o viatge *m.* en cotxe. *2* camí *m.*, carrer *m.*, avinguda *m.* [privat]. *3* energia *f.*, esforç *m.*, empenta *f.* *4* campanya *f.* *6* AUTO. tracció *f.*, transmissió *f.* *7* ESPORT cop *m.*, impuls *m.*, drive *m.* [tennis]. *8* ~*-in,* parador *m.* [de carretera]; autocinema *m.*

drive (to) (draiv) *t.* conduir. *2* portar, dur, menar. *3* guiar, dirigir. *4* empènyer, impulsar. *5 to* ~ *away,* allunyar, foragitar. *6 to* ~ *back,* rebutjar, fer retrocedir. *7 to* ~ *mad,* fer tornar boig. ▪ *8 i.* conduir *t.* *9* anar en cotxe. *10 to* ~ *back,* tornar en cotxe. *11 to* ~ *off,* anar-se'n en cotxe, arrencar i marxar.

drivel (to) ('drivl) *i.* dir bestieses. *2* bavejar.

driven ('drivn) Veure TO DRIVE.

driver ('draivə^r) *s.* conductor. *2* cotxer; carreter; xofer; camioner; taxista. *3* AUTO. corredor, pilot *m.* *4* FERROC. maquinista. *5* TECNOL. roda *f.* motriu.

driving ('draiviŋ) *s.* conducció *f.* *2* impuls *m.* ▪ *3 a.* motriu. *4* de conducció *f.*

driving licence ('draiviŋ͵laisəns) *s.* permís *m.* o carnet *m.* de conduir.

driving school ('draiviŋsku:l) *s.* auto-escola *f.*

driving test ('draiviŋtest) *s.* examen *m.* de conducció.

drizzle ('drizl) *s.* plugim *m.*, xim-xim *m.*

drizzle (to) ('drizl) *i.* plovisquejar, caure gotes.

droll (droul) *a.* estrany, peculiar. *2* còmic, divertit.

dromedary ('drʌmədəri) *s.* ZOOL. dromedari *m.*

drone (droun) *s.* ENT. abellot *m.* 2 fig. dropo, gandul. *3* brunzit *m.*, bonior *f.*

drone (to) (droun) *t.* murmurar. ■ *2 i.* murmurar, xiuxiuejar. *3* brunzir.

droop (dru:p) *s.* inclinació *f.*, caiguda *f.*

droop (to) (dru:p) *t.* inclinar, abaixar. ■ *2 i.* inclinar-se *p.*, abaixar-se *p.* *3* fig. pansir-se *p.*, ensopir-se *p.*

drop (drɔp) *s.* gota *f.* 2 baixa *f.*, disminució *f.* *3* descens *m.*, caiguda *f.*, baixada *f.* 4 declivi *m.*, inclinació *f.*, desnivell *m.* 5 JOI. arracada *f.* 6 MIL. aprovisionament *m.* aeri.

drop (to) (drɔp) *t.* deixar caure, deixar anar, llençar. ‖ *to ~ a hint*, llençar una indirecta. 2 fer caure, abatre. *3* disminuir, minvar. 4 ometre. *5* deixar, deixar córrer, abandonar. *6 to ~ a line*, escriure quatre ratlles. ■ *7 i.* caure, descendir. 8 degotar, gotejar. 9 disminuir, baixar. *10* acabar-se *p.*, cessar. ■ fig. *to ~ by, to ~ in*, deixar-se *p.* caure, visitar; *to ~ off*, decaure, disminuir; adormir-se *p.*, endormiscar-se *p.*; *to ~ out*, plegar, retirar-se *p.*

dropper ('drɔpə͞r) *s.* MED., QUÍM. comptagotes *m.*

dropsy ('drɔpsi) *s.* MED. hidropesia *f.*

dross (drɔs) *s.* METAL. escòria *f.* [també fig.].

drought (draut) *s.* sequera *f.*, secada *f.*

drove (drouv) Veure TO DRIVE. 2 *s.* ramat, *m.*, ramada *f.* 3 munió *f.*, gentada *f.*, multitud *f.*

drover ('drouvə͞r) *s.* ramader.

drown (to) (draun) *t.* negar, ofegar. 2 fig. inundar; amarar. ■ *3 i.* negar-se *p.*, ofegar-se *p.*

drowse (to) (drauz) *t.-i.* endormiscar-se *p.*

drowsiness ('drauzinis) *s.* somnolència *f.*, sopor *m.* 2 fig. apatia *f.*, ensopiment *m.*

drowsy ('drauzi) *a.* somnolent. *2* soporífer.

drub (to) (drʌb) *t.* bastonejar, apallissar.

drubbing ('drʌbiŋ) *s.* bastonada *f.*, pallissa *f.*

drudge (drʌdʒ) *s.* escarràs *m.*, esdernec *m.*

drudge (to) (drʌdʒ) *i.* escarrassar-se *p.*, esdernegar-se *p.*

drudgery ('drʌdʒəri) *s.* treball *m.* dur, treballada *f.* 2 feina *f.* monòtona.

drug (drʌg) *s.* droga *f.* 2 MED. medicina *f.*, medicament *m.*

drug (to) (drʌg) *t.* drogar(se. 2 narcotitzar.

drug addict ('drʌg ˌædikt) *s.* toxicòman, drogadicte.

drug addiction ('drʌgəˌdikʃən) *s.* toxicomania *f.*, drogadicció *f.*

druggist ('drʌgist) *s.* (G.B.) adroguer, farmacèutic. 2 (EUA) propietari *m.* d'un DRUGSTORE.

drugstore ('drʌgstɔːr) *s.* (EUA) drugstore *m.*, botiga *f.* amb serveis múltiples [farmàcia, perfumeria, adrogueria, etc.].

drum (drʌm) *s.* MÚS. tambor *m.*, timbal *m.* ‖ *bass ~*, bombo *m.* 2 bidó *m.* *3 pl.* bateria *f.* 4 ANAT. timpà *m.* 5 MEC. cilindre *m.* 6 MIL. *major ~*, tambor *m.* major.

drum (to) (drʌm) *i.* tocar el tambor, tamborinejar. 2 fig. tamborinar.

drumbeat ('drʌmbiːt) *s.* toc *m.* de tambor, toc *m.* de timbal.

drummer ('drʌmə͞r) *s.* tambor, timbaler. 2 bateria. *3* (EUA) viatjant de comerç.

drumstick ('drʌmstik) *s.* MÚS. baqueta *f.* [de tambor]. 2 CUI. cuixa *f.* [de pollastre, d'ànec, etc.].

drunk (drʌŋk) *p. p.* de DRINK (TO). ■ *2 a.* begut, embriac, borratxo. ‖ *to get ~*, emborratxar-se *p.* 3 fig. ebri. ■ *3 s.* embriac, borratxo.

drunkard ('drʌŋkəd) *s.* embriac, borratxo.

drunken ('drʌŋkən) *a.* bebedor, embriac, borratxo. ‖ *~ state*, estat *m.* d'embriaguesa *f.*

drunkenness ('drʌŋkənnis) *s.* embriaguesa *f.*

dry (drai) *a.* sec, eixut. *2* sòlid. *3* avorrit.

dry (to) (drai) *t.* assecar, eixugar, (VAL) torcar. ■ *2 i.* assecar-se *p.*, eixugar-se *p.*, (VAL.) torcar-se *p.* 3 col·loq. *~ up!*, calla!

dry cleaning (ˌdraiˈkliːniŋ) *s.* rentat *m.* en sec.

dry ice (ˌdraiˈais) *s.* neu *f.* carbònica.

dry land (ˌdraiˈlænd) *s.* terra *f.* ferma.

dry law ('drailɔː) *s.* (EUA) llei *f.* seca.

dryness ('drainis) *s.* sequedat *f.*, eixutesa *f.* 2 aridesa *f.*

dry nurse ('drainəːs) *s.* dida *f.* seca.

dubious ('djuːbjəs) *a.* dubtós. 2 sospitós, equívoc, ambigu. ■ *3* -**ly**, *adv.* dubtosament.

dubiousness ('djuːbjəsnis) *s.* dubte *m.*, incertesa *f.*

ducal ('djuːkəl) *a.* ducal.

ducat ('dʌkət) *s.* ducat *m.* [moneda].

duchess ('dʌtʃis) *s.* duquessa *f.*

duchy ('dʌtʃi) *s.* ducat *m.* [territori].

duck (dʌk) *s.* ORN. ànec *m.*, ànega *f.* 2 cabussada *f.*, esquivament *m.* 3 TÈXT. dril *m.*

duck (to) (dʌk) *t.* capbussar, cabussar. 2 esquivar, ajupir. 3 fig. eludir. 4 col·loq. *to ~ a class*, fer campana. ■ *5 i.* capbussar-se *p.*, cabussar-se *p.* 6 ajupir-se *p.*

duct (dʌkt) *s.* conducte *m.*

ductile ('dʌktail) *a.* dúctil [també fig.].

due (djuː) *a.* degut. ‖ *~ to*, degut a. 2 convenient, oportú. *3* previst. ‖ *in ~ time*, a l'hora prevista, quan sigui l'hora. 4 COM.

pagable. ‖ ~ *date*, data de venciment, data de pagament. ‖ ~ *payment*, pagament pendent. ∎ *5 s. to give someone his* ~, castigar algú com es mereix. *6* COM. deute *m*. *7 pl.* drets *m*. [per pagar]; quota *f. sing.* ∎ *8 adv.* exactament; directament.

duel ('dju:əl) *s.* duel *m*.

duenna (dju:'enə) *s.* senyora *f.* de companyia [per a noies].

duet (dju:'et) *s.* MÚS. duo *m*.

duffer ('dʌfəʳ) *s.* colloq. talós, toix, estúpid.

dug (dʌg) Veure TO DIG. *2* mamella *f*.

dug-out ('dʌgaut) *s.* NÀUT. piragua *f*. *2* MIL. trinxera *f.*, refugi *m.* subterrani.

duke (dju:k) *s.* duc *m*.

dukedom ('dju:kdəm) *s.* ducat *m*.

dull (dʌl) *a.* apagat, mat, esmorteït, somort. *2* ennuvolat, boirós [temps]. *3* talós, obtús, espès. *4* avorrit, monòton. *5* trist. *6* esmussat.

dull (to) (dʌl) *t.* esmorteir, mitigar. *2* alleugerir, alleujar. *3* deslluir, enfosquir. *4* esmussar [també fig.]. *5* fig. refredar. ∎ *6 i.* esmorteir-se *p.* *7* alleujar-se *p.* *8* deslluir-se *p.*, enfosquir-se *p.* *9* esmussar-se *p.* [també fig.]. *10* fig. refredar.

dullness ('dʌlnis) *s.* esmorteiment *m.*, pallidesa *f.* *2* alleujament *m.* *3* deslluïment *m.*, opacitat *f.*, grisor *f.* *4* avorriment *m.* *5* bestiesa *f*.

duly ('dju:li) *adv.* degudament. *2* puntualment, a l'hora.

dumb (dʌm) *a.* mut [també fig.]. *2* (EUA) enze, soca, talós.

dumbbell ('dʌmbel) *s.* ESPORT halters *m. pl.*

dumbfound (to) (dʌm'faund) *t.* sorprendre, esbalair, deixar parat.

dumbness ('dʌmnis) *s.* mudesa *f.* *2* mutisme *m.*, silenci *m.*

dumb show ('dʌmʃou) *s.* pantomima *f*.

dummy ('dʌmi) *a.* fals, postís, d'imitació. ∎ *2 s.* maniquí *m.*, figurí *m.* *3* maqueta *f.* *4* xumet *m.* *5* mort *m.* [cartes].

dump (dʌmp) *s.* abocador *m.* *2 pl.* abatiment *m. sing.*, aflicció *f. sing.* *3* MIL. dipòsit *m.* [d'armes, etc.].

dump (to) (dʌmp) *t.* abocar, descarregar, buidar [de cop]. *2* desfer-se *p.* de, desempallegar-se *p.* de. *3* COM. inundar el mercat.

dumpy ('dʌmpi) *a.* rabassut.

dun (dʌn) *a.* marró grisenc. ∎ *2 s.* marró *m.* grisenc. *3* persona que persegueix morosos.

dun (to) (dʌn) *t.* perseguir morosos.

dunce (dʌns) *s.* beneit, talós.

dune (dju:n) *s.* duna *f*.

dung (dʌŋ) *s.* AGR. fems *m. pl.*, (ROSS.) aixer *m*.

dung (to) (dʌŋ) *t.* femar.

dungaress (,dʌngə'ri:z) *s. pl.* granota *f. sing.* [vestit].

dungeon ('dʌndʒən) *s.* calabós *m.*, masmorra *f*.

dunghill ('dʌŋhil) *s.* femer *m*.

duo ('dju:ou) *s.* MÚS. duo *m*.

dupe (dju:p) *s.* pau *m.*, taujà.

dupe (to) (dju:p) *t.* enredar, entabanar, ensarronar.

duplicate ('dju:plikit) *a.* duplicat. ∎ *2 s.* duplicat *m.*, còpia *f*.

duplicate (to) ('dju:plikeit) *t.* duplicar.

duplicity (dju:'pliciti) *s.* duplicitat *f*.

durability (,djuərə'biliti) *s.* durabilitat *f.*, durada *f.*, duració *f*.

durable ('djuərəbl) *a.* durable, durador.

duration (djuə'reiʃən) *s.* duració *f.*, durada *f*.

duress (djuə'res) *s.* coacció *f.* *2* empresonament *m*.

during ('djuəriŋ) *prep.* durant.

durst (də:st) Veure TO DARE.

dusk (dʌsk) *s.* vespre *m.*, crepuscle *m.* *2* fosca *f.*, foscor *f*.

dusky ('dʌski) *a.* fosc, obscur, ombrívol. *2* bru, morè.

dust (dʌst) *s.* pols *f.* *2* colloq. merder *m.*, confusió *f.* *3* liter., ant. cendres *f. pl.*, restes *f. pl.* mortals.

dust (to) (dʌst) *t.* treure la pols, espolsar. *2* empolsar, enfarinar.

dustbin ('dʌstbin) *s.* galleda *f.* de les escombraries.

dust cloud ('dʌstklaud) *s.* polseguera *f*.

duster ('dʌstəʳ) *s.* drap *m.* de la pols. *2* espolsadors *m. pl.* *3* esborrador *m*.

dustman ('dʌstmən) *s.* escombriaire.

dusty ('dʌsti) *a.* polsós, empolsinat.

Dutch (dʌtʃ) *a.-s.* holandès.

dutiful ('dju:tiful) *a.* obedient, respectuós.

duty (dju:ti) *s.* deure *m.*, obligació *f.* ‖ *to do one's* ~, complir algú el seu deure *2* obediència *f.*, respecte *m.* *3* funció *f.*, feina *f.*, tasca *f.* *4* servei *m.* ‖ *on* ~, de servei ‖ *to be off* ~, estar lliure de servei. *5* impost *m.* (*on*, sobre). *6 pl.* drets *m.* ‖ *customs* ~*ies*, aranzels *m.*, drets *m.* de duana.

dwarf (dwɔ:f) *a.-s.* nan.

dwarf (to) (dwɔ:f) *t.* no deixar créixer. *2* empetitir, fer semblar petit.

dwarfish ('dwɔ:fiʃ) *a.* nan, diminut.

dwell (to) (dwel) *i.* liter. habitar, viure, residir. *2* estar-se *p.* *3* fig.: *to* ~ *on* o *upon*, allargar-se *p.*, estendre's *p.* ‖ Pret. i p. p.: *dwelt* (dwelt).

dweller ('dweləʳ) *s.* habitant.

dwelling ('dweliŋ) *s.* casa *f.*, morada *f.*, vivenda *f*.

dwindle (to) ('dwindl) *i.* minvar, disminuir.

dye (dai) *s.* tintura *f.*, tint *m.*, color *m.*

dye (to) (dai) *t.* tenyir, tintar. ■ *2 i.* tenyir-se *p.*

dyer ('daiə') *s.* tintorer.

dying ('daiiŋ) *ger.* de TO DIE. ■ *2 a.* moribund, agonitzant. *3* final, darrer.

dynamic (dai'næmik) *a.* dinàmic.

dynamics (dai'næmiks) *s.* FÍS. dinàmica *f.*

dynamite ('dainəmait) *s.* dinamita *f.*

dynamo ('dainəmou) *s.* ELECT. dinamo *f.*

dynastic (di'næstik) *a.* dinàstic.

dynasty ('dinəsti) *s.* dinastia *f.*

dysentery ('disəntri) *s.* disenteria *f.*

dyspepsia (dis'pepsiə) *s.* dispèpsia *f.*

dyspeptic (dis'peptik) *a.* dispèptic.

E

E, e (i:) *s.* e [lletra]. *3* MÚS. mi *m.*
each (i:tʃ) *a.* cada, cadascun. ▪ *2 pron.* cada u, cadascú. ‖ ~ *other,* l'un a l'altre, mútuament, entre ells, entre si. *3 the apples cost 30 p.* ~, les pomes costen 30 penics cada una.
eager ('i:gəʳ) *a.* frisós, ansiós, bascós. ▪ *2 -ly adv.* ansiosament.
eagerness ('i:gənis) *s.* frisança *f.*, ànsia *f.*, afany *m.*
eagle ('i:gl) *s.* ORN. àguila *f.*, àliga *f.*
ear (iəʳ) *s.* orella *f.* ‖ fig. *up to the* ~*s*, fins el capdemunt. *2* oïda *f.*, orella *f.* ‖ *to give* ~ *to,* donar o prestar orella. ‖ *to play by* ~, tocar d'oïda *f.; fig.* improvisar. *3* BOT. espiga *f.*
ear-ache ('iəreik) *s.* mal *m.* d'orella.
eardrum ('iədrʌm) *s.* ANAT. timpà *m.*
earl (ə:l) *s.* comte *m.*
earldom (ə:ldəm) *s.* comtat *m.*
early ('ə:li) *a.* primitiu, antic, primer. *2* pròxim [en el futur]. *3* primerenc. *4* precoç. *5 to be* ~, arribar d'hora. ▪ *6 adv.* al principi. *7* aviat, (BAL.) prest, (VAL.) prompte. *8* d'hora, (VAL.) enjorn.
earn (to) (ə:n) *t.* guanyar(se, cobrar, percebre. *2* merèixer(se, aconseguir.
earnest ('ə:nist) *a.* seriós, formal. *2* sincer, franc. *3* constant, ferm, diligent. ▪ *4 s.* seriositat *f.*, formalitat *f.* ‖ *in* ~, seriosament, amb seriositat. *5* COM. paga *f.* i senyal *6* penyora *f.* ▪ *7 -ly adv.* seriosament, de veritat.
earnestness ('ə:nistnis) *s.* seriositat *f.*, formalitat. *2* fermesa *f.*, constància *f.*, tenacitat *f.*
earnings ('ə:niŋz) *s. pl.* ingressos *m.*, guanys *m.*, beneficis *m. 2* sou *m. sing.*, salari *m. sing.*
earphones ('iəfounz) *s. pl.* auriculars *m.*
earpiece ('iəpi:s) *s.* TELEF. auricular *m.*
earring ('iəriŋ) *s.* arracada *f.*

earshot ('iəʃɔt) *s.* abast de l'orella *f.* ‖ *to be within* ~, estar a l'abast de l'orella.
earth (ə:θ) *s.* terra *f.* [planeta, etc.]. *2* terra *m.*, sòl *m. 3* TECNOL. terra *f. 4* ZOOL. cau *m.*
earthen ('ə:θen) *a.* de fang, de terrissa.
earthenware ('ə:θən-wεəʳ) *s.* terrissa *f.*, ceràmica *f.* ▪ *2 a.* de fang.
earthly ('ə:θli) *a.* terrenal, terrestre. *2* carnal, mundà.
earthquake ('ə:θkweik) *s.* terratrèmol *m.*, moviment *m.* sísmic.
earthwork ('ə:θwə:k) *s.* terraplè *m.*
earthworm ('ə:θwə:m) *s.* ZOOL. cuc *m.*, llambric *m.*
earthy ('ə:θi) *a.* terrós, terri, terrenc. *2* fig. groller, vulgar.
earwig ('iəwig) *s.* ENT. papaorelles *f.*, tisoreta *f.*
ease (i:z) *s.* alleujament *m.*, descans *m. 2* tranquil·litat *f.*, serenitat *f. 3* comoditat *f.*, benestar *m.*, assossec *m. 4* facilitat *f. 5* MIL. *at* ~, descans *m.* [posició].
ease (to) (i:z) *t.* alleujar, alleugerir. *2* mitigar, apaivagar. *3* descarregar. *4* assossegar, tranquil·litzar. *5* facilitar. *6* afluixar, relaxar. ▪ *7 i.* afluixar, disminuir. *8 to* ~ *off,* o *up,* relaxar-se *p.*, tranquil·litzar-se *p.*, moderar-se *p.*
easel ('i:zl) *s.* cavallet *m.* [de pintor].
easily ('i:zili) *adv.* fàcilment, tranquil·lament. *2* amb tranquil·litat, amb calma.
easiness ('i:zinis) *s.* facilitat *f.*, desimboltura *f. 2* comoditat *f.*, tranquil·litat *f.*
east (i:st) *s.* est *m.*, orient *m.*, llevant *m.* ▪ *2 a.* de l'est, oriental. ‖ *Far E*~, Extrem Orient. ‖ *Middle E*~, Orient Mitjà. ‖ *Near E*~, Pròxim Orient.
Easter ('i:stəʳ) *s.* Pasqua *f.* de Resurrecció *f.*, Setmana *f.* Santa.
easterly ('i:stəli) *a.* oriental, de l'est. ▪ *2 adv.* cap a l'est, a l'est.

eastern ('i:stən) *a.* oriental, de l'est.
easy ('i:zi) *a.* fàcil, senzill. *2* còmode, confortable. ‖ ~ *chair*, butaca *f.* *3* desimbolt, tranquil, natural. *4 take it* ~*!*, calma't!, pren-t'ho amb calma! ■ *5 adv.* fàcilment, tranquiŀlament.
easy-going (,i:zi'gouiŋ) *a.* tranquil, indolent. *2* tolerant, condescendent. *3* lent. *4* deixat. *5* afable, simpàtic.
eat (to) (i:t) *t.* menjar(se. *2* consumir, gastar. ■ *3 i.* menjar(se. ■ *to* ~ *away* o *into*, corroir, gastar, menjar-se; *to* ~ *up*, menjar-se, acabar-se. ▲ Pret.: *ate* (et, eit); p. p.: *eaten* (i:tn).
eatable ('i:təbl) *a.* comestible. ■ *2 s. pl.* comestibles *m.*
eaten ('i:tn) *p. p.* de TO EAT.
eating-house ('i:tiŋhaus) *s.* restaurant *m.*
eau-de-Cologne (oudəkə'loun) *s.* aigua *f.* de Colònia.
eaves (i:vz) *s. pl.* ARQ. ràfec *m.*, volada *f.*
eavesdrop (to) ('i:vzdrɔp) *i.* escoltar d'amagat.
ebb (eb) *s.* reflux *m.* ‖ *the* ~ *and flow*, el flux *m.* i el reflux *m.* *2* fig. decadència *f.*, caiguda *f.*, disminució *f.*
ebb (to) (eb) *i.* minvar, baixar [la marea]. *2* fig. decaure, disminuir.
ebb tide ('ebtaid) *s.* marea *f.* minvant.
ebony ('ebəni) *s.* BOT. banús *m.* ■ *2 a.* de banús.
ebullience (i'bʌljəns) *s.* exuberància *f.*, exaltació *f.*, entusiasme *m.*, animació *f.*
ebullient (i'bʌljənt) *a.* exuberant, exaltat, entusiasmat.
eccentric (ik'sentrik) *a.* excèntric. ■ *2 s.* excèntric. *3* MEC. excèntrica *f.*
eccentricity (,eksen'trisiti) *s.* excentricitat *f.*
ecclesiastic (i,kli:zi'æstik) *a.-s.* eclesiàstic.
echo ('ekou) *s.* eco *m.*
echo (to) ('ekou) *t.* repetir, imitar. *2* fer-se *p.* eco de. ■ *2 i.* ressonar, fer eco.
eclectic (i'klektik) *a.-s.* eclèctic.
eclipse (i'klips) *s.* eclipsi *m.*
eclipse (to) (i'klips) *t.* eclipsar.
eclogue ('eklɔg) *s.* LIT. ègloga *f.*
ecological (i:kə'lɔdʒikəl) *a.* ecològic.
ecologist (i'kɔlədʒist) *s.* ecologista.
ecology (i'kɔlədʒi) *s.* ecologia *f.*
economic (,i:kə'nɔmik) *a.* econòmic. ‖ ~ *crisis*, crisi econòmica.
economical (,i:kə'nɔmikəl) *a.* econòmic, barat. ‖ *an* ~ *holiday*, unes vacances econòmiques.
economics (,i:kə'nɔmiks) *s.* economia *f.* [ciència].
economist (i'kɔnəmist) *s.* economista.
economize (to) (i:'kɔnəmaiz) *t.-i.* economitzar *t.*, estalviar *t.*

economy (i'kɔnəmi) *s.* economia *f.*
ecosystem ('i:kousistəm) *s.* ecosistema *m.*
ecstasy ('ekstəsi) *s.* èxtasi *m.*
Ecuador (,ekwə'dɔ:ʳ) *n. pr.* GEOGR. l'Equador *m.*
ecumenic (,i:kju:'menik) *a.* ecumènic.
ed. (ed) *s.* (abrev. *edition, editor, education*) edició *f.*, editor, educació *f.*
Ed (ed) *n. pr. m.* (dim. *Edgar, Edward*) Edgar, Eduard.
eddy ('edi) *s.* remolí *m.*
eddy (to) ('edi) *i.* arremolinar-se *p.*
edge (edʒ) *s.* tall *m.*, fil *m.* *2* vora *f.*, cantó *m.* ‖ *on* ~, de cantó; fig. impacient. *3* marge *m.*, riba *f.* *4* extrem *m.*, límit *m.*, afores *f. pl.* *5 to set the teeth on* ~, fer esgarrifar.
edge (to) (edʒ) *t.* enribetar, ribetejar, orlar. *2* vorellar. *3* esmolar. *4* moure a poc a poc. ■ *5 i.* moure's *p.* a poc a poc.
edgeways ('edʒweiz), **edgewise** (-waiz) *adv.* de cantó. *2* fig. *not get a word in* ~, no poder obrir la boca, no poder dir la seva [en una conversa].
edging ('edʒiŋ) *s.* ribet *m.*, vorell *m.*
edible ('edibl) *a.* comestible. ■ *2 s. pl.* comestibles *m.*
edict ('i:dikt) *s.* edicte *m.*, decret *m.*
edification (,edifi'keiʃən) *s.* edificació *f.* [moral, etc.].
edifice ('edifis) *s.* edifici *m.* [també fig.].
edify (to) ('edifai) *t.* edificar [sentit moral].
Edimburgh ('edimbərə) *n. pr.* GEOGR. Edimburg *m.*
edit (to) ('edit) *t.* revisar, corregir, preparar l'edició [d'un diari, un llibre, etc.]. *2* redactar, dirigir [un diari].
edition (i'diʃən) *s.* edició *f.* ‖ *paperback* ~, edició de butxaca. *2* tirada *f.* *3* fig. versió *f.*
editor ('editəʳ) *s.* director, redactor [d'una publicació].
editorial (,edi'tɔ:riəl) *a.* de direcció, de redacció: ~ *staff*, redacció *f.* [d'un diari]. ■ *2 s.* editorial *m.*, article *m.* de fons.
educate (to) ('edjukeit) *t.* educar. *2* instruir, formar, ensenyar.
educated ('edjukeitid) *a.* culte, instruït.
education (,edju:'keiʃən) *s.* educació *f.*, ensenyament *m.* *2* instrucció *f.*, formació *f.*, cultura *f.*
educational (,edjukeiʃənl) *a.* educacional, relatiu a l'ensenyament. *2* docent. *3* cultural.
educator ('edju:keitəʳ) *s.* educador, pedagog.
Edward ('edwəd) *n. pr. m.* Eduard.
EEC ('i:i:'si:) *s.* (*European Economic Community*) CEE (Comunitat Econòmica Europea).

eel (i:l) *s.* ICT. anguila *f.*
eerie, eery ('iəri) *a.* misteriós, esgarrifós, fantàstic, terrible.
efface (to) (i'feis) *t.* esborrar.
effect (i'fekt) *s.* efecte *m.* ‖ *in* ~, de fet. ‖ *to take* ~, fer efecte; posar en vigor. ‖ *to the* ~ *that*, en el sentit que. *2* resultat *m.*, conseqüència *f.* *3* impressió *f.* *4 pl.* efectes *m.*
effect (to) (i'fekt) *t.* efectuar, dur a terme, realitzar.
effective (i'fektiv) *a.* efectiu, eficaç, eficient. *2* DRET vigent. ‖ *to become* ~, entrar en vigor. *3* MIL., TECNOL. útil.
effectual (i'fektjuəl) *a.* eficaç; adequat.
effectuate (to) (i'fektjueit) *t.* efectuar, realitzar.
effeminacy (i'feminəsi) *s.* efeminació *f.*
effeminate (i'feminit) *a.* efeminat.
effervesce (to) (,efə'ves) *i.* estar en efervescència.
effervescence (,efə'vesns) *s.* efervescència *f.*
effervescent (,efə'vesənt) *a.* efervescent.
effete (i'fi:t) *a.* esgotat. *2* decadent.
efficacious (,efi'keiʃəs) *a.* eficaç; adequat.
efficacy ('efikəsi) *s.* eficàcia *f.*
efficiency (i'fiʃənsi) *s.* eficiència *f.*, eficàcia *f.*, rendiment *m.*
efficient (e'fiʃənt) *a.* eficient. *2* capaç; competent. *3* eficaç.
effigy ('efidʒi) *s.* efígie *f.*, imatge *f.*
effort ('efət) *s.* esforç *m.* *2* coŀloq. obra *f.*, intent *m.*
effortless ('efətlis) *a.* fàcil, sense esforç.
effrontery (e'frʌntəri) *s.* afrontament *m.* *2* desvergonyiment *m.*
effulgence ('efʌldʒəns) *s.* fulgor *m.*; resplendor *m.*
effulgent (e'fʌldʒənt) *a.* resplendent.
effusion (i'fju:ʒən) *s.* efusió *f.* [també fig.]. *2* MED. vessament *m.*
effusive (i'fju:siv) *a.* efusiu.
e.g. ('i:'dʒi: ,fərig'za:mpl) (abrev. *exempli gratia, for example*) per exemple.
egg (eg) *s.* ou *m.* ‖ *boiled* ~, ou *m.* passat per aigua. ‖ *fried* ~, ou *m.* ferrat. ‖ *hard-boiled* ~, ou *m.* dur. ‖ *new-laid* ~, ou *m.* fresc. *2* fig. *to put all one's* ~*s in one basket*, jugar-s'ho tot a una sola carta.
egg (to) (eg) *t. to* ~ *on*, instigar, incitar.
egg-cup ('egkʌp) *s.* ouera *f.*
eggplant ('egpla:nt) *s.* BOT. albergínia. *2* alberginiera *f.*
eggshell ('egʃəl) *s.* closca *f.* d'ou.
egg-whisk ('egwisk) *s.* batidora *f.* d'ous.
egg white ('egwait) *s.* clara *f.* d'ou.
ego ('i:gou, 'egou) *s.* FIL., PSICOL. jo *m.* ‖ coŀloq. *he's on an* ~ *tip*, només pensa en ell mateix.
egoist ('əgouist) *s.* egoista.

egotism ('egoutizəm) *s.* egotisme *m.*
egregious (i'gri:dʒiəs) *a.* egregi; insigne.
Egypt ('i:dʒipt) *n. pr.* GEOGR. Egipte *m.*
Egyptian (i'dʒipʃən) *a.-s.* egipci.
eiderdown ('aidədaun) *s.* edredó *m.*
eight (eit) *a.* vuit, (VAL.) huit. ■ *2 s.* vuit *m.*, (VAL.) huit *m.*
eighteen (,ei'ti:n) *a.* divuit, (BAL.) devuit, (VAL.) dèvuit, (ROSS.) desavuit. ■ *2 s.* divuit *m.*, (BAL.) devuit *m.*, (VAL.) dèvuit *m.*, (ROSS.) desavuit *m.*
eighteenth ('ei'ti:nθ) *a.* divuitè.
eighth (eitθ) *a.* vuitè. ■ *2 s.* vuitè *m.*
eightieth ('eitiiθ) *a.* vuitantè. ■ *2 s.* vuitantè *m.*
eighty ('eiti) *a.* vuitanta. ■ *2 s.* vuitanta *m.*
Eire ('ɛərə) *n. pr.* GEOGR. República *f.* d'Irlanda.
either ('aiðə', 'i:ðə') *a.-pron.* l'un o l'altre. *2* qualsevol [dels dos]. *3* cap. ■ *4 adv.* tampoc. ■ *5 conj.* ~... *or*, o... o.
ejaculate (to) (i'dʒækjuleit) *t.* FISIOL. ejacular. *2* exclamar.
eject (to) (i'dʒekt) *t.* expeŀlir. *2* expulsar; fer fora.
eke out (to) (i:k aut) *t.* augmentar [amb dificultat]; suplir [insuficiències].
elaborate (i'læbərit) *a.* elaborat; detallat; complicat.
elaborate (to) (i'læbəreit) *t.* elaborar; desenvolupar. ■ *3 i.* elaborar-se *p.* *4* aprofundir.
elapse (to) (i'læps) *i.* passar; transcórrer [temps].
elastic (i'læstik) *a.* elàstic, flexible [també fig.]. ■ *2 s.* elàstic *m.*
elate(d (i'leit(id) *a.* alegre, joiós.
elation (i'leiʃən) *s.* elació *f.*; joia *f.*, gaubança *f.*
elbow ('elbou) *s.* colze *m.* ‖ *at one's* ~, al costat. *3* MEC. colze *m.*
elbow (to) ('elbou) *t.* donar colzades. ‖ *to* ~ *one's way*, obrir-se pas a colzades [també fig.].
elder ('eldə') *a.* gran, (VAL.) major [en edat]: ~ *sister*, germana gran. ■ *2 s.* gran [persona]. *3* BOT. saüc *m.*
elderly ('eldəli) *a.* d'edat avançada; ancià.
eldest ('eldist) *a. superl.* més gran [d'edat]. *2* primogènit *m.*
elect (i'lekt) *a.* escollit. *2* electe. ■ *3 s.* TEOL. *the* ~, els escollits *m. pl.*
elect (to) (i'lekt) *t.* elegir, escollir.
election (i'lekʃən) *s.* elecció *f.*
elective (i'lektiv) *a.* electiu; electoral.
elector (i'lektə') *s.* elector.
electric (i'lektrik) *a.* elèctric. ‖ ~ *chair*, cadira elèctrica. ‖ ~ *guitar*, guitarra elèctrica. *2* fig. molt tens.

electrical (i'lektrikl) *a.* elèctric. ‖ ~ *engineer*, enginyer electrotècnic. *2* fig. electritzant.

electrician (ilek'triʃən) *s.* electricista *m.*

electricity (ilek'trisiti) *s.* electricitat *f.*

electrify (to) (i'lektrifai) *t.* electritzar [també fig.]. *2* TECNOL. electrificar.

electrocute (to) (i'lektrəkju:t) *t.* electrocutar.

electrode (i'lektroud) *s.* FÍS. elèctrode *m.*

electron (i'lektrɔn) *s.* FÍS. electró *m.*

electronic (ilek'trɔnik) *a.* electrònic.

electroplate (to) (i'lektroupleit) *t.* FÍS. galvanitzar.

elegance ('eligəns) *s.* elegància *f.*

elegant ('eligənt) *a.* elegant.

elegy ('elidʒi) *s.* LIT. elegia *f.*

element ('elimənt) *s.* element *m.*, part *f.*, constituent *m.*, factor *m.* *3 pl.* forces *f.* de la natura.

elementary (ˌeli'mentəri) *a.* elemental. ‖ ~ *education*, ensenyament *m.* primari.

Eleanor ('elinəʳ) *n. pr. f.* Elionor.

elephant ('elifənt) *s.* ZOOL. elefant.

elephantine (eli'fæntain) *a.* fig. elefantí, mastodòntic, gegantí.

elevate (to) ('eliveit) *t.* elevar, aixecar. *2* fig. millorar.

elevated ('eliveitid) *a.* elevat. *2* aeri. *3* colloq. alegre.

elevation (ˌeli'veiʃən) *s.* elevació *f.* *2* dignitat *f.*, grandiositat *f.* *3* GEOGR. altitud *f.* *4* ARQ. alçat *m.*

elevator ('eliveitəʳ) *s.* elevador *m.* *2* muntacàrregues *m. pl.* *3* (EUA) ascensor *m.* *4* (G.B.) escala *f.* mecànica. *5* AGR. magatzem *m.* de gra.

eleven (i'levn) *a.* onze. ■ *2 s.* onze *m.*

elicit (to) (i'lisit) *t.* treure; arrencar; fer sortir.

eleventh (i'levnθ) *a.-s.* onzè. *2 at the ~ hour*, al darrer moment.

elf (elf) *s.* MIT. elf *m.*

elide (to) (i'laid) *t.* GRAM. elidir.

eligible ('elidʒəbl) *a.* elegible, adequat. ‖ *an ~ young man*, un bon partit *m.* *2* ~ *for a pension*, tenir dret a una pensió.

eliminate (to) (i'limineit) *t.* eliminar.

elimination (iˌlimi'neiʃən) *s.* eliminació *f.*

elision (i'liʒən) *s.* GRAM. elisió *m.*

élite (ei'li:t) *s.* gallic. èlite *f.*

elixir (i'liksəʳ) *s.* elixir *m.*

Elizabeth (i'lizəbəθ) *n.pr.f.* Isabel, Elisabet.

elk (elk) *s.* ZOOL. ant *m.*

ellipse (i'lips) *s.* GEOM. ellipse *f.*

ellipsis (i'lipsis) *s.* GRAM. ellipsi *f.*

elliptic (i'liptik) , **elliptical** (i'liptikəl) *a.* elliptic.

elm (elm) *s.* BOT. om *m.*

elocution (ˌelə'kju:ʃən) *s.* elocució *f.*; declamació *f.*; dicció *f.*

elongate (to) ('i:lɔŋgeit) *t.* allargar; extendre [en l'espai]. ■ *2 i.* allargar-se *p.*; extendre's *p.*

elongation (ˌi:lɔŋ'geiʃən) *s.* elongació *f.* *2* allargament *m.*, extensió *f.*

elope (to) (i'loup) *i.* escapar-se *p.* [amb un amant].

elopement (i'loupmənt) *s.* fuga *f.* [amb un amant].

eloquence ('eləkwəns) *s.* eloqüència *f.*

eloquent ('eləkwənt) *a.* eloqüent.

else (els) *adv.* més: *did you see anybody ~?*, vas veure algú més? *2* d'una altra manera: *how ~ would you do it?*, de quina altra manera ho faries? ■ *3 conj.* si no: *run or ~ you'll be late*, corre, si no faràs tard.

elsewhere ('els'wɛəʳ) *adv.* en (qualsevol) altre lloc.

elucidate (to) (i'lu:sideit) *t.* elucidar; dilucidar.

elude (to) (i'lu:d) *t.* eludir, fugir, evitar: *the answer ~s me*, la resposta se m'escapa. *2* desfer-se *p.*, desempallegar-se *p.*

elusive (i'lu:siv) *a.* elusiu. *2* difícil de retenir [a la memòria].

emaciate (to) (i'meiʃieit) *t.* emaciar; demacrar.

emaciation (iˌmeisi'eiʃən) *s.* emaciació *f.*; demacració *f.*

email ('i:meiəl) *s.* INFORM. correu *m.* electrònic.

emanate (to) ('eməneit) *i.* emanar.

emanation (ˌemə'neiʃən) *s.* emanació *f.*

emancipate (to) (i'mænsipeit) *t.* emancipar.

emancipation (iˌmænsi'peiʃən) *s.* emancipació *f.*

emasculate (to) (i'mæskjuleit) *t.* emascular; capar.

embalm (to) (im'ba:m) *t.* embalsamar.

embankment (im'bæŋkmənt) *s.* CONSTR. terraplè *m.*; dic *m.*

embargo (em'ba:gou) *s.* COM. prohibició *f.*; restricció *f.* [també fig.]. *2* DRET embarg *m.*, embargament *m.*

embark (to) (im'ba:k) *t.* embarcar. ■ *2 i.* embarcar-se *p.* *3* fig. *to ~ on*, emprendre *t.*, embarcar-se *p.* [en un negoci, etc.].

embarkation (ˌembɑ:'keiʃən) *s.* embarcament *m.*

embarrass (to) (im'bærəs) *t.* torbar; desconcertar. *2* embarassar; fer nosa. *3* ECON. crear problemes econòmics.

embarrassing (im'bærəsiŋ) *a.* violent, molest, tens, desagradable.

embarrassment (im'bærəsmənt) *s.* torbació

f.; desconcert *m.* 2 embaràs *m.;* nosa *f.* 3 ECON. problemes *m. pl.* econòmics.

embassy ('embəsi) *s.* ambaixada *f.*

embattle (to) (im'bætl) *t.* MIL. formar en batalla. 2 fortificar. 3 emmerletar.

embed (to) (im'bed) *t.* encaixar; encastar; incrustar. 2 fig. ficar, fixar.

embellish (to) (im'beliʃ) *t.* embellir; adornar.

embellishment (im'beliʃmənt) *s.* embelliment *m.;* adornament *m.*

ember ('embə^r) *s.* brasa *f.*

embezzle (to) (im'bezl) *t.* ECON. desfalcar. 2 malversar.

embezzlement (im'bezlmənt) *s.* ECON. peculat *m.* 2 malversació *f.*

embitter (to) (im'bitə^r) *t.* exasperar. 2 amargar [una persona]. 3 enverinar [una discussió].

emblem ('embləm) *s.* emblema *m.* 2 símbol *m.*

embodiment (im'bɔdimənt) *s.* encarnació *f.* 2 incorporació *f.* 3 personificació *f.*

embody (to) (im'bɔdi) *t.* expressar, exposar. 2 incloure, incorporar. 3 encarnar, personificar, materialitzar.

embolden (to) (im'bouldən) *t.* encoratjar.

embolism ('embəlizəm) *s.* MED. embòlia *f.*

emboss (to) (im'bɔs) *t.* repussar; estampar en relleu. 2 gofrar.

embrace (im'breis) *s.* abraçada *f.*

embrace (to) (im'breis) *t.* abraçar. 2 comprendre; abastar. 3 acceptar; fer ús de. ■ 4 *i.* abraçar-se *p.*

embrasure (im'breiʒə^r) *s.* MIL. canonera *f.,* tronera *f.* 2 ARQ. ampit; rebaix.

embrocation (,embrə'keiʃən) *s.* MED. embrocació *f.*

embroider (to) (im'brɔidə^r) *t.* COST. brodar. 2 fig. embellir.

embroidery (im'brɔidəri) *s.* COST. brodat *m.*

embroil (to) (im'brɔil) *t.* embrollar; enredar; embolicar.

embryo ('embriou) *s.* BOT., ZOOL. embrió *m.* [també fig.]. ‖ lit. fig. *in* ~, en embrió *m.*

embryonic (,embri'ɔnik) *a.* embrionari.

emend (to) (i'mend) *t.* esmenar; corregir.

emendation (,iːmen'deiʃən) *s.* esmena *f.;* correcció *f.*

emerald ('emərəld) *s.* GEMM. maragda *f.* ■ 2 *a.* de color de maragda.

emerge (to) (i'məːdʒ) *i.* emergir; sortir; aparèixer; sorgir. ‖ *it* ~*s that,* resulta que. 2 treure's *p.* 3 DRET deduir *t.*

emergence (i'məːdʒəns) *s.* emergència *f.,* sortida *f.;* aparició *f.*

emergency (i'məːdʒənsi) *s.* emergència *f.* ‖ ~ *brake,* fre *m.* de seguretat. ‖ ~ *exit,* sor-

tida *f.,* d'emergència. ‖ ~ *landing,* aterratge *m.* forçós o d'emergència. 2 MED. urgència *f.*

emergent (i'məːdʒənt) *a.* emergent. 2 inesperat. 3 jove. ‖ ~ *country,* país *m.* jove.

emery ('eməri) *s.* MINER. esmeril *m.*

emery board ('eməri,bɔːd) *s.* llima *f.* de les ungles.

emery paper ('eməri,peipər) *s.* paper *m.* de vidre.

emigrant ('emigrənt) *s.* emigrant, emigrat.

emigrate (to) ('emigreit) *i.* emigrar.

emigration (,emi'greiʃən) *s.* emigració *f.*

Emily ('eməli) *n. pr. f.* Emília.

eminence ('eminəns) *s.* eminència *f.,* distinció *f.* 2 GEOGR. eminència *f.* 3 REL. *His Eminence,* S'Eminència.

eminent ('eminənt) *a.* eminent; distingit. 2 manifest.

emir (e'miə^r) *s.* emir *m.*

emissary ('emisəri) *s.* emissari.

emission (i'miʃən) *s.* emisió *f.* [no de ràdio]; descàrrega *f.,* expulsió *f.*

emit (to) (i'mit) *t.* emetre [no un programa de ràdio]; expulsar.

emolument (i'mɔljumənt) *s.* emolument *m.*

emotion (i'mouʃən) *s.* emoció *f.*

emotional (i'mouʃənl) *a.* emocional, emotiu.

emperor ('empərə^r) *s.* emperador *m.*

emphasis ('emfəsis) *s.* èmfasi *m.;* insistència *f.* 2 GRAM. èmfasi *m.*

emphasize (to) ('emfəsaiz) *t.* emfasitzar; recalcar. 2 GRAM. emfasitzar.

emphatic (im'fætik) *a.* remarcat, enèrgic.

empire ('empaiə^r) *s.* imperi *m.*

empiric (im'pirik) , **empirical** (im'pirikəl) *a.-s.* empíric.

empiricism (im'pirisizəm) *s.* empirisme *m.*

emplacement (im'pleismənt) *s.* MIL. emplaçament *m.*

employ (to) (im'plɔi) *t.* col·locar; donar feina. 2 esmerçar [el temps, etc.].

employee (,emplɔi'iː) *s.* empleat; treballador.

employer (im'plɔiə^r) *s.* patró; amo.

employment (im'plɔimənt) *s.* col·locació *f.,* treball *m.* 2 ocupació *f.*

emporium (im'pɔːriəm) *s.* empori *m.;* centre *m.* comercial.

empower (to) (im'pauə^r) *t.* autoritzar, donar poder.

empress ('empris) *s.* emperadriu *f.*

emptiness ('emptinis) *s.* buidor *f.* [també fig.]. 2 fatuïtat *f.*

empty ('empti) *a.* buit. 2 vacant; desocupat. 3 fatu. ■ 4 *s.pl.* cascs *m.* o envasos *m.* buits.

empty (to) ('empti) *t.* buidar. 2 abocar, des-

carregar. *3* treure de. ■ *3 i.* buidar-se *p. 4*
GEOGR. desembocar.

empty-headed (ˌempti'hedid) *a.* cap de
trons; eixelebrat.

emulate (to) ('emjuleit) *t.* emular, rivalitzar
amb.

emulation (ˌemju'leiʃən) *s.* emulació *f.*, ri-
valitat *f.*

emulsion (i'mʌlʃən) *s.* QUÍM. emulsió *f.*

enable (to) (i'neibl) *t.* habilitar; facultar. *2*
facilitar. *3* permetre.

enact (to) (i'nækt) *t.* DRET aprovar, decretar;
promulgar. *2* TEAT. fer [un paper]; repre-
sentar [un personatge].

enactment (i'næktmənt) *s.* DRET promulga-
ció *f.*; llei *f.*; estatut *m.*

enamel (i'næməl) *s.* esmalt *m.*

enamel (to) (i'næməl) *t.* esmaltar.

enamour, (EUA) **enamor (to)** (i'næməʳ) *t.*
enamorar. *2* fig. captivar, seduir.

encaged (in'keidʒd) *a.* engabiat.

encamp (to) (in'kæmp) *t.* acampar. ■ *2 i.*
acampar, plantar una tenda.

encampment (in'kæmpmənt) *s.* campament
m.

encase (to) (in'keis) *t.* encaixonar. *2* ficar
[dins].

enchain (to) (in'tʃein) *t.* encadenar.

enchant (to) (in'tʃɑːnt) *t.* encantar; em-
bruixar. *2* captivar, encisar.

enchanter (in'tʃɑːntəʳ) *s.* encantador *m.*; fe-
tiller *m.*

enchanting (in'tʃɑːntiŋ) *a.* encantador; en-
cisador.

enchantment (in'tʃɑːntmənt) *s.* encanta-
ment *m.*; fetilleria *f.* *2* encant *m.*; encís *m.*

enchantress (in'tʃɑːntris) *s.* encantadora *f.*;
fetillera *f.*

encircle (to) (in'sɜːkl) *t.* encerclar; envoltar.

enclose (to) (in'klouz) *t.* envoltar [amb una
tanca]. *2* confinar. *3* adjuntar [a una car-
ta].

enclosure (in'klouʒəʳ) *s.* encerclament *m.* *2*
tancat *m.*; clos *m.* *3* tanca *f.*, barrera *f.* *4*
document *m.* adjunt.

encode (to) (in'koud) *t.* codificar.

encomium (en'koumiəm) *s.* encomi *m.*;
lloança *f.* calorosa.

encompass (to) (in'kʌmpəs) *t.* encerclar; en-
voltar. *2* abastar.

encore ('ɔŋkɔː) *interj.* un altre! ■ *2 s.* MÚS.,
TEAT. bis *m.*; repetició *f.*

encounter (in'kauntəʳ) *s.* encontre *m.*; xoc
m. *2* fig. topada *f.*

encounter (to) (in'kauntəʳ) *t.* encontrar. *2*
combatre. *3* fig. topar [pel carrer, etc.].

encourage (to) (in'kʌridʒ) *t.* encoratjar; ani-
mar. *2* incitar. *3* estimular; fomentar; pro-
moure.

encouragement (in'kʌridʒmənt) *s.* encorat-
jament *m.*, ànim *m.* *2* estímul *m.*

encroach (to) (in'kroutʃ) *i. to ~ on* o *upon,*
ultrapassar [límits]; abusar; usurpar; en-
vair.

encroachment (in'kroutʃmənt) *s.* abús *m.*;
usurpació *f.*; intromissió *f.*

encumber (to) (in'kʌmbəʳ) *t.* destorbar. *2*
tenir [deutes]. *3* omplir.

encumbrance (in'kʌmbrəns) *s.* obstacle *m.*;
destorb *m.* *2* DRET càrrega *f.*, gravamen *m.*

encyclop(a)edia (enˌsaiklou'piːdjə) *s.* enci-
clopèdia *f.*

end (end) *s.* fi *m.* *2* final *m.*, límit *m.*, ex-
trem *m.* ‖ *at the ~ of,* a finals de. ‖ *in the
~,* al final. *3* cap *m.*, punta *f.*, cabota *f.* *4*
burilla *f.* *5* conclusió *f.*, acabament *m.*,
mort *f.* ‖ *to come to an ~,* acabar-se. ‖ *to
make an ~ of,* acabar amb. *6* finalitat *f.*,
objectiu *m.* ‖ *to the ~ that,* a fi que, a fi i
efecte que. ‖ *the ~ justifies the means,* a bon
fi, tot li és camí. *7* col·loq. *to go off the deep
~,* perdre els estreps.

end (to) (end) *t.* acabar, donar fi, terminar.
‖ *to ~ by saying,* acabar tot dient. ■ *2 i.* aca-
bar, terminar. *3* morir. ■ *to ~ in,* acabar
en; *to ~ off,* concloure; *to ~ up,* acabar.

endanger (to) (in'deindʒeʳ) *t.* posar en pe-
rill; comprometre.

endear (to) (in'diəʳ) *t.* fer estimar; fer ad-
mirar.

endearing (in'diəriŋ) *a.* atractiu.

endearment (in'diəmənt) *s.* expressió *f.*
afectuosa.

endeavour, (EUA) **endeavor** (in'devəʳ) *s.*
form. esforç *m.*; afany *m.*; temptativa *f.*

endeavour, (EUA) **endeavor (to)** (in'devəʳ) *i.*
form. esforçar-se *p.*; intentar *t.*

ending ('endiŋ) *s.* final *m.*; conclusió *f.* *2*
GRAM. terminació *f.*

endive ('endiv) *s.* BOT. endívia *f.*

endless ('endlis) *a.* inacabable; intermina-
ble, sense fi. *2* continu.

endorse (to) (in'dɔːs) *t.* COM. endossar [un
xec, etc.]. *2* aprovar; recolzar.

endorsee (ˌendɔː'siː) *s.* COM. endossatari.

endorsement (in'dɔːsmənt) *s.* COM. endos-
sament *m.* *2* inhabilitació *f.* [per conduir].
3 fig. aprovació *f.*, confirmació *f.*

endow (to) (in'dau) *t.* dotar [també fig.]. *2*
subvencionar.

endowment (in'daumənt) *s.* dotació *f.*, do-
nació *f.*, subvenció *f.* *2* dot *m.* *3* fig. do *m.*
qualitat *f.*

endurable (in'djuərəbl) *a.* suportable, to-
lerable, aguantable.

endurance (in'djuərəns) *s.* resistència *f.*,
aguant *m.*, fortalesa *f.* ‖ *~ race,* cursa *f.* de
resistència.

endure (to) (in'djuə^r) *t.* suportar, aguantar, tolerar, resistir. ■ *2 i.* durar, perdurar.

enduring (in'djuəriŋ) *a.* durable, resistent, sofert.

endways ('endweiz), **endwise** (-waiz) *adv.* de punta. *2* de cantó. *3* dret. *4* longitudinalment.

enemy ('enimi) *s.-a.* enemic.

energetic (,enə'dʒetik) *a.* energètic.

energize (to) ('enədʒaiz) *t.* vigoritzar, donar energia. *2* fig. activar, estimlar. *3* ELECT. excitar. ■ *3 i.* actuar amb energia, amb vigor.

energy ('enədʒi) *s.* energia *f.*

enervate (to) ('enəveit) *t.* enervar, debilitar, deprimir.

enervating ('enəveitiŋ) *a.* enervant; depriment.

enfeeble (to) (in'fi:bl) *t.* debilitar, afeblir.

enfold (to) (in'fould) *t.* embolicar. *2* abraçar.

enforce (to) (in'fɔ:s) *t.* fer complir; posar en vigor [una llei, etc.]. *2* imposar [obediència, etc.]. *3* fer respectar [disciplina, etc.]. *4* reforçar [un argument, etc.].

enfranchise (to) (in'fræntʃaiz) *t.* concedir drets polítics. *2* DRET manumetre. *3* fig. alliberar, emancipar.

Eng. ('iŋ) *s.* (abrev. *England, English*) Anglaterra *f.*, anglès.

engage (to) (in'geidʒ) *t.* contractar, agafar, llogar. *2* reservar [una habitació, etc.]. *3* comprometre, garantir. *4* ocupar, atreure [l'atenció]. *6* encetar [una conversa]. *7* MIL. atacar. ■ *8 i.* comprometre's *p.* *9* ocuparse *p.* en, dedicar-se *p.* a. *10* MEC. engranar, encaixar, embragar.

engaged (in'geidʒd) *a.* promès, compromès. *2* ocupat. *3* MEC. engranat, encaixat, ficat. *4* TELEF. comunicant. ‖ ~ *tone*, senyal *m.* de comunicar.

engagement (in'geidʒmənt) *s.* compromís *m.*, contracte *m.*, obligació *f.* *2* prometatge *m.* *3* cita *f.* *4* MIL. atac *m.*, acció *f.*

engaging (in'geidʒiŋ) *a.* atractiu, simpàtic.

engender (to) (in'dʒendə^r) *t.* engendrar, produir, causar.

engine ('endʒin) *s.* motor *m.* *2* màquina *f.* ‖ *steam* ~, màquina *f.* de vapor. *3* FERROC. locomotora *f.*

engine driver ('endzin'draivə^r) *s.* FERROC. maquinista.

engineer (,endʒi'niə^r) *t.* enginyer. *2* mecànic *m.*

engineer (to) (,endʒi'niə^r) *t.* construir. *2* projectar, dissenyar. *3* fig. enginyar, ordir, assolir.

engineering ('endʒi'niəriŋ) *s.* enginyeria *f.*

2 maneig *m.*, manejament *m.* [d'un aparell, d'una màquina, etc.].

England ('iŋglənd) *n. pr.* GEOGR. Anglaterra *f.*

English ('iŋgliʃ) *a.-s.* anglès.

English Channel (,iŋgliʃ'tʃænl) *s.* GEOGR. canal *m.* de la Mànega.

Englishman ('iŋgliʃmən) *s.* anglès *m.*

Englishwoman ('iŋgliʃ,wumən) *s.* anglesa *f.*

engrave (to) (in'greiv) *t.* gravar, cisellar [també fig.].

engraver (in'greivə^r) *s.* gravador.

engraving (in'greiviŋ) *s.* gravat *m.* *2* làmina *f.*, estampa *f.*

engross (to) (in'grous) *t.* fig. absorbir, encativar. ‖ *to be* ~*ed in*, estar absort en. *2* DRET copiar.

engulf (to) (in'gʌlf) *t.* englotir, engolir. *2* submergir, sumir.

enhance (to) (in'hɑːns) *t.* realçar, destacar. *2* incrementar, encarir [preus, etc.].

enigma (i'nigmə) *s.* enigma *m.*

enigmatic (,enig'mætik) *a.* enigmàtic.

enjoin (to) (in'dʒɔin) *t.* manar, ordenar, prescriure, encarregar. *2* imposar. *3* DRET prohibir.

enjoy (to) (in'dʒɔi) *t.* gaudir de, fruir de. *2* agradar. *3* tenir, posseir. *4 p. to* ~ *oneself*, divertir-se, passar-s'ho bé.

enjoyable (in'dʒɔiəbl) *a.* agradable, divertit.

enjoyment (in'dʒɔimənt) *s.* plaer *m.*, delectació *f.*, gust *m.* *2* possessió *f.*, gaudi *m.* *3* divertiment *m.*

enlarge (to) (in'lɑːdʒ) *t.* augmentar, engrandir, estendre. *2* allargar, eixamplar. *3* FÍS., MED. dilatar. *4* FOT. ampliar. ■ *5 i.* estendre's *p.*, engrandir-se *p.* *6* allargar-se *p.*, eixamplar-se *p.* *7* FOT. ampliar-se *p.* *8 to* ~ *upon*, allargar-se *p.* [un discurs, etc.].

enlargement (in'lɑːdʒmənt) *s.* augment *m.*, engrandiment *m.*, extensió *f.* *2* allargament *m.*, eixamplament *m.* *3* FÍS., MED. dilatació *f.* *4* FOT. ampliació *f.*

enlighten (to) (in'laitn) *t.* aclarir, il·luminar, il·lustrar. *2* informar, instruir.

enlightened (in'laitənd) *a.* il·lustrat, culte.

enlightening (in'laitniŋ) *a.* informatiu; instructiu.

enlightenment (in'laitnmənt) *s.* il·lustració *f.*, cultura *f.* *2* aclariment *m.* *3* HIST. *The Age of E*~, Segle *m.* de les Llums *m. pl.*

enlist (to) (in'list) *t.* MIL. allistar, reclutar. *2* fig. aconseguir. ■ *3 i.* allistar-se *p.*

enliven (to) (in'laivn) *t.* avivar, animar, alegrar.

enmesh (to) (in'meʃ) *t.* enxarxar, enredar.

enmity ('enmiti) *s.* enemistat *f.*

ennoble (to) (i'noubl) *t.* ennoblir [també fig.].

ennumerate (to) (i'nju:məreit) *t.* enumerar. 2 numerar, comptar.

enormity (i'nɔ:miti) *s.* enormitat *f.* 2 atrocitat *f.*, monstruositat *f.*

enormous (i'nɔ:məs) *a.* enorme. ▪ 2 **-ly** *adv.* enormement.

enough (i'nʌf) *a.* prou, suficient, bastant. ▪ 2 *adv.* prou, suficientment. ‖ *sure* ~, sens dubte. ▪ 3 *interj. that's* ~*!,* prou! ▪ 4 *s. there's* ~ *for everyone,* n'hi ha prou per a tots.

enquire (to) (in'kwaiə^r) Veure INQUIRE (TO).

enquiry (in'kwaiəri) *s.* Veure INQUIRY.

enrage (to) (in'reidʒ) *t.* enrabiar, enfurismar, exasperar.

enrapture (to) (in'ræptʃə^r) *t.* encisar, entusiasmar, extasiar.

enrich (to) (in'ritʃ) *t.* enriquir [també fig.]. 2 AGR. fertilitzar.

enrichment (in'ritʃmənt) *s.* enriquiment *m.* [també fig.]. 2 AGR. fertilització *f.*

enrol(l (to) (in'roul) *t.* inscriure, registrar, matricular. 2 MIL. allistar, reclutar. ▪ 3 *i.* inscriure's *p.*, matricular-se *p.* 4 MIL. allistar-se *p.*

enrol(l)ment (in'roulmənt) *s.* inscripció *f.*, registre *m.*, matriculació *f.* 2 MIL. allistament *m.*

ensemble (ɔn'sɔmbl) *s.* conjunt *m.* 2 MÚS. conjunt *m.*, grup *m.*; orquestra *f.* de cambra. 3 TEAT. companyia *f.*

enshrine (to) (in'ʃrain) *t.* REL. ficar en un reliquiari. 2 tancar, ficar. 3 fig. conservar religiosament.

enshroud (to) (in'ʃraud) *t.* embolcallar, embolcar.

ensign ('ensain: in the navy, ensn) *s.* insígnia *f.*, estendard *m.*, ensenya *f.*, bandera *f.* ‖ ~ *bearer,* banderer. 2 (EUA) MIL. alferes [de la marina].

enslave (to) (in'sleiv) *t.* esclavitzar.

enslavement (in'sleivmənt) *s.* esclavitud *f.*, esclavatge *m.*

ensnare (to) (in'snɛə^r) *t.* entrampar, agafar en una trampa.

ensue (to) (in'sju:) *i.* seguir *t.*, seguir-se *p.*, resultar.

ensure (to) (in'ʃuə^r) *t.* assegurar, garantitzar. ▪ 2 *p. to* ~ *oneself,* assegurar-se.

entail (in'teil) *s.* DRET vinculació *f.*

entail (to) (in'teil) *t.* comportar, ocasionar. 2 implicar, suposar. 3 DRET vincular.

entangle (to) (in'tæŋgl) *t.* enredar(se, embolicar(se. ‖ *to get* ~*ed,* ficar-se en un embolic.

enter (to) ('entə^r) *t.* entrar *i.* a.: *to* ~ *a house,* entrar a una casa. 2 ingressar *i.* 3 registrar, anotar. 4 inscriure, matricular. 5 DRET entaular; interposar. ▪ 6 *i.* entrar. 7 inscriure's *p.* 8 començar.

enterprise ('entəpraiz) *s.* empresa *f.* 2 iniciativa *f.*, empenta *f.*

enterprising ('entəpraiziŋ) *a.* emprenedor. 2 decidit.

entertain (to) (,entə'tein) *t.* entretenir, divertir. 2 convidar. 3 atendre, complimentar [convidats]. 4 considerar, prendre en consideració. 5 nodrir, tenir [idees, sentiments]. ▪ 6 *i.* tenir convidats; oferir àpats o festes.

entertainer (,entə'teinə^r) *s.* artista, actor, músic. 2 animador. 3 amfitrió.

entertaining (,entə'teiniŋ) *a.* divertit, entretingut.

entertainment (,entə'teinmənt) *s.* entreteniment *m.*, diversió *f.*, distracció *f.* 2 funció *f.*, espectacle *m.* 3 hospitalitat *f.*, acolliment *m.*

enthral, (EUA) **enthrall (to)** (in'θrɔ:l) *t.* captivar, fascinar, seduir.

enthrone (to) (in'θroun) *t.* entronitzar [també fig.].

enthuse (to) (in'θju:z) *i.* colloq. *to* ~ *over,* entusiasmar-se *p.* per.

enthusiasm (in'θju:ziæzəm) *s.* entusiasme *m.*

enthusiast (in'θju:ziæst) *s.* entusiasta.

enthusiastic (in'θju:zi'æstik) *a.* entusiàstic.

entice (to) (in'tais) *t.* atreure, temptar. 2 seduir.

enticement (in'taismənt) *s.* atractiu *m.*, temptació *f.* 2 seducció *f.*

entire (in'taiə^r) *a.* enter, complet. 2 tot, total. ▪ 3 **-ly** *adv.* totalment, del tot, completament.

entirety (in'taiərəti) *s.* totalitat *f.*

entitle (to) (in'taitl) *t.* titular. 2 autoritzar, donar el dret a. ‖ *to be* ~*d to,* tenir dret a.

entity ('entiti) *s.* entitat *f.* ‖ DRET *legal* ~, persona *f.* jurídica. 2 FIL. ens *m.*

entomology (,entə'mɔlədʒi) *s.* entomologia *f.*

entourage (,ɔntu'rɑ:ʒ) *s.* seguici *m.*, acompanyament *m.* 2 ambient *m.*

entrails ('entreilz) *s. pl.* entranyes *f.*, vísceres *f.*

entrance ('entrəns) *s.* entrada *f.* ‖ *no* ~, prohibida l'entrada. 2 accés *m.*, ingrés *m.* 3 porta *f.*, portal *m.* 4 boca *f.*, obertura *f.*

entrance (to) (in'trɑ:ns) *t.* captivar, extasiar.

entreat (to) (in'tri:t) *t.* suplicar, pregar, implorar.

entreaty (in'tri:ti) *s.* súplica *f.*, petició *f.*, prec *m.*

entrench (to) (in'trentʃ) *t.* atrinxerar. ▪ 2 *i.* atrinxerar-se *p.*

entrenchment (in'trentʃmənt) *s.* atrinxerament *m.*

entrepreneur (ˌɔntrəprənəːʳ) *s.* empresari.

entrust (to) (in'trʌst) *t.* confiar. *2* encarregar.

entry ('entri) *s.* entrada *f.*, ingrés *m.*, accés *m.* ‖ *no* ~, direcció *f.* prohibida; prohibida l'entrada *f.* *2* porta *f.*, portal *m.*, vestíbul *m.* *3* anotació *f.*, nota *f.* *4* article *m.* [de diccionari]. *5* COM. partida *f.* *6* DRET presa *f.* de possessió. *7* ESPORT participant.

entwine (to) (in'twain) *t.* entrellaçar, entrelligar. ▪ *2 i.* entrellaçar-se *p.*, entrelligar-se *p.*

enumeration (iˌnjuːmə'reiʃən) *s.* enumeració *f.*

enunciate (to) (i'nʌnsieit) *t.* enunciar. *2* pronunciar. *3* formular. ▪ *4 i.* articular *t.*

enunciation (iˌnʌnsi'eiʃən) *s.* enunciació *f.* *2* pronunciació *f.*, articulació *f.* *3* proclamació *f.*, declaració *f.*

envelop (to) (in'veləp) *t.* embolicar, embolcar, cobrir.

envelope ('enviloup) *s.* sobre *m.* [de carta]. *2* embolcall *m.*, coberta *f.* *3* MAT. envolupant.

envelopment (in'veləpmənt) *s.* embolcallament *m.* *2* embolcall *m.*

enviable ('enviəbl) *a.* envejable.

envious ('enviəs) *a.* envejós. ‖ *to be* ~ *of,* envejar, tenir enveja de.

environment (in'vaiərənmənt) *s.* ambient *m.*, medi ambient *m.* condicions *f. pl.* ambientals.

environmental (inˌvaiərənmentəl) *a.* ambiental.

environs (inv'airənz) *s. pl.* voltants *m.*, entorns *m.*, rodalies *f.*

envisage (to) (in'vizidʒ) *t.* imaginar(se, concebre. *2* veure, enfocar [idees, pensaments]. *3* preveure, projectar.

envoy ('envɔi) *s.* missatger. *2* ambaixador, enviat.

envy ('envi) *s.* enveja *f.*

envy (to) ('envi) *t.* envejar, tenir enveja.

epaulet ('epoulet) *s.* MIL. xarretera *f.*

ephemeral (i'femərəl) *a.* efímer.

epic ('epik) *a.* èpic. ▪ *2 s.* epopeia *f.*, poema *m.* èpic.

epicure ('epikjuəʳ) *s.* epicuri. *2* gastrònom, sibarita.

epidemic (ˌepi'demik) *a.* MED. epidèmic. ▪ *2 s.* MED. epidèmia *f.* [també fig.].

epigram ('epigræm) *s.* epigrama *m.*

epigrammatic (ˌepigrə'mætik) *a.* epigramàtic.

epilepsy ('epilepsi) *s.* MED. epilèpsia *f.*

epileptic (ˌepi'leptik) *a.-s.* MED. epilèptic.

epilogue, (EUA) epilog ('epilɔg) *s.* epíleg *m.*

episcopal (i'piskəpəl) *a.* ECLES. episcopal.

episode ('episoud) *s.* episodi *m.*

episodic(al (ˌepi'sɔdik, -əl) *a.* episòdic. *2* esporàdic, circumstancial, incidental.

epistle (i'pisl) *s.* epístola *f.*

epitaph ('epitɑːf) *s.* epitafi *m.*

epithet ('epiθet) *s.* epítet *m.*

epitome (i'pitəmi) *s.* epítom *m.* *2* resum *m.*, compendi *m.* *3* fig. personificació *f.*, model *m.*

epitomize (to) (i'pitəmaiz) *t.* resumir, compendiar. *2* fig. personificar.

epoch ('iːpɔk) *s.* època *f.*, edat.

epoch-making ('iːpɔkˌmeikiŋ) *a.* que fa època.

equable ('ekwəbl) *a.* igual, uniforme, regular, invariable. *2* tranquil, reposat.

equal ('iːkwəl) *a.* igual. *2* equitatiu. *3 to be* ~ *to,* tenir forces per; estar a l'altura de ▪ *4 s.* igual. ▪ *5* -**ly** *adv.* igualment, a parts iguals.

equal (to) ('iːkwəl) *t.* igualar, ser igual a.

equality (iː'kwɔliti) *s.* igualtat *f.*

equalize (to) ('iːkwəlaiz) *t.* igualar.

equanimity (ˌiːkwə'nimiti) *s.* equanimitat *f.*

equation (i'kweiʒən) *s.* MAT. equació *f.*

equator (i'kweitəʳ) *s.* equador *m.*

equatorial (ˌekwə'tɔːrial) *a.* equatorial.

equestrian (i'kwestriən) *a.* eqüestre.

equidistant (ˌiːkwi'distənt) *a.* equidistant.

equilateral (ˌiːkwi'lætərəl) *a.* GEOM. equilàter.

equilibrium (ˌiːkwi'libriəm) *s.* equilibri *m.*

equinoctial (ˌiːkwi'nɔkʃəl) *a.* ASTR. equinoccial.

equinox (ˌiːkwinɔks) *s.* ASTR. equinocci *m.*

equip (to) (i'kwip) *t.* equipar, proveir, fornir.

equipment (i'kwipmənt) *s.* equip *m.*, equipament *m.* *2* material *m.*, estris *m.pl.*, eines *f.pl.*

equitable ('ekwitəbl) *a.* just, equitatiu, imparcial.

equity ('ekwiti) *s.* equitat *f.* *2* justícia *f.* *3 pl.* COM. accions *f.* ordinàries. ‖ ~ *capital,* capital en accions ordinàries.

equivalence (i'kwivələns) *s.* equivalència *f.*

equivalent (i'kwivələnt) *a.* equivalent. ▪ *2 s.* equivalent *m.*

equivocal (i'kwivəkəl) *a.* equívoc. *2* sospitós, dubtós.

equivocate (to) (i'kwivəkeit) *i.* parlar amb ambigüitat.

equivocation (iˌkwivə'keiʃən) *s.* equívoc *m.* *2* ambigüitat *f.*

era ('iərə) *s.* era *f.* [de temps]. ‖ *to mark an* ~, fer època *f.*

eradicate (to) ('irædikeit) *t.* AGR. desarrelar. *2* fig. eradicar, extirpar.

eradication (i,rædi'keiʃən) s. AGR. desarrelament m. 2 fig. eradicació f., extirpació f.

erase (to) (i'reiz) t. esborrar. 2 ratllar, guixar.

eraser (i'reizəʳ) s. esborrador m. 2 goma f. d'esborrar.

erasure (i'reiʒəʳ) s. esborrament m. 2 rascada f.

erect (i'rekt) a. erecte, dret, eret. 2 eriçat, de punta [els cabells].

erect (to) (i'rekt) t. erigir, aixecar. 2 construir, edificar. 3 muntar, armar.

erection (i'rekʃən) s. erecció f. 2 estructura f. 3 construcció f., edifici m. 4 MEC. muntatge m.

ermine ('əːmin) s. ZOOL. armini m.

Ernest ('əːrnist) n.pr. m. Ernest.

erode (to) (i'roud) t. erosionar. 2 corroir, desgastar. ▪ 3 i. desgastar-se p.

erosion (i'rouʒən) s. erosió f. 2 corrosió f., desgast m.

erotic (i'rɔtik) a. eròtic.

eroticism (e'rɔtisizəm) s. erotisme m.

err (to) (əːʳ) i. errar, equivocar-se p. 2 pecar.

errand ('erənd) s. encàrrec m. ‖ ~ **boy**, noi dels encàrrecs.

errant ('erənt) a. errant. ‖ **knight-~**, cavaller m. errant.

erratic (i'rætik) a. erràtic. 2 variable, inconstant. 3 irregular, desigual.

erratum (e'rɑːtəm) s. errata f. ▲ pl. **errata** (e'rɑːtə).

erroneus (i'rounjəs) a. erroni, equivocat. ▪ 2 **-ly** adv. erròniament.

error ('erəʳ) s. error m., errada f., equivocació f.

eructate (to) (i'rʌkteit) t. eructar.

eructation (,iːrʌk'teiʃən) s. eructe m.

erudite ('eruːdait) a. erudit.

erudition (,eruː'diʃən) s. erudició f., coneixements m. pl.

erupt (to) (i'rʌpt) t. expulsar, expeŀlir. ▪ 2 i. estar en erupció, entrar en erupció [un volcà]. 3 brollar, sorgir. 4 esclatar [una guerra, etc.]. 5 MED. fer erupció.

eruption (i'rʌpʃən) s. erupció f. 2 esclat m., explosió f.

escalade (,eskə'leid) s. MIL. escalada f.

escalate (to) ('eskəleit) t. incrementar, augmentar, intensificar, estendre. 2 COM. apujar. ▪ 3 i. incrementar-se p., intensificar-se p., estendre's p.

escalation (,eskə'leiʃən) s. escalada f. 2 increment m., augment m. 3 puja f.

escalator ('eskəleitəʳ) s. escala f. mecànica.

escapade (,eskə'peid) s. aventura f.; escapada f.

escape (is'kip) s. fuga f., fugida f. 2 fuita f. 3 evasió f. 4 escapatòria f. 5 **fire** ~, sortida f. d'incendis.

escape (to) (is'keip) t. evitar, eludir. 2 defugir, esquivar. ▪ 3 i. escapar-se p. 4 escapolir-se p., fugir.

escape clause (is'keip,klɔːz) s. DRET clàusula f. d'excepció.

escapee (eskei'piː) s. fugitiu.

escapism (is'keipizm) s. fig. evasió f.

escarpment (is'kɑːpmənt) s. GEOL. escarpament m., escarpa f.

eschew (to) (is'tʃuː) t. form. abstenir-se p. de, evitar.

escort ('eskɔːt) s. escorta f., seguici m. 2 comboi m. 3 acompanyant.

escort (to) (is'kɔːt) t. escortar, acomboiar, acompanyar.

escutcheon (is'kʌtʃən) s. HERÀLD. escut m. d'armes, blasó m.

Eskimo ('eskimou) a.-s. esquimal.

especial (is'peʃəl) a. especial, peculiar, particular.

especially (is'peʃəli) adv. especialment, particularment, sobretot.

espionage (,espiə'nɑːʒ) s. espionatge m.

esplanade (,esplə'neid) s. passeig m. 2 passeig m. marítim.

espousal (is'pauzəl) s. adhesió f. 2 fig. adopció f.

espouse (to) (is'pauz) t. amullerar-se p., casar-se p. 2 adherir-se p. 3 adoptar.

espy (to) (is'pai) t. albirar, entreveure, percebre.

Esquire (is'kwaiəʳ) s. (**Esq.**) títol posat darrera del cognom a les cartes; equival a Sr. o En.

essay ('esei) s. intent m., temptativa f., esforç m. 2 assaig m., redacció f., composició f.

essay (to) ('esei) t.-i. assajar t., intentar t., provar t.

essence ('esns) s. essència f. ‖ **in** ~, en essència, essencialment. 2 fons m.

essential (i'senʃəl) a. essencial. 2 indispensable, primordial, fonamental. ▪ 2 s. l'essencial m. 3 pl. fonaments m., coses f. essencials. ▪ 4 **-ly**, adv. essencialment, fonamentalment.

establish (to) (is'tæbliʃ) t. establir, fundar, instaŀlar. 2 provar, demostrar.

established (is'tæbliʃt) a. establert. 2 oficial. 3 sabut, conegut.

establishment (is'tæbliʃmənt) t. establiment m., fundació f. 2 demostració f., comprovació f. 3 personal m., servei m. 4 MIL. forces f.pl. 5 **the** E~, la classe f. dominant.

estate (is'teit) s. propietat f., finca f. ‖ ~ **agent**, corredor de finques, agent immobiliari. ‖ *housing* ~, urbanització *f.* ‖ *in-dustrial* ~, polígon *m.* industrial. *2* béns *m.pl.* ‖ ~ *car*, cotxe *m.* familiar. ‖ *personal* ~, béns *m.pl.* mobles. ‖ *real* ~, béns *m. pl.* seents. *3* estat *m.* [estament social]. *4* herència *f.*

estate duty (i'steit.dju:ti) *s.* DRET drets *m. pl.* de successió.

esteem (is'ti:m) *s.* estima *f.*, estimació *f.*, afecte *m.*

esteem (to) (is'ti:m) *t.* estimar, apreciar. *2* considerar.

Esther ('estə') *n. pr. f.* Ester.

estimate ('estimit) *s.* estimació *f.*, càlcul *m.* *2* pressupost *m.* [d'una obra].

estimate (to) ('estimeit) *t.* estimar, avaluar, jutjar [també fig.]. ■ *2 i. to* ~ *for*, calcular o fer un pressupost.

estimation (.esti'meiʃən) *s.* opinió *f.*, judici *m.* ‖ *in my* ~, segons el meu parer *m.* *2* estimació *f.*, apreci *m.* *3* avaluació *f.*

estrange (to) (is'treindʒ) *t.* estranyar, allunyar, alienar, fer perdre l'amistat.

estrangement (is'treindʒment) *s.* allunyament *m.*, separació *f.* *2* desavinença *f.*, enemistat *f.*

estuary ('estʃuəri) *s.* estuari *m.*

etch (to) (etʃ) *t.* gravar a l'aiguafort.

etching ('etʃiŋ) *s.* gravat *m.* a l'aigua fort, aiguafort *m.*

eternal (i'tə:nl) *a.* etern, perpetu, sempitern.

eternity (i'tə:niti) *s.* eternitat *f.*

ether ('i:θə') *s.* èter *m.*

ethereal (i'θiəriəl) *a.* eteri. *2* subtil, vaporós, incorpori.

ethic(al ('eθik.-əl) *a.* ètic. *2* honrat. *3* moral.

ethic ('eθik) *s.* ètica *f.*, moralitat *f.* *3 pl.* FIL. ètica *f.*

Ethiopia (.i:θi'oupiə) *n. pr.* GEOGR. Etiopia *f.*

ethnic(al ('eθnik.-əl) *a.* ètnic.

etiquette ('etiket) *s.* etiqueta *f.*, protocol *m.* *2* normes *f.pl.* professionals, ètica *f.* professional. *3* bones maneres *f. pl.*

etymology (.eti'mɔlədʒi) *s.* etimologia *f.*

eucalyptus (.ju:kə'liptəs) *s.* BOT. eucaliptus *m.*

Eucharist ('ju:ərist) *s.* REL. Eucaristia *f.*

eucharistic (.ju:kə'ristik) *a.* eucarístic.

eugenics (ju:'dʒeniks) *s.* eugenèsia *f.*

eulogize (to) ('ju:lədʒaiz) *t.* elogiar, lloar, encomiar.

eulogy ('ju:lədʒi) *s.* elogi *m.*, lloança *f.*, encomi *m.*

eunuch ('ju:nək) *s.* eunuc *m.*

euphemism ('ju:fimizəm) *s.* eufemisme *m.*

Europe ('juərəp) *n. pr.* GEOGR. Europa *f.*

European (.juərə'pi:ən) *a.-s.* europeu.

Eurovision ('juərəviʒn) *s.* TELEV. Eurovisió *f.*

euthanasia ('ju:θəneiziə) *s.* eutanàsia *f.*

evacuate (to) (i'vækjueit) *t.* evacuar. *2* desocupar, buidar.

evacuation (i'vækju'eiʃən) *s.* evacuació *f.* *2* deposició *f.*

evade (to) (i'veid) *t.* evadir, eludir, defugir, evitar.

evaluate (to) (i'væljueit) *t.* avaluar, valorar, apreuar [també fig.].

evaluation (i'vælju'eiʃən) *s.* avaluació *f.*, valoració *f.* [també fig.].

evanescent (.i:və'nesnt) *a.* evanescent; fugaç, efímer.

evangelize (to) (i'vændʒilaiz) *t.* evangelitzar.

evaporate (to) (i'væpəreit) *t.* evaporar. *2* deshidratar. ■ *3 i.* evaporar-se *p.* *4* esvair-se *p.*

evasion (i'veiʒən) *s.* evasió *f.* *2* evasiva *f.* *3* COM. evasió *f.* [fiscal].

evasive (i'veisiv) *a.* evasiu.

Eve (i:v) *n. pr. f.* Eva.

eve (i:v) *s.* vigília *f.* ‖ *Christmas E*~, nit *f.* de Nadal. ‖ *New Year's E*~, cap *m.* d'any. ‖ fig. *on the* ~ *of*, en vigílies de.

even (i:vən) *a.* pla, llis. *2* regular, uniforme, constant. *3* igual, igualat, equilibrat. ‖ ~ *odds*, les mateixes possibilitats a favor i en contra. ‖ col·loq. *to break* ~, quedar-se igual, no guanyar ni perdre. ‖ fig. *to get* ~ *with*, passar comptes amb. *4* parell. *5* tranquil, reposat, serè. ■ *6 adv.* fins i tot, àdhuc. ‖ ~ *as*, en el precís moment que. ‖ ~ *if*, encara que, tot i que. ‖ ~ *so*, tot i així. *7 not* ~, ni tan sols. *8 -ly adv.* uniformement; equitativament. *9* plàcidament, serenament.

even (to) ('i:vən) *t.* aplanar, allisar, igualar.

evening ('i:vniŋ) *s.* vespre *m.*, nit *f.*

evening dress ('i:vniŋdres) *s.* vestit *m.* de nit.

evening star ('i:vniŋ.sta:') *s.* estel *m.* vespertí.

event (i'vent) *s.* esdeveniment *m.* *2* succés *m.*, cas *m.*, fet *m.* ‖ *at all* ~*s*, en tot cas. ‖ *current* ~*s*, actualitat *f.* *3* ESPORT prova *f.*

eventful (i'ventful) *a.* ple d'esdeveniments, agitat, accidental.

eventual (i'ventʃuəl) *a.* final; conseqüent. ■ *3 -ly adv.* finalment, conseqüentment, posteriorment.

ever ('evə') *adv.* sempre. ‖ *for* ~, per sempre. *2* alguna vegada. *3* (després de negació) mai. ‖ *hardly* ~, gairebé mai. ‖ *more than* ~, més que mai. *4* ~ *since*, des d'aleshores; des que. *5* ~ *so*, ~ *so much*, molt.; ~ *so little*, molt poc.

evergreen ('evəgri:n) *a.* BOT. de fulla perenne. ■ *2 s.* BOT. semprevival *f.*

evergreen oak (,evəgri:n'ouk) *s.* BOT. alzina *f.*

everlasting (,evə'la:stiŋ) *a.* etern, perpetu, sempitern. *2* incessant, constant.

evermore ('evə'mɔ:ʳ) *adv.* eternament, sempre. ‖ *for ~*, per sempre més.

every ('evri) *a.* cada, tot, tots. ‖ *~ day,* cada dia. ‖ *~ other day,* dia sí dia no, dia per altre. ‖ *his ~ word,* cada paraula que deia. ‖ *~ now and then,* de tant en tant. ‖ *~ time,* sempre, sempre que. *2 ~ bit,* igual que, tant: *he is ~ bit as intelligent as his brother,* és tant intel·ligent com el seu germà.

everybody ('evribɔdi) *pron.* tothom, tots; cadascun.

everyday ('evridei) *a.* diari, quotidià. *2* corrent, ordinari.

everyone ('evriwʌn) *pron.* Veure EVERYBODY.

everything ('evriθiŋ) *pron.* tot.

everywhere ('evriwɛəʳ) *adv.* a tot arreu; pertot arreu, arreu.

evict (to) (i'vikt) *t.* desnonar, desallotjar.

evidence ('evidəns) *s.* evidència *f. 2* prova *f.,* demostració *f. 3* DRET testimoni *m.,* declaració *f.* ‖ *to give ~,* prestar declaració.

evident ('evidənt) *a.* evident, clar, manifest. ■ *2* *-ly adv.* evidentment, naturalment.

evil (i:vl) *a.* dolent, perniciós. *2* malvat, pervers, maligne. ‖ *~ eye,* mal d'ull. *3* infaust, malastruc. ■ *3 s.* mal *m.,* desastre *m.,* desgràcia *f. 4 -ly adv.* malignament, perversament.

evil-doer ('i:vl'du:əʳ) *s.* malfactor.

evil-minded (,i:vl'maindid) *a.* malintencionat; malpensat.

evocation (i:vou'keiʃən) *s.* evocació *f.*

evocative (i'vɔkətiv) *a.* evocador, suggestiu.

evoke (to) (i'vouk) *t.* evocar.

evolution (,i:və'lu:ʃən) *s.* evolució *f. 2* desenvolupament *m.*

evolve (to) (i'vɔlv) *t.* desenvolupar, desenrotllar. ■ *2 i.* evolucionar, desenvolupar-se *p.*

ewe (ju:) *s.* ZOOL. ovella *f.,* (ROSS.) feda *f.*

ex (eks) *prep.* sense; fora de. *2 ~ works price,* preu de fàbrica. ■ *3 pref.* ex-, antic: *~-president,* ex-president. ■ *4 s.* col·loq. *my ex,* el meu o la meva ex [marit, dona, etc.].

exacerbate (to) (eks'æsə:beit) *t.* form. exacerbar.

exact (ig'zækt) *a.* exacte. *2* precís, rigorós. ■ *3 -ly, adv.* exactament.

exact (to) (ig'zækt) *t.* exigir, imposar.

exacting (ig'zæktiŋ) *a.* exigent. *2* sever, rigorós.

exaction (ig'zækʃən) *s.* DRET exacció *f.*

exactness (ig'zæktnis) *s.* exactitud *f.*

exaggerate (to) (ig'zædʒəreit) *t.* exagerar.

exaggeration (ig,zædʒə'reiʃən) *s.* exageració *f.*

exalt (to) (ig'zɔ:lt) *t.* exaltar, elevar. *2* lloar.

exaltation (,egzɔ:l'teiʃən) *s.* exaltació *f.*

exam (ig'zæm) *s.* (abrev. col·loq. *d'examination*) examen *m.*

examination (ig,zæmi'neiʃən) *s.* examen *m.* ‖ *entrance ~*, examen *m.* d'ingrés *m. 2* DRET interrogatori *m.;* instrucció *f.;* sumari *m. 3* MED. reconeixement *m.,* investigació *f.*

examine (to) (ig'zæmin) *t.* examinar. *2* DRET interrogar, instruir. *3* MED. reconèixer.

examinee (ig,zæmi'ni:) *s.* examinand. *2* candidat.

examiner (ig'zæminəʳ) *s.* examinador.

example (ig'zɑ:mpl) *s.* exemple *m.* ‖ *for ~*, per exemple. *2* model *m. 3* representant. *4* mostra *f.,* exemplar *m.*

exasperate (to) (ig'zɑ:spəreit) *t.* exasperar, irritar.

exasperation (ig,zɑ:spə'reiʃən) *s.* exasperació *f.*

excavate (to) ('ekskəveit) *t.* excavar.

excavation (,ekskə'veiʃən) *s.* excavació *f.*

excavator ('ekskəveitəʳ) *s.* excavador. *2* MEC. excavadora *f.*

execrable ('eksikrəbl) *a.* execrable, abominable.

exceed (to) (ik'si:d) *t.* excedir(se, ultrapassar, depassar.

exceeding (ik'si:diŋ) *a.* excessiu. *2* superior. ■ *3 -ly adv.* extremadament.

excel (to) (ik'sel) *t.* avantatjar, sobrepassar, superar. ■ *2 i.* excel·lir, distingir-se *p.,* sobresortir.

excellence ('eksələns) *s.* excel·lència *f.*

Excellency ('eksələnsi) *s.* excel·lència. ‖ *His ~*, Sa excel·lència.

excellent ('eksələnt) *a.* excel·lent.

except (ik'sept) *prep.* excepte, llevat de, tret de. ■ *2 conj.* a menys que, si no és que.

except (to) (ik'sept) *t.* exceptuar, excloure.

exception (ik'sepʃən) *s.* excepció *f. 2* objecció *f.* ‖ *to take ~,* objectar; ofendre's.

exceptionable (ik'sepʃənəbl) *a.* objectable, recusable.

exceptional (ik'sepʃənl) *a.* excepcional, extraordinari, desusat.

excerpt ('eksə:pt) *s.* cita *f.,* fragment *m.,* extracte *m.*

excess (ik'ses) *s.* excés *m.* ‖ *~ luggage,* excés *m.* d'equipatge. *2* abús *m. 3* COM. excedent *m.*

excessive (ik'sesiv) *a.* excessiu.

exchange (iks'tʃəindʒ) *s.* canvi *m.*, bescanvi *m.* ‖ *in ~ for,* a canvi de. *2* COM. borsa *f.;* llotja *f. 3 bill of ~,* lletra *f.* de canvi. ‖ *foreign ~,* divises *f. pl. 4* TELEF. central *f.* telefònica.

exchange (to) (iks'tʃeindʒ) *t.* canviar, bescanviar. ‖ *to ~ greetings,* saludar-se *2* creuar [mirades]. *3* donar, propinar [cops].

exchange rate (iks'tʃeindz,reit) *s.* taxa *f.* de canvi.

Exchequer (iks'tʃekə^r) *s.* (G.B.) ministeri *m.* d'hisenda *f.* ‖ *Chancellor of the ~,* ministre d'hisenda *f. 2* tresor *m.* o erari *m.* públic.

excise ('eksaiz) *s.* COM. impost *m.* indirecte.

excise (to) (ik'saiz) *t.* gravar amb l'impost indirecte. *2* extirpar. *3* suprimir.

excision (ik'siʒən) *s.* excisió *f. 2* extirpació *f. 3* supressió *f.*

excitability (ik,saitə'biliti) *s.* excitabilitat *f.*

excitable (ik'saitəbl) *a.* excitable, nerviós.

excite (to) (ik'sait) *t.* emocionar, entusiasmar. *2* excitar, provocar. *3* despertar, suscitar [emocions, sentiments, etc.].

excited (ik'saitid) *a.* entusiasmat, emocionat, excitat, nerviós. ‖ *to get ~,* emocionarse, entusiasmar-se, excitar-se. ■ *2* **-ly** *adv.* amb entusiasme, amb emoció, amb excitació.

excitement (ik'saitmənt) *s.* excitació *f.*, emoció *f.*, agitació *f.*, entusiasme *m.*

exciting (ik'saitiŋ) *a.* excitant. *2* emocionant, apassionant.

exclaim (to) (iks'kleim) *t.-i.* exclamar.

exclamation (,eksklə'meiʃən) *s.* exclamació *f.*

exclamation mark (,eksklə'meiʃnmɑ:k) *s.* GRAM. signe *m.* d'admiració.

exclude (to) (iks'klu:d) *t.* excloure. *2* evitar.

excluding (iks'klu:diŋ) *prep.* excepte, exceptuant, llevat de, tret de.

exclusion (iks'klu:ʒən) *s.* exclusió *f.*

exclusive (iks'klu:siv) *a.* exclusiu, selecte. ‖ *~ interview,* entrevista *f.* en exclusiva *f.* ‖ *~ of,* exceptuant. ■ *2* **-ly** *adv.* exclusivament.

excommunicate (to) (,ekskə'mju:nikeit) *t.* REL. excomunicar.

excruciating (iks'kru:ʃieitiŋ) *a.* terrible, insoportable; agut [dolor].

exculpate (to) ('ekskʌlpeit) *t.* form. exculpar.

excusable (iks'kju:zəbl) *a.* excusable, disculpable.

excursion (iks'kə:ʃən) *s.* excursió *f.* ‖ *~ ticket,* tarifa *f.* d'excursió.

excuse (iks'kju:s) *s.* excusa *f.*, (ROSS.) desencusa *f.*

excuse (to) (iks'kju:z) *t.* excusar. *2* perdo-
nar, dispensar: *excuse me!,* dispensi!, perdoni!

execrate (to) ('eksikreit) *t.* execrar, abominar.

execration (,eksi'kreiʃən) *s.* execració *f.*, abominació *f.*

execute (to) ('eksikju:t) *t.* executar, complir, dur a terme. *2* executar, ajusticiar. *3* atorgar [un document]. *4* TEAT. fer [un paper].

execution (,eksi'kju:ʃən) *s.* execució *f. 2* DRET execució *f.*

executioner (,eksi'kju:ʃənə^r) *s.* executor, botxí *m.*

executive (ig'zekjutiv) *a.* executiu. ■ *2 s.* executiu. *3* executiu *m.* [poder]. *4* directiva *f.*, executiva *f.* [junta].

executor (ig'zekjutə^r) *s.* DRET executor, marmessor.

exemplary (ig'zempləri) *a.* exemplar. *2* il·lustratiu.

exemplify (to) (ig'zemplifai) *t.* exemplificar.

exempt (ig'zempt) *a.* exempt, lliure, franc.

exempt (to) (ig'zempt) *t.* eximir, dispensar, alliberar.

exemption (ig'zempʃən) *s.* exempció *f.*

exercise ('eksəsaiz) *s.* exercici *m. 2* pràctica *f.*

exercise (to) ('eksəsaiz) *t.* exercitar. *2* exercir, fer ús. *3* preocupar, amoïnar. ■ *4 i.* exercitar-se *p.*

exert (to) (ig'zə:t) *t.* exercir, utilitzar. ■ *2 p. to ~ oneself,* esforçar-se.

exertion (ig'zə:ʃən) *s.* esforç *m. 2* exercici *m.*

exhalation (,ekshə'leiʃən) *s.* exhalació *f.*

exhale (to) (eks'heil) *t.* exhalar. ■ *2 i.* exhalar-se *p.*

exhaust (ig'zɔ:st) *s.* MEC. escapament *m.* ‖ *~ pipe,* tub *m.* d'escapament.

exhaust (to) (ig'zɔ:st) *t.* exhaurir, esgotar. *2* buidar.

exhaustion (ig'zɔ:stʃən) *s.* exhaustió *f.*, esgotament *m.*

exhaustive (ig'zɔ:stiv) *a.* exhaustiu.

exhibit (ig'zibit) *s.* objecte *m.*, exposat, peça *f.* de museu. *2* DRET prova *f.*

exhibit (to) (ig'zibit) *t.* exhibir, exposar. *2* mostrar, evidenciar. ■ *3 i.* fer una exposició.

exhibition (,eksi'biʃən) *s.* exhibició *f.*, exposició *f. 2* demostració *f.*

exhibitionist (,eksi'biʃənist) *s.* exhibicionista.

exhibitor (ig'zibitə^r) *s.* expositor.

exhilarate (to) (ig'ziləreit) *t.* alegrar, animar.

exhilarating (ig'ziləreitiŋ) *a.* estimulant, vivificant.

exhilaration (ig,zilə'reiʃən) s. alegria f., animació f.

exhort (to) (ig'zɔːt) t. form. exhortar.

exhortation (,eksɔː'teiʃən) s. exhortació f.

exhume (to) (eks'hjuːm) t. exhumar. 2 fig. desenterrar.

exigence, -cy ('eksidʒens, -i) s. exigència f. 2 necessitat f., urgència f.

exile ('eksail) s. exili m., desterrament m. ‖ *to go into* ~, exiliar-se 2 exiliat, desterrat [persona].

exile (to) ('eksail) t. exiliar, desterrar.

exist (to) (ig'zist) i. existir. 2 viure.

existence (ig'zistəns) s. existència f. ‖ *to come into* ~, néixer.

exit ('eksit) s. sortida f. 2 TEAT. mutis m.

exodus ('eksədəs) s. èxode m.

exonerate (to) (ig'zɔnəreit) t. exonerar, eximir. 2 exculpar.

exoneration (ig,zɔnə'reiʃən) s. exoneració f., disculpació f.

exorbitant (ig'zɔːbitənt) a. exorbitant, excessiu.

exorcise (to) ('eksɔːsaiz) t. exorcitzar.

exorcism ('eksɔːsizəm) s. exorcisme m.

exordium (ek'sɔːdjəm) s. exordi m.

exotic (ig'zɔtik) a. exòtic.

expand (to) (iks'pænd) t. estendre, dilatar, eixamplar, ampliar. 2 obrir, desplegar. ■ 3 i. estendre's p., dilatar-se p., eixamplar-se ampliar-se p. 4 desplegar-se p. 5 expansionar-se p.

expandable (ik'spændəbl) a. expansible, dilatable, extensible.

expanse (iks'pæns) s. extensió f.

expansion (ik'spænʃən) s. expansió f. 2 dilatació f. 3 extensió f.

expansive (ik'spænsiv) a. expansiu. 2 comunicatiu.

expatiate (to) (ek'speiʃieit) i. form. estendre's p. [parlant, etc.].

expatriate (eks'pætriət) s. expatriat.

expatriate (to) (eks'pætrieit) t.-p. expatriar(se.

expect (to) (iks'pekt) t. esperar. ‖ *to be* ~*ing,* esperar una criatura. 2 suposar.

expectancy (ik'spektənsi) s. expectació f., expectativa f. 2 esperança f. ‖ *life* ~, esperança de vida.

expectant (ik'spektənt) a. expectant. ‖ ~ *mother,* dona embarassada.

expectation (,ekspek'teiʃən) s. expectació f., espera f. 2 perspectiva f., esperança f.

expedient (ik'spiːdjənt) a. convenient, oportú. ■ 2 s. expedient m., recurs m.

expedite (to) ('ekspidait) t. accelerar, facilitar. 2 despatxar, expedir.

expedition (,ekspi'diʃən) s. expedició f. [militar, científica].

expeditious (,ekspi'diʃəs) a. expeditiu, prompte.

expel (to) (ik'spel) t. expeŀlir. 2 expulsar.

expend (to) (iks'pend) t. gastar. 2 esgotar, exhaurir. 3 passar, dedicar [el temps].

expenditure (ik'spenditʃəʳ) s. despesa f., desembors m. 2 dedicació f., utilització f.

expense (iks'pens) s. despesa f., desembors m.: *legal* ~s, despeses judicials; *overhead* ~, despeses generals. 2 fig. *at my* ~, a expenses f. pl. meves.

expensive (ik'spensiv) a. car, costós.

experience (ik'spiəriəns) s. experiència f.

experience (to) (ik'spiəriəns) t. experimentar. 2 tenir l'experiència. 3 patir l'experiència.

experiment (ik'sperimənt) s. experiment m.

experiment (to) (ik'speriment) i. experimentar, fer experiments.

expert ('ekspəːt) a. expert, destre. 2 DRET pericial. ■ 3 s. expert, perit.

expertise (,ekspəː'tiːz) s. COM. peritatge m.

expertness ('ekspəːtnis) s. perícia f., habilitat f.

expiate (to) ('ekspieit) t. expiar.

expiation (,ekspi'eiʃən) s. expiació f.

expiration (,ekspaiə'reiʃən) s. expiració f. 2 mort f. 3 terminació f. 4 COM. venciment m.

expire (to) (ik'spaiəʳ) i. expirar, morir. 2 fig. expirar, acabar. 3 COM. véncer [un termini, etc.]. ■ 4 t. expirar, expeŀlir.

expiry (ik'spaiəri) s. expiració f. 2 COM. venciment m.

explain (to) (ik'splein) t. explicar. 2 exposar, aclarir. 3 *to* ~ *away,* justificar. ■ 4 p. *to* ~ *oneself,* explicar-se.

explanation (,eksplə'neiʃən) s. explicació f. 2 aclariment m.

explanatory (ik'splænətri) a. explicatiu, aclaridor.

expletive (ik'spliːtiv) s. exclamació f., interjecció f. 2 renec m. 3 GRAM. expletiu a.

explicit (ik'splisit) a. explícit.

explode (to) (iks'ploud) t. fer explotar, volar. 2 desmentir. 3 refutar, rebatre, impugnar. ■ 4 i. volar, explotar.

exploit ('eksplɔit) s. proesa f., gesta f.

exploit (to) (iks'plɔit) t. explotar [també fig.].

exploitation (,eksplɔi'teiʃən) s. explotació f., aprofitament m. 2 abús m.

exploration (,eksplə'reiʃən) s. exploració f.

explore (to) (iks'plɔːʳ) t. explorar. 2 examinar, analitzar, investigar.

explorer (iks'plɔːrəʳ) s. explorador m.

explosion (iks'plouʒən) s. explosió f., esclat m.

explosive (iks'plousiv) a.-s. explosiu.

expo ('ekspou) *s.* (abrev. d'*exposition*) exposició *f.* universal.

exponent (iks'pounənt) *s.* representant, exponent. 2 MAT. exponent *m.*

export ('ekspɔ:t) *s.* COM. exportació *f.*

export (to) (eks'pɔ:t) *t.* COM. exportar.

exportation (ˌekspɔ:'teiʃən) *s.* COM. exportació *f.*

exporter (eks'pɔ:tə^r) *s.* exportador.

expose (to) (iks'pouz) *t.* exposar. 2 descobrir, revelar, desemmascarar. 3 FOT. exposar. ▪ 4 *p.* to ~ *oneself*, exposar-se.

expostulate (to) (iks'pɔstjuleit) *i.* protestar. 2 to ~ *with*, discutir amb; reconvenir *t.* a; intentar convèncer *t.*

expostulation (iksˌpɔstju'leiʃən) *s.* protesta *f.*, reconvenció *f.*

exposure (iks'pouʒə^r) *s.* exposició *f.* 2 orientació *f.* [d'una casa]. 3 revelació *f.*, desemmascarament *m.*, descobriment *m.* 4 FOT. exposició.

exposure meter (iks'pouzəˌmi:tə^r) *s.* FOT. fotòmetre *m.*

express (iks'pres) *a.* exprés, clar, explícit. 2 especial, urgent [correu, servei, etc.]. 3 FERROC. exprés, ràpid. ▪ 4 *s.* FERROC. exprés *m.*, ràpid *m.*

express (to) (iks'pres) *t.* expressar. 2 esprémer, premsar. ▪ 3 *p.* to ~ *oneself*, expressar-se, explicar-se.

expressive (iks'presiv) *a.* expressiu. ▪ 2 *-ly* *adv.* explícitament, clarament, terminantment. 2 expressament, a posta.

expressway (iks'preswei) *s.* (EUA) autopista *f.*

expropriate (to) (eks'prouprieit) *t.* DRET expropiar. 2 desposseir.

expropriation (eksˌproupri'eiʃən) *s.* expropiació *f.*

expulsion (iks'pʌlʃən) *s.* expulsió *f.*

exquisite ('ekskwizit) *a.* exquisit. 2 delicat, refinat. 3 intens, viu, agut [dolor, etc.].

extant (eks'tænt) *a.* existent, que queda.

extempore (eks'tempəri) *a.* extemporari, improvisat. ▪ 2 *adv.* extemporàriament, improvisadament.

extemporize (to) (iks'tempəraiz) *t.-i.* improvisar *t.*

extend (to) (iks'tend) *t.* estendre. 2 allargar, perllongar. 3 engrandir, eixamplar. 4 donar, oferir [la mà, les gràcies, etc.]. 5 fig. abraçar, incloure. ▪ 6 *i.* estendre's *p.* 7 allargar-se *p.*, perllongar-se *p.*

extension (iks'tenʃən) *s.* extensió *f.* 2 prolongació *f.*, allargament *m.* 3 annex *m.* 4 COM. pròrroga *f.*

extensive (iks'tensiv) *a.* extens, ample, vast. 2 freqüent, general [ús]. ▪ 3 *-ly* *adv.* extensament. ‖ to travel ~, viatjar molt.

extent (iks'tent) *s.* extensió *f.*; magnitud *f.*; longitud *f.* 2 abast *m.* ‖ to a certain ~, fins a cert punt *m.*

extenuate (to) (iks'tenjueit) *t.* atenuar, pal·liar, mitigar.

extenuating (iks'tenjueitiŋ) *a.* atenuant: ~ *circunstance*, circumstància atenuant.

exterior (iks'tiəriə^r) *a.* exterior, extern. ▪ 2 *s.* exterior *m.*

exterminate (to) (iks'tə:mineit) *t.* exterminar.

external (iks'tə:nl) *a.* extern, exterior. ▪ 2 *-ly* *adv.* exteriorment, externament, per fora.

extinct (iks'tiŋkt) *a.* extint, extingit. 2 apagat [foc, volcà, etc.].

extinction (iks'tiŋkʃən) *s.* extinció *f.*

extinguish (to) (iks'tiŋgwiʃ) *t.* extingir, apagar, (ROSS.) atudar [també fig.]. 2 saldar, liquidar [un compte, un deute].

extinguisher (iks'tiŋgwiʃə^r) *s.* extintor *m.*

extirpate (to) ('ekstəpeit) *t.* fig. extirpar, eradicar.

extol (to) (iks'toul) *t.* lloar, exalçar, enaltir.

extort (to) (iks'tɔ:t) *t.* extorquir, arrabassar, obtenir alguna cosa per la força.

extortion (iks'tɔ:ʃən) *s.* extorsió *f.* 2 exacció *f.*

extortionate (iks'tɔ:ʃənit) *a.* excessiu, exorbitant.

extra ('ekstrə) *a.* addicional, de més. 2 extra, extraordinari [pagament, etc.]. 3 suplementari [despeses, serveis, etc.]. ▪ 4 *adv.* especialment, extraordinàriament. ▪ 5 *s.* extra *m.* 6 suplement *m.* [en una factura, etc.]. 7 CINEM., TEAT. extra, comparsa, figurant. 8 PERIOD. edició *f.* extraordinària [d'un diari].

extract ('ekstrækt) *s.* LIT. extracte *m.*, selecció *f.* 2 CUI. concentrat *m.* 3 QUÍM. extret *m.*

extract (to) (iks'trækt) *t.* extreure. 2 treure, arrencar.

extraction (iks'trækʃən) *s.* extracció *f.* 2 origen *m.*, ascendència *f.*

extracurricular (ˌekstrəkə'rikjulə^r) *a.* extraacadèmic.

extradite (to) ('ekstrədait) *t.* concedir l'extradició. 2 obtenir l'extradició.

extradition (ˌekstrə'diʃən) *s.* extradició *f.*

extramural ('ekstrə'mjuərəl) *a.* extraacadèmic. 2 extramurs.

extraneous (eks'treinjəs) *a.* aliè. 2 form. estrany, no relacionat.

extraordinary (iks'trɔ:dnri) *a.* extraordinari. ‖ *envoy* ~, enviat especial. 3 rar.

extravagance (iks'trævəgəns) *s.* malbaratament *m.*, balafiament *m.* 2 extravagància *f.*

extravagant (iks'trævəgənt) *a.* malgastador, malbaratador. 2 extravagant. ■ *3* **-ly** *adv.* amb extravagància, excessivament.

extreme (iks'tri:m) *a.* extrem. 2 extremat. *3* extremista. ■ *4 s.* extrem *m.*, extremitat *f.* ■ *5* **-ly** *adv.* extremadament, summament.

extremity (iks'tremiti) *s.* extremitat *f.*, punta *f.* 2 necessitat *f.*, tràngol *m.* 3 pl. ANAT. extremitats *f.*

extricate (to) ('ekstrikeit) *t.* alliberar, deslliurar, deslligar [també fig.]. ■ *2 p.* **to ~ oneself,** alliberar-se, deslliurar-se, deslligar-se.

extrinsic (eks'trinsik) *a.* extrínsec.

extrovert ('ekstrəvə:t) *a.-s.* extravertit.

exuberance (ig'zu:bərəns) *s.* exuberància *f.* 2 eufòria *f.*, exultació *f.*

exuberant (ig'zu:bərənt) *a.* exuberant. 2 eufòric, exultant.

exude (to) (ig'zju:d) *t.* traspuar. ■ *2 i.* regalar.

exult (to) (ig'zʌlt) *i.* exultar. 2 *to ~ in* o *at,* alegrar-se *p.* de o per. *3 to ~ over,* triomfar sobre.

exultant (ig'zʌltənt) *a.* exultant. 2 triomfant.

exultation (ˌegzʌl'teiʃən) *s.* exultació *f.*, alegria *f.*, entusiasme *m.*

eye (ai) *s.* ull *m.* ‖ *black ~,* ull de vellut. ‖ *evil ~,* mal d'ull. ‖ *to catch the ~ of,* cridar l'atenció. ‖ *to keep an ~ on,* no perdre d'ull, no perdre de vista. ‖ *to set ~s on,* posar els ulls en. ‖ *to turn a blind ~ to,* fer els ulls grossos.

eye (to) (ai) *t.* fitar, mirar, observar.

eyeball ('aibɔ:l) *s.* ANAT. globus *m.* ocular.

eye brow ('aibrau) *s.* ANAT. cella *f.*

eyecatcher ('aiˌkætʃəʳ) *s.* persona o cosa vistosa.

eyecatching ('aiˌkætʃiŋ) *a.* vistós.

eyelash ('ailæʃ) *s.* ANAT. pestanya *f.*

eyelet ('ailit) *s.* COST. ullet *m.*

eyelid ('ailid) *s.* ANAT. parpella *f.*

eye-opener ('aiˌoupnəʳ) *s.* fig. sorpresa *f.*, revelació *f.*

eye-shade ('aiʃeid) *a.* visera *f.*

eye-shadow ('aiˌʃædou) *s.* COSM. ombrejador *m.*, ombra *f.* d'ulls.

eyesight ('aisait) *s.* vista *f.* [sentit].

eyesore ('aisɔ:ʳ) *s.* monstruositat *f.*, cosa que fa mal a la vista.

eye-tooth ('aitu:θ) *s.* ullal *m.*

eye-witness ('aiˌwitnis) *s.* testimoni ocular o presencial.

F

F, f (ef) *s.* f. *f.* [lletra]. *2* MÚS. fa *m.*
F.A. ('ef'ei) *s.* *(Football Association)* fe-
deració *f.* de futbol.
fable ('feibl) *s.* LIT. faula *f.* [també fig.].
fabric ('fæbrik) *s.* TÈXT. teixit *m.*, roba *f.*,
tela *f.*, (ROSS.) estofa *f.* *2* ARQ. fàbrica *f.* *3*
CONST. estructura *f.* [també fig.].
fabricate (to) ('fæbrikeit) *t.* falsificar, fal-
sejar. *2* inventar.
fabrication (,fæbri'keiʃən) *t.* falsificació *f.*,
falsejament *m.* *2* invenció *f.*, mentida *f.*
fabulous ('fæbjuləs) *a.* fabulós. *2* increïble.
3 col·loq. magnífic, esplèndid.
façade (fə'saːd) *s.* ARQ. façana *f.* *2* fig. apa-
rença *f.*
face (feis) *s.* cara *f.*, rostre *m.*, semblant *m.*
‖ fig. *in the ~ of,* malgrat; davant de, en
presència de. *2* expressió *f.*, gest *m.*, gan-
yota *f.* ‖ *to go about with a long ~,* fer cara
llarga. ‖ *to make ~s,* fer ganyotes. *3* barra
f., atreviment *m.* ‖ *to have the ~ to,* tenir la
barra de. *4* prestigi *m.*, aparences *f. pl.* ‖
to lose ~, perdre prestigi. ‖ *to save ~,* salvar
les aparences. *5* aspecte *m.*, aparença *f.* ‖
on the ~ of it, a primera vista, segons les
aparences. *6* superfície *f.*, façana *f.* [d'un
edifici]. *7* esfera *f.* [d'un rellotge].
face (to) (feis) *t.* estar de cara a, posar-se *p.*
de cara a. *2* donar a, mirar cap. *3* enfron-
tar, afrontar, fer front. *4* CONST. revestir.
■ *5 i.* estar encarat cap a. *6 to ~ up to,* re-
conèixer *t.*, acceptar *t.*
face-cream ('feiskriːm) *s.* COSM. crema *f.* de
bellesa.
face-flannel ('feis,flænl) *s.* manyopla *f.*, to-
valloleta *f.* [per la cara].
face-lifting ('feisliftiŋ) *s.* operació *f.* de ci-
rugia estètica [de la cara], estirada *f.* de
pell [de la cara].
face-powder ('feis,paudəʳ) *s.* COSM. pólvores
f. pl.
facet ('fæsit) *s.* faceta [també fig.].

facetious (fə'siːʃəs) *a.* faceciós, graciós.
face value ('feis,væljuː) *s.* COM. valor no-
minal; fig. valor *m.* aparent.
facile ('fæsail) *a.* fàcil. *2* superficial.
facilitate (to) (fə'siliteit) *t.* facilitar, possi-
bilitar.
facility (fə'siliti) *s.* facilitat *f.*
facing ('feisiŋ) *prep.-adv.* davant de, de
cara a. ■ *2 s.* CONSTR. revestiment *m.*, pa-
rament.
facsimile (fæk'simili) *s.* facsímil *m.*
fact (fækt) *s.* fet *m.* ‖ *in ~,* de fet. *2* realitat
f., veritat *f.* ‖ *as a matter of ~,* en realitat.
3 dada *f.*
faction ('fækʃən) *s.* facció *f.*; bàndol *m.*
factious ('fækʃəs) *a.* faccioso.
factitous ('fæk'tiʃəs) *a.* form. factici, arti-
ficial.
factor ('fæktəʳ) *s.* factor *m.*, element *m.* *2*
COM. agent.
factory ('fæktəri) *s.* fàbrica *f.*
factotum (fæk'toutəm) *s.* factòtum *m.*
factual ('fæktjuəl) *a.* objectiu, basat en fets.
faculty ('fækəlti) *s.* facultat *f.*
fad (fæd) *s.* mania *f.*, caprici *m.*
fade (to) (feid) *t.* marcir, pansir. *2* desco-
lorir, destenyir. *3* afeblir. ■ *4 i.* marcir-se
p., pansir-se *p.* *5* descolorir-se *p.*, desten-
yir-se. *p.* *6* apagar-se *p.*, desaparèixer
[gradualment]. *7 to ~ away,* esvanir-se *p.*
fag (fæg) *s.* col·loq. feinada *f.*, feina *f.* pe-
sada. *2* pop. cigarret *m.*
fag (to) (fæg) *t.* col·loq. cansar, fatigar. ■ *2*
i. col·loq. pencar.
fail (feil) *s.* *without ~,* sens falta *f.*
fail (to) (feil) *t.* decebre, fallar. *2* suspendre.
■ *3 i.* suspendre *t.* *4* fracassar, fallar, fallir.
5 debilitar-se *p.*, decaure. *6* exhaurir-se
p., acabar-se *p.* *7 to ~ to,* deixar de.
failing ('feiliŋ) *s.* falta *f.*, defecte *m.*, fla-
quesa *f.* ■ *2 prep.* a falta de.
failure ('feiljəʳ) *s.* suspens *m.* *2* fracàs *m.* *3*

avaria *f*. [d'un motor, etc.]. *4* aturada *f*. [del cor]. *4* COM. fallida *f*.

faint (feint) *a*. feble. *2* borrós, desdibuixat. *3* pàl·lid. *4* imperceptible, fluix, vague. *5* *to feel* ~, estar marejat. ■ *6 s*. desmai *m*.

faint (to) (feint) *i*. desmaiar-se *p*. *2* defallir.

faint-hearted (ˌfeint'hɑ:tid) *a*. poruc, covard.

fair (fɛəʳ) *a*. just, imparcial, equitatiu. *2* honest, honrat. ‖ ~ *play*, joc net. *3* bo, serè [el temps, el cel, etc.]. *4* pàl·lid, blanc [pell, etc.]. *5* ros [cabells]. *6* net, clar. ‖ ~ *copy*, còpia neta. *7* bonic, formós. ■ *8 adv*. imparcialment, equitativament. *9* ~ *enough*, molt bé, d'acord. *10* -ly *adv*. amb imparcialitat, honestament. *11* col·loq. completament, totalment. *12* força, bastant: ~ *good*, força bo; ~ *well*, bastant bé. ■ *13 s*. fira *f*., mercat *m*.

fairground (ˈfɛəgraund) *s*. parc *m*. d'atraccions. *2* recinte *m*. firal. *3* emplaçament *m*. d'una fira.

fairness (ˈfɛənis) *s*. justícia *f*., imparcialitat *f*. ‖ *in all* ~, per ser justos. *2* blancor *f*., pal·lidesa *f*., claror *f*. *3* bellesa *f*.

fairy (ˈfɛəri) *s*. fada *f*. *2* pop. marieta *m*.

fairy tale (ˈfɛəriteil) *s*. conte *m*. de fades.

fait accompli (ˌfeitə'kɔpli) *s*. fet *m*. consumat.

faith (feiθ) *s*. fe *f*. ‖ *in good* ~, de bona fe. ‖ *to keep* ~, complir la paraula donada. *2* religió *f*., creença *f*., confessió *f*.

faithful (ˈfeiθful) *a*. fidel, lleial. ■ *3* -ly *adv*. fidelment, lleialment. *4* *yours faithfully*, el saluda atentament. ■ *5 s. pl. the* ~, els fidels *m*.

faithfulness (ˈfeiθfulnis) *s*. fidelitat *f*., lleialtat *f*. *2* exactitud *f*.

faith healing (ˈfeiθˌhi:liŋ) *s*. curació *f*., per la fe.

faithless (ˈfeiθlis) *a*. deslleial, pèrfid. *2* descregut.

fake (feik) *a*. fals. ■ *2 s*. imitació *f*., falsificació *f*. *3* impostor.

fake (to) (feik) *t*. falsificar. *2* fingir. *3* inventar.

fakir (ˈfeikiəʳ) *s*. faquir *m*.

falcon (ˈfɔ:lkən) *s*. ORN. falcó *m*.

Falkland (ˈfɔ:klənd) *n. pr*. GEOGR. *the* ~ *Islands*, Illes *f. pl*. Malvines.

fall (fɔ:l) *s*. caiguda *f*. *2* decadència *f*. *3* baixa *f*., descens *m*. *4* declini *m*., desnivell *m*. *5* cascada *f*., saltant *m*. *6* MIL. rendició *f*. *7* (EUA) tardor *f*.

fall (to) (fɔ:l) *i*. caure [també fig.]. *2* baixar, descendir. *3* recaure, correspondre. *4* *to* ~ *asleep*, adormir-se *p*. *5* fig. *to* ~ *flat*, no tenir èxit. *6* *to* ~ *in love*, enamorar-se *p*. *7* *to* ~ *short*, fer curt, no arribar. ■ *to* ~ *back*,

retirar-se, retrocedir; *to* ~ *back on*, recórrer a; *to* ~ *down*, caure, esfondrar-se; fig. fracassar; *to* ~ *for*, enamorar-se de; deixar-se enredar; *to* ~ *in with*, estar d'acord amb; coincidir; *to* ~ *out with*, barallar-se renyir; *to* ~ *through*, fracassar; *to* ~ *upon*, caure sobre. ‖ Pret.: *fell* (fel); p. p.: *fallen* (ˈfɔ:lən).

fallacious (fə'leiʃəs) *a*. fal·laç, fal·laciós.

fallen (ˈfɔ:lən) *p. p*. de FALL (TO).

fall guy (ˈfɔ:lgai) *s*. (EUA) col·loq. cap *m*. de turc.

fallibility (ˌfæli'biliti) *s*. fal·libilitat *f*.

fallible (ˈfæləbl) *a*. fal·lible.

falling star (ˈfɔ:liŋ'stɑ:ʳ) *s*. estel *m*. fugaç, estrella *f*. fugaç.

fallow (ˈfæləu) *a.-s*. AGR. guaret *m*.

fallow deer (ˈfælou'diəʳ) *s*. ZOOL. daina *f*.

false (fɔ:ls) *a*. fals. *2* postís [dents, cabells, etc.]. ■ *3* -ly *adv*. falsament.

falsehood (ˈfɔ:lshud) *s*. falsedat *f*.

falsification (ˌfɔ:lsifi'keiʃən) *s*. falsificació *f*. *2* falsejament *m*.

falsify (to) (ˈfɔ:lsifai) *t*. falsificar. *2* falsejar.

falter (to) (ˈfɔ:ltəʳ) *t*. dir amb veu tremolosa, balbucejar. ■ *2 i*. vacil·lar, titubejar. *3* balbucejar, vacil·lar.

fame (feim) *s*. fama *f*., reputació *f*. ■ *2 a*. ~*d adj*.

familiar (fə'miliəʳ) *a*. familiar, conegut. ‖ *to be* ~ *with*, estar familiaritzat amb. *2* corrent, comú. *3* íntim. *4* fig. fresc.

familiarity (fəˌmili'æriti) *s*. familiaritat *f*. *2* coneixement *m*. *3* intimitat. *4* excessiva familiaritat.

familiarize (to) (fə'miliəraiz) *t*. familiaritzar, acostumar. ■ *2 p. to* ~ *oneself*, familiaritzar-se.

family (ˈfæmili) *s*. família *f*. *2* llinatge *m*. ■ *3 a*. familiar, de família.

family name (ˈfæmiliˌneim) *s*. cognom *m*.

family planning (ˈfæmiliˌplæniŋ) *s*. planificació *f*. familiar.

famine (ˈfæmin) *s*. fam *f*. *2* misèria *f*., penúria *f*.

famished (ˈfæmiʃt) *a*. famèlic, afamat.

famous (ˈfeiməs) *a*. famós, cèlebre.

fan (fæn) *s*. ventall *m*. *2* ventilador *m*. *3* col·loq. fan, admirador.

fan (to) (fæn) *t*. ventar. *2* atiar [també fig.]. ■ *3 p. to* ~ *oneself*, ventar-se. ■ *4 i. to* ~ *out*, obrir-se *p*. com un ventall.

fanatic (fə'nætik) *a.-s*. fanàtic.

fanatical (fə'nætikəl) *a*. fanàtic.

fanaticism (fə'nætisizəm) *s*. fanatisme *m*.

fanciful (ˈfænsiful) *a*. capriciós. *2* fantàstic. *3* irreal, imaginari.

fancy (ˈfænsi) *s*. imaginació *f*., fantasia *f*. *2* quimera *f*., il·lusió *f*. *3* capsi *m*., antull *m.* ■ *4 a.* de fantasia, d'adorn. *5* extravagant, excessiu.

fancy (to) ('fænsi) *t.* imaginar(se, afigurarse *p.* 2 suposar, creure. 3 coⅡoq. encapritxar-se *p.;* agradar; venir de gust. *4 ~ that!,* imagina't!, fixa't!

fancy dress ('fænsi'dres) *s.* disfressa *f.*

fanfare ('fænfɛəʳ) *s.* MÚS. fanfara *f.*

fang (fæŋ) *s.* ullal *m.* [d'animal]. 2 dent *f.* [de serp].

fantasize ('fæntə,saiz) *i.-t.* fantasiar *i.*, fantasiejar *i.*

fantastic(al (fæn'tæstik, -əl) *a.* fantàstic, imaginari. 2 extravagant, absurd. *3* pop. extraordinari, magnífic.

fantasy ('fæntəsi) *s.* fantasia *f.*, imaginació *f.*

FAO (,efei'ou) *s.* *(Food and Agricultural Organization)* FAO *f.* (Organització per a l'agricultura i l'alimentació).

far (faːʳ) *adv.* lluny, al lluny. ‖ *~ and wide,* pertot arreu. ‖ *as ~ as,* fins, tan lluny com. ‖ *as ~ as I know,* pel que jo sé. ‖ *in so ~ as,* pel que fa. ‖ *so ~,* fins ara.

farce (faːs) *s.* farsa *f.*

farcical ('faːsikəl) *a.* absurd, ridícul. 2 burlesc.

fare (fɛəʳ) *s.* preu *m.* [d'un viatge]. 2 bitllet *m.* 3 client *m.*, passatger. 4 menú *m.*, menjar *m.*

fare (to) (fɛəʳ) *i.* passar-ho [bé o malament]. ‖ *how did you ~?* com t'ha anat? *2 to ~ alike,* còrrer la mateixa sort.

farewell ('fɛəˈwel) *interj.* adéu-siau! ■ *2 s.* comiat *m.*, adéu *m.* ‖ *to say ~ to,* acomiadar(se.

farm (faːm) *s.* granja *f.* 2 hisenda *f.*, masia *f.* 3 viver *m.*

farm (to) (faːm) *t.* conrear, llaurar. ■ *2 i.* tenir terres, conrear la terra, fer de pagès. *2 to ~ out,* arrendar, donar feina.

farmer ('faːməʳ) *s.* granger. 2 pagès, (VAL.) llaurador.

farmhand ('faːmhænd) *s.* bracer *m.*

farmhouse (faːmhaus) *s.* granja *f.* 2 mas *m.*, masia *f.*

farming ('faːmiŋ) *s.* conreu *m.*, cultiu *m.* 2 agricultura *f.*

farmyard ('faːmjaːd) *s.* corral *m.*

fart (faːt) *s.* vulg. pet *m.*

farther ('faːðəʳ) *adv.* més lluny, més enllà. 2 a més. ■ *3 a.* més llunyà, més distant.

farthest ('faːðist) *a.* superl. el més llunyà, extrem. ■ *2 adv.* més lluny.

farthing ('faːðiŋ) *s.* ant. quart de penic, *m.* ‖ *it's not worth a brass ~,* no val ni cinc.

fascinate (to) ('fæsineit) *t.* fascinar, captivar.

fascination (,fæsi'neiʃən) *s.* fascinació *f.*, suggestió *f.*

fascism ('fæʃizəm) *s.* feixisme *m.*

fascist ('fæʃist) *a.-s.* feixista.

fashion ('fæʃən) *s.* manera *f.*, forma *f.* ‖ *after a ~,* en certa manera *f.* 2 moda *f.* ‖ *in ~,* de moda. ‖ *out of ~,* passat de moda. 4 bon gust *m.*, elegància *f.*

fashion (to) ('fæʃən) *t.* donar forma, modelar. 2 emmotllar.

fashionable ('fæʃnəbl) *a.* de moda. 2 elegant. ■ *3* -ly *adv.* elegantment, a la moda.

fast (faːst) *s.* dejuni *m.*

fasten (to) ('faːsn) *t.* assegurar, fermar, lligar, subjectar. 2 enganxar. 3 tancar [amb baldó, etc.]. 4 cordar. ■ *5 i.* subjectar-se *p.*, afermar-se *p.* 6 cordar-se *p.*

fastener ('faːsnəʳ) *s.* balda *f.* 2 gafet *m.*, cremallera *f.* 3 clip *m.*, grapa *f.* [de papers].

fastidious (fæs'tidiəs) *a.* delicat. 2 exigent. 3 primmirat.

fat (fæt) *a.* gras. 2 gruixut. 3 magre [carn]. 4 gran: *~ profits,* grans beneficis. *5* fèrtil [terra]. ■ *6 s.* greix *m.* 7 llard *m.* [per cuinar]. ‖ *to live on the ~ of the land,* viure a cor què vols, cor què desitges.

fatal ('feitl) *a.* fatal; mortal. 2 funest.

fatalism ('feitəlizəm) *s.* fatalisme *m.*

fatalist ('feitəlist) *s.* fatalista.

fatality (fə'tæliti) *s.* fatalitat *f.* 2 víctima *f.*, mort.

fate (feit) *s.* fat *m.*, destí *m.* 2 sort *f.*

fast (faːst) *a.* ràpid, veloç. 2 fix [color, nus, etc.]. ‖ *to make ~,* subjectar, fermar; MAR. amarrar. 3 avançat [rellotge]. 4 profund [son]: *~ asleep,* completament adormit. 5 FOT. ràpid. 6 coⅡoq. *to pull a ~ one on someone,* fer una mala passada a algú. ■ *7 adv.* ràpid, ràpidament, veloçment, de pressa. 8 fermament. ‖ *stuck ~,* ben enganxat.

fated ('feitid) *a.* destinat, predestinat.

fateful ('feitful) *a.* fatal, fatídic. 2 decisiu.

father ('faːðəʳ) *s.* pare *m.* 2 REL. *Our F~,* Pare *m.* nostre.

father (to) ('faːðəʳ) *t.* engendrar.

fatherhood ('faːðəhud) *s.* paternitat *f.*

father-in-law ('faːðərinlɔː) *s.* sogre *m.*, pare *m.* polític.

fatherland ('faːðəlænd) *s.* pàtria *f.*

fatherly ('faːðəli) *a.* paternal.

fathom ('fæðəm) *s.* MAR. braça *f.* [mesura].

fathom (to) ('fæðəm) *t.* MAR. sondar, sondejar. 2 comprendre, entendre.

fatigue (fə'tiːg) *s.* fatiga *f.*, cansament *m.*

fatigue (to) (fə'tiːg) *t.* fatigar, cansar.

fatness ('fætnis) *s.* grassor *f.*, grassesa *f.*, obesitat *f.*

fatten (to) ('fætn) *t.* engreixar, encebar [animals].

fatty ('fæti) *a.* gras; greixós.

fatuous ('fætjuəs) *a.* fatu, neci.

fault (fɔːlt) *s.* culpa *f.*: *it's my* ~, és culpa meva. *2* defecte *m.* [també fig.]. *3* error. *4* GEOL., MIN. falla *f.*

fault-finding ('fɔːltˌfaindiŋ) *a.* criticaire.

faultless ('fɔːltlis) *a.* impecable, perfecte. *2* irreprotxable.

faulty ('fɔːlti) *a.* defectuós.

fauna ('fɔːnə) *s.* fauna *f.*

favour, (EUA) **favor** ('feivəʳ) *s.* favor. ‖ *do me the* ~ *of,* fes el favor de; *to be in* ~ *of,* estar a favor, donar suport a; *to be in* ~ *with,* gaudir del favor [d'algú]; *to curry* ~ *with,* intentar congraciar-se amb.

favour, (EUA) **favor (to)** ('feivəʳ) *t.* afavorir. *2* donar suport, recolzar.

favourable, (EUA) **favorable** ('feivərəbl) *a.* favorable, propici.

favoured, (EUA) **favored** ('feivəd) *a.* afavorit. ‖ ~ *by nature,* dotat per la natura, ben plantat.

favourite, (EUA) **favorite** ('feivərit) *a.* favorit, preferit, predilecte. ▪ *2 s.* favorit.

fawn (fɔːn) *s.* ZOOL. cervatell *m.*

fawn (to) (fɔːn) *i.* fig. *to* ~ *on* o *upon,* adular, afalagar.

F.B.I. ('efbiːˈai) *s.* (*Federal Bureau of Investigation*) FBI *m.* (oficina federal d'investigació).

fear (fiəʳ) *s.* por *f.,* temor *m.*

fear (to) (fiəʳ) *t.* tenir por de, témer. ▪ *2 i. to* ~ *for,* témer per.

fearful ('fiəful) *a.* aprensiu. *2* espantós, esfereïdor. *3* coŀloq. terrible, horrible. *4* poruc, (VAL.) poregós.

fearless ('fiəlis) *a.* intrèpid, agosarat, audaç, que no té por. ‖ ~ *of,* sense por de.

fearlessness ('fiəlisnis) *s.* intrepidesa *f.*

fearsome ('fiəsəm) *a.* temible, espantós.

feasibility (ˌfiːzəˈbiliti) *s.* viabilitat *f.,* plausibilitat *f.*

feasible ('fiːzəbl) *a.* factible, possible, viable.

feast (fiːst) *s.* festí *m.,* banquet *m.,* tiberi *m.* *2* REL. ~, ~ *day,* festa *f.*

feast (to) (fiːst) *t.* festejar, celebrar. *2* complimentar. *3* oferir un banquet. *4* fig. *to* ~ *one's eyes on,* regalar-se *p.* la vista. ▪ *5 i.* banquetejar.

feat (fiːt) *s.* proesa *f.,* gesta *f.*

feather ('feðəʳ) *s.* ploma *f.* [d'au]. ‖ fig. *that's a* ~ *in his cap,* això és un triomf *m.* per a ell.

feather (to) (feðəʳ) *t.* emplomallar. *2* cobrir amb plomes. *3* fig. *to* ~ *one's nest,* procurar per un mateix.

feather bed ('feðəˌbed) *s.* matalàs *m.* de plomes.

feather duster ('feðəˌdʌstə) *s.* plomall *m.*

feature ('fiːtʃəʳ) *s.* tret *m.,* facció *f.* [de la cara]. *2 pl.* cara *f. sing.* *3* forma *f.,* figura *f.* *4* característica *f.,* tret *m.* distintiu. *5* CINEM. ~, ~ *film,* peŀlícula *f.* principal.

feature (to) ('fiːtʃəʳ) *t.* presentar [un actor en una peŀlícula]. *2* descriure. *3* representar. *4* caracteritzar. *5* actuar *i.,* treballar *i.* ▪ *6 i.* figurar, constar.

February ('februəri) *s.* febrer *m.*

fecundity (fiˈkʌnditi) *s.* fecunditat *f.* *2* fertilitat *f.*

fed (fed) *pret.* i *p. p.* de FEED (TO).

federal ('fedərəl) *a.* federal.

federate (to) ('fedəreit) *t.* federar. ▪ *2 i.* federar-se *p.*

federation (ˌfedəˈreiʃən) *s.* federació *f.,* lliga *f.*

fee (fiː) *s.* honoraris *m. pl.,* drets *m. pl.,* quota *f.* ‖ *membership* ~, quota *f.* de soci. ‖ *registration* ~, drets *m. pl.* de matrícula.

feeble ('fiːbl) *a.* feble, dèbil.

feeble-minded ('fiːblˈmaindid) *a.* deficient mental.

feed (fiːd) *s.* menjar *m.,* aliment *m.* *2* pinso *m.* [dels animals].

feed (to) (fiːd) *t.* alimentar, nodrir, donar menjar a. *2* subministrar. *3 to* ~ *up,* encebar, sobrealimentar. *4 to be fed up (with),* estar fart (de). ▪ *5 i.* menjar. *6* pasturar. *7 to* ~ *on* o *upon,* alimentar-se *p.* de ▲ Pret. i *p. p.: fed* (fed).

feedback ('fiːdbæk) *s.* ELECT. realimentació *f.* *2* reacció *f.,* resposta *f.,* comentaris *m. pl.*

feel (fiːl) *s.* tacte *m.* *2* sensació *f.*

feel (to) (fiːl) *t.* tocar, palpar. ‖ *to* ~ *one's way,* anar a les palpentes. *2* prendre [el pols]. *3* examinar, sondejar. *4* sentir, experimentar. *5* creure, pensar. ▪ *6 i.* sentir-se *p.,* estar, tenir. ‖ *I* ~ *sorry for you,* ho sento per tu. ‖ *to* ~ *bad,* sentir-se *p.* malament; *to* ~ *cold,* tenir fred; *to* ~ *hot,* tenir calor. *7* ser sensible, sentir *t.* *8 it feels cold,* ho trobo fred. *9 to* ~ *for,* buscar a les palpentes; condoldre's *p.* *10 to* ~ *like,* tenir ganes de. *11 to* ~ *up to,* sentir-se *p.* capaç de.

feeling ('fiːliŋ) *s.* sentiment *m.* *2* sensació *f.,* percepció *f.* *3* tacte *m.* [sentit]. *4* calor *f.,* passió *f.,* tendresa *f.,* compassió *f.* *5* pressentiment *m.* ▪ *6 a.* sensible. ▪ *7* -ly *adv.* amb emoció, amb sensibilitat.

feet (fiːt) *s. pl.* de FOOT.

feign (to) (fein) *t.* fingir, aparentar, fer veure que. *2* inventar [una excusa]. ▪ *3 i.* fingir *t.*

felicity (fiˈlisiti) *s.* form. felicitat *f.* *2 to express oneself with* ~, expressar-se amb facilitat, amb desimboltura.

feline ('fiːlain) *a.* felí.

fell (fel) *pret.* de FALL (TO). ■ *2 a.* poèt. cruel; funest. ■ *3 s.* tala *f.* [d'arbres]. *4* pell *m.*, cuir *m. 5* turó *m.*, pujol *m.*

fell (to) (fel) *t.* tombar, abatre. *2* tallar [arbres].

fellow ('felou) *s.* colloq. xicot *m.*, tio *m.*, tipus *m.* ‖ *good* ~, bon noi *m. 2* igual. *3* soci *m.*, membre *m.* [d'una acadèmia, etc.]. ■ *4 a.* ~ *being*, ~ *creature*, proïsme; ~ *citizen*, conciutadà; ~ *student*, condeixeble; ~ *traveller*, company de viatge.

fellowship ('felouʃip) *s.* companyerisme *m. 2* comunicat *f. 3* companyia *f.*, associació *f. 4* cos *m.*, societat *f. 5* beca *f.*

felony ('feləni) *s.* crim *m.*, delicte *m.* greu.

felt (felt) *pret.* i *p. p.* de FEEL (TO). ■ *2 s.* feltre *m.*

female ('fi:meil) *s.* femella *f. 2* dona *f.* ■ *3 a.* femení. *4* femella.

feminine ('feminin) *a.* femení. femení *m.*

feminism ('feminizm) *s.* feminisme *m.*

fen (fen) *s.* pantà *m.*, aiguamoll *m.*

fence (fens) *s.* tanca *f.*, clos *m.*, closa *f.*, estacada *f.*

fence (to) (fens) *t.* tancar [amb una tanca]. *2* protegir. *3* fig. esquivar. ■ *3 i.* esgrimir.

fencing ('fensiŋ) *s.* ESPORT esgrima *f. 2* material *m.* per a tanques.

fend (to) (fend) *t.* to ~ *off*, defensar-se *p.* de, parar [un cop]. ■ *2 i.* to ~ *for oneself*, espavilar-se *p.* sol, defensar-se *p.* sol.

fender ('fendə^r) *s.* guardafoc *m. 2* AUTO. para-xocs *m. 3* MAR. defensa *f.*

fennel ('fenl) *s.* BOT. fonoll *m.*

ferment ('fə:mənt) *s.* ferment *m. 2* fermentació *f. 3* fig. agitació *f.*

ferment (to) (fə'ment) *i.-t.* fermentar. *2* agitar(se.

fern (fə:n) *s.* BOT. falguera *f.*

ferocious (fə'rouʃəs) *a.* feroç, ferotge, terrible.

ferocity (fə'rɔsiti) *s.* ferocitat *f.*, feresa *f.*

ferret ('ferit) *s.* ZOOL. fura *f.*, furó *m.*

ferret (to) ('ferit) *i.* furar, furonar. *2* fig. *to* ~ *about*, furetejar, remenar. ■ *3 t.* fig. *to* ~ *out*, esbrinar.

ferroconcrete (ˌferou'kɔŋkri:t) *s.* formigó *m.* armat.

ferrous ('ferəs) *a.* ferrós.

ferrule ('feru:l) *s.* guaspa *f.*, virolla *f. 2* abraçadora *f.*

ferry ('feri) *s.* transbordador *m. 2* embarcador *m.*

ferry (to) ('feri) *t.* transportar. ■ *2 i.* creuar [en vaixell].

ferryman ('ferimæn) *s.* barquer *m.*

fertile ('fə:tail) *a.* fèrtil. *2* fecund.

fertilize (to) ('fə:tilaiz) *t.* fertilitzar. *2* fecundar. *3* adobar.

fertilizer ('fə:tilaizə^r) *s.* fertilitzant *m.*, adob *m.*

fervent ('fə:vənt) *a.* fervent, fervorós, vehement.

fervour, (EUA) **fervor** ('fə:və^r) *s.* fervor *m.*, ardor *m.*

festal ('festl) *a.* festiu, alegre.

fester (to) ('festə^r) *i.* MED. supurar. *2* podrir-se *p. 3* fig. enverinar-se *p.* exasperar-se *p.*

festival ('festəvəl) *s.* festa *f.*, festivitat *f.* ‖ *Christmas is a Church* ~, El Nadal és una festa religiosa. *2* festival *m.*

festivity (fes'tiviti) *s.* animació *f.*, alegria *f. 2* festa *f.*, festivitat *f.*

festoon (fes'tu:n) *s.* fistó *m.* [adorn].

fetch (to) (fetʃ) *t.* anar a buscar. *2* portar. *3* vendre's *p.* a o per. *4* colloq. clavar, ventar [un cop].

fête (feit) *s.* festa *f.*, celebració [generalment al carrer, a l'aire lliure].

fetid ('fetid) *a.* fètid, pestilent.

fetish ('fetiʃ) *s.* fetitxe *m.*

fetter ('fetə^r) *s.* grilló *m.* [d'un pres]. *2* trava *f.* [d'un cavall]. *3 pl.* fig. traves *f.*, obstacles *m.*

fetter (to) ('fetə^r) *t.* encadenar. *2* fig. posar traves.

fettle ('fetl) *s.* estat *m.*, condició *f.*: *in fine* ~, en bones condicions; de bon humor *m.*

fetus ('fi:təs) *s.* Veure FOETUS.

feud (fju:d) *s.* renyida *f.*, enemistat *f.*

feudal ('fju:dl) *a.* feudal.

feudalism ('fju:dəlizəm) *s.* feudalisme *m.*

fever ('fi:və^r) *s.* MED. febre *f.* [també fig.].

feverish ('fi:vəriʃ) *a.* febril.

few (fju:) *a.-pron.* pocs, alguns. ‖ *a* ~, uns quants. ‖ *quite a* ~, bastants.

fewer ('eju:ə^r) *a.-pron. comp.* de FEW; menys: *the* ~ *the better*, quants menys millor.

fiancé (fi'a:nsei) *s.* promès *m.*

fiancée (fi'a:nsei) *s.* promesa *f.*

fiasco (fi'æskou) *s.* fracàs *m.*

fib (fib) *s.* colloq. bola *f.*, mentida *f.*

fibre, (EUA) **fiber** ('faibə^r) *s.* fibra *f. 2* fig. nervi *m.*, caràcter *m.*

fibre-glass, (EUA) **fiberglass** ('faibəgla:s) *s.* fibre *m.* de vidre.

fibrous ('faibrəs) *a.* fibrós.

fickle ('fikl) *a.* inconstant, voluble, veleïtós.

fickleness ('fiklnis) *s.* inconstància *f.*

fiction ('fikʃən) *s.* ficció *f.*

fiddle ('fidl) *s.* MÚS. colloq. violí *m. 2* colloq. trampa *f. 3 tax* ~, defraudació *f.* fiscal.

fiddle (to) ('fidl) *t.* colloq. falsificar. *2* obtenir amb trampes. *3* defraudar [taxes]. ■

4 i. coŀloq. tocar el violí. *5 to ~ about,* perdre el temps. *6 to ~ with,* tocar, remenar.

fiddling ('fidliŋ) *a.* coŀloq. fútil, trivial.

fidelity (fi'deliti) *s.* fidelitat *f.*

fidget (to) ('fidʒit) *i.* moure's *p.;* estar nerviós; agitar-se *p.* *2 to ~ with,* tocar, remenar.

fidgety ('fidʒiti) *a.* inquiet, nerviós, impacient.

field (fi:ld) *s.* camp *m.* [de terra]. *2* camp *m.* [de batalla]. *3* fig. camp *m.*, domini *m.* *4* ESPORT competidors *pl.*, participants *pl.* *5* MIN. jaciment *m.*

field artillery ('fi:ldɑː͵tiləri) *s.* artilleria *f.* de campanya.

field glasses ('fi:ld͵glɑːsiz) *pl.* binocles *m. pl.*, prismàtics *m. pl.* de campanya.

fieldwork ('fi:ldwəːk) *s.* treball *m.* sobre el terreny.

fiend (fi:nd) *s.* dimoni *m.*, diable *m.*

fiendish ('fi:ndiʃ) *a.* diabòlic.

fierce (fiəs) *a.* feroç, ferotge. *2* furiós. *3* intens.

fierceness ('fiəsnis) *s.* ferocitat *f.*

fieriness ('faiərinis) *s.* ardor *m.*, calor *f.* *2* fogositat *f.*, passió *f.*

fiery ('faiəri) *a.* igni. *2* ardent, encès. *3* fogós, apassionat. *4* irascible, soberbi.

fifteen (fif'ti:n) *a.* quinze. ■ *2 s.* quinze *m.*

fifteenth (͵fif'ti:nθ) *a.-s.* quinzè.

fifth (fifθ) *a.-s.* cinquè.

fiftieth ('fiftiəθ) *a.-s.* cinquantè.

fifty ('fifti) *a.* cinquanta. ■ *2 s.* cinquanta *m.*

fig (fig) *s.* BOT. figa *f.* *2* fig. rave *m.: I don't care a ~,* m'importa un rave.

fight (fait) *s.* lluita *f.*, combat *m.* *2* baralla *f.*, disputa *f.*

fight (to) (fait) *i.* lluitar. *2* barallar-se *p.* ■ *3 t.* lluitar amb o contra. *4* combatre, resistir. *5* entaular [una batalla]. *6* torejar. *7 to ~ down,* reprimir. *8 to ~ off,* rebutjar, treure's *p.* de sobre. ▲ Pret. i p. p.: *fought* (fɔːt).

fighter ('faitəʳ) *s.* lluitador. *2* combatent. *3* guerrer. *4* AVIA. avió *m.* de caça. *5* ESPORT boxador.

fighting ('faitiŋ) *a.* lluitador, combatiu. ‖ *~ spirit,* combativitat, ànim de lluita. ■ *2 s.* combat *m.*, lluita *f.*, baralla *f.* ‖ *street ~,* baralles *f. pl.* al carrer.

fig leaf ('figliːf) *s.* fulla *f.* de cep.

figment ('figmənt) *s.* ficció *f.*, invenció *f.* ‖ *~ of the imagination,* quimera *f.*

fig tree ('figtriː) *s.* figuera *f.*

figurative ('figjurətiv) *a.* figurat. *2* ART figuratiu.

figure ('figəʳ) *s.* ARIT. xifra *f.*, número *m.* *2* figura *f.* *3* tipus *m.*, figura *f.*, cos *m.* *4* preu *m.*, valor *m.* *5* quantitat *f.*, suma *f.* *6* dibuix *m.;* estàtua *f.*

figure (to) ('figəʳ) *t.* figurar-se *p.*, imaginar. *2* calcular. *3* representar. *4 to ~ out,* resoldre; desxifrar; entendre; calcular. ■ *5 i.* figurar, constar. *6 to ~ (in),* figurar, aparèixer. *7* (EUA) *to ~ (on),* projectar, calcular.

figurehead ('figəhed) *s.* mascaró *m.* de proa. *2* fig. figura *f.* decorativa.

filament ('filəmənt) *s.* filament *m.*

filch (to) (filtʃ) *t.* pispar, robar.

file (fail) *s.* llima *f.* *2* carpeta *f.*, arxivador *m.*, fitxer *m.* ‖ *police ~s,* arxius *m.* policials. *3* expedient *m.* *4* fila *f.*, filera *f.*

file (to) (fail) *t.* llimar(se. *2* arxivar, registrar, classificar. *3 to ~ a claim,* presentar una reclamació. ■ *4 i. to ~ past,* desfilar davant de.

filibuster ('filibʌstəʳ) *s.* POL. obstruccionista, filibuster. *2* maniobra *f.* obstruccionista.

filigree ('filigriː) *s.* filigrana *f.*

filing ('failiŋ) *s.* llimada *f.*, llimadura *f.* [acció]. *2* acció *f.* d'arxivar. *3 pl.* llimadures *f.*

filing cabinet ('failiŋ͵kæbint) *s.* fitxer *m.*, arxivador *m.*

filing card ('failiŋkɑːd) *s.* fitxa *f.* [de fitxer].

fill (fil) *s.* afartament *m.*, atipament *m.* ‖ *I've had my ~ of him,* estic tip d'ell.

fill (to) (fil) *t.* omplir. *2* afegir, completar. *3* ocupar [un lloc]. *4* tapar, cobrir. *5* empastar [un queixal]. *6* dur a terme. *7* CUI. farcir. ■ *8 i.* omplir-se *p.* ■ *to ~ in,* omplir [un imprès]; *to ~ out,* eixemplar(se, engreixar(se; *to ~ up,* omplir, tapar.

fillet ('filit) *s.* cinta *f.* [pel cabell]. *2* CARN. filet *m.*

fillet (to) ('filit) *t.* tallar en filets.

filling ('filiŋ) *s.* farcit *m.;* ompliment *m.* *2* envàs *m.* *3* empastat *m.*

filling station ('filiŋ͵steiʃn) *s.* estació *f.* de servei.

fillip ('filip) *s.* ditada *f.*, closquet *m.* *2* fig. estímul *m.*

filly ('fili) *s.* ZOOL. poltra *f.*

film (film) *s.* peŀlícula *f.*, capa *f.* *2* peŀlícula *f.*, film *m.*

film (to) (film) *t.* CINEM. filmar, rodar. *2* entelar, cobrir [amb una capa o una peŀlícula]. ■ *3 i.* filmar *t.* *4* cobrir-se *p.* [amb una capa o una peŀlícula].

film star ('filmstɑː) *s.* estrella *f.* del cine.

filter ('filtəʳ) *s.* filtre *m.*

filter (to) ('filtəʳ) *t.* filtrar [també fig.]. ■ *2 i.* filtrar-se *p.* [també fig.].

filth (filθ) *s.* brutícia *f.*, porqueria *f.* *2* corrupció *f.*, obscenitat *f.*

filthiness ('filθinis) *s.* brutícia *f.* 2 obscenitat *f.*

filthy ('filθi) *a.* brut, llardós. 2 corromput, impur. 3 coŀloq. ~ *rich,* fastigosament ric.

fin (fin) *s.* aleta *f.* [de peix].

final ('fainl) *a.* últim, darrer, final. 2 conclusiu. 3 definitiu, decisiu; determinant. ■ 4 *s.* ESPORT final *f.* 5 *pl.* examens *m.* finals. ■ 6 -**ly** *adv.* finalment, per fi.

finance (fai'næns) (EUA) (fi'næns) *s.* finances *f. pl.* 2 *pl.* fons *m.*

finance (to) (fai'næns) (EUA) (fi'næns) *t.* finançar.

financial (fai'nænʃəl) (EUA) (fi'nænʃəl) *a.* financer. ‖ ~ *year,* any econòmic.

financier (fai'nænsiəʳ) (EUA) (fi'nænsiəʳ) *s.* financer.

finch (fintʃ) *s.* ORN. pinzà *m.*

find (faind) *s.* troballa *f.,* descobriment *m.*

find (to) (faind) *t.* trobar. ‖ *to* ~ *fault with,* trobar defectes, censurar. 2 descobrir. 3 proporcionar. 4 *to* ~ *one's feet,* començar a caminar; fig. independitzar-se *p.* 5 DRET *to* ~ *guilty,* declarar culpable. ■ 6 *p. to* ~ *oneself,* trobar-se. ■ 7 *i.* fallar. ■ *to* ~ *for,* fallar a favor de; *to* ~ *out,* esbrinar; *to* ~ *out about,* informar-se sobre, esbrinar sobre. ▲ Pret. i p. p.: *found* (faund).

finding ('faindiŋ) *s.* descobriment *m.* 2 *pl.* troballes *f.* 3 DRET sentència *f.,* veredicte *m.,* resolució *f.*

fine (fain) *a.* fi. 2 maco, bonic. ‖ ~ *arts,* belles arts. 3 bo, exceŀlent. 4 primorós. 5 elegant. 6 petit, menut. 7 esmolat. 8 refinat, pur [metalls]. 9 elevat, noble. ■ 10 *s.* multa *f.* ■ 11 *adv.* coŀloq. molt bé.

fine (to) (fain) *t.* multar.

fineness ('fainnis) *s.* finor *f.,* finesa *f.* 2 delicadesa *f.* 3 exceŀlència *f.*

finery ('fainəri) *s.* arreus *m. pl.,* guarniments *m. pl.*

finesse (fi'nes) *s.* astúcia *f.,* subtilesa *f.* 2 tacte *m.,* diplomàcia *f.* 3 discerniment *m.;* discriminació *f.*

finger ('fiŋgəʳ) *s.* dit *m.* ‖ *index* ~, dit índex. ‖ *little* ~, dit petit. ‖ *midde* ~, dit del mig. ‖ *ring* ~, dit anular. ‖ *to burn one's* ~*s,* picar-se els dits.

finger (to) ('fiŋgəʳ) *t.* tocar, grapejar. 2 teclejar. 3 pispar, robar.

fingernail ('fiŋgəneil) *s.* ungla *f.* [dels dits de la mà].

fingerprint ('fiŋgəprint) *s.* emprempta *f.* digital.

fingertip ('fiŋgətip) *s.* punta *f.* del dit.

finicky ('finiki) *a.* primmirat, punyeter.

finish ('finiʃ) *s.* fi *m.,* final *m.* 2 acabat *m.* 3 ESPORT arribada *f.,* meta *f.*

finish (to) ('finiʃ) *t.* acabar, terminar, concloure. 2 donar l'acabat a. 3 vèncer, matar, acabar amb. ■ 4 *i.* acabar(se.

finite ('fainait) *a.* finit.

Finland ('finlənd) *n. pr.* GEOGR. Finlàndia *f.*

Finn (fin) *s.* finlandès.

Finnish ('finiʃ) *a.-s.* finlandès. ■ 2 *s.* finlandès *m.* [llengua].

fir (fəːʳ) *s.* BOT. avet *m.*

fir cone ('fəːkoun) *s.* pinya *f.* d'avet.

fire ('faiəʳ) *s.* foc *m.* ‖ *to be on* ~, cremar, estar cremant; *to catch* ~, encendre's; *to set on* ~ o *to* ~, calar foc a, incendiar. 2 foc *m.,* incendi *m.* 3 foc *m.* [trets]. ‖ *to miss* ~, fallar el tret *m.* 4 estufa *f.* 5 fig. ardor *m.,* passió *f.,* inspiració *f.*

fire (to) ('faiəʳ) *t.* encendre, calar foc, incendiar, cremar. 2 disparar [una arma de foc]. 3 acomiadar [un treballador]. 4 fig. despertar, inspirar, excitar. ■ 5 *i.* encendre's *p.* 6 disparar-se *p.* 7 enardir-se *p.,* excitar-se *p.*

fire alarm ('faiərə‚laːm) *s.* alarma *f.* d'incendis.

firearm ('faiərɑːm) *s.* arma *f.* de foc.

firebrigade ('faiəbri‚geid) *s.* bombers *m. pl.*

fire engine ('faiər‚endʒin) *s.* cotxe *m.* de bombers.

fireman ('faiəmən) *s.* bomber. 2 FERROC. fogoner.

fireplace ('faiəpleis) *s.* llar *f.,* xemeneia *f.*

fireproof ('faiəpruːf) *a.* incombustible, a prova de foc.

fire raiser ('faiə‚reizəʳ) *s.* incendiari *m.*

fireside ('faiəsaid) *s.* lloc *m.* al costat de la llar de foc.

firewood ('faiəwud) *s.* llenya *f.*

fireworks ('faiəwəːks) *s. pl.* focs *m.* artificials.

firing ('faiəriŋ) *s.* cuita *f.* [de totxos]. 2 AUTO. encesa *f.* 3 MIL. tret *m.;* tiroteig *m.;* canonades *f. pl.*

firm (fəːm) *a.* ferm. 2 dur, consistent. ■ 3 *s.* firma *f.,* empresa *f.,* casa *f.*

firmness ('fəːmnis) *s.* fermesa *f.* [també fig.].

first (fəːst) *a.* primer. 2 primitiu original. 3 anterior. 4 primerenc. ■ 5 *adv.* primer. 6 abans, al principi. 7 per primer cop, per primera vegada. ■ 8 *s.* primer. 9 principi *m.: at* ~, al principi; *from the* ~, des del principi. ■ 10 -**ly** *adv.* primer, en primer lloc, primerament.

first aid ('fəːst'eid) *s.* primers auxilis *m. pl.*

first-born ('fəːstbɔːn) *a.-s.* primogènit.

first-hand ('fəːst'hænd) *a.* de primera mà.

first name ('fəːst'neim) *s.* nom *m.* de pila.

first night ('fəːst'nait) *s.* TEAT. nit *f.* d'estrena.

first-rate ('fəːst'reit) *a.* excel·lent, de primera classe. ▪ *2 adv.* molt bé.

firth (fəːθ) *s.* ria *f.*, estuari *m.*

fiscal ('fiskəl) *a.* ECON. fiscal. ‖ ~ *year,* any fiscal.

fish (fiʃ) *s.* ICT. peix *m.;* (ROSS.) pei *m.* 2 fig. *a queer* ~, un tipus o un individu estrany.

fish (to) (fiʃ) *t.* pescar. ▪ *2 i.* anar a pescar, fer pesca.

fisherman ('fiʃəmən) *s.* pescador, (ROSS.) pescaire.

fishing ('fiʃiŋ) *s.* pesca *f.*

fishing rod ('fiʃiŋrɔd) *s.* canya *f.* de pescar.

fishing tackle ('fiʃiŋˌtækl) *s.* ormeig *m.* de pescar.

fishhook ('fiʃhuk) *s.* ham *m.*

fishmonger ('fiʃˌmʌŋgəʳ) *s.* peixater. ‖ ~*'s shop,* peixateria *f.*

fishpond ('fiʃpɔnd) *s.* viver *m.*, piscina *f.*

fission ('fiʃən) *s.* FÍS. fissió *f.*

fissure ('fiʃəʳ) *s.* fissura *f.*, escletxa *f.*

fist (fist) *s.* puny *m.*

fisticuffs ('fistikʌfs) *s. pl.* cops *m.* de puny.

fit (fit) *a.* apte, capaç, apropiat, convenient. 2 bé de salut, sà. 3 llest, preparat. ▪ *4 s.* atac *m.*, rampell *m.* 5 MED. atac *m.*, accés *m.* 6 ajustatge *m.*, reglatge *m.*, encaixament *m.* 7 *by* ~*s and starts,* a empentes.

fit (to) (fit) *t.* ajustar, encaixar. 2 capacitar. 3 escaure a, anar bé a. 4 proveir, equipar. 5 disposar, preparar. 6 ficar, posar, col·locar. ▪ *7 i.* encaixar. 8 correspondre a. 9 ser propi o adequat de o per a. 10 adaptar-se *p.*, ajustar-se *p.* 11 escaure, anar bé o malament.

fitful ('fitful) *a.* variable. 2 capritxós. 3 espasmòdic.

fitness ('fitnis) *s.* aptitud *f.*, conveniència *f.* 2 salut *f.*

fitting ('fitiŋ) *a.* propi, adequat, convenient. ▪ *2 s.* ajustatge *m.*, encaixament *m.* 3 emprova *f.*, entallament *m.* [d'un vestit]. *4 pl.* accesoris *m.*, guarniments *m.;* mobles *m.* 5 MEC. muntatge *m.*

five (faiv) *a.* cinc. ▪ *2 s.* cinc *m.*

fiver ('faivəʳ) *s.* col·loq. bitllet *m.* de cinc lliures.

fix (fiks) *s.* mal tràngol *m.*, compromís *m.*, embolic *m.* 2 col·loq. punxada *f.* [de droga].

fix (to) (fiks) *t.* fixar, assegurar. 2 assenyalar; posar, establir. 3 gravar [a la memòria]. 4 atreure, cridar [l'atenció]. 5 arranjar, arreglar. 6 col·loq. manejar, trucar; passar comptes amb algú. ▪ *7 i.* fixar-se *p.*, solidificar-se *p.* 8 *to* ~ *on,* decidir-se *p.* per, escollir.

fixture ('fikstfəʳ) *s.* cosa *f.*, moble *m.*, etc., fix a un lloc. 2 persona *f.* que viu fixa en un lloc. 3 *pl.* instal·lació *f.* [de gas, etc.]. 4 ESPORT partit *m.*

fizz (to) (fiz) *i.* bombollejar. 2 fer un soroll sibilant.

fizzle (to) ('fizl) *i.* xiuxiuejar. 2 *to* ~ *out,* apagar-se *p.;* fig. fracassar.

flabbergast (to) ('flæbəgaːst) *t.* col·loq. confondre, desconcertar.

flabbiness ('flæbinis) *s.* flacciditat *f.* 2 fluixesa *f.*

flabby ('flæbi) *a.* flàccid, fluix, flonjo.

flaccid ('flæksid) *a.* flàccid, fluix.

flaccidity (flæk'siditi) *s.* flacciditat *f.*

flag (flæg) *s.* bandera *f.*, senyera *f.*, bandereta *f.*, estendard *m.* 2 llosa *f.*

flag (to) (flæg) *i.* afluixar, decaure, flaquejar. 2 fig. desanimar-se *p.*

flagellate (to) ('flædʒəleit) *t.* flagel·lar.

flagging ('flægiŋ) *a.* fluix, esmaperdut.

flagon ('flægən) *s.* gerra *f.* 2 ampolla *f.* [de dos litres].

flagrant ('fleigrənt) *a.* flagrant, notori, escandalós.

flagship ('flægʃip) *s.* vaixell *m.* o nau *f.* almirall.

flair (fleəʳ) *s.* instint *m.*, disposició *f.* natural.

flake (fleik) *s.* floc *m.* [de neu]. 2 escama *f.*, lamel·la *f.*

flaky ('fleiki) *a.* escamós. 2 col·loq. inestable; excèntric, extravagant. 3 CUI. fullat, fullada.

flamboyant (flæm'bɔiənt) *a.* cridaner. 2 vistós, extremat. 3 ARQ. flamejant.

flame (fleim) *s.* flama *f.;* foc *m.* 2 passió *f.*

flame (to) (fleim) *i.* flamejar, encendre's *p.*, inflamar-se *p.*

flamingo (flə'miŋgou) *s.* ORN. flamenc *m.*

flange (flændʒ) *s.* MEC. brida *f.*, pestanya *f.*, vorell *m.*

flank (flæŋk) *s.* illada *f.* 2 costat *m.* 3 MIL. flanc *m.*

flank (to) (flæŋk) *t.* vorejar. 2 MIL. flanquejar.

flannel ('flænl) *s.* TÈXT. franel·la *f.*

flap (flæp) *s.* tapeta *f.* [de butxaca]. 2 tapa *f.* [de vestit]. 3 peça *f.* plegable [de taula]. 4 cop *m.* d'ala. 5 *to get into a* ~, posar-se nerviós.

flap (to) (flæp) *t.* moure, batre [les ales]. ▪ 2 *i.* aletejar, esbategar.

flare (fleəʳ) *s.* flamarada *f.;* llampada *f.* 2 espurneig *m.*, llampurneig *m.* 3 vol *m.* [d'una faldilla]. 4 fig. rampell *m.*, llampec *m.* [d'ira, d'inspiració, etc.]. 5 MIL. bengala *f.*

flare (to) (fleəʳ) *t.* acampanar [una faldilla,

etc.]. ■ *2 i.* acampanar-se *p. 3* flamejar, resplendir, brillar. *4* fig. *to* ~ *up,* encendre's *p.,* enutjar-se *p.*

flash (flæʃ) *s.* flamarada *f.,* fogonada *f.,* llampec *m. 2* ostentació *f.*

flash (to) (flæʃ) *t.* encendre. *2* deixar anar [llum, flamarades, etc.]. *3* RADIO. radiar. *4* TELEGR. telegrafiar. ■ *5 i.* flamejar, brillar, resplendir.

flashlight ('flæʃlait) *s.* llanterna *f. 2* FOT. flash *m.*

flashy ('flæʃi) *a.* cridaner, extremat.

flask (flɑːsk) *s.* flascó *m. 2* QUÍM. matràs *m.*

flat (flæt) *a.* pla, llis, ras. *2* esmussat, xato. *3* positiu, categòric. *4* fig. monòton, avorrit, insuls. *5* MÚS. desafinat. *6* MÚS. bemoll. ■ *7 s.* plana *f.,* pla *m. 8* palmell *m.* [de la mà]. *9* pis *m.,* apartament. *10* MÚS. bemoll *m.* ■ *11 adv.* planerament; completament; terminantment.

flatness ('flætnis) *s.* planor *f. 2* planura *f. 3* fig. monotonia *f.,* insipidesa *f.*

flatten (to) ('flætn) *t.* aplanar, allisar. *2* abatre. *3* aixafar, aplastar. ■ *4 i.* allisar-se *p. 5* perdre el gust.

flatter (to) ('flætəʳ) *t.* adular, llagotejar. *2* afalagar.

flattering ('flætəriŋ) *a.* falaguer, afalagador.

flattery ('flætəri) *s.* adulació *f.,* llagoteria *f. 2* afalac *m.*

flatulent ('flætjulent) *s.* flatulent.

flaunt (to) (flɔːnt) *t.* fer onejar. *2* lluir, ostentar. ■ *3 p. to* ~ *oneself,* gallejar. ■ *4 i.* onejar, ondejar.

flautist ('flɔːtist) *s.* flautista.

flavour, (EUA) **flavor** ('fleivəʳ) *s.* gust *m.,* sabor *m. 2* aroma *m. 3* CUI. assaonament *m.*

flavour, (EUA) **flavor (to)** ('fleivəʳ) *t.* condimentar, assaonar.

flaw (flɔː) *s.* esquerda *f. 2* defecte *m.,* imperfecció *f.,* desperfecte *m.*

flawless ('flɔːlis) *a.* impecable, perfecte.

flax (flæks) *s.* lli *m.*

flaxen ('flæksən) *a.* de lli. *2* ros clar [cabell].

flay (to) (flei) *t.* escorxar. *2* fig. renyar; deixar com un drap brut.

flea (fliː) *s.* puça *f.*

flea market ('fliːmɑːkit) *s.* encants *m. pl.*

fleck (flek) *s.* taca *f.,* placa *f.*

fled (fled) Veure FLEE (TO).

fledged ('fledʒd) *a.* plomat. *2* fig. *fully-*~, de cap a peus, del tot.

flee (to) (fliː) *i.* fugir, (ROSS.) fúger. *2* fugir de, evitar. ▲ Pret. i p. p.: *fled* (fled).

fleece (fliːs) *s.* velló *m. 2* llana *f.*

fleece (to) (fliːs) *t.* esquilar. *2* fig. plomar, deixar pelat, robar.

fleecy ('fliːsi) *a.* llanós, llanut.

fleet (fliːt) *s.* armada *f. 2* flota *f.,* esquadra *f.* ■ *2 a.* poèt. veloç, lleuger.

fleeting ('fliːtiŋ) *a.* fugaç, passatger, efímer.

Flemish ('flemiʃ) *a.* flamenc [de Flandes]. ■ *2 s.* flamenc *m.* [llengua].

flesh (fleʃ) *s.* carn *f.* [també fig.]. ‖ *to lose* ~, aprimar-se. ‖ *to put on* ~, engreixar-se.

fleshy ('fleʃi) *a.* carnós. *2* gras [persones].

flew (fluː) *Pret.* de FLY (TO).

flex (fleks) *s.* ELECT. cable *m.* flexible.

flex (to) (fleks) *t.* doblar, plegar.

flexibility (ˌfleksi'biliti) *s.* flexibilitat *f.*

flexible ('fleksəbl) *a.* flexible.

flexitime ('fleksitaim) *s.* horari *m.* flexible.

flick (flik) *s.* copet *m. 2* coŀloq. peŀlícula *f. 3* coŀloq. *the ~s,* el cine *m.*

flicker ('flikəʳ) *s.* centelleig *m. 2* fig. mica *f.,* bocí *m.*

flicker (to) ('flikəʳ) *i.* vaciŀlar, tremolar. *2* vibrar.

flight (flait) *s.* vol *m. 2* trajectòria *f.* [d'un projectil]. *3* bandada *f.* [d'ocells]. *4* esquadrilla *f.* [d'avions]. *5* fuga *f.,* fugida *f. 6* tram *m.* [d'escala].

flighty ('flaiti) *a.* frívol, capritxós, voluble.

flimsiness ('flimzinis) *s.* feblesa *f. 2* fragilitat *f.*

flimsy ('flimzi) *a.* feble, dèbil. *2* futil, trivial. ■ *3 s.* paper *m.* de ceba.

flinch (to) (flintʃ) *i.* acovardir-se *p.,* recular, fer-se *p.* enrera (*from,* davant).

fling (fliŋ) *s.* tir *m. 2* intent *m.,* temptativa *f. 3* bot *m. 4* pulla *f. 5* ball *m.* escocès.

fling (to) (fliŋ) *t.* llençar, llançar, tirar. ‖ *to* ~ *open,* obrir de cop. ■ *2 i.* llençar-se *p.,* llançar-se *p.,* tirar-se *p.* ▲ Pret. i p. p.: *flung* (flʌŋ).

flint (flint) *s.* pedrenyal *m.,* pedra *f.* foguera. *2* pedra *f.* d'encenedor.

flip (flip) *s.* closquet *m.,* copet *m. 2* coŀloq. *the* ~ *side,* la segona cara *f.* d'un disc. *3* AVIA. vol *m.* curt.

flip (to) (flip) *t.* llançar, tirar enlaire [amb els dits].

flippancy ('flipənsi) *s.* frivolitat *f. 2* lleugeresa *f.*

flippant ('flipənt) *a.* lleuger, frívol. *2* impertinent, petulant.

flirt (fləːt) *s.* coqueta *f.* [noia].

flirt (to) (fləːt) *i.* flirtejar, coquetejar. *2* fig. *to* ~ *with,* acariciar [una idea].

flirtation (fləː'teiʃən) *s.* flirteig *m.,* coqueteig *m.,* festeig *m.*

flit (to) (flit) *i.* volar, voletejar.

float (flout) *s.* flotador *m.,* boia *f. 2* rai *m.,* barca *f. 3* carrossa *f.*

float (to) (flout) *i.* flotar, surar [també fig.]. ■ *2 t.* fer flotar. *3* COM. emetre.

flock (flɔk) *s.* ramat *m.* [de cabres, bens,

etc.]. *2* estol *m.*, bandada *f.* [d'ocells]. *3* multitud *f.*, gentada *f. 4* REL. ramat *m.*

flock (to) (flɔk) *i.* reunir-se *p.*, congregar-se *p.*, ajuntar-se *p.*

floe (flou) *s.* panna *f.* de glaç.

flog (to) (flɔg) *t.* fuetejar, assotar. *2* coŀloq. vendre.

flogging ('flɔgiŋ) *s.* pallissa *f.*, atupada *f.*

flood (flʌd) *s.* inundació *f. 2* torrent *m. 3* abundància *f.*

flood (to) (flʌd) *t.* inundar [també fig.]. *2* desbordar. ■ *3 i.* desbordar-se *p. 4 to ~ in,* arribar a grapats. *5 to ~ out,* desallotjar; fig. inundar.

flood-light ('flʌdlait) *s.* focus *m.*

flood tide ('flʌdtaid) *s.* plenamar *f.*

floor (flɔ:ʳ) *s.* terra *m.*, sòl *m. 2* fons [del mar]. *3* paviment *m.* [d'una casa]. *4 ground ~,* planta *f.* baixa.

floor (to) (flɔ:ʳ) *t.* posar el terra [d'una casa]. *2* tombar, tirar a terra. *3* fig. tombar, vèncer. *4* fig. desconcertar.

flooring ('flɔ:riŋ) *s.* paviment *m.*, sòl *m.* [interior]. *2* enrajolat *m.*

flop (to) (flop) *i.* deixar-se *p.* caure amb tot el pes. *2* coŀloq. fracassar.

flora ('flɔ:rə) *s.* BOT. flora *f.*

Florence ('flɔrəns) *n. pr.* GEOGR. Florència *f.*

florid ('flɔrid) *a.* florit [estil]. *2* vermell [cara].

florin ('flɔrin) *s.* florí *m.*

florist ('flɔrist) *s.* florista.

flotsam ('flɔtsəm) *s.* restes *f. pl.*, despulles *f. pl.* [d'un naufragi].

flounce (flauns) *s.* volant *m.*, farbalà *m. 2* estremiment *m.*

flounce (to) (flauns) *t.* posar volants o farbalans. ■ *2 i.* moure's *p.* bruscament.

flounder ('flaundəʳ) *s.* ICT. palaia *f.*

flounder (to) (flaundəʳ) *i.* debatre's *p. 2* equivocar-se *p.*, entrebancar-se *p.*; vaciŀlar.

flour ('flauəʳ) *s.* farina *f.*

flour (to) ('flauəʳ) *t.* enfarinar.

flourish ('flʌriʃ) *s.* floreig *m.* [amb l'espasa]. *2* cop *m.* de ploma. *3* toc *m.* de trompeta. *4* MÚS. fanfara *f.*

flourish (to) ('flʌriʃ) *i.* florir, prosperar. ■ *2 t.* adornar. *3* brandir [l'espasa, etc.].

flourishing ('flʌriʃiŋ) *a.* pròsper, florent.

floury ('flauəri) *a.* farinós. *2* enfarinat.

flout (to) (flaut) *t.* mofar-se *p.* de, burlar-se *p.* de, insultar.

flow (flou) *s.* corrent *m. 2* flux *m. 3* doll *m. 4* torrent *m.*

flow (to) (flou) *i.* fluir, córrer. *2* rajar, brollar. *3* procedir, provenir. *4 to ~ away,* esmunyir-se *p. 5 to ~ into,* desembocar.

flower ('flauəʳ) *s.* BOT. flor *f.* ‖ *~ vase,* gerro *m.*, florera *f. 2* fig. *the ~ of,* la flor *f.* i la nata *f.* de.

flower (to) ('flauəʳ) *i.* florir.

flowerpot ('flauəpɔt) *s.* test *m.*

flowery ('flauəri) *a.* florit [també fig.].

flowing ('flouiŋ) *a.* fluid, fluent. *2* deixat anar [cabell]. *3* ample, folgat [roba].

flown (floun) *p. p.* de FLY (TO).

flu (flu:) *s.* MED. coŀloq. (abrev. de *influenza*) grip *f.*

fluctuate (to) ('flʌktjueit) *i.* fluctuar.

fluctuation (ˌflʌktjuˈeiʃən) *s.* fluctuació *f.*

flue (flu:) *s.* fumeral *m.*, tub *m.*, conducte *m.*

fluency ('fluənsi) *s.* fluïdesa *f. 2* facilitat *f.*, domini *m.* [d'una llengua].

fluent (fluənt) *a.* fluid. *2* bo. ■ *3 -ly adv.* amb fluïdesa, bé.

fluff (flʌf) *s.* borrissol *m.*, llaneta *f.*

fluff (to) (flʌf) *t.* estufar, estovar, esponjar. *2* suspendre [un examen]. *3* coŀloq. TEAT. dir malament, equivocar-se *p.* ■ *4 i.* esponjar-se *p.*

fluffy ('flʌfi) *a.* tou, esponjat.

fluid ('flu:d) *a.* fluid. *2* inestable. ■ *3 s.* fluid *m.*

fluidity (flu:ˈiditi) *s.* fluïdesa *f.*

fluke (flu:k) *s.* coŀloq. xamba *f.*, sort *f. 2* MAR. ungla *f.* [d'una àncora]. *3* ZOOL. trematode *m.*

flung (flʌŋ) Veure FLING (TO).

fluorescent (fluəˈresnt) *a.* fluorescent.

flurry ('flʌri) *s.* agitació *f.*, neguit *m. 2* ràfega *f.* [de vent, de pluja, etc.].

flurry (to) ('flʌri) *t.* posar nerviós, neguitejar.

flush (flʌʃ) *a.* ple, ric, abundant. *2* vermell, encès. *3* anivellat, ras. ■ *4 s.* broll *m.* [d'aigua]. *5* rubor *m.*, enrojolament *m.*

flush (to) (flʌʃ) *i.* posar-se *p.* vermell, enrojolar-se *p. 2* sortir, brollar. ■ *3 t.* netejar [amb aigua]. *4* fer posar vermell, fer enrojolar. *5* animar. *6* inundar. *7* igualar. *8 to ~ the toilet,* tirar la cadena del wàter.

fluster ('flʌstəʳ) *s.* neguit *m.*, nerviosisme *m.*, confusió *f.*

fluster (to) ('flʌstəʳ) *t.* posar nerviós, neguitejar, atordir. ‖ *to get ~ed,* posar-se *p.* nerviós.

flute (flu:t) *s.* flauta *f. 2* ARQ. estria *f. 3* plec *m.*

flutter ('flʌtəʳ) *s.* aleteig *m. 2* vibració *f.*, palpitació *f. 3* fig. agitació *f.*, conmoció *f.*

flutter (to) ('flʌtəʳ) *i.* aletejar, moure [les ales]. *2* onejar. *3* agitar-se *p.* ■ *4 t.* agitar, bellugar.

fluvial ('flu:vjəl) *a.* fluvial.

flux (flʌks) *s.* flux *m. 2* fundent *m.*

fly (flai) *s.* ENT. mosca *f.* 2 bragueta *f.*

fly (to) (flai) *i.* volar. 2 anar amb avió. *3* hissar [una bandera]. *4* fugir, escapar-se *p.* 5 llançar-se *p.* contra, precipitar-se *p.* sobre. *6* saltar, esclatar. *7 to ~ into a passion*, encendre's *p.* d'indignació. ■ *8 t.* portar, pilotar [un avió]. *9* fer onejar [una bandera]. *10* evitar, fugir de. ▲ Pret.: *flew* (flu:) i *flown* (floun).

flying ('flaiiŋ) *a.* volador, volant. ‖ *~ club*, club d'aviació. 2 ràpid, veloç. ‖ *~ visit*, visita breu, fugitiu. *3* onejant [bandera].

flying buttress ('flaiiŋ'bʌtris) *s.* ARQ. arcbotant *m.*

flying saucer ('flaiiŋ'sɔ:sə') *s.* platet *m.* volant.

flyleaf ('flaili:f) *s.* guarda *f.* [d'un llibre].

flywheel ('flaiwi:l) *s.* MEC. volant *m.*

foal (foul) *s.* ZOOL. poltre *m.*

foam (foum) *s.* escuma *f.*

foam (to) (foum) *i.* fer escuma; treure escuma.

f.o.b. (fɔb,'efou'bi:) (abrev. *free on board*) franc a bord.

focus ('foukəs) *s.* focus *m.* 2 fig. centre *m.*

focus (to) ('foukəs) *t.* enfocar. 2 centrar, fixar [l'atenció, etc.].

fodder ('fɔdə') *s.* pinso *m.*, farratge *m.*

foe (fou) *s.* poèt. enemic.

foetus, (EUA) **fetus** ('fi:təs) *s.* fetus *m.*

fog (fɔg) *s.* boira *f.*, broma *f.* ‖ fig. *to be in a ~*, sumit en un mar de dubtes *m. pl.*

foggy ('fɔgi) *a.* boirós, bromós. 2 FOT. velat.

foible ('fɔibl) *s.* punt *m.* flac, debilitat *f.* 2 mania *f.*

foil (fɔil) *s. aluminium ~*, paper *m.* d'alumini. 2 ESGR. floret *m.* 3 làmina *f.* [de metall].

foil (to) (fɔil) *t.* frustrar. 2 fig. realçar, fer destacar.

foist (to) (fɔist) *t. to ~ something on somebody*, endossar, encolomar [una mercaderia, etc.] amb engany.

fold (fould) *s.* plec *m.*, séc *m.* 2 pleta *f.*, cleda *f.* [pels bens]. *3* REL. ramat *m.*

fold (to) (fould) *t.* doblar, doblegar, plegar. 2 creuar [els braços]. ■ *3 i.* doblar-se *p.*, doblegar-se *p.*, plegar-se *p.* 4 *to ~ up*, fracassar, tancar [un negoci].

folder ('fouldə') *s.* carpeta *f.*

folding ('fouldiŋ) *a.* plegable: *~ chair*, cadira plegable.

foliage ('fouliidʒ) *s.* fullatge *m.*

folio ('fouliou) *s.* foli *m.*

folk (foulk) *s.* gent *f.*, poble *m.* 2 *pl.* col·loq. família *f. sing.* ■ *3 a.* popular.

folklore ('fouklɔ:') *s.* folklore *m.*

folk song ('fouksɔŋ) *s.* cançó *f.* popular.

follow (to) ('fɔlou) *t.* seguir. ‖ *as follows*, tal com segueix. 2 perseguir. *3 to ~ on* o *up*, prosseguir. *4 to ~ out*, dur a terme.

follower ('fɔlouə') *s.* seguidor. 2 partidari. *3* deixeble.

following ('fɔlouiŋ) *a.* següent. ■ *2 s.* seguidors *m. pl.*, partidaris *m. pl.*

folly ('fɔli) *s.* bestiesa *f.* 2 bogeria *f.*

foment (to) (fou'mənt) *t.* MED. fomentar [també fig.].

fond (fɔnd) *a.* afectuós. 2 *to be ~ of*, estimar; ser afeccionat a. ■ *3 -ly, adv.* afectuosament.

fondle (to) ('fɔndl) *t.* acariciar, acaronar.

fondly ('fɔndli) *adv.* afectuosament. 2 ingènuament.

fondness ('fɔndnis) *s.* afecció *f.* 2 tendresa *f.*

font (fɔnt) *s.* pila *f.* baptismal.

food (fu:d) *s.* menjar *m.*, aliment *m.* ‖ *~stuffs*, comestibles *m.*, productes *m.* alimentaris.

fool (fu:l) *s.* ximplet, enze. 2 boig. *3* pallasso. ‖ *to make a ~ of*, ridiculitzar, posar en ridícul.

fool (to) (fu:l) *t.* enganyar. 2 entabanar, ensarronar. ■ *3 i.* fer broma, fer el ximple.

foolhardy ('fu:l,hɑ:di) *a.* temerari.

foolish ('fu:liʃ) *a.* ximple, ximplet, neci. 2 absurd, ridícul.

foolishness ('fu:liʃnis) *s.* bestiesa *f.*, ximpleria *f.*

foot (fut) *s.* ANAT. peu *m.* ‖ *on ~*, a peu. 2 pota *f.*, peu *m.* [d'animal, moble, etc.]. *3* peu *m.*, base *f.* 4 peu *m.* [mesura]. 5 fig. *to get back on one's feet*, restablir-se, aixecar el cap; *to get cold feet*, espantar-se, tenir por; *to put one's ~ in it*, ficar-se de peus a la galleda. ▲ *pl. feet* (fi:t).

footage ('futidʒ) *s.* longitud *f.* en peus. 2 CINEM. metratge *m.*

football ('futbɔ:l) *s.* ESPORT futbol *m.* 2 pilota *f.* [de futbol].

footfall ('futfɔ:l) *s.* trepitjada *f.*, passa *f.*, pas *m.*

footing ('futiŋ) *s.* peu *m.*, base *f.*, fonament *m.*

footlights ('futlaits) *s. pl.* TEAT. bateria *f. sing.* [de llums].

footman ('futmən) *s.* lacai *m.*

footpath ('futpɑ:θ) *s.* viarany *m.*, camí *m.*, sendera *f.*

footprint ('futprint) *s.* petjada *f.*, petja *f.*

footsore ('futsɔ:') *a.* espeuat, amb els peus cansats.

footstep ('futstep) *s.* pas *m.*, passa *f.*

footwear ('futwɛə') *s.* calçat *m.*

fop (fɔp) *s.* petimetre *m.*

for (fɔ:', fə') *prep.* per; per a; a causa de; durant; contra; a favor de; de [amb destinació a]. ‖ *as* ~ *me*, pel que fa a mi; *but* ~, si no fos per; sense; ~ *all that*, no obstant això, malgrat tot; ~ *ever*, ~ *good*, per sempre; ~ *sale*, en venda, es ven; *the flight* ~ *Barcelona*, el vol de Barcelona. ■ *2 conj.* ja que, perquè.

forage ('fɔridʒ) *s.* farratge *m.*

forage (to) ('fɔridʒ) *i.* farratjar. *2* fig. furgar. ■ *2 t.* fig. saquejar, pillar.

forasmuch as (fərəz'mʌtʃæz) *conj.* ja que, atès que [legal].

foray ('fɔrei) *s.* incursió *f.*, ràtzia *f.*, irrupció *f. 2* saqueig *m.*

forbade (fə'beid) Veure FORBID (TO).

forbear, (EUA) **forebear** ('fɔ:bɛər) *s. pl.* avantpassats *m.*

forbear (to) (fɔ:'bɛər) *t.* form. evitar, deixar de. *2* sofrir amb paciència. ■ *3 i.* abstenir-se *p.* ▲ Pret.: *forbore* (fɔ:'bɔ:r); p. p.: *forborne* (fɔ:'bɔ:n).

forbearance (fɔ:'bɛərəns) *s.* abstenció *f.*, contenció *f. 2* paciència *f.*, indulgència *f.*

forbid (to) (fə'bid) *t.* prohibir, vedar, privar. ‖ *God* ~*!*, Déu no ho vulgui! ▲ Pret.: *forbade* (fə'beid) o *forbad* (fə'bæd); p. p.: *forbidden* (fə'bidn).

forbidding (fə'bidiŋ) *a.* inhòspit, amenaçador, terrible. *2* formidable, impressionant. *3* sever [persona].

forbore (fɔ:'bɔ:r) Veure FORBEAR (TO).

forborne (fɔ:'bɔ:n) Veure FORBEAR (TO).

force (fɔ:s) *s.* força *f.: by* ~, per força, per la força. *2* vigor *m.*, energia *f. 3* virtut *f.*, eficàcia *f. 4 in* ~, en vigor, vigent.

force (to) (fɔ:s) *t.* forçar. *2* obligar. *3* imposar. *4* obtenir, treure, ficar, etc. [per la força]. ‖ *to* ~ *one's way*, obrir-se *p.* pas a empentes.

forceful ('fɔ:sful) *a.* fort, poderós, eficaç; violent.

forcemeat ('fɔ:smi:t) *s.* farciment *m.*

forceps ('fɔ:səps) *s. pl.* fòrceps *m.*

forcible ('fɔ:səbl) *a.* violent, forçat. *2* eficaç, convincent [persona].

ford (fɔ:d) *s.* gual *m.*

ford (to) (fɔ:d) *t.* travessar, passar a gual.

fore (fɔ:, fɔər) *a.* davanter. ■ *2 s.* davantera *f. 3* MAR. proa *f.* ■ *3 adv.* a proa.

forearm ('fɔ:rɑ:m) *s.* avantbraç *m.*

forebode (to) (fɔ:'boud) *t.* presagiar, predir. *2* pressentir.

foreboding (fɔ:'boudiŋ) *s.* presagi *m.*, predicció *f. 2* pressentiment *m.*

forecast ('fɔkɑ:st) *s.* pronòstic *m.*, previsió *f.* ‖ *weather* ~, previsió *f.* meteorològica.

forecast (to) ('fɔ:kɑ:st) *t.* pronosticar, preveure. ▲ Pret. i p. p.: *forecast* o *-ted* (-tid).

foredoomed (fɔ:'du:md) *a.* condemnat o destinat d'entrada.

forefather ('fɔ:ˌfɑ:ðər) *s.* avantpassat *m.*

forefinger ('fɔ:ˌfiŋgər) *s.* dit *m.*, índex.

forefoot ('fɔfut) *s.* pota *f.* davantera.

forefront ('fɔ:frʌnt) *s.* avantguarda *f.;* primer pla *m. 2* MIL. primera línia *f.*

foregoing (fɔ:'gouiŋ) *a.* anterior, precedent.

foreground ('fɔ:graund) *s.* primer terme *m.*, primer pla *m.* [també fig.].

forehead ('fɔrid) *s.* ANAT. front *m.*

foreign ('fɔrin) *a.* estranger, exterior. ‖ (G.B.) *F* ~ *Office*, ministeri d'assumptes exteriors. *2* foraster, estrany. *3* aliè.

foreigner ('fɔrinər) *s.* estranger [persona]. *2* foraster.

foreknowledge ('fɔ:'nɔlidʒ) *s.* presciència *f.*

foreland ('fɔ:lənd) *s.* cap *m.*, promontori *m.*

foreleg ('fɔ:leg) *s.* pata *f.* davantera.

forelock ('fɔ:lɔk) *s.* tupè *m.*

foreman ('fɔ:mən) *s.* capataç *m.*, encarregat *m.*

foremost ('fɔ:moust) *a.* primer, principal, capdavanter. ■ *2 adv. first and* ~, primer que res, abans de tot.

forensic (fə'rensik) *a.* forense.

forerunner ('fɔ:ˌrʌnər) *s.* precursor. *2* anunci *m.*, presagi *m.*

foresee (to) (fɔ:'si:) *t.* preveure. ▲ Pret.: *foresaw* (fɔ:'sɔ:); p. p.: *foreseen* (fɔ:'si:n).

foreshadow (to) (fɔ:'ʃædou) *t.* prefigurar, presagiar.

foreshortening (fɔ:'ʃɔ:tniŋ) *s.* escorç *m.*

foresight ('fɔ:sait) *s.* previsió *f.*, perspicàcia *f. 2* prudència *f.*

foreskin ('fɔ:skin) *s.* ANAT. prepuci *m.*

forest ('fɔrist) *s.* bosc *m. 2* fig. selva *f.*

forestall (to) (fɔ:'stɔ:l) *t.* anticipar(se. *2* prevenir, impedir.

forestry ('fɔristri) *s.* silvicultura *f.* ‖ ~ *expert*, silvicultor.

foretell (to) (fɔ:'tel) *t.* predir. ▲ Pret. i p. p.: *foretold* (fɔ:'tould).

forethought ('fɔ:θɔ:t) *s.* previsió *f.*, prudència *f. 2* premeditació *f.*

forever (fə'revər) *adv.* sempre, per sempre.

forewarn (to) (fɔ:'wɔ:n) *t.* prevenir, advertir, avisar.

foreword ('fɔ:wəd) *s.* prefaci *m.*

forfeit ('fɔ:fit) *s.* pena *f.*, multa *f. 2 pl.* joc *m.* de penyores. *3* DRET pèrdua *f.* [també fig.].

forfeit (to) ('fɔ:fit) *t.* DRET perdre [també fig.]. *2* confiscar, comissar, decomissar.

forge (fɔ:dʒ) *s.* farga *f.*, forja *f.*, foneria *f.*

forge (to) (fɔ:dʒ) *t.* forjar, fargar [també fig.]. *2* falsificar [documents]. ■ *3 i. to* ~ *ahead*, progressar, avançar.

forgery ('fɔ:dʒəri) *s.* falsificació *f.*

forget (to) (fə'get) *t.* oblidar(se, descuidar-se *p.* ‖ ~ *it*, oblida-ho, no t'amoïnis. ■ *2 i.*

oblidar-se *p.* ▲ Pret.: *forgot* (fə͵gɔt) ; p.p.: *forgotten* (fə'gɔtn).

forgetful (fə'getful) *a.* oblidadís.

forgive (to) (fə'giv) *t.* perdonar, dispensar. ▲ Pret.: *forgave* (fə'geiv); p. p.: *forgiven* (fə'givn).

forgiveness (fə'givnis) *s.* perdó *m.*, remissió *f.* 2 misericòrdia *f.* 3 indulgència *f.*

forgo (to) (fɔːˈgou) *t.* renunciar a, privar-se *p.* de, estar-se *p.* de. ▲ Pret.: *forwent* (fɔːˈwent); p. p.: *forgone* (fɔːˈgɔn).

forgot (fə'gɔt) , **forgotten** (fə'gɔtn) Veure FORGET (TO).

fork (fɔːk) *s.* forquilla *f.*, (BAL.), (VAL.) forqueta *f.* 2 forca *f.*, forquilla *f.* 3 bifurcació *f.*, enforcall *m.*

fork (to) (fɔːk) *t.* agafar amb la forca, enforcar. ■ 2 *i.* bifurcar-se *p.*

forlorn (fə'lɔːn) *a.* poèt. abandonat. 2 trist, desolat. 3 desesperat.

form (fɔːm) *s.* forma *f.* 2 manera *f.* 3 classe *f.*, tipus *m.* 4 imprès *m.*, formulari *m.* 5 banc, *m.* [seient]. 6 (G.B.) curs *m.*, grau *m.*

form (to) (fɔːm) *t.* formar. 2 fer. 3 modelar. 4 pronunciar, dir. 5 crear. 6 fer-se *p.*, formar-se *p.* 7 concebre, idear. 8 MIL. formar. ■ 9 *i.* formar-se *p.*, prendre forma.

formal ('fɔːməl) *a.* formal. 2 solemne, formalista. 3 cerimoniós, protocolari. 4 oficial. 5 d'etiqueta. 6 correcte. 7 COM. en ferm.

formality (fɔːˈmæliti) *s.* formalitat *f.*, tràmit *m.*, requisit. 2 cerimònia *f.*, etiqueta *f.*

formation (fɔːˈmeiʃən) *s.* MIL. formació [també fig.]. 2 disposició *f.*, estructura *f.*

former ('fɔːməʳ) *a.* anterior, precedent, antic. ■ 2 *pron.* el primer [de dos]. 3 *the ~..., the latter...*, aquest..., aquell...

formerly ('fɔːməli) *adv.* abans, anteriorment. 2 antigament.

formidable ('fɔːmidəbl) *a.* formidable. 2 fig. impressionant.

formula ('fɔːmjulə) *s.* fórmula *f.*

formulate (to) ('fɔːmjuleit) *t.* formular.

fornicate (to) ('fɔːnikeit) *i.* fornicar.

fornication (͵fɔːniˈkeiʃən) *s.* fornicació *f.*

forsake (to) (fə'seik) *t.* abandonar, desemparar. 2 renunciar a. ▲ Pret.: *forsook* (fə'suk); p. p.: *forsaken* (fə'seikən).

forswear (to) (fɔːˈsweəʳ) *t.* abjurar, renunciar a. ▲ Pret.: *forswore* (fɔːˈswɔːʳ); p. p.: *forsworn* (fɔːˈswɔːn).

fort (fɔːt) *s.* fort *m.*, fortalesa *f.*

forth (fɔːθ) *adv.* endavant; en endavant. ‖ *and so ~*, i així successivament.

forthcoming (fɔːθˈkʌmiŋ) *a.* proper, pròxim, vinent. 2 disponible. 3 amable.

forthwith (͵fɔːθˈwiθ) *adv.* immediatament, de seguida.

fortieth ('fɔːtiəθ) *a.-s.* quarantè.

fortification (͵fɔːtifiˈkeiʃən) *s.* fortificació *f.*

fortify (to) ('fɔːtifai) *t.* MIL. fortificar. 2 enfortir, reforçar. 3 preparar.

fortitude ('fɔːtitjuːd) *s.* fermesa *f.*, valor *m.*

fortnight ('fɔːtnait) *s.* quinzena *f.*

fortnightly ('fɔːt͵naitli) *a.* quinzenal, bimensual. ■ 2 *adv.* cada quinze dies.

fortress ('fɔːtris) *s.* fortalesa *f.*

fortuitous (fɔːˈtjuːitəs) *a.* fortuït, casual.

fortunate ('fɔːtʃənit) *a.* afortunat, feliç. 2 oportú.

fortune ('fɔːtʃən) *s.* fortuna *f.*, sort *f.* ‖ *~- teller*, endevinaire. 2 fortuna *f.*, riquesa *f.*

forty ('fɔːti) *a.* quaranta. ■ 2 *s.* quaranta *m.*

forum ('fɔːrəm) *s.* fòrum *m.* 2 fig. tribunal *m.*

forward ('fɔwəd) *a.* davanter. 2 precoç, avançat. 3 atrevit, descarat. 4 avançat, primerenc. ■ 5 *s.* ESPORT davanter.

forward (to) ('fɔːwəd) *t.* enviar, expedir, trametre. 2 promoure, afavorir, fer avançar.

forward(s ('fɔːwəd(z) *adv.* endavant, (VAL.) avant. ‖ *We look forward to hearing from you*, esperem notícies seves.

forwardness ('fɔːwədnis) *s.* progrés *m.* 2 promptitud *f.* 3 precocitat *f.* 4 audàcia *f.* 5 barra *f.*, desvergonyiment *m.*

fossil ('fɔsil) *a.* fòssil. ■ 2 *s.* fòssil *m.* [també fig.].

fossilize (to) ('fɔsilaiz) *t.* fossilitzar [també fig.]. ■ 2 *i.* fossilitzar-se *p.* [també fig.].

foster ('fɔstəʳ) *a.* de llet. ‖ *~-brother*, germà de llet. 2 adoptiu. ‖ *~-child*, fill adoptiu. ‖ *~-mother*, mare adoptiva.

foster (to) ('fɔstəʳ) *t.* criar [una criatura]. 2 fomentar, promoure.

fought (fɔt) Veure FIGHT (TO).

foul (faul) *a.* brut, fastigós. 2 fètid, pudent. 3 viciat [aire]. 4 dolent, lleig [temps]. 5 obscè. 6 embussat. ■ 7 *adv.* brut. ■ 8 *s.* ESPORT falta *f.*

foul (to) (faul) *t.* embrutar, enllardar, tacar. 2 embussar. 3 encallar-se *p.* amb. 4 topar amb, xocar amb. 5 ESPORT fer una falta. ■ 6 *i.* embrutar-se *p.*, enllardar-se *p.*, tacar-se *p.* 7 embussar-se *p.* 8 encallar-se *p.* 9 ESPORT fer una falta.

foul play ('faul'plei) *s.* DRET crim *m.* violent. 2 ESPORT joc *m.* brut.

found (faund) Veure FIND (TO).

found (to) (faund) *t.* fundar. 2 basar, fonamentar. 3 TECNOL. fondre.

foundation (faun'deiʃən) *s.* fundació *f.* [acció; institució]. 2 fig. fonament *m.*, base *f.* 3 ARQ. fonaments *m. pl.*

foundation cream ('faundeiʃn̩kri:m) s. COSM. maquillatge m. base.

foundation stone ('faundeiʃn̩stoun) s. ARQ. primera pedra f. 2 fig. pedra f. angular.

founder ('faundər) s. fundador. 2 TECNOL. fonedora f.

founder (to) ('faundər) t. NÀUT. fer anar a pic, enfonsar. 2 fer caure [un cavall]. ▪ 3 i. NÀUT. enfonsar-se p., anar a pic. 2 ensopegar, caure [un cavall]. 3 ensorrar-se p., enfonsar-se p. [un negoci, etc.]. 4 fracassar.

foundling ('faundliŋ) s. expòsit, bord.

foundry ('faundri) s. foneria f.

fount (faunt) s. brollador m.

fountain ('fauntin) s. font f., brollador m.

fountain pen ('fauntin̩pen) s. ploma f. estilogràfica.

four (fɔ:ʳ, fɔəʳ) a. quatre. ‖ on all ~s, de quatre grapes. ▪ 2 s. quatre m.

fourteen (ˌfɔ:'ti:n) a. catorze. ▪ 2 s. catorze m.

fourteenth (ˌfɔ:'ti:nθ) a. catorzè.

fourth (fɔ:θ) a.-s. quart.

fowl (faul) s. ocell m. o au f. de corral.

fox (fɔks) s. ZOOL. guineu f., guilla f., guillot m.

foxy ('fɔksi) a. astut, murri.

fraction ('frækʃən) s. fragment m., tros m. 2 MAT. fracció f.

fractious ('frækʃəs) a. repelós, susceptible, malgeniüt.

fracture ('fræktʃəʳ) s. fractura f.

fracture (to) ('fræktʃəʳ) t. fracturar, trencar. ▪ 2 i. fracturar-se p., trencar-se p.

fragile ('frædʒail) a. fràgil. 2 trencadís, delicat.

fragment ('frægmənt) s. fragment m., tros m.

fragmentary ('frægməntəri) a. fragmentari.

fragrance ('freigrəns) s. fragància f.

fragrant ('freigrənt) a. fragant, olorós.

frail (freil) a. fràgil. 2 dèbil, feble.

frame (freim) s. carcassa f., carcanada f., bastiment m. 2 cos m. 3 bastidor m., marc m. 4 ~ of mind, estat m. d'ànim.

frame (to) (freim) t. formar, construir. 2 emmarcar, enquadrar. 3 idear. 4 expressar.

framework ('freimwɔ:k) s. carcassa f., estructura f.

franc (fræŋk) s. franc m. [moneda].

France (frɑ:ns) n. pr. GEOGR. França f.

franchise ('fræntʃaiz) s. privilegi m. 2 dret m. polític.

Francis ('frɑ:nsis) n. pr. m. Francesc.

frank (fræŋk) a. franc, sincer.

Frank (fræŋk) n. pr. m. (dim. Francis) Cesc.

frankfurter ('fræŋkˌfɔ:təʳ) s. salsitxa f. de Frankfurt.

frankincense ('fræŋkinˌsens) s. encens m.

frankness ('fræŋknis) s. franquesa f., sinceritat f.

frantic ('fræntik) a. frenètic, furiós, desesperat.

fraternal (frə'tə:nl) a. fraternal.

fraternity (frə'tə:niti) s. germanor f., fraternitat f.

fraternize (to) ('frætənaiz) i. fraternitzar.

fratricide ('frætrisaid) s. fratricidi m. 2 fratricida.

fraud (frɔ:d) s. frau m., engany m., dol m. 2 farsant, impostor.

fraudulent ('frɔ:djulənt) a. fraudulent.

fraught (frɔ:t) a. ple, carregat, proveït.

fray (frei) s. baralla f., batussa f.

fray (to) (frei) t. gastar, desgastar, esfilagarsar. ▪ 2 i. gastar-se p., desgastar-se p., esfilagarsar-se p.

freak (fri:k) s. caprici m., antull m. 2 raresa f. 3 monstre m., monstruositat f.

freakish ('fri:kiʃ) a. monstruós. 2 estrany. 3 capriciós.

freckle ('frekl) s. piga f.

Fred (fred), **Freddy** (fredi) n. pr. m. (dim. Frederick) Frederic.

Frederick ('fredrik) n. pr. m. Frederic.

free (fri:) a. lliure. ‖ ~ and easy, despreocupat. 2 franc, exempt. 3 gratuït, de franc. 4 espontani, voluntari. 5 liberal, generós. 6 desfermat, fàcil. 7 atrevit, desvergonyit. 8 desocupat, vacant. ▪ 9 adv. lliurement. 10 -ly adv. lliurement. 11 francament. 12 voluntàriament.

free (to) (fri:) t. deslliurar, alliberar. 2 eximir. 3 desembarassar. 4 deixar anar.

freebooter ('fri:ˌbu:təʳ) s. filibuster m. 2 Veure FILIBUSTER.

freedom ('fri:dəm) s. llibertat f. 2 facilitat f., desimboltura f.

freehand ('fri:hænd) a. fet a pols [dibuix].

freehold ('fri:hould) s. propietat f. absoluta.

freemason ('fri:ˌmeisn) s. francmaçó m.

freemasonry ('fri:ˌmeisnri) s. francmaçoneria f.

freer (friəʳ) s. llibertador m.

free trade (ˌfri:'treid) s. lliure canvi m.

free will (ˌfri:'wil) s. lliure arbitri m.

freeze (fri:z) s. glaçada f., gelada f.

freeze (to) (fri:z) t. glaçar, gelar, congelar. ▪ 2 i. glaçar-se p., gelar-se p., congelar-se p. ▲ Pret.: froze (frouz); p. p.: frozen (frouzn).

freezing ('fri:ziŋ) a. glacial. ‖ ~ point, punt de congelació. 2 frigorífic.

freight (freit) s. càrrega f. 2 noli m., nòlit m.

French (frentʃ) *a.-s.* GEOGR. francès. *2 s.* francès *m.* [llengua].

French bean (ˌfrentʃ'bi:n) *s.* mongeta *f.* verda.

Frenchman ('frentʃmən) *s.* francès *m.* [home].

French window (ˌfrentʃ'windou) *s.* porta *f.* finestra [d'un balcó o un jardí].

Frenchwoman ('frentʃˌwumən) *s.* francesa *f.* [dona].

frenzied ('frenzid) *a.* frenètic.

frenzy ('frenzi) *s.* frenesí *m.*, bogeria *f.*, deliri *m.*

frequency ('fri:kwənsi) *s.* freqüència *f.*

frequent ('fri:kwənt) *a.* freqüent. *2* habitual, regular.

frequent (to) (fri'kwent) *t.* freqüentar.

fresco ('freskou) *s.* B. ART. fresc *m.*

fresh (freʃ) *a.* fresc, nou, recent. *2* fresc, tou [pa]. *3* pur [aire]. *4* descansat [tropa]. *5* fresc, barrut. *6* dolça [aigua]. ■ *7* -ly *adv.* recentment.

freshen (to) ('freʃn) *t.-i.* refrescar.

freshman ('freʃmən) *s.* estudiant de primer curs a la universitat.

freshness ('freʃnis) *s.* frescor *f.* *2* verdor *f.* *3* novetat *f.* *3* desvergonyiment *m.*, barra *f.*

fret (fret) *s.* frec *m.*, fregament *m.* *2* raspadura *f.*, rosec *m.* *3* irritació *f.*

fret (to) (fret) *t.* fregar, gastar, desgastar, rosegar. *2* amoïnar, neguitejar, irritar. ■ *3 i.* fregar-se *p.*, gastar-se *p.*, desgastar-se *p.* *4* amoïnar-se *p.*, neguitejar-se *p.*, irritar-se *p.*

fretful ('fretful) *a.* irritable, irascible. *2* nerviós, impacient.

friar ('fraiəʳ) *s.* frare *m.*, monjo *m.*

friction ('frikʃən) *s.* fricció *f.*, frec *m.*, rosec *m.*

Friday ('fraidi) *s.* divendres *m.* ‖ Good ~, Divendres Sant.

fried (fraid) *p. p.* de FRY (TO). *2 a.* fregit.

friend (frend) *s.* amic. ‖ bosom ~, amic íntim; amic de l'ànima. ‖ to make ~s with, fer amistat amb, fer-se amic de.

friendless ('frendlis) *a.* sense amics.

friendly ('frendli) *a.* amistós, amical; simpàtic. *2* benèvol, favorable.

friendship ('frendʃip) *s.* amistat *f.*

frieze (fri:z) *s.* ARQ. fris *m.*

frigate ('frigit) *s.* fragata *f.*

fright (frait) *s.* por *f.*, terror *m.* *2* esglai *m.*, ensurt *m.* *3* espantall *m.*

frighten (to) ('fraitn) *t.* espantar. *2* esverar, esglaiar. ‖ to ~ away, espantar, fer fugir.

frightful ('fraitful) *a.* espantós, terrible, esfereïdor. *2* horrorós, molt lleig. ■ *3* -ly *adv.* terriblement.

frightfulness ('fraitfulnis) *s.* horror *m.*, espant *m.*

frigid ('fridʒid) *a.* frígid. *2* fred.

frigidity (fri'dʒiditi) *s.* frigidesa *f.* *2* fredor *f.*, indiferència *f.*

frill (fril) *s.* COST. punta *f.*, volant *m.*, farbalà *f.*

fringe (frindʒ) *s.* serrell *m.*, flocadura *f.*, orla *f.* *2* serell *m.* [de cabell]. *3* vora *f.*

fringe (to) (frindʒ) *t.* orlar, posar serrells o flocadures.

frippery ('fripəri) *s.* penjolls *m. pl.* ■ *2 a.* frívol.

frisk (to) (frisk) *i.* saltar, saltironar, guimbar. *2* ■ *3 t.* escorcollar.

frisky ('friski) *a.* juganer, alegre, bellugadís.

fritter ('fritəʳ) *s.* bunyol *m.* *2* fragment *m.*

fritter (to) ('fritəʳ) *t.* esmicolar. *2 to ~ away,* malgastar, fer malbé.

frivolity (fri'vɔliti) *a.* frivolitat *f.*

frivolous ('frivələs) *a.* frívol.

frizzle (to) ('frizl) *t.* arrissar, crespar.

fro (frou) *adv. to and ~,* endavant i endarrera; amunt i avall; d'aquí cap allà.

frock (frɔk) *s.* hàbit *m.* [monacal]. *2* vestit *m.* [de dona]. *3 ~ coat,* levita *f.* [peça de vestir].

frog (frɔg) *s.* granota *f.*

frolic ('frɔlik) *s.* joc *m.*, diversió *f.* *2* gresca *f.*, gatzara *f.*

frolic (to) ('frɔlik) *i.* jugar, divertir-se *p.*, fer gatzara.

frolicsome ('frɔliksəm) *a.* juganer, entremeliat, esbojarrat.

from (frɔm, frəm) *prep.* de, des de. *2* a partir de. *3* de part de. *4* pel que, segons. *5* per, a causa de.

front (frʌnt) *s.* front *m.* *2* façana *f.* *3* davantera *f.* *4* pitrera *f.* [de camisa]. *5 in ~ of,* davant de. ■ *6 a.* davanter; principal; frontal.

front (to) (frʌnt) *t.* fer front a. *2* donar a, mirar cap a.

frontier ('frʌntiəʳ) *s.* frontera *f.* ■ *2 a.* fronterer.

frontispiece ('frʌntispi:s) *s.* frontispici *m.* *2* portada *f.* [d'un llibre].

frost (frɔst) *s.* gebre *m.* *2* gelada *f.*, glaçada *f.*

frost-bitten ('frɔstˌbitn) *a.* gelat, glaçat; cremat [per la glaçada].

frosty ('frɔsti) *a.* gelat, glaçat, glacial.

froth (frɔθ) *s.* escuma *f.*

froth (to) (frɔθ) *t.* escumar.

frothy ('frɔθi) *a.* escumós. *2* frívol.

frown (fraun) *s.* celles *f. pl.* arrufades.

frown (to) (fraun) *i.* arrufar les celles o el nas.

frowning ('frauiŋ) *a.* malcarat, amb les celles arrufades.

froze (frouz) Veure FREEZE (TO).

frozen ('frouzn) Veure FREEZE (TO).

frugal ('fru:gəl) *a.* frugal.

frugality (fru'gæliti) *s.* frugalitat *f.*

fruit (fru:t) *s.* fruit *m.* 2 fruita *f.* [fruits comestibles].

fruit (to) (fru:t) *i.* fructificar.

fruiterer ('fru:tərəʳ) *s.* fruiter. ‖ ~'s *shop*, fruiteria *f.*

fruitful ('fru:tful) *a.* fructífer, fructuós. 2 fèrtil; abundant.

fruition (fru:'iʃən) *s.* fruïció *f.*

fruitless ('fru:tlis) *a.* infructuós, estèril, va.

fruit tree ('fru:ttri:) *s.* arbre *m.* fruiter.

frump (frʌmp) *s.* persona *f.* amb roba vella i antiguada.

frustrate (to) (frʌs'treit) *t.* frustrar. 2 fer fracassar.

frustration (frʌs'treiʃən) *s.* frustració *f.*

fry (frai) *s.* fresa *f.*, peixet *m.* ‖ fig. *small* ~, xusma *f.*

fry (to) (frai) *t.* fregir. ■ 2 *i.* fregir-se *p.*

frying ('fraiiŋ) *s.* fregida *f.*

frying pan ('fraiiŋpæn) *s.* paella *f.*

fuck (fʌk) *s.* vulg. clau *m.*, cardada *f.* 2 ~- *all*, res de res. 3 ~*er*, idiota, imbècil. ■ 4 *a.* ~*ing that* ~ *guy!*, aquest cony de paio!

fuck (to) (fʌk) *t.-i.* vulg. cardar *i.*, fotre. ‖ ~ *it!*, merda! ‖ ~ *off!*, ves-te'n a la merda! ‖ *to* ~ *something up*, fer malbé una cosa.

fuel (fjuəl) *s.* combustible *m.* 2 fig. pàbul *m.*

fugitive ('fju:dʒitiv) *a.* fugitiu. 2 fugaç, fugisser. ■ 3 *s.* fugitiu.

fulfil, (EUA) **fulfill (to)** (ful'fil) *t.* complir, realitzar. 2 satisfer. 3 executar, dur a terme.

fulfilment (ful'filmənt) *s.* execució *f.*, realització *f.* 2 satisfacció *f.*, acompliment *m.*

full (ful) *a.* ple, curull, replet, atapeït. ‖ TEAT. ~ *house*, ple *m.* ‖ ~ *moon*, lluna plena. 2 íntegre, complet, tot. ‖ *at* ~ *speed*, a tota velocitat. 3 plenari [sessió]. 4 abundant, copiós. 5 extens, detallat. ‖ *in* ~, detalladament, sense abreujar. 6 exacte. ■ 7 *adv.* justament, en ple, de ple. 8 pel cap baix.

full-back ('fulbæk) *s.* ESPORT defensa.

full dress (ful'dres) *s.* vestit *m.* de gala, vestit *m.* d'etiqueta.

full-grown (ful'groun) *a.* adult, madur.

full-length (ful'leŋθ) *a.* de tot el cos, dret [retrat].

fullness ('fulnis) *s.* plenitud *f.*, totalitat *f.* 2 abundància *f.* 3 afartament *m.*, atipament *m.*

full stop (ful'stɔp) *s.* punt *m.* [puntuació].

full-time (ful'taim) *a.* de jornada plena, de dedicació exclusiva [treball, activitat, etc.]. ■ 2 *adv.* *to work* ~, treballar a jornada plena. ■ 3 *s.* ESPORT **full time,** final *m.* [del partit].

fully ('fuli) *adv.* plenament. 2 totalment, completament, del tot. 3 de ple. 4 àmpliament.

fulminate (to) ('fʌlmineit) *t.* fulminar. ■ 2 *i.* *to* ~ *against,* clamar, cridar contra.

fumble (to) ('fʌmbl) *i.* buscar a les palpentes. ■ 2 *t.* toquejar, grapejar.

fumbler ('fʌmbləʳ) *s.* poca-traça.

fume (fju:m) *s. pl.* fum *m.*, fumarada *f.* 2 vapor *m.*, gas *m.* 3 còlera *f.*, enrabiada *f.*

fume (to) (fju:m) *t.* fumar. ■ 2 *i.* fumar, fumejar. 3 estar empipat o enrabiat.

fumigate (to) ('fju:migeit) *t.* fumigar.

fuming ('fju:miŋ) *a.* enutjat, furiós.

fumigation (fju:mi'geiʃən) *s.* fumigació *f.*

fun (fʌn) *s.* broma *f.* ‖ *in* o *for* ~, de broma; *to be* ~, ser divertit; *to have some* ~, divertir-se. 2 diversió *f.* 3 burla *f.* ‖ *to make* ~ *of,* burlar-se de.

function ('fʌŋkʃən) *s.* funció *f.* 2 festa *f.*, reunió *f.*, acte *m.*

function (to) ('fʌŋkʃən) *i.* funcionar.

functional ('fʌŋkʃənl) *a.* funcional.

fund (fʌnd) *s.* COM. fons *m.*, capital *m.* 2 provisió *f.*, reserva *f.* 3 *pl.* fons *m.* 4 fig. font *f.*

fund (to) (fʌnd) *t.* consolidar [el deute públic]. 2 coŀlocar. 3 invertir. 4 proveir fons.

fundamental (fʌndə'mentl) *a.* fonamental. ■ 2 *s. pl.* fonaments *m.*, principis *m.* ■ 3 *-ly adv.* fonamentalment.

funeral ('fju:nərəl) *s.* enterrament *m.* 2 funeral *m.*, exèquies *f. pl.* ■ 3 *a.* fúnebre, funeral, funerari.

funfair ('fʌnfɛə) *s.* parc *m.* d'atraccions.

fungus ('fʌŋgəs) *s.* BOT. fongs *m.*

funk (fʌŋk) *s.* covardia *f.*, por *f.*

funnel ('fʌnl) *s.* embut *m.* 2 xemeneia *f.* [de vapor].

funny ('fʌni) *a.* còmic, graciós, divertit. 2 curiós, estrany.

fur (fəːʳ) *s.* pell *f.* ‖ ~ *coat,* abric *m.* de pell. 2 saburra *f.*

furbish (to) ('fəːbiʃ) *t.* brunyir, polir. 2 netejar.

furious ('fjuəriəs) *a.* furiós, furibund, irat.

furl (to) (fəːl) *t.* plegar [banderes]. 2 MAR. aferrar [veles]. 3 enrotllar.

furlong ('fəːlɔŋ) *s.* estadi *m.* [mesura].

furlough ('fəːlou) *s.* MIL. permís *m.*

furnace ('fəːnis) *s.* forn *m.* ‖ *blast* ~, alt forn.

furnish (to) ('fəːniʃ) *t.* proveir, fornir. 2 equipar, amoblar. 3 subministrar, proporcionar.

furnishings ('fə:niʃiŋ) *s. pl.* mobiliari *m.*
sing., parament *m. sing.*

furniture ('fə:nitʃəʳ) *s.* mobiliari *m.*, mobles
m. pl. ‖ *piece of* ~, moble *m.*

furrier ('fʌriəʳ) *s.* pellisser *m.*

furrow ('fʌrou) *s.* solc *m.* *2* arruga *f.*

furrow (to) ('fʌrou) *t.* solcar, fer solcs.

further ('fə:ðəʳ) *a.* addicional, ulterior,
nou, altre. ‖ ~ *education*, educació supe-
rior no universitària. *2* més llunyà. *3* COM.
~ *to my letter*, en relació amb la meva car-
ta.

further (to) ('fə:ðəʳ) *t.* afavorir, fomentar,
donar suport, promoure.

furthermore ('fə:ðəmɔ:ʳ) *adv.* a més.

furthest ('fə:ðist) *a.-adv.* Veure FARTHEST.

furtive ('fə:tiv) *a.* furtiu.

fury ('fjuəri) *s.* furor *m.*, fúria *f.* *2* entu-
siasme *m.*, exaltació *f.* *3* fig. fúria *f.* [nena,
dona].

furze (fə:z) *s.* BOT. gatosa *f.*

fuse (fju:z) *s.* espoleta *f.*, enceb *m.*, metxa
f. *2* ELECT. fusible *m.*

fuse (to) (fju:z) *t.* fondre. *2* fig. fusionar. ▪
3 i. fondre's *p.* *4* fig. fusionar-se *p.*

fuselage ('fju:zilɑ:ʒ) *s.* buc *m.*, fusellatge *m.*

fusilier (ˌfju:zi'liəʳ) *s.* MIL. fuseller *m.*

fusillade (ˌfju:zi'leid) *s.* descàrrega *f.* [d'ar-
mes].

fusion ('fju:ʒən) *s.* fusió *f.* [també fig.].

fuss (fʌs) *s.* esvalot *m.*, enrenou *m.*, com-
moció *f.* ‖ *to make a* ~, fer escàndol *m.*, fer
mullader *m.*; queixar-se enèrgicament. ‖
to make a ~ *of*, contemplar [algú]. ▪ *2 a.*
coŀloq. ~ *pot*, perepunyetes.

fuss (to) (fʌs) *t.* molestar, amoïnar. ▪ *2 i.*
neguitejar-se *p.*, amoïnar-se *p.*; queixar-
se *p.* [per bestieses].

fussy ('fʌsi) *a.* inquiet. *2* primmirat, pere-
punyetes, exigent.

fustian ('fʌstiən) *a.* de fustany. *2* altisonant,
grandiloqüent. ▪ *3 s.* TÈXT. fustany *m.*

fusty ('fʌsti) *a.* ranci, passat. *2* que fa pudor
de resclosit. *3* fig. antiquat.

futile ('fju:tail) *a.* fútil. *2* frívol. *3* va, inútil.

future ('fu:tʃəʳ) *a.* futur. *2* proper; a venir.
▪ *3 s.* futur *m.*, esdevenidor *m.* *4 pl.* COM.
futurs *m.*

fuzz (fʌz) *s.* borrissol *m.*, pelussa *f.* *2*
coŀloq. policia *f.*

fuzzy ('fʌzi) *a.* pilós, pelut. *2* arrissat, cres-
pat. *3* borrós.

G

G, g (dʒiː) *s.* g *f.* [lletra]. *2* (EUA) coŀloq. mil dòlars *m. pl. 3* MÚS. sol *m.*

gab (gæb) *s.* loquacitat *f.*, xerrameca *f.*

gabardine (ˌgæbəˈdiːn) *s.* TÈXT. gavardina *f.* [roba].

gabble (ˈgæbl) *s.* xerrameca *f.*, garla *f. 2* barboteig *m.*

gabble (to) (ˈgæbl) *t.* xampurrejar. murmurar. ▪ *2 i.* barbotejar. *3* xerrar.

gable (ˈgeibl) *s.* ARQ. frontó *m.*

Gabriel (ˈgeibriəl) *n. pr. m.* Gabriel.

gad (to) (gæd) *i. to ~ about*, rondar, vagar, anar d'un cantó a l'altre.

gadabout (ˈgædəbaut) *s.* rondaire.

gadfly (ˈgædflai) *s.* ENT. tàvec *m.*, tavà *m.*

gadget (ˈgædʒit) *s.* coŀloq. dispositiu *m.*, mecanisme *m.*

gaff (gæf) *s.* arpó *m.*, garfi *m. 2* coŀloq. *to blow the ~*, destapar un assumpte, xerrar-ho tot. *3* MAR. pic *m.* d'aurica. *4* MAR. *~ sail*, cangrea *f.*, aurica *f.*

gag (gæg) *s.* mordassa *f.* [també fig.]. *2* gag *m.*, acudit *m. 3* TEAT. improvisació *f.*

gag (to) (gæg) *t.* amordassar [també fig.]. *2* TEAT. improvisar. ▪ *3 i.* tenir nàusees. *4* fer broma, dir acudits.

gage (geidʒ) *s.* Veure GAUGE.

gage (to) (geidʒ) *t.* Veure GAUGE (TO).

gaiety (ˈgeiəti) *s.* alegria *f.*, diversió *f. 2 pl. gaieties*, diversions *f.*

gain (gein) *s.* guany *m.*, benefici *m. 2* augment *m. 3* avantatge *m.*

gain (to) (gein) *t.* guanyar. *2* aconseguir. *3* recuperar. *4* avançar [el rellotge]. ▪ *5 i.* guanyar, millorar. *6* progressar, avançar. *7* augmentar, pujar. *8 to ~ on*, apropar-se *p.* a; guanyar terreny.

gainful (ˈgeinful) *a.* profitós, lucratiu, remunerat.

gainings (ˈgeiniŋz) *s. pl.* guanys *m.*

gainsay (to) (geinˈsei) *t.* liter. contradir, negar.

gait (geit) *s.* form. pas *m.*, manera *f.* de caminar.

gaiter (ˈgeitəʳ) *s.* polaina *f.*

gala (ˈgɑːlə) *s.* gala *f.*, festa *f.*

galaxy (ˈgæləksi) *s.* galàxia *f. 2* fig. consteŀlació *f.*, plèiade *f.*

gale (geil) *s.* vendaval *m. 2* tempestat *f.*

gall (gɔːl) *s.* bilis *f. 2* fig. fel *m.*, amargura *f. 3* fig. barra *f. 4* VET. matadura *f.*

gall (to) (gɔːl) *t.* rascar, irritar. *2* humiliar, ferir l'amor propi i fer la guitza.

gallant (ˈgælənt) *a.* ant. galà. *2* gallard, valent. *3* galant, cortès. ▪ *4 s.* galant *m.*

gallantry (ˈgæləntri) *s.* valentia *f. 2* galanteria *f.*

gall bladder (ˈgɔːlˌblædəʳ) *s.* ANAT. vesícula *f.* biliar.

galleon (ˈgæliən) *s.* MAR. galió *m.*

gallery (ˈgæləri) *s.* galeria *f. 2* passadís *m.*, corredor *m. 3* tribuna *f. 4* TEAT. galliner *m.*

galley (ˈgæli) *s.* MAR. galera *f. 2* MAR. cuina *f.*

galley proof (ˈgælipruːf) *s.* IMPR. galerada *f.*

galley slave (ˈgælisleiv) *s.* galiot *m.*

gallicism (ˈgælisizəm) *s.* gaŀlicisme *m.*

gallivant (to) (ˌgæliˈvænt) *i. to ~ about off*, vagar, rondar, anar d'un cantó a l'altre.

gallon (ˈgælən) *s.* galó *m.* [mesura].

gallop (ˈgæləp) *s.* EQUIT. galop *m.*

gallop (to) (ˈgæləp) *t.* fer galopar. ▪ *2 i.* galopar. *3* anar o fer a corre-cuita. ‖ *he ~ed through the lecture*, va fer la conferència molt depressa.

galloping (ˈgæləpiŋ) *a.* MED. galopant [també fig.].

gallows (ˈgælouz) *s.* forca *f.*, patíbul *m.*, cadafal *m.*

gallows bird (ˈgælouzˌbəːd) *s.* fig. carn *f.* de canó.

gallstone (ˈgɔːlstoun) *s.* MED. càlcul *m.* biliar.

galore (gə'lɔːʳ) *adv.* en abundància.
galoshes (gə'lɔʃiz) *s. pl.* xancles *m.*
galvanize (to) ('gælvənaiz) *t.* galvanitzar. 2 fig. fer moure.
gambit ('gæmbit) *s.* JOC gambit *m.* [escacs]. 2 fig. tàctica *f.*
gamble ('gæmbl) *s.* jugada *f.* 2 risc *m.*, empresa *f.* arriscada.
gamble (to) ('gæmbl) *t.-i.* jugar(se [diners]. 2 *to ~ away*, perdre en el joc [diners].
gambling ('gæmbliŋ) *s.* joc *m.*
gambling den ('gæmbliŋ,den), **gambling house** ('gæmbliŋ,haus) *s.* casa *f.* de joc.
gambol ('gæmbəl) *s.* salt *m.*, bot *m.*, saltiró *m.*, cabriola *f.*
gambol (to) ('gæmbəl) *i.* saltar, botar, saltironar, fer cabrioles.
game (geim) *s.* joc *m.*, diversió *f.* 2 caça *f.* [animals]. ‖ *big ~*, caça major. 3 burla *f.*, broma *f.* 4 fig. embolic *m.* 5 COM. dedicació *f.*, ofici *m.* 6 ESPORT partit *m.* 7 JOC partida *f.*
game (to) (geim) Veure GAMBLE (TO).
gamecock ('geimkɔk) *s.* gall *m.* de combat.
gamekeeper ('geim,kiːpəʳ) *s.* guardabosc.
gamester ('geimstəʳ) *s.* jugador.
gammon ('gæmən) *s.* tipus de pernil *m.* que es menja cuit.
gamut ('gæmət) *s.* gama *f.*, escala *f.*
gander ('gændəʳ) *s.* ZOOL. oc *m.*
gang (gæŋ) *s.* grup *m.*, quadrilla *f.*, brigada *f.*, colla *f.*
gangplank ('gæŋplæŋk) *s.* MAR. palanca *f.*, passarel·la *f.*
gangrene ('gæŋgriːn) *s.* MED. gangrena *f.*
gangster ('gæŋstəʳ) *s.* gàngster *m.*, pistoler *m.*
gangway ('gæŋwei) *s.* corredor *m.*, passadís *m.* 2 pasarel·la *f.* 3 MAR. portaló *m.*
gaol (dʒeil) *s.* presó *f.*
gap (gæp) *s.* portell *m.*, bretxa *f.* 2 esvoranc *m.*, forat *m.* 3 buit *m.*, buidat *m.* [també fig.]. ‖ *generation ~*, buit generacional. 4 llacuna *f.* 5 barranc *m.*, congost *m.*
gape (geip) *s.* badall *m.* 2 mirada *f.* atònita.
gape (to) (geip) *i.* badallar. 2 quedar-se *p.* bocabadat.
garage ('gæraːʒ) , (EUA) (gə'raːʒ) *s.* garatge *m.*
garb (gɑːb) *s.* vestit *m.*, indumentària *f.*
garbage ('gɑːbidʒ) *s.* (EUA) escombraries *f. pl.* ‖ (EUA) *~ can*, galleda *f.* de les escombraries. 2 G.B.) rebuigs *m. pl.*, deixalles *f. pl.* [també fig.].
garble (to) ('gɑːbl) *t.* falsificar, falsejar.
garden ('gɑːdn) *s.* jardí *m.* ‖ *m.* hort 2 *pl.* parc *m. sing.*, jardins *m.* ▪ *3 a.* de jardí; de l'hort.
gardener ('gɑːdnəʳ) *s.* jardiner. 2 hortolà.

gardenia (gɑː'diːnjə) *s.* BOT. gardènia *f.*
gardening ('gɑːdniŋ) *s.* jardineria *f.*, horticultura *f.* ▪ *2 a.* de jardineria, d'horticultura.
garden party ('gɑːdn,pɑːti) *s.* festa *f.* a l'aire lliure.
gargle (to) ('gɑːgl) *t.-i.* gargaritzar *i.*, fer gàrgares.
gargoyle ('gɑːgɔil) *s.* ARQ. gàrgola *f.*
garish ('gɛəriʃ) *a.* cridaner, llampant.
garland ('gɑːlənd) *s.* garlanda *f.*
garlic ('gɑːlik) *s.* BOT. all *m.*
garment ('gɑːmənt) *s.* vestit *m.*, peça *f.* [de vestir].
garnet ('gɑːnit) *s.* MIN. granat *m.*
garnish ('gɑːniʃ) *s.* adorn *m.* 2 CUI. guarnició *f.*
garnish (to) ('gɑːniʃ) *t.* adornar. 2 CUI. guarnir, amanir.
garret ('gærət) *s.* golfes *f. pl.*
garrison ('gærisn) *s.* MIL. guarnició *f.*
garrison (to) ('gærisn) *t.* MIL. posar una guarnició, guarnir.
gar(r)otte (gə'rɔt) *s.* garrot *m.* [collar].
gar(r)otte (to) (gə'rɔt) *t.* donar garrot.
garrulity (gə'ruːliti) *s.* xerrameca *f.*, garla *f.*
garrulous ('gærələs) *a.* loquaç, xerraire.
garter ('gɑːtəʳ) *s.* lligacama *f.*
gas (gæs) *s.* gas *m.* 2 (EUA) abrev. col·loq. gasolina *f.*
gasbag ('gæsbæg) *s.* AERON. bossa *f.* del gas 2 col·loq. xerraire.
gas cooker ('gæs,kukəʳ) *s.* cuina *f.* de gas.
gaseous ('gæsiəs) *a.* gasós.
gas fire ('gæs,faiəʳ) *s.* estufa *f.* de gas.
gas fitter ('gæs,fitəʳ) *s.* treballador *m.* del gas.
gash (gæʃ) *s.* ganivetada *f.*, ferida *f.*
gash (to) (gæʃ) *t.* acoltellar, apunyalar, ferir [amb un ganivet].
gasket ('gæskit) *s.* MEC. junta *f.*, juntura *f.*
gaslight ('gæslait) *s.* llum *f.* de gas.
gas mask ('gæmɑːsk) *s.* màscara *f.* de gas.
gas meter ('gæs,miːtəʳ) *s.* comptador *m.* del gas.
gasoline, gasolene ('gæsəliːn) *s.* (EUA) gasolina *f.*
gasp (gɑːsp) *s.* esbufec *m.* 2 crit *m.* de sorpresa.
gasp (to) (gɑːsp) *i.* esbufegar. 2 quedar-se *p.* parat, sense respiració. ▪ *3 t.* dir amb la veu mig nuada.
gas station ('gæs,steiʃn) *s.* (EUA) gasolinera. *f.*
gastric ('gæstrik) *a.* ANAT. gàstric.
gastritis (gæs'traitis) *s.* MED. gastritis *f.*
gastronomy (gæs'trɔnəmi) *s.* gastronomia *f.*
gasworks ('gæswəːks) *s.* fàbrica *f.* de gas.

gate (geit) *s.* porta *f.* [d'una ciutat, muralla, etc.]. 2 entrada *f.* 3 reixat *m.*, barrera *f.* 4 comporta *f.* [d'un canal, etc.].

gatecrash (to) ('geitkræʃ) *t.* entrar sense pagar o sense estar convidat.

gatekeeper ('geit̩kiːpəᵣ) *s.* porter. 2 FERROC. guardabarrera.

gate-legged table (̩geit legd'teobñ) *s.* tabla *f.* plegable.

gate money ('geit̩mʌni) *s.* recaptació *f.*, traquilla .

gateway ('geitwei) *s.* porta *f.*, entrada *f.* [també fig.].

gather (to) ('gæðəᵣ) *t.* recollir, collir, reunir. 2 acumular, arreplegar. 3 recol·lectar, recabdar. 4 deduir, inferir. 5 agafar [aire, color, etc.]. 6 augmentar, guanyar. 7 COST. arrugar. ■ 8 *i.* reunir-se *p.*, ajuntar-se *p.* 9 acumular-se *p.*, amuntegar-se *p.*

gathering ('gæðəriŋ) *s.* assemblea *f.*, reunió *f.* 2 recol·lecció *f.* 3 recaptació *f.* 4 acumulació *f.* 5 COST. plec *m.*, arruga *f.* 6 MED. abscés *m.*

gaudily ('gɔːdili) *adv.* ostentosament.

gaudy ('gɔːdi) *a.* cridaner, llampant; ostentós.

gauge, (EUA) **gage** (geidʒ) *s.* mesura *f.* 2 indicació *f.*, mostra *f.* 3 ARM. calibre *m.* 4 FERROC. entrevia *f.*, ample *m.* de via. 5 MAR. calat *m.* 6 MAR. **weather** ~, sobrevent *m.* 7 TECNOL. indicador *m.*, manòmetre *m.*

gauge (to) (geidʒ) *t.* mesurar, calibrar. 2 fig. jutjar, calcular, estimar. 3 MAR. arquejar.

gaunt (gɔːnt) *a.* prim, demacrat. 2 fig. lúgubre, tètric.

gauntlet ('gɔːntlit) *s.* guantellet *m.*, manyopla *f.* 2 guant *m.* ‖ fig. **to take up the** ~, recollir el guant, acceptar un repte.; fig. **to throw down the** ~, llançar el guant, desafiar.

gauze (gɔːz) *s.* gasa *f.*, glassa. ‖ **wire-**~, tela *f.* metàl·lica.

gauzy ('gɔːzi) *a.* transparent.

gave (geiv) *pret.* de GIVE (TO).

gawky ('gɔːki) *a.* beneit, espès, maldestre.

gay (gei) *a.* alegre. 2 vistós, llampant. 3 col·loq. gai, homosexual. ■ 4 *s.* col·loq. gai, homosexual.

gaze (geiz) *s.* mirada *f.* fixa. 2 contemplació *f.*

gaze (to) (geiz) *i.* mirar *t.* fixament. 2 contemplar *t.*

gazelle (gə'zel) *s.* ZOOL. gasela *f.*

gazette (gə'zet) *s.* gaseta *f.* [periòdica].

gazetteer (̩gæzi'tiəᵣ) *s.* índex *m.* geogràfic.

G.B. ('dʒiː'biː) *s.* (*Great Britain*) Gran Bretanya *f.*

gear (giəᵣ) *s.* vestits *m. pl.*, equip *m.* 2 estris *m. pl.*, eines *f. pl.* 3 arreus *m. pl.*, ormeig

m. [del cavall]. 4 AUTO., MEC. velocitat *f.*, marxa *f.* ‖ **neutral** ~, punt *m.* mort. 5 MEC. engranatge *m.*, mecanisme *m.* [de transmissió, etc.]. ‖ **to put into** ~, engranar, posar una marxa. 6 MAR. aparell *m.*

gear (to) (giəᵣ) *t.* engranar *i.* 2 abillar, guarnir, arrear. ■ 3 *i.* engranar. 4 **to** ~ **to**, adaptar, ajustar.

gear lever ('giə̩liːvəᵣ) *s.* palanca *f.* del canvi de marxes.

gear shift ('giəʃift) *s.* Veure GEAR LEVER.

geese (giːs) *s. pl.* de GOOSE.

gelatine (̩dʒelə'tiːn) *s.* gelatina *f.*

gelatinous (dʒi'lætinəs) *a.* gelatinós.

geld (to) (geld) *t.* castrar, capar.

gelding ('geldiŋ) *s.* cavall *m.* castrat.

gem (dʒem) *s.* JOI. gemma *f.*, pedra *f.* preciosa. 2 fig. joia *f.*

gender ('dʒendəᵣ) *s.* GRAM. gènere *m.* 2 sexe *m.*

general ('dʒenərəl) *a.* general. ‖ **as a** ~ **rule**, per regla general. ‖ **in** ~, en general. ■ 2 *s.* general *m.* ■ 4 **-ly** *adv.* generalment.

general delivery (̩dʒenərəldi'livəri) *s.* (EUA) llista *f.* de correus.

generality (̩dʒenə'ræliti) *s.* generalitat *f.*

generalization (̩dʒenrəlai'zeiʃən) *s.* generalització *f.*

generalize (to) ('dʒenrəlaiz) *t.-i.* generalitzar(se.

generate (to) ('dʒenəreit) *t.* generar, produir.

generation (̩dʒenə'reiʃən) *s.* generació *f.*

generator ('dʒenəreitəᵣ) *s.* TECNOL. generador *m.* 2 (EUA) dinamo *m.*

generic (dʒi'nerik) *a.* genèric.

generosity (̩dʒenə'rɔsiti) *s.* generositat *f.*, noblesa *f.*

generous ('dʒenərəs) *a.* generós. 2 noble. 3 ampli.

genetic (dʒi'netik) *a.* genètic. ‖ ~ **code**, codi genètic. ‖ ~ **engineering**, enginyeria genètica. ■ 2 *pl. s.* genètica *f. sing.*

genial ('dʒiːnjəl) *a.* afable, alegre, simpàtic. 2 suau, moderat [clima]. 3 reconfortant. 4 genial.

geniality (̩dʒiːni'æliti) *s.* cordialitat *f.*, afabilitat *f.*, simpatia *f.* 2 alegria *f.* 3 clemència *f.*, suavitat *f.* [del clima].

genie ('dʒiːni) *s.* geni *m.* [dels contes àrabs]. ▲ *pl.* **genies** ('dʒiːniz) o **genii** ('dʒiːniai).

genius ('dʒiːnjəs) *s.* geni *m.* [poder creatiu; caràcter d'un poble, època, etc.]. ▲ *pl.* **geniuses** ('dʒiːnəsiz). 2 *pl.* **genii** ('dʒiːniai) geni *m.* [ésser sobrenatural].

genre ('ʒɑːnrə) *s.* gènere *m.*, classe *f.*, tipus *m.*

genteel (dʒen'tiːl) *a.* cortès, gentil. 2 iròn. cursi.

gentile ('dʒentail) *a.-s.* gentil, pagà.

gentle ('dʒentl) *a.* de bona posició social. *2* amable, afable. *3* dòcil. *4* bondadós, generós. *5* lleuger. *6* lent. *7* suau, moderat.

gentleman ('dʒentlmən) *s.* cavaller *m.*, senyor *m.* ‖ ~*'s agreement*, pacte *m.* entre cavallers. ‖ *ladies and gentlemen!*, senyores i senyors!

gentlemanliness ('dʒentlmənlinis) *s.* cavallerositat *f.*

gentlemanly ('dʒentlmənli) *a.* cavallerós.

gentleness ('dʒentlnis) *s.* amabilitat *f.* *2* bondat *f.* *3* afabilitat *f.* *4* dolçor *f.*, suavitat *f.* *5* distinció *f.* *6* docilitat *f.*

gentlewoman ('dʒentl.wumən) *f.* ant. senyora *f.*, dama *f.*

gently ('dʒentli) *adv.* amablement. *2* suaument. *3* poc a poc, lentament.

gentry ('dʒentri) *s. the* ~, petita noblesa *f.*, alta burgesia *f.* *2* iròn. gent *f.*

genuflection, genuflexion (.dʒenju'flekʃən) *s.* genuflexió *f.*

genuine ('dʒenjuin) *a.* genuí, autèntic, veritable. *2* sincer. ▪ *3* **-ly** *adv.* veritablement; sincerament.

genuineness ('dʒenjuinnis) *s.* autenticitat *f.* *2* sinceritat *f.*

geographer (dʒi'ɔgrəfə') *s.* geògraf.

geography (dʒi'ɔgrəfi) *s.* geografia *f.*

geology (dʒi'ɔlədʒi) *s.* geologia *f.*

geometry (dʒi'ɔmitri) *s.* geometria *f.*

George (dʒɔːdʒ) *n. pr. m.* Jordi.

geranium (dʒi'reinjəm) *s.* BOT. gerani *m.*

germ (dʒəːm) *s.* BIOL., BOT. germen *m.* [també fig.]. *2* microbi *m.*, bactèria *f.* ‖ ~ *warfare*, guerra *f.* bacteriològica.

German ('dʒəːmən) *a.* alemany. *2* MED. coł·loq. ~ *measles*, rubèola *f.*, rosa *f.* ▪ *3 s.* alemany [persona]. *4* alemany *m.* [llengua].

germane (dʒe:'mein) *a.* ~ *to*, relacionat amb, pertinent.

Germany ('dʒəːməni) *n. pr.* GEOGR. Alemanya *f.*

germicide ('dʒəːmisaid) *s.* germicida *m.*

germinate (to) ('dʒəːmineit) *i.* germinar. ▪ *2 t.* fer germinar.

germination (.dʒe:mi'neiʃən) *s.* germinació *f.*

gesticulate (to) (dʒes'tikjuleit) *i.* gesticular, fer gests.

gesticulation (dʒes.tikju'leiʃən) *s.* gesticulació *f.* *2* gests *m. pl.*

gesture ('dʒestʃə') *s.* gest *m.*, moviment *m.* *2* fig. detall *m.*, mostra *f.*

get (to) (get) *t.* obtenir, aconseguir. *2* proporcionar. *3* agafar, atrapar. *4* posar [en un estat], fer tornar. ‖ *to* ~ *ready*, preparar(se. *5* comprendre. *6* *to* ~ *hold of*, aga-

far, aferrar. *7* *to* ~ *the better of*, avantatjar. *8* *to* ~ *wind of*, assebentar-se *p.* de. ▪ *9 i.* estar [a un lloc]. *10* anar, arribar. *11* fer-se *p.*, tornar-se *p.*, posar-se *p.* ‖ *to* ~ *better*, millorar. ‖ *to* ~ *old*, envellir, fer-se *p.* vell. *12 to* ~ *rid of*, desfer-se *p.* de. *13 to* ~ *near*, apropar-se *p.* ▪ *to* ~ *about*, desplaçar-se, moure's; difondre's, escampar-se; viatjar molt; *to* ~ *along*, avenir-se; progressar, fer progressos; millorar; anar; anar fent; espavilar-se; marxar; *to* ~ *away*, allunyar-se; marxar; escapar-se; *to* ~ *back*, recobrar; tornar; *to* ~ *by*, defensar-se, espavilar-se; *to* ~ *down*, baixar; desanimar; empassarse; *to* ~ *in*, entrar; arribar; pujar, muntar; tornar; *to* ~ *into*, ficar-se a; entrar a; pujar a; muntar a; posar a; posar-se; *to* ~ *off*, baixar de; escapar-se; marxar; arrencar; sortir; desempellegar-se; *to* ~ *on*, muntar a, pujar a; armonitzar; avançar; progressar; fer-se vell; fer-se tard. ‖ *to* ~ *on one's nerves*, emprenyar-se; *to* ~ *out*, sortir, escapar-se; baixar; sortir; publicar; fer-se públic. ‖ ~ *out!*, fora!, marxa!; *to* ~ *over*, millorar; refer-se; superar [un obstacle]; passar a l'altra banda, travessar; passar per sobre; acabar amb; *to* ~ *through*, aconseguir; passar per; acabar; aprovar; comunicar; ficar al cap. coł·loq. gastar; DRET fer aprovar; ser aprovat; *to* ~ *to*, arribar a; aprendre a; *to* ~ *up*, llevar-se, (BAL.) aixecar-se, (VAL.) alçar-se ▲ Pret. i p. p.: *got* (gɔt), (EUA) p. p. *gotten* (gɔtn).

get-up ('getʌp) *s.* coł·loq. indumentària *f.*, vestits *m. pl.*

gewgaw ('gju:gɔ:) *s.* fotesa *f.*, bagateł·la *f.*

geyser ('gi:zə') , (EUA) ('gaizə') *s.* GEOL. guèiser *m.* *2* (G.B.) escalfador *m.* d'aigua.

ghastliness ('gɑ:stlinis) *s.* pał·lidesa *f.* *2* horror *m.*

ghastly ('gɑ:stli) *a.* horrible. *2* fantasmal. *3* lívid, cadavèric. *4* coł·loq. espantós, terrible. ▪ *5 adv.* horriblement, terriblement.

gherkin ('gə:kin) *s.* cogombre *m.* petit.

ghetto ('getou) *s.* ghetto *m.*

ghost (goust) *s.* esperit *m.*, ànima *f.* ‖ *the Holy* ~, l'Esperit Sant. *2* espectre *m.*, fantasma *m.*

ghost writer ('goust.rəitə') *s.* escriptor a sou.

ghoul (gu:l) *s.* esperit *m.* necròfag, vampir. *2* coł·loq. persona *f.* macabra.

giant ('dʒaiənt) *a.-s.* gegant.

gibber (to) ('dʒibə') *i.* farfollar, embarbollar-se *p.*

gibberish ('gibəriʃ) *s.* xerrameca *f.*, xerroteig *m.*

gibbet ('dʒibit) *s.* forca *f.* *2* cadafal *m.*, patíbul *m.*

gibe (dӡaib) *s.* mofa *f.*, escarn *m.*, burla *f.*

gibe (to) (dӡaib) *i.* mofar-se *p.*, burlar-se *p.*

giblets ('dӡiblits) *s. pl.* CUI. menuts *m.*

giddiness ('gidinis) *s.* vertigen *m.* 2 mareig *m.*

giddy ('gidi) *a.* vertiginós. 2 marejat, que pateix vertigen. 3 eixelebrat, frívol. ▪ 4 **-ly** *adv.* vertiginosament.

gift (gift) *s.* regal *m.*, obsequi *m.* 2 do *m.*, talent *m.* 3 DRET donació *f.*

gifted (giftid) *a.* dotat.

gig (gig) *s.* calessa *f.* 2 bot *m.*, llanxa *f.* 3 coŀloq. actuació *f.*

gigantic (dӡai'gæntik) *a.* gegantí.

giggle ('gigl) *s.* rialleta *f.* nerviosa, rialleta *f.* ximple.

giggle (to) ('gigl) *i.* riure nerviosament, riure per no res.

gild (to) (gild) *t.* daurar.

gill (gil) *s.* ganya *f.* [de peix]. 2 *pl.* papada *f.*, sotabarba *f.* ‖ *to look green about the ~,* fer mala cara *f.* 4 (dӡil) quart *m.* de pinta [mesura].

gilt (gilt) *a.* daurat. ▪ *2 s.* daurat *m.*

gimmick ('gimik) *s.* coŀloq. artefacte *m.*, giny *m.* 2 truc *m.*

gin (dӡin) *s.* ginebra *f.* [licor]. 2 trampa *f.* 3 esborradora *f.* [de cotó].

ginger ('dӡindӡər) *s.* BOT. gingebre *m.* 2 ros *m.* vermellós [color].

gingerly ('dӡindӡəli) *a.* cautelós, caute. ▪ *2 adv.* cautelosament, amb precaució.

gipsy ('dӡipsi) *s.* gitano.

giraffe (dӡi'rɑːf) *s.* girafa *f.*

gird (to) (gəːd) *t.* cenyir. 2 envoltar. 3 fig. preparar-se *p.*; investir. ▲ Pret. i p. p.: *girded* (gəːdid) o *girt* (gəːt).

girdle (gəːdl) *s.* cenyidor *m.* 2 faixa *f.* 3 cinturó *m.*

girdle (to) ('gəːdl) *t.* cenyir. 2 envoltar.

girl (gəːl) *f.* noia *f.*, nena *f.*

girlfriend ('gəːlfrend) *s.* xicota *f.*, amiga *f.*

girlhood ('gəːlhud) *s.* joventut *f.*, infantesa *f.* [de la dona].

girlish ('gəːliʃ) *a.* juvenil, de nena.

girt (gəːt) Veure GIRD (TO).

girth (gəːθ) *s.* cingla *f.*, faixa *f.* 2 grassor *f.*, obesitat. 3 circumferència *f.*, perifèria *f.*, contorn *m.*

gist (dӡist) *s. the ~,* el quid *m.*, l'essència *f.*, el fons *m.*

give (to) (giv) *t.* donar; regalar; lliurar; concedir. 2 proveir de. 3 encomanar. 4 pronunciar [un discurs]. 5 comunicar. 6 dedicar. 7 *to ~ birth to,* donar a llum, parir. 8 MED. posar [una injecció]. 8 DRET pronunciar [una sentència], condemnar a. ▪ *9 i.* fer regals. *10* cedir; donar-se *p.* *11* donar a [una finestra, etc.]. ▪ *to ~ away,* regalar;

repartir; lliurar; revelar [un secret]; *to ~ back,* tornar, retornar; *to ~ off,* treure, llançar [fum, etc.]; *to ~ out,* repartir, distribuir; publicar; emetre; exhaurir-se [mercaderies, etc.]; difondre; *to ~ over,* lliurar; deixar de, desistir de; *to ~ up,* renunciar a; lliurar; dimitir; deixar de; deixar córrer; cedir. ▲ Pret.: *gave* (geiv); p. p.: *given* ('givn).

gizzard ('gizəd) *s.* pedrer *m.* 2 fig. *that sticks in my ~,* això no m'ho empasso.

glacial ('gleisjəl) *a.* glacial.

glacier ('glæsjər) *s.* GEOL. glacera *f.*

glad (glæd) *a.* alegre, content, feliç. ‖ *to be ~ of,* alegrar-se de. ▪ *2* **-ly** *adv.* amb molt de gust.

gladden (to) ('glædn) *t.* alegrar.

glade (gleid) *s.* clariana *f.* [en un bosc].

gladness ('glædnis) *s.* alegria *f.*, satisfacció *f.*

gladsome ('glædsəm) *a.* lit. alegre, content.

glamorous ('glæmərəs) *a.* encantador, fascinador, atractiu.

glamour (EUA) **glamor,** ('glæmər) *s.* encant *m.*, atractiu *m.*, encís *m.*

glance (glɑːns) *s.* mirada *f.* 2 cop *m.* d'ull, ullada *f.* ‖ *at first ~,* a primera vista *f.* 3 besllum *m.* 4 centelleig *m.*, llampurneig *m.*

glance (to) (glɑːns) *t.* donar un cop d'ull, mirar. ▪ *2 i.* donar un cop d'ull, donar una ullada. *3* mirar. *4* mirar de reüll. *5* centellejar, llampurnejar. *6 to ~ off,* rebotar, desviar-se *p.*

gland (glænd) *s.* ANAT., BOT. glàndula *f.*

glare (gleər) *s.* resplendor *f.*, llum *f.* intensa. 2 enlluernament *m.* 3 mala mirada *f.*

glare (to) (gleər) *i.* brillar. 2 enlluernar. 3 mirar malament.

glaring ('gleəriŋ) *a.* brillant, enlluernador. 2 cridaner. 3 evident. 4 irat, feroç.

glass (glɑːs), (EUA) (glæs) *s.* vidre *m.*, cristall *m.* ‖ *~ case,* aparador *m.* 2 got *m.*, vas *m.*, (BAL.) tassó *m.* 3 cristalleria *f.* 4 mirall *m.* 5 *pl.* ulleres *f.*; binocles *m.*

glass-house ('glɑːshaus) *s.* hivernacle *m.* 2 coŀloq. presó *f.* militar.

glassware ('glɑːs-weər) *s.* cristalleria *f.*, objectes *m. pl.* de vidre.

glassy ('glɑːsi) *a.* vidriós, vitri; llis.

glaze (gleiz) *s.* vernís *m.*, llustre *m.*

glaze (to) (gleiz) *t.* vernissar, esmaltar. 2 posar vidres. ▪ *3 i.* envidriar-se *p.* [els ulls].

G.L.C. ('dӡiː el' siː) *s.* *(Greater London Council)* Corporació *f.* Metropolitana de Londres.

gleam (gliːm) *s.* raig *m.*, resplendor *f.* 2 llampada *f.*, guspira *f.* 3 fig. besllum *m.*, raig *m.* [de llum, d'esperança].

gleam (to) (gli:m) *i.* brillar, llampurnar, resplendir.

glean (to) (gli:n) *t.-i.* espigolar [també fig.]. *2* fig. arreplegar.

glee (gli:) *s.* alegria *f.*, joia *f.*

gleeful ('gli:ful) *a.* alegre, joiós.

glen (glen) *s.* vall *f.* estreta, sot *m.*, clotada *f.*

glib (glib) *a.* garlaire, xerraire.

glide (glaid) *s.* lliscament *m. 2* AVIA. planatge *m.*

glide (to) (glaid) *i.* lliscar, relliscar. *2* AVIA. planar.

glider ('glaidə^r) *s.* AVIA. planador *m.*

glimmer ('glimə^r) *s.* besllum *m.*, resplendor *m.*, poca llum *f. 2* fig. raig *m.*

glimmer (to) ('glimə^r) *i.* brillar amb poca llum.

glimpse (glimps) *s.* visió *f.* ràpida, visió *f.* momentània.

glimpse (to) (glimps) *i.* donar una ullada. *2* brillar amb llum trèmula. ▪ *3 t.* entreveure.

glint (glint) *s.* centelleig *m.*, espurneig *m.*

glint (to) (glint) *i.* brillar, centellejar, espurneig *m.* ▪ *2 t.* reflectir [la llum].

glisten (to) ('glisn) *i.* brillar, centellejar, relluir.

glitter ('glitə^r) *s.* resplendor *f. 2* lluentor *f.*, brillantor *f.*

glitter (to) ('glitə^r) *i.* brillar, lluir, centellejar.

gloaming ('gloumiŋ) *s.* capvespre *m.*, crepuscle *m.*

gloat (to) (glout) *i. to ~ over,* recrear-se *p.* amb, complaure's *p.* en.

globe (gloub) *s.* globus *m.*, bola *f. 2* esfera *f.* [terrestre].

globe-trotter ('gloug,trɔtə^r) *s.* rodamón *m.*

globular ('glɔbjulə^r) *a.* globular.

globule ('glɔbju:l) *s.* glòbul *m.*

gloom (glu:m) *s.* foscor *f. 2* fosca *f. 3* tristesa *f.*, malenconia *f.*, pessimisme *m.*

gloomy ('glu:mi) *a.* fosc, llòbreg, obscur. *2* trist, pessimista, malencònic.

Gloria ('glɔ:riə) *n. pr. f.* Glòria.

glorification (,glɔrifi'keiʃən) *s.* glorificació *f.*

glorify (to) ('glɔ:rifai) *t.* glorificar. *2* lloar.

glorious ('glɔ:riəs) *a.* gloriós. *2* esplèndid, magnífic. *3* enorme, colossal.

glory ('glɔ:ri) *s.* glòria *f. 2* grandesa *f. 3* B. ART. aurèola *f.*

glory (to) ('glɔ:ri) *t.* gloriar-se *p.* de, vanagloriar-se *p.* de.

gloss (glɔs) *s.* brillantor *f.*, lluentor *f. 2* glossa *f.*, comentari *m. 3* fig. oripell *m.*

gloss (to) (glɔs) *t.* enllustrar, polir. *2* paⅼliar.

3 glossar. *4 to ~ over,* encobrir, disfressar. ▪ *5 i.* fer glosses.

glossary ('glɔsəri) *s.* glossari *m.*

glossy ('glɔsi) *a.* brillant, llustrós. *2* llis. *3* satinat. *4* FOT. brillant.

glove (glʌv) *s.* guant *m.*

glove compartment ('glʌvkɔm,pɑ:tmənt) *s.* AUTO. guantera. *f.*

glow (glou) *s.* fulgor *m.*, llum *f.*, resplendor *f. 2* vermellor *f.*, color *m.* viu. *3* calor *f.*, escalfor *f.*

glow (to) (glou) *i.* fer llum o calor; cremar; brillar, resplenir. *2* tenir colors vius. *3* envermellir. *4* encendre's *p.*

glower (to) ('glauə^r) *i.* mirar amb les celles arrufades. *2* llançar una mirada furiosa.

glowing ('glouiŋ) *a.* resplendent, incandescent. *2* ardent, encès. *3* viu [color]. *4* entusiasta. *5* càlid. *6 ~ with health,* ple de salut.

glow-worm ('glouwə:m) *s.* ZOOL. cuca *f.* de llum.

glucose ('glu:kous) *s.* QUÍM. glucosa *f.*

glue (glu:) *s.* cola *f.*, goma *f.* [d'enganxar].

glue (to) (glu:) *t.* encolar, enganxar [amb cola].

gluey ('glu:i) *a.* enganxós.

glum (glʌm) *a.* malenconiós, trist.

glut (glʌt) *s.* sobreabundància *f.*, excés *m. 2* sacietat *f.*

glut (to) (glʌt) *t.* afartar, atipar. *2* omplir, abarrotar. *3* COM. inundar [el mercat].

glutinous ('glu:tinəs) *a.* glutinós, viscós, enganxós.

glutton ('glʌtn) *s.* golafre, fart, voraç. ‖ *to be a ~ for,* ser insaciable per a, no tenir-ne mai prou de.

gluttony ('glʌtəni) *s.* golafreria *f.*, gula *f.*, voracitat *f.*

glycerine ('glisəri:n) , (EUA) **glycerin** ('glisərin) *s.* QUÍM. glicerina *f.*

gnarl (nɑ:l) *s.* nus *m.* [de la fusta].

gnarled (nɑ:ld) *a.* nuós, nodós.

gnash (to) (næʃ) *i.* fer carrisquejar, fer cruixir [les dents]. ▪ *2 i.* carrisquejar, cruixir [les dents].

gnat (næt) *s.* ENT. mosquit *m.*

gnaw (to) (nɔ:) *t.* rosegar. *2* ratar, mossegar. *3* fig. *~ at,* rosegar, turmentar. ▪ Pret.: *gnawed* (nɔ:d); p. p.: *gnawed* (nɔ:d) o *gnawn* (nɔ:n).

gnome (noum) *s.* gnom *m.*, nan *m.*

G.N.P. ('dʒi:en'pi:) *s. (Gross National Product)* producte *m.* nacional brut.

go (gou) *s.* energia *f. 2* empenta *f. 3* temptativa *f. 4* moda *f.: it is all the ~,* està de moda.

go (to) (gou) *i.* anar. *2* anar-se'n *p.*, marxar. ‖ *to ~ abroad,* anar a l'estranger; *to ~ as-*

tray, perdre's *p.; to let* ~, deixar anar. *3* anar, funcionar. *4* caure bé [un vestit]. *5* decaure; morir. *6* sortir, (VAL.) eixir, (ROSS.) sàller. *7* desaparèixer, perdre's *p. 8* quedar-se *p.,* tornar-se *p.* ‖ *to* ~ *bad,* fer-se *p.* malbé: *to* ~ *mad,* tornar-se *p.* boig. *9* sonar. *10* dir; fer. *11* cedir, trencar-se *p. 12* caure. *13* fondre's *p. 14* vendre's *p. 15* transcórrer. *16* cabre. *17* valer. *18 to* ~ *ahead,* avançar. *19 to* ~ *to sleep,* adormir-se *p. 20 to* ~ *wrong,* sortir malament. ▪ *21 t.* seguir. ‖ *to* ~ *one's way,* fer el seu camí. *22* caminar, recórrer. *23* jugar-se *p.,* apostar. *24 to* ~ *halves,* anar a mitges. ▪ *to* ~ *about,* anar d'un costat a l'altre; circular, córrer; recórrer; empendre; *to* ~ *after,* seguir, perseguir; anar darrera; *to* ~ *along,* continuar; passar per; estar d'acord. ‖ *to* ~ *along with,* acompanyar; *to* ~ *at,* atacar, escometre; *to* ~ *away,* anar-se'n, marxar; desaparèixer; *to* ~ *back,* tornar; recular; *to* ~ *between,* interposar-se, mitjançar; *to* ~ *by,* passar [de llarg]; transcórrer; atenir-se a; *to* ~ *down,* baixar; enfonsar-se; amagar-se [el sol]; disminuir; decaure: *to* ~ *for,* anar a buscar; escometre; valer per a; votar per; *to* ~ *in* o *into,* entrar; *to* ~ *off,* anar-se'n, marxar; disparar-se; fer-se malbé; explotar; sonar; adormir-se; *to* ~ *on,* continuar; avançar, progressar; *to* ~ *out,* sortir, (VAL.) eixir, (ROSS.) sàller; publicar-se, passar de moda; apagar-se [la llum]; *to* ~ *over,* repassar; travessar, passar [per sobre; a l'altre costat]; recórrer; anar; assajar; *to* ~ *through,* travessar; sofrir, patir; examinar a fons; ser aprobat; gastar. ‖ *to* ~ *through with,* dur a terme; *to* ~ *up,* pujar. ‖ *to* ~ *up to,* apropar-se a; *to* ~ *without,* passar sense. ▲ Pres. 3.ª pers.: *goes* (gouz), pret.: *went* (went), p. p.: *gone* (gon).

goad (goud) *s.* agulló *m.,* agullada *f. 2* fig. agulló *m.,* estímul *m.*

goad (to) (goud) *t.* agullonar, punxar, picar. *2* fig. agullonar, estimular.

goal (goul) *s.* ESPORT meta *f.,* porteria *f.,* gol *m.* ‖ *to score a* ~, fer un gol. *2* fig. finalitat *f.,* objectiu *m.,* propòsit *m.*

goalkeeper ('goul͵ki:pə^r) *s.* ESPORT porter.

goat (gout) *s.* ZOOL. cabró *m.,* boc *m.* [mascle]. *2* cabra *f.* [femella]. *2* fig. colloq. *to get one's* ~, emprenyar.

goatee (gou'ti:) *s.* pera *f.,* barba *f.* de cabra.

goat-herd ('gouthə:d) *s.* cabrer.

gob (gɔb) *s.* vulg. gargall *m.,* escopinada *f. 2* colloq. boca *f. 3* (EUA) colloq. mariner.

gobble (to) ('gɔbl) *t. to* ~ *up,* engolir-se *p.* ▪ *2 i. to* ~ *up,* endrapar. *3* escatainar [el gall d'indi].

go-between ('goubi͵twi:n) *s.* intermediari, mitjancer. *2* missatger.

goblet ('gɔblit) *s.* copa *f.*

goblin ('gɔblin) *s.* follet *m.,* esperit *m.* dolent.

God, god (gɔd) *n. pr. m.* Déu. ‖ colloq. *for God's sake!,* per l'amor de Déu!; *Good G*~, Déu meu senyor!; *G*~ *willing,* si Déu vol. *2 s.* déu *m.*

godchild ('gɔdt͡ʃaild) *s.* fillol.

goddess ('gɔdis) *s.* deessa *f.,* dea *f.*

godfather ('gɔd͵fɑ:ðə^r) *s.* padrí *m.*

godforsaken ('gɔdfə͵seikn) *a.* deixat de la mà de Déu, abandonat. *2* trist, desert, desolat.

godless ('gɔdlis) *a.* descregut, impiu, ateu.

godlessness ('gɔdlinis) *s.* impietat *f.*

godliness ('gɔdlinis) *s.* pietat *f.,* devoció *f.*

godly ('gɔdli) *a.* pietós, devot.

godmother ('gɔd͵mʌðə^r) *f.* padrina *f.*

goggle ('gɔgl) *a.* ~-*eyed,* d'ulls sortits. *2 s. pl.* ulleres *f.* submarines.

goggle (to) ('gɔgl) *i.* fer girar els ulls, obrir molt els ulls. *2 to* ~ *at,* mirar amb els ulls molt oberts.

goggle-box ('gɔglbɔks) *s.* colloq. televisió *f.*

going ('gouiŋ) *s.* camí *m. 2* pas *m. 3* fig. manera *f.* de fer, conducta *f. 4* fig. progrés *m. 5* fig. liter. *the* ~*s and comings,* les anades *f.* i vingudes. ▪ *6 a. a* ~ *concern,* una empresa que va bé. *7* existent. *8* corrent [preu].

going-over (͵gouiŋ'ouvə^r) *s.* inspecció *f. 2* fig. pallissa *f.*

goings-on ('gouiŋz'ən) *s. pl.* colloq. tripijocs *m.*

go-kart ('goukɑ:t) *s.* ESPORT kart *m.*

gold (gould) *s.* or *m.* [també fig.]. ‖ ~ *leaf,* pa *m.* d'or. ▪ *2 a.* d'or, daurat.

golden ('gouldən) *a.* d'or, daurat, auri. ‖ *G*~ *Age,* Edat d'Or. ‖ ZOOL. ~ *eagle,* àguila daurada o reial. *2* fig. excellent, d'or.

goldfinch ('gouldfint͡ʃ) *s.* cadernera *f.*

goldsmith ('gouldsmiθ) *s.* orfebre.

golf (gɔlf) *s.* ESPORT golf *m.*

golf course ('gɔlfkɔ:s) *s.,* **golf links** ('gɔlfliŋks) *s. pl.* camp *m.* de golf.

gone (gɔn) *p. p.* de GO (TO). ▪ *2 a.* passat. ‖ *to be* ~, ser fora. ‖ *to be far* ~, estar passat [menjar]; estar begut; estar molt malalt. *3* fig. boig. ‖ *to be* ~ *on,* estar boig per. *4* fig. acabat, mort.

goner ('gɔnə^r) *s.* colloq. malalt desnonat; persona *f.* arruïnada, acabada.

gong (gɔŋ) *s.* MÚS. gong *m.*

good (gud) *a.* bo; amable; agradable; vàlid. ‖ ~-*for-nothing,* inútil, bo per a res; *Good Friday,* Divendres Sant; ~ *morning,* bon dia; ~ *night,* bona nit; ~ *time,* bona estona; diversió; ~ *turn*, favor; *a* ~ *deal*, molt; *a* ~ *while*, una bona estona. ▪ *2 interj.* molt bé! ▪ *3 s.* bé *m.* ‖ *to feel* ~, trobar-se bé. *4* utilitat *f.* ‖ *what is the* ~ *of it?*, per què serveix? *5 for* ~, per sempre.

good-bye (‚gud'bai) *s.* adéu *m.* ‖ *to say* ~ *to*, dir adéu a, acomiadar. ▪ *2 interj.* adéu!

goodly ('gudli) *a.* agradable. *2* bonic, maco. *3* considerable.

goodness ('gudnis) *s.* bondat *f.* *2* virtut *f.* *3* substància *f.* *4* qualitat *f.* ▪ *5* interj. ~ *gracious!* Déu meu! ‖ *for* ~ *sake!*, per l'amor de Déu!

goods (gudz) *s. pl.* béns *m.*, efectes *m.* ‖ ~ *and chattels*, efectes personals. *2* COM. gènere *m. sing.*, articles *m.*, mercaderies *f.* ‖ *consumer* ~, articles de consum.

goody ('gudi) *s.* llaminadura *f.* *2* ~·~, beat; hipòcrita. ▪ *3* interj. ~*!*, que bé!

goof (gu:f) *s.* col·loq. beneit, babau. *2* (EUA) col·loq. espifiada *f.*, pifia *f.*

goon (gu:n) *s.* col·loq. beneit, babau.

goose (gu:s) *s.* ORN. oca *f.* ▲ *pl.* **geese** (gi:s).

gooseberry ('guzbəri) *s.* BOT. riber *m.* espinós, agrassó *m.* *2* grosella *f.*, riba *f.*

gooseflesh ('gu:sfleʃ) *s.* pell *f.* de gallina.

goose pimples ('gu:s‚pimplz) *s. pl.* Veure GOOSEFLESH.

gore (gɔːʳ) *s.* liter. sang *f.* [quallada, vessada]. *3* COST. gaia *f.* [d'un vestit].

gore (to) (gɔːʳ) *t.* posar una gaia a. *2* banyegar, cornar. *3* ferir amb els ullals.

gorge (gɔːdʒ) *s.* gorja *f.*, gola *f.* *2* gorja *f.*, call *m.*

gorge (to) (gɔːdʒ) *t.* engolir, empassar-se *p.* ▪ *2 i.-p.* afartar-se *p.*, atipar-se *p.*

gorgeous ('gɔːdʒəs) *a.* magnífic, esplèndid. *2* col·loq. bonic.

gorilla (gə'rilə) *s.* ZOOL. goril·la *m.*

gory ('gɔːri) *a.* ensangonat, sangonós, sagnant.

go-slow ('gou'slou) *s.* ~ *strike*, vaga *f.* de zel.

gospel ('gɔspəl) *s.* BIB. *the Gospel*, evangeli *m.* [també fig.].

gossamer ('gɔsəməʳ) *s.* teranyina *f.* *2* gasa *f.* ▪ *3 a.* fi, molt prim.

gossip ('gɔsip) *s.* xafarderia *f.*, comareig *m.* ‖ *piece of* ~, una xafarderia. *2* rumor. *3* xafarder, murmurador.

gossip (to) ('gɔsip) *i.* xafardejar, comarejar. *2* xerrar, murmurar.

gossip column ('gɔsip‚kɔləm) *s.* notes *f. pl.* de societat [d'un diari o revista].

got (gɔt) Veure GET (TO).

Gothic ('gɔθik) *a.* gòtic.

gouge (gaudʒ) *s.* TECNOL. gúbia *f.*, badaine *m.*

gouge (to) (gaudʒ) *t.* foradar amb el badaine. *2* col·loq. arrencar, treure.

gourd (guəd) *s.* BOT. carbassa *f.*, (BAL.), (VAL.) carbassa *f.*

gourmet ('guəmei) *s.* gastrònom.

gout (gaut) *s.* MED. gota *f.*

gouty ('gauti) *a.* MED. gotós.

govern (to) ('gʌvən) *t.* governar. *2* dirigir, administrar. *3* guiar. *4* dominar. *5* GRAM. regir. ▪ *6 i.* governar *t.*

governance ('gʌvənəns) *s.* form. govern *m.*, governació *f.*

governess ('gʌvənis) *s.* institutriu *f.*

government ('gʌvənmənt) *s.* govern *m.* *2* direcció *f.*, autoritat *f.*, administració *f.*, gestió *f.* *3* fig. domini *m.*, control *m.* *4* GRAM. règim *m.* ▪ *5 a.* del govern, governamental, administratiu.

governor ('gʌvənəʳ) *s.* governador. *2* director, administrador. *3* col·loq. cap *m.* *4* TECNOL. regulador *m.*

gown (gaun) *s.* vestit *m.* de dona. *2* túnica *f.*, toga *f.*

G.P. ('dʒi: 'pi:) *s.* (*General Practitioner*) metge de capçalera.

G.P.O. ('dʒi:pi:'ou) *s.* (*General Post Office*) central *f.* de Correus.

grab (to) (græb) *t.* agafar, aferrar. *2* apropiar-se *p.* *3* col·loq. *to* ~ *a bite*, fer un mos. ▪ *4 i. to* ~ *at*, intentar d'agafar(se.

grace (greis) *s.* gràcia *f.* [física, espiritual]. *2* amabilitat *f.* *3* elegància *f.*, encant *m.* *4* disposició *f.* [d'ànim]: *with bad* ~, a desgrat, de mala gana *f.* *5* cortesia *f.* *6* pl. *good* ~*s*, favor *m.* *7 Your G*~, Excel·lència *f.* [duc]; Il·lustríssim(a [bisbe]. *7* MIT. *pl.* *The G*~, les gràcies *f.*

grace (to) (greis) *t.* adornar, ornar. *2* agraciar. *3* honorar.

graceful ('greisful) *a.* graciós, agraciat, airós, elegant.

gracefulness ('greisfulnis) *s.* gràcia *f.*, gentilesa *f.*, desimboltura *f.*

gracious ('geiʃəs) *a.* graciós, atractiu. *2* afable, cortès. *3* bondadós, gentil. ▪ *4 interj.* ~*!* valga'm Déu! ▪ *5* **-ly,** *adv.* graciosament, agradablement.

graciousness ('greiʃəsnis) *s.* gràcia *f.*, benevolència *f.* *2* afabilitat *f.*, bondat *f.*, amabilitat. *3* REL. misericòrdia *f.*

gradation (grə'deiʃən) *s.* gradació *f.*

grade (greid) *s.* grau *m.* *2* classe *f.*, qualitat *f.* *3* pendent *m.* *4* nivell *m.* ‖ *to make the* ~, arribar al nivell desitjat. *5* nota *f.* *6* (EUA) curs *m.* [escolar].

grade (to) (greid) *t.* graduar. *2* degradar [un color]. *3* classificar. *4* anivellar, aplanar. *4* (EUA) qualificar, posar nota.

gradient ('greidjənt) *s.* pendent *m.*, desnivell *m.*

gradual ('grædjuəl) *a.* gradual, progressiu. ■ *2* **-ly** *adv.* gradualment.

graduate ('grædjuit) *a.* graduat, llicenciat, diplomat [a la universitat].

graduate (to) ('grædjueit) *t.* graduar. *2* donar un títol, un diploma. ■ *3 i.* graduar-se *p.*, aconseguir un títol.

graft (grɑːft) *s.* AGR., MED. empelt *m.* *2* (EUA) tripijoc *m.*, corrupció *f.* *3* coŀloq. treball *m.*

graft (to) (grɑːft) *t.* AGR., MED. empeltar. ■ *2 i.* fer tripijocs, ser corrupte.

grain (grein) *s.* gra *m.* [de blat, raïm, etc.]. *2* cereals *m. pl.* *3* fibra *f.*, veta *f.* ‖ fig. *against the* ~, a repèl *4* fig. mica *f.* *6* FOT. gra *m.*

gram, gramme (græm) *s.* gram *m.*

grammar ('græmə^r) *s.* gramàtica *f.*

grammar school ('græmə‚skuːl) *s.* (G.B.) institut *m.* d'ensenyament secundari; (EUA) escola *f.* primària.

granary ('grænəri) *s.* graner *m.*

grand (grænd) *a.* gran, gros. *2* impressionant, fabulós. *3* complet, general. ■ *4 s.* (EUA) coŀloq. mil dòlars *m. pl.*

grandchild ('grændtʃaild) *s.* nét *m.*, néta *f.*

granddaughter ('grændɔːtə^r) *s.* néta *f.*

grandeur ('grændʒə^r) *s.* grandesa *f.*, grandiositat *f.*, magnificència *f.*

grandfather ('grænd‚fɑːðə^r) *s.* avi *m.*

grandiloquent (græn'diləkwənt) *a.* grandiloqüent.

grandiose ('grændious) *a.* grandiós [també fig.]. *2* pompós, pretensiós.

grandmother ('græn‚mʌðə^r) *s.* àvia *f.*

grandparents ('græn‚peərənts) *s. pl.* avis *m.*

grand piano (‚grændpi'ænou) *s.* MÚS. piano *m.* de cua.

grandson ('grænsʌn) *s.* nét *m.*

grandstand ('grændstænd) *s.* tribuna *f.*

grange (greindʒ) *s.* granja *f.*, casa *f.* de camp. *2* casa *f.* pairal.

granite ('grænit) *s.* granit *m.*

granny, -nie ('græni) *s.* iaia *f.*

grant (grɑːnt) *s.* concessió *f.*, donació *f.*, atorgament *m.* *2* subvenció *f.* *3* beca *f.* *4* DRET donació *f.*, cessió *f.*

grant (to) (grɑːnt) *t.* concedir, atorgar, donar. *2* admetre. *3 to take for* ~*ed*, donar per descomptat. *4* ~*ed that*, en el cas que; donat que. *5* DRET cedir.

granulated ('grænjuleitid) *a.* granulat.

grape (greip) *s.* BOT. raïm *m.*

grapefruit ('greipfruːt) *s.* BOT. aʼranja *f.*, naronja .

grape-vine ('greipvain) *s.* vinya *f.*, cep *m.*, parra *f.*

graph (græːf) *s.* gràfic *m.*

graphic(al ('græfik(əl) *a.* gràfic.

graphite ('græfait) *s.* MINER. grafit *m.*

grapple (to) (græpl) *t.* agafar, aferrar. ■ *2 i.* lluitar, abraonar-se *p.* *3* fig. intentar resoldre [un problema].

grasp (grɑːsp) *s.* agafament *m.* *2* encaixada *f.* [de mans]. *3* domini *m.*, poder *m.* *4* comprensió *f.*

grasp (to) (grɑːsp) *t.* agafar, subjectar. *2* abraçar, abastar. *3* estrènyer. *4* comprendre, entendre. ■ *5 i. to* ~ *at*, intentar agafar; aprofitar [una oportunitat].

grasping ('grɑːspiŋ) *a.* avar, gasiu.

grass (grɑːs) *s.* herba *f.*, gespa *f.*, pastura *f.*

grasshopper ('grɑːs‚hɔpə^r) *s.* ENT. llagosta *f.*, saltamartí *m.*

grassland ('grɑːslænd) *s.* prat *m.*, prada *f.*

grassy ('grɑːsi) *a.* cobert d'herba, herbós.

grate (greit) *s.* graelles [d'una llar de foc].

grate (to) (greit) *t.* ratllar. *2* fer grinyolar. ■ *3 i. to* ~ *(on)*, carrisquejar, grinyolar; molestar *t.*

grateful ('greitful) *a.* agraït. *2* grat, agradable.

gratification (‚grætifi'keiʃən) *s.* satisfacció *f.* *2* gratificació *f.*

gratify (to) ('grætifai) *t.* satisfer, complaure. *2* gratificar.

grating ('greitiŋ) *a.* aspre. *2* estrident. *3* irritant. ■ *4 s.* reixa *f.*, enreixat. *5* graella *f.*, engraellat *m.*

gratis ('greitis) *adv.* gratis.

gratitude ('grætitjuːd) *s.* gratitud *f.*, agraïment *m.*

gratuitous (grə'tjuːitəs) *a.* gratuït. *2* injustificat.

gratuity (grə'tjuiti) *s.* gratificació *f.* *2* propina *f.*

grave (greiv) *a.* greu. ■ *2 s.* tomba *f.*, sepulcre *m.*

gravel ('grævəl) *s.* grava *f.*

gravestone (greivstoun) *s.* làpida *f.* sepulcral.

graveyard ('greivjɑːd) *s.* cementiri *m.*, (BAL.), (VAL.) cementeri *m.*

gravitate (to) ('græviteit) *i.* gravitar. *2 to* ~ *towards*, tenir tendència a, sentir-se *p.* atret per.

gravitation (‚grævi'teiʃən) *s.* gravitació *f.*

gravity ('græviti) *s.* FÍS. física *f.*

gravy ('greivi) *s.* CUI. suc *m.* [de la carn], salsa *f.* [feta amb el suc de la carn].

gray (grei) *a.* Veure GREY.

graze (greiz) *s.* fregament *m.* *2* rascada *f.* *3* pastura *f.*

graze (to) (greiz) *t.* fregar. *2* rascar. ■ *3 i.* pasturar.

grazing ('greiziŋ) *s.* pasturatge *m.* *2* pastura *f.* ‖ ~*-land*, devesa *f.*

grease (gri:s) *s.* greix *m.* 2 sèu *m.*
grease (to) (gri:z) *t.* engreixar, untar.
greasy ('gri:si) *a.* greixós.
great (greit) *a.* gran, gros, major, magne. *2 ~ age*, edat avançada. *3* important, destacat. *4* magnífic, fantàstic. ■ *5* -ly *adv.* molt, altament.
greatness ('greitnis) *s.* grandesa *f.* 2 amplitud *f.* 3 esplendor *f.*
Grecian ('gri:ʃən) *a.* grec [art, arquitectura, trets, etc.].
greed, greediness (gri:d, -inis) *s.* cobdícia *f.* 2 ànsia *f.* 3 voracitat *f.*, golafreria *f.*
greedy ('gri:di) *a.* ansiós, cobdiciós. 2 golafre, voraç.
Greek (gri:k) *a.-s.* grec. GEOGR. grec. 2 grec *m.* [llengua].
green (gri:n) *a.* verd [color, fruita]. 2 càndid, inexpert. *3* fig. ufanós. ■ *4 s.* verd *m.* [color]. *5* verdor *f.* 6 prat *m.* 7 *pl.* verdures *f.*, hortalises *f.*
greengrocer ('gri:n,grousəʳ) *s.* verdulaire.
greenhouse ('gri:nhaus) *s.* hivernacle *m.*
Greenland ('gri:nlənd) *n. pr.* GEOGR. Groenlàndia *f.*
greet (to) (gri:t) *t.* saludar.
greeting ('gri:tiŋ) *s.* salutació *f.* 2 *pl.* salutacions *f.*, records *m.* [en una carta].
gregarious (gre'gɛəriəs) *a.* gregari.
grenade (gri'neid) *s.* granada *f.*
grew (gru:) *pret.* de GROW (TO).
grey, gray (grei) *a.* gris. ■ *2 s.* gris *m.*
greyhound ('greihaund) *s.* llebrer *m.*
grid (grid) *s.* reixa *f.*, enreixat *m.* 2 CUI. graelles *f. pl.*, graella *f.* 3 ELECT. xarxa *f.* 4 RADIO. reixa *f.*
grief (gri:f) *s.* dolor *m.*, pena *f.*, aflicció *f.* 2 dany *m.*, mal *m.*, desgràcia *f.* ‖ *to come to ~*, patir una desgràcia, sofrir un dany.
grievance (gri:vəns) *s.* greuge *m.*, ofensa *f.*, agravi *m.*
grieve (to) (gri:v) *t.* afligir, entristir. ■ *2 i.* afligir-se *p.*, entristir-se *p.*
grievous ('gri:vəs) *a.* dolorós, penós. 2 sever, atroç.
grill (gril) *s.* CUI. graella *f.*, graelles *f. pl.*
grill (to) (gril) *t.* fer a la brasa. 2 colloq. interrogar [la policia]. ■ *3 i.* fer-se *p.* a la brasa.
grille (gril) *s.* reixa *f.*, enreixat *m.*
grim (grim) *a.* sorrut, malcarat. 2 lleig. 3 horrible, sinistre.
grimace (gri'meis) *s.* ganyota *f.*, (BAL.) carussa *f.*, (VAL.) carassa *f.*
grimace (to) (gri'meis) *i.* fer ganyotes, (BAL.) fer carusses, (VAL.) fer carasses.
grime (graim) *s.* engrut *m.*, greix *m.*, brutícia *f.*
grime (to) (graim) *t.* embrutar, enllardar.

grimy ('graimi) *a.* brut, llardós.
grin (grin) *s.* ganyota *f.* 2 somriure *m.* obert.
grin (to) (grin) *i.* somriure. 2 fer ganyotes. ■ *3 t.* expressar amb un somriure o una ganyota.
grind (to) (graind) *t.* moldre, triturar. 2 esmolar, afilar. 3 fer carrasquejar [les dents]. 4 molestar, oprimir. ■ *5 i.* moldre's *p.*, triturar-se *p.* 6 preparar-se *p.* ▲ Pret. i p. p.: *ground* (graund).
grindstone ('graindstoun) *s.* mola *f.*, pedra *f.* d'esmolar.
grip (grip) *s.* agafament *m.* 2 poder *m.*, domini *m.* 3 agafador *m.*, puny *m.* 4 *to come to ~s*, atacar de valent. 5 (EUA) maletí *m.* 6 fig. comprensió *f.* [d'un problema].
grip (to) (grip) *t.* agafar, empunyar, estrènyer. ■ *2 i.* agafar-se *p.*, arrapar-se *p.*
gripes (graips) *s. pl.* colloq. recargolament *m. sing.* de ventre.
grisly ('grizli) *a.* horrorós, terrible.
gristle ('grisl) *s.* cartílag *m.*
grit (grit) *s.* sorra *f.*, arena *f.* 2 fermesa *f.*
grizzle (to) ('grizl) *t.* somicar, ploriquejar.
groan (groun) *s.* gemec *m.*, queixa *f.*
groan (to) (groun) *t.* dir gemegant. ■ *2 i.* gemegar.
groats (grouts) *s. pl.* civada *f. sing.* trossejada.
grocer ('grousəʳ) *s.* androguer, botiguer [de comestibles].
grocery ('grousəri) *s.* adrogueria *f.*, botiga *f.* de comestibles. 2 *pl.* comestibles *m.*
groggy ('grɔgi) *a.* vacillant, estabornit, atordit. 2 dèbil.
groin (grɔin) *s.* ANAT. engonal *m.* 2 ARQ. aresta *f.*
groom (grum) *s.* mosso d'estable. 2 nuvi *m.* 3 lacai *m.*
groom (to) (grum) *t.* tenir cura de [cavalls]. 2 empolainar, arreglar. 3 colloq. preparar.
groove (gru:v) *s.* ranura *f.*, solc *m.* 2 fig. rutina *f.*
groove (to) (gru:v) *t.* acanalar.
grope (to) (group) *t.* buscar a les palpentes, tocar a les palpentes. ■ *2 i.* caminar a les palpentes.
gross (grous) *a.* gros, gras. 2 gruixut. 3 dens. tosc, vulgar. 5 groller, obscè. 6 cras [error, engany, etc.]. 7 COM. total, brut. ■ *8 s.* grossa *f.* ■ *9* -ly *adv.* grollerament, toscament.
grossness ('grousnis) *s.* grolleria *f.* 2 enormitat *f.*
grotto ('grɔtou) *s.* gruta *f.*, cova *f.*
grotesque -(grou'tesk) *a.* grotesc.
ground (graund) *s.* terra *m.*, (BAL.) trespol

m., (VAL.) pis *m.* 2 terreny *m.* 3 camp *m.* [de batalla; d'esports]. 4 àrea *f.* 5 terme *m.* [perspectiva]. 6 raó *f.*, motiu *m.*, causa *f.*, fonament *m.* 7 *pl.* terrenys *m.* 8 *pl.* pòsit *m.*, sediment *m.* 9 B. ART. fons *m.*, primera capa *f.* ■ *10 pret.* i *p.p.* de GRIND (TO).

ground (to) (graund) *t.* MAR. encallar, fer encallar. 2 AVIA. obligar a quedar-se a terra. 3 ELECT. connectar amb terra. 4 basar, fonamentar. 5 ensenyar les bases. ■ *6 i.* MAR. encallar(se. 7 AVIA. quedar-se *p.* a terra. 8 ELECT. connectar-se *p.* amb terra. 9 basar-se *p.*, fonamentar-se *p.*

ground floor (ˌgraundˈflɔːˈ) *s.* (G.B.) planta *f.* baixa.

groundless (ˈgraundlis) *a.* sense fonament, sense base.

group (gruːp) *s.* grup *m.*, conjunt *m.*

group (to) (gruːp) *t.-i.* agrupar(se.

grouse (graus) *s.* gall *m.* de bosc, gall *m.* fer, gall *m.* salvatge. 2 coŀloq. queixa *f.*

grove (grouv) *s.* bosquet *m.*

grovel (to) (ˈgrɔvl) *i.* arrossegar-se *p.*, humiliar-se *p.*, rebaixar-se *p.*

grow (to) (grou) *i.* créixer, desenvolupar-se *p.* 2 néixer, sortir [el cabell, etc.]. 3 fer-se *p.*, posar-se *p.*, tornar-se *p.* ‖ *to ~ old*, envellir, fer-se *p.* vell. ■ *4 t.* conrear, cultivar. 5 fer créixer, deixar créixer. 6 criar. ■ *to ~ on/upon*, arrelar [un costum, etc.]; arribar a agradar; *to ~ out of*, quedar petit, fer-se petit; deixar, abandonar; venir de, derivar-se; *to ~ to*, arribar a [estimar, etc.]; *to ~ up*, créixer, fer-se gran; desenvolupar-se. ▲ Pret.: *grew* (gruː); p. p.: *grown* (groun).

grower (ˈgrouəˈ) *s.* conreador, cultivador.

growl (graul) *s.* grunyit *m.*

growl (to) (graul) *i.* grunyir. ■ *2 t. to ~ (out)*, dir rondinant.

grown (groun) *p. p.* de GROW (TO). ■ *2 a.* adult, madur.

grown-up (ˈgrounʌp) *a.-s.* adult.

growth (grouθ) *s.* creixement *m.* 2 desenvolupament *m.*, augment *m.* 3 conreu *m.*, cultiu *m.* 4 vegetació *f.* 5 MED. tumor *m.*

grub (grʌb) *s.* larva *f.*, cuc *m.* 2 coŀloq. teca *f.*

grudge (grʌdʒ) *s.* ressentiment *m.*, rancúnia *f.*

grudge (to) (grʌdʒ) *t.* regatejar, escatimar. 2 envejar.

grudgingly (ˈgrʌdʒiŋli) *adv.* de mala gana, a contracor.

gruel (gruəl) *s.* CUI. farinetes *f. pl.*

gruesome (ˈgruːsəm) *a.* horrible, horripilant. 2 repugnant.

gruff (grʌf) *a.* brusc, malhumorat, aspre.

gruffness (ˈgrʌfnis) *s.* aspror *f.*, mala cara *f.*, mal humor *m.*

grumble (ˈgrʌmbl) *s.* queixa *f.*, remugament *m.* 2 soroll *m.* sord.

grumble (to) (ˈgrʌmbl) *i.* rondinar, remugar. 2 fer un soroll sord. ■ *3 t.* dir remugant.

grunt (grʌnt) *s.* grunyit *m.*, gardeny *m.*

grunt (to) (grʌnt) *i.* grunyir, gardenyar.

guarantee (ˌgærənˈtiː) *s.* garantia *f.*, fiança *f.* 2 DRET fiador, fiançador.

guarantee (to) (ˌgærənˈtiː) *t.* garantir. 2 fer-se *p.* responsable.

guarantor (ˌgærənˈtɔːˈ) *s.* garant. 2 fiador, fiançador.

guaranty (ˈgærənti) *s.* DRET garantia *f.*, fiança *f.*

guard (gɑːd) *s.* guàrdia *f.* 2 vigilància *f.*, protecció *f.* 3 guardià, guarda, vigilant. 4 guarda *f.* [de l'espasa]. 5 FERROC. cap de tren.

guard (to) (gɑːd) *t.* guardar, protegir, vigilar. ■ *2 i.* guardar-se *p.* de.

guardian (ˈgɑːdjən) *s.* guarda, guardià, custodi. ‖ *~ angel*, àngel custodi, àngel de la guarda. 2 DRET tutor.

guardianship (ˈgɑːdjənʃip) *s.* protecció *f.* 2 DRET tutela *f.*

guarded (gɑːdid) *a.* cautelós. ■ *2 -ly adv.* cautelosament.

gudgeon (ˈgʌdʒən) *s.* ICT. gòbit *m.*, gobi *m.*, cabot *m.* 2 MEC. piu *m.*, pern *m.*

guerrilla, guerilla (gəˈrilə) *s.* guerriller. 2 guerrilla *f.*

guess (ges) *s.* conjectura *f.* 2 suposició *f.* 3 parer *m.*, opinió *f.*

guess (to) (ges) *t.-i.* endivinar. 2 encertar. 3 suposar, conjecturar, creure.

guest (gest) *s.* hoste, invitat, convidat.

guffaw (gʌˈfɔː) *s.* riallada *f.*, rialla *f.*

guffaw (to) (gʌˈfɔː) *i.* petar-se *p.* de riure.

guidance (ˈgaidəns) *s.* guia *f.*, govern *m.*, direcció *f.*

guide (gaid) *s.* guia [persona]. 2 guia *f.* [llibre]. 3 guia, conseller. 4 MEC., MIL. guia.

guide (to) (gaid) *t.* guiar. 2 governar, dirigir.

guild (gild) *s.* gremi *m.*, cofradia *f.*

guile (gail) *s.* astúcia *f.* 2 engany *m.*

guileful (ˈgailful) *a.* astut.

guileless (ˈgaillis) *a.* senzill, innocent, ingenu.

guilt (gilt) *s.* culpa *f.* 2 culpabilitat *f.*

guiltless (ˈgiltlis) *a.* innocent, lliure de culpa.

guilty (ˈgilti) *a.* culpable.

guinea (ˈgini) *s.* guinea *f.* [moneda].

guinea fowl (ˈginifaul) *s.* ZOOL. gallina *f.* de Guinea.

guinea pig ('ginipig) *s.* ZOOL. conillet *m.* d'Índies.

guise (gaiz) *s.* ant. guisa *f.*, manera *f.* ‖ *under the ~ of*, disfressat de, amb el pretext de.

guitar (gi'tɑ:ʳ) *s.* MÚS. guitarra *f.*

gulch (gʌlʃ) *s.* (EUA) barranc *m.*

gulf (gʌlf) *s.* GEOGR. golf *m.* ‖ *Gulf Stream*, Corrent *m.* del Golf. 2 abisme *m.*, avenc *m.*

gull (gʌl) *s.* ORN. gavina *f.* 2 fig. beneit, babau, crèdul.

gull (to) (gʌl) *t.* estafar, enganyar.

gullet ('gʌlit) *s.* gargamella *f.*, gola *f.* 2 ANAT. esòfag *m.*

gullibility (,gʌli'biliti) *s.* credulitat *f.*

gullible ('gʌlibl) *a.* babau, crèdul.

gully ('gʌli) *s.* barranc *m.* 2 regueró *m.*

gulp (gʌlp) *s.* glop *m.*, tirada *f.*

gulp (to) (gʌlp) *t.* empassar-se *p.*, englotir.

gum (gʌm) *s.* ANAT. geniva *f.* 2 goma *f.* ‖ *chewing ~*, xiclet *m.*

gum (to) (gʌm) *t.* engomar, encolar. 2 enganxar, (BAL.) aferrar; (VAL.) espigar.

gumboot ('gʌmbu:t) *s.* bota *f.* de goma.

gumption ('gʌmpʃən) *s.* col·loq. seny *m.*, sentit *m.* comú, iniciativa *f.*

gum tree ('gʌmtri:) *s.* BOT. eucaliptus *m.*

gun (gʌn) *s.* ARTILL. arma *f.* de foc. 2 pistola *f.*

gunboat ('gʌnbout) *s.* canoner *m.* [vaixell].

gunman ('gʌnmən) *s.* pistoler *m.*

gunner ('gʌnəʳ) *s.* MIL. artiller *m.*

gunnery ('gʌnəri) *s.* artilleria *f.*

gunpowder ('gʌn,paudəʳ) *s.* pólvora *f.*

gunshot ('gʌnʃɔt) *s.* tret *m.* [d'arma de foc].

gunwale ('gʌnl) *s.* MAR. borda *f.*, regala *f.*

gurgle ('gə:gl) *s.* gloc-gloc *m.*, clapoteig *m.* 2 xerroteig *m.* [de les criatures].

gurgle (to) ('gə:gl) *i.* clapotejar, fer glocgloc. 2 xerrotejar [una criatura].

gush (gʌʃ) *s.* raig *m.*, doll *m.* 2 fig. efusió *f.*, efusivitat *f.*

gush (to) (gʌʃ) *i.* rajar, brollar. 2 ser efusiu.

gushing ('gʌʃiŋ) *a.* efusiu.

gust (gʌst) *s.* ràfega *f.*, ratxa *f.* 2 explosió *f.*, rauxa *f.*

gusto ('gʌstou) *s.* gust *m.*, afecció *f.*

gusty ('gʌsti) *a.* borrascós.

gut (gʌt) *s.* ANAT. intestí *m.*, budell *m.* 2 corda *f.*, tripa *f.* [d'un instrument]. 3 *pl.* col·loq. pebrots *m.* [valor].

gut (to) (gʌt) *t.* estripar, esbudellar, treure les tripes.

gutter ('gʌtəʳ) *s.* regueró *m.*, escorranc *m.* 2 cuneta *f.* 3 canal *m.*, canaló *m.* 4 rasa *f.*

gutter (to) ('gʌtəʳ) *i.* fondre's *p.*, consumir-se *p.* [una espelma].

guttersnipe ('gʌtəsnaip) *s.* trinxaraire.

guttural ('gʌtərəl) *a.* gutural.

guy (gai) *s.* individu *m.*, paio *m.* 2 mamarratxo *m.* 3 corda *f.*, vent *m.*

guy (to) (gai) *t.* ridiculitzar.

guzzle (to) ('gʌzl) *t.-i.* col·loq. empassar-se *p.*, englotir.

gymnasium (dʒim'neizjəm) *s.* gimnàs *m.*

gymnast ('dʒimnæst) *s.* gimnasta.

gymnastic (dʒim'næstik) *a.* gimnàstic.

gymnastics (dʒim'næstiks) *s.* gimnàstica *f.*

gypsum ('dʒipsəm) *s.* guix *m.*

gypsy ('dʒipsi) *a.-s.* Veure GIPSY.

gyrate (to) (,dʒai'reit) *i.* girar, giravoltar.

gyration (,dʒai'reiʃən) *s.* gir *m.*, volt *m.*

H

H, h (eitʃ) *s.* h *f.* [lletra].
haberdashery ('hæbədæʃəri) *s.* articles *m. pl.* de merceria. 2 (EUA) roba *f.* de senyors.
habit ('hæbit) *s.* hàbit *m.*, costum *m.* ‖ *a bad* ~, un mal costum. ‖ *to be in the* ~ *of,* tenir costum de. 2 hàbit *m.* [vestit].
habitable ('hæbitəbl) *a.* habitable.
habitation (ˌhæbi'teiʃən) *s.* habitació *f.*, habitatge *m.*
habitual (hə'bitjuəl) *a.* habitual, acostumat. 2 empedreït, inveterat: *a* ~ *drunkard,* un bebedor empedreït.
habituate (to) (hə'bitjueit) *t.-p.* habituar)se (*to,* a).
habitué (hə'bitjuei) *s.* persona *f.* assídua, parroquià.
hack (hæk) *s.* cavall *m.* de lloguer. 2 escriptor a sou. 3 tall *m.*, trau *m.*
hack (to) (hæk) *t.* tallar, trinxar. ■ 2 *i. to* ~ *at,* donar cops [de destral, matxet, etc].
hacking ('hækiŋ) *a.* seca [tos]. ‖ ~ *cough,* tos de gos.
hackney ('hækni) *s.* cavall *m.*, euga *f.* ‖ ~ *carriage,* cotxe *m.* de lloguer. ■ 2 *a.* ~*ed,* suat, gastat [en sentit fig.].
hacksaw ('hæksɔ:) *s.* serra *f.* d'arquet [per a tallar metalls].
had (hæd, həd) Veure HAVE (TO).
haddock ('hædək) *s.* ICT. eglefí *m.* ▲ *pl.* invariable.
haft (hɑ:ft) *s.* mànec *m.*, puny *m.*
hag (hæg) *s.* fig. bruixa *f.*, vella *f.*
haggard ('hægəd) *a.* ullerós, macilent, cansat.
haggle (to) ('hægl) *i.* regatejar *t.* 2 discutir *t.-i.*
Hague (heig) *n. pr.* GEOGR. *the* ~, La Haia *f.*
hail (heil) *s.* calamarsa *f.*, granissa *f.*, pedra *f.* 2 fig. pluja *f.: a* ~ *of blows,* una pluja de cops. 3 salutació *f.*, crit *m.* ■ 4 *interj.* salve!

hail (to) (heil) *i.* pedregar, calamarsejar, granissar. 2 fig. *to* ~ *down on,* ploure sobre. 3 *to* ~ *from,* ser de, venir de. ■ 4 *t.* ploure [also fig.]. 5 saludar, cridar.
hair (hɛəʳ) *s.* cabell *m.*, cabells *m. pl.*; pèl *m.*, pèls *m. pl.* ‖ *against the* ~, a contrapèl. ‖ *to cut one's* ~, tallar-se els cabells [un mateix]. ‖ *to have one's* ~ *cut,* tallar-se els cabells, fer-se tallar els cabells.
hairbreadth (hɛəbreθ) *s.* fig. pèl *m.; by a* ~, pels pèls, per un pèl.
hairbrush ('hɛəbrʌʃ) *s.* raspall *m.* [dels cabells].
haircut ('hɛəkʌt) *s.* tallat *m.* de cabells, pentinat *m.*
hair-do ('hɛədu:) *s.* coŀloq. pentinat *m.*
hairdresser ('hɛəˌdresəʳ) *s.* perruquer.
hairdresser's ('hɛəˌdresəːz) *s.* perruqueria *f.*
hairless ('hɛəlis) *a.* sense cabells, calb. 2 sense pèls, pelat.
hairpin ('hɛəpin) *s.* agulla *f.* dels cabells, agulla *f.* de ganxo.
hair-raising ('hɛəˌreiziŋ) *a.* esgarrifós, horripilant.
hairy ('hɛəri) *a.* pelut, pilós, vellós.
hake (heik) *s.* ICT. lluç *m.* ▲ *pl.* invariable.
halberd ('hælbəd) *s.* alabarda *f.*
halberdier (ˌhælbə'diəʳ) *s.* alabarder *m.*
hale (heil) *a.* sa, robust. ‖ ~ *and hearty,* sa com un roure.
half (hɑ:f) *s.* meitat *f.* mig *m.* ‖ *better* ~, meitat *f.* [cònjuge]. ‖ *to go halves,* anar a mitges *f.* ‖ *too clever by* ~, fer massa el viu. ▲ *pl.* **halves** (hɑ:vz). ■ 2 *a.* mig. ■ 3 *adv.* mig; a mitges: ~ *crying,* mig plorant.
half-back ('hɑ:fbæk) *s.* defensa *m*, mig *m.* [futbol, etc].
half-breed ('hɑ:fbri:d) *s.* mestís.
half-caste ('hɑ:fkɑ:st) *s.* Veure HALF-BREED.
half-length ('hɑ:fleŋθ) *a.* de mig cos [retrat].

halfpenny ('heipni) *s.* mig penic *m.*

half-time ('hɑ:ftaim) *s.* mitja jornada *f.* 2 ESPORT mitja part *f.*

halfway (ˌhɑ:f'wei) *adv.* al mig; a mig camí [també fig.]. ■ *2 a.* a mig camí.

half-witted ('hɑ:fwitid) *a.* imbècil, babau.

hall (hɔ:l) *s.* vestíbul *m.*, rebedor *m.* 2 sala *f.* 3 paranimf *m.*, saló *m.* d'actes [de la universitat]. 3 residència *f.* universitària, coŀlegi *m.* major. *4 Town Hall* o *City Hall*, ajuntament *m.*

hallmark ('hɔ:lmɑ:k) *s.* contrast *m.* [segell oficial de garantia]. 2 fig. segell *m.*

hallo (hə'lou) *interj.* Veure HULLO.

halloo (hə'lu:) *interj.* busca!, au! [als gossos]. ■ *2 s.* crit.

halloo (to) (hə'lu:) *t.* cridar. 2 aquissar, atiar [els gossos].

hallow ('hælou) *s. All H~'s Day*, dia *m.* de Tots Sants.

hallow (to) ('hælou) *t.* santificar; reverenciar.

Halloween (ˌhælou'wi:n) *s.* vigília *f.* de Tots Sants.

hallucinate (hə'lu:sineit) *i.* aŀlucinar *t.*

hallucination (həˌlu:si'neiʃən) *s.* aŀlucinació *f.*

halo ('heilou) *s.* ASTR. halo *m.* 2 REL. aurèola *f.*, nimbe *m.*, halo *m.*

halogen ('hælədʒən) *s.* QUÍM. halogen *m.*

halt (hɔ:lt) *s.* alto *m.*, parada *f.* ‖ fig. *to call a ~ (to)*, posar fre (a). *3* FERROC. baixador *m.*

halt (to) (hɔ:lt) *i.* aturar-se *p.*, parar-se *p.*, fer un alto. 2 vaciŀlar. ■ *3 t.* aturar, parar.

halter ('hɔ:ltəʳ) *s.* cabestre *m.* 2 dogal *m.*

halting ('hɔ:ltiŋ) *a.* vaciŀlant. 2 coix, defectuós [un vers].

halve (to) (hɑ:v) *t.* partir pel mig, dividir en dos. 2 reduir a la meitat.

halves (hɑ:vz) *s. pl.* de HALF.

ham (hæm) *s.* pernil *m.: a slice of ~*, un tall *m.* de pernil. 2 coŀloq. amateur, afeccionat.

hamburger ('hæmbə:gəʳ) *s.* hamburguesa *f.*

hamlet ('hæmlit) *s.* llogarret *m.*, poblet *m.*

hammer ('hæməʳ) *s.* martell *m.* 2 ARM. percussor *m.* 3 MÚS. martellet *m.*

hammer (to) ('hæməʳ) *t.* martellejar, donar cops de martell. ‖ *to ~ a nail*, clavar un clau. 2 batre [metall]. 3 fig. insistir. 4 ESPORT apallissar, derrotar.

hammock ('hæmək) *s.* hamaca *f.* 2 NÀUT. coi *m.*

hamper ('hæmpəʳ) *s.* cistell *m.*, cistella *f.*, panera *f.: a Christmas ~*, una panera de Nadal.

hamper (to) ('hæmpəʳ) *t.* destorbar, fer nosa, obstaculitzar.

hand (hænd) *s.* mà *f.* ‖ *at first ~*, de primera mà. ‖ *at ~*, a mà, a prop. ‖ *by ~*, a mà. ‖ *to hold hands*, agafar-se les mans. ‖ *to lend a ~*, donar un cap de mà, ajudar. ‖ *hands off!*, fora les mans!, les mans quietes! ‖ *hands up!*, mans enlaire! 2 pam *m.* 3 mà d'obra *f.*, operari; tripulant. 4 lletra *f.*, escriptura *f.* 5 JOC mà *f.* [de cartes]. *6 to be ~ in glove*, ser carn *f.* i ungla *f.*; *to get the upper ~*, tenir avantatge *m.*; *on ~*, disponible; *on the one ~ ... on the other ~*, per una banda *f.* ... per l'altra banda *f.*; *second~*, de segona mà.

hand (to) (hænd) *t.* donar; atansar; passar. ■ *to ~ down*, transmetre, deixar; *to ~ in*, lliurar, presentar; *to ~ out*, donar, repartir; *to ~ over*, lliurar.

handbag ('hændbæg) *s.* bossa *f.* [de mà].

handball ('haendbɔ:l) *s.* handbol *m.*

handbarrow ('hænd:bærou) *s.* carreta *f.*

handbill ('hændbil) *s.* prospecte *m.*, fullet *m.*

handbook ('hændbuk) *s.* guia *f.*, manual *m.*

handbrake ('hændbreik) *s.* fre *m.* de mà.

handcart ('hændkɑ:t) *s.* carretó *m.*

handcuffs ('hændkʌfs) *pl.* manilles *f.*

handful ('hændful) *s.* grapat *m.*

handicap ('hændikæp) *s.* fig. obstacle *m.*, desavantatge *m.*, destorb *m.* 2 ESPORT handicap *m.*

handicap (to) ('hændikæp) *t.* perjudicar; destorbar. 2 ESPORT handicapar.

handicapped ('hændikæpt) *a.* MED., PSICOL. disminuït *a.-s.*

handicraft ('hændikrɑ:ft) *s.* artesania *f.* 2 habilitat *f.* manual.

handiwork ('hændiwə:k) *s.* obra *f.* 2 treball *m.* manual.

handkerchief ('hæŋkətʃif) *s.* mocador *m.*

handle ('hændl) *s.* mànec *m.*; ansa *f.*, nansa *f.*; maneta *f.*; pom *m.*, agafador *m.*

handle (to) ('hændl) *t.* tocar. 2 toquejar, palpejar. 3 manipular. 4 portar, manejar. 5 dirigir, controlar. ■ *6 i.* apanyar-se *p.*, espavilar-se *p.*

handlebar ('hændlbɑ:) *s.* manillar *m.*

handling ('hændliŋ) *s.* maneig *m.*, manipulació *f.*, tracte *m.* 2 govern *m.*, direcció *f.*

hand luggage ('hændˌlʌgidʒ) *s.* equipatge *m.* de mà.

handmade ('hændmeid) *a.* fet a mà.

handout ('hændaut) *s.* fullet *m.*, prospecte *m.* 2 comunicat *m.*

handshake ('haendʃeik) *s.* encaixada *f.* [de mans].

handsome ('hændsəm) *a.* bonic, atractiu. 2 generós, liberal.

handwork ('hændwə:k) *s.* treball *m.* manual.

handwriting ('hænd,raitiŋ) *s.* lletra *f.*

handy ('hændi) *a.* destre, hàbil. 2 a mà, proper. *3* pràctic, útil.

handyman ('haendi,mæn) *s.* home *m.* traçut.

hang (hæŋ) *s.* caient *m.* [d'un vestit, etc.]. *2* inclinació *f.*, pendent *m. 3* coꞱoq. *I don't give a* ~, m'importa un rave *m.*

hangar ('hæŋəˈ) *s.* hangar *m.*

1) **hang (to)** (hæŋ) *t.* penjar, enforcar [persones]. ▲ Pret. i p. p.: *hanged* ('hæŋd).

2) **hang (to)** (hæŋ) *t.* penjar, suspendre. *2* estendre [la roba]. *3* abaixar [el cap]. *4* posar, enganxar. ▪ *5 i.* penjar. *6* dependre, descansar. ▪ *to* ~ *on*, agafar-se, aferrar-se ‖ coꞱoq. ~ *on a minute!*, espera un moment!; *to* ~ *up*, penjar [el telèfon]. ‖ coꞱoq. *to be hung up*, estar penjat [emocionalment]. ▲ Pret. i p. p.: *hung* (hʌŋ).

hanger ('hæŋəˈ) *s.* ganxo *m.;* penjador *m.,* perxa *f.*

hanging ('hæŋiŋ) *a.* suspès. ▪ *2 s.* execució *f.* a la forca. *3 pl.* draperia *f.*

hangman ('hæŋmən) *s.* botxí *m.*

hangover ('hæŋouvəˈ) *s.* caparra *f.* [després d'una borratxera].

hang-up ('hæŋʌp) *s.* fig. dificultat *f.*, obstacle *m.* 2 inhibició *f.*, obsessió *f.*

hank (hæŋk) *s.* cabdell *m.*, troca *f.*

hanker (to) ('hæŋkəˈ) *i. to* ~ *after*, anhelar, desitjar.

hankering ('hæŋkəriŋ) *s.* desig *m.*, anhel *m.*

haphazard (hæp'hæzəd) *a.* casual, fortuït. ▪ *2 s.* casualitat *f.*, atzar *m.* ▪ *3 adv.* a l'atzar.

happen (to) ('hæpən) *i.* passar, ocórrer. ‖ *whatever* ~s, passi el que passi. *2 I* ~*ed to be there*, per casualitat jo era allà. *3 to* ~ *on*, trobar, ensopegar.

happening ('hæpəniŋ) *s.* esdeveniment *m.*, succés *m.* 2 espectacle *m.* improvisat.

happily ('hæpili) *adv.* feliçment, afortunadament.

happiness ('hæpinis) *s.* felicitat *f.* 2 alegria *f.*

happy ('hæpi) *a.* feliç. 2 content, alegre, satisfet. ‖ *to be* ~ *to*, alegrar-se, estar content. *3* ~*-go-lucky*, despreocupat.

harangue (həˈræŋ) *s.* arenga *f.*

harangue (to) (həˈræŋ) *t.* arengar. ▪ *2 i.* fer una arenga.

harass (to) ('hærəs) *t.* turmentar. 2 fustigar, encalçar, assetjar.

harbour, (EUA) **harbor** ('hɑːbə) *s.* MAR. port *m.* 2 fig. abric *m.*, refugi *m.*, recer *m.*

harbour, (EUA) **harbor (to)** ('hɑːbəˈ) *t.* acollir, hostatjar. 2 protegir, amagar, enco-

brir. *3* fig. alimentar, acariciar [una idea, etc.]. ▪ *4 i.* ancorar en un port.

hard (hɑːd) *a.* dur. ‖ ~ *of hearing,* dur d'orella. 2 fort, ferm, massís. ‖ ~ *facts,* fets indiscutibles. *3* difícil, ardu ‖ ~ *labour,* treballs forçats. *4* dolent, sever, rigorós. *5* COM. estable [preu]. ▪ *6 adv.* durament, rigorosament. *7* fort, molt. *8* ~ *by,* molt a prop de. *9* ~ *up,* escurat [de diners].

hard cash (,hɑːd'kæʃ) *s.* diners *m. pl.* comptants.

hard feelings (,hɑːd'fiːliŋz) *s.* ressentiment *m.*

harden (to) ('hɑːdn) *t.* endurir, enfortir [també fig.]. 2 fig. avesar. ▪ *3 i.* endurir-se *p.*, enfortir-se *p.* 4 avesar-se *p.*

hardheaded (,hɑːd'hedid) *a.* pràctic, realista, calculador.

hardhearted (,hɑːd'hɑːtid) *a.* insensible, de cor dur.

hardiness ('hɑːdinis) *s.* força *f.*, vigor *m.* 2 fig. audàcia *f.*, atreviment *m.*

hardly ('hɑːdli) *adv.* difícilment. 2 a penes, gairebé no. ‖ ~ *anybody,* gairebé ningú. ‖ ~ *ever,* gairebé mai. *3* durament.

hardness ('hɑːdnis) *s.* duresa *f.* 2 dificultat *f.* 3 rigor *m.*, severitat *f.*

hardship ('hɑːdʃip) *s.* dificultat *f.*, penalitat *f.* 2 sofriment *m.*, desgràcia *f.*

hardware ('hɑːdweəˈ) *s.* ferreteria *f.*, quincalla *f.* ‖ ~*-shop,* ferreteria *f.* 2 INFORM. hardware *m.*, sistema *f.* físic.

hardy ('hɑːdi) *a.* fort, robust, resistent. 2 fig. valent, audaç.

hare (heəˈ) *s.* ZOOL. llebre *f.*

hare-brained ('heəbreind) *a.* capfluix. 2 insensat.

harehound ('heəhaund) *s.* llebrer *m.*

haricot ('hærikou) *s.* monjeta *f.*

hark (to) (hɑːk) *i.* escoltar, sentir. ▪ *2 interj.* escolta!, escolti!

harlot ('hɑːlət) *s.* meuca *f.*, bagassa *f.*

harm (hɑːm) *s.* mal *m.*, dany *m.*, perjudici *m.*

harm (to) (hɑːm) *t.* fer mal, danyar, perjudicar.

harmful ('hɑːmful) *a.* perjudicial, nociu, dolent.

harmless ('hɑːmlis) *a.* inofensiu.

harmonic (hɑːˈmɔnik) *a.* MÚS. harmònic. ▪ *2 s.* MÚS. harmònic *m.*

harmonica (hɑːˈmɔnika) *s.* MÚS. harmònica *f.*

harmonious (hɑːˈmounjəs) *s.* harmoniós.

harmonize (to) ('hɑːmənaiz) *t.* harmonitzar. ▪ *2 i.* harmonitzar, concordar.

harmony ('hɑːməni) *s.* harmonia *f.*

harness ('hɑːnis) *s.* arnès *m.*, guarniments *m. pl.*, arreus *m. pl.*

harness (to) ('hɑːnis) *t.* arrear, guarnir [un cavall]. *2* aprofitar [l'energia d'un riu, etc.].

harp (hɑːp) *s.* MÚS. arpa *f.*

harp (to) (hɑːp) *i.* tocar l'arpa. *2* fig. *to ~ on,* insistir, amaçar.

harpoon (hɑːˈpuːn) *s.* arpó *m.*

harpoon (to) (hɑːˈpuːn) *t.* arponar.

harpsichord ('hɑːpsikɔːd) *s.* MÚS. clavicordi *m.*

harpy ('hɑːpi) *s.* harpia *f.* [també fig.].

harrow ('hærou) *s.* AGR. rascle *m.*

harrow (to) ('hærou) *t.* AGR. rasclar. *2* fig. esquinçar, turmentar.

harrowing ('hærouiŋ) *a.* punyent, commovedor.

Harry ('hæri) *n. pr. m.* (dim. ***Henry***) Enric.

harry (to) ('hæri) *t.* soquejar, assolar. *2* empaitar, molestar.

harsh (hɑːʃ) *a.* aspre. *2* discordant, cridaner. *3* dur, cruel. ■ *4* **-ly** *adv.* durament, amb aspresa.

harshness ('hɑːʃnis) *s.* aspresa *f.* *2* duresa *f.,* severitat *f.* *3* discordància *f.*

hart (hɑːt) *s.* ZOOL. cérvol *m.*

harum-scarum ('hɛərəmˈskɛərəm) *a.-s.* eixelebrat, cap *m.* de trons.

harvest (hɑːvist) *s.* collita *f.,* anyada *f.* [també fig.]. ‖ *~ festival,* festa *f.* de la collita. *2* sega *f.* *3* verema *f.*

harvest (to) ('hɑːvist) *t.* collir, recollir, recol·lectar, segar. ■ *2 i.* fer la collita.

harvester ('hɑːvistər) *s.* segador. *2* segadora *f.* [màquina].

has (hæz, həz) *3.ª pers. pres. ind.* de HAVE (TO).

hash (hæʃ) *s.* CUI. picada *f.,* xixina *f.* *2* embolic *m.,* garbuix *m.* *3* col·loq. haixix *m.*

hash (to) (hæʃ) *t.* picar, trossejar [carn]. *2* col·loq. embullar, embolicar.

hashish (hæʃiːʃ) *s.* haixix *m.*

hassle ('hæsl) *s.* col·loq. dificultat *f.,* problema *m.* *2* baralla *f.,* discussió *f.*

hassle (to) *i.* discutir, barallar-se *p.* ■ *2 t.* empipar, molestar.

haste (heist) *s.* pressa *f.,* rapidesa *f.* ‖ *to be in ~,* tenir presa. ‖ *to make ~,* afanyar-se *p.,* apressar-se *p.*

hasten (to) (heisn) *t.* donar pressa, accelerar. ■ *2 i.* afanyar-se *p.,* apressar-se *p.*

hastily ('heistili) *adv.* de pressa, apressadament. *2* precipitadament, a la lleugera.

hasty ('heisti) *a.* precipitat. *2* ràpid, prest. *3* irreflexiu.

hat (hæt) *s.* barret *m.,* (BAL.) capell *m.* *2* fig. *to keep it under one's ~,* mantenir-ho en secret; *to take one's ~ off to,* treure's el barret, descobrir-se [davant d'alguna cosa].

hatband ('hætbænd) *s.* cinta *f.* de barret.

hatbox ('hætbɔks) *s.* capellera *f.*

hatch (hætʃ) *s.* comporta *f.,* finestreta *f.,* trapa *f.,* portella. *2* niuada *f.,* covada *f.* *3* MAR. escotilla *f.*

hatch (to) (hætʃ) *t.* incubar, covar. *2* fig. idear, ordir. ■ *3 i.* sortir de l'ou, trencar-se *p.* [l'ou]. *4* fig. madurar.

hatchet ('hætʃit) *s.* destral *f.* ‖ fig. *to bury the ~,* fer les paus.

hatchway ('hætʃwei) *s.* MAR. escotilla *f.*

hate (heit) *s.* odi *m.,* aversió *f.*

hate (to) (heit) *t.* odiar, detestar. *2* sentir, lamentar.

hateful ('heitful) *a.* odiós, detestable.

hatred ('heitrid) *s.* odi *m.,* aversió *f.,* repugnància *f.*

hatter ('hætər) *s.* barreter, barretaire. ‖ fig. *mad as a ~,* boig com una cabra, boig rematat.

haughtiness ('hɔːtinis) *s.* arrogància *f.,* altivesa *f.*

haughty ('hɔːti) *a.* altiu, arrogant. ■ *2* **haughtily,** *adv.* altivament, amb arrogància.

haul (hɔːl) *s.* estirada *f.,* estrebada *f.* *2* trajecte, recorregut. *3* botí *m.* *3* xarxada *f.,* pescada *f.*

haul (to) (hɔːl) *t.-i.* arrossegar, estirar. *2* transportar, corretejar. *3 to ~ down,* arriar. *4 to ~ somebody over the coals,* renyar, clavar un esbronc.

haulage ('hɔːlidʒ) *s.* transport *m.,* carreteig *m.*

haunch (hɔːntʃ) *s.* anca *f.,* cuixa *f.* ‖ *to sit on one's ~es,* asseure's a la gatzoneta. *2* CUI. cuixa *f.*

haunt (hɔːnt) *s.* lloc *m.* freqüentat. *2* cau *m.,* amagatell *m.*

haunt (to) (hɔːnt) *t.* freqüentar, rondar. *2* turmentar, obsessionar [una idea, etc.].

haunted ('hɔːntid) *a.* obsessionat. *2 ~ house,* casa encantada.

Havana (həˈvænə) *n. pr.* GEOGR. L'Havana *f.* ‖ *~ cigar,* havà *m.*

have (to) (hæv o həv) *aux.* haver. *2 I had rather go home,* preferiria anar a casa; *we had better do it,* més val que ho fem. ■ *3 t.* tenir, posseir. *4* saber, tenir coneixements: *he has no latin,* no sap llatí. *5* prendre, agafar. *6* beure, menjar. *7* rebre, acceptar, obtenir. *8* permetre, consentir. *9* fer que, fer fer. *10* passar. *11* trobar. *12* dir [un rumor, etc.]. ■ *to ~ against,* tenir en contra; *to ~ on,* portar, vestir. ‖ col·loq. *to ~ somebody on,* enredar; *to ~ to,* haver de. ‖ *to ~ a mind to,* estar temptat de. ‖ *to ~ to do with,* tenir a veure amb. ▲ *3.ª pers. pres. ind.:* **has** (hæz, həz); *pret. i p. p.:* **had** (hæd, həd).

haven ('heivn) *s.* MAR. port *m.* 2 fig. refugi *m.*, recer *m.*

haversack ('hævəsæk) *s.* motxilla *f.*

havoc ('hævək) *s.* destrucció *f.*, estralls *m. pl.* ‖ *to play ~ with*, fer estralls.

hawk (hɔːk) *s.* ORN. falcó *m.*

hawk (to) (hɔːk) *t.* vendre a domicili o pel carrer. 2 ESPORT caçar amb falcó. ▪ *3 i.* escurar-se *p.* el coll.

hawker ('hɔːkə') *s.* falconer. 2 venedor ambulant, quincallaire.

hay (hei) *s.* palla *f.*, fenc *m.* ‖ fig. *to make ~ while the sun shines*, aprofitar l'ocassió, fer l'agost.

hay fever ('hei̯fiːvə') *s.* MED. febre *f.* del fenc.

hayloft ('heilɔft) *s.* AGR. pallissa *f.*, herbera *f.*

hayrick ('heirik) , **haystack** (-stæk) *s.* paller *m.*, pallera *f.* ‖ *to look for a needle in a ~*, cercar una agulla en un paller.

haywire ('heiwaiə') *a.* col·loq. desorganitzat, desordenat. 2 fet malbé. 3 boig. ‖ *to go ~*, fer-se malbé; desorganitzar-se; tornar-se boig. ▪ *4 s.* filferro *m.* per lligar pallers.

hazard ('hæzəd) *s.* risc *m.*, perill *m.* 2 atzar *m.* 3 *~ lights*, llums *f.* d'avaria *f.*

hazard (to) ('hæzəd) *t.* arriscar, posar en perill. 2 aventurar.

hazardous ('hæzədəs) *a.* arriscat, perillós. 2 aventurat.

haze (heiz) *s.* boirina *f.*, boirim *m.* 2 fig. confusió *f.*, incertitud *f.*

hazel ('heizl) *s.* avellaner *m.* ▪ *2 a.* de color avellana.

hazelnut ('heizlnʌt) *s.* avellana *f.*

hazy ('heizi) *a.* boirós, bromós. 2 fig. vague, confús.

H-bomb ('eitʃbɔm) *s.* bomba *f.* d'hidrogen.

he (hiː) *pron. pers.* ell. 2 *pron. indef.* el, aquell. ▪ *3 a.* mascle: *~-bear*, ós *m.* [mascle].

head (hed) *s.* cap *m.* ‖ *~ of hair*, cabellera *f.* ‖ *~ over heels*, de cap a peus, de cap a cap. 2 seny *m.*, intel·ligència *f.* ‖ *to keep one's ~*, no perdre el cap. 3 cara *f.* [d'una moneda]: *~s or tails*, cara *f. sing.* o creu. 4 capçalera *f.*, capçal *m.* 5 cim *m.*; cimal *m.* [d'un arbre]. 6 puny *m.* [de bastó]. 7 títol *m.*, encapçalament *m.* 8 promontori *m.*, punta *f.* 9 capça *f.*, cabdell *m.* [de col, etc.]. 10 escuma *f.* [d'un líquid], crema *f.* [de la llet]. 11 crisi *f.* ‖ *to come to a ~*, arribar a un moment *m.* crític. 12 cap, encarregat, director. 13 NÀUT. proa *f.*

head (to) (hed) *t.* encapçalar, dirigir. 2 anar al davant. 3 donar un cop de cap [a la pilota]. 4 fig. *to ~ off*, evitar. ▪ *4 i.* anar, dirigir-se *p.*

headache ('hedeik) *s.* mal *m.* de cap.

heading ('hediŋ) *s.* títol *m.*, encapçalament *m.*, capçalera *f.*

headland ('hedlənd) *s.* GEOGR. promontori *m.*, punta *f.*

headlight ('hedlait) *s.* far *m.*, llum *m.* [de vehicle].

headline ('hedlain) *s.* titular *m.* [de diari]. 2 títol *m.* 3 *pl.* resum *m. sing.* de les notícies.

headlong ('hedlɔŋ) *a.* precipitat, impetuós. 2 de cap [caure].

headmaster (‚hed'maːster) *s.* director [d'un col·legi].

headmistress (‚hed'mistris) *s.* directora *f.* [d'un col·legi].

headquarters (‚hed'kwɔːtəz) *s.* MIL. quarter *m.* general. 2 prefectura *f.* de policia. 3 seu *f.*, direcció *f.*, centre *m.* [d'una entitat, etc.].

headstrong ('hedstrɔŋ) *a.* obstinat, tossut.

heal (to) (hiːl) *t.* guarir, curar. ▪ *2 i.* guarir, sanar.

health (helθ) *s.* salut *f.* 2 sanitat *f.*

healthy ('helθi) *a.* sa, bo. 2 saludable.

heap (hiːp) *s.* munt *m.*, pila *f.*, pilot *m.*, (ROSS.) petadissa *f.*

heap (to) (hiːp) *t.* apilonar, amuntegar. 2 omplir, curullar.

hear (to) (hiə') *t.* sentir. 2 escoltar. 3 sentir a dir. ▪ *4 i. to ~ about*, saber *t.*, assabentar-se *p.*, sentir parlar de. ‖ *I won't ~ of it*, no en vull sentir parlar. 5 *to ~ from*, tenir notícies de, rebre una carta de. 6 *to ~ out*, escoltar fins el final. 7 *Hear! Hear!*, molt bé! ▲ Pret. i p. p.: *heard* (hɔːd).

heard (hɔːd) Veure HEAR (TO).

hearer ('hiərə') *s.* oient.

hearing ('hiəriŋ) *s.* oïda *f.*, orella *f.* [sentit]. ‖ *~ aid*, audífon *m.*, aparell *m.* de sordera. ‖ *hard of ~*, dur d'orella. ‖ *to be out of ~*, no poder sentir, fora de l'abast de l'orella. ‖ *to be within ~*, a l'abast de l'orella. 2 DRET audiència.

hearsay ('hiəsei) *s.* rumor *m.* ‖ *from ~*, de nom, d'haver-ho sentit.

hearse (hɔːs) *s.* cotxe *m.* funerari.

heart (haːt) *s.* cor *m.* [també fig.]. ‖ *~ and soul*, en cos i ànima. ‖ *to lose ~*, desanimar-se. ‖ *to take to ~*, prendre's a la valenta. ‖ *at ~*, en el fons. ‖ *by ~*, de memòria *f.*, de cor. ‖ *to one's ~'s content*, a cor què vols. ‖ *to wear one's ~ on one's sleeve*, anar amb el cor a la mà. 2 cor *m.*, moll *m.* [d'una fruita, etc.]. 3 centre *m.* 4 cors *m. pl.* [de la baralla].

heartache ('hɑːteik) *s.* aflicció *f.*, pena *f.*, angoixa *f.*

heart attack ('hɑːtətæk) *s.* atac *m.* de cor.

heartbeat ('hɑːtbiːt) *s.* batec *m.* [del cor].

heartbreak ('hɑːtbreik) *s.* pena *f.*, angoixa *f.*

hearten (to) ('hɑːtn) *t.* animar, encoratjar.

heart failure ('hɑːtˌfeiljəʳ) *s.* fallida *f.* cardíaca.

heartfelt ('hɑːtfelt) *a.* sincer, cordial.

hearth (hɑːθ) *s.* llar *f.*, xemeneia *f.*

heartless ('hɑːtlis) *a.* despietat, cruel.

heart-rending ('hɑːtˌrendiŋ) *a.* punyent, angoixós, penós.

hearty ('hɑːti) *a.* cordial, sincer. 2 sa, robust. 3 gran, abundant.

heat (hiːt) *s.* calor *f.*, calda *f.* 2 fig. passió *f.*, vehemència *f.*, ardor *f.* 3 ZOOL. zel *m.:* *in* o *on ~,* en zel.

heat (to) (hiːt) *t.* escalfar, acalorar [també fig.]. ■ 2 *i.* escalfar-se *p.*, acalorar-se *p.* [també fig.].

heat barrier ('hiːtˌbæriəʳ) *s.* barrera *f.* tèrmica.

heater ('hiːtəʳ) *s.* escalfador *m.*

heathen ('hiːðən) *a.-s.* pagà. 2 fig. bàrbar, salvatge.

heather ('heðeʳ) *s.* BOT. bruc *m.*

heating ('hiːtiŋ) *s.* calefacció *f.* ‖ *central ~,* calefacció central.

heatstroke ('hiːtstrouk) *s.* MED. insolació *f.*

heatwave ('hiːtweiv) *s.* onada *f.* de calor.

heave (hiːv) *s.* esforç *m.* [per aixecar]. 2 moviment *m.*, agitació *f.* 3 esbufec *m.* 4 palpitació *f.*

heave (to) (hiːv) *t.* aixecar, estirar, empènyer. 2 exhalar [un sospir, etc.]. 3 inflar [el pit]. ■ 4 *i.* pujar i baixar regularment. 5 esbufegar. 6 bategar. ▲ Pret. i p. p.: *heaved* (hiːvd) o *hove* (houv).

heaven ('hevn) *s.* cel *m.*, glòria *f.*, paradís *m.* ‖ *~ knows!,* Déu ho sap! ‖ *for ~s sake!,* per l'amor de Déu! ‖ *thank ~!,* gràcies a Déu! 2 cel *m.*, firmament *m.*

heavenly ('hevnli) *a.* celestial, diví. 2 ASTR. celest: *~ body,* cos celest.

heaven-sent (ˌhevn'sent) *a.* fig. providencial.

heavily ('hevili) *adv.* pesadament. 2 molt, profundament. 3 amb dificultat. 4 durament, amb força.

heaviness ('hevinis) *s.* pesadesa *f.* 2 letargia *f.*, abaltiment *m.* 3 força *f.*, pes *m.*

heavy ('hevi) *a.* pesat. 2 opressiu, sever. 3 fort, violent. 4 profund, intens. 5 ensopit, abaltit. 6 aclaparat, oprimit. 7 espès, atapeït. 8 tapat, fosc. ■ 9 *adv.* pesadament.

heavy-duty (ˌhevi'djuːti) *a.* resistent, d'alta resistència.

heavy-handed (ˌhevi'hændid) *a.* maldestre.

heavyweight ('heviweit) *s.* pes *m.* pesat.

Hebrew ('hiːbru) *a.-s.* hebreu. 2 *s.* hebreu *m.* [llengua].

heckle (to) ('hekl) *t.* interrogar, interrompre, interpeŀlar.

hectare ('hektɑːʳ) *s.* hectàrea *f.*

hectic ('hektik) *a.-s.* MED. hèctic, tísic. 2 *a.* febril, agitat.

hedge (hedʒd) *s.* tanca *f.*, clos *m.*, closa *f.*

hedge (to) (hedʒ) *t.* tancar, envoltar, encerclar [amb una tanca, etc.]. 2 fig. protegir; posar obstacles. ■ *3 i.* contestar amb evasives. 4 AVIA. *to ~ hop,* volar baix.

hedgehog ('hedʒhɔg) *s.* ZOOL. eriçó *m.*

heed (hiːd) *s.* atenció *f.*, cas *m.*

heed (to) (hiːd) *t.* fer atenció, fer cas. 2 notar.

heedful ('hiːdful) *a.* cautelós, prudent, caut.

heedless ('hiːdlis) *a.* despreocupat, imprudent.

heehaw ('hiːhɔː) *s.* bram *m.* 2 fig. riallada *f.*

heel (hiːl) *s.* taló *m.* ‖ *Achille's ~,* taló *m.* d'Aquiŀles. ‖ *to take to one's ~s,* fugir, escapar-se.

heel (to) (hiːl) *t.* posar talons [a les sabates]. 2 ESPORT xutar amb el taló. 3 MAR. fer escorar. ■ 4 *i.* estalonar *t.* 5 MAR. escorar.

hefty ('hefti) *s.* massís, corpulent.

hegemony ('hiːˈgemeni) *s.* hegemonia *f.*

heifer ('hefeʳ) *s.* vedella *f.*

height (hait) *s.* alçada *f.*, alçària. 2 altitud *f.*, altura *f.* 3 estatura *f.* 4 cim *m.*, puig *m.* 4 fig. extrem *m.*, súmmum *m.*

heighten (to) ('haitn) *t.* aixecar, alçar. 2 augmentar, acréixer. 3 intensificar, realçar. ■ 4 *i.* elevar-se *p.* 5 créixer, augmentar. 6 intensificar-se *p.*

heinous ('heinəs) *a.* odiós, atroç.

heir (ɛəʳ) *s.* hereu *m.* ‖ DRET. *~ apparent,* hereu forçós.

heiress ('ɛəris) *s.* hereva *f.*

heirloom (ɛəluːm) *s.* relíquia *f.* familiar. 2 fig. herència *f.*

held (held) Veure HOLD (TO).

Helen ('helən) *n. pr. f.* Helena, Elena.

helicopter ('helikɔptəʳ) *s.* AERON. helicòpter *m.*

heliport ('helipɔːt) *s.* AERON. heliport *m.*

helix ('hiːliks) *s.* hèlix *f.*, hèlice *f.* ▲ *pl.* *helices* ('hiːlisiː).

he'll (hiːl) *contr.* de HE SHALL i HE WILL.

hell (hel) *s.* infern *m.* ‖ fig. *a ~ of a,* infernal, fatal; fantàstic. ‖ fig. *for the ~ of it,* perquè sí. ‖ fig. *to go through ~,* passar-ho molt malament.

hello (hə'lou) *interj.* Veure HULLO.

helm (helm) *s.* MAR. timó *m.* [també fig.].

helmet ('helmit) *s.* casc *m.* 2 carota.
helmsman ('helmzmən) *s.* timoner *m.*
help (help) *s.* ajuda *f.*, ajut *m.*, auxili *m.:* *help!* auxili!, ajut! 2 remei *m.:* *there is no ~ for it,* no hi ha remei, no té remei. 3 dona *f.* de fer feines.
help (to) (help) *t.* ajudar, auxiliar, socórrer. 2 facilitar, fomentar. 3 evitar: *I can't ~ crying,* no puc evitar de plorar. 3 servir [menjar, etc.].
helper ('helpəʳ) *s.* ajudant, auxiliar, assistent, coŀlaborador.
helpful ('helpful) *a.* útil, profitós. 2 amable, servicial.
helping ('helpiŋ) *a.* *to lend someone a ~ hand,* donar un cop de mà. ▪ 2 *s.* ració *f.*, porció *f.* [de menjar].
helpless ('helplis) *a.* desvalgut, indefens. 2 incapaç, inútil, inepte. 3 impotent, dèbil. ▪ 4 -ly *adv.* en va, inútilment. 5 sense esperança.
helplessness ('helplisnis) *s.* desemparança *f.* 2 impotència *f.* 3 incapacitat *f.*
helpmate ('helpmeit) , **helpmeet** ('helpmi:t) bon company. 2 marit *m.;* muller *f.*
helter-skelter (ˌheltə'skeltəʳ) *a.* atrafegat. ▪ 2 *adv.* a corre cuita, precipitadament. ▪ 3 *s.* desori *m.*, aldarull *m.* 4 desbandada *f.*
hem (hem) *s.* COST. vora *f.* ‖ *to lower* o *raise the ~,* escurçar o allargar [una peça de roba]. 2 voraviu *m.*, orla *f.*
hem (to) (hem) *t.* COST. fer la vora. 2 envoltar, encerclar.
hemline ('hemlain) *s.* repunt *m.*
hemp (hemp) *s.* cànem *m.* ‖ *Indian ~,* haixix *m.;* marihuana *f.*
hen (hen) *s.* ORN. gallina *f.* 2 femella *f.* d'au.
hence (hens) *adv.* des d'aquí, d'aquí. 2 des d'ara, d'aquí a. 3 per això.
henceforth (ˌhens'fɔ:θ) *adv.* d'ara en endavant.
henchman ('hentʃmən) *s.* sequaç (EUA), partidari. 2 home *m.* de confiança.
hen-coop ('henku:p) *s.* galliner *m.*
hen-house ('henhaus) *s.* Veure HEN-COOP.
hen party ('henpɑ:ti) *s.* coŀloq. festa *f.* o reunió *f.* de dones.
henpecked ('henpekt) *a.* *~ husband,* calçasses *m.*
Henry ('henri) *n. pr. m.* Enric.
her (hə:ʳ, ə:ʳ, həʳ, əʳ) *pron. f.* (acusatiu o datiu) la, li. 2 (amb prep.) ella. ▪ 3 *a. poss.* *f.* el seu, la seva, els seus, les seves.
herald ('herəld) *s.* herald *m.* 2 fig. capdavanter, precursor.
herald (to) ('herəld) *t.* anunciar.
heraldry ('herəldri) *s.* heràldica *f.*
herb (hə:b) *s.* herba *f.* 2 *pl.* CUI. herbes *f.* fines.

herbalist ('hə:bəlist) *s.* herbolari.
Herbert ('hə:bət) *n. pr. m.* Heribert.
herbivore (hə:bivɔ:) *s.* ZOOL. herbívor *m.*
herbivorous (hə:'bivərəs) *a.* herbívor.
herd (hə:d) *s.* ramat *m.*, ramada *f.* [també fig.].
herd (to) (hə:d) *t.* arramadar, aplegar. ▪ 2 *i.* arramadar-se *p.*, aplegar-se *p.*
herdsman ('hqp:dzmən) *s.* pastor *m.*
here (hiəʳ) *adv.* aquí, (VAL.) ací. ‖ *~ it is,* mi(ra)-te'l. ‖ coŀloq. *neither ~ nor there,* no ve al cas.
hereabouts ('hiərəˌbauts) *adv.* per aquí a prop.
hereafter (hiər'ɑ:ftəʳ) *adv.* d'ara en endavant, en el futur. 2 seguidament, a continuació. ▪ 3 *s.* l'altra vida *f.*, l'altre món *m.* 4 futur *m.*, esdevenidor *m.*
hereby (hiə'bai) *adv.* amb aquests mitjans. 2 amb aquesta carta.
heredity (hi'rediti) *s.* herència *f.*
hereditary (hi'rəditəri) *a.* hereditari.
heresy ('herəsi) *s.* heretgia *f.*
heretic ('herətik) *s.* heretge.
heritage ('heritidʒ) *s.* herència *f.*, heretatge *m.* 2 fig. patrimoni *m.*
hermetic(al (hə:'metik, -əl) *a.* hermètic.
hermit ('hə:mit) *s.* eremita, ermità.
hermitage ('hə:mitidʒ) *s.* ermita *f.*
hero ('hiərou) *s.* heroi *m.* 2 personatge *m.* principal, protagonista *m.* [masculí].
heroic(al (hi'rouik, -əl) *a.* heroic. ‖ *~ verse,* decasíŀlab. 2 *pl.* grandiloqüència *f. sing.*
heroin ('herouin) *s.* heroïna *f.* [estupefaent].
heroine ('herouin) *f.* heroïna *f.* 2 personatge *m.* principal, protagonista *f.* [femenina].
heroism ('herouizəm) *s.* heroisme *m.*
heron ('herə) *s.* ORN. bernat *m.* pescaire.
herring ('heriŋ) *s.* ICT. areng *m.* 2 CUI. arengada *f.* ‖ *smoked ~,* arengada fumada. 3 fig. *red-~,* pista *f.* falsa.
herringbone ('heriŋboun) *a.* d'espiga [disseny].
hers (hə:z) *pron. poss. f.* el seu, la seva, els seus, les seves.
herself (hə:'self) *pron. pers. f.* d'ella, d'ella mateixa. 2 ella, ella mateixa. 3 ella sola [sense ajut].
he's (hi:z) contr. de HE IS i HE HAS.
hesitate (to) ('heziteit) *i.* dubtar, titubejar, (ROSS.) hesitar.
hesitation (ˌhezi'teiʃən) *s.* vaciŀlació *f.*, dubte *m.*, titubeig *m.*
heterodox ('hetərədɔks) *a.* heterodox.
heterogeneous (ˌhetərə'dʒi:njəs) *a.* heterogeni.
hew (to) (hju:) *t.* tallar. 2 talar. 3 cisellar. ▲

Pret.: *hewed* (hju:d); p. p.: *hewn* (hju:n) o *hewed* (hju:d).

hexagon ('heksəgən) *s.* hexàgon *m.*

hexagonal (hek'sægənl) *a.* hexagonal.

hey (hei) *interj.* eh!, escolta!, escolti!, ep!, ei!

heyday ('heidei) *s.* fig. apogeu *m.*

hi (hai) *interj.* hola!, ei!

hiccough, hiccup ('hikʌp) *s.* singlot *m.*

hiccough, hiccup (to) ('hikʌp) *i.* singlotar, tenir singlot.

hid (hid) Veure HIDE (TO).

hidden ('hidn) *a.* amagat. *2* fig. ocult, secret. ■ *3 p. p.* de HIDE (TO).

hide (haid) *s.* pell *f.*, cuiro *m.*

hide (to) (haid) *t.* amagar, ocultar, tapar; encobrir. ■ *2 i.* amagar-se *p.*, ocultar-se *p. 3* emparar-se *p.* ▲ Pret.: *hid* (hid); p. p.: *hidden* ('hidn) o *hid.*

hide-and-seek ('haid ənd 'si:k) *s.* acuit *m.* i amagar [joc].

hideaway ('haidəwei), **hideout** ('haidaut) *s.* coŀloq. amagatall *m.*

hideous ('hidiəs) *a.* espantós, horrible. *2* terrible, monstruós.

hiding ('haidiŋ) *s.* ocultació *f.* *2* DRET encobriment *m.* *3* coŀloq. pallissa *f.*, llenya *f.*

hiding place ('haidiŋpleis) *s.* amagatall *m.*, refugi *m.*

hierarchy ('haiərɑ:ki) *s.* jerarquia *f.*

hieroglyph ('haiərəglif) *s.* jeroglífic *m.*

hi-fi ('hai‚fai) *s.* (abrev. *high-fidelity*) alta fidelitat *f.*

high (hai) *a.* alt [cosa]. ‖ ~ *seas*, alta mar; ~ *water*, marea alta. *2* elevat. *3* iŀlustre, noble. *4* altiu, altívol. *5* fort. *6* agut. *7* suprem. *8* car [preu]. *9* major [altar, missa]; gran [carrer]. ■ *11 adv.* alt, enlaire. *12* ~ *and low*, per tot arreu. *13* **-ly**, *adv.* altament; fort; molt. ■ *14 s.* altura *f.*; extrem *m.* *15* (EUA) coŀloq. rècord *m.*

high-born ('haibɔ:n) *a.* noble, aristòcrata.

highbrow ('haibrau) *a.-s.* inteŀlectual.

high-class (‚hai'klæs) *a.* de categoria. *2* de primera classe.

high-flown ('haifloun) *a.* altisonant, ampuŀlós, pretensiós.

high-flying (‚hai'flaiiŋ) *a.* ambiciós.

high-handed (‚hai'hændid) *a.* arbitrari, despòtic, tirànic.

highland ('hailənd) *s.* terres *f. pl.* altes.

high-minded (‚hai'maindid) *a.* noble, generós, magnànim.

highness ('hainis) *s.* altesa *f.*

highway ('haiwei) *s.* carretera *f.* *2* (EUA) autopista *f.* *3* fig. via *f.* directa.

highwayman ('haiweimən) *s.* saltejador *m.*, bandoler *m.* ▲ *pl.* **highwaymen**.

hike ('haik) *s.* coŀloq. excursió *f.*, caminada *f.* ‖ *to go on a* ~, anar d'excursió, fer una caminada.

hiker ('haikəʳ) *s.* excursionista.

hilarious (hi'lɛəriəs) *a.* alegre, divertit.

hill (hill) *s.* pujol *m.*, puig *m.*, turó *m.*, tossal *m.* *2* pendent *m.*, costa *f.*

hillock ('hilək) *s.* monticle *m.*, altell *m.*

hillside ('hilsaid) *s.* vessant *m.*

hilly ('hili) *a.* muntanyós.

hilt (hilt) *s.* empunyadura *f.*, puny *m.* *2 (up) to the* ~, fins el fons, totalment.

him (him, im) *pron. m.* (acusatiu) el; (datiu) li. *2* (amb preposició) ell: *to* ~, a ell.

himself (him'self) *pron. pers. m.* ell, ell mateix, si mateix, se: *he did it* ~, ho va fer ell sol o ell mateix.

hind (haind) *a.* posterior, del darrera. ■ *2 s.* cérvola *f.*

hinder (to) ('hindəʳ) *t.* obstaculitzar, destorbar, impedir.

hindrance ('hindrəns) *s.* destorb *m.*, obstacle *m.*, impediment.

hinge (hindʒ) *s.* frontissa *f.*, xarnera *f.* *2* fig. eix *m.*

hinge (to) (hindʒ) *t.* engolfar, posar xarneres. ■ *2 i. to* ~ *on* o *upon*, dependre de.

hint (hint) *s.* insinuació *f.*, suggeriment *m.*, indirecta *f.*, indicació *f.*

hint (to) (hint) *t.* indicar, suggerir, insinuar. ■ *2 i. to* ~ *at*, aŀludir a, fer aŀlusió a.

hinterland ('hintəlænd) *s.* interior *m.* [d'un país].

hip (hip) *s.* maluc *m.*

hire (to) ('haiəʳ) *t.* llogar, arrendar.

hire ('haiəʳ) *s.* lloguer *m.*

his (hiz, iz) *a.-pron. poss. m.* el seu, la seva, els seus, les seves [d'ell].

hiss (his) *s.* xiuxiueig *m.* *2* xiulada *f.*

hiss (to) (his) *i.-t.* xiuxiuejar, xiular.

historian (his'tɔ:riən) *s.* historiador.

historic (his'tɔrik) *a.* històric.

historical (his'tɔrikəl) *a.* històric.

history ('histri) *s.* història *f.*

hit (hit) *s.* cop *m.*, (VAL.) colp *m.* *2* èxit *m.*, sensació *f.* ‖ ~ *parade*, llista *f.* d'èxits.

hit (to) (hit) *t.* pegar, copejar, donar cops a, ferir; encertar. ‖ *to* ~ *the mark*, fer blanc, encertar en el blanc. ‖ *to* ~ *the nail on the head*, encertar-la. ■ *2 i.* atacar *t.* *2* ensopegar amb, pensar en. ▲ Pret. i p. p.: *hit* (hit).

hitch (hitʃ) *s.* obstacle *m.*, entrebanc *m.*, dificultat *m.* *2* estrebada *f.*, sacsejada *f.*, sotrac *m.*

hitch (to) (hitʃ) *t.* pujar-se *p.* [els pantalons, etc.]. *2* lligar, enganxar. ■ *3 i.* lligar-se *p.*, enganxar-se *p.*

hitch-hike (to) ('hitʃhaik) *i.* fer autostop.

hitch-hiking (ˈhitʃhaikiŋ) *s.* autostop *m.*

hither (ˈhiðəʳ) *adv.* ant. aquí, cap aquí: ~ *and thither,* aquí i allà.

hitherto (ˌhiðəˈtu:) *adv.* fins aquí, fins ara.

hive (haiv) *s.* rusc *m.;* arna *f.,* buc *m.* 2 fig. formiguer *m.*

H.M.S. (ˈeitʃemˈes) *s.* *(His/Her Majesty's Service)* servei *m.* de Sa Majestat (govern, exèrcit). 2 *(His/Her Majesty's Ship)* vaixell *m.* de guerra britànic.

hoard (hɔ:d) *s.* tresor *m.,* acumulació *f.,* dipòsit *m.*

hoard (to) (hɔ:d) *t.* acumular, guardar, tresorejar, atresorar.

hoarding (ˈhɔ:diŋ) *s.* tresorejament *m.* 2 tanca *f.* de construcció. 3 taula *f.* d'anuncis, llista *f.* d'espectacles.

hoarfrost (ˈhɔ:frɔst) *s.* gebre *m.*

hoarse (hɔ:s) *a.* ronc, aspre.

hoary (ˈhɔ:ri) *a.* canut, canós. 2 fig. vell.

hoax (houks) *s.* broma *f.,* jugada *f.,* parany *m.*

hoax (to) (houks) *t.* enganyar, enredar.

hobble (ˈhɔbl) *s.* coixesa *f.* 2 trava *f.* [també fig.].

hobble (to) (ˈhɔbl) *i.* coixejar. ■ 2 *t.* travar, posar traves [també fig.].

hobble skirt (ˈhɔblskə:t) *s.* faldilla *f.* de tub.

hobby (ˈhɔbi) *s.* entreteniment *m.,* passatemps *m.*

hobgoblin (ˈhɔbˌgɔblin) *s.* follet *m.* [dolent].

hockey (ˈhɔki) *s.* ESPORT hoquei *m.*

hoe (hou) *s.* aixada *f.,* aixadella *f.,* aixadell *m.*

hoe (to) (hou) *t.* treballar amb l'aixada.

hog (hɔg) *s.* porc *m.,* marrà *m.*

hogshead (ˈhɔgzhed) *s.* bocoi *m.* 2 mesura aprox. equivalent a 240 litres.

hoist (hɔist) *s.* grua *f.,* muntacàrregues *m.* 2 colloq. empenta *f.* [cap amunt].

hoist (to) (hɔist) *t.* pujar, alçar, aixecar. 2 hissar, enarborar.

hold (hould) *s.* presa *f.,* agafada *f.* 2 agafador *m.,* agafall *m.,* sostenidor *m.;* suport *m.* 3 refugi *m.,* fortalesa *f.* 4 receptacle *m.* 5 fig. domini *m.,* influència *f.,* poder *m.* 6 AVIA. cabina *f.* de càrrega *f.* 7 ESPORT clau *f.* [de lluita]. 8 MAR. bodega *f.* 9 *to take* o *lay ~ of,* agafar, apoderar-se *p.* de.

hold (to) (hould) *t.* tenir, posseir. 2 agafar, (ROSS.) hajar, subjectar. 3 aguantar, suportar, sostenir. 4 sostenir, defensar. 5 detenir, aturar. 6 ocupar, absorbir. 7 tenir capacitat per a. 8 celebrar [una reunió, etc.]; mantenir, tenir [una conversa]. 9 considerar, tenir por. *10 to ~ good,* valer o servir per a. ■ *11 i.* agafar-se *p.* 12 mantenir-se *p.,* sostenir-se *p.* 13 valer, estar o

seguir en vigor. *13* durar, continuar. ■ *to ~ back,* vacillar, contenir(se, refrenar; *to ~ down,* subjectar, aguantar; oprimir; *to ~ forth,* predicar, perorar; presentar, oferir; *to ~ in,* contenir(se; *to ~ out,* resistir, allargar, durar; *to ~ over,* ajornar, diferir; *to ~ up,* retardar, retenir; sostenir, aixecar; presentar, mostrar; atracar; *to ~ with,* estar d'acord amb. ▲ Pret. i p. p.: *held* (held).

holdall (ˈhouldɔ:l) *s.* bossa *f.* de viatge; maleta *f.*

holder (ˈhouldəʳ) *s.* tenidor, posseïdor. ‖ ESPORT *record-~,* posseïdor d'un rècord. 2 mànec *m.,* agafador *m.* ‖ *cigarette-~,* broquet *m.* 3 titular. 4 FOT. xassís *m.*

holding (ˈhouldiŋ) *s.* possessió *f.* [esp. de terra].

hold-up (ˈhouldʌp) *s.* atracament *m.* a mà armada. 2 interrupció *f.* [de serveis]. 3 embussament *m.* [de trànsit].

hole (houl) *s.* forat *m.,* esvoranc *m.* 2 buit *m.,* clot *m.,* fossa *f.,* sot *m.* 3 cova *f.,* cau *m.* 4 defecte *m.* 4 colloq. destret *m.* 5 fig. cofurna *f.*

hole (to) (hoult) *t.* foradar, perforar. 2 ESPORT ficar en el forat [golf]. ■ *3 i. to ~ out,* ficar la pilota al forat [golf]. 4 colloq. *to ~ up,* amagar-se *p.,* encofurnar-se.

holiday (ˈhɔlədi, -lid-, -dei) *s.* festa *f.,* dia *m.* de festa, festivitat *f.* 2 *pl.* vacances *f.,* vacacions *f.* ■ *3 a.* festiu.

holiness (ˈhoulinis) *s.* santedat *f.*

hollow (ˈhɔlou) *a.* buit [també fig.]. 2 enfonsat [ulls, galtes]. 3 fals, poc sincer. ■ *4 s.* buit *m.,* clot *m.* 5 fondalada *f.,* vall *f.*

holly (ˈhɔli) *s.* BOT. grèvol *m.*

holm-oak (ˈhoumouk) *s.* alzina *f.*

holocaust (ˈhɔləkɔ:st) *s.* holocaust *m.*

holster (ˈhoulstəʳ) *s.* pistolera *f.*

holy (ˈhouli) *a.* sant; sagrat.

homage (ˈhɔmidʒ) *s.* homenatge *m.: to do* o *to pay ~ to,* retre homenatge a.

home (houm) *s.* casa *f.,* llar *f.* ‖ *at ~,* a casa; *make yourself at ~,* com si fossis a casa teva. 2 asil *m.,* hospice *m.* 3 pàtria *f.,* país *m.* natal. ■ *4 a.* casolà. 5 domèstic. 6 nacional, del país. ‖ *Home Office,* ministeri de l'interior. ‖ *~ Rule,* autonomia, autogovern. ■ *7 adv.* a casa: *I'm going ~,* me'n vaig a casa.

homeland (ˈhoumlænd) *s.* pàtria *f.,* terra *f.* natal.

homeless (ˈhoumlis) *a.* sense casa.

homely (ˈhoumli) *a.* simple, senzill, casolà. 2 rústec, inculte. 3 (EUA) lleig, vulgar.

homemade (ˌhoumˈmeid) *a.* fet a casa.

homesick (ˈhoumsik) *a.* enyorat, nostàlgic.

homesickness ('houmsiknis) *s.* enyorança *f.*, enyor *m.*, nostàlgia *f.*

homespun ('houmspʌn) *a.* teixit a casa, fet a casa. 2 fig. bast, senzill.

homicidal (ˌhɔmi'saidl) *a.* homicida.

homicide ('hɔmisaid) *s.* homicidi *m.* ‖ (EUA) ~ *squad*, brigada *f.* d'homicidis. 2 homicida [persona].

homily ('hɔmili) *s.* homilia *f.*

homonym ('hɔmənim) *s.* homònim *m.* 2 LING. homònim *m.*

homosexual (ˌhoumə'seksʃuəl) *a.-s.* homosexual.

hone (to) (houn) *t.* esmolar.

honest ('ɔnist) *a.* honrat, probe. 2 just, recte. 3 sincer. 4 honest. ■ 5 -**ly** *adv.* sincerament.

honesty ('ɔnisti) *s.* honradesa *f.*, rectitud *f.* 2 sinceritat *f.*

honey ('hʌni) *s.* mel *m.* [també fig.]. 2 dolçor *f.*, dolcesa *f.* 3 ~*!*, amor!

honey bee ('hʌnibi:) *s.* abella *f.* obrera.

honeycomb ('hʌnikoum) *s.* rusc *m.*

honeyed ('hʌnid) *a.* melós, dolç, melat.

honeymoon ('hʌnimu:n) *s.* lluna *f.* de mel.

honeysuckle ('hʌniˌsʌkl) *s.* BOT. xuclamel *m.*

honorary ('ɔnərəri) *a.* honorari, d'honor: ~ *member*, membre honorari. 2 honorífic: ~ *secretary*, secretari honorífic.

honour, (EUA) **honor** ('ɔnəʳ) *s.* honor *m.*, honra *f.* ‖ *guard of* ~, guàrdia *f.* d'honor; *maid of* ~, dama *f.* d'honor. 2 honradesa *f.* 3 glòria *f.*, llorer *m.* 4 *Your Honour*, Vostra Senyoria *f.*, Senyor Jutge. 5 *pl.* honors *m.*

honour, (EUA) **honor** ('ɔnəʳ) *t.* honorar, honrar, retre honors. 2 condecorar, llorejar. 3 COM. fer honor a; acceptar, pagar.

honourable, (EUA) **honorable** ('ɔnərəbl) *a.* honorable. 2 honrat. 3 honrós.

hood (hud) *s.* caputxa *f.*, caputxó *m.*, caperutxa *f.*, caperulla *f.*, capirot *m.* 2 capota *f.* [de cotxe]; (EUA) capot *m.*

hoodwink (to) ('hudwiŋk) *t.* enganyar, enredar.

hoof (hu:f) *s.* casc *m.*, peülla *f.* ▲ *pl.* *hoofs* (hu:fs) o *hooves* (hu:vz).

hook (huk) *s.* ganxo *m.*, croc *m.*, garfi *m.* ‖ ~ *and eye*, gafet *m.* i gafeta *f.* ‖ *by* ~ *or by crook*, a les bones o a les dolentes. 2 escàrpia. 3 ham *m.* 5 fig. col·loq. *his father got him off the* ~, el seu pare li va solucionar els problemes, el va treure d'un mal pas. 6 ESPORT ganxo *m.* [boxa]. 7 TELEF. *off the* ~, despenjat.

hook (to) (huk) *t.* enganxar. 2 pescar, atrapar. 3 penjar. 4 corbar, encorbar. 5 ESPORT fer un ganxo [boxa]. ■ 6 *i.* enganxarse *p.*

hooked (hukt) *a.* ganxut. ‖ *a* ~ *nose*, nas *m.*

aguilenc. ‖ ~ *on drugs*, drogadicte. ‖ *to get* ~ *on*, aviciar-se *a.*

hookup ('hukʌp) *s.* TECNOL. connexió *f.* 2 xarxa *f.* de comunicacions.

hoop (hu:p) *s.* rutlla *f.*, cèrcol. 2 anell *m.*, anella *f.*, argolla *f.*

hoot (hu:t) *s.* crit *m.*, udol *m.* 2 crit *m.* [del mussol]. 3 xiulet *m.* [de la locomotora]; botzinada *f.*

hoot (to) (hu:t) *i.* udolar, ulular. 2 cridar [mussol]. 3 xiular [persona]. ■ 4 *t.* xiular.

hooter ('hu:təʳ) *s.* sirena *f.* [d'una fàbrica, etc.]. 2 AUTO. botzina *f.*

hop (hɔp) *s.* salt *m.*, bot *m.* 2 AERON. vol *m.* 3 BOT. llúpol *m.*, esparga *f.*, espàrgol *m.*

hop (to) (hɔp) *i.* saltar, botar. 2 col·loq. ~ *it!*, toca el dos!

hope (houp) *s.* esperança *f.*, confiança *f.* 2 promesa *f.*

hope (to) (houp) *t.* esperar. ‖ *I* ~ *so!*, espero que sí. ■ 2 *i.* esperar, tenir esperança. 3 confiar.

hopeful ('houpful) *a.* esperançat. 2 esperançador, prometedor. ■ 3 *s.* promesa *f.*: *young* ~*s*, joves promeses.

hopeless ('houplis) *a.* desesperat, irremeiable. 2 MED. incurable.

horde (hɔ:d) *s.* horda *f.* 2 fig. multitud *f.*

horizon (hə'raizn) *s.* horitzó *m.* [també fig.].

horizontal (ˌhɔri'zɔntl) *a.* horitzontal.

horn (hɔ:n) *s.* banya *f.*, corn *m.* ‖ ~ *of plenty*, corn *m.* de l'abundància. 2 botzina *f.* 3 MÚS. corn *m.*, trompa *f.*

hornet ('hɔ:nit) *s.* ENT. vespa *f.*

horny ('hɔ:ni) *a.* corni. 2 callós.

horrible ('hɔribl) *a.* horrible.

horrid ('hɔrid) *a.* horrorós, horripilant.

horrify (to) ('hɔrifai) *t.* horroritzar.

horror ('hɔrəʳ) *s.* horror *m.*

horse (hɔ:s) *s.* ZOOL. cavall *m.* ‖ ~ *race*, cursa *f.* de cavalls. 2 cavallet *m.* 3 cavall *m.* [de gimnàstica]. 4 MIL. cavalleria *f.*

horseback ('hɔ:sbæk) *adv.* *on* ~, a cavall.

horsefly ('hɔ:sflai) *s.* ENT. tàvec *m.*, tavà *m.*

horsehair ('hɔ:shɛəʳ) *s.* crinera *f.*

horseman ('hɔ:smən) *s.* genet *m.* ▲ *pl.* *horsemen*.

horsemanship ('hɔ:smənʃip) *s.* equitació *f.*

horsepower ('hɔ:sˌpauəʳ) *s.* cavall *m.* de vapor: *this is a 60* ~ *engine*, és un motor de 60 cavalls.

horseshoe ('hɔ:sʃu:) *s.* ferradura *f.*

horse-sense ('hɔ:ssens) *s.* sentit *m.* comú.

horsewoman ('hɔ:sˌwumən) *s.* amazona *f.* ▲ *pl.* *horsewomen*.

horticulture ('hɔ:tikʌltʃəʳ) *s.* horticultura *f.*

hose (houz) *s.* mànega *f.* 2 ant. mitges *f.*

pl ; mitjons *m. pl. 3* ant. calces *f. pl.,* cal-
çons *m. pl.*

hosier ('houʒiəʳ) *s.* calceter, mitger.

hosiery ('houʒiəri) *s.* calceteria *f.,* gènere
m. de punt.

hospice ('hɔspis) *s.* hospital *m.* [per a ma-
lalts terminals]. *m. 2* hostalatge *m.*

hospitable (hɔ'spitəbl) *a.* hospitalari, aco-
llidor.

hospital ('hɔspitl) *s.* hospital *m.*

hospitality (ˌhɔspi'tæliti) *s.* hospitalitat *f.*

host (houst) *s.* amfitrió, hoste. *2* fondista,
hostaler, dispeser. *3* host *f. 4* multitud *f.*
5 BIOL. hoste *m. 6* REL. hòstia *f.*

hostage ('hɔstidʒ) *s.* ostatge *m.*

hostel ('hɔstəl) *s.* residència *f.* [d'estu-
diants]. *2* alberg *m.: youth ~,* alberg *m.* de
la joventut.

hostess ('houstis) *s.* amfitriona *f. 2* hostalera
f., dispesera *f. 3* AVIA. *air ~,* hostessa *f.*

hostile ('hɔstail) *a.* hostil.

hostility (hɔs'tiliti) *s.* hostilitat *f.*

hot (hɔt) *a.* calent. ‖ *to be ~,* tenir calor. ‖
it is ~, fa calor. *2* càlid, calorós. *3* acalorat,
enardit. *4* fogós, vehement. *5* enèrgic. *6*
fort [geni]. *7* recent [notícia, etc.]. *8* CUI.
picant. ■ *9 -ly adv.* calorosament, acalo-
radament. *10* violentament.

hotbed ('hɔtbed) *s.* planter *m.* [també fig.].

hot-dog ('hɔtdɔg) *s.* frankfurt *m.*

hotel (hou'tel) *s.* hotel *m.*

hothead ('hɔthed) *s.* cap *m.* calent, exaltat.

hothouse ('hɔthaus) *s.* hivernacle *m.*

hound (haund) *s.* gos *m.* de caça, gos *m.*
perdiguer, gos *m.* coniller.

hour ('auəʳ) *s.* hora *f.* ‖ *~ hand,* agulla *f.* de
les hores. ‖ *per ~,* per hora. *2* fig. moment
m., temps *m.*

hourglass (auəglɑ:s) *s.* rellotge *m.* de sorra.

hourly ('auəli) *a.* de cada hora, continu. ■
2 adv. (un cop) cada hora.

house (haus) *s.* casa *f. 2* cambra *f.: House
of Commons,* Cambra dels Comuns. *3* MEC.
encaix *m.,* encaixament *m. 4* TEAT. sala *f.;*
públic *m.* ▲ *pl. houses* ('hauziz).

household ('haushould) *s.* casa *f.,* família *f.,*
llinatge *m.* ■ *2 a.* domèstic; casolà.

householder ('haushouldəʳ) *s.* cap *m.* de
casa. *2* llogater.

housekeeper ('hausˌki:pəʳ) *s.* majordoma *f.,*
casera *f.*

housemaid ('hausˌmeid) *s.* criada *f.,* mi-
nyona *f.*

housewife ('hausˌwaif) *s.* mestressa *f.* de
casa.

housework ('hauzˌwə:k) *s.* feines *f. pl.* de
la casa.

housing ('hauziŋ) *s.* allotjament *m.,* habi-
tatge *m. 2* MEC. tapadora *f.,* cobertora *f.*

hove (houv) Veure HEAVE (TO).

hovel ('hɔvl) *s.* casot *m.,* casull *m.*

hovercraft ('hɔuəkrɑ:ft) *s.* aerolliscador *m.*

how (hau) *adv.* com, de quina manera. ‖ *~
about...?,* què et sembla si...? ‖ *~ are you?,*
com estàs? ‖ coŀloq. *~ come...?,* com és
que...? ‖ *~ do you do?,* encantat, molt de
gust. *2* que [admiratiu]: *~ nice!,* que bo-
nic! *3* quant: *~ old are you?,* quants anys
tens? ‖ *~ long,* quant de temps. ‖ *~ many,*
quants. ‖ *~ much,* quant.

however (hau'evəʳ) *adv.* per més que, per
molt que. *2 ~ that may be,* sigui com sigui;
~ I do it, ho faci com ho faci. ■ *3 conj.* tan-
mateix, però, no obstant, de totes mane-
res.

howitzer ('hauitsəʳ) *s.* MIL. obús *m.*

howl (haul) *s.* udol *m. 2* crit *m.*

howl (to) (haul) *i.* cridar, udolar. ■ *2 t. to ~
(down),* aücar, esbroncar; fer callar a crits.

H.P., h.p. ('eitʃ'pi:) *s. (hire purchase)* com-
pra *f.* a terminis. *2 (horse-power)* cavalls
m. pl. de vapor.

H.Q. (eitʃ'kju:) *s. (Headquarters)* quarter
m. general.

hub (hʌb) *s.* botó *m.* [de roda]. *2* fig. centre
m., eix *m.*

hubbub ('hʌbʌb) *s.* xivarri *m.,* cridòria *f.,*
gatzara *f.*

huckster ('hʌkstəʳ) *s.* quincallaire, quinca-
ller.

huddle ('hʌdl) *s.* munió *f.,* tropell *m.,* gen-
tada *f.,* confusió *f.*

huddle (to) ('hʌdl) *t.* apilonar, amuntegar.
■ *2 i.* amuntegar-se *p.,* apilotar-se *p.,*
ajuntar-se *p. 3* arraulir-se *p.,* arrupir-se *p.*

hue (hju:) *s.* color *m.,* matís *m.,* to *m.*

huff (hʌf) *s.* enrabiada *f.,* empipament *m.,*
enuig *m.*

huffy ('hʌfi) *a.* enfadadís. *2* enutjat, enra-
biat.

hug (hʌg) *s.* abraçada *f.*

hug (to) (hʌg) *t.* abraçar. *2* fig. aferrar-se *p.*
a.

huge (hju:dʒ) *a.* enorme, immens.

hulk (hʌlk) *s.* buc *m. 2* fig. baluerna *f.,* ga-
liassa *f.* ■ *3 a. ~ ing,* feixuc, graponer.

hull (hʌl) *s.* clofolla *f.,* closca *f.;* pell *f.,* pela
f. [de la fruita]; beina *f.* [del llegum]. *2*
buc *m.* [d'un vaixell].

hull (to) (hʌl) *t.* pelar.

hullo (hə'lou) *interj.* hola!; digui! [telèfon].

hum (hʌm) *s.* brunzit *m.,* brunziment *m.,*
remor *f.*

hum (to) (hʌm) *i.* brunzir. *2* cantussejar. *3
to ~ and haw,* titubejar, titubar. ■ *4 t.* can-
tussejar *i.*

human ('hju:mən) *a.* humà: *~ being,* ésser

humà; ~ *nature,* naturalesa humana. ▪ *2* humanament.

humane (hju:'mein) *a.* humà, humanitari.

humanism ('hju:mənizm) *s.* humanisme *m.*

humanity (hju:mæniti) *s.* humanitat *f.* 2 gènere *m.* humà. *3 pl.* humanitats *f.*

humanize (to) ('hju:mənaiz) *t.* humanitzar.

humankind (ˌhju:mən'kaind) *s.* humanitat *f.*

humble ('hʌmbl) *a.* humil. 2 modest, senzill. ▪ *3 -ly adv.* humilment; modestament.

humble (to) ('hʌmbl) *t.-p.* humiliar(se.

humbleness ('hʌmblnis) *s.* humilitat *f.*

humbug ('hʌmbʌg) *s.* engany *m.,* mentida *f.,* bola *f.* 2 farsant, trampós. ▪ *3 interj.* ximpleries!, bestieses!

humbug (to) ('hʌmbʌg) *t.* enganyar, entabanar.

humdrum ('hʌmdrʌm) *a.* monòton, avorrit, rutinari. ▪ *2 s.* monotonia *f.,* rutina *f.*

humerus ('hju:mərəs) *s.* ANAT. húmer *m.*

humid ('hju:mid) *a.* humit.

humidify (hju:'midifai) *t.* humitejar.

humidity (hju:'miditi) *s.* humitat *f.*

humiliate (to) (hju:'milieit) *t.* humiliar.

humiliation (hju:ˌmili'eiʃən) *s.* humiliació *f.*

humility (hju:'militi) *s.* humilitat *f.*

humming ('hʌmiŋ) *a.* brunzent, brunzaire. 2 molt actiu, intens. ▪ *3 s.* cantussol *m.,* taraŀla *f.* 4 brunzit *m.,* brunziment *m.* 5 murmuri *m.,* mormoleig *m.*

hummingbird ('hʌmiŋbə:d) *s.* colibrí *m.*

hummock ('hʌmək) *s.* altell *m.,* montitjol *m.* 2 monticle *m.* de gel.

humorist ('hju:mərist) *s.* humorista. 2 graciós, faceciós, bromista [persona].

humorous ('hju:mərəs) *a.* humorístic. 2 graciós, divertit. ▪ *3 adv.* humorísticament, amb gràcia.

humorousness ('hju:mərəsnis) *s.* humorisme *m.,* gràcia *f.*

humour, (EUA) humor ('hju:məʳ) *s.* humor *m.,* gràcia *f.* ‖ *sense of* ~, sentit *m.* de l'humor. 2 ANAT. ant. humor *m.*

humour, (EUA) humor (to) ('hju:məʳ) *t.* complaure, amanyagar.

hump (hʌmp) *s.* gep *m.,* gepa *f.*

humpback ('hʌmpbæk) *s.* geperut.

humbacked ('hʌmpbækt), **humped** (hʌmpt) *a.* geperut. 2 arquejat.

humpy ('hʌmpi) *a.* desigual [terreny].

hunch (hʌntʃ) *s.* gep *m.,* gepa *f.* 2 fig. pressentiment *m.*

hunch (to) (hʌntʃ) *t.* corbar, encorbar.

hundred ('hʌndrəd) *a.* cent. ▪ *3 s.* cent *m.* 2 centena *f.*

hundredfold ('hʌndrədfould) *adv.* cèntuple *a.*

hundredth ('hʌndredθ) *a.* centèsim. ▪ *2 s.* centèsima *f.* part; centèsim *m.*

hundredweight ('hʌndrədweit) *s.* quintar *m.* [(G.B.) 58.8 kg.; (EUA) 45.36 kg.].

hung (hʌŋ) Veure HANG (TO).

hunger ('hʌŋgəʳ) *s.* gana *f.,* fam *f.,* (VAL.) fam *f.* 2 fig. set *f.*

hunger (to) ('hʌŋgəʳ) *i.* tenir gana, (VAL.) tenir fam. 2 fig. *to* ~ *for* o *after,* tenir set de.

hunger strike ('hʌŋgəstraik) *s.* vaga *f.* de fam.

hungrily ('hʌŋgrili) *adv.* àvidament, amb ànsia.

hungry ('hʌŋgri) *a.* famolenc, afamat. ‖ *to be* ~, tenir gana, (VAL.) tenir fam.

hunk (hʌŋk) *s.* coŀloq. tros *m.*

hunt (hʌnt) *s.* caça *f.* [també fig.]. 2 cacera.

hunt (to) (hʌnt) *t.-i.* caçar. ‖ *to go hunting,* anar de caça. 2 buscar, cercar. 3 perseguir.

hunter ('hʌntəʳ) *s.* caçador, (ROSS.) caçaire [també fig.].

hunting ('hʌntiŋ) *s.* cacera *f.,* munteria *f.,* caça *f.* [també fig.]. ▪ *2 a.* de caça, de cacera.

huntsman ('hʌntsmən) *s.* caçador *m.,* (ROSS.) caçaire *m. pl.* **huntsmen.**

hurdle ('hə:dl) *s.* tanca *f.* 2 ESPORT obstacle *m.* [també fig.].

hurdle (to) ('hə:dl) *t.* tancar, barrar [amb tanques]. 2 fig. salvar, vèncer [els obstacles, etc.]. 3 ESPORT saltar [obstacles]. ▪ *4 i.* saltar obstacles. 5 fer una cursa d'obstacles.

hurdler ('hə:dləʳ) *s.* ESPORT corredor d'obstacles.

hurdy-gurdy ('hə:diˌgə:di) *s.* MÚS. orguenet *m.,* orgue *m.* de maneta.

hurl (hə:l) *s.* tir *m.,* llançament *m.*

hurl (to) (hə:l) *t.* llançar, tirar. 2 *p. to* ~ *oneself,* llançar-se.

hurrah! (hu'rɑ:) *interj.* hurra!

hurricane ('hʌrikən) *s.* huracà *m.*

hurried ('hʌrid) *a.* precipitat, ràpid, fet amb presses.

hurry ('hʌri) *s.* pressa *f.,* precipitació *f.* ‖ *to be in a* ~, tenir pressa.

hurry (to) ('hʌri) *t.* apressar, acuitar. 2 accelerar, activar. 3 precipitar. ▪ *4 i.* afanyar-se *p.,* apressar-se *p.* donar-se *p.* pressa.

hurt (hə:t) *s.* ferida *f.,* lesió *f.* 2 fig. dany *m.,* perjudici *m.*

hurt (to) (hə:t) *t.* ferir, encetar. 2 fer mal. 3 perjudicar. 4 afligir, causar pena. ‖ *to* ~ *someone's feelings,* ofendre algú, ferir-li els sentiments. 5 ESPORT lesionar. ▪ *6 p. to* ~ *oneself,* fer-se mal, ferir-se. ▪ *7 i.* fer mal.

hurtful (hə:tful) *a.* perjudicial, danyós, nociu.

hurtle (to) ('hə:tl) *t.* llançar; tirar. ■ *2 i.* volar, caure [amb violència]. *3* esfondrar-se *p.*, ensorrar-se *p.*

husband ('hʌzbənd) *s.* marit *m.;* col·loq. home *m.;* form. espòs *m.*

husband (to) (hʌzbənd) *t.* administrar, economitzar.

husbandry ('hʌzbəndri) *s.* agricultura *f.,* conreu *m.* *2* administració *f.*

hush (hʌʃ) *s.* silenci *m.;* tranquil·litat *f.,* calma *f.* ■ *2 interj.* ~*!* calla! ■ *3 a.* ~·~, molt secret.

hush (to) (hʌʃ) *i.* callar. ■ *2 t.* fer callar. *3* assossegar, calmar. *4 to* ~ *up,* tirar terra damunt [d'un assumpte, etc.].

husk (hʌsk) *s.* closca *f.,* pellofa *f.,* beina *f.*

husk (to) ('hʌsk) *t.* despellofar. *2* pelar.

huskiness ('hʌskinis) *s.* ronquera *f.*

husky ('hʌski) *a.* ronc, rogallós. *2* amb closca, amb pellofa. *3* col·loq. fort, cepat, fornit. ■ *4 s.* ZOOL. gos *m.* esquimal. ■ *5 adv.*

huskily, amb veu ronca.

hussy ('hʌsi) *s.* fresca *f.,* desvergonyida *f.,* impertinent. *2* dona *f.* perduda.

hustle ('hʌsl) *s.* activitat *f.,* bullícia *f.* ‖ *the* ~ *and bustle of life,* el vaivé *m.* de la vida. *2* empenta *f.;* pressa *f.* *4* col·loq. estafa *f.,* estafada *f.* *5* (EUA) *hustler,* pinxo *m.;* prostituta *f.*

hustle (to) ('hʌsl) *t.* empènyer, acuitar. *2* (EUA) col·loq. estafar, robar; prostituir. ■ *3 i.* afanyar-se *p.*, obrir-se *p.* pas a cops de colze. *4* (EUA) col·loq. prostituir-se *p.*

hustler ('hʌsləʳ) *s.* (EUA) pinxo *m.* *2* prostituta *f.*

hut (hʌt) *s.* barraca *f.,* cabanya *f.,* cabana. ‖ *mountain* ~, refugi *m.* de muntanya.

hutch (hʌtʃ) *s.* arca *f.,* cofre *m.* *2* conillera *f.*

hyacinth ('haiəsinθ) *s.* BOT., MIN. jacint *m.*

hyaena (hai'i:nə) *s.* Veure HYENA.

hybrid ('haibrid) *a.-s.* híbrid.

hydrangea (hai'dreindʒə) *s.* BOT. hortènsia *f.*

hydrant ('haidrənt) *s.* boca *f.* d'aigua. *2 fire* ~, boca *f.* d'incendis.

hydraulic (hai'drɔ:lik) *a.* hidràulic.

hydraulics (hai'drɔ:liks) *s.* hidràulica *f.*

hydrogen ('haidridʒən) *s.* QUÍM. hidrogen *m.*

hydroplane ('haidrəplein) *s.* AERON. hidroavió *m.*

hyena (hai'i:nə) *s.* ZOOL. hiena *f.*

hygiene ('haidʒi:n) *s.* higiene *f.*

hygienic (hai'dʒi:nik) *a.* higiènic.

hymen ('haimən) *s.* ANAT. himen *m.*

hymn (him) *s.* himne *m.*

hyperbole (hai'pə:bəli) *s.* hipèrbole *f.*

hyphen ('haifən) *s.* guió *m.*, guionet *m.*

hypnosis (hip'nousis) *s.* hipnosi *f.*

hypnotism ('hipnətizəm) *s.* hipnotisme *m.*

hypnotize (to) ('hipnətaiz) *t.* hipnotitzar.

hypocrisy (hi'pɔkrəsi) *s.* hipocresia *f.*

hypocrite ('hipəkrit) *s.* hipòcrita.

hypocritical (ˌhipə'kritikəl) *a.* hipòcrita.

hypotenuse (hai'pɔtinju:z) *s.* GEOM. hipotenusa *f.*

hypothesis (hai'pɔθisis) *s.* hipòtesi *f.*

hypothetic(al (ˌhaipə'θetik, -əl) *a.* hipotètic.

hysteria (his'tiəriə) *s.* histèria *f.*

hysterical (his'terikəl) *a.* histèric.

hysterics (his'teriks) *s. pl.* atac *m.* d'histèria.

I, i (ai) *s.* i *f.* [lletra]. *2* xifra romana per 1. ▲ *pl.* **I**'*s*, *i*'*s* (aiz).

I (ai) *pron. pers.* jo. ■ *2 s.* FIL. jo *m.*, ego *m.*

ice (ais) *s.* gel *m.*, glaç *m.* ‖ *fig.* **break the** ~, trencar el gel. *2* QUÍM. *dry* ~, neu *f.* carbònica.

ice (to) (ais) *t.* gelar, glaçar, congelar. *2* refredar, refrescar. *3 to* ~ *over* o *up*, gelar, glaçar. ■ *4 i. to* ~ *over* o *up*, gelar-se *p.*, glaçar-se *p.*, congelar-se *p.*

iceberg ('aisbə:g) *s.* iceberg *m.* *2* fig. glaç *m.* [persona].

icebox ('aisbɔks) *s.* nevera *f.* [de gel].

icebreaker ('aisbreikəʳ) *s.* MAR. trencaglaç *m.* [vaixell].

ice cream ('aiskri:m) *s.* gelat *m.*

ice floe ('aisflou) *s.* panna *f.* de glaç.

Iceland ('aislənd) *n. pr.* GEOGR. Islàndia *f.*

ice rink ('aisriŋk) *s.* pista *f.* de patinatge sobre gel.

ice skating ('aisskeitiŋ) *s.* ESPORT patinatge *m.* sobre gel.

icicle ('aisikl) *s.* caramell *m.*

icing ('aisiŋ) *s.* AVIA. formació *f.* de gel. *2* CUI. pasta *f.* de sucre.

icing sugar (ˌaisiŋˈʃugəʳ) *s.* CUI. sucre *m.* de llustre, sucre *m.* en pols.

icy ('aisi) *a.* gelat, glaçat, fred, glacial [també fig.].

I'd (aid) *contr.* de I HAD i I WOULD.

idea (ai'diə) *s.* idea *f.* ‖ *to get an* ~, fer-se una idea. ‖ *to get used to the* ~, fer-se a la idea. ‖ *what an* ~*!*, quina bestiesa!, quina ximpleria! *2* projecte *m.*, pla *m.* *3* intenció *f.* *4* opinió *f.*, impressió *f.*, concepte *m.*

ideal (ai'diəl) *a.* ideal. ■ *2 s.* ideal *m.* ■ *3* -*ly adv.* idealment, perfectament.

idealism (ai'diəlizəm) *s.* idealisme *m.*

idealist (ai'diəlist) *s.* idealista.

idealize (to) (ai'diəlaiz) *t.* idealitzar.

identical (ai'dəntikəl) *a.* idèntic.

identification (aiˌdentifi'keiʃən) *s.* identificació *f.*

identify (to) (ai'dentifai) *t.* identificar. ■ *2 i.* identificar-se *p.*

identikit (ai'dentikit) *s.* ~ *picture*, retrat *m.* robot.

identity (ai'dentiti) *s.* identitat *f.* ‖ ~ *card*, carnet *m.* d'identitat. ‖ *mistaken* ~, identitat errònia.

idiocy ('idiəsi) *s.* idiotesa *f.*, estupidesa *f.*, imbecilitat *f.*

idiom ('idiəm) *s.* idioma *m.*, llengua *f.* *2* locució *f.*, idiotisme *m.*, modisme *m.* *3* estil *m.* [d'un escriptor, etc.].

idiot ('idiət) *s.* idiota [també fig.].

idiotic (ˌidi'ɔtik) *a.* idiota, imbecil.

idle ('aidl) *a.* ociós, inactiu. *2* desocupat, aturat. *3* inútil, frívol. *4* dropo, gandul. *5* COM. improductiu. *6* MEC. alentit.

idle (to) ('aidl) *i.* estar ociós, perdre el temps, mandrejar. ‖ *he idled away the afternoon*, va estar perdent el temps tota la tarda. *2* MEC. funcionar a l'alentit.

idleness ('aidlnis) *s.* inactivitat *f.*, ociositat *f.* *2* futilesa *f.* *3* atur *m.*, desocupació *f.* *4* mandra *f.*, (BAL.) peresa *f.*, (VAL.) gos *m.*

idol ('aidl) *s.* ídol *m.*

idolatry (ai'dɔlətri) *s.* idolatria *f.*

idolize (to) ('aidəlaiz) *t.* idolatrar *t.*-*i.*

idyll ('idil) *s.* idiŀli *m.*

idyllic (ai'dilk) *a.* idíŀlic.

i.e. (ˌai'i:) *(id est, that is)* és a dir, a saber.

if (if) *conj.* si. ‖ *as* ~, com si; *even* ~, encara que; ~ *only*, si tan sols; ~ *so*, si és així. *2* encara que, tot i que.

ignite (to) (ig'nait) *t.* encendre. ■ *2 i.* encendre's *p.*, inflamar-se *p.*

ignition (ig'niʃən) *s.* ignició *f.* *2* encesa *f.*, contacte *m.* [d'un motor].

ignoble (ig'noubl) *a.* innoble.

ignominious (ˌignə'miniəs) *a.* ignominiós.

ignorance ('ignərəns) *s.* ignorància *f.*

ignorant ('ignərənt) *a.* ignorant.
ignore (to) (ig'nɔːʰ) *t.* ignorar, no fer cas.
iguana (i'gwɑːnə) *s.* ZOOL. iguana *f.*
I'll (ail) *contr.* de I SHALL i I WILL.
ill (il) *a.* malalt. ‖ *to fall* ~, posar-se malalt. 2 marejat. 3 dolent, mal. ‖ ~-*breeding*, mala educació. ‖ ~ *health*, mala salut. ▪ 4 *s.* mal *m.*, desgràcia *f.* ▪ 5 *adv.* malament.
illegal (i'liːgəl) *a.* iŀlegal.
illegality (ˌili'gæliti) *s.* iŀlegalitat *f.*
illegible (i'ledʒibl) *a.* iŀlegible.
illegitimate (ˌili'dʒitimit) *a.* iŀlegítim.
illicit (i'lisit) *a.* iŀlícit.
illiteracy (i'litərəsi) *s.* analfabetisme *m.* 2 ignorància *f.*
illiterate (i'litərit) *a.* analfabet. 2 iŀletrat.
ill-mannered (ˌil'mænəd) *a.* mal educat.
illness ('ilnis) *s.* malaltia *f.*
illogical (i'lɔdʒikəl) *a.* iŀlògic.
ill-timed (ˌil'taimd) *a.* inoportú, intempestiu.
ill-treat (to) (ˌil'triːt) *t.* maltractar.
illuminate (to) (i'ljuːmineit) *t.* iŀluminar. 2 aclarir.
illumination (iˌluːmi'neiʃən) *s.* iŀluminació *f.* 2 *pl.* enllumenat *m.*
illusion (i'luːʒən) *s.* iŀlusió *f.;* miratge *m.*
illusory (i'luːsəri) *a.* iŀlusori, enganyós.
illustrate (to) (i'ləstreit) *t.* iŀlustrar [amb dibuixos, etc.].
illustration (ˌiləs'treiʃən) *s.* iŀlustració *f.* [d'un llibre, etc.]. 2 iŀlustració *f.*, exemple *m.*
illustrious (i'lʌstriəs) *a.* iŀlustre.
ILO ('aiel'ou) *s.* (*International Labour Organization*) OIT *f.* (Organització Internacional del Treball).
I'm (aim) *contr.* de I AM.
image ('imidʒ) *s.* imatge *f.* 2 representació *f.*, efígie *m.* 3 semblança *f.*
imaginable (i'mædʒinəbl) *a.* imaginable.
imaginary (i'mædʒinəri) *a.* imaginari.
imagination (iˌmædʒi'neiʃən) *s.* imaginació *f.*
imagine (to) (i'mædʒin) *t.* imaginar.
imbecile ('imbəsiːl) *a.-s.* imbecil.
imbecility (ˌimbi'siliti) *s.* imbeciŀlitat *f.*
imbibe (to) (im'baib) *t.* form. absorbir, assimilar. 2 embeure's *p.*
imbroglio (im'brouliou) *s.* embolic *m.*, embull *m.*
imbue (to) (im'bjuː) *t.* form. saturar, impregnar. 2 imbuir, infondre.
imitate (to) ('imiteit) *t.* imitar.
imitation (ˌimi'teiʃən) *s.* imitació *f.*
immaculate (i'mækjulit) *a.* immaculat.
immaterial (ˌimə'tiəriəl) *a.* immaterial. 2 indiferent, poc important: *it is* ~, no importa.

immature (ˌimə'tjuəʰ) *a.* immadur.
immeasurable (ˌi'meʒərəbl) *a.* immesurable.
immediate (i'miːdjət) *a.* immediat.
immediately (i'miːdjətli) *adv.* immediatament. ▪ 2 *conj.* tan aviat com.
immense (i'mens) *a.* immens.
immensity (i'mensiti) *s.* immensitat *f.*
immerse (to) (i'məːs) *t.* submergir. 2 absorbir.
immersion (i'məːʃən) *s.* immersió *f.*
immigrant ('imigrənt) *a.-s.* immigrant.
immigration (ˌimi'greiʃən) *s.* immigració *f.*
imminent (i'minənt) *a.* imminent.
immobile (i'moubail) *a.* immòbil.
immobilize (to) (i'moubilaiz) *t.* immobilitzar.
immoderate (i'mɔdərit) *a.* immoderat, excessiu.
immoderation (ˌimɔdə'reiʃən) *s.* immoderació *f.*
immodest (i'mɔdist) *a.* immodest. 2 indecent.
immodesty (i'mɔdisti) *s.* immodèstia *f.* 2 indecència *f.*
immolate (to) ('imɔleit) *t.* immolar.
immoral (i'mɔrəl) *a.* immoral.
immorality (ˌimə'ræliti) *s.* immoralitat *f.*
immortal (i'mɔːtl) *a.* immortal.
immortality (ˌimɔː'tæliti) *s.* immortalitat *f.*
immortalize (to) (i'mɔːtəlaiz) *t.* immortalitzar.
immovable (i'muːvəbl) *a.* inamovible, immòbil, fixe. 2 inalterable, inflexible.
immune (i'mjuːn) *a.* immune.
immunity (i'mjuːniti) *s.* immunitat *f.* 2 privilegi *m.*, exempció *f.*
immunize (to) ('imjunaiz) *t.* immunitzar.
immure (to) (i'mjuəʰ) *t.* form. emparedar, aparedar.
immutable (i'mjuːtəbl) *a.* immutable.
imp (imp) *s.* dimoniet *m.*, diablet [també fig.].
impact ('impækt) *s.* impacte *m.*, xoc *m.*, cop *m.*
impair (to) (im'pɛəʰ) *t.* danyar, deteriorar. 2 debilitar, afeblir.
impale (to) (im'peil) *t.* empalar.
impalpable (im'pælpəbl) *a.* impalpable.
impart (to) (im'pɑːt) *t.* form. donar, comunicar. 2 fer saber.
impartial (im'pɑːʃəl) *a.* imparcial.
impartiality (ˌim'pɑːʃi'æliti) *s.* imparcialitat *f.*
impassable (im'pɑːsəbl) *a.* impracticable, intransitable.
impasse ('æmpɑːs) *s.* atzucac *m.* 2 fig. punt *m.* mort.

impassible (im'pæsibl) *a.* impassible, impàvid.

impassioned (im'pæ∫ənd) *a.* apassionat.

impassive (im'pæsiv) *a.* impassible, insensible.

impatience (im'pei∫əns) *s.* impaciència *f.* 2 ànsia *f.*

impatient (im'pei∫ənt) *a.* impacient.

impeach (to) (im'pi:t∫) *t.* posar en dubte, posar en qüestió. 2 DRET acusar.

impeccable (im'pəkəbl) *a.* form. impecable.

impede (to) (im'pi:d) *t.* impedir, destorbar.

impediment (im'pedimənt) *s.* impediment *m.,* destorb *m.*

impel (to) (im'pel) *t.* obligar, forçar. 2 impel·lir, impulsar.

impending (im'pendiŋ) *a.* imminent. 2 amenaçador.

impenetrable (im'penitrəbl) *a.* impenetrable.

impenitent (im'penitənt) *a.* form. impenitent.

imperative (im'perativ) *a.* imperatiu. ■ 2 *s.* imperatiu *m.*

imperfect (im'pə:fikt) *a.* imperfecte. 2 GRAM. imperfet. ■ 3 *s.* GRAM. ~, ~ *tense,* imperfet *m.*

imperfection (,impə'fek∫ən) *s.* imperfecció *f.*

imperial (im'piəriəl) *a.* imperial.

imperialism (im'piəriəlizəm) *s.* imperialisme *m.*

imperialist (im'piəriəlist) *s.* imperialista.

imperialistic (im,piəriə'listik) *a.* imperialista.

imperil (to) (im'peril) *t.* posar en perill.

imperious (im'piəriəs) *a.* imperiós. ■ 2 -ly *adv.* imperiosament.

imperishable (im'peri∫əbl) *a.* imperible.

impersonal (im'pə:sənl) *a.* impersonal.

impersonate (to) (im'pə:səneit) *t.* imitar. 2 personificar. 3 fer-se *p.* passar per. 4 TEAT. representar, fer el paper de.

impertinence (im'pə:tinəns) *s.* impertinència *f.*

impertinent (im'pə:tinənt) *a.* impertinent.

impervious (im'pə:vjəs) *a.* impenetrable, impermeable. 2 insensible, impertèrrit.

impetuosity (im,petju'ɔsiti) *s.* impetuositat *f.*

impetuous (im'petjuəs) *a.* impetuós. ■ 2 -ly *adv.* impetuosament.

impetus ('impitəs) *s.* ímpetu *m.,* impuls *m.*

impinge (to) (im'pindʒ) *i.* form. ~ *on* o *upon,* xocar amb, topar amb.

impious ('impiəs) *a.* impiu.

impish ('impi∫) *a.* entremaliat, maliciós.

implacable (im'plækəbl) *a.* form. implacable.

implant (to) (im'plɑ:nt) *t.* implantar.

implement ('implimənt) *s.* eina *f.,* instrument *m.* 2 *pl.* estris *m.*

implicate (to) ('implikeit) *t.* form. implicar. 2 embolicar, ficar, comprometre.

implication (,impli'kei∫ən) *s.* form. implicació *f.*

implicit (im'plisit) *a.* form. implícit. 2 absolut, incondicional.

implore (to) (im'plɔ:ʳ) *t.* implorar.

imply (im'plai) *t.* implicar, comportar. 2 significar, voler dir.

impolite (,impə'lait) *a.* mal educat, descortès, groller.

imponderable (im'pɔndərəbl) *a.* imponderable. ■ 2 *s.* imponderable *m.*

import ('impɔ:t) *s.* importació *f.* 2 *pl.* articles *m.* d'importació. 3 form. importància *f.* 4 significat *m.*

import (to) (im'pɔ:t) *t.* importar. 2 voler dir, significar.

importance (im'pɔ:təns) *s.* importància *f.*

important (im'pɔ:tənt) *a.* important.

importation (,impɔ:'tei∫ən) *s.* importació *f.*

importer (im'pɔ:təʳ) *s.* importador.

importunate (im'pɔ:tjunit) *a.* form. importú, pesat, insistent.

importune (to) (im'pɔ:tju:n) *t.* form. importunar.

importunity (,impə'tju:niti) *s.* importunitat *f.*

impose (to) (im'pouz) *t.* taxar, posar un impost sobre. ■ 2 *i. to* ~ *on* o *upon,* enganyar; aprofitar-se *p.* de.

imposing (im'pouziŋ) *a.* imponent, impressionant.

imposition (,impə'zi∫ən) *s.* imposició *f.* 2 impost *m.* 3 engany *m.*

impossibility (im,pɔsə'biliti) *s.* impossibilitat *f.*

impossible (im'pɔsibl) *a.* impossible.

impostor (im'pɔstəʳ) *s.* impostor.

imposture (im'pɔst∫əʳ) *s.* impostura *f.*

impotence ('impətəns) *s.* impotència *f.*

impotent ('impətənt) *a.* impotent.

impound (to) (im'paund) *t.* confiscar. 2 tancar.

impoverish (to) (im'pɔvəri∫) *t.* form. empobrir.

impracticable (im'præktikəbl) *a.* impracticable. 2 intransitable.

impregnable (im'pregnəbl) *a.* inexpugnable.

impregnate (to) ('impregneit) *t.* fecundar. 2 impregnar.

impresario (,imprə'sɑ:riou) *s.* TEAT. empresari.

impress ('impres) *s.* impressió *f.,* senyal *f.,* marca *f.*

impress (to) (im'pres) *t.* imprimir, gravar. *2* inculcar. *3* impressionar.

impression (im'preʃən) *s.* impressió *f.* *2* senyal *m.,* empremta *f.* *3* edició *f.* [d'un llibre, etc.].

impressive (im'presiv) *a.* impressionant, emocionant.

imprint ('imprint) *s.* impressió *f.,* empremta *f.* *2* IMPR. peu *m.* d'impremta.

imprint (to) (im'print) *t.* imprimir, estampar. *2* gravar.

imprison (to) (im'prizn) *t.* empresonar.

imprisonment (im'priznmənt) *s.* empresonament *m.* *2* presó *f.*

improbability (im,prɔbə'biliti) *s.* improbabilitat *f.*

improbable (im'prɔbəbl) *s.* improbable. *2* inverosímil, inversemblant.

impromptu (im'prɔmptju:) *a.* improvisat. ■ *2 adv.* de sobte; improvisadament. ■ *3 s.* MÚS. improvisació *f.*

improper (im'prɔpəʳ) *a.* impropi. *2* incorrecte. *3* indecorós.

impropriety (,imprə'praiətli) *s.* impropietat *f.* *2* incorrecció *f.* *3* indecència *f.*

improvidence (im'prɔvidəns) *s.* imprevisió *f.*

improvident (im'prɔvidənt) *a.* form. imprevisor. *2* malgastador.

improve (to) (im'pru:v) *t.* millorar, perfeccionar. *2* aprofitar. ■ *3 i.* millorar, progressar, perfeccionar-se *p.*

improvement (im'pru:vmənt) *s.* millora *f.* *2* progrés *m.* *3* aprofitament *m.*

improvisation (,imprəvai'zeiʃən) *s.* improvisació *f.*

improvise (to) ('imprəvaiz) *t.-i.* improvisar *t.*

imprudence (im'pru:dəns) *s.* imprudència *f.*

imprudent (im'pru:dənt) *a.* imprudent.

impudence (impjudəns) *s.* impudència *f.,* insolència *f.,* desvergonyiment *m.*

impudent ('impjudənt) *a.* impudent, insolent, desvergonyit.

impugn (to) (im'pju:n) *t.* form. impugnar.

impulse ('impʌls) *s.* impuls *m.* *2* impulsió *f.,* ímpetu *m.*

impulsion (im'pʌlʃən) *s.* impulsió *f.,* ímpetu *m.*

impulsive (im'pʌlsiv) *a.-s.* impulsiu.

impunity (im'pju:niti) *s.* impunitat *f.*

impure (im'pjuəʳ) *a.* impur.

impurity (im'pjuəriti) *s.* impuresa *f.;* deshonestedat *f.*

imputation (,impju'teiʃən) *s.* imputació *f.*

impute (to) (im'pju:t) *t.* imputar, atribuir.

in (in) *prep.* a, amb, de, dins, dintre, durant, en, sota. ‖ *dressed ~ black,* vestit de negre. ‖ *~ the morning,* al matí. ‖ *~ that,* per què, ja que. *2 ~ so far as,* pel que fa. ■ *3 adj.* interior, de dins, de dintre. *4* de moda, modern. ■ *5 adv.* dins, dintre: *~ here,* aquí dins. *6* a casa. ‖ *is Anne ~?,* que hi és l'Anna? *7* en el poder. ■ *8 s. ~s and outs,* l'entrellat *m.,* detalls *m. pl.*

inability (,inə'biliti) *s.* incapacitat *f.,* impotència *f.*

inaccessible (,inæk'sesəbl) *a.* form. inaccessible.

inaccuracy (in'ækjurəsi) *s.* inexactitud, incorrecció.

inaccurate (in'ækjurit) *a.* inexacte, imprecís.

inaction (in'ækʃən) *s.* inacció *f.*

inactive (in'æktiv) *a.* inactiu.

inactivity (,inæk'tiviti) *s.* inactivitat *f.*

inadequacy (in'ædikwəsi) *s.* insuficiència *f.,* incapacitat *f.*

inadequate (in'ædikwit) *a.* inadequat. *2* insuficient.

inadmissible (,inəd'misəbl) *a.* inadmissible.

inadvertence (,inəd'və:təns) *s.* inadvertència *f.*

inadvertent (,inəd'və:tənt) *a.* form. inadvertit, distret. ■ *2* -ly *adv.* inadvertidament.

inalienable (in'eiljənəbl) *a.* inalienable.

inane (i'nein) *a.* neci, estúpid.

inanimate (in'ænimit) *a.* inanimat. *2* exànime.

inanition (,inə'niʃən) *a.* inanició *f.*

inanity (i'næniti) *s.* inanitat *f.,* estupidesa *f.,* neciesa *f.*

inapplicable (in'æplikəbl) *a.* inaplicable.

inapposite (in'æpəzit) *a.* inadequat, poc apropiat.

inappreciable (,inə'pri:ʃəbl) *a.* inapreciable.

inappropriate (,inə'proupriit) *a.* impropi.

inappropriateness (,inə'proupriitnis) *s.* impropietat *f.*

inapt (in'æpt) *a.* inepte.

inaptitude (in'æptitju:d) *s.* ineptitud *f.*

inarticulate (,inɑ:'tikjulit) *a.* inarticulat.

inasmuch as (inez'mʌtʃ æz) *adv.* form. ja que, donat que.

inattention (,inə'tenʃən) *s.* inatenció *f.,* inadvertència *f.*

inattentive (,inə'tentiv) *a.* desatent, distret.

inaudible (in'ɔ:dibl) *a.* imperceptible [so].

inaugurate (to) (i'nɔ:gjureit) *t.* prendre possessió. *2* inaugurar.

inauguration (i,nɔ:gju'reiʃən) *s.* presa *f.* de possessió. *2* inauguració *f.*

inauspicious (,inɔ:s'piʃəs) *a.* poc propici, desfavorable.

inborn (,in'bɔ:n) *a.* innat, ingènit.

inbred (,in'bred) *a.* innat. *2* engendrat per endogàmia.

Inc. ('iŋk) *s.* (EUA) (*Incorporated*) S.A. *f.* (Societat Anònima).
incalculable (in'kælkjuləbl) *a.* incalculable. 2 imprevisible.
incandescent (ˌinkæn'desnt) *a.* incandescent.
incantation (ˌinkæn'teiʃən) *s.* conjur *m.*, encanteri *m.*, sortilegi *m.*
incapability (inˌkeipə'biliti) *s.* incapacitat *f.*
incapable (in'keipəbl) *a.* incapaç.
incapacitate (to) (ˌinkə'pæsiteit) *t.* incapacitar; inhabilitar.
incapacity (inkə'pæsiti) *s.* incapacitat *f.*
incarcerate (to) (in'kɑːsəreit) *t.* form. empresonar.
incarnate (in'kɑːnit) *a.* encarnat.
incarnation (ˌinkɑː'neiʃən) *s.* encarnació *f.*, personificació *f.*
incautious (in'kɔːʃəs) *a.* incaut, imprudent.
incendiary (in'sendjəri) *a.* incendiari [també fig.].
incense ('insens) *s.* encens *m.*
incense (to) (in'sens) *t.* irritar, enutjar.
incentive (in'sentiv) *s.* incentiu *m.*
inception (in'sepʃən) *s.* form. principi *m.*, començament *m.*
incertitude (in'sə:titjuːd) *s.* incertitud *f.*, incertesa *f.*
incessant (in'sesnt) *a.* incessant. ▪ 2 -ly *adv.* incessantment, sense cessar.
incest ('insest) *s.* incest *m.*
incestuous (in'sestjuəs) *a.* incestuós.
inch (intʃ) *s.* polzada *f.* [2.54 cm]. ‖ ~ *by* ~, pam *m.* a pam, gradualment. ‖ *by* ~*es*, per un pèl. ‖ *every* ~, totalment, completament.
incidence ('insidəns) *s.* incidència *f.*
incident ('insidənt) *a.* incident. ▪ 2 *s.* incident *m.*
incidental (ˌinsi'dentl) *a.* incidental. 2 imprevist; accesori, fortuït. 3 ~ *to*, propi de, inherent a. ▪ 4 -ly *adv.* incidentalment, per cert.
incinerate (to) (in'sinəreit) *t.* incinerar, cremar.
incinerator (in'sinəreitə͏ʳ) *s.* cremador *m.*, incinerador *m.*
incipient (in'sipiənt) *a.* incipient.
incise (to) (in'saiz) *t.* tallar, fer una incisió.
incision (in'siʒən) *s.* incisió *f.*
incisive (in'saisiv) *a.* incisiu, tallant, mordaç.
incisor (in'saizə͏ʳ) *s.* dent *f.*, incisiva.
incite (to) (in'sait) *t.* incitar.
incitement (in'saitmənt) *s.* incitació *f.*, estímul *m.*, incentiu *m.*
incivility (ˌinsi'viliti) *s.* incivilitat *f.*, descortesia *f.*
inclemency (in'klemənsi) *s.* inclemència *f.* 2 intempèrie *f.*

inclination (ˌinkli'neiʃən) *s.* inclinació *f.*, pendent *m.* 2 fig. inclinació *f.*, tendència *f.*
incline ('inklain) *s.* pendent *m.;* pujada *f.;* baixada *f.*
incline (to) (in'klain) *t.* inclinar [també fig.]. 2 abaixar [el cap]. ▪ 3 *i.* inclinar-se *p.* 4 tendir. 5 MED. ser propens.
include (to) (in'kluːd) *t.* incloure. 2 compendre, contenir. 3 adjuntar.
included (in'kluːdid) *a.* inclós. 2 fins i tot.
inclusion (in'kluːʒən) *s.* inclusió *f.*
inclusive (in'kluːsiv) *a.* inclusiu.
incoherence (ˌinkou'hiərəns) *s.* incoherència *f.*
incoherent (ˌinkou'hiərənt) *a.* incoherent.
incombustible (ˌinkəm'bʌstəbl) *a.* incombustible.
income ('inkəm) *s.* ingressos *m. pl.*, guany *m.*, renda *f.*
income tax ('inkʌmtæks) *s.* impost *m.* sobre la renda.
incommensurate (ˌinkə'menʃərit) *a.* incommensurable. 2 desproporcionat.
incomparable (in'kɔmprəbl) *a.* incomparable.
incompatible (ˌinkəm'pætəbl) *a.* incompatible.
incompetent (in'kɔmpitənt) *a.* incompetent.
incomplete (ˌinkəm'pliːt) *a.* incomplet, inacabat.
incomprehensible (inˌkɔmpri'hensəbl) *a.* incomprensible.
inconceivable (ˌinkən'siːvəbl) *a.* inconcebible. 2 increïble.
incongruous (in'kɔŋgruəs) *a.* incongruent. 2 inadequat.
inconsequent (in'kɔnsikwənt) *a.* inconseqüent, incongruent.
inconsiderate (ˌinkən'sidərit) *a.* inconsiderat, desconsiderat. 2 irreflexiu.
inconsistency (ˌinkən'sistənsi) *s.* inconseqüència *f.*, contradicció *f.* 2 inconsistència *f.*
inconsistent (ˌinkən'sistənt) *a.* incompatible, contradictori. 2 inconseqüent. 3 inconsistent.
inconstancy (in'kɔnstənsi) *s.* inconstància *f.*
inconstant (in'kɔnstənt) *a.* inconstant. 2 inestable.
incontestable (ˌinkən'stestəbl) *a.* induscutible.
incontinence (in'kɔntinəns) *s.* incontinència *f.*
inconvenience (ˌinkən'viːnjəns) *t.* inconveniència *f.*, inconvenient *m.* 2 incomoditat *f.*, molèstia *f.*
inconvenience (to) (ˌinkən'viːnjəns) *t.* incomodar, molestar.

inconvenient (ˌinkən'viːnjənt) *a.* inconvenient, impropi, inoportú. *2* incòmode, molest.

incorporate (to) (iŋ'kɔːpəreit) *t.* incorporar, unir. *2* contenir, incloure. *3* constituir [una societat, etc.]. ■ *4 i.* incorporar-se *p.*, unir-se *p.*

incorrect (ˌinkə'rekt) *a.* incorrecte. *2* inexacte.

incorrectness (ˌinkə'rektnis) *s.* incorrecció *f.* *2* inexactitud *f.*

incorruptible (ˌinkə'rʌptəbl) *a.* incorruptible; íntegre.

increase (ˌiŋkriːs) *s.* augment *m.*, increment *m.*, creixement *m.* *2* pujada *f.* alça *f.*

increase (to) (in'kriːs) *t.* augmentar, acréixer; engrandir. *2* apujar, alçar. ■ *3 i.* créixer, augmentar. *4* apujar-se *p.*, pujar.

incredible (in'kredəbl) *a.* increïble. *2* coŀloq. sorprenent.

incredulous (in'kredjuləs) *a.* incrèdul.

increment ('iŋkrəmənt) *s.* augment *m.*, increment *m.* ‖ *unearned ~*, plusvàlua *f.*

incriminate (to) (in'krimineit) *t.* incriminar.

incubate (to) ('iŋkjubeit) *t.-i.* covar, incubar.

inculcate (to) ('inkʌlkeit) *t.* inculcar.

incumbent (iŋ'kʌmbənt) *a.* incumbent: *to be ~ on*, incumbir a. ■ *2 s.* titular [d'un càrrec]. *3* ECLES. beneficiat *m.*

incur (to) (in'kəːʳ) *t.* incórrer en. *2* contraure [un deute, etc.].

incurable (in'kjuərəbl) *a.* incurable. *2* fig. irremeiable. ■ *3 s.* malalt desnonat.

incursion (in'kəːʃən) *s.* incursió *f.*, invasió *f.* [també fig.].

indebted (in'detid) *a.* endeutat *2* fig. agraït, obligat.

indecency (in'diːsnsi) *s.* indecència *f.*

indecent (in'diːsnt) *a.* indecent. *2* indecorós. ■ *3 -ly adv.* indecentment.

indecision (ˌindi'siʒən) *s.* indecisió *f.*, irresolució *f.*

indecisive (ˌindi'saisiv) *a.* indecís, irresolut.

indecorous (in'dekərəs) *a.* indecorós, impropi. ■ *2 -ly adv.* indecorosament.

indeed (in'diːd) *adv.* realment, de veritat; en efecte, efectivament, naturalment.

indefatigable (ˌindi'fætigəbl) *a.* infatigable, incansable.

indefensible (ˌindi'fensəbl) *a.* indefensable, insostenible, injustificable.

indefinite (in'definit) *a.* indefinit. *2* indeterminat. *3* vague, poc precís.

indelible (in'delibl) *a.* indeleble, inesborrable [també fig.].

indelicacy (in'delikəsi) *s.* indelicadesa *f.* *2* grolleria *f.*

indelicate (in'delikit) *a.* indelicat. *2* indecorós. *3* groller.

indemnification (inˌdemnifi'keiʃən) *s.* indemnització *f.*

indemnify (to) (in'demnifai) *t.* indemnitzar. *2* assegurar(se.

indemnity (in'demniti) *s.* indemnitat *f.*, indemnització *f.* *2* reparació *f.*

indent ('indent) *s.* osca *f.*, mossa *f.* *2* COM. comanda *f.*; requisa *f.*

indent (to) (in'dent) *t.* dentar, oscar. *2* IMPR. entrar. ■ *3 i.* COM. *to ~ for*, demanar; requisar.

indenture (in'dentʃəʳ) *s.* contracte *m.*

independence (ˌindi'pendəns) *s.* independència *f.*

independent (ˌindi'pendənt) *a.* independent. ‖ *to become ~*, independitzar-se.

indescribable (ˌindis'kraibəbl) *a.* indescriptible.

indestructible (ˌindis'trʌktəbl) *a.* indestructible.

indeterminate (ˌindi'təːminit) *a.* indeterminat, indefinit.

indetermination ('indiˌtəːmi'neiʃən) *s.* indeterminació *f.*, indecisió *f.*, irresolució *f.*

index ('indeks) *s.* índex *m.* *2* senyal *m.*, indici *m.*

index card ('indekskɑːd) *s.* fitxa *f.*

index finger ('indeksˌfiŋgəʳ) *s.* índex *m* [dit].

index number ('indeksˌnʌmbəʳ) *s.* MAT. índex *m.*, exponent *m.*

Indian ('indjən) *a.-s.* indi. ‖ *in ~ file*, en fila *f.* índia.

Indian club ('indiən klʌb) *s.* ESPORT. maça *f.* [de gimnàstica].

Indian ink (ˌindiən'iŋk) *s.* tinta *f.* xina.

Indian summer (ˌindiən'sʌməʳ) *s.* estiuet *m.* de San Martí.

india-rubber (ˌindjə'rʌbəʳ) *s.* cautxú *m.* *2* goma *f.* d'esborrar.

indicate (to) ('indikeit) *t.* indicar.

indication (ˌindi'keiʃən) *s.* indicació *f.*, senyal *m.*, indici *m.*

indict (to) (in'dait) *t.* acusar. *2* processar.

indictment (in'daitmənt) *s.* acusació *f.* *2* processament *m.*

Indies ('indiz) *s. pl.* GEOGR. Índies *f.* *2* *West ~*, Antilles *f.*

indifference (in'difrəns) *s.* indiferència *f.*

indifferent (in'difrəns) *s.* indiferent. *2* desinteressat.

indigence ('indidʒəns) *s.* indigència *f.*, pobresa *f.*

indigenous (in'didʒinəs) *a.* indígena.

indigestible (ˌindi'dʒestəbl) *a.* indigest, indigerible.

indigestion (ˌindiˈdʒestʃən) *s.* indigestió *f.*, empatx *m.*

indignant (inˈdignənt) *a.* indignat.

indignation (ˌindigˈneiʃən) *s.* indignació *f.*

indignity (inˈdigniti) *s.* indignitat *f.* 2 ultratge *m.*, afront *m.*

indigo (ˈindigo) *s.* anyil *m.*, indi *m.*

indirect (ˌindiˈrekt) *a.* indirecte. ‖ ECON. ~ *tax*, impost *m.* indirecte. ‖ GRAM. ~ *object*, complement *m.* indirecte.

indiscipline (inˈdisiplin) *s.* indisciplina *f.*

indiscreet (ˌindisˈkriːt) *a.* indiscret. 2 imprudent, poc hàbil.

indiscretion (ˌindisˈkreʃən) *s.* indiscreció *f.* 2 imprudència *f.*, error *m.*

indiscriminate (ˌindisˈkriminit) *a.* indiscriminat, indistint.

indispensable (ˌindisˈpensəbl) *a.* indispensable, imprescindible.

indisposed (ˌindisˈpouzd) *a.* indisposat.

indisposition (ˌindispəˈziʃən) *s.* indisposició *f.*, malestar *m.*

indisputable (ˌindisˈpjuːtəbl) *a.* indisputable, incontestable, inqüestionable.

indissoluble (ˌindiˈsɔljubl) *a.* indissoluble.

indistinct (ˌindisˈtiŋkt) *a.* indistint. 2 confús.

indistinguishable (ˌindisˈtiŋgwiʃəbl) *a.* indistingible.

individual (ˌindiˈvidjuəl) *a.* individual. 2 propi, particular, personal. ■ *3 s.* individu.

indivisible (ˌindiˈvizəbl) *a.* indivisible.

indoctrinate (to) (inˈdɔktrineit) *t.* adoctrinar.

indolence (ˈindələns) *s.* indolència *f.*, mandra *f.*

indolent (ˈindələnt) *a.* indolent.

indomitable (inˈdɔmitəbl) *a.* indomable, indòmit.

indoor (ˈindɔːʳ) *a.* interior. 2 ESPORT en pista coberta. ‖ ~ *swimming pool*, piscina coberta.

indoors (inˈdɔːz) *adv.* a casa, (a) dins: *he stayed ~ all week*, es va quedar a casa tota la setmana.

induce (to) (inˈdjuːs) *t.* induir, instigar, persuadir. 2 produir, ocasionar. 3 MED. provocar.

inducement (inˈdjuːsmənt) *s.* mòbil *m.*, motiu *m.* 2 incentiu *m.*, al·licient *m.*

induct (to) (inˈdʌkt) *t.* ECLES. instal·lar [en un càrrec]. 2 iniciar [un nou membre].

induction (inˈdʌkʃən) *n.* introducció *f.*, iniciació *f.* 2 ECLES. instal·lació *f.* 3 FIL., FÍS. inducció *f.*

indulge (to) (inˈdʌldʒ) *t.* satisfer [passions, etc.]. 2 complaure, acontentar. 3 consentir, malcriar. ■ *4 i.* complaure's *p.*, delectar-se *p.* 5 permetre's *p.* [un luxe, etc.].

indulgence (inˈdʌldʒəns) *s.* satisfacció *f.*, gra-

tificació *f.* 2 complaença *f.*, acontentament *m.* 3 tolerància *f.* 4 abandó *m.*, rebaixament *m.* 5 ECLES. indulgència *f.*

indulgent (inˈdʌldʒənt) *a.* indulgent.

industrial (inˈdʌstriəl) *a.* industrial. ‖ ~ *accident*, accident de treball.

industrial action (inˈdʌstriəlˈːækʃn) *s.* vaga *f.* laboral.

industrial estate (inˈdʌstriəliˈsteit) *s.* polígon *m.* industrial.

industrious (inˈdʌstriəs) *a.* industriós, treballador, diligent.

industry (ˈindəstri) *s.* indústria *f.* 2 diligència *f.*, laboriositat *f.*

inebriated (iˈniːbrieitid) *a.* ebri, embriac, borratxo.

inedible (inˈedibl) *a.* immenjable, no comestible.

ineffable (inˈefəbl) *a.* inefable.

ineffaceable (ˌiniˈfeisəbl) *a.* inesborrable.

ineffective (ˌiniˈfektiv) *a.* ineficaç, inútil. ‖ *to prove ~*, no fer efecte.

ineffectual (ˌiniˈfektjuəl) *a.* ineficaç. 2 inútil.

inefficiency (ˌiniˈfiʃənsi) *s.* ineficàcia *f.*, incapacitat *f.*, incompetència *f.*

inefficient (ˌiniˈfiʃənt) *a.* ineficient, ineficaç. 2 incapaç, incompetent.

inept (iˈnept) *a.* inepte, incapaç, incompetent.

inequality (ˌiniˈkwɔliti) *s.* desigualtat *f.* 2 desproporció *f.*

inert (iˈnəːt) *a.* inert. 2 inactiu.

inertia (iˈnəːʃə) *s.* inèrcia *f.* 2 inacció *f.*, inactivitat *f.*

inescapable (ˌinisˈkeipəbl) *a.* ineludible.

inevitable (inˈevitəbl) *a.* inevitable, ineludible. 2 col·loq. de costum, de sempre.

inexact (ˌinigˈzækt) *a.* inexacte.

inexhaustible (ˌinigˈzɔːstəbl) *a.* inexhaurible, inesgotable.

inexorable (inˈeksərəbl) *a.* inexorable; inflexible, implacable.

inexpedient (ˌiniksˈpiːdjənt) *a.* inoportú, inconvenient.

inexpensive (ˌiniksˈpensiv) *a.* barat, econòmic, bé de preu.

inexperience (ˌiniksˈpiəriəns) *s.* inexperiència *f.*, imperícia *f.*

inexperienced (ˌiniksˈpiəriənst) *a.* inexpert.

inexpressive (ˌiniksˈpresiv) *a.* inexpressiu.

inextricable (inˈekstrikəbl) *a.* inextricable, intrincat.

infallibility (inˈfæləˈbiliti) *s.* infal·libilitat *f.*

infallible (inˈfæləbl) *a.* infal·lible.

infamous (ˈinfəməs) *a.* infame, detestable.

infamy (ˈinfəmi) *s.* infàmia *f.*

infancy (ˈinfənsi) *s.* infància *f.*, infantesa *f.*

2 minoria *f.* d'edat. *3* fig. principi *m.*, començament *m.*

infant ('infənt) *s.* infant *m.*, criatura *f.*, nen. ▪ *2 a.* infantil. *3* de pàrvuls. *4* fig. naixent.

infantile ('infəntail) *a.* infantil.

infantry ('infəntri) *s.* MIL. infanteria *f.*

infatuate (to) (in'fætjueit) *t.* encantar, enterbolir. *2* encapritxar-se *p.*, enamorar-se *p.* follament.

infatuated (in'fætjueitid) *a.* follament enamorat. *2 to be ~ with*, estar boig per, haver-se begut l'enteniment per [algú].

infatuation (in'fætju'eiʃən) *s.* encateriniment *m.*, caprici *m.* 2 enamorament *m.*, passió *f.*, bogeria *f.*

infect (to) (in'fekt) *t.* infectar, (ROSS.) emmalignar. 2 contaminar; encomanar. *3* fig. corrompre, aviciar.

infection (in'fekʃən) *s.* infecció *f.* 2 contaminació *f. 3* contagi *m.* [també fig.].

infectious (in'fekʃəs) *a.* infecciós. 2 contagiós [també fig.].

infer (to) (in'fəːʳ) *t.* inferir, deduir.

inference ('infərəns) *s.* inferència *f.*, deducció *f.*, conclusió *f.*

inferior (in'fiəriəʳ) *a.* inferior. ▪ *2 s.* inferior *m.*

inferiority (in'fiəri'əriti) *s.* inferioritat *f.* ‖ *~ complex*, complex *m.* d'inferioritat.

infernal (in'fəːnl) *a.* infernal.

infest (to) (in'fest) *t.* infestar.

infidel ('infidəl) *a.-s.* REL. infidel.

infiltrate (to) ('infiltreit) *t.* infiltrar. ▪ *2 i.* infiltrar-se *p.*

infinite ('infinit) *a.* infinit. ▪ *2 s.* infinit *m.*

infinitive (in'finitiv) *s.* GRAM. infinitiu *m.*

infinity (in'finiti) *s.* infinitat *f.* 2 MAT. infinit *m.*

infirm (in'fəːm) *a.* dèbil, feble. 2 insegur, inestable. *3* malaltís, malalt. *4* DRET nul.

infirmary (in'fəːməri) *s.* hospital *m.* 2 infermeria *f.*

infirmity (in'fəːmiti) *s.* malaltia *f.* 2 debilitat *f.*, afebliment *m. 3* fig. flaquesa *f.*

inflame (to) (in'fleim) *t.* inflamar. 2 enutjar, enfurir. *3* encendre, escalfar [els ànims, etc.]. *4* MED. inflamar. ▪ *5 i.* infamar-se *p.* 6 enutjar-se *p.*, enfurir-se *p.* 7 encendre's *p.*, escalfar-se *p.* 8 MED. inflamar-se *p.*

inflammable (in'flæməbl) *a.* inflamable. 2 irascible.

inflammation (,inflə'meiʃən) *s.* MED. inflamació [també fig.].

inflate (to) (in'fleit) *t.* inflar.

inflated (in'fleitid) *a.* inflat. 2 envanit, cregut. *3* fig. pompós, altisonant. *4* COM. inflacionista.

inflation (in'fleiʃən) *s.* inflor *f.*, infladura *f.*

2 fig. fums *m. pl.*; pomposat *f. 3* ECON. inflació *f.*

inflect (to) (in'flekt) *t.* torçar, doblegar. 2 GRAM. declinar, conjugar. *3* MÚS. modular [la veu].

inflection (in'flekʃən) *s.* inflexió *f.*

inflexibility (in,fleksə'biliti) *s.* inflexibilitat *f.*

inflexible (in'fleksəbl) *a.* inflexible.

inflict (to) (in'flikt) *t.* inflingir. 2 donar, clavar [un cop, etc.]. *3* provocar, causar [una ferida, etc.]. *4* imposar, aplicar.

infliction (in'flikʃən) *s.* inflicció *f.* 2 pena *f.*, càstig *m.*

inflow ('inflou) *s.* afluència *f.*

influence ('influəns) *s.* influència *f.*, influx *m.*, ascendent *m.* ‖ *under the ~ of drink*, sota la influència o els efectes de l'alcohol. *2* ELECT. inducció *f.*

influence (to) ('influəns) *t.* influir *i.*

influential (,influ'enʃəl) *a.* influent.

influenza (,influ'enzə) *s.* MED. influença *f.*, grip *f.*

influx ('inflʌks) *s.* afluència *f.*, entrada *f.*

inform (to) (in'fɔːm) *t.* informar, fer saber. 2 comunicar. ▪ *3 i. to ~ against*, delatar, denunciar, (ROSS.) decelar.

informal (in'fɔːml) *a.* informal. 2 senzill, sense cerimònia. *3* oficiós. *4* desimbolt, natural.

informality (,infɔː'mæliti) *s.* informalitat *f.*, manca *f.* de compliments.

informally (in'fɔːməli) *adv.* informalment, de manera informal. 2 sense cerimònia, sense compliments. *3* oficiosament.

informant (in'fɔːmənt) *s.* informador, informant.

information (,infɔ'meiʃən) *s.* informació *f.* 2 notícies *f. pl.*, informes *m. pl. 3* coneixements *m. pl.*, dades *f. pl. 4* DRET acusació *f.*, denúncia *f.*

informer (in'fɔːməʳ) *s.* denunciant. 2 delator. *3* confident, informador.

infraction (in'frækʃən) *s.* infracció *f.*

infringe (to) (in'frindʒ) *t.* infringir, violar. ▪ *2 i. to ~ on* o *upon*, trepitjar *t.*, violar *t.* [drets, etc.].

infringement (in'frindʒmənt) *s.* infracció *f.*, violació *f.*

infuriate (to) (in'fjuərieit) *t.* enfurismar, irritar, exasperar.

infuse (to) (in'fjuːz) *t.* infondre. 2 fer una infusió.

ingenious (in'dʒiːnjəs) *a.* enginyós, hàbil, llest.

ingenuity (,indʒi'njuːiti) *s.* enginy *m.*, inventiva *f.* 2 habilitat *f.*, genialitat *f.*

ingenuous (in'dʒenjuəs) *a.* ingenu, càndid, innocent. 2 sincer, franc.

ingenuousness (in'dʒenjuəsnis) *s.* ingenuïtat *f.*, candidesa *f.*, sinceritat *f.*

inglorious (in'glɔ:riəs) *a.* ignominiós, vergonyós.

ingot ('ingət) *s.* llingot *m.*

ingratiate (to) (in'greiʃieit) *p.* **to ~ oneself with**, congraciar-se amb.

ingratitude (in'grætitju:d) *s.* ingratitud *f.*

ingredient (in'gri:djənt) *s.* ingredient *m.*

inhabit (to) (in'hæbit) *t.* habitar, viure a.

inhabitant (in'hæbitant) *s.* habitant.

inhale (to) (in'heil) *t.* respirar, aspirar. *2* MED. inhalar.

inherent (in'hiərənt) *a.* inherent. *2* innat.

inherit (to) (in'herit) *t.-i.* heretar *t.*

inheritance (in'heritəns) *s.* herència *f.* [també fig.]. *2* successió *f.*

inhibit (to) (in'hibit) *t.* reprimir, inhibir. *2* impedir. *3* prohibir.

inhibition (ˌinhi'biʃən) *s.* inhibició *f.* *2* prohibició *f.*

inhospitable (in'hɔspitəbl) *a.* inhòspit, inhospitalari.

inhuman (in'hju:mən) *a.* inhumà, cruel.

inimical (i'nimikəl) *a.* form. hostil, contrari.

iniquitous (i'nikwitəs) *a.* inic.

iniquity (i'nikwiti) *s.* iniquitat *f.*

initial (i'niʃəl) *a.* inicial, primer. ■ *2 s. pl.* inicials *f.*, sigles *f.*

initiate (to) ('iniʃieit) *t.* iniciar, començar. *2* introduir, promoure. *3* admetre.

initiative (i'niʃiətiv) *s.* iniciativa *f.*

inject (to) (in'dʒekt) *t.* injectar [també fig.].

injection (in'dʒekʃən) *s.* injecció *f.*

injudicious (ˌindʒu:'diʃəs) *a.* form. imprudent.

injunction (in'dʒʌŋkʃən) *s.* injunció *f.* *2* ordre *f.*, manament *m.* *3* DRET requeriment *m.*

injure (to) ('indʒəʳ) *t.* danyar, perjudicar. *2* ferir, fer mal [també fig.]. *3* DRET causar perjudici. *4* ESPORT lesionar.

injurious (in'dʒuəries) *a.* dolent, perjudicial. *2* lesiu. *3* injuriós, ofensiu.

injury ('indʒəri) *s.* mal *m.*, perjudici *m.* *2* ferida *f.*, lesió *f.* *3* injúria *f.*, ofensa *f.*

injury time ('indʒəritaim) *s.* ESPORT temps *m.* descomptat [per lesions].

injustice (in'dʒʌstis) *s.* injustícia *f.*

ink (iŋk) *s.* tinta *f.* ‖ *in ~*, amb tinta.

inkling ('iŋkliŋ) *s.* indici *m.* *2* sospita *f.* *3* idea *f.*, impressió *f.*

inland (in'lənd) *a.* interior, de l'interior, de terra endins. ‖ *~ navigation*, navegació fluvial. ■ *2 adv.* (in'lænd) terra endins, a l'interior. ■ *3 s.* interior *m.* [del país].

Inland Revenue (ˌinlənd'revinju:) *s.* (G.B.) contribució *f.* *2* hisenda *f.*

in-laws ('inlɔ:z) *s. pl.* parents *m.* polítics.

inlay (to) (ˌin'lei) *t.* incrustar, encastar, embotir. ▲ Pret. i p. p.: **inlaid** (in'leid).

inlet ('inlet) *s.* cola *f.*, badia *f.*, ansa *f.*, ria *f.* *2* MEC. admissió *f.*, entrada *f.*

inmate ('inmeit) *s.* habitant, ocupant, inquilí, resident. *2* malalt. *3* internat. *4* pres, presoner.

inmost ('inmoust) *a.* més interior, més íntim, més profund.

inn (in) *s.* fonda *f.*, posada *f.*, alberg *m.*

innate (i'neit) *a.* innat.

inner ('inəʳ) *a.* interior, íntern. *2* fig. secret, íntim. *3* MED. intern.

inner tube ('inətju:b) *s.* cambra *f.* d'aire [d'un pneumàtic].

innkeeper ('inˌki:pəʳ) *s.* dispeser, fondista, hosteler.

innocence ('inəsns) *s.* innocència *f.*

innocent ('inəsnt) *a.-s.* innocent.

innocuous (i'nɔkjuəs) *a.* innocu, inofensiu.

innovation (ˌinə'veiʃən) *s.* innovació *f.*, novetat *f.*

innuendo (ˌinju'endou) *s.* indirecta *f.*, insinuació *f.*

inoculate (to) (i'nɔkjuleit) *t.* MED. inocular.

inoffensive (ˌinə'fensiv) *a.* inofensiu.

inoperative (in'ɔpərətiv) *a.* inoperant.

inopportune (in'ɔpətju:n) *a.* inoportú.

inordinate (i'nɔ:dinit) *a.* immoderat, excessiu, desmesurat.

inorganic (ˌinɔ:'gænik) *a.* inorgànic.

inpatient ('impeiʃənt) *s.* malalt intern en un hospital.

input ('input) *s.* entrada *f.* *2* MEC. potència *f.* d'entrada. *3* INFORM. entrada *f.*

inquest ('inkwest) *s.* DRET investigació *f.*, judicial. *2* enquesta *f.*, indagació *f.*

inquire (to) (in'kwaiəʳ) *t.* preguntar, demanar, informar-se *p.* sobre. ■ *2 i.* preguntar *t.* *3* **to ~ after**, preguntar per. *4* **to ~ into**, investigar, esbrinar, indagar.

inquiry (in'kwaiəri) *s.* pregunta *f.*, enquesta *f.* *2* investigació *f.*, indagació *f.* *3 pl.* **inquiries**, informació *f. sing.*

inquiry office ('inˌkwaiəri'ɔfis) *s.* oficina *f.* d'informació.

inquisition (ˌinkwi'ziʃən) *s.* inquisició *f.*, investigació *f.*, recerca *f.* *2* HIST. **The I ~** la Inquisició *f.*

inquisitive (in'kwizitiv) *a.* curiós, xafarder.

inroad ('inroud) *s.* MIL. incursió *f.*, invasió *f.* *2* fig. intrusió *f.*, violació *f.*

inrush ('inrʌʃ) *s.* irrupció *f.*, invasió *f.* *2* afluència *f.*, entrada *f.*

insane (in'sein) *a.* insà, boig, foll. ‖ ant. **~ asylum**, manicomi. *2* fig. insensat.

insanitary (in'sænitəri) *a.* antihigiènic, malsà, insalubre.

insanity (in'sæniti) *s.* bogeria *f.*, demència *f.*, insanitat *f.*

insatiable (in'seiʃəbl) *a.* insaciable.

inscribe (to) (in'skraib) *t.* inscriure. *2* gravar. *3* COM. registrar, enregistrar. ‖ ~*d stock,* existències registrades. *4* MAT. inscriure.

inscription (in'skripʃən) *s.* inscripció *f.* *2* rètol *m.* *3* dedicatòria *f.* *4* COM. registre *m.*

inscrutable (in'skru:təbl) *a.* inescrutable.

insect ('insekt) *s.* ZOOL. insecte *m.*

insecure (ˌinsi'kjuəʳ) *a.* insegur, inestable.

insecurity (ˌinsi'kjuəriti) *s.* inseguretat *f.* *2* perill *m.*, risc *m.*

insensible (in'sensibl) *a.* insensible. *2* imperceptible. *3* MED. inconscient.

insensitive (in'sensitiv) *a.* insensible.

insert (to) (in'sə:t) *t.* inserir, introduir. *2* intercalar. *3* ficar, posar.

insertion (in'sə:ʃən) *s.* inserció *f.*, introducció *f.* *2* anunci *m.* *3* COST. entredós *m.*

inside (in'said) *s.* interior *m.* *2 pl.* entranyes *f.*, budells *m.*, estómac *m.* *sing.* ▪ *3 a.* interior, intern. *4* confidencial, secret. ▪ *5 adv.* (a) dins, a l'interior. ‖ ~ *out,* de dalt a baix, a fons. *6* colꞏloq. en menys de, abans de: *he can't do it ~ of a week,* no pot fer-ho en menys d'una setmana. ▪ *7 prep.* dins de.

insidious (in'sidiəs) *a.* indisiós.

insight ('insait) *s.* perspicàcia *f.*, penetració *f.*, intuïció *f.* *2 to get an ~ into,* fer-se una idea de.

insignificance (ˌinsig'nifikəns) *s.* insignificància *f.*

insincere (ˌinsin'siəʳ) *a.* poc sincer, hipòcrita, fals.

insinuate (to) (in'sinjueit) *t.* insinuar. *2 p. to ~ oneself,* insinuar-se.

insinuation (inˌsinju'eiʃən) *s.* insinuació *f.*

insipid (in'sipid) *a.* insípid, insuls [també fig.].

insipidity (ˌinsi'piditi) *s.* insipidesa *f.*, insipiditat *f.*

insist (to) (in'sist) *i.* insistir, persistir, obstinar-se *p. a.* ▪ *2 t.* sostenir. *3* insistir *i.* en.

insistence (in'sistəns) *s.* insistència *f.*, persistència *f.* obstinació *f.*

insistent (in'sistənt) *a.* insistent, persistent. ‖ *to be ~,* obsintar-se *a.*

insole ('insoul) *s.* plantilla *f.* [de sabata].

insolence ('insələns) *s.* insolència *f.* *2* descarament *m.*, atreviment *m.*

insolent ('insələnt) *a.* insolent. *2* descarat, atrevit.

insoluble (in'sɔljubl) *a.* insoluble.

insolvency (in'sɔlvənsi) *a.* DRET insolvència *f.*

insolvent (in'sɔlvənt) *a.* DRET insolvent.

insomnia (in'sɔmniə) *s.* MED. insomni *m.*

insomuch (ˌinsou'mʌtʃ) *adv.* ~ *that,* fins el punt que. *2 ~ as,* ja que, donat que.

inspect (to) (ins'pekt) *t.* inspeccionar, examinar. *2* registrar. *3* MIL. passar revista a.

inspection (ins'pekʃən) *s.* inspecció *f.*, examen *m.* *2* registre *m.* *3* MIL. revista *f.*

inspector (ins'pektəʳ) *s.* inspector. *2* FERROC. revisor, interventor.

inspiration (ˌinspi'reiʃən) *s.* inspiració *f.*

inspire (to) (ins'paiəʳ) *t.* inspirar. *2* infondre. *3* suggerir. *4* MED. inspirar; aspirar. ▪ *5 i.* MED. inspirar, aspirar, respirar.

install (to) (ins'tɔ:l) *t.* instalꞏlar.

instalment, (EUA) **installment** (in'stɔ:lmənt) *s.* termini *m.* [de pagament]. *2* fascicle *m.* *3* instalꞏlació *f.*, muntatge *m.*

instance ('instəns) *s.* exemple *m.*, cas *m.*: *for ~,* per exemple. *2* instància *f.*

instant ('instənt) *s.* instant *m.*, moment *m.* ▪ *2 a.* instant, urgent. *3* immediat, imminent. *4* instantani. *5* corrent, present: *the 10th ~,* el deu del mes corrent, del present mes.

instantaneous (ˌinstən'teinjəs) *a.* instantani.

instantly ('instəntli) *adv.* instantàniament, immediatament, de seguida.

instead (ins'ted) *adv.* en o per comptes de, en lloc de. ‖ ~ *of,* en lloc de, per comptes de.

instep ('instep) *s.* empenya *f.* [del peu, de la sabata].

instigate (to) ('instigeit) *t.* instigar, incitar. *2* fomentar.

instil, (EUA) **instill (to)** (in'stil) *t.* instilꞏlar. *2* fig. infondre, inculcar.

instinct ('instiŋkt) *s.* instint *m.*

institute ('institju:t) *s.* institut *m.*, institució *f.* *2* associació *f.* *3* centre *m.* social.

institute (to) ('institju:t) *t.* instituir, establir. *2* començar, iniciar.

institution (ˌinsti'tju:ʃən) *s.* institució *f.* *2* associació *f.* *3* hospici *m.* *4* establiment *m.*, creació *f.*

instruct (to) (in'strʌkt) *t.* instruir, ensenyar. *2* ordenar, manar. *3* donar instruccions.

instruction (in'strʌkʃən) *s.* instrucció *f.*, ensenyament *m.* *3 pl.* instruccions *f.*, ordres *f.*, indicacions *f.*

instrument ('instrumənt) *s.* instrument. *2* MED. *pl.* instrumental *m. sing.*

insubordination (ˌinsəˌbɔ:di'neiʃən) *s.* insubordinació *f.*

insubstantial (ˌinsəbs'tænʃəl) *a.* insubstancial, immaterial. *2* sense fonament.

insufferable (in'sʌfərəbl) *a.* insofrible, insuportable.

insufficient (ˌinsə'fiʃənt) *a.* insuficient.

insular ('insjuləʳ) *a.* insular, illenc. *2* fig. tancat, d'esperit estret.

insulate (to) ('insjuleit) *t.* aillar. *2* separar, apartar.

insult ('insʌlt) *s.* insult *m.*

insult (to) (in'sʌlt) *t.* insultar.

insurance (in'ʃuərəns) *s.* COM. assegurança *f.* ‖ ~ *policy,* pòlissa *f.* d'assegurances. ‖ *life* ~, assegurança de vida. *2* garantia *f.,* seguretat *f.*

insure (to) (in'ʃuəʳ) *t.* COM. assegurar. *2* garantir. ▪ *3 i.* fer-se *p.* una assegurança.

insurgent (in'sə:dʒənt) *a.-s.* insurgent, insurrecte.

insurmountable (ˌinsə:'mauntəbl) *a.* insuperable, infranquejable.

insurrection (ˌinsə'rekʃən) *s.* insurrecció *f.*

intact (in'tækt) *a.* intacte, íntegre.

intake ('inteik) *s.* presa *f.,* entrada *f.* *2* admissió *f.* *3* consum *m.* *4* quantitat *f.* de persones admeses [en una escola, etc.].

intangible (in'tændʒibl) *a.* intangible, impalpable.

integer ('intidʒəʳ) *s.* MAT. (nombre) enter *m.*

integral ('intigrəl) *a.* integrant, essencial. *2* integral, sencer. ▪ *3 s.* MAT. integral *f.*

integrate (to) ('intigreit) *t.* integrar. ▪ *2 i.* integrar-se *p.*

integrity (in'tegriti) *s.* integritat *f.,* honradesa *f.* *2* totalitat *f.*

intellect ('intilekt) *s.* intel·lecte *m.,* intel·ligència *f.* ▪ *2 s.* fig. intel·lectual.

intellectual (ˌinti'lektjuəl) *s.-a.* intel·lectual.

intelligence (in'telidʒəns) *s.* intel·ligència *f.,* enteniment *m.* ‖ ~ *quotient,* quocient *m.* intel·lectual. *2* notícia *f.* *3* informació *f.* secreta.

intelligent (in'telidʒənt) *a.* intel·ligent.

intemperance (in'tempərəns) *s.* intemperància *f.*

intemperate (in'tempərit) *a.* intemperant, intemperat. *2* immoderat, excessiu.

intend (to) (in'tend) *t.* proposar-se *p.,* tenir l'atenció de, pensar. *2* destinar. *3* voler dir, voler fer.

intended (in'tendid) *a.* proposat, desitjat. *2* fet *(for,* per a) *.* *3* destinat *(for,* per a)*.* ▪ *4 s.* col·loq. promès *m.;* futur *m.*

intense (in'tens) *a.* intens. *2* pujat, viu. *2* punyent, agut. *3* gran, enorme. *4* fort, penetrant, violent. *5* FOT. contrastat.

intensify (to) (in'tensifai) *t.* intensificar. *2* augmentar. *3* FOT. contrastar. ▪ *4 i.* intensificar-se *p.,* créixer.

intensive (in'tensiv) *a.* intensiu. ‖ MED. ~ *care unit,* unitat de vigilància intensiva. *2* intens. *3* profund. *4* GRAM. intensiu.

intent (in'tent) *a.* absort, profund [pensament, mirada]. ‖ ~ *on,* atent a, dedicat a, absort en; dedicat a. ▪ *2 s.* propòsit *m.,* intenció *f.*

intention (in'tenʃən) *s.* intenció *f.*

intentional (in'tenʃənl) *a.* intencionat, intencional.

inter (to) (in'tə:ʳ) *t.* form. enterrar, sepultar.

interact (to) (ˌintər'ækt) *i.* actuar recíprocament.

intercede (to) (ˌintə'si:d) *i.* intercedir.

intercept (to) (ˌintə'sept) *t.* interceptar. *2* aturar. *3* tallar. *4* MAT. interceptar.

interchange ('intətʃeindʒ) *s.* intercanvi *m.,* canvi *m.*

interchange (to) (ˌintə'tʃeindʒ) *t.* canviar, intercanviar, bescanviar. *2* alternar. ▪ *3 i.* alternar-se *p.*

intercom ('intəkɔm) *s.* col·loq. intercomunicador *m.,* intèrfon *m.*

intercourse ('intəkɔ:s) *s.* tracte *m.,* relació *f.* ‖ *sexual* ~, coit *m.* *2* comerç *m.;* intercanvi *m.*

interdict (to) (ˌintə'dikt) *t.* form. prohibir, interdir. *2* REL. entredir, posar entredit.

interest ('intrəst) *s.* interès *m.* *2* profit *m.,* benefici *m.* *3 pl.* indústria *f. sing.,* negocis *m.* *4* escreix *m.* *5* COM. interès *m.;* participació *f.*

interest (to) ('intrəst) *t.* interessar.

interesting ('intrəstiŋ) *a.* interessant.

interface ('intəfeis) *s.* interfície *f.* *2* fig. àrea comú de dos sistemes.

interfere (to) (ˌintə'fiəʳ) *i.,* interferir, entremetre's *p.,* ficar-s'hi *p.* ‖ *to* ~ *with,* remenar *t.,* grapejar *t.;* destorbar *f.,* dificultar *t.*

interference (ˌintə'fiərəns) *s.* interferència *f.* *2* RÀDIO paràsits *m. pl.* *3* ingerència *f.,* intromissió *f.* *4* obstacle *m.,* destorb *m.*

interim ('intərim) *a.* ínterim. *2* interí, provisional. ▪ *3 s.* entremig *m.* ‖ *in the* ~, mentrestant.

interior (in'tiəriəʳ) *a.* interior, intern. ▪ *2 s.* interior *m.*

interjection (ˌintə'dʒekʃən) *s.* GRAM. interjecció *f.,* exclamació *f.*

interlace (to) (ˌintə'leis) *t.* entrellaçar, entreteixir. ▪ *2 i.* entrellaçar-se *p.,* entreteixir-se *p.*

interlock (to) (ˌintə'lɔk) *t.* travar, entrellaçar. *2* engranar, encaixar. ▪ *3 i.* travar-se *p.,* entrellaçar-se *p.* *4* encaixar, engranar.

interloper ('intəloupəʳ) *s.* intrús, aprofitat.

interlude ('intəlu:d) *s.* TEAT. entreacte *m.* *2* MÚS. interludi *m.* *3* interval *m.*

intermarriage (ˌintə'mæridʒ) *s.* matrimoni *m.* mixt. *2* matrimoni *m.* entre parents.

interment (in'tə:mənt) *s.* form. enterrament *m.*

intermission (ˌintəˈmiʃən) s. intermissió f., interrupció f. 2 CINEM. descans m. 3 TEAT. entreacte m.

intermittent (ˌintəˈmitənt) a. intermitent.

intern (inˈteːn) s. (EUA) intern [metge].

internal (inˈtəːnl) a. intern. 2 interior.

international (ˌinteˈnæʃnəl) a. internacional.

interplay (ˈintəplei) s. interacció f.

interpose (to) (ˌintəˈpouz) t. interposar. ▪ 2 i. interposar-se p., intervenir.

interpret (to) (inˈtəːprit) t. interpretar. ▪ 2 i. fer d'intèrpret.

interpretation (inˌtəːpriˈteiʃən) s. interpretació f.

interpreter (inˈtəːpritəʳ) s. intèrpret.

interrelate (to) (ˌintəriˈleit) t. interrelacionar.

interrelation (ˌintəriˈleiʃn) s. interrelació f., correlació f., relació f.

interrogate (to) (inˈtərəgeit) t. interrogar.

interrupt (to) (ˌintəˈrʌpt) t. interrompre. ▪ 2 i. interrompre's p.

interruption (ˌintəˈrʌpʃən) s. interrupció f.

intersect (to) (ˌintəˈsekt) t. tallar, encreuar [una línia, etc., amb una altra]. ▪ 2 i. encreuar-se p. 3 MAT. intersecar-se p.

intersperse (ˌintəˈspəːs) t. escampar, sembrar, mesclar.

interstice (inˈtəːstis) s. interstici m., escletxa f.

interval (ˈintəvəl) s. interval m. ‖ *at short* ~, freqüentment. 2 descans m. 3 TEAT. entreacte m.

intervene (to) (ˌintəˈviːn) i. intervenir. 2 ocórrer, sorgir. 3 interposar-se p.

intervening (ˌintəˈviːniŋ) a. que intervé. 2 intermediari. 3 intermedi.

interview (ˈintəvjuː) s. entrevista f. 2 interviu f. [periodística].

interview (to) (ˈintəvjuː) t. entrevistar(se, interviuar.

interweave (to) (ˌintəˈwiːv) t. entreteixir [també fig.]. ▲ Pret. *interwove* (ˌintəˈwouv); p. p. *interwoven* (ˌintəˈwouvn).

intestine (inˈtestin) a. intestí, intern. ▪ 2 s. ANAT. intestí m.: *large* ~, intestí gros; *small* ~, intestí prim.

intimate (ˈintimit) a. íntim, personal. 2 de confiança. 3 profund. ▪ 4 s. amic íntim. ▪ 5 -*ly* adv. íntimament.

intimate (to) (ˈintimeit) t. notificar, anunciar. 2 indicar.

intimation (ˌintiˈmeiʃən) s. notificació f., anunci m. 2 indicació f.

intimidate (to) (inˈtimideit) t. intimidar.

into (ˈintu) prep. a, (a) dins, en [moviment, transformació, penetració]. ‖ *he worked late* ~ *the night,* va treballar fins ben entrada la nit. ‖ colloq. *he's very much* ~ *sport,* té la febre de l'esport, està molt ficat en l'esport.

intolerable (inˈtɔlərəbl) a. intolerable, insuportable, inadmissible.

intonation (ˌintəˈneiʃən) s. entonació f.

intoxicate (to) (inˈtɔksikeit) t. embriagar(se [també fig.].

intoxication (inˌtɔksiˈkeiʃən) s. embriaguesa f. [també fig.].

intractable (inˈtræktəbl) a. intractable, rebel, indòcil [persona]. 2 difícil de resoldre [problema, etc.].

intransigent (inˈtrænsidʒent) s. intransigent.

intra-uterine (ˌintrəˈjuːtərain) a. MED. intrauteri. ~ *device,* dispositiu intrauterí, esterilet.

intrepid (inˈtrepid) a. intrèpid.

intricacy (ˈintrikəsi) s. embolic m., complicació f.

intricate (ˈintrikit) a. intricat, complicat, confús.

intrigue (inˈtriːg) s. intriga f., conspiració f. 2 intriga f. amorosa. 3 LIT. noveŀla f. d'embolics.

intrigue (to) (inˈtriːg) t.-i. intrigar.

introduce (to) (ˌintrəˈdjuːs) t. introduir. 2 presentar [una persona; un projecte de llei].

introduction (ˌintrəˈdʌkʃən) s. introducció f. 2 presentació f.

introductory (ˌintrəˈdʌktəri) a. introductiu, introductori.

intrude (to) (inˈtruːd) t. imposar [presència, opinions, etc.]. ▪ 2 i. destorbar, molestar.

intruder (inˈtruːdəʳ) s. intrús.

intuition (ˌintjuːiˈʃən) s. intuïció f.

intuitive (inˈtjuːitiv) a. intuïtiu.

inundate (to) (ˈinʌndeit) t. inundar [també fig.].

inundation (ˌinʌnˈdeiʃən) s. inundació f.

inure (to) (iˈnjuəʳ) t. acostumar, habituar, avesar.

inured (iˈnjued) a. avesat, acostumat, habituat.

invade (to) (inˈveid) t. envair. 2 usurpar; violar [drets, etc.].

invader (inˈveidəʳ) s. invasor.

invalid (inˈvælid) a. invàlid, nul. 2 (ˈinvəlid) invàlid. 3 xacrós. ▪ 4 s. invàlid. 5 persona xacrosa.

invalidate (to) (inˈvælideit) t. invalidar, anuŀlar.

invaluable (inˈvæljuəbl) a. inestimable, incalculable. 2 sense valor.

invariable (inˈvɛəriəbl) a. invariable.

invasion (in'veiʒən) s. invasió f. 2 usurpació f., violació f.

invective (in'vektiv) s. invectiva f.

invent (to) (in'vent) t. inventar. 2 imaginar, pensar.

invention (in'venʃən) s. invenció f., invent m. 2 inventiva f.

inventor (in'ventəʳ) s. inventor.

inventory ('invəntri) s. inventari m.

invert (to) (in'və:t) t. invertir, capgirar.

inverted (in'və:tid) a. invertit. ‖ ~ commas, cometes f. pl.

invest (to) (in'vest) t. invertir [diners]. 2 investir, conferir. 3 to ~ with, revestir, cobrir. 4 MIL. assetjar. ■ 5 i. fer una inversió.

investigate (to) (in'vestigeit) t. investigar. 2 indagar. 3 examinar, estudiar.

investigation (in,vesti'geiʃən) s. investigació f. 2 indagació f.

investment (in'vestmənt) s. investidura f. 2 inversió f. [de diners]. 3 MIL. setge m.

inveterate (in'vetərit) a. inveterat. 2 reconsagrat, pertinaç. 3 arrelat.

invidious (in'vidiəs) a. irritant, odiós. ■ 2 -ly adv. odiosament.

invigorate (to) (in'vigəreit) t. vigoritzar, enfortir. 2 animar, estimular.

invigorating (in'vigəreitiŋ) a. vigoritzant, estimulant, vivificant.

invincible (in'vinsibl) a. invencible.

inviolable (in'vaiələbl) a. inviolable; sagrat.

invisible (in'vizəbl) a. invisible: ~ ink, tinta f. simpàtica.

invitation (,invi'teiʃən) s. invitació f. 2 crida f.

invite (to) (in'vait) t. invitar, convidar. 2 demanar, soŀlicitar. 3 temptar.

inviting (in'vaitiŋ) a. temptador. 2 atractiu, seductor. ■ 3 -ly adv. temptadorament, d'una manera atractiva.

invoice ('invɔis) s. COM. factura f.

invoice (to) ('invɔis) t. COM. facturar.

invoke (to) (in'vouk) t. invocar. 2 implorar. 3 conjurar. 4 recórrer a. 5 demanar.

involve (to) (in'vɔlv) t. concernir. 2 afectar. 3 exigir. 4 comprendre. 5 embolicar, enrotllar. 6 embolicar, complicar, comprometre. 7 enredar.

involved (in'vɔlvd) a. embolicat, enredat, complicat, compromès. 2 intrincat. 3 absort.

inward ('inwəd) a. interior, intern, íntim.

inwardness ('inwədnis) s. espiritualitat f. 2 essència f. 3 naturalesa f. íntima.

inwards ('inwədz) adv. cap a dins.

IOU (,əi ou 'ju:) s. (I owe you) pagaré m.

IPA ('aipi:'ei) s. (International Phonetic Alphabet) AFI m. (Alfabet Fonètic Internacional). 2 (International Press Associa-

tion) associació f. internacional de premsa.

irate (ai'reit) a. aïrat, colèric, enutjós.

ire ('aiəʳ) s. form. ira f., còlera f.

Ireland ('aiələnd) n. pr. GEOGR. Irlanda f. 2 Northern ~, Irlanda f. del Nord.

Irene (ai'ri:ni,'airi:n) n. pr. f. Irene.

Irish ('aiəriʃ) a.-s. irlandès.

irksome ('ə:ksəm) a. pesat, carregós, enutjós.

iron ('aiən) s. MIN. ferro m. 2 planxa f. 3 ferro m. roent. 3 pl. manilles f., grillons m. 4 ESPORT pal m. de golf. ■ 5 a. de ferro, ferri. ‖ fig. ~ will, voluntat de ferro.

iron (to) ('aiən) t. planxar [la roba]. ‖ fig. to ~ out a difficulty, aplanar una dificultat.

Iron Age ('aiəneidʒ) s. Edat f. de ferro.

Iron Curtain ('aiən'kə:tn) s. teló m. d'acer.

ironic(al (ai'rɔnik, -əl) a. irònic. ■ 2 -ly adv. irònicament.

irony ('aiərəni) s. ironia f.

irradiate (to) (i'reidieit) t. irradiar, radiar. 2 fig. aclarir, iŀluminar. ■ 3 i. brillar, resplendir.

irrational (i'ræʃənəl) a. irracional. 2 absurd, iŀlògic.

irreconciliable (i'rekənsailəbl) a. irreconciliable. 2 inconciliable.

irrecoverable (,iri'kʌvərəbl) a. irrecuperable. 2 incobrable. 3 fig. irreparable.

irredeemable (,iri'di:məbl) a. irredimible. 2 fig. irremeiable; incorregible. 3 COM. no amortitzable.

irregular (i'regjuləʳ) a. irregular. 2 desigual. ■ 2 -ly adv. irregularment.

irrelevant (i'relivənt) a. irrellevant, no pertinent, aliè a la qüestió. 2 DRET improcedent.

irreligious (,iri'lidʒəs) a. irreligiós.

irrepressible (,iri'presəbl) a. irreprimible, incontrolable, irrefrenable.

irresistible (,iri'zistəbl) a. irresistible.

irresolute (i'rezəlu:t) a. irresolut, indecís.

irrespective (,iris'pektiv) a. ~ of, sense tenir en compte, prescindint de, independentment de.

irresponsible (,iris'pɔnsəbl) a. irresponsable. 2 irreflexiu.

irreverent (i'revərənt) a. irreverent.

irrigate (to) ('irigeit) t. AGR. irrigar, regar. 2 MED. irrigar.

irrigation (,iri'geiʃən) s. irrigació f. 2 regatge m.

irritable ('iritəbl) a. irritable.

irritate (to) ('iriteit) t. irritar.

irritation (,iri'teiʃən) s. irritació f.

Isabel ('izəbel) n. pr. f. Isabel.

ISBN ('aiesbi:'en) s. (International Standard

Book Number) ISBN *m.* (número estàndard internacional per a llibres).

island ('ailənd) *s.* illa *f.*

islander ('ailəndə^r) *s.* illenc.

isle (ail) *s.* illot *m.* 2 illa *f.* ‖ *The I~ of Wight,* l'Illa de Wight. ‖ *The British Isles,* les Illes Britàniques.

isolate (to) ('aisəleit) *t.* aïllar. 2 separar, incomunicar.

isolation (ˌaisə'leiʃən) *s.* aïllament *m.*

issue (to) ('iʃuː) *t.* distribuir, repartir. 2 publicar, emetre, posar en circulació. 3 assignar, concedir. 4 donar, expedir [una ordre]. 5 DRET pronunciar. ■ 6 *i.* sortir; néixer; vessar. 7 desprendre's *p.* 8 acabar, resoldre's *p.* 9 publicar-se *p.*

issue ('iʃuː) *s.* sortida *f.* 2 vessament *m.;* flux *m.* 3 publicació *f.,* edició *f.,* tiratge *m.,* emissió *f.* 4 venda *f.,* distribució *f.* 5 resultat *m.,* solució *f.* 6 punt *m.,* tema *m.,* qüestió *f.* ‖ *at ~,* a debat. ‖ *to avoid the ~,* anar amb embuts. 7 beneficis *m. pl.,* renda *f.* 8 DRET prole *f.,* fillada *f.*

it (it) *pr. neutre* ell, ella, allò, això, el, la, li. ■ 2 *s.* atractiu *m.*

italic (i'tælik) *a.* en cursiva. ■ 2 *s. pl.* IMPR. cursiva *f. sing.*

Italy ('itəli) *n. pr.* GEOGR. Itàlia *f.*

itch (itʃ) *s.* MED. sarna *f.;* picor *f.,* coïssor *f.* 2 fig. pruïja *f.,* ganes *f. pl.* ‖ coŀloq. *to have an ~,* tenir la pruïja de.

itch (to) (itʃ) *i.* tenir picor. 2 picar, fer picor. 3 tenir pruïja, desitjar.

item ('aitem) *s.* article *m.* 2 punt *m.,* assumpte *m.* 3 detall *m.* 4 notícia *f.* 5 COM. partida *f.* 6 TEAT. número *m.* ■ 7 *adv.* així mateix, a més.

itemize (to) ('aitəmaiz) *t.* detallar, especificar.

iterate (to) ('itəreit) *t.* repetir, reiterar.

itinerant (ai'tinərənt) *a.* itinerant, ambulant.

itinerary (ai'tinərəri) *a.* itinerari. ■ 2 *s.* itinerari *m.* 3 guia *f.* [de viatge].

it'll ('itl) *contr.* de IT WILL, IT SHALL.

its (its) *a. poss.* el seu, la seva, els seus, les seves.

it's ('its) *contr.* de IT IS i IT HAS.

itself (it'self) *pron.* se, es. 2 ell mateix, ella mateixa, si mateix. 3 *by ~,* sol, aïllat.

ITV ('aitiː'viː) *s.* (G.B.) *(Independent Television)* televisió *f.* independent.

I've (aiv) *contr.* de I HAVE.

ivory ('aivəri) *s.* ivori *m.,* vori *m.* 2 color *m.* de l'ivori. ■ 3 *a.* d'ivori. ‖ fig. *~ tower,* torre d'ivori. 4 de color de l'ivori.

ivy ('aivi) *s.* BOT. heura *f.*

J

J, j (dʒei) *s.* j *f.* [lletra].

jab (dʒæb) *s.* cop *m.*, punxada *f.* 2 coŀloq. injecció *f.*

jab (to) (dʒæb) *t.* copejar; punxar, donar un cop de puny. ▪ *2 i. to ~ at someone with a knife,* atacar algú amb un ganivet.

jabber ('dʒæbəʳ) *s.* xerrameca *f.*, barboteig *m.*, guirigall *m.*

jabber (to) ('dʒæbəʳ) *t.* balbucejar, murmurar. ▪ *2 i.* xerrar, garlar, barbollar.

Jack ('dʒæk) *n. pr. m.* (dim. *John*) Joan.

jack (dʒæk) *s.* coŀloq. home *m.*, noi *m.* 2 sota *f.*, valet *m.* [cartes]. *3 pl.* joc *m. sing.* del botxí. 4 ELECT. endoll *m.*, clavilla *f.* [femella]. 5 ESPORT bolig *m.* [joc de botxes]. 6 MAR. mariner. *m.* 7 NÀUT. pavelló *m.*, bandera *f.* 8 MEC. gat *m.*, cric *m.*

jack (to) ('dʒæk) *t.* aixecar amb el gat. 2 augmentar, apujar [preus]. 3 coŀloq. *to ~ something in,* deixar córrer, abandonar.

jackal ('dʒækɔ:l), (EUA) ('dʒækl) *s.* ZOOL. xacal *m.*

jackass ('dʒækæs) *s.* ase *m.* [també fig.].

jackdaw ('dʒækdɔ:) *s.* ORN. gralla *f.*

jacket ('dʒækit) *s.* jaqueta *f.*, americana *f.*, caçadora *f.* 2 sobrecoberta *f.* [d'un llibre]. 3 pell *f.* [de patata]. 4 MEC. camisa *f.*

jack-in-the-box ('dʒækinðəbɔks) *s.* caixa *f.* sorpresa.

jack-knife ('dʒæk naif) *s.* navalla *f.*

jackpot ('dʒækpɔt) *s.* grossa *f.* [premi]. ‖ *to hit the ~,* tocar la grossa; fig. tenir sort o èxit.

jade (dʒeid) *s.* MINER. jade *m.* 2 rossí *m.* [cavall] *3* meuca *f.* [dona].

jaded ('dʒeidid) *a.* fart. 2 esgotat, exhaust.

jagged ('dʒægid) *a.* dentat, oscat, descantellat. 2 irregular, desigual.

jaguar ('dʒægjuəʳ) *s.* ZOOL. jaguar *m.*

jail (dʒeil) *s.* presó *f.*

jail (to) (dʒeil) *t.* empresonar.

jailbird ('dʒeilbə:d) *s.* ant. pres reincident.

jailbreak ('dʒeilbreik) *s.* evasió *f.*, fugida *f.*, fuga *f.* [de la presó].

jailer ('dʒeiləʳ) *s.* carceller.

jalopy (dʒə'lɔpi) *s.* coŀloq. carraca *f.*, cafetera *f.*, tartana *f.* [cotxe o avió].

jam (dʒæm) *s.* melmelada *f.*, confitura *f.* 2 embús *m.*, embussament *m.* [de trànsit]. 3 coŀloq. embolic *m.*, tràngol *m.* 4 coŀloq. *money for ~,* diners *m. pl.* fàcils. 5 MÚS. *~ session,* sessió *f.* informal de jazz.

jam (to) (dʒæm) *t.* comprimir, apilotar, apinyar. 2 travar, encallar. 3 embussar, obstruir. 4 encabir, fer cabre. 5 agafar-se p. [els dits]. 6 RADIO. interferir. ▪ *7 i.* apilotar-se *p.*, apinyar-se *p.* 8 travar-se *p.*, encallar-se *p.* 9 embussar-se *p.*

jamboree (,dʒæmbə'ri:) *s.* festa *f.*, tabola *f.*, barrila *f.* 2 jambori *f.*

James ('dʒeima) *n. pr. m.* Jaume.

Jane ('dʒein) *n. pr. f.* Joana.

jangle (to) ('dʒæŋgl) *t.* fer sonar. ▪ *2 i.* esquellotejar, xerricar. 3 renyir, discutir.

janitor ('dʒænitəʳ) *s.* porter.

January (d'ʒænjuəri) *s.* gener *m.*

Japan (dʒə'pæn) *n. pr.* GEOGR. Japó *m.*

Japanese (,dʒæpə'ni:z) *a.-s.* japonès. 2 *s.* japonès *m.* [llengua].

jar (dʒɑ:ʳ) *s.* gerra *f.*, pot *m.* 2 xerric *m.*, grinyol *m.* 3 desavinença *f.*, desacord *m.* 4 fig. xoc *m.*, sotrac *m.*, esgarrifament *m.* 5 *the door is on the ~,* la porta és entreoberta.

jar (to) (dʒɑ:ʳ) *t.* irritar, crispar. 2 fer mal d'orella [un so]. ▪ *3 i.* xerricar, grinyolar. 4 desentonar. 5 fig. renyir, discutir. 6 fig. *to ~ on,* irritar *t.*, molestar *t.*

jargon ('dʒɑ:gən) *s.* argot *m.* 2 xerroteig *m.*

jarring ('dʒɑ:riŋ) *a.* discordant, estrident [també fig.].

jasmin ('dʒæsmin) *s.* BOT. gessamí *m.*, llessamí *m.*

jasper ('dʒæspəʳ) *s.* MINER. jaspi *m.*, diaspre *m.*

jaundice ('dʒɔːndis) *s.* MED. icterícia *f.* 2 fig. enveja *f.*, gelosia *f.*, despit *m.* ▪ *3 a.* MED. ictèric; groc, groguenc. 4 envejós, gelós.

jaunt (dʒɔːnt) *s.* passeig *m.*, excursió *f.*

jaunt (to) (dʒɔːnt) *i.* passejar, fer una excursió.

jauntiness ('dʒɔːntinis) *s.* vivacitat *f.*, gràcia *f.* 2 seguretat *f.*, confiança *f.*

jaunty ('dʒɔːnti) *a.* vivaç, airós, graciós.

javelin ('dʒævəlin) *s.* ESPORT javelina *f.* ‖ *throwing the* ~, llançament *m.* de javelina.

jaw (dʒɔː) *s.* ANAT. mandíbula *f.*, barra *f.* 2 ANAT. maixella *f.* [d'animal]. 3 MEC. mordassa *f.* 4 *pl.* fig. boca *f. sing.*, entrada *f. sing.*, portes *f.* 5 coŀloq. xerrameca *f.*, garla *f.* 6 coŀloq. sermó *m.*, discurs *m.*

jawbreaker ('dʒɔːbreikəʳ) *s.* coŀloq. paraula *f.* difícil de pronunciar.

jazz (dʒæz) *s.* MÚS. jazz *m.*

jealous ('dʒeləs) *a.* gelós, envejós. 2 zelós. ▪ *3* **-ly** *adv.* gelosament.

jealousy ('dʒeləsi) *s.* gelosia *f.* 2 enveja *f.* 3 zel *m.*

Jean ('dʒiːn) *n. pr. f.* Joana.

jean (dʒiːn) *s.* TÈXT. dril *m.* 2 *pl.* pantalons *m.* texans.

jeep (dʒiːp) *s.* AUTO. jeep *m.*

jeer (dʒiəʳ) *s.* burla *f.*, mofa *f.*, escarn *m.*

jeer (to) (dʒiəʳ) *t.-i.* burlar-se *p.*, mofar-se *p.*, fer escarn, escarnir *t.*

jeering ('dʒiːriŋ) *a.* burlaner, burlesc. ▪ *2 s.* burla *f.*, escarni *m.* 3 esbronc *m.*, aülls *m. pl.*

jell (to) (dʒel) *t.* coŀloq. modelar, donar forma. ▪ *2 i.* quallar. *3* fig. agafar forma, cristaŀlitzar.

jelly ('dʒeli) *s.* gelatina *f.* 2 CUI. gelea *f.*

jellyfish ('dʒelifiʃ) *s.* ZOOL. medusa *f.*

jeopardize (to) ('dʒepədaiz) *t.* arriscar, exposar, posar en perill.

jeopardy ('dʒepədi) *s.* risc *m.*, perill *m.*, exposició *f.*

jerk (dʒəːk) *s.* sotregada *f.*, estrebada *f.*, batzegada *f.* 2 empenta *f.*, estirada *f.* 3 espasme *m.*, contracció *f.* 4 (EUA) coŀloq. idiota; corcó *m.* 5 CUI. carn *f.* salada.

jerk (to) (dʒəːk) *t.* sotragar, batzegar. 2 estrebar, estirar. 3 sacsejar. 4 obrir de cop. 5 salar [la carn]. ▪ *6 i.* moure's *p.* a batzegades. 7 obrir-se *p.* de cop.

Jerry ('dʒeri) *n. pr. m.* (dim. *Gerald*) Gerard. 2 (dim. *Jeremy*) Jeremies.

jerry ('dʒeri) *s.* coŀloq. orinal *m.* 2 coŀloq. MIL. *Jerry*, soldat *m.* alemany. 3 MIL. bidó *m.*

jerry-builder ('dʒeriˌbildəʳ) *s.* mal constructor *m.*

jerry-building ('dʒeriˌbildiŋ) *s.* construcció *f.* de mala qualitat.

jersey ('dʒəːzi) *s.* jersei *m.* 2 teixit *m.* de punt.

jest (dʒest) *s.* broma *f.*, mofa *f.*, burla *f.* 2 cosa *f.* per riure. 3 *in* ~, de broma.

jest (to) (dʒest) *i.* bromejar, fer broma. 2 mofar-se *p.*, burlar-se *p.*

jester ('dʒestəʳ) *s.* burler, mofeta. 2 HIST. bufó *m.*

Jesuit ('dʒezjuit) *s.* ECLES. jesuïta *m.*

Jesus ('dʒiːzəs) *n. pr. m.* Jesús.

jet (dʒet) *s.* doll *m.*, raig *m.* 2 sortidor *m.* 3 avió *m.* a reacció, jet *m.*, reactor *m.* 4 cremador *m.* 5 MINER. atzabeja *f.*

jet (to) (dʒet) *t.* fer rajar a dolls. ▪ *2 i.* rajar a dolls.

jet lag ('dʒetlæg) *s.* transtorn *m.* fisiològic després d'un viatge llarg amb avió.

jetty ('dʒeti) *s.* espigó *m.*, dic *m.* 2 moll *m.*, desembarcador *m.*

Jew (dʒuː) *s.* jueu.

jewel ('dʒuːəl) *s.* joia *f.*, joiell *m.* 2 pedra *f.* preciosa. 3 fig. joia *f.*, perla *f.*

jeweller, (EUA) **jeweler** ('dʒuːələʳ) *s.* joier. ‖ ~'*s (shop)*, joieria *f.*

jewellery, (EUA) **jewelry** ('dʒuːəlri) *s.* joies *f. pl.*

Jewess ('dʒuːis) *f.* jueva.

Jewish ('dʒuːiʃ) *a.* jueu.

jib (dʒib) *s.* MAR. floc *m.*

jib (to) (dʒib) *i.* plantar-se *p.* [un cavall]. 2 resistir-se *p.*

jig (dʒig) *s.* giga *f.*

jig (to) (dʒig) *i.-t.* caminar o moure's *p.* fent saltets. 2 saltar amunt i avall.

jilt (to) (dʒilt) *t.* donar carbassa, carbassejar, rebutjar [un noi].

Jim ('dʒim) *n. pr. m.* (dim. *James*) Jaume.

jingle ('dʒiŋgl) *s.* dring *m.*, dringadissa *f.*, cascavelleig *m.* 2 cançoneta *f.*

jingle (to) ('dʒiŋgl) *i.* dringar, cascavellejar. 2 rimar. ▪ *3 t.* fer sonar.

jingo ('dʒiŋgou) *s.* patrioter *a.-s.*

jingoism ('dʒiŋgouizəm) *s.* patrioterisme *m.*

jinx ('dʒiŋks) *s.* coŀloq. persona *f.* o cosa *f.* que porta mala sort. 2 mala sort *f.*

jitter (to) ('dʒitəʳ) *i.* estar nerviós. 2 moure's *p.* nerviosament.

jitters ('dʒitəz) *s. pl.* coŀloq. nervis *m.;* por *f. sing.*, cangueli *m.* ‖ *to have the* ~, tenir por, passar cangueli.

Joan (dʒoun) *n. pr. f.* Joana.

job (dʒɔb) *s.* obra *f.*, tasca *f.*, treball *m.* 2 feina *f.*, ocupació *f.* 3 assumpte *m.*, negoci *m.* 4 coŀloq. *just the* ~, just el que volia. 5 coŀloq. *to do a* ~, fer una feina [entre delinqüents].

job (to) (dʒɔb) *t.* donar feina a escarada o

a preu fet. *2* COM. comprar; vendre [accions]. *3* col·loq. recomanar, apadrinar. ■ *4 i.* treballar a preu fet. *5* treballar d'agent de borsa.

jockey ('dʒɔki) *s.* ESPORT joquei *m.*, genet *m.*

jockstrap ('dʒɔkstræp) *s.* suspensori *m.*

jocose (dʒə'kous) *a.* jocós, humorístic.

jocular ('dʒɔkjulə^r) *a.* jocós. *2* bromista. *3* alegre, jovial.

jocund ('dʒɔkənd) *a.* jocund, jocós.

Joe ('dʒou) *n. pr. m.* (dim. *Joseph*) Josep.

jog (dʒɔg) *s.* empenteta *f.*, copet *m.* *2* trot *m.*, pas *m.* curt. *3* fig. estímul *m.*

jog (to) (dʒɔg) *t.* donar una empenta. *2* refrescar [la memòria]. *3* sacsejar. ■ *4 i. to ~ along*, avançar a poc a poc [també fig.].

jogging ('dʒɔgiŋ) *s.* ESPORT footing *m.*, jogging *m.*

John ('dʒɔn) *n. pr. m.* Joan. *2* fig. ~ *Bull*, Anglaterra; un anglès típic.

join ('dʒɔin) *s.* unió *f.* *2* junta *f.*, juntura *f.* *3* costura *f.*, cosit *m.*

join (to) (dʒɔin) *t.* unir, ajuntar, connectar. *2* ingressar *i.* a, entrar *i.* a; fer-se *p.* soci de. *3* reunir-se *p.* amb, anar *i.* amb *4* començar [una batalla]. *5* MEC. empalmar. *6* MIL. allistar-se *p.*, enrolar-se *p.* ■ *7 i.* unir-se *p.*, ajuntar-se *p.* *8* convergir, concórrer. *9 to ~ in*, participar en.

joiner ('dʒɔinə^r) *s.* ebenista, fuster.

joinery ('dʒɔinəri) *s.* ebenisteria *f.*, fusteria *f.*

joining ('dʒɔiniŋ) *s.* unió *f.*, junta *f.*, juntura *f.*

joint (dʒɔint) *s.* junta *f.*, juntura *f.* *2* unió *f.*, connexió *f.* *3* xarnera *f.*, frontissa *f.* *4* porció [de carn]; quart [de pollastre]. *5* col·loq. cau *m.*, antre *m.* *6* arg. porro *m.* *7* ANAT. articulació *f.* ‖ *out of ~*, dislocat. *8* BOT. nus *m.*, entrenús *m.* ■ *9 a.* unit, mixt. *10* comú, conjunt. ‖ *~ author*, co-autor. ■ *11* **-ly** *adv.* conjuntament, en comú.

jointed (,dʒɔintid) *a.* articulat. *2* BOT. nuós.

joint stock ('dʒɔint'stɔk) *s.* COM. capital *m.* social. ‖ *~ company*, companyia anònima.

joke (dʒouk) *s.* broma *f.*; acudit *m.* ‖ *as a ~*, de broma. ‖ *practical ~*, broma pesada, mala passada *f.* ‖ *to play a ~ on*, fer una broma.

joke (to) (dʒouk) *i.* bromejar, fer broma. ‖ *no joking*, seriosament, sense bromes. ‖ *you must be joking!* no ho deus dir seriosament!, ho dius en broma!

joker ('dʒoukə^r) *s.* faceciós, graciós, bromista. *2* jòquer *m.* [de cartes]. *3* col·loq. paio *m.*, individu *m.*

joking ('dʒoukiŋ) *a.* humorístic; graciós. ■ *2* **-ly** *adv.* de broma.

jolly ('dʒɔli) *a.* alegre, divertit. *2* bo; bonic. ■ *3 adv.* col·loq. molt, la mar de: ~ *good!*, la mar de bo.

jolt (dʒoult) *s.* estrebada *f.*, sacsejada *f.*, sotragada *f.* *2* xoc *m.* *3* fig. sorpresa *f.*, ensurt *m.*

jolt (to) (dʒoult) *i.* trontollar, botar. *2* moure's *p.* a estrebades. ■ *3 t.* donar una empenta, estirar de cop.

Jordan ('dʒɔ:dən) *n. pr.* GEOGR., Jordà *m.*

Joseph ('dʒouzif) *n. pr. m.* Josep.

jostle (to) ('dʒɔsl) *t.-i.* empentar, arrossegar. *2* donar empentes. *3* obrir-se *p.* pas a empentes.

jot (to) (dʒɔt) *t. to ~ down*, apuntar, prendre nota.

journal ('dʒə:nl) *s.* diari *m.*

journey ('dʒə:ni) *s.* viatge *m.*, trajecte *m.*, camí *m.*

journey (to) ('dʒə:ni) *i.* viatjar.

joust (dʒaust) *s.* HIST. justa *f.*, torneig *m.*

joust (to) (dʒaust) *i.* HIST. justar.

jovial ('dʒouvjəl) *a.* jovial, alegre.

jowl (dʒaul) *s.* queix *m.*, barra *f.* *2* galta *f.* *3* pap *m.*, papada *f.*

joy (dʒɔi) *s.* joia *f.*, alegria *f.*, felicitat *f.* *2* AVIA. col·loq. ~*-stick*, palanca *f.* de govern.

joyful ('dʒɔiful) *a.* joiós, alegre. ■ *2* **-ly** *adv.* joiosament, alegrement.

J.P. ('dʒei'pi:) *s.* (*Justice of the Peace*) jutge de pau.

jubilant ('dʒu:bilənt) *a.* form. joiós, content.

jubilation (,dʒu:bi'leiʃən) *s.* alegria *f.*, joia *f.*

judge (dʒʌdʒ) *s.* jutge, magistrat. *2* expert, perit.

judge (to) (dʒʌdʒ) *t.-i.* jutjar *t.* *2* fer de jutge. *3* creure *t.*, considerar *t.*

judg(e)ment ('dʒʌdʒment) *s.* decisió *f.*, resolució *f.* *2* sentència *f.*, veredicte *m.* *3* judici *m.*, criteri *m.*

judicious (dʒu:'diʃəs) *a.* form. judiciós, assenyat. ■ *2* **-ly** *adv.* judiciosament, assenyadament.

jug (dʒʌg) *s.* gerra *f.*, gerro *m.*, (BAL.), (VAL.) pitxer *m.* *2* col·loq. garjola *f.*, presó *f.*

juggle ('dʒʌgl) *s.* joc *m.* de mans. *2* truc *m.*, trampa *f.*

juggle (to) ('dʒʌgl) *i.* fer jocs de mans. ■ *2 t.* enganyar, enredar.

Jugoslavia ('ju:gəslɑ:vjə) *n. pr.* GEOGR. Iugoslàvia *f.*

juice (dʒu:s) *s.* suc *m.*

juicy ('dʒu:si) *a.* sucós. *2* col·loq. picant, divertit.

Julia ('dʒu:ljə) *n. pr. f.* Júlia.

July (dʒu:'lai) *s.* juliol *m.*

jumble ('dʒʌmbl) *s.* barreja *f.*, poti-poti *m.*, malendreç *m.*

jumble (to) ('dʒʌmbl) *t. to ~ (up)*, amuntegar, apilonar, barrejar.

jumble sale ('dʒʌmblseil) *s.* mercat *m.* benèfic d'objectes usats.

jump (dʒʌmp) *s.* salt *m.*, bot *m.* 2 augment *m.* brusc [dels preus]. 3 ensurt *m.*, sobresalt *m.*

jump (to) (dʒʌmp) *i.* saltar, botar. 2 augmentar, apujar-se *p.* [preus]. ▪ 3 *t.* saltar, salvar. ‖ ESPORT. *to ~ the gun,* fer una sortida en fals; fig. precipitar-se *p.* ‖ *to ~ the queue,* passar davant [en una cua]. ‖ *to ~ the track,* descarrilar. ‖ *to ~ to conclusions,* precipitar-se *p.* a treure conclusions. ‖ *to ~ at,* agafar [oportunitat].

jumpy ('dʒʌmpi) *a.* saltador. 2 nerviós, excitable.

junction ('dʒʌŋkʃən) *s.* unió *f.* 2 junta *f.* 3 confluència *f.* 4 ELECT. empalmament *m.* 5 FERROC. enllaç *m.*, entroncament *m.*

juncture ('dʒʌŋktʃəʳ) *s.* form. junta *f.*, juntura *f.* 2 articulació *f.*, connexió *f.* 3 conjuntura *f.*, moment *m.* crític. ‖ *at this ~,* en aquests moments, en la conjuntura actual.

June (dʒu:n) *s.* juny *m.*

jungle ('dʒʌŋgl) *s.* jungla *f.*, selva *f.* 2 fig. garbuix *m.*, embull *m.*

junior ('dʒu:njəʳ) *a.* menor, més jove, més petit. 2 fill: *X X. ~,* X.X. fill. ▪ 3 *s.* jove, menor.

junk (dʒʌnk) *s.* andròmines *f. pl.*, trastos *m. pl.* 2 MAR. jonc *m.*

junkie, junky ('dʒʌŋki) *s.* coĿloq. drogadicte.

jurisdiction (ˌdʒuəris'dikʃən) *s.* jurisdicció *f.*

jury ('dʒuəri) *s.* DRET jurat *m.*

jurisprudence (ˌdʒuəris'pru:dəns) *s.* jurisprudència *f.*

jurist ('dʒuərist) *s.* jurista.

juror ('dʒuərəʳ) *s.* membre *m.* d'un jurat. *m.*

just (dʒʌst) *a.* just, recte. 2 merescut. 3 fidel, exacte. 4 justificat, ben fonamentat. ▪ 5 *adv.* (G.B.) *I've ~ had dinner,* (EUA) *I ~ had dinner,* acabo de sopar. 6 *~ as,* alhora que, quan; tal com, igual que. 7 *~ about,* gairebé, quasi. 8 *~ as well,* sort que. 9 *~ in case,* en cas de, donat el cas, si de cas. 10 *~ now,* ara mateix; fa poc. 11 *~ the same,* no obstant, tanmateix. 12 *-ly adv.* justament, amb rectitud, exactament.

justice ('dʒʌstis) *s.* justícia *f.* 2 veritat *f.*, exactitud *f.* 3 DRET jutge, magistrat: *~ of the peace,* jutge de pau.

justification (ˌdʒʌstifi'keiʃən) *s.* justificació *f.*

justify (to) ('dʒʌstifai) *t.* justificar. ▪ 2 *p. to ~ oneself,* justificar-se.

justness ('dʒʌstnis) *s.* justícia *f.*, equitat *f.* 2 exactitud *f.*, precisió *f.*

jut (to) (dʒʌt) *i. to ~ (out),* sortir, sobresortir.

jute (dʒu:t) *s.* BOT. jute *m.*

juvenile ('dʒu:vinail) *a.* juvenil, jove. 2 *~ Court,* tribunal de menors. ▪ 3 DRET *s.* menor.

juxtapose (to) (dʒʌkstə'pouz) *t.* juxtaposar.

K

K, k (kei) *s.* k *f.* [lletra].
kaleidoscope (kə'laidəskoup) *s.* calidoscopi *m.* [també fig.].
kangaroo (ˌkæŋgə'ru:) *s.* ZOOL. cangur *m.*
Katharine, Katherine ('kæθrin), **Kathleen** ('kæθli:n) *n. pr. f.* Caterina.
keel (ki:l) *s.* quilla *f.*
keel (to) (ki:l) *i.* *to ~ over*, capgirar-se *p.*, bolcar, tombar-se *p.*
keen (ki:n) *a.* agut, esmolat, afilat. 2 intens, profund. 3 agut, perspicaç. 4 mordaç, punyent. 5 vehement. 6 ansiós. 7 *to be ~ on*, ser afeccionat a; estar interessat per; agradar molt. ■ 8 *-ly adv.* amb entusiasme; profundament.
keenness ('ki:nnis) *s.* agudesa *f.*, vivacitat *f.* 2 agudesa *f.*, perspicàcia *f.* 3 entusiasme *m.*, vehemència *f.* 4 interès *m.*, afecció *f.*
keep (ki:p) *s.* menjar *m.*, subsistència *f.* 2 torre *f.* [d'un castell]. 3 coﬂoq. *for ~s*, per sempre.
keep (to) (ki:p) *t.* guardar, conservar. 2 tenir, mantenir. 3 tenir cura de, custodiar, guardar. 4 dirigir, portar [un establiment]. 5 portar [els llibres]. 6 contenir, dominar. 7 mantenir, sostenir, defensar. 8 aturar, impedir. 9 callar, amagar. 10 guardar [silenci]. 11 seguir, continuar. 12 tenir, celebrar [una reunió, etc.]. ■ 13 *i.* mantenir-se *p.*, conservar-se *p.* 14 seguir, continuar. 15 romandre, quedar-se *p.* 16 limitar-se *p.* a, complir. ■ *to ~ at*, persistir en; *to ~ away*, mantenir(se allunyat; evitar; *to ~ back*, mantenir a ratlla; contenir, amagar; *to ~ down*, oprimir; dominar; limitar; retenir; *to ~ from*, abstenir-se *p.* de, impedir; evitar; amagar; *to ~ off*, no acostar-se *p.*, no tocar, no trepitjar; *to ~ on*, continuar, seguir; continuar portant [una peça de roba]; insistir; prosseguir; *to ~ out*, no deixar entrar; *to ~ to*, limitar-se *p.* a; complir; continuar; *to ~ up*, mantenir, sostenir; no

endarrerir-se *p.*; aixecar; continuar. ▲ Pret. i p. p.: *kept* (kept).
keeper ('ki:pəʳ) *s.* guardià, guàrdia. 2 custodi, vetllador. 3 conservador; arxiver. 4 alcaid *m.* 5 propietari [de certs establiments]. 6 *~, game ~*, guardabosc.
keeping ('ki:piŋ) *s.* atenció *f.*, manteniment *m.* 2 tenidoria *f.* 3 DRET observança *f.*, compliment *m.* 4 LOC. *in ~ with*, d'acord amb.
keepsake ('ki:pseik) *s.* record *m.*, memòria *f.*
keg (keg) *s.* bóta *f.*, barril *m.*
Kelt (kelt) *s.* celta.
kennel ('kenl) *s.* canera *f.* 2 gossada *f.* 3 *pl.* lloc *m. sing.* on guarden gossos.
Kenya ('kenjə) *n. pr.* GEOGR. Kènia *f.*
kept (kept) Veure KEEP (TO).
kerb (kə:b) *s.* vorada *f.* [de la vorera]. || *~ stone*, pedra *f.* de la vorada.
kerchief ('kə:tʃif) *s.* ant. mocador *m.* [pel cap].
kernel ('kə:nl) *s.* gra *m.* [de blat]. 2 BOT. bessó *m.*, moll *m.* [també fig.].
kettle ('ketl) *s.* bullidor *m.* [en forma de tetera].
kettledrum ('ketldrʌm) *s.* MÚS. timbala *f.*
key (ki:) *s.* clau *f.* [també fig.]. 2 tecla *f.* [de piano, etc.]. 3 *skeleton ~*, rossinyol *m.* 4 GEOGR. illot *m.*, riell *m.* 5 MEC. xaveta *f.*, clavilla *f.* 6 MÚS. to *m.* 7 MÚS. afinador *m.*, temprador *m.*
keyboard ('ki:bɔ:d) *s.* teclat *m.*
keyhole ('ki:houl) *s.* forat *m.* del pany.
keynote ('ki:nout) *s.* tònica *f.* 2 idea *f.* clau.
keystone ('ki:stoun) *s.* ARQ. clau *f.* 2 fig. pedra *f.* clau.
kibbutz (ki'butç) *s.* kibbutz *m.*
kick (kik) *s.* puntada *f.*, cop *m.* [de peu]. 2 guitza *f.*, potada *f.* 3 coﬂoq. diversió *f.*, gràcia *f.*: *to get a ~ out of*, sentir-se atret, fer gràcia [alguna cosa]. ESPORT *free ~*, cop *m.*

franc. *5* MEC. pedal *m.* o palanca *f.* d'engegada.

kick (to) (kik) *t.* donar una puntada de peu, ventar una guitza. *2* ESPORT ficar, marcar [un gol]. *3* coHoq. *to ~ the bucket,* anarse'n *p.* al calaix, anar-se'n *p.* a l'altre barri. ■ *4 i.* ventar una guitza, donar una puntada de peu. *5* xutar. ■ *to ~ against,* oposar-se a, protestar per; *to ~ back,* retrocedir, tenir retrocés; *to ~ down,* tombar, fer caure; *to ~ off,* començar; *to ~ out,* fer fora a cops de peu; *to ~ up,* aixecar amb el peu. ‖ *to ~ up a fuss,* fer merder.

kickback ('kikbæk) *s.* culatada *f.* 2 (EUA) coHoq. comissió *f.,* percentatge *m.*

kick-off ('kikɔf) *s.* ESPORT sacada *f.* inicial. *2* fig. començament *m.,* principi *m.*

kid (kid) *s.* ZOOL. cabrit *m.* 2 cabritilla *f.* 3 cria *f.* 4 coHoq. criatura *f.,* nen *m.,* noi *m.* ‖ *~'s stuff,* joc de criatures. *5 pl.* canalla *f.,* mainada *f.*

kid (to) (kid) *t.* coHoq. enganyar, prendre el pèl: *you're kidding me,* em prens el pèl. ■ *2 i.* fer broma, bromejar. *3* parir *t.* [cries]. *4 no kidding!,* i ara!

kidnap (to) ('kidnæp) *t.* segrestar, raptar [persones].

kidney ('kidni) *s.* ANAT. ronyó *m.* 2 fig. tipus *m.,* classe *f.*

kidney bean (,kidni'bi:n) *s.* mongeta *f.*

kidney machine ('kidnimə,ʃi:n) *s.* ronyó *m.* artificial.

kidney stone ('kidni,stoun) *s.* MED. càlcul *m.* renal.

kill (ki) *s.* peça *f.* [de caça, etc.]. 2 caça *f.*

kill (to) (kil) *t.* matar. ‖ *to ~ off,* exterminar. ‖ fig. *to ~ time,* matar èl temps. *2* assassinar. *3* sacrificar [animals]. *2* fig. fer caure, carregar-se *p.*

killer ('kilə^r) *s.* assassí.

killer whale ('kilə'weil) *s.* ZOOL. orca *f.*

killing ('kiliŋ) *a.* mortal. *2* assassí. *3* coHoq. esgotador, aclaparador. *3* coHoq. molt divertit. ■ *4 s.* assassinat *m.* 5 carnisseria *f.,* matança *f.*

killjoy ('kildʒɔi) *s.* esgarriacries.

kiln (kiln) *s.* forn *m.* [per assecar, etc.].

kilogram ('kiləgræm) *s.* quilogram *m.*

kilometre, (EUA) **kilometer** ('kilə,mi:tə^r) *s.* quilòmetre *m.*

kilowatt ('kiləwɔt) *s.* ELECT. quilovat *m.*

kilt (kilt) *s.* faldilla *f.* [escocesa].

kin (kin) *s.* parents *m. pl.,* parentela *f.,* família *f.* ‖ *next of ~,* parent més pròxim. ■ *2 a.* relacionat; emparentat.

kind (kaind) *a.* amable, considerat. *2* bo; afectuós. *3* dòcil, mans. ■ *5 s.* espècie *f.,* mena *f.,* classe *f.: a ~ of,* una mena *f.* de.

kindergarten ('kindəga:tn) *s.* parvulari *m.,* jardí *m.* d'infància.

kind-hearted (,kaind'ha:tid) *a.* bondadós, de bon cor.

kindle (to) ('kindl) *t.* encendre [també fig.]. *2* fig. despertar. ■ *3 i.* encendre's *p.* [també fig.].

kindliness ('kaindlinis) *s.* bondat *f.,* benevolència *f.* 2 favor *m.,* amabilitat *f.*

kindling ('kindliŋ) *s.* encenalls *m. pl.* 2 fig. encesa *f.*

kindly ('kaindli) *a.* bondadós, amable. *2* favorable, amable, benigne. ■ *3 adv.* bondadosament, amablement. *4 to take ~ to,* acceptar de bon grat.

kindness ('kaindnis) *s.* bondat *f.,* benevolència *f.* 2 amabilitat *f.,* atenció *f.* 3 delicadesa *f.,* finesa *f.*

kindred ('kindrid) *a.* relacionat, emparentat. *2* semblant, afí. ■ *3 s.* parentiu *m.* 4 parents *pl.,* família *f.*

kinetics (kai'netiks) *s.* cinètica *f.*

king (kiŋ) *s.* rei *m.,* monarca *m.* ‖ *the Three Kings,* els tres reis *m.* d'orient. 2 rei *m.* [d'escacs]; dama *f.* [de dames].

kingdom ('kiŋdəm) *s.* regne *m.* 2 coHoq. *~ -come,* l'altra vida *f.* ‖ *till ~ come,* fins el dia *m.* del judici.

kingly ('kiŋli) *a.* reial, regi.

king-size ('kiŋsaiz) *a.* extragran, extrallarg: *~ cigarettes,* cigarretes extrallargues. *2* fig. enorme, gegant.

kink (kiŋk) *s.* nus *m.,* remolí *m.,* cargol *m.* [d'un cabell, un fil, etc. quan es dobleguen o s'entortolliguen].

kink (to) (kiŋk) *t.* cargolar, entortolligar, arrissar. ■ *2 i.* cargolar-se *p.,* entortolligar-se *p.,* arrissar-se *p.*

kinky (kiŋki) *a.* cargolat, entortolligat, arrissat. *2* coHoq. guillat, estrany.

kinship ('kinʃip) *s.* parentiu *m.* 2 afinitat *f.*

kiosk ('kiɔ:sk) *s.* quiosc *m.* 2 cabina *f.* telefònica.

kip (kip) *s.* (G.B.) coHoq. jaç *m.,* catre *m.* 2 allotjament *m.,* dispesa *f.* 3 *to have a ~,* fer un son *m.*

kipper (kipə^r) *s.* areng *m.* fumat i salat.

kiss (kis) *s.* petó *m.,* (BAL.) besada *f.,* (VAL.) bes *m.* ‖ *give me a ~,* fes-me un petó. *2 ~ of life,* respiració *f.* boca a boca.

kiss (to) (kis) *t.* besar, fer un petó a. *2* fig. *to ~ something goodbye,* acomiadar(se (d')alguna cosa. *3* fig. *to ~ the dust* o *the ground,* ser assassinat; arrossegar-se *p.* per terra, ser humiliat. ■ *4 i.* besar-se *p.,* fer-se *p.* petons.

kit (kit) *s.* equip *m.,* equipament *m.* 2 estris *m. pl.,* eines *f. pl.* 3 equipatge *m.* 4 maqueta *f.* 5 *first-aid~,* farmaciola *f.*

kitbag ('kitgæg) *s*. motxilla *f*., farcell *m*.
kitchen ('kitʃin) *s*. cuina *f*.
kitchen-boy ('kitʃinbɔi) *s*. marmitó *m*.
kitchen garden (ˌkitʃin'gɑ:dn) *s*. hort *m*.
kitchen range (ˌkitʃin'reindʒ) *s*. fogó *m*.
kitchen sink ('kitʃin'siŋk) *s*. aigüera *f*.
kitchenware ('kitʃinwɛə) *s*. bateria *f*. de cuina.
kite (kait) *s*. estel *m*., (VAL.) milotxa *f*. 2 fig. *fly a ~*, sandejar, llançar una idea. 3 ORN. milà *m*.
kitten ('kitn) *s*. gatet. 2 fig. *to have ~s*, espantar-se.
kitty (kiti) *s*. bossa *f*., fons *m*. comú. 3 mix, moix, gatet.
knack (næk) *s*. habilitat *f*., traça *f*., manya *f*. 2 truc *m*., desllorigador *m*.
knapsack ('næpsæk) *s*. motxilla *f*., sarró *m*.
knave (neiv) *s*. ant. truà *m*., bergant *m*. 2 valet *m*.; sota *f*. [cartes].
knavish ('neiviʃ) *a*. bergant. 2 astut. 3 entremaliat. ■ *2 -ly adv*. astutament.
knead (to) (ni:d) *t*. pastar. 2 fer una massa.
knee (ni:) *s*. ANAT. genoll *m*. ‖ *~ breeches*, pantalons *m*. *pl*. curts. ‖ *on one's ~s*, de genolls, agenollat. 2 MEC. colze *m*.
kneecap ('ni:kæp) *s*. ANAT. ròtula *f*.
kneel (to) (ni:l) *i*. agenollar-se *p*., posar-se *p*. de genolls. 2 estar agenollat. ■ Pret. i p. p.: *knelt* (nelt) o *kneeled* ('ni:ld).
knell (nel) *s*. toc *m*. de difunts. 2 fig. final *m*.
knelt (nelt) Veure KNEEL (TO).
knew (nju:) *pret*. de KNOW (TO).
knickerbockers ('nikəbɔkəz) bombatxos *m*. *pl*., pantalons *m*. *pl*. de golf.
knickers ('nikəz) *s*. calces *f*.
knick-knack ('niknæk) *s*. galindaina *f*., bagatella *f*.
knife (naif) *s*. ganivet *m*., navalla *f*., fulla *f*. [de tallar]. ▲ *pl. knives* (naivz).
knight (nait) *s*. cavaller *m*. 2 cavall *m*. [d'escacs].
knight (to) (nait) *t*. armar cavaller.
knight-errant (ˌnait'erənt) *s*. cavaller *m*. errant.
knit (to) (nit) *t*. teixir, tricotar. 2 adjuntar, unir. *3 to ~ one's brows*, arrugar les celles. ■ *4 i*. fer mitja. ▲ Pret. i p. p.: *knit* (nit) o *knitted* ('nitid).
knob (nɔb) *s*. pom *m*. [de la porta, etc.]. 2 botó *m*. [de la ràdio, etc.]. 3 bony *m*., protuberància *f*. 4 terròs *m*., tros *m*.
knock (nɔk) *s*. cop *m*. (VAL.) colp *m*. 2 colloq. crítica *f*.

knock (to) (nɔk) *t*. picar, copejar, donar cops. ‖ fig. *to ~ one's head against a brick wall*, donar-se cops de cap a la paret. 2 xocar [també fig.]. 3 colloq. criticar, deixar com un drap brut. ■ *4 i*. picar *t*., petar [motor]. ■ *to ~ about*, rondar, vagar; *to ~ down*, enderrocar; atropellar; rebaixar, abaixar [preus]; *to ~ off*, plegar; rebaixar; colloq. robar; *to ~ out*, estabornir, deixar fora de combat; eliminar [d'una competició]; *to ~ up*, pilotejar; (G.B.) colloq. despertar.
knocker ('nɔkə') *s*. picaporta *f*. 2 persona *f*. o cosa que dóna cops.
knock-out ('nɔkaut) *s*. ESPORT fora de combat *m*., K.O. *m*. 2 colloq. espaterrant *a*., impressionant *a*. [persona, cosa].
knoll (noul) *s*. turó *m*., pujol *m*.
knot (to) (nɔt) *s*. nus *m*. 2 llaç *m*. 3 fig. dificultat *f*., problema *m*. 4 *tie oneself in ~s*, fer-se un embolic *m*.
knot (to) (nɔt) *t*. lligar, fer un nus, fer nusos. 2 arrugar [les celles]. ■ *3 i*. fer-se *p*. un nus. 2 embolicar-se *p*.
knotty ('nɔti) *a*. nuós, nodós. 2 difícil, espinós. 3 aspre, rugós.
know (to) (nou) *t*. conèixer: *to ~ by sight*, conèixer de vista; *to get to ~ someone*, conèixer algú. 2 saber: *to ~ how to, to ~ to*, saber [fer]; *for all I ~*, pel que jo sé; al meu entendre. 3 reconèixer. 4 veure, comprendre. 5 distingir, discernir. ■ *6 i*. saber *t*.: *to ~ best*, saber-ho millor. ▲ Pret.: *knew* (nju:); p. p.: *known* (noun).
know-how ('nouhau) *s*. habilitat *f*., destresa *f*. 2 coneixements *m*. *pl*.
knowing ('nouiŋ) *a*. intelligent, llest. 2 astut, enginyós. 3 d'intelligència. ■ *4 -ly adv*. expressament. 5 hàbilment. 6 astutament.
knowledge ('nɔlidʒ) *s*. coneixement *m*. ‖ *to the best of my ~*, pel que jo sé. ‖ *without my ~*, sense saber-ho jo. 2 saber *m*., coneixements *m*. *pl*.
knowledgeable ('nɔlidʒəbl) *a*. entès, erudit.
known (noun) *p. p*. de KNOW (TO). ‖ *to make ~*, fer saber.
knuckle ('nʌkl) *s*. ANAT. artell *m*. 2 jarret [d'un animal].
knuckle (to) ('nʌkl) *t*. copejar amb els artells. ■ *2 i. to ~ down to*, posar-s'hi *p*. [a fer una cosa; *to ~ under*, sotmetre's *p*.
knuckle-bone ('nʌklboun) *s*. taba *f*., astràgal *m*. [os].
Korea (kɔ'riə) *n. pr*. GEOGR. Corea *f*.
Kuwait (ku'weit) *n. pr*. GEOGR. Kuwait *m*.

L

L, l (el) *s.* 1 *f.* [lletra]. *2 L-plate,* placa *f.* de conductor novell. *3* xifra romana per 50.

lab (læb) *s.* coŀloq. (abrev. *laboratory*) laboratori *m.*

Lab ('læb) *s.* POL. (abrev. *Labour*) laborista.

label ('leibl) *s.* etiqueta *f.,* rètol *m.*

label (to) ('leibl) *t.* etiquetar [també fig.], retolar, posar etiquetes, posar rètols.

laboratory (lə'bɔrətri) *s.* laboratori *m.*

laborious (le'bɔːriəs) *a.* treballador. 2 laboriós. 3 difícil, penós.

labour, (EUA) **labor** ('leibəʳ) *s.* treball *m.* ‖ *Labour Exchange,* institut *m.* nacional d'ocupació. ‖ *hard ~,* treballs *m. pl.* forçats. *2* tasca *f.,* feina *f. 3* mà *f.* d'obra. *4* MED. part *m.* ∎ *5 a.* laborista: *Labour Party,* Partit Laborista. *6* laboral.

labour (to), (EUA) **labor (to)** ('leibəʳ) *i.* treballar. *2* esforçar-se *p. 3 to ~ under,* patir *t.,* sofrir *t.* [una malaltia, un error, etc.]. ∎ *4 t.* insistir en. *5* polir, perfilar. *6* AGR. treballar, conrear.

labourer, (EUA) **laborer** ('leibərəʳ) *s.* treballador *m.,* obrer *m.,* jornaler *m.,* bracer *m.*

labyrinth ('læbərinθ) *s.* laberint *m.* [també fig.].

lace (leis) *s.* cinta *f.,* cordó *m. 2* galó *m.* [d'or o plata]. *3* punta *f.,* blonda *f.*

lace (to) (leis) *t.* cordar. *2* posar puntes o blondes. ∎ *3 i.* cordar-se *p.*

lacerate (to) ('læsəreit) *t.* lacerar. *2* estripar. *3* fig. ferir [els sentiments, etc.].

lachrymose ('lækrimous) *a.* lacrimogen.

lack (læk) *s.* falta *f.,* manca *f. 2* necessitat *f.*

lack (to) (læk) *t.* no tenir, mancar. *2* necessitar. ∎ *2 i.* faltar.

lackey ('læki) *s.* lacai *m.* [també fig.].

lacking ('lækiŋ) *a.* mancat de, desproveït de. ‖ *~ in,* sense.

laconic (lə'kɔnik) *a.* lacònic.

lacquer ('lækəʳ) *s.* laca *f.*

lacquer (to) ('lækəʳ) *t.* lacar, envernissar amb laca.

lad (læd) *s.* noi *m.,* xicot *m.,* (BAL.) aŀlot *m.,* (VAL.) xic *m.*

ladder ('lædəʳ) *s.* escala *f.* de mà. *2* carrera *f.* [a les mitges]. *3* fig. escala *f.,* jerarquia *f.* [social]. *4* fig. esglaó *m.,* graó *m.*

laden ('leidn) *a. ~ with,* carregat de. *2* fig. aclaparat, desbordat.

lading ('leidiŋ) *s.* NÀUT. càrrega *f.,* carregament *m.* ‖ *bill of ~,* coneixement *m.*

ladle ('leidl) *s.* culler *m.,* cullerot *m.*

lady ('leidi) *s.* senyora *f.,* dama *f.* ‖ *~-in-waiting,* dama *f.* [d'una reina, princesa, etc.]. *2 Ladies,* senyores *f.* [lavabos]. *3* (G.B.) Lady *f.* [títol nobiliari]. *4* REL. *Our Lady,* Nostra Senyora *f.* ∎ *5 a. ~ doctor,* doctora; *~ lawyer,* advocadesa. *6 ~ killer,* don Joan. *7* REL. *Lady Day,* dia de l'Anunciació. *8* ZOOL. *~ bird,* marieta.

ladylike ('leidilaik) *a.* elegant, distingit. *2* pej. efeminat, amanerat.

lag (læg) *s.* retard *m. 2* coŀloq. presoner, presidiari.

lag (to) (læg) *t.* revestir, aïllar [amb materials termoaïllants]. *2* coŀloq. empresonar. ∎ *3 i.* anar a poc a poc; retardar-se *p.;* trigar.

laggard ('lægəd) *s.* endarrerit *a.;* lent *a. 2* gandul, dropo.

lagging ('lægiŋ) *s.* revestiment *m.* termoaïllant. *2* folre *m.*

lagoon (lə'guːn) *s.* llacuna *f.,* albufera *f.*

laid (leid) Veure LAY (TO).

lain (lein) *p. p.* de LIE (TO) 2.

lair (lɛəʳ) *s.* cau *m.* [també fig.].

lake (leik) *s.* llac *m. 2 ornamental ~,* estany *m.,* bassa *f. 3* laca *f.* ∎ *4 a.* lacustre, de llac.

lamb (læm) *s.* be *m.,* (BAL.) xot *m.,* (VAL.) corder *m. 2* xai *m.,* anyell *m.* ‖ *~ chops,* costelles de be. *3* fig. xai *m.*

lame (leim) *a.* coix, esguerrat. *2* fig. fluix, poc convincent. *3* LIT. ~ *verse,* vers coix.

lame (to) (leim) *t.* deixar coix, esguerrar, incapacitar.

lameness ('leimnis) *s.* coixera *f.,* coixesa *f.* *2* fig. falta de solidesa *f.,* falta de convicció *f.*

lament (lə'ment) *s.* lament *m.,* queixa *f. 3* MÚS. complanta *f.*

lament (to) (lə'ment) *t.* lamentar. *2* plorar. ■ *3 i.* lamentar-se *p.*

lamentable ('læməntəbl) *a.* lamentable, deplorable. *2* planyívol, lamentós.

laminate (to) ('læmineit) *t.* laminar. *2* aplacar, contraplacar, contraxapar. *3* dividir en làmines. ■ *4 i.* dividir-se *p.* en làmines.

lamp (læmp) *s.* llum *m.* ‖ ~ *holder,* portallànties *m.,* portalàmpada *m.; wall* ~, aplic *m.;* ~ *light,* llum *f.* d'un fanal, claror *f.* d'un llum; ~ *shade,* pantalla *f.; street* ~, fanal *m. 2* llanterna *f. 3* llàntia *f. 4* far *m.*

lamp-post ('læmpoust) *s.* pal *m.* d'un fanal. *2* fanal *m.*

lance (lɑ:ns) *s.* llança *f. 2* MED. llanceta *f.*

lance (to) (lɑ:ns) *t.* llancejar, ferir amb una llança. *2* MED. obrir amb una llanceta.

land (lænd) *s.* terra *m.,* sòl *m. 2* terreny *m.,* tros *m.,* terra *f.* [conreada]. *3* terra *f.,* país *m.,* nació *f.,* pàtria *f.*

land (to) (lænd) *t.* aterrar [un avió]. *2* desembarcar. *3* agafar, pescar [un peix]. *4* aconseguir, obtenir. ■ *4 i.* aterrar. *5* desembarcar. *6* baixar. *7* posar-se *p. 8* anar a parar, caure. ‖ fig. *to* ~ *on one's feet,* tenir sort. *9* coŀloq. *to* ~ *up,* arribar, anar a parar.

landing ('lændiŋ) *s.* aterratge *m. 2* desembarcament *m. 3* desembarcador *m. 4* replà *m. 5* AVIA. ~*-gear,* tren *m.* d'aterratge.

landlady ('lænd,leidi) *s.* mestressa *f.;* propietària *f. 2* dispesera *f.*

landlord ('lændlɔ:d) *s.* propietari *m.* [de terres], amo *m. 2* dispeser *m.*

landmark ('lændmɑ:k) *s.* molló *m.,* fita *f. 2* fig. punt *m.* decisiu. *3* MAR. marca *f.,* senyal *m.*

landowner ('lænd,ounə^r) *s.* terratinent, hisendat.

landscape ('lændskeip) *s.* paisatge *m.* ‖ ~ *architect,* arquitecte paisagista.

landslide ('lændslaid) *s.* esllavissament *m.* de terres.

lane (lein) *s.* senda *f.,* camí *m.,* caminoi *m. 2* carreró *m. 3* AVIA., MAR. ruta *f. 4* ESPORT banda *f.*

language ('læŋgwidʒ) *s.* llenguatge *m. 2* llengua *f.,* idioma *m.* [d'un país].

languid ('læŋgwid) *a.* lànguid, decandit. *2* fluix; lent.

languish (to) ('læŋgwiʃ) *i.* esllanguir-se *p. 2* consumir-se *p.*

lank (læŋk) *a.* llis, estirat [cabells]. *2* llarg i prim, esprimatxat.

lanky ('læŋki) *a.* llargarut [persona].

lanolin ('lænəlin) *s.* lanolina *f.*

lantern ('læntən) *s.* llanterna *f.,* fanal *m.,* llàntia *f.*

lap (læp) *s.* falda *f.* ‖ ~ *dog,* gos *m.* de falda. *2* genolls *m. pl. 3* llepada *f. 4* clapoteig [de l'aigua]. *4 over* ~, solapa *f. 5* ESPORT volta *f.*

lap (to) (læp) *t.* encavalcar, cavalcar. *2* embolicar, envoltar. *3* llepar. ■ *4 i.* encavallar-se *p. 5* clapotejar. *6* fig. *to* ~ *up,* absorbir fàcilment o amb entusiasme. *7* ESPORT fer una volta.

lapel (lə'pel) *s.* solapa *f.* [d'un vestit, etc.].

lapse (læps) *s.* lapsus *m.,* error *m.,* equivocació *f. 2* lapse *m.,* interval *m. 3* DRET prescripció *f.,* caducitat *f.*

lapse (to) (læps) *i.* passar, transcórrer. *2* caure, relliscar. *3* recaure, reincidir [en un error, etc.]. *4* DRET caducar.

larceny ('lɑ:səni) *s.* DRET robatori *m.,* furt *m.*

larch (lɑ:tʃ) *s.* BOT. làrix *m.*

lard (lɑ:d) *s.* llard *m.*

larder ('lɑ:də^r) *s.* rebost *m.*

large (lɑ:dʒ) *a.* gran, gros. ‖ *on a* ~ *scale,* a gran escala. *2* important. *3* abundant, nombrós. *4* ampli. *5* extens. *6* ~*-hearted,* magnànim, generós. *7* ~*-minded,* tolerant. ■ *8 loc. adv. at* ~, extensament; en general; en llibertat. ■ *9* -**ly** *adv.* àmpliament, en gran part.

lark (lɑ:k) *s.* ORN. alosa *f. 2* coŀloq. diversió *f.,* disbauxa *f.,* xerinola *f.*

lark (to) (lɑ:k) *i.* fer gresca, fer sarau. *2* divertir-se *p. 3 to* ~ *about,* fer bestieses.

larynx ('læriŋks) *s.* ANAT. laringe *f.*

lascivious (lə'siviəs) *a.* lasciu.

laser (leizə^r) *s.* làser *m.*

lash (læʃ) *s.* fuet *m.,* tralla *f. 2* fuetada *f.,* assot *m. 3* ANAT. pestanya *f.*

lash (to) (læʃ) *t.* fuetejar, assotar. *2* lligar. *3* fustigar. ■ *4 i.* espetegar [el fuet].

lass (læs) *f.* noia *f.,* xicota *f.*

lasso ('læsu:) *s.* llaç *m.* escorredor.

lassitude ('læsitju:d) *s.* lassitud *f.,* fluixesa *f.*

last (lɑ:st) *a.* últim, darrer. ‖ ~ *but one,* penúltim. *2* passat: ~ *Sunday,* diumenge passat; ~ *night,* ahir a la nit. ■ *3 s.* fi *f.,* final *m.,* últim. ‖ *at* ~, per fi. ‖ *to the* ~, fins el final. *4* forma *f.* [de la sabata]. ■ *5 adv.* finalment, en darrer lloc.

last (to) (lɑ:st) *i.* durar. *2* romandre, perdurar. *3* aguantar, resistir.

lasting ('lɑːstiŋ) *a.* durable, perdurable. *2* sòlid, permanent.

latch (lætʃ) *s.* balda *f.*, baldó *m.*

late (leit) *a.* que arriba, passa o es fa tard, endarrerit. ‖ *to be* ~, fer tard. *2* tardà, de finals de. *3* anterior; últim, darrer. *4* difunt. *5* recent. ■ *6 adv.* tard. *7* recentment. *8 of* ~, últimament. *9* ~ *in*, a finals de.

lately ('leitli) *adv.* últimament, darrerament, recentment.

latent ('leitənt) *a.* latent. *2* amagat, dissimulat.

later ('leitə*r*) *a.-adv. comp.* de LATE: ~ *on*, més tard, després.

lateral ('lætərəl) *a.* lateral.

latest ('leitist) *a.-adv. superl.* de LATE.

lathe (leið) *s.* MEC. torn *m.*

lather ('lɑːðə*r*) *s.* escuma *f.* [de sabó, etc.]. *2* suor *f.* [d'un cavall].

lather (to) ('lɑːðə*r*) *t.* ensabonar. ■ *2 i.* fer escuma.

Latin ('lætin) *a.* llatí. ■ *2* llatí *m.* [llengua].

latitude ('lætitjuːd) *s.* latitud *f.*

latter ('lætə*r*) *a.* més recent, darrer, últim. *2* ~-*day*, modern. *3 the* ~, aquest, aquest darrer.

lattice ('lætis) *s.* reixa *f.*, enreixat. *m.* ■ *2 a.* reixat.

laugh (lɑːf) *s.* riure *m.*, rialla *f.*

laugh (to) (lɑːf) *i.* riure('s. ‖ *to* ~ *at*, riure's *p.* de, burlar-se *p.* de. ■ *2 t.* dir rient.

laughing ('lɑːfiŋ) *a.* rialler. *2* ~ *matter*, cosa de riure. *3* ~ *gas*, gas hilarant. ■ *4 adv.* (tot) rient: *she said* ~, va dir tot rient. *5* ~ly, rient.

laughing-stock ('lɑːfiŋstɔk) *s.* riota *f.*, befa *f.*

laughter ('lɑːftə*r*) *s.* rialla *f.*, riure *m.*, hilaritat *f.*

launch (lɔːntʃ) *s.* MAR. avarada *f.* *2* MAR. llanxa *f.*, faluga *f.*

launch (to) (lɔːntʃ) *t.* llançar. *2* MAR. varar. ■ *3 i.* llançar-se *p.*

launching ('lɔːntʃiŋ) *s.* llançament *m.* *2* MAR. avarada *f.* *3* fundació *f.*, creació *f.*

launderette (lɔːn'dret) *s.* bugaderia *f.* automàtica.

laundress ('lɔːndris) *s.* bugadera *f.*

laundry ('lɔːndri) *s.* safareig *m.* *2* bugaderia *f.* *3 the* ~, la bugada *f.*

laurel ('lɔrəl) *s.* BOT. llorer *m.* *2 pl.* fig. llorers *m.*

lavatory ('lævətri) *s.* lavabo *m.*, wàter *m.*

lavender ('lævəndə*r*) *s.* espígol *m.* *2* ~ *water*, lavanda *f.*

lavish ('læviʃ) *a.* pròdig, generós. *2* abundant, copiós.

lavish (to) ('læviʃ) *t.* prodigar. *2* malgastar.

law (lɔː) *s.* DRET, FÍS. llei *f.* *2* dret *m.*, jurisprudència *f.* ‖ *to read* ~, estudiar dret. *3* dret *m.*, codi *m.*, legislació *f.* ‖ *commercial* ~, dret *m.* mercantil. *4* advocacia *f.*, fur *m.* *5* justícia *f.* ‖ *to take the* ~ *into one's own hands*, agafar-se la justícia pel seu compte.

law-abiding ('lɔːə,baidiŋ) *a.* observant de la llei.

lawful ('lɔːful) *a.* legal, legítim, lícit. *2* ~ *age*, majoria d'edat. ■ *3* -ly *adv.* legalment.

lawless ('lɔːlis) *a.* sense llei. *2* il·legal, il·legítim, il·lícit. *3* ingovernable, caòtic. ■ *4* -ly *adv.* il·legalment.

lawn (lɔːn) *s.* gespa *f.* ‖ ~-*mower*, màquina de tallar la gespa. ‖ ESPORT ~ *tennis*, tennis sobre herba.

lawsuit ('lɔːsuːt) *s.* DRET acció *f.*, plet *m.*, procés *m.*

lawyer ('lɔːjə*r*) *s.* advocat, lletrat.

lax (læks) *a.* lax, relaxat. *2* negligent, descurat. *3* MED. fluix [d'estómac].

laxity ('læksiti) *s.* laxitud *f.* *2* negligència *f.* *3* imprecisió *f.*

lay (lei) *a.* laic, seglar. *2* llec, no professional. ■ *3 s.* situació *f.*, configuració *f.*, posició *f.* *4* LIT. troba *f.*, balada *f.*

lay (lei) *pret.* de LIE (TO) 2.

lay (to) (lei) *t.* ajeure, ajaure. *2* posar, col·locar, deixar. *3* assentar, establir. *4* estendre [un fil, etc.]. *5* cobrir, aplicar (sobre). *6* preparar, disposar. *7* imposar [càrregues]. *8* pondre [ous]. *9* parar [taula]. *9* assossegar, tranquil·litzar. *10* culpar, donar la culpa: *to* ~ *the blame on someone*, donar la culpa a algú. *12* presentar, exposar. *12* apostar, jugar-se *p.* [diners]. *13 to* ~ *hold of*, agafar, apoderar-se *p.* *14 to* ~ *bare*, descobrir, despullar. ■ *15 i.* pondre [les gallines]. ■ *to* ~ *aside*, guardar; deixar, deixar a un costat; rebutjar, arraconar; *to* ~ *by*, guardar; *to* ~ *down*, ajeure, tombar; retre, deixar; apostar [diners]; ordir, projectar; dictar [la llei]; *to* ~ *in*, proveir-se *p.*; *to* ~ *on*, instal·lar [aigua, gas, etc.]; col·loq. proveir, proporcionar; *to* ~ *out*, preparar, disposar, desplegar; projectar, organitzar, invertir [diners]. ▲ Pret. i p. p.: *laid* (leid).

layer ('leiə*r*) *s.* capa *f.* *2* ARQ. filada *f.* *3* GEOL. estrat *m.* *4* ZOOL. gallina *f.* ponedora.

layman ('leimən) *s.* seglar *m.*, laic. *m.* *2* fig. llec *m.*, profà *m.*

laziness ('leizinis) *s.* mandra *f.*, (BAL.) peresa *f.*, (VAL.) gos *m.*

lazy ('leizi) *a.* gandul, mandrós, (ROSS.) gansola. *2* lent, pesat.

L/C ('el'siː) *s.* *(Letter of Credit)* carta *f.* de crèdit.

1) lead (led) *s.* plom *m.* *2* mina *f.* [de llapis].

2) lead (liːd) *s.* corretja *f.* [de gos]. *2* direcció *f.*, comandament *m.*, guia *f.* 3 JOC sortida *f.*, joc *m.* 4 avantatge *m.* 5 davantera *f.*, primer lloc *m.* 6 MEC., ELECT. cable *m.* 7 TEAT. primer paper *m.*, paper *m.* protagonista.

lead (to) (li:d) *t.* conduir, guiar, dirigir, impulsar, induir. 2 fer passar [un fil, etc.]. 3 aconduir [aigua, etc.]. 4 portar, (ROSS.) aportar [un tipus de vida]. 5 avantatjar, anar el primer. 6 *to* ~ *astray*, desviar, desencaminar. ■ 7 *i.* guiar *t.*, dirigir *t.* 8 dirigir *t.*, encapçalar *t.* ▲ Pret. i p. p.: *led* (led).

leaden ('ledn) *a.* de plom. 2 plomós. 3 fig. pesat.

leader (li:də^r) *s.* líder, dirigent. 2 conductor; guia. 3 cap, cabdill. 4 editorial *m.*, article *m.* de fons. ‖ ~*-writer*, editorialista. 5 MÚS. primer violí *m.*

leadership ('li:dəʃip) *s.* direcció *f.*, comandament *m.* ‖ *under the* ~ *of*, sota la direcció de. 2 comandament *m.*, liderat *m.* ‖ *to have powers of* ~, tenir do de comandament.

leading ('li:diŋ) *a.* principal, primer: ~ *man*, primer actor; ~ *lady*, primera actriu. 2 destacat, eminent. 3 ~ *question*, pregunta intencionada. 4 fig. dominant.

leaf (li:f) *s.* BOT. fulla *f.*, pètal. 2 full *m.*, plana *f.*, pàgina *f.* 3 ala *f.* [de taula]. 4 TECNOL. fulla *f.* ▲ *pl.* *leaves* (li:vz).

leafy ('li:fi) *a.* frondós. 2 fullós.

league (li:g) *s.* lliga *f.*, unió *f.* 2 ant. llegua *f.* 3 ESPORT lliga *f.*

league (to) (li:g) *t.* lligar, unir. ■ 2 *i.* lligarse *p.*, aliar-se *p.*, unir-se *p.*

leak (li:k) *s.* fuga *f.* [de gas, líquid, etc.]. 2 gotera *f.* 3 escletxa *f.* 4 pèrdua *f.* 5 fig. filtració *f.* [d'informació, etc.].

leak (to) (li:k) *i.* perdre *t.*, tenir pèrdues, estar foradat [un recipient]. 2 gotejar [un sostre]. 3 filtrar-se *p.*, escapar-se *p.* [també fig.]. ■ 4 *t.* vessar, deixar sortir, deixar escapar. 5 fig. filtrar [notícies, secrets, etc.].

leaky ('li:ki) *a.* que vessa, que fa aigua.

lean (li:n) *a.* prim, xuclat. 2 magre. ■ 3 *s.* carn *f.* magra.

lean (to) (li:n) *t.* inclinar, reclinar, recolzar. ■ 2 *i.* inclinar-se *p.* [també fig.]. 3 recolzar-se *p.*, reclinar-se *p.* ■ *to* ~ *back*, recolzar-se [cap enrera]; *to* ~ *on something*, recolzar-se en alguna cosa [també fig.]; *to* ~ *out*, abocar-se *p.* ▲ *Pret. i p. p.*: *leant* (lent) o *leaned* (li:nd).

leaning ('li:niŋ) *s.* inclinació *f.* [també fig.]. 2 propensió *f.*, tendència *f.*

leant (lent) Veure LEAN (TO).

lean-to ('li:ntu:) *s.* cobert *m.*, rafal *m.*

leap (li:p) *s.* salt *m.*, bot *m.*, saltiró *m.* ‖ *by* ~*s and bounds*, a passes *f.* de gegant. 2 canvi *m.*, tomb *m.* 3 fig. salt *m.* ‖ *a* ~ *in the dark*, un salt en el buit. ■ 4 *a.* ~*-frog*, saltar i parar [joc]. 5 ~*year*, any de traspàs.

leap (to) (li:p) *i.* saltar, botar. 2 fig. saltar, fer un salt: *my heart leapt*, em va fer un salt el cor. ■ 3 *i.* saltar. 4 fer saltar. ▲ Pret. i p. p.: *leapt* (lept) o *leaped* (li:pt).

learn (to) (lə:n) *t.* aprendre. ‖ *to* ~ *by heart*, aprendre de memòria. 2 assabentar-se *p.*, saber. ■ 3 *i.* aprendre *t.* ▲ Pret. i p. p.: *learned* (lə:nd) o *learnt* (lə:nt).

learned ('lə:nid) *a.* docte, erudit, savi, versat en. 2 culte [estil]. 3 ~ *profession*, professió liberal.

learner ('lə:nə^r) *s.* principiant. 2 aprenent. 3 estudiant.

learning ('lə:niŋ) *s.* instrucció *f.*, saber *m.*, coneixements *m. pl.*

learnt (lə:nt) Veure LEARN (TO).

lease ('li:s) *s.* arrendament *m.* 2 contracte *m.* d'arrendament. 3 fig. *to get a new* ~ *of life*, recobrar la vitalitat, agafar noves forces per continuar.

lease (to) (li:s) *t.* arrendar; llogar. 2 donar o agafar una cosa en arrendament.

leash (li:ʃ) *s.* ronsal *m.*, corretja *f.* 2 fig. *to strain at the* ~, tenir moltes ganes. 3 fig. *to hold in* ~, dominar, controlar.

least (li:st) *a.* (*superl.* de LITTLE.) més petit, menor; mínim. ■ 3 *s.* *the* ~, el més petit, el menor, el mínim. ‖ *at* ~, almenys, com a mínim; *not in the* ~, gens ni mica, en absolut. ■ 4 *adv.* menys. ‖ ~ *of all*, sobretot; menys que res; *when you* ~ *expect it*, quan menys t'ho esperes.

leather ('leðə^r) *s.* cuiro *m.*, pell *f.* 2 *patent* ~, xarol *m.* ■ 3 *a.* de cuiro, de pell. 4 *a.* **leathery** adobat. 5 fig. dur.

leave (li:v) *s.* permís *m.*, llicència *f.* ‖ *by your* ~, amb el vostre permís. 2 comiat *m.* ‖ *to take* ~, acomiadar-se.

leave (to) (li:v) *t.* deixar. 2 marxar *i.* 3 quedar *i.*, sobrar *i.* ■ 4 *i.* marxar, anar-se'n *p.*, sortir, (VAL) eixir, (ROSS.) sàller. ■ *to* ~ *behind*, deixar enrera; *to* ~ *for*, marxar cap a; *to* ~ *off*, deixar de [fer una cosa]; deixar [la feina, un costum, etc.]. ▲ Pret. i p. p.: *left* (left).

leaven ('levn) *s.* llevat *m.* 2 fig. estímul *m.*

leaves (li:vz) *s. pl.* de LEAF.

leavings ('li:viŋz) *s. pl.* sobres *f.*, deixalles *f.*

lecherous ('letʃərəs) *a.* luxuriós, lasciu.

lectern ('lektə:n) *s.* faristol *m.*

lecture ('lektʃə^r) *s.* conferència *f.*, discurs *m.* 2 classe *f.* [universitat]. 3 reprensió *f.*, sermó *m. 4 ~ hall,* aula *f.;* sala *f.* de conferències.

lecture (to) ('lektʃəʳ) *i.* fer una conferència. 2 donar una classe ■ *3 t.* sermonejar, renyar.

lecturer ('lektʃərəʳ) *s.* conferenciant. 2 professor [universitat]. ‖ *assistant ~,* professor adjunt.

led (led) Veure LEAD (TO).

ledge (ledʒ) *s.* lleixa *f.,* represa *f.,* prestatge *m.* 2 ARQ. repeu *m.* 3 MAR. escull *m.*

ledger ('ledʒəʳ) *s.* COM. llibre *m.* mestre.

leech (li:tʃ) *s.* ZOOL. sangonera *f.* [també fig.].

leek (li:k) *s.* BOT. porro *m.*

leer (liəʳ) *s.* mirada *f.* de reüll; mirada *f.* lasciva; mirada *f.* maliciosa.

lees (li:z) *s. pl.* pòsit *m. sing.,* solatge *m. sing.* [també fig.]. ‖ *to drink to the ~,* beure-s'ho tot.

leeward ('li:wəd) *s.* MAR. sotavent *m.* ■ 2 *adv.* a sotavent.

left (left) *pret.* i *p. p.* de LEAVE (TO). ‖ *to be ~ over,* quedar. Sobrar. ■ 2 *a.* esquerre. ■ *3 s.* esquerra *f.: on the ~,* a l'esquerra. 4 POL. esquerrà. ■ *5 adv.* a l'esquerra, cap a l'esquerra.

left-handed (,left'hændid) *a.* esquerrà.

leg (leg) *s.* cama *f.* 2 [persona]. 2 pota *f.* 3 suport *m.,* peu *m.* 4 camal *m.* 5 CUI. cuixa *f.* [de pollastre]. 6 coŀloq. *to pull someone's ~,* prendre el pèl *m.* a algú.

legacy ('legəsi) *s.* llegat *m.,* herència *f.* [també fig.].

legal ('li:gəl) *a.* legal. 2 legítim, lícit. 3 jurídic. ■ 4 *-ly adv.* legalment.

legate ('legit) *s.* llegat *m.*

legation (li'geiʃən) *s.* legació *f.* 2 ambaixada *f.*

legend ('ledʒənd) *s.* llegenda *f.*

legion ('li:dʒən) *s.* legió *f.*

legionary ('li:dʒənəri) *a.* legionari. ■ 2 *s.* legionari *m.*

legislate (to) ('ledʒisleit) *i.* legislar.

legislation (,ledʒis'leiʃən) *s.* legislació *f.*

legislature ('ledʒisleitʃəʳ) *s.* cos *m.* legislatiu.

legitimacy (li'dʒitiməsi) *s.* legitimitat *f.*

legitimate (li'dʒitimit) *a.* legítim.

legitimize (to) (li'dʒitimaiz) *t.* legitimar.

leisure ('leʒəʳ) *s.* lliure *m.,* temps *m.* lliure, oci *m.* ‖ *~ hours,* temps *m.* lliure. ‖ *at one's ~,* quan es pugui, quan es tingui temps.

lemon ('lemən) *s.* BOT. llimona *f.,* (OCC.) llimó *m.,* (VAL.) llima *f.* ‖ *~ tree,* llimoner *m.,* (VAL.) llimera *f.*

lemonade (,lemə'neid) *s.* llimonada *f.*

lend (to) (lend) *t.* deixar [diners, etc.]. ‖ *to ~ a hand,* donar un cop de mà. *2 to ~ one-*

self o *itself,* prestar-se *p.* a. ▲ Pret. i p. p.: *lent* (lent).

lender ('lendəʳ) *s.* prestador.

length (leŋθ) *s.* longitud *f.,* llargada *f.,* llargària *f.* ‖ *at ~,* finalment, extensament, detalladament. ‖ *at full ~,* sense abreujar, in extenso. ‖ *to go to any ~,* fer tot el que calgui. 2 espai *m.,* extensió *f.,* tros *m.*

lengthen (to) ('leŋθən) *t.* allargar, perllongar. ■ 2 *i.* allargar-se *p.,* perllongar-se *p.*

lengthy ('leŋθi) *a.* llarg, extens. 2 massa llarg.

leniency ('li:njənsi) *s.* lenitat *f.,* indulgència *f.,* benevolència *f.*

lenient ('li:njənt) *a.* indulgent, benevolent, fluix.

lens (lenz) *s.* OPT. lent *f.* 2 ANAT. cristaŀlí *m.*

Lent (lent) *s.* REL. Quaresma *f.*

lent (lent) Veure LEND (TO).

lentil ('lentil) *s.* BOT. llentia *f.*

leper ('lepəʳ) *s.* leprós.

leprosy ('leprəsi) *s.* MED. lepra *f.*

less (les) *a.-adv.-prep.* menys. 2 menor. ‖ *to grow ~,* minvar.

lessen (to) ('lesn) *t.* reduir, disminuir, rebaixar. ■ 2 *i.* minvar, disminuir, empetitir-se *p.*

lesser ('lesəʳ) *a.* (*comp.* de LITTLE) menor.

lesson ('lesn) *s.* lliçó [també fig.]. 2 classe *f.*

lest (lest) *conj.* per por de, per por que, per tal de no.

let (let) *s.* DRET destorb *m.,* obstacle *m.* 2 ESPORT *~ ball,* let *m.* [tennis].

let (to) (let) *t.* llogar, arrendar: *I'm going to ~ my flat,* llogaré el meu pis. 2 deixar, permetre. *3* MED. treure [sang]. *4 to ~ alone,* deixar en pau, no tocar; *to ~ loose,* deixar anar, deslligar, afluixar. *5 to ~ know,* fer saber, avisar. ■ 6 *i.* llogar-se *p.* ■ *7 aux. ~ B equal C,* posem que B és igual a C; *~ him come,* que vingui; *~ us run,* correm. ■ *to ~ down,* abaixar, allargar; deixar anar; desinflar; fig. decebre, fallar; *to ~ in,* deixar o fer entrar; *to ~ off,* disparar; deixar sortir; *to ~ on,* dir; fingir(se; *to ~ out,* deixar sortir o escapar; deixar anar; afluixar; eixamplar [un vestit]; arrendar, llogar; *to ~ up,* disminuir, amainar, minvar; moderar-se. ▲ Pret. p. p.: *let* (let). ■ *8 adv. ~ alone,* no diguem de, i encara menys.

lethal ('li:θəl) *a.* letal, mortal.

lethargy ('leθədʒi) *s.* letargia *f.*

let's (lets) *aux.* (*contr. let us*) *~ go!,* anem!, anem-nos-en!

letter ('letəʳ) *s.* lletra *f.* ‖ *to the ~,* al peu *m.* de la lletra. 2 carta *f.;* document *m.* ‖ *~ of credit,* carta *f.* de crèdit. ‖ *~ box,* bústia *f.* 3 *pl.* lletres *f.* [estudis, etc.].

lettering ('letəriŋ) *s.* rètol *m.*, inscripció *f.*, lletres *f. pl.*

lettuce ('letis) *s.* BOT. enciam *m.* (VAL.) encisam *m.*

level ('levl) *a.* llis, pla. 2 ras, uniforme. 3 horitzontal; anivellat. ‖ FERROC. ~ *crossing,* pas a nivell. 4 igual, igualat. 5 equilibrat; imparcial. 6 assenyat. ■ *7 adv.* a nivell. 8 horitzontalment. ■ *9 s.* nivell *m.* 10 plana *f. 11* alçada *f.;* índex *m. 12 on the* ~, honrat, seriós.

level (to) ('levl) *t.* anivellar. 2 aplanar. 3 desmuntar, enderrocar. 4 apuntar [una arma]. 5 fig. dirigir. ■ *6 i.* anivellar-se *p.* 7 COM. estabilitzar-se *p.*

lever ('li:vəʳ) *s.* palanca *f.*, alçaprem *m.*

levity ('leviti) *s.* form. frivolitat *f. 2* veŀleitat *f.*

levy ('levi) *s.* recaptació *f.* [d'impostos]. 2 MIL. lleva *f.*

levy (to) ('levi) *t.* recabdar [impostos]. 2 MIL. reclutar. ■ *3 i.* DRET *to* ~ *on,* embargar *t.*

lewd (lu:d) *a.* indecent, lasciu.

liability (ˌlaiə'biliti) *s.* responsabilitat *f.* 2 risc *m.*, tendència *f. 3 pl.* COM. obligacions *f. 4 pl.* COM. passiu *m.*

liable ('laiəbl) *a.* responsable. 2 exposat, subjecte, susceptible. 3 propens.

liar ('laiəʳ) *s.* mentider.

Lib ('lib) *s.* POL. (abrev. *Liberal*) liberal.

libel ('laibəl) *s.* libel *m.* 2 calumnia *f.*, difamació *f.*

liberal ('libərəl) *a.* liberal. ‖ *the* ~ *arts,* les lletres *f.* ‖ ~ *education,* educació *f.* humanista. 2 generós; abundant. ■ *3 s.* POL. liberal.

liberality (ˌlibə'ræliti) *s.* liberalitat *f.*, generositat *f. 2* mentalitat *f.* oberta.

liberate (to) ('libəreit) *t.* alliberar, llibertar, posar en llibertat.

libertine ('libəti:n) *a.-s.* llibertí.

liberty ('libəti) *s.* llibertat *f.* ‖ *at* ~, en llibertat, lliure. *2 pl.* privilegis *m.*

librarian (lai'brɛəriən) *s.* bibliotecari.

library ('laibrəri) *s.* biblioteca *f.*

licence, (EUA) **license** ('laisəns) *s.* llicència *f.*, permís *m.* ‖ *driving* ~, carnet *m.* de conduir. 2 autorització *f.* 3 patent *f.*, concessió *f.* 4 llibertinatge *m.* 5 AUTO. ~-*plate,* matrícula *f.* 6 LIT. llicència *f.* poètica.

licence, (EUA) **license (to)** ('laisəns) *t.* autoritzar, donar permís.

licentious (lai'senʃəs) *a.* llicenciós.

lick (lik) *s.* llepada *f.*

lick (to) (lik) *t.* llepar. ‖ fig. *to* ~ *someone's boots,* llepar el cul a algú. 2 coŀloq. apallissar, donar una pallissa.

licorice ('likəris) *s.* BOT. regalèssia *f.*

lid (lid) *s.* tapa *f.*, tapadora *f. 2 eye* ~, parpella *f.*

lie (lai) *s.* mentida *f.* ‖ *white* ~, mentida *f.* pietosa. 2 posició *f.* 3 fig. *the* ~ *of the land,* l'estat *m.* de les coses.

1) lie (to) (lai) *i.* mentir. ▲ Pret. i p. p. *lied* (laid); ger. *lying* ('laiiŋ).

2) lie (to) (lai) *i.* ajeure's *p.*, ajaure's *p.*, estirar-se *p.* 2 estar estirat, estar ajagut. 3 estar enterrat, descansar. 4 estar, trobarse *p.*, estar situat. 5 consistir, basar-se *p.*, raure. 6 estendre's *p.*, ocupar. 7 quedarse *p.* 8 dependre. 9 MAR. estar ancorat. ■ *to* ~ *about,* estar escampat, estar per tot arreu; *to* ~ *in,* quedar-se al llit; *to* ~ *low,* ajupir-se; estar quiet, amagar-se: *to* ~ *on,* dependre de; pesar sobre; *to* ~ *up,* no ferse servir; estar-se al llit; MAR. desarmar. ▲ Pret.: *lay* (lei); p. p.: *lain* (lein); ger. *lying* ('laiiŋ).

lieutenant (lef'tenənt) , (EUA) (lu:'tenənt) *s.* lloctinent. *m.2* MIL. tinent *m.* ‖ ~ *colonel,* tinent coronel.

life (laif) *s.* vida *f.* ‖ ~ *belt,* cinturó *m.* salvavides; ~ *sentence,* cadena *f.* perpètua; *a matter of* ~ *and/or death,* qüestió *f.* de vida o mort; *as large as* ~, de tamany *m.* natural; *for* ~, per tota la vida; *come to* ~, ressuscitar; reanimar-se; *low* ~, gentussa *f.*, xusma *f.;* ART. *still* ~, natura *f.* morta. 2 durada *f.*, duració *f.* 3 animació. ■ *4 a.* de la vida, vital. ‖ ~ *force,* força vital. 5 vitalici.

life-boat ('laifbout) *s.* MAR. bot *m.* salvavides.

lifeless ('laiflis) *a.* mort, sense vida. 2 inanimat, inert. 3 fig. fluix, insípid.

lifelong ('laiflɔŋ) *a.* de tota la vida, de sempre.

lifelike ('laiflaik) *a.* que sembla viu, natural, realista.

lifetime ('laiftaim) *s.* vida *f.* [duració]. ‖ *the chance of a* ~, l'oportunitat *f.* d'una vida. ■ *2 a.* perpetu, vitalici, de tota una vida.

lift (lift) *s.* elevació *f.*, aixecament *m.* ‖ ~ -*off,* enlairament *m.* [d'un coet]. ‖ *air-*~, pont *m.* aeri. 2 augment *m.*, pujada *f.* 3 empenta *f.*, força *f.* 4 *to give someone a* ~, portar algú amb el cotxe. 5 fig. animació *f.*, exaltació *f.* 6 (G.B.) ascensor *m.*

lift (to) (lift) *t.* aixecar, elevar. 2 suprimir, aixecar [restriccions, etc.]. 3 transportar [en avió]. 4 fig. exaltar, animar. 5 coŀloq. *to shop-*~, robar, pispar. ■ *6 i.* aixecar-se *p.*, elevar-se *p.* 7 AVIA. enlairar-se *p.*

lifting ('liftiŋ) *s.* Veure FACE-LIFTING.

light (lait) *s.* llum *f.* ‖ *to see the* ~, veure la llum; néixer. 2 foc *m.* [per encendre]. 3 llum *m.*, llanterna *f.*, far *m.* ‖ *traffic-*~, semàfor *m.* ‖ TEAT. *foot-~*, bateria *f.* 4 claror *f.*, brillantor *f.* 5 lluerna *f.*, claraboia *f.* 6 fig. llumenera *f.* 7 fig. aspecte *m.*, aparença. *f.* 8 *pl.* fig. llums *f.*, enteniment *m. sing.*, intel·ligència *f. sing.* ▪ 9 *a.* de llum. 10 ros; pàl·lid. 11 clar [color]. 12 lleuger, lleu. 13 fi, suau. 14 alegre, content. ▪ 15 *adv.* **to travel** ~, viatjar amb poc equipatge.

light (to) (lait) *t.* encendre, (ROSS.) allumar. 2 il·luminar. ▪ 3 *i.* topar, trobar-se *p.* amb. 4 il·luminar-se *p.* [també fig.]. ▲ Pret. i p. p.: *lighted* ('laitid) o *lit* (lit).

lighten (to) ('laitn) *t.* il·luminar. 2 aclarir, avivar [un color]. 3 alegrar. 4 alleujar. ▪ 5 *i.* il·luminar-se *p.* aclarir-se *p.*, avivar-se *p.* [un color]. 7 alegrar-se *p.* 8 alleugerir-se *p.* 9 llampegar.

lighter ('laitə^r) *s.* encenedor *m.* 2 MAR. gavarra *f.*, barcassa *f.*

light-headed ('lait'hedid) *a.* capverd, frívol. 2 marejat. 3 delirant.

lighthouse ('laithaus) *s.* MAR. far *m.*

lighting ('laitiŋ) *s.* il·luminació *f.* 2 enllumenat *m.* 3 encesa *f.*

lightness ('laitnis) *s.* lleugeresa *f.* 2 agilitat *f.* 3 claredat, lluminositat *f.*

lightning ('laitniŋ) *s.* llamp *m.*, llampec *m.* ‖ *~ rod*, parallamps *m.*

likable, likeable ('laikəbl) *a.* simpàtic, agradable, amable.

like (laik) *a.* igual; semblant; equivalent, anàleg, tal. ‖ *~ father ~ son*, tal el pare, tal el fill. 2 probable. ▪ 3 *adv.* probablement. ‖ *~ enough, very ~*, possiblement, probablement. 4 *~ this*, així. ▪ 5 *prep.* com, igual que, tal com. 6 *what's it ~?*, què tal és?, com és? ▪ 7 *conj.* com, de la mateixa manera. ▪ 8 *s.* semblant. ‖ col·loq. *the ~s of*, persones o coses com. 9 *pl.* gustos *m.*, simpaties *f.*

like (to) (laik) *t.* agradar *i: I ~ your flat*, m'agrada el teu pis. 2 apreciar, sentir simpatia per. 3 voler.

likelihood ('laiklihud) *s.* probabilitat *f.*; versemblança *f.*

likely ('laikli) *a.* probable, possible. 2 versemblant, creïble. 3 apropiat, adequat. 4 prometedor. ▪ 5 *adv.* probablement.

liken (to) ('laikən) *t.* assemblar-se *p.*, comparar.

likeness ('laiknis) *s.* semblança *f.* 2 aparença *f.*, forma *f.* 3 retrat *m.*

likewise ('laikwaiz) *adv.* igualment, de la mateixa manera. 2 a més, també.

liking ('laikiŋ) *s.* inclinació *f.*, afecte *m.*, simpatia *f.* 2 gust *m.*, afecció *f.*

lilac ('lailək) *s.* BOT. lila *f.*, lilà *m.* ▪ 2 *a.* lila, de color lila.

lily ('lili) *s.* BOT. lliri *m.*; assutzena *f.* 2 *water ~*, nenúfar *m.* 3 HERÀLD. flor *f.* de lis. ▪ 4 *a.* *~-white*, pàl·lid o blanc com un lliri; pur, innocent.

limb (limb) *s.* ANAT. membre *m.* 2 BOT. branca *f.*

limber ('limbə^r) *a.* flexible, àgil.

lime (laim) *s.* cala *f.* ‖ *~ pit*, pedrera *f.* de calcària. 2 calcària *f.* 3 BOT. llima *f.*; til·ler *m.*

limelight ('laim,lait) *s.* TEAT. llum *m.*, bateria *f.* 2 fig. *to be in the ~*, ser dalt de tot, atreure l'interès de tothom.

limestone ('laimstoun) *s.* pedra *f.* calcària.

limit ('limit) *s.* límit *m.* 2 col·loq. súmmum *m.*: *to be the ~*, ser el súmmum.

limit (to) ('limit) *t.* limitar.

limitation (,limi'teiʃən) *s.* limitació *f.* 2 restricció *f.*

limited ('limitid) *a.* limitat. 2 reduït, escàs. 3 COM. *~ company*, societat anònima.

limp (limp) *s.* coixesa *f.* ▪ 2 *a.* tou, flàcid. 3 fluix, flexible. 4 dèbil.

limp (to) (limp) *i.* coixejar.

limpid ('limpid) *a.* límpid, clar, transparent.

linden ('lindən) *s.* BOT. til·ler *m.*

line (lain) *s.* línia *f.*, ratlla *f.*, (BAL.) retxa *f.* 2 fila *f.*, filera *f.*, cua *f.* 3 línia *f.* [aèria, fèrria, etc.]. 4 TELEF. línia *f.* ‖ *hold the ~!*, no pengis! 5 LIT. vers *m.* [línia]. 6 TEAT. paper *m.* 7 fig. actitud *f.* ‖ *~ of conduct*, línia *f.* de conducta. 8 conducció *f.*, canonada *f.* 9 arruga *f.* [de la cara]. 10 branca *f.* [negocis, especialitat]. 11 corda *f.*, cordill *m.*, sedal *m.* 12 *pl.* línies *f.*, contorns *m.*; trets *m.*

line (to) (lain) *t.* ratllar. 2 arrugar [la cara]. 3 alinear(se. 4 fig. omplir. 5 TECNOL. folrar, revestir. ▪ 6 *i.* *to ~ up*, alinear-se *p.*, posar-se *p.* en fila; fer cua; MIL. formar.

lineage ('liniidʒ) *s.* llinatge *m.*

lineaments ('liniəmənts) *s. pl.* form. trets *m.*, fesomia *f. sing.*

linen ('linin) *s.* lli *m.*, fil *m.*, llenç *m.* 2 roba *f.* blanca [de llit, interior, etc.], (ROSS.) llinge *f.* ‖ *table-~*, joc *m.* de taula. 3 fig. *to wash one's dirty ~ in public*, treure els draps bruts. ▪ 4 *a.* de fil, de lli.

liner ('lainə^r) *s.* AVIA. avió *m.* de línia. 2 MAR. transatlàntic *m.*, vaixell *m.*

linesman ('lainzmən) *s.* ESPORT línier *m.*, jutge *m.* de línia.

line-up ('lainʌp) *s.* alineació *f.* 2 ESPORT alineació *f.*, formació *f.* 3 RADIO., TELEV. programació *f.*: *today's ~ includes a political debate*, la programació d'avui inclou un debat polític.

linger (to) ('liŋgə^r) *i.* romancejar, entretenir-se *p. 2* trigar, endarrerir-se *p. 3* persistir, subsistir [dubtes, etc.].

lingerie ('lænʒeri:) *s.* roba *f.* interior femenina [nom comercial].

lingering ('liŋgəriŋ) *a.* lent. *2* romancer. *3* perllongat; persistent. *4* MED. crònic.

lingo ('lingou) *s.* coHoq. pej. llengua *f.,* idioma *m.*

linguistics (liŋ'gwistiks) *s.* lingüística *f.*

lining ('lainiŋ) *s.* folre *m.,* folro *m. 2* TECNOL. revestiment *m.,* folre *m. 3 every cloud has a ~,* Déu escanya però no ofega.

link (liŋk) *s.* anella *f.,* baula *f.* || fig. *missing ~,* graó *m.* perdut. *2* fig. vincle *m.,* llaç *m. 3* connexió *f.,* relació *f. 4 cuff-~s,* botons *m.* de puny. *5* ESPORT camp *m.* de golf.

link (to) (liŋk) *t.* encadenar. *2* unir, connectar. *3* acoblar. *4* fig. unir, relacionar. ▪ *5 i.* enllaçar-se *p.,* unir-se *p.* [també fig.]. *6* acoblar-se *p.,* empalmar.

linoleum (li'nouljəm) *s.* linòleum *m.*

lion ('laiən) *s.* ZOOL. lleó *m.* [també fig.]. || fig. *the ~'s share,* la part *f.* del lleó.

lioness ('laiənis) *s.* ZOOL. lleona *f.*

lip (lip) *s.* llavi *m.,* (BAL.) morro *m.* || *~-reading,* llegir els llavis. *2* broc *m. 3* coHoq. insolència *f.,* impertinència *f.*

lipstick ('lipstik) *s.* pintallavis *m.*

liquefy (to) ('likwifai) *t.* liquar. ▪ *2 i.* liquar-se *p.*

liqueur (li'kjuəʳ) *s.* licor *m.*

liquid ('likwid) *a.* líquid. *2* clar. *3* transparent, cristaHí. ▪ *4 s.* líquid *m.*

liquor ('likəʳ) *s.* (G.B.) beguda *f.* alcohòlica. *2* licor *m.*

liquorice, (EUA) **licorice** ('likəris) *s.* BOT. regalèssia *f.*

Lisbon ('lizbən) *n. pr.* GEOGR. Lisboa *f.*

lisp ('lisp) *s.* parlar *m.* papissot. *2* balboteig *m.,* balbuceig *m. 3* fig. murmuri *m.,* xiuxiueig *m.*

lisp (to) (lisp) *i.* papissotejar, parlar papissot. ▪ *2 t.* dir papissotejant.

lissom, (EUA) **lissome** ('lisəm) *a.* àgil. *2* flexible.

list (list) *s.* llista *f.,* catàleg *m.,* relació *f.* || *wine ~,* carta *f.* de vins. || COM. *price ~,* llista *f.* de preus. *2* voraviu *m. 3* MAR. inclinació *f.,* escora *f. 4* MIL. escalafó *m.*

list (to) (list) *t.* fer una llista, posar en una llista; registrar. *2* enumerar. *3* COM. cotitzar. ▪ *4 i.* escorar, inclinar-se *p.*

listen (to) ('lisn) *i. to ~ (to),* escoltar, sentir; posar atenció a.

listener ('lisnəʳ) *s.* oient, radioient.

listless ('listlis) *a.* distret, indiferent, apàtic, abatut. ▪ *2 -ly adv.* sense interès.

lit (lit) *pret.* i *p. p.* de LIGHT (TO).

literal ('litərəl) *a.* literal. *2* prosaic. ▪ *2 -ly adv.* literalment. ▪ *3 s.* IMPR. errata *f.*

literate ('litərit) *a.* instruït, culte. ▪ *2 s.* persona *f.* culta.

literature ('litrətʃəʳ) *s.* literatura *f. 2* fullets *m. pl.,* opuscles *m. pl.* [publicitaris]. *3* documentació *f.*

lithe ('laið), **lithesome** (-səm) *a.* flexible, àgil, vincladís.

lithography ('li'θɔgrəfi) *s.* litografia *f.*

litigate (to) ('litigeit) *t.-i.* litigar *t.*

litre, (EUA) **liter** ('li:təʳ) *s.* litre *m.*

litter ('litəʳ) *s.* llitera *f. 2* jaç *m.,* pallat *m. 3* escombraries *f. pl.,* porqueria *f.* || *~-bin/ basket,* paperera *f.* || *~-lout,* persona *f.* que embruta el carrer. *4* fig. desordre *m.,* confusió *f. 5* ZOOL. ventrada *f.,* llodrigada *f.*

litter (to) ('litəʳ) *t.* escampar porqueria, embrutar, desordenar. *2* preparar un jaç de palla [per a animals]. ▪ *3 i.* parir [animals].

little ('litl) *a.* petit, (VAL.) xicotet. || *~ finger,* dit petit. *2* poc, mica. *3* fig. estret. ▪ *4 adv.* poc, mica. ▪ *5 s.* una mica *f. 6* una estona *f.*

littleness ('litlnis) *s.* petitesa *f.* [també fig.]. *2* mesquinesa *f.*

live (laiv) *a.* viu [que viu; enèrgic; actiu]. *2* ardent, encès. || *~ coals,* brases *f.* || *~ bomb,* bombe sense explotar. *3* d'actualitat, candent. *4* ELECT. amb corrent. *5* RADIO., TELEV. en directe.

live (to) (liv) *t.* viure; portar, tenir [un tipus de vida, etc.]. ▪ *2 i.* viure. || *to ~ together,* viure junts. || *~ and let ~,* viu i deixa viure. ▪ *to ~ by,* viure de; *to ~ in,* viure a, habitar, ocupar; *to ~ on* o *upon,* viure de o a costa de, *to ~ out,* acabar; *to ~ through,* sobreviure, anar fent; *to ~ it up,* viure sense estar-se de res.

livelihood ('laivlihud) *s.* vida *f.,* mitjans *m.* de vida.

liveliness ('laivlinis) *s.* vida *f.,* vivacitat *f.,* animació *f.*

lively (laivli) *a.* viu. *2* animat. *3* alegre, brillant. *4* ràpid, enèrgic. *5* realista, gràfic [una descripció, etc.]. ▪ *6 adv.* vivament.

liver ('livəʳ) *s.* ANAT., CUI. fetge *m. 2 good ~,* persona *f.* que sap viure.

livery ('livəri) *s.* lliurea *f. 2 ~ stable,* quadra *f.* de cavalls de lloguer. *3* poèt. vestidura *f.,* plomatge *m.*

livestock ('laivstɔk) *s.* ramaderia *f.,* bestiar *m.*

livid ('livid) *a.* lívid, pàlid. *2* coHoq. furiós.

living ('liviŋ) *a.* viu, vivent; de vida, vital. *2 ~-room,* sala d'estar. ▪ *3 s.* vida *f.* [manera de viure, mitjans de vida]. || *to make a ~,* guanyar-se la vida. *4 the ~,* els vius *m.*

pl. 5 ~ *wage*, sou *m.* mínim. 6 ~ *allowance*, dietes *f. pl.*

Liz (liz) *n. pr. f.* (dim. *Elisabeth*) Elisabet.

lizard ('lizəd) *s.* ZOOL. llangardaix *m.*, sargantana *f.*

llama ('lɑːmə) *s.* ZOOL. llama *f.*

load (loud) *s.* càrrega *f.* 2 pes *m.* [també fig.]. 3 carregament *m.* 4 *pl.* col·loq. munt *m. sing.* [molts], (ROSS.) petadissa *f. sing.* 5 MEC. rendiment *m.*

load (to) (loud) *t.* carregar [un vaixell, una arma, una filmadora, etc.]. 2 cobrir, omplir [d'honors, etc.]. 3 fig. aclaparar, oprimir. 5 INFORM. carregar. ▪ 6 *i.* carregar-se *p.*, agafar càrrega.

loaf (louf) *s.* pa *m.*, barra *f.* de pa. 2 col·loq. cap *m.: use your ~!*, fes servir el cap! ▲ *pl. loaves* (louvz).

loaf (to) (louf) *i.* gandulejar. 2 *to ~ about*, fer el dropo, perdre el temps.

loafer ('loufə^r) *s.* gandul, dropo.

loan (loun) *s.* préstec *m.* 2 COM. emprèstit *m.* 3 LING. ~ *word*, préstec *m.*

loan (to) (loun) *t.* form. deixar [diners].

loath (louθ) *a.* refractari, poc disposat.

loathe (to) (louð) *t.* odiar, detestar, sentir repugnància.

loathing ('louðiŋ) *s.* aversió *f.*, fàstic *m.*, odi *m.*, repugnància *f.*

loathsome ('louðsəm) *a.* fastigós, repugnant. 2 odiós.

lobby ('lɔbi) *s.* corredor *m.*; sala *f.* d'espera [de cambra legislativa]; vestíbul. 2 grup *m.* de pressió.

lobby (to) ('lɔbi) *t.* pressionar [políticament]. ▪ 2 *i.* fer pressió [política].

lobe (loub) *s.* lòbul *m.*

lobster ('lɔbstə^r) *s.* ZOOL. llagosta *f.*

local ('loukəl) *a.* local. ‖ ~ *news*, notícies locals. 2 limitat, restringit. 3 urbà, interior. 4 municipal, regional, comarcal. 5 de rodalies. ▪ 6 *s.* gent *f.* del poble; natiu. 7 secció *f.* local.

locality (lou'kæliti) *s.* localitat *f.* 2 lloc *m.* 3 regió *f.* 4 situació *f.* 5 orientació *f.*

localize (to) ('loukəlaiz) *t.* localitzar, fer local. 2 limitar.

locate (to) (lou'keit) *t.* localitzar, situar. 2 trobar. 3 posar, col·locar.

location (lou'keiʃən) *s.* localització *f.* 2 situació *f.*, posició *f.* 3 CINEM. exteriors *m. pl.* ‖ *the film was shot on ~ in Almeria*, la pel·lícula es va rodar a Almeria.

lock (lɔk) *s.* rínxol *m.*, rull *m.* 2 floc *m.* [de cabells]. 3 *pl.* cabells *m. pl.* 4 pany *m.* 5 clau *f.* [d'una arma; de lluita]. 6 resclosa *f.*

lock (to) (lɔk) *t.* tancar [amb clau]. 2 abraçar [fort]. 3 empresonar. 4 MEC. travar, encla-

villar, clavillar. ▪ 5 *i.* tancar-se *p.*, quedarse *p.* tancat. 6 MEC. travar-se *p.* ▪ *to ~ away*, guardar amb pany i clau; *to ~ in*, tancar amb clau; *to ~ out*, tancar a fora; *to ~ up*, guardar amb pany i clau; deixar tancat; tancar [algú].

locker (l'kə^r) *s.* armari *m.*, armariet *m.* [tancat amb clau que serveix per guardar coses en un lloc públic].

locket ('lɔkit) *s.* medalló *m.*, relíquia *f.*

lockout ('lɔkaut) *s.* locaut *m.*

locksmith ('lɔksmiθ) *s.* manyà.

locomotion (,loukə'mouʃən) *s.* locomoció *f.*

locomotive ('loukə'moutiv) *a.* locomotor, locomotriu. ▪ 2 *s.* FERROC. locomotora *f.*

locust ('loukəst) *s.* ENT. llagosta *f.*; cigala *f.* 2 BOT. *locust o ~ tree*, garrofer *m.*

locution (lou'kjuːʃən) *s.* locució *f.*

lode (loud) *s.* MIN. filó *m.*, veta *f.* 2 ~ *star*, estel *m.* polar; fig. nord *m.*, guia.

lodge (lɔdʒ) *s.* casa *f.* del guarda. 2 pavelló *m.* 3 lògia *f.*

lodge (to) (lɔdʒ) *t.* allotjar. 2 ficar, col·locar. 3 dipositar. 4 presentar [una denúncia, etc.]. ▪ 5 *i.* allotjar-se *p.* 6 ficar-se *p.*

lodging ('lɔdʒiŋ) *s.* allotjament *m.* ‖ ~ *house*, pensió *f.*

loft (lɔft) *s.* golfes *f. pl.* 2 altell *m.* d'un paller.

log (lɔg) *s.* tronc *m.* ‖ *to sleep like a ~*, dormir com un tronc. 2 NAUT. diari *m.* de bord; quadern *m.* de bitàcola. 3 AVIA. diari *m.* de vol.

logarithm ('lɔgəriðəm) *s.* MAT. logaritme *m.*

loggerheads ('lɔgəhədz) *s. pl. to be at ~*, estar en desacord *m. sing.*

loggia ('lɔdʒiə) *s.* ARQ. pòrtic *m.*, galeria *f.*

logic ('lɔdʒik) *s.* lògica *f.*

logical ('lɔdʒikəl) *a.* lògic. ▪ 2 *-ly adv.* lògicament.

loin (lɔin) *s.* illada *f.* 2 CARN. llom *m.*, rellom *m.* 3 *pl.* lloms *m.* 4 ~*-cloth*, tapall *m.*

loiter (to) ('lɔitə^r) *i.* endarrerir-se *p.*, entretenir-se *p.*; gandulejar. ▪ 2 *t. to ~ away*, perdre el temps.

loll (to) (lɔl) *i.* escarxofar-se *p.*, arrepaparse *p.* 2 *to ~ out*, penjar [la llengua]. ▪ 3 *t. to ~ out*, portar penjant [la llengua].

lollipop ('lɔlipɔp) *s.* pirulí *m.*, piruleta *f.* 2 *ice ~*, pol *m.* [gelat].

London ('lʌndən) *n. pr.* GEOGR. Londres *m.* ▪ 2 *a.* londinenc.

Londoner ('lʌndənə^r) *s.* londinenc.

lone (loun) *a.* sol [sense companyia; únic]. 2 solitari.

loneliness ('lounlinis) *s.* soledat *f.*, solitud *f.* 2 tristesa *f.* [del qui està sol].

lonely ('lounli) *a.* sol, solitari. 2 que se sent sol.

long (lɔŋ) *a.* llarg. ‖ *in the ~ run*, a la llarga. 2 extens, perllongat. 3 que triga: *to be ~ in coming*, trigar a venir. ■ *4 adv.* durant [un temps]; molt temps. ‖ *as ~ as*, mentre; sempre que. ‖ *~ ago*, fa molt de temps. ‖ *so ~!*, fins ara!, a reveure! ■ *5 s.* llarg *m.*, llargària *f.*, longitud *f.*

long (to) (lɔŋ) *i. to ~ (after, for, to)*, anhelar *t.*, tenir moltes ganes de, enyorar *t.*

longhand ('lɔŋhænd) *s.* escriptura *f.* normal [no taquigràfica].

longing ('lɔŋiŋ) *s.* ànsia *f.*, anhel *m.* 2 enyorament *m.* ■ *3 a.* ansiós, delerós.

longitude ('lɔndʒitjuːd) *s.* GEOGR., ASTR. longitud *f.*, llargària *f.*

long-sighted (ˌlɔŋ'saitid) *a.* MED. prèsbita. 2 previsor. 3 fig. perspicaç, astut.

long-suffering (ˌlɔŋ'sʌfəriŋ) *a.* sofert, pacient.

long-term (ˌlɔŋ'təːm) *a.* a llarg termini.

longways ('lɔŋweiz), (EUA) **longwise** ('lɔŋwaiz) *adv.* pel llarg, longitudinalment.

long-winded (ˌlɔŋ'windid) *a.* llarg i avorrit. 2 interminable.

look (luk) *s.* mirada *f.*, ullada *f.*, cop *m.* d'ull. 2 cara *f.*, aspecte *m.* 3 aparença *f.*, aire *m.* 4 *pl. good ~s*, bellesa *f.*

look (to) (luk) *i.* mirar. 2 considerar. 3 donar a, caure; estar situat. 4 semblar: *he ~ed tired*, semblava cansat. 5 aparèixer, manifestar-se *p.* 6 anar, escaure, caure [bé o malament]. 7 *to ~ alike*, assemblar-se *p.* 8 *to ~ alive*, cuitar, donar-se *p.* pressa. 9 *to ~ like*, semblar. ■ *10 t.* mirar. *11 to ~ daggers (at)*, mirar malament, fulminar amb la mirada. ■ *to ~ about*, mirar al voltant; *to ~ after*, tenir cura de; *to ~ back*, mirar enrera; fig. fer-se enrera; *to ~ down on*, menysprear; *to ~ for*, buscar, (BAL.) cercar; *to ~ forward to*, esperar amb il·lusió; *to ~ into*, investigar; *to ~ out*, abocar-se; anar amb compte. ‖ *~ out!*, ves amb compte!; *to ~ over*, repassar, examinar; fullejar [un llibre]; *to ~ through*, donar una ullada; tenir cura de; registrar; fullejar; *to ~ to*, ocupar-se; mirar per; *to ~ up*, buscar [en un diccionari, etc.], consultar; *to ~ upon*, mirar, considerar.

looker-on (ˌlukər'ɔn) *s.* badoc; espectador.

looking-glass ('lukiŋglaːs) *s.* ant. mirall *m.*

lookout ('lukaut) *s.* talaia *f.* 2 mirador *m.* 3 guaita, vigia, sentinella. 4 vigilància *f.*, guaita *f.* ‖ *to be on the ~ for*, estar a l'expectativa de. 5 perspectiva *f.*; responsabilitat *f.*

loom (luːm) *s.* TÈXT. teler *m.*

loom (to) (luːm) *i.* aparèixer, sorgir. 2 perfilar-se *p.*, dibuixar-se *p.* [d'una manera confusa o impressionant]. 3 amenaçar *t.*

loony (luːni) *a.* col·loq. sonat, guillat.

loop (luːp) *s.* baga *f.*, llaç *m.* 2 revolt *m.*, corba *f.* 3 baqueta *f.* 4 AVIA. ris *m.* 5 INFORM. bucle *m.*

loop (to) (luːp) *t.* fer una baga o un llaç. 2 cordar amb una bagueta. ■ *3 i.* fer una baga. 4 serpentejar. 5 AVIA. *to ~ the loop*, fer un ris.

loophole ('luːphoul) *s.* MIL. espitllera *f.*, respitllera *f.* 2 fig. sortida *f.*, escapatòria *f.*

loose (luːs) *a.* solt, deslligat, descordat. 2 fluix [una dent; un cargol, etc.], ample, balder [un vestit, etc.]. 3 desmanegat, malgirbat. 4 tou, flonjo. 5 lliure; deslligat. ‖ *to break ~*, escapar-se, deslligar-se. ‖ *to let ~*, deixar anar. 6 lax, dissolut. 7 fig. imprecís, indeterminat; lliure [traducció]. 8 ELECT. desconnectat. 9 TECNOL. *~ pulley*, politja boja. ■ *10 s.* llibertat *f.* ‖ *on the ~*, en llibertat, lliure. ■ *11 -ly adv.* balderament; folgadament; aproximadament; dissolutament.

loose (to) (luːs) *t.* deixar anar, deslligar, afluixar. 2 deixar en llibertat. 3 fig. deslligar [la llengua, etc.].

loose end (luːs'end) *s.* cap per a lligar [també fig.]. 2 fig. *to be at a ~*, no tenir res per fer.

loosen (to) ('luːsn) *t.* deixar anar, deslligar, afluixar. 2 esponjar, estovar. 3 *to ~ up*, relaxar, desentumir [els muscles]. 4 fig. fer parlar, fer córrer [la llengua]. 5 MED. descarregar, afluixar [la panxa]. ■ *6 i.* deixar-se *p.* anar, deslligar-se *p.*, afluixar-se *p.* 7 ESPORT escalfar *t.* [els muscles]. 8 MED. descarregar, afluixar-se *p.* [la panxa].

loot (luːt) *s.* botí *m.*, presa *f.* 2 *~ing*, saqueig *m.* 3 col·loq. guanys *m. pl.*, peles *f. pl.*

loot (luːt) *t.-i.* saquejar *t.*, pillar *t.*

lop (to) (lɔp) *t. to ~ (away/off)*, podar, esmotxar, tallar. ■ *2 i.* penjar, caure: *~-ears*, orelles caigudes.

loquacious (lou'kweiʃəs) *a.* loquaç.

lord (lɔːd) *s.* lord *m.* ‖ *Lord Mayor of London*, alcalde *m.* de Londres. ‖ *House of Lords*, cambra *f.* dels Lords. 2 senyor *m.*, amo *m.* 3 REL. *the Lord*, el Senyor *m.*

lordship ('lɔːdʃip) *s.* senyoria *f.* 2 senyoriu *m.* ‖ *his* o *your ~*, Sa o Vostra senyoria *f.*

lorry ('lɔri) *s.* camió *m.* ‖ *~ driver*, camioner.

lose (to) (luːz) *t.* perdre. ‖ *to ~ one's temper*, perdre la paciència, enfadar-se *p.* ‖ *to ~ one's way*, perdre's *p.*, no trobar el camí. 2 fer perdre. ■ *3 i.* perdre, no guanyar. 4 *to ~ out*, sortir perdent. ▲ Pret. i p. p.: *lost* (lɔst).

loser ('luːsə') *s.* perdedor.

loss (lɔs, lɔːs) *s.* pèrdua *f.* 2 dany *m.* 3 MED. pèrdua *f.* 4 *to be a dead ~,* ser un desastre *m.* [una persona]. 5 coĦoq. *to be at a ~,* estar perplex, indecís.

lost (lɔst) Veure LOSE (TO). ▪ 2 *a.* perdut. ‖ *~ property office,* oficina d'objectes perduts. ‖ *to get ~,* perdre's. ‖ *get ~!,* ves a fer punyetes! 3 arruïnat. 4 oblidat. 5 perplex, parat. 6 *~ in thought,* abstret, pensatiu. 7 fig. *~ to,* insensible a, perdut per a.

lot (lɔt) *s.* lot *m.,* part *f.* 2 solar *m.,* terreny *m.* 3 sort *f.: to cast lots,* fer-ho a la sort. 4 destí *m.* 5 grup *m.,* coĦecció *f.* 6 individu, persona *f.* 7 *a ~ of, lots of,* un munt *m.,* de, (ROSS.) petadissa *f.* ‖ *quite a ~,* bastants. ‖ *the ~,* la totalitat *f.* ‖ *What a ~ of noise!,* quin soroll! ▪ 8 *adv. a ~,* molt.

lottery ('lɔtəri) *s.* loteria *f.,* rifa *f.* [també fig.].

loud (laud) *a.* fort, alt [so, crit, etc.]. 2 sorollós, estrepitós. 3 cridaner. 4 vulgar, ordinari. ▪ 5 -ly *adv.* en veu alta. 6 sorollosament.

loud-speaker (ˌlaud'spiːkəʳ) *s.* RADIO. altaveu *m.*

Louise (luˌiːz) *n. pr. f.* Lluïsa.

lounge (laundʒ) *s.* sala *f.* d'estar, saló *m.* 2 *~-chair,* gandula *f.* 3 *~-suit,* vestit *m.* de carrer.

lounge (to) (laundʒ) *i.* passejar, gandulejar. 2 estar escarxofat o arrepapat.

louse (laus) *s.* ENT. poll *m.* 2 coĦoq. pocavergonya, trinxeraire. ▲ *pl. lice* (lais).

lousy ('lauzi) *a.* pollós. 2 dolent. 3 coĦoq. fastigós. 4 fig. *to be ~ with,* estar folrat.

lout (laut) *s.* rústec *a.,* taujà.

lovable ('lʌvəbl) *a.* adorable, encantador.

love (lʌv) *s.* amor *m.,* afecció *f.,* estimació *f.,* passió *f.* ‖ *~ affair,* aventura amorosa; *~ at first sight,* amor a primera vista; *for ~,* per amor; gratis; *not for ~ or money,* per res del món; *to be in ~ with,* estar enamorat de; *to fall in ~ with,* enamorar-se de; *to make ~,* fer l'amor. 2 amor *m.* [persona estimada]. 3 coĦoq. rei, nen, maco. 4 ESPORT zero *m.* ‖ *~ game,* joc *m.* en blanc [tennis].

love (to) (lʌv) *t.* estimar. 2 agradar molt, encantar: *I'd love to!,* m'encantaria!

lovely ('lʌvli) *a.* preciós, encantador, adorable, deliciós, bonic. ‖ *that's ~!,* que bonic! 2 molt bé.

lover ('lʌvəʳ) *s.* amant. 2 amant afeccionat: *he is a ~ of ballet,* és un amant del ballet.

lovesick ('lʌvsik) *a.* malalt d'amor.

loving ('lʌviŋ) *a.* afectuós, tendre, manyac. 2 bondadós. ▪ 3 -ly *adv.* afectuosament, tendrament, bondadosament.

low (lou) *a.* baix. ‖ *~-necked,* escotat [un vestit]; *~ relief,* baix relleu; *~ trick,* mala passada, cop baix; *~ water,* baixamar, estiatge. 2 pobre, escàs, insuficient. 3 dèbil, malalt, abatut. ‖ *~ spirits,* abatiment, desànim. 4 groller, maleducat. 5 humil, submís. 6 AUTO. *~ gear,* primera [marxa]. 7 CUI. lent. 8 MÚS. baix, greu. 9 -ly *a.* humil, modest. ▪ 10 *adv.* baix. 11 poc. 12 submisament. 13 -ly, humilment, modestament. ▪ 14 *s.* mugit *m.,* bramul *m.*

lower (to) ('louəʳ) *t.* abaixar, fer baixar. 2 arribar [una bandera]. 3 llançar. 4 rebaixar, reduir. 5 fig. humiliar, abatre. ▪ 6 *p. to ~ oneself,* rebaixar-se. ▪ 7 *i.* baixar. 8 disminuir.

lowering ('lauəriŋ) *a.* corrugant, amenaçador. 2 tapat, ennuvolat [el cel].

loyal ('lɔiəl) *a.* lleial, fidel.

loyalty ('lɔiəlti) *s.* lleialtat *f.,* fidelitat *f.*

lozenge ('lɔzindʒ) *s.* GEOM. romb *m.* 2 HERÀLD. losange *m.* 3 pastilla *f.* [de menta, etc.].

LSD (ˌeles'diː) *s. (lysergic acid diethylamide)* LSD *m.* (dietilamida de l'àcid lisèrgic).

Ltd. ('limitid) *s.* (abrev. *Limited*) S.A. *f.* (societat anònima).

lubricant ('luːbrikənt) *a.* lubricant, lubrificant. ▪ 2 *s.* lubricant *m.,* lubrificant *m.*

lubricate ('luːbrikeit) *t.* lubricar, lubrificar, greixar.

lucid ('luːsid) *a.* lúcid.

lucidity (luː'siditi) *s.* lucidesa *f.*

luck (lʌk) *s.* sort *f.,* fortuna *f.* [bona o dolenta]. ‖ *just my ~!,* estic de pega *f.*

luckily ('lʌkili) *adv.* per sort, afortunadament.

lucky ('lʌki) *a.* afortunat. 2 feliç.

lucrative ('luːkrətiv) *a.* lucratiu.

ludicrous ('luːdikrəs) *a.* còmic, ridícul, absurd.

luggage ('lʌgidʒ) *s.* equipatge *m.* ‖ AUTO. *~ rack,* baca *f.;* FERROC. portaequipatges *m.*

lugubrious (lə'guːbriəs) *a.* lúgubre.

lukewarm (ˌluːk'wɔːm) *a.* tebi, temperat [també fig.].

lull (lʌl) *s.* respir *m.,* treva *f.,* moment *m.* de calma o de silenci.

lull (to) (lʌl) *t.* adormir. 2 calmar. ▪ 3 *i.* amainar, calmar-se *p.*

lullaby ('lʌləbai) *s.* cançó *f.* de bressol.

lumbago (lʌm'beigou) *s.* MED. lumbago *m.*

lumber ('lʌmbəʳ) *s.* fusta *f.* [serrada], fusta *f.* de construcció. ‖ *~ jack,* llenyataire. 2 andròmines *f. pl.* ‖ *~ room,* cambra *f.* dels mals endreços.

luminous ('luːminəs) *a.* lluminós.

lump (lʌmp) *s.* tros *m.* 2 terròs *m.* [de sucre]. 3 bony *m.,* protuberància *f.* 4 coĦoq. corcó *m.,* pesat. 5 TÈXT. nus *m.* [també fig.].

6 in the ~, tot plegat; ~ _sum_, suma _f._ global.

lunacy ('luːnəsi) _s._ bogeria _f._, demència _f._

lunar ('luːnə^r) _a._ lunar.

lunatic ('luːnətik) _a.-s._ llunàtic, boig, dement.

lunch (lʌntʃ), **luncheon** ('lʌntʃən) _s._ dinar _m._ ‖ ~ _time_, hora _f._ de dinar.

lunch (to) (lʌntʃ) _i._ dinar. ■ _2 t._ convidar a dinar.

lung (lʌŋ) _s._ pulmó _m._

lunge (lʌndʒ) _s._ estocada _f._ _2_ embestida _f._

lurch (ləːtʃ) _s._ sacsejada _f._, sotrac _m._, tomb _m._ _2_ batzegada _f._, bandada _f._ _3 to leave in the_ ~, deixar plantat.

lure (ljuə^r) _s._ cimbell _m._, reclam _m._ _2_ esquer _m._ _3_ fig. al·licient.

lure (to) (ljuə^r) _t._ atreure [amb un reclam]. _2_ seduir, temptar.

lurid ('ljuərid) _a._ rogent, vermell. _2_ fosc. _3_ fig. horripilant, horrorós.

lurk (to) (ləːk) _i._ estar a l'aguait, estar amagat. _2_ fig. rondar.

luscious ('lʌʃəs) _a._ deliciós, exquisit. _2_ dolç; saborós. _3_ embafador. ■ _4_ **-ly** _adv._ saborosament, exquisitament.

lush (lʌʃ) _a._ fresc, ufanós. _2_ fig. exuberant. ■ _3 s._ (EUA) col·loq. borratxo.

lust (lʌst) _s._ luxúria _f._ _2_ anhel _m._, ànsia _f._

lust (to) (lʌst) _i._ _to_ ~ _after_ o _for_, cobejar, desitjar [amb luxúria].

lustful ('lʌstful) _a._ luxuriós, libidinós.

lustre ('lʌstə^r) _s._ llustre _m._, lluentor _f._ _2_ reflex _m._ _3_ aranya _f._ [llum]. _4_ fig. glòria _f._, esplendor _m._

lustrous ('lʌstrəs) _a._ llustrós, lluent.

lusty ('lʌsti) _a._ ufanós, fort, robust. _2_ vigorós, enèrgic.

lute (luːt) _s._ MÚS. llaüt _m._

Luxembourg ('lʌksəmbəːg) _n. pr._ GEOGR. Luxemburg _m._

luxuriant (lʌg'zuəriənt) _a._ luxuriant, exuberant, frondós.

luxurious (lʌg'zuəriəs) _a._ luxós, fastuós.

luxury ('lʌkʃəri) _s._ luxe _m._, fast _m._

lyceum (lai'siːəm) _s._ liceu _m._ _2_ (EUA) auditori _m._, sala _f._ de conferències.

Lydia ('lidiə) _n. pr. f._ Lidia.

lye (lai) _s._ QUÍM. lleixiu _f._

lying ('laiiŋ) _ger._ de LIE (TO). ■ _2 a._ mentider. _3_ estirat. _4_ situat.

lynch (to) (lintʃ) _t._ linxar.

lynx (liŋks) _s._ ZOOL. linx _m._ ▲ _pl._ **lynxes** o **lynx**.

lyre ('laiə^r) _s._ MÚS. lira _f._

lyric ('lirik) _a._ líric. ■ _2 s._ ~ _poem_, poema _m._ líric. _3 pl._ lletra _f._ _sing._ [d'una cançó].

M

M, m (em) *s. m.* [lletra]. *2* xifra romana per 1.000.

M (em) *s.* (G.B.) *(Motorway)* A *f.* (autopista).

M.A. ('em'ei) *s. (Master of Arts)* llicenciat amb grau de filosofia i lletres.

ma (mɑː) *s.* coĦoq. (abrev. de *mamma*) mama *f.*

macaroni (ˌmækəˈrouni) *s.* macarrons *m. pl.*

macaroon (ˌmækəˈruːn) *s.* GASTR. ametllat *m.* [pastís].

mace (meis) *s.* maça *f.* [arma; insígnia]. ‖ ~ *bearer*, macer.

machination (ˌmæki'neiʃən) *s.* maquinació *f.*

machine (məˈʃiːn) *s.* màquina *f.*

machine-code (məˈʃiːnkoud) *s.* INFORM. codi *m.* màquina.

machine-gun (məˈʃiːngʌn) *s.* metralleta *f.*

machinery (məˈʃiːnəri) *s.* maquinària *f.* *2* mecanisme *m.*, sistema *m.* [també fig.].

mackerel ('mækrəl) *s.* ICT. cavalla *f.*, verat *m.* *2* ~ *sky*, cel *m.* aborrallonat.

mackintosh ('mækintɔʃ) *s.* (G.B.) impermeable *m.*

macrobiotic (ˌmækroubaiˈɔtik) *a.* macrobiòtic.

mad (mæd) *a.* boig. ‖ coĦoq. fig. *like* ~, com un boig; *to be* ~ *about*, estar boig per; *to drive somebody* ~, fer tornar boig algú; fig. *to go* ~, tornar-se boig. *2* insensat, desbaratat. *3* furiós. *4* rabiós [animal]. ▪ *5* -ly *adv.* bojament, furiosament.

madam ('mædəm) *s.* senyora *f.* *2 to be a bit of a* ~, ser molt manaire. *3* mestressa *f.* [d'un bordell].

madden (to) ('mædn) *t.* embogir, fer tornar boig. ▪ *2 i.* embogir, tornar-se *p.* boig.

maddening ('mædniŋ) *a.* exasperant.

made (meid) *pret.* i *p. p.* de MAKE (TO). ▪ *2 a.* fet, compost, confeccionat, fabricat.

made-up ('meidʌp) *a.* fet, confeccionat [vestit, roba]. *2* maquillat, pintat [cara]. *3* artificial, fictici, inventat [història, etc.].

madhouse ('mædhaus) *s.* coĦoq. manicomi *m.* *2* fig. casa *f.* de bojos.

madman ('mædmən) *s.* boig *m.*

madness ('mædnis) *s.* bogeria *f.*, demència *f.* *2* fúria *f.*, ràbia *f.*

Madrid (məˈdrid) *n. pr.* GEOGR. Madrid *m.*

maelstrom ('meilstrəm) *s.* vòrtex [també fig.]. *2* fig. remolí *m.*

magazine (ˌmægəˈziːn) *s.* revista *f.* [periòdica]. *2* dipòsit *m.* [d'armes]. *3* polvorí *m.* *4* recambra *f.*

Magi ('meidʒai) *s. pl. the* ~, els tres Reis *m.* d'Orient.

magic ('mædʒik) *s.* màgia *f.* [també fig.]. ‖ *as if by* ~, com per art de màgia *f.* ▪ *2 a.* màgic. ‖ CINEM. ~ *lantern*, llanterna *f.* màgica.

magical ('mædʒikəl) *a.* màgic; encantat.

magician (məˈdʒiʃən) *s.* mag, màgic, bruixot. *2* prestidigitador.

magistrate ('mædʒistreit) *s.* magistrat. *2* jutge de pau.

magnanimous (mægˈnæniməs) *a.* magnànim. ▪ *2* -ly *adv.* magnànimament.

magnate ('mægneit) *s.* magnat, potentat.

magnet ('mægnit) *s.* ELECT. imant *m.*

magnetic (mægˈnetik) *a.* magnètic. ‖ ~ *needle*, brúixola *f.* *2* fig. magnètic, atractiu.

magnificence (mægˈnifisns) *s.* magnificència *f.*

magnificent (mægˈnifisnt) *a.* magnífic, esplèndid. ▪ *2* -ly *adv.* magníficament.

magnify (to) ('mægnifai) *t.* augmentar, amplificar, engrandir. *2* exagerar. *3* magnificar.

magnifying glass ('mægnifaiiŋglɑːs) *s.* lent *f.* d'augment, lupa *f.*

magpie ('mægpai) *s.* ORN. garsa *f.* *2* fig. cotorra *f.*, barjaula *f.*, (ROSS.) llorma *f.*

mahogany (məˈhɔgəni) *s.* BOT. caoba *f.*

maid (meid) *s*. ant., liter. donzella *f*. ‖ ~ *of honour*, dama *f*. d'honor. 2 criada *f*., minyona *f*., cambrera *f*. 3 *old* ~, conca *f*.

maiden ('meidn) *s*. donzella *f*. ■ 2 *a*. de soltera: ~ *name*, nom *m*. de soltera. 3 virginal. 4 primer, inicial, inaugural.

maid-servant ('meid͵sə:vənt) *s*. criada *f*., minyona *f*.

mail (meil) *s*. malla *f*., cota *f*. de malles. 2 correu *m*., correspondència *f*. ‖ ~ *boat*, vaixell *m*. correu. ‖ *air* ~, correu *m*. aeri.

mail (to) (meil) *t*. tirar al correu, enviar per correu.

mailbox ('meilbɔks) *s*. (EUA) bústia *f*.

maim (to) (meim) *t*. mutilar, esguerrar.

main (mein) *a*. principal, primer, major, més important. ‖ ~ *body*, gros *m*. [de l'exèrcit]. ■ 2 *s*. allò principal o essencial. ‖ *in the* ~, en la major part, principalment. 3 canonada *f*., conducció *f*. [de gas, d'aigua, etc.]. 4 ELECT. gralnt. ~*s*, xarxa *f*. elèctrica.

mainland ('meinlənd) *s*. continent *m*., terra *f*. ferma.

main-spring ('meinspriŋ) *s*. molla *f*. principal [rellotge]. 2 fig. causa *f*. principal, origen *m*.

mainstay ('meinstei) *s*. MAR. estai *m*. major. 2 fig. pilar *m*., fonament *m*.

maintain (to) (mein'tein) *t*. mantenir. 2 afirmar, sostenir. 3 conservar, guardar.

maintenance ('meintinəns) *s*. manteniment *m*., conservació *f*. 2 sosteniment *m*., suport *m*. 3 manutenció *f*.

maize (meiz) *s*. BOT. blat *m*. de moro.

majestic (mə'dʒestik) *a*. majestuós.

majesty ('mædʒisti) *s*. majestat *f*. 2 majestuositat *f*.

major ('meidʒəʳ) *a*. major, principal, màxim. ■ 2 *s*. DRET major d'edat. 3 especialitat *f*. [universitària]. 4 MIL. comandant *m*.

Majorca (mə'dʒɔ:kə) *n. pr*. GEOGR. Mallorca *f*.

majority (mə'dʒɔriti) *s*. majoria *f*. ‖ *one's* ~, majoria d'edat.

make (meik) *s*. marca *f*., tipus *m*., model *m*. 2 fabricació *f*., factura *f*. 3 *to be on the* ~, fer-se ric o progressar al preu que sigui.

make (to) (meik) *t*. fer [crear, elaborar; fabricar; formar; causar; produir; efectuar; etc.]. ‖ *to* ~ *a mistake*, equivocar-se *p*. ‖ *to* ~ *a noise*, fer soroll. ‖ *to* ~ *fun of*, burlar-se *p*. de. 2 fer [que algú faci alguna cosa]. 3 *to* ~ *angry*, fer enfadar; *to* ~ *clear*, aclarir; *to* ~ *good*, complir, dur a terme; mantenir; justificar [amb el resultat]; *to* ~ *haste*, donar-se *p*. pressa; *to* ~ *known*, fer saber; *to* ~ *much of*, donar molta importància a;

apreciar; *to* ~ *the most of*, treure profit. ■ 4 *i*. anar, dirigir-se *p*. a. 5 contribuir a. 6 *to* ~ *merry*, divertir-se *p*. ■ *to* ~ *away*, anar-se'n *p*.; *to* ~ *away with*, emportar-se *p*.; suprimir, destruir; *to* ~ *for*, anar cap a, dirigir-se *p*. a; *to* ~ *into*, transformar en, convertir en; *to* ~ *off*, marxar corrents; *to* ~ *out*, fer; escriure; comprendre; desxifrar; entreveure, estendre; omplir; creure; imaginar-se *p*.; *to* ~ *over*, canviar, transformar; cedir; *to* ~ *up*, inventar; maquillar(se; muntar; embolicar; constituir; composar; arreglar; compaginar; confeccionar; recuperar; compensar; fer les paus; *to* ~ *up for*, suplir, compensar. ▲ Pret. i p. p.: *made* (meid).

maker ('meikəʳ) *s*. fabricant. 2 constructor. 3 autor, artífex. 4 DRET signant. 5 REL. *The Maker*, el Creador *m*.

makeshift ('meikʃift) *a*. provisional. 2 improvisat. ■ 2 *s*. recurs *m*., arranjament *m*. provisional.

make-up ('meikʌp) *s*. caràcter *m*., temperament *m*. 2 construcció *f*., estructura *f*. 3 COM. maquillatge *m*. 4 TÈXT. confecció *f*. 4 TIPOGR. compaginació *f*.

making ('meikiŋ) *s*. confecció *f*., formació *f*., fabricació *f*. ‖ *in the* ~, en vies de fer-se; en potència. ‖ *his many setbacks were the* ~ *of him*, els molts revessos de la vida el van anar formant. 2 preparació *f*., composició *f*., creació *f*. 3 *pl*. guanys *m*.; fig. qualitats *f*., fusta *f*. *sing*.

maladjustment (͵mælə'dʒʌstmənt) *s*. fig. inadaptació *f*. 2 TECNOL. mal ajustatge *m*., ajustatge *m*. defectuós.

maladroit ('mælədrɔit) *a*. maldestre; espès.

malady ('mælədi) *s*. MED. mal *m*., malaltia *f*. [també fig.].

malcontent ('mælkɔntent) *a*.-*s*. malcontent, descontent *a*.

male (meil) *a*. mascle. 2 baró: ~ *child*, fill baró. 3 masculí. ■ 4 *s*. home *m*. 5 mascle *m*. [animal, etc.].

malefactor ('mælifæktəʳ) *s*. malfactor.

maleficent (mə'lefisnt) *a*. malèfic.

malevolence (mə'levələns) *s*. malvolença *f*.

malice ('mælis) *s*. mala voluntat *f*. 2 malícia *f*., malignitat *f*. 3 rancor *m*., rancúnia *f*.

malicious (mə'liʃəs) *a*. malèvol, rancorós. 2 entremaliat, bergant. ■ 3 **-ly** *adv*. malèvolament, malignament.

malign (mə'lain) *a*. maligne, malèvol. 2 danyós, nociu.

malign (to) (mə'lain) *t*. difamar, calumniar.

malignant (mə'lignənt) *a*. maligne. 2 malèfic. 3 malèvol.

mallard ('mæləd) *s*. ORN. ànec *m*. coll-verd.

malleable ('mæliəbl) *a*. maŀleable.

mallet ('mælit) *s.* maça *f.*, mall *m.*
mallow ('mælou) *s.* BOT. malva *f.*
malt (mɔːlt) *s.* malt *m.*
maltreat (to) (mæl'triːt) *t.* maltractar.
mammal ('mæməl) *s.* ZOOL. mamífer *m.*
mammoth ('mæməθ) *s.* mamut *m.*
mammy ('mæmi) *s.* mama *f.* 2 (EUA) mainadera *f.* negra.
man (mæn) *s.* home *m.*, baró *m.* 2 ésser *m.* humà. ‖ *the ~ in the street,* l'home del carrer. ‖ *to a ~,* tots, tothom [sense excepció]. 3 el gènere *m.* humà. ▲ *pl.* **men** (men).
man (to) (mæn) *t.* NÀUT. tripular. 2 proveir d'homes, guarnir d'homes.
manacle (to) ('mænəkl) *t.* emmanillar, posar les manilles. 2 fig. reprimir, controlar.
manacles ('mænəklz) *s. pl.* manilles *f.*, grillons *m.*
manage (to) ('mænidʒ) *t.* manejar. 2 dirigir, governar, administrar. 3 manipular amb compte. 4 aconseguir. 5 colloq. poder menjar o beure: *can you ~ another drink?,* podries beure-te'n una altra?
manageable ('mænidʒəbl) *a.* manejable. 2 dòcil.
management ('mænidʒmənt) *s.* maneig *m.*, govern *m.*, administració *f.*; cura *f.* 2 gerència *f.* 3 habilitat *f.*
manager ('mænidʒəʳ) *s.* gerent, director, administrador.
mandate ('mændeit) *s.* mandat *m.*, ordre *m.*
mane (mein) *s.* crinera *f.* [de cavall]. 2 cabellera *f.*
manful ('mænful) *a.* brau, valent, decidit.
manganese ('mæŋgəniːz) *s.* QUÍM. manganès *m.*
mange (meindʒ) *s.* MED. ronya *f.*, sarna *f.*
manger ('meindʒəʳ) *s.* pessebre *m.*, menjadora *f.*
mangle (to) ('mæŋgl) *t.* planxar amb màquina. 2 destrossar, mutilar. 3 fig. fer malbé.
mango ('mæŋgou) *s.* mango *m.*
mangy ('meindʒi) *a.* sarnós.
manhood ('mænhud) *s.* virilitat *f.* 2 valor *m.* 3 homes *m. pl.*
mania ('meinjə) *s.* mania *f.*, fallera *f.*, bogeria *f.*
maniac ('meiniæk) *s.* maníac.
maniacal (mə'naiəkl) *a.* maníac. 2 fig. fanàtic.
manicure ('mænikjuəʳ) *s.* manicura *f.*
manifest ('mænifest) *a.* manifest, patent, evident.
manifest (to) ('mænifest) *t.-p.* manifestar(se).
manifestation (ˌmænifes'teiʃən) *s.* manifestació *f.*

manifesto (ˌmæni'festou) *s.* manifest *m.* [polític, etc.].
manifold ('mænifould) *a.* múltiple, divers, variat. ■ 2 *s.* collector *m.*
manipulate (to) (mə'nipjuleit) *t.* manipular, manejar.
manipulation (məˌnipju'leiʃən) *s.* manipulació *f.*
mankind (mæn'kaind) *s.* humanitat *f.*, gènere *m.* humà. 2 els homes *m. pl.*
manlike ('mænlaik) *a.* viril, masculí.
manliness ('mænlinis) *s.* virilitat *f.*, masculinitat *f.*
manly ('mænli) *a.* viril, masculí.
mannequin ('mænikin) *s.* maniquí *f.*
manner ('mænəʳ) *s.* manera *f.*, mode *m.* ‖ *by no ~ of means,* de cap manera. ‖ *in a ~,* en certa manera; fins a cert punt. 2 costum *m.*, hàbit *m.* 3 aire *m.*, port *m.* 4 *pl.* maneres *f.*, modes *m.*
mannerly ('mænəli) *a.* cortès, ben educat.
manoeuvre, (EUA) **maneuver** (mə'nuːvəʳ) *s.* MIL., MAR. maniobra *f.* 2 maneig *m.*
manoeuvre, (EUA) **maneuver (to)** (mə'nuːvəʳ) *t.* maniobrar. 2 induir, manipular. ■ 3 *i.* maniobrar.
manor ('mænəʳ) *s.* casa *f.* senyorial al camp, casa *f.* pairal. 2 *~-house,* residència *f.*
manservant ('mænˌsəːvənt) *s.* criat *m.*
mansion ('mænʃən) *s.* casa *f.* gran, mansió *f.*
manslaughter ('mænˌslɔːtəʳ) *s.* homicidi *m.*
mantelpiece ('mæntlpiːs) *s.* lleixa *f.* de la llar de foc.
mantle ('mæntl) *s.* mantell *m.* 2 fig. capa *f.*
mantle (to) ('mæntl) *t.* cobrir, tapar, embolicar.
manual ('mænjuəl) *a.* manual. ■ 2 *s.* manual *m.*
manufacture (ˌmænju'fæktʃəʳ) *s.* manufactura *f.* [fabricació; producte fabricat].
manufacture (to) (ˌmænju'fæktʃəʳ) *t.* manufacturar, fabricar.
manufacturer (ˌmænju'fæktʃərəʳ) *s.* fabricant.
manure (mə'njuəʳ) *s.* AGR. fems *m. pl.*, (ROSS.) aixer *m.*, adob *m.*
manure (to) (mə'njuəʳ) *t.* adobar, femar.
manuscript ('mænjuskript) *a.* manuscrit. ■ 2 *s.* manuscrit *m.*
many ('meni) *a.* molts. 2 (en composició): poli-, multi-: *many-coloured,* multicolor, policrom. ■ 3 *pron.* molts. ‖ *as ~ as,* tants com ‖ *as ~ as you want,* tants com en vulguis. ‖ fins, no menys que: *as ~ as six passed the exam,* sis van aconseguir passar l'examen. ‖ *as ~ times as,* tantes vegades com. ‖ *how ~?,* quants? ‖ *one too ~,* un de més. ‖ *so ~,* tants. ‖ *too ~,* massa. ‖ *twice*

as ~, el doble. ▪ *4 s.* majoria *f.* ‖ *a great* ~, un gran nombre *m.*

map (mæp) *s.* mapa *m.*, plànol *m.* 2 carta *f.*

maple ('meipl) *s.* BOT. auró *m.*

marathon ('mærəθən) *s.* ESPORT marató *f.*

marble ('mɑːbl) *s.* marbre *m.* 2 JOC bala *f.* ▪ *3 a.* de marbre.

March (mɑːtʃ) *s.* març *m.*

march (mɑːtʃ) *s.* marxa *f.* [caminada; curs; progrés]. *2* MÚS., MIL. marxa *f.*

march (to) (mɑːtʃ) *i.* marxar, caminar. *2* avançar, progressar. ▪ *3 t.* fer anar [a algun lloc].

mare (meəʳ) *s.* ZOOL. euga *f.*

Margaret ('mɑːgərit) *n. pr. f.* Margarida.

margarine (ˌmɑːdʒəˈriːn) *s.* margarina *f.*

margin ('mɑːdʒin) *s.* marge *m.* 2 vora *f.* 3 COM., ECON. marge *m.*

marginal ('mɑːdʒinəl) *a.* marginal.

marijuana, marihuana (ˌmæriˈwɑːnə) *s.* marihuana *f.*

marine (məˈriːn) *a.* MAR. marí, mariner. ▪ *2 s.* marina *f.* 3 soldat *m.* de marina. *4 pl.* infanteria *f.* de marina.

marionette (ˌmæriəˈnet) *s.* titella *f.*, putxinel·li *m.*

marital ('mæritəl) *a.* marital. 2 matrimonial. *3* ~ *status*, estat civil.

marjoram ('mɑːdʒərəm) *s.* BOT. marduix *m.*, majorana *f.*

Mark ('mɑːk) *n. pr. m.* Marc.

mark (mɑːk) *s.* marca *f.*, senyal *m.* 2 taca *f.* 3 empremta *f.* 4 signe *m.*, indici *m.* 5 importància *f.*, distinció *f.* 6 nota *f.*, qualificació *f.*, punt *m.* 7 blanc *m.*, fi *m.*, propòsit *m.* ‖ *to miss the* ~, errar el tret *m.* ‖ *beside the* ~, irrellevant, que no fa al cas. 8 marc *m.* [moneda].

mark (to) (mɑːk) *t.* marcar, senyalar. 2 indicar. 3 delimitar. 4 advertir, observar, notar. ‖ ~ *my words!*, fixa't en què dic! 5 puntuar, qualificar. 6 MIL. *to* ~ *time*, marcar el pas. 7 *to* ~ *down*, posar per escrit; COM. rebaixar. 8 *to* ~ *out*, traçar; amollonar [un camp, una propietat, etc.].

market ('mɑːkit) *s.* mercat *m.* ‖ ~ *price*, preu del mercat. ‖ ~ *town*, població amb mercat. 2 borsa *f.*

marketing ('mɑːkitiŋ) *s.* COM. marketing *m.*

marksman ('mɑːksmən) *s.* bon tirador.

marmalade ('mɑːməleid) *s.* melmelada *f.*

marmot ('mɑːmət) *s.* ZOOL. marmota *f.*

marquetry ('mɑːkitri) *s.* marqueteria *f.*

marquis, marquess ('mɑːkwis) *s.* marqués *m.*

marriage ('mæridʒ) *s.* matrimoni *m.* ‖ *by* ~, polític [parent]. 2 casament *m.*, boda *f.*

marriageable ('mæridʒəbl) *a.* casador.

married ('mærid) *a.* casat. ‖ ~ *couple*, matrimoni. ‖ *to get* ~, casar-se.

marrow ('mærou) *s.* medul·la *f.*, moll *m.* de l'os.

marry (to) ('mæri) *t.* casar. 2 casar-se *p.* amb. 3 fig. unir, ajuntar. ▪ *4 i.* casar-se *p.*

marsh (mɑːʃ) *s.* pantà *m.*, maresme *m.*

marshal ('mɑːʃəl) *s.* MIL. mariscal *m.* 2 mestre de cerimònies.

marshy ('mɑːʃi) *a.* pantanós.

mart (mɑːt) *s.* empori *m.;* centre *m.* comercial.

marten ('mɑːtin) *s.* ZOOL. marta *f.*

Martha ('mɑːθə) *n. pr. f.* Marta.

martial ('mɑːʃəl) *a.* marcial, militar: ~ *law*, llei marcial.

Martin ('mɑːtin) *n. pr. m.* Martí.

martin ('mɑːtin) *s.* oreneta *f.* ‖ *house-martin*, oreneta *f.* cuablanca.

martyr ('mɑːtəʳ) *s.* màrtir.

martyr (to) ('mɑːtəʳ) *t.* martiritzar.

martyrdom ('mɑːtədəm) *s.* martiri *m.*

marvel ('mɑːvəl) *s.* meravella *f.*, prodigi *m.*

marvel (to) ('mɑːvəl) *i.* meravellar-se *p.*, admirar-se *p.*

marvellous ('mɑːviləs) *a.* meravellós, prodigiós. 2 sorprenent.

Mary ('meəri) *n. pr. f.* Maria.

marzipan ('mɑːzipæn) *s.* massapà *m.*

mascot ('mæskət) *s.* mascota *f.*

masculine ('mɑːskjulin) *a.* masculí, viril. 2 homenenc.

mask (to) (mɑːsk) *t.* emmascarar. ▪ *2 i.* posar-se *p.* una màscara. 3 disfressar-se *p.* ‖ ~*ed ball*, ball de màscares.

mason ('meisn) *s.* paleta, (BAL.) picapedrer, (VAL.) obrer. 2 maçó *m.*, francmaçó *m.*

masonry ('meisnri) *s.* obra *f.*, pedra *f.* i morter *m.*, maçoneria *f.* 2 *Masonry*, francmaçoneria *f.*

masquerade (ˌmɑːskəˈreid) *s.* mascarada *f.*, ball *m.* de màscares. 2 màscara *f.* [disfressa]. 3 fig. farsa *f.*

masquerade (to) (ˌmɑːskəˈreid) *i.* disfressar-se *p.*

mass (mæs) *s.* massa *f.*, embalum *m.*, mola *f.* 2 munt *m.*, (ROSS.) petadissa *f.*, gran quantitat *f.* ‖ ~ *production*, producció *f.* en sèrie. *3 the* ~*es*, les masses *f.*

Mass (mæs) *s.* ECLES. missa *f.*

mass (to) (mæs) *t.* reunir o ajuntar en massa. ▪ *2 i.* ajuntar-se *p.* o reunir-se *p.* en massa.

massacre ('mæsəkəʳ) *s.* carnisseria *f.*, matança *f.*

massacre (to) ('mæsəkəʳ) *t.* fer una matança. 2 assassinar en massa.

massage ('mæsɑːʒ) *s.* massatge *m.*

massive ('mæsiv) *a.* massís. *2* voluminós. *3* dures [faccions]. *4* imponent.

mass media (,mæs'mi:djə) *s.* mitjans *m. pl.* de comunicació de masses.

mast (mɑ:st) *s.* asta *f.* [d'una bandera]. *2* MAR. pal *m.*, arbre *m.* *3* RADIO. torre *f.*

master ('mɑ:stə') *s.* amo *m.*, propietari *m.* *2* senyor *m.*, senyoret *m.* *3* cap *m.*, director *m.* *4 school* ~, mestre *m.*, professor *m.* [d'institut]; llicenciatura *f.* amb grau. *5* MAR. patró *m.*, capità *m.* ▪ *6 a.* mestre, magistral. ‖ ~ *builder*, mestre d'obra. ‖ ~ *-key*, clau mestra.

master (to) ('mɑ:stə') *t.* dominar, vèncer, subjugar. *2* dominar [un idioma, un art, etc.].

masterful ('mɑ:stəful) *a.* dominant, autoritari. *2* hàbil, destre. *3* magistral.

masterly ('mɑ:stəli) *a.* magistral, genial.

masterpiece ('mɑ:stəpi:s) *s.* obra *f.* mestra.

mastery ('mɑ:stəri) *s.* domini *m.* [poder; coneixement]. *2* mestria *f.*

masticate (to) ('mæstikeit) *t.* mastegar.

mastication (,mæsti'keiʃən) *s.* masticació *f.*

mastiff ('mæstif) *s.* mastí *m.*

masturbate ('mæstəbeit) *t.* masturbar. ▪ *2 i.* masturbar-se *p.*

masturbation (,mæstər'beiʃən) *s.* masturbació *f.*

mat (mæt) *s.* estora *f.* *2* estoreta *f.*, pallet *m.* *3* individual *m.* [tovalles]; estalvis *m. pl.* *4* grenya *f.*, nus *m.* [cabells]. ▪ *5 a.* mat.

mat, matt (mæt) *a.* mat.

mat (to) (mæt) *t.* embolicar, embullar. ▪ *2 i.* embolicar-se *p.*, embullar-se *p.*

match (mætʃ) *s.* llumí *m.*, misto *m.* *2* parella *f.*, igual. *3* casament *m.* *4* partit *m.*: *he's a good* ~, és un bon partit [per casar-s'hi]. *5* ESPORT partit *m.*, encontre *m.*

match (to) (mætʃ) *t.* aparellar, casar. *2* equiparar, igualar *a.* *4* adaptar. *5* fer lligar. ▪ *6 i.* fer joc, lligar.

matchless ('mætʃlis) *a.* incomparable, sense parió.

mate (meit) *s.* coŀloq. company. *2* coŀloq. xicot. *3* coŀloq. consort, cònjuge. *4* ajudant. *5* JOC mat *m.*, escac *m.* al rei. *6* MAR. segon de bord.

mate (to) (meit) *t.* acoblar, apariar [animals]. ▪ *2 i.* acoblar-se *p.*

material (mə'tiəriəl) *a.* material. *2* físic, corpori. *3* important, essencial. *4* DRET pertinent. ▪ *5 s.* material *m.*, matèria *f.* *6* roba *f.*, gènere *m.* *7 pl.* materials *m.*, ingredients *m.*; fig. fets *m.*, dades *f.*

materialism (mə'tiəriəlizm) *s.* materialisme *m.*

materialize (to) (mə'tiəriəlaiz) *t.* materialitzar. *2* fer visible. ▪ *3 i.* materialitzar-se *p.*

maternal (mə'tə:nəl) *a.* matern, maternal.

maternity (mə'tə:niti) *s.* maternitat *f.*

mathematics (,mæθi'mætiks) *s. pl.* matemàtiques *f.*

maths (mæθs) , (EUA) **math** (mæθ) *s.* coŀloq. (abrev. de *mathematics*) matemàtiques *f. pl.*

matriculate (to) (mə'trikjuleit) *t.* matricular. ▪ *2 i.* matricular-se *p.* [a la universitat].

matrimony ('mætrimǝni) *s.* matrimoni *m.*

matrix ('meitriks) *s.* matriu *f.*

matron ('meitrǝn) *s.* matrona *f.*

matter ('mætǝ') *s.* matèria *f.*, substància *f.* *2* assumpte *m.*, qüestió *f.*, tema *m.* ‖ ~ *of course*, fet *m.* lògic, natural. ‖ *as a* ~ *of fact*, de fet, en realitat. *3* motiu *m.*, ocasió *f.* *4* cosa *f.*: *a* ~ *of ten years*, cosa de deu anys. *5* importància *f.* *6 printed* ~, impresos *m. pl.* *7 what's the* ~?, què passa?; *what's the* ~ *with you?*, què et passa?

matter (to) ('mætǝ') *t.* importar: *it doesn't* ~, no importa.

matting ('mætiŋ) *s.* estora *f.*

mattock ('mætǝk) *s.* aixadella *f.*

mattress ('mætris) *s.* matalàs *m.*, (VAL.) matalaf *m.*

mature (mǝ'tjuǝ') *a.* madur. *2* adult; assenyat. *3* COM. vençut.

mature (to) (mǝ'tjuǝ') *t.* madurar. ▪ *2 i.* madurar. *2* COM. vèncer.

maturity (mǝ'tjuǝriti) *s.* maduresa *f.* *2* COM. venciment *m.* [d'un deute, un termini, etc.].

maul (to) (mɔ:l) *t.* destrossar, ferir.

mawkish ('mɔ:kiʃ) *a.* apegalós, carrincló.

maxim ('mæksim) *s.* màxima *f.*, sentència *f.*

maximize ('mæksimaiz) *t.* portar al màxim.

May (mei) *s.* maig *m.* *2* BOT. arç *m.* blanc.

may (mei) *v. aux.* poder [tenir facultat, llibertat, oportunitat, propòsit o permís; ser possible]: ~ *I go?*, puc marxar?; *come what* ~, pasi el que passi; *she* ~ *be late*, potser arribarà tard, és possible que arribi tard. *2* (expressió de desig): ~ *it be so*, tant de bo sigui així. ▲ Pret.: *might* (mait) [només té pres. i pret.].

maybe ('meibi:) *adv.* potser, tal vegada, (BAL.) per ventura.

mayonnaise (,meiǝ'neiz) *s.* CUI. maionesa *f.*

mayor (meǝ') *s.* alcalde *m.*, batlle *m.*, (BAL.) batlle *m.*

maypole ('meipoul) *s.* maig *m.*, arbre *m.* de maig.

maze (meiz) *s.* laberint *m.*, dèdal *m.* *2* confusió *f.*, perplexitat *f.* ‖ *to be in a* ~, estar perplex.

me (mi:, mi) *pron. pers.*, em, me, mi, jo:

she looked at ~, em va mirar; *it's* ~, sóc jo; *with* ~, amb mi.

meadow ('medou) *s.* prat *m.*, prada *f.*

meagre, (EUA) **meager** ('mi:gə^r) *a.* magre, prim. 2 pobre, escàs.

meal (mi:l) *s.* menjar *m.*, àpat *m.* ‖ ~ *time,* hora *f.* de menjar. 2 farina *f.* [de blat, etc.].

mean (mi:n) *a.* mitjà, intermedi. ‖ ~ *term,* terme mitjà. 2 baix, humil. 3 roí, vil. 4 (EUA) desagradable. ▪ *5 s.* terme *m.* mitjà, mitjana *f.* 6 *pl.* mitjà *m. sing.*, mitjans *m.* [de fer, aconseguir, etc.]. ‖ *by all* ~*s,* naturalment, és clar que sí; *by* ~*s of,* per mitjà de, mitjançant; *by no* ~*s,* de cap manera. 7 *pl.* mitjans *m.*, recursos *m.* econòmics.

mean (to) (mi:n) *t.* significar, voler dir. ‖ *what do you* ~ *by that?,* què vols dir amb això? 2 pensar, proposar-se *p.*, tenir intenció de. 3 destinar, servir: *clothes are meant for use,* els vestits serveixen per portar-los. 4 col·loq. *to* ~ *business,* parlar seriosament. ▪ *5 i.* tenir intenció [bona o dolenta]. ▲ Pret. i p. p.: *meant* (ment).

meander (mi'ændə^r) *s.* meandre *m.*

meander (to) (mi'ændə^r) *i.* serpejar. 2 errar, vagar.

meaning ('mi:niŋ) *s.* significat *m.*, sentit *m.*, accepció *f.* 2 intenció *f.*

meanness (mi:nnis) *s.* humilitat *f.*, pobresa *f.* 2 mala qualitat *f.* 3 vilesa *f.* 4 mesquinesa *f.* 5 gasiveria *f.*

meant (ment) Veure MEAN (TO).

meantime ('mi:ntaim), **meanwhile** ('mi:nwail) *adv.* mentre. ‖ *in the* ~, mentrestant.

measles ('mi:zlz) *s. pl.* MED. xarampió *m. sing.* 2 MED. *German* ~, rubèola *f. sing.*

measure ('meʒə^r) *s.* mesura *f.*, mida *f.* ‖ *beyond* ~, sobre manera, en gran manera. ‖ *to take* ~*s,* prendre les mesures o les disposicions *f.* necessàries. 2 quantitat *f.*, grau *m.*, extensió *f.* ‖ *in some* ~, fins a cert punt *m.*, en certa manera. 3 ritme *m.* 4 MÚS. compàs *m.*

measure (to) ('meʒə^r) *t.* mesurar, amidar, prendre mides. ‖ *she measured her length,* va caure a terra tan llarga com era. 2 ajustar, proporcionar. ▪ *3 i.* mesurar *t.*, tenir *t.*, fer *t.*

measured ('meʒəd) *a.* mesurat. 2 rítmic, compassat. 3 moderat.

measurement ('meʒəmənt) *s.* mesurament *m.* 2 mesura *f.* 3 *pl.* mides *f.*, dimensions *f.*

meat (mi:t) *s.* carn *f.* [aliment]. 2 menjar *m.*, teca *f.* 3 fig. suc *m.*, substància *f.*

meatball ('mi:tbɔ:l) *s.* mandonguilla *f.*, pilota *f.*

meat safe ('mi:tseif) *s.* carner *m.*, rebost *m.*

mechanic (mi'kænik) *a.* mecànic. ▪ *2 s.* mecànic *m.*

mechanical (mi'kænikəl) *a.* mecànic. 2 fig. mecànic, maquinal.

mechanics (mi'kæniks) *s.* mecànica *f.* [ciència]. 2 mecanisme *m.*

mechanism ('mekənizəm) *s.* mecanisme *m.*

medal ('medl) *s.* medalla *f.*

medallion (mi'dæljən) *s.* medalló *m.*

meddle (to) ('medl) *i.* entremetre's *p.*, ficar-se *p.* (*in,* en).

meddlesome ('medlsəm) *a.* xafarder, que es fica on no el demanen.

media ('mi:diə) *s.* mitjans *m. pl.* de comunicació de massa.

mediate (to) ('mi:dieit) *i.* mitjançar, intercedir. ▪ *2 t.* fer de mitjancer en [un conflicte, acord, etc.].

mediation (,mi:di'eiʃən) *s.* mediació *f.*

mediator ('mi:dieitə^r) *s.* mediador, mitjancer.

medical ('medikəl) *a.* mèdic, de medicina.

medicament (mi'dikəmənt) *s.* medicament *m.*

medicate (to) ('medikeit) *t.* medicar.

medicine ('medsin) *s.* medicina *f.* [ciència]. 2 medecina *f.*, medicament *m.* 3 fig. càstig *m.* merescut, conseqüències *f. pl.*

mediocre (,mi:di'oukə^r) *a.* mediocre.

meditate (to) ('mediteit) *t.* meditar. 2 projectar, pensar. ▪ *3 i.* meditar, reflexionar (*up/upon,* sobre).

meditation (,medi'teiʃən) *s.* meditació *f.;* reflexió *f.*

Mediterranean (,meditə'reiniən) *a.* GEOGR. mediterrani. ‖ ~ *Sea,* mar Mediterrània.

medium ('mi:djəm) *s.* mitjà *m.* 2 terme *m.* mitjà. 3 medi *m.*, conducte *m.* 4 mèdium [espiritisme]. ▲ *pl.* *mediums* o *media.* ▪ *5 a.* mitjà, intermedi.

medlar ('medlə^r) *s.* BOT. nespra *f.*, nespla *f.* 2 nesprer *m.*, nespler *m.*

medley ('medli) *s.* barreja *f.*, mescla *f.* 2 MÚS. popurri *m.*

meek (mi:k) *a.* mans, mansoi, dòcil.

meekness (mi:knis) *s.* mansuetud *f.*, docilitat *f.*

meet (to) (mi:t) *t.* trobar. ‖ *to go to* ~, anar a esperar o rebre. 2 topar(se *p.* amb. 3 enfrontar-se *p.* amb. 4 conèixer, ser presentat a. 5 reunir-se *p.*, entrevistar-se *p.* amb. 6 fer front a [les despeses, etc.]. 7 satisfer, omplir, complir, cobrir [necessitats; requisits, etc.]. 8 refutar, respondre. ▪ *9 i.* reunir-se *p.*, trobar-se *p.*, veure's *p.* 10 oposar-se *p.*, barallar-se *p.* 11 conèixer-se *p. 12* confluir. *13* batre's *p.*, enfrontar-se *p. 14 to* ~ **with**, trobar *t.*, trobar-se *p.* amb; sofrir *t.*, tenir *t.*, ensopegar amb. ▲ Pret. i p. p.: **met** (met).

meeting ('mi:tiŋ) *s.* reunió *f.* 2 junta *f.*, sessió *f.*, assemblea *f.*, (ROSS.) assemblada *f.* 3 míting *m.* 4 trobada *f.*, aplec *m.* 5 cita *f.* 6 conferència *f.*, entrevista *f.*

megaphone ('megəfoun) *s.* megàfon *m.*

melancholic (ˌmelən'kɔlik) *a.* malenconiós, melangiós.

melancholy ('melənkəli) *s.* malenconia *f.*, melangia *f.* ■ *2 a.* malenconiós. *3* depriment, trist.

mellifluous (me'lifluəs) *a.* meŀliflu.

mellow ('melou) *a.* madur, dolç [fruit]. *2* tou, tendre, pastós, melós. *3* suau, vell [vi]. *4* pur, suau, dolç [veu, so, color, llum]. *5* coŀloq. alegre [begut]. ■ *6* **-ly** *adv.* dolçament, suaument, tendrament.

mellow (to) ('melou) *t.* madurar. *2* suavitzar. ■ *3 i.* madurar. *3* suavitzar-se *p.*

melodious (mi'loudjəs) *a.* melodiós.

melody ('melədi) *s.* MÚS. melodia *f.*

melon ('melən) *s.* BOT. meló *m.*

melt (to) (melt) *t.* fondre, desfer, dissoldre. *2* dissipar, esvair. *3* ablanir, estovar. ■ *4 i.* fondre's *p.*, desfer-se *p.*, dissoldre's *p.* 5 dissipar-se *p.*, esvair-se *p.* 6 ablanir-se *p.*, estovar-se *p.* 7 fig. *to* ~ *into tears*, desfer-se *p.* en llàgrimes.

member ('membəʳ) *s.* membre *m.* 2 soci. *3* diputat, membre *m.* [d'una cambra]. *4* ANAT. membre *m.*

membership ('membəʃip) *s.* qualitat *f.* de membre o soci. ‖ ~ *dues*, ~ *fee*, quota de soci.

memoir ('memwɑ:ʳ) *s.* memòria *f.*, informe *m.* 2 *pl.* memòries *f.*

memorable ('memərəbl) *a.* memorable.

memo ('memou) *s.* (abrev. de *memorandum*) memoràndum *m.*

memorandum (ˌmemə'rændəm) *s.* memoràndum *m.* 2 nota *f.*, apunt *m.* ▲ *pl.* *memorandums* o *memoranda*.

memorial (mi'mɔ:riəl) *a.* commemoratiu. ■ *2 s.* monument *m.* commemoratiu. ‖ *war* ~, monument als caiguts. *3* (EUA) memorial *m.*

memorize (to) ('meməraiz) *t.* aprendre de memòria, memoritzar.

memory ('meməri) *s.* memòria *f.*, retentiva *f.* 2 record *m.* ‖ *within living* ~, que es recorda.

men (men) *s. pl.* de MAN.

menace ('menəs) *s.* amenaça *f.*

menace (to) ('menəs) *t.* amenaçar.

mend (to) (mend) *t.* adobar, reparar, apariar. *2* repassar, surgir. *3* corregir, esme-

nar. *4* millorar. ■ *5 i.* corregir-se *p.*, esmenar-se *p.* 6 millorar, restablir-se *p.*

menial ('mi:njəl) *a.* domèstic. *2* pej. servil. ■ *2 s.* criat, servent.

meningitis (ˌmenin'dʒaitis) *s.* MED. meningitis *f.*

menopause ('menəpɔ:z) *s.* menopausa *f.*

Menorca (mi'nɔ:kə) *n. pr.* GEOGR. Menorca *f.*

menstruation (ˌmenstru'eiʃn) *s.* menstruació *f.*

mental ('mentl) *a.* mental, inteŀlectual. ■ *2* **-ly** *adv.* mentalment.

mentality (ˌmen'tæliti) *s.* mentalitat *f.*

mention ('menʃən) *s.* menció *f.*, esment *m.*

mention (to) ('menʃən) *t.* esmentar, mencionar. ‖ *don't* ~ *it*, de res.

menu ('menju:) *s.* menú *m.*

mercantile ('mə:kəntail) *a.* mercantil, mercant.

mercenary ('mə:sinəri) *a.* mercenari. *2* interessat. ■ *3 s.* MIL. mercenari.

merchandise ('mə:tʃəndaiz) *s.* mercaderia *f.*, gènere *m.*

merchant ('mə:tʃənt) *s.* mercader, comerciant. ■ *2 a.* mercant, mercantil.

merciful ('mə:siful) *a.* misericordiós, clement, compassiu. ■ *2* **-ly** *adv.* amb misericòrdia, compassivament.

mercifulness ('mə:sifulnis) *s.* misericòrdia *f.*, clemència *f.*, compassió *f.*

merciless ('mə:silis) *a.* implacable, despietat, cruel.

mercury ('mə:kjuri) *s.* QUÍM. mercuri *m.*

mercy ('mə:si) *s.* misericòrdia *f.*, clemència *f.*, compassió *f.* 2 mercè *f.*, gràcia *f.* ‖ *at the* ~ *of*, a la mercè de.

mere (miəʳ) *a.* mer, simple. *2* només. ■ *2 s.* estany *m.*, llac *m.*

merge (to) (mə:dʒ) *t.* ajuntar, combinar, fusionar, unir. ■ *2 i.* ajuntar-se *p.*, combinar-se *p.*, fusionar-se *p.*, unir-se *p.*

meridian (mə'ridiən) *s.* meridià *m.*

meridional (mə'ridiənl) *a.* meridional.

meringue (mə'ræŋ) *s.* CUI. merenga *f.*

merit ('merit) *s.* mèrit *m.*, mereixement *m.*

merit (to) ('merit) *t.* merèixer, ser digne de.

meritorius (ˌmeri'tɔ:riəs) *a.* meritori.

mermaid ('mə:meid) *s.* MIT. sirena *f.*

merrily ('merili) *adv.* alegrement.

merriment ('merimənt) *s.* alegria *f.*, joia *f.* 2 festa *f.*, diversió *f.*

merry ('meri) *a.* alegre, divertit, festiu. ‖ *to make* ~, divertir-se. *2* content, rialler.

merry-go-round ('merigouˌraund) *s.* cavallets *m. pl.*

mesh (meʃ) *s.* malla *f.*, xarxa *f.* 2 MEC. engranatge *m.* 3 *pl.* parany *m.*, trampa *f.*

mesmerize (to) ('mezməraiz) *t.* hipnotitzar.

mess (mes) *s.* confusió *f.* 2 desordre *m.*, brutícia *f.* ‖ *to make a ~ of,* desordenar, enredar, embrutar. 2 embolic *m.;* enrenou *m.* ‖ *to set into a ~,* ficar-se en un embolic, embolicar-se. 3 MIL. menjador *m.* d'oficials.

mess (to) (mes) *t.* desarreglar, desendreçar. 2 embrutar. 3 desbaratar, fer malbé. *4 to ~ about,* empipar. ▪ *5 i. to ~ about,* perdre el temps; fer el ximple.

message ('mesidʒ) *s.* missatge *m.* 2 encàrrec *m.*

messenger ('mesindʒəʳ) *s.* missatger. 2 propi *m.* 3 herald *m.*

Messiah (mi'saiə) *s.* Messies *m.*

met (met) *pret.* i *p. p.* de MEET (TO).

metal ('metl) *s.* metall *m.* 2 *pl.* FERROC. raïls *m.*

metallic (mi'tælik) *a.* metàl·lic.

metamorphosis (ˌmetə'mɔːfəsis) *s.* metamorfosi *f.*

metaphor ('metəfəʳ) *s.* metàfora *f.*

metaphysics (ˌmetə'fiziks) *s.* metafísica *f.*

meter ('miːtəʳ) *s.* comptador *m.* [del gas, de l'aigua, etc.].

methane ('miːθein) *s.* metà *m.*

method ('meθəd) *s.* mètode *m.* 2 tècnica *f.*

methodical (mi'θɔdikəl) *a.* metòdic.

meticulous (mi'tikjuləs) *a.* meticulós.

metre, (EUA) **meter** ('miːtəʳ) *s.* metre *m.*

metropolis (mi'trɔpəlis) *s.* metròpoli *f.*

metropolitan (ˌmetrə'pɔlitən) *a.* metropolità. ▪ *2 s.* ECLES. *Metropolitan,* metropolita *m.*

mettle ('metl) *s.* ànim *m.*, tremp *m.*, empenta *f.*

Mexican ('meksikən) *a.-s.* mexicà.

Mexico ('meksikou) *n. pr.* GEOGR. Mèxic *m.*

mica ('maikə) *s.* MINER. mica *f.*

mice (mais) *s. pl.* de MOUSE.

Michael ('maikl) *n. pr. m.* Miquel.

microbe ('maikroub) *s.* microbi *m.*

microphone ('maikrəfoun) *s.* micròfon *m.*

mid (mid) *a.* mig, mitjan.

midday (ˌmid'dei) *s.* migdia *m.*, (VAL.) migjorn *m.*

midget ('midʒit) *s.* nan, lil·liputenc. ▪ *2 a.* molt petit. *3* de butxaca.

middle ('midl) *a.* del mig, mig, mitjà; central. ▪ *2 s.* mig *m.*, meitat *f.*, centre *m.* ‖ *in the ~ of,* a mitjan, al mig de, enmig de. *3* col·loq. cintura *f.*

middle-aged (ˌmidl'eidʒd) *a.* de mitjana edat.

Middle Ages (ˌmidl'eidʒiz) *s.* HIST. Edat *f.* Mitjana.

middle-class (ˌmidl'klɑːs) *s.* classe *f.* mitjana.

Middle East (ˌmidl'iːst) *n. pr.* GEOGR. Orient *m.* Mitjà.

midnight ('midnait) *s.* mitjanit *f.* ‖ *~ Mass,* missa *f.* del gall.

midst (midst) *s.* centre *m.*, mig *m.* ‖ *in the ~ of,* entre, enmig de.

midsummer ('midˌsʌməʳ) *s.* ple estiu *m.;* solstici *m.* d'estiu.

midway (ˌmid'wei) *a.-adv.* a mig camí, a la meitat del camí.

midwife ('midwaif) *s.* llevadora *f.*

mien (miːn) *s.* liter. semblant *m.*, aire *m.*, capteniment *m.*

might (mait) *pret.* de MAY. ▪ *2 s.* poder *m.*, força *f.* ‖ *with ~ and main,* a més no poder, amb totes les forces.

mighty ('maiti) *a.* poderós. 2 vigorós, potent. *3* enorme, gran, inmens. ▪ *4 adv.* col·loq. molt.

migraine ('miːgrein) *s.* migranya *f.*

migrate (to) (mai'greit) *i.* emigrar. 2 ZOOL. migrar.

migration (mai'greiʃən) *s.* emigració *f.* 2 ZOOL. migració *f.*

Mike (maik) *n. pr. m.* (dim. de *Michael*) Miquel.

mike (maik) *s.* (abrev. de *microphone*) micro *m.* (micròfon).

mild (maild) *a.* plàcid, tranquil. 2 pacífic, mansoi. *3* suau, benigne, bonancenc. 4 poc sever. 5 fluix, suau [menjar, beure, etc.]. ▪ *6* **-ly** *adv.* plàcidament, tranquil·lament.

mildew ('mildjuː) *s.* AGR. florit *m.*, verdet *m.* [orgànic]. *2* AGR. míldiu *m.;* neula *f.*, rovell *m.*

mildness ('maildnis) *s.* suavitat *f.*, benignitat *f.* 2 indulgència *f.*, lenitat *f.* 3 docilitat *f.* 4 dolçor *f.*

mile (mail) *s.* milla *f.* ‖ *it is ~s away,* és molt lluny.

mileage ('mailidʒ) *s.* quilometratge *m.* [en milles]. ‖ *~ indicator,* comptador *m.* de milles. ‖ FERROC. *~ ticket,* bitllet quilomètric. 2 recorregut *m.*, distància *f.* 3 despeses *f. pl.* [de viatge]. 4 cost *m.* [del transport].

milestone ('mailstoun) *s.* fita *f.* 2 fig. punt *m.* decisiu [de la història].

militancy ('militənsi) *s.* bel·licositat *f.*, combativitat *f.* 2 militància *f.* [política, sindical].

military ('militri) *a.* militar. 2 castrense. ▪ *3 s. the ~,* els militars *m. pl.*

militate (to) ('militeit) *i.* militar.

militia (mi'liʃə) *s.* milícia *f.*

milk (milk) *s.* llet *f.*

milk (to) (milk) *t.* munyir. ▪ *2 i.* donar llet.

milk can ('milkkæn) *s.* lletera *f.*

milk churn ('milktʃəːn) *s.* lletera *f.*

milkman ('milkmǝn) *s.* lleter *m.* ▲ *pl.* **milkmen.**

milk shake ('milkʃeik) *s.* batut *m.*

milksop ('milksɔp) *s.* col·loq. gallina *m.*, marieta *m.*

milk tooth ('milktu:θ) *s.* dent *f.* de llet. ▲ *pl.* **milk teeth.**

milky ('milki) *a.* lletós, lacti. ‖ ASTR. *Milky Way,* Via Làctia.

mill (mil) *s.* molí *m.* 2 molinet *m.* [de cafè, etc.]. 3 fàbrica *f.*, taller *m.*

mill (to) (mil) *t.* moldre, triturar. 2 fresar. ▪ *3 i. to ~ about* o *around,* arremolinar-se *p.*, apinyar-se *p.* [la gent].

miller ('milǝʳ) *s.* moliner.

million ('miliǝn) *s.* milió *m.*

millionaire (ˌmiliǝ'nɛǝʳ) *s.* milionari.

mime (maim) *s.* TEAT. mim *m.* [teatre; persona].

mimic ('mimik) *a.* mímic. 2 mimètic. 3 imitatiu. 4 dissimulat, fictici. ▪ *5 s.* imitador.

mimic (to) ('mimik) *t.* imitar; escarnir. ▲ Pret. i p. p.: *mimicked* ('mimiked); ger.: *mimicking* ('mimikiŋ).

mimosa (mi'mouzǝ) *s.* BOT. mimosa *f.*

mince (mins) *t.* esmicolar. 2 trinxar [carn]. ‖ fig. *without mincing words,* sense pèls a la llengua. ▪ *3 i.* parlar, caminar d'una manera amanerada.

mincing ('minsiŋ) *a.* afectat, amanerat.

mind (maind) *s.* ment *f.*, esperit *m.*, enteniment *m.*, seny *m.*, intel·ligència *f.*, cervell *m.*, ànim *m.* ‖ *presence of ~,* presència d'ànim; *state of ~,* estat d'ànim; *to go out of one's ~,* perdre el seny. 2 mentalitat *f.* 3 intenció *f.*, propòsit *m.*, desig *m.*, voluntat *f.* ‖ *to know one's ~,* saber el que es vol. ‖ *to set one's ~ on,* estar decidit a. 4 pensament *m.*, memòria *f.*, record *m.* ‖ *to bear* o *to keep in ~,* tenir present; *to bring to ~,* recordar, fer recordar; *out of ~,* oblidat. 5 opinió *f.*, idea *f.*, parer *m.* ‖ *of one ~,* unànimes; *to change one's ~,* canviar d'idea, canviar d'opinió; *to my ~,* segons el meu parer.

mind's eye ('maindz'ai) *s.* imaginació *f.*

mind (to) (maind) *t.* tenir en compte, fer cas de, posar atenció. 2 tenir inconvenient a; molestar-se *p.* per, importar: *do you ~ the smoke?,* el molesta el fum? 3 tenir cura de, ocupar-se *p.* de, vigilar, pensar en. 4 anar amb compte amb. ‖ *~ your language,* compte què dius. 5 recordar(se. 6 *~ you,* en realitat, la veritat és que. ▪ *7 i.* preocupar-se *p.* ‖ *I don't ~,* no em fa res, no m'importa. ‖ *never ~,* és igual, no s'amoïni, no en faci cas. 8 *mind!,* compte!

mindful ('maindful) *a.* atent, prudent, cons-

cient. ▪ *2* **-ly** *adv.* atentament, prudentment, conscientment.

1) **mine** (main) *pron. poss.* meu, meva, meus, meves: *a friend of ~,* un amic meu.

2) **mine** (main) *s.* MIL., MIN., MAR. mina *f.* ‖ MIN. *coal ~,* mina de carbó. 2 fig. mina *f.*, pou *m.*

mine (to) (main) *t.* minar [també fig.]. 2 volar, destruir [amb mines]. 3 posar mines. ▪ *4 i.* obrir una mina. 5 extreure minerals.

miner ('mainǝʳ) *s.* miner.

mineral ('minǝrǝl) *a.* mineral. 2 *s.* mineral *m.*

mingle (to) ('miŋgl) *t.* barrejar, mesclar. ▪ *2 i.* barrejar-se *p.*, mesclar-se *p.*

miniature ('minitʃǝʳ) *s.* miniatura *f.* ▪ *2 a.* en miniatura.

minimize (to) ('minimaiz) *t.* minimitzar; treure importància.

minimum ('minimǝm) *a.* mínim. ▪ *2 s.* mínim *m.*

minister ('ministǝʳ) *s.* ministre. 2 ECLES. pastor *m.*

minister (to) ('ministǝʳ) *i. to ~ to,* atendre *t.* 2 auxiliar *t.*, ajudar *t.*

ministry ('ministri) *s.* ministeri *m.* 2 ECLES. sacerdoci *m.*, ministeri *m.*

mink (miŋk) *s.* ZOOL. visó *m.*

Minorca (mi,nɔ:kǝ) *n. pr.* GEOGR. Menorca *f.*

minor ('mainǝʳ) *a.* menor. 2 secundari. 3 menut. ‖ *~ expenses,* despeses menudes. 4 MÚS. menor. ‖ *~ key,* to menor. ▪ *5 s.* menor d'edat.

minority (mai'nɔriti) *s.* minoria *f.* 2 minoria *f.* d'edat.

minstrel ('minstrǝl) *s.* joglar *m.*, trobador *m.* 2 cantant còmic.

mint (mint) *s.* BOT. menta *f.* 2 caramel *m.* de menta. 3 casa *f.* de la moneda. ▪ *4 a.* nou. ‖ *in ~ condition,* com nou; en perfecte estat.

mint (to) (mint) *t.* encunyar [també fig.].

minus ('mainǝs) *a.* negatiu. ▪ *2 prep.* menys. 3 col·loq. sense. ▪ *4 s.* signe *m.* menys. 5 quantitat *f.* negativa.

1) **minute** (mai'nju:t) *a.* menut, petit. 2 minuciós.

2) **minute** ('minit) *s.* minut *m.* 2 minuta *f.* 3 nota *f.* 4 *pl.* actes *f.* [d'una reunió, etc.]. 5 fig. moment *m.*, instant *m.*

minute hand ('minithænd) *s.* minutera *f.*

miracle ('mirǝkl) *s.* miracle *m.*

miracle play ('mirǝklplei) *s.* TEAT. miracle *m.*, auto *m.* sacramental.

miraculous (mi'rækjulǝs) *a.* miraculós. 2 meravellós.

mirage ('mirɑ:ʒ) *s.* miratge *m.* [també fig.].

mire ('maiǝʳ) *s.* fang *m.*, llot *m.*

mirror ('mirər) s. mirall m., (occ.), (VAL.) espill m. 2 fig. mirall m., reflex m.

mirror (to) ('mirər) t. liter. fig. reflectir.

mirth (mə:θ) s. alegria f., joia f. 2 riallada f., rialla f.

miry ('maiəri) a. llotós, fangós.

misadventure (ˌmisəd'ventʃər) s. desgràcia f., contratemps m.

misanthropy (mi'zænθrəpi) s. misantropia f.

misapply (to) (ˌmisə'plai) t. aplicar malament. 2 fer mal ús.

misapprehend (to) (ˌmisæpri'hend) t. comprendre malament.

misbehave (to) (ˌmisbi'heiv) i. portar-se p. malament.

misbehaviour, (EUA) **misbehavior** (ˌmisbi'heivjər) s. mal comportament m. 2 discortesia f.

misbelief (ˌmisbi'li:f) s. falsa creença f.; opinió f. equivocada; error m. 2 REL. heretgia f.

miscarry (to) (mis'kæri) i. MED. avortar [involuntàriament]. 2 perdre's p. [una carta]. 3 sortir malament.

miscarriage (ˌmis'kæridʒ) s. MED. avortament m. [natural]. 2 error m. ‖ ~ *of justice*, error judicial. 3 pèrdua f. 4 fig. fracàs m.

miscellaneous (ˌmisə'leinjəs) a. miscel·lani, variat, divers.

miscellany (mi'seləni) s. miscel·lània f.

mischange (ˌmis'tʃɑ:ns) s. desgràcia f., infortuni m.

mischief ('mistʃif) s. mal m., dany m., perjudici m. ‖ *to make* ~, embolicar, armar embolics. 2 entremaliadura f.

mischievous ('mistʃivəs) a. dolent, nociu. 2 maliciós. 3 entremaliat. ▪ 4 -ly adv. maliciosament, amb malícia.

misconduct (mis'kɔndəkt) s. mala conducta f. 2 mala gestió f.

misconduct (to) (ˌmiskən'dʌkt) t. *to* ~ *one-self*, portar-se malament. 2 dirigir o administrar malament.

misconstrue (to) (ˌmiskən'stru:) t. interpretar malament.

misdeed (ˌmis'di:d) s. malifeta f., delicte m.

misdemeanour, (EUA) **misdemeanor** (ˌmisdi'mi:nər) s. DRET falta f., delicte m. menor. 2 mala conducta f.

misdirect (to) (ˌmisdi'rekt) t. dirigir malament. 2 posar malament l'adreça [en una carta]. 3 DRET instruir malament.

miser ('maizər) s. avar, gasiu, miserable.

miserable ('mizrəbl) a. desgraciat. 2 trist. 3 miserable.

miserly ('maizəli) a. avar, gasiu, rata.

misery ('mizəri) s. misèria f., pobresa f. 2 desgràcia f., tristesa f., infortuni m. 3 pena f., dolor m., sofriment m.

misfire (to) (ˌmis'faiər) i. fallar [un tret, un motor, etc.].

misfit ('misfit) s. vestit m. que no cau bé. 2 fig. inadaptat, marginat.

misfortune (ˌmis'fɔ:tʃu:n) s. infortuni m., desventura f., desgràcia f.

misgiving (ˌmis'giviŋ) s. dubte m., sospita f., recel m., temor m.

misgovernment (ˌmis'gʌvənmənt) s. desgovern m., mala administració f.

misguide (to) (ˌmis'gaid) t. dirigir malament, aconsellar malament.

misguided (ˌmis'gaidid) a. mal aconsellat, desencaminat; poc afortunat.

mishandle (ˌmis'hændl) t. tractar malament. 2 manejar malament.

mishap ('mishæp) s. desgràcia f., accident m., contratemps m.

misjudge (to) (ˌmis'dʒʌdʒ) t.-i. jutjar malament; calcular malament.

mislay (to) (ˌmis'lei) t. extraviar, perdre. ▲ Pret. i p. p.: *mislaid* (ˌmis'leid).

mislead (to) (ˌmis'li:d) t. desencaminar, desencarrilar. 2 despistar. 3 enganyar, seduir. ▲ Pret. i p. p.: *misled* (ˌmis'led).

mismanagement (ˌmis'mænidʒmənt) s. mala administració f., mala gestió f.

misplace (to) (ˌmis'pleis) t. posar fora de lloc, col·locar malament. 2 extraviar. 3 fig. atorgar immerescudament [afecció, confiança, etc.].

misprint ('misprint) s. errata f., error m. d'impremta, falta f. tipogràfica.

misrepresent (to) (ˌmisˌrepri'zent) t. descriure malament. 2 desfigurar, tergiversar.

Miss (mis) s. senyoreta f.

miss (mis) s. errada f., error m. 2 falta f., pèrdua f. 3 fracàs m.

miss (to) (mis) t. errar. 2 perdre [un tren, etc.]. 3 perdre's p. [un esdeveniment, etc.]. 4 ometre. 5 no assistir i., faltar i. 6 equivocar-se p. 7 trobar a faltar. 8 no entendre, no sentir, perdre's: *I* ~*ed what you said*, no he entès què has dit, no he pogut sentir què has dit. ▪ 9 i. errar el tret, errar el fitó. 10 fallar, no fer efecte. 11 equivocar-se p.

misshapen (ˌmis'ʃeipən) a. deforme.

missile ('misail), (EUA) ('misl) s. míssil m., projectil m.

missing ('misiŋ) a. extraviat, perdut, que falta. ‖ *to be* ~, faltar, estar extraviat o perdut. 2 absent. 3 desaparegut.

mission ('miʃən) s. missió f.

missive ('misiv) s. missiva f. [carta].

misspend (ˌmis'spend) t. malgastar. ▲ Pret. i p. p.: *misspent* (ˌmis'spent).

mist (mist) *s.* boira *f.*, vapor *m.*, tel *m.* 2 fig. vel *m.*

mistake (mis'teik) *s.* equivocació *f.*, error *m.*, confusió *f.* ‖ *to make a* ~, equivocar-se.

mistake (to) (mis'teik) *t.* equivocar, confondre, prendre per una altra [persona o cosa]. ■ *2 i.* equivocar-se *p.* ▲ Pret.: *mistook* (mis'tuk); p. p.: *mistaken* (mis'teiken).

mistaken (mis'teikən) *p. p.* de MISTAKE (TO). ■ *2 a.* equivocat, errat. *3* erroni, incorrecte.

mister ('mistə') *s.* senyor *m.*

mistletoe ('misltou) *s.* BOT. vesc *m.*

mistress ('mistris) *s.* mestressa *f.*, senyora *f.* 2 mestra *f.* [d'escola]. *3* amant *f.*, amistançada *f.*

mistrust (,mis'trʌst) *s.* desconfiança *f.*, recel *m.*

mistrust (to) (,mis'trʌst) *t.* desconfiar de, recelar de.

mistrustful (,mis'trʌstful) *a.* desconfiat, recelós.

misty ('misti) *a.* boirós, nebulós. *2* entelat. *3* confús, vague.

misunderstand (to) (,mis,ʌndə'stænd) *t.* entendre malament.

misunderstanding (,mis,ʌndə'stændiŋ) *s.* equivocació *f.*, error *m.*, mala interpretació *f.* 2 malentès *m.* *3* desavinença *f.*

misuse (,mis'juːs) *s.* mal ús *m.*, ús *m.* impropi.

misuse (to) (,mis'juːz) *t.* maltractar. 2 usar malament, fer ús impropi.

mite (mait) *s.* petitesa *f.* 2 mica *f*:, bocí *m.* *3* criatura *f.* [nen petit].

mitigate (to) ('mitigeit) *t.* mitigar, disminuir, atenuar.

mitigation (,miti'geiʃən) *s.* mitigació *f.*, mitigament *m.*

mitre ('maitə') *s.* ECLES. mitra *f.*

mitten ('mitn) *s.* manyopla *f.* 2 mitena *f.*

mix (miks) *s.* mescla *f.*, barreja *f.*

mix (to) (miks) *t.* mesclar, barrejar. 2 *to* ~ *up*, mesclar; confondre. ■ *3 i.* barrejar-se *p.*, mesclar-se *p.* 4 ajuntar-se *p.*

mixed (mikst) *a.* mesclat, barrejat. 2 mixt. *3* assortit, variat.

mixed-up ('mikstʌp) *a.* confús, atabalat.

mixture ('mikstʃə') *s.* mescla *f.*; mixtura *f.*

mix-up ('miksʌp) *s.* embolic *m.*, confusió *f.*

moan (moun) *s.* gemec *m.*, queixa *f.*, lament *m.*

moan (to) (moun) *i.* gemegar, queixar-se *p.* ■ *2 t.* dir gemegant.

moat (mout) *s.* FORT. fossat *m.*

mob (mɔb) *s.* populatxo *m.*, xusma *f.*, turba *f.* 2 multitud *f.*, gentada *f.*

mob (to) (mɔb) *t.* amuntegar-se *p.* o aplegar-se *p.* per a admirar o atacar.

mobile ('moubail) *a.* mòbil. 2 inconstant, variable.

mobilize (to) ('moubilaiz) *t.* mobilitzar. ■ *2 i.* mobilitzar-se *p.*

moccasin ('mɔkəsin) *s.* mocassí *m.*

mock (mɔk) *a.* fictici, fals. 2 fingit, simulat. *3* burlesc. ■ *4 s.* ant. burla *f.*, mofa *f.* ‖ *to make a* ~ *of*, burlar-se de, mofar-se de.

mock (to) (mɔk) *t.* mofar-se *p.* de, burlar-se *p.* de, riure's *p.* de. 2 imitar. ■ *3 i. to* ~ *at*, burlar-se *p.* de.

mockery ('mɔkəri) *s.* burla *f.*, mofa *f.*, escarn *m.* 2 imitació *f.*, paròdia *f.*

mock-up ('mɔkʌp) *s.* maqueta *f.*

model ('mɔdl) *s.* model *m.* 2 maqueta *f.* *3* disseny *m.*, mostra *f.* 4 model *m.*, figurí *m.* 5 model *m.*, exemple *m.* ■ *5 a.* model, modèlic. ‖ ~ *school*, escola modèlica.

model (to) ('mɔdl) *t.* modelar. ■ *2 i.* fer de model, servir de model.

moderate ('mɔdərit) *a.* moderat. 2 temperat. *3* mòdic. 4 mitjà, regular. ■ *5 -ly adv.* moderadament.

moderate (to) ('mɔdəreit) *t.* moderar. 2 temperar. ■ *3 i.* moderar-se *p.*; calmar-se *p.*

moderation (,mɔdə'reiʃən) *s.* moderació *f.* 2 temperància *f.* 3 sobrietat *f.* 4 mesura *f.*

modern ('mɔdən) *a.* modern.

modest ('mɔdist) *a.* modest. 2 moderat. *3* púdic.

modesty ('mɔdisti) *s.* modèstia *f.* 2 pudor *m.*, decència *f.*

modify (to) ('mɔdifai) *t.* modificar. 2 moderar, temperar, suavitzar.

modulate (to) ('mɔdjuleit) *t.* modular. ■ *2 i.* MÚS. modular.

Mohammed (mou'hæmed) *n. pr. m.* REL. Mahoma *m.*

Mohammedan (mou'hæmidən) *a.-s.* REL. mahometà.

moiety ('mɔiəti) *s.* meitat *f.*

moist (mɔist) *a.* humit, moll, mullat.

moisten (to) ('mɔisn) *t.* humitejar, mullar. ■ *2 i.* humitejar-se *p.*, mullar-se *p.*

moisture ('mɔistʃə') *s.* humitat *f.*

mole (moul) *s.* piga *f.* 2 NÀUT. moll *m.* 3 ZOOL. talp *m.*

molecule ('mɔlikjuːl) *s.* moHècula *f.*

molest (to) (mə'lest) *t.* molestar, importunar. 2 molestar, agredir [sexualment].

mollify (to) ('mɔlifai) *t.* moderar; calmar, apaivagar.

molten ('moultən) *p. p.* de MELT (TO). ■ *2 a.* fos [metall].

moment ('moumənt) *s.* moment *m.* 2 instant *m.*, estona *f.* 3 importància *f.*

momentarily ('moumǝntrili) *adv.* momentàniament.

momentous (mou'mentǝs) *a.* important, greu, transcendental.

momentum (mou'mentǝm) *s.* FÍS. moment *m.* 2 fig. ímpetu *m.*

Monaco ('mɔnǝkou) *n. pr.* GEOGR. Mónaco *m.*

monarch ('mɔnǝk) *s.* monarca *m.*

monarchy ('mɔnǝki) *s.* monarquia *f.*

monastery ('mɔnǝstri) *s.* monestir *m.*, convent *m.*

monastic (mǝ'næstik) *a.* monàstic.

Monday ('mʌndi, -dei) *s.* dilluns *m.*

Monegasque ('mɔnǝgɑ:sk) *a.-s.* monegasc.

money ('mʌni) *s.* diners *m. pl.*, cèntims *m. pl.*, (BAL.) doblers *m. pl.*, (ROSS.) sous *m. pl.*

money-box ('mʌnibɔks) *s.* guardiola *f.*, (BAL.) (VAL.) vidriola *f.*, (ROSS.) denieirola *f.*

money-lender ('mʌni,lendǝʳ) *s.* prestador.

money order ('mʌni,ɔ:dǝʳ) *s.* gir *m.* postal.

mongol ('mɔŋgɔl) *a.* mongol. ▪ 2 *s.* mongol. 3 mongol *m.* [llengua].

mongoose ('mɔŋgu:s) *s.* ZOOL. mangosta *f.*, icnèumon *m.*

mongrel ('mʌŋgrǝl) *a.* mestís [planta o animal]. 2 petaner [gos]. ▪ 3 *s.* mestís. 4 petaner *m.*

Monica ('mɔnikǝ) *n. pr. f.* Mònica.

monitor ('mɔnitǝʳ) *s.* monitor. 2 RADIO. monitor *m.*

monk (mʌŋk) *s.* monjo *m.*, frare *m.*

monkey ('mʌŋki) *s.* ZOOL. mona *f.*, mico *m.*

monkey wrench ('mʌŋkirenʃ) *s.* MEC. clau *f.* anglesa.

monograph ('mɔnǝgrɑ:f) *s.* monografia *f.*

monologue ('mɔnǝlɔg) *s.* monòleg *m.*

monopolize (to) (mǝ'nɔpǝlaiz) *t.* monopolitzar.

monopoly (mǝ'nɔpǝli) *s.* monopoli *m.*

monotonous (mǝ'nɔtǝnǝs) *a.* monòton.

monotony (mǝ'nɔtǝni) *s.* monotonia *f.*

monsoon (mɔn'su:n) *s.* CLIMAT. monsó *m.*

monster ('mɔnstǝʳ) *s.* monstre *m.* ▪ 2 *a.* monstruós, enorme.

monstrosity (mɔns'trɔsiti) *s.* monstruositat *f.*

monstruous ('mɔnstrǝs) *a.* monstruós. ▪ 2 -**ly** *adv.* monstruosament.

month (mʌnθ) *s.* mes *m.*

monthly ('mʌnθli) *a.* mensual. ▪ 2 *adv.* mensualment. ▪ 3 *s.* publicació *f.* mensual.

monument ('mɔnjumǝnt) *s.* monument *m.*

mood (mu:d) *s.* humor *m.*, disposició *f.* [d'ànim]. ‖ *to be in no ~ for* o *to,* no tenir ganes de.

moody ('mu:di) *a.* malhumorat, trist, melanconiós. 2 estrany, variable, capritxós.

moon (mu:n) *s.* ASTR. lluna *f.* ‖ *full ~,* lluna plena; *new ~,* lluna nova. ‖ coŀloq. *once in a blue ~,* de tant en tant.

moonlight ('mu:nlait) *s.* llum *f.* de la lluna.

Moor (muǝʳ) *s.* moro.

moor (muǝʳ) *s.* erm *m.*, ermàs *m.*

moor (to) (muǝʳ) *t.* MAR. amarrar.

mop (mɔp) *s.* baieta *f.*, borràs *m.* 2 grenya *f.*

mop (to) (mɔp) *t.* fregar, netejar. 2 eixugar, assecar [la suor, etc.].

mope (to) (moup) *i.* estar abatut, estar deprimit, estar trist.

moral ('mɔrǝl) *a.* moral. 2 virtuós. ▪ 3 *s.* moral *f.*, moralitat *f.* 4 *pl.* moral *f.*, ètica *f.* 5 moral *f.* [costums].

morale (mɔ'rɑ:l) *s.* moral *f.* [estat d'ànim].

morality (mǝ'ræliti) *s.* moralitat *f.*

moralize (to) ('mɔrǝlaiz) *t.-i.* moralitzar *t.*

morass (mǝ'ræs) *s.* pantà *m.*, maresma *f.* 2 fig. empantanegament *m.*, embolic *m.*

morbid ('mɔ:bid) *a.* mòrbid, morbós.

morbidity (mɔ:'biditi) *s.* morbositat *f.*

more (mɔ:r) *a.-adv.* més. ‖ *do you want any ~?,* en vols més?; *~ or less,* més o menys; *once ~,* un cop més, una altra vegada; *she can't come any ~,* no pot venir més; *the ~ the merrier,* com més serem, més riurem. ▪ 2 *s.-pron.* més. ‖ *we can't spend ~,* no podem gastar més.

moreover (mɔ:'rouvǝʳ) *adv.* a més, a més a més; d'altra banda.

mordant ('mɔ:dǝnt) *a.* mordaç. 2 corrosiu. ▪ 3 *s.* mordent *m.*

Moresque (mǝ'resk) *a.* moresc, àrab.

morgue (mɔ:g) *s.* dipòsit *m.* de cadàvers.

morning ('mɔ:niŋ) *s.* matí *m.* 2 matinada *f.* 3 alba *f.*, albada *f.* ▪ 4 *a.* matinal, matutí, del matí, de l'alba.

morning star ('mɔ:niŋ'stɑ:) *s.* estel *m.* del matí.

Moroccan (mǝ'rɔkǝn) *a.-s.* marroquí.

Morocco (mǝ'rɔkou) *n. pr.* GEOGR. Marroc *m.*

morose (mǝ'rous) *a.* malhumorat, taciturn, brusc. ▪ 2 -**ly** *adv.* amb mal humor.

morphia ('mɔ:fje) , **morphine** ('mɔ:fi:n) *s.* morfina *f.*

morrow ('mɔrou) *s.* liter. demà *m.*

morsel ('mɔ:sǝl) *s.* mos *m.* 2 trosset *m.*, bocí *m.*

mortal ('mɔ:tl) *a.* mortal. ‖ *~ sin,* pecat mortal. ▪ 2 *s.* mortal. ▪ 3 -**ly** *adv.* mortalment [també fig.].

mortality (mɔ:'tæliti) *s.* mortalitat *f.* 2 mortals *pl.*, humanitat *f.*

mortar ('mɔ:tǝʳ) *s.* morter *m.*

mortgage ('mɔ:gidʒ) *s.* hipoteca *f.*
mortgage (to) ('mɔ:gidʒ) *t.* hipotecar.
mortify (to) ('mɔ:tifai) *t.* mortificar [també fig.]. ■ *2* MED. gangrenar-se *p.*
mortuary ('mɔ:tjuəri) *a.* mortuori. ■ *2 s.* dipòsit *m.* de cadàvers.
mosaic (mə'zeiik) *a.* mosaic.
Moscow ('mɔskou) (EUA) ('mɔskau) *n. pr.* GEOGR. Moscou *m.*
Moslem ('mɔzlem) *a.-s.* musulmà.
mosque (mɔsk) *s.* mesquita *f.*
mosquito (məs'ki:tou) *s.* ENT. mosquit *m.*
mosquito net (mɔs'kitounet) *s.* mosquitera *f.*
moss (mɔs) *s.* BOT. molsa *f.*
most (moust) *adj. superl.* de MORE, MUCH i MANY. *2* molts, gairebé tots, la majoria. *3 for the ~ part,* majoritàriament *adv.,* en gran part. ■ *4 adv.* summament; molt; més. ‖ *M~ Reverend,* reverendíssim. ■ *5 s. pron.* el màxim. ‖ *at the ~,* com a màxim, com a molt. ‖ *~ of them,* gairebé tots, la majoria.
mostly ('moustli) *adv.* en la major part, en general; principalment, sobretot.
M.O.T. (,emou'ti:) *s.* (*Ministry of Transport*) ministeri *m.* de transports. ‖ *~-test,* ITV *f.* (inspecció tècnica de vehicles).
motel (mou'tel) *s.* motel *m.*
moth (mɔθ) *s.* ENT. arna *f.;* papallona *f.* nocturna.
mother ('mʌðər) *s.* mare *f.*
motherhood ('mʌðəhud) *s.* maternitat *f.*
mother-in-law ('mʌðərin,lɔ:) *s.* sogra *f.*
motherly ('mʌðəli) *a.* maternal, matern. ■ *2 adv.* maternalment.
mother-of-pearl (,mʌðərəv'pə:l) *s.* nàcar *m.*
mother ship ('mʌðəʃip) *s.* MAR. vaixell *m.* escola.
mother tongue ('mʌðətʌŋ) *s.* llengua *f.* materna.
motif (mou'ti:f) *s.* MÚS., ART. motiu *m.*
motion ('mouʃən) *s.* moviment *m.,* moció *f.* *2* senyal *m.,* gest *m.* *3* moció *f.,* proposició *f.*
motion (to) ('mouʃən) *i.-t.* fer un gest, fer un senyal.
motionless ('mouʃənlis) *a.* immòbil.
motion picture (,mouʃn'piktʃər) *s.* CINEM. form. pel·lícula *f.,* film *m.*
motive ('moutiv) *s.* motiu *m.,* mòbil *m.,* causa *f.,* raó *f.* ‖ *ulterior ~,* motiu ocult. ■ *2 a.* motor, motriu. ‖ *~ power,* força motriu.
motor ('moutər) *s.* motor *m.* ■ *2 a.* motor. *3* de motor; automòbil.
motorbike ('moutəbaik) *s.* col·loq. moto *f.*
motorcar ('moutəka:) *s.* ant. cotxe *m.*
motorcycle ('moutəsaikl) *s.* motocicleta *f.*

motorcycling ('moutə,saikliŋ) *s.* motociclisme *m.*
motorcyclist ('moutə,saiklist) *s.* motorista.
motorist ('moutərist) *s.* automobilista.
motor racing ('moutə,reisiŋ) *s.* ESPORT automobilisme *m.*
motorway ('moutə,wei) *s.* autopista *f.*
mottle ('mɔtl) *s.* taca *f.,* pinta *f.,* clapa *f.* [de color].
mottle (to) ('mɔtl) *t.* clapar, clapejar.
motto ('mɔtou) *s.* lema *m.,* divisa *f.,* consigna *f.*
mould, (EUA) **mold** (mould) *s.* floridura *f.,* florit *m.,* verdet *m.,* rovell *m.* *2* terra *f.* vegetal; fem *m.* *3* motlle *m.,* matriu *f.* *4* forma *f.,* figura *f.,* factura *f.*
mould, (EUA) **mold (to)** (mould) *t.* emmotllar, motllurar. *2* modelar. *3* buidar. ■ *4 i.* florir-se *p.*
moulder, (EUA) **molder (to)** ('mouldər) *i.* consumir-se *p.,* esfondrar-se *p.,* ensorrar-se *p.* [també fig.].
moulding, (EUA) **molding** ('mouldiŋ) *s.* ARQ., FUST. motllura *f.* *2* buidat *m.* *3* emmotllament *m.* *4* fig. emmotllament *m.,* formació *f.*
mouldy, (EUA) **moldy** ('mouldi) *a.* florit, rovellat.
moult, (EUA) **molt (to)** (moult) *t.* mudar [la ploma, la veu, etc.]. ■ *2 i.* mudar, fer la muda [un animal].
moulting, (EUA) **molting** ('moultiŋ) *s.* muda *f.* [dels animals].
mound (maund) *s.* pujol *m.* *2* túmul *m.* *3* terraplè *m.*
mount (maunt) *s.* liter. muntanya *f.,* turó *m.,* pujol. *2* muntura *f.,* cavall *m.* *3* muntura *f.* [d'un objecte].
mount (to) (maunt) *t.* pujar [pendent, etc.]. *2* pujar, aixecar. *3* pujar, enfilar-se *p.,* muntar *i.* *4* muntar, armar; organitzar. *5* MAR., MIL. muntar [canons; la guàrdia]. *6* TEAT. posar en escena, muntar. ■ *7 i.* pujar, enfilar-se *p.* *2* elevar-se *p.*
mountain ('mauntin) *s.* muntanya *f.* *2* fig. munt *m.,* pilot *m.*
mountain climber ('mauntin,klaimə) *s.* alpinista *m.,* muntanyenc *m.*
mountain dew ('mauntin'dju:) *s.* col·loq. whisky *m.* escocès.
mountain range ('mauntin'reindʒ) *s.* serralada *f.*
mountaineer (,maunti'niər) *s.* muntanyenc. *2* alpinista.
mountaineering ('mauntin,iəriŋ) *s.* muntanyisme *m.,* alpinisme *m.*
mountainous ('mauntinəs) *a.* muntanyós. *2* enorme.

mounting ('mauntiŋ) *s.* pujada *f. 2* muntatge *m. 3* muntura *f.*, marc *m.* suport *m.*

mourn (to) (mɔːn) *t.* deplorar, lamentar, plorar. ■ *2 i.* lamentar-se *p.*, doldre's *p. 3* portar dol, anar de dol.

mournful ('mɔːnful) *a.* trist, llòbrec, fúnebre. *2* afigit.

mourning ('mɔːniŋ) *s.* dolor *m.*, pena *f. 2* plor *m.*, lamentació *f. 3* dol *m.* ‖ *to be in* ~, portar dol.

mouse (maus) *s.* ZOOL. rata *f.*, ratolí *m. 2* fig. persona *f.* tímida. ▲ *pl.* **mice** (mais).

mousetrap ('maustræp) *s.* ratera *f.*

moustache (məs'tɑːʃ), (EUA) **mustache** ('mʌstæʃ) *s.* bigoti *m.*

mouth (mauθ) *s.* ANAT. boca *m.* ‖ *down in the* ~, trist, de cara *f.* llarga. *2* boca *f.* [entrada, forat]. *3* boca *f.*, desembocadura *f.* [riu].

mouthful ('mauθful) *s.* mos *m.*, queixalada *f.* [de menjar]. *2* glopada *f.* [aire, fum, etc.].

mouth-organ ('mauθɔːgn) *s.* MÚS. harmònica *f.*

mouthpiece ('mauθpiːs) *s.* MÚS. broc *m.*, embocadura *f. 2* portaveu.

movable ('muːvəbl) *a.* movible, mòbil. ■ *2 s. pl.* mobles *m.*, mobiliari *m. sing.*

move (muːv) *s.* moviment *m.* ‖ *on the* ~, en moviment, en marxa *f.* ‖ fam. *to get a* ~ *on*, apressar-se, anar de pressa. *2* jugada *f. 3* canvi *m.* de lloc, trasllat *m.*, mudança *f. 4* pas *m.*, diligència *f.*

move (to) (muːv) *t.* moure. *2* induir, persuadir. *3* remenar. *4* traslladar, mudar. *5* commoure, entendrir, impressionar. *6* despertar, excitar [sentiments]. *7* proposar [en una reunió]. *8* JOC moure [peça]. ■ *9 i.* moure's *p.*, caminar. *10* traslladar-se *p. 11* circular. *12* anar-se'n, marxar. *13* mudar-se *p. 14* jugar, fer una jugada. *15* fer gestions, prendre mesures. ■ *to* ~ *about*, anar i venir; moure's; *to* ~ *along*, avançar per; *to* ~ *aside*, posar-se en un costat, sortir del mig; *to* ~ *away*, anar-se'n; allunyar-se; *to* ~ *back*, moure's cap enrera; ajornar; *to* ~ *in*, instal·lar-se en una casa; *to* ~ *off*, allunyar-se; marxar; posar-se en camí; *to* ~ *on*, fer circular [gent]; continuar; reprendre el viatge; *to* ~ *out*, desallotjar; traslladar; abandonar [lloc]; sortir; *to* ~ *round*, donar voltes; *to* ~ *up*, pujar, ascendir.

movement ('muːvmənt) *s.* moviment *m. 2* mecanisme *m.* [rellotge, etc.]. *3* joc *m. 4* circulació *f. 4* activitat *f.*

movie ('muːvi) *s.* CINEM. col·loq. pel·lícula *f. 2 pl. the* ~*s*, el cine *m. sing.*

moving ('muːviŋ) *a.* mòbil, que es mou. ‖

~ *picture*, pel·lícula [cine]. *2* motor. *3* fig. commovedor, patètic. ■ *4* -**ly** *adv.* commovedorament, patèticament.

mow (to) (mou) *t.* segar, tallar. *2 to* ~ *down*, segar [també fig.]. ▲ Pret. **mowed** (moud); p. p.: **mown** (moun).

mown (moun) *p. p.* de MOW (TO).

M.P. ('em'piː) *s.* (G.B.) *(Member of Parliament)* membre *m.* del parlament, diputat.

Mr. ('mistə') *s.* (abrev. *Mister*) Sr. *m.* (Senyor).

Mrs. ('misis) *s.* (abrev. *Mistress*) Sra. *f.* (Senyora).

M.Sc. (,emes'siː) *s. (Master of Science)* llicenciat en ciències amb grau.

much (mʌtʃ) *a.* molt. ■ *2 adv.* molt. ‖ *as* ~ *as*, tant com; *how* ~?, quant?; *so* ~ *the better*, molt millor. ■ *3 s.* molt, *pron.* gran part *f.*, gran cosa *f. 4 to make* ~ *of*, comprendre; donar importància, exagerar.

muck (mʌk) *s.* fems *m. pl. 2* brutícia *f. 3* col·loq. porqueria *f.*

mud (mʌd) *s.* fang *m.*, llot *m.* ‖ *to sling* ~ *at*, enfangar, difamar.

muddle ('mʌdl) *s.* embolic *m.*, confusió *f.*, desordre *m.*

muddle (to) ('mʌdl) *t.* embolicar, desordenar. *2* enterbolir. *3* atordir, confondre. ■ *4 i. to* ~ *through*, sortir-se'n *p.*

muddy ('mʌdi) *a.* fangós, enfangat, enllotat. *2* tèrbol. *3* confús.

mudguard ('mʌdgɑːd) *s.* AUTO. parafang *m.*

muesli ('mjuːzli) *s.* ALIM. muesli *m.* [cereals].

muezzin (muː'ezin) *s.* muetzí *m.*

muffle (to) ('mʌfl) *t.* tapar, cobrir, embolicar, emboçar. *2* esmorteir, apagar [so].

muffler ('mʌflə') *s.* bufanda *f. 2* (EUA) MEC. silenciador *m.*

mug (mʌg) *s.* tassa *f.*, gerra *f.* [per beure]. *2* col·loq. babau, enze.

mug (to) (mʌg) *t.* col·loq. atracar, assaltar, robar.

mulatto (mju:'lætou) *a.-s.* mulat.

mulberry ('mʌlbərri) *s.* BOT. morera *f. 2* mòra *f.*

mule (mjuːl) *s.* ZOOL. mul *m.* ‖ *she-*~, mula *f.*

multiple ('mʌltipl) *a.* múltiple. ■ *2 s.* múltiple *m.*

multiply (to) ('mʌltiplai) *t.* multiplicar. ■ *2 i.* multiplicar-se *p.*

multitude ('mʌltitjuːd)) *s.* multitud *f.*

multitudinous (,mʌlti'tjuːdinəs) *a.* nombrós. *2* multitudinari.

mum (mʌm) *s.* col·loq. mama *f. 2 interj.* silenci *m.* ■ *3 a.* callat.

mumble (to) ('mʌmbl) *t.* mussitar. ■ *2 i.* remugar.

mummy ('mʌmi) *s.* mòmia *f.* 2 mamà *f.*
mumps (mʌmps) *s.* MED. galteres *f. pl.*
munch (to) (mʌntʃ) *t.* mastegar.
mundane (mʌn'dein) *a.* mundà.
Munich ('mju:nik) *n. pr.* GEOGR. Múnic *m.*
municipal (mju:'nisipl) *a.* municipal.
municipality (mju:͵nisi'pæliti) *s.* municipalitat *f.*, municipi *m.*
munificent (mju:'nifisnt) *a.* form. munífic, munificent.
munitions (mju:'niʃənz) *s. pl.* municions *f.*
murder (to) ('mə:dəʳ) *t.* assassinar, matar.
murder ('mə:dəʳ) *s.* assassinat *m.* 2 DRET homicidi *m.*
murderer ('mə:dərəʳ) *s.* assassí. 2 DRET homicida.
murderous ('mə:dərəs) *a.* assassí, homicida. 2 sanguinari, cruel.
murky ('mə:ki) *a.* obscur, llòbrec, fosc.
murmur ('mə:məʳ) *s.* murmuri *m.*, xiuxiueig *m.*, remor *f.* 2 queixa *f.*
murmur (to) ('mə:məʳ) *t.* murmurar. ■ 2 *i.* xiuxiuejar. 3 remugar.
muscle ('mʌsl) *s.* ANAT. muscle *m.*
muscular ('mʌskjuləʳ) *a.* muscular. 2 musculós, musculat, cepat.
Muse (mju:z) MIT. musa *f.* [també fig.].
muse (to) (mju:z) *i.* meditar, reflexionar. 2 estar distret, estar encantat.
museum (mju:'ziəm) *s.* museu *m.*
mushroom ('mʌʃrum) *s.* BOT. bolet *m.*, xampinyó *m.*
music ('mju:zik) *s.* música *f.* ‖ fig. *to face the ~,* afrontar les conseqüències *f. pl.*; afrontar les crítiques *f. pl.*
musical ('mju:zikəl) *a.* musical, músic. ‖ *~ comedy,* comèdia musical, opereta. 2 harmoniós, melodiós.
musician (mju:'ziʃən) *s.* músic.
music stand ('mju:zikstænd) *s.* faristol *m.*
musk (mʌsk) *s.* mesc *m.*, almesc *m.* ‖ *~ melon,* meló *m.*
musket ('mʌskit) *s.* ARM. mosquet *m.*, fusell *m.*
musketeer (͵mʌski'tiəʳ) *s.* mosqueter *m.*, fuseller *m.*
musketry ('mʌskitri) *s.* mosqueteria *f.*, fuselleria *f.*
muskrat ('mʌskræt) *s.* ZOOL. rata *f.* mesquera.
muslin ('mʌzlin) *s.* TÈXT. mussolina *f.* 2 percala *f.*
must (mʌst, məst) *s.* most *m.* 2 coŀloq. *his latest film is a ~,* tothom hauria de veure la seva darrera peŀlícula.
must (mʌst, məst) *aux.* haver de, caldre [només en present]. 2 deure: *you ~ be jok-*

ing!, deus estar de broma, oi? 3 ser necessari.
mustard ('mʌstəd) *s.* mostassa *f.*
muster ('mʌstəʳ) *s.* reunió *f.* 2 MIL. llista *f.*, revista *f.*
muster (to) ('mʌsəʳ) *t.* ajuntar, reunir. 2 MIL. cridar a revista. ■ 3 *i.* reunir-se *p.*, ajuntar-se *p.*
musty ('mʌsti) *a.* florit. 2 ranci. 3 fig. vell, antiquat.
mute (mju:t) *a.* mut. 2 GRAM. mut. ■ 3 *s.* mut. 4 MÚS. sordina *f.* ■ 5 *-ly adv.* amb sordina; silenciosament.
mutilate (to) ('mju:tileit) *t.* mutilar.
mutilation (͵mju:ti'leiʃən) *s.* mutilació *f.*
mutineer (͵mju:ti'niəʳ) *s.* amotinat.
mutinous ('mju:tinəs) *a.* rebel, indòmit. 2 amotinat, amotinador, subversiu. ■ 3 *-ly adv.* sediciosament.
mutiny ('mju:tini) *s.* motí *m.*, insubordinació *f.*, sublevació *f.*
mutiny (to) ('mju:tini) *i.* amotinar-se *p.*, insubordinar-se *p.*, sublevar-se *p.*
mutter ('mʌtəʳ) *s.* murmuri *m.*
mutter (to) ('mʌtəʳ) *t.* murmurar. ■ 2 *i.* murmurar, xiuxiuejar.
mutton ('mʌtn) *s.* carn *f.* de be. ‖ *~ chop,* costella *f.* de be.
mutual ('mju:tjuəl) *a.* mutu, mutual; recíproc. 2 comú.
muzzle ('mʌzl) *s.* morro *m.*, musell. 2 boç *m.*, morrió *m.* 3 boca *f.* [d'una arma de foc].
muzzle (to) ('mʌzl) *t.* emboçar, posar el morrió. 2 fig. tapar la boca.
my (mai) *a. poss.* el meu, la meva, els meus, les meves: *~ book,* el meu llibre. ■ 2 *interj. oh, ~!,* carai!
myopia (mai'opjə) *s.* MED. miopia *f.*
myrrh (mə:ʳ) *s.* mirra *f.*
myrtle ('mə:tl) *s.* BOT. murta *f.*, murtra *f.*
myself (mai'self) *pron.* jo, jo mateix. 2 em, me. 3 mi, meu.
mysteri ('mistəri) *s.* misteri *m.*
mysterious (mis'tiəriəs) *a.* misteriós.
mystery play ('mistəri͵plei) *s.* TEAT. acte *m.* sacramental.
mystic ('mistik) *a.-s.* místic.
mysticism ('mistisizəm) *s.* misticisme *m.*, mística *f.*
mystify (to) ('mistifai) *t.* confondre, desconcertar, desorientar.
mystique (mis'ti:k) *s.* caràcter *m.* esotèric. 2 misteri *m.*
myth (miθ) *s.* mite *m.*
mythological (͵miθə'lɔdʒikəl) *a.* mitològic.
mythology (mi'θɔlədʒi) *s.* mitologia *f.*

N

N, n (en) *s.* n *f.* [lletra].

nacre ('neikə') *s.* nacre *m.*

nadir ('neidiə') *s.* ASTR. nadir *m.* *2* fig. punt *m.* més baix.

nag (næg) *s.* rossí *m.*, ròssa *f.*

nag (to) (næg) *t.-i.* renyar *t.;* empipar *t.;* criticar *t.*

nail (neil) *s.* ANAT. ungla *f.* 2 ZOOL. unglot *m.*, urpa *f.* 3 clau *m.* 4 *on the* ~, a l'acte *m.*

nail (to) (neil) *t.* clavar, subjectar amb claus.

nail clippers ('neil,klipəz) *s. pl.* tallaungles *m.*

naïve, naive (nai'iːv) *a.* senzill, ingenu. ■ 2 -ly *adv.* ingènuament.

naked ('neikid) *a.* despullat, nu. ‖ *with the* ~ *eye,* a simple vista. 2 descobert, sense protecció. ■ *3* -ly *adv.* clarament.

name (neim) *s.* nom *m.* ‖ *in the* ~ *of,* en nom de; *nick* ~, sobrenom *m.*, malnom *m.; what is your* ~?, com et dius? 2 fama *f.*, reputació *f.*

name (to) (neim) *t.* dir, denominar, anomenar. 2 esmentar, fer esment. 3 designar, indicar.

name day ('neimdei) *s.* sant *m.* [dia].

nameless ('neimlis) *a.* anònim. 2 innominat. 3 sense nom. 4 indescriptible.

namely ('neimli) *adv.* és a dir, a saber.

namesake ('neimseik) *s.* homònim.

nanny ('næni) *s.* mainadera *f.*

nap (næp) *s.* becaina *f.*, migdiada *f.* 2 borrissol *m.*, pelussa *f.*

nap (næp) *i.* fer una becaina, fer la migdiada. *2 to catch napping,* agafar desprevingut.

nape (neip) *s.* ~ *of the neck,* clatell *m.*, (BAL.) clotell *m.*, (VAL.) bescoll *m.*

napkin ('næpkin) *s.* tovalló *m.* 2 bolquer *m.*

Naples ('neiplz) *n. pr.* GEOGR. Nàpols *m.*

narcissus (naːˈsisəs) *s.* BOT. narcís *m.*

narcotic (naːˈkɔtik) *a.* MED. narcòtic. ■ *2 s.* MED. narcòtic *m.*

nard (naːd) *s.* BOT. nard *m.*, vara *f.* de Jessè.

narrate (to) (næˈreit) *t.* narrar.

narration (næˈreiʃən) *s.* narració *f.*

narrative ('nærətiv) *a.* narratiu. ■ *2 s.* narració *f.*, relat *m.* 3 narrativa *f.*

narrow ('nærou) *a.* estret, angost. ‖ ~ *gauge,* de via estreta. 2 escàs, reduït, limitat. ‖ ~ *circumstances,* pobresa, estretor. *3* amb poc marge. ‖ *I had a* ~ *escape,* vaig escapar pels pèls. 4 intolerant. ■ *5* -ly *adv.* estretament, de prop; per poc; minuciosament; mesquinament.

narrow (to) ('nærou) *t.* estrényer, fer estret, reduir. ■ *2 i.* estrényer-se *p.*, fer-se *p.* estret, reduir-se *p.*

narrow-minded (,nærouˈmaindid) *a.* estret de mires, mesquí, intolerant.

narrowness ('nærounis) *s.* estretor *f.*, estretesa *f.*

NASA ('næsə) *s.* (EUA) *(National Aeronautics and Space Administration)* NASA *f.* (administració nacional aeronàutica i espacial).

nasal ('neizəl) *a.* nasal. ■ *2 s.* so *m.* nasal.

nasty ('naːsti) *a.* brut, porc. 2 fastigós, repugnant. 3 indecent, groller. 4 desagradable. 5 dolent.

nation ('neiʃən) *s.* nació *f.*

national ('næʃnəl) *a.* nacional.

national anthem (,næʃnəlˈænθəm) *s.* himne *m.* nacional.

National Debt (,næʃnəlˈdet) *s.* COM. deute *m.* públic.

nationalism ('næʃnəlizm) *s.* nacionalisme *m.*

nationalist ('næʃnəlist) *s.* nacionalista *f.*

nationality (,næʃəˈnæliti) *s.* nacionalitat *f.*

nationalize (to) ('næʃnəlaiz) *t.* nacionalitzar

[la indústria, etc.]. 2 nacionalitzar, naturalitzar. 3 esdevenir una nació.

national service (ˌnæʃnəl'səːvis) *s.* servei *m.* militar.

nationwide ('neiʃənˌwaid) *a.* a tota la nació, per tota la nació, a escala nacional.

native ('neitiv) *a.* natural, nadiu. 2 originari, oriünd. 3 indígena. 4 natal; matern. ■ 5 *s.* natural *m.*, nadiu, indígena.

nativity (nə'tiviti) *s.* nativitat *f.*, naixença *f.*, naixement *m.*

NATO ('neitou) *s.* *(North Atlantic Treaty Organization)* OTAN *f.* (Organització del Tractat de l'Atlàntic Nord).

natter (to) ('nætə^r) *i.* coĦoq. xerrar, xerrotejar. 2 queixar-se *p.*, remugar.

natty ('næti) *a.* coĦoq. elegant. 2 destre, hàbil.

natural ('nætʃrəl) *a.* natural. 2 nat, innat, de naixement. 3 instintiu. ■ 4 *s.* MÚS. nota *f.* natural; becaire *m.* 5 imbecil. 6 coĦoq. persona *f.* amb dots naturals.

naturalize (to) ('nætʃrəlaiz) *t.* naturalitzar. 2 BOT., ZOOL. aclimatar. ■ 3 *i.* naturalitzar-se *p.* 4 BOT., ZOOL. aclimatar-se *p.*

nature ('neitʃə^r) *s.* natura *f.*, naturalesa *f.* 2 caràcter *m.*, temperament *m.* || *good ~*, amabilitat *f.*, bon caràcter. 3 tipus *m.*, classe *f.*, gènere *m.* 4 essència *f.* 5 ART *from ~*, del natural.

naught (nɔːt) *s.* zero *m.* 2 res: *to come to ~*, anar a parar a res, frustrar-se.

naughty ('nɔːti) *a.* entremaliat, desobedient, dolent, (VAL.) roín.

nausea ('nɔːsjə) *s.* nàusea *f.*, basca *f.*

nauseate (to) ('nɔːsieit) *t.* fer venir nàusea, fer fàstic.

nauseous ('nɔːsiəs) *a.* nauseabund.

nautical ('nɔːtikəl) *a.* nàutic.

naval ('neivəl) *a.* naval.

nave (neiv) *s.* ARQ. nau *f.*

navel ('neivəl) *s.* ANAT. melic *m.*, llombrígol *m.*

navigate (to) ('nævigeit) *t.* governar, portar [un vaixell, etc.]. 2 fig. guiar. ■ 3 *i.* navegar.

navigation (ˌnævi'geiʃən) *s.* navegació *f.*; nàutica *f.*

navigator ('nævigeitə^r) *s.* navegant.

navy ('neivi) *s.* armada *f.*, flota *f.*, marina *f.* de guerra.

N.B. (ˌen'biː) *(Nota Bene, note well)* N.B. (Nota Bene, nóteu bé).

NBC (ˌenbi'siː) *s.* (EUA) *(National Broadcasting Company)* NBC *f.* (societat nacional de radiodifusió).

near (niə^r) *a.* pròxim, proper, immediat, a prop. || COM. *~ offer*, preu a discutir. 2 estret, íntim. ■ 3 *adv.* prop. || *to come ~*,

apropar-se, acostar-se 4 gairebé, a punt de. ■ *5 prep.* a prop de. 6 gairebé. || *~ the end of the year*, a finals d'any.

near (to) (niə^r) *t.* apropar, acostar. ■ 2 *i.* apropar-se *p.*, acostar-se *p.*

nearby ('niəbai) *a.* proper, pròxim. ■ 2 *adv.* prop, a prop.

Near East (ˌniər'iːst) *s.* GEOGR. Pròxim Orient *m.*

nearly ('niəli) *adv.* quasi, gairebé; per poc. 2 prop; aproximadament.

neat (niːt) *a.* polit, pulcre. 2 net, endreçat. 3 acurat. 4 elegant. 5 hàbil, destre. 6 pur, sol.

neatness ('niːtnis) *s.* pulcritud *f.*, cura *f.* 2 habilitat *f.*; elegància *f.*

nebula ('nebjulə) *s.* ASTR. nebulosa *f.* ▲ *pl.*: *nebulae* ('nebjuliː), *nebulas* ('nebjuləz).

nebulous ('nebjuləs) *a.* ASTR. nebulós [també fig.].

necessary ('nesisəri) *a.* necessari. ■ 2 *s. pl.* necessitats *f.*

necessitate (to) (ni'sesiteit) *t.* necessitar; fer necessari, exigir.

necessitous (ni'sesitəs) *a.* form. necessitat, pobre.

necessity (ni'sesiti) *s.* necessitat *f.*, requisit *m.* 2 *pl.* articles *m.* de primera necessitat.

neck (nek) *s.* ANAT. coll *m.* 2 coll *m.*, broc *m.* 3 istme *m.*, estret *m.* 4 part *f.* estreta. 5 fig. *to get it in the ~*, carregar els neulers, carregar-se-les. 6 fig. *to stick one's ~ out*, arriscar-se. 7 COST. *V-~*, coll *m.* de punxa. 8 ESPORT coll *m.*: *to win by a ~*, guanyar per un coll. 9 MED. *stiff ~*, torticoli *f.*

neck (to) (nek) *i.* coĦoq. petonejar-se *p.*; abraçar-se *p.*; acaronar-se *p.*

necklace ('neklis) *s.* collaret *m.*

need (niːd) *s.* necessitat *f.*, manca *f.* 2 necessitat *f.*, pobresa *f.*, indigència *f.*

need (to) (niːd) *t.* necessitar, haver de menester, requerir. ■ 2 *i.* tenir necessitat. 3 caldre.

needful ('niːdful) *a.* necessari. 2 necessitat. ■ 3 *s.* coĦoq. *do the ~*, fer tot el que calgui.

needle ('niːdl) *s.* agulla *f.* || *magnetic ~*, agulla nàutica.

needless ('niːdlis) *a.* innecessari, inútil. || *~ to say*, no cal dir que.

needlework ('niːdlwəːk) *s.* costura *f.* 2 brodat *m.*

needy ('niːdi) *a.* necessitat, indigent. ■ 2 *s. the ~*, els necessitats *pl.*

nefarious (ni'feəriəs) *a.* nefand, vil, infame.

negation (ni'geiʃən) *s.* negació *f.*

negative ('negətiv) *a.* negatiu. ■ 2 *s.* negativa *f.*, negació *f.* 3 FOT., ELECT. negatiu *m.*

neglect (ni'glekt) *s.* descuit *m.*, negligència

f. 3 deixades *f.*, abandonament. *4* incompliment *m.*, inobservància *f.*

neglect (to) (ni'glekt) *t.* abandonar, descurar, deixar. *2* no complir, no observar. *3* no fer cas de, menysprear.

neglectful (ni'glektful) *a.* descurat, negligent. *2* abandonat, deixat. ■ *3* **-ly** *adv.* negligentment.

negligence ('neglidʒəns) *s.* negligència *f.*, descuit *m.*, deixadesa *f.*

negotiate (to) (ni'gouʃieit) *t.* negociar. *2* coŀloq. travessar, saltar, salvar. ■ *3 i.* negociar amb.

negotiation (ni,gouʃi'eiʃən) *s.* negociació *f.*

Negress ('ni:gres) *s.* negra *f.* [dona].

Negro ('ni:grou) *s.* negre *m.* [home].

neigh (nei) *s.* renill *m.*

neigh (to) (nei) *i.* renillar.

neighbour, (EUA) **neighbor** ('neibəʳ) *s.* veí. *2* REL. proïsme.

neighbourhood, (EUA) **neighborhood** ('neibəhud) *s.* veïnat *m.* *2* voltants *m. pl.*, rodalies *f. pl.*

neighbouring, (EUA) **neighboring** ('neibəriŋ) *a.* veí, proper, immediat.

neither ('naiðəʳ, 'ni:ðəʳ) *a.* cap [dels dos]. ■ *2 conj.* ni. ■ *3 adv.* tampoc, ni tan sols. ■ *4 pron.* cap, ni l'un ni l'altre.

neologism (ni:'ɔlədʒizəm) *s.* neologisme *m.*

nephew ('nevju:) *s.* nebot *m.*

nerve (nə:v) *s.* ANAT., BOT. nervi *m.* [també fig.]. *2* sang *f.* freda, valor *m.; barra f.: what a ~!, quina barra! 3 pl.* nervis *m.*

nervous ('nə:vəs) *a.* nerviós. *2* vigorós, enèrgic. *3* tímid, poruc.

nest (nest) *s.* niu *m.* [també fig.]. *2* covador *m.*, ponedor *m.*

nest (to) (nest) *i.* fer el niu, niar. *2* buscar nius.

nestle (to) ('nesl) *t.* abraçar. ■ *2 i.* acotxar-se *p.*, escarxofar-se *p.* *3* arrupir-se *p.*

net (net) *s.* xarxa *f.* *2* malla *f.* [teixit]. *3* fig. parany *m.*, trampa *f.* ■ *4 a.* COM. net.

Netherlands ('neðərləndz) *n. pr.* GEOGR. *the ~,* els Països *m. pl.* Baixos.

nettle ('netl) *s.* BOT. ortiga *f.*

nettle (to) ('netl) *t.* picar-se *p.* [amb una ortiga]. *2* fig. irritar, molestar.

network ('netwə:k) *s.* xarxa *f.* [telegràfica, telefònica, etc.].

neuter ('nju:təʳ) *a.* neutre. ■ *2 s.* gènere *m.* neutre.

neutral ('njutrəl) *a.* neutral; neutre. ■ *2 s.* país *m.* neutral, persona *f.* neutral. *3* AUTO. *in ~,* en punt mort.

never ('nevəʳ) *adv.* mai. ‖ *~ again,* mai més. *2* de cap manera; no. ‖ *~ fear,* no t'amoïnis. ‖ *~ mind,* és igual. *3* coŀloq. *on the ~ -~,* a terminis.

nevertheless (,nevəðə'les) *adv.-conj.* tanmateix, no obstant.

new (nju:) *a.* nou. ‖ *~ look,* nova imatge. *2* tou [pa]. *3* modern. *4* fresc, recent. ‖ *~ arrival,* nouvingut. ■ *5* **-ly** *adv.* novament; recentment.

newborn ('nju:bɔ:n) *a. a ~ baby,* un nen acabat de néixer, un nadó.

new-comer ('nju:,kʌməʳ) *s.* nouvingut.

New Delhi ('nju:'deli) *n. pr.* GEOGR. Nova Delhi *f.*

new-laid ('nju:leid) *a. a ~ egg,* un ou fresc, acabat de pondre.

news (nju:z) *s.* notícia *f.*, notícies *f. pl.*, nova *f.*, noves *f. pl.* ‖ *a piece of ~,* una notícia *f.* *2* premsa *f.*, diaris *m. pl.*, telenotícies *m.*

newscaster ('nju:zkæstər) *s.* locutor de telenotícies.

newspaper ('nju:s,peipəʳ) *s.* periòdic *m.*, diari *m.*

newspaperman ('nju:speipəmæn) *s.* periodista *m.*

newspaperwoman ('nju:speipəwumən) *s.* periodista *f.*

newt (nju:t) *s.* ZOOL. tritó *m.*

New York (,nju:'jɔ:k) *n. pr.* GEOGR. Nova York *m.*

New Zealand (,nju:'zi:lənd) *n. pr.* GEOGR. Nova Zelanda *f.* ■ *2 a.* neozelandès.

New Zealander (,nju:'zi:ləndəʳ) *s.* GEOGR. neozelandès.

next (nekst) *a.* pròxim, proper, immediat, contigu, del costat, veí; següent, successiu; futur, vinent. ‖ *~ door,* del costat, de la casa del costat. ‖ *~ life,* vida futura. ■ *2 adv.* després, més tard, a continuació. ‖ *~ to,* al costat de; després de; fig. gairebé, quasi. ■ *3 prep.* al costat de. *4* després de, immediatament, la pròxima vegada.

nib (nib) *s.* plomí *m.*, tremp *m.* [d'una ploma]. *2* MEC. punta *f.*, pua *f.* dent *f.*

nibble ('nibl) *s.* mossegada *f.*, picada *f.*

nibble (to) ('nibl) *t.* mossegar, rosegar. *2* picar [un peix]. ■ *3 i.* fig. *to ~ at,* sentir-se *p.* temptat, interessar-se *p.* per.

Nicaragua (nikə'rægjuə), (EUA) (nikæ-'rægwæ) *n. pr.* GEOGR. Nicaragua.

Nicaraguan (nikə'rægjuə), (EUA) (nikæ-'rægwən) *a.-s.* nicaragüenc.

nice (nais) *a.* maco, bonic. *2* bo, agradable, deliciós, exquisit. *3* elegant, refinat. *4* amable, simpàtic. *5* subtil, fi; exacte, precís. *6* acurat, meticulós. *7* delicat, exigent. ■ *8* **-ly** *adv.* subtilment; amablement, agradablement; elegantment; molt bé.

niche (nitʃ) *s.* nínxol *m.*, fornícula *f.* *2* fig. forat *m.*

Nicholas ('nikələs) *n. pr. m.* Nicolau.

Nick ('nik) *n. pr. m.* (dim. *Nicholas*) Nicolau.

nick (nik) *s.* incisió *f.*, tall *m.*, osca *f.* ‖ *in the ~ of time,* en el moment *m.* precís.

nickel ('nikl) *s.* QUÍM. níquel *m.* 2 (EUA) coŀloq. moneda *f.* de cinc centaus.

nickname ('nikneim) *s.* sobrenom *m.*, malnom *m.*

niece (niːs) *s.* neboda *f.*

niggard ('nigəd) *s.* avar, gasiu.

niggardly ('nigədli) *a.* avar, gasiu. ▪ *2 adv.* amb gasiveria, amb avarícia.

night (nait) *s.* nit *f.* ‖ *at ~, by ~,* de nit, a la nit. ‖ *last ~,* ahir a la nit, anit. ▪ *2 a.* de nit, nocturn.

nightfall ('naitfɔːl) *s.* vespre *m.*, cap al tard *m.*

nightgown ('naitgaun) *s.* camisa *f.* de dormir; bata *f.* de nit.

nightingale ('naitiŋgeil) *s.* ORN. rossinyol *m.*

nightly ('naitli) *adv.* cada nit. ▪ *2 a.* de cada nit.

nightmare ('naitmɛəʳ) *s.* malson *m.*

night-time ('naittaim) *s.* nit *f.* ‖ *in the ~,* de nit, a la nit.

night-watchman (ˌneit'wɔtʃmən) *s.* sereno *m.*, vigilant *m.* nocturn.

nil (nil) *s.* ESPORT zero *m.*, res *m.*

nimble ('nimbl) *a.* àgil, lleuger. 2 viu, actiu.

nincompoop ('ninkəmpuːp) *s.* babau, talós.

nine (nain) *a.* nou. ▪ *2 s.* nou *m.* ‖ *~ o'clock,* les nou *f. pl.*

ninepins ('nainpinz) *s.* joc *m.* de bitlles.

nineteen (ˌnain'tiːn) *a.* dinou, (BAL.) denou, (VAL.) dèneu, (ROSS.) desanou. ▪ *2 s.* dinou *m.*, (BAL.) denou *m.*, (VAL.) dèneu *m.*, (ROSS.) desanou *m.*

nineteenth (ˌnain'tiːnθ) *a.* dinovè. ▪ *2 s.* dinovè *m.*

ninetieth ('naintiəθ) *a.* norantè. ▪ *2 s.* norantè *m.*

ninety ('nainti) *a.* noranta. ▪ *2 s.* noranta *m.*

ninny ('nini) *s.* babau, talòs.

ninth (nainθ) *a.* novè. ▪ *2 s.* novè *m.*

nip (nip) *s.* pessigada *f.;* mossegada *f.* 2 glop *m.* [d'una beguda].

nip (to) (nip) *t.* pessigar. 2 glaçar, gelar [una planta]. 3 tallar: *to ~ in the bud,* tallar en sec, tallar d'arrel. ▪ *4 i.* picar *t.*, espicossar *t.* 5 coŀloq. córrer, anar de pressa.

nipper ('nipəʳ) *s.* pinces *f. pl.* [de crustaci]. 2 *pl.* pinces *f.*, alicates *f.* 3 (G.B.) coŀloq. criatura, nen.

nipple ('nipl) *s.* ANAT. mugró *m.* 2 tetina *f.* 3 protuberància *f.*

nit (nit) *s.* ZOOL. llémena *f.* 2 imbecil, idiota.

nitrogen ('naitridʒən) *s.* QUÍM. nitrogen.

no (nou) *adv.* no. ‖ *I have ~ more money,* no tinc més diners; *~ more,* mai més; *she ~ longer lives here,* ja no viu aquí. ▪ *2 a.* cap, ningú: *~ one,* ningú. ‖ *with ~ money,* sense diners. ▪ *3 s.* no *m.* ▲ *pl.: noes* ('nouz).

nobility (nou'biliti) *s.* noblesa *f.*

noble ('noubl) *a.-s.* noble.

nobleman ('noublmən) *s.* noble *m.*, aristòcrata *m.*

nobleness ('noublnis) *s.* noblesa *f.* [moral].

nobody ('noubədi) *pron.* ningú. ▪ *2 s.* ningú *m.*, no ningú *m.*

nod (nɔd) *s.* cop *m.* de cap, moviment *m.* del cap [senyal d'assentiment; salutació, etc.]. 2 capcinada *f.*, cop *m.* de cap [quan es dorm assegut].

nod (to) (nɔd) *t.* inclinar el cap. 2 assentir [amb el cap]. 3 saludar [amb el cap]. ▪ *4 i.* fer cops de cap, pesar figues.

noise (nɔiz) *s.* soroll *m.*, so *m.* 2 soroll *m.*, rebombori *m.*, estrèpit *m.* 3 coŀloq. *big ~,* peix *m.* gros.

noise (to) (nɔiz) *t. to ~ abroad,* divulgar, difondre, fer córrer.

noiseless ('nɔizlis) *a.* silenciós, apagat, tranquil.

noisome ('nɔisəm) *a.* fètid, repugnant, ofensiu [olor]. 2 nociu, perniciós.

noisy ('nɔizi) *a.* sorollós, estrepitós, escandalós.

nomad ('noumæd) *a.-s.* nòmada.

nominate (to) ('nɔmineit) *t.* nomenar. 2 anomenar. 3 proposar.

nomination (ˌnɔmi'neiʃən) *s.* nominació *f.*, nomenament *m.*, proposta *f.*

non-aligned (ˌnɔnə'laind) *a.* neutral, no alineat.

nonchalance ('nɔnʃələns) *s.* indiferència *f.*, indolència *f.*

nonconformist (ˌnɔnkən'fɔːmist) *a.-s.* inconformista, dissident.

nondescript ('nɔndiskript) *a.-s.* indefinit, estrany, difícil de classificar.

none (nʌn) *pron.* ningú, cap. ‖ *~ but,* només. ▪ *2 adv.* no, de cap manera. ‖ *~ the-less,* tanmateix, no obstant.

nonentity (nɔ'nentiti) *s.* no res *m.*, no existència *f.* 2 zero *m.* a l'esquerra, nuŀlitat *f.* [persona].

non-payment (ˌnɔn'peimənt) *s.* manca *f.* de pagament.

nonplus (to) (nɔn'plʌs) *t.* deixar parat, deixar perplex.

nonsense ('nɔnsəns) *s.* absurditat *f.*, disbarat *m.*, (BAL.) doi *m.*, desbarat *m.*, (VAL.) destrellat *m.* 2 bestieses *f. pl.* ▪ *3 interj.* quina bestiesa!

non-skid (ˌnɔn'skid) *a.* antilliscant.

noodle ('nuːdl) *s.* tallarina *f.*, fideu *m.* 2 fig. babau, talòs.

nook (nuk) *s.* racó *m.* 2 fig. amagatall *m.*, cau *m.*

noon (nuːn) *s.* migdia *m.*, (VAL.) migjorn *m.*

noose (nuːs) *s.* nus *m.* o llaç *m.* escorredor. 2 *hangman's* ~, dogal *m.*

nor (nɔːʳ) *conj.* ni: *neither you* ~ *I*, ni tu ni jo. 2 tampoc: ~ *I*, jo tampoc.

norm (nɔːm) *s.* norma *f.*, pauta *f.*, model *m.*; tipus *m.*

normal ('nɔːməl) *a.* normal. ■ 2 *s.* nivell *m.* normal, estat *m.* normal, grau *m.* normal. 3 normalitat *f.* ■ 3 -**ly** *adv.* normalment.

Norman ('nɔːmən) *a.-s.* normand.

Norse (nɔːs) *a.* noruec, escandinau. ■ 2 *s.* noruec *m.* [llengua].

north (nɔːθ) *s.* nord *m.* ■ 2 *a.* del nord, nòrdic, septentrional. ■ 3 *adv.* cap al nord, al nord.

northern ('nɔːðən) *a.* del nord, septentrional.

North Pole ('nɔːθ‚poul) *s.* GEOGR. Pol *m.* Nord.

Norwegian (nɔːˈwiːdʒen) *a.* noruec. ■ 2 *s.* noruec [persona]. 3 noruec *m.* [llengua].

Norway ('nɔːwei) *n. pr.* GEOGR. Noruega *f.*

nose (nouz) *s.* ANAT. nas *m.* 2 nas *m.*, olfacte *m.* 3 morro *m.*, musell *m.* 4 AVIA. morro *m.* 5 MAR. proa *f.*

nose (to) (nouz) *t.* olorar, ensumar, flairar. 2 rastrejar. ■ 3 *i.* tafanejar, xafardejar.

nose bag ('nouzbæg) *s.* morral *m.*, civadera *f.*

nosegay ('nouzgei) *s.* ram *m.*, pom *m.* [de flors].

nosey ('nouzi) *a.* colloq. tafaner, xafarder.

nostalgia (nɔsˈtældʒiə) *s.* nostàlgia *f.*

nostril ('nɔstril) *s.* nariu *f.*

not (nɔt) *adv.* no. ‖ *absolutely* ~*!*, de cap manera; ~ *a few;* no pas pocs; ~ *anymore,* ja no, prou; ~ *at all,* gens; de cap manera; de res; ~ *likely!,* ni parlar-ne!

notable ('noutəbl) *a.* notable. 2 memorable. ■ 3 *s.* persona *f.* notable.

notary (public) ('noutəri) *s.* notari.

notation (nouˈteiʃən) *s.* notació *f.* 2 anotació *f.*

notch (nɔtʃ) *s.* osca *f.*, mossa *f.*

notch (to) (nɔtʃ) *t.* oscar, escantellar. 2 dentar.

note (nout) *s.* nota *f.*, apunt *m.* 2 nota *f.*, comunicació *f.* 3 nota *f.*, observació *f.*, anotació *f.* ‖ *to take* ~ *of,* observar. 4 importància *f.* 5 senyal *m.*, marca *f.* 6 bitllet *m.* [de banc]. 7 MÚS. nota *f.*

note (to) (nout) *t.* notar, observar, advertir.

2 fer notar. 3 anotar, registrar, apuntar. ‖ *to* ~ *down,* apuntar.

notebook ('noutbuk) *s.* agenda *f.*, llibreta *f.*, quadern *m.*

noted ('noutid) *a.* conegut, famós.

nothing ('nʌθiŋ) *s.* res *pron.* ‖ *for* ~, gratis, en va, per a res, inútilment. 2 bestiesa *f.* 3 MAT. zero *m.* ■ 4 *adv.* res *pron.;* de cap manera; no.

notice ('noutis) *s.* avís *m.*, advertència *f.* 2 anunci *m.*, cartell *m.* 3 coneixement *m.;* observació *f.;* cas *m.* ‖ *to take* ~ *of,* notar; fer cas de. 4 atenció *f.*, interès *m.*, cortesia *f.* 5 acomiadament *m.:* ‖ *to give* ~, acomiadar. 6 ressenya *f.* [literària, etc.].

notice (to) ('noutis) *t.* notar, observar, remarcar. 2 adonar-se *p.*, fixar-se *p.* 3 esmentar, ressenyar, fer la ressenya [d'un llibre]. 4 reconèixer, veure.

noticeable ('noutisəbl) *a.* evident, obvi. 2 perceptible, notable.

notify (to) ('noutifai) *t.* notificar, comunicar, fer saber. 2 informar, avisar.

notion ('nouʃən) *s.* noció *f.* 2 idea *f.*, concepte *m.* 3 intenció *f.* 4 caprici *m.* 5 *pl.* (EUA) articles *m.* de merceria.

notorious (nouˈtɔːriəs) *a.* notori, molt conegut, famós [gralnt. pej.].

notwithstanding (‚nɔtwiθˈstændiŋ) *adv.* tanmateix, no obstant. ■ 2 *prep.* malgrat. ■ 3 *conj.* tot i que, per més que.

nougat ('nuːgɑː) *s.* mena de turró *m.* d'avellanes, nogat *m.*

nought (nɔːt) *s.* res *pron.* 2 MAT. zero *m.*

noughts-and-crosses ('nɔːtsənˈkrɔsiz) *s.* JOC marro *m.*

noun (naun) *s.* GRAM. nom *m.*, substantiu *m.*

nourish (to) ('nʌriʃ) *t.* nodrir, alimentar [també fig.].

nourishing ('nʌriʃiŋ) *a.* nutritiu.

nourishment ('nʌriʃmənt) *s.* aliment *m.* 2 nutrició *f.*

novel ('nɔvəl) *a.* nou; original. ■ 2 *s.* LIT. novella.

novelist ('nɔvəlist) *s.* LIT. novellista.

novelty ('nɔvəlti) *s.* novetat *f.*

November (nouˈvembəʳ) *s.* novembre *m.*

novice ('nɔvis) *s.* principiant. 2 ECLES. novici.

now (nou) *adv.* ara; avui, actualment. ‖ *from* ~ *on,* des d'ara, d'ara (en) endavant; *just/right* ~, ara mateix; fa un moment; ~ *and then,* de tant en tant. 2 aleshores. 3 ara, ara bé. 4 *now… now,* ara… ara, tan aviat… com. ■ 5 *conj.* ara. ■ 6 *interj.* vinga!, va!

nowadays ('nauədeiz) *adv.* avui dia, avui en dia, actualment.

nowhere ('nouwɛə^r) *adv.* enlloc. *2* fig. ni de bon tros.

noxious ('nɔkʃəs) *a.* nociu, perniciós.

N.T. (ˌen'tiː) *s.* *(New Testament)* Nou Testament *m.*

nth (enθ) *a.* coꝇoq. enèsim; màxim, extrem.

nuance ('njuːɑːns) *s.* matís *m.*

nuclear ('njuːkliə^r) *a.* nuclear.

nucleus ('njuːkliəs) *s.* nucli *m.*

nude (njuːd) *a.* nu, despullat [també fig.]. ■ *2 s.* ART nu *m.*

nudge (nʌdʒ) *s.* cop *m.* de colze.

nudge (to) (nʌdʒ) *t.* donar un cop de colze.

nugget ('nʌgit) *s.* MIN. palleta *f.*

nuisance ('njuːsns) *s.* molèstia *f.*, incomoditat *f.*: *to be a* ~, donar la llauna; ser una llauna. *3* pesat, corcó *m.*

null (nʌl) *a.* nul, invàlid. ‖ ~ *and void,* nul i sense efecte.

nullify (to) ('nʌlifai) *t.* anuꝇar, invalidar.

numb (nʌm) *a.* entumit, enravenat, encarcarat, adormit.

numb (to) (nʌm) *t.* entumir, enravenar, encarcarar.

number ('nʌmbə^r) *s.* número *m.* *2* nombre *m.* *3 a* ~ *of,* diversos, alguns: *any* ~ *of,* la mar *f.* de.

number (to) ('nʌmbə^r) *t.* numerar. *2* comptar. ■ *3 i.* pujar a, sumar. *4 to* ~ *off,* numerar-se *p.*

numberless ('nʌmbəlis) *a.* innombrable, innumerable.

numbness (nʌmnis) *s.* entumiment *m.*, encarcarament *m.* *2* fig. insensibilitat *f.*

numeral ('njuːmərəl) *a.* numeral. ■ *2 s.* número *m.*, xifra *f.*

numerator ('njuːməreitə^r) *s.* numerador *m.*

numerous ('njuːmərəs) *a.* nombrós. *2* molts.

numskull ('nʌmskʌl) *s.* tanoca, totxo, pallús.

nun (nʌn) *s.* monja *f.*, religiosa *f.*

nuncio ('nʌnsiou) *s.* ECLES. nunci *m.* [apostòlic].

nunnery ('nʌnəri) *s.* convent *m.* [de monges].

nuptial ('nʌpʃəl) *a.* nupcial.

nurse (nəːs) *s.* infermera *f.* *2* dida *f.* *3* mainadera *f.*

nurse (to) (nəːs) *t.* donar el pit, criar. *2* assistir, tenir cura de [un nen, un malalt, etc.]. *3* bressolar, acaronar. *4* alimentar [també fig.]. *5* fomentar.

nursery ('nəːsri) *s.* habitació *f.* dels nens. ‖ *day* ~, jardí *m.* d'infants, escola *f.* bressol. *2* AGR. criador *m.*, planter *m.*

nursery rhyme ('nəːsriˌraim) *s.* cançó *f.* de criatures.

nursery school ('nəːsriˌskuːl) *s.* jardí *m.* d'infants.

nursing ('nəːsiŋ) *s.* criança *f.*, alletament *m.*, lactància *f.* *2* assistència *f.* [de malalts]. *3* professió *f.* d'infermera.

nursing home ('nəːsiŋˌhoum) *s.* clínica *f.* de repòs.

nurture ('nəːtʃə^r) *s.* alimentació *f.*, nutrició *f.* *2* criança *f.*, educació *f.*

nurture (to) ('nəːtʃə^r) *t.* alimentar, nodrir. *2* criar, educar.

nut (nʌt) *s.* BOT. nou *f.* *2* MEC. femella *f.*, rosca *f.* *3* coꝇoq. sonat, guillat. ‖ *to be* ~*s about,* estar boig per, anar boig per. ‖ *to go* ~*s,* tornar-se boig.

nut-brown ('nʌtbraun) *a.* castany, torrat.

nutcrackers ('nʌtˌkrækəz) *s. pl.* trencanous *m.*

nutrition (njuːˈtriʃən) *s.* form. nutrició *f.*

nutritious (njuːˈtriʃəs) *a.* form. nutritiu, alimentós.

nutshell ('nʌtʃəl) *s.* closca *f.* de nou. *2* fig. *in a* ~, amb poques paraules *f. pl.*

nuzzle (to) ('nʌzl) *t.* fregar amb el morro, furgar amb el morro. ■ *2 i. to* ~ *up (to/ against),* fregar o empènyer amb el morro.

nymph (nimf) *s.* MIT. nimfa *f.*

O

O, o (ou) *s.* o *f.* [lletra]. *2* zero *m.* [telèfon].
oak (ouk) *s.* BOT. roure *m.*
oar (ɔːᵣ, ɔəᵣ) *s.* rem *m.*
oarsman ('ɔːzmən) *s.* remer *m.*
oasis (ou'eisis) *s.* oasi *m.*
oat (out) *s.* BOT. civada *f.* [gralnt. pl.].
oath (ouθ) *s.* jurament *m.*, jura *f.* ‖ *to take* ~, prestar jurament. *2* renec *m.*, blasfèmia *f.*
oatmeal ('outmiːl) *s.* farina *f.* de civada.
obduracy ('ɔbdjurəsi) *s.* obstinació *f.*, tossuderia *f.*, obduració *f.*
obedience (ə'biːdjəns) *s.* obediència *f.*
obedient (ə'biːdiənt) *a.* obedient. *2* dòcil.
obeisance (ou'beisəns) *s.* reverència *f.* [salutació]. *2* respecte *m.*, homenatge *m.*
obelisk ('ɔbilisk) *s.* obelisc *m.*
obesity (ou'biːsiti) *s.* obesitat *f.*
obey (to) (ə'bei) *t.-i.* obeir.
obituary (ə'bitjuəri) *a.* necrològic. ▪ *2 s.* obituari *m.*, necrologia *f.*, nota *f.* necrològica.
object ('ɔbdʒikt) *s.* objecte *m.* *2* objecte *m.*, objectiu *m.* *3* GRAM. objecte *m.*
object (to) (əb'dʒekt) *i.* oposar-se *p.*, tenir objeccions. ▪ *2 t.* objectar.
objection (əb'dʒekʃən) *s.* objecció *f.*, inconvenient *m.*
objectionable (əb'dʒekʃənəbl) *a.* objectable, censurable. *2* molest, inconvenient.
objective (ɔb'dʒektiv, əb-) objectiu. ▪ *2 s.* objectiu *m.*
objector (əb'dʒektəᵣ) *s.* objector. ‖ *conscientious* ~, objector de consciència.
obligate (to) ('ɔbligeit) *t.* obligar.
obligation (ˌɔbli'geiʃən) *s.* obligació *f.*, deure *m.*, compromís *m.* *2 to be under* ~ *to*, deure favors *m. pl.* a.
oblige (to) (ə'blaidʒ) *t.* obligar. *2* complaure, servir. ‖ *much obliged*, molt agraït.
obliging (ə'blaidʒiŋ) *a.* atent, servicial, cor-

tés. ▪ *2 -ly adv.* cortesament, atentament, amablement.
oblique (ə'bliːk) *a.* oblic. *2* indirecte.
obliterate (to) (ə'blitəreit) *t.* esborrar, fer desaparèixer, obliterar.
oblivion (ə'bliviən) *s.* oblit *m.*
oblivious (ə'bliviəs) *a.* oblidós. *2* desmemoriat. *3* inconscient.
oblong ('ɔblɔŋ) *a.* oblong.
obnoxious (əb'nɔkʃəs) *a.* ofensiu, detestable, odiós, obnoxi.
oboe ('oubou) *s.* MÚS. oboè *m.*
obscene (ɔb'siːn) *a.* obscè; indecent.
obscure (əbs'kjuəᵣ) *a.* obscur. *2* fosc. *3* borrós, vague.
obscure (to) (əbs'kjuəᵣ) *t.* obscurir, enfosquir. *2* amagar.
obscurity (əb'skjuəriti) *s.* obscuritat *f.*, fosca *f.* *2* confusió *f.*, vaguetat *f.*
obsequies ('ɔbsikwiz) *s. pl.* exèquies *f.*, funerals *m.*
obsequious (əb'siːkwiəs) *a.* obsequiós, servil.
observance (əb'zəːvəns) *s.* observança *f.* *2* cerimònia *f.*, ritus *m.*, pràctica *f.*
observant (əb'zəːvənt) *a.* atent, vigilant. *2* observador. *3* escrupulós.
observation (ˌɔbzə(ː)'veiʃən) *s.* observació *f.*
observatory (əb'zəːvətri) *s.* observatori *m.*
observe (to) (əb'zəːv) *t.* observar. *2* complir. *3* celebrar [una festa]. *4* dir, fer notar. ▪ *5 i.* observar *t.*
observer (əb'zəːvəᵣ) *s.* observador.
obsess (to) (əb'ses) *t.* obsessionar.
obsession (əb'seʃən) *s.* obsessió *f.*
obsolete ('ɔbsəliːt) *a.* obsolet.
obstacle ('ɔbstəkl) *s.* obstacle *m.* *2* impediment *m.*, inconvenient *m.*
obstinacy ('ɔbstinəsi) *s.* obstinació *f.* *2* tossuderia *f.*, persistència *f.*

obstinate ('ɔbstinit) *a.* obstinat. 2 tossut. 3 persistent.

obstruct (to) (əbs'trʌkt) *t.* obstruir. 2 obturar, embossar. 3 destorbar, impedir.

obstruction (əbs'trʌkʃən) *s.* obstrucció *f.* 2 obstacle *m.*, destorb *m.*

obtain (to) (əb'tein) *t.* obtenir, aconseguir. ▪ 2 *i.* ser general, prevaler, regir.

obtrude (to) (əb'tru:d) *t.* imposar. ▪ 2 *i.* imposar-se *p.*

obtrusive (əb'tru:siv) *a.* intrús, molest, inoportú.

obtuse (əb'tju:s) *a.* obtús. 2 adormit [sentit]. 3 apagat [dolor]. ▪ 4 **-ly** *adv.* obtusament.

obverse ('ɔbvə:s) *s.* anvers *m.*

obviate (to) ('ɔbvieit) *t.* obviar, prevenir, evitar.

obvious ('ɔbviəs) *a.* obvi, evident, patent. 2 senzill, fàcil de descobrir. ▪ 3 **-ly** *adv.* obviament, evidentment.

occasion (ə'keiʒən) *s.* ocasió *f.*, oportunitat *f.*, cas *m.*, circumstància *f.* ‖ *on ~,* de tant en tant, de vegades. 2 ocasió *f.*, vegada *f.* 3 motiu *m.*, raó *f.* ‖ *on the ~ of,* amb motiu de.

occasion (to) (ə'keiʒən) *t.* ocasionar, causar, motivar.

occasional (ə'keiʒənl) *a.* ocasional. 2 casual. 3 poc freqüent. ▪ 4 **-ly** *adv.* de tant en tant, ocasionalment.

Occident ('ɔksidənt) *s.* occident *m.*

occlude (to) (ɔ'klu:d) *t.* cloure, tancar. ▪ 2 *i.* encaixar [les dents].

occult (ɔ'kʌlt) *a.* ocult, secret, misteriós.

occupant ('ɔkjupənt) *s.* ocupant, inquilí.

occupation (,ɔkju'peiʃən) *s.* ocupació *f.* 2 possessió *f.*, tinença *f.* 3 ocupació *f.*, passatemps *m.*

occupy (to) ('ɔkjupai) *t.* ocupar. 2 passar, invertir. 3 *to ~ oneself in,* ocupar-se de, dedicar-se a.

occur (to) (ə'kə:ʳ) *i.* esdevenir, ocórrer, succeir. 2 trobar-se *p.*, ser. 3 ocórre's *p.*

occurrence (ə'kʌrəns) *s.* esdeveniment *m.*, cas *m.*, incident *m.*

ocean ('ouʃən) *s.* oceà *m.*

Oceania (ousi'a:niə) *n. pr.* GEOGR. Oceania *f.*

Oceanian (ousi'a:niən) *a.-s.* oceànic.

ochre, (EUA) **ocher** ('oukəʳ) *s.* ocre *m.*

o'clock (ə'klɔk) *adv. at seven ~,* a les set. ‖ *he left at six ~,* va marxar a les sis.

October (ɔk'toubəʳ) *s.* octubre *m.*

octopus ('ɔktəpəs) *s.* ZOOL. pop *m.*

ocular ('ɔkjuləʳ) *a.* ocular. ▪ 2 *s.* ocular *m.*

oculist ('ɔkjulist) *s.* oculista.

odd (ɔd) *a.* imparell, senar [números]. 2 desparellat, de més. ‖ coŀloq. *~ man out,* que sobra, que no encaixa, que hi està de més [persona o cosa]. 3 ocasional. ‖ *~ job,* feina ocasional. ‖ *~ times,* estones perdudes. 4 i escaig: *ten pounds ~,* deu lliures i escaig. 5 rar, estrany, curiós. ▪ 6 **-ly** *adv.* estranyament.

oddity ('ɔditi) *s.* raresa *f.*, singularitat *f.* 2 persona *f.* estranya.

odds (ɔdz) *s.* desigualtat *f.;* superioritat *f.* ‖ *to fight against ~,* lluitar contra forces *f. pl.* superiors. 2 avantatge *m.* [en el joc, en l'esport]. 3 probabilitats *f. pl.* [a favor o en contra]. 4 desavinença *f.* ‖ *to be at ~ with,* estar renyits. 5 *~ and ends,* bagateŀles *f. pl.*, fòtils *m. pl.* 6 *it makes no ~,* és igual. ▲ pl.: *odds* (ɔdz).

ode (oud) *s.* LIT. oda *f.*

odious ('oudiəs) *a.* odiós, repugnant.

odium ('oudiəm) *s.* odi *m.*

odour, (EUA) **odor** ('oudəʳ) *s.* olor *f.* 2 fragància *f.*, perfum *m.* 3 pudor *f.* 4 aprovació *f.* ‖ *to be in good/bad ~ with,* estar en bones o males relacions *f. pl.* amb, gaudir o no del favor *m.* o aprovació de.

odourless, (EUA) **odorless** ('oudəlis) *a.* inodor.

of (ɔv, əv) *prep.* en molts casos es tradueix per *de;* en d'altres per *a, en, amb, per,* etc. ‖ *~ himself,* sol, per ell mateix. ‖ *~ late,* darrerament, últimament.

off (ɔ:f, ɔf) *adv.* lluny, fora; totalment, del tot [indica allunyament, absència, separació, privació, cessament]: *from far ~,* de lluny; *I'm ~,* me'n vaig. 2 *on and ~,* a temporades. ▪ 3 *prep.* de; des de; fora de; lluny de. 4 MAR. a l'altura de. ▪ 5 *a.* dolent, passat: *the meat is ~,* la carn s'ha fet malbé. 6 allunyat, absent. 7 lateral [carrer, etc.]. 8 lliure: *I'm ~ on Thursday,* tinc els dijous lliures. 9 canceŀlat, interromput, suspès. 10 tret, desconnectat. 11 tancat, tallat, apagat [gas, aigua, etc.].

offal ('ɔfəl) *s.* corada *f.*, freixura *f.*, tripes *f. pl.* 2 deixalles *f. pl.*

offence, (EUA) **offense** (ə'fens) *s.* ofensa *f.*, greuge *m.* 2 ofensiva *f.*, atac *m.* 3 pecat *m.* 4 infracció *f.*, delicte *m.*

offend (to) (ə'fend) *t.* ofendre. 2 molestar. ▪ 3 *i. to ~ against,* pecar contra.

offender (ə'fendəʳ) *s.* ofensor. 2 pecador. 3 infractor, delinqüent.

offensive (ə'fensiv) *a.* ofensiu. 2 perjudicial. ▪ 3 *s.* ofensiva *f.*

offer ('ɔfəʳ) *s.* oferta *f.*, oferiment *m.* 2 proposta *f.*, proposició *f.* 3 COM. oferta *f.*

offer (to) ('ɔfəʳ) *t.* oferir. 2 brindar. 3 fer [un comentari, etc.]. ▪ 4 *i.* presentar-se *p.*, donar-se *p.* 5 oferir-se *p.*

offering ('ɔfəriŋ) *s.* oferta *f.* 2 oferiment *m.*

off-hand ('ɔf:'hænd) *a.* brusc. *2* improvisat. ■ *2 adv.* improvisadament; sense pensar-s'hi; de cop.

office ('ɔfis) *s.* oficina *f.*, despatx *m.*, agència *f.* departament *m.* ‖ *booking ~*, taquilla *f. 2* càrrec *m.*, feina *f.* [esp. públic, d'autoritat]. *3* ofici *m.*, funció *f.*, ministeri *m. 4 pl.* oficis *m.: good ~s*, bons oficis. *5* ECLES. ofici *m.*

officer ('ɔfisəʳ) *s.* MAR., MIL. oficial. *2* funcionari.

official (ə'fiʃəl) *a.* oficial. ■ *2 s.* persona *f.* que té un càrrec públic. *3* funcionari.

officiate (to) (ə'fiʃieit) *i.* oficiar.

officious (ə'fiʃəs) *a.* oficiós. *2* obsequiós.

offing ('ɔfiŋ) *s.* MAR. *in the ~*, a la llunyania; fig. en perspectiva *f.*

offset ('ɔ:fset) *s.* compensació *f. 2* IMPR. offset *m.*

offside ('ɔf'said) *adv.* fora de joc [futbol].

offspring ('ɔ:fspriŋ) *s.* descendent, fill, fills *pl.*, descendència *f.* ▲ *pl.* invariable.

oft (ɔft) *adv.* poèt. Veure OFTEN.

often ('ɔ(:)fn) *adv.* sovint, freqüentment, molt, moltes vegades. ‖ *as ~ as*, tan sovint com, tantes vegades com; *every so ~*, de tant en tant; *how ~?*, quantes vegades?

ogle (to) ('ougl) *t.-i.* mirar amb insinuació.

ogre ('ougəʳ) *s.* ogre *m.*

oil (ɔil) *s.* oli *m. 2* petroli *m. 3* ART oli *m.*, color *m.* o pintura *f.* a l'oli. ‖ *~ painting*, pintura *f.* a l'oli.

oilcloth ('ɔilklɔθ) *s.* hule *m. 2* linòleum *m.*

oily ('ɔili) *a.* oliós. *2* greixós, llardós. *3* llagoter, llepa, hipòcrita.

ointment ('ɔintmənt) *s.* ungüent *m.*, untura *f.*

O.K. (,ou'kei) *dim.* d'OKAY.

okay (,ou'kei) *a.* correcte, aprovat. ■ *2 adv.* d'acord, molt bé. *3* vist i plau.

old (ould) *a.* vell, antic. ‖ *how ~ are you?*, quants anys tens?; *~ boy*, antic alumne; *~ man*, vell *m.; ~ salt*, llop *m.* de mar; BIB. *O~ Testament*, Antic Testament.

old-fashioned (,ould'fæʃənd) *a.* antiquat, passat de moda.

oldster ('ouldstəʳ) *s.* coHoq. vell.

oleander (,ouli'ændəʳ) *s.* BOT. baladre *m.*

oligarchy ('ɔligɑ:ki) *a.* oligarquia *f.*

olive ('ɔliv) *s.* BOT. olivera *f.*, oliver *m. 2* oliva *f.*

olive grove ('ɔlivgrouv) *s.* oliverar *m.*, oliveda *f.*

olive oil (,ɔliv'ɔil) *s.* oli *m.* d'oliva.

olive tree ('ɔlivtri:) *s.* olivera *f.*, oliver *m.*

omelette, omelet ('ɔmlit) *s.* truita *f.* [d'ous].

omen ('oumən) *s.* auguri *m.*, averany *m.*, presagi *m.*

ominous ('ɔminəs) *a.* ominós; amenaçador; de mal averany.

omission (ə'miʃən) *s.* omissió *f. 2* oblit *m.*, descuit *m.*

omit (to) (ə'mit) *t.* ometre. *2* descuidar-se *p.*, oblidar.

omnibus ('ɔmnibəs) *s.* òmnibus *m.* ■ *2 a.* general, complet.

omnipotent (ɔm'nipətənt) *a.* omnipotent.

omniscient (ɔm'nisiənt) *a.* omniscient.

omnivorous (ɔm'nivərəs) *a.* omnívor. ‖ fig. *an ~ reader*, un lector insaciable.

on (ɔn) *prep.* a, en, sobre, a sobre, de; amb; per; sota. ‖ *~ all sides*, per tot arreu; *~ arrival* o *arriving*, en arribar, quan arribi; *~ board*, a bord; *~ credit*, a crèdit; *~ duty*, de servei; de guàrdia; *~ foot*, a peu; *~ pain of*, sota pena de; *~ the table*, a la taula, sobre la taula; *~ this condition*, amb aquesta condició; *what's ~ TV tonight?*, què fan aquesta nit a la tele? *2 ~ Monday*, el dilluns. ■ *3 adv.* posat: *to have one's hat ~*, portar el barret posat. *4* endavant. ‖ *and so ~*, i així successivament. ‖ *to go ~*, continuar. *5 ~ and ~*, sense parar. *6* més: *later ~*, més tard, posteriorment. ■ *5 a.* que funciona; encès; obert: *the light is ~*, el llum és encès o obert.

once (wʌns) *adv.* una vegada, un cop. ‖ *all at ~*, de cop, de sobte; *at ~*, ara mateix, de seguida, (BAL.) (VAL.) tot d'una; *~ a week*, un cop per setmana; *~ and again*, una altra vegada; *~ and for all*, una vegada per sempre; *~ in a blue moon*, molt de tant en tant; *~ upon a time there was*, hi havia una vegada. *2* antigament, abans. ■ *3 conj.* tan aviat com.

one (wʌn) *a.* un. ‖ *~ hundred*, cent. *2* sol, únic. ‖ *his ~ chance*, la seva única oportunitat. *3* idèntic, mateix. ‖ *it is all ~ to me*, és el mateix, m'és igual. *4 the last but ~*, el penúltim. ■ *5 pron.* un. ‖ *no ~*, ningú; *~ another*, l'un a l'altre; *the ~ who*, el que, aquell que; *this ~*, aquest. ■ *6 s.* u *m.* [número].

onerous ('ɔnərəs) *a.* onerós.

oneself (wʌn'self) *pron.* se, es, si mateix, un mateix. ‖ *by ~*, sol; *to hurt ~*, fer-se mal; *within ~*, dins un mateix.

one-way ('wʌnwei) *a.* direcció única. *2* d'anada [bitllet].

onion ('ʌnjən) *s.* BOT. ceba *f.*

only (ounli) *a.* sol, únic. ■ *2 adv.* només, sols, solament, únicament. ‖ *not ~ ... but ...*, no només... sinó que... *3 if ~*, tant de bo: *if ~ I could go*, tant de bo pugués anar-hi. ■ *4 conj.* només que, però.

onrush ('ɔnrʌʃ) *s.* envestida *f.*, arremesa *f. 2* força *f.*, ímpetu *m.*

onset ('ɔnset) *s.* atac *m.*, arremesa *f.* 2 principi *m.*, començament *m.*

onslaught ('ɔnslɔ:t) *s.* atac *m.* violent, assalt *m.*

onto ('ɔntə,'ɔntu:) *prep.* cap a, sobre.

onward ('ɔnwəd) *a.* cap endavant, (VAL.) avant: *the ~ movement*, el moviment cap endavant. ■ *2 adv.* Veure ONWARDS.

onwards ('ɔnwədz) *adv.* cap endavant. *2 from then ~*, des d'aleshores; *from the 18th century ~*, des del segle XVIII, a partir del segle XVIII.

ooze (u:z) *s.* llacor *f.*, llot *m.*, fang *m.*

ooze (to) (u:z) *i.* traspuar, filtrar-se *p.* 2 rajar, brollar [lentament]. ■ *3 t.* traspuar [també fig.].

opal ('oupəl) *s.* MINER. òpal *m.*

opaque (ou'peik) *a.* opac. 2 obscur [estil]. 3 obtús, espès.

open ('oupən) *a.* obert. ‖ *in the ~ air*, a l'aire lliure. ‖ *the Open University*, universitat a distància. 2 ras, descobert. 3 destapat, descobert [un cotxe, etc.]. 4 exposat a. 5 visible, públic, conegut: *~ secret*, secret de domini públic. 6 franc, sincer. ■ *7 -ly adv.* obertament, públicament, francament.

open (to) ('oupən) *t.* obrir. 2 desplegar, estendre, destapar, desembolicar. *3 to ~ up*, descobrir, obrir, fer accesible. ■ *4 i.* obrir(se. 5 confiar-se *p.*, obrir el cor a. 6 començar. *7 to ~ into, on, upon*, donar accés, sortir a, donar a.

opening ('oupəniŋ) *s.* obertura *f.*; entrada *f.*; portell *m.*; clariana *f.* 2 començament *m.*, inici *m.* 3 inauguració *f.* 4 oportunitat *f.* 5 TEAT. estrena *f.*

open-minded (,oupən'maindid) *a.* de mentalitat oberta, sense prejudicis.

openness ('oupənnəs) *s.* franquesa *f.*

opera ('ɔprə) *s.* MÚS. òpera *f.*

opera glasses ('ɔprə,gla:siz) *s. pl.* binocles *m.* de teatre.

operate (to) ('ɔpəreit) *t.* fer funcionar, fer anar, moure, manejar, dirigir. 2 efectuar. ■ *3 i.* obrar. 4 funcionar. 5 fer efecte. 6 COM., MED., MIL. operar.

operation (,ɔpə'reiʃən) *s.* operació *f.* 2 funcionament *m.*

operator ('ɔpəreitəʳ) *s.* operador. ‖ *telephone ~*, telefonista. 2 operari, maquinista.

opinion (ə'pinjən) *s.* opinió *f.*, parer *m.*

opinionated (ə'pinjəneitid) *a.* tossut, entestat.

opium ('oupjəm) *s.* opi *m.* ‖ *~ poppy*, cascall *m.*

opossum (ə'pɔsəm) *s.* ZOOL. opòssum *m.*, sariga *f.*

opponent (ə'pounənt) *s.* oponent, contrari, adversari, contrincant.

opportune ('ɔpətju:n) *a.* oportú.

opportunity (,ɔpə'tju:niti) *s.* oportunitat *f.*, ocasió *f.*

oppose (to) (ə'pouz) *t.* oposar(se. 2 resistir(se.

opposed (ə'pouzd) *a.* oposat, contrari.

opposite ('ɔpəzit) *a.* oposat: *~ angles*, angles oposats. 2 del costat, del davant. 3 contrari. ■ *4 prep.* davant de. ■ *5 prep.* al davant. ■ *6 s.* el contrari.

opposition (,ɔpə'ziʃən) *s.* oposició *f.*; resistència *f.*

oppress (to) (ə'pres) *t.* oprimir. 2 tiranitzar. 3 aclaparar, afeixugar, abatre.

oppression (ə'preʃən) *s.* opressió *f.*, tirania *f.*

oppressor (ə'presəʳ) *s.* opressor.

opprobious (ə'proubiəs) *a.* oprobiós. 2 injuriós, ultratjant.

opt (to) (ɔpt) *i.* optar.

optic ('ɔptik) *a.* òptic.

optician (ɔp'tiʃən) *s.* òptic.

optimist ('ɔptimist) *s.* optimista.

optimistic (,ɔpti'mistik) *a.* optimista.

option ('ɔpʃən) *s.* opció *f.* 2 alternativa *f.*

optional ('ɔpʃənl) *a.* opcional, facultatiu.

opulence ('ɔpjuləns) *s.* opulència *f.*

opulent ('ɔpjulənt) *a.* opulent.

or (ɔ:ʳ) *conj.* o. ‖ *two hours ~ so*, unes dues hores, dues hores més o menys. ‖ *50 ~ so*, uns 50. 2 ni.

oracle ('ɔrəkl) *s.* oracle *m.*

oral ('ɔ:rəl) *a.* oral.

orange ('ɔrindʒ) *s.* BOT. taronja *f.*

orange blossom ('ɔrindʒ,blɔsəm) *s.* BOT. tarongina *f.*, flor *f.* del taronger.

orange tree ('ɔrindʒtri:) *s.* BOT. taronger.

oration (ɔ:'reiʃən) *s.* discurs *m.*

orator ('ɔrətəʳ) *s.* orador.

oratory ('ɔrətəri) *s.* oratòria *f.* 2 oratori *m.*, capella *f.*

orb (ɔ:b) *s.* orbe *m.* 2 esfera *f.*

orbit ('ɔ:bit) *s.* ASTR. òrbita *f.*

orchard ('ɔ:tʃəd) *s.* hort *m.* [d'arbres fruiters].

orchestra ('ɔ:kistrə) *s.* orquestra *f.* 2 TEAT. platea *f.*

orchid ('ɔ:kid) *s.* BOT. orquídia *f.*

ordain (to) (ɔ:'dein) *t.* ECLES. ordenar. 2 ordenar, decretar, disposar.

ordeal (ɔ:'di:l) *s.* HIST. ordalia *f.* 2 prova *f.* [penosa].

order ('ɔ:dəʳ) *s.* ordre *m.* [disposició o arranjament regular]. ‖ *in ~*, en ordre. ‖ *out of ~*, desordenat, desendreçat. 2 condecoració *f.* 3 ordre *m.*, manament *m.*, precepte *m.* 4 ordre *m.*, classe *f.*, grau *m.*, classificació *f. 5 in ~ to,* per, a fi de. *6* COM. comanda *f. 7* ECLES., MIL. orde *m.*

order (to) ('ɔ:dəʳ) *t.* ordenar. *2* demanar. *3* COM. demanar, fer una comanda. *4* ECLES. ordenar. *5* MED. prescriure. *6* MIL. *~ arms!,* descanseu!

orderly ('ɔ:dəli) *a.* ordenat, metòdic. *2* obedient, tranquil. ■ *3 s.* MED. practicant, infermer. *4* MIL. ordenança *m.,* assistent *m.* ■ *5 adv.* ordenadament.

ordinal ('ɔ:dinl) *a.* ordinal. ■ *2 s.* número *m.* ordinal, ordinal *m.*

ordinary ('ɔ:din(ə)ri) *a.* ordinari, corrent. *2 in ~,* en funcions, en activitat. ■ *3 s.* ECLES. ordinari *m.* [de la missa].

ordnance ('ɔ:dnəns) *s.* artilleria *f.,* canons *m. pl.*

ordure ('ɔ:djuəʳ) *s.* brutícia *f.*

ore (ɔ:ʳ, ɔəʳ) *s.* MIN. mineral *m.,* mena *f.*

organ ('ɔ:gən) *s.* òrgan *m.* [d'un animal, una planta, un partit, etc.]. *2* MÚS. orgue *m.* ‖ *barrel ~,* orgue *m.* de maneta, orguenet *m.*

organ grinder ('ɔ:gən,graindəʳ) *s.* tocador *m.* d'organet.

organism ('ɔ:gənizəm) *s.* BIOL., FIL., organisme *m.*

organization (,ɔ:gənai'zeiʃən) *s.* organització *f.*

organize (to) ('ɔ:gənaiz) *t.* organitzar. ■ *2 i.* organitzar-se *p.*

orgasm ('ɔ:gæzəm) *s.* orgasme *m.*

orgy ('ɔ:dʒi) *s.* orgia *f.*

Orient ('ɔ:riənt) *s.* GEOGR. orient *m.*

orient (to) ('ɔ:rient) *t.* Veure ORIENTATE (TO).

orientate (to) ('ɔ:rienteit) *t.* orientar. *2 to ~ oneself,* orientar-se.

orifice ('ɔrifis) *s.* orifici *m.*

origin ('ɔridʒin) *s.* origen *m. 2* procedència *f.*

original (ə'ridʒənl) *a.* original: *~ sin,* pecat original. *2* primitiu, primer. ■ *3 s.* original *m.*

originate (to) (ə'ridʒineit) *t.* originar, crear, produir. ■ *2 i.* originar-se *p.,* néixer, venir de.

ornament ('ɔ:nəmənt) *s.* ornament *m.,* adorn *m.*

ornament (to) ('ɔ:nəment) *t.* ornamentar, adornar.

ornamental (,ɔ:nə'mentl) *a.* ornamental, decoratiu.

ornate (ɔ:'neit) *a.* molt adornat, enfarfegat. *2* florit [estil].

ornithology (,ɔ:ni'θɔlədʒi) *s.* ornitologia *f.*

orography (ɔ'rɔgrəfi) *s.* orografia *f.*

orphan (,ɔ:fən) *a.-s.* orfe.

orphanage ('ɔ:fənidʒ) *s.* orfanat *m.,* hospici *m. 2* orfandat *f.*

orthodox ('ɔ:θədɔks) *a.* ortodox.

orthodoxy ('ɔ:θədɔksi) *s.* ortòdoxia *f.*

orthography (ɔ:'θɔgrəfi) *s.* ortografia *f.*

oscillate (to) ('ɔsileit) *i.* osciŀlar [també fig.]. ■ *2 t.* fer osciŀlar.

osier ('ouʒiəʳ) *s.* BOT. vimetera *f. 2* vim *m.,* vímet *m.*

Oslo ('ɔzlou) *n. pr.* GEOGR. Oslo *m.*

ostensible (ɔs'tensibl) *a.* ostensible. *2* aparent.

ostentation (,ɔsten'teiʃən) *s.* ostentació *f.*

ostentatious (,ɔsten'teiʃəs) *a.* ostentós.

ostler ('ɔsləʳ) *s.* mosso *m.* d'estable, palafrener *m.*

ostracism ('ɔstrəsizəm) *s.* ostracisme *m.*

ostrich ('ɔstritʃ) *s.* ORN. estruç *f.*

other ('ʌðəʳ) *a.* altre. ‖ *every ~ day,* dies alterns; *on the ~ hand,* per altra banda; *the ~ one,* l'altre. ■ *2 pron. -s. the ~,* l'altre; *the ~s,* els altres; *no ~ than,* cap altre, només. ■ *3 adv. ~ than,* altra cosa que.

otherwise ('ʌðəwaiz) *adv.* d'altra manera, altrament. *2* per altra part, per la resta. ■ *3 conj.* si no, altrament. ■ *4 a.* diferent.

otiose ('ouʃious) *a.* form. ociós.

otter ('ɔtəʳ) *s.* ZOOL. llúdria *f.,* llúdriga *f.*

ought (ɔ:t) *def.* i *aux.* haver de, caldre: *I ~ to write,* he d'escriure, hauria d'escriure, cal que escrigui.

ounce (auns) *s.* unça *f.* [mesura].

our ('auəʳ) *a. poss.* (el) nostre, (la) nostra, (els) nostres, (les) nostres: *O~ Lady,* Nostra Senyora; *~ brothers,* els nostres germans.

ours ('auəz) *pron. poss.* (el) nostre, (la) nostra, (els) nostres, (les) nostres: *a friend of ~,* un amic nostre.

ourselves (,auə'selvz) *pron.* nosaltres mateixos. ‖ *by ~,* nosaltres sols [sense ajuda]; nosaltres sols [sense ningú més]. *2* ens, -nos, a nosaltres mateixos.

oust (to) (aust) *t.* desallotjar, treure, fer fora.

out (aut) *adv.* fora, a fora, enfora. ‖ *to go ~,* sortir. *2* clar, sense embuts: *speak ~,* parla clar. *3* completament, fins el final. *4 ~ and away,* de bon tros, de molt; *~ for,* a la recerca de; *~ of favour,* en desgràcia; *~ on strike,* en vaga; *~ to win,* decidit a vèncer. ■ *5 a.* absent, fora de casa. *6* tancat, apagat; expirat. *7* publicat, que ha sortit. *8 ~ and ~,* completament; acèrrim, empedreït; *~ of place,* fora de lloc; incongruent; *~ of this world,* extraordinari, fantàstic. ■ *9 prep.* fora de: *~ of danger,* fora de perill. *10* per: *~ of pity,* per pietat. *11* de: *~ of a bottle,* d'una ampolla; *one ~ of*

ten, un de cada deu; un sobre deu [nota].
12 entre: *one book ~ of many,* un llibre entre molts. *13* sense: *~ of money,* sense diners. ∎ *14 interj.* *~!,* fora!

outbreak ('autbreik) *s.* erupció *f.* 2 rampell *m.,* rauxa *f.* 3 començament *m.,* declaració *f.* [d'una guerra, etc.]. *4* epidèmia *f.,* passa *f.* 5 onada *f.* [de crims, violència, etc.].

outbuilding ('autbildiŋ) *s.* dependència *f.* [d'un edifici].

outburst ('autbə:st) *s.* rampell *m.,* atac *m.,* explosió *f.: ~ of laughter,* atac de riure.

outcast ('autkɑ:st) *a.-s.* proscrit, pària.

outcome ('autkʌm) *s.* resultat *m.,* conseqüència *f.,* desenllaç.

outcry ('autkrai) *s.* crit *m.* 2 clam *m.,* protesta *f.,* clamor *m.*

outdo (to) (aut'du:) *t.* excedir, superar, sobrepassar. *2 to ~ oneself,* superar-se. ∎ Pret. **outdid** (,aut'did); p.p.: **outdone** (,aut'dʌn).

outdoor (aut'dɔ:) *a.* a l'aire lliure. 2 de carrer.

outdoors (,aut'dɔ:z) *adv.* fora de casa; a l'aire lliure.

outer ('autə') *a.* exterior, extern. ‖ ASTR. ~ *space,* espai exterior.

outfit ('autfit) *s.* equip *m.* 2 eines *f. pl.,* joc *m.* d'eines. 3 conjunt *m.* [de vestir].

outfit (to) ('autfit) *t.* equipar.

outflow ('autflou) *s.* efusió *f.,* fluix *m.,* pèrdua *f.* 2 desaiguament *m.*

outing ('autiŋ) *s.* sortida *f.,* excursió *f.*

outlaw ('autlɔ:) *s.* bandit, bandoler. 2 proscrit.

outlet ('autlet) *s.* sortida *f.* [també fig.]. 2 desaiguament *m.* 3 COM. sortida *f.* [també fig.]. 2 desaiguament *m.* 3 COM. sortida *f.,* mercat *m.* 4 ELECT. presa *f.* [de corrent].

outline ('autlain) *s.* contorn *m.,* perfil *m.* 2 esbós *m.* 3 esquema *m.,* resum *m.;* idea *f.* general.

outlook ('autluk) *s.* vista *f.,* perspectiva *f.* 3 perspectives *f. pl.,* pronòstic *m.* 4 actitud *f.* mental.

outlying ('autlaiiŋ) *a.* allunyat, llunyà. 2 aïllat. 3 exterior, de les afores.

out-of-date ('autəvdeit) *a.* passat de moda, antiquat.

out-of-print (,autəv'print) *a.* exhaurit [una edició, un llibre, etc.].

outpost ('autpoust) *s.* MIL. avançada *f.*

output ('autput) *s.* producció *f.,* rendiment *m.* 2 INFORM. sortida *f.*

outrage ('autreidʒ) *s.* ultratge *m.,* abús *m.,* excés *m.*

outrage (to) ('autreidʒ) *t.* ultratjar, abusar de, violar.

outrageous (aut'reidʒəs) *a.* ultratjant. 2 violent. 3 enorme, atroç. ∎ *4 -ly adv.* d'una manera ultratjant, violentament, atroçment.

outright ('autrait) *a.* sincer, franc, directe. 2 complet, absolut. ∎ *3 adv.* completament. 4 obertament, francament. 5 d'un cop, d'una vegada.

outset ('autset) *s.* principi *m.,* començament *m.*

outside (,aut'said) *s.* exterior *m.,* part *f.* externa; superfície *f.* 2 aparença *f.,* aspecte *m.* 3 *at the ~,* pel cap alt. 4 ESPORT extrem *m.* ∎ *5 a.* exterior, extern. 6 remot. 7 màxim. 8 forà, aliè. ∎ *9 adv.* fora, a fora; al carrer, a l'aire lliure. ∎ *10 prep.* a fora de, mes enllà de.

outsider (,aut'saidə') *s.* foraster. 2 estrany, intrús. 3 cavall *m.* no favorit [en una cursa]; candidat sense possibilitats [en unes eleccions].

outskirts ('autskə:ts) *s. pl.* afores *m.*

outstanding (aut'stændiŋ) *a.* sortint, prominent. 2 rellevant, notable, excel·lent. 3 pendent, per pagar o cobrar.

outstretched (,aut'stretʃt) *a.* estès, allargat, estirat.

outstrip (to) (aut'strip) *t.* avantatjar, deixar enrera.

outward ('autwəd) *a.* exterior, extern. 2 aparent, superficial. 3 que surt cap enfora, que surt. 4 d'anada.

outwards ('autwədz) *adv.* cap enfora.

outwit (to) (aut'wit) *t.* enganyar, ser més llest que.

oval ('ouvəl) *a.* oval, ovalat. ∎ *2 s.* figura *f.* ovalada, objecte *m.* ovalat.

ovary ('ouvəri) *s.* ANAT. ovari *m.*

oven ('ʌvn) *s.* forn *m.*

over ('ouvə') *adv.* a sobre, per sobre. 2 a l'altra banda. 3 davant. 4 completament. ‖ *all ~,* a tot arreu, pertot arreu. 5 més, de més. ‖ *take the food that is left ~,* agafa el menjar que ha sobrat; *6 ~ again,* una altra vegada. *7 to be ~,* estar acabat, acabar-se. *8 to run ~,* desbordar-se, vessar-se. ∎ *9 prep.* per sobre de, a sobre de. *10* a l'altra banda, de l'altra banda, de l'altre costat. *11* més de. *12* durant. *13* per, a. *14* amb: *he stumbled ~ the stone,* va ensopegar amb la pedra. *15* de, a propòsit de. *16* superior, més alt. *17* que cobreix. *18* excessiu, de més.

overalls ('ouvərɔ:lz) *s.* granota *f.* [vestit]. 2 guardapols *m.*

overawe (to) (,ouvər'ɔ:) *t.* intimidar, fer por.

overbear (to) (,ouvə'beə') *t.* dominar, imposar(se. 2 aclaparar. 3 fig. intimidar. ▲

Pret.: *overbore* (ˌouvəˈbɔːʳ); p. p.: *overborne* (ˌouvəˈbɔːn).

overbearing (ˌouvəˈbɛəriŋ) *a.* dominador, despòtic, altiu.

overcast (ˌouvəkɑːst) *a.* ennuvolat, tapat. *2* fig. obscur; trist.

overcharge (to) (ˌouvəˈtʃɑːdʒ) *t.* sobrecarregar, recarregar. *2* cobrar massa. ▪ *3 i.* cobrar *t.* massa.

overcoat (ˈouvəkout) *s.* abric *m.*, sobretot *m.*, gavany *m.*

overcloud (to) (ˌouvəˈklaud) *t.* ennuvolar. ▪ *2 i.* ennuvolar-se *p.*

overcome (to) (ˌouvəˈkʌm) *t.* vèncer, triomfar sobre. *2* vèncer, superar, salvar [obstacles, dificultats, etc.]. *3* superar, sobreposar-se *p.* *4* rendir, esgotar. ▲ Pret.: *overcame* (ˌouvəˈkeim); p. p. *overcome* (ˌouvə-ˈkʌm).

overcrowd (to) (ˌouvəˈkraud) *t.* abarrotar, omplir, atapeir.

overdo (to) (ˌouvəˈduː) *t.* fer massa, excedir-se *p.*, exagerar. *2* fer caure massa. ▲ Pret.: *overdid* (ˌouvəˈdid); p.p.: *overdone* (ˌouvə-ˈdʌn).

overdress (to) (ˌouvəˈdres) *t.* mudar, empolainar excessivament. ▪ *2 i.* anar massa mudat o empolainat, mudar-se *p.* excessivament.

overflow (ˈouvətlou) *s.* inundació *f.*, desbordament *m.*, vessament *m.* *2* excés *m.*

overflow (to) (ˌouvəˈflou) *t.* inundar. *2* desbordar. ▪ *3 i.* desbordar-se *p.* [també fig.]. *4* vessar.

overgrown (ˌouvəˈgroun) *a.* massa alt [per a la seva edat]. *2* cobert de plantes, d'herbes.

overhang (to) (ˌouvəˈhæŋ) *t.* projectar(se sobre. *2* amenaçar. ▪ *3 i.* penjar per sobre de. ▲ Pret. i p. p.: *overhung* (ˌouvəˈhʌŋ).

overhaul (ˈouvəhɔːl) *s.* repàs *m.*, revisió *f.*

overhaul (to) (ˌouvəˈhɔːl) *t.* repassar, revisar, examinar. *2* atrapar.

overhead (ˌouvəˈhed) *adv.* per sobre [del cap]. ▪ *2 a.* (ˈouvəhed) de dalt. *2* aeri.

overhear (to) (ˌouvəˈhiəʳ) *t.* sentir per casualitat, sentir sense voler. ▲ Pret. i p.p.: *overheard* (ˌouvəˈhɔːd).

overjoyed (ˌouvəˈdʒɔid) *a.* molt content, ple d'alegria.

overland (ˈouvəlænd) *a.* terrestre. ▪ *2 adv.* (ˌouvəˈlænd) per terra, per via terrestre.

overlap (to) (ˌouvəˈlæp) *t.-i.* encavalcar, encavallar(se, sobreposar-se *p.* *2* fig. coincidir parcialment.

overlook (to) (ˌouvəˈluk) *t.* mirar des de dalt. *2* dominar [amb la vista]. *3* donar a, tenir vista a. *4* inspeccionar, vigilar. *5* re-

passar, revisar. *6* passar per alt, no veure, oblidar. *7* tolerar, perdonar.

overnight (ˌouvəˈnait) *adv.* anit, a la nit anterior. *2* a la nit, durant la nit. ‖ *to stay* ~, passar la nit. ▪ *3 a.* (ˈouvənait) de nit, nocturn, d'una nit. ‖ ~ *success*, èxit de la nit al dia.

overpower (to) (ˌouvəˈpauəʳ) *t.* vèncer, dominar. *2* aclaparar, afeixugar. *3* provocar massa polèmica.

overpowering (ˌouvəˈpauəriŋ) *a.* dominador, dominant. *2* aclaparador, irresistible.

overrate (to) (ˌouvəˈreit) *t.* valorar excessivament.

overrun (to) (ˌouvəˈrʌn) *t.* cobrir totalment, invadir, ocupar. *2* excedir, sobrepassar. ▲ Pret. *overran* (ˌouvəˈran); p.p. *overrun* (ˌouvəˈrʌn).

oversea (ˌouvəˈsiː) *a.* d'ultramar.

overseas (ˌouvəˈsiːz) *adv.* a ultramar, a l'altra banda del mar.

oversee (to) (ˌouvəˈsiː) *t.* vigilar, inspeccionar, supervisar. ▲ Pret.: *oversaw* (ˌouvə-ˈsɔː); p.p.: *overseen* (ˌouvəˈsiːn).

overseer (ˈouvəsiəʳ) *s.* inspector, supervisor. *2* capataç.

overshadow (to) (ˌouvəˈʃædou) *t.* fer ombra [també fig.].

overshoe (ˈouvəʃuː) *s.* xancle *m.*

oversight (ˈouvəsait) *s.* descuit *m.*, omissió *f.*, distracció *f.* *2* vigilància *f.*, cura *f.*

overstate (to) (ˌouvəˈsteit) *t.* exagerar.

overstep (to) (ˌouvəˈstep) *t.* anar més enllà de, ultrapassar.

overtake (to) (ˌouvəˈteik) *t.* atrapar. *2* passar, deixar enrera. *3* sorprendre. ▲ Pret.: *overtook* (ˌouvəˈtuk); p.p.: *overtaken* (ˌouvəˈteikən).

overthrow (to) (ˌouvəˈθrou) *t.* bolcar, tombar. *2* derrocar, enderrocar. *3* destruir. *4* vèncer. ▲ Pret. *overthrew* (ˌouvəˈθruː); p.p.: *overthrown* (ˌouvəˈθroun).

overtime (ˈouvətaim) *s.* hores *f. pl.* extres o extraordinàries. ▪ *2 adv.* en hores extres o extraordinàries.

overture (ˈouvətjuəʳ) *s.* insinuació *f.*, proposició *f.*, proposta *f.* [de pau, etc.]. *2* MÚS. obertura *f.*

overturn (to) (ˌouvəˈtəːn) *t.* bolcar. *2* enderrocar. *3* transtornar. ▪ *4 i.* bolcar.

overweening (ˌouvəˈwiːniŋ) *a.* presumptuós, pretensiós.

overwhelm (to) (ˌouvəˈwelm) *t.* inundar. *2* aclaparar, afeixugar. *3* confondre, desconcertar.

overwhelming (ˌouvəˈwelmiŋ) *a.* aclaparador, irresistible, poderós.

owe (to) (ou) *t.* deure: *he owes £50 to his*

brother, deu 50 lliures al seu germà. ▪ *2 i.* deure *t.,* tenir deutes.

owing ('ouiŋ) *ger.* de OWE (TO). ▪ *2 a.* que es deu. ▪ *3 prep.* ~ *to,* per causa de, degut a.

owl (aul) *s.* ORN. mussol *m.,* òliba *f.,* gamarús *m.*

own (oun) *a.* propi, seu: *his* ~ *mother,* la seva pròpia mare; *this car is my* ~, aquest cotxe és meu. ▪ *2 pron.* ***on one's*** ~, sol; pel seu compte; únic.

own (to) (oun) *t.* posseir, tenir. *2* reconèixer, confessar. ▪ *3 i.* reconèixer *t.,* confessar *t.*

owner ('ounə^r) *s.* amo, propietari, posseïdor.

ox· (ɔks) *s.* ZOOL. bou *m. 2* BOT. ~*-eye,* margarida *f.* ▲ *pl.* ***oxen*** ('ɔksən).

oxide ('ɔksaid) *s.* QUÍM. òxid *m.*

oxygen (ˌɔksidʒən) *s.* oxigen *m.*

oyster ('ɔistə^r) *s.* ostra *f.*

P

P, p (piː) *s.* p *f.* [lletra]. *2 to mind one's ~'s and q's,* anar amb compte amb el que es diu.

pa (pɑː) *s.* col·loq. (abrev. de *papa*) papa *m.*

pace (peis) *s.* pas *m.*, passa *f.* [marxa, manera de caminar; mesura]. *2* ritme *m.*, velocitat *f. 3* ambladura *f.*, portant *m.* [d'un cavall].

pace (to) (peis) *i.* passejar, caminar. *2* amblar [un cavall]. ▪ *3 t.* apassar, mesurar a passes.

pacemaker ('peismeikəʳ) *s.* MED. marcapàs *m. 2* ESPORT el qui marca el pas [en una cursa].

pacific (pə'sifik) *a.* pacífic.

Pacific Ocean (pə'sifik'ouʃn) *n. pr.* GEOGR. Oceà *m.* Pacífic.

pacify (to) ('pæsifai) *t.* pacificar, apaivagar, calmar, assossegar.

pack (pæk) *s.* farcell *m.*, fardell *m.*, bolic *m.*, bala *f.*, paquet *m.*, càrrega *f. 2* baralla *f.* [de cartes]. *3* reguitzell *m.*, enfilall *m. 4* quadrilla *f.*, colla *f. 5* ramat *m. 6* gossada *f.*, canilla *f.*

pack (to) (pæk) *t.* empaquetar, embolicar; envasar. *2* fer [una maleta, etc.]. *3* entaforar, encabir, entatxonar. *4* CUI. conservar, fer conserves. ▪ *5 i.* entaforar-se *p.*, encabir-se *p.*, entatxonar-se *p. 6 to ~ up,* fer la maleta; col·loq. plegar; fer-se *p.* malbé.

package ('pækidʒ) *s.* paquet *m.*, farcell *m.*, fardell *m.*

package holiday ('pækidʒ,hɔlidei), **package tour** ('pækidʒ,tuəʳ) *s.* vacances *f. pl.* organitzades, viatge *m.* organitzat.

pack animal ('pæk,æniml) *s.* animal *m.* de càrrega.

packet ('pækit) *s.* paquet *m. 2* paquet *m.* de tabac [cigarretes].

packet boat ('pækit,bout) *s.* MAR. paquebot *m.*

packing ('pækiŋ) *s.* embalatge *m.*; envàs *m.*

packsaddle ('pæk,sædl) *s.* albarda *f.*, bast *m.*

pact (pækt) *s.* pacte *m.*, acord *m.*

pad (pæd) *s.* coixí *m.*, coixinet *m. 2* postís *m. 3* farciment *m. 4* musclera *f.*; genollera *f.*; plastró *m. 5* bloc *m.*, llibreta *f. 6* tampó *m.* [de tinta]. *7 launching ~,* plataforma *f.* de llançament [d'un coet]. *8* tou *m.* [de la pota d'un animal].

pad (to) (pæd) *t.* encoixinar, farcir, folrar [amb un material tou]. *2 to ~ out,* posar palla [en un discurs, etc.]. ▪ *3 i.* caminar.

padding ('pædiŋ) *s.* farciment *m.*, farcit *m.*, coixí *m. 2* fig. palla *f.* [en un discurs, etc.].

paddle ('pædl) *s.* platós *m.* [rem]. *2* paleta *f.* [d'una roda].

paddle (to) ('pædl) *t.* impulsar amb platós. ▪ *2 i.* remar amb platós. *3* xipollejar, mullar-se *p.* els peus.

paddle boat ('pædlbout) *s.* vaixell *m.* de rodes.

paddock ('pædək) *s.* devesa *f.*, clos *m.*, cleda *f. 2* clos *m.* [per a cavalls de cursa].

padlock ('pædlɔk) *s.* cadenat *m.*

pagan ('peigən) *a.-s.* pagà.

page (peidʒ) *s.* pàgina *f.*, plana *f. 2* patge *m. 3* grum *m.*

pageant ('pædʒənt) *s.* cavalcada *f.*, desfilada *f. 2* espectacle *m.*, festa *f.*

paid (peid) *pret.* i *p.p.* de PAY (TO).

pail (peil) *s.* galleda *f.*, (BAL.) (VAL.) poal *m. 2* MAR. bujol *m.*

pain (pein) *s.* dolor *m.*, sofriment *m.*, mal *m.*; aflicció *f. 2* pena *f.* [càstig]: *on/under ~ of,* sota pena de. *3* treball *m.*, esforç *m.*, molèstia *f.* ‖ *to take ~s to,* esforçar-se a, fer tot el possible per. *4* col·loq. *to be a ~ in the neck,* ser un pesat, ser una llauna *f.*

pain (to) (pein) *t.* fer mal. *2* doldre. saber greu.

painful ('peinful) *a.* dolorós. *2* penós, angoixós, desagradable. *3* ardu. *4* dolorit. ▪ *5* **-ly** *adv.* dolorosament, penosament.

painstaking ('peinz,teikiŋ) *a.* afanyat, industriós, polit, diligent, curós.

paint (peint) *s.* pintura *f. 2* COSM. coloret *m.*

paint (to) (peint) *t.-i.* pintar *t.* [també fig.].

paintbrush ('peintbrʌʃ) *s.* brotxa *f.*, pinzell *m.*

painter ('peintə^r) *s.* pintor. *2* MAR. amarra *f.*

painting ('peintiŋ) *s.* pintura *f.* [acció, art; color]. *2* pintura *f.*, quadre *m.*, retrat *m.*

pair (pɛə^r) *s.* parell *m.* ‖ ~ *of scissors*, unes tisores. ‖ ~ *of trousers*, uns pantalons. *2* parella *f. 3* tronc *m.*

pair (to) (pɛə^r) *t.* aparellador. *2* aparionar, acoblar. *3* casar. ▪ *4 i.* aparellar-se *p.*, aparionar-se *p. 5* fer parella.

pajamas (pə'dʒɑ:məz) *s. pl.* pijama *m. sing.*

pal (pæl) *s.* col·loq. company, camarada, amic.

palace ('pælis) *s.* palau *m.*

palatable ('pælətəbl) *a.* saborós, suculent. *2* agradable, acceptable.

palate ('pælit) *s.* paladar *m.*

pale (peil) *a.* pàl·lid. *2* descolorit. *3* esblanqueït. ▪ *4 s.* pal *m.*, estaca *f. 5* fig. límit *m.*, frontera *f.* ▪ *6* **-ly** *adv.* pàl·lidament.

pale (to) (peil) *i.* empal·lidir.

palette ('pælit) *s.* ART paleta *f.* [de pintor].

palfrey ('pɔ:lfri) *s.* poèt. palafrè *m.*

paling ('peiliŋ) *s.* palissada *f.*, estacada *f.*

palisade (,pæli'seid) *s.* palissada *f.*, estacada *f.*, tanca *f.*

pall (pɔ:l) *s.* drap *m.* fúnebre. *2* fig. cortina *f.* [de fum]. *3* ECLES. pal·li *m.*

pall (to) (pɔ:l) *i. to* ~ *(on/upon)*, avorrir *t.*, embafar *t.*, cansar *t.*

palliate (to) ('pælieit) *t.* pal·liar, mitigar. *2* atenuar, excusar.

pallid ('pælid) *a.* pàl·lid, desmaiat, esmorteït.

palm (pɑ:m) *s.* palmell *m.*, palma *f.* [de la mà]. *2* BOT. palma *f.*, palmera *f. 3* fig. victòria *f.*, palma *f.*

palm (to) (pɑ:m) *t.* escamotejar. *2 to* ~ *off on*, encolomar, endossar.

palmist ('pɑ:mist) *s.* quiromàntic.

palmistry ('pɑ:mistri) *s.* quiromància *f.*

Palm Sunday (,pɑ:m'sʌndei) *s.* diumenge *m.* de rams.

palm tree ('pɑ:mtri:) *s.* BOT. palmera *f.*

palpable ('pælpəbl) *a.* palpable, evident.

palpitate (to) ('pælpiteit) *i.* palpitar, bategar.

paltry ('pɔ:ltri) *a.* mesquí, miserable. *2* insignificant, fútil.

pampas ('pæmpəs) *s. pl.* pampa *f. sing.*

pamper (to) ('pæmpə^r) *t.* consentir, malacostumar.

pamphlet ('pæmflit) *s.* fullet *m.*, opuscle *m.*

pan (pæn) *s.* cassola *f.*, cassó *m.* ‖ *frying* ~, paella *f. 2* balançó *m.*, plat *m.* [d'una balança]. *3* cassoleta *f.* [d'una arma de foc].

panacea (,pænə'siə) *s.* panacea *f.*

Panama (,pænə'mɑ:) *n. pr.* GEOGR. Panamà *m.*

Panamian (,pænə'meiniən) *a.-s.* panameny.

pancake ('pænkeik) *s.* crêpe *f.*, crespell *m.*, bunyol *m.*

pane (pein) *s.* vidre *m.* [de finestra, etc.].

panegyric (,pæni'dʒirik) *s.* panegíric *m.*

panel ('pænl) *s.* ARQ., CONSTR. plafó *m.*, entrepilastra *f.*, cassetó *m.*, cassetonat *m. 2* tauler *m.* [de control, de comandament, etc.]. *3* llista *f.* [de jurats]. *4* jurat *m.*

panelling, (EUA) **paneling** ('pænəliŋ) *s.* revestiment *m. 2* cassetonat *m. 3* plafons *m. pl.*

pang (pæŋ) *s.* punxada *f.*, fiblada *f.* [també fig.].

panic ('pænik) *s.* pànic *m.*

panic ('pænik) *i.* espantar-se *p.*, atemorir-se. *2* esverar-se *p.: don't* ~*!* no t'esveris!

pannier ('pæniə^r) *s.* sarrià *m.*, sarrió *m. 2* cistella *f.* [d'una bicicleta, etc.]. *3* mirinyac *m.*

panorama (,pænə'rɑ:mə) *s.* panorama *m.*

pansy ('pænzi) *s.* BOT. pensament *m. 2* fig. col·loq. marieta *f.*

pant (pænt) *s.* esbufec *m.*, bleix *m.*, panteix *m. 2* batec *m.*

pant (to) (pænt) *i.* esbufegar, panteixar. *2* bategar. ▪ *3 i.* dir esbufegant.

pantheist ('pænθiist) *s.* panteista.

panther ('pænθə^r) *s.* ZOOL. pantera *f. 2* (EUA) puma *m.*

panties ('pæntiz) *s. pl.* calces *f.*, calcetes *f.*

pantomime ('pæntəmaim) *s.* pantomima *f.*

pantry ('pæntri) *s.* rebost *m.*

pants (pænts) *s. pl.* (G.B.) calçotets *m. 2* (EUA) pantalons *m.*

papa (pə'pɑ:) *s.* col·loq. papà *m.*

papacy ('peipəsi) *s.* papat *m.*, pontificat *m.*

papal ('peipəl) *a.* papal, pontifical.

paper ('peipə^r) *s.* paper *m.* ‖ ~ *currency*, ~ *money*, paper moneda. *2* document *m. 3* full *m.* d'examen. *3* diari *m.*

paper (to) ('peipə^r) *t.* empaperar.

paperback ('peipəbæk) *s.* llibre *m.* de butxaca. ▪ *2 a.* en rústica.

paper clip ('peipəklip) *s.* clip *m.* per a papers.

paper knife ('peipənaif) *s.* tallapapers *m.*

paper-weight ('peipəweit) *s.* petjapapers *m.*

par (pɑ:ʳ) *s.* paritat *f.*, igualtat *m.* 2 COM. par *f.* ‖ *at ~*, a la par. ‖ *to be on a ~ with*, ser igual a.

parable ('pærəbl) *s.* BIB., LIT. paràbola *f.*

parabola (pə'ræbələ) *s.* GEOM. paràbola *f.*

parachute ('pærəʃuːt) *s.* paracaigudes *m.*

parade (pə'reid) *s.* MIL. parada *f.*, revista *f.* 2 desfilada *f.*, cavalcada *f.*, seguici *m.* 3 ostentació *f.*, gala *f.* 4 passeig *m.*, avinguda *f.*

parade (to) (pə'reid) *t.* ostentar, fer gala de. 2 fer formar. ■ *3 i.* formar, posar-se *p.* en formació. 4 desfilar.

paradise ('pærədais) *s.* paradís *m.*

paradox ('pærədɔks) *s.* paradoxa *f.*

paragon ('pærəgən) *s.* model *m.*, exemple *m.*

paragraph ('pærəgrɑːf) *s.* paràgraf *m.* 2 PERIOD. entrefilet *m.*

Paraguay ('pærəgwai) *n. pr.* GEOGR. Paraguai *m.*

Paraguayan (ˌpærə'gwaiən) *a.-s.* paraguaià.

parakeet ('pærəkiːt) *s.* ORN. periquito *m.*

paralyse (to) ('pærəlaiz) *t.* paralitzar.

parallel ('pærəlel) *a.* paraŀlel. ■ *2 s.* paraŀlelisme *m.*, semblança *f.* 3 paraŀlel *m.* 4 ELECT. *in ~*, en paraŀlel *m.* 5 GEOGR. paraŀlel *m.*

parallel (to) ('pærəlel) *t.* establir un paraŀlelisme. 2 ser paraŀlel a [també fig.].

parallelogram (ˌpærə'leləgræm) *s.* GEOM. paraŀlelògram *m.*

paralysis (pə'rælisis) *s.* paràlisi *f.*

paralytic (ˌpærə'litik) *a.-s.* paralític.

paramount ('pærəmaunt) *a.* superior, suprem, màxim.

parapet ('pærəpit) *s.* ampit *m.*, barana *f.* 2 MIL. parapet *m.*

parasite ('pærəsait) *s.* paràsit *m.* 2 gorrer, gorrista.

parasol (ˌpærə'sɔl) *s.* ombreŀla *f.*, parasol *m.*

paratrooper ('pærətruːpəʳ) *s.* paracaigudista.

parcel ('pɑːsl) *s.* paquet *m.;* farcell *m.* 2 parceŀla *f.*

parcel (to) ('pɑːsl) *t. to ~ out*, parceŀlar; dividir. 2 *to ~ up*, empaquetar, embalar.

parch (to) (pɑːtʃ) *t.* torrar. 2 cremar. 3 agostejar, agostar, ressecar.

parchment ('pɑːtʃmənt) *s.* pergamí *m.;* viteŀla *f.*

pardon ('pɑːdn) *s.* perdó *m.* ‖ *I beg your ~*, perdoni. 2 DRET indult *m.*, amnistia *f.*

pardon (to) ('pɑːdn) *t.* perdonar, disculpar. ‖ *~ me*, perdoni. 2 DRET indultar, amnistiar.

pare (to) (pɛəʳ) *t.* tallar. 2 pelar [fruita, etc.]. 2 retallar, rebaixar. 3 fig. reduir.

parent ('pɛərənt) *s.* pare *m.*, mare *m.* 2 *pl.* pares *m.*

parentage ('pɛərəntidʒ) *s.* família *f.*, llinatge *m.*, origen *m.*

parish ('pæriʃ) *s.* (G.B.) parròquia *f.*

parishioner (pə'riʃənəʳ) *s.* parroquià, feligrès.

Paris ('pæris) *n. pr.* GEOGR. París *m.*

Parisian (pə'rizjən) *a.-s.* parisenc.

park (pɑːk) *s.* parc *m.* 2 jardí *m.*

park (to) (pɑːk) *t.* aparcar. 2 coŀloq. deixar, posar [coses]; instaŀlar-se *p.* [persones]. ■ *3 i.* aparcar *t.*

parking ('pɑːkiŋ) *s.* aparcament *m.*

parley ('pɑːli) *s.* conferència *f.*, debat *m.*, discussió *f.*

parley (to) ('pɑːli) *i.* discutir, debatre, conferenciar, parlamentar.

parliament ('pɑːləmənt) *s.* parlament *m.*, corts *f. pl.*

parlour, (EUA) **parlor** ('pɑːləʳ) *s.* sala *f.* 2 saló *m.* d'audiències. 3 (EUA) saló *m.* [de bellesa]; sala *f.* [de billar]. 4 ECLES. locutori *m.*

parochial (pə'roukjəl) *a.* parroquial. 2 fig. limitat, reduït, estret.

parody ('pærədi) *s.* paròdia *f.*

parole (pə'roul) *s.* paraula *f.*, paraula *f.* d'honor. 2 llibertat *f.* sota paraula. 3 MIL. sant *m.* i senya.

paroxysm ('pærəksizəm) *s.* paroxisme *m.*, rampell *m.*

parrot ('pærət) *s.* ORN. lloro *m.*, cotorra *f.*, papagai *m.*

parry ('pæri) *s.* parada *f.* 2 fig. elusió *f.*

parry (to) ('pæri) *t.* parar, aturar [un cop, etc.]. 2 fig. evitar, eludir.

parsimonious (ˌpɑːsi'mounjəs) *a.* parsimoniós, estalviador.

parsley ('pɑːsli) *s.* BOT. julivert *m.*

parsnip ('pɑːsnip) *s.* BOT. xirivia *f.*

parson ('pɑːsn) *s.* ECLES. rector *m.*, vicari *m.* 2 coŀloq. sacerdot *m.*

parsonage ('pɑːsənidʒ) *s.* rectoria *f.*

part (pɑːt) *s.* part *f.* [tros; divisió; participació; participants]. ‖ *to take the ~ of*, posar-se de part de. 2 *pl.* llocs *m.*, parts *f.* 3 MEC. peça *f.*, recanvi *m.* 4 MÚS. part *f.* 5 TEAT. papers *m.* ■ *6 a.* parcial. ■ *7 adv.* parcialment.

part (to) (pɑːt) *t.* dividir, separar. ‖ *to ~ one's hair*, fer-se *p.* la clenxa. ■ *2 i.* separar-se *p.* 3 apartar-se *p.* 3 despendre's *p.*, saltar. 4 morir. 5 *to ~ with*, despendre's *p.*

partake (to) (pɑː'teik) *i. to ~ in*, participar en. 2 *to ~ of*, participar de.

partial ('pɑːʃəl) *a*. parcial. *2* afeccionat. ▪ *3* **-ly** *adv*. parcialment.

partiality (ˌpɑːʃi'æliti) *s*. parcialitat *f*., favoritisme *m*. *2* afecció *f*., inclinació *f*.

participate (to) (pɑː'tisipeit) *i*. *to* ~ *(in)*, participar (en), prendre part.

participle ('pɑːtisipl) *s*. GRAM. participi *m*.

particle ('pɑːtikl) *s*. partícula *f*. *2* mica *f*., engruna *f*. *3* GRAM. partícula *f*.

particular (pə'tikjuləʳ) *a*. particular, concret. *2* minuciós, detallat. *3* escrupulós, exigent. ▪ *4 s*. detall *m*. ‖ *in* ~, amb detall.

particularize (to) (pə'tikjuləraiz) *t.-i.* particularitzar *t*., detallar *t*., especificar *t*.

parting ('pɑːtiŋ) *s*. separació *f*., divisió *f*. ‖ fig. ~ *of the ways*, moment de separació. *2* marxa *f*., comiat *m*. *3* clenxa *f*., ratlla *f*.

partisan (ˌpɑːti'zæn) *s*. partidari. *2* guerriller, partisà. ▪ *3 a*. partidari, partidista.

partition (pɑː'tiʃən) *s*. partició *f*., fragmentació. *2* divisió *f*. *3* envà *m*.

partly ('pɑːtli) *adv*. en part, en certa manera.

partner ('pɑːtnəʳ) *s*. soci [en un negoci]. *2* company [de joc]. *3* parella *f*. [de ball]. *4* cònjuge *m*.

partridge ('pɑːtridʒ) *s*. ORN. perdiu *f*.

party ('pɑːti) *s*. partit *m*. [polític]; bàndol *m*. *2* festa *f*., reunió *f*. *3* grup *m*. de persones [en un viatge, a la feina, etc.]. *4* part *f*. [en un contracte; una disputa]. *5* tipus *m*., individu *m*. *6* MIL. destacament *m*. ▪ *7 a*. de partit, partidista. *8* de festa, de gala.

pass (pɑːs) *s*. pas *m*., port *m*. de muntanya, gorja *f*., congost *m*. *2* passi *m*., salconduit *m*. *3* carnet *m*. [de soci]. *4* situació *f*. *5* aprovat *m*. *6* ESPORT passada *f*.

pass (to) (pɑːs) *i*. passar. *2* oblidar-se *p*., desaparèixer. *3* ser acceptable. *4* aprovar *t*. ▪ *5 t*. passar. *6* travessar, deixar enrera. *7* sobrepassar, passar de. *8* sofrir, tolerar. *9* passar [temps]. *10* aprovar [un examen, una llei, etc.]. *11* fer córrer [coses falses]. *12* deixar passar. *13* fer marxar, fer passar. *14* DRET dictar, pronunciar [sentència]. ▪ *to* ~ *away*, passar, desaparèixer, oblidar-se; morir; *to* ~ *by*, deixar de banda, deixar córrer; passar prop de; passar de llarg; *to* ~ *out*, deixar, graduar-se [el col·legi, la universitat, etc.]; col·loq. desmaiar-se; *to* ~ *round*, passar de l'un a l'altre. ▲ Pret. i p.p.: *passed* o *past* (pɑːst).

passable ('pɑːsəbl) *a*. transitable, practicable. *2* tolerable, passable, acceptable.

passage ('pæsidʒ) *s*. pas *m*., passatge *m*., trànsit *m*. *2* passatge *m*., entrada *f*. *3* passatge *m*. [d'un vaixell, etc.]. *4* passatge *m*.

[d'un llibre]. *5 pl*. encontre *m*. *sing*., baralla *f*. *sing*.

passenger ('pæsindʒəʳ) *s*. passatger, viatger.

passer-by ('pɑːsə'bai) *s*. transeüent, vianant.

passing ('pɑːsiŋ) *s*. pas *m*. *2* trànsit *m*., mort *f*. ▪ *3 a*. que passa. *4* passatger, transitòri.

passion ('pæʃən) *s*. passió *f*. *2* còlera *f*., ira *f*. *3* REL. *the Passion*, la Passió *f*.

passionate ('pæʃənit) *a*. apassionat. *2* irat, encès. ▪ *3* **-ly** *adv*. apassionadament, acaloradament.

passive ('pæsiv) *a*. passiu, inactiu. *2* GRAM. passiu. ▪ *3 s*. GRAM. veu *f*. passiva.

passport ('pɑːspɔːt) *s*. passaport *m*.

password ('pɑːswəːd) *s*. sant *m*. i senya, contrasenya. *f*.

past (pɑːst) *a*. passat, propassat. *2* anterior. *3* consumat. *4* GRAM. passat. ▪ *5 s*. passat *m*. ▪ *6 prep*. més de. *7* per davant de; més enllà de. *8 it's* ~ *11*, són les onze tocades.

paste (peist) *s*. pasta *f*., massa *f*. *2* engrut *m*., pastetes *f. pl*.

paste (to) (peist) *t*. enganxar amb engrut. *2* col·loq. apallissar, atonyinar.

pasteboard ('peistbɔːd) *s*. cartró *m*.

pastel ('pæstəl) *s*. ART pastel *m*. [pintura]. ▪ *2 a*. al pastel.

pastime ('pɑːstaim) *s*. passatemps *m*.

pastor ('pɑːstəʳ) *s*. pastor *m*. [de l'església].

pastoral ('pɑːstərəl) *a*. pastoral. ▪ *2 s*. pastoral *f*.

pastry ('peistri) *s*. pasta *f*. *2* pastisseria *f*., pastissos *m. pl*., pastes *f. pl*.

pastrycook ('peistrikuk) *s*. pastisser.

pasturage ('pɑːstjuridʒ) *s*. pastura *f*.

pasture ('pɑːstʃəʳ) *s*. pastura *f*., past *m*.

pasture (to) ('pɑːstʃəʳ) *t*. pasturar, portar a pasturar. ▪ *2 i*. pasturar.

pat (pæt) *a*. exacte, convenient, oportú. ▪ *2 adv*. oportunament. ▪ *3 s*. copet *m*., closquet *m*.

pat (to) (pæt) *t.-i.* donar copets.

patch (pætʃ) *s*. pedaç *m*., sargit *m*. *2* pegat *m*. *3* taca *f*. [de color]. *4* tros *m*., parcel·la *f*. *5* piga *f*., postissa.

patch (to) (pætʃ) *t*. apedaçar, posar pedaços, aparracar. *2 to* ~ *up*, arreglar; fig. posar pau.

patent ('peitənt) *a*. patent, manifest. *2* patentat. *3* ~ *leather*, xarol *m*. ▪ *4 s*. patent *f*., llicència *f*.

patent (to) ('peitənt) *t*. patentar.

paternity (pə'təːniti) *s*. paternitat *f*.

path (pɑːθ) *s*. camí *m*., caminet *m*., senda *f*., viarany *m*. *2* ruta *f*., itinerari *m*., curs *m*.

pathetic (pə'θetik) *a*. patètic. *2* llastimós, penós.

pathos ('peiθɔs) *s.* patetisme *m.*, sentiment *m.*, emoció *f.*

pathway ('pɑ:θwei) *s.* camí *m.*, caminet *m.*, viarany *m.*

patience ('peiʃəns) *s.* paciència *f.* 2 (G.B.) JOC solitari *m.*

patient ('peiʃənt) *a.* pacient, sofert. ■ *2 s.* MED. pacient, malalt. ■ *3* -ly *adv.* pacientment.

patriarch ('peitriɑ:k) *s.* patriarca *m.*

patrimony ('pætriməni) *s.* patrimoni *m.*

patriot ('peitriət) *s.* patriota.

patriotism ('pætriətizəm) *s.* patriotisme *m.*

patrol (pə'troul) *s.* patrulla *f.*, ronda *f.*

patrol (to) (pə'troul) *t.-i.* patrullar *i.*, rondar *i.*

patron ('peitrən) *a.* patró. ■ *2 s.* patró *m.* [sant]. *3* patrocinador *m.*, protector *m.* 4 parroquià *m.*, client *m.*

patronage ('pætrənidʒ) *s.* protecció *f.*, patrocini *m.* 2 clientela *f.* 3 REL. patronat *m.*

patroness ('peitrənis) *s.* patrona *f.* [santa]. 2 patrocinadora *f.*, protectora *f.* 3 parroquiana *f.*, clienta *f.*

patronize (to) ('pætrənaiz) *t.* protegir, patrocinar. 2 tractar de manera condescendent.

patten ('pætn) *s.* esclop *m.*, xancle *m.*

pattern ('pætən) *s.* model *m.* 2 mostra *f.* 3 exemplar *m.*, tipus *m.* 4 patró *m.*, plantilla *f.* 5 dibuix *m.*, disseny *m.*

paunch ('pɔ:ntʃ) *s.* panxa *f.*, ventre *m.*

pauper (pɔ:pə^r) *s.* pobre [persona].

pause (pɔ:z) *s.* pausa *f.* 2 interrupció *f.* 3 vacil·lació *f.* 4 descans *m.*, treva *f.* 5 MÚS. calderó *m.*

pause (to) (pɔ:z) *i.* fer una pausa, aturar-se *p.* 2 vacil·lar, dubtar.

pave (to) (peiv) *t.* pavimentar. 2 empedrar.

pavement ('peivmənt) *s.* (G.B.) vorera *f.* 2 paviment *m.*

pavillion (pə'viljən) *s.* pavelló *m.* 2 envelat *m.*

paw (pɔ:) *s.* pota *f.* 2 grapa *f.*, arpa *f.*

paw (to) (pɔ:) *t.* toquejar, grapejar. ■ *2 i.* potejar.

pawn (pɔ:n) *s.* peó *m.* [d'escacs]. 2 fig. ninot *m.* 3 garantia *f.*, dipòsit *m.*, penyora *f.* ‖ *in* ~, com a penyora.

pawn (to) (pɔ:n) *t.* empenyorar.

pawnbroker ('pɔ:n,broukə^r) *s.* prestador.

pawnshop ('pɔ:nʃɔp) *s.* casa *f.* d'empenyorament.

pay (pei) *s.* paga *f.*, pagament *m.* 2 sou *m.*, salari *m.* 3 gratificació *f.*

pay (to) (pei) *t.* pagar. 2 ingressar [diners al banc]. *3* compensar. 4 parar, prestar [atenció]. 5 rendir, donar. 6 fer [compliments]; retre [homenatge]. ■ *7 i.* pagar. 8

ser rendible, profitós. ■ *to* ~ *back*, tornar [diners], reemborsar; *to* ~ *for*, pagar per [també fig.]; *to* ~ *off*, liquidar, saldar; *to* ~ *out*, pagar, abonar; NÀUT. amollar; *to* ~ *up*, saldar. ▲ Pret. i p.p.: *paid* (peid).

payable ('peiəbl) *a.* pagable, pagador.

payer ('peiə^r) *s.* pagador.

paymaster ('pei,mɑ:stə^r) *s.* pagador. 2 habilitat.

payment ('peimənt) *s.* pagament *m.* 2 retribució *f.*, recompensa *f.*

pea (pi:) *s.* BOT. pèsol *m.*

peace (pi:s) *s.* pau *f.* 2 ordre *m.* públic. 3 tranquilitat *f.*

peaceful ('pi:sful) *a.* pacífic, tranquil. ■ *2* -ly *adv.* pacíficament.

peacemaker ('pi:s,meikə^r) *s.* pacificador.

peach (pi:tʃ) *s.* BOT. préssec *m.*, (BAL.) melicotó *m.*, (VAL.) bresquilla *f.*

peach tree ('pi:tʃtri:) *s.* BOT. presseguer *m.*

peacock ('pi:kɔk) *s.* ORN. paó *m.*

peahen ('pi:,hen) *s.* ORN. paona *f.*

peak (pi:k) *s.* cim *m.*, cúspide *f.* [també fig.]. 2 punta *f.* ‖ *off* ~, fora de l'hora *f.* punta. *3* cresta *f.* [d'una onada]. 4 visera *f.* [de gorra].

peal (pi:l) *s.* repic *m.*, repicada *f.*, toc *m.* [de campanes]. 2 esclat *m.*, estrèpit *m.*

peal (to) (pi:l) *t.* repicar, tocar [les campanes]. 2 fer sonar, fer ressonar. ■ *3 i.* sonar.

peanut ('pi:nʌt) *s.* BOT. cacauet *m.* 2 *pl.* col·loq. poques peles *f.*

pear (peə^r) *s.* BOT. pera *f.*

pearl (pə:l) *s.* perla *f.* 2 nacre *m.*

pearly ('pə:li) *a.* perlat, perlí, nacrat. 2 de perla, de perles, amb perles.

pear tree ('peətri:) *s.* BOT. perera *f.*

peasant ('pezənt) *s.* camperol, pagès, (VAL.) llaurador.

peasantry ('pezəntri) *s.* gent *f.* del camp, pagesia *f.*

peat (pi:t) *s.* GEOL. torba *f.*

pebble ('pebl) *s.* còdol *m.*, palet *m.*

peck (pek) *s.* mesura d'àrids [aprox. 9 litres]. 2 becarrada *f.*, picada *f.* 3 fig. pila *f.*, munt *m.*

peck (to) (pek) *t.* picar [amb el bec]. 2 espicassar. 3 col·loq. fer petons per rutina. ■ *4 i.* picotejar.

pectoral ('pektərəl) *a.* pectoral.

peculiar (pi'kju:liə^r) *a.* peculiar, propi. 2 particular, especial. 3 estrany, singular.

peculiarity (pi,kju:li'æriti) *s.* peculiaritat *f.*

pecuniary (pi'kju:njəri) *a.* pecuniari.

pedagogue ('pedəgɔg) *s.* pedagog. 2 col·loq. professor pedant.

pedal ('pedl) *s.* pedal *m.* ■ *2 a.* del peu.

pedant ('pedənt) *s.* pedant.

pedantry ('pedəntri) *s.* pedanteria *f.*

peddle (to) ('pedl) *i.* vendre per les cases. ■ 2 *t.* escampar, fer córrer la veu.

peddler ('pedlə^r) *s.* venedor ambulant; firaire.

pedestal ('pedistl) *s.* pedestal *m.*, peu *m.*, base *f.*

pedestrian (pi'destriən) *a.* pedestre. ■ 2 *s.* vianant.

pedigree ('pedigri:) *s.* genealogia *f.*, llinatge *m.* 2 arbre *m.* genealògic.

peel (pi:l) *s.* pell *f.*, pellofa *f.*, pela *f.*, escorça *f.*

peel (to) (pi:l) *t. to ~ (off)*, pelar, esclofollar. ■ 2 *i. to ~ (off)*, saltar, despendre's *p.* [la pell, etc.].

peelings ('pi:liŋz) *s. pl.* peles *f.*, peladures *f.*, pellofes *f.*

peep (pi:p) *s.* ullada *f.*, cop *m.* d'ull, mirada *f.* 2 alba *f.*, albada *f.* 3 piu *m.*, piulet *m.* [d'ocell].

peep (to) (pi:p) *i.* donar un cop d'ull, donar una ullada. 2 mirar d'amagat. 3 treure el cap, treure el nas. 4 piular.

peep-hole ('pi:phoul) *s.* espiera *f.*, espiell *m.*

peer (piə^r) *s.* igual *m.* 2 par *m.* [noble].

peer (to) (piə^r) *i.* mirar atentament, fitar, clavar els ulls. 2 sortir, aparèixer.

peerage ('piəridʒ) *s.* dignitat *f.* de par. 2 noblesa *f.* 3 guia *f.* de la noblesa.

peerless ('piəlis) *a.* sense parió, incomparable.

peevish ('pi:viʃ) *a.* malcarat, brusc, sorrut, irritable.

peg (peg) *s.* agulla *f.* [d'estendre roba]. 2 penjador *m.*, penja-robes *m.* 3 clavilla *f.* 4 estaca *f.*, pal *m.* 4 fig. pretext *m.*, tema *m.*

peg (to) (peg) *t.* clavar, clavillar.

Peking (pi:'kiŋ) *n. pr.* GEOGR. Pequín *m.*

pelican ('pelikən) *s.* ORN. pelicà *m.*

pellet ('pelit) *s.* piloteta *f.*, boleta *f.* 2 píndola *f.* 3 perdigó *m.*

pell-mell (,pel'mel) *adv.* amb presses, desordenadament.

pellucid (pe'lu:sid) *a.* diàfan, transparent.

pelota (pə'loutə) *s.* ESPORT pilota *f.* basca.

pelt (pelt) *s.* pell *m.*, cuir *m.*

pelt (to) (pelt) *t.* llançar, tirar. ■ 2 *i.* ploure a bots i barrals. 3 xocar contra, caure amb força sobre. 4 anar a tota velocitat.

pen (pen) *s.* ploma *f.* [per escriure]. 2 bolígraf *m.* 3 corral *m.*, galliner *m.*

pen (to) (pen) *t.* escriure. 2 tancar [el bestiar]. ▲ Pret. i p.p.: *penned* o *pent*.

penal ('pi:nl) *a.* penal. 2 penable.

penalize (to) ('pi:nəlaiz) *t.* penar, castigar, penalitzar.

penalty ('penəlti) *s.* pena *f.*, càstig *m.* 2 ESPORT penal *m.* [futbol].

penance ('penəns) *s.* penitència *f.*

penchant ('pa:nʃa:n) *s.* tendència *f.*, inclinació *f.*

pence (pens) *s.* Veure PENNY.

pencil ('pensl) *s.* llapis *m.* 2 pinzell *m.* fi.

pendant, pendent ('pendənt) *s.* penjoll *m.*; penjarella *f.*, arracada *f.* 2 ARQ. penjant *m.*

pendent ('pendənt) *a.* penjant. 2 pendent.

pendulum ('pendjuləm) *s.* pèndol *m.*

penetrate (to) ('penitreit) *t.-i.* penetrar, entrar, travessar *t.*

penetrating ('penitreitiŋ) *a.* penetrant. 2 perspicaç.

penetration (,peni'treiʃən) *s.* penetració *f.*

penfriend ('penfrend) *s.* amic per correspondència.

penguin ('peŋgwin) *s.* ORN. pingüí *m.*

penholder ('pen,houldə^r) *s.* portaploma *m.*

peninsula (pə'ninsjulə) *s.* península *f.*

peninsular (pə'ninsjulə^r) *a.* peninsular.

penis ('pi:nis) *s.* ANAT. penis *m.*

penitence ('penitəns) *s.* penitència *f.*; contricció *f.*, penediment *m.*

penitent ('penitənt) *a.-s.* penitent, penedit.

penitential (,peni'tenʃəl) *a.* penitencial.

penitentiary (,peni'tenʃəri) *s.* penitenciari *m.*, presó *f.* ■ 2 *a.* penitenciari.

penknife ('pennaif) *s.* trempaplomes *m.*, navalla *f.*

pennant ('penənt) *s.* MAR. gallardet *m.* 2 flàmula *f.*, banderí *m.*

penniless ('penilis) *a.* pobre, que no té diners.

penny ('peni) *s.* penic *m.* ▲ *pl.* **pennies** ('peniz).

pension ('penʃən) *s.* pensió *f.*, retir *m.*, jubilació *f.* 2 ('pa:nsiɔ:n) pensió *f.*, dispesa *f.*

pension (to) ('penʃən) *t.* pensionar, retirar, jubilar.

pensioner ('penʃənə^r) *s.* pensionista.

pensive ('pensiv) *a.* pensatiu, pensarós; trist.

pentagon ('pentəgən) *s.* GEOM. pentàgon *m.*

Pentecost ('pentikɔst) *s.* REL. pentecosta *f.*

penthouse ('penthaus) *s.* rafal *m.*, cobert *m.* 2 àtic *m.*

pent-up ('pentʌp) *a.* reprimit.

penultimate (pi'nʌltimit) *a.* penúltim.

penury ('penjuri) *s.* penúria *f.*, estretor *f.* 2 pobresa *f.* 3 manca *f.*, mancança *f.*

people ('pi:pl) *s.* gent *f.*, persones *f. pl.*: *the young ~*, la gent jove; *two ~*, dues persones. 2 poble *m.*, raça *f.*, nació *f.* 3 poble *m.* [ciutadans; no nobles, etc.]. 4 col·loq. família *f.*, parents *m. pl.*

people (to) ('pi:pl) *t.* poblar.

pep (pep) *s.* col·loq. empenta *f.*, vigor *m.*

pepper ('pepəʳ) *s.* pebre *m.* 2 pebrotera *f.;* pebrot *m.* ‖ *red* ~, pebrot *m.* vermell.

pepper (to) ('pepəʳ) *t.* amanir amb pebre. 2 assetjar [amb preguntes. etc.].

peppermint ('pepəmint) *s.* BOT. menta *f.*

per (pə(:)ʳ) *prep.* per: ~ *cent,* per cent. 2 coŀloq. *as* ~, segons.

perambulate (to) (pə'ræmbjuleit) *t.* liter. recórrer. ▪ 2 *i.* caminar, passejar, voltar.

perambulator (pə'ræmbjuleitəʳ) *s.* Veure PRAM.

perceivable (pə'si:vəbl) *a.* perceptible.

perceive (to) (pə'si:v) *t.* percebre; veure; compendre.

percentage (pə'sentidz) *s.* percentatge *m.*

perceptible (pə'septibl) *a.* perceptible, visible.

perception (pə'sepʃən) *s.* percepció *f.*

perch (pə:tʃ) *s.* ICT. perca *f.* 2 mesura *f.* de longitud [aprox. 5 metres]. 3 perxa *f.,* pal *m.,* barra *f.* 4 coŀloq. bona posició *f.*

perch (to) (pə:tʃ) *t.* penjar, enfilar. ▪ 2 *i.* posar-se *p.* [en una branca, etc.]. 3 enfilar-se *p.*

perchance (pə'tʃɑːns) *adv.* ant. per atzar, per ventura.

percolate (to) ('pə:kəleit) *t.* colar, filtrar. ▪ 2 *i.* colar-se *p.,* filtrar-se *p.*

percolator ('pə:kəleitəʳ) *s.* cafetera *f.* russa *f.,* cafetera *f.* de filtre.

percussion (pə:'kʌʃən) *s.* percussió *f.*

perdition (pə:'diʃən) *s.* perdició *f.*

peregrination (,perigri'neiʃən) *s.* peregrinació *f.,* viatge *m.*

peremptory (pə'remptəri) *a.* peremptori, terminant. 2 autoritari, imperiós.

perennial (pə'renjəl) *a.* perenne.

perfect ('pə:fikt) *a.* perfecte. 2 absolut, consumat. ▪ 3 *-ly adv.* perfectament; absolutament.

perfect (to) (pə'fekt) *t.* perfeccionar.

perfection (pə'fekʃən) *s.* perfecció *f.*

perfidious (pə:'fidiəs) *a.* pèrfid.

perfidy ('pə:fidi) *s.* perfídia *f.*

perforate (to) ('pə:fəreit) *t.* perforar, foradar.

perforce (pə'fɔ:s) *adv.* per força.

perform (to) (pə'fɔ:m) *t.* fer, dur a terme, executar, realitzar. 2 representar [una obra]; tocar [un instrument]; cantar [una cançó]. ▪ 3 *i.* actuar. 4 tocar, cantar.

performance (pə'fɔ:məns) *s.* execució *f.,* compliment *m.,* acompliment *m.,* realització *f.* 3 acció *f.,* gesta *f.* 4 funció *f.,* representació *f.,* concert *m.;* actuació *f.;* sessió *f.*

perfume ('pə:fju:m) *s.* perfum *m.*

perfume (to) (pə'fju:m) *t.* perfumar.

perfunctory (pə'fʌŋktəri) *a.* perfuntori, rutinari.

perhaps (pə'hæps, præps) *adv.* potser, tal vegada, (BAL.) per ventura.

peril ('peril) *s.* perill *m.* 2 risc *m.*

perilous ('periləs) *a.* perillós, arriscat.

period ('piəriəd) *s.* període *m.* 2 època *f.* 3 punt *m.* 4 MED. menstruació *f.*

periodic (,piəri'ɔdik) *a.* periòdic.

periodical (,piəri'ɔdikəl) *a.* periòdic. ▪ 2 *s.* periòdic *m.,* publicació *f.* periòdica, revista *f.*

periscope ('periskoup) *s.* periscopi *m.*

perish (to) ('periʃ) *t.* fer malbé, deteriorar. 2 *to be* ~*ed with hunger,* estar mort de gana. ▪ 3 *i.* fer-se *p.* malbé, deteriorar-se *p.* 4 morir, perir.

perishable ('periʃəbl) *a.* perible, alterable, que no es conserva.

perjure (to) ('pə:dʒəʳ) *t. to* ~ *oneself,* perjurar.

perjury ('pə:dʒəri) *s.* perjuri *m.*

perk (to) (pə:k) *t. to* ~ *up,* aixecar [el cap]. 2 animar, encoratjar. ▪ 3 *i. to* ~ *up,* reanimar-se *p.,* revifar-se *p.*

perky ('pə:ki) *a.* espavilat, eixerit. 2 descarat, fresc, barrut.

permanence ('pə:mənəns) *s.* permanència *f.*

permanent ('pə:mənənt) *a.* permanent, estable, fix. ‖ ~ *wave,* permanent [dels cabells]. ▪ 2 *-ly adv.* permanentment.

permeate (to) ('pə:mieit) *t.* penetrar, amarar, impregnar. ▪ 2 *i.* penetrar.

permission (pə'miʃən) *s.* permís *m.,* llicència *f.,* vènia *f.* 2 MIL. permís *m.*

permissive (pə'misiv) *a.* permissiu, tolerant.

permit ('pə:mit) *s.* permís *m.,* llicència *f.,* passi *m.*

permit (to) (pə'mit) *t.* permetre. ▪ 2 *i. to* ~ *of,* admetre *t.,* permetre *t.*

pernicious (pə:'niʃəs) *a.* perniciós, perjudicial.

perorate (to) ('perəreit) *i.* perorar.

perpendicular (,pə:pən'dikjuləʳ) *a.* perpendicular. ▪ 2 *s.* perpendicular *f.*

perpetrate (to) ('pə:pitreit) *t.* perpetrar.

perpetual (pə'petjuəl, -tʃuəl) *a.* perpetu. 2 continu, constant. ▪ 3 *-ly adv.* perpètuament.

perpetuate (to) (pə'petjueit) *t.* perpetuar.

perplex (to) (pə'pleks) *t.* deixar perplex, confondre. 2 atabalar. 3 complicar, enredar.

perplexity (pə'pleksiti) *s.* perplexitat *f.,* confusió *f.* 2 atabalament *m.* 3 complicació *f.*

perquisite ('pə:kwizit) *s.* percaç *m.* 2 sobresou *m.,* propina *f.* 3 privilegi *m.*

persecute (to) ('pə:sikju:t) *t.* perseguir. *2* assetjar, importunar.

persecution (ˌpə:si'kju:ʃən) *s.* persecució *f.*

perseverance (ˌpə:si'viərəns) *s.* perseverància *f.*

persevere (to) (ˌpə:si'viəʳ) *i.* perseverar.

persist (to) (pə'sist) *i.* persistir [*in*, a].

persistence (pə'sistənt) *s.* persistència *f.*, insistència *f.* *2* constància *f.*

persistent (pə'sistənt) *a.* persistent. *2* constant, tenaç. *3* insistent. ▪ *4* -**ly** *adv.* persistentment, constantment, insistentment.

person ('pə:sn) *s.* persona *f.*

personable ('pə:sənəbl) *a.* atractiu, ben plantat, agradable.

personal ('pə:snəl) *a.* personal, particular, privat. ‖ ~ *estate* o *property*, béns mobles. ▪ *2 s. pl.* nota *f.* de societat. ▪ *3* -**ly** *adv.* personalment.

personage ('pə:sənidʒ) *s.* personatge *m.* *2* personalitat *f.*

personality (ˌpə:sə'næliti) *s.* personalitat *f.* *2* individualitat *f.* *3* personalisme *m.* *4* personatge *m.*, personalitat *f.* [famós]. *5 pl.* aŀlusions *f.* personal.

personate (to) ('pə:səneit) *t.* TEAT. fer el paper de, fer de. *2* fingir, fer-se *p.* passar per. *3* personificar.

personify (to) (pe:'sɔnifai) *t.* personificar.

personnel (ˌpə:sə'nel) *s.* personal *m.*, plantilla *f.* ‖ ~ *manager*, cap de personal.

perspective (pə'spektiv) *s.* perspectiva *f.* [també fig.].

perspicacious (ˌpe:spi'keiʃəs) *a.* perspicaç.

perspicuous (pə'spikjuəs) *a.* perspicu.

perspiration (ˌpə:spi'reiʃən) *s.* transpiració *f.*, suor *f.*

perspire (to) (pəs'paiəʳ) *i.* transpirar, suar.

persuade (to) (pə'sweid) *t.* persuadir, convèncer. *2* exhortar, intentar convèncer.

persuasion (pə'sweiʒən) *s.* persuasió *f.* *2* creença *f.* *3* convicció *f.*

pert (pə:t) *a.* petulant, impertinent, descarat. *2* (EUA) viu, alegre, espavilat. ▪ *3* -**ly** *adv.* descaradament.

pertain (to) (pə:'tein) *i.* pertànyer; pertocar. *2* tenir a veure amb, correspondre.

pertinacious (ˌpe:ti'neiʃəs) *a.* pertinaç.

pertinent ('pə:tinənt) *a.* pertinent, oportú, apropiat.

pertness ('pə:tnis) *s.* petulància *f.*, insolència *f.*, arrogància *f.* *2* vivacitat.

perturb (to) (pə'tə:b) *t.* pertorbar, torbar, trasbalsar.

perturbation (ˌpə:tə'beiʃən) *s.* pertorbació *f.*, torbament *m.*, transtorn *m.*

Peru (pə'ru:) *n. pr.* GEOGR. Perú *m.*

perusal (pə'ru:zəl) *s.* form. lectura *f.*

peruse (to) (pə'ru:z) *t.* form. llegir.

Peruvian (pə'ru:vjən) *a.-s.* peruà.

pervade (to) (pə'veid) *t.* penetrar, omplir, escampar-se *p.* per.

perverse (pə'və:s) *a.* pervers. *2* tossut, obstinat. *3* díscol. ▪ *4* -**ly** *adv.* perversament.

perversion (pə'və:ʃən) *s.* perversió *f.* *2* corrupció *f.*, alteració *f.*

perverseness (pə'və:snis), **perversity** (pə'və:siti) *s.* perversitat *f.*, malícia *f.* *2* tossuderia *f.*, obstinació *f.* *3* indocilitat *f.*

pervert ('pə:və:t) *s.* pervertit.

pervert (to) (pə'və:t) *t.* pervertir. *2* corrompre, fer malbé. *3* tergiversar, falsejar.

pervious ('pə:vjəs) *a.* penetrable, permeable.

pessimist ('pesimist) *s.* pessimista.

pest (pest) *s.* pesta *f.*, plaga *f.* *2* insecte *m.* nociu. *3* coŀloq. fig. pesat, plom *m.*

pester (to) ('pestəʳ) *t.* molestar, importunar.

pestiferous (pes'tifərəs) *a.* pestífer, pestilent. *2* danyós, nociu. *3* fig. perniciós.

pestilence ('pestiləns) *s.* MED. pesta *f.*, pestilència *f.*

pestle ('pesl) *s.* mà *f.* de morter.

pet (pet) *a.* favorit, predilecte; consentit. ‖ ~ *name*, apeŀlatiu afectuós. ‖ ~ *aversion*, enrabiada. *2* domèstic ▪ *3 s.* animal *m.* domèstic. *6* persona *f.* consentida; favorit.

pet (to) (pet) *t.* acariciar, amanyagar. *2* malcriar, consentir. ▪ *3 i.* acariciar-se *p.*, amanyagar-se *p.*

petal ('petl) *s.* BOT. pètal *m.*

Peter ('pi:təʳ) *n. pr. m.* Pere.

petition (pi'tiʃən) *s.* petició *f.*, soŀlicitud *f.* *2* prec *m.*, súplica *f.* *3* DRET demanda *f.*, petició *f.*, recurs *m.*

petition (to) (pi'tiʃən) *t.* soŀlicitar. *2* adreçar una petició a. *3* DRET presentar una demanda. ▪ *4 i.* fer una soŀlicitud.

petrel ('petrəl) *s.* ORN. petrell *m.*

petrify (to) ('petrifai) *t.* petrificar. *2* fig. deixar de pedra. ▪ *3 i.* petrificar-se *p.* *4* fig. quedar-se *p.* de pedra.

petrol ('petrəl) *s.* (G.B.) gasolina *f.*, benzina *f.*, (ROSS.) essència *f.*

petroleum (pi'trouljəm) *s.* petroli *m.* ‖ ~ *jelly*, vaselina *f.*

petticoat ('petikout) *s.* combinació *f.*, enagos *m. pl.*

pettifoger ('petifɔgəʳ) *s.* picaplets.

pettiness ('petinis) *s.* insignificança *f.*, fotesa *f.*, nimietat *f.* *2* mesquinesa *f.*

pettish ('petiʃ) *a.* geniüt, malcarat, sorrut.

petty ('peti) *a.* petit, insignificant. ‖ ~ *cash*, diners per a o procedents de, despeses menors. ‖ ~ *thief*, lladregot. *2* mesquí. *3* inferior, subaltern. ‖ MAR. ~ *officer*, sotsoficial [de la marina], contramestre.

petulance ('petjuləns) *s.* impaciència *f.*, mal geni *m.*, mal humor *m.*
petulant ('petjulənt) *a.* irritable, geniüt, malcarat.
pewter ('pju:tə') *s.* peltre *m.*
phalanx ('fælæŋks) *s.* ANAT., HIST. falange *f.* ▲ *pl.* **phalanges** (fə'lændʒi:z).
phantasm ('fæntæzəm) *s.* fantasma *m.*
phantom ('fæntəm) *s.* fantasma *f.*, aparició *f.* 2 miratge *m.*, iŀlusió *f.* òptica. ■ *3 a.* fantasmal.
pharmacy ('fɑːməsi) *s.* farmàcia *f.*
phase (feiz) *s.* fase *f.* ‖ *out of* ~, desfasat.
phase (to) (feiz) *t.* escalonar; programar per fases. *2 to* ~ *into*, introduir de mica en mica. *3 to* ~ *out*, desfer; reduir progressivament.
pheasant ('feznt) *s.* ORN. faisà *m.*
phenomenon (fi'nɔminən) *s.* fenomen *m.*
philander (to) (fi'lændə') *i.* flirtejar, festejar.
philanthropy (fi'lænθrəpi) *s.* filantropia *f.*
philharmonic (,filɑ:'mɔnik) *a.* filarmònic.
philologist (fi'lɔlədʒist) *s.* filòleg.
philosopher (fi'lɔsəfə') *s.* filòsof.
philosophy (fi'lɔsəfi) *s.* filosofia *f.*
philtre, (EUA) **philter** ('filtə') *s.* filtre *m.*, beuratge *m.* [amorós].
phlegm (flem) *s.* MED. flegma *f.* [també fig.].
phlegmatic(al (fleg'mætik(əl) *a.* flegmàtic.
phoenix ('fi:niks) *s.* MIT. fènix.
phone (foun) *s.* coŀloq. telèfon *m.* ‖ ~ *boot*, cabina *f.* telefònica. ‖ ~ *call*, trucada *f.* telefònica. 2 GRAM. fonema *m.*
phone (to) (foun) *t.-i.* coŀloq. telefonar *t.*, trucar *t.* per telèfon.
phone-in ('founin) *s.* RADIO., TELEV. programa *m.* amb participació telefònica.
phonetics (fə'netiks) *s.* fonètica *f.*
phoney, phony ('founi) *a.* coŀloq. fals, enganyós. ■ *2 s.* farsant.
photo ('foutou) *s.* coŀloq. foto *f.*
photocopy ('foutoukɔpi) *s.* fotocòpia *f.*
photocopy (to) ('foutoukɔpi) *t.* fotocopiar.
photograph ('foutəgrɑ:f) *s.* fotografia *f.* ‖ ~ *library*, fototeca *f.*
photograph (to) ('foutəgrɑ:f) *t.* fotografiar, fer una fotografia. ■ *2 i. to* ~ *well* o *badly*, ser o no ser fotogènic.
photogravure (,foutəgrə'vjuə') *s.* GRAF. fotogravat *m.*
phrase (freiz) *s.* frase *f.* 2 locució *f.*, expressió *f.* 3 GRAM. locució *f.* 4 MÚS. frase *f.*
phrase (to) (freiz) *t.* expressar, redactar.
physical ('fizikəl) *a.* físic. ‖ ~ *fitness*, bon estat físic. ‖ ~ *training*, educació física. ■ *2* **-ly** *adv.* físicament.

physician (fi'ziʃən) *s.* metge, doctor.
physicist ('fizisist) *s.* físic.
physics ('fiziks) *s.* física *f.*
physiognomy (,fizi'ɔnəmi) *s.* fisonomia *f.*, fesomia *f.*
physiologist (,fizi'ɔlədʒist) *s.* fisiòleg.
physique (fi'zi:k) *s.* físic *m.* [figura, constitució].
pianist ('piənist) *s.* MÚS. pianista.
piano (pi'ænou) *s.* piano *m.* ‖ *grand* ~, piano *m.* de cua. ‖ *upright* ~, piano *m.* vertical.
picaresque (,pikə'resk) *a.* picaresc.
pick (pik) *s.* pic *m.* 2 collita *f.* 3 selecció *f.* ‖ fig. *the* ~ *of*, la flor *f.* i nata, el bó *m.* i millor. *4* MÚS. plectre *m.*
pick (to) (pik) *t.* foradar. 2 picar. 3 collir, plegar [flors, fruita, etc.]. 4 escollir, triar. 5 pelar, netejar, escurar. 6 rebentar [un pany]. 7 picar, espicossar. *8 to* ~ *a quarrel*, cercar o buscar raons: 9 MÚS. puntejar [les cordes]. ■ *10 i.* picar *t.*, menjotejar. ■ *to* ~ *off*, arrencar, arrancar; *to* ~ *on*, escollir; criticar, censurar; *to* ~ *out*, distingir; escollir; *to* ~ *up*, collir, recollir; agafar; captar; copsar; despenjar [el telèfon]; comprar; millorar, refer-se; agafar velocitat; recuperar-se.
picket ('pikit) *s.* estaca *f.*, pal *m.* 2 piquet *m.* [de vaga; de soldats].
pickle ('pikl) *s.* salmorra *f.*, adob *m.*, escabetx *m.* 2 coŀloq. embolic *m.*, tràngol *m.* 3 *pl.* confitats *m.*
pickle (to) ('pikl) *t.* adobar, marinar, escabetxar.
pickpocket ('pik,pɔkit) *s.* carterista, pispa.
pickup ('pikʌp) *s.* ELECT. càpsula *f.* fonocaptora. 2 furgoneta *f.* de repartiment. 3 cosa *f.* trobada. 4 coŀloq. aventura *f.*, embolic *m.* [amorós]. 5 AUTO. acceleració *f.*
picnic ('piknik) *s.* excursió *f.*, sortida *f.* al camp; menjar *m.* al camp. 2 coŀloq. plaer *m.*, cosa *f.* senzilla.
picnic (to) ('piknik) *i.* menjar al camp.
picture ('piktʃə') *s.* pintura *f.*, quadre *m.* 2 imatge *f.*, retrat *m.* 3 làmina *f.*, gravat *m.* 4 escena *f.*; quadre *m.* 5 descripció *f.* 6 visió *f.* 7 CINEM. peŀlícula *f.* ‖ *the* ~*s*, el cine *m.* 8 FOT. fotografia *f.* 9 TELEV. imatge *m.*
picture (to) ('piktʃə') *t.* pintar, retratar. 2 descriure. 3 imaginar-se *p.*, representar-se *p.*
picturesque (,piktʃə'resk) *a.* pintoresc. 2 típic. 3 original [persona].
pie (pai) *s.* pastís *m.*, (ROSS.) gató *m.*; empanada *f.* ‖ fig. *as easy as* ~, facilíssim. ‖ *to have a finger in every* ~, estar ficat en tot.
piece (pi:s) *s.* tros *m.*, bocí *m.* ‖ fig. *to give someone a* ~ *of one's mind*, cantar les veritats a algú. ‖ fig. *to go to* ~*s*, esfondrar-se

[una persona]. *2* peça *f.*, component *m.* [d'un mecanisme]. *3* ~ *of advice*, consell *m.*; ~ *of furniture*, moble *m.*; ~ *of news*, notícia *f. 4* moneda *f. 5* MÚS., LIT., TEAT. peça *f.*, obra *f.*

piece (to) (piːs) *t. to* ~ *together*, muntar, armar; fig. lligar caps. *2 to* ~ *something out*, completar.

piecemeal ('piːsmiːl) *a.* fet a poc a poc, de mica en mica. *2* poc sistemàtic. ▪ *3 adv.* a poc a poc, per parts.

piecework ('piːswəːk) *s.* treball *m.* a preu.

pied (paid) *a.* clapat, clapejat.

pier (piəʳ) *s.* dic *m.*, espigó *m.*, escullera *f. 2* moll *m.*, embarcador *m. 3* ARQ. pilar *m.*, pilastra *f.*; pany *m.*

pierce (to) (piəs) *t.* travessar, traspassar; penetrar. *2* perforar, foradar, fer un forat. *3* fig. commoure.

piercing ('piəsiŋ) *a.* agut, penetrant. *2* esgarrifós. *3* tallant, que talla [vent].

piety ('paiəti) *s.* pietat *f.*, devoció *f.*

pig (pig) *s.* ZOOL. porc *m.*, marrà *m. 2* fig. porc, bacó [persona]. *3* CUI. *suckling* ~, garrí *m.*, porcell *m.*

pigeon ('pidʒin) *s.* colom *m.* ‖ *carrier/homing* ~, colom *m.* missatger. *2* CUI. colomí *m. 3* ESPORT colom *m.*

pigeonhole ('pidʒinhoul) *s.* covador *m.* [de colomar]. *2* casella *f.* [de caseller].

piggy bank ('pigibæŋk) *s.* guardiola *f.*, (BAL.) (VAL.) vidriola *f.*, (ROSS.) denieirola *f.*

pig-headed (ˌpig'hedid) *a.* tossut, obstinat.

pigskin ('pigskin) *s.* pell *f.* de porc.

pigsty ('pigstai) *s.* cort *f.*, baconera *f. 2* fig. cort *f.*

pigtail ('pigteil) *s.* cua *f.* [de cabells].

pike (paik) *s.* MIL. pica *f.* [arma]. *2* ICT. lluç *m.* de riu. *3* barrera *f.* de peatge.

pilaster (pi'læstəʳ) *s.* ARQ. pilastra *f.*

pile (pail) *s.* ARQ. estaca *f.*, puntal *m. 2* pila *f.*, munt *m.* ‖ *funeral* ~, pira funerària. ‖ col·loq. *make a* ~, fer molts diners, fer una pila de diners. *3* borrissol *m.*, pèl *m.* [de roba]. *4* ELECT. pila *f.*, bateria *f. 5* MED. hemorroides *f.*

pile (to) (pail) *t.* amuntegar, apilar, apilonar. *2* assegurar amb puntals. ▪ *3 i.* amuntegar-se *p.*, apilonar-se *p.*; acumular-se *p. 4 to* ~ *up*, amuntegar(se, apilonar(se, acumular(se.

pileup ('pailʌp) *s.* col·loq. xoc *m.* múltiple o en cadena [de cotxes].

pilfer (to) ('pilfəʳ) *t.-i.* rampinyar *t.*, pispar *t.*, cisar *t.*

pilfering ('pilfəriŋ) *s.* rampinya *f.*, cisa *f.*

pilgrim ('pilgrim) *s.* pelegrí, romeu.

pilgrimage ('pilgrimidʒ) *s.* peregrinació *f.*, romeria *f.*, romiatge *m.*

pill (pil) *s.* píndola *f.*, pastilla *f.* ‖ *the* ~, la píndola *f.* [anticonceptiva]. ‖ *to be on the* ~, prendre la píndola *f.* [anticonceptiva]. *2* fig. *a bitter* ~ *to swallow*, un mal tràngol *m.*

pillage ('pilidʒ) *s.* pillatge *m.*, saqueig *m.*

pillage (to) ('pilidʒ) *t.* pillar, saquejar.

pillar ('piləʳ) *s.* pilar *m.*, columna *f.*, suport *m.*, puntal *m.* [també fig.]. *2* fig. *from* ~ *to post*, anar d'Herodes a Pilat.

pillar box ('piləbɔks) *s.* (G.B.) bústia *f.*

pillion ('piljən) *s.* seient *m.* de darrera.

pillory (piləri) *s.* picota *f.*

pillow (pilou) *s.* coixí *m.*

pillowcase ('piloukeis) , **pillowslip** ('pilouslip) *s.* coixinera *f.*

pilot ('pailət) *m.* AVIA. pilot, aviador. *2* MAR. pilot, pràctic. *3* fig. guia, conseller. ▪ *4 a.* pilot, experimental.

pilot (to) ('pailət) *t.* pilotar. *2* dirigir, guiar.

pimp (pimp) *s.* alcavot, macarró, proxeneta.

pimple ('pimpl) *s.* gra *m.*, barb *m.* [a la pell].

pin (pin) *s.* agulla *f.* de cap. ‖ *drawing* ~, xinxeta *f.* ‖ fig. ~*s and needles*, formigueig *m. 2* agulla *f.* [joia]. *3* ESPORT bitlla *f. 4 pl.* ESPORT pals *m.* [de billar]. *5* MEC. pern *m. 6* TECNOL. xaveta *f.*

pin (to) (pin) *t.* clavar, posar [agulles]. *2* subjectar [amb agulles]. *2 to* ~ *down*, subjectar; trobar, localitzar; precisar. ‖ fig. *to* ~ *somebody down*, obligar algú a comprometre's *p. 3 to* ~ *something on somebody*, culpar, acusar, responsabilitzar algú d'alguna cosa; *to* ~ *one's hopes on*, posar les esperances en.

pinafore ('pinəfɔːʳ) *s.* bata *f.*, davantal *m.* [de criatura]. ‖ ~ *dress*, fandilla *f.* amb pitet.

pincers ('pinsəz) *s. pl.* tenalles *f.*, estenalles *f.*, alicates *f. 2* ZOOL. pinces *f.*

pinch (pintʃ) *s.* pessic *m. 2* punxada *f.*, fiblada *f.* [de dolor]. *3* pessic *m.*, mica *f.*, polsim *m. 4* fig. tràngol *m.*, destret *m.* ‖ *at a* ~, en cas de necessitat.

pinch (to) (pintʃ) *t.* pessigar. *2* estrènyer [la sabata]. *3* pispar, cisar. *4* reduir, cisar. *5* agafar se, enganxar(se. ▪ *6 i.* economitzar *t.*, estalviar *t.*

pine (pain) *s.* BOT. pi *m.*

pine (to) (pain) *i.* defallir, consumir-se *p.*, llanguir [gralnt. amb *away*]. *2* afligir-se *p. 3 to* ~ *for* o *after*, delir-se *p.* per, anhelar.

pineapple ('painˌæpl) *s.* BOT. ananàs *m.*, pinya *f.*

pinecone ('painkoun) *s.* BOT. pinya *f.*

pine kernel ('pain̦kəːnl) , **pine nut** ('painnʌt) *s.* BOT. pinyó *m.*

ping-pong ('piŋpɔŋ) *s.* ESPORT, coŀloq. ping-pong *m.*

pinion ('pinjən) *s.* ORN., poèt. ala *f.* 2 MEC. pinyó *m.*

pinion (to) ('pinjən) *t.* tallar les ales. 2 lligar de mans.

pink (piŋk) *s.* BOT. clavell *m.*, clavellina *f.* ‖ coŀloq. *in the ~ of health,* bona salut *f.* 2 rosa *m.* [color]. ▪ 3 *a.* rosa. 4 POL. rogenc.

pinnacle ('pinəkl) *s.* ARQ. pinacle *m.* [també fig.]. 2 cim *m.*

pint (paint) *s.* pinta *f.* [mesura].

pioneer (,paiə'niə') *s.* pioner. 2 explorador. 3 iniciador. 3 MIL. sapador.

pious ('paiəs) *a.* pietós, devot. ▪ 2 **-ly** *adv.* pietosament.

pip (pip) *s.* VET. pepida *f.* 2 JOC punt [daus, dòmino, etc.]. 3 (G.B.) MIL., coŀloq. galó *m.* 4 BOT. llavor *f.*, pinyol *m.* 5 RÀDIO., TELEV. senyal *m.*

pipe (paip) *s.* tub *m.*, canonada *f.*, conducte *m.* 2 tub *m.* [d'un orgue]. 3 xiulet *m.* 3 xiulet *m.*, xiulada *f.* 4 pipa *f.* [per fumar]. 5 bóta *f.* 6 *pl.* canonada *f. sing.* 7 MÚS. flauta *f.*, caramella *f.*, flautí *m.*; *pl.* gaita *f. sing.*, sac *m. sing.* de gemecs.

pipe (to) (paip) *t.* canalitzar, acanonar, aconduir [per una canonada, etc.]. 2 MAR. cridar [amb una sirena]. ▪ 3 *i.* MÚS. tocar la flauta, la caramella, etc. 4 cridar; cantar. 5 coŀloq. *to ~ down,* callar.

pipe dream ('paipdriːm) *s.* castell *m.* en l'aire, iŀlusió *f.*

pipeline ('paiplain) *s.* canonada *f.*, tub *m.* ‖ *gas ~,* gasoducte *m.* ‖ *oil ~,* oleoducte *m.* ‖ *to be in the ~,* estar a punt d'arribar.

piper ('paipə') *s.* gaiter. 2 flautista.

piping ('paipiŋ) *a.* agut, aflautat. ▪ 2 *adv. ~ hot,* molt calent, calentíssim. ▪ 3 *s.* canonada *f.*, tub *m.* 4 xiulet *m.* 5 adorn *m.* 6 COST. ribet *m.* 7 MÚS. so *m.* de la flauta, la caramella, la gaita, etc.

piquancy ('piːkənsi) *s.* picantor *f.* [també fig.].

piquant ('piːkənt) *a.* picant [també fig.].

pique (to) (piːk) *t.* picar, ferir, ofendre. 2 picar, excitar [la curiositat].

piracy ('pairəsi) *s.* pirateria *f.* [també fig.].

pirate ('paiərit) *s.* pirata. ‖ *~ edition,* edició *f.* pirata. ‖ *~ radio,* emissora *f.* pirata.

pirate (to) ('paiərit) *t.* publicar una edició pirata de. ▪ 2 *i.* piratejar.

piss (pis) *s.* vulg. pipí *m.*, pixum *m.*

piss (to) (pis) *t.* vulg. pixar. ▪ 2 *i.* vulg. pixar(se). 3 vulg. *~ off!,* ves a fer punyetes!

pissed (pist) *a.* vulg. trompa, borratxo. 2

vulg. *to be ~ off,* estar empipat, emprenyat.

pistil ('pistl) *s.* BOT. pistil *m.*

pistol ('pistl) *s.* pistola *f.*

pistol case ('pistlkeis) *s.* pistolera *f.*

pistol shot ('pistlʃɔt) *s.* tret *m.* de pistola.

piston ('pistən) *s.* MEC. pistó *m.*, èmbol *m.* ‖ *~ ring,* anella *f.* del pistó. ‖ *~ rod,* tija *f.* ‖ *~ stroke,* moviment *m.* de l'èmbol.

pit (pit) *s.* forat *m.*, clot *m.*, sot *m.*, pou *m.* 2 senyal *m.*, marca *f.* [de la verola]. 3 mina *f.* 4 (EUA) pinyol *m.* [de fruita]. 5 (EUA) mercat *m.* [de Borsa]. 6 fig. trampa *f.* 7 fig. abisme *m.* 8 ANAT. boca *f.* [de l'estómac]. 9 MEC. pou *m.* de reparació [d'un garatge]. 10 TEAT. platea *f.*

pit (to) (pit) *t.* marcar, senyalar [la verola]. 2 omplir de forats, de clots. 3 (EUA) espinyolar, treure el pinyol [de la fruita]. 4 *to ~ one thing against another,* oposar. 5 *to ~ against,* enfrontar-se *p.*, lluitar contra.

pit-a-pat (,pitə'pæt) *s.* batec *m.*, palpitació *f.*

pitch (pitʃ) *s.* pega *f.*, brea *f.*, quitrà *f.* 2 llançament *m.* 3 inclinació *f.*, pendent *m.* 4 parada *f.* [de mercat]. 5 pas *m.* [de rosca]. 6 fig. grau *m.*, nivell *m.* 7 ARQ. pendent *m.* 8 ESPORT camp *m.*, terreny *m.* 9 MAR. capficall *m.* 10 MÚS. to *m.*

pitch (to) (pitʃ) *t.* embrear, enquitranar. 2 clavar, plantar. 3 posar, coŀlocar. 4 armar, muntar. 5 fer caure. 6 ESPORT llançar, tirar. 7 MÚS. entonar. ▪ 8 *i.* acampar. 9 caure. 10 MAR. capficar, fer capficalls.

pitcher ('pitʃə') *s.* gerro *m.*, (BAL.) (VAL.) pitxer *m.*, gerra *f.* 2 ESPORT llançador [beisbol].

pitchfork ('pitʃfɔːk) *s.* AGR. forca *f.*

piteous ('pitiəs) *a.* llastimós, lamentable.

pitfall ('pitfɔːl) *s.* trampa *f.* [també fig.].

pith (piθ) *s.* meduŀla *f.*, moll *m.* 2 vigor *m.*, força *f.* 3 fig. essència *f.*, cor *m.*

pithy ('piθi) *a.* fig. concís, substancial; expressiu.

pitiable ('pitiəbl) *a.* llastimós, lamentable. 2 menyspreable.

pitiful ('pitiful) *a.* llastimós. 3 menyspreable. ▪ 4 **-ly** *adv.* llastimosament; compassivament.

pitiless ('pitilis) *a.* despietat, cruel, inhumà. ▪ 2 **-ly** *adv.* depietadament.

pity ('piti) *s.* pietat *f.*, compassió *f.* 3 llàstima *f.*, pena *f.* ‖ *what a ~!,* quina pena!, quina llàstima!

pity (to) ('piti) *t.* compadir(se, apiadar-se *p.*

pivot ('pivət) *s.* TECNOL. eix *m.*, pivot *m.*, piu *m.* 2 fig. eix *m.*, base *f.* 3 ESPORT pivot [bàsquet].

placard ('plækɑːd) *s.* cartell *m.*, anunci *m.*, placard *m.*

placate (to) (plə'keit) *t.* apaivagar, aplacar.

place (pleis) *s.* lloc *m.*, indret *m.* ‖ *out of ~*, fora de lloc. ‖ coꞀoq. *to go ~s*, arribar lluny; viatjar; tenir èxit. *2* part *f.*, banda *f. 3* local *m.*, casa *f.*, oficina *f. 4* lloc *m.*, coꞀocació *f.*, càrrec *m.*, feina *f. 5* pàgina *f. 6* seient *m.*, plaça *f. 7* plaça *f. 8 to take ~*, tenir lloc, ocórrer, celebrar-se. *9* ES-PORT posició *f.*, lloc *m.*

place (to) (pleis) *t.* coꞀocar, posar, emplaçar, acomodar. *2* identificar. *3* COM. invertir, coꞀocar. *4* ESPORT clasificar-se *p.*

placement ('pleismənt) *s.* coꞀocació *f.*, situació *f.*, emplaçament *m.*

placid ('plæsid) *a.* plàcid, tranquil.

plague (pleig) *s.* plaga *f. 2* desastre *m. 3* fig. molèstia *f. 4* MED. pesta *f.*

plague (to) (pleig) *t.* infestar, empestar. *2* molestar, importunar.

plaid (plæd) *s.* manta *f.* escocesa. *2* tartà *m. 3* roba *f.* de quadres.

plain (plein) *a.* pla, llis. *2* planer, clar, evident. *3* franc, sincer. *4* simple, corrent. *5* lleig, sense atractiu. *6* pur, natural, sense mescla. ▪ *7 adv.* clarament. ▪ *8 s.* pla *m.*, plana *f.*, planura *f.* ▪ *9* -ly *adv.* clarament, senzillament.

plain clothes (ˌplein'klouðz) *s.* roba *f.* de paisà. ‖ *~ policeman*, policia *m.* de paisà.

plain sailing (ˌplein'seiliŋ) *s.* fig. *to be ~*, ésser bufar i fer ampolles.

plainsong ('pleinsɔŋ) *s.* MÚS. cant *m.* pla.

plaint (pleint) *s.* queixa *f. 2* poèt. plany *m.*, lament *m. 3* DRET demanda *f.*, querella *f.*

plaintiff ('pleintif) *s.* DRET demandant, querellant.

plaintive ('pleintiv) *a.* planyívol, lamentós.

plait (plæt) *s.* trena *f.*

plait (to) (plæt) *t.* trenar.

plan (plæn) *s.* pla *m.*, disseny *m.*, esquema *f. 2* pla *m.*, projecte *m. 3* plànol *m.*

plan (to) (plæn) *t.* planejar, projectar, planificar. *2* fer el plànol de. ▪ *3 i.* fer projectes.

plane (plein) *a.* pla. ▪ *2 s.* avió *m. 3* fig. pla *m.*, nivell *m. 4* MAT. pla *m. 5* TECNOL. garlopa *f.*, ribot *m.*

plane (to) (plein) *t.* TECNOL. ribotar. ▪ *2 i.* AVIA. volar, planar.

planet ('plænit) *s.* ASTR. planeta *m.*

plank (plæŋk) *s.* tauló *m.*, biga *f. 2* postam *m.*

plant (plɑːnt) , (EUA) (plænt) *s.* BOT. planta *f. 2* equip *m.*, instaꞀació *f.*, maquinària *f. 3* planta *f.*, fàbrica *f. 4* coꞀoq. trampa *f.*, estratagema *f.*

plant (to) (plɑːnt) , (EUA) (plænt) *t.* plantar,

sembrar, conrear. *2* plantar-se *p.* [una persona]. *3* coꞀocar, posar. *4* coꞀoq. amagar; comprometre. *5* fig. inculcar, imbuir.

plantation (plæn'teiʃən) *s.* plantació *f.* ‖ *banana ~*, platanar *m.*, plataneda *f.* ‖ *coffee ~*, cafetar *m.*

plaster ('plɑːstər) *s.* guix *m. 2 ~, sticking ~*, espadadrap *m. 3* enguixat *m.*, estucat *m.*

plaster (to) ('plɑːstər) *t.* enguixar. *2* emplastrar. *3* enguixar, estucar. *4* posar, enganxar [un cartell, etc.].

plastic ('plæstik) *a.* plàstic. ‖ *~ arts*, arts plàstiques. ‖ *~ explosive*, explosiu plàstic. ‖ *~ surgery*, cirurgia plàstica. *2* fig. influenciable, maꞀeable. ▪ *3 s.* plàstic *m.*

plate (pleit) *s.* planxa *f.*, làmina *f. 2* gravat *m.*, làmina *f. 3* plat *m.*, plata *f. 4* vaixella *f.* [de plata, etc.]. *5* placa *f.*

plate (to) (pleit) *t.* blindar. *2* xapar, argentar, niquelar, daurar. *3* IMPR. imprimir amb clixés.

plateau ('plætou) *s.* altiplà *m.*

platform ('plætfɔːm) *s.* plataforma *f. 2* cadafal *m.*, estrada *f. 3* entaulat *m.*, tarima *f. 4* FERROC. andana *f.*

platinum ('plætinəm) *s.* platí *m.*

platitude ('plætitjuːd) *s.* tòpic *m.*, lloc *m.* comú.

platoon (plə'tuːn) *s.* MIL. escamot *m.*

plausible ('plɔːzibl) *a.* plausible, versemblant. *2* convincent [persona].

play (plei) *s.* joc *m.* [diversió, esport]. ‖ *fair ~*, joc net; *foul ~*, joc brut; *~ on words*, joc de paraules. *2* joc *m.*, funcionament *m.*, acció *f.*, activitat *f. 3* joc *m.* [de llums, de colors, etc.]. *4* MEC. joc *m. 5* TEAT. representació *f. 6* TEAT. comèdia *f.*, obra *f.*, drama *m.*, peça *f.*

play (to) (plei) *t.* jugar [una partida, etc.]; moure [una peça]. *2* posar en moviment. *3* fer, causar: *to ~ a trick on*, fer una mala passada a. *4* fingir. ‖ *to ~ the fool*, fer-se el ximplet. *5* coꞀoq. *to ~ truant*, fer campana. *6* CINEM. treballar. *7* ESPORT jugar *8* MÚS. tocar, interpretar. *9* TEAT. representar, interpretar [una obra]; fer [un paper]. ▪ *10 i.* divertir-se *p.*, jugar; fer broma. *11 to ~ fair*, jugar net. ▪ *to ~ about/around*, fer el ximple; joguinejar; jugar amb, burlar-se *p.*; *to ~ at*, jugar a, fer [poc seriosament]; *to ~ back*, posar; tornar a posar; tornar a sentir [un disc, etc.]; *to ~ down*, treure importància, minimitzar; *to ~ on*, aprofitar-se de; continuar jugant o tocant. ‖ *to ~ on someone's nerves*, fer la guitza, fer el corcó; *to ~ out*, acabar; *to ~ up*, exagerar [un fet].

playacting ('plei,æktiŋ) *s.* fig. comèdia *f.*

player ('pleiər) *s.* ESPORT jugador. *2* MÚS.

músic, executant, intèrpret. *3* TEAT. actor *m.*, actriu *f.*

player piano ('pleiəpi,ænou) *s.* MÚS. pianola *f.*

playful ('pleiful) *a.* juganer, enjogassat. *2* alegre.

playgoer ('pleigouə^r) *s.* afeccionat al teatre.

playground ('pleigraund) *s.* pati *m.* [de coŀlegi]. *2* camp *m.* de joc. *3* parc *m.* infantil.

playhouse ('pleihaus) *s.* teatre *m.*

play-off ('pleiɔf) *s.* ESPORT desempat *m.*, play off *m.*

playwright ('pleirait) *s.* autor dramàtic, dramaturg.

PLC, plc (pi:el'si:) *s.* COM. *(public limited company)* mena de societat anònima.

plea (pli:) *s.* petició *f.* *2* disculpa *f.*, excusa *f.*, pretext *m.* *3* súplica *f.* *4* DRET aŀlegant *m.*, defensa *f.*

plead (to) (pli:d) *i.* DRET pledejar. *2* advocar, intervenir. *3* implorar, suplicar. ▪ *4 t.* defensar, aŀlegar [en defensa]. *5* DRET *to ~ guilty,* declarar-se *p.* culpable.

pleading ('pli:diŋ) *s.* (gralnt. *pl.*) DRET aŀlegats *m.* *2* precs *m.*, súpliques *f.*

pleasant ('pleznt) *a.* agradable, grat, plaent. *2* simpàtic, amable, afable. ▪ *3 -ly adv.* agradablement, amablement, gratament.

pleasantry ('plezntri) *s.* broma *f.*, facècia *f.*

please (to) (pli:z) *t.* agradar *i.* *2* complaure, acontentar. *3* caure bé. *4 to be pleased (to),* estar content; voler; alegrar-se *p.* ▪ *5 i.* agradar. *6* dignar-se *p.* *7* voler *t.* ‖ *~ yourself!,* com vulguis!

pleased ('pli:zd) *a.* content, satisfet. ‖ *~ to meet you,* encantat de conèixe'l.

pleasing ('pli:ziŋ) *a.* agradable, grat, plaent. *2* afable, cortès. ▪ *3 -ly adv.* agradablement, gratament, etc.

pleasurable ('pleʒərəbl) *a.* agradable, delitós, grat.

pleasure ('pleʒə^r) *s.* plaer *m.*, delit *m.*, goig *m.*, gust *m.* ‖ *~ trip,* viatge *m.* de plaer. *2* distracció *f.*, divertiment *m.* *3* voluntat *f.*, desig *m.*

pleasure boat ('pleʒəbout) *s.* vaixell *m.* de plaer.

pleasure ground ('pleʒəgraund) *s.* parc *m.* d'atraccions.

pleat (pli:t) *s.* plec *m.*, doblec *m.*

plebeian (pli'bi:ən) *a.-s.* plebeu.

pledge (pledʒ) *s.* penyora *f.*, garantia *f.* *2* empenyorament *m.* *3* promesa *f.* *4* compromís *m.* *5* brindis *m.*

pledge (to) (pledʒ) *t.* empenyorar, deixar de penyora. *2* comprometre's *p.* *3* prometre, jurar. *4* brindar *i.* per.

plentiful ('plentiful) *a.* abundant, copiós.

plenty ('plenti) *s.* abundància *f.* ‖ *~ of,* molt; de sobres; bastant, prou. ▪ *2 adv.* coŀloq. prou, bastant.

pliable ('plaiəbl) *a.* dúctil, manejable. *2* fig. flexible, dòcil.

pliant ('plaiənt) *a.* flexible, vincladís. *2* fig. tou, dòcil, complaent.

pliers ('plaiəz) *s. pl.* alicates *f.*, tenalles *f.*, estenalles *f.*

plight (plait) *s.* tràngol *m.*, destret *m.* *2* situació *f.*, estat *m.*, condició *f.*

plod (to) (plɔd) *t.* recórrer [penosament]. ▪ *2 i.* caminar, arrossegar-se *p.* [pesadament]. *3* treballar laboriosament, afanyar-se *p.*

plot (plɔt) *s.* terreny *m.*, tros *m.*, parceŀla *f.*, solar *m.* *2* conspiració *f.*, complot *m.*, maquinació *f.* *3* LIT. trama *f.*, argument *m.*

plot (to) (plɔt) *t.* tramar, maquinar, ordir. *2* fer el plànol de, traçar. ▪ *3 i.* conspirar, intrigar.

plotter ('plɔtə^r) *s.* conspirador, intrigant.

plough, (EUA) **plow** (plau) *s.* AGR. arada *f.*

plough, (EUA) **plow (to)** (plau) *t.* llaurar. *2* solcar. ▪ *3 i.* llaurar *t.* ▪ *to ~ back,* reinvertir; *to ~ through a crowd,* obrir-se camí entre la gentada; *to ~ through a book,* llegir un llibre amb dificultat.

ploughman, (EUA) **plowman** (plaumən) *s.* llaurador *m.*, menador *m.*

pluck (plʌk) *s.* valor *m.*, empenta *f.* *2* estrebada *f.*, estirada *f.* *3* corada *f.*, freixura *f.*, menuts *m. pl.*

pluck (to) (plʌk) *t.* plomar. *2* agafar, collir. *3* estirar, arrencar. *4 to ~ up courage,* armar-se *p.* de valor, animar-se *p.* *5* coŀloq. robar, estafar. *6* MÚS. puntejar.

plug (plʌg) *s.* tap *m.*, tac *m.* *2* coŀloq. publicitat *f.* [ràdio, televisió]. *3* AUTO. bugia *f.* *4* ELECT. clavilla *f.*, endoll *m.*

plug (to) (plʌg) *t.* tapar, obturar. *2* coŀloq. fer publicitat de; repetir, insistir en. *3* (EUA) coŀloq. tirar un tret a, matar. *4* ELECT. *to ~ in,* endollar, connectar. ▪ *5 i.* coŀloq. *to ~ away at,* continuar treballant en.

plum (plʌm) *s.* BOT. pruna *f.* *2* coŀloq. ganga *f.*, ocasió *f.*

plumage ('plu:midʒ) *s.* plomatge *m.*

plumb (plʌm) *s.* *~-line,* plom *m.*, plomada *f.* ▪ *2 a.* vertical. *3* complet. ▪ *4 adv.* a plom. *5* (EUA) coŀloq. completament; directament.

plumb (to) (plʌm) *t.* sondar, sondejar [també fig.]. *2* CONSTR. aplomar.

plumber ('plʌmə^r) *s.* lampista *m.*

plumbing ('plʌmiŋ) *s.* lampisteria *f.* *2* instaŀlació *f.* de canonades; instaŀlació *f.* sanitària.

plume (plu:m) *s.* ploma *f.* [d'au]. *2* plomatge *m. 3* plomall *m.*

plump (plʌmp) *a.* rodanxó, grassonet. *2* categòric, terminant.

plum tree ('plʌmtri:) *s.* BOT. prunera *f.*

plunder ('plʌndəᵣ) *s.* pillatge *m.*, saqueig *m. 2* botí *m.*

plunder (to) ('plʌndəᵣ) *s.* pillar, saquejar, robar.

plundering ('plʌndəriŋ) *s.* pillatge *m.*, rapinya *f. 2* espoliació *f.*

plunge (plʌndʒ) *s.* cabussó *m.*, cabussada *f. 2* immersió *f. 3* salt *m.*, caiguda *f. 4* fig. *to take the ~,* fer un pas decisiu.

plunge (to) (plʌndʒ) *t.* enfonsar, submergir. *2* clavar. *3* sumir. ▪ *4 i.* saltar, cabussar-se *p. 5* enfonsar-se *p.*, submergir-se *p. 6* llançar-se *p.*, precipitar-se *p.* [també fig.].

plunger ('plʌndʒəᵣ) *s.* TECNOL. èmbol *m. 2* desembussador *m.*

pluperfect (‚plu:'pə:fikt) *a.-s.* GRAM. plusquamperfet *m.*

plural ('pluərəl) *a.* plural. ▪ *2 s.* plural *m.*

plus (plʌs) *prep.* més. ▪ *2 a.* ELECT., MAT. positiu. ▪ *3 s.* MAT. més *m. 4* coŀloq. fig. qualitat *f.* positiva.

plush (plʌʃ) *s.* TÈXT. pelfa *f.;* peluix *m.* ▪ *2 a.* de pelfa, pelfat. *3* coŀloq. fig. luxós.

ply (plai) *s.* cap *m.*, gruix *m.* ‖ *three-~ wool,* llana de tres caps.

ply (to) (plai) *t.* usar, utilitzar, manejar. *2* practicar. *3* treballar durament en. *4 to ~ with,* atabalar amb preguntes; fer menjar o beure. ▪ *5 i. to ~ between,* fer el servei entre.

plywood ('plaiwud) *s.* fusta *f.* contraxapada.

p.m. (‚pi:'em) (*post meridiem*) a la tarda, al vespre: *at 8 p.m.*, a les 8 del vespre.

poach (to) (poutʃ) *i.* caçar *t.* o pescar *t.* en vedat o iŀlegalment. ▪ *2 t.* caçar o pescar en vedat o iŀlegalment. *3* fig. robar, pispar. *4* CUI. escumar [ous].

poacher ('poutʃəᵣ) *s.* caçador o pescador furtiu.

pock (pɔk) *s.* MED. senyal *m.*, marca *f.* [deixats per la verola].

pocket ('pɔkit) *s.* butxaca *f. 2* ANAT. bossa *f.*, sac *m. 3* AVIA. bossa *f.* d'aire. *4* JOC tronera *f.* [billar]. *5* MIL. sac *m.*

pocket (to) ('pɔkit) *t.* ficar(se, guardar(se a la butxaca. *2* embutxacar-se *p.*, apropiar-se *p. 3* fig. robar, pispar. *4* fig. empassar-se *p.*: *he pocketed his pride,* es va empassar el seu orgull. *5* JOC ficar la bola a la tronera [billar].

pocketbook ('pɔkitbuk) *s.* llibreta *f. 2* (EUA) bitlletera *f.;* bossa *f.* de mà.

pocket knife ('pɔkitnaif) *s.* navalla *f.*

pocket money ('pɔkit‚mʌni) *s.* setmanada *f.* [esp. dels nens].

pock-marked ('pɔkmɑːkt) *a.* marcat de verola.

pod (pɔd) *s.* BOT. beina *f.*, tavella *f.*

poem ('pouim) *s.* poema *m.*, poesia *f.*

poet ('pouit) *s.* poeta *m.*

poetess ('pouites) *s.* poetessa *f.*

poetry ('pouitri) *s.* poesia *f.* [art]. *2* poètica *f.*

poignant ('pɔinjənt) *a.* acerb, cruel. *2* agut, punyent. *3* mordaç. *4* commovedor. ▪ *5* **-ly** *adv.* punyentment, cruelment, agudament, etc.

point (pɔint) *s.* punta *f.*, punxa *f. 2* punxó *m.*, buril *m. 3* punt *m.* ‖ *on the ~ of,* a punt de. ‖ *~ of view,* punt de vista. *4* qüestió *m.*, tema *m.*, intenció *f.* ‖ *beside the ~,* no venir al cas. ‖ *to come to the ~,* anar al gra; venir al cas. *5* sentit *m.*, significat *m. 6* peculiaritat *f.*, tret *m.*, característica *f. 7* l'important, el quid *m. 8* moment *m. 9* finalitat *f.*, propòsit *m.*, intenció *f.* ‖ *to carry one's ~,* sortir-se amb la seva *f.* ‖ *what's the ~?,* per què?, que se'n treu? *10* grau *m.* [en una escala]. *11* ESPORT, JOC punt *m. 12* FERROC. agulla *f. 13* GEOGR. punta *f. 14* GRAM. punt *m. 15* MAT. punt *m.*, coma *f.* [dels decimals].

point (to) (pɔint) *t.* afilar, esmolar, fer punta a. *2* apuntar, enfocar, encarar. *3* assenyalar, indicar, fer notar. ▪ *4 i.* assenyalar la caça [un gos]. *5 to ~ at, to o toward,* assenyalar, apuntar cap a. *6 to ~ out,* mostrar, indicar, assenyalar.

point-blank (‚pɔint'blæŋk) *a.* directe, clar. *2* fet a boca de canó [també fig.]. ▪ *3 adv.* a boca de canó [també fig.]. *4* directament, clarament; categòricament.

pointed ('pɔintid) *a.* punxegut. *2* afilat, esmolat. *3* fig. mordaç, intencionat. *4* ARQ. ogival. ▪ *5* **-ly** *adv.* intencionadament, agudament, mordaçment.

pointer ('pɔintəᵣ) *s.* indicador *m.*, agulla *f. 2* gos *m.* de mostra. *3* apuntador *m. 4* fig. indicació *f.*

pointless ('pɔintlis) *a.* sense punta. *2* fig. sense sentit, inútil.

poise (pɔiz) *s.* equilibri *m. 2* serenitat *f. 3* aire *m.*, aspecte *m. 4* elegància *f.*, aplom *m.*

poise (to) (pɔiz) *t.* equilibrar. *2* balancejar. ▪ *3 i.* estar en equilibri, estar suspès. *4* planar.

poison ('pɔizn) *s.* verí *m.*, metzina *f.*

poison (to) ('pɔizn) *t.* enverinar, emmetzinar [també fig.].

poisonous ('pɔiznəs) *a.* verinós. *2* tòxic. *3* fig. odiós; perniciós.

poke (pouk) *s.* empenta *f.*, cop *m.* de colze. 2 burxada *f.*

poke (to) (pouk) *t.* clavar, burxar. 2 empènyer. *3* atiar, avivar. *4* ficar. *5 to ~ fun at*, riure's *p.* de, burlar-se *p.* de. *6* fig. *to ~ one's nose into*, ficar el nas. ■ *7 i.* burxar *t.*, remenar *t.* *8 to ~ about/around*, ficar el nas pertot, xafardejar.

poker ('poukə^r) *s.* furga *f.*, atiador *m.* 2 JOC pòquer *m.* ‖ fig. col·loq. ~*-face*, cara *f.* d'esfinx, cara inescrutable.

Poland ('poulənd) *n. pr.* GEOGR. Polònia *f.*

polar ('poulə^r) *a.* polar. 2 fig. oposat.

pole (poul) *s.* pol *m.* 2 pal *m.* 3 llança *f.* [de carruatge]. *4 Pole*, polonès. *5 flag ~*, asta *f.* de bandera. *6* fig. col·loq. *to be up the ~*, estar com un llum *m.* *7* ESPORT perxa *f.*

polemic (pə'lemik) *a.* polèmic. ■ *2 s.* polèmica *f.* 3 polemista.

pole-star ('poulstɑ:^r) *s.* estrella *f.* polar.

pole vault ('poulvɔ:lt) *s.* ESPORT salt *m.* de perxa.

police (pə'li:s) *s.* policia *f.*

police (to) (pə'li:s) *t.* mantenir l'ordre, vigilar, controlar.

police force (pə'li:sfɔ:s) *s.* cos *m.* de policia, força *f.* pública, policia *f.*

policeman (pə'li:smən) *s.* policia *m.*, guàrdia *m.*

police record (pə'li:s,rekɔ:d) *s.* antecedents *m. pl.* penals.

police station (pə'li:s,steiʃn) *s.* comissaria *f.* de policia.

policewoman (pə'li:s,wumən) *s.* dona *f.* policia.

policy ('polisi) *s.* política *f.* 2 principis *m. pl.*, norma *f.* 3 sistema *m.*, tàctica *f.* 4 pòlissa *f.* [d'assegurances].

Polish ('pouliʃ) *a.* polonès. ■ *2 s.* polonès [persona]. *3* polonès *m.* [llengua].

polish ('poliʃ) *s.* poliment *m.* 2 lluentor *f.*, brillantor *f.* 3 betum *m.*, llustre *m.* 4 cera *f.* 5 esmalt *m.*, laca *f.* 6 fig. refinament *m.*, elegància *f.*

polish (to) (poliʃ) *t.* polir, brunyir, enllustrar, abrillantar, encerar. 2 fregar, netejar. 3 fig. polir, refinar. *4 to ~ off*, polir-se *p.* [menjar, beure]; despatxar, acabar. *5 to ~ up*, polir, abrillantar, enllustrar; fig. polir, perfeccionar.

polite (pə'lait) *a.* cortès, atent, ben educat. 2 culte, refinat.

politeness (pə'laitnis) *s.* cortesia *f.*, bona educació *f.*, urbanitat *f.*

politic ('politik) *a.* polític, diplomàtic, prudent. *2* astut, sagaç.

political (pə'litikəl) *a.* POL. polític.

politician (,poli'tiʃən) *s.* polític.

politics ('politiks) *s. pl.* política *f. sing.*

poll (poul) *s.* votació *f.*, elecció *f.* escrutini *m.*, resultat *m.* 2 llista *f.* electoral. *3 pl.* eleccions *f.* *4 to go to the ~s*, anar a votar. *5* sondeig *m.* [d'opinió].

poll (to) (poul) *t.* obtenir, aconseguir [vots]. 2 registrar. 3 sondejar [opinions]. 4 escornar. 5 podar. ■ *6 i.* votar.

pollen ('polin) *s.* BOT. pol·len *m.*

polling ('pouliŋ) *s.* votació *f.*

polling booth ('pouliŋ,bu:ð) *s.* cabina *f.* per a votar.

polling station ('pouliŋ,steiʃn) *s.* col·legi *m.* electoral.

poll tax ('poultæks) *s.* capitació *f.*

pollute (to) (pə'lu:t) *t.* pol·luir, contaminar, embrutar. 2 fig. corrompre.

pollution (pə'lu:ʃən) *s.* contaminació *f.*, pol·lució *f.*

polo ('poulou) *s.* ESPORT polo *m.*

polo-neck ('poulou,nek) *s.* COST. coll *m.* alt.

polygamous (po'ligəməs) *a.* polígam.

polytechnic (,poli'teknik) *s.* escola *f.* politècnica, politècnic *m.* ■ *2 a.* politècnic.

polytheism ('poliθi:izəm) *s.* politeisme *m.*

pomegranate ('pomigrænit) *s.* BOT. magrana *f.* 2 BOT. magraner *m.*

pommel ('poml) *s.* pom *m.* [de l'espasa, de l'arçó, etc.].

pommel (to) ('pʌml) *t.* bastonejar, donar cops de puny.

pomp (pomp) *s.* pompa *f.*, fastuositat *f.*

pompous ('pompəs) *a.* pompós, fastuós. 2 presumit, vanitós. ■ *3 -ly adv.* pomposament.

pond (pond) *s.* bassa *f.*, toll *m.* (ROSS.) gassot *m.*

ponder (to) ('pondə^r) *t.* ponderar, sospesar. *2 to ~ on* o *over*, rumiar, reflexionar sobre. ■ *3 i.* meditar, reflexionar *t.*

ponderous ('pondərəs) *a.* pesat, feixuc. 2 pesat, avorrit. ■ *3 -ly adv.* pesadament.

pony ('pouni) *s.* ZOOL. poni *m.*

ponytail ('pouniteil) *s.* cua *f.* de cavall [cabells].

poodle ('pu:dl) *s.* gos caniche.

pool (pu:l) *s.* bassa *f.*, toll *m.*, (ROSS.) gassot *m.* 2 estany *m.* 3 piscina *f.* 4 posta *f.* [en el joc]. *5 pl.* travessa *f.* 6 (EUA) billar *m.* americà. *7* fig. font *f.*, reserva *f.* 8 COM. capital *m.*, fons *m.* comú; consorci *m.*

pool (to) (pu:l) *t.* unir, ajuntar. 2 fer un fons comú.

poop (pu:p) *s.* MAR. popa *f.*

poor (puə^r) *a.* pobre. ‖ *~ thing*, pobret. 2 dolent, de mala qualitat. 3 humil. 4 mediocre. 5 dèbil; malalt. *6 the ~*, els pobres *pl.* *7 to be ~ at*, no servir per a. ■ *8 -ly adv.* pobrement, insuficientment.

poor-spirited (ˌpuǝˈspiritid) *a.* apocat, pobre d'esperit.

pop (pɔp) *s.* esclat *m.*, crec *m.*, pet *m.* 2 coŀloq. beguda *f.* gasosa. *3* coŀloq. pop *m.* [música]. *4* (EUA) coŀloq. papà *m.* ▪ *5 a.* pop: ~ *art,* art pop; ~ *concert,* concert pop.

pop (to) (pɔp) *t.* rebentar, punxar, fer esclatar. *2* treure el cap. *3* deixar anar, disparar. *4* ficar. *5* coŀloq. *to ~ the question,* declarar-se *p.* ▪ *6 i.* esclatar, petar, rebentar. *7* coŀloq. disparar. ▪ *to ~ across/by/over/round,* apropar-se *p.*, passar per; *to ~ in,* entrar de cop; *to ~ off,* marxar; coŀloq. dinyar-la; *to ~ up,* aparèixer inesperadament, sorgir.

pop-corn (ˈpɔpˌkɔːn) *s.* crispetes *f. pl.*, rosetes *f. pl.* [de blat de moro].

Pope (poup) *s.* Papa *m.*, pontífex *m.* 2 pope *m.*

pop-eyed (ˈpɔpaid) *a.* d'ulls sortints.

poplar (ˈpɔplǝʳ) *s.* BOT. àlber *m.*, àlba *f.;* pollancre *m.*, pollanc *m.*

poppy (ˈpɔpi) *s.* BOT. rosella *f.*, gallaret *m.*

popular (ˈpɔpjulǝʳ) *a.* popular. 2 corrent, general. 3 estimat. 4 de moda.

popularity (ˌpɔpjuˈlæriti) *s.* popularitat *f.*

populate (to) (ˈpɔpjuleit) *t.* poblar.

population (ˌpɔpjuˈleiʃǝn) *s.* població *f.*, habitants *m. pl.* ‖ *the ~ explosion,* l'explosió *f.* demogràfica.

porcelain (ˈpɔːsǝlin) *s.* porcellana *f.*

porch (pɔːtʃ) *s.* pòrtic *m.*, porxo *m.*

porcupine (ˈpɔːkjupain) *s.* ZOOL. porc *m.* espí *m.*

pore (pɔːʳ) *s.* porus *m.*

pore (to) (pɔːʳ) *i. to ~ over,* mirar de prop; llegir amb atenció.

pork (pɔːk) *s.* porc *m.*, carn *f.* de porc. ‖ *~ chop,* costella *f.* de porc. ‖ *~ sausage,* butifarra *f.*

porkpie (ˌpɔːkˈpai) *s.* empanada *f.* de porc.

porn (pɔːn) *s.* (abrev. coŀloq. *pornography*) porno *m.*

pornography (pɔːˈnɔgrǝfi) *s.* pornografia *f.*

porpoise (ˈpɔːpǝs) *s.* ZOOL. marsopa *f.*

porridge (ˈpɔridʒ) *s.* farinetes *f. pl.* [de civada].

port (pɔːt) *s.* port *m.* [de mar o riu]. ‖ *free ~,* port franc. 2 fig. refugi *m.* 3 ENOL. porto *m.* 4 MAR. portell *m.*, portalera *f.* 5 MAR. babord *m.* ▪ *6 a.* portuari.

portable (ˈpɔːtǝbl) *a.* portàtil.

portcullis (pɔːtˈkʌlis) *s.* FORT. rastell *m.*

portend (to) (pɔːˈtend) *t.* form. anunciar, presagiar.

portent (ˈpɔːtent) *s.* portent *m.* 2 presagi *m.*

portentous (pɔːˈtentǝs) *a.* portentós. 2 presagiós. 3 greu, solemne.

porter (ˈpɔːtǝʳ) *s.* porter, conserge. 2 mosso *m.* [d'estació, d'hotel, etc.].

portfolio (pɔːtˈfouliou) *s.* carpeta *f.*, cartera *f.* 2 cartera *f.*, ministeri *m.* 3 COM. cartera *f.* [d'un banc].

portion (ˈpɔːʃǝn) *s.* porció *f.*, part *f.*, tros *m.* 2 ració *f.* 3 sort *f.*, destí *m.* 4 ant. dot *f.*

portion (to) (ˈpɔːʃǝn) *t.* dividir; repartir, distribuir. 2 ant. dotar.

portly (ˈpɔːtli) *a.* gros, corpulent.

portmanteau (pɔːtˈmæntou) *s.* maleta *f.*, bagul *m.* 2 GRAM. paraula *f.* nova formada a partir de dues paraules ja existents.

portrait (ˈpɔːtrit) *s.* retrat *m.*

portray (to) (pɔːˈtrei) *t.* pintar un retrat, retratar. 2 fig. retratar. 3 TEAT. representar.

portrayal (pɔˈtreiǝl) *s.* retrat *m.* [també fig.]. 2 representació *f.*

Portugal (ˈpɔːtjǝgl) *n. pr.* GEOGR. Portugal *m.*

Portuguese (ˌpɔːtjuˈgiːz) *a.* portuguès. ▪ *2 s.* portuguès [persona]. 3 portuguès *m.* [llengua].

pose (pouz) *s.* actitud *f.*, postura *f.* 2 fig. posa *f.*, afectació *f.*

pose (to) (pouz) *t.* ART coŀlocar, posar. 2 plantejar [un problema, etc.]. 3 fer [una pregunta]. ▪ *4 i.* ART posar. 5 *to ~ as,* donar-se *p.* aires; fer-se *p.* passar per.

posh (pɔʃ) *a.* coŀloq. elegant, distingit. 2 luxós. 3 afectat, cursi.

position (pǝˈziʃǝn) *s.* posició *f.* 2 postura *f.* 3 condició *f.*, situació *f.* ‖ *in a ~ to,* en condicions de. ‖ *put yourself in my ~,* posa't al meu lloc. 4 lloc *m.*, categoria *f.*

position (to) (pǝˈziʃǝn) *t.* coŀlocar, posar, situar.

positive (ˈpɔzitiv) *a.* positiu. 2 categòric, definitiu. 3 indubtable, real, veritable. 4 segur, convençut. ‖ COM. *~ order,* comanda *f.* en ferm. 5 enèrgic. ▪ *6 s.* allò positiu. 7 ELECT. pol *m.* positiu. 8 FOT. positiu *m.* ▪ *9* **-ly** *adv.* positivament, definitivament, veritablement.

possess (to) (pǝˈzes) *t.* posseir, tenir. 2 induir, empènyer: *what ~ed him to do it?,* què el va induir a fer-ho? *3 to be ~ed,* estar posseït, estar boig. *4 to be ~ed with,* estar obsessionat amb.

possession (pǝˈzeʃn) *s.* possessió *f.* ‖ *she's in full ~ of her senses,* en plena possessió de les seves facultats mentals. ‖ *to be in ~ of,* tenir, posseir. *2 pl.* possessions *f.*, béns *m.* 3 DRET tinença *f.*, possessió *f.* 4 REL. possessió *f.* diabòlica, possessió *f.*

possibility (ˌpɔsiˈbiliti) *s.* possibilitat *f.* ‖ *to have possibilities,* tenir possibilitats, prometre.

possible ('pɔsibl) *a.* possible. ‖ *as far as ~*, tant com sigui possible. ‖ *as soon as ~*, com més aviat millor. *2* acceptable, satisfactori. ■ *3 s.* persona *f.* o cosa *f.* possibles o amb possibilitats.

possibly ('pɔsibli) *adv.* possiblement, potser.

post (poust) *s.* pal *m.*, puntal *m.* *2* lloc *m.*, feina *f.*, càrrec *m.* *3* (G.B.) *trading ~*, factoria *f.* comercial. *4* correu *m.*, cartes *f. pl.;* correus *m. pl.* *5* HIST. posta *f.* [per viatjar]. *6* MIL. post *m.*

post (to) (poust) *t.* anunciar [amb cartells]; enganxar, posar [cartells]: *~ no bills*, prohibit enganxar cartells. *2* situar, apostar. *3* enviar [per correu], tirar a la bústia. *4* declarar: *the ship was ~ed missing*, van declarar desaparegut el vaixell. *5 to keep someone ~ed*, tenir algú al corrent. *6* MIL. destinar, enviar. ■ *7 i.* viatjar en posta.

postage ('poustidʒ) *s.* franqueig *m.*

postage stamp ('poustidʒˌstæmp) *s.* segell *m.* de correus.

postal ('poustəl) *a.* postal.

postal order ('poustəlˌɔːdəʳ) *s.* gir *m.* postal.

postbox ('poustbɔks) *s.* bústia *f.*

postcard ('poustkɑːd) *s.* postal *f.*

postcode ('poustkoud) *s.* codi *m.* postal.

postdate (to) (ˌpoust'deit) *t.* postdatar.

poster ('poustəʳ) *s.* cartell *m.*, pòster *m.* ‖ *bill ~*, persona *f.* que enganxa cartells. *2* anunci *m.* ‖ *~ designer*, cartellista.

posterity (pɔs'teriti) *s.* posteritat *f.*

postman ('poustmən) *s.* carter *m.*

postmark ('poustmɑːk) *s.* mata-segells *m.*

post office ('poustˌɔfis) *s.* oficina *f.* de correus, correus *m.*

postpone (to) (pə'spoun) *t.* ajornar, diferir.

postponement (pə'spounmənt) *s.* ajornament *m.*

postscript ('pousskript) *s.* postdata *f.*

posture ('pɔstʃəʳ) *s.* postura *f.*, actitud *f.* *2* estat *m.*, situació *f.*

pot (pɔt) *s.* olla *f.*, pot *m.* *2* terrina *f.* *3* test *m.* *4* colloq. copa *f.;* premi *m.* *5* colloq. marihuana *f.* *6* colloq. *big ~*, peix *m.* gros. *7 pl.* colloq. *~s of money*, molts diners, una pila *f. sing.* de diners.

potato (pə'teitou) *s.* BOT. patata *f.*, (VAL.) creïlla *f.* ‖ *sweet ~*, moniato *m.*, batata *f.*

potency ('poutənsi) *s.* potència *f.* *2* poder *m.*, autoritat *f.*, força *f.*

potent ('poutənt) *a.* potent. *2* eficaç. *3* poderós, fort.

potentate ('poutənteit) *s.* potentat *m.*

potential (pə'tenʃəl) *a.* potencial. *2* possible. ■ *3 s.* potencial *m.* *4* potència *f.*, potencialitat *f.* *5* ELECT. potència *f.* ■ *6* -ly *adv.* potencialment.

pothole ('pɔthoul) *s.* GEOL. olla *f.* de gegants, avenc *m.*

potluck (ˌpɔt'lʌk) *s.* *to take ~*, agafar o menjar el que hi hagi.

potshot ('pɔtˌʃɔt) *s.* tret *m.* a l'atzar.

potter ('pɔtəʳ) *s.* terrissaire, ceramista. ‖ *~'s wheel*, torn *m.* de terrissaire.

pottery ('pɔtəri) *s.* terrisseria *f.* *2* terrissa *f.* *3* ceràmica *f.*

pouch (pautʃ) *s.* bossa *f.*, sac *m.* *2* petaca *f.* *3* cartutxera *f.* *4* ANAT., ZOOL. bossa *f.*

poultice ('poultis) *s.* MED. cataplasma *f.*, emplastre *m.*

poultry ('poultri) *s.* aviram *m.*, volateria *f.*

poultry farm ('poultrifɑːm) *s.* granja *f.* avícola.

poultry keeper ('poultriˌkiːpəʳ), **poultry farmer** ('poultriˌfɑːməʳ) *s.* avicultor.

poultry keeping ('poultriˌkiːpiŋ), **poultry farming** ('poultriˌfɑːmiŋ) *s.* avicultura *f.*

pounce (pauns) *s.* escomesa *f.* *2* envestida *f.* *3* atac *m.*

pounce (to) (pauns) *i.* atacar *t.*, escometre *t.*, envestir *t.* *2 to ~ on/at*, saltar sobre, llançar-se *p.* sobre. *3* fig. *to ~ at*, precipitar-se *p.* sobre; no perdre l'oportunitat.

pound (paund) *s.* lliura *f.* [pes; moneda]. *2* dipòsit *m.* [per a animals, cotxes, etc.].

pound (to) (paund) *t.* bastonejar, atonyinar, apallissar. *2* picar, batre. *3* matxucar, trinxar. *4* MIL. batre.

pour (to) (pɔːʳ) *t.* avocar, vessar. *2* tirar. *3* servir. *4 to ~ away/off*, buidar. *5 to ~ out one's heart*, desfogar-se *p.* ■ *6 i.* fluir, córrer, brollar. *7* ploure [molt]. ‖ *it's ~ing down*, plou a bots i barrals. ‖ fig. *it never rains but it ~s*, una desgràcia no ve mai sola. *8 to ~ out*, sortir a munts, sortir a empentes.

pout (paut) *s.* mala cara *f.*, morros *m. pl.* *2 pl.* morros *m.*

pout (to) (paut) *i.* fer morros, posar mala cara.

poverty ('pɔvəti) *s.* pobresa *f.*, indigència *f.* *2* manca *f.*, mancança *f.*

poverty-stricken ('pɔvətiˌstrikn) *a.* pobre, indigent.

powder ('paudəʳ) *s.* pólvores *f. pl.* *2* ARM. pólvora *f.*

powder (to) ('paudəʳ) *t.* polveritzar. *2* empolsegar, empolsinar. *3* empolvorar-se *p.* ■ *4 i.* polveritzar-se *p.* *5* empolsegar-se *p.*, empolsinar-se *p.* *6* empolvar-se *p.*

powder box ('paudəbɔks), **powder compact** ('paudəˌkɔmpækt) *s.* polvorera *f.*

powder magazine ('paudəmægəˌziːn) *s.* polvorí *m.*

powdered ('paudəd) *a.* en pols.

powdery ('paudəri) *a.* en pols, polvoritzat: ~ *snow*, neu en pols.

power ('pauə^r) *s.* poder *m.* 2 facultat *f.* 3 força *f.*, energia *f.* 4 potestat *f.*, autoritat *f.*, influència *f.* 5 potència *f.* [país]. 6 capacitat *f.*, possibilitat *f.* 7 COM. *purchasing* ~, poder *m.* adquisitiu. 8 DRET poder *m.*: ~ *of attorney*, poders *m. pl.* 9 ELECT., FÍS. energia, força *f.*, potència *f.* ‖ ~ *cut*, tallada *f.* de corrent; apagament *m.* ‖ ~ *plant*, central *f.* elèctrica.

powered ('pauəd) *a.* ~ *by*, impulsat per, accionat per. 2 fig. *a high-~ executive*, executiu amb un gran poder de convicció.

powerful ('pauəful) *a.* poderós. 2 fort. 3 intens, potent. 4 convincent. ▪ 5 -ly *adv.* poderosament.

power-house ('pauəhaus) *s.* central *f.* elèctrica.

powerless ('pauəlis) *a.* impotent, ineficaç.

practicable ('præktikəbl) *a.* practicable. 2 factible, realitzable. 3 transitable.

practical ('præktikəl) *a.* pràctic. 2 virtual, de fet. 3 ~ *joke*, broma pesada. ▪ 4 -ly *adv.* de manera pràctica, eficaçment. 5 pràcticament, quasi, gairebé.

practice ('præktis) *s.* pràctica *f.* ‖ *in* ~, en la pràctica. 2 costum *m.* ‖ *to make a* ~ *of*, tenir el costum de. 3 clientela *f.* 4 exercici *m.* [de la professió]. 5 estratagema *f.* 6 DRET pràctica *f.*, procediment *m.* 7 ESPORT entrenament *m.*

practise, (EUA) **practice (to)** ('præktis) *t.* practicar. 2 exercir [una professió]. 3 ESPORT practicar, entrenar-se *p.* ▪ 4 *i.* fer pràctiques, fer exercicis. 5 exercitar-se *p.* 6 ESPORT entrenar-se *p.*

practised, (EUA) **practiced** ('præktist) *a.* expert.

practitioner (præk'tiʃənə^r) *s.* professional, persona que exerceix la seva professió. 2 metge. ‖ *general* ~, metge de capçalera.

Prague ('prɑːg) *n. pr.* GEOGR. Praga *f.*

pragmatic (præg'mætik) *a.* pragmàtic.

prairie ('preəri) *s.* prada *f.*, prat *m.*, plana *f.*

prairie wolf ('preəriˌwulf) *s.* ZOOL. coiot *m.*

praise (preiz) *s.* lloança *f.*, elogi *m.*

praise (to) (preiz) *t.* lloar, elogiar.

praiseworthy ('preizˌwəːði) *a.* lloable, digne d'elogi.

pram (præm) *s.* (abrev. *perambulator*) cotxet *m.* de criatura.

prance (prɑːns) *s.* cabriola *f.*, piafada *f.* [d'un cavall].

prance (to) (prɑːns) *i.* fer cabrioles, piafar [un cavall]. 2 fig. gallejar, fer-se *p.* veure.

prank (præŋk) *s.* entremaliadura *f.*, dolenteria *f.* 2 broma *f.*

prattle ('prætl) *s.* xerrameca *f.*, garla *f.* 2 balbuceig *m.*

prattle (to) ('prætl) *i.* xerrar, garlar. 2 balbucejar.

prawn (prɔːn) *s.* ZOOL. gamba *f.*

pray (to) (prei) *t.* pregar, suplicar. ▪ 2 *i.* resar, pregar.

prayer (preə^r) *s.* prec *m.*, súplica *f.* 2 REL. oració *f.*, pregària *f.* ‖ *the Lords P*~, el Parenostre *m.* 3 *pl.* REL. pregàries *f.*

prayer book ('preəbuk) *s.* missal *m.*

preach (to) (priːtʃ) *t.-i.* predicar, sermonar *i.*

preacher ('priːtʃə^r) *s.* predicador.

preamble (priː'æmbl) *s.* preàmbul *m.*

prebend ('prebənd) *s.* prebenda *f.*

precarious (pri'kɛəriəs) *a.* precari. 2 incert, insegur. 3 infondat.

precaution (pri'kɔːʃən) *s.* precaució *f.*

precede (to) (priː'siːd) *t.-i.* precedir *t.*

precedence ('presidəns) *s.* precedència *f.* 2 prioritat *f.*, preferència *f.*

precedent ('presidənt) *a.* precedent. ▪ 2 *s.* precedent *m.* ‖ *to set a* ~, establir un precedent.

precept ('priːsept) *s.* precepte *m.*

precinct ('priːsiŋkt) *s.* recinte *m.* 2 zona *f.*, illa *f.* ‖ *pedestrian* ~, illa *f.* de vianants. 3 límit *m.*, frontera *f.* 4 *pl.* voltants *m.* 5 (EUA) districte *m.* electoral. 6 (EUA) barri *m.*

precious ('preʃəs) *a.* preciós, preat. 2 estimat. 3 preciosista. ▪ 4 *adv.* molt. 5 -ly *adv.* extremadament.

precipice ('precipis) *s.* precipici *m.* 2 estimball *m.*

precipitate (pri'sipitit) *a.* precipitat. 2 sobtat. ▪ 3 *s.* (pri'sipiteit) QUÍM. precipitat *m.*

precipitate (to) (pri'sipiteit) *t.* precipitar(se.

precipitous (pri'sipitəs) *a.* abrupte, rost, escarpat.

precise (pri'sais) *a.* precís, clar. 2 exacte, just, concret. ‖ ~*!*, exacte! 3 meticulós, primmirat. ▪ 4 -ly *adv.* precisament, justament, exactament.

preciseness (pri'saisnis) *s.* precisió *f.*, exactitud *f.* 2 claredat *f.*

precision (pri'siʒən) *s.* precisió *f.*, exactitud *f.*

preclude (to) (pri'kluːd) *t.* impedir, evitar, impossibilitar. 2 excloure.

precocious (pri'kouʃəs) *a.* precoç.

precursor (priː'kəːsə^r) *s.* precursor.

predecessor ('priːdisəsə^r) *s.* predecessor, antecessor.

predestinate (to) (priː'destineit) *t.* predestinar.

predestination (priːˌdesti'neiʃən) *s.* predestinació *f.*

predestine (to) (pri:'destin) *t.* predestinar.

predicament (pri'dikəmənt) *s.* tràngol *m.*, destret *m.*

predict (to) (pri'dikt) *t.* predir, pronosticar.

prediction (pri'dikʃən) *s.* predicció *f.*, pronòstic *m.*

predilection (ˌpri:di'lekʃən) *s.* predilecció *f.*

predispose (to) (ˌpri:dis'pouz) *t.* predisposar.

predominance (pri'dɔminəns) *s.* predomini *m.*

predominate (to) (pri'dɔmineit) *t.* predominar, prevaler.

pre-eminent (pri:'eminənt) *a.* preeminent.

prefabricated (ˌpri:'fæbrikeitid) *a.* prefabricat.

preface ('prefis) *s.* prefaci *m.*, pròleg *m.*

prefect ('pri:fekt) *s.* perfecte *m.*

prefer (to) (pri'fə:ʳ) *t.* preferir. 2 ascendir. 4 DRET presentar [càrrecs].

preferable ('prefrəbl) *a.* preferible.

preference ('prefrəns) *s.* preferència *f.* 2 predilecció *f.*

preferential (ˌprefə'renʃəl) *a.* preferent.

preferment (pri'fə:mənt) *s.* ascens *m.*, promoció *f.* 2 preferència *f.*, suport *m.*

prefix ('pri:fiks) *s.* GRAM. prefix *m.*

pregnancy ('pregnənsi) *s.* embaràs *m.*

pregnant ('pregnənt) *a.* prenyada, embarassada. 2 fig. important, significatiu.

prehensile (pri:'hensail) *a.* prènsil.

prehistory ('pri:histri) *s.* prehistòria *f.*

prejudge (to) (ˌpri:'dʒʌdʒ) *t.* prejutjar.

prejudice ('predʒudis) *s.* prejudici *m.*, parcialitat *f.* 2 perjudici *m.*, dany *m.*

prejudice (to) ('predʒudis) *t.* prevenir, predisposar. 2 perjudicar, fer mal.

prejudicial (ˌpredʒu'diʃəl) *a.* perjudicial, nociu.

prelate ('prelit) *s.* ECLES. prelat *m.*

preliminary (pri'liminəri) *a.* preliminar. ■ 2 *s.* preliminar *m.* 3 *pl.* preliminars *m.*

prelude ('prelju:d) *s.* preludi *m.*

prelude (to) ('prelju:d) *t.-i.* preludiar.

premature ('premətjuəʳ) *a.* prematur. ■ 2 **-ly** *adv.* prematurament.

premeditate (to) (pri:'mediteit) *t.* premeditar.

premier ('premjəʳ) *a.* primer, principal. ■ 2 *s.* primer ministre, cap *m.* del govern.

première ('premieəʳ) *s.* CINEM., TEAT., estrena *f.*

premise, premiss ('premis) *s.* premissa *f.* 2 *pl.* locals *m.*, casa *f. sing.*, edifici *m. sing.*

premium ('pri:mjəm) *s.* premi *m.* 2 COM. prima *f.*, interès *m.* ‖ *at a* ~, per damunt de la par; fig. altament valorat.

premonition (ˌpri:mə'niʃən) *s.* premonició *f.*, pressentiment *m.*

preoccupation (ˌpri:ɔkju'peiʃn) *s.* preocupació *f.*

preoccupy (to) (pri:'ɔkjupai) *t.* preocupar(se.

preparation (ˌprepə'reiʃən) *s.* preparació *f.* 2 gralnt. *pl.* preparatiu *m.* 3 preparat *m.*

preparatory (pri'pærətəri) *a.* preparatori. ‖ ~ *school* escola preparatòria. 2 ~ *to*, abans de, amb vistes a.

prepare (to) (pri'pɛəʳ) *t.* preparar. ■ 2 *i.* preparar-se *p.*

prepayment (ˌpri:'peimənt) *s.* bestreta *f.*

preponderance (pri'pɔndərəns) *s.* preponderància *f.*

preposition (ˌprepə'ziʃən) *s.* GRAM. preposició *f.*

prepossess (to) (ˌpri:pə'zes) *t.* imbuir [una idea, etc.]. 2 predisposar.

prepossessing (ˌpri:pə'zesiŋ) *a.* simpàtic, atractiu.

preposterous (pri'pɔstərəs) *a.* absurd, ridícul. ■ 2 **-ly** *adv.* absurdament.

prerequisite (ˌpri:'rekwizit) *s.* requisit *m.* previ, condició *f.* prèvia. ■ 2 *a.* previament necessari.

prerogative (pri'rɔgətiv) *s.* prerrogativa *f.*

presage ('presidʒ) *s.* presagi *m.* 2 pronòstic *m.*, auguri *m.*

presage (to) (pri'seidʒ) *t.* presagiar. 2 predir.

Presbyterian (ˌprezbi'tiəriən) *a.-s.* presbiterià.

presbytery ('prezbitri) *s.* ARQ. presbiteri *m.*, santuari *m.*

prescribe (to) (pris'kraib) *t.* prescriure. 2 ordenar, manar. 3 MED. receptar. ■ 4 *i.* establir per llei o per norma. 5 MED. fer una recepta.

prescription (pris'kripʃən) *s.* prescripció *f.* 2 precepte *m.*, norma *f.* 3 MED. recepta *f.*

presence ('prezns) *s.* presència *f.* ‖ ~ *of mind*, presència d'esperit. 2 assistència *f.* 3 aire *m.*, personalitat *f.*

present ('preznt) *a.* present. ‖ *to be* ~, assistir, ser present. 2 actual. 3 GRAM. present [temps]. ■ 4 *s.* present *m.*, actualitat *f.* ‖ *at* ~, actualment, ara, avui. ‖ *for the* ~, de moment, per ara. 5 regal *m.*, obsequi *m.* 6 GRAM. present *m.*

present (to) (pri'zent) *t.* presentar. ‖ *to* ~ *oneself*, presentar-se [a un lloc]. 2 exposar, plantejar. 3 oferir. 4 plantejar. 5 apuntar [una arma]. 6 *to* ~ *with*, regalar, obsequiar amb. 7 TEAT., CINEM. representar; presentar.

presentation (ˌprezen'teiʃən) *s.* presentació *f.* 2 plantejament *m.* 3 lliurament *m.* 4 obsequi *m.*, regal *m.* 5 TEAT. representació *f.* ■ 6 *a.* ~ *copy*, exemplar d'obsequi.

presentiment (pri'zentimənt) s. pressentiment m.

presently ('prezntli) adv. aviat. 2 d'aquí a poca estona. 3 (EUA) ara, actualment.

preservation (ˌprezə'veiʃən) s. conservació f. 2 preservació f.

preserve (pri'zə:v) s. conserva f., confitura f. 2 vedat m., reserva f. 3 fig. terreny m., domini m.: *to poach on someone's* ~, ficar-se en el terreny d'un altre.

preserve (to) (pri'zə:v) t. protegir, preservar. 2 conservar, mantenir. 3 CUI. conservar, confitar.

preside (to) (pri'zaid) i. presidir; dirigir. ‖ *to* ~ *at* o *over*, presidir.

president ('prezidənt) s. president. 2 director.

press (pres) s. pressió f. [també fig.]. 2 multitud f., gentada f. 3 pressa f., urgència f. 4 ESPORT ~-*up*, flexió f. 7 PERIOD. premsa f.

press (to) (pres) t. prémer, pitjar. 2 premsar, esprémer. 3 allisar, planxar. 4 atacar, hostilitzar. 5 estrényer. 6 fig. instar, constrènyer. 7 fig. obligar. 8 *to* ~ *for*, demanar amb insistència. ■ 9 i. fer pressió, prémer t. 10 amuntegar-se p., apilotar-se p. 11 avançar. 12 urgir, apressar.

press box ('presbɔks) s. tribuna f. de premsa.

press clipping ('presˌklipiŋ) , **press cutting** ('presˌkʌtiŋ) s. retall m. de diari.

press conference ('presˌkɔnfrəns) s. roda f. de premsa.

pressing ('presiŋ) a. urgent, imperiós. 2 insistent, persistent. ■ 3 s. premsatge m.

press release ('presˌrili:s) s. comunicat m. de premsa.

pressure ('preʃə^r) s. pressió f. 2 força f., potència f. 3 pes m., pesantor f. 4 fig. urgència f., pressa f. 5 ELECT. tensió f. 6 MED. pressió f., tensió f.

pressure cooker ('preʃəˌkukə^r) s. CUI. olla f. a pressió.

prestidigitation (ˌpresti'didʒiteiʃən) s. prestidigitació f.

prestige (pres'ti:ʒ) s. prestigi m.

presume (to) (pri'zju:m) t. presumir, suposar, creure. 2 atrevir-se p., permetre's p.

presumption (pri'zʌmpʃən) s. presumpció f., suposició f. 2 atreviment m., gosadia f. 3 DRET presumpció f.

presumptive (pri'zʌmptiv) a. pressumpte, suposat. 2 DRET pressumptiu.

presumptuous (pri'zʌmptjuəs) a. pressumptuós, presumit. ■ 2 -ly adv. pressumptuosament.

presuppose (to) (ˌpri:sə'pouz) t. pressuposar.

pretence, (EUA) **pretense** (pri'tens) s. pretensió f. 2 fingiment m., aparència f. 3 pretext m. ‖ *under* ~ *of*, amb el pretext de. ‖ *under falses* ~*s*, amb engany m., amb frau m. 4 ostentació f.

pretend (to) (pri'tend) t. aparentar, fingir, simular. 2 pretendre, aspirar a. ■ 3 i. dissimular, fingir. 4 pretendre, aspirar a.

pretender (pri'tendə^r) s. pretendent.

pretentious (pri'tenʃəs) a. pretensiós. 2 presumptuós, presumit. ■ 3 -ly adv. pretensiosament, amb presumpció.

preterit(e ('pretərit) a. GRAM. pretèrit, passat. ■ 2 s. GRAM. pretèrit m.

pretext ('pri:tekst) s. pretext m.

prettily ('pritili) adv. amb gràcia, amb elegància.

pretty ('priti) a. bonic, preciós. 2 graciós. 3 considerable: *a* ~ *penny*, una quantitat considerable [de diners]. ■ 4 adv. bastant, força: ~ *well*, força bé. ■ 5 s. *my* ~, rei meu.

prevail (to) (pri'veil) i. prevaler. 2 predominar, imperar, regnar. 3 *to* ~ *upon* o *with*, convèncer, persuadir.

prevalent ('prevələnt) a. predominant. 2 corrent, comú. 3 general.

prevaricate (to) (pri'værikeit) i. deformar la veritat, falsejar, mentir. 2 DRET prevaricar.

prevent (to) (pri'vent) t. prevenir, evitar, impedir.

prevention (pri'venʃn) s. prevenció f. ‖ ~ *is better than cure*, més val curar-se en salut. 2 impediment m. 3 protecció f. ‖ *society for the* ~ *of cruelty to animals*, societat f. protectora d'animals.

preventive (pri'ventiv) a. preventiu. 2 impeditiu. ■ 2 s. preventiu, m. profilàctic m. [medicament].

preview ('pri:vju:) s. CINEM., TEAT. preestrena f.

previous ('pri:vjəs) a. previ. 2 anterior, precedent. ‖ ~ *to*, abans de. ■ 3 -ly adv. prèviament. 2 anteriorment, abans.

prevision (pri:'viʒən) s. previsió f.

prey (prei) s. presa f., rapinya f. 2 fig. presa f., víctima f., botí m.

prey (to) (prei) i. *to* ~ *on* o *upon*, atacar, devorar [una presa]; robar, pillar; preocupar, amoïnar.

price (prais) s. preu m., cost m., valor m. [també fig.]. ‖ fig. *at any* ~, a qualsevol preu. ‖ *fixed* ~, preu fix. 2 COM. cotització f. ‖ *closing* ~, cotització final. ‖ *opening* ~, cotització d'obertura o inicial.

price (to) (prais) t. valorar, taxar, avaluar, posar preu a. 2 fig. valorar.

priceless ('praislis) a. inapreciable, inesti-

mable, que no té preu. *2* co**H**oq. diverti-
díssim, graciosíssim.
prick (prik) *s.* punxada *f.*, picada *f.*, fiblada
f. 2 vulg. pixa *f.*, verga *f.*, cigala *f.*
prick (to) (prik) *t.* punxar(se, picar. *2* bur-
xar. *3* foradar, perforar. *4 to ~ up one's*
ears, parar orella. *5* fig. remordir *i.* ▪ *6 i.*
picar, formiguejar.
prickle ('prikl) *s.* BOT. espina *f.*, punxa *f. 2*
ZOOL. pua *f.*, punxa *f. 3* picor *f.*, coïssor
m.
prickle (to) ('prikl) *t.-i.* picar [també fig.].
prickly ('prikli) *a.* espinós [també fig.]. *2*
ple d'espines; que pica.
prickly pear (‚prikli'pɛəʳ) *s.* BOT. figuera *f.*
de moro [arbre]. *2* figa *f.* de moro [fruit].
pride (praid) *s.* orgull *m.* ‖ *to take ~ in,* enor-
gullir-se. *2* altivesa *f.*, supèrbia *f. 3 false*
~, vanitat *f. 4* fig. pompa *f.*, esplendor *f.*
pride (to) (praid) *p. to ~ oneself on* o *upon,*
enorgullir-se de o per.
priest (priːst) *s.* sacerdot *m.* ‖ *high ~,* sum-
me sacerdot.
priestess ('priːstis) *s.* sacerdotessa *f.* ‖ *high*
~, summa sacerdotessa.
priesthood ('priːsthud) *s.* sacerdoci *m. 2*
clergat *m.*
prig (prig) *s.* beat, pretensiós. *2* presump-
tuós, pedant.
prim (prim) *a.* primmirat, repolit, melin-
drós. *2* rigorós, exacte. ▪ *3 -ly adv.* melin-
drosament, amb afectació, etc.
primacy ('praiməsi) *s.* primacia *f.*
primary ('praiməri) *a.* primari. *2* primer. *3*
fonamental, essencial, bàsic. *4* ENSENY.
primari: *~ education,* ensenyament pri-
mari; *~ school,* escola primària. ▪ *5 s. pl.*
(EUA) eleccions *f.* primàries. ▪ *6 primarily*
adv. en primer lloc, abans de tot, princi-
palment.
primate ('praimeit) *s.* ECLES. primat *m. 2*
ZOOL. primats *m. pl.*
prime (praim) *a.* primer, principal. ‖ *~ mov-*
er, força *f.* motriu; fig. instigador, pro-
motor. *2* fonamental, bàsic. *3* original,
primitiu. *4* superior, exce**H**ent, selecte. *5*
MAT. primer. ▪ *6 s.* prima *f.* [hora]. *7* flor
f.; perfecció *f.* ‖ *the ~ of life,* la flor de la
vida. *9* poèt. alba *f.*, albada *f.*
prime (to) (praim) *t.* encebar [una arma,
etc.]. *2* preparar [una superfície, etc.]. *3*
instruir, informar.
prime minister (‚praim'ministəʳ) *s.* primer
ministre.
primer ('praiməʳ) *s.* llibre *m.* elemental [de
text]. *2* carbasseta *f. 3* fulminant *m.*
primeval (prai'miːvəl) *a.* primitiu, prehis-
tòric.

primitive ('primitiv) *a.* primitiu. *2* rudimen-
tari. ▪ *3 s.* ART primitiu.
primordial (prai'mɔːdjəl) *a.* primordial.
primrose ('primrouz) *s.* BOT. primavera *f.*,
prímula *f.*
prince (prins) *s.* príncep *m.*
princely ('prinsli) *a.* principesc, digne d'un
príncep. *2* fig. noble, regi.
princess (prin'ses) *f.* princesa *f.*
principal ('prinsipl) *a.* principal. ▪ *2 s.* cap.
3 director [d'un co**H**egi]; rector [de la uni-
versitat]. *4* COM. capital *m.* principal. *5*
DRET poderdant. ▪ *6 -ly adv.* principal-
ment.
principality (‚prinsi'pæliti) *s.* principat *m.*
principle ('prinsəpl) *s.* principi *m.* [origen,
veritat fonamental; norma; llei]. ‖ *in ~,* en
principi. ‖ *on ~,* per principi. *2* QUÍM. prin-
cipi *m.*
print (print) *s.* emprempta *f.*, marca *f.* ‖
finger ~s, empremtes *f.* digitals. ‖ *foot ~s,*
petjades *f. 2* estampa *f.*, gravat *m.*, imprès
m. ‖ *in ~,* imprès; a la venda; disponible;
large ~, caràcters *m. pl.* grans; *out of ~,*
exhaurit; *small ~,* caràcters *m. pl.* petits;
to get into ~, publicar-se. *3* FOT. còpia *f. 4*
TÈXT. estampat *m.*
print (to) (print) *t.* imprimir, gravar [també
fig.]. *2* publicar, tirar, fer una tirada. *3* es-
criure amb lletres d'impremta. *4* TÈXT.
estampar. ▪ *5 i.* imprimir-se *p.*
printable ('printəbl) *a.* imprimible.
printed ('printid) *a.* imprès. ‖ *~ circuit,* cir-
cuit imprès. ‖ *~ matter/papers,* impresos. *2*
estampat, gravat. *3* d'impremta.
printing ('printiŋ) *s.* impressió *f. 2* estampat
m. 3 impremta *f.*, tipografia *f. 4* imprès
m., estampa *f. 5* tiratge *m.*
printing house ('printiŋ‚haus) *s.* impremta
f.
printing office ('printiŋ‚ɔfis) *s.* impremta *f.*,
taller *m.* gràfic.
printing press ('printiŋ‚pres) *s.* premsa *f.*
prior ('praiəʳ) *a.* anterior, previ. ▪ *2 adv. ~*
to, abans de. ▪ *3 s.* ECLES. prior *m.*
priority (prai'ɔriti) *s.* prioritat *f. 2* antelació
f.
prism (prizəm) *s.* FÍS., MAT. prisma *m.*
prismatic (priz'mætik) *a.* prismàtic. *2* bri-
llant, variat [colors].
prison ('prizn) *s.* presó *f.* ▪ *2 a.* de la presó,
penitenciari. ‖ *~ population,* població re-
clusa. ‖ *~ system,* règim penitenciari.
prisoner ('priznəʳ) *s.* pres, presoner. *2* de-
tingut, arrestat. *3* DRET acusat.
pristine ('pristiːn) *a.* pristi, primitiu, origi-
nal.
privacy ('praivəsi) *s.* retir *m.*, aïllament *m.*

2 secret *m.*, reserva *f.* 3 intimitat *f.*, vida *f.* privada.

private ('praivit) *a.* privat, personal, particular. ‖ ~ *hospital*, clínica privada; ~ *means,* mitjans o béns personals; ~ *parts,* parts pudendes. 2 reservat, confidencial. 3 secret. 4 íntim. 5 sol: *they wish to be* ~, volen estar sols. ■ 6 *s.* soldat *m.* ras. 7 *in* ~, en privat; en secret; a porta tancada. ■ 8 *-ly adv.* en la intimitat; en secret; confidencialment, personalment; a porta tancada.

private enterprise (‚praivit'entəpraiz) *s.* iniciativa *f.* privada.

privateer (‚praivə'tiəʳ) *s.* MAR. corsari *m.*

privation (prai'veiʃən) *s.* privació *f.*, estretor *f.*, misèria *f.*, penúria *f.*

privilege ('privilidʒ) *s.* privilegi *m.* 2 prerrogativa *f.*, honor *m.* 3 exempció *f.* 4 immunitat *f.*: *parliamentary* ~, immunitat parlamentària.

privy ('privi) *a.* privat, ocult, secret. ‖ ~ *council,* consell privat; ~ *parts,* parts pudendes; ~ *seal,* segell real. 2 ~ *to,* assabentat; còmplice de. ■ 3 *s.* ant colloq. wàter.

prize (praiz) *s.* premi *m.*, recompensa *f.* [també fig.]. 2 grossa *f.* [de loteria]. 3 MAR. presa *f.*, captura *f.* ■ 4 *a.* de primera. 5 digne de premi.

prize (to) (praiz) *t.* apreuar, estimar, valorar, avaluar. 2 alçapremar, palanquejar.

prize giving ('praizgiviŋ) *s.* repartiment *m.* de premis.

prizewinning ('praizwiniŋ) *a.* premiat, guardonat.

probability (‚prɔbə'biliti) *s.* probabilitat *f.* ‖ *in all* ~, probablement, amb tota probabilitat. 2 versemblança *f.*

probable ('prɔbəbl) *a.* versemblant.

probation (prə'beiʃən) *s.* període *m.* de prova. 2 DRET llibertat *f.* vigilada. ‖ *on* ~, a prova; en llibertat provisional. ‖ ~ *officer,* oficial *m.* encarregat de la vigilància de les persones en llibertat condicional.

probe (proub) *s.* MED. sonda *f.* 2 enquesta *f.*, sondeig *m.*, investigació *f.* 3 TECNOL. *space* ~, sonda *f.* còsmica.

probe (to) (proub) *t.* MED. sondar. 2 explorar, sondejar, investigar. ■ 3 *i.* *to* ~ *into,* examinar *t.*, investigar *t.*, esbrinar *t.*

probity ('proubiti) *s.* form. probitat *f.*

problem ('prɔbləm) *s.* problema *m.* ■ 2 *a.* problemàtic, difícil: *a* ~ *child,* un nen problemàtic, un nen difícil.

problematic(al (‚prɔbli'mætik, -əl) *a.* problemàtic. 2 enigmàtic, dubtós.

procedure (prə'si:dʒəʳ) *s.* procediment *m.*

‖ *legal* ~, procediment legal. 2 tràmits *m. pl.*, diligències *f. pl.*

proceed (to) (prə'si:d) *i.* procedir. 2 prosseguir, continuar.

proceeding (prə'si:diŋ) *s.* procediment *m.* 2 marxa *f.*, procés *m.* 3 sistema *m.* 4 *pl.* actes *f. pl.* 4 DRET procés *m.*, actuacions *f. pl.*

proceeds ('prousi:dz) *s. pl.* producte *m. sing.*, beneficis *m.*, guanys *m.*

process ('prouses) *s.* procés *m.*, curs *m.*, progrés *m.* ‖ *in* ~, en curs; *in* ~ *of,* en via de, en curs de. ‖ *in* ~ *of time,* amb el temps *m.* 2 procediment *m.*, sistema *f.* 3 ANAT., BOT. apòfisi *f.*, apèndix *m.* 4 DRET procés *m.*, causa *f.* 5 TECNOL. fotomecànica *f.*

process (to) ('prouses) *t.* tractar. 2 transformar, elaborar. 3 processar. 4 FOT. revelar. 5 IMPR. reproduir per fotomecànica.

process (prə'ses) *i.* anar en processó; desfilar.

processing ('prousesiŋ) *s.* tractament *m.* 2 procediment *m.* 3 transformació *f.* 4 INFORM. processament *m.* ‖ *central* ~ *unit,* unitat *f.* central; *data* ~, processament de dades.

procession (prə'seʃən) *s.* processó *f.* 2 desfilada *f.*, seguici *m.*, cavalcada *f.* 3 curs *m.*, progrés *m.* 4 fig. sèrie *f.*

proclaim (to) (prə'kleim) *t.* proclamar. 2 declarar, anunciar. 3 revelar, descobrir.

proclamation (‚prɔklə'meiʃən) *s.* proclamació *f.* 2 declaració *f.* 3 proclama *f.*, ban *m.*, edicte *m.*

proclivity (prə'kliviti) *s.* form. proclivitat *f.*, tendència *f.*, inclinació *f.*

procrastinate (to) (prou'kræstineit) *t.-i.* diferir *t.*, ajornar *t.*

procreation (‚proukri'eiʃən) *s.* procreació *f.*

procure (to) (prə'kjuəʳ) *t.* procurar aconseguir, obtenir. 2 procurar, proporcionar.

prod (prɔd) *s.* cop *m.* 2 punxada *f.*, fiblada *f.* 3 fig. estímul *m.*

prod (to) (prɔd) *t.* donar un cop [amb un objecte punxagut]. 2 donar un cop de colze. 3 picar, punxar. 3 fig. estimular.

prodigal ('prɔdigəl) *a.* pròdig. ‖ BIB. *the Prodigal Son,* el fill *m.* pròdig. ■ 2 *-ly adv.* pròdigament.

prodigious (prə'didʒəs) *a.* prodigiós, portentós. 2 enorme, immens. ■ 3 *-ly adv.* prodigiosament.

prodigy ('prɔdidʒi) *s.* prodigi *m.*, portent *m.* ‖ *child/infant* ~, nen prodigi.

produce ('prɔdju:s) *s.* producte *m.*, producció *f.* ‖ AGR. *farm* ~, productes *m. pl.* agrícoles.

produce (to) (prə'dju:s) *t.* presentar, mostrar, exhibir. 2 produir, fabricar. 3 criar.

4 causar, ocasionar. *5* CINEM. produir. *6* DRET presentar. *7* TEAT. dirigir, posar en escena. *8* TELEV. realitzar. ■ *10 i.* produir *t.*

producer (prə'dju:sə^r) *s.* productor. *2* fabricant. *3* CINEM. productor. *4* TEAT. director d'escena, escenògraf. *5* TELEV. realitzador.

product ('prɔdʌkt) *s.* producte *m.*, producció *f.* ‖ *gross national* ~, producte nacional brut. ‖ *manufactured* ~*s*, productes manufacturats. *2* resultat *m.*, efecte *m. 3* MAT., QUÍM. producte *m.*

production (prə'dʌkʃən) *s.* producció *f.* ‖ *mass* ~, producció en sèrie. *2* fabricació *f. 3* rendiment *m. 4* ART, LIT. obra *f. 5* CINEM., TELEV. realització *f. 6* TEAT. direcció *f.* escènica, representació *f.* ■ *7 a.* de sèrie. ‖ ~ *motorcycle*, motocicleta de sèrie.

production line (prə'dʌkʃn‚lain) *s.* cadena *f.* de muntatge.

productive (prə'dʌktiv) *a.* productiu. *2* AGR. fèrtil, fecund [també fig.].

profane (prə'fein) *a.* profà. *2* irreverent, blasfem. *3* malparlat, groller.

profane (to) (prə'fein) *t.* profanar.

profanity (prə'fæniti) *s.* profanitat *f. 2* irreverència *f.*, renec *m. 3* blasfèmia *f. 4 pl.* renecs *m.*

profess (to) (prə'fes) *t.* professar. *2* declarar, manifestar, confesar. *3* exercir. ■ *4 i.* exercir.

professed (prə'fest) *a.* declarat. *2* ostensible. *3* suposat, pretès. *4* profés.

profession (prə'feʃən) *s.* professió *f.*, ofici *m.* ‖ *by* ~, de professió. *2* professió *f.*, manifestació *f.* ‖ ~ *of faith*, professió de fe. *3* professió *f.*, religió *f.*

professor (prə'fəsə^r) *s.* catedràtic. *2* professor.

professorship (prə'fesəʃip) *s.* càtedra *f. 2* professorat *m.*

proffer ('prɔfə^r) *s.* oferta *f.*, proposició *f.*

proffer (to) ('prɔfə^r) *t.* oferir, proposar, presentar [una oferta].

proficiency (prə'fiʃənsi) *s.* perícia *f.*, habilitat *f.*, capacitat *f.*

proficient (prə'fiʃənt) *a.* pèrit, expert. *2* competent, capaç. *3* destre, hàbil.

profile ('proufail) *s.* perfil *m.* ‖ *in* ~, de perfil. *2* silueta *f.*, contorn *m. 3* descripció *f. 4* fig. retrat *m.; ressenya *f.* biogràfica. *5* ARQ. secció *f.*

profile (to) ('proufail) *t.* perfilar(se.

profit ('prɔfit) *s.* profit *m.*, avantatge *m.*, utilitat *f. 2* COM. guany *m.*, benefici *m.* ‖ ~ *and loss*, guanys *m. pl.* i pèrdues. ‖ ~ *sharing*, participació *f.* en els beneficis.

profit (to) ('prɔfit) *i.* guanyar, treure profit,

beneficiar-se *p. 2 to* ~ *by*, treure profit, aprofitar(se. ■ *3 t.* aprofitar. *4* ser útil a, servir.

profitability (‚prɔfitə'biliti) *s.* rendibilitat *f.*

profitable ('prɔfitəbl) *a.* profitós, beneficiós, rendible, lucratiu.

profiteer (‚prɔfi'tiə^r) *s.* aprofitat, acaparador, explotador.

profligate ('prɔfligit) *a.-s.* llibertí, llicenciós. *2* pròdig, malgastador.

profound (prə'faund) *a.* profund. ■ *2* -**ly** *adv.* profundament.

profuse (prə'fju:s) *a.* profús. *2* pròdig, generós. ■ *3* -**ly** *adv.* profusament; pròdigament.

profusion (prə'fju:ʒən) *s.* profusió *f.*, abundància *f. 2* prodigalitat *f.*

progeny ('prɔdʒini) *s.* prole *f.*, descendència *f.*

prognosticate (to) (prɔg'nɔstikeit) *t.* pronosticar.

programme, (EUA) program ('prougræm) *s.* programa *m.*

programme, (EUA) program (to) ('prougræm) *t.* INFORM. programar. *2* projectar, programar.

progress ('prougres) *s.* progrés *m. 2* marxa *f.*, curs *m.*, desenvolupament *m.*

progress (to) (prə'gres) *i.* progressar, fer progressos. *2* avançar. *3* desenvolupar-se *p.*

progressive (prə'gresiv) *a.* progressiu. *2* POL. progressista. ■ *3 s.* POL. progressista.

prohibit (to) (prə'hibit) *t.* prohibir. *2* impedir.

prohibition (‚proui'biʃən) *s.* prohibició *f.* ‖ (EUA) ~ *law*, llei *f.* seca, prohibicionisme *m.*

project ('prɔdʒekt) *s.* projecte *m.*, pla *m.*

project (to) (prə'dʒekt) *t.* projectar, idear. *2* projectar, llançar. *3* GEOM. projectar. ■ *4 i.* sobresortir, destacar.

projection (prə'dʒekʃn) *s.* projecció *f. 2* sortint *m. 3* fig. concepció *f.*

projection room (prə'dʒekʃn‚ru:m) *s.* CINEM. cabina *f.* de projecció.

proletariat (‚proule'tɛəriət) *s.* proletariat *m.*

proliferation (prə‚lifə'reiʃn) *s.* proliferació *f.*, multiplicació *f.* ‖ *non*- ~ *treaty*, tractat *m.* per a la no proliferació d'armament nuclear.

prolix ('prouliks) *a.* form. prolix, difús.

prologue ('proulɔg) *s.* pròleg *m.*

prolong (to) (prə'lɔŋ) *t.* prolongar, perllongar. *2* allargar.

promenade (‚prɔmi'na:d) *s.* passeig *m. 2* avinguda *f.*, passeig *m. 3* passeig *m.* marítim.

promenade concert ('prɔməna:d‚kɔnsət) *s.*

concert *m*. en el qual una part del públic
està dret.
prominence ('prɔminəns) *s*. prominència *f*.
2 fig. eminència *f*. importància *f*. ‖ *to come
into* ~, adquirir importància.
prominent ('prɔminənt) *a*. prominent, sor-
tint. 2 fig. notable, distingit, eminent. ▪ *3
-ly adv*. prominentment, eminentment.
promiscuous (prə'miskjuəs) *a*. promiscu. 2
llicenciós, llibertí.
promise ('prɔmis) *s*. promesa *f*. 2 avenir *m*.
3 esperança *f*.
promise (to) ('prɔmis) *t.-i*. prometre 2 au-
gurar, prometre, pronosticar, anunciar. ‖
the Promised Land, la terra promesa.
promising ('prɔmisiŋ) *a*. prometedor, fala-
guer, que promet.
promissory ('prɔmisəri) *a*. promissori. ‖
COM. ~ *note,* pagaré.
promontory ('prɔməntri) *s*. promontori *m*.
promote (to) (prə'mout) *t*. promoure, as-
cendir. 2 promoure, fomentar. 3 estimu-
lar, afavorir. 4 fundar, organitzar [una
empresa]. 5 finançar.
promotion (prə'mouʃən) *s*. promoció *f*. 2
ascens *m*. ‖ ~ *list,* escalafó *m*. 3 foment *m*.
4 creació *f*., fundació *f*. 5 presentació *f*.
prompt (prɔmpt) *a*. prompte, prest. 2 llest,
preparat. 3 ràpid, puntual, immediat. ‖ ~
payment, pagament immediat. ▪ *4 s*. TEAT.
apuntament *m*. ▪ *5 -ly adv*. amb promp-
titud; ràpidament; immediatament, pun-
tualment.
prompt (to) (prɔmpt) *t*. incitar, induir, mou-
re. 2 suggerir, inspirar. ▪ *3* TEAT. apuntar.
prompt box ('prɔmptbɔks) *s*. TEAT. coverol
m.
prompter ('prɔmptər) *s*. TEAT. apuntador.
promulgate (to) ('prɔməlgeit) *t*. promulgar,
publicar. 2 fig. divulgar, difondre.
prone (proun) *a*. pron, bocaterrós. 2 incli-
nat, propens.
prong (prɔŋ) *s*. pua *f*., punxa *f*., punta *f*.,
pollegó *m*. [de forca, de forquilla, etc.]. 2
forca *f*.
pronoun ('prounaun) *s*. GRAM. pronom *m*.
pronounce (to) (prə'nauns) *t*. pronunciar
[sons; sentències]. 2 declarar. ▪ *3 i*. pro-
nunciar-se *p*.
pronounced (prə'naunst) *a*. pronunciat,
marcat, decidit, fort.
pronunciation (prə,nʌnsi'eiʃən) *s*. pronun-
ciació *f*.
proof (pru:f) *s*. prova *f*. 2 comprovació *f*. 3
assaig *m*. 4 DRET., FOT., IMPR., MAT. prova
f. ‖ IMPR. ~ *reader,* corrector de proves. ▪
5 a. resistent. ‖ ~ *against,* a prova de. 6 de
graduació normal [alcohol].
prop (prɔp) *s*. suport *m*., puntal *m*., pilar

m. [també fig.]. 2 AVIA. (abrev. *propeller)*
hèlice *f*. 3 CINEM., TEAT. (abrev. *properties)*
accesoris *m. pl*.
prop (to) (prɔp) *t*. apuntalar, suportar, sos-
tenir [també fig.]. 2 mantenir. 3 *to* ~ *one-
self against,* repenjar-se a, sobre.
propaganda (,prɔpə'gændə) *s*. pej. propa-
ganda *f*.
propagate (to) ('prɔpəgeit) *t*. propagar. 2 di-
fondre. ▪ *3 i*. propagar-se *p*.
propel (to) (prə'pel) *t*. propulsar, impel·lir.
propeller (prə'pelər) *s*. propulsor *m*. 2 hèlix
f., hèlice *f*. [de vaixell o avió].
propensity (prə'pensiti) *s*. propensió *f*., ten-
dència *f*.
proper ('prɔpər) *a*. propi, característic. 2
propi, apropiat. 3 correcte [en el seu ús,
etc.]. 4 pròpiament dit. 5 convenient,
adient. 6 decent. 7 GRAM. propi [nom]. ▪
8 -ly adv. pròpiament, correctament, con-
venientment, degudament.
property ('prɔpəti) *s*. propietat *f*. 2 TEAT.
accesoris *m. pl*.
prophecy ('prɔfisi) *s*. profecia *f*.
prophesy (to) ('prɔfisai) *t.-i*. profetitzar *t*.
prophet ('prɔfit) *s*. profeta *m*.
prophetic(al (prə'fetik, -əl) *a*. profètic.
propitiate (to) (prə'piʃieit) *i*. propiciar.
propitious (pre'piʃəs) *a*. propici, 2 favora-
ble. ▪ *3 -ly adv*. propíciament.
proportion (prə'pɔ:ʃən) *s*. proporció *f*., cor-
relació *f*. ‖ *in* ~ *to,* en proporció amb. 2 *pl*.
proporcions *f*., tamany *m. sing*. 3 MAT.
proporció *f*.
proportion (to) (prə'pɔ:ʃən) *t*. proporcio-
nar, equiparar.
proportional (prə'pɔ:ʃənl) *a*. proporcional.
▪ *2 -ly adv*. proporcionalment.
proportionate (prə'pɔ:ʃənit) *a*. Veure PRO-
PORTIONAL.
proposal (prə'pouzəl) *s*. proposició *f*., pro-
posta *f*. 2 oferiment *m*., oferta *f*. 3 decla-
ració *f*., proposta *f*. de matrimoni.
propose (to) (prə'pouz) *t*. proposar. 2 pro-
posar-se *p*. de, tenir la intenció de. ▪ *3 i*.
proposar *t*. 4 demanar *t*. la mà, declarar-
se *p*.
proposition (,prɔpə'ziʃən) *s*. proposició *f*.,
afirmació *f*. 2 proposició *f*. 3 tasca *f*., em-
presa *f*. 4 col·loq. problema *m*.
propound (to) (prə'paund) *t*. form. propo-
sar. 2 presentar, plantejar.
proprietor (prə'praiətər) *s*. propietari *m*.,
amo *m*.
proprietress (prə'praiətris) *s*. propietària *f*.,
mestressa *f*.
propriety (prə'praiəti) *s*. propietat *f*. [qua-
litat d'apropiat]. 2 correcció *f*., decència
f. 3 *pl*. urbanitat *f*., normes *f*. socials.

prorogue (to) (prəˈroug) *t.* prorrogar.
proscribe (to) (prəsˈkraib) *t.* proscriure.
proscription (prəsˈkripʃn) *s.* proscripció *f.*
prose (prouz) *s.* prosa *f.*
prosecute (to) (ˈprɔsikju:t) *t.* form. prosseguir, continuar. *2* DRET processar, demandar.
prosecution (ˌprɔsiˈkju:ʃən) *s.* form. prossecució *f.*, continuació *f.* *2* DRET procés *m.*, processament *m.* *3* DRET ministeri *m.* fiscal.
prosecutor (ˈprɔsikju:təʳ) *s.* DRET demandant; acusador privat. *2* DRET *public* ~, fiscal.
prosody (ˈprɔsedi) *s.* mètrica *f.* *2* prosòdia *f.*
prospect (ˈprɔspekt) *s.* perspectiva *f.* *2* vista *f.*, panorama *f.* *3 pl.* expectatives *f.* *4* esperança *f.* *5* possible client.
prospect (to) (prəsˈpekt) *t.* explorar [per buscar or, petroli, etc.]. ■ *2 i.* fer prospeccions.
prospective (prəsˈpektiv) *a.* possible, probable, en perspectiva.
prospectus (prəsˈpektəs) *s.* prospecte *m.*
prosper (to) (ˈprɔspəʳ) *i.* prosperar. ■ *2 t.* liter. fer prosperar, afavorir.
prosperity (prɔsˈperiti) *s.* prosperitat *f.*
prosperous (ˈprɔspərəs) *a.* pròsper.
prostitute (ˈprɔstitju:t) *s.* prostituta.
prostrate (ˈprɔstreit) *a.* prostrat, prosternat. *2* fig. abatut, aclaparat. *3* BOT. prostrat.
prostrate (to) (prɔsˈtreit) *t.* prostrar, abatre. *2 to* ~ *oneself,* prostrar-se, prosternar-se.
prostration (prɔsˈtreiʃən) *s.* prostració *f.*
prosy (ˈprouzi) *a.* prosaic [estil]. *2* llauna, avorrit.
protect (to) (prəˈtekt) *t.* protegir.
protection (prəˈtekʃən) *s.* protecció *f.*
protective (prəˈtektiv) *a.* protector. *2* proteccionista.
protector (prəˈtektəʳ) *s.* protector.
protein (ˈprouti:n) *s.* QUÍM. proteïna *f.*
protest (ˈproutest) *s.* protesta *f.*
protest (to) (prəˈtest) *t.-i.* protestar.
Protestant (ˈprɔtistənt) *a.-s.* REL. protestant.
Protestantism (ˈprɔtistəntizəm) *s.* REL. protestantisme *m.*
protocol (ˈproutəkɔl) *s.* protocol *m.*
protract (to) (prəˈtrækt) *t.* allargar, prolongar.
protrude (to) (prəˈtru:d) *t.* fer sortir. ■ *2 i.* sortir, sobresortir.
protuberance (prəˈtju:bərəns) *s.* protuberància *f.*
proud (praud) *a.* orgullós. ‖ *to be* ~ *of,* enorgullir-se de. *2* superb, arrogant. *3* esplèndid, magnífic, noble. ■ *4* *-ly adv.* orgullosament, amb orgull; arrogantment; esplèndidament.
prove (to) (pru:v) *t.* provar. *2* demostrar, comprovar. *3* confirmar. *4* posar a prova; fer la prova de. ■ *5 i.* sortir, resultar. *6* demostrar *t.* que s'és [apte, etc.]. ▲ p.p.: *proved* (pru:vd) o *proven* (pru:vn).
provender (ˈprɔvindəʳ) *s.* pinso *m.*, farratge *m.* *2* coŀloq. menjar *m.*, teca *f.*
proverb (ˈprɔvə:b) *s.* proverbi *m.*, refrany *m.*, dita *f.*
provide (to) (prəˈvaid) *t.* proveir, proporcionar. *2* subministrar. *3* estipular. ■ *4 i. to* ~ *for,* mantenir *t.*, proveir *t.* de, proporcionar mitjans de vida. *5 to* ~ *against,* prevenir-se *p.* contra, prendre precaucions contra.
provided (prəˈvaidid) *conj.* ~ *(that),* a condició que, sempre que.
providence (ˈprɔvidəns) *s.* providència *f.*, previsió *f.* *2* REL. providència *f.*
provident (ˈprɔvidənt) *a.* provident, previsor.
province (ˈprɔvins) *s.* província *f.* *2* regió *f.*, districte *m.*, comarca *f.* *3* esfera *f.*, àmbit *m.* [d'activitat, etc.]. *4* competència *f.*, incumbència *f.*
provision (prəˈviʒən) *s.* provisió *f.*, previsió *f.* *2* mesura *f.*, providència *f.* *3 pl.* provisions *m.* DRET clàusula *f.*, disposició *f.*
provisional (prəˈviʒənl) *a.* provisional. ■ *2* *-ly adv.* provisionalment.
proviso (prəˈvaizou) *s.* estipulació *f.*, condició *f.*, clàusula *f.*
provocative (prəˈvɔkətiv) *a.* provocatiu, provocador.
provoke (to) (prəˈvouk) *t.* provocar, causar. *2* provocar, irritar.
provoking (prəˈvoukiŋ) *a.* provocador, provocatiu. *2* irritant, exasperant.
prow (prau) *s.* MAR. proa *f.*
prowess (ˈprauis) *s.* valor *m.*, coratge *m.* *2* habilitat *f.*, traça *f.*
prowl (to) (praul) *t.-i.* rondar [a l'aguait].
proximate (ˈprɔksimit) *a.* form. pròxim; immediat.
proxy (ˈprɔksi) *s.* procuració *f.*, delegació *f.* ‖ *by* ~, per poders *m. pl.* *2* apoderat, delegat.
prude (pru:d) *s.* melindrós, amanerat.
prudence (ˈpru:dəns) *s.* prudència *f.*
prudent (ˈpru:dənt) *a.* prudent; previsor. ■ *2* *-ly adv.* prudentment.
prudery (ˈpru:dəri) *s.* amanerament *m.*, afectació *f.*
prudish (ˈpru:diʃ) *a.* melindrós, primmirat.
prune (to) (pru:n) *t.* podar. *2* fig. treure, retallar.

pruning-hook ('pruːniŋˌhuk) , **pruning-knife** ('pruːniŋˌnaif) *s.* podadora *f.*, podall *m.*

prurience ('pruəriəns) *s.* lascívia *f.*

pry (to) (prai) *i.* espiar, tafanejar. ■ *2 t.* alçapremar, palanquejar.

ps (ˌpiːˈes) *s.* (abrev. *postscript*) postdata *f.*

psalm (sɑːm) *s.* psalm *m.*, salm *m.*

pseudonym ('sjuːdənim) *s.* pseudònim *m.*

psychiatrist (saiˈkaiətrist) *s.* psiquiatra.

psychiatry (saiˈkaiətri) *s.* psiquiatria *f.*

psychologic(al (ˌsaikəˈlɔdʒik(əl) *a.* psicològic.

psychologist (saiˈkɔlədʒist) *s.* psicòleg.

psychology (saiˈkɔledʒi) *s.* psicologia *f.*

psychosis (saiˈkousis) *s.* MED. psicosi *f.*

pub (pʌb) *s.* bar *m.*, pub *m.*

puberty ('pjuːbəti) *s.* pubertat *f.*

public ('pʌblik) *a.* públic. ■ *2 s.* públic *m.* ■ *3* **-ly** *adv.* públicament.

publication (ˌpʌbliˈkeiʃən) *s.* publicació *f.* *2* edició *f.*

public-house (ˌpʌblikˈhaus) *s.* bar *m.*, pub *m.*

publicity (pʌˈblisiti) *s.* publicitat *f.*

publish (to) ('pʌbliʃ) *t.* publicar. *2* editar. *3* difondre, escampar.

publisher ('pʌbliʃəʳ) *s.* editor.

pucker ('pʌkəʳ) *s.* arruga *f.*, plec *m.*

pucker (to) ('pʌkəʳ) *t.* arrugar, plegar. ■ *2 i. to ~ (up),* arrugar-se *p.*

pudding ('pudiŋ) *s.* púding *m.*

puddle ('pʌdl) *s.* bassal *m.*, toll *m.*

pudgy ('pʌdʒi) *a.* rodanxó, rabassut.

puerility (pjuəˈriliti) *s.* puerilitat *f.*

puff (pʌf) *s.* bufada *f.* *2* alenada *f.*, bafarada *f.* *3* CUI. bunyol *m.* *4* COST. bollat *m.*

puff (to) (pʌf) *i.* bufar; esbufegar. *2* fumar, fumejar. ■ *3 t.* bufar. *4* treure, deixar anar [fum, etc.]. *5 to ~ out,* inflar. *6 to ~ up,* inflar-se *p.*, estarrufar-se *p.*

puff pastry ('pʌfˌpeistri) *s.* pasta *f.* de full.

pugilist ('pjuːdʒilist) *s.* púgil, boxador.

pugnacious (pʌgˈneiʃəs) *a.* form. pugnaç, belicós.

pull (pul) *s.* estirada *f.*, estrebada *f.* *2* glop *m.* *3* atracció *f.* *4* esforç *m.* *5* pipada *f.* *6* agafador *m.*, cordó *m.* *7* coŀloq. influències *f. pl.*, padrins *m. pl.*

pull (to) (pul) *t.* estirar. *2* arrossegar. *3* atreure. *4* arrencar, treure, (VAL.) traure. *5* estripar, esquinçar, destrossar. *6* prémer, pitjar. *7* córrer, descórrer [cortines]. *8* moure [rems]. *9* distendre [un lligament, una articulació]. *10* impulsar. *11* treure [una arma]. *12* fig. *to ~ one's leg,* prendre el pèl. ■ *13 i.* estirar *t.*, donar una estrebada. *14* xuclar, fer un traguet. *15* girar, desviar-se *p.* *16* remar. ■ *to ~ apart,* separar; esquinçar; *to ~ away,* arrencar; se-

parar-se; *to ~ back,* fer-se enrere; *to ~ down,* enderrocar; abaixar; desanimar; *to ~ in,* aturar-se arribar [un tren]; *to ~ off,* arrencar [vehicle]; sortir-se'n; *to ~ on;* posar-se [mitges, mitjons, etc.]; *to ~ out,* arrencar, treure; sortir, marxar; *to ~ through,* recuperar-se; dur a terme; treure d'un mal pas; *to ~ up,* acostar, apropar-se; arrencar; aturar; renyar.

pulley ('puli) *s.* corrida *f.*, politja *f.*

pullover ('pulˌouvəʳ) *s.* pullòver *m.*, jersei *m.*

pulp (pʌlp) *s.* polpa *f.* *2* pasta *f.* [de paper, de fusta].

pulpit ('pulpit) *s.* púlpit *m.*, trona *f.* *2 pl.* *the ~s,* el clergat *m. sing.*

pulsate (to) (pʌlˈseit) *i.* bategar, polsar. ■ *2 t.* fer bategar.

pulse (pʌls) *s.* pols *m.* *2* pulsació *f.*, batec *m.*

pulse (to) (pʌls) *i.* polsar, bategar.

pulverize (to) ('pʌlvəraiz) *t.* polvoritzar. *2* fig. destruir [arguments contraris, etc.]. ■ *3 i.* esmicolar-se *p.*

puma ('pjuːmə) *s.* ZOOL. puma *m.*

pumice, pumice stone ('pʌmisstoun) *s.* pedra *f.* tosca.

pump (pʌmp) *s.* MEC. bomba *f.:* *water ~,* bomba d'aigua. *2* bambes *f. pl.*

pump (to) (pʌmp) *t.* bombar, treure, extreure. *2* inflar [amb una bomba]. *3* fig. estirar la llengua. ■ *4 i.* fer anar una bomba.

pumpkin ('pʌmpkin) *s.* BOT. carbassa *f.*, carabassa *f.*

pun (pʌn) *s.* joc *m.* de paraules.

punch (pʌntʃ) *s.* ponx *m.* *2* cop *m.* (VAL.) colp *m.*, cop *m.* de puny. *3* punxó *m.*, picador *m.* *4* fig. energia *f.*

Punch (pʌntʃ) *n. pr.* putxineŀli *m.* ‖ *~-and-Judy show,* teatre *m.* de putxineŀlis.

punch (to) (pʌntʃ) *t.* picar. *2* foradar, perforar. *3* pegar, donar un cop.

punctilious (pʌŋkˈtiliəs) *a.* puntós, meticulós.

punctual ('pʌŋktjuəl) *a.* puntual. ■ *2* **-ly** *adv.* puntualment.

punctuality (ˌpʌŋktjuˈæliti) *s.* puntualitat *f.*

punctuate (to) ('pʌŋktjueit) *t.* GRAM. puntuar. *2* interrompre.

punctuation (ˌpʌŋktjuˈeiʃən) *s.* GRAM. puntuació *f.*

puncture ('pʌŋktʃəʳ) *s.* punxada *f.* MED. punció *f.*

puncture (to) ('pʌŋktʃəʳ) *t.* punxar, foradar. *2* rebentar. *3* fig. desinflar-se *p.* ■ *4 i.* punxar-se *p.*

pungent ('pʌndʒənt) *a.* picant, fort. *2* mordaç. *3* agut, viu, penetrant.

punish (to) ('pʌniʃ) *t.* castigar, penar. *2* maltractar. *3* coŀloq. devorar [menjar].
punishment ('pʌniʃmənt) *s.* càstig *m.*, pena *f.*
punt (pʌnt) *s.* barca *f.* de perxa.
punt (to) (pʌnt) *t.* portar en una barca de perxa. ▪ *2 i.* anar en una barca de perxa. *3* apostar, fer apostes [en cavalls].
puny ('pju:ni) *a.* escarransit, escanyolit. *2* petit, insignificant.
pup (pʌp) *s.* cadell.
pupil ('pju:pl, -pil) *s.* alumne, deixeble. *2* ANAT. pupiŀla *f.* *3* DRET pupil.
puppet ('pʌpit) *s.* titella *m.*, putxineŀli *m.*, ninot *m.*
purchase ('pə:tʃəs) *s.* compra *f.*, adquisició *f.* *2* MAR. aparell *m.* *3* MEC. palanca *f.*; suport *m.*; agafador *m.*
purchase (to) ('pə:tʃəs) *t.* comprar, adquirir: *purchasing power,* poder adquisitiu.
purchaser ('pə:tʃəsər) *s.* comprador.
pure ('pjuər) *a.* pur. ▪ *2* **-ly** *adv.* purament, simplement.
purgative ('pə:gətiv) *a.* purgatiu, purgant. ▪ *2 s.* purgant *m.*
purgatory ('pə:gətəri) *s.* purgatori *m.*
purge (pə:dʒ) *s.* purga *f.* *2* purgant *m.*
purge (to) (pə:dʒ) *t.* purgar. *2* depurar.
purification (ˌpjuərifiˈkeiʃən) *s.* purificació *f.* *2* depuració *f.*
purifier (ˌpjuərifaiər) *s.* purificador. *2* depurador.
purify ('pjuərifai) *t.* purificar. *2* depurar.
puritan ('pjuəritən) *a.-s.* purità.
purity ('pjuəriti) *s.* puresa *f.*
purl (pə:l) *s.* poèt. remor *f.* de l'aigua. *2* punt *m.* del revés. *3* COST. punta *f.*
purl (to) (pə:l) *t.* fer punt del revés. *2* posar puntes. ▪ *3 i.* poèt. remorejar [l'aigua]. *4* fer punt del revés.
purloin (to) (pə:ˈlɔin) *t.* form. robar, furtar.
purple ('pə:l) *a.* porprat, purpuri. ▪ *2 s.* porpra, púrpura [color].
purport ('pə:pət) *s.* significat *m.*, sentit *m.*
purport (to) (pəˈpɔ:t) *t.* significar, voler dir; donar a entendre. *2* pretendre.
purpose ('pə:pəs) *s.* propòsit *m.*, intenció *f.*, objectiu *m.* ‖ *on ~,* a posta. *2* resolució *f.*, determinació *f.* *3* efecte *m.*, resultat *m.*, ús *m.*, utilitat *m.* ▪ *4* **-ly** *adv.* a posta, expressament.
purpose (to) ('pə:pəs) *t.* liter. proposar-se *p.*
purr (pə:ʳ) *s.* ronc *m.*
purr (to) (pə:ʳ) *i.* roncar [un gat]. ▪ *2 t.* dir suaument.
purse (pə:s) *s.* moneder *m.*, portamonedes *m.* *2* butxaca *f.*, bossa *f.* [diners]. *3* coŀlecta *f.* *4* (EUA) bossa *f.* [de mà].

purse (to) (pə:s) *t.* arrugar, arrufar [les celles], arronsar [els llavis].
pursue (to) (pəˈsju:) *t.* perseguir, empaitar, (BAL.) encalçar, (VAL.) acaçar. *2* perseguir [un objectiu]. *3* prosseguir, continuar.
pursuit (pəˈsju:t) *s.* persecució *f.*, caça *f.*, recerca *f.* *2* pretensió *f.*, afany *m.* *3* prossecució *f.* *4* ocupació *f.*, feina *f.*, activitat *f.*
purvey (to) (pəˈvei) *t.-i.* proveir *t.*, subministrar *t.*
purveyor (pəˈveiəʳ) *s.* proveïdor, subministrador.
purview ('pə:vju:) *s.* esfera *f.*, límits *m. pl.*, abast *m.*
pus (pʌs) *s.* MED. pus *m.*
push (puʃ) *s.* empenta *f.* *2* empenta *f.*, determinació *f.*, energia *f.* *3* embranzida *f.* *4* moment *m.* crític.
push (to) (puʃ) *t.* empènyer. *2* empentar, (ROSS.) pussar, pussir. *3* trepitjar; prémer. *4* impulsar. *5* insistir, instar, apressar. ▪ *6 i.* empènyer; fer pressió. ▪ *to ~ aside,* apartar; deixar de banda; *to ~ forward,* avançar, obrir-se pas; *to ~ in,* passar davant [en una cua]; coŀloq. *to ~ off,* tocar el dos; MAR. desatracar; *to ~ over,* fer caure, empentar, donar empentes; *to ~ through,* fer avançar; dur a terme; *to ~ up,* pujar, aixecar.
push-button ('puʃˌbʌtn) *s.* botó *m.*, botó *m.* elèctric.
pusillanimous (ˌpju:siˈlænim
əs) *a.* pusiŀlànime.
puss (pus) *s.* mix, mixeta. *2* coŀloq. noia *f.*
put (put) *s.* llançament *m.* ▪ *2 a. to stay ~,* estar quiet.
put (to) (put) *t.* posar, coŀlocar, ficar. *2* fer [una pregunta]. *3* expressar, exposar. *4* instar, apressar. ▪ *5 i.* MAR. posar el rumb. ▪ *to ~ aside,* deixar de banda, deixar de, renunciar a; *to ~ away,* guardar; estalviar; rebutjar; *to ~ back,* posposar, ajornar; *to ~ down,* posar [a terra]; reprimir; ridiculitzar, deixar en ridícul; humiliar; apuntar, anotar; atribuir; *to ~ forth,* exposar; mostrar; proposar; *to ~ forward,* plantejar, proposar; *to ~ in,* dedicar; interrompre; posar; *to ~ off,* ajornar; fer esperar; dissuadir, fer perdre les ganes; treure's [un vestit]; *to ~ on,* posar-se [un vestit]; oferir [un servei]; encendre [el llum, el foc, etc.]; enganyar; fer posat de; TEAT. posar en escena. ‖ *to ~ on weight,* engreixar-se; *to ~ out,* treure, (VAL.) traure; apagar [la llum, el foc, etc.]; molestar; desconcertar; dislocar; *to ~ over,* expressar, explicar; *to ~ through,* posar amb [per telèfon]; fer aprovar; fer passar; *to ~ together,* muntar;

to ~ *up,* aixecar, erigir, armar, muntar; allotjar; enganxar, penjar; oferir [resistència]; proporcionar [diners]; apujar; embolicar. ∥ *to* ~ *up with,* aguantar, sofrir. ▲ Pret. i p.p.: *put* (put); ger.: *putting* ('putiŋ).

putrefaction (ˌpjuːtriˈfækʃən) *s.* putrefacció *f.*

putrefy (to) ('pjuːtrifai) *t.* podrir. ■ *2 i.* podrir-se *p.*

putrid ('pjuːtrid) *a.* pútrid, podrit. *2* pudent. *3* corromput. *4* colloq. horrible.

putty ('pʌti) *s.* massilla *f.*

puzzle ('pʌzl) *s.* perplexitat *f.*, estranyesa. *2* problema *m.*, enigma *m.* *3* trencaclosques *m.;* endevinalla *f.* ∥ *crossword* ~, mots *m. pl.* encreuats.

puzzle (to) ('pʌzl) *t.* deixar parat, confondre. *2 to* ~ *out,* desxifrar, solucionar [un problema, etc.]. ■ *3 i. to* ~ *over,* meditar sobre, reflexionar sobre.

puzzling ('pʌzliŋ) *a.* enigmàtic, intrigant.

pygmy ('pigmi) *a.-s.* pigmeu.

pyjamas (pəˈdʒɑːməz) *s. pl.* pijama *m. sing.*

pyramid ('pirəmid) *s.* piràmide *f.*

pyre ('paiəʳ) *s.* pira *f.*, foguera *f.*

Pyrenees (ˌpirəˈniːz) *n. pr.* GEOGR. Pirineus *m. pl.*

python ('paiθən) *s.* ZOOL. pitó *m.*

Q

Q, q (kju:) *s.* q f. [lletra].
quack (kwæk) *s.* claca *f.* [de l'ànec]. *2* xarlatà, curandero. ■ *3 a.* fals; de xarlatà.
quack (to) (kwæk) *i.* clacar.
quadrangle ('kwɔˌdræŋgl) *s.* quadrangle *m.* *2* pati *m.* [esp. d'un col·legi].
quag (kwæg) *s.* Veure QUAGMIRE 1.
quagmire ('kwægmaiəʳ) *s.* fanguissar *m.*, fangar *m.* *2* fig. empantanegament *m.*, entrebanc *m.*
quail (kweil) *s.* ORN. guatlla *f.*
quail (to) (kweil) *i.* acovardir-se *p.*, arronsar-se *p.*
quaint (kweint) *a.* curiós, singular, original.
quake (to) (kweik) *i.* tremolar, estremir-se *p.*
qualification (ˌkwɔlifi'keiʃən) *s.* qualificació *f.* *2* condició *f.*, requisit *m.* *3* capacitat *f.*, aptitud *f.*
qualified ('kwɔlifaid) *a.* qualificat, apte, competent.
qualify (to) ('kwɔlifai) *t.* qualificar. *2* capacitar. *3* limitar, concretar. *4* GRAM. modificar. ■ *5 i.* capacitar-se *p.* *6* ESPORT qualificar-se *p.*
quality ('kwɔliti) *s.* qualitat *f.*
qualm (kwa:m) *s.* dubte *m.*, escrúpol *m.*, remordiment *m.* *2* basques *f. pl.*, nàusea *f.*, mareig *m.*
quandary ('kwɔndəri) *s.* incertesa *f.*, perplexitat *f.* *2* dilema *m.;* situació *f.* difícil.
quantity ('kwɔntiti) *s.* quantitat *f.* *2 pl.* gran quantitat *f. sing.* *3* MAT. ***unknown*** ∼, incògnita *f.*
quantity surveyor ('kwɔntitisəˌveiəʳ) *s.* CONSTR. aparellador *m.*
quarantine ('kwɔrənti:n) *s.* quarantena *f.* [aïllament].
quarrel ('kwɔrəl) *s.* disputa *f.*, discussió *f.* *2* baralla *f.*, batussa *f.*
quarrel (to) ('kwɔrəl) *i.* renyir, barallar-se

p., discutir. *2 to* ∼ *with,* dissentir de; queixar-se *p.* de; protestar contra.
quarrelsome ('kwɔrəlsəm) *a.* buscabregues; buscaraons.
quarry ('kwɔri) *s.* MIN. pedrissa *f.*, pedrera *f.* *2* presa *f.*, caça *f.*
quart (kwɔ:t) *s.* quart *m.* de galó.
quarter ('kwɔ:təʳ) *s.* quart *m.*, quarter, *m.*, quarta part *f.* *2* trimestre *m.* *3* regió *f.*, part *f.*, direcció *f.* || *from all* ∼*s,* d'arreu. *4* font *f.* [d'informació, etc.]. *5* barri *m.* *6 pl.* allotjament *m.*, habitatge *m.* *7* (EUA) moneda *f.* de 25 cèntims. *8 pl.* MIL. quarter *m. sing.* || *to give no* ∼, no donar quarter.
quarter (to) ('kwɔtəʳ) *t.* esquerterar, dividir en quarters. *2* MIL. aquarterar; allotjar.
quarterly ('kwɔ:təli) *a.* trimestral. ■ *2 adv.* trimestralment. ■ *3 s.* publicació *f.* trimestral.
quartet (kwɔ:'tet) *s.* MÚS. quartet *m.*
quartz (kwɔ:ts) *s.* MINER. quars *m.*
quash (to) (kwɔʃ) *t.* DRET anul·lar. *2* reprimir.
quatrain ('kwɔtrein) *s.* LIT. quarteta *f.*
quaver (to) ('kweivəʳ) *i.* tremolar, vibrar. *2* MÚS. refilar, trinar. ■ *3 t.* dir amb veu tremolosa.
quay (ki:) *s.* moll *m.*, desembarcador *m.*
queen (kwi:n) *s.* reina *f.* *2* JOC reina *f.* [d'escacs]; dama *f.* [de cartes].
queen bee ('kwi:n'bi:) *s.* ZOOL. abella *f.* reina.
queer (kwiəʳ) *a.* rar, estrany, estrafalari. *2* excèntric, tocat de l'ala. *3* misteriós. *4* malalt. || *I feel* ∼, em trobo malament. ■ *5 s.* vulg. marieta *m.* [homosexual].
quell (to) (kwel) *t.* poèt. reprimir, sofocar. *2* apaivagar. *3* calmar.
quench (to) (kwentʃ) *t.* apagar [també fig.].
querulous ('kweruləs) *a.* gemegaire, queixós.

query ('kwiəri) *s.* pregunta *f.* 2 dubte *m.* 3 interrogant *m.*

query (to) ('kwiəri) *t.* posar en dubte, dubtar. 2 preguntar, interrogar. 3 *to* ~ *whether/if,* preguntar-se *p.* si.

quest (kwest) *s.* busca *f.,* recerca *f.* ‖ *in* ~ *of,* a la recerca de.

quest (to) (kwest) *t.-i.* buscar *t.,* cercar *t.*

question ('kwestʃən) *s.* pregunta *f.* ‖ ~ *mark,* interrogant *m.* 2 objecció *f.,* dubte *m.* ‖ *beyond all* ~, fora de dubtes; *out of the* ~, impossible; *to call in* ~, posar en dubte; *without* ~, sens dubte. 3 qüestió *f.,* problema *m.* ‖ *beside the* ~, que no ve al cas.

question (to) ('kwestʃən) *t.* preguntar; interrogar. 2 posar en dubte, dubtar de. 3 discutir.

questionable ('kwestʃənəbl) *a.* qüestionable, disutible. 2 dubtós, sospitós.

questionnaire (,kwestʃə'nɛəʳ) *s.* qüestionari *m.;* enquesta *f.*

queue (kju:) *s.* cua *f.* [filera].

queue (to) (kju:) *i.* fer cua.

quibble ('kwibl) *s.* evasiva *f.,* subterfugi *m.*

quibble (to) ('kwibl) *i. to* ~ *(over),* parlar amb evasives.

quick (kwik) *a.* ràpid, veloç. 2 viu [geni]. 3 intel·ligent, llest. 4 àgil. ■ 5 *s.* carn *f.* viva. ‖ fig. *to cut the* ~, tocar el punt *m.* sensible. ■ 6 *-ly adv.* ràpidament, veloçment.

quicken (to) ('kwikən) *t.* avivar, animar. 2 accelerar, apressar. ■ 3 *i.* avivar-se *p.,* animar-se *p.* 4 accelerar-se *p.,* apressar-se *p.*

quicklime ('kwiklaim) *s.* calç *f.* viva.

quickness ('kwiknis) *s.* rapidesa *f.* 2 promptitud *f.* 3 intel·ligència.

quicksand ('kwiksænd) *s.* arenes *f. pl.* movedisses.

quick-tempered (,kwik'tempəd) *a.* geniüt.

quick-witted (,kwik'witid) *a.* astut, perspicaç.

quid (kwid) *s.* tabac *m.* de mastegar. 2 (G.B.) col·loq. lliura *f.* [diners].

quiet ('kwaiət) *a.* silenciós, callat. 2 tranquil, calmat, reposat. 3 senzill, discret, amable. 4 suau, apagat. ■ 5 *s.* tranquil·litat *f.,* silenci *m.,* calma *f.,* pau *f.* 6 *on the* ~, d'amagat, per sota mà.

quiet (to) (kwaiət) *t.* calmar, tranquil·litzar, assossegar. 2 fer callar. ■ 3 *i. to* ~ *down,* calmar-se *p.,* tranquil·litzar-se *p.,* assossegar-se *p.;* callar.

quill (kwil) *s.* ploma *f.* [d'au]. 2 canó *m.* [d'una ploma].

quilt (kwilt) *s.* edredó *m.*

quilt (to) (kwilt) *t.* embuatar, enconxar.

quince (kwins) *s.* BOT. codony *m.* 2 codonyer *m.*

quintal ('kwintl) *s.* quintar *m.*

quintessence (kwin'tesns) *s.* quinta essència *f.*

quintet (kwin'tet) *s.* MÚS. quintet *m.*

quip (kwip) *s.* comentari *m.* sarcàstic, acudit *m.*

quit (kwit) *a.* deslliurat, lliure, exent.

quit (to) (kwit) *t.* deixar, abandonar. 2 deixar de, renunciar a. ■ 3 *i.* marxar, anar-se'n *p.* 4 dimitir; parar.

quite (kwait) *adv.* completament, totalment. ‖ *you're* ~ *right,* tens tota la raó. 2 força, bastant. 3 col·loq. *a* ~ *man,* tot un home. 4 col·loq. ~ *so,* és clar, efectivament.

quits (kwits) *a. to be* ~ *with,* estar en paus amb.

quittance ('kwitəns) *s.* quitament *m.,* quitança *f.* 2 pagament *m.*

quiver ('kwivəʳ) *s.* carcaix *m.,* aljava *f.* 2 tremolor *m.,* estremiment *m.,* vibració *f.*

quiver (to) ('kwivəʳ) *i.* tremolar, estremir-se *p.,* vibrar, moure.

quixotic (kwik'sɔtik) *a.* quixotesc.

quiz (kwiz) *s.* RADIO., TELEV. concurs *m.*

quoit (kɔit) , (EUA) (kwɔit) *s.* tella *f.,* joc *m.* de tella.

quotation (kwou'teiʃən) *s.* citació *f.* 2 COM. cotització *f.* ■ 3 *a.* ~ *marks,* cometes *f.*

quote (to) (kwout) *t.* citar, esmentar [un texte, un autor]. 2 COM. cotitzar; fixar el preu de.

quotidian (kwɔ'tidiən) *a.* recurrent [febre].

quotient ('kwouʃənt) *s.* MAT. quocient *m.*

R

R, r (aː^r) *s.* r *f.* [lletra].
Rabat (rə'bæt) *n. pr.* GEOGR. Rabat *m.*
rabbi ('ræbai) *s.* rabí *m.*
rabbit ('ræbit) *s.* ZOOL. conill *m.* 2 colloq. ESPORT jugador dolent.
rabbit-hole ('ræbithoul) *s.* llodriguera *f.*, cau *m.* de conills.
rabbit-hutch ('ræbithʌtʃ) *s.* conillera *f.*
rabble ('ræbl) *s.* xusma *f.*, canalla *f.* 2 multitud *f.* turbulenta.
rabid ('ræbid) *a.* MED. rabiós. 2 furiós, violent, fanàtic.
rabies ('reibiːz) *s.* MED. ràbia *f.*
rac(c)oon (rə'kuːn) *s.* ZOOL. ós *m.* rentador.
race (reis) *s.* raça *f.* 2 casta *f.*, llinatge *m.* 3 poble *m.* 4 ESPORT cursa *f.*, regata *f.*
race (to) (reis) *i.* córrer [en una cursa]. ■ 2 *t.* fer córrer. 3 competir amb [en una cursa].
racial ('reiʃəl) *a.* racial.
racism ('reisizəm) *s.* racisme *m.*
rack (ræk) *s.* prestatge *m.*, lleixa *f.* 2 penjador *m.* 3 cavall *m.* de tortura. 4 FERROC. reixa *f.* [per l'equipatge]. 5 MEC. cremallera *f.*
rack (to) (ræk) *t.* torturar. 2 turmentar. 3 fig. *to ~ one's brains*, escalfar-se *p.* el cap.
racket ('rækit) *s.* ESPORT raqueta *f.* 2 xivarri *m.*, soroll *m.*, gresca *f.* 3 colloq. estafa *f.*, engany *m.*
rack-railway ('ræk‚reilwei) *s.* FERROC. ferrocarril *m.* de cremallera.
racy ('reisi) *a.* viu, animat [estil]. 2 salat, picant, fort.
radar ('reidaː^r) *s.* TECNOL. radar *m.*
radial ('reidjəl) *a.* radial.
radiance ('reidjəns) *s.* brillantor *f.*, resplendor *f.*, esplendor *f.*
radiant ('reidjənt) *a.* radiant, resplendent, brillant.
radiate (to) ('reidieit) *t.* radiar, irradiar. ■ 2 *i.* partir de, sortir de.

radiation (‚reidi'eiʃən) *s.* radiació *f.*
radiator ('reidieitə^r) *s.* radiador *m.*
radical ('rædikəl) *a.* radical. ■ 2 *s.* POL. radical. 3 MAT. radical *m.* ■ 3 -ly *adv.* radicalment.
radio ('reidiou) *s.* ELECT. ràdio *f.* ■ 2 *a.* de ràdio, radiofònic.
radioactive (‚reidiou'æktiv) *a.* radioactiu.
radio set ('reidiou‚set) *s.* ràdio *f.*, aparell *m.* de ràdio.
radish ('rædiʃ) *s.* BOT. rave *m.*
radium ('reidjəm) *s.* QUÍM. radi *m.*
radius ('reidjəs) *s.* GEOM., ANAT. radi *m.* 2 radi *m.* [d'acció].
raffle ('ræfl) *s.* rifa *f.*
raffle (to) ('ræfl) *t.* rifar, sortejar.
raft (raːft) *s.* rai *m.* 2 bot *m.*
rafter ('raːftə^r) *s.* ARQ. biga *f.*
rag (ræg) *s.* drap *m.* 2 parrac *m.* ‖ *in ~s*, desparracat. 3 colloq. diari *m.* de mala mort.
ragamuffin ('rægəmʌfin) *s.* trinxeraire, perdulari.
rage (reidʒ) *s.* ràbia *f.*, ira *f.* 2 fúria *f.*, violència *f.* 3 passió *f.*, fervor *m.* 4 *to be all the ~*, estar de moda *f.*, ser el darrer crit *m.*
rage (to) (reidʒ) *i.* enrabiar-se *p.*, posar-se *p.* furiós. 2 fer estralls, enfurismar-se *p.*, bramar [el vent, la pluja, etc.].
ragged ('rægid) *a.* esparracat, pollós. 2 estripat; escantellat. 3 fig. irregular, desigual. ■ 4 -ly *adv.* amb esparracs, amb estrips.
ragman ('rægmæn) *s.* drapaire *m.*
raid (reid) *s.* incursió *f.*, ràtzia *f.*, atac *m.* 2 agafada *f.* [de la policia].
raid (to) (reid) *t.-i.* fer una incursió, atacar per sorpresa.
rail (reil) *s.* barana *f.*, passamà *m.* 2 tanca *f.*, closa *f.* 3 FERROC. carril *m.*, rail *m.*, via *f.* ‖ *by ~*, per ferrocarril *m.*
rail (to) (reil) *t.* encerclar amb una tanca. 2

posar una barana. ▪ *3 i. to ~ at,* protestar contra, queixar-se *p.* de.

railing ('reiliŋ) *s.* barana *f.*, passamà *m.;* barrera *f.*

raillery ('reiləri) *s.* liter. facècia *f.*, broma *f.*

railway ('reilwei) , (EUA) **railroad** ('reilroud) *s.* ferrocarril *m.*, via *f.* fèrria.

rain (rein) *s.* pluja *f.* [també fig.].

rain (to) (rein) *i.-impers.-t.* ploure. ‖ *to ~ cats and dogs,* ploure a bots i barrals.

rainbow ('reinbou) *s.* arc *m.* de Sant Martí, arc *m.* iris.

raincoat ('reinkout) *s.* impermeable *m.*

raindrop ('reindrɔp) *s.* gota *f.* de pluja.

rainfall ('reinfɔ:l) *s.* xàfec *m.*, ruixat *m.* 2 pluviositat *f.*

rainstorm ('reinstɔ:m) *s.* aiguat *m.*, tempesta *f.*

rainy ('reini) *a.* plujós, de pluja.

raise (reiz) *s.* augment *m.*, puja *f.* [de preus, de salaris, etc.].

raise (to) (reiz) *t.* aixecar, alçar. 2 elevar, apujar, augmentar. 3 erigir, alçar [un monument, una estàtua, etc.]. 4 provocar, produir, suscitar. 5 promoure, presentar, plantejar [una objecció, protesta, etc.]. 6 conrear, cultivar [plantes]; fer cria, criar [animals]. 7 criar, pujar [una família]. 8 aconseguir, obtenir, reunir. 9 aixecar [un setge, una pena, etc.].

raisin ('reizn) *s.* pansa *f.*

raja(h ('rɑ:dʒə) *s.* rajà *m.*

rake (reik) *s.* AGR. rasclet *m.*, rascle *m.* 2 llibertí *m.* 3 NÀUT. inclinació *f.*

rake (to) (reik) *t.* rasclar, rastellar. 2 ramassar, aplegar. 3 furgar, burxar [el foc]. 4 fig. *to ~ in,* fer molts diners. 5 NÀUT. inclinar. ▪ *6 i.* NÀUT. inclinar-se *p.*

rally ('ræli) *s.* reunió *f.*, concentració *f.*, replegament *m.* 2 recuperació *f.* millorament *m.* [salut, economia, etc.]. 3 ESPORT rally *m.*

rally (to) ('ræli) *t.* reunir, concentrar. 2 refer, reorganitzar. 3 animar. ▪ *4 i.* reunir-se *p.*, concentrar-se *p.* 5 refer-se *p.* 6 reorganitzar-se *p.* 7 animar-se *p.*

ram (ræm) *s.* ZOOL. marrà *m.* 2 MIL. ariet *m.* 3 MEC. maçó *m.*, picó *m.*

ram (to) (ræm) *t.* piconar, maçonar. 2 clavar. 3 entaforar, ficar [per força]. 4 xocar *i.*, topar *i.*

ramble ('ræmbl) *s.* passeig *m.*, excursió *f.* 2 fig. divagació *f.*

ramble (to) ('ræmbl) *i.* passejar, fer una excursió. 2 fig. divagar.

rambler ('ræmbləʳ) *s.* excursionista.

rambling ('ræmbliŋ) *a.* tortuós, laberíntic, de distribució irregular [carrers, cases]. 2

inconnex, confús, incoherent [discurs; pensaments]. 3 BOT. enfiladís.

ramp (ræmp) *s.* rampa *f.*

rampant ('ræmpənt) *a.* exuberant [planta]. 2 violent, agressiu. 3 *to be ~,* estendre's, escampar-se [una malaltia, un vici, etc.]. 4 HERÀLD. rampant.

rampart ('ræmpɑ:t) *s.* muralla *f.*, terraplè *m.* 2 fig. defensa *f.*, protecció *f.*

ramshackle ('ræm,ʃækl) *a.* atrotinat, ruïnós.

ran (ræn) *pret.* de RUN (TO).

ranch (rɑ:ntʃ) *s.* (EUA) ranxo *m.*, hisenda *f.*

rancher ('rɑ:ntʃəʳ) *s.* (EUA) ranxer.

rancid ('rænsid) *a.* ranci.

rancour, (EUA) **rancor** ('ræŋkəʳ) *s.* rancor *m.*, rancúnia *f.*

random ('rændəm) *s. at ~,* a l'atzar *m.* ▪ *2 a.* fortuït, casual.

rang (ræŋ) *pret.* de RING (TO) 2.

range (reindʒ) *s.* fila *f.*, filera *f.* ‖ *~ of mountains,* serra *f.*, carena *f.* 2 esfera *f.* [d'activitat, de coneixement]. 3 camp *m.* de tir. 4 abast *m.*, distància *f.* [d'una arma]. 5 abast *m.*, extensió *f.* [de la veu, l'oïda, etc.]. 6 escala *f.*, sèrie *f.*, gamma *f.* 7 cuina *f.* econòmica. 8 (EUA) devesa *f.*

range (to) (reindʒ) *t.* alinear, afilerar, arrenglerar. 2 arreglar, ordenar, classificar. 3 recórrer [també fig.]. 4 col·locar. 5 *to ~ oneself,* col·locar-se. ▪ *6 i.* estendre's *p.* 7 vagar. 8 oscil·lar, variar. 9 abastar, arribar [una arma].

rank (ræŋk) *a.* pej. rematat, absolut. ‖ *a ~ injustice,* una gran injustícia. 2 pudent, ranci. 3 exuberant [vegetació]. ▪ *4 s.* fila *f.*, filera *f.*, renglera *f.* 5 MIL. rang *m.*, graduació *f.*, grau *m.*

rank (to) (ræŋk) *t.* classificar, col·locar, posar. 2 alinear, arrenglerar. ▪ *3 i.* figurar entre, formar part de. 4 ocupar *t.* un lloc [en una escala]. ‖ *to ~ high,* ocupar una alta posició.

rankle (to) ('ræŋkl) *i.* amargar *t.* ‖ *his failure still ~,* el seu fracàs encara li dol.

ransack (to) ('rænsæk) *t.* escorcollar; examinar. 2 saquejar, pillar.

ransom ('rænsəm) *s.* rescat *m.* 2 REL. redempció *f.*

ransom (to) ('rænsəm) *t.* rescatar. 2 REL. redimir.

rant (to) (rænt) *t.* dir amb ampul·lositat. ▪ *2 i.* parlar amb grandiloqüència. 3 desvariar.

rap (ræp) *s.* cop *m.* sec. 2 col·loq. culpa *f.:* *to take the ~ for,* carregar amb les culpes per. 3 (EUA) col·loq. xerrada *f.*, conversa *f.*

rap (to) (ræp) *t.-i.* trucar, donar un cop. *2* (EUA) coĦoq. xerrar.

rapacious (rə'peiʃəs) *a.* rapaç; àvid.

rape (to) (reip) *t.* violar, forçar.

rapid ('ræpid) *a.* ràpid. ■ *2 s.* ràpid *m.* [d'un riu]. ■ *3* **-ly** *adv.* ràpidament.

rapidity (rə'piditi) *s.* rapidesa *f.*

rapier ('reipiə') *s.* estoc *m.*, espasa *f.*

rapport (ræ'pɔ:') *s.* relació *f.*, harmonia *f.*, conformitat *f.* ‖ *to be in ~ with,* estar d'acord amb.

rapt (ræpt) *a.* absort, pensarós. *2* ravatat, captivat.

rapture ('ræptʃə') *s.* rapte *m.*, embaladiment *m.*, èxtasi *m.*

rapturous ('ræptʃərəs) *a.* extàtic, embadalit.

rare (rɛə') *a.* rar, poc freqüent, poc comú. *2* enrarit [aire]. *3* coĦoq. exceĦent, molt bo. *4* CUI. poc fet [carn]. ■ *5* **-ly** *adv.* rarament, rares vegades.

rarefy ('rɛərifai) *t.* enrarir. ■ *2 i.* enrarir-se *p.*

rarity ('rɛəriti) *s.* raresa *f.*

rascal (rɑːskəl) *s.* bergant, murri.

rase (to) (reiz) *t.* Veure RAZE (TO).

rash (ræʃ) *a.* irreflexiu, precipitat, imprudent, temerari. ■ *2 s.* MED. granissada *f.*, erupció *f.* ■ *3* **-ly** *adv.* imprudentment; precipitadament.

rasp (to) (rɑːsp) *t.* llimar. *2* crispar [els nervis]. *3* **to ~ out,** dir amb veu aspra. ■ *4 i.* fer un soroll aspra.

raspberry ('rɑːzbəri) *s.* BOT. gerd *m.*

rasping ('rɑːspiŋ) *a.* aspre. *2* irritant.

rat (ræt) *s.* ZOOL. rata *f.* 2 fig. traidor; esquirol.

ratchet ('rætʃit) *s.* MEC. cadell *m.*

rate (reit) *s.* raó *f.*, proporció *f.* *2* tant *m.* per cent. *3* tipus *m.*, [d'interés, canvi, etc.]. *4* preu *m.*, valor *m.* *5* velocitat *f.*, ritme *m.* *6* classe *f.*, categoria *f.* *7* taxa *f.*, impost *m.* *8 at any ~,* de tota manera, en qualsevol cas.

rate (to) (reit) *t.* valorar, avaluar, estimar. *2* considerar. ■ *3 i.* considerar *t.*, tenir *t.* per.

rather ('rɑːðə') *adv.* bastant, força, una mica. *2* més, millor: *I would ~,* m'estimaria més, preferiria. *3* més aviat, al contrari. *4* més ben dit. ■ *5 interj.* ja ho crec!

ratify (to) ('rætifai) *t.* ratificar.

ratio ('reiʃiou) *s.* relació *f.*, proporció *f.* *2* MAT. raó *f.*

ration ('ræʃən) *s.* ració *f.*; ranxo *m.*

ration (to) ('ræʃən) *t.* **to ~ (out),** racionar.

rational ('ræʃənl) *a.* racional. *2* raonable, assenyat. ■ *3* **-ly** *adv.* racionalment.

rationalize (to) ('ræʃənəlaiz) *t.* racionalitzar.

rationing ('ræʃəniŋ) *s.* racionament *m.*

rattle ('rætl) *s.* tust *m.*, colpejament *m.* *2* petarrelleig *m.* *3* sotragueig *m.* *4* cascavell *m.* [de serp]. *5* sonall *m.* *6* xerric-xerrac *m.*

rattle (to) ('rætl) *t.* fer sonar, fer vibrar, fer cruixir. *2* dir ràpidament; garlar *i.* ■ *3 i.* ressonar, vibrar, cruixir. *4* fer sotracs, sotraguejar [un cotxe, un tren, etc.].

rattlesnake ('rætlsneik) *s.* ZOOL. serpent *f.* de cascavell.

rattling ('rætliŋ) *a.* lleuger, viu; *~ pace,* pas lleuger. *2* fantàstic. ■ *3 adv.* coĦoq. molt.

raucous ('rɔːkəs) *a.* ronc, estrident.

ravage ('ræviʒ) *s.* destrossa *f.*, estrall *m.* *2 pl.* estralls *m.*

ravage (to) ('rævidʒ) *t.* devastar, destruir. *2* saquejar.

rave (to) (reiv) *i.* desvariejar. *2* bramar, enfurismar-se *p.* *3* parlar amb entusiasme.

raven ('reivn) *s.* ORN. corb *m.*

ravenous ('rævinəs) *a.* voraç. *2* famèlic, afamat.

ravine (rə'viːn) *s.* congost *m.*, gorja *f.*

raving ('reiviŋ) *s.* delirant. *2* furiós. ■ *3 s. pl.* deliri *m. sing.*, desvariejament *m. sing.* ■ *4 adv.* molt.

ravish (to) ('ræviʃ) *t.* extasiar, embadalir, encisar. *2* ant. violar.

raw (rɔː) *a.* cru. *2* en brut, sense refinar; en floca [cotó]. ‖ *~ flesh,* carn viva. ‖ *~ material,* materia prima. *3* cru, fred, viu [fred, vent, etc.]. *4* inexpert, principiant. *5* groller, brusc.

raw-boned (,rɔː'bound) *a.* ossut.

ray (rei) *s.* raig *m.* [de llum, energia, etc.]. *2* GEOM. radi *m.* *3* ICT. rajada *f.*

raze (to) (reiz) *t.* arrasar, assolar, devastar.

razor ('reizə') *s.* navalla *f.* d'afaitar. *2* màquina *f.* d'afaitar elèctrica.

razor blade ('reizəbleid) *s.* fulla *f.* d'afaitar.

reach (riːtʃ) *s.* abast *m.*, extensió *f.* ‖ *in ~ of,* a l'abast de. ‖ *to have long ~,* tenir els braços llargs.

reach (to) (riːtʃ) *t.* arribar *i.* [a un lloc; a tocar; a un acord; etc.]. *2* allargar, donar [un objecte]. *3* estendre, estirar. *4* localitzar, trobar. ■ *5 i.* estendre's *p.*, arribar a.

react (to) (ri(:)'ækt) *i.* reaccionar.

reactor (ri(:)'æktə') *s.* reactor *m.*

read (to) (riːd) *t.* llegir. *2* desxifrar. *3* estudiar [a la universitat]. *4* interpretar, entendre. ■ *5 i.* llegir. *6* dir [un text, un escrit, etc.]. *7* indicar *t.* [un termòmetre, un indicador, etc.]. ▲ Pret. i p.p.: *read* (red).

reader ('riːdə') *s.* lector. *2* IMPR. corrector.

readily ('redili) *adv.* de seguida. *2* de bon grat. *3* fàcilment.

readiness ('redinis) *s.* promptitud *f.*, facilitat *f.* 2 disposició *f.*, bona voluntat *f.* 3 disponibilitat *f.*

reading ('ri:diŋ) *s.* lectura *f.* 2 coneixements *m. pl.* 3 interpretació *f.* 4 indicació *f.*, lectura *f.* [d'un termòmetre, aparell, etc.].

readjust (to) (,ri:ə'dʒʌst) *t.* reajustar. 2 readaptar. ▪ *3 i.* reajustar-se *p.* 4 readaptar-se *p.*

ready ('redi) *s.* preparat, prompte, llest, amatent, a punt. 2 disposat. 3 viu, àgil, destre. 4 fàcil [mètode], a mà, disponible. 5 comptant, efectiu [diners].

ready-made (,redi'meid) *a.* fet, de confecció: ~ *clothes,* roba feta.

real (riəl) *a.* real, vertader. 2 sincer. 3 DRET immoble, seent [béns].

realism ('riəlizəm) *s.* realisme *m.*

realistic (riə'listik) *a.* realista. 2 pràctic.

reality (ri(:)'æliti) *s.* realitat *f.*

realization (,riəlai'zeiʃən) *s.* realització *f.* 2 comprensió *f.*

realize (to) ('riəlaiz) *t.* adonar-se *p.*, (ROSS.) s'envisar *p.*, comprendre. 2 realitzar, acomplir, dur a terme.

really ('riəli) *adv.* realment, de debó, (BAL.) (VAL.) de veres, (ROSS.) sensat.

realm (relm) *s.* regne *m.* 2 fig. camp *m.*, domini *m.*, món *m.*

reap (to) (ri:p) *t.* segar. 2 collir, recollir.

reaper ('ri:pə^r) *s.* segador. 2 segadora *f.* [màquina].

reaping ('ri:piŋ) *s.* sega *f.*

reappear (to) (,ri:ə'piə^r) *i.* reaparèixer.

rear (riə^r) *a.* del darrera, posterior, de cua. ▪ *2 s.* part *f.* del darrera, cua *f.*, fons *m.* [d'una habitació], cua [d'una fila].

rear (to) (riə^r) *t.* aixecar, alçar, erigir. 2 criar, educar, pujar. ▪ *3 i.* arborar-se *p.* [un cavall].

rear-admiral (,riər'admirəl) *s.* MIL. contraalmirall.

rearguard ('riəgɑ:d) *s.* MIL. reraguarda *f.*

reason ('ri:zn) *s.* raó *f.* ‖ *by* ~ *of,* a causa *f.* de. ‖ *it stands to* ~, és raonable, és evident.

reason (to) ('ri:zn) *i.* raonar. 2 discutir amb, raonar amb. ▪ *3 t.* convèncer amb raons. 4 raonar.

reasonable ('ri:zənəbl) *a.* raonable. 2 racional.

reasoning (ri:z(ə)niŋ) *s.* raonament *m.*

reassurance (,ri:ə'ʃuərəns) *s.* confiança *f.*, seguretat *f.*

reassure (to) (,ri:ə'ʃuə^r) *t.* tranquil·litzar.

rebel ('rebl) *a.-s.* rebel.

rebel (to) (ri'bel) *i.* rebel·lar-se *p.* (*against,* contra).

rebelion (ri'beljən) *s.* rebel·lió *f.*, sublevació *f.*

rebound (ri'baund) *s.* rebot *m.*, retop *m.* [també fig.]. ‖ *on the* ~, de rebot, de retop.

rebound (to) (ri'baund) *i.* rebotar, rebotre. 2 fig. repercutir, afectar.

rebuff (ri'bʌf) *s.* rebuf *m.*, miquel *m.*, menyspreu *m.*

rebuff (to) (ri'bʌf) *t.* donar un rebuf o un miquel, menysprear.

rebuild (to) (,ri:'bild) *t.* reconstruir.

rebuke (ri'bju:k) *s.* reprensió *f.*, censura *f.*

rebuke (to) (ri'bju:k) *t.* reprendre, renyar, censurar.

recalcitrant (ri'kælsitrənt) *a.* recalcitrant, obstinat, tossut.

recall (ri'kɔ:l) *s.* crida *f.* [per fer tornar algú]. 2 anul·lació *f.*, revocació *f.* 3 record *m.*

recall (to) (ri'kɔ:l) *t.* cridar, fer tornar. 2 recordar(se. 3 anul·lar, revocar.

recant (to) (ri'kænt) *t.* retractar. ▪ *2 i.* retractar-se *p.*

recapitulate (to) (,ri:kə'pitjuleit) *t.-i.* recapitular *t.*, resumir *t.*

recede (to) (ri'si:d) *i.* retrocedir. 2 retirar-se *p.*, allunyar-se *p.*

receipt (ri'si:t) *s.* recepció *f.*, rebuda *f.* 2 rebut *m.* 3 *pl.* COM. entrada *f. sing.*, ingressos *m.*

receive (to) (risi:v) *t.* rebre. 2 acceptar, admetre. 3 cobrar. 4 encobrir [objectes robats].

receiver (ri'si:və^r) *s.* receptor. 2 destinatari. 3 síndic. 4 encobridor [d'objectes robats]. 5 TECNOL. receptor *m.;* auricular *m.*

recent ('ri:snt) *a.* recent, nou. ▪ *2 -ly adv.* recentment.

receptacle (ri'septəkl) *s.* receptacle *m.*, recipient *m.*

reception (ri'sepʃən) *s.* recepció *f.*, rebuda *f.* 2 acolliment *m.;* acceptació *f.*

receptionist (ri'sepʃənist) *s.* recepcionista.

recess (ri'ses) *s.* descans *m.*, pausa *f.;* suspensió *f.* 2 buit *m.;* alcova *f.*, nínxol *m.* 3 recer *m.* 4 fig. racó *m.*

recipe ('resipi) *s.* recepta *f.*

recipient (ri'sipiənt) *s.* receptor *m.*

reciprocal (ri'siprəkəl) *a.* recíproc, mutu. ▪ *2 -ly adv.* recíprocament, mutuament.

reciprocate (to) (ri'siprəkeit) *t.* reciprocar. 2 tornar, correspondre a [un favor, etc.]. ▪ *3 i.* ser recíproc. 4 MEC. oscil·lar, tenir un moviment alternatiu.

recital (ri'saitl) *s.* relació *f.*, narració *f.* 2 MÚS. recital *m.*

recite (to) (ri'sait) *t.-i.* recitar *t.* 2 fer una relació.

reckless ('reklis) *a.* temerari, imprudent; inconscient, irreflexiu.

reckon (to) ('rekən) *t.* calcular, comptar. 2

considerar. *3* suposar, pensar. ▪ *4 i.* **to ~ on** o **upon,** comptar amb. *5* fer càlculs, fer comptes.

reckoning ('rekəniŋ) *s.* compte *m.,* còmput *m.,* càlcul *m.* 2 compte *m.,* nota *f.,* factura *f.*

reclaim (to) (ri'kleim) *t.* fer cultivable o utilitzable [un terreny], guanyar terreny [al mar]. *2* reformar, regenerar. *3* reclamar.

recline (to) (ri'klain) *t.* reclinar, recolzar, jeure. ▪ *2 i.* recolzar-se *p.,* jeure's *p.*

recluse (ri'klu:s) *a.* solitari, retirat. ▪ *2 s.* anacoreta, eremita, persona *f.* retirada del món.

recognize (to) ('rekəgnaiz) *t.* reconèixer [no té el sentit d'examinar].

recoil (ri'kɔil) *s.* retrocés *m.,* reculada *f.* 2 ARM. retrocés *m.*

recoil (to) (ri'kɔil) *i.* retrocedir, recular. *2* ARM. tenir retrocés.

recollect (to) (ˌrekə'lekt) *t.* recordar. ▪ *2 i.* recordar-se *p.*

recollection (ˌrekə'lekʃən) *s.* record *m.,* memòria *f.*

recommend (to) (ˌrekə'mend) *t.* recomanar.

recommendation (ˌrekəmen'deiʃən) *s.* recomanació *f.* 2 consell *m.*

recompense ('rekəmpens) *s.* recompensa *f.* 2 compensació *f.*

recompense (to) ('rekəmpens) *t.* recompensar. *2* compensar.

reconcile (to) ('rekənsail) *t.* reconciliar. *2* conciliar, fer compatible. *3* **to ~ oneself to,** resignar-se a, conformar-se a.

reconciliation (ˌrekənsili'eiʃən) *s.* reconciliació *f.* 2 conciliació *f.*

reconnaissance (ri'kɔnisəns) *s.* MIL. reconeixement *m.*

reconnoitre (to) (ˌrekə'nɔitəʳ) *t.* MIL. reconèixer. ▪ *2 i.* MIL. fer un reconeixement.

reconsider (to) (ˌri:kən'sidəʳ) *t.* repensar, tornar a estudiar, a examinar.

reconstruct (to) (ˌri:kəns'trʌkt) *t.* reconstruir.

record ('rekɔ:d) *s.* registre *m.,* relació *f.,* document *m.* 2 acta *f.,* escriptura *f.* 3 full *m.* de serveis, historial *m.,* currículum *m.* 4 antecedents *m. pl.* 5 disc *m.* [enregistrat]. 6 *pl.* arxius *m.* 7 ESPORT rècord *m.,* marca *f.*

record (to) (ri'kɔ:d) *t.* registrar, inscriure. *2* gravar, enregistrar. *3* indicar, marcar [un indicador, un termòmetre, etc.].

recorder (ri'kɔ:dəʳ) *s.* registrador. *2* arxiver. *3* MEC. indicador *m.,* comptador *m.* 4 MÚS. flauta *f.* dolça.

recount (to) (ri'kaunt) *t.* contar, explicar. *2* tornar a comptar, recomptar.

recourse (ri'kɔ:s) *s.* recurs *m.* ‖ **to have ~ to,** recórrer a.

recover (to) (ri'kʌvəʳ) *t.* recobrar, recuperar. *2* refer-se *p.* *3* rescatar. *4* **to ~ oneself,** refer-se, recobrar-se, recuperar l'equilibri. ▪ *5 i.* refer-se *p.,* recuperar-se *p.*

recovery (ri'kʌvəri) *s.* recuperació *f.,* recobrament *m.* 2 restabliment *m.,* convalescència *f.*

re-create (to) (ˌri:kri'eit) *t.* recrear, tornar a crear.

recreate (to) ('rekrieit) *t.* recrear, divertir. ▪ *2 i.* recrear-se *p.*

recreation (ˌrekri'eiʃən) *s.* recreació *f.,* esbarjo *m.*

recriminate (to) (ri'krimineit) *i.* recriminar *t.*

recruit (ri'kru:t) *s.* recluta *m.*

recruit (to) (ri'kru:t) *t.* reclutar.

rectangle ('rekˌtæŋgl) *s.* GEOM. rectangle *m.*

rectify (to) ('rektifai) *t.* rectificar, corregir, esmenar. *2* QUÍM. rectificar.

rectitude ('rektitju:d) *s.* rectitud *f.*

rector ('rektəʳ) *s.* rector.

rectory ('rektəri) *s.* rectoria *f.*

recumbent (ri'kʌmbənt) *a.* estirat, ajagut; jacent.

recuperate (to) (rik'ju:pəreit) *t.* recuperar, recobrar. ▪ *2 i.* refer-se *p.,* recobrar-se *p.*

recur (to) (ri'kə:ʳ) *i.* repetir-se *p.* 2 tornar [a la memòria, al cap, etc.]. *3* repetir *t.,* recordar *t.*

recurrence (ri'kʌrəns) *s.* recurrència *f.,* repetició *f.*

recurrent (ri'kʌrənt) *a.* recurrent; periòdic.

red (red) *a.* vermell, (OCC.) (VAL.) roig. ‖ **~ corpuscle,** glòbul roig; **~ wine,** vi negre. *2* enrojolat, encès. ‖ **to turn ~,** posar-se vermell, encendre's. *3* POL. roig. ▪ *4 s.* vermell *m.,* roig *m.* [colors]. *5* POL. roig.

redcurrant (ˌred'kʌrənt) *s.* riba *f.* vermella, grosella *f.*

redden (to) ('redn) *t.* envermellir, enrogir. ▪ *2 i.* enrogir-se *p.* 2 posar-se *p.* vermell, enrojolar-se *p.,* encendre's *p.*

redeem (to) (ri'di:m) *t.* redimir. *2* complir [una promesa, una obligació, etc.]. *3* compensar. *4* rescatar.

Redeemer (ri'di:məʳ) *s.* REL. **the ~,** el Redemptor *m.*

redemption (ri'dempʃən) *s.* redempció *f.*

red-hot (ˌred'hɔt) *a.* roent, candent. *2* aferrissat, entusiasta. *2* fresc, recent [notícies].

red-light (ˌred'lait) *a.* **~ district,** barri *m.* xinès.

redness (rednis) *s.* vermellor *f.,* rojor *f.*

redolent ('redoulənt) *a.* fragant, olorós; que

fa olor a. *2* que recorda a, que fa pensar en.

redouble (to) (ri'dʌbl) *t.* redoblar. ▪ *2 i.* redoblar-se *p.*

redoubtable (ri'dautəbl) *a.* liter. terrible, formidable.

redress (ri'dres) *s.* reparació *f.*, compensació *f.*, satisfacció *f.* *2* correcció *f.*

redress (to) (ri'dres) *t.* rectificar, reparar. *2* compensar, desgreujar.

Red Sea ('red'si:) *s.* GEOGR. Mar *m.* Roig.

redskin ('redskin) *s.* pell-roja.

red tape (ˌred'teip) *s.* paperassa *f.*, burocràcia *f.*

reduce (to) (ri'dju:s) *t.* reduir. *2* rebaixar. *3* diluir. *4* MIL. degradar. ▪ *5 i.* disminuir. *6* col·loq. aprimar-se *p.*

reduction (ri'dʌkʃən) *s.* reducció *f.*

redundancy (ri'dʌndənsi) *s.* redundància *f.*

reduplicate (to) (ri'dju:plikeit) *t.* reduplicar.

reed (ri:d) *s.* BOT. canya *f.*, canyís *m.*, jonc *m.* *2* canya *f.* [material]. *3* MÚS. llengüeta *f.* *4 pl.* MÚS. instruments *m.* de vent.

reef (ri:f) *s.* escull *m.*, baix *m.* NÀUT. ris *m.*

reek (ri:k) *s.* pudor *f.*, mala olor *f.*

reek (to) (ri:k) *i.* fumejar. *2 to ~ of*, fer pudor a, pudir.

reel (ri:l) *s.* rodet *m.*, debanador *m.*, bobina *f.* *2* tentina *f.*, vacil·lació *f.* *3* CINEM. rotlle *m.* [de pel·lícula].

reel (to) (ri:l) *t.* debanar, bobinar, enrotllar. ▪ *2 i.* fer tentines, vacil·lar. *2* tremolar.

refer (to) (ri'fə:ʳ) *t.* remetre. *2* fer referència a. ▪ *3 i.* referir-se *p.* *3* remetre's *p.* *4* al·ludir a. *5* recórrer a.

referee (ˌrefə'ri:) *s.* àrbitre; jutge.

reference ('refrəns) *s.* referència *f.*, al·lusió *f.*, esment *m.* *2* relació *f.* *4 pl.* referències *f.* ▪ *5 a.* de consulta: *~ book*, llibre de consulta.

refine (to) (ri'fain) *t.* refinar. *2* polir, perfeccionar. ▪ *3 i.* refinar-se *p.*, polir-se *p.* perfeccionar-se *p.* *4* subtilitzar.

refined (ri'faind) *a.* refinat. *2* polit. *3* fi, culte.

refinement (ri'fainmənt) *s.* refinament *m.* *2* finesa *f.*, urbanitat *f.* *3* refinació *f.*, purificació *f.* *4* subtilesa *f.*

reflect (to) (ri'flekt) *t.* reflectir(se. *2* considerar. ▪ *3 i.* reflectir-se *p.* *4* reflexionar.

reflection (ri'flekʃən) *s.* reflexió *f.*, reflex *m.* *2* imatge *m.* *3* reflexió *f.*, consideració *f.* *4* crítica *f.*, retret *m.*

reflex ('ri:fleks) *a.* reflex. ▪ *2 s.* reflex *m.*

reform (ri'fɔ:m) *s.* reforma *f.*

reform (to) (ri:'fɔ:m) *t.* reformar, millorar, esmenar. ▪ *2 i.* reformar-se *p.*, corregir-se *p.*

reformation (ˌrefə'meiʃən) *s.* reforma *f.*

reformer (ri'fɔ:məʳ) *s.* reformador.

refraction (ri'frækʃən) *s.* refracció *f.*

refractory (ri'fræktəri) *a.* refractari. *2* tossut, obstinat.

refrain (ri'frein) *s.* tornada *f.* [d'una cançó].

refrain (to) (ri'frein) *i. to ~ (from)*, estar-se *p.* de, abstenir-se *p.* de.

refresh (to) (ri'freʃ) *t.* refrescar. *2* recuperar [forces]; descansar. *3 to ~ oneself*, refer-se, recobrar-se.

refreshment (ri'freʃmənt) *s.* refresc *m.*, refrigeri *m.*

refrigerate (to) (ri'fridʒəreit) *t.* refrigerar.

refrigerator (ri'fridʒəreitəʳ) *s.* refrigerador *m.*, nevera *f.*, frigorífic *m.*

refuge ('refju:dʒ) *s.* refugi *m.*, protecció *f.*, recer *m.*, aixopluc *m.* [també fig.].

refugee (ˌrefju(:)'dʒi:) *s.* refugiat.

refund (to) (ri:'fʌnd) *t.* reemborsar, reingresar, tornar.

refusal (ri'fju:zəl) *s.* refús *m.*, rebuig *m.*, negativa *f.* *2* opció *f.*

refuse ('refju:s) *s.* escombraries *f. pl.*, (BAL.) (VAL.) fems *m. pl.*, deixalles *f. pl.*

refuse (to) (ri'fju:z) *t.* refusar, rebutjar, denegar, negar. *2* negar-se *p.* a.

refute (to) (ri'fju:t) *t.* refutar, impugnar, rebatre.

regain (to) (ri'gein) *t.* recobrar, recuperar.

regal ('ri:gəl) *a.* reial, regi.

regale (to) (ri'geil) *t.* regalar, obsequiar, afalagar, delectar. *2 to ~ oneself*, regalar-se, obsequiar-se, delectar-se.

regard (ri'gɑ:d) *s.* consideració *f.*, contemplació *f.*, cas *m.* ‖ *without ~ to*, sense fer cas de. *2* afecció *f.*, respecte *f.*, consideració *f.* *3 with ~ to*, pel que fa a, respecte a, quant a. *4* ant. esguard *m.*, mirada *f.* *5 pl.* records *m.*

regard (to) (rigɑ:d) *t.* considerar, creure. *2 as ~s*, pel que fa a, quant a. *3* fer cas. *4* ant. mirar, esguardar.

regarding (ri'gɑ:diŋ) *prep.* pel que fa a, quant a.

regenerate (to) (ri'dʒenəreit) *t.* regenerar. ▪ *2 i.* regenerar-se *p.*

regent ('ri:dʒənt) *a.-s.* regent.

regicide ('redʒisaid) *s.* regicidi *m.* *2* regicida.

regime (rei'ʒi:m) *s.* règim *m.*

regiment ('redʒimənt) *s.* MIL. regiment *m.*

region ('ri:dʒən) *s.* regió *f.*

register ('redʒistəʳ) *s.* registre *m.* *2* MEC. indicador *m.*

register (to) ('redʒistəʳ) *t.* registrar, enregistrar. *2* inscriure, matricular. *3* indicar, marcar. *4* mostrar, palesar. *5* certificar [una carta]. *6* facturar [l'equipatge]. ■ *7 i.* inscriure's *p.*, matricular-se *p.*

registrar (ˌredʒisˈtrɑːʳ) *s.* registrador, arxiver, secretari.

registration (ˌredʒisˈtreiʃən) *s.* registre *m.;* inscripció *f.*, matrícula *f.* 2 facturació *f.* [d'equipatges].

registry (ˈredʒistri) *s.* registre *m.* [inscripció; oficina]. 2 matrícula *f.*

regnant (ˈregnənt) *a.* regnant.

regression (riˈgreʃən) *s.* regressió *f.*

regret (riˈgret) *s.* pesar *m.*, sentiment *m.*, recança *f.* 2 pendiment *m.* 3 *pl.* excuses *f.*

regret (to) (riˈgret) *i.* sentir, lamentar, saber greu. 2 penedir-se *p.* de.

regretful (riˈgretful) *a.* pesarós; penedit. ■ 2 **-ly** *adv.* amb pena.

regrettable (riˈgretəble) *a.* sensible, lamentable.

regular (ˈregjuləʳ) *a.* regular. 2 sistemàtic, metòdic. 3 habitual. 4 normal, corrent.

regulate (to) (ˈregjuleit) *t.* regular. 2 reglamentar. 3 ajustar, arreglar.

regulation (ˌregjuˈleiʃən) *s.* regulació *f.* 2 reglament *m.*, reglamentació *f.*, regla *f.* ■ 2 *a.* reglamentari, de reglament.

rehash (to) (ˌriːˈhæʃ) *t.* refondre.

rehearsal (riˈhəːsəl) *s.* repetició *f.*, enumeració *f.* 2 TEAT., MÚS. assaig *m.*

rehearse (to) (riˈhəːs) *t.* TEAT., MÚS. assajar. 2 repetir, repassar.

reign (rein) *s.* regnat *m.* [també fig.].

reign (to) (rein) *i.* regnar [també fig.].

reimburse (to) (ˌriːimˈbəːs) *t.* reemborsar. 2 indemnitzar.

rein (rein) *s.* regna *f.*, brida *f.* [també fig.].

reindeer (ˈreindiəʳ) *s.* ZOOL. ren *m.* ▲ *pl.* *reindeer.*

reinforce (to) (ˌriːinˈfɔːs) *t.* reforçar.

reinforced concrete (ˌriːinˈfɔːstˈkɔŋkriːt) *s.* ciment *m.* armat.

reinforcement (ˌriːinˈfɔːsmənt) *s.* reforçament *m.* 2 *pl.* reforços *m.*

reinsate (to) (ˌriːinˈsteit) *t.* reposar [en un càrrec]. 2 restablir. 3 reintegrar. 4 rehabilitar.

reiterate (to) (riːˈitəreit) *t.* reiterar, repetir.

reject (ˈriːdʒekt) *s.* rebuig *m.*, deixalla *f.*, article *m.* defectuós.

reject (to) (riˈdʒekt) *t.* rebutjar. 2 denegar. 3 descartar, desestimar. 4 repel·lir.

rejection (riˈdʒekʃən) *s.* rebuig *m.* 2 denegació *f.*

rejoice (to) (riˈdʒɔis) *t.* alegrar, complaure. ■ 2 *i.* alegrar-se *p.*, complaure's *p.*

rejoicing (riˈdʒɔisiŋ) *s.* alegria *f.*, satisfacció *f.* 2 *pl.* festes *f.*, celebracions *f.*

rejoin (to) (riˈdʒɔin) *t.* reunir-se *p.* amb, tornar a, ajuntar-se *p.* amb.

rejoinder (riˈdʒɔindəʳ) *s.* resposta *f.*, rèplica *f.*

rejuvenate (to) (riˈdʒuːvineit) *t.-i.* rejovenir.

relapse (riˈlæps) *s.* recaiguda *f.* 2 reincidència *f.*

relapse (to) (riˈlæps) *i.* recaure. 2 reincidir.

relate (to) (riˈleit) *t.* form. relatar, referir, contar. 2 *to ~ with/to,* relacionar amb. ■ *3 i. to ~ to,* relacionar-se *p.* amb, fer referència a.

related (riˈleitid) *a.* relacionat, connex. 2 afí. 3 emparentat.

relation (riˈleiʃən) *s.* relació *f.*, narració *f.* 2 relació *f.*, connexió *f.* ‖ *in ~ to,* respecte a, en relació amb. 3 parentiu *m.* 4 parent.

relationship (riˈleiʃənʃip) *s.* relació *f.* [entre coses o persones]. 2 parentiu *m.*

relative (ˈrelətiv) *a.* relatiu. ■ 2 *s.* parent, familiar *m.* ■ *3* **-ly** *adv.* relativament.

relax (to) (riˈlæks) *t.* relaxar, afluixar. 2 suavitzar, moderar. ■ *3 i.* relaxar-se *p.*, afluixar. 4 suavitzar-se *p.* 5 descansar.

relaxation (ˌriːlækˈseiʃən) *s.* relaxació *f.*, afluixament *m.* 2 descans *m.*, solaç *m.*, esbargiment *m.*

relay (ˈriːlei) *s.* relleu *m.* 2 TECNOL. repetidor *m.*

1) **relay (to)** (riˈlei) *t.* retransmetre. ▲ Pret. i p.p.: *relayed* (riˈleid).

2) **relay (to)** (ˌriːˈlei) *t.* tornar a, posar, tornar a col·locar. ▲ Pret. i p.p.: *relaid* (ˌriːˈleid).

release (riˈliːs) *s.* alliberament *m.*, escarceració *f.* 2 llibertat *f.* 3 emissió *f.*, llançament *m.* 4 descàrrec *m.*, absolució *f.*

release (to) (riˈliːs) *t.* alliberar, deixar anar. 2 descarregar, afluixar. 3 emetre, llançar. 4 DRET cedir.

relegate (to) (ˈreligeit) *t.* relegar (*to,* a).

relent (to) (riˈlent) *i.* cedir, entendrir-se *p.*

relentless (riˈlentlis) *a.* implacable, inexorable.

relevant (ˈrelivənt) *a.* pertinent, aplicable, que fa al cas.

reliable (riˈlaiəbl) *a.* de confiança, seriós, segur. 2 fidedigne.

reliance (riˈlaiəns) *s.* confiança *f.*

relic (ˈrelik) *s.* relíquia *f.* 2 *pl.* rastres *m.*, vestigis *m.*

relief (riˈliːf) *s.* ajuda *f.*, auxili *m.*, socors *m.;* almoina *f.* 2 alleujament *m.* 3 consol *m.* 4 descans *m.*, solaç *m.* 5 ART relleu *m.*, realçament *m.* 6 MIL. relleu *m.*

relieve (to) (riˈliːv) *t.* alleujar, alleugerir. 2 reconfortar, consolar. 3 esbravar. 4 auxiliar, socórrer. 5 realçar, fer realçar. 6 MIL. rellevar.

religion (riˈlidʒən) *s.* religió *f.*

religious (ri'lidʒəs) *a.* religiós. 2 devot. 3 escrupulós. ▪ *4 s.* religiós.

relinquish (to) (ri'liŋkwiʃ) *t.* abandonar, deixar. 2 renunciar a, desistir de. 3 cedir.

relish ('reliʃ) *s.* gust *m.*, sabor *m.* 2 gust *m.*, afecció *f.* 3 apetència *f.* 4 condiment *m.*

relish (to) ('reliʃ) *t.* assaborir, paladejar. 2 agradar.

reluctance (ri'lʌktəns) *s.* desgana *f.*, repugnància *f.* ‖ *with* ∼, a contracor, de mala gana.

reluctant (ri'lʌktənt) *a.* refractari, remitent, poc disposat.

rely (to) (ri'lai) *i. to* ∼ *on* o *upon,* confiar en, comptar amb, fiar-se *p.* de, refiar-se *p.* de.

remain (to) (ri'mein) *i.* quedar, sobrar, restar. 2 quedar-se *p.*, romandre, continuar.

remainder (ri'meindəʳ) *s.* resta *f.*, romanent *m.* 2 MAT. resta *f.*, residu *m.*

remains (ri'meinz) *s. pl.* restes *f.*, ruïnes *f.* 2 restes *f.* mortals, despulles *f.*

remark (ri'maːk) *s.* observació *f.*, comentari *m.*

remark (to) (ri'maːk) *t.* observar, comentar. 2 ant. observar, notar. ▪ *3 i.* fer una observació, fer un comentari, comentar *t.*

remarkable (ri'maːkəbl) *a.* notable, extraordinari.

remedy ('remidi) *s.* remei *m.*

remedy (to) ('remidi) *t.* remeiar.

remember (to) (ri'membəʳ) *t.* recordar, recordar-se *p.* de. 2 donar records. ▪ *3 i.* recordar *t.*, recordar-se *p.* de.

remind (to) (ri'maind) *t. to* ∼ *of,* recordar, fer pensar.

reminder (ri'maindəʳ) *s.* recordatori *m.*

reminiscent (‚remi'nisnt) *a.* evocador. 2 suggeridor. 3 ple de records.

remiss (ri'mis) *a.* negligent, descurat.

remission (ri'miʃən) *s.* remissió *f.*

remit (to) (ri'mit) *t.* remetre.

remittance (ri'mitəns) *s.* gir *m.* [de diners].

remnant ('remnənt) *s.* romanent *m.*, resta *f.*, residu *m.* 2 vestigi *m.* 3 retall *m.* [de roba].

remonstrate (to) (ri'mɔnstreit) *i.* protestar. 2 fer retrets, renyar *t.*

remorse (ri'mɔːs) *s.* remordiment *m.* 2 pietat *f.*: *without* ∼, sense pietat.

remorseful (ri'mɔːsful) *a.* penedit, compungit.

remorseless (ri'mɔːslis) *a.* implacable, cruel.

remote (ri'mout) *a.* remot, distant, llunyà. 2 estrany, aliè. ▪ *3* **-ly** *adv.* remotament.

removal (ri'muːvəl) *s.* acció de treure o emportar-se. 2 trasllat *m.* 3 mudança *f.* 4 eliminació *f.*, supressió *f.* 5 allunyament *m.* 6 destitució *f.*

remove (to) (ri'muːv) *t.* treure, (VAL.) traure. 2 eliminar, suprimir. 3 traslladar. 4 destituir, acomiadar. 5 ∼*d from,* allunyat de. ▪ *6 i.* mudar-se *p.*, traslladar-se *p.*

remunerate (to) (ri'mjuːnəreit) *t.* remunerar.

remunerative (ri'mjuːnərətiv), (EUA) (ri-'mjunəreitəv) *a.* remunerador.

Renaissance (ri'neisəns), (EUA) ('renəsaːns) *s.* Renaixement *m.* 2 Renaixença *f.*

rend (to) (rend) *t.* liter. tallar, esquinçar, trencar. 2 dividir, desunir, separar. 3 arrencar. ▲ Pret. i p.p.: *rent* (rent).

render (to) ('rendəʳ) *t.* donar, lliurar. 2 retre. 3 tornar. 4 prestar, donar [ajuda, assistència, etc.]. 5 fer: *to* ∼ *useless,* fer inútil. 6 traduir. 7 MÚS., TEAT. interpretar.

rendezvous ('rɔndivuː) *s.* cita *f.* 2 lloc *m.* de reunió, lloc *m.* de cita.

renegade ('renigeid) *a.-s.* renegat.

renew (to) (ri'njuː) *t.* renovar. 2 reprendre. ▪ *2 i.* renovar-se *p.*

renewal (ri'njuː(ː)əl) *s.* renovació *f.* 2 represa *f.*

renounce (to) (ri'nauns) *t.* renunciar. 2 renegar. 3 repudiar, rebutjar.

renovate (to) ('renouveit) *t.* renovar, restaurar.

renown (ri'naun) *s.* renom *m.*, anomenada *f.*

renowned (ri'naund) *a.* conegut, famós.

rent (rent) Pret. i p.p. de REND (TO). ▪ *2 s.* lloguer *m.*, arrendament *m.* 3 estrip *m.*, (BAL.) esqueix *m.*, (VAL.) trencat *m.*; esquerda *f.* 4 fig. cisma *f.*, escissió *f.*

rent (to) (rent) *t.* llogar. ▪ *2 i.* llogar-se *p.*

renunciation (ri‚nʌnsi'eiʃən) *s.* renúncia *f.*

reorganize (to) (riː'ɔːgənaiz) *t.* reorganitzar. ▪ *2 i.* reorganitzar-se *p.*

repair (ri'pɛəʳ) *s.* reparació *f.*, restauració *f.*, pedaç *m.*, reforma *f.* 2 estat *m.*: *in good* ∼, en bon estat.

repair (to) (ri'pɛəʳ) *t.* reparar, adobar. 2 reformar. 3 remeiar, reparar. ▪ *4 i.* form. *to* ∼ *to,* acudir a, anar a [esp. molta gent].

reparation (‚repə'reiʃən) *s.* reparació *f.*, compensació *f.*, satisfacció *f.* 2 *pl.* indemnitzacions *f.*

repartee (‚repɑː'tiː) *s.* rèplica *f.* [ràpida].

repast (ri'pɑːst) *s.* form. àpat *m.*

repay (to) (riː'pei) *t.* tornar, reembossar. 2 pagar, correspondre a. 3 compensar.

repayment (riː'peimənt) *s.* pagament *m.*, reemborsament. 2 devolució *f.*

repeal (ri'piːl) *s.* abrogació *f.*, revocació *f.*

repeal (to) (ri'piːl) *t.* abrogar, revocar.

repeat (to) (ri'piːt) *t.* repetir. 2 reiterar. 3 recitar. *4 to* ∼ *oneself,* tornar a dir o fer. ▪

5 _i._ repetir-se _p._ 6 tornar a la boca [el menjar].

repeatedly (ri'pi:tidli) _adv._ repetidament.

repel (to) (ri'pel) _t._ repel·lir, rebutjar. 2 repugnar.

repellent (ri'pelənt) _a._ repel·lent, repulsiu.

repent (to) (ri'pent) _i._ penedir-se _p._ ■ 2 _t._ penedir-se _p._ de.

repentance (ri'pentəns) _s._ penediment _m._

repentant (ri'pentənt) _a._ penedit.

repercussion (,ri:pə:'kʌʃən) _s._ repercussió _f._ [també fig.].

repetition (,repi'tiʃən) _s._ repetició _f._ 2 recitació _f._ 3 reproducció _f._

replace (to) (ri'pleis) _t._ reposar, tornar. 2 reemplaçar, substituir. 2 canviar [una peça].

replacement (ri'pleismənt) _s._ reposició _f._, devolució _f._ 2 reemplaçament _m._, substitució _f._ 3 devolució _f._ 4 recanvi _m._ [peça].

replenish (to) (ri'pleniʃ) _t._ omplir; reomplir. 2 renovar.

reply (ri'plai) _s._ resposta _f._, contestació _f._

reply (to) (ri'plai) _t._-_i._ repondre, contestar. 2 DRET replicar.

report (ri'pɔ:t) _s._ informe _m._, memòria _f._ 2 crònica _f._, informació _f._, notícia _f._ 3 narració _f._, relat _m._, relació _f._ 4 nota _f._, comunicació _f._ 5 rumor _m._; xafarderia _f._ 6 detonació _f._, tret _m._ 7 form. reputació _f._, fama _f._

report (to) (ri'pɔ:t) _t._ relatar, contar. 2 donar part; comunicar, informar de. 3 denunciar. 4 prendre nota de; fer una ressenya de. ■ 5 _i._ presentar-se _p._ [en un lloc]. 6 fer un informe.

reporter (ri'pɔ:təʳ) _s._ repòrter.

repose (ri'pouz) _s._ repòs _m._

repose (to) (ri'pouz) _t._ descansar, reposar. 2 recolzar. 3 donar, posar [confiança, etc.]. ■ 4 _i._ recolzar-se _p._ 5 descansar, reposar. 6 basar-se _p._ en.

reposeful (ri'pouzful) _a._ assossegat, tranquil.

reprehend (to) (,repri'hend) _t._ reprendre, renyar, censurar.

represent (to) (,repri'zent) _t._ representar. 2 explicar. 3 presentar(se.

representation (,reprizen'teiʃən) _s._ representació _f._ 2 súplica _f._, protesta _f._, petició _f._

representative (,repri'zentətiv) _a._ representatiu. 2 típic. ■ _3 s._ representant; delegat. 4 DRET apoderat.

repress (to) (ri'pres) _t._ reprimir, contenir, dominar, ofegar.

repression (ri'preʃən) _s._ repressió _f._

reprieve (ri'pri:v) _s._ suspensió _f._, ajorna-

ment _m._ [d'una execució]; indult _m._ 2 fig. respir _m._, treva _f._, descans _m._

reprieve (to) (ri'pri:v) _t._ suspendre una execució, indultar.

reprimand ('reprimɑ:nd) _s._ reprensió _f._, reprimenda _f._

reprimand (to) ('reprimɑ:nd) _t._ reprendre, renyar.

reprint (,ri:'print) _s._ reimpressió _f._ 2 tirada _f._ a part.

reprisal (ri'praizəl) _s._ represàlia _f._

reproach (ri'proutʃ) _s._ reprotxe _m._, censura _f._ 2 tatxa _f._, oprobi _m._

reproach (to) (ri'proutʃ) _t._ reprotxar, retreure. 2 reprendre, renyar.

reprobate ('reproubeit) _a._-_s._ depravat, viciós.

reproduce (to) (,ri:prə'dju:s) _t._ reproduir. ■ 2 _i._ reproduir-se _p._

reproduction (,ri:prə'dʌkʃən) _s._ reproducció _f._

reproof (ri'pru:f) , **reproval** (ri'pru:vəl) _s._ reprovació _f._ 2 reprensió _f._

reprove (to) (ri'pru:v) _t._ reprovar. 2 reprendre, renyar.

reptile ('reptail) _m._ ZOOL. rèptil.

republic (ri'pʌblik) _s._ república _f._

repudiate (to) (ri'pju:dieit) _t._ repudiar. 2 rebutjar, negar(se.

repugnance (ri'pʌgnəns) _s._ repugnància _f._

repugnant (ri'pʌgnənt) _a._ repugnant. 2 incompatible.

repulse (ri'pʌls) _s._ FÍS. repulsió _f._ [també fig.].

repulse (to) (ri'pʌls) _t._ repel·lir. 2 rebutjar, refusar. 3 desatendre, desdenyar, desanimar.

repulsive (ri'pʌlsiv) _a._ repulsiu.

reputable ('repjutəbl) _a._ respectat, acreditat. 2 honrat.

reputation (,repju(:)'teiʃən) _s._ reputació _f._, fama _f._ 2 bona fama _f._, bon nom _m._

repute (ri'pju:t) _s._ fama _f._, reputació _f._ ‖ _of ill_ ~, de mala fama. 2 bona fama _f._, bona reputació _f._

repute (to) (ri'pju:t) _t._ tenir fama de, reputar.

reputedly (ri'pju:tidli) _adv._ segons que diuen, diuen que.

request (ri'kwest) _s._ petició _f._, sol·licitud _f._, prec _m._, demanda _f._ ‖ _at the_ ~ _of,_ a instàncies _f. pl._ de. ‖ _in_ ~, sol·licitat.

request (to) (ri'kwest) _t._ demanar, sol·licitar, pregar.

require (to) (ri'kwaiəʳ) _t._ requerir, demanar. 2 necessitar, exigir. 3 demanar, voler.

requirement (ri'kwaiəmənt) _s._ requisit _m._, condició _f._ 2 exigència _f._, necessitat _f._

requisite ('rekwizit) *a.* precís, necessari, imprescindible. ▪ *2 s.* requisit *m.*

rescind (to) (ri'sind) *t.* rescindir, anuŀlar.

rescue ('reskju:) *s.* rescat *m.*, salvament *m.* 2 alliberament *m.*

rescue (to) ('reskju:) *t.* rescatar, salvar. 2 alliberar.

rescuer ('reskjuəʳ) *s.* salvador.

research (ri'sə:tʃ) *s.* recerca *f.*, investigació *f.*, indagació *f.*

research (to) (ri'sə:tʃ) *t.* investigar, indagar.

resemblance (ri'zembləns) *s.* semblança *f.*, retirada *f.*

resemble (to) (ri'zembl) *t.* semblar-se *p. a.*

resent (to) (ri'zent) *t.* ressentir-se *p.*, ofendre's *p.* per, molestar-se *p.* per.

resentful (ri'zentful) *a.* ressentit, ofès.

resentment (ri'zentmənt) *s.* ressentiment *m.*, irritació *f.*, enuig *m.*

reservation (ˌrezə'veiʃən) *s.* reserva *f.* [condició; terreny; per a un viatge].

reserve (ri'zə:v) *s.* reserva *f.*

reserve (to) (ri'zə:v) *t.* reservar.

reserved (ri'zə:vd) *a.* reservat. ▪ *2* **-ly** *adv.* reservadament.

reservoir ('rezʌvwɑ:ʳ) *s.* dipòsit *m.* [d'aigua]. 2 bassa *f.* 3 cisterna *f.* 4 embassament *m.* 5 fig. font *f.*

reside (to) (ri'zaid) *i.* residir [també fig.].

residence ('reizidəns) *s.* residència *f.* [estada, edifici]. 2 casa *f.*, mansió *f.*

resident ('rezidənt) *a.-s.* resident.

residue ('rezidju:) *s.* residu *m.*, resta *f.* 2 COM. romanent *m.*

resign (to) (ri'zain) *t.* dimitir, renunciar a. 2 lliurar. 3 *to* ~ *oneself to*, resignar-se a, conformar-se a. ▪ *4 i.* dimitir.

resignation (ˌrezig'neiʃən) *s.* dimissió *f.*, renúncia *f.* 2 resignació *f.*, conformitat *f.*

resilience (ri'ziliəns) *s.* elasticitat *f.* 2 fig. capacitat *f.* de recuperació, resistència *f.*

resilient (ri'ziliənt) *a.* elàstic. 2 fig. resistent, amb capacitat de recuperació.

resin ('rezin) *s.* resina *f.*

resist (to) (ri'zist) *t.* resistir. ▪ *2 i.* resistir-se *p.*, oposar-se *p.*

resistance (ri'zistəns) *s.* resistència *f.*

resistant (ri'zistənt) *a.* resistent.

resolute ('rezəlu:t) *a.* resolut, resolt, decidit.

resolution (ˌrezə'lu:ʃən) *s.* resolució *f.*

resolve (ri'zɔlv) *s.* resolució *f.*, determinació *f.*

resolve (to) (ri'zɔlv) *t.* resoldre. ▪ *2 i.* resoldre's *p.*

resonance ('rezənəns) *s.* ressonància *f.*

resort (ri'zɔ:t) *s.* recurs *m.*, solució *f.* 2 lloc *m.* per anar de vacances. ‖ *winter-sports* ~, estació d'hivern.

resort (to) (ri'zɔ:t) *i. to* ~ *to*, recórrer a. 2 freqüentar *t.*

resound (to) (ri'zaund) *i.* ressonar, retrunyir, fer eco.

resource (ri'sɔ:s) *s.* recurs *m.*, mitjà *m.*, expedient *m.* 2 pl. recursos *m.*

resourceful (ri'zɔ:sful) *a.* enginyós, llest.

respect (ris'pekt) *s.* respecte *m.*, atenció *f.*, consideració *f.* 2 respecte *m.*, relació *f.* ‖ *with* ~ *to*, respecte a. 3 aspecte *m.* ‖ *in this* ~, en aquest aspecte. 4 pl. records *m.*, salutacions *m.*

respect (to) (ris'pekt) *t.* respectar. 2 *to* ~ *oneself*, respectar-se.

respectable (ris'pektəbl) *a.* respectable. 2 decent, presentable. 3 honrós.

respectful (ris'pektful) *a.* respectuós. ▪ *2* **-ly** *adv.* respectuosament.

respecting (ris'pektiŋ) *prep.* respecte a, quant a, pel que fa.

respective (ris'pektiv) *a.* respectiu.

respiration (ˌrespi'reiʃən) *s.* respiració *f.*, respir *m.*

respite ('respait) *s.* respir *m.*, treva *f.*, descans *m.* 2 suspensió *f.*, pròrroga *f.*

resplendent (ris'plendənt) *a.* resplendent.

respond (to) (ris'pɔnd) *i.* respondre, contestar. 2 respondre, correspondre [a una acció, situació, etc.].

response (ris'pɔns) *s.* resposta *f.*, contestació *f.*, rèplica *f.*

responsibility (risˌpɔnsi'biliti) *s.* responsabilitat *f.* 2 seriositat *f.*, formalitat *f.*

responsible (ris'pɔnsəbl) *a.* responsable. 2 seriós, formal.

responsive (ris'pɔnsiv) *a.* que respon, que correspon [a una acció, un efecte, etc.]. 2 sensible, obedient; que mostra interès.

rest (rest) *s.* descans *m.*, repòs *m.* ‖ *at* ~, en pau *f.* [mort]. 2 pau *f.*, tranquiŀlitat *f.* 3 peu *m.*, suport *m.* 4 resta *f.* ‖ *the* ~, la resta, els altres *pl.*

rest (to) (rest) *i.* descansar, reposar. 2 estar quiet. 3 parar, deturar-se *p.* 4 descansar sobre, recolzar(se en o sobre. 5 basar-se *p.* en. 6 romandre, seguir sent. 7 *to* ~ *with*, dependre de. ▪ *8 t.* descansar, deixar descansar. 9 recolzar, posar; basar.

restaurant ('restərənt) *s.* restaurant *m.*

restful ('restful) *a.* quiet, tranquil, assossegat. 2 reparador, relaxant, tranquiŀitzador.

restive ('restiv) *a.* ingovernable, rebel [un animal]. 2 inquiet, impacient.

restless ('restlis) *a.* inquiet, intranquil, agitat. 2 bulliciós. 3 desveŀlat, insomne.

restoration (ˌrestə'reiʃən) *s.* restauració *f.* 2 restitució *f.*

restore (to) (ris'tɔ:ʳ) *t.* restaurar. 2 restablir. 3 reposar. 4 tornar.

restrain (to) (ris'trein) *t.* refrenar, contenir, reprimir. 2 impedir. 3 limitar.

restraint (ris'treint) *s.* fre *m.*, control *m.*, restricció *f.* 2 reserva *f.*, circunspecció *f.* 3 contenció *f.*, moderació *f.*

restrict (to) (ris'trikt) *t.* restringir, limitar.

restriction (ris'trikʃən) *s.* restricció *f.*, limitació *f.*

restrictive (ris'triktiv) *a.* restrictiu.

result (ri'zʌlt) *s.* resultat *m.* 2 conseqüència *f.*

result (to) (ri'zʌlt) *i.* *to ~ from,* resultar de, originar-se *p.* 2 *to ~ in,* tenir com a resultat, produir, resultar.

resume (to) (ri'zju:m) *t.* reassumir, reprendre. 2 tornar a ocupar. 3 continuar.

résumé ('rezju:mei), (EUA) (ˌrezu'mei) *s.* resum *m.* 2 (EUA) currículum *m.*

resumption (ri'zʌmpʃən) *s.* reassumpció *f.* 2 represa *f.*, continuació *f.*

resurgence (ri'sə:dʒəns) *s.* ressorgiment *m.*

resurrection (ˌrezə'rekʃən) *s.* resurrecció *f.* [també fig.].

resuscitate (to) (ri'sʌsiteit) *t.-i.* ressuscitar.

retail ('ri:teil) *s.* venda *f.* al detall o a la menuda. ■ *2 adv.* al detall, a la menuda.

retail (to) (ri:'teil) *t.* detallar, vendre al detall o a la menuda. 2 repetir [un rumor, una història, etc.]. ■ *3 i.* vendre's al detall o a la menuda.

retain (to) (ri'tein) *t.* retenir, conservar. 2 contenir; frenar. 3 contractar, aconductar [esp. un advocat].

retainer (ri'teinəʳ) *s.* minuta *f.* 2 ant. criat.

retaliate (to) (ri'tælieit) *i.* venjar-se *p.*, revenjar-se *p.*; tornar-s'hi *p.*

retaliation (riˌtæli'eiʃən) *s.* venjança *f.*, revenja *f.*

retard (ri'tɑ:d) *s.* retard *m.*

retard (to) (ri'tɑ:d) *t.* retardar, endarrerir.

reticent ('retisənt) *a.* reservat, reticent.

retina ('retinə) *s.* ANAT. retina *f.* ▲ *pl.* **retinas** ('retinəz), **retinae** ('retini:).

retinue ('retinju:) *s.* seguici *m.*, comitiva *f.*, acompanyament *m.*

retire (to) (ri'taiəʳ) *i.* retirar-se *p.* 2 jubilar-se *p.* 3 anar-se'n *p.* al llit. ■ *4 i.* retirar, treure [de la circulació]. 5 jubilar.

retired (ri'taiəd) *a.* retirat, apartat, solitari [lloc]. 2 retirat, jubilat.

retirement (ri'taiəmənt) *s.* retir *m.*, jubilació *f.* 2 retirada *f.*

retiring (ri'taiəriŋ) *a.* reservat, retret, tímid.

retort (ri'tɔ:t) *s.* rèplica *f.* mordaç. 2 QUÍM. retorta *f.*

retort (to) (ri'tɔ:t) *t.-i.* replicar, respondre.

retrace (to) (ri'treis) *i.* refer [camí]. ‖ *to ~ one's steps,* tornar algú sobre els seus passos, refer camí. 2 recordar, rememorar.

retract (to) (ri'trækt) *t.* retractar. ■ *2 i.* retractar-se *p.*

retreat (ri'tri:t) *s.* retirada *f.* 2 retir *m.*, aïllament *m.* 3 refugi *m.*, recer *m.* 4 MIL. retreta *f.*

retreat (to) (ri'tri:t) *i.* retirar-se *p.*, retrocedir. 2 baixar, minvar. ■ *3 t.* retirar, fer retrocedir.

retrench (to) (ri'trentʃ) *t.* reduir [despeses]. 2 tallar, escurçar. ■ *3 i.* estalviar, economitzar.

retribution (ˌretri'bju:ʃən) *s.* càstig *m.* merescut, càstig *m.* just.

retrieve (to) (ri'tri:v) *t.* recuperar, recobrar. 2 reparar, esmenar [errors, culpes, etc.]. 3 cobrar, agafar [la caça un gos]. ■ *4 i.* cobrar *t.*, agafar *t.* [la caça un gos].

retrograde ('retrougreid) *a.* retrògrad.

retrospect ('retrouspekt) *s.* mirada *f.* retrospectiva. ‖ *in ~,* retrospectivament.

return (ri'tə:n) *s.* tornada *f.*, retorn *m.* ‖ *by ~,* a correu *m.* seguit; *many happy ~s,* per molts anys; *~ ticket,* bitllet *m.* d'anada i tornada. 2 devolució *f.*, restitució *f.* 3 pagament *m.*, canvi *m.* ‖ *in ~,* a canvi. 4 *pl.* guanys *m.*, ingressos *m.* 5 *pl.* *~ of income,* declaració *f.* de renda. 6 *election ~s,* resultat *m.* o dades *f. pl.* d'un escrutini.

return (to) (ri'tə:n) *i.* tornar, restituir; pagar; donar a canvi. 2 escollir, votar [un candidat]. 3 declarar [ingressos; culpable]. 4 pronunciar [una sentència]. ■ *5 i.* tornar.

reunion (ˌri:'ju:njən) *s.* reunió *f.*; retrobament *m.*

reunite (to) (ˌri:ju:'nait) *t.* reunir, reconciliar. ■ *2 i.* reunir-se *p.*, reconciliar-se *p.*

reveal (to) (ri'vi:l) *t.* revelar, descobrir.

revel ('revl) *s.* gresca *f.*, tabola *f.*

revel (to) ('revl) *i.* fer gresca, fer tabola. 2 delectar-se *p.* en, complaure's *p.* a.

revelation (ˌrevi'leiʃən) *s.* revelació *f.* 2 BIB. *Revelation,* Apocalipsi *f.*

revenge (ri'vendʒ) *s.* venjança *f.*, revenja *f.*

revenge (to) (ri'vendʒ) *t.* venjar(se.

revengeful (ri'vendʒful) *a.* venjatiu.

revenue ('revinju:) *s.* guanys *m. pl.*, renda *f.*, beneficis *m. pl.* 2 renda *f.* pública, tresor *m.* públic.

reverberate (to) (ri'və:bəreit) *t.-i.* reverberar.

revere (to) (ri'viəʳ) *t.* reverenciar, venerar.

reverence ('revərəns) *s.* reverència *f.*, veneració *f.*

reverence (to) ('revərəns) *t.* reverenciar, venerar.

reverend ('revərənd) *a.* reverend ■ 2 *s.* reverend *m.*

reverent ('revərənt) *a.* reverent.

reverie ('revəri) *s.* somni *m.*, fantasia *f.*, il·lusió *f.*

reversal (ri'və:səl) *s.* reversió *f.*; inversió *f.*

reverse (ri'və:s) *a.* contrari, oposat. 2 invers; invertit. ■ 3 *s.* **the** ~, el contrari *m.* 2 revers *m.*, revés *m.*, dors *m.* 3 contratemps *m.*, revés *m.* 4 MEC. marxa *f.* enrera.

reverse (to) (ri'və:s) *t.* invertir, capgirar, canviar. 2 anul·lar, revocar. 3 MEC. fer anar marxa enrera.

review (ri'vju:) *s.* revista *f.* [inspecció; publicació]. 2 revisió *f.* 4 ressenya *f.*; crítica *f.* [d'un llibre].

review (to) (ri'vju:) *t.* repassar, tornar a examinar. 2 revisar. 3 ressenyar, fer una ressenya.

revile (to) (ri'vail) *t.* ultratjar, denigrar, injuriar, insultar.

revise (to) (ri'vaiz) *t.* revisar, repassar; corregir.

revision (ri'viʒən) *s.* revisió *f.*, repàs *m.*; correcció *f.*

revival (ri'vaivəl) *s.* renaixement *m.* 2 restabliment *m.*, restauració *f.* 3 ressorgiment *m.* 4 TEAT. CINEM. reposició *f.*

revive (to) (ri'vaiv) *t.* reanimar, despertar. 2 restablir, ressuscitar. ■ 3 *i.* despertar-se *p.*, revifar-se *p.*; ressuscitar.

revoke (to) (ri'vouk) *t.* revocar, derogar.

revolt (ri'voult) *s.* revolta *f.*, rebel·lió *f.*

revolt (to) (ri'voult) *i.* revoltar-se *p.*, sublevar-se *p.* [també fig.]. ■ 2 *t.* fer fàstic.

revolting (ri'voultiŋ) *a.* indignant, odiós. 2 fastigós, repugnant.

revolution (,revə'lu:ʃən) *s.* revolució *f.*

revolve (to) (ri'vɔlv) *t.* girar, fer girar. 2 donar voltes [a una idea]. ■ 3 *i.* girar, giravoltar, donar voltes.

revolver (ri'vɔlvə') *s.* revòlver *m.*

revulsion (ri'vʌlʃən) *s.* canvi *m.* sobtat, reacció *f.*

reward (ri'wɔ:d) *s.* premi *m.*, recompensa *f.*, guardó *m.* 2 pagament *m.*

reward (to) (ri'wɔ:d) *t.* premiar, recompensar, pagar.

rhapsody ('ræpsədi) *s.* LIT., MÚS. rapsòdia *f.*

rhetoric ('retərik) *s.* retòrica *f.*

rheumatism ('ru:mətizəm) *s.* MED. reumatisme *m.*, reuma *m.*

rhinoceros (rai'nɔsərəs) *s.* ZOOL. rinoceront *m.*

rhomboid ('rɔmbɔid) *a.* romboïdal. ■ 2 *s.* romboide *m.*

rhubarb ('ru:bɑ:b) *s.* BOT. ruibarbre *m.*

rhyme (raim) *s.* LIT. rima *f.* ‖ *without* ~ *or reason*, sense solta ni volta.

rhyme (to) (raim) *t.-i.* rimar.

rhythm ('riðəm) *s.* ritme *m.*

rib (rib) *s.* ANAT. costella *f.* 2 barnilla *f.* [de paraigües; de ventall]. 3 ARQ. nervadura *f.* 4 BOT., ENT. nervi *m.* [d'ala; de fulla]. 5 NÀUT. quaderna *f.* 6 TÈXT. cordó *m.*

ribald ('ribəld) *a.* groller, obscè.

ribbon ('ribən) *s.* cinta *f.*, banda *f.*, galó *m.* 2 tira *f.*: *to tear to* ~*s*, estripar una cosa, fer-la a tires.

rice (rais) *s.* arròs *m.*

rich (ritʃ) *a.* ric. 2 car, luxós. 3 suculent. 4 dolç, embafador. 5 fèrtil. 6 abundant [beneficis]. 7 melodiós, sonor [veu, so]. 8 col·loq. divertit. ■ 9 **-ly** *adv.* ricament; luxosament; abundantment.

riches ('ritʃiz) *s. pl.* riquesa *f. sing.*

rickets ('rikits) *s.* MED. raquitisme *m.*

rickety ('rikiti) *a.* raquític. 2 desmanegat; ruinós.

rid (to) (rid) *t.* alliberar, desembarassar. ‖ *to be* ~ *of*, estar lliure de. ‖ *to get* ~ *of*, desembarassar-se *p.*, desempallegar-se *p.* de, eliminar. 2 *to* ~ *oneself of*, alliberar-se, desembarassar-se de.

ridden ('ridn) *p. p.* de RIDE (TO).

riddle ('ridl) *s.* endevinalla *f.* 2 enigma *m.*, misteri *m.* 3 sedàs *m.*, garbell *m.*

riddle (to) ('ridl) *t.* ~ *me this*, endevina-ho. 2 garbellar, passar pel sedàs. 3 cosir a trets.

ride (raid) *s.* passeig o viatge a cavall, amb cotxe o amb bicicleta.

ride (to) (raid) *i.* anar a cavall, amb cotxe, amb bicicleta. 2 cavalcar, muntar. 3 anar, marxar, funcionar. 4 fig. *to* ~ *for a fall*, buscar-se-la *p.* 5 NÀUT. *to* ~ *at anchor*, ancorar, fondejar. ■ 6 *t.* muntar [cavall, bicicleta, etc.]; anar *i.* a cavall, amb bicicleta, etc. 7 fendir [les onades]. 8 obsessionar, oprimir. ■ *to* ~ *down*, atropellar, trepitjar; *to* ~ *on*, muntar, anar muntat; *to* ~ *out*, capejar [un temporal]; *to* ~ *up*, rebregar-se ▲ Pret.: *rode* (roud); p.p.: *ridden* ('ridn).

rider ('raidə') *s.* genet [de cavall]. 2 ciclista; motorista, motociclista. 3 DRET clàusula *f.* addicional.

ridge (ridʒ) *s.* carener *m.*, cavalló *m.* [d'una teulada]. 2 carena *f.*, cresta *f.* 3 AGR. cavalló *m.*

ridicule ('ridikju:l) *s.* ridícul *m.*

ridicule (to) ('ridikju:l) *t.* ridiculitzar, posar en ridícul.

ridiculous (ri'dikjuləs) *a.* ridícul.

riding ('raidiŋ) *s.* equitació *f.* ■ 2 *a.* d'equitació, de muntar.

riding breeches ('raidiŋ͵bri:tʃiz) *s. pl.* pantalons *m.* de muntar.

rife (raif) *a.* corrent, general, freqüent. 2 ~ **with,** ple de.

riff-raff ('rifræf) *s. the* ~, la púrria *f.*, la xusma *f.*

rifle ('raifl) *s.* rifle *m.*, fusell *m.* 2 *pl.* MIL. fusellers *m.*

rifle (to) ('raifl) *t.* escorcollar; saquejar, robar.

rift (rift) *s.* escletxa *f.*, esquerda *f.*; clariana *f.* 2 fig. dissensió *f.*, desavinença *f.*

rig (to) (rig) *t.* MAR. aparellar, ormejar. 2 *to* ~ **out,** equipar; colloq. vestir, portar. 3 *to* ~ **up,** muntar, construir.

rigging ('rigiŋ) *s.* MAR. aparell *m.*, eixàrcia *f.*

right (rait) *a.* just, honrat. 2 bo, correcte, exacte. 3 convenient, adequat, apropiat. 4 recte. 5 dret, de la dreta. 6 autèntic, veritable. 7 que té raó. 8 assenyat. ■ 9 *adv.* directament, de dret. ‖ ~ **away,** de seguida. ‖ ~ **now,** ara mateix. 10 exactament. 11 correctament. 12 bé. 13 a la dreta. ■ 14 *interj.* **all** ~*!*, d'acord! ■ 15 *s.* dret *m.*, justícia *f.*, raó *f.*, bé *m.* 16 dret *m.*, privilegi *m.* 17 dret *m.* [d'una roba]. 18 dreta *f.* ■ 19 **-ly** *adv.* com cal, correctament.

right (to) (rait) *t.* adreçar, redreçar. 2 corregir, rectificar.

righteous ('raitʃəs) *a.* just. 2 honest, virtuós. ■ 3 **-ly** *adv.* honestament.

rightful (raitful) *a.* legítim. 2 just, justificable.

rigid ('ridʒid) *a.* rígid. 2 sever, rigorós.

rigour, (EUA) **rigor** ('rigəʳ) *s.* rigor *m.*, rigidesa *f.*

rill (ril) *s.* poèt. rierol *m.*, rieró *m.*

rim (rim) *s.* vora *f.*, caire *m.*, vorell *m.*, marge *m.* 2 llanda *f.* [de roda].

rind (raind) *s.* clofolla *f.*; pell *f.*, pela *f.* 2 crosta *f.* [del formatge]. 3 cotna *f.* [de porc]. 4 escorça *f.* [d'un arbre].

ring (riŋ) *s.* anell *m.* 2 anella *f.*, cèrcol *m.*, rutlla *f.* 3 camarilla *f.*, cercle *m.*, banda *f.* 4 ring *m.* [boxa]; pista *f.*, arena *f.* 5 clos *m.*, tencat *m.* 6 aposta *f.* [cavalls]. 7 so *m.* vibrant o metàllic. 8 dring *m.*, dringadissa *f.* 9 so *m.*, to *m.* 10 toc *m.* [de timbre], truc *m.* 11 trucada *f.*, telefonada *f.*

1) **ring (to)** (riŋ) *t.* encerclar, envoltar. 2 anellar. ▲ Pret. i p.p.: *ringed* (riŋd).

2) **ring (to)** (riŋ) *t.* fer sonar, tocar [una campana, un timbre, etc.]. 2 *to* ~ **up,** trucar, telefonar. ■ 3 *i.* sonar, ressonar, dringar, repicar. 4 xiular [les orelles]. ▲ Pret.: *rang* (ræŋ); p.p.: *rung* (rʌŋ).

ringing ('riŋiŋ) *a.* sonor, vibrant. 2 enèrgic.

■ 2 *s.* repic *m.* 2 dringadissa *f.* 3 xiulet *m.* [a les orelles].

ringlet (riŋlit) *s.* rínxol *m.*, tirabuixó *m.*

rink (riŋk) *s.* pista *f.* de gel.

rinse (to) (rins) *t.* esbandir.

riot ('raiət) *s.* disturbi *m.*, aldarull *m.*, avalot *m.* 2 bullícia *f.*, gatzara *f.* 3 abundància *f.*, excés *m.*

riot (to) ('raiət) *i.* provocar disturbis o aldarulls. 2 excedir-se *p.*

rioter ('raiətəʳ) *s.* avalatador, amotinat.

riotous ('raiətəs) *a.* avalotador, agitador. 2 amotinat, insurrecte. 3 disbauxat.

rip (rip) *s.* estrip *m.* 2 descosit *m.*

rip (to) (rip) *t.* estripar, esquinçar; descosir; arrencar. ■ 2 *i.* estripar-se *p.*, esquinçar-se *p.*; descosir-se *p.* 3 córrer molt de pressa, anar o passar molt de pressa.

ripe (raip) *a.* madur. 2 llest, a punt.

ripen (to) ('raipən) *t.* fer madurar. ■ 2 *i.* madurar.

ripple ('ripl) *s.* ona *f.*, ondulació *f.* 2 murmuri *m.* [de l'aigua]. 3 xiuxiueig *m.*

ripple (to) ('ripl) *t.* arrissar, cargolar. ■ 2 *i.* arrissar-se *p.*, cargolar-se *p.*, onejar.

rise (raiz) *s.* ascensió *f.*, pujada *f.* 2 elevació [de terreny]. 3 sortida *f.* [del sol, etc.]. 4 pujada *f.*, costa *f.* 5 augment *m.*, pujada *f.* [de preus; temperatures, etc.]. 6 origen *m.*, causa *f.* ‖ *to give* ~ *to,* donar lloc *m.* a. 7 ascens *m.*

rise (to) (raiz) *i.* pujar, ascendir. 2 alçar-se *p.*, aixecar-se *p.* 3 aixecar-se *p.*, llevar-se *p.* 4 sortir [un astre]. 5 alçar-se *p.*, revoltar-se *p.* 6 pujar, augmentar; créixer. 7 néixer, sortir. 8 sorgir, aparèixer, ocórrer. 9 fer carrera, ascendir. ▲ Pret.: *rose* (rouz); p.p.: *risen* ('rizn).

risen ('rizn) *p.p.* de RISE (TO).

rising ('raiziŋ) *s.* pujada *f.* 2 aixecament *m.*, alçament *m.*, insurrecció *f.*

risk (risk) *s.* risc *m.*, perill *m.* ‖ *to take* ~*s,* arriscar-se.

risk (to) (risk) *t.* arriscar(se. 2 exposar-se *p.* a.

risky ('riski) *a.* arriscat, exposat. 2 verd, escabrós.

rite (rait) *s.* ritu *m.*

ritual ('ritjuəl) *a.* ritual. ■ 2 *s.* ritual *m.*

rival ('raivəl) *a.-s.* rival.

rival (to) ('raivəl) *t.* rivalitzar amb, competir amb.

rivalry ('raivəlri) *s.* rivalitat *f.*, competència *f.*

river ('rivəʳ) *s.* riu *m.* ‖ *down* ~, riu avall. ‖ *up* ~, riu amunt.

river-basin ('rivə͵beisn) *s.* conca *f.* [d'un riu].

riverside ('rivǝsaid) *s.* riba *f.*, vora *f.*, marge *m.* [d'un riu].

rivet (to) ('rivit) *t.* reblar. *2* fixar, concentrar [la mirada, l'atenció, etc.].

rivulet ('rivjulit) *s.* rierol *m.*

road (roud) *s.* carretera *f.*, camí *m.* *2* carrer *m.* *3* MAR. rada *f.*

road-house ('roudhaus) *s.* parador *m.*

roadway ('roudwei) *s.* calçada *f.*, carretera *f.*

roam (to) (roum) *t.-i.* vagar, errar per.

roar (rɔːʳ, rɔǝʳ) *s.* bram *m.;* rugit *m.* *2* crit *m.* *3* soroll *m.*, terrabastall *m.*

roar (to) (rɔːʳ) *t. to ~ out,* cridar, dir cridant. *2 to ~ oneself hoarse,* esgargamellar-se. ▪ *3 i.* bramar, rugir. *4* cridar. *5* gemegar. *6* fer molt soroll.

roaring ('rɔːriŋ) *s.* sorollós. *2* pròsper, bo [negoci, tracte, etc.].

roast (roust) *s.* rostit *m.* ▪ *2 a.* rostit, torrat.

roast (to) (roust) *t.* rostir, torrar. ▪ *2 i.* rostir-se *p.*, torrar-se *p.*

rob (to) (rɔb) *t.* robar.

robber ('rɔbǝʳ) *s.* lladre.

robbery ('rɔbǝri) *s.* robatori *m.*

robe (roub) *s.* vestidura *f.*, vestimenta *f.* *2* túnica *f.* *3* toga *f.* [de jutge, catedràtic, etc.]. *4* hàbit *m.* *5* bata *f.*

robe (to) (roub) *t.* vestir. ▪ *2 i.* vestir-se *p.*

robin ('rɔbin) *s.* ORN. pit-roig *m.*

robot ('roubɔt) *s.* robot *m.*

robust (rǝ'bʌst) *a.* robust; fort, sa.

rock (rɔk) *s.* roca *f.* *2* penya *f.*, penyal *m.* ‖ (EUA) *on the ~s,* amb gel [whisky]; fig. arruïnat; NÀUT. encallat.

rock (to) (rɔk) *t.* bressar. *2* gronxar. *3* sacquejar. ▪ *4 i.* gronxar-se *p.* *5* fer sotracs.

rocket ('rɔkit) *s.* coet *m.*

rocking-chair ('rɔkiŋtʃeǝʳ) *s.* balancí *m.*

rock-salt ('rɔkɔːlt) *s.* sal *f.* gemma.

rocky ('rɔki) *a.* rocallós, pedregós. *2* coŀloq. vaciŀlant, inestable.

rod (rɔd) *s.* vara *f.*, vareta *f.*, barra *f.* *2* bastó *m.* de comandament. *3* canya *f.* [de pescar].

rode (roud) *pret.* de RIDE (TO).

rodent ('roudǝnt) *s.* ZOOL. rosegador *m.*

roe (rou) *s.* fresa *f.*, ous *m. pl.* de peix.

rogue (roug) *s.* bergant, brivall *m.*

role, rôle (roul) *s.* CINEM., TEAT. paper *m.* [també fig.].

roll (roul) *s.* rotlle *m.*, rotllo *m.* [de paper; peŀlícula, etc.]. *2* llista *f.*, nòmina *f.*, registre *m.* *3* panet *m.* *4* retró *m.*, retruny *m.* *5* balanceig *m.*, balandreig *m.* ‖ *~ of the waves,* onatge *m.*

roll (to) (roul) *t.* rodar, fer rodar. *2* moure, portar, empènyer [sobre rodes]. *3* enrotllar. *4* arromangar. *5* fer, cargolar [una ci-

garreta]. *6* embolicar. *7* aplanar [amb un corró]. *8* fer retrunyir. ▪ *9 i.* rodar, rodolar. *10* anar sobre rodes. *11* rebolcar-se *p.* *12* ondular [un terreny]. *13* onejar. *14* cargolar-se *p.*, enrotllar-se *p.* *15* retrúnyer, retrunyir. *16* redoblar [els tambors]. ▪ *to ~ down,* baixar, escolar-se, baixar rodant; fig. *to ~ in,* inundar; *to ~ on,* passar [el temps]; *to ~ up,* arribar.

roller ('roulǝʳ) *s.* MEC. corró *m.*, cilindre *m.*, roleu *m.* *2* roda *f.* [de patí, d'un moble, etc.]. *3* MAR. onada *f.*

rolling ('rouliŋ) *a.* ondulant.

rolling-pin ('rouliŋpin) *s.* corró *m.* de cuina.

rolling-stock ('rouliŋstɔk) *s.* FERROC. material *m.* mòbil.

Roman ('roumǝn) *a.-s.* romà.

romance (rǝ'mæns) *s.* noveŀla *f.* d'amor; història *f.* d'amor. *2* amor *m.*, idiŀli *m.*, aventura *f.* amorosa. *3* aspecte *m.* romàntic, màgia *f.*, atractiu *m.* *4* LIT. *Romance,* noveŀla *f.* de cavalleria.

Romanesque (ˌroumǝ'nesk) *a.* ARQ. romànic. ▪ *2 s.* ARQ. romànic *m.*

Romania (ru'meiniǝ) *n. pr.* GEOGR. Romania *f.*

Romanian (ru'meiniǝn) *a.* romanès. ▪ *2 s.* romanès [persona]. *3* romanès *m.* [llengua].

romantic (rou'mæntik, rǝ-) *a.* romàntic.

Rome (roum) *n. pr.* GEOGR. Roma *f.*

romp (to) (rɔmp) *i.* jugar, córrer, guimbar. *2* tenir èxit; vèncer; aprovar [un examen].

roof (ruːf) *s.* sostre *m.*, terrat *m.*, teulada *f.* ‖ *flat ~,* terrat. *2* esfera *f.* celeste. *3* fig. sostre *m.*, llar *f.*

roof (to) (ruːf) *t.* cobrir, ensostrar, sostrar.

rook (ruk) *s.* ORN. gralla *f.* *2* JOC torre *f.* [escacs].

room (ruːm) *s.* habitació *f.*, cambra *f.*, sala *f.*, saló *m.* *2* espai *m.*, lloc *m.*, cabuda *f.* ‖ *to make ~,* fer lloc; deixar passar. *3* raó *f.*, motiu *m.* ‖ *there is no ~ for doubt,* no hi ha dubte.

roomy ('rumi) *a.* espaiós, balder, ampli.

roost (ruːst) *s.* perxa *f.* *2* galliner *m.*

roost (to) (ruːst) *i.* ajocar-se *p.*, dormir [una au a la perxa].

rooster ('ruːstǝʳ) *s.* gall *m.*

root (ruːt) *s.* arrel *f.* ‖ *to take ~,* arrelar.

root (to) (ruːt) *t.* fer arrelar. *2* clavar [una persona]. *3* arrelar *i.* *4 to ~ out,* arrencar de soca-arrel, desarrelar. ▪ *5 i.* arrelar, fer arrels.

rope (roup) *s.* corda *f.*, soga *f.*, maroma *f.* ‖ fig. *to know the ~s,* conèixer fil *m.* per randa. *2* rest *m.*, rast *m.*, enfilall *m.*

rosary ('rouzǝri) *s.* REL. rosari *m.*

rose (rouz) *s.* BOT. roser *m.* *2* BOT. rosa *f.* *3*

rosa *m.* [color]. *4* bec *m.* [d'una regadora]. *5* rosassa *f.*, roseta *f.* ▪ *6 pret.* de RISE (TO).

rosebud ('rouzbʌd) *s.* capoll *m.*, poncella *f.*

rosemary ('rouzməri) *s.* BOT. romaní *m.*

rosewood ('rouzwud) *s.* BOT. palissandre *m.*

rosy ('rouzi) *a.* rosat, de color rosa. *2* enrojolat. *3* fig. falaguer, esperançador.

rot (rɔt) *s.* putrefacció *f.*, descomposició *f.* *2* decadència *f.* *3* coŀloq. bestieses *f. pl.*, bajanades *f. pl.*

rot (to) (rɔt) *t.* podrir, corrompre [també fig.]. ▪ *2 i.* podrir-se *p.*, corrompre's *p.* [també fig.].

rotary ('routəri) *a.* rotatori, de rotació.

rotate (to) (rou'teit) *t.* fer girar. *2* alternar. *3* AGR. conrear en rotació. ▪ *4 i.* girar, giravoltar. *5* alternar(se, fer torns.

rote (rout) *s. by ~*, per rutina *f.; de memòria *f.*

rotten ('rɔtn) *a.* podrit, putrefacte, corromput. *2* fètid. *3* dolent, ofensiu, brut. *4* poc segur, de joguina.

rotund (rou'tʌnd) *a.* rotund. *2* gras.

rouble ('ru:bl) *s.* ruble *m.*

rouge (ru:ʒ) *s.* coloret *m.*

rough (rʌf) *a.* aspre, tosc, bast. *2* accidental, abrupte [terreny]. *3* agitat [mar]. *4* tempestuós [temps]. *5* rústic, inculte. *6* brusc, groller. *7* brut. ‖ *~ copy*, esborrany. *8* aproximat. *9* dur, brut, violent. ▪ *10 -ly adv.* bruscament; toscament; violentament; aproximadament. ▪ *11 s.* terreny *m.* accidentat. *12* aspresa *f.* *13 in the ~*, en brut. *14* pinxo *m.*, bergant *m.*

rough (to) (rʌf) *t.* esborrifar [els cabells]. *2 to ~ in*, esbossar, fer un esbós. *3* coŀloq. *to ~ up*, apallissar. *4 to ~ it*, passar-les magres.

roulette (ru(:)'let) *s.* JOC ruleta *f.*

round (raund) *a.* rodó, (BAL.) (VAL.) redó, circular. *2* clar, categòric, rotund. *3* fort, sonor. *4* complet. *5* d'anada i tornada [viatge]. ▪ *6 s.* cercle *m.*, esfera *f.* *7* rotllana *f.* *8* recorregut *m.*, ronda *f.* *9* ronda *f.* [de begudes]. *10* successió *f.* [de fets]; rutina *f.* *11* salva *f.* [d'aplaudiments]. *12* salva *f.*, descàrrega *f.*, tret *m.* *13* volta *f.* [d'un circuit; electoral]. *14* ART retlleu *m.* *15* ESPORT assalt *m.* [boxa]; *preliminary ~*, eliminatòria *f.* ▪ *16 adv.* al voltant, entorn. ‖ *all ~*, pertot arreu. ‖ *to hand ~ the cigars*, fer circular els cigars, fer córrer els cigars. ‖ *to turn ~*, girar-se, tombar-se. ‖ *we were ~ at the pub*, erem al pub. ▪ *17 prep.* al voltant; pels volts de. ‖ *~ (about)*, aproximadament. ‖ *~ the world*, al voltant del món, pertot el món. ‖ *~ the corner*, a la cantonada.

round (to) (raund) *t.* arrodonir. *2* tombar [una cantonada, revolt, etc.]. *3* envoltar, rodejar. *4 to ~ off*, completar, arrodonir. *5 to ~ up*, reunir, aplegar. ▪ *6 i.* arrodonir-se *p.* *7 to ~ off*, culminar.

roundabout ('raundəbaut) *a.* indirecte. ‖ *in a ~ way*, fer volta; amb embuts. ▪ *2 s.* cavallets *m. pl.* [de fira]. *3* plaça *f.* [en un cruïlla].

roundly ('raundli) *adv.* francament. *2* rotundament, categòricament.

round-up ('raundʌp) *s.* acorralament *m.*, aplegament *m.* [del bestiar]. *2* agafada *f.*, batuda *f.* [de la policia].

rouse (to) (rauz) *t.* despertar. *2* animar, excitar. ▪ *3* despertar-se *p.* *3* animar-se *p.*, revifar-se *p.*

rout (raut) *s.* desfeta *f.*, derrota *f.*

rout (to) (raut) *t.* derrotar, desfer. *2 to ~ out*, treure, fer sortir, fer fora.

route (ru:t) *s.* ruta *f.*, camí *m.* *2* itinerari *m.*, trajecte *m.*

routine (ru:'ti:n) *s.* rutina *f.* ▪ *2 a.* rutinari, de rutina.

rove (to) (rouv) *t.* recórrer. *2* piratejar. ▪ *3 i.* vagar, errar. *4* recórrer *t.* [alguna cosa amb la mirada].

rover ('rouvə') *s.* vagabund, rodamón. *2* pirata.

1) row (rau) *s.* terrabastall *m.*, estrèpit *m.* *2* baralla *f.*, batussa *f.* *3* embolic *m.*, problema *f.*

2) row (rou) *s.* fila *f.*, filera *f.*, rengle *m.*, renglera *f.* *2* pass.

3) row (to) (rau) *t.* renyar. ▪ *2 i.* barallar-se *p. (with*, amb).

4) row (to) (rou) *t.* portar a rem. ▪ *2 i.* remar, vogar.

rowdy (raudi) *a.* avalotador, sorollós. ▪ *2 s.* cerca-bregues, cerca-raons.

rower (rouə') *s.* remer.

royal ('rɔiəl) *a.* reial, regi.

royalty ('rɔiəlti) *s.* reialesa *f.* *2* família *f.* real. *3* drets *m. pl.* [d'autor].

rub (rʌb) *s.* frega *f.*, fricció *f.; frec *m.* *2* dificultat *f.*, problema *m.*

rub (to) (rʌb) *t.* fregar, refregar, friccionar. *2* rascar, gratar. *3* enllustrar, polir. ▪ *4 i.* fregar. ▪ coŀloq. *to ~ along*, anar fent; *to ~ in*, fer penetrar fregant; retreure, tirar per la cara; *to ~ off*, rascar, gratar; *to ~ out*, esborrar.

rubber ('rʌbə') *s.* cautxú *m.*, goma *f.* *2* goma *f.* d'esborrar. *3 pl.* xancles *f.*

rubbish ('rʌbiʃ) *s.* escombraries *f. pl.*, (BAL.) (VAL.) fems *m. pl.*, (VAL.) brossa *f.* *2* bestieses *f. pl.*, bajanades *f. pl.*

rubble ('rʌbl) *s.* enderroc *m.*, runa *f.* *2* CONSTR. reble *m.*

rubblework ('rʌblwəːk) *s.* CONSTR. maçoneria *f.*

rubicund ('ruːbikənd) *a.* rubicund.

ruby ('ruːbi) *s.* MINER. robí *m.* 2 vermell *m.* fosc [color]. ■ *3 a.* de robí. 4 de color vermell fosc.

rucksack ('rʌksæk) *s.* motxilla *f.*

ruction ('rʌkʃən) *s.* coŀloq. raons *f. pl.* 2 sarau *m.*, gresca *f.*

rudder ('rʌdəˈ) *s.* NÀUT. timó *m.*, governall *m.*

ruddy ('rʌdi) *a.* rubicund; encès; vermell.

rude (ruːd) *a.* rude, grosser, maleducat. 2 tosc, rústec. 3 inculte. 4 verd, obscè.

rudeness ('ruːdnis) *s.* rudesa *f.* 2 grosseria *f.*, descortesia *f.* 3 obscenitat *f.*

rudiment ('ruːdimənt) *s.* BIOL. rudiment *m.* 2 *pl.* rudiments *m.*

rue (ruː) *s.* BOT. ruda *f.*

rue (to) (ruː) *t.* liter. plorar, penedir-se *p.* de, lamentar.

rueful ('ruːful) *a.* lamentable. 2 trist, afligit, penedit.

ruff (rʌf) *s.* ZOOL., ORN. collar *m.* 2 HIST. gorjera *f.*

ruffian ('rʌfjən) *a.* cruel, violent. ■ *2 s.* rufià, pinxo.

ruffle ('rʌfl) *s.* COST. volant *m.* escarolat. 2 agitació *f.*

ruffle (to) ('rʌfl) *t.* COST. crespar, frunzir, prisar. 2 estarrufar, esborrifar. 3 ondular, arrugar. 4 agitar, torbar. ■ *5 i.* estarrufar-se *p.* 6 ondular-se *p.*, arrugar-se *p.* 5 torbar-se *p.*

rug (rʌg) *s.* catifa *f.*, estora *f.*, pelut *m.* [petit]. 2 manta *f.* de viatge.

rugby (football) ('rʌgbi) *s.* ESPORT rugbi *m.*

rugged ('rʌgid) *a.* accidentat, abrupte, rocós. 2 dur [faccions]. 3 tosc. 3 desigual.

ruin (ruin) *s.* ruïna *f.* 2 destrucció *f.* 3 perdició *f.* 4 *pl.* ruïnes *f.*

ruin (to) (ruin) *t.* arruïnar. 2 destruir. 3 perdre.

ruinous ('ruinəs) *a.* ruïnós.

rule (ruːl) *s.* regla *f.*, norma *f.*, precepte *m.* ‖ *as a ~,* com a regla general. 2 codi *m.*, reglament *m.* 3 domini *m.*, autoritat *f.*, govern *m.* 4 regle *m.*

rule (to) (ruːl) *t.* governar, regir, dirigir. 2 dominar, contenir [passions, instints, etc.]. 3 dominar, influir, guiar. 4 traçar [una ratlla], reglar. *5 to ~ out,* rebutjar, refusar, excloure. 6 DRET decidir. ■ *7 i.* governar *t.*; regnar. 8 DRET prendre una decisió.

ruler ('ruːləˈ) *s.* governant; sobirà; autoritat *f.* 2 regle *m.*

rum (rʌm) *s.* rom *m.* 2 (EUA) aiguardent *m.* ■ *3 a.* estrany, curiós.

rumble ('rʌmbl) *s.* retró *m.*, retruny *m.*, retrunyiment *m.* 2 estrèpit *m.*

rumble (to) ('rʌmbl) *i.* retrunyir, retronar. 2 fer soroll [els budells]. ■ *3 t. to ~ out,* murmurar.

ruminant ('ruːminənt) *a.* remugant, ruminant. ■ *2 s.* ZOOL. remugant *m.*, ruminant *m.*

ruminate (to) ('ruːmineit) *i.* rumiar *t.* 2 ZOOL. remugar *t.*, ruminar *t.*

rummage (to) ('rʌmidʒ) *i.* furgar *t.*, remenar *t.*, escorcollar *t.* ■ *2 t.* escorcollar.

rumour, (EUA) **rumor** ('ruːməˈ) *s.* rumor *m.*

rumour (to), (EUA) **rumor (to)** ('ruːməˈ) *t.* córrer el rumor, dir(se: *it is ~ed that,* corre el rumor que, es diu que, diuen que.

rump (rʌmp) *s.* anques *f. pl.*, gropa *f.* [de cavall]. 2 carpó *m.* [de les aus]. 3 coŀloq. ail *m.*

rumple (to) ('rʌmpl) *t.* arrugar, rebregar. 2 esborrifar, despentinar. ■ *3 i.* arrugar-se *p.*, rebregar-se *p.* 4 esborrifar-se *p.*, despentinar-se *p.*

rumpus ('rʌmpəs) *s.* coŀloq. xivarri *m.*, gresca *f.*

run (rʌn) *s.* carrera *f.*, correguda *f.*, corredissa *f.* 2 curs *m.*, marxa *f.*, direcció *f.* 3 sèrie *f.*, ratxa *f.* 4 viatge *m.*, excursió *f.* 5 distància *f.*; trajecte *m.*, recorregut *m.* 6 classe *f.*, tipus *m.* corrent. 7 *in the long ~,* a la llarga. 8 coŀloq. llibertat *f.* de moviments, lliure accés *m.* ■ *9 p.p.* de RUN (TO).

run (to) (rʌn) *i.* córrer. 2 estendre's *p.*, arribar a, assolir. 3 passar [a un estat]. *to ~ dry,* assecar-se *p.* [un pou]. 5 fluir, rajar. 6 fondre's *p.* 7 supurar. 8 durar, mantenir-se *p.* 9 TEAT. representar-se *p.* ininterrompudament. 10 seguir, ser vigent. 11 POL. presentar-se *p.* (per a). ■ *to ~ about,* anar amunt i avall; *to ~ across,* trobar inesperadament; *to ~ after,* perseguir; *to ~ away,* fugir; *to ~ down,* criticar; atropellar; aturar-se, quedar-se sense corda; *to ~ into,* tenir [problemes]; trobar per casualitat; xocar; *to ~ off,* marxar, tocar el dos; *to ~ on,* allargassar-se [temps]; *to ~ out (of),* acabar-se, exhaurir-se; caducar; *to ~ over,* atropellar; vessar; *to ~ through,* travessar [amb una espasa, llança, etc.]; assajar [un paper]; *to ~ up,* acumular [factures]; *to ~ up against,* tenir [problemes]. ▲ Pret.: *ran* (ræn); p.p.: *run* (rʌn); ger.: *running.*

runabout ('rʌnəbaut) *s.* avió *m.*, barca *f.* o cotxe *m.* lleuger. 2 (EUA) vagabund.

runaway ('rʌnəwei) *a.* fugitiu. 2 desbocat [cavall]. 3 sense fre. 4 fàcil [victoria]. ■ *4 s.* fugitiu. 5 desertor. 6 cavall *m.* desbocat.

rung (rʌŋ) *s.* esglaó *m.*, graó *m.* ■ *2 p. p.* de RING (TO) 2.

runner ('rʌnəʳ) *s.* corredor [atleta]. *2* missatger. *3* contrabandista. *4* patí *m.* [de trineu]. *5* catifa *f.* o estora *f.* llarga. *6* BOT. estoló *m.* *7* MEC. corredora *f.*, cèrcol *m.* mòbil, roda *f.*

running ('rʌniŋ) *s.* carrera *f.*, correguda *f.*, corredissa *f.* *2* funcionament *m.* *3* direcció *f.*, govern *m.* ▪ *4 a.* corrent: ~ *water*, aigua corrent. *5* continu. *6* cursiva [lletra]. ▪ *5 adv.* seguit.

running-knot ('rʌniŋ'nɔt) *s.* nus *m.* escorredor.

runway ('rʌnwei) *s.* AVIA. pista *f.* d'aterratge.

rupee (ru:'pi:) *s.* rupia *f.*

rupture ('rʌptʃəʳ) *s.* ruptura *f.*, trencament *m.* *2* MED. hèrnia *f.*

rupture (to) ('rʌptʃəʳ) *t.* trencar, esvinçar. *2* MED. herniar-se *p.* ▪ *3 i.* MED. herniar-se *p.*

rural ('ruərəl) *a.* rural.

ruse (ru:z) *s.* ardit *m.*, estratagema *f.*

1) rush (rʌʃ) *s.* precipitació *f.*, pressa *f.* *2* ímpetu *m.* *3* afluència *f.*, aglomeració *f.* [de gent]. *4* confusió *f.*, batibull *m.* *5* corrent *m.*, torrent *m.* *6* escomesa *f.*, atac *m.* *7* BOT. jonc *m.*

2) rush (rʌsk) *s.* galeta *f.*

rush (to) (rʌʃ) *i.* precipitar-se *p.*, abalançarse *p.*, tirar-se *p.* *2* córrer. *3* anar de pressa, afanyar-se *p.* *4 to* ~ *out*, sortir precipitadament. ▪ *5 t.* empènyer. *6* apressar. *7* fer de pressa. *8* portar ràpidament. *9* assaltar, atacar.

rush hour ('rʌʃauəʳ) *s.* hora *f.* punta.

Russia ('rʌʃə) *n. pr.* GEOGR. Rússia *f.*

Russian ('rʌʃən) *a.* rus. ▪ *2 s.* rus [persona]. *3* rus *m.* [llengua].

rust (rʌst) *t.* rovellar, oxidar [també fig.]. ▪ *2 i.* rovellar-se *p.*, oxidar-se *p.*

rustic ('rʌstik) *a.* rústic. *2* rústec. ▪ *3 s.* pagès, aixafaterrossos.

rustle ('rʌsl) *s.* remor *f.*, murmuri *m.* *2* cruixit *m.*

rustle (to) ('rʌsl) *i.* remorejar, murmurar. *2* cruixir. *3* (EUA) col·loq. robar [bestiar]. ▪ *4 t.* xiuxiuejar *i.*, dir en veu baixa; moure fent remor.

rusty ('rʌsti) *a.* oxidat, rovellat [també fig.]. *2* de color de rovell. *3* descolorit, vell [un vestit negre].

rut (rʌt) *s.* rodera *f.*, carrilada *f.* *2* fig. rutina *f.* *3* ZOOL. zel *m.*

ruthless ('ru:θlis) *s.* cruel, despietat, inhumà. ▪ *2 -ly adv.* cruelment, despietadament.

rye (rai) *s.* BOT. sègol *m.*

S

S, s (es) *s.* s *f.* [lletra].

Sabbath ('sæbəθ) *s.* dia *m.* de descans; diumenge *m.* [cristians]; dissabte *m.* [jueus].

sabotage ('sæbətɑ:ʒ) *s.* sabotatge *m.*

sabre, (EUA) **saber** ('seibəʳ) *s.* sabre *m.*

sack (sæk) *s.* sac *m.*, costal *m.* 2 saqueig *m.* 3 coНoq. acomiadament *m.*

sack (to) (sæk) *t.* saquejar. 2 ensacar, ficar dins d'un sac. 3 coНoq. acomiadar, fer fora.

sacrament ('sækrəmənt) *s.* REL. sagrament *m.* ‖ *Holy Sacrament,* sant sagrament.

sacred ('seikrid) *a.* sagrat.

sacrifice ('sækrifais) *s.* sacrifici *m.*

sacrifice (to) ('sækrifais) *t.* sacrificar(se).

sacrilege ('sækrilidʒ) *s.* REL. sacrilegi *m.*

sacrilegious (,sækri'lidʒəs) *a.* sacríleg.

sad (sæd) *a.* trist. 2 infaust. 3 lamentable, deplorable. ■ *4* **-ly** *adv.* tristament; lamentablement.

sadden (to) ('sædn) *t.* entristir. ■ *2 i.* entristir-se *p.*

saddle ('sædl) *s.* sella *f.* [de muntar]. 2 selló *m.* [d'una bicicleta, d'una motocicleta].

saddle (to) ('sædl) *t.* ensellar. 2 *to ~ with,* endossar, encolomar.

sadism ('sædizəm) *s.* sadisme *m.*

sadness ('sædnis) *s.* tristesa *f.*

safe (seif) *a.* segur. 2 iНès, incòlume. ‖ *~ and sound,* sa i estalvi. 2 prudent, assenyat. 3 protegit, resguardat. ■ *4 s.* caixa *f.* forta, caixa *f.* de cabals. 5 armari *m.* del rebost. ‖ *meat-~,* carner *m.* ■ *6* **-ly** *adv.* sense perill. 7 amb seguretat. 8 sense novetat, sense cap incident.

safe-conduct (,seif'kɔndəkt) *s.* salconduit *m.*

safeguard ('seifgɑ:d) *s.* salvaguarda *f.*

safety ('seifti) *s.* seguretat *f.* 2 prudència.

safety-belt ('seiftibelt) *s.* cinturó *m.* de seguretat.

safety-pin ('seiftipin) *s.* agulla *f.* imperdible, imperdible *f.*

safety-razor ('seifti,reizəʳ) *s.* maquineta *f.* d'afaitar.

saffron ('sæfrən) *s.* safrà *m.*

sag (to) (sæg) *i.* enfonsar-se *p.*, esfondrar-se *p.* 2 cedir, afluixar-se *p.* 3 baixar [els preus].

sagacious (sə'geiʃəs) *a.* sagaç.

sage (seidʒ) *s.* BOT. sàlvia *f.* 2 savi *m.* ■ *3 a.* savi.

said (sed) *pret.* de SAY (TO).

sail (seil) *s.* MAR. vela *f.* 2 aspa *f.*, antena *f.* [de molí].

sail (to) (seil) *i.* navegar. 2 sortir [un vaixell, persones en un vaixell], fer-se *p.* a la mar. 3 lliscar, flotar, volar. ■ *4 t.* tripular, navegar [un vaixell].

sailing ('seiliŋ) *s.* navegació *f.*, nàutica *f.* 2 ESPORT vela *f.*

sailor ('seiləʳ) *s.* mariner, marí.

saint (seint, snt) *s.* sant.

saintly ('seintli) *a.* sant.

sake (seik) *s.* causa *f.*, motiu *m.*, amor *m.*, consideració *f.: for God's ~,* per l'amor de Déu; *for my ~,* per mi; *for the ~ of,* per, amb motiu de, en consideració a.

salad ('sæləd) *s.* amanida *f.*, (BAL.) trempó *m.*, (VAL.) ensalada *f.*

salad-bowl ('sælədboul) *s.* enciamera *f.*

salamander ('sælə,mændəʳ) *s.* ZOOL., MIT. salamandra *f.*

salary ('sæləri) *s.* sou *m.*, salari *m.*, paga *f.*

sale (seil) *s.* venda *f.* ‖ *for ~, on ~,* en venda, es ven. 2 liquidació *f.*, rebaixes *f. pl.* 3 subhasta *f.*

salesman ('seilzmən) *s.* venedor *m.* 2 viatjant *m.* [de comerç].

saleswoman ('seilzwumən) *s.* venedora *f.* 2 viatjant *f.* [de comerç].

saliva (sə'laivə) *s.* saliva *f.*

sallow ('sælou) *a.* pàНid, citrí, groguenc [cara].

salmon ('sæmən) *s.* ICT. salmó *m*. 2 salmó *m*. [color]. ▲ *pl. salmon*.

salon ('sælɔŋ) *s.* saló *m*.

saloon (sə'lu:n) *s.* sala *f*., saló *m*. [d'un hotel, un vaixell, etc.]. 2 (EUA) bar *m*., taverna *f*.

salt (sɔːlt) *s.* CUI., QUÍM. sal *f*. [també fig.]. ■ 2 *a*. salat; salí.

salt (to) (sɔːlt) *t*. posar sal. 2 salar.

saltpetre, (EUA) saltpeter (ˌsɔːlt'piːtə^r) *s.* salnitre *m*., salpetre *m*., nitre *m*.

salutary ('sæljutəri) *a*. saludable, salutífer.

salutation (ˌsælju'teiʃən) *s.* salutació *f*., salut *m*.

salute (sə'luːt) *s.* salutació *f*.

salute (to) (sə'luːt) *t.-i*. saludar *t*.

Salvador, El ('sælvədɔː^r, 'el) *n. pr.* GEOGR. El Salvador *m*.

Salvadorean (sælvə'dɔːriən) *a.-s*. salvadorenc.

salvage ('sælvidʒ) *s.* salvament *m*. 2 objectes *m. pl*. salvats.

salvation (sæl'veiʃən) *s.* salvació *f*.

same (seim) *a*. mateix; igual: *at the ~ time*, al mateix temps; *the two dresses are the ~*, els dos vestits són iguals. ■ *2 pron*. mateix: *I'm the ~ as always*, sóc el mateix de sempre; *I did the ~*, jo vaig fer el mateix. ■ *3 adv*. de la mateixa manera. 3 igual: *It's all the ~ to me*, m'és igual. 4 *all the ~*, tanmateix.

sameness ('seimnis) *s.* igualtat *f*. 2 monotonia *f*.

sample ('saːmpl) *s.* COM. mostra *f*.

sample (to) ('saːmpl) *t*. treure una mostra de. 2 provar, tastar.

sanatorium (ˌsænə'tɔːriəm) *s.* sanatori *m*.

sanctimonious (ˌsæŋkti'mounjəs) *a*. rosegaaltars, beguí.

sanction ('sæŋkʃən) *s.* sanció *f*.

sanction (to) ('sæŋkʃən) *t*. sancionar.

sanctuary ('sæŋktjuəri) *s.* santuari *m*. [també fig.]. 2 sagrari *m*. 3 refugi *m*.

sand (sænd) *s.* sorra *f*., (BAL.) (VAL.) arena *f*. 2 platja *f*.

sandal ('sændl) *s.* sandàlia *f*. 2 BOT. sàndal *m*.

sand-bar ('sændbaː^r) *s.* banc *m*. de sorra.

sandwich ('sænwidʒ) *s.* sandvitx *m*., entrepà *m*.

sane (sein) *a*. sa, en el seu seny. 2 assenyat, sensat, enraonat. ■ *3* **-ly** *adv*. assenyadament, sensatament.

sang (sæŋ) *pret*. de SING (TO).

sanguinary ('sæŋgwinəri) *a*. sanguinari. 2 sangonent, sangonós.

sanguine ('sæŋgwin) *a*. optimista; esperançat. 2 rubicund.

sanitary ('sænitəri) *a*. sanitari, de sanitat. 2 higiènic.

sanity ('sæniti) *s.* seny *m*., salut *f*. mental. 2 seny *m*., sensatesa *f*.

sap (sæp) *s.* BOT. saba *f*. [també fig.]. 2 coŀloq. enze, babau. 3 MIL. sapa *f*.

sap (to) (sæp) *i*. fer sapes. ■ *2 t*. soscavar. 3 fig. minar.

sapphire ('sæfaiə^r) *s.* MINER. safir *m*.

sarcasm ('saːkæzəm) *s.* sarcasme *m*.

sarcastic (saː'kæstik) *a*. sarcàstic.

sardine (saː'diːn) *s.* ICT. sardina *f*.

Sardinia (saː'diniə) *n. pr.* GEOGR. Sardenya *f*.

sardonic (saː'dɔnik) *a*. sardònic.

sash (sæʃ) *s.* faixa *f*., banda *f*., faixí *m*.

sash window ('sæʃˌwindou) *s.* finestra *f*. de guillotina.

sat (sæt) *Pret*. i *p.p*. de SIT (TO).

satanic (sə'tænik) *a*. satànic.

satchel ('sætʃəl) *s.* cartera *f*. [de coŀlegi].

satellite ('sætəlait) *s.* satèŀlit *m*.

satiate (to) ('seiʃieit) *t*. form. saciar, sadollar(se, atipar-se *p*.

satiety (sə'taieti) *s.* form. sacietat *f*.

satin ('sætin) *s.* TÈXT. setí *m*., ras *m*.

satire ('sætaiə^r) *s.* sàtira *f*.

satiric (sə'tirik) *a*. satíric.

satirize (to) ('sætəraiz) *t*. satiritzar.

satisfaction (ˌsætis'fækʃən) *s.* satisfacció *f*.

satisfactory (ˌsætis'fæktəri) *a*. satisfactori. 2 suficient.

satisfy (to) ('sætisfai) *t*. satisfer. 2 convèncer: *I am satisfied that*, estic convençut que, estic segur que. ■ *3 i*. estar content, estar satisfet.

saturate (to) ('sætʃəreit) *t*. saturar. 2 impregnar, amarar [també fig.].

Saturday ('sætədi, -dei) *s.* dissabte *m*.

sauce (sɔːs) *s.* salsa *f*.

sauce-boat ('sɔːsbout) *s.* salsera *f*.

saucepan ('sɔːspən) *s.* cassola *f*.

saucer ('sɔːsə^r) *s.* sotacopa *f*., platet *m*.

saucy (s'ɔːsi) *a*. descarat, impertinent. 2 coŀloq. bufó, elegant.

saunter (to) ('sɔːntə^r) *i*. passejar-se *p*.; caminar a poc a poc [sense direcció].

sausage ('sɔsidʒ) *s.* botifarra *f*., salsitxa *f*., embotit *m*.

savage ('sævidʒ) *a*. salvatge, primitiu. 2 ferotge, furiós. ■ *3 s*. salvatge. ■ *4* **-ly** *adv*. salvatgement; ferotgement.

savagery ('sævidʒəri) *s.* salvatgeria *f*., salvatjada *f*. 2 salvatgia *f*., salvatgisme *m*.

savant ('sævənt) *s.* savi, erudit.

save (seiv) *prep*. llevat de. ■ *2 conj*. llevat que.

save (to) (seiv) *t*. salvar. 2 conservar, preservar. *3* guardar; estalviar. *4* evitar, impedir.

1) saving ('seiviŋ) *s.* economia *f.*, estalvi *m.* *2 pl.* estalvis *m.*

2) saving ('seiviŋ) *prep.* llevat de, excepte.

savings bank ('seiviŋzbæŋk) *s.* caixa *f.* d'estalvis.

saviour, (EUA) **savior** ('seivjɔ) *s.* salvador.

savour, (EUA) **savor** ('seivə^r) *s.* sabor *m.*, gust *m.; olor f. 2* regust *m.*

savour, (EUA) **savor** ('seivə^r) *t.* assaborir. ■ *2 i.* tenir gust de.

savoury, (EUA) **savory** ('seivəri) *a.* saborós, gustós. *2* salat. ■ *3 s.* tapa *f.* [menjar].

saw (sɔː) *s.* serra *f.* [eina]. *2* dita *f.*, refrany *m.* ■ *3 pret.* de SEE (TO).

saw (to) (sɔː) *t.-i.* serrar. ▲ Pret.: *sawed* (sɔːd); p.p.: *sawn* (sɔːn).

sawdust ('sɔːdʌst) *s.* serradures *f. pl.*

sawed (sɔːd) Pret. de SAW (TO).

sawn (sɔːn) *p.p.* de SAW (TO).

Saxon ('sæksn) *a.* saxó. ■ *2 s.* saxó [persona]. *3* saxó *m.* [llengua].

say (sei) *s.* **to have one's** ~, dir la seva, tenir alguna cosa a dir.

say (to) (sei) *t.* dir. ‖ *it is said,* es diu que, diuen que; *that is to* ~, és a dir; *to* ~ *mass,* dir missa. *2* recitar; resar. ▲ Pres. 3ª pers.: *says* (sɔz), pret. i p.p.: *said* (sed).

saying ('seiiŋ) *s.* dita *f.*, refrany *m.*

scab (skæb) *s.* MED. crosta *f. 2* col·loq. esquirol.

scabbard ('skæbəd) *s.* beina *f.* [d'espasa].

scaffold ('skæfəld) *s.* CONSTR. bastida *f. 2* cadafal *m.*, patíbul *m.*

scaffolding ('skæfəldiŋ) *s.* bastida *f.*, bastimentada *f.*

scale (skeil) *s.* escama *f.*, escata *f. 2* escala *f.* [graduació; proporció; música]. *3* balançó *m.*, platet *m.* [d'una balança]. *4* balança *f.*, bàscula *f.*

scale (to) (skeil) *t.* escatar. *2* fer a escala. *3* escalar. ■ *4 i.* saltar o caure a escates. *5* pesar.

scalp (skælp) *s.* cuir *m.* cabellut; cabellera *f.*

scalp (to) (skælp) *t.* arrencar la cabellera.

scalpel ('skælpəl) *s.* MED. escalpel *m.*

scaly ('skeili) *a.* escamós.

scamp (skæmp) *s.* bergant, brivall.

scamper ('skæmpə^r) *s.* fugida *f.* o fuga *f.* precipitada.

scamper (to) ('skæmpə^r) *i.* fugir, córrer [els animals].

scan (to) (skæn) *t.* observar; escodrinyar, escrutar [amb la vista]. *2* fer una ullada o un cop d'ull. *3* escandir.

scandal ('skændl) *s.* escàndol *m.*, vergonya

f. 2 xafarderies *f. pl.*, murmuracions *f. pl. 3* difamació *f.*

scandalize (to) ('skændəlaiz) *t.* escandalitzar.

scandalous ('skændələs) *a.* escandalós, vergonyós. *2* difamatori.

Scandinavia (,skændi'neiviə) *n. pr.* GEOGR. Escandinàvia *f.*

Scandinavian (,skændi'neiviən) *a.-s.* escandinau.

scant (skænt) *a.* escàs, poc.

scanty ('skænti) *a.* escàs, insuficient, magre.

scapegoat ('skeipgout) *s. fig.* cap *m.* de turc.

scar (skɑː^r) *s.* cicatriu *f. 2 fig.* senyal *m. 3* roca *f.* pelada.

scarce (skeəs) *a.* escàs, insuficient. *2* rar, poc freqüent.

scarcely ('skeəsli) *adv.* a penes, difícilment, amb prou feines. ‖ ~ *ever,* gairebé mai.

scarcity ('skeəsiti) *s.* escassesa *f.*, escassetat *f. 2* raresa *f.*, poca freqüència *f.*

scare (skeə^r) *s.* esglai *m.*, ensurt *m.*, alarma *f. 2* por *f.*, pànic *m.*

scare (to) (skeə^r) *t.* espantar, fer por; alarmar. *2 to* ~ *away,* espantar, fer fugir. ■ *3 i.* espantar-se *p. 4 to be* ~*d,* tenir por, estar espantat.

scarecrow ('skeəkrou) *s.* espantaocells *m.*

scarf (skɑːf) *s.* bufanda *f. 2* mocador *m.* de coll o de cap. *3* xal *m.*

scarlet ('skɑːlit) *a.* escarlata. ■ *2 s.* escarlata *m.* [color].

scathing ('skeiðiŋ) *a.* acerb, mordaç, dur.

scatter (to) ('skætə^r) *t.* dispersar, esparpallar, escampar, (ROSS.) escampillar. ■ *2 i.* dispersar-se *p.*, esparpallar-se *p.*, escampar-se *p.*

scenario (si'nɑːriou) *s.* TEAT., CINEM. guió *m.*

scene (siːn) *s.* escena *f.* ‖ *behind the* ~*s,* entre bastidors *m.* [també fig.]. *2* escenari *m. 3* vista *f.*, panorama *f. 4* TEAT. decorat *m.*

scenery ('siːnəri) *s.* paisatge *m.*, panorama *f.*, vista *f. 2* TEAT. decoració *f.*

scent (sent) *s.* olor *f.; aroma m.*, fragància *f. 2* perfum *m. 3* rastre *m.*, pista *f.*

scent (to) (sent) *t.* olorar, sentir olor de, flairar. *2* sospitar. *3* perfumar.

sceptic ('skeptik) *s.* FIL. escèptic.

sceptical ('skeptikl) *a.* escèptic.

scepticism ('skeptisizəm) *s.* escepticisme *m.*

sceptre, (EUA) **scepter** ('septə^r) *s.* ceptre [reial].

schedule ('ʃedjuːl), (EUA) ('skedʒuːl) *s.* llista *f.*, inventari *m. 2* horari *m.* [de trens, autobús, etc.]. *3* programa *m.*, pla *m.*, previsió *f.*

scheme (skiːm) *s.* combinació *f.*, arranjament *m.* 2 projecte *m.*, disseny *m.*, pla *m.* 3 intriga *f.*, maquinació *f.*

scheme (to) (ski:m) *t.* projectar, idear, planejar. 2 ordir, tramar, maquinar. ▪ *3 i.* fer projectes. *4* ordir *t.*, tramar *t.*, maquinar *t.*

schism ('sizəm) *s.* cisma *m.*

scholar ('skɔləʳ) *s.* becari. 2 savi, erudit.

scholarship ('skɔləʃip) *s.* saber *m.*, erudició *f.* 2 beca *f.*

school (sku:l) *s.* escola *f.* 2 coŀlegi m. 3 institut *m.* 4 facultat *f.* [de la universitat]. ▪ *5 a.* escolar, d'escola. ‖ ~ *year,* any escolar.

school (to) (sku:l) *t.* ensenyar, instruir, educar.

schooling ('sku:liŋ) *s.* instrucció *f.*, ensenyament *m.*

schoolmaster ('sku:l‚ma:stəʳ) *s.* mestre *m.* d'escola; professor *m.* d'institut.

schoolmistress ('sku:l‚mistris) *s.* mestra *f.* d'escola; professora *f.* d'institut.

science ('saiens) *s.* ciència *f.*

scientist ('saiəntist) *s.* científic.

scintillate (to) ('sintileit) *i.* centellejar, espurnejar.

scion ('saiən) *s.* BOT. brot *m.*, lluc *m.*, tany *m.* 2 descendent.

scissors ('sizəz) *s. pl.* tisores *f.*, estisores *f.*

scoff (skɔf) *s.* burla *f.*, mofa *f.* 2 riota *f.*

scoff (to) (skɔf) *i.* mofar-se *p.*, burlar-se *p.* (*at,* de).

scold (to) (skould) *t.-i.* renyar *t.*, escridassar *t.*

scoop (sku:p) *s.* pala *f.* 2 cullerot *m.*, culler *m.* 3 MAR. sàssola *f.* 4 TECNOL. cullera *f.* 4 *at one* ~, de cop *m.*, d'una revolada *f.*

scope (skoup) *s.* possibilitat *f.*, oportunitat *f.* 2 abast *m.*, àmbit *m.*, camp *m.* d'acció, camp *m.* d'observació.

scorch (to) (skɔ:tʃ) *t.* socarrimar, socarrar. 2 abrasar, cremar. ▪ *3 i.* socarrimar-se *p.*, socarrar-se *p.* 4 abrasar-se *p.*, cremar-se *p.*

scorching ('skɔ:tʃiŋ) *a.* abrasador, molt calent. 2 molt calorós.

score (skɔ:ʳ) *s.* osca *f.*, mòssa *f.*, senyal *m.* 2 compte *m.* 3 motiu *m.*, raó *m.* 4 vintena *f.*, vint *m.* 5 ESPORT resultat *m.*, punts *m. pl.*, gols *m. pl.* 6 MÚS. partitura *f.*

score (to) (skɔ:ʳ) *t.* oscar, fer osques a, ratllar. 2 ESPORT marcar, fer [punts]. 3 MÚS. instrumentar, orquestrar. ▪ *4 i.* marcar gols, fer punts. *5* obtenir un resultat o una puntuació. 6 tenir èxit, guanyar.

scorn (skɔ:n) *s.* desdeny *m.*, menyspreu *m.* 2 escarniment *m.*, escarn *m.*

scorn (to) (skɔ:n) *t.* desdenyar, menysprear. 2 escarnir.

scorpion ('skɔ:pjən) *s.* ZOOL. escorpí *m.*

Scot (skɔt) *s.* escocès.

Scotch (skɔtʃ) *a.* escocès. ▪ *2 s.* whisky *m.* escocès.

Scotland ('skɔtlənd) *n. pr.* GEOGR. Escòcia *f.*

Scottish ('skɔtiʃ) *a.-s.* escocès.

scoundrel ('skaundrəl) *s.* canalla, facinerós, bergant.

scour (to) ('skauəʳ) *t.* fregar, refregar, netejar. 2 netejar; emportar-se *p.* amb un raig d'aigua. 3 escorcollar, recórrer.

scourge (skə:dʒ) *s.* fuet *m.*, flagell *m.* 2 fig. flagell *m.*, fuet *m.*

scourge (to) (skə:dʒ) *t.* assotar, flageŀlar.

scout (skaut) *s.* MIL. explorador, escolta. ‖ ~, *boy* ~, noi escolta *m.*

scout (to) (skaut) *t.* explorar; reconèixer [el terreny]. 2 rebutjar amb menyspreu. ▪ *3 i.* fer un reconeixement [del terreny], explorar *t.*

scowl (skaul) *s.* mala cara *f.*, nas *m.* arrufat, celles *f. pl.* arrufades.

scowl (to) (skaul) *i.* mirar amb les celles arrufades o amb cara de pomes agres.

scrag (skræg) *s.* persona *f.* o animal *m.* molt prim. 2 clatell *m.*, bescoll *m.*

scramble ('skræmbl) *s.* baralla *f.*, estiracabells *m.*, lluita *f.*

scramble (to) ('skræmbl) *i.* grimpar, enfilar-se *p.* 2 barallar-se *p.* per, anar a l'estiracabells. ▪ *3 t.* remenar. ‖ ~*d eggs,* ous remenats.

scrap (skræp) *s.* tros. 2 *pl.* deixalles *f.*, sobres *f.* 3 retall *m.*

scrap-book ('skræpbuk) *s.* àlbum *m.* de retalls [de revistes o diaris].

scrap-iron ('skræp'aiən) *s.* ferralla *f.*, ferros *m. pl.* vells.

scrape (skreip) *s.* esgarrapada *f.*, raspadura *f.* 2 embolic *m.*, trencacolls *m.*

scrape (to) (skreip) *t.* rascar; llimar. 2 fregar. 3 fig. ~ *along,* anar tirant.

scratch (skrætʃ) *s.* esgarrapada *f.*, esgarrinxada *f.* 2 ratlla *f.*, marca *f.*; tall *m.* 3 ESPORT línia *f.* de sortida.

scratch (to) (skrætʃ) *t.-i.* esgarrapar, esgarrinxar(se. 2 ratllar, rascar(se. 4 retirar-se *p.* d'una competició.

scream (skri:m) *s.* crit *m.*, xiscle *m.*

scream (to) (skri:m) *t.-i.* cridar, xisclar.

screech (skri:tʃ) *s.* xiscle *m.*, esgarip *m.* 2 xerric *m.*

screech (to) (skri:tʃ) *i.* xisclar, fer esgarips. 2 xerricar.

screen (skri:n) *s.* pantalla *f.* 2 fig. cortina *f.*, protecció *f.*, mur *m.* 3 biomb *m.*, paravent *m.* 3 mosquitera *f.* 4 sedàs *m.*, garbell *m. 5 the big* ~, el cinema *m.; the small* ~, la petita pantalla *f.*, la televisió *f.*

screen (to) (skri:n) *t.* ocultar, amagar. *2* protegir. *3* garbellar. *4* CINEM. projectar.

screw (skru:) *s.* cargol *m.*, femella *f.* *2* volta *f.* [de cargol]. *3* hèlice *f.*

screw (to) (skru:) *t.* cargolar, collar. [també fig.]. *2 t.-i.* vulg. cardar *i.*

screwdriver ('skru:ˌdraivəʳ) *s.* tornavís *m.*, (BAL.) desengramponador *m.*

scribble (skribl) *s.* gargot *m.*

scribble (to) (skribl) *t.* escriure amb mala lletra. ■ *2 i.* gargotejar.

script (skript) *s.* lletra *f.*, escriptura *f.* manual. *2* CINEM. guió *m.*

scroll (skroul) *s.* rotlle *m.* [de paper, pergamí, etc.].

scrounge (to) (skraundʒ) *i.* anar de gorra, fer el viu. ■ *2 t.* gorrejar.

scrounger ('skraundʒəʳ) *s.* gorrer.

scrub (skrʌb) *s.* sotabosc *m. 2* fregada *f.* ■ *3 a.* petit, esquifit.

scrub (to) (skrʌb) *t.-i.* fregar.

scruff (skrʌf) *s. the* ~ *of the neck,* clatell *m.*

scruple ('skru:pl) *s.* escrúpol *m.*

scruple (to) ('skru:pl) *i.* tenir escrúpols; dubtar.

scrutinize (to) ('skru:tinaiz) *t.* escrutar, comptar amb detall.

scullery ('skʌləri) *s.* recuina *f.*, repartidor *m.*

sculptor ('skʌlptəʳ) *s.* escultor.

sculptress ('skʌlptris) *f.* escultora *f.*

sculpture ('skʌlptʃəʳ) *s.* escultura *m.*

scum (skʌm) *s.* escuma *f. 2* fig. púrria *f.*, escòria *f.*

scurry (to) ('skʌri) *i.* córrer, apressar-se *p.*

scuttle ('skʌtl) *s.* fugida *f.* precipitada, retirada *f.* [amb covardia]. *2* escotilla *f.*

scuttle (to) ('skʌtl) *t.* MAR. fer anar a pic, enfonsar.

scythe (saið) *s.* dalla *f.*

sea (si:) *s.* mar. ‖ *on the high* ~, en alta mar; *seamanship,* destresa *f.* per a navegar. *2* fig. *a* ~ *of blood,* un riu de sang.

sea bream ('si:'bri:m) *s.* ICT. besuc *m.*

seagull ('si:gʌl) *s.* gavina *f.*, gavià *m.*

sea horse ('si:hɔ:s) *s.* ZOOL. cavall *m.* de mar.

seal (si:l) *s.* ZOOL. foca *f. 2* segell *m.*

seal (to) (si:l) *t.* segellar, precintar.

sea level ('si:levl) *s.* nivell *m.* del mar.

sealing-wax ('si:liŋwæks) *s.* lacre *m.*

seam (si:m) *s.* costura *f.*, repunt *m.*

seam (to) (si:m) *t.* cosir. *2* fer repunts.

seaman ('si:mən) *s.* mariner *m.*

seamstress ('si:mstris) *s.* cosidora *f.*, modista *m.*

sear (to) (siəʳ) *t.* marcir, assecar. *2* abrasar, cremar. *3* marcar amb ferro roent.

search (sə:tʃ) *s.* recerca *f.*, escorcoll *m.*, registre *m. 2* investigació *f.*, examen *m.*

search (to) (sə:tʃ) *t.-i.* examinar *t.*, investigar *t. 2* registrar *t.*, escorcollar *t.*

searchlight ('sə:tʃlait) *s.* ELECT. reflector *m.*, focus *m.*

seasick ('si:sik) *a.* marejat [navegant].

seasickness ('si:siknis) *s.* mareig *m.* [navegant].

seaside ('si:said) *s.* platja *f.*, costa *f.*, zona *f.* costanera. ■ *2 a.* costaner, de la costa.

season ('si:zn) *s.* estació *f.*, període *m.*, temporada *f.*, temps *m.* ‖ *on due* ~, al seu temps.

season (to) ('si:zn) *t.* assaonar, amanir. *2* alleugerir. *3* aclimatar, habituar.

seasonable ('si:zənəbl) *a.* oportú; adequat, apropiat.

season ticket ('si:zntikit) *s.* abonament *m.*

seat (si:t) *s.* seient *m.* ‖ *to take a* ~, seure, asseure's. *2* CINEM., TEAT. localitat *f. 3* seu *f.* [d'un govern, etc.]. *4* localització *f.* [d'una malaltia].

seat (to) (si:t) *t.* asseure. *2* tenir capacitat per [seients]. *3* encaixar; instalꞏlar. ■ *4 i.* fer bossa [pantalons, etc.].

seat belt ('si:tbelt) *s.* cinturó *m.* de seguretat.

sea wall ('si:wɔ:l) *s.* dic *m.*, escullera *f.*

secede (to) (si'si:d) *i.* escindir-se *p.*, separar-se *p.*

secession (si'seʃən) *s.* secessió *f.*, escissió *f.*

seclude (to) (si'klu:d) *t.* aïllar, separar, bandejar.

seclussion (si'klu:ʒən) *s.* aïllament *m.;* reclussió *f.* bandejament *m.*

second ('sekənd) *a.* segon. *2* secundari, subordinat. ■ *3 s.* segon. ‖ ~ *hand,* busca *f.* dels segons [rellotge]. ■ *4* -**ly** *adv.* en segon lloc.

second (to) ('sekənd) *t.* recolzar, secundar.

secondary ('sekəndəri) *a.* secundari.

secondhand (ˌseknd'hænd) *a.* de segona mà.

secret ('si:krit) *a.-s.* secret. ■ *2* -**ly** *adv.* secretament.

secretary ('sekrətri) *s.* secretari. *2* ministre.

secrete (to) (si'kri:t) *t.* amagar, ocultar. ■ *2 i.* secretar.

sect (sekt) *s.* secta *f. 2* grup *m.*, partit *m.*

section ('sekʃən) *s.* secció *f.*

secular ('sekjuləʳ) *a.* secular. ■ *2 s.* seglar, laic.

secure (si'kjuəʳ) *a.* segur; confiat. *2* segur, ferm; assegurat. ■ *3* -**ly** *adv.* de manera segura.

secure (to) (si'kjuəʳ) *t.* assegurar, fixar. *2* garantir. *3* aconseguir.

security (si'kjuəriti) *s.* seguretat *f.* 2 fiança *f.*

sedative ('sedətiv) *a.* MED. sedant ■ 2 MED. *s.* sedant *m.*

sedentary ('sedntəri) *a.* sedentari.

sediment ('sedimənt) *s.* sediment *m.*

sedition (si'diʃən) *s.* sedició *f.*

seduce (to) (si'djuːs) *t.* induir, temptar. 2 seduir.

sedulous ('sedjuləs) *a.* diligent, aplicat.

see (siː) *s.* ECLES. seu *f.: Holy ~*, Santa Seu.

see (to) (siː) *t.* veure. 2 entendre, veure. 3 mirar, observar. 4 rebre. ■ 5 *i.* veure. ‖ *let's ~!*, vejam!, a veure! 6 entendre *t.*, veure *t.* ‖ *I ~!*, ja ho veig!; *you ~?* ho entens?; *as far as I can ~*, al meu entendre. ■ *to ~ after*, tenir cura de, encarregar-se de; *to ~ into*, investigar, examinar; *to ~ off*, acomiadar, dir adéu; *to ~ through*, veure a través; calar; penetrar; *to ~ to*, tenir cura de, atendre. ▲ Pret.: *saw* (sɔː); *seen* (siːn).

seed (siːd) *s.* llavor *f.*, sement *f.*, gra *m.*

seed (to) (siːd) *t.* sembrar. 2 espinyolar. ■ 3 *i.* granar.

seek (to) (siːk) *t.* buscar, (BAL.) cercar. 2 demanar. 3 perseguir, ambicionar. ■ 4 *i. to ~ after, for* o *out*, buscar; soŀlicitar. ▲ Pret. i p.p.: *sought* (sɔːt).

seem (to) (siːm) *t.* semblar. ‖ *it ~s to me that...*, em sembla que...; *it ~s so*, això sembla.

seeming (siːmiŋ) *a.* aparent. ■ 2 *s.* aparença *f.* ■ 3 -**ly** *adv.* aparentment.

seemly ('siːmli) *a.* form. correcte. 2 decent.

seen (siːn) *P.p.* de SEE (TO).

seep (to) (siːp) *i.* filtrar-se *p.*

seer ('si(ː)əʳ) *s.* vident; profeta.

seethe (to) (siːð) *i.* bullir [també fig.].

segment ('segmənt) *s.* segment *m.*

segregation (ˌsegri'geiʃən) *s.* segregació *f.*, separació *f.*

seismic ('saizmik) *a.* sísmic.

seize (to) (siːz) *t.* agafar, engrapar. 2 DRET confiscar, embargar. 3 apoderar-se *p.* de. ■ 4 *i. to ~ (up)*, encallar-se *p.*

seizure ('siːʒəʳ) *s.* DRET embargament *m.*, embarg *m.* 2 captura *f.*

seldom ('seldəm) *adv.* rarament, quasi gens.

select (si'lekt) *a.* selecte.

select (to) (si'lekt) *t.* seleccionar, escollir.

selection (si'lekʃən) *s.* selecció *f.* 2 elecció *f.* 3 COM. assortiment *m.*

self (self) *a.* mateix, idèntic. ▲ *pl. selves* (selvz).

self-adhesive (ˌselfəd'hiːsiv) *a.* autoadhesiu.

self-appointed (ˌselfə'pɔintid) *a.* nomenat per si mateix.

self-centred, (EUA) **self-centered** (ˌself'sentəd) *a.* egocèntric.

self-confidence (ˌself'kɔnfidəns) *s.* seguretat *f.* en un mateix.

self-confident (ˌself'kɔnfidənt) *a.* segur d'un mateix.

self-conscious (ˌself'kɔnʃəs) *a.* conscient. 2 coŀloq. tímid, vergonyós.

self-consciousness (ˌself'kɔnʃəsnis) *s.* consciència *f.* 2 coŀloq. timidesa *f.*, vergonya *f.*

self-control (ˌselfkɔn'troul) *s.* autocontrol *m.*

self-denial (ˌselfdi'naiəl) *s.* abnegació *f.*

self-denying (ˌselfdi'naiŋ) *a.* abnegat.

self-discipline (ˌself'disiplin) *s.* autodisciplina *f.*

self-employed (ˌselfem'plɔid) *a.* que treballa per compte propi.

self-governing (ˌself'gʌvniŋ) *a.* autònom.

selfish ('selfiʃ) *a.* egoista, interessat. ■ 2 -**ly** *adv.* egoistament, de manera interessada.

selfishness ('selfiʃnis) *s.* egoisme *m.*

self-portrait (ˌself'pɔːtreit) *s.* autoretrat *m.*

self-respect (ˌselfris'pekt) *s.* dignitat *f.*, amor *m.* propi.

self-respecting (ˌselfris'pektiŋ) *a.* que té amor propi.

self-righteous (ˌself'raitʃəs) *a.* arrogant, desdenyós.

self-sacrifice (ˌself'sækrifais) *s.* abnegació *f.*

self-sacrificing (ˌself'sækrifaisiŋ) *a.* sacrificat, abnegat.

self-satisfied (ˌself'sætisfaid) *a.* satisfet de si mateix.

self-service (ˌself'səːvis) *a.* d'autoservei.

self-starter (ˌself'staːtəʳ) *s.* MEC. motor *m.* d'arrencada automàtica.

self-sufficient (ˌselfsə'fiʃnt) *a.* autosuficient.

sell (sel) *s.* coŀloq. engany *m.*, estafa *f.*

sell (to) (sel) *t.* vendre. 2 trair, vendre. 3 enganyar. *4 to ~ off*, liquidar. ■ *5 i.* vendre's *p.* ▲ Pret. i p.p.: *sold* (sould).

seller ('seləʳ) *s.* venedor. 2 article *m.* venut: *it's a slow ~*, és un producte que no es ven bé.

semaphore ('seməfɔːʳ) *s.* FERROC., MAR. semàfor *m.*

semblance ('sembləns) *s.* semblança *f.* 2 aparença *f.*

semicolon (ˌsemi'koulən) *s.* punt i coma [ortografia].

seminar ('seminaːʳ) *s.* seminari *m.* [universitat].

senate ('senit) *s.* senat *m.* 2 claustre *m.* [universitat].

send (to) (send) *t.* enviar, trametre. 2 llançar. 3 tornar. 4 pop. tornar boig, entusiasmar. ■ *to ~ away*, acomiadar; *to ~ back*, tornar; *to ~ down,* fer baixar; expulsar [un estudiant]; *to ~ forth,* treure, produir; *to ~ on,* tornar a enviar; *to ~ up,* fer apujar; satiritzar, parodiar. ▲ Pret. i p.p.: *sent* (sent).

sender ('sendə') *s.* remitent. 2 RADIO. transmissor *m.*

senile ('si:nail) *a.* senil.

senior ('si:njə') *a.* més gran, de més edat. 2 més antic, degà. ■ *3 s.* gran. *4* superior. *5* (EUA) estudiant de l'últim curs [universitat].

sensation (sen'seiʃən) *s.* sensació *f.* 2 sensacionalisme *m.*

sensational (sen'seiʃənl) *a.* sensacional. 2 sensacionalista.

sense (sens) *s.* sentit *m.* [corporal; de l'humor, etc.]. 2 seny *m.* ‖ *common ~,* sentit comú. 3 significat *m.,* sentit *m.* ‖ *to make ~,* tenir sentit. *4* sensació *f.,* impressió *f.* *5* seny *m.,* raó *f.* ‖ *to be out one's ~s,* estar boig.

sense (to) (sens) *t.* sentir; percebre; adonar-se *p.*

senseless ('senslis) *a.* absurd, sense sentit. 2 insensat. 3 MED. sense coneixement. ■ *4* -ly *adv.* absurdament. *5* sense coneixement.

sensible ('sensibl) *a.* sensat. 2 perceptible. ‖ *to be ~ of,* adonar-se'n de.

sensitive ('sensitiv) *a.* sensible. 2 susceptible.

sensual ('sensjuel) *a.* sensual.

sent (sent) *Pret.* i *p.p.* de SEND (TO).

sentence ('sentəns) *s.* DRET sentència; condemna *f.* 2 GRAM. oració *f.,* frase *f.*

sententious (sen'tenʃəs) *a.* sentenciós. 2 concís.

sentiment ('sentimənt) *s.* sentiment *m.* 2 parer *m.,* opinió *f.*

sentimental (ˌsenti'mentl) *a.* sentimental.

sentry ('sentri) *s.* MIL. sentinella *m.*

Seoul (soul, se'u:l) *n. pr.* GEOGR. Seúl *m.*

separate ('seprit) *a.* separat.

separate (to) ('sepəreit) *t.* separar. ■ *2 i.* separar-se *p.*

separation (ˌsepə'reiʃən) *s.* separació *f.*

September (səp'tembə') *s.* setembre *m.*

sepulchre ('sepəlkə') *s.* sepulcre *m.,* sepultura *f.*

sequel ('si:kwəl) *s.* seqüela *f.* 2 conclusió *f.* 3 continuació *f.*

sequence ('si:kwəns) *s.* seqüència *f.,* successió *f.;* sèrie *f.* 2 conseqüència *f.*

sequential (si'kwenʃəl) *a.* successiu, consecutiu. 2 conseqüent.

serenade (ˌseri'neid) *s.* MÚS. serenata *f.*

serene (si'ri:n) *a.* serè.

serenity (si'reniti) *s.* serenitat *f.*

serf (sə:f) *s.* serf *m.,* serva *f.* 2 esclau.

sergeant ('sa:dʒənt) *s.* MIL. sargent *m.*

serial ('siəriəl) *a.* en sèrie, consecutiu. 2 serial. ■ *3 s.* serial *m.*

series ('siəri:z) *s.* sèrie *f.: in ~,* en sèrie.

serious ('siəriəs) *a.* seriós. ■ *2* -ly *adv.* seriosament, de debò.

seriousness ('siəriəsnis) *s.* seriositat *f.;* gravetat *f.*

sermon ('sə:mən) *s.* sermó *m.*

serpent ('sə:pənt) *s.* serp *f.*

serried ('serid) *a.* atapeït, estret.

serum ('siərəm) *s.* sèrum *m.*

servant ('sə:vənt) *s.* servent, criat. 2 servidor. 3 *civil ~,* funcionari.

serve (to) (sə:v) *t.* servir. 2 assortir, proveir. 3 executar, notificar: *to ~ a summons,* entregar una citació. 4 complir [una condemna]. 5 *it ~s me right,* m'ho mereixo. ■ *6 i.* servir.

service ('sə:vis) *s.* servei *m.* ‖ *at your ~,* a la seva disposició; *bus ~,* servei d'autobusos; *military ~,* servei militar. 2 ESPORT servei *m.,* sacada *f.* 3 REL. servei *m.* [església protestant]. 4 MEC. posada *f.* a punt. 5 utilitat *f.,* ajuda *f.* 6 *pl.* forces *f.* armades.

serviceable ('sə:visəbl) *a.* servible. 2 útil. 3 durable. 4 servicial.

service station ('sə:visˌsteiʃn) *s.* estació *f.* de servei.

servile ('sə:vail) *a.* servil.

servitude ('sə:vitju:d) *s.* servitud. ‖ *penal ~,* treballs *m. pl.* forçats.

session ('seʃən) *s.* sessió *m.*

set (set) *s.* joc *m.,* col·lecció *f.;* grup *m.;* bateria *f.* [de cuina]. 2 actitud *f.,* postura *f.;* direcció *f.;* tendència *f.;* desviació *f.* 4 aparell *m.* [ràdio, televisió, etc.]. 5 esqueix *m.* 6 set *m.* [tenis]. 7 TEAT., CINEM. decorats *m. pl.,* plató *m.* ■ *8 a.* determinat, resolt. *9* ferm, fix; immòbil. ‖ *~ price,* preu *m.* fix. *10* preparat, estudiat.

set (to) (set) *t.* posar, col·locar, instal·lar. 2 fixar; destinar. 3 adobar, regular. 4 plantar; erigir. 5 preparar. 6 encastar [joies, etc.]. 7 adornar. 8 musicar. 9 atribuir, donar [feina, missió; valor]. *10* comparar, confrontar. *11 to ~ fire,* calar foc. *12 to ~ going,* posar en marxa. ■ *13 i.* pondre's *p.* [el sol]. *14* atacar. *15* dirigir-se *p.* *16* posar-se *p.* [a fer una feina]. ■ *to ~ about,* començar, posar-s'hi; atacar, contrarestar; *to ~ aside,* deixar de banda; *to ~ back,* endarrerir-se [un rellotge]; *to ~ forth,* emprendre el camí; *to ~ free,* alliberar; *to ~ off,* comparar; fer explotar; sortir; *to ~ out,* estendre, projectar; *to ~ out for,* partir, marxar [cap a un lloc]; *to ~ up,* alçar;

fundar; *to* ~ *up for,* fer-se passar per. ▲
Pret. i p.p.: *set* (set); ger.: *setting* ('setiŋ).

set-back ('setbæk) *s.* contrarietat *f.,* revés
m.

settee (se'tiː) *s.* sofà *m.*

setting ('setiŋ) *s.* coŀlocació *f.,* distribució
m. 2 encast *m.* [d'una joia]. 3 decoració
f.; fons *m.;* ambient *m.* 4 CINEM., TEAT. de-
corats *m. pl.* 5 posta *m.* [del sol].

setting-up ('setiŋ'ʌp) *s.* establiment *m.;* fun-
dació *f.*

settle ('setl) *s.* caixabanc *m.*

settle (to) ('setl) *t.* coŀlocar, establir. 2 co-
lonitzar, poblar. 3 ordenar; arreglar. 4
temperar [nervis], alleugerir [dolor]. ▪ 5 *i.*
instaŀlar-se *p.,* posar-se *p.;* establir-se *p.* 6
dipositar-se *p.* ‖ *to* ~ *down,* instaŀlar-se *p.;*
acostumar-se *p.;* normalitzar-se *p.* [situa-
ció, etc.].

settlement ('setlmənt) *s.* establiment *m.;*
instaŀlació *f.* 2 colonització *f.;* poblament
m. 3 poblat *m.* 4 acord *m.,* conveni *m.*

settler ('setləʳ) *s.* poblador, colon.

seven ('sevn) *a.-s.* set.

seventeen (ˌsevn'tiːn) *a.-s.* disset, (BAL.)
desset, (VAL.) dèsset, (ROSS.) desasset.

seventeenth (ˌsevn'tiːnθ) *a.* dissetè.

seventh ('sevnθ) *a.* setè.

seventieth ('sevntiəθ, -tiiθ) *a.-s.* setantè.

seventy ('sevnti) *a.-s.* setanta.

sever (to) ('sevəʳ) *t.-i.* separar(se; tren-
car(se. 2 *t.* tallar, retallar.

several ('sevrəl) *a.* uns quants, alguns. 2 di-
versos.

severe (si'viəʳ) *a.* sever. 2 auster [decoració,
etc.]. 3 seriós, greu, important. ▪ 4 **-ly,**
adv. severament.

Seville (sə'vil) *n. pr.* GEOGR. Sevilla *f.*

sew (to) (sou) *t.-i.* cosir. ▲ Pret.: *sewed*
(soud); p.p.: *sewn* (soun) o *sewed.*

sewage ('sjuːidʒ) *s.* aigües *f. pl.* residuals.

sewed (soud) V. SEW (TO).

sewer (sjuəʳ) *s.* claveguera *f.*

sewing ('souiŋ) *s.* costura *f.*

sewing machine ('souiŋməˌʃiːn) *s.* màquina
f. de cosir.

sewn (soun) V. SEW (TO).

sex (seks) *s.* sex *m.* ‖ coŀloq. *to have* ~, tenir
relacions sexuals.

sexual ('seksjuəl) *a.* sexual.

shabby ('ʃæbi) *a.* usat, gastat. 2 vell, tronat.
3 espellifat. 4 mesquí, vil.

shack (ʃæk) *s.* barraca *f.,* barracot *m.*

shackle ('ʃækl) *s.* grilló *m.;* manilles *f. pl.*
2 destorb *m.;* obstacle *m.*

shade (ʃeid) *s.* ombra *f.* 2 obaga *f.* 3 pan-
talla *f.;* visera *f.;* cortina. 4 matís *m.;* to
m.; tonalitat *m.* [d'un color].

shade (to) (ʃeid) *t.* fer ombra. 2 ombrejar.

shadow ('ʃædou) *s.* ombra *f.* [també fig.].
2 visió *f.;* intuïció *f.* 3 fantasma. 4 foscor
f.

shadow (to) ('ʃædou) *t.* fer ombra. 2 espiar,
seguir, perseguir.

shaft (ʃɑːft) *s.* asta *f.,* pal *m.* [de bandera].
2 fletxa *f.,* sageta *f.* 3 escletxa *f.* lluminosa.
4 tronc *m.* [d'arbre]. 5 MEC. eix *m.*

shake (ʃeik) *s.* sacseig *m.;* sotrac *m.;* bat-
zegada *f.* 2 tremolor *m.* 3 encaixada *f.* de
mans.

shake (to) (ʃeik) *i.* trontollar, tremolar: *to*
~ *with cold,* tremolar de fred. 2 estremir-
se *p.* ▪ 3 *i.* sacsar, sacsejar, sotragar, bat-
zegar. 4 fer trontollar, fer tremolar. 5 fer
vaciŀlar. 6 *to* ~ *hands,* fer una encaixada
[de mans].

shaky ('ʃeiki) *a.* vaciŀlant, tremolós. 2 pre-
cari, poc estable. 3 malaltís.

shall (ʃæl, -əl) *v. aux.* fut. [només 1.ª pers.]:
I ~ *go,* hi aniré. 2 haver de, tenir la inten-
ció de [només 2.ª i 3.ª pers.]: *he* ~ *go,* hi
ha d'anar.

shallow ('ʃælou) *a.* poc profund. 2 super-
ficial, frívol. ▪ 3 *s.* aigües *f. pl.* baixes.

sham (ʃæm) *s.* hipocresia *f.* 2 imitació *f.,*
cosa *f.* falsa. 3 imitador, falsificador.

sham (to) (ʃæm) *t.-i.* fingir, simular, imitar.

shame (ʃeim) *s.* vergonya *f.* ‖ *it's a* ~, és una
llàstima.

shame (to) (ʃeim) *t.* avergonyir.

shameful ('ʃeimful) *a.* ignominiós, infa-
mant, vergonyós. 2 **-ly** *adv.* ignominiosa-
ment.

shampoo (ʃæm'puː) *s.* xampú *m.*

shank (ʃæŋk) *s.* canyella *f.* 2 tija *m.*

shape (ʃeip) *s.* forma *f.* [també fig.], figura
f. 2 contorn *m.*

shape (to) (ʃeip) *t.* formar, donar forma. 2
emmotllar. 3 disposar. 4 modelar.

shapeless ('ʃeiplis) *a.* sense forma definida.
2 deforme.

share (ʃeəʳ) *s.* part, porció *f.* 2 COMM. acció.

share (to) (ʃeəʳ) *t.* distribuir, repartir, com-
partir. ▪ 2 *i.* prendre part, participar. ‖ *to
do one's* ~, complir, fer el que toca.

shareholder ('ʃeəˌhouldəʳ) *s.* COM. accionis-
ta.

shark (ʃɑːk) *s.* ICT. tauró *m.* 2 estafador. 3
(EUA) entès, eminència *f.*

sharp (ʃɑːp) *a.* esmolat; punxegut; agut. 2
llest; astut; viu. 3 irritable; impetuós. 4
dur, sever. 5 contundent. 6 MÚS. agut. 7
sobtat. 8 precís, exacte.

sharpen (to) ('ʃɑːpən) *t.* esmolar, fer punta.

sharpener ('ʃɑːpnəʳ) *s.* esmolador *m.* 2 ma-
quineta *f.* de fer punta.

sharpness ('ʃɑːpnis) *s.* agudesa *f.;* perspicàcia *f.; astúcia f. 2* mordacitat *f. 3* rigor *m.;* exactitud *m.*

shatter (to) ('ʃætə^r) *t.* trencar, esmicolar, destrossar. *2* cansar, fatigar molt.

shave (to) (ʃeiv) *t.-i.* afaitar(se. *2 t.* fregar, passar arran.

shaving ('ʃeiviŋ) *s.* afaitat *m.;* afaitada *f.*

shaving brush ('ʃeiviŋbrʌʃ) *s.* brotxa *f.* d'afaitar.

shaving foam ('ʃeiviŋfoum) *s.* escuma *f.* d'afaitar.

shawl (ʃɔːl) *s.* xal *m.,* mantó *m.*

she (ʃiː, ʃi) *pron. pers.* ella. ▪ *2 s.* femella *f.* ‖ ~-*cat,* gata *f.*

sheaf (ʃiːf) *s.* feix *m.* ▲ *pl.* **sheaves** (ʃiːvz).

shear (to) (ʃiə^r) *t.* esquilar, tondre. ▲ P. p.: *shorn* (ʃɔːn).

sheath (ʃiːθ) *s.* beina *f.,* funda *f. 2* condó *m.*

sheathe (to) (ʃiːð) *t.* embeinar, enfundar.

shed (ʃed) *s.* cobert *m.;* barraca *f. 2* nau *m.*

shed (to) (ʃed) *t.* vessar. *2* ser impermeable [a alguna cosa]. ▪ *3 i.* zool. mudar.

sheen (ʃiːn) *s.* lluentor *f.,* lluïssor *f.*

sheep (ʃiːp) *s.* ovella *m.,* be *m.;* xai *m.;* (BAL.) xot *m.;* (OCC.) corder *m.;* (ROSS.) feda *f.* ▲ *pl.* **sheep.**

sheepdog ('ʃiːpdɔg) *s.* gos *m.* d'atura.

sheer (ʃiə^r) *a.* pur, mer. *2* complet, absolut. *3* pur, no adulterat. *4* costerut; escarpat; pendent. ▪ *5 adv.* completament. *6* verticalment.

sheer (to) (ʃiə^r) *t.-i.* desviar(se.

sheet (ʃiːt) *s.* làmina *f.,* planxa *f. 2* full *m. 3* llençol *m.*

shelf (ʃelf) *s.* prestatge *m.;* lleixa *f. 2 pl.* prestatgeria *f. 3* sortint *m.* [roca]. *4* fig. plataforma *f. 5* MAR. banc *m.* de sorra. ▲ *pl.* **shelves** (ʃelvz).

shell (ʃel) *s.* ZOOL. closca *f.;* clofolla *f.;* beina *f.;* petxina *f.,* conquilla *f. 2* carcassa *f.,* armadura *f. 3* MAR. buc *m. 4* MIL. projectil *m.*

shell (to) (ʃel) *t.* treure la closca, pelar. *2* esgranar. *3* llençar projectils, bombardejar. ▪ *4 i.* pelar-se *p.*

shellfish ('ʃelfiʃ) *s.* crustaci *m.;* marisc *m.*

shelter ('ʃeltə^r) *s.* refugi *m.;* aixopluc *m.* ‖ *to take* ~, aixoplugar-se.

shelter (to) ('ʃeltə^r) *t.-i.* protegir(se, aixoplugar(se. *2 t.* amagar.

shelve (to) (ʃelv) *t.* posar prestatges. *2* posar en un prestatge. *3* fer fora, acomiadar; arraconar; arxivar. ▪ *4 i.* fer pendent, baixar.

shelves (ʃelvz) *s. pl.* de *shelf.*

shepherd ('ʃepəd) *s.* pastor *m.*

sheriff ('ʃerif) *s.* xèrif *m.*

sherry ('ʃeri) *s.* xerès *m.*

shield (ʃiːld) *s.* escut *m. 2* defensa *f.* protector *m.;* protecció *f.*

shield (to) (ʃiːld) *t.* protegir. *2* amagar, encobrir.

shift (ʃift) *s.* truc *m.;* subterfugi *m. 2* canvi *m.;* trasllat *m. 3* tarda *f.,* torn *m.* [de treball].

shift (to) (ʃift) *t.* canviar [per una altra cosa]. *2* alterar, modificar, canviar. *3* moure, canviar de lloc. *4* fam. treure's del damunt, llençar. ▪ *5 i.* canviar. *2* moure's *p.*

shiftless ('ʃiftlis) *a.* inútil. *2* mandrós, amb poca empenta.

shilling ('ʃiliŋ) *s.* xelí *m.*

shimmer ('ʃimə^r) *s.* reflex *m.,* tornassol *m.*

shimmer (to) ('ʃimə^r) *i.* reflectir lleument.

shin (ʃin) *s.* canya *f.* [de la cama]; sofraja *m.*

shin (to) (ʃin) *i.-t.* enfilar-se *p.;* pujar de quatre grapes.

shine (ʃain) *s.* lluor, lluïssor, resplendor, brillantor.

shine (to) (ʃain) *i.* brillar, resplendir, lluir. ▪ *2 t.* enllustrar [sabates]. ▲ Pret. i p.p.: *shone* (ʃɔn).

shingle ('ʃiŋgl) *s.* palets *m. pl.,* pedres *m. pl. 2* platja *f.* amb pedres.

shining ('ʃainiŋ) *a.* brillant, lluent.

ship (ʃip) *s.* vaixell *m.*

ship (to) (ʃip) *t.-i.* embarcar(se. *2 t.* transportar, expedir.

shipbuilder ('ʃip,bildə^r) *s.* constructor naval.

shipment ('ʃipmənt) *s.* carregament *m.,* remesa *f.*

shipping ('ʃipiŋ) *s.* embarc *m.;* expedició *f.*

shipwreck ('ʃipreck) *s.* naufragi *m.*

shipwrecked ('ʃiprekt) *a. to be* ~, naufragar.

shipyard ('ʃipjɑːd) *s.* drassana *f.*

shire ('ʃaiə^r) *s.* (G.B.) districte *m.,* comtat *m.,* zona *f.*

shirk (to) (ʃəːk) *t.* eludir, evitar. ▪ *2 i.* fugir d'estudi.

shirt (ʃəːt) *s.* camisa *f.* ‖ *in one's* ~ *sleeves,* en mànigues de camisa.

shiver ('ʃivə^r) *s.* tremolor *m.,* estremiment *m.*

shiver (to) ('ʃivə^r) *i.* tremolar, estremir-se *p.* ▪ *3 t.* esmicolar.

shoal (ʃoul) *s.* GEOL., ZOOL. banc *m. 2* fig. multitud *f.*

shock (ʃɔk) *s.* xoc *m. 2* sacsejada *m. 3* cop *m.* violent. *3* xoc *m.* [emocional]. *4* ensurt *m. 5* MED. xoc *m.* [tractament].

shock (ʃuk) Veure SHAKE (TO).

shock (to) (ʃɔk) *t.* xocar, impressionar. *2* sacsejar; commoure. ‖ *to be shocked,* escandalitzar-se; estranyar-se; sorprendre's.

shocking ('ʃɔkiŋ) *a.* xocant, estrany.
shod (ʃɔd) Veure SHOE (TO).
shoe (ʃuː) *s.* sabata *f.*
shoe (to) (ʃuː) *t.* ferrar [cavalls]. ▲ Pret. i p.p.: *shod* (ʃɔd).
shoeblack ('ʃuːblæk) *s.* enllustrador.
shoehorn ('ʃuːhɔːn) *s.* calçador *m.*
shoelace ('ʃuːleis) *s.* cordó *m.* de sabata.
shoemaker ('ʃuːˌmeikəʳ) *s.* sabater.
shoe polish ('ʃuːpɔliʃ) *s.* betum *m.*
shoeshop ('ʃuːʃɔp) *s.* sabateria *f.*
shoe tree ('ʃuːtriː) *s.* forma *f.* [de sabater].
shone (ʃɔn) SHINE (TO).
shoot (ʃuːt) *s.* BOT. lluc *m.;* brot *m.* 2 rampa *f.* 3 cacera *f.* 4 concurs *m.* de tir al blanc. 5 vedat *m.* de caça.
shoot (to) (ʃuːt) *t.* disparar, tirar [trets, sagetes, fotografies]. *2* matar o ferir amb arma de foc. *3* CINEM. rodar, filmar. *4* llençar [escombraries, deixalles]. *5* ESPORT xutar. ■ *6 i.* anar a caçar. *7* llençar-se *p.,* precipitar-se *p.*
shooting ('ʃuːtiŋ) *s.* caça *f.* 2 tiroteig *m.;* afusellament *m.* 3 CINEM. rodatge *m.*
shop (ʃɔp) *s.* botiga *m.*
shop (to) (ʃɔp) *i.* comprar [en una botiga].
shop assistant ('ʃɔpəsistənt) *s.* dependent.
shopkeeper ('ʃɔpkiːpəʳ) *s.* botiguer.
shopping ('ʃɔpiŋ) *s.* compra *f.* 2 coses *m. pl.* comprades, mercaderia *f.*
shopping bag ('ʃɔpiŋbæg) *s.* bossa *f.* d'anar a la plaça.
shop window (ˌʃɔp'windou) *s.* aparador *m.,* (BAL.) mostrador *m.*
shore (ʃɔːr) *s.* costa *f.,* platja *f.* 2 vora *f.* [del mar]; riba *f.;* ribera *f.*
shorn (ʃɔːn) Veure SHEAR (TO).
short (ʃɔːt) *a.* curt, breu, escàs. 2 baix [persona]. 3 sec, brusc. ‖ *to be ~ of,* anar curt de; *to cut ~,* interrompre bruscament; *to fall ~ of,* no arribar; *to run ~ of,* fer curt. ■ *2 adv.* breument. *3 ~ of,* si no. ■ *4 s.* allò curt. ‖ *for ~,* per fer-ho més curt; *in ~,* en resum; *~ for,* forma abreujada per. *7* CINEM. curt-metratge *m.* *8 pl.* pantalons *m.* curts.
shortage ('ʃɔːtidʒ) *s.* manca *f.;* insuficiència *f.,* escassetat *f.*
short cut ('ʃɔːt'kʌt) *s.* drecera *f.*
shorten (to) ('ʃɔːtn) *t.* escurçar, reduir.
shorthand ('ʃɔːthænd) *s.* taquigrafia *f.*
shortly ('ʃɔːtli) *adv.* en poques paraules. 2 aviat. ‖ *~ before,* poc abans.
short-sighted ('ʃɔːtsaitid) *a.* curt de vista.
shot (ʃɔt) *a.* matisat, tornassolat. 2 destrossat [nervis, etc.]. ■ *3 s.* tret *m.;* disparament *m.* 4 ESPORT xut *m.* 5 bala *m.;* projectil *m.* 6 intent *m.* 7 conjectura *f.* 8 dosi *m.* 9 tirada *f.*

shot-gun ('ʃɔtgʌn) *s.* escopeta *f.*
should (ʃud, ʃəd) *v. aux.* Cond. pret. de *shall: I ~ come,* vindria; *you ~ come,* hauries de venir.
shoulder ('ʃouldəʳ) *s.* espatlla *m.,* (VAL.) muscle *m.*
shoulder (to) ('ʃouldəʳ) *t.* posar-se o portar a l'esquena. 2 empènyer amb l'espatlla. 3 assumir una responsabilitat.
shoulder blade ('ʃouldəbleid) *s.* ANAT. omòplat *m.*
shout (ʃaut) *s.* crit *m.*
shout (to) (ʃaut) *t.* cridar. ■ *2 i.* cridar, fer crits.
shove (ʃʌv) *s.* empenta *f.* 2 impuls *m.*
shove (to) (ʃʌv) *t.* empènyer, empentar. ■ *2 i.* avançar a empentes.
shovel ('ʃʌvl) *s.* pala *f.* 2 palada *f.*
show (ʃou) *s.* demostració *f.;* exhibició *f.;* mostra *f.,* exposició *f.* 2 show *m.,* espectacle *m.,* funció *m.* 3 ostentació *f.*
show (to) (ʃou) *t.* mostrar, ensenyar, exhibir. 2 fer veure, demostrar. 3 revelar, descobrir. 4 palesar, indicar. 5 acompanyar: *~ him in,* fes-lo passar. *6 to ~ up,* destacar. ■ *7 i.* semblar, mostrar-se *p.* 8 TEAT. actuar. *9 to ~ off,* fatxendejar. ▲ Pret.: *showed* (ʃoud); p.p.: *shown* (ʃoun) o *showed.*
shower (ʃauəʳ) *s.* xàfec *m.* [també fig.]. 2 dutxa *f.*
shown (ʃoun) Veure SHOW (TO).
showroom ('ʃourum) *s.* exposició *f.,* sala *f.* de demostracions.
showy ('ʃoui) *a.* espectacular; cridaner. 2 ostentós, fatxenda.
shrank (ʃræŋk) Veure SHRINK (TO).
shred (ʃred) *s.* retall *m.,* tira *f.* 2 tros *m.,* fragment *m.*
shred (to) (ʃred) *t.* estripar, esquinçar. 2 fer a trossos.
shrew (ʃruː) *s.* ZOOL. musaranya *f.* 2 donota *f.,* mala pècora *f.*
shrewd (ʃruːd) *a.* perspicaç, llest, astut. ■ *2 -ly adv.* subtilment, astutament.
shriek (ʃriːk) *s.* xiscle *m.;* xerric *m.*
shriek (to) (ʃriːk) *i.* xisclar; xerricar.
shrill (ʃril) *a.* agut, penetrant [so].
shrill (to) (ʃril) *t.-i.* cridar, xisclar.
shrimp (ʃrimp) *s.* ZOOL. gambeta *f.* 2 napbuf *m.,* tap *m.* de bassa.
shrine (ʃrain) *s.* urna *f.* 2 santuari *m.* [també fig.].
shrink (to) (ʃriŋk) *t.-i.* encongir(se; contraure's *p.* 2 fig. acovardir-se *p.* ▲ Pret.: *shrank* (ʃræŋk) o *shrunk* (ʃrʌŋk); p.p.: *shrunk* o *shrunken* ('ʃrʌŋkən).
shrinkage ('ʃriŋkidʒ) *s.* encongiment *m.;* contracció *f.*

shrivel (to) (´ʃrivl) *t.-i.* arrugar(se, encongir(se, ressecar(se.
shroud (ʃraud) *s.* mortalla *f.*
shroud (to) (ʃraud) *t.* amortallar, ocultar.
shrub (ʃrʌb) *s.* arbust *m.*
shrug (to) (ʃrʌg) *t.-i.* arronsar les espatlles.
shrunk (ʃrʌŋk) Veure SHRINK (TO).
shrunken (ʃrʌŋkən) Veure SHRINK (TO).
shuck (to) (ʃʌk) *t.* (EUA) pelar, llevar la closca.
shudder (´ʃʌdər) *s.* tremolor *m.;* estremiment *m.*
shudder (to) (´ʃʌdər) *i.* estremir-se *p.* 2 tremolar.
shuffle (to) (´ʃʌfl) *t.* barrejar. 2 arrossegar [els peus]. ▪ *2 i.* caminar arrossegant els peus. 3 actuar amb evasives. 4 barrejar [cartes].
shun (to) (ʃʌn) *t.* evitar, esquivar, defugir.
shut (to) (ʃʌt) *t.* tancar. ▪ *2 i.* tancar-se *p.* ▪ *to ~ down,* tancar [un negoci, etc.]; *to ~ off,* tallar [aigua, gas, etc.]; *to ~ out,* excloure. ▲ Pret. i p.p.: *shut* (ʃʌt); ger. *shutting.*
shutter (´ʃʌtər) *s.* persiana *f.;* finestró *m.;* porticó *m.* 2 FOT. obturador *m.*
shy (ʃai) *a.* tímid; retret. 2 espantadís. ▪ *3 -ly adv.* tímidament.
shy (to) (ʃai) *i.* esquivar; espantar-se *p.* 2 reguitnar [un cavall].
shyness (´ʃainis) *s.* timidesa *f.;* vergonya *f.*
Sicily (´sisili) *n. pr.* GEOGR. Sicília *f.*
sick (sik) *a.-s.* malalt: *he is ~,* està malalt. 2 marejat. ‖ fig. *to be ~ of,* estar fart de.
sicken (to) (´sikn) *t.* fer emmalaltir, fer posar malalt. 2 fer fàstic. 3 embafar. 4 fig. enfastijar; afartar. ▪ *5 i.* posar-se *p.* malalt. 6 marejar-se *p.*
sickening (´sikniŋ) *a.* nauseabund, repugnant.
sickle (´sikl) *s.* falç *f.*
sickly (´sikli) *a.* malaltís. 2 malsà, insalubre.
sickness (´siknis) *s.* malaltia *m.* 2 nàusea *f.;* mareig *m.*
side (said) *s.* banda *f.,* costat *m.,* (ROSS.) ban *m.* ‖ *by the ~ of,* al costat de. 2 vora *f.,* marge *m.* 3 falda *f.* [d'una muntanya]. 4 partit *m.,* bàndol *m.: to take ~s with,* prendre partit per. ▪ *5 a.* lateral: *~ door,* porta lateral.
side (to) (said) *i. to ~ with,* prendre partit per; posar-se *p.* al costat de.
sideboard (´saidbɔːd) *s.* bufet *m.*
sidelong (´saidlɔŋ) *a.* de reüll. 2 lateral; oblic. ▪ *3 adv.* de reüll. 2 lateralment, obliquament.
sidewalk (´saidwɔːk) *s.* (EUA) vorera *f.,* voravia *f.*
sideward(s (´saidwəd,-z) *a.* lateral, de cos-

tat. 2 de reüll. ▪ *3 adv.* lateralment, de costat, cap un costat. 4 de reüll.
sideways (´saidweiz) , **sidewise** (´saidwaiz) *a.-adv.* Veure SIDEWARD.
siege (siːdʒ) *s.* setge *m.*
sieve (siv) *s.* sedàs, garbell.
sift (to) (sift) *t.* garbellar.
sigh (sai) *s.* sospir *m.*
sigh (to) (sai) *i.* sospirar: *to ~ for,* anhelar.
sight (sait) *s.* vista *f.,* visió *f.* [sentit; òrgan; acció de veure]. ‖ *at first ~, on first ~,* a primera vista; *by ~,* de vista. 2 *pl.* llocs *m.* d'interès: *to see the ~s,* veure els llocs interessants. 3 mira *f.* [d'arma].
sight (to) (sait) *t.* veure, mirar. 2 albirar.
sightly (´saitli) *a.* atractiu, privilegiat [lloc, zona].
sightseeing (´saitˌsiːiŋ) *s.* turisme *m.* ‖ *to go ~,* visitar llocs interessants.
sign (sain) *s.* senyal *m.;* signe *m.* ‖ *electric ~,* anunci *m.* lluminós. 2 senyal *m.;* vestigi *m.;* indici *m.* 4 cartell *m.,* rètol *m.*
sign (to) (sain) *t.* signar, firmar. 2 indicar. ▪ *3 i.* fer senyals. 4 signar. ‖ *to ~ up,* signar per [un equip de fútbol, una companyia, etc.], fitxar.
signal (´signəl) *s.* senyal *m.*
signalize (to) (´signəlaiz) *t.* assenyalar; distingir.
signatory (´signətəri) *a.-s.* signant, signatari.
signature (´signətʃər) *s.* signatura *f.,* firma *f.*
signboard (´sainbɔːd) *s.* tauler *m.* d'anuncis; anunci *m.*
significance, -cy (sig´nifikəns, -si) *s.* significació *f.* 2 significat *m.*
significant (sig´nifikənt) *a.* significatiu, important.
signify (to) (´signifai) *t.* significar. ▪ *2 i.* importar.
signing-up (´sainiŋˈʌp) *s.* ESPORT fitxatge *m.*
signpost (´sainpoust) *s.* indicador *m.* de pal.
silence (´sailəns) *s.* silenci *m.*
silence (to) (´sailəns) *t.* fer callar.
silent (´sailənt) *a.* silenciós.
silhouette (ˌsiluˈet) *s.* silueta *f.*
silk (silk) *s.* seda *f.* 2 *pl.* peces *f.* de roba de seda.
silken (´silkən) *a.* de seda. 2 sedós.
silkworm (´silkwəːm) *s.* ZOOL. cuc *m.* de seda.
sill (sil) *s.* llindar *m.* 2 ampit *m.*
silliness (´silinis) *s.* ximpleria *f.;* bestiesa *f.*
silly (´sili) *a.* ximple, ruc, totxo, talós. 2 absurd, forassenyat.
silver (´silvər) *s.* plata *f.,* argent *m.* ▪ *2 a.* de plata, d'argent.
silversmith (´silvəsmiθ) *s.* argenter.

silverware ('silvəwεə^r) *s.* objectes *m. pl.* de plata.

silver wedding (ˌsilvə'wediŋ) *s.* noces *f. pl.* d'argent.

similar ('similə^r) *a.* similar, semblant.

similarity (ˌsimi'læriti) *s.* similaritat *f.*, semblança *f.*

simmer (to) ('simə^r) *t.-i.* coure, bullir a foc lent.

simper ('simpə^r) *s.* somriure *m.* estúpid.

simple ('simpl) *a.* simple.

simple-minded (ˌsimpl'maindid) *a.* ingenu. 2 ruc, talós.

simplicity (sim'plisiti) *s.* simplicitat *f.* 2 senzillesa *f.* 3 ingenuïtat *f.*

simplify (to) ('simplifai) *t.* simplificar.

simply ('simpli) *adv.* simplement.

simulate (to) ('simjuleit) *t.* simular; imitar.

simultaneous (ˌsiməl'teinjəs) *a.* simultani.

sin (sin) *s.* pecat *m.*

sin (to) (sin) *i.* pecar, fer pecats.

since (sins) *adv.* des de llavors, des d'aleshores. ‖ *how long ~?*, quant de temps fa? ▪ *2 prep.* des de, després de: *~ last year*, des de l'any passat. ▪ *3 conj.* des que: *~ she was born*, des que va néixer. *4* perquè, ja què, atès que, com que.

sincere (sin'siə^r) *a.* sincer.

sincerity (sin'seriti) *s.* sinceritat *f.*, franquesa *f.*

sinew ('sinju:) *s.* ANAT. tendó *m.* 2 fig. nervi *m.*; vigor *m.*; energia *f.* 3 *pl.* fig. recursos *m.*, mitjans *m.*

sinewy ('sinju(:)i) *a.* musculós, ple de nervis. 2 fig. fort, vigorós.

sinful ('sinful) *a.* pecador. 2 pecaminós.

sing (to) (siŋ) *t.-i.* cantar: *to ~ out of tune*, desafinar. ▲ Pret.: *sang* (sæŋ); p. p.: *sung* (sʌŋ).

singe (to) (sindʒ) *t.* socarrimar, socarrar.

singer ('siŋə^r) *s.* cantant *m.*

singing ('siŋiŋ) *s.* cant *m.*

single ('siŋgl) *a.* sol; únic. 2 individual. 3 solter. 4 senzill, simple.

single (to) ('siŋgl) *t. to ~ out*, singularitzar, distingir; escollir.

singsong ('siŋsɔŋ) *a.* monòton. ▪ *2 s.* cantada *f.* ‖ *to have a ~*, cantar.

singular ('siŋgjulə^r) *a.* liter. singular. 2 form. rar. ▪ *3 s.* GRAM. singular *m.*

sinister ('sinistə^r) *a.* sinistre. 2 HERÀLD. sinistrat.

sink (siŋk) *s.* lavabo *m.*, rentamans *m. pl.* 2 aigüera *f.*

sink (to) (siŋk) *t.-i.* enfonsar(se, (VAL.) afonar(se. 2 *t.* naufragar. 3 cavar, fer [un pou, forat, etc.]. 4 clavar [un pal]. 5 *to ~ down*, esfondrar-se *p.*, enfonsar-se *p.* ▪ *6 i.* pondre's *p.* [el sol]. ▲ Pret.: *sank* (sæŋk) o

sunk (sʌŋk); p. p.: *sunk* o *sunken* ('sʌŋkən).

sinner ('sinə^r) *s.* pecador.

sinuosity (ˌsinju'ɔsiti) *s.* sinuositat *f.*

sinuous ('sinjuəs) *a.* sinuós.

sip (sip) *s.* glop *m.*, xarrup *m.*

sip (to) (sip) *t.-i.* beure a glops, xarrupar.

sir (sɔ:^r, sə^r) *s.* senyor *m.* 2 sir *m.* [títol].

sire ('saiə^r) *s.* animal *m.* pare; semental *m.* 2 ant. senyor *m.* [tractament del sobirà].

siren ('saiərin, -rən) *s.* MIT. sirena *f.* 2 sirena *f.* [xiulet].

sirloin ('sə:lɔin) *s.* filet *m.*, rellom *m.*

sister ('sistə^r) *s.* germana *f.* 2 REL. germana *f.*, monja *f.* 3 infermera *f.*

sister-in-law ('sistərinˌlɔ:) *s.* cunyada *f.*

sit (to) (sit) *i.* seure, asseure's *p.*, estar assegut. 2 posar-se *p.* [un ocell]. 3 ser membre [d'un comitè, etc.]. 4 celebrar sessió. 5 covar [una au]. 6 posar [per a una fotografia]. 7 estar situat. 8 estar-se *p.*, quedar-se *p.* 9 fer un examen. ▪ *10 t.* asseure *p.*; fer seure. *11* covar [ous]. *12* presentar-se *p.* a un examen. ▪ *to ~ down*, asseure's; *to ~ for*, representar, *to ~ on*, reprimir, esclafar. ▲ Pret. i p. p.: *sat* (sæt).

site (sait) *s.* lloc *m.*, escenari *m.* [d'alguna cosa]. 2 situació *f.*, plaça *f.*, seient *m.* [d'una població, etc.].

sitting ('sitiŋ) *s.* sessió *f.* 2 sentada *f.*, tirada *f.* 3 llocada *f.*, covada *f.* ▪ *4 a.* assegut.

sitting room (θitiŋrum) *s.* sala *f.*, saló *m.*

situation (ˌsitju'eiʃən) *s.* situació *f.* 2 condició *f.*, estat *m.* 3 feina *f.*, lloc *m.* de treball.

six (siks) *a.* sis. ▪ *2 s.* sis *m.*

sixteen ('siks'ti:n) *a.* setze. ▪ *2 s.* setze *m.*

sixteenth ('siks'ti:nθ) *a.-s.* setzè.

sixth (siksθ) *a.-s.* sisè.

sixtieth ('sikstiəθ) *a.-s.* seixantè.

sixty ('siksti) *a.* seixanta. ▪ *2 s.* seixanta *m.*

size (saiz) *s.* mida *f.*, dimensió *f.* 2 talla *f.*, estatura *f.* [de persones]. 3 talla *f.*, mida *f.* [roba, calçat].

size (to) (saiz) *t.* classificar per dimensions. 2 fig. *to ~ up*, mesurar, apamar. 3 encolar, aprestar.

sizeable ('saizəbl) *a.* de considerables dimensions, força gran.

sizzle ('sizl) *s.* espetec *m.*, crepitació *m.*

sizzle (to) ('sizl) *i.* espetegar, crepitar.

skate (skeit) *s.* ZOOL. rajada *f.* 2 ESPORT patí *m.*

skate (to) (skeit) *i.* ESPORT patinar. 2 fig. tractar superficialment [una qüestió, un tema, etc.].

skein (skein) *s.* troca *f.* 2 fig. embolic *m.*

skeleton ('skelitn) *s.* esquelet *m.* 2 carcassa *f.* 3 esquema *f.*

skeleton key (ˈskelitnˌkiː) *s.* clau *m.* mestra.
sketch (sketʃ) *s.* apunt *m.*, esborrany *m.;* esquema *m. 2* TEAT. sainet *m.*
sketch (to) (sketʃ) *t.* esbossar, descriure amb trets generals. *2* DIB. esbossar, fer un croquis.
ski (skiː) *s.* ESPORT esquí *m.*
ski (to) (skiː) *i.* ESPORT esquiar.
skid (to) (skid) *i.* relliscar, patinar, (BAL.) llenegar, (VAL.) esvarar.
skier (ˈskiːəʳ) *s.* esquiador.
skiing (ˈskiːŋ) *s.* ESPORT esquí *m.*
skilful (ˈskilful) *a.* hàbil, expert, destre. ■ *2* **-ly** *adv.* hàbilment, destrament.
skill (skil) *s.* habilitat *f.*, destresa *f.*, traça *f.;* tècnica *f.*
skilled (skild) *a.* expert. *2* qualificat, especialitzat [obrer].
skim (to) (skim) *t.* escumar; desnatar. *2* llegir, mirar pel damunt. ■ *3 i.* passar a frec.
skin (skin) *s.* pell *f.*, cutis *m.* ‖ *by the ~ of one's teeth,* d'un pèl. *2* ZOOL. pell *f.*, despulla *f. 3* BOT. pell *f.*, escorça *f.*
skin (to) (skin) *t.* espellar. *2* coЦoq. fig. plomar, escurar. *3* pelar. *4* pelar-se *p.*, fer-se *p.* mal. ■ *5 i.* *to ~ over,* cicatritzar.
skin-deep (ˌskinˈdiːp) *a.* superficial.
skip (skip) *s.* bot *m.*, saltet *m. 2* salt *m.*, omissió *f. 3* MIN. vagoneta *f.*
skip (to) (skip) *i.* saltar, saltironar. ■ *2 t.* ometre, passar per alt.
skirmish (ˈskəːmiʃ) *s.* batussa *f.*
skirt (skəːt) *s.* faldilla *f.*, (BAL.), (VAL.) faldeta *f.*, (ROSS.) jupa *f. 2* contorn *m.*, extrem *m.*, vora *f.*
skirt (to) (skəːt) *t.-i.* vorejar *t.*, circumdar *t. 2* evitar *t.*, defugir *t.*
skit (skit) *s.* burla *f.*, paròdia *f.*
skulk (to) (skʌlk) *i.* moure's *p.* furtivament, amagar-se *p.*
skull (skʌl) *s.* crani *m.*
sky (skai) *s.* cel *m.* ‖ *to praise somebody to the skies,* lloar algú. ▲ *pl.* **skies.**
sky-blue (ˌskaiˈbluː) *a.* blau cel. ■ *2 s.* blau *m.* cel.
skylark (ˈskailaːk) *s.* ORN. alosa *f.*
skylight (ˈskailait) *s.* claraboia *f.*
skyscraper (ˈskaiskreipəʳ) *s.* gratacels *m.*
slab (slæb) *s.* bloc *m.*, tros *m.*
slack (slæk) *a.* negligent, deixat. *2* inactiu, passiu. *3* fluix, destensat. ■ *4 s.* part *f.* fluixa [d'una corda]. *5* inactivitat *f.*, calma *f. 6 pl.* pantalons *m. 7* MIN. carbonissa *f.*
slacken (to) (ˈslækən) *t.* afluixar; moderar. ■ *2 i.* afluixar-se *p.;* minvar; relaxar-se *p.*
slag (slæg) *s.* escòria *f.*, cagaferro *m.*
slain (slein) Veure SLAY (TO).
slake (to) (sleik) *t.* calmar [desig, set]. *2* apagar [calç].

slam (slæm) *s.* cop *m.* violent; cop *m.* de porta.
slam (to) (slæm) *t.-i.* tancar(se amb violència.
slander (ˈslaːndəʳ) *s.* calúmnia *f.*, difamació *f.*
slander (to) (ˈslaːndəʳ) *t.* calumniar, difamar.
slanderous (ˈslaːdərəs) *a.* calumniós, difamatori.
slang (slæŋ) *s.* argot *m.*
slant (slaːnt) *s.* inclinació *f.*, pendent *m. 2* punt *m.* de vista.
slant (to) (slaːnt) *t.-i.* inclinar(se, decantar(se.
slap (slæp) *s.* manotada *f.*, mastegot *m. 2* fig. ofensa *f.*, desaire *m.*
slap (to) (slæp) *t.* donar una bufetada, colpejar, pegar.
slash (slæʃ) *s.* ganivetada *f.;* tall *m. 2* vulg. pixarada *f.*
slash (to) (slæʃ) *t.* apunyalar, clavar el ganivet. *2* criticar durament. *3* vulg. tallar, reduir, rebaixar [preus, salaris, etc.].
slate (sleit) *s.* pissarra *f.*
slate (to) (sleit) *t.* empissarrar. *2* fig. coЦoq. criticar, deixar malament.
slaughter (ˈslɔːtəʳ) *s.* degollament *m.* [d'animals]. *2* degolladissa *f.*, matança *f.*, carnisseria *f.*
slaughter (to) (ˈslɔːtəʳ) *t.* matar, degollar; fer una matança.
slaughterhouse (ˈslɔːtəhaus) *s.* escorxador *m.*
slave (sleiv) *s.* esclau.
slavery (ˈsleivəri) *s.* esclavatge *m.*, esclavitud *f.*
slave trade (ˈsleivtreid) *s.* comerç *m.* d'esclaus.
slay (to) (slei) *t.* matar, assassinar. ▲ Pret.: *slew* (sluː); p. p.: *slain* (slein).
sled (sled), **sledge** (sledʒ) *s.* trineu *m.*
sleek (sliːk) *a.* llis, brillant, brunyit. *2* endreçat, polit, net [persona]. *3* afectat [persona].
sleek (to) (sliːk) *t.* allisar, polir, enllustrar.
sleep (sliːp) *s.* son *m. 2* dormida *f. 3* fig. mort *f.*
sleep (to) (sliːp) *i.* dormir. ‖ *to ~ like a log,* dormir com un tronc. ‖ *to ~ away,* dormir hores i hores. ■ *2 t.* tenir llits: *this hotel ~s sixty guests,* en aquest hotel hi poden dormir seixanta hostes. ▲ Prep. i p. p.: *slept* (slept).
sleepiness (ˈsliːpinis) *s.* somnolència *f.*
sleeping (ˈslipiŋ) *a.* adormit.
sleeping bag (ˈsliːpiŋbæg) *s.* sac *m.* de dormir.
sleeping car (ˈsliːpiŋkaːʳ) *s.* vagó *m.* llit.

sleeping pill ('sli:piŋpil) *s.* MED. somnífer *m.*, pastilles *f. pl.* per dormir.

sleeping tablet ('sli:piŋ,tæblit) *s.* Veure SLEEPING PILL.

sleeplessness ('sli:plisnis) *s.* insomni *m.*

sleepwalker ('sli:p,wɔ:kər) *s.* somnàmbul.

sleepy ('sli:pi) *a.* endormiscat, somnolent. *2* quiet, inactiu [lloc]. *3* massa madur [fruita].

sleeve (sli:v) *s.* màniga *f.* ‖ *to laugh up one's* ~, riure per sota el nas.

sleigh (slei) *s.* trineu *m.*

sleight (slait) *s.* ~ *of hand*, prestidigitació *f.;* destresa *f.* manual.

slender ('slendər) *a.* prim. *2* tènue. *3* esvelt. *4* minso.

slept (slept) Veure SLEEP (TO).

sleuth (slu:θ) *s.* ant. col·loq. detectiu.

slew (slu:) Veure SLAY (TO).

slice (slais) *s.* llesca *f.*, tallada *f.*, tall *m.*, rodanxa *f.*

slice (to) (slais) *t.* llescar, tallar. ■ *2 i.* fer rodanxes, fer talls.

slick (slik) *a.* relliscós; llis, sedós. *2* hàbil, astut. ■ *3 s. oil* ~, marea *f.* negra.

slid (slid) Veure SLIDE (TO).

slide (slaid) *s.* relliscada *f.;* lliscada *f.* *2* relliscall *m.*, rossola *f.* *3* tobogan *m.* *4* diapositiva *f.* *5* placa *f.* [d'un microscopi]. *6* cursor *m.* *7* despreniment *m.*

slide (to) (slaid) *i.* lliscar, relliscar, patinar. ■ *2 t.* fer córrer, fer lliscar. *3* esmunyir-se *p.* ▲ Pret. i p. p.: *slid* (slid).

slight (slait) *a.* lleuger, lleu. *2* prim. *3* petit, insignificant. ■ *4* -**ly** *adv.* lleugerament, una mica. ■ *5 s.* desaire *m.*, ofensa *f.*

slight (to) (slait) *t.* ofendre, insultar, desairar, menysprear.

slim (slim) *a.* prim, esvelt. *2* col·loq. petit, trivial, escàs.

slime (slaim) *s.* llot *m.*, llim *m.* *2* bava *f.* [de serps, llimacs, etc.].

slimy ('slaimi) *a.* ple de llot. *2* llefiscós, viscós. *3* col·loq., fig. adulador, servil.

sling (sliŋ) *s.* fona *f.* *2* MED. cabestrell *m.* *3* baga *m.*

sling (to) (sliŋ) *t.* llançar, tirar amb força. *2* suspendre, aguantar, penjar. ▲ Pret. i p. p.: *slung* (slʌŋ).

slink (to) (sliŋk) *i.* moure's *p.* furtivament. ‖ *to* ~ *away*, escapolir-se *p.*, marxar d'amagat. ▲ Pret. i p. p.: *slunk* (slʌŋk).

slip (slip) *s.* relliscada *f.* [també fig.]. *2* oblit *m.* *3* combinació *f.*, enagos *m. pl.* *4* tira *f.* *5* BOT. plançó *m.*, esqueix *m.* *6* passera *f.* de fusta.

slip (to) (slip) *i.* relliscar, patinar, (BAL.) llenegar, (VAL.) esvarar. *2* moure's *p.* sigilosament, esmunyir-se *p.* ■ *3 t.* relliscar, fugir de les mans. *4* deixar escapar, deixar anar [un objecte, un secret]. *5* engiponar, posar. *6* eludir, esquivar. ■ *to* ~ *off*, escapar-se, fugir; *to* ~ *up*, equivocar-se.

slip-knot ('slipnɔt) *s.* nus *m.* escorredor.

slipper ('slipər) *s.* sabatilla *f.*, babutxa *f.*

slippery ('slipəri) *a.* relliscós; llefiscós, viscós. *2* astut, arterós, sense escrúpols.

slip-up ('slipʌp) *s.* errada *f.*, equivocació *f.*

slit (slit) *s.* obertura *f.*, ranura *f.*, tall *m.*

slit (to) (slit) *t.* tallar, fer un tall. ▲ Pret. i p. p.: *slit* (slit).

slogan ('slougən) *s.* eslògan *m.*, lema *m.*

slop (slɔ) *s.* deixalles *m. pl.* líquides; excrements *m. pl.* *2* aliments *m. pl.* líquids.

slop (to) (slɔp) *t.-i.* vessar(se.

slope (sloup) *s.* pendent *m.*, desnivell *m.*, inclinació *f.* *2* GEOGR. vessant *m.*

slope (to) (sloup) *t.-i.* inclinar(se; fer baixada.

sloping ('sloupiŋ) *a.* inclinat, esbiaixat, que fa pendent.

sloppy ('slɔpi) *a.* moll; enfangat, ple de tolls. *2* barroer, mal fet, descurat. *3* sensibler, cursi.

slot (slɔt) *s.* obertura *f.*, ranura *f.*

sloth (slouθ) *s.* mandra *f.*, (BAL.), (VAL.) peresa *f.* *2* ZOOL. peresós *m.*

slot machine ('slɔtməʃi:n) *s.* màquina *f.* venedora.

slouch (to) (slautʃ) *t.-i.* fer el dropo. *2* rondar, vagarejar. *3 t.-i.* treure, desfer-se *p.* de.

sloven ('slʌvn) *s.* desmanegat, deixat [persona].

slovenly ('slʌvnli) *a.* desmanegat, deixat, desendreçat [persona].

slow (slou) *a.* lent. *2* curt, espès, aturat [persona]. *3* d'efectes retardats. *4* endarrerit [rellotge]. *5* avorrit, poc interessant. ■ *6* -**ly** *adv.* lentament, a poc a poc.

slow (to) (slou) *t.* fer anar a poc a poc, alentir. ■ *2 i.* anar a poc a poc, alentir-se *p.*

slowness ('slounis) *s.* lentitud. *2* calma, poca activitat.

slow-witted ('slou'witid) *a.* curt de gambals, totxo.

slug (slʌg) *s.* ZOOL. llimac *m.* *2* ARTILL. bala *f.* irregular.

slug (to) (slʌg) *t.* pegar, atonyinar. ■ *2 i.* caminar amb pas segur.

sluggish ('slʌgiʃ) *a.* lent; inactiu; encalmat. ■ *2* -**ly**, *adv.* lentament, amb calma.

slum (slʌm) *s.* barri *m.* pobre, suburbi *m.*

slumber ('slʌmbər) *s.* liter. son *m.*

slumber (to) ('slʌmbər) *i.* liter. dormir tranquil·lament.

slump (slʌm) *s.* davallada *f.* econòmica.

slump (to) (slʌmp) *i.* ensorrar-se *p.;* deixar-se *p.* caure; desplomar-se *p.*

slung (slʌŋ) Veure SLING (TO).

slunk (slʌŋk) Veure SLINK (TO).

slur (slə:ʳ) *s.* reprotxe *m.* 2 fig. taca *f.* màcula *f.* 3 MÚS. lligat *m.*

slur (to) (slə:ʳ) *t.* barrejar. *2 to ~ over,* passar per alt, deixar de banda.

slush ('slʌʃ) *s.* fangueig *m.* 2 sentimentalisme *m.* barat.

slushy ('slʌʃi) *a.* enfangat. 2 sentimentaloide, cursi.

sly (slai) *a.* arterós; sagaç; murri. 2 furtiu, dissimulat. 3 maliciós, entremaliat.

slyness ('slainis) *s.* astúcia *f.;* sagacitat *f.;* murrieria *f.* 2 dissimulació *f.* 3 malícia *f.*

smack (smæk) *s.* plantofada *f.,* cop *m.* de mà. 2 petó *m.* sorollós. 3 MAR. balandre *m.* de pesca.

smack (to) (smæk) *i.* bofetejar. *2 to ~ of,* tenir regust de [també fig.], suggerir.

small (smɔ:l) *a.* petit, (VAL.) xicotet. 2 baix [persona]. 3 poc important [detall].

smallness ('smɔ:lnis) *s.* petitesa *f.*

smallpox ('smɔ:lpɔks) *s.* MED. verola *f.*

smart (smɑ:t) *a.* elegant, selecte, refinat. 2 llest, brillant, eixerit. 3 lleuger, ràpid. ‖ *a ~ pace,* pas lleuger, bon pas. 4 dur, sever. ▪ *5 s.* coïssor *f.,* picor *f.* 6 fig. mal *m.,* dolor *m.*

smart (to) (smɑ:t) *i.* coure, picar. 2 fig. fer mal.

smash (smæʃ) *s.* trencadissa *f.* 2 cop *m.,* topada *f.* 3 hecatombe *f.* 4 bancarrota *f.* 5 *a ~ hit,* èxit *m.* fulminant [en música, etc.].

smash (to) (smæʃ) *t.-i.* trencar(se, destrossar(se; fer(se miques. 2 *t.* copejar amb força. 3 fer fallida.

smashing ('smæʃiŋ) *a.* colloq. formidable, fabulós.

smattering (smætəriŋ) *s. a ~ of,* coneixement *m.* superficial, nocions *m. pl.*

smear (smiəʳ) *s.* llàntia *f.,* taca *f.*

smear (to) (smiəʳ) *t.* enllardar, tacar, empastifar. 2 fig. calumniar.

smell (smel) *s.* olfacte *m.* 2 olor *f.*

smell (to) (smel) *t.* sentir olor de, flairar. 2 ensumar, olorar. ▪ *3 i.* fer olor de. 4 fer pudor. ▲ Pret. i p. p.: *smelt* (smelt).

smelt (to) (smelt) *t.* fondre, extreure per fusió [metalls]. 2 Pret. i p. p. de SMELL (TO).

smile (smail) *s.* somriure *m.,* mitja rialla *f.,* rialleta *f.*

smile (to) (smail) *i.* somriure, fer mitja rialla.

smirk (to) (smə:k) *i.* somriure afectadament.

smite (to) (smait) *t.* liter. colpejar. 2 fig.

vèncer, esclafar. ▪ *3 i.* donar cops. ▲ Pret.: *smote* (smout); p. p.: *smitten* ('smitn).

smith (smiθ) *s.* forjador; ferrer.

smithy ('smiði) *s.* forja *f.,* ferreria *f.*

smitten (smitn) Veure SMITE (TO).

smog (smɔg) *s.* boira *f.* amb fum *m.*

smoke (smouk) *s.* fum *m.* 2 xemeneia *f.* alta. ‖ *to have a ~,* fumar, fer una cigarreta.

smoke (to) (smouk) *t.* fumar. 2 fumigar. ▪ *3 i.* fumar. 4 fer fum; fumejar.

smokescreen ('smoukskri:n) *s.* cortina *f.* de fum. 2 fig. excusa *f.*

smokestack ('smoukstæk) *s.* xemeneia *f.*

smoking ('smoukiŋ) *a.* fumejant. ▪ *2 s.* el fumar. *m.* ‖ *no ~,* no fumeu.

smoky ('smouki) *a.* ple de fum. 2 fumejant. 3 fumat.

smooth (smu:ð) *a.* llis, fi, suau. 2 fi, sense grumolls [líquid]. 3 agradable, afable. ▪ *4 -ly adv.* suaument.

smooth (to) (smu:ð) *t.* allisar. 2 assuaujar, facilitar [situacions]. ▪ *3 i.* calmar-se *p.*

smote (smout) Veure SMITE (TO).

smother ('smʌðəʳ) *s.* polseguera *f.,* núvol *m.* de pols.

smother (to) ('smʌðəʳ) *t.* ofegar; asfixiar, sufocar.

smug (smʌg) *a.* presumit; pretensiós. ▪ *2 -ly adv.* pretensiosament.

smuggle (to) ('smʌgl) *t.* passar de contraban, fer contraban de.

smut (smʌt) *s.* taca *f.;* mascara *f.* 2 colloq. obscenitat *f.*

smut (to) (smʌt) *t.* tacar, emmascarar, embrutar.

snack (snæk) *s.* mos *m.;* queixalada *f.;* menjar *m.* lleuger.

snag (snæg) *s.* entrebanc *m.;* obstacle *m.* 2 colloq. dificultat *f.*

snake (sneik) *s.* serp *f.* ‖ *to see ~s,* veure visions.

snake (to) (sneik) *i.* serpentejar, zigzaguejar.

snail (sneil) *s.* ZOOL. cargol *m.*

snap (snæp) *s.* petament *m.,* clec *m.* 2 mossegada *f.,* dentellada *f.* 3 *cold ~,* onada *f.* de fred curta. 4 colloq. energia *f.,* vigor *m.* ▪ *5 a.* improvisat, sobtat.

snap (to) (snæp) *t.* mossegar, clavar queixalada. 2 trencar, petar. 3 obrir de cop, tancar de cop. 4 escridassar. 5 fer petar [els dits, etc.]. ▪ *6 i.* trencar-se *p.,* petar-se *p.* 7 fer clec, petar.

snapshot ('snæpʃɔt) *s.* FOT. instantània *f.*

snare (snɛəʳ) *s.* parany *m.,* llaç *m.* 2 fig. parany *m.;* temptació *m.*

snare (to) (snɛəʳ) *t.* fer caure a la trampa [també fig.].

snarl (snɑ:l) *s.* embolic *m.*, confusió *f.* 2 grunyit *m.*, gruny *m.*

snarl (to) (snɑ:l) *i.* ensenyar les dents, grunyir [animals]. 2 grunyir [persones]. 3 *t.-i.* embolicar(se, complicar(se.

snatch (snætʃ) *s.* engrapada *f.*, arpada *f.* 2 fragment *m.* 3 estona *f.*

snatch (to) (snætʃ) *t.* engrapar, arrabassar; prendre. 2 aprofitar [l'ocasió].

sneak (sni:k) *s.* traïdor, covard. 2 delator, espieta.

sneak (to) (sni:k) *i.* actuar furtivament. ■ 2 *t.* robar.

sneer (sniəʳ) *s.* somriure *m.* burleta.

sneer (to) (sniəʳ) *i.* burlar-se *p.* de, fer escarni de; fer un somriure burleta.

sneeze (sni:z) *s.* esternut *m.*

sneeze (to) (sni:z) *i.* esternudar.

sniff (snif) *s.* ensumada *f.*; inhalació *f.*

sniff (to) (snif) *t.* inhalar, ensumar. 2 *to ~ at,* menystenir, no tenir en consideració [una oferta, etc.]. 3 empassar-se *p.* pel nas. ■ 4 *i.* ensumar els mocs.

snip (snip) *s.* estisorada *f.*, tall *m.* 2 retall *m.* 3 ganga *f.*

snip (to) (snip) *t.* tallar, retallar. ■ 2 *i.* fer retalls.

snivel (to) ('snivl) *i.* ploriquejar, queixar-se *p.*, fer el ploricó.

snob (snɔb) *s.* esnob.

snobbery ('snɔbəri) *s.* esnobisme *m.*

snooze (snu:z) *s.* becaina *f.*, dormideta *f.*

snooze (to) (snu:z) *i.* fer una dormideta.

snore (to) (snɔ:ʳ) *i.* roncar.

snort (to) (snɔ:t) *i.* esbufegar, brufolar. ■ 2 *t.* dir esbufegant.

snout (snaut) *s.* musell *m.*, morro *m.* [d'un animal]. 2 coħoq. nàpia *f.* [d'una persona].

snow (snou) *s.* neu *f.*

snow (to) (snou) *i.* nevar.

snowdrift ('snoudrift) *s.* congesta *f.*, pila *f.* de neu.

snowfall ('snoufɔ:l) *s.* nevada *f.*

snowflake ('snoufleik) *s.* floc *m.* de neu.

snowplough ('snouplau) *s.* llevaneu *f.*

snowstorm ('snoustɔ:m) *s.* tempesta *f.* de neu.

snub (snʌb) *s.* repulsa *f.*, desaire *m.*

snub (to) (snʌb) *t.* reprendre, renyar.

snub-nosed ('snʌb'nouzd) *a.* xato, camús.

snuff (snʌf) *s.* rapè *m.*

snuffle (to) ('snʌfl) *i.* respirar amb el nas tapat. 2 parlar amb el nas.

snug (snʌg) *a.* còmode, abrigat. 2 ajustat, cenyit.

snuggle (to) ('snʌgl) *i.* arraulir-se *p.*, acostar-se *p.*; arrupir-se *p.* ■ 2 *t.* acostar, estrènyer [algú].

so (sou) *adv.* així: *I hope ~,* així ho espero. 2 tan, tant: *~ big,* tan gran; *it's ~ hot!,* fa tanta calor! 3 doncs, per tant. ■ 4 *conj. ~ that,* per tal de, perquè, per a què. 5 *and ~ forth,* etcètera; *~ far,* fins ara, fins aquí; *~ many,* tants; *~ much,* tan; *~ to speak,* per dir-ho d'alguna manera. 6 *~ do I, ~ can I,* jo també.

soak (souk) *s.* rémull *m.*, remullada *f.*: *in ~,* en remull. 2 bebedor empedreït.

soak (to) (souk) *t.* remullar. 2 amarar. 3 *to ~ up,* absorbir. ■ 4 *i.* remullar-se *p.* 5 amarar-se *p.* 6 *to ~ through,* penetrar, calar. 7 coħoq. entrompar-se *p.*

so-and-so ('souənsou) *s.* tal: *Mr. ~,* Sr. Tal.

soap (soup) *s.* sabó *m.*

soap (to) (soup) *t.* ensabonar [també fig.].

soapdish ('soupdiʃ) *s.* sabonera *f.*

soar (to) (sɔ:ʳ, sɔəʳ) *i.* elevar-se *p.*, enlairar-se *p.* 2 apujar-se *p.* [preus].

sob (sɔb) *s.* sanglot *m.*; sospir *m.*

sob (to) (sɔb) *t.-i.* sanglotar *t.* ‖ *to ~ one's heart out,* plorar a llàgrima viva.

sober ('soubəʳ) *a.* sobri. 2 serè, calmat. 3 seriós. 4 discret [colors]. ■ 5 *-ly adv.* sòbriament; serenament.

sobriety (sou'braiəti) *s.* sobrietat *f.*, serenitat *f.*

so-called ('sou'kɔ:ld) *a.* anomenat, suposat.

sociable ('souʃəbl) *a.* sociable.

social ('souʃəl) *a.* social. ‖ *~ security,* seguretat social. 2 sociable. ■ 3 *s.* reunió *f.*, trobada *f.*

socialism ('souʃəlizəm) *s.* socialisme *m.*

society (sə'saiəti) *s.* societat *f.* 2 associació *f.* 2 companyia *f.*

sock (sɔk) *s.* mitjó *m.*, (BAL.), (VAL.) calcetí *m.* 2 cop *m.*; cop *m.* de puny.

socket ('sɔkit) *s.* forat *m.*; cavitat *f.* 2 conca *f.* [de l'ull]. 3 alvèol *m.* [de les dents]. 4 ELECT. endoll *m.*

sod (sɔd) *s.* gespa *f.* 2 pa *m.* d'herba [tros d'herba]. 3 pop. cabró *m.*

sodden ('sɔdn) *a.* amarat, xop.

sofa ('soufə) *s.* sofà *m.*

soft (sɔft) *a.* tou: *a ~ mattress,* un matalàs tou. 2 suau, fi: *~ skin,* pell fina. 3 dolç, grat. 4 dèbil, tou [de caràcter]. 4 coħoq. fàcil [treball, tasca, etc.]. ■ 5 *-ly adv.* suaument, blanament.

soften (to) ('sɔfn) *t.* ablanir, estovar, suavitzar. ■ 2 *i.* ablanir-se *p.*, estovar-se *p.*, suavitzar-se *p.*

softness ('sɔftnis) *s.* suavitat *f.* 2 blanesa *f.*, mollesa *f.* 3 dolçor *f.*, dolcesa *f.*

soil (sɔil) *s.* terra *f.*, sòl *m.*

soil (to) (sɔil) *t.* embrutar, tacar. ■ 2 *i.* embrutar-se *p.*, tacar-se *p.*

sojourn ('sɔdʒeːn) *s.* liter. sojorn *m.*, estada *f.*

sojourn (to) ('sɔdʒeːn) *i.* liter. sojornar.

solace ('sɔləs) *s.* consol *m.*, confort *m.*, reconfort *m.*

solace (to) ('sɔləs) *t.* consolar, confortar, reconfortar.

sold (sould) *Pret. y p. p.* de SELL (TO).

solder (to) ('sɔldə^r) *t.* soldar.

soldier ('souldʒə^r) *s.* soldat *m.*

sole (soul) *s.* planta *f.* [del peu]. 2 sola *f.* [d'una sabata]. 3 ICT. llenguado *m.* ▪ 4 *a.* únic. 5 exclusiu.

solemn ('sɔləm) *a.* solemne.

solemnity (sə'lemniti) *s.* solemnitat *f.*

solemnize (to) ('sɔləmnaiz) *t.* solemnitzar.

snuff (to) (snʌf) *t.* inhalar. 2 olorar, ensumar. 3 esmocar, mocar [una espelma]. ▪ 4 *i.* pop. *to ~ out,* dinyar-la.

solicit (to) (sə'lisit) *t.* solicitar. 2 induir, incitar.

solicitor (sə'lisitə^r) *s.* DRET (G.B.) advocat. 2 (EUA) representant, agent.

solicitous (sə'lisitəs) *a.* soŀlícit, ansiós.

solicitude (sə'lisitjuːd) *s.* soŀlicitud *f.* 2 preocupació *f.*

solid ('sɔlid) *a.* sòlid. 2 massís. 3 dur, ferm.

solidarity (ˌsɔli'dæriti) *s.* solidaritat *f.*

solidify (to) (sə'lidifai) *t.* solidificar. ▪ 2 *i.* solidificar-se *p.*

solidity (sə'liditi) *s.* solidesa *f.*

soliloquy (sə'liləkwi) *s.* soliloqui *m.*

solitary ('sɔlitəri) *a.* solitari. 2 sol, únic.

solitude ('sɔlitjuːd) *s.* solitud *f.*

soluble ('sɔljubl) *a.* soluble.

solution (sə'luːʃən) *s.* solució *f.*

solve (to) (sɔlv) *t.* solucionar.

sombre, (EUA) **somber** ('sɔmbə^r) *a.* obscur, ombrívol, fosc.

some (sʌm, səm) *a.* algun, alguns, (BAL.) qualque, qualques. 2 un, uns: *~ years ago,* fa uns anys. 3 una mica de, un xic de: *I'll have ~ tea,* prendré te; *pass me ~ butter,* passa'm una mica de mantega. ▪ 4 *pron.* alguns, uns: *~ came to the party,* alguns van venir a la festa. 5 en: *do you want ~?,* què en vols? ▪ 6 *adv.* més o menys, aproximadament. 8 coŀloq. (EUA) una mica, un xic.

somebody ('sʌmbədi) *pron.* algú, (BAL.) qualcú: *~ else,* algú altre.

somehow ('sʌmhau) *adv.* d'alguna manera, d'una manera o altra. 2 per algun motiu: *I like that place ~,* no sé per què però m'agrada aquell lloc.

someone ('sʌmwʌn) *pron.* Veure SOMEBODY.

somersault ('sʌməsɔːlt) *s.* tombarella *f.*, giravolt *m.*, (ROSS.) retorn *m.*

something ('sʌmθiŋ) *s.-pron.* alguna cosa,

quelcom, (BAL.) qualque cosa; *I need ~ to eat,* haig de menjar alguna cosa; *I think he's an engineer or ~,* crec que és enginyer o alguna cosa així. ▪ 2 *adv.* ~ *like,* com; més o menys, alguna cosa com.

sometime ('sʌmtaim) *adv.* algún dia, alguna vegada.

sometimes ('sʌmtaimz) *adv.* a vegades, algunes vegades.

somewhat ('sʌmwɔt) *adv.* una mica, un xic. 2 ~ *of,* alguna cosa, una mica.

somewhere ('sʌmweə^r) *adv.* en algún lloc.

son (sʌn) *s.* fill *m.*

song (sɔŋ) *s.* cant *m.* [acció de cantar]. 2 MÚS., LIT. cançó *f.*, cant *m.*

songbook (ˌsɔŋ'buk) *s.* cançoner *m.*

son-in-law ('sʌninlɔː) *s.* gendre *m.*, fill *m.* polític.

sonnet ('sɔnit) *s.* LIT. sonet *m.*

sonorous (sə'nɔːrəs) *a.* sonor.

soon (suːn) *adv.* aviat, (BAL.) prest, (VAL.) prompte. ‖ *as ~ as,* tan aviat com. ‖ ~ *after,* poc després.

sooner (suːnə^r) *adv. compar.* de SOON: més aviat: ~ *or later,* tard o d'hora.

soot (sut) *s.* sutge *m.*, sutja *f.*, estalzí *m.*

soothe (to) (suːð) *t.* alleujar, calmar, apaivagar.

soothsayer ('suːθˌseiə^r) *s.* endeví.

sophism ('sɔfizəm) *s.* sofisma *m.*

sophisticated (sə'fistikeitid) *a.* sofisticat, refinat, selecte.

soporific (ˌsɔpə'rifik) *a.* soporífer, soporífic. ▪ 2 *s.* soporífer *m.*, soporífic *m.*

soprano (sə'prɑːnou) *s.* MÚS. soprano.

sorcerer ('sɔːsərə^r) *s.* bruixot *m.*

sorcery ('sɔːsəri) *s.* bruixeria *f.*

sordid ('sɔːdid) *a.* sòrdid.

sore (sɔː^r, sɔə^r) *a.* adolorit, inflamat; *to have a ~ throat,* tenir mal de coll. 2 afligit, entristit. 3 fig. dolorós. 4 ofès. ▪ 5 *s.* úlcera *f.*, nafra *f.* 6 fig. pena *f.* ▪ 7 *-ly adv.* molt; profundament.

sorrow ('sɔrou) *s.* pena *f.*, dolor *m.*, pesar *m.*

sorrow (to) ('sɔrou) *i.* afligir-se *p.*, passar pena.

sorry ('sɔri) *a.* afligit, trist. ‖ *I'm ~,* ho sento. ‖ ~!, perdoni! 2 penedit: *aren't you ~ about what you said!,* no et sap greu el que has dit! 3 *to be o feel ~ for somebody,* sentir llàstima o pena per algú, compadir-se d'algú. 4 llastimós, penós.

sort (sɔːt) *s.* mena *f.*, espècie *f.* ‖ *a ~ of,* una mena de. 2 manera. 3 *out of ~s,* empiocat.

sort (to) (sɔːt) *t.* coŀloq. *to ~ (out),* ordenar, classificar; triar. 2 coŀloq. *to ~ (out)* solucionar, aclarir.

so-so ('sousou) *a.-adv.* regular. *2 adv.* així així.

sough (to) (sau) *i.* murmurar, remorejar [el vent].

sought (sɔ:t) *Pret.* i *p. p.* de SEEK (TO).

soul (soul) *s.* ànima *f.*

sound (saund) *a.* sa, bo. ‖ *of ~ mind,* en el seu seny. *2* sensat, enraonat. *3* sòlid, segur. *4* fort, bo. *5* profund, intens [son]. *6* sonor: *~ film,* peŀlícula sonora; *~ wave,* onda sonora. ▪ *7 s.* so *m.* *8* GEOGR. braç *m.* de mar; ria *f.*

sound (to) (saund) *i.* sonar [també fig.]. ▪ *2 t.* tocar: *to ~ the trompet,* tocar la trompeta. *3* pronunciar, dir. *4* MAR. sondar.

sounding ('saundiŋ) *a.* sonor. ▪ *2 s.* MAR. sondeig *m.* *3* fig. sondeig *m.* [d'opinió].

soundness ('saundnis) *s.* solidesa *f.* ‖ *~ of body,* bona salut *f.* *2* seny *m.,* rectitud *f.*

soup (su:p) *s.* sopa *f.*

sour ('sauəʳ) *a.* àcid, agre. *2* ranci. *3* esquerp, adust. ‖ fig. *to turn ~,* fer-se agre, agrir-se.

sour (to) ('sauəʳ) *t.* agrir. ▪ *2 i.* agrir-se *p.*

source (sɔ:s) *s.* font *f.,* deu *f.* *2* fig. font *f.,* origen *m.*

sourness ('sauənis) *s.* acidesa *f.* *2* agror *f.* [també fig.].

south (sauθ) *s.* sud *m.,* migdia *m.,* migjorn *m.* ▪ *2 a.* del sud, meridional.

South Africa (‚sauθ'æfrikə) *n. pr.* GEOGR. Sud-Àfrica *f.*

South African (‚sauθ'æfrikən) *a.-s.* sud-africà.

South America (‚sauθə'merikə) *s.* GEOGR. Sud-Amèrica *f.*

southern ('sʌðən) *a.* del sud, meridional.

souvenir ('su:vəniəʳ) *s.* record *m.* [objecte].

sovereign ('sɔvrin) *a.* sobirà. *2* suprem, summe. ▪ *3 s.* sobirà [monarca].

Soviet ('souviet) *a.-s.* soviètic.

Soviet Union ('souviət'ju:niən) *n. pr.* GEOGR. Unió Soviètica *f.*

sow (sau) *s.* truja *f.*

sow (to) (sou) *t.-i.* sembrar *t.* ▴ *Pret.:* **sowed** (soud); *p. p.:* **sown** (soun) o **sowed.**

spa (spɑ:) *s.* balneari *m.*

space (speis) *s.* espai *m.*

space (to) (speis) *t.* espaiar.

spacious ('speiʃəs) *a.* espaiós.

spade (speid) *s.* AGR. fanga, pala. ‖ fig. *call a ~ a ~,* dir les coses pel seu nom.

Spain (spein) *n. pr.* GEOGR. Espanya *f.*

span (spæn) *s.* pam *m.* *2* espai *m.,* lapse *m.* [temps]. *3* ARQ. arcada *f.;* ulleral *m.,* ull *m.* de pont. *4* AVIA. envergadura *f.* *5* pret. de SPIN (TO).

spangle (spæŋgl) *s.* lluentó *m.*

Spaniard ('spænjəd) *s.* espanyol.

Spanish ('spæniʃ) *a.* espanyol. ▪ *2 s.* espanyol *m.,* castellà *m.* [llengua].

spank (to) (spæŋk) *t.* natjar, pegar a les natges. ▪ *2 i. to ~ (along),* córrer, galopar.

spanner ('spænəʳ) *s.* MEC. clau *m.* ‖ *shifting ~,* clau anglesa.

spar (spɑ:ʳ) *s.* perxa *f.,* pal *m.* *2* combat *m.* de demostració [boxa]. *3* fig. baralla *f.* *4* MINER. espat *m.*

spar (to) (spɑ:ʳ) *i.* fintar *t.,* fer fintes. *2* fig. barallar-se *p.*

spare (speəʳ) *a.* sobrant, sobrer; disponible; de recanvi. *2* flac, sec [persones]. *3* frugal, sobri.

spare (to) (speəʳ) *t.* estalviar, economitzar. *2* prescindir, estar-se *p.* de. *3* perdonar, fer gràcia de.

sparing ('speəriŋ) *a.* econòmic, parc, sobri. *2* escàs. ▪ *3* -ly *adv.* sòbriament, amb moderació.

spark (spɑ:k) *s.* espurna *f.,* guspira *f.* *2* fig. engruna *f.,* pèl *m.*

spark (to) (spɑ:k) *i.* espurnejar, guspirejar. *2* fig. fer esclatar.

sparking plug ('spɑ:kiŋplʌg) , **spark plug** ('spɑ:kplʌg) *s.* AUTO. bugia *f.*

sparkle (spɑ:kl) *s.* espurneig *m.,* centelleig *m.* *2* fig. vivesa *f.,* animació *f.*

sparkling ('spɑ:kliŋ) *a.* espurnejant; brillant. ‖ *~ wine,* vi escumós.

sparrow ('spærou) *s.* pardal *m.*

sparse (spɑ:s) *a.* escàs; dispers. *2* esclarissat [pèls].

spasm ('spæzəm) *s.* espasme *m.*

spat (spæt) *Pret.* i *p. p.* de SPIT (TO).

spat (to) (spæt) *t.-i.* (EUA) barallar(se. *2* donar un cop.

spatter (to) ('spætəʳ) *t.-i.* esquitxar.

speak (to) (spi:k) *i.* parlar. ‖ *to ~ out,* parlar clar, sense embuts; *to ~ to someone,* parlar amb algú. ▪ *2 t.* parlar, dir, expressar: *to ~ one's mind,* dir el que un pensa. ▴ Pret.: *spoke* (spouk); *p. p.:* *spoken* ('spoukən).

speaker ('spi:kəʳ) *s.* persona *f.* que parla. *2* orador. *3* president [d'una assemblea]. *4* ELECT. coŀloq. altaveu *m.*

spear (spiəʳ) *s.* llança *f.* *2* arpó *m.* [per pescar].

spear (to) (spiəʳ) *t.* allancejar. *2* travessar amb arpó.

special ('speʃəl) *a.* especial. ▪ *2* -ly *adv.* especialment, en especial.

specialist ('speʃəlist) *a.-s.* especialista *s.*

specialize (to) ('speʃəlaiz) *t.-i.* especialitzar(se.

species ('spi:ʃi:z) *s.* BIOL. espècie *f.* *2* classe *f.,* mena *f.* ▴ *pl.* **species.**

specific (spi'sifik) *a.* específic. ▪ *2* específic *m.* *3 pl.* detalls *m.* [fàrmac].

specify (to) ('spesifai) *t.* especificar.
specimen ('spesimin) *s.* espècimen *m.;* mostra *f.;* exemplar *m.*
specious ('spi:ʃəs) *a.* especiós, enganyós.
speck (spek) *s.* taca *f.,* partícula *f.* 2 fig. punt *m.*
speckle ('spekl) *s.* taqueta *f.*
spectacle ('spektəkl) *s.* espectacle *m.* 2 *pl.* form. ulleres *m.*
spectacular (spek'tækjulə^r) *a.* espectacular.
spectator (spek'teitə^r) *s.* espectador.
spectre, (EUA) **specter** ('spektə^r) *s.* espectre *m.*
speculate (to) ('spekjuleit) *i.* especular, teoritzar (*about,* sobre). 2 COM. especular.
sped (sped) *Pret.* i *p. p.* de SPEED (TO).
speech (spi:tʃ) *s.* parla *f.,* paraula *f.,* llenguatge *m.* 2 discurs *m.* 3 pronúncia *f.,* manera *f.* de parlar. 4 TEAT. parlament *m.*
speed (spi:d) *s.* velocitat *f.* 2 rapidesa *f.;* pressa *f.*
speed (to) (spi:d) *t.* accelerar, donar pressa a. 2 disparar [una fletxa]. ■ *3 i.* afanyar-se *p.* 4 anar de pressa. ▲ *Pret.* i *p. p.:* **sped** (sped) o **speeded** ('spi:did).
speedy ('spi:di) *a.* ràpid, veloç.
spelaeologist (ˌspi:li'ɔlədʒist) *s.* espeleòleg.
spelaeology (ˌspi:li'ɔlədʒi) *s.* espeleologia *f.*
spell (spel) *s.* encís *m.,* encant *m.* 2 fascinació *f.* 3 torn *m.,* tanda *f.* 4 període *m.,* temporada *f.*
spell (to) (spel) *t.* lletrejar, escriure's *p.: how do you ~ your name?* com s'escriu el teu nom? 2 *to ~ out,* escriure correctament; explicar en detall. 3 significar, voler dir. 4 *t.-i.* escriure bé. ▲ Pret. i p. p.: **spelled** (speld) o **spelt** (spelt).
spelling ('speliŋ) *s.* lectura *f.* lletrejada. 2 ortografia *f.*
spelt (spelt) *Pret.* i *p. p.* de SPELL (TO).
spend (to) (spend) *t.* gastar, despendre. 2 consumir, esgotar. 3 gastar, passar [el temps]. ▲ Pret. i p. p.: **spent** (spent).
spendthrift ('spendθrift) *s.* malgastador.
spent (spent) *Pret.* i *p. p.* de SPEND (TO).
spermatazoon (ˌspə:mətə'zəuən) *s.* espermatozoide *m.*
sphere (sfiə) *s.* esfera *f.* 2 globus *m.,* orbe *m.*
sphinx (sfiŋks) *s.* esfinx.
spice (spais) *s.* espècia *f.*
spice (to) (spais) *t.* assaonar.
spicy ('spaisi) *a.* assaonat amb espècies, picant [també fig.].
spider ('spaidə) *s.* aranya *f.: ~'s web,* teranyina *f.*
spike (spaik) *s.* punxa *f.,* pua *f.,* punta *f.* 2 clau *m.* [sabates]. 3 BOT. espiga *f.*
spike (to) (spaik) *t.* clavar. 2 fig. espatllar.

spill (spil) *s.* vessament *m.* 2 caiguda *f.* 3 teia *f.*
spill (to) (spil) *t.* vessar. 2 llençar, fer caure [del cavall]. ■ *3 i.* vessar-se *p.* ▲ *Pret. i p. p.:* **spilled** (spild) o **spilt** (spilt).
spilt (spilt) *Pret.* i *p. p.* de SPILL (TO).
spin (spin) *s.* gir *m.,* tomb *m.,* volta *f.* 2 tomb *m.* [en vehicle].
spin (to) (spin) *t.* fer girar. 2 filar. 3 teixir [també fig.]. ‖ fig. *to ~ a yarn,* explicar una història. ■ *4 i.* girar, donar voltes. 5 filar. ▲ Pret.: **spun** (spʌn) o **span** (spæn); p. p.: **spun** (spʌn).
spinach ('spinidʒ) *s.* espinac *m.*
spinal ('spainl) *a.* espinal: *~ column,* espina dorsal.
spindle ('spindl) *s.* fus *m.* [per filar]. 2 MEC. eix *m.*
spine (spain) *s.* ANAT. espinada *f.* 2 llom *m.* [d'un llibre]. 3 espina *f.*
spineless ('spainlis) *a.* invertebrat, sense espina. 2 fig. tou, dèbil [persona].
spinet (spi'net) *s.* MÚS. clavecí *m.*
spinner ('spinə) *s.* filador. 2 *f.* filadora [màquina].
spinning ('spiniŋ) *s.* filatura *f.,* acció *f.* de filar.
spinning mill ('spiniŋmil) *s.* filatura *f.* [fàbrica].
spinning top ('spiniŋtɔp) *s.* baldufa *f.*
spinning wheel ('spiniŋwi:l) *s.* filosa *f.*
spinster ('spinstə) *s.* soltera *f.*
spiral ('spaiərəl) *a.* espiral: *~ staircase,* escala de cargol.
spire ('spaiə) *s.* ARQ. agulla *f.*
spirit ('spirit) *s.* esperit *m.* 2 ànim *m.,* valor *m.,* vivacitat *f.,* energia *f.* ‖ *to be in high ~s,* estar molt animat; *out of ~s,* trist, abatut. 3 *pl.* esperit *m.,* alcohol *m.,* beguda *f.* alcohòlica.
spirit (to) ('spirit) *t. to ~ (up),* animar, encoratjar. 2 *to ~ away* o *off,* desaparèixer.
spirited ('spiritid) *a.* viu, coratjós, vigorós.
spiritless ('spiritles) *a.* exànime. 2 abatut, desanimat. 3 covard.
spiritual ('spiritjuəl) *a.* espiritual. ■ *2 s.* espiritual *m.* negre [cant].
spit (spit) *s.* saliva *f.* 2 ast *m.,* rostidor *m.*
spit (to) (spit) *i.* escopir. 2 plovisquejar. ■ *3 t.* escopir. ▲ Pret. i p. p.: **spat** (spæt).
spite (spait) *s.* despit *m.,* rancor *m.,* ressentiment *m.* ‖ *in ~ of,* a despit de, malgrat.
spite (to) (spait) *t.* molestar, irritar.
spiteful ('spaitful) *a.* rancorós; malèvol. ■ *2 -ly adv.* rancorosament; malèvolament.
splash (splæʃ) *s.* esquitxada *f.,* esquitx *m.,* ruixada *f.* ‖ fig. *to make a ~,* causar sensació. 2 xipolleig *m.* 3 taca *f.* [de color].

splash (to) (splæʃ) *t.* esquitxar; ruixar. ■ *2 i.* xipollejar.

spleen (spli:n) *s.* ANAT. melsa *f.* 2 bilis *f.*, mal humor *m.* 3 esplín *m.*

splendid ('splendid) *a.* esplèndid. ■ *2* -ly *adv.* esplèndidament.

splendour, (EUA) **splendor** ('splendə) *s.* esplendor *m.* 2 magnificència *f.*

splint (splint) *s.* canya *f.* [per mantenir rígid un membre trencat].

splinter ('splintə) *s.* estella *f.* [de fusta]. 2 resquill *m.* [d'ós].

splinter (to) ('splintə) *t.* estellar, esberlar. ■ *2 i.* estellar-se *p.*, esberlar-se *p.*

split (split) *s.* esquerda *f.* 2 divisió *f.*, cisma *f.* 3 POL. escissió *f.* 4 ruptura *f.*, separació *f.*

split (to) (split) *t.* separar; partir; esquerdar. 2 POL. escindir. ■ *3 i.* separar-se *p.*; partir-se *p.*; esquerdar-se *p.* ▲ Pret. i p. p.: *split* (split).

spoil (spɔil) *s.* botí *m.*, despulles *f. pl.*

spoil (to) (spɔil) *t.* espatllar, malmetre, fer malbé. 2 aviciar, malacostumar. 3 saquejar. ■ *4 i.* fer-se *p.* malbé. ▲ Pret. i p. p.: *spoiled* (spɔild) o *spoilt* (spɔilt).

spoilt (spɔilt) *Pret.* i *p. p.* de SPOIL (TO).

spoke (spouk) *pret.* de SPEAK (TO). ■ *2 s.* raig *m.* [de roda].

spoken ('spoukən) *P. p.* de SPEAK (TO).

spokesman ('spouksmən) *s.* portaveu.

sponge (spʌndʒ) *s.* esponja *f.*

sponge (to) (spʌndʒ) *t.* rentar amb esponja. 2 esborrar. 3 absorbir, xuclar. ■ *4 i.* coŀloq. gorrejar.

sponger ('spʌndʒə) *s.* coŀloq. gorrer, paràsit.

sponsor ('spɔnsə) *s.* patrocinador. 2 fiador, garant. 3 padrí *m.*, padrina *f.*

sponsor (to) ('spɔnsə) *t.* patrocinar. 2 fiar, garantir. 3 apadrinar.

spontaneous (spɔn'teinjəs) *a.* espontani. ■ *2* -ly *adv.* espontàniament.

spool (spu:l) *s.* rodet *m.*, bobina *f.*

spoon (spu:n) *s.* cullera *f.*

spoonful ('spu:nful) *s.* cullerada *f.*

sport (to) (spɔ:t) *t.* ostentar, lluir. ■ *2 i.* jugar, enjogassar-se *p.*

sport (spɔ:t) *s.* esport *m.* 2 diversió *f.*; joc *m.*; broma *f.*

sporting ('spɔ:tiŋ) *a.* esportiu. 2 honrat, lleial.

sportive ('spɔ:tiv) *a.* alegre, festiu, divertit.

sportsman ('spɔ:tsmən) *s.* esportista *m.*

sportswoman ('spɔ:tswumən) *s.* esportista *f.*

spot (spɔt) *s.* ANAT. gra *m.* 2 taca *f.*, clapa *f.* 3 pic *m.*, rodoneta *f.* [en la roba]. 4 lloc *m.* ‖ fig. *in a* ~, en un mal pas.

spot (to) (spɔt) *t.* tacar, clapejar. 2 localitzar, descobrir. ■ *3 i.* tacar-se *p.* 4 coŀloq. caure gotes.

spotless ('spɔtlis) *a.* net, immaculat.

spotlight ('spɔtlait) *s.* TEAT. focus *m.*, reflector *m.* ‖ fig. *to be in the* ~, ésser el centre d'atenció.

spouse (spauz) *s.* espòs.

spout (spaut) *s.* broc *m.*, galet *m.* [atuell]. 2 canaló *m.*, canal *f.* [per l'aigua]. 3 brollador *m.*, sortidor *m.*

spout (to) (spaut) *t.* llançar, treure [a raig]. 2 coŀloq. declamar. ■ *3 i.* rajar, brollar.

sprain (sprein) *s.* MED. torçada *f.*

sprain (to) (sprein) *t.* torçar: *to* ~ *one's ankle*, torçar-se *p.* el turmell.

sprang (spræŋ) *Pret.* de SPRING (TO).

sprawl (to) (sprɔ:l) *i.* estirar-se *p.*, ajeure's *p.* [persona]. 2 estendre's *p.*, escampar-se *p.* [coses].

spray (sprei) *s.* esprai *m.* 2 ramet *f.* [flors].

spray (to) (sprei) *t.* polvoritzar [un líquid]. 2 ruixar.

spread (spred) *s.* desplegament *m.*, desenvolupament *m.* 2 extensió *f.* 3 difusió *f.*, propaganda *f.* 4 AVIA. envergadura *f.* 5 tiberi *m.* [menjar]. ■ *6 Pret.* i *p. p.* de SPREAD (TO).

spread (to) (spred) *t.* estendre, desplegar. 2 untar, posar. 3 difondre, divulgar. ■ *4 i.* estendre's *p.*, desplegar-se *p.* 5 difondre's *p.*, divulgar-se *p.* ▲ Pret. i p. p.: *spread* (spred).

spree (spri:) *s.* gresca *f.*, diversió *f.* ‖ *a spending* ~, gastar molts diners de cop.

sprig (sprig) *s.* branquilló *m.*, ramet *m.*

sprightly ('spraitli) *a.* viu, alegre. 2 enèrgic, àgil.

spring (spriŋ) *s.* primavera *f.* 2 font *f.*: ~ *water*, aigua de font. 3 origen *m.*, començament *m.* 4 salt *m.*, bot *m.* 5 molla *f.*, ressort *m.* 6 elasticitat *f.* 7 vigor *m.*, energia *f.* 8 ARQ. arrencada *f.* [d'un arc].

spring (to) (spriŋ) *i.* saltar, botar. 2 *to* ~ (*up*), brollar, néixer. 3 provenir, sortir (*from*, de). ■ *2 t.* saltar, fer saltar. 3 deixar anar de cop (*on*, a) [sorpresa, notícia, etc.]. ▲ Pret.: *sprang* (spræŋ); p. p.: *sprung* (sprʌŋ).

springboard ('spriŋbɔ:d) *s.* trampolí *m.*, palanca *f.*

spring mattress (,spriŋ'mætrəs) *s.* matalàs *m.* de molles.

spring tide ('spriŋ'taid) *s.* marea *f.* viva.

springtime ('spriŋtaim) *s.* primavera *f.*

sprinkle (to) ('spriŋkl) *t.* esquitxar. 2 escampar. 3 ensalgar.

sprinkling ('spriŋkliŋ) *s.* esquitxada *f.* ‖ fig.

there was a ~ of young people, hi havia uns quants joves.

sprint (sprint) *s.* sprint *m.*, carrera *f.* ràpida i curta.

sprint (to) (sprint) *i.* córrer molt de pressa.

sprite (sprait) *s.* follet *m.*

sprout (spraut) *s.* brot *m.*, lluc *m.* *2 pl.* *Brussels ~s,* cols *m.* de Brusselꞁes.

sprout (to) (spraut) *i.* brotar, llucar.

spruce (spruːs) *a.* pulcre, polit, endreçat. ▪ *2 s.* BOT. avet *m.* roig.

spruce (to) (spruːs) *t.-i.* empolainar(se; mudar(se.

sprung (sprʌŋ) Veure SPRING (TO).

spun (spʌn) Veure SPIN (TO).

spur (spəːʳ) *s.* esperó *m.* *2* fig. estímul *m.* *3* GEOGR. esperó *m.*, morrot *m.*

spur (to) (spəːʳ) *t.* esperonar. *2* fig. estimular.

spurious ('spjuəriəs) *a.* espuri, fals.

spurn (to) (spəːn) *t.* rebutjar; menysprear.

spurt (spəːt) *s.* arravatament *m.*, rampell *m.* *2* raig *m.*, doll *m.*

spurt (to) (spəːt) *i.* brollar. *2* fig. esclatar.

sputter ('spʌtəʳ) *s.* fig. capellà *m.*, saliva *f.* *2* espeternec *m.*, espetec *m.* *3* barboteig *m.*, balbuteig *m.*

sputter (to) ('spʌtəʳ) *i.* fig. tirar capellans, tirar saliva. *2* espeternegar. *3 t.-i.* balbucejar, balbotejar.

sputum ('spjuːtəm) *s.* MED. esput *m.* ▲ *pl.* *sputa* ('spjːtə).

spy (spai) *s.* espia.

spy (to) (spai) *t.* espiar. *2* intentar, mirar de. ▪ *3 i.* espiar.

spyglass ('spaiglɑːs) *s.* ullera *m.* llarga vista.

spyhole ('spaihoul) *s.* espiell *m.*

squabble ('skwɔbl) *s.* batussa *f.*, brega *f.*

squabble (to) ('skwɔbl) *i.* esbatussar-se *p.*, buscar raons.

squad (skwɔd) *s.* brigada *f.*, escamot *m.*

squadron ('skwɔdrən) *s.* MAR. esquadra *f.* *2* MIL. esquadró *m.*

squalid ('skwɔlid) *a.* sòrdid; miserable; brut.

squall (skwɔːl) *s.* ràfega *f.;* gropada *f.* *2* xiscle *m.*

squall (to) (skwɔːl) *i.* cridar, xisclar.

squalor ('skɔləʳ) *s.* misèria *f.;* brutícia *f.;* sordidesa *f.*

squander (to) ('skwɔndəʳ) *t.* malgastar, malbaratar.

square (skwɛəʳ) *s.* GEOM. quadrat *m.* *2* MAT. quadrat *m.* *3* JOC casa *f.*, casella *f.* *4* DIB. escaire *m.* *5* plaça *f.* [urbanisme]. *6* carca, reaccionari. ▪ *7 a.* quadrat. *8* robust, fort. *9* exacte; ordenat, ben posat. *10* just, honrat, recte. *11* saldat; empatat.

square (to) (skwɛəʳ) *t.* quadrar; fer quadrar.

2 quadricular. *3* ESPORT empatar. *4* COM. quadrar. ▪ *5 i.* quadrar, ajustar-se *p.*, adir-se *p.* *2* posar-se *p.* a la defensiva.

squash (skɔʃ) *s.* suc *m.* [de fruita]. *2* aixafamenta *f.* *3* munió *f.* *4* BOT. carabassa *f.* *5* ESPORT squash *m.*

squash (to) (skɔʃ) *t.-i.* aixafar(se, esclafar(se.

squat (skwɔ) *a.* ajupit. ▪ *2 s.* edifici *m.* ocupat.

squat (to) (skwɔt) *i.* ajupir-se *p.*, arraulir-se *p.* *2* instal·lar-se *p.* en una propietat buida.

squawk (skwɔːk) *s.* xiscle *m.;* queixa *f.*

squawk (to) (skwɔːk) *i.* xisclar, queixar-se *p.*

squeak (skiːk) *s.* xiscle *m.*, xisclet *m.*, xerric *m.*

squeak (to) (skiːk) *i.* xisclar; xerricar.

squeal (skiːl) *s.* xiscle *m.*, esgarip *m.*

squeal (to) (skiːl) *i.* xisclar, fer esgarips.

squeamish ('skwiːmiʃ) *a.* propens a la nàusea. *2* recelós, aprensiu.

squeeze (skwiːz) *s.* espremuda *f.* *2* encaixada *f.* [de mans]. *3* pressió *f.*, compressió *f.* *4* atapeïment *m.*

squeeze (to) (skwiːz) *t.* pressionar, comprimir. *2* prémer, premsar; exprémer [també fig.].

squelch (skweltʃ) *s.* xipolleig *m.* *2* aixafamenta *f.*

squelch (to) (skweltʃ) *t.* esclafar. ▪ *2 i.* xipollejar.

squid (skwit) *s.* calamars *m.*

squint (skwint) *s.* MED. estrabisme *m.* *2* cop *m.* d'ull, llambregada *f.;* mirada *f.* de cua d'ull.

squint (to) (skwint) *i.* ser estràbic, mirar guenyo. *2* mirar de reüll. *3* llambregar, donar un cop d'ull.

squint-eyed ('skwint'aid) *a.* guenyo, estràbic.

squire ('skwaiəʳ) *s.* escuder *m.* *2* (G.B.) terratinent *m.;* amo *m.*

squirm (to) (skwəːm) *i.* caragolar-se *p.*, torçar-se *p.* recaragolar-se *p.*

squirrel ('skwirəl) *s.* esquirol *m.*

squirt (skwəːt) *s.* raig *m.*, doll *m.*, ruixada *m.* *2* milhomes *m.*

squirt (to) (skwəːt) *t.* llançar a raig, rajar. *2* xeringar. *3* ruixar.

stab (stæb) *s.* punyalada *f.*, ganivetada *f.* *2* coꞁloq. intent *m.*

stab (to) (stæb) *t.* apunyalar. ▪ *2 i.* clavar una ganivetada. *3* intentar apunyalar.

stability (stə'biliti) *s.* estabilitat *f.*

stable ('steibl) *a.* estable. ▪ *2 s.* estable *m.*, cort *f.*

stable (to) ('steibl) *t.* posar en un estable. ▪ *2 i.* ser en un estable.

stack (stæk) *s.* AGR. garbera *f.* 2 pila *m.;* munt *m.* 3 *chimney* ~, canó *m.* de xemeneia. 4 pavelló *m.* de fusells. 5 coŀloq. pila *f.;* munt *m.*, gran quantitat *f.* ‖ ~*s of money,* pela llarga. 6 conjunt *m.* d'altaveus.

stack (to) (stæk) *t.* apilar, amuntegar. 2 JOC trucar.

stadium ('steidjəm) *s.* ESPORT estadi *m.*

staff (stɑːf) *s.* bastó *m.*, palm *m.;* vara *f.*, gaiato *m.* 2 asta *f.*, pal *m.* 3 fig. suport *m.*, sustentació *f.* 4 MÚS. pentagrama *m.* 5 personal *m.*, plantilla *f.* 6 MIL. estat *m.* major.

staff (to) (stɑːf) *t.* proveir de personal. 2 treballar per.

stag (stæg) *s.* cérvol *m.* 2 fig. ~ *party,* comiat *m.* de solter [només per homes].

stage (steidʒ) *s.* estrada *f.*, empostissat *m.*, plataforma *f.* 2 bastida *f.* 3 escenari *m.;* escena *f.* 4 professió *m.* teatral. 5 platina *f.* [d'un microscopi]. 6 parada *f.;* etapa *f.* [en una ruta]. 7 grau *m.;* nivell *m.*, període *m.*

stage (to) (steidʒ) *t.* posar en escena.

stagecoach ('steidʒkoutʃ) *s.* diligència *f.* [carruatge].

stagger (to) ('stægəʳ) *i.* fer tentines, tentinejar. 2 dubtar, vaciŀlar. ■ 3 *t.* confondre, sorprendre, fer vaciŀlar.

staging ('steidʒiŋ) *s.* bastida *f.* 2 posada *f.* en escena.

stagnant ('stægnənt) *a.* estancat, aturat. 2 inactiu.

stagnate (to) ('stægneit) *i.* estancar(se, paralitzar(se [també fig.].

staid (steid) *a.* assenyat, formal, seriós.

stain (stein) *s.* taca *f.* 2 descoloriment *m.* 3 tint *m.* 4 fig. màcula *f.*

stain (to) (stein) *t.-i.* tacar(se, descolorir(se, tenyir(se.

stained glass ('steind'glɑːs) *s.* vidre *m.* de color. ‖ ~ *window,* vitrall *m.*, vidriera *f.* de colors.

stainless ('steinlis) *a.* net, sense taca. ‖ ~ *steel,* acer inoxidable.

stair (stɛəʳ) *s.* esglaó *m.*, (BAL.), (VAL.) escaló *m.* 2 escala *f.* 3 ~*s,* escala. ‖ *downstairs,* el pis de sota; *upstairs,* el pis de sobre.

staircase ('stɛəkeis) *s.* escala *f.*

stake (steik) *s.* estaca *f.*, pal *m.;* puntal *m.* 2 JOC aposta *f.*, posta *f.* 3 foguera *f.;* martiri *m.* 4 premi *m.* [en una cursa]. 5 COM. interès *m.*

stake (to) (steik) *t.* tancar amb estaques. 2 apuntalar. 3 JOC apostar, jugar. 4 COM. invertir. 5 COM recolzar econòmicament.

stalactite ('stæləktait) *s.* estalactita *f.*

stalagmite ('stæləgmait) *s.* estalagmita *f.*

stale (steil) *a.* ranci, passat, sec, dur [menjar]. 2 fig. gastat, vell, suat [un argument, etc.]. ‖ ~ *smell,* pudor de resclosit.

stalk (stɔːk) *s.* BOT. tija *f.*, cama *f.*, tronxo *m.* 2 caminar *m.* majestuós.

stalk (to) (stɔːk) *i.* caminar majestuosament. 2 espiar, sotjar. ■ 3 *t.* espiar, sotjar, perseguir.

stall (stɔːl) *s.* estable *m.* 2 cadira *f.* del cor [en una església]. 3 parada *f.* [de mercat o fira]. 4 TEAT. butaca *f.* de platea.

stall (to) (stɔːl) *t.* tancar a l'estable. 2 aturar, embussar, ofegar [un motor]. 3 embolicar, entretenir [un afer] *p.* ■ 4 *i.* aturar-se *p.* embussar-se *p.;* ofegar-se *p.* [un motor]. 5 fig. no anar al gra, entretenir-se *p.*

stallion ('stæljən) *s.* cavall *m.* semental.

stalwart ('stɔːlwət) *a.* fornit, robust. 2 valent. 3 lleial. ■ 4 *s.* persona *f.* fornida, robusta. 5 persona *f.* valenta. 6 persona *f.* lleial.

stammer ('stæməʳ) *s.* quequeig *m.* 2 balbuceig *m.*

stammer (to) ('stæməʳ) *i.* quequejar. 2 balbucejar.

stamp (stæmp) *s.* segell *m.* 2 marca *f.*, empremta *f.* 3 tampó *m.* 4 cop *m.* de peu.

stamp (to) (stæmp) *t.* estampar, imprimir. 2 segellar. 3 marcar, timbrar. 4 posar segells. ■ 5 *t.-i.* picar de peus, donar cops amb el peu.

stampede (stæm'piːd) *s.* fugida *f.*, desbandada *f.*

stanch (stɑːntʃ) *a.* Veure STAUNCH (TO).

stand (stænd) *s.* posició *f.*, lloc *m.* 2 plataforma *f.;* tribuna *f.* 3 resistència *f.*, oposició *f.* 4 parada *f.*, estació *f.* 5 TEAT. funció *f.*, representació *f.* 6 peu *m.*, suport *m.* 7 MÚS. faristol *m.* 8 penjador *m.* 9 parada *f.* [de mercat o fira].

stand (to) (stænd) *i.* estar dret, estar dempeus, aixecar-se *p.:* ~ *up!,* aixeca't! 2 mesurar d'alçada. 3 mantenir una posició o punt de vista. 4 ser, estar situat. 5 quedarse *p.*, romandre *p.* 6 durar; ser vàlid; estar en vigor. 7 ser [situacions temporals]. ■ 8 *t.* suportar, tolerar, resistir, aguantar: *I can't* ~ *him!,* no l'aguanto! 9 posar, coŀlocar. 10 pagar, sufragar, fer-se *p.* càrrec de [despeses]. 11 aixecar, posar dret. 12 complir [un deure]. 13 *to* ~ *a chance,* tenir una oportunitat. ■ *to* ~ *by,* ser lleial, romandre fidel; *to* ~ *for,* simbolitzar, representar; *to* ~ *on,* descansar damunt de; dependre de; insistir. ‖ *to* ~ *on ceremonies,* fer compliments; *to* ~ *out,* destacar, sobresortir; *it* ~*s to reason,* és raonable. ▲ Pret. i p. p. *stood* (stud).

standard ('stændəd) *s.* bandera *f.*, estendard *m.* 2 norma *f.*, nivell *m.; ~ of living,* nivell de vida. *3* patró *m.*, model *m.; criteri m. 4* suport *m.* vertical, peu *m.* ■ *5 a.* model; estàndard; establert; oficial. *6* corrent, normal.

standard bearer ('stændəd‚beərə^r) *s.* banderer. 2 líder, capdavanter.

standardize (to) ('stændədaiz) *t.* estandarditzar, normalitzar.

standing ('stændiŋ) *a.* dempeus, dret. *2* AGR. encara no segat. *3* estancat. *4* permanent; constant. ■ *5 s.* categoria *f. 6* situació *f.*, posició *f.;* reputació *f. 7* durada *f.;* existència.

standpoint ('stændpɔint) *s.* punt *m.* de vista.

standstill ('stændstil) *s.* aturada *f.*, cul *m.* de sac.

stank (stæŋk) *pret.* de STINK (TO).

staple ('steipl) *s.* grapa *f.;* pinça *f.* 2 producte *m.* principal [d'un país]. *3* matèria *f.* primera. *4* tema *m.* principal.

staple (to) ('steipl) *t.* grapar, posar grapes.

star (stɑː^r) *s.* ASTR. estrella *f.*, (VAL.) estrela *f.* 2 asterisc *m. 3* placa *f.*, insignia *f. 4* CINEM. estrella *f.*

star (to) (stɑː^r) *t.* adornar amb estrelles. *2* marcar amb un asterisc. *3* TEAT., CINEM., fer sortir com a estrella, presentar com a estrella. ■ *4 i.* protagonitzar.

starboard ('stɑːbəd) *s.* MAR. estribord *m.*

starch (stɑːtʃ) *s.* midó *m.*, fècula *f.*

starch (to) (stɑːtʃ) *t.* emmidonar.

stare (stɛə^r) *s.* mirada *f.* fixa.

stare (to) (stɛə^r) *t.-i.* mirar fixament; clavar la vista.

starfish ('stɑːfiʃ) *s.* estrella *f.* de mar.

stark (stɑːk) *a.* rígid. 2 decidit, determinat. *3* pur, complet. *4* despullat [d'adorns]. ■ *5 adv.* completament. ‖ *~ raving mad,* boig com una cabra.

starry ('stɑːri) *a.* estrellat, estelat.

start (stɑːt) *s.* ensurt *m.*, espant *m.* 2 començament *m.;* principi *m. 3* arrencada *f.*, sortida. ‖ *for a ~,* per començar. *4* avantatge *m.*

start (to) (stɑːt) *i.* començar. ‖ *to ~ with,* per començar. 2 fer un bot [de sorpresa, etc.], sobresaltar-se *p. 3* sortir amb força. ■ *4 t.* començar, emprendre. *5* engegar, posar en marxa. *6* fer sortir de l'amagatall.

starter ('stɑːtə^r) *s.* ESPORT jutge de sortida. *2* ESPORT participant [en una cursa]. *3* iniciador, promotor. *4* primer plat *m. 5* AUTO. starter *m.*

starting point ('stɑːtiŋpɔint) *s.* lloc *m.* de sortida, punt *m.* de partida.

startle (to) (stɑːtl) *t.-i.* englaiar(se, espantar(se; sorprendre(s.

starvation (stɑːˈveiʃən) *s.* fam *f.*, inanició *f.*

starve (to) (stɑːv) *i.* passar gana. 2 morir de fam. ■ *3 t.* fer passar gana. *4* fer morir de fam. ■

state (steit) *s.* estat. ‖ *~ policy,* policia estatal. *2* pompa *f.*, ostentació *f.*

state (to) (steit) *t.* expressar. 2 exposar, plantejar.

stateliness ('steitlinis) *s.* majestuositat *f.*

stately ('steitli) *a.* majestuós; impressionant.

statement ('steitmənt) *s.* afirmació *f.*, declaració *f.* 2 exposició *f.*, relació *f. 3* COM. estat *m.* de comptes.

statesman ('steitsmən) *s.* home *m.* d'estat, estadista.

static ('stætik) *a.* estàtic.

station ('steiʃən) *s.* estació *f.* [de tren, autobús, etc.]. ‖ *broadcasting ~,* emissora *f.* de ràdio; *police ~,* comissaria *f.* de policia. *2* posició *f.*, situació *f. 3* base *f.* militar.

station (to) ('steiʃən) *t.* estacionar, situar.

stationary ('steiʃnəri) *a.* estacionari, fix.

stationery ('steiʃnəri) *s.* papereria *f.* 2 material *f.* d'oficina.

statistics (stəˈtistiks) *s.* estadística *f.*

statuary ('stætjuəri) *a.* estatuari *m.* ■ *2 s.* estatuària *f.*, estàtues *f. pl.*

statue ('stætjuː) *s.* estàtua *f.*

stature ('stætʃə^r) *s.* estatura *f.*, talla *f.*

status ('steitəs) *s.* status *m.*, estat *m.* [legal, social, professional].

statute ('stætjuːt) *s.* estatut *m.*

staunch (stɔːntʃ) *a.* lleial, constant, ferm.

staunch (to) (stɔːntʃ) *t.* estroncar, aturar.

stave (steiv) *s.* doga *f.* [d'una bóta]. 2 MÚS. pentagrama *m. 3* LIT. estrofa *f.*

stave (to) (steiv) *t.-i. to ~ in,* foradar(se, trencar(se. 2 *t.* ajornar, diferir. ▲ Pret. i p. p.: *staved* (steivd) o *stove* (stouv).

stay (stei) *s.* estada *f.*, visita *f.* 2 sosteniment *m.*, soport *m. 3* estai *m. 4* DRET ajornament *m. 5 pl.* cotilla *f.*

stay (to) (stei) *i.* romandre, quedar-se *p.* ‖ *~ a little,* espera una mica; *to ~ in,* quedar-se *p.* a casa. 2 viure, allotjar-se *p.*, estar-se *p. 3* resistir, aguantar. ■ *4 t.* diferir, ajornar. *5* resistir, aguantar. *6* detenir, aturar. *7* soportar, sostenir.

stead (sted) *s. in her ~,* al seu lloc; en el lloc d'ella.

steadfast ('stedfəst) *a.* ferm, tenaç.

steadiness ('stedinis) *s.* fermesa *f.*, estabilitat *f.*

steady ('stedi) *a.* ferm, estable, fix. 2 regular, constant. *3* coHoq. xicot *m.*, xicota *f.*

steady (to) ('stedi) *t.-i.* agafar(se, aguantar(se, afermar(se. 2 regularitzar(se.

steak (steik) *s.* bistec *m.*

steal (to) (sti:l) *t.-i.* robar *t.*, furtar *t.*, prendre *t.* 2 *i.* moure's *p.* sigilosament, fer d'amagat. ‖ *to ~ away*, esmunyir-se *p.*, escapolir-se *p.* ▲ Pret.: *stole* (stoul); p.p.: *stolen* ('stoulən).

stealth (stelθ) *s.* *by ~*, furtivament, d'amagat, secretament.

stealthy ('stelθi) *a.* furtiu, secret.

steam (sti:m) *s.* vapor *m.* 2 baf *m.* 3 colloq. força *f.*, energia *f.*

steam (to) (sti:m) *i.* fumejar [menjar calent, etc.]. 2 evaporar-se *p.* 3 funcionar a vapor. ■ 4 *t.* coure al vapor. 5 entelar.

steamboat ('sti:mbout) , **steamer** ('sti:məʳ), **steamship** ('sti:mʃip) *s.* NÀUT. vapor *m.*, vaixell *m.* de vapor.

steam engine ('sti:m,endʒin) *s.* màquina *f.* de vapor.

steed (sti:d) *s.* liter. corser *m.*

steel (sti:l) *s.* acer *m.* ‖ *stainless ~*, acer *m.* inoxidable.

steel (to) (sti:l) *t.* endurir.

steep (sti:p) *a.* costerut, pendent, espadat. 2 colloq. excessiu, desmesurat.

steep (to) (sti:p) *t.-i.* mullar(se, xopar(se, remullar(se.

steeple ('sti:pl) *s.* campanar *m.*

steepness ('sti:pnis) *s.* escarpament *m.;* declivi *m.*

steer (stiəʳ) *s.* jònec *m.*

steer (to) (stiəʳ) *t.* conduir, guiar [un vehicle]. ■ 2 *i.* conduir.

steering gear ('stiəriŋ,giəʳ) *s.* mecanisme *m.* de direcció.

steering wheel ('stiəriŋwi:l) *s.* AUTO. volant *m.*

stem (stem) *s.* BOT. tija *f.;* tronc *m.* 2 peu *m.;* canya *f.* 3 LING. arrel *f.* 4 NÀUT. tallamar *m.*

stem (to) (stem) *t.* contenir, aturar [un líquid, un corrent]. 2 obrir-se *p.* pas.

stench (stentʃ) *s.* pudor *f.*, tuf *m.*

stenography (ste'nɔgrəfi) *s.* taquigrafia *f.*

step (step) *s.* passa *f.*, pas *m.* [també fig.]: *~ by ~*, pas per pas, gradualment. 2 *(foot) ~*, petja *f.*, petjada *f.* 3 esglaó *m.: ~ ladder*, escala *f.* plegable. 4 grau *m.*, nivell *m.*

step (to) (step) *i.* caminar, anar. 2 fer un pas. 3 colloq. apressar-se *p.* ■ 4 *t.* trepitjar, caminar [per damunt de]. ■ *to ~ aside*, fer-se a un costat [també fig.]; fig. *to ~ down*, plegar, retirar-se; *to ~ in*, intervenir, prendre part; *to ~ out*, apressar el pas, anar de pressa.

stepfather ('step,fɑːðəʳ) *s.* padrastre *m.*

stepmother ('step,mʌðəʳ) *s.* madrastra *f.*

sterile ('sterail) *a.* estèril.

sterling ('stə:liŋ) *a.* pur, veritable [metall].

‖ *~ silver,* plata de llei. 2 esterlí: *~ pound*, lliura esterlina.

stern (stə:n) *a.* dur, rigorós, sever, estricte. ■ 2 *s.* NÀUT. popa *f.*

sternness ('stə:nnis) *s.* severitat *f.*, rigor *m.*, austeritat *f.*

sternum ('stə:nnəm) *s.* ANAT. estèrnum *m.*

stevedore ('sti:vidɔːʳ) *s.* estibador *m.*

stew (stju:) *s.* estofat *m.*, guisat *m.* ‖ *to be in a ~*, estar en un embolic.

stew (to) (stju:) *t.* estofar, guisar. ■ 2 *i.* guisar-se *p.*, coure's *p.*

steward (stjuəd) *s.* majordom *m.* 2 administrador *m.* [d'una finca]. 3 cambrer *m.*

stewardess ('stjuədis) *s.* hostessa *f.* [d'avió]; cambrera *f.*

stewed (stju:d) *a.* estofat, cuit.

stew-pan ('stju:pæn) , **stew-pot** (-pɔt) *s.* cassola *f.*, olla *f.*

stick (stik) *s.* branquilló *m.* 2 pal *m.;* bastó *m.* 3 barreta *f.* [de guix, de pintallavis, de carbó]. 4 talòs, estaquirot.

stick (to) (stik) *t.-i.* clavar(se. 2 enganxar(se, (BAL.) aferrar(se, (VAL.) apegar(se, adherir(se. 3 *t.* engiponar, ficar. 4 quedar-se *p.* enganxat, clavat [en el fang, etc.]. 5 aguantar, resistir [algú]. ▲ Pret. i p. p.: *stuck* (stʌk).

sticky ('stiki) *a.* enganxós, enganxifós.

stiff (stif) *a.* rígid, dur, enravenat. ‖ *~ neck*, torticoli *f.* 2 espès, consistent [pasta]. 3 enravenat, tibat [persona]. 4 fort [vent, alcohol].

stiffen (to) ('stifn) *t.-i.* endurir(se, encarcarar(se, enravenar(se, espesseir(se.

stiff-necked (,stif'nekt) *a.* fig. tossut, obstinat.

stiffness ('stifnis) *s.* rigidesa *f.*, duresa *f.*, enravement *m.*, tibantor *f.*

stifle (to) ('staifl) *t.-i.* ofegar(se, sufocar(se. 2 *t.* sufocar, reprimir [revolta, sentiment].

stigma ('stigmə) *s.* estigma *f.* ▲ *pl.* *-s* (-z), *-ta* (-tə).

still (stil) *a.* quiet, tranquil. 2 immòbil. 3 sense gas [beguda]. ■ 4 *s.* poèt. calma *f.*, quietud *f.* 5 CINEM. fotografia *f.* de rodatge. ■ 6 *adv.* encara. ■ 7 *conj.* tot i això, malgrat tot.

still (to) (stil) *t.* calmar, tranquilitzar, assossegar.

still life (,stil'laif) *s.* B. ART. natura *f.* morta.

stillness ('stilnis) *s.* calma *f.*, silenci *m.*

stilted ('stiltid) *a.* tibat, enravenat [persona].

stimulant ('stimjulənt) *a.* estimulant. ■ 2 *s.* estimulant *m.*

stimulate (to) ('stimjuleit) *t.-i.* estimular.

stimulus ('stimjuləs) *s.* estímul *m.*

sting (stiŋ) *s.* ZOOL. fibló *m.* 2 BOT. punxa

f. 3 picada *f.,* fiblada *f. 4* coïssor *f.,* picor *f.*

sting (to) (stiŋ) *t.* picar. ∎ *2 i.* picar, coure. *3* picar-se *p.,* enfadar-se *p.* ▲ *Pret. i p. p.: stung* (stʌŋk).

stinginess ('stindʒinis) *s.* gasiveria *f.*

stingy ('stindʒi) *s.* avar, gasiu.

stink (stiŋk) *s.* pudor *f.,* ferum *f.,* mala olor *f. 2* persona *f.* non grata.

stink (to) (stiŋk) *i.* fer pudor, fer mala olor, pudir. ∎ *2. t.* empestar. ▲ *Pret.: stank* (stæŋk) o *stunk* (stʌŋk); *p. p.: stunk.*

stint (stint) *s.* tasca *f.* assignada. *2 without* ~, sense límits.

stint (to) (stint) *t.-i.* limitar(se, reduir(se.

stipulate (to) ('stipjuleit) *t.* estipular.

stir (stəːʳ) *s.* activitat *f.;* commoció *f.,* excitament *m.*

stir (to) (stəːʳ) *t.-i.* moure(s, remenar(se. *2 t.* agitar, promoure, inspirar.

stirrup ('stirəp) *s.* estrep *m.*

stitch (stitʃ) *s.* punt *m.* [costura]; embasta *f. 2* MED. punxada *f.,* dolor *m.* agut.

stitch (to) (stitʃ) *t.* cosir, embastar.

stock (stɔk) *s.* COM. estoc *m.,* provisió *f.,* existències *f. pl.* ‖ ~ *room,* magatzem *m.;* ~ *taking,* inventari *m.; to take ~ of,* evaluar, considerar. *2* quantitat *f. 3 live* ~, ramaderia *f.,* bestiar *m. 4* COM. acció *f.,* valor *m.* ‖ ~ *exchange,* borsa *f. 5* llinatge *m. 6* matèria *f.* prima. *7* brou *m. 8* soport *m.,* mànec *m.,* empunyadura *f. 9* BOT. portaempelt *m.*

stock (to) (stɔk) *t. to ~ (with),* proveir, assortir. *2* tenir en existència.

stockade (stɔ'keid) *s.* estacada *f.,* tancat *m.*

stockbreeder ('stɔkbriːdəʳ) *s.* ramader.

stockholder ('stɔkhouldəʳ) *s.* accionista.

stocking ('stɔkiŋ) *s.* mitja *f.,* (BAL.), (VAL.) calça *f.*

stocky ('stɔki) *a.* rodanxó, rabassut.

stoic ('stouik) , **stoical** ('stouikəl) *a.* estoic.

stoicism ('stəuisizəm) *s.* estoïcisme *m.*

stoke (to) (stouk) *t.-i.* atiar *t.,* mantenir *t.* [el foc, un forn, etc.].

stole (stoul) , **stolen** ('stoulən) Veure STEAL (TO).

stolid ('stɔlid) *a.* impassible.

stomach ('stʌmək) *s.* estómac *m.* [també fig.].

stomach ache ('stʌməkeik) *s.* mal *m.* d'estómac.

stone (stoun) *s.* pedra *f.* [també fig.]. ‖ *hail* ~, calamarsa *f. 2* closca *f.,* llavor *f. 3* (G.B.) unitat de pes. ‖ *within a ~'s throw,* aquí mateix, molt a prop.

stone (to) (stoun) *t.* apedregar. *2* espinyolar.

stony ('stouni) *a.* pedregós. *2* dur, insensible [persona].

stood (stud) Veure STAND (TO).

stool (stuːl) *s.* tamboret *m.,* banqueta *f. 2* MED. excrement *m.* sòlid.

stoop (stuːp) *s.* inclinació *f.* del cos; carregament *m.* d'espatlles. *2* (EUA) porxo *m.*

stoop (to) (stuːp) *i.* abaixar el cap; doblegar l'esquena. *2* rebaixar(se moralment. ∎ *3 i.* caminar encorbat.

stop (stɔp) *s.* parada *f. 2* pausa *f.,* interrupció *f. 3* GRAM. *full* ~, punt. *3* parada *f.,* escala *f. 4* estada *f. 5* LING. so *f.* oclusiu. *6* aturall *m. 7* MÚS. clau *f.* [d'instrument]. *8* FOT. diafragma *m. 9* aturada *f.* [laboral].

stop (to) (stɔp) *t.-i.* aturar(se, parar(se. *2* interrompre's, estroncar(se; tallar(se. *3* acabar(se. *4 t.* impedir, evitar. *5* deixar de. *6* cołloq. parar, fer estada.

stoppage ('stɔpidʒ) *s.* aturada *f.;* interrupció *f. 2* obstrucció *f.*

stopper ('stɔpəʳ) *s.* tap *m.*

storage ('stɔːridʒ) *s.* emmagatzemament *m. 2* acumulació *f. 3* magatzem *m.,* dipòsit *m.,* recipient *m.*

store (stɔːʳ, stɔəʳ) *s.* provisió *f.,* provisions *f. pl.;* reserva *f. 2* dipòsit *m.,* magatzem *m. 3* grans magatzems *m. pl.* ‖ *to have in* ~, tenir emmagatzemat; (fig.) deparar.

store (to) (stɔːʳ, stɔəʳ) *t.* emmagatzemar; proveir. *2* dipositar; guardar. ‖ *to ~ up,* fer provisions, acumular.

storehouse ('stɔːhaus) *s.* grans magatzems *m. pl.*

storey ('stɔːri) *s.* ARQ. pis *m.,* planta *f.*

stork (stɔːk) *s.* ORN. cigonya *f.*

storm (stɔːm) *s.* tempesta *f.;* temporal *m. 2* fig. tempesta *f.* [de queixes, protestes, etc.]. ‖ *to take by* ~, prendre per assalt.

storm (to) (stɔːm) *t.* assaltar, prendre per assalt. ∎ *2 i.* fig enfadar-se *p.;* cridar.

stormy ('stɔːmi) *a.* tempestuós [també fig.].

story ('stɔːri) *s.* història *f.,* llegenda *f.,* conte *m. 2* cołloq. bola *f.,* història *f.* ‖ *the same old* ~, la mateixa cançó *f. 3* argument *m.,* trama *f.*

stout (staut) *a.* fort, resistent. *2* ferm, valent. *3* grassó, rodanxó.

stove (stouv) *s.* estufa *f. 2* cuina *f.,* fogó *m. 3* Veure STAVE (TO).

stow (to) (stou) *t.* estibar, emmagatzemar. *2* empaquetar, guardar. ∎ *to ~ away,* guardar; anar de polissó.

straddle (to) ('strædl) *t.-i.* eixarrancar(se.

straggle (to) ('strægl) *i.* escampar-se *p.,* estendre's *p. 2* ressagar-se *p.,* quedar-se *p.* enrera.

straight (streit) *a.* dret, recte. *2* directe. *3* en ordre. *4* honest, clar, franc. ∎ *5 adv.* directament. ‖ ~ *ahead,* tot recte, tot seguit; ~ *away* o ~ *off,* immediatament; ~ *out,* clarament, sense embuts.

straighten (to) ('streitn) *t.* adreçar, redreçar. ∎ *2 i.* adreçar-se *p.,* redreçar-se *p.*

straightforward (streit'fɔ:wəd) *a.* honrat. *2* franc, sincer.

straightness ('streitnis) *s.* rectitud *f. 2* honradesa *f.*

strain (strein) *s.* tensió *f. 2* esforç *m. 3* fatiga *f. 4* MED. torçada *f.,* revinclada *f. 5* to *m.; accent *m.,* manera *f. 6* tendència *f.,* inclinació *f. 7* ZOOL. família *f.,* classe *f.*

strain (to) (strein) *t.* estirar; tibar. *2* forçar. *3* esgotar; cansar. *4* escórrer, colar. *5* MED. torçar(se. ∎ *6 i.* esforçar-se *p.,* donar el màxim. *7* filtrar-se *p.*

strainer ('streinə') *s.* colador *m. 2* filtre *m.*

strait (streit) *a.* ant. estret. ‖ ~ *jacket,* camisa *f.* de força. ∎ *2 s.* GEOGR. estret *m. 3* fig. estretor *m.,* dificultat *f.,* mal pas *m.*

strand (strænd) *s.* cap *m.* [d'una corda], fil *m.,* tira *f. 2* fig. fil *m.* [d'un argument]. *3* liter. platja *f.,* riba *f.*

strand (to) (strænd) *t.-i.* embarrancar. *2 t.* deixar desemparat.

strange (streindʒ) *a.* estrany. ∎ *-ly adv.* estranyament, de manera estranya.

stranger ('streindʒə') *s.* foraster. *2* estrany.

strangle (to) ('stræŋgl) *t.* estrangular. *2* reprimir, sofocar.

strap (stræp) *s.* corretja *f. 2* tira *f.*

strap (to) (stræp) *t.* lligar amb una corretja. *2* pegar amb una corretja.

strapping ('stræpiŋ) *a.* robust, cepat.

stratagem ('strætidʒəm) *s.* estratagema *f.*

strategic(al (strə'ti:dʒik, -əl) *a.* estratègic.

stratosphere ('strætousfiə') *s.* estratosfera *f.*

stratum ('streitəm, strɑ:təm) *s.* estrat *m.,* capa *f.* ▲ *pl.* **strata** ('streitə).

straw (strɔ:) *s.* palla *f.* ‖ *that's the last ~,* això ja passa de mida.

strawberry ('strɔ:bəri) *s.* maduixa *f.,* maduixot *m.*

straw hat ('strɔ:'hæt) *s.* barret *m.* de palla.

stray (strei) *a.* esgarriat; perdut; extraviat. ∎ *2 s.* animal *m.* extraviat. *3* nen abandonat.

stray (to) (strei) *i.* desviar-se *p.;* esgarriar-se *p.,* perdre's *p.*

streak ('stri:k) *s.* ratlla *f.;* línia *f.,* franja *f. 2* fig. vena *f. 3* ratxa *f.,* període *m.* curt.

streak (to) ('stri:k) *t.* ratllar. ∎ *2 i.* fer ratlles. *3* coŀloq. moure's *p.* molt ràpidament.

streaky ('stri:ki) *a.* ratllat, amb ratlles.

stream (stri:m) *s.* riu *m.;* rierol *m. 2* corrent *m.:* fig. *to go with the ~,* seguir el corrent. *3* doll *m.,* fluix *m.*

stream (to) (stri:m) *i.* fluir. *2* rajar. *3* vo-

leiar. ∎ *4 t.* classificar, agrupar [els alumnes].

streamline (to) ('stri:mlain) *t.* fig. agilitar, racionalitzar [sistemes, mètodes, etc.].

streamlined ('stri:mlaind) *a.* aerodinàmic. *2* fig. àgil, dinàmic [sistemes, mètodes, etc.].

street (stri:t) *s.* carrer. *2* fig. *that's right up his ~,* això cau dintre del seu camp d'interessos.

streetcar ('stri:tkɑ:') *s.* (EUA) tramvia *m.*

strength (streŋθ) *s.* força *f.,* energia *f. 2* fermesa *f. 3* poder *m. 4* intensitat *f.*

strengthen (to) ('streŋθən) *t.* enfortir, reforçar. ∎ *2 i.* enfortir-se *p.,* reforçar-se *p.*

strenuous ('strenjuəs) *a.* esgotador.

stress (stres) *s.* pressió *f.,* força *f.,* coacció *f. 2* LING., MÚS. accent *m. 3* èmfasi *m. 4* tensió *f. 5* MED. estrès *m.,* sobrecàrrega *f.* nerviosa.

stress (to) (stres) *t.* emfasitzar; accentuar; recalcar.

stretch (stretʃ) *s.* extensió *f. 2* estirada *f. 3* esforç *m.,* tensió *f. 4* rendiment *m.*

stretch (to) (stretʃ) *t.* estirar; allargar. *2* eixamplar, estendre. *3* tibar. ∎ *4 i.* estirar-se *p.;* allargar-se. *5* eixamplar-se *p.,* estendre's *p. 6* tibar-se *p.* ∎ *7 p. to ~ oneself,* estirar-se, fer mandres.

stretcher ('stretʃə') *s.* MED. llitera *f. 2* eixamplador *m.*

strew (to) (stru:) *t.* escampar, sembrar. ▲ Pret.: **strewed** (stru:d), p. p.: **strewed** o **strewn** (stru:n).

stricken ('strikən) ferit, afectat [per una malaltia]. *2* trist, afligit. *3* espantat, esporuguit. *4* p. p. de STRIKE (TO).

strict (strikt) *a.* estricte; rigorós. ∎ *2 -ly adv.* estrictament; rigorosament.

stridden ('stridn) Veure STRIDE (TO).

stride (straid) *s.* gambada *f.,* passa *f.*

stride (to) (straid) *i.* fer passes llargues. ∎ *2 t.* muntar o estar amb les cames eixarrancades. ▲ Pret.: **strode** (stroud); p. p.: **stridden** ('stridn).

strident (straidənt) *a.* estrident.

strife (straif) *s.* disputa *f.,* pugna *f.*

strike (straik) *s.* vaga *f.: to be on ~,* fer vaga. *2* MIL., ESPORT cop *m.;* atac *m. 3* descobriment *m.,* troba *f.*

strike (to) (straik) *t.* colpejar, ferir. *2* trobar [or, petroli, etc.]. *3* tallar d'un cop, segar. *4* encendre [un llumí]. *5* xocar, sobtar, sorprendre. ‖ *to ~ dumb,* deixar mut. *6* ocórrer, venir al cap [una idea]. *7* encunyar [moneda]. *8* MÚS. tocar. *9* tocar [les hores]. *10* tancar [un tracte]. *11* semblar, opinar: *how does she ~ you?,* què et sembla?, què en penses d'ella? *12* hissar. ∎ *13* *i.* marxar, partir. *14* declarar-se *p.* en vaga. ■ *to ~ down,* enderrocar; *to ~ out,* esborrar. ▲ Pret.: *struck* (strʌk); p. p.: *struck* o *stricken* (strikən).

strikebreaker ('straikbreikəᵣ) *s.* esquirol *m.*

striker ('straikəᵣ) *s.* vaguista.

striking ('straikiŋ) *a.* sorprenent, colpidor.

string (striŋ) *s.* cordill *m.,* cordó *m.* *2* MÚS. corda *f.* *3* enfilall *m.*

string (to) (striŋ) *t.* MÚS. encordar. *2* enfilar [collaret]. *3* empipar, excitar. *4* penjar d'una corda. *5* lligar amb una corda. ▲ Pret. i. *p.p.*: *strung* (strʌŋ).

stringent ('strindʒənt) *a.* estricte, sever [norma]. *2* COM. fluix [mercat].

strip (strip) *s.* tira *f.,* llenca *f.*

strip (to) (strip) *t.* despullar. *2* desmantellar, desmuntar. *3* desposseir. ■ *4 i.* despullar-se. *5* desmantellar-se *p.,* desmuntar-se *p.* ▲ Pret. i *p. p.*: *stripped* (stript).

stripe (straip) *s.* ratlla *f.,* franja *f.*

stripe (to) (straip) *t.* ratllar, fer ratlles.

striped (straipt) *a.* ratllat, amb ratlles.

striptease ('striptiːz) *s.* striptease *m.*

strive (to) (straiv) *i.* lluitar, combatre. *2* esforçar-se *p.,* escarrassar-se *p.* ▲ Pret.: *strove* (strouv); p. p.: *striven* ('strivn).

strode (stroud) *pret.* de STRIDE (TO).

stroke (strouk) *s.* cop *m.* [també fig.] *2* braçada *f.* [en natació]. *3* cop *m.* de rem. *4* ESPORT jugada *f.* *5* campanada *f.* *6* MED. atac *m.* *7* traç *m.,* pinzellada *f.* *8* raspallada *f.* *9* carícia *f.*

stroke (to) (strouk) *t.* acaronar, acariciar.

stroll (stroul) *s.* passejada *f.*: *to take a ~,* anar a fer una volta.

stroll (to) (stroul) *i.* passejar.

strong (strɔŋ) *a.* fort, dur, resistent.

stronghold ('strɔŋhould) *s.* fortalesa *f.,* plaça *f.* forta.

strong-minded (ˌstrɔŋ'maindid) *a.* decidit, resolt.

strong-willed ('strɔŋ'wild) *a.* obstinat; ferm.

strove (strouv) Veure STRIVE (TO).

struck (strʌk) Veure STRIKE (TO).

structure ('strʌktʃəᵣ) *s.* estructura *f.*

struggle ('strʌgl) *s.* esforç *m.* *2* lluita *f.,* baralla *f.*

struggle (to) ('strʌgl) *i.* lluitar. *2* esforçar-se *p.*

strung (strʌŋ) Veure STRING (TO).

strut (to) (strʌt) *i.* fatxendejar. *2* caminar amb posat arrogant.

stub (stʌb) *s.* punta *f.* [de cigarret]. *2* extrem *m.* [d'un llapis gastat]. *3* matriu *f.* [de talonari].

stubble ('stʌbl) *s.* AGR. rostoll *m.* *2* barba *f.* de quatre dies.

stubborn ('stʌbən) *a.* tossut, obstinat.

stuck (stʌk) Veure STICK (TO).

stud (stʌd) *s.* tatxot *m.;* tatxó *m.;* galó *m.* *2* botó *m.* de puny. *3* quadra *f.,* cavallerissa *f.* *4* semental *m.*

stud (to) (stʌd) *t.* tatxonar, ribetejar amb tatxons.

student ('stjuːdənt) *s.* estudiant.

studio ('stjuːdiou) *s.* estudi *m.;* taller *m.* *2* CINEM. estudi *m.*

studious ('stjuːdjəs) *a.* estudiós. *2* delerós.

study ('stʌdi) *s.* estudi *m.*

study (to) ('stʌdi) *t.-i.* estudiar *t.*

stuff (stʌf) *s.* material *m.;* matèria *f.;* substància *f.* ‖ *good ~,* cosa *f.* bona; *silly ~,* animalada *f.*

stuff (to) (stʌf) *t.* omplir, embotir, atapeir. *2* colloq. enredar, diu boles [a algú]. *3* farcir. *4* dissecar. *5* atiborrar-se *p.*

stuffy ('stʌfi) *a.* mal ventilat. *2* tibat, orgullós. *3* antiquat; avorrit.

stumble ('stʌmbl) *s.* ensopegada *f.*

stumble (to) ('stʌmbl) *i.* ensopegar; entrebancar-se *p.*

stump (stʌmp) *s.* soca *f.* *2* monyó *m.* *3* punta *f.* [de cigarret].

stump (to) (stʌmp) *i.* carrenquejar, anar amb la pota ranca. *2* caminar enravenat. ■ *3 t.* *I was ~ed by the last question,* la darrera pregunta va ser massa difícil. *4* POL. fer mítings.

stumpy ('stʌmpi) *a.* rodanxó.

stun (to) (stʌn) *t.* estabornir, deixar inconscient. *2* atabalar, confondre, desconcertar.

stung (stʌŋ) Veure STING (TO).

stunk (stʌŋk) Veure STINK (TO).

stunt (stʌnt) *s.* truc *m.* publicitari. *2* proesa *f.* *3* acrobàcia *f.*

stunt (to) (stʌnt) *t.* atrofiar; impedir el creixement.

stunt man ('stʌnt mæn) *s.* CINEM. doble *m.*

stupefaction (ˌstjuːpiˈfækʃən) *s.* estupefacció *f.*

stupefy (to) ('stjuːpifai) *t.* deixar estupefacte; atabalar; atordir.

stupendous (stjuːˈəendəs) *a.* estupend, fabulós, magnífic.

stupid ('stjuːpid) *a.* estúpid. *2* atordit. ■ *3* *s.* estúpid.

stupidity (stju(ː)ˈpiditi) *s.* estupidesa *f.*

stupor ('stjuːpəᵣ) *s.* estupor *m.*

sturdiness ('stəːdinis) *s.* robustesa *f.;* fermesa *f.;* vigor *m.*

sturdy ('stəːdi) *a.* robust; ferm; vigorós.

stutter (to) ('stʌtəᵣ) *i.* quequejar, tardamudejar. ■ *2* *t.* dir quequejant.

stutterer ('stʌtərəᵣ) *s.* quec, tartamut.

sty, stye (stai) *s.* cort *m.* de porcs, porcellera *f.* *2* MED. mussol *m.*

style (stail) *s.* estil *m.*

suave (swɑːv) *a.* cortès, ben educat.

subconscious (ˌsʌbˈkɔnʃəs) *a.* subconscient. ■ *2 s.* subconscient *m.*

subdivision (ˈsʌbdiˌviʒən) *s.* subdivisió *f.*

subdue (to) (səbˈdjuː) *t.* subjugar, sotmetre. *2* atenuar, fer minvar.

subdued (səbdjuːd) *a.* suau, atenuat, fluix.

subject (ˈsʌbdʒikt) *a.* subject; sotmès. ‖ ~ *to,* amb tendència a: *are you ~ to headache?,* tens sovint mal de cap? ■ *2 s.* súbdit. *3* subjecte *m.,* tema *m. 4* contingut *m.* [d'un text]. *5* subjecte *m. 6* ENSENY. assignatura *f.*

subject (to) (səbˈdʒekt) *t.* sotmetre, subjectar. *2* exposar(se (*to,* a) [ridícul, crítiques, etc.].

subjection (səbˈdʒekʃən) *s.* subjugació *f.;* submissió *f.*

subjugate (to) (ˈsʌbdʒugeit) *t.* subjugar, conquerir.

sublime (səˈblaim) *a.* sublim.

submarine (ˌsʌbməˈriːn) *a.* submarí. ■ *2 s.* submarí *m.*

submerge (to) (səbˈməːdʒ) *t.* submergir. ■ *2 i.* submergir-se *p.*

submission (səˈmiʃən) *s.* submissió *f.*

submissive (səbˈmisiv) *a.* submís.

submit (to) (səbˈmit) *t.* sotmetre(s. *2* presentar, suggerir. ■ *2 i.* sotmetre's *p.* (*to,* a).

subordinate (səˈbɔːdinit) *a.* subordinat.

subordinate (to) (səˈbɔːdineit) *t.* subordinar.

subscribe (to) (səbˈskraib) *t.* subscriure(s. ■ *2 i.* subscriure's [a una revista, etc.]. *3 to ~ to,* estar d'acord, aprovar.

subscription (səbˈskripʃən) *s.* subscripció *f.*

subsequent (ˈsʌbsikwənt) *a.* subsegüent. ■ *2* **-ly** *adv.* posteriorment.

subside (to) (səbˈsaid) *i.* baixar, minvar [líquid]. *2* enfonsar-se *p.,* abaixar-se *p. 3* afluixar, calmar-se *p.,* minvar, disminuir.

subsidiary (səbˈsidjəri) *a.* subsidiari, auxiliar. *2* COM. filial *f.* ■ *3 s.* COM. filial *f.*

subsidize (to) (ˈsʌbsidaiz) *t.* subvencionar.

subsidy (ˈsʌbsidi) *s.* subvenció *f.,* subsidi *m.*

subsist (to) (səbˈsist) *i.* subsistir.

subsistence (səbˈsistəns) *s.* subsistència *f.*

substance (ˈsʌbstəns) *s.* substància *f.*

substantial (səbˈstænʃəl) *a.* sòlid, resistent, fort. *2* substancial, considerable. *3* ric, benestar. *4* substantial, essencial. *5* real, existent.

substantiate (to) (səbˈstænʃieit) *t.* provar, justificar.

substantive (ˈsʌbstəntiv) *m.* real; existent; essencial. ■ *2 s.* GRAM. substantiu *m.*

substitute (ˈsʌbstitjuːt) *s.* substitut.

substitute (to) (ˈsʌbstitjuːt) *t.* substituir.

substitution (ˌsʌbstiˈtjuːʃən) *s.* substitució *f.*

subterfuge (ˈsʌbtəfjuːdʒ) *s.* subterfugi *m.*

subterranean (ˌsʌbtəˈreinjən) , **subterraneous** (-njəs) *a.* subterrani.

subtle (ˈsʌtl) *a.* subtil.

subtlety (ˈsʌtlti) *s.* subtilitat *f.,* subtilesa *f. 2* astúcia *f.*

subtract (to) (səbˈtrækt) *t.* sostreure. *2* MAT. restar.

subtraction (səbˈtrækʃən) *s.* sostracció *f. 2* MAT. resta *f.*

suburb (ˈsʌbəːb) *s.* zona *f.* residencial.

subvention (səbˈvenʃən) *s.* subvenció *f.*

subversive (sʌbˈvəːsiv) *a.* subversiu.

subway (ˈsʌbwei) *s.* pas *m.* subterrani. *2* (EUA) metro *m.*

succeed (to) (səkˈsiːd) *i.* assolir, sortir-se'n *p.;* tenir èxit. ■ *2 t.* succeir [algú]. *3* heretar.

success (səkˈses) *s.* èxit *m.*

succeful (səkˈsesful) *a.* afortunat; amb èxit. ■ *2* **-ly** *adv.* feliçment, amb èxit.

succession (səkˈseʃən) *s.* successió *f.*

successive (səkˈsesiv) *a.* successiu.

successor (səkˈsəsəʳ) *s.* successor.

succour, (EUA) **succor** (ˈsʌkəʳ) *s.* socors *m. pl.,* auxili *m.*

succour, (EUA) **succor (to)** (ˈskəʳ) *t.* socórrer, auxiliar.

succulent (ˈsʌkjulənt) *a.* suculent; bo. *2* BOT. carnós.

succumb (to) (səˈkʌm) *f.* sucumbir.

such (sʌtʃ) *a.-pron.* tal, com aquest, així. ‖ *Did you ever see ~ a thing?* Havies vist mai una cosa semblant? *2 ~ as,* tal, tal com. ‖ *~ people as those,* gent com aquella. ■ *3 adv.* tan: *it was ~ a lovely night,* va ser una nit tan meravellosa!

suchlike (ˈsʌtʃlaik) *s.* semblant, així, d'aquesta mena.

suck (to) (sʌk) *t.-i.* xuclar *t. 2* xarrupar.

sucker (ˈsʌkəʳ) *s.* xuclador *m. 2* ventosa *f. 3* babau, beneit. *4* BOT. xuclador *m.,* pollanc *m.*

suckle (to) (ˈsʌkl) *t.* donar de mamar, alletar.

sudden (ˈsʌdn) *a.* sobtat; brusc. ‖ *all of a ~,* de sobte. ■ *2* **-ly** *adv.* de sobte, sobtadament.

suddenness (ˈsʌdnnis) *s.* brusquedat *f.;* precipitació *f.*

suds (sʌdz) *s. pl.* sabonera *f.* [escuma], aigua *f.* sabonosa.

sue (to) (sjuː, suː) *t.* DRET demandar. ■ *2 i.* demanar (*for,* —).

suffer (to) (ˈsʌfəʳ) *t.* sofrir, patir. ‖ *he ~s from headaches,* té mal de cap molt sovint. *2* sofrir, experimentar. *3* permetre. *4* tolerar, aguanta. ■ *5 i.* patir, sofrir.

suffering ('sʌfəriŋ) *s.* sofriment *m.*, patiment *m.*, dolor *m.*

suffice (to) (sə'fais) *t.-i.* bastar, ser suficient, haver-n'hi prou.

sufficient (sə'fiʃənt) *a.* suficient, prou. ■ *2* **-ly** *adv.* suficientment, prou.

suffocate (to) ('sʌfəkeit) *t.* asfixiar. 2 sufocar. ■ *3 i.* sufocar-se *p.*

suffrage ('sʌfridʒ) *s.* sufragi *m.*

suffuse (to) (sə'fju:z) *t.* fig. cobrir; inundar; amarar.

sugar ('ʃugəʳ) *s.* sucre *m.* ‖ *lump of* ~, terrós de sucre.

sugar (to) ('ʃugəʳ) *t.* ensucrar, confitar.

sugar bowl ('ʃugəboul) *s.* sucrera *f.*

sugar cane ('ʃugəkein) *s.* conya *f.* de sucre.

suggest (to) (sə'dʒest) *t.* suggerir. 2 ocórre's *p.* [idea].

suggestion (sə'dʒestʃən) *s.* suggeriment *m.* 2 indici *m.;* indicació *f.*

suggestive (sə'dʒestiv) *a.* suggestiu, suggeridor.

suicide ('sjuisaid) *s.* suicidi *m.* ‖ *to commit* ~, suicidar-se *p.*

suit (sju:t) *s.* vestit *m.* ‖ *trouser-*~, vestit *m.* jaqueta. 2 DRET plet *m.*, procés *m.* 3 prec *m.*, demanda *f.* 4 coll *m.* [de cartes].

suit (to) (sju:t) *t.-i.* convenir, anar bé. 2 *t.* caure bé, venir bé [esp. roba]. 3 ajustar-se *p.* ser adequat.

suitable ('sju:təbl) *a.* apropiat, satisfactori, convenient, adequat.

suitcase ('sju:tkeis) *s.* maleta *f.*

suite (swi:t) *s.* seguici *m.*, comitiva *f.* 2 joc *m.*, col·lecció *f.*, sèrie *f.* 3 suite [en un hotel]. 4 MÚS. suite *f.*

suitor ('sju:təʳ) *s.* DRET demandant, pledejador. 2 pretendent *m.*

sulk (to) (sʌlk) *i.* fer morros, estar empipat.

sulky ('sʌlki) *a.* malcarat; malhumorat.

sullen ('sʌlən) *a.* taciturn, sorrut. 2 gris, sinistre [cel, paisatge].

sully ('sʌli) *s.* màcula *f.*, taca *f.*

sully (to) ('sʌli) *t.* desacreditar, tacar la reputació.

sulphate ('sʌlfeit) *s.* sulfat *m.*

sulphur ('sʌlfəʳ) *s.* sofre *m.*

sultriness ('sʌltrinis) *s.* xafogor *f.* 2 apassionament *m.*

sultry ('sʌltri) *a.* xafogós. 2 apassionat.

sum (sʌm) *s.* suma *f.* 2 total *m.*

sum (to) (sʌm) *t.-i.* sumar *t.* 2 *to* ~ *up,* sumar *t.;* resumir *t.*

summarize (to) ('sʌməraiz) *t.* resumir, compendiar.

summary ('sʌməri) *a.* breu, sumari. 2 resum *m.;* compendi *m.*

summer ('sʌməʳ) *s.* estiu *m.*

summer (to) ('sʌməʳ) *i.* estiuejar.

summit ('sʌmit) *s.* cim *m.;* súmmum *m.*

summon (to) ('sʌmən) *t.* convocar. 2 demanar, requerir. 3 DRET citar.

summons ('sʌmənz) *s.* citació *f.* 2 crida *f.*

sumptuous ('sʌmptjuəs) *a.* sumptuós.

sun (sʌn) *s.* sol *m.*

sun (to) (sʌn) *t.* posar al sol, exposar al sol, assolellar. ‖ *to* ~ *oneself,* prendre el sol.

sunbathe (to) ('sʌnbeið) *i.* prendre el sol.

sunbeam ('sʌnbi:m) *s.* raig *m.* de sol.

sunburn ('sʌnbə:n) *s.* morenor *f.* 2 cremada *f.*

sunburnt ('sʌnbə:nt) *a.* emmorenit, colrat, bru. 2 cremat pel sol.

Sunday ('sʌndi, -dei) *s.* diumenge *m.*

sunder (to) ('sʌndəʳ) *t.* ant. liter. separar, dividir.

sundial ('sʌndaiəl) *s.* rellotge *m.* de sol.

sundown ('sʌndaun) *s.* posta *f.* de sol.

sundry ('sʌndri) *a.* diversos. ‖ col·loq. *all and* ~, tots, tothom.

sunflower ('sʌn‚flauəʳ) *s.* BOT. girasol *m.*

sung (sʌŋ) Veure SING (TO).

sunk (sʌŋk) Veure SINK (TO).

sunlight ('sʌnlait) *s.* sol *m.*, llum *f.* del sol.

sunny ('sʌni) *a.* assolellat. 2 radiant, alegre, content.

sunrise ('sʌnraiz) *s.* sortida *f.* del sol, sol *m.* ixent.

sunset ('sʌnset) *s.* posta *f.* de sol, sol *m.* ponent.

sunshade ('sʌnʃeid) *s.* parasol *m.* 2 tendal *m.*, vela *f.*

sunshine ('sʌnʃain) *s.* llum *f.* del sol, claror *f.* del sol.

sunstroke ('sʌnstrouk) *s.* MED. insolació *f.*

sup (to) (sʌp) *t.-i.* xarrupar; fer glops. 2 *i.* sopar.

super (sju:pəʳ) *a.* col·loq. excel·lent, sensacional, fabulós.

superb (sju(:)'pə:b) *a.* magnífic, fabulós, superb.

supercilious (‚sju:pə'siliəs) *a.* arrogant, altiu.

superficial (‚sju:pə'fiʃəl) *a.* superficial. ■ *2* **-ly** *adv.* superficialment, de manera superficial.

superfluous (sju:'pə:fluəs) *a.* superflu.

superhuman (‚sju:pə:'hju:mən) *a.* sobrehumà.

superintendent (‚sju:pərin'tendənt) *s.* superintendent. 2 supervisor. 3 administrador.

superior (sju(:)'piəriəʳ) *a.-s.* superior.

superiority (sju(:)‚piəri'ɔriti) *s.* superioritat *f.*

superlative (sju(:)'pə:lətiv) *a.* superlatiu. 2 suprem, superior. ■ *3 s.* GRAM. superlatiu *m.*

supernatural (ˌsjuː(ː)pəˈnætʃrəl) *a.* sobrenatural.

supersede (to) (ˌsjuːpəˈsiːd) *t.* reemplaçar, substituir.

superstition (ˌsjuːpəˈstiʃən) *s.* superstició *f.*

superstitious (ˌsjuːpəˈstiʃəs) *a.* supersticiós.

supervise (to) (ˈsjuːpəvaiz) *t.* inspeccionar, revisar, supervisar.

supervision (ˌsjuːpəˈviʒən) *s.* inspecció *f.*, vigilància *f.*, supervisió *f.*

supervisor (ˈsjuːpəvaizəʳ) *s.* inspector, director, supervisor.

supper (ˈsʌpəʳ) *s.* sopar *m.* ‖ *to have* ~, sopar.

supplant (to) (səˈplɑːnt) *t.* suplantar.

supple (ˈsʌpl) *a.* flexible. 2 dòcil.

supplement (ˈsʌplimənt) *s.* suplement *m.*

supplement (to) (ˈsʌpliment) *t.* complementar, completar.

suppliant (ˈsʌpliənt) , **supplicant** (-kənt) *a.- s.* suplicant.

supplication (ˌsʌpliˈkeiʃən) *s.* súplica *f.*, prec *m.*

supplier (səˈplaiəʳ) *s.* subministrador, proveïdor.

supply (səˈplai) *s.* subministrament *m.*, abastament *m.* 2 *pl.* assortiment *m.*, existències *f.;* provisions *f.*

supply (to) (səˈplai) *t.* subministrar, proporcionar, assortir. 2 proveir, facilitar.

support (səˈpɔːt) *s.* suport *m.*, aguant *m.* 2 suport *m.*, recolzament *m.*

support (to) (səˈpɔːt) *t.* suportar, aguantar. 2 donar suport, recolzar. 3 mantenir [una família, etc.].

supporter (səˈpɔːtəʳ) *s.* suport *m.*, aguant *m.* 2 partidari, seguidor, fan [persona].

suppose (to) (səˈpouz) *t.* suposar.

supposed (səˈpouzd) *a.* suposat, pretès. ■ 2 **-ly** *adv.* suposadament.

suppress (to) (səˈpres) *t.* suprimir. 2 reprimir.

suppression (səˈpreʃən) *s.* supressió *f.* 2 opressió *f.*, repressió *f.*

supremacy (sjuˈpreməsi) *s.* supremacia *f.*

supreme (sjuˈ(ː)priːm) *a.* suprem. ■ 2 **-ly** *adv.* summament, supremament.

sure (ʃuəʳ) *a.* segur: *I'm not quite* ~, no n'estic segur. ‖ *to make* ~, assegurar-se'n, comprovar. 2 segur, fort, ressistent. ■ 3 **-ly** *adv.* certament.

sureness (ˈʃuənis) *s.* seguretat *f.*

surety (ˈʃuəti) *s.* garantia *f.* 2 garant [persona].

surf (səːf) *s.* MAR. rompent *m.;* escuma *f.* [de les onades]. 2 ESPORT surf *m.*

surface (ˈsəːfis) *s.* superfície *f.* ■ 2 *a.* MIL. ~ *to air,* terra aire [míssil, projectil, etc.]. 3 superficial.

surface (to) (ˈsəːfis) *t.* allisar, polir. 2 revestir. 3 *t.-i.* (fer) sortir a la superfície.

surfeit (ˈsəːfit) *s.* form. excés *m.*, empatx *m.*

surfeit (to) (ˈsəːfit) *t.* empatxar(se, afartar(se.

surge (səːdʒ) *s.* anar i venir *m.*, anada *f.* [de gent, etc.].

surge (to) (səːdʒ) *i.* moure's *p.* endavant, desplaçar-se *p.* [onades, masses de gent, etc.].

surgeon (ˈsəːdʒən) *s.* cirurgià. ‖ *dental* ~, odontòleg, dentista. 2 MIL. metge.

surgery (ˈsəːdʒəri) *s.* cirurgia *f.* 2 (G.B.) consulta *f.* [metge, dentista].

surliness (ˈsəːlinis) *s.* brusquedat *f.;* mal geni *m.*

surly (ˈsəːli) *a.* brusc; geniüt, malhumorat.

surmise (ˈsəːmaiz) *s.* conjectura *f.*, suposició *f.*

surmise (to) (seˈmaiz) *t.* conjecturar, suposar.

surmount (to) (səːˈmaunt) *t.* vèncer, superar [obstacles, dificultats].

surmountable (səːˈmauntəbl) *a.* superable; conquerible.

surname (ˈsəːneim) *s.* cognom *m.*

surpass (to) (səːˈpɑːs) *t.* sobrepassar; avantatjar; superar.

surpassing (səːˈpɑːsiŋ) *a.* incomparable.

surplus (ˈsəːpləs) *s.* superàvit *m.*, excedent *m.* ■ 2 *a.* excedent, sobrant.

surprise (səˈpraiz) *s.* sorpresa *f.* ■ 2 *a.* inesperat; de sorpresa.

surprise (to) (səˈpraiz) *t.* sorprendre. 2 *to be* ~, sorprendre's *p.*

surprising (səˈpraiziŋ) *a.* sorprenent, astorador.

surrender (səˈrendəʳ) *s.* rendició *f.* 2 renúncia *f.*

surrender (to) (səˈrendəʳ) *t.* rendir, donar. 2 renunciar. 3 *p. to* ~ *oneself,* abandonar-se [a emocions, hàbits, etc.]. ‖ *she* ~*ed herself to despair,* es va deixar portar per la desesperació. ■ 4 *i.* rendir-se *p.*, donar-se *p.*

surround (to) (səˈraund) *t.* envoltar, encerclar.

surrounding (səˈraundiŋ) *a.* circumdant, del voltant. ■ 2 *s. pl.* voltants *m.*, rodalies *f.* 3 BOT., ZOOL. ambient *m.*

surveillance (səːˈveiləns) *s.* vigilància *f.*

survey (ˈsəːvei) *s.* inspecció *f.*, examen *m.* 2 medició *f.*, fitació [de terra]. 3 informe *m.*

survey (to) (səːˈvei) *t.* inspeccionar, examinar. 2 mirar, fer una ullada. 3 mesurar, anidar, posar fites, alçar plànols.

surveyor (sə(ː)ˈveiəʳ) *s.* agrimensor *m.* 2 inspector [d'habitatges, etc.]. 3 topògraf.

survival (sə'vaivəl) *s.* supervivència *f.* 2 romanalla *f.*, relíquia *f.*, resta *f.*

survive (to) (sə'vaiv) *t.* sobreviure.

survivor (sə'vaivə^r) *s.* sobrevivent.

susceptible (sə'septibl) *a.* susceptible, fàcilment afectable. 2 susceptible, capaç.

suspect ('sʌspekt) *a.-s.* sospitós.

suspect (to) (səs'pekt) *t.* sospitar; imaginarse *p.* ‖ *to be ~ed of,* ser sospitós de.

suspend (to) (səs'pend) *t.* suspendre.

suspenders (səs'pendəz) *s. pl.* lligacames *f.* 2 (EUA) tirants *m.*, elàstics *m.*

suspense (səs'pens) *s.* suspens *m.*, interrupció *f.* 2 suspens *m.*, inquietud *m.*

suspension (səs'penʃən) *s.* suspensió *f.* ‖ *~ bridge,* pont *m.* penjat; *~ points,* punts *m.* suspensius.

suspicion (səs'piʃən) *s.* sospita *f.*

suspicious (səs'piʃəs) *a.* sospitós. ▪ 2 *-ly adv.* d'una manera sospitosa, sospitosament.

suspiciousness (səs'piʃəsnis) *s.* suspicàcia *f.*, recel *m.*

sustain (to) (səs'tein) *t.* sostenir, aguantar, resistir. 2 sofrir, aguantar, patir. 3 mantenir, continuar.

sustenance ('sʌstinəns) *s.* sustentació *f.*, aliment *m.*

swaddle (to) ('swɔdl) *t.* posar bolquers.

swagger ('swægə^r) *s.* fatxenderia *f.*, arrogància *f.*

swagger (to) ('swægə^r) *i.* fatxendejar; caminar amb arrogància.

swain (swein) *s.* ant., liter. jovencell *m.*; festejador *m.*

swallow ('swɔlou) *s.* glop *m.* 2 empassada *f.*, engoliment *m.* 3 ORN. oreneta *f.*

swallow (to) ('swɔlou) *t.-i.* empassar(se, engolir(se. 2 fig. *to ~ up,* engolir(se, desaparèixer.

swallow dive ('swɔloudaiv) *s.* salt *m.* de l'àngel.

swam (swæm) Veure SWIM (TO).

swamp ('swɔmp) *s.* aiguamoll *m.*, zona *f.* pantanosa.

swamp (to) ('swɔmp) *t.* inundar, negar, amarar. 2 fig. *to ~ with,* aclaparar.

swampy ('swɔmpi) *a.* pantanós.

swan (swɔn) *s.* ORN. cigne *m.*

swan dive ('swɔndaiv) *s.* (EUA) Veure SWALLOW DIVE.

swap (to) (swɔp) *t.* baratar, bescanviar. ▪ 2 *i.* fer barates, fer canvis.

sward (swɔ:d) *s.* liter. gespa *f.*

swarm (swɔ:n) *s.* eixam *m.*, estol *m.* [també fig.].

swarm (to) (swɔ:m) *i.* pul·lular, formiguejar.

swarthy ('swɔ:ði) *a.* bru, bronzejat.

swat (swɔt) *s.* plantofada *f.* 2 matamosques *m.*

swat (to) *t.* colpejar, esclafar. ‖ *to ~ a fly,* matar una mosca.

swathe (to) (sweið) *t.* embenar, embolcallar.

sway (swei) *s.* oscil·lació *f.*, balanceig *m.* 2 poder *m.*, domini *m.*: *under the ~,* sota el poder.

sway (to) (swei) *i.* oscil·lar, bressar-se *p.*, balancejar-se *p.* ▪ 2 *t.* fer oscil·lar, balancejar. 3 controlar; influenciar.

swear (to) (swɛə^r) *t.* dir solemnement, dir emfàticament. 2 jurar. ▪ 3 *i.* jurar. 4 renegar. 5 col·loq. *to ~ by,* tenir plena confiança. ‖ Pret.: *swore* (swɔ:); p. p.: *sworn* (swɔ:n).

sweat (swet) *s.* suor *f.* ‖ *to be in a ~,* estar cobert de suor, estar suat. 2 suada *f.* 4 fig. feinada *f.*

sweat (to) (swet) *t.-i.* suar; transpirar. 2 (fer) suar [també fig.]. 3 supurar.

sweater ('swetə^r) *s.* suèter *m.*; jersei *m.*

Sweden ('swi:dn) *n. pr.* GEOGR. Suècia *f.*

Swedish ('swi:diʃ) *a.-s.* GEOGR. suec. 2 *s.* suec *m.* [llengua].

sweep (swi:p) *s.* escombrada *f.* 2 moviment *m.* circular [del braç]. 3 extensió *f.*; estesa *f.* [de terreny]. 4 doll *m.*, corrent *m.* ininterromput. 5 corriola *f.* [de pou]. 6 *(chimney) ~,* escuraxemeneies.

sweep (to) (swi:p) *t.* escombrar, (BAL.), (VAL.) agranar [també fig.]. 2 abastar. ▪ 3 *i.* moure's *p.* majestuosament. ▲ Pret. i p. p.: *swept* (swept).

sweeper ('swi:pə^r) *s.* escombriaire. 2 màquina *f.* d'escombrar.

sweet (swi:t) *a.* dolç, ensucrat. ‖ *to have a ~ tooth,* ser llaminer. 2 atractiu, agradable. 3 amable; benigne. 4 olorós. ▪ 5 *s.* dolçor *f.* 6 *pl.* llaminadures *f.*, dolços *m.*

sweeten (to) ('swi:tn) *t.* endolcir, ensucrar. ▪ 2 *i.* endolcir-se *p.*, ensucrar-se *p.*

sweetheart ('swi:thɑ:t) *s.* xicot, enamorat, estimat.

sweet-toothed ('swi:t'tu:θt) *a.* llaminer.

swell (swel) *s.* inflament *m.* 2 MAR. marejada *f.* 3 (EUA) elegant *a.*, distingit *a.* ▪ 4 *a.* elegant, refinat. 5 excel·lent, de primera classe.

swell (to) (swel) *t.* inflar; engrandir; enfortir. ▪ 2 *i.* inflar-se *p.*; engrandir-se *p.*; enfortir-se *p.* ▲ Pret.: *swelled* (sweld); p. p.: *swollen* ('swoulən), *swelled.*

swelling ('sweliŋ) *s.* inflor *f.* 2 augment *m.*, crescuda *f.*

swelter (to) ('sweltə^r) *i.* ofegar-se *p.* de calor.

swept (swept) Veure SWEEP (TO).

swerve (swə:v) *s.* desviació *f.* sobtada, gir *m.* brusc. 2 efecte *m.* [d'una pilota].

swerve (to) (swə:v) *t.* desviar bruscament. ▪ *2 i.* desviar-se *p.* bruscament. *3* girar de sobte.

swift (swift) *a.* ràpid, lleuger, rabent.

swiftness ('swiftnis) *s.* rapidesa *f.*, velocitat *f.*

swim (swim) *s.* nedada *f.* ‖ *to go for a* ~, anar a nedar. *2* fig. *to be out of the* ~, no estar al cas, no saber de què va.

swim (to) (swim) *i.* nedar. ▪ *2 t.* travessar nedant. ▴ Pret.: *swam* (swæm); p. p.: *swum* (swʌm).

swimmer ('swimə^r) *s.* nedador.

swimming ('swimiŋ) *s.* ESPORT natació *f.*

swimming costume ('swimiŋˌkɔstjuːm) *s.* vestit *m.* de bany.

swimming pool ('swimiŋpuːl) *s.* piscina *f.*

swimsuit ('swimsuːt) *s.* Veure SWIMMING COSTUME.

swindle ('swindl) *s.* estafa *f.*, frau *m.*

swindle (to) ('swindl) *t.* estafar. ▪ *2 i.* fer una estafa.

swindler ('swindlə^r) *s.* estafador, timador.

swine (swain) *s.* ant., liter. porc *m.*, marrà *m.* *2* fig. porc, bandarra. ▴ *pl.* swine.

swing (swiŋ) *s.* osciŀlació *f.*, balanceig *m.* *2* ritme *f.* fort. ‖ *in full* ~, en plena acció. *3* gronxador *m.* *4* MÚS. swing *m.*

swing (to) (swiŋ) *t.* gronxar, fer balancejar. *2* tombar, girar de sobte. *3* fer osciŀlar. ▪ *4 i.* gronxar-se *p.*; balancejar(se. *5* osciŀlar; ballar [música swing]. *6* tombar-se *p.*, girar-se *p.* de sobte. ▴ Pret. i p. p.: *swung* (swʌŋ).

swipe (swaip) *s.* cop *m.* fort.

swipe (to) (swaip) *t.* colpejar amb força. *2* coŀloq. pispar, furtar.

swirl (swə:l) *s.* remolí *m.*

swirl (to) (swə:l) *i.* giravoltar, arremolinar-se *p.* ▪ *2 t.* fer giravoltar, fer voltar.

Swiss (swis) *a.-s.* suís.

switch (switʃ) *s.* ELECT. interruptor *m.* *2* FER-ROC. agulla *f.* *3* verga *f.*, vara *f.*, fuet *m.* *4* canvi *m.*, desviació *f.* *5* cabells *m.* pl. pos-tissos.

switch (to) (switʃ) *t.* ELECT. *to* ~ *off*, tancar, apagar, desconnectar; *to* ~ *on*, encendre, connectar, obrir. *2* fer canviar de via [un tren]. *3* fer canviar, fer donar un tomb [a la conversa, etc.]. *4* fuetejar.

switch-board ('switʃbɔ:d) *s.* ELECT. taula *f.* de control.

Switzerland ('switsələnd) *n. pr.* GEOGR. Suïssa *f.*

swollen ('swoulən) Veure SWELL (TO).

swoon (swuːn) *s.* desmai *m.*

swoon (to) (swuːn) *i.* desmaiar-se *p.*, caure en basca.

swoop (to) (swuːp) *i.* llançar-se *p.* al da-munt, escometre, abatre's *p.* sobre.

swop (to) (swɔp) Veure SWAP (TO).

sword (swɔ:d) *s.* espasa *f.* ‖ fig. *to cross* ~*s with*, barallar-se *p.* amb.

swore (swɔ:^r) Veure SWEAR (TO).

sworn (swɔ:n) Veure SWEAR (TO).

swum (swʌm) Veure SWIM (TO).

swung (swʌŋ) Veure SWING (TO).

sycamore ('sikəmɔ:^r) *s.* BOT. sicòmor *m.*

syllable ('siləbl) *s.* síŀlaba *f.*

syllabus ('siləbəs) *s.* programa *f.* [d'un curs].

symbol ('simbl) *s.* símbol *m.*

symbolic(al (sim'bɔlik, -əl) *a.* simbòlic.

symmetric(al (si'metrik, -əl) *a.* simètric.

symmetry ('simitri) *s.* simetria *f.*

sympathetic (ˌsimpə'θetik) *a.* comprensiu. *2* compassiu. *3* amable. *4* ANAT., FÍS. sim-pàtic.

sympathize (to) ('simpəθaiz) *i.* tenir com-passió, compadir-se *p.* *2* simpatitzar, estar d'acord, comprendre.

sympathy ('simpəθi) *s.* compassió *f.*, con-dolència *f.* *2* comprensió *f.*, afinitat *f.*

symphony ('simfəni) *s.* sinfonia *f.*

symptom ('simptəm) *s.* símptoma *m.*

syndicate ('sindikit) *s.* distribuidora *f.* de material periodístic. *2* sindicat *m.*

synonym ('sinənim) *s.* sinònim *m.*

synonymous (si'nɔniməs) *a.* sinònim.

syntax ('sintæks) *s.* GRAM. sintaxi *f.*

synthetic (sin'θetik) *a.* sintètic.

synthetize (to) ('sinθitaiz) *t.* sintetitzar.

Syria ('siriə) *n. pr.* GEOGR. Síria *f.*

Syrian ('siriən) *a.-s.* GEOGR. Sirià.

syringe ('sirindʒ) *s.* xeringa *f.*

syrup ('sirəp) *s.* almívar *m.* *2* xarop *m.*

system ('sistəm) *s.* sistema *f.*

systematic(al (ˌsisti'mætik, -əl) *a.* sistemàtic.

systematize (to) ('sistimətaiz) *t.* sistematit-zar.

T

T, t (ti) *s*. t *f*. [lletra].

tabernacle ('tæbə:nækl) *s*. tabernacle *m*.

table ('teibl) *s*. taula *f*. 2 taula *f*., quadre *m*. [estadística, etc.]. *3* llista *f*.: ~ *of contents*, índex *m*. de matèries. *4* GEOGR. altiplà *m*.

table (to) ('teibl) *t*. posar sobre la taula. ‖ *to* ~ *a motion*, presentar una moció. *2* fer un índex, ordenar.

tablecloth ('teibəlklɔθ) *s*. estovalles *f. pl*.

tablet ('tæblit) *s*. làpida *f*. 2 tauleta *f*., pastilla *f*. *3* bloc *m*. de paper.

tableware ('teibəlwɛəʳ) *s*. vaixella *f*., servei *m*. de taula.

taboo (tə'bu:) *a*. tabú, prohibit. ▪ *2 s*. tabú *m*.

tabulate (to) ('tæbjuleit) *t*. disposar en forma de taula. *2* classificar.

tacit ('tæsit) *a*. tàcit.

tack (tæk) *s*. tatxa *f*. 2 basta *f*. *3* fig. *to get down to brass* ~*s*, anar al gra. *4* NÀUT. amura *f*., fig. rumb *m*.

tack (to) (tæk) *t*. tatxonar. *2* embastar. ▪ *3 i*. NÀUT. virar.

tackle ('tækl) *s*. estris *m. pl*., ormeig *m*. *2* ESPORT càrrega *f*. *3* NÀUT. eixàrcia *f*.

tackle (to) ('tækl) *t*. abordar, emprendre [un problema, etc.]. *2* ESPORT blocar.

tacky ('tæki) *a*. enganxós.

tact (tækt) *s*. tacte *m*., discreció *f*.

tactful ('tæktful) *a*. prudent, discret.

tactless ('tæktlis) *a*. indiscret, mancat de tacte.

tactics ('tæktiks) *s. pl*. tàctica *f. sing*.

tadpole ('tædpoul) *s*. ZOOL. cap-gros *m*.

tag (tæg) *s*. capçat *m*. 2 etiqueta *f*., titllet *m*. *3* cap *m*.; parrac *m*. *4 to play* ~, jugar a tocar i parar.

tag (to) (tæg) *t*. posar una etiqueta a. *2* seguir de prop. *3 to* ~ *on*, afegir. ▪ *4 i. to* ~ *along*, seguir, anar al darrera. *5 to* ~ *on to someone*, unir-se *p*. a algú.

tail (teil) *s*. cua *f*., (BAL.) coa *f*. 2 faldó *m*.

[d'un abric, camisa, etc.]. *3 pl*. creu *f. sing*. [d'una moneda].

tail (to) (teil) *t*. seguir de prop; vigilar. ▪ *2 i. to* ~ *off*, anar minvant, disminuir.

tail-coat ('teilkout) *s*. frac *m*.

tail-light ('teillait) *s*. llum *m*. posterior [d'un cotxe, etc.].

tailor ('teiləʳ) *s*. sastre *m*.

tailor (to) ('teiləʳ) *t*. confeccionar, fer. *2* fig. adaptar.

tailoring ('teiləriŋ) *s*. sastreria *f*. [ofici]. *2* tall *m*.

tailor-made ('teila'meid) *a*. fet a mida [també fig.].

taint (teint) *s*. corrupció *f*., infecció *f*. 2 taca *f*.

taint (to) (teint) *t*. corrompre. ▪ *2 i*. corrompre's *p.*; infectar-se *p*.

take (teik) *s*. CINEM. presa *f*. 2 (EUA) ingressos *m. pl*., recaptació *f*.

take (to) (teik) *t*. prendre, agafar. 2 portar, conduir. *3* guanyar. *4* demanar. *5* reservar, ocupar. *6* admetre. *7* acceptar, agafar. *8* assumir. *9* aguantar, soportar. *10* tardar, trigar. *11 to* ~ *a chance*, córrer el risc, provar; *to* ~ *care of*, tenir cura de; *to* ~ *charge of*, encarregar-se *p*. de; *to* ~ *place*, ocórrer, tenir lloc. ▪ *12 i*. agafar, prendre. *13* arrelar. *14* agradar, tenir èxit. ▪ *to* ~ *away*, emportar-se; *to* ~ *back*, tornar, retornar; *to* ~ *down*, treure; abaixar; aterrar; enderrocar; *to* ~ *from*, reduir, disminuir; *to* ~ *in*, recollir, agafar; allotjar; entendre; fam. donar gat per llebre; *to* ~ *off*, treure, despenjar [telèfon]; suprimir; descomptar, fer descompte; enlairar-se; prendre el vol; arrencar [vehicle]; minvar [vent]; *to* ~ *on*, prendre [forma, qualitat]; assumir; encarregar-se de; acompanyar; agafar [passatgers]; acceptar [repte]; coŀloq. perdre els estreps; *to* ~ *out*, treure; fer sortir [taca]; fer-se [assegurança, certificat]; *to ~ over,* fer-se càrrec de; assolir el poder; substituir; *to ~ to,* afeccionar-se a, tirar-se a [beguda, vici]; *to ~ up,* agafar; pujar; aixecar; absorbir; prendre possessió de; dedicar-se a; criticar, censurar; seguir, acceptar. ▲ Pret.: *took* (tuk); p. p.: *taken* ('teikən).

take-down ('teik,daun) *a.* desmontable. ▪ *2 s.* humiliació *f.*

taken ('teikən) Veure TAKE (TO). *2 to be ~ ill,* posar-se malalt.

takeoff ('teikɔf) *s.* AVIA. envol *m.* 2 imitació *f.,* paròdia *f.,* sàtira *f.*

take-over ('teikouvə^r) *s.* presa *f.* de possessió; presa *f.* de poder. 2 adquisició *f.,* compra *f.* [d'una empresa].

taking ('teikiŋ) *a.* atractiu, seductor. 2 contagiós. ▪ *3 s. pl.* ingressos *m. pl.;* recaptació *f.*

talcum powder ('tælkəm,paudə^r) *s.* pólvores *f.* de talc.

tale (teil) *s.* conte *m.: fairy ~s,* contes de fades. 2 relat *m.,* narració *f.* 3 xafarderia *f.* ‖ fam. *to tell ~s,* xafardejar.

talebearer ('teilbɛərə^r) *s.* espieta, delator. 2 xafarder.

talent ('tælənt) *s.* talent *m.,* aptitud *f.,* do *m.*

tale-teller ('teil,telə^r) *s.* narrador. 2 espieta. 3 xafarder.

talk (tɔ:k) *s.* conversa *f.* 2 conferència *f.;* xerrada *f.,* discurs *m.* 3 rumor *m.,* parleria *f.* 4 tema *m.* de conversa.

talk (to) (tɔ:k) *i.* parlar, conversar. ‖ *to ~ for talking's sake,* parlar per parlar; *to ~ nineteen to the dozen,* parlar pels descosits. ▪ *2 t.* parlar [una llengua]. *3 dir.* ‖ *to ~ nonsense,* dir disbarats. ▪ *to ~ about,* parlar de; *to ~ away,* parlar sense parar; *to ~ into,* persuadir; *to ~ out of,* dissuadir; *to ~ over,* examinar; *to ~ round,* convèncer, persuadir; *to ~ up,* parlar clar.

talkative ('tɔ:kətiv) *a.* parlador, xerraire.

tall (tɔ:l) *a.* alt. ‖ *how ~ are you?,* quant fas d'alçada? 2 fam. excessiu, increïble, exagerat. ‖ *~ talk,* fanfarronada *f.*

tallness ('tɔ:lnis) *s.* alçada *f.* 2 estatura *f.,* talla *f.* [persona].

tallow ('tælou) *s.* sèu *m.*

tally ('tæli) *s.* HIST. tarja *f.* [bastó]. *2* compte *m.* 3 etiqueta *f.* 4 resguard *m.* 5 total *m.*

tally (to) ('tæli) *t.* portar el compte. 2 etiquetar. ▪ *3 i. to ~ (with),* concordar, correspondre.

talon ('tælən) *s.* urpa *f.,* xarpa *f.* 2 JOC munt *m.,* pila *f.* [de cartes].

tamable ('teiməbl) *a.* domable, domesticable.

tambourine (,tæmbə'ri:n) *s.* MÚS. pandereta *f.*

tame (teim) *a.* domesticat, domat. 2 mans, dòcil. 3 domèstic. 4 insuls; avorrit. ▪ *5* **-ly,** *adv.* mansament.

tame (to) (teim) *t.* domar, amansir.

tameness ('teimnis) *s.* mansuetud *f.* 2 submissió *f.* 3 insipidesa *f.*

tamer ('teimə^r) *s.* domador.

tamp (to) (tæmp) *t.* maçonar.

tamper (to) ('tæmpə^r) *i. to ~ with,* entremetre's *p.* 2 espatllar *t.* 3 graponejar *t.,* grapejar *t.*

tan (tæn) *a.* broncejat; torrat [color]. ▪ *2 s.* broncejat *m.,* morenor *f.*

tan (to) (tæn) *t.* broncejar, colrar, emmorenir. 2 adobar, assaonar. 3 fam. apallissar. ▪ *4 i.* broncejar-se *p.,* colrar-se *p.*

tang (tæŋ) *s.* olor *f.* forta, sentor *f.;* sabor *m.* fort. 2 toc *m.* [campana].

tangent ('tændʒənt) *a.* tangent. ▪ *2 s.* tangent *f.* ‖ fig. *to go off at a ~,* anar-se'n per la tangent.

tangerine (,tændʒə'ri:n) *s.* mandarina *f.*

tangible ('tændʒəbl) *a.* tangible, palpable.

Tangier (tæn'dʒiə^r) *n. pr.* GEOGR. Tànger *m.*

tangle ('tæŋgl) *s.* nus *m.,* embull *m.* 2 confusió *f.,* embolic *m.*

tangle (to) ('tæŋgl) *t.* enredar, embolicar, confondre. ▪ *2 i.* enredar-se *p.,* embolicar-se *p.,* confondre's *p.*

tank (tæŋk) *s.* dipòsit *m.,* tanc *m.* 2 cisterna *f.* 3 MIL. tanc *m.*

tank (to) (tæŋk) *t. to ~ up,* omplir el dipòsit. ‖ fig. col·loq. *to get ~ed up,* emborratxar-se *p.*

tannery ('tænəri) *s.* adoberia *f.*

tantalize (to) ('tæntəlaiz) *t.* turmentar o exasperar amb impossibles; fer patir el suplici de Tàntal. 2 temptar.

tantalizing ('tæntəlaiziŋ) *a.* turmentador, empipador. 2 temptador, seductor.

tantamount ('tæntəmaunt) *a.* equivalent.

tantrum ('tæntrəm) *s.* enrabiada *f.,* rebequeria *f.*

tap (tæp) *s.* aixeta *f.* 2 copet *m.*

tap (to) (tæp) *t.* obrir [un barril]. 2 intervenir, interceptar [un telèfon, etc.]. 3 *t.-i.* donar copets, copejar: *to ~ at the door,* trucar a la porta.

tap dance ('tæpda:ns) *s.* claqué *m.*

tap dancer ('tæp,da:nsə^r) *s.* ballarí de claqué.

tape (teip) *s.* cinta *f.* 2 cinta *f.* magnetofònica. 3 MED. esparadrap *m.*

tape (to) (teip) *t.* lligar amb cinta. 2 gravar, enregistrar [en un magnetòfon].

tape measure ('teip,meʒə^r) *s.* cinta *f.* mètrica.

taper ('teipə^r) *s.* espelma *f.;* ciri *m.*
taper (to) ('teipə^r) *t.* afuar. ■ *2 i.* afuar-se *p.*
3 to ~ off, disminuir.
tape-recorder ('teip,rikɔ:də^r) *s.* magnetòfon
m.
tapestry ('tæpistri) *s.* tapís *m.* 2 tapisseria
f.
tapestry maker ('tæpəstri,meikə^r) *s.* tapis-
ser.
tapeworm ('teipwə:m) *s.* tènia *f.,* solitària
f.
tar (tɑ:^r) *s.* quitrà *m.,* brea *f.* 2 coŀloq. ma-
riner *m.*
tar (to) (tɑ:^r) *t.* enquitranar, embrear.
tardiness ('tɑ:dinis) *s.* liter. lentitud *f.,* tar-
dança *f.*
tardy ('tɑ:di) *a.* liter. lent, tardà. 2 retardat.
target ('tɑ:git) *s.* objectiu *m.,* fita *f.*
target practice ('tɑ:git,præktis) *s.* tir *m.* al
blanc.
tariff ('tærif) *s.* tarifa *f.;* aranzel *m.*
tariff barrier ('tærif'baeriə^r) *s.* ECON. barre-
ra *f.* aranzelària.
tarmac ('tɑ:mæk) *s.* superfície *f.* enquitra-
nada.
tarnish (to) ('tɑ:niʃ) *t.* desenllustrar, ente-
lar. 2 fig. tacar [fama, reputació]. ■ *3 i.*
desenllustrar-se *p.,* entelar-se *p.*
tarpaulin (tɑ:pɔ:lin) *s.* lona *f.* enquitrana-
da, encerada.
tarry ('tɑ:ri) *a.* enquitranat.
tarry (to) ('tæri) *i.* liter. romandre, restar.
2 trigar, demorar-se *p.*
tart (tɑ:t) *a.* acre, agre [també fig.]. ■ *2 s.*
pastís *m.* de fruita. 3 prostituta *f.,* meuca
f.
tartan ('tɑ:tən) *s.* TÈXT. tartà *m.;* quadre *m.*
escocès.
task (tɑ:sk) *s.* tasca *f.,* treball *m.* 2 missió
f., encàrrec *m.,* comesa *f.* 3 *to take to ~,*
renyar, reprendre.
task force ('tɑ:skfɔ:s) *s.* MIL. exèrcit *m.* ex-
pedicionari.
tassel ('tæsəl) *s.* TÈXT. borla *f.*
taste (teist) *s.* gust *m.,* sabor *m.* ‖ *there is
no accounting for ~s,* sobre gustos no hi ha
res escrit. 2 *the ~,* gust *m.* [sentit]. 3 tra-
guet *m.;* mos *m.* 4 afecció *f.,* gust *m.:* *to
have a ~ for,* ser afeccionat a. 5 mostra *f.,*
prova *f.,* experiència *f.*
taste (to) (teist) *t.* tastar; degustar. 2 notar
gust de, sentir gust de. ■ *3 i. to ~ of,* tenir
gust de.
taste bud ('teistbʌd) *s.* ANAT. papiŀla *f.* gus-
tativa.
tasteful ('teistful) *a.* de bon gust, elegant.
tasteless ('teistlis) *a.* insuls, insípid. 2 de mal
gust.

tasty ('teisti) *a.* saborós, apetitós. 2 de bon
gust.
tatter ('tætə^r) *s.* parrac *m.,* pellingot *m.*
tattle ('tætl) *s.* xerrameca *f.,* xerrada *f.* 2
xafarderia *f.*
tattler ('tætlə^r) *s.* xerraire *m.*
tattle (to) ('tætl) *i.* xerrar. 2 xafardejar.
tattoo (tə'tu:) *s.* tatuatge *m.* 2 MIL. retreta
f. 2 parada *f.* militar. 3 repicament.
tattoo (to) (tə'tu:) *t.* tatuar.
taught (tɔ:t) Veure TEACH (TO).
taunt (tɔ:nt) *s.* retret *m.,* reprotxe *m.,* pro-
vocació *f.;* sarcasme *m.*
taunt (to) (tɔ:nt) *t.* reprotxar, provocar, fer
burla de, mofar-se *p.* de.
taut (tɔ:t) *a.* tens, tes, tibat.
tavern ('tævən) *s.* liter. taverna *f.*
tawdry ('tɔ:dri) *a.* cridaner, cursi [objecte].
tawny ('tɔ:ni) *a.* morè, bru. 2 lleonat; falb.
tax (tæks) *s.* ECON. impost *m.,* contribució
f. 2 fig. càrrega *f.,* esforç *m.*
tax (to) (tæks) *t.* gravar, imposar un impost
a. 2 esgotar, acabar [la paciència]. 3 acu-
sar (*with,* de). 4 DRET taxar.
taxable ('tæksəbl) *a.* subjecte a impost: ~
income, renda subjecta a impost.
taxation (tæk'seiʃən) *s.* imposició *f.,* im-
posts *m.,* sistema *f.* tributari.
tax-free (,tæks'fri:) *a.* exempt d'impostos.
taxi (tæksi) , **taxicab** ('tæksikæb) *s.* taxi *m.*
taxi driver ('tæksi,draivə^r) *s.* taxista.
taxi rank ('tæksiræŋk) *s.* parada *f.* de taxis.
taxpayer ('tækspeiə^r) *s.* contribuent.
tea (ti:) *s.* te *m.* 2 infusió *f.* 3 fam. berenar-
sopar *m.,* sopar *m.* 4 LOC. *it's not my cup of
~,* no és el meu estil, no és el meu taran-
nà.
tea break ('ti:breik) *s.* pausa *f.* per al te.
teach (to) (ti:tʃ) *t.* ensenyar, instruir. ■ *2 i.*
ensenyar, ser professor de, donar classes
de. ▲ Pret. i p. p.: *taught* (tɔ:t).
teacher ('ti:tʃə^r) *s.* professor, mestre. ‖ ~
training, formació *f.* pedagògica.
teach-in ('ti:tʃin) *s.* seminari *m.*
teaching ('ti:tʃiŋ) *s.* ensenyament. ■ *2 a.* do-
cent: ~ *staff,* personal *m.* docent.
team (ti:m) *s.* grup *m.,* equip *m.* 3 ESPORT
equip *m.:* *home ~,* equip local; *away ~,*
equip visitant.
team (to) (ti:m) *i.* coŀloq. *to ~ up,* associar-
se *p.,* agrupar-se *p.* (*with,* amb).
teamwork ('ti:mwə:k) *s.* treball *m.* en
equip.
tear (tɛə^r) *s.* estrip *m.,* estripada *f.*
tear (tiə^r) *s.* llàgrima *f.,* (ROSS.) llàgrama *f.*
‖ *in ~s,* plorant. ‖ *to burst into ~s,* esclatar
en plors, desfer-se en plors.
tear (to) (tɛə^r) *t.* estripar, esqueixar, tren-
car. 2 arrencar, separar amb violència. 3

MED. ferir, lacerar; distendre [múscul]. ■ *4*
i. estripar-se *p.*, esqueixar-se *p.* *5* moure's
p. de pressa. ■ *to ~ along,* anar a tota pas-
tilla; *to ~ down,* demolir; desarmar; *to ~
off,* arrencar; anar corrent; sortir de pres-
sa; *to ~ up,* arrencar; trencar a trossos. ▲
Pret.: *tore* (tɔːʳ, tɔəʳ); p. p.: *torn* (tɔːn).
tearful ('tiəful) *a.* plorós.
tear gas ('tiəgæs) *s.* gas *m.* lacrimògen.
teapot ('tiːpɔt) *s.* tetera *f.*
tease (to) (tiːz) *t.* empipar, fer la guitza;
prendre el pèl.
tea set ('tiːset) *s.* joc *m.* de te.
teasing ('tiːziŋ) *a.* bromista, burleta. *2* tur-
mentador. ■ *3 s.* broma *f.*, burla *f.* ■ *4* **-ly**
adv. en broma.
teaspoon ('tiːspuːn) *s.* cullereta *f.*
teaspoonful ('tiːspuːnˌful) *s.* culleradeta *f.*
teat (tiːt) *s.* ANAT. mugró *m.* *2* tetina *f.* [de
biberó].
technical ('teknikəl) *a.* tècnic. ■ *2* **-ly** *adv.*
tècnicament.
technicality (ˌtekniˈkæliti) *s.* tecnicitat *f.;*
consideració *f.* tècnica. *2* tecnicisme *m.*
[paraula].
technician (tekˈniʃən) *s.* tècnic, especialista.
technique (tekˈniːk) *s.* tècnica *f.*
technology (ˌtekˈnɔlədʒi) *s.* tecnologia *f.*
teddy bear ('tediˌbeəʳ) *s.* osset *m.* de peluix.
tedious ('tiːdjəs) *a.* avorrit, tediós. ■ *2* **-ly**
adv. avorridament, fastidiosament.
tediousness ('tiːdjəsnis) *s.* avorriment *m.*,
tedi *m.*
tee (tiː) *s.* te [lletra]. *2* ESPORT punt *m.* de
partida; suport *m.* de la pilota [golf]. *3* fig.
to a ~, com anell al dit.
teem (to) (tiːm) *i.* abundar. ‖ *to ~ with,* abun-
dar en, estar ple de.
teenage ('tiːnˌeidʒ) *a.* adolescent.
teenager ('tiːnˌeidʒəʳ) *s.* adolescent, jove de
13 a 19 anys.
teens (tiːnz) *s.* adolescència *f.*, edat *f.* entre
els 13 i 19 anys.
tee-shirt ('tiːʃəːt) *s.* Veure T-SHIRT.
teeth (tiːθ) *s. pl.* de TOOTH.
teethe (to) (tiːð) *i.* sortir les dents.
teething ('tiːðiŋ) *s.* dentició *f.* ‖ fig. *~ troubles,*
problemes inicials [projecte, empresa,
etc.].
teetotal (tiːˈtoutl) *a.* abstemi.
teetotaller, (EUA) **teetotaler** (tiːˈtoutləʳ) *s.*
abstemi.
Teheran ('tehəraːn) *n. pr.* GEOGR. Teheran
m.
telecast ('telikaːst) *s.* teledifusió *f.*, emissió
f. televisada.
telecast (to) ('telikaːst) *t.* televisar.
telegram ('teligræm) *s.* telegrama *m.*
telegraph ('teligraːf, -græf) *s.* telègraf *m.*

telephone ('telifoun) *s.* telèfon *m.*
telephone (to) ('telifoun) *t.-i.* telefonar, tru-
car per telèfon.
telephone booth ('telifounbuːð) , **telephone
box** ('telifounbɔks) *s.* cabina *f.* telefònica.
telephone call ('telifouncɔːl) *s.* trucada *f.* te-
lefònica.
telephone directory ('telifoundaiˌrektri) *s.*
guia *f.* telefònica.
telephone exchange ('telifounikˈstʃeindʒ)
central *f.* telefònica.
telephoto ('telifoutou) *a.* telefotogràfic. ■ *2
s.* telefoto *f.* *3* *~ lens,* teleobjectiu *m.*
teleprinter ('teliprintəʳ) *s.* teletip *m.*
telescope ('teliskoup) *s.* telescopi *m.*
telescopic (ˌteliˈskɔpik) *a.* telescòpic.
televiewer ('telivjuːəʳ) *s.* telespectador, te-
levident.
television ('teliˌviʒən) *s.* televisió *f.*
television set ('teliˌviʒənset) *s.* aparell *m.* de
televisió, televisor *m.*
televise ('telivaiz) *t.* televisar.
tell (to) (tel) *t.* narrar, dir, explicar. *2* dir,
manar, ordenar. *3* distingir, conèixer; en-
devinar. ‖ *to ~ on someone,* bescantar algú;
~ me another!, sí, home!, I què més!; *there
is no telling,* no es pot preveure. ▲ Pret. i
p. p.: *told* (tould).
telling ('teliŋ) *a.* eficaç, contundent. *2* ex-
pressiu, revelador.
temerity (tiˈmeriti) *s.* temeritat *f.*
temper ('tempəʳ) *s.* geni *m.*, humor *m.: in
a good ~,* de bon humor. *2* còlera, geni. ‖
LOC. *to keep one's ~,* dominar-se, contenir-
se; *to lose one's ~,* perdre els estreps, en-
furismar-se. *2* TECNOL. tremp, punt de du-
resa [del metall, etc.].
temper (to) ('tempəʳ) *t.* TECNOL. trempar. *2*
fig. temperar, moderar. ■ *3 i.* temperar-se
p.
temperament ('tempərəmənt) *s.* tempera-
ment *m.* [persona].
temperance ('tempərəns) *s.* temperància *f.*,
moderació *f.* *2* sobrietat *f.;* abstinència
[alcohol].
temperate ('tempərit) *a.* temperat, mode-
rat.
temperature ('tempritʃəʳ) *s.* temperatura *f.*
2 MED. febre *f.: to have a ~,* tenir febre.
tempest ('tempist) *s.* tempesta *f.* *2* fig. agi-
tació *f.*, convulsió *f.*
tempestuous (temˈpestʃuəs) *a.* tempestuós,
agitat [també fig.]. ■ *2* **-ly** *adv.* tempestuo-
sament.
temple ('templ) *s.* temple *m.* *2* ANAT. templa
f.
temporal ('tempərəl) *a.* temporal. *2* tran-
sitori, terrenal.

temporary ('tempərəri) *a.* temporal, provisional, interí. ‖ ~ **work,** treball eventual.

temporize (to) ('tempəraiz) *i.* contemporitzar; guanyar temps.

tempt (to) (tempt) *t.* temptar, induir, seduir.

temptation (temp'teiʃən) *s.* temptació *f.*

tempter ('temptə^r) *s.* temptador.

tempting ('temtiŋ) *a.* temptador, atractiu, seductor.

ten (ten) *a.* deu. ▪ *2 s.* deu *m.;* desena *f.* ‖ LOC. ~ *to one,* molt probablement.

tenable ('tenəbl) *a.* defensable, sostenible.

tenacious (ti'neiʃəs) *a.* tenaç; ferm. ▪ *2* -**ly** *adv.* tenaçment, amb tenacitat.

tenacity (ti'næsiti) *s.* tenacitat *f.*

tenant ('tenənt) *s.* llogater, inquilí, arrendatari.

tend (to) (tend) *t.* atendre, vigilar, custodiar. ▪ *2 i.* tendir a, inclinar-se *p.* a, tirar a.

tendency ('tendənsi) *s.* tendència *f.;* propensió *f.*

tender ('tendə^r) *a.* tendre, tou. *2* delicat, sensible. *3* adolorit, sensible. *4* escrupolós. ▪ *5 s.* COM. oferta *m.,* proposta *m.* ‖ *by* ~, per adjudicació.

tender (to) ('tendə^r) *t.* oferir, presentar, donar. ▪ *2 i.* fer una oferta.

tenderness ('tendənis) *s.* tendresa *f.,* suavitat *f. 2* sensibilitat *f.*

tendon ('tendən) *s.* ANAT. tendó *m.*

tendril ('tendril) *s.* BOT. circell *m.*

tenement ('tenimənt) *s.* habitatge *m.,* pis *m.:* ~-*house,* bloc *m.* de pisos.

tenet ('tenit) *s.* principi *m.;* creença *f.;* dogma *m.*

tennis ('tenis) *s.* ESPORT tennis *m.*

tennis elbow (‚tenis'elbou) *s.* MED. colze *m.* de tenis.

tennis court ('tenniskɔ:t) *s.* pista *f.* de tenis.

tenor ('tenə^r) *s.* MÚS. tenor *m. 2* contingut *m.,* significat *m. 3* curs *m.,* tendència *f.*

tense (tens) *a.* tens, tibant [també fig.]. ▪ *2 s.* GRAM. temps *m.* [verb].

tense (to) (tens) *t.* tensar, tibar.

tension ('tenʃən) *s.* tensió *f.,* tibantor *f.* [també fig.]. *2* ELECT. voltatge *m.*

tent (tent) *s.* tenda *f.* de campanya.

tentacle ('tentəkl) *s.* tentacle *m.*

tentative ('tentətiv) *a.* provisional; de temp-teig. ▪ *2* -**ly** *adv.* provisionalment; sense gran confiança.

tenth (tenθ) *a.*-*s.* desè.

tenuous ('tenjuəs) *a.* tènue; subtil. *2* prim.

tenure ('tenjuə^r) *s.* possessió *f. 2* ocupació *f.,* exercici *m.* [d'un càrrec].

tepid ('tepid) *a.* tebi, temperat [també fig.].

Terence ('terəns) *n. pr. m.* Terenci.

term (tə:m) *s.* termini *m.;* període *m. 2* trimestre *m.* [universitat, escola, etc.]. *2* trimestre *m.* [universitat, escola, etc.]. *3* MAT., LÒG., LING. terme *m. 4 pl.* condicions *f.: to come to* ~*s,* arribar a un acord, acceptar, adaptar-se a. *5 pl.* relacions *f.: to be on good* ~*s,* estar en bones relacions.

term (to) (tə:m) *t.* anomenar, denominar.

terminal ('tə:minl) *a.* terminal, final. ▪ *2 s.* AERON., NÀUT., FERROC. terminal *f. 3* ELECT. born *m.,* polo *m.*

terminate (to) (tə:mineit) *t.* acabar, concloure, finalitzar. ▪ *2 i.* acabar-se *p.,* concloure's *p.*

termination (‚te:mi'neiʃən) *s.* acabament *m.,* fi *f. 2* GRAM. terminació *f.*

terminus ('tə:minəs) *s.* estació *f.* terminal, terminal *f.* [autobús, tren, etc.]. ▲ *pl.* **termini** ('tə:minai), **terminuses** ('tə:minəsiz).

terrace ('terəs) *s.* AGR. terrassa *f. 2* ESPORT graderia *f. 3* filera *f.* ‖ ~ *houses,* filera de cases contigües [normalment idèntiques]. *4* (EUA) terrassa *f.*

terrestrial (ti'restriəl) *a.* terrestre.

terrible ('teribl) *a.* terrible, horrible, fatal.

terribly ('teribli) *adv.* terriblement. *2* fam. espantosament.

terrier ('teriə^r) *s.* ZOOL. terrier *m.*

terrific (te'rifik) *a.* terrorífic. *2* fam. fantàstic, fabulós, bàrbar.

terrify (to) ('terifai) *t.* terroritzar, aterrir.

territory ('teritəri) *s.* territori *m.*

terror ('terə^r) *s.* terror *m.,* espant *m.*

terrorism ('terərizəm) *s.* terrorisme *m.*

terrorist ('terərist) *a.*-*s.* terrorista.

Terry ('teri) *n. pr.* (dim. de *Terence, Theresa*) Terenci *m.,* Tere *f.*

terse (tə:s) *a.* concís, breu. ▪ *2* -**ly** *adv.* concisament.

test (test) *s.* examen *m. 2* prova *f.,* assaig *m. 3* PSICOL. test *m. 4* MED. anàlisi *f.*

test tube ('test‚tju:b) *s.* tub *m.* d'assaig, proveta *f.* ‖ ~ *baby,* nen proveta.

test (to) (test) *t.* examinar, provar, experimentar, posar a prova. *2* analitzar.

testament ('testəmənt) *s.* testament *m.: New Testament,* Nou Testament.

testify (to) ('testifai) *t.* testimoniar, donar fe de. ▪ *2 i.* DRET declarar.

testimonial (testi'mounjiəl) *s.* certificat *m.,* testimonial *m. 2* recomanació *f.,* carta *f.* de recomanació. *3* testimoni *m.* de gratitud.

testimony ('testiməni) *s.* testimoni *m.,* declaració *f.*

testy ('testi) *a.* irritable, susceptible.

tête-a-tête (‚teitɑ:'teit) *s.* conversa *f.* confidencial. ▪ *2 adv.* a soles.

tether ('teðə^r) *s.* ronsal *m.* ‖ LOC. fig. *at the* *end of one's* ~, fart, tip; esgotat; a les últimes.

tether (to) ('teðə^r) *t.* lligar [amb un ronsal].

text (tekst) *s.* text *m.* 2 tema *m.* [d'un discurs, etc.].

textbook ('tekstbuk) *s.* llibre *m.* de text.

textile ('tekstail) *a.* tèxtil *m.:* ~ *mill*, fàbrica *f.* de teixits.

Thames (temz) *n. pr.* GEOGR. Tàmesis *m.*

than (ðæn, ðən) *conj.* que [en comparatius]: *he is taller* ~ *you*, és més alt que tu. 2 de [amb nombres]: *not more* ~ *five*, no més de cinc.

thank (to) (θæŋk) *t.* agrair, donar les gràcies: ~ *you*, gràcies; ~ *you very much*, moltes gràcies.

thankful ('θæŋkful) *a.* agraït. ■ 2 **-ly** *adv.* amb agraïment, amb gratitud.

thankfulness ('θæŋkfulnis) *s.* agraïment *m.*, gratitud *f.*

thankless ('θæŋklis) *a.* ingrat, desagraït.

thanksgiving ('θæŋks,giviŋ) *s.* acció *f.* de gràcies. ‖ (EUA) *Thanksgiving Day*, Dia d'Acció de Gràcies.

that (ðæt) *a.* aquell, aquella, (VAL.) eixe, eixa. ■ 2 *pron. pers.* aquest, (VAL.) este, aquesta (VAL.) esta, aquell, aquella: *who's* ~?, qui és aquest? 3 això (VAL.) açò, allò. 4 *pron. rel.* que: *the girl* ~ *you saw*, la noia que vas veure. 5 *so* ~, per tal que. ■ 6 *adv.* tan: ~ *far*, tan lluny; ~ *big*, així de gros.

thatch (θætʃ) *s.* palla *f.* seca; sostre *m.* de palla seca.

thatched (θætʃt) *a.* de palla. ‖ ~ *cottage*, caseta amb sostre de palla.

thaw (θɔ:) *s.* desglaç *m.*, fosa *f.*

thaw (to) (θɔ:) *t.* desglaçar, fondre. ■ 2 *i.* desglaçar-se *p.*, fondre's *p.*

the (ðə; davant vocal, ði:) *art.* el, la, els, les, (BAL.) es, sa, ses. ■ 2 *adv.* ~ *more he has*, ~ *more he wants*, com més té més vol.

theatre, (EUA) **theater** ('θiətə^r) *s.* teatre *m.* ‖ *variety* ~, teatre de varietats.

theatregoer, (EUA) **theatergoer** ('θiətə,gouə^r) *s.* afeccionat al teatre.

theatrical (θi'ætrikəl) *a.* teatral. 2 exagerat. 3 *pl. amateur* ~*s*, teatre *m.* d'afeccionats.

theft (θeft) *s.* robatori *m.*, furt *m.*

them (ðem, ðəm) *pron. pers.* els, 'ls, les, los. 2 (amb preposició) ell, ella: *to* ~, a ells, a elles.

theme (θi:m) *s.* tema *m.*

theme song ('θi:msɔŋ) *s.* CINEM., tema *f.* musical.

themselves (ðəm'selvz) *pron. pers.* ells mateixos, elles mateixes. 2 se, s'.

then (ðen) *adv.* llavors. ‖ *what are we doing* ~?, què fem, doncs?; ~ *it started raining*, llavors va començar a ploure. 2 després:

we'll have soup and ~ *fish*, menjarem sopa i després peix. ‖ *now and* ~, de tant en tant; ~ *and there*, allà mateix.

thence (ðens) *adv.* form. des d'allà. 2 per tant.

thenceforth ('ðens'fɔ:θ) *adv.* des d'aleshores.

theology (θi'ɔlədʒi) *s.* teologia *f.*

theoretic(al (θiə'retik, -əl) *a.* teòric. ■ 2 *theoretically*, adv. teòricament, en teoria.

theory ('θiəri) *s.* teoria *f.*

there (ðɛə^r, ðə^r) *adv.* allà, allí. 2 ~ *is*, hi ha (sing); ~ *are*, hi ha (pl.); ~ *was*, hi havia (sing.); ~ *were*, hi havia (pl.). 3 ~ *he is*, ja és aquí.

thereabouts ('ðɛərə,bauts) *adv.* aproximadament; més o menys; si fa no fa.

thereafter (ðɛər'ɑ:ftə^r) *adv.* després (d'això).

thereby ('ðɛə'bai) *adv.* d'aquesta manera, així.

therefore ('ðɛəfɔ:^r) *adv.* per tant, per això mateix.

therein (ðɛər'in) *adv.* allà; pel que fa a això.

thereof (ðɛər'ɔv) *adv.* d'això, d'allò.

Theresa (tə'ri:zə) *n. pr. f.* Teresa.

thereupon (,ðɛərə'pɔn) *adv.* llavors; com a conseqüència.

thermometer (θe'mɔmitə^r) *s.* termòmetre *m.*

thermos flask ('θə:məs flɑ:sk) *s.* termos *m.*

these (ði:z) *a.-pron. pl.* de THIS.

thesis ('θi:sis) *s.* tesi *f.* ■ *pl. theses* ('θi:si:z).

their (ðɛə^r) *a. poss.* els seus, les seves.

theirs (ðɛəz) *pron. poss.* (el) seu, (la) seva, (els) seus, (les) seves [d'elles, d'elles].

they (ðei) *pron. pers.* ells, elles.

thick (θik) *a.* gruixut, (BAL.) gruixat, (VAL.) gros. ‖ *two inches* ~, de dues polzades de gruix. 2 espès, poblat [bomba]. ‖ ~ *with*, ple de. 3 seguit, continuat. 4 tèrbol, nebulós. 5 curt, talòs [persona]. 6 ronc [veu]. 7 dur d'orella. 8 íntim [amic]. ■ 9 *s.* gruix *m.*, gruixària *f.* ‖ *through* ~ *and thin*, incondicionalment.

thicken (to) ('θikən) *t.* espessir. 2 complicar. ■ 3 *i.* espessir-se *p.* 4 complicar-se *p.*

thicket ('θikit) *s.* garriga *f.*

thickness ('θiknis) *s.* espessor *f.*, densitat *f.*, gruix *m.* 2 copa *f.*, pis *m.*

thief (θi:f) *s.* lladre *m.*

thieve (to) (θi:v) *i.* robar, (VAL.) furtar.

thigh (θai) *s.* ANAT. cuixa *f.*

thimble ('θimbl) *s.* didal *m.*

thin (θin) *a.* prim. ‖ ~*-skinned*, hipersensible [persona]. 2 tènue, lleuger. 3 poc dens; buit; esclarissat. 4 pobre, escàs. 5 dèbil, agut, fluix [veu].

thin (to) (θin) *t.* aprimar, fer aprimar. 2 desatapeir. *3* desespessir. *4* disminuir, afluixar. ■ *5 i.* aprimar-se *p.* 6 esllanguir-se *p.* 7 desatapeir-se *p.* 8 desespessir-se *p.*

thing (θiŋ) *s.* cosa *f.* ‖ *for one* ~, en primer lloc; *poor* ~!, pobret!; *to have a* ~ *about*, tenir obsessió per.

think (to) (θiŋk) *t.-i.* pensar. *2 t.* considerar, creure. ‖ *I don't* ~ *so*, em sembla que no. *3* imaginar-se *p.: I can't* ~ *why she didn't come*, no em puc imaginar perquè no va venir. *4* tenir la intenció de. ‖ *I* ~ *I'll stay in*, em sembla que em quedaré a casa. *5 to* ~ *about*, pensar en; reflexionar, considerar. ‖ ~ *about it*, pensa-t'ho; pensa-hi; *to* ~ *of*, pensar en. ▲ Pret. i p. p.: *thought* (θɔ:t).

thinker ('θiŋkəʳ) *s.* pensador.

third (θə:d) *a.* tercer. ■ *2 s.* terç *m.*, tercera part *f.*

thirst (θə:st) *s.* set *f.* [també fig.].

thirst (to) (θə:st) *i. to* ~ *(for)*, tenir set. *2* fig. anhelar, desitjar.

thirsty ('θə:sti) *a.* assedegat. ‖ *to be* ~, tenir set.

thirteen (ˌθə:'ti:n) *a.* tretze. ■ *2 s.* tretze *m.*

thirteenth ('θə:'ti:nθ) *a.* tretzè.

thirtieth ('θə:tiiθ) *a.* trentè.

thirty ('θə:ti) *a.* trenta. ■ *2 s.* trenta *m.*

this (ðis) *a.-pron.* aquest, (VAL.) este, aquesta, (VAL.) esta.

thistle ('θisl) *s.* BOT. card *m.*

thither ('ðiðəʳ) *adv.* ant. allà, cap allà.

thong (θɔŋ) *s.* corretja *f.*

thorn (θɔ:n) *s.* BOT. espina *f.*, punxa *f.* 2 fig. problema *m.*, dificultat *f.*, embolic *m.*

thorny ('θɔ:ni) *a.* ple de punxes, espinós. *2* fig. espinós, difícil.

thorough ('θʌrə) *a.* complet, total. *2* minuciós.

thoroughbred ('θʌrəbred) *a.-s.* pura sang, raça.

thoroughfare ('θʌrəfɛəʳ) *s.* carrer *m.*, via *f.* pública.

those (ðouz) *a.-pron. pl.* de THAT.

thou (ðau) *pron. pers.* ant., liter. tu.

though (ðou) *conj.* tot i que, encara que. *2 as* ~, com si. ■ *3 adv.* tanmateix.

thought (θɔ:t) Veure THINK (TO). ■ *2 s.* pensament *m.*, idea *f.* ‖ *on second* ~*s*, pensant-ho millor.

thoughtful ('θɔ:tful) *a.* pensarós, meditabund. *2* considerat, atent, sol·lícit. ■ *3 -ly adv.* pensativament. *4* atentament.

thoughtfulness ('θɔ:tfulnis) *s.* seriositat *f.* 2 atenció *f.*, consideració *f.*

thoughtless ('θɔ:tlis) *a.* irreflexiu. *2* egoista, desconsiderat.

thoughtlessness ('θɔ:tlisnis) *s.* irreflexió *f.;*

lleugeresa *f.* 2 egoisme *m.;* desconsideració *f.*

thousand ('θauzənd) *a.* mil. ■ *2 s. a* ~, *one* ~, mil *m.*, un miler *m.*

thousandth ('θauzənθ) *a.* mil·lèsim, milè. ■ *2 s.* mil·lèsim *m.*, milè *m.*

thrash (to) (θræʃ) *t.* colpejar, pegar, apallissar. *2* debatre, moure. *3 to* ~ *out*, esclarir; esbrinar, aclarir. ■ *4 i.* debatre's *p.*, moure's *p.*

thrashing ('θræʃiŋ) *s.* pallissa *f.*, estomacada *f.*, allisada *f.*

thread (θred) *s.* fil *m.* 2 femella *f.* [de cargol].

thread (to) (θred) *t.* enfilar. *2* caragolar [un caragol]. ■ *3 i.* lliscar, passar.

threat (θret) *s.* amenaça *f.*

threaten (to) ('θretn) *t.-i.* amenaçar *t.*

threatening ('θretniŋ) *a.* amenaçador.

three (θri:) *a.* tres. ■ *2 s.* tres *m.*

thresh (to) (θreʃ) *t.-i.* AGR. batre, trillar.

threshing ('θreʃiŋ) *s.* AGR. batuda *f.*

threshing floor ('θreʃiŋflɔ:ʳ) *s.* AGR. era *f.*

threshing machine ('θreʃiŋməˌʃi:n) *s.* AGR. màquina *f.* de batre, trilladora *f.*

threshold ('θreʃ(h)ould) *s.* llindar *m.*

threw (θru:) *pret.* de THROW (TO).

thrift (θrift) *s.* economia *f.*, frugalitat *f.*

thriftless ('θriftlis) *a.* malgastador, malbaratador.

thrifty ('θrifti) *a.* econòmic, frugal. *2* (EUA) pròsper.

thrill (θril) *s.* calfred *m.*, estremiment *m.* 2 emoció *f.* forta, excitació *f.* 3 esgarrifança *f.*

thrill (to) (θril) *t.* estremir; esgarrifar. *2* emocionar, excitar. *3* commoure, colpir. ■ *4 i.* estremir-se *p.*, esgarrifar-se *p.* 5 emocionar-se *p.*, excitar-se *p.* 6 commoure's *p.* 7 tenir calfreds.

thriller ('θriləʳ) *s.* novel·la *f.*, film *m.* esborronador.

thrive (to) (θraiv) *i.* créixer, prosperar. ‖ Pret.: *throve* (θrouv) o *thrived* (θraivd); p. p.: *thrived* o *thrived* ('θrivn).

throat (θrout) *s.* gola *f.*, gorja *f.*, coll *m.: sore* ~, mal *m.* de coll.

throb (θrɔb) *s.* batec *m.*, palpitació *f.*

throb (to) (θrɔb) *i.* bategar, palpitar.

throe (θrou) *s.* angoixa *f.*, patiment *m.*, dolor *m.*

throne (θroun) *s.* tron *m.*

throng (θrɔŋ) *s.* gentada *f.*, munió *f.*

throng (to) (θrɔŋ) *i.* apinyar-se *p.*, apilotar-se *p.* ■ *2 t.* omplir de gom a gom.

throttle ('θrɔtl) *s.* vàlvula *f.* reguladora.

throttle (to) ('θrɔtl) *t.* escanyar, estrangular. *2 to* ~ *down*, afluixar, reduir la marxa.

through (θru:) *prep.* per, a través de. *2* per

mitjà de, a causa de. ■ *3 adv.* de banda a banda; completament. ‖ *to be wet* ~, estar totalment хор; *to carry the plan* ~, dur a terme el pla. ■ *4 a.* directe [tren, etc.].

throughout (θru:'aut) *prep.* per tot. ‖ ~ *the country,* arreu del país. *2* durant tot: ~ *the year,* durant tot l'any. ■ *2 adv.* per tot arreu. ‖ *the chair was rotten* ~, la cadira era tota ben podrida.

throve (θrouv) Veure THRIVE (TO).

throw (θrou) *s.* llançament *m.* *2* tirada *f.*

throw (to) (θrou) *t.* tirar, llençar, llançar. *2* estendre, desplegar. *3* donar [la culpa]. *4* coHoq. fer [una festa]. *5* posar. ■ *to* ~ *away,* llençar [a les escombraries]; malbaratar, desaprofitar; *to* ~ *back,* reflectir; tornar, retornar; refusar; fer enrera; retardar; *to* ~ *down,* llençar [de dalt a baix]; tirar a terra, abatre; *to* ~ *in,* tirar-hi; afegir; intercalar; *to* ~ *off,* treure's del damunt; renunciar [a un costum]; abandonar; despistar, fer perdre; *to* ~ *open,* obrir de bat a bat; *to* ~ *out,* treure, proferir; expulsar, fer [llum, pudor, soroll], arrelar; fer ressaltar; *to* ~ *over,* abandonar, deixar; posar-se [roba al damunt]; *to* ~ *up,* llençar enlaire; aixecar; vomitar. ▲ Pret.: *threw* (θru); p. p.: *thrown* (θroun).

thrown (θroun) Veure THROW (TO).

thrush (θrʌʃ) *s.* ORN. tord *m.*

thrust (θrʌst) *s.* atac *m.*, escomesa *f.* *2* empenta *f.* *3* MEC. empenyiment *m.*

thrust (to) (θrʌst) *t.* empènyer, empentar. *2* ficar, introduir. ‖ *to* ~ *one's way,* obrir-se *p.* camí. ■ *2 i.* fer-se *p.* endavant; escometre. ▲ Pret. i p. p.: *thrust* (θrʌst).

thud (θʌd) *s.* patacada *f.;* cop *m.* sord.

thumb (θʌm) *s.* polze *m.*, dit *m.* gros.

thumbtack ('θʌmtæk) *s.* (EUA) xinxeta *f.*

thump (θʌmp) *s.* patacada *f.*, trompada *f.*

thump (to) (θʌmp) *t.-i.* donar cops de puny, donar patacades, estorar.

thunder ('θʌndəʳ) *s.* tro *m.* *2* fig. fragor *m.*, terrabastall *m.*

thunder (to) ('θʌndəʳ) *i.* tronar. *2* fig. retrunyir.

thunderbolt ('θʌndəboult) *s.* llamp *m.* *2* fig. daltabaix *m.*, catàstrofe *m.*, desgràcia *f.*

thunderclap ('θʌndəklæp) *s.* tro *m.;* tronada *f.* *2* fig. males notícies *f. pl.* [sobtades].

thunderstorm ('θʌndəstɔːm) *s.* tronada *f.*, tempestat *f.* amb trons.

thunderstruck ('θʌndəstrʌk) *a.* liter. atordit, atabalat, sorprès.

Thursday ('θəːzdi, -dei) *s.* dijous *m.*

thus (ðʌs) *adv.* d'aquesta manera, així. ‖ ~ *far,* fins ara.

thwart (to) (θwɔːt) *t.* obstruir, frustrar, impedir.

thyme (taim) *s.* BOT. farigola *f.*

tick (tik) *s.* tic-tac *m.* *2* coHoq. moment *m.*, minut *m.* ‖ *I'll be here in two* ~*s,* arribaré en un no res. *3* marca *m.;* senyal *m.* *4* ZOOL. paparra *f.*

tick (to) (tik) *i.* fer tic-tac [rellotge, taxímetre, etc.]. *2* coHoq. comportar-se *p.*, actuar. ■ *3 t. to* ~ *off,* marcar, senyalar.

ticket ('tikit) *s.* bitllet *m.*, entrada *f.;* tiquet *m.* ‖ *return* ~, bitllet d'anada i tornada. *2* etiqueta *f.* [en roba, electrodomèstics, etc.]. *3* (EUA) POL. llista *f.* de candidats, candidatura *f.* *4* multa *f.* de trànsit.

ticket office ('tikitɔfis) *s.* taquilla *f.;* despatx *m.* de bitllets.

tickle ('tikl) *s.* pessigolles *f. pl.*, pessigolleig *m.*

tickle (to) ('tikl) *t.* fer pessigolles. *2* divertir. *3* feu venir pessigolles. ■ *4 i.* tenir pessigolles. *5* sentir pessigolleig.

ticklish ('tikliʃ) *a.* pessigoller. *2* delicat [afer].

tide (taid) *s.* marea *f.* *2* opinió *f.*, corrent *m.;* tendència *f.*

tidily ('taidili) *adv.* en ordre, pulcrament.

tidiness ('taidinis) *s.* polidesa *f.*, netedat *f.;* ordre *m.*

tidings ('taidiŋz) *s. pl.* ant. notícies *f.*

tidy ('taidi) *a.* net; endreçat; polit; ordenat. *2* considerable. ‖ *a* ~ *amount,* una bona quantitat. *3 pl.* calaix *m.* dels mals endreços.

tidy (to) (taidi) *t.* netejar; endreçar; ordenar.

tie (tai) *s.* cinta *f.*, cordó *f.*, lligall *m.* *2* llaç *m.*, nus *m.* *3* corbata *f.* *4* lligam *m.* *5* ESPORT empat *m.* *6* MÚS. lligat *m.* *7* fig. lligam *m.*, destorb *m.*

tie (to) (tai) *t.* lligar. *2* cordar. *3* fer un nus. ■ *4 i.* lligar-se *p.* *5* ESPORT empatar. *6* anar lligat. ‖ *where does that* ~, on va lligat això?

tier (tiəʳ) *s.* renglera *f.*, filera *f.;* grada *f.*

tie-up ('taiʌp) *s.* lligam *m.*, enllaç *m.* *2* fig. bloqueig *m.*, paralització *f.*

tiger ('taigəʳ) *s.* tigre *m.*

tight (tait) *a.* fort: *hold me* ~, agafa'm fort. *2* ben lligat, fort. *3* hermètic. *4* estret, ajustat [roba, sabates]. *5* tibant, estirat [corda]. *6* coHoq. borratxo. ‖ *to be in a* ~ *spot,* ajustar, trobar-se en un mal pas.

tighten (to) ('taitn) *t.* ajustar, estrènyer. *2* tibar. ■ *3 i.* ajustar-se *p.*, estrènyer-se *p.* *4* tibar-se *p.*

tightness ('taitnis) *s.* tibantor *f.*, tensió *f.* *2* estretor *f.*

tights (taits) *n. pl.* mitges *f.*, pantis *m.*

tile (tail) *s.* rajola *f.* *2* teula *f.*

tile (to) (tail) *t.* enrajolar, posar teules.
till (til) *prep.* Veure UNTIL.
till (to) (til) *t.* AGR. cultivar, conrear.
tillage ('tilidʒ) *s.* AGR. conreu *m.*, cultiu *m.*
tiller ('tilə') *s.* AGR. llaurador, conreador. *2* NÀUT. canya *f.* del timó.
tilt (tilt) *s.* inclinació *f.*, pendent *m.* *2* escomesa *f.*, cop *m.* de llança. ‖ *at full* ∼, a tota marxa.
tilt (to) (tilt) *t.* inclinar, decantar. *2* escometre. ■ *3 i.* inclinar-se *p.*, decantar-se *p.* *4* HIST. justar.
timber ('timbə') *s.* fusta *f.* tallada, tauló *m.* *2* biga *m.* *3* arbres *m. pl.* per a fusta.
time (taim) *s.* temps *m.*; hora *f.* ‖ *at a* ∼, de cop, en un sol cop; *at any* ∼, a qualsevol hora; *at no* ∼, mai; *at the same* ∼, alhora; *for the* ∼ *being,* ara com ara, de moment; *from* ∼ *to* ∼, de tant en tant; *in* ∼, a temps; *on* ∼, puntual; *to have a good* ∼, passar-ho bé; *what* ∼ *is it?, what's the* ∼*?,* quina hora és? *2* MÚS. compàs *m.*
time (to) (taim) *t.* triar el moment. *2* cronometrar. *3* regular, adaptar, fer coincidir.
timekeeper ('taim,ki:pə') *s.* cronòmetre *m.* *2* cronometrador [persona].
timeless ('taimlis) *a.* etern. *2* sense durada.
timely ('taimli) *adv.* oportú.
time-table ('taim,teibl) *s.* horari *m.*
timidity (ti'miditi) *s.* timidesa *f.*
timid ('timid) *a.* tímid; espantadís.
timorous ('timərəs) *a.* poruc, espantadís; tímid.
tin (tin) *s.* estany *m.* *2* llauna *f.*, (BAL.), (VAL.) llanda *f.*
tin (to) (tin) *t.* estanyar. *2* enllaunar. ‖ ∼*ned goods,* conserves.
tincture ('tiŋktʃə') *s.* MED. tintura *f.*
tincture (to) ('tiŋktʃə') *t.* tintar; tenyir.
tinder ('tində') *s.* esca *f.*
tinge (tindʒ) *s.* matís *m.* [també fig.].
tinge (to) (tindʒ) *t.* matisar. *2* fig. tenir regust de.
tingle ('tiŋgl) *s.* formigueig *m.*; coïssor *f.*
tingle (to) ('tiŋgl) *i.* coure; sentir formigueig.
tinkle ('tiŋkl) *s.* dringadissa *f.*, dring *m.*
tinkle (to) ('tiŋkl) *i.* dringar. ■ *2 t.* fer dringar.
tinsel ('tinsəl) *s.* oripell *m.* [també fig.].
tint (tint) *s.* matís *m.*, ombra *f.* [de color]. *2* tint *m.* [cabell].
tint (to) (tint) *t.* tintar, tenyir. *2* matisar.
tiny ('taini) *a.* petitet, petitó, minúscul.
tip (tip) *s.* extrem *m.*, punta *f.* *2* (G.B.) abocador *m.* [d'escombraries]. *4* pronòstic *m.*, indicacions *f. pl.* *5* propina *f.*
tip (to) (tip) *t.* posar punta, cobrir l'extrem.

2 moure; aixecar; inclinar. *3* buidar, abocar. *4* ser el factor decisiu. *5* tocar lleugerament. *6* donar propina a. *7* avisar, aconsellar. ■ *8 i.* moure's *p.*; aixecar-se *p.*; inclinar-se *p.* *9* buidar-se *p.*
tipsy ('tipsi) *a.* alegre, una mica begut.
tiptoe ('tiptou) *s. adv. on* ∼, de puntetes.
tiptoe (to) ('tiptou) *i.* anar de puntetes.
tirade (tai'reid) *s.* diatriba *f.*, invectiva *f.*
tire (to) ('taiə') *t.* cansar. ■ *2 i.* cansar-se *p.*
tired ('taiəd) *a.* cansat. ‖ ∼ *out,* exhaust.
tiredness ('taiədnis) *s.* cansament *m.*
tireless ('taiəlis) *a.* incansable.
tiresome ('taiəsəm) *a.* enutjós; pesat.
tiring ('taiəriŋ) *a.* cansat, pesat, esgotador.
tissue ('tisju:, tiʃju:) *s.* teixit *m.* *2* BIOL. teixit *m.* *3* fig. xarxa, sèrie, conjunt.
tissue paper ('tiʃu:,peipə') *s.* paper *m.* de seda, paper *m.* fi.
tit (tit) *s.* ORN. mallerenga *f.* *2* pop. mamella *f.* *3* col·loq. talòs, totxo. *4* LOC. ∼ *for tat,* qui la fa, la paga; tal faràs, tal trobaràs.
titbit ('titbit) fig. llaminadura *f.*, temptació *f.*
tithe (taið) *s.* HIST., REL. delme *m.*
title ('taitl) *s.* títol *m.*
title deed ('taitl,di:d) *s.* DRET títol *m.* de propietat.
title page ('taitl'peidʒ) *s.* portada *f.* [llibre].
titter ('titə') *s.* rialleta *f.*
titter (to) ('titə') *i.* riure per sota el nas.
titular ('titjulə') *a.-s.* titular.
to (tu:, tu, tə) *prep.* a: ∼ *the left,* a l'esquerra, cap a l'esquerra. *2* fins a. *3* per, per a. *4 a quarter* ∼ *three,* tres quarts de tres. *5 I have* ∼ *go,* hi he d'anar. ▲ TO davant de verb és marca d'infinitiu.
toad (toud) *s.* ZOOL. gripau *m.*
toast (to) (toust) *t.* torrar. *2* brindar. ■ *3 i.* torrar-se *p.*
toast (toust) *s.* torrada *f.*, pa *m.* torrat. *2* brindis *m.*
toaster ('toustə') *s.* torradora *f.*
tobacco (tə'bækou) *s.* tabac *m.*
tobacconist (tə'bækənist) *s.* estanquer. ‖ ∼*'s,* estanc *m.*
today, to-day (tə'dei) *adv.-s.* avui, (VAL.) hui.
toe (tou) *s.* dit *m.* del peu. *2* punta *f.* [de sabata, mitjó, mitja, etc.].
toe-nail ('touneil) *s.* ungla *f.* [del dit del peu].
together (tə'geðə') *adv.* junts. *2* alhora, al mateix temps. *3* d'acord. *4* ininterrompudament. ‖ *to come* ∼, reunir-se, ajuntar-se; *to go* ∼, sortir, festejar; harmonitzar, fer joc; *to hang* ∼, tenir lògica, tenir cap i peus.
toil (tɔil) *s.* treball *m.*, esforç *m.*

toil (to) (tɔil) *i.* esforçar-se *p.*, afanyar-se *p.* 2 moure's *p.*, amb dificultat.

toilet ('tɔilit) *s.* lavabo *m.;* cambra *f.* de bany, wàter *m.* 2 neteja *f.* personal.

toilet bag ('tɔilitbæg) *s.* necesser *m.*

toilet paper ('tɔilit,peipəʳ) *s.* paper *m.* higiènic.

toiletries ('tɔilitriz) *s. pl.* articles *m.* de tocador.

toilet roll ('tɔilit,roul) *s.* rotlle *m.* de paper higiènic.

toilet soap ('tɔilit,soup) *s.* sabó *m.* de rentarse les mans.

toilsome ('tɔilsəm) *a.* cansat, pesat, feixuc.

token ('toukən) *s.* senyal *m.*, marca *f.*, indici *f.* ■ 2 *a.* simbòlic.

Tokyo ('toukjou) *n. pr.* GEOGR. Tòquio *m.*

told (tould) Veure TELL (TO).

tolerance ('tɔlərəns) *s.* tolerància *f.*

tolerant ('tɔlərənt) *a.* tolerant.

tolerate (to) ('tɔləreit) *t.* tolerar.

toll (toul) *s.* peatge *m.* 2 danys *m. pl.*, pèrdues *f. pl.* 3 repic *m.* [de campana].

toll (to) (toul) *t.-i.* (fer) tocar [campana].

tomato (tə'mɑːtou, (EUA) tə'meitou) *s.* BOT. tomàquet *m.*, tomate *f.*, (BAL.), (VAL.) tomàtiga *f.*

tomb (tuːm) *s.* tomba *f.*, sepulcre *m.*

tombstone ('tuːmstoun) *s.* pedra *f.* de tomba, làpida *f.*

tomcat ('tɔm,kæt) *s.* ZOOL. gat *m.* [mascle].

tome (toum) *s.* llibrot *m.*

tomorrow (tə'mɔrou) *adv.-s.* demà. ‖ *the day after* ~, demà passat, (BAL.) passat demà, (VAL.) després demà.

ton (tʌn) *s.* tona *f.*

tone (toun) *s.* to *m.* [també fig.].

tone (to) (toun) *t.* donar to. 2 MÚS. entonar. ■ *to* ~ *down,* abaixar el to; assuaujar; *to* ~*in,* fer joc, harmonitzar [colors]; *to* ~ *up,* acolorir [també fig.].

tongs (tɔŋz) *s. pl.* pinces *f.*, molls *m.*

tongue (tʌŋ) *s.* ANAT. llengua *f.* ‖ fig. *to hold one's* ~, mossegar-se la llengua. 2 LING. llengua *f.* ‖ *mother* ~, llengua materna.

tongue twister ('tʌŋtwistəʳ) *s.* embarbussament *m.* [joc de paraules].

tonic ('tɔnik) *a.-s.* tònic.

tonight (tə'nait, tu-) *adv.-s.* aquesta nit, avui a la nit.

tonnage ('tʌnidʒ) *s.* tonatge *m.*

tonsil ('tɔnsl) *s.* amígdala *f.*

tonsure ('tɔnʃəʳ) *s.* tonsura *f.*

too (tuː) *adv.* massa: ~ *big,* massa gran. 2 ~ *much,* massa: ~ *much noise,* massa soroll. 3 ~ *many,* massa: ~ *many people,* massa gent. 4 també; a més (a més).

took (tuk) Veure TAKE (TO).

tool (tuːl) *s.* eina *f.*, (VAL.) ferramenta *f.*, estri *m.*, utensili *m.*

tooth (tuːθ) *s.* dent *f.*, queixal *m.* ‖ *to have a sweet* ~, ser llaminer. ▲ *pl. teeth* (tiːθ).

toothache ('tuːθeik) *s.* mal *m.* de queixal.

toothbrush ('tuːθbrʌʃ) *s.* raspall *m.* de dents.

toothless ('tuːθlis) *a.* esdentegat.

toothpaste ('tuːθpeist) *s.* pasta *f.* de dents, pasta *f.* dentrifícia.

toothpick ('tuːθpik) *s.* escuradents *m.*

top (tɔp) *s.* part *m.* superior, dalt *m.* ‖ *at the* ~, dalt de tot; *from* ~ *to bottom,* de dalt a baix, de cap a peus; *on (the)* ~, al (cap)-damunt; fig. *on the* ~ *of the world,* feliç, content, pels núvols; ~ *speed,* màxima velocitat.

top (to) (tɔp) *t.* coronar [cim, edifici], rematar. 2 acabar, posar fi. 3 sobrepassar, excedir. 4 escapçar, llevar la punta.

topaz ('toupæz) *s.* MINER. topaci *m.*

top hat ('tɔp'hæt) *s.* barret *m.* de copa. ■

topic ('tɔpik) *s.* tema *m.*, qüestió *f.* ■ 2 *a.* d'actualitat, d'interès [tema].

topmost ('tɔpmoust) *a.* més alt.

topple (to) ('tɔpl) *t.* fer caure; fer trontollar. 2 bolcar. ■ 3 *i.* caure; trontollar. 4 bolcar-se *p.*

torch (tɔːtʃ) *s.* torxa *f.*, atxa *f.* 2 fig. aclariment *m.*, solució *f.* 3 (G.B.) llanterna *f.*, lot *f.*

tore (tɔːʳ) Veure TEAR (TO).

torment ('tɔːmənt) *s.* turment *m.*, suplici *m.*

torment (to) (tɔː'ment) *t.* turmentar.

torn (tɔːn) Veure TEAR (TO). 2 *a.* estripat, trencat.

tornado (tɔː'neidou) *s.* tornado *m.*

torpedo (tɔː'piːdou) *s.* MIL., ICT. torpede *m.*

torpedo (to) (tɔː'piːdou) *t.* torpedinar, disparar torpedes.

torpedo boat (tɔː'piːdoubout) *s.* MIL. llanxa *f.* llançatorpedes.

torpor ('tɔːpəʳ) *s.* apatia *f.;* torpor *m.*

torrent ('tɔrənt) *s.* torrent *m.* [també fig.].

torrid ('tɔrid) *a.* tòrrid.

torsion ('tɔːʃən) *s.* torsió *f.*

tortoise ('tɔːtəs) *s.* ZOOL. tortuga *f.*

torture ('tɔːtʃə) *s.* tortura *f.*, turment *m.*

torture (to) ('tɔːtʃəʳ) *t.* torturar, turmentar.

toss (to) (tɔs) *t.* llençar, tirar (enlaire). 3 jugar-se *p.* a cara o creu. 4 fig. discutir, pensar. 5 brandar, balancejar. ■ 6 *i.* balancejar-se *p.*, agitar-se *p.*, moure's *p.*

toss-up ('tɔsʌp) *s.* cara o creu *m.* 2 dubte *m.*, probabilitat *f.* incerta.

tot (tɔt) *s.* petarrell, marrec. 2 col·loq. vas *m.* licorer.

tot (to) (tɔt) *t.-i. to* ~ *(up),* sumar, ascendir *a.*

total ('toutl) *a.* total. ■ *2 s.* total *m.* ■ *3* **-ly**
adv. totalment, completament.
totalitarian (ˌtoutæli'tɛəriən) *a.* totalitari.
totter (to) ('tɔtəʳ) *i.* fer tentines, vaciŀlar. *2*
amenaçar ruïna.
touch (tʌtʃ) *s.* toc *m.* 2 frec *m.* 3 tacte *m.*
[sentit]. *4* mica *f.*, petita quantitat *f.*, pes-
sic *m.* 5 contacte *m.: to be in* ~, estar en
contacte.
touch (to) (tʌtʃ) *t.* tocar. 2 pegar [per con-
tacte]. *3* assolir, arribar a. *4* tocar, afectar,
commoure. 5 ocupar-se *p.* de. ‖ *to* ~ *off,*
provocar, desencadenar; *to* ~ *up,* retocar.
■ *6 i.* tocar-se *p.*, estar de costat.
touchiness ('tʌtʃinis) *s.* susceptibilitat *f.*
touching ('tʌtʃiŋ) *a.* colpidor, commovedor.
■ *2 prep.* tocant a, pel que fa a.
touchstone ('tʌtʃstoun) *s.* pedra *f.* de foc.
touchy ('tʌtʃi) *a.* susceptible, irritable.
tough (tʌf) *a.* dur, corretjut [carn]. 2 dur,
fort, resistent. *3* fort, ferm, valent. *4* vio-
lent, rude, malcarat. *6* tossut; tenaç. *7* di-
fícil, complicat [problema].
toughen (to) ('tʌfn) *t.* endurir, enfortir [tam-
bé fig.]. ■ *2 i.* endurir-se *p.*, enfortir-se *p.*
[també fig.].
toughness ('tʌfnis) *s.* duresa *f.*; resistència
f. 2 tenacitat *f.*
tour (tuəʳ) *s.* viatge *m.*, excursió *f.* 2 volta
f.; visita *f.* [monument, etc.]. *3* gira *f.* ‖ *on*
~, de tourné.
tour (to) (tuəʳ) *i.* anar de viatge, fer turis-
me. *2* anar de gira, fer una gira.
tourist ('tuərist) *s.* turista. ■ *2 a.* turista, tu-
rístic, de turisme.
tournament ('tuənəmənt) *s.* torneig *m.*,
competició *f.* 2 HIST. torneig *m.*
tow (tou) *s.* remolc *m.* ‖ *can you give me a*
~?, pots remolcar-me?
toward (tə'wɔːd) , **towards** (tə'wɔːdz) *prep.*
cap a, vers: *he is running* ~ *the hill,* corre
cap el pujol; ~ *ten o'clock,* cap a les deu.
2 cap a, envers. ‖ *what are your feelings* ~
her?, què sents per ella?
towboat ('toubout) *s.* (EUA) remolcador *m.*
towel ('tauəl) *s.* tovallola *f.*, (VAL.) tovalla
f.
towel rail ('tauelreil) *s.* tovalloler *m.*
tower ('tauəʳ) *s.* torre *f.*
tower (to) ('tauəʳ) *i.* sobresortir, dominar
[en alçada].
towering ('tauəriŋ) *a.* ~ *rage,* gran violèn-
cia.
town (taun) *s.* ciutat *f.*, vila *f.*, població *f.*
‖ ~ *gas,* gas ciutat. *2* municipi *m.*
town council (ˌtaun'kaunsil) *s.* ajuntament
m., consistori *m.*
town hall (ˌtaun'hɔːl) *s.* ajuntament *m.* [edi-
fici].

town planning (ˌtaun'planiŋ) *s.* urbanisme
m.
toxic ('tɔksik) *a.* tòxic. ■ *2 s.* tòxic *m.*
toy (tɔi) *s.* joguina *f.* ■ *2 a.* de joguina; petit.
toy (to) (tɔi) *i.* jugar, joguinejar. *2* acariciar
[idea, projecte].
trace (treis) *s.* rastre *m.*, petja *f.*, marca *f.*,
pista *f.* 2 indici *m.*, petita quantitat *f.*
trace (to) (treis) *t.* traçar; esbossar. 2 calcar,
resseguir. *3* escriure laboriosament, tra-
çar. *4* rastrejar, seguir la pista. 5 localit-
zar.
track (træk) *f.* rastre *m.*, pista *f.*, vestigi. 2
rodeva *f.* [de cotxe], solc *m.* [de vaixell].
3 rumb *m.* trajectòria *f.* ‖ *to make* ~*s,* tocar
el dos. *4* via *f.* 5 ESPORT carril *m.*
track (træk) *t.* seguir el rastre, rastrejar,
seguir la pista.
tract (trækt) *s.* àrea *f.*, franja *f.* de terreny.
2 ANAT. aparell *m.*, sistema *m.*
tractable ('træktəbl) *a.* dòcil; tractable; ma-
nejable.
traction ('trækʃən) *s.* tracció *f.*
tractor ('træktəʳ) *s.* tractor *m.*
trade (treid) *s.* comerç *m.*; negoci *m.* 2 ocu-
pació *f.*, ofici *m.*
trade (to) (treid) *i.* comerciar, negociar,
tractar. ■ *2 t.* comerciar en, vendre, fer ne-
goci amb.
trade gap ('treidgæp) *s.* COM. dèficit *m.*
trademark ('treidmɑːk) *s.* marca *f.* regis-
trada.
trader ('treidəʳ) *s.* comerciant.
tradesman ('treidzmən) *s.* botiguer.
trade union (ˌtreid'juːnjən) *s.* sindicat *m.*
trade unionist (ˌtreid'juːnjənist) *s.* sindica-
lista.
trading ('treidiŋ) *a.* comercial, mercantil.
tradition (trə'diʃən) *s.* tradició *f.*
traditional (trə'diʃənl) *a.* tradicional.
traduce (to) (trə'djuːs) *t.* form. difamar, ca-
lumniar.
traffic ('træfik) *s.* trànsit *m.*, circulació *f.* 2
tràfic *m.* [transport]. *3* tràfic *m.* comerç
m. iŀlícit.
traffic light ('træfiklait) *s.* semàfor *m.* ▲ so-
vint *pl.*
tragedian (trə'dʒiːdjən) *s.* autor tràgic; ac-
tor tràgic.
tragedy ('trædʒidi) *s.* tragèdia *f.* [també
fig.].
tragic(al ('trædʒik, -əl) *a.* tràgic. ■ *2* **-ly** *adv.*
tràgicament, d'una manera tràgica.
trail (treil) *s.* solc *m.*, cua *f.*, deixant *m.* 2
rastre *m.*, pista *f.* *3* camí *m.* de bosc.
trail (to) (treil) *t.* arrossegar. 2 seguir el ras-
tre. ■ *3 i.* arrossegar-se *p.* 4 enfilar-se *p.*,
estendre's [planta]. 5 caminar arrosse-
gant-se *p.*, amb dificultat.

trailer ('treilə^r) s. AUTO. remolc m., caravana f., roulotte f. 2 BOT. enfiladissa f. 3 CINEM. trailer m.

train (trein) s. tren m.: *goods* ~, tren de mercaderies. 2 filera f.; corrua f. 3 sèrie f., seguit m.; fil m. [de pensaments, etc.]. 4 cua f. [de vestit]. 5 reguerot m. de pólvora.

train (to) (trein) t. entrenar, formar, instruir. 2 BOT. enasprar. 3 *to* ~ *on/upon,* apuntar [arma]. ■ 4 i. entrenar-se p., formar-se p., instruir-se p.

trainee (trei'niː) s. aprenent.

trainer ('treinə^r) s. entrenador, ensinistrador.

training ('treiniŋ) s. entrenament m., formació f., instrucció f. ‖ ~ *college,* escola f. de formació professional.

trait (trei) , (EUA) (treit) s. tret m., peculiaritat f., caràcter m.

traitor ('treitə^r) s. traïdor.

tram (træm) , **tramcar** ('træmkaː^r) s. tramvia m.

trammel (to) ('træməl) t. form. obstaculitzar, fer nosa.

tramp (træmp) s. vagabund, rodamón m. [persona]. 2 caminada f., excursió f.

tramp (to) (træmp) i. caminar feixugament. 2 viatjar a peu, rodar.

trample (to) ('træmpl) t. petjar, trepitjar [també fig.].

trance (traːns) s. èxtasi m., alienació f. 2 estat m. hipnòtic.

tranquil ('træŋkwil) a. tranquil, reposat.

tranquility (træŋ'kwiliti) a. tranquiŀlitat f., pau f., repòs m.

transact (to) (træn'zækt) t. fer [negocis, tractes]; tramitar.

transaction (træn'zækʃən) s. negoci m., negociació f. 2 transacció f. 3 pl. actes f.

transatlantic (ˌtrænzə'tlæntik) a. transatlàntic.

transcend (to) (træn'send) t. transcendir, ultrapassar.

transcendence (træn'sendəns) , **transcendency** (træn'sendənsi) s. transcendència f.

transcontinental (ˌtrænzˌkɔnti'nentl) a. transcontinental.

transcribe (to) (træns'kraib) t. transcriure.

transcript ('trænskript) s. transcripció f., còpia f.

transfer ('trænsfə^r) s. transferència f., trasllat m., traspàs m. 2 bitllet m. combinat [autobús, tren, etc.].

transfer (to) (træns'fəː^r) t. transferir, traslladar, traspassar. 2 cedir, traspassar. ■ 3 i. transbordar, fer transbord.

transferable (træns'fəːrəbl) a. transferible.

transfix (to) (træns'fiks) t. travessar. 2 *to be* ~ed, quedar-se mut, petrificat, glaçat.

transform (to) (træns'fɔːm) t.-i. transformar(se.

transformation (ˌtrænsfə'meiʃən) s. transformació f.

transgress (to) (træns'gres) t. transgredir, anar més enllà. 2 trencar, violar, infringir [la llei, un pacte].

transgression (træns'greʃən) s. transgressió f. 2 delicte m., falta f.

transient ('trænziənt) a. transitori, passatger. ■ 2 s. hoste de pas.

transistor (træn'sistə^r) s. ELECT. transistor m.

transit ('trænsit) s. trànsit m., transport m. ‖ ~ *visa,* visat m. de pas.

transition (træn'siʒən) s. transició f.

transitive ('trænsitiv) a. GRAM. transitiu.

transitory ('trænsitəri) a. Veure TRANSIENT.

translate (to) (træns'leit) t. traduir.

translation (træns'leiʃən) s. traducció f.

translator (træns'leitə^r) s. traductor.

translucent (trænz'luːsnt) a. translúcid.

transmission (trænz'miʃən) s. transmissió f.; retransmissió f. 2 AUTO. transmissió f.

transmit (to) (trænz'mit) t. transmetre, retransmetre.

transmitter (trænz'mitə^r) s. transmissor m., emissor.

transom ('trænsəm) s. ARQ. travesser m.

transparence (træns'pærəns) s. transparència f.

transparency (træns'pærensi) s. transparència f. 2 transparència f., diapositiva f.

transparent (træns'pærənt) a. transparent [també fig.].

transpiration (ˌtrænspi'reiʃən) s. transpiració f.

transpire (to) (træns'paiə^r) t. transpirar. ■ 2 i. transpirar. 3 divulgar-se p., fer-se p. públic.

transplant (to) (træns'plaːnt) t. trasplantar.

transplantation (ˌtrænsplaːn'teiʃən) s. trasplantament m.

transport ('trænspɔːt) s. transport m.

transport (to) (træns'pɔːt) t. transportar. 2 ant. deportar.

transportation (ˌtrænspɔː'teiʃən) s. transport m., transports m. pl. 2 ant. deportació f.

transpose (to) (træns'pouz) t. transposar. 2 MÚS. transportar.

transshipment (træn'ʃipmənt) s. transbord m. [en vaixells].

transversal (trænz'vəːsəl) a. transversal.

trap (træp) s. trampa f., parany m.: *to lay a* ~, posar una trampa. 2 sifó m. [en fontaneria]. 3 coŀloq. boca f. 4 cabriolé m.

trap (to) (træp) *t.* atrapar, capturar amb una trampa.

trapeze (trə'pi:z) *s.* trapezi *m.*

trapper ('træpə^r) *s.* tramper, caçador.

trappings ('træpiŋz) *s. pl.* ornaments *m.*, adornaments *m.*, guarniments *m.*

trash (træʃ) *s.* fig. palla *f.*, fullaraca *f.* 2 deixalles *f. pl.*, escombraries *f. pl.*, brossa *f.*: ~*-can*, galleda *f.* de les escombraries.

trashy ('træʃi) *a.* inútil. 2 dolent [literatura]. 3 sense valor.

travel ('trævl) *s.* viatge *m.*, viatjar *m.* 2 MEC. recorregut *m.*

travel (to) ('trævl) *i.* viatjar. ■ 2 *t.* viatjar *i.* per, recórrer.

traveller, (EUA) traveler ('trævlə^r) *s.* viatger.

traverse (to) ('trævə(:)s) *t.* recórrer, travessar.

travesty ('trævisti) *s.* paròdia *f.*, imitació *f.*, falsejament *m.*

travesty (to) ('trævisti) *t.* parodiar, imitar; falsejar.

tray (trei) *s.* safata *f.*

treacherous ('tretʃərəs) *a.* traïdor, deslleial. 2 incert, perillós, de poc fiar [temps, etc.]. ■ 3 *-ly adv.* traïdorament.

treachery ('tretʃəri) *s.* traïció *f.*, deslleialtat *f.*

tread (tred) *s.* pas *m.*, petjada *f.*, trepig *m.* 2 graó *m.*, esglaó *m.* 3 banda *f.* de rodament [d'un pneumàtic].

tread (to) (tred) *t.* trepitjar, (ROSS.) pelsigar, petjar. 2 caminar *i.*, anar per [un camí, etc.]. ▲ Pret.: *trod* (trɔd); p. p.: *trodden* ('trɔdn) o *trod.*

treason ('tri:zn) *s.* traïció *f.*

treasure ('treʒə^r) *s.* tresor *m.*

treasure (to) ('treʒə^r) *t.* atresorar, acumular. 2 valorar, apreciar.

treasurer ('treʒərə^r) *s.* tresorer.

treasury ('treʒəri) *s.* (G.B.) *the Treasury,* el tresor *m.* públic. 2 tresoreria *f.* 3 erari *m.*

treat (tri:t) *s.* plaer *m.* poc freqüent, plaer *m.* inesperat. 2 torn *m.*, ronda *f.* [de pagar].

treat (to) (tri:t) *t.* tractar. 2 *to ~ as,* considerar. 3 tractar, discutir. 4 convidar, pagar una ronda. ■ 5 *i. to ~ with,* fer tractes, negociar.

treatise ('tri:tiz) *s.* tractat *m.* [llibre].

treatment ('tri:tmənt) *s.* tracte *m.*, tractament *m.*

treaty ('tri:ti) *s.* tractat *m.*, conveni *m.*

treble ('trebl) *a.* triple. ■ 2 *s.* MÚS. tiple.

treble (to) ('trebl) *t.-i.* triplicar(se.

tree (tri:) *s.* BOT. arbre *m.* ‖ *family ~,* arbre genealògic.

treeless ('tri:lis) *a.* pelat, sense arbres.

trellis ('trelis) , **trellis-work** ('treliswə:k) *s.* gelosia *f.*, filat *m.*

tremble ('trembl) *s.* tremolor *m.*

tremble (to) ('trembl) *i.* tremolar.

tremendous (tri'mendəs) *a.* tremend, enorme. 2 coꞁꞁoq. extraordinari; esplèndid.

tremor ('tremə^r) *s.* tremolor *m.* 2 estremiment *m.*, calfred *m.*

tremulous ('tremjuləs) *a.* tremolós. 2 tímid. 3 nerviós.

trench (trentʃ) *s.* rasa *f.*, fossa *f.* 2 MIL. trinxera *f.*

trench (to) (trentʃ) *t.* obrir rases, fer fosses. 2 MIL. cavar trinxeres.

trenchant ('trentʃənt) *a.* incisiu, mordaç [llenguatge].

trend (trend) *s.* direcció *f.;* tendència *f.*, inclinació *f.*

trend (to) (trend) *i.* tendir, inclinar-se *p.*

trepidation (‚trepi'deiʃən) *s.* inquietud *f.*, excitació *f.*

trespass ('trespəs) *s.* violació *f.* de propietat. 2 abús *m.* [de confiança, etc.]. 3 ant. pecat *m.*, falta *f.*

trespass (to) ('trespəs) *i.* violar la propietat. ‖ *no ~ing!,* no passeu! 2 *to ~,* abusar de [hospitalitat, confiança, etc.]. 3 ant. pecar, faltar.

trial ('traiəl) *s.* prova *f.*, assaig *m.*, provatura *f.* 2 judici *m.*, procés *m.* 3 contratemps *m.*, obstacle *m.*

triangle ('traiæŋgl) *s.* triangle *m.*

tribe (traib) *s.* tribu *f.*

tribulation (‚tribju'leiʃən) *s.* tribulació *f.*

tribunal (trai'bju:nl) *s.* tribunal *m.*

tributary ('tribjutəri) *a.-s.* tributari. 2 afluent.

tribute ('tribju:t) *s.* tribut *m.*, homenatge *m.* 2 tribut *m.*, impost *m.*

trice (trais) *s. in a ~,* en un tres i no res; en un obrir i tancar d'ulls.

trick (trik) *s.* truc *m.*, enganyifa *f.*, ensarronada *f.* 2 hàbit *m.* peculiar, vici *m.*

trick (to) (trik) *t.* enganyar, enredar, estafar. 2 *to ~ out* o *up,* engalanar, adornar.

trickery ('trikəri) *s.* engany *m.*, enredada *f.*

trickle (to) ('trikl) *i.* degotar; rajar. ■ 2 *t.* fer degotar, fer rajar.

tricky ('triki) *a.* enredaire, ensarronador. 2 difícil, complicat.

tried (traid) Veure TRY (TO).

trifle ('traifl) *s.* fotesa *f.*, bagatel·la *f.* 2 misèria *f.*, petita quantitat *f.* [de diners]. ■ 3 *adv.* una mica, un pèl.

trifle (to) ('traifl) *i. to ~ with,* jugar amb, rifar-se *p.* [algú]. 2 *to ~ away,* malgastar, malbaratar.

trifler ('traiflə^r) *s.* persona *f.* frívola.

trifling ('traifliŋ) *a.* de poca importància, trivial.

trigger ('trigəʳ) *s.* gallet *m.*, disparador *m.*

trill (tril) *s.* refilet *m.*, trinat *m.* *2* MÚS. trinat *m.* *3* vibració *f.* [so].

trill (to) (tril) *t.-i.* refilar *i.*, trinar *i.* *2* pronunciar amb vibració.

trim (trim) *a.* endreçat, polit,ordenat. ■ *2 s.* ordre *m.*, polidesa *f.*, disposició *f.* ■ *3* -**ly** *adv.* en ordre.

trim (to) (trim) *t.* allisar, polir, podar, esporgar, netejar. *2* guarnir, engalanar, adornar. *3* AERON., NÀUT. equilibrar. ■ *4 i.* POL. canviar de camisa; fer falses promeses; ser oportunista.

trimming ('trimiŋ) *s.* arranjament *m.;* allisament *m.* *2* poda *f.*, esporgada *f.* *3* guarniment *m.*, adorn *m.* *4* AERON., NÀUT. equilibri *m.* *5* coŀloq. oportunisme *m.*

trinket ('triŋkit) *s.* quincalla *f.*

trip (trip) *s.* viatge *m.;* excursió *f.* *2* ensopegada *f.*, entrebancada *f.* [també fig.]. *3* viatge *m.* [amb aŀlucinògens].

trip (to) (trip) *i.* brincar, saltironejar. *2 to ~ (out)*, viatjar [amb aŀlucinògens]. *3 t.-i.* entrebancar(se.

triple ('tripl) *a.* triple.

tripper (tripəʳ) *s.* excursionista.

trite (trait) *a.* comú, vist, repetit [argument].

triumph ('traiəmf) *s.* triomf *m.*

triumph (to) ('traiəmf) *i.* triomfar, vèncer.

triumphal (trai'ʌmfəl) *a.* triomfal.

triumphant (trai'ʌmfənt) *a.* triomfant. ■ *2* -**ly** *adv.* triomfalment.

trivial ('triviəl) *a.* trivial, banal. *2* superficial, frívol [persona].

triviality (trivi'æliti) *s.* futilesa *f.*, banalitat *f.*, trivialita *f.*

trod (trɔd) Veure TREAD (TO).

trodden ('trɔdn) Veure TREAD (TO).

trolley ('trɔli) *s.* carretó *m.* *2 (tea) ~*, tauleta *f.* amb rodes [per a servir menjar]. *3* tròlei *m.* [de tramvia, etc.].

trolley bus ('trɔlibʌs) *s.* tramvia *m.*

trombone (trɔm'boun) *s.* MÚS. trombó *m.*

troop (tru:p) *s.* estol *m.*, colla *f.* *2* MIL. tropa *f.* *3* estol *m.* [d'escoltes].

trophy ('troufi) *s.* trofeu *m.*

tropic ('trɔpik) *s.* tròpic *m.*, tròpics *m. pl.*

tropical ('trɔpikəl) *a.* tropical.

trot (trɔt) *s.* trot *m.*: *at a ~*, al trot.

trot (to) (trɔt) *i.* trotar. *2* coŀloq. caminar, anar: *~ along!*, veste'n! ■ *3 t.* coŀloq. *to ~ out*, treure, fer sortir. *4* fer caminar, fer causar.

trouble ('trʌbl) *s.* pertorbació *f.*, desordre *m.*, trastorn *m.* *2* pena *f.*, problema *f.* ‖ *to be in ~*, estar en un mal pas, tenir proble-mes. *3* inconvenient *m.*, molèstia *f.* *4* avaria *f.* *5* MED. malaltia *f.*, trastorn *m.: heart ~*, malaltia *f.* del cor.

trouble (to) ('trʌbl) *t.* torbar, pertorbar; trasbalsar. *2* preocupar; molestar. ■ *3 i.* preocupar-se *p.* *4* torbar-se *p.*

troublemaker ('trʌblmeikəʳ) *s.* agitador, busca-raons.

troublesome ('trʌblsəm) *a.* pesat, molest, enutjós.

trough (trɔf) *s.* menjadora *f.*, abeurador *m.* *2* pastera *f.* *2* METEOR. depressió *f.*

trousers ('trauzəz) *s. pl.* pantalons *m.*

trousseau ('tru:sou) *s.* aixovar *m.*

trout (traut) *s.* ICT. truita *f.*

truant ('tru(:)ənt) *s.* nen que fa campana: *to play ~*, fer campana, saltar-se les classes. ■ *2 a.* ociós, gandul.

truce (tru:s) *s.* treva *f.*

truck (trʌk) *s.* (G.B.) FERROC. vagó *m.* de plataforma. *2* (EUA) camió *m.* *3* carretó *m.* *4* canvi *m.*, barata *f.*

truculence ('trʌkjuləns) *s.* truculència *f.*, agressivitat *f.*

truculent ('trʌkjulənt) *a.* truculent, agressiu, ferotge.

trudge (trʌdʒ) *s.* caminada *f.*, esgotadora *f.*

trudge (to) (trʌdʒ) *i.* caminar pesadament, caminar fatigosament.

true (tru:) *a.* veritable, cert, real. ‖ *it's ~*, és veritat. ‖ *~ love*, amor de debò. *2 ~ (to)*, fidel, lleial.

truism ('tru(:)izəm) *s.* veritat *f.* manifesta; bajanada *f.*

truly ('tru:li) *adv.* de debò, (BAL.), (VAL.) de veres; veritablement. *2* sincerament. *3* veritable, de debò.

trump (trʌmp) *s.* JOC trumfo *m.* *2* liter. (soroll de) trompeta *f.*

trump (to) (trʌmp) *t.* JOC matar amb un trumfo. *2 to ~ up*, inventar [excusa, història, etc.].

trumpery ('trʌmpəri) *s.* oripell *m.;* engany *m.*

trumpet ('trʌmpit) *s.* trompeta *f.* *2* trompetada *f.* [so].

truncheon ('trʌntʃən) *s.* porra *f.*

trunk (trʌŋk) *s.* tronc *m.* [d'arbre, del cos, etc.]. *2* bagul *m.* *3* trompa *f.* [d'elefant]. *4 pl.* pantalons *m.* curts. *7* (EUA) portaequipatges *m.* maleta *f.* [de l'automòbil].

trunk call ('trʌŋkkɔ:l) *s.* TELEF. conferència *f.* interurbana.

trust (trʌst) *s.* confiança *f.*, fe *f.* ‖ *on ~*, a ulls clucs, sense dubtar-ne; a crèdit. *2* COM. trust *m.* *3* responsabilitat *f.* *4* COM. custòdia *f.* ‖ *national ~*, patrimoni *m.* nacional.

trust (to) (trʌst) *i.* tenir confiança en. ■ *2 t.* confiar. *3* fiar-se *p.* de.

trustee (trʌs'ti:) *s.* fideïcomís, dipositari. ‖ *board of ~s,* patronat *m.*

trustful ('trʌstful) *a.* confiat. ■ *2* **-ly** *adv.* confiadament.

trustworthy ('trʌst‚wə:ði) *a.* digne de confiança, fidedigne.

trusty ('trʌsti) *a.* ant. Veure TRUSTWORTHY.

truth (tru:θ) *s.* veritat *f.: to tell the ~,* dir la veritat; per ser-te franc.

truthful ('tru:θful) *a.* veraç [persona].

truthfulness ('tru:θfulnis) *s.* veracitat *f.*

try (trai) *s.* intent *m.,* prova *f.,* temptativa *f.*

try (to) (trai) *t.* intentar. *2 to ~ (for),* voler assolir, procurar. *3* provar. *4* posar a prova. *5* DRET jutjar. *6 to ~ on,* emprovar-se *p.*

trying ('traiiŋ) *a.* irritant, molest, insuportable.

T-shirt ('ti:ʃə:t) *s.* samarreta *f.* de màniga curta.

tub (tʌb) *s.* cubell *m.,* cossi *m.* 2 coloq. (G.B.) banyera *f.* 3 NÀUT. coloq. pot *m.,* carraca *f.*

tube (tju:b) *s.* tub *m.* 2 (EUA), ELECT. làmpada *f.,* vàlvula *f.* 3 (G.B.) metro *m.,* ferrocarril *m.* metropolità.

tuberculosis (tju‚bə:kju'lousis) *s.* tuberculosi *f.*

tuberculous (tju'bə:kjuləs) *a.* tuberculós.

tuck (to) (tʌk) *t.* ficar, entaforar.

Tuesday ('tju:zdi, -dei) *s.* dimarts *m.*

tuft (tʌft) *s.* tupè *m.,* floc *m.,* cresta *f.*

tug (tʌg) *s.* estirada *f.,* estrebada *f.* 2 ~ *(boat),* remolcador *m.*

tug (to) (tʌg) *t.-i.* estirar *t.,* estrebar *t.*

tuition (tju'iʃən) *s.* ensenyament *m.* ‖ *private ~,* classes *f. pl.* particulars.

tulip ('tju:lip) *s.* tulipa *f.*

tumble ('tʌmbl) *s.* caiguda *f.* 2 desordre *m.,* confusió *f.*

tumble (to) ('tʌmbl) *i.* caure a terra. 2 agitar-se *p.,* rebolcar-se *p.,* regirar-se *p.* 3 estar a punt de caure; amenaçar ruïna. ■ *4 t.* fer caure. *5* preocupar, amoïnar. *6* desordenar; enredar. *7 to ~ to,* adonar-se *p.* de, comprendre, veure.

tumbledown ('tʌmbldaun) *a.* que amenaça ruïna, a punt de caure.

tumbler ('tʌmbləʳ) *s.* got *m.,* vas *m.,* (BAL.) tassó *m.* 2 fiador *m.* [de pany]. *3* acròbata.

tumour, (EUA) **tumor** ('tju:məʳ) *s.* MED. tumor *m.*

tumult ('tju:mʌlt) *s.* tumult *m.*

tumultuous (tju(:)'mʌltjuəs) *a.* tumultuós.

tuna ('tju:nə) , **tuna fish** ('tju:nəfiʃ) *s.* tonyina *f.*

tune (tju:n) *s.* melodia *f.;* tonada *f.* 2 melodia *f.;* melodiositat *f.* ‖ *in ~,* a to, afinat; *out of ~,* fora de to, desafinat. *3* fig. harmonia *f.,* harmoniositat *f.*

tune (to) (tju:n) *t.* afinar [un instrument]. 2 RADIO. *to ~ in (to),* sintonitzar, fig. sintonitzar, estar al cas. ■ *3 t.* trucar [un motor].

tuneful (tju:nful) *a.* harmoniós, melodiós.

tunic ('tju:nik) *s.* jaqueta *f.* [d'uniforme]. 2 túnica *f.*

tuning fork ('tju:niŋ‚fɔ:k) *s.* MÚS. diapasó *m.*

Tunis ('tju:nis) *n. pr.* GEOGR. Tunis *m.*

tunnel ('tʌnl) *s.* túnel *m.*

tunny ('tʌni) *s.* ICT. tonyina *f.,* bonítol *m.*

turbid ('tə:bid) *a.* tèrbol [també fig.].

turbine ('tə:bin, -bain) *s.* MEC. turbina *f.*

turbojet ('tə:bou'dʒet) *s.* turboreactor *m.*

turbulent ('tə:bjulənt) *a.* turbulent, agitat, tumultuós.

turf (tə:f) *s.* gespa *f.,* herbei *m.* 2 JOC *the ~,* els cavalls *m. pl.,* les curses *f. pl.* de cavalls. *2* torba *f.*

turgid ('tə:dʒid) *a.* turgent. 2 ampul·lós, pompós.

Turin (tju'rin) *n. pr.* GEOGR. Torí *m.*

Turk (tə:k) , **Turkish** (tə:ki:ʃ) *s.* turc.

Turkey ('tə:ki) *n. pr.* GEOGR. Turquia *f.*

turkey ('tə:ki) *s.* gall *m.* dindi.

turmoil ('tə:mɔil) *s.* confusió *f.,* aldarull *m.,* desordre *m.,* tumult *m.*

turn (tə:n) *s.* volta *f.,* gir *m.* 2 canvi *f.* de direcció; giravolt *m.* 3 torn *m.,* ocasió *f.,* oportunitat *f.* ‖ *by ~s,* per torns, per rotació. 4 tendència *f.* natural, inclinació *f.* 5 propòsit *m.,* necessitat, requeriment *m.* 6 TEAT. número *m.* 7 coloq. xoc *m.,* impacte *m.* [sentiments].

turn (to) (tə:n) *t.* girar, fer girar, fer donar voltes. 2 tombar. *3* fer tornar, tornar, fer esdevenir. *4* desviar; evitar, eludir. *5* trastornar, trasbalsar. ■ *6 i.* girar; donar voltes. 7 tornar, donar la volta. *8* tornar-se *p.* ‖ *she ~ed red,* es va posar vermella. *9* canviar, variar. *10* dedicar-se *p.* ■ *to ~ against,* enemistar; posar-se en contra; *to ~ around,* donar la volta; desvirtuar, falsejar; *to ~ aside,* desviar, fer-se a un costat; *to ~ back,* tornar, tornar enrera, fer tornar enrera; girar-se; *to ~ down,* abaixar, afluixar, mitigar; rebutjar; posar de cap per avall; *to ~ in,* fer a mans, lliurar; fer, executar; anar-se'n al llit; *to ~ into,* transformar, convertir, transformar-se, convertir-se, esdevenir; *to ~ off,* apagar, tancar, desconnectar; sortir [de la carretera], desviar-se; coloq. destrempat; *to ~ on,* encendre, obrir, connectar; coloq. excitar; dependre de; tornar-se contra; *to* ~ *out,* pasturar; girar de dintre a fora, tombar; vestir, equipar-se; apagar [llum]; col·loq. alçar-se, aixecar-se del llit; manufacturar, produir en cadena; resultar, ser; sortir; *to* ~ *over,* meditar, pensar; cedir; lliurar; girar full; *to* ~ *up,* aparèixer de sobte; apujar [volum, etc.]; escurçar [roba].

turning ('tə:niŋ) *s.* cantonada *f.,* encreuament *m.*

turning point ('tə:niŋpɔint) *s.* punt *m.* crucial, moment *m.* decisiu.

turnip ('tə:nip) *s.* nap *m.*

turnout ('tə:n‚aut) *s.* concurrència *f.,* públic *m.* 2 presència *f.,* aspecte *m.* [persona]. 3 neteja *f.,* netejada *f.*

turnover ('tə:n‚ouvə^r) CUI. cresteta *f.* 2 COM. volum *m.* de vendes. 3 moviment *m.* [gent, material, etc.].

turpentine ('tə:pəntain) *s.* trementina *f.*

turpitude ('tə:pitju:d) *s.* depravació *f.,* dolenteria *f.,* vilesa *f.*

turret ('tʌrit) *s.* torratxa *f.;* torreta *f.* 2 MIL. torreta *f.*

turtle ('tə:tl) *s.* ZOOL. tortuga *f.* de mar.

turtledove ('tə:tldʌv) *s.* ORN. tórtora *f.*

tusk (tʌsk) *s.* ullal *m.* [d'animal].

tussle ('tʌsl) *s.* baralla *f.,* brega *f.,* batussa *f.*

tutor ('tju:tə^r) *s.* preceptor, professor particular. 2 (G.B.) tutor [universitat].

tutor (to) ('tju:tə^r) *t.* ensenyar, instruir. 2 reprimir, educar, moderar [sentiments, passions].

tuxedo (tʌk'si:dou) *s.* (EUA) smoking *m.*

twang (twæŋ) *s.* so *m.* vibrant [d'una corda]. 2 to *m.* nasal, veu *f.* de nas.

tweed (twi:d) *s.* xeviot *m.*

tweezers ('twi:zəz) *s. pl.* pinces *f.*

twelfth (twelfθ) *a.* duodècim. ■ 2 *s.* duodécim *m.*

twelfth night ('twelfθ‚nait) *s.* nit *f.* de reis.

twelve (twelv) *a.* dotze. ■ 2 *s.* dotze *m.*

twentieth ('twentiiθ) *a.* vintè, vigèsim. ■ 2 *s.* vintè *m.,* vigèsim *m.*

twenty ('twenti) *a.* vint. ■ 2 *s.* vint *m.*

twice (twais) *adv.* dos cops, dues vegades. ‖ ~ *as much,* el doble.

twig (twig) *s.* BOT. branquilló *m.*

twilight ('twailait) *s.* crepuscle *m.* [també fig.].

twin (twin) *s.* bessó. ‖ ~ *bed room,* habitació amb dos llits, habitació doble.

twine (twain) *s.* gansalla *f.,* ficel·la *f.*

twine (to) (twain) *t.* trenar, teixir [cordills, fils]. ■ 2 *i.* entortolligar-se *p.,* enroscar-se *p.*

twinge (twindʒ) *s.* punxada *f.,* dolor *m.* agut. 2 remordiment *m.*

twinkle ('twiŋkl) *s.* titil·lació *f.,* espurneig *m.;* centelleig *m.;* lluïssor *f.*

twinkle (to) ('twiŋkl) *i.* centellejar, espurnejar, titil·lar, lluir. 2 batre, fer anar amunt i avall.

twinkling ('twiŋkliŋ) *s. in a* ~, en un tres i no res; *in the* ~ *of on eye,* en un obrir i tancar d'ulls.

twirl (twə:l) *s.* giravolt *m.,* tomb *m.*

twirl (to) (twə:l) *t.* fer girar, fer rodar, fer giravoltar. ■ 2 *i.* girar, rodar, giravoltar.

twist (twist) *s.* torsió *f.* 2 torçal *m.,* trena *f.* 3 paperina *f.* 4 twist *m.* [ball]. 5 torçada *f.* [de peu, etc.]. 6 angle *m.* de torsió. 7 canvi *m.* inesperat.

twist (to) (twist) *t.* trenar. 2 caragolar, enroscar. 3 torçar-se *p.* [el peu, etc.]. 4 distorsionar. 5 fer girar. ■ 6 *i.* serpentejar. 7 distorsionar-se *p.* 8 ballar el twist.

twitch (twitʃ) *s.* tremolor *m.,* contracció *f.* nerviosa *f.,* crispació *f.* 2 estirada *f.,* estrebada *f.*

twitch (to) (twitʃ) *t.* endur-se *p.,* estirar, arrabassar. ■ 2 *i.* crispar-se *p.,* contraure's *p.* espasmòdicament.

twitter ('twitə^r) *s.* piuladissa *f.,* refiladissa *f.* 2 agitació *f.* [en el parlar].

twitter (to) ('twitə^r) *i.* piular, refilar. 2 parlar agitadament.

two (tu:) *a.* dos *m.,* dues *f.* ■ 2 *s.* dos *m.*

tycoon (tai'ku:n) *s.* magnat *m.*

type (taip) *s.* tipus *m.,* model *m.* 2 tipus *m.,* mena *f.* 3 TIPOGR. tipus *m.*

type (to) (taip) *t.-i.* escriure a màquina. 2 *t.* determinar, fixar, esbrinar.

typewriter ('taipraitə^r) *s.* màquina *f.* d'escriure.

typhoon (tai'fu:n) *s.* METEOR. tifó *m.*

typical ('tipikl) *a.* típic, característic. ■ 2 **-ly** *adv.* típicament.

typist ('taipist) *s.* mecanógraf.

tyrannic(al (ti'rænik, -əl) *a.* tirànic.

tyrannize (to) ('tirənaiz) *t.* tiranitzar. ■ 2 *i.* obrar amb tirania.

tyranny ('tirəni) *s.* tirania *f.*

tyrant ('taiərənt) *s.* tirà.

tyre ('taiə^r) *s.* pneumàtic *m.*

tyro ('taiərou) *s.* principiant, neòfit.

U

U, u (ju:) *s.* u *f.* [lletra].
ubiquity (ju:'bikwiti) *s.* ubiqüitat *f.*, omnipresència *f.*
udder ('ʌdəʳ) *s.* ZOOL. mamella *f.*
ugliness ('ʌglinis) *s.* lletjor *f.*
ugly ('ʌgli) *a.* lleig. 2 horrible, terrible. 3 amenaçador.
ulcer ('ʌlsəʳ) *s.* úlcera *f.*, nafra *f.*
ulcerate (to) ('ʌlsəreit) *t.-i.* ulcerar(se.
ulcerous ('ʌlsərəs) *a.* ulcerós.
ultimate ('ʌltimit) *a.* bàsic, fonamental, essencial, darrer. ▪ 2 **-ly** *adv.* finalment.
umbrage ('ʌmbridʒ) *s.* ressentiment *m.*
umbrella (ʌm'brelə) *s.* paraigüa *m.*, ombrella *f.* 2 fig. protecció *f.*
umbrella stand (ʌm'breləstænd) *s.* paraigüer *m.*
umpire ('ʌmpaiəʳ) *s.* àrbitre, jutge.
umpteen (ʌmp'ti:n) *a.* col·loq. molts, moltíssims.
unabashed (ˌʌnə'bæʃt) *a.* desvergonyit, descarat.
unable (ʌn'eibl) *a.* incapaç, impossibilitat. ‖ **to be ~ to,** no poder [fer quelcom].
unaccountable (ˌʌnə'kauntəbl) *a.* inexplicable, estrany.
unaccustomed (ˌʌnə'kʌstəmd) *a.* form. no acostumat, no habituat. 2 poc freqüentat, rar, desacostumat.
unadvised (ˌʌnəd'vaizd) *a.* sense consell. 2 imprudent, precipitat. ▪ 3 **-ly** *adv.* precipitadament, irreflexivament.
unaffected (ˌʌnə'fektid) *a.* senzill, natural, sense afectació [persona].
unalterable (ʌn'ɔːltərəbl) *a.* inalterable, immutable.
unanimity (ˌjuːnə'nimiti) *s.* unanimitat *f.*
unanimous (ju(:)'næniməs) *a.* unànime.
unanswerable (ʌn'ɑːnsərəbl) *a.* incontestable; irrebatible.
unarmed (ʌn'ɑːmd) *a.* desarmat, indefens.

unassuming (ˌʌnə'sjuːmiŋ) *a.* modest, sense pretensions.
unattached (ˌʌnə'tætʃt) *a.* independent; deslligat; lliure. 2 solter, sense compromís.
unavailing (ˌʌnə'veiliŋ) *a.* inútil, infructuós, va.
unavoidable (ˌʌnə'vɔidəbl) *a.* inevitable, ineludible.
unaware (ˌʌnə'wɛəʳ) *a.* desprevingut; ignorant. ‖ **to be ~ of,** no saber, no adonar-se de. ▪ 2 *adv.* **~s,** per sorpresa, inesperadament. ‖ **to take ~s,** agafar desprevingut. 3 per descuit, sense adonar-se'n.
unbalanced (ʌn'bælənst) *a.* desequilibrat [esp. mentalment].
unbearable (ʌn'bɛərəbl) *a.* intolerable, insuportable, insostenible, inaguantable.
unbecoming (ˌʌnbi'kʌmiŋ) *a.* que no lliga, que cau malament [vestit]. 2 **~ to** o **for,** impropi, inadequat. ▪ 3 **-ly** *adv.* de manera inadequada.
unbelief (ˌʌnbi'liːf) *s.* incredulitat *f.*
unbelievable (ˌʌnbi'liːvəbl) *a.* increïble.
unbend (to) (ˌʌn'bend) *i.* relaxar-se *p.*, calmar-se *p.* ▪ 2 *t.* relaxar, alliberar de tensions.
unbending (ˌʌn'bending) *a.* inflexible [esp. persona].
unbias(s)ed (ˌʌn'baiəst) *a.* imparcial.
unborn (ˌʌn'bɔːn) *a.* per néixer, futur.
unbosom (to) (ʌn'buzəm) *t.-p.* **to ~ oneself,** desfogar-se, confessar-se.
unbounded (ʌn'baundid) *a.* il·limitat, sense fronteres.
unbridled (ʌn'braidld) *a.* fig. desenfrenat, sense control.
unbroken (ˌʌn'broukən) *a.* indòmit. 2 ininterromput, seguit. 3 imbatut [rècord, etc.].
unburden (to) (ʌn'bɔːdn) *t.-p.* **to ~ oneself,** desfogar-se, buidar el pap, confessar-se.

unbutton (to) (ˌʌn'bʌtn) *t.* descordar [botons].

uncanny (ʌn'kæni) *a.* misteriós, estrany.

unceasing (ʌn'si:siŋ) *a.* incessant, continu. ■ *2 -ly adv.* contínuament, sense parar.

unceremonious (ˌʌnˌseri'mounjəs) *a.* informal, familiar. *2* rude, descortès.

uncertain (ʌn'sə:tn) *a.* variable. *2* indecís; dubtós, incert. ■ *3 -ly adv.* incertament.

uncertainty (ʌn'sə:tnti) *s.* incertesa *f.*, dubte *m.*

unchanged ('ʌn'tʃeindʒd) *a.* inalterat.

uncharitable (ʌn'tʃæritəbl) *a.* dur, estricte [jutjant els altres].

unchecked ('ʌn'tʃekt) *a.* desenfrenat, no reprimit.

uncivil (ˌʌn'sivl) *a.* mal educat, groller.

uncle ('ʌŋkl) *s.* oncle *m.*, (BAL.) conco *m.*

unclouded (ˌʌn'klaudid) *a.* fig. clar, serè.

uncomfortable (ʌn'kʌmfətəbl) *a.* incòmode.

uncommon (ʌn'kɔmən) *a.* insòlit, poc usual. *2* extraordinari, insòlit. ■ *3 -ly adv.* rarament. *4* extraordinàriament.

uncompromising (ʌn'kɔmprəmaiziŋ) *a.* inflexible, intransigent.

unconcern (ˌʌnkən'sə:n) *s.* desinterès *m.*; indiferència *f.*

unconcerned (ˌʌnkən'se:nd) *a.* desinteressat, indiferent.

unconditional (ˌʌnkən'diʃənl) *a.* incondicional.

unconscious (ʌn'kɔnʃəs) *a.* inconscient [acte]. ■ *2 s.* inconscient *m.* ■ *3 -ly adv.* inconscientment, sense adonar-se'n.

unconsciousness (ˌʌn'kɔnʃəsnis) *s.* inconsciència *f.*

unconventional (ˌʌnkən'venʃənl) *a.* anticonvencional, original, despreocupat.

uncouth (ʌn'ku:θ) *a.* incult, rude.

uncover (to) (ʌn'kʌvəʳ) *t.* destapar, descubrir. ■ *2 i.* destapar-se *p.* descubrir-se *p..*

unctuous ('ʌŋktjuəs) *a.* hipòcrita, llagoter.

undaunted (ʌn'dɔ:ntid) *a.* sense por; impàvid, impertèrrit.

undecided (ˌʌndi'saidid) *a.* indecís.

undefended (ˌʌndi'fendid) *a.* DRET sense defensa.

undeniable (ˌʌndi'naiəbl) *a.* innegable, indiscutible.

under ('ʌndəʳ) *prep.* sota, a sota. *2* per sota. ∥ ~ *repair,* en reparació; ~ *an hour,* menys d'una hora. ■ *3 adv.* a sota, a baix. ■ *4 a.* inferior, de sota, de baix.

under age ('ʌndər'eidʒ) *a.* menor d'edat.

underbrush ('ʌndəbrʌʃ) *s.* sotabosc *m.*, brossa *f.*, matolls *m. pl.*

underclothes ('ʌndəklouðz) *s.* roba *f.* interior, (ROSS.) llinge *f.*

undercover (ˌʌndə'kʌvəʳ) *a.* clandestí, secret. ∥ ~ *agent,* espia.

underdeveloped (ˌʌndədi'veləpt) *a.* subdesenvolupat.

underdone ('ʌndədʌn, -'dʌn) *a.* CUI. poc fet.

underestimate (to) (ˌʌndər'estimeit) *t.* menystenir, no considerar.

underfed (ˌʌndə'fed) *a.* mal alimentat.

undergo (to) (ˌʌndə'gou) *t.* sofrir, aguantar, passar. ▲ Pret.: *underwent* (ˌʌndə'went); p. p.: *undergone* (ˌʌndə'gɔn).

undergraduate (ˌʌndə'grædjuit) *s.* estudiant universitari. ■ *2 a.* universitari.

underground ('ʌndəgraund) *a.* subterrani. *2* secret, clandestí, subterrani. ■ *3 adv.* sota terra. ■ *4 s. (the)* ~, metro *m.*, ferrocarril *m.* subterrani. *5* resistència *f.*, moviment *m.* clandestí.

undergrowth ('ʌndəgrouθ) *s.* sotabosc *m.*, brossa *f.*, matolls *m. pl.*

underhand ('ʌndəhænd) *adv.* de sota mà, secretament. ■ *2 a.* secret, clandestí.

underlie (to) (ˌʌndə'lai) *t.* estar a sota de; servir de base a.

underline (to) (ˌʌndə'lain) *t.* subratllar.

undermine (to) (ˌʌndə'main) *t.* minar, soscavar [també fig.].

underneath (ˌʌndə'ni:θ) *adv.* sota. ■ *2 prep.* sota de.

underpants ('ʌndəpænts) *s. pl.* calçotets *m.*

underpay (to) (ˌʌndə'pei) *t.* pagar poc, pagar malament.

underrate (to) (ˌʌndə'reit) *t.* rebaixar, menystenir.

undersign (to) (ˌʌndə'sain) *t.* sotasignar, signar.

undershirt (ˌʌndəʃə:t) *s.* (EUA) samarreta *f.*, (BAL.), (VAL.) camiseta *f.*

understand (to) (ˌʌndə'stænd) *t.* entendre, comprendre. ∥ *to make oneself understood,* fer-se entendre. *2* sobreentendre. ▲ Pret. i p. p.: *understood* (ˌʌndə'stud).

understandable (ˌʌndə'stændəbl) *a.* comprensible.

understanding (ˌʌndə'stændiŋ) *s.* intel·ligència *f.* *2* comprensió *f.* *3* acord *m.*, entesa *f.* ∥ *on the* ~ *that,* amb el benentès que. ■ *4 a.* comprensiu.

understatement ('ʌndəsteitmənt) *s.* descripció *f.* insuficient, declaració *f.* incompleta.

understood (ˌʌndə'stud) Veure UNDERSTAND (TO).

undertake (to) (ˌʌndə'teik) *t.* comprometre's *p.* a. *2* emprendre. ∥ Pret.: *undertook* (ˌʌndə'tuk); p. p.: *undertaken* (ˌʌndə'teikən).

undertaker ('ʌndəˌteikəʳ) *s.* enterramorts *m.*

undertaking (ˌʌndə'teikiŋ) *s.* tasca *f.*, empresa *f.* *2* promesa *f.*, compromís *m.*

undertone ('ʌndətoun) *s.* veu *f.* baixa, to *m.* baix. *2* qualitat *f.* subjacent. *3* color *m.* apagat, fluix.

undertook (ˌʌndə'tuk) *pret.* de UNDERTAKE (TO).

undertow ('ʌndətou) *s.* MAR. ressaca *f.*

undervalue (to) ('ʌndə'vælju:) *t.* menystenir, menysvalorar, infravalorar.

underwear ('ʌndəwɛəʳ) *s.* roba *f.* interior, (ROSS.) llinge *f.*

underwent (ˌʌndə'went) *pret.* de UNDERGO (TO).

underworld ('ʌndəwə:ld) *s.* MIT. més *m.* enllà. *2* baixos fons *m. pl.;* barris *m. pl.* baixos.

underwrite (to) ('ʌndərait) *t.* assegurar, reassegurar. *2* garantir, subscriure. ▲ Pret.: *underwrote* ('ʌndərout); p. p.: *underwritten* ('ʌndəˌritn).

undeserved (ˌʌndi'zə:vd) *a.* immerescut.

undeserving (ˌʌndi'zə:viŋ) *a.* indigne.

undesirable ('ʌndi'zaiərəbl) *a.-s.* indesitjable.

undeveloped ('ʌndi'veləpt) *a.* per desenvolupar, sense desenvolupar.

undid (ʌn'did) *pret.* de UNDO (TO).

undignified (ʌn'dignifaid) *a.* poc digne, indecorós.

undo (to) (ʌn'du:) *t.* descordar, desfer [també fig.]. ‖ *to come undone*, descordar-se *p.* ▲ Pret.: *undid* (ʌn'did); p. p.: *undone* (ʌn'dʌn).

undone (ˌʌn'dʌn) *p. p.* de UNDO (TO): *to leave ~*, deixar inacabat, deixar per fer.

undoubted (ʌn'dautid) *a.* cert, indubtable, veritable. ■ *2* **-ly** *adv.* indubtablement, certament.

undress (to) (ʌn'dres) *t.* despullar. ■ *2 i.* despullar-se *p.*

undue (ˌʌn'dju:) *a.* indegut; excessiu.

undulate (to) ('ʌndjuleit) *i.* onejar, ondular.

unduly (ˌʌn'dju:li) *adv.* indegudament; excessivament.

undying (ʌn'daiiŋ) *a.* immortal, etern.

unearth (to) ('ʌn'ə:θ) *t.* desenterrar [també fig.].

uneasiness (ʌn'i:ʒinis) *s.* intranquil·litat *f.*, inquietud *f.*, agitació *f.*, malestar *m.*

uneasy (ʌn'i:zi) *a.* intranquil, inquiet, agitat.

uneducated (ˌʌn'edjukeitid) *a.* inculte, poc instruït.

unemployed (ˌʌnim'plɔid) *a.* aturat, sense feina, en atur [persona]. *2* no utilitzat.

unemployment (ˌʌnim'plɔimənt) *s.* atur *m.* [laboral].

unending (ʌn'endiŋ) *a.* inacabable, interminable.

unequal (ˌʌn'i:kwəl) *s.* desigual. *2* insuficient, ineficaç.

unequalled (ˌʌn'i:kwəld) *a.* sense igual, inigualat.

unerring (ʌn'ə:riŋ) *a.* infal·lible.

unexpected (ˌʌniks'pektid) *a.* inesperat, sobtat. ■ *2* **-ly** *adv.* inesperadament, sobtadament.

unevenness (ˌʌn'i:vənnis) *s.* desnivell *m.*, desigualtat *f.*, rugositat *f.*

unfailing (ʌn'feiliŋ) *a.* constant, inexhaurible.

unfair (ˌʌn'fɛəʳ) *a.* injust. *2* deslleial.

unfaithful (ˌʌn'feiθful) *a.* infidel, deslleial.

unfaithfulness (ˌʌn'feiθfulnis) *s.* infidelitat *f.*, deslleialtat *f.*

unfamiliar (ˌʌnfə'miljəʳ) *a.* poc familiar, desconegut.

unfasten (to) ('ʌn'fɑ:sn) *t.* descordar, deslligar.

unfathomable (ʌn'fæðəməbl) *a.* insondable, sense fons [també fig.].

unfeeling (ʌn'fi:liŋ) *a.* dur, insensible, sense sentiments. *2* MED. insensible. ■ *3* **-ly** *adv.* insensiblement.

unfinished ('ʌn'finiʃt) *a.* inacabat, incomplet.

unfit (ˌʌn'fit) *a.* incapaç, inepte; incompetent.

unfold (to) (ʌn'fould) *t.* obrir. *2* revelar, fer saber. ■ *2 i.* obrir-se *p.* *3* revelar-se *p.*

unforeseen (ˌʌnfɔ:'si:n) *a.* imprevist.

unforgettable (ˌʌnfə'getəbl) *a.* inoblidable.

unfortunate (ʌn'fɔ:tʃənit) *a.-s.* dissortat, desgraciat. ■ *2* **-ly** *adv.* dissortadament, desgraciadament.

unfounded (ˌʌn'faundid) *a.* infundat, sense fonament.

unfrequented (ˌʌnfri'kwentid) *a.* poc freqüentat, solitari.

unfriendly (ˌʌn'frendli) *a.* poc amistós, hostil.

unfurl (to) (ʌn'fə:l) *t.* desplegar, estendre [veles, etc.].

unfurnished (ˌʌn'fə:niʃt) *a.* sense mobles, desamoblat.

ungainly (ʌn'geinli) *a.* desmanegat; maldestre, graponer.

ungodly (ʌn'gɔdli) *a.* impietós. *2* col·loq. sorprenent, molest. *3* col·loq. poc raonable, exagerat.

ungrateful (ʌn'greitful) *a.* ingrat, desagraït. *2* poc grat, ingrat [tasca, feina].

unguent ('ʌŋgwənt) *s.* ungüent *m.*

unhappy (ʌn'hæpi) *a.* desgraciat, infeliç. ‖ *an ~ remark*, un comentari poc afortunat.

unhealthy (ʌn'helθi) *a.* poc saludable, malsà. *2* col·loq. perillós.

unheard (ʌn'hə:d) *a.* imperceptible.

unheard-of (ʌn'hɔːdəv) *a.* inaudit, sense precedents.

unhinge (to) (ʌn'hindʒ) *t.* treure de polleguera [també fig.]. *2* pertorbar [la ment].

unhook (to) (ˌʌn'huk) *t.* descordar; desenganxar, despenjar.

unification (ˌjuːnifi'keiʃən) *s.* unificació *f.*

uniform (ˌjuːnifɔːm) *a.* uniforme. ▪ *2 s.* uniforme *m.*

unify (to) (ˈjuːnifai) *t.* unificar, unir. *2* uniformitzar, uniformar.

unimportant (ˌʌnim'pɔːtənt) *a.* insignificant, gens important.

uninterested (ʌn'intristid) *a.* apàtic, indiferent, distret.

union (ˈjuːnjən) *s.* unió *f.* *2* sindicat *m.* *3* associació *f.*

unique (juː'niːk) *a.* únic, rar, singular.

unison (ˈjuːnizn) *a.* uníson *m.*

unit (ˈjuːnit) *s.* unitat *f.*, peça *f.*, element *m.*

unite (to) (juː'nait) *t.* unir; ajuntar. ▪ *2 i.* unir-se *p.*, ajuntar-se *p.*

United States (juːˌnaitid'steits) *n. pr. pl.* GEOGR. Estats Units *m.*

unity (ˈjuːniti) *s.* unitat *f.*, unió *f.*, armonia *f.*

universal (ˌjuːni'vɔːsəl) *a.* universal.

universe (ˈjuːnivɔːs) *s.* univers *m.*

university (ˌjuːni'vɔːsiti) *s.* universitat *f.* ▪ *2 a.* de la universitat, universitari.

unjust (ˌʌn'dʒʌst) *a.* injust, immerescut.

unkempt (ˌʌn'kempt) *a.* desendreçat, malforjat. *2* despentinat, escabellat.

unkind (ʌn'kaind) *a.* poc amable, mal educat, despietat. ▪ *2* **-ly** *adv.* sense educació, despietadament.

unknown (ˌʌn'noun) *a.* desconegut, ignorat.

unlearned (ˌʌn'lɔːnid) *a.* ignorant. *2* no après, instintiu.

unless (ən'les) *conj.* tret que, a no ser que. *2* tret de, excepte.

unlike (ˌʌn'laik) *a.* diferent, dissemblant. ▪ *2 prep.* diferent de.

unlikely (ʌn'laikli) *a.* improbable.

unload (to) (ʌn'loud) *t.* descarregar, buidar. *2* colloq. *to* ~ *(on to)*, desfer-se *p.* de, treure's del damunt. ▪ *3 i.* descarregar.

unlock (to) (ˌʌn'lɔk) *t.* obrir [un pany].

unlooked-for (ʌn'luktfɔːʳ) *a.* imprevist, inesperat.

unloose (to) (ʌn'luːs) *t.* deslligar, alliberar.

unmatched (ʌn'mætʃt) *a.* únic, sense igual, incomparable. *2* desaparellat.

unmindful (ʌn'maindful) *a.* ~ *(of)*, oblidadís, despistat.

unmistakable (ˌʌnmis'teikəbl) *a.* inequívoc, clar, evident.

unmoved (ʌn'muːvd) *a.* indiferent, fred, impertorbable.

unnatural (ʌn'nætʃrəl) *a.* antinatural, no natural. *2* anormal.

unnecessary (ʌn'nesisəri) *a.* innecessari, no necessari, superflu.

unnoticed (ˌʌn'noutist) *a.* inadvertit, desapercebut.

unpack (to) (ˌʌn'pæk) *t.* desempaquetar; treure [de la maleta]. ▪ *2 i.* desfer [la maleta].

unparalleled (ʌn'pærəleld) *a.* únic, incomparable.

unpleasant (ʌn'pleznt) *a.* desagradable, molest. ▪ *2* **-ly** *adv.* desagradablement.

unprecedented (ʌn'presidentid) *a.* sense precedents.

unprejudiced (ʌn'predʒudist) *a.* sense prejudicis, imparcial.

unpretending (ˌʌnpri'tendiŋ) , **unpretentious** (ˌʌnpri'tenʃəs) *a.* modest, sense pretensions.

unprincipled (ʌn'prinsipld) *a.* immoral, sense principis.

unqualified (ʌn'kwɔlifaid) *a.* no qualificat, incompetent, incapaç. *2* illimitat, absolut.

unquestionable (ʌn'kwestʃənəbl) *a.* inqüestionable, indubtable.

unquiet (ʌn'kwaiət) *a.* liter. inquiet, agitat.

unravel (to) (ʌn'rævl) *t.* desfer, desenredar, desembullar. *2* aclarir, descobrir. ▪ *3 i.* desfer-se *p.*, desenredar-se *p.*, desembullar-se *p.* *4* aclarir-se *p.*, descobrir-se *p.*

unreal (ˌʌn'riəl) *a.* irreal, illusori, imaginari.

unreasonable (ʌn'riːznəbl) *a.* irraonable, poc raonable. *2* excessiu.

unrelenting (ˌʌnri'lentiŋ) *a.* inexorable, inflexible.

unreliable (ˌʌnri'laiəbl) *a.* informal, de poca confiança.

unreserved (ˌʌnri'zɔːvd) *a.* sense reserva, lliure [taula, seient, etc.]. *2* total, complet.

unrest (ʌn'rest) *s.* inquietud *f.*, malestar *m.* [social, polític].

unrestrained (ˌʌnris'treind) *a.* lliure; desenfrenat.

unrivalled (ʌn'raivəld) *a.* únic, sense rival, incomparable.

unroll (to) (ʌn'roul) *t.-i.* descaragolar(se, desfer(se.

unruly (ʌn'ruːli) *a.* ingovernable, rebel, desobedient.

unsavoury, (EUA) **unsavory** (ʌn'seivəri) *a.* desagradable; groller; repugnant.

unscathed (ʌn'skeiðd) *a.* illès.

unscrupulous (ʌn'skruːpjuləs) *a.* sense escrúpols.

unseemly (ʌn'siːmli) *a.* inadequat, impropi [comportament, etc.].

unseen (ʌn'siːn) *a.* no vist, inadvertit; invisible.

unsettle (to) (ˌʌn'setl) *t.* alterar, pertorbar, excitar.

unsettled (ˌʌn'setld) *a.* inquiet, variable, inestable.

unsightly (ʌn'saitli) *a.* que fa mal a la vista, lleig.

unskilful, (EUA) unskillful (ˌʌn'skilful) *a.* poc hàbil, inexpert, maldestre.

unskilled (ˌʌn'skild) sense qualificar [feina, obrer].

unsound (ˌʌn'saund) *a.* en males condicions. *2* poc satisfactori. *3* DRET *of ~ mind*, pertorbat mental.

unspeakable (ʌn'spiːkəbl) *a.* indescriptible, inexpressable. *2* coŀloq. molt desagradable.

unstable (ˌʌn'steibl) *a.* inestable. *2* inestable, pertorbat [persones].

unsure (ʌn'ʃuəʳ) *a.* insegur [persona]. *2* no del tot segur, dubtós.

unsuspected (ˌʌnsəs'pektid) *a.* insospitat, desconegut.

untidy (ʌn'taidi) *a.* desendreçat, desordenat [lloc]. *2* poc polit, malfardat [persona].

until (ən'til) *prep.* fins a. ‖ *I'll be here ~ nine o'clock*, seré aquí fins les nou. ▪ *2 conj.* fins que: *she'll be at home ~ you get there*, serà a casa fins que hi arribis.

untimely (ʌn'taimli) *a.* inoportú, fora de lloc.

untiring (ʌn'taiəriŋ) *a.* incansable, infatigable.

unto ('ʌntu) *prep.* ant. Veure TO.

untold (ˌʌn'tould) *a.* incalculable.

untouchable (ʌn'tʌtʃəbl) *a.* intocable. ▪ *2 s.* intocable [membre de la casta més baixa, a l'Índia].

untoward (ˌʌnt'wɔːd) *a.* indòcil, ingovernable, rebel. *2* infeliç, dissortat. *3* advers, poc favorable.

untruth (ʌn'truːθ) *s.* falsetat *f.*

unused (ʌn'juːzd) *a.* no usat, no fet servir. *2* (ʌn'juːst) no acostumat (*to*, a).

unusual (ʌn'juːʒuəl) *a.* poc usual, poc freqüent, excepcional, insòlit. ▪ *2* -ly, *adv.* excepcionalment, rarament.

unveil (to) (ʌn'veil) *t.-i.* treure('s el vel. *2 t.* mostrar, donar a conèixer, ensenyar.

unwieldy (ʌn'wiːldi) *a.* difícil de manejar [per pes, volum, etc.].

unwilling (ˌʌn'wiliŋ) *a.* reaci, poc disposat. ▪ *2* -ly *adv.* de mala gana, a contracor.

unwitting (ʌn'witiŋ) *a.* inconscient [acte]. ▪ *2* -ly *adv.* sense voler, sense adonar-se'n, inconscientment.

up (ʌp) *adv.* dalt. *2* cap amunt; enlaire. *3* llevat, fora del llit. *4* del tot, completament: *to burn ~*, cremar-se del tot. *5* en contacte, en proximitat. ‖ *to lay ~*, acumular. *6 it's ~ to you*, depèn de tu; *~ to date*, fins ara; *what's ~?*, què passa?, què hi ha? ▪ *7 a.* que puja, ascendent. ▪ *8 prep.* a dalt de, al damunt de. ▪ *10 s.* dalt *m.*, part *f.* superior. ‖ *pl. ~s and downs*, alts i baixos *m.*

upbraid (to) (ʌp'breid) *t.* renyar, reprendre, blasmar.

upbringing ('ʌpˌbriŋiŋ) *s.* educació *f.*, formació *f.*

upheaval (ʌp'hiːvəl) *s.* daltabaix *m.*, commoció *f.*, cataclisme *m.*

uphill (ˌʌp'hil) *a.* ascendent. *2* fig. difícil, dur. ▪ *3 adv.* muntanya amunt, amunt.

uphold (to) (ʌp'hould) *t.* donar soport, recolzar. *2* confirmar, reafirmar. ▲ Pret. i p. p.: *upheld* (ʌp'held).

upholster (to) (ʌp'houlstəʳ) *t.* entapissar, tapissar.

upholstery (ʌp'houlstəri) *s.* tapisseria *f.*, tapissat *m.*

upkeep ('ʌpkiːp) *s.* manteniment *m.*, conservació *f.* *2* despeses *f.* pl. de manteniment.

upland ('ʌplənd) *s.* terra *f.* alta, altiplà *m.*

uplift ('ʌplift) *s.* inspiració *f.*, elevació *f.*

uplift (to) (ˌʌp'lift) *t.* inspirar; elevar.

upon (ə'pɔn) *prep.* form. Veure ON.

upper ('ʌpəʳ) *a.* superior, elevat. ‖ *the ~ part of the body*, la part superior del cos. *2 ~ class*, classe alta. ▪ *2 s.* empenya *f.* [de sabata].

uppermost ('ʌpəmoust, -məst) *a.* predominant, (el) més alt. ▪ *2 adv.* dalt de tot; en primer lloc.

upright ('ʌprait) *a.* erecte, dret, vertical. *2* recte, honrat [persona]. ▪ *3* -ly *adv.* verticalment, rectament, honradament.

uprightness ('ʌpˌraitnis) *s.* rectitud *f.* *2* fig. rectitud *f.*, honradesa *f.*

uprising (ʌp'raiziŋ) *s.* alçament *m.*; revolta *f.*

uproar ('ʌpˌrɔː) *s.* enrenou *m.*; avalot *m.*; rebombori *m.*

uproarious (ʌp'rɔːriəs) *a.* sorollós, escandalós [persona].

uproot (to) (ʌp'ruːt) *t.* arrencar de soca-rel. *2* desarrelar.

upset (ʌp'set) *a.* capgirat. *2* trastornat, trasbalsat. *3* molest; preocupat. ▪ *4 s.* trastorn *m.*, trasbals *m.*

upset (to) (ʌp'set) *t.* bolcar, tombar, capgirar. *2* trastornar, alterar, trasbalsar. ▪ *3 i.* bolcar-se *p.*, tombar-se *p.* ▲ Pret. i p. p.: *upset* (ʌp'set).

upside-down (ˌʌpsaid'daun) *adv.* de cap per
avall [també fig.].

upstairs (ˌʌp'stɛəz) *adv.* al pis de dalt, dalt.
■ *2 a.* del pis de dalt, de dalt. ‖ *the man* ~,
el veí de dalt.

upstart ('ʌpˌstɑ:t) *a.-s.* arribista; nou ric. *2*
pressumptuós, insolent.

up-to-date ('ʌptəˌdeit) *a.* modern, actual.

upward ('ʌpwəd) *a.* ascendent, que puja. ■
2 adv. ~*(s)*, cap amunt, enlaire.

urban ('ə:bən) *a.* urbà.

urbanity (ə:'bæniti) *s.* urbanitat *f.*, refina-
ment *m.*, cortesia *f.*

urchin ('ə:tʃin) *s.* pillet, murri.

urge (ə:dʒ) *s.* desig *m.*, necessitat *f.*, impuls
m.

urge (to) (ə:dʒ) *t.* instar, apressar. *2* incitar;
persuadir; convèncer.

urgency ('ə:dʒənsi) *s.* urgència *f.*, necessitat
f. *2* insistència *f.*

urgent ('ə:dʒənt) *a.* urgent. *2* insistent, per-
sistent.

urinate (to) ('juərineit) *i.* orinar.

urn (ə:n) *s.* gerra *f.*, urna *f.* [per decoració].
2 mena de recipient *m.* gros per fer cafè
o te.

Uruguay ('ju:rəgwai) *n. pr.* GEOGR. Uruguai
m.

Uruguayan (ˌju:rə'gwaiən) *a.-s.* uruguaià.

us (ʌs, əs, s) *pron. pers.* ens: *to* ~, a no-
saltres. *2* ~ *Catalans*, nosaltres els cata-
lans.

usage ('ju:zidʒ) *s.* ús *m.*, maneig *m.* *2* ús
m., costum *m.*

use (ju:s) *s.* ús *m.*, utilització *f.* ‖ *out of* ~,
fora d'ús, que ja no es fa servir. *2* utilitat
f., servei *m.*, profit *m.* ‖ *that's of no* ~ *to
me*, això no em serveix per a res. *3* ús *m.*,
pràctica *f.*, costum *m.*

use (to) (ju:z) *t.* usar, utilitzar, emprar. *2*

tractar. *3 to* ~ *(up)*, acabar; gastar; con-
sumir.

used (ju:st) *v. aux.* (*pret.* de *to use*), solia,
acostumava. ‖ *I* ~ *to smoke a lot*, jo fumava
molt. ■ *2 a.* acostumat, habituat. *3* usat,
fet servir.

useful ('ju:sful) *a.* útil; de profit.

useless ('ju:slis) *a.* inútil; inservible.

usher ('ʌʃər) *s.* TEAT., CINEM. acomodador
m. *2* uixer *m.*, porter *m.*

usher (to) ('ʌʃər) *t.* guiar, portar, acompa-
nyar. *2 to* ~ *in*, anunciar, fer saber.

usherette (ˌʌʃə'ret) *s.* TEAT., CINEM. aco-
modadora *f.*

usual ('ju:ʒəl) *a.* usual, habitual: *as* ~, com
de costum, com sempre. ■ *2 -ly adv.* ge-
neralment, normalment, usualment.

usurer ('ju:ʒərər) *s.* usurer.

usurp (to) (ju:'zə:p) *t.* usurpar.

usury ('ju:ʒuri) *s.* usura *f.*

utensil (ju:'tensl, -sil) *s.* utensili *m.*, eina *f.*
‖ *pl. household* ~*s*, estris *m.* de casa.

utility (ju:'tiliti) *s.* utilitat *f.*, profit *m.* *2 (pub-
lic)* ~, servei *m.* públic [subministrament
d'aigua, gas, etc.].

utilize (to) ('ju:tilaiz) *t.* utilitzar. *2* trobar
utilitat.

utmost ('ʌtmoust, -məst) *a.* extrem, su-
prem. ‖ *of the* ~ *importance*, de summa im-
portància. ■ *2 s. one's* ~, el màxim *m.* ‖ *to
do one's* ~, fer tot el possible.

utter ('ʌtər) *a.* total, complet, absolut. ■ *2
-ly adv.* completament, absolutament.

utter (to) ('ʌtər) *t.* articular, pronunciar. *2*
dir, expressar. *3* posar en circulació [mo-
neda, documents falsos, etc.].

utterance ('ʌtərəns) *s.* manera *f.* de parlar;
pronúncia *f.* *2* cosa *f.* dita, expressió *f.* *3*
declaració *f.*, discurs *m.*

V

V, v (vi:) *s.* v *f.* [lletra].

vacancy ('veikənsi) *s.* vacant *f.* 2 habitació *f.* lliure [hotel, etc.]. *3* buit *m.*, buidor *f.*

vacant ('veikənt) *a.* buit. 2 buit, desocupat, lliure.

vacate (to) (və'keit) *t.* deixar vacant; desocupar; deixar lliure.

vacation (ve'keiʃən) *s.* vacances *f. pl.* [escolars], descans *m.* [dels tribunals]. *2* (EUA) vacances *f. pl.*

vaccinate (to) ('væksineit) *t.* vacunar, (ROSS.) vaccinar.

vaccine ('væksi:n) *s.* vacuna *f.*

vacillate (to) ('væsileit) *t.* fluctuar; vaciŀlar.

vacuum ('vækjuəm) *s.* buit *m.* 2 ~ o ~ **cleaner,** aspirador.

vacuum flask ('vækju:mflɑ:sk) *s.* termo *m.*

vagabond ('vægəbɔnd) *a.-s.* vagabund.

vagary ('veigəri) *s.* caprici *m.;* estirabot *m.*

vagrant ('veigrənt) *a.-s.* vagabund; rodamón.

vague (veig) *a.* vague, incert. 2 confús, indefinit, incert [persona].

vain (vein) *a.* va, inútil. ‖ *in* ~, debades; en va. 2 vanitós.

vainglory (vein'glɔ:ri) *s.* vanaglòria *f.*

vale (veil) *s.* liter. vall *f.*

valence ('veiləns) , **valency** ('veilənsi) *s.* QUÍM. valència *f.*

valentine ('væləntain) *s.* tarjeta *f.* postal del dia de Sant Valentí. 2 xicot *m.*, promès *m.* 3 xicota *f.*, promesa *f.*

valet ('vælit, -lei, -li) *s.* valet *m.*, ajuda *f.* de cambra.

valiant ('væljənt) *a.* valent, coratjós.

valid ('vælid) *a.* vàlid.

validity (və'liditi) *s.* validesa *f.*

valise (və'li:z) *s.* ant. valisa *f.*, maleta *f.* 2 MIL. sac *m.*

valley ('væli) *s.* vall *f.*

valour, (EUA) **valor** ('vælə') *s.* valor *m.* coratge *m.*

valuable ('væljuəbl) *a.* valuós, de (gran) valor. ▪ *2 s. pl.* objectes *m.* de valor.

valuation (ˌvælju'eiʃən) *s.* valoració *f.*, estimació *f.;* avaluació *f.*

value ('vælju:) *s.* valor *m.*, mèrit *m.*, importància *f.*, vàlua *f.*

value (to) ('vælju:) *t.* valorar, avaluar, taxar. 2 valorar, apreciar, tenir una alta opinió de.

valve (vælv) *s.* vàlvula *f.* 2 ZOOL. valva *f.*

vampire bat ('væmpaiə' bæt) *s.* ZOOL. vampir *m.*

van (væn) *s.* camioneta *f.*, furgoneta *f.* 2 FERROC. (G.B.) cotxe *m.* d'equipatges.

vandalism ('vændəlizəm) *s.* vandalisme *m.*

vane (vein) *s.* gallet *m.*, penell *m.* 2 pala *f.*, aspa *f.*

vanguard ('vængɑ:d) *s.* avantguarda *f.*

vanilla (və'nilə) *s.* BOT. vainilla *f.*

vanish (to) ('væniʃ) *i.* desaparèixer; esfumar-se *p.*, dissipar-se *p.* ‖ *to* ~ *into the air,* fer-se *p.* fonedís.

vanity ('væniti) *s.* vanitat *f.;* orgull *m.* 2 vanitat *f.*, futilitat *f.*, buidesa *f.*

vanity case ('vænitikeis) *s.* estoig *m.* per als cosmètics, necesser *m.*

vanquish (to) ('væŋkwiʃ) *t.* liter. conquerir, conquistar.

vapid ('væpid) *a.* insípid, sense interès.

vaporize (to) ('veipəraiz) *t.* vaporitzar, evaporar. ▪ *2 i.* vaporitzar-se *p.*, evaporar-se *p.*

vaporous (veipərəs) *a.* vaporós. 2 fig. insubstancial.

vapour, (EUA) **vapor** ('veipə') *s.* vapor *m.;* baf *m.* 2 boira *f.*

variable ('veəriəbl) *a.* variable, variant. ▪ *2 s.* variable *f.*

variance ('veəriəns) *s.* form. *at* ~ *(with),* en desacord, en discrepància.

variation (ˌveəri'eiʃən) *s.* variació *f.*

varied ('veərid) *a.* divers, variat.

variegated ('vɛərigeitid) *a.* bigarrat, jaspiat, matisat.

variety (və'raiəti) *s.* varietat *f.*, diversificació *f.* 2 varietat *f.*, classe *f.*, mena *f.* 3 TEAT. varietats *f. pl.*

various ('vɛəriəs) *a.* diversos, diferents. ‖ *for ~ purposes,* per propòsits varis.

varnish ('vɑːniʃ) *s.* vernís *m.* 2 esmalt *m.* de les ungles. 3 fig. vernís *m.*, aparença *f.* falsa.

varnish (to) ('vɑːniʃ) *t.* vernissar. 2 pintar-se *p.* les ungles.

vary (to) ('vɛəri) *i.* variar, ser variable. ▪ 2 *t.* variar, fer variar.

vase (vɑːz) *s.* gerro *m.*

vast (vɑːst) *a.* vast. ▪ 2 **-ly** *adv.* vastament.

vastness ('vɑːstnis) *s.* immensitat *f.*

vat (væt) *s.* tina *f.*, dipòsit *m.*, tanc *m.*

vaudeville ('voudəvil) *s.* vodevil *m.*, varietats *f. pl.*

vault (vɔːlt) *s.* ARQ. volta *f.* 2 celler *m.;* cripta *f.* 3 ESPORT salt *m.* [amb perxa].

vault (to) (vɔːlt) *t.-i.* ESPORT saltar [amb perxa].

vaunt (to) (vɔːnt) *t.* alabar; vanar-se *p.* de. ▪ 2 *i.* vanar-se *p.*, vanagloriar-se *p.*

veal (viːl) *s.* carn *f.* de vedella.

veer (to) (viəʳ) *i.* virar, fer un tomb.

vegetable ('vedʒitəbl) *a.* vegetal. ▪ 2 *s.* verdura *f.*, hortalissa *f.*

vegetate (to) ('vedʒiteit) *i.* vegetar.

vegetation (vedʒi'teiʃən) *s.* vegetació *f.*

vehemence ('viːiməns) *s.* vehemència *f.*

vehement ('viːimənt) *a.* vehement. ▪ 2 **-ly** *adv.* amb vehemència.

vehicle ('viːikl) *s.* vehicle *m.* 2 fig. vehicle *m.*, medi *m.*

veil (veil) *s.* vel *m.* [també fig.].

veil (to) (veil) *t.* cobrir amb un vel. 2 fig. dissimular, ocultar.

vein (vein) *s.* ANAT. vena *f.* 2 BOT. nervi *m.* 3 fig. rastre *m.*, foc *m.* lleuger. 4 MINER. veta *f.*, filó *m.* 5 vena *f.*, humor *m.*, estat *m.* d'ànim.

vellum ('veləm) *s.* pergamí *m.*

velocity (vi'lɔsiti) *s.* velocitat *f.*

velvet ('velvit) *s.* vellut *m.* ▪ 2 *a.* de vellut. 3 suau.

velvety ('velviti) *a.* vellutat.

veneer (vi'niəʳ) *s.* fullola *f.*

veneer (to) (vi'niəʳ) *t.* cobrir amb fullola.

venerable ('venərəbl) *a.* venerable.

venerate (to) ('venəreit) *t.* venerar, reverenciar.

veneration (venə'reiʃən) *s.* veneració *f.*

vengeance ('ven(d)ʒens) *s.* venjança *f.*, revenja *f.* ‖ colloq. *with a ~,* amb fúria; en gran quantitat.

vengeful ('ven(d)ʒful) *a.* venjatiu.

Venice ('venis) *n. pr.* GEOGR. Venècia *f.*

venison ('venizn) *s.* carn *m.* de cérvol *m.*

venom ('venəm) *s.* verí *m.* [de serp]. 2 fig. odi *m.*, rencor *m.*

vent (vent) *s.* respirador *m.*, respirall *m.*, orifici *m.* 2 sortida *f.* ‖ *to give ~ to anger,* deixar sortir l'ira. 3 estrip *m.*, descosit *m.*

vent (to) (vent) *t.* donar sortida; descarregar [ira, mal humor, etc.].

ventilate (to) ('ventileit) *t.* ventilar. 2 exposar públicament.

ventilator ('ventileitəʳ) *s.* ventilador *m.*

ventriloquist (ven'triləkwist) *s.* ventríloc.

venture ('ventʃəʳ) *s.* risc *m.*, aventura *f.*, empresa *f.* arriscada.

venture (to) ('ventʃəʳ) *t.* aventurar, arriscar. ▪ 2 *i.* aventurar-se *p.*, arriscar-se *p.* (*on,* en).

venturesome ('ventʃəsəm) *a.* temerari, arriscat [persona].

veracious (və'reiʃəs) *a.* verídic, veritable. 2 veraç.

veranda(h) (və'rændə) *s.* terrassa *f.*, porxo *m.;* balconada *f.*

verb (vəːb) *s.* verb *m.*

verbal ('vəːbl) *a.* verbal, oral. 2 verbal, del verb. 3 literal: *a ~ copy,* una còpia literal.

verbatim (vəː'beitim) *adv.* al peu de la lletra, literalment.

verbena (və(ː)'biːnə) *s.* BOT. berbena *f.*

verbose (vəː'bous) *a.* verbós.

verbosity (vəː'bɔsiti) *s.* verbositat *f.*

verdant ('vəːdənt) *a.* liter. verd.

verdict ('vəːdikt) *s.* veredicte *m.* 2 dictamen.

verge (veːdʒ) *s.* marge *m.;* vora *f.* ‖ *on the ~ of,* apunt de.

verge (to) (vəːdʒ) *i. to ~ on,* o *upon,* estar a punt de; acostar-se *p.* a.

verification (verifi'keiʃən) *s.* verificació *f.* 2 prova *f.* evidència *f.*

verify (to) ('verifai) *t.* verificar.

verily ('verili) *adv.* ant. veritablement, de debò.

veritable ('veritəbl) *a.* veritable.

vermicelli (vəːmi'seli) *s.* fideus *m. pl.*

vermilion (və'miljən) *a.* vermell. ▪ 2 *s.* vermell *m.*

vermin ('vəːmin) *s.* animals *m. pl.* nocius.

vernacular (və'nækjuləʳ) *a.* vernacle. ▪ 2 *s.* llengua *f.* vernacle.

versatile ('vəːsətail) *a.* d'usos múltiples. 2 amb interessos diversos [persona].

verse (vəːs) *s.* vers *m.*

versed (vəːst) *a.* versat, instruït.

versify (to) ('vəːsifai) *t.-i.* versificar.

version ('vəːʃən) *s.* versió *f.*

vertebrate ('vəːtibrit) *a.* vertebrat. ▪ 2 *s.* vertebrat *m.*

vertical ('vǝ:tikǝl) *a.* vertical. ▪ 2 **-ly** *adv.* verticalment.

vertiginous (vǝ:'tidʒinǝs) *a.* vertiginós.

vertigo ('vǝ:tigou) *s.* vertigen *m.*

verve (vɛǝv, vǝ:v) *s.* entusiasme *m.*, vigor *m.*

very ('veri) *a.* genuí, real. ‖ *at that ~ moment*, en aquell precís moment. *the ~ truth*, la pura veritat. 2 pur, simple. ‖ *the ~ thought frightened me*, només de pensar-hi ja m'agafava por. ▪ *3 adv.* molt. ‖ *~ much*, moltíssim.

vessel ('vesl) *s.* vas *m.*, receptacle *m.* ‖ *blood ~*, vas *m.* sanguini. 2 vaixell *m.*

vest (vest) *s.* (G.B.) samarreta *f.* 2 armilla *f.*

vested ('vestid) *a.* *~ interest*, interès *m.* creat.

vestibule ('vestibju:l) *s.* vestíbul *m.*, rebedor *m.*

vestige ('vestidʒ) *s.* vestigi *m.*

vestment ('vestmǝnt) *s.* vestidura *f.*

vestry ('vestri) *s.* sagristia *f.* 2 junta *f.* parroquial.

vet ('vet) *s.* coꞁꞁoq. (abrev. *veterinary*) veterinari.

veteran ('vetǝrǝn) *a.-s.* veterà [esp. de guerra].

veterinary ('vetǝrinǝri) *a.* veterinari. ‖ *~ surgeon*, veterinari *m.*

veto ('vi:tou) *s.* veto *m.*

veto (to) ('vi:tou) *t.* vetar, prohibir.

vex (to) (veks) *t.* molestar; irritar. ‖ *~ed point*, punt *m.* conflictiu.

vexation (vek'seiʃǝn) *s.* enuig *m.*, disgust *m.*, molèstia *f.*

via ('vaiǝ) *prep.* via: *we travelled ~ Brussels*, vam viatjar via Brusseꞁꞁes.

viaduct ('vaiǝdʌkt) *s.* viaducte *m.*

vial ('vaiǝl) *s.* flascó *m.*, ampolla *f.*

vibrant ('vaibrǝnt) *a.* vibrant.

vibrate (to) (vai'breit) *t.* fer vibrar. ▪ 2 *i.* vibrar.

vicar ('vikǝʳ) *s.* mossèn *m.* anglicà. 2 vicari *m.*

vicarage ('vikǝridʒ) *s.* vicaria *f.*, rectoria *f.*

vicarious (vai'kɛǝriǝs) *a.* vicari.

vice (vais) *s.* vici *m.* 2 MEC. cargol *m.* de banc.

viceroy ('vaisrɔi) *s.* virrei *m.*

vice versa ('vaisi'vǝ:sǝ) *adv.* viceversa.

vicinity (vi'siniti) *s.* proximitat *f.* 2 encontorns *m. pl.*, veïnat *m.*

vicious ('viʃǝs) *a.* viciós. 2 rancorós, rencuniós. 3 aviciat [animal]. 4 defectuós.

vicissitude (vi'sisitju:d) *s.* vicissitud *m.*

victim ('viktim) *s.* víctima *f.*

victor ('viktǝʳ) *s.* vencedor, conqueridor *m.*

victorious (vik'tɔ:riǝs) *a.* victoriós, triomfant.

victory ('viktǝri) *s.* victòria *f.*, triomf *m.*

victual (to) ('vitl) *t.* proveir, avituallar. ▪ 2 *i.* proveir-se *p.*, avituallar-se *p.*, fer provisions.

victuals ('vitlz) *s. pl.* provissions *f.*

vie (to) (vai) *t.* competir, rivalitzar.

Vienna (vi'enǝ) *n. pr.* GEOGR. Viena *f.*

Vietnam (viet'næm) *n. pr.* GEOGR. Vietnam *m.*

Vietnamese (vietnǝ'mi:z) *a.-s.* vietnamita.

view (vju:) *s.* vista *f.;* visió *f.* ‖ *in ~ of*, considerant. 2 vista *f.*, panorama *m.*, escena *f.* 3 visió *f.*, opinió *f.* ‖ *point of ~*, punt de vista. 4 ànim *m.*, intenció *f.*, propòsit *m.*

view (to) (vju:) *t.* examinar; considerar; inspeccionar.

viewer ('vju:ǝʳ) *s.* telespectador. 2 projector *m.* de transparències.

viewpoint ('vju:pɔint) *s.* punt *m.* de vista *f.*

vigil ('vidʒil) *s.* vigília *f.*, vetlla *f.* [estat]. ‖ *to keep ~*, vetllar. 2 vigília *f.*, vetlla *f.* [la nit abans].

vigilance ('vidʒilǝns) *s.* vigilància *f.*

vigilant ('vidʒilǝnt) *a.* amatent, a l'aguait, alerta.

vigorous ('vigǝrǝs) *a.* vigorós, fort, enèrgic. ▪ 2 **-ly** *adv.* vigorosament, enèrgicament.

vigour, (EUA) **vigor** ('vigǝʳ) *s.* vigor *m.*, força *f.*, energia *f.*

vile (vǝil) *a.* vil, roí. 2 coꞁꞁoq. dolent, desastrós. ▪ *3* **-ly** *adv.* vilment, roïnament.

vileness ('vailnis) *s.* vilesa *f.*, baixesa *f.*, vergonya *f.*, infàmia *f.*

vilify (to) ('vilifai) *t.* insultar, vilipendiar.

villa ('vilǝ) *s.* (G.B.) torre *f.*, casa *f.*, xalet *m.* 2 torre *f.* d'estiueig.

village ('vilidʒ) *s.* poble *m.*, vila *f.*

villager ('vilidʒǝʳ) *s.* habitant [de poble], vilatà *f.*

villain ('vilǝn) *s.* canalla, poca-vergonya, bandarra.

vindicate (to) ('vindikeit) *t.* vindicar, justificar. 2 reivindicar.

vindication (,vindi'keiʃǝn) *s.* vindicació *f.*, justificació *f.* 2 reivindicació *f.*

vindictive (vin'diktiv) *a.* rancorós, vindicatiu.

vine (vain) *s.* BOT. parra *f.* 2 enfiladissa *f.*

vinegar ('vinigǝʳ) *s.* vinagre *m.*

vineyard ('vinjǝd) *s.* vinya *f.*

vintage ('vintidʒ) *s.* verema *f.* 2 collita *f.* [de vi].

violate (to) ('vaiǝleit) *t.* violar, trencar [un pacte, la llei]. 2 violar, profanar. 3 violar [una persona].

violence ('vaiǝlǝns) *s.* violència *f.*

violent ('vaiələnt) *a.* violent [atac; temperament, etc.]. *2* virulent, sever [dolor].

violet ('vɔiəlit) *s.* BOT. violeta *f.* *2* color *m.* violeta.

violin (ˌvaiə'lin) *s.* violí *m.*

violinist ('vaiəlinist) *s.* violinista.

violoncello (ˌvaiələn'tʃelou) *s.* violoncel *m.*

viper ('vaipəʳ) *s.* escurçó *m.* [també fig.].

virago (vi'rɑːgou) *s.* donota *f.*, harpia *f.*

virgin ('vəːdʒin) *s.* verge *f.* ‖ *the Virgin,* la Verge *f.* ■ *2 a.* verge [també fig.].

virginity (vəː'dʒiniti) *s.* virginitat *f.*

virile ('virail) *a.* viril.

virility (vi'riliti) *s.* virilitat *f.*

virtual ('vəːtjuəl) *a.* virtual. ■ *2* **-ly** *adv.* virtualment.

virtue ('vəːtjuː) *s.* virtut: *by* o *in ~ of,* en virtut de.

virtuosity (ˌvəːtju'ɔsiti) *s.* virtuosisme *m.*

virtuous ('vəːtʃuəs, -tjuəs) *a.* virtuós; molt dotat.

virulence ('viruləns) *s.* virulència.

virulent ('virulənt) *a.* virulent.

virus ('vaiərəs) *s.* virus *m.* *2* coŀloq. malaltia *f.* vírica.

visa ('viːzə) *s.* visat *m.*

visage ('vizidʒ) *s.* liter. rostre *m.*, cara *f.*

viscount ('vaikaunt) *s.* vescomte *m.*

viscountess ('vaikauntis) *s.* vescomtessa *f.*

vise (vais) *s.* Veure VICE 2.

visible (vizibl) *a.* visible.

vision ('viʒən) *s.* visió *f.*

visionary ('viʒənəri) *a.* imaginari, fantàstic. *2* somiador, somiatruites [persona].

visit ('vizit) *s.* visita *f.*

visit (to) ('vizit) *t.* visitar. *2* (EUA) inspeccionar. ■ *3 i.* anar a visitar, fer visita.

visitor ('vizitəʳ) *s.* visita *f.*, visitant. ‖ *summer ~,* estiuejant; turista.

visor ('vaizəʳ) *s.* visera *f.*

vista ('vistə) *s.* perspectiva *f.*, vista *f.*, panorama [també fig.].

visual ('vizjuəl) *a.* visual.

visualize (to) ('vizjuəlaiz) *t.* tenir present, imaginar-se *p.*, recordar.

vital ('vaitl) *a.* vital. *2* coŀloq. mesures *f.* *pl.* [d'una dona]. *3* vital, indispensable. ■ *4 s.* *pl.* ~*s,* òrgans *m.* vitals.

vitality (vai'tæliti) *s.* vitalitat *f.*, força *f.* vital.

vitalize (to) ('vaitəlaiz) *t.* vivificar.

vitamin ('vitəmin, (EUA) 'vaitəmin) *s.* vitamina *f.*

vitiate (to) ('viʃieit) *t.* corrompre, degradar, viciar, fer malbé. ‖ ~ *air,* aire *m.* viciat.

vitriol (vitriəl) *s.* vitriol *m.* *2* sarcasme *m.*

vituperate (to) (vi'tjuːpəreit) *t.* vituperar.

vivacious (vi'veiʃəs) *a.* vivaç, viu, alegre, animat.

vivacity (vi'væsiti) *s.* vivacitat *f.*, vivesa *f.*

vivid ('vivid) *a.* vívid. *2* vivaç, viu. *3* clar, viu, distingible. ■ *4* **-ly** *adv.* vivament.

vixen ('viksn) *s.* ZOOL. guineu *f.* *2* donota *f.*, mala pècora *f.*

vocabulary (və'kæbjuləri) *s.* vocabulari *m.*

vocal ('voukəl) *a.* vocal; oral; verbal. ■ *2* **-ly** *adv.* vocalment, oralment.

vocalist ('voukəlist) *s.* vocalista.

vocation (vou'keiʃən) *s.* vocació *f.* *2* aptitud *m.*, talent *m.* *3* ofici *m.*, professió *f.*

vociferate (to) (vou'sifəreit) *t.* vociferar, dir a crits. ■ *2 i.* vociferar, cridar, parlar a crits.

vociferous (vou'sifərəs) *a.* vociferant, cridaner, sorollós.

vogue (voug) *s.* moda *f.*, voga *f.*

voice (vɔis) *s.* veu *f.* [també fig.]. *2* parla *f.*, paraula *f.* ‖ *with one ~,* unànimement.

voice (to) (vɔis) *t.* posar en paraules; expressar.

voiced (vɔist) *a.* GRAM. sonor.

voiceless ('vɔislis) *a.* sense veu. *2* GRAM. sord.

void (vɔid) *a.* buit, vacant. *2* ~ *of,* sense *prep.* *3* DRET *null and ~,* no vàlid, sense força. ■ *4 s.* buit *m.* [també fig.].

volatile ('vɔlətail) *a.* volàtil. *2* inconstant, voluble [persona].

volcanic (vɔl'kænik) *a.* volcànic.

volcano (vɔl'keinou) *s.* volcà *m.*

volition (vou'liʃən) *s.* volició *f.*, voluntat *f.*

volley ('vɔli) *s.* descàrrega *f.* [artilleria]. *2* reguitzell *m.*, devessall *m.*, seguit *m.* [d'improperis; preguntes].

volley (to) ('vɔli) *i.* llençar una descàrrega. ■ *2 t.* descarregar [artilleria].

volleyball ('vɔlibɔːl) *s.* ESPORT boleivol *m.*

voltage ('voultidʒ) *s.* ELECT. voltatge *m.*, tensió *f.*

volt (voult) *s.* ELECT. volt *m.*

voluble ('vɔljubl) *a.* loquaç; que parla amb fluïdesa.

volume ('vɔljum) *s.* volum *m.*

voluminous (və'ljuːminəs) *a.* voluminós. *2* productiu, fèrtil [autor].

voluntary ('vɔləntəri) *a.* voluntari.

volunteer (ˌvɔlən'tiəʳ) *s.* voluntari.

volunteer (to) (ˌvɔlən'tiəʳ) *t.-i.* oferir(se voluntàriament.

voluptuous (və'lʌptjuəs) *a.* voluptuós, sensual.

voluptuousness (və'lʌptjuəsnis) *s.* voluptuositat *f.*, sensualitat *f.*

volute (və'ljuːt) *s.* voluta *f.*, espiral *f.*

vomit (to) ('vɔmit) *t.-i.* vomitar [també fig.].

voracious (və'reiʃəs) *a.* voraç, àvid.

voracity (vɔ'ræsiti) *s.* voracitat *f.*, avidesa *f.*

vortex ('vɔːteks) *s.* vòrtex *m.*; remolí *m.*

[també fig.]. ▲ *vortexes* ('vɔːteksiz), *vor-tices* ('vɔːtisiːz).

vote (vout) *s.* vot *m.;* sufragi *m.;* votació *f.* 2 pressupost *m.*

vote (to) (vout) *i.* votar, donar el vot. ■ *2 t.* votar. *3* aprovar [pressupost]. *4* col·loq. declarar; anomenar. *5* suggerir, proposar.

voter ('voutə') *s.* votant.

vouch (to) (vautʃ) *i. to ~ for,* respondre per.

voucher ('vautʃə') *s.* rebut *m.*, comprovant *m.*, resguard *m.*

vouchsafe (to) (vautʃ'seif) *t.* concedir, permetre.

vow (vau) *s.* vot *m.*, promesa *f.*

vow (to) (vau) *t.* fer vots, prometre; jurar.

vowel ('vauəl) *a.* GRAM. vocal. *2* vocal *f.*

voyage (vɔiidʒ) *s.* viatge *m.* [per mar, per l'espai].

voyage (to) (vɔiidʒ) *i.* ant. viatjar.

voyager ('vɔiədʒə') *s.* navegant; descobridor.

vulgar ('vʌlgə') *a.* vulgar, de mal gust. *2* vulgar, comú, usual. *3* GRAM. vulgar.

vulgarize (to) ('vʌlgəraiz) *t.* vulgaritzar.

vulgarity (vʌl'gæriti) *s.* vulgaritat *f.*

vulnerable ('vʌlnərəbl) *a.* vulnerable.

vulture ('vʌltʃə') *s.* voltor *m.*

vying ('vaiiŋ) *ger.* de VIE (TO).

W

W, w ('dʌblju:) *f.* w [lletra].
wad (wɔd) *s.* buata *f.*, farciment *m.*, tou *m.*
2 feix *m.* [documents, bitllets].
waddle (to) ('wɔdl) *i.* caminar com un ànec.
wade (to) (weid) *i.* caminar amb dificultat
[pel fang, l'aigua, etc.]. ■ 2 *t.* travessar un
terreny mullat, fangós, etc.
waft (to) (wɑːft, wɔːft, wɔft) *t.* transportar,
portar [per l'aire, per l'aigua].
wag (wæg) *s.* remenament *m.;* bellugeig *m.*
wag (to) (wæg) *t.* remenar, bellugar, moure.
■ 2 *i.* remenar, moure's *p.*
wage (weidʒ) *s.* paga *f.*, jornal *m.*, salari
m., setmanada *f.* ▲ esp. *pl.*
wage (to) (weidʒ) *t.* emprendre, endegar.
wager ('weidʒəʳ) *s.* aposta *f.* ‖ *to lay a ~,* fer
una aposta.
wager (to) ('weidʒəʳ) *t.-i.* apostar.
waggle (to) ('wægl) Veure WAG (TO).
waggon, (EUA) **wagon** ('wægən) *s.* carro *m.*
‖ fig. coŀloq. *on the ~,* sense beure alcohol.
2 (EUA) FERROC. vagó *m.* de mercaderies.
waif (weif) *s.* nen sense llar.
wail (weil) *s.* lament *m.*, gemec *m.* [també
fig.].
wail (to) (weil) *t.-i.* lamentar-se *p.*, gemegar
i. [també fig.].
wainscot ('weinskət) *s.* sòcol *m.* de fusta.
waist (weist) *s.* cintura *f.*
waistcoat ('weiskout) *s.* armilla *f.*
wait (weit) *s.* espera *f.*
wait (to) (weit) *i.* esperar-se *p.* 2 *to ~ for,*
esperar *t.: ~ for me,* espera'm. 3 *to ~ on* o
upon, servir *t.*, atendre *t.* [algú]. ■ 4 *t.* es-
perar.
waiter ('weitəʳ) *s.* cambrer *m.*
waiting ('weitiŋ) *s.* espera *f.;* esperar *m.*
waiting room ('weitiŋrum) *s.* sala *f.* d'es-
pera.
waitress ('weitris) *s.* cambrera *f.*
waive (to) (weiv) *t.* renunciar; desistir.
wake (weik) *s.* (G.B.) festa *f.* anual al Nord

d'Anglaterra. 2 vetlla *f.* [d'un mort]. 3
solc *m.*, deixant *m.*
wake (to) (weik) *t. to ~ (up),* despertar [tam-
bé fig.]. ■ 2 *i. to ~ (up),* despertar-se *p.* ▲
Pret. *waked* (weikt) o *woke* (wouk); p.p.:
waked o *woken* ('woukən).
wakeful ('weikful) *a.* desvetllat. ‖ *a ~ night,*
una nit en blanc.
waken (to) ('weikən) *t.-i.* despertar(se.
Wales (weilz) *n. pr.* GEOGR. GaŀIes *f.*
walk (wɔːk) *s.* passejada *f.;* volta *f.* ‖ *to go
for a ~,* anar a fer un tomb *m.* 2 passeig
m.; camí *m.* ‖ fig. *~ of life,* condició *f.* so-
cial, professió *f.* 3 caminar *m.*
walk (to) (wɔːk) *i.* caminar. ■ 2 *t.* fer ca-
minar, treure a passejar. 3 petjar, fer [un
camí]. ■ *to ~ away with,* derrotar, vèncer
fàcilment; *to ~ out,* sortir; fer vaga; *to ~ up
to,* importunar, abordar [algú].
walkie-talkie (ˌwɔːki'tɔːki) *s.* walkie-talkie
m.
walking stick ('wɔːkiŋstik) *s.* bastó *m.* [per
a caminar].
wall (wɔːl) *s.* paret *m.*, mur *m.;* muralla *f.*
[també fig.]. 2 vora *f.*, costat *f.* [en un car-
rer]. ‖ *to drive* o *to push to the ~,* vèncer,
derrotar.
wallet ('wɔlit) *s.* cartera *f.*, portamonedes
m.
wallow (to) ('wɔlou) *i.* rebolcar-se *p.* [també
fig.].
walnut ('wɔːlnət) *s.* BOT. noguera *f.* 2 nou
f.
walnut tree ('wɔːlnʌttriː) *s.* BOT. noguera *f.*
wan (wɔn) *a.* pàŀlid, malaltís [persona].
wand (wɔnd) *s.* vara *f.;* vareta *f.*
wander (to) ('wɔndəʳ) *t.-i.* voltar, rodar. 2
i. desviar-se *p.*, perdre's *p.* 3 divagar; vo-
lar [pensaments, etc.].
wanderer ('wɔndərəʳ) *s.* rodamón, nòmada.
2 animal *m.* nòmada.

wane (to) (wein) *i.* minvar [la lluna]. *2* minvar, disminuir.

want (wɔnt) *s.* manca *f.*; escassetat *f.* *2* necessitat *f.* *3 pl.* desigs *m.*; aspiracions *f.*, necessitats *f.*

want (to) (wɔnt) *t.* voler, desitjar. *2* requerir, necessitar. ‖ *his hair ∼s cutting,* s'hauria de tallar els cabells.

wanting ('wɔntiŋ) *a.* mancat. ‖ *he's ∼ in politeness,* no té educació.

wanton ('wɔntən) *a.* liter. joganer, capriciós. *2* sense aturador; exagerat. *3* intencionat. *4* irreflexiu. *5* ant. immoral.

war (wɔːʳ) *s.* guerra *f.*

war (to) (wɔːʳ) *i.* lluitar, fer la guerra, combatre.

warble ('wɔːbl) *s.* refilet *m.*, refiladissa *f.*

warble (to) ('wɔːbl) *t.-i.* refilar.

war cry ('wɔːcrai) *s.* crit *m.* de guerra [també fig.].

ward (wɔːd) *s.* custòdia *f.*, vigilància; tutela *f.* *2* divisió *f.* administrativa. *3* sala *f.* [hospital, presó, etc.]. *4* guarda *f.* [de pany].

ward (to) (wɔːd) *t.* *to ∼ off,* evitar.

war dance ('wɔːdɑːns) *s.* dansa *f.* de guerra.

warden ('wɔːdn) *s.* director; encarregat.

warder ('wɔːdəʳ) *s.* (G.B.) centinella *m.* [d'una presó].

wardrobe ('wɔːdroub) *s.* armari *m.* de la roba. *2* vestuari *m.*, roba *f.* [d'una persona].

ware (wɛəʳ) *s.* ∼*s, pl.* gènere *m.*, mercaderia *f.*, articles *m. pl.*

warehouse ('wɛəhaus) *s.* magatzem *m.*

warfare ('wɔːfɛəʳ) *s.* guerra *f.*

warhorse ('wɔːhɔːs) *s.* cavall *m.* de batalla. *2* fig. polític o soldat veterà.

wariness ('wɛərinis) *s.* cautela *f.*, precaució *f.*

warm (wɔːm) *a.* calent, càlid, tebi. ‖ *it's ∼ in here,* hi fa calor aquí. *2* calent, gruixut, d'abric [roba]. *3* que escalfa; que fa suar [activitat]. *4* esgotador, cansador. *5* cordial, afable.

warm (to) (wɔːm) *t. to ∼ (up),* escalfar. *2* animar. ∎ *3 i. to ∼ (up),* escalfar-se *p.* *4* animar-se *p.*

warm-hearted (ˌwɔːmˈhɑːtid) *a.* bona persona, bondadós.

warmth (wɔːmθ) *s.* escalfor *m.* *2* afecte *m.*, cordialitat *f.*

warn (to) (wɔːn) *t.* avisar, advertir.

warning ('wɔːniŋ) *s.* avis *m.*, advertiment *m.* ∎ *2 a.* d'avís, d'advertiment.

warp (wɔːp) *s.* ordit *m.* [d'un teixit]. *2* guerxesa *f.* [de la fusta].

warp (to) (wɔːp) *t.* tornar guerxo, deformar. ∎ *2 i.* tornar-se *p.* guerxo, deformar-se *p.* [també fig.].

warrant ('wɔrənt) *s.* DRET ordre *f.* judicial, autorització *f.*

warrant (to) ('wɔrənt) *t.* justificar.

warranty ('wɔrənti) *s.* garantia *f.*

warrior ('wɔriəʳ) *s.* liter. guerrer *m.*, soldat *m.*

Warsaw ('wɔːsɔː) *n. pr.* GEOGR. Varsòvia *f.*

warship ('wɔːʃip) *s.* vaixell *m.* de guerra.

wary ('wɛəri) *a.* caut, prudent.

was (wɔz, wəz) *pret.* de BE (TO).

wash (wɔʃ) *s.* rentada *f.: to give a ∼,* fer una rentada. *2* roba *f.* per a rentar, bugada *f.* *3* bugaderia *f.* *4* menjar *m.* per als porcs.

wash (to) (wɔʃ) *t.* rentar, (VAL.) llavar. ∎ *2 i.* rentar-se *p.* *3* rentar-se *p.* bé, poder-se rentar. *4* batre, picar [onades]. ‖ fig. *he was ∼ed away by the waves,* les ones se'l van endur.

washable ('wɔʃəbl) *a.* rentable, que es pot rentar.

washbasin ('wɔʃbeisn) *s.* rentamans *m.*

washer ('wɔʃəʳ) *s.* MEC. volandera *f.* *2* rentadora *f.*, màquina *f.* de rentar.

washerwoman ('wɔʃəˌwumən) *s.* bugadera *f.*, rentadora *f.* [persona].

washing machine ('wɔʃiŋməˌʃiːn) *s.* màquina *f.* de rentar.

washing powder ('wɔʃiŋˌpaudəʳ) *s.* detergent *m.*, sabó *m.* [en pols].

washing-up (ˌwɔʃiŋˈʌp) *s.* rentada *f.* *2* plats *m. pl.* per a rentar. ‖ *to do the ∼,* rentar els plats.

wash leather ('wɔʃleðəʳ) *s.* baieta *f.*, camussa *f.*

washroom ('wɔʃrum) *s.* lavabo *m.*, cambra *f.* de bany.

washstand ('wɔʃstænd) *s.* ant. rentamans *m.*

wasn't ('wɔznt) *contr.* de WAS NOT.

wasp (wɔsp) *s.* vespa *f.*

wasp's nest ('wɔspsnest) *s.* vesper *m.*, niu *m.* de vespes.

wastage ('weistidʒ) *s.* desaprofitament *m.*

waste (weist) *a.* erm, incultivat, eixorc [terra]. *2* inútil, superflu. *3* inútil, sobrant, innecessari. ‖ *∼ products,* productes residuals. ∎ *4 s.* malbaratament *m.*, desaprofitament *m.*; pèrdua [temps, energia, etc.]. *5* residus *m. pl.*, deixalles *f. pl.*

waste (to) (weist) *t.* malgastar, malbaratar; desaprofitar. ‖ *to ∼ one's time,* perdre el temps. *2* devastar, arrasar. *3* desgastar; afeblir. ∎ *4 i.* malgastar-se *p.*, malbaratar-se *p.*; desaprofitar-se *p.* *5* desgastar-se *p.*, afeblir-se *p.*

wastepaper basket (weistˈpeipəˌbɑːskit) *s.* paperera *f.*

waste pipe ('weistpaip) *s.* desguàs *m.*

wastrel ('weistrəl) *s.* poca-pena *m.*, malgastador.

watch (wɔtʃ) *s.* vigilància *f.*, supervisió *f.* 2 torn *m.* de guàrdia, guàrdia *f.* 3 ant. vetlla *f.* 4 rellotge *m.* [de polsera, de butxaca].

watch (to) (wɔtʃ) *t.-i.* mirar, contemplar *t.*, esguardar: *to ~ television*, mirar la televisió. *2 to ~ out*, vigilar, estar alerta. *3* ant. vetllar. *4* anar amb compte.

watchful ('wɔtʃful) *a.* desvetllat; despert. 2 vigilant.

watch-maker ('wɔtʃ͵meikəʳ) *s.* rellotger.

watchman ('wɔtʃmən) *s.* vigilant *m.*, nocturn. 2 sereno *m.*

watchword ('wɔtʃwɜːd) *s.* MIL. sant i senya *m.*, contrasenya *f.* 2 consigna *f.*, lema *m.*, eslògan *m.*

water ('wɔːtəʳ) *s.* aigua *f.* ‖ *drinking ~*, aigua *f.* potable; *in deep ~*, en un trencacoll, en un mal pas, *spring ~*, aigua *f.* mineral, aigua *f.* de font. ▪ *2 a.* d'aigua, aquàtic.

water (to) ('wɔːtəʳ) *t.* regar, mullar. 2 donar aigua, fer beure. *3 to ~ down*, aigualir [també fig.]. ▪ *4 i.* humitejar-se. ‖ *to make the mouth ~*, fer-se la boca aigua.

water closet ('wɔːtəklɔzit) *s.* lavabo *m.*, wàter *m.*

watercolour, (EUA) **watercolor** ('wɔːtəkʌləʳ) *s.* aquarel·la *f.*

waterfall ('wɔːtəfɔːl) *s.* salt *m.* d'aigua, cascada *f.*

waterfront ('wɔːtəfrʌnt) *s.* ribera *f.*, riba *f.*; zona *f.* litoral.

water ice ('wɔːtərais) *s.* ALIM. sorbet *m.*

watering ('wɔːtəriŋ) *s.* regatge *m.*; irrigació *f.*

watering can ('wɔːtəriŋkæn) *s.* regadora *f.*

watering place ('wɔːtəriŋpleis) *s.* abeurador *m.* 2 balneari *m.* 3 poble *m.* costaner d'estiueig.

water lily ('wɔːtəlili) *s.* BOT. nenúfar *m.*

waterline ('wɔːtəlain) *s.* MAR. línia *f.* de flotació.

waterlogged ('wɔːtəlɔgd) *a.* xopat, amarat, anegat [terreny]. 2 ple d'aigua, inundat [embarcació].

watermark ('wɔːtəmɑːk) *s.* TIPOGR. filigrana *f.*

watermelon (wɔːtə'melən) *s.* síndria *f.*

water power ('wɔːtə͵pauəʳ) *s.* energia *f.* hidràulica.

waterproof ('wɔːtəpruːf) *a.* a prova d'aigua; impermeable; submergible.

watershed ('wɔːtəʃed) *s.* fet *m.* trascendental, moment *m.* decisiu. 2 GEOGR. divisòria *f.* d'aigües.

water-skiing ('wɔːtəskiːiŋ) *s.* ESPORT esquí *m.* aquàtic.

waterspout ('wɔːtəspaut) *s.* mànega *f.*, tromba *f.* marina.

watertight ('wɔːtətait) *a.* hermètic [respecte

a l'aigua]. 2 clar; molt ben fet, perfecte [pla, acord, etc.].

water wings ('wɔːtəwiŋz) *s. pl.* salvavides *m.* de braç.

watery ('wɔːtəri) *a.* aigualit. 2 humit, mullat. ‖ *a ~ sky*, cel *m.* plujós.

wave (weiv) *s.* ona *f.*, onada *f.* [també fig.]. 2 RADIO. ona *f.* 3 onda *f.*, ondulació *f.*

wave (to) (weiv) *i.* onejar, agitar-se *p.*, moure's *p.*, oscil·lar. ‖ *she ~d at me*, em va fer un signe amb la mà; *she ~d to me*, em va saludar amb la mà. ▪ *2 t.* agitar; fer anar amunt i avall. ‖ *she ~d goodbye to me*, em va fer adeu (amb la mà). 3 ondular.

wavelength ('weivleŋθ) *s.* RADIO. longitud *m.* d'ona.

waver (to) ('weivəʳ) *i.* oscil·lar, trontollar, tremolar. 2 vacil·lar. 3 trontollar [ideals, conviccions].

wavy ('weivi) *a.* ondulat. 2 onejant.

wax (wæks) *s.* cera *f.* ‖ *~ candle*, espelma *f.*, *~ work*, figura *f.* de cera.

wax (to) (wæks) *t.* encerar. ▪ *2 i.* créixer [la lluna].

way (wei) *s.* camí; carrer *m.*, via *f.* 2 camí *m.*, ruta *f.* ‖ *on the ~*, pel camí. 3 rumb *m.*, direcció *f.* ‖ *~ down the road*, carrer avall; *this ~*, per aquí, cap aquí; *which ~ shall we go?*, cap on anem? 4 manera *f.*, forma *f.* ‖ *do it this ~*, fes-ho així; *no ~*, de cap manera; *the other ~ round*, al revés. 5 costum *m.*, hàbit *m.*, comportament *m.* ‖ *the Chinese ~ of life*, la manera de viure xinesa.

wayfarer ('wei͵fɛərəʳ) *s.* liter. caminant.

waylay (to) (wei'lei) *t.* ant. abordar, escometre [una persona].

wayside ('weisaid) *s.* vora *f.* del camí.

wayward ('weiwed) *a.* rebec; entremaliat, rebel.

we (wiː, wi) *pron. pers.* nosaltres.

weak (wiːk) *a.* dèbil, fluix, feble. 2 fluix, aigualit [alcohol, sopa, etc.].

weaken (to) ('wiːkən) *t.* debilitar. ▪ *2 i.* debilitar-se *p.* 3 flaquejar, fluixejar.

weakness ('wiːknis) *s.* debilitat *f.*, flaquesa *f.*

weal (wiːl) *s.* blau *m.*; morat *m.* [a la pell]. 2 ant. bé *m.*, prosperitat *f.*

wealth (welθ) *s.* riquesa *f.* 2 fortuna *f.*

wealthy ('welθi) *a.* ric *m.*

weapon ('wepən) *s.* arma *f.*

wear (wɛəʳ) *s.* ús *m.* [roba, calçat, etc.]: *for everyday ~*, per a l'ús diari, per a tot portar. 2 ús *m.*, desgast *m.* ‖ *these trousers are showing ~*, aquests pantalons es veuen molt portats. *3 men's ~*, roba *f.* d'home.

wear (to) (wɛəʳ) *t.* portar posat, vestir. 2 portar [ulleres, watch, etc.]. 3 gastar, desgastar, deteriorar. ▪ *4 i.* gastar-se *p.*, deteriorar-se *p.* ‖ ~ *thin,* gastar-se *p.* ■ *to* ~ *away,* desgastar(se; esborrar(se; *to* ~ *down,* gastar(se: *her shoe heels were worn down,* tenia els talons de les sabates gastats; fig. esgotar(se, cansar(se; fig. *to* ~ *off,* dissipar-se; liter. *to* ~ *on,* perllongar-se, passar lentament [temps]; *to* ~ *out,* gastar(se, fer(se malbé. ▲ Pret.: *wore* (wɔ:) i p. p.: *worn* (wɔ:n).

weariness ('wiərinis) *s.* cansament *m.;* desànim *m.*

wearisome ('wiərisəm) *a.* avorrit; cansador.

weary ('wiəri) *a.* cansat. *2* abatut, desanimat; preocupat. *3* cansador, esgotador. ■ *4 adv.* **wearily,** amb cansament, penosament.

weasel ('wi:zl) *s.* mostela *f.*

weather ('weðəʳ) *s.* temps *m.* [atmosfèric]. ‖ *the* ~*'s fine today,* avui fa bon dia; *to feel under the* ~, estar pioc, trobar-se malament; *what's the* ~ *like?,* quin temps fa?

weather (to) ('weðəʳ) *i.* exposar-se *p.* a la intempèrie. ■ *2 t.* superar, trampejar [problemes].

weather forecast ('weð'fɔ:kɑ:st) *s.* informació *f.* meteorològica.

weather vane ('weðəvein) *s.* gallet *m.,* penell *m.*

weave (wi:v) *s.* teixit *m.,* textura *f.*

weave (to) (wi:v) *t.* teixir. *2* ordir, tramar [també fig.]. ▲ Pret.: *wove* (wouv); p. p.: *woven* ('wouvən) o *wove.*

weaver ('wi:vəʳ) *s.* teixidor.

web (web) *s.* teixit *m.;* tela *f.* ‖ *(spider's)* ~, teranyina *f.*

webfooted ('web'futid) *a.* ZOOL. palmípede.

we'd (wi:d) *contr.* de WE HAD, WE SHOULD, WE WOULD.

wed (to) (wed) *t.* casar-se *p.* amb. *2* liter. unir-se *p.* ■ *3 i.* casar-se *p.* ▲ Pret. i p. p.: *wedded* ('wedid) o *wed* (wed).

wedding ('wediŋ) *s.* casament *m.,* noces *f. pl.,* núpcies *f. pl.: silver* ~, noces d'argent.

wedge (wedʒ) *s.* falca *f.;* cuny *m.* [també fig.].

wedge (to) (wedʒ) *t.* falcar.

wedlock ('wedlɔk) *s.* DRET lligam *m.* matrimonial, matrimoni *m.*

Wednesday ('wenzdi, -dei) *s.* dimecres *m.*

weed (wi:d) *s.* herba *f.,* mala herba *f.* *2* fig. persona *f.* prima, secall *m.* *3* coŀloq. herba *f.,* marihuana *f.*

weed (to) (wi:d) *t.-i.* desherbar *t.,* arrencar *t.* les males herbes. *2 t. to* ~ *out,* triar, destriar.

week (wi:k) *s.* setmana *f.*

weekend ('wi:kend) *s.* cap *m.* de setmana.

weekly ('wi:kli) *a.* setmanal. ■ *2 adv.* set-

manalment. ■ *3 s.* setmanari *m.,* publicació *f.* setmanal.

weep (to) (wi:p) *i.* liter. plorar. ■ *2 t.* vessar [llàgrima]. ▲ Pret. i p. p.: *wept* (wept).

weeping ('wi:piŋ) *a.* ploraner. ‖ BOT. ~ *willow,* desmai *m.*

weight (weit) *s.* pes *m.* ‖ *to put on* ~, engreixar-se *p.* *2* sistema *m.* de mesures.

weigh (to) (wei) *t.-i.* pesar. ■ *to* ~ *down,* deprimir, fer anar cap avall [pel pes]; *to* ~ *up,* considerar, sospesar.

weight (to) (weit) *t.* posar pes, carregar.

weighty ('weiti) *a.* pesat. *2* important, de pes.

weir (wiəʳ) *s.* resclosa *f.*

weird (wiəd) *a.* fantàstic, rar, sobrenatural, misteriós.

welcome ('welkəm) *a.* benvingut, ben rebut. ‖ *you are* ~ *to borrow my car,* si vols, et deixo el cotxe. *2 you are* ~, de res, no es mereixen [les gràcies]. ■ *3 s.* benvinguda *f.*

welcome (to) ('welkəm) *t.* donar la benvinguda.

welcoming ('welkəmiŋ) *a.* acollidor.

welfare ('welfɛəʳ) *s.* benestar *m.*

we'll (wi:l) *contr.* de WE SHALL i WE WILL.

1) **well** (wel) *s.* pou *m.*

2) **well (to)** (wel) *i. to* ~ *(up),* brollar.

3) **well** (wel) *adv.* bé. ‖ *very* ~, molt bé; ~ *done,* ben fet; *he's* ~ *over fifty,* té cinquanta anys ben bons. *2 as* ~, també. ■ *2 adj.* bé [salut].

well-being ('wel,bi:iŋ) *s.* benestar *m.,* felicitat *f.,* prosperitat *f.*

well-built (,wel'bilt) *a.* cepat, ben fet, quadrat.

wellington ('weliŋtən) , **wellington boot** (,weliŋtən'bu:t) *s.* botes *f. pl.* d'aigua, catiusques *f. pl.*

well-known (,wel'noun) *a.* conegut, de renom, famós.

well-meaning (,wel'mi:niŋ) *a.* ben intencionat.

well-off ('wel'ɔf) *a.* benestant, acomodat.

well-to-do ('weltə'du:) *a.* benestant, acomodat.

Welsh (welʃ) *a.* gaŀlès. ■ *2 s.* gaŀlès [persona]. *3* gaŀlès *m.* [llengua].

went (went) *pret.* de GO (TO).

wept (wept) Veure WEEP (TO).

we're (wiəʳ) *contr.* de WE ARE.

were (wə:ʳ; wəʳ) Veure BE (TO).

west (west) *s.* oest *m.,* occident *m.* ■ *2 a.* de l'oest, occidental.

westerly ('westəli) *a.* de l'oest. ■ *2 adv.* cap a l'oest.

West Indies (,west'indi:z) *s.* GEOGR. Antilles *f. pl.*

wet (wet) *a.* mullat; humit. ‖ *to be ~ through,* estar xop; *to set ~,* mullar-se *p.* 2 plujós. *3* amb poca empenta, apagat [persona].

wet (to) (wet) *t.* mullar, (VAL.) banyar; humitejar. ▲ Pret. i p. p.: *wet* o *wetted.*

wetness ('wetnis) *s.* mullena *f.*, humitat *f.*

whale (weil, hweil) *s.* ZOOL. balena *f.*

wharf (wɔːf, hwɔːf) *s.* moll *m.* ▲ *pl.* *wharfs* o *wharves.*

what (wɔt, hwɔt) *a. interrog.* quin: *~ time is it?,* quina hora és?; *~ a man!,* quin home! ■ *2 pron. interrog.* què: *~ happened?,* què ha passat? ‖ *~ for,* per a què. ‖ *~'s the weather like?,* quin temps fa? *3 pron. rel.* què, allò que: *I don't know ~ he wants,* no sé què vol; *~ you said is rubbish,* allò que has dit són bestieses.

whatever (wɔt'evəʳ) *a.* qualsevol. ■ *2 pron.* qualsevol cosa, qualsevol.

whatsoever (ˌwɔtsou'evəʳ) *a.-pron.* liter. Veure WHATEVER.

wheat (wiːt, hwiːt) *s.* blat *m.*

wheat field ('wiːtfiːld) *s.* camp *m.* de blat.

wheedle (to) ('wiːdl, 'hwiːdl) *t.* afalagar. *2* entabanar, afalagant.

wheel (wiːl, hwiːl) *s.* roda *f.* 2 MEC. torn *m.* *3* AUTO. volant *m.*

wheelbarrow ('wiːlˌbærou) *s.* carretó *m.*

wheeze (wiːz, hwiːz) *s.* panteix *m.;* bleix *m.;* esbufec *m.*

wheeze (to) (wiːz, hwiːz) *i.* bleixar; panteixar, esbufegar.

when (wen, hwen) *adv.-conj.* quan.

whence (wens, hwens) *adv.* form. d'on, d'allà on.

whenever (wen'eveʳ, hwen'evəʳ) *adv.* sempre que; quan.

where (wɛəʳ, hwɛəʳ) *adv.* on.

whereabouts ('wɛərəbauts) *s.* parador *m.*, situació *f.*, localització *f.*

whereas (wɛər'æz) *conj.* considerant que. *2* mentre que.

whereby (wɛə'bai) *adv.* amb la qual cosa, per la qual cosa.

whereupon (ˌwɛərə'pɔn) *adv.* després de la qual cosa, llavors.

wherever (wɛər'evəʳ) *adv.* arreu on, a qualsevol lloc on. ‖ *~ you are,* siguis on siguis.

whet (to) (wet, hwet) *t.* esmolar. *2* fig. excitar, estimular.

whether ('weððəʳ) *conj.* si: *I wonder ~ it's enough,* no sé si n'hi deu haver prou; *~ you come or not,* tant si vens com si no.

which (witʃ, hwitʃ) *a. interrog.-pron. interrog.* quin: *~ book do you prefer?,* quin llibre t'estimes més? *2 a. rel.* form. el qual. ‖ *the first thing ~ I saw,* la primera cosa que vaig veure.

whichever (witʃ'evəʳ, hwitʃ'evəʳ) *a.-pron.* qualsevol.

whiff (wif, hwif) *s.* buf *m.*, bufada *f.* 2 alè *m.*, bafarada *f.*

while (wail, hwail) *s.* estona *f.* ‖ *for a ~,* durant (un) temps; *once in a ~,* de tant en tant. ■ *2 conj.* mentre, mentrestant.

while (to) (wail, hwail) *t.* *to ~ away,* passar [el temps, l'estona, etc.].

whilst (wailst, hwailst) *conj.* mentre, mentrestant.

whim (wim, hwim) *s.* antull *m.*, caprici *m.*

whimper ('wimpəʳ, 'hwimpəʳ) *s.* gemec *m.*, queixa *f.*, ploriqueig *m.*

whimper (to) ('wimpəʳ, hwimpəʳ) *i.* gemegar, ploriquejar.

whimsical ('wimzikəl, 'hwimzikəl) *a.* capriciós, extravagant.

whimsy ('wimzi, 'hwimzi) *s.* Veure WHIM.

whine (wain, hwain) *s.* gemec *m.*, plany *m.*, queixa *f.*

whine (to) (wain, hwain) *i.* gemegar *f.*, queixar-se *f.*

whip (wip, hwip) *s.* fuet *m.*, xurriaca *f.* ‖ *to have the ~ hand,* dominar la situació, tenir la paella pel mànec. 2 ALIM. batut *m.*

whip (to) (wip, hwip) *t.* fuetejar. *2* CUI. batre. *3* coŀloq. batre, derrotar, vèncer. *4* treure de cop; moure ràpidament. ■ *5 i.* treure's *p.* de cop; moure's *p.* ràpidament.

whipping ('wipiŋ, 'hwipiŋ) *s.* pallissa *f.*

whir (wəːʳ, hwəːʳ) *s.* zunzeig *m.*, fregadís *m.*

whir (to) (wəːʳ, hwəːʳ) *i.* brunzir, zumzejar.

whirl (wəːl, hwəːl) *s.* remolí *m.* 2 fig. confusió *f.*, embolic *m.*

whirl (to) (wəːl, hwəːl) *i.* donar voltes, giravoltar. ■ *2 t.* fer donar voltes, fer giravoltar.

whirlpool ('wəːlpuːl, 'hwəːlpuːl) *s.* remolí *m.*

whirlwind ('wəːlwind, 'hwəːlwind) *s.* remolí *m.* de vent.

whisker ('wiskəʳ, 'hwiskəʳ) *s.* patilla *f.* 2 *pl.* ZOOL. bigotis *m.*

whiskey, whisky ('wiski) *s.* whisky *m.*

whisper ('wispəʳ, 'hwispəʳ) *s.* murmuri *m.*, xiuxiueig *m.*

whisper (to) ('wispəʳ, 'hwispəʳ) *i.-t.* xiuxiuejar, murmurejar. *2 t.* dir en secret; rumorejar.

whistle ('wisl, 'hwisl) *s.* xiulet *m.*

whistle (to) ('wisl, 'hwisl) *i.-t.* xiular.

whit (wit, hwit) *s.* *not a ~,* gens, gens ni mica.

white (wait, hwait) *a.* blanc. 2 pàŀlid, malaltís. ■ *3 s.* persona *f.* de raça blanca. 4 blanc *m.* de l'ull. 5 clara *f.* [d'ou].

white-hot (ˌwait'hɔt) *a.* candent, ardent, roent [també fig.].

whiten (to) ('waitn, 'hwaitn) *t.* emblanquinar. ▪ *2 i.* tornar-se *p.* blanc.

whiteness ('waitnis, 'hwaitnis) *s.* blancor *f.*

white paper (ˌwait'peipəʳ) *s.* (G.B.) llibre *m.* blanc [del govern].

whitewash (to) ('waitwɔʃ, 'hwaitwɔʃ) *t.* emblanquinar. *2* fig. encobrir, tapar.

Whitsunday (ˌwit'sʌndi) *s.* diumenge *m.* de Pentecosta.

Whitsuntide ('witsntaid) *s.* Pentecosta *f.*, Segona Pasqua *f.*

whiz o **whizz** (wiz, hwiz) *s.* zumzeig *m.*, batre *m.*, brunzit *m.*

whiz o **whizz (to)** (wiz, hwiz) *i.* zumzumejar, brunzir.

who (hu:, hu) *pron.* qui.

whoever (hu(:)'evəʳ) *pron. rel.* qualsevol. ‖ ~ *you are,* siguis qui siguis.

whole (houl) *a.* tot, sencer: *the* ~ *day,* tot el dia. *2* íntegre, intacte. ▪ *3 s.* total *m.*, conjunt *m.: as a* ~, com un tot, en conjunt, *on the* ~, en general.

whole-hearted (ˌhoul'hɑːtid) *a.* cordial, incondicional, sincer.

wholesale ('houlseil) *adv.* a l'engròs. ▪ *2 a.* a l'engròs. *3* fig. total, general. ▪ *3 s.* venda *f.* a l'engròs. *4* ~*r,* majorista.

wholesome ('houlsəm) *a.* sa, saludable.

wholly ('houli) *adv.* completament, totalment.

whom (hu:m, hum) *pron.* a qui, qui.

whoop (hu:p) *s.* crit *m.*, udol *m.* *2* estossec *m.*, tos *f.*

whoop (to) (hu:p) *t.-i.* cridar, udolar.

whooping-cough ('hu:piŋkɔf) *s.* MED. tos ferina *f.*

whose (hu:z) *pron. pos.* de qui. ~ *is that?,* de qui és això? *2 pron. rel.* del qual, de qui: *the man* ~ *sister is a typist,* l'home la germana del qual és mecanògrafa; *the writer* ~ *books were published recently,* l'escriptor a qui li han publicat llibres fa poc.

why (wai, hwai) *adv. interrog.* per què: ~ *didn't you come?,* per què no vas venir? ▪ *2 interj.* caram, òndia, ostres. ▪ *3 s.* perquè *m.*, causa *f.*

wick (wik) *s.* ble *m.*

wicked ('wikid) *a.* dolent, pervers. *2* rancorós. *3* malèvol, feridor.

wicker ('wikəʳ) *s.* vímet *m.* ▪ *2 a.* de vímet.

wide (waid) *a.* ample: *two feet* ~, de dos peus d'ample. *2* ampli, vast, extens. *3* sense escrúpols: pop. ~ *boy,* brètol, bandarra. ▪ *4 adv.* del tot, completament. ‖ ~ *open,* ben obert; de bat a bat [porta]; fig. ~ *a-wake,* alerta, despert, espavilat. *5* lluny, a distància.

widen (to) ('waidn) *t.* eixamplar, estendre. ▪ *2 i.* eixamplar-se *p.*; estendre's *p.*

wide-spread ('waidspred) *a.* estès, molt difós: *a* ~ *belief,* una creença general.

widow ('widou) *s.* vídua *f.*, viuda *f.*

widower ('widouəʳ) *s.* vidu *m.*, viudo *m.*

widowhood ('widouhud) *s.* viduïtat *f.*

width (widθ) *s.* amplada *f.*, amplària *f.*

wield (to) (wi:ld) *t.* utilitzar, manejar. ‖ *to* ~ *authority,* tenir autoritat.

wife (waif) *s.* muller *f.*, esposa *f.*, dona *f.* ▲ *pl.* *wives* (waivz).

wig (wig) *s.* perruca *f.*, postís *m.*

wild (waild) *a.* salvatge: ~ *duck,* ànec *m.* salvatge. *2* silvestre; sense conrear. *3* agrest, desolat. *4* violent, incontrolat. *5* excitat, apassionat, descontrolat.

wild boar ('waild'bɔːʳ) *s.* ZOOL. porc *m.* senglar, senglar *m.*

wildcat ('waildkæt) *s.* ZOOL. gat *m.* salvatge. ▪ *2 a.* arriscat, temerari, perillós.

wilderness ('wildənis) *s.* terra *f.* erma, ermot *m.*

wildness ('waildnis) *s.* estat *m.* salvatge. *2* brutalitat *p.*

wile (wail) *s.* ardit *m.*, estratagema *f.*

wilfulness ('wilfulnis) *s.* obstinació *f.*, determinació *f.* *2* premeditació *f.*, intencionalitat *f.*, intenció *f.*

1) will (wil) *s.* voluntat *f.* *2* desig *m.* *3* DRET testament *m.*

2) will (wil) *aux. futur.: I* ~ *go,* hi aniré; ~ *you come?,* vindràs?

3) will (to) (wil) *t.* desitjar, voler. *2* DRET llegar.

willing ('wiliŋ) *a.* amatent; servicial, disposat. *2* voluntari; entusiasta. ▪ *3 -ly adv.* de bon grat, de gust.

willingness ('wiliŋnis) *s.* ganes *f. pl.*, disposició *f.*

willow ('wilou) *s.* BOT. salze *m.*

willowy ('wiloui) *a.* lleuger, àgil, esvelt.

willy-nilly (ˌwili'nili) *adv.* vulguis o no, a la força.

wilt (to) (wilt) *t.* marcir. ▪ *2 i.* marcir-se *p.* [plantes, flors]. *3* neulir-se *p.* [persones].

wily ('waili) *a.* astut, arterós.

win (to) (win) *t.* guanyar. *2* vèncer. ▪ *3 i.* guanyar-se *p.* *4* vèncer, triomfar. ▲ Pret. i p. p.: *won* (wʌn).

wince (wins) *s.* ganyota *f.* [de por, de dolor].

wince (to) (wins) *i.* fer una ganyota [de por, de dolor].

wind (wind) *s.* vent *m.* *2 pl.* ~*s,* vents *m.*, punts *m.* cardinals. *3* respiració *f.*, alè *m.* *4* olor *f.* ‖ *to get the* ~ *of,* ensumar-se. *5* ventositat *f.*, flat *m.*

1) wind (to) (waind) *i.* serpentejar, zigza-

guejar. ■ *2 t.* caragolar. *3* donar corda. ▲
Pret. i p. p.: *wound* (waund).
2) wind (to) (wind) *t.* ensumar, detectar
amb l'olfacte. *2* panteixar *i.*, bufar *i.* ▲
Pret. i p. p.: *winded* ('windid).
windbag ('windbæg) *s.* coŀloq. xerraire, pa-
rauler.
windfall ('windfɔːl) *s.* fruita *f.* caiguda de
l'arbre [pel vent]. *2* sort *f.* inesperada.
winding ('waindiŋ) *s.* caragolament *m.*, bo-
binat *m.* 2 corba *f.*, volta *f.*, giragonsa *f.*
■ *3 a.* fortuós, sinuós. ‖ ~ *stairs,* escala *f.*
de cargol.
windmill ('winmil) *s.* molí *m.* de vent.
window ('windou) *s.* finestra *f.* 2 *shop-~,*
aparador *m.*
window frame ('windoufreim) *s.* marc *m.*
[de finestra].
window pane ('windoupein) *s.* vidre *m.* [de
finestra].
windpipe ('windpaip) *s.* tràquea *f.*
wind sock ('windsɔk) *s.* coŀloq. anemoscopi
m., mànega *f.* aeroscòpica.
windscreen ('windskriːn) , (EUA) **windshield**
('windʃiːld) *s.* AUTO. parabrisa *m.*
windy ('windi) *a.* ventós. ‖ *it's ~,* fa vent.
wine (wain) *s.* vi *m.: red ~,* vi *m.* negre.
wine cellar ('wainselə) *s.* celler *m.*
wineglass ('wainglɑːs) *s.* got *m.* per al vi.
wineskin ('wainskin) *s.* bot *m.* [per a con-
tenir líquids].
wing (wiŋ) *s.* ala *f.* ‖ *on the ~,* en ple vol;
to take ~, alçar el vol. 2 TEAT. bastidors *m.*
pl.
wink (wiŋk) *s.* parpelleig *m.*, pestaneig *m.*
2 picada *f.* [d'ull]. ‖ *I didn't sleep a ~,* no
vaig poder aclucar l'ull.
wink (to) (wiŋk) *i.-t.* fer l'ullet *i.*, picar l'ull
i. ‖ *he ~ed at his sister,* va picar l'ullet a la
seva germana. *2* pestanyejar *i.*, parpelle-
jar *i.* *3 i.* centellejar, guspirejar.
winner ('winə) *s.* guanyador, vencedor.
winning ('winiŋ) *a.* guanyador, vencedor. *2*
persuasiu. *3* atractiu, encantador. *4* JOC
~s, guanys *m. pl.,* beneficis *m. pl.*
winsome ('winsəm) *a.* agradable, atractiu
[persona].
winter ('wintə) *s.* hivern. ■ *2 a.* d'hivern,
hivernal: *~ month,* mes d'hivern.
wintry ('wintri) *a.* hivernal. ‖ *a ~ day,* un dia
fred.
wipe (to) (waip) *t.* eixugar, (VAL.) torcar;
fregar. ‖ *to ~ one's nose,* mocar-se *p.* 2 *to
~ away,* eixugar [llàgrimes, etc.]. *3 to ~
off,* fregar, netejar; esborrar; eixugar
[dentes].
wire ('waiə) *s.* fil *m.*, cable *m.* [elèctric,
telefònic, etc.]; filferro *m.* ‖ fig. *to pull the*

~, moure fils, buscar influències. *2* coŀloq.
(EUA) telegrama *m.*
wireless ('waiəlis) *s.* telegrafia *f.* sense fils;
ràdio *f.*
wiry ('waeiəri) *a.* prim, sec, nerviüt [per-
sona].
wisdom ('wizdəm) *s.* seny *m.* ‖ *~ tooth,* quei-
xal *m.* del seny. 2 saviesa.
wise (waiz) *a.* savi, assenyat; prudent. ■ *2*
-ly adv. sàviament; de manera assenyada.
wish (wiʃ) *s.* desig *m.*, anhel *m.*
wish (to) (wiʃ) desitjar, tenir ganes. ‖ *he ~es
to be alone,* vol estar sol; *I ~ you were here,*
m'agradaria que fossis aquí. ■ *2 i. to ~ for,*
anhelar *t.* *3* expressar un desig.
wishful ('wiʃful) *a.* delerós, desitjós. ‖ *~
thinking,* iŀlusió *f.*, fantasia *f.*, desig *m.*
wistful ('wistful) *a.* trist, enyorat, malen-
coniós, capficat.
wit (wit) *s.* agudesa *f.*, enginy *m.*, in-
teŀligència *f.* ‖ *to be at one's ~'s end,* no sa-
ber com sortir-se'n; *to be out of one's ~s,*
perdre el seny, atabalar-se. *2* agudesa *f.*,
comicitat *f.*, humor *m.* 3 persona *f.* aguda.
witch (witʃ) *s.* bruixa *f.*
witchcraft ('witʃkrɑːft) , **witchery** ('witʃəri)
s. bruixeria *f.*
with (wið) *prep.* amb. ‖ *~ all speed,* a tota
velocitat; *filled ~,* ple de; *have you got any
money ~ you?,* portes diners?
withdraw (to) (wið'drɔː) *t.* retirar. 2 fer en-
rera; enretirar. ■ *3 i.* retirar-se *p.* 4 fer-se
p. enrera. ‖ *to ~ a statement,* retractar-se *p.*
▲ Pret.: *withdrew* (wið'druː), p. p.: *with-
drawn* (wið'drɔːn).
withdrawal (wið'drɔːəl) *s.* retirada *f.* 2 re-
tractació *f.*
withdrawn (wið'drɔːn) Veure WITHDRAW
(TO).
withdrew (wið'druː) Veure WITHDRAW (TO).
wither (to) ('wiðə) *t.* marcir. 2 fig. fulminar
[amb la mirada, etc.]. ■ *3 i.* marcir-se *p.*
withheld (wið'held) Veure WITHHOLD (TO).
withhold (to) (wið'houl) *t.* retenir; no re-
velar. ▲ Pret. i p. p.: *withheld* (wið'held).
within (wi'ðin) *prep.* en, dins de, a l'abast
de. ‖ *~ an hour,* en menys d'una hora. ■ *2
adv.* liter. dintre.
without (wi'ðaut) *prep.* sense. 2 ant. fora
de. ■ *3 adv.* ant. liter. fora.
withstand (to) (wið'stænd) *t.* resistir, aguan-
tar. ▲ Pret. i p. p.: *withstood* (wið'stud).
withstood (wið'sud) Veure WITHSTAND (TO)
witness ('witnis) *s.* testimoni *m.: eye-~,* tes-
timoni ocular. 2 prova *f.*, evidència *f.*
witness (to) ('witnis) *t.* ser testimoni de, pre-
senciar. 2 mostrar, evidenciar. ■ *3 i.* tes-
tificar.

witticism ('witisizəm) *s.* frase *f.* aguda, comentari *m.* encertat.

witty ('witi) *a.* enginyós, agut, còmic.

wives (waivz) *s. pl.* de WIFE.

wizard ('wizəd) *s.* bruixot *m.*

woe (wou) *s.* liter. pena *f.*, aflicció *f.*

woebegone ('woubi͵gɔn) *a.* trist, compungit, abatut.

woeful ('wouful) *a.* afligit. 2 trist, entristidor.

woke (wouk) Veure WAKE (TO).

woken ('woukən) Veure WAKE (TO).

wolf (wulf) llop *m.* ▲ *pl.* **wolves** (wulvz).

wolf cub ('wulfkʌb) *s.* ZOOL. llobató *m.* 2 llobató *m.* [escoltisme].

woman ('wumən) dona *f.* ▲ *pl.* **women** ('wimin).

womanish ('wuməniʃ) *a.* de dona, femení, femenívol. 2 efeminat.

womankind ('wumən'kaind) *s.* el sexe *m.* femení, les dones *f. pl.*

womanly ('wumənli) *a.* femení, de dona.

womb (wu:m) *s.* úter *m.*, matriu *f.*

won (wʌn) Veure WIN (TO).

wonder ('wʌndəʳ) *s.* sorpresa *f.*, perplexitat *f.* astorament *m.* 2 meravella *f.*, prodigi *m.* ‖ *no ~,* no té res d'estrany.

wonder (to) ('wʌndəʳ) *t.* demanar-se *p.*, preguntar-se *p.* ‖ *I ~ what he wants,* no sé pas què vol; *I ~ why,* em demano per què. ▪ 2 *i. to ~ at,* meravellar-se *p.* de, sorprendre's *p.* de. 3 *to ~ (about),* demanar-se *p.*

wonderful ('wʌndəful) *a.* sorprenent; meravellós. ▪ 2 **-ly** *adv.* meravellosament; sorprenentment.

wondrous ('wʌndrəs) *a.* aut. liter. sorprenent, meravellós.

wont (wount) *s.* ant. liter. costum *m.*, hàbit *m.*

won't (wount) *contr.* de WILL NOT.

woo (to) (wu:) *t.* ant. cortejar. 2 perseguir, buscar [fama, suport, èxit].

wood (wud) *s.* bosc *m.*; selva *f.* 2 fusta *f.* ‖ *small ~,* fustetes *f. pl.*

woodbine ('wudbain) *s.* mareselva *f.*, lligabosc *m.*

wood-cutter ('wud͵kʌtəʳ) *s.* llenyataire *m.*

wooded ('wudid) *a.* ple de boscos, boscós.

woodlouse ('wudlaus) *s.* panerola *f.* ▲ *pl.* **woodlice.**

woodpecker ('wud͵pekəʳ) *s.* ORN. picot *m.*

wool (wul) *s.* llana *f.: all ~,* pura llana *f.*

woolly ('wuli) *a.* de llana, llanut; com de llana.

word (wə:d) *s.* paraula *f.* ‖ *by ~ of mouth,* oralment. ‖ *to have a ~ with,* parlar (un moment) amb. 2 avís *m.*, informació *f.* ‖ *to leave ~,* deixar un encàrrec. 3 paraula *f.*, promesa *f.* 4 ordre *f.*

word (to) (wə:d) *t.* formular, expressar [amb paraules].

wordiness ('wə:dinis) *s.* vèrbola *f.*, verbositat *f.*

wordy ('wə:di) *a.* verbós.

wore (wɔ:ʳ, wɔəʳ) Veure WEAR (TO).

work (wə:k) *s.* treball *m.* 2 feina *f.*; ocupació *f.*, treball *m.* 2 obra *f.*; producció *f.* 3 *pl.* mecanisme *m.*

work (to) (wə:k) *i.* treballar; fer feina. 2 funcionar, operar. 2 donar resultat, fer efecte. ▪ 3 *t.* fer treballar. 4 controlar. 5 treballar [metall, fusta, etc.]. 6 cosir, brodar. ▪ *to ~ in,* penetrar, endinsar-se; *to ~ out,* resultar: *did it ~ out?* ha funcionat?; *to ~ up,* fer pujar, augmentar, pujar, inflamar, excitar.

workable ('wə:kəbl) *a.* factible, viable.

workday ('wə:kdei) *s.* dia *m.* feiner.

worker ('wə:kəʳ) *s.* obrer; treballador.

working (wə:kiŋ) *a.* que treballa. ‖ *~ class,* la classe obrera. 2 que funciona. ‖ *in ~ order,* en bon estat, a punt. 3 de treball. ‖ *~ lunch,* dinar *m.* de treball. 4 suficient; funcional. ‖ *~ knowledge,* nocions *f. pl.* bàsiques.

working day ('wə:kiŋ͵dei) *s.* dia *f.* laborable. 2 jornada *f.* laboral.

working party ('wə:kiŋ͵pa:ti) *s.* equip *m.* de treball; comissió *f.* de seguiment.

workman ('wə:kmən) *s.* obrer *m.* 2 artesà *m.*, operari *m.*

workmanlike ('we:kmənlaik) , **workmanly** ('wə:kmənli) *a.* d'artesà, ben fet.

workmanship ('wə:kmənʃip) *s.* factura *f.*; qualitat *f.*

workroom ('wə:krum) *s.* taller *m.*, obrador *m.*, estudi *m.*

workshop ('wə:kʃɔp) *s.* taller *m.* 2 seminari *m.*; grup *m.* de treball; taller *m.: a theatre ~,* un taller de teatre.

world (wə:ld) *s.* món *m.* 2 fig. món *m.*, ambient *m.*, univers *m.* ▪ 3 *a.* mundial, de nivell mundial.

worldly ('wə:ldli) *a.* material. 2 temporal. 3 terrenal.

worm (wə:m) *s.* cuc *m.* 2 fig. mitja cerilla *m.*, cuc *m.*, no-res *m.* [persona].

worm (to) (wə:m) *t.* medicar [per a extirpar cucs intestinals]. ▪ 2 *i. to ~ one's way,* esmunyir-se *p.*

worn (wɔ:n) *p. p.* de WEAR (TO). 2 *~ out,* usat, gastat; cansat, esgotat.

worried ('wʌrid) *a.* preocupat, angoixat, inquiet.

worry ('wʌri) *s.* preocupació *f.*; angoixa *f.*; molèstia *f.* 2 *pl.* **worries,** preocupacions *f.*, problemes *m.*, mals *m.* de cap.

worry (to) ('wʌri) *t.* preocupar, angoixar,

inquietar, molestar. ▪ *2 i.* preocupar-se *p.*, angoixar-se *p.*, inquietar-se *p.*

worse (wəːs) *a.-adv.* (*compar.* de *bad*) pitjor, més malament. ‖ *to get* ~, empitjorar. ▪ *2 s.* empitjorament. ‖ *the* ~, el pitjor.

worsen (to) (ˈwəːsn) *t.* empitjorar(se.

worship (ˈwəːʃip) *s.* culte *m.*, adoració *f.*, veneració *f.*

worship (to) (ˈwəːʃip) *t.* adorar, venerar. ▪ *2 i.* rendir culte a.

worst (wəːst) *a. superl.* pitjor. ‖ *the* ~, el pitjor. ▪ *2 adv.* pitjor, més malament. ▪ *3 s.* el pitjor *m.*, la pitjor part *f.*, allò pitjor *m.*

worst (to) (wəːst) *t.* derrotar, vèncer.

worsted (ˈwustid, -təd) *s.* TÈXT. estam *m.*

worth (wəːθ) *a.* tenir valor, estar valorat, valdre. ‖ *it's not* ~ *the effort*, no val la pena esforçar-s'hi. ▪ *2 s.* valor *m.*, preu *m.*; vàlua *f.*

worthless (ˈwəːθlis) *a.* inútil, sense valor.

worthy (ˈwəːði) *a.* digne, mereixedor. ▪ *2 s.* personatge *m.*, personalitat *f.* *3* coŀloq. iròn. personatge *m.*

would (wud, wəd) *aux. cond.: I* ~ *like to go*, m'agradaria anar-hi. ‖ ~ *you please pass me the salt?*, em pot passar la sal, si li plau? *2* Pret. *he* ~ *come every day*, venia cada dia.

would-be (ˈwuldbiː) *a.* aspirant. *2* suposat.

wouldn't (ˈwudənt) *contr.* de WOULD NOT.

1) wound (wuːnd) *s.* ferida *f.* *2* ofensa *f.*

2) wound (waund) Veure WIND (TO) 1.

wound (to) (wuːnd) *t.* ferir, fer mal. *2* ofendre, ferir.

wounded (ˈwuːndid) *a.* ferit. *2* ofès. ▪ *3 s.* ferit *m.*

wove (wouv) Veure WEAVE (TO).

woven (ˈwouvən) Veure WAVE (TO).

wrangle (ˈræŋgl) *s.* baralla *f.*, brega *f.*, batussa *f.*

wrangle (to) (ˈræŋgl) *i.* barallar-se *p.*, esbatussar-se *p.*

wrap (ræp) *s.* embolcall *m.* *2* abrigall *m.*, abric *m.*

wrap (to) (ræp) *t.-i. to* ~ *(up)*, cobrir(se, embolicar(se, embolcallar(se. ‖ ~ *yourself up!*, tapa't!, abriga't! *2 to be* ~*ped (up) in*, estar absort en.

wrapping (ˈræpiŋ) *s.* embolcall *m.*, coberta *f.*, recobriment *m.*

wrapping paper (ˈræpiŋˌpeipəʳ) *s.* paper *m.* d'embolicar.

wrath (rɔːθ) *s.* liter. còlera *f.*, ira *f.*

wrathful (ˈrɔːθful) *a.* colèric, irat, furiós. ▪ *2 -ly adv.* colèricament, iradament.

wreak (to) (riːk) *t.* liter. infligir, aplicar; descarregar.

wreath (riːθ) *s.* garlanda *f.*, corona. *2* anell *m.*, virolla *f.* [de fum, boira, etc.].

wreathe (to) (riːð) *t.* cobrir, envoltar, encerclar. *2* entortolligar, entrellaçar. ▪ *3 i.* entortolligar-se *p.*, entrellaçar-se *p.*

wreck (rek) *s.* ruïna *f.*, restes *f. pl.* *2* restes *f. pl.*, carcassa *f.* [de vaixell]. *3* naufragi *m.*

wreck (to) (rek) *t.* fer naufragar; fer coŀlisionar, destruir.

wreckage (ˈrekidʒ) *s.* ruïna *f.*, restes *f. pl.*

wrench (rentʃ) *s.* estirada *f.* *2* torçada *f.*, torçament *m.* *3* dolor *m.* pena *f.* [per separació]. *4* ~ o *monkey* ~, clau *f.* anglesa.

wrench (to) (rentʃ) *t.* torçar; fer girar. *2* torçar-se *p.* [el peu, etc.]. *3* distorsionar, falsejar.

wrest (to) (rest) *t.* prendre, arrencar, arrabassar. *2* deformar, distorsionar.

wrestle (to) (ˈresl) *i.* lluitar [cos a cos]. *2* fig. lluitar, batallar.

wretch (retʃ) *s.* miserable, desafortunat. *2* miserable, desgraciat, brivall, bandarra.

wretched (ˈretʃid) *a.* miserable, pobre. *2* de baixa qualitat, dolent. ‖ *your* ~ *stupidity*, la teva immensa estupidesa.

wriggle (to) (ˈrigl) *i.* recargolar-se *p.*, moure's *p.* zigzaguejar. ▪ *2 t.* moure, remenar.

wring (to) (riŋ) *t.* torçar, retorçar. *2 to* ~ *out*, fer sortir, esprémer. ‖ *to* ~ *out the water*, escórrer l'aigua. ▲ Pret. i p. p.: *wrung* (ruŋ).

wrinkle (ˈriŋkl) *s.* arruga *f.*, séc *m.*; solc *m.*

wrist (rist) *s.* ANAT. canell *m.*

wrist watch (ˈristwɔtʃ) *s.* rellotge *m.* de polsera.

writ (rit) *s.* DRET ordre *f.*, decret *m.*

write (to) (rait) *t.-i.* escriure. ‖ *to* ~ *back*, contestar per escrit, contestar una carta; *to* ~ *down*, escriure, anotar; *to* ~ *up*, completar, posar al dia; descriure. ▲ Pret.: *wrote* (rout); p. p.: *written* (ˈritn).

writer (ˈraitəʳ) *s.* escriptor.

writhe (to) (raið) *i.* caragolar-se *p.*, recaragolar-se *p.* [de dolor].

writing (ˈraitiŋ) *s.* escrit *m.*, text *m.* *2* lletra *f.*, escriptura *f.*

writing desk (ˈraitiŋdesk) *s.* escriptori *m.*

writing pad (ˈraitiŋpæd) *s.* bloc *m.* [de notes].

writing paper (ˈraitiŋˌpeipəʳ) *s.* paper *m.* d'escriure.

written (ˈritn) Veure WRITE (TO).

wrong (rɔŋ) *a.* dolent, mal fet. ‖ *It was* ~ *of you*, vas fer mal fet. *2* erroni, equivocat. ‖ *the* ~ *side*, el costat dolent, el costat de sota [d'una roba]; *to be* ~, anar equivocat, no tenir raó. ▪ *3 adv.* malament. ‖ *what's* ~ *with you?*, què caram et passa? ▪ *4 s.* mal *m.*; injustícia *f.*

wrong (to) (rɔŋ) *t.* ofendre, tractar injustament.

wrongdoer ('rɔŋduəʳ) *s.* malfactor.

wrongful ('rɔŋful) *a.* injust.

wrote (rout) Veure WRITE (TO).

wrought (rɔːt) *pret.* i *p. p. irreg.* ant. de WORK (TO). ■ *2 a.* treballat, forjat.

wrung (rʌŋ) Veure WRING (TO).

wry (rai) *a.* torçat, tort. ‖ ~ *face,* ganyota *f.*

X

X, x (eks) *s.* x *f.* [lletra].
xenophobia (ˌzenəˈfoubjə) *s.* xenofòbia *f.*

Xmas (ˈkrisməs) *s.* abrev. de CHRISTMAS.
X-ray (ˈeks rei) *s.* raigs X *m. pl.*

Y

Y, y (wai) *s.* y *f.* [lletra].

yacht (jɔt) *s.* MAR. iot *m.*

Yankee ('jæŋki) *a.-s.* ianqui.

yard (jɑːd) *s.* iarda *f.* [0,914 m]. *2* pati *m.*, eixida *f.* ‖ *back* ~, pati *m.* anterior, pati *m.* de darrera.

yarn (jɑːn) *s.* fil *m.* *2* narració *f.* fantàstica, història *f.* ‖ *to spin a* ~, explicar històries [com a excusa, etc.].

yawn (jɔːn) *s.* badall *m.*

yawn (to) (jɔːn) *i.* badallar.

year (jəːʳ) *s.* any *m.* ‖ *once a* ~, un cop a l'any.

yearly ('jeːli) *a.* anual, anyal. ▪ *2 adv.* anualment, anyalment.

yearn (to) (jeːn) *i.* anhelar, desitjar (*for, —*).

yearning ('jəːniŋ) *s.* anhel *m.*, sospir *m.*

yeast (jiːst) *s.* llevat *m.*

yell (jell) *s.* xiscle *m.*, crit *m.*; udol *m.*

yell (to) (jel) *i.* cridar, xisclar, udolar. ▪ *2 t.* *to* ~ *(out)*, cridar, xisclar, udolar.

yellow ('jelou) *a.* groc. *2* coŀloq. covard.

yelp (jelp) *s.* esgarip *m.*, udol *m.*

yelp (to) (jelp) *i.* fer esgarips, udolar.

yeoman ('joumən) *s.* HIST. petit propietari *m.* rural. *2* ~ *of the guard*, guarda *m.* de la Torre de Londres.

yes (jes) *adv.* sí. ▪ *2 s.* sí *m.*

yesterday ('jestədi, -dei) *adv.* ahir. ‖ *the day before* ~, abans d'ahir. ▪ *2 s.* ahir *m.*

yet (jet) *adv.* encara; ja: *haven't you finished reading that book yet?*, encara no has acabat de llegir aquell llibre? ▪ *2 conj.* no obstant això, tanmateix.

yew (juː) *s.* BOT. teix *m.*

yield (jiːld) *s.* producció *f.*, rendiment. *2* collita *f.*

yield (to) (jiːld) *t.* produir, donar. ▪ *2 i.* rendir-se *p.*, cedir, abandonar.

yoga ('jougə) *s.* ioga *f.*

yogi ('jougi) *s.* iogui.

yoke (youk) *s.* jou *m.* [també fig.].

yoke (to) (jouk) *t.* junyir [també fig.].

yokel ('joukəl) *s.* pagerol *m.*, rústic *m.*

yolk (jouk) *s.* rovell *m.* [d'ou].

yore (jɔːʳ) *s.* ant. *of* ~, fa temps.

you (juː, ju) *pron. pers.* tu, nosaltres. *2* et, te, us. ‖ *I gave it to* ~, t'ho vaig donar; us ho vaig donar; *that's for* ~, és per a tu; és per a vosaltres.

young (jʌŋ) *a.* jove. ‖ ~ *lady*, senyoreta. *2* jovençà, novell. *3 the* ~, els joves *m. pl.*, la gent *f.* jove. ▪ *4 s.* els petits *m. pl.*, les cries *f. pl.*

youngster ('jʌŋstəʳ) *s.* noi *m.*, jove *m.*, jovenet *m.*

your (juəʳ, jɔːʳ) *a. poss.* el teu, els teus, el vostre, els vostres: *is that* ~ *chair?*, aquesta és la teva cadira?; aquesta és la vostra cadira?

yours (juəʳ, jɔːʳ) *pron. poss.* teu, teus, vostre, vostres: *is that coat* ~*?*, aquesta jaqueta és teva?; aquesta jaqueta és vostra?; *where is* ~*?*, on és el teu?; on és el vostre?

yourself (juə'self, jɔː-) *pron. pers.* tu, tu mateix: *buy it* ~, compra-ho tu mateix; *wrap* ~ *up in that coat*, embolica't amb aquesta jaqueta. ▲ *pl.* *yourselves* (juə'selvz, jɔː'selvz).

youth (juːθ) *s.* joventut *f.*, adolescència *f.* *2* jove *m.*; noi *m.* *3* gent *f.* jove, joventut *f.*, jovenalla *f.*

youthful ('juːθful) *a.* jove, juvenil; jovenívol. ▪ *2 -ly adv.* jovenívolament, de manera juvenil.

Yugoslavia ('juːgou'slaːvjə) *n. pr.* GEOGR. Iugoslàvia *f.*

Yugoslavian ('juːgou'slaːvjən) *a.-s.* iugoslau.

yule (juːl) *s.* ant. Nadal *m.*

Z

Z, z (zed) *s.* z *f.* [lletra].
zeal (ziːl) *s.* zel *m.*, entusiasme *m.*
zealot ('zelət) *s.* fanàtic.
zealous (zeləs) *a.* zelós, entusiasta. ■ 2 **-ly** *adv.* zelosament; amb entusiasme.
zebra ('ziːbrə) *s.* ZOOL. zebra *f.*
zenith ('zeniθ) *s.* zènit *m.* [també fig.].
zephyr ('zefəʳ) *s.* METEOR. zèfir.
zero ('ziərou) *s.* zero *m.* ‖ *below* ~, sota zero.
zest (zest) *s.* entusiasme *m.*, gran interès *m.* 2 al·licient *m.*
zigzag ('zigzæg) *s.* ziga-zaga *m.* ■ 2 *a.-adv.* en ziga-zaga, fent ziga-zaga.
zigzag (to) ('zigzæg) *i.* fer ziga-zaga.
zinc (ziŋk) *s.* zenc *m.*, zinc *m.*

zip (zip) *s.* cremallera *f.* 2 xiulet *m.* [d'un projectil].
zip (to) (zip) *t.* tancar amb cremallera. 2 *to* ~ *up*, tancar la cremallera.
zip fastener ('zip'faːsnəʳ) , **zipper** ('zipəʳ) *s.* cremallera *f.*
zone (zoun) *s.* zona *f.*; àrea *f.*
zoo (zuː) *s.* zoo *m.*, parc *m.* zoològic.
zoological (ˌzouə'lɔdʒikl) *a.* zoològic.
zoology (zou'ɔlədʒi) *s.* zoologia *f.*
zoom (zuːm) *s.* brunzit *m.* [de l'avió que s'enlaira]. 2 FOT. ~ o ~ *lens*, zoom *m.*
zoom (to) (zuːm) *i.* enlairar-se *p.* ràpidament [avió]. 2 col·loq. pujar, apujar-se *p.* 3 FOT. usar el zoom.

CATALAN–ENGLISH

ABREVIATURES

a.: adjectiu
abrev., *abrev.*: abreviatura
ACÚST.: acústica
adj.: adjectiu
adv., *adv.*: adverbi
AERON.: aeronàutica
AGR.: agricultura
ALIM.: alimentació; indústries alimentàries
ANAT.: anatomia
(ANG.): Anglaterra
angl.: anglicisme
ant.: antic, antigament
ANTROP.: antropologia
arg.: argot
ARIT.: aritmètica
ARM.: armament
ARQ.: arquitectura
ARQUEOL.: arqueologia
art.: article
ASTR.: astronomia; astrologia
AUTO.: automòbil; automobilisme
aux.: verb auxiliar
AVIA.: aviació

(BAL.): Illes Balears
B. ART.: belles arts
BIB.: Biblia
BIOL.: biologia
BOT.: botànica

CARN.: carniceria
cast.: castellanisme
CINEM.: cinematografia
CLIMAT.: climatologia
coŀloq.: coŀloquial
COM.: comerç
compar.: comparatiu
COND.: condicional
conj.: conjunció
CONJUG.: conjugació
CONSTR.: construcció
contr.: contracció
cop.: copulatiu
COSM.: cosmètica
COST.: costura
CUI.: cuina

def.: definit
defec.: defectiu
DIB.: dibuix
dim.: diminutiu
DISS.: disseny

ECLES.: eclesiàstic; església
ECON.: economia
ELECT.: electricitat
ENOL.: enologia
ENSENY.: ensenyament
ENT.: entomologia
EQUIT.: equitació
(ESC.): Escòcia
ESGR.: esgrima
esp.: especialment
(EUA): Estats Units d'Amèrica

f.: femení; nom femení
FERROC.: ferrocarrils
fig.: figurat
FIL.: filosofia
FÍS.: física
FISIOL.: fisiologia
form.: formal
FORT.: fortificació
FOT.: fotografia
FUST.: fusteria
Fut., *fut.*: futur

(GAL·LES): País de Gal·les
gaŀlic: gaŀlicisme
(G.B.): Gran Bretanya
GEMM.: gemmologia
GENEAL.: genealogia
GEOGR.: geografia
GEOL.: geologia
GEOM.: geometria
GER., *ger.*: gerundi
GRÀF.: arts gràfiques
gralnt.: generalment
GRAM.: gramàtica

HERÀLD.: ciència heràldica
HIST.: història
HOST.: hosteleria

i., *i.*: verb intransitiu
ICT.: ictiologia
IMPER.: imperatiu
imperf.: imperfet
impers.: verb impersonal
IMPR.: impremta
IND.: indústria
indef.: indefinit
INDIC., *indic.*: indicatiu
INF., *inf.*: infinitiu
INFORM.: informàtica

interj.: interjecció
interrog.: interrogatiu
iròn.: usat irònicament
irreg.: irregular

JOI.: joieria

LING.: lingüística
LIT.: literatura
liter.: literari
LITÚRG.: litúrgia
Loc.: locució
loc. adv.: locució adverbial
loc. conj.: locució conjuntiva
loc. prep.: locució prepositiva

m.: masculí; nom masculí
MAR.: marina; marítim
MAT.: matemàtiques
MEC.: mecànica
MED.: medicina
METAL.: metal·lúrgia
METEOR.: meteorologia
MIL.: militar; milícia
MIN.: mineria
MINER.: mineralogia
MIT.: mitologia
MOBL.: mobiliari
MÚS.: música

NÀUT.: nàutica
neg.: negatiu
NEG.: negocis
n. pr.: nom propi

ORN.: ornitologia
ÒPT.: òptica

p.: verb pronominal
PART. PASS.: participi passat
pej.: pejoratiu
PERIOD.: periodisme
pers.: persona, persones; personal
pl.: plural
poèt.: poètic
POL.: política

pop.: popular
poss.: possessiu
p.p., *p.p.*: participi passat
pref.: prefix
prep.: preposició
Pres., *pres.*: present
Pret., *pret.*: pretèrit
pron.: pronom
PSICOL.: psicologia

QUÍM.: química

RADIO.: radiotelefonia, radiotelegrafia
ref.: verb reflexiu
REL.: religió
(ROSS.): Rosselló

s.: substantiu
SAN.: sanitat
sing.: singular
SUBJ.: subjuntiu
superl.: superlatiu

t., *t.*: verb transitiu
TEAT.: teatre
TECNOL.: tecnologia
TELEF.: telefonia
TELEGR.: telegrafia
TELEV.: televisió
TEOL.: teologia
TÈXT.: tèxtil
TIPOGR.: tipografia

us.: usat

(VAL.): País Valencià
VET.: veterinària
vulg.: vulgar

ZOOL.: zoologia

■ canvi de categoria gramatical
▲ explicació gramatical
‖ introdueix fraseologia
~ substitueix la paraula de l'entrada

A

A, a (a) *f.* a [letter].

a (ə) *prep.* in: *en Jaume viu ~ Girona,* James lives in Girona; *tornaré ~ la tarda,* I'll be back in the afternoon. *2* to: *demà vaig ~ València,* tomorrow I'm going to València; *ho he donat ~ la teva germana,* I gave it to your sister. *3* at: *sóc ~ casa,* I'm at home.

AAVV *f. pl. (Associació de Veïns)* residents association.

àbac (áβək) *m.* abacus.

abadessa (əβəðέsə) *f.* abbess.

abadia (əβəðíə) *f.* abbey.

abaixar (əβəʃá) *t.* to lower.

abalançar-se (əβələnsársə) *p.* to lean over. *2* to rush at.

abaltir-se (əβəltírsə) *p.* to fall asleep, to become drowsy.

abandó (əβəndó) *m.* neglect. *2* abandon. *3* giving up, desertion.

abandonament (əβəndunəmέn) *m.* See ABANDÓ.

abandonar (əβənduná) *t.* to abandon. *2* to desert. ■ *3 p.* to give way to.

abandonat, -ada (əβəndunát, -áðə) *a.* negligent. *2* abandoned, deserted.

abans (əβáns) *adv.* before.

abans-d'ahir (əβᾳnzðəi) *adv.* the day before yesterday.

abaratir (əβərəti) *t.* to make cheaper; to cheapen.

abarrotar (əβərrutá) *t.* to fill to bursting.

abassegar (əβəsəγá) *t.* to corner [a market]. *2* to monopolize.

abast (əβást) *m.* reach. ‖ *a l'~ de la mà,* within reach; *a l'~ de tothom,* within everyone's each; *no dono l'~,* I can't cope.

abastar (əβəstá) *i.* to be able to. ‖ *no abasto a comprendre-ho,* I can't understand it. *2* to reach. ■ *3 t.* to reach; to pick. *4* to supply.

abat (əβát) *m.* abbot.

abatre (əβátrə) *t.* to knock down. *2* fig. to dishearten. ■ *3 p.* to swoop down [a bird]. *4* fig. to creaken, to lose heart. ▲ CONJUG. like *batre.*

abdicar (əbdiká) *t.* to abdicate.

abdomen (əbdɔ̀mən) *m.* ANAT. abdomen.

abecedari (əβəsəðári) *m.* alphabet.

abella (əβέʎə) *f.* ENT. bee. ‖ *~ obrera,* worker bee; *~ reina,* queen bee.

abellir (əβəʎí) *i.* to appeal, to be tempting. ■ *2 p.* to agree.

abellot (əβəʎɔ́t) *m.* ENT. drone. *2* bumble bee.

aberració (əβərrəsió) *f.* aberration.

abeurador (əβəŭrəðó) *m.* drinking trough.

abeurar (əβəŭrá) *t.* to water [animal].

abillar (əβiʎá) *t.* to set up. *2* to array. *3* fig. *abillar-la,* to be flush wish money.

abisme (əβízmə) *m.* abyss.

abissal (əβisál) *a.* abyssal.

abjecció (əbʒəksió) *f.* abjection.

abjurar (əbʒurá) *t.* to abjure.

ablanir (əβləní) *t.* to soften.

ablució (əβlusió) *f.* ablution.

abnegació (əbnəγəsió) *f.* abnegation.

abnegat, -ada (əbnəγát, -áðə) *a.* unselfish; self-sacrificing.

abocador (əβukəðó) *m.* tip, dump [for rubbish].

abocar (əβuká) *t.* to pour (*en,* into) [also fig.]. ■ *2 p.* to lean out [una finestra, etc.]. *3* to throng (*a,* to) [people]. *4* to dedicate oneself (*a,* to) [hobby, work, sport, etc.].

abolició (əβulisió) *f.* abolition.

abolir (əβulí) *t.* to abolish.

abominar (əβuminá) *t.* to abominate.

abonament (əβunəmέn) *m.* season ticket. *2* COMM. payment to the credit, credit payment.

abonar (əβuná) *t.* to pay [bill, price]; to pay for [article]. *2* COMM. to credit (*a,* to). *3* to return [deposit on]. *4* to subscribe (*a,* for).

abonat, -ada (əβunát, -áðə) *a.*, *m.-f.* subscriber.

abonyegar (əβuɲəγá) *t.-p.* to dent.

abordar (əβurðá) *t.* MAR. to sail close to. *2* to board. *3* fig. to undertake [a matter]. ■ *4 i.* MAR. to tie up [a boat].

abordatge (əβurðádʒə) *m.* boarding.

aborigen (əβuriʒən) *a.* aboriginal. ■ *2 m. pl.* **els ~s**, the aborigines.

abraçada (əβrəsáðə) *f.* embrace.

abraçar (əβrəsá) *t.* to embrace; to surround. *2* to take in [view, motion, etc.]. ■ *3 p.* to embrace [people].

abrandar (əβrəndá) *t.* to set fire. *2* fig. to inflame [passions, tempers, etc.].

abraonar (əβrəuná) *t.-p.* to embrace or hug tightly. *2 p.* to hurl oneself (*contra*, against).

abrasar (əβrəzá) *t.* to burn.

abrasió (əβrəzió) *f.* abrasion.

abreujament (əβrəüʒəmén) *m.* See ABREVIACIÓ.

abreujar (əβrəüʒá) *t.* See ABREVIAR.

abreviació (əβrəβiəsió) *f.* abbreviation.

abreviar (əβrəβiá) *t.* to abbreviate; to abridge.

abreviatura (əβrəβiatúrə) *f.* abbreviation.

abric (əβrik) *m.* coat. *2* shelter.

abrigall (əβriγáʎ) *m.* coat. *2* bedclothes *pl.*

abrigar (əβriγá) *t.-p.* to wrap up [in clothes].

abril (əβril) *m.* April.

abrillantar (əβriʎəntá) *t.* to make shine.

abrupte, -ta (əβrúptə, -tə) *a.* abrupt; precipitous.

abrusar (əβruzá) *t.* to scorch. ■ *2 p.* to get scorched [by sun].

abscés (əpsés) *s.* MED. abscess. ▲ *pl.* **-sos**.

abscsissa (əpsisə) *f.* GEOM. absciss.

absència (əpsénsiə) *f.* absence. ‖ **en ~ de**, in absence of.

absent (əpsén) *a.* absent. *2* inattentive.

absenta (əpséntə) *f.* absinth [drink].

absentar-se (əpsəntársə) *p.* to absent oneself.

absoldre (əpsóldrə) *t.* REL. to absolve. *2* LAW. to acquit. ▲ CONJUG. GER.: *absolent*. ‖ P.p.: *absolt*. ‖ INDIC. Pres.: *absolc, absols, absol*, etc. ‖ SUBJ. Pres.: *absolgui, absolguis*, etc. ‖ Imperf.: *absolgués, absolguessis, absolguéss*, etc.

absis (ápsis) *m.* ARCH. apse.

absolució (əpsulusió) *f.* REL. absolution. *2* LAW acquittal.

absolut, -ta (əpsulút, -tə) *a.* absolute. *2* utter. *3 phr.* **en ~**, not at all.

absolutisme (əpsulutizmə) *m.* absolutism.

absorbent (əpsurβén) *a.-m.* CHEM. absorbent. *2 a.* absorbing.

absorbir (əpsurβi) *t.* to absorb. *2* to engross [attention].

absorció (əpsursió) *f.* absorption.

absort, -ta (əpsór(t), -tə) *a.* absorbed. *2* engrossed.

abstemi, -èmia (əpstémi, -émiə) *a.* abstemious. ■ *2 m.-f.* teetotaller.

abstenció (əpstənsió) *f.* abstention.

abstenir-se (əpstənirsə) *p.* to abstain. ▲ CONJUG. P. p.: *abstingut*. ‖ INDIC. Pres.: *m'abstinc, t'abstens, s'absté*, etc. | Fut.: *m'abstindré, t'abstindràs, s'abstindrà*, etc. ‖ SUBJ. Pres.: *m'abstingui, t'abstinguis, s'abstingui*, etc. | Imperf.: *m'abstingués, t'abstinguessis*, etc. ‖ IMPER.: *abstén-te*.

abstinència (əpstinénsiə) *f.* abstinence.

abstracció (əpstrəksió) *f.* abstraction.

abstracte, -ta (əpstráktə, -tə) *a.* abstract.

abstreure (əpstréurə) *t.* to abstract; to remove. ■ *2 p.* to be lost in thought. ▲ CONJUG. like *treure*.

abstrús, -usa (əpstrús, -úzə) *a.* abstruse.

absurd, -da (əpsúr(t) -ðə) *a.* absurd. ■ *2 m.* absurdity.

abúlia (əβúliə) *f.* lack of willpower.

abundància (əβundánsiə) *f.* abundance.

abundar (əβundá) *i.* to abound.

abundor (əβundó) *f.* See ABUNDÀNCIA.

abús (əβús) *m.* abuse.

abusar (əβuzá) *i.* to abuse (*de*, -). *2* to take advantage of. *3* to assault [indecently].

abusiu, -iva (əβuziŭ, -iβə) *a.* abusive.

a.C. *abbr.* (*abans de Crist*) B.C. (Before Christ).

acabalat, -ada (əkəβəlát, -áðə) *a.* wealthy, well-off.

acaballes (əkəβ'aʎəs) *f. pl.* end. *2* final stages.

acabament (əkəβəmén) *m.* finishing; finishing touches.

acabar (əkəβá) *t.-i.* to finish, to end. *2 i.* to end up. ■ *3 p.* to finish. *4* fig. to pass away, to die.

acabat, -ada (əkəβát, -áðə) *a.* complete, utter. *2* perfect: *és un mentider ~*, he's a perfect liar. ■ *3 m.* finish. ■ *4 adv.* **en ~**, afterwards.

acaçar (əkəsá) *t.* (VAL.) See EMPAITAR.

acàcia (əkásiə) *f.* BOT. acacia.

acadèmia (əkəðémiə) *f.* school [usually private]. *2* academy.

acadèmic, -ca (əkəðémik, -kə) *a.* academic. ■ *2 m.-f.* academician.

acalorar (əkəlurá) *t.* to warm, to heat. *2* to excite, to work up [emotions]. ■ *3 p.* to get heated [with excitement].

acampar (əkəmpá) *t.-i.* to camp.

acanalar (əkənəlá) *t.* to groove. *2* to channel.

acaparar (əkəpərá) *t.* to monopolize. *2* to hoard.

àcar (ákər) *m.* ENT. acarus.

acaramullar (əkərəmuʎá) *t.* to fill up. *2* to heap; to amass.

acarar (əkərá) *t.* to confront [face-to-face]. *2* to compare [two texts].

acariciar (əkərisiá) *t.* to caress. *2* fig. to cherish [hope, wish, etc.].

acarnissar-se (əkərnisársə) *p.* to vent one's anger on; to fight with fury.

acarnissat, -ada (əkənisát, -ðə) *a.* fierce, without quarter.

acaronar (əkəruná) *t.* to fondle, to caress; to pamper.

acatar (əkətá) *t.* to respect; to defer.

accedir (əksəðí) *i.* to accede, to agree (*a,* to).

acceleració (əksələrəsió) *f.* acceleration.

accelerador, -ra (əksələrəðó, -rə) *a.* accelerating, quickening. ▪ *2 m.* accelerator.

accelerar (əksələrá) *t.-p.* to accelerate.

accent (əksèn) *m.* accent; stress.

accentuació (əksəntuəsió) *f.* accentuation; stress.

accentuar (əksəntuá) *t.* to accentuate; to stress. *2* fig. to point out.

accepció (əksəpsió) *f.* acceptation; meaning.

acceptació (əksəptəsió) *f.* acceptance.

acceptar (əksəptá) *t.* to accept.

accés (əksès) *m.* access. ▴ *pl.* *-sos.*

accessible (əksəsibblə) *a.* accessible, approachable.

accèsit (əksèsit) *m.* accessit.

accessori, -òria (əksəsóri, -òriə) *a.-m.* accessory. *2 a.* secondary.

accident (əksiðèn) *m.* accident. ‖ *per* ~, by accident. *2* GRAMM. inflection.

accidental (əksiðəntál) *a.* accidental; fortuitous. *2* secondary.

accidentar-se (əksiðəntársə) *p.* to have an accident.

accidentat, -ada (əksiðəntát, -áðə) *a.* rough, uneven; hilly. ▪ *2 m.-f.* injured person.

acció (əksió) *f.* act; action. ‖ *fer* ~ *de,* to make as if to; to make a move to. ‖ *bona* ~, good deed. *2* CIN. *interj.* ~*!,* action! *2 pl.* behaviour.

accionar (əksiuná) *i.* to make gestures; to gesticulate. ▪ *t.* *2* MECH. to activate; to drive.

accionista (əksiunistə) *m.-f.* shareholder.

acer (əsèr) *m.* steel: ~ *inoxidable,* stainless steel.

acetona (əsətònə) *f.* acetone.

ací (əsí) *adv.* (VAL.) See AQUÍ.

àcid, -da (ásit, -ðə) *a.* acid; bitter, sour. ▪ *2 m.* CHEM. acid.

aclamació (əkləməsió) *f.* acclamation.

aclamar (əkləmá) *t.* to acclaim, to hail as.

aclaparador, -ra (əkləpərəðó, -rə) *a.* oppressive; overwhelming.

aclaparar (əkləpərá) *t.* to oppress; to overwhelm.

aclaridor (əkləriðó) *a.* explanatory.

aclariment (əklərimèn) *m.* explanation.

aclarir (əklərí) *t.-p.* to clear. *2 t.* fig. to clarify, to explain. *3* to find out.

aclimatar (əklimətá) *t.* to acclimatise. ▪ *2 p.* to become acclimatised.

aclofar-se (əklufársə) *p.* to lounge; to sit back.

aclucar (əkluká) *t.* to close [one's eyes]. ‖ *no poder* ~ *l'ull,* not to get a wink of sleep.

acne (áŋnə) *f.* MED. acne.

açò (əsɔ́) *dem. pron.* (VAL.) See AIXÒ.

acoblar (əkubblá) *t.-p.* to link up, to connect.

acollidor, -ra (əkuʎiðó, -rə) *a.* welcoming; cosy.

acollir (əkuʎí) *t.* to welcome. *2* to receive. ▴ CONJUG. like *collir.*

acollonir (əkuʎuni) *t.* coll. to intimidate. ▪ *2 p.* to get scared.

acolorir (əkuluri) *t.* to colour; to dye.

acomboiar (əkumbuiá) *t.* to convoy; to transport in a convoy. *2* MAR. to escort.

acomiadar (əkumiəðá) *t.* to dismiss, to sack (*de,* from). *2* to say goodbye. ▪ *3 p.* to say goodbye; to take one's leave (*de,* of).

acomodació (əkumuðəsió) *f.* adaptation.

acomodador, -ra (əkumuðəðó, -rə) *m.* usher. *2 f.* usherette.

acomodar (əkumuðá) *t.* to adapt. *2* to accommodate. ▪ *2 p.* to adapt oneself.

acomodat, -ada (əkumuðát, -áðə) *a.* wealthy, well-off.

acompanyament (əkumpəɲəmèn) *m.* accompaniment.

acompanyant (-ta) (əkumpəɲán (-tə)) *a.* accompanying. ▪ *2 m.-f.* companion.

acompanyar (əkumpəɲá) *t.* to accompany.

acomplir (əkumplí) *t.* to perform; to fulfil. ▪ *2 p.* to be accomplished.

acompte (əkɔ́mtə) *m.* COMM. down-payment. *2* COMM. advance.

aconseguir (əkunsəɣí) *t.* to get, to obtain. *2* fig. to achieve. *3* to manage [to do]. *4* to catch up with; to reach [also fig.].

aconsellar (əkunsəʎá) *t.* to advise.

acontentar (əkuntəntá) *t.* to satisfy; to make happy. ▪ *2 p.* to become satisfied.

acoquinar (əkukiná) *t.* to intimidate. ▪ *2 p.* to be intimidated; to get scared.

acord (əkɔ́r(t)) *m.* agreement. ‖ *d'~!*, alright. 2 MUS. chord.

acordar (əkurðá) *t.* to agree. 2 to decide. 3 MUS. to tune.

acordió (əkurðió) *m.* MUS. accordion.

acordonar (əkurðuná) *t.* to cordon off.

Açores (əsórəs) *pr. n. f. pl.* GEOGR. Azores.

acorralar (əkurrəlá) *t.* to pen, to corral. 2 to corner.

acostar (əkustá) *t.* to move closer. ■ *2 p.* to move closer; to approach; to come closer.

acostumar (əkustumá) *t.* to accustom, to get into the habit of. ■ *2 i.* to be in the habit of. ■ *3 p.* to get used to.

acotació (əkutəsió) *f.* marginal note.

acotar (əkutá) *t.* to incline, to lower: *~ el cap*, to lower one's head. 2 to survey; to mark out. ■ *3 p.* to bend down.

acotxar (əkutʃá) *t.* to tuck up [in bed], to wrap up [in clothes]. ■ *2 p.* to wrap (oneself) up, to tuck oneself up. *3* to crouch.

acovardir (əkuβərði) *t.* to intimidate; to frighten. ■ *2 p.* to become intimidated; to become frightened.

acràcia (əkrásiə) *f.* anarchy.

àcrata (ákrətə) *a.* anarchic, anarchical. ■ *2 m.-f.* anarchist.

acre (ákrə) *a.* pungent, bitter, sour. 2 fig. biting [humour]. ■ *4 m.* acre [land measure].

acreditar (əkrəðitá) *t.* to vouch for. 2 fig. to do credit to. *3* ECON. to credit. *4* to accredit.

acrílic, -ca (əkrílik, -kə) *a.-m.* acrylic.

acritud (əkritút) *f.* pungency. 2 bitterness, sourness. *3* fig. acrimony.

acrobàcia (əkruβásiə) *f.* acrobatics.

acròstic, -ca (əkrɔ́stik, -kə) *a.* acrostic, acrostical. ■ *2 m.* acrostic.

acròpoli (əkrɔ́puli) *f.* acropolis.

acta (áktə) *f.* document, minutes *pl.*

acte (áktə) *m.* act. 2 deed; action: *~ heroic,* heroic deed. *3* public ceremony, public function. ‖ *~ d'inauguració,* official opening. *4 adv. phr. a l'~,* instantly, immediately. *5 fer ~ de presència,* to be present, to attend. *6* THEAT. act.

actini (əktini) *m.* CHEM. actinium.

actitud (əktitút) *f.* attitude.

actiu, -iva (əktiŭ, -iβə) *a.* active; lively. ■ *2 m.* COMM. assets *pl.*

activar (əktiβá) *t.* to activate. 2 to speed up.

activitat (əktiβitát) *f.* activity. ‖ *adv. phr. en ~,* active.

actor (əktó) *m.* actor. 2 LAW plaintiff.

actriu (əktriu) *f.* actress.

actuació (əktuəsió) *f.* THEATR., MUS. performance. 2 *l'~ de la policia fou criticada,* the way the police acted was criticised.

actual (əktuál) *a.* present day; up-to-date.

actualitat (əktuəlitát) *f.* news, current events *pl.* ‖ *d'~,* recent [events]. ‖ *en l'~,* nowadays.

actuar (əktuá) *t.* to actuate. ■ *2 i.* to act.

acudir (əkuði) *i.* to come; to turn up. ■ *2 p.* to think of, to have [an idea]: *se t'acut cada cosa!,* you have the strangest ideas sometimes!

acudit (əkuðit) *m.* witty saying; joke; funny story.

acular (əkulá) *t.* to back (up to or against). 2 to corner. ■ *3 p.* to dig one's heels in.

acumulació (əkumuləsió) *f.* accumulation.

acumular (əkumulá) *t.-p.* to accumulate, to build up.

acupuntura (əkupuntúrə) *f.* acupuncture.

acuradament (əkurəðəmén) *adv.* carefully.

acurat, -ada (əkurát, -áðə) *a.* careful; neat. 2 accurate [descriptions, definitions].

acusació (əkuzəsió) *f.* accusation. 2 LAW charge.

acusador, -ra (əkuzəðó, -rə) *a.* accusing. ■ *2 m.-f.* accuser.

acusar (əkuzá) *t.* to accuse (*de,* of), to charge (*de,* with). 2 to show, to reveal. *3 ~ recepció,* to acknowledge receipt.

acusat, -ada (əkuzát, -áðə) *m.-f.* LAW accused, defendant.

acústic, -ca (əkústik, -kə) *a.* acoustic. ■ *2 f.* acoustics *pl.*

adagi (əðáʒi) *m.* adage, saying.

adàgio (əðáʒio) *m.* MUS. adagio *s.-a.* ■ *2 adv.* MUS. adagio.

adaptable (əðəptábblə) *a.* adaptable.

adaptació (əðəptəsió) *t.* adaptation. 2 MUS. arrangement.

adaptar (əðəptá) *t.-p.* to adapt. 2 MUS. to arrange.

addicció (əddiksió) *f.* addiction.

addició (əddisió) *f.* addition. 2 bill [in a restaurant].

addicionar (əddisiuná) *t.* to add.

addicte, -ta (əðiktə, -tə) *a.* addicted. ■ *2 m.-f.* addict; supporter; fan.

adduir (əddui) *t.* to adduce, to bring forward [proof, evidence].

adelerat, -ada (əðələrát, -áðə) *a.* eager; anxious.

adepte, -ta (əðéptə, -tə) *a., m.-f.* adept.

adequar (əðəkwá) *t.-p.* to adapt.

adequat, -ada (əðəkwát, -áðə) *a.* adequat, suitable. ‖ *aquesta és la paraula adequada,* that's exactly the right word for it.

adés (əðés) *adv.* just now.

adéu (əðéŭ) *interj.* goodbye, bye, see you. ■ *3 m.* farewell. ‖ *fer ~,* to wave goodbye.

adéu-siau (ǝðęǔsiáǔ) *interj.* goodbye.
adherència (ǝðǝrɛ́nsiǝ) *f.* adhesion; adherence.
adherent (ǝðǝrɛ́n) *a.* adherent, adhesive. ▪ *2 m.* follower, adherent.
adherir (ǝðǝrí) *i.* to adhere. ▪ *2 t.* to stick. ▪ *3 p.* to support firmly.
adhesió (ǝðǝzió) *f.* adhesion. *2* support.
adhesiu, -iva (ǝðǝziǔ, -iβǝ) *a.* adhesive. ▪ *2 m.* PRINT. sticker.
àdhuc (áðuk) *adv.* even.
adient (ǝðiɛ́n) *a.* suitable, appropriate, apt.
adinerat, -ada (ǝðinǝrát, -áðǝ) *a.* wealthy, rich.
adipós, -osa (ǝðipós, -ózǝ) *a.* adipose, fatty.
adir-se (ǝðírsǝ) *p.* to match, to suit.
adiu (ǝðiǔ) *interj.* (ROSS.) See ADÉU.
adjacent (ǝdʒǝsɛ́n) *a.* adjacent, adjoining.
adjectiu, -iva (ǝdʒǝktiǔ, -iβǝ) *a.* adjectival. ▪ *2 m.* GRAMM. adjective.
adjudicació (ǝdʒuðikǝsió) *f.* award.
adjudicar (ǝdʒuðiká) *t.* to award. ▪ *2 p.* to appropriate.
adjunt, -ta (ǝdʒún, -tǝ) *a.* joined, attached. *2 a., m.-f.* assistant. *3 m.-f.* associate.
adjuntar (ǝdʒuntá) *t.* to attach. *2* to enclose [in a letter, parcel, etc.].
admetre (ǝmmɛ́trǝ) *t.* to accept, to admit, to allow. ▲ CONJUG. P.p.: *admès.*
administració (ǝmministrǝsió) *f.* administration; management.
administrador, -ra (ǝmministrǝðó, -ra) *a.* administrative. ▪ *2 m.-f.* administrador, manager; steward [estates].
administrar (ǝmministrá) *t.* to administer, to administrate; to manage.
administratiu, -iva (ǝmministrǝtiǔ, -iβǝ) *a.* administrative, managerial. ▪ *2 m.-f.* clerk, office worker.
admirable (ǝmmirábblǝ) *a.* admirable.
admiració (ǝmmirǝsió) *f.* admiration, wonder. *2* GRAMM. *signe d'~,* exclamation mark.
admirador, -ra (ǝmmiraðó, -ra) *a., m.-f.* admirer *s.*
admirar (ǝmmirá) *t.* to admire; to wonder at. *2* to surprise, to amaze. ▪ *3 p.* to be amazed (*de,* at), to be surprised.
admissió (ǝmmisió) *f.* admission, admittance.
admonició (ǝmmunisió) *f.* admonition, reproof.
adob (ǝðóp) *m.* repair, mend. *2* COOK. dressing, seasoning. *3* fertilizer.
adobar (ǝðuβá) *t.* to repair, to mend. *2* to season, to pickle, to dress. *3* to tan [leather]. *4* to fertilize.
adober (ǝðuβɛ́) *m.* tanner.
adolescència (ǝðulǝsɛ́nsiǝ) *f.* adolescence.

adolescent (ǝðulǝsɛ́n) *a., m.-f.* adolescent.
Adolf (ǝðólf) *pr. n. m.* Adolf, Adolph.
adolorir (ǝðuluri) *t.* to hurt; to cause pain.
adonar-se (ǝðunársǝ) *p.* to realise (*de,* —).
adopció (ǝðupsió) *f.* adoption.
adoptar (ǝðuptá) *t.* to adopt.
adoptiu, -iva (ǝðuptiǔ, -iβǝ) *a.* adoptive: *fill* ~, adoptive or adopted son.
adoració (ǝðurǝsió) *f.* adoration, worship.
adorar (ǝðurá) *t.* to adore, to worship.
adormir (ǝðurmí) *t.* to send to sleep; to make drowsy. ‖ *estar adormit,* to be asleep. ▪ *2 p.* to fall asleep. ‖ fig. *se m'ha adormit el peu,* my foot's fallen asleep.
adorn (ǝðór(n)) *m.* ornament.
adornar (ǝðurná) *t.* to adorn, to ornament, to decorate.
adossar (ǝðusá) *t.* to lean on or against.
adotzenat, -ada (ǝðudzǝnát, -áðǝ) *a.* vulgar; common.
adquirir (ǝkkiri) *t.* to acquire, to obtain. *2* to purchase.
adquisició (ǝkkizisió) *f.* acquisition.
adreç (ǝðrɛ́s) *m.* preparation. *2* COOK. seasoning.
adreça (ǝðrɛ́sǝ) *f.* address.
adreçar (ǝðrǝsá) *t.* to straighten (out). ▪ *2 p.* to address oneself (*a,* to).
Adrià (ǝðriá) *pr. n. m.* Adrian.
Adriana (ǝðriánǝ) *pr. n. f.* Adrienne.
adroguer (ǝðruyɛ́) *m.* grocer.
adrogueria (ǝðruyǝriǝ) *f.* grocery, grocer's.
adscriure (ǝtskriǔrǝ) *t.* to appoint; to assign. ▲ CONJUG. like *escriure.*
adulació (ǝðulǝsió) *f.* adulation.
adular (ǝðulá) *t.* to adulate; to flatter.
adult, -ta (ǝðul(t), -tǝ) *a., m.-f.* adult.
adúlter, -ra (ǝðúltǝr, -rǝ) *a.* adulterous. ▪ *2 m.* adulterer. *3 f.* adulteress.
adulterar (ǝðultǝrá) *t.* to adulterate. *2 fig.* to corrupt, to vitiate. ▪ *3 i.* to commit adultery.
adulteri (ǝðultɛ́ri) *m.* adultery.
adust, -ta (ǝðús(t), -tǝ) *a.* scorched. *2* fig. sullen, humourless.
adveniment (ǝbbǝnimɛ́n) *m.* advent.
advenir (ǝbbǝni) *i.* to come about, to happen.
advent (ǝbbɛ́n) *m.* ECCL. Advent.
adventici, -ícia (ǝbbǝntisi, -isiǝ) *a.* adventitious; fortuitous.
adverbi (ǝbbɛ́rβi) *m.* adverb.
advers, -sa (ǝbbɛ́rs, -sǝ) *a.* adverse; hostile.
adversari, -ària (ǝbbǝrsári, -áriǝ) *a.* contrary; hostile. ▪ *2 m.-f.* adversary.
adversitat (ǝbbǝrsitát) *f.* adversity.
advertència (ǝbbǝrtɛ́nsiǝ) *f.* warning; piece of advice. *2* awareness.

advertiment (əbbərtimén) *m.* See ADVER-
TÈNCIA.
advertir (əbbərti) *t.* to warn. 2 to point out:
l'hem advertit del seu error, we have pointed
out his mistake to him. 3 to notice.
advocacia (əbbukasiə) *f.* the law, the legal
profession.
advocació (əbbukəsió) *f.* advocation.
advocadessa (əbbukəðέsə) *f.* LAW woman
lawyer.
advocat, -ada (əbbukát, -áðə) *m.-f.* LAW
lawyer; solicitor, barrister. ‖ ~ *defensor,*
defence counsel. 5 (USA) attorney. 6 ad-
vocate.
aeri, aèria (əέri, əέriə) *a.* air. ‖ *línia aèria,*
airline. 2 airy [also fig.], insubstantial.
advocar (əbbuká) *i.* ~ *per,* to advocate *t.*
aerobi, -òbia (əerɔ́βi, -ɔ́βiə) *a.* aerobic. ▪ 2.
m. aerobe.
aerodinàmic, -ca (əeruðinámik, -kə) *a.*
aerodynamic. ▪ 2 *f.* aerodynamics.
aeròdrom (əerɔ́ðrum) *m.* aerodrome.
aeròlit (əerɔ́lit) *m.* meteorite.
aeronau (əerunáŭ) *f.* airship.
aeronauta (əerunáŭtə) *m.-f.* aeronaut.
aeronàutic, -ca (əerunáŭtik, -kə) *a.* aero-
nautic. ▪ 2 *f.* aeronautics.
aeroplà (əeruplá) *m.* aeroplane, airplane.
aeroport (əerupɔ́r(t)) *m.* airport.
aerosol (əerusɔ́l) *m.* aerosol [the container].
aeròstat (əerɔ́stət) *m.* aerostat.
afabilitat (əfəβilitát) *f.* affability.
afable (əfábblə) *a.* affable.
afaiçonar (əfəisuná) *t.* to fashion; to create.
2 to embellish or to distort [description].
afaitar (əfəĭtá) *t.* to shave. ‖ *fulla d'~,* razor
blade; *màquina d'~,* shaver, razor [elec-
tric].
afalac (əfəlák) *m.* flattery. 2 flattering com-
pliment.
afalagar (əfələɣá) *t.* to gratify; to please. 2
to flatter.
afamat, -ada (əfəmát, -áðə) *a.* hungry;
starving.
afanada (əfənáðə) *f.* petty thieving.
afanar (əfəná) *t.* to nick, to pinch.
afany (əfáɲ) *m.* effort, industry; exertion.
2 desire (*de,* for).
afanyar-se (əfəɲársə) *p.* to get a move on,
to hurry.
afartar (əfərtá) *t.* to overfeed. ▪ 2 *p.* coll.
to stuff oneself.
afavorir (əfəβuri) *t.* to favour.
afeblir (əfəbbli) *t.-p.* to weaken.
afecció (əfəksió) *f.* affection. 2 MED. ail-
ment, trouble.
afeccionar-se (əfəksiunársə) *p.* to become
fond (*de,* of).

afeccionat, -ada (əfəksiunát, -áðə) *a., m.-f.*
amateur. 2 *m.-f.* SP. supporter.
afectació (əfəktəsió) *f.* affectation.
afectar (əfəktá) *t.* to affect.
afecte, -ta (əfέktə, -tə) *a.* fond; inclined. ▪
2 *m.* fondness, affection, attachment.
afectiu, -iva (əfəktiŭ, -iβə) *a.* affective.
afectuós, -osa (əfəktuós, -óza) *a.* affection-
ate.
afegidura (əfəʒiðúrə) *f.* See AFEGIMENT.
afegiment (əfəʒimén) *m.* addition.
afegir (əfəʒi) *t.* to fix. 2 to add.
afegit (əfəʒit) *m.* addition; extra.
afer (əfέr) *m.* matter; affair: ~*s estrangers,*
foreign affairs.
afermar (əfərmá) *t.* to strengthen, to se-
cure. 2 to confirm. ▪ *3 pl.* fig. to be un-
moved, to remain by what one has said.
aferrar (əfərrá) *t.* to seize, to take hold of.
2 (BAL.) See ENGANXAR. ▪ *3 p.* to cling, to
stick.
aferrissar-se (əfərrisársə) *p.* to fight ruth-
lessly or savagely. 2 fig. to work furiously.
aferrissat, -ada (əfərrisát, -áðə) *a.* fierce,
without quarter.
afganès, -esa (əfgənέs, -έzə) *a., m.-f.* af-
ghan.
Afganistan (əfgənistán) *pr. n. m.* GEOGR.
Afghanistan.
afí (əfi) *a.* related.
aficionat, -ada (əfisiunat, -áðə) See AFEC-
CIONAT.
afidàvit (əfiðáβit) *m.* LAW affidavit.
afigurar-se (əfiɣurársə) *p.* to suppose; to
fancy.
afilar (əfilá) *t.* See ESMOLAR.
afilerar (əfilərá) *t.-p.* to line, to line up.
afiliar (əfiliá) *t.* to affiliate. ▪ 2 *p.* to join
[society, club, etc.].
afiliat, -ada (əfiliát, -áðə) *a.* affiliated. ▪ 2
m.-f. member [of a club, society, etc.].
afillar (əfiʎá) *t.* to adopt [as one's son].
afinador, -ra (əfinəðó, -rə) *m.-f.* MUS. tun-
er.
afinar (əfiná) *t.* to refine [minerals; taste;
customs]. 2 to polish [slight imperfec-
tions]. 3 MUS. to tune. ▪ *4 i.* to play or sing
in tune. ▪ *5 p.* to get close (*a,* to).
afinitat (əfinitát) *f.* affinity.
afirmació (əfirməsió) *f.* statement; asser-
tion.
afirmar (əfirmá) *t.* to state; to assert.
afixar (əfiksá) *t.* to stick up, to put up [pos-
ters, etc.]. 2 GRAMM. to affix, to prefix.
aflaquir (əfləki) *t.-p.* to weaken.
aflautat, -ada (əfləŭtát, -áðə) *a.* fluty
[voice, sound, etc.].
aflicció (əfliksió) *f.* affliction.

afligir (əfliʒi) *t.* to distress. ■ *2 p.* to distress oneself.

aflorar (əflurá) *i.* to crop out; to sprout up. *2* fig. to crop up.

afluència (əfluénsiə) *f.* influx. *2* fluency; eloquence.

afluent (əfluén) *a.* flowing. ■ *2 m.* GEOGR. tributary.

afluir (əflui) *i.* to flow. *2* fig. to throng, to rush.

afluixar (əfluʃá) *t.* to loosen. *2* to slacken. *3* to reduce. ■ *4 i.* to weaken; to relent; to abate. ‖ *el vent afluixa,* the wind is dying down. *5* to let up: *no afluixis davant les dificultats,* don't let up in the face of difficulty. ■ *6 p.* to come or to work loose.

afonar (əfuná) *t.-p.* (VAL.) See ENFONSAR.

afonia (əfuniə) *f.* MED. loss of voice.

afònic (əfɔnik) *a.* hoarse; voiceless.

afores (əfɔrəs) *m. pl.* outskirts.

aforisme (əfurízmə) *m.* aphorism.

afortunat, -ada (əfurtunát, -áðə) *a.* lucky; fortunate.

Àfrica (áfrikə) *pr. n. f.* GEOGR. Africa.

africà, -ana (əfriká, -ánə) *a., m.-f.* GEOGR. African.

afrodisíac, -ca (əfruðizíək, -kə) *a.* aphrodisiacal. ■ *2 m.* aphrodisiac.

afront (əfrón) *m.* public affront. *2* insult, indignity.

afrontar (əfruntá) *t.* to face; to face up [also fig.]. *2* to insult publicly. ■ *3 i.* to border on each other [counties, estates, etc.].

afta (áftə) *f.* MED. aphta.

afusellament (əfuzəʎəmén) *m.* execution, shooting [by firing squad].

afusellar (əfuzəʎá) *t.* to execute, to shoot [by firing squad]. *2* to plagiarize.

agafada (əɣəfáðə) *f.* seizing, seizure. *2* people caught [in a police raid or similar].

agarrada (əɣərráðə) gripping. *2* fig. altercation, fight.

agarrar (əɣərrá) *t.* to seize, to grip, to grasp. *2* (VAL.) See AGAFAR.

àgata (áɣətə) *f.* MINER. agate.

agençar (əʒənsá) *t.* to embellish; to arrange neathy or decoratively.

agència (əʒénsiə) *f.* agency ‖ ~ *de publicitat,* advertising agency; ~ *de viatges,* travel agency; ~ *matrimonial,* marriage bureau.

agenciar (əʒənsiá) *t.* to effect; to procure.

agenda (əʒéndə) *f.* diary; notebook. *2* agenda.

agafar (əɣəfá) *t.* to grasp, to take hold of; to pick up. ‖ fig. ~ *-se les coses malament,* to take things badly. *2* to catch [illnesses, diseases]. *3* to take [taxi]; to catch [public transport]. *4* to take [street, road, etc.]. *5* to cover; to take up, to occupy. *6* to catch:

l'he agafat dient una mentida, I caught him lying. ■ *7 i.-p.* BOT. to take root. *8* to stick. *9 p.* to hold on (*a,* to). *10* to use [as an excuse].

agenollar-se (əʒənuʎársə) *p.* to kneel (down).

agent (əʒén) *a.* active; functioning. ■ *2 m.* agent, acting power. *3 m.-f.* agent [person]. *4* COMM. agent. ‖ ~ *de canvi,* stockbroker. *5* CHEM. agent.

agermanar (əʒərməná) *t.* to twin.

àgil (áʒil) *a.* agile. *2* fig. lively, alert.

agilitat (əʒilitát) *f.* agility.

agitació (əʒitəsió) *f.* shaking. *2* restlessness. *3* unrest.

agitador, -ora (əʒitəðó, -rə) *a.* agitating. ■ *2 m.-f.* POL. agitator. *3* CHEM. agitator, shaker.

agitar (əʒitá) *t.* to shake. *2* fig. to move, to unsettle. ■ *3 p.* to shake. *4* to get upset; to get worried.

aglà (əɣlá) *f.* See GLA.

aglomeració (əɣlumərəsió) *f.* agglomeration; massing.

aglomerar (əɣlumərá) *t.-p.* to agglomerate; to crowd together.

aglutinació (əɣlutinəsió) *f.* agglutination.

aglutinar (əɣlutiná) *t.* to agglutinate.

Agnès (əŋnés) *pr. n. f.* Agnes.

agnòstic, -ca (əŋnɔstik, -kə) *a., m.-f.* agnostic.

agnosticisme (əŋnustisizmə) *m.* agnosticism.

agombolar (əɣumbulá) *t.* to care solicitously. *2* to wrap up [person].

agonia (əɣuniə) *f.* dying moments; death agony.

agonitzar (əɣunidzá) *i.* to be dying.

agosarat, -ada (əɣuzərát, -áðə) *a.* daring; adventurous. *2* forward, cheeky.

agost (əɣós(t)) *m.* August. ‖ *fer l'~,* to make a pile [of money].

agraciat, -ada (əɣrəsiát, -áðə) *a.* good-looking.

agradable (əɣrəðábblə) *a.* pleasant; nice.

agradar (əɣrəðá) *i.* to like *t.: m'agrada la xocolata,* I like chocolate; *t'agrado?,* do you like me? *2* to please: *és una pel·lícula que agrada,* it's a film which pleases.

(a)granar ((ə)ɣrəná) *t.* (BAL.), (VAL.) See ESCOMBRAR.

agraïment (əɣrəimén) *m.* gratitude.

agrair (əɣrəi) *t.* to thank for. *2* to be grateful for.

agraït, -ida (əɣrəit, -iðə) *a.* thankful, grateful.

agrari, -ària (əɣrári, -áriə) *a.* agrarian.

agre, -a (áɣrə, -ə) *a.* bitter. *2* fig. acrimonious.

agredir (əɣrəði) *t.* to attack; to assault.
agredolç, -ça (əɣrəðóls, -sə) *a.* bitter-sweet.
agregar (əɣrəɣá) *t.* to collect; to accumulate.
agregació (əɣrəɣəsió) *f.* collection; accumulation.
agregat (əɣrəɣát) *m.* attaché. ‖ *professor ~*, senior lecturer.
agressió (əɣrəsió) *f.* agression, attack.
agressiu, -iva (əɣrəsiŭ, -iβə) *a.* aggressive.
agressor, -ra (əɣrəsó, -rə) *m.-f.* aggressor, attacker.
agrest, -ta (əɣrés(t), -tə) *a.* rural, country. *2* rough.
agreujament (əɣrəŭʒəmén) *m.* aggravation.
agreujar (əɣrəŭʒá) *t.* to aggravate. ▪ *2 p.* to become aggravated.
agrícola (əɣríkulə) *a.* agricultural. *2* farming.
agricultor, -ra (əɣrikultó, -rə) *m.-f.* farmer.
agricultura (əɣrikultúrə) *f.* agriculture.
agrimensor (əɣrimensó) *m.* surveyor.
agrònom, -ma (əɣroɔnum, -mə) *a.* agricultural. ▪ *2 m.-f.* agronomist, farming, expert.
agror (əɣró) *f.* sourness; bitterness. *2* pungency.
agrumollar-se (əɣrumuʎársə) *p.* to clot.
agrupació (əɣrupəsió) *f.* grouping. *2* association, society.
agrupament (əɣrupəmén) *m.* grouping. *2* association.
agrupar (əɣrupá) *t.* to group together; to assemble.
aguait (əɣwáĭt) *m.* watching. ‖ *estar a l'~*, to be on the alert.
aguant (əɣwán) *m.* resistance. *2* fig. staying-power.
aguantar (əɣwəntá) *t.* to hold. *2* fig. to put up with; to stand, to bear. ▪ *3 p.* fig. to carry on, to continue. ‖ *no m'aguanto dret*, I can scarcely stay on my feet. *4* fig. to stand up, to hold water [arguments, alibis, etc.].
aguditzar (əɣuðidzá) *t.* to sharpen. ▪ *2 p.* fig. to become more intense.
agudesa (əɣuðézə) *f.* sharpness; acuteness; keenness. *2* wittiness.
àguila (áɣilə) *f.* ORNIT. eagle.
agulla (əɣúʎə) *f.* needle. ‖ *~ de fer mitja*, knitting needle. *2* pin. ‖ *~ de cap*, clothes pin. ‖ *~ imperdible*, safety pin. *3* hairpin. *4* hand [of a clock]. *5* ~ *d'estendre*, clothes peg.
agulló (əɣuʎó) *m.* goad. *2* fig. spur, incentive.
agullonar (əɣuʎuná) *t.* to goad; to spur [also fig.].

agut, -uda (əɣút, -úðə) *a.* acute; sharp; keen. *2* witty, smart. *3* MUS. high, sharp.
agutzil (əɣudzil) See ALGUTZIR.
ah! (a) *interj.* Ah!
ahir (əi) *adv.* yesterday.
ai! (áĭ) *interj.* ouch! [pain]. *2* oh dear!
aigua (áĭɣwə) *f.* water. ‖ *a flor d'~*, afloat; *~ dolça*, fresh water.
aiguader, -ra (əĭɣwəðé, -rə) *a.* abstemious, teetotalling. ▪ *2 m.-f.* teetotaller. *3* water seller.
aiguafort (áĭɣwəfɔr(t)) *m.* etching.
aigualir (əĭɣwəli) *t.* to water down; to dilute. ▪ *2 p.* to become watery. *3* fig. to be-spoilt, to be ruined [party, meeting, etc.].
aiguamoll (áĭɣwəmɔ́ʎ) *m.* marsh.
aiguaneu (áĭɣwənéŭ) *f.* sleet.
aiguardent (áĭɣwərðén) *m.* brandy.
aiguarràs (áĭɣwərrás) *m.* turpentine.
aiguat (áĭɣwát) *m.* heavy shower; cloudburst [rain].
aiguavés (áĭɣwəβés) *m.* GEOGR. slope.
aigüera (əĭɣwérə) *f.* sink.
aïllament (əiʎəmén) *m.* isolation.
aïllant (əiʎán) *a.* ELECT. insulating. *2* isolating. ▪ *3 m.* insulator.
aïllar (əiʎá) *t.* to insulate. *2* to isolate.
aïrat, -ada (əirát, -áðə) *a.* irate; very angry.
aire (áĭrə) *m.* air. ‖ *~ condicionat*, air conditioning; *a l'~ lliure*, (in the) open-air. *2* wind; breeze. ‖ *cop d'~*, gust [of wind]; fig. cold. *3* fig. air, appearance.
airejar (əĭrəʒá) *t.-p.* to air.
airós, -osa (əĭrós, -ózə) *a.* airy. *2* elegant.
aixa (áʃə) *f.* adze.
aixada (əʃáðə) *f.* hoe.
aixafar (əʃəfá) *t.* to squash; to squeeze; to crush. *2* fig. to crush [person]. *3* fig. to ruin, to spoil [plans].
aixecar (əʃəká) *t.* to lift (up); to raise, to raise up. *2* to stand up. *3* fig. ~ *la camisa*, to pull someone's leg. ▪ *4 p.* to get up; to stand up. *5* to rise up.
aixella (əʃéʎə) *f.* ANAT. armpit.
aixer (əʃé) *m.* (ROSS.) See FEMS.
aixeta (əʃétə) *f.* tap.
així (əʃí) *adv.* so; thus. ‖ *~ i tot*, nevertheless, however.
això (əʃɔ́) *dem. pron.* this; that.
aixopluc (əʃuplúk) *m.* refuge; cover; shelter [also fig.].
aixoplugar (əʃupluɣá) *t.-p.* to shelter.
ajaçar (əʒəsá) *t.* to put to bed.
ajaure (əʒáŭrə) See AJEURE.
ajeure (əʒéŭrə) *t.-p.* to lay. ▲ CONJUG. like *jeure*.
ajornar (əʒurná) *t.* to postpone.
ajuda (əʒúðə) *f.* help; aid; assistance.

ajudant, -ta (əʒuðán, -tə) *a.*, *m.-f.* assistant; helper.

ajudar (əʒuðá) *t.* to help, to aid, to assist. ■ *2 i.* to contribute to.

ajuntament (əʒuntəmén) *m.* town hall; city council.

ajuntar (əʒuntá) *t.-p.* to assemble; to meet; to gather together.

ajupir (əʒupí) *t.-p.* to bend down. ▲ CONJUG. INDIC. PRES.: *ajupo, ajups, ajup.*

ajust (əʒús(t)) *m.* adjustment. *2* agreement.

ajustar (əʒustá) *t.* to adjust. *2* to agree [conditions, terms, etc.]. *3* to half-close, to leave ajar. ■ *4 i.* to fit.

ajusticiar (əʒustisiá) *t.* to execute.

ajut (əʒút) *m.* See AJUDA.

al (əl) (*contr. a + el*).

ala (álə) *f.* wing.

alabança (ələβánsə) See LLOANÇA.

alabar (ələβá) See LLOAR.

alabastre (ələβástrə) *m.* MINER. alabaster.

alacaigut, -uda (áləkəïɣút, -úðə) *a.* fig. crestfallen.

alambí (ələmbí) *m.* CHEM. still.

alarit (ələrít) *m.* warcry.

alarma (əlármə) *f.* alarm.

alarmar (ələrmá) *t.* to alarm. ■ *2 p.* to become alarmed.

alarmista (ələrmístə) *m.-f.* alarmist.

alat, -ada (əlát, -áðə) *a.* winged.

alba (álβə) *f.* dawn.

albada (əlβáðə) *f.* dawn twilight.

albanès, -esa (əlβənɛ́s, -ɛ́zə) *a.*, *m.-f.* albanian.

Albània (əlβániə) *pr. n.* GEOGR. Albania.

albarà (əlβərá) *m.* COMM. delivery note; slip.

albatros (əlβátrus) *m.* ORN. albatross.

àlber (álβər) *m.* BOT. poplar.

albercoc (əlβərkɔ́k) *m.* BOT. apricot.

albercoquer (əlβərkukɛ́) *m.* BOT. apricot tree.

alberg (əlβɛ́rk) *m.* shelter, refuge. *2* hostel. ‖ ~ *de joventut,* youth hostel.

albergar (əlβərɣá) *t.-i.* to shelter.

albergínia (əlβərʒíniə) *f.* BOT. aubergine; eggplant.

Albert (əlβɛ́r) *pr. n. m.* Albert.

albí, -ina (əlβí, -inə) *a.*, *m.-f.* albine.

albinisme (əlβinízmə) *m.* MED. albinism.

albirar (əlβirá) *t.* to glimpse. *2* to conjecture; to imagine.

albor (əlβó) *f.* whiteness. *2* dawn light.

albufera (əlβufɛ́rə) *f.* a kind of lagoon.

àlbum (álβum) *m.* album.

albumen (əlβúmən) *m.* albumen; white of egg.

albúmina (əlβúminə) *f.* CHEM. albumen.

alça (álsa) *f.* block. [to raise in height]. *2* rise [prices, temperature, etc.].

alçada (əlsáðə) *f.* height.

alcalde (əlkáldə) *m.* mayor.

alcaldessa (əlkəldɛ́sə) *f.* mayoress.

alcaldia (əlkəldíə) *f.* office of mayor [rank]. *2* mayor's office [room].

alcalí, -ina (əlkəlí, -inə) *a.* alkaline.

alçament (əlsəmén) *m.* lifting; raising. *2* rise [price]. *3* MIL. revolt.

alçaprem (əlsəprém) *m.* lever [for lifting].

alçar (əlsá) *t.* to lift (up), to raise. *2* to make higher. *3* to build. *4* to stand up. *5* fig. to raise. ■ *6 p.* to get up; to stand up. *7* to rise up. *8* (VAL.) See LLEVAR *3.*

alcavot, -ta (əlkəβɔ́t, -tə) *m.-f.* go-between.

alcista (əlsístə) *m.* ECON. speculator.

alcohol (əlkuɔ́l) *m.* alcohol.

alcohòlic, -ca (əlkuɔ́lik, -kə) *a.* alcoholic: *beguda no alcohòlica,* soft drink. ■ *2 m.-f.* alcoholic.

alcoholisme (əlkuulízmə) *m.* alcoholism.

alcova (əlkɔ́βə) *f.* bedroom.

aldarull (əldərúʎ) *m.* disturbance. *2* racket, row.

alè (əlɛ́) *m.* breath: *sense* ~, breathless.

aleatori, -òria (əleətɔ́ri, -ɔ́riə) *a.* uncertain. *2* fortuitous.

alegrar (ələɣrá) *t.* to make happy; to gladden. ■ *2 p.* to become happy. *3* to be happy; to rejoice.

alegre (əlɛ́ɣrə) *a.* hoppy, glad. *2* merry, slightly drunk.

alegria (ələɣríə) *f.* happiness; rejoicing.

alejar (ələʒá) *i.* to flap its wings.

alemany, -nya (ələmáɲ, -ɲə) *a.*, *m.-f.* GEOGR. German.

Alemanya (ələmáɲə) *pr. n.* GEOGR. Germany.

alena (əlɛ́nə) *f.* awl.

alenada (ələnáðə) *f.* puff [of air].

alenar (ələná) *i.* to breathe.

alentir (ələntí) *t.-p.* to slow down.

aleró (ələró) *m.* ORNIT. wing. *2* AVIAT. aileron.

alerta (əlɛ́rtə) *interj.* look out. ■ *2 adv. anar* ~, to step with care. ■ *3 f.* ~ *aèria,* air alarm; bomber alarm.

alertar (ələrtá) *t.* to alert.

aleshores (ələzɔ́rəs) *adv.* then.

aleta (əlɛ́tə) *f.* small wing. *2* fin. *3 fer l'*~, to court or curry the favour.

aletejar (ələtəʒá) *i.* See ALEJAR.

Alexandre (ələɣzándrə) *pr. n. m.* Alexander.

Alexandria (ələɣzəndríə) *pr. n.* GEOGR. Alexandria.

alfabet (əlfəβɛ́t) *m.* alphabet.

alfabètic, -ca (əlfəβɛ́tik, -kə) *a.* alphabetical.

alfàbrega (əlfáβrəyə) f. BOT. basil.
alfals (əlfáls) m. BOT. alfalfa, lucerne.
alferes (əlféres) m. MIL. second lieutenant.
alfil (əlfil) m. bishop [chess].
Alfred (əlfrét) pr. n. m. Alfred.
alga (ályə) f. BOT. alga. ▲ pl. -gues.
àlgebra (álʒəβrə) f. algebra.
alforja (əlfórʒə) f. saddle-bag.
algerí, -ina (əlʒəri, -inə) a., m.-f. algerian.
Algèria (əlʒériə) pr. n. f. GEOGR. Algeria.
àlgid, -da (álʒit, -ðə) a. chilly. 2 culminating; decisive.
algú (əlyú) indef. pron. someone, anyone; somebody, anybody.
algun, -una (əlyún, -únə) a. some, any. || alguna cosa, something, anything.
algutzir (əlyutzi) m. bailiff.
alhora (əlɔrə) adv. simultaneously, at the same time.
aliança (əliánsə) f. alliance. 2 wedding ring.
aliar (əliá) t. to ally. ■ 2 p. to form an alliance, to become allies.
àlias (áliəs) adv. alias. ■ 2 m. alias.
aliat, -ada (əliát, -áðə) a. allied. ■ 2 m.-f. ally.
aliatge (əlia'dʒə) m. CHEM. alloy.
alicates (əlikátəs) f. pl. MECH. pliers.
aliè, -ena (əliè, -ɛnə) a. alien.
alienar (əliəná) t. to alienate. 2 to estrange. 3 to drive mad or insane.
alienat, -ada (əliənát, -áðə) a. insane. ■ 2 m.-f. lunatic.
àliga (áliyə) f. eagle.
alimara (əlimárə) f. (fire) beacon.
aliment (əlimèn) m. food.
alimentació (əliməntəsió) f. feeding. 2 nourishment; food.
alimentar (əliməntá) t.-p. to feed.
alimentari, -ària (əliməntári, -áriə) a. alimentary; food.
alineació (əlineəsió) f. alignment.
alinear (əlineá) t. to align, to line up. ■ 2 p. to line up.
all (áʎ) m. BOT. garlic. || grill d'~, clove of garlic.
Aħà (əlá) pr. n. m. REL. Allah.
allà (əʎá) adv. there, over there.
allargament (əʎəryəmèn) m. prolonging; extension.
allargar (əʎəryá) t. to lengthen. 2 to prolong, to extend. 3 to hand, to pass. ■ 4 p. to lenghten, to get longer. 5 to drag out.
allargassar (əʎəryəsá) t.-p. to drag out or on.
allau (əʎáu) f. avalanche. 2 fig. rush, torrent: una ~ de mots, a torrent of words.
aħegació (ələyəsió) f. allegation.
aħegar (ələyá) t. to give as a reason. 2 LAW to plead.

aħegat (ələyát) m. reasons pl. 2 LAW plea.
aħegoria (ələyuriə) f. allegory.
aħegòric, -ca (ələyórik, -kə) a. allegorical.
aħegro (əléyro) adv.-m. MUS. allegro.
aħeluia (ələlújə) interj.-m. hallelujah.
aħèrgia (əlɛrʒiə) f. MED. allergy.
alletar (əʎətá) t. to suckle.
alleugerir (əʎəüʒəri) t. to alleviate. 2 to lighten.
alleujament (əʎəüʒəmèn) m. lightening [weight]. 2 alleviation.
alleujar (əʎəüʒá) t. to lighten [weight]. 2 to alleviate.
allí (əʎi) adv. there.
alliberació (əʎiβərəsió) f. See ALLIBERAMENT.
alliberament (əʎiβərəmèn) m. freeing; liberation.
alliberar (əʎiβərá) t. to set free. 2 to free (de, from). ■ 3 p. to free oneself.
aħicient (əlisièn) m. stimulus, incentive.
alliçonar (əʎisuná) t. to instruct.
allioli (aʎiɔli) m. COOK. garlic mayonnaise.
allisada (əʎizáðə) f. smoothing; flattening. 2 fig. scolding. 3 fig. hiding [beating].
allisar (əʎizá) t. to smooth, to smooth down.
allistar (əʎistá) t.-p. to enrol. 2 MIL. to enlist; to sign up. 3 to list.
allitar-se (əʎitársə) p. to take to one's bed [through illness].
allò (əʎɔ) dem. pron. that.
aħocució (əlukusió) f. allocution.
aħot, -ta (əllɔt, -tə) m. (BAL.) boy. 2 f. (BAL.) girl.
allotjament (əʎudʒəmèn) m. lodgings; accommodation.
allotjar (əʎudʒá) t.-p. to lodge. 2 t. to accommodate.
aħucinació (əlusinəsió) f. hallucination.
aħucinar (əlusiná) t. to hallucinate. 2 fig. to be fascinated.
aħudir (əludi) i. to allude (a, to).
allumar (əʎumá) t. (ROSS.) See ENCENDRE.
allunyament (əʎuŋəmèn) m. distancing.
allunyar (əʎuɲá) t. to move away; to drive away. ■ 2 p. to move away, to go away.
aħusió (əluzió) f. allusion.
aħusiu, -iva (əluziŭ, -iβə) a. allusive.
aħuvió (əluβió) m. overflowing; flood. 2 GEOL. alluvium.
almanac (əlmənák) m. almanack.
almàssera (əlmásərə) f. oil press.
almenys (əlmèɲs) adv. at least.
almirall (əlmiráʎ) m. admiral.
almirallat (əlmirəʎát) m. admiralty.
almívar (əlmiβər) m. syrup.
almogàver (əlmuyáβər) m. HIST. Catalan soldier of Middle Ages.

almoina (əlmɔ́ĭnə) *f.* alms.
àloe (áloe) *m.* BOT. aloe.
alopècia (əlupέsiə) *f.* MED. alopecia, baldness.
alosa (əlɔ́zə) *f.* ORNIT. lark.
alpaca (əlpákə) *f.* ZOOL. alpaca.
alpí, -ina (əlpí, -inə) *a.* alpine.
alpinisme (əlpinízmə) *m.* climbing, mountaineering.
alpinista (əlpinístə) *m.-f.* climber, mountaineer.
Alps (álps) *pr. n. m. pl.* GEOGR. Alps.
alquímia (əlkímiə) *f.* alchemy.
alquimista (əlkimístə) *m.-f.* alchemist.
alt. (ál) *f.* (abbr. of *altitud*) alt. (altitude).
alt, -ta (ál, -tə) *a.* high. 2 tall. 3 loud [sound]. 4 upper. 5 noble; excellent. ▪ 6 *adv.* high, on high. 7 loudly [sound]. 8 *passar per* ~, to overlook, to ignore. ▪ *9 f. donar l'alta,* to discharge from hospital. *10 donar-se d'alta,* to inscribe, to join.
altament (ȧltəmέn) *adv.* highly, exceedingly.
altar (əltá) *m.* altar.
altaveu (ȧltəβέu) *m.* loudspeaker.
altell (əltéʎ) *m.* hillock.
alteració (əltərəsió) *f.* alteration.
alterar (əltərá) *t.* to change; to alter; to distort. 2 to upset, to disturb. ▪ *3 p.* to get upset.
altercat (əltərkát) *m.* altercation, quarrel.
altiplà (əltiplá) *m.* GEOGR. plateau.
alumini (əlumíni) *m.* aluminium.
alvocat (alβukát) *m.* BOT. avocado pear.
alzina (əlzínə) *f.* BOT. evergreen oak, holm oak. ‖ ~ *surera,* cork-oak.
alzinar (əlziná) *m.* evergreen oak grove.
amabilitat (əməβilitát) *f.* kindness, friendliness.
amable (əmábblə) *a.* kind, nice, friendly.
amagar (əməɣá) *t.-p.* to hide [also fig.].
amagat (əməɣát) *adv. phr. d'*~, behind one's back.
amagatall (əməɣətáʎ) *m.* hiding place.
amagatotis (əməɣətɔ́tis) *adv. phr. d'*~ See AMAGAT.
amagrir (əməɣrí) *t.* to make thin. ▪ *2 p.* to lose weight.
amainar (əməĭná) *t.* NAUT. to lower, to take in [a sail]. ▪ *2 i.* to slacken, to lessen.
amalgama (əməlɣámə) *f.* amalgam.
amanerat, -ada (əmənərát, -áðə) *s.* affected [person].
amanida (əməníðə) *f.* salad.
amaniment (əmənimén) *m.* dressing, seasoning.
amanir (əməní) *t.* to dress, to season.
amansir (əmənsí) *t.* to tame, to calm down. ▪ *2 p.* to become tame, to calm down.

amant (əmán) *a., m.-f.* lover.
amanyagar (əməɲəɣá) *t.* to caress.
amar (əmá) *t.* lit. to love.
amarar (əmərá) *t.* to soak. ‖ *amarat de suor,* soaked in sweat. 2 fig. to brim with [emotion]. 3 AER. to land on water; to splash down.
amarg, -ga (əmár(k), -ɣə) *a.* bitter.
amargar (əmərɣá) *t.* to make bitter. 2 to embitter; to ruin. ▪ *3 i.* to taste bitter.
amarra (əmárrə) *f.* NAUT. mooring rope or line.
amarrador (əmərrəðó) *m.* mooring, berth.
amarrar (əmərrá) *t.-i.* to berth.
amassar (əməsá) *t.* to build up.
amatent (əmətén) *a.* willing, ready.
amazona (əməzónə) *f.* MYTH. Amazon. ▪ *2* horsewoman.
Amazones (əmazónəs) *pr. n. m. pl.* GEOGR. Amazon.
amb (əm) *prep.* with. 2 in: *escriure* ~ *boŀlígraf,* to write in pen. 3 by: *anar* ~ *cotxe,* to go by car. 4 ~ *això,* just then. ‖ ~ *tot,* nevertheless.
ambaixada (əmbəʃáðə) *f.* embassy. 2 commission.
ambaixador, -ra (əmbəʃaðó, -rə) *m.-f.* ambassador. 2 envoy.
ambaixadriu (əmbəʃəðríu) *f.* ambassadress. 2 ambassador's wife.
ambdos, -dues (əmdós, -dúəs) *a.-pron. indef.* both.
ambició (əmbisió) *f.* ambition.
ambiciós, -osa (əmbisiós, -ózə) *a.* ambitious.
ambient (əmbién) *m.* atmosphere [also fig.]; environment. ‖ *medi* ~, environment.
ambientar (əmbiəntá) *t.* to give an atmosphere to. ▪ *2 p.* to get used to, to adapt oneself to.
ambigu, -gua (əmbíɣu, -ɣwə) *a.* ambiguous.
ambigüitat (əmbiɣwitát) *f.* ambiguity.
àmbit (ámbit) *m.* field, area.
ambre (ámbrə) *m.* amber.
ambulància (əmbulánsiə) *f.* ambulance.
ambulant (əmbulán) *a.* walking, itinerant. ‖ *venedor* ~, travelling salesman.
ambulatori, -òria (əmbulətɔ́ri, -ɔ́riə) *m.* out patients clinic.
amè, -ena (əmέ, -έnə) *a.* pleasant; entertaining.
ameba (əmέβə) *f.* BOT. amoeba.
amén (əmén) *interj.* Amen. ‖ *dir* ~ *a tot,* to agree to everything.
amenaça (əmənásə) *f.* threat, menace.
amenaçar (əmənəsá) *t.* to threaten, to menace.
amenitat (əmənitát) *f.* amenity.

Amèrica (əmέrikə) *pr. n. f.* GEOGR. America.

americà, -ana (əmərikά, -ánə) *a., m.-f.* GEOGR. American. 2 *f.* jacket.

americanisme (əmərikənizmə) *m.* Americanism.

ametista (əmətistə) *f.* MINER. amethyst.

ametlla (əmέλλə) *f.* almond.

ametllat (əməλλάt) *a.* almond-shaped. ■ 2 *m.* almond-covered ice-cream.

ametller (əməλλέ) *m.* BOT. almond tree.

anfibi, -íbia (əmfíβi, -iβiə) *a.* amphibious. ■ 2 *m.* ZOOL. amphibian.

amfiteatre (əmfiteátrə) *m.* semi-circular theatre [originally Greek or Roman]. 2 balcony [of a theatre].

amfitrió (əmfitrió) *m.-f.* host.

àmfora (ámfurə) *f.* amphora.

amiant (əmián) *m.* asbestos.

amic, -iga (əmik, -iɣə) *a.* friendly; fond of. ■ 2 *m.-f.* friend. 3 *m.* boyfriend. 4 *f.* girlfriend.

amidar (əmiðá) *t.* to measure.

amigable (əmiɣábblə) *a.* amicable, friendly.

amígdala (əmiɣdələ) *f.* ANAT. tonsil.

amistançat, -ada (əmistənsát, -áðə) *m.-f.* lover. 2 *f.* mistress.

amistat (əmistát) *f.* friendship. 2 *pl.* friends, acquaintances.

amistós, -osa (əmistós, -ózə) *a.* friendly, amicable. 2 SP. friendly [match].

amnèsia (əmnέziə) *f.* MED. amnesia.

amnistia (əmnistiə) *f.* amnesty.

amnistiar (əmnistiá) *t.* to grant amnesty to.

amo (ámu) *m.* master, owner; landlord. ‖ *fer-se l'~,* to take over (*de, —*).

amoïnar (əmuiná) *t.* to worry, to disquiet, to make uneasy. 2 to upset, to annoy; to pester, to harass. ■ 3 *p.* to worry, to get upset.

amoïnat, -ada (əmuinát, -áðə) *a.* worried, uneasy.

amoixar (əmuʃá) *t.* to caress, to fondle; to cuddle.

amollar (əmuλá) *t.* to loosen, to slacken. 2 to let out; to let go [also fig.]. ■ 3 *i.* to slacken, to ease (off).

amonestació (əmunəstəsió) *f.* admonition, reproof. 2 *pl. f.* marriage banns.

amonestar (əmunəstá) *t.* to admonish, to warn.

amoníac (əmuniək) *m.* CHEM. ammonia.

amor (əmór) *m.* (i *f.*) love, affection. ‖ *~ propi,* self-respect; *fer l'~,* to make love; *per ~ a l'art,* unselfishly, not for money; *per l'~ de Déu,* for God's sake. 2 *pl.* love affairs.

amoral (əmurál) *a.* amoral.

amoretes (əmurέtəs) *f. pl.* compliment, pass; flattery.

amorf, -fa (əmɔ́rf, -fə) *a.* amorphous.

amorosir (əmuruzi) *t.* to soften; to appease, to mitigate.

amorrar (əmurrá) *t.* to push someone's mouth or face to. ‖ *la policia la va ~ a la paret,* the policewoman pushed her up against the wall. ‖ *li va ~ l'ampolla perquè begués,* she pushed the bottle to his lips for him to drink. ■ 2 *p.* to push one's mouth or face to.

amortallar (əmurtəλá) *t.* to shroud.

amortidor (əmurtiðó) *m.* damper. 2 MECH., AUTO. shock absorber.

amortir (əmurti) *t.* to deaden, to muffle, to absorb [shock].

amortitzar (əmurtidzá) *t.* LAW to amortize. 2 ECON. to redeem, to pay off [mortgage, bonds, etc.]. 3 to get one's money's worth out of.

amper (əmpέr) *m.* ELECTR. amp, ampere.

amperímetre (əmpərimətrə) *m.* PHYS. ammeter.

ampit (əmpit) *m.* parapet, fence.

amplada (əmplåðə) See AMPLÀRIA.

amplària (əmplάriə) *f.* width, breadth.

ample, -a (ámplə, -plə) *a.* wide, broad. ‖ *de ca l'~,* terrific. ■ 2 *m.* width, breadth.

ampli, àmplia (ámpli, ámpliə) *a.* ample, spacious; extensive.

ampliació (əmpliəsió) *f.* amplification. 2 PHOT. enlargement.

ampliar (əmpliá) *t.* to amplify. 2 PHOT. to enlarge.

amplificació (əmplifikəsió) *f.* amplification; enlargement.

amplificar (əmplifiká) *t.* to amplify; to enlarge.

amplitud (əmplitút) *f.* amplitude.

ampolla (əmpóλə) *f.* bottle. ‖ *bufar i fer ampolles,* nothing to it, piece of cake.

ampuHós, -osa (əmpulós, -ózə) *a.* pompous.

amputació (əmputəsió) *f.* MED. amputation.

amputar (əmputá) *t.* MED. to amputate.

Amsterdam (əmstərðám) *pr. n. f.* GEOGR. Amsterdam.

amulet (əmulέt) *m.* amulet.

amunt (əmún) *adv.* up, above. ‖ *~ i avall,* up and down.

amuntegar (əmuntəɣá) *t.* to heap, to pile (up). 2 fig. to hoard, to accumulate.

anacoreta (ənəkurέtə) *m.-f.* REL. anchorite.

anacronisme (ənəkrunizmə) *m.* anachronism.

anada (ənáðə) *f.* the way there, going. 2 outing, excursion.

anaerobi, -òbia (ənəerɔ́βi, -ɔ́βiə) *a.* anaerobic. ■ 2 *m.* BIOL. anaerobe.

anagrama (ənəɣrámə) *m.* anagram.
anàleg, -oga (ənálək, -uɣə) *a.* analogous, akin.
analfabet, -ta (ənəlfəβɛt, -tə) *a., m.-f.* illiterate.
analgèsia (ənəlʒɛziə) *f.* MED. analgesia.
analgèsic, -ca (ənəlʒɛzic, -cə) *a.-m.* MED. analgesic.
anàlisi (ənálizi) *f.* analysis.
analista (ənálistə) *m.-f.* CHEM. analyst.
analitzar (ənəlidzá) *t.* to analyse, (USA) to analyze.
analogia (ənəluʒíə) *f.* analogy: *per ~ amb,* on the analogy of.
ananàs (ənənás) *m.* BOT. pineapple.
anar (əná) *i.* to go, to move. ‖ *~ a la seva,* to go one's own way; *~ amb compte,* to be careful; *~ fent,* to get by, to get on; *deixar ~,* to let go, to release; *fer ~,* to make work, to start; fig. *no ~ enlloc,* to lead to nothing. *2* to run, to work [a mechanism]. *3* to suit: *et va bé demà a les nou?,* would nine o'clock tomorrow suit you?. ‖ *aquest vestit no li va bé,* this dress doesn't suit her. *4* to discharge, to evacuate [excrement, etc.]. ▲ CONJUG. INDIC. Pres.: *vaig, vas, va, van.* | Fut.: *aniré* o *iré,* etc. ‖ SUBJ. Pres.: *vagi, vagis, vagi, vagin.* ‖ IMPER.: *vés.*
ànima (ánimə) *f.* soul. ‖ *caure l'~ al peus,* to be disappointed; *en cos i ~,* entirely, completely; *sortir de l'~,* to come out spontaneously. *2* inner structure or area [of a building, etc.].
anarquia (ənərkíə) *f.* anarchy.
anàrquic, -ca (ənárkik, -kə) *a.* anarchic, anarchical.
anarquisme (ənərkismə) *m.* anarchism.
anarquista (ənərkistə) *a., m.-f.* anarchist.
anar-se'n (ənársən) *p.* to leave, to go away. *2* fig. to die.
anatema (ənətɛmə) *m.* anathema.
anatomia (ənətumíə) *f.* anatomy.
anca (áŋkə) *f.* haunch, rump; buttock.
ancestral (ənsəstrál) *a.* ancestral.
ancià, -ana (ənsiá, -ánə) *a.* ancient; old; elderly. *2 m.-f.* old man or woman.
ancianitat (ənsiənitát) *f.* old age.
àncora (áŋkurə) *f.* NAUT. anchor.
ancorar (əŋkurá) *t.-i.* NAUT. to anchor.
ancoratge (əŋkurádʒə) *m.* NAUT. anchorage.
andana (əndánə) *f.* platform [docks, train station]. *2* quay.
andante (əndántə) *adv.-m.* MUS. andante.
Andes (ándəs) *pr. n. m. pl.* GEOGR. Andes.
andí, -ina (əndi, -inə) *a., m.-f.* Andean.
Andorra (əndòrrə) *pr. n. f.* GEOGR. Andorra.

andorrà, -ana (əndurrá, -ánə) *a., m.-f.* Andorran.
ànec (ánək) *m.* ORNIT. duck; drake.
anècdota (ənɛgdutə) *f.* anecdote.
anell (ənɛʎ) *m.* ring; hoop. ‖ *com l'~ al dit,* timely; just right.
anella (ənɛʎə) *f.* ring, hoop. *2* link. *3* knocker [door]. *4 pl.* SP. rings.
anèmia (ənɛmiə) *f.* MED. anaemia, anemia.
anèmic, -ca (ənɛmik, -kə) *a.* anaemic.
anemòmetre (ənəmɔmətrə) *m.* anemometer.
anemone (ənəmɔnə) *f.* BOT. anemone.
anestèsia (ənəstɛziə) *f.* MED. anaesthesia, anesthesia.
anestesiar (ənəstəziá) *t.* MED. to anaesthetize, to anesthetize.
àngel (ánʒəl) *m.* angel.
angelical (ənʒəlikál) *a.* angelic, angelical.
angina (ənʒinə) *m.* MED. sore throat. *2 ~ de pit,* angina pectoris.
Anglaterra (əŋglətɛrrə) *pr. n. f.* GEOGR. England.
angle (áŋglə) *m.* angle; corner. ‖ *~ recte,* right angle. ‖ *fer ~ amb,* to be at an angle to.
anglès, -esa (əŋglɛs, -ɛzə) *a.* English. ■ *2 m.* Englishman. *3 f.* Englishwoman.
anglicà, -ana (əŋglikà, -ánə) *a., m.-f.* Anglican.
anglicisme (əŋglisizmə) *m.* anglicism.
anglòfil, -la (əŋglɔfil, -lə) *a., m.-f.* anglophile.
anglofòbia (əŋglufɔβiə) *f.* anglophobia.
anglo-saxó, -ona (əŋglusəksó, -ónə) *a., m.-f.* Anglo-Saxon.
angoixa (əŋgóʃə) *f.* anguish; distress, anxiety.
angoixar (əŋguʃá) *t.* to afflict, to distress, to worry. ■ *2 p.* to worry.
angoixós, -osa (əŋguʃòs, -ózə) *a.* distressed, anxious; distressing, heartbreaking.
Angola (əŋgólə) *pr. n. f.* GEOGR. Angola.
angolès, -esa (əŋgulɛs, -ɛzə) *a., m.-f.* Angolan.
angost, -ta (əŋgós(t), -tə) *a.* narrow.
anguila (əŋgilə) *f.* ICHTHY. eel. *2* fig. *es-munyir-se com una ~,* to shirk responsibility.
angula (əŋgúlə) *f.* ICHTHY. elver, young eel.
angular (əŋgulá) *a.* angular. ‖ *pedra ~,* cornerstone.
angulós, -osa (əŋgulós, -ózə) *a.* angular.
angúnia (əŋgúniə) *f.* anguish, grief. *2* aversion. ‖ *fer ~,* to sicken; to disgust.
anguniejar (əŋguniəʒá) *t.* to anguish, to grieve. ■ *2 p.* to feel anguish; to grieve.
anguniós, -osa (əŋguniós, -ózə) *a.* distressing. *2* sickening, disgusting.

anhel (ənέl) *m.* longing, yearning, desire. 2 aspiration.

anhelar (ənəlá) *t.* to desire, to long for. ▪ 2 *i.* to part, to gasp.

anhídrid (əníðrit) *m.* CHEM. anhydride.

anihilació (əniiləsió) *f.* annihilation.

anihilament (əniiləmέn) *f.* See ANIHILACIÓ.

anihilar (əniilá) *t.* to annihilate.

ànim (ánim) *m.* intention, purpose. 2 courage, spirit.

animació (əniməsió) *f.* animation, liveliness. 2 bustle, crowd. 3 CIN. animation.

animador, -ra (əniməðó, -rə) *a.* cheering, encouraging. ▪ 2 *m.-f.* leader, organizer [of activities].

animadversió (əniməbbərsió) *f.* animadversion.

animal (ənimál) *m.* animal, beast. ‖ *fer l'~*, to behave rudely. ▪ 2 *a.* animal.

animalada (əniməláðə) *f.* coll. foolish, coarse action.

animalitat (əniməlitát) *f.* animality.

animaló (əniməló) *m. dim.* sweet little animal.

animar (ənimá) *t.* to encourage; to cheer up. 2 to enliven, to stimulate. ▪ 3 *p.* to cheer up.

aniquilació (ənikiləsió) *f.* See ANIHILACIÓ.

aniquilament (ənikiləmέn) *m.* See ANIHILACIÓ.

aniquilar (ənikilá) *t.* See ANIHILAR.

anís (ənís) *m.* anise. 2 anisette. 3 small, round, white sweet.

anit (ənít) *adv.* tonight. 2 last night.

anivellar (əniβəʎá) *t.* to level (out). 2 fig. to even out, to level up [differences]. 3 fig. to balance.

aniversari (əniβərsári) *m.* anniversary. 2 birthday.

Anna (ánnə) *pr. n. f.* Ann.

annals (ənáls) *m. pl.* HIST. annals.

annex, -xa (ənέks, ənέksə) *a.* attached, annexed; joined. ▪ 2 *m.* annex.

annexió (ənəksió) *f.* annexation.

annexionar (ənəksiuná) *t.* to annex [territory].

ànode (ánuðə) *m.* ELECTR. anode.

anodí, -ina (ənuðí, -inə) *a.* anodyne. 2 harmless, inoffensive. 3 fig. unsubstantial, uninteresting.

anòmal, -ala (ənɔ́məl, -ələ) *a.* anomalous.

anomalia (ənuməliə) *f.* anomaly, irregularity.

anomenada (ənumənáðə) *f.* fame, renown. 2 reputation.

anomenar (ənuməná) *t.* to name, to call. 2 to designate; to mention. ▪ 3 *p.* to be called.

anomenat, -ada (ənumənát, -áðə) *a.* renowned, famous; well-known.

anònim, -ma (ənɔ́nim, -mə) *a.* anonymous. ▪ 2 *m.* anonymous letter. 3 unsigned literary work.

anonimat (ənunimát) *m.* anonymity. ‖ *mantenir l'~*, to remain anonymous.

anorac (ənurák) *m.* anorak.

anormal (ənurmál) *a.* abnormal, unusual. ▪ 2 *m. f.* a mentally handicapped person.

anorrear (ənurreá) *t.* See ANIHILAR.

anotació (ənutəsió) *f.* annotation. 2 note, entry.

anotar (ənutá) *t.* to annotate. 2 to note, to write down.

anquilosar (əŋkiluzá) *t.* MED. to ankylose.

ans (ans) *adv.* before. ▪ 2 *conj.* but.

ansa (ánsə) *f.* See NANSA.

ànsia (ánsiə) *f.* fervour, eagerness; longing. 2 anguish. ‖ *passar ~*, to worry.

ansietat (ənsiətát) *f.* anxiety, worry.

ant (án) *m.* ZOOL. elk, moose. 2 suède [leather].

antagonisme (əntəɣunízmə) *m.* antagonism.

antagonista (əntəɣunístə) *a., m.-f.* antagonist, opponent.

antany (əntáɲ) *adv.* last year. 2 long ago. ▪ 3 *m.* the ancient world.

antàrtic, -ca (əntártik, -kə) *a.* GEOGR. Antarctic.

Antàrtida (əntártiðə) *pr. n. f.* GEOGR. the Antarctic, Antarctica.

antecedent (əntəsəðέn) *a.* previous, antecedent. ▪ 2 *m.* antecedent. 3 *pl.* background. 4 LAW *~s penals*, criminal record.

antecessor, -ra (əntəsəsó, -rə) *m.-f.* ancestor.

antediluvià, -ana (əntəðiluβiá, -ánə) *a.* antediluvian.

antelació (əntələsió) *f.* priority. ‖ *amb ~*, in advance.

antena (əntέnə) *f.* RADIO aerial, antenna. 2 ZOOL. antenna, feeler.

antepenúltim, -ma (əntəpənúltim, -mə) *a.* antepenultimate, second from last.

anteposar (əntəpuzá) *t.* to place in front. 2 fig. to give preference to.

anteposició (əntəpuzisió) *f.* placement in front. 2 fig. preference.

anterior (əntərió(r)) *a.* anterior. 2 previous, former.

anterioritat (əntəriuritát) *f.* priority. ‖ *amb ~*, previously, beforehand.

avantsala (əβənsálə) *f.* ante-room; hall.

antiaeri, -èria (antiəéri, ériə) *a.* anti-aircraft.

antiadherent (əntiəðəren) *a.-m.* non-stick.

antiaHergic, -ca (əntiəlέrʒik, -kə) *a. m.* MED. anti-allergenic.

antibiòtic (əntiβiɔ́tik) *a.-m.* MED. antibiotic.
antic, -iga (əntík, -íɣə) *a.* ancient, antique, old. *2* former. ‖ ~ *alumne,* ex-student. *3 adv. phr.* **a l'antiga,** in an old-fashioned way.
anticaspa (əntikáspə) *a.* anti-dandruff.
anticicló (əntisikló) *m.* anticyclone.
anticipació (əntisipəsió) *f.* anticipation. ‖ *amb* ~, in advance.
anticipar (əntisipá) *t.* to advance, to bring forward [event]. *2* to anticipate, to foresee. ■ *3 p.* to forestall. *4* to come early.
anticonceptiu, -iva (əntikunsəptíŭ, -iβə) *a.-m.* contraceptive.
anticongelant (əntikunʒəlán) *a.-m.* anti-freeze *s.*
anticonstitucional (əntikunstitusiunál) *a.* unconstitutional.
anticòs (əntikɔ́s) *m.* MED. antibody. ▲ *pl.* **anticossos.**
anticrist (əntikríst) *m.* Antichrist.
antidepressiu (əntiðəprəsiu) *a.-m.* MED. antidepressant *s.*
antídot (əntíðut) *m.* antidote.
antiestètic, -ca (əntiəstétik, -kə) *a.* unaesthetic.
antifaç (əntifás) *m.* mask, veil.
antigalla (əntiɣáʎə) *f.* antique. *2* old custom or story.
antiguitat (əntiɣitát) *f.* antiquity, the ancient world. *2 pl.* antiques, antiquities.
antiheroi (əntiərɔ́i) *m.* anti-hero.
antihigiènic, -ca (əntiiʒiénik, -kə) *a.* unhygienic, unsanitary.
Antilles (əntíʎəs) *pr. n. f. pl.* GEOGR. Antilles.
antílop (əntílup, coll. əntilɔ́p) *m.* ZOOL. antelope.
antinòmia (əntinɔ́miə) *f.* antinomy.
antipapa (əntipápə) *m.* antipope.
antipatia (əntipətíə) *f.* antipathy, aversion.
antipàtic, -ca (əntipátik, -kə) *a.* disagreeable, unpleasant; uncongenial; unfriendly [atmosphere].
antípoda (əntípuðə) *m.-f.* antipodal person; fig. exact opposite. *2* antipode [place].
antiquari, -ària (əntikwári, -áriə) *m.-f.* antiquarian, antiquary.
antiquat, -ada (əntikwát, -áðə) *a.* antiquated, old-fashioned; obsolete.
antisemita (əntisəmítə) *a.* anti-Semitic. ■ *2 m.-f.* anti-Semite.
antisèpsia (əntisépsiə) *f.* MED. antisepsis.
antitètic, -ca (əntitétik, -kə) *a.* antithetic, antithetical.
antitoxina (əntituksínə) *f.* BIOL. antitoxin.
antologia (əntuluʒíə) *f.* anthology.
Antoni (əntɔ́ni) *pr. n. m.* Anthony.

antònim (əntɔ́nim) *m.* antonym.
antonomàsia (əntunumáziə) *f.* antonomasia.
antracita (əntrəsítə) *f.* MINER. anthracite.
àntrax (ántrəks) *m.* MED. anthrax.
antre (ántrə) *m.* cavern; den.
antropòfag, -ga (əntrupɔ́fək, -ɣə) *a.* man-eating, cannibalistic. ■ *2 m.-f.* cannibal.
antropofàgia (əntrupufáʒiə) *f.* cannibalism.
antropòleg, -oga (əntrupɔ́lək, -uɣə) *m.-f.* anthropologist.
antropologia (əntrupuluʒíə) *f.* anthropology.
antropomorfisme (əntrupumurfízmə) *m.* anthropomorphism.
antull (əntúʎ) *m.* whim, notion, fancy.
antuvi (əntúβi) *adv. phr.* **d'~,** beforehand, first of all.
anual (ənuál) *a.* annual.
anuari (ənuári) *m.* annual, yearbook.
anular (ənulá) *a.* annular, ring-like. ‖ *dit* ~, ring finger.
anuHació (ənuləsió) *f.* annulment, cancellation. *2* LAW annulment, avoidance.
anuHar (ənulá) *t.* to annul, to cancel.
anunci (ənúnsi) *m.* announcement. *2* notice. *3* advertisement, commercial.
anunciant (ənunsián) *m. f.* advertiser, (USA) advertizer.
anunciar (ənunsiá) *t.* to announce, to publicize. *2* to advertise.
anus (ánus) *m.* ANAT. anus.
anvers (əmbérs) *m.* face, front. *2* obverse [of a coin or medal].
anxova (ənʃɔ́βə) *f.* ICHTHY. anchovy.
any (ɑɲ) *m.* year. ‖ ~*s i panys,* many years; *l'* ~ *de la picor,* ages ago. *2 pl.* years, age. ‖ *fer* ~*s,* to have a birthday; *per molts* ~*s,* happy birthday; many happy returns; *tinc trenta* ~*s,* I'm thirty years old.
anyada (əɲáðə) *f.* harvest, year's crop. *2* annuity, annual payment.
anyal (əɲál) *a.* annual.
anyell (əɲéʎ) *m.* ZOOL. lamb.
aorta (əɔ́rtə) *f.* ANAT. aorta.
apa! (ápə) *interj.* come on!, let's go!; hurry up! *2* well!; really!
apadrinar (əpəðriná) *t.* to sponsor, to back. *2* fig. to support, to favour.
apagar (əpəɣá) *t.* to put out, to extinguish [fire]. *2* to turn off, to switch off [light, radio, etc.]. *3* to quench [thirst]. *4* to silence, to muffle [sound]. *5* to soothe [pain]. ■ *6 p.* to go out [fire]. *7* to go out, to be put out [light, etc.]. *8* to die away [sound].
apagat, -ada (əpəɣát, -áðə) *a.* dull [colours]. *2* off [radio, lights, heating, etc.]. ■ *3 f.* ELECTR. black out; power cut.

apaïsat, -ada (əpəizát, -áðə) *a.* oblong.
apaivagar (əpəiβəɣá) *t.* to appease, to calm down. ■ *2 p.* to calm down, to quieten down.
apallissar (əpəʎisá) *t.* to beat, to thrash; to batter.
apanyar (əpəɲá) *t.* to mend, to repair. ■ *2 p.* to manage. ‖ *ja t'apanyaràs!*, that's your problem!
aparador (əpərəðó) *m.* shop window.
aparatós, -osa (əpərətós, -ózə) *a.* spectacular ostentatious, showy.
aparcament (əpərkəmén) *m.* car park, parking place, (USA) parking lot.
aparcar (əpərká) *t.* to park.
aparèixer (əpərέʃə) *i.* to appear. ▲ CONJUG. P. p.: *aparegut.* ‖ INDIC. Pres.: *aparec.* ‖ SUBJ. Pres.: *aparegui,* etc. ‖ IMPERAT.: *apareix.*
aparell (əpəréʎ) *m.* MECH. device, piece of equipment. ‖ ~ *de televisió,* television set. *2* instrument. ‖ *a l'*~, on the phone. *3* appliance. *4* ANAT. system: ~ *respiratori,* respiratory system.
aparellador, -ra (əpərəʎəðó, -rə) *m.-f.* ARCH. surveyor; architect's assistant.
aparellar (əpərəʎá) *t.-p.* to pair, to mate [animals]. *2 t.* to match, to level up.
aparença (əpərénsə) *f.* appearance, look(s), aspect. *2 pl.* (outward) appearance: *salvar les* ~*s,* to keep up appearances, to save face.
aparent (əpərén) *a.* apparent. *2* visible.
aparentar (əpərəntá) *t.* to look; to seem to be. ‖ *aparenta vint anys,* she looks twenty years old. *2* to feign, to affect.
aparentment (əpərentmén) *adv.* apparently. *2* visibly.
apariar (əpəriá) *t.* to pair, to match. *2* to mate, to pair [animals]. *3* to prepare, to get ready.
aparició (əpərisió) *f.* appearance; publication. *2* apparition, spectre.
apart (əpár(t)) *m.* THEAT. aside.
apartament (əpərtəmén) *m.* apartment, flat.
apartar (əpərtá) *t.* to separate, to take away (*de,* from), to set apart. *2* to push aside, to move away. *3* to stray.
apartat (əpərtát) *m.* spare room. *2* box: ~ *de correus,* post-office box. *3* paragraph, section.
apassionament (əpəsiunəmén) *m.* passion, vehemence.
apassionar (əpəsiuná) *t.* to appeal strongly to, to stir deeply: *la lectura l'apassiona,* he adores reading. ■ *2 p.* to become impassioned; to fall madly in love (*per,* with)

[person]; to become enthusiastic (*per,* about) [thing].
àpat (ápət) *m.* meal.
apatia (əpətíə) *f.* apathy.
apàtic, -ca (əpátik, -kə) *a.* apathetic.
apatrida (əpətríðə) *a.* stateless. ■ *2 m.-f.* person with no nationality.
apedaçar (əpəðəsá) *t.* to mend, to patch. *2* to patch up; to partially repair or restore: ~ *el cotxe,* to patch up the car.
apedregar (əpəðrəɣá) *t.* to stone; to throw stones at.
apegalós, -osa (əpəɣəlós, -ózə) *a.* sticky, adhesive. *2* fig. sloppy, cloying, sickeningly sweet [person].
apegar (əpəɣá) *t.* (OCC.) See ENGANXAR.
apelfat, -ada (əpelft, -áðə) *a.* plush, velvety.
apeHació (əpələsió) *f.* LAW appeal.
apeHar (əpəlá) *i.* LAW to appeal.
apendicitis (əpəndisítis) *f.* MED. appendicitis.
apèndix (əpéndiks) *m.* ANAT. appendix.
apercebre (əpərsέβrə) *t.* to notice, to become aware of; to detect. *2* to recognize, to identify. ▲ CONJUG. INDIC. Pres.: *aperceps, apercep.*
apergaminat, -ada (əpərɣəminət, -áðə) *a.* parchment-like, dried-up; wrinkled [skin].
aperitiu, -iva (əpəritiŭ, -iβə) *a.* appetizing. ■ *2 m.* appetizer, aperitif.
apetència (əpəténsiə) *f.* appetite; craving, desire.
apetible (əpətibblə) *a.* appetizing; desirable, attractive.
apetit (əpətit) *m.* appetite; hunger.
apetitós, -osa (əpətitós, -ózə) *a.* appetizing; tasty.
àpex (ápəks) *m.* apex; summit. ▲ *pl.* -*s.*
api (ápi) *m.* BOT. celery.
apiadar-se (əpiəðársə) *p.* to take pity (*de,* on), to feel sorry (*de,* for).
apicultura (əpikultúrə) *f.* apiculture, beekeeping.
apilar (əpilá) *t.* to amass, to accumulate; to pile up.
apilonar (əpiluná) See APILAR.
apilotar (əpilutá) *t.* to pile up, to heap up.
apinyar (əpiɲá) *t.* to pack, to press together. ■ *2 p.* to crowd together, to be packed tight.
apinyat, -ada (əpiɲát, -áðə) *a.* crowded, packed.
aplacar (əpləká) *t.* to soothe, to placate, to calm down.
aplanadora (əplənəðórə) *f.* steam-roller.
aplanar (əpləná) *t.* to level, to flatten, to

make even. *2* fig. to iron out [difficulty].
3 to knock down.
aplaudiment (əpləŭðimén) *m.* applause.
aplaudir (əpləŭðí) *i.-t.* to applaud.
aplec (əplɛ́k) *m.* meeting, gathering; get-together.
aplegar (əpləɣá) *t.* to gather, to collect, to assemble; to put together, to join.
aplicació (əplikəsió) *f.* application. *2* adornment, appliqué [sewing].
aplicar (əpliká) *t.* to apply. || ~ *una llei,* to implement a law; ~ *una pena,* to sentence; ~ *la teoria a la pràctica,* to put a theory into practice. ■ *2 p.* to apply oneself, to devote oneself.
aplicat, -ada (əplikát, -áðə) *a.* applied. *2* studious, industrious.
aplom (əplóm) *m.* conviction; self-assurance.
apocalipsi (əpukəlipsi) *m.* apocalypse.
apocat, -ada (əpukát, -áðə) *a.* diffident; spiritless, faint-hearted.
apòcrif, -fa (əpɔ́krif, -fə) *a.* apocryphal. ■ *2 m. pl.* Apocrypha.
apoderar-se (əpuðərársə) *p.* to seize (*de,* —), to take hold or possession (*de,* of).
apoderat, -ada (əpuðərát, -áðə) *m.-f.* LAW attorney. *2* representative, agent.
apogeu (əpuʒέu) *m.* ASTROL. apogee [also fig.].
apologia (əpuluʒíə) *f.* apology.
apoplexia (əpupləksíə) *f.* MED. apoplexy.
aportació (əpurtəsió) *f.* contribution.
aportar (əpurtá) *t.* to contribute, to bring [as one's share]. *2* to bring forward, to adduce [proof, reasons, etc.]. *3* (ROSS.) See PORTAR.
aposentar (əpuzəntá) *t.* to lodge, to put up. ■ *2 p.* to take lodging.
aposta (əpɔ́stə) *f.* bet, wager; bid [cards].
apostar (əpustá) *t.* to station, to post. *2* to bet; to bid [cards]. ■ *3 p.* to be posted or stationed. *4* to bet.
apostasia (əpustəsíə) *f.* apostasy.
a posteriori (əpustəriɔ́ri) *phr.* a posteriori, inductive.
apostolat (əpustulát) *m.* apostleship, apostolate.
apòstol (əpɔ́stul) *m.* apostle [also fig.].
apòstrof (əpɔ́struf) *m.* GRAMM. apostrophe.
apotecari (əputəkári) *m.* apothecary; chemist.
apotecaria (əputəkáriə) *f.* ant. chemist's [shop]; (USA) pharmacy, drugstore.
apoteosi (əputəɔ́zi) *f.* apotheosis.
apreciació (əprəsiəsió) *f.* appraisal. *2* appreciation; esteem, regard.
apreciar (əprəsiá) *t.* to appraise. *2* to appreciate; to esteem, to like.

aprendre (əprɛ́ndrə) *t.* to learn. ▲ CONJUG. GER.: *aprenent.* || P. P.: *après.* || INDIC. Pres.: *aprenc, aprens, aprèn,* etc. || SUBJ. Pres.: *aprengui, aprenguis,* etc. | Imperf.: *aprengués, aprenguessis,* etc.
aprenent, -ta (əprənén, -tə) *m.-f.* learner, apprentice. *2* beginner.
aprenentatge (əprənəntádʒə) *m.* learning. *2* apprenticeship, training period.
aprensió (əprənsió) *f.* apprehension, fear.
aprensiu, -iva (əprənsiu, -iβə) *a.* apprehensive.
apressar (əprəsá) *t.* to hurry, to hasten; to urge. ■ *2 p.* to hurry, to make haste. ■ *3 i.* to be urgent or pressing.
apressat, -ada (əprəsát, -áðə) *a.* hasty, hurried.
aprest (əprɛ́s(t)) *m.* finish [of leather]. *2* preparation.
apreuar (əprəwá) *t.* to estimate, to evaluate.
aprimar (əprimá) *t.* to make thin, to reduce. ■ *2 p.* to lose weight; to become slim.
a priori (əpriɔ́ri) *phr.* a priori; deductive.
aprofitador, -ra (əprufitəðó, -rə) *a.* resourceful, diligent, saving.
aprofitar (əprufitá) *t.* to make (good) use of, to take advantage of, not to waste. ■ *2 i.* to be of use, to be useful. ■ *3 p.* to take (unfair) advantage of.
aprofundir (əprufundí) *t.* to deepen; to go deeply into [also fig.].
apropar (əprupá) *t.* to bring near or nearer, to bring over. ■ *2 p.* to come near or nearer, to approach.
apropiació (əprupiəsió) *f.* appropriation.
apropiar (əprupiá) *t.* to apply, to adapt. ■ *2 p.* to make one's own; to take over.
apropiat, -ada (əprupiát, -áðə) *a.* appropriate, suitable.
aprovació (əpruβəsió) *f.* approval, approbation.
aprovar (əpruβá) *t.* to approve, to approve of; to agree with. *2* to pass [an examination]. *3* to pass, to adopt [a bill, a resolution].
aprovat (əpruβát) *m.* pass, pass mark [on an examination].
aprovisionar (əpruβiziuná) *t.* to provision, to supply. ■ *2 p.* to supply or furnish oneself (*de,* with).
aproximació (əpruksimasió) *f.* approximation; approach.
aproximar (əpruksimá) *t.* to bring near or nearer. ■ *2 p.* to approach; to approximate (*a,* to).
aproximat, -ada (əpruksimát, -áðə) *a.* approximate; rough.

apte, -a (ápta, -ta) *a.* apt; suitable, fit. ‖ *una peHícula apta*, a film suitable for all audiences, (USA) a film rated «G».
aptitud (atitút) *f.* aptitude, ability; skill.
apujar (apuʒá) *t.* to raise, to increase [prices, taxes, etc.]; to turn up [heating, music, etc.].
apunt (apún) *m.* note, memorandum. *2* ARTS sketch. *3 pl.* notes: *agafar ~s*, to take notes.
apuntador, -ra (apuntaðó, -ra) *m.-f.* THEATR. prompter.
apuntar (apuntá) *t.* to take down, to jot down [notes]. *2* to register, to enter [on a list]. *3* to point at, to hint at. *4* THEATR. to prompt. *5* to aim [a gun] at, to take an aim at. ▪ *6 i.* to begin to appear: *apunta el dia*, dawn is breaking. *7* to aim.
apuntalar (apuntalá) *t.* ARCH. to prop (up), to shore up; to underpin. ▪ *2 p.* to lean (on); to get a good foothold.
apunyalar (apuɲɲalá) *t.* to stab.
apurar (apurá) *t.* to purify, to cleanse. *2* to clarify, to clear up; to verify.
aquareHa (akwarélla) *f.* ARTS water color, aquarelle.
Aquari (akwári) *m.* ASTROL. Aquarius.
aquàrium (akwáriüm) *m.* aquarium.
aquarterar (akwartará) *t.* MIL. to billet, to quarter [soldiers].
aquàtic, -ca (akwátik, -ka) *a.* aquatic.
aqüeducte (akwaðúkta) *m.* aqueduct.
aqueix, -xa (akéʃ, -ʃa) *dem. a., pron.* ant. that.
aquell, -lla (akéʎ, -ʎa) *dem. a., pron.* that.
aquest, -ta (akét, -sta) *dem. a., pron.* this.
aquí (aki) *adv.* here. ‖ *per ~*, this way. *2* now: *d'~ a vint dies*, twenty days from now, in twenty days' time.
aquiescència (akiasénsia) *f.* acquiescence.
aquietar (akiatá) *t.* to calm down, to quiet; to lull, to soothe.
aquífer, -ra (akwífar, -ra) *a.* GEOL. aquiferous, water-bearing.
aquilí, -ina (akili, -ina) *a.* aquiline.
Aquisgrà (akisgrá) *pr. n. m.* GEOGR. Aachen.
aquós, -osa (akwós, -óza) *a.* aqueous.
ara (ára) *f.* altar; altar stone.
ara (ára) *adv.* now. ‖ *~ com ~*, at the moment; *d'~ endavant*, from now on. *2 fins ~*, see you soon. ▪ *3 conj.* however, but. ‖ *~ bé*, however; *i ~!*, really!, the thought of it!
àrab (árap) *a.* Arab, Arabian. ▪ *2 m.-f.* Arab. *3 m.* Arabic [language].
aràbic, -iga (aráβik, -iɣa) *a.* Arab, Arabian, Arabic.
aràcnids (aráŋnits) *m. pl.* ZOOL. arachnids.

arada (aráða) *f.* AGR. plough.
aram (arám) *m.* METALL. copper.
aranja (aránʒa) *f.* BOT. grapefruit.
aranya (aráɲa) *f.* ZOOL. spider.
aranyó (araɲó) *m.* BOT. sloe [fruit].
aranzel (aranzél) *m.* ECON. tariff.
arbitrar (arβitrá) *t.* to arbitrate [dispute]. *2* SP. to referee.
arbitrarietat (arβitrariatát) *f.* arbitrariness; outrage.
arbitratge (arβitrádʒe) *m.* arbitration.
àrbitre, -tra (árβitra, -tra) *m.-f.* arbiter; arbitrator. *2* SP. referee.
arbitri (arβitri) *m.* free will. *2* LAW adjudication, decision.
arboç (arβós) *m.* BOT. arbutus.
arborar (arβurá) *t.* to hoist [a flag], to raise. *2* fig. to stir up. *3* fig. to inflame, to exasperate. ▪ *4 p.* to become exasperated.
arbori, -òria (arβóri, -ória) *a.* arboreal.
arbre (áβra) *m.* BOT. tree. ‖ *~ genealògic*, family tree. *2* MECH. axle, shaft.
arbreda (arβréða) *f.* grove; wooded land.
arbust (arβús(t)) *m.* BOT. shrub, bush.
arc (ark) *m.* bow. ‖ *~ de Sant Martí*, rainbow. *2* ARCH. arch.
arç (ars) *m.* BOT. thornbush, briar.
arca (árka) *f.* ark.
arcà, -ana (arká, -ána) *a.* arcane. ▪ *2 m.* secret, mystery.
arcada (arkáða) *f.* ARCH. arcade; arch, span [of bridge]. *2* MED. retching.
arcaic, -ca (arkáik, -ka) *a.* archaic.
arcaisme (arkaízma) *m.* archaism.
arcàngel (arkánʒal) *m.* archangel.
ardent (arðén) *a.* burning. *2* fig. ardent.
ardiaca (arðiáka) *m.* archdeacon.
ardit, -ida (arðít, -iða) *a.* bold, intrepid, fearless. ▪ *2 m.* ruse, stratagem; trick.
ardor (arðó) *m.-f.* heat, warmth. *2* fig. ardour.
ardu, àrdua (árðu, árdua) *a.* arduous, tough.
àrea (área) *f.* area; field. ‖ *~ de servei*, service area.
arena (aréna) *f.* sand. *2* arena.
areng (aréŋ) See ARENGADA.
arenga (aréŋga) *f.* harangue, lecture.
arengada (araŋgáða) *f.* ICHTHY. herring.
areny (aréɲ) *m.* sandy ground. *2* sand pit.
aresta (arésta) *f.* edge. *2* ARCH. arris.
argamassa (arɣamása) *f.* mortar.
argelaga (arʒaláɣa) *f.* BOT. gorse.
argent (arʒén) *m.* silver. *2 ~ viu*, mercury. ‖ *semblar o ser un ~ viu*, to be [like] a live wire.
argentí, -ina (arʒantí, -ina) *a., m.-f.* GEOGR. Argentinian.

Argentina (ərʒəntínə) *pr. n. f.* GEOGR. Argentina.

argenter, -ra (ərʒənté, -rə) *m.-f.* silversmith. *2* jeweller.

argenteria (ərʒəntəríə) *f.* silversmith's. *2* jeweller's.

argila (ərʒílə) *f.* clay.

argó (əryó) *m.* CHEM. argon.

argolla (əryóʎə) *f.* ring, hitching ring.

argot (əryɔ́t) *m.* jargon; slang.

argúcia (əryúsiə) *f.* subtlety, sophistry.

argüir (əryui) *i.* to argue, to contend. ▪ *2 t.* to infer, to deduce.

argument (əryumén) *m.* argument. *2* plot [of a story, play, etc.].

argumentació (əryuməntəsió) *f.* argumentation.

argumentar (əryuməntá) *i.* to argue.

ari, ària (ári, áriə) *a., m.-f.* Aryan.

ària (áriə) *f.* MUS. aria.

àrid, àrida (árit, áriðə) *a.* arid, dry.

Àries (áriəs) *m.* ASTROL. Aries.

aristocràcia (əristukrásiə) *f.* aristocracy.

aristòcrata (əristɔ́krətə) *m.-f.* aristocrat.

aritmètic, -ca (ərimmétik, -kə) *a.* arithmetical. ▪ *2 f.* arithmetic.

arma (ármə) *f.* weapon, arm. ‖ ~ *blanca,* knife, sword blade; *alçar-se en armes,* to rise in armed rebellion; *passar per les armes,* to shoot, to execute [by firing squad].

armada (ármàðə) *f.* navy.

armador (ərməðó) *m.* shipowner.

armadura (ərməðúrə) *f.* MIL., HIST. armour; suit of armour, (USA) armor. *2* frame, framework. ‖ ~ *de llit,* bedstead.

armament (ərməmén) *m.* MIL. armament.

armar (ərmá) *t.* to arm. *2* to put together, to prepare. *3* fig. to cause: ~ *un aldarull,* to cause a disturbance.

armari (ərmári) *m.* cupboard; wardrobe [for clothes].

armeria (ərməriə) *f.* armoury, (USA) armory.

armilla (ərmíʎə) *f.* waistcoat.

armistici (ərmistisi) *m.* armistice.

arna (árnə) *f.* ENT. moth.

arnar-se (ərnársə) *p.* to get or be motheaten.

Arnau (ərnáŭ) *pr. n. m.* Arnold.

arnès (ərnés) *m.* armour (USA), armor.

aroma (ərómə) *f.* aroma, flavour.

arpa (árpə) *f.* MUS. harp. *2* claw; paw [animals].

arpegi (ərpéʒi) *m.* MUS. arpeggio.

arpillera (ərpiʎérə) *f.* sackcloth, sacking.

arpó (ərpó) *m.* harpoon.

arponer (ərpuné) *m.* harpooner.

arquebisbe (ərkəβizβə) *m.* archbishop.

arqueig (ərkétʃ) *m.* MAR. tonnage. *2* COMM. cashing up.

arqueòleg, -òloga (ərkəɔ́lək, -ɔ́luyə) *m.-f.* archaeologist.

arqueologia (ərkəuluʒiə) *f.* archaeology.

arquer, -ra (ərké, -rə) *m.-f.* archer; bowman.

arquet (ərkét) *m.* MUS. bow.

arquetipus (ərkətipus) *m.* archetype; prototype.

arquitecte (ərkitéktə) *m.* architect.

arquitectura (ərkitəktúrə) *f.* architecture.

arquivolta (ərkiβɔ́ltə) *f.* ARCH. archivolt.

arrabassar (ərrəβəsá) *t.* to clear [land for cultivation]. *2* to pull up, to uproot [plants]. *3* to snatch, to grab.

arracada (ərrəkáðə) *f.* earring.

arracar (ərrəká) *i.* (ROSS.) See RECAR.

arraconar (ərrəkuná) *t.* to put in a corner. *2* to discard. *3* to ignore. *4* to save [money].

arrambar (ərrəmbá) *t.* to move something up to, to put something against or near: *arramba el cotxe a la paret,* move the car (close) up to the wall. *2* to steal.

arran (ərrán) *adv.* almost touching. ‖ *tallar* ~, to cut very short. ▪ *2 prep. phr.* ~ *de,* very close to. ‖ ~ *de terra,* at ground level. *3* as a result of.

arranjament (ərrənʒəmén) *m.* putting in order, ordering. *2* MUS. arrangement.

arranjar (ərrənʒá) *t.* to put in order, to arrange. *2* MUS. to arrange. ▪ *3 p.* to manage: *ens ho vam* ~ *per no treballar el dilluns,* we managed to get Monday off.

arrapar-se (ərrəpársə) *p.* to cling to.

arrasar (ərrəzá) *t.* to raze to the ground; to destroy completely.

arraulir-se (ərrəŭlirsə) *p.* to huddle, to curl up.

arrauxat, -ada (ərrəŭʃát, -áðə) *a.* capricious; impulsive.

arrebossar (ərrəβusá) *t.* CONSTR. to cement render. *2* COOK. to batter.

arrebossat (ərrəβusát) *m.* CONSTR. coat of cement. *2* COOK. batter.

arrecerar (ərrəsərá) *t.* to shelter, to protect.

arreglar (ərrəɡlá) *t.* to regulate, to organize. *2* to arrange, to put in order. ▪ *3 p.* to sort things out: *pot* ~-*se sol,* he can sort things out for himself.

arrel (ərrél) *f.* root. *2* MATH. ~ *quadrada,* square root.

arrelar (ərrəlá) *i.* to root. ▪ *2 p.* to settle, to put down roots.

arremangar (ərrəməŋɡá) *t.-p.* to roll up *t.* [sleeves, trousers, etc.].

arremetre (ərrəmétrə) *t.-i.* to attack. ▴ CONJUG. P. p.: *arremès.*

arremolinar (ərrəmulinə́) *t.-p.* to swirl.

arrencada (ərrəŋkáðə) *f.* pulling up. *2* start [of a race]. *3* AUTO. starting.

arrencaqueixals (ərrɛ́ŋkəkəʃáls) *m.* coll. dentist.

arrencar (ərrəŋká) *t.* to pull up; to pull out; to pull off. *2* to drag something out of somebody [confessions, etc.]. *3* to start suddenly. ‖ ~ *a córrer,* to break into a run. *4* to start [a car]. ▪ *5 i.* to begin, to start.

arrendament (ərrəndəmén) *m.* renting, hiring.

arrendar (ərrəndá) *t.* to rent; to hire.

arrendatari, -ària (ərrəndətári, -áriə) *a., m.-f.* tennant *s.*

arrenglerar (ərrəŋglərá) *t.-p.* to line up.

arrepapar-se (ərrəpəpársə) *p.* to sit back, to make oneself comfortable.

arreplegar (ərrəpləyá) *t.* to gather, to collect, to pick up. *2* to catch, to come down with [illnesses]. *3* to catch, to get.

arrere (ərrɛ́rə) *adv.* (VAL.) See ENDARRERA.

arres (árrəs) *f. pl.* security, deposit.

arrest (ərrés(t)) *m.* arrest.

arrestar (ərrəstá) *t.* to arrest, to apprehend.

arreu (ərrɛ́u) *adv.* all over: ~ *del món,* all over the world.

arreveure (ərrəβɛ́urə) *m.* goodbye, farewell. *2* interj. goodbye.

arri! (árri) *interj.* gee up!

arriar (ərriá) *t.* MAR. to slacken; to let go [ropes, cables]. *2* to strike [sails, flags]. *3* to drive, to urge on [animals].

arribada (ərriβáðə) *f.* arrival.

arribar (ərriβá) *i.* to arrive (*a,* in, at), to reach *t.* *2* fig. to reach, to attain: *va ~ a ser el president del seu país,* he became president of his country. *3* to come up to: *l'aigua ens arribava als genolls,* the water come up to our knees. *4 si ho arribo a saber,* if only I'd known.

arrimar (ərrimá) *t.-p.* to move up to, to put close to.

arriscar (ərriská) *t.* to risk. ▪ *2 p.* to take a risk.

arriscat, -ada (ərriskát, -áðə) *a.* risky, hazardous. *2* daring [person].

arrissar (ərrisá) *t.* to curl, to frizz. ▪ *2 p.* to curl, to go frizzy.

arrodonir (ərruðuní) *t.* to make round. *2* fig. to finish off, to round off. ▪ *3 p.* to become round.

arrogància (ərruɣánsiə) *f.* arrogance.

arronsar (ərrunsá) *t.* to hunch up, to huddle. ‖ ~ *les espatlles,* to shrug one's shoulders. ▪ *2 p.* to shrink. *3* fig. to lose heart, to become frightened.

arrop (ərrɔ́p) *m.* grape syrup.

arròs (ərrɔ́s) *m.* rice.

arrossaire (ərrusáïrə) *m.-f.* rice grower. *2* rice dealer. *3* rice lover.

arrossar (ərrusá) *m.* paddy field, rice field.

arrossegar (ərrusəyá) *t.* to drag [also fig.]. ▪ *2 i.* to hang catching the ground. ▪ *3 p.* to drag oneself. *4* fig. to be humiliated. *5* to hang around.

arrossinat, -ada (ərrusinát, -áðə) *a.* wretched, miserable.

arrufar (ərrufá) *t.* to wrinkle. ‖ ~ *les celles,* to frown; ~ *el nas,* to turn one's nose up.

arruga (ərrúɣə) *f.* wrinkle; crease.

arrugar (ərruɣá) *t.* to wrinkle. *2* to crease. ▪ *3 p.* to get wrinkled. *4* to get creased.

arruinar (ərruiná) *t.* to ruin, to bankrupt. ▪ *2 p.* to go bankrupt; to be ruined.

arrupir-se (ərrupírsə) *p.* to huddle, to curl up. *2* to crouch.

arsenal (ərsənál) *m.* arsenal.

arsènic (ərsɛ́nik) *m.* arsenic.

art (ár(t)) *m.-f.* art. ‖ ~*s i oficis,* arts and crafts; *obra d'~,* work of art; *belles ~s,* fine arts. *2* skill, artistry. *3 males ~,* trickery.

artefacte (ərtəfáktə) *m.* device, appliance.

artell (ərtéʎ) *m.* ANAT. knuckle.

artèria (ərtɛ́riə) *f.* ANAT. artery [also fig.].

arteriosclerosi (ərtɛriusklərɔ́zi) *f.* MED. arteriosclerosis.

artesà, -ana (ərtəzá, ánə) *m.-f.* craftsman *m.,* artisan.

artesià, -ana (ərtəziá, -ánə) *a.* artesian.

àrtic, -ca (ártik, -kə) *a.* GEOGR. Arctic.

article (ərtíklə) *m.* article. *2* GRAMM. article. *3* item. ‖ ~*s de luxe,* luxury goods.

articulació (ərtikuləsió) *f.* ANAT. joint, articulation. *2* PHON. articulation. *3* TECH. joint.

articular (ərtikulá) *t.* to articulate, to join together. *2* PHON. to articulate, to enunciate.

articulat, -ada (ərtikulát, -áðə) *a.* jointed, articulated. *2* expressed in articles. ▪ *2 m.* LAW articles *pl.*

articulista (ərtikulistə) *m.-f.* columnist.

artífex (ərtífəks) *m.-f.* craftsman *m.* *2* fig. author, maker.

artifici (ərtifisi) *m.* skill, ingenuity. *2* (cunning) trick, artifice. *3 focs d'~,* fireworks.

artificial (ərtifisiál) *a.* artificial. ‖ *focs ~s,* fireworks.

artigar (ərtiɣá) *t.* to clear and prepare land for cultivation.

artilleria (ərtiʎəriə) *f.* artillery.

artista (ərtistə) *m.-f.* artist.

artístic, -ica (ərtístik, -kə) *a.* artistic.

artròpode (ərtrɔ́puðə) *m.* ZOOL. arthropod.

Artur (ərtúr) *pr. n. m.* Arthur.

arxiduc, -quessa (ərʃiðúk, -kɛ́sə) *m.* archduk. *2 f.* archduchess.

arxipèlag (ərʃipέlək) *m.* archipelago.
arxiu (ərʃíu) *m.* archives *pl.* 2 files *pl.*
arxivador (ərʃiβəðó) *m.* filing cabinet.
arxivar (ərʃiβá) *t.* to file. 2 to archive.
arxiver, -ra (ərʃiβέ, -rə) *m.-f.* archivist.
as (as) *m.* ace [also fig.].
ascendència (əsəndέsiə) *f.* ancestry.
ascendent (əsəndέn) *a.* ascending, ascendant. ▪ 2 *m.* ancestor, forbear. 3 fig. ascendancy, ascendance.
ascendir (əsəndí) *i.* to rise, to go up. 2 to be promoted. ▪ 3 *t.* to promote.
ascens (əsέns) *m.* promotion.
ascensió (əsənsió) *f.* ascent. 2 REL. ascension.
ascensor (əsənsó(r)) *m.* lift, (USA) elevator.
asceta (əsέtə) *m.-f.* ascetic.
ascetisme (əsətízmə) *m.* asceticism.
ase (ázə) *m.* ZOOL. ass [also fig.]. ‖ *no dir ni ~ ni bèstia,* not to say a word.
asèptic, -ca (əsέptik, -kə) *a.* aseptic.
asfalt (əsfál(t)) *m.* asphalt.
asfaltar (əsfəltá) *t.* to asphalt.
asfíxia (əsfíksiə) *f.* MED. asphyxia.
asfixiar (əsfiksiá) *t.* to asphyxiate.
Asia (ásiə) *pr. n. f.* GEOGR. Asia.
asiàtic, -ca (əziátik, -kə) *a., m.-f.* asian. 2 *a.* asiatic.
asil (əzil) *m.* asylum, sanctuary. ‖ *~ polític,* political asylum; *dret d'~,* right of sanctuary. 2 fig. shelter, refuge. 3 home: *~ d'infants,* children's home.
asimetria (əsimətriə) *f.* asymmetry.
asma (ázmə) *f.* MED. asthma.
aspa (áspə) *f.* cross. 2 sails *pl.* of a windmill.
aspecte (əspέctə) *m.* appearance; aspect; look. 2 GRAMM. aspect.
aspergir (əspərʒí) *t.* to sprinkle.
aspersió (əspərsió) *f.* sprinkling.
àspid (áspit) *m.* ZOOL. asp.
aspiració (əspirəsió) *f.* breathing in, inhalation. 2 aspiration.
aspirador (əspirəðó) *m.* suction pump; extractor. 2 *f.* vacuum cleaner.
aspirant (əspirán) *a., m.-f.* aspirant *s.;* applicant *s.;* contender *s.*
aspirar (əspirá) *i.* to aspire (*a,* to), to aim (*a,* at). 2 PHON. to aspirate. ▪ 3 *t.* to inhale, to breathe in. 4 to suck in.
aspirina (əspirínə) *f.* aspirin.
aspre, -pra (ásprə, -prə) *a.* rough. 2 sour; tart [tastes]. 3 fig. harsh, gruff.
aspror (əspró) *f.* roughness. 2 sourness; tartness [tastes]. 3 fig. harshness.
assabentar (əsəβəntá) *t.* to inform (*de,* of, about), to tell (*de,* of, about); to acquaint (*de,* with). ▪ 2 *p.* to discover, to find out (*de,* about), to learn.
assaborir (əsəβurí) *t.* to savour.

assagista (əsəʒístə) *m.-f.* essayist.
assaig (əsátʃ) *m.* LIT. essay. 2 THEATR., MUS. rehearsal. 3 TECH. test.
assajar (əsəʒá) *t.* THEATR., MUS. to rehearse. 2 to try. 3 TECH. to test.
assalt (əsál(t)) *m.* attack, assault. 2 SP. round [boxing].
assaltar (əsəltá) *t.* to attack; to assail; to assault.
assaonar (əsəuná) *t.-p.* to mature, to ripen. 2 *t.* COOK. to season.
assassí, -ina (əsəsí, -inə) *m.-f.* assassin; murderer.
assassinar (əsəsiná) *t.* to assassinate; to murder.
assassinat (əsəsinát) *m.* assassination; murder.
assecar (əsəká) *t.-p.* to dry.
assedegat, -ada (əsəðəɣát, -áðə) *a.* thirsty [also fig.].
assegurança (əsəɣuránsə) *f.* assurance. 2 insurance.
assegurar (əsəɣurá) *t.* to secure, to fix, to fasten. 2 to assure: *et puc ~ que...,* I can assure you that... 3 COMM. to insure, to assure. ▪ 4 *p.* to make sure (*de,* of).
assegut, -uda (əsəɣút, -úðə) *a.* seated, sitting.
assemblada (əsəmbláðə) *f.* (ROSS.) See ASSEMBLEA.
assemblar-se (əsəmblársə) *p.* to look like, to be like.
assemblea (əsəmblέə) *f.* assembly; meeting.
assentada (əsəntáðə) *f.* sit-in. 2 sit down strike.
assentar (əsəntá) *t.* to place, to position, to fix. 2 fig. to settle, to establish. 3 to register. ▪ *p.* 4 to come to rest; to settle.
assentir (əsəntí) *i.* to agree (—, to).
assenyalar (əsəɲəlá) *t.* to indicate. 2 to point to. 3 to fix.
assenyat, -ada (əsəɲát, -áðə) *a.* sensible, wise, judicious.
assequible (əsəkíbblə) *a.* accessible, within reach, obtainable.
asserció (əsərsió) *f.* assertion, affirmation.
asserenar (əsərəná) *t.* to calm. ▪ 2 *p.* to calm down.
assessor, -ra (əsəsó, -rə) *a.* advisory. ▪ 2 *m.-f.* consultant, advisor, adviser.
assessorar (əsəsurá) *t.* to advice. ▪ 2 *p.* to take advice.
assestar (əsəstá) *t.* to deal, to strike [a blow].
assetjar (əsədʒá) *t.* to besiege. 2 fig. to beset.
asseure (əsέŭrə) *t.* to sit, to seat [a person in a place]. ▪ 2 *p.* to sit down. ▲ CONJUG. like *seure.*

asseverar (əsəβərá) *t.* to assert.
assidu, -ídua (əsíðu, -íðuə) *a.* assiduous.
assiduïtat (əsiduitát) *f.* assiduity.
assignació (əsiŋnəsió) *f.* assignation. 2 allocation. 3 wage.
assignar (əsiŋná) *t.* to assign; to allocate; to allot.
assignatura (əsiŋnətúrə) *f.* subject [of one's studies].
assimilació (əsimiləsió) *f.* assimilation.
assimilar (əsimilá) *t.* to make similar (*a*, to). 2 to compare. 3 to assimilate, to digest. ■ 4 *p.* to be alike, to become alike; to be similar to.
assistència (əsistɛ́nsiə) *f.* attendance. 2 those in attendance. 3 help, aid, assistance.
assistent, -ta (əsistɛ́n, -tə) *a.* assisting, helping. 2 present. ■ 3 *m.-f.* person present. 4 helper. ‖ ~ *social,* social worker. 5 assistant.
assistir (əsisti) *i.* to attend, to be present. ■ 2 *t.* to help, to aid, to assist. 3 to treat, to attend.
associació (əsusiəsió) *f.* association.
associar (əsusiá) *t.* to associate; to connect. 2 COMM. to take into partnership. ■ 3 *p.* to team up, to join together.
associat, -ada (əsusiát, -áðə) *m.-f.* member, associate.
assolar (əsulá) *t.* to raze; to destroy, to devastate.
assolellat (əsuləʎát) *a.* sunny.
assolir (əsuli) *t.* to reach, to attain, to achieve.
assonància (əsunánsiə) *f.* assonance.
assortiment (əsurtimɛ́n) *m.* selection, assortment.
assortir (əsurti) *t.* to supply (*de*, with).
assortit, -ida (əsurtit, -íðə) *a.* assorted.
assossec (əsusɛ́k) *f.* peace, quiet, tranquility.
assossegar (əsusəɣá) *t.* to calm, to tranquillize, to quieten. ■ 2 *p.* to calm down.
assot (əsɔ́t) *m.* scourge; whip. 2 lash.
assotar (əsutá) *t.* to scourge, to flog.
assuaujar (əsuəŭʒá) *t.* to soften.
assumir (əsumi) *t.* to assume.
assumpció (əsumsió) *f.* assumption.
assumpte (əsúmtə) *m.* subject, topic. 2 affair.
assutzena (əsudzɛ́nə) *f.* BOT. white lily.
ast (ás(t)) *m.* spit. ‖ *pollastre a l'~,* spit roast chicken.
asta (ástə) *f.* shaft. 2 lance, spear [weapon]. 3 pole, flagpole.
astènia (əstɛ́niə) *f.* MED. asthenia, debility.
asterisc (əstərisk) *m.* asterisk.
asteroide (əstərɔ́iðə) *m.* ASTR. asteroid.

astigmatisme (əstigmətízmə) *m.* MED. astigmatism.
astor (əstó) *m.* ORNIT. goshawk.
astorament (əsturəmɛ́n) *m.* shock, fright.
astorar (əsturá) *t.* to shock, to astound. ■ 2 *p.* to be shocked.
astracan (əstrəkán) *m.* astrakhan.
astral (əstrál) *a.* astral.
astre (ástrə) *m.* star; heavenly body.
astringent (əstrinʒɛ́n) *a.-m.* astringent.
astròleg, -òloga (əstrɔ́lək, -ɔ́luɣə) *m.-f.* astrologer.
astronauta (əstronáutə) *m.-f.* astronaut.
astrònom, -ma (əstrɔ́num, -mə) *m.-f.* astronomer.
astronomia (əstrunumíə) *f.* astronomy.
astruc, -ca (əstrúk, -kə) *a.* fortunate, lucky.
astrugància (əstruɣánsiə) *f.* fortune, luck.
astúcia (əstúsiə) *f.* astuteness, cleverness. 2 cunning.
astut, -ta (əstút, -tə) *a.* astute, clever. 2 artful, crafty.
atabalar (ətəβəlá) *t.* to tizzy, to fluster. ■ 2 *p.* to get plastered.
atac (əták) *m.* attack.
atacant (ətəkán) *a.* attacking. ■ 2 *m.-f.* attacker.
atacar (ətəká) *t.* to attack. 2 to attach, to fix.
ataconador (ətəkunəðó) *m.* cobbler.
ataconar (ətəkuná) *t.* to heel, to repair [shoes]. 2 to beat up. 3 to press down. ■ 4 *p.* to stuff oneself.
atalair (ətələjá) *t.* to watch, to observe. ■ 2 *p.* to realize.
atansar (ətənsá) *t.* to reach. ■ 2 *p.* to approach.
atapeir (ətəpəi) *t.* to compress. ■ 2 *p.* to cram together, to squeeze together.
atapeït, -ida (ətəpəit, -íðə) *a.* squeezed together. 2 compact. 3 thick.
ataüllar (ətəuʎá) *t.* to see in the distance [not clearly].
atavisme (ətəβízmə) *m.* atavism.
ateisme (ətəizmə) *m.* atheism.
atemorir (ətəmuri) *t.* to frighten, to scare.
atemptar (ətəmtá) *i.* to make an attempt [on someone's life], to attack.
atemptat (ətəmtát) *m.* attack, outrage, assault.
atenció (ətənsió) *f.* attention. ‖ *tothom esperava amb ~,* everyone was waiting attentively. 2 courtesy, kindness. ‖ *tingué l'~ de convidarme a dinar,* he was kind enough to invite me to lunch. ■ 3 *interj.* look out!, be careful!
atendre (ətɛ́ndrə) *i.* to pay attention to. ■ 2 *t.* to take into account. 3 to attend to; to serve [shops]. ▲ CONJUG. GER.: *atenent.*

‖ P. P.: *atès*. ‖ SUBJ. Pres.: *atengui, atenguis*, etc. | Imperf.: *atengués, atenguessis*, etc.

Atenes (ətɛ́nəs) *pr. n. f.* GEOGR. Athens.

atenès, -esa (ətənɛ́s, -ɛ́zə) *a., m.-f.* Athenian.

ateneu (ətənɛ́ŭ) *m.* society, association [scientific or cultural], atheneum.

atenir-se (ətənírsə) *p.* ~ *a*, to abide by; to stick to. ‖ *vull saber a què atenir-me*, I want to know where I stand. ▲ CONJUG. like *abstenir-se*.

atent, -ta (ətɛ́n, -tə) *a.* attentive. *2* thoughtful, considerate.

atenuant (ətənuán) *a.* attenuating. *2* LAW extenuating. ■ *3 m.* LAW extenuating circumstance.

atenuar (ətənuá) *t.* to attenuate.

atènyer (ətɛ́ɲə) *t.* to reach, to get to. *2* fig. to achieve. ■ *3 i.* to reach. ▲ CONJUG. P. P.: *atès*.

aterrar (ətərrá) *t.* to knock down, to bring down [also fig.]. ■ *2 i.* to land (*sobre*, on; *a*, at).

aterratge (ətərrádʒə) *m.* landing. ‖ *pista d'*~, runway, landing strip.

aterridor, -ra (ətərriðó, -rə) *a.* frightening, terrifying.

aterrir (ətərrí) *t.* to terrify, to frighten.

atestar (ətəstá) *t.* to attest, to testify.

atestat (ətəstát) *m.* LAW certificate, certification.

ateu, atea (ətɛ́ŭ, ətɛ́ə) *a.* atheistic. ■ *2 m.-f.* atheist.

atiar (ətiá) *t.* to poke [a fire]. *2* fig. to stir up, to excite [passions]. *3* fig. to goad.

àtic (átik) *m.* top floor, penthouse.

atipar (ətipá) *t.* to satiate, to satisfy. *2* fig. to tire; to annoy. ■ *3 p.* to gorge oneself on, to stuff oneself with.

atlàntic, -ca (əllántik, -kə) *a.* GEOGR. Atlantic. ■ *2 pr. n. m. Oceà Atlàntic*, the Atlantic Ocean.

atlas (állas) *m.* atlas.

atleta (əllɛ́tə) *m.-f.* athlete.

atletisme (əllətízmə) *m.* athletics.

atmosfera (əmmusfɛ́rə) *f.* atmosphere.

atmosfèric, -ca (əmmusfɛ́rik, -kə) *a.* atmospheric.

atoHó (ətuló) *m.* GEOGR. atoll.

àtom (átum) *m.* atom.

atòmic, -ca (ətɔ́mik, -kə) *a.* atomic.

àton, -na (átun, -nə) *a.* GRAMM. unstressed, atonic.

atonia (ətuníə) *f.* lassitude. *2* MED. atony.

atònit, -ta (ətɔ́nit, -tə) *a.* amazed, astounded.

atordir (əturðí) *t.* to stun, to daze. *2* to deafen. *3* fig. to confuse, to bewilder.

atorgar (əturɣá) *t.* to award.

atorrollar (əturruʎá) *t.* to confuse, to bewilder. ■ *2 p.* to get confused, to lose one's head.

atracador, -ra (ətrəkəðó, -rə) *m.-f.* robber. *2 m.* MAR. quay.

atracament (ətrəkəmɛ́n) *m.* robbery.

atracar (ətrəká) *t.* to rob, to attack ■ *2 p.* to stuff oneself.

atracció (ətrəksió) *f.* attraction. ‖ *parc d'atraccions*, funfair.

atractiu, -iva (ətrəktiŭ, -íβə) *a.* attractive, appealing. ■ *2 m.* attraction, appeal.

atrafegar-se (ətrəfəɣársə) *p.* to throw oneself into [work], to work away at.

atrafegat, -ada (ətrəfəɣát, -áðə) *a.* extremely busy. ‖ *anar* ~, to be up to one's eyes in work, to be rushed off one's feet.

atraient (ətrəïɛ́n) *a.* attractive.

atrapar (ətrəpá) *t.* to catch.

atresorar (ətrəzurá) *t.* to hoard, to amass. *2* fig. to possess [qualities].

atreure (ətrɛ́ŭrə) *t.* to attract. ▲ CONJUG. like *treure*.

atrevir-se (ətrəβírsə) *p.* to dare.

atrevit, -ida (ətrəβít, -íðə) *a.* daring, bold, audacious.

atri (átri) *m.* atrium.

atribolar (ətriβulá) *t.* to bewilder, to perplex. ■ *2 p.* to get confused, to lose one's head.

atribució (ətriβusió) *f.* attribution.

atribuir (ətriβuí) *t.* to ascribe, to put down to. *2* to attribute: *aquesta obra s'atribueix a Borrassà*, this work is attributed to Borrassà. *3* to allocate.

atribut (ətriβút) *m.* attribute.

atrinxerar (ətrinʃərá) *t.* MIL. to entrench. ■ *2 p.* MIL. to dig in.

atroç (ətrós) *a.* cruel, atrocious. *2* terrible.

atrocitat (ətrusitát) *f.* atrocity.

atròfia (ətrɔ́fiə) *f.* ANAT. atrophy.

atrofiar (ətrufiá) *t.-p.* to atrophy.

astronomia (əstrunumíə) *f.* astronomy.

atropelladament (ətrupəʎáðəmɛ́n) *adv.* hurriedly, in a rush. *2* helter-skelter.

atropellament (ətrupəʎəmɛ́n) *m.* knocking down or over. *2* hurry, rush; jostling.

atropellar (ətrupəʎá) *t.* to knock down, to run over. *2* to rush. *3* to tire out, to harm. ■ *4 p.* to push, to jostle. *5* to gabble.

atrotinar (ətrutiná) *t.* to wear out *t.-i.*, to break *t.-i.*

atrotinat, -ada (ətrutinát, -áðə) *a.* worn out; broken; spoilt. ‖ *anar* ~, to wear tatty, old clothes.

ATS (ateɛ́sə) (*Assistent Tècnic Sanitari*) *f.* nurse. *2 m.* male nurse.

atudar (ətuðá) *t.* (ROSS.) See APAGAR.

atuell (ətuéʎ) *m.* bowl.
atuir (ətui) *t.* to strike down; to fulminate. *2* fig. to depress, to dishearten.
atur (ətú(r)) *m.* unemployment. ‖ *carnet d'~,* card showing entitlement to unemployment benefit.
aturar (əturá) *t.-p.* to stop.
aturat, -ada (əturát, -áðə) *a.* unemployed. *2* not dynamic [person]; thick. ■ *3 m.-f.* unemployed person.
atxa (átʃə) *f.* large candle. ‖ *endavant les atxes,* let's get on with it!
atzabeja (ədzəβέʒə) *f.* GEOL. jet.
atzagaiada (ədzəyəjáðə) *f.* hasty or reckless action.
atzar (ədzá(r)) *m.* chance. ‖ *jocs d'~,* games of chance.
atzarós, -osa (ədzərós, -ózə) *a.* risky.
atzavara (ədzəβárə) *f.* BOT. agave.
atzur (ədzúr) *m.* azure.
1) au (aŭ) *f.* bird.
2) au! (aŭ) *interj.* come on! off we go!
auca (áŭkə) *f.* printed sheet with pictures and rhyming couplets which tells a story. ‖ *fer tots els papers de l'~,* to be the general dog's body.
aücs (əúks) *m.-pl.* shouting, din; hue and cry.
audaç (əŭðás) *a.* daring, bold, audacious.
audàcia (əŭðásiə) *f.* daring, boldness, audacity.
audible (əŭðíbblə) *a.* audible.
audició (əŭðisió) *f.* hearing. *2* audition.
audiència (əŭðiένsiə) *f.* audience.
àudio-visual (àəŭðio βizuál) *a.* audio-visual. ■ *2 m.* audio-visual material.
auditiu, -iva (əŭðitiŭ, -iβə) *a.* auditory.
auditor (əŭðitó) *m.* auditor.
auditori (əŭðitóri) *m.* audience. *2* auditorium.
auge (áŭʒə) *m.* ASTR. apogee. *2* fig. peak, climax.
augment (əŭmén) *m.* increase.
augmentar (əŭməntá) *t.-i.* to increase, to augment.
augurar (əŭyurá) *t.* to augur, to pressage.
auguri (əŭyúri) *m.* augury.
aula (áŭlə) *f.* lecture hall; lecture room. *2* classroom.
aura (áŭrə) *f.* soft breeze. *2* fig. approval, acceptance: *~ popular,* general approval.
aurèola (əŭréulə, coll. əureɔlə) *f.* halo. *2* aureole.
auri, àuria (aŭri, áŭriə) *a.* golden.
aurícula (əŭríkulə) *f.* ANAT. auricle.
auricular (əŭrikulá) *a.* auricular. ■ *2 m.* headphone.
aurífer, -ra (əŭrífər, -rə) *a.* gold-bearing, auriferous.

auriga (əŭríyə) *m.* charioteer. *2* ASTR. Auriga.
aurora (əŭrórə) *f.* dawn. ‖ *~ boreal,* aurora borealis, northern lights.
aürt (əúr(t)) *m.* bump, knock.
auscultar (əŭskultá) *t.* MED. to auscultate.
auspici (əŭspísi) *m.* auspice. ‖ *sota els ~s de,* under the auspices of.
auster, -ra (əŭstέ(r), -rə) *a.* austere.
austeritat (əŭstəritát) *f.* austerity.
austral (əŭstrál) *a.* southern.
Austràlia (əŭstráliə) *pr. n. f.* GEOGR. Australia.
australià, -ana (əŭstraliá, -ánə) *a., m.-f.* Australian.
Àustria (áŭstriə) *pr. n. f.* GEOGR. Austria.
austríac, -ca (əŭstriək, -kə) *a., m.-f.* Austrian.
autarquia (əŭtərkíə) *f.* autarchy.
autèntic, -ca (əŭtέtik, -kə) *a.* authentic.
autenticitat (əŭtəntisitát) *f.* authenticity.
auto (áŭtu) *m.* car, automobile. ‖ *~s de xoc,* bumper cars.
autobiografia (əŭtuβiuyrəfíə) *f.* autobiography.
autobús (əŭtuβús) *m.* bus.
autocar (əŭtukár) *m.* coach.
autoclau (əŭtukláŭ) *f.* autoclave. *2* sterilizer.
autocràcia (əŭtukrásiə) *f.* autocracy.
autòcrata (əŭtɔkrətə) *m.-f.* autocrat.
autòcton, -na (əŭtɔktun, -nə) *a.* autochthonous, native, indigenous.
autodidacte, -ta (aŭtuðiðáktə, -tə) *m.-f.* self-taught person.
autofinançament (əŭtufinənsəmén) *m.* self-financing.
autogen, -ògena (əŭtɔʒən, -ɔʒənə) *a.* autogenous.
autogir (əŭtuʒír) *m.* autogiro or autogyro.
autògraf, -fa (əŭtɔyrəf, -fə) *a.-m.* autograph.
autòmat (əŭtɔmət) *m.* automaton, robot.
automàtic, -ca (əŭtumátik, -kə) *a.* automatic.
automatisme (əŭtumətízmə) *m.* automatism.
automòbil (əŭtumɔβil) *a.* automotive, self-propelled. ■ *2 m.* automobile, car.
automobilisme (əŭtumuβilízmə) *m.* SP. motor racing.
automobilista (əŭtumuβilistə) *m.-f.* driver, motorist.
automotor, -ra (əŭtumutó, -rə) *a.* automotive, self-propelled.
autònom, -ma (əŭtɔnum, -mə) *a.* autonomous.
autonomia (əŭtunumíə) *f.* autonomy.
autopista (əŭtupistə) *f.* motorway.

autòpsia (əŭtɔpsiə) *f.* autopsy, post mortem.

autor, -ra (əŭtó, -rə) *m.-f.* author.

autoretrat (əŭturrətrát) *m.* self-portrait.

autoritari, -ària (əŭturitári, -áriə) *a.* authoritarian.

autoritat (əŭturitát) *f.* authority.

autorització (əŭturidzəsió) *f.* authorization.

autoritzar (əŭturidzá) *t.* to authorize.

autoritzat, -ada (əŭturitzát, -áðə) *a.* authorized.

autoscola (əŭtuskɔlə) *f.* driving school.

autoservei (əŭtusərβéĭ) *m.* supermarket; self-service shop.

autostop (əŭtustɔp) *m.* hitchhiking.

autosuggestió (əŭtusuʒəstió) *f.* autosuggestion.

autovia (əŭtuβiə) *m.* main road; motorway [with cross-roads].

auxili (əŭksíli) *m.* assistance, aid. 2 interj. help.

auxiliar (əŭksiliá) *a.* auxilliary. ■ 2 *m.-f.* assistant.

auxiliar (əŭksiliá) *t.* to help, to give help, to aid.

aval (əβál) *m.* guarantee. 2 guarantor's signature.

avalador, -ra (əβəlaðó, -rə) *a.* which guarantees. ■ 2 *m.-f.* guarantor.

avalar (əβəlá) *t.* to guarantee; to act as guarantor for. 2 fig. to answer for.

avall (əβáʎ) *adv.* down, downwards.

avalot (əβəlɔt) *m.* tumult; disturbance, riot. 2 uproar, din.

avalotar (əβəlutá) *t.* to disturb. ■ 2 *p.* to riot. 3 to become agitated, to get rowdy.

avaluació (əβəluəsió) *f.* estimate, valuation; assessment.

avaluar (əβəluá) *t.* to estimate, to value; to assess.

avanç (əβáns) See AVANÇAMENT.

avançada (əbənsáðə) *f.* See AVANÇAMENT.

avançament (əβənsəmén) *m.* advance. 2 advancement, promotion. 3 progress. 4 overtaking.

avançar (əβənsá) *t.* to advance; to move forward. 2 to overtake. ■ 3 *i.* to advance, to progress.

avant (əβán) *adv.* (VAL.) See ENDAVANT.

avantatge (əβəntádʒə) *m.* advantage.

avantatjar (əβəntədʒá) *t.* to be ahead of *i.*; to surpass, to be better than *i.*, to beat.

avantatjós, -osa (əβəntədʒós, -ózə) *a.* advantageous.

avantbraç (əβəmbrás) *m.* ANAT. forearm.

avantguarda (əβəŋgwárðə) *f.* advance guard. 2 fig. ART. avant-garde.

avantpassat, -ada (əβəmpəsát, -áðə) *m.* ancestor.

avantprojecte (əβəmpruʒéktə) *m.* preliminary draft. ‖ ~ *de llei*, white paper.

avar, -ra (əβár, -rə) *a.* miserly, avaricious, greedy. ■ 2 *m.-f.* miser.

avarar (əβərá) *t.* to launch.

avarca (əβárkə) *f.* kind of sandal.

avaria (əβəriə) *f.* TECH. breakdown. 2 damage.

avariar (əβəriá) *t.* to damage. ■ 2 *p.* TECH. to break down *i.*

avarícia (əβərisiə) *f.* avarice, greed. 2 miserliness.

avellana (əβəʎánə) *f.* BOT. hazelnut.

avellaner (əβəʎəné) *m.* BOT. hazel, hazel tree.

avenc (əβéŋ) *m.* pothole, chasm.

avenç (əβéns) *m.* advance; advancement; progress.

avenir (əβəni) *m.* future.

avenir-se (əβənirsə) *p.* to get on (*amb*, with); to agree (*a*, to). ▲ CONJUG. like *abstenir-se.*

aventura (əβəntúrə) *f.* adventure. ‖ ~ *amorosa*, love affair. 2 *adv. phr. a l'*~, randomly, at random.

aventurar (əβənturá) *t.* to risk. ■ 2 *p.* to take a risk.

aventurer, -ra (əβənturé, -rə) *a.* adventurous. ■ 2 *m.* adventurer. 3 *f.* adventuress.

averany (əβəráɲ) *m.* omen; prediction.

avergonyir (əβərɣuɲi) *t.* to shame. 2 to embarrass. ■ 3 *p.* to be ashamed (*de*, of).

avern (əβérn) *m.* hell.

aversió (əβərsió) *f.* aversion, revulsion.

avés (əβés) *m.* habit, custom.

avesar (əβəzá) *t.* to accustom, to get someone used to. ‖ *estar avesat a*, to be used to. ■ 2 *p.* to get used to.

avet (əβét) *m.* BOT. fir, fir tree.

avi, àvia (áβi, áβiə) *m.* grandfather, grandad. 2 *f.* grandmother, grandma.

aviació (əβiəsió) *f.* aviation. 2 air force.

aviador, -ra (əβiəðó, -rə) *m.-f.* aviator.

aviat (əβiát) *adv.* soon. ‖ *fins* ~, see you soon. 2 *adv. phr. més* ~, rather. ‖ *s'assembla més* ~ *a la mare que al pare*, he looks more like his mother than like his father. ‖ *és més* ~ *alt*, he's on the tall side.

aviciar (əβisiá) *t.* to spoil [a child]. ■ 2 *p.* to pick up bad habits, to be corrupted.

avicultura (əβikultúrə) *f.* poultry keeping; aviculture.

àvid, -da (áβit, -ðə) *a.* avid, greedy.

avidesa (əβiðézə) *f.* avidity, greed.

avinença (əβinénsə) *f.* agreement; compromise; deal.

avinent (əβinén) *a.* easy to get on with. 2

easily, accessible, convenient. *3 fer* ~, to remind.

avinentesa (əβinəntɛ́zə) *f.* opportunity, chance.

avinguda (əβiŋgúðə) *f.* avenue.

avió (əβió) *m.* aeroplane, aircraft.

avioneta (əβiunɛ́tə) *f.* biplane.

aviram (əβirám) *f.* poultry.

avís (əβis) *m.* announcement. *2* warning.

avisar (əβizá) *t.* to warn, to alert. *2* to inform.

avisat, -ada (əβizát, -áðə) *a.* wise, clever, prudent.

avituallar (əβituəʎá) *t.* to supply with food, to provision.

avivar (əβiβá) *t.* to enliven, to revive, to liven up, to brighten up. ■ *2 p.* to burn more brightly [fires].

avorriment (əβurrimɛ́n) *m.* boredom. *2* abhorrence.

avorrir (əβurri) *t.* to abhor. *2* to bore. ■ *3 p.* to be bored.

avortament (əβurtəmɛ́n) *m.* abortion.

avortar (əβurtá) *i.* to miscarry, to have a miscarriage [involuntary]. *2* to abort [voluntary]. *3* fig. to fail, to abort.

avui (əβúĭ) *adv.* today. ‖ ~ *(en) dia,* nowadays. ‖ *d'*~ *endavant,* from now on.

axial (əksiál) *a.* axial.

axiHa (əksilə) *f.* armpit, axilla.

axioma (əksiómə) *m.* axiom.

axiomàtic, -ca (əksiumátik, -kə) *a.* axiomatic.

axis (áksis) *m.* ANAT. axis.

azalea (əzəlɛ́ə) *f.* BOT. azalea.

azimut (əzimút) *m.* azimuth.

B

B, b (be) *f.* b [letter].
babalà (bəβəlá) *adv. phr.* *a la* ~, wildly, carelessly.
babarota (bəβərɔ́tə) *f.* scarecrow. ‖ *fer babarotes,* to make someone green with envy; to make faces at someone.
babau (bəβáŭ) *m.-f.* fool, idiot, simpleton, sucker.
babord (bəβɔ́r(t)) *m.* MAR. port [of a ship].
babuí (bəβuí) *m.* ZOOL. baboon.
bac (bak) *m.* north facing slope; shady place.
baca (bákə) *f.* roofrack. ‖ *fer la* ~, to toss [in a blanket].
bacallà (bəkəʎá) *m.* ICHTHY. cod. ‖ *sec com un* ~, as thin as a rake. ‖ fig. *tallar el* ~, to be the boss.
bacanal (bəkənál) *f.* orgy.
bacant (bəkán) *f.* bacchante; nymphomaniac.
bacil (bəsil) *m.* bacillus.
bacó, -na (bəkó, -ónə) *m.* bacon. *2* pig. *3 m.-f.* fig. dirty person.
bacteri (bəktɛ́ri) *m.,* **bactèria** (bəktɛ́riə) *f.* bacterium.
badada (bəðáðə) *f.* distraction; missed opportunity; oversight.
badall (bəðáʎ) *m.* yawn. ‖ *fer el darrer* ~, to breathe one's last. *2* VAL. See ESCLETXA.
badallar (bəðəʎá) *i.* to yawn.
badar (bəðá) *t.* to split open, to open. ‖ *no* ~ *boca,* to say nothing. *2* to watch. ▪ *3 i.* to be (half) open [doors, windows]. *4* to be lost in wonder. *5* to be distracted, to miss an opportunity. ▪ *6 p.* to open.
badia (bəðíə) *f.* bay.
badiu (bəðíŭ) *m.* ANAT. nostril.
bàdminton (bádminton) *m.* SP. badminton.
badoc, -ca (bəðɔ́k, -kə) *a.* distracted; easily distracted. ▪ *2 m.-f.* onlooker. *3* easily distracted person.

baf (báf) *m.* vapour, steam. *2* bad air, smoky or sweaty atmosphere. *3* (bad) breath.
bafarada (bəfəráðə) *f.* strong smelling atmosphere or breath. *2* speech balloon [cartoons].
baga (báɣə) *f.* bow. *2* MECH. eyebolt. *3* MECH. screw eye.
bagassa (bəɣásə) *f.* prostitute, whore.
bagatel·la (bəɣətɛ́lə) *f.* bagatelle, trifle.
bagatge (bəɣádʒə) *m.* baggage, luggage. ‖ fig. ~ *cultural,* cultural background.
bagul (bəɣúl) *m.* trunk. *2* coffin.
bah! (ba) *interj.* bah!
baia (bájə) *f.* BOT. berry.
baiard (bəjár(t)) *m.* stretcher.
baieta (bəjɛ́tə) *f.* cloth; floorcloth. ‖ *passar la* ~, to wash the floor.
baioneta (bəjunɛ́tə) *f.* bayonet.
1) baix, -xa (baʃ, -ʃə) *a.* low. *2* short, small. *3* deep. *4* fig. base, common. *5* MUS. flat [out of tune].
2) baix (baʃ) *m. (pl.)* the bottom part. ‖ *els baixos d'una casa,* the ground floor or basement of a house. ‖ *alts i baixos,* ups and downs. *2* MUS. bass.
3) baixa (báʃə) *f.* MIL. casualty, loss. *2* fig. *anar de* ~, to be on the way down (or out). ‖ *donar de* ~, to discharge, to dismiss, to expell.
4) baix (baʃ) *adv.* below. ‖ *a* ~ *el dictador!,* down with the dictator!; *de dalt a* ~, from top to bottom; *és a* ~, she's downstairs; *parlar* ~, to talk quietly, *volar* ~, to fly low.
baixà (bəʃá) *m.* pasha.
baixada (bəʃáðə) *f.* descent. ‖ *la* ~ *a la cova,* the way down to the cave. *2* downward slope.
baixador (bəʃəðó) *m.* RAIL. halt. *2* mounting block.
baixamar (baʃəmár) *f.* low tide.
baixar (bəʃá) *t.* to descend, to go down; to

take down; to bring down. ■ *2 i.* to get off [trains, buses] (*de,* of); to get out (*de,* —) [cars]. *3* to descend. ‖ *el dòlar ha baixat,* the dollar has fallen; *la febre ha baixat,* his fever has come down; *no ~ del burro,* to be stubborn.

baixesa (bəʃέzə) *f.* lowness, baseness. *2* vile action.

baixista (bəʃístə) *m.-f.* COMM. bear.

bajanada (bəʒənáðə) *f.* foolish thing, stupid thing.

bajoca (bəʒɔ́kə) *f.* pod, shell [pear, beans]. *2* (OCC.) See MONGETA.

bala (bálə) *f.* bale. *2* MIL. bullet. *3* GAME marble.

balada (baláðə) *f.* LIT., MUS. ballad.

baladre (bəláðrə) *m.* BOT. oleander.

baladrejar (bələðrəʒá) *i.* to shout, to yell.

balanç (bəláns) *m.* rocking movement. *2* COMM. balance. ‖ *fer el ~,* to balance the books [also fig.].

balança (bəlánsə) *f.* balance, scales *pl. 2* fig. equilibrium, indecision. *3 ~ de pagaments,* balance of payments. *4* ASTROL. *Balança,* Scales.

balanceig (bələnsέtʃ) *m.* swinging; rocking; roll [ships].

balancejar (bələnsəʒá) *i.-t.* to move from side to side, to rock.

balancí (bələnsí) *m.* rocking chair.

balançó (bələnsó) *m.* dish [on scales].

balandra (bəlándrə) *f.* MAR. sloop, yacht.

balandrejar (bələndrəʒá) *i.* to move from side to side, to rock. ■ *2 p.* to swing.

balast (bəlás(t)) *m.* ballast.

balb, -ba (bálp, -βə) *a.* numb, stiff.

balbotejar (bəlβutəʒá) *i.-t.* to babble.

balbucejar (bəlβusəʒá) *i.-t.* to stammer, to stutter.

balcànic, -ca (bəlkánik, -kə) *a., m.-f.* Balkan.

Balcans (bəlkáns) *pr. n. m. pl.* GEOGR. the Balkans.

balcó (bəlkó) *m.* balcony.

balconada (bəlkunáðə) *f.* large balcony.

balda (báldə) *f.* latch, fastener. *2* doorknocker.

baldament (bəldəmέn) *conj.* although; even though.

baldar (bəldá) *t.* to cripple, to paralyze. ‖ *estic baldat,* I'm shattered, I'm exhausted.

balder, -ra (bəldέ, -rə) *a.* loose.

baldó (bəldó) *m.* See BALDA.

baldufa (bəldúfə) *f.* top [toy]. *2* fig. dumpy person.

balear (bəleá) *a.* GEOGR. Balearic. ■ *2 m.-f.* native of the Balearic Islands. *3 f. pl. Illes Balears,* Balearic Islands.

balena (bəlέnə) *f.* ZOOL. whale.

balener, -ra (bələné, -rə) *a.* whaling. ■ *2 m.* whaling vessel, whaling ship. *3 m.-f.* whaler.

balí (bəli) *m.* pellet, small bullet.

baliga-balaga (bəliɣəβəláɣə) *a.* unreliable person.

balisa (bəlizə) *f.* MAR. buoy, beacon. *2* AER. beacon.

balístic, -ca (bəlístik, -kə) *a.* ballistic. ■ *2 f.* ballistics.

ball (báʎ) *m.* ball, dance. *2* dancing.

ballar (bəʎá) *i.* to dance. *2* to be loose; to wobble. ■ *3 t.* to dance. ‖ fig. *~-la,* to be in a fix; *~ pel cap,* to have a vague recollection of; *fer ~ el cap,* to pester someone.

ballarí, -ina (bəʎəri, -inə) *m.-f.* dancer; ballet dancer; ballerina *f.*

ballaruga (bəʎərúɣə) *f.* short, dumpy, active person. *2* coll. *pl.* dance.

ballesta (bəʎέstə) *f.* crossbow. *2* AUT. spring.

ballet (bəʎέt) *m.* ballet.

balma (bálmə) *f.* cave.

balneari, -ària (bəlneári, -áriə) *a.-m.* spa.

baló (bəló) *m.* ball [football, rugby, etc.].

bàlsam (bálsəm) *m.* balsam, balm. *2* fig. balm.

bàltic, -ca (báltik, -kə) *a.* GEOGR. Baltic. ■ *2 pr. n. f. Mar Bàltica,* the Baltic Sea.

baluard (bəluár(t)) *m.* bastion; bulwark [also fig.].

baluerna (bəluέrnə) *f.* great big thing; monstrosity.

balustrada (bəlustráðə) *f.* ARCH. balustrade.

bamba (bámbə) *f.* pump [shoes].

bambolina (bəmbulínə) *f.* THEAT. flies.

bambolla (bəmbóʎə) *f.* (VAL.) See BUTLLOFA.

bambú (bəmbú) *m.* BOT. bamboo.

ban (bən) *m.* proclamation; edict. *2* fine. *3* (ROSS.) See BANDA 2.

banal (bənál) *a.* banal.

banalitat (bənəlitát) *f.* banality.

banana (bənánən) *f.* BOT. banana.

bananer (bənəné) *m.* BOT. banana tree.

banc (baŋ) *m.* bench; pew [church]. *2* COMM. bank. *3* GEOL. layer. ‖ *~ de sorra,* sandbank. *4* shoal. *5 ~ de proves,* test bench. ‖ *~ de sang,* blood bank.

banca (báŋkə) *f.* bench. *2* stood. *3* COMM. banking; the banking system. *4* COMM. bank. *5* GAME bank.

bancal (bəŋkál) *m.* AGR. patch; terrace.

bancarrota (bəŋkərrɔ́tə) *f.* ECON. bankruptcy.

banda (bándə) *f.* strip, band. ‖ *~ sonora,* soundtrack. *2* side: *a ~ i ~,* on both sides. ‖ *adv. phr. d'altra ~,* apart from that, furthermore. ‖ *conj. d'una ~,... d'altra ~,*

..., on the one hand..., on the other hand... ‖ *deixar de* ~, to leave aside. *3* place. *4* band, gang [thieves, etc.]. *5* RAD. band. *6* MUS. band: *la* ~ *municipal*, the town band.

bandarra (bəndárrə) *f.* prostitute, whore. *2 m.-f.* scoundrel, rascal.

bandejar (bəndəʒá) *t.* to exile, to banish; to expel. *2* fig. to banish.

bandera (bəndérə) *f.* flag, banner. ‖ *abaixar* ~, to give in, to surrender. ‖ *abaixar la* ~ *costa setanta pessetes*, the minimum fare is seventy pesetas [taxi]. *2* MIL. company.

banderí (bəndəri) *m.* pennant.

banderola (bəndərɔ́lə) *f.* pennant. *2* signalling flag.

bandit (bəndit) *m.* bandit; outlaw.

bàndol (bándul) *m.* faction, party.

bandoler (bəndulé) *m.* bandit; highwayman.

bandolera (bəndulérə) *f.* bandoleer.

banjo (bánʒu) *m.* MUS. banjo.

banquer, -ra (bəŋké, -rə) *m.-f.* banker.

banquet (bəŋkét) *m.* banquet. *2* small bench.

banqueta (bəŋkétə) *f.* MAR. bench, seat [in the bow].

banús (bənús) *m.* ebony.

bany (ban) *m.* bath, bathe. ‖ *cambra de* ~, bathroom; *prendre un* ~ *de sol*, to sunbathe; *vestit de* ~, swimsuit, swimming costume. *2* bathroom.

banya (báɲə) *f.* horn; antler. *2* bump, lump [forehead]. ‖ *ficar la* ~ *en un forat*, to dig one's heels in.

banyada (bəɲáðə) *f.* bath; bathe, dip. *2* thrust of a horn; wound caused by a horn.

banyar (bəɲá) *t.* to bathe. ■ *2 p.* to have a bath [to get clean]. *3* to have a dip, to go for a swim [sea, swimming pool]. *4* (VAL.) See MULLAR.

banyera (bəɲérə) *f.* bath, bath tub. *2* MAR. cockpit.

banyeta (bəɲétə) *f.* small horn. *2 m. en* ~, Old Nick.

banyista (bəɲistə) *m.-f.* bather.

banyut, -uda (bəɲút, -úðə) *a.* horned. *2* fig. cuckolded.

baobab (bəuβáp) *m.* BOT. baobab.

baptisme (bəptizmə) *m.* baptism, christening.

baqueta (bəkétə) *f.* MUS. drumstick. ‖ *tractar a* ~, to treat harshly.

bar (bar) *m.* bar.

baralla (bəráʎə) *f.* quarrel, fight, brawl. *2* pack, deck [cards].

barallar (bərəʎá) *t.* to cause to quarrel. ■ *2 p.* to quarrel, to fight, to argue.

barana (bəránə) *f.* banister, rail.

barat, -ta (bərát, -tə) *a.* cheap. ■ *2 f.* exchange.

barb (barp) *m.* spot, blackhead. *2* ICHTHY. barbel.

barba (bárβə) *f.* beard. ‖ *per* ~, per head. *2* chin.

barbacana (bərβəkánə) *f.* barbican. *2* eaves *pl.*

barbacoa (bərβəkóə) *f.* barbecue.

barballera (bərβəʎérə) *f.* jowl; dewlap [animals]; double chin [man]; wattle [birds]. *2* chin strap.

barbamec (bərβəmék) *a.* smooth faced [man]. ■ *2 m.* fig. pretentious youth, whipper-snapper.

bàrbar, -ra (bárβər, -rə) *a., m.-f.* barbarian. *2 a.* barbarous.

barbàrie (bərβáriə) *f.* barbarism. *2* barbarity, extreme cruelty.

barbarisme (bərβərizmə) *m.* GRAMM. barbarism.

barbaritat (bərβəritát) *f.* barbarity, outrage. *2* fig. enormous amount, awful lot.

barber (bərβé) *m.* barber.

barberia (bərβəriə) *f.* barber's.

barbeta (bərβétə) *f.* chin. ‖ *tocar la* ~, to suck up to someone.

barbitúric, -ca (bərβitúrik, -kə) *a.* barbituric. ■ *2 m.* barbiturate.

barbotejar (bərβutəʒá) *i.* to babble.

barbull (bərβúʎ) *m.* noise, babble.

barbut, -uda (bərβút, -úðə) *a.* bearded.

barca (bárkə) *f.* small boat.

barcassa (bərkásə) *f.* barge.

Barcelona (bərsəlónə) *pr. n. f.* GEOGR. Barcelona.

bard (bar) *m.* bard.

bardissa (bərðisə) *f.* BOT. undergrowth, brush. *2* thorn hedge.

barem (bərém) *m.* scale.

bari (bári) *m.* MINER. barium.

baríton (bəritun) *m.* MUS. baritone.

barjaula (bərʒáŭlə) *f.* prostitute, whore.

Barna (bárnə) *pr. n. f. dim.* (Barcelona).

barnilla (bərniʎə) *f.* rib [umbrella].

barnús (bərnús) *m.* bathrobe.

baró (bəró) *m.* baron. *2* respectable, upstanding man.

baròmetre (bərɔ́mətrə) *m.* barometer.

baronessa (bərunésə) *f.* baroness.

baronia (bəruniə) *f.* barony.

baronívol, -la (bəruníβul, -lə) *a.* virile, manly. *2* courageous, brave.

barquer, -ra (bərké, -rə) *m.-f.* boatman, boatwoman.

barra (bárrə) *f.* bar. *2* loaf [bread]. *3* jaw. ‖ fig. *quina* ~*!*, what a nerve! *4* stripe.

barrabassada (bərrəβəsáðə) *f.* something

really stupid, extremely foolish thing to do.

barraca (bərrákə) *f.* cabin, hut. *2* stall, stand [fairs]. *3* (VAL.) thatched cottage.

barracot (bərrəkɔ́t) *m.* shack, shanty.

barral (bərrál) *m.* barrel.

barranc (bərráŋ) *m.* gully, ravine.

barraquisme (bərrəkizmə) *m.* slums. ‖ *l'a-juntament encara no ha pogut erradicar el ~ a la ciutat,* the council has not yet been able to eliminate slums from the town.

barrar (bərrá) *t.* to bar [also fig.]. ‖ *~ el pas,* to block the path, to bar the way. *2* COMM. to cross [cheques].

barreja (bərrɛ́ʒə) *f.* mixture, blend. *2* confusion.

barrejar (bərrəʒá) *t.* to mix, to blend. *2* GAME to shuffle [cards]. ▪ *3 p.* to mingle with. *4* to intervene.

barrera (bərrɛ́rə) *f.* barrier [also fig.]. ‖ *~ de so,* sound barrier. *2* fig. obstacle.

barret (bərrɛ́t) *m.* hat: *~ de copa,* top hat.

barretina (bərrətínə) *f.* Catalan cap.

barri (bárri) *m.* area, district [of a town]. ‖ fig. *anar-se'n a l'altre ~,* to go to meet one's maker.

barriada (bərriáðə) *f.* large or independent *barri.*

barricada (bərrikáðə) *f.* barricade: *aixecar barricades,* to put up barricades.

barrija-barreja (bərriʒəβərrɛ́ʒə) *f.* jumble, mess, hotchpotch.

barril (bərríl) *m.* barrel.

barrila (bərrílə) *f.* spree, wild time. ‖ *fer ~,* to make a racket.

barrim-barram (bərrimbərrám) *adv.* helter-skelter, without rhyme or reason.

barrina (bərrínə) *f.* MECH. bit.

barrinada (bərrináðə) *f.* drill hole. *2* blast [of a charge].

barrinar (bərriná) *t.* to drill, to bore. *2* to mine. *3* fig. to meditate, to think deeply.

barroc, -ca (bərrɔ́k, -kə) *a.* baroque. ▪ *2 m.* baroque style. *3* baroque period.

barroer (bərruɛ́, -rə) *a.* bad or clumsy. *2* botched [job]. ▪ *3 m.-f.* botcher.

barrot (bərrɔ́t) *m.* bar.

barrut, -uda (bərrút, -úðə) *a.* which eats a lot [esp. animals]. *2* fig. cheeky.

basalt (bəzál(t)) *m.* GEOL. basalt.

basar (bəzár) *m.* bazaar.

basar (bəzá) *t.* to base (*en,* on). ▪ *2 p.* to base oneself on, to be based on.

basarda (bəzárðə) *f.* terror, fear, dread.

basc, -ca (básk, -kə) *a., m.-f.* GEOGR. Basque. *2 m. el País Basc,* the Basque Country.

basca (báskə) *f.* anxiety. *2* loss of con-

sciousness. ‖ *caure en ~,* to faint. *3 pl.* nausea.

bàscula (báskulə) *f.* scales *pl.*

base (bázə) *f.* base. *2* fig. basis, grounds.

bàsic, -ca (bázik, -kə) *a.* basic.

basílica (bəzílikə) *f.* basilica.

basilisc (bəzilisk) *m.* basilisk.

basqueig (bəskɛ́tʃ) *m.* nausea.

bàsquet (báskət) *m.* See BASQUETBOL.

basquetbol (bəskɛbbɔ́l) *m.* SP. basketball.

bassa (básə) *f.* pond, pool. *2* reservoir. *3* latrine.

bassal (bəsál) *m.* puddle; pool.

bast, -ta (bás(t), -tə) *a.* coarse, crude. ▪ *2 m. animal de ~,* beast of burden. *3 f.* SEW. tacking stitch.

bastaix (bəstáʃ) *m.* bearer, porter.

bastant (bəstán) *a.* enough, sufficient; quite a lot of. ▪ *2 adv.* quite, rather, fairly, pretty.

bastar (bəstá) *i.* to suffice, to be enough, to be sufficient.

bastard, -da (bəstár(d), -ðə) *a., m.-f.* bastard. *2 a.* adulterated.

bastida (bəstíðə) *f.* scaffolding.

bastidor (bəstiðó) *m.* frame. *2* AUT. chassis. *3* THEATR. *pl.* flats. ‖ fig. *entre ~s,* in private, behind the scenes.

bastiment (bəstimɛ́n) *a.* frame. *2* AUT. chassis.

bastió (bəstió) *m.* bastion, fortress.

bastir (bəstí) *t.* to construct, to build.

bastó (bəstó) *m.* stick; walking stick.

bata (bátə) *f.* dressing gown, housecoat, smock.

batall (bətáʎ) *m.* clapper.

batalla (bətáʎə) *f.* battle [also fig.]. ‖ battlefield. ‖ *cavall de ~,* hobbyhorse.

batallar (bətəʎá) *i.* to battle, to fight. *2* fig. to quarrel, to fight.

batalló (bətəʎó) *m.* MIL. battalion. *2* team [of workers].

batata (bətátə) *f.* BOT. sweet potato.

batec (bətɛ́k) *m.* beating [heart, bird's wings].

batedor, -ra (bətəðó, -rə) *m.-f.* scout. *2 m.* egg beater, whisk. *3 f.* AGR. threshing machine. *4 f.* electric beater or mixer; liquidizer.

bategar (bətəɣá) *i.* to beat, to palpitate.

bateig (bətɛ́tʃ) *m.* baptism, christening. *2* naming [ship, plane, etc.].

batejar (bətəʒá) *t.* to baptize, to christen [also fig.]. *2* to name [ship, plane, etc.]. *3* to water down.

batent (bətɛ́n) *a.* banging. ▪ *2 m.* door jamb. *3* leaf [of a door].

bateria (bətəríə) *f.* MIL., ELECT. battery. *2*

MUS. drums. *3* THEAT. footlights *pl. 4 ~ de cuina,* kitchen equipment or utensils.

batí (bətí) *m.* dressing gown.

batibull (bətiβúʎ) *m.* mix-up, mess, confusion, tangle.

batista (bətistə) *f.* TEXT. cambric, batiste.

batle (báʎʎə) *m.* (BAL.) See BATLLE.

batlle (báʎʎə) *m.* mayor.

batraci (bətrási) *m. pl.* ZOOL. batrachian.

batre (bátrə) *t.* to beat. *2* AGR. to thresh. *3* to beat up. ■ *4 i.* to beat. ■ *5 p. ~'s en retirada,* to beat retreat.

batussa (bətúsə) *f.* fight, scuffle. *2* fig. quarrel.

batut, -uda (bətút, -úðə) *a.* threshed. *2* beaten. ■ *3 m.* bang, crack [heavy blow]. *4* shake [drink]. *5 f.* beating, thrashing. *6* threshing. *7 fer una batuda,* to raid.

batuta (bətútə) *f.* baton. ‖ fig. *portar la ~,* to be in control.

batxillerat (bətʃiʎərát) *m.* three year period of secondary education immediately after primary education.

batzac (bədzák) *m.* crash, bump, thump.

batzegada (bədzəɣáðə) *f. See* BATZAC.

batzegar (bədzəɣá) *t.* to shake [violently].

bau (báu) *m.* MAR. beam.

bauxita (bəŭksitə) *f.* MINER. bauxite.

bava (báβə) *f.* saliva, dribble. ‖ *caure-li la ~ a algú,* to be thrilled, to be delighted. ‖ *tenir mala ~,* to be nasty or malicious.

bavejar (bəβəʒá) *i.* to dribble; to slobber.

bazooka (bəzɔ́kə) *m.* MIL. bazooka.

BCN *f. (Barcelona)* Barcelona.

be (bɛ) *m.* lamb. ‖ fig. *un ~ negre!,* come off it!

1) bé (be) *adv.* well. ‖ *et trobes ~?,* are you all right?. *més ben dit,* or rather; *ben ~,* exactly. *2* very. ‖ *ets ben ximple,* you're really stupid. *3 anar ~,* to go the right way. *4 venir ~,* to be right. ‖ *aquesta faldilla no em va ~,* this skirt doesn't fit me. ■ *5 conj.* well. ‖ *ara ~,* however. ‖ *doncs ~,* well then. ‖ *per ~ que* or *si ~,* although. ■ *6 interj.* O.K., good, all right. *7* well. ‖ *~, on érem?,* well, where were we? ▲ *ben* when followed by an adjective, adverb or verbal form.

2) bé (be) *m.* good. ‖ *gent de ~,* good people, honest people. *2 pl.* goods, wealth. *3* LAW *pl.* assets. *4 ~ de Déu,* abundance: *quin ~ de Déu de taronges!,* what glorious oranges! ▲ *pl. béns.*

beat, -ta (beát, -tə) *a.* blessed. *2* devout. ■ *3 m.-f.* church goer.

beatificar (beətifiká) *t.* REL. to beatify.

bebè (bəβɛ́) *m.* baby.

bec (bek) *m.* beak. *2* fig. mouth. *3* spout. *4* MUS. mouthpiece.

beç (bɛs) *m.* BOT. birch.

beca (bɛ́kə) *f.* grant, scholarship.

becada (bəkáðə) *f.* beakful. *2* ORNIT. woodcock. *3* nod.

becaina (bəkáĭnə) *f.* nod.

becaire (bəkáĭrə) *m.* MUS. natural sign.

becari, -ària (bəkári, -áriə) *a.* grant holding, scholarship holding. ■ *2 m.-f.* grant holder, scholarship holder.

beceroles (bəsərɔ́ləs) *f. pl.* primer, spelling book. *2* rudiments *pl.*

bedoll (bəðóʎ) *m.* BOT. birch.

befa (bɛ́fə) *f.* scorn, mockery, jeering. ‖ *fer ~,* to mock, to scoff.

begònia (bəɣɔ́niə) *f.* BOT. begonia.

begut, -uda (bəɣút, -úðə) *a.* drunk. ■ *2 f.* drink.

beina (bɛ́ĭnə) *f.* sheath [sword]. *2* pod.

Beirut (bəĭrút) *pr. n. m.* GEOGR. Beirut.

bèisbol (bɛ́ĭzbɔl) *m.* SP. baseball.

beix (bɛʃ) *a.-m.* beige.

beixamel (bəʃəmɛ́l) *f.* béchamel sauce.

bel, -la (bɛ́l, -lə) *a.* (ROSS.) See BELL. ■ *2 m.* baa.

belar (bəlá) *i.* to bleat, to baa.

Belfast (bɛ́lfəs(t)) *pr. n. m.* GEOGR. Belfast.

belga (bɛ́lɣə) *a., m.-f.* GEOGR. Belgian.

Bèlgica (bɛ́lʒikə) *pr. n. f.* GEOGR. Belgium.

Belgrad (bəlɣrát) *pr. n. m.* GEOGR. Belgrade.

belitre (belitrə) *m.* scoundrel, knave.

bell, -lla (bɛ́ʎ, -ʎə) *a.* beautiful [woman], handsome [man]. *2* large; strong. ‖ *fa una ~a estona,* a long while ago. *3* right. ‖ *adv. phr. al ~ mig,* right in the middle. *de ~ antuvi,* from the very start. ‖ *de ~ nou* over again.

belladona (bɛ́ʎəðɔ́nə) *f.* BOT. belladonna, deadly nightshade.

bellesa (bəʎɛ́zə) *f.* beauty.

bèl·lic, -ca (bɛ́lik, -kə) *a.* war, of war. ‖ *conflicte ~,* war.

bel·licós, -osa (bəlikós, -ózə) *a.* warlike, bellicose.

bel·ligerància (bəliʒəránsiə) *f.* belligerency.

bel·ligerant (bəliʒəràn) *a., m.-f.* belligerant.

bellugadissa (bəʎuɣəðisə) *f.* rustling [of leaves in wind]; seething, swarming, milling [of people].

bellugar (bəʎuɣá) *i.-t.* to move, to shake.

bemoll (bəmɔ́ʎ) *m.* MUS. flat.

ben (ben) *adv.* See BÉ 1).

bena (bɛ́nə) *f.* bandage. ‖ fig. *tenir una ~ davant dels ulls,* to be blind to the truth.

benastruc, -uga (bənəstrúk, -úɣə) *a.* fortunate, lucky.

benaurança (bɛ́nəuránsə) *f.* REL. beatitude.

benaventurança (bɛ́nəβənturánsə) *f.* See BENAURANÇA.

benedicció (bənəðiksió) *f.* benediction.
benedictí, -ina (bənəðiktí, -inə) · *a., m.-f.* Benedictine.
benefactor, -ra (bənəfəktó, -rə) *a., m.-f.* benefactor *s.*
benèfic, -ca (bənέfik, -kə) *a.* charitable, beneficent.
beneficència (bənəfisέnsiə) *f.* charity, beneficence.
benefici (bənəfisi) *m.* benefit, advantage, gain. *2* COMM. profit: ~ *net*, clear profit. *3* THEAT. benefit (performance).
beneficiar (bənəfisià) *t.* to benefit. ■ *2 p.* to benefit (*de*, from, by).
beneficiari, -ària (bənəfisiàri, -àriə) *a., m.-f.* beneficiary *s.*
beneir (bənəi) *t.* to bless. || ~ *la taula*, to say grace.
beneit, -ta (bənέit, -tə) simple, stupid. *2* ant. blessed. || *vendre's com pa* ~, to sell like hot cakes.
beneitó, -ona (bənəïtó, -ónə) *a.* stupid, foolish, simple.
benemèrit, -ta (bənəmέrit, -tə) *a.* meritorious, worthy.
beneplàcit (bənəplásit) *m.* approval, blessing.
benestant (benəstán) *a.* comfortable, comfortably off; well off.
benestar (benəstá) *m.* well-being. *2* ECON. *estat de* ~, welfare state.
benèvol, -la (bənέβul, -lə) *a.* benevolent, kind.
benevolència (bənəβulέnsiə) *f.* benevolence, kindness.
benevolent (bənəβulέn) *a.* See BENÈVOL.
benigne, -na (bəniɲnə, -nə) *a.* benign.
benjamí (bənʒəmí) *m.* youngest son.
benparlat, -ada (bempərlát, -áðə) *a.* well-spoken.
benvingut, -uda (bembiɲgút, -úðə) *a.* welcome. ■ *2 f.* welcome.
benvist, -ta (bembis(t), -tə) *a.* well-liked, well-thought-of.
benvolgut, -uda (bembulɣút, -úðə) *a.* dear; well-beloved.
benzina (bənzinə) *f.* benzine. *2* petrol, (USA) gasoline.
benzol (bənzɔ́l) *m.* CHEM. benzol.
berenar (bərəná) *i.* to have an afternoon snack or tea. *2* (BAL.) See ESMORZAR.
berenar (bərəná) *m.* afternoon snack, tea. *2* (BAL.) See ESMORZAR.
bergant, -ta (bərɣán, -tə) *m.-f.* rascal, scoundrel.
bergantí (bərɣəntí) *m.* MAR. brigantine, brig.
Berna (bέrnə) *pr. n. f.* GEOGR. Bern.
bernat (bərnát) *m.* bar. *2* ORNITH. ~ *pes-*

caire, heron. *3* ZOOL. ~ *ermità*, hermit crab.
Bernat (bərnát) *pr. n. m.* Bernard.
berruga (bərrúɣə) *f.* wart.
Berta (bέrtə) *pr. n. f.* Bertha.
Bertran (bərtrán) *pr. n. m.* Bertrand.
bes (bεs) *m.* lit. kiss. *2* (OCC) See PETÓ.
besada (bəzáðə) *f.* kissing. *2* lit. kiss. *3* (BAL.) See PETÓ.
besar (bəzá) *t.* lit., (BAL.), (OCC.) to kiss.
besavi, àvia (bəzáβi, -áβiə) *m.* great grandfather. *2 f.* great grandmother.
bescantar (bəskəntá) *t.* to slander, to denigrate, to insult.
bescanviar (bəskəmbià) *t.* to exchange.
bescoll (bəskɔ́ʎ) *m.* (VAL.) See CLATELL.
bescuit (bəskúït) *m.* plain sponge cake. *2* rusk. *3* type of ice-cream.
besllum (bəsʎúm) *m.* diffused light. || *de* ~, against the light. *2* fig. vague knowledge.
besnét, -éta (bəsnέt, -έtə) *m.* great grandson. *2 f.* great granddaughter.
bessó, -ona (bəsó, -ónə) *a., m.-f.* twin.
bessonada (bəsunáðə) *f.* multiple childbirth. || *tenir* ~, to give birth to twins, triplets, etc.
bèstia (bέstiə) *f.* beast, animal: ~ *de càrrega*, beast of burden. *2* beast, brute.
bestial (bəstiál) *a.* bestial, beasty. *2* brutal. *3* fig. terrible, awful, extreme.
bestiar (bəstiá) *m.* livestock. || ~ *boví*, cattle.
bestiesa (bəstiέzə) *f.* silly thing, stupid thing.
bestiola (bəstiɔ́lə) *f.* little animal. *2* insect.
bestreta (bəstrέtə) *f.* advance [money]. || *a la* ~, in advance.
bestreure (bəstrέürə) *i.* to pay in advance, to make a payment before it is due. ▲ CONJUG. like *treure*.
besuc (bəzúk) *m.* ICHTHY. bronze bream, Spanish bream.
betum (bətúm) *m.* bitumen, pitch, tar. *2* shoe polish.
beuratge (bəürádʒə) *m.* potion. *2* nasty drink.
1) beure (bέürə) *t.* to drink. || ~ *a morro*, to drink straight from the bottle. || fig. *haver begut oli*, to have had it. *2* to drink alcohol. ■ *3 p.* to soak up, to absorb. || ~*'s l'enteniment*, to act like a fool, to be mad. ▲ CONJUG. GER.: *bevent.* || P. P.: *begut.* || INDIC. Pres.: *bec, beus*, etc. || SUBJ. Pres.: *begui, beguis*, etc. | Imperf.: *begués, beguéssis*, etc.
2) beure (bέürə) *n.* drink.
beutat (bəütát) *f.* belle, beauty.
bevedor, -ra (bəβəðó, -rə) *a., m.-f.* drinker. *2 m.* (i *f.*) drinking trough.
beverri (bəβέrri) *m.* heavy drinker.

biaix (biáʃ) *m.* bias, slant. ‖ *adv. phr. al* o *de* ~, askew, obliquely, on a slant.

biberó (biβəró) *m.* (feeding) bottle [for babies].

Bíblia (biβliə) *f.* REL. Bible.

bibliòfil, -la (biβliɔ́fil, -lə) *m.-f.* bibliophile, book lover.

bibliografia (biβliuɣrəfiə) *f.* bibliography.

biblioteca (biβliutékə) *f.* library. ‖ *rata de* ~, bookworm.

bibliotecari, -ària (biβliutəkári, -áriə) *m.-f.* librarian.

bicarbonat (bikərβunát) *m.* CHEM. bicarbonate. 2 bicarbonate of soda.

bíceps (bísəps) *m.* ANAT. biceps.

bicicleta (bisiklétə) *f.* bicycle.

bicolor (bikuló) *a.* two-tone, two-colour.

bidell (biðéʎ) *m.* beadle.

bidet (biðét) *m.* bidet.

bidó (biðó) *m.* can, drum.

biela (biélə) *f.* MECH. connecting rod.

biennal (biənál) *a.* biennial.

bifi, bífia (bifi, bifiə) *a.* thick-lipped.

bífid, -da (bifit, -iðə) *a.* ANAT. bifid.

bifocal (bifukál) *a.* bifocal.

bifurcació (bifurkəsió) *f.* fork [roads]; junction [railways].

bifurcar-se (bifurkársə) *p.* to fork.

biga (biɣə) *f.* beam.

bigàmia (biɣámiə) *f.* bigamy.

bigarrat, -ada (biɣərrát, -áðə) *a.* multicoloured [clashing colours].

bigoti (biɣɔ́ti) *m.* moustache.

bijuteria (biʒutəriə) *f.* (imitation) jewellery.

bilateral (bilətərál) *a.* bilateral.

biliar (biliá) *a.* biliary.

bilingüe (biliŋɡuə) *a.* bilingual.

bilingüisme (biliŋɡwizmə) *m.* bilingualism.

bilió (bilió) *m.* billion.

bilis (bilis) *f.* bile [also fig.].

billar (biʎár) *m.* billiards.

bimensual (bimənsuál) *a.* twice a month.

binari, -ària (binári, -áriə) *a.* binary.

binocles (binɔ́kləs) *m. pl.* binoculars.

binomi (binɔ́mi) *m.* binomial.

biografia (biuɣrəfiə) *f.* biography.

biòleg, -òloga (biɔ́lək, -ɔ́luɣə) *m.-f.* biologist.

biologia (biuluʒiə) *f.* biology.

biòpsia (biɔ́psiə) *f.* MED. biopsy.

bioquímica (biukímikə) *f.* biochemistry.

bípede, -da (bipəðə, -ðə) *a.* biped, bipedal, two-footed.

biplà (biplá) *m.* biplane.

birmà, -ana (birmá, -ánə) *a., m.-f.* GEOGR. Burmese.

Birmània (birmániə) *pr. n. f.* GEOGR. Burma.

bis (bis) *adv.* twice. ■ *2 interj.* encore. ■ *3 m.* encore.

bisbe (bizβə) *m.* bishop. 2 short thick type of sausage.

bisectriu (bizəktriŭ) *f.* bisector.

bisell (bizéʎ) *m.* bevel.

bisó (bizó) *m.* ZOOL. bison.

bistec (bistέk) *m.* steak. ‖ ~ *rus*, hamburger.

bisturí (bisturi) *m.* scalpel.

bit (bit) *m.* COMP. bit.

bitàcola (bitákulə) *f.* MAR. binnacle.

bitlla (biʎʎə) *f.* skittle. ‖ *joc de bitlles*, skitlles; bowling.

bitllet (biʎʎέt) *m.* ticket. 2 banknote, note.

bitllo-bitllo (biʎʎuβiʎʎu) *adv. phr.* cash down.

bitxo (bitʃu) *m.* BOT. chili pepper.

bivac (biβák) *m.* bivouac.

bivalència (biβəlέnsiə) *f.* bivalence.

bixest (biʃés(t)) *a.* leap: *any* ~, leap year.

bizantí, -ina (bizənti, -inə) *a.* Byzantine.

bla, blana (bla, blánə) *a.* soft.

Blai (bláĭ) *pr. n. m.* Blase.

blanc, -ca (blaŋ, -kə) white. 2 blank. ‖ *passar la nit en* ~, not to sleep a wink all night. ■ *3 m.* white. 4 blank space. 5 target.

Blanca (bláŋkə) *pr. n. f.* Blanche.

blanquejar (blaŋkəʒá) *t.* to whiten; to bleach. ■ *2 i.* to be white; to be whitish.

blanqueria (blaŋkəriə) *f.* tanning. 2 tannery.

blasfem, -ma (bləsfέm, -mə) *a.* blasphemous. ■ *2 m.-f.* blasphemer.

blasfemar (bləsfəmá) *i.-t.* to blaspheme.

blasfèmia (bləsfέmiə) *f.* blasphemy.

blasmable (bləsmábblə) *a.* censurable, reprehensible.

blasmar (bləzmá) *t.* to censure, to disapprove of, to condemn.

blasme (blázmə) *m.* condemnation, disapproval.

blasó (bləzó) *m.* heraldry. 2 coat of arms. 3 arms.

blat (blat) *m.* BOT. wheat. ‖ ~ *de moro*, maize, sweetcorn.

blau, blava (bláŭ, bláβə) *a.* blue. ‖ ~ *cel*, sky blue. ‖ ~ *marí*, navy blue. ■ *2 m.* bruise.

blauet (bləwét) *m.* BOT. cornflower. 2 ORNITH. kingfisher.

ble (blɛ) *m.* wick. 2 lock; tuft [hair].

bleda (blέðə) *f.* chard, Swiss chard. 2 fig. slow, stupid woman.

bleix (bléʃ) *m.* pant.

bleixar (bləʃá) *i.* to pant.

blenda (blέndə) *f.* MINER. blende; sphalerite.

blindar (blindá) *t.* to armour-plate.

bloc (blɔk) *m.* block [stone, flats]. 2 pad:

~ *de notes*, note pad. *3* series, group: *un* ~ *de propostes*, a series of proposals. *4* coalition; ideological grouping. ‖ ~ *comunista*, communist bloc. *5 adv. phr. en* ~, en bloc.

blonda (blóndə) *f.* blonde lace.

bloqueig (blukɛ́tʃ) *m.* MIL. blockade, siege. *2* COMM. freezing, blocking. *3* MED. blockage.

bloquejar (blukəʒá) *t.* MIL. to blockade. *2* COMM. to freeze, to block. *3* to block.

bluf (bluf) *m.* bluff.

bo, bona (bɔ, bɔ́nə) *a.* good. ‖ *bon dia*, good morning. ‖ *fa* ~ *avui*, it's a nice day today. ‖ *bon home*, gullible man. *2 més* ~, better. *3 adv. phr. a la bona de Déu*, any old way. *4 adv. phr. a les bones*, amicably, without resorting to threats or force. ■ *5 interj.* good! *6* well!: ~; *ara l'he perdut!*, well, now I've lost it! ▲ *bon* in front of *inf.* or *m. sing.*

boa (bɔ́ə) *f.* ZOOL. boa, boa-constrictor.

bon (bɔn) *a.* See BO.

bòbila (bɔ́βilə) *f.* brickyard; brickkiln.

bobina (buβínə) *f.* bobbin, reel [thread]. *2* reel [film]. *3* ELECT. coil.

boc (bók) *m.* ZOOL. goat, billy goat.

boca (bókə) *f.* mouth. ‖ *anar de* ~ *en* ~, to go round, to be common knowledge; ~ *de pinyó*, small mouth; *no badar* ~, to say nothing. *2* MUS. mouthpiece. *3* mouth [rivers, tunnels]. *4* appetite. ‖ *fer* ~, to be appetizing.

bocabadat, -ada (bokəβəðát, -áðə) *a.* openmouthed, agape.

bocada (bukáðə) *f.* mouthful.

bocamàniga (bokəmániɣə) *f.* cuff.

bocamoll, -lla (bokəmɔ́ʎ, -ʎə) *a.* big mouth *s.*

bocassa (bukásə) *f.* bad taste [esp. as a result of indigestion].

bocaterrós, -osa (bokətərrós, -ózə) *a.* lying face downwards. ‖ *de bocaterrosa*, face downwards.

bocí (busí) *m.* bit, small piece [of food]. *2* bit. ‖ *fer bocins*, to smash to pieces.

bocoi (bukɔ́i) *m.* hogshead, cask.

boda (bóðə) *f.* wedding.

bodega (buðɛ́ɣə) *f.* MAR. hold.

bòfega (bɔ́fəɣə) *f.* (BAL.) See BUTLLOFA.

bòfia (bɔ́fiə) *f.* blister. *2* fig. lie. *3* coll. the fuzz *pl.*, the cops *pl. 4 m.-f.* a cop.

bogeria (buʒəriə) *f.* madness, lunacy. ‖ *té una* ~ *pel tenis*, she's mad about tennis. *2* mad thing to do or say. *3* mental asylum.

bohemi, -èmia (buɛ́mi, -ɛ́miə) *a.* bohemian. *2* GEOGR. Bohemian. ■ *3 m.-f.* bohemian. *4* GEOGR. Bohemian. *5 f.* GEOGR. *Bohèmia* Bohemia.

boia (bɔ́jə) *f.* buoy.

boicot (buĭkɔ́t) *m.* boycott.

boicotejar (buĭkutəʒá) *t.* to boycott.

boig, boja (bɔ́tʃ, bɔ́ʒə) *a.* mad. *2* wild, excessive. ■ *3 m.-f.* lunatic.

boina (bɔ́inə) *f.* beret.

boira (bɔ́irə) *f.* fog. ‖ *vés a escampar la* ~!, why don't you go for a walk? *2* ~ *pixanera*, drizzle.

boirina (buĭrínə) *f.* mist.

boirós, -osa (buĭrós, -ózə) *a.* foggy [also fig.].

boix (bóʃ) *m.* BOT. box. *2* ~ *grèvol*, holly.

boixac (buʃák) *m.* BOT. marigold.

boixet (buʃɛ́t) *m.* bobbin.

bol (bɔ́l) *m.* bowl.

bola (bɔ́lə) *f.* ball. ‖ *formatge de* ~, Edam. *2* fig. lie. *3 tenir* ~ *a algú*, not to be able to stand someone.

bolcada (bulkáðə) *f.* capsizing [boats]; overturning.

bolcar (bulká) *t.* to overturn, to knock over. ■ *2 i.* to capsize [boats]; to fall over.

boleivol (buleĭβɔ́l) *m.* SP. volleyball.

bolet (bulɛ́t) *m.* mushroom [edible]; toadstool [not edible]. *2* bowler hat. ‖ coll. *estar tocat del* ~, to be not all there. *2* slop, smack.

bòlid (bɔ́lit) *m.* ASTR. meteorite. *2* SP. racing car.

bolígraf (buliɣrəf) *m.* ball pen, ball-point pen, biro.

bòlit (bɔ́lit) *adv. phr. anar de* ~, not to know whether one is coming or going.

bollabessa (buʎəβésə) *f.* bouillabaisse.

bolquer (bulké) *m.* nappy, (USA) diaper. ‖ *un nen de* ~*s*, a tiny baby.

bolquet (bulkɛ́t) *m.* wheelbarrow, barrow. *2* tip-lorry.

bolxevic (bulʃəβik) *a., m.-f.* Bolshevik.

bolxevisme (bulʃəβizmə) *m.* Bolshevism.

bomba (bómbə) *f.* bomb: *a prova de* ~, bomb-proof; colloq. *caure com una* ~, to come as a bombshell; colloq. *passar-ho* ~, to have a wonderful time. *2* pump.

bombar (bumbá) *t.-p.* to bulge (out). *2* to pump.

bombarda (bumbárðə) *f.* mortar.

bombardeig (bumbərðɛ́tʃ) *m.* bombardment.

bombardejar (bumbərðəʒá) *t.* to bombard; to bomb.

bombarder (bumbərðé) *m.* bomber.

bombatxo (bumbátʃu) *m.* knee breeches; knickerbockers, plus fours.

bombejar (bumbəʒá) *t.* See BOMBARDEJAR.

bomber (bumbé) *m.* fireman.

bombeta (bumbɛ́tə) *f.* lightbulb, bulb.

bombo (bómbu) *m.* MUS. big drum.

bombó (bumbó) *m.* chocolate, (USA) chocolate candy.

bombolla (bumbóʎə) *f.* bubble.

bombollejar (bumbuʎəʒá) *i.* to bubble.

bombona (bumbónə) *f.* large gas bottle. *2* carboy.

bon (bɔn) *a.* See BO.

bonament (bɔnəmén) *adv.* easily, without making too much effort. ‖ *fes el que ~ puguis,* just do what you can.

bonança (bunánsə) *f.* good weather. *2* MAR. calm sea.

bonàs, -assa (bunás, -ásə) *a.* good-natured, easy-going.

bonaventura (bɔnəβəntúrə) *f.* fortune.

bondadós, -osa (bundəðós, -ózə) *a.* kind, kind-hearted.

bondat (bundát) *f.* kindness.

bonhomia (bunumíə) *f.* bonhomie, geniality.

bonic, -ca (buník, -kə) *a.* beautiful, pretty.

bonificar (bunifiká) *t.* to improve. *2* COMM. to pay into an account.

bonior (bunió) *f.* buzz, buzzing.

boniquesa (bunikézə) *f.* prettiness.

bonítol (bunítul) *m.* ICHTHY. bonito.

bony (bɔɲ) *m.* bump, swelling, lump.

bonyegut, -uda (buɲəɣút, -úðə) *a.* swollen; covered in bumps.

boquejar (bukəʒá) *i.* to gasp; to gape. *2* to be baggy [clothes].

borboll (burβóʎ) *m.* bubble, bubbling. *2* fig. confusion, tumult.

borbollar (burβuʎá) *i.* to bubble up. ▪ *2 t.* to blurtout.

borbollons (burβuʎóns) *pl. a ~,* in a rush.

1) bord, -da (bor(t), -ðə) *m.* MAR. side, board. ‖ *adv. pl. a ~,* on board. *2 f.* gunwale.

2) bord, -da (bor(t), -ðə) *a., m.-f.* bastard.

borda (bórðə) *f.* hut, outhouse.

bordada (burðáðə) *f.* barking.

bordar (burðá) *i.* to bark.

bordegàs, -assa (burðəɣás, -ásə) *m.* lad, boy. *2 f.* lass, girl.

bordell (burðéʎ) *m.* brothel.

bordó (burðó) *m.* staff [stick]. *2* MUS. bass string; bass stop.

boreal (bureál) *a.* northern.

bòric, -ca (bɔ́rik, -kə) *a.* boric.

borinot (burinɔ́t) *m.* ZOOL. bumblebee. *2* fig. pest, nuisance.

borla (bórlə) *f.* tassel.

born (born) *m.* ELECT. terminal. *2* HIST. lists.

borni, bòrnia (bórni, bɔ́rniə) *a.* one-eyed.

bornoi (burnɔ́i) *m.* MAR. buoy. *2* float.

borra (bórrə) *f.* TEXT. flock.

borrall (burráʎ) *m.* tiny piece, bit. ‖ fig. *no*

entendre ni un ~, to understand absolutely nothing. *2* flake.

borralló (burrəʎó) *m.* small ball of fibres. *2 ~ de neu,* snowflake.

borràs (burrás) *m.* TEXT. burlop. ‖ *anar de mal ~,* to be in a bad way, to have come down in the world.

borrasca (burráskə) *f.* storm; squall. *2* fig. storm.

borrascós, -osa (burrəskós, -ózə) *a.* stormy [also fig.].

borratxera (burrətʃérə) *f.* drunkenness.

borratxo, -txa (burrátʃu, -tʃə) *a., m.-f.* drunk.

borrego (burréɣu) *m.* COOK. type of toasted biscuit.

borrissol (burrisɔ́l) *m.* fluff, down.

borró (burró) *m.* fluff, fuzz. *2* BOT. bud. *3* ORNIT. down.

borrós, -osa (burrós, -ózə) *a.* blurred, confused, vague.

borrufada (burrufáðə) *f.* METEOR. blizzard.

borsa (bórsə) *f.* stock exchange.

borsari, -ària (bursári, -áriə) *a.* stock exchange.

borsista (bursístə) *m.* stockbroker.

bosc (bɔsk) *m.* wood, forest.

boscà, -ana (buská, -ánə) *a.* wood; wild.

boscatge (buskádʒə) *m.* small wood, copse.

bosquerol, -la (buskərɔ́l, -lə) *a.* wood. ▪ *2 m.-f.* wood dweller.

bossa (bósə) *f.* bag. ‖ ~ *d'aire,* air-pocket. ‖ *fer ~,* to go baggy. *2* handbag [bossa de mà]. *3* fig. money.

bot (bot) *m.* wineskin. ‖ *ploure a ~s i barrals,* to pour down. *2* jump, leap [person]; bounce [ball]. *3* MAR. boat.

bota (bɔ́tə) *f.* boot [shoe].

bóta (bótə) *f.* barrel. *2* wineskin.

botànic, -ca (butánik, -kə) *a.* botanical. ▪ *2 f.* botany [science]. *3 m.-f.* botanist.

botavara (butəβárə) *f.* MAR. boom.

botella (butéʎə) *f.* bottle.

boter (buté) *m.* cooper, barrel maker.

boterut, -uda (butərút, -úðə) *a.* barrel-shaped, short and fat. *2* misshapen.

botet (butét) *m.* birdcall, lure.

botí (butí) *m.* botty, loot. *2* spat.

botifarra (butifárrə) *f.* type of pork sausage.

botiga (butíɣə) *f.* shop.

botiguer, -ra (butiɣé, -rə) *m.-f.* shopkeeper. *2 m.* ORNIT. kingfisher.

botir (butí) *t.* to stuff, to cram. ▪ *2 p.* to stuff oneself.

botó (butó) *m.* button. ‖ ~ *s de puny,* cufflinks. ‖ *anar de vint-i-un ~,* to be very well dressed.

botxa (bótʃə) *f.* bowl: *joc de botxes*, bowls. 2 crease [of an ill-fitting garment].

botxí (butʃí) *m.* executioner, hangman.

botzina (budzínə) *f.* AUTO., MUS. horn. 2 megaphone.

bou (bɔ̆u) *m.* ox, bullock. 2 seine fishing.

bouer, -ra (bué, -rə) *m.-f.* See BOVER.

bover, -ra (buβé, -rə) *m.-f.* cowherd, drover. 2 *cargol ~,* edible snail.

boví, -ina (buβí, -inə) *a.* bovine.

bòvids (bɔ́βits) *m. pl.* bovines.

boxa (bɔ́ksə) *f.* SP. boxing.

boxador (buksəðó) *m.* SP. boxer.

boxar (buksá) *i.* SP. to box.

braç (bras) *m.* arm. ‖ fig. *ésser el ~ dret d'algú,* to be someone's right hand man. 3 COOK. *~ de gitano,* Swiss roll.

braça (brásə) *f.* SP. breaststroke. 2 MAR. fathom [measure].

braçal (brəsál) *m.* armband.

braçalet (brəsəlét) *m.* bracelet, bangle.

bracejar (brəsəʒá) *i.* to wave one's arms about.

bracer (brəsé) *m.* farmhand, farm labourer.

bracet (brəsét) *adv. phr. de ~,* arm-in-arm.

bràctea (brákteə) *f.* BOT. bract.

braguer (brəɣé) *m.* truss [bell orthopaedic]. 2 ZOOL. udder.

bragues (bráɣəs) *f. pl.* See CALCES.

bragueta (brəɣétə) *f.* flies *pl.,* fly [of trousers].

bram (bram) *m.* braying [donkey]. 2 lowing [cow]. 3 bellow [bull].

bramadissa (brəməðísə) *f.* loud, persistant braying.

bramar (brəmá) *i.* to bray [donkey]. 2 to low [cow]. 3 to bellow [bull] [also fig.].

bramul (brəmúl) *m.* bellow, bellowing. 2 roaring, roar [storm].

bramular (brəmulá) *i.* to bellow, to roar.

branca (bráŋkə) *f.* branch.

brancatge (brəŋkádʒə) *m.* branches *pl.*

brandar (brəndá) *t.* to brandish.

brandó (brəndó) *m.* torch.

brànquia (bráŋkjə) *f.* gill [of a fish].

branquilló (brəŋkiʎó) *m.* twig.

braó (brəó) *m.* upper part of an animal's foreleg. 2 fig. courage, bravery.

braol (brəɔ́l) *m.* See BRAMUL.

braolar (brəulá) *i.* See BRAMULAR.

brasa (brázə) *f.* ember. ‖ *a la ~,* barbequed.

braser (brəzé) *m.* brazier.

Brasil (brəzíl) *pr. n. m.* GEOGR. Brazil.

brasiler, -ra (brəzilé, -rə) GEOGR. *a., m.-f.* Brazilian.

brau, -ava (bráu, -áβə) *a.* brave. 2 MAR. rough [sea]. 3 wild. ■ 4 *m.* bull.

bravada (brəβáðə) *f.* bad smell, stink.

bravata (brəβátə) *f.* bravado; boasting.

bravesa (brəβέzə) *f.* bravery.

bravo! (bráβo) *interj.* bravo!

brea (bréə) *f.* tar, pitch.

brega (bréɣə) *f.* argument, quarrel, row, fight.

bregar (brəɣá) *i.* to struggle, to fight [to achieve something].

bresca (bréskə) *f.* honeycomb.

bresquilla (brəskíʎə) *f.* (OCC.) See PRÉSSEC.

bressar (brəsá) *t.* to rock.

bressol (brəsɔ́l) *m.* cradle.

bressolar (brəsulá) *t.* to rock [in a cradle].

bressoleig (brəsulétʃ) *m.* rocking.

brètol (brétul) *m.* rogue, rascal, scoundrel.

bretxa (brétʃə) *f.* breach.

breu (bréu) *a.* brief, short.

breument (breumén) *adv.* briefly.

brevetat (brəβətát) *f.* briefness.

breviari (brəβiári) *m.* REL. breviary.

bri (bri) *m.* thread, fibre, filament. 2 fig. tiny bit.

bricbarca (brigbárkə) *m.-f.* MAR. bark, barque.

bricolatge (brikuládʒə) *m.* do-it-yourself.

brida (bríðə) *f.* bridle; reins.

bridge (britʃ) *m.* GAME. Bridge.

brigada (briɣáðə) *f.* brigade, squad.

brillant (briʎán) *a.* brilliant, bright. ■ 2 *m.* diamond.

brillantina (briʎəntínə) *f.* brilliantine.

brillantor (briʎəntó) *f.* brilliance, brightness.

brillar (briʎá) *i.* to shine [also fig.]. ‖ *~ algú per la seva absència,* to be conspicuous by one's absence.

brindar (brindá) *i.* to toast [to drink someone's health]. ■ 2 to offer [something to someone].

brioix (briɔ́ʃ) *m.* brioche.

brisa (brízə) *f.* breeze; seabreeze.

brisca (brískə) *f.* cold air. 2 card game.

britànic, -ca (británik, -kə) *a.* GEOGR. British. ■ 2 *m.-f.* Briton.

briva (bríβə) *f.* rabble, riff-raff.

brivall (briβáʎ) *m.* ruffian, rascal, loafer, vagabond. 2 lad, boy.

broc (brɔk) *m.* spout. ‖ *abocar (alguna cosa) pel ~ gros,* not to mince words. 2 *pl.* excuses.

broca (brɔ́kə) *f.* bit [drill].

brocal (brukál) *m.* small wall [round a well]; rim.

brocat (brukát) *m.* brocade.

brodar (bruðá) *t.* to embroider [also fig.].

brodat (bruðát) *m.* embroidery.

bròfec, -ega (brɔ́fək, -əɣə) *a.* severe, harsh, gruff, crude, rude.

brogit (bruʒít) *m.* confused noises; rustling [leaves]; murmur [crowds, water].

broll (broʎ) *m.* jet [liquids]. *2* undergrowth.
brollador (bruʎəðó) *m.* spring. *2* fountain.
brollar (bruʎá) *i.* to gush, to spout.
broma (brómə) *f.* joking; joke; trick. ‖ ~ *pesada,* practical joke; *de* ~, jokingly; *fer* ~, to joke. *2* mist, fog. *3* foam.
bromejar (bruməʒá) *i.* to joke.
bromera (brumérə) *f.* foam.
bromista (brumístə) *a.* joking; fond of a joke. ■ *2 m.-f.* joker; funny person.
bromós, -osa (brumós, -ózə) *a.* misty.
broncopneumònia (bruŋkunəŭmɔ́niə) *f.* MED. bronchopneumonia.
bronqui (brɔ́ŋki) *m.* ANAT. bronchus.
bronquitis (bruŋkítis) *f.* MED. bronchitis.
bronze (brónzə) *m.* bronze.
bronzejar (brunzəʒá) *t.* to bronze. *2* to bronze, to tan, to suntan.
bronzejat, -ada (brunzəʒát, -áðə) *a.* bronzed. *2* suntanned, tanned.
bròquil (brɔ́kil) *m.* BOT. broccoli.
brossa (brɔ́sə) *f.* dead leaves; undergrowth. *2* particle; speck, grain. *3* rubbish.
brostar (brustá) *i.* to sprout, to bud.
brot (brɔ́t) *m.* shoot, bud.
brotar (brutá) *i.* to bud.
brotxa (brɔ́tʃə) *f.* paintbrush. *2* shaving brush.
brou (brɔ́ŭ) *m.* broth; stock.
bru, -na (brú, -nə) *a.* brown; dark-skinned.
bruc (bruk) *m.* BOT. heather.
Bruges (brúʒəs) *pr. n. f.* GEOGR. Bruges.
bruguera (bruɣérə) *f.* See BRUC.
bruixa (brúʃə) *f.* witch. *2* coll. pej. bitch.
bruixeria (bruʃəriə) *f.* witchcraft, sorcery. ‖ *per art de* ~, as if by magic.
brúixola (brúʃulə) *f.* compass.
bruixot (bruʃɔ́t) *m.* wizard, sorcerer.
brunyir (bruɲí) *t.* to burnish, to polish.
brunzir (brunzí) *i.* to hum, to buzz.
brunzit (brunzít) *m.* buzzing, buzz, humming, hum.
brusa (brúzə) *f.* blouse.
brusc, -ca (brusk, -kə) *a.* abrupt, brusque.
brusquedat (bruskəðát) *f.* abruptness, brusqueness.
Brusselles (brusélləs) *pr. n. f.* GEOGR. Brussels.
brut, -ta (brut, -tə) *a.* dirty. *2* raw, crude, unrefined. ‖ *en* ~, in rough. ‖ *pes* ~, gross weight. ‖ *producte* ~, gross product. *3 adv. phr. jugar* ~, to play dirty.
brutal (brutál) *a.* brutal; animal.
brutalitat (brutəlitát) *f.* brutality.
brutícia (brutísiə) *f.* dirt, filth, dirtiness, filthiness.
buc (buk) *m.* cavity. *2* body [ship, plane], shell [house]. *3* stairwell.
bucal (bukál) *a.* buccal, of the mouth.

Bucarest (bukərɛ́s(t)) *pr. n. f.* GEOGR. Bucharest.
bucle (búklə) *m.* ringlet, curl.
bucòlic, -ca (bukɔ́lik, -kə) *a.* bucolic; rural.
Buda (búðə) *m.* Buddha.
Budapest (buðəpɛ́s(t)) *pr. n. f.* GEOGR. Budapest.
budell (buðéʎ) *m.* intestine, gut.
budellam (buðəʎám) *m.* intestines *pl.,* guts *pl.*
budisme (buðízmə) *m.* Buddhism.
buf (buf) *m.* blow, puff. *2* MED. murmur.
bufa (búfə) *f.* slap. *2* bladder. *3* wind, flatulence. *4 interj.* my goodness! good lord!
bufada (bufáðə) *f.* blow, puff.
bufador, -ra (bufəðó, -rə) *m.-f.* blower. *2 m.* blowlamp; welding torch. *3 m.* a windy place.
búfal (búfəl) *m.* ZOOL. buffalo.
bufanda (bufándə) *f.* scarf.
bufar (bufá) *i.-t.* to blow. ‖ *és* ~ *i fer ampolles,* it's dead easy, it's a piece of cake.
bufat, -ada (bufát, -áðə) *a.* blown up, inflated, swollen. *2* fig. vain.
bufec (bufɛ́k) *m.* snort; whistling.
bufera (buférə) *f.* GEOGR. saltwater lagoon. *2* puff.
bufet (bufɛ́t) *m.* sideboard. *2* buffet [food]. *3* lawyer's office.
bufeta (bufɛ́tə) *f.* bladder.
bufetada (bufətáðə) *f.* slap, blow to the face.
bufetejar (bufətəʒá) *t.* to slap, to snack [the face].
bufó, -ona (bufó, -ónə) *a.* pretty, cute, lovely. ■ *2 m.* fool, jester, buffoon.
bugada (buɣáðə) *f.* laundry [clothes]. *2* the washing operation. *3* fig. cleaning, clearing.
bugaderia (buɣəðəriə) *f.* laundry [shop].
bugia (buʒiə) *f.* sparkplug. *2* candle. *3* MED. bougie.
buidar (buĭðá) *t.-p.* to empty.
buidatge (buĭðátʒə) *m.* emptying.
buidor (buĭðó) *f.* emptiness.
buina (búĭnə) *f.* cow dung.
buit, buida (búĭt, búĭðə) *a.* empty. ‖ *adv. phr. de* ~, with no passengers or load, empty. ■ *2 m.* empty space; vacuum. ‖ *fer el* ~, to ignore.
bulb (búlp) *m.* bulb.
buldog (buldɔ́k) *m.* bulldog.
búlgar, -ra (búlɣər, -rə) *a., m.-f.* GEOGR. Bulgarian.
Bulgària (bulɣáriə) *pr. n. f.* GEOGR. Bulgaria.
bull (buʎ) *m.* boil, boiling. ‖ *faltar-li a algú un* ~, to be not all there.
bullent (buʎén) *a.* boiling.

bullícia (buʎísiə) f. agitation, bustle. 2 din, uproar, noise.

bulliciós, -osa (buʎisiós, -ózə) a. bustling, restless; noisy.

bullida (buʎíðə) f. See BULL.

bullir (buʎí) i.-t. to boil.

bullit (buʎí) m. stew. 2 fig. jumble, mess, muddle.

bum! (bum) interj. boom!, bang!

bunyol (buɲɔ́l) m. COOK. fritter. 2 fig. mess, botch, botched job.

BUP (bup) m. EDUC. (Batxillerat Unificat Polivalent) three year period of secondary education.

burg (burk) m. HIST. borough, small town formed round a castle.

burgés, -esa (burʒés, -ézə) a. middle-class. 2 bourgeois. ■ 3 m.-f. member of the middle-class.

burgesia (burʒəsíə) f. middle-class. 2 HIST. pej. bourgeoisie.

burí (burí) m. burin.

burilla (buriʎə) f. cigarette end, butt. 2 bogey. ‖ *fer burilles,* to pick one's nose.

burla (búrlə) f. jeer, gibe. ‖ *fer ~ d'algú,* to make fun of someone.

burlar-se (burlársə) p. to make fun of, to mock: *~ dels reglaments,* to flout the rules.

burlesc, -ca (burlésk, -kə) a. burlesque.

burleta (burlétə) m.-f. one who pokes fun at everything; joker.

burocràcia (burukrásiə) f. bureaucracy. 2 pej. red tape.

buròcrata (burɔ́krətə) m.-f. bureaucrat.

burro, -a (búrru, -ə) m.-f. ZOOL. donkey. 2 stupid person.

burxa (búrʃə) f. pointed metal rod. 2 poker.

burxar (burʃá) t. to prod, to poke. 2 to poke [a fire]. 3 fig. to pester someone to reveal something.

burxeta (burʃétə) f. nuisance; person who pesters.

bus (bus) m. diver.

busca (búskə) f. small piece, bit. 2 gnomon [sundial]; hand [watches, clocks]. 3 pointer.

buscagatoses (buskəyətózəs) m. loafer, lazybones.

buscall (buskáʎ) m. log, piece of firewood.

buscar (buská) t. to look for, to seek.

busca-raons (buskərraóns) m.-f. argumentative or quarrelsome person.

bust (bus(t)) m. bust.

bústia (bústiə) f. letterbox.

butà (butá) m. butane.

butaca (butákə) f. armchair. 2 seat.

butlla (búʎʎə) f. bull [papal].

butlleta (buʎʎétə) f. ticket; voucher; warrant.

butlletí (buʎʎətí) m. bulletin; report.

butllofa (buʎʎɔ́fə) f. blister.

butxaca (butʃákə) f. pocket.

C

C, c (se) *f.* c [letter].
1) ca (ka) *m.* (BAL.) See GOS.
2) ca (ka) *f. dim.* house; *a* ~ *l'Andreu,* at Andrew's.
3) ca! (ka) *interj.* nonsense!, rubbish!
cabal (kəβál) *m.* flow, amount of water which flows down a river. *2 pl.* possessions, goods.
càbala (káβələ) *f.* cabala, cabbala [Jewish mysticism]. *2 fig.* cabal, intrigue.
cabalístic, -ca (kəβəlistik, -kə) *a.* cabalistic. *2* hidden, secret.
cabana (kəβánə) *f.* See CABANYA.
cabanya (kəβáɲə) *f.* cabin, hut, shack.
cabaret (kəβərét) *m.* cabaret, night-club.
cabàs (kəβás) *m.* basket.
cabdal (kəbdál) *a.* capital, principal.
cabdell (kəbdéʎ) *m.* ball [of wool]. *2* heart [lettuce, cabbage].
cabdellar (kəbdəʎá) *t.* to wind, to form a ball.
cabdill (kəbdíʎ) *m.* chief, leader; commander.
cabeça (kəβésə) *f.* bulb; head [of garlic].
cabell (kəβéʎ) *m.* a hair [of the head].
cabellera (kəβəʎérə) *f.* the hair, head of hair.
cabellut, -uda (kəβəʎút, -úðə) *a.* hairy.
cabina (kəβínə) *f.* MAR. cabin. *2* TRANS. cab. *3* booth. ‖ ~ *telefònica,* telephone box.
cabirol (kəβiról) *m.* ZOOL. roe deer.
cable (kábblə) *m.* cable.
cabòria (kəβóriə) *f.* trouble, worry [especially unfounded].
cabota (kəβótə) *f.* head [of a nail].
cabotage (kəβutádʒə) *m.* MAR. cabotage, coastal trade.
cabotejar (kəβutəʒá) *i.* to nod, to shake; to move the head backwards, forwards or sideways.
cabra (káβrə) *f.* goat. ‖ *estar com una* ~, to be daft, to be loony. *2* ~ *de mar,* crab.

cabre (káβrə) *i.* to fit. ‖ *no hi cap de content,* he's over the moon. ▲ CONJUG. GER.: *cabent.* ‖ P. P.: *cabut, cabuda.* ‖ INDIC. Pres.: *cabo, caps, cap.* ‖ SUBJ. Pres.: *càpiga,* etc. ‖ Imperf.: *cabés,* etc.
cabrejar-se (kəβrəʒársə) *p.* to get really pissed off.
cabriola (kəβriólə) *f.* pirouette; leap.
cabrit (kəβrit) *m.* ZOOL. kid. *2* bugger [insult].
cabró (kəβró) *m.* billy-goat. *2* cuckold. *3 vulg.* bastard [insult].
cabrum (kəβrúm) *a.* goat. ■ *2 m.* goats *pl.*
cabuda (kəβúðə) *f.* capacity.
caca (kákə) *f.* excrement, dirt. ‖ *deixa això, és* ~, don't touch that, it's dirty.
caça (kásə) *f.* hunting, shooting. *2* game. *3 m.* fighter plane.
caçador, -ra (kəsəðó, -rə) *a.* hunting. ■ *2 m.* hunter. *3 f.* huntress. *4 f.* windcheater.
caçaire (kəsáirə) *m.-f.* (ROSS.) See CAÇADOR 2, 3.
caçar (kəsá) *t.* to hunt, to shoot. *2 fig.* to bag, to get.
cacatua (kəkətúə) *f.* ORNIT. cockatoo.
cacau (kəkáu) *m.* cocoa tree. *2* cocoa. *3 coll. quin* ~*!,* what a mess!
cacauet (kəkəwét) *m.* BOT. peanut, groundnut.
cacera (kəsérə) *f.* hunting, shooting. *2* hunting party.
cacic (kəsík) *m.* cacique, political boss.
caciquisme (kəsikízmə) *m.* caciquism, despotism.
cacofonia (kəkufuníə) *f.* cacophony.
cactus (káktus) *m.* BOT. cactus.
cada (káðə) *a.* each, every: ~ *dia,* every day; ~ *un,* each. ■ *2 pron.* ~ *un,* each one, every one.
cadafal (kəðəfál) *m.* platform, stage [in a public place]. *2* scaffold [for execution].
cadascú (kəðəskú) *pron.* each one, every-

one: ~ *és lliure de fer el que vol*, each man is free to do as he wants.

cadascun, -una (kəðəskún, -únə) *a*. each.

cadastre (kəðástrə) *m*. official property or land register. cadastre.

cadàver (kəðáβər) *m*. corpse. cadaver.

cadell,-lla (kəðέλ. -λə) *a*. ZOOL. young. ▪ *2 m.-f.* puppy. pup; cab [bear or wolf].

cadena (kəðέnə) *f*. chain. ‖ *adv. phr.* **en** ~, one after another. in succession.

cadenat (kəðənát) *m*. padlock.

cadència (kəðέnsiə) *f*. cadence. rhythm.

cadeneta (kəðənέtə) *f*. light chain [especially on military decorations]. ‖ *punt de* ~, chain stitch.

cadernera (kəðərnέrə) *f*. ORNIT. goldfinch.

cadet (kəðέt) *m*. cadet.

cadira (kəðírə) *f*. chair. ‖ *n'hi havia per a llogar-hi cadires!*, you should have seen it!. what a performance!

cadireta (kəðirέtə) *f*. small chair. *2* type of chair formed by two people's hands.

caduc, -ca (kəðúk, -kə) *a*. about to fall. on the point of disappearing. *2* BOT. deciduous [leaves]. *3* decrepit. senile.

caducar (kəðuká) *i*. to be about to disappear. *2* to expire. to become invalid. to lapse.

caducitat (kəðusitát) *f*. expiry: *data de* ~, sell by date.

cafè (kəfέ) *m*. coffee. *2* café. coffee bar.

cafeïna (kəfəinə) *f*. caffeine.

cafetera (kəfətέrə) *f*. coffeepot.

cafre (káfrə) *a*., *m.-f.* Kaffir *2 a.* fig. brutal. savage. *3 m.-f.* brute. savage.

cagacalces (kạɣəkálsəs) *m*. coll. coward. chicken.

cagada (kəɣáðə) *f*. defecation. *2* vulg. blunder.

cagadubtes (kạɣəðúptəs) *m.-f.* ditherer. waverer.

cagalló (kạɣəʎó) *m*. pellet. dropping [excrement]. *2* vulg. coward. *3* vulg. cowardice.

caganer, -ra (kəɣənέ. -rə) *a*. shitter. *2* cowardly. ▪ *3* shitter. *4* little child. *5* coward.

caganiu (kạɣəniu) *m*. youngest child.

cagar (kəɣá) *i.-t.* to shit. *2 cagar-la*, to make a mess (of). to make a balls of. *3 p. coll. me cago en l'ou*, shit!. damn!

cagarada (kạɣəráðə) *f*. stool; shit.

cagarro (kəɣárru) *m*. turd.

caiguda (kəiúðə) *f*. fall. ‖ *a la ~ del sol*, when the sun sets. at sunset.

caiman (kəimán) *m*. ZOOL. alligator. caiman.

caire (káĭrə) *m*. edge. *2* aspect.

Caire, el (káĭrə. əl) *pr. n. m.* GEOGR. Cairo.

caixa (kàʃə) *f*. box; chest. ‖ ~ *forta*, safe;

AERON. ~ *negra*, black box. flight recorder. *2* ~ *d'estalvis*, savings bank.

caixer (kəʃέ. -rə) *m.-f.* cashier. ‖ ~ *automàtic*, cash dispenser.

caixó (kəʃó) *m*. small box.

cal (kɔ̆l) *(contr. ca + al)*: *vinc de ~ metge*, I've just come from the doctor's.

cala (kálə) *f*. GEOGR. cove. inlet.

calabós (kələβós) *m*. cell. *2* MIL. coll. glasshouse. ▲ pl. *-ossos*.

calafatar (kələfətá) *t*. to caulk.

calaix (kəláʃ) *m*. drawer. *2 anar-se'n al* ~, to die.

calaixera (kələʃέrə) *f*. chest of drawers.

calamars (kələmárs) *m*. ICHTHY. squid.

calamarsa (kələmársə) *f*. METEOR. hail. hailstones.

calamitat (kələmitát) *f*. calamity.

calandra (kəlándrə) *f*. MEC. radiator grille. *2* ORNIT. calandra lark. *3* TECH. calender.

calàndria (kəlándriə) *f*. ORNIT. calandra lark.

calar (kəlá) *t*. MAR. to shike a sail. *2* to penetrate [liquids into porous things]. *3* fig. to see through. *4 ~ foc*, to set on fire. ▪ *6 p.* ~*-se foc*, to catch fire. *7* AUTO. to stall.

calat (kəlát) *m*. openwork.

calavera (kələβέrə) *f*. skull. *2* skeleton. *3* fig. sensualist. libertine.

calb, -ba (kálp. -βə) *a*., *m.-f.* bald *s*. *2 f.* bald head.

calc (kalk) *m*. tracing. *2* fig. copy. plagiarism.

calç (kals) *f*. CHEM. lime.

calçada (kəlsáðə) *f*. made road. paved road. *2* roadway [where cars may pass].

calçador (kəlsəðó) *m*. shoehorn. ‖ *entrar amb* ~, to be a tight fit.

calcar (kəlká) *t*. to trace. *2* fig. to copy. to plagiarise. *3* to put pressure on [with the foot].

calçar (kəlsá) *t*. to shoe; to make shoes for someone. *2* to take a certain size of shoe: *quin número calces?*, what size (shoe) do you take? ▪ *3 p.* to put one's shoes on. *4* to buy one's shoes at a certain place.

calcari, -ària (kəlkári, -áriə) *a*. calcareous. ‖ *pedra calcària*, limestone.

calçasses (kəlsásəs) *m*. henpecked husband.

calçat (kəlsát) *a.-m.* wearing shoes. ▪ *2 m.* footwear. shoes *pl*.

calces (kálsəs) *f. pl.* knickers. panties. *2* (BAL.). (VAL.) stockings.

calcetins (kəlsətins) *m.-pl.* (BAL.). (VAL.) See MITJONS.

calci (kálsi) *m*. MINER. calcium.

calcificar (kəlsifiká) *t*. to calcify.

calcinar (kəlsiná) *t*. to calcine. ‖ *el cotxe va*

quedar calcinat, the car was completely burnt out.

calcomania (kəlkuməniə) *f.* PRINT. transfer.

calçot (kəlsɔ́t) *m.* type of spring onion usually cooked in embers.

calçotada (kəlsutáðə) *f.* a [usually] open air meal of *calçots*.

calçotets (kəlsutéts) *m. pl.* underpants.

càlcul (kálkul) *m.* calculation. 2 calculus. 3 MED. calculus, stone.

calculador, -ra (kəlkuləðó, -rə) *a.* calculating. ▪ 2 *m.-f.* calculator.

calcular (kəlkulá) *t.* to calculate.

calda (káldə) *f.* heat. 2 stoking [furnace].

caldejar (kəldəʒá) *t.* to heat [sun].

caldera (kəldérə) *f.* boiler; cauldron.

calderada (kəldəráðə) *f.* boilerful, the contents of a boiler; cauldronful.

caldre (káldrə) *i.* to be necessary, to need. ‖ *com cal*, proper, as it should be. ‖ *no cal dir*, of course. ▲ CONJUG. like *valer*.

calé (kəlé) *m.* dough, bread, money. ▲ usu. *pl.*

calefacció (kələfəksió) *f.* heating.

calendari (kələndári) *m.* calendar.

calent (kələn) *a.* hot. ‖ *el més ~ és a l'aigüera*, there's nothing ready to eat [at mealtime]. ‖ *cap ~*, nothead.

caler (kəlé) *i.* to CALDRE.

calfred (kəlfrét) *m.* shiver.

calibrar (kəliβrá) *t.* to gauge, to calibrate.

calibre (kəliβrə) *m.* calibre.

càlid, -da (kálit, -ðə) *a.* warm, hot.

calidoscopi (kəliðuskɔ́pi) *m.* kaleidoscope.

califa (kəlifə) *m.* caliph.

calitja (kəliʤə) *f.* METEOR. haze.

caliu (kəliŭ) *m.* embers, hot ashes. 2 fig. warmth, affection; well-being.

call (kaʎ) *m.* MED. corn; callous. 2 HIST. Jewish quarter.

callar (kəʎá) *t.* to silence, to shut up. ▪ 2 *i.* to shut up, to be silent. ‖ *fer ~*, to silence.

callat, -ada (kəʎát, -áðə) *a.* silent, quiet.

caHigrafia (kəliɣrəfiə) *f.* calligraphy.

callista (kəʎistə) *m.-f.* chiropodist.

calm, -ma (kálm, -mə) *a.* calm, tranquil. ▪ 2 *f.* calm, calmness.

calmant (kəlmán) *a.* calming, soothing. ▪ 2 *m.* pain-killer, sedative, tranquillizer.

calmar (kəlmá) *t.* to calm, to calm down: *això et calmarà el dolor*, this will ease your pain. ▪ 2 *i.* to become calm: *el vent ha calmat*, the wind has dropped. ▪ 3 *p. calma't!*, take it easy!

calmós, -osa (kəlmós, -ózə) *a.* calm. 2 calm, unhurried.

calor (kəló) *f.* heat: *fa ~*, it's hot.

calorada (kəluráðə) *f.* great heat, oppresive heat. 2 heat [after physical effort].

caloria (kəluriə) *f.* calorie.

calorífic, -ca (kəlurifik, -kə) *a.* calorific.

calorós, -osa (kəlurós, -ózə) *a.* warm [also fig.].

calúmnia (kəlúmniə) *f.* calumny; slander [spoken]; libel [written].

calumniar (kəlumniá) *t.* to slander [spoken]; to libel [written]; to calumny.

calvari (kəlβári) *m.* Calvary. 2 fig. trials and tribulations, suffering.

calvície (kəlβisiə) *f.* baldness.

calze (kálzə) *m.* chalice. 2 BOT. calyx.

cama (kámə) *f.* leg. ‖ *cames ajudeu-me*, hell for leather. 2 *adv. phr. ~ ací, ~ allà*, astride *adv.-a*.

camafeu (kəməféŭ) *m.* cameo.

camal (kəmál) *m.* leg [of trousers].

camaleó (kəməleó) *m.* ZOOL. chameleon.

camàlic (kəmálik) *m.* porter, carrier.

camamilla (kəməmiʎə) *f.* BOT. camomile.

camarada (kəməráðə) *m.* comrade; mate.

camarilla (kəməriʎə) *f. cast.* clique; pressure group; lobby [Parliament].

camarot (kəmərɔ́t) *m.* MAR. cabin.

cama-sec (káməsɛ́k) *m.* BOT. fairy ring mushroom.

cama-segat, -ada (káməsəɣát, áðə) *a.* exhausted, worn out.

Cambotja (kəmbɔ́ʤə) *pr. n. f.* GEOGR. Cambodia.

cambotjà, -ana (kəmbuʤá, -ánə) *a., m.-f.* Cambodian.

cambra (kámbrə) *f.* chamber; bedroom: *~ de bany*, bathroom. 3 COMM. *~ de compensació*, clearing house. 4 AUT. *~ d'aire*, inner tube.

cambrer, -ra (kəmbré, -rə) *m.* waiter, barman. 2 *f.* waitress, barmaid.

camèlia (kəmɛ́liə) *f.* BOT. camellia.

camell, -lla (kəmɛ́ʎ, -ʎə) *m.-f.* ZOOL. camel. 2 coll. pusher.

camerino (kəmərinu) *m.* THEATR. dressing room.

camí (kəmi) *m.* way, route. 2 path; track; lame; road. ‖ *~ de cabres*, narrow, difficult track. ‖ HIST. *~ ral*, highway. 3 fig. *a mig ~*, halfway. 4 fig. *obrir-se ~*, to overcome difficulties to reach a goal. 5 fig. *tots els camins duen a Roma*, all roads lead to Rome. 6 fig. *anar pel mal ~*, to go astray.

caminada (kəmináðə) *f.* long walk.

caminador, -ra (kəmináðó, -rə) *a., m.-f.* good walker *s.* ▪ 2 *m. pl.* reins [children].

caminar (kəminá) *i.* to walk. ‖ *~ de puntetes*, to tiptoe.

camió (kəmió) *m.* lorry, truck.

camió-cisterna (kəmió sistérnə) *m.* tanker.

camioneta (kəmiunétə) *f.* van.

camisa (kəmizə) *f.* shirt. ‖ *~ de dormir*,

nightshirt; fig. *aixecar la* ~, to take [someone] in, to fool; *anar en mànegues de* ~, to be in shirt-sleeves.
campar (kəmpá) *i.* to get by, to manage. ‖ *campi qui pugui!*, every man for himself!
camiseria (kəmizəriə) *f.* shirt shop.
camp (kam) *m.* country, countryside [as opposed to town]. *2* field, open land: ~ *d'aviació*, airfield: ~ *d'esports*, sportsfield. *3* fig. field: *el* ~ *de la televisió*, the field of television: ~ *magnètic*, magnetic field. ‖ *fotre el* ~, to go, to leave. ‖ *deixar el* ~ *lliure*, to leave the field open. ‖ *haver-hi* ~ *per córrer*, to have plenty of room to manoeuvre. ‖ ~ *de concentració*, concentration camp. ‖ ~ *de treball*, work camp. ‖ ~ *de visió*, field of vision.
campament (kəmpəmén) *m.* encampment; camp. *2* camping.
campana (kəmpánə) *f.* bell. ‖ coll. *fer* ~, to play truant. ‖ *sentir tocar campanes (i no saber on)*, to have a vague idea or recollection of something.
campanada (kəmpənáðə) *f.* ringing; peal.
campanar (kəmpəná) *m.* bell tower, belfry.
campaner (kəmpəné) *m.* bellmaker. *2* bellringer.
campaneta (kəmpənétə) *f.* small bell; handbell. *2* BOT. bellflower.
campanya (kəmpáɲə) *f.* country. *2* campaign: ~ *electoral*, election campaign: ~ *publicitària*, advertising campaign: *fer* ~ *per*, to campaign for.
camperol, -la (kəmpərɔ́l, -lə) *a.* country, rural: *flors camperoles*, wild flowers. ■ *2 m.-f.* country person.
càmping (kámpiŋ) *m.* camping. *2* camping site, camp site.
campió, -ona (kəmpió, -ónə) *m.-f.* champion.
campionat (kəmpiunát) *m.* championship.
camús, -usa (kəmús, -úzə) *a.* snub-nosed.
camussa (kəmúsə) *f.* ZOOL. chamois, izard.
can (kən) (*contr. ca + en*): *a* ~ *Miquel*, at Michael's (house). ‖ ~ *seixanta*, bedlam.
cana (kánə) *f.* measure of length equivalent to eight *pams*.
Canadà (kənəðá) *pr. n. m.* GEOGR. Canada.
canadenc, -ca (kənəðéŋ, -kə) *a., m.-f.* Canadian.
canal (kənál) *m.* canal. *2* channel: *el* ~ *de la Mànega*, the English Channel. *3* waveband *4 f.* defile, very narrow valley.
canalització (kənəlidzəsió) *f.* canalization.
canalitzar (kənəlidzá) *t.* to channel.
canalla (kənáʎə) *f.* children; kids. *2 m.* blackguard, scoundrel, swine.
canallada (kənəʎáðə) *f.* dirty trick. *2* large

group of children. *3* childishness, childish act.
canapè (kənəpέ) *m.* COOK. canapé. *2* sofa, settee.
canari, ària (kənári, -áriə) *a.* GEOGR. Canary Islands. ■ *2 m.-f.* Canary Islander. *3 m.* ORNITH. canary.
Canàries (Illes) (kənáriəs, íʎəs) *pr. n. f. pl.* GEOGR. Canary Islands.
canastra (kənástrə) *f.* basket. *2* GAME canasta [cards].
canceHar (kənselá) *t.* to cancel.
canceller (kənsəʎé) *m.* chancellor.
cancelleria (kənsəʎəriə) *f.* chancellory, chancellery.
càncer (kánsər) *m.* cancer. *2* ASTROL. *C*~, Cancer.
cancerós, -osa (kənsərós, -ózə) *a.* cancerous.
cançó (kənsó) *f.* song. ‖ ~ *de bressol*, lullaby.
cançoner (kənsuné) *m.* collection of poems. *2* collection of songs. *3* songbook. ■ *4 a.* dawdling.
candela (kəndélə) *f.* candle. *2* icicle. *3 et cau la* ~, your nose is running.
candent (kəndén) *a.* white-hot, red-hot. *2* fig. burning: *un problema* ~, a burning problem.
càndid, -da (kándit, -ðə) *a.* candid, frank, sincere. *2* naïve, innocent.
candidat, -ta (kəndiðát, -tə) *m.-f.* candidate; applicant.
candidatura (kəndiðətúrə) *f.* candidature. *2* list of candidates. *3* candidates, applicants *pl.*
candidesa (kəndiðézə) *f.* candour.
candor (kəndó) *m.* candour, innocence.
candorós, -osa (kəndurós, -ózə) *a.* innocent, guileless.
canell (kənéʎ) *m.* ANAT. wrist.
canelobre (kənəlɔ́βrə) *m.* candelabrum, candelabra.
cànem (kánəm) *m.* BOT. hemp. ‖ ~ *indi*, cannabis.
canemàs (kənəmás) *m.* canvas.
cangueli (kəɲɣéli) *m.* coll. fear.
cangur (kəɲɣúr) *m.* ZOOL. kangaroo. *2* babysitter. ‖ *fer de* ~, to babysit.
caní, -ina (kəní, -inə) *a.* canine.
caníbal (kəníβəl) *m.* cannibal.
canibalisme (kəniβəlizmə) *m.* cannibalism.
canícula (kənikulə) *f.* METEOR. dog days *pl.*, high summer.
canó (kənó) *m.* tube; pipe. *2* barrel [guns]. ‖ *a boca de* ~, point blank. *3* cannon. ‖ *carn de* ~, cannon fodder.
canoa (kənɔ́ə) *f.* canoe.
cànon (kánon) *m.* canon. *2* MUS. canon. *3* LAW rent; levy.

canonada (kənunáðə) *f.* gunshot [artillery]. 2 pipe.
canoner, -ra (kənunér, -rə) *m.-f.* cannoneer. 2 *m.* gunboat.
canonge (kənɔ́nʒə) *m.* canon.
canònic, -ca (kənɔ́nik, -kə) *a.* canon; canonical.
canonització (kənunidzəsió) *t.* canonization.
canós, -osa (kənós, -ózə) *a.* grey-haired; white-haired.
canot (kənɔ́t) *m.* canoe.
cansalada (kənsəláðə) *f.* salted. fat bacon. 2 coll. *suar la ~*, to sweat like a pig.
cansament (kənsəmén) *m.* tiredness.
cansar (kənsá) *t.-p.* to tire *t.-i.*
cansat, -ada (kənsát, -áðə) *a.* tired. 2 tiring.
cant (kan) *m.* song; singing.
cantaire (kəntáĩrə) *a.* singing. ▪ 2 *m.-f.* singer.
cantant (kəntán) *m.-f.* singer.
cantar (kəntá) *i.-t.* to sing. ‖ *~ les veritats a algú*, to speak frankly. 2 *i.* to look wrong, to be wrong. 3 *t.* fig. to squeal *i.*, to let out [a secret].
cantarella (kəntəréʎə) *f.* singsong quality; accent.
cantata (kəntátə) *f.* MUS. cantata.
cantautor, -ra (kəntəŭtó, -rə) *m.-f.* singer.
cantell (kəntéʎ) *m.* edge.
cantellut, -uda (kəntəʎút, -úðə) *a.* corner. 2 many-edged.
canterano (kəntəránu) *m.* bureau; desk.
càntic (kántik) *m.* canticle; song.
cantimplora (kəntimplórə) *f.* water-bottle.
cantina (kəntinə) *f.* buffet [station]; bar.
càntir (kánti) *m.* pitcher.
cantó (kəntó) *m.* corner. ‖ *quatre cantons*, crossroads. 2 side.
cantonada (kəntunáðə) *f.* corner [street].
cantonera (kəntunérə) *f.* corner piece. 2 corner cabinet. 3 corner stone.
cantussejar (kəntusəʒə) *i.* to hum; to sing [softly, to oneself].
cànula (kánulə) *f.* MED. cannula.
canvi (kámbi) *m.* change, alteration. 2 exchange. ‖ *taxa de ~*, exchange rate. 3 change [money]: *tens ~ de mil pessetes?*, have you got change of a thousand pesetas?, can you change a thousand pesetas? 4 *lliure ~*, free trade. 5 *adv. phr. en ~*, on the other hand.
canviar (kəmbiá) *i.-t.* to change; to alter.
canvista (kəmbistə) *m.-f.* moneychanger.
canya (káɲə) *f.* cane. ‖ *~ de sucre*, sugar cane ‖ fig. *no deixar ~ dreta*, to destroy completely. 2 *~ de pescar*, fishing rod.
canyada (kəɲáðə) *f.* gorge with reeds.
canyamel (kəɲəmél) *f.* BOT. sugar cane.

canyar (kəɲá) *m.* cane plantation, reedbed.
canyella (kəɲéʎə) *f.* BOT. cinnamon. 2 shin.
canyís (kəɲis) *m.* cane or wicker lattice. 2 BOT. thin type of cane.
caoba (kəɔ́βə) *f.* BOT. mahogany.
caolí (kəuli) *m.* kaolin.
caos (káos) *m.* chaos.
caòtic, -ca (kəɔ́tik, -kə) *a.* chaotic.
1) cap (kap) *m.* head. ‖ *~ de turc*, scapegoat; *anar amb el ~ alt*, to hold one's head high; *anar amb el ~ sota l'ala*, to be crestfallen; *ballar pel ~*, to have vague recollections of something; *de ~ a peus*, from head to toe; *escalfar-se el ~*, to rack one's brains; *fer un cop de ~*, to come to a decision; *no tenir ni ~ ni peus*, to be a real mess; *pasar pel ~*, to occur; *per ~*, each. 2 judgement, wisdom, common sense. 3 head, chief, leader. ‖ *~ de vendes*, sales manager. 4 end. ‖ *~ d'any*, New Year; *~ de setmana*, weekend; *al ~ i a la fi*, in fact; *lligar ~s*, to tie up loose ends. 5 GEOGR. cape.
2) cap (kap) *a.* no; none: *no té ~ fill*, she has no children; *si ~ d'ells ve, t'ho diré*, if none of them comes, I'll let you know; *en tens ~?*, haven't you got one? ▪ 2 *prep.* towards. ‖ *vine ~ aquí*, come here. ‖ *anava ~ a casa*, she was going home. 3 not far from. ‖ *viu ~ a Tàrrega*, he lives near Tàrrega. 4 approximately. ‖ *~ a tres quarts de cinc*, at about a quarter to five.
Cap, Ciutat del (kəp, siŭtáddəl) *pr. n. f.* GEOGR. Cape Town.
capa (kápə) *f.* cape, cloak. 2 pretext; façade. 3 coat [paint]. 4 GEOL. stratum.
capaç (kəpás) *a.* able, capable. ‖ *és ~ de no venir!*, he's liable not to come! 2 competent.
capacitar (kəpəsitá) *t.* to train, to qualify.
capacitat (kəpəsitát) *f.* capacity. 2 ability, aptitude.
capar (kəpá) *t.* to castrate, to geld.
caparrada (kəpərráðə) *f.* butt [push]. 2 rash or reckless act.
caparrut, -da (kəpərrút, -úðə) *a.* stubborn, pig-headed.
capatàs (kəpətás) *m.* overseer; foreman.
capbaix (kəbbáʃ, -ʃə) *a.* crestfallen.
capbussada (kəbbusáðə) *f.* dive.
capbussar (kəbbusá) *t.-p.* to dive.
capbussó (kəbbusó) *m.* See CAPBUSSADA.
capçada (kəpsáðə) *f.* crown, branches [of a tree]. 2 AGR. patch.
capçal (kəpsál) *m.* bedhead. 2 pillow. 3 ELECTR. head, tapehead.
capçalera (kəpsəlérə) *f.* headboard. ‖ *metge de ~*, family doctor. 2 frontispiece. 3 heading, rubric.
capciós, -osa (kəpsiós, -zə) *a.* captious, art-

ful. ‖ *una pregunta capciosa*, a catch question.

capdamunt (kąbdəmún) *adv. phr. al* ~, at the top, on top. ‖ *fins al* ~, to the top. ‖ *estar-ne fins al* ~ *de*, to be sick of.

capdavall (kąbdəβáʎ) *adv. phr. al* ~, at the bottom, in the bottom; at the end.

capdavant (kąbdəβán) *adv. phr. al* ~ *de*, at the head of.

capdavanter, -ra (kąbdəβəntė, -rə) *m.-f.* leader. 2 fig. pioneer.

capell (kəpéʎ) *m.* hat. 2 cocoon.

capella (kəpéʎə) *f.* chapel.

capellà (kəpəʎá) *m.* priest, chaplain.

capelleta (kəpəʎέtə) *f.* coterie, clique.

capficar-se (kąpfikársə) *p.* to worry.

capgirar (kąbʒirá) *t.* to overturn, to turn upside down. 2 fig. to upset, to throw into disorder. 3 to confuse, to misunderstand.

capgirell (kąbʒiréʎ) *m.* fall, tumble. 2 fig. sudden change [in fortune].

cap-gros (kąbgrós) *m.* bighead. 2 ZOOL. tadpole.

cap-i-cua (kąpikúə) *m.* palindromic number.

capiHar (kəpilá) *a.* hair. 2 capillary. ■ *3 m.* capillary.

capiHaritat (kəpiləritát) *f.* capillarity.

capir (kəpí) *t.* to understand.

capità (kəpitá) *m.-f.* captain.

capital (kəpitál) *a.* capital, main, chief, principal. ‖ *enemic* ~, principal enemy. ‖ *pena* ~, death penalty. ■ *2 m.* ECON. capital. ‖ ~ *social*, share capital. *3 f.* capital.

capitalisme (kəpitəlízmə) *m.* capitalism.

capitalista (kəpitəlistə) *a., m.-f.* capitalist.

capitalitzar (kəpitəlidzá) *t.-i.* to capitalize. 2 to accumulate capital.

capitanejar (kəpitənəʒá) *t.* to captain, to lead.

capitania (kəpitəniə) *f.* captaincy, captainship.

capitell (kəpitéʎ) *m.* ARCH. capital.

capítol (kəpitul) *m.* chapter. 2 BOT. capitulum.

capitost (kəpitós(t)) *m.* chief, commander.

capitular (kəpitulá) *t.* to divide into chapters. ■ *2 i.* to capitulate, to sign a truce.

capó (kəpó) *m.* capon; castrated animal.

capolar (kəpulá) *t.* to chop up, to cut up. 2 fig. to wear out [people].

capoll (kəpóʎ) *m.* BOT. bud. 2 ZOOL. cocoon.

caponar (kəpuná) *t.* to castrate, to geld.

caporal (kəpurál) *m.* MIL. corporal.

capota (kəpótə) *f.* AUT. folding top or hood.

caprici (kəprísi) *m.* See CAPRITX.

capriciós, -osa (kəprisiós, -ózə) *a.* See CAPRITXÓS.

Capricorn (kəprikórn) *m.* ASTROL. Capricorn.

capritx (kəpritʃ) *m.* caprice, whim.

capritxós, -osa (kəpritʃós, -ózə) *a.* capricious; moody.

capsa (kápsə) *f.* box. ‖ ~ *de llumins*, matchbox.

capsigrany (kąpsiɣráɲ) *m.* ORNIT. shrike. 2 blockhead.

càpsula (kápsulə) *f.* capsule.

capta (káptə) *f.* begging. 2 collection.

captació (kəptəsió) *f.* harnessing [energy]. 2 begging. 3 reception [radio].

captaire (kəptáïrə) *m.-f.* beggar.

captar (kəptá) *i.* to beg; to make a collection. ■ *2 t.* to harness [water, energy]. *3 t.* to receive, to pick up [radio signals].

capteniment (kəptənimén) *m.* behaviour.

captenir-se (kəptənírsə) *p.* to behave. ▲ CONJUG. like *abstenir-se*.

captiu, -iva (kəptiŭ, -iβə) *a., m.-f.* captive.

captivador, -ra (kəptiβəðó, -rə) *a.* captivating.

captivar (kəptiβá) *t.* to capture, to take captive. 2 to captivate, to charm.

captivitat (kəptiβitát) *f.* captivity.

captura (kəptúrə) *f.* capture, seizure.

capturar (kəpturá) *t.* to capture, to apprehend, to seize.

caputxa (kəpútʃə) *f.* hood.

caputxó (kəputʃó) *m.* little hood. 2 MECH. cap.

capvespre (kąbbésprə) *m.* dusk.

caqui (káki) *a.* khaki. ■ *2 m.* BOT. persimmon.

car (kár) *conj. ant.* for, because.

car, -ra (kár, -rə) *a.* expensive, dear. 2 dear, darling.

cara (kárə) *f.* face. ‖ *donar la* ~, to own up, to accept responsibility; *em va caure la* ~ *de vergonya*, I nearly died of shame; *fer mala* ~, not to look well; *fer una* ~ *nova*, to beat up; *plantar* ~, to stand up to; *tenir* ~, to be cheeky. 2 obverse [coin]. ‖ ~ *o creu*, heads or tails.

caràcter (kəráktər) *m.* character. 2 character, characteristic. 3 *prep. phr. amb* ~ *de*, as. 4 fig. (strong) personality, backbone.

característic, -ca (kərəktəristik, -kə) *a.* characteristic, typical. ■ *2 f.* characteristic.

caracteritzar (kərəktəridzá) *t.* to characterize. ■ *2 p.* to be characterized. *3 p.* to make up and dress up [actors for a part].

caragirat, -ada (kąrəʒirát, -áðə) *a.* traitorous. 2 false, hypocritical.

caram (kərám) *interj.* good heavens!, gosh!, really!

carambola (kərəmbɔ́lə) *f.* cannon [billiards]. ‖ fig. *per ~*, indirectly.

caramel (kərəmέl) *m.* caramel; sweet.

caramell (kərəmέʎ) *m.* icicle. 2 stalactite.

carantoines (kərəntɔ́ĭnəs) *f. pl.* caresses, fondling; flattery.

carassa (kərásə) *f.* broad face. 2 wry face. 3 grimace.

carat! (kərát) *interj.* (good) heavens!, you don't say!, really!

caràtula (kərátulə) *f.* mask.

caravana (kərəβánə) *f.* crowd, throng [of people on an outing]. 2 caravan, (USA) trailer. 3 AUTO. tailback, hold-up.

caravel·la (kərəβέlə) *f.* NAUT. caravel, caravelle.

carbassa (kərβásə) *f.* BOT. pumpkin, gourd. 2 coll. *donar ~*, to refuse, to turn down [a lover]. ‖ *treure ~*, to fail [an examination]; (USA) to flunk.

carbassó (kərβəsó) *m.* BOT. marrow, (USA) squash.

carbó (kərβó) *m.* coal. ‖ *~ de coc*, coke; *~ de pedra*, coal; *~ vegetal*, charcoal.

carboner, -ra (kərβunέ, -rə) *m.-f.* coal-dealer. 2 coal-cellar.

carboni (kərβɔ́ni) *m.* CHEM. carbon. ‖ *diòxid de ~*, carbon dioxide.

carbònic, -ca (kərβɔ́nik, -kə) *a.* CHEM. carbonic.

carbonífer, -ra (kərβunifər, -rə) *a.* carboniferous.

carbonissa (kərβunisə) *f.* coal-dust, slack.

carbonitzar (kərβunidzá) *t.* CHEM. to carbonize. 2 to make charcoal of.

carbur (kərβúr) *m.* CHEM. carbide.

carburador (kərβurəðó) *m.* carburettor.

carburant (kərβurán) *a.* carburetting. ▪ 2 *m.* liquid fuel, combustible liquid.

carburar (kərβurá) *t.* to carburet. ▪ 2 *i.* fig. to run, to work.

carcanada (kərkənáðə) *f.* carcass. 2 coll. skeleton.

carcassa (kərkásə) *f.* skeleton, carcass. 2 shell. 3 framework.

card (kar(t)) *m.* BOT. thistle.

carda (kárdə) *f.* BOT., TECH. teasel, card.

cardar (kərðá) *t.* to card. ▪ 2 *i.* sl. to fuck.

cardenal (kərðənál) *m.* cardinal.

cardíac, -ca (kərðíək, -kə) *a.* cardiac, heart. ▪ 2 *m.-f.* a person suffering from heart disease.

cardina (kərðínə) *f.* ORNIT. goldfinch.

cardinal (kərðinál) *a.* cardinal. ‖ *nombres ~s*, cardinal numbers. ‖ *punts ~s*, cardinal points.

carei (kərέĭ) *m.* ZOOL. tortoise.

carena (kərέnə) *f.* NAUT. keel, careening. 2 ridge, hilltop.

carenejar (kərənəʒá) *i.* to follow or walk along the ridge of a mountain.

carestia (kərəstíə) *f.* shortage, scarcity. 2 high cost, high price.

careta (kərέtə) *f.* mask. ‖ *~ antigàs*, gas mask. 2 fig. *llevar-se la ~*, to unmask oneself.

carga (kárγə) *f.* load [unit of measure or weight].

cargol (kərγɔ́l) *m.* snail. ‖ *~ de mar*, conch. 2 screw, bolt. 3 *escala de ~*, spiral staircase.

cargolar (kərγulá) *t.* to roll [paper, cigarette, etc.]. 2 to curl [hair]. 3 MECH. to screw.

cariar-se (kəriársə) *p.* to decay, to rot.

cariàtide (kəriátiðə) *f.* caryatid.

Carib (kərip) *pr. n. m.* GEOGR. Caribbean.

caricatura (kərikətúrə) *f.* caricature. 2 fig. parody, travesty.

carícia (kərísiə) *f.* caress. 2 fig. soft touch.

càries (káriəs) *f.* bone decay, caries. 2 dental decay; (USA) cavity.

carilló (kəriʎó) *m.* MUS. carillon. 2 chimes.

caritat (kəritát) *f.* charity. 2 alms: *fer ~*, to give alms.

Carles (kárləs) *pr. n. m.* Charles.

carlina (kərlínə) *f.* BOT. carline [thistle].

carmanyola (kərməɲɔ́lə) *f.* lunch case.

Carme (kármə) *pr. n. m.* Carmen.

carmesí, -ina (kərməzi, -inə) *a.-m.* crimson.

carmí (kərmí) *a.-m.* carmine.

carn (karn) *f.* flesh. ‖ fig. *~ de canó*, cannon-fodder; *ésser ~ i ungla*, to be thumb and nail; *no ésser ni ~ ni peix*, to be neither here nor there. 2 meat. ‖ *~ d'olla*, stewed meat; *~ de porc*, pork; *~ de vedella*, veal; *~ picada*, mince, (USA) ground beef.

carnada (kərnáðə) *f.* bait.

carnal (kərnál) *a.* carnal, of the flesh. 2 sexual: *unió ~*, sexual intercourse. 3 related by blood: *cosí ~*, first cousin.

carnaval (kərnəβál) *m.* carnival [period preceding lent], shrovetide.

carnestoltes (kạrnəstɔ́ltəs) *m.* carnival [as celebrated in Catalonia]. 2 fig. scarecrow.

carnet (kərnέt) *m.* notebook. 2 card, licence: *~ de conduir*, driving licence, (USA) driving license; *~ d'identitat*, identity card.

carnisser, -ra (kərnisέ, -rə) *a.* carnivorous [animal]. 2 fig. cruel, bloodthirsty. ▪ 3 *m.-f.* butcher [also fig.].

carnisseria (kərnisəriə) *f.* butcher's [shop], meat market. 2 slaughter, massacre.

carnívor, -ra (kərniβur, -rə) *a.* carnivorous. ▪ 2 *m.-f.* carnivore.

carnós, -osa (kərnós, -ózə) *a.* fleshy [lips],

flabby [body]. 2 BOT. fleshy [fruit, leaf, etc.].

carota (kərɔ́tə) *f.* mask. 2 grotesque face.

caròtida (kərɔ́tiðə) *f.* ANAT. carotid.

carp (karp) *m.* ANAT. carpus.

carpa (kárpə) *f.* ICHTHY. carp.

carpel (kərpέl) *m.* BOT. carpel.

carpeta (kərpέtə) *f.* folder. (USA) binder.

carquinyoli (kərkiɲɔ́li) *m.* rock-hard biscuit made with flour, eggs, sugar and sliced almonds.

carrabina (kərrəβínə) *f.* carbine, short rifle.

carrabiner (kərrəβiné) *m.* carabineer.

carraca (kərrákə) *f.* NAUT. carrack. 2 old ship, galleon. 3 fig. hulk, sluggard.

carrat, -ada (kərrát, -áðə) *a.* square, truncated.

càrrec (kárrək) *m.* post, office. 2 load, burden. 3 fig. duty, job; charge. ‖ *fer-se* ~, to take charge; to see to; to understand.

càrrega (kárrəyə) *f.* load [also fig.]. 2 burden, weight. 3 COMM. cargo. 4 fig. duty, obligation. 5 MIL. charge. 6 loading [act]. 7 ~ *elèctrica*, charge, load. 8 *tren de* ~, freight train.

carregament (kərrəyəmén) *m.* load, cargo; loading. 2 fig. heaviness [of stomach, etc.]. 3 increase [in price].

carregar (kərrəyá) *t.* to load; to burden. 2 ELECTR. to charge. 3 fig. to burden, to encumber. ‖ *estar carregat de deutes*, to be burdened with debts. ‖ ~ *les culpes*, to pass on the blame. ■ 4 *i.* to charge.

carregós, -osa (kərrəyós, -ózə) *a.* tiresome, burdensome; boring, annoying.

carrer (kərré) *m.* street, road. ‖ fig. *deixar al mig del* ~, to leave in the lurch; *treure al* ~, to kick out.

carrera (kərrérə) *f.* career: *una brillant* ~ *política*, a brilliant political career. 2 (university) studies. 3 fig. *fer* ~, to get on, to make headway. 4 SP. race. 5 TEXT. ladder, (USA) run.

carrerada (kərrəráðə) *f.* cattle track.

carreró (kərrəró) *m.* alley. 2 SP. lane.

carreta (kərrétə) *f.* small wagon, low cart.

carretejar (kərrətəʒá) *t.* to cart, to haul.

carreter, -ra (kərrətέ, -rə) *a.* cart. ■ 2 *m.-f.* carter. ‖ *parlar com un* ~, to be foulmouthed. 3 *f.* road, highway.

carretó (kərrətó) *m.* small cart.

carreu (kərréŭ) *m.* ARCH. ashlar.

carril (kərríl) *m.* rut, track; lane [motorway]. 2 rail, beam.

carrincló, -ona (kərriŋkló, -ónə) *a.* mediocre, run of the mill.

carrisquejar (kərriskəʒá) *i.* to chirp [bird, cricket]; to screech; to creak [wheel]; to grate [teeth, unoiled parts, etc.].

carro (kárru) *m.* cart, wagon. ‖ ~ *de combat*, tank. ‖ fig. *para el* ~!, hang on a moment! 2 MECH. wheel.

carronya (kərrɔ́ɲə) *f.* carrion. 2 fig. (old) good-for-nothing.

carrossa (kərrɔ́sə) *f.* coach, carriage; float [in procession].

carrosseria (kərrusəriə) *f.* AUTO. body [of a car]; bodywork.

carruatge (kərruádʒə) *m.* carriage.

carta (kártə) *f.* letter. 2 document, deed. ‖ *donar* ~ *blanca*, to give someone carte blanche. 3 chart, map: ~ *nàutica*, chart. 4 card. ‖ fig. *jugar-se l'última* ~, to play one's last card. ‖ *tirar les cartes*, to tell someone's fortune.

cartabó (kərtəβó) *m.* TECH. carpenter's square, draughtsman's triangle.

cartejar-se (kərtəʒársə) *p.* to correspond, to write to one another.

cartell (kərtéʎ) *m.* poster; bill [theatre]; wall chart.

carter (kərté) *m.* postman, (USA) mailman.

cartera (kərtérə) *f.* wallet. 2 briefcase, portfolio. 3 ECON. holdings. 4 POL. portfolio, (ministerial) post. ‖ *tenir en* ~, to plan, to have in mind.

carterista (kərtəristə) *m.-f.* pick-pocket.

carteró (kərtəró) *m.* (ROSS.) See RÈTOL.

cartílag (kərtilək) *m.* ANAT. cartilage.

cartilla (kərtiʎə) *f.* card, record: ~ *militar*, military record. 2 ~ *escolar*, primer.

cartipàs (kərtipás) *m.* (lined) notebook, exercise book. 2 portfolio.

cartó (kərtó) *m.* cardboard.

cartògraf, -fa (kərtɔ́graf, -fə) *m.-f.* cartographer, mapmaker.

cartografia (kərtuyrəfiə) *f.* cartography, map-drawing.

cartolina (kərtulinə) *f.* fine cardboard.

cartomància (kərtumánsiə) *f.* fortunetelling [with cards].

cartró (kərtró) *m.* See CARTÓ.

cartutx (kərtútʃ) *m.* cartridge. 2 roll [of coins].

cartutxera (kərtutʃérə) *f.* cartridge belt.

carxofa (kərʃɔ́fə) *f.* BOT. artichoke.

cas (kas) *m.* case, circumstance: *en cap* ~, under no circumstances. ‖ *no fer al* ~, to be beside the point; *si de* ~, in [any] case. 2 GRAMM. case. 3 MED. case. 4 *ets un* ~!, you're a dead loss!

casa (kázə) *f.* house; home, household. 2 building. ‖ ~ *de la vila*, town or city hall; ~ *de barrets*, brothel; ~ *de pagès*, farmhouse; ~ *de pisos*, block of flats. 3 *d'estar per* ~, casual [clothes], makeshift; *tirar la* ~ *per la finestra*, to go all out.

casaca (kəzákə) *f.* long coat, tunic.

casal (kəzál) m. family home, estate. 2 dynasty. 3 cultural or recreational centre: ~ d'avis, old age pensioner's club.

casalot (kəzəlɔ́t) m. large (ramshackle) house.

casament (kəzəmén) m. wedding [ceremony]; marriage. 2 fig. match, matching.

casar (kəzá) t. to marry. 2 fig. to match, to couple. ■ 3 i. to match, to harmonize. ■ 4 p. to get married.

casat, -ada (kəzát, -áðə) a. married. ■ 2 m.-f. married man or woman.

casc (kask) m. helmet. 2 NAUT. hull: ~ de la nau, hull [of a ship]. 3 district: ~ antic, old quarter [of a city].

cascada (kəskáðə) f. waterfall, cascade.

cascall (kəskáʎ) m. BOT. poppy.

cascar (kəská) t. to crack, to split. 2 to bruise. 3 tenir la veu cascada, to have a cracked voice.

cascavell (kəskəβéʎ) m. (little) bell. 2 f. ZOOL. serp de ~, rattlesnake.

casella (kəzéʎə) f. compartment. 2 GAME square [crossword puzzle, chess, etc.].

caseriu (kəzəriŭ) m. hamlet, group of houses.

caserna (kəzérnə) f. MIL. barracks.

caseta (kəzétə) f. stall, booth: ~ de banys, bathing hut. 2 compartment.

casimir (kəzimir) m. cashmere.

casino (kəzinu) m. club. ‖ ~ de joc, casino.

casolà, -ana (kəzulá, -ánə) a. household, home-made; home-loving [person].

casori (kəzɔ́ri) m. wedding, marriage.

casot (kəzɔ́t) m. hut, hovel.

caspa (káspə) f. dandruff, scurf.

casquet (kəskét) m. skull-cap, helmet. ‖ ~ glacial, ice-cap.

cassació (kəsəsió) f. LAW annulment.

casserola (kəsərɔ́lə) f. See CASSOLA.

cassó (kəsó) m. saucepan.

cassola (kəsɔ́lə) f. pan, large casserole; earthen cooking pan.

cast, -ta (kás(t), -tə) a. chaste. ■ 2 f. caste. 3 class, quality.

castany, -nya (kəstáɲ, -ɲə) a. chestnut-coloured. ■ 2 f. BOT. chestnut.

castanyada (kəstəɲáðə) f. chestnut-roasting party.

castanyer, -ra (kəstəɲé, -rə) m. BOT. chestnut-tree.

castanyoles (kəstəɲɔ́ləs) f. pl. castanets.

castedat (kəstəðát) f. chastity.

castell (kəstéʎ) m. castle. ‖ ~ de focs, fireworks. ‖ ~ de sorra, sand-castle.

castellanisme (kəstəʎənizmə) m. Castilianism.

càstig (kástik) m. punishment.

castigar (kəstiɣá) t. to punish. 2 fig. to strain [physically].

castís, -issa (kəstis, -isə) a. pure, authentic, genuine; purebred, pedigree, pure-blooded.

castor (kəstó) m. ZOOL. beaver.

castrar (kəstrá) t. to castrate, to geld.

castrense (kəstrénsə) a. military.

casual (kəzuál) a. accidental, chance.

casualitat (kəzuəlitát) f. chance, coincidence. ‖ per ~, by chance, accidentally.

casuística (kəzuistikə) f. casuistry.

casulla (kəzúʎə) f. chasuble.

cataclisme (kətəklizmə) m. cataclysm. 2 fig. disaster.

catacumbes (kətəkúmbəs) f. pl. catacombs.

català, -ana (kətəlá, -ánə) a. Catalonian, Catalan. ■ 2 m.-f. Catalonian [person]. 3 m. Catalan [language].

catalanisme (kətələnizmə) m. Catalanism; catalanism [linguistics].

catàleg (kətálək) m. catalogue.

catàlisi (kətálizi) f. catalysis.

Catalunya (kətəlúɲə) pr. n. f. GEOGR. Catalonia.

cataplasma (kətəplázmə) f. MED. poultice. 2 fig. sickly person.

catapulta (kətəpúltə) f. catapult.

cataracta (kətəráktə) f. MED. cataract.

catarro (kətárru) m. cold, head cold. 2 catarrh.

catàstrofe (kətástrufə) f. catastrophe.

catau (kətáŭ) m. den, lair; hideout, hiding place.

catecisme (kətəsizmə) m. catechism.

catecumen, -úmena (kətəkúmən, -úmənə) m.-f. catechumen.

càtedra (kátəðrə) f. chair, professorship [university]. ‖ exercir una ~, to hold a chair.

catedral (kətəðrál) f. cathedral.

catedràtic, -ca (kətəðrátik, -kə) m. professor, lecturer: ~ d'institut, grammar school teacher, (USA) secondary school teacher; ~ d'universitat, university professor.

categoria (kətəɣuriə) f. category; quality, standing.

categòric, -ca (kətəɣɔ́rik, -kə) a. categorical.

catequesi (kətəkézi) f. catechesis.

caterva (kətérβə) f. throng, crowd; flock.

catet (kətét) m. GEOM. cathetus.

catifa (kətifə) f. rug, carpet [floor].

càtode (kátuðə) m. ELECTR. cathode.

catòlic, -ca (kətɔ́lik, -kə) a., m.-f. catholic. ‖ fig. no estar ~, to be under the weather.

catolicisme (kətulisizmə) m. Catholicism.

catorze (kətɔ́rzə) a.-m. fourteen.

catorzè, -ena (kəturzέ, -έnə) *a.-m.* fourteenth.

catre (kátrə) *m.* cot.

catric-catrac (kətrikkətrák) *m.* clickety-clack.

catúfol (kətúful) *m.* bucket, scoop [in a well]. ‖ *fer ~s,* to dodder, to be in one's dotage.

catxalot (kətʃəlɔ́t) *m.* ZOOL. sperm whale.

cau (káŭ) *m.* den, lair; burrow. ‖ *a ~ d'orella,* whispering in someone's ear. 2 card game.

caució (kəŭsió) *f.* caution. 2 guarantee, pledge.

caure (káŭrə) *i.* to fall, to drop. ‖ *~ a terra,* to fall to the ground or on the floor. ‖ *deixar ~,* to drop. 2 fig. *~-hi,* to realize. 3 to lie, to be located. 4 fig. *~ a les mans,* to come across. 5 fig. *~ bé,* to impress favourably. ‖ *em cauen malament,* I don't take to them.

causa (káŭzə) *f.* cause, reason; grounds. ‖ *prep. phr. a ~ de,* on account of, because of. 2 LAW lawsuit; case, trial.

causal (kəŭzál) *a.* causal.

causant (kəŭzán) *a.* causing. ▪ 2 *m.-f.* cause.

causar (kəŭzá) *t.* to cause; to create, to provoke.

càustic, -ca (káŭstik, -kə) *a.* caustic. 2 fig. sarcastic.

cauteritzar (kəŭtəridzá) *t.* to cauterize.

cautxú (kəŭtʃú) *m.* rubber.

cavalcada (kəβəlkáðə) *f.* cavalcade. 2 cavalry raid.

cavalcadura (kəβəlkəðúrə) *f.* beast of burden.

cavalcar (kəβəlká) *t.* to ride [a horse]. ▪ 2 *i.* to ride (horseback), to go riding.

cavall (kəβáʎ) *m.* horse. 2 fig. *~ de batalla,* main point or theme. 3 *~ de vapor,* horsepower.

cavalla (kəβáʎə) *f.* ICHTHY. mackerel.

cavaller (kəβəʎé) *m.* rider, horseman. 2 gentleman. 3 knight.

cavalleresc, -ca (kəβəʎərésk, -kə) *a.* knightly, chivalric; of chivalry [literature].

cavalleria (kəβəʎəríə) *f.* chivalry. 2 cavalry.

cavallerissa (kəβəʎərísə) *f.* stable [for horses].

cavallerós, -osa (kəβəʎərós, -ózə) *a.* chivalrous; gentlemanly.

cavallet (kəβəʎét) *m.* CONSTR. trestle, sawhorse. 2 easel. 3 *pl.* roundabout, merry-go-round.

cavallot (kəβəʎɔ́t) *m.* large, clumsy horse. 2 fig. tomboy.

cavar (kəβá) *t.* to dig; to excavate.

càvec (káβək) *m.* mattock.

caverna (kəβέrnə) *f.* cavern, cave.

caviar (kəβiár) *m.* caviar.

cavil·lació (kəβiləsió) *f.* deep thought, rumination.

cavil·lar (kəβilá) *t.* to brood over, to ponder.

cavitat (kəβitát) *f.* cavity. 2 ANAT. *~ toràcica,* thoracic cavity.

ceba (sέβə) *f.* BOT. onion. 2 fig. obsession.

ceballot (səβəʎɔ́t) *m.* onion bud. 2 fig. half-wit.

ceballut, -uda (səβəʎút, -úðə) *a.* obstinate, stubborn.

cec, cega (sέk, -séɣə) *a.* blind. ▪ 2 *m.* blind man. 3 caecum, blind gut. 4 *f.* blind woman.

Cecília (səsíliə) *pr. n. f.* Cecily.

cedir (səði) *t.* to yield, to hand over; to transfer [property]. ▪ 2 *i.* to yield, to give in (*a,* to). 3 to diminish, to ease off.

cedre (séðrə) *m.* BOT. cedar.

cèdula (sέðulə) *f.* certificate, document; permit.

CEE () *f.* (*Comunitat Econòmica Europea*) EEC (European Economic Community).

cefàlic, -ca (səfálik, -kə) *a.* cephalic.

ceguesa (səɣέzə) *f.* blindness.

cel (sεl) *m.* sky; heavens. ‖ *remoure ~ i terra,* fig. to leave no stone unturned. 2 REL. heaven: fig. *baixar del ~,* to come as a godsend. 3 *~ ras,* ceiling.

celar (səlá) *t.* to conceal, to hide; to cover.

celebèrrim, -ma (sələβérrim, -mə) *a.* very famous, (extremely) well-known.

celebració (sələβrəsió) *f.* celebration; holding [of a meeting].

celebrar (sələβrá) *t.* to celebrate; to hold [a meeting]. 2 to be glad of. ▪ 3 *p.* to take place, to be held.

cèlebre (sέləβrə) *a.* famous, well-known.

celebritat (sələβritát) *f.* celebrity, fame. 2 celebrity [famous person].

celeritat (sələritát) *f.* speed; promptness, swiftness.

celestial (sələstiál) *a.* celestial, heavenly. 2 fig. perfect, ideal; delightful.

celibat (səliβát) *m.* celibacy.

celístia (səlístiə) *f.* starlight.

cella (sέʎə) *f.* ANAT. eyebrow. ‖ *ficar-se una cosa entre ~ i ~,* to be headstrong or obstinate. 2 METEOR. cloud-cap. 3 flange, projection; rim.

cel·la (sέlə) *f.* cell [in prison, convent, etc.].

cellajunt, -ta (seʎəʒún, -tə) *a.* bushy-eyebrowed, with knitted eyebrows. 2 fig. worried, scowling.

celler (səʎé) *m.* cellar, wine-cellar.

cel·lofana (səlufánə) *f.* cellophane.

cèHula (sɛ́lulə) *f.* cell. ‖ ~ *fotoelèctrica,* photoelectric cell.

ceHular (səlulá) *a.* cellular, cell. ‖ *cotxe* ~, prison van.

ceHulitis (səlulítis) *f.* cellulitis.

ceHuloide (səluɔ́iðe) *m.* celluloid.

ceHulosa (səlulózə) *f.* cellulose.

celobert (sɛ̨luβɛ́r(t)) *m.* interior patio, (USA) shaft.

celta (sɛ́ltə) *m.* GEOGR. Celt.

cèltic, -ca (sɛ́ltik, -kə) *a.* Celtic [language]. ▪ *2 m.-f.* Celt.

cement (səmɛ́n) *m.* cement [of teeth].

cementiri (səməntíri) *m.* cemetery, graveyard. ‖ ~ *d'automòbils,* used-car dump.

cenacle (sənáklə) *m.* circle [literary, political, artistic, etc.].

cendra (sɛ́ndrə) *f.* ash.

cendrer (səndrɛ́) *m.* ashtray.

cens (sɛ́ns) *m.* census. ‖ ~ *electoral,* electoral roll.

censor (sənsó) *m.* censor.

censura (sənsúrə) *f.* censorship, censoring. *2* censure, blame. *3* POL. *moció de* ~, censure motion.

censurar (sənsurá) *t.* to censor. *2* to censure, to condemn; to blame.

cent (sen) *a.-m.* one hundred, a hundred.

centaure (səntáűrə) *m.* MYTH. centaur.

centè, -ena (səntɛ́, -ɛ́nə) *a.-m.* hundredth. *2 f.* hundred.

centella (səntɛ́ʎə) *f.* spark; flash. ‖ *ésser viu com una* ~, fig. to be a live wire.

centenar (səntəná) *m.* hundred.

centenari, -ària (səntənári, -áriə) *a.* centennial. ▪ *2 m.* centenary [period]; centenary, (USA) centennial [anniversary].

centèsim, -ma (səntɛ́zim, -mə) *a., m.-f.* hundredth.

centesimal (səntəzimál) *a.* centesimal.

centígrad, -da (səntíɣrət, -ðə) *a.* Celsius, centigrade. ‖ *grau* ~, degree Celsius.

centígram (səntíɣrəm) *m.* centigram.

centilitre (səntilitrə) *m.* centilitre, (USA) centiliter.

cèntim (sɛ́ntim) *m.* hundredth part, of a peseta; cent, penny. ‖ *fer-ne cinc* ~*s,* give a brief explanation [of something]. *2 pl.* money.

centímetre (səntímətrə) *m.* centimetre, (USA) centimeter. *2* measuring tape.

centpeus (sɛmpɛ́us) *m.* ZOOL. centipede.

central (səntrál) *a.* central, middle. ▪ *2 f.* head office; plant, station. ‖ ~ *elèctrica,* power station. ‖ ~ *nuclear,* nuclear power station.

centralisme (səntrəlizmə) *m.* centralism.

centralitzar (səntrəlidzá) *t.* to centre. *2* POL. to centralize.

centrar (səntrá) *t.* to centre. *2* SP. to centre.

centre (sɛ́ntrə) *m.* centre. ‖ ~ *de gravetat,* centre of gravity. *2* fig. main topic [of conversation].

cèntric, -ca (sɛ́ntrik, -kə) *a.* central, middle; convenient. *2* downtown.

centrífug, -ga (səntrífuk, -ɣə) *a.* centrifugal.

centrípet, -ta (səntrípət, -tə) *a.* centripetal.

centúria (səntúriə) *f.* lit. century.

centurió (sənturió) *m.* centurion.

cenyidor (səɲiðó) *m.* sash, belt.

cenyir (səɲí) *t.* to girdle; to encircle. *2* to gird on [sword], to put on [belt]. *3* to fit tightly. ▪ *4 p.* to tighten [up]; to restrict. *5* fig. to limit oneself.

cep (sɛ́p) *m.* BOT. grapevine, vine stem. *2* clamp [on a wheel].

cepat, -ada (səpát, -áðə) *a.* hefty, well-built.

ceptre (sɛ́ptrə) *m.* sceptre.

cera (sɛ́rə) *f.* wax.

ceràmic, -ca (sərámik, -kə) *a.* ceramic. ▪ *2 f.* ceramics, pottery.

ceramista (sərəmistə) *m.* potter, ceramic artist.

cerç (sɛrs) *m.* cold north wind.

cerca (sɛ́rkə) *f.* search, hunt; quest.

cercabregues (sɛrkəβrɛ́ɣəs) *m.-f.* quarrelsome *a.,* rowdy *a.*

cercar (sərká) *t.* lit. so seek. *2* (BAL.) See BUSCAR.

cerca-raons (sɛrkərrəóns) *m.-f.* quarrelsome *a.,* trouble-maker.

cerciorar (sərsiurá) *t.* to assure, to affirm. ▪ *2 p.* to ascertain, to make sure (*de,* of).

cercle (sɛ́rklə) *m.* circle. ‖ fig. ~ *d'amistats,* circle of friends. ‖ fig. ~ *viciós,* vicious circle.

cèrcol (sɛ́rkul) *m.* rim; hoop.

cereal (sərɛál) *a.* cereal; grain. ▪ *2 m.* cereal.

cerebel (sərəβɛ́l) *m.* ANAT. cerebellum.

cerebral (sərəβrál) *a.* cerebral, brain. *2* fig. cerebral, intellectual.

ceri, -cèria (sɛ́ri, -sɛ́riə) *a.* waxen, wax.

cerilla (səriʎə) *f.* match. *2* taper, cardle.

cerimònia (sərimɔ́niə) *f.* ceremony.

cerimonial (sərimuniál) *a.-m.* ceremonial.

cerimoniós, -osa (sərimuniós, -ózə) *a.* ceremonious, elaborate. *2* slow, deliberate.

cerra (sɛ́rrə) *f.* (boar) bristle.

cert, -ta (sɛrt, -tə) *a.* true, certain; sure. ‖ *és* ~, that's true; certainly. ‖ *d'una* ~ *edat,* of mature years.

certamen (sərtámən) *m.* contest, competition.

certament (sɛrtəmɛ́n) *adv.* surely, certainly.

certesa (sərtɛ́zə) *f.* certainty, sureness.

certificar (sərtifiká) *t.* to certify; to vouch for. *2* to register [letter, package].
certificat, -ada (sərtifikát, -áðə) *a.* certified. ‖ *correu* ~, registered post, (USA) registered mail. ▪ *2 m.* certificate. ‖ ~ *d'aptitud,* diploma.
certitud (sərtitút) *f.* See CERTESA.
cerumen (sərúmən) *m.* MED. earwax.
cervatell (sərβətéʎ) *m.* ZOOL. fawn.
cervell (sərβéʎ) *m.* brain. *2* fig. whizz-kid, genius [person].
cervesa (sərβézə) *f.* beer.
cervical (sərβikál) *a.* cervical, neck.
cérvol, -la (sérβul, -lə) *m.* ZOOL. deer, stag. *2 f.* hind.
cessació (səsəsió) *f.* cessation, ceasing; suspension. *2* dismissal [of civil servant], firing [of worker].
cessar (səsá) *t.* to cease, to suspend [payment]. ▪ *2 i.* to stop, to cease; to leave off [activity], to let up [rain].
cessió (səsió) *f.* LAW, POL. cession, surrender.
cetaci (sətási) *m.* ZOOL. cetacean.
cianur (siənúr) *m.* cyanide.
ciàtic, -ca (siátik, -kə) *a.* sciatic. ▪ *2 f.* MED. sciatica.
cicatritzar (sikətridzá) *t.-p.* to heal, to cicatrize.
cicatriu (sikətriǔ) *f.* scar.
cicerone (sisərónə) *m.* guide [person].
cicle (siklə) *m.* cycle.
cíclic, -ca (siklik, -kə) *a.* cyclic, cyclical.
ciclisme (siklizmə) *m.* cycling. *2* SP. cycle racing.
ciclista (siklistə) *a.* cycle. ▪ *2 m.-f.* cyclist.
cicló (sikló) *m.* METEOR. cyclone.
cicuta (sikútə) *f.* BOT. hemlock.
CIEMEN (siémən) *m.* (*Centre Internacional d'Estudis de les Minories Ètniques i Nacionals*) (International Centre of Ethnic and National Minority Studies).
ciència (siénsiə) *f.* science; knowledge. ‖ *tenir la* ~ *infusa,* to divine.
científic, -ca (siəntifik, -kə) *a.* scientific. ▪ *2 m.-f.* scientist.
cigala (siɣálə) *f.* ENT. cicada. *2* ZOOL. Norway lobster. *3* vulg. cock.
cigar (siɣár) *m.* cigar.
cigarrera (siɣərrérə) *f.* cigar or cigarette case.
cigarret (siɣərrét) *m.* cigarette.
cigarreta (siɣərrétə) *f.* See CIGARRET.
cigne (siŋnə) *m.* ORNIT. swan.
cigonya (siɣóɲə) *m.* ORNIT. stork.
cigonyal (siɣuɲál) *m.* MECH. crankshaft.
cigró (siɣró) *m.* chickpea.
cili (sili) *m.* cilium.
cilici (silisi) *m.* cilice, hair shirt.

cilindre (silíndrə) *m.* cylinder. *2* MECH. barrel; roller.
cilíndric, -ca (silíndrik, -kə) *a.* cylindrical.
cim (sim) *m.* top [of tree]; top, peak, summit [of mountain]. ‖ *al* ~ *de,* on top of.
cimal (simál) *m.* peak, summit [of mountain]. *2* top. branch, main branch [of tree].
cimbals (símbəls) *m. pl.* cymbals.
cimbori (simbóri) *m.* ARCH. base [of a dome].
ciment (simén) *m.* cement. ‖ ~ *armat,* reinforced concrete.
cimera (simérə) *f.* summit meeting, summit conference. *2* crest [of helmet].
cinabri (sináβri) *m.* MINER. cinnabar.
cinc (siŋ) *a.-m.* five.
cinc-cents, -tes (siŋséns,-təs) *a.-m.* five hundred.
cine (sinə) *m.* See CINEMA. ~-*club,* cinema club, film club, art cinema.
cinegètic, -ca (sinəʒétik, -kə) *a.-f.* hunting.
cinema (sinémə) *m.* cinema [art], films: ~ *d'art i assaig,* non-commercial films; ~ *mut,* silent films. *2* cinema [place], (USA) movie theatre, movies.
cinemàtic, -ca (sinəmátik, -kə) *a.* kinetic. ▪ *2 f.* kinematics.
cinematògraf (sinəmətóɣrəf) *m.* cine projector, (USA) movie projector. *2* cinema, (USA) movie theatre.
cinematografia (sinəmətuɣrəfiə) *f.* cinema, film-making. *2* films.
cinerari, -ària (sinərári, -áriə) *a.* cinerary.
cinètic, -ca (sinétik, -kə) *a.* kinetic. ▪ *2 f.* kinetics.
cingla (siŋglə) *f.* girth.
cingle (siŋglə) *m.* cliff, crag.
cínic, -ca (sinik, -kə) *a.* cynical. *2* shameless.
cinisme (sinizmə) *m.* cynicism. *2* impudence, shamelessness.
cinquanta (siŋkwántə) *a.-m.* fifty.
cinquè, -ena (siŋké, -énə) *a.-m.* fifth.
cinta (sintə) *f.* band, strip. *2* ribbon: ~ *per a màquina d'escriure,* typewriter ribbon. *3* tape: ~ *aïllant,* insulating tape; ~ *mètrica,* tape measure. *4* reel [cinema]. *5* ~ *transportadora,* conveyor belt.
cintura (sintúrə) *f.* waist; waistline.
cinturó (sinturó) *m.* belt. ‖ ~ *de seguretat,* safety belt. *2* fig. belt, area. ‖ ~ *industrial,* industrial belt. *3* ~ *de ronda,* ring road.
cinyell (siɲéʎ) *m.* belt, waistband; sash.
circ (sirk) *m.* circus. *2* GEOL. cirque.
circuit (sirkúit) *m.* circuit, route [around a place]. *2* ELECTR. circuit: ~ *integrat,* integrated circuit; ~ *tancat,* closed-circuit [TV]. *3* SP. circuit, track.

circulació (sirkuləsió) *f.* circulation. *2* traffic; driving.

circular (sirkulá) *a.-f.* circular.

circular (sirkulá) *i.* to circulate. *2* to run [transport]; to drive [cars]. *3* to pass round. *4* fig. to get round [news].

circumcidar (sirkumsiðá) *t.* to circumcise.

circumcisió (sirkumsizió) *f.* circumcision.

circumdar (sirkumdá) *t.* to encircle, to surround.

circumferència (sirkumfərɛ́siə) *f.* circumference.

circumloqui (sirkumlɔ́ki) *m.* circumlocution.

circumscripció (sirkumskripsió) *f.* division [of territory]. ‖ ~ *administrativa,* constituency, district.

circumspecció (sirkumspəksió) *f.* caution, prudence.

circumspecte, -ta (sirkumspɛ́ktə, -tə) *a.* cautious, wary.

circumstància (sirkumstánsiə) *f.* circumstance.

circumvaŀlació (sirkumbələsió) *f.* encircling, walling in. *2* bypass, ring road.

cirera (sirɛ́rə) *f.* cherry. *2* fig., coll. *remenar les cireres,* to be in charge, to hold the reins.

cirerer (sirərɛ́) *m.* BOT. cherry tree.

ciri (siri) *m.* (wax) candle.

CIRIT (sirit) *f. (Comissió Interdepartamental de Recerca i Innovació Tecnològica)* (Interdepartamental Comission for Technological Research and Innovation).

cirrosi (sirrɔ́zi) *f.* MED. cirrhosis.

cirrus (sirrus) *m.* METEOR. cirrus.

cirurgia (sirurʒiə) *f.* surgery.

cirurgià, -ana (sirurʒiá, -ánə) *m.-f.* surgeon.

cisalla (sizáʎə) *f.* metal shears.

cisar (sizá) *t.* to trim; to shear. *2* to embezzle.

cisell (sizɛ́ʎ) *m.* chisel.

cisma (sizmə) *m.* schism, division.

cistell (sistɛ́ʎ) *m.* basket.

cistella (sistɛ́ʎə) *f.* basket. *2* SP. basket.

cisterna (sistɛ́rnə) *f.* cistern, storage tank.

cita (sitə) *f.* appointment [with doctor, dentist, etc.]; date [with friends].

citació (sitəsió) *f.* summons. ‖ ~ *judicial,* subpoena. *2* LITER. quotation.

citar (sitá) *t.* to make an appointment with. *2* to quote, to cite (*de,* from). *2* LAW to summon, to subpoena.

cítara (sitərə) *f.* MUS. zither.

cítric, -ca (sitrik, -kə) *a.* citric. ‖ *àcid* ~, citric acid. ■ *2 m.* citrus.

ciutadà, -ana (siŭtəðá, -ánə) *a.* civic, city. ■ *2 m.-f.* citizen; inhabitant.

ciutadella (siŭtρðéʎə) *f.* citadel, look-out tower.

ciutat (siŭtát) *f.* city; town. ‖ ~ *dormitori,* suburb. ‖ ~ *universitària,* (university) campus.

civada (siβáðə) *f.* oat(s).

civeta (siβɛ́tə) *f.* ZOOL. civet, civet-cat.

cívic, -ca (siβik, -kə) *a.* civic; civil. ‖ *centre* ~, civic centre.

civil (siβil) *a.* civil. *2* polite, obliging. ■ *3 m.-f. guàrdia* ~, Civil Guard.

civilització (siβilidzəsió) *f.* civilization.

civilitzar (siβilidzá) *t.* to civilize.

civisme (siβizmə) *m.* public spirit; patriotism.

clac (klak) *m.* clack [noise].

claca (klákə) *f.* claque.

clam (klam) *m.* claim, complaint. *2* outcry, clamour.

clamar (kləmá) *t.* to cry out for, to shout for; to demand. ■ *2 i.* to cry out, to clamour; to shout.

clamor (kləmó) *m.* (i *f.*) cry, shout; noise. *2* outcry, clamour [of protest].

clan (klan) *m.* clan. *2* faction, clique.

clandestí, -ina (kləndəsti, -inə) *a.* clandestine, hidden; underground [activity].

clap (klap) *m.* patch: *un ~ de gespa,* a patch of grass.

clapa (klápə) *f.* spot, mark [of colour]. *2* opening, gap; clearing.

clapir (kləpi) *i.* to yelp, to whine [a dog].

clapotejar (kləputəʒá) *i.* to splash, to be splashed [liquid].

clar, -ra (kla, -rə) *a.* clear, bright: *un matí molt* ~, a clear morning. *2* light [colour]. *3* thin. ‖ *una sopa clara,* clear soup. *4* fig. clear, easy to understand. ‖ *és* ~, of course, sure. ‖ *més* ~ *que l'aigua,* obvious. ■ *5 adv.* clearly. ‖ *parlar* ~, to be frank.

claraboia (klərəβɔ́iə) *f.* skylight.

clarament (klárəmɛ́n) *a.* clearly; obviously.

claredat (klərəðát) *f.* brightness, light. *2* clearness, clarity.

clarejar (klərəʒá) *i.* to dawn, to grow light. *2* to be light or thin [liquid].

clarí (kləri) *m.* MUS. bugle.

clariana (kləriánə) *f.* break in the clouds. *2* clearing.

clarificar (klərifiká) *t.* to clarify.

clarinet (klərinɛ́t) *m.* MUS. clarinet.

clarividència (kləriβiðɛ́nsiə) *f.* clairvoyance.

claror (kləró) *f.* brightness [of light].

classe (klásə) *f.* class. ‖ *fer* ~, to have class. ‖ ~ *social,* social class. *2* classroom.

clàssic, -ca (klásik, -kə) *a.* classic. *2* typical, traditional. *3* classical.

classificació (kləsifikəsió) *f.* classification.

classificar (kləsifiká) *t.* to classify, to rate; to sort.

clatell (klətéʎ) *m.* back or nape of the neck.

clatellada (klətəʎáðə) *f.* slap on the neck.

clau (kláu) *m.* nail. ‖ fig. *arribar com un* ~, to be punctual, on time. ‖ *ésser sec com un* ~, to be skinny as a twig. *2* BOT. ~ *d'espècia*, clove. *3 f.* key. ‖ ~ *mestra*, skeleton key, master key. *4* tap, switch. ‖ ~ *de pas*, stopcock. ‖ ~ *d'una aixeta*, tap. (USA) faucet. *5* key [answer]. *6* MUS. key.

claudàtor (kləudátor) *m.* square brackets.

Claudi (kláuði) *pr. n. m.* Claudius.

Clàudia (kláuðiə) *pr. n. f.* Claudia.

claudicar (kləuðiká) *i.* to give way, to back down. *2* to be untrue to one's principles.

clauer (kləwé) *m.* key-ring.

claustre (kláustrə) *m.* cloister. *2* staff, (USA) faculty [of university].

clàusula (kláuzulə) *f.* clause.

clausurar (kləuzurá) *t.* to close (down); to adjourn.

clavar (kləβá) *t.* to nail; to hammer in. *2* to embed, to set. *3* to thrust, to drive [with violence]: ~ *una bufetada*, to hit, to punch [someone]. ■ *4 p. m'he clavat una estella al dit*, I've got a splinter in my finger. *5 m'he clavat una sorpresa*, I was absolutely amazed.

clavat, -ada (kləβát, -áðə) *a.* identical, very similar. *3* just right, exactly fitting.

clavecí (kləβəsí) *m.* MUS. harpsichord; spinet.

claveguera (kləβəɣérə) *f.* sewer, drain.

clavell (kləβéʎ) *m.* BOT. carnation.

clavellina (kləβəʎinə) *f.* BOT. pink.

clavicèmbal (kləβisémbəl) *m.* MUS. See CLAVECÍ.

clavícula (kləβikulə) *f.* ANAT. collarbone, clavicle.

clavilla (kləβiʎə) *f.* pin, peg.

clàxon (klákson) *m.* horn [of a car].

cleda (kléðə) *f.* pen, sheepfold.

clemència (kləménsiə) *f.* mercy, clemency.

clement (kləmén) *a.* merciful, clement.

clenxa (klénʃə) *f.* parting [of hair].

clepsa (klépsə) *f.* crown of the head; skull. *2* fig. brains.

cleptomania (kləptumániə) *f.* kleptomania.

clergue (klérɣə) *m.* clergyman, priest; minister.

clerical (kləriká) *a.* clerical.

client, -ta (klién, -tə) *m.-f.* client, customer; patient [of a doctor].

clientela (kliəntélə) *f.* clients, customers; clientele.

clima (klimə) *f.* climate. *2* fig. atmosphere.

climatologia (klimətuluʒiə) *f.* climatology.

clin (klin) *m.* See CRIN.

clínic, -ca (klinik, -kə) *a.* clinical. ■ *2 f.* clinic; clinical training.

clip (klip) *m.* paper clip; hairclip (USA) bobby pin.

clissar (klisá) *t.* to see, to notice. ■ *2 i.* to see.

clivella (kliβéʎə) *f.* crack, cleft; crevice.

clixé (kliʃé) *m.* PRINT. stencil. *2* fig. cliché.

clofolla (kklufóʎə) *f.* shell, nutshell.

cloïssa (kluisə) *f.* ZOOL. clam.

cloquejar (klukəʒá) *i.* to cluck.

clor (klɔr) *m.* chlorine.

clorat (klurát) *m.* CHEM. chlorite.

clorhídric (kluríðrik) *a.* CHEM. hydrochloric.

clorofil·la (klurufilə) *f.* chlorophyll.

cloroform (klurufórm) *m.* chloroform.

clorur (klurúr) *m.* CHEM. chloride.

clos, -sa (klɔs, -ózə) *a.* enclosed; fenced in, walled in. ■ *2 m.* enclosed area, enclosure. *3 f.* fence, wall.

closca (klóskə) *f.* shell; eggshell. *2* skull; head. ‖ fig. *dur de* ~, thick-skulled.

clot (klɔt) *m.* hole, pit; hollow. *2* hole; grave. ‖ *anar al* ~, to die [a person].

clotell (klutéʎ) *m.* (BAL.) See CLATELL.

cloure (klóurə) *t.* to close, to shut. *2* to clinch. ▲ CONJUG. P. P. *clos.*

club (klup) *m.* club.

ço (sɔ) *dem. pron. ant.* this; that.

coa (kɔə) *f.* (BAL.) See CUA.

coacció (kuəksió) *f.* coercion, duress.

coaccionar (kuəksiuná) *t.* to coerce; to compel.

coadjutor, -ra (kuadʒutó, -rə) *a., m.-f.* assistant, helper *s.*

coadjuvar (kuədʒuβá) *i.* to help one another, to co-operate.

coagular (kuəɣulá) *t.* to coagulate, to clot; to curdle. ■ *2 p.* to coagulate, to curdle; to set, to thicken.

coalició (kuəlisió) *f.* coalition.

coartada (kuərtáðə) *f.* alibi.

cobalt (kuβál) *m.* MINER. cobalt.

cobdícia (kubdisiə) *f.* See COBEJANÇA.

cobejança (kuβəʒánsə) *f.* greed, covetousness.

cobejar (kuβəʒá) *t.* to covet, to desire; to long for.

cobert, -ta (kuβér(t), -tə) *a.* covered. *2* overcast [sky]. ■ *3 m.* shelter. *4* place [at a table]. *5* meal [at a fixed charge]. *6* set of cutlery. *7* fig. *estar a* ~, to be in the black.

cobertor (kuβertór) *m.* (VAL.) See COBRELLIT.

cobla (kóbblə) *f.* MUS. popular Catalonian instrumental group.

cobra (kóβrə) *f.* ZOOL. cobra.

cobrador, -ra (kuβrəðó, -rə) *m.-f.* collector; conductor [of bus].
cobrar (kuβrá) *t.* to collect, to receive [esp. money]. *2* to charge [price]. *3* to recover.
cobrellit (kͻβrəʎit) *m.* bedcover.
cobrir (kuβri) *t.* to cover, to protect. *2* to spread or extend over. *3* to meet, to cover [expenses]. *4* to cover up for. ■ *5 p.* to cover up, to cover oneself. ▲ CONJUG. P. P.: *cobert.*
coc (kͻk) *m.* cook; chef.
coca (kókə) *f.* flat, oven-baked dough with topping. *2* fig. *estar fet una ~,* to feel low or depressed. *3* BOT. coca [plant]. *4* coll. coke, cocaine.
cocaïna (kukəinə) *f.* cocaine.
cocció (kuksió) *f.* cooking, baking.
còccix (kͻksiks) *m.* ANAT. coccyx.
coco (kóku) *m.* coconut.
cocodril (kukuðril) *m.* ZOOL. crocodile.
cocoter (kukuté) *m.* BOT. coconut palm.
còctel (kͻctəl) *m.* cocktail [drink]. *2* cocktail party.
coctelera (kuktəlérə) *f.* cocktail shaker.
coda (kͻðə) *f.* MUS. coda.
còdex (kͻðəks) *m.* codex.
codi (kͻði) *m.* code. ‖ *~ de circulació,* highway code; *~ genètic,* genetic code; *~ penal,* penal code.
codificar (kuðifiká) *t.* to codify. *2* to rationalize, to order.
còdol (kͻðul) *m.* boulder.
codolell (kuðuléʎ) *m.* pebble.
codony (kuðóɲ) *m.* BOT. quince [fruit].
codonyat (kuðuɲát) *m.* quince jelly.
codonyer (kuðuɲé) *m.* BOT. quince tree.
coeficient (kuəfisién) *m.* MATH. coefficient. *2* quotient.
coerció (kuərsió) *f.* coercion; compulsion.
coercir (kuərsi) *t.* to coerce; to compel.
coet (kuét) *m.* rocket.
coetani, -ània (kuətáni, -ániə) *a.* contemporary [of the same period].
coexistir (kuəgzisti) *i.* to coexist.
còfia (kófiə) *f.* cap [of nurse, maid, etc.].
cofre (kófrə) *m.* chest, trunk, coffer.
cofurna (kufúrnə) *f.* hovel, dump; dingy room.
cognició (kuɲnisió) *f.* cognition.
cognom (kuɲnͻm) *m.* surname, (USA) last name; family name.
cognoscible (kuɲnusibblə) *a.* knowable; recognizable.
cogombre (kuɣómbrə) *m.* BOT. cucumber.
cohabitar (kuəβitá) *i.* to live together; to cohabit.
coherència (kuərénsiə) *f.* coherence.
coherent (kuərén) *a.* coherent.
cohesió (kuəzió) *f.* cohesion.

cohibició (kuiβisió) *f.* restraint, inhibition.
cohibir (kuiβi) *t.* to restrain, to inhibit.
coincidència (kuinsiðénsiə) *f.* coincidence.
coincidir (kuinsiði) *i.* to coincide. ‖ *vam ~ al cinema,* we ran into each other at the cinema. *2* to agree.
coïssor (kuisó) *f.* smart, burning or stinging pain.
coit (kͻït) *m.* intercourse, coition.
coix, -xa (koʃ, -ʃə) *a.* lame, limping; crippled. ■ *2 m.-f.* lame person; crippled.
coixejar (kuʃəʒá) *i.* to limp, to hobble (along); to be lame or crippled.
coixesa (kuʃézə) *f.* lameness; limp.
coixí (kuʃi) *m.* cushion; pillow.
coixinera (kuʃinérə) *f.* cushion-slip; pillowcase.
coixinet (kuʃinét) *m.* small cushion or pillow; pad. *2* MECH. bearing.
col (kͻl) *f.* BOT. cabbage. ‖ *~ de Bruseŀles,* (Brussels) sprout.
cola (kͻlə) *f.* glue; gum.
colador (kuləðó) *m.* strainer.
colar (kulá) *t.* to strain, to filter [a liquid].
coleòpters (kuləͻptərs) *m. pl.* ENT. beetles.
còlera (kͻlərə) *m.* MED. cholera. *2 f.* rage, anger.
colgar (kulɣá) *t.* to bury, to cover up. ■ *3 p.* to cover oneself up [in bed]. *4* to go to bed.
colibrí (kuliβri) *m.* ORNIT. hummingbird.
còlic, -ca (kͻlik, -kə) *a.* MED. colic [of the colon]. ■ *2 m.* colic. *3* diarrhea.
col-i-flor (kͻliflͻ) *f.* BOT. cauliflower.
colitis (kulitis) *f.* MED. colitis.
coll (kͻʎ) *m.* neck. ‖ *a ~,* on one's back or in one's arms. *2* throat. *3* collar [of a shirt, a coat, etc.]. *4* mountain pass. *5* suit [cards].
colla (kͻʎə) *f.* gathering, crowd; assembly. *2* series, group, collection.
coŀlaboració (kuləβurəsió) *f.* collaboration.
coŀlaborador, -ra (kuləβurəðó, -rə) *m.-f.* collaborator.
coŀlaborar (kuləβurá) *i.* to collaborate.
coŀlació (kuləsió) *f.* conferment. *2* light meal, snack. *3 portar a ~,* to bring up, to mention.
collada (kuʎáðə) *f.* mountain pass.
coŀlapse (kulápsə) *m.* collapse, breakdown. *2* fig. collapse, ruin, stoppage.
collar (kuʎá) *m.* necklace. *2* collar [of dog].
collar (kuʎá) *t.* to screw together; to join. *2* fig. to subject.
collaret (kuʎərét) *m.* necklace.
coŀlateral (kulətərál) *a.* collateral.
coŀlecció (kuləksió) *f.* collection.
coŀleccionar (kuləksiuná) *t.* to collect.

col·leccionista (kuləksiunístə) *m.-f.* collector.

col·lectar (kuləktá) *t.* to collect [taxes]; to take a collection [for charity].

col·lectiu, -iva (kuləktíŭ, -íβə) *a.* collective; joint, group. ▪ *2 m.* council, committee; group.

col·lectivitat (kuləktiβitát) *f.* whole; group, community.

col·lector (kuləktó) *a.* collecting. ▪ *2 m.* drain; sewer.

col·lega (kulέɣə) *m.* colleague, partner; mate.

col·legi (kulέʒi) *m.* school; school building. *2* association; body, college. ‖ ~ *electoral*, electoral college.

col·legial (kuləʒiál) *a.* school, college. ▪ *2 m.* schoolboy. *3 f.* schoolgirl.

col·legiar-se (kuləʒiársə) *p.* to become a school, college or association. *2* to enter a school, college or association.

col·legiata (kuləʒiátə) *f.* collegiate church.

collir (kuʎí) *t.* to pick, to pick up; to pluck. *2* to harvest, to reap; to gather, to collect. ▲ CONJUG. INDIC. Pres.: *cullo, culls, cull, cullen.* ‖ SUBJ. Pres.: *culli, cullis, culli, cullin.* │ IMPERAT.: *cull, culli, cullin.*

col·liri (kuliri) *m.* MED. eye-salve, collyrium.

col·lisió (kulizió) *f.* collision. *2* fig. clash.

collita (kuʎítə) *f.* crop, harvest; picking, gathering. ‖ fig. *de ~ pròpia*, of one's own invention.

colló (kuʎó) *m.* ball, testicle. ‖ interj. vulg. *collons!*, fucking hell!

col·locació (kulukəsió) *f.* placing. *2* job, position.

col·locar (kuluká) *t.* to place; to position, to put. *2* to invest.

col·loide (kulɔ̀iðə) *m.* colloid.

col·loqui (kulɔ̀ki) *m.* conversation. *2* discussion [after conference]; conference.

colobra (kulɔ̀brə) *f.* ZOOL. snake.

colofó (kulufó) *m.* colophon. *2* fig. end, ending.

colom (kulóm) *m.* pigeon.

colomí (kulumí) *m.* young pigeon. *2* greenhorn; naïve person.

còlon (kɔ̀lun) *m.* ANAT. colon.

colònia *f.* colony. *2* cologne.

Colònia (kulɔ̀niə) *pr. n. f.* GEOGR. Cologne.

colonitzar (kulunidzá) *t.* to colonize; to settle.

color (kuló) *m.* colour, (USA) color. ‖ *perdre el ~*, to turn pale. *2* fig. shade, tone; aspect. *3 de ~*, coloured, black [person].

coloració (kulurəsió) *f.* colouring, (USA) coloring. *2* coloration, markings.

colorant (kulurán) *a.* colouring, (USA) coloring. ▪ *2 m.* CHEM. dye, colouring, (USA), coloring.

colorar (kulurá) *t.* to colour, (USA) to color; to dye, to stain.

coloret (kulurέt) *m.* COSM. rouge, blusher.

colorit (kulurít) *m.* colouring, (USA) coloring.

colós (kulós) *m.* colossus; giant.

colossal (kulusál) *a.* colossal, giant.

colp (kɔ̀lp) *m.* (VAL.) See COP.

colpejar (kulpəʒá) *t.* to hit; to strike, to punch, to beat; to bang.

colpidor, -ra (kulpiðó, -rə) *a.* shocking, startling.

colpir (kulpí) *t.* to hit, to strike, to beat; to injure. *2* fig. to move, to affect [emotionally]; to shock.

colrar (kulrrá) *t.* to tan [skin]. ▪ *2 p.* to get tanned.

coltell (kultέʎ) *m.* ant. knife.

columna (kulúmnə) *f.* ARCH. column; pillar. *2* ANAT. spine. ‖ ~ *vertebral*, spinal column, spine. *3* fig. pillar, support.

columnata (kulumnátə) *f.* colonnade.

colze (kɔ̀lzə) *m.* elbow. *2* elbow's length [measurement]. *3* elbow [joint].

com (kɔm) *adv.* how; like; as. ‖ ~ *a*, as. ‖ ~ *ara*, such as. *2* as, while. ▪ *3 conj.* as, since; because.

coma (kómə) *m.* MED. coma. *2* GEOGR. (wide) mountain pass. *3* PRINT. comma.

comanar (kuməná) *t.* to entrust, to commission; to delegate. *2* to pay tribute to [an absent party].

comanda (kumándə) *f.* commission, assignment; errand, job; order. *2* care, custody.

comandament (kumǝndǝmέn) *m.* command; rule, authority. *2* commanding officers [army]. *3* control [of aircraft]; driving [of car].

comandant (kumǝndán) *m.* commander; commandant.

comandar (kumǝndá) *t.* to command, to lead; to be in charge of.

comarca (kumárkə) *f.* region; area, district.

comare (kumárə) *f.* godmother. *2* midwife. *3* neighbour [woman]; gossip.

combat (kumbát) *m.* battle, combat; fight. ‖ *posar o deixar fora de ~*, to put out of action, to knock out.

combatent (kumbǝtέn) *m.* combatant.

combatre (kumbátrə) *t.* to attack, to fight. *2* to counter, to oppose. ▪ *3 i.* to fight, to battle.

combinació (kumbinəsió) *f.* combination. *2* (women's) slip [undergarment].

combinar (kumbiná) *t.* to combine; to join, to put together. *2* to blend, to mix. ▪ *3 p.* to combine; to mix, to match.

combinat (kumbinát) *m.* cocktail.
comboi (kumɔ́i̯) *m.* convoy. *2* train.
combregar (kumbrəɣá) *t.* ECCL. to administer communion to. ∎ *2 i.* to receive communion. *3* fig. to be of the same opinion or feeling. ‖ *fer ~ amb rodes de molí,* to bamboozle.
combustible (kumbustibblə) *a.* combustible. ∎ *2* fuel, combustible.
combustió (kumbustió) *f.* combustion.
comèdia (kuméðiə) *f.* comedy. *2* fig. farce, comedy. ‖ fig. *fer ~,* to play the fool.
comediant, -ta (kuməðián, -tə) *a.* comic, comical. ∎ *2 m.* comedian. *3 f.* comedienne. *4 m.-f.* fake.
començ (kuméns) *m.* See COMENÇAMENT.
començament (kumənsəmén) *m.* beginning, start. ‖ *des del ~,* all along, from the start. *2* birth.
començar (kumənsá) *t.* to begin, to start. *2* to undertake, to take on. ∎ *3 i.* to begin, to start. ‖ *~ per,* to begin with. ‖ *per ~,* to begin with, in first place.
comensal (kumənsá) *m.-f.* table companion, dinner guest.
comentar (kuməntá) *t.* to comment on; to discuss, to give one's opinion of.
comentari (kuməntári) *m.* commentary. *2* comment; remark.
comentarista (kuməntəristə) *m.-f.* commentator [literary, historical, etc.].
comerç (kuméɾs) *m.* commerce, trade; business. *2* dealers, merchants [as a whole].
comercial (kuməɾsiál) *a.* commercial; business, trade. ‖ *centre ~,* shopping centre.
comerciant, -ta (kuməɾsián, -tə) *m.-f.* dealer, merchant; trader.
comerciar (kuməɾsiá) *i.* to do business; to trade.
comesa (kumézə) *f.* duty, custody. *2* commission, assignment; task, job.
comestible (kuməstibblə) *a.* edible. ∎ *2 m. pl.* food, provisions; groceries.
cometa (kumétə) *m.* ASTR. comet.
cometes (kumétəs) *f. pl.* PRINT. inverted commas, quotation marks.
cometre (kumétrə) *t.* to commit; to make [error]. ‖ *~ un assassinat,* to commit murder. ▲ CONJUG. like *admetre.*
comí (kumí) *m.* BOT. cumin.
comiat (kumiát) *m.* farewell. *2* dismissal; firing, sacking.
còmic, -ca (kɔ́ik, -kə) *a.* comic, comical. ∎ *2 m.* comedian. *3* comic (strip), cartoon. *4 f.* comedienne.
comicis (kumísis) *m. pl.* elections.
comissari (kumisári) *m.* commissary, deputy. *2* (police) inspector.

comissaria (kumisəriə) *f.* commissioner's office. *2* police station.
comissura (kumisúrə) *f.* commissure. ‖ *la ~ dels llavis,* the corner of the mouth.
comitè (kumité) *m.* committee.
comitiva (kumitíβə) *f.* retinue, procession.
commemoració (kumməmurəsió) *f.* commemoration.
commemorar (kumməmurá) *t.* commemorate.
commemoratiu, -iva (kumməmurətiŭ, -iβə) *a.* commemorative.
commensurable (kummənsurábblə) *a.* commensurable.
comminació (kumminəsió) *f.* threat.
comminar (kumminá) *t.* to threaten [with a penalty].
comminatori, -òria (kumminətɔ́ri, -ɔ́riə) *a.* threatening.
commoció (kummusió) *f.* commotion, shock, upheaval. ‖ *~ cerebral,* concussion.
commoure (kummɔ́urə) *t.* to shake: *una enorme explosió va ~ la ciutat,* an enormous explosion shook the city. *2* to awake, [emotions]. *3* to move, to affect: *les seves paraules ens van ~ a tots,* her words moved all of us.
comissió (kumisió) *f.* commission.
commovedor, -ra (kummuβəðó, -rə) *a.* moving, touching.
commutador (kummutəðó) *m.* ELECTR. commutator.
commutar (kummutá) *t.* to exchange, to commute. *2* ELECTR. to commutate. *3* LAW to commute.
còmode, -da (kɔ́muðə, -ðə) *a.* comfortable. *2* convenient, handy.
comoditat (kumuðitát) *f.* comfort. *2* convenience. *3 pl.* comforts, amenities, conveniences.
compacte, -ta (kumpáktə, -tə) *a.* compact.
compadir (kumpəðí) *t.* to sympathize with. ∎ *2 p.* to take pity (*de,* on).
compaginar (kumpəʒiná) *t.* to combine, to put together. *2* PRINT. to make up. ∎ *3 p.* to go together, to fit in with.
company, -nya (kumpáɲ, -ɲə) *m.-f.* companion, mate, colleague.
companyia (kumpəɲiə) *f.* company. ‖ *fer ~ a algú,* to keep someone company.
companyó, -ona (kumpəɲó, -ónə) *m.-f.* See COMPANY.
companyonia (kumpəɲuniə) *f.* companionship.
comparable (kumpəràbblə) *a.* comparable.
comparació (kumpərəsió) *f.* comparison. ‖ *adv. phr. en ~ a,* in comparison with, compared to.
comparar (kumpərá) *t.* to compare.

comparatiu, -iva (kumpərətĭŭ, -iβə) *a.* comparative.

compareixença (kumpərəʃɛ́nsə) *f.* LAW appearance.

comparèixer (kumpərɛ́ʃə) *i.* to appear. ▲ CONJUG. P. P.: *comparegut.* | INDIC. Pres.: *comparec.* || SUBJ. Pres.: *comparegui,* etc. | Imperf.: *comparegués,* etc.

comparsa (kumpársə) *f.-m.* THEATR. extra. *2 f.* group of people in fancy dress in carnival.

compartiment (kumpərtimén) *m.* sharing. *2* compartment [train, ship, etc.].

compartir (kumpərtí) *t.* to share (out).

compàs (kumpás) *m.* compass. *2* MUS. rhythm; bar; time. ▲ *pl.* *-ssos.*

compassat, -ada (kumpəsát, -áðə) *a.* measured; steady.

compassió (kumpəsió) *f.* compassion.

compassiu, -iva (kumpəsiŭ, -iβə) *a.* understanding, sympathetic.

compatibilitat (kumpətiβilitát) *f.* compatibility.

compatible (kumpətíbblə) *a.* compatible.

compatriota (kumpətriɔ́tə) *m.-f.* compatriot. *2 m.* countryman. *3 f.* countrywoman.

compeHir (kumpəlí) *t.* to compel, to force.

compendi (kumpɛ́ndi) *m.* summary, résumé; compendium.

compendiar (kumpəndiá) *t.* to summarize, to abridge.

compenetració (kumpənətrəsió) *f.* mutual understanding.

compenetrar-se (kumpənətrársə) *p.* to understand each other.

compensació (kumpənsəsió) *f.* compensation. *2* ECON. *càmara de ~,* clearing house.

compensar (kumpənsá) *t.* to compensate, to compensate for.

competència (kumpətɛ́nsiə) *f.* scope, province: *això és ~ del director,* that's the headmaster's province. *2* competence, ability. *3* competition: *fer la ~,* to compete.

competent (kumpətén) *a.* adequate. *2* competent; appropiate: *ens posarem en contacte amb les autoritats ~s,* we shall get in touch with the appropiate authorities.

competició (kumpətisió) *f.* competition.

competidor, -ra (kumpətiðó, -rə) *m.-f.* competitor.

competir (kumpətí) *i.* to correspond; to concern. *2* to compete.

compilació (kumpiləsió) *f.* compilation.

compilar (kumpilá) *t.* to compile.

complaença (kumpləénsə) *f.* desire to please. *2* pleasure. *3* satisfaction.

complaent (kumpləén) *a.* helpful, obliging. *2* satisfied, pleased.

complaure (kumpláŭrə) *t.* to please. ■ *2 p.* to be pleased about. ▲ CONJUG. like *plaure.*

complement (kumpləmén) *m.* complement. *2* GRAMM. object, complement.

complementar (kumpləməntá) *t.* to complement, to complete.

complementari, -ària (kumpləməntári, -áriə) *a.* complementary.

complert, -ta (kumplɛ́r(t), -tə) *a.* full, replete. *2* complete, whole.

complet (kumplɛ́t) *a.* complete. *2* full: *l'hotel està ~,* the hotel has no vacancies.

completar (kumplətá) *t.* to complete.

complex, -xa (kumplɛ́ks, -ksə) *a.* complex, complicated. ■ *2 m.* complex.

complexió (kumpləksió) *f.* constitution, nature.

complicació (kumplikəsió) *f.* complication.

complicar (kumpliká) *t.* to complicate, to make complicated. ■ *2 p.* to get complicated. *3* to get involved (*en,* in). *4 ~-se la vida,* to make life difficult for oneself.

complicat, -ada (kumplikát, -áðə) *a.* complicated.

còmplice (kɔ́mplisə) *m.-f.* accomplice.

complicitat (kumplisitát) *f.* complicity.

complidor, -ra (kumpliðó, -rə) *a.* reliable; obliging. ■ *2 m.-f.* reliable person; obliging person.

compliment (kumplimén) *m.* carrying out; fulfilment. *2* compliment. || *no fer ~s,* not to stand on ceremony.

complimentar (kumpliməntá) *t.* to compliment.

complir (kumplí) *t.* to fulfil [a promise]; to carry out [an order]. *2* to reach [an age]; to meet [a deadline]. || *demà compleix vint-i-sis anys,* she's twenty six tomorrow. ■ *3 i.* to do one's duty, to do what is required. ■ *4 p.* to come true [predictions, desires]. ▲ CONJUG. P. P.: *complert* or *complit.*

complit, -ida (kumplít, -íðə) *a.* See COMPLERT.

complot (kumplɔ́t) *m.* plot, conspiracy.

compondre (kumpɔ́ndrə) *t.* to make up; to put together. *2* to compose, to write. ■ *3 p.* to tidy oneself up, to make oneself look smart. *4 compondre-s'ho,* to sort things out, to manage. ▲ CONJUG. like *respondre.*

component (kumpunén) *a.-m.-f.* component.

comporta (kumpɔ́rtə) *f.* sluice, floodgate.

comportament (kumpurtəmén) *m.* behaviour.

comportar (kumpurtá) *t.* to suffer, to put up with. *2* to imply, to involve. ■ *3 p.* to behave, to behave oneself.

composició (kumpuzisió) *f.* composition.

compositor, -ra (kumpuzitó, -rə) *m.-f.* MUS. composer.

compost, -ta (kumpós(t), -tə) *a.-m.* compound. 2 *m.* compost.

compota (kumpótə) *f.* compote.

compra (kómprə) *f.* buying, purchase. 2 shopping.

comprador, -ra (kumprəðó, -rə) *m.-f.* buyer, purchaser.

comprar (kumprá) *t.* to buy, to purchase.

comprendre (kumpréndrə) *t.* to understand, to comprehend. 2 to comprehend, to include. ■ *3 p.* to be understandable. ▲ CONJUG. like *aprendre*.

comprensible (kumprənsíbblə) *a.* understandable, comprehensible.

comprensió (kumprənsió) *f.* comprehension, understanding.

comprensiu, -iva (kumprənsiŭ, -íβə) *a.* understanding [person]. 2 comprehensive: *un estudi ~*, a comprehensive study.

compresa (kumprézə) *f.* compress. 2 sanitary towel [for women].

compressió (kumprəsió) *f.* compression.

compressor, -ra (kumprəsó, -rə) *a.* compressive. ■ *2 m.* compressor.

comprimir (kumprimí) *t.* to compress. 2 fig. to contain, to control. ■ *2 p.* to control oneself.

comprimit, -ida (kumprimít, -íðə) *a.* compressed. ■ *2 m.* tablet, pill.

comprometedor, -ra (kumprumətəðó, -rə) *a.* compromising.

comprometre (kumprumétrə) *t.* to compromise. 2 to jeopardise, to endanger. 3 to implicate, to involve. 4 to promise. ■ *5 p.* to commit oneself, to promise. ‖ *m'he compromès a escriure el llibre*, I have undertaken to write the book. ▲ CONJUG. like *admetre*.

compromís (kumprumís) *m.* obligation, commitment. 2 appointment, engagement. 3 fix. ‖ *no et vull posar en un ~*, I don't want to put you in a difficult situation.

comprovació (kumpruβəsió) *f.* check, checking, verification. 2 proof.

comprovant (kumpruβán) *m.* proof; voucher; receipt.

comprovar (kumpruβá) *t.* to check, to verify; to prove.

comptabilitat (kumtəβilitát) *f.* accountancy, accounting, bookkeeping.

comptable (kumtábblə) *a.* countable. ■ *2 m.* accountant.

comptador, -ra (kumtəðó, -rə) *m.-f.* accountant. 2 meter.

comptagotes (kǫmtəγótəs) *m.* dropper.

comptant (kumtán) *a. diners ~s*, cash.

comptar (kumtá) *t.* to count. 2 to be a certain age: *quan comptava només dotze anys*, when he was only twelve. ‖ *té els dies comptats*, his days are numbered. 3 to ascribe: *compteu-li aquest èxit*, put this success down to her. ■ *4 i.* to count: *sap ~ fins a 100*, he can count up to 100. 5 fig. to imagine: *ja pots ~ el que degueren pensar!*, you can imagine what they must have thought! 6 to sort out money matters: *ja ho comptarem quan arribem a casa*, we'll sort out who owes who what when we get home. 8 to be sure. ‖ *És molt fàcil. Ja pots ~!*, It's very easy. Oh, I'm sure it is! [said sarcastically].

comptat, -ada (kumtát, -áðə) *a. al ~*, cash. 2 *pl.* rare, scarce: *hi he anat comptades vegades*, I've seldom been there.

compte (kómtə) *m.* calculation, counting. 2 count. 3 care, attention. ‖ *~!*, look out! ‖ *~ amb el ganivet*, be careful with that knife. 4 bill. ‖ *passar ~s*, to sort out money. 5 account. ‖ *donar ~ de*, to inform of. ‖ *tenir en ~*, to take into account. 6 bank account. 7 *en ~s de*, instead of.

compulsa (kumpúlsə) *f.* certified true copy.

compulsar (kumpulsá) *t.* to make a certified true copy. 2 to look through; to consult.

compulsió (kumpulsió) *f.* compulsion.

compunció (kumpunsió) *f.* remorse, compunction.

compungiment (kumpunʒimén) *m.* See COMPUNCIÓ.

compungir-se (kumpunʒírsə) *p.* to feel remorseful, to be sad.

compungit, -ida (kumpunʒít, -íðə) *a.* remorseful; sad.

còmput (kóput) *m.* computation, calculation.

computador, -ra (kumputəðó) *a.* calculating, computing. ■ *2 m.-f.* computer.

computar (kumputá) *t.* to compute, to calculate.

comtal (kumtál) *a.* count's.

comtat (kumtát) *m.* county, shire. 2 countship, earldom.

comte (kómtə) *m.* count, earl.

comtessa (kumtésp) *f.* countess.

comú, -una (kumú, -únə) *a.* common: *sentit ~*, common sense. ■ *2 f.* ant. toilet. *3 f.* commune.

comunament (kumunəmén) *adv.* commonly; often.

comunicació (kumunikəsió) *f.* communication.

comunicant (kumunikán) *a.* communicating. ■ *2 m.-f.* communicant.

comunicar (kumuniká) *t.* to tell, to communicate: *m'han comunicat la notícia*, I've bean told the news. *2* to transmit, to spread. ■ *3 i.* to be engaged [telephone]. ■ *4 p.* to be or get in touch. *5* to communicate.

comunicat (kumunikát) *m.* report; despatch; communiqué.

comunicatiu, -iva (kumunikətiŭ, -iβə) *a.* communicative.

comunió (kumunió) *f.* communion.

comunisme (kumunízmə) *m.* communism.

comunista (kumunístə) *a., m.-f.* communist.

comunitat (kumunitát) *f.* community. ‖ ~ *de propietaris,* owner's association.

con (kɔn) *m.* GEOM. cone.

conat (kunát) *m.* beginnings *pl. 2* attempt.

conca (kóŋkə) *f.* bowl. *2* socket [of the eyes]. *3* basin [of a river].

concatenació (kuŋkətənəsió) *f.* concatenation, linking.

còncau, -ava (kóŋkəŭ, -əβə) *a.* concave.

concavitat (kuŋkəβitát) *f.* concavity, hollow; hollowness.

concebible (kunsəβíbblə) *a.* conceivable.

concebre (kunséβrə) *t.* to conceive. *2* fig. to conceive, to imagine, to have [an idea]. *3* ~ *esperances,* to have hopes. ▲ CONJUG. like *rebre.*

concedir (kunsəðí) *t.* to award. *2* to concede, to allow.

concentració (kunsəntrəsió) *f.* concentration.

concentrar (kunsəntrá) *t.-p.* to concentrate.

concèntric, -ca (kunséntrik, -kə) *a.* concentric.

concepció (kunsəpsió) *f.* conception.

concepte (kunséptə) *m.* concept. *2* conception, idea. *3* opinion.

conceptuar (kunsəptuá) *t.* to consider, to think, to judge.

concernent (kunsərnén) *a.* concerning, regarding.

concernir (kunsərní) *t.* to concern, to affect, to apply to.

concert (kunsér(t)) *m.* MUS. concert. *2* agreement.

concertar (kunsərtá) *t.* to arrange, to agree on. ‖ ~ *la pau,* to come to a peace agreement. ■ *2 i.* MUS. to harmonize.

concertista (kunsərtístə) *m.-f.* MUS. concert performer, concert artist.

concessió (kunsəsió) *f.* concession. *2* awarding, granting, grant.

concessionari, -ària (kunsəsiunári, -áriə) *a.* concessionary. ■ *2 m.-f.* concessionaire.

concili (kunsíli) *m.* council.

conciliàbul (kunsiliáβul) *m.* unlawful meeting, unlawful assembly.

conciliació (kunsiliəsió) *f.* conciliation.

conciliador, -ra (kunsiliəðó, -rə) *a.* conciliatory. ■ *2 m.-f.* conciliator, peacemaker.

conciliar (kunsiliá) *t.* to reconcile; to conciliate. *2* to win, to gain [respect, favour, etc.].

conciliatori, -òria (kunsiliətóri, -óriə) *a.* conciliatory.

concís, -isa (kunsís, -ízə) *a.* concise.

concisió (kunsizió) *f.* conciseness.

conciutadà, -ana (kunsiŭtəðá, -ánə) *m.-f.* fellow citizen.

conclave (kuŋkláβə) *m.* conclave.

concloent (kuŋkluén) *a.* decisive, conclusive.

concloure (kuŋklóŭrə) *t.* to finish, to end, to conclude. *2* to conclude, to deduce. ▲ CONJUG. like *cloure.*

conclusió (kuŋkluzió) *f.* conclusion.

conco, -a (kóŋku, -a) *m.* pej. bachelor. *2 f.* pej. spinster. *3 m.* BAL. See ONCLE.

concomitància (kuŋkumitánsiə) *f.* concomitance, accompaniment.

concomitant (kuŋkumitán) *a.* concomitant.

concordança (kuŋkurðánsə) *f.* harmony, concordance. *2* GRAMM. agreement.

concordant (kuŋkurðán) *a.* concordant.

concordar (kuŋkurðá) *t.* to make agree. *2* to agree on. ■ *3 i.* to agree.

concordat (kuŋkurðát) *m.* concordat.

concòrdia (kuŋkórðiə) *f.* harmony, concord. *2* accord, agreement.

concórrer (kuŋkórrə) *i.* to concur, to coincide. *2* to concur, to happen together. *3* to converge, to meet. *4* to compete for. ▲ CONJUG. like *córrer.*

concreció (kuŋkrəsió) *f.* concretion.

concret, -ta (kuŋkrét, -tə) *a.* concrete [not abstract]; definite, actual, specific. ‖ *en aquest cas* ~, in this particular case.

concretament (kuŋkrətəmén) *adv.* in particular, specifically, to be exact.

concretar (kuŋkrətá) *t.* to specify, to say definitely. ‖ *encara no hem concretat cap hora per l'entrevista,* we still haven't fixed an exact time for the interview. ■ *2 p.* to limit. ‖ *sempre divaga, no es concreta mai a la qüestió,* he always digresses, he never confines himself to the matter in hand.

concubina (kuŋkuβínə) *f.* concubine.

conculcar (kuŋkulká) *t.* to infringe [laws]; to violate [rights]; not to respect [authority].

concupiscència (kuŋkupisénsiə) *f.* concupiscence, lustfulness. *2* greed.

concupiscent (kuŋkupisén) *a.* concupiscent, lustful. *2* greedy.

concurrència (kuŋkurrénsiə) *f.* crowd, gathering; audience. *2* convergence; concurrence. *3* competition, rivalry.

concurrent (kuŋkurrén) *a.* convergent. *2* concurrent. ▪ *3 m.-f.* contender; candidate. *4* member of the audience; spectator.

concurs (kuŋkúrs) *m.* competition, contest. *2* concourse. *3* gathering, crowd.

concursant (kuŋkursán) *m.-f.* competitor, candidate.

condecoració (kundəkurəsió) *f.* medal, decoration.

condecorar (kundəkurá) *t.* to decorate [with badge, medal].

condeixeble, -bla (kundəʃébblə, -bblə) *m.-f.* schoolmate, classmate.

condemna (kundémnə) *f.* LAW sentence. *2* fig. condemnation.

condemnar (kundəmná) *t.* LAW to sentence, to condemn. *2* to condemn. *3* MED. to declare incurable.

condemnat, -ada (kundəmnát, -áðə) *a.*, condemned; convicted; damned. ▪ *2 m.-f.* convicted person.

condensació (kundənsəsió) *f.* condensation.

condensador, -ra (kundənsəðó, -rə) *a.* condensational. ▪ *2 m.* condenser, capacitor.

condensar (kundənsá) *t.* to condense. ▪ *2 p.* to come together, to conglomerate.

condescendència (kundəsəndénsiə) *f.* acquiescence; condescension.

condescendent (kundəsəndén) *a.* acquiescent; willing to help, kind.

condescendir (kundəsəndi) *i.* to acquiesce, to agree.

condició (kundisió) *f.* condition. *2* condition, state: *la ~ natural,* the natural state. ‖ *en la seva ~ de ministre,* in his capacity as a minister. *3* status; social rank. *4 a ~ de,* provided.

condicional (kundisiunál) *a.* conditional. ‖ *llibertat ~,* probation.

condicionar (kundisiuná) *t.* to condition. *2* to prepare, to make suitable.

condiment (kundimén) *m.* condiment.

condimentar (kundiməntá) *t.* to condiment, to season.

condó (kundó) *m.* condom.

condol (kundól) *m.* condolence, sympathy. ‖ *donar el ~,* to express one's sympathy.

condoldre's (kundóldrəs) *p.* to sympathize, to express one's sympathy. ▲ CONJUG. like *valer.*

condolença (kundulénsə) *f.* condolence, sympathy.

condonar (kunduná) *t.* to condone, to pardon.

còndor (kóndur) *m.* ORNIT. condor.

conducta (kundúktə) *f.* conduct, behaviour, (USA) behavior.

conducte (kundúktə) *m.* conduit, pipe. *2* ANAT. duct, canal.

conductibilitat (kunduktiβilitát) *f.* conductivity.

conductor, -ra (kunduktó, -rə) *a.* conductive. ▪ *3 m.-f.* driver. *4 m.* ELECTR.. conductor.

conduir (kundui) *t.* to lead, to guide. *2* to conduct, to transmit. *3* to drive. ▪ *4 p.* to behave.

conegut, -uda (kunəyút, -úðə) *a.* known. *2* well-known, famous. ▪ *3 m.-f.* acquaintance.

coneixedor, -ra (kunəʃəðó, -rə) *m.-f.* expert.

coneixement (kunəʃəmén) *m.* knowledge. *2* consciousness: *perdre el ~,* to lose consciousness.

coneixença (kunəʃénsə) *f.* knowledge: *tenir ~ de,* to know about, to be informed about. *2* acquaintanceship: *fer la ~ d'algú,* to make someone's acquaintance. *3* acquaintance.

conèixer (kunéʃə) *t.* to know. ‖ *~ món,* to be widely travelled. ‖ *~ el món,* to be a man of the world. *2* to meet: *ahir vaig ~ una noia meravellosa,* I met a wonderful girl yesterday. *3* to recognize: *no em coneixes?,* don't you recognise me?

confabulació (kumfəβuləsió) *f.* plot, intrigue.

confabular-se (kumfəβulársə) *p.* to plot, to intrigue.

confecció (kumfəksió) *f.* making-up, tailoring. *2* ready-made clothes; the production of ready-made clothes.

confeccionar (kumfəksiuná) *t.* to make up.

confederació (kumfəðərəsió) *f.* confederation.

confederar (kumfəðərá) *t.* to confederate.

confegir (kumfəʒi) *t.* to stick together [something broken]. *2* to spell out.

conferència (kumfərénsiə) *f.* lecture. *2* meeting, conference.

conferenciant (kumfərənsián) *m.-f.* speaker, lecturer.

conferir (kumfəri) *t.* to award. ▪ *2 i.* to confer, to converse, to discuss.

confessar (kumfəsá) *t.* to confess. *2* to hear confession.

confessió (kumfəsió) *f.* confession.

confessional (kumfəsiunál) *a.* confessional.

confessionari (kumfəsiunári) *m.* ECCL. confessional.

confessor (kumfəsó) *m.* ECCL. confessor.

confetti (kumféti) *m.* confetti.

confí (kumfi) *m.* border. *2 pl.* limits, confines.

confiança (kumfiánsə) *f.* confidence; faith.

‖ *de* ~, reliable, dependable, trustworthy. ‖ *en* ~, confidentially. ‖ *inspirar* ~, to inspire confidence.

confiar (kumfiá) *t.* to entrust, to confide in. ■ *2 i.* to trust. ‖ *confio en tu*, I trust you.

confiat, -ada (kumfiát, -áðə) *a.* confident, sure. *2* credulous.

confidència (kumfiðénsiə) *f.* confidence, revelation of a secret.

confidencial (kumfiðənsiál) *a.* confidential.

confident (kumfiðén) *m.* confidant. *2 f.* confidante. *3 m.-f.* spy, informer.

configuració (kumfiɣurəsió) *f.* configuration, form.

configurar (kumfiɣurá) *t.* to shape, to configure.

confinar (kumfiná) *i.* to border with; to adjoin. ■ *2 t.* to confine. ■ *3 p.* to shut oneself up.

confirmació (kumfirməsió) *f.* confirmation.

confirmar (kumfirmá) *t.* to confirm.

confiscació (kumfiskəsió) *f.* LAW confiscation.

confiscar (kumfiská) *t.* LAW to confiscate.

confit (kumfit) *m.* sweet [sugar coated].

confitar (kumfitá) *t.* to sugar, to preserve in sugar. ‖ *cireres confitades*, glacé cherries. *2* to pickle.

confiter, -ra (kumfité, -rə) *m.-f.* confectioner.

confiteria (kumfitəriə) *f.* sweet industry, confectionery. *2* sweetshop, confectioner's.

confitura (kumfitúrə) *f.* jam, preserve. *2* crystallized fruit.

conflicte (kumfliktə) *m.* conflict.

confluència (kumfluénsiə) *f.* confluence.

confluir (kumflui) *i.* to meet, to come together, to join.

confondre (kumfóndrə) *t.* to mistake. ‖ *la vaig* ~ *amb la seva germana*, I mistook her sister for her. *2* to confound, to baffle. *3* to embarrass. ■ *4 p.* to run together, to be indistinguishable from, to blend in with. ▲ CONJUG. GER.: *confonent.* ‖ P. P.: *confós.* ‖ INDIC. Pres.: *confonc.* ‖ SUBJ. Pres.: *confongui*, etc. Imperf.: *confongués.*

conformar (kumfurmá) *t.* to shape, to adapt, to adjust. ■ *2 p.* to comply with, to conform to, to resign oneself to.

conforme (kumfórmə) *a.* in accordance with, in keeping with. *2* in agreement. ‖ *hi estàs* ~*?*, do you agree? ‖ *3* proper, suitable, appropriate.

conformista (kumfurmistə) *m.-f.* conformist.

conformitat (kumfurmitát) *f.* conformity, similarity. *2* agreement, approval. *3* resignation.

confort (kumfɔr(t)) *m.* comfort.

confortable (kumfurtábblə) *a.* comfortable.

confortar (kumfurtá) *t.* to comfort, to console; to strengthen; to encourage.

confraria (kumfrəriə) *f.* brotherhood, society, association.

confraternitat (kumfrətərnitát) *f.* brotherhood.

confrontació (kumfruntəsió) *f.* confrontation.

confrontar (kumfruntá) *t.* to confront, to face. *2* to compare [two texts]. *3* to border.

confús, -usa (kumfús, -úzə) *a.* blurred, unclear, indistinct. *2* confused.

confusió (kumfuzió) *f.* confusion, chaos. *2* mistake.

congelar (kunʒəlá) *t.-p.* to freeze [also fig.].

congènere (kunʒénərə) *a.* of the same species. *2* similar.

congeniar (kunʒeniá) *i.* to get on (well) with.

congènit, -ta (kunʒénit, -tə) *a.* congenital.

congesta (kunʒéstə) *f.* patch of unmelted snow.

congestió (kunʒəstió) *f.* congestion.

congestionar (kunʒəstiuná) *t.* to congest. ■ *2 p.* to become congested.

conglomerar (kuŋglumərá) *t.* to conglomerate.

conglomerat (kuŋglumərát) *m.* conglomeration. *2* GEOL. conglomerate.

congost (kuŋgós(t)) *m.* narrow pass, narrow valley, defile.

congraciar-se (kuŋgrəsiársə) *p.* to ingratiate oneself.

congre (kóŋgrə) *m.* ICHTHY. conger eel.

congregació (kuŋgrəɣəsió) *f.* congregation.

congregar (kuŋgrəɣá) *t.-p.* to congregate, to gather.

congrés (kuŋgrés) *m.* congress.

congressista (kuŋgrəsistə) *m.-f.* congressgoer; congress member, delegate.

congriar (kuŋgriá) *t.* to create, to give rise to *i.* ■ *2 p.* to form, to build up.

congruència (kuŋgruénsiə) *f.* congruence.

congruent (kuŋgruén) *a.* appropriate, suitable.

conhortar (kunurtá) *t.-p.* to console, to comfort.

cònic, -ca (kɔnik, -kə) *a.* conical.

coníferes (kunifərəs) *f. pl.* BOT. conifers.

conill (kuniʎ) *m.* ZOOL. rabbit. ■ *2 a.* coll. naked, bare.

coniller, -ra (kuniʎé, -rə) *a.* rabbit. ■ *2 m.* (rabbit) hound. *3 f.* rabbit warren. *4* rabbit hutch.

conillets (kuniʎéts) *m. pl.* BOT. snapdragon.

conjectura (kunʒəktúrə) *f.* conjecture.

conjecturar (kunʒəkturá) *t.* to conjecture.
conjugació (kunʒuɣəsió) *f.* conjugation.
conjugal (kunʒuɣál) *a.* conjugal: *vida* ~, married life.
conjugar (kunʒuɣá) *t.-p.* to conjugate.
cònjuge (kɔ́nʒuʒə) *m.-f.* spouse. *2 m.* husband. *3 f.* wife.
conjuminar (kunʒuminá) *t.* to arrange, to manage [so that things come out well].
conjunció (kunʒunsió) *f.* conjunction.
conjunt, -ta (kunʒún, -tə) *a.* together; joint. ■ *2 m.* ensemble; whole, set. *3* outfit [clothes]. *4* MUS. ensemble; group.
conjuntiu, -iva (kunʒuntiŭ, -iβə) *a.* conjunctive. ■ *2 f.* ANAT. conjunctiva.
conjuntura (kunʒuntúrə) *f.* situation; circumstance: *aprofitem la* ~, let's take advantage of the situation. *2* ECON., POL. political and social situation.
conjuntivitis (kunʒuntiβítis) *f.* MED. conjunctivitis.
conjur (kunʒúr) *m.* exorcism; incantation.
conjurar (kunʒurá) *t.* to exorcise. *2* to ward off. ■ *3 p.* to conspire.
connectar (kunnəktá) *t.* to connect.
connex, -xa (kunnέks, -ksə) *a.* closely connected.
connexió (kunnəksió) *f.* connection, connexion.
connotació (kunnutəsió) *f.* connotation.
connotar (kunnutá) *t.* to connote.
conqueridor, -ra (kuŋkəriðó, -rə) *a.* conquering. ■ *2 m.-f.* conqueror.
conquerir (kuŋkəri) *t.* to conquer. *2* fig. to win over.
conquesta (kuŋkέstə) *f.* conquest.
conquilla (kuŋkiʎə) *f.* shell.
conquista (kuŋkístə) *f.* See CONQUESTA.
conquistador, -ra (kuŋkistəðó, -rə) *m.-f.* conqueror. *2* ladykiller.
conquistar (kuŋkistá) See CONQUERIR.
conreador, -ra (kunrreəðó, -rə) *m.-f.* AGR. cultivator, farmer. *2 f.* harrow.
conrear (kunrreá) *t.* to cultivate; to farm, to till. *2* fig. to improve. *3* fig. to dedicate oneself to.
conreu (kunrrέu) *m.* AGR. cultivation. *2* fig. dedication.
consagració (kunsəɣrəsió) *f.* consecration.
consagrar (kunsəɣrá) *t.-p.* to dedicate, to devote. *2 t.* to consecrate.
consanguini, -ínia (kunsəŋgini, -iniə) *a.* consanguineous.
consciència (kunsiέnsiə) *f.* conscience: *tenir la* ~ *neta,* to have a clear conscience. *2* consciousness: *perdre la* ~, to lose consciousness.
conscient (kunsiέn) *a.* conscious. ‖ *sóc* ~ *d'això,* I am aware of that.

consecució (kunsəkusió) *f.* achievement, attainment.
consecutiu, -iva (kunsəkutiŭ, -iβə) *a.* consecutive. ‖ *ha nevat cinc dies* ~*s,* it has snowed five days running. *2* subsequent, resulting.
consegüent (kunsəɣwέn) *a.* resulting. ‖ *despeses* ~*s al divorci,* expenses arising from divorce. ■ *2 m.* consequence, conclusion.
consell (kunsέʎ) *m.* piece of advice. *2* council. ‖ COMM. ~ *d'administració,* board of directors; MIL. ~ *de guerra,* court martial; POL. ~ *de ministres,* cabinet.
conseller, -ra (kunsəʎέ, -rə) *m.-f.* adviser, counsellor. *2* adviser, consultant [professional]. *3* COMM. member of the board. *4* POL. councillor. *5* minister in the *Generalitat de Catalunya.*
consentiment (kunsəntimέn) *m.* consent, approval.
consentir (kunsənti) *t.* to tolerate, to permit, to allow. ■ *2 i.* to agree. ▲ CONJUG. like *sentir.*
consentit, -ida (kunsəntit, -iðə) *a.* spoilt: *un nen* ~, a spoilt child.
conseqüència (kunsəkwέnsiə) *f.* consequence. ‖ *prep. phr. a* ~ *de,* on account of. ‖ *adv. phr. en* ~, as a result, therefore.
conseqüent (kunsəkwέn) *a.* consequent. *2* consistent.
conserge (kunsέrʒə) *m.-f.* caretaker, (USA) janitor.
consergeria (kunsərʒəriə) *f.* porter's office.
conserva (kunsέrβə) *f.* preserve, preserves; canned food, tinned food.
conservació (kunsərβəsió) *f.* conservation.
conservador, -ra (kunsərβəðó, -rə) *a.* POL. conservative. *2 m.-f.* curator [museums].
conservar (kunsərβá) *t.-p.* to keep *t.-p.-i.,* to maintain. *2 t.* to conserve.
conservatori, -òria (kunsərβətɔ́ri, -ɔ́riə) *a.* which conserves. ■ *2* MUS. *m.* conservatoire, conservatory.
considerable (kunsiðərábblə) *a.* considerable.
consideració (kunsiðərəsió) *f.* consideration. ‖ *tenir en* ~, to take into account.
considerar (kunsiðərá) *t.* to consider. *2* to respect: *cal* ~ *els drets dels altres,* we must respect others' rights.
consigna (kunsiɲɲə) *f.* password. *2* left luggage locker, left luggage office.
consignar (kunsiɲɲá) *t.* to allocate. *2* to send. *3* COMM. to consign. *4* to write down, to record.
consignatari, -ària (kunsiɲɲətári, -áriə) *m.-f.* COMM. consignee. *2* trustee.

consirós, -sa (kunsirós, -ózə) *a.* pensive, thoughtful, lost in thought.
consistència (kunsistɛ́nsia) *f.* consistency, substance, body.
consistent (kunsistɛ́n) *a.* solid, firm, thick. *2 ~ en,* consisting of.
consistir (kunsistí) *i.* to consist (*en,* of). *2* to lie in. || *tots els seus problemes consisteixen a no tenir calers,* all his problems reside in his lack of money.
consistori (kunsistóri) *m.* town council.
consol (kunsól) *m.* consolation.
cònsol (kónsul) *m.* consul.
consola (kúnsólə) *f.* console table. *2* console.
consolar (kunsulá) *t.* to console, to comfort. ■ *2 p. ~-se amb,* to make do with.
consolat (kunsulát) *m.* consulate.
consolidar (kunsulidá) *t.-p.* to strengthen. *2* fig. to consolidate.
consonància (kunsunánsiə) *f.* consonance. *2* fig. harmony.
consonant (kunsunán) *a.* consonant. ■ *2 m.* rhyming word, rhyme. *3 f.* consonant.
consorci (kunsórsi) *m.* ECON. consortium.
consort (kunsór(t)) *m.-f.* LAW consort. || *el príncep ~,* the Prince Consort.
conspicu, -ícua (kunspíku, -íkuə) *a.* eminent, prominent.
conspiració (kunspirəsió) *f.* conspiracy.
conspirar (kunspirá) *i.* to conspire.
constància (kunstánsiə) *f.* constancy; steadfastness; perseverance.
Constantinople (kunstəntinóbblə) *pr. n. f.* GEOGR. Constantinople.
constant (kunstán) *a.* constant; persevering; steadfast. ■ *2 f.* MATH. constant.
constar (kunstá) *i.* to consist. *2* to be certain, to be known. || *em consta que has treballat molt,* I know that you have worked very hard.
constatar (kunstətá) *t.* to establish, to verify. *2* to record.
constel·lació (kunstələsió) *f.* ASTR. constellation.
consternació (kunstərnəsió) *f.* consternation.
consternar (kunstərná) *t.* to appal, to dismay, to consternate.
constipar (kunstipá) *p.* to catch a cold.
constipat, -ada (kunstipát, -áðə) *a. estic ~,* I've got a cold. ■ *2 m.* MED. cold.
constitució (kunstitusió) *f.* constitution.
constitucional (kunstitusiuná) *a.* constitutional.
constituent (kunstituén) *a.* constituent. ■ *2 m.* CHEM. constituent.
constituir (kunstituí) *t.-p.* to form, to set up, to create. *2* to constitute, to be made up of.
constitutiu, -iva (kunstitutiŭ, -iβə) *a.* constituent, component.
constrènyer (kunstrɛ́ɲə) *t.* to constrain, to force. *2* to contain, to hold back, to repress. ▲ CONJUG. P. P.: *constret.*
construcció (kunstruksió) *f.* construction.
constructiu, -iva (kunstruktiŭ, -iβə) *a.* constructive.
constructor, -ra (kunstruktó, -rə) *m.-f.* builder.
construir (kunstruí) *t.* to build, to construct.
consubstancial (kunsupstənsiál) *a.* consubstantial.
consuetud (kunsuətút) *f.* custom, habit.
consular (kunsulá) *a.* consular.
consulta (kunsúltə) *f.* consultation. *2* advice, opinion. *3* visit [to a doctor or lawyer]. || *fer una ~,* to ask for advice or information.
consultar (kunsultá) *t.* to consult.
consultiu, -iva (kunsultiŭ, -iβə) *a.* consultative, advisory.
consultori (kunsultóri) *m.* surgery [doctor, dentist]; office [lawyer].
consum (kunsúm) *m.* consumption. || *béns de ~,* consumer goods. || *societat de ~,* consumer society.
consumació (kunsuməsió) *f.* consummation.
consumar (kunsumá) *t.* to consumate.
consumidor, -ra (kunsumiðó, -rə) *a., m.-f.* consumer.
consumir (kunsumí) *t.* to consume, to use (up). ■ *2 p.* to be used up. || *l'oli s'ha consumit tot,* all the oil has been used up.
consumpció (kunsumsió) *f.* consumption.
contacte (kuntáktə) *m.* contact. || *posar en ~,* to put in touch.
contagi (kuntáʒi) *m.* contagion, transmission.
contagiar (kuntəʒiá) *t.* to transmit, to give [diseases]. ■ *2 p.* to become infected. *3* to be transmitted.
contagiós, -osa (kuntəʒiós, -ózə) *a.* contagious.
contaminació (kuntəminəsió) *f.* contamination. *2* pollution.
contaminar (kuntəminá) *t.* to contaminate. *2* to pollute.
contar (kuntá) *t.* to tell, to relate.
conte (kóntə) *m.* tale, story.
contemplació (kuntəmpləsió) *f.* contemplation. *2 pl.* due respect, ceremony. || *tractar algú sense ~,* to treat someone unceremoniously, not to stand on ceremony.
contemplar (kuntəmplá) *t.* to contemplate,

to stare at. *i.* *2* to treat with respect, consideration or indulgence.

contemplatiu, -iva (kuntəmplətiŭ, -iβə) *a.* contemplative.

contemporani, -ània (kuntəmpuráni, -ániə) *a.* contemporany.

contenció (kuntənsió) *f.* containment. ‖ *mur de ~,* retaining wall.

contenciós, -osa (kuntənsiós, -ózə) *a.* contentious.

contendre (kunténdrə) *i.* to contend, to dispute. ▲ CONJUG. like *atendre.*

contenir (kuntəni) *t.* to contain. ■ *2 p.* to contain oneself. ▲ CONJUG. like *obtenir.*

content, -ta (kuntén, -tə) *a.* content, pleased, happy; satisfied.

contesa (kuntézə) *f.* dispute. *2* struggle, fight.

contesta (kuntéstə) *f.* answer, reply.

contestar (kuntəstá) *t.* to answer. ■ *2 i.* to object.

context (kuntéks(t)) *m.* context.

contigu, -gua (kuntiɣu, -ɣwə) *a.* adjacent, contiguous.

continència (kuntinénsiə) *f.* continence.

continent (kuntinén) *a.* continent. ■ *2 m.* container. *3* GEOGR. continent.

continental (kuntinəntál) *a.* continental.

contingència (kuntinʒénsiə) *f.* contingency.

contingent (kuntinʒén) *a.* contingent, possible. ■ *2 m.* contingent.

contingut (kuntiŋgút) *m.* content [subject, matter of book or film]. *2* contents *pl.* [of bottle, tin, etc.; of book].

continu, -ínua (kuntinu, -inuə) *a.* continuous. ‖ ELECTR. *corrent ~,* continuous current.

continuació (kuntinuəsió) *f.* continuation. ‖ *adv. phr. a ~,* next.

continuar (kuntinuá) *i.-t.* to continue.

continuïtat (kuntinuitát) *f.* continuity.

contorn (kuntórn) *m.* outline; edge, periphery.

contorsió (kuntursió) *f.* contortion.

contra (kóntrə) *prep.* against: *va xocar ~ un cotxe,* she crashed into a car. ‖ *en ~,* against; *el pro i el ~,* the pros and the cons; *fer* o *portar la ~ a algú,* to go against someone.

contraatac (kɔntrəták) *m.* counterattack.

contrabaix (kɔntrəβáʃ) *m.* MUS. double bass.

contraban (kɔntrəβán) *m.* smuggling. ‖ *passar de ~,* to smuggle.

contrabandista (kųntrəβəndistə) *m.-f.* smuggler.

contracció (kuntrəksió) *f.* contraction.

contracepció (kɔntrəsəpsió) *f.* MED. contraception.

contracor (kɔntrəkɔr) *adv. phr. a ~,* reluctantly.

contractació (kuntrəktəsió) *f.* taking on, hiring; engagement.

contractar (kuntrəktá) *t.* to contract, to hire, to take on.

contracte, -ta (kuntráktə, -tə) *a.* contracted. ■ *2 m.* contract.

contràctil (kuntráktil) *a.* contractile.

contractista (kuntrəktistə) *m.* contractor.

contrada (kuntráðə) *f.* surrounding area; surroundings. *2* region, area.

contradicció (kuntrədiksió) *f.* contradiction.

contradictori, -òria (kuntrəðiktɔri, -ɔriə) *a.* contradictory.

contradir (kuntrəði) *t.-p.* to contradict. ▲ CONJUG. like *dir.*

contrafer (kɔntrəfé) *t.* to contravene. *2* to forge, to counterfeit [money]. *3* to plagiarize, to copy. ▲ CONJUG. like *desfer.*

contrafort (kɔntrəfɔr(t)) *m.* ARCH. buttress. *2* GEOL. spur.

contraindicació (kɔntrəĭndikəsió) *f.* MED. contraindication.

contrallum (kɔntrəʎúm) *m.* against the light: *una fotografia feta a ~,* a photograph taken against the light.

contralt (kuntrál) *m.-f.* MUS. contralto.

contramestre (kɔntrəméstrə) *m.* MAR. boatswain. *2* foreman.

contrametzina (kɔntrəmədzinə) *f.* antidote.

contraordre (kɔntrórðrə) *f.* countermand.

contrapartida (kɔntrəpərtiðə) *f.* compensation.

contrapèl (kɔntrəpέl) *adv. phr. a ~,* the wrong way.

contrapès (kɔntrəpέs) *m.* counterbalance, counterweight.

contraposar (kuntrəpuzá) *t.* to oppose.

contraproduent (kɔntrəpruðuén) *a.* counterproductive.

contrapunt (kɔntrəpún) *m.* MUS. counterpoint.

contrarestar (kuntrərrəstá) *t.* to counteract, to cancel out.

contrari, -ària (kuntrári, -áriə) *a.* contrary (*a,* to), opposed (*a,* to). *2* opposite. ‖ *en sentit ~,* the other way. *3* adverse, unfavourable. ■ *4 m.* the opposite, the contrary, the reverse. *5* opponent, adversary. *6 adv. phr. al ~,* on the contrary. *7 prep. phr. al ~ de,* unlike.

contrariar (kuntrəriá) *t.* to oppose, to go against. *i.* *2* to annoy.

contrarietat (kuntrəriətát) *f.* opposition, conflict: *~ d'interessos,* conflict of interests. *2* setback; obstacle.

contrasenya (kɔntrəsέɲə) *f.* password.

contrast (kuntrás(t)) *m.* opposition, resistance. *2* contrast. *3* hallmark.

contrastar (kuntrǝstá) *t.* to resist, to attempt to stop. *2* to assay, to check against a standard. ■ *3 i.* to contrast (*amb*, with).

contratemps (kɔntrǝtéms) *m.* setback. *2* MUS. syncopation.

contraure (kuntráŭrǝ) See CONTREURE.

contravenir (kuntrǝβǝni) *i.* to contravene. ▲ CONJUG. like *obtenir*.

contreure (kuntréŭrǝ) *t.* to contract. ‖ ~ *amistat amb algú*, to become the friend of someone; ~ *deutes*, to incur debts; ~ *matrimoni*, to contract marriage. *2* to contract, to catch [diseases]. ■ *3 p.* to contract. ▲ CONJUG. like *treure*.

contribució (kuntriβusió) *f.* contribution. *2* LAW tax.

contribuent (kuntriβuén) *m.-f.* contributor. *2* LAW tax-payer.

contribuir (kuntriβui) *i.* to contribute. *2* LAW to pay taxes.

contrincant (kuntriŋkán) *m.* opponent.

control (kuntrɔl) *m.* control.

controlar (kuntrulá) *t.* to control. *2* to check, to verify, to examine.

controvèrsia (kuntruβérsiǝ) *f.* controversy.

contuberni (kuntuβérni) *m.* collusion.

contumaç (kuntumás) *a.* contumacious, stubborn, disobedient.

contundent (kuntundén) *a.* blunt: *un instrument* ~, a blunt instrument. *2* fig. forceful, impressive [arguments].

contusió (kuntuzió) *f.* contusion, bruise.

convalescència (kumbǝlǝsénsiǝ) *f.* convalescence.

convalescent (kumbǝlǝsén) *a., m.-f.* convalescent.

convèncer (kumbénsǝ) *t.* to convince. ▲ CONJUG. like *vèncer.*

convenció (kumbǝnsió) *f.* convention.

convencional (kumbǝnsiunál) *a.* conventional.

conveni (kumbéni) *m.* agreement, accord, pact.

conveniència (kumbǝniénsiǝ) *f.* advisability, what is good for you, utility. ‖ *no veig la* ~ *d'anar-hi*, I don't see the point of going there.

convenient (kumbǝnién) *a.* convenient, advisable, suitable.

convenir (kumbǝni) *t.* to agree, to arrange: *què han convingut?*, what have they arranged? ■ *2 i.* to be good, to be advisable. ‖ *et convé prendre el sol*, you should sunbathe. *3* to agree. ▲ CONJUG. like *obtenir*.

convent (kumbén) *m.* convent.

convergir (kumbǝrʒí) *i.* to converge.

convers, -sa (kumbérs, -sǝ) *a.* REL. converted. ■ *2 m.-f.* REL. convert.

conversa (kumbérsǝ) *f.* conversation.

conversar (kumbǝrsá) *i.* to converse, to talk, to chat.

conversió (kumbǝrsió) *f.* conversion.

convertir (kumbǝrti) *t.* to transform (en, *into*), to turn into. *2* to convert. *3* to persuade, to bring round. ■ *4 p.* to become, to change into.

convex, -xa (kumbéks, -ksǝ) *a.* convex.

convexitat (kumbǝksitát) *f.* convexity.

convicció (kumbiksió) *f.* conviction.

convicte, -ta (kumbiktǝ, -tǝ) *a.* convicted.

convidar (kumbiðá) *t.* to invite. ‖ *la pluja no convida a sortir*, the rain doesn't really make you feel like going out.

convidat, -ada (kumbiðát, -áðǝ) *m.-f.* guest.

convincent (kumbinsén) *a.* convincing.

convinença (kumbinénsǝ) *f.* agreement; pact.

convit (kumbit) *m.* invitation. *2* meal, party [to which people are invited].

conviure (kumbiŭrǝ) *i.* to live together, to coexist. ▲ CONJUG. like *viure.*

convivència (kumbiβénsiǝ) *f.* living together; coexistence.

convocar (kumbuká) *t.* to call together. *2* to call, to convene, to convoke.

convocatòria (kumbukǝtɔriǝ) *f.* convocation, convening. *2* document of convocation.

convuls, -sa (kumbúls, -sǝ) *a.* convulsed.

convulsió (kumbulsió) *f.* convulsion.

conxorxa (kunʃɔrʃǝ) *f.* conspiracy, collusion.

cony (kɔɲ) *m.* vulg. cunt. *2 interj.* bloody hell!, fucking hell!

conya (kɔɲǝ) *f.* coll. joke, joking.

conyac (kuɲák) *m.* cognac, brandy.

cooperació (kuupǝrǝsió) *f.* cooperation.

cooperar (kuupǝrá) *i.* to cooperate.

cooperatiu, -iva (kuupǝrǝtiu, -íβǝ) *a.-f.* cooperative.

coordenada (kuurðǝnáðǝ) *f.* coordinate.

coordinació (kuurðinǝsió) *f.* coordination.

coordinador, -ra (kuurðinǝðó, -rǝ) *a.* coordinating. ■ *2 m.-f.* coordinator.

coordinar (kuurðiná) *t.* to coordinate.

cop (kɔp) *m.* blow, knock [also fig.]. ‖ *de* ~ *(i volta)*, suddenly; *fer un* ~ *de cap*, to make one's mind up, to decide; *tancar de* ~, to pull or push a door shut; *un* ~ *baix*, a blow below the belt; *un* ~ *d'aire*, a cold, a chill; *un* ~ *de mà*, a hand [help]; *un* ~ *d'ull*, a look, a glance. *2* time: *un* ~, once; *un altre* ~, again. *3* coup: ~ *d'estat*, coup d'état.

copa (kópə) *f.* glass: *una ~ de vi*, a glass of wine. ‖*fer la ~*, to have a drink [alcoholic]. *2* cup, trophy.
copejar (kupəʒá) *t.* to bang, to knock.
Copenhaguen (kupənáɣə) *pr. n. f.* GEOGR. Copenhagen.
còpia (kɔ́piə) *f.* copy. *2* copying. *3* PHOT. print.
copiós, -osa (kupiós, -ózə) *a.* copious, plentiful.
copista (kupístə) *m.-f.* copyist.
copropietari, -ària (kuprupiətári, -áriə) *m.-f.* joint owner.
copsar (kupsá) *t.* to catch [also fig.]. *2* fig. to understand, to grasp.
còpula (kɔ́pulə) *f.* GRAMM. copula. *2* ZOOL. copulation.
copulatiu, -iva (kupulətiŭ, -iβə) *a.* copulative.
coqueta (kukétə) *f.* flirt.
coquetejar (kukətəʒá) *i.* to flirt.
cor (kɔr) *m.* ANAT. heart. ‖ *de tot ~*, wholeheartedly; *fer el ~ fort*, to pluck up courage; *tenir bon ~*, to be good hearted. *2* choir.
coral (kurál) *a.* MUS. choral. ■ *2 m.* chorale. *3 f.* choir. *4 m.* ZOOL. See CORALL.
corall (kuráʎ) *m.* ZOOL. coral.
coraŀlí, -ina (kuraɭi, -inə) *a.* coralline.
coratge (kurádʒə) *m* courage, bravery.
coratjós, -osa (kurədʒós, -ózə) *a.* courageous, brave.
corb (korp) *m.* ORNIT. crow. ‖ *~ de mar*, cormorant.
corb, -ba (korp, -βə) *a.* curved, bent. ■ *2 f.* curve. *3* bend [in road].
corbar (kurβá) *t.-p.* to bend.
corbata (kurβátə) *f.* tie.
corbatí (kurβəti) *m.* bow tie.
corbeta (kurβétə) *f.* MAR. corvette.
corc (kork) *m.* ENT. woodworm.
corcar (kurká) *t.* to eat into. *i.* ■ *2 p.* to decay, to become eaten away. ‖ *se m'ha corcat un queixal*, I've got a bad tooth.
corcó (kurkó) *m.* ENT. woodworm. *2* fig. pest.
corcoll (kurkóʎ) *m.* back of the neck. ‖ *anar de ~*, not to know whether one is coming or going.
corda (kɔ́rðə) *f.* cord, rope. ‖ *~ vocal*, vocal chord; *donar ~*, to wind up [watch, clock]; *saltar a ~*, to skip. *2* MUS. chord.
cordada (kurðáðə) *f.* lash. *2* climbers roped together.
cordar (kurðá) *t.* to button up, to do up, to fasten. *2* to string [rackets; musical instruments].
corder (kurðé) *m.* rope-maker, rope dealer. *2* ZOOL. (OCC.) See BE *m.*

cordial (kurðiál) *a.-m.* cordial.
cordialitat (kurðiəlitát) *f.* cordiality.
cordill (kurðiʎ) *m.* cord, string.
cordó (kurðó) *m.* lace [shoes]. *2* cordon.
Corea (kuréə) *pr. n. f.* GEOGR. Korea.
coreà, -ana (kureá, -ánə) *a., m.-f.* GEOGR. Korean.
coreògraf, -fa (kureɔ́ɣrəf, -fə) *m.-f.* choreographer.
coreografia (kureuɣrəfiə) *f.* choreography.
corfa (kɔ́rfə) *f.* bark [trees]. *2* skin, peel [fruit]. *3* rind [cheese]. *4* crust [bread]. *5* scab [wound].
corglaçar-se (kɔrɣləsársə) *p.* to become frightened.
corista (kuristə) *f.* chorus girl.
cormorà (kurmurá) *m.* ORNIT. cormorant.
corn (korn) *m.* horn. *2* MUS. horn.
cornada (kurnáðə) *f.* thrust with a horn.
cornamenta (kurnəméntə) *f.* horns *pl.* [bull]; antlers [deer].
cornamusa (kurnəmúzə) *f.* MUS. bagpipe.
còrner (kɔ́rnər) *m.* SP. corner.
cornet (kurnét) *m.* cup [for dice]. *2* cornet, cone [ice-cream].
corneta (kurnétə) *f.* MUS. cornet. *2* MUS. bugle.
cornetí (kurnəti) *m.* MUS. bugle.
corni, còrnia (kɔ́rni, kɔ́rniə) *a.* horny; hornlike. ■ *2 f.* ANAT. cornea.
cornisa (kurnizə) *f.* GEOL. corniche.
Cornualla (kurnwáʎə) *pr. n. f.* GEOGR. Cornwall.
cornut, -uda (kurnút, -úðə) *a.* horned. *2* cuckolded. ■ *3 m.* cuckold.
coroŀla (kurɔ́lə) *f.* BOT. corolla.
corona (kurónə) *f.* crown.
coronació (kurunəsió) *f.* coronation.
coronar (kuruná) *t.* to crown [also fig.].
coronel (kurunél) *m.* colonel.
coroneta (kurunétə) *f.* ANAT. crown of the head. *2* REL. tonsure.
còrpora (kɔ́rpurə) *f.* body, torso, trunk.
corporació (kurpurəsió) *f.* corporation.
corporal (kurpurál) *a.* corporal; bodily.
corpori, -òria (kurpɔ́ri, -ɔ́riə) *a.* corporeal.
corprenedor, -ra (kurprənəðó, -rə) *a.* captivating, enthralling, enchanting.
corpulència (kurpulénsiə) *f.* corpulence.
corpulent, -ta (kurpulén, -tə) *a.* corpulent.
corpuscle (kurpúsklə) *m.* corpuscle.
corral (kurrál) *m.* farmyard, barnyard.
corranda (kurrándə) *f.* folk song. *2* folk dance.
còrrec (kɔ́rrək) *m.* rill, channel cut by rainwater.
correcames (kɔrrəkáməs) *m.* jumping jack, jumping cracker, squib.

correcció (kurrəksió) *f.* correction. *2* correctness.

correccional (kurrəksiunál) *a.* correctional. ■ *2 m.* reformatory.

correcte, -ta (kurrɛ́ktə, -tə) *a.* correct.

corrector, -ra (kurrəktó, -rə) *m.-f.* corrector. *2* PRINT. proofreader.

corre-cuita (kọrrəkúĭtə) *adv. phr. a ~,* hurriedly, hastily.

corredís, -issa (kurrəðís, -isə) *a.* sliding. ■ *2 f.* short run, dash.

corredor, -ra (kurrəðó, -rə) *a.* who runs a lot. ■ *2 m.-f.* runner. *3* COMM. representative. ‖ *~ de borsa,* stockbroker. *5 m.* corridor.

corregir (kurrəʒí) *t.* to correct.

correguda (kurrəɣúðə) *f.* run.

correlació (kurrələsió) *f.* correlation.

correlatiu, -iva (kurrələtíŭ, -íβə) *a.* correlative.

correligionari, -ària (kurrəliʒiunári, -áriə) *m.-f.* coreligionist. *2* fig. colleague; likethinker.

corrent (kurrɛ́n) *a.* running; flowing. *2* normal; common. ‖ *normal i ~,* ordinary, normal. ■ *3 m.* current [water, electricity]. ‖ *contra ~,* against the flow [also fig.]. *4* draught, current [air]. *5* trend [fashion]. ‖ *estar al ~,* to be up to date; *posar al ~,* to bring up to date.

corrents (kurrɛ́ns) *adv.* very quickly: *vés-hi corrents,* go there as fast as you can.

córrer (kórrə) *i.* to run. *2* to go fast. ‖ *aquest cotxe corre molt,* this is a very fast car. ‖ *no corris tant!,* don't drive so fast. *3* to hurry: *corre, que fem tard,* hurry up, we're late. *4* to circulate [rumours, news]. ■ *5 t.* to run [race]. *6* to move: *correu les cadires cap a la paret,* move the chairs up to the wall. *7* to run [risk]. ■ *8 deixa-ho ~!,* forget about it!, it's not important. *9 ~ món,* to travel widely. *10 ara hi corro!,* oh, I'll do it right away! [used sarcastically when one is not prepared to do what one is told or asked]. ▲ CONJUG. P.P.: *corregut.* ‖ SUBJ. Pres.: *correguem* or *correm, corregueu* or *correu.* ‖ IMPERF.: *corregués,* etc.

correspondència (kurrəspundɛ́siə) *f.* correspondence.

correspondre (kurrəspóndrə) *i.* to correspond, to match, to tally. ‖ *les notícies que he sentit jo no corresponen amb les que has sentit tú,* the news I've heard is different from the news you've heard. *2* to belong, to pertain. ‖ *la casa correspon al fill gran,* the house is the eldest son's. *3* to return [love, affection]. ■ *4 p.* to love one another. *5* to correspond. ▲ CONJUG. like *respondre.*

corresponent (kurrəspunén) *a.* corresponding.

corresponsal (kurrəspunsál) *m.-f.* correspondent: *~ de guerra,* war correspondent. *2* representative.

corretja (kurrɛ́dʒə) *f.* belt; strap. ‖ *tenir ~,* to be patient.

corretjola (kurrədʒɔ́lə) *f.* BOT. bindweed.

correu (kurrɛ́ŭ) *m.* HIST. messenger, courier. *2* mail, post. *3 pl.* post office; the postal service.

corriment (kurrimén) *m.* GEOL. landslide. *2* MED. discharge.

corriol (kurriɔ́l) *m.* narrow path. *2* ORNIT. plover.

corriola (kurriɔ́lə) *f.* pulley.

corró (kurró) *m.* TECH. roller.

cor-robat, -ada (kọrruβát, -áðə) *a.* captivated, enthralled.

corroboració (kurruβurəsió) *f.* corroboration.

corroborar (kurruβurá) *t.* to corroborate, to bear out. *2* to strengthen.

corroir (kurruí) *t.* to eat away, to erode. *2* to corrode.

corrompre (kurrómprə) *t.-p.* to turn bad: *la calor corromp el peix,* heat turns fish bad. *2* to pollute. *3* fig. to corrupt, to pervert.

corrosió (kurruzió) *f.* corrosion.

corrosiu, -iva (kurruzíŭ, -íβə) *a.* corrosive. *2* fig. biting.

corrua (kurrúə) *f.* line, file.

corrupció (kurrupsió) *f.* corruption: *~ de menors,* corruption of minors.

corruptela (kurruptɛ́lə) *f.* corruption, corruptness.

corruptor, -ra (kurruptó, -rə) *a.* corrupting. ■ *2 m.-f.* corrupter.

corsari, -ària (kursári, -áriə) *a., m.-f.* privateer.

corsecar (kọrsəká) *t.-p.* to wither, to shrivel, to dry out *t.-i.* [also fig.].

corser (kursé) *m.* charger, steed.

cort (kor(t)) *f.* court [of kings]. *2 pl.* Spanish parliament. *sing. 3* pigsty; cowshed. *4* fig. pigsty.

cortès, -esa (kurtɛ́s, -ɛ́zə) *a.* courteous, polite.

cortesà, -ana (kurtəzá, -ánə) *a.* court. ■ *2 m.-f.* courtier. *3 f.* courtesan.

cortesia (kurtəziə) *f.* courtesy, politeness, respect.

cortina (kurtínə) *f.* curtain.

cortinatge (kurtinádʒə) *m.* curtains *pl.*

cos (kɔs) *m.* body. ‖ *anar de ~,* to defecate. *2* dead body. *3* group, body. ‖ *~ de bombers,* fire brigade. *4* bodice.

cosa (kɔ́zə) *f.* thing. *2* affair, business. *3 com qui no vol la ~,* as if one is not interested.

4 com una mala ~, terribly, very badly. *5 és poca* ~, there's not much of it. it's quite small. *6 va marxar fa* ~ *de vint minuts*, he left about twenty minutes ago.

cosí, -ina (kuzí, -inə) *m.-f.* cousin. ‖ ~ *germà*, first cousin.

cosidor, -ra (kusiðó, -rə) *a.* sewing. ▪ *2 f.* seamstress. *3 m.* sewing room.

cosinus (kuzínus) *m.* GEOM. cosine.

cosir (kuzí) *t.* to sew, to stitch. *2* fig. to unite. *3* fig. ~ *a punyalades*, to riddle with stab wounds. ▲ CONJUG. INDIC. Pres.: *cuso, cuses, cus, cusen.* ‖ SUBJ. Pres.: *cusi, cusis, cusi, cusin.*

cosit (kusít) *m.* sewing.

cosmètic, -ca (kuzmétik, -kə) *a.-m.* cosmetic.

còsmic, -ca (kɔ́zmik, -kə) *a.* cosmic.

cosmopolita (kuzmupulítə) *a., m.-f.* cosmopolitan.

cosmos (kɔ́zmus) *m.* cosmos.

cosset (kusét) *m.* small body. *2* bodice.

cossi (kɔ́si) *m.* washtub.

cost (kɔs(t)) *m.* cost.

costa (kɔ́stə) *f.* coast. *2* slope. ‖ fig. *venir* o *fer-se* ~ *amunt*, to be an uphill struggle. to be difficult. *3* cost.

costaner, -ra (kustəné, -rə) *a.* coastal.

costar (kustá) *i.* to cost [also fig.]. ‖ ~ *un ull de la cara* or *un ronyó*, to cost a fortune. ‖ *costi el que costi*, whatever the cost.

costat (kustát) *m.* side. *2* ANAT. side; hip. *3* fig. side, aspect. *4 al* ~ *de*, next to; *de* ~, side by side; *del* ~, adjoining, next door; *fer* ~, to support, to back.

costejar (kustəʒá) *t.* to pay for. *2* MAR. to coast.

costella (kustéʎə) *f.* ANAT. rib. *2* chop. *3* AERON. frame. *4* fig. wife.

costellada (kustəʎáðə) *f.* ANAT. ribs *pl.*, ribcage. *2* barbecue of chops.

coster, -ra (kusté, -rə) *a.* steep; sloping. *2* lateral; side. ▪ *3 f.* coast.

costerut, -uda (kustərút, -úðə) *a.* steep.

costós, -osa (kustós, -ózə) *a.* expensive; costly.

costum (kustúm) *m.* custom. habit. ‖ *de* ~, normally. usually.

costura (kustúrə) *f.* sewing. *2* stitching, seam.

cot, -ta (kot, -tə) *a.* bowed, facing downwards.

cota (kɔ́tə) *f.* height above sea level.

cotilla (kutíʎə) *f.* corset.

cotització (kutidzəsió) *f.* price, quotation.

cotitzar (kutidzá) *t.* to quote. to fix a price. *2* fig. to value. ▪ *3 i.* to pay one's dues [taxes, subscriptions].

cotna (kɔ́dnə) *f.* thick skin. [esp. of a pig].

cotó (kutó) *m.* cotton. ‖ ~ *fluix*, cotton wool.

cotorra (kutórrə) *f.* ORNIT. parrot. *2* chatterbox.

cotxe (kɔ́tʃə) *m.* car. *2* RAIL. carriage.

cotxinilla (kutʃiníʎə) *f.* ENT. woodlouse.

COU (kɔ́u) *m. (Curs d'Orientació Universitària)* the last year of secondary education.

coure (kɔ́urə) *m.* MINER. copper.

coure (kɔ́urə) *t.* to cook. *2* to bake. ▪ *3 i.* to sting: *em couen els ulls*, my eyes sting. *4* to be hot [spicy]. *5* fig. to hurt. ▪ *6 p.* to cook. ▲ CONJUG. GER.: *coent.* ‖ P. P.: *cuit.* ‖ INDIC. Pres.: *coc.* ‖ SUBJ. Pres.: *cogui*, etc. ‖ Imperf.: *cogués*, etc.

cova (kɔ́βə) *f.* cove. ‖ fig. ~ *de lladres*, den of thieves.

covar (kuβá) *t.* to sit on [eggs], to hatch. *2* fig. to hatch [plot]; to prepare in secret. *3* to carry [disease]. ▪ *4 i.* fig. to smoulder. ▪ *5 p.* to be overcooked [rice].

covard, -da (kuβár(t), -ðə) *a.* craven, cowardly. ▪ *2 m.-f.* coward.

covardia (kuβərðíə) *f.* cowardice.

cove (kɔ́βə) *m.* basket. ‖ *fer-ne una com un* ~, to make a really stupid mistake. ‖ *voler agafar la lluna en un* ~, to want the impossible.

coxal (kuksál) *a.* ANAT. (of the) hip.

crac (krak) *interj.* crack!, snap! ▪ *2 m.* crack, snap. *3* fig. bankruptcy.

cranc (kraŋ) *m.* ZOOL. crab.

crani (kráni) *m.* ANAT. cranium, skull.

cràpula (krápulə) *f.* drunkenness. *2 m.* dissolute man; debauched man.

cras, -assa (krəs, -ásə) *a.* crass.

cràter (krátə) *m.* crater.

creació (kreəsió) *f.* creation.

creador, -ra (kreəðó, -rə) *a.* which creates. ▪ *2 m.-f.* creator.

crear (kreá) *t.* to create.

crec (krɛk) *interj.* crack, snap. ▪ *2 m.* crack.

credencial (krəðənsiál) *a.* credential. ▪ *2 f.* credentials *pl.*

credibilitat (krəðiβilitát) *f.* credibility.

crèdit (krɛ́ðit) *m.* credence. *2* credit. *3* COMM. credit; loan.

creditor, -ra (krəðitó, -rə) *m.-f.* creditor.

credo (krɛ́ðu) *m.* REL. creed. ‖ *al temps de dir un* ~, in a couple of shakes.

crèdul, -la (krɛ́ðul, -lə) *a.* credulous, gullible.

credulitat (krəðulitát) *f.* credulity, gullibility.

creença (krəɛ́nsə) *f.* belief.

cregut, -uda (krəɣút, -úðə) *a.* conceited, vain. ▪ *2 m.-f.* conceited person.

creïble (kreíbblə) *a.* credible, believable.

creient (krəjén) *a.* who believes. *2* obedient [esp. children]. ■ *3 m.-f.* believer.

creïlla (krəiʎə) *f.* (VAL.) See PATATA.

creixement (krəʃəmén) *m.* growth; increase.

creixença (krəʃénsə) *f.* growth; increase.

créixens (krέʃəns) *m. pl.* BOT. watercress.

créixer (krέʃə) *i.* to grow; to increase. *2* to grow. ▲ CONJUG. P. P.: *crescut.*

crema (krémə) *f.* cream [also fig.]. ‖ ~ *catalana,* type of crème brûlée. *2* burning.

cremada (krəmáðə) *f.* burning. *2* burn.

cremallera (krəməʎérə) *f.* zip fastener. *2* rack railway. *3* TECH. rack.

cremar (krəmá) *t.-i.* to burn. *2 i.* to be very hot. ■ *3 p.* to burn oneself, to get burnt. ‖ fig. ~ *-se les celles,* to flog oneself, to work really hard.

cremat (krəmát) *m.* drink made of coffee, rum and cinnamon. ■ *2 interj.* (ROSS.) See OSTRA *2.*

cremor (krəmó) *f.* burning sensation, burning.

crepè (krəpέ) *m.* crêpe.

crepitar (krəpitá) *i.* to crackle.

crepuscle (krəpúsklə) *m.* twilight [also fig.].

crescuda (krəskúðə) *f.* growth. *2* swelling [of a river or stream].

cresp, -pa (krέsp, -pə) *a.* frizzy.

cresta (krέstə) *f.* crest. ‖ fig. *alçar* or *abaixar la* ~, to take or lose heart. ‖ fig. *picar-se les crestes,* to have a slanging match.

Creta (krέtə) *pr. n. f.* GEOGR. Crete.

cretí, -ina (krətí, -inə) *a.* cretinous. ■ *2 m.-f.* cretin.

cretona (krətónə) *f.* TEXT. cretonne.

creu (krέŭ) *f.* cross [also fig.]. ‖ *ajudar a portar la* ~, to lighten someone's load; *fer-se* ~*s,* to marvel (*de,* at); *fer* ~ *i ratlla,* to want to forget completely.

creuar (krəwá) *t.* to cross *t.-i.,* to go across *i.,* to come across *i.*

creuer (krəwé) *m.* cruise.

creure (krέŭrə) *t.-i.-p.* to believe; to think. ‖ *fer* ~, to make out, to lead to believe. ‖ ~*'s qui sap què,* to be full of one's own importance. ▲ CONJUG. GER.: *creient.* ‖ P.P.: *cregut.* ‖ INDIC. Pres.: *crec.* | Imperf.: *creia,* etc. ‖ SUBJ. Pres.: *cregui,* etc. | Imperf.: *cregués,* etc.

cria (kriə) *f.* breeding. *2* litter [mammals]; brood [birds].

criar (kriá) *t.* to bring up [children]. *2* to breed [animals]. *3* to produce. ■ *4 i.* to give birth [animals].

criat, -ada (kriát, -áðə) *m.* servant, manservant. *2 f.* maid, maidservant.

criatura (kriətúrə) *f.* REL. creature, living being [created by God]. *2* baby; child. ‖ *ésser una* ~, to act like a baby.

cric (krik) *m.* jack [for cars].

crida (kriðə) *f.* call, calling. *2* proclamation.

cridaner, -ra (kriðəné, -rə) *a.* who shouts a lot. *2* garish. ■ *2 m.-f.* person who shouts a lot.

cridar (kriðá) *t.* to call. *2* to call out someone's name. *3* fig. to attract: ~ *l'atenció,* to attract one's attention. *4* fig. to need, to require, to call for. ‖ *aquest formatge crida un bon vi negre,* a good red wine would go well with this cheese. ■ *5 i.* to shout. *6* to scream. *7* to cry out.

cridòria (kriðɔ́riə) *f.* shouting, bawling.

crim (krim) *m.* serious crime [esp. murder].

criminal (kriminál) *a., m.-f.* criminal [esp. murderer].

crinera (krinérə) *f.* mane.

crioll, -lla (kriɔ́ʎ, -ʎə) *a., m.-f.* creole.

cripta (kriptə) *f.* crypt.

críptic, -ca (kriptik, -kə) *a.* cryptic.

crisàlide (krizáliðə) *f.* chrysalis.

crisantem (krizəntém) *m.* BOT. chrysanthemum.

crisi (krizi) *f.* crisis.

crisma (krizmə) *m.-f.* chrism, holy oil. ‖ *rompre la* ~ *a algú,* to smash someone's head in.

crispació (krispəsió) *f.* contraction of muscles. *2* fig. tension.

crispar (krispá) *t.* to tense, to cause to contract [muscles]. *2* fig. to make tense [situations].

crispeta (krispέtə) *f.* pop corn.

cristall (kristáʎ) *m.* crystal. *2* glass.

cristalleria (kristəʎériə) *f.* crystal, glassware. *2* glass making. *3* glass shop.

cristaŀlí, -ina (kristəlí, -inə) *a.* crystalline. ■ *2 m.* ANAT. lens.

cristaŀlització (kristəlidzəsió) *f.* crystallization.

cristaŀlografia (kristəluɣrəfiə) *f.* crystallography.

cristià, -ana (kristiá, -ánə) *a., m.-f.* Christian.

cristianisme (kristiənizmə) *m.* Christianity.

crit (krit) *m.* scream. *2* shout. ‖ *a* ~*s,* in a loud voice, shouting. ‖ *fer un* ~ *a algú,* to call someone; to shout at someone.

criteri (kritέri) *m.* criterion.

crític, -ca (kritik, -kə) *a.* critical. ■ *2 m.-f.* critic. *3 f.* criticism, (USA) animadversion.

criticaire (kritikáïrə) *a.* critical, hypercritical, carping. ■ *2 m.-f.* critic, carper, caviller.

criticar (kritiká) *t.* to criticize.

croada (kruáðə) *f.* HIST. crusade.

crocant (krukán) *m.* praline.

croissant (kruzán) *m.* croissant.
crom (krom) *m.* MINER. chromium.
cromàtic, -ca (krumátik, -kə) *a.* chromatic.
cromo (krómu) *m.* picture card, chromo.
cromosoma (krumuzómə) *m.* BIOL. chromosome.
crònic, -ca (krúnik, -kə) *a.* chronic. ■ *2 f.* HIST. chronicle. *3* JOURN. news report. ‖ ~ *esportiva*, sports section, sports page.
cronista (krunistə) *m.-f.* JOURN. columnist.
cronologia (krunuluʒiə) *f.* chronology.
cronòmetre (krunómətrə) *m.* chronometer.
croquet (krukét) *m.* SP. croquet.
croqueta (krukétə) *f.* croquette.
croquis (krókis) *m.* sketch, outline.
cross (krɔs) *m.* SP. cross-country race.
crossa (krɔsə) *f.* crutch. *2* walking stick.
crosta (krɔstə) *f.* crust [bread]. *2* rind [cheese]. *3* scab [wound].
crostó (krustó) *m.* crust, (USA) heel [of bread loaf]. ‖ *tocar el ~ a algú*, to thump someone.
cru, crua (kru, krúə) *a.* COOK. raw; half-cooked; not cooked. *2* fig. *la veritat ~a*, the harsh truth. *3 color ~*, cream, off-white. *4* untreated; crude [oil].
cruament (kruəmén) *adv.* harshly, straight. ‖ *t'ho diré ~*, I'll tell you plainly.
crucial (krusiál) *a.* crucial.
crucificar (krusifiká) *t.* to crucify.
crucifix (krusifiks) *m.* crucifix.
cruel (kruél) *a.* cruel.
crueltat (kruəltát) *f.* cruelty.
cruent, -ta (kruén, -tə) *a.* bloody.
cruïlla (kruíʎə) *f.* crossroads.
cruïximent (kruʃimén) *m.* stiffness [of muscles]. *2* exhaustion.
cruixir (kruʃi) *i.* to rustle [cloth, leaves]; to creak [doors]; to grind [teeth]. *2* to tire out, to exhaust. ▲ CONJUG. INDIC. Pres.: *cruix*.
cruixit, -ida (kruʃit, -iðə) *a.* worn out, exhausted. ■ *2 m.* rustling [leaves, cloth]; creaking [doors]; grinding [teeth].
cruspir-se (kruspirsə) *p.* to gobble up, to devour.
crustaci (krustási) *m.* ZOOL. crustacean.
cua (kúə) *f.* tail. ‖ fig. *amb la ~ entre cames*, with one's tail between one's legs, dejected; *deixar ~*, to have consequences: *girar ~*, to turn tail: *mirar de ~ d'ull*, to look askance (-,at). *2* ponytail. *3* queue.
cub (kub) *m.* cube.
Cuba (kúbə) *pr. n. f.* GEOGR. Cuba.
cubà, -ana (kuβá, -ánə) *a., m.-f.* GEOGR. Cuban.
cubell (kuβéʎ) *m.* bin. ‖ ~ *de les escombraries*, dustbin, rubbish bin.
cúbic, -ca (kúβik, -kə) *a.* cubic.

cubicar (kuβiká) *t.* to cube. ‖ *aquest model cubica 1.500 c.c.*, this model has a 1.500 c.c. engine.
cubisme (kuβizmə) *m.* ARTS cubism.
cúbit (kúβit) *m.* ANAT. ulna.
cuc (kuk) *m.* worm. ‖ ~ *de terra*, earthworm: *matar el ~*, to have a bite between meals. ‖ fig. *tenir ~s*, to be scared.
cuca (kúkə) *f.* worm; beetle; bug. ‖ ~ *de llum*, glow-worm. ‖ *morta la ~, mort el verí*, dead dogs don't bite.
cucanya (kukáɲə) *f.* greasy pole.
cucurutxo (kukurútʃu) *m.* cornet, cone.
cucut (kukút) *m.* ORNIT. cuckoo.
cuejar (kuəʒá) *i.* to wag the tail.
cuina (kúïnə) *f.* kitchen. *2* cooker, stove. *3* cookery, cooking.
cuinar (kuïná) *t.* to cook.
cuiner, -ra (kuïné, -rə) *m.-f.* cook; chef *m.*
cuir (kuïr) *m.* leather. *2* ~ *cabellut*, scalp.
cuirassa (kuïrásə) *f.* armour.
cuirassat, -ada (kuïrəsát, -áðə) *a.* armoured, armour-plated. ■ *2 m.* MAR. battleship.
cuiro (kúïru) *m.* See CUIR.
cuit, -ta (kúït, -tə) *a.* cooked, done. *2* fig. fed up, tired. ■ *3 m.* GAME hide-and-seek. *4 f.* cooking, baking. *2* haste, speed. ‖ *a cuita-corrents*, hastily.
cuitar (kuïtá) *i.* to hurry (up). ‖ *cuita!*, hurry up! ‖ ~ *el pas*, to speed up, to quicken one's pace.
cuixa (kúʃə) *f.* thigh. *2* leg [chicken, pork, etc.]. *3* HIST. *dret de ~*, droit du seigneur.
cul (kul) *m.* bottom, backside, arse, (USA) ass. ‖ coll. *anar de ~*, to have one's work cut out; ~ *de món*, godforsaken place: *ésser ~ i merda*, to be inseparable, *ser el ~ d'en Jaumet*, to be always on the go; *tenir-ne el ~ pelat*, to have a lot of practice.
culata (kuláta) *f.* butt [of a rifle]. *2* breech. *3* AUT. cylinder head.
cul-de-sac (kuldəsák) *m.* cul-de-sac.
culinari, -ària (kulinári, -áriə) *a.* culinary.
cullera (kuʎérə) *f.* spoon.
cullerada (kuʎeráðə) *f.* spoonful. ‖ *ficar-hi ~*, to stick one's oar in.
cullereta (kuʎerétə) *f.* teaspoon; coffee-spoon. *2* ZOOL. tadpole.
cullerot (kuʎərɔ́t) *m.* tablespoon; serving spoon.
culminació (kulminəsió) *f.* culmination, climax.
culminar (kulminá) *i.* to culminate.
culpa (kúlpə) *f.* fault, misdemeanour. ‖ *donar la ~*, to blame *t.*, to lay the blame on. ‖ *la ~ és de ton pare*, it's your father's fault, your father's to blame.

culpabilitat (kulpəβilitát) *f.* guilt.
culpable (kulpábblə) *a.* guilty.
culpar (kulpá) *t.* to blame. to lay the blame on *i.*
culte, -ta (kúltə, -tə) *a.* cultured. educated. ▪ *2 m.* worship. *3* cult.
cultiu (kultiú) *m.* cultivation.
cultivar (kultiβá) *t.* to cultivate.
cultura (kultúrə) *f.* culture. ‖ *és una persona de poca ~*, he's not very well educated. not widely read.
cultural (kulturál) *a.* cultural.
culturisme (kulturízmə) *m.* body-building.
culturista (kulturístə) *m.* body-builder.
cúmul (kúmul) *m.* heap. pile.
cuneïforme (kunəifórmə) *a.* cuneiform.
cuneta (kunétə) *f.* ditch.
cuny (kuɲ) *m.* wedge.
cunyat, -ada (kuɲát, -áðə) *m.* brother-in-law. *2 f.* sister-in-law.
cup (kup) *m.* wine press. *2* press house.
cupè (kupέ) *m.* coupé.
cupó (kupó) *m.* coupon.
cúpula (kúpulə) *f.* ARCH. dome. cupola.
cura (kúrə) *f.* care. *2* treatment; cure. ‖ *tenir ~*, to be curable: to be careful.
curaçao (kurəsáu) *m.* curaçao.
curandero, -ra (kurəndéru, -rə) *m.-f.* quack. charlatan.
curar (kurá) *t.* to be careful with. *3* to intend. to propose. ▪ *4 i.-p.* ~ *de*, to look after.

curatiu, -iva (kurətiú, -iβə) *a.* curative.
cúria (kúriə) *f.* HIST.. REL. curia. *2* the legal profession.
curiós, -osa (kuriós, -ózə) *a.* curious. *2* clean. tidy. *3* rare.
curiositat (kuriuzitát) *f.* curiosity. *2* neatness.
curós, -osa (kurós, -ózə) *a.* careful.
curs (kurs) *m.* course: route. *2* EDUC. course; year.
cursa (kúrsə) *f.* race.
cursar (kursá) *t.* to deal with. to process [applications]. *2* to study: to attend classes.
cursi (kúrsi) *a.* affected. pretentious [people. behaviour]; flashy. showy [dresses]. ▪ *2 m.-f.* affected. pretentious or showy person.
cursiu, -iva (kursiú, -iβə) *a.* PRINT. cursive. ▪ *2 f.* PRINT. italics *pl.*
curt, -ta (kur(t). -ə) *a.* short. ‖ ~ *de gambals*, slow. thick; *anar ~ de diners*, to be short of cash: *fer ~*, to run short (*de*. of).
curull, -lla (kurúʎ. -ʎə) *a.* full. overflowing.
curvatura (kurβətúrə) *f.* curvature.
cúspide (kúspidə) *f.* peak. *2* cusp.
custòdia (kustóðiə) *f.* custody.
custodiar (kustuðiá) *t.* to guard: to defend.
cutani, -ània (kutáni, -ániə) *a.* cutaneous. of the skin.
cutícula (kutíkulə) *f.* cuticle.
cutis (kútis) *m.* skin. complexion.

D

D, d (de) *f.* d [letter].
d' *prep.* See DE.
dactilografia (dəktiluɣrəfíə) *f.* typewriting.
dactiloscòpia (dəktiluskɔ́piə) *f.* identification by fingerprints.
dada (dáðə) *f.* datum, piece of information. ‖ COMP. *tractament de dades,* data processing.
daga (dáɣə) *f.* dagger.
daina (dáĭnə) *f.* ZOOL. fallow deer.
daixonses (dəʃɔ́nsəs) *pron.* thingumajig, thingummy, thingummybob.
dàlia (dáliə) *f.* BOT. dahlia.
dalla (dáʎə) *f.* scythe.
dallar (dəʎá) *t.* to scythe, to cut with a scythe.
dalt (dal) *adv.* above, at the top. ‖ *~ de tot,* at the very top; fig. *de ~ a baix,* completely, thoroughly. ▪ *2 prep. phr. ~ de,* on top of; ‖ *~ del tren,* on the train. ▪ *3 m.* the top part; the top floor.
daltabaix (dał̩təβáʃ) *adv.* down, right down. ▪ *2 m.* disaster, calamity.
daltonisme (dəltunízmə) *m.* MED. colour blindness.
dama (dámə) *f.* lady. *2* GAME draughts, (USA) checkers.
Damasc (dəmás(k)) *pr. n. m.* GEOGR. Damascus.
damiseHa (dəmizɛ́łə) *f.* young lady; damsel.
damnació (dəmnəsió) *f.* REL. damnation.
damnar (dəmná) *t.* REL. to damn.
damnificar (dəmnifiká) *t.* to damage; to harm.
damnificat, -ada (dəmnifikát, -áðə) *a., m.-f.* victim.
damunt (dəmún) *adv.* above. *2* on top. ‖ *adv. phr. per ~,* superficially. ▪ *3 prep.* on, on top of. *4* above.
dandi (dándi) *m.* dandy.
danès, -esa (dənɛ́s, -ɛ́zə) *a.* Danish. ▪ *2 m.-f.* Dane.

dansa (dánsə) *f.* dance. *2* dancing.
dansaire (dənsáĭrə) *m.-f.* dancer.
dansar (dənsá) *i.* to dance.
dantesc, -ca (dəntɛ́sk, -kə) *a.* Dantesque; Dantean.
dany (daɲ) *m.* damage; harm. *2* injury. *3* LAW *~s i perjudicis,* damages.
danyar (dəɲá) *t.* to damage; to harm. *2* to injure; to hurt.
danyós, -osa (dəɲós, -ózə) *a.* harmful. *2* fig. damaging.
dar (dá) *t.* See DONAR.
dard (dar(t)) *m.* dart. *2* poet. arrow.
darrer, -ra (dərrɛ́, -rə) *a.* last. *2* latest.
darrera (dərrɛ́rə) *adv.* behind, at the back. ▪ *2 prep.* behind, at the back of. *3* after: *he sofert fracàs ~ fracàs,* I've had failure after failure. ▪ *4 m.* back. *5* bottom, backside.
darrerament (dərrərəmén) *adv.* lately.
darrere (dərrɛ́rə) See DARRERA.
darreria (dərrəriə) *f.* end. *2 pl.* afters [of a meal].
dàrsena (dársənə) *f.* dock.
data (dátə) *f.* date.
datar (dətá) *t.* to date. ▪ *2 ~ de i.* to date from.
dàtil (dátil) *m.* BOT. date.
dau (dáŭ) *m.* die.
daurar (dəŭrá) *t.* to gild. *2* fig. *~ la píndola,* to sugar the pill.
daurat, -ada (dəŭrát, -áðə) *a.* golden. ▪ *2 m.* gilt.
davall (dəβáʎ) *adv.-prep.* See SOTA.
davallada (dəβəʎáðə) *f.* descent; way down. *2* fig. decrease, fall.
davallar (dəβəʎá) *t.* to come down *i.,* to go down. *i. 2* to bring down, to take down. ▪ *3 i.* to come down. *4* to fall, to decrease.
davant (dəβán) *adv.* in front; ahead. *2* opposite. *3 ~ per ~,* face to face. ▪ *4 prep.* in

front of; ahead of. *5* opposite. ■ *6 m.* front part, front.

davantal (dəβəntál) *m.* apron.

davanter, -ra (dəβəntė. -rə) *a.* leading. ■ *2 m.-f.* leader. *3 m.* SP. forward.

David (dəβit) *pr. n. m.* David.

d.C. *abbr. (Després de Crist)* A.D. (anno domini).

de (də) *prep.* of: *fet ~ coure,* made of copper. ‖ *una classe d'anglès,* an English class; *el pis ~ l'Andreu,* Andrew's flat; *vermell ~ cara,* red-faced. *2* in: *l'edifici més alt del poble,* the tallest building in the village. *3* from: *sóc ~ Terrassa,* I'm from Terrassa. *4* by. ‖ *una pel·lícula ~ Passolini,* a Passolini film, a film by Passolini. *5 ~ debò,* real, really. ‖ *~ cop,* at once, at one go; *~ dia,* by day, during the daytime; *~ petit,* as a child.

deambular (deəmbulá) *i.* to stroll about.

debades (dəβáðəs) *adv.* in vain.

debanar (dəβəná) *t.* to wind.

debat (dəβát) *m.* debate; discussion.

debatre (dəβátrə) *t.* to debate; to discuss. ■ *2 p.* to struggle; to fight.

dèbil (dέβil) *a.* weak, feeble.

debilitar (dəβilitá) *t.* to debilitate, to weaken.

debilitat (dəβilitát) *f.* feebleness, weakness, debility. *2* weakness: *les ~s humanes,* human weaknesses.

dèbit (dʒεβit) *m.* COMM. debt.

debò (dəβɔ́) *adv. phr. de ~,* actually, truly, really. *2* real, true.

debut (dəβút) *m.* debut.

dècada (dέkəðə) *f.* decade.

decadència (dəkəðέnsiə) *f.* decadence, decay, decline.

decadent (dəkəðén) *a.* decadent, decaying.

decagram (dəkəɣrám) *m.* decagramme, decagram.

decaigut, -uda (dəkəĭyut, -úðə) *a.* depressed; discouraged. *2* weak.

decàleg (dəkálək) *m.* decalogue.

decalitre (dəkəlitrə) *m.* decalitre.

decàmetre (dəkámətrə) *m.* decametre.

decandiment (dəkəndimén) *m.* weakness; weakening; loss of strength.

decandir-se (dəkəndirsə) *p.* to lose strength, to grow weak.

decantació (dəkəntəsió) *f.* CHEM. decantation.

decantament (dəkəntəmén) *m.* inclination, lean, leaning. *2* decantation.

decantar (dəkəntá) *t.* to tip [to one side]. *2* CHEM. to decant. ■ *3 p.* fig. to incline towards, to lean towards. ‖ *cap a quina alternativa et decantes?,* which alternative do you prefer?

decapitació (dəkəpitəsió) *f.* decapitation, beheading.

decapitar (dəkəpitá) *t.* to decapitate, to behead.

decasíl·lab, -ba (dəkəsíləp, -βə) *a.* decasyllabic, ten-syllable. ■ *2 m.* decasyllable.

decaure (dəkáŭrə) *i.* to decline; to go downhill; to decay, to deteriorate. *2* to lose strength, to weaken, to flag. ▲ CONJUG. like *caure.*

decebre (dəsέβrə) *t.* to disappoint. ▲ CONJUG. like *rebre.*

decelar (dəsəlá) *t.* (ROSS.) See DELATAR.

decència (dəsénsiə) *f.* decency.

decenni (dəséni) *m.* decennium.

decent (dəsén) *a.* decent.

decepció (dəsəpsió) *f.* disappointment.

decidir (dəsidí) *t.* to decide. ■ *2 p.* to make up one's mind.

decidit, -da (dəsiðit, -iðə) *a.* decided, resolute.

decigram (dəsiɣrám) *m.* decigramme, decigram.

decilitre (dəsilitrə) *m.* decilitre, (USA) deciliter.

dècim, -ma (dέsim, -mə) *a., m.-f.* tenth. *2 m.* tenth part of a lottery ticket. *3 f.* tenth of a degree.

decimal (dəsimál) *a.-m.* MATH. decimal.

decímetre (dəsimətrə) *m.* decimetre, (USA) decimeter.

decisió (dəsizió) *f.* decision. *2* determination, resolution.

decisiu, -iva (dəsizíŭ, -íβə) *a.* decisive.

declamació (dəkləməsió) *f.* declamation; recitation.

declamar (dəkləmá) *t.-i.* to recite; to declaim.

declaració (dəklərəsió) *f.* declaration, statement. ‖ *~ de renda,* income tax declaration. *2* LAW statement, evidence. ‖ *~ de culpabilitat,* verdict of guilty.

declaradament (dəklərəðəmén) *adv.* openly, declaredly.

declarant (dəklərán) *m.-f.* LAW witness, testifier.

declarar (dəklərá) *t.* to declare; to state. *2* to tell. *3* LAW to find: *~ culpable,* to find guilty. *4* LAW to testify. ■ *5 p.* to declare oneself. *6 ~-se en vaga,* to go on strike.

declinar (dəkliná) *t.* to decline, to refuse. *2* GRAMM. to decline. *3 i.* to decline.

declivi (dəkliβi) *m.* slope, incline.

decoració (dəkurəsió) *f.* decoration; décor. *2* CIN., THEATR. set, scenery.

decorador, -ra (dəkurəðó, -rə) *m.-f.* decorator.

decorar (dəkurá) *t.* to decorate.

decorat (dəkurát) *m.* See DECORACIÓ 2.

decoratiu, -iva (dəkurətiŭ, -iβə) *a.* decorative.

decorós, -osa (dəkurós, -ózə) *a.* decorous, proper, decent.

decòrum (dəkɔ́rum) *m.* decorum.

decreixent (dəkrəʃén) *a.* decreasing, diminishing.

decréixer (dəkréʃə) *i.* to decrease, to diminish. ‖ CONJUG. like *créixer.*

decrèpit, -ta (dəkrέpit, -tə) *a.* decrepit.

decrepitud (dəkrəpitút) *f.* decrepitude.

decret (dəkrέt) *m.* decree, order.

decretar (dəkrətá) *t.* to decree; to order.

decurs (dəkúrs) *m.* course.

dedicació (dəðikəsió) *f.* dedication.

dedicar (dəðiká) *t.* to dedicate. *2* to set aside. ▪ *3 p.* to devote oneself (*a, to*).

dedicatòria (dəðikətɔ́riə) *f.* dedication; inscription.

dedins (dəðins) *adv.* inside. ▪ *2 prep. al ~ de,* inside.

deducció (dəðuksió) *f.* deduction.

deduir (dəðui) *t.* to deduce. *2* to deduct [money]. *3* LAW to present [evidence]; to claim [rights].

deessa (dəέsə) *f.* goddess.

defallir (dəfaʎí) *i.* to lose heart; to falter.

defecació (dəfəkəsió) *f.* defecation.

defecar (dəfəká) *i.* to defecate.

defecció (dəfəksió) *f.* defection, desertion.

defecte (dəfέktə) *m.* defect, fault, flaw. *2* lack; absence.

defectuós, -osa (dəfəktuós, -ózə) *a.* defective, faulty.

defendre (dəfέndrə) *t.* See DEFENSAR.

defensa (dəfέnsə) *f.* defence. ‖ *~ personal,* self-defence. ‖ LAW *legítima ~,* self-defence. ‖ PSYCH. *mecanisme de ~,* defence-mechanism. *2* guard [on machines]. *3 m.-f.* SP. back, defender.

defensar (dəfənsá) *t.* to defend (*contra,* against; *de,* from). *2* to protect. *3* to defend, to uphold [ideas, arguments].

defensiu, -iva (dəfənsiŭ, -iβə) *a.* defensive. ‖ *adv. phr. a la defensiva,* on the defensive.

defensor, -ra (dəfənsó, -rə) *a.* defending. ▪ *2 m.-f.* defender. *3* LAW counsel for the defence.

deferència (dəfərénsiə) *f.* deference.

deficiència (dəfisiénsiə) *f.* deficiency, shortcoming.

deficient (dəfisién) *a.* deficient, inadequate. ▪ *2 m.-f.* MED. *~ mental,* mental deficient.

dèficit (dέfisit) *m.* deficit.

definició (dəfinisió) *f.* definition.

definir (dəfini) *t.* to define. *2* to determine, to establish. ▪ *3 p.* to make one's position or posture clear.

definit, -ida (dəfinit, -iðə) *a.* definite. ‖ *ben ~,* well-defined.

definitiu, -iva (dəfinitiŭ, -iβə) *a.* definitive, final. ‖ *adv. phr. en definitiva,* in short; finally, eventually; in the end.

deflació (dəfləsió) *f.* ECON. deflation.

defora (dəfɔrə) *adv.* outside. ▪ *2 prep.* out of. ‖ *al ~ de,* out of, outside. ▪ *3 m.* outside.

deformació (dəfurməsió) *f.* deformation.

deformar (dəfurmá) *t.-p.* to deform [also fig.]. *2* fig. to distort. *3 p.* to lose shape, to go out of shape.

deforme (dəfɔrmə) *a.* deformed, misshapen.

deformitat (dəfurmitát) *f.* deformity, disfigurement. *2* deformed person or thing.

defraudar (dəfrəŭðá) *t.* to defraud. *2* to evade [taxes]. *3* to disappoint.

defugir (dəfuʒi) *t.* to evade, to avoid. ▲ CONJUG. like *fugir.*

defunció (dəfunsió) *f.* decease, death.

degà (dəɣá) *m.* senior member. *2* dean.

deganat (dəɣənát) *m.* deanship. *2* deanery.

degeneració (dəʒənərəsió) *f.* degeneracy; degeneration.

degenerar (dəʒənərá) *i.* to degenerate (*en,* into).

degenerat, -ada (dəʒənərát, -áðə) *a., m.-f.* degenerate.

deglució (dəɣlusió) *f.* swallowing, deglutition.

deglutir (dəɣluti) *t.* to swallow.

degolladissa (dəɣuʎəðisə) *f.* See DEGOLLAMENT.

degollament (dəɣuʎəmén) *m.* throat cutting; slaughter.

degollar (dəɣuʎá) *t.* to cut the throat of *i.,* to slaughter.

degotar (dəɣutá) *i.* to drip. *2* to leak [in drips].

degradació (dəɣrəðəsió) *f.* degradation, humiliation. *2* MIL. demotion.

degradant (dəɣrəðán) *a.* degrading.

degradar (dəɣrəðá) *t.* to degrade, to humiliate. *2* MIL. to demote. ▪ *3 p.* to demean oneself.

degudament (dəɣuðəmén) *adv.* duly, properly.

degustació (dəɣustəsió) *f.* tasting, sampling.

degustar (dəɣustá) *t.* to taste, to sample.

deificar (dəifiká) *f.* to deify.

deisme (dəizmə) *m.* deism.

deïtat (dəitát) *f.* deity, divinity.

deix (deʃ) *m.* slight accent. *2* after-effect.

deixa (déʃə) *f.* legacy. *2* remains. *3* leftovers.

deixadesa (dəʃəðézə) *f.* slovenliness; carelessness; untidiness.

deixalla (dəʃáʎə) *f.* waste. *2 pl.* left-overs.
deixament (dəʃəmén) *m.* slovenliness; untidiness. *2* languor, listlessness; discouragement.
deixar (dəʃá) *t.* to release, to let go. ‖ *deixa't anar,* let go. *2* to leave. ‖ *deixa'm estar!,* leave me alone! *3* to lend. *4* to abandon, to give up. ‖ *deixa-ho córrer!,* forget about it! ‖ *~ plantat,* to stand someone up. ▪ *5 i.* to run [dye]. ▪ *6 p.* to forget, to leave behind.
deixat, -ada (dəʃát, -áðə) *a.* untidy; careless; slovenly.
deixatar (dəʃətá) *t.* to dissolve.
deixeble, -bla (dəʃébblə, -blə) *m.-f.* disciple, pupil, student, follower.
deixondir (dəʃundí) *t.-p.* to waken up, to liven up.
dejecció (dəʒəksió) *f.* dejection. *2* GEOL. débris.
dejú, -una (dəʒú, -únə) *a.* fasting, not having eaten. ‖ *en ~,* without eating breakfast.
dejunar (dəʒuná) *i.* to fast.
dejuni (dəʒúni) *m.* fast.
del (dəl) (*contr. de + el*).
delació (dələsió) *f.* denunciation; information.
delatar (dələtá) *t.* to report [to the police]; to inform on. *i. 2* to betray, to give away.
delator, -ra (dələtó, -rə) *a.,* which gives away. ▪ *2 m.-f.* informer, betrayer.
deleble (dəlébblə) *a.* delible.
delectació (dələktəsió) *f.* delight, delectation.
delectança (dələktánsə) *f.* See DELECTACIÓ.
delectar (dələktá) *t.* to delight. ▪ *2 p.* to take great pleasure, to take delight.
delegació (dələyəsió) *f.* delegation. *2* local office; branch office: *~ d'Hisenda,* local tax office.
delegar (dələyá) *t.* to delegate.
delegat, -ada (dələyát, -áðə) *a.* delegated. ▪ *2 m.-f.* delegate; representative.
delejar (dələʒá) *t.* to long for *i.,* to yearn for. *i.* ▪ *2 i.* to be impatient.
deler (dəlé) *m.* enthusiasm, zeal, eagerness. *2* desire, longing, yearning.
delerós, -osa (dələrós, -ózə) *a.* eager, enthusiastic.
deliberació (dəliβərəsió) *f.* deliberation.
deliberar (dəliβərá) *t.* to deliberate.
delicadesa (dəlikəðézə) *f.* delicacy. *2* refinement. *3* tact.
delicat, -ada (dəlikát, -áðə) *a.* delicate; exquisite [food]. *2* discerning, refined. *2* fussy, difficult to please. *3* polite, refined.
delícia (dəlísiə) *f.* delight.
deliciós, -osa (dəlisiós, -ózə) *a.* delightful.

delicte (dəliktə) *m.* offence, crime.
delictuós, -osa (dəliktuós, -ózə) *a.* criminal, unlawful.
delimitació (dəlimitəsió) *f.* delimitation.
delimitar (dəlimitá) *t.* to delimit.
delineant (dəlineán) *m.-f.* draughtsman.
delinear (dəlineá) *t.* to delineate, to outline [also fig.].
delinqüència (dəliŋkwénsiə) *f.* crime, delinquency. ‖ *~ juvenil,* juvenile delinquency.
delinqüent (dəliŋkwén) *m.-f.* criminal, delinquent, offender.
delinquir (dəliŋkí) *i.* to commit an offence.
delir-se (dəlírsə) *p.* to long, to yearn.
delirar (dəlirá) *i.* to be delirious.
deliri (dəlíri) *m.* delirium. *2* wild passion.
delit (dəlít) *m.* joy, delight, pleasure. *2* energy, spirit, go.
delitós, -osa (dəlitós, -ózə) *a.* delightful, delectable. *2* lively, spirited.
delmar (dəlmá) *t.* to decimate.
delme (délmə) *m.* HIST. tithe.
delta (déltə) *m.* delta [of a river]. *2 f.* delta [Greek letter].
demà (dəmá) *adv.* tomorrow. ‖ *~ al matí,* tomorrow morning; *~ m'afaitaràs!,* pull the other one!; *~ passat,* (BAL.) *passat ~,* (VAL.) *despús ~,* the day after tomorrow. ▪ *2 m.* future.
demacrat, -ada (dəməkrát, -áðə) *a.* emaciated.
demagog (dəməyɔ́k) *m.-f.* demagogue.
demagògia (dəməyɔ́ʒiə) *f.* demagogy.
demanar (dəməná) *t.* to ask for, to request. ‖ *~ la mà d'una moia,* to ask for a girl's hand in marriage. ‖ *~ la paraula,* to ask to speak. *2* to order [meal, drink]. *3* to need, to demand. ‖ *la gespa ~ pluja,* the lawn needs rain.
demanda (dəmándə) *f.* petition, request. *2* COMM. order. *3* LAW (legal) action.
demandar (dəməndá) *t.* LAW to sue, to take legal action against.
demarcació (dəmərkəsió) *f.* demarcation. *2* district.
demarcar (dəmərká) *t.* to demarcate.
demència (dəménsiə) *f.* madness, insanity.
dement (dəmén) *a.* mad, insane, demented. ▪ *2 m.-f.* mad, insane or demented person.
demèrit (dəmérit) *m.* demerit, fault, defect.
democràcia (dəmukrásiə) *f.* democracy.
demòcrata (dəmɛ́krətə) *m.-f.* democrat.
democràtic, -ca (dəmukrátik, -kə) *a.* democratic.
democratitzar (dəmukrətidzá) *t.* to democratize.
demografia (dəmuyrəfíə) *f.* demography.
demolició (dəmulisió) *f.* demolition.
demolir (dəmulí) *t.* to demolish [also fig.].

demoníac, -ca (dəmuniək, -kə) *a.* demoniacal, demoniac.

demora (dəmórə) *f.* delay, hold-up.

demorar (dəmurá) *t.* to delay, to hold up.

demostració (dəmustrəsió) *f.* demonstration. 2 show, display.

demostrar (dəmustrá) *t.* to demonstrate, to prove. 2 to show, to display.

demostratiu, -iva (dəmustrətiŭ, -iβə) *a.* demonstrative.

dempeus (dəmpέŭs) *adv.* standing, on one's feet.

denari, -ària (dənári, -áriə) *a.* decimal. ▪ 2 *m.* denarius.

denegació (dənəɣəsió) *f.* refusal, denial.

dèneu (dέnəŭ) , **denou** (dέnɔŭ) *a., m.* (VAL.) See DINOU.

denegar (dənəɣá) *t.* to refuse, to deny.

denieirola (dəniəiròlə) *f.* (ROSS.) See GUARDIOLA.

denigrar (dəniɣrá) *t.* to denigrate, to defame.

denominació (dənuminəsió) *f.* denomination, naming.

denominador, -ra (dənuminəðó, -rə) *a.* which denominates. ▪ 2 *m.* MATH. denominator.

denominar (dənuminá) *t.* to denominate, to call, to designate.

denotar (dənutá) *t.* to denote, to signify, to indicate.

dens, -sa (dɛns, -sə) *a.* dense, thick.

densitat (dənsitát) *f.* density.

dent (den) *f.* tooth; front tooth. ‖ *parlar entre ~s,* to mumble. 2 MECH. tooth, cog.

dentadura (dəntəðúrə) *f.* teeth, set of teeth. ‖ *~ postissa,* false teeth, dentures *pl.*

dental (dəntál) *a.* dental.

dentar (dəntá) *t.* MECH. to provide with teeth. ▪ 2 *i.* to teethe [babies].

dentat, -ada (dəntát, -áðə) *a.* toothed. ▪ 2 *m.* set of teeth.

dentetes (dəntέtəs) *phr. fer ~,* to make someone jealous.

dentició (dəntisió) *f.* teething, dentition.

dentifrici, -ícia (dəntifrisi, -isiə) *a.-m.* tooth paste *s.*

dentista (dəntistə) *m.-f.* dentist.

denúncia (dənúnsiə) *f.* LAW complaint. 2 denunciation, reporting; report.

denunciar (dənunsiá) *t.* to report [to the police]. 2 to announce, to proclaim. 3 to denounce.

departament (dəpərtəmέn) *m.* department, section. 2 RAIL. compartiment. 3 department, province, district.

departir (dəpərti) *i.* to converse, to talk.

depauperat, -ada (dəpəŭpərát, -áðə) *a.* very weak.

dependència (dəpəndέnsiə) *f.* dependence; reliance. 2 dependency. 3 outhouse, outbuilding. 4 staff.

dependent, -ta (dəpəndέn, -tə) *a.* dependent. ▪ 2 *m.-f.* shop assistant.

dependre (dəpέndrə) *i.* to depend (*de,* on), to rely (*de,* on). ‖ *depèn* or *això depèn,* it depends. ▲ CONJUG. like *ofendre.*

depilació (dəpiləsió) *f.* COSM. depilation, hair removal.

depilar (dəpilá) *t.* COSM. to depilate, to remove hair.

depilatori, -òria (dəpilətòri, -òriə) *a.-m.* COSM. depilatory.

deplorar (dəlurá) *t.* to deplore; to lament.

deport (dəpɔr(t)) *m.* entertainment.

deportar (dəpurtá) *t.* to deport.

deposar (dəpuzá) *t.* to abandon [attitudes]. 2 to depose [rulers]. 3 LAW to state in evidence, to depose. ▪ 4 *i.* to defecate.

depravació (dəprəβəsió) *f.* vice, depravity; corruption.

depravar (dəprəβá) *t.-p.* to deprave, to corrupt. ▪ 2 *p.* to become depraved or corrupted.

depreciació (dəprəsiəsió) *f.* depreciation.

depreciar (dəprəsiá) *t.* to depreciate *t.-i.*

depredador, -ra (dəprəðəðó, -rə) *m.-f.* pillager, plunderer. 2 predator.

depredar (dəprəðá) *t.* to pillage, to plunder.

depressió (dəprəsió) *f.* depression.

depressiu, -iva (dəprəsiŭ, -iβə) *a., m.-f.* depressive.

depriment (dəprimέn) *a.* depressing.

deprimir (dəprimi) *t.* to depress. ▪ 2 *p.* to get depressed.

depuració (dəpurəsió) *f.* purification, purge.

depurar (dəpurá) *t.* to purify, to purge.

dèria (dέriə) *f.* obsession.

deriva (dəriβə) *f.* drifting. ‖ *anar a la ~,* to drift, to be off course [also fig.].

derivació (dəriβəsió) *f.* derivation.

derivar (dəriβá) *t.* to derive (*de,* from). 2 to divert. ▪ 3 *i.* to derive, to be derived. 4 MAR. to drift.

dermatologia (dərmətuluʒiə) *f.* MED. dermatology.

dermis (dέrmis) *f.* derm, dermis.

derogació (dəruɣəsió) *f.* repeal, derogation, abolition.

derogar (dəruɣá) *t.* to repeal, to abolish; to annul.

derrapar (dərrəpá) *i.* to skid.

derrota (dərrɔtə) *f.* defeat.

derrotar (dərrutá) *t.* to defeat; to beat.

derruir (dərrui) *t.* to demolish.

des (dés) *prep. phr.* ~ *de* or ~ *que*, since. *2* ~ *de*, from. ■ *3 conj.* since.

desabrigat, -ada (dəzəβriɣát, -áðə) *a.* not wrapped up well enough. *2* exposed, unsheltered.

desaconsellar (dəzəkunsəʎá) *t.* to advise against *i.*

desacord (dəzəkɔ́r(t)) *m.* disagreement; discord.

desacreditar (dəzəkrəðitá) *t.* to disparage, to discredit, to denigrate. *2* to bring into discredit. ■ *3 p.* to disgrace oneself.

desactivar (dəzəktiβá) *t.* to defuse, to make safe.

desafecte, -ta (dəzəfέktə, -tə) *a.* disaffected. ■ *2 m.* disaffection. *3 m.-f.* disaffected person.

desafiador, -ra (dəzəfiəðó, -rə) *a.* defiant. *2* challenging.

desafiament (dəzəfiəmén) *m.* defiance. *2* challenge.

desafiar (dəzəfiá) *t.* to challenge [to a fight or duel]. *2* to defy; to challenge.

desafinar (dəzəfiná) *t.* to sing or play out of tune, to be out of tune. *2* to put out of tune. ■ *3 p.* to go out of tune.

desafortunat, -ada (dəzəfurtunát, -áðə) *a.* unfortunate.

desagradable (dəzəɣrəðábblə) *a.* unpleasant, disagreeable.

desagradar (dəzəɣrəðá) *t.* to displease. ‖ *no em desagrada,* I don't dislike it.

desagraïment (dəzəɣrəimén) *m.* ungratefulness, ingratitude.

desagraït, -ida (dəzəɣrəit, -iðə) *a.* ungrateful.

desajust (dəzəúst) *m.* discrepancy. *2* TECH. maladjustment.

desallotjar (dəzəʎudʒá) *t.* to eject, to evict. *2* to evacuate.

desamor (dəzəmɔ́r) *m.-(i f.)* lack of love, coldness, dislike.

desamortització (dəzəmurtidzəsió) *f.* disentailment.

desamortizar (dəzəmurtidzá) *t.* to disentail.

desànim (dəzánim) *m.* discouragement, downheartedness.

desanimar (dəzənimá) *t.* to discourage. ■ *2 p.* to get discouraged, to lose heart.

desanou (dəzənɔ́ŭ) *a.-m.* (ROSS.) See DINOU.

desaparèixer (dəzəpərέʃə) *i.* to vanish, to disappear. ■ CONJUG. like *conèixer.*

desaparellar (dəzəpərəʎá) *t.* to split up a pair. ‖ *aquests mitjons són desaparellats,* these socks aren't a pair, these socks are odd.

desaparició (dəzəpərisió) *f.* disappearance.

desapercebut, -uda (dəzəpərsəβút, -úðə) *a.* unnoticed.

desaprensiu, -iva (dəzəprənsiŭ, -iβə) *a.* unscrupulous.

desaprofitar (dəzəprufitá) *t.* to waste, not to take advantage of.

desaprovar (dəzəpruβá) *t.* to disapprove of *i.*

desar (dəzá) *t.* to put away, to keep [in a safe place].

desarmament (dəzərməmén) *m.* disarmament.

desarmar (dəzərmá) *t.* to disarm [people]. *2* to take to pieces, to take apart, to dismantle [thing]. *3* fig. to calm, to appease.

desarrelar (dəzərrəlá) *t.* to uproot. *2* fig. to wipe out, to get rid of. *i.* ■ *3 p.* fig. to uproot oneself.

desarrelat, -ada (dəzərrəlát, -aðə) *a.* rootles [person], uprooted.

desassenyat, -ada (dəzəsəɲát, -áðə) *a.* unwise, foolish, silly.

desasset (dəzəsέt) *a.-m.* (ROSS.) See DISSET.

desassossec (dəzəsusέk) *m.* uneasiness; anxiety; restlessness.

desastre (dəzástrə) *m.* disaster, calamity.

desastrós, -osa (dəzəstrós, -ózə) *a.* disastrous, awful, terrible; calamitous.

desatendre (dəzətέndrə) *t.* to ignore, to pay no attention to. *2* to neglect [work]. *3* to slight, to offend, to snub [person]. ▲ CONJUG. like *atendre.*

desatent, -ta (dəzətέn, -tə) *a.* inattentive, inconsiderate; discourteous.

desautoritzar (dəzəŭturidzá) *t.* to deprive of authority; to declare without authority.

desavantatge (dəzəβəntádʒə) *m.* disadvantage. *2* handicap; drawback.

desavinença (dəzəβinέsə) *f.* disagreement; discrepancy.

desavinent (dəzəβinέn) *a.* inaccesible.

desavuit (dəzəβúĭt) *a.-m.* (ROSS.) See DIVUIT.

desballestar (dəzβəʎəstá) *t.* to take apart, to dismantle. *2* to break up [cars, ships].

desbancar (dəzβəŋká) *t.* GAME to break the bank. *2* to supplant, to oust.

desbandada (dəzβəndáðə) *f.* flight in disarray, scattering. ‖ *fugir a la* ~, to scatter.

desbandar-se (dəzβəndársə) *p.* to scatter, to flee in disarray.

desbaratar (dəzβərətá) *t.* to spoil, to ruin; to frustrate. *2* to throw into confusion. *3* TECH. to dismantle, to take to pieces. ■ *4 p.* to deteriorate. ‖ *s'ha desbaratat el temps,* the weather's got worse.

desbarrar (dəzβərrá) *t.* to unbar. ■ *2 i.* to talk absolute rubbish; to say too much.

desbocar-se (dəzβukársə) *p.* to bolt [horses]. *2* to give vent to a stream of abuse.

desbordament (dəzβurðəmén) *m.* overflowing, flooding. *2* outburst. *3* MIL. outflanking.

desbordar (dəzβurðá) *t.* to cause to overflow, to cause to flood [rivers]. *2* fig. to arouse [passions]. *3* MIL. to outflank. ▪ *4 i.-p.* to overflow, to flood [rivers]. *5 p.* to burst out, to be aroused [passions].

desbrossar (dəzβrusá) *t.* to clear of weeds, undergrowth or rubbish.

descabdellar (dəskəbdəʎá) *t.* to unwind, to unravel. *2* fig. to expound in detail. ▪ *3 p.* to unravel.

descafeïnat, -ada (dəskəfəinát, -áðə) *a.* decaffeinated. *2* fig. wishy-washy.

descalç, -ça (dəskáls, -sə) *a.* barefoot; unshod.

descamisat, -ada (dəskəmizát, -áðə) *a.* shirtless. *2* fig. extremely poor.

descans (dəskáns) *m.* rest, repose. *2* relief. *3* break. *4* rest, support bracket.

descansar (dəskənsá) *i.* to rest, to have a rest, to take a break. *2* to sleep. *3 ~ en* to rely on, to lean on. *4 ~ sobre,* to rest on, to be supported by. ▪ *5 t.* to rest. *2* to help out.

descanviar (dəskəmbiá) *t.* to exchange, to change.

descarat, -ada (dəzkərát, -áðə) *a.* impudent, insolent, cheeky. ▪ *2 m.-f.* impudent, insolent or cheeky person.

descargolar (dəskəryulá) *t.* to unscrew. ▪ *2 p.* to come unscrewed.

descarnat, -ada (dəskərnát, -áðə) *a.* without flesh. clean, bare [bones]. *2* thin. *3* bare, uncovered. *4* fig. plain, straightforward, without commentaries.

descàrrega (dəskárrəyə) *f.* unloading; emptying. *2* ELECT. discharge.

descarregar (dəskərrəyá) *t.* to unload; to empty. *2* to fire, to shoot. *3* fig. to relieve, to release, to free.

descarrilament (dəskərriləmén) *m.* derailment.

descarrilar (dəskərrilá) *i.* RAIL. to derail *t.-i.*

descartar (dəskərtá) *t.* to rule out, to reject. ▪ *2 p.* GAME to discard.

descendència (dəsəndénsiə) *f.* offspring, descendents *pl.*, family.

descendent (dəsəndén) *a.* descending, descendent. ▪ *2 m.-f.* descendent.

descendir (dəsəndi) *t.* to go or come down; to descend. *2* to fall, to drop. *3 ~ a* to stoop to, to lower oneself to. *4 ~ de,* to descend from; to be derived from.

descens (dəséns) *m.* descent. *2* fall, drop. *3* SP. downhill event [skiing]. *3* SP. relegation.

descentralitzar (dəsəntrəlidzá) *t.* to decentralize.

descentrar (dəsəntrá) *t.* to put off or out of centre. ▪ *2 p.* to get out of centre.

descloure (dəsklɔ̀ürə) *t.-p.* lit. to open. ▲ CONJUG. like *cloure.*

descobert, -ta (dəskuβér(t), -tə) *a.* open, uncovered. ‖ *adv. phr. al ~,* uncovered, unprotected. ‖ *adv. phr.* MIL. *en ~,* exposed to enemy fire. ▪ *2 m.* ECON. overdraft. ▪ *3 f.* discovery, finding.

descobriment (dəskuβrimén) *m.* discovery.

descobrir (dəskuβri) *t.* to discover, to find. *2* to uncover. *3* to show, to reveal. ▪ *4 p.* to take off one's hat. ▲ CONJUG. P. P.: *descobert.*

descodificar (dəskuðifiká) *t.* to decode.

descollar (dəskuʎá) *t.* to unscrew. ▪ *2 p.* to come unscrewed.

descolonització (dəskulunitzəsió) *f.* decolonization.

descolorir (dəskuluri) *t.* to discolour. ▪ *2 p.* to fade.

descompondre (dəskumpóndrə) *t.* to break down, to decompose. *2* to perturb, to upset. ▪ *3 p.* to rot, to decompose. *4* to get upset; to get angry. ▲ CONJUG. like *respondre.*

descomposició (dəskumpuzisió) *f.* decomposition, rotting. *2* discomposure. *3* MED. diarrhoea.

descomptar (dəskumtá) *t.* to leave aside, not to take into account. *2* to discount. ▪ *3 p.* to make a mistake [in calculations].

descompte (dəskómtə) *m.* COMM. discount, reduction.

desconcert (dəskunsér(t)) *m.* discomposure, embarrassment.

desconcertar (dəskunsərtá) *t.* to disconcert, to bewilder; to embarrass. ▪ *2 p.* to get embarrassed, to be disconcerted.

desconeixement (dəskunəʃəmén) *m.* ignorance, lack of knowledge.

desconèixer (dəskunéʃə) *t.* not to know, to be ignorant of, to be unaware of. ▲ CONJUG. like *conèixer.*

desconfiança (dəskumfiánsə) *f.* distrust, mistrust.

desconfiar (dəskumfiá) *i.* to be distrustful. ‖ *~ de,* to distrust *t.,* to mistrust *t.*

descongestionar (dəskunʒəstiuná) *t.* to unblock, to decongest.

desconnectar (dəskunəktá) *t.* to disconnect; to turn off.

desconsol (dəskunsɔ́l) *m.* distress, grief; sorrow, sadness.

descontent, -ta (dəskuntén, -tə) *a.* discontent, discontented, dissatisfied, unhappy.

descoratjar (dəskurədʒá) *t.* to discourage,

to dishearten. ■ *2 p.* to get discouraged, to lose heart.

descordar (dəskurðá) *t.* to unbutton, to undo. ■ *2 p.* to come undone, to come unbuttoned.

descórrer (dəskórrə) *t.* to draw back, to open [curtains]. ▲ CONJUG. like *córrer.*

descortès, -esa (dəskurtέs, -έzə) *a.* rude, impolite, discourteous.

descosir (dəskuzí) *t.* to unstitch, to unpick. ■ *2 p.* to come unstitched. ▲ CONJUG. like *cosir.*

descosit, -ida (dəskuzít, -íðə) *a.* unstitched. ■ *2 m.* seam which has come unstitched. ‖ *parla pels ~s,* she never stops talking.

descrèdit (dəskrέðit) *m.* discredit; disrepute.

descregut, -uda (dəskrəyút, -úðə) *m.-f.* unbeliever.

descripció (dəskripsió) *f.* description.

descriure (dəskriúrə) *t.* to describe.

descuidar-se (dəskuïðársə) *p.* to forget. ‖ *m'he descuidat les claus a casa,* I've left my keys at home.

descuit (dəskúït) *m.* slip, oversight.

descurar (dəskurá) *t.* to be careless about, to neglect.

desdejunar (dəzðəʒuná) *i.* (VAL.) See ESMORZAR.

desdentat, -ada (dəzðəntát, -áðə) *a.* toothless.

desdeny (dəzðéɲ) *m.* scorn; disdain; contempt.

desdenyar (dəzðəɲá) *t.* to scorn, to disdain.

desdibuixar (dəzðiβuʃá) *t.* to blur. ■ *2 p.* to become blurred.

desdir (dəzðí) *i.* to be inappropiate; to be unworthy. ■ *2 p.* ~ - *se de,* to go back on [promises]; to retract *t.* [what one has said]. ▲ CONJUG. like *dir.*

deseixir-se (dəzəʃírsə) *p.* to get rid of. *2* to get out of [difficult situations]. *3* to come out well.

desè, -ena (dəzέ, -έnə) *a.-m.* tenth. *2 f. una desena,* ten.

desembalar (dəzəmbəlá) *t.* to unpack.

desembarassar (dəzəmbərəsá) *t.* to get rid of *i.*

desembarcador (dəzəmbərkəðó) *m.* pier, landing stage, quay.

desembarcar (dəzəmbərká) *t.* to unload [things], to disembark [people]. ■ *2 i.* to come ashore, to go ashore, to disembark.

desembastar (dəzəmbəstá) *t.* to untack.

desembeinar (dəzəmbəïná) *t.* to draw, to unsheathe [swords].

desembocadura (dəzəmbukəðúrə) *f.* GEOGR. mouth.

desembocar (dəzəmbuká) *t.* ~ *a o en,* to lead to, to come out into; to flow into.

desembolicar (dəzəmbuliká) *t.* to unwrap.

desemborsar (dəzəmbursá) *t.* to pay out.

desembragar (dəzəmbrəyá) *t.* MECH. to disengage, to disconnect.

desembre (dəzémbrə) *m.* December.

desembussar (dəzəmbusá) *t.* to unblock [pipe]. ■ *2 p.* to become unblocked, to unblock itself.

desembutxacar (dəzəmbutʃəká) *t.* coll. to lay out [money].

desemmascarar (dəzəmməskərá) *t.* to unmask.

desempallegar-se (dəzəmpəʎəγársə) *p.* to get rid of.

desempaquetar (dəzəmpəkətá) *t.* to unpack.

desemparar (dəzəmpərá) *t.* to desert, to abandon.

desemparat, -ada (dəzəmpərát, -áðə) *a.* abandoned. *2* helpless, defenceless.

desena (dəzέnə) *f.* ten: *una desena d' alumnes,* (about) ten students.

desencadenar (dəzəŋkəðəná) *t.* to unleash [also fig.]. ■ *2 p.* to break out.

desencaixar (dəzəŋkəʃá) *t.-p.* to disconnect. *2* to dislocate [bones]. *3 p.* fig. to become distorted or disfigured [face].

desencaminar (dəzəŋkəminá) *t.* ~ *algú,* to make somebody lose his way. *2* fig. to lead astray.

desencant (dəzəŋkán) *m.* disillusioning, disillusionment.

desencert (dəzənsέr(t)) *m.* error, mistake.

desencís (dəzənsís) *m.* disillusion.

desencisar (dəzənsizá) *t.* to disillusion. ■ *2 p.* to become disillusioned.

desencusa (dəzəŋkúzə) *f.* (ROSS.) See EXCUSA.

desendreçar (dezəndrəsá) *t.* to disarrange; to mess up; to make untidy.

desendreçat, -ada (dəzəndrəsát, -áðə) *a.* untidy; in a mess.

desenfeinat, -ada (dəzəmfəïnát, -áðə) *a.* at ease, at leisure.

desenfocar (dəzəmfuká) *t.* to unfocus.

desenfrenament (dəzəmfrənəmέn) *m.* lack of self-control; wildness.

desenfrenat, -ada (dəzəmfrənát, -áðə) *a.* fig. wild, uncontrolled [person].

desenganxar (dəzəŋgənʃá) *t.* to unhook; to unstick; to undo.

desengany (dəzəŋgáɲ) *m.* undeception, disillusionment, disappointment.

desenganyar (dəzəŋgəɲá) *t.* to undeceive; to disappoint. ■ *2 p.* to be undeceived, to be disappointed.

desengramponador (dəzəŋgrəmpunəðó) *m.* (BAL.) See TORNAVÍS.

desenllaç (dəzənʎás) *m.* outcome.

desenllaçar (dəzənʎəsá) *t.* to untie; to undo.

desenredar (dəzənrrəðá) *t.* to untangle, to disentangle, to unravel.

desenrotllament (dəzənrruʎʎəmén) *m.* development.

desenrotllar (dəzəruʎʎá) *t.-p.* to unroll. *2* to develop.

desentelar (dəzəntəlá) *t.* to de-mist [car window, etc.]. ■ *2 p.* to clear [glass].

desentendre's (dəzənténdrəs) *p.* fig. to wash one's hands. *2* to affect ignorance. ▲ CONJUG. like *atendre.*

desenterrar (dəzəntərrá) *t.-p.* to unearth *t.,* to dig up *t.* [also fig.].

desentès, -sa (dəzəntés, -ézə) *phr. fer-se el* ∼, to affect ignorance.

desentonar (dəzəntuná) *i.* MUS. to be out of tune. *2* fig. not to match; to clash.

desentortolligar (dəzənturtuʎiɣá) *t.* to unwind. ■ *2 p.* to unwind itself.

desenvolupament (dəzəmbulupəmén) *m.* development.

desenvolupar (dəzəmbulupá) *t.-p.* to develop.

desequilibrat, -ada (dəzəkiliβrát, -βaðə) *a.* unbalanced. ■ *2 m.-f.* mentally unbalanced person.

desequilibri (dəzəkiliβri) *m.* imbalance. *2* unbalanced mental condition.

deserció (dəzərsió) *f.* desertion.

desert, -ta (dəzér(t), -tə) *a.* deserted. ■ *2 m.* desert.

desertar (dəzərtá) *t.* to desert.

desertor, -ra (dəzərtó, -rə) *m.-f.* deserter.

desesper (dəzəspér) *m.* See DESESPERACIÓ.

desesperació (dəzəspərəsió) *f.* despair; desperation.

desesperant (dəzəspərán) *a.* despairing. *2* infuriating.

desesperar (dəzəspərá) *i.-p.* to despair. ■ *2 t.* to drive to despair. *3* to infuriate.

desesperat, -ada (dəzəspərát, -áðə) *a.* desperate.

desestimar (dəzəstimá) *t.* to underestimate. *2* to rebuff. *3* LAW to reject.

desfalc (dəsfálk) *m.* embezzlement.

desfalcar (dəsfəlká) *t.* to embezzle. *2* to remove the wedge from.

desfavorable (dəsfəβurábblə) *a.* unfavourable.

desfavorir (dəsfəβuri) *t.* to withdraw one's favour from. *2* not to suit [dress], not to look well on *i.* [dress].

desfer (dəsfé) *t.* to undo. *2* to untie; to unleash [also fig.]. *3* to melt. ■ *4 p.* to come undone. *5* to unleash oneself. *6* fig. ∼*-se*

en llàgrimes, to break down in tears. *7* to melt. *8* to come off. *9* ∼*-se de,* to get rid of. ▲ CONJUG. P. P.: *desfet.* ‖ INDIC. Pres.: *desfaig, desfàs, desfà,* etc. ‖ Imperf.: *desfeia,* etc. ‖ Perf.: *vaig desfer,* etc. ‖ Fut.: *desfaré,* etc. ‖ SUBJ. Pres.: *desfés,* etc.

desfermar (dəsfərmá) *t.* to let out; to set loose; to unleash [also fig.]. ■ *2 p.* fig. to unleash itself; to break; to burst.

desfermat, -ada (dəsfərmát, -áðə) *a.* set loose; unleashed. *2* fig. beside oneself [emotions, mental state].

desferra (dəsfèrrə) *f.* remains; ruins; waste.

desfeta (dəsfétə) *f.* defeat.

desfici (dəsfisi) *m.* anxiety; uneasiness.

desficiós, -osa (dəsfisiós, -ózə) *a.* anxious; uneasy; upset.

desfigurar (dəsfiɣurá) *t.* to disfigure; to alter. *2* to change, to alter [facts].

desfilada (dəsfiláðə) *f.* march-past; parade.

desfilar (dəsfilá) *i.* to march; to parade. *2* coll. to leave (one after the other).

desflorar (dəsflurá) *t.* to pull off the flowers from [tree, plant]. *2* to deflower [woman].

desfogar-se (dəsfuɣársə) *p.* to vent oneself, to vent one's anger.

desfullar (dəsfuʎá) *t.* to remove the leaves from, to strip the leaves off.

desgana (dəzɣánə) *f.* lack of appetite. *2* lack of interest.

desganat, -ada (dəzɣənát, -áðə) *a.* lacking in appetite. *2* lacklustre; unenthusiastic.

desgast (dəzɣás(t)) *m.* wear and tear.

desgastar (dəzɣəstá) *t.* to wear out. *2* to wear down.

desgavell (dəzɣəβéʎ) *m.* chaos, total confusion.

desgavellar (dəzɣəβəʎá) *t.* to throw into confusion.

desgel (dəzɣél) *m.* See DESGLAÇ.

desgelar (dəzɣəlá) *i.-t.-p.* See DESGLAÇAR.

desglaç (dəzɣlás) *m.* melting, thawing.

desglaçar (dəzɣləsá) *i.-t.-p.* to melt, to thaw (out).

desglossar (dəzɣlusá) *t.* to separate out. *2* fig. to schedule.

desgovern (dəzɣuβérn) *m.* misgovernment; misrule. *2* lack of government; lack of rule.

desgovernar (dəzɣuβərná) *t.* to misgovern; to misrule.

desgràcia (dəzɣrásiə) *f.* misfortune. ‖ *interj. quina* ∼*!,* what bad luck! *2* disgrace. ‖ *caure en* ∼, to fall into disgrace.

desgraciar (dəzɣrəsiá) *t.* to ruin, to spoil. *2* to injure [person]; to damage [thing].

desgraciat, -ada (dəzɣrəsiát, -áðə) *a.* misfortunate; wretched. *2* graceless, ugly.

desgranar (dəzɣrəná) *t.* to shell.

desgrat (dəzɣrát) *m.* displeasure. ‖ *prep. phr. a ~ de,* in spite of.

desgravar (dəzɣrəβá) *t.* to reduce the tax on.

desgreuge (dəzɣréüʒə) *m.* amends. *2* satisfaction.

desguàs (dəzɣwás) *m.* drainage, draining. *2* drain [pipe]. ▲ *pl.* *-sos.*

desguassar (dəzɣwəsá) *t.* to drain [water]. ■ *2 i.* to flow into [sea, river, etc.].

desguitarrar (dəzɣitərrá) *t.* to disarrange; to mess. *2* to spoil, to frustrate [projects, plans].

deshabitat, -ada (dəzəβitát, -áðə) *a.* uninhabited.

desheretar (dəzərətá) *t.* to disinherit.

deshidratar (dəziðrətá) *t.-p.* to dehydrate.

deshonest, -ta (dəzunés(t), -tə) *a.* dishonest.

deshonestedat (dəzunəstəðát) *f.* dishonesty.

deshonor (dəzunór) *m.* (*i f.*) dishonour, shame.

deshonra (dəzónrra) *f.* dishonour, disgrace.

deshonrós, -osa (dəzunrrós, -ózə) *a.* dishonourable; ignominious.

deshora (dəzórə) *adv. phr. a ~,* at the wrong time; at a bad time, inopportunely.

desideràtum (dəziðərátum) *m.* desideratum.

desídia (deziðiə) *f.* apathy; idleness.

desidiós, -osa (dəziðiós, -ózə) *a.* apathetic; idle.

desig (dəzitʃ) *m.* desire, wish.

designació (dəziŋnəsió) *f.* appointment, designation.

designar (dəziŋná) *t.* to appoint, to designate.

designi (dəziŋni) *m.* scheme, plan.

desigual (dəziɣwál) *a.* unequal; uneven.

desigualtat (dəziɣwəltát) *f.* unequality, unevenness.

desiHusió (dəziluzió) *f.* disillusion, disappointment.

desiHusionar (dəziluziuná) *t.* to disillusion; to disappoint. ■ *2 p.* to become disillusioned, to be disappointed.

desimbolt, -ta (dəzimbɔ́l, -tə) *a.* open; confident [manner].

desimboltura (dəzimbultúrə) *f.* openness; confidence [manner].

desinfecció (dəzimfəksió) *f.* disinfection.

desinfectant (dəzimfəktán) *a.-m.* disinfectant.

desinfectar (dəzimfəktá) *t.* to disinfect.

desinflar (dəzimflá) *t.* to deflate. ■ *2 p.* to lose air, to go flat; to go down.

desintegració (dəzintəɣrəsió) *f.* disintegration.

desintegrar (dəzintəɣrá) *t.-p.* to disintegrate.

desinterès (dəzintərés) *m.* lack of interest. *2* impartiality.

desinteressat, -ada (dəzintərəsát, -áðə) *a.* uninterested. *2* disinterested, impartial.

desistir (dəzistí) *i.* to desist.

desitjable (dəzidʒábblə) *a.* desirable.

desitjar (dəzidʒá) *t.* to desire, to wish.

desitjós, -osa (dəzidʒós, -ózə) *a.* eager, keen.

deslleial (dəzʎəjál) *a.* disloyal. *2* COMM. unfair [competition].

deslleialtat (dəzʎəjəltát) *f.* unfairness. *2* disloyalty.

deslletar (dəzʎətá) *t.* to wean.

deslligar (dəzʎiɣá) *t.* to untie; to unleash; to set loose.

deslliurament (dəzʎiürəmén) *m.* liberation. *2* giving birth, delivery [of child].

deslliurar (dəzʎiürá) *t.* to free, to set free. *2* to give birth, to deliver [child].

desllogar (dəzʎuɣá) *t.* to vacate. ■ *2 p.* to become vacant.

desllorigador (dəzʎuriɣəðó) *m.* ANAT. joint. *2* fig. solution, way out.

desllorigar (dəzʎuriɣá) *t.-p.* MED. to sprain; to dislocate.

deslluir (dəzʎuí) *t.* to tarnish. ■ *2 p.* to get tarnished.

desmai (dəzmái) *m.* faint. *2* BOT. weeping willow.

desmaiar (dəzməjá) *i.-p.* to faint.

desmamar (dəzməmá) *t.* See DESLLETAR.

desmanegar (dəzmənəɣá) *t.* to disrupt, to mess up. *2* to remove the handle of.

desmanegat, -ada (dəzmənəɣát, -áðə) *a.* disordered; untidy. *2* handleless.

desmantellar (dəzməntəʎá) *t.* to dismantle.

desmantellat, -ada (dəzməntəʎát, -áðə) *a.* dismantled.

desmarcar (dəzmərká) *t.* to remove the label from. ■ *2 p.* SP. to lose one's marker, to get unmarked.

desmarxat, -ada (dəzmərʃát, -áðə) *a.* untidy, slovenly [person].

desmembrar (dəzməmbrá) *t.-p.* to break up [also fig.]. *2 t.* to dismember.

desmemoriar-se (dəzməmuriársə) *p.* to become forgetful.

desmemoriat, -ada (dəzməmuriát, -áðə) *a.* forgetful, absent-minded.

desmenjament (dəzmənʒəmén) *m.* lack or loss of appetite. *2* fig. lack of enthusiasm; disinclination.

desmenjat, -ada (dəzmənʒát, -áðə) *a.* lacking in appetite. *2* fig. unenthusiastic. *3* fig. scornful.

desmentiment (dəzməntimén) *m.* rebuttal, denial.
desmentir (dəzmənti) *t.* to rebut, to deny. ▲ CONJUG. INDIC. Pres.: *desment* o *desmenteix*.
desmerèixer (dəzmərɛ́ʃə) *i.* to lose in value. *2* to compare unfavourably. ▲ CONJUG. like *merèixer*.
desmèrit (dəzmérit) *m.* unworthiness.
desmesura (dəzməzúrə) *f.* excess [also fig.]. *2* lack of moderation.
desmesurat, -ada (dəzməzurát. -áðə) *a.* excessive. *2* immoderate.
desmillorar (dəzmiʎurá) *t.* to spoil. *2* to impair. to weaken. ■ *3 p.* to get spoilt. *4* to become impaired, to weaken.
desmoralitzar (dəzmurəlidzá) *t.* to demoralize. *2* to corrupt. ■ *3 p.* to become demoralised.
desmuntar (dəzmuntá) *t.* MECH. to dismantle; to strip down. ■ *2 i.* to dismount [from horse].
desnaturalitzar (dəznəturəlidzá) *t.* to adulterate.
desnerit, -ida (dəznərit, -iðə) *a.* weak, puny [person].
desnivell (dəzniβéʎ) *m.* unevenness; slope. *2* fig. gap, inequality.
desnivellar (dəzniβəʎá) *t.* to make uneven. ■ *2 p.* to become uneven.
desnonar (dəznuná) *t.* to evict. *2* to give up [patient]; to deem incurable [illness].
desnucar (dəznuká) *t.* to break the neck of.
desnutrició (dəznutrisió) *f.* malnutrition; undernourishment.
desobediència (dəzuβəðiénsiə) *f.* disobedience.
desobedient (dəzuβəðién) *a.* disobedient.
desobeir (dəzuβəi) *t.* to disobey.
desocupació (dəzukupəsió) *f.* leisure. *2* unemployment.
desocupat, -ada (dəzukupát. -áðə) *a.* at leisure. *2* unoccupied [seat, room]. ■ *3 m.-f.* person without an occupation, unemployed.
desodorant (dəzuðurán) *a.-m.* deodorant.
desolació (dəzuləsió) *t.* desolation. *2* fig. grief.
desolador, -ra (dəzuləðó, -rə) *a.* distressing.
desolar (dəzulá) *t.* to desolate [also fig.]. *2* to lay waste.
desolat, -ada (dəzulát. -áðə) *a.* desolate. *2* fig. distressed.
desorbitar (dəzurβitá) *t.* to carry to extremes; to exaggerate vastly. ■ *2 p.* to go to extremes; to get out of hand.
desorbitat, -ada (dəzurβitát, -áðə) *a.* disproportionate; greatly exaggerated.

desordenar (dəzurðəná) *t.* to disarrange; to make untidy.
desordenat, -ada (dəzurðənát. -áðə) *a.* disordered; untidy. ■ *2 m.-f.* disorganised person; untidy person.
desordre (dəzórðrə) *m.* disorder; untidiness.
desorganització (dəsuryənidzəzió) *f.* lack of organisation; disorganisation.
desorganitzar (dəzuryənidzá) *t.* to disorganise.
desori (dəzóri) *m.* confusion, disorder.
desorientació (dəzuriəntəsió) *f.* disorientation, loss of one's bearings; confusion.
desorientar (dəzuriəntá) *t.* to disorientate. ■ *2 p.* to lose one's bearings; to become disorientated.
desoxidar (dəzuksiðá) *t.* CHEM. to deoxidize.
desparar (dəspərá) *t.* ~ *la taula,* to clear the table.
despatx (dəspátʃ) *m.* office. *2* dispatch.
despatxar (dəspətʃá) *t.* to dispatch. to finish. *2* COMM. to sell. *3* to sack, to dismiss.
despectiu, -iva (dəspəktiŭ, -iβə) *a.* derogatory. *2* scornful.
despectivament (dəspəktiβəmén) *adv.* scornfully.
despendre (dəspéndrə) *t.* to spend. *2* fig. to dedicate. ▲ CONJUG. like *ofendre*.
despenjar (dəspənʒá) *t.* to unhook, to take down. ‖ ~ *el telefon,* to pick up the telephone. ■ *2 p.* to come down. *3* fig. coll. to pop in, to drop in [person].
despentinar (dəspəntiná) *t.* to ruffle, to tousle [hair].
despenyar (dəspəɲá) *t.* to hurl from a height.
desperfecte (dəspərféktə) *m.* slight damage.
despert, -ta (dəspér(t), -tə) *a.* awake. *2* fig. alert. *3* sharp.
despertador (dəspərtəðó) *m.* alarm clock.
despertar (dəspərtá) *t.-p.* to wake up *t.-i.*
despesa (dəspézə) *f.* expenditure: ~ *pública,* public expenditure. *2 pl.* expenses.
despietat, -ada (dəspiətát.-áðə) *a.* merciless. heartless. ■ *2 f.* cruelty, heartlessness.
despintar (dəspintá) *t.* to strip [paint]. ■ *2 p.* to fade, to lose colour.
despistar (dəspistá) *t.* to lead astray, to make lose one's way. *2* fig. to mislead. ■ *3 p.* to lose one's way.
despit (dəspit) *m.* spite. ‖ *prep. phr. a* ~ *de,* despite, in spite of.
desplaçament (dəspləsəmén) *m.* displacement. *2* journey, trip.
desplaçar (dəspləsá) *t.* to move, to displace. ■ *2 p.* to go; to drive; to fly.

desplaent (dəspləén) *a.* disagreeable, unpleasant.

desplaure (dəspláŭrə) *i.* to displease. ▲ CONJUG. like *plaure.*

desplegar (dəspləɣá) *t.* to unfold. *2* MIL. to deploy.

desplomar (dəsplumá) *t.* to cause to fall; to pull down. ▪ *2 p.* to collapse, to fall down.

despoblació (dəspubbləsió) *f.* depopulation.

despoblat, -ada (dəspubblát, -áðə) *a.* unpopulated. ▪ *2 m.* deserted spot.

desposseir (dəspusəí) *t.* to dispossess (*de,* of).

dèspota (désputə) *m.-f.* despot.

despotisme (dəsputízmə) *m.* despotism.

desprendre (dəspéndrə) *t.* to unfasten. ▪ *2 p.* to come off, to come away. *3* fig. to follow (*de,* from) [of deductions]. *4* to get rid of. ▲ CONJUG. like *aprendre.*

despreniment (dəsprənimén) *m.* unfastening; loosening. *2* release, emission.

despreocupat, -ada (dəsprəukupát, -áðə) *a.* carefree. *2* unconventional, free and easy.

després (dəsprés) *adv.* after, afterwards. *2* then. *3* later. *4* next, after. ‖ LOC. ~ *de,* after.

desprestigi (dəsprəstíʒi) *m.* loss of prestige; discredit.

desprestigiar (dəsprəstiʒiá) *t.* to discredit. ▪ *2 p.* to fall into discredit, to lose prestige.

desproporcionat, -ada (dəsprupursiunát, -áðə) *a.* disproportionate.

despropòsit (dəsprupɔ́zit) *m.* absurdity, piece of nonsense.

despulla (dəspúʎə) *f.* plunder, spoils. *2 pl.* remains [corpse].

despullar (dəspuʎá) *t.-p.* to undress. *2 t.* to divest (*de* of), to denude (*de,* of).

despullat, -ada (dəspuʎát, -áðə) *a.* bare; naked.

desqualificar (dəskwəlifiká) *t.* to disqualify.

dessagnar (dəsəŋná) *t.* to bleed. ▪ *2 p.* to bleed [to death].

dessecar (dəsəká) *t.-p.* to dry [fruit]; to dry up.

desset (dəsét) *a.-m.* (BAL.) See DISSET.

dèsset (désət) *a.-m.* (VAL.) See DISSET.

dessobre (dəsóβrə) *adv.* on top ‖ *adv. phr. al ~,* on top.

dessota (dəsótə) *adv.* underneath ‖ *adv. phr. al ~,* underneath.

destacament (dəstəkəmén) *m.* MIL. detachment.

destacar (dəstəká) *t.* to point out; to highlight. ▪ *2 p.* to stand out [also fig.].

destapar (dəstəpá) *t.* to uncover. *2* to open. *3* to uncork [bottle]. ▪ *4 p.* to throw off one's bedclothes. *5* fig. to reveal oneself.

destarotar (dəstərutá) *t.* to perplex.

desterrar (dəstərrá) *t.* to exile, to banish.

destí (dəstí) *m.* destiny, fate.

destil·lar (dəstilá) *t.* to distil. *2* to drip; to ooze; to exude.

destil·leria (dəstiləríə) *f.* distillery.

destinació (dəstinəsió) *f.* destination.

destinar (dəstiná) *t.* to destine. *2* to appoint; to assign.

destinatari, -ària (dəstinətári, -áriə) *m.-f.* addressee.

destitució (dəstitusió) *f.* dismissal [from post].

destituir (dəstituí) *t.* to dismiss [from post].

destorb (dəstɔ́rp) *m.* hindrance, impediment.

destorbar (dəsturβá) *t.* to hinder, to impede. *2* to bother, to disturb.

destral (dəstrál) *f.* axe, ax.

destraler, -ra (dəstrəlé,-ra) *a.* fig. clumsy. ▪ *2 m.* woodcutter.

destre, -tra (déstrə, -trə) *a.* skilful.

destrellat (dəstrəʎát) *m.* (VAL.) See DISBARAT.

destresa (dəstrézə) *f.* skill.

destret (dəstrét) *m.* difficulty, jam, fix.

destriar (dəstriá) *t.* to separate (out).

destronar (dəstruná) *t.* to dethrone. *2* fig. to overthrow.

destrossar (dəstrusá) *t.* to destroy; to break up into pieces.

destrucció (dəstruksió) *f.* destruction.

destructor, -ra (dəstruktó, -rə) *a.* destructive. ▪ *2 m.* destroyer.

destruir (dəstruí) *t.* to destroy.

desunió (dəzunió) *f.* lack of unity.

desús (dəzús) *m.* disuse.

desvagat, -ada (dəzβəɣát, -áðə) *a.* at ease, at leisure; unoccupied.

desvalgut, -uda (dəzβəlɣút, -úðə) *a.* helpless; destitute.

desvariar (dəzβəriá) *i.* See DESVARIEJAR.

desvariejar (dəzβəriəʒá) *i.* to rave, to talk nonsense.

desvergonyiment (dəzβərɣuɲimén) *m.* shamelessness. *2* cheek, impudence.

desvestir (dəzβəsti) *t.-p.* to undress.

desvetllar (dəzβətʎá) *t.* to wake up: *el cafè m'ha desvetllat,* the coffee's woken me up. *2* to excite: ~ *la curiositat,* to excite curiosity.

desviació (dəzβiəsió) *f.* deviation; departure. *2* error.

desviar (dəzβiá) *t.* to divert, to deflect. ▪ *2 p.* to deflect, to turn away [line]. *3* to turn off; to swerve [car]. *4* to deviate (*de,* from). ‖ ~*-se dels bons costums,* to go astray.

desvirgar (dəzβirɣá) *t.* to deflower [woman].

desvirtuar (dəzβirtuá) *t.* to impair; to detract from *i.*

desviure's (dəzβiŭrəs) *p.* ~ *per,* to be mad on; to do one's utmost for; to yearn for.

desxifrar (dəʃifrá) *t.* to decipher.

detall (dətáʎ) *m.* detail; particular. *2 al* ~, retail (sale). *3 quin* ~*!,* what a nice thought!; how sweet of you!

detallar (dətəʎá) *t.* to list; to detail.

detectiu (dətəktiŭ) *m.* detective.

detector (dətəktó) *m.* detector.

detenció (dətənsió) *f.* LAW arrest; detention.

deteniment (dətənimén) *m.* care, attention.

detenir (dətəni) *t.* to stop. *2 t.* LAW to arrest. ▲ CONJUG. like *obtenir.*

detergent (dətərʒén) *a.-m.* detergent.

deterioració (dətəriurəsió) *f.* deterioration.

deteriorar (dətəriurá) *t.-p.* to deteriorate.

determinació (dətərminəsió) *f.* determination. *2* determination, decision, revolution.

determinant (dətərminán) *a.* determining. ■ *2 m.* determining factor.

determinar (dətərminá) *t.* to fix, to settle; to decide. *2* to cause, to bring about.

determini (dətərmini) *m.* See DETERMINACIÓ.

determinisme (dətərminizmə) *m.* determinism.

detestar (dətəstá) *t.* to detest, to loathe.

detonació (dətunəsió) *f.* detonation.

detonant (dətunán) *a.* detonating.

detonar (dətuná) *i.* to detonate.

detractar (dətrəktá) *t.* to detract from *i.,* to slander.

detractor, -ra (dətrəktó, -rə) *m.-f.* disparager; detractor.

detriment (dətrimén) *m.* detriment. ‖ *en* ~ *de,* to the detriment of.

detritus (dətritus) *m.* debris; detritus.

deturar (dəturá) *t.-p.* to stop.

deu (déu) *a.-m.* ten. *2 f.* spring [water].

déu (déu) *m.* REL. God. ‖ ~*n'hi do!,* goodness me!; quite a lot!; *com* ~ *mana,* properly; vulg. *tot* ~, everybody.

deure (déŭrə) *m.* duty. *2 pl.* homework. *3* ECON. debt.

deure (déŭrə) *t.* to owe. *2* to have to; must. ‖ CONJUG. GER.: *devent.* ‖ P. P.: *degut.* ‖ INDIC. Pres.: *dec.* ‖ SUBJ. Pres.: *degui,* etc. ‖ Imperf.: *degués,* etc.

deute (déŭtə) *m.* ECON. debt.

deutor, -ra (dəutó, -rə) *m.-f.* debtor.

devastació (dəβəstəsió) *f.* devastation.

devastador, -ra (dəβəstədó, -rə) *a.* devastating. ■ *2 m.-f.* ravager.

devastar (dəβəstá) *t.* to devastate.

devers (dəβérs) *prep.* towards.

devesa (dəβézə) *f.* meadowland, meadows.

devessall (dəβəsáʎ) *m.* shower [also fig.]. *2* fig. torrent, stream. *3* mass, abundance.

devoció (dəβusió) *f.* devotion.

devolució (dəβulusió) *f.* return. *2* ECON. refund, repayment.

devorar (dəβurá) *t.* to devour; to eat up. *2* fig. to read avidly.

devot, -ta (dəβɔ́t, -tə) *a.* pious, devout.

devuit (dəβuít) *a.-m.* (BAL.) See DIVUIT.

dèvuit (déβuit) *a.-m.* (VAL.) See DIVUIT.

dia (díə) *m.* day. ‖ *bon* ~*!,* good morning!, hello!; *de* ~, by day, in daytime, during the day; ~ *de cada* ~, working day. *2* weather, day: *fa bon* ~ *avui,* it's a nice day today.

diabetis (diəβétis) *f.* MED. diabetes.

diable (diábblə) *m.* devil.

diabòlic, -ca (diəβɔ́lik, -kə) *a.* diabolic.

diaca (diákə) *m.* deacon.

diada (diáðə) *f.* feast day; holiday.

diadema (diəðémə) *f.* diadem.

diàfan, -na (diáfən, -nə) *a.* diaphanous, translucent; clear.

diafragma (diəfráŋmə) *m.* ANAT., PHOT. diaphragm.

diagnòstic (diəŋnɔ́stik) *m.* diagnosis.

diagnosticar (diəŋnustiká) *t.* to diagnose.

diagonal (diəɣunál) *a.-f.* diagonal.

diagrama (diəɣrámə) *m.* diagram.

dialecte (diəléktə) *m.* dialect.

dialèctic, -ca (diəléktik, -kə) *a.* dialectic, dialectical. ■ *2 m.-f.* dialectician. *3 f.* dialectics.

diàleg (diálək) *m.* dialogue.

diàlisi (diálizi) *f.* CHEM. dialysis.

diamant (diəmán) *m.* diamond.

diàmetre (diámətrə) *m.* GEOM. diameter.

dialogar (diəluɣá) *t.* to dialogue, to converse. ■ *2 t.* to set down in dialogue form.

diana (diánə) *f.* target. *2* MIL. reveille.

diantre (diántrə) *interj.* coll. gosh!

diapasó (diəpəzó) *m.* MUS. diapason. *2* tuning fork.

diapositiva (diəpuzitiβə) *f.* PHOT. slide.

diari, -ària (diári, -áriə) *a.* daily. ■ *2 m.* (daily) newspaper. *3* diary.

diarrea (diərréə) *f.* diarrhoea.

diatriba (diətriβə) *f.* diatribe.

dibuix (diβúʃ) *m.* drawing. ‖ ~ *animat,* cartoon. *2* pattern.

dibuixant (diβuʃán) *m.-f.* draughtsman; designer.

dibuixar (diβuʃá) *t.* to draw; to sketch. *2* to describe, to depict.

dic (dik) *m.* MAR. dike, sea-wall. *2* MAR. breakwater.

dicció (diksió) *f.* diction.

diccionari (diksiunári) *m.* dictionary.

dicotomia (dikutumíǝ) *f.* dichotomy.
dictador (diktǝðó) *m.* dictator.
dictadura (diktǝðúrǝ) *f.* dictatorship.
dictamen (diktámǝn) *m.* opinion, judgement. *2* expert's report. *3* dictum.
dictaminar (diktǝminá) *i.* to give an opinion, to report.
dictar (diktá) *t.* to dictate. *2* fig. to suggest. *3* to issue [decree, law].
dictat (diktát) *m.* dictation.
dida (díðǝ) *f.* wet-nurse. ‖ coll. *engegar algú a ~*, to tell someone to go to hell.
didàctic, -ca (diðáktik, -kǝ) *a.* didactic, didactical. ▪ *2 f.* didactics.
didal (diðál) *m.* SEW. thimble.
dieta (diétǝ) *f.* diet. *2* expense allowance.
dietari (diǝtári) *m.* agenda. *2* diary.
dietètic, -ca (diǝtétik, -kǝ) *a.* dietetic. ▪ *2 f.* MED. dietetics *pl.*
difamació (difǝmǝsió) *f.* defamation, slander, libel.
difamar (difǝmá) *t.* to defame; to slander; to libel.
diferència (difǝrénsiǝ) *f.* difference.
diferencial (difǝrǝnsiál) *m.* AUTO. differential. *2 f.* MATH. differential.
diferenciar (difǝrǝnsiá) *t.* to differentiate between *i.*
diferent (difǝrén) *a.* different, unlike.
diferir (difǝri) *i.* to be different, to differ. ▪ *2 t.* to postpone.
difícil (difísil) *a.* difficult.
dificultar (difikultá) *t.* to make difficult; to hinder; to obstruct.
dificultat (difikultát) *f.* difficulty; problem; trouble. *2* obstacle.
difondre (difóndrǝ) *t.-p.* to spread: *~ notícies*, to spread news. ▲ CONJUG. like *confondre*.
diftèria (diftériǝ) *f.* diptheria.
difuminar (difuminá) *t.* to fade. ▪ *2 p.* to fade (away).
difunt, -ta (difún, -tǝ) *a., m.-f.* deceased.
difús, -usa (difús, -úzǝ) *a.* diffuse.
difusió (difuzió) *f.* diffusion; spreading; broadcasting.
digerir (diʒǝri) *t.* to digest.
digestió (diʒǝstió) *f.* digestion.
digestiu, -iva (diʒǝstíu, -íβǝ) *a.* digestive. ‖ *tub ~*, alimentary canal.
dígit (díʒit) *m.* MATH. digit.
digital (diʒitál) *a.* finger. ‖ *empremta ~*, fingerprint. *2* digital: *rellotge ~*, digital clock or watch.
dignar-se (diŋnársǝ) *p.* to deign, to condescend.
dignatari (diŋnǝtári) *m.* dignitary.
digne, -na (díŋnǝ, -nǝ) *a.* worthy. *~ d'elogi*, worthy of praise. *2* honourable, upright.

dignificar (diŋnifiká) *t.* to dignify.
dignitat (diŋnitát) *f.* dignity.
dijous (diʒóus) *m.* Thursday.
dilació (dilǝsió) *f.* delay. *2* postponement.
dilapidar (dilǝpiðá) *t.* to squander [fortune].
dilatar (dilatá) *t.-p.* to dilate, to widen; to expand, to enlarge. *2 t.* to put off, to postpone.
dilatori, -òria (dilǝtóri, -óriǝ) *a.* dilatory.
dilema (dilémǝ) *m.* dilemma.
diletant (dilǝtán) *m.-f.* dilettante.
diligència (diliʒénsiǝ) *f.* assiduity, diligence. *2* errand. *3* LAW execution [of court decision]; steps, measures. *4* stagecoach.
diligent (diliʒén) *a.* assiduous, diligent.
dilluns (diʎúns) *m.* Monday.
dilucidar (dilusiðá) *t.* to elucidate; to clear up, to solve.
diluir (dilui) *t.* to dilute.
diluvi (dilúβi) *m.* deluge, flood.
dimanar (dimǝná) *i.* to arise or stem (*de*, from).
dimarts (dimárs) *m.* Tuesday.
dimecres (dimékrǝs) *m.* Wednesday.
dimensió (dimǝnsió) *f.* dimension.
diminut, -uta (diminút, -útǝ) *a.* tiny, diminutive.
diminutiu, -iva (diminutíu, -íβǝ) *a.* diminutive.
dimissió (dimisió) *f.* resignation: *presentar la ~*, to hand in one's resignation.
dimitir (dimiti) *i.* to resign.
dimoni (dimóni) *m.* demon.
Dinamarca (dinǝmárkǝ) *pr. n. f.* GEOGR. Denmark.
dinàmic, -ca (dinámik, -kǝ) *a.* dynamic. ▪ *2 f.* dynamics f. *pl.*
dinamisme (dinǝmízmǝ) *m.* dynamism.
dinamita (dinǝmítǝ) *f.* dynamite.
dínamo (dinámu) *f.* AUTO. dynamo.
dinamòmetre (dinǝmómǝtrǝ) *m.* MECH. dynamometer.
dinar (diná) *m.* lunch; luncheon.
dinar (diná) *i.* to have lunch.
dinastia (dinǝstíǝ) *f.* dynasty.
diner (diné) *m.* HIST. diner [ancient Catalan coin]. *2 pl.* money, cash.
dineral (dinǝrál) *m.* a lot of money, a fortune: *això ens costarà un ~*, that'll cost us a fortune!
dinou (dinóu) *a.-m.* nineteen.
dinovè, -ena (dinuβé, -éǝ) *a.* nineteenth.
dins (dins) *prep., adv.* in, inside. ▪ *2 m.* interior, inside.
diòcesi (dióspzi) *f.* ECCL. diocese.
diòptria (dióptriǝ, coll. diuptríǝ) *f.* OPT. diopter, dioptre.
diorama (diurámǝ) *m.* diorama.

diploma (diplómə) *m.* diploma.
diplomàcia (diplumásiə) *f.* diplomacy.
diplomàtic, -ca (diplumátik, -kə) *a.* diplomatic. ▪ *2 m.-f.* diplomat. *3 f.* diplomacy [career].
dipòsit (dipózit) *m.* deposit. *2* warehouse, store. *3* tank.
dipositar (dipuzitá) *t.* to deposit. *2* to store. ▪ *3 p.* to settle, to deposit itself.
dipositari, -ària (dipuzitári, -ariə) *a.*, *m.-f.* ECON. depository. *2* LAW trustee. *3* fig. repository.
díptic (diptik) *m.* diptych.
diputació (diputəsió) *f.* deputation, delegation. ‖ ~ *provincial*, administrative body similar to a county council.
diputat, -ada (diputat, -aðə) *m.-f.* POL. member of parliament; representative.
1) dir (di) *t.* to say, to tell. ‖ *digui!*, hallo?, hello? [on the phone]; *és a* ~, that is to say; *no cal* ~, needless to say; *tu diràs*, of course. ▪ *2 p.* to be called. ‖ *com et dius?*, what's your name? ▲ CONJUG. GER.: *dient.* ‖ P. P.: *dit.* ‖ INDIC. Pres.: *dic, dius, diu, diuen.* | IMPERF.: *deia, deies*, etc. ‖ SUBJ. Pres.: *digui*, etc. | IMPERF.: *digués*, etc. ‖ IMPERAT. *digues.*
2) dir (di) *m.* saying. ‖ *és un* ~, it isn't meant seriously.
direcció (dirəksió) *f.* direction, guidance. *2* AUTO. steering. *3* COMM. management.
directe, -ta (dirέktə, -tə) *a.* direct. ‖ GRAMM. *complement* ~, direct object. *2* RADIO. *emissió en* ~, live broadcast.
directiu, -iva (dirəktíŭ, -iβə) *a.* managing, governing. ▪ *2 m.-f.* manager; executive.
director, -ra (dirəktó, -rə) *m.-f.* manager; director.
directori (dirəktóri) *m.* directory.
directriu (dirəktriŭ) *f.* standard, norm; guide-lines.
dirigent (dirižέn) *a.* leading, at the head or top. ▪ *2 m.-f.* manager, person in charge. *3* conductor, leader.
dirigir (diriži) *t.* AUTO. to steer; to direct. *2* COMM. to manage. *3* POL. to govern; to lead. *4* MUS. to conduct [orchestra]. ▪ *5 p.* to head for, to make one's way to. *6* to address *t.* (*a*, —) [persons].
disbarat (dizβərát) *m.* piece of nonsense, idiocy. *2* blunder.
disbauxa (dizβáŭʃə) *f.* debauchery; lack of self-control or moderation.
disc (disk) *m.* MUS. record. *2* disc.
discernir (disərni) *t.* to discern.
disciplina (disiplinə) *f.* discipline.
discòbol (diskóβul) *m.* discus-thrower.
díscol, -la (diskul, -lə) *a.* uncontrollable [esp. child or young person].

disconformitat (diskumfurmitát) *f.* disagreement.
discordant (diskurðán) *a.* discordant.
discòrdia (diskórðiə) *f.* discord.
discórrer (diskórrə) *i.* to speak, to talk, to discourse. ▲ CONJUG. like *córrer.*
discreció (diskrəsió) *f.* tact, discretion; prudence.
discrecional (diskrəsiunál) *a.* discretional, optional.
discrepància (diskrəpánsiə) *f.* discrepancy. *2* disagreement.
discrepar (diskrəpá) *i.* to differ, to disagree.
discret, -ta (diskrέt, -tə) *a.* discreet, tactful. *2* sober.
discriminació (diskriminəsió) *f.* discrimination: ~ *racial*, racial discrimination.
discriminar (diskriminá) *t.* to discriminate.
disculpa (diskúlpə) *f.* apology.
disculpar (diskulpá) *t.* to excuse, to pardon. *2* to exonerate. ▪ *3 p.* to apologize.
discurs (diskúrs) *m.* speech, discourse.
discussió (diskusió) *f.* argument. *2* discussion.
discutir (diskuti) *t.* to discuss. *2* to argue about. *i.*
disenteria (dizəntəriə) *f.* MED. dysentery.
disfressa (disfrέsə) *f.* disguise. *2* fancy dress.
disfressar (disfrəsá) *t.* to disguise [also fig.]. *2* to dress up in fancy dress. ▪ *3 p.* to disguise oneself. *4* to dress up in fancy dress.
disgregació (dizɣrəɣasió) *f.* disintegration.
disgregar (dizɣrəɣá) *t.-p.* to disintegrate.
disgust (dizɣús(t)) *m.* unpleasant shock or surprise. *2* displeasure.
disgustar (dizɣustá) *t.* to give an unpleasant shock or surprise to. *2* to cause displeasure or annoyance to, to displease. ▪ *3 p.* to become annoyed.
disjunció (dizʒunsió) *f.* disjunction.
dislèxia (dislέksiə) *f.* dyslexia.
dislocar (dizluká) *t.* to dislocate. *2* to sprain.
disminució (dizminusió) *f.* decrease, diminution.
disminuir (dizminui) *t.-i.* to decrease, to diminish. *2* fig. to shrink.
disparador (dispərəðó) *m.* trigger, trigger mechanism. ‖ ~ *automatic*, automatic triggering device.
disparar (dispərá) *t.-i.* to shoot. *2 t.* to set in motion. *3* coll. to set going.
dispendi (dispέndi) *m.* waste, extravagance.
dispensa (dispέnsə) *f.* dispensation.
dispensar (dispənsá) *t.* to exempt, to excuse. *2* to distribute.
dispensari (dispənsári) *m.* clinic.

dispers, -sa (dispḗrs, -sə) *a.* scattered, spread out, dispersed. ‖ fig. *una persona* ~, scatterbrained person.
dispersar (dispərsá) *t.-p.* to scatter, to spread out, to disperse.
dispesa (dispézə) *f.* inn, guest-house.
displicent (displisḗn) *a.* bad-tempered.
disponibilitat (dispuniβilitát) *f.* availability.
disponible (dispunibblə) *a.* available.
disposar (dispuzá) *t.* to arrange, to set out. *2* to make or get ready; to prepare. ‖ ~ *de*, to have (available). ■ *3 p.* ~*-se a*, to be about to.
disposició (dispuzisió) *f.* order, arrangement. *2* nature, disposition.
dispositiu, -ive (dispuzitiŭ, -iβə) *m.* device, mechanism, appliance.
dispost, -ta (dispós(t), -tə) *a.* ready, prepared.
disputa (dispútə) *f.* argument.
disputar (disputá) *t.-i.-p.* to argue. *2 t.* to dispute. *3 i.-p.* to have an argument.
disquisició (diskizisió) *f.* disquisition.
dissabte (disáptə) *m.* Saturday.
dissecar (disəká) *t.* ZOOL. to stuff. *2* MED. to dissect.
disseminar (disəminá) *t.* to spread.
dissemblança (disəmblánsə) *f.* lack of similarity, dissimilarity.
dissensió (disənsió) *f.* dissent; conflict [of opinions].
dissentir (disəntí) *i.* to dissent.
disseny (disḗɲ) *m.* design.
dissenyador, -ra (disəɲəðó, -rə) *m.-f.* designer.
dissenyar (disəɲá) *t.* to design.
dissertar (disərtá) *i.* to discourse.
disset (disḗt) *a.-m.* seventeen.
dissetè, -ena (disətḗ, -ḗnə) *a.-m.* seventeenth.
dissidència (disiðḗnsiə) *f.* dissidence.
dissident (disiðḗn) *a.* dissident.
dissimilitud (disimilitút) *f.* dissimilarity, lack of resemblance.
dissimulació (disimuləsió) *f.* dissimulation, pretence.
dissimular (disimulá) *t.* to dissimulate. *2* to hide, to conceal. ■ *3 i.* to dissemble, to pretend.
dissipació (disipəsió) *f.* dissipation.
dissipar (disipá) *t.* to dissipate [also fig.].
dissociació (disusiəsió) *f.* dissociation.
dissociar (disusiá) *t.* to dissociate, to separate.
dissoldre (disóldrə) *t.-p.* to dissolve. ▲ CONJUG. like *absoldre*.
dissolució (disulusió) *f.* dissolution. *2* CHEM. solution.

dissolvent (disulβḗn) *a.-m.* dissolvent. *2 m.* dissolving agent.
dissonància (disunánsiə) *f.* MUS. dissonance.
dissort (disór(t)) *f.* bad luck, misfortune.
dissortat, -ada (disurtát, -áðə) *a.* unlucky, unfortunate.
dissuadir (disuəðí) *t.* to dissuade.
distància (distánsiə) *f.* distance, gap, gulf.
distanciar (distənsiá) *t.* to space out. *2* to separate. ■ *3 p.* to move off; to move further away. *4* to become estranged.
distant (distán) *a.* distant.
distar (distá) *i.* to be distant.
distendre (distḗndrə) *t.-p.* to stretch. ▲ CONJUG. like *atendre*.
distensió (distənsió) *f.* stretching. *2* easing [of tension].
distinció (distinsió) *f.* distinction, difference. *2* badge or mark of honour, distinction.
distingir (distinʒí) *t.* to distinguish; to make out; to tell. ■ *2 p.* to be distinguished. *3* to stand out.
distingit, -ida (distinʒit, -iðə) *a.* distinguished.
distint, -ta (distin, -tə) *a.* different, distinct.
distintiu, -ive (distintiŭ, -iβə) *a.* distinctive; distinguishing. ■ *2 m.* badge, distinguishing mark.
distracció (distrəksió) *f.* distraction. *2* amusement, entertainment.
distret, -ta (distrḗt, -tə) *a.* absent-minded. *2* enjoyable, entertaining.
distreure (distrḗŭrə) *t.* to distract [attention, etc.]. ■ *2 p.* to enjoy oneself. *3* to be or get absent-minded; to cease to pay attention: *perdona'm, em vaig distreure un moment*, sorry, I wasn't paying attention for a moment. ▲ CONJUG. like *treure*.
distribució (distriβusió) *f.* distribution. *2* arrangement.
distribuir (distriβuí) *t.* to distribute; to share out, to give out.
distributiu, -iva (distriβutiŭ, -iβə) *a.* distributive.
districte (distriktə) *m.* district: ~ *postal*, postal district.
disturbi (distúrβi) *m.* disturbance; riot.
dit (dit) *m.* ANAT. toe: ~ *gros*, big toe. *2* ANAT. finger: ~ *petit*, little finger; *llepar-se els* ~*s*, to lick one's fingers. *3* coll. a dash, a few drops, a finger-tip [measure]: *un* ~ *de vi*, a dash of wine.
dita (dítə) *f.* saying, proverb.
ditada (ditáðə) *f.* fingerprint.
diumenge (diŭmḗnʒə) *m.* Sunday.
diurètic, -ca (diurḗtik, -kə) *a.-m.* MED. diuretic.

diürn, -na (diùrn, -nǝ) *a.* by day (-time), day.

diva (díβǝ) *f.* prima donna.

divagar (diβǝɣá) *i.* to wander about; to stroll around. *2* fig. to ramble; to wander from the point.

divan (diβán) *m.* divan, couch.

divendres (diβέdrǝs) *m.* Friday.

divergir (diβǝrʒí) *i.* to diverge. *2* fig. to differ; to clash.

divers, -sa (diβέrs, -sǝ) *a.* various. *2* varied; of many aspects.

diversió (diβǝrsió) *f.* entertainment; amusement.

diversitat (diβǝrsitát) *f.* variety; diversity.

divertiment (diβǝrtimén) *m.* enjoyment.

divertir (diβǝrtí) *t.* to amuse, to entertain. ▪ *2 p.* to enjoy oneself.

divertit, -ida (diβǝrtít, -íðǝ) *a.* enjoyable; amusing.

diví, -ina (diβí, -ínǝ) *a.* divine.

dividend (diβiðén) *m.* MATH., COMM. dividend.

dividir (diβiðí) *t.* to split up, to divide.

divinitat (diβinitát) *f.* divinity, god or goddess. *2* fig. beauty, goddess.

divisa (diβízǝ) *f.* HERALD. coat-of-arms, blazon; emblem. *2* motto. *3 pl.* foreign currency, foreign exchange.

divisió (diβizió) *f.* division; dividing. *2* SP. division, league: *un equip de primera ~,* a first division team. *3* MIL. division.

divisor (diβizó) *m.* MATH. divisor, dividing number.

divorci (diβórsi) *m.* divorce.

divorciar (diβursiá) *t.* to divorce. ▪ *2 p.* to get divorced.

divuit (diβúĭt) *a.-m.* eighteen.

divuitè, -ena (diβuĭtέ, -έnǝ) *a.-m.* eighteenth.

divulgació (diβulɣǝsió) *f.* spreading, broadcasting.

divulgar (diβulɣá) *t.* to spread, to broadcast, to make known. ▪ *2 p.* to become known; to leak out [secret].

DNI (deǝnǝi) *m. (Document Nacional d'Identitat)* identity card.

do (dɔ) *m.* MUS. do. *2* gift, present.

D.O. (deɔ́) *(Denominació d'Origen)* country or region of origin [food, wine].

doblar (dubblá) *t.-p.* to double. *2 t.* to fold. *3* CIN. to dub.

doblatge (dubblátdʒǝ) *m.* CIN. dubbing.

doble (dɔ́bblǝ) *a.* double [amount, size]. *2* thick [cloth, book, finger]. ▪ *3 m.* double or twice the amount or size. ‖ *aquesta taula és el ~ de gran que aquella,* this table is twice as big as that one. *4 m.-f.* CIN. stand-in, stunt-man.

doblec (dubblέk) *m.* fold; crease.

doblegadís, -issa (dubblǝɣǝðís, -ísǝ) *a.* easy folding.

doblegar (dubblǝɣá) *t.* to fold; to bend. *2* fig. to cow, to break the resistance of. ▪ *3 p.* to submit.

dobler (dubblé) *m.* NUMIS. doubloon. *2* (BAL.) See DINERS.

DOC (dɔ́k) *m. (Diari Oficial de la Generalitat)* official publication of the Generalitat of Catalonia.

doc (dɔk) *m.* MAR. wharf warehouse.

docent (dusén) *a.* teaching; educational.

dòcil (dɔ́sil) *a.* amenable; docile.

docilitat (dusilitát) *f.* amenability; docility.

docte, ta (dɔ́ktǝ, -tǝ) *a.* learned, erudite.

doctor, -ra (duktó, -rǝ) *m.-f.* doctor [academic title]. *2* MED. coll. doctor.

doctorat (dukturát) *m.* doctorate.

doctrina (duktrínǝ) *f.* doctrine, teaching.

document (dukumén) *m.* document; paper.

documentació (dukumǝntǝsió) *f.* documents, sheaf of documents or papers; documentation.

documental (dukumǝntál) *a.-m.* CIN. documentary.

documentar (dukumǝntá) *t.* to document. ▪ *2 p.* to document oneself.

dofí (dufí) *m.* ZOOL. dolphin.

dogal (duɣál) *m.* AGR. halter; rope. *2* noose [for hanging].

dogma (dɔ́gmǝ) *m.* dogma.

dogmàtic, -ca (dugmátik, -kǝ) *a., m.-f.* dogmatic *a.*

dogmatisme (dugmáti3mǝ) *m.* dogmatism.

doi (dɔ́ĭ) *m.* (BAL.) See DISBARAT.

dojo (dɔ́ʒu) *adv. phr. a ~,* in plenty or abundance.

dol (dɔl) *m.* grief; mourning.

dòlar (dɔ́lǝr) *m.* dollar.

dolç, -ça (dóls, -sǝ) *a.* sweet. ▪ *2 m.* (sweet) cake, cakelet.

dolcesa (dulsέzǝ) *f.* See DOLÇOR.

dolçor (dulsó) *f.* sweetness [taste or character]; gentleness. *2* softness [to touch].

doldre (dɔ́ldrǝ) *i.* to hurt, to distress, to cause sorrow. ‖ *em dol sentir-ho,* I'm sorry to hear that. ▪ *2 p.* to be in pain. *3* to complain. ▴ CONJUG. like *valer.*

dolença (dulénsǝ) *f.* grief, distress.

dolent, -ta (dulén, -tǝ) *a.* bad. *2* evil. *3* useless, not much good.

dolenteria (dulǝntǝriǝ) *f.* badness, evil. *2* piece of mischief, prank [esp. child].

doll (doʎ) *m.* jet, spurt; stream. ‖ *un ~ de paraules,* a stream or burst of words. *2 adv. phr. a ~,* in plenty or abundance.

dolmen (dɔ́lmǝn) *m.* dolmen.

dolor (duló) *m.* (i *f.*) pain. *2* grief, distress.

dolorit, -ida (dulurit, -iðə) *a.* grief-stricken, distressed.

dolorós, -osa (dulurós, -ózə) *a.* painful.

domesticar (duməstiká) *t.* to tame; to domesticate.

dominació (duminəsió) *f.* domination; sway, rule.

domador, -ra (dumədó, -rə) *m.-f.* (animal) tamer; (animal) trainer.

domar (dumá) *t.* to tame, to train [animals]; to break in [horse].

domàs (dumás) *m.* damask. *2 pl.* hangings, festoons.

domèstic, -ca (duméstik, -kə) *a.* home, house, domestic. ‖ *animals* ~*s,* pets. ■ *2 m.-f.* servant; home-help. *3 f.* cleaning lady.

domicili (dumisili) *m.* home address, residence; domicile. *2 servei* ~, home delivery.

domiciliar (dumisiliá) *t.* ECON. to arrange payment of (a bill) by direct debit.

dominant (duminán) *a.* dominant. *2* domineering [person].

dominar (duminá) *t.* to dominate, to overlook. ■ *2 i.* to be in a dominant or prominent position. ■ *3 p.* to control oneself.

domini (dumini) *m.* control, authority; rule, sway; power. ‖ *2* fig. grip: *està sota el ~ dels sentiments,* he's in the grip of his emotions. *3* dominion [land ruled]. *4 ser del ~ públic,* to be common knowledge.

dominical (duminikál) *a.* Sunday.

dòmino (dɔ́minu) *m.* GAME. domino.

dona (dɔ́nə) *f.* woman. *2* wife.

donació (dunəsió) *f.* donation, gift. *2* LAW gift; legacy, bequest.

donant (dunán) *m.-f.* donor: ~ *de sang,* blood donor.

donar (duná) *t.* to give. *2* to produce, to yield; to cause. *3* to provide. *4* to grant, to donate. *5* ~ *corda,* to wind up; ~*-se les mans,* to shake hands; to hold hands; *tant se me'n dóna,* it's all the same to me. ■ *6 p.* to face (towards). ■ *7 p.* to surrender. *8* to happen. *9* to abandon oneself (*a,* to).

donatiu (dunətiŭ) *m.* donation.

doncs (dɔns) *conj.* well. ‖ *no tens gana? ~ no mengis,* so you're not hungry then? well, don't eat. *2* then, therefore: *penso, ~ sóc,* I think, therefore I am; *què fem, doncs?,* what're we going to do then?

doner (dunė) *a.* pej. womanizing, skirt-chasing: *un home ~,* a womaniser.

donzell (dunzėʎ) *m.* LIT. youth. *2* HIST. squire. *3* BOT. wormwood.

donzella (dunzėʎə) *f.* LIT. maiden.

dòric, -ca (dɔ́rik, -kə) *a.* ARCH. Doric.

dormida (durmiðə) *f.* sleep. ‖ *fer una bona ~,* to have a good nap.

dormidor, -ra (durmiðó, -rə) *a.* sleepy, drowsy. ■ *2 m.-f.* sleepy person.

dormilega (durmilėɣə) *m.-f.* sleepyhead.

dormir (durmi) *i.* to sleep, to be asleep. ‖ ~ *com un tronc,* to sleep like a log. ▲ CONJUG. INDIC. Pres.: *dorm.*

dormitori (durmitɔ́ri) *m.* bedroom.

dors (dɔrs) *m.* back, behind; reverse.

dorsal (dursál) *a.* dorsal. ■ *2 m.* SP. number [on back of player].

dos, dues (dos, dúəs) *a., m.-f.* two.

dos-cents, dues-centes (dosėns, duəsėntəs) *a.-m.* two hundred.

dosi (dɔ́zi) *f.* dose. *2* MED. dosis.

dot (dɔt) *m.* dowry. *2* gift, talent; ability.

dotació (dutəsió) *f.* endowment [act or money bestowed]. *2* staff [personnel]; equipment.

dotar (dutá) *t.* LAW to endow, to bestow. *2* to provide (*de,* with), to fit out (*de,* with).

dotze (dódʒə) *a.-m.* twelve.

dotzè, -ena (dudzė, -ɛ́nə) *a.* twelfth. ■ *2 m.* twelfth part.

dotzena (dudzɛ́nə) *f.* dozen. ‖ ~ *de frare,* baker's dozen.

dovella (duβə́ʎə) *f.* ARCH. voussoir.

Dr. *m. abbr.* (*Doctor*) Dr. (Doctor).

Dra. *f. abbr.* (*Doctora*) Dr. (Doctor).

drac (drak) *m.* MYTH. dragon.

dracma (drágmə) *f.* NUMIS. drachma. *2* HIST. dram [weight measure].

draga (dráɣə) *f.* dredger [ship or apparatus].

dragar (drəɣá) *t.* MAR. to dredge. *2* to swallow.

dragó (drəɣó) *m.* ZOOL. lizard; salamander.

drama (drámə) *m.* drama.

dramàtic, -ca (drəmátik, -kə) *a.* dramàtic. ‖ *un esdeveniment ~,* a dramatic event. ■ *2 m.* THEATR. playwright. *3 f.* drama, dramaturgy.

dramaturg, -ga (drəmətúrk,-ɣə) *m.* playwright, dramatist. *2 f.* (woman) playwright.

drap (drap) *m.* cloth, piece of cloth. ‖ ~ *de pols,* duster. ‖ ~ *de cuina,* kitchen cloth. *2* fig. *deixar com un ~ brut,* to heap over with insults. ‖ fig. *treure els ~s bruts,* to hang out one's dirty washing in public.

drapaire (drəpáïrə) *m.-f.* rag-and-bone man.

drassana (drəsánə) *f.* shipyard.

dràstic, -ca (drástik, -kə) *a.* drastic.

dreçar (drəsá) *i.* to lead (straight) to. *2* to drive. ■ *3 t.* to put straight. *4* to erect. *5* to prepare.

drecera (drəsėrə) *f.* shortcut [path]. ‖ *fer ~,* to take a short-cut.

drenar (drəná) *t.* to drain [abcess; land, etc.].

dret, -ta (drèt, -tə) *a.* straight: *posa't ~!*, sit up straight!, stand up straight! *2* steep [path, road, etc.]. *3 estar ~*, to be standing, to be upright. ■ *4 m.* law: *estudiant de ~*, law student. *5* right: *~s humans*, human rights. *6* obverse, front side. *7 f.* right-hand, right. *8* POL. right-wing. *9 phr. a tort i a ~*, right and left.

dril (dril) *m.* TEXT. drill.

dringar (driŋgá) *i.* to tinkle.

droga (drɔ́yə) *f.* drug. *2* drugs [collectively].

drogueria (druyəriə) *f.* drugstore [shop selling paint and cleaning materials].

dromedari (druməðári) *m.* ZOOL. dromedary.

dropo, -pa (drɔ́pu, -pə) *a.* idle, lazy. *2* coll. pej. good for nothing. ■ *3 m.-f.* pej. layabout, idler.

dròpol (drɔ́pul) *m.* See DROPO.

druida (druiðə) *m.* HIST. druid.

dual (duál) *a.* dual.

dualitat (duəlitát) *f.* duality.

duana (duánə) *f.* customs. ‖ *passar la ~*, to go through customs.

duaner, -ra (duəné, -rə) *a.* customs, of the customs. ■ *2 m.-f.* customs officer.

dubitatiu, -iva (duβitətiu, -iβə) *a.* doubtful, dubious.

Dublín (dubblín) *pr. n. m.* GEOGR. Dublin.

dubtar (duptá) *t.-i.* to doubt. *2 i.* to be in doubt.

dubte (dúptə) *m.* doubt. ‖ *posar en ~*, to raise doubts about. ‖ *sens ~*, without doubt, doubtless.

duc (duk) *m.* duke. *2* ORNIT. eagle owl.

ducat (dukát) *m.* dukedom [title or territory]. *2* duchy [territory]. *3* HIST. ducat [coin].

dúctil (dúktil) *a.* ductile [metal]. *2* fig. ductile [person].

duel (duél) *m.* duel.

duna (dúnə) *f.* dune, sand dune.

duo (dúo) *m.* MUS. duet, duo. ‖ *tocar a ~*, to play in duet.

duodè (duuðè) *m.* ANAT. duodenum.

dúplex (dúpləks) *m.* duplex.

duplicar (dupliká) *t.* to duplicate. *2* to double [quantity, size]. ■ *3 p.* to double.

duplicitat (duplisitát) *f.* duplicity, deceitfulness.

duquessa (dukèsə) *f.* duchess.

dur (du) *t.* to take. *2* to bring. *3* to carry. *4* to wear, to have on [clothes]. ▲ CONJUG. GER.: *duent.* ‖ P. P.: *dut.* ‖ INDIC. Pres.: *duc, duus* o *dus, duu* o *du.* ‖ Imperf.: *duia*, etc. ‖ SUBJ. Pres.: *dugui*, etc. ‖ Imperf.: *dugués*, etc.

dur, -ra (du, -rə) *a.* hard. ‖ *un hivern ~*, a hard winter; *una feina ~*, a hard or difficult job; *és molt dura*, she's a hard person. *2* fig. *té el cap ~*, she's not very bright; she's very obstinate.

duració (durəsió) *f.* duration, length [time].

durada (duráðə) *f.* See DURACIÓ.

durant (durán) *prep.* during: *~ la seva vida va inventar moltes coses,* he invented a lot of things during his life-time. *2* for: *varen parlar ~ una hora,* they spoke for an hour.

durar (durá) *i.* to last.

duresa (durɛ́zə) *f.* hardness; toughness. *2* fig. difficulty. *3* fig. harshness, callousness.

durícia (durísiə) *f.* MED. hard patch, callosity.

duro (dúru) *m.* five-peseta coin.

dutxa (dútʃə) *f.* shower.

dutxar (dutʃá) *t.* to give a shower to. ■ *2 p.* to have a shower, to shower.

E

E, e (ɛ) f. e [letter].
eben (éβən) m. BOT. ebony.
ebenista (əβənistə) m. cabinetmaker; carpenter.
ebonita (eβunitə) f. MINER. ebonite.
Ebre (éβrə) pr. n. m. GEOGR. Ebro.
ebri, èbria (éβri, éβriə) a. drunk, drunken.
ebullició (əβuʎisió) f. boiling. 2 fig. activity; ferment.
eclipsar (əklipsá) t. to eclipse. 2 fig. to outshine; to put in a shadow. ■ 3 p. to disappear all of a sudden.
eclèctic, -ca (əkléktik, -kə) a. eclectic.
eclesiàstic, -ca (əkləziástik, -kə) a. ecclesiastic(al. ■ 2 m.-f. ecclesiastic, church person.
eclipsi (əklipsi) m. eclipse.
eco (éku) m. echo.
ecografia (əkuɣrəfiə) f. ultrasound test.
ecologia (əkuluʒiə) f. ecology.
ecològic (əkulòʒik) a. ecological.
ecologista (əkuluʒistə) m.-f. ecologist.
economat (əkunumát) m. cut-price store, cooperative store.
economia (əkunumiə) f. economy. 2 economy, saving. 3 economics [science].
econòmic, -ca (əkunòmik, -kə) a. ECON. economic: *crisi ~*, economic crisis; *problemes ~s*, economic problems. 2 economical, money-saving. 3 economical, thrifty [person].
economista (əkunumistə) m.-f. economist.
economitzar (əkunumidzá) t. to economize, to save.
ecs! (ɛks) interj. ugh!
ecumènic, -ca (əkuménik, -kə) a. ECCL. ecumenic(al.
éczema (égzəmə, coll. əgzémə) m. eczema.
edat (əðát) f. age. ‖ *~ escolar*, school age. 2 fig. old age: *un home d'~*, an old man. 3 LAW age: *ser major d'~*, to be of age. 4

age, time, epoch. ‖ *és de l'~ de pedra*, it's ancient.
edelweiss (əðəlβéis) m. BOT. edelweiss.
edema (əðémə) m. oedema.
edèn (əðén) m. HIST. Eden, Paradise. 2 fig. paradise.
edició (əðisió) f. edition. 2 issue, publication.
edicte (əðiktə) m. edict, proclamation, decree.
edificació (əðifikəsió) f. building, construction. 2 fig. edification.
edificant (əðifikán) a. edifying.
edificar (əðifiká) t. to build, to construct. 2 fig. to edify. 3 fig. to build up, to construct [theories].
edifici (əðifisi) m. building.
Edimburg (əðimbúrk) pr. n. m. GEOGR. Edinburgh.
editar (əðitá) t. to edit. 2 to publish.
editor, -ra (əðitó, -rə) a. publishing. ■ 2 m.-f. publisher. 3 editor.
editorial (əðituriál) a. publishing. ■ 2 f. publishing house, publishers. 3 m. leading article; editorial.
edredó (əðrəðó) m. eiderdown. 2 quilt.
educació (əðukəsió) f. education; studies. 2 teaching. 3 upbringing; manners.
educar (əðuká) t. to educate. 2 to teach. 3 to bring up.
educat, -ada (əðukát, -áðə) a. well-mannered, polite.
educatiu, -iva (əðukətiu, -iβə) a. educative; educational, instructive, edifying.
efecte (əféktə) m. effect. ‖ *fer ~*, to have effect; *tenir ~*, to take place. 2 impression: *mal ~*, bad impression. ‖ *em fa l'~*, I think. ■ 3 MED. *~s secundaris*, side-effects.
efectista (əfəktistə) a. sensational. ■ 2 m.-f. sensationalist.
efectiu, -iva (əfəktiu, -iβə) a. effective. ■ 2 m. cash: *en ~*, in cash. 3 pl. MIL. forces.

efectivament (əfəktiβəmén) *adv.* indeed, precisely [in answer].

efectivitat (əfəktiβitát) *f.* effectiveness.

efectuar (əfəktuá) *t.* to effect; to make, to perform. ▪ *2 p.* to take place [function, performance].

efemèrides (əfəmériðəs) *f. pl.* ASTR. ephemerides.

efeminat, -ada (əfəminát, -áðə) *a.* womanish; effeminate.

efervescència (əfərβəsénsiə) *f.* effervescence; fizziness [drink]. *2* fig. ferment, unrest [of crowd].

eficàcia (əfikásiə) *f.* efficacy.

efígie (əfíʒiə) *f.* effigy.

efímer, -ra (əfímər, -rə) *a.* short-lasting, short-lived, ephemeral.

efluvi (əflúβi) *m.* emanation, effluvium.

efusió (əfuzió) *f.* leaking, pouring out [of liquid, gas]; shedding [of blood]: *sense ~ de sang*, without bloodshed. *2* fig. effusiveness.

EGB (éʒébé) *f.* (*Educació General Bàsica*) primary school education.

egipci, -ípcia (əʒipsi, -ipsiə) *a., m.-f.* GEOGR. Egyptian.

Egipte (əʒiptə) *pr. n. m.* GEOGR. Egypt.

ègloga (éɣluɣə) *f.* LIT. eclogue.

egoisme (əɣuizmə) *m.* egoism; selfishness.

egolatria (əɣulətriə) *f.* narcissism, self-worship.

egregi, -ègia (əɣréʒi, -éʒiə) *a.* eminent, distinguished.

egua (éɣwə) *f.* See EUGA.

ei! (eï) *interj.* hey! [to draw attention]. *2* hi! [to greet].

eina (éïnə) *f.* tool; instrument [also fig.]. *2 pl.* tools of trade; equipment. *3* coll. gear.

Eivissa (əiβisə) *pr. n. f.* GEOGR. Ibiza.

eix (eʃ) *m.* MECH. axle. *2* fig. axis, main point.

eix, eixa (eʃ, éʃə) (VAL.) *a.-pron.* that [near person addressed].

eixalar (əʃalá) *t.* to clip the wings of [also fig.].

eixam (əʃám) *m.* swarm [bees].

eixampla, eixample (əʃámplə) *f.* extension; enlargement. *2* new quarter [of town].

eixamplar (əʃəmplá) *t.-p.* to widen, to extend.

eixancarrar-se (əʃəŋkərrársə) *p.* to separate or open out one's legs.

eixarreït, -ida (əʃərrəit, íðə) *a.* parched; dried out.

eixelebrat, -ada (əʃələβrát, -áðə) *a.* thoughtless.

eixerit, -ida (əʃərit, -íðə) *a.* lively, bright; alert; wide-awake: *on vas tan ~?*, where are you off to, looking so lively?

eixida (əʃiðə) *f.* courtyard. *2* exit, way-out.

eixir (əʃi) *i.* to come or go out (*de*, of), to leave *t. 2* to get out (*de*, of) [vehicle]. *3* to start (out) [on journey]. ▪ CONJUG. INDIC. Pres.: *ixo, ixes, ix, ixen.* ‖ SUBJ. Pres.: *ixi, ixis, ixi, ixin.*

eixir (əʃi) *i.* (VAL.) See SORTIR.

eixorbar (əʃurβá) *t.* to blind [by removing the eyes].

eixorc, -ca (əʃór(k), -ə) *a.* arid, waste: *terra ~*, wasteland.

eixordar (əʃurðá) *t.* to deafen.

eixorivir (əʃuriβi) *t.* to wake up [also fig.].

eixugador, -ra (əʃuɣəðó, -rə) *a.* drying. ▪ *2 m.* drying cloth; tea-towel.

eixugamà (əʃuɣəmá) *m.* kitchen hand-towel.

eixugar (əʃuɣá) *t.* to dry, to wipe: *~ els plats*, to wipe or dry the dishes. ▪ *2 p.* to dry. ‖ *~ -se les mans*, to dry or wipe one's hands.

eixut, -ta (əʃút, -tə) *a.* dry. *2* dried out. *3* parched, arid [land].

ejacular (əʒəkulá) *i.* to ejaculate.

ejecció (əʒəksió) *f.* ejection. *2* ejaculation.

el (əl) *art. m. sing.* the. *2 neut.* before adjective: *~ bell*, beauty, what is beautiful. ▪ *3 pers. pron.: no ~ conec*, I don't know him.

elaboració (ələβurəsió) *f.* elaboration.

elaborar (ələβurá) *t.* to produce, to manufacture: *~ productes alimentaris*, to manufacture foodstuffs. *2* to elaborate [project; theory].

elàstic, -ca (əlástik, -kə) *a.* elastic; flexible. ‖ fig. *és una qüestió molt ~*, it's a very flexible issue. ▪ *2 m. pl.* braces [for trousers].

elecció (ələksió) *f.* selection, choosing. *2 pl.* POL. election *sing.*

electe, -ta (əléktə, -tə) *a.* elect.

elector, -ra (ələktó, -rə) *m.-f.* POL. elector.

electoral (ələkturál) *a.* election, electoral: *campanya ~*, election campaign.

elèctric, -ca (əléktrik, -kə) *a.* electric, electrical.

electricista (ələktrisistə) *m.* electrician.

electricitat (ələktrisitát) *f.* electricity. *2* electricity [science].

electritzar (ələktridzá) *t.* to electrify [also fig.].

electró (ələktró) *m.* electron.

electrocutar (ələktrukutá) *t.* to electrocute.

elèctrode (əléktruðə, coll. ələktróðə) *m.* electrode.

electrodomèstic, -ca (ələktruduméstik, -kə) *a.* electrical goods, household electrical goods. ▪ *2 m. pl.* electrical goods or appliances.

electrogen, -ògena (ələktróʒən, -óʒənə) *a.*

generating, generator. ■ 2 *m.* electric generator.

electroimant (ələ́ktruimán) *m.* electromagnet.

electròlisi (ələktrɔ́lizi) *f.* electrolysis.

electrònic, -ca (ələktrɔ́nik, -kə) *a.* electronic. ■ 2 *f.* electronics.

electroscopi (ələktruskɔ́pi) *m.* electroscope.

electrostàtic, -ca (ələ́ktrustátik, -kə) *a.* electrostatic. ■ 2 *f.* electrostatics.

elefant, -ta (ələfán, -tə) *m.-f.* ZOOL. elephant.

elefantiasi (ələfəntiázi) *f.* MED. elephantiasis.

elegància (ələɣánsiə) *f.* elegance; smartness [clothes].

elegant (ələɣán) *a.* elegant; smart [clothes].

elegia (ələʒíə) *f.* LIT. elegy.

elegíac, -ca (ələʒíak, -kə) *a.* LIT. elegiac.

elegir (ələʒí) *t.* to choose, to select. 2 to elect.

element (ələmén) *m.* element.

elemental (ələməntál) *a.* elementary. 2 basic.

elenc (ələ́ŋ) *m.* catalogue; list. 2 THEATR. cast.

elevació (ələβəsió) *f.* raising, lifting; elevation. 2 fig. loftiness [person].

elevar (ələβá) *t.* to raise. 2 fig. to elevate [to higher rank, etc.]. 3 MATH. to raise.

elidir (əliði) *t.* to elide.

eliminació (əliminəsió) *f.* elimination: *adv. phr.* **per ~**, by elimination.

eliminar (əliminá) *t.* to eliminate. 2 SP. to eliminate, to knock out [from competition]. 3 coll. to eliminate, to kill [person]: **~ del mapa**, to snuff out.

eliminatori, -òria (əliminətɔ́ri, -ɔ́riə) *a.* eliminatory. ■ 2 *f.* SP. heat [athletics]; preliminary round.

Elisabet (əlizəβét) *pr. n. f.* Elizabeth.

elisió (əlizió) *f.* elision.

elixir (əliksí) *m.* elixir [also fig.].

ell, ella (éʎ, éʎə) *pers. pron.* he, she.

eHipse (əlípsə) *f.* ellipse.

eHipsi (əlípsi) *f.* GRAMM. ellipsis.

elogi (əlɔ́ʒi) *m.* praise, eulogy.

elogiar (əluʒiá) *t.* to praise. 2 fig. to pay tribute to.

elogiós, -osa (əluʒiós, -ósə) *a.* eulogistic; favourable.

eloqüència (əlukwénsiə) *f.* eloquence [also fig.].

eloqüent (əlukwén) *a.* eloquent [also fig.]. 2 significant, expressive.

elucidar (əlusiðá) *t.* to elucidate.

elucubració (əlukuβrəsió) *f.* lucubration.

eludir (əluðí) *t.* to escape from *i.*, to elude. 2 to evade; to avoid.

em (əm) *pers. pron.* **~ pots ajudar?**, can you help me? ▲ em, me, 'm, m'.

emanar (əməná) *i.* to emanate, to arise (*de*, from) [also fig.].

emancipació (əmənsipəsió) *f.* emancipation.

emancipar (əmənsipá) *t.* to emancipate; to free. ■ 2 *p.* to emancipate oneself; to free oneself (*de*, from).

embadalir (əmbəðəli) *t.* to charm; to entrance. ■ 2 *p.* to be filled with wonder, to be entranced.

embadocar (əmbəðuká) *t.-p.* See EMBADALIR.

embafar (əmbefá) *t.-p.* to cloy, to surfeit. 2 fig. to nauseate, to sicken.

embalar (əmbəlá) *t.* to pack (up); to wrap (up); to package.

embalar-se (əmbəlársə) *p.* to speed up [also fig.].

embalatge (əmbəláʤə) *m.* packing, packaging.

embalsamar (əmbəlsəmá) *t.* to embalm [corpses].

embalum (əmbəlúm) *m.* bulk. ‖ **fer ~**, to be bulky.

embaràs (əmbərás) *m.* trouble, inconvenience; annoyance. 2 pregnancy.

embarassar (əmbərəsá) *t.* to be in the way of. 2 to tie down [fig.]. 3 to make pregnant.

embarbussar-se (əmbərβusársə) *p.* to mutter; to stammer.

embarcació (əmbərkəsió) *f.* boat; vessel.

embarcador (əmbərkəðó) *m.* MAR. landing-stage. 2 MAR. small quay.

embarcar (əmbərká) *t.* to take on board. 2 to load or put on board. ■ 3 *p.* to embark, to go on board.

embarg (əmbár) *m.* See EMBARGAMENT.

embargament (əmbərɣəmén) *m.* LAW seizure. 2 MAR. embargo.

embargar (əmbərɣá) *t.* LAW to seize. 2 MAR. to impose an embargo on.

embarrancar (əmbərrəŋká) *t.-p.* to run aground.

embassar (əmbəsá) *t.* to fill or cover with water [land, path, etc.]. ■ 2 *p.* to form pools of water.

embasta (əmbəstá) *f.* SEW. wide stitching [usu. provisional].

embastar (əmbəstá) *t.* to baste.

embat (əmbát) *m.* breaking [waves]. 2 buffet, buffeting [wind].

embeinar (əmbəiná) *t.* to sheathe [sword, knife].

embellir (əmbəʎí) *t.* to improve, to beautify, to embellish.

embenar (əmbəná) *t.* to bind (up); to bandage (up).

embenat (əmbənát) *m.* binding; bandage. ‖ ~ *de guix,* plaster cast.

embenatge (əmbənádʒə) *m.* See EMBENAT.

embetumar (əmbətumá) *t.* to polish [shoes]. 2 to cover with pitch.

emblanquinar (əmbləŋkiná) *t.* to whitewash.

emblema (əmblέmə) *m.* emblem, badge; sign.

embocadura (əmbukəðúrə) *f.* MUS. mouthpiece [of instrument]. 2 entrance [to street].

emboçar (əmbusá) *t.* to muzzle [dog]. 2 to muffle (up) [face]. ▪ *3 p.* to muffle oneself up.

embogir (əmbuʒí) *t.* to madden, to drive mad.

emboirar (əmbuirá) *t.* to cover with fog or mist. 3 fig. to make foggy [memory].

èmbol (έmbul) *m.* piston.

embolcallar (əmbulkəʎá) *t.* to wrap (up).

embòlia (əmbóliə) *f.* embolism.

embolic (əmbulik) *m.* mess; tangle. 2 fig. mess; chaos; confusion. 3 fig. jam, mess. 4 coll, affair, love-affair.

embolicaire (əmbulikáirə) *a.* troublemaking; meddling. ▪ *2 m.-f.* troublemaker.

embolicar (əmbuliká) *t.* to wrap (up). 2 to tangle up. 3 coll. to get in a mess. 4 fig. to complicate [matters]. ▪ *5 p.* to get tangled up. 6 fig. to get or become complicated.

embolicat, -ada (əmbulikát, -áðə) *a.* complicated, tricky. 2 wrapped up.

emborratxar (əmburrətʃá) *t.-p.* to get drunk *t.-i.*

emboscada (əmbuskáðə) *f.* ambush. ‖ *caure en una ~,* to get caught in an ambush.

embossar (əmbusá) *t.* to pocket. 2 to put in a bag.

embotar (əmbutá) *t.* to barrel.

embotellar (əmbutəʎá) *t.* to bottle.

embotir (əmbutí) *t.* to cram or stuff.

embotit (əmbutit) *m.* cold meat [salted, cured, smoked, etc.].

embotornar (əmbuturná) *t.* to make swell, to swell [part of body]. ▪ *2 p.* to swell, to puff up [eyes].

embragar (əmbrəɣá) *t.* MECH., to couple, to connect.

embragatge (əmbrəɣádʒə) *m.* AUTO. clutch.

embrancar (əmbrəŋká) *i.* to join up (*amb,* with). ▪ *2 p.* fig. to get tangled up.

embranzida (əmbrənzíðə) *f.* impetus; speed. ‖ *agafar ~,* to speed up.

embriac, -aga (əmbriák, -áɣə) *a.* drunk.

embriagar (əmbriəɣá) *t.* to intoxicate, to

make drunk. 2 fig. to entrance, to enrapture. ▪ *3 p.* to get drunk. 4 to get or become entranced or enraptured.

embriagador, -ra (əmbriəɣəðó, -rə) *a.* intoxicating, heady. 2 fig. enrapturing, delightful.

embriaguesa (əmbriəɣέzə) *f.* drunkenness.

embrió (əmbrió) *m.* BIOL. embryo.

embrionari, -ària (əmbriunári, -áriə) *a.* BIOL. embryonic.

embrollaire (əmbruʎáirə) *m.-f.* See EMBOLICAIRE.

embrollar (əmbruʎá) *t.* to confuse, to complicate, to muddle.

embrollat, -ada (əmbruʎát, -áðə) *a.* confused, complicated, muddled (up).

embromar-se (əmbrumársə) *p.* to cloud over.

embruix (əmbrúʃ) *m.* enchantment; bewitching [action].

embruixar (əmbruʃá) *t.* to enchant, to bewitch.

embrunir (əmbruní) *t.* to tan, to make brown. ▪ *2 p.* to get tanned, to get brown, to get a suntan.

embrutidor, -ra (əmbrutiðó, -rə) *a.* dirty. 2 fig. degrading.

embrutir (əmbrutí) *t.* to dirty. 2 fig. to degrade. ▪ *3 p.* to get or become dirty. 4 to degrade oneself.

embuatar (əmbuətá) *t.* to cover or fill with cotton-wool.

embull (əmbúʎ) *m.* tangle, muddle, mess.

embullar (əmbuʎá) *t.* to entangle, to confuse, to muddle. ▪ *2 p.* to get confused or muddled.

embús (əmbús) *m.* See EMBUSSAMENT.

embussament (əmbusəmέn) *m.* stopping-up; blocking [action]; blockage [effect]. 2 traffic jam.

embussar (əmbusá) *t.* to block (up). ‖ *s'ha embussat la canonada,* the pipe has got blocked (up).

embut (əmbút) *m.* funnel [for decanting liquids, etc.]. 2 pl. hints, allussions. ‖ *parlar sense ~s,* not to beat about the bush.

emergència (əmərʒέnsiə) *f.* emergence. 2 emergency.

emergir (əmərʒí) *i.* to emerge.

emetre (əmέtrə) *t.* to emit, to send out. 2 to issue. ▲ CONJUG P. P.: *emès.*

èmfasi (έmfazi) *m.-f.* emphasis, stress.

emfàtic, -ca (əmfátik, -kə) *a.* emphatic.

emfisema (əmfizέmə) *m.* MED. emphysema.

emigració (əmiɣrəsió) *f.* emigration.

emigrant (əmiɣrán) *a.* emigrant; emigratory. ▪ *2 m.-f.* emigrant.

emigrar (əmiɣrá) *t.* to emigrate [people]. 2 to migrate [animals].

eminència (əminέnsiə) *f.* GEOGR. high-point, summit. *2* protuberance, swelling. *3* fig. celebrity.

eminent (əminέn) *a.* GEOGR. high, lofty. *2* fig. eminent: *un científic* ~, an eminent scientist.

emir (əmír) *m.* emir.

emissari, -ria (əmisári, -riə) *m.-f.* emissary.

emissió (əmisió) *f.* RADIO. broadcast [programme]; broadcasting [action]. *2* issue: ~ *de moneda,* monetary issue. *3* POL. ~ *de vots,* voting.

emissor, -ra (əmisó, -rə) *a.,* RADIO. transmitting; broadcasting. ■ *2 m.* RADIO. transmitter. *3 f.* radio or tv. station.

emmagatzemar (əmməɣədzəmá) *t.* to store.

emmalaltir (əmmələlti) *i.* to fall or become ill. ■ *2 t.* to make ill.

emmalignar (əmməliŋná) *t.* (ROSS.) See INFECTAR.

emmanillar (əmməniʎá) *t.* to manacle, to handcuff.

emmarcar (əmmərká) *t.* to frame. *2* fig. to border.

emmascarar (əmməskərá) *t.* to blacken, to smear.

emmenar (əmməná) *t.* to take. *2* to lead [also fig.].

emmerdar (əmmərðá) *t.* to dirty, to soil, to foul. *2* fig. to upset; to mess up.

emmetzinar (əmmədziná) *t.* to poison.

emmidonar (əmmiðuná) *t.* to starch.

emmirallar (əmmirəʎá) *t.* to mirror, to reflect. ■ *2 p.* to be reflected. *3* to look at oneself in the mirror.

emmordassar (əmmurðəsá) *t.* to gag.

emmorenir (əmmurəni) *t.* to tan, to get brown.

emmotllar (əmmuʎʎá) *t.* to mould; to fashion. ■ *2 p. emmotllar-se a,* to adjust oneself to.

emmudir (əmmuði) *t.* to silence. ■ *2 i.* to fall silent. ■ *3 p.* to be elided [phoneme].

emmurallar (əmmurəʎá) *t.* to wall.

emmurriar-se (əmmurriársə) *t.* to sulk.

emmusteir (əmmustəi) *t.* to wither, to shrivel (up) [plant].

emoció (əmusió) *f.* excitement. *2* emotion; feeling, pathos.

emocionant (əmusiunán) *a.* exciting. *2* moving.

emocionar (əmusiuná) *t.* to excite. *2* to move. ■ *3 p.* to get excited or worked up. *4* to become emotional.

emol·lient (əmulién) *a.-m.* CHEM. emollient.

emotiu, -iva (əmutíu, -íβə) *a.* emotive; stirring: *un parlament molt* ~, a really stirring speech.

emotivitat (əmutiβitát) *f.* emotiveness.

empadronar (əmpəðruná) *t.* to register, to enter on the register. ■ *2 p.* to register [as a resident in the district].

empaitar (əmpəïtá) *t.* to chase; to pursue. *2* fig. to badger.

empalar (əmpəlá) *t.* to impale.

empal·lidir (əmpəliði) *t.-i.* to turn pale or white. ■ *2 i.* to grow pale or white.

empalmar (əmpəlmá) *t.* to join up [also fig.].

empanada (əmpənáðə) *f.* pie [usu. savoury].

empantanegar (əmpəntənəɣá) *t.* fig. to obstruct, to block.

empaperar (əmpəpərá) *t.* to paper, to wallpaper. *2* coll. to open a file on.

empaquetar (əmpəkətá) *t.* to package, to parcel; to wrap up [parcel].

empara (əmpárə) *f.* protection, shelter. *2* defence [also fig.]. *3* LAW seizure.

emparar (əmpərá) *t.* to protect; to shelter. *2* to defend. ■ *3 p.* to seek protection or refuge. *4* LAW to be seized or embargoed; to be confiscated.

emparaular (əmpərəulá) *t.* to promise *i.,* to give one's word to.

emparedar (əmpərəðá) *t.* to wall up, to immure [person].

emparentar (əmpərəntá) *i.-p.* to become related [by marriage].

empassar-se (əmpəsársə) to swallow [also fig.]. *2* fig. to face up to. *3* fig. to believe, to accept as true.

empastar (əmpəstá) *t.* to paste.

empastifar (əmpəstifá) *t.* to smear.

empat (əmpát) *m.* SP. draw.

empatar (əmpətá) *i.* SP. to draw.

empatollar-se (əmpətuʎársə) *p.* to get confused; to talk nonsense. ‖ *què t'empatolles?,* what on earth are you talking about?

empatx (əmpátʃ) *m.* feeling of being overfull, feeling of surfeit [also fig.].

empatxar (əmpətʃá) *t.* to obstruct, to impede. *2* to give or cause indigestion. ■ *3 p.* to get indigestion; to have or suffer indigestion.

empedrar (əmpəðrá) *t.* to pave; to cobble.

empedrat (əmpəðrát) *m.* stone pavement or paving; cobbled surface. *2* COOK. kind of vegetable salad.

empedreir (əmpəðrəi) *t.-p.* to harden [also fig.]. *2* to turn to stone. *3 t.* to make hard or insensitive. *4 p.* to go stale [bread].

empegar (əmpəɣá) *t.* to paste [with glue].

empegueir-se (əmpəɣəirsə) *p.* to become embarrassed.

empèl (əmpέl) *adv. phr. a l'*~, bare-back [horse-riding].

empelt (əmpέl) *m.* MED., AGR. graft.
empeltar (əmpəltá) *t.* MED., AGR. to graft.
empenta (əmpέntə) *f.* push, shove. *2* fig. drive; impetus.
empentar (əmpəntá) *t.* See EMPENTEJAR.
empentejar (əmpəntəʒá) *t.* to push, to shove.
empenya (əmpέɲə) *f.* ANAT. instep.
empènyer (əmpέɲə) *t.* to push, to shove. *2* fig. to drive, to impel.
empenyorar (əmpəɲurá) *t.* to pawn, to pledge.
emperador (əmpərəðó) *m.* emperor. *2* ICHTHY. sword-fish.
emperadriu (əmpərəðriŭ) *f.* empress.
empescar-se (əmpəskársə) *p.* to invent, to think up.
empestar (əmpəstá) *t.* to stink out [of smell].
empetitir (əmpətití) *t.* to make smaller. *2* fig. to dwarf. *3* fig. pej. to trivialize.
empiocar-se (əmpiukársə) *p.* to fall or become ill.
empipament (əmpipəmέn) *m.* annoyance; anger, wrath.
empipar (əmpipá) *t.* to annoy. *2* to bother; to pester. ■ *3 p.* to get annoyed.
empíric, -ca (əmpírik, -kə) *a.* empiric(al.
empirisme (əmpirízmə) *m.* empiricism.
empitjorament (əmpidʒurəmέn) *m.* worsening, deterioration.
empitjorar (əmpidʒurá) *t.-i.* to worsen.
emplaçament (əmpləsəmέn) *m.* site, location.
emplaçar (əmpləsá) *t.* to site, to situate, to locate.
emplastre (əmplástrə) *m.* poultice; plaster. *2* fig. pej. layabout, good-for-nothing.
empleat, -ada (əmpleát, -áðə) *m.-f.* employee, worker.
emplenar (əmpləná) *t.* to fill (up) [container]; to occupy [time].
emplujat, -ada (əmpluʒát, -áðə) *a.* rainy, wet.
empobridor, -ra (əmpuβriðó, -rə) *a.* impoverishing, pauperising.
empobriment (əmpuβrimέn) *m.* impoverishment; pauperisation.
empobrir (əmpuβrí) *t.* to impoverish. ■ *2 p.* to become poor or impoverished.
empolainar (əmpuləiná) *t.* to adorn; to dress up. ■ *2 p.* to dress up.
empolsar (əmpulsá) *t.* to cover in or with dust.
empolsegar (əmpulsəɣá) *t.* See EMPOLSAR.
emporcar (əmpurká) *t.* See EMBRUTAR.
empori (əmpóri) *m.* trading centre, market. *2* market town.
emportar-se (əmpurtársə) *p.* to take

(away); to remove. *2* to carry or bear away [of wind, water, etc.].
empostar (əmpustá) *t.* See EMPOSTISSAR.
empostissar (əmpustisá) *t.* to plank, to board (over).
emprar (əmprá) *t.* to use, to employ.
empremta (əmprέmtə) *f.* print, trace, sign [also fig.]: ~ *digital,* finger print. *2* printing, stamp [on document].
emprendre (əmprέndrə) *t.* to undertake, to set about; to begin. ▲ CONJUG. like *aprendre.*
emprenedor, -ra (əmprənəðó, -rə) *a.* enterprising. *2* adventurous.
emprenyar (əmprəɲá) *t.* coll. to annoy, to anger.
empresa (əmprέzə) *f.* enterprise, undertaking; task. *2* company; firm; business.
empresari, -ària (əmprəzári, -áriə) *m.* businessman. *2 f.* businesswoman.
empresonament (əmprəzunəmέn) *m.* imprisonment.
empresonar (əmprəzuná) *t.* to imprison, to put into prison.
emprèstit (əmprέstit) *m.* ECON. (public) loan.
emprova (əmpróba) *f.* trial fitting, trying-on [of item of clothing].
emprovador (əmpruβəðó) *m.* changing room [in clothes shop].
emprovar (əmpruβá) *t.-p.* to try on [clothing].
empudegar (əmpuðəɣá) *t.* coll. to stink out.
empunyar (əmpuɲá) *t.* to grip, to hold firmly; to grasp.
èmul, -la (έmul, -lə) *m.-f.* rival, competitor [esp. in merits].
emulació (əmuləsió) *f.* emulation; rivalry.
emular (əmulá) *t.* to emulate; to rival.
emulsió (əmulsió) *f.* emulsion.
1) en (ən) *pron.-adv.* from there, from that place, thence: *ara* ~ *vinc,* I've just come from there. *2* of or about [person, thing, this or that]: *sempre* ~ *parles!,* you're always talking about her! *3* of [quantities]: *no* ~ *tinc cap ni una,* I haven't got a single one of them. ▲ 'n, n', ne.
2) en (ən) *art. m.* [before first names]: ~ *Joan ha vingut,* John's come. ‖ ~ *Pau,* ~ *Pere i* ~ *Berenguera,* (every) Tom, Dick and Harry.
3) en (ən) *prep.* in: *visc* ~ *un pis petit,* I live in a small flat. *2* in, inside: *el trobaràs* ~ *aquella caixa,* you'll find it in that box. *3* on: *no seguis* ~ *aquesta cadira,* don't sit on that chair. *4* in [time]: *ho he fet* ~ *mitja hora,* I dit it in half an hour. *5* into: *entraren* ~ *una casa vella,* they went into an

old house. *6* ~ *sortir,* on coming or going out.

enagos (ənáyus) *m. pl.* petticoat *sing.*

enaltir (ənəltí) *t.* to praise, to extol, to exalt.

enamoradís, -issa (ənəmurəðis, -isə) *a.* amorous; love-sick.

enamorament (ənəmurəmén) *m.* falling in love. *2* love-affair.

enamorar (ənəmurá) *t.* to make fall in love (*de,* with), to captivate, to enamour (*de,* with). ■ *2 p.* ~ *-se de,* to fall in love with, to be captivated by.

enamorat, -ada (ənəmurát, -áðə) *a.* in love, captivated, enamoured; love-sick. ■ *2 m.-f.* person in love; love-sick person.

enamoriscar-se (ənəmuriskársə) *p.* See ENAMORAR-SE.

enarborar (ənərβurá) *t.* to hoist, to raise [flag]. *2* to brandish [sword]. *3* to flourish.

enardir (ənərðí) *t.* to fire; to inspire.

ençà (ənsá) *adv.* up to here. ‖ *d'*~, since; from. ‖ ~ *i enllà,* here and there, hither and thither. ‖ *de llavors* ~, from that time on.

encabir (əŋkəβí) *t.-p.* to fit into, to insert. *2 t.* to put, to place.

encaboriar-se (əŋkəβuriársə) *p.* to worry.

encabritar-se (əŋkəβritársə) *p.* to rear up [horse].

encadellar (əŋkəðəʎá) *t.* to dovetail; to join together [wood joints].

encadenament (əŋkəðənəmén) *m.* chaining or joining together. *2* series [of events]. *3* linking [together].

encadenar (əŋkəðəná) *t.* to chain up or together. *2* fig. to chain (*a,* to); to be a slave (*a,* to). ■ *3 p.* to follow (one another) in series.

encaix (əŋkáʃ) *m.* SEW. lace. *2* fitting, insertion. *3* joint; socket.

encaixada (əŋkəʃáðə) *f.* hand-shake.

encaixar (əŋkəʃá) *i.* to fit [also fig.]. *2* fig. to match. *3* to shake hands. ■ *4 t.* ~ *en,* to fit into; to insert into.

encaixonar (əŋkəʃuná) *t.* to box (up). *2* to squeeze (*en,* into).

encalçar (əŋkəlsá) *t.* to pursue, to follow. *2* fig. to dog.

encalcinar (əŋkəlsiná) *t.* to whitewash.

encalitjar (əŋkəlidʒá) *t.* to fog up, to mist up or over. *2* to cover with a haze. ■ *3 p.* to be covered in a fog or mist or haze.

encallar (əŋkəʎá) *i.-p.* MAR. to run aground *i.* (*a, en,* on).

encalmar-se (əŋkəlmársə) *p.* MAR. to be becalmed.

encaminar (əŋkəminá) *t.* to direct (*a,* to), to point out or show the way. ■ *2 p.* ~ *- se,* to head for; to set out for.

encanonar (əŋkənuná) *t.* CONSTR. to pipe. *2* to point or level at [firearm].

encant (əŋkán) *m.* charm; appeal. *2 pl.* flea-market *sing.*

encantador, -ra (əŋkəntəðó, -rə) *a.* charming, delightful. ■ *2 m.* magician, sorcerer. *3 f.* magician, sorceress.

encantar (əŋkəntá) *t.* to charm; to delight. *2* to bewitch, to cast a spell on [also fig.]. ■ *3 p.* to be spellbound; to be fascinated (*davant,* by).

encanyissada (əŋkəɲisáðə) *m.* cane fence or shelter.

encanyissat (əŋkəɲisát) *m.* See ENCANYIS-SADA.

encaparrar (əŋkəpərrá) *t.-p.* to worry.

encapçalar (əŋkəpsəlá) *t.* to head.

encapotar-se (əŋkəputársə) *p.* to cloud over [sky].

encapritxar-se (əŋkəpritʃársə) *p.* to form a fancy (*amb,* for).

encara (əŋkárə) *adv.* still; yet. *2* even. ■ *3 conj.* ~ *que,* although, though.

encaramelat, -ada (əŋkərəməlát, -áðə) *a.* toffee-flavoured or covered. *2* fig. in a world of their own [of lovers].

encarar (əŋkərá) *t.* to point or level at.

encarcarar (əŋkərkərá) *t.* to stiffen, to make stiff or rigid. ■ *2 p.* to become stiff or rigid.

encarir (əŋkəri) *i.-p.* to rise in price *i.* ■ *2 t.* to raise the price of.

encarnació (əŋkərnəsió) *f.* incarnation, embodiment.

encarnar (əŋkərná) *t.* to embody, to incarnate. ■ *2 i.* REL. to become flesh or incarnate. ■ *3 p.* to be embodied.

encàrrec (əŋkárrək) *m.* task, job; assignment. *2* COMM. order. *3* message.

encarregar (əŋkərrəyát) *t.* to order; to entrust. ■ *2 p.* ~*-se de,* to take charge of; to see about; to undertake to.

encarregat, -ada (əŋkərrəyát, -áðə) *m.-f.* person in charge. *2* foreman.

encarrilar (əŋkərrilá) *t.* to put or set or head in the right direction [also fig.].

encartonar (əŋkərtuná) *t.* to box (up), to put in cardboard boxes. ■ *2 p.* to become as stiff as cardboard.

encasellar (əŋkəzəʎá) *t.* to pigeon-hole.

encastar (əŋkəstá) *t.* to put or fix in; to embed.

encaterinar-se (əŋkətərinársə) *p.* to form a fancy (*amb,* for).

encatifar (əŋkətifá) *t.* to carpet.

encauar (əŋkəwá) *t.* to hide or conceal in a secret place.

encausar (əŋkəŭzá) *t.* to take legal action against. *2* LAW to sue; to prosecute.

encavalcar (əŋkəβəlká) *t.* to put astride, to mount on.

encebar (ənsəβá) *t.* to feed; to fatten [animal]. *2* to load [firearm].

encèfal (ənsέfəl) *m.* ANAT. encephalon.

encegador, -ra (ənsəγəðó, -rə) *a.* dazzling, blinding.

encegar (ənsəγá) *t.* to blind, to dazzle [also fig.].

encenall (ənsənáʎ) *m.* wood shaving, shaving.

encendre (ənséndrə) *t.* to light [fire; lamp, etc.]. *2* fig. to fire, to inflame, to excite. ▲ CONJUG. like *atendre*.

encenedor (ənsənəðó) *m.* cigarette lighter, lighter.

encens (ənséns) *m.* incense.

encerar (ənsərá) *t.* to wax.

encerclar (ənsərklá) *t.* to encircle; to surround.

encert (ənsέrt) *t.* good guess. *2* success. *3* right answer. *4* hit [on target].

encertar (ənsərtá) *t.* coll. to get right; to choose or guess correctly. *2* to hit [target].

encetar (ənsətá) *t.* to start on [also fig.]. *2* fig. to christen [new things]. *3* to rub or make sore.

enciam (ənsiám) *m.* lettuce.

enciamera (ənsiəmέrə) *f.* lettuce bowl.

encíclica (ənsiklikə) *f.* ECCL. encyclical.

enciclopèdia (ənsiklupέðiə) *f.* encyclopedia.

encimbellar (əmsimbəʎá) *t.* to set on top. *2* to raise, to lift [to top].

encinta (ənsintə) *a.* ▪ *f.* pregnant woman.

encís (ənsis) *m.* charm; attraction.

encisador, -ra (ənsizəðó, -rə) *a.* charming, delightful; enchanting, bewitching.

encisam (ənsizám) *m.* (VAL.) See ENCIAM.

encisar (ənsizá) *t.* to charm, to delight; to bewitch, to enchant. *2* to fascinate.

enclaustrar (əŋklaŭstrá) *t.* to shut in a convent; to cloister [also fig.].

enclavar (əŋkləβá) *t.* to fix in, to embed; to insert.

encloure (əŋklóŭrə) *t.* to shut in; to enclose. ▲ CONJUG. like *cloure*.

enclusa (əŋklúzə) *f.* anvil. *2* ANAT. anvil, incus.

encobrir (əŋkuβri) *t.* to conceal. *2* coll. to cover up.

encoixinar (əŋkuʃiná) *t.* to upholster, to pad, to cushion.

encolar (əŋkulá) *t.* to paste or cover with glue.

encolerir-se (əŋkulərirsə) *p.* to get very angry.

encolomar (əŋkulumá) *t.* to put on [coat].

2 fig. coll. to palm off (*a, on*) [unpleasant task].

encomanadís, -issa (əŋkumənəðis, -isə) *a.* infectious, contagious.

encomanar (əŋkuməná) *t.* to assign, to give [job, task, etc.]. *2* to pass on [illness]; to infect. ▪ *3 p.* to seek the protection (*a,* of).

encomi (əŋkɔ́mi) *m.* praise, eulogy.

encongir (əŋkunʒi) *t.-p.* to shrink. ▪ *2 p.* to go in [clothes].

encongit, -ida (əŋkunʒit, -iðə) *a.* shrunk. *2* shrunken, wizened [person].

encontorns (əŋkuntórns) *m. pl.* See VOLTANTS.

encontrar (əŋkuntrá) *t.* to meet. *2* to find; to encounter.

encontre (əŋkɔ́ntrə) *m.* mishap. *2* SP. game.

encoratjador, -ra (əŋkurədʒəðó, -rə) *a.* encouraging; reassuring.

encoratjar (əŋkurədʒá) *t.* to encourage.

encorbar (əŋkurβá) *t.-p.* See CORBAR.

encortinar (əŋkurtiná) *t.* to curtain; to curtain off.

encreuament (əŋkrəwəmέn) *m.* crossing; intersection. *2* crossroads.

encreuar (əŋkrəwá) *t.* to cross, to intersect. *2* ZOOL. to cross, to interbreed.

encruelir (əŋkruəli) *t.* to make worse. *2* to accentuate. ▪ *3 p.* to delight in one's cruelty, to take delight in cruelty.

encuny (əŋkúɲ) *m.* NUMIS. die.

encunyar (əŋkuɲá) *t.* to mint, to strike.

endarrera (əndərrέrə) *adv.* back, backwards [space]. *2* back [time].

endarreriment (əndərrərimέn) *m.* falling behind. *2 pl.* backlog [work]; arrears *pl.* [in payments]. *3* PSYCH. backwardness.

endarrerir (əndərrəri) *t.* to delay; to postpone. ▪ *2 p.* to fall behind or into arrears [with payments].

endavant (əndəβán) *adv.* forward; ahead, on(ward). *2 ~!*, go ahead! *3 per ~*, in advance.

endebades (əndəβáðəs) *adv.* in vain, to no avail.

endegar (əndəγá) *t.* to tidy up, to arrange. *2* fig. to channel; to carryout.

endemà (əndəmá) *m. l' ~*, the next day.

endemés (əndəmés) *adv.* besides, moreover.

endèmia (əndέmiə) *f.* endemic.

endèmic, -ca (əndέmik, -kə) *a.* endemic. *2* fig. rife.

enderroc (əndərrɔ́k) *m.* demolition, pulling down [house]. *2 pl.* debris *sing.*

enderrocar (əndərruká) *t.* to demolish, to pull down [house]. *2* to destroy; to ruin. *3* POL. to overthrow.

endeutar (əndəŭtá) *t.* to create debts or liabilities for. ■ *2 p.* to get or fall into debt. *3* to pledge oneself.

endeví, -ina (əndəβí, -inə) *m.-f.* augurer, seer.

endevinaire (əndəβinàïrə) *m.-f.* See ENDEVÍ.

endevinalla (əndəβinàʎə) *f.* riddle; guessing game.

endevinar (əndəβinà) *t.* to guess. *2* to solve [riddle].

endiablat, -ada (əndiəbblát, -áðə) *a.* diabolical, fiendish.

endins (əndíns) *adv.* inside, within.

endinsar (əndinzà) *t.* to insert or fix. ■ *2 p.* to penetrate *t.*, to penetrate into *i.*

endintre (əndintrə) *adv.* See ENDINS.

endívia (əndíβiə) *f.* endive.

endocardi (əndukárði) *m.* ANAT. endocardium.

endocarp (əndukárp) *m.* BOT. endocarp.

endolar (əndulà) *t.* to put into mourning. *2* to dress in mourning.

endolat, -ada (əndulát, -áðə) *a.* in mourning, in black [clothes].

endolcir (əndulsí) *t.* to sweeten.

endoll (əndóʎ) *m.* ELECTR. plug; point; rocket.

endollar (ənduʎà) *t.* ELECTR. to plug in. *2* to plug or stop up.

endormiscar-se (əndurmiskársə) *p.* to fall into a doze. *2* coll. to nod off.

endós (əndós) *m.* endorsing [act]. *2* endorsement.

endossar (əndusà) *t.* to endorse; to sign over. *2* fig. to palm off [unpleasant task].

endrapar (əndrəpà) *t.* fig. coll. to gobble (up), to wolf (down) [food].

endreç (əndrés) *m.* tidying-up; putting in order. *2* arrangement. *3* adornment.

endreçar (əndrəsà) *t.* to tidy (up); to put in order; to clean (up). *2* LIT. to dedicate [work].

endreçat, -ada (əndrəsát, -áðə) *a.* clean and tidy.

endret (əndrɛ́t) , **indret** (indrɛ́t) *m.* side; face. *2* place, spot.

enduriment (əndurimén) *m.* hardening.

endurir (əndurí) *t.-p.* to harden; to stiffen.

endur-se (əndúrsə) *p.* to take away *t.* to carry away *t.* *2* fig. *em vaig endur un disgust,* I was so disappointed.

enemic, -iga (ənəmík, -íɣə) *a.* hostile; unfriendly. ■ *2 m.-f.* enemy.

enemistar (ənəmistà) *t.* to make an enemy of. ■ *2 p.* to become enemies. *3* to fall out (*amb*, with).

enemistat (ənəmistát) *f.* enmity; unfriendliness.

energètic, -ca (ənərʒɛ́tik, -kə) *a.* energetic. ■ *2 f.* energetics.

energia (ənəriə) *f.* energy, vitality; spirited. *2* persistence; firmness.

enèrgic, -ca (ənɛ́rʒik, -kə) *a.* energetic; spirited; full of life, active.

energumen (ənərɣúmən) *m.* madman.

enervar (ənərβà) *t.* to weaken, to enervate.

enèsim, -ma (ənɛ́zim, -mə) *a.* umpteenth.

enfadar (əmfəðà) *t.* (*fer*) ~, to make angry. ■ *2 p.* to get angry.

enfadeir (əmfəðəi) *t.* COOK. to make tasteless or insipid.

enfadós, -osa (əmfəðós, -ózə) *a.* annoying, irksome.

enfaixar (əmfəʃà) *t.* to bind or wind round [rope, cloth, etc.].

enfangar (əmfəŋgà) *t.* to make muddy.

enfarfec (əmfərfɛ́k) *m.* nuisance. *2* coll. bother. *3* coll. hotch-potch; mess.

enfarfegar (əmfərfəɣà) *t.* to overload; to weigh down.

enfavar-se (əmfəβàrsə) *p.* coll. to become silly; to get dopey (*amb*, over).

enfebrar-se (əmfəβràrsə) *p.* to become feverish; to run a temperature.

enfeinat, -ada (əmfəinát, -áðə) *a.* busy; occupied.

enfellonir (əmfəʎuni) *t.* to make furious, to infuriate; to make angry.

enfervorir (əmfərβurí) *t.* to excite, to animate; to fire [enthusiasm].

enfilall (əmfiláʎ) *m.* string. *2* fig. series.

enfilar (əmfilà) *t.* SEW. to thread. ‖ *cadascú per on l'enfila,* one man's meat is another man's poison. *3* to take, to set out on *i.* [path]. ■ *4 p.* ~ *-se en,* to climb up.

enfit (əmfit) *m.* indigestion.

enfocar (əmfukà) *t.* to focus.

enfollir (əmfuʎí) *t.* to make mad, to madden. *2* coll. to make crazy.

enfondir (əmfundí) *t.* See APROFUNDIR.

enfonsament (əmfunzəmén) *m.* sinking. *2* collapse.

enfonsar (əmfunzà) *t.-p.* to sink. *2 t.* to embed. *3* to make collapse; to smash. ■ *4 p.* to collapse.

enfora (əmfɔ́rə) *adv.* outside; out.

enformador (əmfurməðó) *m.* chisel.

enformar (əmfurmà) *t.* to form, to fashion, to shape. *2* to mould.

enfornar (əmfurnà) *t.* to put or place in the oven.

enfortir (əmfurtí) *t.* to strengthen, to build up. ■ *2 p.* to become stronger.

enfosquir (əmfuskí) *t.* to darken.

enfredorir (əmfrəðurí) *t.* to make catch cold.

enfront (əmfrón) *m.* façade, front. *2 prep. phr.* ~ *de,* opposite.

enfrontar (əmfruntà) *t.* to face; to confront.

■ *2 p.* to face each other or one another [in duel, fight, etc.].

enfundar (əmfundá) *t.* to sheathe [sword]. *2* to encase, to put in a case.

enfurir (əmfuri) *t.* to infuriate; to make angry, to anger.

enfurismar (əmfurizmá) *t.* to infuriate; to make angry. *2* to annoy, to irritate.

engabiar (əŋgəβiá) *t.* to put in a cage. *2* to imprison.

engalanar (əŋgələná) *t.* to embellish; to adorn; to beautify.

engalipar (əŋgalipá) *t.* to trick, to fool, to deceive; to hoodwink.

engallar-se (əŋgəʎársə) *p.* to make oneself smart. *2* coll. to swagger.

engaltar (əŋgəltá) *t.* to aim [firearm]. *2* fig. to talk straight *i.;* to go straight to the point *i.*

engalzar (əŋgəlzá) *t.* to join (up), to assemble. *2* fig. to trap, to catch.

enganar (əŋgəná) *t.-p.* (BAL.) See ENGANYAR.

enganxar (əŋgənʃá) *t.* to hook. *2* to stick, to glue. ■ *3 p.* to get caught on. *4* coll. to catch *t.* *5* coll. to be hooked [on drugs].

enganxós (əŋgənʃós, -ózə) *a.* sticky, gluey.

engany (əŋgáɲ) *m.* trick, deception; swindle.

enganyar (əŋgəɲá) *t.* to trick, to deceive, to swindle.

enganyifa (əŋgəɲifə) *f.* trick, deception. *2* coll. con; swindle.

enganyós, -osa (əŋgəɲós, -ózə) *a.* deceptive. *2* deceitful.

engargussar-se (əŋgəɾyusársə) *p.* to get caught in one's throat. *2* to get blocked [drain].

engatar-se (əŋgətársə) *p.* to get drunk.

engavanyar (əŋgəβəɲá) *t.* to get in the way of [clothes].

engegada (ənʒəɣáðə) *f.* AUTO. starting. *2* letting-fly [exclamations]. *3* firing [projectiles].

engegar (ənʒəɣá) *t.* AUTO. to start. *2* to let fly [exclamations]. *3* to fire [projectiles]. *4* ~ *a passeig,* to send somebody packing.

engelosir (ənʒəluzi) *t.* to make jealous. ■ *2 p.* to become jealous.

engendrar (ənʒəndrá) *t.* to procreate, to engender. *2* fig. to produce.

enginy (ənʒiɲ) *m.* ingeniousness, inventiveness. *2* skill. *3* cleverness. intelligence, wit.

enginyar (ənʒiɲá) *t.* to invent; to think up, to devise. ■ *2 p.* to manage to.

enginyer (ənʒiɲé) *m.* engineer.

enginyeria (ənʒiɲəriə) *f.* engineering.

engiponar (ənʒipuná) *t.* to throw together, to fix up [in a hurry].

englobar (əŋgluβá) *t.* to encompass; to include.

englotir (əŋgluti) *t.* See ENGOLIR.

engolir (əŋguli) *t.* to swallow.

engomar (əŋgumá) *t.* to gum; to glue.

engonal (əŋgunál) *m.* ANAT. groin.

engraellat (əŋgrəʎát) *m.* grille; latticework; trellis.

engranatge (əŋgrənádʒə) *m.* MECH. engaging [of gears].

engrandir (əŋgrəndi) *t.* to enlarge, to make bigger. ■ *2 p.-i.* to grow; to get or become bigger or larger, to increase in size.

engrapar (əŋgrəpá) *t.* to grip; to hold tight. *2* MECH. to staple.

engreixar (əŋgrəʃá) *t.* to fatten (up). *2* to grease, to lubricate. ■ *3 p.* to get or become fat; to put on weight.

engreixinar (əŋgrəʃiná) *t.* to grease, to lubricate.

engrescar (əŋgrəská) *t.* to encourage; to inspire; to incite. *2* to excite; to delight. ■ *3 p.* to get or become excited; to be filled with excitement or delight.

engroguir (əŋgruyí) *t.-p.* to turn yellow. *2* *t.* to make or colour yellow.

engròs (əŋgrós) COMM. *a l'~,* wholesale.

engruna (əŋgrúnə) *f.* breadcrumb. *2* a bit; a touch, a dash. *3 pl.* left-overs [of meal].

engrut (əŋgrút) *m.* grime, filth. *2* paste [for gluing].

enguany (əŋgáɲ) *adv.* this year.

enguixar (əŋgiʃá) *t.* CONSTR. to plaster. *2* MED. to put in plaster.

enhorabona (ənɔɾəβónə) *f.* congratulations: *donar l'~,* to congratulate (*per,* on).

enigma (əniɲmə) *m.* enigma.

enjogassat, -ada (ənʒuɣəsát, -áðə) *a.* playful.

enjoiar (ənʒujá) *t.* to deck or adorn with jewels or jewellery.

enjorn (ənʒór(n)) *adv.* (VAL.) early.

enjudiciar (ənʒudisiá) *t.* LAW to sue, to prosecute.

enlairar (ənləïrá) *t.* to lift (up), to raise. ■ *2 p.* to rise. *3* AER. to take off.

enlaire (ənlaïrə) *adv.* above, in the air. *2* upwards, up into the air. ‖ *mans ~!,* hands up! *3* fig. pending; in suspense, unresolved: *deixar una qüestió ~,* to leave an issue unresolved. *4* fig. *engegar ~,* to spoil, to ruin, to upset [plan].

enllà (ənʎá) *adv.* to or over there. *2* further back [time, space]. *3* further on [time, space]. *4 cap ~,* that way. *5 el més ~,* the beyond.

enllaç (ənʎás) *m.* junction; connection. *2*

link-up [between 2 points]. *3* go-between; link-man. ‖ ~ *sindical,* trade union representative. *3* wedding; union.

enllaçar (ənʎəsá) *t.* to link up; to connect, to join.

enllefiscar (ənʎəfiská) *t.* to make sticky.

enllestir (ənʎəsti) *t.* to finish. *2* to put the finishing touches to. *3* to get ready. ■ *4 p.* to hurry, to rush.

enllestit, -ida (ənʎəstit, -iðə) *a.* finished. *2* ready.

enlloc (ənʎɔk) *adv.* no-where. ‖ *no l'he trobat* ~, I haven't found him anywhere.

enllotar (ənʎutá) *t.* to make muddy. ■ *2 p.* to tarnish one's reputation.

enlluentir (ənʎuənti) *t.* to make shine; to put a shine on.

enlluernador, -ra (ənʎuərnəðó, -rə) *a.* dazzling, blinding [also fig.]: *una dona enlluernadora,* a woman of dazzling beauty.

enlluernament (ənʎuərnəmén) *m.* dazzling or blinding effect. *2* brilliance [light].

enlluernar (ənʎuərná) *t.* to dazzle, to blind [also fig.]. *2* to fascinate, to entrance. ■ *3 p.* to be dazzled or blinded [also fig.]. *4* to be fascinated or entranced.

enllumenar (ənʎumən á) *t.* to illuminate, to light up: ~ *un carrer,* to illuminate a street.

enllumenat (ənʎumənát) *m.* AUTO. lighting. *2* CONSTR. illumination.

enllustrador, -ra (ənʎustrəðó, -rə) *m.-f.* bootblack.

enllustrar (ənʎustrá) *t.* to polish; to put a shine on. *2* to polish [shoes].

enmig (əmmitʃ) *prep. phr.* ~ *de,* in the middle of, amid(st. *2* among.

ennegrir (ənnəɣri) *t.-p.-i.* to blacken, to turn black. *2 t.* to black. *3 p.-i.* to go black.

ennoblir (ənnubli) *t.* to ennoble. *2* fig. to exalt, to honour. ■ *3 p.* fig. to exalt oneself.

ennuegar-se (ənnuəɣársə) *p.* to choke, to go down the wrong way [food, drink].

ennuvolar-se (ənnuβulársə) *p.* to cloud over [sky].

enologia (ənuluʒiə) *f.* oenology.

enorgullir (ənurɣuʎi) *t.* to make proud. ■ *2 p.* ~ *-se de,* to be proud of; to pride oneself on.

enorme (ənórmə) *a.* enormous, huge.

enormitat (ənurmitát) *f.* enormousness. *2* fig. enormity.

enquadernació (əŋkwəðərnəsió) *f.* binding: *taller d'*~, bookbinder's.

enquadernar (əŋkwəðərná) *t.* to bind [book].

enquadrar (əŋkwəðrá) *t.* to frame [picture].

2 to fit into [team]. *3* PHOT. to centre [picture on screen].

enquesta (əŋkéstə) *f.* survey; opinion-poll.

enquitranar (əŋkitrəná) *t.* to tar over.

enrabiar (ənrrəβiá) *t.* to annoy; to upset. *2* to make angry, to enrage. ■ *3 p.* to get annoyed. *4* to get angry.

enrajolar (ənrrəʒulá) *t.* CONSTR. to tile.

enramada (ənrrəmáðə) *f.* tangle or network of branches. *2* bower [in garden].

enrampar (ənrrəmpá) *t.* to cause cramp. *2* ELECTR. to give a shock to. ■ *3 p.* to get cramp: *se m'ha enrampat el peu,* I've got cramp in my foot. *4* ELECTR. to get a shock.

enraonar (ənrrəuná) *i.* to talk, to chat. ■ *2 t.* to discuss, to talk about *i.*

enraonat, -ada (ənrrəunát, -áðə) *a.* reasonable.

enraonia (ənrrəuniə) *f.* talk, chatter; gossip.

enrarir (ənrrəri) *t.* to rarify, to get thinner [air].

enravenar (ənrrəβəná) *t.-p.* to stiffen. *2 p.* to become stiff or rigid.

enredada (ənrrəðáðə) *f.* decepcion, trick.

enredar (ənrrəðá) *t.* to catch in a net, to net. *2* fig. to get in a mess or a jam. *3* to deceive, to trick.

enregistrar (ənrrəʒistrá) *t.* to register; to sign in. *2* to record [sound].

enreixar (ənrrəʃá) *t.* to put bars or a grille on. *2* to put a railing round.

enrenou (ənrrənɔ̆ŭ) *m.* bustle; to-ing and fro-ing. *2* hubbub.

enrera (ənrrérə) *adv.* See ENDARRERA.

enretirar (ənrrətirá) *t.-p.* to withdraw, to move away. *2 t.* to pull back.

enrevessat, -ada (ənrrəβəsát, -áðə) *a.* complex, complicated.

enribetar (ənrriβətá) *t.* SEW. to border.

Enric (ənrrík) *pr. n. m.* Henry.

enriolar-se (ənrriulársə) *p.* to be full of mirth. *2* to burst into laughter.

enriquir (ənrriki) *t.* to make rich or wealthy. ■ *2 p.* to get or grow rich or wealthy; to enrich oneself, to make oneself rich.

enrobustir (ənrruβusti) *t.* to make strong or robust. ■ *2 p.* to grow strong or robust.

enrocar (ənrruká) *i.* to castle [chess]. ■ *2 t.* to get the hook caught in a stone or rock [angling]. ■ *3 p.* to pick one's way between the rocks.

enrogallar-se (ənrruɣəʎársə) *p.* to grow or become hoarse.

enrogir (ənrruʒi) *t.* to make blush. ■ *2 p.* to blush, to turn red [face].

enrojolament (ənrruʒuləmén) *m.* blushing. *2* blush.

enrojolar-se (ənrruʒulársə) *p.* to blush.
enrolar (ənrrulá) *t.* to sign on, to enrol; to enlist.
enronquir (ənrruŋki) *t.* to make hoarse. ■ *2 p.* to grow or become hoarse.
enroscar (ənrruská) *t.* MECH. to screw on.
enrotllar (ənrruʎʎá) *t.* to roll up. *2* to tie round.
enrunar (ənrruná) *t.* to pull down, to demolish. ■ *2 p.* to fall down; to fall apart or to pieces [house, wall, etc.].
1) ens (əns) *pers. pron.* ~ *heu vist?, did you see us?*
2) ens (ɛns) *m.* being; entity.
ensabonar (ənsəβuná) *t.* to soap (up). *2* fig. coll. to flannel.
ensacar (ənsəká) *t.* to put in a sack or bag.
ensaïmada (ənsəimáðə) *f.* ensaimada [a filled sweet pastry, typical of the Balearics].
ensalada (ənsəláðə) *f.* (VAL.) See AMANIDA.
ensarronar (ənsərruná) *t.* fig. to swindle, to trick, to deceive.
ensellar (ənsəʎá) *t.* to saddle.
ensems (ənsɛms) *adv.* together. *2* at the same time, simultaneously.
ensenya (ənsɛ́ɲə) *f.* standard, ensign.
ensenyament (ənsəɲəmɛ́n) *m.* teaching; instruction. *2* education. ‖ ~ *mitjà*, secondary school education.
ensenyança (ənsəɲánsə) *f.* teaching. *2* education.
ensenyar (ənsəɲá) *t.* to point out, to indicate. *2* to reveal, to show. *3* to teach; to instruct.
ensibornar (ənsiβurná) *t.* to trick, to fool.
ensinistrar (ənsinistrá) *t.* to train [esp. animals].
ensonyat, -ada (ənsuɲát, -áðə) *a.* sleepy, drowsy.
ensopegada (ənsupəɣáðə) *f.* slip, trip, stumble. *2* fig. slip, oversight, error.
ensopegar (ənsupəɣá) *i.* to trip, to stumble. ■ *2 t.* to come across *i.*, fig. to stumble on *i.*
ensopiment (ənsupimɛ́n) *m.* sleepiness, drowsiness. *2* boredom, tedium.
ensopir (ənsupi) *t.* to make sleepy or drowsy; to send to sleep. ■ *2 p.* to become sleepy or drowsy.
ensordir (ənsurði) *t.* to deafen, to make deaf. ■ *2* to become deaf; to be deafened.
ensorrar (ənsurrá) *t.* to pull down. *2* to stick; to bury [in sand]. *3* fig. to shatter, to leave shattered [person]. *4 p.* to collapse. *5* to sink [in sand]. *6* fig. to go to pieces.
ensotat, -ada (ənsutát, -áðə) *a.* sunk; sunken [also fig.].

ensucrar (ənsukrá) *t.* to sweeten with sugar. *2* to cover with sugar.
ensulsiar-se (ənsulsiárse) *p.* to fall down; to fall to pieces; to collapse [buildings].
ensumar (ənsumá) *t.-i.* to sniff. *2 t.* to smell.
ensurt (ənsúr(t)) *m.* start, shock; fright.
entabanar (əntəβəná) *t.* to trick, to swindle. *2* coll. to con.
entaforar (əntəfurá) *t.* to hide, to conceal.
entapissar (əntəpisá) *t.* to hang with tapestries. *2* to upholster.
entatxonar (əntətʃuná) *t.* to cram, to stuff. *2* to pack, to crowd (together). ■ *3 p.* to crowd.
entaular (əntəŭlá) *t.* to start or begin [conversation]. *2* LAW to file, to put in [application, claim, etc.]. ■ *3 p.* to sit down at the table.
entelar (əntəlá) *t.* to cover [sky]; to mist up or over [window].
entelèquia (əntəlɛ́kiə) *f.* PHIL. entelechy. *2* figment [of imagination].
1) entendre (əntɛ́ndrə) *t.* to understand, to comprehend; to grasp. ■ *2 i.* to understand. *3* ~ *de*, to know about. ■ *4 p.* to come to an agreement or an understanding. *5* coll. to have an affair: *s'entén amb la filla del batlle,* he's having an affair with the mayor's daughter. *6* coll. *jo ja m'hi entenc,* I can manage (on my own). ▲ CONJUG. like *atendre.*
2) entendre (əntɛ́ndrə) *m.* understanding. ‖ *al meu* ~, to my way of thinking, the way I see it.
entendrir (əntəndri) *t.* fig. to soften [feelings]; to touch, to move. ■ *2 p.* fig. to soften.
entenedor, -ra (əntənəðó, -rə) *m.-f.* expert, knowledgeable person. *2 a.* intelligible, understandable.
enteniment (əntənimɛ́n) *m.* understanding, comprehension. *2* intellect; mind. ‖ *que t'has begut l'*~?, have you gone off your head?
entenimentat, -ada (əntəniməntát, -áðə) *a.* sensible, prudent; wise.
enter, -ra (əntɛ́r, -rə) *a.* complete, whole, entire. ■ *2 m.* MATH. whole number, integer.
enterbolir (əntərβuli) *t.* to make muddy; to make cloudy. *2* fig. to confuse [mind]. ■ *3 p.* to get muddy or cloudy. *4* fig. to get confused.
enterc, -ca (əntɛ́rk, -kə) *a.* stiff, rigid. *2* fig. stubborn; unbending, uncompromising.
enteresa (əntərɛ́zə) *f.* self-possession. *2* integrity; honesty, decency.
enterrament (əntərrəmɛ́n) *m.* burial.

enterramorts (əntɛ́rrəmɔ́rs) *m.* grave-digger.

enterrar (əntərrá) *t.* to bury.

entès, -sa (əntɛ́s, -zə) *a.* expert; knowledgeable. ■ *2 f.* understanding, agreement; collaboration.

entestar (əntəstá) *t.* to tie or knot together. ■ *2 p.* to stick to [opinion].

entitat (əntitát) *f.* entity. *2* body, organisation.

entollar (əntuʎá) *t.* to form pools or puddles [water].

entomologia (əntumuluʒíə) *f.* entomology.

entonació (əntunəsió) *f.* intonation.

entonar (əntuná) *t.* MUS. to intone; to give [note]. *2* MED. to tone up; to build up.

entorn (əntórn) *m.* surroundings. ‖ *a l'~*, around. ■ *2 prep. phr.* ~ *de*, around, round.

entortolligar (ənturtuʎiɣá) *t.* to wind. *2* to tangle (up) [string]. ■ *3 p.* to wind. *2* to get tangled (up).

entossudir-se (əntusuðírsə) *p.* to insist (*a*, on) or to persist (*a*, in) stubbornly or obstinately. *2* to refuse stubbornly or obstinately [in negative phrases]: *s'entossudeix a no fer-ho*, he stubbornly refuses to do it.

entrada (əntráðə) *f.* entry. *2* entrance; access. *3* fig. admittance; admission. *4* ticket [for function]. *5* COMM. down-payment; first instalment [in series of payments]. *6* headword, entry [in dictionary]. *7 adv. phr. d'~*, from the start or beginning.

entrant (əntrán) *a.* next, following, coming: *la setmana ~*, the following week. ■ *3 m.* COOK. first course. *4* GEOGR. inlet.

entranya (əntráɲə) *f. pl.* ANAT. insides *pl.* *2* fig. feelings *pl.* ‖ *un home sense entranyes*, a heartless man.

entrar (əntrá) *i.* to come or go in; to enter *t.* *2* to fit into; to get into: *l'anell no m'entra al dit*, the ring won't fit onto my finger. ‖ *aquests pantalons no m'entren*, I can't get into these trousers. *3* coll. to understand. ■ *4 t.* to bring or take in. *5* to smuggle in [contraband].

entre (ɛ́ntrə) *prep.* between. *2* among; amid(st.

entreacte (əntreáktə) *m.* THEATR. interval; pause [between acts].

entrebanc (əntrəβáŋ) *m.* obstacle, hindrance [also fig.]. *2* fig. stumbling-block; difficulty, problem. ‖ *posar ~s a*, to place obstacles in the way.

entrebancar (əntrəβəŋká) *t.* to hinder [also fig.]; to get in the way of [also fig.]. ■ *2 p.* to stumble (*amb*, over, against), to trip (*amb*, over).

entrecella (əntrəsɛ́ʎə) *f.* the space between the eyebrows.

entrecot (əntrəkɔ́t) *m.* entrecôte; steak.

entrecreuar-se (əntrəkrəwársə) *p.* to cross (each other), to intersect. *2* ZOOL. to interbreed.

entrecuix (əntrəkúʃ) *m.* ANAT. crotch. *2* SEW. gusset in the crotch.

entregirar-se (əntrəʒirársə) *p.* to half-turn. *2* fig. to get twisted: *se m'han entregirat les mitges*, my stockings have got twisted.

entrellaçar (əntrəʎəsá) *t.* to interlace. *2* to link together.

entrellat (əntrəʎát) *m.* fig. puzzle, complex mystery. ‖ *treure'n l'~*, to get to the bottom of the mystery.

entrelligar (əntrəʎiɣá) *t.* to tie or knot together.

entrellucar (əntrəʎuká) *t.* See ENTREVEURE.

entremaliat, -ada (əntrəməliát, -áðə) *a.* mischievous. *2* coll. naughty.

entremès (əntrəmɛ́s) *m.* COOK. hors d'oeuvre. *2* THEATR. short one-act play.

entremesclar (əntrəməsklá) *t.* to mix (together); to mingle.

entremetre's (əntrəmɛ́trəs) *p.* to interfere; to meddle.

entremig (əntrəmítʃ) *adv.* in the middle. *2* in the way [hindrance]. ■ *3 m.* interval [time]; distance between [space].

entrenador, -ra (əntrənəðó, -rə) *m.-f.* SP. trainer, coach.

entrenar (əntrəná) *t.-p.* SP. to train.

entreobrir (əntrəuβrí) *t.* to half-open; to open slightly.

entrepà (əntrəpá) *m.* sandwich.

entreparent, -ta (əntrəpərɛ́n, -tə) *m.-f.* distant relative.

entresol (əntrəsɔ́l) *m.* mezzanine floor.

entresuar (əntrəsuá) *i.* to sweat or perspire slightly.

entretant (əntrətán) *adv.* meanwhile, in the meantime.

entretela (əntrətɛ́lə) *f.* lining [of clothes].

entretemps (əntrətɛ́ms) *m.* period between summer and winter, period between two seasons.

entretenir (əntrətəní) *t.* to delay, to hold up. *2* to entertain, to amuse. ■ *3 p.* to spend or waste time. *4* to amuse oneself. ▲ CONJUG. like *abstenir-se*.

entreveure (əntrəβɛ́urə) *t.* to discern, to make out; to distinguish. *2* to glimpse; to spot. *3* fig. to discern, to spot: ~ *les intencions d'algú*, to discern or spot someone's intentions. ▲ CONJUG. like *veure*.

entrevista (əntrəβístə) *f.* interview.

entrevistar (əntrəβistá) *t.* to interview. ■ *2 p.* to have a talk or talks; to interview.

entristir (əntristí) *t.-p.* to sadden, to grieve. *2 p.* to become sad.

entroncar (əntruŋká) *t.-i.* to connect, to join (together).

entronitzar (əntrunidzá) *t.* to enthrone.

entropessar (əntrupəsá) *i.* See ENSOPEGAR.

entumir (əntumí) *t.* to numb. ∎ *2 p.* to go numb.

entusiasmar (əntuziəzmá) *t.* to excite, to fire, to inspire; to make enthusiastic. ∎ *2 p.* to get excited; to get enthusiastic.

entusiasme (əntuziázmə) *m.* enthusiasm, excitement.

entusiasta (əntuziástə) *a.* enthusiastic; excited. ∎ *2 m.-f.* follower; admirer. *3* coll. fan.

enuig (ənútʃ) *m.* anger. *2* annoyance.

enumeració (ənumərəsió) *f.* listing; enumeration.

enumerar (ənumərá) *t.* to list; to enumerate.

enunciar (ənunsiá) *t.* to express, to state; to declare.

enunciat (ənunsiát) *m.* MATH. terms.

enutjar (ənudʒá) *t.* to anger. *2* to annoy. ∎ *3 p.* to get angry. *4* to get annoyed.

envà (əmbá) *m.* partition wall.

envair (əmbəi) *t.* to invade.

envanir (əmbəni) *t.* to make vain or conceited. ∎ *2 p.* to become haughty or lofty.

envàs (əmbás) *m.* packaging. *2* container, tin, (USA) can, bottle.

envasar (əmbəzá) *t.* to package, to bottle, to tin, (USA) to can.

enveja (əmbɛʒə) *f.* envy. ‖ *tenir ~ de,* to envy *t.*

envejar (əmbəʒá) *t.* to envy.

envellir (əmbəʎí) *t.* to make old, to age. ∎ *2 i.-p.* to grow old; to put on years.

envergadura (əmbərɣəðúrə) *f.* extent; scale [also fig.]. *2* fig. scope; magnitude.

enverinament (əmbərinəmén) *m.* poisoning.

enverinar (əmberiná) *t.* to poison. *2* fig. to embitter.

envermellir (əmbərməʎí) *t.* to redden. ∎ *2 p.* to blush.

envernissar (əmbərnisá) *t.* to varnish.

envers (əmbɛrs) *prep.* towards; for.

envestir (əmbəsti) *t.* to attack, to assault. *2* to charge [esp. animals]. *3* to undertake, to set about.

enviar (əmbiá) *t.* to send; to dispatch. ∎ *2 p.* to swallow (down).

enviduar (əmbiðuá) *i.* to become a widow or widower.

envigorir (əmbiɣurí) *t.* to strengthen, to make strong or robust; to build up [someone's strength].

enviliment (əmbilimén) *m.* degradation, debasement.

envilir (əmbilí) *t.* to degrade, to debase. ∎ *2 p.* to degrade oneself; to lower oneself.

envisar-se (əmbizársə) *p.* (ROSS.) See ADONAR-SE.

envistes (embístəs) *prep. phr.* *a les ~ de,* in sight of.

envit (əmbít) *m.* call for bids, invitation to bid. *2* stake; bid.

envolar-se (əmbulársə) *p.* AER. to take off.

envoltant (əmbultán) *a.* surrounding.

envoltar (əmbultá) *t.-p.* to surround.

enxampar (ənʃəmpá) *t.* to trap, to catch. *2* fig. to catch out.

exampurrat, -ada (ənʃəmpurrát, -áðə) *a.* *parlar ~,* to speak badly or imperfectly.

enxarxar (ənʃərʃá) *t.* to net, to catch in the net. ∎ *2* fig. to catch, to trap.

enxiquir (ənʃiki) *t.* See EMPETITIR.

enxubat, -ada (ənʃuβát, -áðə) *a.* stuffy; airless [room].

enyorança (əɲuránsə) *f.* longing, yearning; nostalgia.

enyorar (əɲurá) *t.* to long or yearn for; to miss. ∎ *2 p.* to be filled with nostalgia. *3* to feel or be homesick.

enze (ɛnzə) *m.* decoy, lure [animal in hunting]. *2* fig. coll. thickhead.

ep! (ep) *interj.* hey!

èpic, -ca (ɛpik, -kə) *a.-f.* epic.

epicuri, -úria (əpikúri, -úriə) *a., m.-f.* Epicurean.

epidèmia (əpidɛmiə) *f.* epidemic.

epidermis (əpiðɛrmis) *f.* ANAT. epidermis.

epifania (əpifəniə) *f.* Epiphany.

epiglotis (əpiɣlɔtis) *f.* ANAT. epiglottis.

epígraf (əpíɣraf) *m.* caption; heading.

epigrama (əpiɣrámə) *m.* LIT. epigram.

epíleg (əpílək) *m.* epilogue.

epilèpsia (əpilɛpsiə) *f.* MED. epilepsy.

epilèptic, -ca (əpilɛptik, -kə) *a., m.-f.* epileptic.

episcopal (əpiskupál) *a.* episcopal.

episodi (əpizɔði) *m.* episode.

epístola (əpístulə) *f.* epistle; letter.

epistolari (əpistulári) *m.* collected letters.

epitafi (əpitáfi) *m.* epitaph.

epiteli (əpitɛli) *m.* BOT. epithelium.

epítet (əpítet) *m.* epithet.

epítom (əpitum) *m.* LIT. summary; abridgement; abstract.

època (ɛpukə) *f.* age; time; epoch. *2* time, period. *3* fig. *fer ~,* to be a landmark [in history].

epopeia (əpupɛʲə) *f.* epic [also fig.].

equació (əkwəsió) *f.* MATH. equation.

equador (əkwəðó) *m.* equator.

equànime (əkwánimə) *a.* equanimous; un-ruffled, calm, serene.

equatorial (əkwəturiál) *a.* equatorial.

eqüestre (əkwéstrə) *a.* equestrian.

equí, -ina (əkí, -inə) *a.* ZOOL. equine.

equidistar (əkiðistá) *i.* to be equidistant, to be equal in distance from each other.

equilàter, -ra (əkilátər, -rə) *a.* equilateral.

equilibrar (əkiliβrá) *t.* to balance; to equi-librate [also fig.].

equilibri (əkiliβri) *m.* equilibrium; balance. ‖ *fer ~s,* to totter. ‖ *perdre l'~,* to lose one's balance.

equilibrista (əkiliβristə) *m.-f.* tightrope walker. 2 acrobat.

equinocci (əkinɔksi) *m.* equinox.

equip (əkip) *m.* equipment; tools. 2 SP. team: ~ *visitant,* visiting team, visitors.

equipament (əkipəmén) *m.* equipping [act]. 2 equipment. 3 installations, facilities; amenities.

equipar (əkipá) *t.* to equip.

equiparar (əkipərá) *t.* to compare; to put on the same level.

equipatge (əkipádʒə) *m.* luggage, baggage.

equitació (əkitəsió) *f.* SP. horse-riding.

equitat (əkitát) *f.* justice, equity; fairness, impartiality.

equitatiu, -iva (əkitətiu, -iβə) *a.* equitable; fair; just.

equivalència (əkiβəlénsiə) *m.* equivalence.

equivalent (əkiβəlén) *a.-m.* equivalent.

equivaler (əkiβəlé) *i.* to be equal; to be equivalent [also fig.]. ▲ CONJUG. like *va-ler.*

equívoc, -ca (əkiβuk, -kə) *a.* wrong, mis-taken, erroneous. ▪ 2 *m.* mistake, error.

equivocació (əkiβukəsió) *f.* mistake, error: *per ~,* by mistake or error.

equivocar (əkiβuká) *t.* to mistake. ▪ 2 *p.* to make a mistake.

era (érə) *f.* era, age. 2 AGR. threshing-floor.

erari (ərári) *m.* Treasury; Exchequer.

erecció (ərəksió) *f.* PHYSIOL. erection. 2 e-rection, building.

eremita (ərəmitə) *m.* hermit.

eriçar (ərisá) *t.-p.* to bristle (up).

eriçó (ərisó) *m.* ZOOL. hedgehog. ‖ ~ *de mar,* sea-urchin.

erigir (əriʒi) *t.* to erect; to build. ▪ 2 *p.* to be erected; to be built.

erisipela (ərizipélə) *f.* MED. erysipelas.

erm, -ma (érm, -mə) *a.* deserted, empty; desolate. ▪ 2 *m.* waste-land.

ermàs (ərmás) *m.* waste-land; desolate patch; moorland.

ermini (ərmíni) *m.* ZOOL. stoat.

ermita (ərmítə) *f.* hermitage.

ermità, -ana (ərmitá, -ánə) *a., m.-f.* hermit. 2 *a.* of a hermit, hermit's.

Ernest (ərnés) *pr. n. m.* Ernest.

erosió (əruzió) *f.* erosion, eroding.

erosionar (əruziuná) *t.-p.* to erode (away).

eròtic, -ca (ərɔtik, -kə) *a.* erotic.

erra (érrə) *f.* ant. error, mistake.

errada (ərráðə) *f.* error, mistake.

errant (ərrán) *m.* wandering; roving. 2 HIST. errant.

errar (ərrá) *i.* to wander; to rove. ▪ 2 *t.* to miss [target]. 3 to mistake; to get wrong.

errata (ərrátə) *f.* PRINT. misprint, erratum.

erràtic, -ca (ərrátik, -kə) *a.* erratic.

erroni, -ònia (ərrɔni, -ɔniə) *a.* mistaken, er-roneous; wrong.

error (ərrór) *m.* mistake, error.

eructar (əruktá) *i.* to belch.

erudició (əruðisió) *f.* learning, erudition.

erudit, -ta (əruðit, -tə) *a.* learned, erudite. ▪ 2 *m.-f.* scholar.

eruga (ərúɣə) *f.* ENT. caterpillar.

erupció (ərupsió) *f.* GEOL. eruption. 2 MED. rash.

eruptiu, -iva (əruptiŭ, -iβə) *a.* eruptive.

es (əs) *art.* (BAL.) See EL.

es (əs) *refl. pron.* ~ *fa un cafè,* she's making herself a coffee; *mai no ~ dutxa,* he never has a shower. ▪ 2 *impers. pron.: no se sent res,* it's absolutely silent. ▲ es, 's, s', se.

esbadellar-se (əzβəðəʎársə) to flower, to open [flower].

esbalair (əsβəlái) *t.* to amaze, to astonish, to astound. ▪ 2 *p.* to be amazed; to be as-tonished, to be astounded.

esbaldida (əzβəldiðə) *f.* See ESBANDIDA.

esbaldir (əzβəldi) *t.* See ESBANDIR.

esbandida (əzβəndiðə) *f.* rinse, rinsing.

esbandir (əzβəndi) *t.* to rinse.

esbargir (əzβərʒi) *t.* to spread; to scatter. ▪ 2 *p.* to have fun; to amuse oneself.

esbarjo (əzβárʒu) *m.* recreation; play. 2 play-time [schools].

esbart (əzβár(t)) *m.* group; pack [animals]; flight [birds]. 2 THEATR. troop, company, group: ~ *dansaire,* folk dance company or group.

esbarzer (əzβərzé) *m.* BOT. bramble. 2 blackberry bush.

esbatussar-se (əzβətusársə) *p.* to fight.

esberlar (əzβərlá) *t.* to split, to cleave. 2 to crack (open). ▪ 3 *p.* to split. 4 to crack (open).

esbirro (əzβirru) *m.* HIST. constable; bailiff. 2 paid assassin. 3 ruffian; henchman.

esblaimar-se (əzβləimársə) *p.* to go pale; to go white [face].

esblanqueir-se (əzβləŋkəirsə) *p.* to lose col-our; to become discoloured. 2 to go pale.

esbocinar (əzβusiná) *t.* to tear into pieces or shreds; to break into pieces.

esbojarrat, -ada (əzβuʒərrát, -áðə) *a.* crazy, mad, wild.

esbombar (əzβumbá) *t.* to spread, to broadcast; to publicise. ▪ *2 p.* to be spread, to be broadcasted; to be publicised.

esborrador (əzβurrəðó) *m.* blackboard duster.

esborrany (əzβurráɲ) *m.* rough draft or copy; first or preliminary draft.

esborrar (əzβurrá) *t.* to erase, to rub out. ▪ *2 p.* to become erased.

esborronar (əzβurruná) *t.* to horrify, to make one's hair stand on end.

esbós (əzβós) *m.* sketch. *2* outline.

esbossar (əzβusá) *t.* to sketch.

esbotifarrar (əzβutifərrá) *t.* to burst; to split open.

esbotzar (əzβudzá) *t.* to burst, to smash; to break open.

esbrancar (əzβrəŋká) *t.* to strip or break off the branches of.

esbravar-se (əzβrəβársə) to go flat [drink]. *2* fig. to let oneself go, to relieve one's feelings.

esbrinar (əzβriná) *t.* fig. to find out, to discover, to ascertain, to establish.

esbronc (əzβróɲ) *m.* telling-off, ticking-off, reprimand; warning.

esbroncar (əzβruŋká) *t.* to tell off, to tick off, to reprimand.

esbrossar (əzβrusá) *t.* to clear [undergrowth].

esbudellar (əzβuðəʎá) *t.* to disembowel.

esbufegar (əzβufəɣá) *i.* to gasp. *2* to wheeze; to puff; to pant.

esbufec (əzβufék) *m.* gasp. *2* wheeze, puff; panting.

esbullar (əzβuʎʎá) *t.* to dishevel, to tousle [hair].

esca (éskə) *f.* tinder. *2* fig. incentive, spur; cause.

escabellar (əskəβəʎá) *t.* to rumple, to dishevel [hair].

escabetx (əskəβétʃ) *m.* cook. vinegar and oil sauce.

escabetxar (əskəβətʃá) *t.* to cover or put in *escabetx.* *2* coll. to do in, to kill.

escabrós, -osa (əskəβrós, -ózə) *a.* rough, broken [terrain]. *2* fig. risky, dangerous. *3* fig. indecent; blue [film].

escacs (əskáks) *m. pl.* chess. ‖ *escac i mat,* check-mate.

escadusser, -ra (əskəðusé, -rə) *a.* odd; leftover.

escafandre (əskəfándrə) *m.* diving-suit and equipment.

escagarrinar-se (əskəɣərrinársə) *p.* vulg. to

shit oneself [with fright]. *2* fig. coll. to be scared stiff.

escaient (əskəjén) *a.* suitable, becoming.

escaig (əskátʃ) *m.* little bit over.

escaiola (əskəjɔ́lə) *f.* bot. birdseed. *2* med. plaster cast.

escaire (əskáɪrə) *m.* (carpenters) square. *2* bracket.

escala (əskálə) *f.* stairs; staircase. *2* ladder. ‖ ~ *de mà,* steps; ~ *mecànica,* elevator, moving staircase; ~ *d'incendis,* fire escape. *3* scale; *a gran* ~, on a large scale.

escalada (əskəláðə) *f.* sp. climbing. *2* escalation, increase.

escalador, -ra (əskələðó, -rə) *m. f.* climber.

escalafó (əskələfó) *m.* scale; table; salary list.

escalar (əskəlá) *t.* to climb; to scale [also fig.].

escaldar (əskəldá) *t.* to burn, to scald. *2* to rub, to chafe. ▪ *3 p.* to get burnt or scalded.

escalf (əskálf) *m.* heat; warmth [also fig.].

escalfabraguetes (əskálfəβrəɣétəs) *f.* coll. teaser.

escalfador (əskəlfəðó) *a.* heating. ▪ *2 m.* heater. *3 pl.* leg warmers.

escalfament (əskəlfəmén) *m.* sp. warming up; loosening up.

escalfapanxes (əskalfəpánʃəs) *m.* fireplace.

escalfar (əskəlfá) *t.-p.* to warm (up), to heat (up). *2 t.* fig. to fire; to excite. *3* fig. to thrash, to give a hiding or thrashing to: *ja t'escalfaré,* I'll give you a right hiding. ▪ *4 p.* fig. to get heated [discussion].

escalfor (əskəlfó) *f.* warmth; heat [also fig.].

escalinata (əskəlinátə) *f.* outside staircase.

escaló (əskəló) *m.* See ESGLAÓ.

escalpel (əskəlpél) *m.* scalpel.

escama (əskámə) *f.* ichthy. scale.

escamarlà (əskəmərlá) *m.* zool. Norway lobster, crawfish.

escamot (əskəmót) *m.* group, band. *2* mil. squad; unit. *3* flock; herd [animals].

escamotejar (əskəmutəʒá) *t.* to make disappear or vanish. *2* to whisk (away) [out of sight].

escampadissa (əskəmpəðisə) *f.* scattering, spreading; dispersal.

escampall (əskəmpáʎ) See ESCAMPADISSA.

escampar (əskəmmpá) *t.-p.* to scatter, to spread; to disperse.

escampillar (əskəmpiʎá) *t.* (ross.) See ESCAMPAR.

escandalitzar (əskəndəlidzá) *t.* to shock, to scandalize. ▪ *2 p.* to be shocked or scandalized.

escandall (əskəndáʎ) *m.* COMM. pricing [by sample]: *fer* ~, to sample. *t. 2* MAR. lead.

escandalós, -osa (əskəndəlós, -ózə) *a.* shocking, scandalous.

escandinau, -va (əskəndináu, -βə) *a., m.-f.* Scandinavian.

Escandinàvia (əskəndináβiə) *pr. n. f.* GEOGR. Scandinavia.

escàndol (əskándul) *m.* scandal. ‖ *l'* ~ *de la venda d'armes a l'Iran,* the scandal of the arms sales to Iran. *2* hubbub, hullabaloo.

escantellar (əskəntəʎá) *t.* to chip, to break (off) the edge or corner of.

escantonar (əskəntuná) *t.* See ESCANTELLAR.

escanyapobres (əskəɲəpóβrəs) *m.-f.* coll. usurer.

escanyar (əskəɲá) *t.* to strangle, to throttle. *2* to make narrow. *3* to squeeze.

escanyolit, -ida (əskəɲulit, -iðə) *a.* weak, sickly, decrepit.

escapada (əskəpáðə) *f.* escape, flight. *2* brief or flying visit: *fer una* ~, to make a flying visit. *3* SP. break.

escapar (əskəpá) *i.-p.* to escape; to flee; to run away.

escapatòria (əskəpətòriə) *f.* pretext, subterfuge. *2* excuse.

escapçar (əskəpsá) *t.* to behead. *2* to cut off or remove the head or top or tip of. *3* GAME to cut [cards].

escapolir-se (əskəpulírsə) *p.* coll. to get away. *2* to escape, to flee.

escàpula (əskápulə) *f.* ANAT. scapula, shoulder blade.

escaquista (əskəkistə) *m.-f.* chess player.

escarabat (əskərəβát) *m.* ENT. beetle.

escarafalls (əskərəfáʎs) *m. pl.* coll. fuss *sing.*

escaramussa (əskərəmúsə) *f.* skirmish.

escarapeHa (əskərəpélə) *f.* rosette; badge; cockade.

escarceller (əskərsəʎé) *m.* See CARCELLER.

escardalenc, -ca (əskərðəléŋ, -kə) *a.* skin and bones; withered, dried up [person].

escarlata (əskərlátə) *a.-f.* scarlet.

escarlatina (əskərlətinə) *f.* scarlet fever.

escarment (əskərmén) *m.* taking to heart; learning of lesson; experience.

escarmentar (əskərməntá) *t.* to teach a lesson. ■ *2 i.* to take to heart; to learn a lesson.

escarmussar (əskərmusá) *t.* (ROSS.) See ESCARMENTAR.

escarni (əskárni) *m.* taunt; jibe, ridicule.

escarnir (əskərní) *t.* to ridicule, to mock. *2* to ape.

escarola (əskərólə) *f.* BOT. endive.

escarpat, -ada (əskərpát, -áðə) *a.* steep; sheer.

escarpra (əskárprə) *f.* chisel.

escarransit, -ida (əskərrənsit, -iðə) *a.* mean. *2* weak, sickly. *3* puny; undersized.

escarrassar-se (əskərrəsársə) *p.* to toil; to make every effort.

escartejar (əskərtəʒá) *t.* to turn over [pages]. *2* to shuffle [cards].

escarxofa (əskərʃófə) *f.* See CARXOFA.

escàs, -assa (əskás, -ásə) *a.* scarce, rare; short: *anar* ~ *de diners,* to be short of money.

escassejar (əskəsəʒá) *i.* to be scarce or rare. ■ *2 t.* to be sparing with, to skimp.

escata (əskátə) *f.* ICHTHY. scale. *2* flake.

escatar (əskətá) *t.* to scale [fish]. *2* to strip; to scrape.

escatimar (əskətimá) *t.* to skimp, to scrimp, to stint.

escatiment (əskətimén) *m.* ascertaining, finding out; discovery. *2* BOT. pruning.

escatir (əskəti) *t.* BOT. to prune. *2* to ascertain, to find out, to discover.

escatologia (əskətuluʒiə) *f.* eschatology.

escaure (əskáŭrə) *i.* to suit *t. to befit. t. 2* to suit *t.* to look well on [clothes]. ■ *3 p.* to happen to. *4* to happen, to occur. ▲ CONJUG. like *caure.*

escena (əsénə) *f.* scene [also fig.]. *2* THEATR. stage. ‖ *posar en* ~, to put on stage. *3* THEATR. scene; scenery.

escenari (əsənári) *m.* THEAT. stage; scenery. *2* fig. scene: ~ *dels fets,* scene of the action.

escenografia (əsənuɣrəfiə) *f.* scenography.

escèptic, -ca (əséptik, -kə) *a.* sceptical. ■ *2 m.-f.* sceptic.

escepticisme (əsəptisizmə) *m.* scepticism.

escissió (əsisió) *f.* split, division [also fig.]. *2* MED. excision, extirpation.

esclafar (əskləfá) *t.* to flatten, to squash. *2* to break (open) [eggs, nuts, etc.]. *2* coll. to flatten [enemy]. ■ *3 p.* to break, to get broken. *4* to get flattened or squashed.

esclafir (əskləfi) *t.-i.* to snap; to crack; to crunch. *2 i.* to crash. ‖ fig. ~ *a riure,* to burst into laughter, to burst out laughing.

esclafit (əskləfit) *m.* snap; crack; report [gun-shot]; crash or clap.

esclarir (əskləri) *t.* to comb straight; to smooth [hair]. *2* fig. to unravel, to get to the bottom of.

esclarissat, -ada (əsklərisát, -áðə) *a.* thin [hair]. *2* sparse [undergrowth].

esclat (əsklát) *m.* explosion, crash; clap. ‖ ~ *sònic,* sonic boom. *2* fig. break-out [hostilities].

esclatar (əsklətá) *i.* to explode, to crash. *2* fig. to break out. *3* ~ *a,* to burst into. *4* to open (up) [flowers].

esclau, -ava (əskláŭ, -áβə) *m.-f.* slave.
esclavatge (əskləβádʒə) *m.* See ESCLAVITUD.
esclavitud (əskləβitút) *f.* slavery, servitude.
esclavitzar (əskləβidzá) *t.* to make a slave of, to enslave.
esclerosi (əsklərɔ́zi) *f.* MED. sclerosis.
escleròtica (əsklərɔ́tikə) *f.* ANAT. sclerotic, sclera.
escletxa (əsklétʃə) *f.* crack, opening. 2 GEOGR. fissure.
esclop (əsklɔ́p) *m.* wooden clog or shoe.
escó (əskó) *m.* bench. 2 seat [in parliament].
escocès, -esa (əskusɛ́s, -ɛ̀zə) *a.* Scottish. ▪ 2 *m.-f.* Scot. 3 *m.* Scotsman. 4 *f.* Scotswoman.
Escòcia (əskɔ́siə) *pr. n. f.* GEOGR. Scotland.
escodrinyar (əskuðriɲá) *t.* to scrutinize, to examine carefully.
escofir (əskufi) *t.* (ROSS.) coll. *estar escofit*, to be broke.
escola (əskɔ́lə) *f.* school. 2 PHIL. school. ‖ *fer ~*, to have followers or imitators.
escolar (əskulá) *a., m.-f.* school: *edat ~*, school age. ▪ 2 *m.* school-boy. 3 *f.* school-girl. 4 *pl.* school-children.
escolarització (əskuləridʒəsió) *f.* schooling, school education.
escolar-se (əskulársə) *p.* to leak [container]. 2 to bleed to death, to lose a lot of blood. 4 fig. to slip away [time; person].
escolàstic, -ca (əskulástik, -kə) *a., m.-f.* scholastic.
escollir (əskuʎi) *t.* to choose, to pick (out), to select. ▲ CONJUG. INDIC. PRES.: *escull* o *esculleix*.
escolopendra (əskulupéndrə) *f.* ZOOL. centipede, scolopendrid.
escolta (əskɔ́ltə) *f.* listening. 2 leavesdropping. ▪ 3 *m.* scout. 4 *f.* girl-guide.
escoltar (əskultá) *t.* to listen to *i.* ▪ 2 *p.* to listen to oneself [also fig.].
escoltisme (əskultismə) *m.* scouting [boys]. 2 girl guides [girls].
escombra (əskómbrə) *f.* broom.
escombrar (əskumbrá) *t.* to sweep [also fig.].
escombraries (əskumbrəriəs) *f. pl.* rubbish, refuse.
escombriaire (əskumbriáĭrə) *m.* dustman.
escomesa (əskumɛ́zə) *f.* taking-on. 2 attack, assault; charge.
escometre (əskumɛ́trə) *t.* to take on. 2 to attack; to charge. ▲ CONJUG. P. P.: *escomès*.
escon (əskón) *m.* See ESCÓ.
escopeta (əskupétə) *f.* shotgun. ‖ *~ d'aire comprimit*, air-gun.

escopidora (əskupiðórə) *f.* spittoon, bucket [for spit].
escopinada (əskupináðə) *f.* spit.
escopinya (əskupíɲə) *f.* ZOOL. clam.
escopir (əskupi) *i.* to spit. ‖ fig. *~ a la cara d'algú*, to despise, to treat with utter contempt. ▪ 2 *t.* to spit at *i.*
escorbut (əskurβút) *m.* MED. scurvy.
escorç (əskórs) *m.* foreshortening [sculpture, art].
escorça (əskórsə) *f.* BOT. rind; bark. 2 fig. surface [outward appearance]. 3 GEOL. *~ terrestre*, outer crust.
escorcoll (əskurkóʎ) *m.* checking; frisking.
escorcollar (əskurkuʎá) *t.* to check; to frisk. 2 to scrutinize.
escòria (əskɔ́riə) *f.* slag; rubbish. 2 fig. scum, dregs.
escorpí (əskurpí) *m.* ZOOL. scorpion. 2 ASTROL. Scorpio.
escorredor, -ra (əskurrəðó, -rə) *a.* loose; easily untied [knot]. ▪ 2 *m.* draining board. 3 *f.* colander.
escorredís, -issa (əskurrəðís, -isə) *a.* slippery; difficult to hold.
escorreplats (əskɔrrəpláts) *m.* plate-rack.
escórrer (əskórrə) *t.* to drain, to let drain or dry. 2 to wring [clothes]. 3 to undo [woollen garment]. ▲ CONJUG. like *córrer*.
escorrialles (əskurriáʎəs) *f. pl.* dregs, last drops; remnants [also fig.].
escorta (əskórtə) *f.* escort.
escortar (əskurtá) *t.* to escort; to accompany. 2 MIL. to escort.
escorxador, -ra (əskurʃəðó, -rə) *m.-f.* skinner [animals]. 2 bark-stripper. 3 abattoir, (USA) slaughter house.
escorxar (əskurʃá) *t.* to skin [animals]. 2 to strip [bark].
escot (əskɔ́t) *m.* low neck [clothes].
escota (əskɔ́tə) *f.* MAR. sheet.
escotat (əskutát) *a.* low neck [clothes].
escotilla (əskutíʎə) *f.* MAR. hatch.
escotilló (əskutiʎó) *m.* MAR. poop hatch. 2 THEATR. trap door.
escreix (əskréʃ) *m.* ampleness, abundance. 2 excess. 3 *amb ~*, amply.
escriba (əskríβə) *m.* scribe, clerk.
escridassar (əskriðəsá) *t.* to boo. 2 to shout or scream at.
escriptor, -ra (əskriptó, -rə) *m.-f.* writer, author.
escriptori (əskriptɔ́ri) *m.* desk, writing desk. 2 office; clerks' room.
escriptura (əskriptúrə) *f.* writing, handwriting, script. 2 LAW deed.
escripturar (əskripturá) *t.* LAW to draw up in legal form, to formalize legally.

escrit (əskrit) *m.* writing. *2* missive, formal letter; letter.

escriure (əskriŭrə) *t.* to write. ‖ ~ *a màquina,* to type. ‖ ~ *a mà,* to write (out) (in long hand). ▪ *2 p.* to spell: *com s'escriu?,* how do you spell it? ▴ CONJUG. GER.: *escrivint.* ‖ P. P.: *escrit.* ‖ INDIC. Pres.: *escric.* ‖ SUBJ. Pres.: *escrigui,* etc. | Imperf.: *escrivís,* etc.

escrivà (əskriβá) *m.* LAW clerk to the court.

escrivania (əskriβəniə) *f.* LAW office of notary. *2* LAW notary's office or room. *3* inkstand.

escrivent (əskriβέn) *m.* public writer; copyist; clerk.

escròfula (əskrɔ́fulə) *f.* MED. scrofula.

escrostonar (əskrustuná) *t.* to chip. ▪ *2 p.* to get chipped. *3* to flake off.

escruixir (əskruʃí) *t.* fig. to shake. ▪ *2 p.* to be shaken. *3* to tremble, to shiver; to start, to shudder.

escrúpol (əskrúpul) *m.* scruple. *2* fig. scruple, hesitation.

escrutar (əskrutá) *t.* to scrutinize; to check or go into thoroughly. *2* ~ *vots,* to count (up) votes.

escrutini (əskrutíni) *m.* scrutiny; thorough check or investigation. *2* counting (up) [of votes].

escuar (əskuá) *t.* to dock.

escudella (əskuðéʎə) *f.* broth, thick soup. *2* bowl, basin.

escuder (əskuðé) *m.* HIST. esquire. *2* page.

escull (əskúʎ) *m.* reef. *2* fig. pitfall.

escullera (əskuʎérə) *f.* MAR. breakwater.

esculpir (əskulpí) *t.* to sculpt, to sculpture, to carve. *2* to cut, to engrave.

escultor, -ra (əskultó, -rə) *m.* sculptor. *2 f.* sculptress.

escultura (əskultúrə) *f.* sculpture, carving [in stone].

escuma (əskúmə) *f.* foam; froth.

escumadora (əskuməðórə) *f.* COOK. skimmer.

escumejar (əskuməʒá) *i.* to froth; to foam.

escumós, -osa (əskumós, -ózə) *a.* frothy; foamy. ▪ *2 m.* sparkling wine.

escurabutxaques (əskurəβutʃákəs) *m* pickpocket. *2 f.* coll. *màquina* ~, one-armed bandit, fruit machine.

escuradents (əskurəðéns) *m.* toothpick.

escurapeus (əskurəpéus) *m. pl.* shoe scraper.

escurar (əskurá) *t.* to scrape clean [plate]; to clean. *2* fig. coll. to clean (out); *estar escurat,* to be cleaned out, to be broke.

escuraungles (əskurəúŋgləs) *m.* nailcleaner.

escura-xemeneies (əskurəʃəmənéjəs) *m.* chimney-sweep.

escurçar (əskursá) *t.* to shorten. *2* to cut short. ▪ *3* to shrink.

escurçó (əskursó) *m.* ZOOL. viper, adder. *2* fig. evil person. ‖ *llengua d'*~, poison tongue.

escut (əskút) *m.* shield. ‖ ~ *d'armes,* coat-of-arms. *2* fig. protection; shelter.

esdentegat, -ada (əzðəntəɣát, -áðə) *a.* toothless.

esdevenidor, -ra (əzðəβəniðó, -rə) *a.* coming, future. ▪ *2 m.* the future.

esdeveniment (əzðəβənimén) *m.* happening, event, occurrence.

esdevenir (əzðəβəni) *i.* to become. ▪ *2 p.* to happen, to occur, to take place. ▴ CONJUG. like *abstenir-se.*

esfera (əsférə) *f.* sphere [also fig.]. *2* scope.

esfereir (əsfərəi) *t.* to terrify, to horrify, to fill with terror or horror. ▪ *2 p.* to become horrified.

esfèric, -ca (əsférik, -kə) *a.* GEOM. spherical.

esfilagarsar (əsfiləɣarsá) *t.* to pull threads from. ▪ *2 p.* to fray, to get frayed.

esfínter (əsfíntər) *m.* ANAT. sphincter.

esfinx (əsfiŋʃ) *m.-f.* MYTH. sphinx.

esfondrar (əsfundrá) *t.* to sink. *2* to demolish, to pull down. ▪ *3 p.* to collapse.

esforç (əsfɔ́rs) *m.* effort; attempt; striving.

esforçar-se (əsfursársə) *p.* to try (hard) to; to strive to. *2* to apply oneself to.

esfullar (əsfuʎá) *t.* to remove the leaves of; to defoliate. ▪ *2 p.* to lose its leaves, to become bare [tree].

esfumar (əsfumá) *t.* to tone down, to soften. ▪ *2 p.* to vanish, to disappear.

esgargamellar-se (əzɣərɣəməʎársə) *p.* to shout oneself hoarse.

esgarip (əzɣərip) *m.* scream; yell; howl.

esgarrapada (əzɣərrəpáðə) *f.* scratch(ing), scrape, scraping. *2* fig. coll. *he sopat amb una* ~, I rushed my dinner.

esgarrapar (əzɣərrəpá) *t.* to scratch; to scrape. *2* fig. to get together [money illegally].

esgarriacries (əzɣərriəkriəs) *m.-f.* wet-blanket.

esgarriar (əzɣərriá) *t.* to mislead. ▪ *2 p.* to lose one's way.

esgarrifança (əzɣərrifánsə) *f.* shiver; shudder.

esgarrifar (əzɣərrifá) *t.* to frighten, to scare; to make shiver. *2* to tremble; to thrill. ▪ *3 p.* to get frightened or scared; to shiver, to shudder.

esgarrinxada (əzɣərrinʃáðə) *f.* scratch.

esgarrinxar (əzɣərrinʃá) *t.* to scratch. ▪ *2 p.* to get scratched.

esglai (əzɣlái) *m.* fright; start; fear; terror.
esglaiar (əzɣləjá) *t.* to fighten, to horrify. ■ *2 p.* to get fightened; to be shocked.
esglaó (əzɣləó) *m.* step, stair.
església (əzɣléziə) *f.* church.
esgotament (əzɣutəmén) *m.* exhaustion. *2* using up; depletion.
esgotar (əzɣutá) *t.* to exhaust. *2* to empty, to drain. *3* to use up, to exhaust. ■ *4 p.* to be used up. *5* to wear oneself out.
esgranar (əzɣrəná) *t.* to thresh [cereal crops]; to pick off [grapes]; to shell [peas, beans, etc.].
esgrima (əzɣrimə) *f.* SP. fencing.
esgrimir (əzɣrimí) *t.* to brandish [also fig.]; to wield.
esguard (əzɣwár(t)) *m.* look. *2* consideration, respect; regard.
esguardar (əzɣwərðá) *t.* to look at. *2* to consider, to bear in mind, to take into account.
esguerrar (əzɣərrá) *t.* to cripple, to maim. *2* to waste, to spoil, to ruin.
esguerrat, -ada (əzɣərrát, -áðə) *a.* ruined, spoiled. *2* maimed; crippled, disabled. ■ *3 m.-f.* cripple, disabled person.
esguerro (əzɣérru) *m.* waste, failure.
eslip (əzlip) *m.* briefs, underpants.
esllanguir-se (əzʎəŋgirsə) *p.* to slim, to get slim.
esllanguit, -ida (əzʎəŋgit, -iðə) *a.* thin; slim.
esllavissar-se (əzʎəβisársə) *p.* to fall away, to subside; to slip or fall down [earth, rocks, etc.].
eslògan (əzlɔ́ɣən) *m.* slogan.
eslora (əzlɔ́rə) *f.* MAR. length.
esma (ɛ́zmə) *f.* instinct, intuition. *2* feel, knack. *3* strength of mind, determination.
esmalt (əzmál) *m.* enamel.
esmaltar (əzməltá) *t.* to enamel. *2* fig. to decorate colourfully.
esmaperdut (ɛ́zməpərðút, -úðə) *a.* disorientated.
esmena (əzménə) *f.* correction, rectification. *2* repair, remedy. *3* LAW amendment.
esmenar (əzməná) *t.* to rectify, to correct; to amend.
esment (əzmén) *m.* knowledge, realisation, awareness. *2* care; attention. *3* mention. ‖ *fer ~ de,* to mention *t.;* to allude to.
esmentar (əzməntá) *t.* to mention; to allude to *i.*
esmerçar (əzmərsá) *t.* to invest; to spend.
esmicolar (əzmikulá) *t.* to break into pieces, to smash, to shatter.
esmolar (əzmulá) *t.* to grind, to sharpen. *2* to sharpen, to whet [also fig.].

esmolet (əzmulét) *m.* knife-grinder or sharpener. *2* sharp or alert person.
esmorteir (əzmurtəí) *t.* to deaden; to soften; to cushion, to muffle.
1) esmorzar (əzmurzá) *i.* to have breakfast, to breakfast.
2) esmorzar (əzmurzá) *m.* breakfast.
esmunyir (əzmuɲí) *t.* to slip (through). ■ *2 p.* to slip (through), to squeeze (through).
esmussar (əzmusá) *t.* to blunt, to make blunt; to take the edge off. *2* fig. to blunt, to deaden [senses, sensitivity].
esnifar (əznifá) *t.* to sniff.
esnob (əznɔ́p) *m.-f.* snob.
esòfag (əzɔ́fək) *m.* ANAT. oesophagus.
esotèric, -ca (əzutɛ́rik, -kə) *a.* esoteric.
espacial (əspəsiál) *a.* space. ‖ *viatge ~,* space journey, journey through space.
espadat, -ada (əspəðát, -áðə) *a.* precipitous; steep. ■ *2 m.* precipice; steep slope.
espai (əspái) *m.* space, room. *2* distance. *3* space, period. *4* ASTR. space.
espaiar (əspəjá) *t.* to space out [also fig.].
espaiós, -osa (əspəjós, -ózə) *a.* spacious, roomy.
espalmador (əspəlməðó) *m.* (BAL.) See RAS- PALL.
espant (əspán) *m.* fright; start, shock.
espantall (əspəntáʎ) *m.* scarecrow.
espantaocells (əspəntəuséʎs) *m.* scarecrow.
espantar (əspəntá) *t.* to frighten. *2* coll. to scare. *3* to frighten away. *4* coll. to scare away.
espantós, -osa (əzpəntós, -ózə) *a.* frightening, dreadful. *2* astonishing. *3* exaggerated.
Espanya (əspáɲə) *pr. n. f.* GEOGR. Spain.
espanyar (əspəɲá) *t.* to force [lock].
espanyol, -la (əspəɲɔ́l, -lə) *a.* Spanish. ■ *2 m.* Spaniard.
espaordir (əspəurði) *t.* to frighten, to scare; to terrify. ■ *2 p.* to be frightened or afraid; to be terrified.
esparadrap (əspərəðáp) *m.* MED. sticking plaster.
espardenya (əspərðéɲə) *f.* (rope) sandal; beach sandal.
espargir (əspərʒí) *t.* to scatter, to spread (out).
esparracar (əspərrəká) *t.* to tear (up) [paper, clothes].
esparracat, -ada (əspərrəkát, -áðə) *a.* ragged, in rags.
espàrrec (əspárrək) *m.* COOK. asparagus.
espart (əspár(t)) *m.* BOT. esparto (grass).
espartà, -ana (əspərtá, -ánə) *a.* Spartan [also fig.]. ■ *3 m.-f.* Spartan.
esparver (əspərβé) *m.* ORNIT. sparrowhawk.

esparverar (əspərβərá) *t.* to frighten, to strike fear into, to scare; to terrify.

espasa (əspázə) *f.* sword.

espasme (əspázmə) *m.* spasm.

espaterrar (əspətərrá) *t.* to cause an impression on, to impress; to astonish; to startle.

espatlla (əspáʎʎə) *f.* shoulder. ‖ *arronsar les espatlles,* to shrug one's shoulders, fig. to be indifferent or resigned; *guardar les espatlles,* to protect or cover someone.

espatllar (əspəʎʎá) *t.* to break; to spoil, to ruin; to damage. *2* to injure; to main.

espatllera (əspəʎʎérə) *f.* back [chair]. *2* wall bars *pl.* [gym].

espàtula (əspátulə) *f.* spatula.

espavilar (əspəβilá) *t.* to get going again [fire]. *2* fig. to wake up. ■ *3 p.* coll. to smarten up, to get a move on.

espècia (əspέsiə) *f.* spice; seasoning.

especial (əspəsiál) *a.* special. *2* extraordinary. *3* specific.

especialista (əspəsiálistə) *m.-f.* specialist.

especialitat (əspəsiəlitát) *f.* speciality. *2* specialism.

especialitzar (əspəsiəlidzá) *t.-p.* to specialize.

espècie (əspέsiə) *f.* kind, sort, type, class. *2* BIOL. species.

específic, -ca (əspəsifik, -kə) *a.* special; characteristic. *2* specific. ■ *3 m.* MED. specific.

especificar (əspəsifiká) *t.* to specify; to list.

espècimen (əspέsimən) *m.* specimen; sample.

espectacle (əspəktáklə) *m.* spectacle. *2* THEATR. show. ‖ fig. *fer un ~,* to make a scene.

espectacular (əspəktəkulá) *a.* spectacular.

espectador, -ra (əspəktəðó, -rə) *m.-f.* spectator, onlooker.

espectre (əspέtrə) *m.* spectre, phantom. *2* PHYS. spectrum.

especulació (əspəkuləsió) *f.* speculation, musing. *2 pl.* dreaming, reverie *sing. 3* ECON. speculation.

especular (əspəkulá) *t.-i.* to speculate.

espeleòleg, -òloga (əspələɔ̀lək, -ɔ̀luyə) *m.-f.* spelaeologist.

espeleologia (əspələuluʒíə) *f.* SP. spelaeology, pot-holing.

espelma (əspέlmə) *f.* candle. ‖ fig. *aguantar l'~,* to chaperone.

espenta (əspέntə) *f.* See EMPENTA.

espenyar (əspəɲá) *t.* to throw down a precipice.

espera (əspέrə) *f.* wait(ing). ‖ *sala d'~,* waiting-room. ‖ *tenir ~,* to be patient.

esperança (əspəránsə) *f.* hope; expectation; prospect.

esperanto (əspərántu) *m.* Esperanto.

esperar (əspərá) *t.* to hope for; to expect. *2* to wait.

esperit (əspərit) *m.* spirit. *2* spirit, ghost. *3* mind, *presència d'~,* presence of mind. *4* soul, spirit.

esperma (əspέrmə) *f.* BIOL. sperm.

espermatozoide (əspərmətuzɔ̀iðə) *m.* BIOL. spermatozoid.

esperó (əspəró) *m.* spur. *2* fig. stimulus. *3* ZOOL. spur.

esperonar (əspəruná) *t.* to spur. *2* fig. to stimulate.

espès, -essa (əspέs, -ésə) *a.* thick, dense.

espesseir (əspəsəi) *t.-p.* See ESPESSIR.

espessir (əspəsi) *t.-p.* to thicken. *2 p.* to become dense or denser.

espessor (əspəsó) *f.* thickness; density.

espetec (əspətέk) *m.* crackle, crackling; snap(ping.

espetegar (əspətəyá) *i.* to crackle; to snap.

espeternec (əspətərnέk) *m.* crackle, crackling [of wood-fire].

espeternegar (əspətərnəyá) *i.* to kick out [angry child, etc.]. *2* fig. to crackle [fire].

espí (əspí) *m.* BOT. hawthorn. *2* ZOOL. *porc ~,* porcupine.

espia (əspiə) *m.-f.* spy.

espiadimonis (əspiəðimɔ̀nis) *m.* ENT. dragonfly.

espiar (əspiá) *t.* to spy on.

espieta (əspiέtə) *m.-f.* spy; watcher. *2* informer.

espifiar (əspifiá) *t.* to miss. *2* fig. to botch, to bungle.

espiga (əspiyə) *f.* ear [corn]. *2* spike [flowers]. *3* peg. *4* TEXT. herring-bone.

espigar (əspiyá) *i.* to form ears [corn]. *2* to form spikes [flowers]. ■ *3 p.* to shoot up [plants] [also fig.].

espigó (əspiyó) *m.* ear [corn, etc.]. *2* spike [flowers, etc.]. *3* MAR. dyke. *4* pole.

espígol (əspíyul) *m.* BOT. lavender.

espigolar (əspiyulá) *t.* to glean [corn]. *2* fig. to collect up [someone's leavings].

espill (əspiʎ) *m.* (OCC.) See MIRALL.

espina (əspinə) *f.* BOT. thorn [also fig.]. ‖ *fer mala ~,* to cause mistrust; to raise suspicion. *4* ANAT. *~ dorsal,* spine, back-bone. *5* BOT. stalk, stem.

espinac (əspinák) *m.* BOT. spinach.

espinada (əspináðə) *f.* ANAT. spine, backbone.

espitllera (əspiʎʎérə) *f.* slit; arrow-slit.

espinguet (əspiŋgέt) *m.* screech. *2* screamer; loudmouth [person].

espionatge (əspiunádʒə) *m.* spying, espionage.

espira (əspirə) *f.* spiral; whorl.

espiració (əspirəsió) *f.* exhalation; breathing or blowing (out).

espiral (əspirál) *a.-f.* spiral. *2 f.* whorl; loop.

espirar (əspirá) *i.* to blow; to breathe out.

espiritisme (əspiritizmə) *m.* spiritualism.

espiritista (əspiritistə) *a.* spiritualistic. ■ *2 m.-f.* spiritualist.

espiritual (əspirituál) *a.* spiritual. *2* not worldly; immaterial.

esplai (əsplái) *m.* recreation; relaxation.

esplaiar (əspləjá) *t.* to let go, to release [esp. feelings]. ■ *2 p.* to let oneself go; to relax.

esplanada (əsplənáðə) *f.* flat or levelled open area.

esplèndid, -da (əsplédit, -iðə) *a.* splendid; magnificent, glorious. *2* generous; openhanded, liberal.

esplendor (əspləndó) *f.* brightness; brilliance. *2* apogee, climax.

esplet (əsplét) *m.* harvest, crop, yield. *2* plenty, abundance.

espluga (əsplúyə) *f.* cave.

espoleta (əspulétə) *f.* fuse [of bomb].

espoliació (əspuliəsió) *f.* deprivation; dispossession. *2* pillage.

espoliar (əspuliá) *t.* to deprive; to dispossess. *2* to pillage.

espolsador, -ra (əspulsəðó, -rə) *a.* dusting; cleaning. ■ *2 m.-f.* duster; cleaner.

espolsar (əspulsá) *t.* to dust; to clean. *2* to shake. ■ *3 p.* fig. to shake off, to get rid of.

espona (əspónə) *f.* side [of bed]. *2* edge, margin.

esponerós, -osa (əspunərós, -ózə) *a.* thick, abundant; luxuriant [growth].

esponja (əspónʒə) *f.* sponge. ‖ ~ *de bany*, bath sponge.

espontani, -ània (əspuntáni, -ániə) *a.* spontaneous.

espora (əspórə) *f.* BOT. spore.

esporàdic, -ca (əspuráðik, -kə) *a.* sporadic.

esporgar (əspuryá) *t.* BOT. to prune.

esport (əspór(t)) *m.* sport(s).

esportiu, -iva (əspurtiŭ, -iβə) *a.* sports; sporting.

esporuguir (əspuruyí) *t.* to frighten, to make afraid. ■ *2 p.* to get or become frightened or afraid.

espòs, -osa (əspós, -ózə) *m.-f.* spouse. *2 m.* husband. *3 f.* wife.

esposar (əspuzá) *t.* to marry, to get married to *t.*

espremedora (əsprəməðórə) *f.* squeezer.

esprémer (əsprémə) *t.* to squeeze (out). *2* fig. to exploit.

esprimatxat, -ada (əsprimətʃát, -áðə) *a.* thin, skinny, slim.

espuma (əspúmə) *f.* See ESCUMA.

espurna (əspúrnə) *f.* spark. *2* pinch; touch; bit.

espurneig (əspurnétʃ) *m.* sparking; flying of sparks.

espurnejar (əspurnəʒá) *i.* to spark. *2* to sparkle.

esput (əspút) *m.* sputum.

esquadra (əskwáðrə) *f.* squad. *2* MIL. unit.

esquadró (əskwəðró) *m.* squadron.

esquarterar (əskwərtərá) *t.* to cut up, to butcher.

esqueix (əskéʃ) *m.* BOT. cutting, slip. *2* twisting [of ankle]; pulling [of muscle]. *3* tearing [of cloth, etc.].

esqueixar (əskəʃá) *t.* to tear (up), to rip (up). *2* to sprain, to twist.

esqueixat, -ada (əskəʃát, -áðə) *a.* torn (up), ripped (up). *2* sprained, twisted. ■ *3 f.* kind of cod salad.

esquela (əskélə) *f.* notice, announcement [in newspaper]. *2* death notice.

esquelet (əskəlét) *m.* skeleton.

esquella (əskéʎə) *f.* bell [for cattle].

esquema (əskémə) *m.* diagram; sketch.

esquena (əskénə) *f.* ANAT. back. *2* back, rear. ‖ fig. *caure d'~*, to be flabbergasted or astounded; to be startled ‖ *donar o girar l'~a*, to turn one's back on; to give the cold shoulder to. ‖ coll. *tirar-s'ho tot a l'~*, not to give a damn about anything.

esquenadret, -ta (əskɛnəðrét, -tə) *a.* lazy; good-for-nothing [of person].

esquer (əské) *m.* bait [also fig.].

esquerda (əskérðə) *f.* crack; crevice; chink.

esquerdar (əskərðá) *t.-p.* to crack, to split.

esquerp, -pa (əskérp, -pə) *a.* rough; rugged. *2* shy, timid. *3* anti-social; distant.

esquerrà, -ana (əskərrá, -ánə) *a.* left-handed. *2* POL. left-wing. ■ *3 m.-f.* POL. leftwinger.

esquerre, -rra (əskérrə, -rrə) *a.* left; on the left. ■ *2 f.* the left.

esquí (əskí) *m.* ski; skiing. ‖ ~ *aquàtic*, waterskiing.

esquiar (əskiá) *i.* to ski.

esquiador, -ra (əskiəðó, -rə) *a.* skier.

esquif (əskif) *m.* MAR. skiff; rowing, boat.

esquifit, -ida (əskifit, -iðə) *a.* under-sized; short; small; shrunken.

esquilar (əskilá) *t.* to shear.

esquimal (əskimál) *a., m.-f.* Eskimo.

esquinç (əskins) *m.* pulling; tearing [of ligament, muscle, etc.]. ‖ ~ *muscular*, pulled muscle.

esquinçar (əskinsá) *t.-p.* to tear, to rip. *2* to sprain, to twist.

esquirol (əskirɔ́l) *m.* ZOOL. squirrel. *2* blackleg; strikebreaker.

esquitllar-se (əskiʎʎársə) *p.* to slip off or away.

esquitx (əskitʃ) *m.* splash; drop; sprinkle; dot.

esquitxar (əskitʃá) *t.* to splash, to splatter; to sprinkle; to scatter; to fleck with.

esquiu, -iva (əskíŭ, -iβə) *a.* shy, timid. *2* anti-social.

esquivar (əskiβá) *t.* to avoid, to go out of the way of. *i.* *2* to set to flight; to frighten away.

esquizofrenia (əskizufrέniə) *f.* PSYCH. schizophrenia.

essència (əsέnsiə) *f.* essence. *2* fig. core, heart. *3* (ROSS.) See BENZINA.

essencial (əsənsiál) *a.* essential; fundamental, basic.

ésser (ə́sã) *i.* to be. ‖ ~ *metge*, he's a doctor; *d'on ets?*, where are you from?; *sigui com sigui*, whatever happens; *són les set*, it's seven o'clock; *tant és*, it makes no difference. ▲ CONJUG. P. P.: *estat*. ‖ INDIC. Pres.: *sóc, ets, és, som, sou, són*. ‖ Perf.: *fui (vaig ser), fores (vas ser), fou (va ser)*, etc. ‖ Imperf.: *era, eres*, etc. ‖ Fut.: *seré*, etc. ‖ COND.: *seria*, etc. ‖ SUBJ. Pres.: *sigui*, etc. ‖ Imperf.: *fos, fossis*, etc. ‖ IMPERAT.: *sigues*, etc.

ésser (ə́sə) *m.* being; existence.

est (es(t)) *m.* east.

este, -ta *dem. a., pron.* (VAL.) See AQUEST.

estabilitat (əstəβilitát) *f.* stability; firmness; steadiness.

estabilitzar (əstəβilidzá) *t.* to stabilise; to steady.

estable (əstábblə) *a.* stable, steady; settled; firm. ▪ *2 m.* stall, cowshed.

establia (əstəbbliə) *f.* See ESTABLE.

establiment (əstəbblimén) *m.* establishment. *2* institution.

establir (əstəbbli) *t.* to establish; to found; to begin. *2* to decree; to order. ▪ *3 p.* to establish oneself.

estabornir (əstəβurni) *t.* to stun, to daze.

estaca (əstákə) *f.* stake, post; stick.

estació (əstəsió) *f.* station. ‖ ~ *de servei*, service station. *2* season.

estacionament (əstəsiunəmén) *m.* parking. *2* siting; location.

estacionar (əstəsiuná) *t.* to station; to situate. *2* to park. ▪ *3 p.* to become stationary or immobile.

estacionari, -ària (əstəsiunári, -áriə) *a.* stationary; immobile.

estada (əstádə) *f.* stay; sojourn.

estadi (əstáði) *m.* SP. stadium. *2* state; period; stage.

estadista (əstəðistə) *m.* statesman. *2* statistician.

estafa (əstáfə) *f.* swindle.

estafar (əstəfá) *t.* to swindle; to cheat.

estafeta (əstəfέtə) *f.* branch [of post-office].

estalactita (əstələktitə) *f.* stalactite.

estalagmita (əstələŋmitə) *f.* stalagmite.

estalonar (əstəluná) *t.* to prop; to underpin. *2* to be on the heels of.

estalvi, -àlvia (əstálβi, -álβiə) *a.* safe. ‖ *sa i* ~, safe and sound. ▪ *2 m. pl.* saving, thrift. *3 pl.* tablemat *sing*.

estalviar (əstəlβiá) *t.* to save. *2 t.-p.* to save, to avoid.

estam (əstám) *m.* stamen.

estamordir (əstəmurði) *t.* to daze, to stun. *2* to frighten.

estampa (əstámpə) *f.* print; engraving.

estampació (əstəmpəsió) *f.* printing; engraving.

estampat, -ada (əstəmpát, -áðə) *a.* printed. ▪ *2 m.* TEXT. print. *3* printing.

estampar (əstəmpá) *t.* to print; to engrave.

estampar (əstəmpá) *t.* to print; to engrave.

estanc (əstáŋ) *m.* tobacconist's [also sells stamps, government forms].

estança (əstánsə) *f.* room.

estancar (əstəŋká) *t.* to stem; to hold up [liquids]. *2* to dam.

estàndard (əstándar) *a.-m.* standard.

estant (əstán) *m.* shelf.

estany (əstáɲ) *m.* pool; lake. *2* MINER. tin.

estaquirot (əstəkirɔ́t) *m.* dumb, idiot. *2* scarecrow.

estar (əstá) *i.* to be. *2* to stay, to remain: *estan tancats a l'ascensor*, they are trapped in the lift; *estigues quiet!*, stay still! *3* to feel [health, mood]. *4* to spend, to take [time]: *estaré dues hores a acabar-ho*, it'll take me two hours to finish it. ▪ *5 p.* to stay: *m'estic a casa d'uns amics*, I'm staying at a friend's house. ‖ ~*-se de*, to refrain from. ▲ CONJUG. Indic. Pres.: *estic, està, estan*. ‖ SUBJ. Pres.: *estigui*, etc. ‖ Imperf.: *estigues*, etc.

estarrufar (əstərrufá) *t.* to bristle [hair, feathers]. ▪ *2 p.* to swell up with pride.

estat (əstát) *m.* state, condition. *2* status; class. *3* POL. state.

estatal (əstətál) *a.* state: *defensa* ~, state defence.

estatge (əstádʒə) *m.* room. *2* home.

estàtic, -ca (əstátik, -kə) *a.* static. ▪ *2 f.* statics *pl*.

estàtua (əstátuə) *f.* statue.

estatura (əstətúrə) *f.* height [person].

estatut (əstətút) *m.* statute. *2* rules *pl.* [club, sport].

estavellar (əstəβəʎá) *t.* to shatter; to smash. ▪ *2 p.* to crash.

estel (əstέl) *m.* star. *2* kite.
estela (əstέlə) *f.* stele.
estella (əstέʎə) *f.* chip, splinter.
esteHar (əstəlá) *a.* stellar.
estellar (əstəʎá) *t.* to chip; to chop up.
estenalles (əstənáʎəs) *f.* See TENALLES.
estendard (əstəndár(t)) *m.* standard, banner.
estendre (əstέndrə) *t.* to spread or hang out. *2* to widen; to lengthen; to extend. ■ *3 p.* to extend, to stretch. ▲ CONJUG. like *atendre.*
estenedor (əstənəðó) *m.* washing line, clothes line; clothes horse.
estenografia (əstənuɣrəfíə) *f.* shorthand.
estepa (əstέpə) *f.* steppe.
estereotip (əstέr(ə)utip) *m.* stereotype.
estèril (əstέril) *a.* sterile, barren.
esterilitat (əstərilitát) *f.* sterility, barrenness.
esterilitzar (əstərilidzá) *t.* to sterilize.
esterlina (əstərlínə) *a. Lliura* ~, pound sterling.
esternudar (əstərnuðá) *i.* to sneeze.
estèrnum (əstέrnum) *m.* ANAT. sternum.
esternut (əstərnút) *m.* sneeze.
estès, -esa (əstέs, -έzə) *a.* spread or stretched out, extended. ■ *2 f.* spreading.
esteta (əstέtə) *m.-f.* aesthete.
estètic, -ca (əstέtik, -kə) *a.* aesthetic: *cirurgia* ~, cosmetic surgery. ■ *2 f.* aesthetics *pl.*
Esteve (əstέβə) *pr. n. m.* Stephen.
estiba (əstíβə) *f.* NÁUT. stowage. *2* pile, mound.
estibador (əstiβəðó) *m.* docker.
estibar (əstiβá) *t.* to store, to stow (away). *2* to pack.
estigma (əstíɲmə) *m.* stigma, mark.
estil (əstil) *m.* style, manner. ‖ *per l'* ~, like that.
estilar-se (əstilársə) *p.* to be in fashion.
estilet (əstilέt) *m.* stiletto.
estilista (əstilístə) *m.-f.* stylist; designer.
estilitzar (əstilidzá) *t.* to stylize.
estilogràfica (əstiluɣráfikə) *f.* fountain pen.
estima (əstímə) *f.* value, worth. *2* fig. esteem, consideration, regard.
estimable (əstimábblə) *a.* esteemed.
estimar (əstimá) *t.* to love; to appreciate. *2* to estimate; to calculate. *3* fig. to consider, to deem. *4* ~*-se més,* to prefer: *m'estimo més quedar-me a casa,* I prefer to stay at home.
estimació (əstiməsió) *f.* evaluation; valuation. *2* fig. regard, esteem.
estimball (əstimbáʎ) *m.* precipice.
estimbar (əstimbá) *t.* to throw or fling down

a precipice. ■ *2 p.* to hurl oneself from a height.
estímul (əstímul) *m.* stimulus; incentive.
estimular (əstimulá) *t.* to stimulate.
estipendi (əstipέndi) *m.* stipend; salary.
estipular (əstipulá) *t.* to stipulate.
estirabot (əstirəβót) *m.* piece of nonsense.
estirar (əstirá) *t.* to stretch (out). ‖ *a tot* ~, at the most. *2* to pull. ■ *3 p.* to stretch out.
estireganyar (əstirəɣəɲá) *t.* to stretch out of shape.
estiregassar (əstirəɣəsá) *t.* to tug.
estirp (əstirp) *f.* stock, lineage, family.
estisora (əstizórə) *f.* See TISORES.
estiu (əstíŭ) *m.* summer. ‖ *estiuet de Sant Martí,* Indian Summer.
estiueig (əstiwέtʃ) *m.* summer holiday.
estiuejar (əstiwəʒá) *i.* to spend the summer holiday.
estival (əstiβál) *a.* summer.
estoc (əstɔk) *m.* rapier. *2* COMM. stock.
Estocolm (əstukɔlm) *pr. n. m.* GEOGR. Stockholm.
estofa (əstɔfə) *f.* quality, class. *2* (ROSS.) See TELA.
estofar (əstufá) *t.* to stew [meat].
estofat (əstufát) *m.* stew.
estoic, -ca (əstɔïk, -kə) *a.* stoic, stoical. ■ *2 m.-f.* stoic.
estoïcisme (əstuisízmə) *m.* stoicism.
estoig (əstɔtʃ) *m.* case, sheath.
estol (əstɔl) *m.* MAR. squadron. *2* group.
estòlid, -da (əstɔlit, -ðə) *a.* stupid.
estómac (əstɔmək) *m.* ANAT. stomach.
estomacal (əstuməkál) *a.* stomach.
estomacar (əstuməká) *t.* to beat up.
estona (əstɔnə) *f.* time, while; period. ‖ *adv. phr. a estones,* now and again. ‖ *pasar l'* ~, to while the time away.
estopa (əstɔpə) *f.* tow.
estora (əstórə) *f.* carpet; mat.
estornell (əsturnέʎ) *m.* ORNIT. starling.
estossec (əstusέk) *m.* cough.
estossegar (əstusəɣá) *i.* to cough.
estossinar (əstusiná) *t.* to beat to death.
estovalles (əstuβáʎəs) *f. pl.* See TOVALLES.
estovar (əstuβá) *t.-p.* to soften; to soften up. *2 t.* to beat up.
estrabisme (əstrəβízmə) *m.* MED. strabism.
estrada (əstráðə) *f.* platform, dais.
estrafer (əstrəfέ) *t.* to mimic; to imitate. *2* to alter, to disguise [voice, looks].
estrafolari, -ària (əstrəfulári, -áriə) *a.* odd, bizarre.
estrall (əstráʎ) *m.* havoc, ruin.
estrambòtic, -ca (əstrəmbɔtik, -kə) *a.* extravagant; eccentric.
estranger, -ra (əstrənʒέ, -rə) *a.* foreign. ■ *2 m.-f.* foreigner.

estrangular (əstrəŋgulá) *t.* to strangle, to throttle.

estrany, -nya (əstráɲ, -ɲə) *a.* strange, unfamiliar; foreign. *2* peculiar.

estranyar (əstrəɲá) *t.* to banish. *2* to surprise. ■ *3 p.* to be surprised.

estranyesa (əstrəɲέzə) *f.* surprise; astonishment.

estraperlo (əstrəpέrlu) *m.* black market.

estrassa (əstrásə) *f.* rag. ‖ *paper d'~,* brown paper.

estrat (əstrát) *m.* stratum, layer. *2* class, level.

estratagema (əstrətəʒέmə) *m.* stratagem.

estrateg (əstrətέk) *m.* strategist.

estratègia (əstrətέʒiə) *f.* strategy.

estratègic, -ca (əstrətέʒik, -kə) *a.* strategic, strategical.

estratosfera (əstrətusfέrə) *f.* stratosphere.

estratus (əstrátus) *m.* METEOR. stratus.

estrebada (əstrəβáðə) *f.* tug, tugging.

estrella (əstrέʎə) *f.* star. *2* ZOOL. *~ de mar,* starfish.

estremiment (əstrəmimέn) *m.* shudder; start; fit of trembling.

estremir-se (əstrəmírsə) *t.* to start; to shudder. *2* to tremble, to shiver.

estrena (əstrένə) *f.* christening [first use]. *2* première; first performance.

estrenar (əstrəná) *t.* to christen [first use]. *2* to show or perform for the first time. ■ *3 p.* to make one's début.

estrènyer (əstrέɲə) *t.* to take in [clothing]. *2* to tighten [belt, binding, etc.]. *3* to be tight, to pinch *t.-i.* [shoes]. *4* to shift closer. ■ *5 p.* to squeeze up. ▲ CONJUG. P. P.: *estret.*

estrep (əstrέp) *m.* stirrup. ‖ *perdre els ~s,* to go berserk. *2* step [on vehicle]. *3* fig. support.

estrèpit (əstrέpit) *m.* din, noise.

estrès (əstrέs) *m.* stress [mental tension].

estret, -ta (əstrέt, -tə) *a.* narrow. *2* tight [esp. clothing]. *3* fig. close [relationship]. ■ *4 m.* strait, channel. *5 f.* hand-shake.

estri (έstri) *m.* tool; instrument; utensil.

estria (əstriə) *m.* groove; flute; striation; stria.

estriar (əstriá) *t.* to flute, to groove, to striate.

estribord (əstriβòr(t)) *m.* starboard.

estricnina (əstriŋninə) *f.* strychnine.

estricte, -ta (əstriktə, -tə) *a.* strict, disciplinarian; severe.

estridència (əstriðέnsiə) *f.* stridency; shrillness.

estrident (əstriðέn) *a.* strident.

estrip (əstrip) *m.* tear, rip.

estripar (əstripá) *t.* to tear; to tear up.

estrofa (əstrófə) *f.* strophe, stanza.

estroncar (əstruŋká) *t.-p.* to dry up [also fig.]. *2 t.* to staunch [blood from wound].

estronci (əstrónsi) *m.* MINER. strontium.

estruç (əstrús) *m.* ORNIT. ostrich.

estructura (əstruktúrə) *f.* structure.

estructurar (əstrukturá) *t.* to construct, to structure; to organise.

estuari (əstuári) *m.* GEOGR. estuary.

estuc (əstúk) *m.* stucco, plaster.

estudi (əstúði) *m.* study; research. *2* study [room]; studio. *3* schooling, education. ‖ fig. *fugir d'~,* to skirt [conversation topic].

estudiant, -ta (əstuðián, -tə) *m.-f.* student.

estudiar (əstuðiá) *t.* to study.

estudiós, -osa (əstuðiós, -ózə) *a.* studious; bookish. ■ *2 m.-f.* studious or bookish person; scholar.

estufa (əstúfə) *f.* stove; heater.

estufar (əstufá) *t.* to fluff up. ■ *2 p.* to swell up; to become spongy. *3* to swell up with pride.

estultícia (əstultisiə) *f.* stupidity, idiocy.

estupefacció (əstupəfəksió) *f.* amazement, astonishment; stupefaction.

estupefaent (əstupəfəén) *a.* stupefying. ■ *2 m.* narcotic, drug.

estupend, -da (əstupén, -ðə) *a.* wonderful, splendid.

estúpid, -da (əstúpit, -ðə) *a.* stupid, idiotic.

estupor (əstupó) *m.* stupor, daze.

esturió (əsturió) *m.* ICHTHY. sturgeon.

esvair (əzβəí) *t.* to dispel, to get rid of. *i. 2* fig. to clarify, to clear up [a doubt]. ■ *3 p.* to disappear, to vanish. *4* to feel very weak.

esvalot (əzβəlɔ́t) *m.* din, hubbub, hullaballoo.

esvalotar (əzβəlutá) *t.* to disturb. *2* to set in a turmoil. ■ *3 i.* to make a din or a racket. ■ *4 p.* to get excited. *5* to riot.

esvanir-se (əzβənírsə) *p.* to vanish. *2* to weaken; to faint.

esvarar (əzβərá) *i.* (VAL.) See RELLISCAR.

esvelt, -ta (əzβέl(t), -tə) *a.* slim, slender; graceful.

esveltesa (əzβəltέzə) *f.* slimness; gracefulness.

esventrar (əzβəntrá) *t.* to disembowel [animals]. *2* to gut [fish]. *3* to smash.

esverar (əzβərá) *t.* to frighten; to alarm. *2* to excite. ■ *3 p.* to get frightened or alarmed. *4* to get excited.

esvoranc (əzβuráŋ) *m.* opening, gap; hole.

et (ət) *pers. pron.* you: *~ criden,* they are calling you. ‖ *demà ~ portaré el llibre,* I'll bring you the book tomorrow. ▲ t', 't, te.

etapa (ətápə) *f.* stage.

etcètera (ətsέtərə) *phr.* etcetera, and so on.

èter (éter) *m*. ether.
etern, -na (ətérn, -nə) *a*. eternal; unending; infinite. 2 ageless.
eternitat (ətərnitát) *f*. eternity.
eternitzar (ətərnidzá) *t*. to perpetuate. ■ *2 p*. pej. to drag out, to be interminable.
ètic, -ca (ètik, -kə) *a*. ethical. ■ *2 f*. ethics *pl*.
etimologia (ətimuluʒíə) *f*. etymology.
etíop (ətiup) *a*., *m.-f*. Ethiopian.
etiòpia (ətiòpiə) *pr. n. f*. GEOGR. Ethiopia.
etiqueta (ətikétə) *f*. label, tag; ticket.
etnografia (ədnuɣrəfíə) *f*. ethnography.
etnologia (ədnuluʒíə) *f*. ethnology.
etzibar (ədziβá) *t*. to deal (out) [blows]. 2 to let fly [words].
EUA *pr. n. m. pl*. GEOGR. *(Estats Units d'America)* USA (United States of America).
eucaliptus (əŭkəliptus) *m*. BOT. eucalyptus.
eufemisme (əŭfəmízmə) *m*. euphemism.
eufonia (əŭfuníə) *f*. euphony.
eufòria (əŭfòriə) *f*. euphoria; exuberance.
eufòric, -ca (əŭfòrik, -kə) *a*. euphoric.
euga (éŭɣə) *f*. ZOOL. mare.
eunuc (əŭnúk) *m*. eunuch.
Europa (əŭrópə) *pr. n. f*. GEOGR. Europe.
europeu, -ea (əŭrupéŭ, -éə) *a*., *m.-f*. European.
evacuar (əβəkuá) *t*. to evacuate, to empty, to clear.
evadir (əβəði) *t*. to evade, to elude; to escape from. ■ *2 p*. to escape, to flee [esp. from prison].
evangeli (əβənʒéli) *m*. gospel.
evangelitzar (əβənʒəlidzá) *t*. to evangelize.
evaporació (əβəpurəsió) *f*. evaporation.
evaporar (əβəpurá) *t.-p*. to evaporate.
evasió (əβəzió) *f*. escape, flight.
eventual (əβəntuál) *a*. fortuitous; possible. 2 seasonal; temporary [worker].
evidència (əβiðénsiə) *f*. evidence; proof.
evidenciar (əβiðənsiá) *t*. to demonstrate, to prove.
evident (əβiðén) *a*. evident, clear, obvious.
evitar (əβitá) *t*. to avoid. 2 to prevent.
evocació (əβukəsió) *f*. evocation; summoning up.
evocar (əβuká) *t*. to evoke.
evolució (əβulusió) *f*. evolution.
evolucionar (əβulusiuná) *i*. to evolve, to develop.
ex *m*. (abbr. *exemple*) eg. (example).
exabrupte (əgzəβrúptə) *m*. sudden broadside [words].
exacció (əgzəksió) *f*. demand; extortion.
exacerbar (əgzəsərβá) *t*. to exacerbate. 2 to aggravate.
exacte, -ta (əgzáktə, -tə) *a*. exact, accurate; precise.

exactitud (əgzəktitút) *f*. exactness, accuracy; precision.
exageració (əgzəʒərəsió) *f*. exaggeration.
exagerar (əgzəʒərá) *t*. to exaggerate.
exagerat, -ada (əgzəʒərát, -áðə) *a*. exaggerated; tall [story].
exalçar (əgzəlsá) *t*. to extol, to praise highly.
exaltació (əgzəltəsió) *f*. exaltation; extolling. 2 overexcitement.
exaltar (əgzəltá) *t*. to exalt, to extol. 2 to increase [feelings]. ■ *3 p*. to become excited or hot headed.
examen (əgzámən) *m*. examination; test.
examinar (əgzəminá) *t*. to examine, to inspect. 2 to test, to examine.
exànime (əgzánimə) *a*. lifeless.
exasperació (əgzəspərəsió) *f*. exasperation.
exasperar (əgzəspərá) *t*. to exasperate. ■ *2* to become exasperated.
excavació (əkskəβəsió) *f*. excavation.
excavar (əkskəβá) *t*. to excavate; to dig out.
excedent (əksəðén) *a*. excess; surplus. 2 on leave; sabbatical. ■ *3 m*. excess; surplus.
excedir (əksəði) *t*. to exceed; to surpass, to outdo. ■ *2 p*. to go too far.
excel·lència (əksələnsiə) *f*. excellence: *per ~*, par excellence. 2 Excellency: *Sa ~*, His or Her Excellency.
excel·lent (əksələn) *a*. excellent; superior. ■ *2 m*. first class (honours) [university exam].
excel·lir (əksəlí) *i*. to excel, to be outstanding; to stand out.
excels, -sa (əkséls, -sə) *a*. exalted, sublime.
excèntric (əkséntrik, -kə) *a.-m*. eccentric.
excepció (əksəpsió) *f*. exception; exclusion. ‖ *sense ~*, without exception. ‖ *prep. phr. a ~ de*, with the exception of, excepting. 2 *estat d'~*, martial law.
excepcional (əksəpsiunál) *a*. exceptional.
excepte (əkséptə) *prep*. except (for), save.
exceptuar (əksəptuá) *t*. to except; to exempt.
excés (əksés) *m*. excess, surplus. 2 fig. excess.
excessiu, -iva (əksəsiu, -iβə) *a*. excessive.
excitació (əksitəsió) *f*. excitement; agitation.
excitar (əksitá) *t*. to excite. 2 to stimulate; to incite. ■ *3 p*. to get worked up or excited.
exclamació (əkskləməsió) *f*. exclamation.
exclamar (əkskləmá) *t*. to exclaim; to shout out. ■ *2 p*. to protest loudly.
excloure (əksklóurə) *t*. to exclude; to bar. 2 fig. to be incompatible with. ▲ CONJUG. like *cloure*.
exclusió (əkskluzió) *f*. exclusion.

exclusiu, -iva (əkskluzíŭ, -iβə) *a.* exclusive; sole. ■ *2 f.* sole right. *3* JOURN. exclusive.

excomunicar (əkskumunıká) *t.* to excommunicate.

excrement (əkskrəmén) *m.* excrement.

excretar (əkskrətá) *t.* to excrete.

exculpar (əkskulpá) *t.* to exonerate, to free. *2* LAW to absolve.

excursió (əkskursió) *f.* excursion.

excursionisme (əkskursiunízmə) *m.* walking, hiking, rambling.

excursionista (əkskursiunístə) *a.* ramblers: *club* ~, ramblers club. ■ *2 m.-f.* rambler, hiker. *3* tripper.

excusa (əkskúzə) *f.* excuse; pretext.

excusar (əkskuzá) *t.* to excuse. ■ *2 p.* to excuse oneself; to apologize.

execrar (əgzəkrá) *t.* to execrate; to loathe.

execució (əgzəkusió) *f.* performance, carrying out, execution. *2* LAW execution.

executar (əgzəkutá) *t.* to perform, to carry out, to execute. *2* LAW to execute.

executiu, -iva (əgzəkutíŭ, -íβə) *a.* executive. ■ *2 m.-f.* executive.

exemplar (əgzəmplár) *a.* exemplary. ■ *2 m.* specimen. *3* PRINT. copy.

exemple (əgzémplə) *m.* example. ‖ *per* ~, for example. ‖ *donar* ~, to set an example.

exemplificar (əgzəmplifiká) *t.* to exemplify.

exempt, -ta (əgzém, -tə) *a.* exempt, free.

exèquies (əgzékiəs) *f. pl.* funeral *sing.*, funeral service *sing.*

exercici (əgzərsísi) *m.* performance; practice. *2* financial or tax year. *3* exercise.

exercir (əgzərsí) *t.* to exercise. *2* to practise.

exèrcit (əgzérsit) *m.* army.

exercitar (əgzərsitá) *t.* to exercise. *2* to practise [profession]. ■ *3 p.* to exercise; to practise.

exhalar (əgzəlá) *t.* to breathe out. *2* to heave [sigh].

exhaurir (əgzəŭrí) *t.* to finish, to exhaust, to use up.

exhaust, -ta (əgzáŭs(t), -tə) *a.* exhausted, completely finished.

exhibició (əgziβisió) *f.* exhibition. *2* display.

exhibir (əgzíβi) *t.* to show, to expose, to exhibit. ■ *2 p.* to show or exhibit oneself. *3* to show off.

exhortar (əgzurtá) *t.* to exhort.

exhumar (əgzumá) *t.* to exhume; to dig up. *2* fig. to dig up; to dig out.

exigència (əgiʒénsiə) *f.* demand, requirement; exigency.

exigent (əgziʒén) *a.* demanding, exacting.

exigir (əgziʒí) *t.* to demand. *2* to require.

exigu, -gua (əgzíɣu, -ɣwə) *a.* minute; scanty, meagre.

exili (əgzíli) *m.* exile.

exiliar (əgziliá) *t.* to exile; to banish.

eximi, -ímia (əgzími, -ímiə) *a.* eminent; select, distinguished.

eximir (əgzimí) *t.* to exempt, to free.

existència (əgzisténsiə) *f.* existence; being.

existencialisme (əgzistənsiəlízmə) *m.* existentialism.

existencialista (əgzistənsiəlístə) *a., m.-f.* existentialist.

existir (əgzistí) *i.* to exist.

èxit (έgzit) *m.* success; successful outcome.

ex-libris (ε̣gzlíβris) *m.* book-plate, ex-libris.

èxode (έgzuðə) *m.* exodus.

exonerar (əgzunərá) *t.* to exonerate, to absolve (*de,* from).

exorbitant (əgzurβitán) *a.* exorbitant; excessive; unreasonable; disproportionate.

exorcisme (əgzursízmə) *m.* exorcism.

exorcitzar (əgzursidzá) *t.* to exorcize.

exòtic, -ca (əgzɔ́tik, -kə) *a.* exotic.

expansió (əkspənsió) *f.* expansion; growth; extension.

expatriar (əkspətriá) *t.* to exile; to banish. ■ *2 p.* to emigrate.

expectació (əkspəktəsió) *f.* expectation; eager awaiting.

expectar (əkspəktá) *t.* to wait for *i.*, to await. *2* to expect.

expectativa (əkspəktətíβə) *f.* expectation; prospect.

expectorar (əkspəkturá) *t.* to spit, to expectorate.

expedició (əkspəðisió) *f.* expedition. *2* COMM. shipment.

expedient (əkspəðién) *a.* expedient; suitable, fitting. ■ *2 m.* expedient; device. *3* file, dossier. ‖ ~ *acadèmic,* academic record.

expedir (əkspəðí) *t.* to ship; to forward [goods]. *2* to draw up; to issue [official documents].

expeditiu, -iva (əkspəðitíŭ, -íβə) *a.* expeditious.

expel·lir (əkspəlí) *t.* to expel; to eject.

expendre (əkspéndrə) *t.* to sell as an agent. *2* to sell retail. *3* to pass [counterfeit money]. ▲ CONJUG. like *ofendre.*

expenses (əkspénsəs) *f. pl.* expenses; costs.

experiència (əkspəriénsiə) *f.* experience.

experiment (əkspərimén) *m.* experiment, test; trial.

experimentar (əkspəriməntá) *t.* to try out; to experiment with *i.* *2* to experience, to undergo. *3* to suffer; to feel [emotion]. ■ *4 i.* to make tests or trials; to experiment.

expert, -ta (əkspér(t), -tə) *a.* expert; skilled. ■ *2 m.-f.* expert.

expirar (əkspirá) *t.* to expire, to breathe

out. ■ *2 i.* to expire, to run out. *3* fig. to come to an end.

explicació (əksplikəsió) *f.* explanation.

explicar (əksplikà) *t.* to explain; to tell about. ■ *2 p.* to understand, to make out.

explícit, -ta (əksplísit, -tə) *a.* explicit.

exploració (əksplurəsió) *f.* GEOGR., MED. exploration. *2* MIL. scouting, reconnaissance.

explorar (əksplurà) *t.* GEOGR. to explore. *2* MED. to explore; to probe, to scan. *3* MIL. to scout, to reconnoitre.

explosió (əkspluzió) *f.* explosion; blast, bang. *2* fig. outburst.

explosiu, -iva (əkspluzíŭ, -íβə) *a.-m.* explosive.

explotació (əksplutəsió) *f.* exploitation; development. ‖ *~ agrícola,* farming, cultivation. ‖ *~ forestal,* forestry.

explotar (əksplutà) *t.* to exploit; to develop. *2* to exploit [person]. ■ *3 i.* to explode, to go off.

exponent (əkspunén) *m.* exponent. *2* example.

exportació (əkspurtəsió) *f.* export, exportation. *2* exports *pl.*

exportar (əkspurtà) *t.* to export.

exposar (əkspuzà) *t.* to expose; to show, to exhibit [art]. *2* to state, to explain, to set forth [one's views or ideas]. ■ *3 p.* to risk oneself, to put oneself in jeopardy.

exposició (əkspuzisió) *f.* exposing, exposure. *2* exhibition. *3* exposition; statement.

exprés, -essa (əksprés, -ésə) *a.* express. ‖ *cafè ~,* expresso coffee. *2* clear, specific. ■ *3 m.* express (train). ■ *4 adv.* expressly; on purpose, deliberately.

expressament (əksprəsəmén) *adv.* on purpose.

expressar (əksprəsà) *t.* to express, to put forward, to voice; to state. ■ *2 p.* to express oneself.

expressió (əksprəsió) *f.* expressing, expression. *2* idiom. *3* expressiveness.

expressionisme (əksprəsiunísmə) *m.* ART expressionism.

expropiació (əksprupiəsió) *f.* expropriation, dispossession; deprival.

expropiar (əksprupià) *t.* to expropriate; to dispossess, to deprive.

expulsar (əkspulsà) *t.* to expel; to turn out, to kick out.

expulsió (əkspulsió) *f.* expulsion, expelling.

exquisit, -ida (əkskizít, -íðə) *a.* exquisite; delightful.

èxtasi (ékstəzi) *m.* ecstasy, rapture.

extens, -sa (əksténs, -sə) *a.* wide, extensive; spacious.

extensió (əkstənsió) *f.* extension. *2* extent, size. *3* expanse, stretch [of land or sea]. *4* length [of time], duration. *5* range, scope.

extenuar (əkstənuà) *t.* to exhaust, to tire out. *2* fig. to break one's back.

exterior (əkstərió) *a.* external; exterior. ‖ *comerç ~,* foreign or overseas trade. ‖ *política ~,* foreign policy. ■ *2 m.* exterior; outside. *3* abroad, overseas.

exterioritzar (əkstəriuridzà) *t.* to show [outwardly], to express; to reveal.

exterminar (əkstərminà) *t.* to exterminate.

extermini (əkstərmíni) *m.* extermination.

extern, -na (əkstɛrn, -nə) *a.* external; outside, outward. ■ *2 m.-f.* day student or pupil.

extinció (əkstinsió) *f.* extinction, extinguishing.

extingir (əkstinʒí) *t.* to extinguish, to put out [fire, flame, light]. ■ *2 p.* to go out [fire]. *3* BIOL. to become extinct.

extintor, -ra (əkstintó, -rə) *a.* extinguishing. ■ *2 m.* (fire) extinguisher.

extirpar (əkstirpà) *t.* MED. to remove [surgically]. *2* to eradicate, to extirpate [also fig.].

extorsió (əkstursió) *f.* extortion.

extra (ékstrə) *a.* high-quality; Grade A. *2* extra, special: *número ~,* special issue [magazine, newspaper, etc.]. ■ *3 m.* extra. ‖ *fer un ~,* to give oneself a treat. *4* extra [acting].

extracció (əkstrəksió) *f.* extraction; draw [lottery]. *2* MED. extraction.

extracte (əkstráktə) *m.* extract, excerpt. *2* abstract, summary. ‖ *~ de comptes,* statement of account.

extradició (əkstrəðisió) *f.* extradition.

extralimitar-se (əkstrəlimitársə) *p.* to exceed or abuse one's authority, to overstep (oneself).

extraordinari, -ària (əkstrəurðinári, -áriə) *a.* extraordinary, unusual, outstanding; special. *2* extra. ‖ *hores extraordinàries,* overtime.

extravagància (əkstrəβəɣánsiə) *f.* extravagance; oddness, outlandishness.

extraviar (əkstrəβià) *t.* to lose, to misplace. ■ *2 p.* to go astray, to err.

extrem, -ma (əkstrém, -mə) *a.* extreme, ultimate, utmost; last, furthest. ■ *2 m.* extreme, end. ‖ fig. *passar d'un ~ a l'altre,* to go from one extreme to the other. *3* highest point or degree; utmost.

extremar (əkstrəmà) *t.* to carry to the extreme; to insist on. ‖ *s'han d'~ les precaucions,* we must take the utmost precautions. ■ *2 p.* to do one's utmost.

extremisme (əkstrəmízmə) *m.* extremism.

extremitat (əkstrəmitát) *f.* end, tip, edge; extremity. *2 pl.* ANAT. extremities.

extremunció (əkstrəmunsió) *f.* extreme unction.

extreure (əkstrɛ̆ŭrə) *t.* to extract, to pull out. *2* to abstract, to remove, to take out. *3* to draw. ▲ CONJUG. like *treure*.

extrínsec, -ca (əkstrínsək, -kə) *a.* extrinsic.

exuberant (əgzuβərán) *a.* exuberant. *2* full-figured, buxom: *una dona* ∼, a buxom woman.

exultar (əgzultá) *i.* to exult, to rejoice.

F

F, f (éfə) *f.* f [letter].

fa (fa) *m.* MUS. fa or F.

fàbrica (fáβrikə) *f.* factory; plant. *2* manufacture, manufacturing. *3* ARCH. structure, walls.

fabricació (fəβrikəsió) *f.* manufacture, manufacturing; making, production.

fabricant (fəβrikán) *m.* manufacturer; maker.

fabricar (fəβriká) *t.* to manufacture, to make; to produce. ‖ ~ *en sèrie,* to mass-produce. *2* to build; to put together.

fabril (fəβril) *a.* manufacturing, production.

fabulós, -osa (fəβulós, -ózə) *a.* fabulous, mythical; fictitious. *2* tremendous; extraordinary.

façana (fəsánə) *f.* façade, front. ‖ *una casa amb ~ al mar,* a house overlooking the sea.

facció (fəksió) *f.* faction, splinter group, esp. hostile group. *2 pl.* features [of face].

facècia (fəsέsiə) *f.* joke, wisecrack; witticism.

faceta (fəsέtə) *f.* facet [also fig.], quality [characteristic].

facial (fəsiál) *a.* facial, face.

facilitar (fəsilitá) *t.* to facilitate, to make easy. *2* to provide (with), to supply (with), to give.

fàcil (fásil) *a.* easy, simple; effortless. *2* possible, probable. ‖ *és ~ que plogui,* it's likely to rain. *3* fluent: *un estil ~,* a fluent style.

facilitat (fəsilitát) *f.* ease, facility. ‖ ~ *de paraula,* fluency. ‖ *s'enfada amb ~,* he gets angry easily. *2* aptitude, ability. ‖ *tenir ~ pels idiomes,* to be good at languages. *3 pl.* facilities, terms. ‖ ~*s de pagament,* easy terms. ‖ *donar ~s,* to offer facilities.

facinerós, -osa (fəsinərós, -ózə) *a.* criminal, villainous; evil. ▪ *2 m.-f.* criminal, villain; wrongdoer.

facsímil (fəksimil) *a.-m.* facsimile.

factible (fəktibblə) *a.* feasible, possible, workable.

factor (fəktó) *m.* factor, element. *2* fig. agent.

factoria (fəkturiə) *f.* agency, trading post.

factòtum (fəktótum) *m.* factotum, jack of all trades.

factura (fəktúrə) *f.* bill, invoice. ‖ *passar ~,* to send an invoice, to bill *t.* [also fig.].

facturació (fəkturəsió) *f.* billing, invoicing. *2* RAIL. registration [of luggage]. *3* checking-in [of luggage at an airport].

facturar (fəkturá) *t.* to bill, to invoice. *2* RAIL. to register [luggage]. *3* to check in [luggage at an airport].

facultar (fəkultá) *t.* to authorize, to empower.

facultat (fəkultát) *f.* faculty, right; ability. ‖ *amb plenes ~s mentals,* with full mental capacity. *2* EDUC. faculty.

facultatiu, -iva (fəkultətiu, -iβə) *a.* optional, facultative. ‖ *prescripció facultativa,* (medical) prescription. ▪ *2 m.* doctor, practitioner.

facúndia (fəkúndiə) *f.* eloquence, fluency.

fada (fáðə) *f.* fairy.

fadrí, -ina (fəðrí, -inə) *m.* young man, youth. *2* bachelor. *3* clerk, assistant. *4 f.* (unmarried) young woman.

fagot (fəyót) *m.* MUS. bassoon.

faiçó (fəisó) *f.* creation, making. *2* shape, form.

faig (fátʃ) *m.* BOT. beech.

faisà (fəïzá) *m.* ORNIT. pheasant.

faixa (fáʃə) *f.* strip, band [of cloth]; sash. *2* girdle, corset.

falaguer, -ra (fələyέ, -rə) *a.* alluring, enticing; flattering. *2* hopeful, promising. ‖ *perspectives falagueres,* good outlook *sing.;* good prospects.

falange (fəlánʒə) *f.* phalanx.

falç (fals) *f.* sickle.

falca (fálkə) *f.* wedge.
falcó (fəlkó) *m.* ORNIT. hawk, falcon.
falda (fáldə) *f.* lap. *2* slope, hillside. *3* skirt.
faldeta (fəldétə) *f.* (BAL.), (VAL.) See FAL-DILLA.
faldilla (fəldíʎə) *f.* skirt.
falguera (fəlɣèrə) *f.* BOT. fern.
falla (fáʎə) *f.* GEOL. fault. *2* lack, shortage.
faHàcia (fəlásiə) *f.* deceit, fraud; falseness.
fallada (fəʎáðə) *f.* error, mistake; fault; failure.
fallar (fəʎá) *t.* to miss [a shot, etc.]. ▪ *2 i.* to fail; to miss, to go wrong.
faHera (fəlèrə) *f.* mania, obsession, craze.
fallida (fəʎíðə) *f.* bankruptcy. ‖ *fer ~*, to go bankrupt.
faHus (fálus) *m.* phallus.
falòrnia (fəlɔ́rniə) *f.* hoax, imposture, fraud; (false) rumour, (USA) rumor.
fals, -sa (fals, -sə) *a.* false, fake, wrong. ‖ *~ testimoni*, false testimony. ‖ *moneda falsa*, fake coin. *2 agafar algú en ~*, to catch someone in a lie. ‖ *fer una passa en ~*, to make a false move.
falsedat (fəlsəðát) *f.* falseness, dishonesty, deceit. *2* falsehood, lie.
falsejar (fəlsəʒá) *t.* to falsify, to forge. ‖ *~ els resultats*, to falsify the results. *2* to fake, to feign.
falset (fəlsét) *m.* MUS. falsetto.
falsia (fəlsiə) *f.* falseness, duplicity.
falsificació (fəlsifikəsió) *f.* falsification, forgery.
falsificar (fəlsifiká) *t.* to falsify, to counterfeit, to fake, to forge.
falta (fáltə) *f.* lack, shortage. ‖ *fer ~*, to be needed: *em fa ~ un bolígraf*, I need a pen. *2* fault, mistake. ‖ *~ d'ortografia*, spelling mistake. ‖ *sens ~*, without fail. *3* default, absence. ‖ *~ d'assistència*, absence.
faltar (fəltá) *i.* to be lacking or needed. ‖ *en falten dos*, two are needed. *2* to be missing. ‖ *a taula falta gent!*, table's ready!; *trobar a ~*, to miss. *3* to be absent; *~ a una cita*, to miss or break an appointment. *4* to fail. ‖ *~ a una promesa*, to break a promise. *5 falten cinc minuts per acabar*, we've got five minutes left. *6* to be rude.
fam (fam) *f.* (extreme) hunger, starvation. *2* famine. *3* fig. craving, longing. *4* (VAL.) See GANA.
fama (fámə) *f.* fame; reputation, renown. ‖ *mala ~*, bad reputation. ‖ *tenir ~ de*, to be known to be.
famèlic, -ca (fəmèlik, -kə) *a.* starving, famished.
família (fəmiliə) *f.* family. ‖ *ser com de la ~*, to be (like) one of the family. ‖ *ser de bona ~*, to be of a good family.

familiar (fəmiliár) *a.* family. *2* familiar. *3* informal. ▪ *4 m.-f.* relative.
familiaritat (fəmiliəritát) *f.* informality, familiarity. ‖ *tractar algú amb massa ~*, to be too familiar with someone.
famolenc, -ca (fəmulèŋ, -kə) *a.* hungry. *2* starving, famished.
famós, -osa (fəmós, -ózə) *a.* famous, renowned; well-known.
fan (fan) *m.-f.* fan.
fanal (fənál) *m.* lantern; street lamp.
fanàtic, -ca (fənátik, -kə) *a.* fanatical. ▪ *2 m.-f.* fanatic; bigot.
fanatisme (fənətizmə) *m.* fanaticism; bigotry.
fandango (fəndáŋgu) *m.* fandango [Spanish popular dance].
fanfàrria (fəmfárriə) *f.* bravado, bluster; bragging. ▪ *2 a., m.-f.* braggart, boaster; loudmouth.
fanfarró, -ona (fəmfərró, -ónə) *a.* boastful, pretentious, vain. ▪ *2 m.-f.* braggart, boaster, bully; loudmouth.
fang (faŋ) *m.* mud, mire.
fanga (fáŋgə) *f.* AGR. spade; (garden) fork.
fangar (fəŋgá) *m.* bog, marsh; quagmire.
fangueig (fəŋgétʃ) *m.* See FANGAR.
fantasia (fəntəziə) *f.* fantasy, imagination, fancy.
fantasma (fəntázmə) *m.* ghost, phantom, apparition.
fantasmagoria (fəntəzməɣuriə) *f.* phantasmagoria.
fantàstic, -ca (fəntástik, -kə) *a.* fanciful, fantastic, unreal. *2* wonderful, extraordinary, superb.
fantotxe (fəntɔ́tʃə) *m.* puppet, marionette. *2* coll. nobody, nonentity.
faquir (fəkir) *m.* fakir.
far (far) *m.* lighthouse, beacon.
farad (fərát) *m.* ELECTR. faraday.
faramalla (fərəmáʎə) *f.* junk; rubbish. *2* show, display.
faràndula (fərándulə) *f.* THEATR. troupe of strolling players, (USA) road company.
faraó (fərəó) *m.* Pharaoh.
farbalà (fərβəlá) *m.* frill, furbelows *pl.*
farcell (fərséʎ) *m.* bundle, parcel, swag (Australia). *2* possessions, (personal) belongings.
farcir (fərsi) *t.* COOK. to stuff. *2* fig. to stuff, to cram.
fardell (fərðéʎ) *m.* See FARCELL.
farfallós, -osa (fərfəʎós, -ózə) *a.* unintelligible [speech].
farga (fárɣə) *f.* forge.
farigola (fəriɣólə) *f.* BOT. thyme.
farina (fərinə) *f.* flour. *2* meal, powder.

farinetes (fərinɛ́təs) *f. pl.* COOK. mush, pulp. 2 pap.

faringe (fəriɲʒə) *f.* ANAT. pharynx.

faringitis (fəriɲʒitis) *f.* MED. pharyngitis.

fariseu (fərizɛ́u) *m.* hypocrite, pharisee.

faristol (fəristɔ́l) *m.* lectern; music stand.

farmacèutic, -ca (fərməsɛ́utik, -kə) *a.* pharmaceutical. ▪ 2 *m.-f.* chemist, pharmacist.

fàrmac (fármək) *m.* MED. drug.

farmàcia (fərmásiə) *f.* pharmacy [study]. 2 chemist's, (USA) drugstore, pharmacy. 3 dispensary.

farmaciola (fərməsiɔ́lə) *m.* medicine chest; first-aid kit.

faroner, -ra (fərunɛ́, -rə) *m.-f.* lighthouse keeper.

farratge (fərrádʒə) *m.* fodder, forage.

farsa (fársə) *f.* THEATR. farce. 2 pretence, make-believe.

farsant (fərsán) *m.-f.* fake, phoney. ▪ 2 *m.-f.* fake, impostor.

fart (far(t), -tə) *a.* full, satiated. 2 fig. fed up (*de*, with). ▪ 3 *m.-f.* glutton. 4 excess. ‖ *fer-se un ~ de riure,* to laugh fit to burst, to split one's sides (with laughter).

fartaner, -ra (fərtənɛ́, -rə) *m.-f.* glutton, pig. 2 *f.* spread, feast.

fascicle (fəsiklə) *m.* fascicle; instalment.

fascinació (fəsinəsió) *f.* fascination, bewitchment.

fascinar (fəsiná) *t.* to fascinate, to bewitch, to captivate.

fase (fázə, coll. -ze) *f.* phase, stage; period.

fast (fast) *m.* pomp; splendour, (USA) splendor, magnificience.

fàstic (fástik) *m.* disgust, revulsion; loathing.

fastig (fəstik) *m.* dullness, tediousness.

fastigós, -osa (fəstiɣós, -ózə) *a.* disgusting, revolting, loathsome; repulsive.

fastiguejar (fəstiɣəʒá) *t.* to disgust, to revolt; to sicken. 2 to annoy, to bother, to upset.

fat, fada (fat, fáðə) *a.* tasteless, insipid. ▪ 2 *m.* fate, destiny.

fatal (fətál) *a.* fatal, ill-fated. 2 fig. terrible, awful.

fatalitat (fətəlitát) *f.* fatality. 2 misfortune, ill-luck.

fatic (fətik) *m.* panting, gasping. 2 *pl.* hardships, toils.

fatiga (fətiɣə) *f.* fatigue, weariness, exhaustion.

fatigar (fətiɣá) *t.* to fatigue, to exhaust, to tire out. ▪ 2 *p.* to tire, to wear oneself out.

fatu, fàtua (fátu, fátuə) *a.* fatuous; vain.

fatxa (fátʃə) *f.* coll. face; look, appearance.

fatxada (fətʃáðə) *f.* See FAÇANA.

fatxenda (fətʃɛ́ndə) *f.* swank, show-off.

faula (fáulə) *f.* fable, tale; story.

fauna (fáunə) *f.* fauna.

faune (fáunə) *m.* MYTH. faun.

faust, -ta (fáust, -tə) *a.* lucky, fortunate. 2 happy, content.

fautor, -ra (fəutó, -rə) *m.-f.* abettor, assistant; accomplice.

fava (fáβə) *f.* BOT. (broad) bean. ‖ *ésser faves comptades,* to be definite, to be sure as fate. ‖ *no poder dir ~,* to be speechless (with exhaustion). 2 good-for-nothing. ▪ 3 *a.* fig. wishy-washy.

favor (faβór) *m.* favour, (USA) favor. ‖ *a ~ de,* in favour of, all for. ‖ *fes el ~ de callar,* will you shut up?, do me a favour and shut up! 2 kindness, good turn.

favorable (fəβurábblə) *a.* favourable, (USA) favorable; auspicious. 2 benign, mild.

favorit, -ta (fəβurit, -tə) *a., m.-f.* favourite, (USA) favorite.

favoritisme (fəβuritizmə) *m.* favouritism, (USA) favoritism.

fe (fɛ) *f.* faith; belief. ‖ *anar amb bona ~,* to act in good faith. ‖ *tenir ~ en,* to have faith in. 2 testimony. ‖ *donar ~ de,* to bear witness to. 3 certificate. 4 PRINT. *~ d'errates,* (list of) errata.

feble (fɛ́bblə) *a.* feeble, weak, frail.

feblesa (fəbblɛ́zə) *f.* feebleness, weakness. 2 fig. moral weakness, lack of moral fibre, frailty.

febre (fɛ́βrə) *f.* fever.

febrer (fəβré) *m.* February.

febril (fəβríl) *a.* feverish; restless, agitated.

fecal (fəkál) *a.* faecal.

fècula (fɛ́kulə) *f.* starch.

fecund, -da (fəkún, -də) *a.* prolific, productive. ‖ *un escriptor ~,* a prolific writer. 2 fecund, fertile.

fecundació (fəkundəsió) *f.* fertilization.

fecundar (fəkundá) *t.* to impregnate, to fertilize; to inseminate.

fecunditat (fəkunditát) *f.* productivity. 2 fecundity, fertility.

feda (fɛ́ðə) *f.* (ROSS.) See OVELLA.

federació (fəðərəsió) *f.* federation; club.

federal (fəðərál) *a.* federal.

federar (fəðərá) *t.* to federate, to band together.

fefaent (fəfəɛ́n) *a.* evidency, certifying. 2 authentic, reliable.

feina (fɛ́inə) *f.* work; job, task. ‖ *amb prou feines,* hardly, scarcely.

feinada (fəináðə) *f.* excessive or heavy work.

feinejar (fəinəʒá) *i.* to do light work, to potter (around).

feiner, -ra (fəiné, -rə) *a.* hard-working, industrious, applied. 2 *dia ~,* work day.

feix (feʃ) *m.* bundle, bunch.
feixa (féʃə) *f.* AGR. plot, bed; patch.
feixisme (fəʃizmə) *m.* fascism.
feixista (fəʃistə) *a.*, *m.-f.* fascist.
feixuc, -uga (fəʃúk, -úɣə) *a.* heavy, cumbersome; clumsy, awkward.
fel (fɛl) *m.* gall, bile.
feldspat (fəldspát) *m.* MINER. feldspar.
felí, -ina (fəlí, -ínə) *a.* feline, cat-like.
feliç (fəlís) *a.* happy. 2 opportune, well-timed; lucky.
felicitació (fəlisitəsió) *f.* congratulation, felicitation.
felicitar (fəlisitá) *t.* to congratulate. ■ 2 *p.* to feel proud or satisfied.
felicitat (fəlisitát) *f.* happiness. 2 luck, good fortune; success. 3 *pl.* congratulations.
feligrès, -esa (fəliɣrɛ́s, -ɛ́zə) *m.-f.* parishioner.
Felip (fəlíp) *pr. n. m.* Philip.
fellació (fəlləsió) *f.* fellatio.
feltre (féltrə) *m.* felt (cloth).
fem (fem) *m.* manure. 2 *pl.* (BAL.), (VAL.) See ESCOMBRARIES.
femar (fəmá) *t.* to manure, to fertilize.
femella (fəméʎə) *f.* female. 2 nut [of screw].
femení, -ina (fəməní, -ínə) *a.* feminine; womanish, womanlike.
femer (fəmé) *m.* manure heap, dunghill.
feminisme (fəminízmə) *m.* feminism.
feminitat (fəminitát) *f.* feminity, womanliness.
fems (fems) *m. pl.* See FEM.
femta (fɛ́mtə) *f.* excrement, faeces.
fèmur (fɛ́mur) *m.* ANAT. femur, thigh-bone.
fenc (fɛŋ) *m.* BOT. hay.
fendre (fɛ́drə) *t.* ant. to break [wind, water]. ▲ CONJUG. like **prendre.**
fenici, -ícia (fənísi, -ísiə) *a.*, *m.-f.* Phoenician.
fènix (fɛ́niks) *m.* MYTH. phoenix.
fenomen (fənómən) *m.* phenomenon. 2 fig. wonder; event.
fenomenal (fənumənál) *a.* phenomenal, remarkable. 2 tremendous.
fer (fe) *t.* to make, to create, to do. 2 to prepare. ‖ ~ *el llit,* to make the bed. ‖ ~ *el sopar,* to make dinner. 3 to do; to perform, to execute. ‖ ~ *salts,* to jump up and down. ‖ ~ *una pregunta,* to ask a question. 4 to cause, to produce. ‖ ~ *fàstic,* to disgust. ‖ ~ *pudor,* to smell bad, to stink. ‖ ~ *soroll,* to make noise. 5 to take on. ‖ ~ *bondat,* to behave oneself. ‖ ~ *règim,* to be on a diet. 6 to be [weather]. ‖ *fa calor,* it's hot. ‖ *fa sol,* it's sunny. 7 *fa tres dies,* three days ago. 8 to measure. ■ *9 i.* to have enough. ‖ *amb dos ja farem,* we'll make do with two. ■ *10 p.* to be friends (*amb,*

with). *11* to become. ‖ *fer-se gran,* to grow old. ‖ *fer-se petit,* to shrink [clothes, etc.]. ▲ CONJUG. P.P.: *fet.* ‖ INDIC. Pres.: *faig, fas, fa, fan.* | IMPERF.: *feia.* | PERF.: *fiu, feres, féu, férem,* etc. | FUT.: *faré,* etc. ‖ SUBJ. Pres.: *faci,* etc. | IMPERF.: *fes, fessis.* ‖ IMPERAT.: *fes.*
fer, -ra (fe, -rə) *a.* fierce, ferocious. ■ *2 f.* wild beast or animal. *3* fig. monster; fiend.
feraç (fərás) *a.* very fertile.
feredat (fərəðát) *f.* terror, dread.
feréstec, -ega (fərɛ́stək, -əɣə) *a.* fierce, wild [animal or person].
fèretre (fɛ́rətrə) *m.* coffin.
ferida (fəríðə) *f.* wound [also fig.]; injury.
feridura (fəriðúrə) *f.* MED. apoplexy.
ferir (fərí) *t.* to injure, to wound, to hurt [also fig.]. ■ *2 p.* to have an apoplectic fit.
ferit, -ida (fərít, -íðə) *a.* injured, hurt, wounded. 2 apoplectic. ■ *3 m.-f.* injured or wounded person; casualty.
ferm, -ma (fɛrm, -mə) *a.* firm, resolute, steadfast; steady. ■ *2 adv.* firmly, steadily; hard.
fermall (fərmáʎ) *m.* brooch, pin.
fermar (fərmá) *t.* ant. to tie (up); to chain (up); to attach.
fermentació (fərməntəsió) *f.* fermentation.
fermentar (fərməntá) *i.* to ferment.
fermesa (fərmɛ́zə) *f.* fig. firmness, resolve; determination.
feroç (fərós) *a.* See FEROTGE.
ferotge (fəródʒə) *a.* ferocious, fierce, savage.
ferradura (fərrəðúrə) *f.* horseshoe.
ferralla (fərráʎə) *f.* scrap (iron).
ferramenta (fərrəmɛ́ntə) *f.* ironwork [of building, etc.]. 2 (VAL.) See EINA.
Ferran (fərrán) *pr. n. m.* Ferdinand.
ferrar (fərrá) *t.* to bind with iron, to trim with ironwork. 2 to brand [cattle], to shoe [horse]. *3 ou ferrat,* fried egg.
ferreny, -nya (fərrɛ́ɲ, -ɲə) *a.* iron [also fig.]; strong, powerful. 2 stern; austere.
ferrer (fərré) *m.* blacksmith.
ferreteria (fərrətəríə) *f.* ironmonger's (shop), hardware store.
ferri, fèrria (fɛ́rri, fɛ́rriə) *a.* iron. 2 fig. strong, hard, firm.
ferro (fɛ́rru) *m.* iron. 2 iron tool. 3 fig. *tenir voluntat de* ~, to have a will of iron.
ferrocarril (fərrukərríl) *m.* railway, (USA) railroad.
ferroviari, -ària (fərruβiári, -áriə) *a.* rail; railway, (USA) railroad. ■ *2 m.-f.* railwayman, (USA) railroad worker.
fèrtil (fɛ́rtil) *a.* fertile; fruitful; rich.
fertilitzar (fərtilidzá) *t.* to fertilize.

ferum (fərúm) *f.* scent [of animal], smell; stench.
fervent (fərβén) *a.* fervent, passionate.
fervor (fərβór) *m.* fervour, (USA) fervor; zeal.
fesol (fəzɔ́l) *m.* BOT. (kidney) bean.
fesomia (fəzumiə) *f.* physiognomy, features *pl.*
festa (fέstə) *f.* party, get-together. *2* celebration, festivity. ‖ ~ *major,* celebration of a town's patron saint. *3* holiday(s), (USA) vacation; time off. *4* caress, stroke.
festejar (fəstəʒá) *t.* to court, to woo. *2* to celebrate.
festí (fəstí) *m.* feast, banquet.
festiu, -iva (fəstíŭ, -íβə) *a.* festive, merry. ‖ *ambient* ~, festive atmosphere. ‖ *dia* ~, holiday.
festival (fəstiβál) *m.* festival.
festivitat (fəstiβitát) *f.* festivity; (religious) feast, holiday.
fet (fet) *m.* act. *2* fact. ‖ *adv. phr. de* ~, in fact, actually. ‖ *phr.* ~ *i* ~, all in all. *3* matter [question]. *4* event.
feta (fέtə) *f.* feat, deed; achievement.
fetge (fέdʒə) *m.* liver.
fetitxe (fətítʃə) *m.* fetish.
fètid, -da (fέtit, -ðə) *a.* stinking, fetid. ‖ *bomba fètida,* stink bomb.
fetor (fətó) *f.* stink, stench; smell.
fetus (fέntus) *m.* foetus.
feudal (fəŭdál) *a.* feudal.
feudalisme (fəŭdəlizmə) *m.* feudalism.
FFCC *m. pl. (Ferrocarrils Catalans)* (Catalan Railways).
fi (fi) *m.* aim, purpose. ‖ *phr. a* ~ *que,* so (that). *2 f.* end, conclusion. ‖ *phr. a la* ~, in the end, finally. ‖ *phr. al cap i a la* ~, after all. ‖ *adv. phr. per* ~*!*, at last!
fi, fina (fi, fina) *a.* thin, fine. *2* delicate, subtle. *3* sharp, acute [hearing]. *4* smooth. *5* refined, well-bred; polite.
fiador, -ra (fiəðó, -rə) *m.* surety, guarantor, backer. *2* catch, latch, bolt.
fiança (fiánsə) *f.* LAW security, bond; bail. ‖ *sota* ~, on bail.
fiar (fiá) *t.* to sell on credit. ■ *2 p.* to trust (de, —), to rely (de, on).
fiasco (fiásko) *m.* fiasco; flop.
fiblar (fibblá) *f.* to prick, to sting.
fibló (fibbló) *m.* sting [of insect]. *2* fig. spur, incentive.
fibra (fíβrə) *f.* fibre, (USA) fiber.
ficar (fiká) *t.* to introduce, to put (in), to insert. *2* to misplace. ‖ ~ *els peus a la galleda,* to put one's foot in it. ■ *3 p.* to interfere, to get involved. *4* to start. ‖ ~*-se a córrer,* to take off.
ficció (fiksió) *f.* fiction; invention.

fictici, -ícia (fiktísi, -ísiə) *a.* fictious, imaginary.
fidedigne, -na (fiðəðíɲnə, -nə) *a.* reliable, trustworthy.
fideïcomís (fiðəikumís) *m.* trust.
fidel (fiðέl) *a.* faithful; reliable, trustworthy. ■ *2 m.* faithful.
fidelitat (fiðəlitát) *f.* fidelity, loyalty, faithfulness; allegiance. *2* accuracy, precision.
fideu (fiðέŭ) *m.* noodle.
figa (fíɣə) *f.* fig. ‖ ~ *de moro,* prickly pear. ‖ fig. *figues d'un altre paner,* a different story. ‖ *fer* ~, to falter, to give way.
figuera (fiɣέrə) *f.* fig tree.
figura (fiɣúrə) *f.* figure. *2* image; shape, form.
figuració (fiɣurəsió) *f.* figuration.
figurant, -ta (fiɣurán, -tə) *m.-f.* THEATR. walk-on.
figurar (fiɣurá) *t.* to portray, to represent. *2* to simulate, to affect. ■ *3 i.* to appear [on list]. *4* to figure. ■ *5 p.* to imagine.
figuratiu, -iva (fiɣurətíŭ, -íβə) *a.* figurative.
figurí (fiɣurí) *m.* fashion plate. *2* fashion magazine. *3* well-dressed person.
fil (fil) *m.* thread, yarn; filament, fibre. ‖ *perdre el* ~, to lose the thread [of an argument]. *2* edge; blade.
fila (filə) *f.* row, line; queue, (USA) line. *2* fig. face, look; mug.
filaberquí (filəβərkí) *m.* (carpenter's) brace.
filada (filáðə) *f.* line, row [of bricks, etc.].
Filadèlfia (filəðέlfiə) *pr. n. f.* GEOGR. Philadelphia.
filador, -ra (filəðó, -rə) *a.* spinning. ■ *2 m.-f.* spinner. *3 f.* spinning wheel.
filagarsa (filəɣársə) *f.* loose threads.
filament (filəmén) *m.* filament; thread.
filantrop (filəntróp) *m.* philanthropist.
filantropia (filəntrupiə) *f.* philanthropy.
filar (filá) *t.* TEXT. to spin. *2* fig. to see through, to discern. *3* ~ *prim,* to be subtle, to draw it fine.
filat (filát) *m.* wire netting or fence. *2* network.
filatèlia (filətέliə) *f.* stamp-collecting.
filatura (filətúrə) *f.* spinning [action]. *2* spinning mill.
filera (filérə) *f.* row, string, line; (fine) thread.
filet (filét) *m.* COOK. fillet, steak.
filferro (filfέrru) *m.* (iron) wire.
filharmònic, -ca (filərmɔ́nik, -kə) *a.* philharmonic.
filiació (filiəsió) *f.* parent-child relationship. *2* affiliation; connection.
filial (filiál) *a.* filial. ■ *2 f.* branch office.
filibuster (filiβustέ) *m.* freebooter, pirate.

filiforme (filifórmə) *a.* thread-like, stringy.

filigrana (filiɣránə) *f.* filigree [gold]. *2* fig. delicate work of art; masterpiece. *3* TYPOGR. watermark.

filipí, -ina (filipí, -inə) *a.* GEOGR. Philippine. ■ *2 m.-f.* Philipine, Filipino.

Filipines (filipínəs) *pr. n. f. pl.* GEOGR. Philippines.

filípica (filipikə) *f.* harangue, tirade.

fill, -lla (fiʎ, -ʎə) *m.* son. *2 f.* daughter. *3 m.-f.* child.

fillada (fiʎáðə) *f.* offspring; brood.

fillastre, -tra (fiʎástrə, -trə) *m.* step-brother. *2 f.* step-daughter.

fillol, -la (fiʎɔ́l, -lə) *m.-f.* godson. *2 f.* goddaughter. *3 m.-f.* godchild.

film (film) *m.* film.

filmar (filmá) *t.* to film, to shoot.

filloxera (filuksérə) *f.* ENT. phylloxera.

filó (filó) *m.* MIN. seam, vein.

filòleg, -òloga (filɔ́lək, -ɔ́luɣə) *m.-f.* philologist.

filologia (filuluʒíə) *f.* philology.

filosa (filózə) *f.* distaff.

filòsof (filɔ́zuf) *m.* philosopher.

filosofia (filuzufíə) *f.* philosophy.

filtració (filtrəsió) *f.* filtration, leakage. *2* fig. leak [of news, etc.].

filtrar (filtrá) *t.-i.-p.* to filter.

filtre (filtrə) *m.* filter, screen.

fimosi (fimɔ́zi) *f.* MED. phimosis.

final (finál) *a.* final, last. ■ *2 m.* end, conclusion.

finalista (finəlistə) *m.-f.* finalist.

finalitat (finəlitát) *f.* purpose, aim; object.

finalitzar (finəlidzá) *t.-i.* to finish, to end, to finalize.

financer, -ra (finənsé, -rə) *a.* financial. ■ *2 m.-f.* financier.

finat, -ada (finát, -áðə) *a., m.-f.* deceased.

finca (fiŋkə) *f.* property, land; estate. *2* farm, plantation.

finès, -esa (finés, -ézə) *a.* Finnish. ■ *2 m.-f.* Finn. *3 m.* Finnish [language].

finesa (finézə) *f.* fineness, excellence; refinement. *2* courtesy, kindness.

finestra (finéstrə) *f.* window, bay window. ‖ fig. *tirar la casa per la ~,* to go all out.

finestral (finəstrál) *m.* (large) window.

finestrella (finəstréʎə) *f.* See FINESTRETA.

finestreta (finəstrétə) *f.* window [of booking office], ticket window.

finestró (finəstró) *m.* shutter.

fingiment (finʒimén) *m.* pretence, (USA) pretense, simulation; make-believe.

fingir (finʒí) *t.* to pretend, to simulate, to feign.

finir (finí) *t.-i.* to finish. *2 i.* to die.

finit, -ida (finít, -íðə) *a.* finite.

finlandès, -esa (finləndés, -ézə) See FINÈS.

Finlàndia (finlándiə) *pr. n. f.* GEOGR. Finland.

finor (finó) *f.* See FINESA.

fins (fins) *prep.* as far as, up to, down to, to [place]. *2* until, till, up to [time]. ‖ ~ *aquí,* so far; up to here; ~ *després,* see you later; ~ *i tot,* even; ~ *que,* until.

fiord (fiɔ́r(t)) *m.* fiord, fjord.

fira (firə) *f.* (open-air) market, (weekly) fair.

firaire (firáirə) *m.-f.* stallholder, seller [at open-air market].

firal (firál) *m.* fairground, market-place.

firar (firá) *t.* to buy or sell at a market. ■ *2 p.* to buy.

firma (firmə) *f.* signature. *2* firm, enterprise, company.

firmament (firməmén) *m.* firmament.

firmar (firmá) *t.* to sign.

fisc (fisk) *m.* (national) treasury, exchequer.

fiscal (fiskál) *a.* fiscal, tax; financial. ■ *2 m.-f.* prosecutor; attorney, (USA) district attorney.

fiscalitzar (fiskəlidzá) *t.* to control, to inspect [officially].

físic, -ca (fízik, -kə) *a.* physical. ■ *2 m.* physicist. *3* physique, appearance. ■ *4 f.* physics.

fisiòleg, -óloga (fiziɔ́lək, -ɔ́luɣə) *m.-f.* physiologist.

fisiologia (fiziuluʒíə) *f.* physiology.

fisonomia (fizunumíə) *f.* See FESOMIA.

fisonomista (fizunumistə) *a.* good at remembering faces.

fissió (fisió) *f.* fission.

fissura (fisúrə) *f.* fissure.

fístula (fístulə) *f.* MED. fistula.

fit, -ta (fit, -tə) *a.* sharp, penetrating [look, glance]. ■ *2 f.* boundary post or mark. *3* aim, goal.

fitar (fitá) *t.* to stare at *i.* to glare at *i. 2* to mark off, to mark the boundary of.

fitó (fitó) *m.* target.

fitxa (fitʃə) *f.* (index) card. *2* GAME token, chip.

fitxar (fitʃá) *t.* to file, to index [a card]. *2* fig. to put someone on record. ■ *3 i.* to clock in or out. *4* SP. to sign (*per,* with).

fitxatge (fitʃádʒə) *m.* SP. signing up.

fitxer (fitʃé) *m.* file. *2* filing-cabinet.

fix, -xa (fiks, -ksə) *a.* firm; steady, stable. ‖ *no tenir una feina fixa,* not to have a steady job. *2* fixed [price, date]. *3* permanent [staff, etc.].

fixació (fiksəsió) *f.* fixing, fastening; establishing. *2* MED. fixation.

fixador, -ra (fiksəðó, -rə) *a.* fixing, fastening. ■ *2 m.* fixer [photography]. *3* fixative. *4* hair cream or lotion.

fixar (fiksá) *t.* to fix, to fasten, to secure; to stick (up); to set [hair]. *2* to establish, to settle or decide on, to appoint [date, time]. ■ *3 p.* to notice (*en*, —), to pay attention (*en*, to); to stare (*en*, at).

flabiol (fləβiɔ́l) *m.* MUS. flageolet.

flac, -ca (flak, -kə) *a.* skinny, lean. *2* weak, feeble.

flàccid, -da (fláksit, -ðə) *a.* flabby, soft. *2* flaccid.

flagel (fləʒέl) *m.* flagellum.

flagell (fləʒέʎ) *m.* whip, scourge. *2* fig. scourge, affliction.

flageHar (fləʒəlá) *t.* to whip, to scourge, to flog; to flagellate.

flagrant (fləɣrán) *a.* flagrant; obvious, undeniable. ‖ *en ~ delicte*, in the act, red-handed.

flairar (fləirá) *t.* to smell, to scent [also fig.].

flaire (fláirə) *f.* smell, scent.

flama (flámə) *f.* flame [also fig.]: *la ~ de l'amor*, the flame of passion.

flamant (fləmán) *a.* flaming. *2* fig. brand-new, shiny new.

flamarada (fləməráðə) *f.* flare.

flam (flam) *m.* caramel custard.

flamejar (fləməʒá) *t.* to flame, to blaze. *2* to flutter [flag, sail, etc.].

flamenc, -ca (fləméŋ, -kə) *a.* GEOGR. Flemish. *2* flamenco, Andalusian gypsy. ■ *3 m.-f.* Fleming, Flemish. *4 m.* Flemish [language]. *5* flamenco. *6* ORNIT. flamingo.

flanc (flaŋ) *m.* flank, side.

flanquejar (fləŋkəʒá) *t.* to flank.

flaquejar (fləkəʒá) *i.* to become skinny or lean. *2* to slacken, to ebb; to flag.

flaquesa (fləkέzə) *f.* thinness, leanness. *2* frailty, feebleness, weakness.

flascó (fləskó) *m.* flask, bottle.

flash (fláʃ) *m.* flash; flashgun; flashcube.

flassada (fləsáðə) *f.* blanket.

flatulència (flətulέnsiə) *f.* flatulence.

flauta (fláŭtə) *f.* MUS. flute. *2 m.-f.* flute-player, flautist.

flautista (fləŭtístə) *m.-f.* flute-player, flautist.

fleca (flέkə) *f.* baker's, bakery.

flegma (flέɣma) *f.* phlegm [also fig.].

flegmó (fləɣmó) *m.* MED. gumboil.

flequer, -ra (fləké, -rə) *m.-f.* baker.

fletxa (flétʃə) *f.* arrow, dart.

fleuma (flέŭmə) *a.* wishy-washy, limp [person]. ■ *2 m.-f.* drip, duffer.

flexibilitat (fleksiβilitát) *f.* flexibility.

flexible (fləksibblə) *a.* flexible.

flexió (fləksió) *f.* flexion, bending.

flirtejar (flirtəʒá) *t.* to flirt, to dally.

floc (flɔ́k) *m.* lock [of hair]. *2* bunch. *3* flake.

flonjo, -ja (flɔ́nʒu, -ʒə) *a.* soft, spongy, springy; flabby.

flor (flɔ) *f.* flower [also fig.]; blossom, bloom. ‖ *no tot són ~s i violes*, it's not all milk and honey. *2 a ~ de*, on the surface of. ‖ *a ~ d'aigua*, at water level.

flora (flɔ́rə) *f.* flora.

floració (flurəsió) *f.* bloom, flowering.

Florència (flurέsiə) *pr. n. f.* GEOGR. Florence.

floret (flurέt) *m.* foil [sword].

floreta (flurέtə) *f.* compliment, flattery. ‖ *tirar floretes*, to make a pass [at someone].

florí (flurí) *m.* NUMIS. florin.

floricultura (flurikultúrə) *f.* flower-growing, floriculture.

floridura (fluriðúrə) *f.* mould, mildew.

florir (flurí) *i.* to bloom, to flourish. *2* fig. to flourish. ■ *3 p.* to get mouldy.

florista (fluristə) *m.-f.* florist.

florit, -ida (flurit, -íðə) *a.* flowery, covered in flowers. *2* mouldy. ■ *3 m.* See FLORIDURA. *4 f.* blooming, flowering.

flota (flɔ́tə) *f.* MAR. fleet. *2* fig. multitude; crowd.

flotació (flutəsió) *f.* floating, flotation.

flotador (flutəðó) *m.* float; ball cock. *2* life-preserver, life-buoy, (USA) life saver.

flotant (flután) *a.* floating; afloat.

flotar (flutá) *i.* to float.

fluctuar (fluktuá) *i.* to fluctuate; to waver.

fluid, -da (fluit, -ðə) *a.-m.* fluid. *2 m.* ELECTR. power.

fluïdesa (fluiðέzə) *f.* fluidity. *2* fluency.

fluir (flui) *i.* to flow.

fluix, -xa (fluʃ, -ʃə) *a.* loose, slack. *2* soft, limp. *3* weak; poor [student]. ■ *4 m.* flow, stream.

fluor (fluó, coll. flúor) *m.* CHEM. fluorine.

fluorescència (flurəsέnsiə) *f.* fluorescence.

fluvial (fluβiál) *a.* fluvial, river.

flux (fluks) *m.* flow, stream, flux. *2* rising or incoming tide.

FM (ęfəémə) *f.* (*Freqüència Modulada*) FM (Frequency Modulation).

fòbia (fɔ́βia) *f.* phobia.

foc (fɔk) *m.* fire. ‖ *calar ~,* to set fire to; *castell de ~s,* fireworks; *~ de camp,* camp fire; *treure ~ pels queixals,* to be mad with rage, to foam at the mouth.

foca (fɔ́kə) *f.* ZOOL. seal.

focus (fɔ́kus) *m.* focus. *2* fig. centre. *3* THEATR. spotlight.

fofo, -fa (fófu, -fə) *a.* soft, spongy; puffy, fluffy.

fogó (fuɣó) *m.* cooker, stove.

fogonada (fuɣunáðə) *f.* fireball, flash.
fogós, -sa (fuɣós, -ózə) *a.* fiery, ardent; vigorous.
fogot (fuɣót) *m.* sudden blush, flush.
foguejar (fuɣəʒá) *t.* to set fire to, to set on fire. *2* MED. to cauterize. *3* MIL. to fire on, to shoot (at).
foguera (fuɣérə) *f.* bonfire, blaze.
foguerada (fuɣəráðə) *f.* See FLAMARADA.
folgar (fulɣá) *i.* to take time off [work], to be iddle. *2* to mess about; to enjoy oneself, to have a good time.
folgat, -da (fulɣát, -áðə) *a.* loose, ample, baggy [clothes]. *2* fig. well-off, comfortable.
foli (fɔ́li) *m.* folio. *2* sheet [paper].
folklore (fulklɔ́r) *m.* folklore.
foll, -lla (foʎ, fóʎə) *a.* crazy, mad.
follet (fuʎét) *m.* goblin, elf.
follia (fuʎíə) *f.* madness, lunacy; folly.
folrar (fulrrá) *t.* to line; to pad; to cover [book, etc.]. ■ *2 p.* to make a fortune.
folre (fɔ́lrrə) *m.* lining, padding; cover.
foment (fumén) *m.* incentive, promotion, encouragement.
fomentar (fuməntá) *t.* to foster, to promote, to encourage.
fona (fɔ́nə) *f.* sling [for propelling stones, etc.].
fonació (funəsió) *f.* phonation.
fonament (funəmén) *m.* foundation [also fig.]. *2* fig. source; basis, grounds. ‖ *sense* ~, groundless, baseless.
fonamental (funəməntál) *a.* fundamental; basic, essential. ■ *2 f.* MUS. fundamental.
fonamentar (funəməntá) *t.* ARCH. to lay the foundations of. *2* fig. to found, to base.
fonda (fɔ́ndə) *f.* inn; lodging house.
fondalada (fundəláðə) *f.* lowland, lowlands; hollow.
fondària (fundáriə) *f.* depth.
fondejar (fundəʒá) *i.-t.* NAUT. to anchor.
fondo, -da (fɔ́ndu, -də) *a.* deep.
fondre (fɔ́ndrə) *t.* to melt; to blend, to fuse. ■ *2 p.* to melt, to dissolve; to fuse. *3* fig. to vanish, to disappear. ▲ CONJUG. GER.: *fonent.* ‖ P. P.: *fos.* ‖ INDIC. Pres.: *fonc.* ‖ SUBJ. Pres.: *fongui,* etc. | Imperf.: *fongués,* etc.
fonedís, -issa (funəðís, -isə) *a.* slippery, shifty. ‖ *fer-se* ~, to slip off or away, to vanish.
fonema (funémə) *m.* phoneme.
fonètic, -ca (funétik, -kə) *a.* phonetic. ■ *2 f.* phonetics.
fònic, -ca (fɔ́nik, -kə) *a.* phonic.
fonògraf (funɔ́ɣrəf) *m.* gramophone, (USA) phonograph.
fonoll (funóʎ) *m.* BOT. fennel.

fons (fons) *m.* bottom. ‖ *adv. a* ~, thoroughly. ‖ *phr. en el* ~, at heart; actually. *2* sea bed, river bed. *3* back, far end [of room, etc.]. *4* ARTS, PHOTO. background. *5* ECON. fund; funds, resources. ‖ *xec sense* ~, bad cheque.
font (fɔn) *f.* fountain, spring. *2* fig. source, origin.
footing (fútiŋ) *m.* SP. jogging.
fora (fɔ́rə) *adv.* out, outside. ‖ *ser* ~, to be out or away. ‖ *tenir una casa a* ~, to have a house in the country. *2* fig. ~ *de si,* beside oneself.
forassenyat, -ada (fɔrəsəɲát, -áðə) *a.* outrageous, absurd, nonsensical.
foraster, -ra (furəsté, -rə) *a.* alien; foreign. ■ *2 m.-f.* stranger, outsider; foreigner, alien.
forat (furát) *m.* hole; hollow, pit. *2* fig. hide-out, retreat [place].
forca (fɔ́rkə) *f.* gallows. *2* pitchfork.
força (fɔ́rsə) *f.* strength, force. *2* power. ‖ ~ *pública,* public pressure. ‖ *per* ~, *a la* ~, compulsively; against one's will. ■ *3 a.* much, a lot of. ‖ ~ *gent,* quite a crowd. ‖ ~ *soroll,* a lot of noise. ■ *4 adv.* very; rather. ‖ ~ *de pressa,* very fast.
forçar (fursá) *t.* to force, to compel. *2* to force; to break down, to break into; to rape. *3* to strain [voice, ears, etc.].
forçat, -ada (fursát, -áðə) *a.* forced, compulsory. ‖ *treballs* ~*s,* hard labour, (USA) hard labor.
forcejar (fursəʒá) *i.* to struggle, to fight; to strive.
fòrceps (fɔ́rsəps) *m.* MED. forceps.
forçós, -osa (fursós, -ózə) *a.* compulsory, unavoidable; necessary.
forçut, -uda (fursút, -úðə) *a.* strong, tough, robust.
forense (furénsə) *a.* forensic. ■ *2 m.-f.* forensic surgeon, coroner.
forestal (furəstál) *a.* forest. ‖ *guarda* ~, gamekeeper, game warden. ‖ *incendi* ~, forest fire.
forja (fɔ́rʒə) *f.* forge, foundry. *2* forging.
forjar (furʒá) *t. t.* to forge, to shape [also fig.].
forma (fɔ́rmə) *f.* form, shape. *2* way, means.
formació (furməsió) *f.* formation. *2* education, training. *3* MIL. formation; assembly.
formal (furmál) *a.* formal. *2* serious, well-behaved [person]. *3* reliable.
formalitat (furməlitát) *f.* formality. *2* reliability.
formalitzar (furməlidzá) *t.* to formalize.
formar (furmá) *t.* to form, to shape; to

make, to draw up. *2* to constitute, to make up. *3* to train, to educate. ■ *4 i.* MIL. to fall in line.

format (furmát) *m.* format, size.

formatge (furmádʒə) *m.* cheese.

formatgeria (furmədʒəríə) *f.* cheese factory, dairy. *2* cheese shop. *3* cheese restaurant.

forment (furmén) *m.* BOT. bread wheat.

formidable (furmiðábblə) *a.* formidable, fearsome. *2* fig. extraordinary, magnificent.

formiga (furmíyə) *f.* ENT. ant.

formigó (furmiyó) *m.* concrete.

formigor (furmiyó) *m.* creepy feeling, itchiness.

formigueig (furmiyétʃ) *m.* See FORMIGOR.

formiguer (furmiyé) *m.* anthill. *2* colony of ants. *3* fig. swarm [people].

formol (furmóml) *m.* CHEM. formol.

formós, -osa (furmós, -ózə) *a.* beautiful.

fórmula (fòrmulə) *f.* formula.

formular (furmulá) *t.* to formulate.

formulari, -ària (furmulári, -áriə) *a.* perfunctory. ■ *2 m.* formulary, form.

forn (forn) *m.* oven [for food]; kiln [for pottery]; furnace [for glass, metals]. *2* bakery, bread shop.

fornada (furnáðə) *f.* batch [also fig.].

fornal (furnál) *f.* forge.

forner, -ra (furné, -rə) *m.-f.* baker.

fornicació (furnikəsió) *f.* fornication.

fornicar (furniká) *i.* to fornicate.

fornir (furni) *t.* to supply, to provide.

fornit, -ida (furnít, -íðə) *a.* well-built, strong, muscular.

forqueta (furkétə) *f.* (BAL.), (VAL.) See FORQUILLA.

forquilla (furkíʎə) *f.* fork.

forrellat (furrəʎát) *m.* bolt.

fort, -ta (fòrt, -tə) *a.* strong. *2* healthy. *3* loud. ■ *4 m.* MIL. fort. ‖ *al ~ de l'estiu*, in the height of summer. ‖ *el seu ~ és la física*, physics is his strong point. ■ *5 adv.* strongly. *6* loudly.

fortalesa (furtəlézə) *f.* strength. *2* MIL. fortress.

fortí (furtí) *m.* small fort.

fortificar (furtifiká) *t.* to fortify. *2* fig. to strengthen, to fortify.

fortor (furtó) *f.* stench, stink.

fortuït, -ta (furtuít, -tə) *a.* accidental; fortuitous.

fortuna (furtúnə) *f.* fortune.

fòrum (fòrum) *m.* HIST. forum. *2* LAW legal profession. *3* THEATR. back.

fosa (fòzə) *f.* melting [snow, butter, etc.]; smelting [metals]. *2* ART casting.

fosc, -ca (fosk, -kə) *a.* dark. ‖ *fer-se ~*, to

get dark. *2* fig. obscure. ■ *3 f.* darkness. ‖ *a les fosques*, in the dark.

foscor (fuskó) *f.* See FOSCA 3.

fosfat (fusfát) *m.* CHEM. phosphate.

fosforescent (fusfurəsén) *a.* phosphorescent.

fossa (fòsə) *f.* grave. *2 ~ nasal*, nostril.

fossar (fusá) *m.* cemetery, graveyard.

fossat (fusát) *m.* moat.

fòssil (fòsil) *a.-m.* fossil.

fossilitzar (fusilidzár) *t.-p.* to fossilize.

fotesa (futézə) *f.* trifle, insignificant thing.

fòtil (fòtil) *m.* coll. useless object.

fotimer (futimé) *m.* coll. lot (*de*, of).

foto (fòtu) *f.* coll. photo.

fotocòpia (futukòpiə) *f.* photocopy.

fotogènic, -ca (futuʒénik, -kə) *a.* photogenic.

fotògraf, -fa (futòyrəf, -fə) *m.-f.* photographer.

fotografia (futuyrəfíə) *f.* photography [activity]. *2* photograph.

fotografiar (futuyrəfiá) *t.* to photograph, to take pictures of.

fotogravat (futuyrəβát) *m.* photogravure.

fotòmetre (futòmətrə) *m.* exposure meter, light meter.

fotonovella (fɔtunuβéʎə) *f.* romantic story with photographs.

fotosfera (fɔtusférə) *f.* photosphere.

fotosíntesi (fɔtusíntezi) *f.* photosynthesis.

fotre (fòtrə) *t.* vulg. to fuck. *2* coll. to make, to do. ‖ *què hi fots aquí?*, what are you doing here? ‖ *el cotxe fot un soroll estrany*, the car's making a funny noise. *3* to throw: *li van ~ una galleda d'aigua per sobre*, they threw a bucket of water over him. *4* to annoy, to bother: *ho fan només per ~'ns*, they do it only to annoy us. *5* to put: *el van ~ a la presó*, they put him in prison. *6 fot el camp!*, bugger off! *7* to nick. ■ *8 p.* to get depressed, to get bored, to become sick. *9* to eat; to drink. *10* to start. ‖ *tot just es fotia a clapar, van trucar a la porta*, he was just off to sleep when there was a knock at the door. *11* to laugh (*de*, at).

FP (efəpé) *f.* EDUC. (*Formació Professional*) (technical training).

fra *f.* COMM. (abbr. of *factura*) inv. (invoice).

frac (frak) *m.* dress coat, tails *pl.*

fracàs (frəkás) *m.* failure, disaster.

fracció (frəksió) *f.* part, fragment. *2* MATH. fraction.

fraccionari, -ària (frəksiunári, -áriə) *a.* fractional.

fractura (frəktúrə) *f.* fracture, break.

fracturar (frəkturá) *t.* to fracture, to break.

fragància (frəyánsiə) *f.* fragance, perfume.

fragata (frəyátə) *f.* NAUT. frigate.

fràgil (fràʒil) *a.* fragile, delicate. *2* fig. frail.

fragilitat (frəʒilitát) *a.* fragility. *2* fig. frailty.

fragment (frəgmén) *m.* fragment.

fragmentar (frəgməntá) *t.* to fragment, to fragmentize, to break up.

fragor (frəɣó) *m.* din.

franc, -ca (fraŋ, -kə) *a.* free: *port-~,* free-port. ‖ *de ~,* free. *2* frank. ▪ *m. 3* franc.

França (fránsə) *pr. n. f.* GEOGR. France.

francès, -esa (frənsέs, -έzə) *a.* GEOGR. French. ▪ *2 m.* Frenchman. *3* French [language]. *4 f.* Frenchwoman.

Francesc (frənsέsc) *pr. n. m.* Francis.

francmaçoneria (frəŋməsunərìə) *f.* freemasonry.

francòfil, -la (frəŋkɔ́fil, -lə) *a.* francophile.

franeHa (frənέlə) *f.* flannel.

franja (fránʒə) *f.* trimming, fringe.

franqueig (frəŋkέtʃ) *m.* postage. *2* franking.

franquejar (frəŋkəʒá) *t.* to stamp, to frank. *2* to cross [rivers].

franquesa (frəŋkέzə) *f.* frankness, sincerity.

frare (fràrə) *m.* friar, monk. ‖ *dotzena de ~,* baker's dozen.

frase (fràzə) *f.* sentence; phrase. ‖ *~ feta,* set phrase, set expression.

fraseologia (frəzeuluʒìə) *f.* phraseology.

fraternitat (frətərnitát) *f.* fraternity, brotherhood.

fraternitzar (frətərnidzá) *i.* to fraternize.

fratricidi (frətrisìði) *m.* fratricide.

frau (fráǔ) *f.* fraud.

fraudulent, -ta (frəǔðulén, -tə) *a.* fraudulent.

fre (frε) *m.* bit. *2* MECH. brake. *3* fig. curb, check.

frec (frέk) *m.* scraping, rubbing; brushing.

fred, -da (frέt, -ðə) *a.* cold: *fa molt ~,* its very cold. ‖ *mantenir la sang ~a,* to stay cool. *2* fig. cold, indifferent, unaffectionate. ▪ *3 m.* cold.

fredeluc, -uga (frəðəlúk, -úɣə) *a.* See FREDOLIC.

Frederic (frəðərìk) *pr. n. m.* Frederic.

fredolic, -ca (frəðulìk, -kə) *a.* who feels the cold. ▪ *2* BOT. edible type of agaric mushroom.

fredor (frəðó) *f.* coldness [also fig.].

frega (frέɣə) *f.* rubbing, rub-down, massage.

fregadís (frəɣəðís) *m.* rubbing.

fregall (frəɣáʎ) *m.* pan-scrub, scourer.

fregar (frəɣá) *t.* to scrub [the floor]; to clean. *2* to rub, to catch: *frega el sostre amb els cabells,* her hair catches the ceiling. ▪ *3 i.* to rub, to scrape.

fregidora (frəʒiðórə) *f.* deep-fryer.

fregir (frəʒí) *t.* to fry *t.-i.* ▪ *2 p.* fig. to be roasting [people].

freixe (frέʃə) *m.* BOT. ash.

freixura (frəʃùrə) *f.* COOK. lungs.

frenar (frəná) *t.* to brake. *2* fig. to check, to curb, to restrain.

frenesí (frənəzí) *m.* frenzy.

frenètic, -ca (frənέtik, -kə) *a.* frenetic, frantic.

freqüència (frəkwέnsiə) *f.* frequency. ‖ *amb ~,* often, frequently.

freqüent (frəkwén) *a.* frequent, common, usual.

freqüentar (frəkwəntá) *t.* to frequent. *2* to do (something) often.

fresa (frέzə) *f.* MECH. milling machine.

fresc, -ca (frέsk, -kə) *a.* fresh, new. *2* cool. *3* coll. cheeky. ▪ *4 m.* ART fresco. *5 f.* cool *fa ~,* it's cool [weather]. ‖ *prendre la ~,* to get some fresh air.

frescor (frəskó) *f.* freshness. *2* fig. coolness, phlegm. *3* coll. cheek, cheekiness.

fressa (frέsə) *f.* noise.

fressat, -ada (frəsát, -áðə) *a.* beaten [paths].

fretura (frətùrə) *f.* lack; scarcity, shortage.

fricandó (frikəndó) *m.* COOK. fricandeau.

fricció (friksió) *m.* rubbing. *2* MECH. friction. *3* fig. friction, trouble. *4* MED. massage.

frigidesa (friʒiðέsə) *f.* frigidity.

frigorific, -ca (friɣurifik, -kə) *a.* refrigerating. ▪ *2 m.* refrigerator, fridge.

fris (fris) *m.* ARCH. frieze.

frisar (frizá) *i.* to get extremely impatient.

frívol, -la (fríβul, -lə) *a.* frivolous.

fronda (fróndə) *f.* BOT. frond.

frondós, -osa (frundòs, -òzə) *a.* leafy.

front (fron) *m.* forehead. *2* front. ‖ *fer ~ a,* to face (up to).

frontal (fruntál) *a.* frontal.

frontera (fruntέrə) *f.* frontier, border [also fig.].

fronterer, -ra (fruntərέ, -rə) *a.* border, frontier.

frontispici (fruntispísi) *m.* frontispiece.

frontissa (fruntìsə) *f.* hinge.

frontó (fruntó) *m.* ARCH. pediment. *2* SP. pelota court. *3* SP. front wall of a pelota court.

fructificar (fruktifiká) *t.* to bear fruit, to fructify.

frugal (fruɣál) *a.* frugal.

fruir (fruí) *i.* to enjoy *t.*

fruit (frúǐt) *f.* BOT. fruit. *2* BOT. fruit, result, benefit. ‖ *donar ~,* to bear fruit, to give results.

fruita (rúǐtə) *f.* fruit [apples, oranges, etc.].

fruiter, -ra (fruĭté, -rə) *a.* fruit. ■ *2 m.* fruit tree. *3 m.-f.* greengrocer.
frunzir (frunzi) *t.* to gather [in cloth].
frustració (frustrəsió) *f.* frustration.
frustrar (frustrá) *t.* to frustrate, to thwart.
fúcsia (fúksia) *f.* fuchsia.
fuet (fuét) *m.* whip. 2 long, thin, dried, cured sausage.
fuetejar (fuətəʒá) *t.* to whip, to flog.
fuga (fúɣə) *f.* escape, flight. 2 MUS. fugue.
fugaç (fuɣás) *a.* fleeting.
fugida (fuʒíðə) *f.* escape, flight.
fugir (fuʒí) *i.* to escape, to flee; to run away. ‖ *fer ~,* to put to flight, to frighten away. 2 to come off; to come out of. ‖ *la raqueta em va ~ de la mà,* the racket flew out of my hand. *3 ~ d'estudi,* to evade the question. ▲ CONJUG. INDIC. Pres.: *fujo, fuigs, fuig, fuig,* etc.
fugisser, -ra (fuʒisé, -rə) *a.* fleeting.
fugitiu, -iva (fuʒitiŭ, -iβə) *a., m.-f.* fugitive.
fulard (fulár) *m.* foulard.
fulgència (fulʒénsiə) *f.* brilliance, dazzling brightness.
fulgor (fulɣó) *m.* See FULGÈNCIA.
fulgurar (fulɣurá) *i.* to flash, to emit flashes of light.
full (fuʎ) *m.* sheet of paper. 2 page. 3 COOK. *pasta de ~,* puff pastry.
fulla (fúʎə) *f.* leaf [trees, plants]. 2 blade. ‖ *posa-t'hi fulles,* it's not my problem.
fullaraca (fuʎəråkə) *f.* dead leaves. 2 fig. worthless book.
fullatge (fuʎådʒə) *m.* foliage, leaves.
fullejar (fuʎəʒá) *t.* to leaf through [a book].
fulletó (fuʎətó) *m.* installment, part [of a novel published in parts].
fullola (fuʎólə) *f.* veneer.
fulminant (fulminán) *a.* fulminating.
fulminar (fulminá) *t.* to strike by lightning. ‖ *~ amb la mirada,* to cast a withering look at. 2 to explode. ■ *3 i.* to flash with lightning. 4 to explode.
fum (fum) *m.* smoke; fumes. 2 vapour, steam. *3 pl.* airs *pl.*
fumador, -ra (fuməðó, -rə) *m.-f.* smoker. 2 *m.* smoking room.
fumar (fumá) *t.-i.* to smoke. 2 *i.* to steam: *aquest cafe és massa calent; mira com fuma,* this coffee's too hot; look how it's steaming.
fumarada (fuməråðə) *f.* (thick) cloud of smoke.
fumarola (fumərólə) *f.* fumarole.
fumejar (fuməʒá) *i.* to give off smoke or steam; to smoke; to steam.
fúmer (fúmə) *t.* coll. See FOTRE.
fumera (fumérə) *f.* cloud of smoke.

fumerol (fuməról) *m.* light cloud of smoke or mist.
fumigar (fumiɣá) *t.* to fumigate.
funàmbul, -la (funámbul, -lə) *m.-f.* tightrope walker.
funció (funsió) *f.* function. 2 duty. 3 performance; show. 4 MATH. function. *5 phr. en ~ de,* in terms of. ‖ *president en ~s,* acting president.
funcional (funsiunál) *a.* functional.
funcionament (funsiunəmén) *m.* functioning, working.
funcionar (funsiunár) *i.* to function, to work. ‖ *fer ~,* to make work. ‖ *no funciona,* out of order.
funcionari (funsiunári) *m.* civil servant; functionary.
funda (fúndə) *f.* cover [flexible]; case [rigid].
fundació (fundəsió) *f.* foundation.
fundar (fundá) *t.* to found [city]; to establish [business]. 2 to base (*en,* on): *en què fundes aquesta deducció,* on what do you base this deduction? ■ *3 p.* to base oneself (*en,* on).
fúnebre (fúnəβrə) *a.* funeral. 2 funereal, gloomy.
funeral (funərál) *m.* funeral.
funerari, -ària (funərári, -áriə) *a.* funerary. ■ *2 f.* undertaker's; (USA) funeral parlor.
funest, -ta (funés[t], -tə) *a.* fatal, deadly. 2 baneful, baleful.
funicular (funikulár) *m.* cable car.
fur (fur) *m.* law or privilege [special to a certain region].
fura (fúrə) *f.* ZOOL. ferret. 2 fig. busybody, nosey parker, meddler.
furgar (furɣá) *t.* to poke, to stir, to prod. 2 to rummage about. *i. 3* fig. to meddle, to pry.
furgó (furɣó) *m.* wagon, huck. 2 RAIL. luggage van.
furgoneta (furɣunéɛtə) *f.* van [small].
fúria (fúriə) *f.* fury.
furiós, -osa (furiós, -ózə) *a.* furious.
furóncol (furóŋkul) *m.* MED. boil, furuncle.
furor (furó) *m.* furore.
furt (fur(t)) *m.* theft. 2 thing stolen.
furtiu, -iva (furtiŭ, -iβə) *a.* furtive. ‖ *caçador ~,* poacher.
fus (fus) *m.* spindle. 2 GEOM. lune. *3 ~ horari,* time zone.
fusell (fuzéʎ) *m.* rifle, gun.
fusible (fuzíbblə) *a.* fusible. ■ *2 m.* ELECTR. fuse.
fusió (fuzió) *f.* fusion. 2 COMM. merger.
fusta (fústə) *f.* wood, timber. ‖ *té ~ de santa,* she's like a saint. 2 piece of wood.
fuster (fusté) *m.* carpenter; joiner.

fusteria (fustəriə) *f.* carpentry; joinery. *2* carpenter's or joiner's shop.
fustigar (fustiɣá) *t.* to flog, to whip.
futbol (fubbɔ́l) *m.* football.
futbolí (fubbulí) *m.* GAME table football.

futbolista (fubbulístə) *m.-f.* football player.
fútil (fútil) *a.* futile.
futur, -ra (futúr, -rə) *a.-m.* future.
futurisme (futurízmə) *m.* futurism.
futurista (futurístə) *a., m.-f.* futurist.

G

G, g (ʒe) *f.* g [letter].
gàbia (gáβiə) *f.* cage. ‖ *muts i a la ~!,* shut up!
gabial (gəβiál) *m.* large cage; aviary.
gabinet (gəβinɛ́t) *m.* study. *2* POL. cabinet. *3* office [lawyer's].
Gabriel (gəβriɛ́l) *pr. n. m.* Gabriel.
gafarró (gəfərró) *m.* ORNIT. greenfinch.
gafet (gəfɛ́t) *m.* clasp; hook [of hook and eye].
gai, -gaia (gáĭ, -gájə) *a.* gay, festive. *2* homosexual. ▪ *3 m.-f.* homosexual, gay.
gaiato (gəjátu) *m.* crook [shepherd's].
gaig (gatʃ) *m.* ORNIT. jay.
gaire (gáĭrə) *a.* much: *en vols ~?,* do you want much?; *no n'hi ha ~,* there isn't much; *parles sense ~ convenciment,* you don't sound very convinced. ▪ *2 adv.* very: *no és ~ gran,* it's not very big; *vindràs ~ tard?,* will you come very late?
gairebé (gəĭrəβé) *adv.* almost, nearly. *2 ~ no,* hardly, scarcely.
gairell (gəĭrɛ́ʎ) *phr. de ~,* aslant, sideways.
gaita (gáĭtə) *f.* MUS. bagpipe. *2 estar de mala ~,* to be in a bad mood.
gala (gálə) *f.* pomp, show. *2 sopar de ~,* gala dinner.
galant (gəlán) *a.* gallant. ▪ *2 m.* beau; lover; suitor. *3* CIN., THEATR. (juvenile) lead.
galantejar (gələntəʒá) *t.* to be courteous to; to court, to woo.
galàpet (gəlápət) *m.* See GRIPAU.
galàxia (gəláksiə) *f.* ASTR. galaxy.
galdós, -osa (gəldós, -ózə) *a.* rotten, awful, terrible, shocking.
galena (gəlɛ́nə) *f.* MINER. lead sulphide, galena.
galera (gəlɛ́rə) *f.* NAUT., print. galley. *2* ant. women's prison. *3 pl.* galleys.
galerada (gələráðə) *f.* PRINT. galley proof.
galeria (gələriə) *f.* gallery. *2* corridor. *3* fig. public opinion.

galerna (gəlɛ́rnə) *f.* METEOR. strong north west wind.
galet (gəlɛ́t) *m.* spout.
galeta (gəlɛ́tə) *f.* biscuit, (USA) cookie. *2* coll. slap.
Galícia (gəlisiə) *pr. n. f.* GEOGR. Galicia.
galifardeu (gəlifərðɛ́ŭ) *m.* coll. lad, youth.
galimaties (gəlimətiəs) *m.* coll. mess; nonsense.
galindaina (gəlindáĭnə) *f.* bauble. *2 pl.* trifles.
galindó (gəlindó) *m.* ANAT. bunion.
galiot (gəliɔ́t) *m.* NAUT. galley slave.
gall (gaʎ) *m.* cock. ‖ *~ dindi,* turkey. *2* MUS. wrong note. *3* fig. bossy person.
gallard, -da (gəʎár(t), -ðə) *a.* charming, elegant. *2* fig. gallant, brave.
gallardet (gəʎərðɛ́t) *m.* pennant.
gallardia (gəʎərðiə) *f.* elegance, grace. *2* fig. courage.
gallaret (gəʎərɛ́t) *m.* See ROSELLA.
galleda (gəʎɛ́ðə) *f.* bucket. ‖ fig. *ficar els peus a la ~,* to put one's foot in it.
gallejar (gəʎəʒá) *i.* to strut about; to be arrogant. *2* to brag; to bluster.
gaHès, -esa (gəlɛ́s, -zə) *a.* Welsh. ▪ *2 m.* Welshman. *3 f.* Welshwoman.
GaHes (gáləs) *pr. n. f.* GEOGR. Wales.
gallet (gəʎɛ́t) *m.* young cock. *2* trigger. *3* weather vane, weather cock.
galleta (gəʎɛ́tə) *f.* (BAL.), (VAL.) See GALETA.
gàHic, -ca (gálik, -kə) *a.* Gallic.
gaHicisme (gəlisizmə) *m.* Gallicism.
gallimarsot (gəʎimərsɔ́t) *m.* cock without a crest. *2* masculine looking woman.
gallina (gəʎinə) *f.* hen. ‖ *pell de ~,* goosepimples, gooseflesh. *2* fig. chicken, coward.
gallinaire (gəʎináĭrə) *m.-f.* poultry dealer or seller.

galliner (gəʎinė) *m.* hen run. *2* henhouse. *3* fig. bedlam, madhouse.

galló (gəʎó) *m.* segment, slice [fruit].

galó (gəló) *m.* MIL. stripe. *2* gallon.

galop (gəlóp) *m.* gallop. *2* MAR. breakwater. *3* MUS. galop.

galopant (gəlupán) *a.* galloping.

galotxa (gəlótʃə) *f.* See ESCLOP.

galta (gáltə) *f.* cheek. *2 pl.* fig. cheek.

galtaplè, -ena (gəltəlė, -ėnə) *a.* chubby cheeked.

galtera (gəltérə) *f.* chinstrap. *2 pl.* MED. mumps.

galvana (gəlβánə) *f.* laziness.

galvànic, -ca (gəlβánik, -kə) *a.* ELECTR. galvanic.

galvanitzar (gəlβənidzá) *t.* to galvanize [also fig.].

galze (gálzə) *m.* groove.

galzeran (gəlzərán) *m.* BOT. butcher's broom.

gamarús (gəmərús) *m.* ORNIT. tawny owl. *2* type of mushroom.

gamba (gámbə) *f.* ZOOL. shrimp, prawn. *2* leg.

gambada (gəmbáðə) *f.* stride.

gambal (gəmbál) *m.* stirrup leather. ‖ *curt de ~s,* slow, thick.

gamma (gámmə) *f.* gamma. *2* MUS. scale. *3* range.

gana (gánə) *f.* hunger. ‖ *tinc ~,* I'm hungry. *2 pl.* wish *sing.* desire *sing.* ‖ *tinc ganes d'anar-me'n al llit,* I want to go to bed. ‖ *no em dóna la ~,* I don't feel like it.

ganàpia (gənápiə) *m.-f.* big baby.

gandul, -la (gəndúl, -lə) *a.* lazy, idle. ◾ *2 m.-f.* lazybones, idler, loafer.

gandulejar (gənduləʒá) *i.* to be lazy, to be idle, to laze about.

ganduleria (gənduləriə) *f.* laziness, idleness.

ganga (gáŋgə) *f.* bargain. *2* ORNIT. sandgrouse. *3* MINER. gangue.

gangli (gáŋgli) *m.* ANAT. ganglion.

gangrena (gəŋgrénə) *f.* gangrene.

gangrenar-se (gəŋgrənársə) *p.* to go gangrenous.

gànguil (gáŋgil) *m.* coll. lanky person, beanpole.

ganivet (gəniβét) *m.* knife.

ganiveta (gəniβétə) *f.* large knife; bread knife.

ganso, -sa (gánsu, -sə) *a.* dawdling.

gansola (gənsólə) *a.* (ROSS.) See GANDUL.

gansoner, -ra (gənsunė, -rə) *a.* See GANSO.

gansoneria (gənsunəriə) *f.* slowness, time wasting.

ganut, -uda (gənút, -úðə) *a.* starving, ravenous. *2* always hungry.

ganxet (gənʃét) *m.* crochet hook. ‖ *fer ~,* to crochet.

ganxo (gánʃu) *m.* hook.

ganya (gáɲə) *f.* gill.

ganyota (gəɲótə) *f.* grimace, face.

gara-gara (gárəɣárə) *f. fer la ~ a,* to suck up to.

garant (gərán) *a.* responsible. ◾ *2 m.-f.* guarantor.

garantia (gərəntiə) *f.* guarantee, warranty.

garantir (gərəntí) *t.* to guarantee. *2* to assure. *3* to vouch for.

garatge (gəráʤə) *m.* garage.

garba (gárβə) *f.* AGR. sheaf.

garbell (gərβéʎ) *m.* riddle; sieve.

garbí (gərβí) *m.* METEOR. south-west wind.

garbuix (gərβúʃ) *m.* tangle, mix-up, mess. ‖ *fer-se un ~,* to get all mixed up.

gardènia (gərðéniə) *f.* BOT. gardenia.

garfi (gárfi) *m.* sharp pointed hook; gaff.

gargall (gərɣáʎ) *m.* spit.

gargamella (gərɣəmėʎə) *f.* throat.

gàrgara (gárɣərə) *f.* gargle. ‖ *ves a fer gàrgares!,* get lost!, push off!

gàrgola (gárɣulə) *f.* gargoyle.

gargot (gərɣót) *m.* scribble, scrawl.

gargotejar (gərɣutəʒá) *t.* to scribble, to scrawl.

garita (gəritə) *f.* sentry box; lookout turret.

garjola (gərʒólə) *f.* clink, prison, jail.

garlaire (gərláirə) *m.-f.* chatterbox, prattler.

garlanda (gərlándə) *f.* garland.

garlar (gərlá) *i.* to prattle, to rabbit on.

garnatxa (gərnátʃə) *f.* variety of black grape. *2 m.* wine of this grape.

garneu, -ua (gərnéŭ, -wə) *a.* cunning, sly. ◾ *2 m.* ICHTHY. piper.

garra (gárrə) *f.* leg [animals].

garrafa (gərráfə) *f.* demijohn, large bottle.

garranyic (gərrəɲik) *m.* squeal; squeak.

garratibat, -ada (gərrətiβát, -áðə) *a.* stifflegged. *2* fig. dumbfounded, astounded.

garrell, -lla (gərréʎ, -ʎə) *a.* bow-legged.

garrepa (gərrépə) *a.* mean, miserly. ◾ *2 m.-f.* miser; penny-pincher.

garreta (gərrétə) *f.* ANAT. back of the knee.

garrí, -ina (gərri, -inə) *m.-f.* piglet.

garriga (gərriɣə) *f.* BOT. scrubland, scrub.

garrit, -ida (gərrit, -iðə) *a.* charming; gallant.

garró (gərró) *m.* ankle.

garrofa (gərrófə) *f.* BOT. carob bean or pod. ‖ *guanyar-se les garrofes,* to earn one's living.

garrofer (gərrufé) *m.* BOT. carob tree.

garrot (gərrót) *m.* stick, stave, staff. *2* LAW garrotte or garotte.

garrotada (gərrutåðə) *f.* a blow with a stick or club.

garrotxa (gərrɔ́tʃə) *f.* difficult terrain, rugged land.

garsa (gársə) *f.* ORNIT. magpie.

gas (gas) *m.* gas. 2 *pl.* wind *sing.*, gas *sing*, [in te stomach].

gasa (gázə) *f.* gauze.

gasela (gəzέlə) *f.* ZOOL. gazelle.

gaseta (gəzέtə) *f.* gazette.

gasetilla (gəzətiʎə) *f.* news-in-brief section. 2 short news item.

gasetiller (gəzətiʎέ) *m.* writer of short news items.

gasificar (gəzifikέ) *t.* to gasify.

gasiu, -iva (gəziŭ, -iβə) *a.* mean, tight-fisted.

gasiveria (gəziβəriə) *f.* meanness, tight-fistedness; miserliness.

gasògen (gəzɔ́ʒən) *m.* gasogene.

gas-oil (gəzɔ́il) gas oil. 2 diesel [vehicles].

gasolina (gəzulinə) *f.* petrol, (USA) gasolene, gas.

gasolinera (gəzulinέrə) *f.* garage, petrol station, (USA) gas station.

gasòmetre (gəzɔ́mətrə) *m.* gasometer.

gasós, -osa (gəzós, -ózə) *a.* gaseous. 2 fizzy. ▪ 3 *f.* lemonade.

gaspatxo (gəspátʃu) *m.* gazpacho [a cold soup].

gassot (gəsɔ́t) *m.* (ROSS.) See TOLL.

gastar (gəstá) *t.-p.* to spend [money]. 2 *t.* to use up. 3 to use [gas, electricity, etc.]. 4 *p.* to be used up. 5 to wear out.

gastat, -ada (gəstát, -åðə) *a.* worn out.

gàstric, -ca (gástrik, -kə) *a.* gastric.

gastritis (gəstrítis) *f.* gastritis.

gastronomia (gəstrunumíə) *f.* gastronomy.

gat, gata (gát, gátə) *m.* cat. 2 MECH. jack. 3 ~ *vell*, wise old bird; *donar* ~ *per llebre*, to sell someone a pig in a poke. 4 *f.* she-cat.

gatejar (gətəʒá) *i.* to crawl on all fours.

gató (gətó) *m.* (ROSS.) See PASTÍS.

gatosa (gətózə) *f.* BOT. gorse, furze.

gatzara (gədzárə) *f.* shouting, uproar, din.

gatzoneta (gədzunέtə) *phr. a la* ~, squatting.

gaudi (gáŭði) *m.* enjoyment, pleasure.

gaudir (gəŭði) *i.* to enjoy *t.*

gautxo, -txa (gáŭtʃu, -tʃə) *m.-f.* gaucho.

gavadal (gəβəðál) *m.* trough. ‖ fig. *un* ~ *de*, loads of.

gavardina (gəβərðínə) *f.* raincoat.

gavarra (gəβárrə) *f.* MAR. barge.

gavarrot (gəβərrɔ́t) *m.* tack.

gavatx, -txa (gəβátʃ, -tʃə) *a.*, *m.-f.* pej. French. ▪ 2 *m.-f.* pej. Frog.

gavella (gəβέʎə) *f.* AGR. sheaf.

gavet, -ta (gəβέt, -tə) *m.* BOT. rhododendron. 2 *f.* mortar trough.

gavià (gəβiá) *m.* ORNIT. seagull.

gavina (gəβínə) *f.* ORNIT. seagull.

gebrada (ʒəβráðə) *f.* See GEBRE.

gebrar (ʒəβrá) *i.* to freeze. ▪ 2 *t.* COOK. to frost with sugar.

gebre (ʒέβrə) *m.* frost, hoar frost.

gec (ʒέk) *m.* jacket.

gegant, -ta (ʒəɣán, -tə) *a.*, *m.-f.* giant. 2 *f.* giantess.

gegantesc, -ca (ʒəɣəntέsk, -kə) *a.* gigantic.

gel (ʒέl) *m.* ice. ‖ fig. *trencar el* ~, to break the ice.

gelar (ʒəlá) *t.-i.-p.* to freeze.

gelat, -ada (ʒəlát, -áðə) *a.* frozen. ▪ 2 *m.* ice cream. 3 *f.* freeze-up.

gelatina (ʒələtínə) *f.* gelatine.

gelea (ʒəlέə) *f.* jelly.

gelera (ʒəlέrə) *f.* glacier.

gèlid, -da (ʒέlit, -ðə) *a.* freezing, icy.

gelosia (ʒəluzíə) *f.* jealousy.

gemec (ʒəmέk) *m.* groan; moan.

gemegaire (ʒəməɣáirə) *m.-f.* moaner; groaner; wailer.

gemegar (ʒəməɣá) *i.* to moan, to groan [with pain].

geminat, -ada (ʒəminát, -áðə) *a.* geminate, arranged in pairs.

Gèmini (ʒέmini) *m.* ASTROL. Gemini.

gemir (ʒəmí) *i.* See GEMEGAR.

gemma (ʒέmə) *f.* BOT. bud. 2 MINER. gem.

gen (ʒεn) *m.* BIOL. gene.

genciana (ʒənsiánə) *f.* BOT. gentian.

gendarme (ʒəndármə) *m.* gendarme.

gendre (ʒέndrə) *m.* son-in-law.

genealogia (ʒənəəluʒíə, coll. ʒənəuluʒíə) *f.* genealogy.

gener (ʒəné) *m.* January.

generació (ʒənərəsió) *f.* generation.

generador, -ra (ʒənərəðó, -rə) *a.* generating. ▪ 2 *m.* TECH. generator.

general (ʒənərál) *a.* general. ▪ 2 *m.* MIL. general.

generalitat (ʒənərəlitát) *f.* generality. 2 majority. 3 POL., HIST. the autonomous government of Catalonia and Valencia.

generalitzar (ʒənərəlidzá) *t.* to generalise. ▪ 2 *p.* to become more common.

generar (ʒənərá) *t.* to generate.

gènere (ʒέnərə) *m.* class, type, sort. 2 GRAMM. gender. 3 COMM. material, stuff.

generós, -osa (ʒənərós, -ózə) *a.* generous.

generositat (ʒənəruzitát) *f.* generosity.

gènesi (έnəzi) *f.* genesis, beginning.

genet (ʒənέt) *m.* jockey; horseman.

genètica (ʒənέtikə) *f.* genetics.

geni (ʒέni) *m.* MYTH. genie. 2 genius. 3 temper: *té mal* ~, he's bad-tempered.

genial (ʒəniál) *a.* inspired, brilliant.
genialitat (ʒəniəlitát) *f.* genius. 2 brilliant idea, stroke of genius.
genital (ʒənitál) *a.* genital. ▪ 2 *m. pl.* genitals.
geniüt, -üda (ʒəniút, -úðə) *a.* bad-tempered, irascible.
geniva (ʒəniβə) *f.* ANAT. gum.
genoll (ʒənóʎ) *m.* ANAT. knee.
genollera (ʒənuʎérə) *f.* knee guard. 2 knee bandage.
Gènova (ʒɛ́nuβə) *pr. n. f.* GEOGR. Genoa.
gens (ʒens) *adv.* not at all. ‖ *no m'agrada gens,* I don't like it at all. 2 any *en vols* ~?, do you want a bit? 3 *gairebé* ~, hardly at all.
gent (ʒen) *f.* people *pl.*
gentada (ʒəntáðə) *f.* crowd.
gentalla (ʒəntáʎə) *f.* riffraff.
gentil (ʒəntil) *a.* elegant, graceful. 2 REL. gentile; pagan, heathen.
gentilhome (ʒəntilɔ́mə) *m.* ant. gentleman.
gentilici, -cia (ʒəntilisi, -siə) *a.* national; tribal; family.
genuflexió (ʒənufləksió) *f.* genuflexion.
genuí, -ïna (ʒənui, -inə) *a.* genuine, real.
geògraf, -fa (ʒəɔ́ɣrəf, -fə) *m.-f.* geographer.
geografia (ʒəuɣrəfiə) *f.* geography.
geòleg, -òloga (ʒəɔ́lək, -ɔ́luɣə) *m.-f.* geologist.
geologia (ʒəuluʒiə) *f.* geology.
geometria (ʒəumətriə) *f.* geometry.
gep (ʒep) *m.* hump.
gepa (ʒɛ́pə) *f.* See GEP.
geperut, -uda (ʒəpərút, -úðə) *a.* humpbacked.
gerani (ʒəráni) *m.* BOT. geranium; pelargonium.
gerd (ʒɛr(t)) *m.* BOT. raspberry.
gerent (ʒərén) *m.* director, manager.
geriatria (ʒəriətriə) *f.* MED. geriatrics.
germà, -ana (ʒərmá, -ánə) *m.* brother. 2 *f.* sister.
germanastre, -tra (ʒərmənástrə, -trə) *m.* step-brother. 2 *f.* step-sister.
germandat (ʒərməndát) *f.* brotherhood.
germani (ʒərmáni) *m.* MINER. germanium.
germanor (ʒərmənó) *f.* companionship.
germen (ʒɛ́rmən) *m.* BIOL. germ.
germinar (ʒərminá) *i.* to germinate.
gernació (ʒərnəsió) *f.* crowd.
gerontologia (ʒəruntuluʒiə) *f.* MED. gerontology.
gerra (ʒɛ́rrə) *f.* jug.
gerro (ʒɛ́rru) *m.* vase, flower vase.
gespa (ʒɛ́spə) *f.* lawn.
gessamí (ʒəsəmi) *m.* BOT. jasmine.
gest (ʒes(t)) *m.* gesture. 2 *mal* ~, awkward movement which causes injury.

gesta (ʒɛ́stə) *f.* deed, exploit.
gestació (ʒəstəsió) *f.* gestation.
gesticular (ʒəstikulá) *i.* to gesticulate.
gestió (ʒəstió) *f.* management; handling. 2 step, measure.
gestionar (ʒəstiuná) *t.* to take steps to achieve; to negotiate.
gestor, -ra (ʒəstó, -rə) *a., m.-f.* administrator, manager.
gibrell (ʒiβréʎ) *m.* basin; bowl.
gibrelleta (ʒiβrəʎétə) *f.* chamber pot.
gimnàs (ʒimnás) *m.* gymnasium.
gimnasta (ʒimnástə) *m.-f.* gymnast.
gimnàstica (ʒimnástikə) *f.* gymnastics.
ginebra (ʒinéβrə) *f.* gin.
Ginebra (ʒinébrə) *pr. n. f.* GEOGR. Geneva.
ginebró (ʒinəβró) *m.* BOT. juniper.
ginecologia (ʒinəkuluʒiə) *f.* MED. gynaecology, (USA) gynecology.
ginesta (ʒinéstə) *f.* BOT. broom.
gingiva (ʒinʒiβə) *f.* (ROSS.) See GENIVA.
gínjol (ʒinʒul) *m.* BOT. jujube. ‖ *més content que un* ~, as happy as a sandboy.
giny (ʒiɲ) *m.* device; contrivance; engine. 2 strategem.
gir (ʒir) *m.* turn, rotation. 2 ~ *postal,* postal or money order. 3 turn of phrase.
gira (ʒirə) *f.* the underside; the inside.
girada (ʒiráðə) *f.* turn. 2 twist. 3 turning place.
giragonsa (ʒirəɣónsə) *f.* bend, turn.
girafa (ʒiráfə) *f.* giraffe.
girar (ʒirá) *t.* to turn, to turn over; to turn round. ‖ fig. ~ *cua,* to turn tail. ▪ 2 *i.* to turn; to spin; to go round. ▪ 3 *p.* to turn round. 5 to twist. ‖ fig. *s'ha girat la truita,* the tables have turned.
gira-sol (ʒirəsɔ́l) *m.* BOT. sunflower.
giratori, -òria (ʒirətɔ́ri, -ɔ́riə) *a.* gyratory.
giravoltar (ʒirəβultá) *i.* to go round, to spin, to spin round.
Girona (ʒironə) *pr. n. f.* GEOGR. Gerona.
gitano, -na (ʒitánu, -nə) *m.-f.* gipsy.
gitar (ʒitá) *t.* to throw; to throw out; to throw up. ▪ 2 *p.* (VAL.) to go to bed.
gla (gla) *f.* BOT. acorn.
glaç (glas) *m.* ice.
glaçar (gləsá) *t.-i.* to freeze.
glacera (gləsérə) *f.* See GELERA.
glacial (gləsiál) *a.* icy; glacial. ‖ *era* ~, ice age.
gladiador (gləðiəðó) *m.* gladiator.
gland (glan) *m.* ANAT. glans.
glàndula (glándulə) *f.* gland.
glatir (gləti) *i.-t.* to long for *i.,* to yearn for *i.;* to covet *t.*
glauc, -ca (gláuk, -kə) *a.* glaucous.
gleva (glɛ́βə) *f.* clod. 2 lump. 3 clot. 4 HIST. glebe. 5 fam. slap.

glicerina (glisərinə) *f.* glycerine.
global (gluβál) *a.* global, total.
glòbul (glɔ́βul) *m.* globule. *2* corpuscle.
globus (glɔ́βus) *m.* balloon. *2 ~ terraqüi,* the Earth.
gloc-gloc (glɔgglɔ́k) *m.* glug-glug.
glop (glop) *m.* sip, gulp, swallow.
glopada (glupáðə) *f.* mouthful. *2* puff [smoke].
glopejar (glupəʒá) *t.* to rinse one's mouth out. *2* to taste a liquid by swilling it round one's mouth.
glòria (glɔ́riə) *f.* glory.
Glòria (glɔ́riə) *pr. n. f.* Gloria.
glorieta (gluriétə) *f.* arbour; bower.
glorificar (glurifiká) *t.* to glorify.
glosa (glɔ́zə) *f.* See GLOSSA.
glossa (glɔ́sə) *f.* footnotes, annotation. *2* commentary. *3* gloss [poetry].
glossari (glusári) *m.* glossary.
glotis (glɔ́tis) *f.* ANAT. glottis.
glucosa (glukózə) *f.* CHEM. glucose.
gluten (glútən) *m.* gluten.
gnom ((g)nom) *m.* gnome.
gnòstic, -ca ((g)nɔ́stik, -kə) *a., m.-f.* gnostic.
gobelet (guβəlét) *m.* dice cup.
godall (guðáʎ) *m.* piglet.
godallar (guðəʎá) *t.* to farrow.
goig (gɔtʃ) *m.* joy, enjoyment. ‖ *fer ~,* to ˈlook pretty or lovely.
gol (gol) *m.* goal.
gola (gólə) *f.* throat. *2* mouth [caves, harbours, etc.]. *3* MIL. gorget. *4* ruff. *5* gluttony, greed.
golafre (guláfrə) *a.* greedy, gluttonous. ▪ *2 m.-f.* glutton.
golafreria (guləfrəriə) *f.* greed, gluttony.
goleta (gulétə) *f.* MAR. schooner.
golf (golf) *m.* GEOGR. gulf; bay. *2* SP. golf.
golfa (gólfə) *f.* attic, loft.
goll (goʎ) *m.* MED. goitre.
gom a gom (gɔməɣóm) *phr. de ~,* chockfull, jam packed.
goma (gómə) *f.* gum. *2* rubber.
gònada (gɔ́nəðə) *f.* ANAT., BIOL. gonad.
gòndola (góndulə) *f.* NAUT. gondola.
gonfanó (gumfənó) *m.* standard, banner.
gong (goŋ) *m.* MUS. gong.
goriHa (gurilə) *m.* ZOOL. gorilla.
gorja (gɔ́rʒə) *f.* throat. *2* gorge. *3* groove. *4* lever [in lock]. *5* pool [in river].
gormand, -da (gurmán, -də) *a.* greedy. *2* sybaritic.
gorra (górrə) *f.* cap. ‖ *de ~,* on the scrounge; without paying.
gorrejar (gurrəʒá) *i.* to scrounge, to sponge.
gorrer, -ra (gurrér, -rə) *m.-f.* scrounger.

gos, gossa (gos, gósə) *m.* ZOOL. dog. *2* (VAL.) See MANDRA. *3 f.* bitch.
gosadia (guzəðíə) *f.* daring.
gosar (guzá) *i.* to dare.
got (gɔt) *m.* glass.
gota (gótə) *f.* drop, bead [of liquid]. ‖ *assemblar-se com dues gotes d'aigua,* to be as alike as two peas in a pod; *caure quatre gotes,* to spit with rain; *la ~ que fa vessar el vas,* the straw that breaks the camel's back; *ni ~,* (none) at all; *suar la ~,* to sweat blood. *2* MED. gout.
gotejar (gutəʒá) *i.* to drip. *2* to drizzle.
gotera (gutérə) *f.* leak.
gòtic, -ca (gɔ́tik, -kə) *a.* Gothic.
gotim (gutím) *m.* bunch of grapes.
govern (guβérn) *m.* government.
governador, -ra (guβərnəðó, -rə) *m.-f.* governor.
governall (guβərnáʎ) *m.* MAR. rudder.
governant (guβərnán) *a.* governing, ruling. ▪ *2 m.-f.* governor, ruler.
governar (guβərná) *t.* to govern, to rule. *2* MAR. to steer.
gra (grə) *m.* grain [cereals, sand, etc.]. ‖ *~ de raïm,* grape. *2* spot. *3* bead [necklaces]. *4* fig. *anar al ~,* to get to the point. ‖ fig. *fer-ne un ~ massa,* to go a bit too far.
gràcia (gràciə) *f.* charm; style; attractiveness; wit. *2* grace, favour; pardon. *3 pl.* thanks. *4 fer ~ a,* to please *t.-i.,* to attract *t.* ‖ *em va fer molta ~,* it was really funny. *5 gràcies!,* thank you!, thanks!.
gràcil (gràsil) *a.* slim, slender; delicate.
grada (gráðə) *f.* step. *2* tier of seats.
gradació (grəðəsió) *f.* gradation.
graderia (grəðəriə) *f.* series of steps. *2* tier of seats.
graduació (grəðuəsió) *f.* graduation. *2* MIL. rank. *3* VIT. alcoholic content.
graduar (grəðuá) *t.* to graduate. *2* VIT. to determine the strength of. *3* to regulate, to set. *4* MIL. to confer a rank. ▪ *5 p.* EDUC. to graduate.
graella (grəéʎə) *f.* grill.
grafia (grəfiə) *f.* spelling. *2* graphic representation of a sound.
gràfic, -ca (gráfik, -kə) *a.* graphic. *2* vivid, lifelike. ▪ *3 m.* graph, diagram.
grafisme (grəfizmə) *m.* design.
grafista (grəfistə) *m.-f.* design artist.
grafit (grəfit) *m.* graphite.
grafologia (grəfuluʒiə) *f.* graphology.
gralla (gráʎə) *f.* ORNIT. jackdaw.
grallar (grəʎá) *i.* to caw.
gram (gram) *m.* gram, gramme. *2* BOT. Bermuda grass.
gramàtic, -ca (grəmàtik, -kə) *m.-f.* grammarian. *2 f.* grammar. *3* grammar book.

gramòfon (grəmɔ́fun) *m.* gramophone, (USA) phonograph.
gran (gran) *a.* big, large. *2* old, elderly. *3* great, famous. ■ *4 m. pl.* adults, grown-ups.
grana (gránə) *f.* seed.
granada (grənáðə) *f.* ARTILL. grenade.
granar (grəná) *i.* to seed [cereals].
granat, -ada (grənát, -áðə) *a.* AGR. with the grain formed [cereals]. *2* fig. grown-up, mature, adult.
G.B. *f.* *(Gran Bretanya)* G.B. (Great Britain).
Gran Bretanya (grán brətáɲə) *pr. n. f.* GEOGR. Great Britain.
grandària (grəndária) *f.* size.
grandesa (grəndέsə) *f.* size. *2* greatness. *3* grandeur.
grandiloqüència (grəndilukwénsiə) *f.* grandiloquence.
grandiós, -osa (grəndiós, -ózə) *a.* grandiose.
granellada (grənəʎáðə) *f.* MED. rash.
granellut, -uda (grənəʎút, -úðə) *a.* spotty, pimply.
graner (grəné) *m.* barn, granery. *2 m.-f.* grain dealer.
granera (grənέrə) *f.* (BAL.), (VAL.) See ESCOMBRA.
granger, -ra (grənʒέ, -rə) *m.-f.* farmer.
granís (grənís) *m.* METEOR. hail.
granissar (grənisá) *i.* to hail.
granissat, -ada (grənisát, -áðə) *a.* iced drink. *2 f.* rash. *3* METEOR. hailstorm *m.*
granit (grənít) *m.* granite.
granívor, -ra (grəniβur, -rə) *a.* grain-eating.
granja (gránʒə) *f.* farm.
granota (grənɔ́tə) *f.* ZOOL. frog. *2* overall, overalls *pl.*
grànul (gránul) *m.* granule.
graó (grəó) *m.* step.
grapa (grápə) *f.* paw. ‖ *de quatre grapes,* on all fours. *2* coll. (bid) hand. *3* staple.
grapat (grəpát) *m.* handful.
grapejar (grəpəʒá) *t.* to paw, to handle, to finger.
gras, -assa (gras, -ásə) *a.* fatty. *2* fat.
grat, -ta (grət, -tə) *a.* pleasing, agreeable, pleasant. ■ *2 m.* liking: *és del meu ~,* it is to my liking.
gratacel (grətəsέl) *m.* skyscraper.
gratar (grətá) *t.* to scrape, to scratch.
gratificació (grətifikəsió) *f.* reward, recompense. *2* gratification.
gratificar (grətifiká) *t.* to reward, to recompense. *2* to gratify.
gratis (grátis) *adv.* free (of charge).
gratitud (grətitút) *f.* gratitude, gratefulness.
gratuït, -ta (grətuit, -tə) *a.* free (of charge).

2 gratuitous, uncalled for; unfounded, unjustified.
grau (graŭ) *m.* degree, stage. *2* step. *3* measure, rate. *4* degree.
grava (gráβə) *f.* gravel.
gravador, -ra (grəβəðó, -rə) *m.-f.* engraver.
gravamen (grəβámən) *m.* tax, obligation. *2* fig. obligation, burden.
gravar (grəβá) *t.* to engrave, to etch; to carve. *2* to tax; to levy. *3* fig. to engrave, to etch, to carve.
gravat, -ada (grəβát, -áðə) *a.* engraved, etched [also fig.]. ■ *2 m.* etching; engraving; print; illustration.
gravetat (grəβətát) *f.* gravity. *2* fig. gravity, seriousness.
gravitar (grəβitá) *i.* gravitar.
grec, -ega (grέk, -έɣə) *a., m.-f.* Greek.
Grècia (grέsiə) *pr. n. f.* GEOGR. Greece.
gregal (grəɣál) *m.* METEOR. north-east wind.
gregari, -ària (grəɣári, -áriə) *a.* gregarious.
gregorià, -ana (grəɣuriá, -ánə) *a.* Gregorian.
greix (greʃ) *m.* fat; lard. *2* grease.
greixatge (grəʃádʒə) *m.* greasing, lubrification; oiling.
greixós, -osa (grəʃós, -ózə) *a.* fatty; greasy, oily.
gremi (grέmi) *m.* guild; union, association.
grenya (grέɲə) *f.* shock or mat of hair [on the face].
gres (gres) *m.* MINER. potter's clay. *2* stoneware, earthenware.
gresca (grέskə) *f.* hubbub, hullabaloo, commotion; uproar. *2* row, revolt; riot.
greu (grέŭ) *a.* heavy, weighty. *2* grave, serious, extreme. *3* *accent ~,* grave accent. *4* MUS. deep, low. *5* *saber ~,* to be sorry.
greuge (grέŭʒə) *m.* offence, (USA) offense; injustice; wrong. *2* grievance, complaint.
grèvol (grέβul) *m.* BOT. holly.
grill (griʎ) *m.* ENT. cricket. *2* piece, segment [of fruit].
grinyol (griɲɔ́l) *m.* howl, cry; shriek, screech. *2* screech [of tires, etc.], creak, squeak.
grinyolar (griɲulá) *i.* to howl; to shriek, to screech. *2* to creak, to screech [tires], to squeak.
grip (grip) *f.* MED. flu, influenza.
gripau (gripáŭ) *m.* ZOOL. toad.
gris, -sa (gris, -zə) *a., m.-f.* grey, (USA) gray.
groc, -oga (grɔ́k, -ɔ́ɣə) *a., m.-f.* yellow.
groller, -ra (gruʎέ, -rə) *a.* coarse, rough [texture]. *2* rude, coarse; impertinent.
grolleria (gruʎəriə) *f.* rudeness, coarseness; discourtesy. *2* rude or coarse thing; vulgar remark, crack.

gronxador (grunʃəðó) *m.* swing.
gronxar (grunʃá) *t.* to swing, to push (on swing). ▪ *2 p.* to swing.
gropa (grópə) *f.* rump, hindquarters; crupper [animals].
gros, -ossa (grós, -ósə) *a.* big; thick; fat. ‖ *dit ~,* thumb. ▪ *2 m.* mass, main, body. ‖ *el ~ de la manifestació,* the bulk of the demonstration. *3 f. la grossa de Nadal,* the (Christmas) jackpot. *4* (VAL.) See GRUIXUT.
grosser, -era (grusé, -érə) *a.* coarse, rude; crass, gross.
grosseria (grusəriə) *f.* crassness, rudeness; tactlessness.
grotesc, -ca (grutésk, -kə) *a.* grotesque, hideous.
grua (grúə) *f.* ORNIT. crane. *2* MECH. crane. *3* tow truck.
gruix (gruʃ) *m.* thickness; width.
gruixària (gruʃáriə) *f.* thickness; width.
gruixat, -ada (gruʃát, -àðə) *a.* (BAL.) See GRUIXUT.
gruixut, -uda (gruʃút, -úðə) *a.* thick; bulky, fat; heavy; large.
grum (grum) *m.* bellboy, (USA) bellhop.
grumet (grumét) *m.* MAR. cabin boy, ship's boy.
grumoll (grumóʎ) *m.* lump; clot; curd.
grunyir (gruɲi) *i.* to grunt; to growl. *2* to grumble. ▲ CONJUG. INDIC. Pres.: *gruny.*
grunyit (gruɲit) *m.* grunt; growl, snarl. *2* grumble, grouse.
grup (grup) *m.* group; cluster; batch. *2* unit, set.
gruta (grútə) *f.* grotto, cave.
guaita (gwáĭtə) *f.* vigilance, watch. *2 m.* guard, watchman.
guaitar (gwəĭtá) *t.* to watch, to keep an eye on. *2* to look at. *3* fig. *guaita!,* look!, listen!
gual (gwál) *m.* ford. *2* AUTO. entrance or exit across with parking is forbidden.
guant (gwán) *m.* glove.
guany (gwáɲ) *m.* gain, profit; benefit. *2* earnings.
guanyar (gwəɲá) *t.* to obtain, to earn, to win. *2* SP. to win, to beat; to score. *3* to gain. ▪ *4 p. ~-se el pa,* to earn one's living. *5* fig. to win [affection, support], to win over. ▪ *6 i.* to look better.
guarda (gwárðə) *m.-f.* guard, keeper; watchman.
guardaagulles (gwərðəɣúʎəs) *m.* RAIL. switchman.
guardabarrera (gwərðəβərrérə) *m.-f.* crossing keeper.
guardabosc (gwərðəβósk) *m.* forester,

gamekeeper, (USA) forest ranger, game warden.
guardacostes (gwərðəkóstəs) *m.* MAR. coastguard ship or vessel.
guardaespatlles (gwərðəspáʎʎəs) *m.* bodyguard. *2* shawl.
guardapols (gwárðəpóls) *m.* dustsheet. *2* dust coat.
guardar (gwərðá) *t.* to protect, to look after, to guard; to preserve. ‖ *Déu nos en guard!,* Heaven forbid! *2* to keep , to hold on to. *3* to put away. *4 Déu vos guard!,* God be with you! [greeting]. ▪ *5 p.* to refrain (*de,* from), to avoid (*de,* —). *6* to be careful, to look out (for oneself).
guarda-roba (gwərðərróβə) *m.* cloakroom, (USA) checkroom.
guàrdia (gwərðiə) *f.* guard, guards; police. *2* watch, guard, custody. ‖ *fer ~,* to be on guard or on duty. ▪ *3 m.* policeman, guardsman.
guardià, -ana (gwərðiá, -ánə) *m.-f.* guardian, custodian; keeper. *2* watchman, caretaker.
guardiola (gwərðiólə) *f.* money-box; piggy bank. ‖ *fer ~,* to save up, to put one's pennies away.
guardó (gwərðó) *m.* reward, recompense.
guarició (gwərisió) *f.* cure, healing; treatment.
guarir (gwəri) *t.* to cure; to treat. ▪ *2 i.-p.* to recover, to get well; to get better.
guarnició (gwərnisió) *f.* MIL. garrison. *2* adornment, embellishment; lining [of brake]; setting [of jewel]. *3* COOK. side dish, garnish.
guarnir (gwərni) *t.* MIL. to garrison. *2* to adorn; to trim, to set [jewels]. *3* COOK. to garnish.
Guatemala (gwatəmálə) *pr. n. f.* GEOGR. Guatemala.
guatemaltenc, -ca (gwətəməltéŋ, -kə) *a., m.-f.* Guatemalan.
guatlla (gwáʎʎə) *f.* ORNIT. quail.
guenyo, -ya (géɲu, -ɲə) *a.* cross-eyed.
guerra (gérrə) *f.* war, warfare.
guerrer, -ra (gərré, -rə) *a.* war, warlike. ▪ *2 m.-f.* warrior, soldier. *3 f.* combat jacket.
guerrilla (gərriʎə) *f.* guerrilla, warfare. *2* guerrilla [group].
guerriller (gərriʎé) *m.* guerrilla [person].
guerxo, -xa (gérʃu, -ʃə) *a.* cross-eyed. *2* twisted, bent.
guia (giə) *m.-f.* guide, leader. *2 f.* slide; runner. *3* guide, guidebook. ‖ *~ telefònica,* telephone directory.
guiar (giá) *t.* to guide, to show the way. *2* to direct, to lead.

guilla (giʎə) _f._ See GUINEU.

guillar (giʎá) _i._ to flee, to run away. ■ _2 p._ to go mad, to lose one's marbles.

guillat, -ada (giʎát, -áðə) _a._ mad; crackers, barmy.

Guillem (giʎɛm) _pr. n. m._ William.

guillotina (giʎutinə) _f._ guillotine. _2_ guillotine, paper cutter.

guillotinar (giʎutiná) _t._ to guillotine.

guineu (ginɛ̈u) _f._ ZOOL. vixen, fox.

guió (giò) _m._ dash, hyphen. _2_ sketch, outline. _3_ (film) script.

guionista (giunistə) _m.-f._ scriptwriter.

guionet (giunɛt) _m._ hyphen.

guirigall (giriɣáʎ) _m._ hubbub, din, roar.

guisar (gizá) _t._ to cook; to stew.

guisat (gizát) _m._ stew.

guitarra (gitárrə) _f._ MUS. guitar.

guitarrista (gitərristə) _m.-f._ guitarist, guitar player.

guitza (gidzə) _f._ kick [animal]. ‖ _tirar guitzes,_ to kick.

guix (guiʃ) _m._ plaster. _2_ chalk. _3_ plaster, (USA) cast.

guixar (giʃá) _i._ to make a mark, to write: _aquest bolígraf no guixa,_ this biro won't write. _2_ fig. to work. ■ _3 t._ to scribble on or in.

guspira (guspirə) _f._ spark; flash.

gust (gus(t)) _m._ taste [sense]. _2_ taste, flavour, (USA) flavor. _3_ pleasure. ‖ _si et ve de_ ~, if you like. _4_ style. ‖ _mal_ ~, bad taste.

gustós, -osa (gustós, -ózə) _a._ tasty, savoury, (USA) savory.

gutural (guturál) _a._ guttural.

H

H, h (ak) *f.* h [letter].
hàbil (áβil) *a.* skilful, clever; adept. *2 dia* ~, working day.
habilitar (əβilitá) *t.* to enable; to entitle. *2* to convert (*com a,* into).
habilitat (əβilitát) *f.* skill, ability.
hàbit (áβit) *m.* habit, custom. *2* ECCL. habit. ‖ fig. *penjar els* ~*s,* to quit, to throw in the towel.
habitació (əβitəsió) *f.* room. *2* bedroom.
habitant (əβitán) *m.-f.* inhabitant. *2* resident, occupant.
habitar (əβitá) *t.* to inhabit, to live in. ▪ *2 i.* to live.
hàbitat (áβitət) *m.* habitat.
habitual (əβituál) *a.* habitual, regular.
habituar (əβituá) *t.* to accustom (*a,* to). ▪ *2 p.* to get accustomed or used (*a,* to).
Haia, La (áiə, lə) *pr. n. f.* GEOGR. The Hague.
haixix (əʃiʃ) *m.* hashish.
hajar (əʒá) *t.* (ROSS.) See AGAFAR.
ham (am) *m.* (fish) hook. *2* fig. bait.
hamaca (əmákə) *f.* hammock.
handbol (əmbɔ́l) *m.* SP. handball.
hangar (əŋgár) *m.* hangar.
harem (ərɛ́m) *m.* harem.
harmonia (ərmuníə) *f.* MUS. harmony. *2* fig. agreement, accord.
harmònic, -ca (ərmɔ́nik, -kə) *a.* MUS. harmonic. *2 f.* harmonica, mouth-organ.
harmoniós, -osa (ərmuniós, -ózə) *a.* harmonious.
harmonitzar (ərmunidzá) *t.* to harmonize. ▪ *2 i.* to harmonize, to adapt; to come to terms.
harmònium (ərmɔ́nium) *m.* MUS. harmonium.
harpia (ərpíə) *f.* MYTH. harpy.
havà, -ana (əβá, -ánə) *a.* GEOGR. of Havana. ▪ *2 m.-f.* GEOGR. native of Havana. *3 m.* (Havana) cigar.

havanera (əβanɛ́rə) *f.* MUS. habanera.
haver (əβɛ́) *m.* COMM. assets.
haver (əβɛ́) *aux.* to have. ‖ ~ *de,* to have to. ▪ *2* ~-*hi, impers.* to be [with *there* as a subject]. ‖ *hi ha dos llibres al prestatge,* there are two books on the shelf. ▪ *3 t.* to have; to own, to possess.
hebdomadari, -ària (əbdumədári, -áriə) *a.* weekly.
hebreu, -ea (əβrɛ́u, -ɛ́ə) *a., m.-f.* GEOGR., LING. Hebrew.
hecatombe (əkətómbə) *f.* hecatomb. *2* fig. slaughter.
hectàrea (əktáreə) *f.* hectare.
hectogram (əktuɣrám) *m.* hectogram.
hectolitre (əktulítrə) *m.* hectolitre, (USA) hectoliter.
hectòmetre (əktɔ́mətrə) *m.* hectometre, (USA) hectometer.
hedonisme (əðunízmə) *m.* hedonism.
hegemonia (əʒəmuníə) *f.* hegemony.
Helena (əlɛ́nə) *pr. n. f.* Helen.
heli (ɛ́li) *m.* helium.
hèlice (ɛ́lisə) *f.* helix, spiral. *2* AER., NAUT. propeller.
helicòpter (əlikɔ́ptər) *m.* helicopter, chopper.
hèlix (ɛ́liks) *f.* See HÈLICE.
heHènic, -ca (əllɛ́nik, -kə) *a.* Hellenic.
heHenisme (ələnízmə) *m.* Hellenism.
helvètic, -ca (əlβɛ́tik, -kə) *a.* Helvetic, Swiss.
hematoma (əmətómə) *m.* MED. haematoma; bruise.
hemicicle (əmisíklə) *m.* semi-circular theatre. *2* chamber, floor [of Parliament].
hemisferi (əmisfɛ́ri) *m.* hemisphere.
hemofília (əmufíliə) *f.* MED. haemophilia, hemophilia.
hemorràgia (əmurráʒiə) *f.* MED. haemorrhage, hemorrhage.

hemorroide (əmurrɔ́iðə) *f.* MED. haemorrhoids.
hendecasíHab, -ba (əndəkəsíləp, -βə) *a.* hendecasyllabic. ∎ *2 m.* hendecasyllable.
hepàtic, -ca (əpátik, -kə) *a.* hepatic, liver.
hepatitis (əpəptítis) *f.* MED. hepatitis.
heptàgon (əptáɣun) *m.* heptagon.
herald (ərál) *m.* herald [also fig.].
heràldic, -ca (əráldik, -kə) *a.* heraldic. ∎ *2 f.* heraldry.
herba (ɛ́rβə) *f.* grass; herb. *2* grass [lawn].
herbari (ərβári) *m.* herbarium, plant collection.
herbei (ərβéi̯) *m.* lawn.
herbicida (ərβisíðə) *m.* CHEM. herbicide.
herbívor, -ra (ərβíβur, -rə) *a.* herbivorous.
herbolari (ərβulári) *m.* herbalist.
hereditari, -ària (ərəðitári, -áriə) *a.* hereditary, inherited.
herència (ərɛ́nsiə) *f.* inheritance, estate. *2* BIOL. heredity. *3* fig. heritage.
heretar (ərətá) *t.* to inherit; to be heir to. *2* to name as one's heir.
heretge (ərɛ́dʒə) *m.-f.* heretic.
heretgia (ərədʒíə) *f.* heresy.
hereu, -eva (ərɛ́u̯, -ɛ́βə) *m.-f.* heir, inheritor. ‖ *~ escampa,* spendthrift, squanderer.
hermafrodita (ərməfruðítə) *a.-m.* hermaphrodite.
hermètic, -ca (ərmɛ́tik, -kə) *a.* airtight, hermetic.
hèrnia (ɛ́rniə) *f.* MED. hernia.
heroi (ərɔ́i̯) *m.* hero.
heroïcitat (əruisitát) *f.* heroism. *2* heroic deed.
heroïna (əruínə) *f.* heroine. *2* heroin [drug].
herpes (ɛ́rpəs) *m.* MED. herpes; shingles.
hesitar (əsitá) *t.-i.* (ROSS.) See DUBTAR.
heterodox, -xa (ətəruðɔ́ks, -ksə) *a.* heterodox, unorthodox.
heterogeni, -ènia (ətəruʒɛ́ni, -ɛ́niə) *a.* heterogeneous.
heura (éu̯rə) *f.* BOT. ivy.
heure (ɛ́u̯rə) *t.* to get (hold of), to take over; to obtain. ‖ *phr. ~-se-les,* to have to contend, to be up (*amb,* against). ‖ *heus aquí,* this is, these are.
hexàgon (əgzáɣun) *m.* hexagon.
hexàmetre (əgzámətrə) *m.* hexameter.
hi (i) *pron.* there, here. ‖ *ja ~ som,* here we are, there we are. ‖ *no ~ ha ningú,* there's nobody here or there. ‖ *per on ~ has entrat?,* how did you get in (there). *2 t' ~ ajudaré; confia-~,* I'll help you; trust me. ‖ *no t' ~ amoïnis!,* don't worry about it! ‖ *pensa-~,* think about it. *3 no ~ sento,* I can't hear. ‖ *no ~ veig,* I can't see.
híbrid, -da (íβrit, -ðə) *a.* hybrid.
hidra (iðrə) *f.* MYTH. Hydra.

hidrat (iðrát) *m.* CHEM. hydrate.
hidratar (iðrətá) *t.* to hydrate; to moisturize.
hidràulic, -ca (iðráulik, -kə) *a.* hydraulic, water. ∎ *2 f.* hydraulics.
hidroavió (iðruəβió) *m.* seaplane.
hidrocarbur (iðrukərβúr) *m.* CHEM. hydrocarbon.
hidroelèctric, -ca (iðruəlɛ́ktrik, -kə) *a.* hydroelectric.
hidròfil, -la (iðrɔ́fil, -lə) *a.* absorbent. *2* hydrophilic.
hidrofòbia (iðrufɔ́βiə) *f.* hydrophobia.
hidrogen (iðrɔ́ʒən) *m.* hydrogen.
hidrografia (iðruɣrəfíə) *f.* hydrography.
hidrosfera (iðrusfɛ́rə) *f.* hydrosphere.
hiena (jena) *f.* ZOOL. hyena.
higiene (iʒiɛ́nə) *f.* hygiene; cleanliness.
higròmetre (iɣrɔ́mətrə) *m.* hygrometer.
higroscopi (iɣruskɔ́pi) *m.* hygroscope.
hilaritat (iləritát) *f.* hilarity; roar of laughter.
himen (imen) *m.* ANAT. hymen.
himne (imnə) *m.* hymn.
hindú (indú) REL. *a.-m.* Hindu.
hipèrbaton (ipɛ́rβətun) *m.* hyperbaton.
hipèrbole (ipɛ́rβulə) *f.* MATH. hyperbola. *2* LIT. hyperbole.
hipertròfia (ipərtrɔ́fiə) *f.* hypertrophy.
hípic, -ca (ípik, -kə) *a.* horse. *2* horseback riding.
hipnosi (ibnɔ́zi) *f.* hypnosis.
hipnotitzar (ibnutidzá) *t.* to hypnotize, to mesmerize.
hipocondria (ipukundríə) *f.* hypochondria.
hipocondríac, -ca (ipukundriák, -kə) *a., m.-f.* hypochondriac.
hipocresia (ipukrəzíə) *f.* hypocrisy, insincerity.
hipòcrita (ipɔ́kritə) *a., m.-f.* hypocritical, false. ∎ *2 m.-f.* hypocrite, double-talker.
hipodèrmic, -ca (ipuðɛ́rmik, -kə) *a.* hypodermic.
hipòdrom (ipɔ́ðrum) *m.* race-track [horses].
hipòfisi (ipɔ́fizi) *f.* ANAT. hypophisis.
hipopòtam (ipupɔ́təm) *m.* ZOOL. hippopotamus.
hipoteca (iputɛ́kə) *f.* mortgage; pledge.
hipotecar (iputəká) *t.* to mortgage; to bond, to pledge.
hipòtesi (ipɔ́təzi) *f.* hypothesis, conjecture.
hipotètic, -ca (iputɛ́tik, -kə) *a.* hypothetical, supposed.
hirsut, -ta (irsút, -tə) *a.* bristly, hairy.
hisenda (izɛ́ndə) *f.* (country) estate; hacienda. *2* finance. ‖ *inspector d'~,* tax inspector. ‖ *Ministeri d'~,* Treasury, Ministry of Finance.

hisendat, -ada (izəndát, -áðə) *m.-f.* landowner, property owner.
hispànic, -ca (ispánik, -kə) *a.* Hispanic, Spanish.
hissar (isá) *t.* to hoist.
histèria (istέriə) *f.* hysteria.
histèric, -ca (istέrik, -kə) *a.* hysterical.
historiador, -ra (isturiəðó, -rə) *m.-f.* historian.
història (istóriə) *f.* history. 2 story; tale. 3 fig. mess.
historial (isturiál) *a.* record. ‖ ~ *mèdic,* case history.
històric, -ca (istórik, -kə) *a.* historical. 2 historic.
historieta (isturiέtə) *f.* short story; anecdote. 2 ~ *il·lustrada,* (strip) cartoon.
histrió (istrió) *m.* ham [actor].
hivern (iβέrn) *m.* winter.
hivernacle (iβərnáklə) *m.* greenhouse, hothouse.
hivernar (iβərná) *i.* to hibernate.
ho (u) *pron.* it. ‖ ~ *has sentit?,* did you hear it? ‖ *no ~ sé,* I don't know. ‖ *qui s'~ creu?,* who believes such a thing?
hola (ólə) *interj.* hullo; (USA) hello, hi.
Holanda (ulándə) *pr. n. f.* GEOGR. Holland.
holandès, -esa (uləndέs, -έzə) *a.* Dutch. ■ 2 *m.* Dutchman. 3 Dutch [language]. 4 *f.* Dutchwoman.
holocaust (ulukáus(t)) *m.* holocaust. 2 fig. sacrifice.
hom (ɔm) *indef. pron.* ~ *creu que,* it is believed that. 2 one. ‖ *en aquests casos ~ no sap què dir,* in such cases one is at a loss for words.
home (ómə) *m.* man. ‖ ~ *de negocis,* businessman. ‖ ~ *de palla,* sidekick, henchman. 2 mankind. 3 husband.
homenatge (umənádʒə) *m.* homage; tribute, honour.
homeopatia (uməupətíə) *f.* homeopathy, homoeopathy.
homicida (umisíðə) *a.* homicidal. ‖ *acte* ~, act of murder.
homicidi (umisíði) *m.* murder, homicide.
homogeni, -ènia (umuʒέni, -έniə) *a.* homogeneous.
homòleg, -òloga (umɔ́lək, -ɔ́luɣə) *a.* matching, corresponding; homologous.
homònim, -ma (umɔ́nim, -mə) *a.* homonym.
homosexualitat (umusəksuəlitát) *f.* homosexuality.
homosexual (umusəksuál) *a., m.-f.* homosexual; gay.
honest, -ta (unέs(t), -tə) *a.* decent, proper. 2 modest.

honestedat (unəstəðát) *f.* decency. 2 modesty; purity.
hongarès, -esa (uŋgərέs, -έzə) *a., m.-f.* Hungarian.
Hongria (uŋgríə) *pr. n. f.* GEOGR. Hungary.
honor (unór) *m.* honour, (USA) honor. 2 prestige.
honorable (unurábblə) *a.* honourable, (USA) honorable.
honorar (unurá) *t.* See HONRAR.
honorari, -ària (unurári, -áriə) *a.* honorary. ■ 2 *m. pl.* fees, charges.
honra (ónrrə) *f.* dignity; honour, (USA) honor. 2 good name, reputation.
honradesa (unrrəðέzə) *f.* honesty; integrity.
honrar (unrrá) *t.* to honour, (USA) to honor.
honrat, -ada (unrrát, -áðə) *a.* honest, decent; truthful.
hoquei (ukέi) *m.* SP. hockey.
hora (órə) *f.* hour. 2 time. ‖ *d'*~, early; *és* ~ *de plegar,* it's time to stop [work]; *quina* ~ *és?,* what time is it?
horabaixa (ɔrəβáʃə) *f.* (BAL.) See TARDA.
horari, -ària (urári, -áriə) *a.* hourly; time, hour. ■ 2 *m.* timetable, schedule. ‖ *quin* ~ *fas?,* what's your timetable like?
horda (órðə) *f.* horde. 2 swarm, mob.
horitzó (uridzó) *m.* horizon [also fig.].
horitzontal (uridzuntál) *a.* horizontal.
hormona (urmónə) *f.* hormone.
horòscop (urɔ́skup) *m.* horoscope.
horrible (urríbblə) *a.* horrifying, horrid; horrible; ghastly, dreadful.
horror (urrór) *m.* horror; dread.
horroritzar (urruridzá) *t.* to horrify; to terrify.
horrorós, -osa (urrurós, -ózə) *a.* horrible, terrible; horrifying. 2 fig. awful; hideous. ‖ *una calor horrorosa,* dreadful heat.
hort (ɔr(t)) *m.* kitchen garden, back garden.
horta (ɔ́rtə) *f.* (large) vegetable garden, market garden.
hortalissa (urtəlisə) *f.* vegetable.
hortènsia (urtέnsiə) *f.* BOT. hydrangea.
hortolà, -ana (urtulá, -ánə) *m.-f.* (market) gardener.
hospici (uspísi) *m.* hospice [for the destitute], poorhouse.
hospital (uspitál) *m.* hospital.
hospitalari, -ària (uspitəlári, -áriə) *a.* hospital. 2 hospitable.
hospitalitat (uspitəlitát) *f.* hospitality.
hospitalitzar (uspitəlidzá) *t.* to hospitalize, to send to hospital.
hostal (ustál) *m.* inn, small hotel; hostel.
hostaler, -ra (ustəlέ, -rə) *m.-f.* innkeeper, hosteler.

hoste (ɔ́stə) *m.* guest. *2* host.

hostessa (ustέsə) *f.* guest. *2* hostess. *3* air hostess, stewardess.

hòstia (ɔ́stiə) *f.* REL. host. *2* fig. punch, clout, whack.

hostil (ustíl) *a.* hostile.

hostilitat (ustilitát) *f.* hostility, enmity. *2* hostile act.

hostilitzar (ustilidzá) *t.* to harass [enemy]. *2* fig. to antagonize.

hotel (utέl) *m.* hotel.

hui (wí) *adv.* (VAL.) See AVUI.

huit (wit) (VAL.) See VUIT.

hule (úlə) *m.* oilskin, oilcloth.

hulla (úʎə) *f.* MINER. (soft) coal.

humà, -ana (umá, -ánə) *a.* human. *2* humane. ■ *3 m. pl.* mankind, humanity.

humanisme (umənízmə) *m.* humanism.

humanitari, -ària (umənitári, -áriə) *a.* humanitarian.

humanitat (umənitát) *f.* humanity.

humanitzar (umənidzá) *t.* to humanize, to make humane.

húmer (úmər) *m.* ANAT. humerus.

humil (umíl) *a.* humble, meek. *2* lowly, poor. ‖ *una família* ~, a humble family.

humiliació (umiliəsió) *f.* humiliation, disgrace.

humiliar (umiliá) *t.* to humiliate; to disgrace, to shame. *2* to humble, to lower. ■ *3 p.* to humble or lower oneself.

humilitat (umilitát) *f.* humility, humbleness.

humit, -ida (umít, -íðə) *a.* damp, humid; moist, wet.

humitat (umitát) *f.* humidity, dampness; moisture.

humitejar (umitəʒá) *t.* to dampen, to wet, to moisten; to humidify.

humor (umór) *m.* humour, (USA) humor [fluid]. *2* mood, temper. *3* humor, (USA) humor.

humorisme (umurízmə) *m.* humour, (USA) humor; humorousness.

humorístic, -ca (umurístik, -kə) *a.* funny, humorous.

humus (úmus) *m.* humus.

huracà (urəká) *m.* hurricane.

hurra! (úrrə) *interj.* hurray!, hurrah!

hússar (úsər) *m.* MIL. hussar.

I

I, i (i) *f.* i [letter].
i (i) *conj.* and.
iaia (jájə) *f.* coll. granny, grandma.
ianqui (jáŋki) *a., m.-f.* Yankee, American.
iarda (járðə) *f.* yard [measurement].
iber, -ra (iβər, -rə) *a., m.-f.* HIST. Iberian.
ibèric, -ca (iβέrik, -kə) *a.* Iberian.
iceberg (isəβέrk) *m.* iceberg.
icona (ikónə) *f.* icon, ikon.
ICONA (ikónə) *m. (Instituto Nacional para la Conservación de la Naturaleza)* (National Institute for the Preservation of Nature).
iconoclasta (ikunuklástə) *m.-f.* iconoclast.
icterícia (iktərísiə) *f.* MED. jaundice.
ictiologia (iktiuluʒiə) *f.* ichthyology.
idea (iðέə) *f.* idea. 2 plan, intention.
ideal (iðeál) *a.* ideal, perfect. ■ *2 m.* ideal, paragon. 2 ideal.
idealisme (iðeəlizmə) *m.* idealism.
idealista (iðeəlistə) *a.* idealistic. ■ *2 m.-f.* idealist.
idealitzar (iðeəlidzá) *t.* to idealize.
idear (iðeá) *t.* to think up; to devise, to plan.
ídem (íðem) *adv.* ditto, the same, idem.
idèntic, -ca (iðέntik, -kə) *a.* identical, (exactly) the same.
identificació (iðəntifikəsió) *f.* identification.
identificar (iðəntifiká) *t.* to identify. ■ *2 p.* to identify [with something, someone]. 3 to identify oneself.
identitat (iðəntitát) *f.* identity.
ideologia (iðəuluʒiə) *f.* ideology.
idiHi (iðili) *m.* idyll, idyl. 2 love affair.
idioma (iðiómə) *m.* language.
idiosincràsia (iðiusiŋkráziə) *f.* idiosyncrasy.
idiota (iðiótə) *a.* MED. idiotic, imbecile. ■ *2 m.-f.* idiot, imbecile. 3 fig. half-wit, dimwit, (USA) dummy.
idiotesa (iðiutέzə) *f.* MED. idiocy, imbecility. 2 fig. stupid or foolish thing.

idiotisme (iðiutizmə) *m.* idiom, (idiomatic) expression.
idò (iðɔ́) *conj.* (BAL.) See DONCS.
ídol (íðul) *m.* idol [also fig.].
idolatria (iðulətriə) *f.* idolatry, idolism. 2 fig. idolatry, (hero) worship.
idoni, -ònia (iðɔ́ni, -ɔ́niə) *a.* suitable, fit, appropriate; apt, capable.
Ignasi (iŋnázi) *pr. n. m.* Ignatius.
ignomínia (iŋnumíniə) *f.* ignominy, disgrace.
ignorància (iŋnuránsiə) *f.* ignorance.
ignorar (iŋnurá) *t.* not to know, to be unaware (—, of). 2 to ignore.
ignot, -ta (iŋnɔ́t, -tə) *a.* unknown, undiscovered.
igual (iɣwál) *a.* the same, equal. ‖ *m'és ~,* it's all the same to me, I don't mind. 2 alike, similar. 3 even, level; constant. ■ *4 adv.* like. ‖ *~ que,* the same as. ■ *5 m.* equal. 6 equals sign, (USA) equal mark or sign.
igualar (iɣwəlá) *t.* to make equal, to equalize. 2 MATH. to equate (*a*, to). 3 to consider equal. 4 to become equal. 5 to level; to even out, to smooth.
igualtat (iɣwəltát) *f.* equality; similarity, alikeness. 2 evenness, levelness; uniformity.
illa (iʎə) *f.* island, isle. 2 block [of houses, buildings].
iHegal (iləɣál) *a.* illegal.
iHegalitat (iləɣəlitát) *f.* illegality.
iHegible (iləʒibblə) *a.* illegible.
iHegítim, -ma (iləʒitim, -mə) *a.* illegitimate; unlawful.
illenc, -ca (iʎέŋ, -kə) *a.* island. ■ *2 m.-f.* islander.
iHès, -esa (ilέs, -έzə) *a.* unhurt, unharmed.
iHícit (ilisit, -tə) *a.* illicit, unlawful.
iHimitat, -ada (ilimitát, -áðə) *a.* unlimited; limitless.

il·lògic, -ca (iɫɔʒik, -kə) a. illogical.
illot (iʎɔt) m. small island.
il·luminació (iluminəsió) f. lighting; illumination.
il·luminar (iluminá) t. to illuminate, to light up. 2 to install lighting [in hall, building, etc.]. 3 fig. to enlighten.
il·lús, -usa (ilús, -úzə) a. easily led or deceived.
il·lusió (iluzió) f. illusion, delusion. 2 false hope, wishful thinking. ‖ fer-se il·lusions, to build up false hopes. 3 thrill, excitement: em fa molta ~ que hagis pensat en mi, I'm thrilled that you thought of me.
il·lusionar (iluziuná) t. to deceive, to delude. ■ 2 p. to be thrilled, to get excited.
il·lusionista (iluziunistə) m.-f. conjuror, illusionist.
il·lusori, -òria (iluzɔri, -ɔriə) a. illusory, unreal.
il·lustració (ilustrəsió) f. learning; enlightenment. 2 illustration [in book, etc.].
il·lustrador, -ra (ilustrəðó, -órə) a. enlightening, instructive. ■ 2 m.-f. illustrator.
il·lustrar (ilustrá) t. to enlighten, to instruct. 2 to illustrate [book, etc.]. ■ 3 p. to learn, to acquire knowledge.
il·lustre (ilústrə) a. illustrious, famous.
imaginació (iməʒinəsió) f. imagination.
imaginar (iməʒiná) t. to imagine. 2 to think up, to conceive. ■ 3 p. to imagine, to fancy; to picture. ‖ imagina't!, (just) imagine!
imaginari, -ària (iməʒinári, -áriə) a. imaginary, fanciful, make-believe.
imaginatiu, -iva (iməʒinətíu, -íβə) a. imaginative, fanciful. ‖ és un nen molt ~, he's a boy with a lot of imagination.
imant (imán) m. magnet.
imatge (imádʒə) f. image; picture. 2 TV picture.
imbatible (imbətibblə) a. unbeatable; invincible.
imbecil (imbəcil) a. MED. imbecile. 2 fig. silly. ■ 3 m.-f. imbecile; idiot.
imberbe (imbérβə) a. beardless.
imbuir (imbui) t. to imbue, to instill.
imitació (imitəsió) f. imitating, imitation. 2 imitation, fake.
imitar (imitá) t. to imitate. 2 to mimic, to ape. 3 to counterfeit, to fake.
immaculat, -ada (imməkulát, -áðə) a. immaculate, spotlessly clean; unblemished.
immaterial (immətəriál) a. immaterial.
immediat, -ta (imməðiát, -tə) a. immediate.
immemorial (imməmuriál) a. immemorial.
immens, -sa (immés, -sə) a. immense, huge.
immensitat (immənsitát) f. immensity, hugeness.

immersió (immərsió) f. immersion, immersing; plunge.
immigració (immiɣrəsió) f. immigration.
immigrant (immiɣrán) a., m.-f. immigrant.
immigrar (immiɣrá) i. to immigrate.
imminent (imminén) a. imminent, impending.
immòbil (immɔβil) a. immobile, immovable. 2 motionless.
immobiliari, -ària (immuβiliári, -áriə) a. real estate. ■ 2 f. building society, (USA) real estate agency.
immobilitzar (immuβilidzá) t. to immobilize; to bring to a standstill.
immoble (immɔbblə) a. béns ~s, real estate. ■ 2 m. building.
immolar (immulá) t. to immolate.
immoral (immurál) a. immoral; unethical.
immoralitat (immurəlitát) f. immorality. 2 immoral act.
immortal (immurtál) a. immortal.
immortalitat (immurtəlitát) f. immortality.
immund, -da (immún, -də) a. filthy, dirty.
immune (immúnə) a. immune. 2 fig. free (de, from).
immunitat (immunitát) f. immunity.
immunitzar (immunidzá) t. to immunize.
immutable (immutábblə) a. immutable, unchangeable.
immutar (immutá) t. to alter, to cause a change in; to disturb. ■ 2 p. to lose one's self-possession; to change countenance.
impaciència (impəsiénsiə) f. impatience.
impacientar (impəsiəntá) t. to make impatient, to exasperate. ■ 2 p. to lose one's patience; to get worked up, to fret.
impacte (impáktə) m. impact [also fig.]; blow, hit.
imparcial (impərsiál) a. impartial, unbiased.
imparcialitat (impərsiəlitát) f. impartiality, fairness.
imparell (impəréʎ) a. MATH. odd.
impartir (impərtí) t. to impart; to distribute, to give out.
impassible (impəsibblə) a. impassive, cold.
impàvid, -da (impáβit, -ðə) a. fearless, intrepid.
impecable (impəkábblə) a. impeccable, faultless; spotless.
impediment (impəðimén) m. impeding, hindering. 2 impediment, hindrance.
impedir (impəðí) t. to impede, to hinder; to obstruct. 2 to keep from doing something, to thwart.
impel·lir (impəʎí) t. to impel, to drive [also fig.].
impenetrable (impənətrábblə) a. impenetrable [also fig.]. 2 fig. obscure:

impenitent (impənitén) *a.* impenitent.

imperar (impərá) *t.* to rule, to be in command; to prevail [also fig.].

imperatiu, -iva (impərətiŭ, -iβə) *a.-m.* imperative.

imperceptible (impərsəptíbblə) *a.* imperceptible, unnoticeable; slight.

imperdible (impərðíbblə) *a.* See AGULLA 2.

imperdonable (impərðunábblə) *a.* unforgivable, inexcusable.

imperfecció (impərfəksió) *f.* imperfection; defect, fault.

imperfecte, -ta (impərféktə, -tə) *a.* imperfect.

imperi (impéri) *m.* empire.

imperial (impəriál) *a.* imperial.

imperialisme (impəriəlízmə) *m.* imperialism.

imperialista (impəriəlíztə) *a.* imperialistic, imperialist. ∎ *2 m.-f.* imperialist.

imperiós, -osa (impəriós, -ózə) *a.* imperative, urgent. ‖ *una necessitat imperiosa,* a pressing need.

impermeabilitzar (impermeəβilidzá) *t.* to waterproof.

impermeable (impərmeábblə) *a.* impermeable, waterproof. ∎ *2 m.* raincoat, mackintosh.

impersonal (impərsunál) *a.* impersonal.

impertèrrit, -ta (impərtérrit, -tə) *a.* fearless; undaunted.

impertinència (impertinénsiə) *f.* irrelevance. *2* impertinence, insolence.

impertinent (impərtinén) *a.* irrelevant, uncalled for. *2* impertinent, rude.

impertorbable (impərturβábblə) *a.* imperturbable; unruffled.

ímpetu (impətu) *m.* impetus, driving force; momentum.

impetuós, -osa (impətuós, -ózə) *a.* impetuous; impulsive.

implacable (impləkábblə) *a.* implacable, relentless.

implantació (impləntəsió) *f.* implantation, insertion; introduction.

implantar (impləntá) *t.* to implant [also fig.]; to establish; to introduce.

implicació (implikəsió) *f.* implication, involvement.

implicar (impliká) *t.* to implicate. *2* to imply. *3* to involve.

implícit, -ta (implísit, -tə) *a.* implicit, implied.

implorar (implurá) *t.* to implove, to beseech; to urge, to adjure.

imponderable (impundərábblə) *a.-m.* imponderable.

imponent (impunén) *a.* impressive, imposing.

impopular (impupulár) *a.* unpopular.

import (impór(t)) *m.* amount, cost.

importació (impurtəsió) *f.* import, imports *pl. 2* importation. ‖ *d'~,* imported, import.

importància (impurtánsiə) *f.* importance; significance. ‖ *sense ~,* unimportant.

important (impurtán) *a.* important; significant. *2* large; sizeable, considerable.

importar (impurtá) *t.* to imply, to import. *2* to cost. *3* to import. ∎ *4 i.* to matter. ‖ *això a tu no t'importa,* this doesn't concern you.

importunar (impurtuná) *t.* to bother; to importune.

imposar (impuzá) *t.* to impose; to force. *2* fig. to impose [tax, etc.], to set [task]; to command [respect]. ∎ *3 p.* to prevail. *4* to impose one's authority.

imposició (impuzisió) *f.* imposition; duty, tax. *2* ECON. deposit.

impossibilitat (impusiβilitát) *f.* impossibility.

impossible (impusíbblə) *a.-m.* impossible. ‖ *fer els ~s,* to do one's utmost.

impost (impós(t)) *m.* tax, duty.

impostor, -ra (impustó, -rə) *m.-f.* impostor.

impotència (imputénsiə) *f.* impotence; powerlessness.

impotent (imputén) *a.* impotent; powerless, helpless.

impracticable (imprəktikábblə) *a.* impassable [road, etc.].

imprecís, -isa (imprəsís, -izə) *a.* imprecise.

imprecisió (imprəsizió) *f.* imprecision.

impregnar (imprəɲá) *t.* to impregnate, to saturate.

impremeditat, -ada (imprəməðitát, -áðə) *a.* unpremeditated.

impremta (imprémtə) *f.* printing. *2* press, printing house or office. *3* print. ‖ *lletra d'~,* block letters.

imprès (imprés) *m.* printed paper; form. *2 impresos,* printed matter.

imprescindible (imprəsindíbblə) *a.* essential, absolutely necessary.

impressió (imprəsió) *f.* impression, impress, imprint. *2* printing; edition. *3* fig. impression. *4* PHOTO. print, exposure.

impressionable (imprəsiunábblə) *a.* impressionable.

impressionar (imprəsiuná) *t.* to impress; to move, to affect. *2* PHOTO. to expose. ∎ *3 p.* to be impressed or moved.

impressionisme (imprəsiunízmə) *m.* ARTS Impressionism.

impressionista (imprəsiunístə) *a., m.-f.* Impressionist.

impressor, -ra (imprəsó, -rə) *a.* printing. ■ *2 m.-f.* printer. *3 f.* printing machine.
imprevisible (imprəβizíbblə) *a.* unforseeable, unpredictable.
imprevist, -ta (imprəβis(t), -tə) *a.* unexpected, unforeseen. ■ *2 m.* something unexpected.
imprimir (imprimí) *t.* to stamp, to print; to imprint. *2* to influence. *3* fig. to impress. ▲ Conjug. P. p.: *imprès*.
improbable (impruβábblə) *a.* unlikely, improbable.
improcedent (imprusəðén) *a.* inappropriate, inconvenient; untimely.
improductiu, -iva (impruðuktíŭ, -íβə) *a.* unproductive.
improperi (imprupéri) *m.* insult; offence, (USA) offense.
impropi, -òpia (imprɔ́pi, -ɔ́piə) *a.* improper; amiss, wrong.
improvís, -isa (impruβís, -ízə) *a.* sudden, unexpected. ‖ *d'~*, unexpectedly.
improvisació (impruβizəsió) *f.* improvisation. *2* MUS. impromptu.
improvisar (impruβizá) *t.* to improvise.
imprudència (impruðénsiə) *f.* imprudence, rashness. *2* unwise act.
imprudent (impruðén) *a.* imprudent, rash; unwise.
impúdic, -ca (impúðik, -kə) *a.* shameless, indecent.
impugnar (impuŋná) *t.* to oppose, to contest. *2* to impugn.
impuls (impúls) *m.* impulse, thrust, impetus. *2* fig. impulse, urge.
impulsar (impulsá) *t.* to propel, to drive. *2* to impel, to urge.
impulsiu, -iva (impulsíŭ, -íβə) *a.* impulsive.
impune (impúnə) *a.* unpunished.
impur, -ra (impúr, -rə) *a.* impure.
impuresa (impurézə) *f.* impurity.
imputar (imputá) *t.* to impute, to ascribe.
inacabable (inəkəβábblə) *a.* interminable; endless.
inacceptable (inəksəptábblə) *a.* unacceptable.
inaccessible (inəksəsíbblə) *a.* inaccessible.
inactiu, -iva (inəktíŭ, -íβə) *a.* inactive; idle.
inactivitat (inəktiβitát) *f.* inactivity; idleness.
inadaptat, -ada (inəðəptát, -áðə) *a.* maladjusted.
inadequat, -ada (inəðəkuát, -áðə) *a.* inadequate; unsuitable.
inadmissible (inəmmisíbblə) *a.* inadmissable.
inadvertència (inəbbərténsiə) *f.* inadvertence, negligence. *2* oversight, slip.
inaguantable (inəɣwəntábblə) *a.* unbeara-

ble, intolerable. ‖ *fa una calor ~*, it's unbearably hot.
inalterable (inəltərábblə) *a.* inalterable, immutable; fast [colour], permanent.
inanició (inənisió) *f.* starvation.
inanimat, -ada (inənimát, -áðə) *a.* lifeless, inanimate [also fig.].
inapetència (inəpəténsiə) *f.* lack or loss of appetite.
inapreciable (inəprəsiábblə) *a.* insignificant, inappreciable. *2* invaluable, inestimable.
inassequible (inəsəkíbblə) *a.* unattainable, out of reach.
inaudit, -ta (inəŭðít, -tə) *a.* unprecedented, unheard-of.
inauguració (inəŭyurəsió) *f.* inauguration, opening.
inaugurar (inəŭyurá) *t.* to inaugurate, to open.
inca (íŋkə) *a., m.-f.* Inca.
incalculable (iŋkəlkulábblə) *a.* incalculable.
incandescent (iŋkəndəsén) *a.* incandescent; glowing.
incansable (iŋkənsábblə) *a.* tireless, unflagging.
incapaç (iŋkəpás) *a.* incapable; incompetent; unable (*de*, to).
incapacitat, -ada (iŋkəpəsitát, -áðə) *a.* incapacitated. ■ *2 f.* incapacity, inability.
incaut, -ta (iŋkáŭt, -tə) *a.* incautious.
incendi (inséndi) *m.* fire, conflagration. ‖ *~ provocat*, arson attack. ‖ *perill d'~*, fire risk.
incendiar (insəndiá) *t.* to set fire to, to set on fire. ■ *2 p.* to catch fire.
incendiari, -ària (insəndiári, -áriə) *a.* incendiary. ‖ *bomba incendiària*, incendiary (device). ■ *2 m.-f.* arsonist.
incentiu (insəntíŭ) *m.* incentive, inducement.
incert, -ta (insér(t), -tə) *a.* uncertain, in the air; doubtful; vague.
incertesa (insərtézə) *f.* uncertainty; doubt.
incertitud (insərtitút) *f.* See INCERTESA.
incessant (insəsán) *a.* incessant, unceasing.
incest (insés(t)) *m.* incest.
incidència (insiðénsiə) *f.* incidence. *2* event.
incident (insiðén) *a.* incident.
incidir (insiðí) *i.* to fall (*sobre*, upon).
inceneració (insinərəsió) *f.* incineration; cremation.
incinerar (insinərá) *t.* to incinerate; to cremate.
incipient (insipién) *a.* incipient.
incís (insís) *m.* GRAMM. clause, sentence.
incisió (insizió) *f.* incision.
incisiu, -iva (insizíŭ, -íβə) *a.* sharp. *2* fig.

incisive; cutting [remark, etc.]. ▪ *2 f.* ANAT. incisor.

incitació (insitəsió) *f.* incitement.

incitar (insitá) *t.* to incite, to rouse.

incivilitzat, -ada (insiβilidzát, -áðə) *a.* uncivilized.

inclemència (iŋkləménsiə) *f.* harshness, inclemency.

inclinació (iŋklinəsió) *f.* inclination; incline, slope; stoop. *2* liking, inclination.

inclinar (iŋkliná) *t.* to incline; to slope, to tilt; to bend; to bow [head]. *2* fig. incline, lead. ▪ *3 p.* to bend forward, to bow. *4* to ' be inclined.

incloure (iŋklɔ́ŭrə) *t.* to include, to comprise. ‖ COMM. *tot inclòs,* all-in. *2* to enclose, to attach [correspondence]. ▲ CONJUG. like *cloure.* ‖ P. P.: *inclòs.*

inclusió (iŋkluzió) *f.* inclusion.

incoar (iŋkuá) *t.* LAW to start, to initiate.

incògnit, -ta (iŋkɔ́ɣnit, -tə) *a.* unknown. ▪ *2 m.-f.* incognito [person]. *3 f.* unknown quantity or factor. ‖ *adv. phr. d'incògnita,* incognito.

incoherència (iŋkuərɛ́nsiə) *f.* incoherence.

incoherent (iŋkuərɛ́n) *a.* incoherent; disconnected.

incolor, -ra (iŋkulór, -rə) *a.* colourless, (USA) colorless.

incòlume (iŋkɔ́lumə) *a.* unhurt, unharmed.

incommensurable (iŋkummənsurábblə) *a.* unmeasurable, incommensurable.

incòmode, -da (iŋkɔ́muðə, -ðə) *a.* uncomfortable. *2* uneasy; awkward. *3* embarrassing.

incomoditat (iŋkumuðitát) *f.* discomfort. *2* uneasiness; awkwardness.

incomparable (iŋkumpərábblə) *a.* incomparable.

incompatibilitat (iŋkumpətiβilitát) *f.* incompatibility.

incompatible (iŋkumpətíbblə) *a.* incompatible.

incompetent (iŋkumpətɛ́n) *a.* incompetent.

incomplet (iŋkumplɛ́t) *a.* incomplete.

incomprensible (iŋkumprənsíbblə) *a.* incomprehensible.

incomptable (iŋkumtábblə) *a.* innumerable, countless.

incomunicació (iŋkumunikəsió) *f.* isolation. *2* solitary confinement.

incomunicar (iŋkumuniká) *t.* to cut off, to isolate. *2* to hold incommunicado.

inconcebible (iŋkunsəβíbblə) *a.* inconceivable.

incondicional (iŋkundisiunál) *a.* unconditional; whole-hearted.

inconfusible (iŋkumfusíbblə) *a.* unmistakable.

incongruència (iŋkuŋgruɛ́siə) *f.* incongruity.

incongruent (iŋkuŋgruɛ́n) *a.* incongruous.

inconsciència (iŋkunsiɛ́nsiə) *f.* unconsciousness. *2* fig. unawareness; thoughtlessness.

inconscient (iŋkunsiɛ́n) *a.* unconscious. *2* fig. unaware; thoughtless. ▪ *3 m.* unconscious.

inconstància (iŋkunstánsiə) *f.* inconstancy; fickleness.

inconvenient (iŋkumbəniɛ́n) *a.* unsuitable, inappropriate. ▪ *2 m.* problem, difficulty; drawback.

incorporació (iŋkurpurəsió) *f.* embodiment, incorporation.

incorporar (iŋkurpurá) *t.* to incorporate. *2* to embody. *3* to sit up. ▪ *4 p.* to sit up. *5* to join (*a,* —) [society, club, etc.].

incorrecció (iŋkurrəksió) *f.* inaccuracy, imprecision; error; slip.

incórrer (iŋkórrə) *i.* to commit, to perform (*en,* —) [crime; error]. *2* to incur; to bring upon oneself [punishment]. ▲ CONJUG. like *córrer.*

incorruptible (iŋkurruptíbblə) *a.* incorruptible.

incrèdul, -la (iŋkrɛ́ðul, -lə) *a.* incredulous; sceptical.

increïble (iŋkrəíbblə) *a.* incredible, unbelievable.

increment (iŋkrəmɛ́n) *m.* increase, increment.

increpar (iŋkrəpá) *t.* to rebuke; to scold.

incriminar (iŋkriminá) *t.* to condemn, to find guilty. *2* to accuse; to incriminate.

incrustació (iŋkrustəsió) *f.* incrustation. *2* inlaying.

incrustar (iŋkrustá) *t.* to incrust. *2* to inlay. ▪ *3 p.* to be incrusted. *4* to be inlaid.

incubar (iŋkuβá) *t.* to incubate; to hatch.

inculcar (iŋkulká) *t.* to inculcate; to instil.

inculpar (iŋkulpá) *t.* to accuse (*de,* of); to blame (*de,* for).

inculte, -ta (iŋkúltə, -tə) *a.* uncultured, boorish. *2* AGR. unworked, uncultivated.

incultura (iŋkultúrə) *f.* lack of culture, boorishness, uncouthness.

incumbir (iŋkumbí) *i.* to be fitting. *2* to be the duty of.

incunable (iŋkunábblə) *m.* incunabulum, incunable.

incursió (iŋkursió) *f.* incursion; raid.

indagar (indəɣá) *t.* to investigate, to inquire into.

indecència (indəsɛ́nsiə) *f.* indecency; filth. *2* obscenity [state, remark]; indecent act.

indecís, -isa (indəsís, -izə) *a.* undecided. *2* indecisive; vacillating.

indecisió (indəsizió) *f.* indecision; lack of decision.

indefens, -sa (indəfɛns, -sə) *a.* defenceless, unprotected.

indefinit, -ida (indəfinit, -iðə) *a.* indefinite; undefined. 2 GRAMM. indefinite.

indeleble (indəlɛbblə) *a.* indelible.

indemne (indɛmnə) *a.* undamaged [thing]; unhurt, unharmed [person].

indemnització (indəmnidzəsió) *f.* damages *pl.;* compensation.

indemnitzar (indəmnidzá) *t.* to compensate (*per*, for).

independència (indəpəndɛnsiə) *f.* independence.

independent (indəpəndɛn) *a.* independent; self-sufficient.

indescriptible (indəskriptibblə) *a.* indescribable.

indesxifrable (indəʃifrábblə) *a.* undecipherable.

indeterminat, -ada (indətərmiát, -áðə) *a.* undetermined; not fixed or settled. 2 irresolute [person]. 3 GRAMM. indefinite.

índex (indəks) *m.* forefinger, index finger. 2 ratio. 3 list; index [book]. 4 MATH. index.

indi, índia (indi, indiə) *a., m.-f.* Indian.

Índia (indiə) *pr. n. f.* GEOGR. India.

Índic, oceà (indik, useá) *pr. n. m.* GEOGR. Indian Ocean.

indicació (indikəsió) *f.* indication; suggestion. 2 sign. 3 instruction.

indicador, -ra (indikəðó, -rə) *m.* indicator; gauge, meter.

indicar (indiká) *t.* to point out, to indicate, to show. 2 to suggest, to hint.

indici (indisi) *m.* indication, mark, sign.

indiferència (indifərɛnsiə) *f.* indifference; lack of interest.

indiferent (indifərɛn) *a.* uninterested; indifferent. ‖ *m'és ~,* it makes no difference to me.

indígena (indiʒənə) *a., m.-f.* native.

indigència (indiʒɛnsiə) *f.* poverty; destitution.

indigest, -ta (indiʒɛs(t), -tə) *a.* indigestible; hard to digest.

indigestió (indiʒəstió) *f.* indigestion.

indignació (indiɲnəsió) *f.* indignation, anger.

indignar (indiɲná) *t.* to infuriate; to anger. ■ *2 p.* to get angry.

indigne, -na (indiɲnə, -nə) *a.* unworthy (*de,* of). 2 fig. beneath (*de,* —).

indiot (indiɔt) *m.* turkey.

indirecte, -ta (indirɛktə, -tə) *a.* indirect. ■ *2 f.* hint, suggestion. ‖ *deixar anar una ~,* to drop a hint.

indisciplina (indisiplinə) *f.* lack of discipline, indiscipline.

indiscreció (indiskrəsió) *f.* tactlessness, lack of tact. 2 indiscreet or tactless act or remark.

indiscret, -ta (indiskrɛt, -tə) *a.* tactless, indiscreet.

indiscutible (indiskutibblə) *a.* unquestionable, indisputable.

indispensable (indispənsábblə) *a.* essential, indispensable.

indisposar (indispuzá) *t.* ~ *amb,* to make unpopular with; to set against. 2 to indispose; to make ill. ■ *3 p.* to fall ill.

indisposició (indispuzisió) *f.* MED. indisposition.

individu, -ídua (indiβiðu, -iðuə) *a., m.-f.* individual. 2 *m.-f.* coll. guy, chap. 3 member [club].

individual (indiβiðuál) *a.* individual.

individualisme (indiβiðuəlizmə) *m.* individualism.

indocumentat, -ada (indukuməntát, -áðə) *a.* not carrying identity papers.

indoeuropeu, -ea (induəŭrupɛ̆u, -ɛ̆ə) *a.* Indo-European.

índole (indulə) *f.* nature; character.

indolència (indulɛnsiə) *f.* apathy; indolence.

indòmit, -ta (indɔmit, -tə) *a.* untamed. 2 untameable [animal]; indomitable [person].

indret (indrɛt) *m.* spot; place. 2 LIT. passage; extract.

indubtable (induptábblə) *a.* unquestionable; indubitable.

inducció (induksió) *f.* inducement. 2 induction; inference. 3 ELECTR. induction.

induir (indui) *t.* to induce. 2 to infer. 3 ELECTR. to induce.

indulgència (indulʒɛnsiə) *f.* indulgence; clemency. 2 ECCL. indulgence.

indult (indúl(t)) *m.* LAW pardon; reprieve.

indultar (indultá) *t.* LAW to pardon; to reprieve.

indumentària (induməntáriə) *f.* study of period dress. 2 clothing, dress [worn].

indústria (indústriə) *f.* industry.

industrialitzar (industrialidzá) *t.* to industrialize.

inèdit, -ta (inɛðit, -tə) *a.* unpublished.

inefable (inəfábblə) *a.* ineffable; indescribable, inexpressible.

ineficàcia (inəfikásiə) *f.* inefficiency; incompetence; ineffectiveness.

inepte, -ta (inɛptə, -tə) *a.* inept, incompetent.

inèrcia (inɛrsiə) *f.* inertia. 2 apathy.

inerme (inɛrmə) *a.* unarmed; defenceless. 2 BOT. spineless, smooth.

inert, -ta (inɛ́r(t), -tə) *a.* inert; inactive, immobile.

inesperat, -ada (inəspərát, -áðə) *a.* unexpected.

inestable (inəstábblə) *a.* unstable; unsettled.

inestimable (inəstimábblə) *a.* invaluable.

inevitable (inəβitábblə) *a.* inevitable; unavoidable.

inexactitud (inəgzəktitút) *f.* inaccuracy; imprecision.

inexistent (inəgzistén) *a.* non-existent.

inexorable (inəgzurábblə) *a.* inexorable.

inexpert, -ta (inəkspɛ́r(t), -tə) *a.* inexpert; unexperienced.

inexplicable (inəksplikábblə) *a.* inexplicable; unaccountable.

inexplorat, -ada (inəksplurát, -áðə) *a.* unexplored.

inexpressiu, -iva (inəksprəsiŭ, -iβə) *a.* inexpressive; dull.

inexpugnable (inəkspuŋnábblə) *a.* MIL. unstormable; impregnable. *2* indomitable.

infaHibilitat (imfəliβilitát) *f.* infallibility.

infame (imfámə) *a.* infamous; vile.

infàmia (imfámiə) *f.* disgrace; disgracefulness.

infància (imfánsiə) *f.* infancy; childhood.

infant (imfán) *m.* infant; child.

infanteria (imfəntəriə) *f.* infantry.

infantesa (imfəntɛ́zə) *f.* infancy; childhood.

infanticidi (imfəntisiði) *m.* infanticide.

infantil (imfəntil) *a.* infant; child's, children's: *jocs ~s,* children's games. *2* childlike. *3* pej. childish, infantile.

infart (imfár(t)) *m.* heart-attack.

infatuar (imfətuá) *t.* to make vain or conceited. ■ *2 p.* to become vain or conceited.

infecció (imfəksió) *f.* infection.

infectar (imfəktá) *t.* to infect. to contaminate. *2* fig. to corrupt.

infecte, -ta (imfɛ́ktə, -tə) *a.* infected. *2* fig. corrupt.

infeliç (imfəlis) *a.* unhappy; wretched.

inferior (imfərió(r)) *a.* lower. *2* fig. pej. inferior. ■ *3 m.* inferior; subordinate.

inferioritat (imfəriuritát) *f.* inferiority. || *complex d'~,* inferiority complex.

inferir (imfəri) *t.* to infer, to deduce. *2* to inflict [wound, damage]; to cause [offence].

infermer, -ra (imfərmɛ́, -rə) *m.* male nurse. *2 f.* nurse.

infermeria (imfərməriə) *f.* infirmary.

infern (imfɛ́rn) *m.* hell.

infestar (imfəstá) *t.* to overrun; to infest. *2* to infect. ■ *3 p.* to be overrun or infested. *4* to be infected.

infidel (imfiðɛ́l) *a.* unfaithful. *2* REL. unbelieving. ■ *3* REL. unbeliever, infidel.

infidelitat (imfiðəlitát) *f.* infidelity, unfaithfulness.

infiltrar (imfiltrá) *t.* to infiltrate (*en,* into). ■ *2 p.* to filter (*en,* into), to infiltrate.

ínfim, -ma (imfim, -mə) *a.* lowest. *2* fig. meanest.

infinit, -ta (imfinit, -tə) *a.* infinite, endless. *2* fig. boundless. ■ *3 m.* infinity. *4* MATH. infinity. ■ *5 adv.* infinitely.

inflació (imfləsió) *f.* inflation. *2* MED. swelling.

inflamació (imfləməsió) *f.* ignition [catching fire]. *2* MED. inflammation.

inflamar (imfləmá) *t.* to ignite; to set fire or light to. *2* to inflame [also fig.]. ■ *3 p.* to catch fire. *4* MED. to become inflamed. *5* fig. to get excited. *6* fig. coll. to get het-up.

inflar (imflá) *t.* to inflate; to blow up. *2* fig. to exaggerate. *3* fig. coll. *~ el cap,* to fill somebody's head (*amb,* with). ■ *4 p.* to swell up. *5* fig. to get vain or conceited.

inflexible (imfləksibblə) *a.* rigid, inflexible; stiff.

inflexió (imfləksió) *f.* inflexion.

infligir (imfliʒi) *t.* to inflict (*a,* on).

inflor (imfló) *f.* fig. conceit; conceitedness, vanity. *2* MED. swelling.

influència (imfluénsiə) *f.* influence (*sobre,* on, over).

influir (imflui) *i.* to have or exercise influence (*sobre,* on, over). ■ *2 t.* to influence; to sway.

infondre (imfóndrə) *t.* fig. to instil (*a,* into); to fill with. || *~ por al contrari,* to fill the opponent with fear, to frighten the opponent. ▲ CONJUG. like *fondre.* || P. P.: *infós.*

informació (imfurməsió) *f.* information. *2* news; item or piece of news.

informal (imfurmál) *a.* informal; casual. *2* unreliable [person].

informar (imfurmá) *t.* to shape, to form. *2* to inform. ■ *3 p.* to inform oneself.

informàtic, -ca (imfurmətik, -kə) *a.* computer. ■ *2 m.-f.* computer scientist. *3* computer science.

informatiu, -iva (imfurmətiŭ, -iβə) *a.* informative; enlightening.

informe (imfórmə) *a.* shapeless, formless; unshapely. ■ *2 m.* report. *3 pl.* personal particulars.

infortunat, -ada (imfurtunát, -áðə) *a.* unfortunate, unlucky.

infortuni (imfurtúni) *m.* misfortune.

infracció (imfrəksió) *f.* infringement. *2* LAW

offence: ~ *de tràfic,* road traffic offence, driving offence. *3* LAW breach [contract].

infrastructura (imfrəstruktúrə) *f.* infrastructure.

infringir (imfrinʒí) *t.* to violate [terms]; to infringe [law]. *2* LAW to be in breach of [contract].

ínfula (ímfulə) *f.* infula. *2 pl.* fig. conceit, vanity.

infusió (imfuzió) *f.* infusion. *2* herbal tea.

ingent (inʒén) *a.* huge, enormous.

ingenu, -ènua (inʒénu, -énuə) *a.* naïve, innocent; artless, ingenuous.

ingenuïtat (inʒənuitát) *f.* naïveté, innocence; artlessness, ingenuousness.

ingerència (inʒərénsiə) *f.* interference; meddling.

ingerir (inʒərí) *t.* to swallow. ■ *2 p.* to meddle *(en,* in, with).

ingrat, -ta (ingrát, -tə) *a.* unpleasant. *2* thankless, unrewarding [task]. *3* ungrateful.

ingratitud (ingrətitút) *f.* ingratitude.

ingredient (ingrədién) *m.* ingredient.

ingrés (ingrés) *m.* entry, entrance. *2* admission [to club, school, etc.]. *3* COMM. sum deposited or received, deposit. *4 pl.* income, earnings; revenue [company].

ingressar (ingrəsá) *t.* to deposit [money]. ■ *3 i.* ~ *a l'hospital,* to go into hospital. *4* to be admitted [to society, club, etc.].

inhàbil (ináβil) *a.* unskilful. *2* LAW unfit *(per a,* for). ■ *3 m.-f.* LAW unfit person [for a post].

inhabitable (inəβitábblə) *a.* uninhabitable.

inhalació (inələsió) *f.* inhalation.

inhalar (inəlá) *t.* to breathe in, to inhale.

inherent (inərén) *a.* inherent.

inhibició (iniβisió) *f.* inhibition.

inhibir (iniβí) *t.* to inhibit; to restrain. ■ *2 p.* to keep out *(de,* of).

inhumà, -ana (inumá, -ánə) *a.* inhuman.

inhumar (inumá) *t.* to bury [esp. corpse].

inici (inísi) *m.* start, beginning.

inicial (inisiál) *a.* initial. *2 f. pl.* initials.

iniciar (inisiá) *t.-p.* to start, to begin. *2 t.* to initiate *(en,* in, into).

iniciativa (inisiətíβə) *f.* initiative, lead. *2* initiative, enterprise.

inimaginable (iniməʒinábblə) *a.* unimaginable.

inimitable (inimitábblə) *a.* inimitable.

ininteHigible (inintəliʒíbblə) *a.* unintelligible.

iniquitat (inikitát) *f.* wickedness, iniquity. *2* injustice.

injecció (inʒəksió) *f.* injection.

injectar (inʒəktá) *t.* to inject. ■ *2 p.* to inject oneself.

injúria (inʒúriə) *f.* insult, offence; outrage, wrong [act only].

injuriar (inʒuriá) *t.* to insult, to abuse, to revile.

injust, -ta (inʒus(t), -tə) *a.* unfair, unjust.

injustícia (inʒustʌsiə) *f.* unfairness, injustice. *2* injustice [act].

injustificat, -ada (inʒustifikát, -áðə) *a.* unjustified.

innat, -ta (innát, -tə) *a.* innate, inborn; inherent.

innocència (innusénsiə) *f.* innocence.

innocent (innusén) *a.* harmless. *2* LAW innocent. *3* artless, ingenuous. ■ *3 m.-f.* LAW innocent person.

innocentada (innusəntáðə) *f.* coll. practical joke; hoax.

innocu, -òcua (innóku, -ókuə) *a.* harmless; innocuous.

innombrable (innumbrábblə) *a.* countless, innumerable.

innovació (innuβəsió) *f.* innovation; novelty.

innumerable (innumərábblə) *a.* See IN-NOMBRABLE.

inoblidable (inuβliðábblə) *a.* unforgettable.

inocular (inukulá) *t.* to inoculate.

inodor, -ra (inuðór, -rə) *a.* odourless.

inofensiu, -iva (inufənsiŭ, -íβə) *a.* harmless; innocuous, inoffensive.

inòpia (inópiə) *f.* poverty, indigence.

inoportú, -una (inupurtú, -únə) *a.* untimely, inopportune; inconvenient.

inoportunitat (inupurtunitát) *f.* untimeliness, inopportuness; inconvenience.

inorgànic, -ca (inuryánik, -kə) *a.* inorganic.

inqualificable (iŋkwəlifikábblə) *a.* indescribable. *2* pej. unspeakable.

inqüestionable (iŋkwəstiunábblə) *a.* unquestionable; indisputable.

inquiet, -ta (iŋkiét, -tə) *a.* restless. *2* coll. fidgety. *3* anxious.

inquietar (iŋkiətá) *t.* to unsettle. *2* to worry; to disturb. ■ *3 p.* to worry.

inquietud (iŋkiətút) *f.* restlessness. *2* anxiety. *3 pl.* concern.

inquilí, -ina (iŋkilí, -inə) *m.-f.* tenant; lodger. *2* LAW lessee, tenant.

inquirir (iŋkirí) *t.* to investigate; to look into.

inquisició (iŋkizisió) *f.* investigation; enquiry. *2* ECCL. Inquisition.

inquisidor, -ra (iŋkiziðór, -rə) *a.* investigating. ■ *2 m.* ECCL. Inquisitor. *3 m.-f.* fig. coll. busybody; carper.

inrevés (inrrəβés) *adv. phr. a l'*~, the other way round.

insà, -ana (insá, -ánə) *a.* mad. *2* MED. insane.

insaciable (insəsiábblə) *a.* insatiable.
insalubre (insəlúβrə) *a.* unhealthy, insalubrious [esp. place].
inscripció (inskripsió) *f.* registration, enrolment. *2* register.
inscriure (inskriŭrə) *t.* to inscribe. *2* to register, to record, to enrol. ▲ CONJUG. like *escriure.*
insecte (insɛ́ktə) *m.* insect.
insecticida (insəktisiðə) *a.* insect killing. ■ *2 m.* insecticide.
insectívor, -ra (insəktíβur, -rə) *a.* insectivorous, insect-eating.
inseguretat (insəɣurətát) *f.* uncertainty. *2* lack of safety, insecurity.
inseminació (insəminəsió) *f.* insemination. ‖ ~ *artificial,* artificial insemination.
insensatesa (insənsətɛ́zə) *f.* stupidity; senselessness. *2* idiotic or senseless remark.
insensibilitat (insənsiβilitát) *f.* lack of sensitivity or delicacy; lack of feeling, callousness. *2* MED. numbness, lack of feeling.
insensible (insənsíbblə) *a.* insensitive; callous. *2* MED. numb.
inseparable (insəpəràbblə) *a.* inseparable.
inserció (insərsió) *f.* insertion.
inserir (insərí) *t.* to insert; to put into.
inservible (insərβíbblə) *a.* useless.
insidia (insíðiə) *f.* trap; trick [act or words].
insigne (insíɲnə) *a.* famous, celebrated.
insígnia (insíɲniə) *f.* badge; decoration.
insignificant (insiɲnifikán) *a.* trivial, unimportant, insignificant.
insinuar (insinuá) *t.* to insinuate. *2* to hint at, to allude to. ■ *3 p.* to make a pass (*a,* at).
insípid, -da (insípit, -ðə) *a.* tasteless, insipid; flat.
insistència (insistɛ́nsiə) *f.* insistence; persistence.
insistir (insistí) *i.* to persist; to insist (*a,* in).
insociable (insusiábblə) *a.* unsociable; antisocial.
insolació (insuləsió) *f.* exposure to the sun. *2* MED. sunstroke.
insolència (insulɛ́nsiə) *f.* insolence; rudeness.
insòlit, -a (insɔ́lit, -tə) *a.* unusual; extraordinary.
insolvència (insulβɛ́nsiə) *f.* insolvency; bankruptcy [person only].
insomni (insɔ́mni) *m.* insomnia, sleeplessness.
insondable (insundábblə) *a.* unfathomable [also fig.].
insonoritzar (insunuridzá) *t.* to soundproof.
inspecció (inspəksió) *f.* inspection; exami-

nation. *2* survey. *3* inspectorate. *4* inspector's office [room].
inspeccionar (inspəksiuná) *t.* to inspect, to examine. *2* to survey.
inspector, -ra (inspəktó, -rə) *m.-f.* inspector. *2* surveyor.
inspiració (inspirəsió) *f.* inspiration.
inspirar (inspirá) *t.* to breathe in, to inhale. *2* to inspire. ■ *3 p.* to get or be inspired; to find inspiration.
instal·lació (instələsió) *f.* installation.
instal·lar (instəlá) *t.* to instal; to establish. ■ *2 p.* to instal oneself; to establish oneself.
instància (instánsiə) *f.* urging. *2* application; request [in writing]. *3* challenge [allegation, reason]. *4* instance: *tribunal de primera* ~, court of first instance.
instant (instán) *m.* moment, instant.
instantani, -ània (instəntáni, -ániə) *a.* instantaneous, immediate.
instar (instá) *t.* to urge; to press. *2* to challenge; to question [allegation, reason, etc.].
instaurar (instəŭrá) *t.* to constitute, to set up.
instigar (instiɣá) *t.* to instigate; to encourage. *2* LAW to incite.
instint (instín) *m.* instinct.
instintiu, -iva (instintíŭ, -íβə) *a.* instinctive.
institució (institusió) *f.* institution, establishment.
instituir (instituí) *t.* to institute, to establish.
institut (institút) *m.* state secondary school.
instrucció (instruksió) *f.* teaching; education. *2* MIL. training, instruction; training drill. *3 pl.* instructions.
instructiu, -iva (instruktíŭ, -íβə) *a.* instructive; educational.
instruir (instruí) *t.* to teach; to instruct. *2* MIL. to train, to drill. *3* LAW to prepare [case].
instrument (instrumén) *m.* instrument; tool. *2* MUS. instrument.
insubordinar (insuβurðiná) *t.* to incite to rebellion or mutiny. ■ *2 p.* to rebel; to mutiny.
insubstituïble (insupstituíbblə) *a.* irreplaceable.
insuficiència (insufisiɛ́nsiə) *f.* insufficiency, lack; inadequacy.
insular (insulár) *a.* insular.
insuls, -sa (insúls, -sə) *a.* tasteless; insipid [also person].
insult (insúl(t)) *m.* insult; offence; outrage [act only].
insultar (insultá) *t.* to insult, to offend; to abuse [words only].

insuperable (insupərábblə) *a.* insurmountable.

insuportable (insupurtábblə) *a.* unbearable; intolerable.

insurrecció (insurrəksió) *f.* rebellion; revolt.

intacte, -ta (intáktə, -tə) *a.* untouched; intact, undamaged.

intangible (intənʒibblə) *a.* intangible.

integral (intəɣrál) *a.-f.* integral. ‖ *pa* ~, wholemeal bread.

integrar (intəɣrá) *t.* to compose, to constitute. *2* to integrate (*en,* in).

íntegre, -gra (intəɣrə, -ɣrə) *a.* whole, integral. *2* fig. honourable; honest.

integritat (intəɣritát) *f.* integrity; honesty.

inteHecte (intəlɛktə) *m.* intellect.

inteHectual (intələktuál) *a.*, *m.-f.* intellectual.

inteHigència (intəliʒɛnsiə) *f.* intelligence; understanding.

inteHigent (intəliʒɛn) *a.* intelligent; clever.

inteHigible (intəliʒibblə) *a.* intelligible.

intempèrie (intəmpɛriə) *f.* inclemency; bad weather. *2 adv. phr. a la* ~, in the open; exposed.

intempestiu, -iva (intəmpəstiŭ, -iβə) *a.* untimely, inopportune.

intenció (intənsió) *f.* aim, intention, purpose.

intencionat, -ada (intənsiunát, -áðə) *a. ben* ~, well-meaning. ■ *2 m.-f.* malicious person; wicked person.

intens, -sa (intɛns, -sə) *a.* intense; deep [feetling].

intensitat (intənsitát) *f.* intensity; power; magnitude.

intensiu, -iva (intənsiŭ, -iβə) *a.* intensive.

intent (intɛn) *m.* purpose, aim, intention. *2* attempt.

intentar (intəntá) *t.* to attempt, to try. *2* to mean; to want.

intercalar (intərkəlá) *t.* to intercalate.

intercanvi (intərkámbi) *m.* exchange; interchange.

intercanviar (intərkəmbiá) *t.* to exchange; to interchange.

intercedir (intərsəði) *i.* to intercede. *2* to plead (*per,* for).

interceptar (intərsəptá) *t.* to intercept; to cut off. *2* MATH. to intercept, to comprehend between.

interès (intərɛs) *m.* interest.

interessant (intərəsán) *a.* interesting.

interessar (intərəsá) *t.* to interest; to concern. *2* to involve, to interest. ■ *3 p.* to get involved. *4* to take an interest.

interessat, -ada (intərəsát, -áðə) *a.* interested, involved, concerned.

interferència (intərfərɛnsiə) *f.* interference.

interferir (intərfəri) *i.* to interfere.

intèrfon (intɛrfun) *m.* doorphone. *2* intercom.

interí, -ina (intəri, -inə) *a.* interim; provisional, temporary. *2* acting [person, in office]. *3 m.-f.* substitute; stand-in.

interior (intərió(r)) *a.-m.* interior, inside. *2 a.* inner [thoughts]. *3 m.* fig. inside or personal feelings; heart, soul. *4* inside-forward [football].

interjecció (intərʒəksió) *f.* exclamation; interjection.

interlocutor, -ra (intərlukutó, -rə) *m.-f.* speaker [in conversations].

interludi (intərlúði) *m.* MUS. pause, interlude. *2* THEATR. sketch [usually comic].

intermedi, -èdia (intərmɛði, -ɛðiə) *a.* intermediate; intervening. ■ *2 m.* interval.

intermediari, -ària (intərməðiári, -áriə) *a.* intermediate. ■ *2 m.-f.* mediator. *3 m.* COMM. middle-man.

intermitent (intərmitɛn) *a.* sporadic; intermittent. ■ *2 m.* AUTO. indicator, trafficator.

intern, -na (intɛrn, -nə) *a.* internal, inside; interior. *2* fig. inner. *3* boarding [school, pupils]. ■ *4 m.-f.* boarder [pupil].

internacional (intərnəsiunál) *a.* international.

internar (intərná) *t.* to insert. *2* to intern, to commit. *3* to admit. ■ *4 p.* to penetrate. *5* to become a boarder [pupil].

internat (intərnát) *m.* boarding-school.

interpeHar (intərpəlá) *t.* to appeal. *2* to interpellate.

interposar (intərpuzá) *t.* to put between; to interpose. *2* LAW to lodge [appeal]. ■ *3 p.* to intervene, to mediate.

intèrpret (intɛrprət) *m.-f.* interpreter. *2* translator, interpreter.

interpretar (intərprətá) *t.* to interpret. *2* to translate, to interpret. *3* THEATR. to portray; to perform, to play [role, part].

interregne (intərrɛŋnə) *m.* interregnum. *2* interval.

interrogació (intərruɣəsió) *f.* interrogation; questioning. *2* question mark.

interrogant (intərruɣán) *a.* questioning. ■ *2 m.* question mark.

interrogar (intərruɣá) *t.* to interrogate; to question. *2* fig. to check, to investigate.

interrogatori (intərruɣətóri) *m.* questioning. *2* LAW examination [of witnesses].

interrompre (intərrómprə) *t.* to interrupt. *2* to impede; to obstruct.

interrupció (intərrupsió) *f.* interruption. *2* obstruction; impeding.

interruptor, -ra (intərruptó, -rə) *a.* interrupting. ■ *2 m.* ELECTR. switch.

interurbà, -ana (intərurbá, -ánə) *a.* intercity.

interval (intərβál) *m.* interval, distance between. *2* interval [time]. *3* MUS. interval.

intervenir (intərβəni) *i.* to participate; to intervene (*en*, in). ■ *2 t.* MED. to operate on. *3* COMM. to audit; to investigate. ■ CONJUG. like *abstenir-se.*

intervenció (intərβənsió) *f.* participation; intervention (*en*, in). *2* COMM. audit. *3* MED. operation.

interviu (intərβiŭ) *m.* interview.

intestí, -ina (intəstí, -inə) *a.* internal, domestic; interior. ■ *2 m.* ANAT. intestine.

íntim, -ma (íntim, -mə) *a.* intimate, inmost [thoughts, feelings]. *2* intimate, close [relationship].

intimar (intimá) *i.* to become very friendly or familiar; to become close friends.

intimidar (intimiðá) *t.* to intimidate; to frighten.

intimitat (intimitát) *f.* closeness, intimacy [relationship]. *2* familiarity, close or intimate terms. *3* fig. privacy, intimacy. *4 pl.* personal affairs, private life *sing.* [of couple]. *5* intimate gesture.

intitular (intitulá) *t.* to entitle, to head; to call.

intolerable (intulərábblə) *a.* unbearable; intolerable.

intoxicació (intuksikəsió) *f.* poisoning.

intoxicar (intuksiká) *t.* to poison. ■ *2 p.* to get or be poisoned.

intransferible (intrənsfəríbblə) *a.* not transferable [ticket, title].

intransigència (intrənziʒɛnsiə) *f.* intransigence; rigidity, inflexibility [person].

intrèpid, -da (intrɛpit, -ðə) *a.* fearless, intrepid; daring.

intricat, -ada (intrikát, -áðə) *a.* intricate; involved; complicated.

intriga (intriɣə) *f.* intrigue, plot. *2* THEATR. plot.

intrigar (intriɣá) *i.* to plot, to intrigue. ■ *2 t.* to intrigue, to perplex [person].

intrínsec, -ca (intrínsək, -kə) *a.* intrinsic; inherent.

introducció (intruðuksió) *f.* introduction.

introduir (intruðui) *t.* to show in [person]. *2* to admit; to introduce. *3* to introduce [innovation]. ■ *4 p.* to enter. *5* to get in; to slip in.

intromissió (intrumisió) *f.* meddling, interference.

introspecció (intruspəksió) *f.* introspection.

introversió (intruβərsió) *f.* introspection; introversion.

intrús, -usa (intrús, -úzə) *a.* intruding, intrusive.

intuïció (intuisió) *f.* intuition.

intuir (intui) *t.* to guess; to feel; to know by intuition.

inundar (inundá) *t.* to flood. *2* fig. coll. to swamp. ■ *3 p.* to get or be flooded. *4* fig. coll. to be swamped.

inútil (inútil) *a.* useless; pointless.

inutilitzar (inutilidzá) *t.* to ruin, to spoil. *2* to render useless.

invàlid, -da (imbálit, -ðə) *a.* disabled, unfit; invalid. ■ *2 m.-f.* invalid, disabled person.

invalidar (imbəliðá) *t.* to invalidate; to nullify, to cancel.

invariable (imbəriábblə) *a.* unchanging, invariable.

invasió (imbəzió) *f.* invasion.

invasor, -ra (imbəzó, -rə) *a.* invading. ■ *2 m.-f.* invader.

invectiva (imbəktiβə) *f.* invective; diatribe, philippic.

invencible (imbənsibblə) *a.* unconquerable; unbearable.

invenció (imbənsió) *m.* invention, discovery.

invent (imbén) *m.* invention [device].

inventar (imbəntá) *t.* to discover, to find out; to invent [also fig.]. *2* fig. to make up; to fabricate.

inventari (imbəntári) *m.* inventory. *2* stocktaking [act]. ‖ *fer ~,* to stock-take.

inventiu, -iva (imbəntiŭ, -iβə) *a.* inventive; imaginative. ■ *2 f.* inventiveness; imaginativeness.

inventor, -ra (imbəntó, -rə) *m.-f.* inventor.

invers, -sa (imbérs, -sə) *a.* inverse; converse; reverse. *2* opposite.

inversemblant (imbərsəmblán) *a.* improbable, unlikely.

inversió (imbərsió) *f.* ECON. investment. *2* inversion.

invertebrat, -ada (imbərtəβrát, -áðə) *a.*, *m.-f.* invertebrate.

invertir (imbərti) *t.* to invert; to turn upside down. *2* to reverse; to turn round. *3* ECON. to invest.

investigació (imbəstiɣəsió) *f.* research. *2* investigation, enquiry.

investigar (imbəstiɣá) *t.* to investigate, to enquire into. *2* to do research in.

investir (imbəsti) *t.* to invest (*amb*, with).

invicte, -ta (imbiktə, -tə) *a.* undefeated, unbeaten; unconquered.

invisible (imbizíbblə) *a.* invisible.

invitació (imbitəsió) *f.* invitation.

invitar (imbitá) *t.* to invite.

invocar (imbuká) *t.* to invoke; to call up; to call on.

involucrar (imbulukrá) *t.* to involve; to include.

involuntari, -ària (imbuluntári, -áriə) *a.* involuntary; unintentional.

ió (ió) *m.* ion.

iode (jóðə) *m.* iodine.

ioga (ióɣə) *f.* yoga.

iogui (ióɣi) *a.* yoga. ▪ *2 m.-f.* yogi.

iogurt (juɣúr(t)) *m.* yoghurt.

iot (iót) *m.* yacht.

ira (írə) *f.* anger; ire.

Iran (irán) *pr. n. m.* GEOGR. Iran.

iranià, -ana (iraniá, -ánə) *a., m.-f.* Iranian.

Iraq (irák) *pr. n. m.* GEOGR. Iraq.

iraquià, -ana (irəkiá, -ánə) *a., m.-f.* Iraqui.

irascible (irəsíbblə) *a.* irascible; irritable.

Irene (irɛ́nə) *pr. n. f.* Irene.

iris (íris) *m.* ANAT. iris.

Irlanda (irlándə) *pr. n. f.* GEOGR. Ireland.

irlandès, -esa (irləndɛ́s, -ɛ́zə) *a.* Irish. ▪ *2 m.* Irishman. *3 f.* Irishwoman.

ironia (iruniə) *f.* irony.

irònic, -ca (irónik, -kə) *a.* ironical.

IRPF (iɛ́rrəpeɛ́fə) *m. (Impost sobre la Renda de les Persones Físiques)* (form of income tax).

irracionalitat (irrəsiunəlitát) *f.* irrationality; unreasonableness.

irradiar (irrəðiá) *t.* to irradiate; to radiate.

irreal (irreál) *a.* unreal; fantastic.

irreflexiu, -iva (irrəflɛ́ksiǔ, -íβə) *a.* thoughtless; impetuous; unreflected.

irrefutable (irrəfutábblə) *a.* unanswerable; irrefutable.

irregularitat (irrəɣuləritát) *f.* irregularity; abnormality.

irreparable (irrəpərábblə) *a.* irreparable.

irreprotxable (irrəprutʃábblə) *a.* irreproachable.

irresistible (irrəzistíbblə) *a.* irresistible.

irrespectuós, -osa (irrəspəktuós, -ózə) *a.* disrespectful.

irrespirable (irrəspirábblə) *a.* unbreathable.

irresponsable (irrəspunsábblə) *a.* irresponsible.

irrevocable (irrəβukábblə) *a.* irrevocable; irreversible.

irrigar (irriɣá) *t.* to water; to irrigate.

irrisió (irrizió) *f.* ridicule; derision.

irrisori, -òria (irrizóri, -óriə) *a.* ridiculous; derisive.

irritar (irritá) *t.* to irritate. ▪ *2 p.* to get angry *(amb*, with), *(per*, about).

irrogar (irruɣá) *t.* to damage; to injure.

irrompible (irrumpíbblə) *a.* unbreakable.

irrompre (irrómprə) *i.* to burst *(en*, in or into).

irrupció (irrupsió) *f.* bursting *(en*, into); invasion; rush *(en*, into).

Isabel (izəβɛ́l) *pr. n. f.* Elisabeth.

islam (izlám) *m.* Islam.

islamisme (izləmízmə) *m.* Islamism.

islandès, -esa (isləndɛ́s, -ɛ́zə) *a.* Icelandic. ▪ *2 m.-f.* Icelander.

Islàndia (islándiə) *pr. n. f.* GEOGR. Iceland.

isolar (izulá) *t.* See AÏLLAR.

isòsceles (isósələs) *a.* GEOM. isosceles.

Israel (izrrəɛ́l) *pr. n. m.* GEOGR. Israel.

israelià, -ana (izrrəeliá, -ánə) *a., m.-f.* Israeli.

israelita (izrrəelitə) *a., m.-f.* Israelite.

Istanbul (istəmbúl) *pr. n. m.* GEOGR. Istanbul.

istme (izmə) *m.* isthmus; neck [of land].

Itàlia (itáliə) *pr. n. f.* GEOGR. Italy.

italià, -ana (italiá, -ánə) *a., m.-f.* Italian.

itinerari, -ària (itinərári, -áriə) *a.* itinerant. ▪ *2 m.* itinerary; trip, journey.

iugoslau, -ava (juɣuzláǔ, -áβə) *a.* Yugoslavian. ▪ *2 m.-f.* Yugoslav.

Iugoslàvia (juɣuzláβiə) *pr. n. f.* GEOGR. Yugoslavia.

IVA (íβə) *m. (Impost sobre el Valor Afegit)* V.A.T. (Value Added Tax).

ivori (iβóri) *m.* ivory.

ixent (iʃén) *a.* lit. arising; rising [esp. sun].

J

ja (ʒa) *adv.* already. *2* now, at once [emphasis]. *3* in due course; given time [future event]. ■ *4 interj.* I see!, well, well! *5* ~ *vinc!,* coming! ■ *6 conj.* ~ *que,* since, seeing that, as.

jaç (ʒas) *m.* sleeping-place [esp. animals]. *2* coll. bed; shakedown.

jaciment (ʒəsimėn) *m.* bed; layer.

jacobí, -ina (ʒəkuβí, -inə) *a., m.-f.* Jacobin.

jactar-se (ʒəktársə) *p.* to brag, to boast.

jade (ʒáðə) *m.* jade.

jaguar (ʒəɣwár) *m.* ZOOL. jaguar.

Jamaica (ʒəmáĭkə) *pr. n. f.* GEOGR. Jamaica.

jamaicà, -ana (ʒəməĭkà, -ánə) *a., m.-f.* Jamaican.

Japó (ʒəpó) *pr. n. f.* GEOGR. Japan.

japonès, -esa (ʒəpunės, -ėzə) *a., m.-f.* Japanese.

jaqué (ʒəkė) *m.* morning coat.

jaqueta (ʒəkėtə) *f.* jacket.

jardí (ʒərðí) *m.* garden. *2* ~ *d'infants,* nursery school, kindergarten, crèche.

jardiner (ʒərðinė) *a.* garden. *2 m.-f.* gardener. *3 f.* window box.

jardineria (ʒərðinəriə) *f.* gardening.

jaspi (ʒaspi) *m.* jasper.

Jaume (ʒáŭmə) *pr. n. m.* James.

jaure (ʒáŭrə) *i.* See JEURE.

javelina (ʒəβəlinə) *f.* javelin.

jazz (ʒas) *m.* jazz.

jeia (ʒėjə) *f. tenir bona* ~, to lie comfortably. *2* fig. temperament, nature, disposition.

jerarquia (ʒərərkiə) *f.* hierarchy. *2* high rank.

jeroglífic, -ca (ʒəruɣlifik, -kə) *a.-m.* hieroglyphic. *2 m.* hieroglyph.

jersei (ʒərsėĭ) *m.* jumper, pullover, jersey; sweater.

Jerusalem (ʒəruzəlėm) *pr. n. m.* GEOGR. Jerusalem.

jesuïta (ʒəsuĭtə) *m.* Jesuit.

jet (ʒɛt) *m.* jet.

jeure (ʒėŭrə) *i.* to lie; to recline, to be recumbent. *2* to be confined to bed; to be bedridden [through illness]. *3* fig. to be inactive; to be out of action. *4* ~ *amb,* to sleep with. CONJUG. Ger. *jaient.* ‖ P. P.: *jagut.* ‖ INDIC. Pres.: *jec* (o *jac*), *jeus,* etc. | Imperf.; *jeia, jeies,* etc. ‖ SUBJ. Pres.: *jegui, jeguis, jegui, jaguen, jagueu, jeguin* (o *jagui, jaguis,* etc.). | Imperf.: *jàgués,* etc.

JJOO *m. pl. (Jocs Olímpics)* Olympic Games.

jo (ʒɔ) *pers. pron.* I. ■ *2 m.* ego.

Joan (ʒuán) *pr. n. m.* John.

joc (ʒɔk) *m.* game. ‖ ~ *brut,* foul play. ‖ *fora de* ~, off-side [player]; out of play [ball]. ‖ ~ *de penyores,* game of forfeits. *2* set. ‖ ~ *de cartes,* set of playing cards; card game. ‖ ~ *de taula,* set of table linen. *3* ~ *de paraules,* pun, play on words. *4* fig. *fer el doble* ~, to be double-faced.

jocós, -osa (ʒukós, -ózə) *a.* comic, funny; humorous.

joglar (zugglá) *m.* HIST. minstrel; entertainer.

joguina (ʒuɣinə) *f.* toy; plaything. *2* fig. puppet [person], plaything.

Johannesburg (ʒuạnəsbúrk) *pr. n. m.* GEOGR. Johannesburg.

joia (ʒɔ́jə) *f.* rejoicing, merriment; elation. *2* jewel; piece of jewellery.

joier, -ra (ʒujė, -rə) *m.-f.* jeweller.

joieria (ʒujəriə) *f.* jewellery.

joiós, -osa (ʒujós, -ózə) *a.* full of joy; joyful; elated.

joquei (ʒɔ́kəĭ) *m.* jockey.

jòquer (ʒɔ́kər) *m.* joker.

jordà, -ana (ʒurdà, -ánə) *a., m.-f.* Jordanian.

Jordània (ʒurðàniə) *pr. n. f.* GEOGR. Jordan.

Jordi (ʒɔ́rdi) *pr. n. m.* GEOGR. George.

jorn (ʒorn) *m.* day; daylight.

jornada (ʒurnáðə) *f.* day, length of day. ‖ *tota la* ~, all day long. *2* journey, day's journey. *3* working day; working time; shift. ‖ ~ *intensiva,* continuous or intensive working day or shift.

jornal (ʒurnál) *m.* day's wage, daily pay. *2 adv. phr. a* ~, on a daily wage, paid daily.

jornaler, -ra (ʒurnəlé, -rə) *m.-f.* day labourer.

Josep (ʒusép) *pr. n. m.* Joseph.

jota (ʒɔ́tə) *f.* letter J. *2* kind of dance [esp. in Aragon].

jou (ʒɔ́ŭ) *m.* yoke [also fig.]. *2* fig. bond, tie.

jove (ʒɔ́βə) *a.* young. ■ *2 m.-f.* young person. *3 f.* daughter-in-law.

jovenalla (ʒuβənáʎə) *f.* youth, young [collective], young people.

jovent (ʒuβén) *m.* See JOVENALLA.

joventut (ʒuβəntút) *f.* youth [age]. *2* young people.

jovenívol, -la (ʒuβəníβul, -lə) *a.* young; youthful. *2* juvenile.

jovial (ʒuβiál) *a.* cheerful, jovial.

jubilació (ʒuβiləsió) *f.* retirement. *2* retirement pension.

jubilar (ʒuβilá) *t.-i.-p.* to retire. *2 i.* to rejoice.

jubileu (ʒuβiléŭ) *m.* jubilee.

judaic, -ca (ʒuðáik, -kə) *a.* Jewish, Judaean, Judaic.

judaisme (ʒuðəízmə) *m.* Judaism.

judicar (ʒudiká) *t.* to judge; to deem. *2* LAW to find.

judici (ʒuðísi) *m.* judgment. *2* LAW trial; hearing. *3* LAW ruling, decision; sentence. *4* opinion, view.

judicial (ʒuðisiál) *a.* judicial.

Judit (ʒuðít) *pr. n. f.* Judith.

judo (ʒúðo) *m.* SP. judo.

jueu, -eva (ʒuéŭ, -éβə) *m.-f.* Jew.

jugada (ʒuɣáðə) *f.* piece of play; move [board games]. *2* fig. trick, mean trick.

jugador, -ra (ʒuɣəðó, -rə) *a., m.-f.* player. *2 m.-f.* gambler.

juganer, -ra (ʒuɣəné, -rə) *a.* playful.

jugar (ʒuɣá) *i.-t.* to play; to gamble. ‖ ~ *una mala passada,* to play a dirty trick [a, on]. ■ *2 p.* to risk; to gamble.

juguesca (ʒuɣéskə) *f.* bet.

jugular (ʒuɣulár) *a.* jugular.

juliol (ʒuliɔ́l) *m.* July.

julivert (ʒuliβér(t)) *m.* parsley.

jungla (ʒúŋglə) *f.* jungle.

Júlia (ʒúliə) *pr. n. f.* Julia.

junt, -ta (ʒun, -tə) *a.* next to; beside. *2* together. ■ *3 f.* joint. *4* AUTO. gasket; washer. *4* meeting; conference; assembly. *5* board [of directors]; committee. *6 adv.* together.

juntura (ʒuntúrə) *f.* joint.

juny (ʒuɲ) *m.* June.

junyir (ʒuɲí) *t.* to unite; to bring together. *2* to yoke. *3* fig. to subdue. ■ *4 p.* to flow together, to join [two rivers].

jupa (ʒúpə) *f.* (ROSS.) See FALDILLA.

jura (ʒúrə) *f.* pledge, oath. ‖ MIL. ~ *de bandera,* pledge of loyalty to the flag.

jurar (ʒurá) *t.* to swear; to pledge.

jurat (ʒurát) *m.* LAW jury. *2* board or panel of judges [competition].

jurídic, -ca (ʒurídik, -kə) *a.* legal; juridical.

jurisconsult (ʒuriskunsúl(t)) *m.* legal expert; jurist.

jurisdicció (ʒurizðiksió) *f.* jurisdiction [esp. of court of law].

jurisprudència (ʒurispruðénsiə) *f.* jurisprudence.

jurista (ʒuristə) *m.-f.* jurist; lawyer.

just, -ta (ʒus(t), -tə) *a.* fair; just; right; legitimate. *2* correct, right; exact, precise. *3* scarce; low [income]. ‖ *tenir un sou molt* ~, to have a very low salary. ■ *4 adv.* precisely, exactly. ‖ *tot* ~, scarcely, hardly. *5 anar* ~, to be hard up. ■ *6 phr. justa la fusta!,* absolutely!, I agree entirely!

justícia (ʒustísiə) *f.* justice; rectitude; equity. *2* fairness. *3* law; justice.

justicier, -ra (ʒustisié, -rə) *a.* upright, righteous, law-abiding; just.

justificació (ʒustifikəsió) *f.* justification; pretext.

justificant (ʒustifikán) *a.* justifying. ■ *2 m.* voucher; certificate.

justificar (ʒustifiká) *t.* to substantiate; to justify. *2* to clear [suspect].

jutge (ʒúdʒə) *m.* LAW judge; magistrate. *2* judge [competition].

jutjar (ʒudʒá) *t.* to judge, to consider, to deem. *2* LAW to find; to rule.

jutjat (ʒudʒát) *m.* court of law; court.

juvenil (ʒuβəníl) *a.* youthful; juvenile.

juxtaposar (ʒukstəpuzá) *t.* to juxtapose; to compare.

K

K, k (ka) *f.* k [letter].
kàiser (kàizər) *m.* HIST. Kaiser, King [esp. in Germany].

karate (kəràtə) *m.* karate.
kenià, -ana (kənià, -ànə) *a.*, *m.-f.* Kenyan.
Kenya (kéniə) *pr. n. f.* GEOGR. Kenya.

L

L, l (ḗlə) f. l [letter].
l' art. m.-f.: *l'home*, the man; *l'orella*, the ear. ■ *2 pers. pron.* See EL.
'l *pers. pron.* See EL.
la (lə) *art. f.* the. ■ *2 pers. pron. f. porteu-la*, bring it, bring her. ▲ l'. [before vowels and h]. ■ *3 f.* MUS. A.
laberint (ləβərin) *m.* labyrinth, maze.
labor (ləβór) *f.* work, task, labour. *2* sewing; crochet work; embroidery; knitting.
laborable (ləβurábblə) *a.* arable. *2 dia ~*, weekday; working day.
laborar (ləβurá) *i.* to labour, to toil. ■ *2 t.* to work, to till.
laboratori (ləβurətóri) *m.* laboratory.
laboriós, -osa (ləβuriós, -ózə) *a.* hard-working. *2* laborious.
laboriositat (ləβuriuzitát) *f.* industry.
laca (lákə) *f.* lacquer. *2* lac; shellac. *3* hairspray.
lacai (ləkáĭ) *m.* lackey.
lacerar (ləsərá) *t.* to lacerate. *2* fig. to damage, to hurt, to harm.
lacònic, -ca (ləkɔ́nik, -kə) *a.* laconic.
lacrar (ləkrá) *t.* to seal [with sealing wax].
lacre (lákrə) *m.* sealing wax.
lacrimal (ləkrimál) *a.* lachrymal, tear. ■ *2 m. pl.* lachrymal glands.
lactant (ləktán) *a.* nursing. ■ *2 m.* unweaned baby.
lacti, làctia (lákti, láktiə) *a.* milk, lactic. ‖ *productes ~s*, milk products. ‖ *Via Làctia*, Milky Way.
lacustre (ləkústrə) *a.* lake.
laic, -ca (láĭk, -kə) *a.* lay.
lama (lámə) *m.* lama.
lament (ləmén) *m.* lament; wail, moan.
lamentació (ləməntəsió) *f.* lamentation.
lamentar (ləməntá) *t.* to lament, to mourn. *2* to be sorry (—, about), to regret. ■ *3 p.* to complain.
làmina (láminə) *f.* sheet. *2* PRINT. plate.

laminar (ləminá) *t.* to roll, to roll out.
làmpada (lámpəðə) *f.* light bulb, lamp.
lampista (ləmpístə) *m.-f.* electrician; plumber.
landa (lándə) *f.* moor; moorland.
lànguid, -da (láŋgit, -ðə) *a.* languid; listless.
làpida (lápiðə) *f.* inscribed stone; gravestone, tombstone.
lapidar (ləpiðá) *t.* to stone.
lapse (lápsə) *m.* space [of time], lapse.
laringe (lərinʒə) *f.* ANAT. larynx.
larinx (ləríŋs) *f.* ANAT. See LARINGE.
larva (lárβə) *f.* ENT. larva.
lasciu, -iva (ləsiŭ, -iβə) *a.* lascivious, lecherous.
làser (lasər) *m.* laser.
lassar (ləsá) *t.* ant. to tire.
lat, -ta (lát, -tə) *a.* extensive; wide. ■ *2 f.* pest, nuisance.
latent (lətén) *a.* latent.
lateral (lətərál) *a.* lateral, side.
latifundi (lətifúndi) *m.* very large country estate.
latitud (lətitút) *f.* latitude.
latria (lətriə) *f.* worship.
latrina (lətrinə) *f.* latrine.
laudable (ləŭðábblə) *a.* praiseworthy, laudable.
Laura (láŭrə) *pr. n. f.* Laura.
lava (láβə) *f.* lava.
lavabo (ləβáβu) *m.* wash-basin. *2* washroom. *3* toilet.
lavanda (ləβándə) *f.* lavander. *2* lavander water.
lavativa (ləβətiβə) *f.* enema.
lax, -xa (láks, -ksə) *a.* slack; lax.
laxar (ləksá) *t.* to slacken; to loosen. *2* to act as a laxative, to loosen the bowels.
lector, -ra (ləktó, -rə) *a., m.-f.* reader. *2 m.-f.* assistant lecturer.
lectura (ləktúrə) *f.* reading. *2* reading matter.

legació (ləyəsió) *f.* legation.
legal (ləyàl) *a.* legal.
legalitat (ləyəlitát) *f.* legality, lawfulness.
legalitzar (ləyəlidʒà) *t.* to legalise.
legat (ləyàt) *m.* legate.
legió (ləʒió) *f.* MIL. legion. *2* multitude, great number.
legionari, -ària (ləʒiunàri, -àriə) *a.-m.* legionary. *2 m.* legionnaire.
legislació (ləʒizləsió) *f.* legislation.
legislar (ləʒizlà) *i.* to legislate.
legislatura (ləʒizlətúrə) *f.* legislature.
legítim, -ma (ləʒítim, -mə) *a.* legitimate. *2* genuine, authentic, real.
legitimitat (ləʒitimitàt) *f.* legitimacy.
lema (lémə) *m.* motto; slogan. *2* theme, subject. *3* MAT. lemma. *4* lemma [in logic].
lenitat (lənitàt) *f.* leniency.
lenitiu, -iva (lənitiŭ, -iβə) *a.* soothing. ▪ *2 m.* soothing medicine.
lent, -ta (len, -tə) *a.* slow. ▪ *2 f.* lens.
lentitud (ləntitùt) *f.* slowness.
lepra (léprə) *f.* MED. leprosy.
leprós, -osa (ləprós, -ózə) *a.* MED. leprous. ▪ *2 m.-f.* leper.
les (ləs) *art. f. pl.* the. ▪ *2 pers. pron. f. pl.* them: *te ~ dono,* I'll give them to you.
lesió (ləzió) *f.* injury.
lesionar (ləziunà) *t.* to injure; to wound.
letal (lətàl) *a.* lethal, deadly.
letàrgia (lətàrʒiə) *f.* lethargy.
letàrgic, -ca (lətàrʒik, -kə) *a.* lethargic.
leucèmia (ləŭsèmiə) *f.* MED. leukaemia, leucaemia, (USA) leukemia, leucemia.
leucòcit (ləŭkòsit, col. ləŭkusít) *m.* BIOL. leucocyte, (USA) leukocyte.
levita (ləβitə) *m.* frock coat. *2* Levite [bible].
lèxic (lèksik) *m.* lexis, vocabulary.
lexicografia (ləksikuyrəfíə) *f.* lexicography.
li (li) *pers. pron.* him, her, it: *dóna-li les claus,* give him or her the keys.
liana (liànə) *f.* liana, liane.
libació (liβəsió) *f.* libation.
Líban (líβən) *pr. n. m.* GEOGR. Lebanon.
libanès, -esa (liβənès, -èzə) *a., m.-f.* Lebanese.
libèHula (liβèlulə) *f.* ENT. dragonfly.
liberal (liβəràl) *a.* liberal, generous. *2 a., m.-f.* POL. liberal.
liberalisme (liβərəlizmə) *m.* POL. Liberalism.
libi, líbia (líβi, líβiə) *a., m.-f.* Lybian.
Líbia (líβiə) *pr. n. f.* GEOGR. Libya.
libidinós, -osa (liβiðinós, -ózə) *a.* libidinous, lascivious.
libido (liβiðo) *f.* libido; sexual drive.
liceu (lisèŭ) *m.* lyceum: *Teatre del ~,* Bar-

celona Opera House. *2* secondary school. *3* literary society.
lícit, -ta (lísit, -tə) *a.* lawful, licit, permissible.
licitar (lisità) *t.* to bid.
licor (likór) *m.* liqueur.
líder (líðə[r]) *m.-f.* leader.
lignit (lignít) *m.* lignite.
lila (lílə) *a.-m.* lilac [colour].
lilà (lilà) *m.* BOT. lilac.
liHiputenc, -ca (liliputèŋ, -kə) *a.* Lilliputian.
limbe (límbə) *m.* BOT. limb. *2* edge.
limfa (límfə) *f.* BIOL. lymph.
limfàtic, -ca (limfàtik, -kə) *a.* lymphatic.
liminar (liminàr) *a.* introductory.
límit (límit) *m.* limit.
limitació (limitəsió) *f.* limitation.
limitar (limità) *t.* to limit. ▪ *2 i.* to border [amb, on].
limítrof (limítruf) *a.* bordering.
límpid, -da (límpit, -ðə) *a.* limpid, pellucid.
lineal (lineàl) *a.* linear, lineal. *2* line: *dibuix ~,* line drawing. ‖ *sentit ~,* in a straight line.
lingot (liŋgòt) *m.* ingot.
lingüista (liŋgwístə) *m.-f.* linguist, linguistician.
lingüístic, -ca (liŋgwístik, -kə) *a.* linguistic. ▪ *2 f.* linguistics *pl.*
línia (líniə) *f.* line.
liniment (linimèn) *m.* MED. liniment.
linòleum (linòleŭm) *m.* linoleum, lino.
linx (liŋs) *m.* ZOOL. lynx.
linxar (linʃà) *t.* to lynch.
liquar (likwà) *t.* to liquefy. *2* to melt. *3* METALL. to liquate.
liquen (líkən) *m.* BOT. lichen.
líquid, -da (líkit, -ðə) *a.-m.* liquid.
liquidació (likiðəsió) *f.* ECON. liquidation. *2* clearance sale [shops]. *3* settlement [of debt]. *4* CHEM. PHYS. liquefaction.
liquidar (likidà) *t.* to liquidate. *2* to sell off. *3* to settle [a debt]. *4* CHEM. PHYS. to liquefy. *5* fig. to eliminate, to get rid of, to kill.
lira (lirə) *f.* MUS. lyre.
líric, -ca (lírik, -kə) *a.* lyrical. ▪ *2 f.* lyrical poetry.
liró (liró) *m.* ZOOL. dormouse. *2 m.-f.* fool. ▪ *3 a.* stupid, silly. ‖ *fer tornar ~,* to drive mad or round the bend.
lis (lis) *f.* BOT. lily. *2* HERALD. fleur-de-lis.
Lisboa (lisbóa) *pr. n. f.* GEOGR. Lisbon.
literal (litəràl) *a.* literal.
literari, -ària (litəràri, -àriə) *a.* literary.
literat, -ata (litəràt, -àtə) *m.-f.* man or woman of letters.
literatura (litərətúrə) *f.* literature.
liti (líti) *m.* CHEM. lithium.

litigar (litiɣá) *t.* to litigate.
litigi (litíʒi) *m.* LAW litigation, lawsuit, suit. *2* fig. dispute, disagreement.
litografia (lituɣrəfíə) *f.* lithography [art]. *2* lithograph [example of the art].
litoral (liturál) *a.* coastal. ■ *2 m.* coast.
litre (lítrə) *m.* litre, (USA) liter.
litúrgia (litúrʒiə) *f.* liturgy.
lívid, -da (líβit, -ðə) *a.* black and blue, livid. *2* ashen, pallid.
lividesa (liβiðézə) *f.* lividness, lividity.
llac (ʎak) *m.* lake.
llaç (ʎas) *m.* bow. *2* fig. trap, snare. *3* noose. *4* fig. link, connection.
llaçada (ʎəsáðə) *f.* fancy, decorative bow.
llacuna (ʎəkúnə) *f.* small lake, tarn. *2* fig. gap, lacuna.
lladella (ʎəðéʎə) *f.* ENT. crab louse.
lladrar (ʎəðrá) *i.* to bark.
lladre (ʎáðrə) *m.* thief; robber. *2* ELECTR. adaptor.
lladruc (ʎəðrúk) *m.* bark [of dog].
llagasta (ʎəɣástə) *f.* tick [parasite].
llagosta (ʎəɣóstə) *f.* spiny lobster, crawfish. *2* ENT. locust; grasshopper.
llagostí. (ʎəɣusti) *m.* type of large prawn.
llagotejar (ʎəɣutəʒá) *t.* to flatter.
llagoter, -ra (ʎəɣuté, -rə) *a.* flattering. ■ *2 m.-f.* flatterer.
llàgrama (ʎáɣrəmə) *f.* (ROSS.) See LLÀGRIMA.
llàgrima (ʎáɣrimə) *f.* tear.
llagrimejar (ʎəɣriməʒá) *i.* to weep, to cry.
llagrimós, -osa (ʎəɣrimós, -ózə) *a.* weepy, tearful. *2* tear-jerking, tearful.
llagut (ʎəɣút) *m.* NAUT. catboat.
llama (ʎámə) *m.* ZOOL. llama.
llamàntol (ʎəmántul) *m.* lobster.
llamborda (ʎəmbórðə) *f.* flag, flagstone. *2* cobble, cobblestone.
llambregada (ʎəmbrəɣáðə) *f.* glimpse; peep; quick look.
llambregar (ʎəmbrəɣá) *t.* to glimpse; to catch sight of.
llaminadura (ʎəminəðúrə) *f.* titbit, delicacy [esp. sweet ones].
llaminer, -ra (ʎəminé, -rə) *a.* sweet-toothed.
llamp (ʎam) *m.* bolt of lightening. ‖ *mal ~,* damn! ‖ *com un ~,* like lightening.
llampada (ʎəmpáðə) *f.* flash.
llampant (ʎəmpán) *a.* brand new, brand spanking new. *2* garish, loud [colours].
llampec (ʎəmpék) *m.* flash of lightening. ‖ *com un ~,* like lightening. *2* flash [also fig.]: *una visita ~,* a lightening visit.
llampegar (ʎəmpəɣá) *i.* to lighten.
llana (ʎánə) *f.* wool. ‖ *tenir ~ al clatell,* to be dozy or dopey.

llança (ʎánsə) *f.* lance. ■ *2 m.* lancer.
llançada (ʎənsáðə) *f.* thrust of the lance. *2* lance wound.
llançador, -ora (ʎənsəðó, -órə) *a., m.-f.* thrower. *2 f.* TEXT. shuttle.
llançaflames (ʎənsəfláməs) *f. pl.* MIL. flamethrower.
llançament (ʎənsəmén) *m.* launch, launching.
llançar (ʎənsá) *t.* to throw. *2* to launch [rockets, new products, etc.]. *3* fig. to let out. ‖ *va ~ una exclamació de sorpresa,* she cried out in surprise. ■ *4 p.* to throw oneself.
llanceta (ʎənsétə) *f.* MED. lancet.
llanda (ʎándə) *f.* MECH. rim; wheel. *2* (BAL.), (VAL.) See LLAUNA.
llaner, -era (ʎəné, -érə) *a.* woollen.
llangardaix (ʎəŋɡərðáʃ) *m.* ZOOL. lizard.
llangor (ʎəŋɡó) *f.* languidness, listlessness.
llanguiment (ʎəŋɡimén) *f.* See LLANGOR.
llanguir (ʎəŋɡi) *i.* to languish.
llanta (ʎántə) *f.* MECH. rim; wheel.
llanterna (ʎəntérnə) *f.* lantern. *2* torch, flashlight.
llàntia (ʎántiə) *f.* oil lamp. *2* oil or grease stain.
llantió (ʎəntió) *m.* small lamp.
llanut, -uda (ʎənút, -úðə) *a.* woolly. *2* stupid, dozy.
llanxa (ʎánʃə) *f.* NAUT. launch.
llaor (ʎəó) *f.* praise.
llapis (ʎápis) *m.* pencil. *2 ~ de color,* crayon.
llar (ʎar) *f. ~ de foc,* fireplace. *2* home.
llard (ʎar(t)) *m.* lard.
llardó (ʎərðó) *m.* piece of crackling.
llardós, -osa (ʎərðós, -ózə) *a.* greasy.
llarg, -ga (ʎark, -ɣə) *a.* long. ‖ *a la llarga,* in the long run. ‖ *saber-la llarga,* to be clever. ‖ *passar de ~,* to go past, to miss. ■ *2 m.* length.
llargada (ʎərɣáðə) *f.* length.
llargària (ʎərɣáriə) *f.* See LLARGADA.
llargarut, -uda (ʎərɣərút, -úðə) *a.* very long, very tall.
llarg-metratge (ʎármətrádʒə) *m.* CIN. long film.
llarguesa (ʎərɣézə) *f.* largesse, generosity.
llast (ʎas[t]) *m.* ballast [also fig.].
llàstima (ʎástimə) *f.* pity, grief.
llastimós, -osa (ʎəstimós, -ózə) *a.* pitiful; lamentable.
llatí, -ina (ʎətí, -inə) *a., m.-f.* Latin.
llatinista (ʎətinístə) *m.-f.* latinist.
llatzeret (ʎədzərét) *m.* lazaretto, lazaret.
llauna (ʎáŭnə) *f.* tin sheet. *2* tin, can.
llauner, -era (ʎəŭné, -érə) *m.-f.* plumber.
llaurada (ʎəŭráðə) *f.* ploughing. *2* ploughed land.

llaurador, -ra (ʎəŭrəðó, -rə) *m.* ploughman. 2 *f.* ploughwoman. 3 (VAL.) farmer.
llaurar (ʎəŭrá) *t.* to plough.
llaüt (ʎəút) *m.* MUS. lute. 2 NAUT. catboat.
llautó (ʎəŭtó) *m.* brass. ‖ *veure-se-li el ~,* to see through someone.
llavar (ʎəβá) *t.* (VAL.) See RENTAR.
llavi (ʎáβi) *m.* lip.
llavor (ʎəβó) *f.* seed [also fig.].
llavorer, -ra (ʎəβuré, -rə) *a.* stud.
llavors (ʎəβórs) *adv.* then.
llebeig (ʎəβέtʃ) *m.* METEOR. warm southwest wind.
llebre (ʎέβrə) *f.* ZOOL. hare. ‖ *aixecar la ~,* to let the cat out of the bag.
llebrer (ʎəβré) *a. m.* ZOOL. greyhound.
llebrós, -osa (ʎəβrós, -ózə) *a.* leprous. ■ *2 m.-f.* leper.
lledó (ʎəðó) *m.* BOT. blackberry.
llefiscós, -osa (ʎəfiskós, -ózə) *a.* slimy; sticky.
lleganya (ʎəɣáɲə) *f.* sleep [in the eyes].
lleganyós, -osa (ʎəɣəɲós, -ózə) *a.* bleary.
llegar (ʎəɣá) *t.* to will; to bequeath, to leave.
llegat (ʎəɣát) *m.* legacy; bequest.
llegenda (ʎəʒéndə) *f.* legend. 2 inscription.
llegendari, -ària (ʎəʒəndári, -áriə) *a.* legendary.
llegible (ʎəʒibblə) *a.* legible. 2 readable.
llegir (ʎəʒí) *t.* to read.
llegítima (ʎəʒítimə) *f.* that part in a will which must be left to close relatives.
llegua (ʎéɣwə) *f.* league [distance].
llegum (ʎəɣúm) *m.* legume. 2 *pl.* vegetables.
llei (ʎéĭ) *f.* law, rule. 2 kind, sort.
lleial (ʎəjál) *a.* loyal, faithful.
lleialtat (ʎəjəltát) *f.* loyalty, faithfulness, allegiance.
Lleida (ʎéĭðə) *pr. n. f.* GEOGR. Lleida.
lleig, lletja (ʎétʃ, ʎédʒə) *a.* ugly; foul [also fig.].
lleixa (ʎéʃə) *f.* shelf.
lleixiu (ʎəʃiŭ) *m.* bleach.
llenç (ʎens) *m.* canvas.
llenca (ʎéŋkə) *f.* strip.
llençar (ʎənsá) *t.* to throw. 2 to throw away.
llenceria (ʎənsəriə) *f.* draper's (shop). 2 lingerie, underwear.
llençol (ʎənsól) *m.* sheet [linen, etc.].
llenegar (ʎənəɣá) *i.* (BAL.) See REL·LISCAR.
llengota (ʎəŋɡótə) *f. m'ha fet una ~!,* she put her tongue out at me!
llengua (ʎéŋɡwə) *f.* tongue. ‖ *no tenir pèls a la ~,* to call a spade a spade. ‖ *tenir la ~ llarga,* to be all talk; not to know when to shut up. 2 language.
llenguado (ʎəŋɡwáðu) *m.* ICHTHY. sole.

llenguallarg, -ga (ʎéŋɡwəʎárk, -ɣə) *a.* talkative, who never stops talking.
llenguatge (ʎəŋɡwádʒə) *m.* language.
llengüeta (ʎəŋɡwétə) *f.* tongue, flap.
llengut, -uda (ʎəŋɡút, -úðə) *a.* talkative.
llentia (ʎəntiə) *f.* BOT. lentil.
llenya (ʎéɲə) *f.* wood, firewood. 2 fam. beating.
llenyataire (ʎəɲətáĭrə) *m.* woodcutter.
lleó, -na (ʎəó, -nə) *m.* lion. 2 ASTROL. Leo. 3 *f.* lioness.
lleopard (ʎəupár(t)) *m.* ZOOL. leopard.
llepa (ʎépə) *m.-f.* coll. crawler; vulg. arselicker.
llepada (ʎəpáðə) *f.* lick.
llepaire (ʎəpáĭrə) *m.-f.* See LLEPA.
llepar (ʎəpá) *t.* to lick. 2 to suck up to; to crawl *i.*
llepissós, -osa (ʎəpisós, -ózə) *a.* See LLEFISCÓS.
llèpol, -la (ʎépul, -lə) *a.* See LLAMINER.
llepolia (ʎəpuliə) *f.* See LLAMINADURA.
llera (ʎérə) *f.* GEOGR. bed.
llesamí (ʎəsəmí) *m.* BOT. jasmine.
llesca (ʎéskə) *f.* slice.
llest, -ta (ʎes(t), -tə) *a.* clever, quick. 2 ready. 3 finished.
llet (ʎet) *f.* milk. 2 *mala ~,* bad temper. ‖ *està de mala ~,* he's in a bad mood, he's angry.
lletania (ʎətəniə) *f.* LITURG. litany. 2 coll. long list.
lleter, -ra (ʎətέ, -rə) *a.* milk. ■ *2 m.-f.* milkman, milk seller. 3 *f.* milk jug.
lleteria (ʎətəriə) *f.* dairy.
lletgesa (ʎədʒέzə) *f.* ugliness.
lletjor (ʎədʒó) *f.* ugliness.
lletra (ʎétrə) *f.* letter [of the alphabet]. 2 writing. ‖ *fer bona ~,* to write neatly. 3 letter [written communication]. 4 COMM. *~ de canvi,* bill of exchange. 5 words *pl.* [of song]. 6 *pl.* arts [subjects].
lletraferit, -ida (ʎέtrəfərit, -íðə) *a.* coll. fond of literature.
lletrat, -ada (ʎətrát, -áðə) *a.* lettered, learned. ■ *2 m.-f.* lawyer.
lletrejar (ʎətrəʒá) *t.* to spell.
lleu (ʎéú) *a.* light. 2 slight; not serious.
lleuger, -ra (ʎəŭʒέ, -rə) *a.* light. 2 slight, not serious. 3 agile, quick. ■ *4 prep. phr. a la lleugera,* without thinking, lightly.
lleugeresa (ʎəŭʒərézə) *f.* lightness. 2 agility, quickness. 3 hastiness.
lleure (ʎéŭrə) *m.* leisure, spare time.
lleva (ʎéβə) *f.* MECH. cam. 2 MIL. levy, conscription.
llevadís, -issa (ʎəβəðís, -isə) *a.* which can be raised and lowered: *pont ~,* drawbridge.

llevadora (ʎəβəðórə) *f.* midwife.
llevant (ʎəβán) *m.* the east, the orient.
llevar (ʎəβá) *t.* to remove, to take out, to take off. *2* to take someone out of bed. ■ *3 p.* to get up.
llevat (ʎəβát) *m.* yeast, leaven. ■ *2 prep.* except, but. *3 prep. phr.* ~ *de*, except, but.
llevataps (ʎ̞βətáps) *m.* corkscrew.
lli (ʎi) *m.* BOT. flax. *2* linen.
lliberal (ʎiβərál) *a., m.-f.* See LIBERAL.
llibertar (ʎiβərtá) *t.* to liberate, to free, to set free.
llibertat (ʎiβərtát) *f.* liberty, freedom.
llibertí, -ina (ʎiβərti, -inə) *a.* libertine, licentious.
llibertinatge (ʎiβərtinádʒə) *m.* licentiousness, libertinism.
llibre (ʎiβrə) *m.* book.
llibrer, -ra (ʎiβrè, -rə) *m.-f.* See LLIBRETER.
llibreria (ʎiβrəriə) *f.* bookshop. *2* bookshelf.
llibreta (ʎiβrɛtə) *f.* notebook, exercise book. ‖ ~ *d'estalvis*, savings book.
llibreter (ʎiβrətɛ̀, -rə) *m.-f.* book dealer; book seller.
llibreteria (ʎiβrətəriə) *f.* bookshop.
lliça (ʎisə) *f.* HIST. lists.
llicència (ʎisɛnsiə) *f.* licence, permit.
llicenciar (ʎisənsiá) *t.* to release from duty. *2* MIL. to discharge. *3* EDUC. to confer a bachelor's degree on. ■ *4 p.* MIL. to finish one's national service. *5* to obtain or receive a bachelor's degree, to graduate.
llicenciat, -ada (ʎisənsiát, -áðə) *m.-f.* graduate. ‖ *títol de* ~, bachelor's degree.
llicenciatura (ʎisənsiətúrə) *f.* bachelor's degree. *2* degree course.
llicenciós, -osa (ʎisənsiós, -ózə) *a.* licentious.
lliçó (ʎisó) *m.* lesson.
lliga (ʎiɣə) *f.* league, alliance. *2* SP. league. *3* alloy.
lligabosc (ʎiɣəβɔ́sk) *m.* BOT. honeysuckle.
lligacama (ʎiɣəkámə) *f.* garter.
lligadura (ʎiɣəðúrə) *f.* MED., MUS. ligature.
lligall (ʎiɣáʎ) *m.* sheaf [papers], bundle.
lligam (ʎiɣám) *m.* bond, tie [also fig.].
lligament (ʎiɣəmɛ̀n) *m.* tie, bond [fig.]. *2* tying. *3* ANAT. ligament.
lligar (ʎiɣá) *t.* to tie, to bind. ‖ fig. *estar lligat de mans i peus*, to have one's hands tied. *2* fig. to join, to connect, to link, to unite. ■ *3 i.* to fit in (*amb*, with), to go well together. *4* to agree with; to get on with. *5 i.-p.* to chat up.
llim (ʎim) *m.* mud.
llima (ʎimə) *f.* file. *2* (VAL.) lemon.
llimac (ʎimák) *m.* ZOOL. slug.
llimadures (ʎiməðúrəs) *f. pl.* filings.

llimar (ʎimá) *t.* to file, to file off or down. *2* fig. to smooth, to polish.
llimbs (ʎims) *m. pl.* limbo *sing.* ‖ *viure als* ~, to live in the clouds.
llimó (ʎimó) *m.* (OCC.) See LLIMONA.
llimona (ʎimónə) *f.* lemon.
llimonada (ʎimunáðə) *f.* lemonade.
llimoner (ʎimunɛ̀) *m.* BOT. lemon tree.
llinatge (ʎinádʒə) *m.* lineage, family.
llinda (ʎində) *f.* lintel.
llindar (ʎindá) *m.* threshold [also fig.].
llinge (ʎinzə) *f.* (ROSS.) lingerie.
lliri (ʎiri) *m.* BOT. lily.
llis, -sa (ʎis, -zə) *a.* smooth; even. *2* straight [hair]. *3* plain, unpatterned.
lliscar (ʎiská) *i.* to slide, to slip.
llista (ʎistə) *f.* list, register. ‖ *passar* ~, to call the register, to call the roll.
llistat (ʎistát) *a.* striped. ■ *2 m.* COMP. print out.
llistó (ʎistó) *m.* batten, lath, piece of wood.
llit (ʎit) *m.* bed. ‖ *fer* ~, to be ill in bed. *2* GEOGR. river bed.
llitera (ʎitɛ́rə) *f.* stretcher. *2* bunk [on ships]; sleeper, couchette [on trains]. *3 pl.* bunks.
lliura (ʎiŭrə) *f.* pound.
lliurament (ʎiŭrəmɛ̀n) *m.* delivery.
lliurar (ʎiŭrá) *t.* to deliver, to hand over. *2* ~ *batalla*, to put up a fight. ■ *3 p.* to hand oneself over, to give oneself up. *4* to devote oneself (*a*, to).
lliure (ʎiŭrə) *a.* free: ~ *d'impostos*, tax-free, duty free. ‖ *entrada* ~, free entry. ‖ *dia* ~, day off.
lloable (ʎuábblə) *a.* praiseworthy, laudable.
lloança (ʎuánsə) *f.* praise.
lloar (ʎuá) *t.* to praise.
lloba (ʎóβə) *f.* ZOOL. she-wolf.
llobarro (ʎuβárru) *m.* ICHTHY. bass.
llobató (ʎuβató) *m.* ZOOL. wolf cub. *2* boy scout.
llobina (ʎuβinə) *f.* ICHTHY. See LLOBARRO.
llòbrec, -ega (ʎɔ́βrək, -əɣə) *a.* dark, gloomy.
lloc (ʎɔk) *m.* place; scene. ‖ *m'ha pres el* ~, he's taken my seat. *2* room, space: *no hi ha* ~, there's no room.
lloca (ʎɔ́kə) *f.* broody hen.
lloctinent (ʎɔktinɛ̀n) *m.* deputy, lieutenant.
llogar (ʎuɣá) *t.* to hire [cars, sports equipment, etc.]; to rent [houses, flats, cars, etc.]. *2* to contract, to take on [workers]. ■ *3 p.* to be for rent; to be for hire.
llogarret (ʎuɣərrɛ̀t) *m.* hamlet, tiny village.
llogater, -ra (ʎuɣətɛ̀, -rə) *m.-f.* tenant.
lloguer (ʎuɣɛ̀) *m.* rent. ‖ *un pis de* ~, a rented flat.

llom (ʎom) *m.* back, loin. *2* GEOGR. loin. *3* spine [book]. *4* COOK. loin of pork.
llombrígol (ʎumbriɣul) *m.* navel.
llonguet (ʎuŋgέt) *m.* small elongated bread roll.
llonza (ʎόnzə) *f.* COOK. chop.
llop (ʎop) *m.* ZOOL. wolf. ‖ fig. ~ *de mar,* old sea dog.
llopada (ʎupáðə) *f.* pack of wolves.
llorer (ʎuré) *m.* BOT. laurel. ‖ fig. *adormir- se sobre els ~s,* to rest on one's laurels.
llorigó (ʎuriɣό) *m.* ZOOL. bunny, young rabbit.
lloriguera (ʎuriɣέrə) *f.* warren, rabbit warren. *2* fig. den of thieves.
llorma (ʎόrmə) *f.* (ROSS.) See BARJAULA.
lloro (ʎόru) *m.* ORNIT. parrot.
llosa (ʎόzə) *f.* tile.
llosc, -ca (ʎosk, -kə) *a.* short-sighted, myopic.
llot (ʎot) *m.* mud, mire.
llotja (ʎόdʒə) *f.* THEATR. box. *2* COMM. (commodity) exchange.
lluc (ʎuk) *m.* BOT. shoot. *2* good judgement.
lluç (ʎus) *m.* ICHTHY. hake. ‖ ~ *de riu,* pike.
llucar (ʎuká) *i.* to produce shoots. ■ *2 t.* to see, to spot. *3* to look at. *4* fig. to see through, to suss, to weigh up.
llúcera (ʎúsərə) *m.* ICHTHY. blue whiting.
llúdria (ʎúðriə) *f.* ZOOL. otter.
llúdriga (ʎúðriɣə) *f.* ZOOL. See LLÚDRIA.
lluent (ʎuén) *a.* shining; bright; sparkling.
lluentó (ʎuəntό) *m.* sequin.
lluentor (ʎuəntό) *f.* brilliance; shine; sparkle; glow.
lluerna (ʎuέrnə) *f.* skylight. *2* ENT. glowworm. *3* ICHTHY. streaked gurnard.
llufa (ʎúfə) *f.* silent fart. ‖ fig. *fer ~,* to flop, to fail.
llufar-se (ʎufársə) *p.* to fart silently.
lluïment (ʎuimén) *m.* brilliance: sparkling; shining; sparkle; shine.
lluir (ʎui) *i.* to sparkle; to twinkle; to shine. *2* fig. to shine, to look good; to stand out. ■ *3 t.* to show off. ■ *4 p.* to shine; to succeed, to be a success, to excel oneself. *5* to make a fool of oneself, to make a mess of something.
Lluís (ʎuis) *pr. n. m.* Louis, Lewis.
lluïssor (ʎuisό) *f.* shine; sparkle; glitter; glow.
lluït, -ïda (ʎuit, -iðə) *a.* successful.
lluita (ʎúĭtə) *f.* fight, struggle.
lluitador, -ra (ʎuitəðό, -rə) *a.* fighting. ■ *2 m.-f.* fighter. *3* SP. wrestler.
lluitar (ʎúĭtə) *i.* to fight; to struggle.
llum (ʎum) *f.* light. *2 m.* lamp, light [apparatus].

llumenera (ʎumənέrə) *f.* oil lamp. *2* fig. very intelligent person.
llumí (ʎumi) *m.* match.
lluminària (ʎumináriə) *f.* illuminations *pl.*
lluminós, -osa (ʎuminόs, -όzə) *a.* luminous. *2* fig. ingenious, clever.
lluna (ʎúnə) *f.* moon. ‖ *de mala ~,* in a bad mood. ‖ *demanar la ~ en un cove,* to ask for the impossible. ‖ ~ *de mel,* honeymoon.
llunàtic, -ca (ʎunátik, -kə) *a.* moody.
lluny (ʎuɲ) *adv.* far away. ‖ *de ~,* by far.
llunyà, -ana (ʎuɲá, -ánə) *a.* far, distant, remote.
llunyania (ʎuɲəniə) *f.* distance.
lluquet (ʎukét) *m.* sulphur match.
llur (ʎur, ʎurs) *poss. a.* their. ▲ pl. *llurs.*
llustre (ʎústrə) *m.* shine; polish; sparkle; lustre.
llustrós, -osa (ʎustrόs, όzə) *a.* polished; shining; sparkling; lustrous.
lo (lu) *pers. pron. doneu-~ al pare,* give it to your father. ■ *2* (OCC.) (lo) *art. m. sing.* the.
lòbul (lɔβul) *m.* lobe.
local (lukál) *a.* local. *2* SP. home. ■ *3 m.* premises.
localitat (lukəlitát) *f.* locality, place. *2* seat; ticket [cinema, theatre, etc.].
localitzar (lukəlidzá) *t.* to localize. *2* to find, to locate.
loció (lusió) *f.* lotion.
locomoció (lukumusió) *f.* locomotion. ‖ *mitjà de ~,* means of transport.
locomotor, -ra (lukumutό, -rə) *a.* locomotive; driving. ■ *2 f.* engine, locomotive.
locució (lukusió) *f.* idiom. *2* phrase.
locutor, -ra (lukutό, -rə) *m.-f.* radio or television presenter.
logaritme (luɣərídmə) *f.* logarithm.
lògia (lɔʒiə) *f.* lodge.
lògic, -ca (lɔʒik, -kə) *a.* logical. ■ *2 f.* logic.
lona (lόnə) *f.* canvas; sailcloth.
londinenc, -ca (lundinέŋ, -kə) *a.* London, from London. ■ *2 m.-f.* Londoner.
Londres (lόndrəs) *pr. n. m.* GEOGR. London.
longevitat (lunʒəβitát) *f.* longevity.
longitud (lunʒitút) *f.* length. *2* GEOGR. longitude.
longitudinal (lunʒituðinál) *a.* longitudinal.
loquaç (lukwás) *a.* loquacious, talkative.
loquacitat (lukwəsitát) *f.* loquacity.
lord (lɔr(t)) *m.* lord.
los (lus) *pers. pron. m.* them: *doneu-~ a qui els vulgui,* give them to whoever wants them. ■ *2 m.-f.* them: *doneu-~ dinar,* give them lunch ▲ els, 'ls. ■ *3* (OCC.) (los) *art. m. pl.* the.

lot (lɔt) *m.* share, portion. *2* lot [auctions]. *3* batch.

loteria (lutəriə) *f.* lottery.

lotus (lɔ́tus) *m.* BOT. lotus.

'ls *pers. pron.* See LOS.

lubricar (luβriká) *t.* See LUBRIFICAR.

lubrificant (luβrifikán) *a.* lubricating. ■ *2 m.* lubricant.

lubrificar (luβrifiká) *t.* to lubricate.

lúcid, -da (lúsit, -ðə) *a.* lucid, clear.

lucidesa (lusiðέzə) *f.* lucidity.

lucratiu, -iva (lukrətiŭ, -iβə) *a.* lucrative.

lucre (lúkrə) *m.* gain, profit; benefit.

luctuós, -osa (luktuós, -ózə) *a.* sad, sorrowful.

lúgubre (lúɣuβrə) *a.* lugubrious.

lumbago (lumbáɣu) *m.* MED. lumbago.

lumbar (lumbár) *a.* MED. lumbar.

lunar (lunár) *a.* lunar, moon.

lupa (lúpə) *f.* magnifying glass.

lustre (lústrə) *m.* lustrum (5 year period).

luteranisme (lutərənizmə) *m.* Lutheranism.

luxació (luksəsió) *f.* MED. dislocation.

luxe (lúksə) *m.* luxury. ‖ *de* ~, luxury.

Luxemburg (luksəmbúrk) *pr. n. m.* GEOGR. Luxembourg.

luxós, -osa (luksós, -ózə) *a.* luxurious.

luxúria (luksúriə) *f.* lust, lechery.

luxuriós, -osa (luksuriós, -ózə) *a.* lustful, lecherous.

M

M, m (émə) *m.* m [letter].

m' *pers. pron. 1ˢᵗ pers. accus.* and *dat. sing.* before vowel or h: *m'entens?*, do you understand me? ▲ *'m*, after vowel: *dona'm això!*, give me that!

ma (mə) *poss. a. f.* my.

mà (ma) *f.* ANAT. hand. ‖ fig. *a ~*, handy, within easy reach. ‖ *a ~ armada*, armed. ‖ fig. *allargar la ~*, to put one's hand out. ‖ fig. *arribar a les mans*, to come to blows. ‖ fig. *demanar la ~*, to ask for someone's hand [in marriage]. ‖ *de segona ~*, second-hand. ‖ fig. *en bones mans*, in good hands. ‖ *fer mans i mànigues*, to do one's utmost, to do one's best. ‖ *lligar les mans*, to tie someone's hands. ‖ *tenir manetes*, to be handy. *2* ZOOL. paw; foot.

maça (másə) *f.* mace. *2* mallet. *3* pestle.

macabre, -bra (məkáβrə, -βrə) *a.* macabre.

macadura (məkəðúrə) *f.* bruise.

macar (məká) *t.* to bruise. ▪ *2 p.* to get bruised.

macarró (məkərró) *m.* macaroni. *2* pimp.

macarrònic, -ca (məkərrɔ́nik, -kə) *a.* macaronic.

macer (məsé) *m.* REL. mace-bearer.

maceració (məsərəsió) *f.* maceration.

macerar (məsərá) *t.* to macerate.

maco, -ca (máku, -kə) *a.* cast. pretty, beautiful, nice.

maçó (məsó) *m.* freemason.

macrobiotic, -ca (məkruβiɔ́tik, -kə) *a.* macrobiotic. ▪ *2 f.* macrobiotics *pl.*

macrocefalia (məkrusəfəliə) *f.* macrocephaly.

màcula (mákulə) *f.* esp. fig. stain.

macular (məkulá) *t.* esp. fig. to stain.

madeixa (məðéʃə) *f.* skein, hank.

madona (məðɔ́nə) *f.* Madonna. *2* (BAL.) landlady; mistress.

madrastra (məðrástrə) *f.* stepmother.

madrigal (məðriɣál) *m.* madrigal.

maduixa (məðúʃə) *f.* BOT. strawberry.

maduixera (məðuʃérə) *f.* BOT. strawberry plant.

maduixot (məðuʃɔ́t) *m.* strawberry.

madur, -ra (məðú, -rə) *a.* ripe [fruit]. *2* mature.

madurar (məðurá) *i.-t.* to ripen. *2* to mature [also fig.].

maduresa (məðurézə) *f.* ripeness [fruit]. *2* maturity.

mag (mak) *m.* magician.

magarrufa (məɣərrúfə) *f.* flattery.

magatzem (məɣədzém) *m.* warehouse; store. ‖ *grans ~s*, department store.

magí (məʒi) *m.* coll. mind, head.

màgia (máʒiə) *f.* magic. ‖ fig. *per art de ~*, by magic.

màgic, -ca (máʒik, -kə) *a.* magic; magical. ▪ *2 m.-f.* magician. *3 f.* magic.

magisteri (məʒistéri) *m.* teaching. ‖ *estudio ~*, I'm doing teacher training.

magistral (məʒistrál) *a.* masterly, magisterial.

magistrat (məʒistrát) *m.* judge.

magistratura (məʒistrətúrə) *f.* magistrature, magistracy.

magma (mágmə) *f.* GEOL. magma.

magnànim, -ma (məŋnánim, -mə) *a.* magnanimous.

magnat (məŋnát) *m.* magnate, baron.

magne, -na (máŋnə, -nə) *a.* great.

magnesi (məŋnézi) *m.* magnesium.

magnèsia (məŋnéziə) *f.* magnesia.

magnètic, -ca (məŋnétik, -kə) *a.* magnetic.

magnetisme (məŋnətízmə) *m.* magnetism.

magnetòfon (məŋnətɔ́fun, coll. məŋnɛtufón) *m.* tape-recorder.

magnífic, -ca (məŋnifik, -kə) *a.* magnificent; splendid.

magnificar (məŋnifiká) *t.* to magnify, to extol.

magnificència (məŋnifisénsiə) *f.* magnificence.

magnitud (məŋnitút) *f.* size; magnitude. *2* ASTR. magnitude.

magnòlia (məŋnɔ́liə) *f.* BOT. magnolia.

magrana (məɣránə) *f.* BOT. pomegranate.

magre, -gra (máɣrə, -ɣrə) *a.* lean. *2* fig. thin, lean.

mahometà, -ana (məumətá. ánə) *a., m.-f.* Mohammedan, Muslim.

mahometisme (məumətizmə) *m.* Mohammedanism, Islam.

mai (máĭ) *adv.* never. *2* ever: *si ~ véns,* if you ever come.

maig (matʃ) *m.* May.

mainada (məĭnáðə) *f.* children *pl.*

mainadera (məĭnəðérə) *f.* nurse, nanny.

maionesa (məĭunézə) *f.* COOK. mayonnaise.

majestat (məʒəstát) *f.* majesty: *Sa Majestat,* Your or His or Her Majesty.

majestuós, -osa (məʒəstuós, -ózə) *a.* majestic.

majestuositat (məʒəstuuzitát) *f.* majesty.

majòlica (məʒɔ́likə) *f.* majolica.

major (məʒó) *a.* greatest, most important. ‖ *la ~ part,* the greater part, the majority. ‖ *carrer ~,* high street, main street. *2* MUS. major.

majoral (məʒurál) *m.* head shepherd. *2* IND. foreman.

majordom, -oma (məʒurðɔ́m, -ɔ́mə) *m.* butler; steward. *2 f.* housekeeper; stewardess.

majordona (məʒurðɔ́nə) *f.* priest's housekeeper.

majoria (məʒuríə) *f.* majority.

majorista (məʒurístə) *m.-f.* wholesaler.

majorment (məʒurmén) *adv.* mainly, chiefly.

majúscul, -la (məʒúskul, -lə) *a.* enormous. ■ *2 f.* capital, capital letter.

mal, mala (mal, málə) *a.* bad. ▲ usu. before noun. ■ *2 m.* ache, pain. ‖ *~ de cap,* headache. *3* damage. ‖ *m'he fet ~,* I've hurt myself. *4* bad, badness; evil. ■ *5 adv.* badly. ‖ *~ que bé,* somehow.

malabarisme (mələβərizmə) *m.* juggling.

malabarista (mələβəristə) *m.-f.* juggler.

malaconsellar (mələkunsəʎá) *t.* to mislead, to give bad advice to.

malagradós, -osa (mələɣrəðós, -ózə) *a.* unpleasant, unsociable, surly.

malagraït, -ïda (mələɣrəit, -íðə) *a., m.-f.* unthankful *a.,* ungrateful *a.*

malaguanyat, -ada (mələɣwəɲát, -áðə) *a.* wasted. *2* ill-fated. *3* prematurely dead. ■ *4 interj.* what a shame!

malai, -aia (məláĭ, -áĭə) *a., m.-f.* Malay, Malayan.

malalt, -ta (məlál, -tə) *a.* ill; sick.

malaltia (mələltíə) *f.* illness; disease.

malaltís, -issa (mələltis, -isə) *a.* unhealthy; sickly.

malament (mələmén) *m. adv.* badly, wrong, wrongly. ‖ *t'he entès ~,* I misunderstood you. ‖ *ho fas ~,* you're doing it wrong. ‖ *funciona ~,* it doesn't work properly.

malapte, -ta (məlápte, -tə) *a.* clumsy, hamfisted.

malaquita (mələkítə) *f.* MINER. malachite.

malària (məláriə) *f.* MED. malaria.

malastrugança (mələstruɣánsə) *f.* misfortune.

malaurat, -ada (mələŭrát, -áðə) *a.* unfortunate, unlucky; wretched.

malaventura (mələβəntúrə) *f.* misfortune.

malaventurat, -ada (mələβənturát, -áðə) *a.* unfortunate, unlucky.

malavesar (mələβəzá) *t.* to allow or encourage someone to acquire bad habits.

malavingut, -uda (mələβiŋgùt, -úðə) *a.* incompatible.

malbaratador, -ora (məlβərətəðó, -órə) *a., m.-f.* squanderer *s.*

malbaratar (məlβərətá) *t.* to squander, to waste.

malbé (fer) (məlβé) *phr.* to spoil; to ruin, to destroy.

malcarat, -ada (məlkərát, -áðə) *a.* sullen.

malcontent, -ta (məlkuntén, -tə) *a.* discontent, unhappy.

malcreient (məlkrəjén) *a.* coll. disobedient.

malcriar (məlkriá) *t.* to spoil, to bring up badly [child].

maldar (məldá) *i.* to strive (*per,* to),to try hard (*per,* to).

maldat (məldát) *f.* badness, evilness. *2* bad or evil action.

maldecap (məldəkáp) *m.* problem, trouble, worry, headache. ▲ usu *pl.*

maldestre, -a (məlðéstrə) *a.* clumsy; awkward.

maldir (məldi) *i.* to malign, to defame, to speak ill of.

maledicció (mələðiksió) *f.* curse.

malèfic, -ca (məléfik, -kə) *a.* evil, malefic.

malefici (mələfísi) *m.* curse.

maleir (mələi) *t.* to curse. ‖ *maleït siga,* damn it!, curse it!

malejar (mələʒá) *t.* to spoil.

malenconia (mələŋkuníə) *f.* melancholy.

malenconiós, -sa (mələŋkuniós, -ózə) *a.* melancholy, melancholic.

malendreç (mələndrés) *m.* untidiness; disorder.

malentès (mələntés) *m.* misunderstanding.

malesa (mǝlέzǝ) *f.* badness; evil. *2* bad or evil action.

malestar (mǝlǝstá) *m.* unease, uneasiness; unrest. *2* MED. malaise.

maleta (mǝlέtǝ) *f.* suitcase, case.

maleter (mǝlǝtέ) *m.* suitcase maker or seller. *2* porter. *3* AUTO. boot, (USA) trunk.

maletí (mǝlǝtí) *m.* briefcase, attaché case.

malèvol, -la (mǝlέβul, -lǝ) *a.* malevolent.

malfactor, -ra (mǝlfǝktó, -rǝ) *a., m.-f.* malefactor, wrongdoer.

malferir (mǝlfǝri) *t.* to wound badly.

malfiar-se (mǝlfiársǝ) *p.* to mistrust *t.* (*de*, —), to distrust *t.* (*de*, —). *2* to suspect.

malforjat, -ada (mǝlfurჳát, -áðǝ) *a.* scruffy, untidily dressed.

malgastar (mǝlɣǝstá) *t.* to waste.

malgirbat, -ada (mǝlჳirβát, -áðǝ) *a.* scruffy.

malgrat (mǝlɣrát) *prep.* despite, in spite of: ~ *tot*, after all.

malhumorat, -ada (mǝlumurát, -áðǝ) *a.* bad-tempered.

malícia (mǝlísiǝ) *f.* malice.

maliciós, -osa (mǝlisiós, -ózǝ) *a.* malicious.

malifeta (mǝlifέtǝ) *f.* misdeed.

maligne, -na (mǝliŋnǝ, -nǝ) *a.* malignant.

malintencionat, -ada (mǝlintǝnsiunát, -áðǝ) *a.* ill-intentioned.

mall (maʎ) *m.* sledgehammer.

malla (máʎǝ) *f.* mesh. *2* network. *3* mail, chain mail.

maℓℓeabilitat (mǝleǝβilitát) *f.* malleability.

maℓℓeable (mǝlǝábblǝ) *a.* malleable.

mallerenga (mǝʎǝrέŋgǝ) *f.* ORNIT. tit: ~ *cuallarga*, long-tailed tit; ~ *blava*, blue tit; ~ *carbonera*, great tit.

Mallorca (mǝʎɔ́rkǝ) *pr. n. f.* GEOGR. Majorca.

Mallorca (Ciutat de) (mǝʎɔ́rkǝ, siutát ðǝ) *pr. n. f.* GEOGR. Palma de Majorca.

mallorquí, -ina (mǝʎurki, -inǝ) *a., m.-f.* Majorcan.

mallot (mǝʎɔ́t) *m.* leotard. *2* bathing suit, bathing costume.

malmès, -esa (mǝlmέs, -έzǝ) *a.* spoiled; ruined.

malmetre (mǝlmέtrǝ) *t.* to spoil; to ruin. ▲ CONJUG. P. P.: *malmès*.

malnom (mǝlnɔ́m) *m.* nickname.

malparat, -ada (mǝlpǝrát, -áðǝ) *a.* damaged, in bad condition.

malparlar (mǝlpǝrlá) *i.* to run down, to speak ill of.

malparlat, -ada (mǝlpǝrlát, -áðǝ) *a.* foul-mouthed.

malpensar (mǝlpǝnsá) *i.* to think ill of. *2* to suspect.

malpensat, -ada (mǝlpǝnsát, -áðǝ) *a.* evil-minded.

malsà, -ana (mǝlsá, -ánǝ) *a.* unhealthy. *2* fig. unwholesome.

malson (mǝlsɔ́n) *m.* nightmare.

malsonant (mǝlsunán) *a.* ill-sounding. *2* rude, offensive. ‖ *paraula* ~, swearword.

maltractament (máltrǝktǝmέn) *m.* abuse, ill-treatment.

maltractar (mǝltrǝktá) *t.* to abuse, to ill-treat, to treat badly. *2* to damage; to knock about.

maluc (mǝlúk) *m.* ANAT. hip.

malva (málβǝ) *f.* BOT. mallow.

malvasia (mǝlβǝziǝ) *f.* malmsey [wine].

malvat, -ada (mǝlβát, -áðǝ) *a.* evil, wicked.

malvendre (mǝlβέdrǝ) *t.* to sell at a loss. ▲ CONJUG. like *vendre*. ‖ INDIC. Pres.: *malvèn*.

malversació (mǝlβǝrsǝsió) *f.* embezzlement, misappropriation.

malversar (mǝlβǝrsá) *t.* to embezzle, to misappropriate.

malvestat (mǝlβǝstát) *f.* bad or evil action.

malvist, -ta (mǝlβis(t), -tǝ) *a.* considered wrong, not done.

malviure (mǝlβiŭrǝ) *m.* to subsist, to live badly.

malvolença (mℓβulέnsǝ) *f.* malevolence.

mam (mǝm) *m.* coll. drink.

mama (mámǝ) *f.* mum, mummy. *2* breast.

mamà (mǝmá) *f.* mum, mummy.

mamar (mǝmá) *t.* to suck. *2* fig. to drink straight from a bottle. *3* to drink [alcohol].

mamarratxo (mǝmǝrrátʃu) *m.* fig. nincompoop [person].

mamella (mǝmέʎǝ) *f.* breast [woman]; udder [animal].

mamífer, -ra (mǝmifǝr, -rǝ) *a.* mammalian. ▪ *2 m.* mammal.

mampara (mǝmpárǝ) *f.* screen.

mamut (mǝmút) *m.* ZOOL. mammoth.

manaire (mǝnáĭrǝ) *a.* bossy.

manament (mǝnǝmέn) *m.* order. *2* REL. commandment.

manar (mǝná) *t.* to order, to command. *2* to rule.

manat (mǝnát) *m.* bunch; handful.

manc, -ca (maŋ, -kǝ) *a.* one-handed; one-armed.

manca (máŋkǝ) *f.* lack.

mancament (mǝŋkǝmέn) *m.* offence; insult; wrong. *2* nonfulfilment [of one's duty]; failure to keep [one's promise or word]; non-payment [of a debt].

mancança (mǝŋkánsǝ) *f.* See MANCA.

mancar (mǝŋká) *i.* to lack *t.*, not to have *t.* ‖ *li manca un braç*, he has an arm missing.

mancomunitat (mǝŋkumunitát) *f.* union, association [of towns, provinces, etc.].

mandarí (mǝndǝri) *m.* mandarin.

mandarina (məndərinə) *f.* BOT. mandarin, tangerine, satsuma.

mandat (məndát) *m.* mandate.

mandatari (məndətári) *m.* mandatory.

mandíbula (məndíβulə) *f.* ANAT. mandible, jawbone.

mandolina (məndulinə) *f.* MUS. mandolin, mandoline.

mandonguilla (mənduŋgiʎə) *f.* COOK. meat ball.

mandra (mándrə) *f.* laziness.

mandràgora (məndráɣurə) *f.* BOT. mandrake, mandragora.

mandril (məndril) *m.* ZOOL. mandrill.

manduca (məndúkə) *f.* coll. grub, nosh.

mànec (mánək) *m.* handle. ‖ **tenir la paella pel ~**, to give the orders.

manefla (mənéflə) *a.* meddlesome, interfering. ▪ *2 m.-f.* meddler, busybody.

mànega (mánəɣə) *f.* sleeve. *2* hose. *3* MAR. beam.

manegar (mənəɣá) *t.* fig. to sort out. ▪ *2 p.* to cope, to manage.

maneig (mənétʃ) *m.* handling. *2* running; management.

manejable (mənəʒábblə) *a.* manageable. *2* handy.

manejar (mənəʒá) *t.* to handle, to control; to use. *2* to move (from side to side).

Manel (mənél) *pr. n. m.,* Emmanuel.

manera (mənérə) *f.* way, manner. ‖ *adv. phr.* **d'aquesta ~**, in this way; **de cap ~**, in no way; *adv. phr.* **de mala ~**, far too much; *conj. phr.* **de ~ que**, so that; *adv. phr.* **de tota ~**, o **de totes les maneres,** anyhow, anyway; *phr.* **no hi ha ~**, it's impossible.

manescal (mənəskál) *m.* ant. veterinary surgeon, vet.

maneta (mənétə) *f.* small hand. ‖ **fer manetes,** to hold hands. ‖ **tenir manetes,** to be skilful with one's hands. *2* handle. *3* pestle.

manganès (məŋgənés) *m.* manganese.

mangosta (məŋgóstə) *f.* ZOOL. mangoose.

mania (məniə) *f.* mania, fad; obsession. ‖ **té la ~ de l'hoquei,** he's obsessed with hockey. ‖ **ha agafat la ~ que s'està tornant cec.** ‖ he's got it into his head that he's going blind. ‖ **em té ~,** he hates me. *2* bad habit.

maníac, -ca (məniək, -kə) *a.* maniacal, maniac.

maniàtic, -ca (məniátik, -kə) *a.* fussy, finicky; faddy.

manicomi (mənikómi) *m.* lunatic asylum, mental hospital.

manicur, -ra (mənikúr, -rə) *m.-f.* manicurist. *2 f.* manicure.

manifest, -ta (mənifés(t), -tə) *a.* manifest, patent. ▪ *2 m.* manifesto.

manifestació (mənifəstəsió) *f.* sign, show. *2* demonstration.

manifestar (mənifəstá) *t.* to show, to demonstrate. ▪ *2 p.* to demonstrate [in the street].

manifestant (mənifəstán) *m.-f.* demonstrator.

màniga (mánəɣə) *f.* sleeve. ‖ **estirar més el braç que la ~,** to overspend.

manillar (məniʎár) *m.* handlebar, handlebars *pl.*

manilles (məniʎəs) *f. pl.* handcuffs.

maniobra (məni) *t.* handling, operation, manipulation; action. *2* manoeuvre, (USA) maneuver.

maniobrar (məniuβrá) *t.* to handle, to manipulate, to operate. ▪ *2 i.* to manoeuvre, (USA), to maneuver.

manipulació (mənipuləsió) *f.* manipulation.

manipular (mənipulá) *t.* to manipulate, to handle. *2* pej. to manipulate.

maniquí (məniki) *m.* (tailor's) dummy. *2* fig. puppet. *3 m.-f.* professional model.

manllevar (mənʎəβá) *t.* to borrow.

mannà (mənná) *m.* manna.

manobre (mənóβrə) *m.* labourer.

manoll (mənóʎ) *m.* bunch; handful.

manòmetre (mənómətrə) *m.* pressure gauge.

manotada (mənutáðə) *f.* slap, blow with the hand.

mans, -sa (mans, -sə) *a.* tame; gentle.

mansalva (mənsálβə) *a ~ phr.* without running any risk, without exposing oneself to danger.

mansió (mənsió) *f.* mansion.

mansoi, -ia (mənsói, -jə) *a.* gentle; docile; tame.

mansuetud (mənsuətút) *f.* gentleness, tameness.

manta (mántə) *f.* blanket.

mantega (məntéɣə) *f.* butter.

manteleta (məntəlétə) *f.* shawl.

mantell (məntéʎ) *m.* cloak, cape.

mantellina (məntəʎinə) *f.* mantilla.

manteniment (məntənimén) *m.* maintenance; upkeep.

mantenir (məntəni) *t.* to keep, to maintain. ‖ **~ en un lloc fresc,** to keep in a cool place. *2* to maintain, to carry on: **~ una conversació,** to carry on a conversation. *3* to maintain, to support: **amb un sou no podem ~ tota la família,** we can't support the whole family on one wage. *4* to maintain: **jo mantic que...,** I maintain that... ▪ *5 p.* to sustain oneself, to keep oneself. *6* to stay, to keep: **com et mantens en forma?,** how do you stay fit?

mantó (məntó) *m.* shawl.

manual (mənuál) *a.* manual. ▪ *2 m.* manual, handbook, guide.
manubrí (mənúβri) *m.* handle; crank.
manufactura (mənufəktúrə) *f.* manufacture.
manuscrit, -ta (mənuskrit, -tə) *a.* handwritten. ▪ *2 m.* manuscript.
manutenció (mənutənsió) *f.* maintenance.
manxa (mánʃə) *f.* bellows *pl.* 2 air pump.
manxar (mənʃá) *t.* to produce a draught or to make air with a pair of bellows. ▪ *2 t.* to fan.
manya (máɲə) *f.* skill. 2 fig. ingenuity.
manyà (məɲá) *m.* locksmith.
manyac, -aga (məɲák, -áɣə) *a.* gentle; docile, tame.
manyagueria (məɲəɣəriə) *f.* gentleness; tameness, docility. 2 caress.
manyoc (məɲɔk) *m.* handful.
manyopla (məɲɔplə) *f.* mitten.
manyós, -osa (məɲós, -ózə) *a.* handy.
maó (məó) *m.* brick.
mapa (mápə) *m.* map.
mapamundi (mapəmúndi) *m.* world map, map of the world.
maqueta (məkétə) *f.* scale model.
maquiavèHic, -ca (məkiəβélik, -kə) *a.* Machiavellian.
maquillar (məkiʎá) *t.-p.* to make up.
maquillatge (məkiʎádʒə) *m.* make-up.
màquina (mákinə) *f.* machine. ‖ ~ *d'afaitar,* electric-shaver. ‖ ~ *d'escriure,* typewriter. ‖ ~ *de fotografiar,* camera.
maquinal (məkinál) *a.* fig. mechanical.
maquinar (məkiná) *t.* to plot, to machinate.
maquinària (məkináriə) *f.* machinery.
maquinista (məkinistə) *m.-f.* RAIL. engine driver. 2 TECHNOL. operator, machinist.
mar (mar) *m.* (i *f.*) sea. ‖ *en alta* ~, on the high seas. 2 *f.* fig. *la* ~ *de*, a lot (of). ‖ *hi havia la* ~ *de gent*, it was packed with people. ‖ *és un noi la* ~ *de simpàtic*, he's ever such a nice boy.
marabú (mərəβú) *m.* ORNIT. marabou.
maragda (məráɡdə) *f.* MINER. emerald.
marasme (mərázmə) *m.* MED. emaciation, wasting. 2 fig. paralysis, stagmation.
marassa (mərásə) *f.* (excessively) doting mother.
marató (mərətó) *f.* SP. marathon.
marbre (márβrə) *m.* marble.
marbrista (mərβristə) *m.* marble cutter, worker in marble.
Marc (mark) *pr. n. m.* Mark.
març (mars) *m.* March.
marca (márkə) *f.* mark; spot; stain. 2 brand; make. 3 SP. record.
marcar (mərká) *t.* to mark; to brand [animals]. 2 to show. ‖ *el meu rellotge marca les*

cinc, according to my watch it's five o'clock. *3* SP. to score [goal]. *4* SP. to mark [man]. *5* to dial. *6* COMM. to price, to put a price on.
marcià, -ana (mərsiá, -ánə) *a., m.-f.* Martian.
marcial (mərsiál) *a.* martial.
marcir (mərsi) *t.* to wilt. ▪ *2 p.* to will, to droop, .
marcit, -ida (mərsit, -iðə) *a.* wilting, drooping; withered.
marduix (mərðúʃ) *m.* BOT. marjoram.
mare (márə) *f.* mother. 2 GEOL. bed. ‖ fig. *sortir de* ~, to lose one's temper. 3 fig. origin.
marea (mərέə) *f.* tide.
mareig (mərέtʃ) *m.* dizziness; sick feeling; nausea; seasickness. 2 fig. confusion.
marejada (mərəʒáðə) *f.* METEOR. swell, surge.
marejar (mərəʒá) *t.* to make dizzy; to make feel sick. 2 fig. to confuse; to bother; to pester. ▪ *3 p.* to feel dizzy; to feel sick. ‖ *sempre em marejo en aquest cotxe*, I always get sick in this car.
maremàgnum (maremáŋnum) *m.* coll. mess, tangle.
mareperla (marəpέrlə) *f.* ZOOL. mother-of-pearl.
mareselva (marəsélβə) *f.* BOT. honeysuckle.
màrfega (márfəɣə) *f.* straw mattress.
marfil (mərfil) *m.* ivory.
margalló (mərɣəʎó) *m.* BOT. palmetto.
Margarida (mərɣəriðə) *pr. n. f.* Margaret.
margarida (mərɣəriðə) *f.* BOT. daisy [wild]. 2 BOT. marguerite [garden].
margarina (mərɣərinə) *f.* margarine.
marge (márʒə) *m.* edge, border; side. ‖ *adv. phr.* fig. on the sidelines. 2 margin [of page]. 3 COMM. margin. 4 opportunity.
marginal (mərʒinál) *a.* marginal.
marginar (mərʒiná) *t.* to leave out; to omit. 2 to discriminate against; to reject.
marí, -ina (məri, -inə) *a.* marine. ▪ *2 m.* sailor, seaman. 3 *f.* MIL. navy. 4 coast. 5 ART seascape.
Maria (məriə) *pr. n. f.* Mary.
maridar (məriðá) *t.-p.* to marry [also fig.].
marieta (məriétə) *f.* ENT. ladybird. 2 coll. puff, pansy.
marihuana (məriuánə) *f.* marijuana, cannabis, hashish.
marinada (mərináðə) *f.* METEOR. sea breeze.
mariner, -ra (mərinέ, -rə) *a.* of the sea. ‖ *un poble* ~, a coastal or seaboard town. ▪ *2 m.* sailor, seaman.
marisc (mərisk) *m.* shellfish.
mariscal (məriskál) *m.* marshal.

marit (mərit) *m.* husband.
marítim, -ma (mərítim, -mə) *a.* maritime.
marmessor (mərməsó) *m.* LAW. executor.
marmita (mərmítə) *f.* (large) cooking pot.
marmitó (mərmitó) *m.* scullion, kitchen boy.
marmota (mərmɔ́tə) *f.* ZOOL. marmot.
maroma (mərómə) *f.* hawser, thick rope.
maror (məró) *f.* swell, heavy sea. *2* fig. disagreement, discontent.
marquès, -esa (mərkέs, -έzə) *m.* marquis, marquess. *2 f.* marchioness; marquise.
marquesat (mərkəzát) *m.* marquisate.
marquesina (mərkəzínə) *f.* ARCH. canopy; porch.
marqueteria (mərkətəríə) *f.* marquetry.
marrà (mərrá) *m.* ZOOL. ram. *2 m.-f.* pigheaded person. *3* filthy person. ■ *4 a.* pigheaded, stubborn. *5* filthy, dirty.
marrada (mərráðə) *f.* indirect route. ‖ *per aquest camí farem ~,* this is the long way round.
marrameu (mərrəmέu) *m.* howl; howling, caterwauling. *2* fig. grouse, complaint.
marranada (mərrənáðə) *f.* herd of pigs. *2* dirty or rotten trick. *3* (temper) tantrum.
marraneria (mərrənəríə) *f.* (temper) tantrum.
Marràqueix (mərrákəʃ) *pr. n. m.* GEOGR. Marrakech.
marrar (mərrá) *i.* to go the long way round. *2* to go the wrong way. ■ *3 t.* to wind, to be windy [a path, etc.].
marrasquí (mərrəskí) *m.* maraschino.
marrec (mərrέk) *m.* ZOOL. lamb. *2* small boy.
marro (márru) *m.* sediment; dregs *pl.;* grounds *pl.* [coffee].
marró (mərró) *a.-m.* brown.
Marroc (mərrɔ́k) *pr. n. m.* GEOGR. Morocco.
marroquí, -ina (mərrukí, -nə) *a., m.-f.* Moroccan.
marroquineria (mərrukinəríə) *f.* Morocco leather dressing.
marsupial (mərsupiáal) *a.-m.* marsupial.
Mart (mart) *pr. n. m.* ASTR. Mars.
marta (mártə) *f.* ZOOL. (pine) marten.
Marta (mártə) *pr. n. f.* Marha.
martell (mərtέʎ) *m.* hammer. *2* ANAT. hammer, malleus.
Martí (mərtí) *pr. n. m.* Martin.
martinet (mərtinέt) *m.* ORNIT. heron. *2* MECH. drop-hammer. *3* CONSTR. pile-driver.
martingala (mərtiŋgálə) *f.* breeches worn under armour. *2* martingale. *3* fig. trick.
màrtir (mártir) *m.-f.* martyr.

martiri (mərtíri) *m.* martyrdom. *2* fig. torment.
martiritzar (mərtiridzá) *t.* to martyr. *2* fig. to torment.
marxa (márʃə) *f.* march. *2* SP. walk: ‖ *~ atlètica,* walking race. *3* AUTO. gear. *4* operation, running, working. ‖ *posar en ~,* to start. *5* departure.
marxamo (mərʃámu) *m.* seal [placed by customs on goods].
marxant, -ta (mərʃán, -tə) *m.-f.* travelling salesman. *2* art dealer.
marxar (mərʃá) *i.* to leave, to depart. *2* to march. *3* to go, to work, to operate [machines, etc.].
marxisme (mərʃízmə) *m.* Marxism.
marxista (mərʃístə) *a., m.-f.* Marxist.
mas (mas) *m.* farmhouse; country house.
màscara (máskərə) *f.* mask. *2* masked person.
mascara (məskárə) *f.* mark [of soot, etc.].
mascaró (məskəró) *m.* figurehead [on ship].
mascle (másklə) *m.* male.
masclisme (məsklízmə) *m.* machismo.
mascota (məskɔ́tə) *f.* mascot.
masculí, -ina (məskulí, -inə) *a.* ANAT. male. *2* GRAMM. masculine. *3* manly, masculine.
masegar (məzəɣá) *t.* to batter, to bruise.
masia (məzíə) *f.* (large) country house.
masmorra (məzmɔ́rrə) *f.* dungeon.
masover, -ra (məzuβέ, -rə) *m.* (tenant) farmer. *2 f.* (tenant) farmer's wife.
massa (másə) *f.* mass; volume. *2* COOK. dough; pastry. ■ *3 a.* too much; too many. ■ *4 adv.* too.
massapà (məsəpá) *m.* marzipan.
massatge (məsádʒə) *m.* massage.
massatgista (məsədʒístə) *m.* masseur. *2 f.* masseuse.
massís, -issa (məsís, -ísə) *a.* solid. *2* robust, strong. ■ *3 m.* GEOG. massif.
mastegar (məstəɣá) *t.* to chew. *2* to mumble.
mastegot (məstəɣɔ́t) *m.* slap.
mastí (məstí) *m.* ZOOL. mastiff.
màstic (mástik) *m.* putty.
masticació (məstikəsió) *f.* chewing, mastication.
mastodont (məstuðón) *m.* mastodont.
masturbació (məsturβəsió) *f.* masturbation.
mat (mat) *m.* mate [chess]. ■ *2 a.* matt.
mata (mátə) *f.* BOT. small bush.
mata-degolla (a) (mátəðəɣɔ́ʎə) *phr. estar a ~,* to be at daggers drawn.
matalaf (matalá̱f) *m.* (VAL.) See MATALÀS.
matalàs (mətəlás) *m.* mattress.
matamosques (mȧtəmóskəs) *m.* fly-killer.
matança (mətánsə) *f.* slaughter.

matar (mətá) *t.* to kill. *2* fig. to annoy, to get on one's nerves. ‖ *els casaments em maten*, I can't stand weddings. *3* fig. to get rid of. ▪ *4 p.* to commit suicide, to kill oneself. *5* to die [accidentally]. *6* fig. to go out of one's way, to bend over backwards [to help someone, etc.].

mateix, -xa (mətéʃ, -ʃə) *a.* the same. *2* ‖ *ara* ~, right now; *jo* ~ *ho faré*, I'll do it myself; *en aquest* ~ *pis*, in this very flat. ▪ *3 pron.* the same: *sempre passa el* ~, it's always the same.

matemàtic, -ca (mətəmátik, -kə) *a.* mathematical. *2* fig. exact, precise. ▪ *3 m.-f.* mathematician. *4 f.* mathematics. *pl.* ▲ usu. *pl.*

matèria (mətériə) *f.* matter. *2* material: ~ *primera*, raw material. *3* subject.

material (mətəriál) *a.-m.* material.

materialisme (mətəriəlízmə) *m.* materialism.

matern, -na (mətérn, -nə) *a.* maternal. ‖ *llengua* ~*a*, mother tongue.

maternal (mətərnál) *a.* maternal. *2* fig. protective.

maternitat (mətərnitát) *f.* maternity, motherhood.

matí (mətí) *m.* morning: *de bon* ~, early in the morning.

matinada (mətináðə) *f.* early morning.

matinador, -ra (mətinəðó, -rə) *a.* who rises very early.

matinal (mətinál) *a.* early morning.

matinar (mətiná) *i.* to get up very early.

matinejar (mətinəʒá) *i.* See MATINAR.

matiner, -ra (mətiné, -rə) *a.* See MATINADOR.

matís (mətís) *m.* shade, hue [colours]. *2* fig. nuance [of meaning]; slight variation.

matisar (mətizá) *t.* to tinge. *2* to be more precise about.

mató (mətó) *m.* COOK. cottage cheese.

matoll (mətóʎ) *m.* thicket.

matràs (mətrás) *m.* CHEM. flask.

matrícula (mətríkulə) *f.* register, list. *2* enrolment, registration. *3* enrolment fee, registration fee. *4* AUTO. number plate, (USA) license plate. *5* AUTO. registration number, (USA) license number.

matricular (mətrikulá) *t.* to register; to licence. ▪ *2 p.* to enrol; to register.

matrimoni (mətrimóni) *m.* matrimony. *2* married couple. ‖ *llit de* ~, double bed.

matriu (mətriŭ) *f.* ANAT. womb. *2* mould, (USA) mold. *3* matrix. *4* stub [of a chequebook].

matusser, -ra (mətusé, -rə) *a.* clumsy, cackhanded, ham-fisted [person]; botched [job].

matuta (mətútə) *f.* contraband.

matutí, -ina (mətutí, -inə) *a.* See MATINAL.

matxet (mətʃét) *m.* machete.

matxucar (mətʃuká) *t.* to crumple, to crease. *2* to knock about; to bruise. *3* TECH. to crush; to pound. ▪ *4 p.* to bruise, to get damaged. *5* to get crumpled; to crease.

maula (máŭlə) *f.* trick, ruse. *2 m.-f.* trickster, cheat.

maurar (məŭrá) *t.* to knead. *2* to pound.

màuser (máŭzər) *m.* ARTILL. Mauser.

mausoleu (məŭzuléŭ) *m.* mausoleum.

maxiŀlar (məksilár) *a.* ANAT. maxillary. ▪ *2 m.* jawbone.

màxim, -ma (máksim, -mə) *a.* maximum; highest. ▪ *2 m.* maximum. *3 f.* maximum temperature.

me (mə) *pers. pron.* See EM.

mè (mɛ) *conj.* (ROSS.) See PERÒ.

meandre (meándrə) *m.* meander.

mecànic, -ca (məkánik, -kə) *a.* mechanical. ▪ *2 m.* mechanic. *3 f.* mechanics *pl.*

mecanisme (məkənízmə) *m.* mechanism.

mecanització (məkənidzəsió) *f.* mechanization.

mecanitzar (məkənidzá) *t.* to mechanize.

mecanògraf, -fa (məkənɔ́ɣrəf, -fə) *m.-f.* typist.

mecanografia (məkənuɣrəfíə) *f.* typing, typewriting.

mecenes (məsɛ́nəs) *m.* patron.

medalla (məðáʎə) *f.* medal. *2* medallion. *3* fig. stain.

medi (méði) *m.* medium. *2* historical or social context. *3* surroundings; environment.

mediació (məðiəsió) *f.* mediation. *2* agency; intercession.

mediador, -ra (məðiəðó) *a.* mediating. ▪ *2 m.-f.* mediator, intermediary.

mèdic, -ca (méðik, -kə) *a.* medical.

medicament (məðikəmén) *m.* medicine; medication.

medicació (məðikəsió) *f.* medication; medical treatment.

medicina (məðisínə) *f.* medicine.

medieval (məðiəβál) *a.* medieval, mediaeval.

mediocre (məðiɔ́krə) *a.* mediocre.

mediocritat (məðiukritát) *f.* mediocrity.

meditabund, -da (məðitəβún, -ðə) *a.* meditative, pensive, thoughtful.

meditació (məðitəsió) *f.* meditation.

meditar (məðitá) *t.* to consider carefully, to ponder. ▪ *2 i.* to meditate.

mediterrani, -ània (məðitərráni, -ániə) *a.* Mediterranean. ▪ *2 f.* the Mediterranean.

mèdium (méðium) *m.* medium [spiritual].

meduHa (məðùlə, coll. mɛ́ðulə) *f.* marrow, medulla.

medusa (məðúzə) *f.* ZOOL. jellyfish.

mefistofèlic, -ca (məfistufɛ́lik, -kə) *a.* Mephistophelian.

megàfon (məɣáfun) *m.* megaphone.

megalit (məɣálit) *m.* HIST. megalith.

megalític, -ca (məɣəlítik, -kə) *a.* HIST. megalithic.

meitat (məïtát) *f.* half: *trencar per la* ~, to break in half.

mel (mɛl) *f.* honey.

melangia (mələnʒiə) *f.* melancholy.

melangiós, -osa (mələnʒiós, -ózə) *a.* melancholic.

melassa (məlásə) *f.* molasses.

melic (məlik) *m.* navel, belly button. ‖ *se m'arrugà el* ~, I got the wind up.

melicotó (məlikutó) *m.* (BAL.) See PRÉSSEC.

melindro (məlindru) *m.* sweet cake or bun. 2 *pl.* affectation, affected ways.

melmelada (mɛlməláðə) *f.* jam; marmalade [citrus].

meló (məló) *m.* BOT. melon.

melodia (məluðiə) *f.* MUS. melody.

melòdic, -ca (məlɔ́ðik, -kə) *a.* melodic.

melodrama (məluðrámə) *m.* melodrama.

melòman, -ana (məlɔ́mən, -ənə) *m.-f.* music lover.

melós, -osa (məlós, -ózə) *a.* honeyed. 2 fig. sugary.

melsa (mɛ́lsə) *f.* ANAT. spleen.

membrana (məmbránə) *f.* membrane.

membre (mɛ́mbrə) *m.* member. 2 fig. part, component. 3 ANAT. penis. 4 ANAT. member, limb.

memorable (məmurábblə) *a.* memorable.

memoràndum (məmurándum) *m.* memorandum.

memòria (məmɔ́riə) *f.* memory. ‖ *adv. phr. de* ~, by heart. 2 *pl.* memoirs. 3 report.

mena (mɛ́nə) *f.* kind, sort, type. ‖ *adv. phr. de* ~, by nature. 2 MINER. ore. 3 MAR. thickness [of rope].

menar (məná) *t.* to lead, to direct; to drive.

menció (mənsió) *f.* mention. ‖ *fer* ~, to mention.

mencionar (mənsiuná) *t.* to mention.

mendicar (məndiká) *i.-t.* to beg.

mendicitat (məndisitát) *f.* begging.

menester (mənəstɛ́) *m.* need, necessity. ‖ *hem de* ~ *més temps,* we need more time.

menestral, -la (mənəstrál, -lə) *m.-f.* craftsman, artisan.

mengívol, -la (mənʒíβul, -lə) *a.* appetizing.

menhir (mənír) *m.* menhir.

meninge (mənínʒə) *f.* ANAT. meninx.

meningitis (mənínʒítis) *f.* MED. meningitis.

menisc (mənisk) *m.* ANAT. meniscus.

menja (mɛ́nʒə) *f.* delicacy, special dish.

menjador, -ra (mənʒəðó, -rə) *a.* big eater. ■ *2 m.* dining room. *3 f.* manger.

menjar (mənʒá) *t.-p.* to eat. 2 fig. to eat up: *el lloguer es menja tot el sou,* the rent eats up all my wages.

menjar (mənʒá) *m.* food.

menor (mənór) *a.* smaller; the smallest; less; the least; lower; the lowest. ‖ *un mal* ~, the lesser of two evils. ■ *2 m.-f.* minor.

Menorca (mənɔ́rkə) *pr. n. f.* GEOGR. Minorca.

menorquí, -ina (mənurki, -inə) *a., m.-f.* Minorcan.

menovell (mənuβɛ́ʎ) *m.* little finger.

menstruació (mənstruəsió) *f.* menstruation.

mensual (mənsuál) *a.* monthly.

mensualitat (mənsuəlitát) *f.* monthy payment or instalment.

mènsula (mɛ́nsulə) *f.* ARQ. console.

ment (men) *f.* mind; intellect.

menta (mɛ́ntə) *f.* BOT. mint. 2 crème de menthe.

mental (məntál) *a.* mental.

mentalitat (məntəlitát) *f.* mentality.

mentida (məntiðə) *f.* lie.

mentider, -ra (məntiðɛ́, -rə) *a.* lying. ■ *2 m.-f.* liar.

mentir (mənti) *i.* to lie, to tell a lie. ▲ CONJUG. INDIC. Pres.: *ment* o *menteix.*

mentó (məntó) *m.* ANAT. chin.

mentor (məntó) *m.* mentor; guide.

mentre (mɛ́ntrə) *conj.* while, as long as.

mentrestant (məntrəstán) *adv.* meanwhile, in the meantime.

menú (mənú) *m.* menu.

menudesa (mənuðɛ́zə) *f.* smallness.

menut, -uda (mənút, -úðə) *a.* small, little. ■ *2 m.-f.* child, little one. *3* COMM. *adv. phr. a la menuda,* retail.

menys (mɛɲs) *a.* less; fewer. ■ *2 adv.* less. ‖ *anar a* ~, to come down in the world. ■ *3 prep.* except (for), but (for). ■ *4 m.* minus sign.

menyscabar (mɛɲskəβá) *t.* to diminish, to reduce. 2 to impair, to damage.

menyspreable (mɛɲspreábblə) *a.* contemptible. 2 insignificant.

menysprear (mɛɲspreá) *t.* to despise, to scorn. 2 to underrate, to underestimate. 3 to belittle.

menyspreu (mɛɲspréu) *m.* scorn. contempt.

mer, -ra (mer, -rə) *a.* mere. ▲ always before the noun.

meravella (mərəβɛ́ʎə) *f.* wonder, marvel.

meravellar (mərəβəʎá) *t.* to amaze, to astonish. 2 to fill with admiration. ■ *3 p.* to be amazed or astounded; to marvel (*de,* at); to wonder (*de,* at).

meravellós, -osa (mərəβəʎós, -ozə) *a.* marvellous, wonderful.

mercader, -ra (mərkəðé, -rə) *m.-f.* merchant.

mercaderia (mərkəðəriə) *f.* merchandise, goods *pl.*

mercantil (mərkəntil) *a.* mercantile, commercial.

mercat (mərkát) *m.* market.

mercè (mərsέ) *f.* mercy; benevolence. 2 *pl.* thanks.

mercenari, -ària (mərsənári, -áriə) *a., m.-f.* mercenary.

merceria (mərsəriə) *f.* haberdasher's [shop]. 2 haberdashery.

mercuri (mərkúri) *m.* CHEM. mercury. 2 *m.* ASTR. *Mercuri,* Mercury.

merda (mέrðə) *f.* vulg. shit. ‖ *ves-te'n a la* ~, fuck off. 2 dirt, filth, muck. 3 fig. crap; rubbish.

merder (mərðé) *m.* pigsty. 2 fig. chaos.

merèixer (mərέʃə) to deserve, to merit; to be worth. ▲ CONJUG. P. P.: *merescut.*

merenga (mərέŋgə) *f.* meringue.

meretriu (mərətriŭ) *f.* prostitute, whore.

meridià, -ana (məriðiá, -ánə) *a.* midday. ■ 2 *m.* meridian.

meridional (məriðiunál) *a.* southern.

mèrit (mέrit) *m.* merit.

merla (mέrlə) *f.* ORNIT. blackbird.

merlet (mərlέt) *m.* ARCH. merlon.

1) mes (mes) *m.* month.

2) mes (mes) *conj.* but.

més (mes) *a.-adv.* more. ‖ *és molt ~ gran que jo,* he's much older than I am. ‖ *feia ~ aviat calor,* it was on the hot side. ‖ *a ~ (a ~),* besides. ‖ *si ~ no,* at least. ■ 2 *pron.* else: *alguna cosa ~, senyora?,* anything else, madam?

mesa (mέzə) *f.* altar. 2 board. ‖ *~ electoral,* electoral college.

mesada (məzáðə) *f.* month. 2 month's wages *pl.*

mesc (mesk) *m.* musk.

mescla (mέsklə) *f.* mixture; blend.

mesclar (məsklá) *t.* to mix; to blend.

mesquí, -ina (məski, -inə) *a.* mean, stingy. 2 fig. contemptible, despicable. 3 poor, wretched.

mesquinesa (məskinέzə) *f.* meanness, stinginess. 2 fig. contempt, scorn. 3 poverty, wretchedness. 4 mean thing. 5 contemptible thing.

mesquita (məskitə) *f.* mosque.

messiànic, -ca (məsiánik, -kə) *a.* messianic.

messies (məsiəs) *m.* Messiah. 2 fig. saviour; leader.

mestís, -issa (məstis, -isə) *a., m.-f.* halfbreed, half-caste.

mestral (məstrál) *m.* METEOR. Mistral. 2 the north west.

mestratge (məstrádʒə) *m.* rank of master. 2 guidance, teaching.

mestre, -tra (mέstrə, -trə) *a.* masterly; skilled; skilful. 2 main, principal. ■ 3 *m.-f.* teacher; expert. 4 *m.* master. 5 *f.* mistress.

mestressa (məstrέsə) *f.* landlady; owner. 2 mistress. ‖ *~ de casa,* housewife.

mestretites (mέstrətitəs) *m.-f.* know-all.

mesura (məzúrə) *f.* measure. 2 moderation.

mesurar (məzurá) *t.* to measure. ‖ *~ les paraules,* to weigh one's words.

meta (mέtə) *f.* finish, finishing line. 2 fig. goal, aim, objective. 3 coll. tit, breast.

metà (mətá) *m.* methane.

metabolisme (mətəβulizmə) *m.* metabolism.

metafísic, -ca (mətəfizik, -kə) *a.* metaphysical. ■ 2 *m.-f.* metaphysician. 3 *f.* metaphysics *pl.*

metàfora (mətáfurə) *f.* metaphore.

metall (mətáʎ) *m.* metal.

metàl·lic, -ca (mətálik, -kə) *a.* metallic. ■ 2 *m.* cash.

metal·lúrgic, -ca (mətəlúrʒik, -kə) *a.* metallurgical. ■ 2 *m.-f.* metallurgist.

metamorfosi (mətəmurfɔ́zi) *f.* metamorphosis.

meteor (mətəɔ́r) *m.* meteor [atmospheric phenomenon]. 2 meteor, shooting star.

meteorit (mətəurit) *m.* meteorite.

meteoròleg, -òloga (mətəurɔ́lək, -ɔ́luɣə) *m.-f.* meteorologist.

meteorologia (mətəuruluʒiə) *f.* meteorologist.

metge (mέdʒə) *m.-f.* doctor.

metgessa (mədʒέsə) *f.* lady doctor, woman doctor.

meticulós, -osa (mətikulós, -ózə) *a.* meticulous.

mètode (mέtuðə) *m.* method.

metòdic, -ca (mətɔ́ðik, -kə) *a.* methodical.

metodisme (mətuðizmə) *m.* REL. methodism.

metodologia (mətuðuluʒiə) *f.* methodology.

metralla (mətráʎə) *f.* shrapnel.

metrallar (mətrəʎá) *t.* to machine-gun.

metre (mέtrə) *m.* metre, (USA) meter.

metro (mέtru) *m.* underground, tube, (USA) subway.

metrònom (mətrɔ́num) *m.* MUS. metronome.

metròpoli (mətrɔ́puli) *f.* metropolis. 2 mother-country.

metropolità, -ana (mətrupulitá, -ánə) *a.* metropolitan. ■ 2 *m.* See METRO.

metxa (mέtʃə) *f.* fuse.

metzina (mədzínə) *f.* poison.
mèu (méŭ) *m.* meow, miaow.
meu, meva (meŭ, -méβə) *poss. a.* my: *la ∼ mare,* my mother. ▪ *2 poss. pron.* mine: *són meves aquestes sabates!,* these shoes are mine.
meuca (méŭkə) *f.* prostitute, whore.
Mèxic (mέgzik) *pr. n. m.* GEOGR. Mexico.
mexicà, -ana (məgziká, -ánə) *a., m.-f.* Mexican.
1) mi (mi) *m.* MUS. E.
2) mi (mi) *pers. pron.* me: *vine amb ∼,* come with me. ▲ after preposition.
miasma (miázmə) *m.* miasma.
mica (míkə) *f.* bit. ‖ *una miqueta,* a little bit. *2 adv. phr. de ∼ en ∼,* bit by bit; *fer miques,* to smash to bits; *gens ni ∼,* not a bit; not at all. *2* MINER. mica.
micció (miksió) *f.* miction.
mico (míku) *m.* ZOOL. long-tailed monkey.
micro (míkru) *m.* (abbr. de *micròfon*) mike.
microbi (mikróβi) *m.* microbe.
microbús (mikruβús) *m.* minibus.
microcosmos (mikrukózmus) *m.* microcosm.
microfilm (mikrufílm) *m.* microfilm.
micròfon (mikrófun) *m.* microphone.
microorganisme (mikruryənízmə) *m.* microorganism.
microscopi (mikruskópi) *m.* microscope.
microscòpic, -ca (mikruskópik, -kə) *a.* microscopic.
mida (míðə) *f.* measure; size. ‖ *fet a ∼,* bespoke.
midó (miðó) *m.* starch.
mielitis (mielítis) *f.* myelitis.
mig, mitja (mitʃ, mídʒə) *a.* half. ‖ *a ∼ camí,* halfway. ▪ *2 m.* half. ‖ *al ∼ de,* in the middle of. *3 f.* See MITJA.
migdia (mídʒdiə) *m.* noon. *2* south.
migdiada (midʒdiáðə) *f.* noon, afternoon. *2* siesta.
migjorn (midʒórn) *m.* noon. *2* south. *3* southern wind.
migració (miɣrəsió) *f.* migration.
migranya (miɣráɲə) *f.* MED. migraine.
migrar-se (miɣrársə) *prnl.* to languish.
migratori, -òria (miɣrətóri, -óriə) *a.* migratory.
migtemps (mitʃtémps) *m.* period of time between summer and winter.
mil (mil) *a.-m.* thousand.
milà (milá) *m.* ORNIT. kite.
Milà (milá) *pr. n. m.* GEOGR. Milan.
miler (milé) *m.* thousand.
milhomes (milóməs) *m. pl.* braggart, cocky youth.
milícia (milísiə) *f.* soldiering. *2* militia.
milicià (milisiá) *m.* militiaman.

milió (milió) *m.* million.
milionari, -ària (miliunári, -áriə) *a.* millionary. ▪ *2 m.-f.* millionaire.
militant (militán) *a., m.-f.* militant, activist.
militar (militár) *a.* military. ▪ *2 m.* military man, soldier.
militar (militá) *i.* to soldier, to serve in the army. *2* POL. to belong to a party.
militarisme (militərízmə) *m.* militarism.
mill (miʎ) *m.* BOT. millet.
milla (míʎə) *f.* mile.
miHenari, -ària (milənári, -áriə) *a.* millennial. ▪ *2 m.* millennium.
miHèsim, -ma (milέzim, -mə) *a.-m.* thousandth.
miHigram (miliɣrám) *m.* milligramme, (USA) milligram.
miHilitre (mililítrə) *m.* millilitre, (USA) milliliter.
miHímetre (milímətrə) *m.* millimetre, (USA) millimeter.
millor (miʎó) *a.* better; the best. ▪ *2 adv.* better.
millora (miʎórə) *f.* improvement.
millorar (miʎurá) *t.* to improve, to make better. ▪ *2 i.* to improve, to get better.
milotxa (milótʃa) *f.* (VAL.) See ESTEL 2.
mim (mmim) *m.* mime.
mimetisme (mimətízmə) *m.* ZOOL. mimesis.
mímic, -ca (mímik, -kə) *a.* mímic. ▪ *2 f.* mimicry, mime.
mimosa (mimózə) *f.* BOT. mimosa.
mina (mínə) *f.* MINER. mine. *2* refill, lead [of pencil]. *3* MIL. mine. *4* fig. mine.
minar (miná) *t.* MIL., MINER. to mine. *2* fig. to undermine.
minaret (mminərét) *m.* ARCH. minaret.
miner, -ra (miné, -rə) *a.* mining. ▪ *2 m.-f.* miner.
mineral (minərál) *a.-m.* mineral.
mineralogia (minərəluʒíə) *f.* mineralogy.
mineria (minəríə) *f.* mining.
minestra (minéstrə) *f.* vegetable soup.
miniatura (mminiətúrə) *f.* miniature.
minifaldilla (minifəldíʎə) *f.* mini-skirt.
mínim, -ma (mínim, -mə) *a.-m.* minimum. ‖ *adv. phr. com a ∼,* at least.
minimitzar (minimidzá) *t.* to minimize.
ministeri (ministéri) *m.* ministry.
ministre (minístrə) *m.* minister.
minorar (minurá) *t.* to diminish.
minoria (mminuríə) *f.* minority.
minso, -sa (mínsu, -sə) *a.* weak, feeble. *2* scanty; thin; slender.
minúcia (minúsiə) *f.* unimportant detail, trifle.
minuciositat (minusiuzitát) *f.* meticulousness, thoroughness.

minúscul, -la (minúskul, -lə) *a.* tiny, minute. *2 a.-f.* PRINT. small (letter).
minut (minút) *m.* minute.
minuta (minútə) *f.* first draft. *2* lawyer's bill. *3* menu.
minutera (minutérə) *f.* minute hand.
minva (mímbə) *f.* decrease; lessening.
minvant (mimbán) *a.* decreasing. ‖ *quart ~,* waning (moon).
minvar (mimbá) *t.-i.* to decrease, to diminish, to reduce.
minyó, -na (miɲó, -nə) *m.* boy-lad. *2 f.* girl. *3* maid.
miol (miɔ́l) *m.* mew.
miolar (miulá) *i.* to mew.
miop (miɔ́p) *a.* short-sighted. ▪ *2 m.-f.* short-sighted person.
miopia (miupíə) *f.* myopia, short-sightedness.
miquel (mikέl) *m.* rebuff.
mira (mírə) *f.* fig. aim, purpose. *2* TECHNOL., MIL. sights.
miracle (miráklə) *m.* miracle.
mirada (miráðə) *f.* look, glance. ‖ *fixar la ~,* to stare.
mirador, -ra (mirəðó, -rə) *m.* bay window. *2* belvedere. *3* peep hole.
mirall (miráʎ) *m.* mirror, looking-glass.
mirament (mirəmέn) *m.* consideration, respect, regard. ▴ usu. *pl.*
mirar (mirá) *t.* to look at. ‖ fig. *mira què m'ha dit,* do you know what he said to me? *2* to try: *miraré de ser-hi a les nou,* I'll try to be there at nine. *3* to consider, to take into account. ▪ *4 i.* to point. *5* fig. *~ contra el govern,* to be cross-eyed. ▪ *6 p. ~-s'hi,* to take great pains over.
mirat, -ada (mirát, -áðə) *a.* painstaking, meticulous. ‖ *ben mirat,* on second thoughts; thinking about it.
miratge (mirádʒə) *m.* mirage [also fig.].
miríade (miríəðə) *f.* myriad.
mirra (mírrə) *f.* myrrh.
misantropia (mmizəntrupíə) *f.* misanthropy.
misceHània (misəlániə) *f.* miscellany.
míser, -ra (mízər, -rə) *a.* wretched.
miserable (mizərábblə) *a.* wretched, pitiable. *2* contemptible. *3* destitute, poverty-stricken. *4* miserly, stingy. ▪ *5 m.-f.* pitiable person, wretch. *6* contemptible person, wretch. *7* pauper, poor person. *8* miser.
misèria (mizέriə) *f.* poverty. *2* misery, deprivation. *3* paltry sum, miserable quantity.
misericòrdia (mizərikɔ́rðiə) *f.* compassion; pity.

missa (mísə) *f.* mass. ‖ *arribar a misses dites,* to arrive late.
missal (mmisál) *m.* missal, mass-book.
missatge (misádʒə) *m.* message.
missatger, -ra (misədʒέ, -rə) *m.-f.* messenger.
missil (mísil) *m.* missile.
missió (misió) *f.* charge, duty, assignment. *2* REL. mission.
missioner, -ra (misiuné, -rə) *m.-f.* REL. missionary.
missiva (misíβə) *f.* missive.
mistela (mistέlə) *f.* drink made with brandy, water, sugar and cinnamon.
misteri (mistέri) *m.* mystery.
misteriós, -osa (mistəriós, -ózə) *a.* mysterious.
místic, -ca (místik, -kə) *a.* mystic, mystical. ▪ *2 m.-f.* mystic. *3 f.* mystic.
misticisme (mistisízmə) *m.* mysticism.
mistificar (mistifiká) *t.* to falsify; to forge.
mite (mítə) *m.* myth.
mític, -ca (mítik, -kə) *a.* mythical.
mitigar (mitiyá) *t.* to mitigate, to alleviate; to assuage; to quench.
míting (mítiŋ) *m.* meeting [esp. political].
mitja (mídʒə) *f.* stocking. *2 pl.* tights. *3 fer ~,* to knit.
mitjà, -ana (midʒá, -ánə) *a.* average. ▪ *2 m.* means. *3 f.* average. *4* bottle of beer [33 cl].
mitjan (midʒán) *phr. a ~,* in the middle of, halfway through.
mitjançant (midʒənsán) *prep.* by, by means of, through.
mitjançar (midʒənsá) *i.* to mediate, to intercede.
mitjancer, -ra (midʒənsέ, -rə) *m.-f.* mediator, intermediary.
mitjania (midʒəníə) *f.* mediocrity. *2* average.
mitjanit (midʒənít) *f.* midnight.
mitjó (midʒó) *m.* sock.
mitologia (mituluʒíə) *f.* mythology.
mix, mixa (míʃ, míʃə) *m.-f.* coll. pussy, pussycat.
mixt, -ta (míks(t), -tə) *a.* mixed. ‖ *coHegi ~,* co-educational school.
mixtura (mikstúrə) *f.* mixture.
mnemotècnia ((m)nəmutέkniə) *f.* mnemonics.
mòbil (mɔ́βil) *a.* mobile. *2* variable. ▪ *3 m.* motive [of a crime]. *4* mobile.
mobiliari (muβiliári) *m.* furniture.
mobilitat (muβilitát) *f.* mobility.
mobilització (muβilidzəsió) *f.* mobilization.
mobilitzar (muβilidzá) *t.* to mobilize.
moblar (mubblá) *t.* to furnish.

moble (móbblə) *m.* piece of furniture. *2 pl.* furniture.

moc (mok) *m.* mucus; coll. snot. *2* rebuff.

moca (mókə) *m.* mocha.

mocada (mukáðə) *f.* blow [nose].

mocador (mukəðó) *m.* handkerchief. *2* scarf.

mocar (muká) *t.* to blow someone's nose. ■ *2 p.* to blow one's nose.

moció (musió) *f.* motion. ‖ ~ *de censura,* censure motion.

mocós, -sa (mukós, -ózə) *a.* coll. snotty. ■ *2 m.-f.* brat.

moda (móðə) *f.* fashion. ‖ *estar de* ~, to be in fashion.

mode (móðə) *m.* way. *2* GRAMM. mood.

model (muðέl) *m.* pattern, standard. *2 m.-f.* ARTS., PHOT. model.

modelar (muðəlá) *t.* to model; to shape, to form.

modèlic, -ca (muðέlik, -kə) *a.* modelic.

moderació (muðərəsió) *f.* moderation.

moderar (muðərá) *t.* to moderate, to restrain.

modern, -na (muðέrn, -nə) *a.* modern.

modernisme (muðərnízmə) *m.* modernism.

modernització (mmuðərnidzəsió) *f.* modernization.

modernitzar (muðərnidzá) *t.* to modernize.

modest, -ta (muðέs(t), -ə) *a.* modest.

modèstia (muðέstiə) *f.* modesty.

mòdic, -ca (móðik, -kə) *a.* reasonable, moderate.

modificació (muðifikəsió) *f.* modification.

modificar (muðifiká) *t.* to modify.

modista (muðístə) *m.-f.* dressmaker.

mòdul (móðul) *m.* module. *2* modulus.

modulació (muðuləsió) *f.* modulation.

modular (muðulá) *t.-i.* to modulate.

mofa (mófə) *f.* mockery.

mofar-se (mufársə) *p.* to mock, to make fun of.

mofeta (mufέtə) *a.* insolent. ■ *2* ZOOL. *f.* skunk.

moix, -xa (moʃ, -ʃə) *a.* sad, depressed. ■ *2 m.-f.* cat.

moixaina (muʃáĭnə) *f.* caress.

moixernó (muʃərnó) *m.* BOT. St. George's agaric.

moixó (muʃó) *m.* (OCC.) See OCELL.

mola (mólə) *f.* bulk, mass. *2* millstone, grindstone.

molar (mulár) *f.* molar.

moldre (móldrə) *t.* to grind. ‖ fig. *he anat a cal metge i ha estat arribar i* ~, I went to the doctor's and I was straight in, no waiting. ▲ CONJUG. GER.: *molent.* ‖ P. P.: *mòlt.* ‖ INDIC. Pres.: *molc.* ‖ SUBJ. Pres.: *molgui,* etc. | Imperf.: *molgués,* etc.

molècula (mulέkulə) *f.* molecule.

molest, -ta (mulέs(t), -ə) *a.* annoying.

molestar (muləstá) *t.* to annoy, to bother.

molèstia (mulέstiə) *f.* nuisance.

molí (mulí) *m.* mill.

molinet (mulinέt) *m.* hand mill. ‖ ~ *de cafè,* coffee mill, coffee grinder.

moll (moʎ) *m.* ANAT. marrow. *2* flesh [of fruit]. *3* MAR. dock. *4* ICHTHY. red mullet. *5 pl.* tongs, curling tongs.

moll, -lla (moʎ, -ʎə) *a.* wet, damp. *2* soft, delicate.

molla (móʎə) *f.* string. *2* crumb.

moHusc (mulúsk) *m.* ZOOL. mollusc.

molsa (mólsə) *f.* BOT. moss.

molt, -ta (mol, -tə) *a. sing.* much, a lot of; *pl.* many; a lot of. ■ *2 pron. sing.* much, a lot; *plur.* many; a lot. ■ *3 adv.* very.

moltó (multó) *m.* ZOOL. sheep, ram; mutton.

moment (mmumέn) *m.* moment. ‖ *phr. d'un* ~ *a l'altre,* at any moment. *2* the right time.

momentani, -ània (muməntáni, ániə) *a.* momentary.

mòmia (mómiə) *f.* mummy.

momificar (mumifiká) *t.* to mummify.

mon, ma (mon, mə) *poss. a.* my.

món (mon) *m.* world. *2* fig. world, circle. ‖ *no és res de l'altre* ~, it's nothing special.

mona (mónə) *f.* monkey. *2* ‖ *agafar una* ~, to get pissed. *3* Easter cake.

Mònaco (mónəko) *pr. n. m.* GEOGR. Monaco.

monada (munáðə) *f.* stupid smile. *2* cute thing.

monarca (munárkə) *m.* monarch.

monarquia (munárkiə) *f.* monarchy.

monàrquic, -ca (munárkik, -kə) *a.* monarchic, monarchical, monarchist.

moneda (munέðə) *f.* currency, money. *2* coin, piece.

monegasc, -ca (munəɣás, -kə) *a., m.-f.* Monegasque.

monestir (munəsti) *m.* monastery.

mongeta (munʒέtə) *f.* BOT. bean: ~ *tendra,* green or runner bean.

mongetera (munʒətέrə) *f.* BOT. bean plant.

mongòlic, -ca (muŋgólik, -kə) *a.* MED. mongol, mongolian.

mongolisme (muŋgulízmə) *f.* MED. mongolism.

moniato (muniátu) *m.* BOT. sweet potato.

monitor (munitó) *m.* group leader. *2* COMP. T.V. monitor.

monja (mónʒə) *f.* REL. nun, sister.

monjo (mónʒu) *m.* REL. monk.

monocle (munóklə) *m.* monocle.

monògam, -ma (munɔ́ɣəm, -mə) *a.* monogamous.

monogàmia (mmunuɣámiə) *f.* monogamia.

monografia (munuɣrəfíə) *f.* monograph.

monòleg (munɔ́lək) *m.* monologue.

monòlit (munɔ́lit) *m.* monolith.

monologar (munuluɣá) *i.* to soliloquize.

monomania (mǫnumǝniə) *f.* monomania.

monomi (munɔ́mi) *m.* MATH. monomial.

monoplà (munuplá) *m.* AER. monoplane.

monopoli (munupɔ́li) *m.* ECON. monopoly.

monopolitzar (munupulidzá) *t.* to monopolize.

monoteisme (munutəizmə) *m.* monotheism.

monòton, -na (munɔ́tun, -nə) *a.* monotonous.

monsó (munsó) *m.* METEOR. monsoon.

monstre (mɔ́nstrə) *f.* monster.

monstruós, -osa (munstruós, -ózə) *a.* monstruous.

mont (mon) *m.* mount, mountain.

monument (munumén) *m.* monument.

monumental (munumǝntál) *a.* monumental. *2* fig. huge; terrific.

monyó (muɲó) *m.* stump.

moqueta (mukɛ́tə) *f.* moquette.

móra (mɔ́rə) *f.* BOT. blackberry.

moral (murál) *a.* moral. ▪ *2 f.* morals *pl. 3* morale.

moralitat (murǝlitát) *f.* moral [of story]. *2* morals *pl.*

morat, -ada (murát, -áðə) *a.* purple, violet. ▪ *2 m.* bruise.

moratòria (murətɔ́riə) *f.* moratorium.

mòrbid, -da (mɔ́rβit, -ðə) *a.* soft [esp. flesh].

morbós, -osa (murβós, -ózə) *a.* morbid, unhealthy [also fig.].

mordaç (murðás) *a.* biting, cutting, sarcastic.

mordassa (murðásə) *f.* gag.

mordent (murðén) *m.* mordant.

morè, -ena (murɛ́, -ɛ́nə) *a.* brown; tanned; black [hair].

morenes (murɛ́nəs) *f. pl.* MED. piles.

morera (murérə) *f.* BOT. mulberry tree.

moresc, -ca (murɛ́sk, -kə) *a.* Moorish. ▪ *2 m.* maize, (USA) corn.

morfina (murfínə) *f.* morphine.

morfologia (murfuluʒíə) *f.* morphology.

moribund, -da (muriβún, -də) *a.* dying.

morigerar (muriʒərá) *t.* to moderate.

morir (muri) *t.-p.* to die. ▲ CONJUG. P. P.: *mort.*

morisc, -ca (murísk, -kə) *a.* Moorish.

moro, -ra (mɔ́ru, -rə) *a.* Moorish. ▪ *2 m.-f.* Moor.

morós, -osa (murós, -ózə) *a.* slow to pay up.

morral (murrál) *m.* nosebag.

morrió (murrió) *m.* muzzle.

morro (mɔ́rru) *m.* sout. *2* coll. lips *pl.* ‖ *ésser del ~ fort,* to be stubborn. *3 pl.* (BAL.) See LLAVIS.

morsa (mɔ́rsə) *f.* ZOOL. walrus.

mort (mɔr(t)) *a.* dead. ▪ *2 f.* death. *3 m.-f.* corpse.

mortadeHa (murtəðɛ́lə) *f.* mortadella.

mortal (mmurtál) *a.* mortal. *2* deadly, lethal. *3* fatal. ▪ *4 m.-f.* person, human being.

mortaldat (murtəldát) *f.* mortality.

mortalitat (murtəlitát) *f.* death rate.

mortalla (murtáʎə) *f.* shroud.

morter (murté) *m.* mortar.

mortífer, -ra (murtífər, -rə) *a.* deadly, lethal.

mortificar (murtifiká) *t.* to mortify [also fig.].

mortuori, -òria (murtuɔ́ri, -ɔ́riə) *a.* mortuary.

morú, -una (murú, -únə) *a.* See MORESC.

mos (mos) *m.* bite, nip. *2* morsel.

mosaic (muzáïk) *m.* mosaic.

mosca (mɔ́skə) *f.* ENT. fly.

moscatell (muskətɛ́ʎ) *m.* muscatel.

Moscou (muskɔ́ŭ) *pr. n. m.* GEOGR. Moscow.

mosqueter (mmuskəté) *m.* musketeer.

mosquetó (muskətó) *m.* musketoon.

mosquit (muskit) *m.* ENT. mosquito.

mossa (mɔ́sə) *f.* girl.

mossec (mmusɛ́k) *m.* See MOS.

mossegada (musəɣáðə) *f.* bite.

mossegar (mmusəɣá) *t.* to bite. *2* MECH. to catch.

mossèn (musɛ́n) *m.* priest, father.

mosso (mɔ́su) *m.* lad. *2* servant. *3* porter.

most (mos(t)) *m.* must.

mostassa (mustásə) *f.* mustard.

mostatxo (mustátʃu) *m.* moustache.

mostela (mustélə) *f.* ZOOL. weasel.

mostra (mɔ́strə) *f.* sample. *2* model, pattern. *3* sign, indication.

mostrar (mustrá) *t.* to show. *2* to exhibit. *3* to demonstrate.

mostrari (mmustrári) *m.* collection of samples.

mot (mot) *m.* word. ‖ *~s encreuats,* crossword puzzle.

motejar (mmutəʒá) *t.* to nickname.

motí (muti) *m.* mutiny, revolt.

motiu (mutiŭ) *m.* motive. *2* nickname.

motivar (mutiβá) *t.* to motivate, to cause.

motlle (mɔ́ʎə) *m.* mould. *2* fig. model.

motllura (muʎʎúrə) *f.* moulding.

moto (mɔ́tu) *f.* (abbr. of *motocicleta*) motorbike.

motocicleta (mutusiklɛ́tə) *f.* motorcycle.

motor, -ra (mutór, -rə) *a.* motive. ■ *2 m.* engine; motor.

motorisme (muturizmə) *m.* motor racing.

motorista (muturistə) *m.-f.* motorcyclist.

motriu (mutriŭ) *a.* motive, driving.

motxilla (mmutʃiʎə) *f.* rucksack.

moure (mɔurə) *t.* to move. *2* to cause, to provoke. *3* to make, to produce [sounds, etc.]. ▲ CONJUG. GER.: *movent.* ‖ P. P.: *mogut.* ‖ INDIC. Pres.: *moc.* ‖ SUBJ. Pres.: *mogui*, etc. | Imperf.: *mogués*, etc.

moviment (muβimén) *m.* movement. *2* motion. ‖ *en aquest despatx hi ha molt de ~*, this office is very bury.

moviola (muβiɔlə) *f.* hand-viewer.

mucosa (mukósə) *f.* mucus.

mucositat (mukuzitát) *f.* mucosity.

mucus (múkus) *m.* mucus.

muda (múðə) *f.* change [of clothes]. *2* ZOOL. moult.

mudar (muðá) *t.* to change. *2* ZOOL., ORNIT. to shed, to moult. ■ *3 i.* to change. ■ *4 p.* to put on one's Sunday best.

mudat, -ada (muðát, -áðə) *a.* well-dressed.

mudèjar (muðέzər) *a.*, *m.-f.* HIST. Mudejar.

mudesa (muðέzə) *f.* dumbness.

mufla (múflə) *f.* muffle.

mugir (muʒí) *i.* to moo, to bellow.

mugit (muʒít) *m.* moo; bellow.

mugró (muɣró) *m.* nipple.

mul, -a (mul, -ə) *m.-f.* mule.

mulat, -ta (mulát, -tə) *a.*, *m.-f.* mulatto.

mullader (muʎəðέ) *m.* pool, puddle. *2* rumpus.

mullar (muʎá) *t.* to wet; to soak; to damp, to dampen.

muller (muʎέ) *f.* wife.

mullerar-se (muʎərársə) *p.* to marry.

multa (múltə) *f.* fine, penalty.

multar (multá) *t.* to fine.

multicolor (multikuló) *a.* multicoloured.

múltiple (múltiplə) *a.* multiple.

multiplicació (multiplikəsió) *f.* multiplication.

multiplicar (multiplicá) *t.* to multiply.

multiplicitat (multiplisitát) *f.* multiplicity.

multitud (multitút) *f.* multitude; crowd; great number.

mundà, -ana (mundá, ánə) *a.* worldly.

mundial (mundiál) *a.* world; world-wide.

Múnic (múnik) *pr. n. m.* GEOGR. Munich.

munició (munisió) *f.* MIL. ammunition.

municipal (munisipál) *a.* municipal, town, city. ■ *2 m.* policeman. *3 f.* policewoman.

municipi (munisípi) *m.* municipality, town. *2* town council.

munió (munió) *f.* multitude; great number.

munt (mun) *m.* mountain. *2* heap. ‖ *un ~*, a lot.

muntacàrregues (muntəkárrəɣəs) *m.* service lift.

muntador (muntəðó) *m.* fitter, assembler.

muntanya (muntáɲə) *f.* mountain. *2* mountains *pl.*, countryside.

muntanyenc, -ca (muntəɲέŋ, -kə) *a.* mountain.

muntanyós, -osa (muntəɲós, -ózə) *a.* mountainous; hilly.

muntar (muntá) *i.* to go up, to rise. ■ *2 t.* to ride [horse, bicycle, etc.]. *3* to put together, to assemble.

muntatge (muntádʒə) *m.* MECH. assembly; fitting. *2* THEATR. production.

munteria (muntəriə) *f.* hunting.

muntura (muntúrə) *f.* mount [of animals]. *2* frame [of glasses]. *3* setting [of jewels].

munyir (muɲi) *t.* to milk. ▲ CONJUG. INDIC. Pres.: *munyo*.

mur (mur) *m.*

mural (murál) *a.* wall. ■ *2 m.* mural.

muralla (muráʎə) *f.* (city) wall, rampart.

murga (múrɣə) *f.* bind, drag; bore nuisance.

murmurar (murmurá) *i.* to mutter; to rustle. *2* to gossip. *3 i.-t.* to murmur, to whisper.

murmurejar (murmurəʒá) *i.* See MURMURAR 3.

murmuri (murmúri) *m.* murmur.

murri, múrria (murri, múrriə) *a.* sly, cunning, crafty. ■ *2 m.-f.* villain, sly person.

murtra (múrtrə) *f.* BOT. myrtle.

musa (múzə) *f.* MIT. Muse.

musaranya (muzəráɲə) *f.* ZOOL. shrew. ‖ *mirar les musaranyes*, to be miles away.

muscle (músklə) *m.* shoulder. *2* (VAL.) See ESPATLLA.

musclo (músklu) *m.* mussel.

múscul (múskul) *m.* muscle.

musculatura (muskulətúrə) *f.* muscles *pl.*

musell (muzέʎ) *m.* snout.

museu (muzέŭ) *m.* museum.

músic, -ca (múzik, -kə) *a.* musical, music. ■ *2 m.-f.* musician. *3 f.* music.

musicar (muzicá) *t.* to set [music for a text].

mussitar (musitá) *i.* to mutter.

mussol (musɔl) *m.* ORNIT. owl. *2* MED. stye. *3* simpleton.

mussolina (musulinə) *f.* TEXT. muslin.

musti, mústia (músti, mústiə) *a.* BOT. withered, faded, dry. *2* depressed.

mústig, -iga (mústik, -iɣə) *a.* See MUSTI.

musulmà, -ana (muzulmá, -ánə) *a.*, *m.-f.* Moslem, Muslim.

mut, muda (mut, múðə) *a.*, *m.-f.* dumb. *2* silent, mute. ‖ *~s i a la gàbia!*, shut up!

mutació (mutəsió) *f.* mutation.

mutilació (mutiləsió) *f.* mutilation.

mutilar (mutilá) *t.* to mutilate.

mutis (mútis) *m.* THEATR. exit. ‖ fig. *fer* ~, to keep quiet, to say nothing.

mutisme (mutízmə) *m.* mutism, silence.

mutu, mútua (mútu, mútuə) *a.* mutual.

mutualitat (mutuəlitát) *f.* mutuality. 2 mutual benefit society.

N

N, n (ɛ́nə) *f.* n [letter].

n' *pron.* See EN 1.

na (nə) lit. *art. f.* [before first names].

nació (nəsió) *f.* nation.

nacional (nəsiunál) *a.* national; home; domestic.

nacionalisme (nəsiunəlízmə) *m.* nationalism.

nacionalitat (nəsiunəlitát) *f.* nationality.

nacionalitzar (nəsiunəlidzá) *t.* to nationalize.

nacre (nákrə) *m.* nacre.

Nadal (nəðál) *m.* Christmas, Xmas. ‖ *nit de ~*, Christmas Eve.

nadala (nəðálə) *f.* Christmas carol. *2* Christmas card.

nadalenc, -ca (nəðəlɛ́ŋ, -kə) *a.* Christmas.

nadiu (nəðíŭ) *a.* native, home. ▪ *2 m.-f.* native.

nadó (nəðó) *m.* newborn baby.

nafra (náfrə) *f.* wound, ulcer.

nafta (náftə) *f.* naphtha.

naftalina (nəftəlínə) *f.* naphthalene.

naixement (nəʃəmɛ́n) *m.* birth. *2* fig. birth, origin, source.

naixença (nəʃɛ́nsə) *f.* See NAIXEMENT.

nàixer (náʃə) *i.* (VAL.) See NÉIXER.

nan, nana (nan, nánə) *a., m.-f.* dwarf.

nansa (nánsə) *f.* handle, grip.

nap (nap) *m.* BOT. turnip.

napalm (nəpálm) *m.* napalm.

nap-buf (nabbúf) *m.* child. *2* small person, schrimp.

Nàpols (nápuls) *pr. n. m.* GEOGR. Naples.

narcís (nərsís) *m.* BOT. daffodil.

narcòtic, -ca (nərkɔ́tik, -kə) *a.-m.* narcotic.

nard (nar(t)) *m.* BOT. nard.

narguil (nərɣil) *m.* hookah.

nariu (nəríŭ) *m.* nostril.

narració (nərrəsió) *f.* narration, story.

narrador, -ra (nərrəðó, -rə) *m.-f.* narrator.

narrar (nərrá) *t.* to narrate, to tell.

narrativa (nərrətíβə) *f.* prose.

nas (nas) *m.* nose. ‖ *treure el ~*, to have a look; *no veure-hi més enllà del ~*, to see no further than the end of one's nose; *pujar-li a algú la mosca al ~*, to get angry. *2* sense of smell.

nasal (nəzál) *a.* nasal, nose.

nat, nada (nat, náðə) *a.* born. ‖ *nou ~*, newborn.

nata (nátə) *f.* cream. ‖ fig. *la flor i ~*, the cream. *2* slap.

natació (nətəsió) *f.* swimming.

natal (nətál) *a.* natal, native; home.

natalitat (nətəlitát) *f.* birth rate.

natiu, -iva (nətíŭ, -íβə) *a., m.-f.* See NADIU.

natja (nádʒə) *f.* buttock.

natura (nətúrə) *f.* nature.

natural (nəturál) *a.* natural. *2* artless. *3* native. *4* nature, disposition.

naturalesa (nəturəlɛ́zə) *f.* See NATURA.

naturalisme (nəturəlízmə) *m.* ARTS naturalism.

naturalista (nəturəlistə) *a.* ARTS naturalistic. ▪ *2 m.-f.* ARTS naturalistic *a. 3* BOT., ZOOL. naturalist.

naturalitat (nəturəlitát) *f.* naturalness.

naturalitzar (nəturəlidzá) *t.* to naturalize.

naturisme (nəturízmə) *m.* naturism.

nau (náŭ) *f.* ship. ‖ *~ espacial*, spaceship, spacecraft. *2* ARCH. nave [church]. *3* IND. large building, shop.

nàufrag, -ga (náŭfrək, -ɣə) *a.* shipwrecked. ▪ *2 m.-f.* shipwrecked person.

naufragar (nəŭfrəɣá) *i.* to be wrecked, to sink [ship]; to be shipwrecked [person].

naufragi (nəŭfráʒi) *m.* shipwreck.

nàusea (náŭzeə) *f.* nausea.

nàutic, -ca (náŭtik, -kə) *a.* nautical. ▪ *2 f.* navigation, sailing.

naval (nəβál) *a.* naval; ship; sea. ‖ *indústria ~*, shipbuilding industry.

navalla (nəβáʎə) *f.* razor. 2 knife, pocket knife. 3 ZOOL. razor shell.
navegable (nəβəɣàbblə) *a.* navigable.
navegació (nəβəɣəsió) *f.* navigation, shipping.
navegant (nəβəɣán) *a.* navigating. ■ *2 m.-f.* navigator.
navegar (nəβəɣá) *i.* to navigate; to sail. 2 fig. to lose one's way.
naveta (nəβέtə) *f.* incense box. 2 prehistoric monument in the Balearic Islands.
navili (nəβíli) *m.* poet. ship, vessel.
ne (nə) *pron.* See EN 1.
nebot, -oda (nəβɔ́t, -ɔ́ðə) *m.* nephew. 2 *f.* piece.
nebulós, -osa (nəβulós, -ózə) *a.* nebulous, cloudy. 2 fig. nebulous; obscure. 3 *f.* nebula.
necessari, -ària (nəsəsári, -áriə) *a.* necessary; needed.
necesser (nəsəsér) *m.* toilet case.
necessitar (nəsəsitá) *t.* to need.
necessitat, -ada (nəsəsitát, -áðə) *a.* needy. ■ *2 m.-f.* needy person. *3 f.* need, necessity. ‖ *fer les ~s,* to relieve oneself.
neci, nècia (nέsi, nέsiə) *a.* stupid, silly.
necròfag, -ga (nəkrɔ́fək, -ɣə) *a.* necrophagous.
negació (nəɣəsió) *f.* refusal. 2 denial. 3 negation. 4 exact opposite.
necròpolis (nəkrɔ́pulis) *f.* necropolis.
nèctar (nέktər) *m.* nectar.
nedador, -ra (nəðəðó, -rə) *m.-f.* swimmer.
nedar (nəðá) *i.* to swim.
nefand, -da (nəfán, -də) *a.* execrable.
nefast, -ta (nəfás(t), -tə) *a.* ill-fated, fateful.
nefritis (nəfrítis) *f.* MED. nephritis.
negar (nəɣá) *t.* to deny. ■ *2 t.-p.* to refuse. *3 p.* to drawn.
negat, -ada (nəɣát, -áðə) *a.* hopeless.
negatiu, -iva (nəɣətiŭ, -íβə) *a.-m.* negative. *2 f.* denial; refusal.
negligència (nəɣliʒέnsiə) *f.* negligence.
negligir (nəɣliʒi) *t.* to neglect. 2 to omit.
negoci (nəɣɔ́si) *m.* business.
negociació (nəɣusiəsió) *f.* negotiation, negotiating.
negociant (nəɣusián) *m.* dealer, trader. 2 businessman.
negociar (nəɣusiá) *i.* to trade. ■ *2 t.* to negotiate.
negociat (nəɣusiát) *m.* department.
negre, -gra (nέɣrə, -ɣrə) *a.* black. ‖ *em veig ~ per acabar aquest diccionari,* I've got my work cut out to finish this dictionary. 2 red [wine]. ■ *3 m.-f.* black, nigger.
negrer, -ra (nəɣré, -rə) *a., m.-f.* slave trader.
negror (nəɣró) *f.* blackness.

neguit (nəɣít) *m.* anxiety, restlessness. 2 uneasiness.
neguitejar (nəɣitəʒá) *t.* to annoy, to upset. ■ *2 p.* to get annoyed. *3* to be anxious.
neguitós, -osa (nəɣitós, -ózə) *a.* anxious. 2 annoyed. *3* uneasy.
néixer (nέʃə) *i.* to be born. ▲ CONJUG. GER.: *naixent.* ‖ P. P.: *nascut.*
nen, nena (nɛn, nέnə) *m.* boy; baby, child. 2 *f.* girl.
nenúfar (nənúfər) *m.* BOT. water-lily.
neó (nəó) *m.* neon.
neoclàssic, -ca (nəuklásik, -kə) *a.* neoclassical, neoclassic.
neoclassicisme (nəukləsisizmə) *m.* neoclassicism.
neòfit, -ta (neɔ́fit, -tə) *m.-f.* neophyte.
neolític, -ca (nəulitik, -kə) *a.* neolithic. ■ *2 m.* neolith.
neologisme (nəuluʒizmə) *m.* neologism.
neozelandès, -esa (nɛuzələndɛ́s, -ɛ́zə) *a., m.-f.* New Zealander.
nepotisme (nəputizmə) *m.* nepotism.
Neptú (nəptú) *m.* ASTR. Neptune.
nervi (nέβi) *m.* nerve. 2 sinew. *3* fig. strength, vigour.
nerviós, -osa (nərβiós, -ózə) *a.* nerve: *centre ~,* nerve centre. 2 highly-strung, nervous; upset; overwrought [person].
nespra (nέsprə) *f.* BOT. medlar.
net, -ta (nɛt, -tə) *a.* clean, tidy; neat. ‖ *joc ~,* fair play. 2 COMM. net: *preu ~,* net price.
nét, -néta (net, -tə) *m.* nephew. 2 *f.* niece.
netedat (nətəðát) *f.* cleanness; tidiness; neatness. 2 cleanliness.
neteja (nətέʒə) *f.* cleaning; cleansing. 2 clearing [act].
netejar (nətəʒá) *t.* to clean; to cleanse. 2 to clear.
neu (neŭ) *f.* snow.
neula (nέŭlə) *f.* rolled wafer biscuit. 2 fog; mist. *3* BOT. rust.
neulir-se (nəŭlirsə) *p.* to weaken, to fade away [person]; to languish.
neulit, -ida (nəŭlit, -íðə) *a.* sickly, weak.
neurastènia (nəŭrəstέniə) *f.* neurasthenia.
neuròleg, -òloga (nəŭrɔ́lək, -ɔ́luɣə) *m.-f.* neurologist.
neurologia (nəŭruluʒíə) *f.* neurology.
neurona (nəŭrónə) *f.* BIOL. neuron; nerve cell.
neurosi (nəŭrɔ́zi) *f.* MED. neurosis.
neutral (nəŭtrál) *a.* neutral.
neutralitat (nəŭtrəlitát) *f.* neutrality.
neutralitzar (nəŭtrəlidzá) *t.* to neutralize.
neutre, -tra (nέŭtrə, -trə) *a.* neutral. 2 neuter, sexless. *3* GRAMM. neuter.
neutró (nəŭtró) *m.* neutron.

nevada (nəβáðə) *f.* snowfall.
nevar (nəβá) *i.* to snow. ■ *2 t.* to cover with snow; to snow up.
nevera (nəβérə) *f.* fridge, refrigerator.
nexe (nɛ́ksə) *m.* nexus; link.
ni (ni) *conj.* nor, neither: ~ *estudia* ~ *treballa,* he neither works nor studies, he doesn't work or study. *2* not.....even: *no hi aniria* ~ *que em paguessin,* I wouldn't go (even) if they paid me.
niar (niá) *i.* to nest.
Nicaragua (nikəráɣwə) *pr. n. f.* GEOGR. Nicaragua.
nicaragüenc, -ca (nikərəɣwɛ́ŋ -kə) *a., m.-f.* Nicaraguan.
nicotina (nikutínə) *f.* nicotine.
nigromància (niɣrumánsiə) *f.* necromancy.
nígul (níɣul) *m.* (BAL.) See NÚVOL.
nihilisme (niilízmə) *m.* nihilism.
Nil (nil) *pr. n. m.* GEOGR. Nile.
niló (niló) *m.* nylon.
nimbus (nímbus) *m.* METEOR. nimbus.
nimfa (nímfə) *f.* nymph.
nimietat (nimiətát) *f.* long-windedness, prolixity. *2* minute detail. *3* trivial detail.
nin, nina (niŋ, nínə) *m.* (BAL.) little boy. *2 f.* (BAL.) little girl. *3* doll. *4* ANAT. pupil.
ningú (niŋgú) *indef. pron. neg.* no-one, nobody; not anyone, anybody: *aquí no hi ha* ~, there isn't anybody here; there's nobody here. *2* pej. no-one, nobody, nonentity.
ninot (ninɔ́t) *m.* doll; puppet.
nínxol (nínʃul) *m.* niche; recess.
níquel (níkəl) *m.* METALL. nickel.
nit (nit) *f.* night. ‖ *bona* ~, good night. ‖ *de la* ~ *al dia,* overnight [also fig.]. ‖ ~ *del lloro,* sleepless night. ‖ ~ *de Nadal,* Christmas Eve. *2 s'ha fet de* ~, night has fallen; it's got dark.
nítid, -da (nítit, -ðə) *a.* bright; clean. *2* sharp, clear [outline].
nitrogen (nitrɔ́ʒən) *m.* nitrogen.
niu (niŭ) *m.* nest. *2* coll. *saber-ne un* ~, to know a heap of things.
nivell (niβéʎ) *m.* level. ‖ ~ *de vida,* standard of living.
no (no) *adv.* no: ~, *gràcies,* no, thanks. *2* not: ~ *t'estima,* she doesn't love you.
nobiliari, -ària (núβiliári, -áriə) *a.* noble, aristocratic [title, law].
noble (nɔ́bblə) *a.* noble, aristocratic. *2* honest, upright. ■ *3 m.-f.* noble. *4 m.* nobleman. *5 f.* noblewoman.
noblesa (nubblɛ́zə) *f.* nobility, aristocracy. *2* honesty, uprightness.
noces (nɔ́səs) *f. pl.* wedding, marriage.
noció (nusió) *f.* notion, idea. *2* rudiments; smattering.

nociu, -iva (nusiŭ, -íβə) *a.* harmful.
noctàmbul, -la (nuktámbul, -lə) *a.* sleepwalking. ■ *2 m.-f.* sleep-walker.
nocturn, -na (nuktúrn, -nə) *a.* night; evening: *curs* ~, evening course. ■ *2 m.* MUS. nocturne.
nodrir (nuðrí) *t.* to nourish; to feed [also fig.].
noguera (nuɣérə) *f.* BOT. walnut tree.
noi, noia (nɔi, nɔ́jə) *m.* boy; son. *2 f.* girl; daughter. ■ *3 interj.* gosh!
nom (nɔm) *m.* name: *posar* ~, to name, to call. *2* first name, Christian name. *3* fig. reputation. *4* GRAMM. noun.
nòmada (nɔ́məðə) *a.* nomadic. ■ *2 m.-f.* nomad.
nombre (nómbrə) *m.* number; amount.
nombrós, -osa (numbrós, -ózə) *a.* numerous.
nomenament (numənəmɛ́n) *m.* appointment [to a post].
nomenar (numəná) *t.* to appoint. *2* to nominate.
nomenclatura (numəŋklətúrə) *f.* nomenclature.
només (numɛ́s) *adv.* only; merely. *2* just; hardly, scarcely. ‖ ~ *entrar, ja em varen cridar,* scarcely had I gone in, when they summoned me.
nòmina (nɔ́minə) *f.* list, roll. *2* payroll. *3* pay, salary.
nominal (numinál) *a.* nominal, titular. *2* GRAMM. noun.
nominatiu, -iva (numinətiu, -íβə) *a.* GRAMM. nominative. *2* COMM. *acció* ~, nominee share.
nona (nɔ́nə) *f.* sleep. ‖ *fer* ~, to sleep.
non-non (nɔ́nnɔ́n) *phr. fer* ~, to sleep.
nora (nɔ́rə) *f.* daughter-in-law.
noranta (nurántə) *a.* ninety.
norantè, -ena (nurəntɛ́, -ɛ́nə) *a.-m.* ninetieth.
nord (nɔr(t)) *m.* north. *2* fig. goal, aim; ideal.
nord-americà, -ana (nɔ́rtəməriká, -ánə) *a., m.-f.* North-American; American.
nord-est (nɔ́rɛ́s(t)) *m.* north-east.
nòrdic, -ca (nɔ́rðik, -kə) *a.* Nordic.
nord-oest (nɔ́ruɛ́s(t)) *m.* north-west.
no-res (nɔrɛ́s) *m.* nothing, nonentity. *2* nothingness.
norma (nɔ́rmə) *f.* norm, standard. *2* rule. *3* pattern.
normal (nurmál) *a.* normal; usual; standard.
normalitat (nurməlitát) *f.* normality; usualness.
normalització (nurməlidzəsió) *f.* normalization. *2* standardisation.

normalitzar (nurməlidzá) *t.* to normalize. *2* to standardize.

normand, -da (nurmán, -ðə) *a., m.-f.* Norman.

normatiu, -iva (nurmətiŭ, -iβə) *a.* standard. ■ *2 f.* norm; regulation.

noruec, -ega (nuruɛk, -ɛɣə) *a., m.-f.* Norwegian. *2 m.* Norwegian.

Noruega (nuruɛɣə) *pr. n. f.* GEOGR. Norway.

nos (nus) *pers. pron.* See ENS.

nosa (nɔzə) *f.* hindrance; impediment. ‖ *fer* ~, to be in the way; to be a hindrance. *2* mess.

nosaltres (nuzáltrəs) *pers. pron.* we. *2* us.

nostàlgia (nustálʒiə) *f.* nostalgia; yearning; longing. *2* homesickness.

nostàlgic, -ca (nustálʒik, -kə) *a.* nostalgic. *2* homesick.

nostre, -tra (nɔstrə, -trə) *poss. a.* our. ■ *2 poss. pron.* ours.

nota (nɔtə) *f.* MUS. note. *2* note. *3* PRINT. footnote.

notable (nutábblə) *a.* noteworthy. *2* remarkable; outstanding. ■ *3 m.* good mark.

notar (nutá) *t.* to notice, to note. *2* to note (down). *3* to mark.

notari (nutári) *m.* notary.

notícia (nutisiə) *f.* news; piece or item of news.

noticiari (nutisiári) *m.* news column [in newspaper]. *2* CIN. newsreel. *3* RADIO news bulletin.

notificació (nutifikəsió) *f.* notification.

notificar (nutifiká) *t.* to notify, to inform.

notori, -òria (nutóri, -óriə) *a.* pej. notorious. *2* well-known. *3* obvious; blatant.

1) nou (nɔŭ) *f.* BOT. walnut [nut]. ‖ ~ *moscada,* nutmeg. *2* ANAT. ~ *del coll,* Adam's apple.

2) nou (nɔŭ) *a.-m.* nine.

nou, -va (nɔŭ, nɔβə) *a.* new. ‖ *què hi ha de* ~?, what've you got to tell me?; what's the latest? *2 adv. phr. de* ~, recently, lately. *3 de (bell)* ~, again, once more. ■ *4 f.* news; piece or item of news.

nou-cents, -tes (nɔŭséns, -təs) *a.-m.* ninehundred.

nou-ric, -ca (nɔŭrrik, -kə) *m.-f.* pej. nouveau-riche.

Nova Delhi (nɔβəðéli) *pr. n. f.* GEOGR. New Delhi.

Nova York (nɔβəjɔr(k)) *pr. n. m.* GEOGR. New York.

Nova Zelanda (nɔβəzəlándə) *pr. n. f.* GEOGR. New Zealand.

novè, -ena (nuβέ, -ɛnə) *a.-m.* ninth.

novell, -lla (nuβéʎ, -ʎə) *a.* green, inexperienced, raw.

novella (nuβéʎə) *f.* novel.

novellesc, -ca (nuβəʎésk, -kə) *a.* fictional, novel. *2* romantic; far-fetched.

novellista (nuβəʎistə) *m.-f.* novelist.

novembre (nuβémbrə) *m.* November.

novetat (nuβətát) *f.* newness, novelty. *2* new item or development.

novici, -ícia (nuβisi, -isiə) *m.-f.* ECCL. novice. *2* beginner, learner; novice.

nu, nua (nu, nuə) *a.* nude, naked; bare. ■ *2 m.-f.* nude [painting].

nuca (núkə) *f.* nape [of neck].

nuclear (nukləár) *a.* nuclear; atomic. ‖ *central* ~, atomic power station.

nucli (núkli) *m.* nucleus. *2* fig. core. *3* ELECTR. core. *4* BOT. kernel.

nul, nulla (nul, núlə) *a.* void, null and void [esp. in law]; invalid.

nullitat (nulitát) *f.* LAW nullity. *2* nonentity, good-for-nothing [person].

numerador, -ra (numərəðó, -rə) *a.* numbering. ■ *2 m.* numbering machine. *3* MATH. numerator.

numeral (numərál) *a.* numeral; number.

numerar (numərá) *t.* to number.

número (núməru) *m.* number. *2* size [clothing]. *3 prendre el* ~, to pull someone's leg.

numismàtic, -ca (numizmátik, -kə) *a.* numismatic. ■ *2 f.* numismatics.

nunci (núnsi) *m.* herald. *2* ECCL. nuncio.

nupcial (nupsiál) *a.* wedding, marriage, nuptial. *2* bridal.

nus (nus) *m.* knot. *2* fig. bond, link. *3* fig. core [of problem]. *5 tenir un* ~ *a la gola,* to have a lump in one's throat.

nutrició (nutrisió) *f.* nutrition.

nutritiu, -iva (nutritiŭ, -iβə) *a.* nourishing, nutritious.

nuvi, núvia (núβi, -núβiə) *m.* bridegroom. *2 f.* bride.

núvol (núβul) *m.* cloud. ■ *2 a.* cloudy.

nyanyo (ɲáɲu) *m.* MED. bump, lump; swelling.

nyap (ɲap) *m.* fig. piece of rubbish; trash.

nyaufar (ɲəŭfá) *t.* (ROSS.) See ESCLAFAR.

nyigo-nyigo (ɲiɣuɲiɣu) *m.* screech.

nyigui-nyogui (ɲiɣiɲɔɣi) *phr. pej. de* ~, cheap.

nyonya (ɲóɲə) *f.* drowsiness.

O

O, o (ɔ) *f.* O [letter]. ■ *2 conj.* or.
oasi (uázi) *m.* oasis.
obac, -aga (uβák, -áɣə) *a.* shady. ■ *2 f.* north-facing slope.
obcecació (upsəkəsió) *f.* blindness [of mind]; disturbance [of mind].
obediència (uβəðiɛ́siə) *f.* obedience.
obedient (uβəðiɛ́n) *a.* obedient; well-behaved.
obeir (uβəi) *t.-i.* to obey. *2 i.* to respond [treatment]. *3* to be due.
obelisc (uβəlisk) *m.* obelisk.
obert, -ta (uβɛ́r(t), -tə) *a.* open [also fig.]; opened; clear.
obertura (uβərtúrə) *f.* opening; gap; aperture; crack. *2* MUS. overture.
obès, -esa (uβɛ́s, -ɛ́zə) *a.* obese; fat.
obesitat (uβəzitát) *f.* obesity.
objecció (ubʒəksió) *f.* objection; criticism.
objectar (ubʒəktá) *t.* to object.
objecte (ubʒɛ́ktə) *m.* object. *2* subject, theme [of talk, writing, etc.]. *3* fig. objective, aim.
objectiu, -iva (ubʒəktíŭ, -íβə) *a.-m.* objective. *2 m.* PHOTO. lens.
objectivitat (ubʒəktivitát) *f.* objectivity.
objector, -ora (ubʒəktó, -órə) *a.* objecting. ■ *2 m.-f.* objector: ~ *de consciència,* conscientious objector.
oblic, -iqua (uβlík, -íkwə) *a.* oblique; slanting.
oblidar (uβliðá) *t.-p.* to forget. *2* to leave behind. *3* to leave out, to omit.
obligació (uβliɣəsió) *f.* obligation; duty; responsibility. *2* ECON. liability. *3* ECON. bond.
obligar (uβliɣá) *t.* to force, to compel, to oblige.
obligatori, -òria (uβliɣətɔ́ri, -ɔ́riə) *a.* compulsory, obligatory.
oblit (uβlít) *m.* oblivion. *2* omission, oversight.

oboè (uβuɛ́) *m.* MUS. oboe.
obra (ɔ́βrə) *f.* work; piece of work. *2* deed. *3* THEATR. play. *4* building site. *5 pl.* CONSTR. repairs; alterations. ‖ *a casa fem obres,* we've got the workmen in at home.
obrar (uβrá) *t.* to work [material]. *2* to make; to perform. ■ *3 i.* to act, to behave.
obrellaunes (ɔβrəʎáŭnəs) *m.* tin-opener.
obrer, -ra (uβrɛ́, -rə) *a.* working: *la classe obrera,* the working class. ■ *2 m.-f.* worker; labourer. *3* (VAL.) See PALETA.
obridor (uβriðó) *m.* opener.
obrir (uβrí) *t.-p.* to open; to open up. *2* to open out, to spread out. *3 t.* to sink; to bore [well]. *4* to head [procession]. *5* to turn on, to switch on [light, television, etc.]. *6* MED. to cut open. ▲ CONJUG. P. P.: *obert.* ‖ INDIC. Pres.: *obre.*
obscè, -ena (upsɛ́, -ɛ́nə) *a.* obscene, filthy, lewd.
obscenitat (upsənitát) *f.* obscenity.
obscur, -ra (upskúr, -rə) *a.* dark, dim; gloomy. *2* fig. obscure.
obscuritat (upskuritát) *f.* darkness; gloominess. *2* fig. obscurity.
obsequi (upsɛ́ki) *m.* present.
obsequiar (upsəkiá) *t.* to give as a present, to present. *2* to regale.
observació (upsərβəsió) *f.* observation. *2* remark; comment. *3* objection.
observador, -ra (upsərβəðó, -rə) *a.* observant. ■ *2 m.-f.* observer.
observar (upsərβá) *t.* to observe; to respect [law, rule, etc.]. *2* to watch, to observe; to notice.
observatori (upsərβətɔ́ri) *m.* observatory.
obsès, -essa (upsɛ́z, -ɛ́sə) *a.* obsessed.
obsessió (upsəsió) *f.* obsession.
obsessionar (upsəsiuná) *t.* to obsess.
obstacle (upstáklə) *m.* obstacle. *2* fig. stumbling-block, obstacle.

obstaculitzar (upstəkulidzá) *t.* to hinder. *2* to block [also fig.].

obstant (upstán) *adv. phr.* nevertheless, however, notwithstanding.

obstar (upstá) *i.* to be a hindrance or obstacle; to hinder [also fig.].

obstetrícia (upstətrisiə) *f.* MED. obstetrics.

obstinació (upstinəsió) *f.* stubbornness, obstinacy.

obstinar-se (upstinársə) *p.* ~ *a* o *en,* to persist in.

obstinat, -ada (upstinát, -áðə) *a.* stubborn, obstinate.

obstrucció (upstruksió) *f.* obstruction.

obstruir (upstruí) *t.* to obstruct, to block [also fig.].

obtenció (uptənsió) *f.* securing, attainment.

obtenir (uptəní) *t.* to obtain, to acquire, to get. ▲ CONJUG. P. P.: *obtingut.* ‖ INDIC. Pres.: *obtinc, obtens, obté,* etc. | Fut.: *obtindré, obtindràs,* etc. ‖ SUBJ. Pres.: *obtingui,* etc. | Imperf.: *obtingués,* etc. | IMPERAT.: *obtén.*

obtús, -usa (uptús, -úzə) *a.* obtuse; dull [person]. *2* blunt. *3* MATH. obtuse.

obús (uβús) *m.* ARTILL. shell.

obvi, òbvia (ɔ́bbi, ɔ́bbiə) *a.* obvious, evident.

oca (ɔ́kə) *f.* goose.

ocàs (ukás) *m.* sunset. *2* fig. fall, decline.

ocasió (ukəzió) *f.* occasion. ‖ *en* ~ *de,* on the occasion of. *2* opportunity, chance. ‖ *aprofitar l'*~, to take the opportunity. *3 d'*~, second-hand.

ocasionar (ukəziuná) *t.* to cause, to occasion.

occident (uksiðén) *m.* west, occident.

occidental (uksiðəntál) *a.* western, west.

occità, -ana (uksitá, -ánə) *a., m.-f.* Provençal.

oceà (useá) *m.* ocean.

Oceania (useəniə) *pr. n. m.* GEOGR. Oceania.

oceànic, -ca (useánik, -kə) *a.* oceanic. *2 a., m.-f.* Oceanian.

ocell (uséʎ) *m.* bird.

oci (ɔ́si) *m.* leisure; spare time.

ociós, -osa (usiós, -ózə) *a.* at leisure: *una dona* ~, a woman at leisure. *2* pej. idle, inactive.

ocórrer (ukɔ́rrə) *i.* to occur, to happen. *2* to occur. ‖ *em va ocórrer una bona idea,* I had a good idea. ▲ CONJUG. like *córrer.*

octàgon (uktáɣun) *m.* octagon.

octubre (uktúβrə) *m.* October.

ocular (ukulár) *a.* ocular; eye.

oculista (ukulístə) *m.-f.* oculist.

ocult, -ta (ukul(t), tə) *a.* secret, hidden. *2* occult [science].

ocultar (ukultá) *t.* to hide, to conceal.

ocupació (ukupəsió) *f.* job; occupation.

ocupar (ukupá) *t.* to occupy. *2* to employ. ▪ *3 p.* to look after, to take care of. *4* to be in charge of.

ocupat, -ada (ukupát, -áðə) *a.* busy. *2* engaged [toilette]. *3* taken [seat].

ocurrència (ukurrέsiə) *f.* event; incident.

odi (ɔ́ði) *m.* hate.

odiar (uðiá) *t.* to hate, to detest.

odiós, -osa (uðiós, -ózə) *a.* hateful, odious.

odissea (uðisέə) *f.* Odyssey.

odontòleg, -òloga (uðuntɔ́lək, -ɔ́luɣə) *m.-f.* MED. odontologist.

odontologia (uðuntuluʒiə) *f.* MED. odontology, dentistry.

oest (ués(t)) *m.* west.

ofec (ufέk) *m.* choking; shortness of breath.

ofegar (ufəɣá) *t.-p.* to choke; to suffocate. *2* to drown. *3 t.* to stifle [cry, exclamation].

ofendre (ufέndrə) *t.* to offend; to upset. ▪ *2 p.* to take offence (*per,* at). ▲ CONJUG. GER.: *ofenent.* ‖ P. P.: *ofès.* ‖ INDIC. Pres.: *ofenc, ofens, ofèn,* etc. ‖ SUBJ. Pres.: *ofengui,* etc. | Imperf.: *ofengués,* etc.

ofensa (ufέnsə) *f.* insult; offence.

ofensiu, -iva (ufənsiǔ, -iβə) *a.* insulting, offensive. ▪ *2 f.* MIL. offensive.

oferiment (ufərimén) *m.* offer; offering.

oferir (ufərí) *t.* to offer; to present. ▪ *2 p.* to offer oneself; to volunteer. ▲ CONJUG. P. P.: *ofert.*

oferta (ufέrtə) *f.* offer; bid. *2* proposal; proposition. *3* COMM. ~ *de la setmana,* bargain of the week.

ofici (ufisi) *m.* profession; trade. *3* ECCL. service.

oficial (ufisiál) *a., m.-f.* official. *2 m.-f.* craftsman. *3* MIL. officer.

oficiar (ufisiá) *i.* REL. to officiate.

oficina (ufisinə) *f.* office [room, place].

oficinista (ufisinístə) *m.-f.* office clerk.

oficiós, -osa (ufisiós, -ósə) *a.* unofficial; informal.

ofrena (ufrέnə) *f.* offering, gift.

oftalmòleg, -òloga (uftəlmɔ́lək, -ɔ́luɣə) *m.-f.* MED. ophthalmologist.

oftalmologia (uftəlmuluʒiə) *f.* MED. ophthalmology.

ogre (ɔ́ɣrə) *m.* ogre.

oh! (ɔ) *interj.* oh!

oi (ɔ̌i) *interj.* really?, isn't that so?

oïda (uíðə) *f.* hearing. ‖ *ser dur d'*~, to be hard of hearing. *2* sense of hearing.

oleoducte (oleoðúktə) *m.* oil pipeline.

olfacte (ulfáktə) *m.* smell, sense of smell.

oli (ɔ́li) *m.* oil.

òliba (ɔ́liβə) *f.* ORNIT. owl; barn-owl.

oligarquia (uliyərkíə) *f.* oligarchy.
olimpíada (ulimpíəðə) *f.* Olympiad. *2 pl.* Olympics.
olímpic, -ca (ulímpik, -kə) *a.* Olympic.
oliós, -osa (uliós, -ózə) *a.* oily; greasy.
oliva (uliβə) *f.* olive.
olivera (uliβérə) *f.* BOT. olive-tree.
olla (óʎə) *f.* pot, cooking pot. ‖ ~ *de pressió,* pressure cooker. *2* stew.
olor (uló) *f.* smell, scent, odour. ‖ *fer bona* ~, to smell nice.
olorar (ulurá) *t.* to smell; to sniff. *2* fig. to sense.
olorós, -osa (ulurós, -ózə) *a.* fragrant, scented.
om (om) *m.* BOT. elm, elm-tree.
ombra (ómbrə) *f.* shadow; shade. ‖ *fer* ~, to provide shade.
ombreHa (umbréʎə) *f.* umbrella.
ombrívol, -la (umbríβul, -lə) *a.* shady; dark, shadowy.
ometre (umétrə) *t.* to omit, to leave out. ▲ CONJUG. P. P.: *omès.*
omissió (umisió) *f.* omission; oversight.
omnipotència (umniputésiə) *f.* omnipotence.
omnipotent (umniputén) *a.* all-powerful, almighty, omnipotent. ‖ *Déu* ~, Almighty God.
omnívor, -ra (umníβur, -rə) *a.* omnivorous.
omòplat (umòplət) *m.* ANAT. shoulder, shoulder-blade.
omplir (umpli) *t.-p.* to fill (up). *2 t.* to fill in, to complete [form]. *3* coll. to stuff. *4 p.* coll. to stuff oneself.
OMS (óms) *f. (Organització Mundial de la Salut)* WHO (World Health Organisation).
on (on) *adv.* where; where (to).
ona (ónə) *f.* wave. *2* RADIO wave. *3* wave [light, sound].
onada (unáðə) wave; surge; swell [sea]. *2* fig. wave: ~ *de calor,* heat wave.
ONCE *f.* («*Organización Nacional de Ciegos Españoles*») (national organization for the blind).
oncle (óŋklə) *m.* uncle.
onda (óndə) *f.* roll [in land]. *2* curl [hair].
ondulació (unduləsió) *f.* undulation. *2* ripple [water]. *3* wave [hair].
ondular (undulá) *i.* to undulate. ▪ *2 t.* to wave.
onejar (unəʒá) *i.* to undulate [land]. *2* to wave, to flap [flag].
onomatopeia (unumətupéjə) *f.* onomatopoeia.
onsevulga (ɔnsəβúlɣə) *adv.* wherever.
ONU (ónu) *f. (Organització de les Nacions Unides)* U.N. (United Nations).

onze (ónzə) *a.-m.* eleven.
onzè, -ena (unzé, -énə) *a.-m.* eleventh.
opac, -ca (upák, -kə) *a.* opaque; dull. *2* dark [glass].
opció (upsió) *f.* option; choice.
OPEP (ɔpép) *f. (Organització dels Països Exportadors de Petroli)* OPEC (Organization of the Petroleum Exporting Countries).
òpera (ɔpərə) *f.* opera.
operació (upərəsió) *f.* operation. *2* MED. operation. *3* COMM. transaction; deal.
operador, -ra (upərəðó, -rə) *a.* operating. ▪ *2 m.-f.* operator [of machinery]. *3* surgeon.
operar (upərá) *i.* to operate. *2* MED. to operate. ▪ *3 t.* to perform, to accomplish.
operari, -ària (upərári, -áriə) *m.-f.* labourer, worker.
opi (ópi) *m.* opium.
opinar (upiná) *i.* to be of the opinion, to consider. *2* to give one's opinion.
opinió (upinió) *f.* opinion, view; belief.
oportú, -una (upurtú, -únə) *a.* timely, opportune. *2* suitable, appropriate.
oportunisme (upurtunízmə) *m.* opportunism.
oportunitat (upurtunitát) *f.* opportunity, chance. *2* timeliness.
oposar (upuzá) *t.* to oppose. ▪ *2 p.* to oppose. *3* to object (*a,* to).
oposat, -ada (upuzát, -áðə) *a.* opposite. *2* contrary, opposing [esp. opinion].
oposició (upuzisió) *f.* opposition. *2 pl.* public examination.
opositor, -ra (upuzitó, -rə) *m.-f.* opponent; competitor. *2* candidate [state or public examination].
opressió (uprəsió) *f.* oppression.
opressiu, -iva (uprəsiú, -íβə) *a.* oppressive.
opressor, -ra (uprəsó, -rə) *a.* oppressing. ▪ *2 m.-f.* oppressor.
oprimir (uprimí) *t.* fig. to oppress; to crush.
optar (uptá) *i.* to choose (*per,* —); to opt (*per,* for).
òptic, -ca (ɔ́ptik, -kə) *a.* optic(al. ▪ *2 m.-f.* optician. *3 f.* optics.
òptim, -ma (ɔ́ptim, -mə) *a.* very best; optimum.
optimisme (uptimízmə) *m.* optimism.
optimista (uptimístə) *a.* optimistic. ▪ *2 m.-f.* optimist.
opulència (upulénsiə) *f.* opulence; luxury.
opulent, -ta (upulén, -tə) *a.* opulent; wealthy.
opuscle (upúsklə) *m.* booklet; short work.
or (ɔr) *m.* gold.
oració (urəsió) *f.* prayer. *2* speech; oration. *3* GRAMM. sentence.

oracle (uráklə) *m.* oracle.
orador, -ra (urəðó, -rə) *m.-f.* speaker; orator.
oral (urál) *a.* oral.
orangutan (urəŋgután) *m.* ZOOL. orangoutang.
orar (urá) *i.* to pray.
oratge (urádʒə) *m.* breeze.
orb (ór(p)) *a.* blind.
òrbita (órβitə) *f.* orbit. 2 ANAT. eye-socket.
orca (órkə) *f.* ZOOL. killer whale.
ordenació (urðənəsió) *f.* arrangement; ordering. 2 plan; planning. 3 ECCL. ordination.
ordenança (urðənánsə) *f.* rule; decree. ∥ ~*s municipals*, by-laws. 2 *m.* office boy. 3 MIL. orderly; batman.
ordenar (urðəná) *t.* to arrange; to order, to put in order. 2 to order. 3 ECCL. to ordain.
ordi (órði) *m.* BOT. barley; hop.
ordidor, -ra (urðidó, -rə) *a.* warping. ∎ 2 *m.-f.* warper. 3 *f.* warping machine.
ordinador (urðinəðó) *m.* computer.
ordinal (urðinál) *a.* ordinal.
ordinari, -ària (urðinári, -áriə) *a.* ordinary; standard; usual; current. 2 coarse, vulgar.
ordir (urði) *t.* to warp. 2 to weave. 3 fig. to plot, to scheme.
ordre (órðrə) *m.* order. ∥ ~ *del dia*, agenda; MIL. order of the day. ∥ ~ *públic*, law and order. ∥ *sense* ~, in disarray; in disorder. 2 *f.* order. 3 COMM. order.
orella (urέʎə) *f.* ear. 2 hearing. ∥ *parlar a cau d'*~, to whisper.
oreneta (urənέtə) *f.* ORNIT. swallow.
orenga (urέŋgə) *f.* oregano.
orfe, òrfena (órfə, -órfənə) *a.* orphaned. ∎ 2 *m.-f.* orphan.
orfebre (urfέbrə) *m.* goldsmith.
orfeó (urfəó) *m.* MUS. choral society.
òrgan (óryən) *m.* organ.
orgànic, -ca (uryánik, -kə) *a.* organic.
organisme (uryənizmə) *m.* organism. 2 COMM. organisation, body.
organització (uryənidzəsió) *f.* organization [act]. 2 institution, organization.
organitzador, -ra (uryənidzəðó, -rə) *a.* organizing. ∎ 2 *m.-f.* organizer.
organitzar (uryənidʒá) *t.* to organize.
orgasme (uryázmə) *m.* orgasm.
orgia (urʒíə) *f.* orgy.
orgue (óryə) *m.* MUS. organ. 2 fig. *no estar per* ~*s*, I just want peace and quiet. ∥ ~ *de gats*, hullabaloo; confusion.
orgull (uryúʎ) *m.* pride.
orgullós, -osa (uryuʎós, -ózə) *a.* proud. 2 haughty.
orient (uriέn) *m.* east; orient.
orientació (uriəntəsió) *f.* orientation; direc-

tion. 2 information; guidance. 3 training; education.
oriental (uriəntál) *a.* eastern, oriental.
orientar (uriəntá) *t.* to orientate; to direct. 2 fig. to inform.
orifici (urifisi) *m.* orifice; opening; outlet.
origen (uríʒən) *m.* origin; source. 2 cause.
original (uriʒinál) *a.* original. ∎ 2 *m.* PRINT. original.
originar (uriʒiná) *t.* to give rise to, to originate; to cause.
originari, -ària (uriʒinári, -áriə) *a.* originating. ∥ *ser* ~ *de*, to originate from; to be a native of.
orina (urinə) *f.* urine.
orinal (urinál) *m.* bedpot, chamberpot.
orinar (uriná) *i.-t.* to urinate.
orins (urins) *m. pl.* urine.
oripell (ɔripέʎ) *m.* tinsel. 2 expensive-looking trash.
oriünd (uriún) *a.* originating (*de*, from), native (*de*, of).
ornament (urnəmέn) *m.* adornment, ornament.
ornamentació (urnəməntəsió) *f.* ornamentation, adornment.
ornamentar (urnəməntá) *t.* to adorn, to embellish.
orni (órni) *phr. fer l'*~, to pretend not to hear or not to understand.
ornitologia (urnituluʒíə) *f.* ornithology.
orografia (uruyrəfíə) *f.* orography.
orquestra (urkέstrə) *f.* orchestra; band.
orquídia (urkíðiə) *f.* orchid.
ortiga (urtíyə) *f.* stinging-nettle, nettle.
ortodox, -xa (urtuðóks, -ksə) *a.* orthodox.
ortografia (urtuyrəfíə) *f.* spelling. ∥ *falta d'*~, spelling mistake. 2 orthography.
ortopèdia (urtupέðiə) *f.* orthopaedics.
ortopèdic, -ca (urtupέðik, -kə) *a.* orthopaedic. ∎ 2 *m.-f.* orthopaedist.
orxata (urʃátə) *f.* drink made from almonds and sugar.
os (ɔs) *m.* bone. ∥ *ser un sac d'ossos*, to be nothing but skin and bones.
ós, ossa (ós, ósə) *m.* bear. 2 *f.* she-bear.
osca (óskə) *f.* nick, notch.
oscil·lació (usiləsió) *f.* oscillation. 2 fluctuation.
oscil·lar (usilá) *i.* to oscillate; to sway, to waver.
Oslo (óslo) *pr. n. m.* GEOGR. Oslo.
ossada (usáðə) *f.* skeleton; bones.
ossi, òssia (ósi, -ósiə) *a.* bony; osseous.
ostensible (ustənsíbblə) *a.* ostensible; evident.
ostentació (ustəntəsió) *f.* show, display; pomp; ostentation.

ostentar (ustəntá) *t.* to show, to display. *2* to show off; to parade.

ostra (ɔ́strə) *f.* oyster. *2 pl. interj.* coll. bloody hell!

ostracisme (ustrəsizmə) *m.* ostracism.

OTAN (ɔ́tən) *f. (Organització del Tractat de l'Atlàntic Nord)* NATO (North Atlantic Treaty Organization).

oto-rino-laringòleg, -òloga (uturrinulərin-gɔ́lək, -ɔ́luyə) *m.-f.* MED. otorhinolaryngologist.

oto-rino-laringologia (uturrinuləringuluʒiə) *f.* MED. otorhinolaryngology.

ou (ɔ̆ŭ) *m.* egg. ‖ ~ *dur,* hard-boiled egg. ‖ ~ *ferrat,* fried egg. ‖ ~ *passat per aigua,* boiled egg. *2* fig. coll. *ser la mare dels ~s,* to be the cause or source of everything. *3* fig. *ple com un ~,* full up, absolutely full. *4 pl.* vulg. balls, bollocks.

OUA (ɔ́uə) *f. (Organització de la Unitat Africana)* AUO (African Unity Organization).

ovació (uβəsió) *f.* applause, ovation.

ovalat, -ada (uβəlát, -áðə) *a.* oval.

ovari (uβári) *m.* ovary.

ovella (uβéʎə) *f.* sheep.

ovípar, -ra (uβípər, -rə) *a.* oviparous.

òvul (ɔ́βul) *m.* ovule; ovum.

ovulació (uβuləsió) *f.* ovulation.

òxid (ɔ́ksit) *m.* oxide.

oxidar (uksiðá) *t.* to oxidize.

oxigen (uksíʒən) *m.* oxygen.

oxigenada (uksiʒənáðə) *f. aigua ~,* hydrogen peroxide.

oxigenar (uksiʒəná) *t.* to oxygenate.

ozó (uzó) *m.* ozone.

P

P, p (pe) *f.* p. [letter].
pa (pa) *m.* bread. ‖ ~ *integral,* wholemeal bread. *2* fig. daily bread. *3* fig. *ser un tros de* ~, to have a heart of gold.
paciència (pəsiέsiə) *f.* patience.
pacient (pəsiέn) *a.* patient. ▪ *2 m.-f.* patient [in hospital].
pacífic, -ca (pəsifik, -kə) *a.* pacific. *2* tranquil; calm [person]. *3* GEOGR. Pacific. ▪ *4 pr. n. m. Oceà Pacífic,* Pacific Ocean.
pacificar (pəsifiká) *t.* to pacify; to calm.
pacifisme (pəsifizmə) *m.* pacifism.
pactar (pəktá) *t.* to agree to or on. ▪ *2 i.* to come to an agreement.
pacte (páktə) *m.* agreement; covenant, pact.
padrastre (pəðrástrə) *m.* step-father.
padrí (pəðri) *m.* godfather. *2* best man [in wedding]. *3* fig. patron.
padrina (pəðrinə) *f.* godmother. *2* fig. *veure la* ~, to be doubled up with pain.
padró (pəðró) *m.* census, roll, register [of inhabitants].
paella (pəέλə) *f.* saucepan; pan. *2* paella [dish based on rice].
pàg. *f. abbr. (Pàgina)* page.
paga (páɣə) *f.* payment. *2* pay, wages.
pagà, -ana (pəɣá, -ánə) *a.* pagan.
pagament (pəɣəmέn) *m.* payment; repayment. *2 suspensió de* ~*s,* COMM. suspension of payments [decision not to meet outstanding bills].
pagar (pəɣá) *t.* to pay; to repay. *2* to pay for [service, article]. *3* fig. ~ *els plats trencats,* to take the blame.
pagaré (pəɣəré) *m.* ECON. IOU; promissory note.
pagès, -esa (pəʒέs, -έzə) *m.* countryman. *2 f.* countrywoman. *3 m.-f.* farm-hand. *4* pej. peasant.
pàgina (páʒinə) *f.* page.
pagoda (pəɣóðə) *f.* pagoda.

pair (pəi) *t.* to digest. *2* fig. *no la puc pair,* I can't stand her, I can't bear her.
pairal (pəirál) *a.* ancestral; parental.
país (pəis) *m.* POL. country. *2* country, terrain.
País Basc (pəis básk) *pr. n. m.* GEOGR. Basque Country.
paisà, -ana (pəizá, -ánə) *m.-f.* person from same city, town or village. *2 m.* POL. fellow-countryman. *3 f.* POL. fellow-countrywoman. *4* civilian. ‖ *un policia vestit de* ~, a plain clothes policeman.
paisatge (pəizádʒə) *m.* countryside; landscape; scenery.
Països Baixos (pəisus báiʃus) *pr. n. m.* GEOGR. Netherlands, Holland.
pal (pal) *m.* stick; post, pole. *2* NAUT. mast. *3* SP. bat; stick.
pala (pálə) *f.* shovel; spade.
palada (pəláðə) *f.* shovelful, spadeful. ‖ *a palades,* in heaps.
paladar (pələðá) *m.* palate [also fig.]. *2* sense of taste.
paladejar (pələðəʒá) *t.* to taste; to relish.
palanca (pəláŋkə) *f.* lever; crowbar. *2* SP. springboard.
palangana (pələŋgánə) *f.* washbowl, basin.
palangre (pəláŋgrə) *m.* MAR. trawl-net; trawl-line. ‖ *lluç de* ~, trawler caught hake.
palau (pəláu) *m.* palace.
paleografia (pələuɣrəfiə) *f.* paleography.
paleolític, -ca (pələulitik, -kə) *a.* paleolithic.
paleontologia (pələuntuluʒiə) *f.* paleontology.
palès, -esa (pəlέs, -έzə) *f.* evident, obvious, clear.
palet (pəlέt) *m.* pebble.
paleta (pəlέtə) *m.* bricklayer. *2 f.* trowel. *3* palette.
palla (páλə) *f.* straw. *2* fig. wind, hot air [in speech]; rubbish. *3* fig. *tenir una* ~ *a l'ull,*

to be blind to the goings-on all around one.

pallasso (pəʎásu) *m.* clown.

paller (pəʎé) *m.* haystack. *2* hayloft; barn.

paHiar (pəliá) *t.* to mitigate, to alleviate; to relieve.

pàHid, -ida (pálit, -iðə) *a.* pale, white; ghastly.

paHidesa (pəliðézə) *f.* paleness, pallor.

pallissa (pəʎisə) *f.* barn. *2* thrashing, beating.

pallús (pəʎús) *m.* thickhead; dumbo.

palma (pálmə) *f.* palm-tree. *2* palm-leaf. *3* ANAT. palm.

palmell (pəlméʎ) *m.* ANAT. palm.

palmera (pəlmérə) *f.* palm tree.

palmípede (pəlmipəðə) *a.* palmiped, web-footed.

palmó (pəlmó) *m.* whitened palm leaf displayed on Palm Sunday.

palpable (pəlpábblə) *a.* palpable, tangible [also fig.].

palpar (pəlpá) *t.* to feel. *2* to frisk. *3* fig. to perceive, to appreciate.

palpentes (a les) (pəlpéntəs) *phr.* groping one's way; by groping.

palpís (pəlpis) *m.* boneless steak.

palpitació (pəlpitəsió) *f.* throbbing, beating, palpitation.

palpitar (pəlpitá) *i.* to throb, to beat.

paludisme (pəluðizmə) *m.* malaria.

pam (pam) *m.* span, hand-span; inches. ‖ fig. *~ a ~*, inch by inch, gradually. ‖ fig. *no ve d'un ~*, it doesn't have to be so exact. *2 phr. quedar amb un ~ de nas*, to be disappointed.

pàmfil, -la (pámfil, -lə) *a.* slow; simple.

pamflet (pəmflét) *m.* pamphlet.

pàmpol (pámpul) *m.* vine leaf. *2* lampshade.

pana (pánə) *f.* TEXT. corduroy. *2* AUTO. breakdown.

panacea (pənəsèə) *f.* panacea, cure-for-all.

Panamà (pənəmá) *pr. n. m.* GEOGR. Panama.

panameny, -nya (pənəmép, -ɲə) *a., m.-f.* Panamanian.

pancarta (pəŋkártə) *f.* placard; banner.

pàncreas (páŋkreəs) *m.* pancreas.

pandereta (pəndərétə) *f.* tambourine.

panegíric (pənəʒirik) *m.* panegyric.

paner (pəné) *m.* basket. *2* coll. backside, bottom.

panera (pənérə) *f.* basket.

panet (pənét) *m.* bun, roll.

pànic (pánik) *m.* panic.

panificar (pənifiká) *t.* to turn into bread.

panís (pənis) *m.* millet. *2* maize.

panòplia (pənɔpliə) *f.* panoply.

panorama (pənurámə) *m.* panorama; vista, view. *2* fig. panorama, outlook.

panotxa (pənɔtʃə) *f.* corncob. ‖ *color ~*, orange.

pansa (pánsə) *f.* raisin. *2* sore [on lip].

pansir (pənsi) *t.-p.* to shrivel up; to wither.

pansit, -ida (pənsit, -iðə) *a.* withered. *2* fig. apathetic, lifeless.

pantà (pəntá) *m.* reservoir; artificial lake.

pantalla (pəntáʎə) *f.* screen.

pantalons (pəntəlóns) *m. pl.* trousers. ‖ *portar els ~*, to be in charge [esp. wife in marriage].

pantanós, -osa (pəntənós, -ózə) *a.* marshy, swampy.

panteisme (pəntəizmə) *m.* pantheism.

panteix (pəntéʃ) *m.* gasping, panting; heavy breathing.

panteixar (pəntəʃá) *i.* to gasp, to pant; to breathe heavily.

panteó (pənteó) *m.* pantheon; royal tomb; family vault.

pantera (pəntérə) *f.* panther.

pantomima (pəntumimə) *f.* pantomime.

panxa (pánʃə) *f.* coll. belly; paunch. ‖ *estar de ~ enlaire*, to be or lie on one's back. *2* bulge.

panxacontent, -ta (pənʃəkuntén, -tə) *a.* hedonistic.

panxada (pənʃáðə) *f.* bellyful.

panxell (pənʃéʎ) *m.* ANAT. calf.

panxó (pənʃó) *m.* bellyful. *2 fer-se un ~ de riure*, to laugh like a drain.

panxut, -uda (pənʃút, -úðə) *a.* pot-bellied.

pany (páɲ) *m.* lock. *2* bolt. *3 ~ de paret*, area of bare wall.

paó (pəó) *m.* ORNIT. peacock.

pap (pap) *m.* ORNIT. crop. *2* coll. belly, guts [person]. ‖ *buidar el ~*, to spill the beans; to get something off one's chest.

papa (pápə) *m.* pope.

papà (pəpá) *m.* Dad, Daddy.

papada (pəpáðə) *f.* double chin.

papadiners (pápəðinés) *m.* slot machine. *2* swindler, sharp alec [person].

papagai (pəpəɣáĭ) *m.* parrot.

papaia (pəpájə) *f.* BOT. papaya, pawpaw.

papallona (pəpəʎónə) *f.* butterfly.

papallonejar (pəpəʎunəʒá) *i.* to flit about; to flutter about. *2* fig. to be inconstant or changeable.

papar (pəpá) *t.* to swallow, to gulp down.

paparra (pəpárrə) *f.* ENTOM. tick.

paper (pəpé) *m.* paper. ‖ *~ de plata*, aluminium paper. ‖ *~ de vidre*, sand paper. *2* role. *3 pl.* documents. *4 phr. això és ~ mullat!*, that's absolute rubbish!

paperer, -ra (pəpəré, -rə) *a.* paper. ▪ *2 f.* waste paper basket or bin.

papereria (pəpərəriə) *f.* stationer's. *2* stationery. *3* paper factory.
papereta (pəpərɛ́tə) *f.* slip [of paper]. ‖ *~ de vot,* ballot paper.
paperina (pəperínə) *f.* paper cone; paper bag. *2* fig. coll. drunkenness.
papió (pəpió) *m.* baboon.
papir (pəpír) *m.* papyrus.
papissot (pəpisɔ́t) *a.* lisping. ▪ *2 m.-f.* lisper.
papista (pəpístə) *m.-f.* pej. papist. *2* fig. *ser més ~ que el papa,* to be a true fanatic.
papu (pápu) *m.* bogeyman.
papú (pəpú) *a., m.-f.* GEOGR. Papuan.
paquebot (pəkəβɔ́t) *m.* NAUT. packet boat; ferry.
paquet (pəkɛ́t) *m.* parcel, packet; package [also fig.]. ‖ *~ de cigarretes,* packet of cigarettes. *2* fig. *~ de mesures econòmiques,* package of economic measures. *3* fig. pillion rider or passenger [on motor-bike].
paquiderm (pəkiðɛ́rm) *m.* ZOOL. pachyderm.
paràbola (pəráβulə) *f.* MATH. parabola. *2* LIT. parable.
parabrisa (pǝrǝβrízǝ) *m.* windscreen.
paracaiguda (pǝrǝkǝiɣúðǝs) *m.* parachute.
parada (pəráðə) *f.* stop; stopping. ‖ *~ d'autobús,* bus-stop. *2* SP. save: *quina parada ha fet!,* what a save he's made! [of goalkeeper]. *3* COMM. stand. *4* MIL. parade; procession.
paradigma (pərəðíŋmə) *m.* paradigm.
paradís (pərəðís) *m.* paradise.
parador (pərəðó) *m.* resting-place; whereabouts. *2* tourist hotel. *3* RAIL. halt.
paradoxa (pərəðɔ́ksə) *f.* paradox.
paradoxal (pərəðuksál) *a.* paradoxical.
parafang (pǝrǝfáŋ) *m.* mudguard.
parafina (pərəfínə) *f.* paraffin.
paràfrasi (pəráfrəzi) *f.* paraphrase.
paràgraf (pəráɣrəf) *m.* paragraph.
Paraguai (pərəɣwáĭ) *pr. n. m.* GEOGR. Paraguay.
paraguaià, -ana (pərəɣwəiá, -ánə) *a., m.-f.* Paraguayan.
paraigua (pəráĭɣwə) *m.* umbrella.
paràlisi (pərálizi) *f.* paralysis.
paralític, -ca (pərəlítik, -kə) *a.* paralytic.
paralitzar (pərəlidzá) *t.* to paralyse [also fig.]. *2* fig. to bring to a standstill.
parallamps (pǝrǝʎáms) *m.* lightning conductor.
paraŀlel, -la (pərəlɛ́l, -lə) *a.* parallel.
paraŀlelepípede (pərələləpípəðə) *m.* parallelipiped.
paraŀlelisme (pərələlízmə) *m.* parallelism.
paraŀlelogram (pərələluɣrám) *m.* parallelogram.
parament (pərəmɛ́n) *m.* ornamentation;

.decoration. ‖ *~s de la cuina,* kitchen decorations. *2* face [of wall].
paraninf (pərənímf) *m.* main or central hall of ceremonies [university].
parany (pəráɲ) *m.* trap; snare. *2* fig. trap; trick.
parapet (pərəpɛ́t) *m.* parapet; barricade.
parapetar (pərəpətá) *t.* to barricade. *2* fig. to shelter; to protect. ▪ *3 p.* to barricade oneself. *4* fig. to shelter (*darrera,* behind).
parar (pərá) *t.* to stop. *2* to check [progress]; to stop, to halt [machine, car, etc.]. *3* to ward off, to parry [blow]. *4* to get ready. ‖ *~ la taula,* to lay the table. *5* SP. to stop [ball]; to save [shot]. *6 ~ la mà,* to hold out one's hand. *7 ~ la pluja,* to stand in the rain. ▪ *8 i.* to stop. ‖ *~ de riure,* to stop laughing. ‖ *sense ~,* continuously; incessantly. *9 anar a ~,* to end up.
paràsit, -ta (pərázit, -tə) *a.* parasitic. ▪ *2 m.-f.* parasite.
para-sol (pǝrǝsɔ́l) *m.* parasol; sun-shade.
parat, -ada (pərát, -áðə) *a.* stopped; motionless. *2* slow; dull [person]. *3* unemployed, out of work. *4 quedar ~,* to be struck dumb; to be taken aback.
paratge (pərádʒə) *m.* spot, place.
paraula (pəráŭlə) *f.* word. *2* speech; speaking. ‖ *deixar algú amb la ~ a la boca,* to cut someone off, not to let someone finish. ‖ *demanar la ~,* to ask to speak, to request leave to address [meeting, audience].
paravent (pǝrǝβɛ́n) *m.* screen; folding screen.
para-xocs (pǝrǝʃɔ́ks) *m.* AUTO. bumper.
parc (park) *m.* park. ‖ *~ d'atraccions,* funfair. ‖ *~ infantil,* children's playground. *2 ~ de bombers,* fire station.
parc, -ca (park, -kə) *a.* sparing; frugal; moderate.
parca (párkə) *f.* LIT. Parca.
parceŀla (pərsɛ́lə) *f.* plot [of land].
parcial (pərsiál) *a.* partial. *2* biassed; partisan.
parcialitat (pərsiəlitát) *f.* bias; prejudice.
pardal (pərdál) *m.* (VAL.) See OCELL.
pare (párə) *m.* father.
parèixer (pərɛ́ʃə) *i.* (VAL.) See SEMBLAR.
parell, -a (pərɛ́ʎ, -ə) *a.* similar; same; equal. *2* even [number]. ▪ *3 m.* pair. ‖ *un ~ de sabates,* a pair of shoes. *4* a few, two or three. ‖ *un ~ de noies,* two or three girls. *5 f.* couple [usu. man and woman].
parenostre (pǝrǝnɔ́strǝ) *m.* Lord's Prayer.
parent, -ta (pərɛ́n, -tə) *m.-f.* relative.
parentela (pərəntɛ́lə) *f.* relatives, body of relatives.
parèntesi (pərɛ́ntəzi) *m.* parenthesis; aside. *2* PRINT. bracket. *3* fig. pause, interval.

parentiu (pərəntiŭ) *m.* relationship. *2* fig. tie, bond.

parer (pərė) *m.* opinion, view; mind.

paret (pərėt) *f.* wall. ‖ fig. coll. *em fa enfilar per les ~s,* she drives me up the wall.

pària (páriə) *m.* pariah [also fig.]. *2* fig. outcast.

parida (pəriðə) *f.* birth, childbirth; delivery. *2* fig. idiocy; piece of nonsense.

parietal (pəriətál) *a.* parietal.

parió (pərió) *a.* twin; equivalent. ‖ *sense ~,* peerless; unparalleled.

parir (pəri) *t.* to give birth to [child, animal offspring]. *2* to bear [child].

París (pəris) *pr. n. m.* GEOGR. Paris.

paritat (pəritát) *f.* equality; similarity. *2* COMM. parity.

parla (párlə) *f.* speech [faculty]. *2* language [local, regional].

parlament (pərləmėn) *m.* speech; talk. *2* POL. parliament.

parlamentar (pərləməntá) *i.* to have talks. *2* to parley.

parlamentari, -ària (pərləməntári, -áriə) *a.* parliamentary. ▪ *2 m.-f.* member of parliament.

parlant (pərlán) *m.-f.* speaker [of a language].

parlar (pərlá) *i.* to speak; to talk. ‖ *~ clar,* to speak one's mind. ‖ *~ pels descosits,* to talk one's head off. ▪ *2 t.* to speak [a language]. ▪ *4 m.* way of talking; speech; language.

parler, -ra (pərlė, -rə) *a.* talkative, chatty. ▪ *2 f.* talkativeness.

parleria (pərləriə) *f.* wordiness; long-windedness. *2* gossip.

parlotejar (pərlutəʒá) *i.* to chatter, to prattle.

parnàs (pərnás) *m.* Parnassus.

paròdia (pərɔ́ðiə) *f.* parody; travesty.

parodiar (pəruðiá) *t.* to parody, to travesty.

paroxisme (pəruksizmə) *m.* paroxysm.

parpella (pərpėʎə) *f.* ANAT. eyelid.

parpellejar (pərpəʎəʒá) *i.* to blink; to wink. *2* fig. to blink; to flicker [light].

parquedat (pərkəðát) *f.* sparingness, frugality; moderation.

parquet (pərkėt) *m.* parquet.

parquímetre (pərkimətrə) *m.* parking meter.

parra (párrə) *f.* BOT. vine.

parrac (pərrák) *m.* rag; strip [cloth].

parraguera (pərrəɣėrə) *f.* (ROSS.) See CORRAL.

parral (pərrál) *m.* vine arbour.

parricida (pərrisiðə) *m.* parricide.

parricidi (pərrisiði) *m.* parricide.

parròquia (pərrɔ́kiə) *f.* parish church. *2* parish. *3* COMM. clients, customers, clientèle.

parroquià, -ana (pərrukiá, -ánə) *m.-f.* parisher. *2* regular [customer].

parrup (pərrúp) *m.* ORNIT. cooing.

parrupar (pərrupá) *i.* ORNIT. to coo.

parsimònia (pərsimɔ́niə) *f.* thrift; parsimony.

1) part (par(t)) *f.* part; section. *2* share, portion. *3* LAW party. ▪ *4 adv. phr. a ~,* aside. ‖ *adv. phr. en ~,* in part; partly. ▪ *5 phr. prendre ~,* to take part.

2) part (par(t)) *m.* birth, childbirth; delivery. *2* labour.

partença (pərtėsə) *f.* departure; setting-off, setting-out.

partera (pərtėrə) *f.* woman in labour.

parterre (pərtėrrə) *m.* GARD. flower-bed(s).

partició (pərtisió) *f.* division; distribution, share-out; sharing-out.

partícip (pərtisip) *m.* participant.

participació (pərtisipəsió) *f.* participation. *2* announcement, notice [of engagement, marriage].

participant (pərtisipán) *a.* participating. *2* SP. competing. ▪ *3 m.-f.* participant. *4* SP. competitor.

participar (pərtisipá) *t.* to inform. *2* to announce. ▪ *3 i.* to take part (*en,* in). *4* SP. to compete (*en,* in).

participi (pərtisipi) *m.* participle.

partícula (pərtikulə) *f.* particle.

particular (pərtikulá(r)) *a.* private. *2* particular; especial. *3* unusual, peculiar; extraordinary.

particularitat (pərtikuləritát) *f.* peculiarity; special feature.

partida (pərtiðə) *f.* departure. *2* COMM. remittance. *3* GAME match, game; hand [cards].

partidari, -ària (pərtiðári, -áriə) *a.* in favour (*de,* off); partisan. ▪ *2 m.-f.* supporter; follower; adherent.

partió (pərtió) *f.* border, boundary.

partir (pərti) *t.* to divide. *2* to share (out), to apportion. *3* to split (up). ▪ *4 i.* to depart, to leave, to set off or out. *5 ~ de,* to set out from, to start from.

partit (pərtit) *m.* POL. party. *2* decision. *3* SP. game; match. *4 és un bon ~,* he is a good match.

partitiu, -iva (pərtitiŭ, -iβə) *a.* partitive.

partitura (pərtitúrə) *f.* MUS. score.

parvitat (pərβitát) *f.* smallness, littleness; shortness [person]. *2* small or tiny amount.

parxís (pərʃis) *m.* GAME pachisi, parcheesi.

1) pas (pas) *m.* pace; step [also fig.]. *2* walk, way of walking. *3* footprint; trail. ‖ fig. *se-*

guir els ~*s d'algú*, to follow in someone's footsteps. *4* passage; stay. *5* crossing. ‖ ~ *zebra*, zebra crossing. ‖ ~ *a nivell*, level crossing.

2) pas (pas) *adv.* not [emphatic]. ‖ *no ho sé pas*, I really don't know.

pasqua (páskwə) *f.* Easter.

pasquí (pəskí) *m.* lampoon, pasquinade.

passa (pásə) *f.* pace, step. *2* epidemic.

passable (pəsábblə) *a.* bearable, tolerable; acceptable.

passada (pəsáðə) *f.* passing, passage. ‖ fig. coll. *fes-hi una* ~ *més amb la planxa*, give it one more going-over with the iron. *2* series or row of stitches. *3* serenade. *4* serenaders [persons]. *5* trick; dirty trick. *6 de totes passades*, whatever happens.

passadís (pəsəðís) *m.* corridor; passage, passage-way. *2* NAUT. gang-way.

passador, -ra (pəsəðó, -rə) *a.* tolerable, bearable; acceptable. ▪ *2 m.* hairpin. *3* MECH. bolt; fastener.

passamà (pəsəmá) *m.* banister. *2* TEXT. frill, fringe; trimming.

passamuntanyes (pəsəmuntáɲəs) *m. pl.* balaclava helmet.

passant (pəsán) *m.-f.* passer-by. *2* assistant.

passaport (pəsəpór(t)) *m.* passport.

passar (pəsá) *i.* to pass [basic sense]; to go through. ‖ ~ *de llarg*, not to stop. ‖ fig. ~ *pel cap*, to go through one's mind. *2* to happen, to occur: *què t'ha passat?*, what's happened to you? *3* to pass (by) [time; circumstances]. *4* to come or go in; to enter. ‖ *passi!*, come in! *5* ~ *a ser*, to go on to be or become [profession, trade]. ‖ ~ *de*, to exceed. ‖ ~ *per*, to have the reputation of; to pass for. ▪ *6 t.* cross [river, mountains]. ‖ fig. ~ *pel damunt*, to overlook. *7* to spend [period of time, holiday]. *8* to pass [exam]. *9* to exceed. *10* to go through; to be or to feel [feelings]. ‖ *hem passat molta por*, we were really afraid. *11* ~ *apunts d'una llibreta a una altra*, to copy or to transfer notes from one exercise-book to another. ▪ *12 p.* to go off [milk, fish]. *13 t'has passat!*, you've gone too far! ▪ *14 passi-ho bé!* good-bye [formal].

passareHa (pəsəréłə) *f.* footbridge.

passat (pəsát) *m.* past. *2 pl.* ancestors, forebears. ▪ *3 a.* last, previous; past. *4* off-colour; ill [person]; off [milk, fish]; over-ripe [fruit].

passatemps (pəsətéms) *m.* hobby, pasttime; spare-time activity.

passatge (pəsádʒə) *m.* passage, passage-way. *2* fare [price of journey]. *3* fare [taxi client]; passengers, fare-payers [bus, coach, etc.]. *4* LIT. passage, excerpt.

passatger, -ra (pəsədʒé, -rə) *a.* ephemeral, short-lived. ▪ *2 m.-f.* passenger.

passeig (pəsét) *m.* walk, stroll [on foot]; drive, ride [using transport]. *2* walk, promenade [place].

passavolant (pəsəβulán) *m.-f.* person passing through. *2* coll. pej. fly-by-night.

passejada (pəsəʒáðə) *f.* walk, stroll [on foot]; drive, ride [using transport]. ‖ *fer una* ~, to go for a walk.

passejar (pəsəʒá) *i.* to go for a walk [on foot]. ▪ *2 t.* to take for a walk. ▪ *3 p.* to go for a walk or stroll. *4* fig. coll. to take for a ride; to take the mickey out of.

passera (pəsérə) *f.* footbridge.

passerell (pəsəréʎ) *m.* ORNIT. linnet. *2* greenhorn.

passió (pəsió) *f.* passion [most senses]. *2* suffering. *3* REL. Passion.

passiu, -iva (pəsiŭ, -iβə) *a.* passive. ▪ *2 m.* ECON. liabilities.

passivitat (pəsiβitát) *f.* passivity, passiveness; apathy.

pasta (pástə) *f.* paste. ‖ ~ *de paper*, pulp; papier mâché. *2* COOK. pasta; dough. *3* pastry: ~ *de full*, flaky pastry. *4* cake; cakelet. *5* fig. coll. dough [money]. *6* coll. *ser de bona* ~, to be of the right sort, to be a good person.

pastanaga (pəstənáɣə) *f.* BOT. carrot.

pastar (pəstá) *t.* to turn into a paste or into pulp. *2* to knead [dough]. *3* fig. coll. pej. *ves a* ~ *fang!*, bugger off!, get lost!

pastat, -ada (pəstát, -áðə) *a. és el seu pare* ~*!*, he's the living image of his father!

pastel (pəstél) *m.* pastel [painting].

pastell (pəstéʎ) *m.* PRINT. blot. *2* fig. mess. *3* fig. imbroglio, plot.

pastera (pəstérə) *f.* kneading-trough [for dough]. *2* trough [for working pastes, cement, etc.].

pasterada (pəstəráðə) *f.* pasting. *2* kneading. *3* botched job; mess.

pasteuritzar (pəstəridzá) *t.* to pasteurize.

pastilla (pəstíʎə) *f.* tablet. *2* bar: ~ *de sabó*, bar of soap. ‖ ~ *de xocolata*, bar of chocolate.

pastís (pəstís) *m.* cake; tart.

pastisser, -era (pəstisé, -érə) *m.-f.* pastry-maker, pastry cook.

pastisseria (pəstisəríə) *f.* cake shop, pastry shop.

pastor, -ra (pəstó, -rə) *m.* shepherd. *2 f.* shepherdess.

pastoral (pəsturál) *a.* pastoral; shepherdman's. *2* REL. pastoral.

pastós, -osa (pəstós, -ózə) *a.* pasty; doughy; sticky.

pastura (pəstúrə) *f.* pasture. *2* fodder; food [for animals].

pasturar (pəsturá) *i.* to graze, to pasture; to feed [cows, sheep, etc.]. ■ *2 t.* to put out to graze or pasture.

patac (pəták) *m.* blow; knock.

patacada (pətəkáðə) *f.* blow; knock. *2* coll. swipe, whack; thump. *3* collision.

patafi (pətáfi) *m.* botch-up; botched job; mess.

patata (pətátə) *f.* potato. ‖ *patates rosses* o *fregides,* chips. ‖ *patates de bossa,* crisps.

patatera (pətətérə) *f.* BOT. potato-plant.

patena (pəténə) *f.* REL. paten, communion-plate.

patent (pətén) *a.* evident; obvious, clear. ■ *2 f.* COMM. patent.

patentar (pətəntá) *t.* COMM. to patent, to register as a patent.

patern, -na (pətérn, -nə) *a.* paternal [blood relationship].

paternal (pətərnál) *a.* paternal, fatherly.

paternitat (pətərnitát) *f.* fatherhood, paternity; parenthood.

patètic, -ca (pətétik, -kə) *a.* pathetic, moving.

patge (pádʒə) *m.* HIST. page, page-boy.

pati (páti) *m.* inner court; patio. *2 hora de* ∼, play-time [at school].

patí (pətí) *m.* roller-skate. *2* NAUT. catamaran.

patíbul (pətíβul) *m.* LAW scaffold.

patilla (pətíʎə) *f.* sideboard, sideburn.

patiment (pətimén) *m.* suffering.

pàtina (pátinə) *f.* patina.

patinada (pətináðə) *f.* skating. *2* slip.

patinar (pətiná) *i.* to skate [on ice]. *2* to slip; to slide. *3* to skid [vehicle].

patinatge (pətinádʒə) *m.* SP. skating.

patinet (pətinét) *m.* scooter [for child].

patologia (pətuluʒíə) *f.* pathology.

patir (pətí) *t.-i.* to suffer. ‖ ∼ *de nervis,* to suffer from nerves. *2 t.* to endure.

patracol (pətrəkɔ́l) *m. pl.* bundle of papers; papers; paperwork [for authorities].

pàtria (pátriə) *f.* fatherland, mother country, native or home country.

patriarca (pətriárkə) *m.* patriarch.

patrimoni (pətrimɔ́ni) *m.* inheritance. *2* fig. heritage: *el* ∼ *artístic de Catalunya,* the art heritage of Catalonia.

patriota (pətriɔ́tə) *m.-f.* patriot.

patrioter, -ra (pətriuté, -rə) *a.* fanatically patriotic. *2* pej. chauvinistic.

patriòtic, -ca (pətriɔ́tik, -kə) *a.* patriotic.

patriotisme (pətriutízmə) *m.* patriotism.

patuleia (pətuléjə) *f.* tiny tots, toddlers; little children. *2* pej. rabble.

patró, -ona (pətró, -ónə) *m.-f.* boss employer. *2* company-owner, boss. *3* REL. patron, patron saint.

patrocinar (pətrusiná) *t.* to back, to sponsor [initiative, enterprise].

patrocini (pətrusini) *m.* backing; sponsorship; patronage.

patronal (pətrunál) *a.* REL. of the patron saint. *2* employer's. ■ *3 f.* employer's association.

patronat (pətrunát) *m.* trustees, board of trustees; patrons.

patronímic, -ca (pətrunimik, -kə) *a.* patronymic.

patrulla (pətrúʎə) *f.* patrol.

patrullar (pətruʎá) *i.* to go on patrol; to patrol.

patuès (pətués) *m.* vernacular.

patufet (pətufét) *m.* tiny tot, toddler; little child.

patum (pətúm) *f.* make-believe animal carried in processions. *2* fig. big name [person].

patxoca (pətʃɔ́kə) *f.* impressiveness, presence [of person].

pau, -la (paŭ, páŭlə) *m.* simpleton, idiot.

pau (páŭ) *f.* peace. ‖ fig. GAME coll. *estar en* ∼, to be even. ‖ *fer les* ∼*s,* to make peace.

Pau (páŭ) *pr. n. m.* Paul.

pauperisme (pəupərizmə) *m.* pauperism.

paüra (pəúrə) *f.* fear, fright, dread.

pausa (páŭzə) *f.* pause. *2* slowness.

pausat, -ada (pəŭzát, -áðə) *a.* slow, calm; deliberate.

pauta (páŭtə) *f.* rule, guide, standard. *2* line, guide lines. *3* fig. model, example. *4* MUS. staff.

pavelló (pəβəʎó) *m.* pavillon. *2* flag, banner.

paviment (pəβimén) *m.* pavement, paving. *2* filing, flooring.

peatge (peádʒə) *m.* toll.

pebre (péβrə) *m.* pepper.

pebrot (pəβrɔ́t) *m.* pimento, pepper [green or red]. *2 pl.* vulg. balls.

peça (pésə) *f.* piece, fragment. *2* THEATR. piece, short play. *3* SEW. article, garment. *4* GAME piece. *5* room [of a house]. *6* ∼ *de recanvi,* spare part. *7 d'una* ∼, all in one piece [also fig.]. *8 ets una mala* ∼, you're a nasty piece of work. ▲ *pl. peces.*

pecat (pəkát) *m.* sin: ∼ *mortal,* deadly or moral sin.

pècora (pékurə) *f.* ewe, sheep. ‖ *mala* ∼, wicked woman.

pectoral (pəkturál) *a.* pectoral.

peculi (pəkúli) *m.* peculium; private money or property.

peculiar (pəkuliá(r)) *a.* peculiar, particular, characteristic, special.

peculiaritat (pəkuliərität) *f.* peculiarity. *2* characteristic or special feature.
pecuniari, -ària (pəkuniári, -áriə) *a.* pecuniary, money, financial.
pedaç (pəðás) *m.* patch. ‖ *posar un ~,* to patch something up; to fix something temporarily.
pedagog, -ga (pəðəɣɔk, -ɣə) *m.-f.* pedagogue. *2* teacher, educator.
pedagogia (pəðəɣuʒiə) *f.* pedagogy.
pedal (pəðál) *m.* pedal.
pedalar (pəðəlá) *i.* to pedal *i.-t.*
pedalejar (pəðələʒá) *i.* See PEDALAR.
pedant (pəðán) *a.* pedantic. ▪ *2 m.-f.* pedant.
pedanteria (pəðəntəriə) *f.* pedantry.
pedestal (pəðəstál) *m.* pedestal, stand, base.
pedestre (pəðéstrə) *a.* pedestrian, on foot. *2* fig. pedestrian, dull, prosaic.
pediatre (pəðiátrə) *m.* paediatrician.
pediatria (pəðiətriə) *f.* paediatrics.
pedicur, -ra (pəðikúr, -rə) *m.-f.* chiropodist. *2 f.* chiropody, pedicure [science].
pedra (pèðrə) *f.* stone, rock. *2* pebble. *3* MED. stone. *4 ~ foguera,* flint. *5* METEOR. hail, hailstone. *6 posar-se ~s al fetge,* to worry; *quedar-se de ~,* to be thunderstruck; *tirar la primera ~,* to cast the first stone.
pedrada (pəðráðə) *f.* blow from or with a stone: *va rebre una ~ al cap,* he was hit on the head by a stone.
pedregada (pəðrəɣáðə) *f.* METEOR. hailstorm.
pedregar (pəðrəɣá) *m.* stony or rocky ground. ‖ fig. *anar el carro pel ~,* to go badly.
pedregar (pəðrəɣá) *i.* to hail.
pedregós, -osa (pəðrəɣós, -ózə) *a.* stony, rocky, pebbly.
pedrer (pəðré) *m.* gizzard.
pedrera (pəðrérə) *f.* quarry.
pedreria (pəðrəriə) *f.* precious stones.
pedrís (pəðris) *m.* stone bench.
pega (péɣə) *f.* pitch, tar. *2* fig. bad luck. ‖ *estar de ~,* to have hard luck. *3 ~ dolça,* liquorice.
pegar (pəɣá) *t.* to hit, to slap, to beat, to smack. ‖ *m'ha pegat una cleca,* he slapped me. *2 ~ un salt,* to jump, to leap. ▪ *3 i.* to beat, to knock (against).
pegat (pəɣát) *m.* patch.
pegellida (pəʒəʎíðə) *f.* ZOOL. limpet.
pegot (pəɣɔt) *m.* cobbler. *2* fig. botch-up, patch.
peix (peʃ) *m.* fish. *2* coll. *~ gros,* bigwig, big shot; *donar peixet,* to give someone a

head start; *estar com ~ a l'aigua,* to be in one's element.
peixater, -ra (pəʃətė, -rə) *m.-f.* fishmonger.
peixateria (pəʃətəriə) *f.* fish shop, fishmonger's.
péixer (péʃə) *t.* to feed. ▪ *2 i.* to graze. ▲ CONJUG. like *néixer.*
peixera (pəʃérə) *f.* fish bowl or tank.
Peixos (péʃus) *m. pl.* ASTROL. Pisces.
pejoratiu, -iva (pəʒurətiŭ,-iβə) *a.* pejorative, deprecatory, disparaging.
pel (pəl) (contr. *per + el*).
pèl (pɛl) *m.* hair. *2* hair, coat, fur [of animals]. *3* down [of birds]. *4* fig. a bit. *5* fig. *amb ~s i senyals,* in great detail; *en ~,* naked, nude; *no tenir ~s a la llengua,* not to mince one's words; *prendre el ~ a algú,* to pull someone's leg.
pela (pélə) *f.* skinning, peeling. *2* peelings, skins, husk. *3* coll. peseta, lolly, (USA) bread.
pelacanyes (pɛləkáɲəs) *m.* penniless fellow, down-and-out, wretch.
pèlag (pɛlək) *m.* sea, high sea.
pelar (pəlá) *t.* to peel, to hull, to bark. *2* to cut: *ahir em van ~,* yesterday I had my hair cut. *3* fig. to fleece. *4* fig. to kill, to murder. *5 fa un fred que pela,* it's bitterly cold. ▪ *6 p.* to peel. *7* to scrape. *8* vulg. *~-se-la,* to wank.
pelat, -ada (pəlát, -áðə) *a.* cut [hair]; shorn [sheep]; flayed, skinned [dead animal]; peeled [fruit]. *2* bald, bare; hairless. *3* barren; treeless. *4* fig. broke, penniless.
pelatge (pəládʒə) *m.* fur, coat, hair [of animal].
pelegrí, -ina (pələɣri, -inə) *m.-f.* pilgrim.
pelegrinar (pələɣriná) *i.* to go on a pilgrimage.
pelfa (pélfə) *f.* plush.
pelicà (pəliká) *m.* ORNIT. pelican.
pell (peʎ) *f.* skin [person]; skin, peel [fruit]; skin, fur, leather [animal]. ‖ fig. *~ de gallina,* goose flesh.
pelleringa (pəʎəriŋɡə) *f.* flap; scrap, rag, shred.
peHícula (pəlikulə) *f.* film, (USA) movie.
pellingot (pəʎiŋɡɔt) *m.* See PARRAC.
pellofa (pəʎɔfə) *f.* skin [grape]; pod [bean]; husk.
pell-roja (péʎ rɔʒə) *m.-f.* redskin.
pèl roig, roja (pɛlrrɔtʃ, -rrɔʒə) *a.* redhaired.
pelsigar (pəlsiɣá) *t.* (ROSS.) See TREPITJAR.
pelussa (pəlúsə) *f.* fluff, fuzz [clothes]. *2* down [fruit].
pelussera (pəlusérə) *f.* coll. mop; long hair; unkempt hair.

pelut, -uda (pəlút, -úðə) *a.* hairy, shaggy. *2* fig. tricky, difficult.

pelvis (pélβis) *f.* ANAT. pelvis.

pena (péna) *f.* penalty, punishment. ‖ ~ *de mort*, capital punishment. *2* grief, sorrow, sadness. ‖ *semblar una ànima en* ~, look like a soul in torment. *3* pity, trouble, distress. ‖ *és una* ~, it's a pity. *4 val la* ~, it's worth it. ▪ *5 adv. phr. a penes*, hardly; the moment that, as soon as.

penal (pənál) *a.* LAW penal, criminal. ‖ *dret* ~, penal law. ▪ *2 m.* prison, gaol, jail.

penalitat (pənəlitát) *f.* punishment, penalty. *2* fig. suffering, hardship.

penar (pəná) *t.* to penalize, to punish. ▪ *2 i.* to suffer, to grieve.

penca (péŋkə) *f.* cut, piece, slice. *2 m.-f. pl.* coll. cheeky devil.

pencar (pəŋká) *i.* coll. to work.

pendent (pəndén) *a.* pending, outstanding. *2* sloping. ▪ *3 m.* slope, gradient.

pendís (pəndís) *m.* slope, gradient, incline.

pendó (pəndó) *m.* banner, standard. ▪ *2* coll. despicable, shabby person.

pèndol (péndul) *m.* pendulum.

penediment (pənəðimén) *m.* repentance; regret.

penedir-se (pənəðirsə) *p.* to repent. *2* to regret, to be sorry.

penell (pənéʎ) *m.* weathercock, weather-vane.

penelló (pənəʎó) *m.* chilblain.

penetració (pənətrəsió) *f.* penetration.

penetrar (pənətrá) *t.-i.* to penetrate.

pengim-penjam (pənʒím, pənʒám) *adv.* lazily; in an ungainly manner.

penic (pənik) *m.* penny, pence.

peniciHina (pənisilinə) *f.* MED. penicillin.

península (pənínsulə) *f.* GEOGR. peninsula.

penis (pénis) *m.* ANAT. penis.

penitència (pəniténsiə) *f.* penitence, penance.

penitenciari, -ària (pənitənsiári, -áriə) *a.* penitentiary. ‖ *centre* ~, prison, (USA) penitentiary.

penitent (pənitén) *a., m.-f.* penitent.

penjador (pənʒəðó) *m.* hanger.

penjament (pənʒəmén) *m.* insult, slander. ‖ *dir* ~*s*, to slander, to speak badly of.

penjar (pənʒá) *t.-i.* to hang, to hang up. *2* to hang [criminal]. *3* to impute.

penjarella (pənʒəréʎə) *f.* rag, tatter, shred.

penja-robes (pənʒərróβəs) *m.* hanger, clothes-hanger.

penjat, -ada (pənʒát, -áðə) *a.* hanging, hung; hanged. ▪ *2 m.-f.* hanged person.

penjoll (pənʒóʎ) *m.* bunch. *2* charm.

penó (pənó) *m.* See PENDÓ 1.

penombra (pənómbrə) *f.* ASTR. penumbra [also fig.]. *2* half-light, semi-darkness.

pensa (pésə) *f.* thought.

pensada (pənsáðə) *f.* thought, idea.

pensador, -ra (pənsəðó, -rə) *m.-f.* thinker.

pensament (pəsəmén) *m.* thought. ‖ *fer un* ~, to decide. *2* BOT. pansy.

pensar (pənsá) *t.* to think over or out; imagine; to intend: *penso anar al Liceu*, I intend to go to the Liceu. ▪ *2 i.* to think. ‖ ~ *a*, to remember, not to forget; ~ *en*, to think of or about. ▪ *3 p.* to think, to believe: *no em pensava pas que vinguessis*, I never thought you would come; *pensar-s'hi*, to think something over.

pensarós, -osa (pənsərós, -ózə) *a.* pensive, thoughtful.

pensió (pənsió) *f.* pension. *2* allowance, grant. *3* boarding or guest house.

pensionat (pənsiunát) *m.* boarding-school.

pensionista (pənsiunistə) *m.-f.* pensioner.

pentàgon (pəntáɣun) *m.* MATH. pentagon.

pentagrama (pəntəɣrámə) *f.* MUS. staff.

pentecosta (pəntəkóstə) *f.* REL. Whitsun, Whitsuntide, Pentecost.

pentinador, -ra (pəntinəðó, -rə) ⁻*m.-f.* hairdresser. *2 m.* barber's sheet.

pentinar (pəntiná) *t.* to comb. *2* fig. to scold, to tell off.

pentinat (pəntinát) *m.* haircut. *2* coll. hairdo.

penúltim, -ma (pənúltim, -mə) *a.* penultimate, last but one.

penya-segat (péɲəsəɣát) *m.* cliff.

penyora (pəɲórə) *f.* pawn, pledge, token. *2* security [guarantee].

penúria (pənúriə) *f.* penury, shortage, want. *2* poverty.

penya (péɲə) *f.* rock. *2* circle, group. *3* SP. fan club.

penyal (pəɲál) *m.* large rock, boulder.

peó (pəó) *m.* pedestrian. *2* foot-soldier. *3* unskilled worker. *4* GAME pawn.

Pequín (pəkín) *pr. n. m.* GEOGR. Peking.

per (pər) *prep.* through: ~ *la porta*, through the door. *2* by: ~ *carretera*, by road. *3* because of. ‖ *ho ha fet* ~ *enveja*, he did it out of envy. *4* to, in order to: *he vingut* ~ *veure't*, I've come to see you. *5* in: *contesta* ~ *escrit*, answer in writing. *6* for: *l'he comprat* ~ *mil cinc-centes*, I bought it for fifteen hundred. *7* as: *tenim un inepte* ~ *director*, we have a useless boss. *8* near: *visc* ~ *aquí*, I live near here. *9 pel que fa a...*, as far as... is concerned. *10* ~ *mitjà de*, by means of. ‖ ~ *què?*, why? *12* ~ *tal que*, so that. ▪ *pel* (pəl) *contr.* per + el.

pera (pérə) *f.* BOT. pear. *2* bulb. *3* fig. *partir peres*, to break up, to split up.

peralt (pərál) *m.* banking [in a road].
perbocar (pərβuká) *t.* to vomit, to throw up.
percaçar (pərkəsá) *t.* to pursue, to search or to seek after. ■ *2 p.* to get or procure for oneself. *3* to bring upon oneself.
percala (pərkálə) *f.* calico, cambric.
percebe (pərséβə) *m.* ZOOL. barnacle.
percebre (pərséβrə) *t.* to perceive, to notice, to see, to sense. *2* COMM. to receive, to earn. ▲ CONJUG. INDIC. Pres.: *perceps, percep.*
percentatge (pərsəntádʒə) *m.* percentage. *2* rate.
percepció (pərsəpsió) *f.* perception.
percudir (pərkuði) *t.* to strike, to hit. *2* MED. to percuss. ▲ CONJUG. INDIC. Pres.: *percuts, percut.*
percussió (pərkusió) *f.* percussion. *2* MUS. *instruments de ~,* percussion instruments. *3* MED. percussion.
perdedor, -ra (pərðəðó, -rə) *a.* losing. ‖ *l'equip ~,* the losing team. ■ *2 m.-f.* loser. ‖ *mal ~,* bad loser.
perdonavides (pərðonəβiðəs) *m.* fig., coll. bully, spiv, thug, tough.
perdició (pərðisió) *f.* bane, ruin, downfall, undoing. *2* loss.
perdigó (pərðiɣó) *m.* ORNIT. young partridge. *2* pellet.
perdigonada (pərðiɣunáðə) *f.* shot or wound with bird shot.
perdigot (pərðiɣɔ́t) *m.* ORNIT. male partridge.
perdiguer, -ra (pərðiɣé, -rə) *a.* partridge-hunting. ■ *2 m. gos ~,* setter.
perdiu (pərðiŭ) *f.* ORNIT. partridge.
perdó (pərðó) *m.* pardon, forgiveness. ‖ *demanar ~,* to apologize. ‖ *perdó!,* sorry!, I beg your pardon!
perdonar (pərðuná) *t.* to forgive *t.-i.* *2* to excuse, to overlook. *3* to pardon. *4* to spare [someone's life].
perdre (pérðrə) *t.* to lose. ‖ *~ les claus,* to lose one's keys. *2* to waste. ‖ *~ el temps,* to waste time. *3* SP. to lose *i.* *4* to ruin, to spoil, to be the ruin of. ‖ *el joc l'ha perdut,* gambling has been his ruin. *5* to miss [train, bus]. *6* to leak *i.* ‖ *aquest dipòsit perd,* this tank leaks. *7* ~ *el camí,* to lose one's way [also fig.]; fig. *~ el cap,* to lose one's head, to go mad: *~ de vista,* to lose sight of. ■ *8 p.* to get lost. *9* to disappear, to vanish.
pèrdua (pérðuə) *f.* loss. *2* waste [of time, etc.].
perdulari, -ària (pərðulári, -áriə) *m.-f.* dissolute person; careless or sloppy person.

perdurar (pərðurá) *i.* to endure, to last. *2* still to survive, to stand.
Pere (pérə) *pr. n. m.* Peter.
peregrí, -ina (pərəɣrí, -inə) *a.* unusual, uncommon, rare. *2* fig. strange, odd, exotic.
peregrinar (pərəɣriná) *i.* to travel, to journey, to wander. *2* fig. to go to and fro.
peremptori, -òria (pərəmtɔ́ri, -ɔ́riə) *a.* peremptory, imperious. *2* pressing, urgent.
perenne (pərénnə) *a.* BOT. perennial, evergreen. *2* fig. everlasting, perennial.
perer (pəré) *m.* BOT. pear tree.
perera (pərérə) *f.* See PERER.
peresa (pərézə) *f.* (OCC.), (BAL.) See MANDRA.
perfecció (pərfəksió) *f.* perfection.
perfeccionar (pərfəksiuná) *t.* to perfect. *2* to improve.
perfecte, -a (pərféktə, -ə) *a.* perfect; complete.
pèrfid, -da (pérfit, -tə) *a.* lit. perfidious. *2* treacherous.
perfídia (pərfiðiə) *f.* lit. perfidy. *2* treachery, betrayal.
perfil (pərfil) *m.* profile. *2* contour, outline, silhouette. *3* ARCH. section, cross section.
perfilar (pərfilá) *t.* to profile, to outline. *2* fig. to shape, to put the finishing touches to.
perforació (pərfurəsió) *f.* perforation, boring, drilling.
perforar (pərfurá) *t.* to perforate. *2* to drill, to bore.
perfum (pərfúm) *m.* perfume. *2* fragrance, scent.
perfumar (pərfumá) *t.* to perfume, to scent.
perfumeria (pərfuməriə) *f.* perfume industry. *2* perfumery. *3* perfume shop.
pergamí (pərɣəmí) *m.* parchment.
pèrgola (pérɣulə) *f.* pergola.
pericardi (pərikárð) *m.* ANAT. pericardium.
pericarp (pərikárp) *m.* BOT. pericarp.
perícia (pərisiə) *f.* expertness, expertise. *2* skill, skilfulness.
perifèria (pərifériə) *f.* periphery, outskirts.
perífrasi (pərifrəzi) *f.* periphrasis.
perill (pəriʎ) *m.* danger, peril. *2* risk, hazard.
perillar (pəriʎá) *i.* to be in danger, to run a risk.
perillós, -osa (pəriʎós, -ózə) *a.* dangerous, perilous, risky.
perímetre (pərimətrə) *m.* perimeter.
període (pəriuðə) *m.* period. *2* GRAMM. sentence; period. *3* PHYSIOL. period [menstruation].
periòdic, -ca (pəriɔ́ðik, -kə) *a.* periodic, periodical. *2* recurrent, recurring. ■ *3 m.*

periodical, journal, magazine, newspaper.

periodisme (pəriuðízmə) *m.* journalism.

periodista (pəriuðístə) *m.-f.* journalist, reporter.

peripècia (pəripέsiə) *f.* vicissitude, incident. *2 pl.* ups and downs.

periple (pəríplə) *m.* circumnavigation. *2* account of a coastal journey. *3* journey, voyage.

periquito (pərikítu) *m.* ORNIT. parakeet, budgerigar.

periscopi (pəriskɔ́pi) *m.* periscope.

peristil (pəristíl) *m.* ARQ. peristyle.

perit, -ta (pərít, -tə, col. pέrit) *a.* skilled, skilful, expert. ■ *2 m.-f.* expert, professional and qualified person.

peritoneu (pəritunέŭ) *m.* ANAT. peritoneum.

peritonitis (pəritunítis) *f.* MED. peritonitis.

perjudicar (pərʒuðiká) *t.* to hurt, to damage, to injure, to impair, to harm.

perjudici (pərʒuðísi) *m.* damage, harm, prejudice. ‖ *en ~ de*, to the detriment of. *2* COMM. financial loss.

perjur, -ra (pərʒúr, -rə) *a.* perjured. ■ *2 m.-f.* perjurer.

perjurar (pərʒurá) *i.* to commit perjury, to perjure oneself. *2 t.* to swear, to curse.

perjuri (pərʒúri) *m.* perjury.

perla (pέrlə) *f.* pearl. *2* fig. pearl, gem.

perllongar (pərʎuŋgá) *t.* to lengthen, to extend, to protract. *2* to delay, to defer, to postpone, to put off.

permanència (pərmənέnsiə) *f.* permanence. *2* stay.

permanent (pərmənέn) *a.* permanent, lasting, constant. *2* perm [hair].

permeable (pərmeábblə) *a.* permeable, pervious.

permetre (pərmέtrə) *t.* to allow, to permit. ■ *2 p.* to take the liberty of, to allow oneself. ‖ *l'amo es permet de fer el què vol*, the owner takes the liberty of doing what he wants. ‖ *no em compro el cotxe, no m'ho puc permetre*, I'm not buying the car, I can't afford it. ▲ CONJUG. P. P.: *permès*.

permís (pərmís) *m.* permission; permit, licence [document]. ‖ *~ de conduir*, driving licence; *~ de treball*, work permit; *demanar ~*, to ask permission. *2* MIL. leave.

permissió (pərmisió) *f.* permission, consent.

permuta (pərmútə) *f.* barter, exchange.

permutar (pərmutá) *t.* to permute. *2* to exchange, to interchange. *3* to barter.

pern (pεrn) *m.* bolt, pin. *2* fig. axis; foundation.

perniciós, -osa (pərnisiós, -ózə) *a.* perni-

tious, harmful, destructive; wicked [person].

pernil (pərníl) *m.* pig's ham or thigh. *2* ham. ‖ *~ dolç*, cooked or boiled ham. *3* leg of ham [cured or smoked]. *4* coll. and fig. person's thighs.

pernoctar (pərnuktá) *i.* to stay for the night.

però (pərɔ́) *conj.* but, yet. ‖ *és una feina interessant, ~ mal pagada*, it's an interesting job, but badly paid. ■ *2 adv.* however, nevertheless. ‖ *hi aniré però amb la condició que m'acompanyis*, I'll go with the condition, however, that you come with me. ■ *3 m.* objection, fault.

perol (pərɔ́l) *m.* pot, saucepan, cauldron.

peroné (pəruné) *m.* ANAT. fibula.

perorar (pərurá) *i.* to make a speech. *2* coll. to spout.

perpal (pərpál) *m.* lever, crowbar.

perpendicular (pərpəndikulá(r)) *a.* perpendicular, at right angles. ■ *2 m.* perpendicular, vertical.

perpetrar (pərpətrá) *t.* to perpetrate, to commit.

perpetu, -ètua (pərpέtu, -έtuə) *a.* perpetual, ceaseless, everlasting. ‖ *cadena ~*, life imprisonment.

perpetuar (pərpətuá) *t.* to perpetuate.

Perpinyà (pərpiɲá) *pr. n. m.* GEOGR. Perpignan.

perplex, -xa (pərplέks, -ksə) *a.* perplexed, puzzled, bewildered.

perplexitat (pərpləksitát) *f.* perplexity, bewilderment.

perquè (pərkέ) *conj.* because. ‖ *no vinc perquè estic marejada*, I'm not coming because I'm ill. *2* so that, in order that. ‖ *t'ho explico perquè ho entenguis*, I'm explaining it to you so that you can understand it. ■ *2 m.* reason. ‖ *vull saber el perquè*, I want to know the reason.

perruca (pərrúkə) *f.* wig.

perruquer, -ra (pərrukέ, -rə) *m.-f.* hairdresser.

perruqueria (pərrukəríə) *f.* hairdresser's, barber's. *2* hairdressing.

perruquí (pərrukí) *m.* toupee.

persa (pέrsə) *a., m.-f.* Persian.

persecució (pərsəkusió) *f.* pursuit, chase. *2* persecution.

perseguir (pərsəɣí) *t.* to pursue, to chase; to persecute. *2* fig. to go after.

perseverança (pərsəβəránsə) *f.* perseverance; constancy.

perseverar (pərsəβərá) *i.* to persevere, to persist.

persiana (pərsiánə) *f.* blind. ‖ *~ veneciana*, venetian blind; shutter.

persignar (pərsiɲná) *t.* to make the sign of the cross. ∎ *2 p.* to cross oneself.

persistència (pərsistέsiə) *f.* persistence.

persistir (pərsisti) *i.* to persist, to persevere.

persona (pərsónə) *f.* person. ‖ *hi caben quatre persones,* there is room for four people. *3* GRAMM. person. *4 pl.* persons, people.

personal (pərsunál) *a.* personal: *defensa* ~, self-defence; *objectes* ~*s,* personal belongings. *2* GRAMM. personal. ∎ *3 m.* personnel, staff.

personalitat (pərsunəlitát) *f.* personality.

personatge (pərsunádʒə) *m.* personage, celebrity. *2* THEATR., LIT. character. *3* fig. person.

personificar (pərsunifiká) *t.* to personify.

perspectiva (pərspəktiβə) *f.* perspective. *2* fig. prospect, outlook. *3* scope.

perspicaç (pərspikás) *a.* perspicacious, discerning, shrewd.

perspicàcia (pərspikásiə) *f.* perspicacity, clear-sightedness. *2* keen insight, acumen.

persuadir (pərsuəði) *t.* to persuade, to convince. ∎ *2 p.* to be persuaded, to convince oneself.

persuasió (pərsuəzió) *f.* persuasion. *2* conviction; belief.

pertànyer (pərtáɲə) *i.* to belong. *2* fig. to concern, to apply, to pertain. ▲ CONJUG. P. P.: *pertangut.*

pertinaç (pərtinás) *a.* obstinat, stubborn, pertinacious, determined.

pertinàcia (pərtinásiə) *f.* obstinacy, doggedness, stubbornness.

pertinença (pərtinénsə) *f.* possession, ownership, property. *2 pl.* belongings.

pertinència (pərtinénsiə) *f.* relevance, appropriateness.

pertinent (pərtinén) *a.* pertinent, relevant. *2* appropriate.

pertocar (pərtuká) *i.* to concern. *2* to correspond, to answer (to); to belong. *3* to be one's turn.

pertorbar (pərturβá) *t.* to disturb. *2* to perturb, to upset, to unsettle. *3* to confuse, to agitate.

pertrets (pərtréts) *m.pl.* supplies. *3* tools, equipment, implements.

Perú (pərú) *pr. n. m.* GEOGR. Peru.

peruà, -ana (pəruá, -ánə) *a., m.-f.* Peruvian.

pervenir (pərβəni) *i.* to arrive at, to reach, to attain.

pervers, -sa (pərβέrs, -sə) *a.* perverse, wicked, depraved, evil.

perversió (pərβərsió) *f.* perversion. *2* depravity, wickedness.

perversitat (pərβərsitát) *f.* perversity, depravity, wickedness.

pervertir (pərβərti) *t.* to pervert, to lead astray, to corrupt. *2 p.* to become perverted or corrupt.

perxa (pέrʃə) *f.* coat stand, coat hanger. *2* pole. *3* SP. *salt amb* ~, pole-vault.

pes (pes) *m.* weight. *2* fig. weight, burden: *el* ~ *de la responsabilitat,* the burden of responsibility. *3* fig. weight, load, importance: *el* ~ *de l'opinió pública,* the weight of public opinion. ‖ *treure's un* ~ *de sobre,* to take a load off one's mind. *4* PHYS. weight. *5* SP. *llençament de* ~, shot put.

pesadesa (pəzəðέzə) *f.* heaviness, weight. *2* tiresomeness, clumsiness.

pesant (pəzán) *a.* heavy, weighty.

pesantor (pəzəntó) *f.* weight. *2* PHYS. gravity.

pesar (pəzá) *m.* sorrow, grief, regret. *2* repentance.

pesar (pəzá) *t.* to weigh [also fig.], to consider. ∎ *2 i.* to weigh, to be heavy. *3* to be sorry, to regret. *4* fig. to carry a lot of weight, to play an important part. ‖ *el seu argument ha pesat molt en la decisió,* his argument carried a lot of weight in the decision. *5 phr. a* ~ *de,* inspite of, despite, although.

pesat, -ada (pəzát, -áðə) *a.* heavy, weighty. *2* hard, tedious [job, etc.]. *3* tiresome, boring. *4* clumsy, sluggish. *5 m.-f.* bore, coll. drag.

pesca (pέskə) *f.* fishing, angling. ‖ ~ *fluvial,* river fishing. *2* catch.

pescador, -ra (pəskəðó, -rə) *a.* fishing, angling. ∎ *2 m.-f.* angler. *3 m.* fisherman.

pescaire (pəskáïrə) *m.* (ROSS.) See PESCADOR.

pescant (pəskán) *m.* coach driver's seat. *2* NAUT. davit.

pescar (pəská) *t.* to fish, to go fishing. *2* fig. to catch, to get hold of: *he pescat un bon refredat,* I've caught a bad cold. ‖ *el van* ~ *buidant la joieria,* he was caught robbing the jeweller's. *2* ~ *amb canya,* to angle.

pèsol (pέzul) *m.* BOT. pea.

pesquer, -era (pəskέ, -érə) *a.* fishing. ‖ *flota* ~, fishing fleet; *zona* ~, fishing ground, fishery. ∎ *2 f.* fishing. *3 m.* fishing boat, trawler.

pessebre (pəsέβrə) *m.* crib, manger. *2* nativity scene.

pesseta (pəsέtə) *f.* peseta. *2* fig. *canviar la* ~, to throw up, to be sick.

pesseter, -ra (pəsətέ, -rə) *a.* money-grubbing. ∎ *2 m.-f.* money grubber.

pessic (pəsik) *m.* pinch, nip. *2* pinch, bit. *3* *pa de* ~, spongecake.

pessigada (pəsiɣáðə) *f.* pinch, nip. *2* bite, sting [of an animal].

pessigar (pəsiɣá) *t.* to pinch. *2* to bite, to sting.

pessigolleig (pəsiɣuʎɛ́tʃ) *m.* tickling.

pessigollejar (pəsiɣuʎəʒá) *t.* to tickle.

pessigolles (pəsiɣɔ́ʎəs) *f. pl.* tickling, ticklishness: *tenir* ~, to be ticklish.

pèssim, -ma (pɛ́sim, -mə) *a.* very bad, abominable, terrible.

pessimisme (pəsimízmə) *m.* pessimism.

pessimista (pəsimístə) *a.* pessimistic. ▪ *2 m.-f.* pessimist.

pesta (pɛ́stə) *f.* plague, epidemic. *2* fig. coll. stink, stench. *3* pestilence, evil. *4* fig. plague, pest, nuisance [person].

pestanya (pəstáɲə) *f.* ANAT. eyelash. *2* fringe, edge, rim. *3* TECH. flange.

pestanyejar (pəstəɲəʒá) *i.* to blink, to wink.

pestell (pəstɛ́ʎ) *m.* bolt, latch, catch.

pestilència (pəstilɛ́nsiə) *f.* pestilence. *2* stink, stench.

pet (pɛt) *m.* bang, crack, crash. *2* vulg. fart. *3 anar* ~, to be pissed, to be sloshed.

petaca (pətákə) *f.* cigar case. *2* pocket flask.

petadissa (pətəðísə) *f.* (ROSS.) See MUNT fig.

pètal (pɛ́təl) *m.* BOT. petal.

petaner, -ra (pətənɛ́, -rə) *a.* vulg. farting. ▪ *2 m.* lapdog.

petar (pətá) *i.* to crack, to crackle, to bang. *2* to die, to kick the bucket. ‖ *fer* ~ *la xerrada,* to have a chat. ‖ *peti qui peti,* no matter what. ▪ *3 p.* to snap, to burst, to split. ‖ ~*-se de riure,* to split one's slides laughing.

petard (pətár(t)) *m.* firecracker.

petarrell (pətərrɛ́ʎ) *m.* pout. *2* fig. kid, nipper, tiny tot. ‖ *fer el* ~, to pout, to sulk.

petició (pətisió) *f.* request, demand, appeal. *2* petition. *3* LAW petition, plea, claim.

petimetre (pətimɛ́trə) *m.* dandy, fop, dude.

petit, -ta (pətít, -tə) *a.* small, little. *2* short, brief. *3* young [child]. ▪ *4 m.-f. pl.* children; little ones, young ones [animals].

petitesa (pətitɛ́zə) *f.* smallness, littleness, small size. *2* fig. meanness. *3* slightest thing, trifle.

petja (pɛ́dʒə) *f.* step, tread. *2* foot print, trace, track, footstep. ‖ *no deixar de* ~, to chase after.

petjada (pədʒáðə) *f.* footprint; trace, trail. ‖ fig. *seguir les petjades d'algú,* to follow in someone's footsteps.

petjapapers (pɛdʒəpəpɛ́s) *m.* paperweight.

petjar (pədʒá) *t.* to step on, to tread on, to walk on.

petó (pətó) *m.* kiss. ‖ *fer un* ~, to kiss.

petoneig (pətunɛ́tʃ) *m.* kissing. *2* coll. snogging.

petonejar (pətunəʒá) *t.* to cover with kisses. *2* coll. to snog.

petri, pètria (pɛ́tri, pɛ́triə) *a.* stone, of stone. *2* rocky, stony.

petricó (pətrikó) *m.* liquid measure (0.235 l.).

petrificar (pətrifiká) *t.* to petrify, to turn into stone. *2* fig. *ens vam quedar petrificats,* we were petrified, we stood rooted to the ground.

petroler, -ra (pətrulɛ́, -rə) *a.* oil, petroleum. *2 m.-f.* petroleum retailer. *3 m.* oil tanker.

petroli (pətrɔ́li) *m.* petroleum, oil, mineral oil.

petrolier (pətruliɛ́) *a., m.-f.* See PETROLER.

petulància (pətulánsiə) *f.* arrogance, insolence.

petulant (pətulán) *a.* arrogant, insolent; vain.

petúnia (pətúniə) *f.* BOT. petunia.

petxina (pətʃínə) *f.* shell.

peu (pɛ́u) *m.* ANAT. foot. *2* base, foot [of objects]. *3* ~ *de cabra,* crowbar; ~ *de rei,* slide calliper. *4* foot, bottom. ‖ ~ *de pàgina,* foot of the page. *5* foot [measurement]. ▪ *6 al* ~ *de la lletra,* literally, exactly; *amb peus de plom,* carefully, warily; *a* ~ *pla,* on a level, on the same floor; *ficar-se de peus a la galleda,* to put one's foot in it; *tenir fred als peus,* to be green with envy.

peüc (pəúk) *m.* bootee [for babies]. *2* bed sock.

peülla (pəúʎə) *f.* hoof.

peungla (pəúŋglə) *f.* See PEÜLLA.

pi (pi) *m.* BOT. pine, pine tree. *2* MATH. pi.

piadós, -osa (piəðós, -ózə) *a.* pious, devout.

piafar (piəfá) *i.* to paw the ground, to prance [horse].

pianista (piənístə) *m.-f.* pianist.

piano (piánu) *m.* MUS. piano. ‖ ~ *de cua,* grand piano. ▪ *2 adv.* piano.

piastra (piástrə) *f.* NUMIS. piastre.

pic (pik) *m.* pick, pickaxe [tool]. *2* peak [mountain]. *3* knock [on door]. *4* time. *5* peak: *al* ~ *de l'estiu,* in the peak of summer. *6* dot, point.

pica (píkə) *f.* sink [kitchen, etc.]. *2* peak [mountain]. *3* ARTILL. pike.

picada (pikáðə) *f.* bite, sting [mosquito, etc.]. *2* COOK. sauce made in a mortar.

picadura (pikəðúrə) *f.* bite, sting. *2* cut tobacco.

picant (pikán) *a.* hot, spicy [also fig.].

picantor (pikəntó) *f.* itch, smart, tingling.

picapedrer (pikəpəðrɛ́) *m.* stonecutter, stonemason; quarryman. *2* (BAL.) See PALETA.

picaplets (pikəplɛ́ts) *m.-f.* coll. lawyer.

picaporta (pikəpɔ́rtə) *m*. doorknocker.
picar (piká) *t*. to bite, to sting, to peck [reptile, insect, bird]. 2 to peck (at) [birds]. 3 to pick at, to nibble at. ‖ *vols picar quatre olives?* Do you want to pick at some olives? 5 to hit, to knock, to bang. ‖ ~ *els dits,* to teach a lesson. ■ *6 i*. to itch: *aquest jersei pica,* this jersey itches; to burn, to scorch: *avui el sol pica,* the sun is scorching today. 7 ~ *de mans,* to clap. ■ *8 p*. to become moth-eaten [cloth]; to get worm-eaten [wood]; to go bad, to decay, to go rotten [teeth, fruit, etc.]; to rust [metal]. 9 fig. to get narked, to get nettled; to get angry, to get cross.
picardia (pikərðíə) *f*. craftiness, slyness. 2 dirty trick, vile deed. 3 trick, prank.
picaresc, -ca (pikərɛ́sk, -kə) *a*. mischievous, roguish. 2 LIT. picaresque.
picarol (pikərɔ́l) *m*. small bell.
pica-soques (pikəsɔ́kəs) *m*. ORNIT. woodpecker.
picó, -na (pikó, -nə) *a*. with protruding upper teeth.
piconadora (pikunəðórə) *f*. steam-roller, road roller.
piconar (pikuná) *t*. to roll.
picor (pikó) *f*. itch, stinging, tingling.
picossada (pikusáðə) *m*. large sum, amount [of money].
picota (pikɔ́tə) *f*. HIST. pillory.
picotejar (pikutəʒá) *t.-i*. to peck.
pictòric, -ca (piktɔ́rik, -kə) *a*. pictorial.
pidolaire (piðuláĭrə) *m.-f*. beggar.
pidolar (piðulá) *t*. to beg.
pietat (piətát) *f*. piety. 2 pity, mercy.
pietós, -osa (piətós, -ózə) *a*. pious, devout. 2 compassionate, merciful.
pífia (pífiə) *f*. blunder, gaffe.
piga (píɣə) *f*. freckle. 2 beauty spot.
pigall (piɣáʎ) *m*. blind person's guide.
pigallós, -osa (piɣəʎós, -ózə) *a*. See PIGAT.
pigat, -ada (piɣát, -áðə) *a*. freckled, freckly.
pigment (pigmɛ́n) *m*. pigment.
pigmeu, -ea (pigmɛ́ŭ, -ɛ́ə) *a., m.-f*. pygmy.
pijama (piʒámə) *m*. pyjamas, (USA) pajamas.
pila (pílə) *f*. pile, heap. 2 loads, lots, heaps. ‖ *fa una* ~ *d'anys,* lots of years ago. ‖ *hi havia una* ~ *de gent,* there were loads of people there. 3 baptismal font. 4 ELECTR. battery, cell. 5 *nom de* ~, first name, Christian name.
pilar (pilá) *m*. pillar [also fig.].
pilastra (pilástrə) *f*. ARCH. pilaster.
pillar (piʎá) *t*. to pillage, to plunder, to loot. 2 to grab, to catch.

pillatge (piʎádʒə) *m*. plunder, pillage, looting.
pillet, -ta (piʎɛ́t, -tə) See MURRI.
piló (piló) *m*. block. 2 chopping block. 3 heap.
pilor (pilur) *m*. ANAT. pylorus.
pilós, -osa (pilós, -ózə) *a*. hairy, shaggy.
pilot (pilɔ́t) *m*. NAUT. pilot; mate. 2 AUTO. driver. 3 AVIAT. pilot. 4 heap; amount; bundle. ■ *5 a*. pilot. ‖ *un projecte* ~, a pilot scheme.
pilota (pilɔ́tə) *f*. SP. ball. 2 COOK. meatball. 3 fig. *fer el* ~, to play up to. ‖ *tornar la* ~, to give someone a taste of his own medicine; tit for tat.
pilotada (pilutáðə) *f*. blow with a ball.
pilotar (pilutá) *t*. ANAT. to pilot, to steer. 2 AVIAT. to pilot, to fly. 3 AUTO. to drive.
pilotatge (pilutádʒə) *m*. NAUT. piloting. 2 AVIAT. piloting, flying. 3 AUTO. driving.
pilotejar (pilutəʒá) *t*. See PILOTAR.
pinacle (pináklə) *m*. pinnacle. 2 fig. pinnacle, acme, peak.
pinacoteca (pinəkutɛ́kə) *f*. art or picture gallery.
pinar (piná) *m*. BOT. See PINEDA.
pinassa (pinásə) *f*. BOT. pine needles.
pinça (pínsə) *f*. peg. 2 SEW. dart. 3 *f. pl*. tongs, tweezers, pincers. 4 claws [of crabs, etc.].
pinçar (pinsá) *t*. to fasten, to secure, to hold, to grip. 2 to pinch.
píndola (píndulə) *f*. pill. ‖ *daurar la* ~, to sugar or to sweeten the pill.
pineda (pinɛ́ðə) *f*. pine grove, pine wood.
ping-pong (piŋpóŋ) *m*. ping-pong, table tennis.
pingüí (piŋgwi) *m*. ORNIT. penguin.
pinsà (pinsá) *m*. ORNIT. chaffinch.
pinso (pinsu) *m*. feed, fodder.
pinta (píntə) *f*. comb. 2 fig. appearance, look. ‖ *fer bona* ~, to look good. 3 *m*. rogue, scoundrel.
pintada (pintáðə) *f*. graffity.
pintar (pintá) *t*. to paint. 2 ARTS to paint, to draw, to sketch. 3 fig. to describe, to depict, to paint. ■ *4 p*. to put make-up on, to make oneself up.
pintor, -ra (pintó, -rə) *m.-f*. painter. 2 house painter.
pintoresc, -ca (pinturɛ́sk, -kə) *a*. picturesque. 2 colourful.
pintura (pintúrə) *f*. paint. 2 painting, picture.
pinxo (pínʃu) *m*. show-off, boaster, swaggerer.
pinya (pípə) *f*. BOT. pine-cone. 2 pineapple. 3 fig. punch, blow. 4 crash [cars, etc.]. 5 cluster, bunch.

pinyac (piɲák) *m.* blow, punch.
pinyó (piɲó) *m.* BOT. pine seed, pine nut. *2* MECH. pinion.
pinyol (piɲɔ́l) *m.* BOT. stone, seed, (USA) pit.
pinzell (pinzéʎ) *m.* paintbrush, brush.
pinzellada (pinzəʎáðə) *f.* brushstroke, stroke. *2* fig. short description.
pioc, -ca (piɔ́k, -kə) *a.* weak, poorly, unhealthy.
piolet (piulɛ́t) *m.* ice-axe.
pipa (pípə) *f.* pipe. *2 fer la ~,* to suck one's thumb.
pipada (pipáðə) *f.* puff [of smoke].
pipar (pipá) *i.* to smoke. ▪ *2 t.* to puff at.
pipeta (pipɛ́tə) *f.* pipette.
pipí (pipí) *m.* wee-wee. ‖ *fer ~,* do a wee-wee.
piqué (piké) *m.* piqué [type of cloth].
piquet (pikɛ́t) *m.* picket.
pira (pírə) *f.* pyre.
piragua (piráywə) *f.* canoe.
piràmide (pirámiðə) *f.* pyramid.
pirandó (pirəndó) *m. tocar el ~,* to beat it, to hop it.
pirata (pirátə) *m.* pirate. ▪ *2 a.* pirate, bootleg: *edició ~,* pirate edition.
pirateria (pirətəríə) *f.* piracy.
pirinenc, -ca (pirinɛ́ŋ, -kə) *a.* Pyrenean.
Pirineus (pirinɛ́ŭs) *pr. n. m. pl.* GEOGR. Pyrenees.
pirita (pirítə) *f.* MINER. pyrites.
pirotècnia (pirutɛ́kniə) *f.* pyrotechnics.
pis (pis) *m.* flat, apartment. *2* floor, storey. *3* layer; deck. ‖ *casa* (o *bloc) de ~os,* block of flats, high-rise building. *4 ~ franc,* flat used as a hideout by delinquents.
pisa (pízə) *f.* china, earthenware, pottery. *2* crockery.
piscicultura (pisikultúrə) *f.* pisciculture.
piscina (pisínə) *f.* swimming pool, (GB) swimming baths.
piscolabis (piskuláβis) *m.* whet, appetizer.
pispa (píspə) *m.* pickpocket, thief.
pispar (pispá) *t.* coll. to pinch, to nick, to lift.
pissarra (pisárrə) *f.* MINER. slate. *2* blackboard, board.
pista (pístə) *f.* trail, track. *2* trace, scent. *3* fig. clue. *4* SP. track; court. ‖ *~ de gel,* ice rink; *~ d'esquí,* ski run or slope; *~ de tennis,* tennis court. *5 ~ d'aterratge,* runway. ‖ *~ de ball,* dance floor.
pistil (pistil) *m.* BOT. pistil.
pistó (pistó) *m.* MECH. piston. *2* MUS. piston, valve. *3* cartridge or percussion cap [of guns].
pistola (pistɔ́lə) *f.* pistol, gun. *2* spray or paint gun.

pistoler, -ra (pistulé, -rə) *m.* gangster, gunman. *2 f.* holster.
pistrincs (pistriŋks) *m. pl.* coll. money, dough.
pit (pit) *m.* ANAT. chest. *2* breast, bust, bosom [of woman]. *3* breast [of animal]. *4 prendre's una cosa a ~,* to take something to heart.
pita (pítə) *f.* BOT. agave.
pitafi (pitáfi) *m.* botch-up, cock-up, mess-up.
pitam (pitám) *m.* big bust, large breasts.
pitança (pitánsə) *f.* daily ration or food allowance. *2* coll. daily bread; food.
pitet (pitɛ́t) *m.* bib.
pítima (pítimə) *f.* coll. drunkenness.
pitjar (pidʒá) *t.* to press, to squeeze; to trample [down].
pitjor (pidʒó) *a.-adv.* worse, worst.
pitó (pitó) *m.* ZOOL. python.
pitonisa (pitunisə) *f.* pythoness.
pitrera (pitrérə) *f.* front, shirt-front. *2* coll. breast, bust, bosom, chest.
pit-roig (pitrrɔ́tʃ) *m.* ORNIT. robin, redbreast.
piu (piŭ) *m.* chirping, cheeping [birds]. ‖ *sense dir ni ~,* without saying a word. *2* TECH. pin, peg; pivot, plug; catch. *3* vulg. penis, cock.
piula (piŭlə) *f.* banger, cracker, firework.
piular (piŭlá) *i.* to chirp, to cheep. *2* fig. to speak.
piulet (piŭlɛ́t) *m.* chirping, cheeping [birds]. *2* screeching, screaming, squealing.
pixaner, -ra (piʃəné, -rə) *a., m.-f.* vulg. one who is always going for a piss.
pixar (piʃá) *t.-i.* vulg. to piss, to pee.
pixatinters (piʃətintés) *m.* pej. penpusher; clerk.
pixats (piʃáts) *m. pl.* vulg. piss. ‖ fig. *amb els ~ al ventre,* in the act, red-handed.
pla, -ana (pla, -ánə) *a.* even, flat, level, smooth. ▪ *2 m.* flat surface. *3* ARCH. draft, ground plan. *4* GEOGR. map; street plan. *5* project, plan. *6* MATH., GEOM. plane; straight. *7* plain. *8 f.* page.
placa (plákə) *f.* plate. ‖ *~ solar,* solar panel.
plaça (plásə) *f.* square; circus. *2* job, post [work]; seat, place [cinema, bus, etc.]. *3* market, market place.
placenta (pləsɛ́ntə) *f.* ANAT. placenta.
plàcid, -da (plásit, -ðə) *a.* calm, peaceful, placid, still.
placidesa (pləsiðɛ́zə) *f.* calmness, peacefulness, stillness, placidness.
plaent (pləén) *a.* agreeable, nice, pleasant, pleasing.
plaer (pləɛ́) *m.* pleasure, enjoyment, delight. ‖ *per ~,* for pleasure, for fun.

plafó (pləfó) *m.* panel.

plaga (pláɣə) *f.* plague, curse, calamity, scourge. *2* MED. ulcer, sore. ■ *3 m.* practical joker, leg-puller, mocker.

plagi (pláʒi) *m.* plagiarism, plagiary.

plagiar (pləʒiá) *t.* to plagiarise.

planador (plənəðó) *m.* AER. glider.

planar (pləná) *i.* AER. to glide. *2* to soar [birds].

plançó (plənsó) *m.* BOT. cutting, seedling; sapling, shoot, sprout. *2* fig. offspring.

planejar (plənəʒá) *t.* to plan. ■ *2 i.* to be flat.

planell (plənéʎ) *m.* GEOGR. plateau, table-land.

planer, -ra (pləné, -rə) *a.* flat, level, even. *2* fig. simple, easy.

planeta (plənέtə) *m.* planet.

plànol (plánul) *m.* map, plan. *2* drawing, draft.

planta (plántə) *f.* BOT. plant. *2* ANAT. sole. *3* appearance, bearing. *4* ARCH. ground plan. *5* floor, storey.

plantació (pləntəsió) *f.* plantation; planting.

plantar (pləntá) *t.* AGR. to plant. *2* to put in, to stick. *3* coll. to place, to put, to set. ‖ ~ *cara,* to face, to stand up to someone. *4* coll. to abandon, to give up, to leave. *5* coll. to land [blow], to slap, to hit. ■ *6 p.* to get to.

plantat, -ada (pləntát, -áðə) *a.* planted; standing. ‖ *ben* ~, good-looking, well-built.

plantejament (pləntəʒəmén) *m.* exposition; planning. *2* approach. *3* statement [of problem]. *4* posing, raising [of question].

plantejar (pləntəʒá) *t.* to state, to set forth [problem]. *2* to raise, to pose [a question]. *3* to plan, to think out; to outline. *4* to carry out, to introduce [reform, etc.].

planter (plənté) *m.* nursery, seedbed [for plants]. *2* seedling. *3* fig. training establishment, nursery.

plantificar (pləntifiká) *t.* coll. to put, to stick, to place.

plantilla (pləntíʎə) *f.* insole [of shoe]. *2* TECH. template, pattern; stencil. *3* personnel, employees; staff.

plantofa (pləntófə) *f.* slipper.

plantofada (pləntufáðə) *f.* blow, slap.

planura (plənúrə) *f.* GEOGR. plain.

planxa (plánʃə) *f.* plate, sheet. *2* iron [for ironing]. *3* PRINT. plate. *4* coll. bloomer, blunder. ‖ *fer una* ~, to drop a clanger.

planxar (plənʃá) *t.* to iron, to press [clothes].

plany (plaɲ) *m.* lament, complaint, moaning.

plànyer (pláɲə) *t.* to pity, to feel sorry for,

to sympathize with. *2* to save, to use sparingly, to economize. ■ *3 p.* to complain or to moan about.

plasma (plázmə) *m.* plasma.

plasmar (pləzmá) *t.* to shape, to mould; to create, to represent; to capture.

plàstic, -ca (plástik, -kə) *a.* plastic. ■ *2 m.* plastic. *3 f.* plastic art, modelling.

plastificar (pləstifiká) *t.* to plasticize, to plastify.

plat (plat) *m.* plate, dish. *2* dish, plateful. *3* course.

plata (plátə) *f.* silver [metal]. *2* dish, serving dish, (USA) platter.

plataforma (plətəfórmə) *f.* platform. *2* open goods wagon or truck, (USA) flatcar. *3* footplate [trains, buses]. *4* ~ *de llançament,* launching pad. *5* ~ *de perforació,* drilling rig. *6* fig. stepping-stone.

plàtan (plátən) *m.* BOT. plane tree. *2* banana tree. *3* banana [fruit].

platanar (plətəná) *m.* banana plantation.

platea (plətéə) *f.* THEATR. stalls, pit.

platejat, -ada (plətəʒát, -áðə) *a.* silver-plated. *2* silvery [colour].

plateresc, -ca (plətərésk, -kə) *a.* ART plateresque [style].

platerets (plətəréts) *m. pl.* MUS. cymbals.

platí (pləti) *m.* platinum.

platina (plətínə) *f.* MECH. plate, lock. *2* TECH. stage, slide [of microscope]. *3* worktable [machine tool]. *4* PRINT. platen.

platja (pládʒə) *f.* beach. *2* seaside.

platònic, -ca (plətónik, -kə) *a.* Platonic. *2* platonic.

plats-i-olles (plədziʎəs) *m.* person who sells pottery.

plaure (pláurə) *i.* to please; to like. ‖ *si et plau,* please. ▲ CONJUG. GER. *plaent.* ‖ P. P.: *plagut.* ‖ INDIC. Pres.: *plac.* ‖ SUBJ. Pres.: *plagui,* etc. ‖ Imperf.: *plagués,* etc.

plausible (pləúzibblə) *a.* plausible.

ple, -ena (plέ, -ɛ́nə) *a.* full. *2* absolute, total. *3* chubby, plump, fat. ■ *4 m.* THEATR. full house; sellout. *5* plenary session. ■ *7 adv. phr. de* ~, totally, completely.

plebeu, -ea (pləβέu, -ɛ́ə) *a.* plebeian, vulgar, common.

plebiscit (pləβisit) *m.* plebiscite.

plebs (plεps) *f.* common people, masses, rabble. *2* coll. plebs.

plec (plέk) *m.* pleat [of clothes]; crease, fold [of paper etc.]. *3* GEOL. fold. *4* sealed leather.

pledejar (pləðəʒá) *t.* LAW to plead. ■ *2 i.* LAW to plead (for or against).

plegar (pləɣá) *t.* to fold; to bend; to pleat [clothes]. *2* to stop; to close down. ■ *3 i.*

to stop working, to knock off. ‖ *pleguem!,* that's enough, let's finish. *4* to pack up.
plegat, -ada (pləɣát, -áðə) *a. pl.* together. ■ *2 m.* folding, bending. ‖ *adv. phr. tot ~,* finally, in short. ‖ *adv. phr. tot d'un ~,* all of a sudden, all at once.
plèiade (plέjəðə) *f.* group, number [of famous people]. *3* ASTR. *pl.* Pleiades.
plenamar (plɛnəmár) *f.* high tide, high water.
plenari, -ària (plənári, -áriə) *a.* plenary; full, complete. ■ *2 m.* plenary session.
pleniluni (plənilúni) *m.* full moon.
plenipotenciari, -ària (plɛniputənsiári, -áriə) *a., m.-f.* plenipotentiary.
plenitud (plənitút) *f.* plenitude, fullness; completeness. ‖ *en la ~ de,* in the fulness of. *2* fig. prime [persons].
pleonasme (pləunázmə) *m.* pleonasm.
plet (plet) *m.* debate, dispute, controversy. *2* LAW lawsuit, case.
pleta (plέtə) *f.* sheepfold, fold.
pleura (plέŭrə) *f.* ANAT. pleura.
pleuresia (pləŭrəziə) *f.* MED. pleuresy.
plom (plom) *m.* CHEM. lead [metal]. *2* ELECTR. fuse. *3* drag, bore [person].
ploma (plómə) *f.* feather. *2* quill; pen [writing instruments].
plomada (plumáðə) *f.* CONSTR. plumb-line.
plomall (plumáʎ) *m.* plumage; crest, plume. *2* feather duster.
plomar (plumá) *t.* to pluck.
plomatge (plumádʒə) *m.* plumage, feathers.
plomer (plumé) *m.* feather duster.
plomissol (plumisól) *m.* down.
plor (plɔ) *m.* crying, weeping. ‖ *arrencar el ~,* to start crying.
ploramiques (plɔrəmíkəs) *m. f.* crybaby.
ploraner, -ra (plurəné, -rə) *a.* given to weeping or to crying; blubbering. ■ *2 m.-f.* crybaby, whimperer. *3 f.* hired mourner.
plorar (plurá) *i.* to cry, to weep. ■ *2 t.* to shed tears, to weep. *3* to mourn (for). *4* to regret. *5* to bemoan, to bewail.
ploricó (plurikó) *m.* whimpering, whining.
plorós, -osa (plurós, -ózə) *a.* tearful, weeping.
ploure (plɔ́ŭrə) *i.* to rain [also fig.]. ‖ *~ a bots i barrals,* to rain cats and dogs.
plovisquejar (pluβiskəʒá) *i.* to drizzle.
plugim (pluʒim) *m.* drizzle.
pluja (plúʒə) *f.* rain, shower [also fig.]. ‖ *una ~ d'aplaudiments,* a shower of applause.
plujós, -osa (pluʒós, -ózə) *a.* rainy, wet.
plural (plurál) *a.* plural.

pluralitat (plurəlitát) *f.* plurality. *2* majority. *3* a great number of variety.
plus (plus) *m.* bonus, extra pay. ‖ *~ de nocturnitat,* bonus for working nights.
plusquamperfet (pluskwəmpərfὲt) *m.* GRAMM. pluperfect.
plus-vàlua (pluzβáluə) *f.* appreciation, increased value; unearned increment.
Plutó (plutó) *m.* ASTR. Pluto.
plutocràcia (plutukrásiə) *f.* plutocracy.
pluvial (pluβiál) *a.* pluvial, rain.
pluviòmetre (pluβiómətrə) *f.* pluviometer, rain gauge.
pneumàtic, -ca (nəŭmátik, -kə) *a.* pneumatic. ■ *2 m.* tyre, (USA) tire.
pneumònia (nəŭmóniə) *f.* MED. pneumonia.
poagre (puáɣrə) *m.* MED. podagra, gout.
poal (puál) *m.* (BAL), (VAL.) See GALLEDA.
població (pubbləsió) *f.* population. *2* city, town; village.
poblament (pubbləmὲn) *m.* populating, peopling.
poblar (pubblá) *t.* to peope, to populate [people]. *2* to populate [animals]. *3* to inhabit. *4* to settle, to colonize; to plant [trees]; to stock [fish].
poble (póbblə) *m.* people [nation]. *2* village. *3* common people.
pobre, -bra (póβrə, -βrə) *a.* poor [also fig.]. *2* little, no. ■ *3 m.-f.* poor person; poor man or woman, beggar. *4 pl.* the poor.
pobresa (puβrέzə) *f.* poverty; need. *2* lack, scarcity, want.
pobrissó, -ona (puβrisó, -ónə) *a.* poor little thing.
poc, -ca (pɔk, -kə) *a.* little, not much; slight, scanty; not very. ‖ *~ útil,* not very useful. *2 pl.* not many, few; a few, some. ‖ *poques vegades,* not very often. ■ *3 adv.* not very much, little. ‖ *entre ~ i massa,* it's not as important as all that. ‖ *a ~ a ~,* bit by bit, slowly. ‖ *al cap de ~,* after a short while. ‖ *~ més o menys,* more or less.
poca-solta (pɔ̀kəsóltə) *m.-f.* coll. scatterbrain, crackpot.
poca-traça (pɔ̀kətrásə) *m.-f.* awkward or clumsy person, bungler.
poca-vergonya (pɔ̀kəβərɣóɲə) *m.-f.* cheeky or shameless person, rotter.
pocló (pusió) *f.* potion. *2* fig. brew, concoction.
podar (puðá) *t.* to prune; to trim.
poder (puðέ) *m.* power, force, means; capacity; strength. *2* authority, control. ‖ *en ~ de,* in the hands of.
poder (puðέ) *t.* to be able to, can. *2* may, might [granting or asking for permission]. *3* to be allowed to. *4* may, might, can [possibility]. ▲ CONJUG. P. P.: *pogut.* ‖ INDIC.

Pres.: *puc, pots, pot,* etc. ‖ Subj. Pres.: *pu-gui,* etc. ‖ Imperf.: *pogués,* etc.
poderós, -osa (puðərós, -ózə) *a.* powerful; strong.
podridura (puðriðúrə) *f.* putrefaction, rot, decay. *2* fig. corruption, rottenness.
podrir (puðri) *t.* to rot. ■ *2 p.* to rot, to decompose.
podrit (puðrit) *m.* rotten part [of something].
poema (puέmə) *m.* poem.
poesia (puəziə) *f.* LIT. poetry. *2* poem.
poeta (puέtə) *m.* poet.
poetastre (puətástrə) *m.* poetaster, would-be poet.
poetessa (puətέsə) *f.* poetess.
poètic, -ca (puέtik, -kə) *a.* poetic, poetical. *2* poetry.
pol (pɔl) *m.* pole.
polaina (puláĭnə) *f.* gaiter, legging.
polar (pulár) *a.* polar.
polaritzar (puləridzá) *t.* to polarize.
polca (pɔ́lkə) *f.* MUS. polka.
polèmic, -ca (pulέmik, -kə) *a.* polemical. ■ *2 f.* polemic, controversy. *3* polemics.
polemista (puləmistə) *m.-f.* polemicist; debater.
policia (pulisiə) *f.* police, police force. *2 m.* policeman. *3 f.* policewoman.
policíac, -ca (pulisiək, -kə) *a.* police. ‖ *novel·la policíaca,* detective novel; coll. whodunit.
polidesa (pulidέzə) *f.* neatness, tidiness. *2* cleanliness. *3* refinement, polish, elegance.
poliedre (puliəðrə, col. puliέðrə) *m.* GEOM. polyhedron.
poliester (puliέstər) *m.* polyester.
polifonia (pulifuniə) *f.* MUS. polyphony.
polifònic, -ca (pulifɔ́nik, -kə) *a.* MUS. polyphonic.
poligàmia (puliɣámiə) *f.* polygamy.
poliglot, -ta (puliɣlɔ́t, -tə) *a., m.-f.* polyglot.
polígon (puliɣun) *m.* GEOM. polygon. *2* ∼ *industrial,* industrial estate.
polinomi (pulinɔ́mi) *m.* polynomial.
poliomelitis (puliuməlitis) *f.* MED. poliomyelitis.
pòlip (pɔ́lip) *m.* ZOOL., MED. polyp.
polir (puli) *t.* to polish, to smooth. *2* fig. to touch up, to polish off. *3* fig. to polish, to refine [person]. *4* fig. to steal, to pinch. *5 p.* to squander, to waste [money, etc.].
polisíl·lab, -ba (pulisiləp, -βə) *a.* GRAMM. polysyllabic. ■ *2 m.* polysyllable.
polisportiu (pɔ́lispurtiŭ) *m.* sports hall.
pòlissa (pɔ́lisə) *f.* policy [insurance]. *2* tax stamp, fiscal stamp. *3* contract.
polissó (pulisó) *m.* stowaway.

polit, -ida (pulit, -iðə) *a.* neat, trim; lovely, pretty.
politècnic, -ca (pulitέknik, -kə) *a.* polytechnic, polytechnical. ■ *2 m.-f.* polytechnic.
politeisme (pulitəizmə) *m.* polytheism.
polític, -ca (pulitik, -kə) *a.* political. ‖ *fill* ∼, son-in-law. ■ *2 f.* politics. *3* policy. *4 m.* politician, statesman.
politja (pulidʒə) *f.* pulley.
poll (pɔʎ) *m.* chick, chicken. *2* ENT. louse.
polla (pɔ́ʎə) *f.* ORNIT. pullet, young hen.
pollancre (puʎáŋkrə) *m.* BOT. poplar.
pollastre (puʎástrə) *m.* chicken.
polleguera (puʎəɣέrə) *f.* TECH. strap hinge, pivot, pin. ‖ fig. *fer sortir de* ∼, to get on one's nerves.
pol·len (pɔ́lən) *m.* BOT. pollen.
pollet (puʎέt) *m.* ORNIT. chick, chicken.
pollí, -ina (puʎi, -inə) *m.-f.* young donkey or ass.
pollós, -osa (puʎós, -ózə) *a.* lousy. *2* fig. dirty, wretched.
pol·lució (pulusió) *f.* pollution.
polo (pɔ́lu) *m.* SP. polo.
polonès, -esa (pulunέs, -έzə) *a.* Polish. ■ *2 m.-f.* Pole.
Polònia (pulɔ́niə) *pr. n. f.* GEOGR. Poland.
polpa (pɔ́lpə) *f.* pulp.
pols (pɔls) *m.* ANAT. pulse. *2* ANAT. temple. *3* dust.
polsada (pulsáðə) *f.* pinch.
polsar (pulsá) *t.* to take or to feel the pulse of. *2* to play, to strum, to pluch [guitar, violin, etc.]. *3* fig. to sound out, to probe.
polsegós, -osa (pulsəɣós, -ósə) *a.* dusty.
polseguera (pulsəɣέrə) *f.* dust cloud, cloud of dust.
polsera (pulsέrə) *f.* bracelet.
polsim (pulsim) *f.* very fine dust.
polsós, -osa (pulsós, -ózə) *a.* dusty.
poltre (pɔ́ltrə) *m.* ZOOL. colt, foal. *2* SP. vaulting horse.
poltró, -ona (pultró, -ónə) *a.* idle, lazy. ■ *2 f.* easy chair.
pólvora (pɔ́lβurə) *f.* gunpowder, powder [explosives].
polvorera (pulβurέrə) *f.* COSM. compact.
pólvores (pɔ́lβurəs) *f. pl.* COSM. powder.
polvorí (pulβuri) *m.* powder magazine, gunpowder arsenal.
polvoritzador (pulβuridzəðó) *m.* pulverizer. *2* atomizer, spray.
polvoritzar (pulβuridzá) *t.* to pulverize, to crush, to grind [solids]. *2* to atomize, to spray [liquids].
polzada (pulzáðə) *f.* inch.
polze (pɔ́lzə) *m.* thumb.
pom (pom) *m.* knob. *2* bunch [of flowers].
poma (pómə) *f.* BOT. apple.

pomada (pumáðə) *f.* MED. ointment.
pomell (puméʎ) *m.* bunch [of flowers].
pomer (pumé) *m.* BOT. apple tree.
pompa (pómpə) *f.* pomp; ceremony, display. *2 pompes fúnebres,* funeral [ceremony], undertaker's [establishment].
pompill (pumpiʎ) *m.* (ROSS.) See CUL.
pompós, -osa (pumpós, -ózə) *a.* pompous, showy, self-important [person]. *2* splendid, sumptuous. *2* pompous, inflated [style].
pòmul (pómul) *m.* ANAT. cheekbone.
poncell, -a (punséʎ, -éʎə) *a.* virgin. ▪ *2 f.* virgin, maid. *3* BOT. bud.
ponderar (pundərá) *t.* to ponder over, to consider, to think over. *2* to balance, to weigh up. *3* to exaggerate. *4* to praise highly.
ponderat, -ada (pundərát, -áðə) *a.* measured [thing]. *2* prudent, tactful [person]. *3* well-balanced, steady.
pondre (póndrə) *t.* to lay [eggs]. ▪ *2 p.* to set, to go down [sun, etc.]. ▲ CONJUG. like *respondre.*
ponedor (punəðó) *a.* egg-laying, laying. ▪ *2 m.* laying place, nest box.
ponència (punénsiə) *f.* report. *2* position of [reporter or rapporteur]. *3* rapporteur.
ponent (punén) *m.* GEOG. west. *2 m.-f.* rapporteur.
pont (pɔn) *m.* CONSTR. bridge. *2* NAUT. upper deck. *3 ~ aeri,* airlift, air shuttle. *4 fer ~,* to have a long weekend.
pontífex (puntífəks) *m.* REL. pontiff; pope.
pontificat (puntifikát) *m.* pontificate.
pontifici, -ícia (puntifisi, -isiə) *a.* pontifical.
pontó (puntó) *m.* NAUT. pontoon.
ponx (pɔnʃ) *m.* COOK. punch.
pop (pop) *m.* ZOOL. octopus.
popa (pópə) *f.* NAUT. poop, stern.
pope (pópe) *m.* pope.
popular (pupulá(r)) *a.* popular. ‖ *un cantant ~,* a popular singer. *2* of the people, folk; *cançó ~,* folk song; *república ~,* people's republic. *3* colloquial [language].
popularitat (pupuləritát) *f.* popularity.
popularitzar (pupuləridzá) *t.* to popularize. ▪ *2 p.* to become popular.
populatxo (pupulátʃu) *m.* populace, masses; mob, rabble.
populós, -osa (pupulós, -ózə) *a.* populous.
pòquer (pókər) *m.* GAME. poker.
por (po) *f.* fear, fright, dread. ‖ *tinc ~,* I'm afraid (*de,* of). ‖ *em fa ~,* it frightens or scares me. *2* to be afraid that. ‖ *tinc ~ de fer tard,* I'm afraid I will be late.
porc, -ca (pɔrk, -kə) *m.-f.* pig, hog, swine; sow [female]. ‖ *~ espí,* porcupine. ‖ *~ senglar,* wild boar. *2* fig. pig, swine, bitch. ▪

3 a. dirty, filthy; disgusting; bawdy, smutty.
porcada (purkáðə) *f.* herd of pigs. *2* fig. dirty trick.
porcell (purséʎ) *m.* piglet; sucking pig.
porcellana (pursəʎánə) *f.* porcelain, china.
porcí, -ina (pursí, -ínə) *a.* porcine, pig.
porció (pursió) *f.* portion; share. *2* COOK. part, amount; piece [of chocolate].
porfídia (purfíðiə) *f.* persistence; stubbornness.
porfidiejar (purfidiəʒá) *i.* to persist, to insist; to argue stubbornly.
porgar (purɣá) *t.* to sieve, to sift.
pornografia (purnuɣrəfíə) *f.* pornography.
porós, -osa (purós, -ózə) *a.* porous.
porpra (pórprə) *f.* purple.
porqueria (purkəriə) *f.* filth, muck. *2* dirty trick. *3* rubbish, junk.
porra (pórrə) *f.* truncheon, club. ‖ *ves a la ~,* get lost, go to hell!
porro (pórru) *m.* BOT. leek. *2* coll. joint [drug].
porró (purró) *m.* glass wine jug with a long spout.
port (pɔr(t)) *m.* port, harbour, (USA) harbor. *2* GEOGR. pass. *3* bearing, air. *4 pl.* porterage; delivery charge.
porta (pórtə) *f.* door; gate; doorway, entrance [also fig.]. ‖ *a ~ tancada,* behind closed doors. ‖ *estar a les portes de,* to be on the threshold of. ‖ *tancar la ~ als nassos,* to slam the door in one's face. ‖ *trucar a la ~,* to knock at someone's door [also fig.].
portaavions (pórtəβións) *m.* aircraft carrier.
portabombeta (pɔrtəβumbétə) *f.* ELECTR. bulb-holder.
portacigarretes (pórtəsiɣərrétəs) *m.* cigarette case.
portada (purtáðə) *f.* main door or entrance. *2* cover, title page [of book].
portador, -ra (purtəðó, -rə) *a.* carrying. ▪ *2 m.-f.* carrier. *3 m.* COMM. bearer, payee.
portaequipatges (pórtəkipádʒəs) *m.* boot [of a car], (USA) trunk.
portal (purtál) *m.* main door or entrance; doorway.
portalada (purtəláðə) *f.* large doorway or entrance.
portalàmpades (pɔrtəlámpəðəs) *m.* socket [of light bulb].
portamonedes (pɔrtəmunéðəs) *m.* purse, (USA) change purse. *2* handbag, (USA) purse, bag.
portar (purtá) *t.* to bring (along), to carry on one, to have; to carry. ‖ *portes diners?,* have you any money (on you)? ‖ *quina en portes de cap?,* what have you got in mind? *2* to direct, to manage; to run [also fig.].

‖ ~ *un taxi*, to drive a taxi. ‖ ~ *una botiga*, to run a shop. *3* to wear. *4* to take; to lead. *5* to cause. ‖ fig. *els gats negres porten mala sort*, black cats bring you bad luck. ■ *6 p.* to behave (oneself).

portàtil (purtátil) *a.* portable.

portaveu (pɔrtəβέŭ) *m.-f.* spokesman.

portaviandes (pɔrtəβiándəs) *m.* lunch box. *2* picnic basket; ice-box.

portella (purtέʎə) *f.* little door. *2* door [of car].

portent (purtέn) *m.* prodigy, phenomenon; marvel; sensation [person].

portentós, -osa (purtəntós, -ózə) *a.* marvellous, extraordinary; sensational.

porter, -ra (purtέ, -rə) *m.-f.* doorman, doorkeeper; porter. *2* SP. goalkeeper, goalie.

porteria (purtərίə) *f.* porter's lodge or lodgings. *2* hall, entrance [of a building]. *3* SP. goal.

pòrtic (pɔ́rtik) *m.* portico; porch.

porticó (purtikó) *m.* shutter [of window]. *2* small window.

porto-riqueny, -nya (purturrikέɲ, -ɲə) *a., m.-f.* Puerto Rican.

portuari, -ària (purtuári, -áriə) *a.* port, dock: *treballador* ~, docker.

Portugal (purtuɣál) *pr. n. m.* GEOGR. Portugal.

portugués, -esa (purtuɣέs, -έzə) *a., m.-f.* Portuguese.

poruc, -uga (purúk, -úɣə) *a.* fearful, fainthearted; shaky.

porus (pɔ́rus) *m.* pore.

porxada (purʃáðə) *f.* arcade.

porxo (pɔ́rʃu) *m.* porch, portico.

posada (puzáðə) *f.* inn, lodging house. *2* ~ *en comú*, meeting, get-together. ‖ ~ *en escena*, staging. ‖ ~ *en funcionament*, implementation. ‖ ~ *en marxa*, starting-up.

posar (puz8) *t.* to put; to place, to set. *2* fig. ~ *atenció*, to pay attention. ‖ *al gos li posarem «Pelut»*, we'll call the dog «Pelut». *3* to suppose. ■ *4 p.* to get, to become: ~ *se trist*, to get sad. *5* to start. ‖ ~*-se a córrer*, to run off. ‖ ~*-se a plorar*, to start crying. *6* to put on [clothing, jewellery, etc.]. ■ *7 i.* to stop over, to spend the night. *8* to pose [for an artist].

posat (puzát) *m.* attitude, air.

posició (puzisió) *f.* location; position. *2* situation. ‖ fig. ~ *econòmica*, financial position. *3* position [also fig.].

pòsit (pɔ́zit) *m.* sediment, deposit. *2* fig. bed.

positiu, -iva (puzitíŭ, -íβə) *a.* positive.

positivisme (puzitiβízmə) *m.* PHIL. positivism.

positivista (puzitiβístə) *a., m.-f.* positivist *s.*

positura (pusitúrə) *f.* posture; pose.

posposar (puspuzá) *t.* to put after or behind. *2* to postpone; to put off.

posseïdor, -ra (pusəiðó, -rə) *a.* owning, possessing. ■ *2 m.-f.* owner, possessor; holder.

posseir (pusəi) *t.* to possess, to own, to have; to hold.

possessió (pusəsió) *f.* possession, ownership. *2* tenure. *3* possession, property; estate.

possessiu, -iva (pusəsíŭ, -íβə) *a.* possessive.

possibilitar (pusiβilitár) *t.* to make possible or feasible; to permit.

possibilitat (pusiβilitát) *f.* possibility; chance.

possible (pusíbblə) *a.* possible. ■ *2 m. pl.* assets, funds; means.

post (pɔs(t)) *f.* board, plank. ‖ ~ *de planxar*, ironing-board. *2 m.* MIL. post.

posta (pɔ́stə) *f.* placing; relay [of horses]. ‖ *a* ~, on purpose. *2* setting [of star]. *3* egg-laying; egg-laying season.

postal (pustál) *a.* postal, (USA) mail: *gir* ~, postal order, (USA) mail order. ■ *2 f.* postcard.

postdata (puzdátə) *f.* postscript.

postergar (pustərɣá) *t.* to postpone; to delay. *2* to disregard, to ignore.

posterior (pustərió(r)) *a.* rear, back, posterior. *2* later, subsequent.

posteritat (pustəritát) *f.* posterity.

postís, -issa (pustís, -isə) *a.* false, artificial.

postor (pustó) *m.* LAW bidder.

postrar (pustrá) *t.* See PROSTRAR.

postrem, -ma (pustrέm, -mə) *a.* last.

postres (pɔ́strəs) *f. pl.* dessert.

postular (pustulá) *t.* to postulate. *2* to request; to demand. *3* to collect [money].

postulat (pustulát) *m.* postulate.

pòstum, -ma (pɔ́stum, -mə) *a.* posthumous.

postura (pustúrə) *t.* See POSITURA 1. *2* bid. *3 pl.* affectation.

posturer, -ra (pusturέ, -rə) *a.* affected: suave.

pot (pɔt) *m.* jar; pot.

pota (pɔ́tə) *f.* leg [of furniture]; foot, leg; paw [of animal].

potable (putábblə) *a.* drinkable. ‖ *aigua* ~, drinking water. *2* fig. modest; passable.

potassa (putásə) *f.* CHEM. potash.

potassi (putási) *m.* CHEM. potassium.

potatge (putádʒə) *m.* stew; stewed vegetables. *2* mixture; mishmash.

potència (putένsiə) *f.* power; capacity [mechanical].

potencial (putənsiál) *a.-m.* potential.

potent (putέn) *a.* powerful; potent.

potentat (putəntát) *m.* potentate; magnate, tycoon.

potestat (putəstát) *f.* power, authority.

potinejar (putinəʒá) *t.* to dirty, to get dirty; to foul, to mess up. ■ *2 i.* to make a mess.

potiner, -ra (putiné, -rə) *a.* fithy, dirty; slovenly.

potinga (putíŋgə) *f.* coll. concoction. *2* MED. potion.

poti-poti (pɔ́tipɔ́ti) *m.* jumble, mix-up, muddle.

pòtol (pɔ́tul) *m.* tramp, vagrant, (USA) bum.

potser (putsé) *adv.* maybe, perhaps; possibly.

pou (pɔ́ŭ) *m.* well. *2* pit, shaft.

PPCC *pr. n. m. pl. (Països Catalans)* (Catalan Countries)

pràctic, -ca (práktik, -kə) *a.* practical; useful, handy; convenient. ■ *2 f.* practice. *3 pl.* training.

practicant (prəktikán) *a.* practising. ■ *2 m.-f.* medical assistant.

practicar (prəktiká) *t.* to practise, (USA) to practice. *2* to perform. *3* SP. to play, to go in for. *4* REL. to practise, (USA) to practice.

prada (prάðə) *f.* meadow; grasslands.

Praga (práɣə) *pr. n. f.* GEOGR. Prague.

pragmàtic, -ca (prəgmátik, -kə) *a.-f.* pragmàtic.

pragmatisme (prəgmətizmə) *m.* pragmatism.

prat (prat) *m.* field, meadow; pasture.

preàmbul (prəŭmbul) *m.* preamble, introduction.

prec (prek) *m.* request.

precari, -ària (prəkári, -áriə) *a.* precarious.

precaució (prəkəŭsió) *f.* precaution.

precedent (prəsəðén) *a.* preceding, foregoing. ■ *2 m.* precedent.

precedir (prəsəðí) *t.* to precede.

precepte (prəsέptə) *m.* precept; rule.

preceptor, -ra (prəsətó, -rə) *m.-f.* preceptor, instructor.

precinte (prəsíntə) *m.* seal, band [of package, furniture, etc.].

preciosisme (prəsiuzízmə) *m.* over-refinement, preciosity.

precipici (prəsipísi) *m.* precipice; cliff.

precipitació (prəsipitəsió) *f.* precipitation; (great) haste. *2* CHEM. precipitation.

precipitar (prəsipitá) *t.* to precipitate, to hurl; to hasten. ■ *2 p.* to rush; to be rash.

precipitat, -ada (prəsipitát, -áðə) *a.* precipitate, rash, sudden. ■ *2 m.* CHEM. precipitate.

precisar (prəsizá) *t.* to specify, to state precisely.

precisió (prəsizió) *f.* precision, accuracy.

precoç (prəkós) *a.* precocious.

preconitzar (prəkunidzá) *t.* to commend (publicly), to praise. *2* to propose, to put forward; to defend.

precursor, -ra (prekursó, -órə) *a.* precursory, preceding. ■ *2 m.-f.* forerunner, precursor.

predecessor, -ra (prəðəsəsó, -rə) *m.-f.* predecessor.

predestinar (prəðəstiná) *t.* to predestine. *2* to predestinate.

predeterminar (prəðətərminá) *t.* predetermine.

predi (prέði) *m.* property, estate.

prèdica (prέðikə) *f.* sermon; preaching. *2* fig. harangue.

predicar (prəðiká) *t.* to preach. *2* fig. to sermonize, to lecture.

predicció (prəðiksió) *f.* prediction, forecast.

predilecció (ppðiləksió) *f.* predilection; fondness.

predilecte, -ta (prəðilέktə) *a.* favourite, (USA) favorite, preferred.

predir (prəðí) *t.* to predict, to foretell; to forecast.

predisposar (prəðispuzá) *t.* to predispose. *2* to prejudice.

predisposició (prəðispuzisió) *f.* predisposition; tendency, inclination.

predominar (prəðuminá) *i.* to prevail; to predominate.

predomini (prəðumíni) *m.* predominance.

preeminent (prəəminén) *a.* pre-eminent.

preestablir (prəəstəbblí) *t.* to pre-establish.

preexistent (prəəgzistén) *a.* pre-existent, pre-existing.

prefaci (prəfási) *m.* preface.

prefecte (prəfέktə) *m.* prefect [administrative official].

preferència (prəfərέsiə) *f.* preference.

preferir (prəfərí) *t.* to prefer.

prefix (prəfiks) *m.* prefix. *2* area code [telephone].

pregar (prəɣá) *t.* ECCL. to pray. *2* to ask, to beg.

pregària (prəɣáriə) *f.* prayer.

pregó (prəɣó) *m.* announcement; proclamation. *2* speech [during special occasion].

pregon, -na (prəɣón, -nə) *a.* deep; profound.

pregunta (prəɣúntə) *f.* question.

preguntar (prəɣuntá) *t.* to ask.

prehistòria (prəistɔ́riə) *f.* prehistory.

prejudici (prəʒudísi) *m.* prejudgement. *2* prejudice, bias.

prejutjar (prəʒudʒá) *t.* to prejudge.

preliminar (prəliminá(r)) *a., m.* preliminary.

preludi (prəlúði) *m.* prelude.

preludiar (prəluðiá) *i.-t.* to prelude.
prematur, -ra (prəmətúr, -rə) *a.* premature.
premeditació (prəməðitəsió) *f.* premeditation; deliberation.
premeditar (prəməðitá) *t.* to plan, to premeditate.
prémer (prémə) *t.* to squeeze; to crush; to press.
premi (prémi) *m.* reward. 2 award, prize.
premiar (prəmiá) *t.* to reward, to recompense. 2 to give an award or a prize to.
premissa (prəmisə) *f.* premise, premiss.
premsa (prémsə) *f.* press.
premsar (prəmsá) *t.* to press; to squeeze.
prenatal (prənətál) *a.* antenatal.
prendre (préndrə) *t.* to take; to pick up, to lift. 2 to grab, to grasp. 3 to take out, to take away. 4 to have [to eat or drink]. 5 to adopt, to take [precautions, measures]. 6 ~ *algú per un altre,* to mistake someone for someone else. ‖ ~ *el pèl,* to pull someone's leg; ~ *el sol,* to sunbathe; ~ *la paraula,* to speak [in a meeting]; ~ *mal,* to hurt or injure oneself; ~ *part,* to take part. ■ 7 *i.* BOT. to take (root), to catch [fire]. ■ 8 *p.* to congeal, to set, to thicken. ▲ CONJUG. GER.: *prenent.* ‖ P. P.: *pres.* ‖ INDIC. Pres.: *prenc.* ‖ SUBJ. Pres.: *prengui,* etc. | Imperf.: *prengués,* etc.
prènsil (présil) *a.* prehensile.
prenyar (prəɲá) *t.* to make pregnant; to impregnate.
preocupació (prəukupəsiá) *f.* worry, concern, anxiety.
preocupar (prəukupá) *t.* to worry, to concern; to bother. ■ 2 *p.* to worry, to be concerned.
preparació (prəpərəsió) *f.* preparation. 2 training, knowledge.
preparar (prəpərá) *t.* to prepare, to get ready. 2 to teach, to train. ■ 3 *p.* to get ready, to prepare oneself; to be on the way [event].
preparat (prəpərát) *m.* ready, prepared, set.
preponderància (prəpundəránsiə) *f.* preponderance; superiority.
preponderar (prəpundərá) *i.* to preponderate. 2 to prevail.
preposició (prəpuzisió) *f.* preposition.
prepotent (prəputén) *a.* prepotent, all-powerful; overwhelming.
prepuci (prəpúsi) *m.* ANAT. prepuce, foreskin.
prerrogativa (prərruɣətiβə) *f.* prerogative, privilege.
pres, -sa (prɛs, -zə) *a.* imprisoned. ■ 2 *m.-f.* prisoner.

presa (prɛ́zə) *f.* catch; loot; prey. ‖ *ocell de* ~, bird of prey. 2 taking; capture. ‖ ~ *de possessió,* taking over, inauguration [president]. 3 dam. 4 ~ *de xocolata,* bar or square of chocolate.
presagi (prəzáʒi) *m.* omen, presage.
presagiar (prəzəʒiá) *t.* to foreshadow, to forebode, to presage.
presbiteri (prəzβitéri) *m.* presbytery, chancel.
prescindir (prəsindi) *i.* to do without, to go without; to omit. ‖ *no podem* ~ *dels seus serveis,* we can't do without his help.
prescripció (prəskripsió) *f.* prescription.
prescriure (prəskriŭrə) *t.-i.* to prescribe. ▲ CONJUG. like *escriure.*
presència (prəzénsiə) *f.* presence; bearing.
presenciar (prəzənsiá) *t.* to be present at; to witness.
present (prəzén) *a.* present [in time or place]. ‖ *estar de cos* ~, to lie in state; *fer* ~, to remind; *tenir* ~, to bear in mind, to remember. ■ 2 *m.-f.pl.* those present. ■ 3 *m.* present.
presentació (prəzəntəsió) *f.* presentation, introduction.
presentar (prəzəntá) *t.* to present, to show; to put forward. 2 to introduce [person]. ■ 3 *p.* to present oneself, to turn up, to appear. ‖ ~-*se a algú,* to introduce oneself. ‖ ~-*se a un examen,* to take or to sit (for) an examination. 4 to appear.
preservar (prəzərβá) *t.* to preserve, to protect (*de,* from).
preservatiu, -iva (prəzərβətiŭ, -iβə) *a.* preservative. ■ 2 *m.* condom, sheath.
presidència (prəziðénsiə) *f.* presidency; chairmanship.
president, -ta (prəziðén, -tə) *m.-f.* president; chairman.
presidi (prəziði) *m.* prison; penitentiary.
presidiari (prəziðiári) *m.* convict, prisoner.
presidir (prəziðí) *t.* to preside.
presó (prəzó) *f.* prison, jail.
presoner, -ra (prəzuné, -rə) *m.-f.* prisoner.
pressa (présə) *f.* hurry, haste. ‖ *córrer* ~, to be urgent. ‖ *adv. phr. de* ~, quickly. ‖ *tenir* ~, to be in a hurry.
préssec (présək) *m.* peach.
presseguer (prəsəɣé) *m.* BOT. peach tree.
pressentir (prəsənti) *t.* to have a premonition or presentiment of. ▲ CONJUG. INDIC. Pres.: *pressent.*
pressió (prəsió) *f.* pressure. ‖ ~ *arterial,* blood pressure. ‖ ~ *atmosfèrica,* air pressure. 2 fig. pressure, stress.
pressionar (prəsiuná) *t.* to pressure, to pressurize [a person]; to put pressure on.
pressuposar (prəsupuzá) *t.* to presuppose.

pressupost (prəsupós(t)) *m.* budget. *2* estimate.

prest, -ta (prɛs(t), -tə) *a.* ready. *2* prompt; quick. *3* (BAL.) See D'HORA.

prestar (prəstá) *t.* to lend, to loan. *2* fig. to lend, to give. ‖ *~ atenció,* to pay attention. ‖ *~ declaració,* to make a statement. ▪ *3 p.* to lend oneself to.

prestatge (prəstádʒə) *m.* shelf; ledge.

préstec (préstək) *m.* loan. *2* LING. loanword.

prestigi (prəstíʒi) *m.* prestige.

presumir (prəzumí) *t.* to presume, to surmise. ▪ *2 i.* to take pride in one's appearance. *3* to be conceited; to show off, to swank. *4* to boast (*de,* of).

presumpció (prəzumsió) *f.* presumption. *2* conceit, pretentiousness.

presumpte, -ta (prəzúmtə, -tə) *a.* alleged, supposed; so-called.

pretendent, -ta (prətəndén, -tə) *m.-f.* pretender. *2* suitor.

pretendre (prəténdrə) *t.* to seek, to try (to achieve); to be after. *2* to claim. ▲ CONJUG. like *atendre.*

pretensió (prətənsió) *f.* aspiration; ambition. *2* pretension, claim. *3* pretentiousness.

preterir (prətərí) *t.* to omit, to leave out, to preternit; to overlook.

pretèrit, -ta (prətɛrit, -tə) *a.* past, former. *2* GRAMM. past.

pretext (prətéks(t)) *m.* pretext; excuse.

preu (préŭ) *m.* price, cost; fare. ‖ *a ~ fet,* by the job; fig. quickly; in one go. ‖ *a tot ~,* at all costs.

prevaler (prəβəlɛ́) *i.-prnl.* to prevail, to predominate. ▲ CONJUG. like *valer.*

prevaricació (prəβərikəsió) *f.* prevarication. *2* LAW breach of official duty, prevarication.

prevenció (prəβənsió) *f.* prevention; foresight. *2* prejudice.

prevenir (prəβəní) *t.* to foresee, to anticipate. *2* to prevent. *3* to warn; to admonish. ▪ *4 p.* to get ready; to provide oneself (*de,* with). ▲ CONJUG. like *abstenir-se.*

preveure (prəβéŭrə) *t.* to foresee, to anticipate; to expect. ▲ CONJUG. like *veure.*

previ, -èvia (prɛ́βi, -ɛ́βiə) *a.* previous, prior.

previsió (prəβizió) *f.* anticipation, foresight.

prim, -ma (prim, -mə) *a.* thin; fine; subtle. ‖ *filar ~,* to split hairs. ‖ *mirar ~,* to be choosy. ▪ *2 f.* premium. *3* bonus.

primacia (priməsíə) *f.* primacy.

primari, -ària (primári, -áriə) *a.* primary.

primat (primát) *m.* primate, archbishop. *2 pl.* primates.

primavera (priməβérə) *f.* spring.

primer, -ra (primé, -rə) *a.* first. *2* prime. ‖ *de primera,* first-rate, excellent. ‖ *nombre ~,* prime number. ▪ *3 adv.* first (of all).

primícia (primísiə) *f.* first fruit; first attempt.

primitiu, -iva (primitiŭ, íβə) *a.* primitive; original. *2 colors ~s,* primary colours, (USA) primary colors.

primogènit, -ta (primuʒɛ́nit, -tə) *a., m.-f.* first-born.

primordial (primurðiál) *a.* primordial, primary. *2* fundamental, basic.

príncep (prínsəp) *m.* prince.

princesa (prinsézə) *f.* princess.

principal (prinsipál) *a.* principal, chief; foremost. ▪ *2 m.* first floor, (USA) second floor.

principat (prinsipát) *m.* princedom. *2* principality [territory].

principi (prinsípi) *m.* beginning, start. *2* origin. *3* principle. ‖ *en ~,* in principle. ‖ *per ~,* on principle. *4 pl.* first notions; introduction.

prior, -ra (prió, -rə) *m.* prior. *2 f.* prioress.

prioritat (priuritát) *m.* priority; seniority.

prisar (prizá) *t.* to pleat.

prisma (prízmə) *m.* prism.

privar (priβá) *t.* to deprive (*de,* off); to bereave (*de,* of). *2* to forbid (*de,* to). ▪ *3 p.* *~-se de,* to go without; to do without.

privilegi (priβilɛ́ʒi) *m.* privilege; concession.

pro (prɔ) *m. prep.* on behalf of, in favour of. ▪ *2 m.* advantage. ‖ *el ~ i el contra,* the pros and cons.

proa (próə) *f.* NAUT. prow; bow.

probabilitat (pruβəβilitát) *f.* probability. *2* chance.

probable (pruβábblə) *a.* probable, likely.

problema (pruβlɛ́mə) *m.* problem; question.

procaç (prukás) *a.* insolent, brazen; cheeky.

procedència (prusəðɛ́siə) *f.* source, origin. *2* point of departure [train, plane], port of origin [ship]. *3* propriety.

procedir (prusəðí) *i.* to derive from, to originate in. *2* to come from. *3* to proceed. *4* to act, to behave. *5* LAW to proceed; to take proceedings.

procés (prusɛ́s) *m.* process. *2* course [of time]. *3* LAW proceedings, lawsuit, action.

processar (prusəsá) *t.* to prosecute, to try; to sue, to proceed against.

processó (prusəsó) *f.* procession. *2* fig. train. *3 la ~ li va per dins,* he keeps it to himself.

proclamar (prukləmá) *t.* to proclaim, to declare. *2* to acclaim, to praise.

procrear (prukreá) *t.* to procreate.

procurar (prukurá) *t.* to procure; to acquire, to obtain. *2* to try, to take care; to be sure. *3* to get, to find.

pròdig, -ga (próðik, -γə) *a.* prodigal; wasteful.

prodigar (pruðiγá) *t.* to be lavish in; to squander. ■ *2 p.* to be very active. *3* to make oneself (highly) visible.

prodigi (pruðiʒi) *m.* prodigy, wonder.

producció (pruðuksió) *f.* production; output, produce.

producte (pruðúktə) *m.* product; produce.

produir (pruðuí) *t.* to produce, to bear. *2* to make; to manufacture. *3* to cause, to bring about; to give. ■ *4 p.* to act, to behave.

proemi (pruémi) *m.* preface; prologue.

proesa (pruézə) *f.* feat, brave deed.

profà, -ana (prufá, -ánə) *a.* profane. *2* ignorant. ■ *3 m.-f.* lay person. *4* ignorant *a.*

profanar (prufəná) *t.* to profane. *2* to slander, to defile.

profecia (prufəsiə) *f.* prophecy.

proferir (prufəri) *t.* to utter, to hurl [insult].

professar (prufəsá) *t.* to practise, (USA) to practice [profession]. *2* to teach. *3* to profess. *4* to harbour, (USA) to harbor, to bear [feeling]. *5* to take vows.

professió (prufəsió) *f.* profession, avowal. *2* profession; calling.

professional (prufəsiunál) *a.* professional.

professor, -ra (prufəsó, -rə) *m.-f.* teacher. *2* professor, lecturer [university].

profeta (prufétə) *m.* prophet.

profilaxi (prufiláksi) *f.* prophylaxis.

profit (prufit) *m.* profit; benefit, advantage. ‖ *bon* ~*!,* enjoy your meal! ‖ *fer* ~, to do good.

pròfug, -ga (prófuk, -γə) *a., m.-f.* fugitive; deserter *s.*

profund, -da (prufún, -də) *a.* deep; profound; low [note]. *2* fig. intense.

profunditzar (prufundidzá) *t.* to deepen. *2* fig. to go deeply into; to study in depth.

profusió (prufuzió) *f.* profusion. *2* extravagance.

progènie (pruʒéniə) *f.* progeny, offspring.

progenitor (pruʒənitó) *m.-f.* ancestor. *2* parent.

programa (pruγrámə) *m.* programme, (USA) program; schedule.

progrés (pruγrés) *m.* progress; advance, development.

progressar (pruγrəsá) *i.* to progress, to advance; to make progress.

progressió (pruγrəsió) *f.* progression.

progressista (pruγrəsistə) *m.-f.* progressive.

prohibició (pruiβisió) *f.* prohibition, ban.

prohibir (pruiβí) *t.* to ban, to forbid; to prohibit, to bar.

prohom (pruɔm) *m.* man of mark, paragon, notability.

proïsme (pruizmə) *m.* fellow man; neighbour, (USA) neighbor.

projecció (pruʒəksió) *f.* projection. *2* showing [film].

projectar (pruʒəktá) *t.* to project. *2* to screen, to show [film]. *3* to plan. *4* to design [machine, building, etc.].

projecte (pruʒéktə) *m.* project, design. *2* plan; scheme.

projectil (pruʒəktíl) *m.* projectile, missile.

projector (pruʒəktó) *m.* spotlight; searchlight. *2* projector.

prole (prɔlə) *f.* offspring; brood.

pròleg (prɔlək) *m.* prologue; preface.

proletari, -ària (prulətári, -áriə) *m.-f.* proletarian.

prolix, -ixa (pruliks, -iksə) *a.* long-winded, verbose; tedious.

prologar (pruluγá) *t.* to preface; to introduce.

prolongar (pruluŋgá) *t.* to prolong.

promès, -esa (prumés, -ézə) *m.* fiancé. *2 f.* fiancée.

promesa (prumézə) *f.* promise; assurance.

prometatge (prumətádʒə) *m.* engagement [to be married].

prometença (prumətésə) *f.* promise. *2* word (of honour), pledge. *3* pledge. *4* betrothal, engagement.

prometre (prumétrə) *t.* to promise; to swear. *2* to pledge. *3* to assure; to warrant. ■ *4 p.* to betroth; to get engaged. ▲ CONJUG. P. P.: *promès.*

promiscu, -íscua (prumisku, -iskuə) *a.* promiscuous. *2* ambiguous.

promoció (prumusió) *f.* promotion. *2* class [of students or graduates].

promontori (prumuntóri) *m.* promontory.

promotor, -ra (prumutó, -rə) *a.* promotive; sponsoring. ■ *2 m.-f.* promoter; instigator. *3* sponsor.

promoure (prumɔ́urə) *t.* to promote; to pioneer [plan], to cause [scandal]. *2* to sponsor. ▲ CONJUG. like *moure.*

prompte (prɔ́mtə) *adv.* (VAL.) See AVIAT.

promulgar (prumulγá) *t.* to promulgate, to proclaim. *2* to announce; to publicize.

pronòstic (prunɔstik) *m.* prediction, forecast. ‖ ~ *del temps,* weather forecast. *2* MED. prognosis.

pronosticar (prunustiká) *t.* to predict, to forecast. *2* MED. to give a prognosis.

pronunciació (prununsiəsió) *f.* pronunciation.

pronunciar (prununsiá) *t.* to pronounce, to utter. *2* to pass [sentence]. ▪ *3 p.* to pronounce oneself; to make a pronouncement.

prop (prɔp) *adv. (a)* ~, near, nearly; close. *2 (a)* ~ *de,* near; beside; about, approximately.

propà (prupá) *m.* CHEM.

propaganda (prupəyándə) *f.* propaganda. *2* advertising.

propagar (prupəyá) *t.-p.* to propagate. *2* to spread.

propens, -sa (prupéns, sə) *a.* inclined, prone; apt, likely.

propensió (prupənsió) *f.* propensity; tendency.

proper, -ra (prupé, -rə) *a.* near, close; nearby. *2* next; forthcoming.

propi, -òpia (prɔpi, -ɔpiə) *a.* own, of one's own. *2 nom* ~, proper name or noun. *3 amor* ~, self-love. *4 sentit* ~, proper meaning. ▪ *5 m.* messenger.

propici, -ícia (prupísi, -ísiə) *a.* propitious, auspicious; favourable, (USA) favorable [moment].

propietat (prupiətát) *f.* property, quality. *2* accuracy, faithfulness. *3* property.

propina (prupinə) *f.* tip [money]. ▪ *2 adv. phr. de* ~, on top of (all) that.

proporció (prupursió) *f.* proportion; ratio; rate. *2* size; extent.

proporcionar (prupursiuná) *t.* to adjust; to bring into proportion. *2* to give, to supply, to provide: *li vaig* ~ *els documents,* I provided him with the documents.

proposar (prupuzá) *t.* to propose. ▪ *2 p.* to propose, to intend; to set out.

proposició (prupuzisió) *f.* proposal; motion. *2* proposition. *3* GRAMM. clause.

propòsit (prupɔzit) *m.* intention, aim; purpose. ▪ *2 adv. phr. a* ~, appropriate, suitable; relevant. *3 a* ~ *de,* regarding, on the subject of.

proposta (prupɔstə) *f.* proposal; offer.

propugnar (prupuɲá) *t.* to advocate; to defend.

propulsar (prupulsá) *t.* to propel, to drive (forward). *2* fig. to promote.

prorratejar (prurrətəʒá) *t.* to allot, to apportion, (USA) to prorate.

pròrroga (prɔrruyə) *f.* prorogation, deferring. *2* extension; deferment [military service].

prorrogar (prurruyá) *t.* to prorogue; to adjourn; to defer [military service]. *2* to extend, to lengthen.

prorrompre (prurrɔmprə) *i.* to break out, to burst [into tears, applause, etc.].

prosa (prɔzə) *f.* prose. *2* fig. tedium, ordinariness.

prosaic, -ca (pruzáik, -kə) *a.* prosaic; prose.

prosceni (pruséni) *m.* proscenium.

proscripció (pruskripsió) *f.* ban, prohibition; outlawing.

proscriure (pruskríurə) *t.* to ban; to proscribe; to outlaw [criminal]. *2* fig. to banish. ▲ CONJUG. like *escriure.*

proselitisme (pruzəlitízmə) *m.* proselytism.

prosòdia (pruzɔðiə) *f.* study or rules of pronunciation.

prospecte (pruspéktə) *m.* prospectus; leaflet.

pròsper, -ra (prɔspər, -rə) *a.* successful; favourable, (USA) favorable. *2* prosperous, flourishing: *un negoci* ~, a thriving business.

prosperar (pruspərá) *t.* to make prosperous or successful. ▪ *2 i.* to prosper, to thrive.

prosperitat (pruspəritát) *f.* prosperity; success.

prosseguir (prusəyí) *t.* to continue, to carry on; to proceed; to pursue [study].

pròstata (prɔstətə) *f.* ANAT. prostate.

prosternar-se (prustərnársə) *p.* to prostrate oneself.

prostíbul (prustíbul) *m.* brothel.

prostitució (prustitusió) *f.* prostitution.

prostituir (prustituí) *t.* to prostitute [also fig.]. ▪ *2 p.* to prostitute oneself; to become a prostitute.

prostituta (prustitútə) *f.* prostitute; streetwalker.

prostrar (prustrá) *t.* to overcome; to exhaust, to weaken. ▪ *2 p.* to prostrate oneself.

protagonista (prutəyunístə) *m.-f.* protagonist; main character; star [of film].

protecció (prutəksió) *f.* protection.

proteccionisme (prutəksiunízmə) *m.* protectionism.

protegir (prutəʒí) *t.* to protect; to defend. *2* to sponsor, to back.

proteïna (prutəinə) *f.* protein.

pròtesi (prɔtəzi) *f.* MED. prosthesis.

protesta (prutéstə) *f.* protest.

protestantisme (prutəstəntízmə) *m.* protestantism.

protestar (prutəstá) *t.* to protest. ▪ *2 i.* to protest; to object.

protó (prutó) *m.* PHYS. proton.

protocol (prutukɔl) *m.* protocol.

protoplasma (prutuplázmə) *m.* protoplasm.

prototipus (prututípus) *m.* prototype.

protozou (prutuzów) *m.* protozoan.

prou (prɔw) *adv.* enough, sufficiently. *2*

quite, rather. *3* certainly; yes. ▪ *4 a.* enough, sufficient. ▪ *5 interj.* (that's) enough!, stop!

prova (prɔ́βə) *f.* attempt; try. *2* test; trial. ‖ *adv. phr. a* ~, on trial. ‖ *adv. phr. a* ~ *d'aigua,* water-proof. ‖ *adv. phr. a* ~ *de vent,* wind-proof. *3* test, examination; audition [performers]. *4* proof.

provar (pruβá) *t.* to test, to try (out). *2* to sample, to taste [food]. *3* to prove. *4* to try, to attempt. ▪ *5 i.* to suit. ‖ ~ *bé,* to do good.

proveir (pruβəi) *t.-i.* to provide, to supply; to furnish. ▪ *2 p.* to provide oneself with.

Provença (pruβέsə) *pr. n. f.* GEOGR. Provence.

provenir (pruβəni) *i.* to come from, to stem from.

proverbi (pruβέrβi) *m.* proverb.

proveta (pruβέtə) *f.* test-tube.

providència (pruβiðέnsiə) *f.* measure, step. *2* Providence.

província (pruβínsiə) *f.* province; region.

provisió (pruβizió) *f.* provision: *fer* ~ *de queviures,* to gather provisions.

provisional (pruβiziunál) *a.* provisional; temporary.

provocar (pruβuká) *t.* to provoke; to rouse. *2* to cause, to bring about.

pròxim, -ma (prɔ́ksim, -mə) *a.* close, nearby; approaching. *2* next. ▪ *3 m.-f.* neighbour, (USA) neighbor. *4 m.* fellow man. *5 f.* fellow woman.

prudència (pruðέnsiə) *f.* prudence, caution. *2* apprehension.

prudent (pruðέn) *a.* prudent, cautious. *2* apprehensive. *3* advisable, wise.

pruïja (pruïʒə) *f.* (terrible) itch. *2* fig. itch, urge.

pruna (prúnə) *f.* BOT. plum. ‖ ~ *seca,* prune.

prunera (prunérə) *f.* BOT. plum tree.

pseudònim (seŭðɔ́nim) *m.* pseudonym; penname.

psicoanàlisi (sikuənálizi) *f.* psychoanalysis.

psicodrama (sikuðrámə) *m.* psychodrama.

psicòleg, -òloga (sikɔ́lək) *m.-f.* psychologist.

psicologia (sikuluʒiə) *f.* psychology.

psicosi (sikɔ́zi) *f.* psychosis.

psico-somàtic (sikusumátik) *a.* psychosomatic.

psicoteràpia (sikutərápiə) *f.* psychotherapy.

psiquiatre (sikiátrə) *m.* psychiatrist.

psiquiatria (sikiətriə) *f.* psychiatry.

psíquic, -ca (síkik, -kə) *a.* psychic; psychical.

pta *f. abbr. (Pesseta)* peseta. ▲ *pl.* **ptes.**

pua (púə) *f.* prickle, spike [of plants, animals]; tooth [of comb]; prong [of fork];

pick, plectrum [of instrument]. *2* fig. rogue.

púber (púβər) *a.* adolescent, teenager.

pubertat (puβərtát) *f.* puberty.

pubilla (puβíʎə) *f.* heiress.

pubis (púβis) *m.* ANAT. pubis.

públic, -ca (púβlik, -kə) *a.* public. *2* wellknown. *3* ECON. *sector* ~, public sector. ▪ *4 m.* audience. ‖ *el gran* ~, the general public.

publicació (puββlikəsió) *f.* publication.

publicar (puββliká) *t.* to publicize; to make public, to disclose. *2* LIT. to publish; to issue.

publicista (puββlisistə) *m.-f.* publicist; publicity agent.

publicitat (puββlisitát) *f.* publicity. *2* advertising.

puça (púsə) *f.* ENT. flea. *2* fig. midget.

pudent (puðέn) *a.* stinking, foul-smelling; smelly.

pudir (puði) *i.* to stink; to reek. ▲ CONJUG. INDIC. Pres.: *puts, put.*

pudor (puðó) *m.* modesty; decency. *2* shyness, timidity; reserve. *3* stench, stink. ‖ *fer* ~, to smell bad, to stink.

puericultura (puərikultúrə) *f.* paediatrics, pediatrics. *2* child-care.

pueril (puəril) *a.* childish; child.

puf (puf) *m.* poof! [sound]. *2* pouffe.

púgil (púʒil) *m.* pugilist. *2* boxer.

pugna (púŋnə) *f.* battle, struggle; conflict.

pugnar (puŋná) *i.* to fight. *2* to struggle, to strive.

puig (putʃ) *m.* hill, small mountain.

puix (puʃ) *conj.* as, since; because.

puixança (puʃánsə) *f.* strength; vigour, (USA) vigor; drive.

puja (púʒə) *f.* climb. *2* rise, increase.

pujada (puʒáðə) *f.* climb, ascent; hillclimb. *2* (mountain) trail.

pujar (puʒá) *i.* to climb, to ascend; to go up, to come up; to rise. *2* to get into, to get onto [means of transport]. *3* to be promoted. *4* to rise, to increase; to go up [price]. *5* to amount (—, to). *6* ~ *al cap,* to go to one's head. ▪ *7 t.* to go up, to come up; to climb. *8* to raise; to carry up, to bring up. *9* fig. raise: *ha hagut de treballar molt per* ~ *els seus fills,* she's had to work hard to bring up her children.

pujol (puʒɔ́l) *m.* hillock, mound.

pulcre, -cra (púlkrə, -krə) *a.* neat, tidy, smart.

pulcritud (pulkritút) *f.* neatness, tidiness; cleanliness.

puHular (pululá) *i.* to proliferate, to multiply. *2* to overrun, to swarm.

pulmó (pulmó) *m.* ANAT. lung.

pulmonar (pulmuná(r)) *a.* pulmonary, lung.

pulmonia (pulmuníə) *f.* MED. pneumonia.

pulsació (pulsəsió) *f.* pulsation, throbbing. 2 beat [of heart]; tap [on typewriter].

pulverulent, -ta (pulβərulén, -tə) *a.* powdery. 2 dusty.

puma (púmə) *m.* ZOOL. puma.

punció (punsió) *f.* MED. puncture.

punir (puní) *t.* to penalize. 2 to punish.

punt (pun) *m.* point; dot, speck. 2 PRINT. full stop, (USA) period. ‖ ~ *i coma*, semicolon. 3 stitch. 4 knitwork, knitting. ‖ *gèneres de* ~, knitwear; hosiery. 5 spot, place; point. 6 moment. 7 *a* ~, ready. ‖ *en* ~, sharp, exactly [time].

punta (púntə) *f.* point, (sharp) end, edge; tip [of tongue]; corner [sewing]. ‖ *a* ~ *de dia*, at daybreak. 2 ~ *de cigarreta*, (cigarette) butt. 3 fig. *estar de* ~, to be at odds. 4 fine lace.

puntal (puntál) *m.* prop, support; backbone [also fig.].

puntejar (puntəʒá) *t.* to dot, to cover with dots; to speckle. 2 to pluck [strings of an instrument].

punteria (puntəríə) *f.* aim, aiming. ‖ *tenir bona* ~, to have a good aim.

puntetes (puntétəs) *adv. phr. de* ~, on tiptoe.

puntuació (puntuəsió) *f.* punctuation: *signes de* ~, punctuation marks. 2 mark, (USA) grade; score.

puntual (puntuál) *a.* reliable, prompt; punctilious. 2 punctual, on time. 3 accurate, precise.

puntualitat (puntuəlitát) *f.* punctuality: *la seva* ~ *és admirable*, he is remarkably punctual.

puntualitzar (puntuəlidzá) *t.* to specify; to fix; to state (in detail); to settle.

puntuar (puntuá) *t.* to punctuate. 2 to mark, (USA) to grade [exam], to give a score [sports]. ▪ 3 *i.* to count, to score [sports], to get a mark or grade [exam].

punxa (púnʃə) *f.* spike, point; thorn, prickle. 2 fig. thorn.

punxada (punʃáðə) *f.* prick, puncture; jab. 2 twinge, shooting pain; pang.

punxar (punʃá) *t.* to prick, to puncture; to punch. 2 fig. to prod; to provoke.

punxegut, -uda (punʃəɣút, -úðə) *a.* sharp, pointed.

punxó (punʃó) *m.* punch; graver.

puny (puɲ) *m.* fist. ‖ *cop de* ~, punch. 2 wrist. 3 hilt; handle.

punyal (puɲál) *m.* dagger.

punyalada (puɲəláðə) *f.* stab.

punyent (puɲén) *a.* bitter, pungent, biting; caustic. 2 sharp, penetrating.

punyida (puɲíðə) *f.* See PUNXADA.

punyir (puɲí) *t.-p.* See PUNXAR.

pupil, -iHa (pupíl, -iłə) *m.-f.* boarder; orphan. 2 LAW ward. 3 *f.* ANAT. pupil.

pupiHatge (pupiládʒə) *m.* pupillage. 2 public parking. 3 parking fee.

pupitre (pupítrə) *m.* desk.

pur, -ra (pur, -rə) *a.* pure, clean: *aire* ~, pure air. 2 sheer, simple. 3 innocent.

puré (puré) *m.* COOK. purée. ‖ ~ *de patates*, mashed potatoes.

puresa (purézə) *f.* purity, pureness.

purga (púrɣə) *f.* purge.

purgar (purɣá) *t.* to purge.

purgatori (purɣətóri) *m.* purgatory.

purificar (purifiká) *t.* to purify, to cleanse.

purista (puristə) *m.-f.* purist.

purità, -ana (puritá, -ánə) *a.* puritanical, Puritan. ▪ 2 *m.-f.* Puritan.

púrpura (púrpurə) *f.* purple.

purpuri, -úria (purpúri, -úriə) *a.* purple, purplish.

purpurina (purpurínə) *f.* metallic paint. 2 glitter.

púrria (púrriə) *f.* rabble, riff-raff.

purulent, -ta (purulén, -tə) *a.* purulent, pus.

pus (pus) *m.* pus.

pusiHànime (puzilánimə) *a.* faint-hearted, pusillanimous.

pussar (pusá) *t.* (ROSS.) to push.

pústula (pústulə) *f.* pustule; pimple, blister.

puta (pútə) *f.* whore, prostitute. ‖ *fill de* ~, son of a bitch. ▪ 2 *a.* bitch *s.*

putrefacció (putrəfəksió) *f.* putrefaction; rotting, decay.

putrefacte, -ta (putrəfáctə, -tə) *a.* rotten, putrid.

pútrid, -da (pútrit, -ðə) *a.* putrid, rotten.

putxineHi (putʃinéli) *m.* puppet, marionette.

Q

Q, q (ku) *f.* q [letter].

quadern (kwəðέrn) *m.* notebook; exercise book.

quadra (kwȧðrə) *f.* bay [factory]. 2 stable.

quadrant (kwəðrán) *m.* quadrant. 2 sundial.

quadrar (kwəðrá) *t.* to make square, to square (off). 2 MATH. to square. ▪ *3 p.* not to take it any longer. ▪ *4 i.* to square, to tally; to match. 5 to come together.

quadrat, -ada (kwəðrát, -ȧðə) *a.* square. 2 stocky, broad-shouldered [person]. ▪ *3 m.* square [shape].

quadratura (kwəðrətúrə) *f.* quadrature.

quadre (kwȧðrə) *m.* square. 2 picture, painting [framed]. 3 officer corps. 4 chart, table. 5 scene.

quadricular (kwəðrikulá) *t.* to divide into squares, to rule squares on.

quadriga (kwəðriɣə) *f.* quadriga.

quadrilàter, -ra (kwəðrilátər, -rə) *a.-m.* quadrilateral.

quadrilla (kwəðriʎə) *f.* team; squad, gang. 2 gang of thieves.

quadrúpede, -da (kwəðrúpəðə, -ðə) *a.* quadrupedal, four-footed. ▪ *2 m.* quadruped.

quàdruple, -pla (kwȧðruplə, -plə) *a.-m.* quadruple.

qual (el, la) (kwal) *a.* such as. ▪ *2 pron.* which; who; whom. ‖ *el nom del ~,* whose name. ‖ *la ~ cosa,* which, a fact which.

qualcú (kwalkú) *pron.* (BAL.) See ALGÚ.

qualificació (kwəlifikəsió) *f.* qualification, qualifying; rating. 2 mark, (USA) grade; rating.

qualificar (kwəlifiká) *t.* to qualify, to describe. 2 to mark, to grade [exam]; to assess. 3 to qualify.

quall (kwaʎ) *m.* rennet-bag. 2 rennet. 3 curd; clot.

quallar (kwəʎá) *t.* to curdle.

qualque (kwȧlkə) *a.-pron.* (BAL.) See AL-GUN.

qualsevol (kwalsəβɔ́l) *a.* any; whatever; whichever. 2 ordinary, run-of-the-mill. ▪ *3 pron.* anyone; whatever; whichever; whoever. ▪ *4 m.-f.* nobody; (just) anyone.

quan (kwan) *adv.* when, whenever. ▪ *2 conj.* when; whenever. *3* if.

quant, -ta (kwȧn, -tə) *a.-pron.* how many; how much. 2 a few, several. ▪ *3 adv.* how. ‖ *adv. phr. ~ a,* as to, as for.

quantia (kwəntiə) *f.* amount, quantity; extent, importance.

quantitat (kwəntitát) *f.* quantity, amount. 2 number. 3 quantity [mathematics].

quaranta (kwərántə) *a.* forty. ‖ *cantar les ~,* to tell a few home truths.

quarantè, -ena (kwərəntέ, -έnə) *a.-m.* fortieth.

quarantena (kwərəntέnə) *f.* two-score. 2 the age of forty. 3 quarantine. 4 fig. *posar en ~,* to have one's doubts.

quaresma (kwərέzmə) *f.* Lent.

quars (kwars) *m.* MINER. quartz.

quart, -ta (kwȧr(t), -tə) *a.* fourth. ▪ *2 a., m.-f.* quarter. ▪ *3 m.* quarter (of an hour): *un ~ de dotze,* a quarter past eleven.

quarter (kwərté) *m.* quarter [division], district. 2 MIL. barracks. ‖ *~ general,* headquarters.

quartet (kwərtέt) *m.* MUS. quartet. 2 LIT. quatrain.

quarteta (kwərtέtə) *f.* LIT. quatrain.

quartilla (kwərtiʎə) *f.* (small) sheet of paper. 2 manuscript page.

quasi (kwȧzi) *adv.* almost. ‖ *~ mai,* seldom, hardly ever. ‖ *~ res,* next to nothing.

quatre (kwȧtrə) *a.-m.* four. 2 *a.* a few: *a ~ passes,* a stone's throw. 3 *~ gats,* hardly a soul. 4 *adv. phr. de ~ grapes,* on all fours.

que (kə) *rel. pron.* that; who, whom; which. 2 *el ~,* what, whatever; that which. ▪ *3* *conj.* that: *no crec ~ plogui demà,* I don't think (that) it'll rain tomorrow. *4* because. ‖ *tanca, ~ tinc fred,* close the window; I'm cold. *5* than. *6* that. ■ *7 adv.* how: *~ maco!,* how lovely (it is)!

què (kɛ) *interr. pron.* what. *2 rel. pron.* which. ‖ *el llibre de ~ et parlava,* the book I was telling you about.

quec, -ca (kɛk, -kə) *a.* stuttering, stammering. ■ *2 m.-f.* stutterer.

quedar (kəðá) *i.* to be left, to remain. *2* to be (situated). *3* to agree. *4* to arrange to meet (each other). ■ *5 p.* to stay; to stay on or behind. *6* to keep; to take.

queixa (kéʃə) *f.* complaint; grouse. *2* groan; moan.

queixal (kəʃál) *m.* molar. ‖ *~ del seny,* wisdom tooth.

queixalada (kəʃəláðə) *f.* bite. *2* snack, bite.

queixar-se (kəʃársə) *p.* to groan, to moan. *2* to complain; to grumble.

quelcom (kəlkɔm) *indef. pron.* anything; something. ■ *adv.* a bit; somewhat, rather.

quequejar (kəkəʒá) *i.* to stutter, to stammer.

quequesa (kəkézə) *f.* stutter, stammer.

querella (kəréʎə) *f.* dispute, controversy. *2* LAW charge, accusation.

querellar-se (kərəʎársə) *p.* LAW to file a complaint or charges.

qüestió (kwəstió) *f.* question. *2 posar en ~,* to cast doubt on.

qüestionar (kwəstiuná) *i.* to argue.

qüestionari (kwəstiunári) *m.* questionnaire.

queviures (kəβiŭrəs) *m. pl.* provisions; food.

qui (ki) *interr. pron.* who: *no sé ~ és,* I don't know who he (or she) is. *2 rel. pron.* who; whom. *3 ~ sap,* who knows, God knows.

quid (kit) *m.* main point; core [of argument].

quiet, -ta (kiɛt, -tə) *a.* still; motionless. *2* calm; quiet, peaceful.

quietud (kiətút) *f.* peacefulness, quietude. *2* stillness.

quilla (kíʎə) *f.* MAR. keel.

quilo (kílu) *m.* kilo.

quilogram (kiluɣrám) *m.* kilogram, kilogramme.

quilòmetre (kilɔmətrə) *m.* kilometre, (USA) kilometer.

quilovat (kiluβát) *m.* kilowatt.

quimera (kimérə) *f.* chimera. *2* figment of one's imagination. *3* dislike. *4* anxiety, worry.

quimèric, -ca (kimérik, -kə) *a.* fanciful, imaginary; impossible [plan].

químic, -ca (kímik, -kə) *a.* chemical. ■ *2 m.-f.* chemist.

química (kímikə) *f.* chemistry.

quimono (kimɔnu) *m.* kimono.

quin, -na (kin, -nə) *interr. a.* which; what. ‖ *~ hora és?,* what time is it? *2* what (a): *~ vestit més modern!,* what a stylish dress!

quina (kínə) *f.* Peruvian bark; cinchona bark.

quincalla (kiŋkáʎə) *f.* cheap metal trinket; junk (jewellery).

quinina (kinínə) *f.* MED. quinine.

quinqué (kiŋké) *m.* oil lamp.

quint, -ta (kin, -tə) *a.* fifth. ■ *2 f.* MUS. fifth. *3* MIL. class, call-up.

quintar (kintá) *m.* measure of weight [41.6 kg]. ‖ *~ mètric,* 100 kg.

quintet (kintét) *m.* MUS. quintet.

quinze (kinzə) *a.-m.* fifteen. ‖ *a tres quarts de ~,* at the wrong time; very late.

quiosc (kiɔsk) *m.* kiosk, (USA) newsstand; stand.

quiquiriquic (kikirikík) *m.* cock-a-doodle-doo.

quirat (kirát) *m.* carat.

quiròfan (kirɔfən) *m.* MED. operating theatre; surgery.

quiromància (kirumánsiə) *f.* palmistry.

qui-sap-lo (kisáplu) *a.* hoards of. ■ *2 adv.* immensely.

quisca (kískə) *f.* dirt, filth; grime; shit.

quist (kis(t)) *m.* cyst.

quitrà (kitrá) *m.* tar.

quitxalla (kitʃáʎə) *f.* crowd of children.

quixot (kiʃɔt) *m.* quixotic person.

quocient (kusién) *m.* MATH. quotient.

quòrum (kwɔrum) *m.* quorum.

quota (kwɔtə) *f.* fee; dues.

quotidià, -ana (kutiðiá, -ánə) *a.* every-day, daily; quotidian.

R

R, r (érrə) *f.* r [letter].
rabadà (rrəβəðá) *m.* shepherd boy.
rabassut, -uda (rrəβəsút, -úðə) *a.* stocky, stout; bulky.
Rabat (rrəβát) *pr. n. m.* GEOGR. Rabat.
rabejar (rrəβəȝá) *t.* to soak; to dip [into water]. ■ *2 p.* to gloat, to relish.
rabent (rrəβén) *a.* swift; speeding.
rabí (rrəβí) *m.* rabbi.
ràbia (rráβiə) *f.* rabies. *2* rage, fury. ‖ *fer* ~, to infuriate, to make angry.
rabiola (rrəβiɔ́lə) *f.* tantrum; crying spell.
rabior (rrəβió) *f.* itch; throb [of pain].
raça (rrásə) *f.* race; breed [animals]. *2* fig. race. *3* stock.
ració (rrəsió) *f.* ration, portion; serving, helping.
raciocinar (rrəsiusiná) *i.* to reason.
racional (rrəsiunál) *a.* rational; reasonable, sensible.
racionalisme (rrəsiunəlízmə) *m.* rationalism.
racionar (rrəsiuná) *t.* to ration out, to dole out. *2* to ration.
racó (rrəkó) *m.* corner; nook. *2* scrap; stuff. *4* savings.
raconer, -ra (rrəkuné, -rə) *a.* corner [piece of furniture]. ■ *2 f.* corner dresser; corner cupboard.
radar (rrəðár) *m.* radar.
radi (rráði) *m.* GEOM., ANAT. radius. *2* CHEM. radium. *3* spoke [of wheel]. *4* range. *5* ~ *d'acció*, sphere of jurisdiction.
radiació (rrəðiəsió) *f.* radiation. *2* RADIO broadcasting.
radiar (rrəðiá) *i.* to radiate; to irradiate. ■ *2 t.* to broadcast.
radical (rrəðikál) *a.* radical. *2* GRAMM., MATH. root.
radicar (rrəðiká) *t.* to lie [difficulty, problem, etc.]. *2* to be (located).

ràdio (rráðiu) *f.* radio, wireless. *2* radio (set). *3* wireless message.
radioactivitat (rrəðiuəktiβitát) *f.* radioactivity.
radiodifusió (rrəðiuðifuzió) *f.* broadcasting.
radiografia (rrəðiuɣrəfíə) *f.* radiography. *2* radiograph, X-ray.
radiograma (rrəðiuɣrámə) *m.* radiograph, X-ray. *2* wireless message.
radionovela (rrəðiunuβélə) *f.* radio serial.
radiooient (rrəðiuujén) *a., m.-f.* listener.
radioscòpia (rrəðiuskɔ́piə) *f.* radioscopy.
radioteràpia (rrəðiutərápiə) *f.* radiotherapy.
ràfec (rráfək) *m.* ARCH. eaves; gable-end.
ràfega (rráfəɣə) *f.* gust [of wind]. *2* flash. *3* burst [of shots].
1) rai (rraĭ) *m.* NAUT. raft.
2) rai (rraĭ) *això* ~, no problem, (that's) easily done.
raig (rratʃ) *m.* ray [also fig.]; beam. ‖ ~ *de sol*, sunbeam, ray of sunlight. *2* jet; squirt [of liquid]. ‖ *beure a* ~, to drink a jet [wine, water, etc.]. *3 a* ~ *fet*, in abundance, in plenty. ‖ *un* ~ *de*, a stream of; tons of.
rail (rrəil) *m.* rail.
raïm (rrəim) *m.* grape, grapes. *2* bunch, cluster.
raió (rrəió) *m.* TEXT. rayon.
rajà (rrəȝá) *m.* rajah.
rajar (rrəȝá) *i.* to spout, to gush (out). *2* fig. to pour out, to flow. *3 la font no raja*, the fountain doesn't work.
rajol (rrəȝɔ́l) *m.* See RAJOLA.
rajola (rrəȝɔ́lə) *f.* (floor) tile. ‖ ~ *de València*, painted tile. ‖ ~ *de xocolata*, block or piece of chocolate.
rajolí (rrəȝulí) *m.* trickle, thin stream [of liquid].
ral (rral) *m.* ant. coin worth 25 cents [one quarter of a peseta]. ‖ *no tenir un* ~, not to have a penny.

ralinga (rrəliŋgə) *f.* NAUT. bolt rope [of a sail].

rall (rraʎ) *m.* (BAL.), (ROSS.) See XERRA-MECA.

ram (rram) *m.* branch [also fig.]. *2* bunch [of flowers, herbs]. *3 ésser del ~ de l'aigua,* to be a homosexual.

rama (ràmə) *f.* twig. *2* branches, twigs.

ramader, -ra (rrəməðé, -rə) *a.* cattle, stock. ■ *2 m.-f.* stockbreeder, (USA) rancher.

ramaderia (rrəməðərìə) *f.* cattle raising, stockbreeding.

ramat (rrəmát) *m.* herd, flock.

rambla (rràmblə) *f.* stream bed, watercourse. *2* silt. *3* avenue; promenade.

ramificació (rrəmifikəsió) *f.* ramification.

ramificar-se (rrəmifikársə) to branch out, to ramify.

Ramon (rrəmón) *pr. n. m.* Raymond.

rampa (rràmpə) *f.* ramp; incline, slope. *2* cramp.

rampell (rrəmpéʎ) *m.* whim, (sudden) urge.

rampinyar (rrəmpiɲá) *t.* to steal; to get away with.

rampoina (rrəmpóĭnə) *f.* (piece of) junk, rubbish. *2* fig. rabble, trash.

ran (rran) *adv.* See ARRAN.

ranci, -ància (rrànsi, -ànsiə) *a.* rancid, stale. *2* old, mellow [wine]. *3* mean, stingy.

rancor (rrəŋkó) *m.* bitterness, rancour; resentment.

rancorós, -osa (rrəŋkurós, -ózə) *a.* resentful. *2* spiteful, nasty.

rancúnia (rrəŋkùniə) *f.* spite; rancour.

randa (rràndə) *f.* lace (trinning). ‖ *contar fil per ~,* to give a run-down, to tell in detail.

ranera (rrənérə) *f.* rasp, rattle [in breathing].

rang (rraŋ) *m.* rank; standing.

ranura (rrənùrə) *f.* groove; slot.

ranxo (rrànʃu) *m.* ranch, farm. *2* mess, communal meal.

raó (rraó) *f.* reason; sense. ‖ *perdre la ~,* to lose one's reason. *2* reason, motive. ‖ *demanar ~,* to ask for an explanation or information. *3* right. ‖ *donar la ~ (a algú),* to say (someone) is right. ‖ *tenir ~,* to be right. *4 pl.* reasons, arguments. *5 ~ social,* trade name, firm name.

raonar (rrəuná) *i.* to reason. ■ *2 t.* to reason out; to give reasons for.

rapaç (rrəpás) *a.* predatory; of prey [bird]. *2* rapacious, greedy.

rapar (rrəpá) *t.* to crop; to shave.

rapè (rrəpé) *m.* snuff.

ràpid, -da (rràpit, -ðə) *a.* fast, quick, rapid; swift. ■ *2 m.* rapids *pl. 3* RAIL. express (train).

rapidesa (rrəpiðézə) *f.* rapidity, speed; swiftness.

rapinyar (rrəpiɲá) *t.* to steal; to snipe; to snatch.

rapsòdia (rrəpsóðiə) *f.* rhapsody.

raptar (rrəptá) *t.* to kidnap, to abduct. *2* to seize, to snatch.

rapte (rràptə) *m.* kidnapping, abduction.

raptor, -ra (rrəptó, -rə) *m.* kidnapper, abductor.

raqueta (rrəkétə) *f.* racquet, racket.

raquis (rràkis) *m.* ANAT., BOT. rachis.

raquitisme (rrəkitízmə) *m.* MED. rickets, rachitis.

rar, -ra (rrár, -rə) *a.* rare, uncommon. *2* strange, odd, bizarre; remarkable. *3* eccentric; extravagant.

raresa (rrərézə) *f.* rarity. *2* oddity, peculiarity.

ras, -sa (rras, -zə) *a.* cropped. *2* smooth; flat, level. ‖ *adv. phr.* **a ~ de,** level with, flush with. *3* level [measurement]. *4 cel ~,* clear sky. *5 soldat ~,* private. ■ *6 m.* plateau.

rasa (rràzə) *f.* ditch. *2* trench, drainage channel.

rasar (rrəzá) *i.-t.* to skin, to graze.

rascada (rrəskáðə) *f.* scratch.

rascar (rrəská) *t.* to scratch; to scrape.

rascle (rràsklə) *m.* AGR. rake; harrow.

raspa (rràspə) *f.* rasp, file.

raspall (rrəspáʎ) *m.* brush: *~ de dents,* toothbrush.

raspallar (rrəspəʎá) *t.* to brush. *2* fig. to butter up.

raspament (rrəspəmén) *m.* MED. scrape, scraping.

raspar (rrəspá) *t.* to rasp, to file; to scratch. *2* to scrape.

rasqueta (rrəskétə) *f.* scraper, rasp.

rastre (rràstrə) *m.* track, trail. *2* trace.

rastrejar (rrəstrəʒá) *t.* to track, to trail. *2* to dredge, to drag; to trawl.

rasurar (rrəzurá) *t.* to shave (off).

rata (rràtə) *f.* ZOOL. rat; mouse. *2 m.* fig. tightwad, skinflint.

ratadura (rrətəðùrə) *f.* rat-hole.

ratafia (rrətəfiə) *f.* ratafia.

rata-pinyada (rrátəpiɲáðə) *f.* bat.

ratar (rrətá) *t.* to go rat-hunting. *2* to gnaw (at), to nibble (on).

ratera (rrətérə) *f.* mousetrap.

ratificació (rrətifikəsió) *f.* ratification.

ratificar (rrətifiká) *t.* to ratify.

ratlla (rràʎʎə) *f.* line; scratch. *2* stripe. *3* crease, fold. *4* line (of writing). *5 llegir entre ratlles,* to read between the lines. *6* line, limit. *7* parting [in hair], (USA) part.

ratllar (rrəʎʎá) *t.* to line, to rule lines on.

2 to scratch (out). *3* to grate. *4* (BAL.), (ROSS.) See XERRAR.

ratolí (rrətulí) *m.* mouse.

rat-penat, rata-penada (rrątpənát, rrątəpənáðə) *m.-f.* ZOOL. See RATA-PINYADA.

ratxa (rrátʃə) *f.* gust [of wind]. *2* streak, spell.

ràtzia (rrádziə) *f.* raid, incursion; borderraid.

rauc, -ca (rraŭk, -kə) *a.* hoarse, harsh.

raure (ráurə) *i.* to treat with. *2* to end up. *3* to be staying. *4* to lie. ▲ CONJUG. like *plaure.*

raval (rrəβál) *m.* suburb.

rave (rráβə) *m.* BOT. radish.

RDA *pr. n. f.* GEOGR. *(República Democràtica Alemanya)* GDR (German Democratic Republic).

re (rrɛ) *m.* MUS. re [musical note]; D.

reabsorbir (rreəpsurβí) *t.* to reabsorb, to resorb.

reacció (rreəksió) *f.* reaction.

reaccionar (rreəksiuná) *i.* to react; to respond.

reaccionari, -ària (rreəksiunári, -áriə) *a., m.-f.* reactionary.

reactor (rreəktó) *m.* reactor. *2* jet, jet plane.

real (rrəál) *a.* real, actual; true.

realçar (rreəlsá) *t.* to raise [value]. *2* to add to; to enhance.

realisme (rreəlízmə) *m.* realism.

realista (rreəlistə) *a.* realistic. ▪ *2 m.-f.* realist.

realitat (rreəlitát) *f.* reality; truth. ▪ *2 adv. phr. en ~,* in fact, actually.

realització (rreəlidzəsió) *f.* fulfilment; achievement, accomplishment. *2* T.V., CIN. production.

realitzar (rreəlidzá) *t.* to fulfil; to accomplish, to achieve; to carry out. *2* to do; to make. *3* to produce [film, programme, etc.]. *4 p.* to come true; to be carried out; to occur.

reanimar (rreənimá) *t.* to revive [also fig.]; to encourage, to lift one's spirits.

reaparèixer (rreəpərɛ́ʃə) *i.* to reappear; to recur. ▲ CONJUG. like *aparèixer.*

rearmar (rreərmá) *t.* to rearm.

rebaixa (rrəβáʃə) *f.* discount, rebate; reduction.

rebaixar (rrəβəʃá) *t.* to lower; to reduce, to cut (off) [price]; to lose [weight]; to lessen [intensity]. *2* to cut down, to humble.

rebatre (rrəβátrə) *t.* to repel; to ward off. *2* fig. to refute, to reject.

rebec, -ca (rrəβék, -kə) *a.* rebellious, insubordinate; stubborn, difficult.

rebedor (rrəβəðó) *m.* hall [house].

rebel (rrəβέl) *a.* rebellious, insubordinate; rebel. *2* defiant; stubborn. ▪ *3 m.-f.* rebel.

rebeHar-se (rrəβəlársə) *t.* to revolt, to rebel, to rise. *2* to feel or show indignance.

rebeHió (rrəβəlió) *f.* revolt, rebellion; uprising.

rebentar (rrəβəntá) *i.* to burst [also fig.], to explode, to die [of laughing]. ▪ *2 t.* to burst, to explode. *3* to exhaust; to flog. *4* to annoy; to rile. *5* to criticize; to tell off.

rebequeria (rrəβəkəriə) *f.* stubbornness; disobedience. *2* tantrum, fit of temper.

rebesavi, -àvia (rrəβəzáβi, -áβiə) *m.* greatgreat-grandfather. *2 f.* great-great-grandmother.

reblanir (rrəβləní) *t.* to soften [also fig.]; to soften up.

reble (rrébblə) *m.* gravel; rubble. *2* LIT. padding.

rebobinar (rrəβuβiná) *t.* to rewind.

rebolcar (rrəβulká) *t.* to overturn; to knock down. ▪ *2 p.* to turn over and over; to roll about.

rebombori (rrəβumβóri) *m.* bedlam, uproar, hullabaloo. *2* riot, uprising.

rebost (rrəβós(t)) *m.* larder, (USA) pantry. *2* food supply.

rebot (rrəβót) *m.* rebound, bounce. ‖ *de ~,* on the rebound.

rebotar (rrəβutá) *i.* to rebound, to bounce (back). ▪ *2 t.* to bounce off, to throw at.

rebotiga (rrəβutíɣə) *f.* back room.

rebotre (rrəβótrə) *i.* See REBOTAR.

rebre (rrɛ́βrə) *t.* to take (on); to catch. *2* to receive; to welcome, to entertain. *3* to greet; to await. *4* to receive, to get: *~ un cop de puny,* to receive a punch. ▲ CONJUG. INDIC. Pres.: *reps, rep.*

rebregar (rrəβrəɣá) *t.* to squeeze; to crush; to crumple.

rebrot (rrəβrót) *m.* shoot, sprout; new growth.

rebrotar (rrəβrutá) *i.* to sprout, to shoot.

rebuda (rrəβúðə) *f.* reception, welcome. *2* receipt.

rebuf (rrəβúf) *m.* rebuff; retort.

rebufar (rrəβufá) *i.* to blow [strong wind]. *2* to recoil; to peel off [paint].

rebuig (rrəβútʃ) *m.* refusal, rejection. *2* refuse. *3* waste; left-overs. *4* scraps, leftovers, junk.

rebut (rrəβút) *m.* receipt.

rebutjar (rrəβudʒá) *t.* to refuse; to reject, to turn down.

rec (rrek) *m.* irrigation ditch or channel.

recalar (rrəkəlá) *i.* MAR. to sight land. *2* to reach port.

recalcar (rrəkəlká) *t.* to emphasize, to stress. ▪ *2 i.* to lean; to list [ship].

recambra (rrəkámbrə) *f.* side room; dressing room. 2 breech, chamber [of gun].

recança (rrəkánsə) *f.* regret.

recanvi (rrəkámbi) *m.* changing over, refilling. 2 spare: *peça de* ~, spare part.

recapitular (rrəkəpitulá) *t.* to recapitulate; to sum up.

recaptació (rrəkəptəsió) *f.* collection. 2 collection; takings, income.

recaptar (rrəkəptá) *t.* to collect, to take in. 2 to obtain by entreaty.

recapte (rrəkáptə) *m.* provisions. 2 food.

recar (rrəká) *i.* to grieve, to distress. ‖ *ara li reca de no haver vingut,* now he regrets not having come.

recàrrec (rrəkárrək) *m.* extra charge, surcharge. 2 increase [in taxes, fees, etc.].

recarregar (rrəkərrəyá) *t.* to recharge [battery]; to reload. 2 to put an additional charge on, to increase.

recaure (rrəkáŭrə) *i.* to suffer a relapse. 2 to backslide, to fall back. 3 to fall upon, to fall to. 4 to weigh on or upon, to bear on. ▲ CONJUG. like *caure.*

recel (rrəsél) *m.* suspicion; apprehension, fear.

recelar (rrəsəlá) *i.* to suspect; to fear, to be apprehensive.

recensió (rrəsənsió) *f.* recension.

recent (rrəsén) *a.* recent; new.

recepció (rrəsəpsió) *f.* reception.

recepta (rrəséptə) *f.* MED. prescription. 2 COOK. recipe.

receptacle (rrəsəptáklə) *m.* receptacle, container; holder.

receptar (rrəsəptá) *t.* MED. to prescribe.

receptor (rrəsəptó) *a.* receiving. ■ 2 *m.* receiver.

recer (rrəsé) *m.* shelter, refuge. ‖ *a* ~ *de,* sheltered from, protected from.

recercar (rrəsərká) *t.* to look for again. 2 to research; to look into.

recés (rrəsés) *m.* retreat. 2 backwater. ▲ *pl. recessos.*

reciclar (rrəsiklá) *t.* to recycle.

recinte (rrəsintə) *m.* precinct, enclosure.

recipient (rrəsipién) *m.* container, receptacle. ‖ ~ *amb tapadora,* bin.

recíproc, -ca (rrəsipruk, -kə) *a.* reciprocal, mutual.

recital (rrəsitál) *m.* recital.

recitar (rrəsitá) *t.* to recite.

recitat (rrəsitát) *m.* recitation [of poetry].

reclam (rrəklám) *m.* call. 2 COMM. advertisement. 3 fig. inducement; lure.

reclamació (rrəkləməsió) *f.* claim; demand. 2 complaint. ‖ *llibre de* ~*s,* complaints book.

reclamar (rrəkləmá) *t.* to claim; to demand.

■ 2 *i.* to make a claim. 3 to complain, to make a complaint; to protest.

reclinar (rrəkliná) *t.* to lean; to recline (*sobre,* on).

recloure (rrəklóŭrə) *t.* to confine, to shut up. ▲ CONJUG. like *cloure.*

reclús, -usa (rrəklús, -úzə) *a.* in prison, imprisoned. ■ 2 *m.-f.* prisoner, convict.

reclusió (rrəkluzió) *f.* confinement, reclusion. 2 imprisonment.

recluta (rrəklútə) *m.* recruit [esp. army].

reclutar (rrəklutá) *t.* to recruit; to sign up. 2 MIL. to recruit; to enlist.

recobrar (rrəkuβrá) *t.* to recover, to regain; to get back.

recobrir (rrəkuβri) *t.* to cover, to coat (*amb,* with) [esp. paint]. ▲ CONJUG. P. P.: *recobert.*

recoHectar (rrəkuləktá) *t.* to harvest, to gather in [crops].

recoHecció (rrəkuləksió) *f.* gathering [of fruit, mushrooms, etc.]. 2 harvesting [cereal crops]; picking [fruit] [act].

recollir (rrəkuʎí) *t.* to collect, to gather. 2 to pick up, to collect: *et recolliré demà a les 10,* I'll pick you up at 10 tomorrow. 3 to take in [needy person]. ■ 4 *p.* to withdraw, to retire [to meditate].

recolzament (rrəkolzəmén) *m.* support [also fig.]. 2 fig. backing.

recolzar (rrəkulzá) *t.* to lean, to rest (*al sobre,* on/against); to support [also fig.]. 2 fig. to back. ■ 3 *i.* ~ *sobre,* to lean on; to rest on [also fig.]. ■ 4 *p.* to lean back. 5 fig. to base oneself, to be based (*en,* on).

recomanació (rrəkumənəsió) *f.* recommendation. ‖ *carta de* ~, letter of introduction.

recomanar (rrəkuməná) *t.* to recommend. 2 to suggest; to advise.

recompensa (rrəkumpénsə) *f.* reward.

recompensar (rrəkumpənsá) *t.* to reward (*per,* for).

recomptar (rrəkumtá) *t.* to count (up) again. 2 to count carefully.

recompte (rrəkómtə) *m.* recount. 2 inventory.

reconciliació (rrəkunsiliəsió) *f.* reconciliation.

reconciliar (rrəkunsiliá) *t.* to reconcile. ■ 2 *p.* to become or be reconciled.

recòndit, -ta (rrəkóndit, -tə) *a.* recondite, hidden.

reconeixement (rrəkunəʃəmén) *m.* recognition. 2 acknowledgement; gratitude. 3 examination. ‖ ~ *mèdic,* check-up.

reconèixer (rrəkunéʃə) *t.* to recognise. 2 to acknowledge; to be grateful for. 3 to examine, to inspect.

reconfortar (rrəkumfurtá) *t.* to comfort, to cheer.

reconquerir (rrəkuŋkərí) *t.* to reconquer [land]; to recapture [town].

reconquesta (rrəkuŋkɛ́stə) *f.* reconquest.

reconquista (rrəkuŋkístə) *f.* See RECONQUESTA.

reconquistar (rrəkuŋkistá) *t.* See RECONQUERIR.

reconsiderar (rrəkunsiðərá) *t.* to reconsider, to think over again.

reconstitució (rrəkunstitusió) *f.* reconstitution.

reconstituent (rrəkunstituén) *a.-m.* restorative. *2 m.* tonic.

reconstituir (rrəkunstituí) *t.* to reconstitute.

reconstrucció (rrəkunstruksió) *f.* reconstruction, rebuilding.

reconstruir (rrəkunstruí) *t.* to reconstruct, to rebuild.

reconvenir (rrəkumbəní) *t.* LAW to counterclaim. ▲ CONJUG. like *abstenir-se*.

recopilar (rrəkupilá) *t.* to collect (up, together); to compile.

recopilació (rrəkupiləsió) *f.* collection; compilation.

record (rrəkɔ́rt) *m.* memory, recollection. *2* souvenir; memento; keepsake. *3 pl.* regards: *dona-li ~s de part meva,* give him my regards, remember me to him. ‖ *molts ~s,* best wishes, regards [at end of letter].

rècord (rrɛ́kor) *m.* record [esp. in sport].

recordança (rrəkurðánsə) *f.* commemoration; memory.

recordar (rrəkurðá) *t.* to remember, to recall. *2* to remind. ■ *3 p.* ~*-se de,* to recall, to remember.

recordatori (rrəkurðətɔ́ri) *m.* reminder, memento.

recorregut (rrəkurrəγút) *m.* journey; run.

recórrer (rrəkɔ́rrə) *i.* ~ *a,* to have recourse to, to turn to [person]. *2* LAW to appeal, to lodge an appeal. ■ *3 t.* to travel or journey over [area, region, etc.]; to travel [distance].

recrear (rrəkreá) *t.* to please; to delight. ■ *2 p.* to enjoy oneself.

recreatiu, -iva (rrəkreətiŭ, -iβə) *a.* entertaining; amusing. ‖ *sala ~,* amusement arcade or hall.

recriminació (rrəkriminəsió) *f.* reproach, recrimination.

recriminar (rrəkriminá) *t.* to countercharge. *2* to reproach, to recriminate.

rectangle (rrəktáŋglə) *m.* rectangle.

rectangular (rrəktəŋgulá(r)) *a.* rectangular.

recte, -ta (rrɛ́ktə, -tə) *a.* straight, direct, unswerving. ‖ *tot ~,* straight on, straight ahead. *2* fig. honourable, honest. ■ *3 m.* ANAT. rectum. *4 f.* straight line.

rectificació (rrəktifikəsió) *f.* rectification, correction.

rectificar (rrəktifik8) *t.* to rectify, to correct. *2* to change, to mend [one's ways, behaviour].

rectilini, -ínia (rrəktilíni, -íniə) *a.* rectilinear.

rectitud (rrəktitút) *f.* straightness. *2* fig. honesty, uprightness.

rector, -ra (rrəktó, -rə) *a.* governing; guiding. ■ *2 m.* ECCL. rector, parish priest. *3* rector; vice-chancellor [of university].

rectorat (rrəkturát) *m.* rector's office [in university].

rectoria (rrəkturíə) *f.* ECCL. rectory.

recuit (rrəkúĭt) *m.* COOK. kind of cottage cheese.

recular (rrəkulá) *i.* to back (away); to go back; to fall back.

recull (rrəkúʎ) *m.* compilation, collection.

reculons (a) (rrəkulóns) *adv. phr.* backwards.

rècula (rrɛ́kulə) *f.* line [of persons], train [of animals].

recuperació (rrəkupərəsió) *f.* recovery.

recuperar (rrəkupərá) *t.* to recover; to retrieve. *2* to make up [lost time]. *3* to reclaim; to re-cycle [waste]. ■ *4 p.* to recover (*de,* from) [illness, set-back].

recurs (rrəkúrs) *m.* recourse, resort. *2* LAW appeal. *3 pl.* means; resources.

recusar (rrəkuzá) *t.* to reject. *2* LAW to challenge [jury person; allegation].

redacció (rrəðəksió) *f.* writing; essay, composition. *2* editorial staff. *3* editor's office.

redactar (rrəðəktá) *t.* to write down; to draw up; to compose [letter].

redactor, -ra (rrəðəktó, -rə) *m.-f.* writer. *2 m.* editor. *3 f.* woman editor.

redempció (rrəðəmsió) *f.* redemption.

redemptor, -ra (rrəðəmtó, -rə) *a.* redeeming. ■ *2 m.-f.* redeemer.

redimir (rrəðimí) *t.* to redeem [also fig.]. *2* to ransom.

rèdit (rrɛ́ðit) *m.* ECON. yield, return [on capital].

redó, -ona (rrəðó, -ónə) *a.* (BAL.), (VAL.) See RODÓ.

redoblar (rrəðubblá) *t.-i.* to redouble; to intensify. *2 i.* to beat a roll [on drum].

redolta (rrəðɔ́ltə) *f.* BOT. vine shoot.

redós (rrəðós) *m.* shelter; refuge.

redreçar (rrəðrəsá) *t.* to straighten (out, up); to stand up.

reducció (rrəðuksió) *f.* reduction, lessening, decrease; slackening (off). *2* setting [of bones].

reducte (rrəðúktə) *m.* redoubt, stronghold.

reduir (rrəðui) *t.* to reduce, to lessen. *2* to put down [revolt]. ■ *3 p.* ~-*se a,* to be reduced to, to come down to.

reduït, -ïda (rrəðuít, -íðə) *a.* diminished, reduced. *2* small, limited [quantity].

redundància (rrəðunðánsiə) *f.* superfluity, excess; redundance.

reeixir (rrəəʃi) *i.* to succeed, to be successful. ▲ CONJUG. like *eixir.*

reelecció (rrəələksió) *f.* re-election.

reemborsar (rrəəmbursá) *t.* See REEMBOSSAR.

reembossar (rrəəmbusá) *t.* to refund [expenses, deposit]; to return, to pay back [deposit]; to reimburse.

reemplaçar (rrəəmpləsá) *t.* to replace; to substitute.

refectori (rrəfəktɔ́ri) *m.* refectory [esp. in monastery].

refer (rrəfɛ́) *t.* to redo, to do again. ‖ ~ *camí,* to retrace one's steps. *2* to mend, to repair; to do up. ■ *3 p.* to regain, to recover [one's health, strength]. ▲ CONJUG. like *desfer.*

referència (rrəfərɛ́nsiə) *f.* reference. ‖ *punt de* ~, point of reference.

referèndum (rrəfərɛ́ndum) *m.* referendum.

refermar (rrəfərmá) *t.* to strengthen, to consolidate. ■ *2 p.* to reaffirm [viewpoint].

refet, -ta (rrəfɛ́t, -tə) *a.* robust, well-built [person]. *2* restored to health, recovered.

refiar-se (rrəfiársə) *p.* ~ *de,* to rely on.

refiat, -ada (rrəfiát, -áðə) *a.* confident; trusting.

refilar (rrəfilá) *i.* to chirp, to twitter; to trill; to warble [birds].

refilet (rrəfilɛ́t) *m.* chirping, twittering; trilling; warbling [birds].

refinament (rrəfinəmén) *m.* refinement.

refinar (rrəfiná) *t.* to refine [also fig.]. *2* fig. to make more cultured [person].

refineria (rrəfinəriə) *f.* refinery.

reflectir (rrəflaktí) *t.-p.* to reflect [also fig.]. *2* fig. to mirror.

reflector, -ra (rrəfləktó, -rə) *a.* reflecting, reflective. ■ *2 m.* spotlight. *3* MIL. searchlight. *4* NAUT. rear reflector.

reflex, -xa (rrəflɛ́ks, -ksə) *a.* reflex [action]. ■ *2 m.* reflection, mirroring [also fig.].

reflexió (rrəfləksió) *f.* reflection, thinking over. *2* conclusion [on reflection].

reflexionar (rrəfləksiuná) *t.* to reflect, to think over; to meditate on.

reflexiu, -iva (rrəfləksíu, -íβə) *a.* thoughtful. *2* GRAMM. reflexive.

reflux (rrəflúks) *m.* ebb.

refondre (rrəfóndrə) *t.* to re-melt; to re-smelt [metals]; to recast [things]. *2* to rewrite [piece of work]. ▲ CONJUG. like *confondre.*

reforç (rrəfɔ́rs) *m.* reinforcement. *2* fig. assistance, aid.

reforçant (rrəfursán) *a.-m.* MED. restorative. *2 a.* strengthening, invigorating; pepup [pills].

reforçar (rrəfursá) *t.* to strengthen. *2* to reinforce.

reforma (rrəfórmə) *f.* reform. *2 pl.* repairs; alterations.

reformar (rrəfurmá) *t.* to reform; to modify, to alter. *2* to mend; to improve.

reformatori (rrəfurmətɔ́ri) *m.* reformatory.

refractar (rrəfrəktá) *t.-p.* to refract.

refractari, -ària (rrəfrəktári, -áriə) *a.* refractory [also fig.]. *2* fig. awkward; obstinate, stubborn.

refrany (rrəfráɲ) *m.* proverb, saying.

refredar (rrəfrəðá) *t.* to chill; to cool. *2* to give a cold to [person]. ■ *3 p.* to catch a cold.

refredat (rrəfrəðát) *m.* cold.

refrenar (rrəfrəná) *t.* to restrain, to check. *2* to rein back [horse].

refresc (rrəfrɛ́sk) *m.* refreshment [drink].

refrescar (rrəfrəská) *t.-i.* to cool (down).

refrigeració (rrəfriʒərəsió) *f.* refrigeration; cooling. *2* cooling system or plant.

refrigerar (rrəfriʒərá) *t.* to cool; to refrigerate.

refrigeri (rrəfriʒɛ́ri) *m.* snack.

refugi (rrəfúʒi) *m.* shelter; refuge.

refugiar (rrəfuʒiá) *t.* to shelter. *2 t.* to give shelter to. *3 p.* to take refuge.

refulgir (rrəfulʒí) *i.* to shine.

refusar (rrəfuzá) *t.* to refuse, to turn down; to despise.

refutar (rrəfutá) *t.* to refute.

reg (rrek) *m.* irrigation; watering.

regadiu (rrəγəðíŭ) *m.* irrigated or irrigable land.

regadora (rrəγəðórə) *f.* watering can.

regal (rrəγál) *m.* present.

regalar (rrəγəlá) *t.* to give [as present]; to present. ■ *2 i.* to run; to drip [liquids].

regalèssia (rrəγəlɛ́siə) *f.* liquorice [plant].

regalim (rrəγəlím) *m.* rivulet, drip [water, sweat, etc.].

regar (rrəγá) *t.* to irrigate; to water.

regata (rrəγátə) *f.* groove; small furrow, furrow.

regatejar (rrəγətəʒá) *t.* to haggle over. *2* fig. to skimp.

regència (rrəʒɛ́nsiə) *f.* regency.

regenerar (rrəʒənərá) *t.* to regenerate.

regeneració (rrəʒənərəsió) *f.* regeneration.

regent (rrəʒén) *a., m.-f.* regent.
regi, ègia (rrɛ́ʒi, -ɛ́ʒiə) *a.* royal [also fig.]. 2 fig. splendid.
regicidi (rrəʒisíði) *m.* regicide.
regidor, -ra (rrəʒiðó, -rə) *a.* POL. town councillor's. ■ 2 *m.-f.* POL. town councillor.
règim (rrɛ́ʒim) *m.* régime; rule. 2 MED. diet.
regiment (rrəʒimén) *m.* MIL. regiment. 2 government, administration.
regió (rrəʒió) *f.* region; district.
regional (rrəʒiunál) *a.* regional; district.
regir (rrəʒí) *t.* to rule; to govern. 2 to head, to run [company, business].
regirar (rrəʒirá) *t.* coll. to turn upside down, to mess up.
registrar (rrəʒistrá) *t.* to register; to record.
registre (rrəʒístrə) *m.* registration [act]. 2 register [book]; record.
regla (réɡlə) *f.* rule; standard, norm. 2 period, menstruation.
reglament (rrəɡɡləmén) *m.* rules, regulations.
regle (réɡɡlə) *m.* ruler. 2 rule, regulation.
regna (rréŋnə) *f.* rein.
regnar (rrəŋná) *i.* to reign, to rule; to govern. 2 fig. to reign, to prevail.
regnat (rrəŋnát) *m.* kingdom. 2 reign.
regne (rréŋnə) *m.* kingdom, world [of animals, minerals, etc.].
Regne Unit (réŋnə unít) *pr. n. m.* GEOGR. United Kingdom.
regraciar (rrəɣrəsiá) *t.* to thank (*per,* for).
regressió (rrəɣrəsió) *f.* regression. 2 fig. backward step.
reguerot (rrəɣərɔ́t) *m.* irrigation or drainage ditch.
reguitzell (rrəɣidzέʎ) *m.* series, line; stream.
regular (rrəɣulá) *a.* average, not outstanding.
regular (rrəɣulá) *t.* to regulate, to control.
regularitat (rrəɣuləritát) *f.* regularity.
regularitzar (rrəɣuləridzá) *t.* to regularize; to put in order.
regust (rrəɣús(t)) *m.* after-taste.
rehabilitar (rreəβilitá) *t.* to rehabilitate. 2 to reinstate [in office].
rei (rreĭ) *m.* king.
reial (rrəjál) *a.* royal.
reialesa (rrəjəlέzə) *f.* royalty.
reialme (rrəjálmə) *m.* kingdom.
reimprimir (rrəimprimí) *t.* to reprint. ▲ CONJUG. P. P.: *reimprès.*
reina (rréĭnə) *f.* queen.
reincidir (rrəinsiðí) *i.* to relapse (*en,* into) [crime, vice, etc.]. 2 to repeat [offence].
reincorporar (rrəiŋkurpurá) *t.* to reincorporate.

reintegrar (rrəintəɣrá) *t.* to reintegrate. 2 to restore. ■ *3 p.* to return to work.
reiterar (rrəitərá) *t.* to reiterate, to repeat.
reivindicació (rrəiβindikəsió) *f.* claim.
reivindicar (rrəiβindiká) *t.* to claim; to demand [esp. wage-claims].
reixa (rréʃə) *f.* grille, grating; bars [on window].
reixat (rrəʃát) *m.* grille; railing. 2 iron gate [usu. wrought iron]. 3 SEW. openwork; open-stitch.
rejovenir (rrəʒuβəní) *t.* to rejuvenate, to make young again.
relació (rrələsió) *f.* report, account; narration. 2 relationship, connection. 3 bearing. 4 bond, tie. 5 relationship; acquaintance [between persons]. 6 sexual relations.
relacionar (rrələsiuná) *t.* to relate; to connect. ■ *2 p.* to be connected (*a,* with).
relat (rrəlát) *m.* narration, account.
relatar (rrələtá) *t.* to relate, to narrate.
relatiu, -iva (rrələtiŭ, -iβə) *a.* relative [all senses].
relaxació (rrələksəsió) *f.* relaxation. 2 relaxing, slackening.
relaxar (rrələksá) *t.* to relax. 2 to slacken.
relegar (rrələɣá) *t.* to relegate. 2 to banish.
religió (rrəliʒió) *f.* religion.
relíquia (rrəlíkiə) *f.* REL. relic. 2 remains.
rella (rɛ́ʎə) *f.* blade [of plough].
relleu (rrəʎέŭ) *m.* ART relief, raised work; embossing [leather]. ‖ *baix ~,* bas-relief. 2 fig. emphasis, stress; importance.
rellevant (rrəʎəβán) *a.* eminent, excellent.
rellevar (rrəʎəβá) *t.* to take over from, to relieve [someone at work, in office, etc.].
relligar (rrəʎiɣá) *t.* to tie up again. 2 to frame.
relliscada (rrəʎiskáðə) *f.* slip [also fig.]; stumble. 2 fig. oversight; error.
relliscar (rrəʎiská) *i.* to slip; to skid.
rellogar (rrəʎuɣá) *t.* to sublet.
rellotge (rrəʎɔ́dʒə) *m.* clock; watch.
rellotgeria (rrəʎudʒəriə) *f.* watchmaker's.
rem (rrɛm) *m.* oar.
remar (rrəmá) *i.* to row.
remarca (rrəmárkə) *f.* remark; comment.
remarcar (rrəmərká) *t.* to mark again. 2 to notice; to remark or comment on.
rematar (rrəmətá) *t.* to finish off [kill]. 2 to complete [job], to conclude [deal, negotiations].
remei (rrəmέi) *m.* remedy.
rememorar (rrəməmurá) *t.* to recall, to evoke.
remenar (rrəməná) *t.* to move or shift around; to stir; to shake. ‖ fig. *~ les ci-*

reres, to be in charge, to have the last word.

remesa (rrəmέzə) *f.* remittance; shipment, consignment.

remetre (rrəmέtrə) *t.* to remit, to send. *2* COMM. to ship, to consign. *3* to refer [book reference]. *4* to remit, to pardon. ▪ *5 i.* to remit, to abate, to slacken (off). ▪ *6 p.* ~*'s a,* to keep or stick to [norms, rules]. ▲ CONJUG. P. P.: *remès.*

reminiscència (rrəminisέnsiə) *f.* reminiscence.

remissió (rrəmisió) *f.* remission [of sins, sentence].

remitent (rrəmitén) *m.-f.* sender.

remolatxa (rrəmulátʃə) *f.* BOT. beetroot.

remolc (rrəmólk) *m.* towing [act]. *2* trailer; caravan. *3* cable; tow-rope.

remolcar (rrəmulká) *t.* to tow.

remolí (rrəmulí) *m.* whirl [also fig.]. *2* whirlpool; eddy.

remor (rrəmó) *f.* murmur [people; waves]; rumble [waves; thunder].

remordiment (rrəmurðimén) *m.* remorse.

remot, -ta (rrəmɔ́t, -tə) *a.* remote, distant, far-away.

remoure (rrəmɔ́ŭrə) *t.* to move or shift about or around. *2* to move (away), to shift, to remove. ▲ CONJUG. like *moure.*

remugant (rrəmuɣán) *m. pl.* ZOOL. ruminant.

remugar (rrəmuɣá) *t.* to ruminate [also fig.]. *2* to chew [cud].

remull (rrəmúʎ) *m.* soaking, drenching; steeping. ‖ *deixar en* ~, to leave to soak [clothes].

remullar (rrəmuʎá) *t.* to soak, to drench; to steep.

remuneració (rrəmunərəsió) *f.* remuneration, pay.

remunerar (rrəmunərá) *t.* to remunerate, to pay.

remuntar (rrəmuntá) *t.* to soar (up) *i. 2* to go or journey or travel upstream. ▪ *3 p.* ~*-se a,* to go back to [history].

ren (rrɛn) *m.* ZOOL. reindeer.

renaixement (rrənəʃəmén) *m.* rebirth. *2* ART Renaissance.

renaixença (rrənəʃέnsə) *f.* rebirth. *2* LIT. Renaixença [19th century Catalan literary movement].

renàixer (rrənáʃə) *i.* See RENÉIXER.

renal (rrənál) *a.* renal, kidney.

renda (rrɛ́ndə) *f.* ECON. yield; income. ‖ *viure de* ~, to live on one's own income [interest from capital, investments, etc.].

rendibilitat (rrəndiβilitát) *f.* profitability.

rendible (rrəndíβlə) *a.* profitable [also fig.].

rendició (rrəndisió) *f.* surrender.

rendiment (rrəndimén) *m.* exhaustion. *2* ECON. yield, income. *3* performance; capacity.

rendir (rrəndí) *t.* to exhaust. *2* ECON. to yield. ▪ *3 p.* to surrender.

rendista (rrəndístə) *m.-f.* pensioner. *2* person of independent means.

renec (rrənέk) *m.* blasphemy. *2* curse, oath.

renegar (rrənəɣá) *t.* to deny; to renege; to abjure; to disown. ▪ *2 i.* to blaspheme; to curse; to swear.

renegat, -ada (rrənəɣát, -áðə) *a.* apostatic. ▪ *2 m.-f.* apostate.

renéixer (rrənέʃə) *i.* to be born again, to be reborn. *2* fig. to revive. ▲ CONJUG. like *néixer.*

RENFE (*«Red Nacional de Ferrocarriles Españoles»*) (Spanish National Railways).

rengle (rrέŋglə) *f.* line, row [of persons, things].

renglera (rrəŋglέrə) *f.* See **rengle**.

renill (rrəníʎ) *m.* neigh.

renillar (rrəniʎá) *i.* to neigh.

renom (rrənɔ́m) *m.* renown, fame. *2* nickname.

renou (rrənɔ́ŭ) *m.* bustle; hubbub, din [of people].

renovar (rrənuβá) *t.* to renew; to renovate.

rentadora (rrəntəðórə) *f.* washing machine.

rentamans (rrɛ́ntəmáns) *m.* wash bowl, hand bowl, wash basin.

rentaplats (rrɛ́ntəpláts) *f.* dish-washer.

rentar (rrəntá) *t.-p.* to wash. *2 p.* to have a wash.

renúncia (rrənúnsiə) *f.* renunciation. *2* abandoning, relinquishment [act].

renunciar (rrənunsiá) *t.* to renounce, to give up. ▪ *2 i.* to resign. *3* ~ *a fer-ho,* to decide not to do it; to stop doing it.

renyar (rrəɲá) *t.* to reproach, to rebuke, to upbraid. *2* coll. to tell off, to scold [esp. child].

renyina (rrəɲínə) *f.* quarrel.

renyir (rrəɲí) *i.* to quarrel. *2* to fall out with. *3* to fight.

reorganitzar (rrəurɣənidzá) *t.* to reorganise.

reòstat (rreɔ́stət, coll. rraustát) *m.* ELECTR. rheostat.

repapar-se (rrəpəpársə) *p.* to lounge, to loll [in an armchair, on a sofa, etc.].

repapiejar (rrəpəpiəʒá) *i.* to be senile; to dodder.

reparació (rrəpərəsió) *f.* repair; repairing [act]. *2* compensation; redress, amends.

reparar (rrəpərá) *t.* to mend, to repair. *2* to spot, to notice, to observe. *3* to compensate, to make good. ▪ *4 i.* ~ *en,* to take heed of; to pay attention to.

repartició (rrəpərtisió) *f.* distribution, division, sharing out.

repartir (rrəpərti) *t.* to share out, to divide up. *2* to distribute.

repàs (rrəpás) *m.* revision; review. *2* meal.

repassar (rrəpəsá) *t.* to revise, to go over again; to review.

·epatriar (rrəpətriá) *t.* to repatriate.

·epèl (rrəpέl) *m.* ANAT. hangnail. *2* splinter. *a repèl,* against the grain [also fig.].

repeHent (rrəpələn) *a.* repugnant; repulsive.

repeHir (rrəpəli) *t.* to repel. *2* fig. to disgust, to be repugnant to.

repeló (rrəpəló) *m.* See REPÈL.

repenjar-se (rrəpənʒársə) *p.* ~ *en,* to lean or rest on.

repensar (rrəpənsá) *t.* to think over again, to reconsider. ▪ *2 p.* to change one's mind.

repercussió (rrəpərkusió) *f.* repercussion.

repercutir (rrəpərkuti) *i.* ~ *en,* to echo against; to reverberate on. *2* to have repercussions on, to affect.

repertori (rrəpərtóri) *m.* repertory.

repetició (rrəpətisió) *f.* repetition.

repetir (rrəpəti) *t.* to repeat, to say again; to reiterate; to do again.

repetjó (rrəpədʒó) *m.* rise; slope, gradient.

repicar (rrəpiká) *t.* to ring or chime merrily [bells]. *2* poet. to tintin-nabulate.

replà (rrəplá) *m.* landing [stairs]. *2* small plateau, small area of flat ground.

replec (rrəplέk) *m.* fold; crease [clothes]. *2* fold, undulation [land].

replicar (rrəpliká) *i.* to retort, to answer back.

repoblar (rrəpubblá) *t.* to repopulate, to resettle. *2* BOT. to reafforest; to replant.

report (rrəpór(t)) *m.* report, account.

reportatge (rrəpurtádʒə) *m.* JOURN. report; article [esp. news].

reportar (rrəpurtá) *t.* to bring [benefit, profit]. ▪ *2 p.* to control or restrain oneself.

repòrter (rrəpórtər) *m.* JOURN. reporter.

repòs (rrəpós) *m.* rest, repose.

reposar (rrəpuzá) *t.* to put back, to replace. ▪ *2 i.* to have a rest, to rest. *3* to settle [liquids].

reprendre (rrəpréndrə) *t.* to start up again, to restart [activity]. *2* to rebuke, to admonish. *3* to upset [stomach]. ▲ CONJUG. like *aprendre.*

reprensió (rrəprənsió) *f.* rebuke. *2* coll. telling-off, scolding [esp. child].

represa (rrəprέzə) *f.* restart, recommencement, restarting [act].

represàlia (rrəprəzáliə) *f.* reprisal, retaliation.

representació (rrəprəsəntəsió) *f.* representation. *2* THEATR. performance [esp. of play], acting [of actors].

representant (rrəprəzəntán) *a., m.-f.* representative.

representar (rrəprəzəntá) *t.* to represent; to stand for. *2* THEATR. to perform [esp. play]; to play [part, role].

repressió (rrəprəsió) *f.* repression; suppression.

repressiu, -iva (rrəprəsiŭ, -iβə) *a.* repressive.

reprimenda (rrəpriméndə) *f.* rebuke, reprimand.

reprimir (rrəprimi) *t.* to repress, to restrain, to check; to smother [yawn].

reproducció (rrəpruðuksió) *f.* reproduction.

reproduir (rrəpruðuí) *t.-p.* to reproduce.

reprotxar (rrəprutʃá) *t.* to reproach, to ubraid, to censure.

reprotxe (rrəprótʃə) *m.* reproach, upbraiding, censure.

reprovar (rrəprußá) *t.* to censure, to reprove, to condemn.

reptar (rrəptá) *i.* to slither, to wriggle [snake]. ▪ *2 t.* to challenge. *3* to reproach.

repte (rréptə) *m.* challenge.

rèptil (rréptil) *a.* reptile.

república (rrəpúbblikə) *f.* republic.

republicà, -ana (rrəpubbliká, -ánə) *a.* republican.

repudiar (rrəpuðiá) *t.* to repudiate; to disown.

repugnància (rrəpuŋnánsiə) *f.* disgust, loathing (*per,* for), aversion (*per,* to).

repugnar (rrəpuŋná) *i.* to be hateful or loathsome. *2* to disgust, to revolt.

repulsa (rrəpúlsə) *f.* severe reprimand.

repulsió (rrəpulsió) *f.* repulsion [also fig.]. *2* fig. aversion (*per,* to).

repulsiu, -iva (rrəpulsiŭ, -iβə) *a.* disgusting, loathsome, repulsive.

repunt (rrəpunt) *m.* backstitch.

reputació (rrəputəsió) *f.* reputation.

reputar (rrəputá) *t.* to hold, to consider, to deem.

requerir (rrəkəri) *t.* to ask for; to require, to need; to demand.

rèquiem (rrέkiəm) *m.* requiem.

requisar (rrəkizá) *t.* to requisition.

requisit (rrəkizit) *m.* requisite. *2* mouth-watering dish, succulent dish.

rerafons (rrɛrəfóns) *m.* background.

reraguarda (rrɛrəɣwárðə) *f.* MIL. rearguard, rear.

res (rrɛs) *pron.* nothing, not... anything [in negative phrases]: *no hi ha* ~ *aquí,* there isn't anything here. *2* anything, something [in questions]: *vols ~?,* do you want something? ▪ *3 phr. de ~,* not at all, you're welcome [replying to thanks]. ‖ *no hi fa ~,* it doesn't matter. ‖ *com aquell qui ~,* just like that.

resar (rrəzá) *t.* to say [prayer]. 2 to pray *i.*

rescabalar (rrəskəβəlá) *t.* to repay; to compensate [loss].

rescalfar (rrəskəlfá) *t.* to warm up (again), to reheat.

rescat (rrəskát) *m.* rescue; rescuing [act]. 2 ransom.

rescatar (rrəskətá) *t.* to rescue. 2 to ransom.

rescindir (rrəsindí) *t.* LAW to rescind. 2 to cancel.

rescissió (rrəsisió) *f.* LAW rescission. 2 cancellation.

resclosa (rrəsklɔ́zə) *f.* dam; barrage.

resclosir-se (rrəskluzírsə) *p.* to go musty, to smell musty.

reserva (rrəzέrβə) *f.* reservation, booking [hotel room, flight, etc.]. 2 secrecy, confidentiality. ‖ *sense reserves,* frankly, openly, without reserve. 3 GEOGR. reservation, reserve [tribes]; reserve [nature].

reservar (rrəzərβá) *t.* to reserve, to book [room, flight]. 2 to put by, to reserve.

reservat, -ada (rrəzərβát, -áðə) *a.* reserved, timid, withdrawn [person]. 2 confidential [matter]. ▪ *3 m.* private room [in restaurant].

resguard (rrəzɣwár(t)) *m.* COMM. voucher; slip; receipt.

resguardar (rrəzɣwərðá) *t.* to protect, to shelter.

residència (rrəziðέnsiə) *f.* residence.

residir (rrəziðí) *i.* to reside, to dwell, to live.

residu (rrəzídu) *m.* residue, remainder.

resignació (rrəziŋnəsió) *f.* resignation.

resignar-se (rrəziŋnársə) *p.* to resign oneself (*a,* to).

resina (rrəzínə) *f.* resin.

resistència (rrəzistέsiə) *f.* resistance [most senses]. 2 endurance, staying power.

resistent (rrəzistέn) *a.* resistant (*a,* to).

resistir (rrəzistí) *i.* to resist (*a,* against), to stand up (*a,* to). ▪ *2 t.* to withstand; to put up with, to endure. ▪ *3 p.* to resist, to refuse; to be reluctant: *em resisteixo a pensar que és un lladre,* I'm reluctant to believe he's a thief; I refuse to believe he's a thief.

resoldre (rrəzɔ́ldrə) *t.* to solve [problem]; to sort out [matters]. 2 to decide [issue]. ▲ CONJUG. like *absoldre.*

resolució (rrəzulusió) *f.* solution [of problem]. 2 decision.

respatler (rrəspəʎʎέ) *m.* (VAL.) See RESPATLLER.

respatller (rrəspəʎʎέ) *m.* chair back, seat back.

respectable (rrəspəktábblə) *a.* respectable. 2 sizeable, considerable.

respectar (rrəspəktá) *t.* to respect. ‖ *pel que respecta a,* as regards, as for.

respecte (rrəspέktə) *m.* respect, consideration, regard. ‖ *prep. phr. ~ a,* regarding, with regard to.

respectiu, -iva (rrəspəktíŭ, -íβə) *a.* respective.

respectuós, -osa (rrəspəktuós, -ózə) *a.* respectful; courteous.

respir (rrəspír) *m.* breathing. 2 coll. breather [also fig.]. 3 respite.

respiració (rrəspirəsió) *f.* breathing; breath.

respirador (rrəspirəðó) *m.* ventilator; vent.

respirar (rrəspirá) *i.-t.* to breathe. 2 *i.* fig. coll. to have a breather.

resplendent (rrəspləndέn) *a.* gleaming; shining; resplendent [also fig.].

resplendir (rrəspləndí) *i.* to shine, to glow [also fig.].

resplendor (rrəspləndó) *f.* shining, glow, radiance, brilliance.

respondre (rrəspóndrə) *t.* to answer, to reply. ▪ *2 i.* to respond (*a,* to). 3 to correspond (*a,* to). ▲ CONJUG. GER.: *responent.* ‖ P. P.: *respost.* ‖ INDIC. Pres.: *responc.* ‖ SUBJ. Pres.: *respongui,* etc. | Imperf.: *respongués,* etc.

responsabilitat (rrəspunsəβilitát) *f.* responsibility. 2 LAW liability; responsibility; accountability.

responsable (rrəspunsábblə) *a.* responsible (*de,* for); accountable (*de,* for). 2 accountable (*davant,* to).

resposta (rrəspóstə) *f.* answer, reply; retort.

ressaca (rrəsákə) *f.* flowing back, receding [of waves, after breaking].

ressagar-se (rrəsəɣársə) *p.* to fall behind; to be left behind.

ressaltar (rrəsəltá) *i.* to project, to jut out. 2 fig. to stand out.

ressec, -ca (rrəsέk, -kə) *a.* dried out, arid. 2 shrivelled (up); skin and bones [person].

ressecar (rrəsəká) *t.-p.* to dry up; to dry out, to dry off.

ressentiment (rrəsəntimέn) *m.* resentment, bitterness.

ressentir-se (rrəsəntírsə) *p.* to feel the effects of [blow, injury]; to show the effects of. 2 fig. to be offended, to get upset, to be upset.

ressenya (rrəsέɲə) *f.* brief account or description, outline account. 2 review [book].

ressenyar (rrəsəɲá) *t.* to describe in brief or in outline, to write a brief account. *2* to review [book].

ressò (rrəsó) *m.* roll, thunder, boom; echo; resonance, reverberation.

ressonància (rrəsunánsiə) *f.* resonance, reverberation, echo(ing). *2* fig. **tenir ~,** to have widespread repercussions.

ressonar (rrəsuná) *i.* to resound, to reverberate, to echo.

ressopó (rrəsupó) *m.* high tea, late snack [at night], supper.

ressorgir (rrəsurʒí) *i.* to revive, to reappear.

ressort (rrəsór(t)) *m.* MECH. spring. *2* means.

ressortir (rrəsurtí) *t.* to project, to jut out, to be prominent. ▲ CONJUG. INDIC. Pres.: **ressurt.**

ressuscitar (rrəsusitá) *t.* to resuscitate, to revive. *2* fig. to revive, to reappear.

resta (rrέstə) *f.* MATH. subtraction. *2* MATH. remainder. *3* rest, remainder. *4 pl.* left overs, remains.

restabliment (rrəstəbblimέn) *m.* re-establishment. *2* MED. recovery, convalescence.

restablir (rrəstəbblí) *t.* to re-establish, to restore. ■ *2 p.* MED. to recover.

restant (rrəstán) *a.* remaining. ■ *2 m.* remainder, rest.

restar (rrəstá) *i.* to stay. *2* to be left; to have left: *em resten només cent pessetes,* I've only got one hundred pesetas left. ■ *3 t.* MATH. to subtract.

restauració (rrəstəŭrəsió) *f.* restoration; doing-up.

restaurador, -ra (rrəstəŭrəðó, -rə) *a.* restoring. ■ *2 m.-f.* restorer.

restaurant (rrəstəŭrán) *m.* restaurant.

restaurar (rrəstəŭrá) *t.* to restore; to do up.

restitució (rrəstitusió) *f.* return, restitution.

restituir (rrəstituí) *t.* to return, to restore, to give back.

restrènyer (rrəstrέɲə) *t.* to restrict, to limit. *2* to constipate. ▲ CONJUG. P. P.: **restret.**

restrenyiment (rrəstrəɲimέn) *m.* constipation.

restricció (rrəstriksió) *f.* restriction, limit.

restringir (rrəstrinʒí) *t.* to restrict, to limit.

resultar (rrəzultá) *i.* to turn out, to prove, to be. *2* to be effective; to be a good idea: *treballar sense cobrar no resulta,* working for nothing isn't a good idea.

resultat (rrəzultát) *m.* result, effect, upshot, outcome. ‖ *donar ~,* to give good results. *2* SP. result.

resum (rrəzúm) *m.* summary, brief outline.

2 abridgement [of book]. *3 adv. phr.* **en ~,** in brief, in short.

resumir (rrəzumí) *t.* to summarize. *2* to abridge [story, book, etc.].

resurrecció (rrəzurrəksió) *f.* resurrection.

ret (ret) *m.* hairnet.

retall (rrətáʎ) *m.* remnant, left-over, offcut.

retallar (rrətəʎá) *t.* to cut out [paper figure]; to trim [hair], to cut away, to cut off [excess]. *2* fig. to cut out; to trim, to prune [text].

retaló (rrətəló) *m.* ANAT. back of the heel. ‖ *a ~,* breaking down the back of the shoe.

retard (rrətár[t]) delay; lateness. ‖ *amb ~,* late [arrival]. *2 ~ mental,* backwardness, subnormality.

retardar (rrətərðá) *t.* to postpone, to put off. *2* to slow down, to hold up [movement]. ■ *3 i.* to be or go slow [clock]. ■ *4 p.* to be late.

retaule (rrətáŭlə) *m.* altarpiece, reredos.

retenció (rrətənsió) *f.* retention. *2* COMM. deduction, amount withheld.

retenir (rrətəní) *t.* to retain. *2* COMM. to deduct, to withhold, to hold back. ▲ CONJUG. like **abstenir-se.**

retentiva (rrətəntíβə) *f.* retentiveness, retention.

reticència (rrətisέnsiə) *f.* reticence, reserve; taciturnity.

reticent (rrətisέn) *a.* reticent, withdrawn, uncommunicative, taciturn.

reticle (rrətíklə) *m.* OPT. reticle. *2* reticulum [of cow].

retina (rrətínə) *f.* ANAT. retina.

retir (rrətír) *m.* retirement. *2* pension. *3* retreat [place].

retirada (rrətiráðə) *f.* MIL. retreat. *2* resemblance.

retirar (rrətirá) *t.* to take away, to remove, to withdraw. ■ *2 p.* to go away, to leave. *3* to retire (*de,* from) [job]. *4* to withdraw, to retire [into reclusion]. ■ *5 i.* to be like (*a,* —), to resemble (*a,* —).

retocar (rrətuká) *t.* to amend; to correct. *2* to touch up [painting, decorations].

rètol (rrέtul) *m.* sign; placard. *2* label; inscription.

retolar (rrətulá) *t.* to label [objects]; to put a sign (up) on [buildings]. *2* to inscribe; to head [document].

retop (rrətóp) *m.* rebound, bounce (back). ‖ *adv. phr. de ~,* on the rebound [also fig.].

retorçar (rrətursá) *t.* See RETÒRCER.

retòrcer (rrətórsə) *t.* to twist, to distort [also fig.]. *2* to wring (out) [wet clothes].

retòric, -ca (rrətórik, -kə) *a.* rhetorical. ■ *2 f.* rhetoric.

retorn (rrətórn) *m.* return, coming back.
retornar (rrəturná) *t.* to return, to give back. 2 to bring back to life or consciousness. ■ *3 i.* to come back, to return.
retracció (rrətrəksió) *f.* retraction.
retractor (rrətráktə) *t.-p.* to withdraw. 2 *t.* to retract [claws; statement, words, etc.].
retràctil (rrətráktil) *a.* retractable.
retransmetre (rrətrənzmétrə) *t.* to broadcast live; to retransmit.
retrat (rrətrát) *m.* portrait, likeness.
retratar (rrətrətá) *t.* to portray [also fig.]. 2 fig. to depict.
retre (rrétrə) *t.* to return, to give back. 2 to render [homage]. 3 to yield, to produce [profits].
retret (rrətrét) *m.* reproach, censure. 2 coll. telling-off.
retreure (rrətréŭrə) *t.* to reproach. 2 coll. to tell off: *em va ~ el meu retard,* she told me off for being late ▲ CONJUG. like *treure.*
retribució (rrətriβusió) *f.* pay, payment. 2 reward [for service done].
retribuir (rrətriβuí) *t.* to pay for. 2 to reward [for service done].
retroactiu, -iva (rrətruəktiŭ, -íβə) *a.* retroactive. ‖ *donar efecte ~,* to backdate.
retrocedir (rrətrusəðí) *i.* to go back, to retrace one's steps.
retrocés (rrətrusés) *m.* set-back. 2 withdrawal, backing away, retreat. 3 recoil [gun].
retrògrad, -da (rrətrɔ́ɣrət, -ðə) *a.* retrograde, retrogressive.
retrospectiu, -iva (rrətruspəktiŭ, -íβə) *a.* retrospective.
retrovisor (rrətruβizó) *m.* AUTO. driving mirror.
retruc (rrətrúk) *m.* tap, knock. ‖ *adv. phr. de ~,* on the rebound [also fig.].
retruny (rrətrúɲ) *m.* roll, boom, reverberation, rumble; echo.
retxa (rrétʃə) *f.* (BAL.) See RATLLA.
retxillera (rrətʃiʎérə) *f.* (BAL.) See ESCLETXA.
reu, rea (rréu, -rréə) *a.* LAW of the accused. ■ *2 m.-f.* LAW accused.
reüll (de) (rrəúʎ) *adv. phr.* out of the corner of one's eye.
reuma (rréŭmə) *m.* MED. rheumatism.
reumàtic, -ca (rrəumátik, -kə) *a.* rheumatic. ■ *2 m.-f.* person suffering from rheumatism.
reumatisme (rrəŭmətizmə) *m.* rheumatism.
reunió (rrəŭnió) *f.* meeting; gathering.
reunir (rrəuní) *t.* to gather, to assemble, to collect. ■ *2 p.* to meet, to gather.

revalidar (rrəβəliðá) *t.* to confirm, to ratify; to recognise [diploma; record].
revalorar (rrəβəlurá) *t.* to revalue.
revelació (rrəβələsió) *f.* revelation, disclosure.
revelar (rrəβəlá) *t.* to reveal; to disclose. 2 PHOTO. to develop [film].
revendre (rrəβéndrə) *t.* to retail, to resell. 2 to tout [tickets]. ▲ CONJUG. like *vendre.*
revenja (rrəβénʒə) *f.* revenge, vengeance.
revenjar-se (rrəβənʒársə) *p.* to get revenge, to revenge oneself. 2 coll. to get one's own back.
reverberar (rrəβərβərá) *i.* to reverberate, to reflect (off). ■ *2 t.* to reflect.
reverència (rrəβərɛ́siə) *f.* reverence, respect, awe. 2 curtsy, bow.
reverend, -da (rrəβərén, -ðə) *a.* respected. 2 REL. reverend.
revers (rrəβɛ́rs) *m.* back, reverse, other side.
reversible (rrəβərsibblə) *a.* reversible.
revés (rrəβɛ́s) *m.* back, reverse, other side. ‖ *adv. phr. al ~,* the wrong way round. 2 fig. setback, reverse. 3 cuff [blow]. ▲ *pl. revessos.*
revestiment (rrəβəstimén) *m.* CONSTR. facing; coating.
revestir (rrəβəsti) *t.* to face, to coat, to cover. 2 fig. to invest (*de,* with). 3 to assume [shape, appearance].
revetlla (rrəβéʎʎə) *f.* party, celebration.
reveure (rrəβéŭrə) *t.* to see again. ‖ *phr. a ~!,* see you!
revifalla (rrəβifáʎə) *f.* revival; recovery.
revifar (rrəβifá) *t.* to revive, to give new life to. ■ *2 p.* to recover, to revive [person; fire, etc.].
revinclada (rrəβiŋkláðə) *f.* sprain.
revingut, -uda (rrəβiŋgút, -úðə) *a.* robust, strong, well-built.
revisar (rrəβizá) *t.* to check, to go over. 2 AUTO. to service.
revisió (rrəβizió) *f.* check, checking, going-over. 2 AUTO. service.
revisor, -ra (rrəβizó, -órə) *m.-f.* ticket collector [esp. railway]; ticket inspector [esp. railway].
revista (rrəβistə) *f.* inspection, check; review. 2 magazine. 3 review, variety show.
reviure (rrəβiŭrə) *t.* to relive, to live again. ▲ CONJUG. like *viure.*
revocar (rrəβuká) *t.* to revoke, to cancel.
revolta (rrəβɔ́ltə) *f.* revolt, rebellion, uprising.
revoltar (rrəβultá) *t.* to make rebel or rise up. 2 to anger, to offend. ■ *3 p.* to revolt, to rebel, to rise up.
revolució (rrəβulusió) *f.* revolution.

revolucionari, -ària (rrəβulusiunári, -áriə) *a., m.-f.* revolutionary.
revòlver (rrəβɔ́lβər) *m.* revolver.
revulsiu, -iva (rrəβulsiŭ, -íβə) *a.* MED. revulsive. ‖ *tractament* ~, shock treatment.
RFA *pr. n. f.* GEOGR. *(República Federal Alemanya)* F.R.G. (Federal Republic of Germany).
ria (ríə) *f.* GEOGR. ria, estuary.
rialla (rriáʎə) *f.* laughter, laughing. *2* laughing-stock.
rialler, -ra (rriəʎé, -rə) *a.* laughing; smiling; cheerful.
riba (rríβə) *f.* GEOGR. bank.
ribera (rriβérə) *f.* bank [of river]; beach, edge [of sea, lake].
ribet (rriβét) *m.* SEW. border, edging.
ribot (rriβɔ́t) *m.* MECH. plane.
ric, -ca (rrik, -kə) *a.* rich [also fig.], wealthy, *2* fig. abundant.
Ricard (rrikár(t)) *pr. n. m.* Richard.
ridícul, -la (rriðikul, -lə) *a.* ridiculous. ▪ *2 m.* ridicule. ‖ *fer el* ~, to make a fool of oneself.
ridiculitzar (rriðikulidzá) *t.* to ridicule, to mock, to deride. *2* to make a fool of.
riera (rriérə) *f.* kind of stream [usu. seasonal].
rierol (rriərɔ́l) *m.* stream. *2* LIT. brook.
rifa (rrífə) *f.* raffle, lottery.
rifar (rrifá) *t.* to raffle. ▪ *2 p.* to take in, to make a fool of.
rifle (rríflə) *m.* hunting gun; rifle.
rígid, -da (rríʒit, -ðə) *a.* stiff [also fig.], rigid. *2* severe, hard.
rigidesa (rriʒiðézə) *f.* stiffness [also fig.], rigidity. *2* severity, hardness, rigour.
rigor (rriɣór) *m.-f.* rigour, severity, strictness; harshness. *2* precision, exactitude. ‖ *en tot el seu* ~, to the letter [applying laws, rules, etc.].
rigorós, -osa (rriɣurós, -ózə) *a.* strict, severe; harsh.
rima (rrímə) *f.* rhyme.
rimar (rrimá) *t.-i.* to rhyme.
rímmel (rríməl) *m.* mascara.
Rin (rrin) *pr. n. m.* GEOGR. Rhine.
rinoceront (rrinusərón) *m.* rhinoceros.
rínxol (rrínʃul) *m.* ringlet, curl.
rioler, -ra (rriulé, -rə) *a.* laughing; smiling, cheerful.
riota (rriɔ́tə) *f.* laughing-stock. *2* mocking laugh.
riquesa (rrikézə) *f.* wealth; richness, wealthiness, affluence.
ris (rris) *m.* ringlet, curl; loop.
risc (rrisk) *m.* risk, danger.
ritme (rrídmə) *m.* pace, rate; rhythm. *2* MUS. rhythm, beat.

rítmic, -ca (rrídmik, -kə) *a.* rhythmic.
ritu (rrítu) *m.* rite, ceremony, ritual.
ritual (rrituál) *a.* ritual.
riu (rriŭ) *m.* river.
riuada (rriwáðə) *f.* flood.
riure (rriŭrə) *m.* laughter, laughing.
riure (rriŭrə) *i.* to laugh. ‖ *de per* ~, for fun, for a laugh or joke. ‖ *cargolar-se de* ~, to split one's sides with laughter. ▲ CONJUG. GER.: *rient*. ‖ P. P.: *rigut*. ‖ INDIC. Pres.: *ric*. | Imperf.: *reia*, etc. ‖ SUBJ. Pres.: *rigui*, etc. | Imperf.: *rigués*, etc.
rival (rriβál) *a., m.-f.* rival. *2 a.* competing. *3 m.-f.* competitor.
rivalitat (rriβəlitát) *f.* rivalry; competition.
rivalitzar (rriβəlidzá) *i.* to rival, to compete.
roba (rrɔ́βə) *f.* clothes, clothing. ‖ ~ *de llit*, bed-clothes. ‖ *guaita! hi ha* ~ *estesa*, watch out! walls have ears; careful! somebody's listening. *2* ~ *interior*, underwear, underclothes.
robar (rruβá) *t.* to steal, to rob. ‖ *m'han robat la cartera*, someone's stolen my wallet. ‖ fig. *em té el cor robat*, he's stolen my heart.
robatori (rruβətɔ́ri) *m.* theft.
Robert (rruβér) *pr. n. m.* Robert.
robí (rruβí) *m.* MINER. ruby.
robust, -ta (rruβús(t), -tə) *a.* strong, well-built, robust. *2* plump; chubby [child].
roc (rɔk) *m.* stone, pebble.
roca (rrɔ́kə) *f.* rock, boulder.
rococó (rrokokó) *m.* Rococo.
rocós, -osa (rrukós, -ózə) *a.* rocky, stony.
roda (rrɔ́ðə) *f.* wheel.
rodadits (rrɔ́ðəðits) *m.* MED. whitlow.
rodalia (rruðəliə) *f.* surroundings, surrounds, environs. *2* neighbourhood. ▲ usu. *pl.*
rodament (rruðəmén) *m.* rotation, going-round. ‖ ~ *de cap*, vertigo, dizziness, dizzy feeling.
rodamón (rrɔ̀ðəmón) *m.* tramp, vagabond.
rodanxa (rruðánʃə) *f.* slice.
rodanxó, -ona (rruðənʃó, -ónə) *a.* plump, round; chubby [child].
rodar (rruðá) *i.* to go round, to run round. *2* to drift [person]. *3* to roll. ▪ *4 t.* to roll; to wheel [vehicle]. *5* to travel (all) over, to cover [area]. *6* to film, to shoot [film].
rodatge (rruðádʒə) *m.* AUTO. running-in. *2* shooting [film].
rodejar (rruðəʒá) *t.* to surround, to encircle.
rodera (rruðérə) *f.* track, tyre-marks.
rodet (rruðét) *m.* spool [film]; reel [fishing]; bobbin [sewing].

rodó, -ona (rruðó, -ónə) a. round. 2 fig. perfect. ■ 3 f. circunference.

rododèndron (rruðuðéndrun) m. BOT. rhododendron.

rodolar (rruðulá) i. to somersault, to turn somersaults.

rodolí (rruðulí) m. couplet.

roent (rruén) a. white-hot; red-hot, glowing.

rogent (rruʒén) a. reddish [esp. sky].

roger (rruʒé) m. red mullet.

Roger (rruʒé) pr. n. m. Roger.

roig, roja (rrɔtʃ, rrɔʒə) a.-m. (OCC.) See VERMELL.

roin, -ïna (rruin, -inə) a. See DOLENT.

roina (rrɔïnə) f. drizzle.

rol (rrɔl) m. role, part.

rom (rrom) m. rum.

rom, -ma (rrom, -mə) a. blunt [blade].

Roma (rrɔmə) pr. n. f. GEOGR. Rome.

romà, -ana (rrumá, -ánə) a., m.-f. Roman. 2 f. steelyard.

romanç (rrumáns) a. Romance. ■ 2 m. LIT. romance.

romancejar (rrumənsəʒá) i. to slack [on the job]; to waste time.

romanços (rrumánsus) m. pl. excuses, stories; time-wasting. ‖ coll. deixar-se de ~, to cut out the flannel.

romandre (rrumándrə) i. to stay, so remain; to be. ▲ CONJUG. GER.: romanent. P. P.: romàs. ‖ INDIC. Pres.: romanc. ‖ SUBJ. Pres.: romangui, etc. ‖ Imperf.: romangués, etc.

romanent (rrumənén) a. remaining. ■ 2 m. remainder, residue, remains.

romanès, -esa (rrumənès, -ézə) a., m.-f. Rumanian.

romaní (rruməni) m. BOT. rosemary.

Romania (rrumənía) pr. n. f. GEOGR. Rumania.

romànic, -ca (rrumánik, -kə) a. Romanic. 2 ARCH. Romanesque.

romanista (rrumənístə) m.-f. follower of the School of Rome. 2 Romance linguist.

romàntic, -ca (rrumántik, -kə) a. ART Romantic. 2 fig. romantic, sentimental.

romanticisme (rruməntisízmə) m. ART Romanticism.

rombe (rrɔmbə) m. rhombus.

romeria (rruməríə) f. pilgrimage; religious outing.

romiatge (rrumiádʒə) m. See ROMERIA.

rompre (rrómprə) t. to break. 2 to destroy, to break (up), to shatter, to smash. 3 to break through, to breach [wall, barrier]. ▲ CONJUG. GER.: rompent. ‖ INDIC. Pres.: rompo, romps, romp, rompem, etc. ‖ Imperf.: rompia, etc. ‖ Perf.: rompí, romperes,

etc. ‖ Fut.: rompré, etc. ‖ SUBJ. Pres.: rompi, etc. ‖ Imperf.: rompés, etc. ‖ IMPERAT.: romp.

ronc, -ca (rroŋ, -kə) a. hoarse; raucous. ■ 2 m. snore, snoring.

roncar (rrunká) i. to snore.

ronda (rróndə) f. round [drinks]. 2 night-patrol, night-watch. 3 by-pass.

rondalla (rrundáʎə) f. fairy-tale; nursery story; tale.

rondar (rrundá) i.-t. to patrol. 2 i. to wander about, to walk the streets. 3 t. to run after; to hang about.

rondinaire (rrundináïrə) a. grumbling; sullen. ■ 2 m.-f. grumbler; sullen person.

rondinar (rrundiná) i. to grumble.

rònec, -ega (rrónək, -əɣə) a. desolate, abandoned [place].

ronquera (rruŋkérə) f. hoarseness, huskiness.

ronsa (rrónsə) m.-f. shirker [of work]; laggard.

ronsejar (rrunsəʒá) i. to shirk work.

ronya (rrónə) f. scabies. 2 coll. layer of filth or dirt [on skin].

ronyó (rrunó) m. ANAT. kidney.

ros, rossa (rros, rrósə) a., m.-f. blonde; redhead. 2 a. fair [colour].

rosa (rrózə) f. rose. ‖ més fresc que una ~, as fresh as a daisy. 2 MED. German measles.

Rosa (rrózə) pr. n. f. Rose.

rosada (rruzáðə) f. dew.

rosari (rruzári) m. rosary; beads ‖ fig. coll. acabar-se com el ~ de l'aurora, to end badly.

rosat, -ada (rruzát, -áðə) a. pink. ‖ vi ~, rosé.

rosbif (rrozβif) m. COOK. roast beef.

rosec (rruzék) m. gnawing. 2 unease, nervousness; restlessness. 3 coll. fidgetiness. 4 remorse.

rosegador, -ra (rruzəɣəðó, -rə) m. ZOOL. rodent.

rosegar (rruzəɣá) t. to gnaw (at) [also fig.]. 2 fig. to eat up: l'ambició el rosega, he's eaten up with ambition. 3 fig. to nag; to torment.

rosegó (rruzəɣó) m. crust [of bread].

rosella (rruzéʎə) f. BOT. poppy.

roser (rruzé) m. rose-bush; rose tree.

ròssec (rrósək) m. after-effect, legacy [of illness]. 2 aftermath. 3 balance brought forward [accounting].

Rosselló (rrusəʎó) pr. n. m. GEOGR. Roussillon.

rossinyol (rrusiɲól) m. ORNIT. nightingale. 2 picklock.

rost, -ta (rrɔs(t), -tə) *a.* steep. ■ *2 m.* slope, sloping terrain; hillside.
rostir (rrustí) *t.* to roast; to grill. *2* to scorch, to burn.
rostit, -ida (rrustít, -íðə) *a.* COOK. roast; grilled.
rostoll (rrustóʎ) *m.* AGR. stubble.
rostre (rrɔ́strə) *m.* face; countenance. *2* beak.
rot (rrot) *m.* coll. belch, burp.
rotació (rrutəsió) *f.* rotation; turning; revolution.
rotar (rrutá) *i.* coll. to belch, to burp.
rotatiu, -iva (rrutətíu, -íβə) *a.* revolving, rotary. ■ *2 f.* rotary press.
rotatori, -òria (rrutətɔ́ri, -ɔ́riə) *a.* rotatory.
rotllana (rruʎʎánə) *f.* circle, ring. *2* ring [of people].
rotlle (rrɔ́ʎʎə) *m.* roll. *2* circle; knot, huddle, cluster [of people].
rotllo (rrɔ́ʎʎu) *m.* See ROTLLE.
ròtula (rrɔ́tulə) *f.* ANAT. knee-cap.
rotund, -da (rrutún, -də) *a.* emphatic [assent, denial, etc.]; flat [denial, refusal, etc.]. *2* forthright, straightforward.
roure (rrɔ́urə) *m.* BOT. oak, oak-tree.
rovell (rruβéʎ) *m.* rust. *2* yolk.
rovellar (rruβəʎá) *t.-p.* to rust.
rovelló (rruβəʎó) *m.* BOT. kind of edible mushroom.
r.p.m. *f. pl. abbr. (revolucions per minut)* rpm (revolutions per minute).
rubèola (rruβɛ́ulə) *f.* MED. German measles.
ruble (rrúbblə) *m.* ruble, rouble.
rubor (rruβór) *m.* blush, blushing.
ruboritzar-se (rruburidzársə) *p.* to blush, to go red in the face.
rúbrica (rrúβrikə) *f.* flourish [to signature].
ruc, -ca (rruk, -kə) *m.-f.* ass [also fig.].
rucada (rrukáðə) *f.* idiocy, act of stupidity.
rude (rrúðə) *a.* vulgar, coarse, uncultured. *2* rough [esp. manner]. *3* stiff, tough [fight].
rudesa (rruðézə) *f.* vulgarity, coarseness, lack of culture. *2* roughness [esp. manner].
rudiment (rruðimén) *m.* rudiment.
rudimentari, -ària (rruðiməntári, -áriə) *a.* rudimentary.

rúfol, -la (rrúful, -lə) *a.* cloudy; stormy [weather].
rugbi (rrúɣbi) *m.* SP. rugby.
rugir (rruʒí) *i.* to roar [esp. lion]. *2* fig. to roar [person, wind, sea]; to bellow [person, wind].
rugit (rruʒít) *m.* roar, roaring.
ruibarbre (rruiβárβrə) *m.* BOT. rhubarb.
ruïna (rruínə) *f.* disintegration, falling apart, collapse, ruin [buildings, walls, etc.]. *2 pl.* ruins. *3* downfall, ruin [of person].
ruïnós, -osa (rruinós, -ózə) *a.* ruinous [also fig.].
ruixar (rruʃá) *t.* to sprinkle, to spray; to spatter.
ruixat (rruʃát) *m.* shower, rain-shower, downpour. *2* cloudburst.
ruixim (rruʃím) *m.* drizzle; fine rain.
ruleta (rrulétə) *f.* roulette.
rull (rruʎ) *m.* curl [in hair].
rumb (rrumb) *m.* course [of ship]. *2* fig. line, path; way.
rumiar (rrumiá) *t.* to ruminate, to meditate (on), to ponder, to turn over in one's mind.
ruminant (rruminán) *a.-m.* ZOOL. ruminant.
rumor (rrumór) *m.* rumour; gossip.
runa (rrúnə) *f.* rubble.
rupestre (rrupéstrə) *a.* rock. ‖ *pintura* ∼, cave painting.
rúpia (rrúpiə) *f.* NUMIS. rupee.
ruptura (rruptúrə) *f.* rupture, split [also fig.]. *2* break-up [of relationship].
rural (rrurál) *a.* rural, country.
rus, russa (rrus, rrúsə) *a., m.-f.* Russian.
rusc (rrusk) *m.* beehive.
Rússia (rrúsiə) *pr. n. f.* GEOGR. Russia.
rústec, -ega (rrústək, -əɣə) *a.* rough, coarse [to touch]. *2* fig. unrefined, uncultured.
rústic, -ca (rrústik, -kə) *a.* rustic, country; rural. *2 phr. en rústica,* softback; paperback.
ruta (rrútə) *f.* route, course; journey.
rutina (rrutínə) *f.* routine.
rutinari, -ària (rrutinári, -áriə) *a.* routine.
rutllar (rruʎʎá) *i.* to go round, to rotate. *2* to work, to function.

S

S, s (ėssə) *f.* s [letter].

s. *m. abbr. (Segle)* c. (Century).

s' *pers. pron.* See ES.

sa (sə) *ant.* (BAL.) See LA.

SA *f.* COMM. *(Societat Anònima)* Co. (limited liability company).

sa, sana (sa, sánə) *a.* healthy, fit. 2 safe, intact, sound. ‖ ~ *i estalvi,* safe and sound.

saba (sáβə) *f.* BOT. sap.

sabana (səβánə) *f.* savannah, savanna.

sabata (səβátə) *f.* shoe.

sabater, -ra (səβətė, -rə) *m.-f.* shoemaker, cobbler.

sabateria (səβətəriə) *f.* shoe-shop, shoemaker's.

sabatilla (səβətiʎə) *f.* slipper.

saber (səβė) *m.* knowledge, learning.

saber (səβė) *t.* to know [facts, answers, etc.]. 2 to be able to, to know how to: *sap nedar,* he can swim. 3 to speak [languages]. 4 *phr. fer ~,* to announce. ‖ *phr. coll.* ~-*la llarga,* to be an old fox. ■ 5 *i.* to taste. 6 *phr.* ~ *greu,* to be sorry (—, about), to regret *t.* ▲ CONJUG. INDIC. Pres.: *sé, saps, sap,* etc. ‖ SUBJ. Pres.: *sàpiga,* etc. ‖ IMPERAT.: *sàpigues,* etc.

saberut, -uda (səβərút, -úðə) *a.* knowledgeable; learned. ■ 2 *a., m.-f.* know-all.

sabó (səβó) *m.* soap.

sabonera (səβunérə) *f.* froth, foam. 2 soap-dish.

sabor (səβó(r)) *m.* taste, flavour, savour.

saborós, -osa (səβurós, -ózə) *a.* tasty; appetizing. 2 fig. spicy.

sabotatge (səβutádʒə) *m.* sabotage.

sabotejar (səβutəʒá) *t.* to sabotage.

sabre (sáβrə) *m.* sabre.

sac (sak) *m.* bag; sack. ‖ ~ *de dormir,* sleeping-bag; fig. ~ *d'ossos,* bag of bones [person].

saca (sákə) *f.* big sack.

sacarí, -rina (səkəri, -inə) *a.* sugar; sugared, sweetened. ■ 2 *f.* saccharin.

sacerdot (səsərðɔ́t) *m.* priest.

saciar (səsiá) *t.* to satiate, to satisfy [also fig.].

sacre, -cra (sákrə, -krə) *a.* sacred, holy. ■ 2 *m.* ANAT. sacrum.

sacrificar (səkrifiká) *t.* to sacrifice [also fig.]. 2 to slaughter [animal for meat]. ■ 3 *p.* fig. to make a sacrifice, to sacrifice oneself.

sacrifici (səkrifisi) *m.* sacrifice [also fig.]. 2 slaughter [animal for meat].

sacrilegi (səkrilėʒi) *m.* sacrilege.

sacseig (səksétʃ) *m.* shake, shaking; jerk.

sacsejar (səksəʒá) *t.* to shake; to jerk, to jolt. 2 to beat [carpet]. 3 to shake off [dust].

sàdic, -ca (sáðik, -kə) *a.* sadistic.

sadisme (səðizmə) *m.* sadism.

sadollar (səðuʎá) *t.* to satiate, to satisfy [person, appetite]. 2 to fill up, to fill to the brim [person]. 3 fig. to satisfy [wish].

safanòria (səfənɔ́riə) *f.* carrot.

safareig (səfərétʃ) *m.* washing sink, washing place [for clothes]. 2 fig. coll. gossip.

safata (səfátə) *f.* tray.

safir (səfir) *m.* GEMM. sapphire.

safrà (səfrá) *m.* BOT. saffron.

sagaç (səɣás) *m.* wise, judicial, sagacious; shrewd.

sagacitat (səɣəsitát) *f.* sagacity, sound judgement; shrewdness.

sageta (səʒḕtə) *f.* arrow.

Sagitari (səʒitári) *m.* ASTROL. Sagittarius, the Archer.

sagnar (sənná) *t.-i.* to bleed.

sagrament (səɣrəmḕn) *m.* sacrament.

sagrat, -ada (səɣrát, -áðə) *a.* sacred, holy. 2 fig. sacred, inviolable.

sal (sal) *f.* salt.

sala (sálə) *f.* room [house]. *2* hall: ~ *d'actes,* meeting hall, lecture hall.
salamandra (sələmándrə) *f.* ZOOL. salamander, lizard.
salaó (sələó) *f.* salted meat; salt fish.
salar (sələ́) *t.* to salt.
salari (səlári) *m.* salary, wage.
salconduit (səlkundúit) *m.* safe-conduct.
saldar (səldá) *t.* COMM. to meet or pay [bill]; to pay (off) [debt]. *2* to sell off cheap.
saldo (sáldu) *m.* COMM. balance. *2* COMM. clearance sale.
saler (sələ́) *m.* salt-cellar.
salfumant (salfumán) *m.* hydrochloric acid [for cleaning].
saliva (səlíβə) *f.* saliva, spit.
salivera (səliβérə) *f.* dribble of saliva or spit.
sàller (sáʎər) *i.* (ROSS.) See SORTIR.
salmó (səlmó) *m.* salmon.
saló (səló) *m.* lounge, sitting room, drawing room. *2* COMM. salon. ‖ ~ *de bellesa,* beauty parlour.
salpar (səlpá) *i.* NAUT. to upanchor, to weigh anchor, to set sail. ▪ *2 t.* NAUT. to draw up [anchor].
salsa (sálsə) *f.* sauce, dressing.
salsera (səlsérə) *f.* gravy boat, sauce boat.
salsitxa (səlsítʃə) *f.* sausage.
salt (sal) *m.* jump, leap, bound; hop, skip. *2* coll. *phr. fer el* ~, to be unfaithful; not to show up.
saltar (səltá) *i.* to jump, to leap, to spring; to hop, to skip. *2* to come off: *m'ha saltat un botó a la camisa,* a button's come off my shirt. *3 phr.* coll. ~ *a la vista,* to stick out a mile. ▪ *4 t.* to jump (over); to hop, to skip over. *5* to skip, to omit, to leave out.
saltejador (səltəʒəðó) *m.* highway robber, highwayman.
saltejar (səltəʒá) *t.* to hold up, to rob [on roads].
saltimbanqui (səltimbáŋki) *m.* travelling actor, juggler; travelling showman.
saltiró (səltiró) *m.* hop, skip.
salubre (səlúβrə) *a.* healthy, salubrious.
saludable (səluðábblə) *a.* healthy. *2* fig. salutary, beneficial, good.
saludar (səluðá) *t.* to greet.
salut (səlút) *f.* health. ‖ ~*!,* cheers!, your health!
salutació (səlutəsió) *f.* greeting.
salvació (səlβəsió) *f.* salvation.
salvador, -ra (səlβəðó, -rə) *a.* saving. ▪ *2 m.-f.* rescuer; deliverer, saviour.
salvadorenc, -ca (səlβəðuréŋ, -kə) *a., m.-f.* Salvadorean.
salvament (səlβəmén) *m.* rescue; salvation.
salvar (səlβá) *t.* to rescue, to save. *2* to

overcome [difficulty], to get round, to by-pass [obstacle].
salvatge (səlβádʒə) *a.* wild; savage, fierce [animal]. ▪ *2 m.-f.* savage, barbarian.
salvatgina (səlβadʒínə) *f.* wild animal [of the forest].
salvavides (səlβəβíðəs) *m.* lifebelt, life-jacket; life-preserver.
salze (sálzə) *m.* BOT. willow [tree].
samarreta (səmərrétə) *f.* T-shirt; vest, (USA) undershirt.
samfaina (səmfáinə) *f.* COOK. fried vegetable sauce. *2* jumble, hotchpotch.
sanar (səná) *i.* to recover, to get over [an illness]. ▪ *2 t.* to castrate, to geld.
sanatori (sənətóri) *m.* sanatorium; nursing home.
sanció (sənsió) *f.* sanction, ratification.
sancionar (sənsiuná) *t.* to sanction.
sandàlia (səndáliə) *f.* sandal.
sandvitx (səmbítʃ) *m.* sandwich.
sanefa (sənéfə) *f.* trimming; border.
sanejament (sənəʒəmén) *m.* sanitation; cleaning-up [also fig.].
sanejar (sənəʒá) *t.* to sanitate; to clean up [also fig.].
sang (saŋ) *f.* blood. *2* bloodshed. *3* parentage. *4* ~ *calenta,* hotbloodedness; ~ *freda,* cold blood.
sanglot (səŋglót) *m.* sob.
sanglotar (səŋglutá) *i.* to sob.
sangonera (səŋgunérə) *f.* ZOOL. leech.
sangtraït (sáŋtrait) *m.* bruise.
sanguinari, -ària (səŋginári, -áriə) *a.* blood-thirsty, cruel.
sanitari, -ària (sənitári, -áriə) *a.* sanitary; health.
sanitat (sənitát) *f.* health; healthiness. *2* public health (department).
sànscrit, -ta (sánskrit, -tə) *a.-m.* Sanskrit.
sant, -ta (san, -tə) *a.* holy, sacred, blessed; saintly. ▪ *2 m.-f.* saint. *3* saint's day. *4* statue or image of a saint. *5* ~ *i senya,* password.
santoral (sənturál) *m.* list of saints, hagiology. *2* hagiography.
santuari (səntuári) *m.* sanctuary, shrine.
saó (səó) *f.* maturity, ripeness. *2* occasion, moment.
sapastre (səpástrə) *m.* bungler; fumbler.
sapiència (səpiénsiə) *f.* wisdom, knowledge.
saqueig (səkétʃ) *m.* sacking, plunder, looting.
saquejar (səkəʒá) *t.* to sack, to loot, to plunder.
Sara (sárə) *pr. n. f.* Sarah.
saragata (sərəɣátə) *f.* bustle, hullabaloo.
sarau (səráŭ) *m.* dinner dance. *2* brawl, riot.

sarbatana (sərβətánə) *f.* blowpipe; pea-shooter [toy].

sarcasme (sərkázmə) *m.* sarcasm.

sarcàstic, -ca (sərkástik, -kə) *a.* sarcastic; backhanded.

sarcòfag (sərkɔ́fək) *m.* sarcophagus.

sardana (sərðánə) *f.* traditional folk-dance of Catalonia, danced in a circle.

Sardenya (sərðɛ́ɲə) *pr. n. f.* GEOGR. Sardinia.

sardina (sərðínə) *f.* sardine.

sargantana (sərɣəntánə) *f.* ZOOL. (small) lizard.

sargir (sərʒí) *t.* to mend, to sew (up).

sargit (sərʒít) *m.* mending. *2* mend, patch.

sarment (sərmέn) *m.* vine shoot.

sarna (sárnə) *f.* itch; mange.

sarraí, -ïna (sərrəí, -ínə) *a., m.-f.* Saracen.

sarró (sərró) *m.* (leather) knapsack.

sarsuela (sərswέlə) *f.* (Spanish) operetta. *2* fish served in sauce.

sastre (sástrə) *m.* tailor.

sastreria (səstrəríə) *f.* tailor's (shop). *2* tailoring.

sastressa (səstrέsə) *f.* seamstress, dressmaker.

satèHit (sətέlit) *m.* satellite. *2* hanger-on; henchman.

sàtira (sátirə) *f.* satire.

satíric, -ca (sətírik, -kə) *a.* satirical, satiric.

satisfacció (sətisfəksió) *f.* satisfaction.

satisfactori, -òria (sətisfəktɔ́ri, -ɔ́riə) *a.* satisfactory, adequate, passable.

satisfer (sətisfέ) *t.* to satisfy, to please; to meet [need]. *2* to compensate. ▲ CONJUG. like *desfer.*

satisfet, -ta (sətisfέt, -tə) *a.* satisfied, contented.

saturar (səturá) *t.* to saturate, to soak.

Saturn (sətúrn) *m.* ASTR. Saturn.

saüc (səúk) *m.* BOT. elder.

sauna (sáunə) *f.* sauna.

savi, sàvia (sáβi, sáβiə) *a.* learned; wise, sensible.

saviesa (səβiέzə) *f.* wisdom, knowledge; erudition.

saxó, -ona (səksó, -ónə) *a.* saxon.

saxofon (səksufɔ́n) *m.* MUS. saxophone.

se (sə) *pers. pron.* See ES.

Sebastià (səβəstiá) *pr. n. m.* Sebastian.

séc (sek) *m.* fold, pleat; wrinkle; line, groove.

sec, -ca (sεk, -kə) *a.* dry; dried (up). *2* skinny [person]. *3* blunt [manner, character]. ‖ *una salutació seca*, a brusque greeting.

secà (səká) *m.* dry land.

secada (sekáðə) *f.* drought, dry season.

secall (səkáʎ) *m.* twig. *2* skinny person.

secant (səkán) *a.* drying; blotting [paper]. ▪ *2 f.* GEOM. secant.

secció (səksió) *f.* section, cross-section. *2* section, division, department.

seccionar (səksiuná) *t.* to section, to divide into sections.

secessió (səsəsió) *f.* secession, seceding.

secreció (səkrəsió) *f.* secretion.

secret, -ta (səkrέt, -tə) *a.* secret; confidential; undercover [agent, activity, etc.]. ▪ *2 m.* secret; secrecy. ‖ ~ *professional,* professional secrecy.

secretar (səkrətá) *t.-i.* to secrete, to exude.

secretari, -ària (səkrətári, -áriə) *m.-f.* secretary.

secretaria (səkrətəriə) *f.* (secretary's) office. *2* secretariat.

secta (sέktə) *f.* sect.

sector (səktó) *m.* section; area. *2* sector.

secular (səkulá(r)) *a.* age-old, centuries-old. *2* lay. *3* secular.

secundar (səkundá) *t.* to second, to support.

secundari, -ària (sekundári, -áriə) *a.* secondary: *ensenyament* ~, secondary education. *2* ancillary; minor, lesser.

seda (sέðə) *f.* silk. ‖ *anar com una* ~, to go like a dream.

sedant (səðán) *a.-m.* sedative.

sedàs (səðás) *m.* sieve.

sedentari, -ària (səðəntári, -áriə) *a.* sedentary.

sedició (səðisió) *f.* sedition.

sediment (səðimέn) *m.* sediment, deposit.

sedimentar (səðimən tá) *t.* to deposit [sediment]. ▪ *2 p.* to settle, to form [sediment].

seducció (səðuksió) *f.* seduction. *2* allure, charm.

seductor, -ra (səðuktó, -rə) *a.* alluring, seductive.

seduir (səðuí) *t.* to seduce, to allure; to captivate.

sega (sέɣə) *f.* AGR. reaping, harvesting; mowing. *2* harvest [season].

segador, -ra (səɣəðó, -rə) *m.-f.* harvester, reaper.

segar (səɣá) *t.* to mow, to cut [grass], to reap [corn]. *2* to chop.

segell (səʒέʎ) *m.* seal. *2* stamp.

segellar (səʒəʎá) *t.* to seal. *2* to stamp.

segle (sέɡɡlə) *m.* century.

segment (səɡmέn) *m.* segment; piece.

sègol (sέɣul) *m.* rye.

segon, -na (səɣɔ́n, -nə) *a.-m.* second.

segons (səɣóns) *prep.* according to; in accordance to. *2* depending on.

segregació (səɣrəɣəsió) *f.* segregation. *2* secretion.

segregar (səɣɾəɣá) t. to segregate. 2 to secrete.

segrest (səɣɾės(t)) m. kidnapping, abduction. 2 confiscation.

segrestar (səɣɾəstá) t. to kidnap, to abduct. 2 to seize [publication]; to confiscate.

següent (səɣwέn) a. next, following.

seguida (səɣíðə) adv. phr. de ~, at once, straight away, (USA) right away.

seguidor, -ra (səɣiðó, -rə) m.-f. follower, back-up. 2 SP. fan, supporter.

seguir (səɣi) t. to follow, to come or go after; to pursue. 2 to continue, to go on.

segur, -ra (səɣú, -rə) a. sure, definite. 2 safe; secure.

seguretat (səɣurətát) f. certainty, sureness. 2 security; safety. 3 confidence, self-confidence.

seient (səjjέn) m. seat. 2 chair; saddle [of bicycle, motorcycle, etc.].

seitó (səïtó) m. ICHTHY. anchovy.

seixanta (səʃántə) a. sixty.

seixantè, -ena (səʃəntέ, -έnə) a.-m. sixtieth.

selecció (sələksió) f. selection. 2 SP. team.

seleccionar (sələksiuná) t. to select, to pick (out), to choose.

selecte, -ta (səlέktə, -tə) a. choice, select.

sella (sέʎə) f. saddle [on horse].

selva (sέlβə) f. jungle; woods.

semàfor (səmáfur) m. traffic light; signal. 2 NAUT. semaphore.

semblança (səmblánsə) f. likeness, similarity; resemblance. 2 biographical sketch.

semblant (səmblán) a. similar, alike; akin. 2 such: no pot haver tramat ~s accions, he can't have plotted such actions. ■ 3 m. look, appearance. 4 fellow man or creature.

semblar (səmblá) i. to look (like); to seem, to look as though. ‖ què et sembla?, what do you think (of this, that)? ‖ sembla ser que, apparently, it seems as if.

sembra (sέmbrə) f. sowing. 2 sowing season.

sembrar (səmbrá) t. to sow [also fig.].

semen (sέmən) m. semen.

sement (səmέn) f. seed.

semental (səməntál) a.-m. stud.

semestre (səmέstrə) m. semester, half year.

semicercle (sҿmisέrklə) m. semicircle.

semicorxera (sҿmikurʃέrə) f. MUS. sixteenth note, semiquaver.

semifusa (sҿmifúzə) f. MUS. sixty-fourth note.

seminari (səminári) m. seminary. 2 seminar.

semita (səmítə) a. Semitic. ■ 2 m.-f. Semite.

semitò (sҿmitó) m. half tone, semitone.

semivocal (sҿmiβukál) f. LING. semivowel.

sempre (sέmprə) adv. always, for ever, (USA) forever. ‖ per ~, for ever. 2 phr. ~ que, provided (that). ▲ with subj. or indic. ‖ ~ que, whenever, every time that with.

senador, -ra (sənəðó, -rə) m.-f. senator.

senar (səná) a. odd [number]. ‖ parells o ~s, odds or evens [guessing game].

senat (sənát) m. senate.

sencer, -ra (sənsέ, -rə) a. whole; entire.

senderi (səndέri) m. sense; gumption, brains.

senglar (səŋglá) m. ZOOL. boar.

sengles (sέŋgləs) pl. a. each, both: portaven ~ bastons, each of them carried a cane.

senil (sənil) a. senile.

sens (sens) prep. See SENSE.

sensació (sənsəsió) f. feeling, sensation; sense. 2 fig. sensation; rage.

sensacional (sənsəsiunál) a. sensational.

sensat, -ta (sənsát, -tə) a. sensible; wise, sound. ■ 2 adv. (ROSS.) See DE DEBÒ.

sensatesa (sənsətέzə) f. (good) sense, judgement.

sense (sέnsə) prep. without.

sensibilitat (sənsiβilitát) f. sensitivity; sensibility; feeling.

sensible (sənsíbblə) a. sensitive. 2 perceptive, noticeable [change, improvement, etc.].

sensorial (sənsuriál) a. sensory.

sensual (sənsuál) a. sensual; sensuous.

sentència (səntέnsiə) f. maxim. 2 LAW sentence.

sentenciar (səntənsià) t. LAW to sentence.

sentiment (səntimέn) m. feeling, emotion; sentiment. 2 regret; grief, sorrow.

sentimental (səntiməntál) a. sentimental. 2 love [affair, life].

sentinella (səntinέʎə) m. sentry, guard.

sentir (sənti) t. to feel. 2 to hear. ‖ ho sents?, do you hear that? 3 to be sorry, to regret. ‖ ho sento, I'm sorry. ■ 4 p. to feel: ~ trist, to feel sad. ▲ CONJUG. INDIC. Pres.: sent.

sentit, -ida (səntit, -iðə) a. sensitive [easily hurt]. ■ 2 m. sense. ‖ perdre els ~s, to lose consciousness. 3 meaning, sense. 4 direction. ‖ ~ únic, one-way [street].

sentor (səntó) f. smell, odour, (USA) odor.

seny (sέɲ) m. (good) sense, (good) judgement; prudence. ‖ perdre el ~, to take leave of one's senses, to go mad.

senya (sέɲə) f. feature [of person], distinguishing mark [of thing].

senyal (səɲál) m. mark; trace. 2 signal; gesture [of warning, greeting, etc.]. 3 sign, token; indication: donar ~ de vida, to show signs of life.

senyalar (səɲəlá) t. to mark. 2 to sign post [road], to put up signs on. 3 to point out, to point to; to indicate. *4* to mark (for life), to sear.

senyera (sɘɲέrɘ) *f.* flag; banner, standard.

senyor, -ra (sɘɲó, -rɘ) *m.* man, gentleman. *2* lord; owner, master. *3* mister [before proper name]; sir [in direct address]. ‖ *sí ~*, yes indeed. *4 f.* woman; lady. *5* mistress, owner. *6* wife. *7* missus [before proper name]; madam [in direct address].

senyorejar (sɘɲurɘʒá) *t.* to control, to dominate; to rule. ▪ *2 i.* to act like a lord.

senyoreta (sɘɲurέtɘ) *f.* young woman or lady. *2* miss [before proper name]. *3* teacher; miss.

senzill, -lla (senziʎ, -ʎɘ) *a.* simple. *2* easy. *3* plain, natural.

senzillesa (sɘnziʎέzɘ) *f.* simplicity. *2* plainness, naturalness.

separació (sɘpɘrɘsió) *f.* separation, removal. *2* space, distance; gap.

separar (sɘpɘrá) *t.* to separate; to move or take away. *2* to pull apart, to keep apart. ▪ *3 p.* to separate; to split up.

separatisme (sɘpɘrɘtízmɘ) *m.* separatism.

sepeli (sɘpέli) *m.* burial; interment.

sèpia (sέpiɘ) *f.* ZOOL. See SÍPIA.

septentrional (sɘptɘntriunál) *a.* north, northern.

sepulcre (sɘpúlkrɘ) *m.* tomb, grave; sepulchre.

sepultar (sɘpultá) *t.* to bury [also fig.]; to inter.

sepultura (sɘpultúrɘ) *f.* burial. *2* tomb, grave.

sequaç (sɘkwás) *m.-f.* follower, supporter; henchman.

sequedat (sɘkɘðát) *f.* dryness. *2* fig. brusqueness, abruptness.

seqüela (sɘkwέlɘ) *f.* sequel; aftermath.

sèquia (sέkiɘ) *f.* irrigation channel.

ser (se) *m.* being.

ser (se) *i.* See ÉSSER.

serè, -ena (sɘrέ, -έnɘ) *a.* clear, cloudless [sky]. *2* calm, quiet, peaceful; serene [person].

serenata (sɘrɘnátɘ) *f.* serenade.

serenitat (sɘrɘnitát) *f.* peacefulness, quietness; serenity.

serenor (sɘrɘnó) *f.* See SERENITAT.

sergent (sɘrʒέn) *m.* sergeant.

serial (sɘriál) *a.-m.* serial.

sèrie (sέriɘ) *f.* series; sequence, string. ‖ *producció en ~*, massproduction. ‖ *fora de ~*, exceptional, out of the ordinary.

serietat (sɘriɘtát) *f.* seriousness; gravity. *2* consciousness, responsibility; formality.

serigrafia (sɘriɣrɘfíɘ) *f.* silk-screen (printing).

seriós, -osa (sɘriós, -ózɘ) *a.* serious; conscientious, responsible. *2* solemn. *3* serious, important; critical.

sermó (sɘrmó) *m.* speech. *2* fig. sermon, harangue.

serp (serp) *f.* ZOOL. snake, serpent.

serpent (sɘrpέn) *m.-f.* ZOOL. See SERP.

serpentejar (sɘrpɘntɘʒá) *i.* to twist, to wind, to meander.

serra (sέrrɘ) *f.* saw. *2* mountain range; mountains.

serradura (sɘrrɘðúrɘ) *f.* sawing (off). *2* saw cut. *3 pl.* sawdust.

serralada (sɘrrɘláðɘ) *f.* mountain range.

serraller, -ra (sɘrrɘʎé, -rɘ) *m.-f.* locksmith.

serrar (sɘrrá) *t.* to saw (off, up). *2* to press (together), to clench: *~ les dents,* to clench one's teeth.

serrat (sɘrrát) *a.* sawn; sawn-up, sawn-off. *2* serrated, toothed; jagged. ▪ *3 m.* range of hills.

serrell (sɘrrέʎ) *m.* fringe. *2* fringe [of hair], (USA) bangs *pl.*

sèrum (sέrum) *m.* serum.

servei (sɘrβέi̯) *m.* favour, (USA) favor. *2* service; use, usefulness. *3* service, duty. ‖ *~ militar,* military service. *4* servants, help; employees [of hotel]. *5 pl.* public utilities.

servent, -ta (sɘrβέn, -tɘ) (domestic) servant, home-help.

servicial (sɘrβisiál) *a.* obliging, accomodating; obsequious.

servil (sɘrβíl) *a.* servile; obsequious.

servilisme (sɘrβilízmɘ) *m.* servility.

servir (sɘrβí) *i.* to be useful or of use, to be handy. *2* to serve. ▪ *3 t.* to serve; to wait on [in a restaurant]; to be of help. ‖ *en què et puc ~?,* can I help you (in any way)? ▪ *4 p.* to use, to make use of.

sèsam (sέzɘm) *m.* BOT. sesame.

sessió (sɘsió) *f.* session; meeting; sitting. *2* show, performance; showing [cinema].

set (set) *f.* thirst. ‖ *tenir ~,* to be thirsty. ▪ *2 a.-m.* seven. *3 m.* tear, rip [in material, paper], cut [in skin].

setanta (sɘtántɘ) *a.-m.* seventy.

setantè, -ena (sɘtɘntέ, -έnɘ) *a.-m.* seventieth.

set-cents, -tes (sέtséns, -tɘs) *a.-m.* seven hundred.

set-ciències (sέtsiέnsiɘs) *m.-f.* know-all, (USA) know-it-all.

setè, -ena (sɘtέ, -έnɘ) *a.-m.* seventh.

setembre (sɘtέmbrɘ) *m.* September.

setge (séⁿdʒɘ) *m.* siege.

setí (sɘtí) *m.* TEXT. sateen; satin.

setmana (sɘmmánɘ) *f.* week: *~ Santa,* Holy Week, Easter.

setmanada (sɘmmɘnáðɘ) *f.* (weekly) wages, wage.

setmanal (səmmənál) *a.* weekly. ■ *2 m.* weekly pay-sheet [amount].

setmanari (səmmənári) *m.* weekly [publication].

setmesó, -ona (sɛ́dməzó, -ónə) *a.* premature. ■ *2 m.-f.* premature baby.

setrill (sətríʎ) *m.* cruet.

setrilleres (sətriʎérəs) *f. pl.* cruet-set.

setze (sɛ́dzə) *a.-m.* sixteen.

setzè, -ena (sədzɛ́, -ɛ́nə) *a.-m.* sixteenth.

seu (sɛ́ŭ) *f.* seat [of government], headquarters, head office [of company]. *2* cathedral.

seu, seva (sɛ́ŭ, sɛ́βə) *poss. a.* his, her, its; one's; your [polite address]. ‖ *ella i el ~ germà,* she and her brother. ‖ *vostès i els ~s familiars,* you and your relatives. *2* their: *ells i el ~ equipatge,* they and their baggage. ■ *3 poss. pron.* his, hers. *4* theirs. ‖ *aquest és (el) ~,* this is theirs. ‖ *el ~ no hi és,* theirs isn't here.

sèu (sɛ́ŭ) *m.* grease, animal grease or fat.

Seül (səúl) *pr. n. m.* GEOGR. Seoul.

seure (sɛ́ŭrə) *i.* to sit (down). *2* to be seated or sitting. ▲ CONJUG. GER.: *seient.* ‖ P. P.: *segut.* ‖ Pres. INDIC.: *sec,* etc. ‖ Pres. SUBJ.: *segui,* etc. ‖ Imperf.: *segués,* etc.

sever, -ra (səβé(r), -rə) *a.* strict; harsh, hard; severe.

severitat (səβəritát) *f.* strictness; harshness, hardness; severity.

Sevilla (səβíʎə) *pr. n. f.* GEOGR. Seville.

sexe (sɛ́ksə) *m.* sex, gender. *2* sexual organs, genitalia.

sexual (səksuál) *a.* sexual, sex.

sexualitat (səksuəlitát) *f.* sexuality.

1) si (si) *m.* MUS. B.

2) si (si) *conj.* if, whether. ‖ *~ de cas,* if perchance, should. ‖ *~ més no,* at the very least.

3) sí (si) *adv.* yes.

4) si (si) *pers. refl. pron.* himself, herself, itself; oneself; yourself [polite address]. ‖ *tornar en ~,* to recover consciousness, to come round.

sibarita (siβəritə) *a.* sybaritic, luxury-loving. ■ *2 m.-f.* sybarite, luxury-lover.

Sicília (sisíliə) *pr. n. f.* GEOGR. Sicily.

sicilià, -ana (sisiliá, -ánə) *a., m.-f.* Sicilian.

SIDA (siðə) *f.* MED. *(Síndrome de Immunodeficiència Adquirida)* AIDS (Acquired Immune Deficiency Syndrome).

sideral (siðərál) *a.* astral, sidereal.

siderúrgia (siðərúrʒiə) *f.* iron and steel industry, steel industry.

sidra (síðrə) *f.* cider.

sífilis (sífilis) *f.* MED. syphilis.

sifó (sifó) *m.* siphon. *2* soda siphon. *3* soda, soda water.

sigla (sígglə) *f.* acronym; abbreviation.

signar (siɲná) *t.* to sign.

signatura (siɲnətúrə) *f.* signature. *2* signing, signature [act]. *3* reference or catalogue number [on books].

signe (siɲnə) *m.* sign, mark; token.

significació (siɲnifikəsió) *f.* meaning; significance.

significar (siɲnifiká) *t.* to mean; to signify.

significat (siɲnifikát) *m.* meaning, sense.

silenci (silɛ́nsi) *m.* silence, quiet. *2* MUS. rest.

silenciós, -osa (silənsiós, -ózə) *a.* quiet, silent.

sílex (siləks) *m.* MINER. flint, silex.

silicona (silikónə) *f.* CHEM. silicone.

síHaba (siləβə) *f.* syllable.

siHogisme (siluʒizmə) *m.* syllogism.

silueta (siluɛ́tə) *f.* silhouette, outline.

silvestre (silβéstrə) *a.* wild.

Sílvia (silβiə) *pr. n. f.* Silvia, Sylvia.

simbiosi (simbiózi) *f.* BIOL. symbiosis.

símbol (símbul) *m.* symbol, sign.

simbòlic, -ca (simbólik, -kə) *a.* symbolic.

simbolitzar (simbulidzá) *t.* to symbolize.

simetria (simətriə) *f.* symmetry.

simètric, -ca (simɛ́trik, -kə) *a.* symmetric.

simfonia (simfuniə) *f.* MUS. symphony.

simi (simi) *m.* ZOOL. ape.

símil (simil) *m.* simile; comparison.

similar (similá(r)) *a.* similar.

similitud (similitút) *f.* similarity, resemblance, similitude.

simpatia (simpətiə) *f.* friendliness, pleasantness. *2* attraction. ‖ *li tinc molta ~,* I like her a lot. *3* MED. sympathy.

simpàtic, -ica (simpátik, -kə) *a.* friendly; likeable, pleasant.

simple (simplə) *a.* undivided, whole. *2* uncomplicated, simple, straightforward.

simplicitat (simplisitát) *f.* simplicity, uncomplicatedness.

simplificar (simplifiká) *t.* to simplify.

símptoma (simtumə) *m.* symptom.

simulació (simuləsió) *f.* simulation; pretence; make-believe.

sípiasimulacre (simulákrə) *m.* simulacrum.

simular (simulá) *t.* to simulate; to pretend, to feign, to sham.

simultani, -ània (simultáni, -ániə) *a.* simultaneous.

sina (sinə) *f.* breast, chest. *2* bosom [woman].

sinagoga (sinəɣóɣə) *f.* synagogue.

sincer, -ra (sinsé(r), -rə) *a.* frank; sincere.

sinceritat (sinsəritát) *f.* frankness; sincerity.

síncope (siŋkupə) *f.* GRAM., MUS. syncope. *2* MED. faint, fainting, fit.

sincronitzar (siŋkrunidzá) *t.* to synchronise.

sindical (sindikál) *a.* trade union, union.
sindicalisme (sindikəlízmə) *m.* trade-union-ism.
sindicat (sindikát) *m.* syndicate. *2* union, trade union.
síndria (síndriə) *f.* BOT. water melon.
singladura (siŋgləðúrə) *f.* NAUT. day's run, day's sailing.
singlot (siŋglót) *m.* hiccup.
singlotar (siŋglutá) *i.* to hiccup.
singular (siŋgulá(r)) *a.* singular. *2* unusual, strange, odd.
sínia (síniə) *f.* water wheel.
sinistre, -ra (sinístrə, -trə) *a.* left. *2* sinister; evil. ■ *3 m.* disaster, calamity; accident.
sinó (sinó) *conj.* but [contrast]. ‖ *no es ell ~ el seu germà,* it's not him but it's his brother.
sinònim, -ma (sinɔ́mim, -mə) *a.* synonymous.
sinonímia (sinunímiə) *f.* synonymy.
sintaxi (sintáksi) *f.* syntax.
síntesi (síntəzi) *f.* synthesis.
sintètic, -ca (sintέtik, -kə) *a.* synthetic; artificial.
sintetitzar (sintətidzá) *t.* to synthesize.
sintonitzar (sintunidzá) *t.* to syntonize.
sinuós, -osa (sinuós, -ózə) *a.* windy, winding. *2* fig. devious.
sinus (sínus) *m.* GEOM. sine.
sinusitis (sinuzítis) *f.* MED. sinusitis.
sípia (sípiə) *f.* cuttlefish.
sirena (sirέnə) *f.* siren, mermaid. *2* siren.
sirgar (siryá) *i.* MAR. to tow; to pull. *2* fig. to work hard, to toil.
síria (síriə) *pr. n. f.* GEOGR. Syria.
Sirià, -ana (siriá, -ánə) *a., m.-f.* Syrian.
sis (sis) *a.-m.* six.
sis-cents (sisέns) *a.* six hundred.
sisè, -ena (sizέ, -έnə) *a.-m.* sixth.
sisme (sízmə) *m.* earthquake, tremor.
sísmic, -ca (sízmik, -kə) *a.* seismic.
sismògraf (sizmɔ́yrəf) *m.* seismograph.
sistema (sistέmə) *m.* system; method.
sistemàtic (sistəmátik, -kə) *a.* systematic; methodical.
sístole (sístulə) *f.* MED. systole.
sitja (sídʒə) *f.* underground silo or storage pit.
situació (situəsió) *f.* situation; location; status, standing.
situar (situá) *t.* to situate; to locate, so site. ■ *2 p.* to establish oneself; to settle down [in life]. *3* coll. to make it [in life].
sivella (siβéʎə) *f.* buckle.
SL (ésə élə) *f.* COMM. *(Societat Limitada)* (limited liability company) [with restrictions on size].
so (sɔ) *m.* sound.

sobirà, -ana (suβirá, -ánə) *a., m.-f.* sovereign.
sobirania (suβirəniə) *f.* sovereignty.
sobra (sɔ́βrə) *f.* left-over, remainder; excess. ‖ *adv. phr. de ~,* more than enough, ample. *2 pl.* remains, left-overs.
sobrar (suβrá) *i.* to be superfluous or in excess. ‖ *sobren tres cadires,* there are three chairs too many.
sobrassada (suβrəsáðə) *f.* kind of sausage, made of pork, red pepper and salt.
sobre (sɔ́βrə) *adv.* on top. ■ *2 prep.* on, upon, on top of. *3* about, on [subject]. *4* besides, in addition to. ■ *5 m.* top-side, top. *6* envelope.
sobreabundància (soβrəβundánsiə) *f.* overabundance, superabundance.
sobrealimentar (soβrəliməntá) *t.* to overfeed.
sobrecàrrega (soβrəkárrəyə) *f.* overload. *2* excess weight. *3* surcharge.
sobredosi (soβrəðɔ́si) *f.* overdose.
sobreentendre (soβrəntέndrə) *t.* to infer.
sobrehumà, -ana (soβrəumá, -ánə) *a.* superhuman.
sobrenatural (soβrənəturál) *a.* supernatural.
sobrenom (soβrənɔ́m) *m.* nickname.
sobrepassar (soβrəpəsá) *t.* to surpass; to exceed. *2* to be taller [height].
sobreposar (soβrəpuzá) *t.* to superimpose, to put on top of. *2* fig. to give preference to (*a,* over). ■ *3 p.* to pull oneself together, to regain one's self-control.
sobresalt (soβrəsál) *m.* start, jump; shock; fright.
sobreseure (soβrəsέŭrə) *t.* LAW to discontinue [proceedings].
sobresortir (soβrəsurtí) *i.* to stand or jut out, to project. *2* fig. to stand out, to be outstanding. ▲ CONJUG. like *sortir.*
sobresou (soβrəsɔ́ŭ) *m.* extra pay, bonus.
sobretaula (soβrətáŭlə) *f.* chat over coffee and cigars, after-dinner table-talk.
sobretot (soβrətɔ́t) *adv.* above all.
sobrevalorar (soβrəβəlurá) *t.* to overvalue; to overrate.
sobrevenir (soβrəβəni) *i.* to happen suddenly, to come about. ▲ CONJUG. like *abstenir-se.*
sobreviure (soβrəβiŭrə) *i.* to survive. ▲ CONJUG. like *viure.*
sobri, sòbria (sɔ́βri, sɔ́βriə) *a.* sober, restrained; unadorned.
sobrietat (suβriətát) *f.* sobriety, restraint.
sobtadament (suptəðəmén) *adv.* suddenly, all of a sudden, abruptly.
sobtar (suptá) *t.* to catch (out), to catch unawares. *2* COOK. to undercook. ■ *3 p.* to be

caught (out) or unawares. *4* COOK. to be undercooked.

sobtat, -ada (suptát, -áðə) *a.* sudden, abrupt.

sobte (de) (sóptə) *adv. phr.* suddenly, all of a sudden.

soca (sókə) *f.* stump, roots [of tree]. *2 adv. phr. de ~ rel,* totally, one hundred percent, through and through.

socarrar (sukərrá) *t.* to singe; to scorch.

socarrim (sukərrim) *m.* singing; scorching.

socarrimar (sukərrimá) *t.* See SOCARRAR.

soci, sòcia (sósi, -sósiə) *m.-f.* COMM. partner, associate. *2* member [club, society]. *3* guy, chap.

sociable (susiábblə) *a.* sociable, friendly, gregarious.

social (susiál) *a.* social. *2* COMM. company, commercial.

socialisme (susiəlizmə) *m.* socialism.

socialista (susiəlistə) *a., m.-f.* socialist.

societat (susiətát) *f.* society. ‖ *~ de consum,* consumer society. *2* COMM. corporation, company. ‖ *~ anónima,* limited liability company. *3* COMM. firm company, association.

sociòleg, -òloga (susiólək, -óluɣə) *m.-f.* sociologist.

sociologia (susiuluʒiə) *f.* sociology.

sòcol (sókul) *m.* socle, base, plinth. *2* skirting board [around wall].

socórrer (sukórrə) *t.* to aid, to assist, to help. *2* to meet, to relieve [needs].

socors (sukórs) *m.* aid, assistance, help: ~*!,* help!

soda (sóðə) *f.* soda water, soda.

sodi (sóði) *m.* MINER. sodium.

sofà (sufá) *m.* settee, sofa, couch.

sofert, -ta (sufèr(t), -tə) *a.* long-suffering; patient [person]. *2* TEXT. hard-wearing, tough, long-lasting.

Sofia (sufiə) *pr. n. f.* GEOGR. Sofia.

sofisticació (sufistikəsió) *f.* sophistication, refinement, elegance. *2* pej. affectation.

sofre (sófrə) *m.* MINER. sulphur.

sofregir (sufrəʒi) *t.* to fry lightly.

sofriment (sufrimén) *m.* suffering. *2* endurance; tolerance, patience.

sofrir (sufri) *i.* to suffer. ■ *2 t.* to endure [illness, misfortune]; to suffer from [illness]. ‖ *~ un accident,* to have an accident. ‖ *~ un canvi,* to undergo a change.

soga (sóɣə) *f.* rope. *2 phr. veure's amb la ~ al coll,* to be up to one's neck in it, to be in a tight spot.

sogre, -gra (sóɣrə, -ɣrə) *m.* father-in-law. *2 f.* mother-in-law.

soja (sóʒə) *f.* BOT. soya.

sojorn (suʒórn) *m.* stay, sojourn. *2* dwelling, dwelling-place, home, abode.

sojornar (suʒurná) *i.* to stay, to spend some time [in a place].

sol (sɔl) *m.* ASTR. sun. ‖ *~ ixent,* rising sun. *2* sunshine. ‖ *prendre el ~,* to sunbathe; to lie in the sun. *3* MUS. G.

sòl (sɔl) *m.* ground. *2* floor [house]. *3* AGR. land, ground.

sol, sola (sɔl, sólə) *a.* alone, unaccompanied; single. ‖ *una sola vegada,* one single time, once only. *2* lonely: *trobar-se ~,* to feel lonely.

sola (sólə) *f.* sole [of shoe].

solà, -ana (sulá, -ánə) *a.* sunny, sunlit. ■ *2 f.* sunny spot, suntrap.

solament (sóləmén) *adv.* only.

solapa (sulápə) *f.* lapel.

solar (sulá) *m.* building pot, plot, lot; site.

solar (sulá(r)) *a.* solar, sun.

solatge (suládʒə) *m.* deposit, sediment [from liquid].

solcar (sulká) *t.* AGR. to plough up; to furrow. *2* fig. to plough up [vehicles, of land]. *3* to ply [the seas]. *4* to cut through, to cleave [the waters, the airs]. *5* to score [hard surfaces].

soldador (suldəðó) *m.* soldering iron. *2* welder [person].

soldadura (suldəðúrə) *f.* welding [usu. act only]. *2* weld.

soldar (suldá) *t.* to weld.

soldat (suldát) *m.* soldier.

soledat (suləðát) *f.* solitude; loneliness.

solemne (sulèmnə) *a.* solemn, serious, dignified.

solellada (suləʎáðə) *f.* sun-bathing. *2* MED. sunstroke.

soler (sulè) *i.* to be in the habit or custom of, to be accustomed to. ‖ *sol anar al cine cada diumenge,* he usually goes to the cinema every Sunday.

solfa (sólfə) *f.* MUS. solfa. *2* musical notation.

solfeig (sulfètʃ) *m.* MUS. solfa.

solfejar (sulfəʒá) *t.* MUS. to solfa.

sòlid, -da (sólit, -ðə) *a.-m.* solid. *2 a.* firm; hard.

solidari, -ària (sulidári, -áriə) *a.* joint, common [activities]. *2* shared in common; in solidarity. *3* LAW joint.

solidaritat (suliðəritát) *f.* solidarity.

solidaritzar-se (suliðəridzársə) *p.* to declare one's support for or solidarity with.

solidesa (suliðèzə) *f.* solidity; firmness; hardness.

solidificar (suliðifiká) *t.* to solidify; to become firm or hard.

soliloqui (sulilɔ́ki) *m.* soliloquy, monologue.

solista (sulistə) *m.-f.* soloist, solo singer.

solitari, -ària (sulitári, -áriə) *a.* solitary; lonely; bleak, desolate. ▪ *2 m.-f.* loner. *3 f.* ENT. tapeworm.

solitud (sulitút) *f.* solitude. *2* lonely place.

soHícit, -ta (sulísit, -tə) *a.* solicitous, obliging.

soHicitar (sulisitá) *t.* to apply for [job]. *2* to request, to solicit; to ask for.

soHicitud (sulisitút) *f.* solicitude, concern. *2* petition; application (form).

solo (sɔ́lu) *m.* MUS. solo.

sols (sɔls) *adv.* See SOLAMENT.

solstici (sulstísi) *m.* solstice.

solt, -ta (sɔlt, -tə) *a.* loose; untied; free, flowing. *2* detached, separate. ▪ *2 f.* (common) sense, logic. ‖ *sense solta ni volta,* without rhyme or reason.

solter, -ra (sultέ, -rə) *a.* single, unmarried. ▪ *2 m.* bachelor. *3 f.* spinster, unmarried woman.

soluble (sulúbblə) *a.* soluble. *2* solvable [problem].

solució (sulusió) *f.* solution.

solucionar (sulusioná) *t.* to solve. *2* to resolve, to settle.

solvència (sulβέnsiə) *f.* solvency.

solvent (sulβέn) *a.* solvent; afloat.

somera (sumérə) *f.* ZOOL. she-ass.

somiador, -ra (sumiəðó, -rə) *a.* idealistic; dreamy. ▪ *2 m.-f.* dreamer.

somiar (sumiá) *i.* to dream (*amb*, of). ▪ *2 t.* to dream about. ‖ *~ truites,* to live in a dream, to build up (false) hopes.

somiatruites (sumiətrúitəs) *m.-f.* dreamer, escapist.

somicar (sumiká) *i.* to whimper, to whine.

somicó (sumikó) *m.* whimper, whine.

somier (sumié) *m.* spring mattress.

sòmines (sɔ́minəs) *m.* dolt, dimwit, dope.

somnàmbul, -la (sunámbul, -lə) *m.-f.* sleepwalker, somnambulist.

somni (sɔ́mni) *m.* dream. *2* pipe dream, fantasy.

somniar (sumiá) *i.* See SOMIAR.

somnífer, -ra (sumnífer, -rə) *a.* sleep-inducing, soporific. ▪ *2 m.* sleeping pill.

somnolència (sumnulένsiə) *f.* drowsiness, sleepiness.

somort, -ta (sumɔ́r(t), -tə) *a.* dying, weak; muffled [sound], dim [light].

somrient (sumrrién) *a.* smiling, beaning.

somrís (sumrís) *m.* See SOMRIURE.

somriure (somrriŭrə) *m.* smile; grin.

somriure (sumrriŭrə) *i.* to smile, to grin; to bean. ▲ CONJUG. like *riure.*

son (sɔn) *m.* sleep. *2 f.* sleepiness. ‖ *tinc ~,* I'm sleepy, I'm tired.

son, sa (son, sə) *poss. a.* his, her, its.

sonar (suná) *i.* to sound; to go off, to ring [bell]. *2* fig. to sound, familiar. ‖ *et sona aquest nom?,* does this name ring a bell? ▪ *3 t.* to play, to sound [instrument].

sonat, -ada (sunát, -áðə) *a.* well-known, talked-of. *2* crazy; bonkers.

sonata (sunátə) *f.* MUS. sonata.

sonda (sɔ́ndə) *f.* sounding. *2* TECH. bore, drill. *3* MED. probe; tube. ‖ *~ esofàgica,* probang.

sondar (sundá) *t.* to sound, to probe. *2* TECH. to bore (into). *3* MED. to put a tube or probe into [patient]. *4* fig. to take polls, (USA) to do surveys.

sondeig (sundέtʃ) *m.* sound, sounding; probe. *2* fig. poll, inquiry; survey.

sondejar (sundəʒá) *t.* to sound, to probe. *2* take polls, (USA) to do surveys.

sonet (sunέt) *m.* sonnet.

Sónia (sɔ́niə) *pr. n. f.* Sonia.

sonor, -ra (sunɔ́r, -rə) *a.* sonorous; resonant; sound. ‖ *banda sonora,* sound-track.

sonoritat (sunuritát) *f.* sonority, resonance.

sopa (sɔ́pə) *f.* soup; broth. ‖ *estar com una ~,* to have a bad cold.

sopar (supá) *m.* dinner, supper.

sopar (supá) *i.* to have dinner or supper; to dine.

sopera (supérə) *f.* soup tureen.

sopluig (suplútʃ) *m.* shelter.

sopor (supó(r)) *m.* drowsiness; sluggishness.

soporífer, -ra (supurífər, -rə) *a.* sleep-inducing, soporific.

soprano (supráno) *m.* MUS. soprano.

sord, -da (sor(t), -ðə) *a.* deaf. *2* muffled, dull; quiet. *2 m.-f.* deaf person.

sordejar (surðəʒá) *i.* to be hard of hearing.

sordesa (surðézə) *f.* deafness.

sòrdid, -da (sɔ́rðit, -ðə) *a.* sordid, filthy, squalid.

sordina (surðínə) *f.* MUS. damper, soft pedal.

sord-mut, sorda-muda (sɔrmút, sɔrðəmúðə) *a.* deaf and dumb. *2 m.-f.* deaf and dumb person.

sorgir (surʒí) *i.* to avise, to emerge; to appear (unexpectedly); to crop up.

sorna (sɔ́rnə) *f.* sarcasm, slyness.

sorneguer, -ra (surnəɣé, -rə) *a.* underhand; sly, sneaky.

sornegueria (surnəɣəríə) *f.* slyness, cunning.

soroll (surɔ́ʎ) *m.* noise; uproar.

sorollós, -osa (suruʎós, -ózə) *a.* noisy, loud.

sorprendre (surprέndrə) *t.* to surprise, to

catch (unawares). *2* to surprise, to astonish, to amaze. ▲ CONJUG. like *aprendre*.

sorprenent (surprənén) *a.* surprising; astonishing, amazing.

sorpresa (surprézə) *f.* surprise; astonishment, amazement.

sorra (sórrə) *f.* sand.

sorral (surrál) *m.* sandy spot; sandpit. *2* bunker [golf].

sorrut, -uda (surrút, -úðə) *a.* sullen, sulky; grin; unsociable.

sort (sɔr(t)) *f.* luck, (good) fortune. ‖ *tenir* ~, to be lucky.

sorteig (surtétʃ) *m.* draw, raffle.

sortejar (surtəʒá) *t.* to draw lots for; to raffle.

sortida (surtíðə) *f.* departure; leaving; rising [of sun]. *2* SP. start. *3* exit, way out; outlet; valve, vent. *4* outing, excursion. *5* quip, witty remark; joke.

sortidor (surtiðó) *m.* jet, spout.

sortilegi (surtiléʒi) *m.* fortune-telling; sorcery.

sortir (surtí) *i.* to go out, to come out; to get out of. *2* to depart, to leave. *3* to appear, to emerge; to come out [publication]. *4* to rise [sun]. *5* to turn out, to prove (to be); to go [well or badly]. ▲ CONJUG. INDIC. Pres.: *surto, surts, surt, surten.* ‖ SUBJ. Pres.: *surti, surtis, surti, surtin.*

sospir (suspír) *m.* sigh; breath.

sospirar (suspirá) *i.* to sigh [also fig.].

sospita (suspítə) *f.* suspicion; doubt.

sospitar (suspitá) *t.* to suspect. ■ *2 i.* ~ *de*, to be suspicious of, to have one's suspicious about.

sospitós, -osa (suspitós, -ózə) *a.* suspicious, suspect.

sostenidors (sustəniðós) *m. pl.* brassière, bra.

sosteniment (sustənimén) *m.* support; strengthening; upholding. *2* sustenance [of body].

sostenir (sustəní) *t.* to support, to hold' (up); to carry, to bear. *2* fig. to support, to back, to defend; to sustain, to maintain. ▲ CONJUG. like *abstenir-se*.

sostingut, -uda (sustiŋgút, -úðə) *a.* steady, sustained; prolonged. ■ *2 a.-m.* MUS. sharp.

sostre (sɔ́strə) *m.* ceiling. *2* layer.

sostreure (sustréŭrə) *t.* to take out, to take away; to remove. *2* MATH. to subtract, to deduct. ▲ CONJUG. like *treure*.

sot (sɔt) *m.* ditch, pit; rut.

sota (sótə) *prep.* under, beneath, below. ■ *adv.* below, underneath.

sotabarba (sɔtəβárβə) *m.* double chin; jowl.

sotamà (sotamá) *adv. phr. de* ~, underhand, on the sky; stealthily.

soterrani, -ània (sutərráni, -ánia) *a.* underground, subterranean. ■ *2 m.* basement.

sotjar (sudʒá) *t.* to spy on, to watch; to stalk [hunting].

sotmetre (summétrə) *t.* to subdue, to overcome. *2* to subject to; to put under [treatment]. *3* to submit, to present. ■ *4 p.* to submit, to surrender. ▲ CONJUG. like *admetre*.

sotrac (sutrák) *m.* jolt, bump [of car].

sotragada (sutrəɣáðə) *f.* See SOTRAC.

sots-director, -ra (sɔdzðirəktó, -rə) *m.-f.* sub-director, assistant director.

sotsobrar (sutsuβrá) *t.* to knock down [person]. ■ *2 i.* MAR. to capsize, to overturn.

sots-oficial (sɔdzufisiál) *m.* non-commissioned officer. *2* MIL. sergeant-major.

sou (soŭ) *m.* salary, wage; pay. *2 pl.* (ROSS.) money.

soviètic, -ca (suβiétik, -kə) *a.* Soviet.

sovint (suβín) *adv.* often.

sovintejar (suβintəʒá) *t.* to do repeatedly or frequently. ■ *2 i.* to happen frequently, to be frequent.

SP *m.* *(Servei Públic)* Public Service.

Sr. *m. abbr.* *(Senyor)* Mr (Mister).

Sra. *f. abbr.* *(Senyora)* Mrs (Mistress).

Srta. *f. abbr.* *(Senyoreta)* Miss (Miss).

SS *f.* *(Seguretat Social)* Social Security.

St. *m. abbr.* *(Sant)* St. (Saint).

Sta. *f. abbr.* *(Santa)* St. (Saint).

suada (suáðə) *f.* sweat. *2* fig. toil, labour, (USA) labor.

suar (suá) *i.* to sweat. *2* fig. to work hard. ■ *3 t.* to sweat (off); to ooze. ‖ ~ *la cansalada*, to bathe in sweat. ‖ ~ *sang*, to sweat blood. *4* to make or get sweaty.

suau (suáŭ) *a.* soft; gentle, mild; smooth.

suavitat (suəβitát) *f.* softness, mildness, gentleness, smoothness.

suavitzar (suəβidzá) *t.* to soften; to smooth (out); to soothe.

subaltern, -na (subbəltέrn, -nə) *a.* secondary; auxiliary, assistant.

subconscient (supkunsién) *a.-m.* subconscious.

súbdit, -ta (súbdit, -tə) *a., m.-f.* subject; citizen.

subdividir (subdiβiðí) *t.* to divide up, to subdivide.

subhasta (suβástə) *f.* auction.

subhastar (suβəstá) *t.* to put up for auction; to auction off.

subjacent (subʒəsén) *a.* underlying.

subjecció (subʒəksió) *f.* seizure; fastening. *2* subjection.

subjectar (subʒəktá) *t.* to hold (tight); to clutch, to seize; to fasten (together). *2* to subdue; to hold down.

subjecte (subʒéktə) *m.* GRAMM. subject. *2* person; type, character.

subjectivisme (subʒəktiβízmə) *m.* PHIL. subjectivism.

subjectivista (subʒəktiβístə) *a.* subjectivistic. *2* subjective. ▪ *3 m.-f.* subjectivist.

subjugar (subʒuɣá) *t.* to subjugate, to subdue; to overpower.

sublim (suβlím) *a.* lofty, towering; sublime.

submarí, -ina (summərí, -ínə) *a.* submarine, underwater. ▪ *2 m.* NAUT. submarine.

submergible (summərʒíbblə) *a.* submersible.

submergir (summərʒí) *t.* to submerge; to immerse, to plunge [also fig.].

subministrar (sumministrá) *t.* to supply, to provide; to give.

submís, -issa (summís, -ísə) *a.* submissive, obedient.

submissió (summisió) *f.* submission; submissiveness.

subnormal (subnurmál) *a.* subnormal, retarded, mentally handicaped. ▪ *2 m.-f.* retarded *a.*, subnormal.

subordinació (suβurðinəsió) *f.* subordination.

subordinar (suβurðiná) *t.* to subordinate.

subordinat, -ada (suβurdinát, -áðə) *a., m.-f.* ancillary; subordinate.

suborn (suβórn) *m.* bribery. *2* bribe.

subornar (suβurná) *t.* to bribe, to pay or buy off.

subratllar (subrrəʎʎá) *t.* to underline. *2* fig. to emphasize.

subscripció (suskripsió) *f.* signature, subscription. *2* subscription [to a periodical].

subscriure (suskríŭrə) *t.* to sign, to subscribe. ▪ *2 p.* to subscribe.

subsidi (supsíði) *m.* subsidy, grant; allowance; benefit. ‖ ~ *d'atur,* unemployment benefit.

subsistència (supsistέnsiə) *f.* subsistence; sustenance.

subsistir (supsistí) *i.* to subsist; to stay alive; to survive.

subsòl (supsól) *m.* subsoil.

substància (sustánsiə) *f.* substance [also fig.]; essence, core.

substancial (sustənsiál) *a.* substantial. *2* vital, essential.

substanciós, -osa (sustənsiós, -ózə) *a.* substantial. ‖ *un menjar* ~, a solid meal. *2* fig. meaty.

substitució (sustitusió) *f.* substitution, replacement.

substituir (sustituí) *t.* to substitute, to replace; to stand in for [temporarily].

substitut, -ta (sustitút, -tə) *m.-f.* substitute, replacement; deputy, stand-in.

substrat (sustrát) *m.* substratum.

subterfugi (suptərfúʒi) *m.* subterfuge.

subterrani, -ània (suptərráni, -ániə) *a.* underground, subterranean.

subtil (suptíl) *a.* subtle; fine [line], thin; keen, sharp [mind].

subtilesa (suptilέzə) *f.* subtlety; thinness.

subtítol (suptítul) *m.* subtitle; subheading.

subtracció (suptrəksió) *f.* MATH. subtraction; deduction.

suburbà, -ana (supurβá, -ánə) *a.* suburban.

suburbi (suβúrβi) *m.* (poor) suburb.

subvenció (subbənsió) *f.* subsidy, subvention.

subversió (subbərsió) *f.* subversion; overthrow [act].

subversiu, -iva (subbərsiŭ, -íβə) *a.* subversive.

suc (suk) *m.* juice. *2* gravy. *3* fig. essence, substance.

sucar (suká) *t.* to dip, to dunk. *2* coll. to have a hand in.

succedani, -ània (suksəðáni, -ániə) *a.* substitute.

succeir (suksəí) *i.* to follow, to succeed. *2* to happen.

succés (suksés) *m.* event, incident. *2* success.

successió (suksəsió) *f.* succession. *2* issue, offspring; heirs.

successiu, -iva (suksəsiŭ, -íβə) *a.* successive, consecutive. ‖ *dos dies* ~*s,* two days running, (USA) two days in a row.

successor, -ra (suksəsó, -rə) *a.* succeeding. ▪ *2 m.-f.* successor; heir.

succint, -ta (suksín, -tə) *a.* succint, brief; to the point.

sucós, -osa (sukós, -ózə) *a.* juicy, succulent. *2* fig. solid.

sucre (súkrə) *m.* sugar.

sucrera (sukrέrə) *f.* sugar-bowl, sugar-basin.

suculent, -ta (sukulέn, -tə) *a.* succulent. *2* nutritious.

sucumbir (sukumbí) *i.* to succumb, to give way.

sucursal (sukursál) *a.-f.* branch, subsidiary.

sud (sut) *m.* south.

Sud-Àfrica (sutáfrikə) *pr. n. f.* GEOGR. South Africa.

sud-africà, -ana (sutəfriká, -ánə) *a., m.-f.* South African.

Sud-Amèrica (sutəmέrikə) *pr. n. f.* GEOGR. South America.

sud-americà, -ana (sutəmərikà, -ánə) *a., m.-f.* South American.

suec, -ca (suέk, -kə) *a.* Swedish. ■ *2 m.-f.* Swede.

Suècia (suέsiə) *pr. n. f.* GEOGR. Sweden.

suèter (swέtər) *m.* sweater.

suficiència (sufisiέnsiə) *f.* sufficiency, adequacy. *2* smugness, complacency.

suficient (sufisiέn) *a.* sufficient, enough; adequate. *2* smug, condescending.

sufocar (sufukà) *t.* to suffocate, to stifle. *2* to put out [fire]. *3* to crush [revolt]. *4* to make blush.

sufragar (sufrəɣà) *t.* to cover, to meet [costs]; to aid, to help [economically].

sufragi (sufràʒi) *m.* suffrage. *2* vote.

suggeriment (suʒərimέn) *m.* suggestion.

suggerir (suʒəri) *t.* to suggest.

suggestió (suʒəstió) *f.* suggestion. *2* PSYCH. inducement.

suggestionar (suʒəstiunà) *t.* to influence; to induce; to hypnotize.

suggestiu, -iva (suʒəstíŭ, -íβə) *a.* stimulating, thought-provoking.

suïcida (suisíðə) *a.* suicidal. *2 m.-f.* suicide, person who is going to commit suicide. *3* fig. suicidal person.

suïcidar-se (suisiðársə) *p.* to commit suicide, to kill oneself.

suïcidi (suisíði) *m.* suicide.

suís, suïssa (suís, suísə) *a., m.-f.* Swiss.

Suïssa (suísə) *pr. n. f.* GEOGR. Switzerland.

suma (súmə) *f.* addition. *2* sum; amount.

sumand (sumán) *m.* addendum.

sumar (sumà) *t.* to add, to sum (up). *2* to total, to add up to.

sumari, -ària (sumári, -áriə) *a.* brief. ■ *2 m.* summary. *3* LAW indictment.

sumir (sumí) *t.* to bury; to sink [also fig.], to plunge.

súmmum (súmmum) *m.* summit, peak. ‖ *ser el ~,* to be the limit, to be the last straw.

sumptuós, -osa (sumtuós, -ózə) *a.* sumptuous; lavish.

suor (suó) *f.* sweat, perspiration.

supeditar (supəðità) *t.* to subordinate.

superar (supərà) *t.* to surpass, to beat; to overcome, to get over.

superàvit (supəráβit) *m.* surplus.

superb, -ba (supέrp, -βə) *a.* magnificent, splendid. *2* arrogant; haughty.

supèrbia (supέrβiə) *f.* arrogance, haughtiness.

superficial (supərfisiál) *a.* superficial, surface; shallow. ‖ *una ferida ~,* a superficial wound. *2* fig. superficial, shallow; airy.

superfície (supərfísiə) *f.* surface. *2* area.

superflu, -èrflua (supέrflu, -έrfluə) *a.* superfluous, excessive.

superior, -ra (supərió(r), -rə) *a.* higher, greater; upper; top. *2* better, superior. ■ *3 m.-f.* superior.

superioritat (supəriuritát) *t.* superiority.

supermercat (supərmərkát) *m.* supermarket.

superposar (supərpuzà) *t.* to superimpose, to put on top.

superstició (supərstisió) *f.* superstition.

supervivent (supərβiβέn) *a.* surviving. ■ *2 m.-f.* survivor.

suplantar (supləntà) *t.* to supplant; to take over from.

suplement (supləmέn) *m.* supplement. *2* extra fee or charge.

suplementari, -ària (supləməntári, -áriə) *a.* supplementary; additional, extra.

suplent (suplέn) *a., m.-f.* substitute.

súplica (súplikə) *f.* request, appeal; supplication, entreaty.

suplicar (suplikà) *t.* to implore, to beg, to plead; to appeal to.

suplici (suplísi) *m.* torture, torment [also fig.].

suplir (suplí) *t.* to substitute, to replace. *2* to make up (for). ▲ CONJUG. P. P.: *suplert.*

suport (supórt) *m.* aid, help; support, backing. *2* support, base.

suportable (supurtábblə) *a.* bearable, endurable.

suportar (supurtà) *t.* to support, to back; to help. *2* to endure, to bear; to stand.

suposar (supuzà) *t.* to suppose, to assume. *2* to mean; to involve.

suposició (supuzisió) *f.* assumption; supposition.

supositori (supuzitóri) *m.* MED. suppository.

suprarenal (suprərrənál) *f.* ANAT. suprarenal [gland].

suprem, -ma (suprέm, -mə) *a.* supreme.

supremacia (suprəməsíə) *f.* supremacy.

supressió (suprəsió) *f.* suppression, abolition; lifting; elimination.

suprimir (suprimí) *t.* to abolish; to supress [rebellion, book, etc.]; to eliminate; to lift [restrictions].

supurar (supurà) *i.* to suppurate, to fester.

surar (surà) *i.* to float.

suro (súru) *m.* cork.

surra (súrrə) *f.* walloping, tanning.

surrealisme (surrəalízmə) *m.* surrealism.

Susagna (suzáɲnə) *pr. n. f.* Susan, Suzanne.

susceptible (susəptíbblə) *a.* susceptible; capable, liable. *2* touchy, sensitive.

suscitar (susità) *t.* to cause, to provoke; to start; to arouse [interest, suspicion].

suspendre (suspέndrə) *t.* to adjourn; to sus-

pend. *2* to hang. *3* to fail [exam]. ▲ CON-
JUG. like *ofendre*.

suspens (suspéns) *m.* fail, failure [in exam].

suspensió (suspənsió) *f.* suspension. *2* ad-
journment.

suspicaç (suspikás) *a.* distrustful, suspi-
cious.

suspicàcia (suspikásiə) *f.* mistrust, suspi-
cion.

sustentar (sustəntá) *t.* to sustain, to nour-
ish; to keep going. *2* to hold up.

sutge (sùdʒə) *m.* soot.

sutura (sutùrə) *f.* MED. suture, sutura.

T

T, t (te) *f.* t [letter].

t', 't *pers. pron.* See ET.

tabac (təβák) *m.* tobacco. ∥ ~ *ros,* Virginia or blond tobacco. ∥ *tens ~?,* have you any cigarettes?

tabalot (təβəlót) *m.* scatter-brain.

tabola (təβólə) *f.* revelry, carousal, binge, spree. ∥ *fer ~,* to carouse; to make a racket.

tabú (təβú) *m.* taboo.

tac (tak) *m.* peg; plug.

taca (tákə) *f.* stain; spot, blotch. ∥ *això ja passa de ~ d'oli,* this has gone too far, this is beyond a joke.

tacar (təká) *t.* to stain; to spot, to mark.

tàcit, -ta (tásit, -tə) *a.* tacit; unspoken, unwritten.

taciturn, -na (təsitúrn, -nə) *a.* taciturn; sullen, moody.

tacte (táktə) *m.* touch [sense or act]; feel. *2* fig. tact.

tàctic, -ca (táktik, -kə) *a.* tactical. ■ *2 f.* tactics; move.

tafanejar (təfənəʒá) *t.* to pry into; to spy on.

tafaner, -ra (təfəné, -rə) *a.* nosey, snooper.

tal (tal) *a.* such (a). ∥ ~ *dia com avui,* years ago today. *2* a certain; that. ∥ *vindrem a ~ hora,* we'll come at a certain time. *3 la senyora ~,* Mrs. So-and-so. ■ *4 a.-adv.* such a way. ∥ *porta-ho ~ com t'han dit,* carry it just as they told you to. *5 phr. per ~ de,* in order to. ∥ *per ~ que,* so that.

tala (tálə) *f.* (tree) felling. *2* fig. destruction, devastation.

talaia (təlájə) *f.* watchtower.

talar (təlá) *t.* to fell, to cut down [trees]. *2* to devastate, to destroy; to demolish.

talc (talk) *m.* talc. *2* talcum powder.

talent (təlén) *m.* talent; ability.

TALGO (tálɣo) *m.* («*Tren Articulado Lige-ro Goicoechea-Oriol»)* (special express train).

talismà (təlizmá) *m.* talisman; good-luck charm.

tall (táʎ) *m.* cutting. *2* cut, incision. *3* slice [of cheese, meat, etc.]. *4* meat or fish [in stew].

talla (táʎə) *f.* (wooden) sculpture; engraving. *2* height, stature. *3* size [of garment].

tallada (təʎáðə) *f.* cut, cutting. ∥ *fer-se una ~ de cabells,* to get one's hair cut. *2* slice [of food].

tallar (təʎá) *t.* to cut; to cut down [tree], to cut off [branch]; to chop; to slash. *2* to slit, to cut. *3* to cut off; to shut off. ■ *4 p.* to curdle, to turn [milk, sauce, etc.].

tallat, -da (təʎát, -áðə) *a.* cut; cut down; cut off; chopped. ■ *2 m.* (small) white coffee.

taller (təʎé) *m.* workshop, shop. *2* repair shop.

taló (təló) *m.* heel [of foot or shoe]. *2* cheque, (USA) check.

talonari (təlunári) *m.* cheque book, (USA) checkbook.

talòs, -ossa (təlós, -ósə) *a.* thick, dim, dopey.

talp (talp) *m.* ZOOL. mole.

també (təmbé) *adv.* also, too, as well: *jo ~,* me too.

tambor (təmbó) *m.* drum.

tamboret (təmburét) *m.* stool.

Tàmesi (táməsi) *pr. n. m.* GEOGR. Thames.

tampoc (təmpók) *adv.* neither; either [preceded by not]: *ell ~ no ho sap,* he doesn't know either.

tan (tan) *adv.* as: *és ~ alt com tu,* he's as tall as you (are). *2* so, such(a). ∥ *és ~ simpàtica!,* she's so nice!

tanc (taŋ) *m.* tank.

tanca (táŋkə) *f.* fence; palisade, stockade; wall. *2* bolt, latch; lock [of door]. *3* fastener; clasp; catch; lock.

tancar (təŋká) t. to close; to block (up); to close down; to turn off; to lock (up). ‖ ~ **amb clau**, to lock. ▪ 2 i. to close, to lock: **aquesta porta no tanca**, this door doesn't close well.

tancat, -ada (təŋkát, -áðə) a. closed; blocked; tuned off; locked (up). ▪ 2 m. enclosure, enclosed area.

tanda (tándə) f. shift. 2 turn. 3 series; course.

tàndem (tándəm) m. tandem. 2 duo; pair.

tanga (táŋgə) m. G-string.

tanmateix (təmmətéʃ) adv. naturally; as expected. 2 nevertheless; however.

tanoca (tənɔ́kə) a., m.-f. dumb, dopey, thick. ▪ 2 m.-f. dim-wit, half-wit, idiot.

tant, -ta (tən, -tə) a.-pron. so much, as much; so many, as many: **no n'hi ha ~s com m'havies dit**, there aren't as many as you told me. ▪ 2 adv. so; so much, as much: **menja ~ com vulguis**, eat as much as you please. ‖ ~ **de bo**, I hope so. ‖ ~ **me fa**, I don't care. ‖ ~ **se val**, it doesn't matter, it makes no difference. ‖ **de ~ en ~**, now and again, from time to time. ‖ **per ~**, so, therefore.

tap (tap) m. stopper, cap, top; cork. 2 plug; blockage. 3 fig. dwarf.

tapa (tápə) f. lid; cap, cover. 2 heel; heel-plate. 3 tidbit, snack [in a bar].

tapadora (təpəðórə) f. lid, cover.

tapar (təpá) t. to cover; to put the cap or lid on; to plug; to block (up), to stop (up). 2 to block. ‖ **el núvol tapa el sol**, the cloud is screening the sun. 3 to cover, to wrap. 4 fig. to conceal, to cover up.

tapet (təpέt) m. (small) table cover.

tàpia (tápiə) f. mud wall. 2 garden wall; boundary wall.

tapís (təpís) m. tapestry.

tapisser (təpisé) m. upholsterer.

tapisseria (təpisəríə) f. tapestry; upholstery [of car].

taquigrafia (təkiɣrəfíə) f. shorthand, stenography.

taquilla (təkíʎə) f. booking-office, ticket-window; box-office.

taquiller, -ra (təkiʎé, -rə) m.-f. (ticket) clerk.

tara (tárə) f. tare. 2 defect.

taraHejar (tərələʒá) t. to hum.

tarannà (tərənná) m. temperament; personality.

taràntula (tərántulə) f. ENT. tarantula.

tard (taər(t)) adv. late. ‖ **fer ~**, to be late. 2 evening. ‖ **cap al ~**, at dusk.

tarda (tárðə) f. afternoon; (early) evening.

tardà, -ana (tərðá, -ánə) a. slow [person]. 2 late: **Renaixement ~**, late Renaissance.

tardar (tərðá) i. to be late, to delay; to be delayed. 2 to take: **quan tardarem a arribar?**, how long will it take (us) to get there?

tardor (tərðó) f. autumn, (USA) fall.

targeta (tərʒέtə) f. card.

tarifa (tərifə) f. fare; rate.

tarima (tərimə) f. platform.

tarja (tárʒə) f. card.

taronger (tərunʒé) m. BOT. orange tree.

taronja (tərɔ́nʒə) f. orange.

taronjada (tərunʒáðə) f. orangeade.

Tarragona (tərrəɣónə) pr. n. f. GEOGR. Tarragona.

tars (társ) m. ANAT. tarsus.

tartamut, -uda (tərtəmút, -úðə) a. stuttering, stammering.

tartana (tərtánə) f. cart [drawn by animals].

tarter, -ra (tərtá, -rə) m.-f. scree.

tasca (táskə) f. job, assignment, task.

tascó (təskó) m. chisel.

tassa (tásə) f. cup. 2 (toilet) bowl.

tassó (təsó) m. (BAL.) See GOT.

tast (tas(t)) m. tasting, sampling; taste, sample. 2 taste [flavour].

tastaolletes (təstəuʎέtəs) m.-f. fly-by-night; quitter.

tastar (təstá) t. to taste, to sample; to try.

tatuar (tətuá) t. to tattoo.

tatuatge (tətuádʒə) m. tattoo. 2 tattooing [act].

taujà, -ana (təuʒá, -ánə) a. slow, thick. ▪ 2 m.-f. nitwit, clot.

taula (táulə) f. table. 2 board, plank; slab [of stone]. 3 fig. index; table of contents. 4 ~ **rodona**, round-table conference. ‖ **joc de ~**, table-linen. ‖ **parar ~**, to set the table.

taulell (təuléʎ) m. (shop) counter. 2 work-bench.

tauler (təulé) m. board, plank. ‖ ~ **d'anuncis**, notice board, (USA) bulletin board. ‖ ~ **d'escacs**, chess-board. ‖ ~ **d'instruments**, panel.

tauleta (təulέtə) f. small table, side table. ‖ ~ **de nit**, bedside table.

tauló (təuló) m. plank; beam.

Taure (táurə) m. ASTROL. Taurus.

taurí, -ina (təuri, -inə) a. bull, bullfight-ing.

tauró (təuró) m. ICHTHY. shark.

taüt (təút) m. coffin.

tàvec (táβək) m. ENT. horsefly.

taverna (təβέrnə) f. tavern.

taxa (táksə) f. fixed or standard price.

taxar (təksá) t. to fix a price; to rate; to regulate.

taxi (táksi) m. taxi, (USA) cab.

taxímetre (təksímətrə) m. taxi-meter.

taxista (təksistə) *m.-f.* taxi driver, (USA) cab driver.
1) **te** (tɛ) *m.* tea.
2) **te** (tə) *pers. pron.* See ET.
teatral (teətrál) *a.* theatre, (USA) theater, theatrical. *2* theatrical, showy.
teatre (teátrə) *m.* theatre, (USA) theater. *2* fig. show, histrionics; bluster.
tebi, tèbia (tέβi, tέβiə) *a.* lukewarm, tepid. *2* fig. cool, lukewarm.
tec (tɛk) *m.* spread, feast.
teca (tέkə) *f.* food.
tecla (tέklə) *f.* key [of mechanism]. *2* fig. subject.
teclat (təklát) *m.* keyboard, keys.
tècnic, -ca (tέɲik, -kə) *a.* technical. ▪ *2 m.-f.* technician; specialist. *3 f.* technique, method; skill.
tecnicisme (təɲnisizmə) *m.* technical term.
tecnologia (təɲnuluʒiə) *f.* technology.
tedi (tέði) *m.* tedium, boredom.
Teheran (təərán) *pr. n. m.* GEOGR. Teheran.
teia (tέjə) *f.* fire-lighter, (small) fire-wood.
teixidor, -ra (təʃiðó, -rə) *m.-f.* weaver.
teixir (təʃi) *t.* to weave [also fig.]; to spin.
teixit, -ida (təʃit, -iðə) *a.* woven; spun. ▪ *2 m.* weave; woven material, fabric; textile. *2* tissue.
tel (tɛl) *m.* membrane, (thin) skin. *2* film, skin [over liquid].
tel. (tέl) *m. abbr.* *(telèfon)* tel. (telephone number).
tela (tέlə) *f.* cloth, material; fabric. ‖ ~ *metàŀlica,* wire netting.
telecomunicació (tələkumunikəsió) *f.* telecommunications.
teledirigit, -ida (tələðiriʒit, -iðə) *a.* TECH. remote-controlled, radio-controlled.
telefèric, -ca (tələfέrik, -kə) *m.* lift, cable car.
telèfon (tələfun) *m.* telephone, phone.
telefonar (tələfuná) *t.* to telephone, to phone, (USA) to call.
telègraf (tələɣrəf) *m.* telegraph.
telegrafiar (tələɣrəfiá) *t.* to telegraph.
teleobjectiu (tələŭbʒəktiŭ) *m.* telephoto lens.
telepatia (tələpətiə) *f.* telepathy.
teler (tələ) *m.* loom.
telescopi (tələskópi) *m.* telescope.
televident (tələβiðén) *m.-f.* (TV) viewer, televiewer.
televisar (tələβizá) *t.* to televise.
televisió (tələβizió) *f.* television, TV.
televisor (tələβizó) *m.* television set, TV set.
tell (teʎ) *m.* BOT. lime tree.
teló (təló) *m.* THEATR. curtain.
tema (tέmə) *m.* topic, subject; theme.

témer (tέmə) *t.-p.* to fear, to be afraid of. ‖ *em temo que suspendré,* I'm afraid I'm going to fail.
temerari, -ària (təmərári, -áriə) *a.* rash, reckless; hasty.
temeritat (təməritát) *f.* temerity, rashness.
temible (təmibblə) *a.* fearsome, frightful.
temor (təmó(r)) *m.* fear; alarm; apprehension.
temorenc, -ca (təmurέŋ, -kə) *a.* fearful, frightened.
temperament (təmpəramέn) *m.* temperament, disposition.
temperar (təmpərá) *t.* to temper, to moderate. *2* MUS. to tune (up).
temperatura (təmpərətúrə) *f.* temperature.
tempesta (təmpéstə) *f.* See TEMPESTAT.
tempestat (təmpəstát) *f.* storm; tempest.
tempestuós, -osa (təmpəstuós, -ózə) *a.* stormy, tempestuous [also fig.].
templa (tέmplə) *f.* ANAT temple.
temple (tέmplə) *m.* temple; chapel, church.
temporada (təmpuráðə) *f.* season; period, spell. ‖ *tinc una* ~ *de molta feina,* I'm having a very busy spell (at the moment).
temporal (təmpurál) *a.* temporary. *2* ANAT., ECCL. temporal. ▪ *3 m.* storm; rough weather.
temporer, -ra (təmpuré, -rə) *a.* temporary, casual. ▪ *2 m.-f.* temporary (worker).
temps (tems) *m.* time. ‖ *perdre el* ~, to waste time. *2* weather. ‖ *quin* ~ *fa?,* what's the weather like? *3* MUS. tempo; movement. *4* season: *fruita del* ~, fruit of the season.
temptació (təmtəsió) *f.* temptation.
temptador, -ra (təmtəðó, -rə) *a.* tempting.
temptar (təmtá) *t.* to try, to test. *2* to tempt, to attract.
temptativa (təmtətiβə) *f.* attempt, effort.
tempteig (təmtέtʃ) *m.* test, trial.
temptejar (təmtəʒá) *t.* to test, to try out; to sound out.
tenaç (tənás) *a.* tenacious, determined.
tenacitat (tənəsitát) *f.* tenacity, determination.
tenalles (tənáʎəs) *f. pl.* pliers, pincers; forceps.
tenda (tέndə) *f.* tent. *2* shop, (USA) store.
tendència (təndénsiə) *f.* tendency, inclination; trend.
tendir (təndi) *i.* to tend; to be inclined.
tendó (təndó) *m.* tendon.
tendre, -dra (tέndrə, -drə) *a.* tender, soft [also fig.]. ‖ *pa* ~, fresh bread.
tendresa (təndrézə) *f.* tenderness, softness. *2* affection.
tendrum (təndrúm) *m.* cartilage.
tenebra (tənέβrə) *f.* darkness, dark, blackness; gloom.

tenebrós, -osa (tənəβrós, -ózə) *a.* dark; gloomy, black. *2 fig.* dark, shady.

tenir (təní) *t.* to have. *2* to hold, to hold on to. *3* ~ *algú per beneit,* to take someone for a fool; ~ *deu anys,* to be ten (years old); ~ *lloc,* to take place, to be held; *què tens?,* what's wrong (with you)? ▲ CONJUG. P. P.: *tingut.* ‖ INDIC. Pres.: *tinc, tens, té, tenen.* ‖ Fut.: *tindré,* etc. ‖ SUBJ. Pres.: *tingui,* etc. ‖ Imperf.: *tingués,* etc. ‖ IMPERAT.: *té* o *ten* (o *tinguis*), *teniu* (o *tingueu*).

tennis (ténis) *m.* tennis.

tenor (tənór) *m.* tenor.

tens, -sa (tens, -sə) *a.* tense [also fig.]; taut.

tensió (tənsió) *f.* tension; pressure; stress. *2 fig.* tension, tenseness.

tentacle (təntáklə) *m.* tentacle.

tentines (təntínəs) *f. pl.* short unsteady steps. ‖ *fer* ~, to toddle, to totter.

tènue (ténuə) *a.* thin, fine; faint; slight.

tenyir (təɲí) *t.* to dye; to tinge [also fig.].

teologia (təuluʒíə) *f.* theology.

teorema (təurémə) *m.* theorem.

teoria (təuríə) *f.* theory. ‖ *en* ~, theoretically.

teòric, -ca (təórik, -kə) *a.* theoretical, theoretic.

teranyina (tərəɲínə) *f.* spider's web, spider web, cobweb.

terapèutic, -ca (tərəpéutik, -kə) *a.* therapeutic. ▪ *2 f.* therapeutics.

teràpia (tərápiə) *f.* therapy.

tèrbol, -la (térβul, -lə) *a.* cloudy, turbid, murky. *2 fig.* unclear; shady, murky.

terç, -ça (ters, -sə) *a.-m.* third.

tercer, -ra (tərsé, -rə) *a.* third. ▪ *2 m.-f.* third party; mediator. *3 f.* MUS. third.

tercermundista (tərsəmundístə) *a.* third world.

tercet (tərsét) *m.* trio. *2* LIT. tercet.

terciari, -ària (tərsiári, -áriə) *a.* tertiary. ▪ *2* GEOL. Tertiary period.

Teresa (tərézə) *pr. n. f.* Teresa, Theresa.

tergal (təryál) *m.* TEXT. poly-cotton.

tergiversar (tərʒiβərsá) *t.* to twist, to distort.

terme (térmə) *m.* end, conclusion. ‖ *dur a* ~, to carry out. *2* boundary stone. *3* term. ‖ ~ *mitjà,* middle term, average. *4 pl.* terms, conditions.

tèrmic, -ca (termik, -kə) *a.* thermic, heat.

terminal (tərminál) *f.* terminal, terminus.

termini (tərmíni) *m.* term; time, period. *2* instalment.

termòmetre (tərmɔ́mətrə) *m.* thermometer.

termos (térmus) *m.* thermos (bottle).

termòstat (tərmɔ́stət, coll. -mustát) *m.* thermostat.

terna (térnə) *f.* threesome; trio.

terra (térrə) *f.* ASTR. earth. *2* land [surface]. ‖ *la meva* ~, my homeland. ‖ *tenir terres,* to own lands or estate(s). *3 m.* ground, floor. ‖ *caure a* ~, to fall down. ‖ *sota* ~, underground. ‖ *tirar a* ~, to knock down.

terrabastall (tərrəβəstáʎ) *m.* crash, clatter; din.

terraplè (tərrəplέ) *m.* embankment; bank, rampart; terrace.

terraqüi, -àqüia (tərrákwi, -ákwiə) *a.* *globus* ~, globe [of the earth].

terrassa (tərrásə) *f.* terrace; balcony.

terrat (tərrát) *m.* (flat) roof.

terratinent (térrətinén) *m.-f.* landowner.

terratrèmol (térrətrέmul) *m.* earthquake.

terrenal (tərrənál) *a.* earthly, worldly.

terreny (tərrέɲ) *m.* terrain, land; earth, soil, ground. *2* plot, site; area, field [also fig.].

terrestre (tərrέstrə) *a.* terrestrial; earthly, land, ground.

terrible (tərríbblə) *a.* frightening, awful. *2* atrocious, terrible.

terrícola (tərríkulə) *m.-f.* earthling.

terrina (tərrínə) *f.* terrine, earthenware dish or jar.

terrissa (tərrísə) *f.* pottery, earthenware.

terrissaire (tərrisáirə) *m.-f.* potter.

territori (tərritɔ́ri) *m.* territory; domain.

terror (tərró(r)) *m.* terror.

terrorífic, -ca (tərrurífik, -kə) *a.* terrifying, frightening.

terrorisme (tərrurízmə) *m.* terrorism.

terrorista (tərrurístə) *a., m.-f.* terrorist.

terròs (tərrɔ́s) *m.* clod; lump [of earth, sugar].

tertúlia (tərtúliə) *f.* gathering [social or literary]; get-together.

tes, -sa (tes, -zə) *a.* stiff, rigid [also fig.]; erect; taut.

tesi (tέzi) *f.* thesis.

tesina (təsínə) *f.* minor thesis.

test (test) *m.* flowerpot, pot. ‖ *els testos s'assemblen a les olles,* like father, like son. *2* test; quiz.

testa (tέstə) *f.* head.

testament (təstəmén) *m.* will, testament. ‖ *fer* ~, to make one's will.

testar (təstá) *i.* to make one's will.

testarrut (təstərrút) *a.* headstrong; obstinate, stubborn.

testicle (təstíklə) *m.* ANAT. testicle.

testificar (təstifiká) *t.* to testify to, to attest.

testimoni (təstimɔ́ni) *m.* LAW testimony, evidence. *2* witness.

testimoniar (təstimuniá) *t.* to testify to. *2 fig.* to show.

testimoniadge (təstimuniádʒə) *m.* See TESTIMONI.

tètanus (tĕtənus) *m.* MED. tetanus.
tetera (tətĕrə) *f.* teapot.
tetina (tətinə) *f.* (rubber) teat, (USA) rubber nipple.
tètric, -ca (tĕtrik, -kə) *a.* gloomy, dismal.
teu, teva (teŭ, tĕβə) *poss. a.* your *sing. el ~ amic,* your friend; *la teva germana,* your sister. ▪ *2 poss. pron.* yours *sing.*
teula (tĕŭlə) *f.* tile.
teulada (təŭláðə) *f.* See TEULAT.
teulat (təŭlát) *m.* (tiled) roof. ‖ *sota ~,* indoors, inside.
text (teks(t)) *m.* text.
tèxtil (tĕkstil) *a.* textile.
textual (təkstuál) *a.* textual. *2* exact, literal.
textura (təkstúrə) *f.* texture.
tia (tiə) *f.* aunt.
tibant (tiβán) *a.* taut, tight, tensed.
tibantor (tiβəntó) *f.* tautness, tightness.
tibar (tiβá) *t.* to tighten (up), to tauten. ▪ *2 i.* to be tight. ‖ *aquesta camisa em tiba,* this shirt is tight on me.
tiberi (tiβĕri) *m.* spread, feast; blow-out.
tibia (tíβiə) *f.* ANAT. tibia, shin-bone.
tic (tik) *m.* tic.
tic-tac (tikták) *m.* tick-tock.
tifa (tifə) *f.* turd. *2 m.-f.* spineless person.
tifó (tifó) *m.* typhoon.
tifus (tifus) *m.* MED. typhus.
tigre (tíɣrə) *m.* ZOOL. tiger.
tija (tíʒə) *f.* BOT. stem, stalk; blade [of grass].
tiŀla (tíllə) *f.* BOT. (infusion of) lime flowers.
tiŀler (tillé) *m.* BOT. lime tree, linden tree.
timba (tímbə) *f.* cliff, precipice. *2* gambling house.
timbal (timbál) *f.* (small) drum; kettle-drum.
timbaler, -ra (timbəlé, -rə) *m.-f.* MUS. drummer.
timbre (tímbrə) *m.* bell, buzzer: *tocar el ~,* to ring the bell. *2* (fiscal) stamp. *3* timbre.
tímid, -da (tímit, -ðə) *a.* shy, timid; bashful.
timidesa (timiðĕzə) *f.* shyness; bashfulness.
timó (timó) *m.* MAR. rudder; helm [also fig.]. *2* BOT. thyme.
timoner (timuné) *m.* steersman, helmsman; COX.
timpà (timpá) *m.* ANAT. tympanum, ear-drum.
tina (tinə) *f.* vat, tub; washtub.
tinença (tinĕnsə) *f.* possession: ~ *iŀlícita d'armes,* illegal possession of weapons.
tinent (tinĕn) *m.-f.* MIL. lieutenant.
tint (tin) *m.* dyeing. *2* dye.
tinta (tíntə) *f.* ink; dye. *2 pl.* shades, hues.
tinter (tinté) *m.* inkwell, inkpot.
tintoreria (tinturəríə) *f.* dry cleaner's.
tinya (tíɲə) *f.* MED. ringworm.

tió (tió) *m.* log [for firewood]. *2* log filled with small presents [Christmas tradition].
tip, tipa (tip, típə) *a.* full, satiated, stuffed. *2* fig. fed up, sick and tired. ▪ *3 m.* repletion; fill. *4* excess. ‖ *un ~ de riure,* a fit of laughing.
típic, -ca (típik, -kə) *a.* typical; traditional, picturesque.
tipografia (tipuɣrəfiə) *f.* typography; printing. *2* printing press.
tipus (típus) *m.* type. *2* sort, kind.
tiquet (tikĕt) *m.* ticket.
tir (tir) *m.* shooting, firing. *2* shot [sound]. *3* SP. target practice.
tira (tírə) *f.* strip, band.
tirà, -ana (tirá, -ánə) *m.-f.* tyrant.
tirabuixó (tirəβuʃó) *m.* corkscrew. *2* ringlet.
tirada (tiráðə) *f.* throw; pull, tug. *2* tendency. *3* distance; stretch. *4* circulation [of newspaper], edition [of a book]. *5 adv. phr. d'una ~,* in one go, straight off.
tiralloga (tirəʎòŋgə) *f.* string; stream.
tirania (tirəníə) *f.* tyranny.
tirànic, -ca (tiránik, -kə) *a.* tyrannical, domineering.
tirant (tirán) *m.* brace, (USA) suspender; (shoulder) strap [of dress].
tirar (tirá) *t.* to throw, to cast, to hurl; to put in. *2* to post [letter]. *3* fig. to attract. ‖ *li tira molt el cinema italià,* he's greatly fond of Italian cinema. *4* to shoot, to fire. *5* PRINT. to print, to run off. *6* to move. *7* ~ *a terra,* to knock down. ▪ *8 i.* to go; to turn: *hem de ~ a l'esquerra,* we must turn left. *9* to draw [chimney].
tiratge (tiráʤə) *m.* printing. *2* circulation [newspaper], edition [book].
tiroteig (tirutĕtʃ) *m.* shooting, shoot-out.
tirotejar (tirutəʒá) *t.* to shoot at; to fire shots at.
tírria (tírriə) *f.* coll. grudge; aversion.
tisana (tizánə) *f.* medicinal tea, tisane.
tisi (tízi) *f.* MED. consumption, tuberculosis.
tísic, -ca (tízik, -kə) *a.* consumptive, tubercular. ▪ *2 m.-f.* consumptive.
tisores (tizórəs) *f. pl.* scissors.
tisoreta (tizurĕtə) *f.* ENT. earwig.
tita (títə) *f.* chick. *2* coll. widdler, willy.
tità (titá) *m.* MYTH. Titan.
titànic, -ca (titánik, -kə) *a.* titanic.
titella (titéʎə) *m.* puppet; marionette. *2* fig. fool, buffoon.
titllar (tiʎʎá) *t.* LING. to put a tilde over. *2* to brand [someone].
títol (titul) *m.* title. *2* heading, section. *3* qualification, degree [university].
titubeig (tituβĕtʃ) *m.* hesitation.

titubejar (tituβəʒá) *i.* to hesitate; to shilly-shally, to hum and haw.
titular (titulá) *m.* headline.
titular (titulá) *t.* to title, to entitle; to name.
to (tɔ) *m.* MUS. tone, key. *2* tone [of voice]. *3* shade, hue. *4 posar-se a ~*, to catch up.
tobogan (tuβuɣán) *m.* toboggan. *2* slide.
toc (tɔk) *m.* touch. *2* sound; beat [of drum], blast [of trumpet]. *3* feel [sensation]. *4* touch, stroke. ‖ *~ final,* finishing touch.
tocadiscos (tɔkəðiskus) *m.* record-player.
tocador (tukəðó) *m.* dressing-table.
tocant (tukán) *phr.* *~ a,* concerning, with regard to; about.
tocar (tuká) *t.* to touch; to feel. *2* to hit [target]. *3* fig. to touch on [a subject]. *4* to play [instrument, piece], to ring [bell]. *5* to deal in, to handle. *6* to touch, to move. *7* to be one's turn: *em toca a mi,* it's my turn. *8* to win [lottery, contest]: *m'ha tocat un cotxe,* I won a car. *9* to strike [hour]. *10 ~ el cor,* to touch [emotionally]; *~ el dos,* to leave; *estar tocat del bolet,* to be touched or mad; *no ~ de peus a terra,* to live in a dream.
tocòleg, -òloga (tukɔlək, -ɔluɣə) *m.-f.* MED. obstetrician.
tocologia (tukuluɣiə) *f.* obstetrics.
toia (tɔjə) *f.* bouquet [of flowers].
toix, toixa (toʃ, tóʃə) *a.* dull [also fig.].
tolerable (tulərábblə) *a.* tolerable, bearable.
tolerància (tuləránsiə) *f.* tolerance; toleration.
tolerant (tulərán) *a.* tolerant.
tolerar (tulərá) *t.* to tolerate, to bear; to endure.
toll (toʎ) *m.* puddle.
tom (tom) *m.* volume, tome.
tomaca (tumákə) *f.* See TOMÀQUET.
tomaquera (tuməkérə) *f.* tomato plant.
tomàquet (tumákət) *m.* tomato.
Tomàs (tumás) *pr. n. m.* Thomas.
tomata (tumátə) *f.* See TOMÀQUET.
tomàtiga (tumátiɣə) *f.* See TOMÀQUET.
tomb (tom) *m.* turn. ‖ *donar un ~,* to turn. *2* about-face, about-turn; reversal. *3* (short) walk, stroll. ‖ *fer un ~,* to go for a stroll. *4 no venir a ~,* to be irrelevant, not to be the point.
tomba (tómbə) *f.* tomb.
tombar (tumbá) *t.* to turn (round). *2* to knock down or over. ▪ *3 i.* to turn, to change.
tombarella (tumβəréʎə) *f.* tumble; somersault.
tómbola (tómbulə) *f.* tombola.
ton, ta (tun, tə) *poss. a.* your.
tona (tónə) *f.* ton. *2* barrel, keg.

tonada (tunáðə) *f.* tune [melody].
tonalitat (tunəlitət) *f.* MUS. key; tonality. *2* colour scheme, (USA) color scheme.
tonell (tunéʎ) *m.* barrel, keg.
tongada (tuŋgáðə) *f.* string, series.
tònic, -ca (tɔnik, -kə) *a.* tonic. ▪ *2 f.* tonic (water). *3* MUS. tonic, keynote.
tonificar (tunifiká) *t.* to tone; to tone up.
tonyina (tuɲinə) *f.* tunny; tuna, (USA) tuna fish. *2* fig. beating.
topada (tupáðə) *f.* bump, bang, knock; collision. *2* clash, run-in.
topall (tupáʎ) *m.* bumper [of car], buffer [of train].
topants (tupáns) *m. pl.* places.
topar (tupá) *i.* to bump, to hit, to collide. ▪ *2 t.* to run into [a person].
topazi (tupəezi) *m.* GEMM. topaz.
tòpic, -ca (tɔpik, -kə) *a.* local. ▪ *2 m.* commonplace; cliché.
topògraf, -fa (tupɔɣrəf, -fə) *m.-f.* topographer, surveyor.
topografia (tupuɣrəfiə) *f.* topography.
topònim (tupɔnim) *m.* toponym, name of a place.
toquejar (tukəʒá) *t.* to handle; to fiddle with.
Tòquio (tɔkiu) *pr. n. m.* GEOGR. Tokyo.
tòrax (tɔrəks) *m.* ANAT. thorax.
torb (torp) *m.* METEOR. snow-drift.
torbació (turβəsió) *f.* perturbation; anxiety, uneasiness.
torbar (turβá) *t.* to upset, to disturb; to distract. ▪ *2 p.* to get caught up. *3* to lose one's self-possession.
torçada (tursáðə) *f.* twist; sprain.
1) torcar (torkár) *t.* (VAL.) See EIXUGAR.
2) torcar (turká) *t.* to wipe.
torçar (tursá) *t.* to twist; to sprain, to strain; to bend. ‖ *~-se el peu,* to sprain one's foot. *2* to turn [direction].
tòrcer (tɔrsə) *t.* See TORÇAR.
torejar (turəʒá) *t.* to fight [bulls].
torero (turéru) *m.* bullfighter, matador.
Torí (turi) *pr. n. m.* GEOGR. Turin.
torn (torn) *m.* lathe; turn; shift.
torna (tórnə) *f.* makeweight.
tornada (turnáðə) *f.* return. ‖ *de ~,* on the way back. *2* LIT. refrain.
tornar (turná) *i.* to return, to go or come back. *2* to do over, to do again: *torna a ploure,* it's raining again. ▪ *3 t.* to return, to put back. *4* to send or give back. ▪ *5 p.* to become, to turn. ‖ *~-se boig,* to go mad, (USA) to go crazy. *6 ~-se'n,* to return, to go back. ‖ *~-s'hi,* to counter-attack; to hit back.
tornassol (turnəsɔl) *m.* iridescence. *2* CHEM. litmus.

tornavís (turnəβís) *m.* screwdriver.
torneig (turnɛ́tʃ) *m.* tournament; competition.
torner, -ra (turnɛ́, -rə) *m.-f.* machinist; turner, lathe operator.
torniquet (turnikɛ́t) *m.* turnstile. 2 MED. tourniquet.
toro (tɔ́ru) *m.* bull.
torpede (turpɛ́ðə) *m.* torpedo.
torpedinar (turpəðinà) *t.* to torpedo.
torrada (turràðə) *f.* toasting. 2 (piece of) toast.
torrar (turrà) *t.* to toast. ▪ 2 *p.* fig. to bake, to roast. 3 to get drunk.
torrat, -ada (turràt, -àðə) *a.* toasted, roasted. 2 fig. legless, (USA) loaded.
torre (tɔ́rrə) *f.* tower. 2 villa, (country) house.
torrent (turrɛ́n) *m.* torrent, (rushing) stream.
tòrrid, -da (tɔ́rrit, -ðə) *a.* torrid.
torró (turró) *m.* nougat made of almonds, honey, and egg, typical of the Christmas season.
tors (tɔrs) *m.* torso.
tort, -ta (tɔr(t), -tə) *a.* bent; twisted, awry. ‖ *a ~ i a dret,* thoughtlessly.
tortell (turtɛ́ʎ) *m.* COOK. ring [filled with cream, jam, etc.].
torticoli (turtikɔ́li) *m.* MED. stiff neck, crick.
tórtora (tɔ́rturə) *f.* ORNIT. turtle-dove.
tortuga (turtúɣə) *f.* ZOOL. tortoise; turtle.
tortuós, -osa (turtuós, -ózə) *a.* tortuous, winding. 2 fig. devious, underhand.
tortura (turtúrə) *f.* torture [also fig.].
torturar (turturà) *t.* to torture.
torxa (tɔ́rʃə) *f.* torch.
tos (tos) *f.* cough: *tenir ~,* to have a cough.
tosc, -ca (tosk, -kə) *a.* coarse, rough; unrefined.
tossal (tusàl) *m.* hill.
tossir (tusí) *i.* to cough. ▲ CONJUG. INDIC. Pres.: *tus.*
tossuderia (tusuðəríə) *f.* obstinacy, stubbornness.
tossut, -uda (tusút, -úðə) *a.* obstinate, stubborn, headstrong.
tot, -ta (tot, -tə) *a.* all; whole, entire. 2 every. ‖ coll. *~ déu,* everybody and his brother. ▪ *3 adv.* all, completely. ‖ *~ d'una,* all of a sudden, suddenly. ‖ *~ seguit,* then; next, immediately afterwards. 4 (BAL.) See DE SEGUIDA. ▪ *5 m.* whole. ‖ *del ~,* wholly, entirely. ▪ *6 indef. pron.* everything, all. ‖ *~ i això,* however, nevertheless.
total (tutàl) *a.* total; complete. ▪ *2 m.* total, whole. ▪ *3 adv. (en) ~,* all in all; in short.

totalment (tutəlmɛ́n) *adv.* totally, completely.
totalitari, -ària (tutəlitàri, -àriə) *a.* totalitarian.
totalitat (tutəlitàt) *f.* whole, totality: *la ~ dels treballadors,* all the workers.
tothom (tutɔ́m) *indef. pron.* everybody, everyone.
tothora (totɔ́rə) *adv.* always.
tòtil, -la (tɔ́til, -lə) *m.-f.* nitwit, fool.
totxo, -xa (tɔ́tʃu, -ʃə) *a.* simple, thick. ▪ *2 m.* brick.
tou, tova (toŭ, tɔ́βə) *a.* soft; tender; gentle, mild; delicate. ▪ *2 m.* (soft) flesh, soft part or mass.
tovalla (tuβáʎə) *f.* (VAL.) See TOVALLOLA. 2 table-cloth.
tovalló (tuβəʎó) *m.* napkin, serviette.
tovallola (tuβəʎɔ́lə) *f.* towel.
tòxic, -ca (tɔ́ksik, -kə) *a.* toxic, poisonous.
toxicitat (tuksisitàt) *f.* toxicity.
toxicomania (tuksikuməníə) *f.* drug addiction.
toxina (tuksínə) *f.* toxin.
traç (tras) *m.* line, stroke.
traca (tràkə) *f.* string of bangers [firecrackers].
traça (tràsə) *f.* skill, ability. 2 trace.
traçar (trəsà) *t.* to draw, to trace; to outline, to sketch; to plan. 2 fig. to contrive, to devise [a plan of action].
tracció (trəksió) *f.* traction; draught. 2 drive.
tractament (trəktəmɛ́n) *m.* treatment. 2 form of address.
tractant (trəktàn) *m.* dealer, trader [in animals, cereals].
tractar (trəktà) *t.* to treat; to handle. 2 to deal with. 3 to address: *~ de vostè,* to address as «vostè» [polite form for the 2nd person]. ▪ *4 i.* to try, to attempt (*de,* to). *5 ~ de,* to talk about, to be about. ‖ *de què es tracta?,* what's it all about? ▪ *6 p.* to deal with, to have to do with: *amb persones com tu no m'hi tracto,* I have nothing to do with people like you.
tractat (trəktàt) *m.* treaty, agreement. 2 treatise, study.
tracte (tràktə) *m.* treatment; handling. 2 behaviour, (USA) behavior; manner. 3 agreement, deal [also fig.]. 4 intercourse; relationship.
tractor (trəktó) *m.* tractor.
traçut, -uda (trəsút, -úðə) *a.* skilful, ingenious; clever.
tradició (trəðisió) *f.* tradition.
tradicional (trəðisiunàl) *a.* traditional.
traducció (trəðuksió) *f.* translation.

traductor, -ra (trəðuktó, -rə) *m.-f.* translator.

traduir (trəðuí) *t.* to translate.

tràfec (tráfək) *m.* hustle and bustle. *2* live wire.

tràfic (tráfik) *m.* trade, business. ‖ ~ *d'armes*, arms trade. *2* traffic.

traficant (trəfikán) *m.-f.* dealer, trafficker.

traficar (trəfiká) *i.* to traffic, to deal.

tragèdia (trəʒέðiə) *f.* tragedy [also fig.].

tràgic, -ca (tráʒik, -kə) *a.* tragic.

traginar (trəʒiná) *t.* to carry; to transport. *2* fig. to have.

traguet (trəγέt) *m.* sip.

traïció (trəisió) *f.* betrayal; treachery, treason.

traïdor, -ra (trəiðó, -rə) *a.* treacherous, deceiving. ▪ *2 m.-f.* betrayer, traitor.

trair (trəí) *t.* to betray.

trajecte (trəʒέktə) *m.* route [of vehicle], journey [of person], (USA) trip; stretch, section.

trajectòria (trəʒəktóriə) *f.* trajectory, path. *2* course, development; line.

tram (tram) *m.* stretch, section; span [of bridge]. *2* flight [of stairs].

trama (trámə) *f.* weft. *2* fig. plot, scheme.

tramar (trəmá) *t.* to weave. *2* fig. to plot, to scheme; to be up to.

tramesa (trəmέzə) *f.* sending, remittance. *3* referencial *3* shipment; consignment *3* reference [books].

trametre (trəmέtrə) *t.* to send. ▲ CONJUG. P. P.: *tramès.*

tràmit (trámit) *m.* step; procedure.

tramitar (trəmitá) *t.* to process, to negotiate; to transact.

tramoia (trəmójə) *f.* THEATR. piece of stage machinery. *2* fig. intrigue, scheme; to-do, fuss.

trampa (trámpə) *f.* trap; snare. *2* tuck, fiddle. ‖ *fer* ~, to cheat.

trampejar (trəmpəʒá) *i.* to cheat. *2 i.-t.* to get along, to manage; to get by.

trampolí (trəmpulí) *m.* trampoline; springboard, diving-board.

trampós, -osa (trəmpós, -ózə) *a.* tricky, crooked.

tramuntana (trəmuntánə) *f.* METEOR. (strong) north wind.

tramvia (trəmbíə) *m.* tramway, (USA) street railway. *2* tram, (USA) streetcar, cable car.

tràngol (tráŋgul) *m.* heavy sea; swell. *2* quandary; crisis, difficult situation.

tranquil, -il·la (trəŋkíl, -ílə) *a.* calm, still; tranquil, peaceful, quiet.

tranquil·litat (trəŋkilitát) *f.* calmness, peacefulness, tranquility; peace and quiet.

tranquil·litzar (trəŋkilidzá) *t.* to calm (down), to reassure; to soothe. ▪ *2 p.* to calm down, to relax.

transacció (trənzəksió) *f.* transaction, deal.

transatlàntic, -ca (trə(n)zəllántik, -kə) *a.* transatlantic. ▪ *2 m.* (transatlantic) liner.

transbord (trə(n)zβórt) *m.* change [of trains, ships, etc.]. ‖ *fer* ~, to change.

transbordador, -ra (trə(n)zβurðəðó, -rə) *a.* ferry. ▪ *2 m.* ferry.

transcendència (trəsəndénsiə) *f.* significance; importance, consequence.

transcendental (trəsəndəntál) *a.* transcendental.

transcendir (trəsəndí) *t.* to transcend, to surpass. ▪ *2 i.* to reach, to get across to; to extend to.

transcórrer (trənskórrə) *i.* to pass, to go by [time]. ▲ CONJUG. like *córrer.*

transcripció (trənskripsió) *f.* transcription, transcript; transliteration.

transcriure (trənskríurə) *t.* to transcribe; to transliterate [alphabet]. ▲ CONJUG. like *escriure.*

transcurs (trənskúrs) *m.* passing, course [of time]: *el* ~ *dels anys*, the passing of the years.

transeünt (trənzəún) *a.* provisional, temporary. ▪ *2 m.-f.* passer-by.

transferència (trə(n)sfərénsiə) *f.* transference; transfer.

transferir (trə(n)sfərí) *t.* to transfer.

transformació (trənsfurməsió) *f.* transformation; conversion.

transformar (trənsfurmá) *t.* to transform; to convert, to change.

transfusió (trənsfuzió) *t.* transfusion.

transgredir (trənzγrəðí) *t.* to transgress.

transgressió (trənzγrəsió) *f.* transgression.

transhumància (trənzumánsiə) *f.* seasonal migration [of cattle].

transhumant (trənzumán) *a.* migrating [cattle].

transició (trənzisió) *f.* transition, chargeover.

transigir (trənziʒí) *i.* to make concessions; to compromise.

transistor (trənzistó) *m.* transistor.

trànsit (tránzit) *m.* transit, movement. *2* traffic. ‖ *prohibit el* ~, no thoroughfare.

transitar (trənzitá) *i.* to travel along, to go along; to drive along.

transitori, -òria (trənzitóri, -óriə) *a.* temporary, transitional, transitory.

translúcid, -da (trə(n)zlúsit, -ðə) *a.* translucent.

transmetre (trə(n)zmétrə) *t.* to transmit; to transfer; to broadcast. ▲ CONJUG. P. P.: *transmès.*

transmissió (trə(n)zmisió) *f.* transmission; transfer; broadcast.

transmissor, -ra (trə(n)zmisó, -rə) *a.* transmitting; broadcasting. ■ *2 m.-f.* transmitter.

transparència (trə(n)spərénsiə) *f.* transparency. *2* slide.

transparent (trə(n)spərén) *a.* transparent; clear [air], filmy, see-through [cloth].

transpiració (trənspirəsió) *f.* perspiration; transpiration [of plants].

transport (trənspórt) *m.* transport; haulage; removal, (USA) moving.

transportar (trənspurtá) *t.* to transport; to haul, to carry. *2* MUS. to transpose.

trapelleria (trəpəʎəriə) *f.* swindle; trick.

trapezi (trəpézi) *m.* trapeze. *2* GEOM. trapezium.

tràquea (trákeə) *f.* ANAT. trachea.

trasbals (trəzβáls) *m.* fig. upheaval; upset.

trasbalsar (trəzβəlsá) *t.* fig. to upset; to disturb; to confuse.

trascantó (trəskəntó) *adv. phr. de ~*, unexpectedly; all of a sudden.

traslladar (trəzʎəðá) *t.* to move [house, business, goods]; to transfer [business, goods]. *2* to postpone, to adjourn.

trasllat (trəzʎát) *m.* move, transfer; removal [esp. of furniture].

traspàs (trəspás) *m.* crossing. *2* LAW sale; conveyance; transfer. *3* decease. *4 phr. any de ~*, leap year.

traspassar (trəspəsá) *t.-i.* to cross (over). *2* to come or go through; to pierce *t.*, to perforate *t. 3 t.* LAW to transfer [business]; to convey [property].

trasplantament (trəspləntəmén) *m.* MED. transplant. *2* BOT. transplantation.

trasplantar (trəspləntá) *t.* MED., BOT. to transplant.

traspuar (trəspuá) *t.* to ooze, to exude. *2* to ooze through.

trastejar (trəstəʒá) *i.* to do the housework or household chores. ■ *2 t.* to move [furniture].

trasto (trástu) *m.* good-for-nothing [person], useless person or thing; nuisance [person, thing].

trastocar (trəstuká) *t.* to turn crazy, to unhinge. ■ *2 p.* to go mad or crazy, to become unhinged.

trastorn (trəstórn) *m.* disorder, mix-up, confusion, upheaval. *2* upset.

trastornar (trəsturná) *t.* to disturb; to upset; to turn upside down. *2* to upset [person].

trau (traŭ) *m.* button-hole. *2* gash.

trauma (tráŭmə) *m.* trauma.

traumatòleg, -òloga (trəŭmətɔ́lək, -ɔ́luɣə) *m.-f.* MED. traumatologist.

traumatologia (trəŭmətuluʒiə) *f.* MED. traumatology.

traure (tráŭre) *t.* (VAL.) See TREURE.

trava (tráβə) *f.* bond, tie. *2* hobble [horse]; shackle, fetter [captive, prisoner]. *3* fig. hindrance, obstacle, impediment. *4* fig. objection; difficulty.

travar (trəβá) *t.* to bind or tie together, to join, to link. *2* to tie up; to fasten. *3* to hobble [horse]; to shackle, to fetter [captive, prisoner]. *4* fig. to hinder, to impede. ■ *5 p.* fig. *phr. ~-se la llengua,* to become or be tongue-tied; to stammer.

través (trəβés) *m.* width; breadth. ‖ *prep. phr. a ~ de,* across; through. ‖ *adv. phr. camps a ~,* across country. ‖ *adv. phr. de ~,* askew.

travessa (trəβésə) *f.* crossing. *2* ARCH. crossbeam; rafter. *2* RAIL. sleeper. *3* football pools.

travessar (trəβəsá) *t.* to cross (over), to go across or over; to go or pass through. *2* to pierce, to go through, to come through.

travesser, -ra (trəβəsé, -rə) *m.* cross-piece. *2* ARCH. cross-beam. *3 f.* road through [village, town]. ■ *4 a.* transverse, cross.

travessia (trəβəsiə) *f.* cross-road. *2* through road [in town]. *3* MAR. crossing, passage.

traveta (trəβétə) *f.* trip: *fer-li la ~ a algú,* to trip someone up. *2* stumble, slip.

treball (trəβáʎ) *m.* work. *2* job; task, chore. *3 pl.* hardship, troubles, difficulties. *4 ~s manuals,* handicraft, handiwork.

treballador, -ra (trəβəʎəðó, -rə) *a.* hardworking, assiduous, industrious. ■ *2 m.-f.* worker.

treballar (trəβəʎá) *i.-t.* to work. *2 t.* to fashion, to shape; to carve [wood, stone]; to knead [dough]. *3* to work at [subject]; to work on [project].

tremend, -da (trəmpen, -də) *a.* dreadful, terrible, fearsome. *2* tremendous, huge, enormous.

tremolar (trəmulá) *i.* to shiver; to tremble, to shake; to shudder [with fright].

tremolor (trəmuló) *m.* shiver, shivering; trembling, shaking; shudder [with fright].

tremp (trem) *m.* fig. mettle, spirit [of person].

trempat, -ada (trəmpát, -áðə) *a.* genial; cheerful.

trempó (trəmpó) *m.* (BAL.) See AMANIDA.

tren (tren) *m.* train.

trena (trénə) *f.* plait, tress.

trenc (treŋ) *m.* crack; fracture; breach. ‖ *phr. a ~ d'alba,* at dawn-break. *2* MED. fracture [of bone]; gash [in skin].

trencaclosques (trɛŋkəklɔ́skəs) *m.* 2 puzzle, enigma. 3 coll. poser, teaser. 4 GAME picture bricks.

trencacolls (trɛŋkəkɔ́ʎs) *m.* precipice, dangerous spot [with sheer drops]. 2 fig. coll. touchy or dangerous business or affair.

trencadís, -issa (trəŋkəðís, -isə) *a.* fragile, delicate; brittle. ■ 2 *f.* breakage, shattering. 3 coll. smash-up.

trencall (trəŋkáʎ) *m.* detour; diversion.

trencanous (trɛŋkənɔ́ŭs) *m.* nutcracker.

trencar (trəŋká) *t.-p.* to break, to fracture; to smash, to shatter. ‖ *m'he trencat el dit,* I've broken my finger. ‖ fig. ~*-se el cap,* to rack one's brains. ‖ fig. ~*-se de riure,* to laugh one's head off, to laugh like a drain. 2 *t.* to interrupt; to cut off [supply, flow]; to break or cut in on [conversation, thoughts]. 3 to break [promise]; to infringe, to transgress [law]; to violate [treaty]. 4 ~ *(amb),* to break with [tradition, family, etc.]. 5 to break up *i.* [relationship]. ■ 6 *i.* to turn: *trenca a l'esquerra,* turn left.

trencat, -da (trəŋkát, -áðə) *a.* broken, fractured; smashed, shattered. ‖ fig. *pagar els plats* ~*s,* to take the blame. ■ 2 *m.* MATH. fraction.

trenta (trɛ́ntə) *a.-m.* thirty.

trentè, -ena (trəntɛ́, -ɛ́nə) *a.-m.* thirtieth.

trepanació (trəpənəsió) *f.* trepanning, trepanation.

trepitjada (trəpidʒáðə) *f.* treading or stepping on someone's foot. 2 footprint, track.

trepitjar (trəpidʒá) *t.* to tread or step on.

tres (trɛs) *a.-m.* three. ‖ *en un* ~ *i no res,* in the twinkling of an eye, in a flash.

trescar (trəská) *i.* to toil or work hard and quickly. 2 to rush [walking].

tres-cents, -tes (trɛsɛ́ns, -təs) *a.* three hundred.

tresor (trəzɔ́r) *m.* treasure [also fig.].

tresorer, -ra (trəzuré, -rə) *m.-f.* treasurer.

trespol (trəspɔ́l) *m.* (BAL.) floor. 2 (VAL.) ceiling; roof.

1) tret (tret) *m.* shot. 2 report [of fire-arm]. 2 feature; trait [of character]. 3 phr. *a grans* ~*s,* broadly, in outline.

2) tret (tret) *prep.* ~ *de,* except for.

tretze (trɛ́dzə) *a.-m.* thirteen.

tretzè, -ena (trədzɛ́, -ɛ́nə) *a.-m.* thirteenth.

treure (trɛ́ŭrə) *t.* to take out (*de,* from), to pull or draw out [from pocket], to bring out. 2 to eject; to dismiss. 3 to obtain, to get; to gain. ‖ *què en treus de dir mentides?,* what do you gain by lying? 4 coll. to stick out [one's tongue, head, etc.]. 5 to except. ▲ CONJUG. GER.: *traient.* ‖ P. P.: *tret.* ‖ INDIC.

Pres.: *trec* (o *trac*). ‖ Imperf.: *treia, treies,* etc. ‖ SUBJ. Pres.: *tregui, treguis, tregui, traguem, tragueu, treguin* (or *tragui,* etc.). ‖ Imperf.: *tragués,* etc.

treva (trɛ́βə) *f.* MIL. truce. 2 fig. let-up, respite.

trèvol (trɛ́βul) *m.* BOT. clover. 2 HERALD. trefoil.

tria (tríə) *f.* selection, choosing. 2 sorting-out.

triangle (triáŋglə) *m.* triangle. 2 MUS. triangle.

triangular (triəŋgulá(r)) *a.* triangular.

triar (triá) *t.* to select, to choose. 2 to sort (out).

tribu (tríβu) *f.* tribe.

tribuna (triβúnə) *f.* rostrum, platform. 2 SP. grandstand. 3 ARCH. gallery.

tribunal (triβunál) *m.* LAW court. ‖ *portar algú als* ~*s,* to take someone to court. 2 EDUC. board of examiners. 3 panel [of judges in competition].

tribut (triβút) *m.* tax. 2 fig. tribute.

tributar (triβutá) *t.* to pay [taxes]. 2 fig. to pay [tribute, homage].

tríceps (trísəps) *m.* ANAT. triceps.

tricicle (trisíklə) *m.* tricycle.

trigar (triɣá) *i.* See TARDAR.

trilió (trilió) *m.* trillion.

trillar (triʎá) *t.* to thresh [corn, wheat].

trimestral (triməstrál) *a.* quarterly, three-monthly.

trimestre (trimɛ́strə) *m.* ECON. quarter. 2 EDUC. term.

trineu (trinɛ́ŭ) *m.* sledge, sleigh.

trinxa (trínʃə) *f.* SEW. waist.

trinxar (trinʃá) *t.* to carve [food].

trinxera (trinʃérə) *f.* trench.

trinxeraire (trinʃəráĭrə) *m.-f.* lout, young layabout.

trio (tríu) *m.* MUS. trio. 2 coll. three-some, trio.

triomf (triɔ́mf) *m.* triumph.

triomfar (triumfá) *i.* to triumph, to win.

tripa (trípə) *f.* intestines.

tripijoc (tripiʒɔ́k) *m.* coll. mess, tangle.

triple (tríplə) *a.* triple.

triplicar (tripliká) *t.* to triplicate.

trípode (trípuðə) *m.* tripod.

tríptic (tríptik) *m.* triptych. 2 PRINT. three-page folded pamphlet.

tripulació (tripuləsió) *f.* crew.

tripulant (tripulán) *m.* crew-member, member of crew.

tripular (tripulá) *t.* to man [a ship, etc.].

trist, -ta (trist, -tə) *a.* gloomy, dull, dreary; sad, sad-looking.

tristesa (tristɛ́zə) *f.* gloominess, misery, dreariness. 2 sadness [person].

tristor (tristó) *f.* See TRISTESA.

triturar (triturá) *t.* to chop up, to hack up; to crush, to pulverize.
trivial (triβiál) *a.* trivial, banal.
trivialitat (triβiəlitát) *f.* triviality, banality.
tro (trɔ) *m.* clap of thunder, thunder.
trobador (truβəðó) *m.* troubadour.
troballa (truβáʎə) *f.* find, discovery.
trobar (truβá) *t.-p.* to meet *t.-i.* [persons]: *ens trobarem demà a les nou*, we'll meet at nine o'clock tomorrow. *2 t.* to find, to discover. *3 p.* to feel [state]. *4* to be (situated). ▪ *5 i.* to feel, to reckon, to think.
troca (trɔkə) *f.* hank, skein. ‖ fig. coll. *enredar la ~*, to confuse things more.
trofeu (truféŭ) *m.* trophy.
trombó (trumbó) *m.* MUS. trombone.
trombosi (trumbɔzi) *f.* MED. thrombosis.
trompa (trómpə) *f.* MUS. horn. *2* trunk [of elephant]. *3* fig. coll. *agafar una ~*, to get drunk; *estar ~*, to be drunk.
trompada (trumpáðə) *f.* blow. *2* coll. clout, whack [persons]; crash [vehicles].
trompeta (trumpétə) *f.* MUS. trumpet.
trompetista (trumpətistə) *m.-f.* MUS. trumpet-player, trumpeter.
tron (trɔn) *m.* throne.
trona (trɔnə) *f.* pulpit. *2* high chair [for babies].
tronar (truná) *i.* to thunder.
tronat, -ada (trunát, -áðə) *a.* threadbare [garment], worn; worn out, falling to pieces.
tronc (trɔŋ) *m.* trunk [tree]. *2* ANAT. trunk. *3* log. ‖ *dormir com un ~*, to sleep like a log.
trontollar (truntuʎá) *i.* to shake; to wobble. *2* to stagger [person].
tropa (trɔpə) *f.* troop.
tròpic (trɔpik) *m.* tropic. *2* tropics.
tropical (trupikál) *a.* tropical.
tros (trɔs) *m.* piece, bit; fragment. ‖ *ser un ~ de pa*, to have a heart of gold.
trossejar (trusəʒá) *t.* to chop up; to cut or slice into pieces. *2* to break or smash up or into pieces. *3* to tear to pieces.
trot (trot) *m.* trot.
trotar (trutá) *i.* to trot. *2* fig. to rush (along), to race. *3* fig. coll. to beaver away.
truc (truk) *m.* knock; ring. *2* telephone-call, call, ring. *3* trick, ploy.
trucar (truká) *i.* to knock; to ring. *2* to ring, to call [on telephone].
truita (trúĭtə) *f.* omelette. *2* ICHTHY. trout.
truja (truʒə) *f.* ZOOL. sow. *2* vulg. cow, bitch [insult].
trumfa (trúmfə) *f.* potato.
trust (trust) *m.* ECON. cartel; trust.
tsar (sər) *m.* czar, tsar.

tu (tu) *pers. pron. 2nd per. sing.* you [familiar address].
tub (tup) *m.* tube; pipe.
tubèrcul (tuβέrkul) *m.* BOT. tuber, tubercle.
tuberculós, -osa (tuβərkulós, -ózə) *a.* MED. tuberculous. *2* BOT. tubercular.
tuberculosi (tuβərkulózi) *f.* MED. tuberculosis.
tubular (tuβulá(r)) *a.* tubular.
tuf (tuf) *m.* pej. smell, stink. *2* smell, odour.
tuguri (tuγúri) *m.* hovel; shack [building]. *2* dingy little room.
tul (tul) *m.* tulle, net.
tulipa (tulipə) *f.* tulip.
tumor (tumó(r)) *m.* tumour, growth.
tumult (tumúlt) *m.* uproar, hullabaloo; disturbance, commotion. *2* POL. riot.
tumultuós, -osa (tumultuós, -ózə) *a.* uproarious, tumultuous. *2* POL. riotous.
tundra (túndrə) *f.* tundra.
túnel (túnəl) *m.* tunnel.
túnica (túnikə) *f.* tunic, gown.
Tunis (túnis) *pr. n. m.* GEOGR. Tunis.
Tunísia (tunísiə) *pr. n. f.* GEOGR. Tunisia.
tupí (tupí) *m.* small saucepan, small cooking pot.
turba (túrβə) *f.* crowd, throng. *2* pej. mob.
turbant (turβán) *m.* turban.
turbina (turβinə) *f.* turbine.
turbulència (turβulénsiə) *f.* turbulence; storminess [character].
turc, -ca (túr(k), -kə) *a.* Turkish. ▪ *2 m.-f.* Turk.
turgència (turʒénsiə) *f.* turgidity.
turisme (turizmə) *m.* tourism. *2* saloon car.
turista (turistə) *m.-f.* tourist; sightseer.
turístic, -ca (turistik, -ka) *a.* tourist. ‖ *ruta turística*, scenic route.
turmell (turméʎ) *m.* ANAT. ankle.
turment (turmén) *m.* torture; torment. *2* anguish; agony, torment. *3* torment [cause].
turmentar (turməntá) *t.-p.* to torture; to torment.
turó (turó) *m.* hill; hillock, mound.
Turquia (turkiə) *pr. n. f.* GEOGR. Turkey.
tustar (tustá) *t.* to beat, to knock, to hit, to strike.
tuteig (tutétʃ) *m.* familiar address, usage of *tu* in address.
tutejar (tutəʒá) *t.* to address familiarly, to address using the *tu.*
tutela (tutélə) *f.* guardianship, tutelage. *2* fig. protection, shelter.
tutor, -ra (tutó, -rə) *m.-f.* guardian; tutor.
TV3 *f.* *(Televisió de Catalunya)* TV Channel 3 (the Catalan channel).

TVE *f. (Televisió Espanyola)* TV. Spanish television (the State channel).

txec, -ca (tʃɛk, -kə) *a., m.-f.* Czech. *2 m.* Czech [language].

Txecoslovàquia (tʃəkuzluβákiə) *pr. n. f.* GEOGR. Czechoslovakia.

U

1) U, u (u) *f.* u [letter].

2) u (u) *a.-m.* one [number].

ubiqüitat (uβikwitát) *f.* ubiquity.

udol (uðól) *m.* howl, howling [also fig.]. 2 shriek, scream [esp. of pain] [also fig.].

udolar (uðulá) *i.* to howl [also fig.].

ufana (ufánə) *f.* pomp, display, ostentation; ostentatiousness.

ufanós, -osa (ufənós, -ózə) *a.* pompous; ostentatious; extravagant.

ui! (uĭ) *interj.* wow!, gosh! [surprise]. 2 ouch! [pain].

uix! (uʃ) *interj.* ugh! [repugnance].

úlcera (úlsərə) *f.* MED. ulcer.

ull (uʎ) *m.* eye. ‖ *a* ~, roughly; by guesswork. ‖ ~ *de poll,* corn; callus. ‖ *a* ~*s clucs,* blindly, without looking. ‖ *fer els* ~*s grossos,* to overlook; to ignore. ‖ *de cua d'*~, out of the corner of one's eye.

ullada (uʎáðə) *f.* glance, look.

ullal (uʎál) *m.* canine, canine tooth, eye tooth. 2 tusk [of elephant]. 3 ZOOL. fang.

ullera (uʎérə) *f.* eye-piece; eye glass. 2 spyglass. 3 *pl.* glasses, spectacles. 4 rings under one's eyes.

ullerós, -osa (uʎərós, -ózə) *a.* with rings under one's eyes; haggard.

ullet (uʎét) *m.* SEW. eyelet. 2 wink. ‖ *fer l'*~, to wink (*a*, at).

ulterior (ultəriò(r)) *a.* ulterior. 2 further, farther [place]. 3 later; subsequent [occasion].

últim, -ma (últim, -mə) *a.* last, ultimate.

ultimar (ultimá) *t.* to finish (off), to give the finishing touches to.

ultimàtum (ultimátum) *m.* ultimatum.

ultra (última) *prep.* besides, in addition to. ■ *2 a.* POL. extreme. ■ *3 m.-f.* POL. extremist.

ultramar (ultrəmár) *m.* overseas territory or territories; foreign parts.

ultrança (ultránsə) *adv. phr. a* ~, to the utmost. ‖ *combatre a* ~, to fight to the end, to fight to death.

ultrapassar (ultrəpəsá) *t.* to exceed, to go beyond *i.*, to surpass.

ultratge (ultrádʒə) *m.* outrage; insult.

ultratomba (ultrətómbə) *f.* the beyond, the next world; life after death.

ultraviolat, -ada (ultrəβiulát, -áðə) *a.-m.* ultraviolet.

ulular (ululá) *i.* See UDOLAR.

umbilical (umbilikál) *m.* ANAT. umbilical. ‖ *cordó* ~, umbilical cord.

un, una (un, únə) *a.* one. ‖ *ho hem fet en* ~ *sol dia,* we did it in one single day. ■ *2 indef. art.* a, an. ■ *3 f.* one [hour]. ■ *4 imper. pron.* one [formal]. ■ *5 adv. phr. tot d'una,* all of a sudden, suddenly; (BAL.) at once.

unànime (unánimə) *a.* unanimous.

unanimitat (unənimitát) *f.* unanimity.

unça (unsə) *f.* ounce.

UNESCO (unésko) *f.* (*Organització de les Nacions Unides per a l'Educació, la Ciència i la Cultura*) UNESCO (United Nations Educational, Scientific and Cultural Organisation).

ungla (úŋglə) *f.* nail, fingernail; nail, toenail. ‖ fig. *ser carn i* ~, to be as thick as thieves. 2 claw [cat]. 3 hoof [cow, horse, etc.].

unglot (uŋglót) *m.* hoof [cow, horse, etc.].

ungüent (uŋgwén) *m.* ointment.

únic, -ca (únik, -kə) *a.* only, sole, solitary; unique; lone. 2 unique, extraordinary.

unifamiliar (unifəmiliár) *a.* single family [house].

unificació (unifikəsió) *f.* unification.

unificar (unifiká) *t.* to unite, to unify.

uniformar (unifurmá) *t.* to standardize, to make uniform or standard; to make the same. 2 MIL. to put into uniform, to dress in uniform [persons].

uniforme (unifórmə) *a.* standard, uniform, regular; same. ▪ *2 m.* uniform.

uniformitat (unifurmitát) *f.* uniformity, regularity; sameness.

unilateral (unilətərál) *a.* unilateral; one-sided.

unió (unió) *f.* union; uniting [act]. 2 association, union. 3 unity. 4 ANAT. joint.

Unió Soviètica (uniꝍsuβiɛ́tikə) *pr. n. f.* GEOGR. Soviet Union.

unir (uni) *t.* to join; to bind or tie together; to couple. 2 to unite, to join [persons]. ▪ *3 p.* to unite *i.*, to join (together) *i.*

unitari, -ària (unitári, -áriə) *a.* unitary. 2 REL. Unitarian.

unitat (unitát) *f.* unity. 2 unit.

univers (uniβɛ́rs) *m.* universe.

universal (uniβərsál) *a.* universal. ‖ *història* ~, world history. 2 MECH. all-purpose.

universitari, -ària (uniβərsitári, -áriə) *a.* university. ▪ *2 m.-f.* university student.

universitat (uniβərsitát) *f.* university.

untar (untá) *t.* to grease; to smear. 2 fig. to bribe, to grease. ▪ *3 p.* to get greasy.

uralita (urəlitə) *f.* uralite.

urani (uráni) *m.* MINER. uranium.

urbà, -ana (urβá, -ánə) *a.* urban, city, town. ▪ *2 m.* city or town policeman.

urbanisme (urβənizmə) *m.* town planning.

urbanitat (urβənitát) *f.* good manners, urbanity, courtesy.

urbanització (urβənidzəsió) *f.* urban development. 2 housing estate.

urbanitzar (urβənidzá) *t.* to urbanise; to develop [open land].

urbs (urps) *f.* metropolis.

urèter (urɛ́tər) *m.* ANAT. ureter.

uretra (urɛ́trə) *f.* ANAT. urethra.

urgència (urʒɛ́nsiə) *f.* urgency; pressure. 2 emergency.

urgent (urʒɛ́n) *a.* urgent; pressing. ‖ *correu* ~, express post.

urgir (urʒi) *i.* to be urgent; to be pressing.

urinari, -ària (urinári, -áriə) *a.* urinary. ▪ *2 m.* urinal [public use].

urna (úrnə) *f.* urn. 2 POL. ballot-box.

uròleg, -òloga (urulɔ́k, -ɔ́luɣə) *m.-f.* MED. urologist.

urologia (uruluʒiə) *f.* MED. urology.

urpa (úrpə) *f.* talon, claw.

urs (úrs) *m.* (ROSS.) See ós.

URSS (urs) *pr. n. f.* GEOGR. *(Unió de les Repúbliques Socialistes Soviètiques)* USSR (Union of the Soviet Socialist Republics).

Úrsula (úrsulə) *pr. n. f.* Ursula.

urticària (urtikáriə) *f.* MED. urticaria, nettlerash.

Uruguai (uruɣwáĭ) *pr. n. m.* GEOGR. Uruguay.

uruguaià, -ana (uruɣwəiá, -ánə) *a., m.-f.* Uruguayan.

us (us) *pers. pron. pl.* you: ~ *necessito,* I need you. ‖ ~ *donaré el millor,* I'll give the best one to you. ‖ ~ *en deixaré una mica,* I'll leave a little for you.

ús (us) *m.* use, usage.

usar (uzá) *t.* to use, to employ, to make use of.

usat, -ada (uzát, -áðə) *a.* used. 2 worn; second-hand, used.

usdefruit (uzðəfrúĭt) *m.* LAW use, usufruct.

usdefruitar (uzðəfruĭtá) *t.* LAW to enjoy or have the use of.

usual (uzuál) *a.* usual, customary; normal.

usura (uzúrə) *f.* usury.

usurer, -ra (uzurɛ́, -rə) *m.-f.* usurer, money-lender.

usurpador, -ra (uzurpəðó, -rə) *a.* usurping. ▪ *2 m.-f.* usurper.

usurpar (uzurpá) *t.* to usurp.

utensili (utənsili) *m.* utensil; tool, implement.

úter (útər) *m.* ANAT. uterus.

útil (útil) *a.* useful; handy.

utilitat (utilitát) *f.* usefulness, utility; benefit.

utilització (utilidʒəsió) *f.* utilisation.

utilitzar (utilidʒá) *t.* to use, to utilise, to employ, to make use of.

utillatge (utiʎádʒə) *m.* tools, tools of trade; instruments.

utopia (utupiə) *f.* Utopia.

utòpic, -ca (utɔ́pik, -kə) *a.* Utopian.

V

V, v (be) *f.* v [letter].

va, vana (ba, bánə) *a.* vain, idle, useless; pointless, frivolous; illusory. ‖ *en* ~, in vain.

vaca (bákə) *f.* ZOOL. cow.

vacació (bəkəsió) *f.* vacancy [post].

vacances (bəkánsəs) *f. pl.* holidays. ‖ *fer* ~, to take a holiday, to go on holiday.

vacant (bəkán) *a.* vacant, empty, unoccupied. ▪ *2 f.* vacancy [post].

vaccinar (bəksiná) *t.* (ROSS.) See VACUNAR.

vaciHar (bəsilá) *i.* to shake; to wobble. *2* fig. to waver, to hesitate, to vacillate.

vacu, vàcua (báku, bákuə) *a.* empty. *2* fig. empty-headed, vacuous.

vacuïtat (bəkuitát) *f.* emptiness. *2* fig. empty-headedness, vacuity.

vacuna (bəkúnə) *f.* MED. vaccine.

vacunar (bəkuná) *t.* to vaccinate.

vaga (báɣə) *f.* POL., ECON. strike. ‖ *declararse en* ~, to go (out) on strike. ‖ *fer* ~, to be on strike, to strike. ‖ ~ *de zel*, work-to-rule.

vagabund, -da (bəɣəβún, -də) *a.* wandering, roving. ▪ *2 m.-f.* pej. tramp, vagabund; drifter.

vagabundejar (bəɣəβundəʒá) *i.* to wander about. *2* pej. to drift (around).

vagància (bəɣánsiə) *f.* loafing (around), idleness.

vagar (bəɣá) *i.* to wander around, to roam, to rove. *2* pej. to drift. *3* to fancy, to feel like. *4 phr. ja et vagarà!*, you'll have plenty of time!

vagina (bəʒínə) *f.* ANAT. vagina.

vagó (bəɣó) *m.* RAIL. carriage, coach, car [for passengers]; truck, waggon [for goods].

vagó-llit (bəɣoʎít) *m.* RAIL. sleeping-car, sleeper.

vagoneta (bəɣunétə) *f.* truck, waggon.

vague, -ga (báɣə, -ɣə) *a.* vague, undefined. *2* wandering.

vaguetat (bəɣətát) *f.* vagueness, indefiniteness.

vaguista (bəɣístə) *m.-f.* POL., ECON. striker.

vailet (bəilét) *m.* boy, lad, youngster; boy-helper.

vainilla (bəiníʎə) *f.* vanilla.

vaivé (baiβé) *m.* to-ing and fro-ing; movement to and fro. *2* fig. changes, ups and downs [of fortune].

vaixell (bəʃéʎ) *m.* ship; boat. *2* vessel.

vaixella (bəʃéʎə) *f.* crockery; china; dishes; service.

val (bal) *m.* voucher. *2* LAW promissory note; IOU.

València (bəlénsiə) *pr. n. f.* GEOGR. Valencia.

valent, -ta (bəlén, -tə) *a.* brave, courageous, valiant. ‖ *de* ~, a lot, very much.

valentia (bələntíə) *f.* bravery, courage. *2* brave or courageous deed.

valer (bəlé) *i.* to be worth [also fig.]. ‖ *quant val això?* how much is this? ‖ fig. *val la pena*, it's worth-while. ‖ fig. *aquella noia val molt*, that girl's worth her weight in gold. *2* to be useful, to be of use. ‖ *aquest martell no val res*, this hammer's no good. *3* to count, to be valid. ‖ *no s'hi val de jugar amb les mans*, playing with one's hands doesn't count. *4* ~ *més*, to be better. ‖ *val més que callis!*, you'd do better to shut up! ▪ *5 conj. val a dir*, however. ▪ *6 p.* to avail oneself of, to use. ▲ CONJUG. P. p.: *valgut*. ‖ INDIC. Pres.: *valc*. ‖ Fut.: *valdré*, etc. ‖ SUBJ. Pres.: *valgui*, etc. ‖ Imperf.: *valgués*, etc.

valerós, -osa (bələrós, -ózə) *a.* bold, courageous, brave.

vàlid, -da (bálit, -ðə) *a.* valid.

validesa (bəliðézə) *f.* validity.

vall (baʎ) *f.* valley; vale. *2 m.* MIL. ditch, fosse; moat [water-filled].

valor (bəló(r)) *m.-f.* value, worth; price. ‖ *objectes de* ~, valuables. ‖ ~ *adquisitiu,* purchasing power. *2* valour, courage, bravery.

valorar (bəlurá) *t.* to evaluate; to appraise. *2* to appreciate, to value; to esteem.

vals (bals) *m.* MUS. waltz.

vàlua (báluə) *f.* worth, value.

valuós, -osa (bəluós, -ózə) *a.* valuable.

vàlvula (bálβulə) *f.* valve.

vampir (bəmpir) *m.* vampire.

vanagloriar-se (bənəɣluriársə) *p.* to boast, to brag.

vanar-se (bənársə) *p.* See VANAGLORIAR-SE.

vàndal, -la (bándəl, -lə) *m.-f.* HIST. Vandal. *2* fig. vandal.

vandàlic, -ca (bəndálik, -kə) Vandal(ic). *2* fig. destructive, vandal.

vanitat (bənitát) *f.* vanity. *2* idleness, futility, uselessness; emptiness.

vanitós, -osa (bənitós, -ózə) *a.* vain, smug, conceited.

vànova (bánuβə) *f.* bedspread.

vantar-se (bəntársə) *p.* See VANAGLORIAR-SE.

vapor (bəpór) *m.* vapour; haze. *2* steam. *3* NAUT. *vaixell de* ~, steamer, steamship.

vaporós, -osa (bəpurós, -ózə) *a.* vaporous; hazy. *2* steamy. *3* airy, diaphanous.

vaquer, -ra (bəké, -rə) *m.-f.* cowherd. *2 m.* cowboy. *3 f.* cowgirl. *4 m. pl.* jeans.

vaqueria (bəkəriə) *f.* dairy.

vaquí, -ina (bəki, -inə) *a.* bovine.

vara (bárə) *f.* stick; wand.

varar (bərá) *t.* to launch [boat].

vari, vària (bári, báriə) *a.* varied, diverse; variegated.

variable (bəriábblə) *a.* variable, changeable. ■ *2 f.* MATH. variable.

variació (bəriəsió) *f.* variation, change, alteration.

variar (bəriá) *t.-i.* to change; to vary.

variat, -ada (βəriát, -áðə) *a.* varied, assorted; mixed. *2* variegated [colours].

variça (bərisə) *f.* MED. varicose veins.

variceHa (bərisélə) *f.* MED. chickenpox.

varietat (bəriətát) *f.* variety; diversity. *2* variation.

Varsòvia (bərsóβiə) *pr. n. f.* GEOGR. Warsaw.

vas (bas) *m.* glass; tumbler; beaker. *2* vase. *3* ANAT. vessel, vein.

vasectomia (bəzəktumiə) *f.* vasectomy.

vaselina (bəzəlinə) *f.* vaseline.

vassall, -lla (bəsáʎ, -ʎə) *m.-f.* vassal.

vast, -ta (bast, -tə) *a.* vast; extensive; huge.

vat (bat) *m.* watt.

vaticinar (bətisiná) *t.* to foretell, to prophecy, to predict.

vaticini (bətisini) *m.* prophecy, prediction.

vector (bəktó) *m.* vector.

veda (béðə) *f.* prohibition; prevention. *2* close season [hunting].

vedar (bəðá) *t.* to prohibit; to prevent.

vedat (bəðát) *m.* game preserve [hunting].

vedell (bəðéʎ) *m.* ZOOL. calf, bull calf.

vedella (bəðéʎə) *f.* ZOOL. calf, heifer.

vegada (bəɣáðə) *f.* time; occasion. ‖ *algunes vegades,* sometimes. ‖ *cada* ~ *més,* increasingly more, more and more. ‖ *cada* ~ *menys,* increasingly less, less and less. ‖ *una altra* ~, once more, again. ‖ *una* ~, once. ‖ *dues vegades,* twice.

vegetació (bəʒətəsió) *f.* vegetation.

vegetal (bəʒətál) *a.-m.* vegetable; plant.

vegetar (bəʒətá) *i.* BOT. to grow. *2* fig. to vegetate.

vegetarià, -ana (bəʒətəriá, -ánə) *a., m.-f.* vegetarian.

veguer (bəɣé) *m.* HIST. chief-justice, chief magistrate.

vegueria (bəɣəriə) *f.* jurisdiction of chief-justice or chief magistrate.

vehemència (bəəménsiə) *f.* vehemence, passion. *2* impetuosity; eagerness.

vehement (bəəmén) *a.* vehement; passionate. *2* impetuous, eager.

vehicle (bəiklə) *m.* vehicle.

veí, veïna (bei, bəinə) *a.* nearby, neighbouring. ■ *2 m.-f.* neighbour, next-door neighbour. *3 m.-f.* local inhabitant; resident.

veïnat (bəinát) *m.* neighbourhood.

vel (bɛl) *m.* veil.

vela (bélə) *f.* sail. ‖ ~ *major,* mainsail. ‖ *a tota* ~, full sail. *2* fig. phr. *plegar veles,* to call it a day, to go away.

veler (bəlɟ) *m.* NAUT. sailing-ship.

vell, -lla (béʎ, -ʎə) *a.* old, aged; ancient. ‖ *fer-se* ~, to get old, to age. ■ *2 m.* old man. *3 f.* old woman. *4* eldest person [in a family group, etc.].

veHeïtat (bələitát) *f.* caprice, whim.

vellesa (bəʎézə) *f.* old age.

vellut (bəʎút) *m.* velvet. ‖ *ull de* ~, black eye.

veloç (belós) *a.* quick, fast, speedy, swift.

velocitat (bəlusitát) *f.* speed, velocity. *2* rate, pace.

velòdrom (bəlóðrum) *m.* velodrome.

vena (bénə) *f.* ANAT. vein. *2* GEOL. underground stream. *3* MINER. seam, lode, vein. *4* BOT. vein. *5* grain [wood]. *6* fig. vein, spirit, mood: *estar en* ~, to be in the mood or inspired.

vencedor, -ra (bənsəðó, -rə) *a.* winning, victorious. ■ *2 m.-f.* winner, victor.

vèncer (bénsə) *t.* to conquer, to overcome;

to beat [rival]. ■ *2 i.* to become or fall due [repayment], to mature [bond]; to expire [period, insurance, etc.]. ▲ CONJUG. P. p.: *vençut.* ‖ INDIC. Pres.: *venço, vences, venç, vencem,* etc. ‖ IMPERAT.: *venç, venci.*

venciment (bənsimén) *m.* expiry [period, insurance, etc.]; maturity [bond].

venda (béndə) *f.* sale; selling. ‖ *en ~,* for sale. ‖ *preu de ~,* sale price.

vendaval (bəndəβál) *m.* gale, strong wind.

vendre (béndrə) *t.* to sell; to market; to sell off [in shop sales]. ‖ *~ a l'engròs,* to sell wholesale. ‖ *~ a la menuda,* to retail. *2* pej. to sell. ■ *3 p.* pej. to sell oneself. ▲ CONJUG. GER.: *venent.* ‖ P. P.: *venut.* ‖ INDIC. Pres.: *venc.* ‖ SUBJ. Pres.: *vengui,* etc. ‖ Imperf.: *vengués,* etc.

Venècia (bənésiə) *pr. n. f.* GEOGR. Venice.

venedor, -ra (bənəðó, -rə) *a.* sale, selling. ■ *2 m.-f.* seller. *3 m.* salesman. *4 f.* saleswoman.

venenós, -osa (bənənós, -ózə) *a.* poisonous, venomous.

venerable (bənərábblə) *a.* venerable.

veneració (bənərəsió) *f.* veneration, worship.

venerar (bənərá) *t.* to venerate, to worship.

veneri, -èria (bənéri, -ériə) *a.* MED. venereal: *malaltia venèria,* venereal disease.

venir (bəni) *i.* to come; to arrive. ‖ *vinga!,* come on! ‖ *el mes que ve,* next month, the coming month. *2* to suit, to be convenient: *m'ha vingut malament,* it didn't suit me. *3* to fit. ‖ *aquests pantalons em venen estrets,* these trousers are too tight for me. ▲ CONJUG. P. p.: *vingut.* ‖ INDIC. Pres.: *vinc, véns, ve, vénen.* ‖ Fut.: *vindré,* etc. ‖ SUBJ. Pres.: *vingui,* etc. ‖ Imperf.: *vingués.* ‖ IMPERAT.: *vine.*

venjança (bənʒánsə) *f.* revenge, vengeance.

venjar (bənʒá) *t.* to revenge, to avenge. ■ *2 p.* to take revenge, to revenge oneself (*en,* on) (*de,* for).

venjatiu, -iva (bənʒətíu, -íβə) *a.* vindictive, revengeful.

vent (ben) *m.* wind. *2* GEOGR. cardinal point. *3* air; slipstream. *4* wind, flatulence. *5* guy-rope, guy [tent]. *6* fig. phr. *anar ~ en popa,* to go full-steam; to do extremely well. *7 phr. bon ~ i barca nova!,* good riddance!

ventada (bəntáðə) *f.* gust of wind.

ventall (bəntáʎ) *m.* fan. *2* bellows, fan [in kitchen]. *3* fig. range, assortment.

ventar (bəntá) *t.* to fan; to blow on. *2* to move to and fro; to wag [tail]. *3* to deal, to strike [blow]. ■ *4 i.* to blow [wind].

ventijol (bəntiʒɔ́l) *m.* breeze.

ventilació (bəntiləsió) *f.* ventilation; airing.

ventilador (bəntiləðó) *m.* ventilator.

ventilar (bəntilá) *t.* to ventilate; to air [room]. *2* fig. to air [subject].

ventós, -osa (bəntós, -ózə) *a.* windy, airy.

ventosa (bəntózə) *f.* MED. cupping-glass. *2* sucker [animal organ].

ventositat (bəntuzitát) *f.* wind, flatulence.

ventre (béntrə) *m.* ANAT. belly, abdomen. ‖ *anar o fer de ~,* to move one's bowels, to defecate. ‖ *mal de ~,* indigestion.

ventricle (bəntríklə) *m.* ventricle.

ventríloc, -oqua (bəntríluk, -ukwə) *a.* ventriloquous, ventriloquist. ■ *2 m.-f.* ventriloquist.

ventura (bəntúrə) *f.* fortune. *2* happiness. *3 adv. phr. a la ~,* with no fixed plan; happy-go-lucky. *4* (BAL.) *adv. phr. per ~,* perhaps, maybe.

ver, -ra (ber, -rə) *a.* true, authentic, veritable, real. ■ *2 m.* truth. ■ *3 adv. phr. de ~ o de veres,* really, truly.

veraç (bərás) *a.* truthful, veracious.

veracitat (bərəsitát) *f.* truthfulness, veracity.

verat (bərát) *m.* ICHTHY. mackerel.

verb (bɛrp) *m.* verb. *2* the Word [in the Bible].

verbal (bərβál) *a.* verbal, oral. ■ *2 m.* (ROSS.) See MULTA.

verd, -da (bɛrt, -ðə) *a.* green. *2* unripe, green. *3* blue, dirty indecent [film, joke]; randy [person]. ■ *4 m.* green [colour].

verdet (bərðét) *m.* CHEM. verdigris. *2* BOT. duckweed.

verdulaire (bərðulái̯rə) *m.-f.* greengrocer.

verdura (bərðúrə) *f.* greens, green vegetables.

veredicte (bərəðíctə) *m.* verdict.

verema (bərémə) *f.* wine harvest; grape harvest.

veremar (bərəmá) *t.* to harvest, to pick [grapes].

veres (bérəs) *adv. phr. de ~,* (BAL.), (VAL.) See DE DEBÒ.

verge (bérʒə) *a.* virgin. ■ *2 f.* virgin. *3* REL. the Virgin. *4* ASTROL. *V~,* Virgo.

vergonya (bərɣóɲə) *f.* shame; disgrace. *2* sense or feeling of shame. *3* shyness, bashfulness, timidity; embarrassment. ‖ *fer ~,* to embarrass *t. 4 pl. les vergonyes,* intimate parts.

vergonyós, -osa (bərɣuɲós, -ózə) *a.* shameful, disgraceful. *2* shy, bashful, timid [person].

verí (bəri) *m.* poison, venom. *2* fig. poison.

verídic, -ca (bəríðik, -kə) *a.* truthful, true.

verificar (bərifiká) *t.* to check, to ascertain, to verify. *2* to inspect, to examine, to check.

verinós, -osa (bərinós, -ózə) *a.* poisonous, venomous.

veritable (bəritábblə) *a.* true, authentic, veritable, real.

veritat (bəritát) *f.* truth. ‖ *de ~?*, really? ‖ *ho dius de ~?*, do you really mean it? *2* fig. *phr. cantar-li a algú les veritats*, to speak plainly to someone.

vermell, -lla (bərmέʎ, -ʎə) *a.* red. ‖ *tornar-se ~*, to blush, to go red.

vermut (bərmút) *m.* vermouth. *2* pre-lunch or pre-dinner drinks and snack.

vernís (bərnís) *m.* varnish [on wood], glaze [on pottery]. *2* fig. gloss, veneer.

verola (bərólə) *f.* MED. smallpox.

vers (bɛrs) *m.* verse; poem. ▪ *2 prep.* toward(s), to [direction]. *3* around [quantity; time].

versar (bərsá) *i. ~ sobre*, to deal with, to be about [book].

versat, -ada (bərsát, -áðə) *a. ~ en*, versed or knowledgeable in.

versàtil (bərsátil) *a.* versatile. *2* pej. changeable, fickle.

versemblança (bərsəmblánsə) *f.* likeliness, probability.

versemblant (bərsəmblán) *a.* likely, probable.

versió (bərsió) *f.* version; translation.

vertader, -ra (bərtəðέ, -rə) *a.* true, authentic, real.

vèrtebra (bέrtəβrə) *f.* ANAT. vertebra.

vertebrat, -ada (bərtəβrát, -áðə) *a.* vertebrate. ▪ *2 m.pl.* vertebrate animals.

vèrtex (bέrtəks) *m.* GEOM. apex, top, vertex.

vertical (bərtikál) *a.-f.* vertical. *2 a.* upright.

vertigen (bərtíʒən) *m.* vertigo, dizziness, giddiness.

vertiginós, -osa (bərtiʒinós, -ózə) *a.* dizzy, giddy. *2* fig. breakneck, dizzy [speed].

vescomte (bəskómtə) *m.* viscount.

vescomtessa (bəskumtέsə) *f.* viscountess.

vesícula (bəzikulə) *f.* ANAT. vesicle. *2* ANAT. bladder: *~ biliar*, gall bladder.

vespa (béspə) *f.* ENT. wasp.

vespertí, -ina (bəspərtí, -inə) *a.* evening.

vesprada (βəspráðə) *f.* See VESPRE. *2* (VAL.) See TARDA.

vespre (bésprə) *m.* evening, late afternoon.

vessament (bəsəmέn) *m.* spillage, spilling; overflow. *2* MED. internal haemorrhage; collection of fluid.

vessant (bəsán) *a.* GEOGR. slope, hillside, mountainside.

vessar (bəsá) *i.-t.* to spill. *2* to leak. *3 t.* to pour [drinks]. *4* fig. *~-la*, to make a mistake or gaffe.

vestíbul (bəstíβul) *m.* hall, lobby, vestibule.

vestidor (bəstiðó) *m.* SP. changing room. *2* THEATR. dressing room.

vestigi (bəstíʒi) *m.* trace, mark, sign; vestige. *2 pl.* remains.

vestir (bəstí) *t.-p.* to dress *t.-i.*; to get dressed *t.-i. 2 t.* to put on. *3* to clothe [person] (*de*, in). *4* to wear [clothes].

vestit (bəstít) *m.* dress [woman]; suit [esp. man]. ‖ *~ de bany*, bathing costume.

vestuari (bəstuári) *m.* THEATR. costumes. *2* wardrobe, set of clothes. *3* wardrobe [furniture]. *4* SP. changing room. *5* THEATR. dressing room.

veta (bέtə) *f.* ribbon. *2* GEOL. vein, seam. *3* noodle. *4 phr. seguir-li la ~ a algú*, to humour someone [never gainsaying him]. *5 phr. tirar de ~*, not to stint on expenses.

veterà, -ana (bətərá, -ánə) *a., m.-f.* veteran.

veterinari, -ària (bətərinári, -áriə) *a.* veterinary. ▪ *2 m.-f.* vet, veterinary surgeon. *3* veterinary science.

vetlla (bέʎʎə) *f.* staying up; night work, lucubration; sleepless night. *2* funeral wake. *3* eve, evening. *4* REL. vigil.

vetllada (bəʎʎáðə) *f.* staying up; wakefulness; vigil. *2* evening party; soirée.

vetllar (bəʎʎá) *i.* to stay up; to stay awake. *2* to keep watch [at night]. ‖ *~ per*, to watch over, to keep an eye on. ▪ *3 t.* to sit up with, to watch over [sick person].

veto (bέtu) *m.* veto.

veu (bέu) *f.* voice. ‖ *de viva ~*, viva voce, verbally. ‖ *en ~ alta*, aloud. ‖ *un fil de ~*, weak or faint voice. *2* GRAMM. word, term. *3* piece of gossip, rumour. ‖ *corre la ~ que...*, rumour has it that... ‖ *donar ~s*, to broadcast a fact, to make a thing known. *4* say; turn to speak [in a meeting].

veure (bέurə) *t.* to see, to perceive, to spot. *2* fig. to see, to understand. *3* fig. to see, to ascertain, to check, to look into. ‖ *phr. a veure*, let's see, let me see. ‖ *no tenir res a ~*, to have nothing to do (*amb*, with). ‖ *pel que es veu*, as far as can be seen. *4 ve't aquí!*, look!, see! *5 no poder ~*, not to bear the sight of. *6 fer ~*, to pretend, to make out. *7 fer-se ~*, to attract attention.

vexació (bəksəsió) *f.* annoyance, vexation.

vexar (bəksá) *t.* to harass; to humiliate.

vi (bi) *m.* wine. ‖ *~ blanc*, white wine. ‖ *~ negre*, red wine. ‖ *~ rosat*, rosé.

via (biə) *f.* way, path; route; road. *2* RAIL. track; line. *3* ANAT. tract; passage. *4 fer ~*, to walk. *6* fig. *fer ~*, to shift, to make headway [in work].

viable (biábblə) *a.* viable, feasible.

viaducte (biəðúktə) *m.* viaduct.

vianant (biənán) *m.* pedestrian; walker.

vianda (biándə) *f.* foodstuff, food.

viarany (biəráɲ) *m.* narrow path, track.

viatge (biádʒə) *m.* trip, journey. *2 pl.* travels.

viatger, -ra (biədʒé, -rə) *m.-f.* traveller.

viatjant (biədʒán) *m.* travelling salesman.

viatjar (biədʒá) *i.* to travel, to journey.

vibració (biβrəsió) *f.* vibration, shaking, shuddering.

vibrar (biβrá) *i.* to vibrate, to shake, to shudder. *2* to rattle [sound]. *3* to shake, to throb [with emotion].

Vicenç (bisέns) *pr. n. m.* Vincent.

vice-president, -ta (bisəprəsiðέn(t), -tə) *m.-f.* vice-president.

viceversa (bisəβέrsə) *adv.* vice versa.

vici (bisi) *m.* vice; bad habit. *2* defect, imperfection.

viciar (bisiá) *t.* to vitiate; to pervert, to corrupt, to deprave [person].

viciós, -osa (bisiós, -ózə) *a.* perverted, depraved, corrupt; vicious.

vicissitud (bisisitút) *f.* vicissitude; mishap, accident. *2 pl.* ups and downs.

víctima (bíktimə) *f.* victim.

Víctor (bíktur) *pr. n. m.* Victor.

victòria (biktɔ́riə) *f.* victory, triumph.

Victòria (biktɔ́riə) *pr. n. f.* Victoria.

victoriós, -osa (bikturiós, -ózə) *a.* victorious, triumphant.

vida (bíðə) *f.* life, living. ‖ *guanyar-se la ~,* to earn one's livelihood. *2* lifetime. *3* way of living or life. *4 adj. phr. amb molta ~,* lively.

video (bíðéŭ) *m.* video.

vidre (bíðrə) *m.* MINER. glass.

vidrier, -ra (biðrié, -rə) *a.* glass. ▪ *2 m.-f.* glazier. *3 f.* large window. *4* stained glass window.

vidriola (biðriɔ́lə) *f.* (BAL.), (VAL.) See GUARDIOLA.

vidu, vídua (bidu, bíðuə) *a.* widowed. ▪ *2 m.* widower. *3 f.* widow.

Viena (biénə) *pr. n. f.* GEOGR. Vienna.

Vietnam (biənnám) *pr. n. m.* Vietnam.

vietnamita (biənnəmítə) *a., m.-f.* Vietnamese.

vigent (biʒέn) *a.* valid, in force.

vigilància (biʒilánsiə) *f.* vigilance, watchfulness.

vigilant (biʒilán) *a.* vigilant, watchful, alert. ▪ *2 m.-f.* caretaker. *3 m.* watchman.

vigilar (biʒilá) *t.* to watch over; to supervise; to look after.

vigília (biʒíliə) *f.* REL. eve [before festival]. *2* vigil; wakefulness; lucubration.

vigir (biʒí) *i.* to be in force, to prevail.

vigor (biɣó(r)) *m.* vigour, strength, stamina.

vigoritzar (biɣuridzá) *t.* to invigorate; to revitalize, to stimulate.

vil (bil) *a.* mean, low, vile [person]; base, shabby [act, treatment].

vila (bílə) *f.* HIST. town, villager.

vilatà, -na (bilətá, -ánə) *a.* HIST. town, village. ▪ *2 m.-f.* villager.

vilesa (bilézə) *f.* meanness, lowness, despicability, baseness. *2* base act, vile deed.

vímet (bimət) *m.* BOT. osier, willow. *2* wicker [material].

vinagre (bináɣrə) *m.* vinegar.

vinagrera (binəɣrérə) *f.* vinegar bottle.

vinater, -ra (binəté, -rə) *a.* wine. ▪ *2 m.-f.* vintner, wine merchant.

vincladís, -issa (biŋkləðís, -isə) *a.* pliable.

vincle (bíŋklə) *m.* link, bond, tie [also fig.].

vinculació (biŋkuləsió) *f.* linking, connection. *2* LAW entailing.

vincular (biŋkulá) *t.* to link, to bind, to tie. *2* LAW to entail.

vinent (binén) *a.* coming, next. ‖ *l'any ~,* next year.

vinguda (biŋgúðə) *f.* coming; arrival.

vinícola (binikulə) *a.* winemaking, wine-producing.

vint (bin) *a.-m.* twenty.

vintè, -ena (bintέ, -έnə) *a., m.-f.* twentieth.

vinya (bíɲə) *f.* BOT. vine. *2* vineyard.

viola (biɔ́lə) *f.* BOT. viola. *2* MUS. viola.

violació (biuləsió) *f.* breach, infringement; violation [of treaty]. *2* rape.

violar (biulá) *t.* to break, to infringe [law]; to violate [treaty]. *2* to rape.

violència (biulénsiə) *f.* violence.

violent, -ta (biulén, -tə) *a.* violent. *2* embarrassing.

violeta (biulétə) *a.* violet. ▪ *2 m.* violet [colour]. *3 f.* BOT. violet.

violí (biulí) *m.* MUS. violin.

violinista (biulinístə) *m.-f.* violinist, violin player.

violoncel (biulunsέl) *m.* MUS. cello, violoncello.

violoncel·lista (biulunsəlístə) *m.-f.* MUS. cello player, cellist, violoncellist.

virar (birá) *i.-t.* to turn, to turn round [vehicles]. *2* NAUT. to veer; to put about. *3* NAUT. to tack. *4 t.* PHOTO. to tone.

viratge (birádʒə) *m.* turning [vehicles]. *2* NAUT. veering; tacking. *3* bend, curve [road]. *4* PHOTO. toning.

Virginia (birʒíniə) *pr. n. f.* Virginia.

viril (biríl) *a.* manly, virile.

virilitat (birilitát) *f.* manliness; virility.

virrei (birréĭ) *m.* viceroy.

virreina (birréĭnə) *f.* vicereine.

virtuós, -osa (birtuós, -ózə) *a.* virtuous. ▪ *2 m.-f.* ARTS, MUS. virtuoso.

virtut (birtút) *f.* virtue. ‖ *en ~ de,* by virtue of, because of, by reason of.

virulència (birulénsiə) *f.* virulence.

virulent, -ta (birulén, -tə) *a.* virulent [also fig.].

virus (birus) *m.* MED. virus.

vis (bis) *m.* MECH. vice.

visat (bizát) *m.* visa.

visca! (biskə) *m.* long live...!

víscera (bísərə) *f.* ANAT. viscera, entrail.

viscós, -osa (biskós, -ózə) *a.* viscous; thick [liquid].

visera (bizérə) *f.* peak [on cap]; eyeshade; visor [on helmet].

visibilitat (biziβilitát) *f.* visibility.

visible (bizíbblə) *a.* visible. *2* clear, evident.

visió (bizió) *f.* REL. vision. *2* sight, vision. *3* view, overview. *4* fantasy, illusion. ‖ *veure visions,* to see things.

visita (bizítə) *f.* visit; call. ‖ *fer una ~,* to visit, to call by or in (*a,* on), to make a call (*a,* on). *2* visitor.

visitar (bizitá) *t.* to visit, to call (in) on.

visó (bizó) *m.* ZOOL. mink.

vista (bístə) *f.* sight. ‖ *conèixer de ~,* to know by sight. ‖ *perdre algú de ~,* to lose sight of someone. *2* view, sight. ‖ *tenir ~ sobre,* to look out on, to have a view of [room, building]. *3* LAW hearing; trial. *4 m.* customs inspector.

vistós, -osa (bistós, -ózə) *a.* showy, spectacular. *2* pej. gaudy.

visual (bizuál) *a.* visual.

vital (bitál) *a.* life. *2* fig. vital, essential.

vitalici, -ícia (bitəlísi, -isiə) *a.* life-long, life, for life.

vitalitat (bitəlitát) *f.* vitality.

vitamina (bitəminə) *f.* vitamin.

vitrina (bitrínə) *f.* show case, glass case.

vitualla (bituáʎə) *f.* victuals, provisions, food supplies.

viu, viva (bíu, bíβə) *a.* alive, live, living. *2* lively; vivid, bright [colours]. *3* lively [person]. *4* sharp, acute [pain]. *5* keen, sharp [mind]. *6 adv. phr. de ~ en ~,* live, alive.

viudo, -a (biŭðu, -a) *a.* widowed. ▪ *2 m.* widower. *3 f.* widow.

1) viure (biŭrə) *m.* life; living.

2) viure (biŭrə) *i.* to live, to be alive. ‖ *~ de,* to live on. *2* to live, to reside. ▲ CONJUG. GER.: *vivint.* ‖ P. P.: *viscut.* ‖ INDIC. Pres.: *visc.* ‖ SUBJ. Pres.: *visqui,* etc. | Imperf.: *visqués,* etc.

vivaç (biβás) *a.* vivacious. *2* long-lived; lasting. *3* BOT. perennial.

vivacitat (biβəsitát) *f.* vivacity, liveliness

[person]. *2* brightness, vividness; liveliness [colours].

viver (biβé) *m.* BOT. nursery. *2* ICHTHY. hatchery; fishpond.

vividor, -ra (biβiðó, -rə) *a.* long-lived. ▪ *2 m.-f.* scrounger, bummer, cadger, sponger.

vocable (bukábblə) *m.* word; term.

vocabulari (bukəβulári) *m.* vocabulary.

vocació (bukəsió) *f.* vocation, calling.

vocal (bukál) *a.* vocal, voice. ▪ *2 m.-f.* board or committee member. *3 f.* LING. vowel.

vocalitzar (bukəlidzá) *i.-t.* LING. to vocalize. *2 i.* MUS. to hum; to sing scales.

vociferar (busifərá) *t.-i.* to shout, to yell; to scream.

vogar (buɣá) *i.* to row; to sail.

1) vol (bɔl) *m.* flight; flying. *2* flight [of birds].

2) vol. *m.* (abbr. of *volum*) vol. (volume).

volada (buláðə) *f.* flight. ‖ fig. *de la primera ~,* fresh, inexperienced. *2* ARCH. projection.

volant (bulán) *a.* flying. ▪ *2 m.* AUTO. steering wheel. *3* SEW. frill, flounce. *4* pamphlet, leaflet.

volar (bulá) *i.* to fly [also fig.]; to fly away or off. *2* to be used up in no time, to disappear in a flash [money; food, etc.]. ▪ *3 t.* to blow up, to explode.

volàtil (bulátil) *a.* volatile, flying. *2* volatile, evaporable.

volatilitzar (bulətilidzá) *t.-p.* to vaporize *t.-i.,* to volatilize *t.-i.*

volcà (bulká) *m.* volcano.

1) voler (bulé) *m.* wish; will; desire; volition; intention.

2) voler (bulé) *t.* to want, to wish; to intend. *2* to be about to: *vol ploure,* it's about to rain. *3* to need, to require. *4 phr. ~ dir,* to mean, to signify. ▲ CONJUG. P. P.: *volgut.* ‖ INDIC. Pres.: *vull.* | Fut.: *voldré,* etc. ‖ SUBJ. Pres.: *vulgui,* etc. | Imperf.: *volgués,* etc. ‖ IMPERAT.: *vulgues.*

1) volt (bɔl) *m.* edge, surround; perimeter. *2* walk, round. ‖ *fer el ~,* to go around [place], to do the rounds *3 pl.* surroundings; neighbourhood, vicinity. ‖ fig. *pels ~s de les nou,* around or about nine o'clock.

2) volt (bɔl) *m.* ELECTR. volt.

volta (bɔltə) *f.* turn; round; circuit; tour [cycling]; lap [racing]. *2* trip, journey; walk, stroll. *3* turn, time. *4* bend, curve, turn. *5* ARCH. vault. *6 ~ de campana,* somersault; cartwheel. *7 phr. fer ~,* to go the long way round.

voltant (bultán) *m.* perimeter; edge, surround. *2 pl.* surroundings; vicinity, neigh-bourhood. ■ *3 adv. phr. al* ~, around. ■ *4 prep. phr. al* ~ *de*, around, round.

voltar (bultá) *i.* to turn (round), to go round; to revolve. *2* to stroll or walk (about); to go or walk around or up and down; to travel (about). ‖ *hem anat a* ~, we went for a stroll. ‖ *he voltat per tot el món*, I've been around the whole world. ■ *3 t.* to surround.

voltatge (bultádʒə) *m.* ELECTR. voltage.

voltímetre (bultímətrə) *m.* PHYS. voltmeter.

voltor (bultó) *m.* ORNIT. vulture.

voluble (bulúbblə) *a.* changeable, fickle [person].

volum (bulúm) *m.* volume [sound; space]. *2* volume, tome [book].

voluminós, -osa (buluminós, -ózə) *a.* size-able; bulky, massive; voluminous.

voluntari, -ària (buluntári, -áriə) *a.* volun-tary. ■ *2 m.-f.* volunteer.

voluntat (bultat) *f.* will, desire, wish; in-tention; volition.

voluptuós, -osa (buluptuós, -ózə) *a.* volup-tuous.

volva (bólβə) *f.* flake [snow]; speck [dust].

vòmit (bómit) *m.* vomit.

vomitar (bumitá) *t.-i.* to vomit, to throw up. *2* fig. to vomit, to belch forth.

vora (bórə) *f.* edge, edging; fringe: margin; perimeter. ‖ *la* ~ *d'un vestit*, the fringe of a dress. *2* bank, side [river]; edge, side [path]. *3 adv. phr. a la* ~, nearby, in the vicinity.

voraç (burás) *m.* voracious. *2* fig. all-con-suming.

voracitat (burəsitát) *f.* voracity.

voravia (bɔrəβíə) *f.* See VORERA.

voraviu (bɔrəβíŭ) *m.* SEW. selvage. *2* fig. *tocar el* ~, to hurt, to offend; to annoy.

vorejar (burəʒá) *t.* SEW. to edge, to fringe, to border.

vorera (burérə) *f.* pavement, path, (USA) sidewalk.

vori (bóri) *m.* ivory.

vos (bus) *pers. pron. 2nd pers. pl.* you: *no puc donar-*~ *la carta*, I can't give you the letter.

vós (bos) *pers. pron. 2nd pers. sing.* [polite you].

vosaltres (buzáltrəs) *pers. pron. 2nd pers. pl.* you.

vostè (bustɛ́) *pers. pron. 2nd pers. sing.* you [formal address].

vostre, -tra (bóstrə, -trə) *poss. a.* your [see *vosaltres*]: *el* ~ *cotxe*, your car. ■ *2 poss. pron.* yours: *aquesta es la vostra*, this one's yours.

vot (bɔt) *m.* POL. vote. *2* REL. vow. *3* wish [usu. pl.].

votació (butəsió) *f.* voting, ballot, vote.

votant (butá n) *a.* voting. ■ *2 m.-f.* voter.

votar (butá) *t.* to vote (for). *2* REL. to vow, to promise, to undertake.

vuit (buít) *a.-m.* eight.

vuitanta (buitántə) *a.-m.* eighty.

vuitantè, -ena (buitəntɛ́, -ɛ́nə) *a.-m.* eigh-tieth.

vuit-cents, -tes (buítsɛ́ns, -təs) *a.* eight hundred.

vuitè, -ena (buitɛ́, -ɛ́nə) *a.-m.* eighth.

vulgar (bulɣár) *a.* vulgar, gross, crude; common.

vulgaritat (bulɣəritát) *f.* vulgarity, gross-ness, crudeness; commonness. *2* vul-garism.

vulnerabilitat (bulnərəβilitát) *f.* vulnera-bility.

vulnerable (bulnərábblə) *a.* vulnerable.

vulnerar (bulnərá) *t.* to hurt, to wound [also fig.]. *2* fig. to break, to infringe [law].

vulva (búlβə) *f.* ANAT. vulva.

W

W, w (bė báʃə) *f.* w [letter].

wàter (báter) *m.* toilet, w.c., lavatory. *2* toilet or lavatory pot.

waterpolo (bətərpólu) *m.* SP. water polo.

watt (bat) *m.* See VAT.

WC *m.* *(water-closet)* WC.

whisky (wiski) *m.* whisky, scotch [Scotland]; whiskey [Ireland].

X

X, x (iks) *f.* x [letter].
xacal (ʃəkál) *m.* ZOOL. jackal.
xacra (ʃákrə) *f.* ailment, complaint; infirmity, disability.
xafar (ʃəfá) *t.* to flatten; to squash [also fig.]; to crush [also fig.]. 2 to mash [potatoes]. 3 fig. to leave dejected [person]. 4 fig. to deflate [person]; to make feel small.
xafardejar (ʃəfərðəʒá) *i.* to gossip. 2 to pry, to be nos(e)y.
xafarder, -ra (ʃəfərðé, -rə) *a.* gossiping. 2 nos(e)y, prying; inquisitive. ■ 3 *m.-f.* gossip [person]. 2 prier, pryer. 3 coll. Nosey Parker.
xafarderia (ʃəfərðəriə) *f.* gossip, gossiping; piece of gossip. 2 nosiness; inquisitiveness.
xàfec (ʃáfək) *m.* downpour, heavy shower; cloudburst.
xafogor (ʃəfuɣó) *f.* sultriness; stifling heat [weather].
xai, -ia (ʃáĭ, -jə) *m.-f.* lamb. 2 fig. easygoing person; docile person.
xal (ʃal) *m.* shawl.
xalar (ʃəlá) *i.* to enjoy oneself, to have a good time.
xalet (ʃəlέt) *m.* chalet; country house or villa.
xaloc (ʃəlɔ́k) *m.* south-easterly (wind).
xalupa (ʃəlúpə) *f.* NAUT. launch. 2 NAUT. brig; two-masted coaster.
xamfrà (ʃəmfrá) *m.* house corner.
xamós, -osa (ʃəmós, -ózə) *a.* charming. 2 witty, facetious.
xampany (ʃəmpáɲ) *m.* champagne, French champagne.
xampú (ʃəmpú) *m.* shampoo.
xampurrejar (ʃəmpurrəʒá) *i.-t.* to mumble, to speak badly [foreign language].
xancleta (ʃəŋklέtə) *f.* sandal [esp. for beach]. 2 slipper.

xandall (ʃəndáʎ) *m.* tracksuit.
xanguet (ʃəŋgέt) *m.* ICHTHY. whitebait.
xantatge (ʃəntádʒə) *m.* blackmail. ‖ *fer-li* ~ *a algú,* to blackmail someone.
xapa (ʃápə) *f.* plaque, disc [metal]. 2 board, panel [wood]. 3 ply [wood].
xarampió (ʃərəmpió) *m.* MED. measles.
xarcuteria (ʃərkutəriə) *f.* delicatessen, cold meats and sausages [esp. pork]. 2 delicatessen shop.
xardor (ʃərðó) *f.* stifling heat, oppressive heat [weather].
xarlatà, -ana (ʃərlətá, -ánə) *m.-f.* pedlar. 2 *m.* smooth-tongued salesman. 3 *f.* smooth-tongued saleswoman. 4 *m.-f.* coll. big-mouth.
xaró, -ona (ʃəró, -ónə) *a.* coarse, crude, inelegant.
xarol (ʃərɔ́l) *m.* patent leather. 2 varnish [esp. on leather].
xarop (ʃərɔ́p) *m.* syrup; cordial.
xarrupada (ʃərrupáðə) *f.* sip; suck, pull [at drink through straw].
xarrupar (ʃərrupá) *t.* to suck [drink through straw]; to sip [drink].
xaruc, -uga (ʃərúk, -úɣə) *a.* doddering, doddery; senile.
xarxa (ʃárʃə) *f.* net.
xato, -ta (ʃátu, -tə) *a.* snub-nosed; flat-nosed.
xaval, -la (ʃəβál, -lə) *m.* coll. lad, guy; boy. 2 coll. girl; lass.
xavalla (ʃəβáʎə) *f.* small change [coins].
xec (ʃɛk) *m.* cheque, check.
xeixa (ʃéʃə) *f.* BOT. bread wheat.
xemeneia (ʃəmənéjə) *f.* fireplace, hearth. 2 chimney.
xenofòbia (ʃənufɔ́biə) *f.* xenophobia.
xerès (ʃərέs) *m.* sherry.
xeringa (ʃəriŋgə) *f.* syringe.
xerinola (ʃərinɔ́lə) *f.* merry-making, festivity; carousal.

xerrac (ʃərrák) *m.* hand-saw, saw.

xerrada (ʃerráðə) *f.* chat, conversation. *2* talk, discussion.

xerraire (ʃərráǐrə) *a.* gossipy; talkative, chatty. ▪ *2 m.-f.* gossip [person]; chatterbox [person].

xerrameca (ʃərrəmέkə) *f.* prattling; patter [seller]. *2* garrulity.

xerrar (ʃərrá) *i.* to gossip; to chatter, to prattle. *2* to chat.

xerrera (ʃərrέrə) *f.* talkativeness, chattiness.

xic, -ca (ʃik, -kə) *a.* little, small. ▪ *2 m.* (VAL.) boy, lad; youth. *3 f.* girl, lass.

xicot, -ta (ʃikɔ́t, -tə) *m.* lad, guy; youth; young man. *2 f.* girl, lass; young woman.

xicotet, -ta (ʃikutέt, -tə) *a.* (VAL.) small, little.

xifra (ʃífrə) *f.* figure; number, numeral. *2* cipher, code. *3* monogram; initial(s).

Xile (ʃílə) *pr. n. m.* GEOGR. Chile.

xilè, -ena (ʃilέ, -έnə) *a., m.-f.* GEOGR. Chilean.

xíling (ʃíliŋ) *m.* shilling.

xilòfon (ʃilɔ́fun) *m.* MUS. xylophone.

ximpanzé (ʃimpənzé) *m.* ZOOL. chimpanzee.

ximple (ʃímplə) *a.* simple; obtuse, stupid.

ximpleria (ʃimpləríə) *f.* act of stupidity, idiocy. *2* piece of nonsense [spoken words].

ximplet, -eta (ʃimplέt, -έtə) *a.* slow, slow-witted; simple.

Xina (ʃínə) *pr. n. f.* GEOGR. China.

xindria (ʃíndriə) *f.* BOT. water-melon.

xinès, -esa (ʃinέs, -έzə) *a., m.-f.* Chinese.

xino-xano (ʃinuʃánu) *phr.* slowly, gradually, little by little, bit by bit.

xinxa (ʃínʃə) *f.* ENT. bedbug; bug.

xinxeta (ʃinʃέtə) *f.* drawing pin.

xipollejar (ʃipuʎəʒá) *i.* to splash (about) [in water].

Xipre (ʃíprə) *pr. n. m.* GEOGR. Cyprus.

xiprer (ʃipré) *m.* BOT. cypress, cypress-tree.

xipriota (ʃipriɔ́tə) *a.* Cyprian, Cypriot. ▪ *2 m.-f.* Cypriot.

xiquet, -ta (ʃikέt, -tə) *m.-f.* (OCC.) See NEN.

xirivia (ʃiriβíə) *f.* parsnip.

xisclar (ʃisklá) *i.* to scream; to shriek; to cry out.

xiscle (ʃísklə) *m.* scream; shriek; cry.

xiular (ʃiŭlá) *i.-t.* to whistle.

xiulet (ʃiŭlέt) *m.* whistle. *2* whistle [instrument].

xiuxiuejar (ʃiŭʃiwəʒá) *i.* to mutter, to murmur, to whisper.

xivarri (ʃiβárri) *m.* rumpus, hullabaloo, uproar [people].

xoc (ʃɔ́k) *m.* bump; jolt; jar; impact. *2* MED. shock.

xocant (ʃukán) *a.* startling, striking. *2* shocking, scandalous.

xocar (ʃuká) *i.* to collide; to crash [vehicles]. *2* to shock, to startle.

xocolata (ʃukulátə) *f.* chocolate.

xofer (ʃufé, col. ʃɔ́fər) *m.* chauffeur, driver.

xop, -pa (ʃóp, -pə) *a.* soaked, wet through, dripping wet.

xoriço (ʃurisu) *m.* kind of pork sausage, red pepper spiced.

xot (ʃot) *m.* (BAL.) See BE.

xuclar (ʃuklá) *t.* to sip [drink]. *2* to suck. ‖ fig. ~ *la sang a algú,* to bleed someone dry [of their money].

xuclat, -ada (ʃuklát, -áðə) *a.* gaunt [esp. face]; skinny [body].

xufla (ʃúflə) *f.* BOT. earth almond, chufa.

xumar (ʃumá) *t.* to suck [at breast]. *2* to drink straight from [bottle, etc.].

xumet (ʃumέt) *m.* dummy [rubber teat].

xurriaques (ʃurriákəs) *f. pl.* whip; switch.

xusma (ʃúzmə) *f.* rabble, mob.

xut (ʃut) *m.* shot [football]. *2* ORNIT. owl.

xutar (ʃutá) *i.* to shoot [football].

Z

Z, z (zɛ́tə) *f.* z [letter].
zebra (zéβrə) *f.* ZOOL. zebra.
zebú (zəβú) *m.* ZOOL. zebu.
zel (zɛl) *m.* keenness, zeal; ardour. *2* con-
scientiousness, zeal. *3* ZOOL. heat, rut. ‖ *en*
~, on heat, in season.
zenc (zɛŋ) *m.* MINER. zinc.
zenit (zɛ́nit) *m.* ASTR. zenith.
zero (zɛ́ru) *m.* zero. ‖ fig. coll. *un* ~ *a l'es-*
querra, good-for-nothing, bum [person];
piece of trash, rubbish [thing].
ziga-zaga (ziɣəzáɣə) *f.* zigzag.
zinc (ziŋ) *m.* MINER. zinc.
zíngar, -ra (zíŋgər, -rə) *a., m.-f.* Gypsy.

zitzània (zitzániə) *f.* BOT. darnel. *2* fig. *phr.*
sembrar ~, to sow discord.
zodíac (zuðíək) *m.* zodiac.
zona (zónə) *f.* zone.
zoo (zo) *m.* zoo.
zoòleg, -òloga (zuɔ́lək, -ɔ́luɣə) *m.-f.* zoolo-
gist.
zoologia (zuuluʒíə) *f.* zoology.
zoològic, -ca (zuulɔ́ʒik, -kə) *a.* zoological. ∎
2 m. (parc) ~, zoo.
zumzejar (zumzəʒá) *i.* to go up and down.
zum-zum (zumzúm) *m.* hum, humming;
buzz, buzzing.

Lightning Source UK Ltd.
Milton Keynes UK
UKHW020611240223
417573UK00005B/130

9 781138 133419